MICHAELIS

DICIONÁRIO PRÁTICO

JAPONÊS
—
PORTUGUÊS

ALIAN̨ÇA
CULTURAL BRASIL - JAPÃO

Editora **Melhoramentos**

Editora Melhoramentos

MICHAELIS: dicionário prático japonês-português / coordenação Katsunori Wakisaka. – São Paulo: Aliança Cultural Brasil-Japão, 2012. – (Dicionários Michaelis)

ISBN 978-85-06-00832-4

1. Japonês – Dicionários – Português I. Wakisaka, Katsunori. II. Série

CDD-495.6369

Índice para catálogo sistemático:
1. Japonês: Dicionários: Português   495.6369

© 2012 Editora Melhoramentos Ltda. Todos os direitos reservados.
© 2003 Editora Melhoramentos Ltda.
© 2003 Aliança Cultural Brasil-Japão
Design original da capa: Jean Udry

Coordenação: Katsunori Wakisaka

Equipe de tradução: Akiko Kurihara, Alice Sanae Tsuchiya, Arísia Marico M. Noguchi, Carolina Kazuko Sakama, Kanami Hirai, Liliana Yurie Masuda, Luciana Satie Sekiguti, Mitie Neucy Matsubara, Neide Hissae Nagae, Takeomi Tsuno

Equipe de revisão: Geny Wakisaka, Takeomi Tsuno, Rosamaria Gaspar Affonso

Diagramação: Laura Rumi Yamamura e Paulo Roberto da Silva (2.ª edição)

3.ª edição, 5.ª impressão, outubro de 2023
ISBN: 978-85-06-00832-4
    978-85-06-07857-0

Atendimento ao consumidor:
Caixa Postal 169 – CEP 01031-970
São Paulo – SP – Brasil
Tel.: (11) 3874-0880
www.editoramelhoramentos.com.br
sac@melhoramentos.com.br

Impresso na China

Apresentação

Com mais de 40.000 verbetes, o *Michaelis Dicionário Prático Japonês-Português* destina-se aos estudiosos da língua japonesa e da portuguesa.

O japonês utiliza simultaneamente três diferentes sistemas de escrita: o *hiragana*, o *katakana* e o *kanji*. O *hiragana* é composto de 46 letras básicas e, por meio delas, podem-se grafar todos os sons da língua japonesa. O *katakana*, também composto de 46 letras básicas correspondentes ao *hiragana*, é utilizado principalmente para a transcrição de nomes de pessoas, termos estrangeiros e onomatopeias. Ambos são sistemas de fonogramas silábicos. Já o *kanji* é um sistema que utiliza caracteres chineses, cada qual com significado próprio, porém apresentando mais de uma leitura. É difícil precisar a época dos primeiros contatos dos japoneses com o *kanji*; o registro mais antigo da utilização desse sistema no Japão data de meados do século V.

Além desses três sistemas de escrita japonesa, os verbetes deste dicionário são apresentados também em alfabeto latino pelo sistema Hepburn, que é adotado comumente pelos dicionários japoneses. Para facilitar a leitura e a expressão oral do japonês, James Curtis Hepburn (1815-1911) criou esse sistema, que representa graficamente os sons do idioma japonês utilizando o alfabeto latino, conforme a pronúncia inglesa. Veja tabela completa na página IV.

Para os leitores de língua portuguesa é importante esclarecer algumas particularidades da pronúncia do japonês empregadas no sistema Hepburn:
- *r* é sempre uma consoante vibrante alveolar, como em "ca**r**o", mesmo em palavras iniciadas por essa letra; não existe a pronúncia "rr", muito usada na língua portuguesa;
- *h* é sempre aspirado, como em "**h**ungry", em inglês;
- *e* e *o* devem ser pronunciados com som fechado, como em "po**e**ma" e "**o**nde";
- *w* é uma semivogal e tem som equivalente ao **u** da palavra "ma**u**";
- *y* é uma semivogal e tem som equivalente ao **i** da palavra "ma**i**s";
- *s* é sempre sibilante, como o **ss** e o **ç** em português;
- *sh* tem som de **x** ou **ch**, como em "**ch**á";
- *ch* tem som de **tch**, como em "**tch**au";
- *j* tem som de **dj**, como em "a**dj**etivo";
- *ge* e *gi* pronunciam-se **gue** e **gui**; já as sílabas *ga, go* e *gu* pronunciam-se como se escrevem.

A grafia das palavras em português segue o Vocabulário Ortográfico da Língua Portuguesa (VOLP, 5. ed., março de 2009), respeitando as modificações introduzidas pelo Acordo Ortográfico da Língua Portuguesa.

Sistema Hepburn

H = Hiragana **K** = Katakana **L** = Alfabeto Latino

H	あ	い	う	え	お
K	ア	イ	ウ	エ	オ
L	a	i	u	e	o
H	か	き	く	け	こ
K	カ	キ	ク	ケ	コ
L	ka	ki	ku	ke	ko
H	さ	し	す	せ	そ
K	サ	シ	ス	セ	ソ
L	sa	shi	su	se	so
H	た	ち	つ	て	と
K	タ	チ	ツ	テ	ト
L	ta	chi	tsu	te	to
H	な	に	ぬ	ね	の
K	ナ	ニ	ヌ	ネ	ノ
L	na	ni	nu	ne	no
H	は	ひ	ふ	へ	ほ
K	ハ	ヒ	フ	ヘ	ホ
L	ha	hi	fu	he	ho
H	ま	み	む	め	も
K	マ	ミ	ム	メ	モ
L	ma	mi	mu	me	mo
H	や		ゆ		よ
K	ヤ		ユ		ヨ
L	ya		yu		yo
H	ら	り	る	れ	ろ
K	ラ	リ	ル	レ	ロ
L	ra	ri	ru	re	ro
H	わ		を		ん
K	ワ		ヲ		ン
L	wa		o		n
H	が	ぎ	ぐ	げ	ご
K	ガ	ギ	グ	ゲ	ゴ
L	ga	gi	gu	ge	go
H	ざ	じ	ず	ぜ	ぞ
K	ザ	ジ	ズ	ゼ	ゾ
L	za	ji	zu	ze	zo
H	だ	ぢ	づ	で	ど
K	ダ	ヂ	ヅ	デ	ド
L	da	ji	zu	de	do
H	ば	び	ぶ	べ	ぼ
K	バ	ビ	ブ	ベ	ボ
L	ba	bi	bu	be	bo
H	ぱ	ぴ	ぷ	ぺ	ぽ
K	パ	ピ	プ	ペ	ポ
L	pa	pi	pu	pe	po

H	きゃ	きゅ	きょ
K	キャ	キュ	キョ
L	kya	kyu	kyo
H	しゃ	しゅ	しょ
K	シャ	シュ	ショ
L	sha	shu	sho
H	ちゃ	ちゅ	ちょ
K	チャ	チュ	チョ
L	cha	chu	cho
H	にゃ	にゅ	にょ
K	ニャ	ニュ	ニョ
L	nya	nyu	nyo
H	ひゃ	ひゅ	ひょ
K	ヒャ	ヒュ	ヒョ
L	hya	hyu	hyo
H	みゃ	みゅ	みょ
K	ミャ	ミュ	ミョ
L	mya	myu	myo
H	りゃ	りゅ	りょ
K	リャ	リュ	リョ
L	rya	ryu	ryo
H	ぎゃ	ぎゅ	ぎょ
K	ギャ	ギュ	ギョ
L	gya	gyu	gyo
H	じゃ	じゅ	じょ
K	ジャ	ジュ	ジョ
L	ja	ju	jo
H	びゃ	びゅ	びょ
K	ビャ	ビュ	ビョ
L	bya	byu	byo
H	ぴゃ	ぴゅ	ぴょ
K	ピャ	ピュ	ピョ
L	pya	pyu	pyo

Os sons longos foram indicados com mácron (–) sobre as vogais:

ā ī ū ē ō

Organização do dicionário

O *Michaelis Dicionário Prático Japonês-Português* apresenta recursos gráficos para facilitar a leitura e dar acesso imediato à informação.

1. A entrada do verbete se faz pelo japonês em alfabeto latino. Está destacada em negrito.
   Ex: **abaraya** あばら屋 *s* casebre.

2. Vocábulos de sons idênticos mas com origens diferentes constituem verbetes independentes.
   Ex.: **ai** 愛 *s* amor, afeição.
   ai 藍 *s* índigo.

3. A entrada do verbete é apresentada também na escrita japonesa (ideogramas).
   Ex.: **abura** 脂・膏 *s* gordura.

4. Quando grafada em *katakana,* significa que a palavra foi tomada emprestada de língua estrangeira, sendo feita menção à sua origem.
   Ex.: **abunōmaru** アブノーマル (*ingl abnormal*) ~ *na, adj*: anormal.

5. Uma letra ou um termo entre colchetes indica acepção alternativa, homófona.
   Ex.: **aburake** 油[脂]気 *s* oleosidade.

6. A classe gramatical do vocábulo é indicada pela sua abreviatura em itálico e está assinalada conforme as designações feitas em japonês.
   Ex.: **airashii** 愛らしい *adj* gracioso(a), cheio(a) de graça.

7. O registro, destacado em itálico, indica área do conhecimento ou tipo de linguagem.
   Ex.: **ahen** 阿片 *s Bot* ópio.

8. Os diferentes sentidos de uma mesma palavra vêm numerados e destacados em negrito.
   Ex.: **abisekakeru** 浴せかける *v* **1** banhar. **2** atacar violentamente.

9. O sinal ~ é usado para substituir a entrada do verbete, nos exemplos e expressões.
   Ex.: **airon** アイロン (*ingl iron*) *s* ferro de passar roupa. ~ 台~ *dai*: tábua de passar. 電気 ~ *denki* ~: ferro elétrico.

10. Expressões comuns utilizadas em japonês são apresentadas no final dos verbetes da seguinte maneira: primeiro em ideogramas e depois em alfabeto latino; em seguida a tradução para o português.
    Ex.: **amarimono** 余り物 *s* 残り物 *nokorimono*: sobra, resto, último. 不用な物 *fuyō na mono*: supérfluo. *provérbio* 余り物に福がある *amarimono ni fuku ga aru*: o que restou traz a sorte.

11. Para melhor compreensão da definição ou do emprego correto da palavra, exemplifica-se com frases claras e objetivas.
    Ex.: **ageoroshi** 上げ下ろし *s* levantar e abaixar. 荷物の~ *nimotsu no* ~: levantar e abaixar a bagagem.

12. As remissões, introduzidas pela abreviatura *V* (veja), indicam vocábulos mais usuais.
    Ex.: **ginnan** 銀杏 *s Bot* castanha de *ginkgo*. *V* **ichō** 銀杏・公孫樹.

Abreviaturas usadas nesta obra

abrev	Abreviatura	*Des*	Desenho
Acús	Acústica	*dial*	Dailetal
adj	Adjetivo	*Dir*	Direito
adv	Advérbio	*Ecles*	Eclesiástico
Aeron	Aeronáutica	*Ecol*	Ecologia
Agr	Agricultura	*Econ*	Economia
Agron	Agronomia	*Educ*	Educação
al	Alemão	*Eletr*	Eletricidade
Álg	Álgebra	*Eletrôn*	Eletrônica
amer	Inglês americano	*Entom*	Entomologia
Anat	Anatomia	*esp*	Espanhol
ant	Antigo	*Esp*	Esporte
Antrop	Antropologia	*Estat*	Estatística
ár	Árabe	*expr*	Expressão
arc	Arcaísmo	*Farm*	Farmácia
Arit	Aritmética	*fem*	Feminino
Arqueol	Arqueologia	*Ferrov*	Ferrovia
Arquit	Arquitetura	*fig*	Figurado
Astr	Astronomia	*Filos*	Filosofia
Astrol	Astrologia	*Fís*	Física
Beis	Beisebol	*Fís nucl*	Física nuclear
Bel-art	Belas-artes	*Fisiol*	Fisiologia
Biol	Biologia	*Fon*	Fonética
Bioquím	Bioquímica	*Fot*	Fotografia
Bot	Botânica	*fr*	Francês
bras	Brasileirismo	*Genét*	Genética
Bud	Budismo	*Geod*	Geodésia
Catól	Católico	*Geofís*	Geofísica
chin	Chinês	*Geogr*	Geografia
Cin	Cinema	*Geol*	Geologia
Cir	Cirurgia	*Geom*	Geometria
Com	Comércio	*Ginást*	Ginástica
conj	Conjunção	*gír*	Gíria
conj condic	Conjunção condicional	*gr*	Grego
Constr	Construção	*Gram*	Gramática
Cont	Contabilidade	*Heráld*	Heráldica
Cul	Culinária	*Hist*	História

hol	Holandês	*Paleont*	Paleontologia
Ictiol	Ictiologia	*Patol*	Patologia
Inform	Informática	*Pec*	Pecuária
ingl	Inglês	*pej*	Pejorativo
interj	Interjeição	*Poét*	Poético
ital	Italiano	*Polít*	Política
jap	Japonês	*pop*	Popular
Jur	Jurídico	*port*	Português
lat	Latino	*pref*	Prefixo
Ling	Linguística	*pron*	Pronome
Lit	Literatura	*Psicol*	Psicologia
loc	Locução	*Quím*	Química
Lóg	Lógica	*Rád*	Rádio
Mat	Matemática	*Rel*	Religião
Mec	Mecânica	*rus*	Russo
Med	Medicina	*s*	Substantivo
metaf	Metafórico	*sânsc*	Sânscrito
Metal	Metalurgia	*Sin*	Sinônimo
Meteor	Meteorologia	*Sociol*	Sociologia
Mil	Militar	*suf*	Sufixo
mim	Mimese	*Teat*	Teatro
Min	Mineração	*Tecel*	Tecelagem
Miner	Mineralogia	*Telev*	Televisão
Mús	Música	*Tip*	Tipografia
Nat	Natação	*Topogr*	Topografia
Náut	Náutica	*V*	Veja
num	Numeral	*v*	Verbo
obsol	Obsoleto	*v aux*	Verbo auxiliar
Odont	Odontologia	*Vest*	Vestimenta
onom	Onomatopeia	*Vet*	Veterinária
Ópt	Óptica	*voc*	Vocábulo
Ornit	Ornitologia	*vtd*	Verbo transitivo direto
p us	Pouco usado	*vulg*	Vulgarismo
Paleogr	Paleografia	*Zool*	Zoologia

A

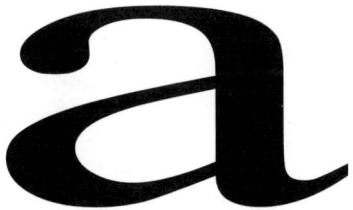

ā ああ *interj* [問いに答えて *toi ni kotaete*: em resposta] sim.
a! あっ *interj* [驚き *odoroki*: espanto] ah, oh!
abaku 発く *v* desenterrar, desmascarar.
abarabone 肋骨 *s Anat* costela.
abaraya あばら屋 *s* casebre.
abaredasu 暴れ出す *v* começar a agir violentamente; provocar alvoroço.
abarekko 暴れっ子 *s pop* criança desordeira.
abarekomu 暴れ込む *v* irromper.
abaremawaru 暴れ回る *v* enfurecer-se; assolar; devastar.
abaremono 暴れ者 *s* desordeiro.
abareru 暴れる *v* enfurecer-se; assolar; devastar; agir violentamente.
abareuma 暴れ馬 *s* cavalo indomável.
abata 痘痕 *s* marca deixada por bexiga. 〜もえくぼ 〜*mo ekubo*: o amor é cego.
abayo あばよ *interj* adeus.
abazure あばずれ *s vulg* mulher ordinária, vagabunda.
abekku アベック (*fr avec*) *s pop* homem e mulher juntos, casal.
abekobe あべこべ *s pop* invertido, contrário.
abiru 浴る *v* 1 banhar-se; ser exposto a. 2 beber demais.
abisekakeru 浴せかける *v* 1 banhar. 2 atacar violentamente.
abiseru 浴せる *v* 1 banhar. 2 atacar violentamente.
abu 虻 *s Entom* mutuca.
abuku 泡 *s pop* espuma. *gír* 〜銭 〜*zeni*: dinheiro fácil.
abumi 鐙 *s* estribo.
abunagaru 危ながる *v* ter medo, sentir-se inseguro.
abunage 危な気 *s* perigo, risco. 〜*na*, *adj*: perigoso, arriscado.
abunai 危ない *adj* 1 perigoso, arriscado. 2 duvidoso, questionável. 3 crítico, grave, sério.
abunakkashii 危なっかしい *adj pop* instável, inseguro.
abunaku 危なく *adv* perigosamente, por pouco.
abunasa 危なさ *s* perigo.
abunōmaru アブノーマル (*ingl abnormal*) 〜*na*, *adj*: anormal.
abura 油 *s* óleo. 〜がのる 〜*ga noru*: interessar-se. 〜を売る 〜*o uru*: vadiar, gazetear. 〜を絞る 〜*o shiboru*: dar uma reprimenda.
abura 脂・膏 *s* gordura.

aburaase 脂汗 *s* suor causado por tensão.
aburae 油絵 *s* pintura a óleo.
aburaenogu 油絵具 *s* tinta a óleo.
aburagami 油紙 *s* papel de embrulho impermeável.
aburage 油揚げ *s Cul* tofu fatiado frito.
aburagitta 脂ぎった *expr* brilhante devido a óleo; gordo.
aburagusuri 油薬 *s* pomada ou linimento à base de óleo.
aburaitame 油いため *s* refogado.
aburakasu 油糟 *s* bagaço proveniente da prensagem de sementes oleaginosas.
aburake 油[脂]気 *s* oleosidade.
aburakkoi 脂っ濃い *adj* 1 gorduroso. 2 insistente.
aburami 脂身 *s* carne gordurosa.
aburamushi 油虫 *s Entom* 1 ごきぶり *gokiburi*: barata. 2 pulgão.
aburana 油菜 *s Bot* colza.
aburasashi 油差し *s* almotolia.
aburashibori 油搾り *s* prensa de óleo.
aburashō 脂性 *s* pele oleosa.
aburatanku 油タンク *s* tanque de óleo.
aburatsubo 油壷 *s* vaso de óleo.
abure あぶれ *s pop* desempregado.
aburemono あぶれ者 *s pop* desempregado, patife.
abureru あぶれる *v pop* não conseguir trabalho.
aburidashi 焙り出し *s* letra ou desenho escrito com tinta invisível, visível quando aquecido ao fogo.
aburu 焙る *v* assar, tostar, secar ou aquecer ao fogo.
āchi アーチ (*ingl arch*) *s* abóbada.
achikochi あちこち *pron* 1 aqui e ali. 2 invertido.
achira あちら *pron* aquele, o outro, lá.
ada 仇 *s* 1 inimigo, dano. 2 injúria. 3 ruína. 4 invasão. 〜を返す 〜*o kaesu*: vingar, retaliar. 恩を〜で返す *on o* 〜*de kaesu*: retribuir um favor com ofensa.
ada 徒 *s* inútil, efêmero.
ada 婀娜 *s fem pop* sensual, sedutora.
adabana 徒花 *s* flor sem fruto, inútil.
adana 綽名 *s* apelido.
adappoi 婀娜っぽい *adj fem pop* voluptuosa, sedutora.
adauchi 仇討ち *s arc* vingança, retaliação.
adeyaka 艶やか *adj fem* fascinante, atraente, charmosa.
adokenai あどけない *adj* inocente, ingênuo, infantil.
aegi 喘ぎ *s* arquejo, ofego.

aegu 喘ぐ *v* arquejar, ofegar.
aemono 和え物 *s* peixe ou legume temperado com vinagre, gergelim e missô.
aen 亜鉛 *s* zinco.
aenai 敢ない *adj* efêmero, trágico.
aenaku 敢なく *adv* tragicamente.
aenban 亜鉛版 *s* placa de zinco.
aenbiki 亜鉛引き *adj* galvanizado.
aenka 亜鉛華 *s* óxido de zinco.
aenmekki 亜鉛めっき *s* galvanização.
aentoppan 亜鉛凸版 *s* placa anastática.
aeru 和える *v* temperar com vinagre, gergelim e missô.
aete 敢えて *adv* forçosamente, especialmente.
afure 溢れ *s* transbordamento.
afureru 溢れる *v* transbordar, entornar, derramar-se.
afutāsābisu アフターサービス (*ingl* de invenção japonesa *after+service*) *s* assistência pós-venda.
agaki 足掻き *s* debatidura.
agaku 足掻く *v* debater-se.
agameru 崇める *v* respeitar, reverenciar.
aganau 贖う *v* compensar, reparar.
agari 上り *s* 1 subida. 2 avanço. 3 conclusão de tarefa.
-agari -上り *suf* recém-saído da situação ou condição. 雨〜 *ame*〜: logo após a chuva. 病気〜 *byōki*〜: logo após recuperar-se de uma doença.
agaridaka 上り高 *s* faturamento, renda, colheita.
agaridan 上り段 *s* escada.
agarikomu 上がり込む *v* entrar em casa alheia.
agarikuchi 上がり口 *s* entrada da casa.
agarime 上がり目 *s* 1 olhos amendoados. 2 início de elevação (de preço, valor).
agariori 上がり降り *s* subir e descer.
agarisagari 上がり下がり *s* flutuação, ascensão e queda.
agaru 上[揚]がる・昇る *v* 1 subir, ascender. 2 entrar na casa. 3 visitar. 4 encarecer. 5 chegar ao fim. 6 ficar nervoso. 7 comer, beber. 8 ser preso. 9 ficar pronto (fritura). 物価が〜 *bukka ga* 〜: o custo de vida aumenta. 給料が〜 *kyūryō ga* 〜: o salário aumenta.
agattari あがったり *s* e *adj pop* comércio em queda.
age[1] 揚げ *s Cul* fritura, tofu fatiado frito.
age[2] 揚げ[着物の] *s* prega de vestuário.
ageashi 揚げ足 *s* 〜取り 〜*tori*: procurar erro na fala de outrem.
ageku 挙句 *s* final. 〜の果てに 〜*no hate ni*: para piorar as coisas. よくよく考えた〜 *yokuyoku kangaeta*〜: após pensar bem. 長く患った〜 *nagaku wazuratta* 〜: após adoecer por muito tempo.
agekudashi 上げ下し *s* vomitar e ficar com diarreia.
agemono 揚げ物 *s* fritura.
agenabe 揚げ鍋 *s* frigideira.
ageoroshi 上げ下ろし *s* levantar e abaixar. 荷物の〜 *nimotsu no* 〜: levantar e abaixar a bagagem.
ageru 上[揚・挙]げる *v* elevar, aumentar o grau ou valor, fritar, oferecer, mostrar, concluir, dar, deixar entrar, levantar a voz, produzir resultado, mencionar, prender, dar à luz, soltar fogos, empinar pipa.
agesage 上げ下げ *v* levantar e abaixar, elogiar e censurar.

ageshio 上潮 *s* maré alta.
agesōba 上げ相場 *s* cotação em alta.
agete 挙げて *adv* tudo, todo.
agesoko 上げ底 *s* fundo falso elevado.
-agezu -上げず *suf* sem intervalo. 三日に〜たずねてくる *mikka ni* 〜 *tazunete kuru*: não deixa passar três dias para visitar.
ago 顎・頤 *s* queixo, maxilar, mandíbula. 〜で使う 〜*de tsukau*: dar ordens. 〜が干上がる 〜*ga hiagaru*: morrer de fome. 〜を出す 〜*o dasu*: ficar exausto. 〜をはずす 〜*o hazusu*: gargalhar.
agohige 顎ひげ *s* cavanhaque.
agohimo 顎紐 *s* barbicacho.
agumu 倦む *v* aborrecer-se, enfadar-se.
agura 胡座 *s* 1 sentar-se com as pernas cruzadas. 2 descansar sobre a fama.
agureman アグレマン (*fr agrément*) *s* Agrément.
ahen 阿片 *s Bot* ópio.
ahiru 家鴨 *s Ornit* pato.
ahisan 亜砒酸 *s* ácido arsenioso.
ahō 阿呆 *s* e *adj pop dial* tolo, bobo.
ahōdori 信天翁 *s Ornit* albatroz.
ahorashii 阿呆らしい *adj dial* absurdo, ridículo, insensato.
ai 愛 *s* amor, afeição.
ai 藍 *s* índigo.
ai- 相- *pref* mutuamente. 〜信ずる 〜*shinzuru*: confiar um no outro. 〜並んで立つ 〜*narande tatsu*: ficar ombro a ombro.
aiba 愛馬 *s* cavalo de estimação.
aibetsu 哀別 *s* despedida triste.
aibeya 相部屋 *s* dividir um quarto.
aibiki 逢引・媾曳 *s* encontro secreto de um casal.
aibo 愛慕 *s* amor profundo, devoção.
aibō 相棒 *s pop* parceiro.
aibore 相惚れ *s pop* amor mútuo, recíproco.
aibu 愛撫 *s* carinho, carícia.
aibyō 愛猫 *s* gato de estimação.
aichaku 愛着 *s* afeição, fixação.
aichō 哀調 *s* pesaroso, triste.
aichō 愛鳥 *s* gostar de aves.
aida 間 *s* distância, intervalo, período, espaço, relação entre pessoas. 〜を置いて 〜*o oite*: deixando um intervalo. 行と行との〜 *gyō to gyō to no* 〜: espaço entre uma linha e outra.
aidagara 間柄 *s* relação entre pessoas.
aideshi 相弟子 *s* codiscípulo, coaprendiz.
aidoku 愛読 *s* gosto pela leitura. 〜する, *v*: gostar de ler.
aidokusha 愛読者 *s* leitor assíduo, admirador de um autor.
aidokusho 愛読書 *s* livro favorito.
aienka 愛煙家 *s* fumante.
aifu 合符 *s* etiqueta de guarda-volume de estação.
aifuda 合札 *s* ficha entregue pelo guarda-volume.
aigan 哀願 *s* súplica, imploração.
aigan 愛玩 *s* favorito, querido. 〜物 〜*butsu*: objeto preferido. 〜動物 〜*dobutsu*: animal de estimação.
aigi 間着 *s* 1 roupa usada entre a roupa de baixo e de cima. 2 roupa de meia-estação.
aigi 愛妓 *s* gueixa favorita.
aigi 愛戯 *s* brincadeira amorosa.
aigin 愛吟 *s* poema favorito.
aigo 愛護 *s* trato carinhoso.

aigusuri 合薬 *s pop* medicamento apropriado para as características físicas da pessoa.

aihan 合判 *s* carimbo de conferência, assinatura conjunta.

aihan suru 相反する *v* opor, conflitar, ser contrário.

aiiku 愛育 *s* criar com amor.

aiin 愛飲 *s* gostar de beber. ~*suru, v*: beber regularmente. ~家 ~*ka*: pessoa que bebe regularmente.

aiin 合印 *s* carimbo de conferência.

aiirenai 相容れない *expr* ser incompatível com, inconsistente.

aiiro 藍色 *s* cor de anil, azul-escuro.

aiji 愛児 *s* criança querida.

aijin 愛人 *s* amante.

aijirushi 合印 *s* sinal para mostrar que é semelhante.

aijō 愛情 *s* amor.

aijō 愛嬢 *s* filha querida de outra pessoa.

aika 哀歌 *s* poema triste.

aikagi 合鍵 *s* chave mestra, chave reserva.

aikan 哀歓 *s* alegrias e tristezas.

aikata 合方 *s* pessoa que faz o acompanhamento de uma música tocando um instrumento.

aikata 相・敵娼 *s* prostituta que acompanha o cliente.

aikawarazu 相変らず *adv* como sempre, como antes.

aikei 愛敬 *s* amar e respeitar.

aiken 愛犬 *s* cão de estimação.

aikidō 合気道 *s* arte marcial derivada do judô.

aiko 愛顧 *s* preferência, ser o preferido.

aiko 相子 *s pop* empate, quite.

aikō 愛好 *s* amor, gosto por coisas. ~*suru, v*: gostar de.

aikoku 愛国 *s* amor pela pátria. ~の情 ~*no jō*: sentimento patriótico. ~主義 ~*shugi*: nacionalismo. ~運動 ~*undō*: movimento nacionalista.

Aikokufujinkai 愛国婦人会 *s obsol* associação patriótica das mulheres.

aikokusha 愛国者 *s* patriota.

aikokushin 愛国心 *s* amor pela pátria.

aikōsha 愛好者 *s* amante de alguma coisa. 音楽~ *ongaku* ~: amante da música.

aikotoba 合言葉 *s* senha, lema.

aikuchi 匕首 *s* punhal.

aikugi 合[間]釘 *s* prego de duas pontas.

aikurushii 愛くるしい *adj* bonitinho, engraçadinho, encantador.

aikyaku 相客 *s* pessoa com quem se divide a mesa ou o quarto.

aikyō 愛嬌 *s* simpatia. ~者 ~*mono*: pessoa simpática. ~のある ~*no aru*: simpático, engraçadinho.

aikyōshin 愛郷心 *s* amor à terra natal.

aima 合間 *s* intervalo, interstício.

aimai 曖昧 *s* ambiguidade. ~*na, adj*: ambíguo, vago, evasivo. ~さ ~*sa*: ambiguidade.

aimaiya 曖昧屋 *s vulg* prostíbulo, casa mal-afamada.

aimatsu 相俟つ *v* conjugar as coisas ou forças.

aimitagai 相身互い *s* cooperação entre pessoas de mesma condição. 武士は~ *bushi wa* ~: os samurais devem ajudar-se mutuamente.

aimochi 相持ち *s* 1 copropriedade. 2 divisão de despesas, ajuda mútua. 3 empate, equilíbrio entre a capacidade de duas pessoas. ~*suru, v*: possuir em conjunto.

aimuko 相婿 *s* maridos de duas irmãs.

ainezumi 藍鼠 *s* cor anil acinzentado.

ainiku 生憎 *adv* infelizmente, por falta de sorte. ~留守でした ~ *rusu deshita*: Infelizmente, estava ausente.

ainoko 合[間]の子 *s vulg* mestiço(a), híbrido, misto. *V* **konketsuji** 混血児.

ainori 相乗り *s pop* ~*suru, v*: embarcar no mesmo veículo; participar do empreendimento alheio.

ai no su 愛の巣 *s* ninho de amor, morada de dois apaixonados.

ai no te 合の手 *s* 1 interlúdio, intermédio. 2 palmas ou vozes que acompanham o ritmo da música.

airaku 哀楽 *s* tristeza e alegria. 喜怒~ *kido*~: os vários sentimentos [contentamento, ira, tristeza, prazer].

airashii 愛らしい *adj* gracioso(a), cheio(a) de graça.

airen 哀憐 *s* piedade, compaixão.

airo 隘路 *s* 1 rua (passagem, trilha) estreita. 2 obstáculo, dificuldade.

airon アイロン (*ingl iron*) *s* ferro de passar roupa. ~台 ~*dai*: tábua de passar. 電気~ *denki*~: ferro elétrico.

aisai 愛妻 *s* esposa amada, amor (dedicação) à esposa.

aisatsu 挨拶 *s* 1 cumprimento, saudação. 2 discurso de saudação. 3 resposta, retribuição. 4 aviso, comunicado.

aiseki 相席 *s* ~*suru, v*: sentar-se à mesma mesa, compartilhar a mesma mesa.

aiseki 哀惜 *s* pesar (pela morte de alguém). ~の念に堪えない ~*no nen ni taenai*: sentir um insuportável pesar.

aiseki 愛惜 *s* apego. ~の品 ~*no shina*: objeto que se guarda com todo zelo.

aisessuru 相接する *v* 1 encontrar, reunir-se; contatar. 2 ligar-se a, associar-se a.

aisetsu 哀切 *s* ~*na, adj*: doloroso, extremamente triste, patético.

aishadō アイシャドー (*ingl eye shadow*) *s* sombra (para maquiar os olhos).

aishi 哀史 *s* história trágica (patética).

aishi 哀詩 *s* elegia.

aishō 相性 *s* afinidade, compatibilidade de temperamento. ~がよい ~*ga yoi*: possuir temperamentos que combinam entre si. ~が悪い ~*ga warui*: ter gênios incompatíveis.

aishō 愛称 *s* apelido carinhoso, nome familiar.

aishō 愛唱 *s* ~*suru, v*: cantar com gosto (amor). ~歌 ~*ka*: canções favoritas.

aishō 愛誦 *s* ~*suru, v*: declamar; recitar com amor.

aishō 愛妾 *s* amante (concubina, amásia) favorita.

aishoka 愛書家 *s* amante de livros, bibliófilo.

aishū 哀愁 *s* saudade, nostalgia, tristeza inexplicável.

aiso 哀訴 *s* apelo, súplica, rogo, imploração.

aisō 愛想 *s* amabilidade, cortesia, afabilidade, hospitalidade, gentileza.

aison 愛孫 *s* neto(a) amado(a), neto(a) predileto(a).

aisotōpu アイソトープ (*ingl isotope*) *s Fís* isótopos.

aisōzukashi 愛想尽かし *s* ato de deixar de tratar alguém com gentileza, ou deixar de dar atenção, ou passar a tratar com frieza (descaso).

aisukurīmu アイスクリーム (*ingl ice cream*) *s*

sorvete. ～コーン ～*kōn*: sorvete de casquinha. ナポリ～ *napori*～: sorvete napolitano.
aisumanai 相済まない *expr* peço-lhe perdão.
aisuru 愛する *v* 1 amar, gostar muito de, ter profunda afeição. 2 apaixonar-se por.
aita 愛他 *s* altruísmo. ～的 ～*teki*: altruístico.
aita 開(空)いた *adj* 1 aberto(a). 2 livre, desocupado(a).
a, ita! あ、痛っ *interj* ai, que dor!
aitagai ni 相互いに *adv* reciprocamente, mutuamente.
aitai 相対 *s* 1 ato de ficar frente a frente. 2 concordância, acordo.
aitai suru 相対する *v* estar (ficar) frente a frente com o outro.
aitazusaete 相携えて *expr* juntos, de mãos dadas.
aite 相手 *s* 1 parceiro, companheiro, par. 2 adversário, oponente. ダンスの～ *dansu no* ～: parceiro da dança. 話～ *hanashi*～: companheiro de conversas. ～をする ～*o suru, v*: fazer companhia.
aitedoru 相手取る *v* ter como oponente, enfrentar.
aitekata 相手方 *s* a outra parte, a parte contrária (opositora).
aiteyaku 相手役 *s* par. ～の女優 ～*no joyū*: atriz que contracena, atriz coadjuvante.
aitō 哀悼 *s* condolência, lamentação, luto. ～の意を表する ～*no i o hyō suru*: expressar os pêsames. ～*suru, v*: lamentar pela morte.
aitsu 彼奴 *s vulg* aquele sujeito (cara), ele, ela.
aitsugu 相次ぐ *v* suceder ao outro, sobrevir.
aitsuide 相次いで *expr* sucessivamente, em sequência, seguidamente. ～破産した ～ *hasan shita*: faliram sucessivamente.
ā iu ああいう *adj* daquele tipo, daquele gênero. ～人 ～*hito*: pessoa como aquela. ～こと～ *koto*: fato semelhante àquele.
aiuchi 相打ち *s* 1 ato de bater ao mesmo tempo. 2 ato de os adversários se atingirem simultaneamente, empate.
aiueo あいうえお *s* silabário japonês. ～順 ～*jun*: ordem do silabário japonês.
aiwa 哀話 *s* tragédia, episódio patético (trágico), drama.
aiyado 相宿 *s* ato de hospedar-se com alguém no mesmo hotel. ～の客 ～*no kyaku*: hóspede do mesmo hotel.
aiyō 愛用 *s* uso habitual, o fato de gostar de usar. ～*suru, v*: preferir o uso de, gostar muito de usar, usar habitualmente.
aiyoku 愛欲 *s* 1 apego, paixão. 2 desejo sexual, luxúria.
aizō 愛憎 *s* amor e ódio. ～ない ～*nai*: imparcial.
aizō 愛蔵 *s* ato de guardar com zelo (carinho). ～*suru, v*: guardar com cuidado. ～の書 ～*no sho*: livro carinhosamente guardado.
aizu 合図 *s* sinal, aceno. ～を送る ～*o okuru*: enviar sinal.
aizuchi 相槌 *s* 1 ato de martelar, alternadamente, na forja de peça de ferro. 2 demonstração de concordância com a fala do interlocutor.
aji 味 *s* 1 sabor, gosto. 2 sensação. 貧乏の～を知る *binbo no* ～*o shiru*: sentir o gosto da pobreza.
aji アジ (*abrev* do *ingl agitation*) *s* agitação, instigação.

aji 鯵 *s Ictiol* cavala.
ajikagen 味加減 *s* adequação do tempero, sabor. ～を見る ～*o miru*: provar (se o tempero está bom).
ajikiki 味利き *s* 1 ato de provar o sabor da bebida alcoólica ou de outras bebidas. 2 pessoa que faz a prova, provador.
ajikinai 味気ない *adj* sem graça, sem atrativos, insípido. ～仕事 ～ *shigoto*: trabalho aborrecido.
ajimi 味見 *s* ato de provar o sabor. ～*suru, v*: provar o sabor.
aji na 味な *adj* espirituoso, interessante, elegante, esperto.
ajiro 網代 *s* 1 armação de vime ou bambu para capturar peixes. 2 trançado de vime, bambu ou madeira usado em construção.
ajiru アジる *v* agitar, instigar, suscitar.
ajisai 紫陽花 *s Bot* hortênsia.
ajito アジト (*abrev* do *ingl agitating point*) *s* 1 posto de comando dos agitadores (grevistas, manifestantes). 2 esconderijo dos participantes de movimentos secretos.
ajitsuke 味付け *s* 1 ato de temperar. 2 tempero.
ajiwaru 味わう *v* saborear, apreciar, sentir o gosto, experimentar.
aka 赤 1 a cor vermelha, o vermelho. 2 comunismo, comunista.
aka 垢 *s* 1 sujeira, impureza. 2 mácula, pecado.
aka 淦 *s* água que se acumula no fundo da embarcação.
aka 亜科 *s Biol* subfamília.
akaaka to 明々と *adv* intensamente iluminado(a), com abundante claridade.
akabamu 赤ばむ *v* adquirir a cor vermelha, avermelhar-se, envermelhar-se.
akabana 赤鼻 *s* nariz avermelhado, nariz de beberrão.
akabō 赤帽 *s* 1 boné vermelho. 2 carregador de bagagens.
akacha(iro) 赤茶(色) *s* marrom avermelhado, castanho avermelhado.
akachakeru 赤茶ける *v* adquirir a coloração marrom (castanho) avermelhado.
akachan 赤ちゃん *s* bebê, nenê.
akachin 赤チン *s pop* mercurocromo.
akadai 赤鯛 *s Ictiol* espécie de pargo.
akadaikon 赤大根 *s Bot* rabanete.
akadama 赤玉 *s pop* 1 bola vermelha. 2 *Miner* jaspe.
akafuda 赤札 *s* 1 etiquetas fixadas em mercadorias de ponta de estoque. 2 mercadorias de ponta de estoque, mercadorias vendidas.
akagami 赤紙 *s* 1 papel vermelho. 2 convocação para o serviço militar.
akagane 銅 *s* cobre. ～色 ～*iro*: cor de cobre.
akagawara 赤瓦 *s* telha vermelha.
akage 赤毛 *s* 1 cabelo ruivo. 2 pessoa ruiva.
akagetto 赤毛布 *s* 1 cobertor vermelho. 2 *pop* pessoa do interior, caipira, camponês. 3 gafe.
akagire 皸 *s* rachadura de pele causada pelo frio, frieira.
akago 赤子 *s* bebê, nenê.
akaguma 赤熊 *s Zool* urso-escuro (*Ursus arctos*).
akaguroi 赤黒い *adj* vermelho-escuro.
akagutsu 赤靴 *s* calçados (botas) marrons (cor de bronze, cor de ferrugem).

akahada 赤肌 *s* **1** pele esfolada. **2** montanha despida de vegetação.
akahadaka 赤裸 *s* nudez total. ～*no*: totalmente despido, completamente nu.
akahaji 赤恥 *s* grande vergonha, desonra, humilhação. ～をかく ～*o kaku*: passar uma grande vergonha.
akahata 赤旗 *s* **1** bandeira vermelha. **2** bandeira comunista (dos revolucionários, dos sindicatos trabalhistas).
akahige 赤髭 *s* **1** barba ruiva. **2** pessoa de barba ruiva.
akahon 赤本 *s* **1** *arc* livro ilustrado de capa vermelha, editado no período Edo. **2** *pop* livros populares com preços acessíveis, literatura popular.
akai 赤い *adj* **1** vermelho(a). **2** comunista.
akaji 赤地 *s* Tecel fundo vermelho.
akaji 赤字 *s* déficit. ～が増えた ～*ga fueta*: o déficit aumentou. 予算の～ *yosan no* ～: déficit no orçamento.
akajikeiei 赤字経営 *s* administração deficitária, negócios em déficit.
akajimiru 垢染みる *v* sujar-se, ficar sujo, impregnar-se de sujeira.
akajiyosan 赤字予算 *s* orçamento deficitário.
akakabu 赤蕪 *s* Bot rabanete (*Raphanus savitus*).
akamatsu 赤松 *s* Bot pinheiro vermelho japonês.
akameru 赤める *v* tornar vermelho, avermelhar.
akami 赤身 *s* **1** carne vermelha [especialmente de peixe]. **2** cerne [da madeira], durame.
akami 赤味 *s* vermelhidão, rubor. 頬に～がさした *hoo ni* ～*ga sashita*: as faces ficaram ruborizadas.
akamon 赤門 *s* **1** portão vermelho. **2** vulgarmente, indica a Universidade de Tóquio, a qual possui o portal vermelho, antigo. ～出 ～*de*: graduado na Universidade de Tóquio.
akamurasakiiro 赤紫色 *s* vermelho-púrpura, cor de vinho.
akanbo/akanbō 赤ん坊 *s* bebê, nenê. ～扱いをする ～*atsukai o suru*: tratar como um bebê.
akane 茜 *s* **1** Bot garança (*Rubia cordifolia*). **2** tinta extraída da garança.
akaneiro 茜色 *s* cor de garança, vermelho alaranjado.
Aka no hiroba 赤の広場 *s* Praça Vermelha [de Moscou].
aka no tanin 赤の他人 *s* pessoa totalmente estranha, pessoa com a qual não se tem nenhuma relação.
akantai 亜寒帯 *s* zona boreal ou austral.
akanu 飽かぬ *expr* incansável, infatigável.
akanuke 垢抜け *s* refinamento, elegância, maneira polida de ser, jeito urbano. ～た人 ～*ta hito*: pessoa refinada, polida.
akaoni 赤鬼 *s* **1** ogro (diabo) vermelho. **2** pessoa impiedosa (inclemente, inexorável, cruel).
akaragao 赤ら顔 *s* face rosada, rosto vermelho.
akarameru 赤らめる *v* corar. 顔を～ *kao o* ～: ficar com a face rosada, ficar com o rosto vermelho.
akaramu 赤らむ *v* ruborizar-se, ficar vermelho, corar.
akaranpu 赤ランプ *s* luz vermelha, sinal vermelho, sinal de perigo.
akarasama あからさま *s* **1** franqueza, clareza. ～な人 ～*na hito*: pessoa franca. **2** fato de não ter papas na língua.
akari 明かり *s* luz, luminosidade, raio de luz, claridade.
akaritori [mado] 明かり取り[窓] *s* abertura para entrada de luz, claraboia.
akarui 明るい *adj* **1** claro, luminoso [ambiente]. **2** [pessoa] alegre, simpática, expansiva, bem-disposta, dinâmica.
akarumi 明るみ *s* **1** lugar claro (com luz). **2** local público, conhecimento público. ～に出る ～*ni deru*: tornar-se público.
akarusa 明るさ *s* **1** luz, luminosidade, claridade [do ambiente]. **2** alegria, dinamismo [de pessoa].
akasenkuiki [chitai] 赤線区域[地帯] *s* zona de meretrício.
akashi 証 *s* testemunho, prova, evidência.
akashia アカシア (*lat Acacia*) *s* Bot acácia.
akashi(chijimi) 明石(縮み) *s* crepe (tecido) de seda de Akashi [município ao sul da província de Hyogo].
akashika 赤鹿 *s* Zool veado (cervo)-vermelho (*Cervus elaphus*).
akashinbun 赤新聞 *s pop* jornal sensacionalista, especializado em escândalo.
akashingō 赤信号 *s* **1** sinal (semáforo) vermelho de trânsito. **2** sinal de perigo, de dificuldade.
akashio 赤潮 *s* águas ou marés com plâncton, de cor avermelhada.
akasu 明かす *v* **1** passar a noite em claro. **2** iluminar o lugar sombrio. **3** revelar.
akasu 飽かす *v* enjoar, aborrecer, fartar.
akasugi 赤杉 *s Bot* sequoia.
akatonbo 赤蜻蛉 *s Entom* libélula vermelha.
akatsuchi 赤土 *s* ocre (minério ou tinta), lama, terra vermelha.
akatsuki 暁 *s* madrugada, alvorada, aurora, alva, amanhecer.
akazu 飽かず *expr* sem se cansar, sem se aborrecer.
-ake -明け *suf* término, fim. 連休～ *renkyū*～: final de feriado prolongado.
ake 朱 *s* **1** vermelho. **2** cabelos ruivos. ～に染まる ～*ni somaru*: tingir-se de vermelho.
akebono 曙 *s* aurora, arrebol da manhã.
ākēdo アーケード (*ingl arcade*) *s* arcada.
akegata 明け方 *s* madrugada, aurora, alva, alvorada.
akehanashi 明け放し *s* **1** ato de deixar aberto (a porta, a janela, a tampa), fato de estar todo aberto (escancarado). **2** ato de mostrar (deixar-se ver como é). ～*na, adj*: sincero, espontâneo, franco.
akehanasu 明け放す *v* abrir inteiramente, deixar aberto por completo, escancarar.
akeharau 明(開)け払う *v* **1** abrir inteiramente, deixar aberto por completo. **2** desocupar (uma casa, um quarto).
akekure 明け暮れ *s* dia e noite, manhã e noite, cedo e tarde. *adv* sempre, dia após dia, todo o tempo, o dia inteiro.
ake no kane 明けの鐘 *s* badalada da manhã, dobre de sino matinal, soar do sino da alvorada.
ake no myōjō 明けの明星 *s pop Astr* estrela-d'alva, Vênus.
akeppanashi 明けっ放し *s V* **akehanashi** 開け放し.

akeppiroge あけっぴろげ *s* sinceridade, franqueza. ～**na**, *adj*: sincero(a), franco(a), aberto(a), honesto(a).
akeru 明ける *v* **1** amanhecer, clarear. **2** chegada do Ano-Novo.
akeru 開[明]ける *v* **1** abrir. **2** começar, instalar. **3** esvaziar, desobstruir, desocupar.
akesuke あけすけ *s* franqueza. ～**na**, *adj*: franco, direto, claro, sem papas na língua.
aketate 開け閉て *s* ato de abrir e fechar.
akete 明けて *expr* no início do Ano-Novo, entrando no Ano-Novo.
aketemo kuretemo 明けても暮れても *expr* sempre, todo o tempo, de dia e de noite.
akewatashi 明け渡し *s* desocupação, evacuação, entrega de imóvel.
akewatasu 明け渡す *v* desocupar, evacuar, entregar imóvel.
aki 空き *s* **1** abertura. **2** vaga, espaço desocupado, vazio. **3** horas vagas, tempo livre.
aki 秋 *s* outono.
aki 飽き *s* tédio, enjoo, aborrecimento, enfado.
aki- 空[明]き- *pref* vazio, vago, desocupado, livre. ～**屋** ～*ya*: imóvel desocupado. ～**箱** ～*bako*: caixa vazia.
akiaki suru 飽き飽きする *v* enfadar-se, cansar-se, aborrecer-se, sentir-se farto, entediar-se.
akibare 秋晴れ *s* belo dia de outono, céu outonal límpido.
akibin 空き瓶 *s* garrafa vazia.
akibiyori 秋日和 *s* lindo dia de outono.
akichi 空き地 *s* terreno desocupado, propriedade vazia.
akigiku 秋菊 *s* crisântemo de outono.
akiguchi 秋口 *s* início de outono.
akihateru 飽き果てる *v* entediar-se ao extremo, cansar-se completamente, enjoar-se.
akikaze 秋風 *s* brisa de outono.
akima 明[空]き間 *s* **1** quarto desocupado, quarto para alugar. **2** brecha, vão.
akimaki 秋蒔き *s* semeadura de outono, espécies semeadas no outono.
akimeku 秋めく *v* entrar na estação de outono.
akimekura 明き盲 *s* **1** pessoa com cegueira. **2** pessoa sem instrução, ignorante, analfabeta.
akimise 明[空]き店 *s* casa comercial desocupada.
akinai 商い *s* comércio, negócio, intercâmbio de mercadorias, transação de produtos.
akinau 商う *v* comerciar, negociar, transacionar.
akindo 商人 *s ant* comerciante, negociante, mercador, revendedor.
akippoi 飽きっぽい *adj pop* enjoado, fácil de enjoar, enjoativo, chato.
akiraka 明らか *adj* **1** claro, brilhante. **2** はっきりした *hakkirishita*: ～*na*, *adj*: claro, nítido, distinto, evidente, patente, explícito, óbvio. 分かりきった *wakarikitta*: evidente, óbvio, manifesto, explícito, expresso, declarado. 確かな *tashikana*: decisivo, inquestionável, indiscutível, indubitável. 明かに *akirakani*: ～*ni*: claramente, evidentemente, obviamente, indubitavelmente. ～にする ～*ni suru*: esclarecer, evidenciar, revelar, anunciar. ～になる ～*ni naru*: ficar claro. 確認される *kakunin sareru*: ser comprovado. 分かる *wakaru*: ser revelado. **3** 通じている *tsūjiteiru*: ～*na*: entendido, *expert*.
akirame 諦め *s* 断念 *dannen*: desistência, renúncia, abandono. 仕方がないと観念すること *shikataga nai to kannen suru koto*: resignação, desistência.
akirameru 諦める *v* 断念する *dannen suru*: desistir, renunciar. 観念する *kannen suru*: resignar-se, desolar-se, desiludir-se, desacreditar.
akiregao 呆れ顔 *s* expressão de desconsolo ou desilusão.
akirehateru [**kaeru**] 呆れ果てる[返る] *v* ficar completamente desolado, desconsolado, desgostoso.
akireru 呆れる *v* desolar-se, desiludir-se, ficar atônito, ficar boquiaberto, chocar-se, surpreender-se, decepcionar-se, escandalizar-se, desconsolar-se. 愛想をつかす *aisō o tsukasu*: desgostar-se, chocar-se, escandalizar-se. ～ほど ～ *hodo*: surpreendente, absurdo. 呆れた値段 *akireta nedan*: preço exorbitante. 呆れて物が言えない *akirete mono ga ienai*: ficar atônito, boquiaberto. 呆れたね *akireta ne!*: que absurdo!; que horror!
Akiresuken アキレス腱 *s Anat* tendão calcâneo.
akiru 飽[厭]きる *v* **1** いやになる *iya ni naru*: entediar-se, cansar-se, desinteressar-se, enjoar. **2** 食傷する *shokushō suru*: ficar enjoado. ～ほど ～ *hodo*: ficar satisfeito, cheio, até não querer mais.
akisaku 秋作 *s* 秋に栽培する *aki ni saibai suru*: produtos cultivados ou amadurecidos no outono.
akisame 秋雨 *s* chuva de outono.
akishō 飽き性 *adj* enjoado, chato, que se cansa com facilidade.
akisu [**nerai**] 空巣[狙い] *s* invasão de casa vazia. ladrão. ～が頻繁だ ～ *ga hinpan da*: na ausência dos moradores os ladrões agem com mais desenvoltura.
akitaranai 飽き足らない *expr* (事物が *jibutsu ga*): insatisfatório, insuficiente. (人が...に *hito ga...ni*): insatisfeito com. ～気持ち ～ *kimochi*: insatisfação.
akitsukami 現つ神 *s* deus encarnado. (天皇の尊称 *tennnō no sonshō*): denominação respeitosa do imperador como divindade manifesta.
akiue 秋植え *s* plantio de outono.
akiya 空[明]き家 *s* casa vazia, inabitada, desocupada.
akiyashiki 空[明]き屋敷 *s* (住んでいない屋敷 *sundeinai yashiki*): mansão vazia. 建物のない屋敷 *tatemono no nai yashiki*: terreno vazio.
akizora 秋空 *s* céu (límpido) de outono.
akka 悪化 *s* 状態の～ *jotai no* ～: piora, agravamento. 品質などの *hinshitsu nado no*: decaída. 心性・風俗などの *shinsei/fuzoku nado no*: degeneração. ～する, *v*: piorar. 悪くなる *waruku naru*: piorar, agravar-se. 激しくなる *hageshiku naru*: intensificar-se. 事態が～する *jitai ga* ～ *suru*: tornar-se sério, crítico, alarmante.
akka 悪貨 *s* moeda ruim. ～は良貨を駆逐する～ *wa ryōka o kuchiku suru*: moeda ruim contamina moeda boa.
akkan 悪漢 *s* vilão, mau-caráter.
akkan 悪感 *s* sensação ruim, desagradável, má impressão.
akkan 圧巻 *s* 最もすぐれた部分 *mottomo sugureta*

bubun: a melhor parte (de um livro). 他よりすぐれたもの *hoka yori sugureta mono*: obra-prima.

akke 呆気 *s* perplexidade, estarrecimento. ～に取られる ～*ni torareru*: ficar perplexo, atônito, estarrecido, estupefato, boquiaberto.

akkei 悪計 *s* trama, conluio, colusão, maquinação.

akkenai 呆気ない *adj* insuficiente, sem graça, decepcionante, frustrante, desestimulante, desinteressante. 呆気なく *akke naku*: rapidamente, rápido.

akkerakan to あっけらかんと *adv* distraidamente, inertemente, vagamente, com perplexidade, irresolutamente, atonitamente, com hesitação, com titubeio.

akki 悪鬼 *s* demônio, espírito maligno. ～につかれる ～*ni tsukareru*: ser tomado pelo demônio, endemoniar-se.

akkō 悪口 *s* ofensa verbal, xingamento, maledicência, maldizer, murmuração, blasfêmia, ultraje.

akkyū 悪球 *s Beis* bola ruim, arremesso ou lançamento ruim.

akōdeon アコーデオン (*fr accordéon*) *s Mús* acordeão, sanfona.

akogare 憧れ *s* sonho, anseio, aspiração. 崇拝 *sūhai*: adoração, admiração, desejo. に～を持つ *ni ～o motsu*: ansiar por.

akogareru 憧れる *v* aspirar, ansiar, sonhar. 崇拝する *suhai suru*: admirar, adorar. 都会～ *tokai ni ～*: sonhar com a cidade.

akogi 阿漕ぎ *s pop* 1 repetição malévola. 2 perseguição sem fim. 3 ser persistente. ～*ni*, *adv*: 1 unicamente, frequentemente. 2 tenazmente.

aku 灰汁 *s* 1 travo, cica, sabor adstringente. 2 nódoa, mancha, mácula, impureza. 3 barrela, lixívia. 4 cinza. 5 aspereza. ～の強い人 ～*no tsuyoi hito*: pessoa áspera, amarga. ～の抜けた人 ～*no nuketa hito*: pessoa refinada.

aku 悪 *s* mal, imoralidade, infração. ～に陥る ～*ni ochiiru*: cair na tentação.

aku 明[開・空]く *v* 1 開く *hiraku*: abrir, abrir-se. 2 começar, iniciar, abrir. 3 空になる *kara ni naru*: vagar. あいている家 *aiteiru ie*: casa desocupada; 席があいている *seki ga aite iru*: lugar vago, posição/ocupação vaga. 4 用済み *yōzumi*: perder a utilidade; não estar sendo usado. 5 満期になる *manki ni naru*: expirar, terminar, encerrar-se.

aku 飽[厭]く *v* ～ことを知らぬ ～*koto o shiranu*: não se satisfaz, não se cansa, insaciável. *V* **akiru** 飽[厭]きる.

akuba 悪罵 *s* abuso, maldição, praga, imprecação, vilipêndio, aviltamento, calúnia, difamação. ～*suru*, *v*: rogar maldição. ～を浴びせる ～*o abiseru*: lançar praga, fazer alvo de difamação.

akubi 欠伸 *s* bocejo. ～*suru*, *v*: bocejar. ～の出るような ～*no deru yō na*: entediante, cansativo.

akuchi 悪血 *s* sangue impuro, sangue contaminado.

akudama 悪玉 *s* mau-caráter, pessoa má.

akudō 悪童 *s* criança má, arteira.

akudoi あくどい *adj* 1 けばけばした *kebakebashita*: carregado, vistoso, chamativo. 2 しつこい *shitsukoi*: insistente, persistente, inconveniente. 3 度を過ぎた *do o sugita*: exagerado, que ultrapassa os limites.

akueikyō 悪影響 *s* má influência. ～を及ぼす ～*o oyobosu*: exercer má influência. ～をうける ～*o ukeru*: receber má influência.

akueki 悪疫 *s* praga, peste, epidemia.

akuen 悪縁 *s* 1 悪因縁 *akuinnen*: má afinidade, destino ruim. 2 添われぬ縁 *sowarenu en*: falta de afinidade.

akufū 悪風 *s* vícios, mau hábito, mau costume. 世の～に染まる *yo no ～ni somaru*: assimilar os vícios do mundo.

akugata 悪方 *s Teat* vilão.

akugō 悪業 *s Hist* 悪行 *akugyō*: má ação. 前世の～ *zensei no ～*: carma, consequência de vidas anteriores, erro.

akugyō 悪行 *s* má ação, maldade, crueldade. ～にふける ～*ni fukeru*: cair na depravação.

akuheki 悪癖 *s* vício, mau hábito. *V* **akushū** 悪習. 飲酒の～ *inshu no ～*: vício da bebida.

akuhitsu 悪筆 *s* caligrafia malfeita, letra feia.

akuhō 悪法 *s* 悪い方法 *warui hōhō*: método ruim. 悪い法律 *warui hōritsu*: leis ruins.

akuhyō 悪評 *s* 不評判 *fuhyōban*: má reputação, má fama, escândalo. ～をたてる ～*o tateru*: propagar a má fama. ～をする ～*o suru*: falar mal, espalhar maus falatórios.

akui 悪意 *s* 悪心 *akushin*: mau sentimento, má intenção. 悪る気 *warugi*: malicioso, proposital. 悪い意味 *warui imi*: mau sentido. *Jur* má-fé. ～から ～*kara*: ～あって ～*atte*: com má intenção. ～にふける ～*ni fukeru*: envolver-se com o mal. ～で動く ～*de ugoku*: praticar má ação, cometer um crime.

akuin 悪因 *s* causa ruim.

akuji 悪事 *s* má ação. 罪悪 *zaiaku*: crime. ～千里を走る ～*senri o hashiru*: as más notícias correm rápido.

akujiki 悪食 *s* refeição pobre; comer carne de vaca ou outros alimentos proibidos pelo budismo.

akujo 悪女 *s* 醜婦 *shūfu*: mulher feia. 毒婦 *dokufu*: mulher perniciosa. ～の深情け=ありがためいわく ～*no fukanasake = arigata meiwaku*: ajuda incômoda.

akujōken 悪条件 *s* má condição, condição desfavorável.

akujunkan 悪循環 *s Lóg* círculo vicioso.

akukanjō 悪感情 *s* sentimento maligno. ～を抱く ～*o idaku*: ficar com má impressão ～を与える ～*o ataeru*: causar má impressão.

akukanka 悪感化 *s* má influência, mau exemplo. ～を及ぼす ～*o oyobosu*: exercer má influência. ～を受く ～*o ukeru*: receber má influência.

akukeikō 悪傾向 *s* tendência ruim, prejudicial. 悪くなる傾向 *waruku naru keikō*: tendência a piorar.

akukiryū 悪気流 *s* corrente de ar desfavorável. ～天候 ～*tenkō*: má condição climática causada por corrente de ar.

akuma 悪魔 *s* espírito mau, demônio. ～派 ～*ha*: satanismo. ～研究 ～*kenkyū*: demonologia. ～主義 ～*shugi*: demonismo, satanismo. ～につかれている ～*ni tsukareteiru*: estar tomado por maus espíritos, pelo demônio. ～崇拝 ～*sūhai*: adoração do diabo.

akumabarai 悪魔払い *s* exorcismo. ～*suru*, *v*: exorcizar espíritos malignos.

akumade(mo) 飽くまで(も) *adv* 最後まで *saigo*

made: até o fim. 頑強に *gankyō ni*: persistentemente, tenazmente, teimosamente, obstinadamente. 厳格に *genkaku ni*: estritamente, rigidamente. 極度に *kyokudo ni*: extremamente. 極力 *kyokuryoku*: terminantemente.

akumei 悪名 *s* má reputação, má fama, infâmia.

akumu 悪夢 *s* pesadelo, sonho mau. ～からさめる ～*kara sameru*: sair de um pesadelo. *metaf* recuperar o bom-senso.

akunaki 飽くなき *adj* insaciável, insaciado.

akunin 悪人 *s* pessoa má, vilão. ～滅び善人栄える ～ *horobi zennin sakaeru*: os maus serão punidos e os bons, recompensados.

akunuki 灰汁抜き *s* remoção de cica, de barrela. 相場 *sōba*: (mercado de ações), ato de superar as adversidades e progredir.

akuratsu 悪辣 *s* falta de escrúpulo. ～な, *adj*: inescrupuloso, astuto, esperto. ～な手段 ～*na shudan*: meios astutos, inescrupulosos.

akurei 悪例 *s* mau exemplo, mau procedimento. ～をする・残す ～*o suru/nokosu*: dar mau exemplo.

akuro 悪路 *s* caminho ruim, rua esburacada.

akuru- 明くる- *pref* próximo, seguinte. ～日 ～ *hi*: dia seguinte. ～三月十日 ～ *sangatsu tōka*: próximo dia 10 de março.

akuryō 悪霊 *s* espírito maligno, espírito do mal, anjo negro.

akuryoku 握力 *s* aperto de mão, força. ～計 ～*kei*: dinamômetro.

akusai 悪妻 *s* má esposa, megera. *provérbio* ～は 60年の不作 ～*wa 60 nen no fusaku*: a má esposa traz 60 anos de má produção agrícola.

akusei 悪性 *s* maligno. ～インフレ ～*infure*: inflação maligna. ～腫瘍 ～*shuyō*: tumor maligno.

akusei 悪政 *s* má administração, mau governo.

akusei 悪声 *s* voz ruim, voz feia. 悪口 *akkō*: ofensa, falácia. ～を放つ ～*o hanatsu*: falar mal (de alguém). 生まれつきの～でね *umaretsuki no ～ de ne*: Esta voz. Que fazer? É de nascença.

akuseku 齷齪 *adv* agitadamente, aflitivamente. あくせく働くこと *akuseku hataraku koto*: trabalhar agitadamente. ～*suru, v*: ficar agitado. こころを労する *kokoro o rōsuru*: afligir-se.

akusen 悪戦 *s* luta árdua, disputa acirrada. ～に苦闘する ～*ni kutō suru*: lutar desesperadamente.

akusen 悪銭 *s* dinheiro sujo, ganho ilícito. *provérbio* ～身に付かず ～ *mi ni tsukazu*: dinheiro mal ganho, dinheiro mal gasto.

akusenden 悪宣伝 *s* propaganda maldosa, propaganda enganosa, falsa; rumores. ～をやる ～ *o yaru*: lançar boato. ～に迷わされる ～*ni mayowasareru*: ser enganado por propaganda ardilosa.

akusento アクセント (*ingl accent*) *s* 1 強勢 *kyōsei*: acento, acentuação, tonicidade. 2 語調 *gochō*: entonação. 変な～でしゃべる *henna ～ de shaberu*: falar com um sotaque estranho. ～のある ～*no aru*: acentuado. ～のない ～*no nai*: não acentuado. ～をつける ～*o tukeru*: acentuar. 3 ～のついたラペル ～*no tsuita raperu*: lapela com relevo.

akuseru アクセル (*ingl* de invenção japonesa *accel*) *s* acelerador de veículo.

akusesarī アクセサリー (*ingl accessory*) *s* 付属品 *fuzokuhin*: acessórios. 装身具 *sōshingu*: bijuterias.

akushidento アクシデント (*ingl accident*) *s* acidente.

akushin 悪心 *s* sentimento mau, má intenção, motivo sinistro. ～ある ～*aru*: ter maldade. ～を起こす ～*o okosu*: nutrir maus sentimentos, querer mal, má intenção.

akushitsu 悪疾 *s* doença maligna.

akushitsu 悪質 *s* 1 質の悪い事 *shitu no warui koto*: má qualidade, qualidade inferior. 2 悪性 *akusei*: maligno. ～な, *adj*: maligno, pernicioso, prejudicial, ruim, vil.

akusho 悪所 *s* 1 難所 *nansho*: dificuldade. 2 遊郭 *yūkaku*: zona de meretrício, bordel.

akushō 悪性 *s* 1 悪い性質 *warui seishitsu*: natureza ruim, mau-caráter. 2 不身持 *fumimochi*: leviano, depravado. 3 ～者 ～*mono*: libertino, pessoa de conduta reprovável.

akushon アクション (*ingl action*) *s* ação. *Teat* performance.

akushu 悪手 *s* no xadrez e no *go* japonês, uma jogada ruim ou inadequada.

akushu 悪酒 *s* saquê de má qualidade, bebida alcoólica de má qualidade.

akushu 握手 *s* aperto de mão. 仲直り *nakanaori*: reconciliação. 提携 *teikei*: união. ～を交わす ～*o kawasu*: trocar aperto de mão. ～*suru, v*: apertar as mãos, reconciliar-se, unir-se. 妥結する *daketsu suru*: entender-se.

akushū 悪臭 *s* mau cheiro, odor. ～を放つ ～*o hanatsu*: exalar mau cheiro, odor. ～を除く ～*o nozoku*: remover o mau cheiro, odor.

akushū 悪習 *s* 悪癖 *akuheki*: mau hábito, vício. 悪弊 *akuhei*: prática perniciosa, abuso, vício.

akushumi 悪趣味 *s* mau gosto, preferências ruins.

akusō 悪相 *s* aspecto maldoso, sinistro, fisionomia ruim.

akusō 悪僧 *s* 1 monge depravado, monge corrupto. 2 monge guerreiro.

akusui 悪水 *s* 1 飲めない水 *nomenai mizu*: água não potável. 汚水 *osui*: água suja.

akuta 芥 *s* lixo, sujeira, traste.

akutai 悪態 *s* ～をつく ～*o tsuku*: insultar, xingar. *V akkō* 悪口.

akutare あくたれ *s pop* 1 いたずら *itazura*: traquinagem, desordem, violência. 2 いたずらもの *itazuramono*: desordeiro, arruaceiro, *v*alentão.

akutareguchi あくたれ口 *s pop* linguagem vulgar, palavrão, linguagem abusiva, insulto.

akutarō 悪太郎 *s pop* malvado, travesso, brincalhão.

akutenkō 悪天候 *s* mau tempo.

akutō 悪党 *s* arruaceiro, desordeiro, salafrário, bando de desordeiros.

akutō 悪投 *s Beis* arremesso extremamente ruim.

ākutō アーク灯 *s* lâmpada de arco voltaico.

akutoku 悪徳 *s* vício, corrupção, imoralidade. ～新聞 ～*shinbun*: jornal corrupto. ～記者 ～*kisha*: jornalista corrupto. ～業者 ～*gyōsha*: empreendedor corrupto. ～を重ねる ～*o kasaneru*: praticar atos corruptos.

akuun 悪運 *s* má sorte. 不運 *fuun*: falta de sorte, infortúnio. ～が強い ～*ga tsuyoi*: ser protegido do diabo, cometer crimes impunemente.

akuyaku 悪役 *s Teat* vilão. *Sin* **akugata** 悪方.
akuyō 悪用 *s* abuso, uso impróprio. ～*suru, v*: abusar, fazer mau uso. 他人の名を～する *tanin no na o* ～*suru*: usar o nome de outrem indevidamente.
akuyū 悪友 *s* má companhia, maus amigos. ～のために身を誤る ～*no tame ni mi o ayamaru*: ser influenciado por má companhia.
akuzairyō 悪材料 *s Com* fatores adversos, índices em queda.
akuzei 悪税 *s* impostos abusivos. ～に悩む ～*ni nayamu*: sofrer com impostos abusivos.
ama 亜麻 *s Bot* linho, fibra de linho. ～こき ～*koki*: sedeiro, carda.
ama 尼 *s* 尼さん *amasan*: freira. 女の卑称 *onna no hishō*: moça levada, sapeca, mulher vil, mulher de moral baixa. 尼になる *ama ni naru*: tornar-se freira, entrar para o convento.
ama 海女 *s* mergulhadora.
ama あま *s pop* ama; ama de leite, babá.
amaagari 雨上がり *s* após a chuva. *V* **ameagari** 雨上がり.
amaashi 雨脚 *s* intensidade da chuva, metáfora dos traços formados pelos pingos de chuva. 夏の夕立は～が速い *natsu no yūdachi wa* ～*ga hayai*: a intensidade da chuva de verão é forte.
amachua アマチュア, **ama** アマ (*ingl amateur*) *s* amador.
amadai 甘鯛 *Ictiol s* espécie de pargo.
amadare 雨垂れ *s* gotas de chuva, pingos de chuva. ～の音 ～*no oto*: barulho da chuva.
amado 雨戸 *s* porta ou janela corrediça de construção do estilo japonês.
amadoi 雨樋 *s* calha, caleira.
amaeru 甘える *v* 1 あまったれる *amattareru*: fazer manha. 2 付けこむ *tsukekomu*: aproveitar a gentileza. ご親切に甘えまして *goshinsetsu ni amaemashite*: お言葉にあまえまして *okotoba ni amaemashite*: aproveitando o oferecimento gentil.
amagaeru 雨蛙 *s Zool* perereca, rã arborícola.
amagaitō 雨外套 *s* capa de chuva.
amagakeru 天翔ける *v* aves, divindades ou almas humanas flutuando no céu.
amagaki 甘柿 *s Bot* caqui que não tem cica.
amagappa 雨合羽 *s* capa de chuva.
amagasa 雨傘 *s* guarda-chuva.
amagoi 雨乞い *s* prece/pedido de chuva.
amagu 雨具 *s* petrechos de chuva.
amagumo 雨雲 *s* nuvem de chuva. *Meteor* nimbo.
amagumori 雨曇り *s* tempo nublado, nuvens carregadas.
amaguri 甘栗 *s* castanha assada sobre seixos aquecidos no forno sobre a qual se acresce açúcar.
amagutsu 雨靴 *s* galocha, botas de borracha.
amai 甘い *adj* 1 甘味の *kanmi no*: doce, adocicado. ～の ～*mono*: coisa doce. 菓子 *kashi*: doce. 2 塩加減の ～ *shio kagen ga* ～: pouco salgado, insosso. 甘く煮る *amaku niru*: cozinhar com pouco sal. 3 言葉の～ *kotoba no* ～: doce, dócil, amável, gentil. 4 甘やかす *amayakasu*: ser bonzinho, não rigoroso, clemente, indulgente, tolerante, suave, brando, calmo. 5 脳みそが足りない *nōmiso ga tarinai*: lento, lerdo. 6 浅薄な *senpaku na*: superficial. のんきな *nonki na*: tranquilo, folgado. ～考え ～ *kangae*: ingenuidade.

amairo 亜麻色 *s* cor de linho.
amajio 甘塩 *s* pouco salgado, insosso.
amajitaku 雨支度 *s* preparação para a chuva. ～をする ～*o suru*: equipar-se contra a chuva.
amakara 甘辛 *s* doce e salgado.
amakarai 甘辛い *adj* doce e salgado.
amakawa 甘皮 *Bot s* epiderme.
amakaze 雨風 *s* vento de chuva.
amake 雨気 *s* jeito de chuva.
amakuchi 甘口 *s* 辛くない *karakunai*: não salgado, não apimentado, fraco, leve, suave. この酒は～だ *kono sake wa* ～*da*: este saquê é suave. 甘言 *kangen*: palavras dóceis. ～に乗る ～*ni noru*: cair na conversa.
amakudari 天下り *s* ordens superiores, ordens impositivas.
amakudaru 天下る *v* descer dos céus, descer à terra.
amami 甘味 *s* doce, adocicado.
amamizu 雨水 *s* água de chuva.
amamori 雨漏り *s* vazamento de chuva.
amamoyo 雨模様 *s* aspecto, jeito de chuva.
amanatto 甘納豆 *s* doce de feijão branco.
amaneku 遍[普]く *adv* 広く *hiroku*: amplamente, extensamente, vastamente. 一般に *ippan ni*: geralmente, universalmente. いたるところに *itaru tokoroni*: em todos os lugares.
amani 亜麻仁 *s* linhaça, semente de linho. 亜麻仁油 *amaniyu*: óleo de linhaça.
amanjiru 甘んじる *v* 満足する *manzoku suru*: satisfazer-se, contentar-se. 我慢する *gaman suru*: suportar. 諦める *akirameru*: resignar-se.
amanjite 甘んじて *adv* 満足して *manzoku shite*: satisfatoriamente. 諦めて *akiramete*: resignadamente. おとなしく *otonashiku*: submissamente.
ama no gawa 天の河 *s Astr* Via Láctea.
ama no hara 天の原 *s arc* céu, paraíso, campo dos céus.
ama no jaku 天の邪鬼 *s* pessoa do contra, teimosa.
amaōi 雨覆い *s* cobertura para chuva, lona, encerado (para vagão de carga, por exemplo).
amari 余り *s* 1 残余 *zanjo*: sobra, resto, remanescente. 残物 *nokorimono*: sobra, resto (de comida). 残高 *zandaka*: saldo. 2 弛み *yurumi*: folga, excesso. うれしさの～ *ureshisa no* ～: de tanta alegria.
amarimono 余り物 *s* 残り物 *nokorimono*: sobra, resto, último. 不用な物 *fuyō na mono*: supérfluo. *provérbio* 余り物に福がある *amarimono ni fuku ga aru*: o que restou traz a sorte.
amari(ni) 余り(に) *adv* muito, excessivamente. 否定 *hitei*: não muito. 余りよく知らない人 *amari yoku shiranai hito*: pessoa não muito familiar. 余り考えずに *amari kangaezu ni*: sem pensar muito. 余り食べ過ぎる *amari tabe sugiru*: comer demais.
amaru 余る *v* 1 残る *nokoru*: sobrar, restar. 多すぎる *ōsugiru*: ter em excesso, ser abundante. あまったお金 *amatta okane*: dinheiro que restou. 人が余っている会社 *hito ga amatteiru kaisha*: empresa na qual estão sobrando pessoas. 十から三引けば、七～ *jū kara san hikeba nana* ～: subtraindo 3 de 10, restam 7. 2 (力)以上 (*chikara*) *ijō*: além da (força) capacidade. 相応しない *sōō shinai*: inadequado. 身に～光栄 *mi ni* ～ *kōei*: honra que supera o merecimento, grande prazer.

amarugamu アマルガム (ingl amalgam) s Quím amálgama. 〜法 〜hō: amalgamização. 〜にする 〜ni suru: amalgamar. 〜銀 〜gin: amálgama de prata.
amasu 余す v 残す nokosu: deixar sobrar. 貯える takuwaeru: guardar. 〜所なく 〜tokoro naku: exaustivamente.
amata 数多 s 多数の中 tasū no naka: entre muitos. V tasū 多数, takusan 沢山.
amatō 甘党 s pessoa que gosta mais de doce (em relação ao salgado). ぼくは〜だ boku wa 〜da: eu prefiro doce.
amatsubu 雨粒 s pingo de chuva.
amatsukami 天つ神 s deuses do céu.
amatsusae 剰え adv além disso, além do mais.
amatsuzuki 雨続き s chuva contínua.
amattare(kko) 甘ったれ(っ子) s [criança] mimada.
amattareru 甘ったれる v fazer manha. V **amaeru** 甘える.
amattarui 甘ったるい adj doce, açucarado. 〜文体 〜buntai: estilo açucarado. 〜ことを言う 〜koto o iu: dizer palavras doces.
amayadori 雨宿り s abrigo de chuva. 〜をする 〜o suru: abrigar-se da chuva.
amayakasu 甘やかす v mimar, ser indulgente, amável. 増長させる zōchō saseru: mimar.
amayami 雨止み s cessar da chuva. 〜を待つ 〜o matsu: esperar a chuva passar.
amayo 雨夜 s noite chuvosa.
amayoke 雨除け s abrigar-se da chuva, abrigo contra chuva.
amazake 甘酒 s saquê fermentado fraco e adocicado.
amazarashi 雨曝し s exposição à chuva.
amazuppai 甘酸っぱい adj agridoce, doce e azedo.
ame 雨 s chuva. 通り〜 tōri〜: chuva passageira. 霧のような〜 kiri no yō na 〜: chuva fina que parece neblina. 土砂降りの〜 doshaburi no 〜: chuva forte. pop pé d'água, aguaceiro.
ame 飴 s bala. 〜をしゃぶる 〜o shaburu: chupar bala. 〜をなめさす(くわす) 〜o namesasu (kuwasu): dar pequena vantagem para proveito posterior.
ameagari 雨上がり s após a chuva.
amearare 雨霰 s chuva de granizo.
amēba アメーバ (ingl amoeba, ameba) s ameba.
amedama 飴玉 s bala; caramelo. Sin ame 飴.
amefuri 雨降り s o cair (da) chuva; o chover; a precipitação pluviométrica.
ameiro 飴色 s âmbar (cor), amarelo avermelhado; marrom-claro.
amekaze 雨風 s chuva e vento; tempestade.
amemoyō/amamoyō 雨模様, **amamoyoi** 雨催い s sinal (aspecto) de chuva.
Amerika Gasshūkoku アメリカ合衆国 s Estados Unidos da América.
amerikaka アメリカ化 s americanização.
ametsubu 雨粒 s gota de chuva.
ametsuyu 雨露 s chuva e orvalho. 〜にさらされる 〜ni sarasareru, v: ser exposto às intempéries. 〜をしのぐ 〜o shinogu, v: abrigar-se das intempéries.
amezaiku 飴細工 s figuras de doce de glúten; caramelo em forma de animal, boneco etc.

ami 網 s rede. 〜干し場 〜hoshiba: s área para secar a rede. 〜の目 〜no me, s: a malha da rede. 〜の目のような 〜no me no yō na: reticulado. [網に] ami ni. 〜にかかる 〜ni kakaru: ser preso na rede. 〜にかかった魚 〜ni kakatta sakana: peixe preso na rede. 法律の〜にかかる hōritsu no 〜ni kakaru: ser preso nas malhas da lei.
amiage 編み上げ s 〜靴 〜gutsu: borzeguim, coturno.
amiawasu 編み合わす vtd entrelaçar; entretecer; entrançar.
amibari 編み針 s agulha de fazer tricô; agulha de crochê.
amibō 編み棒 s agulha de tricô.
amibune 網舟 s barco pesqueiro de rede.
amida 阿弥陀 s (sânsc Amitabha: "luz infinita") amida. 1 abrev de Amidabutsu (a divindade budista mais popular no Japão). 2 abrev de amidakuji: uma maneira japonesa de tirar a sorte entre amigos, fazendo escolha de linhas desenhadas a esmo e ocultas. 〜を引く 〜o hiku: tirar a sorte. 3 abrev de amidakaburi: o chapéu "à amida" (ter o chapéu na nuca, levantado para trás). 帽子を〜にかぶる bōshi o 〜ni kaburu: usar o chapéu à amida.
amidana 網棚 s prateleira de ônibus, bonde etc., para pôr a bagagem de mão (antigamente era feita de rede).
amidasu 編み出す v inventar; criar.
amido 網戸 s porta de tela (usada principalmente no verão para impedir a entrada de insetos).
amigasa 編み笠 s chapéu de palha entrançada.
amigata 網形 s reticulação. 〜の 〜no: reticulado.
amihan 網版 s Tip autotipia.
amiito 編み糸 s fio de tricô.
amijakushi 網杓子 s escumadeira; coador.
amiki 編み機 s máquina de fazer malha.
amime 網目 s 1 malha(s) da rede; o espaço entre os nós da rede. 2 tecido em xadrez.
amime 編み目 s ponto da malha; a abertura entre os fios entrelaçados da malha ou do tricô.
amimono 編み物 s trabalho de malha; tricô; crochê.
amimoto 網元 s patrão de um grupo de pescadores.
aminosan アミノ酸 s Quím aminoácido.
amisuki 網抄き s ato de tecer rede.
amiuchi 網打ち s 1 o lançar a rede para pesca. 2 pescador. 3 um dos golpes do sumô.
amu 編む vtd 1 tecer malha (tricô/crochê). 毛糸で靴下を〜 keito de kutsushita o 〜: fazer meia de lã. わらで縄を〜 wara de nawa o 〜: fazer corda com palha. 2 entrançar o cabelo; fazer tranças. 髪をお下げに〜 kami o osage ni 〜: entrançar o cabelo. 3 editar, compilar. 詩集を〜 shishū o 〜: compilar uma antologia de poesia.
an 案 s 1 proposta; proposição; sugestão. 2 ideia; concepção. 3 plano; programa; projeto; esquema. 4 expectativa; espera; suposição.
an 庵 s eremitério; monastério. (僧〜 sō〜): retiro; refúgio; abrigo; asilo.
an 餡 s massa doce de feijão.
ana 穴・孔 s 1 buraco, orifício, abertura, perfuração. 2 caverna; cavidade; gruta; escavação. 3 toca, covil. 4 poço da mina. 5 [隠れ家 kakurega] esconderijo. 6. [空白 kūhaku] buraco, lacuna, espaço em branco.

7 [欠点 *ketten*; 欠陥 *kekkan*] falha, defeito, falta.
8 [欠損 *kesson*] *deficit*, perda, prejuízo, rombo. **9** [墓 *haka*] túmulo, sepultura. **10** [競馬などの *keiba nado no*] resultado inesperado na corrida de cavalo; azarão; zebra.

anaba 穴場 *s* achado (lugar bom e pouco conhecido). 観光(釣り)の〜 *kankō* (*tsuri*) *no* 〜 para turismo (pesca).

anaboko 穴ぼこ *s* buraco, cova, cavidade. 〜だらけの道 〜 *darake no michi*: caminho esburacado.

anadori 侮り *s* desprezo, desdém, menosprezo.

anadoru 侮る *vtd* desprezar, menosprezar, desdenhar.

anafusagi 穴塞ぎ *s* o tapar um buraco, tapa-buraco.

anagachi 強ち *adv* necessariamente, forçosamente, sempre.

anagura 穴蔵 *s* cripta, porão, cubículo subterrâneo.

anahori 穴掘り *s* escavação de buraco. [墓穴を掘る人 *boketsu o horu hito*]: pessoa que abre a própria sepultura; coveiro de si mesmo.

anakagari 穴かがり *s* caseação (abrir e pontear casas para os botões).

anakashiko あな畏こ *adv* **1** amém. **2** vocábulo usado no fim das cartas femininas para expressar respeito.

anākizumu アナーキズム (*ingl anarchism*) *s* anarquismo.

an'anri ni 暗々裡に *adv* tacitamente; implicitamente; secretamente; sem acordo formal.

anasagashi 穴捜し *s* censura, repreensão, crítica. 〜をする 〜*o suru*: procurar defeitos nos outros.

anata 彼方 *s* além.

anata 貴方 *pron* você. (da mulher para o marido) 〜: querido.

anatamakase あなた任せ *s* deixar tudo na dependência dos outros.

anauma 穴馬 *s* azarão.

anaume 穴埋め *s* tapar buraco, cobertura de um *deficit*.

anaunsā アナウンサー(*ingl announcer*) *s* locutor(a), anunciador(a).

anaya あなや *interj arc* exprime forte espanto ou emoção. 〜と思う間に 〜*to omou ma ni*: num instante.

anba 鞍馬 *s* **1** cavalo selado. **2** cavalo de pau (para ginástica).

anbai 按配 *s* arranjo, disposição, distribuição. 役割を〜する *yakuwari o* 〜*suru*: distribuir funções.

anbai 塩梅 *s* **1** tempero, gosto. 〜を見る 〜*o miru*: provar o tempero da comida. 〜がいい 〜*ga ii*: bem temperado. **2** estado; forma; condição; jeito. この間の試験はどんな〜でしたか *kono aida no shiken wa donna* 〜*deshita ka*: como foi (se saiu) no último exame?. いい〜に試験に合格しました *ii* 〜*ni shiken ni gōkaku shimashita*: felizmente, passei no exame. こういう〜で行けば *kō iu* 〜 *de ikeba*: se as coisas caminharem desse jeito.

anbako 暗箱 *s Fot* máquina fotográfica de câmera escura de fole.

anbaransu アンバランス (*ingl unbalance*) *s* desequilíbrio.

anbu 鞍部 *s* colo (entre duas vertentes de montanha).

anbun 按分 *s* divisão proporcional.

anbun 案文 *s* minuta, rascunho.

anbun'hirei 按分比例 *s* divisão proporcional.

anchaku 安着 *s* boa (feliz) chegada.

anchan あんちゃん *s gír* irmão mais velho; jovem.

anchi 安置 *s* instalação; colocação.

anchi- アンチ- (*gr anti*) *pref* contra.

anchitēze アンチテーゼ (*al Antithese*) *s* antítese.

anchoku 安直 *adj* **1** barato. **2** simples.

anchumosaku 暗中模索 *s* andar às apalpadelas no escuro.

anda 安打 *s Beis* golpe certeiro (com que se alcança uma base).

andarain アンダーライン (*ingl underline*) *s* sublinhado.

ando 安堵 *s* alívio; tranquilidade.

andon 行灯 *s* dispositivo de iluminação com armação de madeira ou metal forrada de papel em cuja base se coloca uma lamparina.

anego 姐御 *s* mulher do patrão; matrona.

an'ei 暗影 *s* **1** sombra. **2** sinal ominoso.

anettai 亜熱帯 *s* zona subtropical.

anga 安臥 *s* situação em que se está deitado com tranquilidade. 〜*suru*, *v*: deitar-se tranquilamente.

angai 案外 *adv* surpreendentemente; contrário à expectativa; inesperadamente.

angō 暗合 *s* coincidência; acaso.

angō 暗号 *s* linguagem secreta; criptografia, criptograma; cifra; código secreto.

angōbun 暗号文 *s* criptograma; criptografia.

angōdenpō 暗号電報 *s* telegrama cifrado (em código).

angōmei 暗号名 *s* nome (designação) em código.

angu 暗愚 *s* idiotice; imbecilidade; parvoíce.

anguri あんぐり *adj* boquiaberto.

angya 行脚 *s* peregrinação.

ani 兄 *s* irmão mais velho; irmão maior.

ani 豈 *adv* como!; qual!. *loc* 〜図らんや 〜 *hakaran ya*: com grande surpresa, contrário à expectativa, muito inesperadamente.

an'i 安易 *adj* **1** fácil. **2** à vontade; despreocupado. **3** indiferente.

anibun 兄分 *s* **1** irmão mais velho juramentado. **2** parceiro mais velho da relação homossexual masculina.

anideshi 兄弟子 *s* colega aprendiz (aluno) mais antigo (sênior).

aniki 兄貴 *s* irmão mais velho.

an'itsu 安逸 *s* indolência; preguiça; ociosidade.

aniyome 兄嫁・嫂 *s* mulher do irmão mais velho, cunhada.

anji 暗示 *s* sugestão, alusão, insinuação.

anjinryūmei 安心立命 *s* paz espiritual e iluminação.

anjiru 案じる *v* preocupar-se; recear.

anjō 鞍上 *s* sobre a sela da cavalgadura.

anjū 安住 *s Rel* situação de sossego físico e espiritual. 〜*suru*, *v*: viver em paz; sem preocupação; contentar-se com o *statu quo*.

anka 行火 *s* escalfeta, braseiro ou botija para aquecer as mãos ou os pés.

anka 安価 *s* **1** barateza; preço módico. **2** superficialidade, banalidade, vulgaridade.

ankaishoku 暗灰色 *s* cinza-escuro (cor).

ankake 餡掛け *s* comida coberta de molho.

ankan to 安閑と *adv* **1** calmo e pacífico. **2** inativo, indolente.

ankasshoku 暗褐色 *s* castanho-escuro, marrom (cor).
anken 案件 *s* assunto; caso; item.
ankēto アンケート (*fr enquête*) *s* questionário; inquérito.
anki 暗記 *s* decoração (ação de reter na memória); memorização.
anki 安危 *s* destino (segurança ou perigo).
ankiryoku 暗記力 *s* capacidade de memorização.
anko 安固 *s* segurança; firmeza; estabilidade; solidez.
anko 餡子 *s* 1 massa doce de feijão. *V* an 餡. 2 chumaço (estofo, recheio).
ankoku 暗黒 *s* escuridão; trevas.
ankokumen 暗黒面 *s* lado negro (obscuro) (da sociedade).
ankōru アンコール (*fr encore*) *s* bis (em latim, significa duas vezes).
ankōshoku 暗紅色 *s* vermelho-escuro (cor).
ankyo 暗渠 *s* vala coberta; canal de drenagem subterrânea.
ankyo 安居 *s* vida sossegada (pacífica).
anma 按摩 *s* 1 massagem. 2 massagista.
anmaku 暗幕 *s* cortina para impedir a passagem da luz.
anmin 安眠 *s* sono profundo (sossegado).
anminbōgai 安眠妨害 *s* perturbação do sono.
anmitsu 餡蜜 *s* iguaria doce de feijão cozido com mel e massa de feijão.
anmochi 餡餅 *s* bolo de massa de arroz recheado com massa doce de feijão.
anmoku 暗黙 *s* ser tácito. ~*no, adj* tácito.
anmonia アンモニア (*ingl ammonia*) *s* Quím amônia.
anna あんな (*ano yō na*) *adj* assim; tão; tal.
annai 案内 *s* 1 guia; condução; orientação. 2 anúncio. 3 convite. 4 conhecimento. 5 informação; notificação; aviso.
annaigakari 案内係 *s* guia; recepcionista; lanterninha de cinema.
annaigyōsha 案内業者 *s* guia.
annaijo 案内所 *s* seção de informações.
annaijō 案内状 *s* convite escrito (cartão, carta).
annaiki 案内記 *s* guia (caderno, folha, livrinho) de viagem.
annaisha [*nin*] 案内者[人] *s* guia (pessoa); cicerone; condutor de viagem.
annaisho 案内書 *s* guia (caderno, folha, livrinho); roteiro; guia turístico; manual.
annei 安寧 *s* paz; tranquilidade; bem-estar.
an ni 暗に *adv* tacitamente; implicitamente; indiretamente.
an no jō 案の定 *adv* como se esperava; conforme a expectativa.
annon 安穏 *s* paz; quietude; tranquilidade; sossego.
ano あの *adj* aquele(a).
anō あのう *interj* bem; por favor; ó; ei; olhe.
anonē あのねえ *interj* ouça; olhe.
anoyo あの世 *s* o outro (próximo) mundo; o mundo dos mortos.
anpaia アンパイア (*ingl umpire*) *s* árbitro; juiz.
anpan 餡パン *s* pãozinho recheado com massa doce de feijão.
anpi 安否 *s* segurança.
anpo 安保 *s* (*abrev* de 安全保障条約 *Anzen Hoshō Jōyaku*) Tratado de Segurança entre o Japão e os Estados Unidos.
anpō 罨法 *s* cataplasma; compressa.
anpontan あんぽんたん *s pej* cretino; parvo; imbecil.
anraku 安楽 *s* conforto; comodidade.
anrakuisu 安楽椅子 *s* cadeira de encosto; poltrona.
anrakushi 安楽死 *s* eutanásia.
anrui 暗涙 *s* lágrimas derramadas em segredo (às escondidas).
anryokushoku 暗緑色 *s* verde-escuro (cor).
anryū 暗流 *s* 1 corrente de água na camada inferior. 2 movimento oculto.
ansanburu アンサンブル (*fr ensemble*) *s* 1 conjunto musical. 2 *vest fem* conjunto bem combinado.
ansatsu 暗殺 *s* assassinato.
ansei 安静 *s* repouso.
ansekishoku 暗赤色 s vermelho-escuro (cor).
anshanrejimu アンシャンレジム (*fr Ancien régime*) *s* regime antigo.
anshin 安心 *s* tranquilidade; alívio; despreocupação.
anshinritsumei 安心立命 *s* paz espiritual e iluminação; calma resignação ao destino.
anshishoku 暗紫色 *s* roxo-escuro (cor).
anshitsu 庵室 *s* eremitério.
anshitsu 暗室 *s Fot* câmera escura.
ansho 暗所 *s* local escuro.
anshō 暗誦 *s* recitação; declamação.
anshō 暗礁 *s* recife; escolho.
anshoku 暗色 *s* cor escura.
anshu 庵主 *s* dono de eremitério; ocupante de monastério.
anshu 按手 *s Cristianismo* imposição das mãos para invocar o Espírito Santo.
anshutsu 案出 *s* congeminação; invenção.
ansokkō 安息香 *s Quím* benzoína.
ansoku 安息 *s* descanso; repouso.
ansokubi 安息日 *s* dia de descanso; descanso dominical (sabático).
anta あんた *pron* (forma coloquial de 貴方 *anata*) você.
antai 安泰 *s* paz; segurança; tranquilidade.
antan 暗澹 *adj* tenebroso; sombrio; triste; melancólico.
antei 安定 *s* estabilidade; equilíbrio.
anteiban 安定板 *s* estabilizador.
anteido 安定度 *s* estabilidade (grau de).
anteikan 安定感 *s* sensação de segurança, de estabilidade.
anteiseiryoku 安定勢力 *s* força estabilizadora.
anteishikin 安定資金 *s* fundo (capital) estabilizador.
anteisōchi 安定装置 *s* dispositivo estabilizador.
anten 暗転 *s* 1 troca de cenário às escuras, sem correr o pano do palco. 2 revés; mudança para pior.
antena アンテナ (*ingl antenna*) *s* antena.
antō 暗闘 *s* luta às escondidas, por trás.
an'un 暗雲 *s* nuvem(ns) negra(s).
an'ya 暗夜 *s* noite escura.
an'yaku 暗躍 *s* manobras secretas.
an'yo あんよ *s inf* 1 o andar com passos incertos. 2 os pezinhos.
an'yu 暗喩 *s* metáfora.

anza 安座 *s* ato de sentar-se à vontade. ~*suru, v*: sentar-se à vontade.
anzan 安産 *s* parto sem problemas, parto fácil. ~*suru, v*: ter um parto fácil.
anzan 暗算 *s* cálculo mental. ~*suru, v*: calcular mentalmente, fazer a conta de cabeça.
anzen 安全 *adj* segurança. ~な所 ~*na tokoro*: lugar seguro. ~な策をとる ~*na saku o toru*: tomar medidas seguras. ~弁 ~*ben*: válvula de segurança. ~かみそり ~*kamisori*: lâmina de barbear, gilete.
anzen 暗然 *s* estado lúgubre (soturno, sombrio). ~たる思いがする ~*taru omoi ga suru*: sentir-se como se estivesse mergulhado nas trevas.
anzendaiichi 安全第一 *s* acima de tudo a segurança, a segurança em primeiro lugar.
anzen'hoshō 安全保障 *s* ato de garantir a segurança.
anzen'hoshō jōyaku 安全保障条約 *s* tratado de segurança mútua.
anzenkamisori 安全剃刀 *s* aparelho (lâmina) de barbear, gilete.
anzenkan 安全感 *s* sensação de segurança.
anzenkanri 安全管理 *s* controle de segurança.
anzenken 安全圏 *s* campo (área, zona) de segurança.
anzensaku 安全策 *s* medidas de segurança. ~を講じる ~*o kōjiru*: tomar medidas de segurança.
anzenshidō 安全指導 *s* orientação para manter-se em segurança.
anzenshūkan 安全週間 *s* semana de campanha a favor da segurança.
anzensōchi 安全装置 *s* dispositivo de segurança.
anzen'unten 安全運転 *s* ato de dirigir veículo com cautela (em segurança).
anzu 杏 *s Bot* abricó, ameixa. ~の木 ~*no ki*: abricoteiro.
anzuru 案[按]ずる *v* **1** 考える *kangaeru*: pensar, arquitetar, conceber, bolar. 一計を~ *ikkei o* ~: arquitetar um plano. **2** 心配する *shinpai suru*: preocupar-se, recear.
anzuru ni 案ずるに *adv* pensando bem.
ao 青 *s* ブルー *burū*: azul.
aoao 青々 *adv* verdejante, viçoso. ~と葉が繁る ~*to ha ga shigeru*: as folhas mostram-se viçosas.
aoba 青葉 *s* folhas verdes, folhas viçosas.
aobae 青蝿 *s Entom* mosca azul.
aobana 青鼻汁 *s* ranho, muco.
aobikari 青光り *s* brilho azulado, luminosidade fosforescente.
aobukure 青膨れ *s* inchaço arroxeado.
aobyōshi 青表紙 *s* **1** livro de capa azul-marinho. **2** sutra.
aocha 青茶 *s* chá verde de qualidade inferior; cor marrom-esverdeada.
aodaishō 青大将 *s Zool* cobra verde-escura, grande, mas inofensiva.
aodake 青竹 *s* bambu verde.
aodatami 青畳 *s* tatame novo.
aoendō 青豌豆 *s* ervilha verde.
aogarebyō 青枯病 *s Agr* doença em que as plantas murcham com as folhas verdes; murcha bacteriana.
aogimiru 仰ぎ見る *v* olhar com reverência, olhar para cima.
aogitateru 煽ぎ立てる *v* agitar, instigar.

aogoke 青苔 *s* musgo verde.
aogu 仰ぐ *v* **1** 見上げる *miageru*: levantar os olhos, olhar para cima. **2** 尊敬する *sonkei suru*: respeitar, venerar. **3** 求める *motomeru*: solicitar, pedir.
aogu 扇ぐ *v* abanar.
aoguroi 青黒い *adj* azul-ferrete, arroxeado.
aoi 葵 *s Bot* malva.
aoi 青い *adj* **1** ブルー *burū*: azul. **2** 緑の *midori no*: verde.
aoikitoiki 青息吐息 *expr* estar com a corda no pescoço.
aoimono 青い物 *s* coisas azuis.
aojashin 青写真 *s* **1** cianotipia. **2** 未来の構想 *mirai no kōsō*: planos futuros.
aojiroi 青白い *adj* pálido, lívido.
aokabi 青黴 *s* bolor esverdeado.
aoku 青く *adv* pálido, verde.
aokusai 青臭い *adj* **1** 青草の臭い *aokusa no nioi*: cheiro de capim. **2** 未熟な *mijuku na*: imaturo, inexperiente.
aomame 青豆 *s* ervilha.
aomi 青味 *s* **1** 青さ *aosa*: a cor verde. **2** 青い野菜 *aoi yasai*: verduras.
aomono 青物 *s* verduras.
aomonoya 青物屋 *s* quitanda.
aomuke(ki) 仰むけ(き) *s* ato de deitar-se de costas.
aomukeru 仰ける *v* fazer deitar de costas.
aomuku 仰く *v* olhar para o céu, virar-se para cima.
aomushi 青虫 *s* lagarta verde.
aona 青菜 *s* verdura, hortaliça.
aonisai 青二才 *s* fedelho, criançola.
aonori 青海苔 *s* alga verde.
aonsoku 亜音速 *s* velocidade subsônica.
aori 煽り *s* **1** 煽ること *aoru koto*: lufada (de vento). **2** 余波 *yoha*: consequência, influência.
aoru 呷る *v* beber de um trago.
aoru 煽る *v* **1** 風をおこす *kaze o okosu*: abanar (para avivar o fogo). **2** 風がばたつかせる *kaze ga batatsukaseru*: (o vento) agitar, fazer levantar. **3** そそのかす *sosonokasu*: instigar, provocar.
aosabi 青錆 *s* pátina.
aoshingō 青信号 *s* sinal verde.
aosuji 青筋 *s* veias, veias dilatadas (de ira).
aota 青田 *s* arrozal verde.
aotagai 青田買い *s* **1** 米の先買い *kome no sakigai*: compra da safra de arroz antes da colheita. **2** 大学生を卒業前に採用すること *daigakusei o sotsugyō mae ni saiyō suru koto*: ato de empregar os universitários antes de se formarem.
aotenjō 青天井 *s* **1** 青空 *aozora*: céu aberto, céu azul. **2** 値段などが上がり続けること *nedan nado ga agaritsuzukeru koto*: elevação contínua de preços.
aoume 青梅 *s* ameixa verde.
aounabara 青海原 *s* mar imenso, mar a perder de vista.
aoyagi 青柳 *s* salgueiro viçoso.
aoyasai 青野菜 *s* verdura.
aozame 青鮫 *s Ictiol* tubarão de dorso azul.
aozameru 青ざめる *v* empalidecer.
aozora 青空 *s* **1** 青い空 *aoi sora*: céu azul. **2** 野外 *yagai*: ar livre, céu descoberto.
apāto アパート (*ingl abrev* de *apartment house*) *s* apartamento.

appaku 圧迫 s pressão. ~suru, v: pressionar, fazer pressão.
appappa あっぱっぱ s vestido solto para o verão.
appare 天晴れ adj admirável, magnífico.
appu アップ (ingl up) s 1 上がること agaru koto: subida, aumento. ~suru, v: subir, aumentar. 2 後ろ髪を上げること ushirogami o ageru koto: cabelo preso na nuca.
appu appu あっぷあっぷ adv abatido, sem fôlego. ~suru, v: 1 おぼれる oboreru: debater-se na água. 苦しむ kurushimu: estar num sufoco.
appuku 圧服 s coesão. ~suru, v: fazer obedecer à força.
ara 粗 s 1 魚の~ sakana no~: restos do peixe. 2 くず kuzu: sobra, resto. 3 欠点 ketten: defeito. ~探しをする ~sagashi o suru: ficar procurando defeito.
ara- 新- pref novo.
ara あら interj ora, nossa, vejam só.
ara- 荒- pref violento, bruto.
ara- 粗- pref 1 おおざっぱ ōzappa: sem muito cuidado. 2 自然のまま shizen no mama: natural, sem artifício. ~塩 ~jio: sal grosso.
araarashii 荒々しい adj violento, rude, grosseiro.
arabori 荒彫り s o ato de esculpir, grosso modo.
arabotoke 新仏 s alma do recém-falecido.
arabuki 粗拭き s primeira limpeza.
aradateru 荒立てる v complicar, engrossar.
aradatsu 荒立つ v 1 荒れる areru: agitar, encrespar, encapelar. 波が~ nami ga ~: as ondas ficam encrespadas. 2 面倒になる mendō ni naru: ficar complicado.
aragami 荒神 s divindade do mal, violento.
aragane 粗金 s minério ou ferro bruto.
araganna 粗鉋 s ato de lixar, grosso modo.
aragimo 荒肝 s ferocidade.
aragoshi 粗漉し s primeira peneirada grossa.
aragoshirae 粗拵え s preparativos gerais, grosso modo.
aragoto 荒事 s peça épica do teatro kabuki.
aragyō 荒行 s prática ascética rigorosa.
arahitogami 現人神 s deus vivo.
arai 洗い s 1 洗うこと arau koto: lavagem. 2 刺し身の一種 sashimi no isshu: fatias de peixe cru (sashimi) mergulhadas em água gelada.
arai 荒い adj 1 乱暴 ranbō: rude, grosso, ríspido. 2 激しい hageshii: bruto, agitado, rigoroso. 3 節度がない setsudo ga nai: desajuizado. 金遣いが~ kanezukai ga ~: ser perdulário, esbanjador.
arai 粗い adj 1 細かくない komakaku nai: grosseiro, malfeito. 2 ざらざらしている zarazara shiteiru: áspero, rugoso. 3 小さくない chiisaku nai: não ser fino. 目が~ me ga ~: ter crivo largo, grosso.
araiageru 洗い上げる v 1 洗い終わる arai owaru: lavar tudo, terminar de lavar. 2 よく洗う yoku arau: lavar bem. 3 よく調べる yoku shiraberu: fazer uma investigação detalhada, apurar a fundo.
araiba 洗い場 s lugar para lavar.
araigami 洗い髪 s cabelos que acabaram de ser lavados.
araihari 洗い張り s ato de estender o quimono após lavagem, deixando-o sem dobras.
araikata 洗い方 s modo de lavar.

araiko 洗い粉 s pó para lavar o rosto.
araimono 洗い物 s coisas para serem lavadas (louça ou roupa suja etc.).
arainagasu 洗い流す v 1 汚れを落とす yogore o otosu: lavar na água corrente. 2 流し去る nagashi saru: esquecer, deixar de lado.
araiotosu 洗い落とす v lavar e tirar (a sujeira).
araiso 荒磯 s costa ou praia cheia de rochas e recifes.
araita 粗板 s tábua grosseira; tábua não aparada.
araitate 洗い立て s acabado de lavar.
araitateru 洗い立てる v 1 よく洗う yoku arau: lavar bem. 2 暴き立てる abakitateru: revelar, fazer vir à tona.
araiwakeru 洗い分ける v lavar separadamente.
araizarai 洗い浚い adv tudo, sem deixar nada.
araizarashi 洗い晒し s (roupa) desbotada de tanto lavar.
arakabe 荒壁 s parede apenas com reboco grosso.
arakajime 予め adv de antemão, com antecedência.
arakan 阿羅漢 (sânsc arhat) s último estágio de treinamento dos monges budistas.
arakasegi 荒稼ぎ s 1 exploração, estelionato. 2 相場で sōba de: especulação. 3 強盗 gōtō: roubo, extorsão.
arakata 粗かた adv a maior parte, quase tudo.
arakawa 粗皮 s 1 casca. 2 なめしていない皮 nameshite inai kawa: couro cru.
arakezuri 荒削り s 1 ざっと削った zatto kezutta: aparadela, desbaste. 2 大雑把な ozappa na: pouco trabalhado.
araki 新木 s madeira recém-serrada.
araku 荒く adv sem delicadeza.
araku 粗く adv grosso modo.
arakure(ta) 荒くれ(た) adj grosseiro, bruto, violento.
ara mā あらまあ interj minha nossa!, meu Deus!, ora, vejam só!
aramaki 荒巻 s 1 塩鮭 shiojake: salmão levemente salgado. 2 藁などで包んだ魚 wara nado de tsutsunda sakana: peixe enrolado em folhas de bambu ou palha.
aramaki 粗蒔 s semeadura sem arar as terras.
aramashi あらまし s 概略 gairyaku: linhas gerais, o grosso. adv おおよそ ōyoso: quase tudo.
aramono 荒物 s 1 utensílios domésticos rústicos. 2 comestíveis (caça ou pesca) in natura.
aramusha 荒武者 s 1 荒荒しい武士 araarashii bushi: samurai valente ou violento. 2 乱暴者 ranbōmono: desordeiro, arruaceiro.
aramushiro 粗莚 s esteira grosseira, bruta.
aranami 荒波 s ondas revoltas (encapeladas, agitadas).
aranawa 荒縄 s corda grossa feita de palha.
arankagiri 有らん限り s máximo possível, tudo.
aranu あらぬ expr sem fundamento, falso.
aranui 粗縫い s alinhavo, costura com pontos largos.
aranuno 粗布 s tecido grosseiro.
aranuri 粗塗り s uma só demão de tinta, mal pintado.
arappoi 荒っぽい adj 1 乱暴な ranbō na: rude, indelicado, grosso. ~しぐさ ~shigusa: jeito rude. 2 粗雑な sozatsu na: rústico, tosco, canhestro.
arappoku 荒っぽく adv forma adverbial de arappoi.

ararageru 荒らげる *v* exaltar. 声を〜 *koe o* 〜: gritar, falar aos berros.

arare 霰 *s* **1** granizo, saraiva, chuva de pedras. **2** あられ餅 *araremochi*: doce de arroz em cubinhos.

araremonai あられもない *adj* indecoroso, desleixado.

araryōji 荒療治 *s* **1** 手荒な治療 *teara na chiryō*: tratamento sem delicadeza. **2** 手荒な処置 *teara na shochi*: medidas drásticas.

arasagashi あら捜し *s* procura pelos defeitos de outrem. 〜をする 〜*o suru, v*: estar à procura dos defeitos dos outros.

arashi 嵐 *s* 暴風雨 *bōfūu*: tempestade, tufão, vendaval.

-arashi -荒し *suf* roubo, assalto. ビル〜 *biru*〜: roubo em prédios.

arashigoto 荒仕事 *s* **1** 力仕事 *chikara shigoto*: trabalho pesado. **2** 悪事 *akuji*: crime, assalto, assassinato.

arasoi 争い *s* **1** けんか *kenka*: contenda, briga, discórdia, litígio. **2** 競争 *kyōsō*: competição, disputa.

arasou 争う *v* **1** けんかする *kenka suru*: brigar. **2** 競争する *kyōsō suru*: competir, disputar.

arasowarenai(nu) 争われない(ぬ) *expr* inconfundível, indiscutível, incontestável.

arasu 荒らす *v* **1** 荒れさせる *aresaseru*: devastar, assolar. **2** 乱暴する *ranbō suru*: danificar, provocar estragos. **3** 乱れさせる *midaresaseru*: provocar tumulto, agitar. **4** 盗む *nusumu*: praticar roubo, assaltar.

arasuji 粗筋 *s* resumo da história, enredo, as linhas gerais.

arata 新た *adj* novo. 〜にする 〜*ni suru, v*: renovar.

arataka 灼か *adj* miraculoso, poderoso.

aratama 新玉・粗玉・璞 *s* pedras preciosas em estado bruto.

aratamaru 改まる *v* **1** 新しくなる *atarashiku naru*: mudar, reformular, ficar novo. **2** 改善する *kaizen suru*: melhorar. **3** 格式ばる *kakushikibaru*: ficar formal, fazer cerimônia.

aratamaru 革まる *v* piorar, agravar. 病気が〜 *byōki ga* 〜: agravar-se, piorar a doença.

aratame 改め *s* ato de mudar de nome.

aratameru 改める *v* **1** 新しくする *atarashiku suru*: mudar, renovar. **2** 改正する *kaisei suru*: corrigir, reformar. **3** 調べる *shiraberu*: verificar, conferir.

aratamete 改めて *adv* **1** 事新しく *koto atarashiku*: novamente, mais uma vez. **2** 別の機会に *betsu no kikai ni*: numa outra ocasião.

arate 新手 *s* **1** まだ戦っていない元気な兵士 *mada tatakatte inai genki na heishi*: tropa de soldados na *front*, bem-dispostos. **2** 新顔 *shingao*: membro novo, cara nova. **3** 新しい手段 *atarashii shudan*: novo método, maneira diferente.

arato 粗砥 *s* pedra tosca de amolar.

aratogi 粗研ぎ *s* ato de amolar, *grosso modo*, primeira amoladela.

arau 洗う *v* **1** 汚れを水で落とす *yogore o mizu de otosu*: lavar, purificar. **2** 波がかかる *nami ga kakaru*: bater nas rochas (ondas). **3** 調べる *shiraberu*: apurar, investigar.

arauma 荒馬 *s* cavalo selvagem, cavalo que não foi domado.

araumi 荒海 *s* mar bravio, mar de ondas revoltas.

arawa 露 *s* exposição. 〜*na, adj*: **1** 丸出しの *marudashi no*: descoberto, exposto, à mostra. **2** 露骨な *rokotsu na*: aberto, declarado, de modo claro. **3** 公然たる *kōzen taru*: público.

araware 現われ *s* **1** 徴候 *chōkō*: mostra. **2** 表現 *hyōgen*: expressão, demonstração, sinal. **3** 結果 *kekka*: resultado.

arawareru 現われる *v* **1** 出現する *shutsugen suru*: surgir, aparecer, mostrar-se. **2** 露見する *roken suru*: descobrir.

arawashi 荒鷲 *s* **1** *Ornit* águia selvagem. **2** ases da aviação militar.

arawasu 表[現]わす *v* **1** 見せる *miseru*: mostrar-se, revelar. **2** 表現する *hyōgen suru*: expressar. **3** 象徴する *shōchō suru*: simbolizar, representar. **4** 発揮する *hakki suru*: revelar, evidenciar.

arawasu 著わす *v* publicar (uma obra).

arayuru 有らゆる *adj* tudo, todos os recursos.

arazu あらず *expr arc* não ser.

arazukuri 粗作り *s* feito *grosso modo*.

arazumogana 有らずもがな *expr* desnecessário.

arazumori 粗積り *s* estimativa à primeira vista.

are 荒れ *s* **1** 荒れること *areru koto*: descuido, abandono. **2** 荒れ模様の天気 *aremoyō no tenki*: mau tempo, temporal.

are あれ *pron* **1** 物を指す *mono o sasu*: aquilo, aquele. **2** 人 *hito*: aquele indivíduo. **3** 妻 *tsuma*: esposa.

are! あれっ *interj* ué!

areato 荒跡 *s* terras abandonadas.

arechi 荒地 *s* terra árida, solo improdutivo, terreno baldio.

aredake あれだけ *expr* tanto, àquele ponto.

aredemo あれでも *expr* mesmo aquele.

arehada 荒れ肌 *s* pele gretada (ressequida).

arehateru 荒れ果てる *v* estar devastado (abandonado, em ruínas).

arehōdai 荒れ放題 *expr* em total abandono.

arehodo あれ程 *expr* tanto, exaustivamente.

arehodo no あれ程の *expr* como aquele, igual àquele.

arei 亜鈴 *s* haltere.

arekashi あれかし *expr arc* que se concretize.

arekiri(arekkiri) あれきり(あれっきり) *expr* desde então, depois daquilo.

arekore 彼此 *expr* diverso, isto ou aquilo.

arekurai あれ位 *expr* algo tão simples (corriqueiro) como aquilo.

arekuruu 荒れ狂う *v* **1** 人が〜*hito ga*: enfurecer-se, agir como um louco. **2** 波や風が〜 *nami ya kaze ga* 〜: (vagas e ventos) ficar agitado, assolar.

aremoyō 荒れ模様 *s* **1** 天気が *tenki ga*: tempo ruim, tempo que prenuncia tempestade. **2** 機嫌が悪い様子 *kigen ga warui yōsu*: parece mal-humorado. **3** 平穏ではない *heion dewanai*: ambiente (clima) intempestivo.

arenari ni あれなりに *expr* daquele jeito.

areno 荒野 *s* deserto, ermo, campo devastado.

areru 荒れる *v* **1** 荒々しくなる *araarashiku naru*: ficar agitado. **2** 荒廃する *kōhai suru*: estar abandonado. **3** 荒む *susamu*: tornar-se desregrado. **4** 肌などが〜 *hada nado ga* 〜: (pele) ficar ressequida.

arerugī アレルギー (*al Allergie*) *s* alergia.

areshiki no あれしきの *expr* comum, trivial, corriqueiro.

areshō 荒れ性 s pele ressecada.
areya koreya あれやこれや expr diversas coisas.
areyo areyo あれよあれよ expr num instante, num piscar de olhos.
ari 蟻 s Entom formiga. 〜の巣 〜no su: formigueiro.
ariamaru 有り余る expr estar sobrando, ter em abundância.
ariari to ありありと adv nitidamente, vivamente, claramente.
ariawase 有り合せ s o que se tem à mão, que está disponível.
ariawaseru 有り合せる v estar disponível no momento.
aribai アリバイ (ingl alibi) s álibi. 〜がある 〜ga aru: ter álibi.
aridaka 有高 s dinheiro disponível no momento.
arienai 有り得ない expr impossível, inverossímil.
arifureta 有り触れた expr comum, que se encontra em qualquer canto.
arigachi 有り勝ち 〜na, adj: frequente, comum. 〜な事 〜na koto: fato corriqueiro.
arigane 有り金 s todo dinheiro que uma pessoa possui.
arigatagaru 有り難がる v 1 感謝する kansha suru: ficar agradecido. 2 尊重する sonchō suru: valorizar, dar valor a, apreciar.
arigatai 有り難い adj 1 かたじけない katajikenai: digna de gratidão. 2 尊い tōtoi: honroso, respeitável. 3 感謝すべき kansha subeki: profícuo, bem-vindo.
arigatameiwaku 有難迷惑 expr um favor que se dispensa.
arigatami 有り難味 s apreço, valor.
arigatanamida 有り難涙 s lágrimas de gratidão.
arigatō 有り難う expr obrigado(a). 〜ございます 〜gozaimasu: obrigado(a).
arijigoku 蟻地獄 s Entom formiga-leão.
arika 在処 s esconderijo, paradeiro, local onde se encontra uma coisa.
arikanenai 在りかねない expr passível de, que possa existir.
arikata 在り方 s procedimento, a maneira de ser.
arikitari no 在りきたりの expr banal, comum, de sempre.
arikui 食蟻獣 s Zool tamanduá, papa-formigas.
arimai 在り米 s arroz estocado.
ari no machi 蟻の町 s pop bairro pobre, favela.
ari no mama 有りの儘 s tal qual, do jeito que é.
arinsan 亜燐酸 s ácido fosforoso.
arisama 有様 s estado, condição, situação.
arishihi 在りし日 expr 1 過ぎた日 sugita hi: tempos passados, velhos tempos. 2 生前 seizen: tempo em que era vivo.
arisō 有りそう expr provável, aceitável, verossímil. 〜な話 〜na hanashi: uma história plausível.
aritei 有り体 s verdade nua e crua. 〜に話す 〜ni hanasu: falar com franqueza.
ari to arayuru 有りとあらゆる expr tudo que se possa imaginar, tudo que é cabível (oportuno, admissível). 〜手をつくす 〜te o tsukusu: tomar todas as medidas cabíveis.
aritsuku ありつく v conseguir a muito custo. 仕事に〜 shigoto ni 〜: finalmente, consegui o emprego.

arittake 有りったけ s tudo, todo. 〜の金 〜no kane: todo o dinheiro.
ariuru 有り得る expr ser possível (provável).
ariyō 有様 s 1 有り様 arisama: estado, condição. 2 実情 jitsujō: verdade, estado real. 3 あるべき状態 arubeki jōtai: estado (condição) ideal.
arizuka 蟻塚 s formigueiro (em montículo).
arō あろう expr será, haverá, acontecerá. 何が〜とも nani ga 〜tomo: aconteça o que acontecer.
aru 或る adj certo, um certo, um. 〜日 〜hi: certo dia.
aru 有(在)る v 1 存在する sonzai suru: ter, existir, haver, estar. 2 所有する shoyū suru: possuir, ter. 3 起こる okoru: ocorrer, acontecer. 4 行う okonau: realizar. 5 含まれる fukumareru: conter, haver, ter. 6 位置する ichi suru: ficar, estar situado.
āru アール (fr are) s are.
arubaito アルバイト (al Arbeit) s 1 副業 fukugyō: serviço temporário, trabalho extra, bico. 2 副業に従事する人 fukugyō ni jūji suru hito: trabalhador temporário.
arubamu アルバム (ingl album) s 1 写真帳 shashinchō: álbum. 2 いくつかの曲を収録したレコードやCD ikutsu ka no kyoku o shūroku shita rekōdo ya shīdī: álbum.
aruchū アル中 s alcoolismo. 〜患者 〜kanja: alcoólatra.
arudake あるだけ pron tudo, tudo que tiver.
arufa アルファ (ingl alpha) s 1 ギリシャ文字の最初の字 girisha moji no saisho no ji: alfa (α). 2 最初 saisho: começo, início. 〜からオメガまで 〜kara omega made: do começo ao fim. 3 定量に少し足したもの teiryō ni sukoshi tashita mono: o pequeno acréscimo. プラス〜 purasu〜: algo mais.
arufabetto アルファベット (ingl alphabet) s alfabeto. 〜順 〜jun: ordem alfabética.
arugamama 在るがまま adv tal qual, do jeito que é, sem tirar nem pôr.
arui wa 或いは conj 1 または mata wa: ポルトガル語〜日本語 porutogarugo 〜 nihongo: português ou japonês. 2 もしかすると moshika suru to: talvez, pode ser que.
aruji 主 s 1 家の主人 ie no shujin: dono, chefe de família. 2 店の主人 mise no shujin: dono, proprietário de loja.
arukari アルカリ (ingl alkali) s álcali. 〜金属 〜kinzoku: metais alcalinos.
arukarika アルカリ化 s alcalinização.
arukarisei アルカリ性 s alcalinidade, alcalicidade.
arukaroido アルカロイド (ingl alkaloid) s alcaloide.
arukiburi [kata] 歩き振り[方] s maneira (modo) de andar.
arukimawaru 歩き回る v andar de um lado para outro, dar voltas, percorrer.
arukōru アルコール (ingl alcohol) s álcool. 〜分 〜bun: teor de alcoólico.
arukōru chūdoku アルコール中毒 s alcoolismo.
arukōruzuke アルコール漬 s 1 アルコールに浸った arukōru ni hitatta: conservado em álcool. 2 酒浸り sakebitari: entregue ao álcool, viciado em álcool.
arukoto naikoto 有る事無い事 expr (dizer) tudo que vem à mente, baboseira.

aruku 歩く *v* **1** andar, caminhar, ir a pé. **2** *Beis* ganhar uma base, andar até a primeira base.
arumaishi あるまいし *expr* não é mais. 子供じゃ～ *kodomo ja*～: não é mais criança.
arumajiki あるまじき *expr* impróprio, que não condiz. 人間として～行い *ningen toshite* ～ *okonai*: uma atitude desumana.
arumi アルミ (*ingl abrev* de *aluminium*) *s* alumínio. ～合金 ～*gōkin*: liga de alumínio. ～ホイル ～ *hoiru* (*ingl foil*): papel-alumínio.
aruminiumu アルミニウム (*ingl aluminium*) *s* alumínio.
arutoki ある時 *expr* 時 *toki*: certa vez, certa feita, um dia.
arutokibarai 有る時払い *s* pagamento sem prazo estabelecido, pagamento quando puder saldar a dívida.
aryū 亜流 *s* **1** 独創性のないこと *dokusōsei no nai koto*: imitação, cópia. **2** エピゴーネン *epigōnen*: imitador, epígono.
aryūsan 亜硫酸 *s* ácido sulfuroso. ～ガス ～*gasu*: gás sulfuroso. ～ソーダ ～*sōda*: sulfito de sódio.
asa 朝 *s* manhã. ～になる ～*ni naru*: amanhecer. ～晩 ～*ban*: de manhã e à noite.
asa 麻 *s Bot* cânhamo.
asa- 浅- *pref* leve, que não é profundo (grave).
asaban 朝晩 *s* de manhã e à noite.
asaburo 朝風呂 *s* banho matinal.
asadachi 朝立ち *s* ato de sair de viagem de manhã bem cedo.
asade 浅手 *s* ferimento leve.
asagaeri 朝帰り *s* ato de passar a noite fora de casa, voltar de manhã após uma noitada.
asagake 朝駆 *s* **1** 朝早い攻撃 *asa hayai kōgeki*: ataque-surpresa de manhã bem cedo. **2** レポーターなどの～ *repōtā nado no* ～, *gír*: visita de repórter (jornalista) de manhã bem cedo.
asagao 朝顔 *s Bot* bons-dias, ipoméia.
asagasumi 朝霞 *s* bruma matinal.
asagata 朝方 *s* de manhã, parte da manhã.
asage 朝餉 *s arc* refeição da manhã.
asageiko 朝稽古 *s* treino matinal.
asagi(iro) 浅黄(色) *s* amarelo-claro.
asaginu 麻衣 *s* roupa feita de cânhamo.
asagiri 朝霧 *s* nevoeiro matinal.
asaguroi 浅黒い *adj* moreno, escuro. ～顔 ～ *kao*: rosto moreno.
asahaka 浅はか *adj* leviano, impensado, superficial.
asahi 朝日 *s* sol nascente.
asai 浅い *adj* **1** 深くない *fukakunai*: raso, pouco profundo. **2** 充分でない *jūbun de nai*: insuficiente, pouco profundo, superficial. **3** 色が薄い *iro ga usui*: claro. ～緑色 ～*midori iro*: verde-claro. **4** 日数が経っていない *nissū ga tatte inai*: pouco tempo. 日が～ *hi ga* ～: ter poucos dias.
asaichi 朝市 *s* feira, mercado que funciona só de manhã.
asaito 麻糸 *s* linha de cânhamo.
asajie 浅知恵 *s* pouco sagaz, ideia curta, superficialidade.
asakaze 朝風 *s* brisa matinal.
asamadaki 朝まだき *s arc* aurora, alvorada.
asamairi 朝参り *s* visita matinal ao templo.
asamashii 浅ましい *adj* **1** 卑しい *iyashii*: vil, vergonhoso, perverso. **2** 惨めな *mijime na*: miserável, humilhante, lastimável.
asamashisa 浅ましさ *s* ato pouco digno, lástima.
asameshi 朝飯 *s* refeição matinal.
asameshimae 朝飯前 *s* algo fácil de ser executado.
asamidori 浅緑 *s* verde-claro.
asamoya 朝靄 *s* bruma matinal.
asanagi 朝凪 *s* calmaria da manhã.
asanawa 麻縄 *s* corda de cânhamo.
asane 朝寝 *s* ato de dormir até tarde.
asanebō 朝寝坊 *s* que dorme demais pela manhã.
asa no ha 麻の葉 *s* folha de cânhamo.
asanuno 麻布 *s* tecido de linho.
asaoki 朝起き *s* o despertar, ato de levantar cedo.
asappara kara 朝っぱらから *expr* muito cedo, mal o dia amanheceu.
asari 浅蜊 *s Zool* amêijoa.
asaru 漁る *v* **1** 餌や獲物などを探す *esa ya emono nado o sagasu*: procurar comida, fuçar atrás de comida. **2** 探し回る *sagashimawaru*: remexer à procura de, fuçar.
asase 浅瀬 *s* baixio, banco de areia.
asashio 朝潮 *s* maré alta que ocorre ao amanhecer.
asatsuyu 朝露 *s* orvalho (que se observa de manhã).
asatte 明後日 *s* depois de amanhã.
asaura(zōri) 麻裏(草履) *s* chinelo com sola de linho trançado.
asayake 朝焼け *s* arrebol da manhã.
asayu 朝湯 *s* banho matinal.
asazake 朝酒 *s* gole de bebida alcoólica (trago) ao raiar do dia.
asazuke 浅漬 *s* conservas de verduras ou legumes com pouco tempo de curtimento.
asazuna 麻綱 *s* corda de cânhamo.
ase 汗 *s* **1** 分泌物 *bunpibutsu*: secreção, suor. ～の結晶 ～*no kesshō*: fruto do suor (esforços). ～をかく ～*o kaku*: suar, dedicar-se ao trabalho. ～を流す ～*o nagasu*: suar, dedicar-se ao trabalho. **2** 水滴 *suiteki*: orvalho formado em superfície fria.
asebamu 汗ばむ *v* suar (transpirar) um pouco.
asedaku 汗だく *s* que sua em bicas.
aseisoken 亜成層圏 *s* subestratosfera.
asejimu 汗じむ *v* ficar molhado de suor.
asekkaki 汗っかき *s* pessoa que transpira muito.
asekusai 汗臭い *adj* que cheira a suor.
asemidoro 汗みどろ *s* encharcado (ensopado) de suor.
asemizu 汗水 *s* muito suor. ～流して働く ～ *nagashite hataraku*: trabalhar arduamente.
asemo 汗疹・汗疣 *s* brotoeja, sudâmina.
aseri 焦り *s* impaciência. ～の色が見える ～*no iro ga mieru*: mostrar-se impaciente.
aseru 焦る *v* ficar impaciente, precipitar-se.
aseru 褪せる *v* **1** 色がさめる *iro ga sameru*: desbotar, perder a cor. **2** 衰える *otoroeru*: esvair-se, dissipar, esmorecer, desvanecer.
aseshirazu 汗知らず *s* talco.
asetori 汗取り *s* roupa de baixo (íntima) da indumentária japonesa.
asha 唖者 *s* mudo.
ashi 足・脚 *s* **1** 脚部 *kyakubu*: perna, pata, tentáculo. ～が速い ～*ga hayai*: andar depressa. ～が長い ～ *ga nagai*: ter pernas compridas. ～を洗う ～*o arau*: deixar a vida pregressa. **2** 足首から下 *ashikubi kara shita*: pé, pata. ～の踏み場もない ～*no*

fumiba mo nai: estar em grande desordem, não ter nem onde pisar. ~の裏 ~*no ura*: planta, sola do pé. ~を引っ張る ~*o hipparu*: puxar o tapete, prejudicar alguém. **3** 支え *sasae*: pé. 椅子の~ *isu no* ~: pés da cadeira. **4** 歩く事 *aruku koto*: o andar. ~が遅い ~*ga osoi*: andar devagar. **5** 行く事 *iku koto*: visita, ida. ~が途絶える ~*ga todaeru*: deixar de visitar, rarear as visitas. **6** お金 *okane*: dinheiro, gasto. ~が出る ~*ga deru*: gastar mais do que possui. **7** 交通機関 *kōtsūkikan*: meios de transporte. ~を奪われる ~*o ubawareru*: ficar sem meios de transporte.
ashi 瀘・葦 *s Bot* caniço de água.
ashiarai 足洗い *s* lava-pés.
ashiato 足跡 *s* pegada, rasto, rastro.
ashiba 足場 *s* **1** 足を掛ける場所 *ashi o kakeru basho*: o piso, o ponto de apoio. ~が悪い ~*ga warui*: o piso não está firme. **2** 建築工事などの *kentiku kōji nado no*: andaime. **3** 交通の便 *kōtsū no ben*: facilidades de transporte. ~がいい ~*ga ii*: lugar de fácil acesso.
ashibarai 足払い *s* rasteira. ~をかける ~*o kakeru*: dar uma rasteira.
ashibaya 足早 *s* passos apressados. ~に立ち去る ~*ni tachisaru*: sair às pressas.
ashibue 葦笛 *s* flauta de caniço (taquara).
ashibumi 足踏み *s* **1** その場で足を踏むこと *sono ba de ashi o fumu koto*: ~*suru*, *v*: marcar passo. **2** 停滞 *teitai*: paralisação, estagnação. ~状態 ~*jotai*: situação de paralisação.
ashibyoshi 足拍子 *s* ritmo marcado com o pé.
ashida 足駄 *s* tamanco japonês.
ashidai 足代 *s* despesa de transporte; dinheiro da passagem.
ashidaka 足高 *s* pés compridos (altos). ~の膳 ~*no zen*: bandeja de pés altos.
ashidamari 足溜り *s* base (para ação), parada (no meio da viagem).
ashidome 足止め *s* ato de reter alguém, impedimento.
ashidori 足取り *s* **1** 足運び *ashi hakobi*: passos, modo de andar. ~が軽い ~*ga karui*: andar alegre (leve). **2** 経路 *keiro*: pista, rumo. ~を追う ~*o ou*: seguir a pista.
ashifuki 足拭き *s* pano para limpar os pés.
ashigakari 足掛かり *s* **1** 足場 *ashiba*: apoio, piso, andaime. **2** 糸口 *itoguchi*: pista, chave, fio da meada. ~をつかむ ~*o tsukamu*: encontrar a pista.
ashigarami 足搦み *s* tesourada, tesoura, golpe entrelaçando os pés do adversário.
ashigaru 足軽 *s* hierarquia mais baixa dos samurais.
ashigata 足形[型] *s* **1** 足跡 *ashiato*: pegada. **2** 靴の *kutsu no*: molde para confeccionar sapatos.
ashige 足蹴 *s* maltrato, chute. ~にする ~*ni suru*: maltratar alguém.
ashige 葦毛 *s* mescla de pelos negros ou marrons em cavalo branco, cavalo ruço.
ashigei 足芸 *s* malabarismo executado com os pés.
ashigoshirae 足拵え *s* preparação de calçados adequados para viagem.
ashiguruma 足車 *s* rodízio (para piano etc.), rodinha.
ashiire(kon) 足入れ(婚) *s* relação pré-nupcial.

ashikake 足掛け *s* **1** 足場 *ashiba*: ponto de apoio, chão, pedal, estribo. **2** 年月日の計算の仕方 *nengappi no keisan no shikata*: em torno de (tempo). ~四年 ~*yonen*: em torno de quatro anos.
ashikarazu 悪しからず *expr* não me leve a mal, sinto muito.
ashikase 足枷 *s* **1** 刑具 *keigu*: grilhão, grilheta. **2** 束縛 *sokubaku*: estorvo, cerceamento.
ashikoshi 足腰 *s* quadris.
ashikubi 足首 *s* tornozelo, artelho.
ashikuse 足癖 *s* modo (jeito) de andar.
ashimame 足まめ *s* andança incansável. ~に通う ~*ni kayou*: ir (visitar) com frequência.
ashimoto 足元 *s* **1** 足のあたり *ashi no atari*: lugar onde pisa, perto dos pés. ~が暗い ~*ga kurai*: estar escuro. **2** 身辺 *shinpen*: perto da pessoa. 危険が~に迫る *kiken ga* ~*ni semaru*: o perigo ronda por perto. **3** 歩き方 *arukikata*: modo de andar. ~が危ない ~*ga abunai*: ter passos inseguros. **4** 立場 *tachiba*: situação do momento. ~をおびやかす ~*o obiyakasu*: ameaçar a situação atual.
ashinae 足萎え・躄 *s* deficiência nas pernas.
ashinaga 足長 *s* pernas longas.
ashinami 足並 *s* **1** 歩調 *hochō*: passos ~をそろえる ~*o soroeru*: manter passos regulares, acertar os passos. **2** 行動などのそろい具合 *kōdō nado no soroiguai*: passos, atos concatenados.
ashinarashi 足馴らし *s* **1** 足固め *ashigatame*: aquecimento. **2** 下準備 *shitajunbi*: preparativos.
ashini 脚荷 *s Náut* lastro.
ashiniku 足肉 *s* jarrete, curvejão (de porco).
ashioto 足音 *s* **1** ruído dos passos. **2** indício de aproximação.
ashirai あしらい *s* **1** tratamento, recepção. **2** combinação, contraste.
ashirau あしらう *v* **1** tratar, receber, lidar com. **2** combinar duas coisas.
ashisabaki 足さばき *s* movimento dos pés.
ashishigeku 足繁く *adv* frequentemente.
ashishiro 足代 *s* despesa de condução.
ashita 明日 *s* amanhã.
ashita 朝 *s arc* manhã.
ashitematoi 足手纏い *s* estorvo, empecilho.
ashitori 足取り *s* **1** pegar o pé. **2** técnica de sumô em que se derruba o adversário pegando-lhe o pé. **3** rota da fuga de um criminoso.
ashitsuki 足つき *s* modo de caminhar, de dar passos.
ashiura 足裏 *s* planta do pé.
ashiwa 足輪 *s* **1** rodízio para móveis. **2** anilha.
ashiwaza 足業 *s Esp* técnica de sumô e judô em que os golpes são desferidos com os pés.
ashiyowa 足弱 *s e adj* pessoa que não consegue caminhar muito.
ashiyubi 足指 *s* dedos dos pés.
ashizama ni 悪し様に *adv* de modo insultante, insultuoso.
ashizawari 足触わり *s* sensação de toque no pé.
ashizuri 足摺り *s* bater o pé de raiva ou tristeza.
ashu 亜種 *s* subespécie.
ashura 阿修羅 (*sânsc Asura*) *s Bud* entidade considerada inimiga dos deuses; adora a luta e, segundo consta, vive no fundo do mar ou da terra.

asobase kotoba 遊ばせ言葉 *s arc* modo de falar feminino que usa a expressão *asobase*.
asobaseru 遊ばせる *v* deixar ocioso, entreter, divertir uma criança.
asobasu 遊ばす *v* fazer (forma polida).
asobi 遊び *s* **1** brincadeira, diversão. **2** jogo. **3** beleza artística. **4** folga nas partes móveis de uma máquina.
asobiaite 遊び相手 *s* companheiro em jogos ou brincadeiras.
asobiakasu 遊び明かす *v* passar o tempo divertindo-se.
asobiaruku 遊び歩く *v* vaguear, perambular.
asobiba 遊び場 *s* pátio para as crianças brincarem, local de entretenimento.
asobidōgu 遊び道具 *s* brinquedo.
asobigane 遊び金 *s* dinheiro que não se acha aplicado.
asobigoto 遊び事 *s pop* passatempo, jogo, diversão, recreação.
asobiguse 遊び癖 *s* hábito de ficar ocioso.
asobijikan 遊び時間 *s* recesso.
asobikurasu 遊び暮らす *v* viver ociosamente.
asobimawaru 遊び回る *v* vaguear, perambular.
asobinakama 遊び仲間 *s* companheiro de jogo, diversão, brincadeira.
asobinin 遊び人 *s pop* interessado em jogos ou apostas, pessoa que passa a vida em prazeres e diversões.
asobishigoto 遊び仕事 *s* trabalho sem esforço.
asobitawamureru 遊び戯れる *v* traquinar, fazer travessuras.
asobite 遊び手 *s* pessoa que gosta de divertir-se, libertino.
asobitomodachi 遊び友達 *s* companheiro de jogo, diversão, brincadeira.
asobizuki 遊び好き *adj* amante de brincadeira, diversão.
asobu 遊ぶ *v* **1** brincar, jogar, passar o tempo, divertir-se, ir a um passeio. **2** ficar ocioso. **3** mover-se prazerosamente.
asoko あそこ *pron* **1** lá, ali, lugar distante do falante e do ouvinte. **2** lugar conhecido pelo falante e pelo ouvinte. **3** situação.
assaku 圧搾 *s* compressão.
assakuki 圧搾機 *s* compressor.
assakukūki 圧搾空気 *s* ar comprimido.
assari あっさり *adv* **1** simplesmente, levemente. **2** facilmente, brevemente.
assatsu 圧殺 *s* opressão, pressionar até matar.
assei 圧制 *s* opressão, tirania.
asseiteki 圧制的 *adj* opressivo, repressivo.
assen 斡旋 *s* mediação, intervenção.
asshi 圧死 *s* morrer esmagado.
asshō 圧勝 *s* vitória esmagadora.
asshuku 圧縮 *s* compressão.
asshukukūki 圧縮空気 *s* ar comprimido.
assuiponpu 圧水ポンプ (*hol pomp*) *s* bomba premente.
assuru 圧する *s* pressionar, oprimir, subjugar, sobrepujar.
āsu 明日 *s* **1** amanhã. **2** futuro próximo.
asu アース (*ingl earth*) *s Eletr* fio terra.
asuko あすこ *pron pop* lá, ali.
atae 与え *s* dádiva.

ataerareta 与えられた *expr* dado, presenteado, suposto.
ataeru 与える *v* dar (de um superior a um inferior), presentear, afetar, influenciar, prover, proporcionar.
atafuta to あたふたと *adv* atrapalhadamente, agitadamente, afobadamente.
atai 値・価 *s* preço, valor.
atakamo 恰も *adv* exatamente, como se, no momento justo.
atama 頭 *s* **1** cabeça. **2** mente. **3** cabelo. **4** topo. **5** chefe. **6** início. **7** número de pessoas. **8** *expr* 〜があがらない 〜*ga agaranai*: sentir-se inferior a alguém. 〜が固い 〜*ga katai*: obstinado. 〜が切れる 〜*ga kireru*: inteligente. 〜に来る 〜*ni kuru*: enfurecer-se. 〜が下がる 〜*ga sagaru*: respeitar. 〜の切り替え 〜*no kirikae*: reorientar as ideias. 〜をはねる 〜*o haneru*: ficar com uma percentagem. 〜を捻る 〜*o hineru*: pensar muito. 〜を冷やす 〜*o hiyasu*: refrescar a cabeça. 〜を抱える 〜*o kakaeru*: ficar muito preocupado. 〜を丸める 〜*o marumeru*: tornar-se monge budista. 〜を擡げる 〜*o motageru*: surgir uma ideia ou dúvida. 〜を押さえる 〜*o osaeru*: oprimir. 〜を下げる 〜*o sageru*: baixar a cabeça para alguém.
atamadekkachi 頭でっかち *s pop* **1** pessoa com a cabeça desproporcionalmente grande. **2** pessoa com ideias tendenciosas.
atamagonashi ni 頭ごなしに *adv* postura opressora.
atamakabu 頭株 *s* líder, cabeça de uma turma.
atama kara 頭から *adv* categoricamente, terminantemente.
atamakazu 頭数 *s* número de pessoas.
atamakin 頭金 *s* entrada de pagamento a prazo.
atamauchi 頭打ち *s* atingir o teto ou limite.
atamawari 頭割り *s* por cabeça; *per capita*.
atan 亜炭 *s Miner* linhita.
atara 可惜 *adv* lamentavelmente, lastimavelmente.
ataranai 当らない *expr* injusto, injustificável.
atarashigariya 新しがり屋 *s* novidadeiro.
atarashigaru 新しがる *s* ser apaixonado por novidades.
atarashii 新しい *adj* novo, fresco, recente, moderno.
atarashiku 新しく *adv* recentemente, ultimamente.
atari 辺り *s* **1** redondezas, imediações. **2** por volta de, aproximadamente.
atari 当たり *s* **1** sucesso, acerto. **2** toque. **3** acertar no alvo.
-atari -当たり *suf* **1** por (cabeça, dia). **2** fazer mal ao corpo.
atarichirasu 当り散らす *v* descarregar a raiva nos outros.
ataridoshi 当たり年 *s* ano frutífero, de sorte.
atarigei 当たり芸 *s* bom desempenho.
atarihazure 当たり外れ *s* sucesso e fracasso, acerto e erro, risco.
atarikuji 当たり籤 *s* bilhete premiado.
atarikyōgen 当たり狂言 *s Teat* peça teatral de sucesso.
atarimae 当たり前 *adj* **1** comum, usual. **2** natural, apropriado.
atarisawari 当り障り *s* influência, impacto, efeito.

atariya 当たり屋 *s* 1 pessoa sortuda. 2 pessoa que se deixa atingir deliberadamente por um automóvel com o objetivo de obter recompensa.
atariyaku 当たり役 *s* papel bem-sucedido de um ator.
ataru 当たる *v* 1 acertar, tocar. 2 bater bem na bola. 3 provar estar certo. 4 ganhar prêmio. 5 ser bem-sucedido. 6 ser exposto a sol, chuva. 7 encarregar-se de. 8 lidar com. 9 ser incumbido de. 10 tratar mal uma pessoa. 11 sondar, consultar. 12 corresponder a, equivaler a. 13 ser afetado, intoxicado.
atashi あたし *pron fem pop* eu.
atataka 暖[温]か ～*na*, *adj*: quente, afetuoso.
atatakai 暖[温]かい *adj* 1 temperatura ambiental agradável. 2 afetuoso, cordial. 3 ter dinheiro suficiente.
atatakami 暖[温]かみ *s* calor, ardor, cordialidade, entusiasmo.
atatamari 暖[温]まり *s* aquecer-se.
atatamaru 暖[温]まる *v* 1 aquecer-se. 2 juntar dinheiro.
atatameru 暖[温]める *v* aquecer.
atatte 当たって *expr* 1 na direção. 2 na situação.
atchi 彼方 *pron pop* aquele, o outro, lá.
ate 当て *s* 1 finalidade. 2 expectativa. ～がはずれる ～*ga hazureru*: frustrar-se. 3 confiança, dependência. ～にする ～*ni suru*: contar com.
-ate -宛て *s* destinatário.
ategai 宛がい *s* partilha, rateio, distribuição.
ategaibuchi 宛がい扶持 *s pop* valor dado unilateralmente por quem concede.
ategau 宛[充]てがう *v* 1 suprir, prover, fornecer. 2 colocar, pôr.
ategi 当て木 *s* tala.
ategoto 当て事 *s* 1 expectativa. 2 dedução, inferência.
atehamaru 当て嵌まる *v* estar em acordo, em conformidade, ajustar-se a.
atehameru 当て嵌める *v* ajustar, adaptar, aplicar.
atehazure 当て外れ *s* desapontamento, frustração.
ateji 当て字 *s* 1 ideograma usado como símbolo fonético independentemente de seu significado. 2 ideograma usado indevidamente.
atekko 当てっこ *s pop* jogo de adivinhação.
atekomi 当て込み *s* especulação, expectativa, antecipação.
atekomu 当て込む *v* especular, antecipar, esperar, contar com.
atekosuri 当て擦り *s* insinuação, crítica indireta.
atekosuru 当て擦る *v* insinuar, criticar indiretamente.
atemi 当て身 *s* golpe com o punho em ponto vital provocando desmaio.
atemono 当て物 *s* 1 enigma, adivinhação. 2 calço.
atena 宛名 *s* destinatário.
atenige 当て逃げ *s* atropelamento em que o autor foge do local.
aterareru 当てられる *v* 1 ser afetado, sofrer. 2 ser constrangido.
ateru 当[充]てる *v* 1 adivinhar. 2 ganhar, ter êxito. 3 endereçar.
ateru 宛てる *v* endereçar, destinar.
atesaki 宛先 *s* endereço, destinatário.
atetsuke 当てつけ *s pop* 1 insinuação, ataque indireto. 2 exibição ostensiva do bom relacionamento entre o casal.
atetsukeru 当てつける *v* 1 insinuar, atacar indiretamente. 2 exibir o bom relacionamento entre o casal.
ateuma 当てうま *s* 1 cavalo usado apenas para verificar se a fêmea está no cio. 2 aquele usado para sondar e abrir caminho para outro mais forte.
atezuiryō 当て推量 *s* conjectura, palpite.
atezuppō 当てずっぽう *s pop* realizar algo ao acaso.
ato 後 *s* 1 atrás, detrás. 2 mais tarde, subsequente, depois, posterior. 3 o próximo, o seguinte, o subsequente. 4 futuro. 5 consequência, resultado. 6 resto, restante, remanescente. 7 sucessor, descendente. 8 após a morte. 9 influência, efeito. *expr* 10 ～へ引く ～*e hiku*: ceder para chegar a um acordo. ～から～から ～*kara ～kara*: um após outro, em rápida sucessão. ～にも先にも ～*ni mo saki ni mo*: nunca, nem antes nem depois. ～の祭り ～*no matsuri*: tarde demais. ～を引く ～*o hiku*: continuar sem solução. ～は野となれ山となれ ～*wa no to nare yama to nare*: não se importar com o futuro nem com as consequências.
ato 跡 *s* 1 marca, rastro, mancha, vestígio. 2 ruínas, restos. 3 sucessão de uma família.
āto アート (*ingl art*) *s* arte.
atoaji 後味 *s* ressaibo, ressábio, sabor remanescente.
atoashi 後足 *s* pata traseira. ～で砂をかける ～*de suna o kakeru*: causar problema na hora de partir.
atoato 後々 *s* futuro.
atobarai 後払い *s* pagamento posterior.
atobō 後棒 *s* carregador posterior da liteira.
atogaki 後書き *s* posfácio.
atogama 後釜 *s pop* sucessor.
atohizuke 後日付 *s* pós-data.
atojie 後知恵 *s pop* percepção tardia.
atojisari 後退り *s* o ato de recuar, retroceder, dar um passo atrás.
atokata 跡形 *s* marca, rastro, vestígio, prova, evidência.
atokatazuke 後片付け *s* arrumação posterior, colocar as coisas em ordem após um evento.
atokin 後金 *s* 1 restante de pagamento. 2 pagamento posterior.
atokuchi 後口 *s* 1 fase posterior. 2 sucessor. 3 ressaibo, sabor remanescente.
atokusare 後腐れ *s* deixar o problema pendente.
atomawashi 後回し *s* pospor, postergar, deixar para depois.
atome 跡目 *s* sucessor, herdeiro.
atomodori 後戻り *s* retrocesso, retrogradação.
atomu アトム (*ingl atom*) *s* átomo.
atoni 後荷 *s* carga remanescente, carga da parte traseira do veículo.
ato no matsuri 後の祭り *s* tarde demais.
atooshi 後押し *s* 1 empurrão, pressão. 2 apoio, colaboração, amparo, patrocínio.
atorie アトリエ (*fr atelier*) *s* ateliê.
atosaki 後先 *expr* 1 na frente e atrás. 2 antes e depois. 3 ordem. ～見ずに ～*mizu ni*: sem pensar nas consequências.
atosaku 後作 *s* cultura secundária após a colheita da safra principal.

atoshimatsu 後始末 *s* **1** arrumação posterior. **2** acerto, correção.
atotori 跡取り *s* sucessor, herdeiro.
atou 能う *v* ser capaz de fazer, conseguir fazer.
atoyaku 後厄 *s* ano seguinte às idades críticas segundo o *yang-yin* (25 e 42 anos para os homens; 19 e 33 anos para as mulheres).
atozan 後産 *s Med* decedura, deliveramento, dequitação, dequitadura.
atozukeru 跡ける *v* trilhar, seguir os passos, confirmar.
atsuatsu 熱々 *adj pop* **1** muito quente. **2** apaixonado.
atsubottai 厚ぼったい *adj* espesso e pesado.
atsubyōshi 厚表紙 *s* capa dura (de livro).
atsude 厚手 *s* espesso, grosso (papel, cerâmica, louça).
atsudenki 圧電気 *s Fís* piezeletricidade.
atsudokei 圧度計 *s Fís* piezômetro.
atsuen 圧延 *s* laminação.
atsugami 厚紙 *s* papelão, cartão, cartolina.
atsugari 暑[熱]がり *s* pessoa sensível ao calor.
atsugaru 暑[熱]がる *v* reclamar do calor, sentir calor.
atsugeshō 厚化粧 *s* maquilagem carregada.
atsugi 厚着 *s* ato de vestir muitas roupas.
atsugiri 厚切り *s* fatia grossa.
atsui 厚い *adj* **1** grosso, espesso, pesado. **2** gentil, cordial, caloroso, afetuoso. **3** grau elevado.
atsui 暑い *adj* quente, temperatura desagradavelmente elevada.
atsui 熱い *adj* **1** quente, aquecido. **2** entusiasmado.
atsui 篤い *adj* doença grave.
atsuita 厚板 *s* lâmina espessa.
atsuji 厚地 *s* tecido grosso.
atsukai 扱い *s* trato, tratamento, manuseio, manejo.
atsukamashii 厚かましい *adj* desavergonhado, descarado, despudorado, impudente, insolente, petulante.
atsukamashisa 厚かましさ *s* descaro, descaramento, impudência, insolência, atrevimento.
atsukan 熱燗 *s* saquê aquecido.
atsukau 扱う *v* **1** manusear, operar. **2** tratar, lidar (com problema). **3** negociar. **4** tratar, lidar (com pessoas).
atsuku 厚[篤]く *adv* **1** espessamente, pesadamente. **2** calorosamente, cordialmente, gentilmente, entusiasticamente.
atsukurushii 暑苦しい *adj* desagradavelmente quente, abafado.
atsumari 集まり *s* reunião, assembleia, festa.
atsumaru 集まる *v* **1** reunir-se, congregar-se, juntar-se. **2** concentrar em, centrar em, convergir para. **3** dinheiro ou objeto coletado.
atsumeru 集める *v* **1** 寄せ集める *yoseatsumeru*: juntar, reunir, colecionar, ajuntar, coligir, agrupar. 募集する *boshū suru*: recrutar, convocar. **2** 集中さす *shūchū sasu*: focalizar, concetrar, canalizar, convergir.
atsumi 厚味 *s* **1** espessura. *Sin* **atsusa** 厚さ. **2** profundidade.
atsumono 羹 *s* cozido de verduras e carnes bem quente.
atsurae 誂え *s* pedido, encomenda. 〜服 〜*fuku*: roupa feita sob medida. 〜*no*: feito sob encomenda.
atsuraemuki 誂え向き *s* adaptado, encomendado, sob medida, adequado, apropriado.
atsuraeru 誂える *v* encomendar, pedir, mandar fazer.
atsureki 軋轢 *s* atrito, conflito, desavença.
atsuroki 圧濾器 *s* filtro-prensa.
atsuryoku 圧力 *s* **1** *Fís* pressão. **2** influência coercitiva ou constrangedora, coerção.
atsuryokukei 圧力計 *s* manômetro, medidor de pressão.
atsusa 厚さ *s* espessura, grossura.
atsusa 暑さ *s* calor.
atsusaatari 暑さ中り *s* passar mal com o calor.
atsusashinogi 暑さ凌ぎ *s* suportar o calor, afastar (evitar) o calor.
atsuyōhyōhon 圧葉標本 *s Bot* herbário.
atten 圧点 *s* ponto que comanda a sensação de pressão que se sente na pele.
atto あっと *expr* 〜いう間に 〜*iu ma ni*: num minuto, num segundo, num instante, num piscar de olhos. 〜言わせる 〜*iwaseru*: surpreender, maravilhar, assombrar, causar admiração ou espanto.
attō 圧倒 *s* 〜*suru*, *v*: **1** 押し倒す *oshitaosu*: derrubar. **2** すぐれて他をしのぐ *sugurete hoka o shinogu*: superar o outro.
attohōmu アットホーム (ingl at home) 〜*na*, *adj*: sentir-se em casa (à vontade).
attōteki 圧倒的 *adj* preponderante, dominante, predominante, avantajado. 〜*ni*, *adv*: preponderantemente, dominantemente, predominantemente.
au 合う *v* **1** 適合する *tekigō suru*: servir, ajustar-se, ficar justo. **2** 合致する *gatchi suru*: coincidir, concordar, corresponder, harmonizar, combinar, compatibilizar. **3** 正しい *tadashii*: certo, correto. 計算が '〜 *keisan ga* 〜: o cálculo está correto.
au 会[逢・遭]う *v* **1** 人に会う *hito ni au*: encontrar-se, ver. **2** (事物に)遭遇する (*jibutsu ni*) *sōgū suru*: encontrar, deparar-se, defrontar, topar com algo.
aun 阿吽 *s* (*sânsc ahum*) começo e fim; respiração.
auto アウト (ingl out) *s* **1** *Beis* fora, exclusão. 打って〜になる *utte* 〜*ni naru*: bater e ser eliminado. tênis fora. 球は〜だった *tama wa* 〜*datta*: a bola foi fora. **2** golfe curso exterior.
awa 泡 *s* bolha, espuma.
awa 粟 *s Bot* painço.
awabako 泡箱 *s Fís nucl* câmara de bolha.
awabi 鮑 *s Zool* molusco gastrópode da família dos haliotídeos.
awadachi 泡立ち *s* espumação.
awadateki 泡立て器 *s* batedor de ovos, batedeira.
awadateru 泡立てる *v* fazer espumar, fazer espuma.
awadatsu 泡立つ *v* espumar.
awadatsu 粟立つ *v* arrepiar-se, eriçar-se.
awai 淡い *adj* 薄い *usui*: suave, fraco, tênue. はかない *hakanai*: passageiro, transitório.
awamochi 粟餅 *s* bolo de painço.
awamori 泡盛 *s* bebida alcoólica destilada do arroz, própria de Ryukyu, atual província de Okinawa.
awaokoshi 粟おこし *s* doce típico de Osaka, feito

de arroz e painço, cozido no vapor e assado com caramelo.

aware 哀れ *s* 1 悲しみ *kanashimi*: tristeza, melancolia. ~*na*, *adj*: triste, melancólico, pesaroso. 2 みじめさ *mijimesa*: piedade, aflição, dó, padecimento. ~*na*, *adj*: digno de piedade. 3 かわいそう *kawaisō*: pobre, coitado, miserável. ~*na*, *adj*: pobre, coitado, miserável. 4 情趣 *jōshu*: *páthos*. ~*na*, *adj*: patético, interessante, atraente, admirável, valioso, alvissareiro, magnífico.

aware あわれ *s* voz de emoção, carinho, comiseração ou tristeza.

awaregaru 哀れがる *v* 1 感嘆・感嘆する *kantan suru*: admirar-se. 2 哀(悲)しくおもう *kanashiku omou*: entristecer. 3 同情する *dōjō suru*: compadecer-se.

awarege 哀れ気 *s* tristeza, melancolia, compaixão.

awaremi 哀[憐]れみ *s* tristeza, compaixão, pena.

awaremu 哀[憐]れむ *v* entristecer-se, compadecer-se.

awareppoi 哀れっぽい *adj* pobre, coitado, miserável.

awasaru 合わさる *v* juntar, unir, ficar junto.

awase 袷 *s* quimono com forro.

awase 合わせ *s* 1 junção, reunião, união. 2 acompanhamento do arroz ou do prato principal, mistura. 3 物あわせ *mono awase*: jogo em que se faz a junção de objetos.

awasedo 合わせ砥 *s* tipo de esmeril fino, usado para dar acabamento na afiação de lâminas.

awasekagami 合わせ鏡 *s* par de espelhos.

awasekangaeru 併せ考える *v* juntar (ligar) os fatos, estabelecer relações.

awaseme 合わせ目 *s* junta, conexão, costura, remendo.

awasemono 合わせ物 *s* 1 combinação, algo reunido em um só. 2 música tocada com dois ou mais instrumentos. 3 jogos ou brincadeiras de encontrar objetos que formam pares. 4 acompanhamento, mistura.

awaseru 合わせる *v* 1 一つにする *hitotsu ni suru*: unir, ligar, juntar. 併合する *heigō suru*: anexar, reunir, fundir, amalgamar. 2 合計する *gōkei suru*: somar, adicionar. 3 混合する *kongō suru*: misturar, fazer um composto. 薬を~ *kusuri o* ~: preparar o medicamento. 4 適合させる *tekigō saseru*: combinar, ajustar, sincronizar, acertar, harmonizar, acompanhar, fazer de acordo com. 時計を~ *tokei o*~: ajustar o relógio. モデルに~ *moderu ni*~: fazer de acordo com o modelo. 5 重ねる *kasaneru*: sobrepor, acrescentar, adicionar. 6 照合する *shōgō suru*: comparar, confrontar, cotejar, checar, verificar. オリジナルと~ *orijinaru to* ~: comparar com o original.

awaseru 会[逢・遭]わせる *v* 人に~ *hito ni* ~: fazer encontrar (conhecer), apresentar.

awasete 併せて *adv* 1 na totalidade, no total, ao todo. 2 em acréscimo.

awatadashii 遽[慌]しい *adj* せわしい *sewashii*: ocupado, azafamado, apressado. 慌てた *awateta*: afobado, atrapalhado, embaraçado, perturbado, confuso.

awatadashiku 遽[慌]しく *adv* com pressa, de modo atribulado, em agitação, em alvoroço, com inquietação.

awatefutameku 慌てふためく *v* afobar-se, apavorar-se, espavorir-se.

awatemono 慌て者 *s* pessoa apavorada, afobada, apressada, esbaforida.

awateru 慌てる *v* まごつく *magotsuku*: hesitar, apavorar-se, ficar perdido. 無闇に急く *muyami ni seku*: afobar-se, apressar-se, agitar-se, inquietar-se. 慌てて答える *awatete kotaeru*: responder sem pensar. 慌てて逃げる *awatete nigeru*: fugir às pressas. 慌てない *awatenai*: manter a calma.

awaya あわや *adv* num instante, logo, rapidamente. ~と思う間もなく ~*to omou ma mo naku*: sem ter tempo para pensar, num piscar de olhos.

awayokuba あわよくば *adv* se tudo correr bem, se tudo der certo, se as circunstâncias forem favoráveis.

awayuki 淡[泡]雪 *s* neve rala. ~のごとく消える ~*no gotoku kieru*: desaparecer como neve rala.

aya 文 *s* 1 模様や色合い *moyō ya iroai*: estampa, desenho, colorido. ~を織り出す ~*o oridasu*: tecer. 目も~な *me mo* ~*na*: brilhante, esplêndido. 2 言葉のおもむき *kotoba no omomuki*: expressividade, jeito de falar. 3 しくみ *shikumi*: constituição, composição, fios, tessitura, trama. この事件は色々~がある *kono jiken wa iroiro* ~*ga aru*: esse caso tem muitas tramas.

aya 綾 *s* 1 ~織 ~*ori*: seda tecida diagonalmente; tecido com desenhos diagonais. 2 相場 *sōba*: flutuação.

ayabumu 危ぶむ *v* temer, recear.

ayadoru 彩どる *v* enfeitar, ornamentar, colorir.

ayafuya あやふや ~*na*, *adj*: indefinido, incerto, dúbio, vago, ambíguo.

ayaito 綾糸 *s* 1 fios verticais organizados num tear. 2 barbante amarrado em forma de círculo usado para brincar.

ayaji 綾地 *s* qualidade da seda tecida diagonalmente.

ayakarimono 肖り者 *s* 1 ser semelhante, ser parecido. 2 felizardo.

ayakaru 肖る *v* assemelhar-se; figurar, parecer-se com alguém de sorte.

ayamachi 過ち *s* 過失 *kashitsu*: erro, falha. 罪過 *zaika*: crime. 事故 *jiko*: acidente. 怪我 *kega*: ferimento.

ayamari 誤り *s* erro, falha, deslize.

ayamari 謝り *s* escusa, desculpa, justificativa.

ayamaru 誤る *v* 1 間違える *machigaeru*: errar, falhar, cometer um deslize, praticar uma falta, enganar-se, confundir. 2 惑わす *madowasu*: fazer alguém errar, deixar alguém confuso.

ayamaru 謝る *v* 1 謝罪する *shazai suru*: desculpar-se, escusar-se, dirimir-se, justificar-se. 2 降参する *kōsan suru*: render-se, reconhecer ou admitir a falha.

ayamatsu 過つ *v* errar, falhar. *provérbio* 過って改むるに憚ることなかれ *ayamatte aratamuru ni habakaru koto nakare*: nada melhor que reparar os erros cometidos.

ayamatte 誤[過]って *expr* por erro, por falha, por descuido.

ayame 文目 *s* 模様 *moyō*: figuras, desenhos, estampas. 筋 *suji*: linhas, nervuras, traços. ~も分からぬ ~*mo wakaranu*: não conseguir distinguir.

ayame 菖蒲 *s Bot* íris. 〜科 〜*ka*: família das iridáceas.
ayameru あやめる *v* 1 危なくする *abunaku suru*: tornar perigoso. 2 傷つける・殺す *kizutsukeru/korosu*: ferir, matar.
ayanasu あやなす *v* 1 扱う *atsukau*: manipular. 2 模様を〜 *moyō o* 〜: criar belas estampas, figuras ou desenhos.
ayaori 綾織 *s* seda tecida diagonalmente; tecido com desenhos diagonais.
ayashige 怪しげ 〜*na, adj*: suspeito, duvidoso.
ayashii 怪しい *adj* 1 疑わしい *utagawashii*: duvidoso, incerto, questionável. 2 不思議 *fushigi*: estranho, misterioso, sobrenatural. 3 いかがわしい *ikagawashii*: suspeito, duvidoso. 4 粗末・まずい *somatsu/mazui*: pobre, ruim, falta de capacidade.
ayashimi 怪しみ *s* 嫌疑 *kengi*: suspeita. 疑惑 *giwaku*: dúvida. 驚き *odoroki*: espanto, admiração, surpresa.
ayashimu 怪しむ *v* 1 疑わしくおもう *utagawashiku omou*: suspeitar, duvidar. 2 不思議におもう *fushigui ni omou*: admirar-se, surpreender-se.
ayasu あやす *v* distrair (uma criança pequena para melhorar o seu humor).
ayatori 綾取り *v* 1 遊戯 *yūgi*: brincadeira de barbante amarrado nas duas extremidades formando um círculo, a qual se faz sozinho, criando objetos de formatos geométricos, ou com outras pessoas, passando o barbante de uma para outra, enquanto se vai dando formas ao barbante entrelaçando-o pelos dedos das duas mãos. 2 機織りの〜 *hataori no*〜: pedaço de bambu preso à linha vertical para que esta não se emaranhe.
ayatsuri 操り *s* manipulação.
ayatsuriningyō 操り人形 *s* marionete.
ayatsuru 操る *v* 人形を〜 *ningyō o* 〜: manipular. 操縦する *sōjū suru*: manejar, operar, dirigir, manobrar. 物価・世論を〜 *bukka/seron o*〜: manipular, controlar, dominar preços ou opinião pública.
ayaui 危うい *adj* perigoso.
ayauki 危うき *adj textual* perigoso.
ayauku 危うく *adv* perigosamente, quase, por um triz.
ayu 鮎 *s Ictiol* peixe do leste da Ásia, especialmente do Japão, com cerca de 30 cm e costas cor oliva; passa o começo da vida no mar e, no início da primavera, sobe os rios em direção às correntezas à procura de águas claras.
ayu 阿諛 *s textual/linguagem literária* adulação, lisonja, bajulação.
ayumi 歩み *s* caminhar, andamento, desenvolvimento, curso. 歩速 *hosoku*: passo, passada, marcha.
ayumiai 歩み合い *s* concessão mútua. *V* **ayumiyori** 歩み寄り.
ayumiita 歩み板 *s* tábua de travessia.
ayumiyori 歩み寄り *s* concessão mútua. *V* **ayumiai** 歩み合い.
ayumiyoru 歩み寄る *v* fazer concessões mútuas.
ayumu 歩む *v* andar, caminhar, avançar.
aza 字 *s* divisão administrativa de um município ou vila.
aza 痣 *s* marca, mancha que aparece na pele, provocada por doença ou contusão.

azakeri 嘲り *s* zombaria, escárnio, gracejo.
azakeru 嘲る *v* zombar, ridicularizar, escarnecer, gracejar.
azami 薊 *s Bot* cardo.
azamuku 欺く *v* enganar, lograr, iludir, ludibriar, burlar. 昼を〜明るさである *hiru o* 〜 *akarusa de aru*: tão claro quanto a luz do dia.
azana 字 *s* 別名 *betsumei*: pseudônimo. あだな *adana*: apelido.
azarashi 海豹 *s Zool* foca.
azawarai 嘲笑い *s* ridículo, escárnio, derrisão, irrisão.
azawarau 嘲笑う *v* ridicularizar, zombar, caçoar.
azayaka 鮮やか 〜*na, adj*: 鮮明な *senmei na*: vivo, nítido, intenso, claro. 手際のよい *tegiwa no yoi*: hábil, esmerado. 見事に *migoto ni*: esplendidamente, brilhantemente.
aze 畦・畔 *s* rego, vão, vala, sulco feito pelo arado.
azekura 校倉 *s* depósito feito de toras de árvores entrelaçadas.
azemichi 畦道 *s* caminho estreito entre os arrozais; trilha, vereda, senda, atalho.
azen 唖然 *adv* 〜として 〜*to shite*: surpreendentemente.
azukari 預かり *s* 1 保管 *hokan*: guarda, custódia; guarda-volume. 2 勝負の〜 *shōbu no* 〜: trégua, adiamento de uma disputa.
azukarihyō 預かり票 *s* comprovante, cupom de depósito.
azukarikin 預かり金 *s* depósito, empréstimo.
azukarimono 預かり物 *s* objeto guardado, objeto em guarda ou mercadoria consignada.
azukarinin 預かり人 *s* consignatário, comissário.
azukarishōken 預かり証券 *s warrant*, título de guarda.
azukarishō(sho) 預り証(書) *s* recibo de depósito, comprovante, certificado, nota de depósito.
azukaru 与る *v* 関与・関係する *kan'yo/kankei suru*: participar, tomar parte. 受ける *ukeru*: receber, ter em consideração. 相談に〜 *sōdan ni* 〜: ser consultado. 招待に〜 *shōtai ni* 〜: receber um convite, ser convidado.
azukaru 預かる *v* 1 保管する *hokan suru*: guardar, custodiar, manter. 2 担任・監督する *tan'nin/kantoku suru*: cuidar de, ter sob guarda ou responsabilidade, supervisionar. 3 引き受ける *hikiukeru*: assumir, tomar para si. 4 (勝負を)決めずにおく (*shōbu o*) *kimezu ni oku*: adiar uma decisão sobre disputa. 5 差し控える *sashihikaeru*: reter, manter, segurar, guardar.
azuke 預け *s* guarda, custódia.
azukeireru 預けいれる *v* fazer depósito (em banco).
azukekin 預け金 *s* depósito, dinheiro em depósito.
azukemono 預け物 *s* objeto a ser guardado, mercadoria em consignação.
azukenin(nushi) 預け人(主) *s* consignador.
azukeru 預ける *v* 1 保管をたのむ *hokan o tanomu*: deixar sob a guarda ou custódia (de alguém), pedir para guardar, confiar (alguma coisa a alguém). 2 監督を頼む *kantoku o tanomu*: pedir (a alguém) para cuidar (de algo ou de alguém).
azuki 小豆 *s Bot* feijão *azuki*.

azuma 東 *s* 東 *higashi*: leste. 東国 *tōgoku*: terras do leste do Japão.
azumakōto 吾妻コート *s* sobretudo feminino.
azumaotoko 東男 *s* homem das províncias do leste japonês. 〜に京女 〜*ni kyōonna*: os melhores homens estão em Edo, e as melhores mulheres, em Quioto.
azumaya 東屋 *s* **1** casa com telhado de quatro águas. **2** pérgula, caramanchão.
azusa 梓 *s Bot* bignônia.

ba 場 *s* **1** lugar, local, situação, solo. **2** espaço, compartimento. **3** assento, lugar. **4** *Teat* cena. **5** ocasião. **6** mercado, troca. **7** experiência. **8** *Fis* 磁～*ji*～: campo magnético.

-ba -ば *conj* se, a menos que, quando. 急げばその電車に間に合いましょう *isogeba sono densha ni maniaimashō*: se você se apressar, chegará a tempo de pegar o trem. 痛ければこの薬を飲みなさい *itakereba kono kusuri o nominasai*: se doer, tome este remédio.

bā¹ バー (*ingl bar*) *s* **1** bar, botequim, *pub*. **2** *Esp* barra de obstáculo. **3** barra.

bā² ばあ *interj* (para assustar alguém) bah!; (para acalmar um bebê) bah.

baai 場合 *s* uma ocasião, uma hora, um momento, circunstâncias, situação, caso, exemplo, ilustração. 今の～ *ima no* ～: neste caso, nesta ocasião, neste momento.

baatari 場当たり *s* piada (introduzida ou não pelo ator) durante uma peça, situação cômica.

baba 馬場 *s* pista de treinamento ou de corrida de cavalos.

baba 婆 *s pop* **1** mulher idosa, bruxa. **2** ama de leite.

baba 祖母 *s inf* avó.

babanuki 婆抜き *s* jogo de baralho no qual quem fica com o coringa perde o jogo.

bābekyū バーベキュー (*ingl barbecue*) *s* churrasco. ～*suru*, *v*: fazer churrasco (carne).

bachabacha ばちゃばちゃ *onom* ～させる ～*saseru*: fazer barulho na água. 水たまりを～歩く *mizutamari o* ～ *aruku*: andar na poça d'água fazendo barulho.

bachan ばちゃん *onom* som de algum objeto caindo na água.

bachi¹ 桴・枹 *s* baqueta de tambor; bastão.

bachi² 罰 *s* punição divina, maldição (のろい *noroi*).

bachi³ 撥 *s* plectro, palheta. ～音 ～*on*: o som do plectro.

bachiatari 罰当たり *s* danado. ～爺 ～*jiji*: velho pecador. ～め！～*me!*: dane-se!. 恩知らず *on-shirazu*: seu ingrato!

bachigai 場違い *s* lugar errado, hora errada. 部屋の中は何もかも整然としていて、私は～な所に来てしまったように感じた *heya no naka wa nanimokamo seizen to shiteite, watashi wa* ～ *na tokoro ni kiteshimatta yō ni kanjita*: tudo estava tão organizado na sala que senti que estava no lugar errado.

bachisabaki 撥捌き *s* manuseio do plectro.

bachō 場帳 *s* lista ou livro oficial de bolsa de valores. ～に登録する ～*ni tōroku suru*: registrar uma transação.

badachi 場立ち *s* corretor que age em bolsa de valores; membro de conselho ou junta.

badai 場代 *s* 席料 *sekiryō*: preço de uma poltrona. 入場料 *nyūjōryō*: taxa de entrada.

bafuda 場札 *s* cartas sobre a mesa (de jogos).

bafun 馬糞 *s* estrume de cavalo.

bafusagi 場塞ぎ *s* **1** 役に立たないもの *yaku ni tatanai mono*: coisa inútil. **2** substituto de improviso. **3** これをここに置いては～だ *kore o koko ni oite wa* ～*da*: colocar isso aqui atrapalha demais.

bagai 場外 *s* ～株 ～*kabu*: ações negociadas nos balcões fora de bolsa de valores; ações não registradas em bolsa de valores.

bagaku 馬学 *s* hipologia.

bagen 罵言 *s* abuso, linguagem abusiva, injúria, blasfêmia.

bāgen バーゲン (*ingl bargain*) *s* liquidação. ～セール ～*sēru* (*ingl bargain sale*): venda de mercadorias abaixo do preço normal para renovação de estoque.

bagu 馬具 *s* arreios; arreios ornamentais de cavalo. ～1組 ～*hitokumi*: conjunto de arreios.

bagushi 馬具師 *s* seleiro, pessoa que faz arreios.

baguya 馬具屋 *s* pessoa que faz arreios, seleiro; selaria, loja de seleiro.

bahansen 八幡船 *s Hist* navio pirata japonês que saqueava nas costas da China e no Sudeste da Ásia no século XVI.

bahi 馬皮 *s* couro de cavalo.

bahitsu 馬匹 *s* cavalo.

bai¹ 貝 *s Zool* espécie de marisco (*Babylonia japonica*).

bai² 倍 *num* ¹ duplo, dobro, duas vezes; *v* ² dobrar (aumentar duas vezes).

bai³ 枚 *s* mordaça.

-bai -倍 *suf* ...vezes, multiplicado por ...vezes.

baibai¹ バイバイ (*ingl bye-bye*) *interj inf* tchau!

baibai² 売買 *s* compra e venda, transação, negociação.

baibaikeiyaku 売買契約 *s* contrato de compra e venda.

baiben 買弁 (*chin*) *s* comprador.
baiboku 売ト *s* adivinhação, predição. 〜者 〜*sha*: adivinhador, adivinho.
baibun(gyō) 売文(業) *s* trabalho literário (pago por obra).
baichi 培地 *s* meio, nutriente, meio de cultura (de bactéria).
baidai 倍大 *s* dobro do tamanho.
baidoku 梅[黴]毒 *s* sífilis.
baien 煤煙 *s* fuligem e fumaça; (fuliginoso) fumaça, mancha de fuligem.
baien 梅園 *s* pomar de *ume* (ameixa).
baigainen 媒概念 *s Lóg* o conceito (termo) médio.
baigaku 倍額 *s* dobro do preço [taxa, cobrança, montante].
baihin 売品 *s* artigo para venda.
baihin 陪賓 *s* convidados em geral.
baiin 売淫 *s* prostituição.
baijin 煤塵 *s* partículas de fuligem, mancha de fuligem.
baijo 売女 *s* prostituta.
baijō 陪乗 *s* acompanhar alguém de posição social mais elevada no seu veículo.
baijū 陪従 *s* assistência, acompanhar uma pessoa para servi-la ou cuidar dela. 〜者 〜*sha*: acompanhante.
baika 売価 *s* preço de venda, preço de tabela.
baika 買価 *s* preço de compra.
baika 倍加 *s* 1 dobro. 2 grande aumento.
baika 梅花 *s* flor de *ume* (ameixeira).
baikai 媒介 *s* 1 intermediação, intervenção, mediação, agência. 2 casamentaria.
baikaibutsu 媒介物 *s* meio, agente. 伝染病の〜 *densenbyō no* 〜: veículo, agente da infecção.
baikan 陪観 *s* ato de observar ou assistir algo em companhia de seu superior.
baiketsu 売血 *s* venda de sangue (por dinheiro).
baikin 黴菌 *s* bacilo, bactéria, germe.
baikoku 売国 *s* venda de um país. 〜的行為 〜*teki kōi*: ato antipatriótico; traição à pátria.
baikokudo 売国奴 *s* traidor. この〜! *kono*〜!: seu traidor!
baiku バイク (*ingl bike*) *s* motocicleta.
baikun 売勲 *s* venda de condecorações em troca de dinheiro.
baikyaku 売却 *s* venda.
baikyū 倍旧 *s* 〜の 〜*no*: redobrado. 〜の努力を する 〜*no doryoku o suru*: redobrar os esforços.
baimashi 倍増 *s* dobro do preço. 〜にする 〜*ni suru*: dobrar (os salários). 一等料金は二等の〜で す *ittōryōkin wa nitō no* 〜*desu*: o preço da passagem de primeira classe é o dobro da passagem de segunda classe.
baimei 売名 *s* fazer *marketing* pessoal, promoção de seu nome ou imagem.
baindā バインダー (*ingl binder*) *s* encadernador, pasta para prender brochura ou papel.
bainin 売人 *s* 1 comerciante, mercador, negociante. 2 vendedor de produtos excusos.
baiorin バイオリン (*ingl violin*) *s* violino, rabeca.
baiorizumu バイオリズム (*ingl biorhythm*) *s* ritmo biológico.
baipasu バイパス (*ingl bypass*) *s* caminho alternativo (rodovia); atalho.

bairin 梅林 *s* arvoredo ou bosquete de *ume* (ameixeira).
bairitsu 倍率 *s* magnificação, poder de magnificação (capacidade). 高〜 *kō*〜: (telescópio) de alta capacidade de magnificação. (入学試験などの)〜が高い (*nyūgaku shiken nado no*) 〜*ga takai*: altamente competitivo.
baisei 陪星 *s Astr* satélite.
baiseki 陪席 *s* ato de sentar-se junto com o superior.
baisen 媒染 *s* mordente, fixador de cor.
baishaku 媒酌 *s* casamenteiro, ato de unir casais.
baishin 陪審 *s* júri. 大〜 *dai*〜: grande júri.
baishin 陪臣 *s Hist* servidor de um vassalo.
baishin'in 陪審員 *s* jurado, júri.
baishitsu 媒質 *s* meio.
baishō 焙焼 *s* calcinação, torrefação.
baishō 賠償 *s* reparação, indenização, compensação, recompensa, satisfação, restituição.
baishōfu 売笑婦 *s* prostituta, meretriz, mulher da rua, mulher da vida. *V baishunfu* 売春婦.
baishōkin 賠償金 *s* indenizações, reparações, pagamento pelos danos.
baishoku 陪食 *s* acompanhar, nas refeições, alguém de cargo ou posição superior.
baishū 買収 *s* compra, aquisição.
baishun 売春 *s* prostituição.
baishunfu 売春婦 *s* prostituta, meretriz, mulher da rua, mulher da vida.
baisū 倍数 *s* múltiplo.
baisuru 倍する *v* dobrar, aumentar.
baita 売女 *s* meretriz.
baitai 媒体 *s* meio.
baiten 売店 *s* banca, tenda, ponto de venda.
baitokukin 売得金 *s* produto de uma transação (de uma venda).
baiu 梅雨 *s* época de chuva no início do verão (junho) no Japão.
baiyā バイヤー (*ingl buyer*) *s* comprador, agente comprador estrangeiro.
baiyaku 売約 *s* contrato de venda.
baiyaku 売薬 *s* medicamento registrado, droga.
baiyasu バイヤス (*ingl bias*) *s* viés (costura).
baiyō 培養 *s* cultivo, cultura (bactérias e bacilos). 〜*suru*, *v*: cultivar, criar.
baizai 媒材 *s* meio.
baizō 倍増 *s* ato de redobrar, aumentar em dobro.
bajitōfū 馬耳東風 *s* expressão de indiferença. 〜に 聞き流す 〜*ni kikinagasu*: expressar indiferença perante conselho alheio.
bajji バッジ (*ingl badge*) *s* insígnia, símbolo, distintivo.
bajō 馬上 *s* lombo de cavalo, a cavalo. 〜の 〜*no*: montado.
bajutsu 馬術 *s* equitação.
baka 馬鹿 *s* 1 bobo, tolo, idiota, imbecil. 2 loucura, insensatez, tolice, asneira. 3 〜になる 〜*ni naru*: tornar-se entorpecido, amortecido, perder a sensibilidade.
bakaasobi 馬鹿遊び *s pop* prazer desenfreado, algazarra, farra.
bakabakashii 馬鹿馬鹿しい *adj* absurdo, ridículo, tolo, estúpido, impróprio.
bakabakashisa 馬鹿馬鹿しさ *s* absurdidade, absurdo, insensatez, tolice, ridículo.

bakabanashi 馬鹿話 *s* conversa fútil, papo inútil.
bakabayashi 馬鹿囃子 *s* música de festival de Edo.
bakabone 馬鹿骨 *s pop* esforço inútil.
bakadakai 馬鹿高い *adj* absurdamente caro (preço). ～値 ～*ne*: preço exorbitante.
bakageiki 馬鹿景気 *s* alta (no mercado), crescimento ou desenvolvimento rápido, desenfreado, valorização.
bakageru 馬鹿げる *v* ばかげた *bakageta, adj*: tolo, insensato, ridículo, descabido. 馬鹿げた行為 *bakageta kōi*: ato insensato, tolice, bobagem, doidice.
bakajikara 馬鹿力 *s pop* grande força física, força animal, força brutal. ～を出す ～*o dasu*: mostrar enorme força física.
bakaku 馬革 *s* couro de cavalo.
bakakusai 馬鹿臭い *adj* estúpido, absurdo, ridículo, bobo. *V* **bakarashii** 馬鹿らしい.
bakamono 馬鹿者 *s* tolo, camarada idiota.
bakane 馬鹿値 *s* preço fabuloso (ridículo); preço absurdo (exorbitante). ～に売れる ～*ni ureru*: ser vendido por um preço absurdo.
baka ni 馬鹿に *adv pop* terrivelmente, horrivelmente, maravilhosamente, tremendamente, extremamente, ridiculamente, absurdamente. ～寒い ～*samui*: está extremamente frio. ～いい ～*ii*: está muito bom. ～に疲れた ～*ni tsukareta*: estou extremamente cansado.
baka ni suru 馬鹿にする *expr* desprezar, menosprezar.
bakansu バカンス (*fr vacance*) *s* férias, dias de descanso.
bakaodori 馬鹿踊り *s* dança burlesca ou ridícula.
bakarashii 馬鹿らしい *adj* estúpido, absurdo, ridículo, bobo.
-bakari -ばかり *partícula* 1 aproximadamente, por volta de, algo em torno de. 三十年～以前 *sanjū-nen～izen*: aproximadamente 30 anos atrás. 2 somente, só, não somente, simplesmente. ...～でなく ...～*de naku*: não somente... mas. 3 por uma soma tão pequena. これ～の金 *kore～no kane*: por uma quantia tão irrisória. 4 só, apenas. 遊んで～いる *asonde～ iru*: só se diverte.
bakasakagen 馬鹿さ加減 *s* tamanho da estupidez de um indivíduo. あいつの～には驚く *aitsu no ～ ni wa odoroku*: eu fico surpreso como ele pode ser tão estúpido.
bakasawagi 馬鹿騒ぎ *s* farra, bebedeira, algazarra, baderna, balbúrdia, barulho.
bakashōjiki 馬鹿正直 *s* honestidade simplória.
bakasu 化かす *v* enfeitiçar, encantar, fascinar, iludir. きつねに化かされる *kitsune ni bakasareru*: ser enfeitiçado por uma raposa.
bakateinei 馬鹿丁寧 *s* polidez excessiva. ～*na, adj*: excessivamente ou exageradamente polido.
bakawarai 馬鹿笑い *s* gargalhada, casquinada. ～*suru, v*: dar gargalhada.
bakayarō 馬鹿野郎 *s vulg* bobo, idiota, pateta. ～!: seu idiota!, seu estúpido!
bakayasu 馬鹿安 *s* preço de liquidação. ～の ～*no*: ridiculamente ou absurdamente barato.
bakayobawari 馬鹿呼ばわり *s* ～*suru, v*: chamar (uma pessoa) de tolo, estúpido.
bakazu 場数 *s* experiência. ～を踏む ～*o fumu*: ganhar ou adquirir experiência.
bakazura 馬鹿面 *s vulg* cara de bobo, olhar estúpido.

bakemono 化け物 *s* fantasma, papão, duende, diabrete, aparição, assombração, monstro.
baken 馬券 *s* bilhete de aposta em corrida de cavalos, pule.
bakeneko 化け猫 *s* assombração de gato.
bake no kawa 化けの皮 *s* disfarce. ～をはぐ ～*o hagu*: desmascarar.
bakeru 化ける *v* 1 tomar forma de, transformar-se em. 女は殺せば化けて出る *onna wa koroseba bakete deru*: se matar uma mulher, o espírito dela virá assombrá-lo. 2 disfarçar, aparecer disfarçado. 女に～ *onna ni ～*: disfarçar-se de mulher.
baketsu バケツ (*ingl bucket*) *s* balde.
bakka 幕下 *s* quadro de auxiliares; vassalo, subalterno, seguidor, discípulo.
bakkaku 麦角 *s Bot* ergotina (*Claviceps purpurea*). ～エキス～ *ekisu*: extrato de ergotina.
bakkan 麦稈 *s* canudo de trigo, palha.
bakkansanada 麦稈真田 *s* palha para confecção de chapéu.
-bakkari -ばっかり *partícula* 1 aproximadamente, por volta de, algo em torno de. 三十年～以前 *sanjūnen ～izen*: aproximadamente 30 anos atrás. 2 somente, só, não somente, simplesmente ...～でなく ...～ *denaku*: não somente... mas. 3 por uma soma tão pequena. これ～の金 *kore～no kane*: por uma quantia tão irrisória. 4 só, apenas. 遊んで～いる *asonde～ iru*: só se diverte. *V -***bakari** -ばかり.
bakken 抜剣 *s* ～*suru, v*: puxar ou desembainhar uma espada.
bakkin 罰金 *s* multa, penalidade. ～刑 ～*kei*: punição por meio de multa. 一番重い～ *ichiban omoi ～*: a multa máxima.
bakko 跋扈 *s* predomínio, dominação, predominância.
bakku バック (*ingl back*) *s* atrás, fundo, último plano (de um quadro, paisagem, cena). (em foto) ...を～にして *o ～ni shite*: com ... ao fundo. ～*suru, v*: dar ré.
bakkuappu バックアップ (*ingl backup*) *s* ato de recuperar. ～*suru, v*: recuperar.
bakkubōn バックボーン (*ingl backbone*) *s* espinha dorsal.
bakkuguraundo バックグラウンド (*ingl background*) *s Teat* fundo. ～ミュージック～ *myujikku*: música de fundo.
bakkumirā バックミラー (*ingl* de invenção japonesa *back mirror*) *s* espelho retrovisor.
bakkunanbā バックナンバー (*ingl back number*) *s* números atrasados, volume anterior, cópia ou edição anterior (de revistas).
baku 縛 *s* prisão, detenção. ～につく ～*ni tsuku*: ser preso, ser apreendido.
baku 獏 *s Zool* anta.
bakubaku 漠々 *adj* ～たる ～*taru*: vasto, sem limites, vago, obscuro.
bakuchi 博奕 *s* jogo de azar, aposta, especulação, tentativa arriscada, aventura. ～にふける ～*ni fukeru*: entregar-se ao jogo.
bakuchiku 爆竹 *s* petardo, bomba, bicha (artefato pirotécnico).
bakuchin 爆沈 *s* ato de afundar em consequência de uma explosão. ～*suru, v*: explodir e afundar.

bakuchiuchi 博奕打ち *s* jogador profissional (jogos de azar). ～の親分 ～*no oyabun*: chefão dos jogadores.
bakuchiyado 博奕宿 *s* casa de apostas, casa de jogos.
bakudai 莫大 *adj* vasto, enorme, imenso, colossal, tremendo, prodigioso, incalculável, imensurável, fabuloso. こんな～な金は持ったことがない *konna* ～*na kane wa motta koto ga nai*: eu nunca tive tanto dinheiro na vida.
bakudan 爆弾 *s* bomba, granada de artilharia. 大型～ *ogata*～: superbomba.
bakudantōka 爆弾投下 *s* bombardeio.
bakuei 幕営 *s* campo (facção política, religiosa etc), acampamento.
bakufu 幕府 *s Hist* governo feudal do Japão, xogunato.
bakufu 瀑布 *s* queda-d'água, cascata, cachoeira, catarata.
bakufū 爆風 *s* expansão violenta de ar de uma explosão.
bakuga 麦芽 *s Bot* malte, germe de trigo. ～乳～ *nyū*: leite maltado. ～酒 ～*shu*: licor de malte. ～糖 ～*tō*: maltose, açúcar de malte.
bakugeki 爆撃 *s* bombardeio.
bakugeki 駁撃 *s* refutação, contestação, ataque. ～*suru, v*: rebater, refutar, contradizer.
bakugekiki 爆撃機 *s* avião bombardeiro. 超～ *chō*～: superbombardeiro.
bakugyaku 莫逆 *s* ～の交わり ～*no majiwari*: amizade íntima. ～の友 ～*no tomo*: amigos inabaláveis e fiéis.
bakuha 爆破 *s* explosão, demolição.
bakuhan 麦飯 *s* cevada e arroz cozidos.
bakuhatsu 爆発 *s* explosão, o ato de ir pelos ares.
bakuhatsusei 爆発性 *s* propriedades explosivas. ～の ～*no*: explosivo.
bakuhatsuteki 爆発的 *adj* explosivo, tremendo. ～人気 ～*ninki*: tremenda popularidade. 人口の～増加 *jinkō no* ～*zōka*: explosão populacional.
bakumatsu 幕末 *s arc* final do xogunato de Tokugawa.
bakumei 爆鳴 *s* detonação.
bakunen 爆燃 *s Quím* deflagração.
bakuon 爆音 *s* explosão, detonação; zumbido, barulho do avião, ruído ensurdecedor.
bakurai 爆雷 *s* bomba de profundidade (antissubmarina).
bakuren(mono) 莫連(者) *s* ～女 ～*onna, vulg*: mulher depravada, sirigaita, mulher perversa.
bakuretsu 爆裂 *s* explosão, detonação, ruptura, o ato de ir pelos ares.
bakuretsudan 爆裂弾 *s* bomba, granada de artilharia.
bakuri 幕吏 *s arc* oficial do xogunato.
bakuro 暴露 *s* exposição ao público. ～*suru, v*: divulgar, revelar, expor.
bakurō 博労・伯楽・馬喰 *s* negociador de cavalos, contratante de cavalos.
bakuron 駁論 *s* refutação, confutação, prova em contrário.
bakuryō 幕僚 *s* membro do estado-maior, pessoal do quadro de auxiliares.
bakusai 爆砕 *s* explosão. ～*suru, v*: explodir, dinamitar.

bakusei 幕政 *s* governo do xogunato, administração do xógum.
bakusha 幕舎 *s* barracas, acampamento.
bakushi 爆死 *s* morte por explosão de uma bomba. ～*suru, v*: morrer por causa de uma explosão.
bakushin 驀進 *s* arremesso, ato de arremeter-se. ～*suru, v*: acelerar, apressar, precipitar.
bakushin 幕臣 *s arc* vassalo do xógum.
bakushin(chi) 爆心(地) *s* centro da explosão.
bakushō 爆笑 *s* risada descontrolada, risada explosiva. ～*suru, v*: desatar a rir.
bakushu 麦酒 *s* cerveja.
bakusuru 駁する *v* refutar, confutar, contrariar, atacar, argumentar contra.
bakusuru 縛する *v* amarrar com corda.
bakuteria バクテリア (*ingl bacteria*) *s Bot* bactéria.
bakuto 博徒 *s* jogador profissional de jogos de azar.
bakuyaku 爆薬 *s* composto explosivo, detonador, explosivo.
bakuzen 漠然 *adj* vago, obscuro, ambíguo, confuso, indistinto, indefinido, nebuloso, obtuso.
bakyaku 馬脚 *s* 1 pernas do cavalo. 2 ～をあらわす ～*o arawasu*: revelar o verdadeiro caráter de uma pessoa.
bamen 場面 *s Teat* cena, lugar, vista, espetáculo.
ban 判 *s* tamanho, formato (de papel, de livro).
ban 晩 *s* noite, anoitecer.
ban 番 *s* 1 guarda, vigília, vigilância, sentinela. 2 plantão. 3 número. 4 classificação. 5 ordem. 6 número do jogo ou série.
ban 盤 *s* disco, prato.
ban 磐 *s Min* rocha.
ban 万 *adv* ～止むを得ない ～*yamu o enai*: inevitavelmente. ～止むを得なければ ～*yamu o enakereba*: se necessário, quando inevitável.
banana バナナ *s Bot* banana.
banare 場馴れ *s* experiência de vida.
banareru 場馴れる *v* ter experiências.
banba 輓馬 *s* cavalo de carruagem ou carroça.
banban 万々 *adv* 1 muito, completamente, totalmente. 2 tudo, a respeito de tudo.
banbutsu 万物 *s* todas as coisas, toda a natureza. 天地～ *tenchi*～: todas as coisas do Universo.
bancha 番茶 *s* chá grosso de qualidade inferior.
banchi 番地 *s* número da casa, número do lote, endereço.
banchi 蕃地 *s* terra selvagem, região bárbara.
banchō 番長 *s vulg* líder de gangue jovem; líder de grupo de jovens delinquentes.
bandai 番台 *s* assento do observador ou vigia.
bandai 万代 *s* todas as idades, todas as gerações, eternidade.
bando¹ バンド (*ingl band*) *s* banda de música.
bando² バンド (*ingl band*) *s* cinto, enfeite de cabelo, presilha, pulseira de relógio.
bane 発条・ばね *s Mec* mola.
banejikake ばね仕掛け *s* dotado de mola.
bangai 番外 *s* extraordinário, adicional, numeração extraordinária.
bangaku 晩学 *s* ato de começar a estudar tarde na vida.
bangarō バンガロー (*ingl bungalow*) *s* bangalô.
bangasa 番傘 *s* guarda-chuva de papel oleado.
bangata 晩方 *s* ao anoitecer.

bangawari 番代わり *s pop* troca de turnos.
bangei 万芸 *s* todas as habilidades ou talentos. 〜に通じる人 〜*ni tsūjiru hito*: pessoa versátil.
bangi 板木 *s* prancha ou tábua de madeira entalhada para impressão.
bango 蕃語 *s* língua aborígene, língua bárbara.
bangō 番号 *s* número.
bangoya 番小屋 *s* guarita, casa de porteiro.
bangumi 番組 *s* programa de televisão, programa de teatro.
ban'i 蕃夷 *s* selvagens, bárbaros.
baniku 馬肉 *s* carne de cavalo.
banjaku 磐石 *s* rocha imensa, solidez.
banji 万事 *s* tudo, todas as coisas (assuntos e negócios).
banjin 万人 *s* todos os homens, todas as pessoas.
banjin 蛮人 *s* selvagem, bárbaro.
banjin 蕃人 *s* aborígene.
banjin 万仞[尋] *s* dez mil braças (medida de comprimento equivalente a 1,83 m).
banjō 万丈 *s* dez mil *jo* (um *jo* equivale a cerca de 3 m), expressão que indica grande altura.
banjō 万乗 *s* soberano, imperador.
banju 万寿 *s* longevidade.
banjuku 晩熟 *s* maturidade tardia.
banka 挽歌 *s* elegia, canto fúnebre, música de funeral.
banka 晩夏 *s* final do verão.
banka 晩霞 *s* névoa do anoitecer.
bankai 挽回 *s* recuperação, restabelecimento, cura, revivescimento.
bankakyō 万華鏡 *s* caleidoscópio.
bankan 万感 *s* repleto de emoções.
bankara 蛮カラ *adj pop* rústico, desajeitado.
bankei 晩景 *s* vista do anoitecer.
banken 番犬 *s* cão de guarda.
banki 晩期 *s* estágio final ou terminal, últimos anos.
banki 万機 *s* todos os assuntos de Estado ou governo.
bankin 板金[鈑]金 *s* folha de metal.
bankin 輓近 *s* 〜の 〜*no*: recente, moderno.
banko 万古 *s* eternidade, perpetuidade.
bankō 蛮行 *s* ato de barbaridade, barbarismo, brutalidade, atrocidade.
bankoku 万国 *s* todas as nações do mundo, todos os países do planeta Terra.
bankoku 万斛 *s* muita quantidade. 〜の涙 〜*no namida*: muita lágrima.
bankokki 万国旗 *s* bandeiras de todas as nações.
bankon 晩婚 *s* casamento tardio, casamento em idade avançada.
bankotsu 万骨 *s* muitos cadáveres.
bankoyaki 万古焼き *s* cerâmica *banko*.
bankuruwase 番狂わせ *s* pessoa que muda os planos sem aviso.
bankyo 蟠踞 *s* dominação. 〜*suru*, *v*: ser dominante, dominar, prosperar.
banmen 盤面 *s* face da tábua de xadrez (*go* ou *shogi*); um dos lados do disco.
banmeshi 晩飯 *s* jantar, refeição da noite.
banmin 蛮民 *s* selvagens, tribo selvagem, bárbaros.
banmin 万民 *s* nação inteira, todas as pessoas, todos os povos.
bannan 万難 *s* mil e uma dificuldades, inúmeras dificuldades, todos os obstáculos.
bannen 晩年 *s* últimos anos de uma pessoa, últimos anos de vida de uma pessoa.
bannin 万人 *s* todas as pessoas, todos.
bannin 番人 *s* guarda, vigia.
bannō 万能 *s* onipotência.
bannōyaku 万能薬 *s* panaceia, remédio universal.
banpaku 万博 *s abrev* de 万国博覧会 *Bankoku Hakurankai*: Exposição Internacional.
banpan 万般 *s* todas as coisas, todos os assuntos.
banpei 番兵 *s* guarda, sentinela, vigilante.
banpū 蛮風 *s* costume bárbaro.
banpuku 万福 *s* toda felicidade do mundo.
banrai 万雷 *s* estrondo de mil trovões. 〜の拍手 〜*no hakushu*: muitos aplausos.
banri 万里 *s* grande distância, muito longe.
banryō 晩涼 *s* brisa do anoitecer, ar fresco do anoitecer.
banryoku 蛮力 *s* força animal.
banryoku 万緑 *s* miríade de folhas verdes.
bansaku 万策 *s* todos os sentidos, todos os recursos.
bansan 晩餐 *s* jantar.
bansankai 晩餐会 *s* jantar social, banquete.
bansei 蛮声 *s* voz destoante, voz alta.
bansei 万世 *s* todas as idades, todas as gerações, eternidade.
bansei 晩成 *s* ser bem-sucedido em idade madura.
banseifueki 万世不易 *s* perpetuidade, eternidade.
banseiikkei 万世一系 *s* linhagem intacta, ininterrupta.
banseisetsu 万聖節 *s* dia de Todos os Santos.
bansetsu 晩節 *s* final da vida, velhice.
bansha 蕃社 *s* vila de aborígines.
bansha 万謝 *s* muitos agradecimentos.
banshaku 晩酌 *s* bebida que se toma na janta, drinque da noite.
banshi 万死 *s* morte inevitável.
bansho 番所 *s* guarita, casa do vigia.
banshō 万象 *s* todas as coisas no Universo.
banshō 万障 *s* todos os obstáculos, todos os empecilhos.
banshō 晩鐘 *s* toque de sino noturno.
banshō 晩照 *s* o pôr do sol.
banshoku 伴食 *s* acompanhar um superior numa refeição.
banshū 蛮習 *s* costumes bárbaros.
banshū 晩秋 *s* final do outono.
banshun 晩春 *s* final da primavera.
bansō 伴奏 *s* acompanhamento musical, acompanhamento de orquestra.
bansō 伴僧 *s* assistente de padre, acólito, ajudante de missa.
bansotsu 番卆 *s* sentinela, guarda, vigilante, soldado.
bantan 万端 *s* tudo.
bante 番手 *s* fio pronto para ser tecido.
banteki 蛮的 〜*na*, *adj*: bárbaro, selvagem, incivilizado.
banto バント (*ingl bunt*) *s Beis* ato de bater levemente na bola.
bantō 蛮刀 *s* espada usada por selvagens.
bantō 晩稲 *s* arroz de maturação tardia.
bantō 番頭 *s* balconista-chefe, caixa de loja.
bantō 晩冬 *s* final do inverno.
bantō 晩祷 *s* vésperas, oração noturna.
banyū 馬乳 *s* leite de égua.
ban'yū 万有 *s* todas as coisas sob o sol, toda a natureza, a criação.

ban'yū 蛮勇 *s* coragem bruta, bravura selvagem, vigor bárbaro.
ban'yūinryoku 万有引力 *s* gravidade universal.
ban'yūshinkyō 万有神教 *s* panteísmo.
banzai 万歳 *s* grito de aplauso, viva, hurra.
banzen 万全 *s* perfeição.
banzoku 蛮(番)族 *s* tribo selvagem.
banzuke 番付け *s* lista graduada de classificação, programação de TV.
baokure 場後れ *s* medo de palco, nervosismo, medo.
bappai 罰杯 *s* bebida alcoólica que se faz beber como punição à perda no jogo.
bappō 罰棒 *s* redução do salário como penalidade.
bappon 抜本 *s* erradicação, desarraigamento.
bara ばら *s pop* a granel, solto.
barabara ばらばら *adv* solto, em pedaços, separadamente.
baradama ばら弾 *s* disparo com bala de espingarda.
barairo ばら色 *s* cor-de-rosa.
barakku バラック (*ingl barrack*) *s* cabana, choupana temporária, abrigo ou cobertura provisória.
baramaki ばら蒔き *s* semeadura dispersa feita com a mão.
baramaku ばら蒔[撒]く *v* espalhar, disseminar, dispersar, dissipar, semear.
baramon 婆羅門 *s* brama.
barani ばら荷 *s* carga a granel, volume a granel.
baransu バランス (*ingl balance*) *s* equilíbrio.
baransu shīto バランスシート (*ingl balance sheet*) *s Cont* balanço.
barari(to) ばらり(と) *adv* esporadicamente, dispersamente.
barasen ばら銭 *s* trocado, moedas de pequeno valor.
barasu ばらす *v* separar, despedaçar.
baratsuki ばらつき *s* dispersão, esparso.
barauri ばら売り *s* venda de produtos a granel.
barazumi ばら積み *s* carregamento a granel.
barē バレー (*fr ballet*) *s* balé.
barē(bōru) バレー(ボール) (*ingl volley ball*) *s* voleibol.
barei 馬齢 *s* idade, referindo-se a si mesmo.
bareisho 馬鈴薯 *s Bot* batata-inglesa.
bareru ばれる *v pop* ser descoberto, ser publicado, ser revelado (um fato), tornar-se conhecido.
bari 罵詈 *s* abuso, linguagem abusiva, vitupério, injúria.
-bari -張り *suf* modo, forma, estilo.
baribari ばりばり *adv* (arranhar, ranger) sonoramente, intensamente.
barikan バリカン (*fr Bariquand*) *s* tosquiador, máquina de aparar cabelo.
bariki 馬力 *s* 1 cavalo-vapor. 2 carroça. 3 energia. ～がある ～*ga aru*: ser enérgico.
barizōgon 罵詈雑言 *s* todos os modos de abuso, linguagem abusiva.
baromētā バロメーター (*ingl barometer*) *s* barômetro.
baryō 馬糧 *s* forragem (ração para cavalo ou gado).
basabasa ばさばさ *adv* sem dó; farfalhante.
bāsan 婆さん *s* senhora de idade, idosa, velhinha.
basei 罵声 *s* zombaria, mofa, assobio, silvo.
baseki 場席 *s* espaço, lugar, assento.
basha 馬車 *s* carruagem, carroça, carreta.
bashauma 馬車馬 *s pop* cavalo de carruagem, cavalo de carroça.

bashin 馬身 *s* corpo do cavalo.
basho 場所 *s* lugar, local, localidade, espaço ocupado, sítio. ～をとる・ふさぐ ～*o toru/fusagu*, *v*: ocupar um espaço. ～をとっておいてください ～*o totteoite kudasai*: reserve um lugar para mim. 新聞を元の～にもどす *shinbun o moto no ～ni modosu*: colocar o jornal de volta no lugar em que estava.
bashō 芭蕉 *s Bot* bananeira (*Musa basjoo*).
bashogara 場所柄 *s* local (ambiente) adequado. ～もわきまえず大声で話す ～*mo wakimaezu ōgoe de hanasu*: falar alto sem pensar no ambiente.
bashu 馬主 *s* proprietário do cavalo.
basori 馬橇 *s* trenó puxado por cavalo.
bassai 伐採 *s* corte de árvores. ～*suru*, *v*: cortar árvores, desarborizar.
basseki 末席 *s* último lugar, último assento. ～を汚す ～*o kegasu*: apesar de não merecer, tenho a honra de estar presente.
basshi 抜糸 *s Med* extração dos pontos cirúrgicos. ～*suru*, *v*: tirar os pontos.
basshi 抜歯 *s Odont* extração de dente. ～*suru*, *v*: extrair o dente.
basshi 末子 *s* filho mais novo, caçula.
basshō 跋渉 *s* travessia, jornada. 山野を～する *san'ya o ～suru*: percorrer montanhas e campos.
bassoku 罰則 *s* regras (cláusulas) penais. ～に触れる *ni fureru*, *v*: infringir as leis. ～規定 *kitei*: regras de penalização.
basson 末孫 *s* descendente.
bassui 抜粋(萃) *s* trecho, fragmento. ～*suru*, *v*: extrair trecho de um texto.
bassuru 罰する *v* punir, castigar, impor castigo.
basu[1] バス (*ingl bus*) *s* ônibus. ～に乗る ～ *ni noru*, *v*: tomar ônibus. ～停(の停留所) ～*tei* (*no teiryūjo*): ponto de ônibus.
basu[2] バス (*ingl bath*) *s* banho. ～タオル ～*taoru*: toalha de banho.
basue 場末 *s* subúrbio, bairro pobre afastado do centro da cidade.
basuketto バスケット (*ingl basket*) *s* 1 cesta, cesto. 2 abreviatura de basquetebol, bola ao cesto.
basuto バスト (*ingl bust*) *s* busto.
bata! ばたっ *onom* ～と倒れる ～*to taoreru*, *expr*: cair, tombar.
batā バター (*ingl butter*) *s* manteiga.
bataashi ばた足 *s Nat* ato de bater (agitar) os pés.
batabata ばたばた *adv* 1 ～と ～*to*: agitadamente, fazendo ruído. 2 羽を～させる *hane o ～saseru*, *v*: bater as asas. 3 ～走る ～ *hashiru*, *expr*: correr fazendo barulho.
batafurai バタフライ (*ingl butterfly*) *s* borboleta.
batakusai バタ臭い *adj* excessivamente ocidentalizado.
batan(batari) ばたん(ばたり) *onom* ～とドアが閉まった ～*to doa ga shimatta*: a porta bateu com força. ～と倒れる ～*to taoreru*, *expr*: cair (tombar) ao chão.
batatsuku ばたつく *v* bater as asas, agitar-se.
bataya ばた屋 *s vulg* catador de lixo.
batei 馬丁 *s* estribeiro, encarregado da cavalariça.
batei 馬蹄 *s* casco de cavalo.
bateikei 馬蹄形 *s* formato de ferradura. ～磁石 ～*jishaku*: ímã com formato de ferradura.

bāten(dā) バーテン(ダー) (*ingl bartender*) *s* homem que trabalha no bar, *barman*.
bateren 伴天連 *s arc Catól* **1** missionários (jesuítas) dos séculos XVI e XVII. **2** Cristianismo.
bateru ばてる *v vulg* ficar cansado, exausto.
batō 馬痘 *s* varíola contraída pelo cavalo.
batō 罵倒 *s* injúria, insulto. ～*suru*, *v*: insultar, injuriar.
baton バトン (*ingl baton*) *s* bastão. ～タッチ ～ *tatchi* (*ingl* de invenção *jap*: *baton touch*): entrega, passagem do bastão na corrida de revezamento.
batsu 跋 *s* posfácio, pós-escrito, epílogo.
batsu 罰 *s* punição, castigo, penalidade. ～をうける ～*o ukeru*: ser punido. ～を与える(を加える) ～*o ataeru* (*o kuwaeru*): dar um castigo, punir.
batsu 閥 *s* grupo, facção, panelinha. ～を作る ～*o tsukuru*: formar uma facção.
batsu ばつ *s pop* situação, circunstância. ～が悪い ～*ga warui*: ficar constrangido, sentir vergonha.
batsuboku 伐木 *s* derrubada, corte de árvores.
batsubun 跋文 *s* posfácio, pós-escrito, epílogo.
batsubyō 抜錨 *s* ato de levantar âncora. ～*suru*, *v*: desancorar.
batsuei 抜裔 *s* descendente.
batsugun 抜群 *s* preeminência. ～の成績で卒業する ～*no seiseki de sotsugyōsuru*: graduar-se (concluir o curso) com destaque, de uma forma notável.
batsujirushi ばつ(X)印 *s* xis. ～をつける ～*o tsukuru*: marcar com xis.
batsuzoku 閥族 *s* clã, grupo de famílias.
batta 飛蝗・蝗 *s Entom* gafanhoto.
battā バッター (*ingl batter*) *s Beis* batedor.
battari ばったり *adv* **1** cair de repente. ～倒れる ～ *taoreru*: tombar, cair ao chão. **2** encontrar de súbito. ～出会う ～ *deau*: dar de cara com. **3** parar repentinamente. 売り上げが～止まった *uriage ga ～ tomatta*: repentinamente, as vendas cessaram.
battei 末弟 *s* o mais jovem entre os irmãos.
batteki 抜擢 *s* seleção. 新人を～する *shinjin o ～ suru*: selecionar novos candidatos.
batten 罰点 *s* sinal que indica reprovação, como, por exemplo, xis.
batterī バッテリー (*ingl battery*) *s* **1** bateria, pilha. **2** *Beis* a dupla de arremessador e recebedor.
batchingu バッティング (*ingl batting*) *s Beis* rebatida com bastão.
batto バット (*ingl bat*) *s Beis* bastão.
battō 抜刀 *s* ato de tirar a espada da bainha. ～*suru*, *v*: desembainhar a espada.
baundo バウンド (*ingl bound*) *s* salto, pulo. ～*suru*, *v*: saltar, pular.
bāya 婆や *s* criada (empregada) idosa.
bazā バザー (*persa bazaar*) *s* bazar beneficente.
bazoku 馬賊 *s* bandoleiros (salteadores) da Manchúria que andavam a cavalo.
bearingu ベアリング (*ingl bearing*) *s* mancal (dispositivo em que se apoia um eixo deslizante).
bebī ベビー (*ingl baby*) *s* **1** bebê. **2** pequeno. ～だんす ～*dansu*: cômoda pequena.
bechabecha べちゃべちゃ *onom* blá-blá-blá.
beddo ベッド (*ingl bed*) *s* cama, leito. ～に入る ～ *ni hairu*: deitar-se (dormir) na cama. ダブル～ *daburu～*: cama de casal.

Bei 米 *s* (～国 ～*koku*) Estados Unidos da América.
beibaku 米麦 *s* arroz e cevada (cereais).
Bei-Chū 米中 *s* Estados Unidos e China.
Beidoru 米ドル *s* dólar americano.
Bei-Ei 米英 *s* Estados Unidos e Inglaterra.
beien 米塩 *s* arroz e sal. ～の資 ～*no shi*: despesas do dia a dia.
Beigun 米軍 *s* forças armadas norte-americanas.
Beihei 米兵 *s* soldado norte-americano.
Beihondo 米本土 *s* território norte-americano.
Beijin 米人 *s* norte-americano.
beiju 米寿 *s* aniversário de 88 anos. ～の祝い ～ *no iwai*: celebração do octogésimo oitavo aniversário.
beika 米価 *s* preço do arroz. ～審議会 ～*shingikai*: conselho deliberativo para estipular o preço do arroz.
Beika 米貨 *s* moeda corrente norte-americana.
beiken 米券 *s* apólice-certificado de arroz.
beikoku 米穀 *s* arroz e cereais. ～商 ～*shō*: negociante (revendedor) de arroz e cereais.
Beikoku 米国 *s* Estados Unidos da América.
Beimen 米綿 *s* algodão norte-americano (em estado natural).
beinō 米納 *s* pagamento de imposto mediante entrega de arroz.
Beiryō 米領 *s* território norte-americano.
beisaku 米作 *s* **1** cultivo de arroz, orizicultura. ～地帯 ～*chitai*: zona produtora de arroz. **2** colheita. 今年の～はよかった *kotoshi no ～wa yokatta*: a colheita de arroz deste ano foi boa.
beisanchi 米産地 *s* região produtora de arroz.
Beishi 米紙 *s* imprensa norte-americana.
Beishi 米資 *s* capital norte-americano.
Beishi 米誌 *s* revista norte-americana.
beishō 米商 *s* comerciante (fornecedor) de arroz.
beishoku 米食 *s* dieta alimentar à base de arroz.
Beishū 米州 *s* as Américas (do Norte, do Sul e Central).
Beishūkikō 米州機構 *s* Organização dos Estados Americanos.
-bekarazu -可からず *suf variável* que indica proibição (algo que não deve ser feito). 芝生に立ち入る～ *shibafu ni tachiiru ～*: proibido pisar (entrar) na grama.
beki 冪 *s Mat* potência.
-beki -可き *suf* indica dever, obrigação. 当然す～だ *tōzen su～da*: é claro que você terá de fazer.
bekka 別科 *s* um curso especial.
bekkaku 別格 *s* posição (*status*) especial. ～の扱い ～*no atsukai*: tratamento especial.
bekkakukanpeisha 別格官幣社 *s obsol status* (privilégio) especial dado a alguns templos xintoístas pelo governo da era Meiji.
bekkan 別館 *s* anexo de prédio.
bekke 別家 *s* ramo de uma família. ～*suru*, *v*: formar uma nova família.
bekkei 別掲 *s* anexo colocado em evidência. ～のように ～*no yō ni*: como está apresentado no anexo.
bekken 別件 *s* um caso à parte. ～逮捕する ～ *taiho suru*: prender alguém sob acusação de um caso diverso, antes de obter as provas do caso principal.

bekken 瞥見 *s* relance. ~*suru*, *v*: olhar de relance.
bekki 別記 *s* anotação à parte.
bekko 別戸 *s* uma casa separada, à parte.
bekko 別個[箇] *s* algo separado, à parte. ~の問題 ~*no mondai*: um problema à parte.
bekkō 別項 *s* uma cláusula anexa.
bekkō 鼈甲 *s* carapaça da tartaruga.
bekkon 別懇 *s* intimidade, afeição.
bekkyo 別居 *s* morar separado dos pais ou do cônjuge.
ben 弁 *s* 1 fala, discurso. ~が立つ ~*ga tatsu*: ser eloquente. 2 sotaque, pronúncia. 関西~: *kansai*~: dialeto de Kansai. 3 pétala. 花~ *ka*~: pétala. 4 válvula (de um mecanismo ou do coração).
ben 便 *s* 1 conveniência, facilidade, praticidade. 交通の~がよい *kōtsū no* ~*ga yoi*: ter facilidade na locomoção (transporte). 2 fezes. ~の検査をする ~*no kensa o suru*: fazer exame de fezes.
benbaku 弁[辯]駁 *s* refutação, contestação, réplica. ~*suru*, *v*: refutar, contestar.
benbentaru 便々たる *adj* protuberante, saliente. ~太鼓腹 ~ *taikobara*: barriga saliente.
benben to 便々と *adv* ociosamente. ~暮らす ~ *kurasu*: viver ociosamente.
benbetsu 弁[辯]別 *s* discernimento, distinção. ~*suru*, *v*: discernir, distinguir.
benchara べんちゃら *s pop* lisonja, bajulação.
benchi ベンチ (*ingl bench*) *s* 1 banco, assento de parques e praças. 2 banco dos jogadores reservas. ~をあたためている ~*o atatamete iru*: (jogadores reservas) esquentando o banco.
benden, binden 便殿 *s* residência temporária do imperador (da imperatriz) para descanso.
ben'eki 便益 *s* conveniência, vantagem, facilidade. ~を図る ~*o hakaru*: pensar na vantagem e na facilidade.
bengaku 勉学 *s* estudo. ~*suru*, *v*: estudar, aprimorar o conhecimento.
bengi 便宜 *s* conveniência, proveito, facilidade. ~のため ~*no tame*: para conveniência (dos clientes). ~的 ~*teki*: conveniente.
bengijō 便宜上 *s* por conveniência, por questão de facilidade.
bengishugi 便宜主義 *s* oportunismo.
bengo 弁護 *s* defesa, justificação, vindicação. ~*suru*, *v*: defender. 自己~ *jiko*~: autodefesa. ~団 ~*dan*: grupo (corpo) de advogados (de defensores).
bengonin 弁護人 *s* advogado, defensor, intercessor.
bengoshi 弁護士 *s* advogado. ~を頼む ~*o tanomu*: consultar um advogado. ~事務所 ~*jimusho*: escritório de advocacia.
bengoshikai 弁護士会 *s* ordem dos advogados.
beni 紅 *s* 1 batom. ~をつける ~*o tsukeru*: passar batom. 2 vermelho vivo, carmesim.
ben'i 便意 *s* sensação de querer evacuar (urinar ou defecar). ~を催す ~*o moyoosu*: ter vontade de ir ao banheiro.
benibana 紅花 *s Bot* açafroa (*Carthamus tinctorius*).
benigara 紅殻 (também *bengara* ベンガラ, do *hol Bengala*) *s* cor de tonalidade semelhante ao ocre (argila colorida), vermelho-bengala.
beniko 紅粉 *s* ruge em pó.
benishōga 紅生姜 *s* gengibre em conserva vermelha.

ben'itai 便衣隊 *s* tropa de soldados à paisana (para entrar no território inimigo).
beniya ベニヤ (*ingl veneer*) *s* madeira prensada, compensada.
beniyaita ベニヤ板 *s* tábua (prancha) compensada.
benizome 紅染め *s* tintura vermelha.
benjiru[1] 弁[辯]じる *v* 1 resolver, tratar um assunto. 何でもご用を弁じます *nandemo goyō o benjimasu*: estamos à disposição para qualquer assunto. 2 discriminar, distinguir, discernir. 善悪を~ *zen'aku o* ~: discernir o certo do errado.
benjiru[2] 弁[辯]じる *v* 1 falar, explicar, discursar. とうとうと~ *tōtō to* ~: falar com eloquência. 2 justificar, argumentar, defender. 友人のために~ *yūjin no tame ni* ~: argumentar em favor do amigo.
benjiru[3] 便じる *v* fazer, servir. これがあれば用が~ *kore ga areba yō ga* ~: com isto, poderemos fazer o serviço.
benjitateru 弁[辯]じ立てる *v* falar eloquentemente.
benjo 便所 *s* banheiro, toalete, sanitário.
benkai 弁[辯]解 *s* justificativa, desculpa, explicação. ~*suru*, *v*: justificar. ~の余地がない ~*no yochi ga nai*: não há margem para desculpas.
benkeijima 弁[辯]慶縞 *s* xadrez, padrão enxadrezado.
benki 便器 *s* penico.
benkyō 勉強 *s* 1 estudo. ~*suru*, *v*: estudar. ~部屋 ~ *beya*: sala de estudo. ~時間 ~*jikan*: horário de estudo. 2 experiência. 今日はいい~になった *kyō wa ii* ~*ni natta*: hoje vivi uma ótima experiência. 3 vender barato. あの店は~する *ano mise wa* ~*suru*: aquela loja vende com desconto.
benkyōka 勉強家 *s* um aluno estudioso, esforçado, aplicado.
benmaku 弁膜 *s Anat* válvula. 心臓(血管)~ *shinzō* (*kekkan*) ~: válvulas do coração (das veias).
benmei 弁[辯]明 *s* explicação, justificativa, defesa. ~*suru*, *v*: explicar, justificar. ~を求める ~*o motomeru*: pedir uma explicação.
benmukan 弁務官 *s* comissário. 総~ *sō*~: comissário geral.
bennan 弁[辯]難 *s* censura, desaprovação, crítica. ~*suru*, *v*: censurar, criticar severamente, desaprovar.
bennei 便佞 *s* lisonja, bajulação. ~の徒 ~*no to*: bajulador.
benpatsu 弁[辯]髪 *s* penteado em rabo de cavalo.
benpi 便秘 *s* prisão de ventre, constipação. ~*suru*, *v*: estar com prisão de ventre (estar com o intestino preso).
benpō 便法 *s* um método prático e rápido, expediente. 送金の~ *sōkin no* ~: modo conveniente para o envio do dinheiro. ~を講ずる ~*o kōzuru*: recorrer ao expediente.
benran 便覧 *s* manual, guia, compêndio. 学生の~ *gakusei no* ~: manual do estudante.
benrei 勉励 *s* dedicação e esforço (no trabalho). ~*suru*, *v*: dedicar-se com seriedade e afinco.
benri 便利 *s* conveniência, praticidade, comodidade, facilidade. ~*na, adj*: prático, conveniente, útil. ~がいい所 ~*ga ii tokoro*: lugar de fácil acesso.
benrikōshi 弁[辯]理公使 *s* diplomata, ministro residente.

benrishi 弁[辯]理士 *s* agente encarregado do registro de marcas e patentes.

benriya 便利屋 *s* uma pessoa que faz variados tipos de serviço avulso, como entregador ou mensageiro.

benron 弁[辯]論 *s* **1** discussão, debate, discurso, oratória. 〜家 〜*ka*: debatedor. 〜部 〜*bu*: associação (clube) de debates. **2** alegações, argumentação (perante o tribunal). 〜*suru*, *v*: argumentar.

benrontaikai 弁[辯]論大会 *s* concurso de oratória.

bensai 弁[辯]済 *s* restituição, reembolso, devolução. 〜*suru*, *v*: restituir, reembolsar, devolver.

bensai 弁[辯]才 *s* talento para a oratória, eloquência. 〜のある人 〜*no aru hito*: uma pessoa que tem eloquência.

bensha 弁[辯]者 *s* orador, aquele que tem o dom da palavra.

benshi 弁[辯]士 *s* **1** pessoa que fala com eloquência, orador. **2** narrador (comentarista) de cinema mudo.

benshō 弁[辯]償 *s* indenização, ressarcimento, reparação, compensação. 〜*suru*, *v*: indenizar, ressarcir. 〜を求める 〜*o motomeru*: pedir indenização.

benshō 弁[辯]証 *s* demonstração, prova concludente. 〜的に 〜*teki ni*, *adv*: dialeticamente.

benshōhō 弁[辯]証法 *s* dialética. 〜的唯物論 〜*teki yuibutsuron*: materialismo dialético.

benshōkin 弁[辯]償金 *s* indenização monetária. 〜を払う 〜*o harau*: pagar a indenização.

benso 弁[辯]疏 *s* desculpa, justificativa, defesa.

bensuru 便する *v* tornar prático (útil), facilitar.

bentatsu 鞭撻 *s* encorajamento, estímulo, apoio. 〜*suru*, *v*: encorajar, dar ânimo, estimular.

Benten 弁[辯・辨]天 *s* **1** abreviatura de *Benzaiten* 弁財天: Sarasvati, deusa da fortuna. **2** uma linda mulher, uma mulher bela.

bentō 弁[辯]当 *s* lanche, refeição. 〜屋 〜*ya*: local onde se vende o lanche. 〜食べる 〜*o taberu*: comer o lanche. 〜を持っていく 〜*o motteiku*: levar um lanche.

bentōbako 弁[辯]当箱 *s* recipiente (caixa ou estojo) para transportar o lanche, marmita.

bentsū 便通 *s* funcionamento dos intestinos. 〜がある 〜*ga aru*: ter um bom funcionamento dos intestinos.

benzetsu 弁[辯]舌 *s* língua, fala, eloquência. 〜を振るう 〜*o furuu*: falar com eloquência. 〜家 〜*ka*: uma pessoa eloquente.

beppa 別派 *s* uma seita, facção, um partido separado, um estilo (escola) diferente.

beppai 別杯 *s* despedida onde todos bebem saquê juntos.

beppin 別嬪 *s pop* mulher bela, moça bonita.

beppō 別法 *s* um método diferente, uma alternativa.

beppō 別報 *s* uma outra informação, reportagem, outro boletim.

beppū 別封 *s* envelopado separadamente, carta separada em anexo.

beppyō 別表 *s* uma lista anexa.

berabera べらべら *adv* **1** fluentemente (falar sem parar). 一時間も〜しゃべりつづける *ichijikan mo 〜 shaberitsuzukeru*: já faz mais de uma hora que não para de falar. **2** tecido fino. 〜した布 〜*shita nuno*: um pano fino.

berabō 箆棒 〜*na*, *adj pop*: **1** absurdo, disparatado, exorbitante. 〜な要求 〜*na yōkyū*: uma exigência absurda. 〜に高い 〜*ni takai*: é um preço exorbitante. **2** palavra usada como ofensa disparatada.

berabō me 箆棒め *interj vulg* seu tolo! 〜気をつけろ 〜*ki o tsukero*: tome cuidado, seu tolo!

beranmē べらんめえ *interj pop* seu burro! 〜言葉を使う 〜*kotoba o tsukau*: usar uma linguagem vulgar.

berē(bō) ベレー(帽) (*fr béret*) *s* boina.

berobero べろべろ *mim* **1** exprime ideia de lamber. 〜皿をなめる 〜*sara o nameru*: lamber o prato. **2** estar embriagado. 〜に酔う 〜*ni you*: estar totalmente embriagado.

beru ベル (*ingl bell*) *s* campainha. 〜を鳴らす 〜*o narasu*: tocar a campainha.

bēru ベール (*ingl veil*) *s* véu. 花嫁の〜 *hanayome no 〜*: véu de noiva.

beruto ベルト (*ingl belt*) *s* **1** cinto. 〜を締める 〜*o shimeru*: apertar o cinto. **2** correia (de máquina). **3** zona, faixa, cinturão. グリーン〜 *gurīn〜*: cinturão verde.

-beshi -べし *v aux* dever.

beso べそ *s pop* cara de choro. 〜をかく 〜*o kaku*, *expr*: estar prestes a chorar.

bessatsu 別冊 *s* volume separado.

bessei 別製 *s* produção especial.

bessekai 別世界 *s* outro mundo.

besseki 別席 *s* assento separado.

besshi 別紙 *s* folha de papel separada.

besshi 別使 *s* enviado especial.

besshi 蔑視 *s* desprezo, desdém.

besshite 別して *adv* especialmente, particularmente.

besshitsu 別室 *s* cômodo separado.

besshu 別種 *s* outra espécie.

bessō 別荘 *s* casa de campo ou de veraneio.

bessō 別送 *s* envio em separado.

bēsu ベース (*ingl base*) *s* **1** base, fundamento. **2** base militar. **3** canto de quadrilátero de beisebol.

bēsuappu ベースアップ (*ingl base up*) *s* aumento de salário.

besuto ベスト (*ingl best*) *s* o melhor. 〜を尽くす 〜*o tsukusu*: fazer o melhor que pode.

besutoserā ベストセラー (*ingl best seller*) *s* o livro mais vendido.

besutoten ベストテン (*ingl best ten*) *s* os dez melhores.

betabeta べたべた *adv* **1** pegajoso, grudento. **2** 〜はる 〜*haru*: colar por toda parte. **3** estar demasiadamente junto.

betahome べた褒め *s* elogiar em demasia.

betagaki べた書き *s* escrita compacta, sem espaçamento.

betaichimen ni べた一面に *adv* por toda face.

betanuri べた塗り *s* pintar todo, completamente.

betari べたり *mim* **1** grudento, pegajoso. **2** sentar pesadamente no chão. **3** escrever ou colar em toda a face.

betatsuku べたつく *v* **1** ser pegajoso, grudento. **2** pegar-se a alguém.

beteran ベテラン (*ingl veteran*) *s* veterano, experiente, perito.
betotsuku べとつく *v* ser grudento, pegajoso.
betsu 別 *adj* 1 diferente, distinto. 2 especial. *s* distinção, diferenciação.
-betsu -別 *suf* classificado por.
betsuatsurae 別誂え *s* feito sob encomenda especial.
betsubetsu 別々 *s* separado, respectivo. 〜に〜ni, *adv*: separadamente, individualmente. 〜にする 〜ni suru, *v*: separar.
betsubin 別便 *s* remessa separada.
betsudan 別段 *adv* especialmente, diferentemente.
betsuden 別殿 *s* palácio (santuário) anexo.
betsudōtai 別働[動]隊 *s* destacamento militar.
betsuen 別宴 *s* festa de despedida.
betsugi 別儀 *s* outro assunto.
betsugo 別後 *s* desde a despedida.
betsugun 別軍 *s* destacamento, outro exército.
betsugyō 別行 *s* outra linha de texto.
betsuhaitatsu 別配達 *s* entrega especial.
betsui 別意 *s* 1 opinião diferente. 2 intenção de separar-se.
betsuin 別院 *s* filial de templo.
betsuji 別辞 *s* discurso de despedida.
betsujin 別人 *s* outra pessoa.
betsujitate 別仕立て *s* feito sob encomenda especial.
betsujō 別状 *s* algo diferente, situação incomum.
betsujoken 別除権 *s* direito de exclusão.
betsukanjō 別勘定 *s* conta separada.
betsukuchi 別口 *s* 1 tipo diferente. 2 conta diferente.
betsuma 別間 *s* outro cômodo.
betsumei 別名 *s* outro nome, pseudônimo.
betsumondai 別問題 *s* outro problema, caso diferente.
betsumono 別物 *s* coisa diferente.
betsumune 別棟 *s* outra ala da construção.
betsu ni 別に *adv* 1 particularmente, separadamente. 2 adicionalmente.
betsuri 別離 *s* separação, despedida.
betsuro 別路 *s* outro caminho.
betsuyaku 別訳 *s* outra versão da tradução.
betsuzuri 別刷り *s* 1 impressão separada, ilustração extra. 2 separata.
bettaku 別宅 *s* outra casa, segunda casa.
bettari べったり *adv* 1 pegajoso, grudento. 2 relação muito próxima. 3 em toda a face.
bettei 別邸 *s* casa de veraneio (campo, praia).
bettenchi 別天地 *s* mundo diferente.
betto 別途 *s* separado, especial.
betto ベット (*ingl bed*) *s* cama.
bettō 別当 *s* 1 designativo de cargo em templo budista. 2 cavalariço, lacaio.
bettori べっとり *adv* pegajoso, grudento.
bi 美 *s* beleza, graça, charme.
bi 微 *s* pequeno, miúdo, detalhado. 〜に入り細にわたって 〜ni iri sai ni watatte: exaustivamente, nos mínimos detalhes. 〜に入り細を穿つ 〜ni iri sai o ugatsu: cuidar até de pontos minuciosos.
bibi 微々 *adj* ínfimo, leve, insignificante.
bibishii 美々しい *adj* belo, esplêndido, resplandecente.

bibō 備忘 *s* lembrete.
bibō 美貌 *s* beleza, atrativo.
biboin 鼻母音 *s* vogal nasal.
bibōroku 備忘録 *s* memorando, nota.
bibu 尾部 *s* cauda, rabo.
bibun 美文 *s* escrita elegante, prosa elegante, cheia de retórica.
bibun 微分 *s* diferenciação. 〜関数 〜kansū: função diferencial. 〜方程式 〜hōteishiki: equação diferencial.
bibungaku 微分学 *s* cálculo diferencial.
bibunsekibungaku 微分積分学 *s* cálculo diferencial e integral.
bibunshi 微分子 *s* partícula, corpúsculo.
bichabicha びちゃびちゃ *adv* espirrando, borrifando água.
bichiku 備蓄 *s* reserva, provisão para emergência.
bichō 美調 *s* harmonia, melodia.
bichū 微衷 *s* sentimento verdadeiro, sinceridade.
bìdama ビー玉 *s* bolinha de gude.
bidan 美談 *s* conto heroico, história admirável.
bidanshi 美男子 *s* homem bonito.
biden 美田 *s* campo bem cultivado.
bideo ビデオ (*ingl video*) *s* vídeo. 〜カセット 〜kasseto (*ingl cassette*): videocassete. 〜カメラ 〜kamera (*ingl camera*): filmadora. 〜ディスク 〜disuku (*ingl disc*): videodisco. 〜テープ 〜tēpu (*ingl tape*): fita de vídeo. 〜テープレコーダー 〜tēpu rekōdā (*ingl tape recorder*): gravador de fita de vídeo.
bidō 微動 *s* movimento leve, vibração, tremor.
bien 鼻炎 *s Med* rinite, inflamação nasal.
bifū 微風 *s* brisa, vento suave.
bifū 美風 *s* costume refinado, hábito primoroso.
bifuku 美服 *s* roupa refinada.
bifun 微粉 *s* pó muito fino.
bigaku 美学 *s* estética. 〜的価値 〜teki kachi: valor estético.
biganjutsu 美顔術 *s* tratamento de beleza facial.
biganryō 美顔料 *s* cosmético.
bigansui 美顔水 *s* loção facial.
bigen 美言 *s* palavras doces.
bigi 美技 *s* jogada sensacional.
bigi 美妓 *s* gueixa bela.
bigin 微吟 *s* 〜suru, *v*: cantarolar.
bigyoku 美玉 *s* gema, pedra preciosa.
bihatsu 美髪 *s* 1 cabelo bonito. 2 tratamento capilar.
bihen 微片 *s* partícula.
bihin 備品 *s* equipamento, acessório, mobília.
bihō 備砲 *s* armamento, canhão.
bihō 弥縫 *s* remendo. 〜策 〜saku: medida paliativa.
bihon 美本 *s* livro de encadernação bonita, livro antigo bem conservado.
bii 微意 *s* gratidão.
biishiki 美意識 *s* senso estético.
bijaku 微弱 *s* fraqueza, debilidade. 〜な, *adj*: fraco, debilitado.
biji 美事 *s* fato louvável.
biji 美辞 *s* palavras belas. 〜麗句 〜reiku: retórica cheia de palavras belas.
bijin 美人 *s* mulher bela. 〜薄命 〜hakumei: a beleza tem vida breve.
bijinesu ビジネス (*ingl business*) *s* negócio. 〜街 〜gai distrito comercial. 〜スクール 〜sukūru

(*ingl school*): escola de comércio. ～ホテル ～*hoteru* (*ingl hotel*): hotel, a preço módico e prático voltado para executivos. ～マン ～*man* (*ingl man*): executivo. ～ライク ～*raiku* (*ingl like*): eficaz, prático, sistemático.
bijo 美女 *s* mulher bela.
bijōfu 美丈夫 *s* homem soberbo.
bijon ビジョン (*ingl vision*) *s* visão, ideia em relação ao futuro.
bijutsu 美術 *s* arte. ～的 ～*teki*, *adj*: artístico. 近代～ *kindai*～: arte moderna. 工業～ *kōgyō*～: arte industrial. 造形～ *zōkei*～: artes plásticas. 装飾～ *sōshoku*～: arte decorativa.
bijutsugakkō 美術学校 *s* escola de arte.
bijutsugan 美術眼 *s* olho artístico.
bijutsuhin 美術品 *s* objeto de arte.
bijutsukōgei 美術工芸 *s* utilitário artístico.
bijutsushi 美術史 *s* história da arte.
bika 鼻下 *s* debaixo do nariz.
bikachō 鼻下長 *s* homem bajulador de mulheres, namorador.
bikagaku 鼻科学 *s* rinologia.
bikai 鼻科医 *s* médico especializado em rinologia.
bikan 美感 *s* senso estético.
bikan 美観 *s* vista bonita.
bikei 美形 *s* mulher bonita.
bikei 美景 *s* cenário magnífico, cena bela.
bikkeshō 微結晶 *s Fís* e *Min* cristalito, microcristal, micrólito.
biketten 微欠点 *s Estat* irregularidade, defeito menor.
biki 美姫 *s* mulher bela.
-biki -引き *suf* 1 revestido de. 2 desconto.
bikikō 微気候 *s Ecol* microclima.
bikko 跛 *s pej* aleijado, coxo, manco.
bikkuri びっくり *s* ～*suru*, *v*: ficar surpreso, levar um susto.
bikkuribako びっくり箱 *s* caixa de surpresa.
bikkurigyōten びっくり仰天 *s* ato de levar um susto enorme.
bikō 尾行 *s* seguimento, perseguição. ～*suru*, *v*: seguir alguém.
bikō 備考 *s* nota, observação.
bikō 備荒 *s* provisão contra a crise (fome).
bikō 微光 *s* luz fraca.
bikō 鼻孔 *s* narina.
bikō 鼻腔 *s Anat* cavidade nasal.
bikōbu 鼻口部 *s* focinho.
bikōchochiku 備荒貯蓄 *s* reserva de cereais contra a fome.
bikokyū 鼻呼吸 *s* respiração nasal.
bikōsei 微孔性 *s* micróporo.
bikotsu 尾骨 *s Anat* cóccix.
bikotsu 鼻骨 *s Anat* osso nasal.
biku 魚籃[籠] *s* cesta para colocar peixe, cesto de pescador, balaio.
biku 比丘 *s arc* monge budista.
bikubiku びくびく *adv* nervosamente, receosamente, temerosamente, timidamente.
bikun 微醺 *s* levemente embriagado.
bikuni 比丘尼 *s* monja budista.
bikushō 微苦笑 *s* sorriso amarelo (forçado).
bikutomoshinai びくともしない *expr* inabalável, imóvel.

bikutsuku びくつく *v* estar com medo ou receio.
bikutto びくっと *adv* aos sobressaltos. ～*suru*, *v*: sobressaltar-se, estremecer.
bikyo 美挙 *s* atitude louvável.
biman 瀰漫 *s* difusão, expansão, extensão.
bimei 美名 *s* bom nome, fama, reputação.
bimi 美味 *s* delícia, gosto, sabor.
bimō 微毛 *s* penugem.
bimoku 眉目 *s* aparência, face, feição, semblante.
bimyō 微妙 *s* delicadeza, sutileza. ～*na*, *adj*: delicado, sutil, tênue.
bimyō 美妙 *s* elegância, graça, fineza.
bin 便 *s* 1 oportunidade. 2 correspondência, entrega. 3 meio de transporte, voo.
bin 敏 *s* sagaz, perspicaz.
bin 瓶・壜 *s* garrafa, frasco.
bin 鬢 *s* cabelo das têmporas.
binan 美男 *s* homem de rosto bonito.
binbō 貧乏 *s* pobreza, penúria. ～性 ～*shō*: mesquinhez. ～*na*, *adj*: pobre, necessitado. ～人 ～*nin*: pessoa pobre. ～暇なし ～*nashi*, *expr*: pobre não tem tempo.
binbōgami 貧乏神 *s* deus da pobreza. ～にとりつかれる ～*ni toritsukareru*: ser cativado pelo deus da pobreza.
binbōgurashi 貧乏暮らし *s* vida de penúria.
binbōjotai 貧乏所帯 *s* casa pequena, lar necessitado.
binbōkuji 貧乏籤 *s* infortúnio, má sorte. ～を引く ～*o hiku*, *expr*: ser o mais azarado.
binbōshō 貧乏性 *s* ser azarado por natureza, mesquinhez.
binbōyusuri 貧乏揺り *s* sacolejo contínuo dos joelhos, sacudida.
binetsu 微熱 *s* febrícula, febre branda.
bingoomote 備後表 *s* cobertura de tatame de primeira qualidade, feita de junco cultivado na região de Bingo, província de Hiroshima.
binìru ビニール (*ingl vinyl*) *s* vinil. ～ハウス ～*hausu*: estufa de plástico. ～樹脂 ～*jushi*: resina de vinil.
binjō 便乗 *s* ～*suru*, *v*: 1 pegar carona. 2 aproveitar a oportunidade. ～値上げ ～*neage*: aumento de preço oportunista.
binkan 敏感 *s* sensibilidade, sensitividade, suscetibilidade. ～*na*, *adj*: sensível, suscetível.
binkansei 敏感性 *s* sensibilidade, sensitividade, suscetibilidade.
binkatsu 敏活 *s* rapidez, agilidade. ～*na*, *adj*: pronto, imediato.
binran 便覧 *s* guia, manual, prospecto.
binran 紊乱 *s* desordem, confusão, desorganização. 風俗～ *fūzoku*～: distúrbio da moral pública.
binsai 敏才 *s* agudeza, finura de espírito.
binsatsu 憫察 *s* compaixão, comiseração, piedade.
binsen 便船 *s* navio disponível.
binsen 便箋 *s* papel de carta.
binshō 敏捷 *s* agilidade, rapidez, esperteza. ～*na*, *adj*: pronto, imediato, ágil, esperto. ～*ni*, *adv*: rapidamente, imediatamente.
binshō 憫笑 *s* risada causada por comiseração. ～*suru*, *v*: rir por comiseração.
binsoku 敏速 *s* agilidade, rapidez. ～*na*, *adj*: rápido, ágil. ～*ni*, *adv*: rapidamente, imediatamente.

binta びんた *s pop* tapa na face. 〜を食わす〜 *o kuwasu*, *expr*: dar um tapa na face.
bintsuke(abura) 鬢付け(油) *s* pomada para cabelo.
binwan 敏腕 *s* habilidade, capacidade, eficiência, competência. 〜*na*, *adj*: habilidoso, eficiente, competente.
binzen 憫然 *adj* lastimoso, lamentável, miserável, pobre, desprezível, triste, coitado.
binzume 瓶詰め *s* engarrafado. 〜にする 〜*ni suru*, *v*: engarrafar, envasar.
bion 美音 *s* som bonito, voz bela.
bion 微温 *s* tepidez, mornidão, indiferença, frouxidão, negligência.
bion 鼻音 *s* som nasal.
bionteki 微音的 *adj* som leve (fraco).
birabira びらびら *adv* modo de vibrar, sacudir, agitar-se.
biraku 微落 *s* leve declínio (queda) de valor.
biran 糜爛 *s* chaga, ferida, ulceração, inflamação.
biranseigasu 糜爛性ガス *s* gás irritante, venenoso.
birei 美麗 *adj* belo, elegante, gracioso, fascinante, atraente.
biri びり *s pop* o último.
biribiri びりびり *onom* 1 despedaçar tecido (papel). 2 vibração, tremor. 3 formigamento, comichão, choque elétrico.
birin 美林 *s* bosque maravilhoso.
birō 尾籠 *s* indecência, obscenidade, grosseria.
birōdo ビロード (*port veludo*) *s* veludo.
biroku 美禄 *s* 1 remuneração generosa (considerável). 2 saquê.
biroku 微禄 *s* remuneração insignificante, ninharia.
birokuban B-6版 *s* tamanho B6.
biru ビル (*abrev* do *ingl building*) *s* prédio comercial.
bìru ビール (*ingl beer*) *s* cerveja. 〜腹 〜*bara*: barrigudo. 〜瓶 〜*bin*: garrafa de cerveja. 〜醸造所 〜*jōzōsho*: cervejaria. 缶〜 *kan*〜: cerveja em lata. 黒〜 *kuro*〜: cerveja preta. 生〜 *nama*〜: chope.
bìrusu ビールス (*al Virus*) *s Med* vírus.
biryō 微量 *s* quantidade muito pequena.
biryō 鼻梁 *s Anat* parte superior do nariz.
biryōeiyō 微量栄養 *s* micronutriente.
biryoku 微力 *s* capacidade pequena, influência ínfima, meios escassos.
biryūshi 微粒子 *s* partícula minúscula, corpúsculo, grão refinado.
bisai 微細 *s* detalhe, particularidade. 〜*na*, *adj*: pequenino, detalhado, minucioso, microscópico, tênue.
bisaiga 微細画 *s* desenho em miniatura.
bisei 美声 *s* voz bonita (agradável).
bisei 鼻声 *s* voz nasal.
biseibutsu 微生物 *s Biol* micróbio, micro-organismo.
biseibutsugaku 微生物学 *s* microbiologia.
bisekikun 微積分 *s* cálculo diferencial e integral.
bisen 微賎 *s* posição baixa (humilde).
bishabisha びしゃびしゃ *onom* lamacento.
bishari びしゃり *onom* estalo.
bishibishi びしびし *adv* rigorosamente, severamente, sem dó.
bishin 微震 *s* tremor (abalo) leve, microssismo.
bishiteki 微視的 *adj* microscópico. 〜分析 〜 *bunseki*: análise microscópica. 〜経済学 〜*keizaigaku*: microeconomia.
bishitsu 美質 *s* qualidade nata, virtude, graça.
bishō 微笑 *s* sorriso. 〜*suru*, *v*: sorrir.
bishō 美称 *s* nome elogioso (bonito).
bishō 微小 *s* detalhado, minucioso, infinitesimal.
bishō 微少 *s* muito pouco, quantidade muito pequena.
bishō 微傷 *s* ferimento muito leve, escoriação.
bishō 微晶 *s Miner* micrólito, microcristal.
bishobisho びしょびしょ *mim* 1 chuva contínua. 2 ensopado, encharcado.
bishōji 美小辞 *s arc* diminutivo.
bishoku 美食 *s* iguaria fina, comida refinada. 〜家 〜*ka*: gourmet, epicurista, epicureu. 〜主義 〜*shugi*: epicurismo. 〜*suru*, *v*: comer comida de paladar sofisticado.
bishōnen 美少年 *s* menino de feições bonitas.
bishonure びしょ濡れ *s* encharcado, ensopado, completamente molhado.
bishu 美酒 *s* bebida (drinque) deliciosa.
bishū 美醜 *s* beleza e feiura, aparência pessoal.
bishukketsu 鼻出血 *s Med* sangramento (hemorragia) nasal.
biso 鼻祖 *s* fundador, introdutor, pai.
bisō 美装 *s* traje bonito.
bisōjutsu 美爪術 *s* manicuro e pedicuro.
bisoku 微速 *s* velocidade muito baixa.
bisoku 鼻息 *s* respiração nasal.
bisshiri びっしり *adv* completamente, hermeticamente, cerradamente.
bisshori びっしょり *adv* encharcado, ensopado, completamente molhado.
bisui 微酔 *s* leve embriaguez.
bisui 微睡 *s* cochilo, soneca, sesta.
bisuketto ビスケット (*ingl biscuit*) *s* biscoito.
bita- 鐚- *pref* abreviatura de 鐚銭 *bitasen* (*bitazeni*): moeda desgastada; moeda cunhada de ferro, de pequeno valor.
bitai 媚態 *s* coquetismo, sedução.
bitamin ビタミン (*al Vitamin*) *s* vitamina.
bitan 尾端 *s* ponta da cauda.
bitan 鼻端 *s* ponta do nariz, focinho.
biteikotsu 尾てい骨 *s Anat* cóccix.
biteki 美的 *adj* estético.
biten 美点 *s* mérito, virtude, qualidade, charme, graça.
bitō 尾灯 *s* lanterna (luz) traseira de carro.
bitō 微騰 *s* elevação mínima.
bitokki 微突起 *s Zool* e *Bot* mucro.
bitoku 美徳 *s* virtude, nobreza.
bìtozoku ビート族 *s* geração inconformista (revoltada) norte-americana do período após a Segunda Guerra Mundial.
biu 微雨 *s* chuva fina, chuvisco, garoa.
biu 眉宇 *s* sobrancelha.
biwa 琵琶 *s* alaúde japonês de quatro cordas.
biwa 枇杷 *s Bot* nêspera.
biwahōshi 琵琶法師 *s* menestrel (trovador) de alaúde.
biyadaru ビヤ樽 *s* barril de cerveja, pessoa barriguda.
biyahōru ビヤホール (*amer beer hall*) *s* cervejaria.
biyaku 媚薬 *s* afrodisíaco, poção do amor.
biyō 美容 *s* beleza.
biyō 微恙 *s* indisposição, mal-estar, doença leve.

biyōin 美容院 *s* salão de beleza, cabeleireiro.
biyōjutsu 美容術 *s* cosmética, tratamento de beleza.
biyoku 尾翼 *s* cauda de aeronave, empenagem.
biyoku 鼻翼 *s* asas do nariz.
biyōshi 美容師 *s* esteticista, cabeleireiro.
biza ビザ (*ingl visa*) *s* visto (de viagem).
bizai 微罪 *s* ofensa insignificante, pecado leve.
bizen 美髯 *s* barba bela.
bizen'yaki 備前焼 *s* cerâmica da região de Bizen (nome antigo do sudeste da província de Okayama).
bizoku 美俗 *s* costume bonito (louvável).
bīzu ビーズ (*ingl beads*) *s* contas (para bordado, enfeite).
bō 坊 *s* 1 bonzo, monge (sacerdote) budista. 2 menino. けちん〜 *kechin*〜: avarento, pão-duro, mão de vaca. くいしん〜 *kuishin*〜: comilão, guloso.
bō 房 *s arc* quarto, aposento.
bō 某 *s* um, certo.
bō 棒 *s* 1 pau, vara, barra, bastão. 2 linha (traço) de ideograma. 〜に振る 〜*ni furu*: desperdiçar, perder. 〜ほど願って針ほど叶う 〜*hodo negatte hari hodo kanau*: pedir muito, mas conseguir pouco.
bō 妄 *s arc* falsidade.
bō 暴 *s* violência, força, crueldade, ilegalidade.
bō- 亡- *pref* falecido.
boai 暮靄 *s* névoa vespertina.
bōaku 暴悪 *s* violência, atrocidade.
bōanki 棒暗記 *s* decoração, decoreba.
bōatsu 防遏 *s* repressão, supressão.
bōatsu 膨圧 *s Bot* turgência, turgidez.
bōbaku 茫漠 *adj* 1 vago, obscuro. 2 vasto, extenso, ilimitado.
bōbeni 棒紅 *s arc* batom.
bōbi 防備 *s* defesa, preparativos defensivos.
bōbiki 棒引き *s pop* cancelamento de dívida.
bōbo 亡母 *s* mãe falecida.
bōbō 某々 *s* fulano, sicrano, beltrano.
bōbō 茫々 *adj* 1 vasto, extenso, imenso. 2 obscuro, vago. 3 cabelo (barba, grama) sem cuidado.
bōbō ぼうぼう *adv* em chamas.
bochabocha ぼちゃぼちゃ *onom* borrifar, espargir, esparrinhar.
bochan ぼちゃん *onom* chape.
bochi 墓地 *s* cemitério.
bochibochi ぼちぼち *s* pontos, marcas. *adv* 1 aos poucos, gradualmente, devagar. 2 logo, em alguns minutos.
bōchō 防諜 *s* contraespionagem.
bōchō 傍聴 *s* audiência, audição de reunião (discussão, julgamento) sem direito à palavra. 〜券 〜*ken*: senha de admissão a uma audiência. 〜禁止〜*kinshi*: audiência proibida. 〜人 〜*nin*: membro da audiência. 〜席 〜*seki*: tribuna (galeria) do público.
bōchō 膨脹 *s* 1 inchação, tumefação, dilatação. 2 aumento, crescimento. 〜係数 〜*keisū*: coeficiente de expansão. 〜率 〜*ritsu*: taxa de expansão. 〜力 〜*ryoku*: poder de expansão.
bōchōmon 防潮門 *s arc* comporta contra maré.
bōchōrin 防潮林 *s* arvoredo que serve como quebra-mar.
bōchōtei 防潮堤 *s* dique, quebra-mar.
bōchū 傍注[註] *s* notas (observações) marginais, comentário.

bōchū 忙中 *s* intervalo durante a vida ocupada.
bōchūhō 防虫法 *s* método de controle de insetos.
bōchūzai 防虫剤 *s* inseticida, repelente contra insetos.
bōda 滂沱 *s* lágrimas que caem continuamente.
bōdachi 棒立ち *s* ficar ereto e completamente imóvel (por perplexidade, susto).
bodai 菩提 (*sânsc bodhi*) *s* sabedoria, iluminação, salvação.
bōdai 傍題 *s* subtítulo.
bōdai 膨大 *s* crescimento, aumento, expansão. 〜*na, adj*: colossal, enorme, vasto. 〜*suru, v*: crescer, aumentar, expandir.
bōdai 厖大 *adj* enorme, imenso, extenso, gigantesco, colossal.
bodaiji 菩提寺 *s* templo da família.
bodaiju 菩提樹 *s Bot* pipal (*Ficus religiosa*).
bodaishin 菩提心 *s* devoção, piedade, solidariedade.
bodaisho 菩提所 *s* templo da família.
bōdan 防弾 *s* à prova de bala.
bōdara 棒鱈 *s* bacalhau seco.
bōdārain ボーダーライン (*ingl borderline*) *s* fronteira, limite, margem.
bodî ボディー (*ingl body*) *s* corpo, tronco, torso, carroceria, chassis. 〜チェック 〜*chekku* (*ingl body check*): revista (de alguém). 〜ガード 〜*gādo* (*ingl body guard*): guarda-costas. 〜ランゲージ 〜*rangēji* (*ingl body language*): linguagem do corpo.
bodîbiru ボディービル (*abrev do ingl body-building*) *s* musculação.
bodō 母堂 *s* sua mãe.
bōdō 暴動 *s* tumulto, desordem, distúrbio, motim, revolta.
bōdoku 防毒 *s* antigás. 〜マスク 〜*masuku* (*ingl mask*): máscara antigás. 〜室 〜*shitsu*: sala antigás.
bōei 防衛 *s* defesa. 〜費 〜*hi*: despesas de defesa. 〜陣地 〜*jinchi*: posição de defesa. 〜予算 〜*yosan*: orçamento para defesa. 〜力 〜*ryoku*: capacidade de defesa.
Bōeichō 防衛庁 *s* agência de defesa.
bōeishisetsu 防衛施設 *s* instalações de defesa.
boeki 母液 *s* água-mãe.
bōeki 防疫 *s* prevenção de epidemia.
bōeki 貿易 *s* comércio exterior, importação e exportação. 〜赤字 〜*akaji*: *deficit* comercial. 〜黒字 〜*kuroji*: superávit comercial. 〜自由化 〜*jiyūka*: liberação do comércio exterior. 〜港 〜*ko*: porto comercial. 〜摩擦 〜*masatsu*: atrito comercial. 〜政策 〜*seisaku*: política de comércio exterior.
bōekifū 貿易風 *s* vento alísio.
bōekigyō 貿易業 *s* negócio de comércio exterior.
bōekishō 貿易商 *s* negociante, comerciante de importação e/ou exportação.
bōenbō 防煙帽 *s* capacete antifumaça.
bōenkyō 望遠鏡 *s* telescópio.
bōenrenzu 望遠レンズ *s* teleobjetiva.
bōenrin 防煙林 *s* arvoredo antifumaça.
bōenshashin 望遠写真 *s* telefotografia.
bōenshōshaku 望遠照尺 *s* mira telescópica.
bōfu 防腐 *s* preservação contra apodrecimento. 〜加工(処理) 〜*kakō* (*shori*): tratamento conservante. 〜剤 〜*zai*: conservante.
bōfu 亡父 *s* meu falecido pai.

bōfu 亡夫 s meu falecido marido.
bōfū 防風 s 1 proteção contra o vento, corta-vento. 2 *Bot* planta medicinal da família *Umbelliferae*, *Siler divaricata*.
bōfū 暴風 s ventania, vendaval, tempestade, temporal.
bōfūken 暴風圏 s zona de tempestade.
bōfura 孑々 s larva de mosquito.
bōfūsetsu 暴風雪 s nevasca.
bōfūu 暴風雨 s tempestade, temporal.
bōfuzai 防腐剤 s conservante.
bōga 忘我 s transe, estado hipnótico.
bōgai 妨害 s obstrução, interferência, interrupção.
bōgai 望外 s inesperado, imprevisto.
bōgaibutsu 妨害物 s obstáculo, impedimento, obstrução.
bogaisaimu 簿外債務 s dívida não registrada em livro-caixa.
bogan 母岩 s *Min* rocha matriz.
bōgen 妄言 s palavras impensadas.
bōgen 暴言 s linguagem abusiva (grosseira, violenta).
bōgenbutsu 防舷物 s guarda-fogo.
bōgenzai 防舷材 s guarda-fogo.
bōgetsu 某月 s certo mês.
bōgi 謀議 s conspiração.
bōgin 棒銀 s barra de prata.
bogo 母語 s língua materna.
bōgo 防護 s proteção, guarda, custódia.
bōgu 防具 s protetor, roupa protetora.
bōgui 棒杭 s estaca, poste, pilar.
bōgumi 棒組 s *Tip* composição tipográfica em galé.
bōgyaku 暴虐 s tirania, atentado, atrocidade.
bōgyo 防御[禦] s defesa, salvaguarda, proteção.
bōhaku 傍白 s aparte, no teatro.
bōhan 防犯 s prevenção de crimes.
bōhan 謀判 s selo falsificado ou seu uso.
bōhatei 防波堤 s quebra-mar, molhe.
bōhatsu 暴発 s súbito, repentino, disparo acidental de arma de fogo.
bohei 募兵 s recrutamento ou alistamento de soldados.
boheikin 母平均 s *Estat* população média.
bōheki 防壁 s parede protetora ou defensiva, barreira.
bohi 墓碑 s lápide, pedra tumular.
bohyō 墓標[表] s marcador de túmulo.
bōhyō 妄評 s crítica injusta, comentário abusivo.
bōi 暴威 s tirania, abuso de poder, destruição.
bōi ボーイ (*ingl boy*) s menino mensageiro, garoto de entrega, garçom, carregador de malas.
boikotto ボイコット (*ingl boycott*) s boicote.
boin 拇印 s impressão digital do polegar.
boin 母音 s *Fon* vogal.
bōin 暴飲 s ato de beber excessivamente, beberronia.
boirā ボイラー (*ingl boiler*) s caldeira.
bōisukauto ボーイスカウト (*ingl Boy Scouts*) s escoteiro.
bōjakubujin 傍若無人 s arrogância.
bōji 房事 s relação sexual, coito.
bōji 亡児 s criança falecida.
bōjima 棒縞 s lista ou risca estampada de tecido.
bōjin 防塵 s ～の ～*no*: à prova de pó, vedado contra pó.
bojō 慕情 s anseio, saudade, desejo ardente, amor, afeição.

bōjo 防除 s prevenção contra insetos e seu extermínio, controle de insetos.
bōjō 棒状 s forma de cilindro, de bastão.
bōjō 暴状 s atrocidade, atentado, violência, imoralidade, rebeldia.
boju 母樹 s árvore-mãe.
bōju 傍受 s intercepção, monitoramento.
bōjun 膨潤 s *Quím* intumescência.
bōjutsu 棒術 s arte de usar o bastão como arma.
bōka 防火 s prevenção contra o fogo.
bokan 母艦 s porta-aviões.
bōkan 防寒 s proteção contra o frio.
bōkan 傍観 s observação. ～*suru*, *v*: observar, postar-se como observador.
bōkan 暴漢 s desordeiro, valentão, malvado, bandido.
bōkan 坊間 s entre as pessoas, na cidade. ～のうわさ ～*no uwasa*: rumores segundo o povo.
bōkansha 傍観者 s espectador, observador.
bokashi 暈し s gradação, graduação, sombreado.
bokasu 暈す *v* sombrear, desnortear, deixar obscuro.
-boke -ぼけ *suf* levemente afetado, ligeiramente distante. 彼は戦争～だよ *kare wa sensō ～da yo*: as comoções da guerra deixaram-no atordoado.
bokei 母系 s descendente matrilinear.
bokei 暮景 s cena do anoitecer, vista do crepúsculo.
bokei 母型 s *Tip* matriz tipográfica.
bōkei 傍系 s linha colateral, descendentes colaterais.
bōkei 謀計 s truque, estratagema, artifício, esquema.
bōkei 亡兄 s irmão mais velho falecido.
boken 母権 s autoridade matriarcal, direitos da mãe.
bōken 冒険 s aventura, risco.
bōken 望見 s observação de longe. ～*suru*, *v*: observar de longe.
bōkendan 冒険談 s relato sobre aventura de um indivíduo.
bōkenshugi 冒険主義 s espírito aventureiro.
bōkenteki 冒険的 *adj* arriscado, perigoso, incerto.
bokeru 耄る *v* tornar-se senil, ficar com debilidade mental, caducar.
bokeru 暈ける *v* desbotar, tornar-se fosco ou ficar descolorido.
boketsu 墓穴 s túmulo.
boki 簿記 s escrituração de livros comerciais.
bōki 紡機 s máquina de tecer.
bokin 募金 s levantamento de fundos, arrecadação de contribuição ou doação.
bōkire 棒切れ s bastão.
bokka 牧歌 s música pastoral, écloga, idílio.
bokkaishokan 牧会書簡 s epístolas pastorais.
bokkaku 墨客 s artista em caligrafia e pintura.
bokken 木剣 s espada de madeira. *V* **bokutō** 木刀.
bokki 勃起 s ereção.
bokkō 勃興 s crescimento repentino, ascensão rápida como potência.
bokkon 墨痕 s marca de tinta nanquim.
bokkōshō 没交渉 s sem relação ou conexão.
bokkuri 木履 s calçado com sola de madeira, tamanco para mulheres.
bokkusu ボックス (*ingl box*) s caixa, cabina.
bokkyaku 没却 s ignorância.
bokō 母校 s escola em que se estudou.
bokō 母港 s porto que serve como base.
bōkō 暴行 s violência, ataque, violação.

bōkō 膀胱 *s Anat* bexiga.
bokoboko ぼこぼこ *onom* som de bolhas saindo.
bokoku 母国 *s* país de origem, país natal.
bōkoku 亡国 *s* país arruinado, país destruído.
bokokugo 母国語 *s* língua materna.
bōkon 亡魂 *s* espírito, alma.
boku 僕 *s* servidor. *pron* eu. 〜ら 〜*ra*: nós. *V* **shimobe** 僕.
bōkū 防空 *s* defesa aérea, armamento antiaéreo.
bokuba 牧馬 *s* cavalo na pastagem.
bokuchi 牧地 *s* pasto, pastagem.
bōkuchibeni 棒口紅 *s* batom em bastão.
bokuchiku 牧畜 *s* pecuária, criação de gado.
bokuchikugyō 牧畜業 *s* atividade de criação de gado.
bokuchoku 朴直 *s* simplicidade.
bokudō 牧童 *s* menino pastor, caubói.
bokufu 牧夫 *s* pastor, boiadeiro, criador de gado.
bokuga 墨画 *s* pintura monocromática em tinta nanquim.
bōkūgō 防空壕 *s* abrigo contra bombas, refúgio contra ataques aéreos.
bokugyū 牧牛 *s* gado em pastagem.
bokujō 牧場 *s* fazenda de gado, pastagem.
bokujū 墨汁 *s* tinta nanquim preta para caligrafia com pincel.
bokukei 墨刑 *s arc* penalização com tatuagem.
bokumetsu 撲滅 *s* erradicação, exterminação, destruição.
bōkun 傍訓 *s* anotações em *kana* ao lado de uma palavra.
bōkun 暴君 *s* tirano, déspota.
bōkun 亡君 *s* senhor ou chefe falecido de um indivíduo.
bokunenjin 朴念仁 *s pop* palerma, paspalhão.
bokusatsu 撲殺 *s* matar a golpe de cacetada ou porretada.
bokuseki 木石 *s* árvores e pedras, objetos inanimados.
bokusekikan 木石漢 *s* pessoa insensível.
bokusen 卜占 *s* adivinhação, predição do futuro, augúrio.
bokusha 牧舎 *s* estábulo.
bokusha 卜者 *s* adivinho.
bokushi 牧師 *s* pastor, ministro, sacerdote da igreja protestante.
bokushu 墨守 *s* aderência, apego.
bokusō 牧草 *s* grama, pastagem, pasto.
bokusuru 卜する *v* adivinhar, predizer.
bokutaku 木鐸 *s* sino com badalo de madeira.
bokuteki 牧笛 *s* flauta de pastor.
bokutō 木刀 *s* espada de madeira. *V* **bokken** 木剣.
bokutotsu 朴訥 *s* honestidade simplória, simplicidade e modéstia, naturalidade.
bokuya 牧野 *s* pasto, pastagem.
bokuyō 牧羊 *s* criação de carneiros.
bokuzei 卜筮 *s* adivinhação, predição.
bōkyaku 忘却 *s* lapso de memória, esquecimento.
bōkyo 暴挙 *s* ação temerária, violência, abuso.
bōkyō 防共 *s* defesa contra o comunismo.
bōkyō 望郷 *s* saudade da terra natal, nostalgia.
bōman 暴慢 *s* insolência, arrogância, insulto.
bōman 膨満 *s* flatulência, distensão.
bomei 墓銘 *s* lápide, pedra tumular. *V* **bohi** 墓碑.

bōmei 亡命 *s* exílio.
bōmin 暴民 *s* multidão desordenada, desordeiros, populacho.
bōmō 紡毛 *s* carda e fiação de lã.
bon¹ 盆 *s* festival de *bon*, dia de finados.
bon² 盆 *s* bandeja.
bon 凡 *s* mediocridade.
bōnage 棒投げ *s* jogo em que se arremessa madeira roliça comprida.
bōnasu ボーナス (*ingl bonus*) *s* bônus, bonificação.
bonbe ボンベ (*al Bombe*) *s* cilindro, botijão de gás.
bonbori 雪洞 *s* lanterna ou luminária antiga com revestimento de papel.
bonbu 凡夫 *s Bud* indivíduo comum.
bonbungaku 梵文学 *s* literatura sânscrita.
bonchi 盆地 *s Geogr* vale, depressão.
bonda 凡打 *s Beis* bola fácil.
bōnen 妄念 *s* sentimento irrelevante do homem comum. *V* **mōnen** 妄念.
bōnen 忘年 *s* despedida do ano velho.
bōnenkai 忘年会 *s* festa de despedida do ano velho.
bōnetsu 防熱 *s* proteção contra o calor.
bōnetsu 傍熱 *s* calor ou aquecimento indireto.
bongo 梵語 *s* sânscrito.
bongu 凡愚 *s* homem comum. *V* **bonjin** 凡人.
bonji 梵字 *s* caracteres em sânscrito.
bonjin 凡人 *s* indivíduo ordinário, homem comum.
bonjōchin 盆提灯 *s* lanterna do festival de *bon*.
bonkei 盆景 *s* jardim miniatura.
bonkura 凡くら *s pop* camarada estúpido, palerma.
bonkure 盆暮 *s* festival de *bon* e final de ano.
bonmatsuri 盆祭り *s* festival de *bon*; dia de finados.
bonnō 煩悩 *s* paixão maligna, desejo carnal, desejo intenso.
bon no kubo 盆の窪 *s* nuca, cachaço.
bon'odori 盆踊り *s* dança do festival de *bon*.
bonpu 凡夫 *s* homem ordinário, mortal comum.
bonsai 盆栽 *s* bonsai, árvore miniatura.
bonsai 凡才 *s* habilidade comum, capacidade medíocre, mediocridade.
bonsai 梵妻 *s pop* esposa de sacerdote budista.
bonsaku 凡策 *s* política corriqueira ou comum.
bonsen 凡戦 *s* partida monótona, jogo sem graça.
bonshō 梵鐘 *s* sino de templo budista, sino de templo.
bonshu 凡手 *s* homem com habilidade comum.
bontai 凡退 *s Beis* 〜*suru, v*: ser expulso facilmente.
bon'yari ぼんやり *s* ausência de consciência. *adv* vagamente, descuidadamente.
bon'yō 凡庸 *s* mediocridade, banalidade.
bonyū 母乳 *s* leite materno.
bonzoku 凡俗 *s* homem comum, vulgar, sem maiores qualidades. *V* **heibon** 平凡.
booku 茅屋 *s* casa pobre, feita de palha.
bōon 防音 *s* à prova de som, com isolamento sonoro.
bōon 忘恩 *s* ingratidão.
bōonsōchi 防音装置 *s* instalação ou equipamento à prova de som, silenciador.
boppatsu 勃発 *s* desencadeamento, explosão, ocorrência repentina.
bora 鯔 *s Ictiol* tainha.
bōraku 暴落 *s* queda, súbito declínio, fracasso.
bōrei 亡霊 *s* aparição, fantasma.
bōrei 暴戻 *s* tirania, atrocidade.
bōri 暴利 *s* lucro excessivo, usura, agiotagem.

boribori ぼりぼり *onom* som de mastigar, mastigação ruidosa.
boro 襤褸 *s* 1 trapo, farrapo. 2 defeito.
bōrō 望楼 *s* torre de vigia, torre de observação.
boroboro ぼろぼろ *adj* despedaçado. *onom* derramar lágrimas.
boroi ぼろい *adj* lucro exorbitante, ganho fácil, lucrativo.
borokire 襤褸切れ *s* trapo, farrapo.
borokai 襤褸買い *s pop* 1 comprador de trapos ou restos. 2 homem lascivo que persegue mulheres indiscriminadamente.
borokuso ぼろくそ *s vulg* 〜に言う 〜*ni iu*: falar muito mal de um indivíduo.
boromōke ぼろ儲け *s pop* negócio lucrativo.
bōron 暴論 *s* argumento irracional, opinião injusta, argumento injusto.
borotsuchi ぼろ土 *s* solo fofo.
boru ぼる *v pop* ter lucro ilegítimo; explorar; aproveitar; cobrar a mais.
bōru ボール (*ingl bowl*) *s* tigela grande; poncheira.
bōrubako ボール箱 *s* caixa de papelão.
bōrugami ボール紙 *s* papelão; papel cartolina.
bōrui 防塁 *s* forte; fortaleza.
bōrunage ボール投げ *s* joga-bola; pega-bola.
bōrupen ボールペン (*ingl ballpen*) *s* caneta esferográfica.
borutadenchi ボルタ電池 *s* bateria voltaica.
boruto ボルト (*ingl bolt*) *s* parafuso de porca; ferrolho (de porta ou janela).
bōryaku 謀略 *s* estratagema, ardil; artifício; truque; esquema.
bōryoku 暴力 *s* violência; força bruta.
bōryokudan 暴力団 *s* organização de bandidos; grupo de gângsters que abusam da violência.
bōryū 傍流 *s* 1 afluente. 2 ramificação.
bosabosa ぼさぼさ *mim* 1 referente ao cabelo em desarranjo. 2 ficar estático, boquiaberto. *V* **basabasa** ばさばさ; **boyaboya** ぼやぼや.
bosai 募債 *s* levantamento de recursos por meio de venda de ações ou debêntures.
bōsai 防災 *s* prevenção de desastres.
bōsai 防塞 *s* fortaleza defensiva, barreira, barricada.
bōsai 亡妻 *s* falecida esposa.
bōsaki 棒先 *s* 1 portador dianteiro de palanquim. 2 comissão apoderada pelo comprador.
bosan 墓参 *s* visita a túmulo.
bōsarin 防砂林 *s* árvores plantadas para deter a deslocação da areia.
bōsatei 防砂堤 *s* barricada erguida para deter a deslocação da areia.
bosatsu 菩薩 (*sânsc bodhisattva*) *s* santo budista.
bōsatsu 謀殺 *s* assassinato premeditado.
bōsatsu 忙殺 *s* ato de estar muito ocupado; estar pressionado com muito trabalho.
bosei 母性 *s* maternidade, condição de mãe.
bōsei 暴政 *s* governo tirano; domínio opressivo; despotismo; tirania.
boseki 墓石 *s* lápide; pedra tumular.
bōseki 紡績 *s* fiação; tecelagem de algodão.
bosen 母船 *s* navio matriz.
bōsen 防戦 *s* luta defensiva; batalha.
bōsen 傍線 *s* linha lateral; sublinhado.

bōsenmō 防潜網 *s* rede antissubmarina; rede para prevenir ataques com torpedo.
bosetsu 暮雪 *s* cena de neve ao anoitecer.
bōsetsu 防雪 *s* proteção contra a neve.
bōsetsu 妄説 *s* opinião falaz; falso relato.
bōsha 坊舎 *s* abrigo dos monges.
boshi 母子 *s* mãe e filho(a).
boshi 拇指 *s* dedo polegar.
boshi 墓誌 *s* epitáfio.
bōshi 防止 *s* prevenção.
bōshi 紡糸 *s* fiação; fio de lã, seda, algodão.
bōshi 帽子 *s* chapéu, cobertura para cabeça.
bōshi 亡姉 *s* falecida irmã mais velha.
bōshi 某氏 *s* certa pessoa; certo indivíduo; fulano.
bōshin 防振 *s* à prova de vibração.
bōshin 謀臣 *s* súdito ardiloso.
bōshin 妄信 *s* credulidade cega. *V* **mōshin** 盲[妄]信.
bōshitsu 防湿 *s* à prova de umidade.
bōshiya 帽子屋 *s* loja de chapéus; chapeleiro.
bosho 墓所 *s* cemitério.
bosho 某所 *s* um certo lugar.
bōsho 謀書 *s* documento forjado; papel falsificado.
bōshō 傍証 *s* prova ou evidência circunstancial.
bōshō 帽章 *s* insígnia de boné; distintivo ou símbolo no boné.
boshoku 暮色 *s* cor do crepúsculo; cor da penumbra.
bōshoku 防蝕 *s* anticorrosão, à prova de corrosão.
bōshoku 紡織 *s* fiação e tecelagem.
bōshoku 暴食 *s* gula; ato de comer desenfreadamente.
bōshoku 望蜀 *s* insaciabilidade; desejo continuado.
boshū 募集 *s* recrutamento; alistamento.
boshū 暮秋 *s* fim de outono. *V* **banshū** 晩秋.
bōshu 防守 *s* defesa. 〜*suru*, *v*: defender.
bōshu 謀主 *s* conspirador chefe, chefe da trama.
bōshū 防臭 *s* desodorização.
boshūdan 母集団 *s Estat* população; universo.
bōshuku 防縮 *s* à prova de encolhimento.
bōso 妨訴 *s* interposição de recurso sustatório em uma ação cível.
bōsō 暴走 *s* corrida imprudente de carros; disparada. *Beis* corrida arrojada.
bosoboso ぼそぼそ *adv* som de cochichar.
bosotto ぼそっと *adv* vagamente; ociosamente; som de cochicho.
bossho 没書 *s* rejeição de documento; original manuscrito rejeitado.
bosshū 没収 *s* confiscação; apreensão.
bosshumi 没趣味 *s* vulgaridade; mal gosto.
bossuru 没する *v* 1 afundar; submergir. 2 esconder; desaparecer.
bossuru 殁[没]する *v* morrer; falecer; extinguir; perecer.
bosu ボス (*ingl boss*) *s* chefe; patrão.
bosū 母数 *s Estat* parâmetro; parâmetro de uma população.
bōsui 防水 *s* à prova d'água.
bōsui 紡錘 *s* fuso.
botabota ぼたぼた *onom* gotejar; pingar.
botai 母体 *s* corpo da mãe.
botai 母胎 *s Anat* útero da mãe.
bōtakatobi 棒高跳び *s Esp* salto com vara.
botamochi 牡丹餅 *s mochi* coberto de pasta doce de feijão.
botan ボタン・釦 (*port botão*) *s* botão.

botan 牡丹 *s Bot* peônia.
botanbake 牡丹刷毛 *s* borla para pó de arroz; pompom; almofadinha.
botan'yuki 牡丹雪 *s* grandes flocos de neve.
botari ぼたり *mim* 〜と落ちる 〜*to ochiru*: cair pesadamente; cair fazendo ruídos.
botayama ぼた山 *s Min* monte de refugo de carvão.
botchan 坊ちゃん *s* seu filho (forma respeitosa); jovem mestre (para o filho do patrão), menino.
botchiri ぼっちり *adv* um pouco; pouquinho.
bōte 貿手 *s abrev* de 貿易手形 *bōekitegata*: nota promissória comercial.
boten 母点 *s Mat* ponto de origem.
bōtetsu 棒鉄 *s* barra de ferro.
bōto 暴徒 *s* desordeiros; multidão amotinada.
bōto ボート (*ingl boat*) *s* barco; bote; navio.
bōtō 暴騰 *s* alta repentina; crescimento rápido; surto.
bōtō 冒頭 *s* início; abertura; começo; parágrafo inicial.
bōtō 暴投 *s Beis* arremesso sem direção, errado.
bōtoku 冒とく *s* blasfêmia; sacrilégio.
botsu 没 *s V* **bossho** 没書.
botsubotsu ぼつぼつ *s* 1 pontinho; pequena mancha; pinta; sinal; erupções na pele. 2 pouco a pouco.
botsubotsu 勃々 *adj* 〜たる 〜*taru*: animado; vivo; enérgico; vigoroso.
botsuga 没我 *s* autorrenúncia; autodestruição; auto-obliteração.
botsugo 歿[没]後 *s* após a morte de um indivíduo; pós-morte.
botsujōshiki 没常識 *s* falta de senso comum.
bōtsukai 棒使い *s* manejo de cacete ou porrete.
botsukōshō 没交渉 *s* ausência de relação. *V* **bokkōshō** 没交渉.
botsunen 歿[没]年 *s* ano de falecimento; idade do indivíduo ao morrer.
botsunyū 没入 *s* imersão; devoção; absorção. 〜*suru*, *v*: absorver-se, estar imerso no trabalho.
botsuraku 没落 *s* colapso; ruína; queda; falência; insolvência.
botsurisō 没理想 *s* falta de ideais; descrição realística que deixa de lado os ideais.
botsuzen(to) 勃然(と) *adv* repentinamente; aparecer de repente; brotar; desatar.
botteri ぼってり *mim* carnudo; corpulento; gorducho; rechonchudo.
bōtto ぼうっと *adv* 1 em chamas; enrubescer; ruborizar-se. 2 vagamente; distraído; deslumbrado; atordoado. 3 indistintamente; tonto; estupidamente.
bottō 没頭 *s* imersão. 〜*suru*, *v*: imergir; estar devotado; ser dedicado.
boya 小火 *s* pequeno fogo, chama, labareda.
bōya 坊や *s* menino; meu filho; meu menino. うちの〜 *uchi no* 〜: meu querido filho; meu pequenino.
boyaboya ぼやぼや *mim* 〜*suru*, *v*: ser descuidado; estar distraído.
boyake ぼやけ *s Fot* vago; indistinto.
boyakeru ぼやける *v* enevoar; borrar; turvar; estar nevoento; estar nebuloso; estar obscuro.
boyaku ぼやく *v dial* resmungar; murmurar; queixar-se.
bōyō 妄用 *s* abuso; mal uso.

bōyō 亡羊 *s* carneiro ou ovelha perdida; perdido, diante de tantos caminhos a seguir.
bōyō 茫洋 *adj* 〜たる海原 〜*taru unabara*: mar sem limites.
bōyomi 棒読み *s* leitura direta de *kanbun* (escrita chinesa).
bozai 母材 *s* material básico; base na soldagem.
bōzai 防材 *s* troncos para barreira num rio.
bozen 墓前 *s* 〜に 〜*ni*: na frente do túmulo.
bōzen 呆然 *adj* 〜と 〜*to*: espantado; pasmado.
bōzen 茫然 *adj* 〜と 〜*to*, *adv*: vagamente; desatentamente; distraidamente.
bōzu 坊主 *s pop* 1 sacerdote budista; monge. 2 meu menino; meu filho.
bōzuatama 坊主頭 *s* cabeça raspada à maneira do bonzo.
bōzugari 坊主刈り *s pop* cabelo curto; cabelo à escovinha. 〜にする 〜*ni suru*: cortar o cabelo bem curto.
bōzuyomi 坊主読み *s pop* leitura cantada.
bu 分 *s* 1 taxa, percentagem. 2 fração. 3 espessura. 〜が厚い 〜*ga atsui*: ser espesso.
bu 歩 *s* medida equivalente a 3,3 metros quadrados. *V* **tsubo** 坪.
bu 部 *s* 1 departamento; divisão; seção; classe. 2 categoria. 3 parte; porção, região. 4 quantidade de cópias; volume; conjunto.
bu 武 *s* 1 assuntos militares. 2 arte militar; ciência da guerra. 3 glória militar. 4 força militar; supremacia militar.
buaikyō 無愛嬌 *s* sem amabilidade. 〜*na*, *adj*: não sociável; pouco amável.
buaisō 無愛想 *s* falta de sociabilidade; aspereza; rudeza; rispidez.
buatsu 分[部]厚 〜*na*, *adj*: espesso; pesado; maciço.
bubarai 賦払い *s* pagamento facilitado; pagamento parcelado.
bubaru 武張る *v* ser como soldado; comportar-se como militar. 武張った *bubatta*: de estilo militar. 武張った事を好む *bubatta koto o konomu*: gostar de assuntos militares.
buben 武弁 *s* soldado.
bubetsu 侮蔑 *s* 〜の言葉 〜*no kotoba*: palavra de desdém, de exprobação.
bubi 武備 *s* armamento; defesa. *V* **gunbi** 軍備.
bubiki 歩引き *s* desconto. *V* **waribiki** 割引き.
būbū ぶうぶう *onom* 1 〜いう 〜 *iu*: grunhir; murmurar; resmungar; queixar-se. 2 〜いう音 〜 *iu oto*: buzinada.
bubun 部分 *s* parte, porção, percentagem, seção. 大〜 *dai*〜: grande parte, maioria.
bubun'hin 部分品 *s* partes, componentes. ラジオと〜 *rajio to* 〜: o rádio e suas peças.
bubunshoku 部分蝕[食] *s* eclipse parcial.
buchi 斑 *s* sinal; pinta; pontinho; ponto; mancha; remendo; mosqueado.
buchikomu ぶち込む *v pop* jogar ao; lançar ao. 刑務所に〜 *keimusho ni* 〜: colocar alguém na prisão.
buchikorosu ぶち殺す *v pop* surrar até matar; matar.
buchikowashi ぶち壊し *s pop* 1 destruição; demolição. 2 estrago; ruína.

buchikowasu ぶち壊す *v pop* estragar, arruinar, desfazer.
buchimakeru ぶちまける *v* 1 jogar fora. 2 confessar, contar sinceramente, revelar, expor.
buchinomesu ぶちのめす *v* derrubar com uma pancada ou um soco. *V* **uchinomesu** 打ちのめす.
buchinuku ぶち抜く *v* arrancar, derrubar, remover violentamente. 頭を～ *atama o* ～: atravessar a cabeça com uma bala. *V* **uchinuku** 打[射]ち抜[貫]く.
buchō 部長 *s* chefe, diretor de um departamento (seção, divisão), gerente de departamento.
buchōhō 不調法 *s* 1 descortesia. 2 descuido; cincada. 3 inabilidade, falta de jeito. *adj* 1 ～*na*: descortês; incivil; grosseiro; mal-educado. 2 ～*na*: desacostumado à bebida ou ao cigarro.
buchōhōmono 不調法者 *s* pessoa inábil, trapalhão.
budan 武断 *s* militarismo. ～派 ～*ha*: partido ou facção militarista.
budanseiji 武断政治 *s* governo militarista.
Budda 仏陀 *s* Buda.
budō 葡萄 *s* uva, vinha. ～液 ～*eki*: suco de uva. ～園 ～*en*: plantação de uva, vinhedo.
budō 武道 *s* artes marciais; ciência militar; preceitos do samurai.
budomari 歩止[留]まり *s* produção; rendimento.
budōshu 葡萄酒 *s* vinho.
buenryo 無遠慮 *s* sem-cerimônia; atrevimento, audácia, falta de escrúpulo.
bufūryū 無風流 *s* deselegância, vulgaridade, falta de requinte, prosaísmo.
bugai 部外 *s* exterior; parte de fora, parte externa. ～からの援助 ～*kara no enjo*: auxílio do exterior.
bugaku 舞楽 *s* dança e música da corte.
bugei 武芸 *s arc* arte marcial. ～を修める ～*o osameru*: praticar artes marciais.
bugen 証言 *s* calúnia; difamação.
bugen 分限 *s pop* 1 posição social de alguém. 2 milionário, homem rico.
bugensha 分限者 *s pop* milionário; homem rico. *V* **bugen** 分限.
bugi 武技 *s V* **bugei** 武芸.
bugu 武具 *s* armamentos; armas de guerra; armaria; arsenal.
bugyō 奉行 *s Hist* magistrado; prefeito.
buhin 部品 *s* partes; peças; peça reserva. ～部 ～*bu*: departamento de peças.
bui ブイ (*ingl buoy*) *s* boia.
bui 武威 *s* força militar; força das armas.
buiki 不意気 *s* falta de requinte, deselegância, rudeza, vulgaridade.
buiku 撫育 *s* cuidados; guarda, zelo.
buin 部員 *s* pessoal; quadro de auxiliares; membro de associação.
buin 無音 *s* um longo silêncio.
buji 無事 *s* 1 segurança. 2 paz; tranquilidade, quietude. 3 estar bem.
buji 武事 *s* assuntos militares; artes militares.
bujin 武人 *s* militar; guerreiro; soldado. ～気質 ～*katagi*: espírito militar.
bujoku 侮辱 *s* insulto; indignidade; desprezo; desrespeito; afronta.
bujutsu 武術 *s* artes marciais.
buka 部下 *s* subordinado; seguidor; adepto; inferior a alguém. 信頼できる～ *shinrai dekiru*～: subordinado de confiança.
bukabuka ぶかぶか *mim* bojudo; flácido; folgado; empapuçado. このズボンは膝のところが～している *kono zubon wa hiza no tokoro ga* ～*shite iru*: esta calça está folgada no joelho.
bukai 部会 *s* reunião de seção.
bukakkō 不恰好 *s* ～*na, adj*: deselegante, cafona.
bukan 武官 *s* oficial. 陸軍・海軍～ *rikugun/kaigun*～: oficial do Exército/Marinha.
bukan 武鑑 *s arc Herald* livro dos senhores feudais da era Edo.
buke 武家 *s* família samurai.
bukebōkō 武家奉公 *s* o ato de servir uma família samurai.
buki 武器 *s* arma(s).
bukimi 不[無]気味 *s* ～*na, adj*: lúgubre, sinistro.
bukiryō 不器量 *s* ～*na, adj*: feia.
bukitaiyo 武器貸与 *s* empréstimo/arrendamento de armas.
bukitcho ぶきっちょ ～*na, adj*: aquele que não tem destreza. *V* **bukiyō** 不器用.
bukiyō 不器用 *s* ～*na, adj*: desajeitado, inábil.
bukka 物価 *s* custo de vida (das mercadorias). ～があがる・さがる ～*ga agaru/sagaru*: o preço das mercadorias sobe/abaixa.
bukkahikisage 物価引き下げ *s* redução de preços.
bukkai 仏界 *s* paraíso dos espíritos budistas.
bukkakeru ぶっ掛ける *v vulg* jogar (atirar) líquido com violência. 頭から水を ～ *atama kara mizu o* ～: atirar água violentamente na cabeça.
bukkaki ぶっかき *s pop* raspas de gelo.
bukkaku 仏閣 *s Constr* templo budista.
bukkatōki 物価騰貴 *s* aumento dos preços.
bukkatōsei 物価統制 *s* controle dos preços.
bukkatsuron 物活論 *s* hilozoísmo [doutrina filosófica que atribui vida à matéria].
bukke 仏家 *s* 1 templo budista. 2 terra sagrada budista. 3 aquele que segue o budismo, bonzo.
bukken 物件 *s* mercadoria, objeto, artigo.
bukken 物権 *s* direito real; direito das coisas.
bukkirabō ぶっきら棒 ～*na, adj pop*: rude, seco.
bukkiru ぶっ切る *v vulg* cortar violentamente.
bukko 物故 *s* morte.
bukkō 物交 *s* intercâmbio, troca, permuta, escambo.
bukkomu ぶっ込む *v vulg* 1 dar pancada, bater. 2 arremessar, jogar. 3 pendurar [espada] na cintura.
bukkyō 仏教 *s* budismo.
bukō 武功 *s* méritos, feitos militares; serviços militares prestados com distinção. *V* **bukun** 武勲.
bukoku 誣告 *s* falsa acusação, calúnia.
bukotsu 無骨 *s* ～*na, adj*: rústico, brusco.
bukubuku ぶくぶく *mim* 1 onomatopeia que representa o estado de borbulhamento, num líquido. 2 estado de estufamento. ～ふとったひと ～ *futotta hito*: pessoa extremamente gorda.
bukun 武勲 *s* militar distinguido; mérito. *V* **bukō** 武功.
bukyō 武侠 *s* cavalheirismo. ～*na, adj*: cavalheiresco, galante.
bukyoku 部局 *s* departamento.
bukyoku 舞曲 *s* música dançante.
buma 不間 *s pop* sem jeito. ～*na, adj*: desajeitado, desastrado, estúpido.

buman 悔慢 *s* insulto, ofensa.
bumei 武名 *s* reputação militar.
bumen 部面 *s* parte(s), campo(s).
bumon 部門 *s* divisão, seção, categoria.
bumon 武門 *s arc* casa do samurai. *V* **buke** 武家.
būmu ブーム (*ing boom*) *s* moda. 〜になる 〜*ni naru*: tornar-se moda.
bun 文 *s* 1 letra, escrita. 2 composição, redação.
bun 分 *s* parte.
būn ぶうん *onom* zumbido. 扇風機の〜という音 *senpūki no* 〜*to iu oto*: o zumbido de um ventilador. *V* **bunbun** ぶんぶん.
bunai 部内 *s* 1 parte interna de um departamento. 2 pessoas envolvidas dentro de um departamento.
bunan 無難 *s* sem perigo, risco.
bun'an 文案 *s* rascunho, minuta.
bun'atsu 分圧 *s Mec* pressão parcial.
bunbai 分売 *s* venda por partes. 〜*suru*, *v*: vender por partes.
bunben 分娩 *s* parto. *V* **shussan** 出産.
bunbetsu 分別 *s* separação por espécies; classificação, distinção.
bunbo 分母 *s Arit* denominador.
bunbōgu 文房具 *s* papelaria.
bunbu 文武 *s* artes literária e militar; pena e espada.
bunbun ぶんぶん *onom* zunido, zumbido, som da abelha. *V* **būn** ぶうん.
bunbutsu 文物 *s* civilização; coisas relacionadas à cultura.
bunchi 分地 *s* divisão de terras ou terras divididas.
bunchi 文治 *s* governo (administração) de uma sociedade, por meio das leis ou da sabedoria.
bunchi 聞知 *s* conhecimento. 〜*suru*, *v*: conhecer, estar informado sobre.
bunchin 文鎮 *s* peso [para papéis]. 〜で書類をおさえる 〜*de shorui o osaeru*: segurar os papéis com o peso.
bundai 文題 *s* título de um texto, redação.
bundan 分段 *s* parágrafo. *V* **danraku** 段落.
bundan 分断 *s* divisão em seções (partes).
bundan 文壇 *s* grupo de literatos; círculo literário.
bundoki 分度器 *s Geom* transferidor.
bundori 分捕り *s* objetos confiscados durante a guerra, espólio, despojo.
bundoru 分捕る *v* confiscar ou apoderar-se dos objetos dos inimigos no campo de batalha.
bundoshaku 分度尺 *s* diágrafo [instrumento para delinear mecanicamente figuras, alargamentos de mapas etc.].
bun'ei 分営 *s* guarnição separada, sucursal de um quartel.
bun'ekinōseido 分益農制度 *s* sistema de meeiro.
bunga 文雅 *s* elegância, graça. 〜*na*, *adj*: elegante, gracioso, artístico.
bungai 分外 *s* 1 irregular, excessivo, imoderado. 2 impróprio, sem mérito.
bungaku 文学 *s* literatura; letras.
bungakubu 文学部 *s* departamento de Letras.
bungakusha 文学者 *s* 1 literato. 2 pesquisador de literatura.
bungakusho 文学書 *s* livro (trabalho) literário.
bungei 文芸 *s* literatura e arte.
bungeifukkō 文芸復興 *s Lit* Renascimento. 〜時代 〜*jidai*: período do Renascimento.
bungeihihyō 文芸批評 *s* crítica literária.
bungen 分限 *s* 1 limite, limitação. 2 posição social, status.
bungo 文語 *s* língua escrita; linguagem usada em textos.
bungō 文豪 *s* grande escritor.
bungohō 文語法 *s* regras da língua escrita.
bungotai 文語体 *s* estilo literário.
bungyō 分業 *s* divisão de trabalho.
bun'i 文意 *s* significado de um texto.
bun'in 分院 *s* parte (dependência) de um hospital ou templo.
bunin 無人 *s* falta de pessoas de ajuda. 〜で家があけられない 〜*de ie ga akerarenai*: não poder deixar a casa porque não tem ninguém para tomar conta.
bunjaku 文弱 *s* absorto nas lides das letras, ficar impotente frente à força.
bunji 文事 *s* lides relacionadas a estudos e artes.
bunji 文辞 *s* texto.
bunjin 文人 *s* artista, escritor, homem letrado.
bunjinga 文人画 *s* estilo de pintura desenvolvido e seguido por literatos chineses e, depois, pelos japoneses.
bunjō 分乗 *s* grupos de pessoas que embarcam em dois ou mais veículos. 〜*suru*, *v*: embarcar um grupo de pessoas em dois ou mais veículos. 五台の自動車に〜する *godai no jidōsha ni* 〜*suru*: embarcar em cinco carros.
bunjō 分譲 *s* venda em partes. 〜*suru*, *v*: vender algo dividido em várias partes.
bunjōchi 分譲地 *s* venda de terrenos loteados.
bunka 文化 *s* cultura. 〜地域(社会) 〜*chiiki* (*shakai*): área cultural. 〜会館 〜*kaikan*: centro cultural. 〜的 〜*teki*: cultural.
bunka 分化 *s* especialização, diferenciação.
bunka 文科 *s* 1 ciências humanas. 2 departamento de Letras de uma universidade.
bunka 分科 *s* divisão de uma matéria.
bunka 分課 *s* subdivisão [de uma seção], subdepartamento, sucursal.
bunkai 分会 *s* seção; capítulo.
bunkai 分界 *s* demarcação, limite.
bunkai 分解 *s* análise, resolução, decomposição, desintegração. 文章の〜 *bunshō no* 〜: análise de uma oração.
bunkaisen 分界線 *s* linha de demarcação.
bunkajin 文化人 *s* intelectual.
bunkakai 分科会 *s* subcomissão, reunião da subcomissão.
bunkaku 分画 *s* classificação, demarcação.
bunkan 文官 *s* funcionário civil.
bunkan 分館 *s* prédio filial.
bunkaseikatsu 文化生活 *s* vida cultural (moderna).
bunkashi 文化史 *s* história cultural [artes, literatura, educação, religião etc.].
bunkashūdan 文化集団 *s* grupos culturais.
bunkashugi 文化主義 *s* culturalismo.
bunkasuijun 文化水準 *s* nível cultural.
bunkatsu 分割 *s* divisão em várias partes.
bunkatsubarai 分割払い *s* pagamento em prestações, pagamento parcelado.
bunkazai 文化財 *s* patrimônio cultural.
bunke 分家 *s* constituição (formação) de uma nova família separada da família principal.

bunkei 文型 *s* padrão de uma oração.
bunken 文献 *s* documentos, referências. 参考～ *sankō*～: bibliografia.
bunken 分遣 *s* destaque, detalhe.
bunken 分権 *s* descentralização da autoridade.
bunkenchizu 分県地図 *s* mapa em que se mostra a divisão do Japão em províncias (県 *ken*).
bunkengaku 文献学 *s* filologia.
bunki 分岐 *s* bifurcação.
bunkiki 分岐器 *s Ferrov* desvio.
bunkiten 分岐点 *s* ponto da ramificação, encruzilhada.
bunko 文庫 *s* 1 depósito para guardar documentos. 2 caixa para papéis e revistas.
bunkō 分校 *s* escola filial.
bunkō 分光 *s Fís* separação dos raios luminosos em espectros. ～*suru*, *v*: separar a luz em espectro.
bunkobon 文庫本 *s* livro de bolso.
bunkōjō 分工場 *s* filial de uma fábrica.
bunkōki 分光器 *s* espectrômetro.
bunkōshashin 分光写真 *s* espectrografia.
bunkotsu 分骨 *s* ossos cremados. ～*suru*, *v*: dividir os ossos cremados de um morto e depositá-los em dois ou mais lugares.
bunkyō 文教 *s* educação, cultura. *V* **bunka** 文化. ～の府 ～*no fu*: centro educacional, Ministério da Educação.
bunkyōjō 分教場 *s* filial de uma escola [geralmente de uma escola de ensino fundamental ou médio].
bunkyoku 分極 *s Eletr* polarização. ～化する ～*ka suru*: polarizar.
bunmawashi ぶん回し *s pop* compasso.
bunmei 文明 *s* civilização. ～国民 ～*kokumin*: povo civilizado.
bunmei 文名 *s* fama como escritor.
bunmei 分明 *s* clareza, nitidez. ～な, *adj*: claro, nítido, distinto.
bunmen 文面 *s* assunto tratado num texto ou redação. 手紙の～によれば *tegami no* ～ *ni yoreba*: de acordo com o propósito da carta.
bunmyaku 文脈 *s* linha de pensamento de um texto, contexto.
bunnaguru ぶん殴る *v vulg* socar, bater com força.
bunnō 分納 *s* pagamento em parcelas; entrega [de mercadorias] em partes.
bunpa 分派 *s* grupo formado dentro de um grupo central, facção.
bunpai 分配 *s* 1 divisão, distribuição. 2 divisão de rendimentos.
bunpitsu 文筆 *s* arte de escrever textos e poemas. ～家 ～*ka*: escritor.
bunpitsu 分筆 *s* divisão de um terreno ou gleba em vários lotes.
bunpitsu 分泌 *s Bot* e *Zool* secreção.
bunpitsugyō 文筆業 *s* profissão de literato.
bunpō 文法 *s* gramática. ～家 ～*ka*: gramático. ～的 ～*teki*: gramatical(mente).
bunpō 分封 *s* 1 divisão e cessão de parte de um feudo. 2 mudança de um enxame junto com a rainha, para a construção de uma nova colmeia.
bunpu 分布 *s* divisão e distribuição. 人口の～ *jinkō no* ～: distribuição da população.
bunpukajū 分布荷重 *s* carga distribuída.

bunrei 文例 *s* exemplo, modelo de texto.
bunretsu 分裂 *s* ruptura, desmembramento, desintegração, segmentação.
bunretsukōshin 分列行進 *s* marcha em coluna.
bunretsushiki 分列式 *s* desfile.
bunri 文理 *s* 1 contexto. 2 designativo abreviado dos departamentos de Letras e Ciências das universidades.
bunri 分離 *s* separação, segregação, divisão.
bunritsu 分立 *s* separação, independência. 三権～ *sanken*～: separação dos Três Poderes (Legislativo, Executivo e Judiciário).
bunrui 分類 *s* classificação.
bunruigaku 分類学 *s* taxologia [estudo das classificações sistemáticas].
bunryō 分量 *s* quantidade, dose, medida.
bunryoku 分力 *s Fís* componente de uma força.
bunryū 分流 *s* 1 ramificação de uma corrente. 2 ramo, seita.
bunryū 分溜[留] *s Quím* destilação parcial, fracionada.
bunsai 文才 *s* habilidade em escrever textos literários.
bunsai 文彩 *s* enfeites literários, figuras de linguagem.
bunsan 分散 *s* dispersão. ～*suru*, *v*: dispersar, espalhar.
bunsatsu 分冊 *s* fascículo.
bunsei 文政 *s* administração educacional, política e cultural.
bunseki 分析 *s* análise.
bunseki 文責 *s* responsabilidade pelo texto escrito.
bunsekigaku 分析学 *s* analítica.
bunsekishiken 分析試験 *s* exame, teste, prova.
bunsen 文選 *s* trabalho de seleção de tipos (letras) em tipografia.
bunsetsu 文節 *s Gram* sistema da gramática da Língua Japonesa em que se faz a divisão da frase em blocos, sem tirar-lhe o significado.
bunshi 文士 *s* literato.
bunshi 分子 *s* 1 *Fís* e *Quím* molécula, elemento. 2 *Mat* numerador.
bunshi 分枝 *s Bot* ramificação dos galhos de uma planta.
bunshi 分詞 *s Gram* particípio. 現在・過去～ *genzai/kako* ～: particípio presente/passado.
bunshin 分身 *s* 1 *arc* parto. 2 *alter ego*.
bunshitsu 分室 *s* sala anexa.
bunsho 文書 *s* texto escrito, documento.
bunsho 分署 *s* subposto de um serviço público.
bunshō 文相 *s abrev* de 文部大臣 *monbu daijin*: ministro da Educação.
bunshō 文章 *s* texto, composição, redação.
bunshō 分掌 *s* divisão de obrigações (tarefas).
bunshōka 文章家 *s* escritor.
bunshoku 文飾 *s* estilo enfeitado.
bunshū 文集 *s* coletânea de textos e poemas.
bunshuku 分宿 *s* 1 ato de hospedar grupos de pessoas em vários lugares. 2 ato de alojar-se em quartéis. ～*suru*, *v*: dividir um grupo de pessoas, hospedando-as em vários lugares.
bunsū 分数 *s Mat* fração, número fracional. ～*no*: fracional. ～式 ～*shiki*: expressão fracional.
bunsui 分水 *s* defluente. (水道の)～栓 (*suidō no*) ～*sen*: registro de água.

bunsuikai [rei] 分水界[嶺] *s* divisor de águas.
buntai 文体 *s* estilo (literário), linguagem. 〜論 〜*ron*: estilística.
buntai 分隊 *s* pelotão (Exército), divisão (Marinha), destacamento.
buntan 分担 *s* divisão de encargo. 〜*suru*, *v*: dividir (tarefas, serviços, despesas ou gastos).
buntatsu 聞達 *s* fama, reputação, distinção.
bunten 文典 *s* livro de gramática.
bunten 分店 *s* loja filial.
bunten 分点 *s Astr* equinócio, ponto vernal (equinócio da primavera) ou de Libra (equinócio do outono).
buntō 分党 *s* separação, secessão, cisão (de partido político). 〜派 〜*ha*: separatistas.
buntsū 文通 *s* correspondência, troca de cartas. 〜*suru*, *v*: trocar correspondência.
bun'ya 分野 *s* campo, esfera, área.
bun'ya ぶん屋 *s gír* jornalista.
bun'yo 分与 *s* distribuição, partilha, dote. 〜*suru*, *v*: dividir, partilhar.
bun'yū 分有 *s* posse de uma porção, partilha. 〜*suru*, *v*: possuir uma parte, partilhar.
bunzai 分際 *s* posição, *status*, condição.
buonna 醜女 *s* feiosa.
buotoko 醜男 *s* feioso.
buppanasu ぶっ放す *v vulg* atirar, disparar (com arma de fogo).
buppin 物品 *s* artigo, objeto, mercadoria, produto, *commodity*.
buppinzei 物品税 *s* imposto sobre mercadorias.
buppō 仏法 *s* budismo. *Sin* **bukkyō** 仏教.
burabura ぶらぶら *mim* **1** movimento de balangar. 〜*suru*, *v*: balançar. **2** あてどなく *atedo naku*: sem rumo, à toa. 〜歩く 〜 *aruku*: vaguear, perambular. **3** 無為に *mui ni*: ociosamente, ineficientemente, inutilmente. 〜過ごす 〜 *sugosu*: viver à toa, ociosamente.
burai 無頼 *s* ocioso, inútil, vagabundo. 〜の少年 〜*no shōnen*: delinquente juvenil.
buraikan 無頼漢 *s* vagabundo, inútil, ocioso.
buraindo ブラインド (*ingl blind*) *s* veneziana, cortina.
burakkurisuto ブラックリスト (*ingl blacklist*) *s* lista negra.
buraku 部落 *s* vilarejo.
buran ぶらん *mim* 〜と 〜*to*: pendurado, solto, caído, largado.
burandē ブランデー (*ingl brandy*) *s* brande.
buranko ブランコ (*port balanço*) *s* balanço, balouço.
buranku ブランク (*ingl blank*) *s* espaço vazio, lacuna.
burariburari ぶらりぶらり *adv* **1** ぶらっと *buratto*, あてもなく *ate mo naku*, ぶらりと *burari to*: à toa, sem rumo. **2** ゆっくりと *yukkuri to*: vagarosamente, calmamente.
burari to ぶらりと *adv* **1** pendurado, solto, caído, largado. **2** あてもなく *ate mo naku*: sem rumo, à toa, casualmente.
burasagaru ぶら下がる *v* pendurar-se, depender-se.
burasageru ぶら下げる *v* つるす *tsurusu*: pendurar, suspender. さげて持つ *sagete motsu*: carregar, levar, trazer consigo.

burashi ブラシ (*ingl brush*) *s* escova.
buratsuku ぶらつく *v* **1** balançar, oscilar, vagar. **2** ぶらぶら歩く *bura bura aruku*: andar à toa, sem rumo. **3** うろつく *urotsuku*: vaguear.
buraunkan ブラウン管 (do físico alemão Karl Ferdinand Braun) *s* tubo de raios catódicos (de televisão).
burausu ブラウス (*ingl blouse*) *s* blusa.
bure 振れ *s* oscilação, desvio.
bure ぶれ *s Fot* tremulação involuntária da máquina fotográfica ao tirar uma foto. 手〜 *te* 〜: tremulação involuntária das mãos ao tirar uma foto. この写真は少し〜がある *kono shashin wa sukoshi* 〜*ga aru*: esta foto saiu um pouco tremida.
burei 無礼 *s* 非礼 *hirei*: impolidez, desrespeito, indecoro, descortesia, incivilidade. 不遜 *fuson*: insolência, impertinência. 侮辱 *bujoku*: insulto, afronta. 〜*na, adj*: impolido, desrespeitoso, indecoroso, descortês, rude, insolente, impertinente.
bureikō 無礼講 *s* festa informal, sem cerimônias. 〜で 〜*de*: sem cerimônias, informal. 〜にしよう 〜*ni shiyō*: sem formalidades, sem cerimônias.
burēki ブレーキ (*ingl brake*) *s* breque. 〜をかける 〜*o kakeru*, *v*: brecar, pisar no breque. 〜がきかない 〜*ga kikanai*: o breque não funciona.
bureru ぶれる *v Fot* tremer. カメラがぶれた *kamera ga bureta*: a máquina fotográfica tremeu.
buri 鰤 *s Ictiol* olho-de-boi, arabaiana, olhete (*Seriola quinqueradiata*).
-buri -振り *suf* **1** 時の経過 *toki no keika*: 五年〜 *gonen*〜: há cinco anos, depois de cinco anos. **2** 分量 *bunryō*: para. 一週間〜の食料 *isshūkan*〜 *no shokuryō*: alimento para uma semana. **3** 様子 *yōsu*: jeito, maneira, modo, estilo. 話〜 *hanashi*〜: jeito de falar. 知ったか〜で *shitta ka*〜*de*: com ar de quem conhece o assunto.
burijji ブリッジ (*ingl bridge*) *s* **1** 橋 *hashi*: ponte, viaduto. **2** 歯科 *shika*: ponte, prótese dentária. **3** トランプ *toranpu*: bridge. **4** レスリング *resuringu*: ponte.
burikaeshi ぶり返し *s* recaída, reincidência.
burikaesu ぶり返す *v* recair, reincidir.
buriki ブリキ (*hol blik*) *s* chapa de ferro estanhada, folha de flandres.
burōchi ブローチ (*ingl brooch*) *s* broche, *button*.
burōkā ブローカー (*ingl broker*) *s* corretor, agente, intermediário. 〜手数料 〜*tesūryō*: corretagem, comissão.
burokku ブロック (*ingl block*) *s* **1** 街区 *gaiku*: bloco. **2** *Constr* bloco de cimento. **3** 同盟 *dōmei*: bloco. 〜経済 〜*keizai*: bloco econômico. **4** *jogos* bloqueio.
burondo ブロンド (*ingl blond*) *s* loiro, loira.
buru ぶる *v* 気取る *kidoru*: vangloriar-se, ufanar-se, fazer pose.
-buru -ぶる *suf* てらう *terau*: fazer pose, bancar, fingir, simular.
buruburu ぶるぶる *adv* ficar tremendo, trêmulo, tremelicante.
burudoggu ブルドッグ (*ingl bulldog*) *s* buldogue.
burudōzā ブルドーザー (*ingl bulldozer*) *s* trator, buldôzer.
burui 部類 *s* classe, categoria, divisão, ordem, grupo.

burujoa ブルジョア (fr bourgeois) s 個人 kojin: burguês. 階級 kaikyū: burguesia.
buryaku 武略 s estratégia de guerra, estratégia militar.
buryō 無聊 s tédio, aborrecimento, fastio, desgosto.
buryoku 武力 s força militar, força armada.
busahō 無作法 s irreverência, indecoro, ausência de boas maneiras.
busaiku 不細工 s 不手際 futegiwa: desajeitado, bronco. ～na, adj: desastrado, bronco. 不器量 bukiryō: desajeitado, bronco, tosco.
busata 無沙汰 s たよりをしないこと tayori o shinai koto: silêncio, falta de comunicação, não dar notícias, ausência. ～suru, v: ausentar-se, não se comunicar.
bushi 武士 s samurai, guerreiro. ～の面目にかけて ～no menboku ni kakete: pela honra do samurai.
bushidō 武士道 s código de ética dos samurais (da classe guerreira japonesa).
bushitsuke 不躾 s 無作法 busahō: impolidez, falta de educação. ～na, adj: desrespeitoso, impolido. 出過ぎる desugiru: audaz, ousado.
busho 部署 s posto, departamento.
bushō 不精・無精 s indolência, desleixo, ociosidade. ～na, adj: indolente, ocioso.
bushō 武将 s general, comandante.
bushōhige 無精髭 s barba por fazer, barba não feita.
bushōmono 無精者 s indivíduo negligente, ocioso.
bushu 部首 s radical (parte constitutiva comum na divisão e classificação dos ideogramas).
bushugi 不祝儀 s infortúnio, desgraça, fatalidade.
busō 武装 s 国の kuni no: armamento. 兵士の heishi no: equipamento. ～解除 ～kaijo: desarmamento, desmilitarização. ～suru, v: armar, equipar.
busōka 武装化 s militarização.
bussaku ぶっ裂く v pop (forma enfática de 裂く saku): rasgar, cortar, retalhar.
bussan 仏参 s visita ao templo budista. ～suru, v: visitar um templo budista.
bussan 物産 s produto.
bussei 物性 s Fís propriedade da matéria, propriedade física.
busseki 仏跡 s local sagrado para o budismo.
bussetsu 仏説 s ensinamentos budistas, doutrina budista.
busshari 仏舎利 s restos mortais de Sakyamuni.
busshi 仏師 s escultor de imagens budistas.
busshi 物資 s material, *commodities*, recursos.
busshiki 仏式 s ritual budista, cerimônia budista.
busshin 仏心 s misericórdia budista.
busshin 物心 s matéria e espírito, matéria e sentimento.
busshitsu 物質 s matéria, substância, material.
busshitsushugi 物質主義 s materialismo. ～者 ～sha: materialista.
busshitsutaisha 物質代謝 s Biol metabolismo.
busshitsuteki 物質的 adj material, materialístico. ～na, adj: material, físico.
bussho 仏書 s escritura budista, literatura budista.
busshō 仏性 s natureza búdica.
busshō 物象 s 事物 jibutsu: objeto. 現象 genshō: fenômeno. 教科 kyōka: ciência da natureza inanimada.
busshō 物証 s prova, evidência real.
busshoku 物色 s seletividade, escolha. ～suru, v:

探す sagasu: procurar, buscar. 選ぶ erabu: escolher, selecionar, pegar. ～買 ～gai: compra seletiva.
busso 仏祖 s fundador do budismo.
bussō 仏葬 s funeral budista.
bussō 物騒 ～na, adj: 世間が騒がしい seken ga sawagashii: conturbado, confuso, alvoroçado. 危険 kiken: perigoso, arriscado.
busu ぶす s pop mulher feia.
busū 部数 s 冊数 sassu: quantidade de cópias. 発圧 ～hakkō～: tiragem, circulação, edição.
busubusu ぶすぶす mim ～いう ～iu: reclamar, lamuriar. ～燃える ～moeru: queimar soltando fumaça.
busui 無(不)粋 s deselegância, falta de requinte. ～na, adj: deselegante.
busutto ぶすっと adv pop 1 com raiva. 2 de uma só vez.
buta 豚 s Zool porco.
butabako 豚箱 s vulg cadeia, cela, prisão.
butagoya 豚小屋 s chiqueiro.
butai 部隊 s unidade militar, corpo, destacamento, tropa.
butai 舞台 s palco, cenário, local de atuação.
butaidokyō 舞台度胸 s presença de palco.
butaigeiko 舞台稽古 s ensaio, prova.
butaikantoku 舞台監督 s direção de palco, diretor de palco.
butaisōchi 舞台装置 s dispositivos de palco, incluindo-se sonoplastia, iluminação etc.
butaiura 舞台裏 s bastidor.
butaniku 豚肉 s carne de porco, carne suína.
butchōzura 仏頂面 s vulg cara de zangado, mal-humorado.
butō 舞踏 s dança.
butōkai 舞踏会 s reunião de dança, apresentação de dança, baile.
butsu 打(撲)つ v dial 1 殴る naguru: bater, esmurrar. 2 演説を～ enzetsu o ～: discursar.
Butsu 仏 s Buda. 仏教 bukkyō: budismo.
butsubutsu ぶつぶつ adv 1 たぎる様 tagiru sama: estar borbulhando, cozinhando. 2 多く粒だっている様 ōku tsubudatte iru sama: empipocado, com bolinhas. 3 不平を言う fuhei o iu: lamuriar-se, queixar-se, reclamar.
butsubutsukōkan 物々交換 s troca de objetos, mercadorias, artigos, permuta, escambo.
Butsuda 仏陀 s Buda.
butsudan 仏壇 s oratório budista familiar.
butsuden 仏殿 s pavilhão budista.
butsudō 仏堂 s templo budista.
butsudō 仏道 s ensinamento búdico, doutrina budista, budismo.
butsue 仏会 s preito à memória dos falecidos, encontro para pregar os ensinamentos de Buda.
butsuen 仏縁 s providência de Buda, afinidade com Buda.
butsuga 仏画 s pintura budista, desenho budista.
butsugaku 仏学 s budismo, estudo budista.
butsugi 物議 s crítica da sociedade, comentário, opinião pública.
butsugiri ぶつ切り s pop corte dos alimentos em partes grandes e espessas. ～にする ～ ni suru: cortar em pedaços grandes.
butsugo 仏語 s termo budista.

butsugu 仏具 s utensílios, artigos, acessórios usados em altar budista.

butsuji 仏事 s ofício religioso budista em memória dos mortos.

butsujō 物情 s 1 aspecto, situação ou natureza da coisa ou do fato. 2 aspecto da sociedade, sentimento popular. 〜騒然 〜sōzen: sentimento tumultuado do povo.

butsujōtanpo 物上担保 s Jur caução real, garantia real.

butsukaru ぶつかる v 1 当たる ataru: bater, atingir, ir de encontro. 衝突する shōtotsu suru: colidir, bater. 2 出くわす dekuwasu: encontrar, defrontar. 見つかる mitsukaru: encontrar. 当面する tōmen suru: deparar, topar.

butsukeru ぶつける v 1 投げつける nagetsukeru: arremessar, lançar, jogar. 2 打ち付ける uchitsukeru: bater, atingir, ir de encontro.

butsukō 物交 s troca, permuta. 〜suru, v: trocar, permutar.

butsuma 仏間 s sala do altar budista.

butsumetsu 仏滅 s 1 仏の死 Hotoke no shi: morte de Buda. 2 凶日 kyōjitsu: dia de azar, de mau agouro.

butsumon 仏門 s 1 ensinamento de Buda. 2 〜に入る 〜ni hairu: conversão ao budismo.

butsunō 物納 s pagamento com objetos. 〜suru, v: pagar com objetos.

butsuon 仏恩 s bênção, graça budista.

butsuri 物理 s 1 物の道理 mono no dōri: leis da natureza, leis físicas. 2 物理学 butsurigaku, Fís: 〜観 〜kan: visão material do Universo.

butsurigaku 物理学 s física, ciências físicas. 実験〜 jikken〜 física experimental. 〜者 〜sha: físico.

butsurikagaku 物理化学 s físico-química. 物理と化学 butsuri to kagaku: física e química.

butsuriryōhō 物理療法 s fisioterapia. 〜家 〜ka: fisioterapeuta.

butsuriteki 物理的 adj físico, material. 〜性質 〜seishitsu: propriedades físicas.

butsuryō 物量 s quantidade de recursos materiais.

butsuyoku 物欲 s cobiça.

butsuzei 物税 s imposto real, taxa.

butsuzen 仏前 s presença de Buda, diante de Buda.

butsuzō 仏像 s imagem de Buda, imagem budista.

buttagiru ぶった切る s vulg cortar.

buttai 物体 s corpo, substância sólida, objeto.

buttakuri ぶったくり s possessão à força. 強盗 gōtō: roubo. 料金をぼること ryōkin o boru koto: extorsão, peculato, sobretaxa.

buttakuru ぶったくる v vulg roubar, extorquir, sobretaxar.

buttaoreru ぶっ倒れる v vulg cair, tombar. Sin **taoreru** 倒れる.

buttaosu ぶっ倒す v vulg derrubar, nocautear. Sin **taosu** 倒す.

butteki 物的 adj material, físico.

butten 仏典 s 書物 shomotsu: literatura budista. 経本 kyōhon: sutras budistas.

butto 仏徒 s budista, adepto do budismo.

buttobasu ぶっ飛ばす v pop 放つ hanatsu: sair correndo, voando. 撲る naguru: esmurrar, bater.

buttōshi ぶっ通し s pop contínuo, sem parar. 〜に 〜ni: sem parar, continuamente, o tempo todo.

buttōsu ぶっ通す v pop fazer passar. Sin **tōsu** 通[徹・透]す.

buttsukehonban ぶっつけ本番 s improviso.

buttsuke ni ぶっつけに adv pop 突然 totsuzen: de repente, sem aviso, de improviso. あけすけに akesuke ni: abertamente, sem rodeios. じかに jika ni: diretamente, pessoalmente. 最初に saisho ni: logo de início.

buttsukeru ぶっつける v pop bater, lançar.

buttsuzuke ぶっ続け s pop contínuo, ininterrupto.

buun 武運 s sorte da guerra ou do guerreiro. 〜長久 〜chōkyū: continuidade da sorte no combate.

buwari 歩割 s razão, índice, proporção.

buyaku 賦(夫)役 s arc serviço compulsório.

buyo 蚋 s Entom maruim, mosquito-pólvora.

buyō 舞踊 s dança. 〜団 〜dan: corpo de bailado.

buyobuyo ぶよぶよ adv e mim flácido, mole.

buyōjin 不用心 s 1 危険 kiken: perigo. 〜na, adj: perigoso, inseguro. 2 不用意 fuyōi: imprudência, falta de cuidado, falta de preparo. 〜na, adj: imprudente, despreparado.

buyū 武勇 s bravura.

buyūden 武勇伝 s romance heróico. 伝記 denki: biografia de um herói.

buzā ブザー (ingl buzzer) s buzina, campainha.

buzama 無(不)様 s informidade, deformidade, deselegância, desalinho. 〜na, adj: informe, disforme, deselegante, desalinhado.

buzatsu 蕪雑 s rudeza, grosseria. 〜na, adj: tosco, rude, grosseiro.

buzei 無勢 s pequeno número de pessoas ou soldados.

buzen 憮然 adj desapontado, surpreso, perplexo.

buzoku 部族 s tribo, gente.

byakko 白狐 s raposa branca.

byakudan 白檀 s Bot sândalo (Santalum album).

byakue(i) 白衣 s traje branco.

byō 秒 s segundo (unidade de medida de tempo e ângulo).

byō 廟 s 陵 ryō: mausoléu. 社 yashiro: santuário. 朝廷 chōtei: corte.

byō 鋲 s rebite.

byōbō 渺茫 adj vasto, amplo.

byōbotsu 病歿[没] s falecimento por doença.

byōbu 屏風 s biombo.

byōbyō 眇々 adj insignificante.

byōchi 錨地 s ancoradouro.

byōchū 病中 s em estado doentio, doente, enfermo.

byōchūgai 病虫害 s Agron danos causados pelas pragas.

byōdō 平等 s igualdade, imparcialidade.

byōdō 廟堂 s 1 朝廷 chōtei: corte. 2 内閣 naikaku: gabinete.

byōdoku 病毒 s agente causador de doença, vírus. 〜保有者 〜hoyūsha: portador do vírus. 〜に感染する 〜ni kansen suru: ser infectado. 〜を伝播する 〜o denpa suru: disseminar o vírus.

byōga 病臥 s ficar acamado.

byōga 描画 s desenho, pintura.

byōgai 病害 s praga, dano causado por doença.

byōgen 病原 s Med origem ou causa da doença, causa etiológica.

byōgenkin 病原菌 s germes patogênicos.

byōgentai 病原体 s organismo patogênico.

byōgi 廟議 s assembleia da corte.

byōgo 病後 *s* convalescença.
byōhaku 錨泊 *s* ancoragem, ancoradouro, amarra.
byōhei 病兵 *s* soldado doente, soldado inválido.
byōhei 病弊 *s* empecilho, estorvo.
byōhen 病変 *s* mudança para um estado de morbidez.
byōin 病院 *s* hospital, enfermaria.
byōin 病因 *s* causa da doença, causa etiológica. 病理 *byōri*: patogenia, patologia.
byōjaku 病弱 *s* doente, débil. ~*na*, *adj*: doentio, débil.
byōjime 鋲締め *s* rebitadeira.
byōjō 病状 *s* estado da doença, situação da doença.
byōjoku 病褥 *s* leito de enfermidade.
byōkan 病患 *s* doença, enfermidade, moléstia.
byōken 病犬 *s* cachorro doente.
byōketsu 病欠 *s* falta, ausência por doença.
byōki 病気 *s* **1** 一般に *ippan ni*: doença, enfermidade, moléstia, afetação. 軽症の *keishō no*: indisposição. 局部的 *kyokubuteki*: problema, distúrbio, anormalidade. **2** 弱点 *jakuten*: falha, fraqueza. 嗜癖 *shiheki*: mania, gosto exagerado por algo.
byōkikyūka 病気休暇 *s* descanso por doença.
byōkimimai 病気見舞い *s* visita a alguém doente.
byōkin 病菌 *s* agente patogênico. *Sin* **byōgenkin** 病原菌.
byōku 病苦 *s* sofrimento por doença.
byōku 病く *s* corpo enfermo, doentio.
byōma 病魔 *s* deidade causadora de doença.
byōmei 病名 *s* nome da doença.
byōnin 病人 *s* doente, enfermo, inválido, paciente.
byōrei 病例 *s* casos (de doenças).
byōreki 病歴 *s* histórico de doenças, de casos clínicos.

byōrigaku 病理学 *s* patologia. ~者 ~*sha*: patologista.
byōrikaibōgaku 病理解剖学 *s* anatomopatologia.
byōsei 病勢 *s* estado, condição ou situação da doença.
byōsha 描写 *s* descrição, retrato, desenho, representação. ~*suru*, *v*: descrever, retratar, desenhar, representar.
byōsha 病舎 *s* enfermaria, ala do hospital. 隔離~ *kakuri~*: hospital de isolamento.
byōshi 病死 *s* morte por doença. ~*suru*, *v*: morrer por doença.
byōshin 秒針 *s* ponteiro de segundos do relógio.
byōshin 病身 *s* constituição doentia, frágil.
byōshitsu 病室 *s* quarto de hospital, enfermaria.
byōshō 病床 *s* cama de doente. ~にふす ~*ni fusu*: ficar de cama.
byōshō 病症 *s* sintoma da doença, natureza da doença.
byōshōnisshi 病床日誌 *s* diário, registro, relatório clínico.
byōsō 病巣 *s Med* foco, lesão.
byōsoku 秒速 *s* velocidade por segundo.
byōsui 病衰 *s* enfraquecimento por doença.
byōtai 病態 *s* estado da doença, situação da enfermidade.
byōteki 病的 *adj* ~*na*: doentio, enfermo.
byōtō 病棟 *s* prédio ou ala hospitalar.
byōuchi 鋲打ち *v* rebitar, colocar rebite.
byōyomi 秒読み s contagem regressiva em segundos.
byūbyū びゅうびゅう *onom* som produzido pelo vento, zunir.
byūsetsu 謬説 *s* 謬見 *byūken*: falácia, opinião falsa. 誤報・誤伝 *gohō/goden*: notícia falaciosa.

C

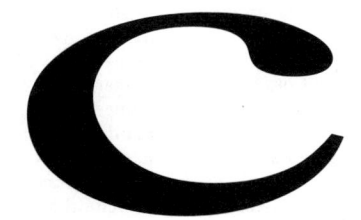

cha 茶 *s* **1** chá, folha de chá, infusão feita dessa planta. **2** reunião na qual se serve o chá; chá da tarde. **3** お〜を濁す *o〜o nigosu*: turvar o chá; salvar as aparências.
chaban 茶番 *s* **1** farsa, comédia. 〜役者 〜*yakusha*: comediante. **2** 〜をやる 〜*o yaru*, *v*: encenar uma farsa.
chabanashi 茶話 *s* bate-papo à mesa de chá; conversa amigável e despretensiosa. 〜*o suru*, *v*: conversar na hora do chá.
chabankyōgen 茶番狂言 *s* farsa, representação cômica, burlesca.
chabashira 茶柱 *s* pedacinho de caule de chá. 〜が立つ 〜*ga tatsu*, *v*: o fato de o caule de chá ficar boiando verticalmente na xícara (indício de sorte).
chabatake 茶畑[畠] *s* plantação de chá.
chabin 茶瓶 *s* bule de chá, chaleira. 〜しき 〜*shiki*: porta-chaleira.
chabon 茶盆 *s* bandeja para servir chá.
chabōzu 茶坊主 *s* nas eras Muromachi e Edo, servidores, geralmente de cabeça raspada, que faziam o serviço de chá junto aos samurais.
chabudai ちゃぶ台 *s* mesa baixa para refeição.
chabuya ちゃぶ屋 *s* casa de refeições que servia aos estrangeiros nas cidades portuárias de Yokohama e Kobe no começo da era Meiji.
chacha 茶々 *s* interrupção. 〜を入れる 〜*o ireru*, *v*: atrapalhar, interromper uma conversa.
chachi ちゃち *adj* 〜*na*: barato, modesto.
chadachi 茶断ち *s* abstinência de chá. 〜*suru*, *v*: abster-se de chá fazendo promessa.
chadai 茶代 *s* **1** pagamento pelo chá. **2** gorjeta, gratificação.
chadana 茶棚 *s* prateleira de preparo do chá.
chadansu 茶箪笥 *s* armário para os utensílios do chá.
chadō 茶道 *s* cerimônia do chá, arte da cerimônia do chá.
chadōgu 茶道具 *s* petrechos para a cerimônia do chá.
chadokoro 茶所 *s* terra do chá, local produtor de chá.
chaen 茶園 *s* plantação de chá.
chagakatta 茶がかった *expr* amarronzado.
chagama 茶釜 *s* chaleira usada na cerimônia do chá.
chagara 茶殻 *s* restos das folhas de chá usadas na infusão.
chagashi 茶菓子 *s* doce que serve de acompanhamento para o chá.
chagyō 茶業 *s* ramo de produção e industrialização do chá; comercialização do chá.
chāhan 炒飯 *s Cul* prato de origem chinesa, preparado com arroz refogado em óleo, comumente conhecido como *yakimeshi* 焼き飯.
chaimu チャイム (*ingl chime*) *s* **1** sino de igreja. **2** campainha de porta.
chaire 茶入れ *s* vasilhame onde se coloca o chá.
chairo 茶色 *s* marrom.
chajin 茶人 *s* **1** mestre de cerimônia do chá, pessoa versada na cerimônia do chá. **2** pessoa de fino trato.
chaka 茶菓 *s* chá e doce.
chakai 茶会 *s* cerimônia do chá.
chakasshoku 茶褐色 *s* marrom-escuro.
chakasu 茶化す *v* gracejar, escarnecer, zombar.
chaki 茶気 *s* **1** conhecimento do espírito da cerimônia do chá. **2** pessoa desapegada das coisas mundanas.
chaki 茶器 *s* petrechos da cerimônia do chá.
chakichaki ちゃきちゃき *s* genuíno, puro, autêntico. 江戸っ子の〜 *edokko no 〜*: genuíno homem de Edo.
chakiki 茶利き *s* apreciador de chá; apreciação de chá.
chakin 茶巾 *s* pano usado para limpar a tigela na cerimônia do chá.
chakka 着荷 *s* chegada de bagagem ou mercadoria. *Sin* **chakuni** 着荷.
chakkan 着艦 *s* chegada no navio de guerra, aterrissagem do avião no navio de guerra.
chakkari ちゃっかり *adv* 〜した 〜*shita*: esperto, firme, atento.
chakken 着剣 *s* colocação de baioneta.
chakkō 着工 *s* início de obra ou operação. 〜*suru*, *v*: iniciar a obra.
chakkō 着港 *s* chegada do navio ao porto, atracação. 〜*suru*, *v*: atracar.
chakku チャック (*ingl chuck*) *s* **1** placa de torno, mandril. **2** zíper.
chakoshi 茶漉 *s* coador de chá.
chaku 着[著] *s* chegar. 最近〜の *saikin 〜no*: recém-chegado. 東京〜の電車 *Tōkyō 〜no densha*: trem que chega em Tóquio. *V* **tōchaku** 到着.

-chaku -着[著] *suf* **1** 第一着 *daiitchaku*: primeiro colocado, primeiro lugar. **2** um par, um conjunto.

chakuchaku to 着々と *adv* firmemente, progressivamente, a passos firmes.

chakuchi 着地 *s* Ginást saída (do aparelho).

chakudan 着弾 *s* impacto (de míssel etc.). ～地点 ～*chiten*: área de impacto. ～距離 ～*kyori*: alcance.

chakuden 着電 *s* chegada de um telegrama, telegrama recebido.

chakueki 着駅 *s* estação de chegada, estação de destino.

chakufuku 着服 *s* **1** o ato de vestir a roupa. ～*suru*, *v*: vestir-se. **2** desfalque, extravio, fraude.

chakugan 着眼 *s* percepção, observação. ～*suru*, *v*: notar, perceber.

chakuganten 着眼点 *s* ponto principal, ponto a ser observado.

chakuhatsu 着発 *s* chegada e partida.

chakuhyō 着氷 *s* formação de gelo na superfície de objetos.

chakui 着衣 *s* colocação da veste ou roupa.

chakui 着意 *s* ideia, concepção, cuidado.

chakujitsu 着実 *s* firmeza, estabilidade, constância. ～*na*, *adj*: firme, estável, constante, fiel. ～な考え ～*na kangae*: pensamento sólido, firme. ～な商人 ～*na shōnin*: comerciante confiável. ～な進歩 ～*na shinpo*: avanço firme. ～に ～*ni*, *adv*: firmemente, constantemente, fielmente.

chakumoku 着目 *s* percepção, observação.

chakunan 嫡男 *s* primogênito legítimo.

chakune 着値 *s* preço, CIF (custo, seguro e frete).

chakuni 着荷 *s* chegada, recebimento. ～渡し(払い) ～*watashi*(*harai*): pagamento na entrega.

chakunin 着任 *s* assunção de posto. ～*suru*, *v*: tomar posse, assumir o posto.

chakuriku 着陸 *s* aterrissagem. 無～飛行 *mu*～*hikō*: voo direto, sem escalas. ～*suru*, *v*: aterrissar.

chakurikuchi 着陸地 *s* local de aterrissagem.

chakurikusōchi 着陸装置 *s* mecanismo de aterrissagem. 引き込み式～ *hikikomishiki*～: mecanismo de aterrissagem retrátil.

chakuryū 嫡流 *s* descendência direta, linhagem da primogenitura.

chakuseki 着席 *s* ato de tomar assento. ～券 ～*ken*: assento reservado. ～*suru*, *v*: sentar-se.

chakusen 着船 *s* chegada do navio ao porto (ou o navio que chegou).

chakusha 着車 *s* chegada do trem. ～*suru*, *v*: chegar.

chakushi 嫡子 *s* filho(a) legítimo(a).

chakushin 着信 *s* chegada de uma mensagem.

chakushoku 着色 *s* coloração. ～電球 ～*denkyū*: lâmpada colorida. ～刷り ～*zuri*: impressão em cores. ～石版刷り ～*sekibanzuri*: cromolitografia.

chakushu 着手 *s* início, começo. ～金 ～*kin*: depósito, sinal, entrada. ～*suru*, *v*: iniciar, começar.

chakushutsu 嫡出 *s* filiação, descendência legítima. ～子 ～*shi*: filho legítimo.

chakusō 着想 *s* ideia, concepção.

chakuson 嫡孫 *s* neto legítimo.

chakusui 着水 *s* Aeron pouso na superfície da água. ～*suru*, *v*: pousar na água.

chakutai 着帯 *s* colocação da faixa abdominal no quinto mês de gestação. ～式 ～*shiki*: cerimônia de colocação da faixa.

chakuyō 着用 *s* uso de indumentária. ～品 ～*hin*: vestuário, vestimenta. ～*suru*, *v*: vestir.

chakuza 着座 *s* sentar-se. *Sin* **chakuseki** 着席.

chame 茶目 *s* brincadeira, brincalhão.

chameru 茶目る *v* fazer brincadeira, brincar.

chameshi 茶飯 *s* arroz preparado com chá e sal.

chamise 茶店 *s* casa de chá.

chanbara ちゃんばら *s* luta com espadas. ～映画 ～*eiga*: filme de luta com espadas.

chanchanko ちゃんちゃんこ *s* quimono sem mangas, com enchimento, usado por crianças.

cha ni suru 茶にする *expr* gracejar, zombar.

chankoryōri [**nabe**] ちゃんこ料理[鍋] *s* culinária própria dos lutadores de sumô, cozido de grande valor nutritivo à base de peixe, carnes, legumes e verduras.

channeru チャンネル (*ingl channel*) *s* canal de televisão.

cha no ki 茶の木 *s* planta do chá.

cha no ma 茶の間 *s* sala de estar. 茶室 *chashitsu*: sala de chá.

chanomi 茶飲み *s* **1** apreciador de chá. **2** tigela para chá.

chanomibanashi 茶飲み話 *s* assuntos triviais; conversa só de momento.

chanomitomodachi 茶飲み友達 *s* companheiros de chá; casal de terceira idade.

cha no yu 茶の湯 *s* cerimônia do chá; arte da cerimônia do chá.

chanpon ちゃんぽん *s* **1** alternância. **2** mistura. ～に ～*ni*, *adv*: **1** alternadamente, um após o outro. **2** juntos. 酒とビールを～に飲む *sake to bīru o* ～*ni nomu*: tomar saquê e cerveja ao mesmo tempo.

chansu チャンス (*ingl chance*) *s* chance, oportunidade.

chanto ちゃんと *adv* **1** perfeitamente. **2** corretamente, com exatidão. **3** em segurança, sem problemas. **4** em ordem. **5** justo, na medida certa.

chappoi 茶っぽい *adj* amarronzado, acastanhado.

charachara ちゃらちゃら *onom* **1** som produzido pelo atrito entre pequenas peças de metal, tilintar. **2** falar futilidades sem parar.

charanporan ちゃらんぽらん *s pop* irresponsabilidade.

charyō 茶寮 *s* **1** casa de cerimônia do chá. **2** casa de chá, cafeteria.

chasaji 茶匙 *s* colher de chá.

chaseki 茶席 *s* cerimônia do chá.

chasen 茶筅 *s* batedor feito de bambu, usado na cerimônia do chá.

chashaku 茶杓 *s* colher própria para pegar o chá em pó usado na cerimônia do chá.

chashibu 茶渋 *s* borra de chá.

chashitsu 茶室 *s* sala de chá.

chashō 茶商 *s* **1** comerciante de chá. **2** loja de chá.

chātā チャーター (*ingl charter*) *s* fretamento, contrato ou aluguel de navio e avião; carta de fretamento.

chataku 茶托 *s* descanso para tigela de chá.

chatei 茶亭 *s* casa de chá.

chatsubo 茶壷 *s* pote de chá.

chatsumi 茶摘み *s* **1** colhedor de chá. **2** colheita de chá.

chauke 茶請け *s* acompanhamento para chá; doces em geral.

chausu 茶臼 *s* mó feita de pedra para moer folhas de chá.

chawa 茶話 *s* conversa amigável. 〜会 〜*kai*: reunião para tomar chá. *Sin* **chabanashi** 茶話.

chawan 茶碗 *s* **1** tigela para refeição. **2** tigela de chá.

chawanmushi 茶碗蒸し *s Cul* pudim salgado com tempero e recheio tipicamente japoneses.

chawanzake 茶碗酒 *s* tomar saquê em tigela.

chaya 茶屋 *s* **1** 茶商 *chashō*: comércio de chá. **2** comerciante de chá. **3** loja de chá. **4** casa de chá, restaurante tradicional japonês.

chayaasobi 茶屋遊び *s* diversão em restaurante tradicional japonês.

chayazake 茶屋酒 *s* saquê servido em restaurante tradicional japonês.

chazuke 茶漬け *s* arroz embebido em chá, servido em refeição simples.

chazutsu 茶筒 *s* recipiente onde se guarda chá.

chēn チェーン (*ingl chain*) *s* corrente.

chenji チェンジ (*ingl change*) *s Beis* mudança, troca, substituição.

chēnsutoa チェーンストア (*ingl chain store*) *s* rede de lojas.

chesu チェス (*ingl chess*) *s* jogo de xadrez.

chi 血 *s* **1** sangue. **2** linhagem, consangüinidade. **3** 〜も涙もない 〜*mo namida mo nai*: frio e insensível. 〜が通っている 〜*ga kayotteiru*: feito de carne e osso, humano.

chi 地 *s* **1** terra. **2** chão, terra firme. **3** solo. **4** local, ponto. **5** região, área. **6** território. **7** posição. 〜の果て 〜*no hate*: confins do mundo.

chi 知 *s* **1** senso. **2** conhecimento. **3** conhecido.

chi 治 *s* **1** paz. **2** governo, política.

chi 智 *s* **1** 智恵 *chie*: sabedoria. **2** 智力 *chiryoku*: inteligência, intelecto, senso.

chian 治安 *s* segurança pública, ordem pública.

chian'iji 治安維持 *s* manutenção da segurança pública. 〜法 〜*hō*: Lei de Segurança Pública.

chiatsu 地圧 *s* pressão do solo.

chibamu 血ばむ *v* manchar de sangue, banhar-se de sangue.

chiban 地番 *s* número do lote. *Sin* **banchi** 番地.

chibanare 乳離れ *s* desmame. 〜*suru*, *v*: desmamar.

chibashiru 血走る *v* ficar vermelho, irritado. 血走った目 *chibashitta me*: olhos vermelhos.

chibi ちび *s* **1** pequerrucho, pessoa pequena. **2** criança.

chibichibi ちびちび *adv* beber devagar, de pouco em pouco, em pequenas doses.

chibikko ちびっこ *s* pequeno, baixinho. *Sin* **chibi** ちび.

chibirichibiri ちびりちびり *adv* aos poucos. *Sin* **chibichibi** ちびちび.

chibiru 禿る *v* esgarçar, desgastar.

chibō 知[智]謀 *s* plano inteligente, recurso, artifício.

chiboshin 地母神 *s* divindade (deusa) da terra.

chibu 恥部 *s* partes íntimas, genitália.

chiburui 血振るい *s* **1** retirar o sangue (de uma espada). **2** vertigem puerperal.

chibusa 乳房 *s* mama, seio.

chibusu チブス (*al Typhus*) *s* tifo. *Sin* **chifusu** チフス.

chibutsu 地物 *s* tudo que há na superfície da Terra, seja natural ou criado pelo homem. *Mil* disfarce.

chichaku 遅着 *s* chegada com atraso. 〜*suru*, *v*: chegar atrasado.

chichi 父 *s* pai (do falante). *fig* 〜も〜なら、子も子だ. 〜*mo* 〜*nara, ko mo ko da*: tal pai, tal filho.

chichi 乳 *s* **1** leite. **2** mama, seio.

chichi 遅々 *adj* lânguido, vagaroso, demorado.

chichibanare 乳離れ *s* desmame.

chichikata 父方 *s* linhagem paterna.

chichikubi 乳首 *s* mamilo. *Sin* **chikubi** 乳首.

chichikuriau 乳繰り合う *v* encontro secreto para relações sexuais.

chichikusai 乳臭い *adj* **1** cheiro de leite. **2** que não desmama. **3** criança, pueril, infantil, imaturo.

chichi no hi 父の日 *s* dia dos pais.

chichioya 父親 *s* pai.

chichū 地中 *s* subterrâneo.

chidai 地代 *s* valor do arrendamento de terreno, preço de terreno. *Sin* **jidai** 地代.

chidarake 血だらけ *s* repleto de sangue.

chidaruma 血達磨 *s* sangue pelo corpo todo. 〜になる 〜*ni naru*: ficar coberto de sangue.

chido 弛度 *s* queda ou caimento da catenária.

chidome 血止め *s* hemóstase.

chidon 遅鈍 *s* imbecilidade, estupidez, embotamento, falta de esperteza. 〜*na, adj*: imbecil, estúpido, embotado.

chidori 千鳥 *s Ornit* tarambola, maçarico, ave do gênero *Charadrius*. *Arquit* ziguezague. 〜形に進む 〜*gata ni susumu*: avançar em zigue-zague.

chidoriashi 千鳥足 *s* passo cambaleante, andar titubeante. 〜で歩く 〜*de aruku*: andar em zigue-zague.

chidōsetsu 地動説 *s Astron* sistema heliocêntrico; teoria de Copérnico.

chie 知[智]恵 *s* sabedoria, inteligência, senso, sagacidade.

chiebukuro 知[智]恵袋 *s* cérebro, poço de conhecimento. 〜を絞る 〜*o shiboru*: forçar a inteligência.

chiekiken 地役権 *s Jur* servidão real.

chiekurabe 知[智]恵競べ *s* competição, disputa, prova de conhecimentos.

chiemake 知[智]恵負け *s* falha por confiar demais na própria inteligência. 〜*suru*, *v*: cometer erros por excesso de confiança na própria inteligência.

chien 地縁 *s* relações, afinidades ou laços territoriais.

chien 遅延 *s* atraso, demora, prolongamento, prorrogação. 〜*suru*, *v*: atrasar, demorar, prorrogar.

chieokure 知[智]恵遅れ *s* retardamento mental.

chiesha 知[智]恵者 *s* sábio, erudito.

chifusu チフス *s* (*al Typhus*) *Med* tifo, febre tifoide.

chigaeru 違える *v* **1** variar, mudar, trocar, alterar. **2** errar. **3** divergir, dissidir. **4** deslocar a coluna. **5** desencontrar.

chigai 違い *s* **1** divergência, diferença, distinção, disparidade. **2** erro, falha.

chigaidana 違い棚 *s* prateleira em níveis diferenciados.

chigaihōken 治外法権 *s* extraterritorialidade, direito extraterritorial.
chigainai 違いない *expr* sem dúvida, com certeza. ...に～ ...*ni* ～: não há dúvidas de que; deve ser.
chigaku 地学 *s* geografia física, fisiografia.
chigatana 血刀 *s* espada ensanguentada.
chigau 違う *v* **1** diferir, variar. **2** discordar, contrariar, divergir. **3** estar errado, ser ruim. **4** dizer não, negar. **5** desencontrar.
chigi 遅疑 *s* indecisão, hesitação, dúvida.
chigi 地祇 *s* divindade da terra, divindade protetora do território.
chigi 千木 *s* ornamento acessório colocado no telhado do templo xintoísta.
chigirechigire ちぎれちぎれ *adj* rasgado ou picado em pedaços.
chigireru ちぎれる *v* rasgar-se em pedaços, despedaçar-se, dilacerar-se.
chigiri 契り *s* compromisso, promessa solene, voto, juramento.
chigiru 契る *v* jurar, prometer, comprometer-se.
chigiru ちぎる *v* rasgar, picar.
chigo 稚児 *s* criança, menino, criança que participou de procissão budista.
chigu 痴愚 *s* imbecilidade; estupidez. *V* **baka** 馬鹿.
chigū 知遇 *s* favor; amizade. ～を得る ～*o eru*: ser contemplado com o favorecimento.
chiguhagu ちぐはぐ *s* incoerência; estranho ao assunto; miscelânea.
chigusa 千草 *s* várias plantas; ervas.
chigyo 稚魚 *s* alevino.
chigyō 知行 *s* feudo; ocupação feudal.
chihai 遅配 *s* atraso; demora na distribuição. 給料が～になる *kyūryō ga ～ni naru*: atraso no pagamento do salário.
chihan 池畔 *s* perto do lago; nas redondezas do lago; à margem do lago.
chiharai 遅払い *s* pagamento atrasado.
chihatsu 遅発 *s* partida ou embarque atrasado.
chihei 地平 *s* nível do solo.
chiheisen 地平線 *s* horizonte; linha do horizonte.
chihen 地変 *s* fenômenos que afetam o globo terrestre.
chihiro 千尋 *s* mil braças (1 尋: medida equivalente a 1,83 m); muito comprido ou profundo.
chihitsu 遅筆 *s* lentidão em escrever.
chiho 地歩 *s* posição ou situação conquistada. ～を固める ～*o katameru*: considerar a posição adquirida.
chihō 地方 *s* distrito; região; área; seção; província; interior.
chihō 痴呆 *s* demência.
chihōbunken 地方分権 *s* descentralização do poder.
chihōchōkan 地方長官 *s* governador de província.
chihōjichi 地方自治 *s* autonomia regional ou local.
chihōjungyō 地方巡業 *s* viagem de *performance* de grupos de artistas pelas províncias ou outras regiões.
chihōka 地方化 *s* regionalização.
chihōkōfuzei 地方交付税 *s* impostos alocados para a administração local.
chihōkōmuin 地方公務員 *s* funcionário público regional.
chihoku 地方区 *s* região eleitoral distrital.

chihōmawari 地方回り *s* viagem pelas províncias ou regiões.
chihōnamari 地方訛り *s* sotaque regional; provincialismo.
chihōsaibansho 地方裁判所 *s* tribunal regional.
chihōshi [shinbun] 地方紙[新聞] *s* jornal regional.
chihōshō 痴呆症 *s* demência.
chihōshoku 地方色 *s* cor local, característica regional.
chihōtetsudō 地方鉄道 *s* ferrovia local ou regional.
chihōzaisei 地方財政 *s* finanças locais ou regionais.
chihōzei 地方税 *s* impostos locais e regionais.
chihyō 地表 *s* superfície da Terra.
chii 地位 *s* posição, *status*, posto. 責任のある～ *sekinin no aru*～: uma posição de responsabilidade.
chii 地異 *s* fenômenos extraordinários que se verificam na Terra. *V* **tenpen(chii)** 天変(地異).
chii 地衣 *s* líquen.
chiichai 小ちゃい *adj* pequeno; pequenino; miúdo. *V* **chiisai** 小さい.
chiiki 地域 *s* região; área; zona.
chiikidaihyō 地域代表 *s* delegados distritais; representantes distritais.
chiikisa 地域差 *s* diferenças regionais.
chiiku 知育 *s* treinamento intelectual, desenvolvimento mental.
chiisai 小さい *adj* pequeno; pequenino; miúdo. 非常に～人 *hijō ni ～ hito*: pigmeu. 一番～子 *ichiban ～ ko*: a criança mais nova.
chiisana 小さな *adj* pequeno; pequenino; miúdo.
chiji 知事 *s* governador.
chijiki 地磁気 *s* magnetismo terrestre.
chijikomaru 縮こまる *v* enroscar-se, encolher-se. 恐ろしくて～ *osoroshikute*～: *V* **chijimaru** 縮まる.
chijiku 地軸 *s* eixo da Terra.
chijimaru 縮まる *v* ser encurtado; ser contraído; ser reduzido; ser abreviado, ser encolhido. *V* **chijimu** 縮む.
chijimeru 縮める *v* encolher, contrair, encurtar; reduzir; abreviar.
chijimi 縮み *s* encolhimento.
chijimiagaru 縮み上がる *v* ser abatido (por uma terrível notícia), recuar, titubear, vascilar; encolher de medo.
chijimidome 縮み止め *s* à prova de encolhimento.
chijimiori 縮み織り *s* crepe (tecido de seda, algodão, lã ou raiom).
chijimu 縮む *v* encolher; contrair; diminuir de tamanho; minguar.
chijin 地神 *s* divindade da Terra. *V* **chigi** 地祇.
chijin 知人 *s* conhecido; pessoa conhecida.
chijin 痴[癡]人 *s* simplório; pateta; idiota; bobo; tolo.
chiji ni 千々に *adv* em pedaços. 心が～思い乱れている *kokoro ga ～ omoi midareteiru*: meu coração está em pedaços.
chijiraseru 縮らせる *v* fazer encrespar; fazer enrugar; fazer encaracolar, fazer ondular.
chijirege 縮れ毛 *s* cabelo crespo; cabelo encaracolado ou ondulado.
chijireru 縮れる *v* encrespar-se, enrugar-se, encaracolar-se, ondular-se.

chijō 地上 *s* sobre o solo; sobre a terra.
chijō 痴情 *s* amor cego; paixão desenfreada; loucura; ciúme.
chijōken 地上権 *s* direito de superfície.
chijōkinmu 地上勤務 *s* pessoal que trabalha em terra.
chijoku 恥辱 *s* desgraça; indignidade; desonra; vergonha.
chika 地下 *s* subterrâneo; subsolo.
chika 地価 *s* preço da terra; valor da terra.
chika 治下 *s* 〜の 〜*no*: sob as regras (governo, regime).
chikachika suru ちかちかする *v* cintilar, brilhar; ter a sensação de pequena pontada.
chikadō 地下道 *s* passagem subterrânea; caminho subterrâneo.
chikagoro 近頃 *adv* ultimamente; recentemente; hoje em dia; nestes dias.
chikai 地界 *s* limite; fronteira; divisa; mundo terreno.
chikai 地階 *s* porão; subsolo; adega.
chikai 地塊 *s* bloco; massa de terra.
chikai 誓い *s* juramento; promessa.
chikai 近い *adj* perto; curto; imediato; próximo.
chikajika 近々 *adv* em breve. *V* **chikaku** 近く.
chikakei 地下茎 *s* caule subterrâneo.
chikaku 地核 *s* núcleo da Terra; centrosfera, nife.
chikaku 地殻 *s* crosta; crosta terrestre; litosfera.
chikaku 知覚 *s* percepção; percepção sensorial.
chikaku 近く *adj* (*adv*) **1** em curto tempo, no futuro próximo. **2** 〜の 〜*no*: da vizinhança; perto. **3** aproximadamente.
chikakuryoku 知覚力 *s* perceptibilidade; habilidade perceptiva.
chikama 近間 *s* proximidade. *V* **chikaku** 近く.
chikamawari 近回り *s* caminho ou circuito mais curto. *V* **chikaku** 近く.
chikame 近目 *s* **1** miopia. *V* **kingan** 近眼. **2** ideia superficial; vista superficial.
chikamichi 近道 *s* caminho curto; atalho.
chikan 痴漢 *s* molestador de mulheres.
chikan 弛緩 *s* afrouxamento. *V* **shikan** 弛緩.
chikan 置換 *s* substituição; reposição.
chikara 力 *s* **1** força. **2** energia. 熱の〜 *netsu no*〜: energia do calor. **3** agente. **4** força; autoridade; influência. **5** vigor; energia. **6** ênfase. 〜を入れた 〜*o ireta*: ênfase. **7** esforço; trabalho. **8** eficácia; eficiência. **9** assistência; suporte; apoio. **10** habilidade; força; capacidade; faculdade. 読書の〜 *dokusho no* 〜: habilidade de leitura. **11** sabedoria; dote ou talento adquirido pelo esforço. 語学の〜 *gogaku no* 〜: habilidade linguística. **12** recursos. 私は女中を置くだけの〜がない *watashi wa jochū o oku dake no* 〜*ga nai*: não tenho recursos para manter uma empregada.
chikaradameshi 力試し *s* teste de força (braçal); teste de habilidade.
chikaradanomi 力頼み *s* 〜にする 〜*ni suru*: contar com; confiar em.
chikaraippai(ni) 力一杯(に) *adv* com toda a força; com o máximo esforço.
chikarajiman 力自慢 *s* ufano da própria força (física).
chikarakankei 力関係 *s* relação de força.

chikarakobu 力瘤 *s* bíceps bem desenvolvido.
chikarakurabe 力競べ *s* competição para medir a força.
chikaramakase ni 力任せに *adv* com toda a força; vigorosamente.
chikaramake 力負け *s* derrota diante da força de alguém.
chikaramochi 力持ち *s* homem vigoroso; homem muito forte; Hércules; Atlas.
chikaranage ni 力無げに *adv* como que abatido; desanimado; atarantadamente; irremediavelmente.
chikaranuke 力抜け *s* desapontamento; desânimo. 〜がする 〜*ga suru*: estar desanimado; estar desalentado.
chikaraotoshi 力落とし *s* desapontamento; mágoa; pesar; dor; desgosto.
chikarashigoto 力仕事 *s* trabalho manual; trabalho pesado.
chikarawaza 力業 *s* proeza de força; trabalho manual; trabalho duro.
chikarazoe 力添え *s* auxílio; assistência; ajuda. 〜*suru*, *v*: socorrer; auxiliar.
chikarazukeru 力づける *v* encorajar; dar suporte; confortar.
chikarazuku 力ずく *s* por força; por pura força; à força.
chikarazuku 力づく *v* recobrar a força; reviver; ser encorajado; sentir-se animado.
chikarazuyoi 力強い *adj* viril; vigoroso; enérgico; forte; potente.
chikasa 近さ *s* proximidade.
chikashii 近しい *adj* íntimo; familiar; amigo; próximo.
chikashitsu 地下室 *s* porão, subsolo; adega.
chikasui 地下水 *s* água subterrânea.
chikatetsu(dō) 地下鉄(道) *s* metrô; ferrovia subterrânea.
chikau 誓う *v* jurar; fazer votos, comprometer; prometer.
chikaundō 地下運動 *s* atividade subterrânea; movimento clandestino.
chikayoru 近寄る *v* aproximar-se.
chikayoseru 近寄せる *v* fazer chegar para perto. *V* **chikazukeru** 近づける.
chikazukeru 近づける *v* permitir que alguém se aproxime; fazer aproximar; fazer acompanhar.
chikazuki 近づき *s* conhecimento; relações; amizade. *V* **ochikazuki** お近付き.
chikazuku 近づく *v* **1** aproximar-se. **2** tornar-se conhecido ou íntimo de alguém.
chikei 地形 *s* configuração do solo; topografia; traços geográficos.
chikei 笞刑 *s* punição com chicote; açoite.
chikemuri 血煙 *s* borrifo de sangue; jato de sangue.
chiken 地券 *s* escritura; certificado de terreno.
chiken 知見 *s* sabedoria; informação; opinião; ponto de vista; o despertar espiritual. 〜を広める 〜*o hiromeru*: ampliar a sabedoria; somar à bagagem de informações.
chiketto チケット (*ingl ticket*) *s* passagem, entrada.
chiki 知己 *s* conhecido; amigo; relações entre conhecidos. 〜が多い 〜*ga ōi*: ter muitos amigos.
chiki 稚気 *s* infantilidade; puerilidade. 〜のある 〜*no aru*: infantil; ter a graça de adolescente.

chikinraisu チキンライス (*ingl chicken with rice*) *s* frango e arroz fritos temperados com *ketchup*.

chikki 竹器 *s* utensílios de bambu.

chikkō 竹工 *s* trabalhos manuais feitos de bambu; artesanato de bambu; também designativo do artesão que faz trabalhos de bambu.

chikkō 築港 *s* construção de porto. ～*suru*, *v*: construir um porto.

chikkyo 蟄居 *s* confinamento domiciliar. ～*suru*, *v*: ficar confinado em casa.

chikoku 遅刻 *s* demora; atraso. ～*suru*, *v*: chegar atrasado. 学校に～する *gakkō ni* ～*suru*: chegar atrasado à escola.

chikoku 治国 *s* governo, administração de um país.

chikotsu 恥骨 *s* púbis; osso pubiano.

chiku 地区 *s* distrito; área; região; zona. 阪神～ *Hanshin*～: distrito de Osaka e Kobe.

chiku 馳駆 *s* ～*suru*, *v*: correr rápido (cavalos); correr dando voltas; ser ativo.

chikuba no tomo 竹馬の友 *expr* colega de infância.

chikubi 乳首 *s* mamilo.

chikuchiku ちくちく *adv* ～*suru*, *v*: espetar; picar; pungir; punçoar; formigar; tinir; estar irritado. ～する毛糸の下着 ～*suru keito no shitagi*: roupas íntimas de lã que dão coceira. 針で～刺す *hari de* ～ *sasu*: espetar com agulha.

chikuden 逐電 *s* desaparecimento. ～*suru*, *v*: foragir-se.

chikudenchi 蓄電池 *s* bateria de acumuladores.

chikudenki 蓄電器 *s Eletr* condensador elétrico, capacitor.

chikugo 逐語 *s* ～的 ～*teki*: literalmente; palavra por palavra. ～訳 ～*yaku*: tradução literal.

chikuichi 逐一 *adv* um por um; minuciosamente; em detalhes. ～あげる ～*ageru*: mencionar um por um.

chikuji 逐次 *adv* um após outro; um por um; em ordem; sucessivamente; gradualmente.

chikujō 築城 *s* construção de castelo; fortificação (para guerra). ～学 ～*gaku*: ciência da fortificação.

chikujō 逐条 *s* artigo por artigo; seção por seção; item por item; ponto por ponto.

chikuken 畜犬 *s* ato de manter, criar um cachorro.

chikukō 築港 *s* construção de porto. ～*suru*, *v*: construir um porto. *Sin* **chikkō** 築港.

chikunen 逐年 *adv* ano a ano; anualmente.

chikuonki 蓄音器 *s* gramofone. 電気～ *denki*～: gramofone elétrico.

chikuri ちくり *adv* ～と刺す ～*to sasu*: espetar com uma agulha; picar (pernilongo).

chikurui 畜類 *s* animais domésticos; animais.

chikusan 畜産 *s* criação de animais; indústria de criação de animais.

chikusangaku 畜産学 *s* zootecnia.

chikusangyō 畜産業 *s* pecuária. ～者 ～*sha*: fazendeiro; criador de animais; pecuarista.

chikuseki 蓄積 *s* acumulação; empilhamento. 資本～ *shihon*～: acumulação de capital.

chikusha 畜舎 *s* abrigo de gado; estábulo.

chikushō 畜生 *s* **1** animal; bruto. **2** *interj* diabo!, dane-se!.

chikushōdō 畜生道 *s* no budismo, renascimento em forma de bicho, por causa de má conduta em vida anterior; incesto; intercurso sexual entre pessoas consanguíneas.

chikutei 築庭 *s* construção de jardim.

chikutei 築堤 *s* construção de aterro ou barragem.

chikuten 逐電 *s* fuga; ato de retirar-se subitamente. ～*suru*, *v*: esconder-se; fugir; escapar.

chikuwa 竹輪 *s* pasta de peixe preparada em forma de gomo de bambu.

chikuzai 竹材 *s* bambu.

chikuzai 蓄財 *s* acúmulo de riqueza ou fortuna; tesouro.

chikuzō 築造 *s* construção.

chikyō 地峡 *s* istmo. パナマ[スエズ]～ *Panama* [*Suez*]～: istmo do Panamá [Suez].

chikyōdai 乳兄弟[姉妹] *s* irmão [ou irmãs] de criação.

chikyū 地球 *s* Terra; globo; o planeta Terra.

chikyūbutsurigaku 地球物理学 *s* geofísica.

chikyūkagaku 地球科学 *s* geociência.

Chikyūsetsu 地久節 *s* aniversário da data de nascimento de imperatriz.

chimamire 血塗れ *s* ～の ～*no*: ensanguentado; sangrento.

chimanako 血眼 *s* olhos injetados.

chimata 巷 *s* **1** bifurcação de rua ou estrada. **2** cidade, povoado.

chimatsuri 血祭り *s* oferenda de sacrifício ao deus da guerra; oferenda de sangue.

chimayou 血迷う *v* perder o controle; perder a cabeça; tornar-se desnorteado.

chimei 地名 *s* nome do lugar; nome da localidade. ～辞典 ～*jiten*: dicionário geográfico.

chimei 知名 *s* ～の ～*no*: notável; conhecido. ～の士 ～*no shi*: celebridade notável.

chimeishō 致命傷 *s* ferimento mortal.

chimeiteki 致命的 *adj* fatal; mortal; letal.

chimi 地味 *s* solo; fertilidade do solo.

chimichi 血道 *s* ～を上げる ～*o ageru*: estar loucamente apaixonado; ficar tolamente apaixonado.

chimidoro 血みどろ *s* coberto de sangue. ～の努力 ～*no doryoku*: esforço fora do comum. *Sin* **chimamire** 血塗れ.

chimimōryō 魑魅魍魎 *s* espírito diabólico (maligno) das montanhas e rios; monstros.

chimitsu 緻密 *s* minuciosidade; acuidade; exatidão.

chimoku 地目 *s* classificação de categoria do solo.

chimongaku 地文学 *s* fisiografia; geomorfologia.

chīmu チーム (*ingl team*) *s* time. 外来～ *gairai*～: time visitante. 地元～ *jimoto*～: time local.

chīmuwāku チームワーク (*ingl teamwork*) *s* trabalho de equipe.

chin 珍 *s* raridade, curiosidade. ～な, *adj*: raro; curioso; estranho; maravilhoso; estranho. ～現象 ～*genshō*: fenômeno curioso. ～中の～ ～*chū no*～: raridade das raridades.

chin 賃 *s* salário, aluguel; tarifa; frete; taxa. ～済みの ～*zumi no*: pré-pago.

chin'age 賃上げ *s* aumento de pagamento; aumento de salário.

chinamagusai 血腥い *adj* sanguinário; sanguinolento.

chinami ni 因に *adv* a propósito; por falar nisso.

chinamu 因む *v* ser relacionado a; ser ligado a.

chin'atsu 鎮圧 *s* supressão; repressão; sujeição. ~*suru*, *v*: suprimir; reprimir.

chinba 跛 **1** *s pop* coxo, capenga. *Sin* **bikko** 跛. **2** *adj* ímpar; singular; avulso; desigual. 靴を~には く *kutsu o* ~*ni haku*: calçar os sapatos trocados.

chinben 陳弁 *s* explicação. ~*suru*, *v*: explicar; defender; justificar.

chinbotsu 沈没 *s* submersão; ato de afundar. ~*suru v*: afundar; submergir. 船客50人をのせたまま~ する *senkyaku gojunin o noseta mama* ~*suru*: afundar com 50 passageiros a bordo.

chinbu 鎮撫 *s* pacificação; aplacamento; ato de apaziguar. ~*suru*, *v*: pacificar; aplacar; acalmar.

chinbun 珍聞 *s* notícia; história curiosa. 何か~が あるかね *nanika* ~*ga aru ka ne*: qual é a nova de hoje?

chinchaku 沈着 *s* compostura; domínio próprio; presença de espírito; calma; sangue-frio.

chinchikurin ちんちくりん *s pop* pessoa pequena; anão. ~*na*, *adj*: muito baixo (estatura).

chinchō 珍重 *s* ~*suru*, *v*: avaliar (estimar) alto; que deve ser apreciado, felicitado; dar um valor alto a.

chinchō 珍鳥 *s* pássaro raro.

chindan 珍談 *s* notícia; história interessante; episódio; anedota.

chindei 沈泥 *s* lodo; limo; acúmulo de lodo. ~を防 ぐ ~*o fusegu*: prevenir o acúmulo de lodo.

chinden 沈殿 *s* precipitação; deposição; sedimentação; estabelecimento; ato de depositar-se.

chindon'ya ちんどん屋 *s* bando de pessoas com instrumentos musicais, vestindo trajes vistosos, com fins publicitários.

chinetsu 地熱 *s* calor terrestre; calor da terra; geotermia. ~の ~*no*: geotérmico.

chingari 賃借り *s* aluguel. *V* **chinshaku** 賃借.

chingin 賃金[銀] *s* salário; pagamento.

chinginbēsu 賃金ベース *s* média salarial.

chingin'hikiage 賃金引き上げ *s* aumento de salário.

chingin'hikisage 賃金引き下げ *s* decréscimo de salário.

chinginrōdōsha 賃金労働者 *s* assalariado.

chingintōsei 賃金統制 *s* controle salarial.

chinichi 知日 *s* conhecedor das coisas do Japão.

chinji 珍事 *s* acontecimento ou evento raro; ocorrência inesperada; incidente singular.

chinji 椿事 *s* acidente; desastre; infortúnio; tragédia.

chinjō 陳情 *s* representação; petição; apelação.

chinjōsho 陳情書 *s* documento escrito de representação, petição ou apelação.

chinju 鎮守 *s* divindade local; divindade guardiã da vila; templo xintoísta da vila.

chinjufu 鎮守府 *s* sede do distrito naval, depois da era Meiji; na Antiguidade, sede do posto avançado para defesa dos territórios da região nordeste.

chinjutsu 陳述 *s* exposição; declaração; depoimento.

chinjutsusho 陳述書 *s* documento escrito de exposição, declaração.

chinka 沈下 *s* afundamento. ~*suru*, *v*: afundar (terreno); mergulhar.

chinka 鎮火 *s* extinção do fogo.

chinki 珍奇 *s* novidade; raridade; curiosidade.

chinkinbori 沈金彫り *s* trabalho de laca com incrustações de ouro.

chinkō 沈降 *s* sedimentação; precipitação. ~係数 ~*keisū*: coeficiente de sedimentação.

chinkon 鎮魂 *s* repouso das almas.

chinkōsokudo 沈降速度 *s Med* velocidade de sedimentação.

chinkyaku 珍客 *s* visita bem-vinda; visitante bem-vindo. これは~ *kore wa* ~: seja bem-vindo!

chinmari ちんまり *adv pop* ~とした ~*to shita*: compacto; confortável; cômodo; aconchegante.

chinmi 珍味 *s* sabor delicado; guloseima; coisas gostosas.

chinmoku 沈黙 *s* silêncio; taciturnidade; reticência.

chinmon 珍問 *s* pergunta estranha, fora de propósito.

chinmurui 珍無類 *s* singularidade. ~の ~*no*: fenomenal, singular; estranho.

chinmyō 珍妙 *s* esquisitice; singularidade; extravagância; coisa singular.

chinnyū 闖入 *s* entrada forçada; intrusão; intromissão.

chinō 知能 *s* faculdades intelectuais; capacidade mental; inteligência; intelecto.

chinō 智嚢 *s* cérebro, inteligência; cabeça; juízo; razão; bom-senso.

chi no ame 血の雨 *expr* derramamento de sangue; morticínio.

chinōhan 知能犯 *s* crime intelectual; ofensa intelectual.

chi no ke 血の気 *expr* ~のない ~*no nai*: pálido e sem sangue. ~の多い ~*no ōi*: sanguíneo.

chinōkensa 知能検査 *s* teste de inteligência; teste de QI.

chi no meguri 血のめぐり *expr* circulação do sangue.

chinomigo 乳呑児 *s* bebê em fase de amamentação; criança de peito; criança que mama.

chi no namida 血の涙 *expr* lágrimas de sangue.

chinori 血糊 *s* sangue derramado; sangue coagulado.

chi no ri 地の利 *expr* vantagem geográfica; posição vantajosa.

chinōshisū 知能指数 *s* quociente de inteligência; QI.

chinpin 珍品 *s* artigo raro; raridade; curiosidade.

chinpira チンピラ *s* pirralho; moleque; gângster novato, criança.

chinpon 珍本 *s* livro raro.

chinpu 陳腐 *s* trivialidade; banalidade; coisa corriqueira.

chinpunkanpun ちんぷんかんぷん *s* jargão; algaravia; absurdo; bobagem; asneira. ~な答え ~*na kotae*: resposta incoerente.

chinretsu 陳列 *s* exibição; mostra; exposição.

chinretsukan 陳列館 *s* museu; casa de exibição. 絵 画~ *kaiga*~: galeria de exibição de pinturas. 商 品~ *shōhin*~: mostruário.

chinretsumado 陳列窓 *s* vitrine; janela de exposição ou exibição.

chinrōdō 賃労働 *s* trabalho assalariado.

chinsei 沈静 *s* silêncio.

chinsei 鎮静 *s* calma; tranquilidade; pacificação.

chinseki 沈積 *s* deposição; sedimentação.

chinsen 沈船 *s* navio afundado.

chinsen 沈潜 *s* 1 afundamento. ～*suru*, *v*: afundar ou mergulhar na profundidade. 2 ～*suru*, *v*: estar absorvido; ocupar-se inteiramente.
chinsetsu 珍説 *s* opinião ou teoria estranha (ridícula).
chinsha 陳謝 *s* desculpas; pedido de desculpas.
chinshaku 賃借 *s* aluguel; arrendamento; locação.
chinshi 沈思 *s* meditação; contemplação; pensamento profundo; profunda reflexão.
chinshigoto 賃仕事 *s* trabalho por peça; pagamento por trabalho realizado.
chintai 沈滞 *s* estagnação; monotonia; falta de brilho; frouxidão; inatividade.
chintai 賃貸 *s* aluguel; locação; arrendamento; fretamento. ～価格 ～*kakaku*: valor de aluguel.
chintaishaku 賃貸借 *s* arrendamento; aluguel; fretamento.
chintei 鎮定 *s* supressão; repressão; domínio; moderação; submissão.
chintō 枕頭 *s* ～に ～*ni*: na cabeceira.
chintsū 沈痛 *s* gravidade, tristeza. ～な ～*na*, *adj*: grave; sério; patético; triste. ～な口調で ～*na kuchō de*: num tom triste.
chintsūzai 鎮痛剤 *s* remédio contra a dor; analgésico, lenitivo.
chinuru 血塗る *v* manchar de sangue.
chin'utsu 沈鬱 *s* melancolia; tristeza.
chin'yū 沈勇 *s* coragem fria (calma, serena).
chinza 鎮座 *s* devoção a uma divindade xintoísta, considerando-a residente em determinado lugar.
chion 地温 *s* temperatura do solo.
chippoke ちっぽけ *adj* ～*na*, *pop*: muito pequeno; miúdo; diminutivo.
chippu チップ (*ingl chip*) *s* pequena peça de semicondutores que formam um circuito integrado.
chippu チップ (*ingl tip*) *s* gorjeta.
chira ちら *adv* ～と見ただけでもわかる ～*to mitadake demo wakaru*: um relance é o suficiente para saber o que é. *Sin* **chirari to** ちらりと.
chirabaru 散らばる *v* dispersar; ficar em desordem; espalhar-se; dissipar-se.
chirachira ちらちら *adv* ～見る ～*miru*, *v*: olhar de relance. ～雪が降る ～*yuki ga furu* nevar levemente.
chirachira suru ちらちらする *v* 1 brilhar; cintilar. 2 ofuscar.
chirahora ちらほら *adv* cá e lá; esporadicamente; esparsamente.
chirakaru 散らかる *v* ficar desarrumado; ficar bagunçado; espalhar-se.
chirakasu 散らかす *v* bagunçar; colocar em desordem.
chiran 治乱 *s* ordem e perturbação.
chirari to ちらりと *adv* por acaso; acidentalmente. ～と耳にする ～*to mimi ni suru*: ouvir por acaso.
chirashi 散らし *s* 1 panfleto, folheto, prospecto, volante. 2 *Cul* tipo de *sushi*.
chirashigusuri 散らし薬 *s* repelente, resolvente.
chirashimoyo 散らし模様 *s* desenho de estampa espalhada.
chirasu 散らす *v* espalhar; dispersar; dissipar; reduzir; esparramar.
chiratsukaseru ちらつかせる *v* exibir; reluzir.
chiratsuku ちらつく *v* ofuscar; passar rapidamente; esvoaçar.

chiratto ちらっと *adv V* **chirari to** ちらりと.
chiri 地理 *s* topografia; configuração geográfica; geografia.
chiri 塵 *s* 1 poeira. 2 lixo; trapos; sujeira. 3 ～程もない ～*hodo mo nai*: um pouco de nada.
chiri ちり *s Cul* ensopado de peixe temperado com suco de cítrus.
chiriakuta 塵芥 *s* lixo.
chiribameru 鏤める *v* embutir; marchetar; encaixar; envolver.
chiridame 塵溜め *s* lata de lixo; vasilha.
chirigaku 地理学 *s* geografia.
chirigami 塵紙 *s* papel higiênico; papel usado no lavatório.
chiriharai 塵払い *s* espanador.
chirihokori 塵埃 *s* poeira. *V* **chiri** 塵, **hokori** 埃.
chirijiri(barabara) 散々(ばらばら) *adj* ～に～*ni*: espalhado; disperso.
chirikemuri 塵煙 *s* nuvem de pó.
chirimen 縮緬 *s* crepe; crepe de seda.
chirimenjiwa 縮緬皺 *s* rugas finas.
chirimidareru 散り乱れる *v* dispersar para todas as direções.
chirinabe ちり鍋 *s Cul* peixe, verduras e outros ingredientes cozidos na própria mesa e saboreados ao molho com sumo de cítrus.
chirinchirin ちりんちりん *onom* tinido; retintim; tilintar.
chirinokoru 散り残る *s* resto da florescência.
chiritori 塵取り *s* pá.
chiriyoke 塵除け *s* guarda-pó. ～カバー ～*kabā*: capa protetora contra pó.
chiru 散る *v* 1 espalhar. 2 dispersar. 3 reduzir. 4 esparramar. 5 estar distraído.
chiryaku 知[智]略 *s* recursos inteligentes; estratagema. *V* **chibō** 知[智]謀.
chiryō 治療 *s* tratamento médico; remédio. 心理～ *shinri*～: tratamento psíquico. ～代 ～*dai*: valor do tratamento.
chiryōgaku 治療学 *s* terapêutica.
chiryoku 地力 *s* fertilidade do solo.
chiryoku 知力 *s* força intelectual; força cerebral; capacidade mental; intelecto; inteligência; mentalidade.
chisai 地裁 *s V* **chihōsaibansho** 地方裁判所.
chisai 小さい *adj V* **chiisai** 小さい.
chisan 治山 *s* conservação da silvicultura; reflorestamento; proteção antiinundação.
chisan 治産 *s* gerenciamento da propriedade própria ou de alguém.
chisan 遅参 *s* comparecimento tardio; ato de chegar tarde para algum evento ou compromisso.
chisei 地勢 *s* configuração geográfica; aspectos físicos; topografia; posição geográfica.
chisei 治世 *s* reinado; administração; duração dos períodos administrativos de paz.
chisei 知性 *s* intelecto; inteligência; mentalidade; intelectualidade.
chiseigaku 地政学 *s* geopolítica.
chiseki 地籍 *s* registro de terreno (escritura).
chiseki 治蹟[績] *s* resultados de uma administração pública.
chisetsu 稚拙 *s* singeleza; simplicidade; naturalidade; infantilidade.

chisha 治者 *s* governante; soberano.
chisha 知[智]者 *s* pessoa com sabedoria; pessoa sábia; intelectual; filósofo.
chisha 萵苣 *s Bot* alface.
chishi 地誌 *s* topografia; descrição geográfica; geografia regional.
chishi 致死 *s* resultar em morte. 過失〜 *kashitsu*〜: homicídio culposo. 〜量 〜*ryō*: dose fatal (letal).
chishi 致仕 *s* resignação; renúncia. 〜*suru*, *v*: renunciar; demitir-se.
chishiki 知識 *s* 1 sabedoria. 2 sacerdote budista com reconhecida sabedoria; conhecimento.
chishikijin 知識人 *s* intelectual.
chishikikaikyū(sō) 知識階級[層] *s* classe intelectual.
chishikiyoku 知識欲 *s* fome de sabedoria; apetite intelectual; vontade (ou paixão) de aprender.
chishin 地心 *s* centro da Terra; núcleo da Terra.
chishio 血潮 *s* sangue. 〜の海 〜*no umi*: mar de sangue.
chishitsu 地質 *s* geologia; traços geológicos.
chishitsu 知悉 *s* conhecimento completo.
chishitsugaku 地質学 *s* geologia.
chishō 知将 *s* general engenhoso, militar habilidoso.
chiso 地租 *s* imposto territorial.
chisō 地層 *s* estratificação geológica; formação geológica.
chisō 馳走 *s* entretenimento; festa; jantar; banquete; hospitalidade; bons pratos; boa mesa.
chisōgaku 地層学 *s* estratigrafia.
chisoku 遅速 *s* velocidade; progresso. 〜なく 〜*naku*: velocidade normal.
chisshi 窒死 *s* morte por sufocamento; asfixia. *V* **chissoku** 窒息.
chisso 窒素 *s Quím* nitrogênio.
chissoku 窒息 *s* sufocamento; asfixia. 〜*suru*, *v*: sufocar; asfixiar.
chisui 地水 *s* água subterrânea.
chisui 治水 *s* melhoria do rio; controle de enchente. 〜工学 〜*kōgaku*: engenharia hidráulica.
chisuikafū 地水火風 *s Bud* os quatro elementos: terra, água, fogo e vento.
chisuji 血筋 *s* relação sanguínea; linhagem; descendência; consanguinidade.
chitai 地帯 *s* zona; área; região. 工場[住宅]〜 *kōjō* [*jūtaku*]〜: área industrial (residencial).
chitai 遅滞 *s* atraso; retardamento; adiamento; pagamento atrasado; salário atrasado.
chitai 痴態 *s* bobagem; tolice; doidice; estupidez.
chitchai ちっちゃい *adj* muito pequenino. *V* **chiisai** 小さい.
chiteki 知的 *adj* intelectual; mental.
chitekikōryū 知的交流 *s* intercâmbio intelectual.
chiten 地点 *s* ponto; lugar; posição; marca.
chito ちと *adv* um pouco; algum; pouquinho; insignificante; sem importância; por algum tempo.
chitoku 知得 *s* aquisição de sabedoria.
chitoku 知徳 *s* sabedoria e virtude.
chitose 千歳 *s* mil anos; milênio.
chitsu 帙 *s* estojo para proteger e guardar livros; invólucro.
chitsu 膣 *s Anat* vagina. 〜部 〜*bu*: região vaginal. 〜管 〜*kan*: canal vaginal.
chitsujo 秩序 *s* ordem; disciplina; sistema; regularidade; método. 新〜 *shin*〜: nova ordem.
chitsuzuki 血続き *s* relação consanguínea; relação de parentesco.
chitto ちっと *adv pop V* **chotto**[1] ちょっと, **sukoshi** 少し.
chittomo ちっとも *adv pop* nada; nem um pouco. 〜かまわない 〜 *kamawanai*: não ligo a mínima.
chiumi 血膿 *s* sânie; pus de sangue.
chiwa 痴話 *s* conversa entre amantes.
chiwagenka 痴話喧嘩 *s* briga de amantes; briga amorosa.
chiyahoya ちやほや *adv pop* 〜*suru*, *v*: dar atenção especial a alguém; mimar.
chiyo 千代 *s* milhar de anos. 〜の齢 〜*no yowai*: longevidade.
chiyogami 千代紙 *s* papel com figuras coloridas; papel fino estampado.
chiyu 治癒 *s* cura; recuperação. 〜期 〜*ki*: convalescença.
chiyū 知友 *s* conhecido; amigo.
chiyū 知勇 *s* sabedoria e coragem.
chizei 地税 *s* imposto territorial.
chizome 血染め *s* manchado de sangue.
chizu 地図 *s* mapa; atlas.
chīzu チーズ (*ingl cheese*) *s* queijo.
cho 著 *s* trabalho escrito; obra. *V* **chojutsu** 著述.
cho 緒 *s* início; fio da meada. *V* **sho** 緒. 〜につく 〜*ni tsuku*: começar; tomar forma.
chō 丁 *s* número par; usado também na contagem de folhas de papel, objetos etc.
chō 庁 *s* agência; repartição.
chō 町 *s* 1 rua; quarteirão; quadra; cidade. 2 unidade de medida para distância (109 m) e também de superfície agrária (99,2 ares).
chō 長 *s* 1 chefe; diretor. 2 mérito; ponto forte; vantagem. 3 superioridade.
chō 帳 *s* 1 livro; registro; álbum. 2 cortina.
chō 蝶 *s Entom* borboleta.
chō 調 *s* melodia; altura (do som); metro (em poesia); tempo. *Mús* tecla menor ou maior.
chō 兆・徴 *s* sinal; indicação; sintoma; presságio; pressentimento.
chō 朝 *s* 1 dinastia. 2 reino, regime. 3 período; era; época. 4 corte.
chō 兆 *s Mat* trilhão.
chō 腸 *s Anat* intestino.
chō- 超- *pref* super-; ultra-.
-chō -丁 *suf* contagem de folhas de papel; pedaços; pratos.
-chō -挺 *suf* pedaço; um par de tesouras.
chōai 帳合い *s* equilíbrio entre o ativo e o passivo de uma conta.
chōai 寵愛 *s* amor; afeição; proteção. 〜の 〜*no*: favorito; amado.
chōaku 懲悪 *s* punição ao mal.
chōba 帳場 *s* escritório; balcão; recepção.
chōba 調馬 *s* treinamento de cavalos.
chōba 嘲罵 *s* sarcasmo; injúria; linguagem abusiva; comentário insultuoso.
chōba 跳馬 *s Ginást* salto de cavalo de pau.
chōbatsu 懲罰 *s* disciplina; medidas disciplinares; castigo; punição.
chōbatsudōgi 懲罰動議 *s* moção para medidas disciplinares.

chōbi 掉尾 *s* esforço final; fim.
chobihige ちょび髭 *s pop* bigode curto.
chobitto ちょびっと *adv pop* pouco. *V* **chotto**¹ ちょっと.
chōbo 徴募 *s* recrutamento; alistamento.
chōbo 帳簿 *s* livro; livro de contabilidade; livro-razão; registro contábil.
chōbō 眺望 *s* vista; paisagem; panorama; sentinela.
chōbu 腸部 *s* região intestinal.
chōbuku 調伏 *s arc* exorcismo; maldição. ～*suru*, *v:* exorcizar.
chōbun 弔文 *s* discurso de funeral; escrito de condolência.
chōbun 長文 *s* sentença longa; artigo longo; carta longa. ～電報 ～*denpō*: telegrama longo.
chōbutsu 長物 *s* 無用の～ *muyō no* ～: coisa, objeto inútil; elefante branco. 無用の～視する *muyō no*～*shisuru*: considerar algo supérfluo.
chōchaku 打擲 *s* golpe; pancada; surra; tapa; bofetada.
chōchifusu 腸チフス *s* febre tifoide. ～患者 ～*kanja*: paciente com febre tifoide.
chochiku 貯蓄 *s* poupança; depósito; economias.
chochikuginkō 貯蓄銀行 *s* banco de poupanças. 相互～ *sōgo*～: banco mutual de poupança.
chochikushin 貯蓄心 *s* espírito de poupar; parcimônia.
chōchin 提灯 *s* lanterna. 祭りの～ *matsuri no* ～: lanterna de festival.
chōchinmochi 提灯持ち *s* portador de lanterna; bajulador.
chōchin'ya 提灯屋 *s* fabricante de lanternas.
chōchō 町長 *s* chefe de uma vila; prefeito de cidade pequena.
chōchō 蝶々 *s Entom* borboleta. *V* **chō** 蝶.
chōchō 喋々 *adv* ～*suru*, *v:* falar levianamente; tagarelar; alongar-se sobre um assunto.
chōchō 丁々 *onom* ～と打つ ～*to utsu*: bater repetidamente.
chōchō 長調 *s Mús* tecla maior. 二～のバイオリン協奏曲 *ni*～*no baiorin kyōsōkyoku*: concerto de violino em ré maior.
chōchōha 超長波 *s* ondas ultralongas; frequência muito baixa.
chōda 長蛇 *s* literalmente, cobra comprida. ～の列 ～*no retsu*: uma fila muito longa.
chōda 長打 *s Beis* batida da bola, a longa distância.
chōdai 頂戴 *s* ～*suru*, *v:* **1** receber; aceitar; ser presenteado. **2** comer; pegar. **3** por favor.
chōdai 長大 ～*na*, *adj:* alto e robusto; enorme.
chōdaimono 頂戴物 *s* presente recebido. ～をする ～*o suru*: receber um presente.
chōdan 跳弾 *s* ricochete.
chōdatsu 調達 *s* provimento; obtenção de recursos. *V* **chōtatsu** 調達.
chōdatsu 超脱 *s* transcendência; desprendimento; desinteresse.
chōden 弔電 *s* telegrama de condolência.
chōdendō 超伝導 *s Eletr* supercondutividade.
chōdo 調度 *s* bens ou pertences; bens mobiliários; móveis; suprimentos. 事務室の～ *jimushitsu no* ～: mobiliário do escritório.
chōdo 聴度 *s* audibilidade.
chōdo ちょうど *adv* **1** justamente; exatamente; precisamente. **2** inteiramente; completamente; absolutamente.
chōdohin 調度品 *s* móveis e utensílios. *V* **chōdo** 調度.
chōeki 懲役 *s* prisão; pena de reclusão.
chōen 腸炎 *s* inflamação do intestino; enterite.
chōetsu 超越 *s* transcendência. *V* **chōdatsu** 超脱.
chōfu 貼付 *s* colagem. *V* **haritsukeru** 貼り付ける; **haru** 貼る.
chōfuku 重複 *s* duplicação; sobreposição.
chōfun 鳥糞 *s* excremento de aves; titica.
chōgai 潮害 *s* danos causados por água de maré.
chōgaku 鳥学 *s* ornitologia. ～者 ～*sha*: ornitologista.
chogen 緒言 *s* prefácio; considerações iniciais; introdução.
chōgenjitsushugi 超現実主義 *s* surrealismo. ～者 ～*sha*: surrealista.
chōgi 朝議 *s* conselho de corte.
chōgikai 町議会 *s* assembleia do município.
chōgō 調合 *s* composição; mistura; preparo. ～*suru*, *v:* compor; misturar; preparar.
chōgū 寵遇 *s* favor especial; patrocínio; bom grado.
chōgyo 釣魚 *s* pesca com linha; pesca. *V* **tsuru** 釣る.
chōha 長波 *s* onda longa. ～放送 ～*hōsō*: transmissão em ondas longas.
chōhachō 長波長 *s* comprimento da onda longa.
chōhan 丁半 *s* números pares e ímpares; jogo; jogo de dados.
chōhatsu 長髪 *s* cabelos longos.
chōhatsu 挑発 *s* provocação; excitação; incitamento; estimulação; insinuação.
chōhatsu 徴発 *s* requisição; requisitar para fins militares; arrecadação; pilhagem.
chōhatsuteki 挑発的 *adj* provocativo; sugestivo; lascivo; sensacional; sedicioso.
chōhei 徴兵 *s* conscrição; recrutamento; alistamento para serviço militar; sorteio militar.
chōheikensa 徴兵検査 *s* exame para alistamento militar.
chōheikihi 徴兵忌避 *s* evasão ou esquivamento do serviço militar.
chōheimenjo 徴兵免除 *s* isenção ou dispensa do serviço militar.
chōheiseido 徴兵制度 *s* sistema de recrutamento militar.
chōheitekirei 徴兵適齢 *s* faixa etária para o serviço militar.
chōheiyūyo 徴兵猶予 *s* dispensa temporária de serviço militar.
chōhen 長篇 *s* trabalho literário longo. ～映画 ～*eiga*: filme de longa-metragem.
chōhi 町費 *s* despesa do município.
chōhō 弔砲 *s* salva de armas de fogo em homenagem ao morto.
chōhō 重宝・調法 *s* conveniência; destreza; maneabilidade; utilidade; proveito.
chōhō 重宝 *s* apreciado pela utilidade; de boa serventia; tesouro.
chōhō 諜報 *s* informação secreta; relatório da inteligência. ～部 ～*bu*: departamento de inteligência. ～活動 ～*katsudō*: atividade de espionagem.

chōhōgaru 重宝がる *v* achar objeto proveitoso; ser considerado uma pessoa útil.
chōhōkei 長方形 *s* retângulo oblongo.
chōhonnin 張本人 *s* chefe; cabeça; autor de um enredo.
chōi 弔意 *s* condolências; pesar.
chōi 潮位 *s* nível da maré.
choichoi ちょいちょい *adv pop* de vez em quando; ocasionalmente; de tempos em tempos.
chōikin 弔慰金 *s* quantia em dinheiro oferecida como sinal de condolências.
chōin 調印 *s* assinatura; carimbo; firma.
choito[1] ちょいと *adv pop* um pouco; um minuto; de leve.
choito[2] ちょいと *interj pop* ei; por favor; olhe; ouça.
chōja 長者 *s* **1** milionário; pessoa rica. **2** superior de alguém; sênior; o mais velho.
chōjakumono 長尺物 *s* filme de longa-metragem.
chōji 丁子 *s Bot* cravo-da-índia.
chōji 弔辞 *s* mensagem de condolências; palavras de condolências; discurso de funeral.
chōji 寵児 *s* criança favorita; queridinho; personalidade em evidência.
chōjijitsu 長時日 *s* um longo período de tempo.
chōjikan 長時間 *s* longo espaço de tempo; por longo tempo. ～にわたって ～*ni watatte*: por muitas horas.
chōjiku 長軸 *s* eixo maior (da elipse).
chōjin 超人 *s* super-homem. ～的努力 ～*teki doryoku*: esforço sobre-humano.
chōjiri 帳尻 *s* equilíbrio de contas; balanço.
chōjiru 長じる *v* **1** crescer. **2** ser mais velho. **3** ser hábil; ter excelência; ser mestre.
chōjitsugetsu 長日月 *s* longo período de tempo; anos.
chōjo 長女 *s* a filha mais velha.
chōjō 長上 *s* superior; o mais velho.
chōjō 頂上 *s* topo; cume; crista; cimo; pico; auge; clímax; ponto culminante; ápice.
chōjō 重畳 *adj* **1** empilhado; um em cima do outro. **2** excelente; esplêndido; muito bom.
chōjōkaidan 頂上会談 *s* conferência de cúpula.
chōju 長寿 *s* longevidade, longa vida. ～法 ～*hō*: segredo da longevidade.
chōjū 弔銃 *s* descarga de fuzil durante um funeral.
chōjū 鳥銃 *s* arma para atirar em pássaros; espingarda.
chōjū 鳥獣 *s* pássaros e animais. ～保護 ～*hogo*: proteção aos animais.
chojutsu 著述 *s* livro; trabalho literário; produção literária.
chojutsugyō 著述業 *s* profissão das letras; profissão literária.
chojutsuka 著述家 *s* escritor(a); autor(a).
chōka 町家 *s* casa de comerciante; casa da cidade.
chōka 長歌 *s* poesia longa; modalidade da poesia clássica japonesa.
chōka 超過 *s* excesso; excedente; sobra.
chōka 弔歌 *s* canto fúnebre.
chōkagaku 超過額 *s* valor em excesso; valor excedente.
chōkai 町会 *s* assembleia (conselho) municipal.
chōkai 懲戒 *s* punição disciplinar; disciplina; reprimenda oficial.
chōkai 潮解 *s Quím* deliquescência.
chōkaikyō 跳開橋 *s* ponte de báscula; ponte levadiça.
chōkaimenshoku 懲戒免職 *s* demissão disciplinar.
chōkaishobun 懲戒処分 *s* ação disciplinar.
chōkakinmu 超過勤務 *s* trabalho extra; horas extras trabalhadas.
chōkaku 頂角 *s* ângulo vertical.
chōkaku 聴覚 *s* audição; senso acústico.
chōkakyōshutsu 超過供出 *s* entrega de cota extra-obrigatória.
chōkan 長官 *s* diretor; presidente; administrador; chefe; governante; secretário de Estado.
chōkan 朝刊 *s* jornal da manhã; jornal de edição matutina.
chōkanzu 鳥瞰図 *s* vista aérea.
chōkasongai 超過損害 *s* perda em excesso; prejuízo em excesso.
chōkei 長兄 *s* irmão mais velho de alguém.
chōkei 長径 *s* eixo maior.
chōkeikenron 超経験論 *s* metaempiricismo.
chōkeshi 帳消し *s* cancelamento; anulação.
chōki 弔旗 *s* bandeira a meio mastro.
chōki 長期 *s* longo prazo; longo período.
chokin 貯金 *s* poupança; depósito.
chōkin 彫金 *s* escultura em metal.
chōkisen 長期戦 *s* guerra prolongada; hostilidade prolongada; competição prorrogada.
chōkishin'yō 長期信用 *s* crédito a longo prazo.
chokka 直下 *s* **1** diretamente; sob. **2** cair perpendicularmente.
chokkai ちょっかい *s pop* ～を出す ～*o dasu*: meter o nariz onde não é chamado.
chokkaku 直覚 *s* intuição; compreensão.
chokkaku 直角 *s Geom* ângulo reto.
chokkakuteki 直覚的 *adj* intuitivo.
chokkan 直感 *s* intuição; pressentimento.
chokkan 直観 *s* intuição. *V* **chokkaku** 直覚.
chokkan 直諫 *s* admoestação pessoal; advertência.
chokkanshugi 直観主義 *s Mat* e *Filos* intuitivismo.
chokkatsu 直轄 *s* controle direto (jurisdição); supervisão imediata.
chokkei 直系 *s* descendência em linha direta.
chokkei 直径 *s* diâmetro.
chokketsu 直結 *s Eletr* conexão direta.
chokki チョッキ (*ingl jack*) *s* colete.
chokkō 直行 *s* ato de ir direto; sem paradas; sem escalas.
chokkō 直航 *s* viagem direta; voo sem escalas.
chokkyo 勅許 *s* sanção imperial.
chokkyū 直球 *s Beis* bola reta.
chōkō 兆[徴]候 *s* sinal; indicação; presságio; sintoma; indício.
chōkō 聴講 *s* presença (numa palestra).
chōkō 長講 *s* discurso longo; palestra longa.
chōkō 潮紅 *s* rubor; vermelhidão. *V* **kōchō** 紅潮.
chōkō 朝貢 *s arc* apresentação de tributo à corte da China; prestação de tributo pelo representante de um país à corte central.
chokochoko ちょこちょこ *adv pop* **1** inquietação; agitação. **2** andar com passos curtos; caminhar rápido.
chōkogata 超小型 *s* microforma. ～カメラ ～*kamera*: microcâmera.

chōkokka 超国家 *s* superestado.
chōkokkashugi 超国家主義 *s* ultranacionalismo. ～者 ～*sha*: ultranacionalista.
chōkoku 彫刻 *s* escultura; lavrado (em madeira, pedra); gravação (em metal, pedra).
chōkoku 超克 *s* superação; conquista; vitória.
chōkokujutsu 彫刻術 *s* arte escultural; artes plásticas; xilografia.
chōkokuka [shi] 彫刻家[師] *s* escultor; gravador.
chokorēto チョコレート (*ingl chocolate*) *s* chocolate; barra de chocolate.
chōkōsei 聴講生 *s* aluno ouvinte.
chōkōsha 聴講者 *s* ouvinte; escutador; audiência; presença.
chōkōshūha 超高周波 *s Eletrôn* frequência super-alta - SHF; freqüência ultra-alta - UHF.
chōkōsoku 超高速 *s* alta velocidade.
chōkōsokudōro 超高速道路 *s* autoestrada.
chokozai 猪口才 *s vulg* ～*na*, *adj*: petulante; atrevido; malicioso; insolente; presumido; descarado; presunçoso.
chōkōzetsu 長広舌 *s* eloquência; fluência; loquacidade; língua solta.
choku 直 *s* **1** retidão; verticalidade; integridade. **2** franqueza. **3** barateza; vulgaridade. **4** plantão.
choku 猪口 *s* cálice para saquê.
choku 勅 *s* ordem ou comando imperial.
chōku 長駆 *s* longa cavalgada. ～*suru*, *v*: andar uma longa distância a cavalo; viajar uma longa distância.
chōku 長躯 *s* alta estatura.
chokuchō 直腸 *s Anat* reto.
chokuchoku ちょくちょく *adv pop* de vez em quando; de tempos em tempos; em intervalos curtos. ～訪れる ～*otozureru*: fazer visitas frequentes.
chokuei 直営 *s* administração direta.
chokugeki(dan) 直撃[弾] *s* tiro direto. ～受ける ～*ukeru*: ser atingido diretamente pela bomba.
chokugen 直言 *s* conversa franca.
chokugo 直後 *s* imediatamente após; logo atrás. 終戦～ *shūsen*～: imediatamente após o fim da guerra.
chokugo 勅語 *s* mensagem imperial; fala imperial.
chokuhai 直配 *s* distribuição direta.
chokuhōtai 直方体 *s* paralelepípedo retângulo ou reto.
chokujō(keikō) 直情(径行) *s* honestidade; franqueza; impulsividade.
chokumei 勅命 *s* ordem imperial.
chokumen 直面 *s* ～*suru*, *v*: enfrentar; confrontar; estar cara a cara.
chokunin 勅任 *s Hist* nomeação imperial.
chokurei 勅令 *s* ordem imperial; decreto imperial.
chokuritsu 直立 *s* ～*suru*, *v*: ficar ereto; ficar em postura ereta; levantar-se verticalmente.
chokuritsufudō 直立不動 *s* de pé, imóvel.
chokuryū 直流 *s Eletr* corrente contínua; corrente direta; descendência direta.
chokusai 勅裁 *s* decisão imperial.
chokusen 直線 *s* linha reta.
chokusen 勅撰 *s Hist* compilação de poemas ou textos por ordem imperial.
chokusen 勅選 *s obsol* nominação imperial.
chokusenkōsu 直線コース *s* curso; percurso em linha reta.

chokusetsu 直接 *s* direto.
chokusetsu 直截 *s* ～*na*, *adj*: direto; franco; completo; sincero.
chokusetsuhō 直説法 *s Gram* modo indicativo.
chokusetsukōdō 直接行動 *s* ação direta.
chokusetsukōshō 直接交渉 *s* negociação direta.
chokusha 直射 *s* fogo direto; incidência direta de luz.
chokushi 直視 *s* olhar nos olhos da pessoa.
chokushi 勅旨 *s Hist* ordem imperial; mandato imperial; desejo imperial.
chokushi 勅使 *s Hist* mensageiro imperial.
chokushin 直進 *s* ～*suru*, *v*: ir direto para; avançar direto.
chokusho 勅書 *s Hist* carta imperial.
chokusō 直送 *s* entrega direta; envio direto.
chokusōro 直走路 *s* pista reta.
chokutō 直答 *s* resposta imediata; resposta direta.
chokutsū 直通 *s* comunicação direta. ～電話 ～*denwa*: linha (telefone) direta.
chokuyaku 直訳 *s* tradução literal.
chokuyu 勅諭 *s Hist* instrução imperial; mandato imperial.
chokuyu 直喩 *s* símile; comparação com coisas semelhantes.
chokuyunyū 直輸入 *s* importação direta.
chokuyushutsu 直輸出 *s* exportação direta.
chokuzen 直前 *s* imediatamente antes; logo antes.
chokuzoku 直属 *s* ～の ～*no*: sob controle direto; sob ordem direta de.
chōkyō 調教 *s* treinamento, adestramento de cavalos, cachorros e outros animais.
chōkyori 長距離 *s* longa distância.
chōkyoridenwa 長距離電話 *s* ligação telefônica de longa distância.
chōkyorikyōsō 長距離競争 *s* corrida de longa distância.
chōkyosei 長巨星 *s* estrela gigante.
chōkyū 長久 *s* eternidade.
choma 苧麻 *s Bot* rami chinês.
chōman'in 超満員 *s* superlotação. ～である ～*de aru*, *v*: ficar cheio; transbordar; superlotar.
chomei 著名 *s* proeminência; eminência; distinção; celebridade. *V* **yūmei** 有名.
chōmei 町名 *s* nome de cidade; nome de rua.
chōmei 長命 *s* vida longa; longevidade; macróbio. ～法 ～*hō*: segredo da longevidade; macrobiótica.
chōmei 朝命 *s obsol* ordem imperial.
chōmen 帳面 *s* livro; livro de contas; registro; caderno. ～につける ～*ni tsukeru*: lançar no livro.
chōmenzura 帳面づら *s* **1** contas. ～をごまかす ～*o gomakasu*: falsificar (manipular) as contas. **2** aparência.
chōmi 調味 *s* tempero; condimento.
chōmin 町民 *s* citadino; habitante de uma cidade; concidadão.
chōmitsu 稠密 *s* concentração; densidade. *V* **chūmitsu** 稠密.
chōmō 長毛 *s* pelos longos.
chōmoku 鳥目 *s arc pop* dinheiro (designação popular de moeda divisionária antiga cunhada em cobre ou ferro).
chōmon 弔問 *s* visita de condolência; visita para dar pêsames aos familiares do falecido.

chōmon 聴聞 *s* audiência; audição.
chōmoto 帳元 *s* gerente; contador; gerenciador de empreendimento ou evento.
chōmusubi 蝶結び *s* laço borboleta.
chon ちょん *onom* 1 estalo. 2 o fim, o final.
chōna 手斧 *s* enxó (instrumento para desbastar madeira).
chōnai 町内 *s* prefeitura; municipalidade; vizinhança; rua.
chōnan 長男 *s* o filho mais velho.
chōnekutai 蝶ネクタイ *s* gravata-borboleta.
chōnengetsu 長年月 *s* longo período de tempo.
chongā チョンガー (*coreano ch'onggak*) *s pop* solteirão; homem solteiro.
chongiru ちょん切る *v pop* cortar (com faca, machado); picar. *V kiru* 切[斬]る.
chōniku 鳥肉 *s* frango; carne de aves domésticas.
chōnin 町人 *s arc* comerciante; negociante; na era moderna, citadino ou moradores da cidade.
chonmage 丁髷 *s arc* topete.
chōōgata 超大型 *s* 〜の 〜*no*: supergrande; gigantesco.
chōon 長音 *s* som longo; vogal longa.
chōon 調音 *s* entonação; modulação; sintonia. *Mús* tom. *Fon* articulação.
chōon 聴音 *s* ato de ouvir; escutar; detecção de som.
chōon 朝恩 *s obsol* bondade; benevolência do imperador; graça imperial.
chōonki 聴音機 *s* detector de som; instrumento acústico.
chōonpa 超音波 *s* ultrassom.
chōonsoku 超音速 *s* velocidade supersônica.
choppiri ちょっぴり *adv pop* muito pouco.
chōrai 朝来 *s* o que continua desde a manhã.
chōraku 凋落 *s* ato de murchar. 〜*suru, v*: declinar; decair; definhar.
chōrei 朝礼 *s* reunião matinal dos alunos antes do início dos trabalhos escolares.
chōreibokai 朝令暮改 *s* plano de ação incerto; falta de princípios e coerência; inconsistência.
chōren 調練 *s arc* treinamento militar.
chōri 調理 *s* culinária; arte de cozinhar. 〜場 〜*ba*: cozinha. *V ryōri* 料理.
chōribon 蝶リボン *s* laço em forma de borboleta.
choritsu 佇立 *s* ficar em pé imóvel.
chōritsu 町立 *s* 〜の 〜*no*: construído pela cidade. 〜の中学校 〜*no chūgakkō*: escola ginasial municipal.
chōritsu 調律 *s* afinação. 〜*suru, v*: afinar (o piano).
chōro 朝露 *s* orvalho matutino.
chōrō 長老 *s* idoso; o mais velho; ancião; sacerdote superior; presbítero; decano.
chōrō 嘲弄 *s* zombaria; chacota; arremedo; simulacro; imitação.
chorochoro ちょろちょろ *adv pop* 〜流れる 〜*nagareru*: escorrer em fio; fio de líquido que corre.
choromakasu ちょろまかす *v vulg* furtar; surripiar; roubar; desviar; defraudar dinheiro.
choron 緒論 *s* introdução; comentários introdutórios.
chōrui 鳥類 *s Zool* pássaros; aves.
chōrui 蝶類 *s Zool* borboletas; espécie de borboleta.
chōryō 跳梁 *s* dominação; à mercê de; ao capricho de.

chōryoku 聴力 *s* habilidade de ouvir; audição. 〜測定 〜*sokutei*: audiometria.
chōryoku 張力 *s Mec* tensão; força relativa à tração. 表面〜 *hyomen*〜: tensão superficial.
chōryū 潮流 *s* 1 maré; corrente da maré. 2 tendência; corrente; direção.
chōsa 調査 *s* investigação; exame; inquirição; pesquisa; análise; estudo.
chōsai 弔祭 *s* missa de réquiem; comemoração aos mortos; celebração aos mortos.
chōsaiin 調査委員 *s* investigador; examinador. 〜会 〜*kai*: comissão de investigação.
chosaku 著作 *s* obra literária; livro; produção literária.
chosak(u)ka 著作家 *s* escritor; autor.
chosakuken 著作権 *s* direitos autorais; propriedade literária.
chōsei 町制 *s* organização municipal.
chōsei 調製 *s* manufatura; preparo (de remédios e alimentos); aviamento.
chōsei 調整 *s* regulagem; ajuste; reconciliação; controle; coordenação; correção; modulação; afinação.
chōsei 長生 *s* longevidade. *V nagaiki* 長生き, **chōju** 長寿.
chōsei 長征 *s* longa marcha; caminhada.
chōsei 長逝 *s* morte; falecimento.
chōseishitsu 調整室 *s Rád* e *Telev* sala de controle.
chōseki 潮汐 *s* maré; fluxo e refluxo.
chōseki 朝夕 *s* dia e noite; de dia e de noite; de manhã até a noite; constantemente.
chosen 緒戦 *s* início da guerra.
chōsen 挑戦 *s* desafio.
chōsensha 挑戦者 *s* desafiante; desafiador.
chōsetsu 調節 *s* regulagem; ajuste; controle; modulação; afinação (de piano).
chōsetsuben 調節弁 *s* válvula de controle.
chosha 著者 *s* autor; escritor.
chōsha 庁舎 *s* prédio do governo.
chōshahōkei 長斜方形 *s Mat* romboide.
chōshatei 長射程 *s* longo alcance. 〜砲 〜*hō*: canhão de longo alcance.
chōshi 長子 *s* o filho mais velho.
chōshi 銚子 *s* utensílio para servir saquê; garrafa para aquecer saquê.
chōshi 調子 *s* 1 tom; tecla; nota; altura (de som); tempo; ritmo; valores; humor. 2 jeito; maneira; estilo; inclinação. 3 condição; estado; mecanismo; disposição. 4 veia; ímpeto; impulso. 5 tom; direção; orientação.
chōshi 聴視 *s* 〜者 〜*sha*: espectador.
chōshihazure 調子外れ *s Mús* desarmonia; ruído dissonante, desafinado.
chōshimono 調子者 *s* pessoa que se leva facilmente por meio de elogio ou bajulação.
chōshimono 調子もの *s* pessoa que melhora ou piora no desempenho ao sabor das circunstâncias.
chōshin 長身 *s* indivíduo de estatura alta.
chōshin 長針 *s* ponteiro longo do relógio.
chōshin 寵臣 *s arc* preferido da corte; o favorito.
chōshin 朝臣 *s obsol* cortesão; palaciano.
chōshin 聴診 *s Med* auscultação; estetoscopia.
chōshinkei 聴神経 *s Anat* nervo auditivo.
chōshinki 聴診器 *s* estetoscópio.

chōshinsei 超新星 *s Astr* supernova; última fase da evolução de uma estrela.
chōshizen 超自然 *s* supernatural; sobrenatural.
chōshizuku 調子づく *v* aquecer-se; jubilar-se; exultar.
chosho 著書 *s* produção literária; livro; obra literária.
chōsho 長所 *s* ponto forte; virtude; mérito; vantagem; ponto de excelência.
chōsho 調書 *s* relatório; evidência escrita; protocolo.
chōshō 寵妾 *s* amante preferida; concubina.
chōshō 弔鐘 *s* sino de funeral; dobre de sino de enterro.
chōshō 嘲笑 *s* sorriso sarcástico; zombaria; ridículo; sorriso escarninho.
chōshoku 朝食 *s* café da manhã. *Sin* **asameshi** 朝飯.
chōshoku 調色 *s* mistura de cores; efeito do conjunto das cores e matizes usadas numa pintura.
chōshu 聴取 *s* audição; audiência; ato de ouvir.
chōshū 徴収 *s* cobrança; arrecadação (de tributos).
chōshū 徴集 *s* arrecadação; alistamento; inscrição.
chōshū 聴衆 *s* audiência; presença de espectadores; ouvintes.
chōshutesuto 聴取テスト *s* teste de audição. ～をする ～*o suru*: realizar teste de audição.
chōso 彫塑 *s* escultura e modelagem; artes plásticas.
chōsoku 長足 *s* passos largos.
chōsokuki 調速機 *s* regulador de velocidade.
chōson 町村 *s* cidades e vilas; municipalidade.
chōsonchō 町村長 *s* chefe ou prefeito de cidades e vilas.
chōsonkai 町村会 *s* assembleia de cidades e vilas.
chōsū 丁数 *s* número de páginas dos livros encadernados ao estilo japonês.
chosui 貯水 *s* reservatório de água; armazenagem de água.
chosuichi 貯水池 *s* reservatório de água.
chōsuiro 長水路 *s Nat* piscina de 50 metros de comprimento.
chōsuru 徴する *v* 1 arrecadar; cobrar. 2 solicitar; pedir. 3 julgar. 4 referir; consultar.
chōtaikoku 超大国 *s* superpotência; superestado.
chōtaisoku 長大息 *s* longo suspiro; suspiro profundo e pesado.
chōtaku 彫琢 *s* escultura e polimento.
chotan 貯炭 *s* estoque de carvão.
chōtan 長短 *s* comprimento; méritos e deméritos; ponto forte e ponto fraco.
chōtanpa 超短波 *s* ondas ultracurtas; alta frequência; micro-ondas.
chōtatsu 調達 *s* suprimento; provisão; abastecimento; angariação (dinheiro); execução (pedido).
chōtei 朝廷 *s* corte (imperial).
chōtei 調定 *s* estabelecimento. ～額 ～*gaku*: montante estabelecido.
chōtei 調停 *s* mediação; arbitragem; intercessão; intervenção; pacificação.
chōtei 長程 *s* longa distância.
chōtei 長堤 *s* barragem extensa.
chōteisaiban 調停裁判 *s* audiência de arbitragem. ～所 ～*sho*: tribunal de conciliação.
chōteki 朝敵 *s* inimigo do imperador; rebelde, contra o governo imperial.
chōten 頂点 *s* ápice; vértice; ponto angular; auge; ponto culminante; pico; clímax; topo; apogeu.

chōto 長途 *s* caminho longo; longa distância a percorrer.
chōtō 長刀 *s* espada longa, semelhante à alabarda.
chōtō 長頭 *s Antrop* dolicocefalia.
chōtōha 超党派 *s* ～の～*no*: suprapartidário.
chōtokkyū 超特急 *s* superexpresso (trem).
chōtokusaku 超特作 *s* superprodução (filme).
chōton 長噸 *s* tonelada longa (inglesa).
chototsu 猪突 *s* imprudência; temeridade.
chōtsugai 蝶番 *s* dobradiça; gonzo; charneira.
chōtsuke 帳付け *s* escrituração de livros comerciais.
chotto[1] ちょっと *adv* 1 um minuto; um momento; curto tempo. 2 um pouquinho; um pouco; bocado. 3 facilmente; prontamente. 4 um pouco; um tanto; de certo modo; bastante.
chotto[2] ちょっと *interj* escute; ei; olhe aqui; diga-me.
chottomi ちょっと見 *s* olhar de relance; olhar rápido; olhadela.
chōwa 調和 *s* harmonia; concordância; acordo; reconciliação; sinfonia; simetria.
chōya 長夜 *s* noite longa.
chōya 朝野 *s* governo e civis; a nação.
chōyaku 跳躍 *s* salto; pulo; sobressalto.
chōyō 徴用 *s* requisição; destacamento; expropriação.
chōyō 長幼 *s* jovens e idosos.
chōyū 猪勇 *s* temeridade; imprudência; pessoa temerária; pessoa arrojada.
chōza 長座 *s* visita demorada. ～*suru*, *v*: permanecer por longo tempo.
chōzai 調剤 *s Farm* preparação de remédios.
chōzei 町税 *s* imposto municipal.
chōzei 徴税 *s* cobrança de impostos.
chōzen 超然 *adj* preeminente; desprendido.
chōzen 悵然 *adv* tristemente; dolorosamente; pesarosamente; de forma lamentosa.
chōzetsu 超絶 *s* 1 transcendência. 2 excelência; superioridade.
chozō 貯蔵 *s* armazenagem; depósito; conservação; preservação.
chozō 彫像 *s* estátua; estatuaria.
chōzoku 超俗 *s* além do mundano.
chōzu 手水 *s* água para lavar rosto e mãos; lavatório; maneira enfática de se referir ao lavatório.
chōzuke 丁付け *s* paginação; ato de foliar.
chōzume 腸詰め *s* linguiça; salsicha.
chōzuru 長ずる *v* crescer. *V* **chōjiru** 長じる.
chū 中 *s* 1 centro; meio. 2 mediano. 3 médio; mediocridade. 4 ～巻 ～*kan*: o segundo volume.
chū 宙 *s* 1 no ar; no espaço. 2 decorado; memorizado.
chū 注・註 *s* anotação; notas; comentários; observações. *V* **chūshaku** 注釈.
chū 忠 *s* lealdade; devoção; fidelidade.
chū 誅 *s* castigo infligido a um criminoso.
chū 柱 *s* coluna.
-chū -中 *suf* 1 dentro de; entre. 2 durante; enquanto; através. 3 sob; em processo de; em progresso.
Chūbei 中米 *s* América Central.
chūbei 駐米 *s* residente nos Estados Unidos da América. ～大使 ～*taishi*: embaixador acreditado junto aos Estados Unidos da América.
chūbō 厨房 *s* cozinha; sala de culinária.

chūboku 忠僕 *s* servidor fiel e leal.
chūbu 中部 *s* parte central; centro; meio; coração.
chūbu チューブ (*ingl tube*) *s* tubo.
chūbū 中風 *s* paralisia.
chūburarin 宙ぶらりん *s pop* pendurado no ar; suspenso; pendente.
chūburu 中古 *s* objetos de segunda mão.
chūcho 躊躇 *s* hesitação; escrúpulo; vacilação; indecisão.
chūdan 中段 *s* **1** meio de uma escadaria. **2** leito do meio (de vagão-dormitório). **3** guarda do meio (em esgrima).
chūdan 中断 *s* interrupção; suspensão; descontinuidade; quebra; abatimento.
chūdō 中道 *s* meio da estrada; meio do caminho; meio caminho; meio-termo; moderação.
chūdoku 中毒 *s* envenenamento; intoxicação.
chūdoku 駐独 *s* residente na Alemanha; credenciado junto à Alemanha.
chūei 駐英 *s* residente na Grã-Bretanha; credenciado junto à Grã-Bretanha.
chūfū 中風 *s* paralisia.
chūfuku 中腹 *s* meio da encosta de uma montanha.
chūfutsu 駐仏 *s* residente na França; credenciado junto à França.
chūgaeri 宙返り *s* salto-mortal; execução do *loop*.
chūgai 虫害 *s* dano causado por insetos; danos causados por insetos nocivos; praga.
chūgai 中外 *s* 〜の 〜*no*: doméstico e internacional; interno e externo.
chūgakkō 中学校 *s* escola ginasial (três anos no Japão); últimos quatro anos do ensino fundamental (no Brasil).
chūgaku 中学 *s* escola ginasial.
chūgakusei 中学生 *s* estudante do curso ginasial.
chūgara 中柄 *s* **1** tamanho médio. **2** estatura média.
chūgata 中型 *s* tamanho médio.
chūgen 中元 *s* décimo quinto dia do sétimo mês do calendário lunar; último dia do festival de lanternas; em culto às almas dos antepassados.
chūgen 忠言 *s* conselho; recomendação.
chūgen 中間 *s arc* atendente de samurai; lacaio; criado.
chūgi 忠義 *s* lealdade; fidelidade; devoção.
chūgidate 忠義立て *s* ato de lealdade.
Chūgoku 中国 *s* China; República Popular da China.
chūgoshi 中腰 *s* postura em que se está meio agachado.
chūgū 中宮 *s arc* palácio da imperatriz; segunda consorte de um imperador.
chūhaba 中幅 *s* tecido de largura média.
chūhei 駐兵 *s* 〜権 〜*ken*: direito de estacionar tropa num outro país.
chūhen 中篇 *s* segunda parte; segundo volume de um livro; novela de tamanho médio.
chūi 注意 *s* atenção; observação; nota; advertência; cuidados; precaução; conselho; aviso; sugestão; admoestação; regras; dicas; instruções.
chūi 中位 *s* média; meio.
chūi 駐伊 *s* residente na Itália; credenciado junto à Itália.
chūijinbutsu 注意人物 *s* indivíduo perigoso; homem marcado; indivíduo que consta na lista negra.

chūiryoku 注意力 *s* força da atenção; concentração.
chūisū 中位数 *s Estat* mediana.
chūji 中耳 *s Anat* orelha média.
chūjiku 中軸 *s* eixo; pivô; personagem central; pessoa-chave.
chūjitsu 忠実 *s* fidelidade; devoção; honestidade; confiança.
chūjitsudo 忠実度 *s* fidelidade (em comunicação); linearidade (numa imagem).
chūjō 柱状 *s* 〜の 〜*no*: em forma de pilar; colunar.
chūjō 衷情 *s* profundo sentimento; sincero sentimento.
chūjun 中旬 *s* segundo decêndio do mês.
chūjun 忠順 *s* dedicação; lealdade; obediência.
chūka 鋳貨 *s* cunhagem de moeda; moeda cunhada.
Chūka 中華 *s* da China; chinês.
chūkai 仲介 *s* intermediação; mediação; agência.
chūkai 注[註]解 *s* nota; observação.
chūkai 鋳塊 *s* lingote, barra.
chūkai 厨芥 *s* lixo.
chūkaisha 仲介者 *s* mediador; intermediário; agente.
chūkaku 中核 *s* centro; âmago; núcleo; coração.
chūkan 中間 *s* meio; meio caminho; meio do caminho.
chūkan 昼間 *s* de dia; durante o dia; dia claro.
chukanshi 中間子 *s Fís* méson.
chūkanshoku 中間色 *s* cor neutra ou desmaiada. 桃色と赤との〜 *momoiro to aka to no*〜: cor intermediária entre o rosa e o vermelho.
chūkaryōri 中華料理 *s* prato chinês; culinária chinesa.
chūkei 中継 *s* **1** retransmissão. **2** *V* **chūkeihōsō** 中継放送. **3** transferência; junção.
chūkeihōsō 中継放送 *s* retransmissão de rádio; radiodifusão; programa de rádio.
chūken 中堅 *s* ponto de apoio principal; núcleo; espinha dorsal.
chūken 忠犬 *s* cão fiel.
chūki 中気 *s* paralisia.
chūki 中期 *s* período médio; prazo médio; metáfase.
chūki 注記 *s* anotação; nota. 〜*suru*, *v*: anotar.
chūkin 忠勤 *s* serviço leal; devoção; fidelidade.
chūkin 鋳金 *s* fundição; peça fundida.
Chūkintō 中近東 *s* Oriente Médio.
chūko 中古 *s* Idade Média; era medieval.
chūkō 中興 *s* restauração; rejuvenescimento.
chūkō 忠孝 *s* lealdade e piedade filiais.
chūkō 昼光 *s* luz do dia.
chūkō 鋳鋼 *s* fundição de aço; peça de aço fundido.
chūkō 中耕 *s* cultivo. 〜*suru*, *v*: cultivar.
chūkō 中項 *s* termo médio.
chūkohin 中古品 *s* objeto usado; artigo de segunda mão.
chūkoku 忠告 *s* aviso; conselho; advertência; cautela; precaução.
chūkōnenreisha 中高年齢者 *s* pessoas de meia-idade e terceira idade.
chūkōsei 昼行性 *s* animais de hábitos diurnos. 〜の 〜*no*: diurno.
chūkū 中空 *s* **1** meio do ar; no ar. **2** buraco; oco; cavidade. 〜の 〜*no*: vazio.
chūkun'aikoku 忠君愛国 *s* lealdade e patriotismo.

chūkurai 中位 *s* **1** tamanho médio. **2** 〜の 〜*no*: de qualidade mediana. **3** 〜の 〜*no*: moderado; aceitável.
chūkyaku 注[註]脚 *s* nota ao pé da página; nota de rodapé.
Chūkyō 中共 *s* Partido Comunista Chinês; comunistas chineses; China Comunista.
chūkyori 中距離 *s* distância média. 〜競争 〜*kyōsō*: corrida de média distância.
chūkyū 中級 *s* 〜の 〜*no*: médio; de média classe; de nível intermediário.
chūkyūhin 中級品 *s* artigo de qualidade média; qualidade média.
chūmeiji 中名辞 *s Lóg* termo médio; conceito médio do silogismo.
chūmitsu 稠密 *s* densidade. 〜*na*, *adj*: denso; populoso; aglomerado; cheio.
chūmoku 注目 *s* atenção; observação; notificação; comentário. 〜*suru*, *v*: prestar atenção; observar.
chūmon 注文 *s* **1** pedido; encomenda. **2** solicitação; exigência; desejo; direção; condição.
chūmonnagare 注文流れ *s* cancelamento de encomenda.
chūmontori 注文取り *s* vendedor; viajante comercial.
Chūnanbei 中南米 *s* Américas do Sul e Central. 〜諸国民 〜*shokokumin*: (*grosso modo*) latino-americanos.
chūnen 中年 *s* meia-idade.
chūnichi 中日 *s* o dia do equinócio.
Chūnichi 中日 *s* China e Japão. *V* **nitchū** 日中. 〜戦争 〜*sensō*: guerra sino-japonesa.
chūnichi 駐日 *s* residente no Japão; credenciado junto ao Japão.
chūnikai 中二階 *s Constr* mezanino.
chūniku 中肉 *s* **1** meio gordo. **2** carne de segunda qualidade.
chūnin 仲人 *s* mediador; intermediário; agente; medianeiro; intercessor.
chūnō 中農 *s* agricultor de classe média; empreendedor ou empreendimento agrícola de porte médio.
chūnyū 注入 *s* injeção; instilação; infiltração; infusão; ato de introduzir à força.
chūō 中央 *s* centro; meio; coração; governo central.
Chūō 中欧 *s* Europa Central.
chūōshūken 中央集権 *s* centralização do poder. 〜化する 〜*ka suru*, *v*: centralizar o poder. 非〜化 *hi*〜*ka*: descentralização do poder.
chūppara 中っ腹 *s pop* 〜になる 〜*ni naru*, *v*: ofender-se; melindrar-se; ofendido.
chūriku 誅戮 *s* punição com a morte. 〜*suru*, *v*: punir com a morte.
chūritsu 中立 *s* neutralidade.
chūritsuka 中立化 *s* neutralização.
chūritsukoku 中立国 *s* país neutro; neutro; neutralista.
chūritsushugi 中立主義 *s* neutralismo.
chūrō 中老 *s* meia-idade. *arc* designação de cargo executivo na hierarquia dos samurais.
chūrō 柱廊 *s* colunata.
chūrui 虫類 *s* insetos.
chūryaku 中略 *s* elipse; omissão.
chūryō 忠良 *s* lealdade. 〜の 〜*no*: leal.

chūryōkyū 中量級 *s* peso-médio (classe por peso em judô).
chūryū 中流 *s* parte média do rio; estamento médio dentro do *status* social.
chūryū 駐留 *s* permanência temporária de forças armadas numa certa localidade.
chūsai 仲裁 *s* arbitração; mediação; intervenção; pacificação; intercessão.
chūsaisaiban 仲裁裁判 *s* conciliação.
chūsaisaibansho 仲裁裁判所 *s* tribunal de conciliação.
chūsan 昼餐 *s* almoço.
chūsankaikyū 中産階級 *s* classe média.
chūsatsu 駐箚 *s* 〜官 〜*kan*: oficial residente em algum país. 〜*suru*, *v*: residir em algum país; ser residente em.
chūsei 中世 *s* Idade Média.
chūsei 中正 *s* imparcialidade; justiça.
chūsei 忠誠 *s* lealdade; fidelidade; dedicação; devoção; integridade; sinceridade.
chūsei 中性 *s Gram* gênero neutro. *Quím* neutralidade (não ser ácido nem alcalino).
chūseibishi 中性微子 *s Fís* neutrino.
Chūseibu 中西部 *s* região centro-oeste.
chūseidai 中生代 *s Geol* era Mesozoica.
chūseishi 中性子 *s Fís* nêutron.
chūseisō 中生層 *s* formação mesozoica.
chūseki 沖積 *s* 〜物質 〜*busshitsu*: material aluvial.
chūsekkijidai 中石器時代 *s Arqueol* período Mesolítico.
chūsen 抽籤 *s* sorteio; loteria; rifa.
chūsetsu 忠節 *s* lealdade; dedicação; fidelidade; devoção.
chūsha 注射 *s* injeção.
chūsha 駐車 *s* ato de estacionar.
chūshaki 注射器 *s* seringa de injeção.
chūshaku 注[註]釈 *s* notas; comentários; anotação; explicação; exposição. *V* **chūkai** 注解.
chūshi 中止 *s* descontinuação; suspensão; interrupção; parada.
chūshi 注視 *s* olhar atento; averiguação; observação atenta.
chūshin 中心 *s* **1** centro; coração; meio; foco; núcleo; parte central; âmago; essência; pivô; ênfase; importância; prioridade; base. **2** equilíbrio.
chūshin 忠臣 *s* subordinado leal; vassalo leal; legalista.
chūshin 注進 *s* informação; inteligência; advertência. 〜*suru*, *v*: informar; relatar; fazer relato; avisar.
chūshin 衷心 *s* sentimento verdadeiro; sentimento profundo.
chūshinchi 中心地 *s* centro.
chūshinjinbutsu 中心人物 *s* personagem central; pessoa-chave; líder; cérebro.
chūshō 中傷 *s* calúnia; difamação; tagarelice maliciosa; escândalo; libelo difamatório.
chūshō 抽象 *s* abstração. 〜芸術 〜*geijutsu*: arte abstrata. 〜名詞 〜*meishi*: substantivo abstrato.
chūshōga 抽象画 *s* pintura abstrata.
chūshōha 抽象派 *s Bel-art* escola abstracionista; abstracionismo; os abstracionistas.
chūshōkigyō 中小企業 *s* pequenas e médias empresas.

chūshoku 昼食 *s* almoço; refeição do meio-dia.
chūshōron 抽象論 *s* teoria abstrata; generalidades.
chūshōteki 抽象的 *adj* ～*na*: abstrato; não objetivo. ～観念 ～*kannen*: idéia abstrata; abstração.
chūshū 仲秋 *s* meio do outono.
chūshun 仲春 *s* segundo mês do ano lunar; meado da primavera.
chūshutsu 抽出 *s* extração. 標本～ *hyōhon*～: extração de amostras.
chūsū 中枢 *s* centro; pivô; núcleo; coluna; figura central; pessoa-chave.
chūsui 注水 *s* colocação de água num recipiente.
chūsuru 註[注]する *v* anotar; fazer anotações; comentar.
chūsuru 誅する *v* punir com a morte; levar à morte.
chūsūshinkei 中枢神経 *s Anat* nervo central.
chūtai 中退 *s abrev* de 中途退学 *chūtotaigaku*: ato de abandonar a escola no meio do curso.
chūtai 中隊 *s* 歩兵～ *hohei*～: companhia. 砲兵～ *hōhei*～: bateria. 騎兵～ *kihei*～: tropa. 飛行～ *hikō*～: esquadrão. ～長 ～*chō*: comandante da companhia (bateria, tropa), líder do esquadrão.
chūten 中天 *s* meio do ar; no meio do céu; auge; zênite.
chūten 中点 *s Mat* ponto do meio; ponto médio.
chūtetsu 鋳鉄 *s* ferro fundido.
chūto 中途 *s* meio caminho; metade do percurso.

chūtō 中等 *s* segunda classe; grau secundário; qualidade média; mediocridade; média.
chūtō 仲冬 *s* décimo primeiro mês do ano lunar.
Chūtō 中東 *s* Oriente Médio.
chūtohanpa 中途半端 *s* ～*na, adj*: pela metade; no meio; incompleto.
chūton 駐屯 *s* permanência ou estacionamento de tropa; parada; estada.
chūtotaigaku 中途退学 *s* ato de abandonar a escola no meio do curso.
chūwa 中和 *s Quím* neutralização; equalização de acidez e alcalinidade.
chūyakenkō 昼夜兼行 *expr* ～の ～*no*: dia e noite.
chūyō 中庸 *s* **1** moderação. **2** meio-termo.
chūyu 注油 *s* lubrificação.
chūyū 忠勇 *s* lealdade e bravura.
chūyuki 注油器 *s* lubrificador.
chūza 中座 *s* ～*suru, v*: sair no meio de uma reunião ou festa.
chūzai 駐在 *s* residência; estada; permanência.
chūzara 中皿 *s* prato de tamanho médio.
chūzei 中背 *s* altura média; estatura mediana.
chūzetsu 中絶 *s* interrupção; descontinuação; intermissão; parada; suspensão; inatividade.
chūzō 鋳造 *s* fundição; cunhagem.
chūzōsho 鋳造所 *s* oficina de fundição.

d

da 駄 *s* **1** carga. **2** equino. **3** coisa sem importância (grosseira). 〜作 〜*saku*: obra malfeita.

-da -だ *v aux* forma coloquial de *de aru* (ser, estar, ficar), correspondente, em geral, ao presente do indicativo dos verbos *de aru*, *desu* (ser, estar, ficar).

daba 駄馬 *s* **1** cavalo de carga, cavalo de pequeno porte para carga. **2** sendeiro, rocim.

daben 駄弁 *s* palavreado sem importância, tagarelice.

daberu 駄弁る *v pop* tagarelar, jogar conversa fora, bater papo.

dabi 茶毘 *s* cremação, incineração (cadáver).

dabingu ダビング (*ingl dubbing*) *s Cin* e *Telev* dobragem, cópia, gravação sincrônica simultânea.

daboku 打撲 *s* soco, golpe, pancada, batida.

dabokushō 打撲傷 *s* contusão, machucadura, esmagamento, pisadura.

dabora 駄法螺 *s* mentira despropositada, fanfarrice, bazófia, tolice, absurdo.

dabudabu だぶだぶ *mim* e *adj* **1** [roupa] grande, muito folgada. **2** com muito líquido, com excesso de líquido.

dabun 駄文 *s* **1** prosa (escrita) sem qualidade, rabiscos, rascunho. **2** forma modesta de se referir ao próprio texto.

daburu ダブル (*ingl double*) *s* **1** dobro. **2** dupla (de pessoas). **3** roupa trespassada.

daburu ダブる *v pop* coincidir, repetir, duplicar-se, sobrepor-se.

dabutsuku だぶつく *v* **1** ser ou ficar muito grande ou larga. **2** sobrar, haver dinheiro ou mercadoria de sobra.

dachin 駄賃 *s* **1** frete, custo de transporte. **2** gorjeta.

dachō 駝鳥 *s Ornit* avestruz (*Struthio camelus*).

dada 駄々 *s* teimosia, birra, rabugice, petulância, irascibilidade, mau humor.

Dadaizumu ダダイズム (*fr dadaïsme*) *s* dadaísmo.

dadakko 駄々っ子 *s* criança mal-humorada (rabugenta, petulante, mimada, caprichosa, birrenta).

dadappiroi だだっ広い *adj pop* demasiado espaçoso [quarto, sala].

daden 打電 *s* envio de telegrama.

daeki 唾液 *s* saliva, secreção salivar, salivação.

daen 楕円 *s* elipse.

daenkei 楕円形 *s* oval, elipsoide.

dafu 懦夫 *s* covarde, tímido, medroso.

dafuya だふ屋 *s pop* cambista (cambador) de bilhetes.

daga だが *conj* mas, porém, todavia, entretanto.

dagakki 打楽器 *s* instrumento de percussão.

dagashi 駄菓子 *s* doces (balas) mais comuns e baratos.

dageki 打撃 *s* **1** soco, golpe forte, pancada. **2** choque (abalo). **3** golpe, prejuízo, dano, estrago. **4** sentimento machucado. **5** batida [bola de beisebol].

dagekiryoku 打撃力 *s Beis* potência (capacidade, habilidade) da tacada (batida).

daha 打破 *s* **1** destruição, conquista [inimigo]. **2** abolição, supressão, eliminação.

daho 拿捕 *s* captura, apreensão.

dai 大 *s* **1** o fato de ser largo (grande, extenso). **2** extensão, grandeza, importância (*status*). **3** tamanho grande.

dai¹ 代 *s* época, geração, era, reinado.

dai² 代 *s* **1** preço, taxa. **2** abreviatura de 代金 *daikin*: tarifa.

dai 題 *s* **1** tema, tópico, assunto. **2** título, legenda. **3** pergunta, problema.

dai- 大- *pref* largo, grande, vasto, numeroso, extenso, comprido. 〜問題 〜*mondai*: um grande problema.

dai- 第- *pref* para indicar ordem. 〜二 〜*ni*: o segundo.

-dai -台 *suf* **1** nível, marca. 六十才〜*rokujissai*〜: casa dos 60 anos de idade. **2** sufixo para contagem de máquinas. 五〜の車 *go*〜*no kuruma*: cinco carros.

-dai -代 *suf* geração. 二〜 *ni*〜: duas gerações. 二〜目 *ni*〜*me*: segunda geração.

daiaku 大悪 *s* **1** horror, atrocidade. **2** aquele que pratica atrocidade.

daiakunin 大悪人 *s* pessoa de má índole (mau-caráter, safado, patife).

daian 代案 *s* plano (proposta) alternativo.

daiba 台場 *s* forte, fortim.

daibakari 台秤 *s* báscula, balança.

daibanjaku 大磐石 **1** imenso rochedo. **2** solidez, firmeza.

daiben 大便 *s* fezes, substância fecal, evacuação, excremento.

daiben 代弁 *s* **1** pagar o preço no lugar do outro. **2** emitir opinião em substituição a alguém.

daibensha 代弁者 *s* **1** aquele que fala em nome de alguém. **2** porta-voz.

daibingu ダイビング (*ingl diving*) *s* **1** *Nat* mergulho (esporte aquático, salto ornamental). **2** abreviatura de スカイ～ *sukai~* (*ingl skydiving*): paraquedismo. **3** descida brusca [do avião].
daibōami 大謀網 *s* rede muito grande para pesca.
daibōraku 大暴落 *s* queda brusca, colapso no mercado, grande baixa de preços.
daiboshū 大募集 *s* recrutamento (procura de candidatos) em grande escala.
daibu 大夫 *s* no Japão, função de repartições públicas do sistema administrativo dos séculos VII a X.
daibu 大分 *adv* muito, em grande quantidade, consideravelmente, largamente, amplamente.
daibubun 大部分 *s* a maior parte, a maioria, grande parte, grande porção, maior porcentagem.
daibutai 大部隊 *s* grande tropa.
daibutsu 大仏 *s* grande estátua de Buda.
daibutsu 代物 *s* objeto substituto, objeto de permutação.
daichi 大地 *s* Terra, terra sólida, chão, solo.
daichi 大知 *s* **1** suprema sabedoria, sapiência. **2** sábio.
daichi 台地 *s* pequeno planalto, platô, terreno elevado.
daichi 代地 *s* terra de substituição, outro terreno dado em troca.
daichi 代置 *s* substituição, reposição.
daichō 台帳 *s* **1** livro comercial (registro, cadastro). **2** livro de registro.
daichō 大腸 *s Anat* cólon, intestino grosso.
daida 代打 *s Beis* **1** substituição do batedor. **2** batedor substituto.
daidageki 大打撃 *s* grande (pesado, terrível, cruel) golpe (pancada, choque).
daidai 橙 *s* **1** *Bot* laranja amarga (*Citrus aurantiun*). **2** abreviatura de ～色 ～*iro*: alaranjado.
daidai 代々 *s adv* de geração em geração, por sucessivas gerações, de geração para geração.
daidaiteki 大々的 *adj* de grande escala, amplo, imenso, prodigioso, extraordinário.
daidan'en 大団円 *s* grande final, desfecho, desenlace, fim.
daidō 大道 *s* **1** rua principal, via pública, avenida. **2** princípio moral fundamental.
daidōdanketsu 大同団結 *s* união, fusão, coalizão.
daidōenzetsu 大道演説 *s* discurso em via pública.
daidokoro 台所 *s* cozinha.
daidoku 代読 *s* ato de ler em nome de outro, ato de ler em substituição a alguém.
daidōmyaku 大動脈 *s* **1** *Anat* aorta. **2** linha principal (grande artéria). 交通の～ *kōtsū no*～: principal(is) linha(s) de escoamento de trânsito.
daidōshōi 大同小異 *s* substancial identidade com diferença insignificante, grandes semelhanças e poucas diferenças.
daiei 題詠 *s* composição de um poema sobre um dado tema, composição poética (mote) de um determinado tema.
daieidan 大英断 *s* ato de decidir com determinação (coragem, valentia, audácia).
Daieiteikoku 大英帝国 *s* Império Britânico, reino inglês.
daien 大円 *s* **1** grande círculo. **2** circunferência máxima de uma esfera.
daien 代演 *s* substituição [papel, personagem]. ～者 ～*sha*: dublê, ator substituto.

daifu 代父 *s Ecles* padrinho.
daifuku 大福 *s* **1** grande fortuna (prosperidade), grande sorte. **2** abreviatura de ～餅 ～*mochi*: bolinho de massa de arroz recheado com feijão doce.
daifukuchō 大福帳 *s* livro-caixa, diário contábil.
daiga 題画 *s* ato de escrever legenda (poema) sobre pintura, pintura (quadro) com legenda (poema).
daigaehin 代替品 *s* substituto [produto].
daigainen 大概念 *s Lóg* conceito maior silogístico.
daigaku 大学 *s* faculdade, universidade, curso superior.
daigakuin 大学院 *s* curso de pós-graduação universitária.
daigakukyōiku 大学教育 *s* educação universitária, curso superior.
daigakukyōju 大学教授 *s* professor universitário.
daigakusei 大学生 *s* universitário, estudante de faculdade.
daigakusha 大学者 *s* grande pesquisador, erudito, eminente estudioso, sábio, exímio especialista, cientista.
daigan 大願 *s* grande aspiração, grande anelo, grande desejo.
daigan 代願 *s* **1** pedido feito em nome de terceiros. **2** súplica às divindades por meio de outrem (em substituição, em nome de outrem).
daigawari 代替わり *s* **1** sucessão. **2** ato de passar uma casa comercial para o sucessor.
daigeiko 代稽古 *s* dar aula (treino) em substituição a outro professor, dar lição no lugar do outro.
daigennin 代言人 *s ant* advogado; defensor por procuração.
daigensoku 大原則 *s* princípio maior, princípio geral.
daigensui 大元帥 *s* **1** generalíssimo, comandante geral. **2** comandante das forças armadas.
daigi 台木 *s* **1** porta-enxerto, cavalo. **2** suporte.
daigi 代議 *s* **1** representação popular. **2** representante.
daigiin 代議員 *s* **1** parlamentar. **2** membro de órgão deliberativo [de assembleia, convenções].
daigisei 代議制 *s* sistema representativo [por parlamentares].
daigishi 代議士 *s* deputado, parlamentar.
daigō 題号 *s* título [de livro].
daigomi 醍醐味 *s* **1** prazer, gosto, sabor, encanto. **2** ensinamentos benevolentes de Buda.
daigoretsu 第五列 *s* **1** quinta-coluna. **2** quinta-colunista.
daigūji 大宮司 *s* **1** alto sacerdote do xintoísmo. **2** alto funcionário de grande templo xintoísta.
daigyaku(zai) 大逆(罪) *s* (crime) de alta traição, de lesa-majestade.
daihachiguruma 大八車 *s* carroça grande de duas rodas e tração humana, carretão.
daihen 代返 *s pop* responder a chamada no lugar de outra pessoa.
daihin 代品 *s* artigo substituto (para troca).
daihitsu 代筆 *s* **1** ato de escrever uma carta em lugar de outrem. **2** carta escrita por outra pessoa.
daihōe 大法会 *s* grande serviço solene do budismo.
daihon 台本 *s script* do filme; enredo da peça teatral (filme); roteiro.
daihon'ei 大本営 *s* quartel-general do imperador.

daihonzan 大本山 s templo-sede de uma seita, principalmente budista.
daihyō 大兵 s grande estatura, porte físico avantajado.
daihyō 代表 s 1 representação. 2 representante.
daii 代位 s Dir sub-rogação, substituição.
daiichi 第一 s 1 número um, primeiro. 2 principal, mais importante. 3 o melhor, o maior. 4 adv inicialmente, para começar, antes de mais nada.
daiichigi 第一義 s primeiro significado, ponto essencial, significado original.
daiichiinshō 第一印象 s primeira impressão.
daiichiji 第一次 s primeiro. ～世界大戦 ～sekai taisen: Primeira Guerra Mundial.
daiichijō 第一条 s artigo 1º, artigo primeiro.
daiichininsha 第一人者 s maior autoridade [num assunto], o mais conceituado, o que goza de maior prestígio [numa área].
daiikki 第一期 s primeiro período, primeira fase.
daiin 代印 s assinatura por procuração, ato de assinar no lugar de alguém (literalmente, apor o seu selo em substituição a alguém.
daiippo 第一歩 s 1 primeiro passo, primeira etapa. 2 começo, início.
daiishi 台石 s pedestal, suporte, pedra fundamental (base).
daiissei 第一声 s primeira palavra, primeira voz, primeira fala (pronunciamento).
daiissen 第一線 s primeira linha, vanguarda, frente.
daiisshin 第一審 s primeiro julgamento, primeira instância [audiência]. ～裁判所 ～saibansho: tribunal de primeira instância.
daiisshu 第一種 s primeira classe (categoria), tipo 1 [para carteira de habilitação de condutor de veículos].
daiitchaku 第一着 s 1 o primeiro a chegar. 2 primeiro passo.
daiittō 第一党 s partido majoritário.
daija 大蛇 s cobra (serpente) gigante.
daiji 大字 s 1 letra grande, letra maiúscula. 2 ideogramas 壱, 弐, 参 [ichi, ni, san] etc., utilizados em substituição aos ideogramas 一, 二, 三 [ichi, ni, san] etc., para evitar adulteração ou fraudes.
daiji 大事 s 1 coisa (acontecimento) grave, acontecimento sério. 2 fato importante, grande acontecimento.
daiji 題辞 s epígrafe, título de um escrito, frase breve em local destacado, mote introdutório.
daijigyō 大事業 s 1 grande atividade (empreendimento, obra). 2 grande negócio (empresa). 3 grande feito (façanha).
daijin 大尽 s 1 milionário, magnata. 2 pessoa gastadora (esbanjadora, mão-aberta).
daijin 大臣 s ministro de Estado.
daijinai 大事ない expr não tem grande importância, não há problema.
daijinbutsu 大人物 s 1 grande pessoa, grande homem, figura importante. 2 pessoa de grande personalidade, pessoa de grande caráter.
daijiri 台尻 s coronha ou empunhadura de arma de fogo.
daijo 大序 s primeiro ato, no teatro japonês.
daijō 大乗 s Bud o grande veículo, Mahayana. ～経 ～kyō: sutra Mahayana.

daijōbu 大丈夫 adj e adv 1 seguro, salvo, livre do perigo. 2 não haver problemas, sem problemas, certo. ～ですか ～desu ka: está tudo bem?
daijōdan 大上段 s 1 postura com a espada em riste. 2 atitude exagerada (arrogante).
daijōfu 大丈夫 s grande homem, grande herói, homem bravo.
daijōmyaku 大静脈 s Anat veia cava [superior e inferior].
daiju 大儒 s 1 grande estudioso, erudito. 2 um destacado confucionista.
daika 代価 s preço, custo.
daikagura 大神楽 s apresentação de música e dança xintoístas.
daikai 大海 s grande oceano.
daikako 大過去 s pretérito mais-que-perfeito [em gramática].
daikan 大寒 s período mais frio.
daikan 代官 s Hist administrador local, chefe da administração regional desde a Idade Média até o xogunato dos Tokugawa.
daikatsu 大喝 s berro, grito.
daikazoku 大家族 s 1 família grande (extensa, numerosa). 2 família patriarcal.
daikei 台形 s Mat trapézio.
daikenshō 大憲章 s Carta Magna.
daikibo 大規模 s grande escala (dimensão, proporção).
daikichi 大吉 s 1 sorte grande. 2 muito boa sina. 3 dia de muita sorte.
daikin 代金 s importância, preço, custo, dinheiro, pagamento.
daikin hikikae 代金引き換え s sistema de entrega de mercadorias em troca de pagamento; vendas à vista.
daikirai 大嫌い adj detestar, ter grande aversão (repugnância, desdém, ódio).
daikō 代行 s execução de uma tarefa em lugar de outro, substituição.
daikō 代講 s ato de dar aula (palestra) em lugar de outrem, palestrante (professor) substituto.
daikoku 大黒 (sâncr) s 1 Mahakala, Deus dos Cinco Cereais (fortuna). 2 pop esposa de sacerdote budista.
daikokubashira 大黒柱 s 1 coluna mestra [principal] da casa. 2 sustentáculo, esteio, ganha-pão.
daikon 大根 s Bot nabo.
daiku 大工 s carpinteiro, marceneiro.
daiku 題句 s epígrafe, inscrição, moto, lema, divisa; moto apresentado para elaboração de haicai.
daikyō 大凶 s 1 má sorte (sina). 2 atrocidade, vilania. 3 vilão, grande malfeitor.
daikyōfū 大強風 s Meteor vento forte, vendaval, ventania.
daikyū 大弓 s arco.
daikyū 代休 s descanso para compensar, dias de folga trabalhados.
daikyūshi 大休止 s Mil longa pausa na marcha da tropa.
daimei 題名 s título [de livro, poema].
daimeishi 代名詞 s Gram 1 pronome. 人称～ ninshō ～: pronome pessoal. 2 sinônimo [sentido figurativo].
daimoku 題目 s 1 título. 2 tema, tópico. 3 oração da seita Nichiren.

daimon 大門 *s* **1** grande portão (portal, pórtico). **2** família de estrato social nobre.
daimyō 大名 *s Hist* senhores feudais, daimiô.
dainagon 大納言 *s* **1** *Hist* conselheiro-mor de Estado. **2** grão de tamanho grande (variedade do feijão *azuki*).
dainamaito ダイナマイト (*ingl dynamite*) *s* dinamite.
dainan 大難 *s* grande calamidade, terrível acidente, desastre grande.
dainashi 台無し *s* arruinação, estrago.
daini 第二 *s* **1** número dois, segundo. **2** o segundo, o outro. **3** secundário, menos importante.
dainigi 第二議 *s* significado secundário.
dainiji 第二次 *s* segundo, secundário. ～世界大戦. ～*sekai taisen*: Segunda Guerra Mundial.
dainin 代人 *s* procurador, substituto, representante.
dainin 代任 *s* **1** substituto. **2** substituição.
dainō 大農 *s* **1** grande agricultor, fazendeiro. **2** agricultura de grande escala.
dainō 代納 *s* **1** ato de efetuar pagamento no lugar de outra pessoa. **2** pagar em produto no lugar de dinheiro.
dainō 大脳 *s Anat* cérebro.
dai no ji 大の字 *s* formato da letra 大 *dai*. ～に ～*ni*, *adv*: de pernas e braços abertos.
dai no otoko 大の男 *expr* homem, um homem feito.
dainyū 代入 *s* substituição [em matemática].
daiō 大王 *s* rei, o grande rei.
daiōjō 大往生 *s* morte tranquila, morte serena.
daion 大恩 *s* um grande favor (obséquio); uma grande graça.
daionjō 大音声 *s* voz estrondosa, voz sonora.
dairi 代理 *s* **1** representação, substituição. **2** procuração. **3** representante.
dairi 内裏 *s Hist* palácio residencial do imperador, Palácio Imperial.
dairīgu 大リーグ (*ingl league*) *s* as duas maiores ligas profissionais de beisebol dos EUA.
dairigyō 代理業 *s* agência, representação.
dairiki 大力 *s* força extraordinária, força hercúlea.
dairikōshi 代理公使 *s* ministro-conselheiro chefe de delegação.
dairin 大輪 *s* corola grande. ～の ～*no, adj*: [flor] de corola grande.
dairinin 代理人 *s* **1** substituto, representante. **2** procurador.
dairiseki 大理石 *s Miner* mármore.
dairisha 代理者 *s* substituto. *V* **dairinin** 代理人.
dairitaishi 代理大使 *s* embaixador substituto.
dairiten 代理店 *s* agência, representação.
dairokkan 第六感 *s* sexto sentido, percepção extrassensorial.
daisaku 代作 *s* ato de produzir uma obra em nome de outrem; obra produzida em nome de outrem.
daisan 代参 *s* visita a templos em nome de alguém.
daisan 第三 *s* o terceiro, o número três.
daisangoku 第三国 *s* um terceiro país [além de países diretamente envolvidos].
daisanki 第三紀 *s Geol* Período Terciário.
daisansha 第三者 *s* terceira pessoa, terceiro(s).
daisen 題簽 *s* **1** tira de papel ou tecido com o título do livro [colada na capa]. **2** título de um livro.
daisenkyoku 大選挙区 *s* distrito eleitoral maior.

daisha 台車 *s* vagão [de trem], vagão-plataforma, carrinho para transporte de cargas.
daisharin 大車輪 *s* **1** roda grande. **2** giro em volta da barra, com braços estendidos [ginástica]. **3** ato de trabalhar com todo o empenho (a todo o vapor).
daishi 大師 *s* **1** grande mestre, sacerdote de suprema virtude. **2** santo.
daishi 台紙 *s* papel grosso usado para colar fotos, desenhos etc.
daishi 第四 *s* quarto, número quatro.
daishikkō 代執行 *s* sub-rogação dos atos administrativos.
daishikyō 大司教 *s Catól* arcebispo.
daishin 代診 *s* **1** ato de examinar o paciente substituindo o médico responsável. **2** médico substituto.
daishizen 大自然 *s* natureza-mãe, a grande natureza.
daisho 代書 *s* ato de escrever por alguém, pessoa que escreve por alguém.
daishō 代将 *s* general de brigada.
daishō 代償 *s* **1** ato de pagar um prejuízo em substituição a alguém. **2** indenização, reparação de dano. **3** preço (de uma conquista).
daishō 大小 *s* o pequeno e o grande; tamanho.
daishōben 大小便 *s* urina e fezes, micção e evacuação.
daishōri 大勝利 *s* grande (sensacional, decisiva) vitória.
daishukketsu 大出血 *s* hemorragia grave.
daisō 代走 *s* ato de correr em substituição a outro atleta. ～者 ～*sha*: corredor substituto.
daisōjō 大僧正 *s Bud* arcebispo, cardeal, abade superior.
daisoreta 大それた *adj* audacioso, pretensioso, ousado.
daisū(gaku) 代数(学) *s* álgebra. ～学者 ～*gakusha*: algebrista. ～式 ～*shiki*: expressão algébrica.
daisuki 大好き *adj* adorar, gostar muito de, ter como predileto.
daitai 大体 *s* linhas gerais, sumário, ideia geral. **1** *adv grosso modo*, em linhas gerais, em suma. **2** *adv* para começar, em primeiro lugar, antes de mais nada.
daitai 大隊 *s* batalhão. ～長 ～*chō*: comandante do batalhão.
daitai 代替 *s* ato de substituir por outra coisa, substituição. ～物 ～*butsu*: produto substitutivo (alternativo).
daitai 大腿 *s Anat* coxa. ～骨 ～*kotsu*: fêmur.
daitan 大胆 *s* coragem. ～な *na, adj*: **1** intrépido, corajoso. **2** arrojado, audacioso. **3** ousado, atrevido.
daitasū 大多数 *s* grande maioria, maior parte.
daitō 大刀 *s* espada longa.
Daitōa 大東亜 *s obsol* região que engloba leste e sudeste asiáticos.
daitōryō 大統領 *s* presidente da República. ～夫人 ～*fujin*: primeira-dama [de uma nação].
daiuchū 大宇宙 *s* **1** o grande Universo. **2** macrocosmo.
daiya[1] ダイヤ (*ingl diagram*) *s* forma abreviada de ダイヤグラム *daiyaguramu* (*ingl diagram*), tabela de horário dos trens ou outros meios de transporte.

daiya² ダイヤ (*ingl diamond*) *s* **1** forma abreviada de ダイヤモンド *daiyamondo*: diamante. **2** ouro [naipe de baralho].
daiyamondo *s* ダイヤモンド (*ingl diamond*) *s* Miner diamante.
daiyaku 代役 *s* **1** substituição. **2** substituto; ator substituto, dublê.
daiyaru ダイヤル (*ingl dial*) *s* **1** mostrador [de relógio, medidor]. **2** disco [de telefone]. **3** ajustador giratório de freqüência [rádio].
daiyō 代用 *s* **1** uso substitutivo, substituição. **2** artigo substitutivo (alternativo). 〜食 〜*shoku*: alimento alternativo.
daiyoku 大慾 *s* **1** avareza, avidez. **2** grande ambição material.
daiyōkyōin 代用教員 *s* professor substituto (interino).
daiyonki 第四記 *s Geol* Período Quaternário.
daiza 台座 *s* pedestal, plinto, soco, soclo.
daizai 大罪 *s* crime grave.
daizai 題材 *s* tema, matéria, assunto.
daizu 大豆 *s Bot* soja, grão de soja. 〜油 〜*yu*: óleo de soja.
dajaku 惰弱 〜*na, adj*: **1** fraco, sem vitalidade, desencorajado. **2** fragilidade, fraqueza, falta de disposição física.
dajare 駄洒落 *s* trocadilho sem graça.
Dajōdaijin 太政大臣 *s Hist* premier, primeiro-ministro na Antiguidade e Idade Média.
dajun 打順 *s Beis* ordem (sequência) dos batedores.
-daka -高 *suf* **1** alta, aumento. 二十円〜 *nijū en*〜: alta de vinte ienes. **2** quantidade.
dakai 打開 *s* superação de uma situação difícil. 難局を〜する *nankyoku o* 〜*suru*: vencer uma situação difícil.
dakan 兌換 *s* conversão de títulos mobiliários em espécie. 〜準備 〜*junbi*: reserva de espécie.
dakanken [shihei] 兌換券[紙幣] *s* títulos [notas] conversíveis. 〜を発行する 〜*o hakkō suru*: emitir títulos conversíveis.
dakara だから *conj* por isso, devido a isso, então, portanto, por conseguinte, logo.
dakatsu 蛇蝎 *s* víbora, coisa abominável. 〜視する 〜*shi suru*: considerar abominável.
dake だけ *partícula* só, apenas.
dake atte だけあって *expr* conforme a expectativa, assim como se espera. 経験者〜何でもよく知っている *keikensha* 〜 *nandemo yoku shitte iru*: é conhecedor de vastos assuntos, como se esperava de uma pessoa experimentada.
daken 駄犬 *s* cachorro sem raça, vira-lata.
dake ni だけに *expr* por ser, pelo fato de. 苦労した〜喜びも大きかった *kurō shita* 〜 *yorokobi mo ōkikatta*: por ter passado por dificuldades, a alegria também foi maior.
dakeredomo だけれども *conj* mas, porém, no entanto, entretanto, contudo.
daketsu 妥結 *s* entendimento, concordância; fechamento de acordo, compromisso.
daki 唾棄 *s* 〜*suru, v*: detestar, abominar, odiar.
daki 惰気 *s* indolência, inatividade, preguiça, inércia.
dakiageru 抱き上げる *v* tomar (pegar, levantar) nos braços.
dakiau 抱き合う *v* abraçar-se. 抱き合って勝利を喜んだ *dakiatte shōri o yorokonda*: comemoraram a vitória abraçados.
dakiawase 抱き合わせ *s* 〜販売 〜*hanbai*: venda por conjunto, venda casada.
dakikakaeru 抱きかかえる *v* abraçar, trazer nos braços, tomar nos braços.
dakikomi 抱き込み *s* **1** aperto [golpe de sumô]. **2** trabalho para adesão a seu favor.
dakikomu 抱き込む *v* **1** aplicar o *dakikomi* [golpe de sumô]. **2** fazer aderir a seu favor.
dakine 抱き寝 *s* 〜*suru, v*: dormir abraçado, dormir com o bebê nos braços.
dakiokosu 抱き起こす *v* levantar [alguém] nos braços, ajudar [alguém] a se levantar.
dakishimeru 抱き締める *v* dar um abraço apertado, apertar junto ao peito.
dakitomeru 抱き止める *v* segurar nos braços, impedindo a ação de alguém.
dakitsuku 抱き付く *v* abraçar, agarrar nos braços, agarrar-se.
dakiyoseru 抱き寄せる *v* abraçar trazendo junto de si.
dakkai 脱会 *s* afastamento de uma associação ou grêmio, defecção.
dakkai 奪回 *s* retomada, recuperação, reconquista.
dakkaku 脱殻 *s* **1** *Zool* exúvia [de artrópodes]. **2** trilha, malha, debulha [de grãos].
dakkaku 奪格 *s Gram* caso ablativo.
dakkan 奪還 *s* retomada, reconquista; recaptura.
dakko 抱っこ *s pop* ato de trazer ao colo.
dakkō 脱稿 *s* término da redação (artigo, tese). 〜*suru, v*: concluir a redação.
dakkoku 脱穀 *s* trilha, malha, debulha.
dakkyaku 脱却 *s* **1** desvencilhar-se, libertar-se, livrar-se. **2** fugir, escapar.
dakkyū 脱臼 *s Med* luxação, deslocamento. 腕を〜した *ude o* 〜*shita*: sofreu luxação no braço.
dakō 蛇行 *s* movimento sinuoso, movimento em zigue-zague.
daku 駄句 *s* poema desinteressante, poema ruim.
daku 諾 *s* assentimento, consentimento; aceitação, aprovação.
daku 抱く *v* abraçar, envolver nos braços. 赤ん坊を〜 *akambō o* 〜: trazer o bebê ao colo.
dakudaku だくだく *adv* copiosamente, abundantemente. 汗〜だ *ase* 〜*da*: o suor escorre abundantemente.
dakudaku 諾々 *interj* submisso, obediente.
dakuhi 諾否 *s* concordância (assentimento, consentimento, aprovação) ou não.
dakuon 濁音 *s Fon* som (pronúncia) sonoro, som sibilante, consoante fricativa alveolar sonora.
dakuryū 濁流 *s* corrente de águas turvas (barrentas, lodosas).
dakuseikeiyaku 諾成契約 *s Dir* contrato consensual.
dakushu 濁酒 *s* tipo de saquê turvo, não filtrado.
dakusui 濁水 *s* água turva (barrenta, lodosa).
dakusuru 諾する *v* consentir, assentir, concordar, aceitar, aprovar.
dakyō 妥協 *s* acordo, entendimento, concordância.
dakyōten 妥協点 *s* pontos de entendimento (concordância).
dakyū 打球 *s* bola batida [golfe, beisebol].

damakashi だまかし *s pop* logro, enganação, impostura, fraude; ludíbrio.
damakasu だまかす *v pop* lograr, enganar, fraudar, ludibriar, iludir.
damaraseru 黙らせる *expr* fazer [alguém] calar a boca.
damarikokuru 黙りこくる *v* permanecer [por longo tempo] em silêncio.
damarikomu 黙り込む *v* calar-se completamente.
damariya 黙り屋 *s pop* pessoa quieta, pessoa taciturna, de poucas palavras.
damaru 黙る *v* calar-se, silenciar, calar a boca, manter-se em silêncio.
damashiai 騙し合い *s* jogo de mentiras, de logros, ato de enganar um ao outro.
damashiuchi 騙し討ち *s* ataque traiçoeiro (pérfido).
damasu 騙[瞞]す *v* 1 acalmar. 泣く子を～ *naku ko o ～*: acalmar com jeitinho a criança que chora. 2 enganar, iludir, lograr, ludibriar.
dame 駄目 *s* 1 [na partida do *go*] casa que não faz parte de nenhum dos territórios. 2 coisa inútil (vã, imprestável). 3 fato impossível, proibição. 人のまねは～だ *hito no mane wa ～da*: não se deve imitar os outros.
damenki 打綿機 *s* máquina trilhadora de algodão.
damī ダミー (*ingl dummy*) *s* 1 boneco, manequim. 2 dublê. 3 testa de ferro, fantoche. 4 simulacro, imitação.
damigoe 訛声・濁声 *s* voz rouca (sonora), voz com sotaque.
damin 惰眠 *s* 1 ato de dormir por preguiça. 2 indolência, torpor.
damono 駄物 *s* coisa sem valor, produto de má qualidade.
damu ダム (*ingl dam*) *s* represa, barragem.
damudamudan ダムダム弾 (*ingl dumdum*) *s* bala dundum.
dan 団 *s* 1 grupo, comitiva. 2 corporação; quadrilha. 観光～ *kankō～*: grupo de turistas.
dan 段 *s* 1 divisão, nível, camada. 2 qualidade, classe. 3 grau, graduação. 4 parágrafo. 5 cena, ato [em teatro].
dan 壇 *s* plataforma, palanque, tablado; palco, tribuna, púlpito.
dan 断 *s* decisão, determinação.
dan 暖 *s* calor, tepidez.
dan 談 *s* relato, narração, conversação.
-dan -壇 *suf* 1 palanque, tablado. 演～ *en～*: tribuna. 2 círculo, meio social. 画～ *ga～*: círculo dos pintores.
dan'an 断案 *s* 1 determinação de um projeto (ideia), projeto definido. 2 conclusão.
dan'atsu 弾圧 *s* opressão, repressão, coerção.
danbashigo 段梯子 *s* escada, escadaria.
danbatake 段畑 *s* terraços (socalcos) para plantio.
danbira 段平 *s arc* espada de lâmina larga.
danbō 暖房 *s* calefação, sistema de aquecimento.
danbōru 段ボール *s* papelão canelado.
danbōsōchi 暖房装置 *s* equipamento para aquecimento, sistema de calefação.
danbukuro 段袋 *s pop* 1 saco grande de tecido para transportar pertences. 2 calças largas [utilizadas por soldados para treinamento].
danchaku 弾着 *s* 1 acerto do projétil no alvo. 2 ponto atingido pelo projétil. ～距離 *～kyori*: alcance do projétil (bala).
danchi 団地 *s* aglomerado residencial. 工業～ *kōgyō～*: distrito industrial.
danchi 暖地 *s* região tépida.
danchigai 段違い *s* 1 níveis incomparáveis, diferença muito grande. 2 diferentes alturas das barras paralelas.
danchō 団長 *s* líder do grupo, chefe da delegação.
danchō 断腸 *s* tristeza insuportável (de cortar o coração).
dandan¹ 段々 *s* degraus, escadaria, socalcos, terraços.
dandan² 段々 *adv* cada vez mais, gradativamente, aos poucos, um após o outro.
dandanbatake 段々畑 *s V* **danbatake** 段畑.
dandara 段だら *s* 1 degraus. 2 listras multicoloridas. ～筋 *～suji*: listras coloridas dos tecidos.
dandarajima 段だら縞 *s* tecido com listras horizontais coloridas.
dandarazaka だんだら坂 *s* ladeira em degraus.
dandarazome 段だら染め *s* tecido tingido com listras coloridas.
dandī ダンディー (*ingl dandy*) *s* 1 homem com vestes e modos elegantes. 2 homem vaidoso.
dandō 弾道 *s* trajetória [de projétil, míssil], linha de fogo.
dandōdan 弾道弾 *s* míssil balístico. 大陸間～ *tairikukan～*: míssel balístico intercontinental.
dandori 段取り *s* 1 plano, programa, etapas, sequência. 2 preparativos, elaboração.
dangai 断崖 *s* rochedo íngreme, despenhadeiro, precipício.
dangai 弾劾 *s* acusação, cobrança de responsabilidade por crimes ou irregularidades, incriminação.
dangaian 弾劾案 *s* moção de *impeachment*.
dangan 弾丸 *s* bala, projétil, chumbo. ～列車 *～ressha*: trem superexpresso.
dangen 断言 *s* afirmação categórica, declaração, asserção.
dangi 談義 *s* 1 sermão, pregação. 2 conversa, aconselhamento.
dango 団子 *s* 1 bolinho de massa. 2 que possui aspecto de bolinho de massa.
dangō 談合 *s* 1 reunião, conversação, troca de ideias. 2 entendimento, acordo.
dani 駄荷 *s* carga para cavalo.
dani だに *s Entom* acarídeo, ácaro, carrapato.
dan'in 団員 *s* membro da comitiva, elemento constituinte do grupo. 楽団の～ *gabudan no～*: membro da banda musical.
danji 男児 *s* menino, filho. 九州～ *kūshū～*: filho varonil de Kyushu.
danjiau 談じ合う *v* conversar, dialogar, negociar.
danjiki 断食 *s* jejum. ～*suru, v*: jejuar.
danjikiryōhō 断食療法 *s* terapia, método de tratamento por meio de jejum.
danjikomu 談じ込む *v* opinar incisivamente, protestar duramente.
danjiru 断じる *v* 1 decidir, afirmar. 2 julgar. 3 agir decididamente.
danjiru 弾じる *v* tocar [um instrumento musical de cordas].
danjiru 談じる *v* 1 conversar, discutir, dialogar, falar [sobre]. 2 negociar.

danjite 断じて *adv* decididamente, absolutamente, certamente, sem falta.
danjo 男女 *s* homem e mulher; ambos os sexos.
danjō 壇上 *s* sobre o palco ou plataforma.
danjō 壇場 *s* palco.
danjō 弾正 *s Hist* juiz; oficial de justiça na Antiguidade.
danjohō 断叙法 *s Gram* anacolutia.
danjokyōgaku 男女共学 *s* educação mista de ambos os sexos; coeducação.
danka 団歌 *s* música ou hino oficial de uma associação.
danka 檀家 *s* famílias que compõem a comunidade de um templo budista; paroquiano.
dankai 段階 *s* 1 degraus. 2 grau; classe; categoria. 3 estágio.
dankai 団塊 *s* torrão de terra; nódulos ou concreções em depósitos sedimentares.
dankei 男系 *s* linhagem de homens.
danketsu 団結 *s* unidade; união; solidariedade.
danki 団旗 *s* bandeira de uma associação.
danki 暖気 *s* calor; calor moderado.
dankin 断金 *s* solidez. 〜の交わり 〜*no majiwari*: amizade sólida.
danko 断乎 *adj* firme; decisivo; determinado; resoluto; conclusivo.
dankō 団交 *s* dissídio coletivo. *V* **dantaikōshō** 団体交渉.
dankō 男工 *s* operário.
dankō 断交 *s* ruptura; rompimento de relações.
dankō 断行 *s* ação decisiva; execução resoluta.
dankon 男根 *s* pênis; membro viril; falo.
dankon 弾痕 *s* marca de bala; buraco de tiro.
dankyū 段丘 *s* terraço; socalco.
dankyūsei 段級制 *s* hierarquia.
danmaku 弾幕 *s* barragem de artilharia.
danmari 黙り *s* 1 silêncio; taciturnidade; reticência. 2 pantomima; peça curta de pantomima.
danmatsuma 断末魔 *s* últimos momentos de vida; hora da morte.
danmen 断面 *s* seção; corte; contorno; perfil.
danmenzu 断面図 *s* desenho do corte seccional.
danna 旦那 *s* amo; senhor; patrão; chefe; mestre; marido; protetor.
dannen 断念 *s* desistência.
dannetsu 断熱 *s Fís* isolamento térmico.
-dano -だの *partícula* e; ou; e assim por diante. 薔薇〜椿〜 *bara 〜 tsubaki〜*: rosas, camélias e assim por diante.
dan'on 断音 *s* 1 *Fon* parada. 2 *Mús* pausa; *staccato*.
danpan 談判 *s* negociação; transação; conferência; parlamentação; conversas.
danpatsu 断髪 *s* cabelo curto.
danpen 断片 *s* fragmento; pedaço; retalho; caco; sobra.
danpen 断篇 *s* peça curta; livro inacabado.
danpenteki 断片的 *adj* fragmentário; desconexo; incompleto; aos pedaços.
danpingu ダンピング (*ingl dumping*) *s Com dumping*.
danpukā ダンプカー (*ingl* de invenção japonesa *dump car*) *s* caminhão de lixo; caminhão de descarregamento ou despejo, caminhão basculante.
danraku 段落 *s* 1 parágrafo. 2 conclusão.
danran 団欒 *s* círculo formado por pessoas ao redor de fogueira.

danrin 檀林 *s arc* templo budista onde os religiosos se reúnem para estudo.
danro 暖炉 *s* lareira; fogareiro.
danron 談論 *s* discussão; argumentação; discurso. *V* **giron** 議論.
danryoku 弾力 *s* elasticidade; força elástica.
danryokusei 弾力性 *s* 1 elasticidade. 2 flexibilidade; adaptabilidade.
danryū 暖流 *s* corrente marítima quente.
dansa 段差 *s* 1 diferença de nível. 2 diferença de grau.
dansā ダンサー (*ingl dancer*) *s* dançarino(a).
dansaiki 断裁機 *s* cortador de papel; guilhotina.
dansei 男声 *s* voz masculina.
dansei 男性 *s* 1 homem; do sexo masculino. 2 masculinidade; virilidade.
dansei 弾性 *s* elasticidade. *V* **danryokusei** 弾力性.
dansen 断線 *s* desconexão; rompimento de fio metálico ou arame.
danshaku 男爵 *s* barão.
danshi 男子 *s* menino; filho; homem.
danshō 男妾 *s* gigolô.
danshō 男娼 *s* prostituto.
danshō 談笑 *s* conversa; conversa familiar; bate-papo; diálogo amigável.
danshō 断章 *s* fragmento literário.
danshoku 男色 *s* homossexualismo masculino.
danshoku 暖色 *s* cores quentes como vermelho e amarelo.
danshu(shujutsu) 断種(手術) *s Med* esterilização; castração.
dansō 男装 *s* ato de vestir-se de homem.
dansō 弾奏 *s* ato de tocar instrumento musical.
dansō 弾倉 *s* magazine de balas de arma de fogo.
dansō 断想 *s* pensamentos fragmentados.
dansō 断層 *s Geol* falhas, desvios geológicos.
dansonjohi 男尊女卑 *s* conceito de supremacia dos homens sobre as mulheres.
dansu ダンス (*ingl dance*) *s* dança.
dansuhōru ダンスホール (*ingl dance hall*) *s* salão de dança; salão de baile.
dansui 断水 *s* suspensão do fornecimento de água; escassez de água.
dantai 団体 *s* 1 partido; companhia; grupo; time. 2 organização; associação.
dantai 暖帯 *s* zona subtropical; subtrópicos.
dantaikōdō 団体行動 *s* ação coletiva; ação em grupo.
dantaikōshō 団体交渉 *s* negociação coletiva; dissídio coletivo.
dantairyokō 団体旅行 *s* viagem em grupo; turismo em grupo.
dantei 断定 *s* conclusão; decisão. 〜*suru, v*: concluir; chegar a uma conclusão.
danto 檀徒 *s* membro da coletividade de um templo budista.
dantō 弾頭 *s* cabeça de míssil ou foguete.
dantō 暖冬 *s* inverno brando.
dantōdai 断頭台 *s* guilhotina.
dan'u 弾雨 *s* chuva de balas de arma de fogo.
dan'un 断雲 *s* fragmentos de nuvem; nuvem dispersa.
danwa 談話 *s* conversa; colóquio.
danwatai 談話体 *s* estilo de conversa; estilo coloquial.

dan'yaku 弾薬 *s* munição.
danzai 断罪 *s* **1** julgamento de um crime; condenação. **2** decapitação.
danzen 断然 *adv* **1** decisivamente; sem hesitação. **2** decididamente; positivamente.
danzetsu 断絶 *s* **1** extinção; descontinuação; interrupção. **2** ruptura.
danzoku 断続 *s* intermissão; intermitência.
dappan 脱藩 *s Hist* deserção de um clã.
dappi 脱皮 *s* **1** ecdise. **2** autorrenovação de pele.
dappōkōi 脱法行為 *s* evasão da lei.
dappun 脱糞 *s* evacuação; defecação.
daradara だらだら *adv* **1** às gotas. **2** lentamente; vagarosamente. **3** frouxamente.
darakan だら幹 *s vulg* líder corrupto; executivo corrupto.
-darake -だらけ *suf pop* cheio de; coberto de; enchido de.
darakeru だらける *v* **1** sentir moleza; sentir desinteresse. **2** ser preguiçoso.
daraku 堕落 *s* **1** decadência; corrupção; degradação; delinquência; apostasia. **2** degeneração.
darari to だらりと *adv* folgadamente; preguiçosamente; sem força.
darashi(no)nai だらし(の)ない *adj* relaxado; desmazelado; desleixado; negligente; indolente.
dare 誰 *pron* **1** quem. ～の ～no: de quem. ～が言いましたか ～ga iimashita ka: quem lhe disse? **2** ～か ～ka: alguém. ～か外の人 ～ka soto no hito: alguém de fora. ～でも知っている ～demo shitteiru: qualquer pessoa sabe. **3** ～～さん ～～san: sr. fulano de tal. **4** alguém; qualquer pessoa.
dareru だれる *v* **1** ficar lânguido; ficar cansado. **2** enfraquecer; afrouxar; relaxar-se.
darin 舵輪 *s Náut* roda do leme.
daritsu 打率 *s Beis* índice de rebates de bola.
darō だろう *expr* eu acho; eu suponho; eu presumo.
darui だるい *adj* sentir-se cansado; sentir-se pesado, lânguido, moroso.
daruma 達磨 *s* Bodhidharma.
daryoku 惰力 *s* inércia; força do hábito.
daryoku 打力 *s Beis* força do rebate. *V* **dageki** 打撃.
dasaku 駄作 *s* trabalho medíocre; trabalho literário sem maiores méritos.
dasan 打算 *s* cálculo; autointeresse; egoísmo.
dasanteki 打算的 *adj* mercenário; egoísta; interesseiro; egocêntrico.
dasei 惰性 *s* ～系 ～kei: sistema inercial. *V* **daryoku** 惰力.
daseki 打席 *s Beis* local onde se rebate a bola com o bastão.
dasen 打線 *s Beis* linha de rebate.
dasha 打者 *s Beis* rebatedor.
dashi 山車 *s* carro de festival; carro alegórico de desfile.
dashi 出し *s* **1** *Cul* caldo; molho. **2** pretexto; desculpa. **3** instrumento.
dashiai 出し合い *s* contribuição conjunta.
dashiau 出し合う *v* contribuir conjuntamente; dividir as despesas.
dashigara 出し殻 *s* folhas de chá usadas.
dashiire 出し入れ *s* ato de tirar e colocar; depósito e saque; recebimento e pagamento.

dashimae 出し前 *s* participação nas despesas.
dashimono 出し物 *s* peça em encenação.
dashin 打診 *s Med* percussão. **2** sondagem.
dashinuke 出し抜け *adv* ～に ～ni: repentinamente; abruptamente; de surpresa.
dashinuku 出し抜く *v* antecipar; ter vantagem; vencer em astúcia.
dashiokure 出し遅れ *s* atraso na entrega ou na citação.
dashioshimi 出し惜しみ *s* ato de lamentar ou fazer de má vontade a entrega.
dashippanashi 出しっ放し *s pop* ～にする ～ni suru, *v*: deixar escorrendo; deixar solto.
dashishiburu 出し渋る *v* não gostar de pagar. *V* **dashioshimi** 出し惜しみ.
dashite 出し手 *s* pessoa que se prontifica a oferecer.
dashu 舵手 *s Náut* homem do leme; timoneiro; piloto.
dasoku 蛇足 *s* redundância; superfluidade.
dassan 脱酸 *s Quím* desoxidação. ～suru, *v*: desoxidar.
dassen 脱船 *s* desertor. ～suru, *v*: desertar de um navio. ～者 ～sha: marinheiro desertor.
dassen 脱線 *s* **1** descarrilamento. **2** desvio; anomalia; divergência; desconexão; digressão.
dasshi 脱脂 *s* remoção ou retirada da gordura. ～乳 ～nyū: leite desnatado.
dasshitsu 脱湿 *s* desumidificação.
dasshoku 脱色 *s* descoloração; descoloramento; branqueamento.
dasshu ダッシュ (*ingl dash*) *s* linha (sinal gráfico).
dasshu 奪取 *s* captura; tomada; apreensão; ato de arrancar algo de alguém.
dasshū 脱臭 *s* desodorização. ～剤 ～zai: desodorante.
dasshutsu 脱出 *s* **1** ato de escapar; ato de desenredar ou desprender. **2** prolapso; proptose.
dassō 脱走 *s* escape; escapamento; evasão; fuga.
dassui 脱水 *s Quím* desidratação; dessecação.
dassuiso 脱水素 *s Quím* desidrogenação.
dassuru 脱する *v* **1** escapar. **2** excluir-se. **3** livrar-se; soltar-se. もうこれで危険を脱した *mō kore de kiken o dasshita*: agora estamos fora de perigo.
dasu 出す *v* **1** colocar para fora; tirar para fora; fazer ressaltar. **2** esticar; estender. **3** pôr. 窓から首を～ *mado kara kubi o ～*: pôs a cabeça para fora da janela. **4** salvar. **5** expor; mostrar. **6** exibir (um artigo) numa mostra. **7** enviar; mandar uma carta. **8** publicar; editar. **9** publicar; inserir um artigo no jornal. **10** hastear (uma bandeira). **11** apresentar; entregar um trabalho; produzir. **12** servir (vinho, refeição). あのホテルでは朝食を出さない *ano hoteru de wa chōshoku o dasanai*: naquele hotel, não há serviço de café da manhã. **13** operar; dirigir trem ou barco. **14** produzir; fornecer. **15** pagar; dar; contribuir; investir. 資金を～ *shikin o ～*: fornecer fundos. **16** aumentar a velocidade.
-dasu -出す *suf* iniciar; começar a. 泣き～ *naki ～*: começar a chorar.
dasū 打数 *s Beis* número de rebates.
dāsu ダース・打 (*ingl dozen*) *s* dúzia; doze.
dasuru 堕する *v* baixar; descender; cair; degenerar; reduzir-se a.
datai 堕胎 *s* aborto.

date 伊達 s janotismo; peraltice; presunção; mostrar-se.
-date -立[建]て suf 五階建てのビル gokai date no biru: prédio de cinco andares. 二本立ての映画館 nihon date no eigakan: cinema com programação dupla.
daten 打点 s Beis pontos por rebates.
-datera -だてら suf 女～に onna ～ni: embora seja mulher; apesar de ser mulher.
dateshū 伊達衆 s arc galãs; homens que ostentavam estar na moda.
datō 打倒 s derrota; deposição; destruição.
datō 妥当 s ～suru, v: aplicar; adequar. ～性 ～sei: propriedade; adequação; pertinência.
datsubō 脱帽 s ～suru, v: tirar o chapéu. ～して立つ ～shite tatsu: levantar-se tirando o chapéu.
datsubun 脱文 s lacuna; passagem ou trecho que falta.
datsuei 脱営 s deserção do quartel; ato de fugir.
datsuen 脱塩 s dessalinização.
datsugoku 脱獄 s fuga da prisão; evasão da prisão.
datsui 脱衣 s ato de despir-se.
datsuji 脱字 s omissão; palavra omitida.
datsumō 脱毛 s queda de cabelo ou pelo; remoção do pelo; depilação.
datsuraku 脱落 s 1 omissão; lacuna. 2 deserção; defecção; apostasia.
datsurō 脱漏 s vazamento; falha.
datsuryū 脱硫 s dessulfurização.
datsuzei 脱税 s evasão de impostos.
datsuzoku 脱俗 s ausência de vulgaridade; distante do vulgar.
dattai 脱退 s secessão; retirada; afastamento; retratação.
datte¹ だって conj pop 1 mas; ainda; embora. 2 porque; por; bem. お前泣いているね――次郎さんがいじめるんだもの omae naiteirune. -～Jirō-san ga ijimerundamono: Você está chorando? É porque Jiro está me provocando.
datte² だって expr eles dizem; eu ouvi.
-datte -だって partícula pop mesmo assim; também. 私～できる watashi ～dekiru: eu também consigo fazer.
datto 脱兎 s ～のごとく ～no gotoku: como um coelho amedrontado; o mais rápido que pode.
dattō 脱党 s secessão; afastamento de um partido; defecção.
de 出 s 1 ato de sair. 今日は人の～が多い! kyō wa hito no ～ga ōi!: há muitas pessoas fora de casa, hoje. 2 comparecimento; presença. 3 aparecimento. 月の～ tsuki no～: aparecimento da lua. 4 fluxo. 水の～が悪い mizu no ～ga warui: a água não sai bem. 5 escoamento. ～が良い ～ga yoi: o escoamento é bom. 6 extração. この茶は～が良い kono cha wa ～ga yoi: este chá tem boa extração. 7 despesas; gastos. 8 colheita; produção; suprimento. 9 venda; demanda. ～がよい ～ga yoi: vende bem. 10 início; começo. ～がよい ～ga yoi: ter um bom começo; bom começo. 11 origem; nascimento. 大学～の人 daigaku ～no hito: pessoa graduada em universidade.
de¹ で s substância. ～がある ～ga aru: substancial; volumoso.
de² で v aux e; enquanto. 息子は十五歳～、娘は十二歳です musuko wa jūgosai ～, musume wa jūnisai desu: meu filho tem 15 anos e minha filha tem 12 anos.
de³ で conj e; assim; então; e é por isso... ...で、どうしようというのかね ...de, dō shiyō to iu no ka ne: então o que você pretende fazer?
-de -で partícula 1 em; no; na (lugar). 日本～ nihon～: no Japão. 2 em (tempo). それは一ヶ月～できます sore wa ikkagetsu～ dekimasu: isso ficará pronto em um mês. 3 com (idade). 二十歳～死ぬ hatachi～ shinu: morrer com 20 anos. 4 por; pelo (preço). 三千円～ sanzen'en～: por três mil ienes. 5 por. 五点～勝つ goten～katsu: vencer por cinco pontos. 6 por; por causa de; por motivo de. 病気～寝ている byōki～ neteiru: está na cama por estar doente. 7 de (matéria-prima, material). 酒は米～作る sake wa kome～ tsukuru: o saquê é feito do arroz. 8 por; através; com (meio, instrumento). 船～ fune～: de navio. 望遠鏡～見る bōenkyō ～ miru: ver por meio do telescópio. 9 em (forma, língua). 英語～書く eigo～ kaku: escrever em inglês. 10 por; pelo(a); no; de acordo com. 私の時計～三時 watashi no tokei～ sanji: são três horas no meu relógio. 11 com; de acordo com. 習慣は国～異なる shūkan wa kuni～ kotonaru: os costumes variam de acordo com cada país.
deai 出合い s encontro; reunião. ～場所 ～basho: local de encontro.
deaigashira 出会い頭 s ～に ～ni: deparar-se repentinamente. ～に二人はどんとぶつかった ～ni futari wa don to butsukatta: os dois se trombaram ao se deparar.
dearuku 出歩く v vaguear; vadiar; vagabundear.
deashi 出足 s começo. ～が早い ～ga hayai: começar rápido. ～がよい ～ga yoi: começar bem.
deau 出会[合]う v 1 encontrar. ばったり～ battari ～: colidir; chocar-se. 2 encontrar (encontro marcado).
deba 出歯 s dentuço. Sin **deppa** 出っ歯.
deba(bōchō) 出刃(包丁) s faca de cozinha.
deban 出番 s turno; vez; hora (de subir no palco, de se apresentar).
debaru 出張る v projetar; sobressair; estender; espichar.
debu でぶ s pop pessoa gorda; gorducho; rechonchudo.
debune 出船 s saída em viagem de navio ou barco.
debushō 出不精 s ～の ～no: que fica em casa; que não gosta de sair.
debyū デビュー (fr début) s apresentação de uma jovem à sociedade. ～する ～suru: debutar.
dedashi 出だし s início; começo; partida. ～がよい ～ga yoi: bom começo.
dedokoro 出所 s origem; fonte; saída; escoadouro.
defure デフレ, **defurēshon** デフレーション (ingl deflation) s deflação.
degake 出掛け s ～に ～ni: quando está para sair; ocasião da saída.
degara 出殻 s 茶の～ cha no ～: folhas de chá usadas. コーヒーの～ kōhī no ～: pó de café depois de passado no coador.
degarashi 出がらし s ～の ～no: fraco; ralo; diluído.
degeiko 出稽古 s aulas na casa do aluno.

degirai 出嫌い *s* avesso a sair de casa. *V* **debushō** 出不精.

deguchi 出口 *s* **1** saída; passagem para fora. **2** vazamento; abertura; vazão; escape.

deguse 出癖 *s* ～がつく ～*ga tsuku*: habituar-se a sair frequentemente.

dehairi 出入り *s* その家に～する *sono ie ni ～ suru*: ter acesso livre a uma casa.

dehajime 出始め *s* primeira aparição; início da safra de um produto. 梨の～ *nashi no ～*: primeiras peras.

dehajimeru 出始める *v* começar a aparecer; começar a brotar.

dehana 出端 *s* **1** saída. *V* **degake** 出掛け. **2** começo; início.

deharau 出払う *v* estarem todos fora; nenhuma pessoa no local.

dehazure 出外れ *s* fim; extremidade (de um lugar). 村の～に *mura no ～ni*: no extremo da vila.

dehōdai 出放題 *s* **1** saída livre de alguma coisa. **2** comentário impensado; absurdo; fala desenfreada.

dei 泥 *s* lama; lamaçal.

deichi 泥地 *s* brejo; pântano.

deichū 泥中 *s* dentro da lama.

deido 泥土 *s* lama; lamaçal; atoleiro.

deinei 泥濘 *s* lama; lamaçal.

deiri 出入り *s* **1** ato de entrar ou sair; entrada e saída. **2** ～の医者 ～*no isha*: médico de família. **3** recebimentos e pagamentos. **4** excesso e falta. **5** reentrâncias. **6** perturbação; desordem; briga; processo.

deisui 泥酔 *s* embriaguez total. ～者 ～*sha*: pessoa embriagada; bêbado.

deitan 泥炭 *s* turfa.

deka でか *s pop* jargão pejorativo de detetive; investigador.

dekadan デカダン (*fr decadént*) *s* decadência; decadente. ～文学 ～*bungaku*: literatura da decadência.

dekadeka to でかでかと *adv pop* em letras grandes; claramente visível.

dekai でかい *adj dial* grande; enorme; volumoso.

dekakeru 出掛ける *v* sair; dar uma saída. 散歩に～ *sanpo ni ～*: sair para uma caminhada.

dekasegi 出稼ぎ *s* trabalho temporário em local distante de casa. ～*suru, v*: trabalhar temporariamente em local distante de casa.

dekasu 出かす *v pop* **1** fazer; cometer. **2** cumprir; realizar.

dekata 出方 *s* **1** atitude; medida. **2** atendente de teatro.

deki 出来 *s* **1** manufatura; talhe de roupa. **2** execução; término; acabamento; perícia; habilidade. **3** resultado; efeito. **4** colheita; produção. **5** negociações; transações.

dekiagari 出来上がり *s* **1** conclusão; término. **2** acabamento.

dekiagaru 出来上がる *v* terminar, acabar; estar pronto; estar terminado.

dekiai 出来合い *s* **1** artigo pronto; produto acabado. **2** casal de fato.

dekiai 溺愛 *s* amor cego; afeição excessiva.

dekiau 出来合う *v pop* **1** estar pronto. **2** ser íntimo.

dekibae 出来栄[映]え *s* resultado; efeito; acabamento; execução.

dekidaka 出来高 *s* colheita; produção; rendimento; resultado; volume.

dekigokoro 出来心 *s* impulso repentino; impulso de momento; capricho.

dekigoto 出来事 *s* ocorrência; acontecimento; caso; incidente; evento; acidente.

dekimono 出来物 *s* tumor; furúnculo; inchação; úlcera; abscesso; pústula; erupção; exantema.

dekiru 出来る *v* **1** fazer; completar; terminar; estar pronto. 食事が出来た *shokuji ga dekita*: o jantar está pronto. **2** ser feito; ser manufaturado; ser construído. 石で出来ている *ishi de dekiteiru*: foi construído de pedra. **3** ser formado; ser organizado; ser estabelecido; ser fixado. **4** formar; fazer; tomar forma. **5** vir a viver. **6** crescer. **7** ser produzido. **8** brotar. **9** poder; ser possível; ser capaz; ser permitido fazer. **10** ser bom; ser hábil. **11** ser íntimo; começar um relacionamento (entre homem e mulher). **12** ser cotado; ser negociado.

dekirudake 出来るだけ *expr* o quanto puder; quão possível; o melhor que a habilidade de um indivíduo permite.

dekishi 溺死 *s* morte por afogamento.

dekisokonai 出来損い *s* **1** falha; remendão; com defeito; albardeiro; trabalho malfeito; desperdício de mercadoria. **2** gastador; indisciplinado.

dekisokonau 出来損う *v* falhar; ser malcriado; ser estragado; ser arruinado.

dekita 出来た *expr* mentalmente desenvolvido; maduro; pronto; terminado.

dekitate 出来たて *s* aquilo que acaba de ser feito. ～の ～*no*: novo; fresco; completamente novo. ～のほやほや ～*no hoyahoya*: acabado de sair do forno.

dekite iru 出来ている *expr* feito para.

dekkai でっかい *adj pop* gigantesco; enorme.

dekki デッキ (*ingl deck*) *s* **1** convés; plataforma entre vagões; antecâmara. **2** aparelho de toca-fitas.

dekoboko 凸凹 *s* **1** acidentado; irregular; áspero (superfície). **2** desigualdade; diferença.

deku 木偶 *s* boneco de madeira; manequim; fantoche; marionete.

deku no bō 木偶坊 *s* burro; ignorante; palerma.

dekuwasu 出くわす *v* encontrar.

dema デマ (*al Demagogie*) *s* boato; demagogia.

demae 出前 *s* serviço de entregas de restaurante; *delivery*.

demakase 出任せ *s* discurso a esmo; fala à toa.

demawari 出回り *s* movimento; fluxo; lançamento no mercado; suprimento.

demawaru 出回る *v* chegar ao mercado; lançar no mercado; circular no mercado.

deme 出目 *s pop* olho protuberante ou saliente; olho saltado; olho esbugalhado.

demise 出店 *s* filial; sucursal.

demizu 出水 *s* inundação; enchente; cheia.

demo デモ (*abrev do ingl demonstration*) *s* manifestação.

demo でも *conj* mas; ainda; embora; contudo.

-demo -でも *partícula* **1** mesmo. 子供～ *kodomo ～*: mesmo uma criança. **2** 映画～みようか *eiga ～ miyōka*: o que você acha de assistirmos a um filme, por exemplo?

demodori 出戻り *s* mulher divorciada que volta para a casa dos pais; divorciada.

demokōshin デモ行進 s movimento de manifestação; parada de manifestantes.
demono 出物 s 1 erupção da pele; exantema; furúnculo. 2 artigo de segunda mão; objeto usado; achado.
demukae 出迎え s recepção; boas-vindas a alguém.
demukaeru 出迎える v receber; cumprimentar; encontrar; buscar alguém na chegada.
demuku 出向く v ir; prosseguir; dirigir-se a.
den 伝 s 1 lenda; tradição. 2 vida; biografia. 3 comentário; exposição.
de nakereba でなければ expr senão; de outro modo.
denaosu 出直す v 1 vir ou vir novamente; visitar de novo. 2 começar tudo de novo.
den'atsu 電圧 s Fís voltagem; tensão elétrica.
denba 電場 s campo elétrico.
denbu 臀部 s nádegas; quadril; anca; traseiro.
denbun 伝聞 s relato oral; boato; ouvir dizer.
denbun 電文 s mensagem telegráfica; telegrama.
denchi 電池 s pilha elétrica; pilha; bateria; bateria galvânica; célula voltaica.
denchiku 電蓄 s gramofone elétrico.
denchū 電柱 s poste de telefone; poste de eletricidade.
dendenmushi でんでん虫 s caracol. Sin **katatsumuri** 蝸牛.
dendō 伝動 s engrenagem; transmissão.
dendō 電動 s eletromotriz. ～の ～no: eletromotor; movido a eletricidade.
dendō 殿堂 s palácio; salão; santuário; templo. 学問の～ gakumon no ～: santuário da aprendizagem.
dendō 伝道 s Rel trabalho missionário; ato de pregar o Evangelho; missões.
dendō 伝導 s Fís condução; transmissão.
dendōki 電動機 s motor elétrico.
den'en 田園 s 1 campos. 2 distritos rurais.
den'enseikatsu 田園生活 s vida no campo; vida rural. ～主義者 ～shugisha: ruralista.
dengaku 田楽 s 1 música e dança desenvolvidas a partir de música de animação do trabalho do eito na plantação do arroz. 2 cozido à base de queijo de soja.
dengeki 電撃 s 1 choque elétrico. 2 ataque relâmpago. ～療法 ～ryōhō: tratamento com choque elétrico.
dengen 電源 s fonte de eletricidade.
dengon 伝言 s mensagem; recado. ～板 ～ban: quadro de recados.
dengun 殿軍 s força da retaguarda.
dengurikaeru でんぐり返る v pop virar; girar; ficar de cabeça para baixo.
dengurikaesu でんぐり返す v pop fazer virar; fazer girar; fazer ficar de cabeça para baixo.
den'i 電位 s potência elétrica.
den'isa 電位差 s diferença de potência.
denji 田地 s campo de plantação de arroz; terra de agricultura.
denji 電磁 s ～場 ～ba: campo eletromagnético. ～感応(誘導) ～kannō (yūdō): indução eletromagnética.
denjiha 電磁波 s ondas eletromagnéticas.
denjiki 電磁気 s eletromagnetismo.
denjishaku 電磁石 s eletromagneto; eletroímã.

denju 伝授 s instrução; iniciação. ～を受ける ～o ukeru: receber instrução; ser instruído. ～suru, v: instruir; dar instrução.
denka 殿下 s Sua Alteza imperial.
denka 電化 s eletrificação.
denka 伝家 s herança de família.
denka 電荷 s Eletr carga elétrica.
denkai 電界 s campo elétrico. ～強度 ～kyōdo: intensidade do campo elétrico.
denkai 電解 s eletrólise.
denkaishitsu 電解質 s Quím eletrólito.
denken 電鍵 s chave; chave elétrica. ～盤 ～ban: quadro de chaves.
denki 伝記 s vida; biografia; história biográfica. ～映画 ～eiga: filme biográfico.
denki 電気 s 1 eletricidade. 2 luz elétrica. V **dentō** 電灯.
denki 電機 s maquinaria e aparelhos elétricos.
denki 伝奇 s romance. ～小説 ～shōsetsu: romance; história de aventura.
denkibunkai 電気分解 s eletrólise; análise eletrolítica.
denkidendō 電気伝導 s condução elétrica.
denkidōtai 電気導体 s condutor elétrico.
denkigaku 電気学 s ciência da eletricidade; eletricidade.
denkigishi 電気技師 s engenheiro elétrico.
denkijigyō 電気事業 s empresas de eletricidade.
denkikigu 電気器具 s instrumentos elétricos; aparelhos elétricos.
denkikōgaku 電気工学 s engenharia elétrica.
denkimekki 電気鍍金 s galvanização; galvanoplastia.
denkiryō 電気量 s quantidade de eletricidade.
denkiryō(kin) 電気料(金) s tarifa de eletricidade; preço da eletricidade.
denkiseihin 電気製品 s aparelhos elétricos; utensílios elétricos; eletrodomésticos.
denkiteikō 電気抵抗 s resistência elétrica.
denkyoku 電極 s eletrodo; polo; terminal elétrico.
denkyū 電球 s lâmpada elétrica.
denpa 伝播 s propagação; circulação; disseminação; difusão.
denpa 電波 s ondas eletromagnéticas; ondas de rádio.
denpatanchiki 電波探知機 s radar; instalação de radar; radiolocalizador.
denpatenmongaku 電波天文学 s radioastronomia.
denpō 電報 s telegrama; mensagem telegráfica; radiotelegrama.
denpun 澱粉 s amido; fécula.
denpyō 伝票 s nota; bilhete; entrada; passagem; etiqueta.
denrai 伝来 s transmissão de conhecimentos trazidos do exterior pelos ancestrais.
denrei 伝令 s mensagem; mensageiro; ordenança.
denri 電離 s Fís dissociação eletrolítica; ionização.
denrisō 電離層 s ionosfera.
denro 電路 s circuito elétrico.
denryoku 電力 s força elétrica; eletricidade; força.
denryū 電流 s corrente elétrica; fluxo de eletricidade.
denryūkei 電流計 s amperímetro; galvanômetro.
densen 伝染 s contágio; infecção.
densen 電線 s fio elétrico; cabo; linha telegráfica; linha de telefone.

densenbyō 伝染病 *s pop* doença contagiosa; doença epidêmica.
densetsu 伝説 *s* lenda; tradição; folclore; contos. ~的 ~*teki*: lendário.
densha 電車 *s* trem movido a eletricidade; bonde.
denshi 電子 *s Fís* elétron.
denshiboruto 電子ボルト *s Fís nucl* elétron-volt.
denshikeisanki 電子計算機 *s* calculadora eletrônica; máquina eletrônica processadora de dados.
denshikenbikyō 電子顕微鏡 *s* microscópio eletrônico.
denshikōgaku 電子工学 *s* eletrônica; engenharia eletrônica.
denshin 電信 *s* telégrafo; telegrama; mensagem telegráfica; cabo.
denshisangyō 電子産業 *s* indústria eletrônica.
denshō 伝承 *s* transmissão; tradição oral; lenda; folclore; história folclórica.
denshobato 伝書鳩 *s* pombo-correio.
denshoku 電飾 *s* iluminação elétrica ornamental.
densō 伝送 *s* transmissão. *V* **dentatsu** 伝達. ~方式 ~*hōshiki*: sistema de transmissão.
dentatsu 伝達 *s* **1** transmissão; condução; comunicação; entrega; notificação; transferência. **2** propagação.
den to でんと *adv* firmemente; imponentemente; dignamente.
dentō 伝統 *s* tradição; convenção; sucessão.
dentō 電灯 *s* luz elétrica; lâmpada elétrica.
dentōryō(kin) 電灯料(金) *s* tarifa de luz elétrica.
dentōsen 電灯線 *s* linha elétrica.
dentōteki 伝統的 *adj* tradicional; convencional.
dentsui 電堆 *s Eletr* pilha; pilha voltaica.
denwa 電話 *s* telefone.
denwabangō 電話番号 *s* número de telefone.
denwachō 電話帳 *s* lista telefônica.
denwaguchi 電話口 *s* ~に出る ~*ni deru*: atender ao telefone.
denwakyoku 電話局 *s* companhia telefônica; central telefônica.
denwaryō 電話料 *s* conta de telefone; tarifa telefônica.
denwasen 電話線 *s* linha telefônica.
den'ya 田野 *s* campos cultivados.
depāto デパート (*ingl department store*) *s* loja de departamentos.
deppa 出っ歯 *s pop* dentuço.
deppari 出っ張り *s* projeção; saliência; proeminência.
depparu 出っ張る *v pop* projetar; sobressair; aparecer.
deppuri でっぷり *adv pop* ~した ~*shita*: ser gordo; corpulento; carnudo; obeso.
derakkusu デラックス (*ingl deluxe*) *adj* luxuoso; suntuoso.
deredere でれでれ *adv pop* ~*suru*, *v*: vadiar com uma mulher; ser atencioso com uma mulher.
derikēto デリケート (*ingl delicate*) *adj* ~*na*: delicado; sensível.
deru 出る *v* **1** aparecer; emergir. **2** assombrar. **3** restaurar; restabelecer; achar; reintegrar. **4** ser servido (pratos); ser pago (salários). **5** levar a; conduzir a. この道について行くと海に~ *kono michi ni tsuite iku to umi ni* ~: seguindo este caminho, chegará ao mar. **6** aparecer; dar (como resultado). 10を5で割れば2が~ *jū o go de wareba ni ga* ~: 10 dividido por 5 é igual a 2. **7** sair; ir para fora. 庭へ~ *niwa e* ~: sair para o jardim. **8** estar presente a uma cerimônia; comparecer. 法廷へ~ *hōtei e* ~: comparecer na corte. **9** trabalhar; servir; estar em serviço. 会社へ~ *kaisha e* ~: estar trabalhando na empresa. **10** participar; fazer parte de. 美人コンテストに~ *bijin kontesuto ni*~: participar de concurso de beleza. **11** ぼくが~よ *boku ga* ~*yo*: eu atendo!. **12** lançar-se; aparecer. 政界に~ *seikai ni*~: lançar-se na carreira política. **13** candidatar-se. **14** aparecer; ser publicado. それは新聞に出ています *sore wa shinbun ni dete imasu*: isto foi publicado nos jornais. **15** ser publicado; ser editado; tornar-se público; sair. 私の新著は来月出ます *watashi no shincho wa raigetsu demasu*: minha nova obra sairá no mês que vem. **16** vender bem; ter grande demanda; ter grande circulação. 最もよく~本 *mottomo yoku* ~ *hon*: o livro que mais se vende. **17** partir; sair. 汽車は午前六時十五分に~ *kisha wa gozen rokuji jūgofun ni* ~: o trem parte às 6h15 da manhã. **18** ir embora; desistir. 出て行け！ *deteike!*: vá embora! **19** graduar-se; formar-se numa universidade, numa escola. **20** originar; ser causado por; ocorrer; começar. 彼の病気は過労から出たのだ *kare no byōki wa karō kara deta no da*: a doença dele se originou do excesso de trabalho. **21** ser criado; ser produzido; ser achado. 静岡からは茶が~ *Shizuoka kara wa cha ga* ~: em Shizuoka, produz-se o chá. **22** brotar; emanar; originar-se; provir. 偉人は多く貧しい家から~ *ijin wa ōku mazushii ie kara*~: a maioria dos grandes homens se origina de famílias humildes. **23** projetar; sobressair. **24** interferir; intrometer; importunar. 君の~幕ではない *kimi no* ~*maku dewanai*: você não tem nada a ver com este assunto. **25** assumir; comportar. **26** exceder; ultrapassar; estar acima de. 彼は四十を出ている *kare wa yonjū o deteiru*: ele está acima dos 40 anos de idade. **27** ter despesas. 今月はずいぶん出た *kongetsu wa zuibun deta*: as despesas deste mês foram consideráveis. **28** extrair; pôr em infusão. このお茶はずいぶん出る *kono ocha wa zuibun deru*: este chá rende bem. **29** fazer (velocidade). その車はどの位出ますか。二百キロ出ます *sono kuruma wa dono kurai demasu ka. nihyakkiro demasu*: quantos quilômetros faz esse carro? faz 200 por hora.
desakari 出盛り *s* estação, temporada (verduras e frutas). 梨の~ *nashi no* ~: plena safra da pera.
desaki 出先 *s* destino.
deshabari 出しゃばり *s* intromissão; presunção. ~*na, adj*: intruso; intrometido; solícito; metediço.
deshabaru 出しゃばる *v* intrometer-se.
deshi 弟子 *s* aluno; discípulo; seguidor; aprendiz.
deshiburu 出渋る *v* relutar para sair.
deshina 出しな *s* à saída.
-deshō -でしょう *v aux V* **darō** だろう.
desorou 出揃う *v* aparecerem todos juntos; estarem todos presentes.
dessan デッサン (*fr dessin*) *s* esboço; delineamento; rascunho.
-desu -です *v aux V* **-da** -だ.
desugiru 出過ぎる *v* **1** sobressair, aparecer além

da conta. **2** ser atrevido; ser petulante. **3** お茶が〜 ocha ga 〜: ficar demasiado forte o chá.
desu kara ですから *conj V* **dakara** だから.
desuku デスク *(ingl desk) s* escrivaninha; editor de jornal; seção de "contas" ou recepção de hotel.
dēta データ *(ingl data) s* dados. 生の〜 nama no 〜: dados crus. *V* **shiryō** 資料.
detarame 出鱈目 *s pop* discurso infundado; comentário irresponsável; alegação absurda.
detatokoshōbu 出たとこ勝負 *s* aconteça o que acontecer. 〜で 〜*de*: sem planejamento.
detchi 丁稚 *s* aprendiz. 〜小僧 〜*kozō*: menino aprendiz.
detchiage 捏っち上げ *s* história inventada; invencionice; mentira.
detchiageru 捏っち上げる *v pop* forjar; inventar; fabricar.
detchibōkō 丁稚奉公 *s* empregado menor em casa de comércio.
detekuru 出て来る *v* aparecer; surgir.
dēto デート *(ingl date) s* 〜*suru, v*: sair; encontrar-se com alguém. ...と〜している ...*to*〜 *shiteiru*: está saindo com...
dewa では *conj* então; bem; por isso; neste caso. 〜君はパスしたんだね 〜 *kimi wa pasu shitandane*: então, quer dizer que você passou?
-dewa -では *partícula* em; quanto a; no tocante a; no caso de; segundo; pela minha experiência; quando o assunto é. けんか〜彼はだれにも負けない *kenka*〜 *kare wa dare ni mo makenai*: quando se trata de briga, ele não perde de ninguém. そこは景色〜天下第一だ *soko wa keshiki*〜 *tenka daiichi da*: quanto à beleza da paisagem, este lugar é o melhor lugar do mundo.
dezain デザイン *(ingl design) s* desenho; esboço; modelo.
dezainā デザイナー *(ingl designer) s* desenhista; estilista; projetista.
dezakari 出盛り *s* estação, temporada (verduras e frutas). *V* **desakari** 出盛り.
dezāto デザート *(ingl dessert) s* sobremesa.
dezome 出初め *s* primeira aparição; estreia.
dezuirazu 出ず入らず *s* **1** sem ganhos ou perdas; nem muito, nem pouco. **2** moderação.
dezuki 出好き *s* ato de gostar de sair.
do 度 *s* **1** grau. 45〜の角 *yonjūgo*〜*no kaku*: ângulo de 45 graus. **2** graus de temperatura. **3** grau de lente. **4** grau de latitude ou longitude. **5** teor alcoólico. **6** vezes. **7** nível; extensão; medida; limite. **8** presença de espírito; serenidade; calma. 〜を失う 〜*o ushinau*: perder a calma.
dō 胴 *s* tronco; torso; armadura; cilindro do tambor; saliência; barriga; barrica; casco; carcaça do navio.
dō 堂 *s* **1** templo; santuário. **2** salão. **3** 〜に入る 〜*ni hairu*: tornar-se mestre.
dō 銅 *s* cobre.
dō 動 *s* movimento.
dō[1] どう *adv* **1** como; o que. 商売は〜かね *shōbai wa* 〜*ka ne*: como estão os negócios? **2** 〜した, 顔色が 悪いぞ 〜*shita, kaoiro ga waruizo*: o que aconteceu? você está pálido. **3** 〜だい 〜*dai*: olá, como está?. 調子は〜だい *chōshi wa* 〜*dai*: como estão as coisas?

dō[2] どう *interj* xó! ordem para fazer o cavalo ou boi parar.
dō- 同- *pref* o mesmo; o dito; a questão; igual; semelhante. 〜社 〜*sha*: a mesma empresa. 〜日 〜*jitsu*: no mesmo dia.
-dō -堂 *suf* loja; casa de comércio; santuário; templo.
doa ドア *(ingl door) s* porta.
dōage 胴上げ *s* regozijo; levantar uma pessoa para o alto.
doai 度合い *s* grau; extensão; percentagem. *V* **teido** 程度.
dōban 銅板 *s* chapa de cobre; placa de cobre.
dobashi 土橋 *s* ponte de terra ou barro.
dobei 土塀 *s* muro de barro.
dobin 土瓶 *s* chaleira de barro.
dōbō, dōhō 同胞 *s* patrício; compatriota.
doboku 土木 *s* engenharia civil.
doboku 奴僕 *s* servente; criado; lacaio.
dobu 溝 *s* fosso; valo; sistema de escoamento da rua; valeta.
dobun どぶん *onom* 〜と落ちる 〜*to ochiru*: cair ou fazer cair na água com ruído.
dōbun 同文 *s* texto idêntico; mesmas palavras; povos distintos que possuem escritas iguais.
dōbundōshu 同文同種 *s* mesma escrita e mesma raça.
dobunezumi 溝鼠 *s Zool* rato de bueiro; ratazana.
doburoku 濁酒 *s pop* saquê não refinado.
dōbutsu 動物 *s* animal; criatura; fauna; vida animal.
dōbutsuen 動物園 *s* jardim zoológico.
dōbutsugaku 動物学 *s* zoologia.
dōbutsuka 動物化 *s* animalização.
dōbutsusei 動物性 *s* natureza animal; animalidade.
dōbutsushiken 動物試験 *s* teste em animais.
dōbutsusō 動物相 *s* fauna.
dōbutsusūhai 動物崇拝 *s* zoolatria.
dobyakushō 土百姓 *s vulg* camponês; lavrador.
dōbyō 同病 *s* a mesma doença.
dochaku 土着 *s* autoctonia. 〜の 〜*no*: nativo; indígena; autóctone.
dōchaku 同着 *s* chegada simultânea.
dōchaku 撞着 *s* contradição; inconsistência; conflito.
dōchi 同値 *s Mat* equivalência. 〜の 〜*no*: equivalente.
dochira どちら *pron* **1** onde; que lugar; para onde. **2** qual dos dois. **3** quem.
dōchō 同調 *s* **1** alinhamento; conformidade. **2** sintonia; afinação; sincronismo.
dōchū 道中 *s* jornada; viagem.
dodai 土台 *s* **1** fundação. **2** base.
dodai どだい *adv pop* fundamentalmente; extremamente; totalmente; inteiramente.
dōdan 同断 *s* o mesmo que antes; idem. *V* **dōyō** 同様.
dōdemo どうでも *adv* de qualquer jeito; de qualquer modo.
dōden 導電 *s* condução elétrica; condução de eletricidade.
dōdō 同道 *s* companhia. 母と〜で *haha to* 〜*de*: acompanhado pela mãe.
dōdō 堂々 *adj* **1** 〜たる 〜*taru*: imponente; grandioso; pomposo; magnificente; esplêndido; digno. **2** 〜たる 〜*taru*: abertamente; imparcial-

mente; diretamente. 〜たる議論 〜*taru giron*: argumento imparcial e esplêndido.

dodoitsu 都々逸 *s* espécie de poemeto humorístico japonês de quatro versos.

dodome 土留め *s* revestimento de barro; retenção de barro ou terra.

dōdōmeguri 堂々回り *s* **1** sem fim. **2** círculo vicioso.

doerai ど偉い *adj pop* imenso; enorme; grande; sério; pasmoso.

dōfū 同封 *s* 〜書類 〜*shorui*: documentos inclusos.

dōfuku 同腹 *s* 〜の 〜*no*: uterino.

dōga 動画 *s* animação; filme animado (desenho animado).

dogaishi 度外視 *s* 〜*suru*, *v*: desconsiderar; ignorar.

dōgaku 同額 *s* do mesmo valor.

dōgaku 道学 *s* filosofia de Confúcio; ética confuciana.

dōgaku 同学 *s* 〜の友 〜*no tomo*: colega de escola; condiscípulo.

dogama 土釜 *s* panela de barro.

dogama 土竈 *s* fornalha de carvão de madeira.

dogeza 土下座 *s* 〜*suru*, *v*: ajoelhar-se em reverência a potentados.

dōgi 胴着 *s* colete.

dōgi 動議 *s* moção. 緊急〜 *kinkyū* 〜: moção urgente.

dōgi 道義 *s* moralidade; moral; princípios morais; justiça moral.

dōgi 同義 *s* sinonímia; de mesmo significado.

dogimagi どぎまぎ *mim* 〜*suru*, *v*: estar confuso; estar perturbado; perder a tranquilidade; estar atrapalhado.

dogimo 度胆 *s* 〜を抜く 〜*o nuku*: surpreender; deixar uma pessoa desconcertada.

dōgishin 道義心 *s* senso de moralidade.

dogitsui どぎつい *adj* espalhafatoso; vistoso, mas de mau gosto; berrante; intenso (sol); sonoro; ruidoso.

dogo 土語 *s* língua nativa.

dogō 怒号 *s* rugido; urro; clamor; berro; bramido.

dōgohanpuku 同語反復 *s* tautologia.

dogū 土偶 *s* boneco de barro ou argila.

dōgu 道具 *s* instrumento; ferramenta; aparelho; implemento; apetrecho; equipamento; parafernália.

dōgubako 道具箱 *s* caixa de instrumentos ou ferramentas.

dōgudate 道具立て *s* **1** cenário; decoração teatral. **2** preparativos (arranjos preliminares).

dōgukata 道具方 *s* deslocador de cenários; carpinteiro de palco.

doguma ドグマ (*ingl dogma*) *s* dogma; dogmatismo.

dōguya 道具屋 *s* **1** negociador de artigos de segunda mão. **2** negociante de móveis usados.

dōgyō 同行 *s* **1** companheiro de viagem. **2** congregado peregrino.

dōgyō 同業 *s* do mesmo ramo de negócio; da mesma atividade profissional.

dōgyōsha 同業者 *s* da mesma profissão; pessoa da mesma atividade profissional; colega.

dōhai 同輩 *s* camarada; colega.

dōhan 同伴 *s* companhia de pessoa ou pessoas.

dōhan 同藩 *s Hist* **1** mesma suserania. **2** mesmo feudo.

dohazure 度外れ *s* 〜の 〜*no*: extraordinário; excessivo. 〜に大きな声 〜*ni ōkina koe*: uma voz extraordinariamente alta.

dohi 奴婢 *s* criado e criada na estratificação social da Antiguidade.

dōhitsu 同筆 *s* mesma escrita.

dōhō 同胞 *s* irmãos; compatriotas; concidadãos.

dohyō 土俵 *s* **1** saco de areia. **2** arena de sumô.

dōhyō 道標 *s* poste indicador; sinal indicador nas estradas.

dōi 同位 *s* **1** mesma categoria. **2** mesmo dígito.

dōi 同意 *s* **1** mesmo significado. **2** mesma opinião. **3** acordo; consentimento; aprovação.

dōigenso 同位元素 *s* isótopo. *Sin* **dōitai** 同位体.

dōigi 同意義 *s* mesmo significado; sinonímia.

dōigo 同意語 *s* sinônimo.

dōiken 同意見 *s* mesma opinião.

dōin 動員 *s* mobilização. 産業〜 *sangyō*〜: mobilização industrial. 〜計画 〜*keikaku*: plano de mobilização.

dōin 動因 *s Psicol* motivo.

dōinrei 動員令 *s* ordem de mobilização.

dōitai 同位体 *s Fís* isótopos.

doitsu 何奴 *pron vulg* quem; que pessoa.

dōitsu 同一 *s* **1** identidade; unidade; uniformidade. **2** igualdade; indiscriminação.

dōitsushi 同一視 *s* 〜*suru*, *v*: considerar A e B igualmente; identificar A com B.

dō iu どういう *adj* 〜風 〜*fū*: como; de que maneira; de que jeito.

dōjaku 瞠若 *adj* 〜たらしめる 〜*tarashimeru*: fazer uma pessoa encarar ou fitar maravilhadamente.

doji どじ *s pop* 〜を踏む 〜*o fumu*: errar; fazer confusão; equivocar-se; enganar-se.

dōji 同時 *s* **1** mesmo tempo; mesma hora. **2** simultâneo. **3** de uma vez. **4** enquanto; por outro lado.

dōji 童子 *s* criança; menino.

dōjidai 同時代 *s* mesma época; mesmo período; contemporaneidade.

dōjiku 同軸 *s* mesmo eixo.

dojin 土人 *s* nativo; aborígine; indígena.

dōjin 同人 *s* roda de amigos; fraternidade; clube; associado; sócio; membro.

dōjinshu 同人種 *s* mesma raça.

dōjirokuon 同時録音 *s* gravação simultânea.

dōjiru 動じる *v* perturbar-se; ser afetado; abalar-se; transtornar-se.

dōjitsu 同日 *s* mesmo dia.

dōjitsūyaku 同時通訳 *s* tradução ou interpretação simultânea.

dojō 土壌 *s* solo.

dojō 泥鰌・鰌 *s Ictiol* dojo (*Misgurnus anguillicaudata*).

dōjō 同乗 *s* 〜*suru*, *v*: dividir o mesmo transporte; viajar no mesmo veículo.

dōjō 同情 *s* simpatia; compaixão.

dōjō 道場 *s* **1** salão de exercícios; ginásio; arena. **2** local de exercícios para sacerdócio budista.

dōjō 同上 *s* o mesmo que acima; idem.

dojōgaku 土壌学 *s* pedologia; ciência do solo.

dōjōshin 同情心 *s* sentimento de simpatia; simpatia.

dōjōyaburi 道場破り *s* visita de desafio a uma academia de lutas marciais.

dōka 銅貨 *s* moeda de cobre; cobre.

dōka 同化 *s* **1** assimilação. **2** adaptação.
dōka どうか *adv* **1** por favor. **2** de uma forma ou outra. **3** se ... ou não.
dokadoka どかどか *adv* em multidão; sucessivamente.
dokai 土塊 *s* torrão.
dōkakōka どうかこうか *adv* de uma maneira ou de outra; com dificuldade; seja como for; de qualquer modo.
dōkaku 同格 *s* **1** mesma categoria; igualdade. **2** aposição.
dokan 土管 *s* cano de barro; cano de barro para esgoto.
dokan どかん *onom* som de explosão; pum!; som de pancada; baque.
dōkan 同感 *s* **1** mesmo sentimento; simpatia. **2** concordância.
dōkan 導管 *s* conduto; cano; aqueduto; duto.
dōka naru どうかなる *expr* **1** conseguir administrar. **2** ser inoportuno; impróprio.
dōkansū 導関[函]数 *s Mat* derivativo; função derivada.
dōkaryoku 同化力 *s* força assimilativa.
dōkasen 導火線 *s* **1** estopim; rastilho. **2** causa; ímpeto; incentivo.
dōkashite どうかして *adv* de alguma forma; de uma forma ou de outra; de qualquer modo.
dōka suru どうかする *expr* **1** ter algo de errado. **2** tomar medidas; tomar ações; gerenciar de alguma forma.
dōka suru to どうかすると *expr* algumas vezes; ocasionalmente; vez ou outra; raras vezes; quando acontece algo anormal.
dokata 土方 *s* trabalhador de obra civil; peão de obra.
dōkatsu 恫喝 *s* ameaça; intimidação.
dokatto どかっと *adv* sentar-se pesadamente numa cadeira; afundar-se numa cadeira.
dōke 道化 *s* bufonaria; palhaçada; gracejo; jocosidade.
dōkei 同形 *s* mesma forma; isomorfismo.
dōkei 同系 *s* ～会社 ～*kaisha*: empresa afiliada. ～の ～*no*: aliada; semelhante.
dōkei 同型 *s* mesmo tipo; tipo semelhante.
dōkei 憧憬 *s* ～*suru*, *v*: aspirar; ansiar; ter desejo ardente.
dōkei 同慶 *s* mútua congratulação; sentir-se feliz também pelo feito do outro.
doken 土建 *s* engenharia civil; construção civil.
dōken 同県 *s* mesma província.
dōken 同権 *s* mesmos direitos; direitos iguais; igualdade de direitos; isonomia.
dokengyō 土建業 *s* ramo da engenharia civil e construção.
dokeru 退ける *v pop* remover; tirar do caminho.
dōkeru 道化る *v* brincar; pilheriar; gracejar.
dōkeshi 道化師 *s* palhaço; gracejador; brincalhão; bufão; cômico.
dōketsu 洞穴 *s* caverna; gruta.
dōkeyaku 道化役 *s* palhaço; imitador; parodiador.
doki 土器 *s* utensílios de barro; louça de barro; vaso de barro; vasilha de barro.
doki 怒気 *s* ira; raiva; indignação; ressentimento; irritação.

dōki 同期 *s* mesmo período; mesma classe.
dōki 動悸 *s* palpitação; pulsação; batida forte do coração; vibração; agitação.
dōki 動機 *s* motivo; estímulo; razão.
dōki 銅器 *s* **1** utensílio de cobre. **2** utensílio de bronze da China antiga.
dokidoki どきどき *adv* palpitação do coração.
dōkin 同衾 *s* ～*suru*, *v*: dormir com; dormir na mesma cama com; compartilhar a cama.
dokitto どきっと *adv* ～*suru*, *v*: sentir um choque; ficar chocado com.
dōkizuke 動機づけ *s* motivação.
dokkai 読会 *s* sessão de leitura.
dokkairyoku 読解力 *s* habilidade de ler e entender; compreensão do texto.
dokkari(to) どっかり(と) *adv* pesadamente; cair ou sentar-se pesadamente.
dokkeshi 毒消し *s* antídoto; remédio antitóxico; contraveneno.
dokki 毒気 *s* **1** ar nocivo; ar mefítico. **2** malícia; malevolência.
dokkin'hō 独禁法 *s Dir* lei antimonopólio. *V* **dokusenkinshihō** 独占禁止法.
dokkoi どっこい *interj* espere um pouco!; não seja apressado!.
dokkoidokkoi どっこいどっこい *s* ～の ～*no*: igual; nivelado.
dokkoisho どっこいしょ *interj pop* vamos!; força gente!.
dokku ドック (ingl *dock*) *s* docas; estaleiro; dique seco.
dokkyo 独居 *s* solidão; vida solitária.
doko 何処 *pron* onde; em que lugar.
dokō 土工 *s* trabalhador da terra; trabalhador de construção; peão de obra.
dōkō 同行 *s* ir junto; viajar junto; ato de acompanhar.
dōkō 動向 *s* tendência; movimento; atitude; direção; orientação.
dōkō 銅鉱 *s* minério de cobre.
dōkō 同好 *s* mesmo gosto.
dōkō 瞳孔 *s Anat* pupila; menina dos olhos.
dōkōikyoku 同工異曲 *s* ～である ～*de aru*: ser igualmente excelente no trabalho literário; ser praticamente o mesmo.
dokoka どこか *adv* **1** em algum lugar. **2** de alguma forma.
dōkoku 同国 *s* **1** mesmo país. **2** aquele país; o citado país.
dōkoku 慟哭 *s* choro; lamento.
dokomade どこまで *expr* até onde; até que extensão.
dokomademo どこまでも *expr* **1** qualquer lugar; até o fim do mundo. **2** aconteça o que acontecer. **3** até o fim. **4** persistentemente; teimosamente; decididamente. **5** de todo jeito; em todos os pontos. **6** exaustivamente.
dōkon 同根 *s* mesma raiz.
-dokoro -どころ *suf* 私などはまだ結婚～の沙汰ではない *watashi nado wa mada kekkon ～no sata dewa nai*: não estou em condições de pensar em casamento.
-dokoro ka -どころか *partícula* **1** de maneira alguma; de modo algum; ao invés de; longe de. それ～！ *sore* ～!: pelo contrário!. **2** não somente...; para não dizer nada. 彼はフランス語～英語も知

らない *karewa furansugo* ～ *eigo mo shiranai*: ele não somente desconhece francês, como nem inglês ele sabe.
doko soko どこそこ *pron* tal e qual lugar.
doko tomo naku 何処ともなく *adv* sem nenhum destino definido.
doko to naku 何処となく *adv* de alguma forma.
doku 毒 *s* **1** veneno; substância venenosa. **2** tóxico. **3** toxina. **4** dano; prejuízo. **5** maldade; malícia.
doku 退く *v pop* dar espaço a; sair do caminho; voltar atrás.
dokubō 独房 *s* cela; cela de prisão; cela solitária.
Dokubun 独文 *s* língua alemã; literatura alemã.
dokubutsu 毒物 *s* substância venenosa; agente venenoso; veneno; tóxico.
dokudan 独断 *s* **1** decisão arbitrária. **2** dogmatismo.
dokudanjō 独壇場 *s* cenário ocupado por uma única pessoa.
dokudansenkō 独断専行 *s* decisão e ação arbitrárias; ato de agir arbitrariamente exercendo sua própria autoridade.
dokudoku どくどく *adv* copiosamente; profusamente; corrente contínua de líquido.
dokudokushii 毒々しい *adj* **1** com aspecto venenoso. **2** peçonhento; virulento; rancoroso.
dokuen 独演 *s* desempenho solo; recital.
dokuenkai 独演会 *s* recital solo; apresentação solo.
dokufu 毒婦 *s* vampira; mulher perversa ou devassa.
dokuga 毒牙 *s* presas venenosas.
dokugaku 独学 *s* autodidatismo; autodidaxia.
dokugasu 毒ガス *s* gás venenoso; gás tóxico.
dokugo 独語 *s* **1** solilóquio; monólogo. **2** língua alemã.
dokugokan 読後感 *s* impressões sobre um livro.
dokuguchi 毒口 *s* blasfêmia; injúria.
dokuha 読破 *s* ～*suru*, *v*: ler; ler bastante; ler cuidadosamente.
dokuhaku 独白 *s* monólogo; solilóquio.
dokuhebi 毒蛇 *s* cobra venenosa. *V* **dokuja** 毒蛇.
dokuhitsu 毒筆 *s* escrita maldosa, ofensiva.
dokuja 毒蛇 *s* cobra ou serpente venenosa ou peçonhenta.
dokuji 独自 *s* **1** ～性 ～*sei*: originalidade. ～の ～*no*: original; peculiar; característico. **2** ～性 ～*sei*: individualidade. ～の ～*no*: pessoal; individual.
dokuke 毒気 *s* **1** caráter venenoso; virulência. **2** malignidade; malevolência.
dokukeshi 毒消し *s* antídoto. *V* **dokkeshi** 毒消し.
dokumi 毒味[見] *s* ato de provar o prato para verificar se não há veneno.
dokumushi 毒虫 *s* inseto venenoso.
dokuritsu 独立 *s* **1** independência; liberdade. **2** separação; isolamento.
dokuritsujiei 独立自営 *s* independência e administração próprias.
dokuritsujison 独立自尊 *s* independência e dignidade; respeito próprio.
dokuritsukoku 独立国 *s* nação soberana; país independente.
dokuritsusaisansei 独立採算制 *s* sistema de contabilidade independente.
dokuritsusensō 独立戦争 *s* guerra de independência.
dokuristushin 独立心 *s* espírito de independência.
dokuritsushugi 独立主義 *s* separatismo.
dokuro 髑髏 *s* crânio; caveira.
dokuryoku 独力 *s* esforço próprio; esforço de um indivíduo.
dokusai 独裁 *s* ditadura; despotismo; autocracia; absolutismo.
dokusaisha 独裁者 *s* ditador; autocrata; déspota.
dokusaiteki 独裁的 *adj* ditatorial; despótico; autocrático.
dokusatsu 毒殺 *s* assassinato por envenenamento.
dokusei 毒性 *s* virulência; caráter venenoso; toxicidade.
dokusen 独占 *s* **1** posse exclusiva. **2** monopólio; monopolização; ocupação integral.
dokusenkinshihō 独占禁止法 *s Dir* ato antimonopólio.
dokusenshihon 独占資本 *s* capital monopolista.
dokusha 読者 *s* leitor; assinante; audiência; público.
dokushaku 独酌 *s* ～で飲む ～*de nomu*: beber sem companhia; beber só.
dokushasō 読者層 *s* classe de leitores.
dokushin 独身 *s* celibato; vida de solteiro(a).
dokushinjutsu 読唇術 *s* leitura de lábios.
dokusho 読書 *s* leitura de livros.
dokushō 独唱 *s* solo vocal; recital. ～者 ～*sha*: solista.
dokushoka 読書家 *s* leitor de livros; grande leitor; bom leitor.
dokushōkai 独唱会 *s* recital vocal.
dokushoryoku 読書力 *s* habilidade de leitura.
dokushū 独習 *s* autodidática.
dokuso 毒素 *s Biol* toxina; matéria venenosa.
dokusō 毒草 *s* erva venenosa; planta nociva.
dokusō 独走 *s* ato de correr só; corrida sem concorrente.
dokusō 独奏 *s* recital solo.
dokusō 独創 *s* originalidade.
dokusōryoku 独創力 *s* talento criativo; originalidade criativa.
dokusōsei 独創性 *s* originalidade. ～のある ～*no aru*: original.
dokusuru 毒する *v* envenenar; causar dano; prejudicar; ferir; contaminar.
dokutā ドクター (*ingl doctor*) *s* médico.
dokutoku 独特 *s* peculiaridade; singularidade.
dōkutsu 洞窟 *s* caverna; gruta.
dokuya 毒矢 *s* flecha envenenada; flecha venenosa.
dokuyaku 毒薬 *s* droga venenosa; veneno.
dokuzen 独善 *s* virtuosismo; farisaísmo; crença na própria virtude.
dokuzetsu 毒舌 *s* língua ofensiva; língua rancorosa; linguagem maliciosa.
dokuzuku 毒づく *v* lançar veneno; blasfemar; rogar pragas; injuriar.
dokyō 度胸 *s* coragem; ânimo; força de caráter.
dokyō 読経 *s* ato de cantar sutra.
dōkyo 同居 *s* ～*suru*, *v*: morar junto; compartilhar a mesma moradia.
dōkyō 同郷 *s* mesma vila; mesma cidade; mesma província ou estado.
dōkyō 道教 *s* taoismo.
dōkyonin 同居人 *s* companheiro(a) de moradia.
dōkyori 同距離 *s* distância igual; mesma distância.
dōkyū 同級 *s* mesma série ou classe.

dōkyū 撞球 *s* jogo de bilhar.

dokyūkan 弩級艦 *s* couraçado; navio de guerra de grande porte.

doma 土間 *s* **1** parte da casa com piso de terra. **2** plateia frontal no teatro antigo.

domannaka ど真ん中 *s pop* bem no meio; bem no centro.

dōmawari 胴回り *s* medida de cintura; circunferência; perímetro.

dōmei 同名 *s* mesmo nome; homônimo.

dōmei 同盟 *s* aliança; liga; união; confederação.

dōmeihigyō 同盟罷業 *s* greve de trabalhadores. *V* **suto** スト, **sutoraiki** ストライキ.

dōmeiijin 同名異人 *s* pessoa diferente com o mesmo nome; homônimo.

dōmeikoku 同盟国 *s* país aliado.

domin 土民 *s* nativos; aborígines.

dōmitemo どう見ても *expr* sob todos os pontos de vista; de todo jeito; de todas as maneiras. そのかっこうは～紳士だ *sono kakkō wa ~ shinshi da*: de todo jeito, parece um cavalheiro.

-domo -ども *partícula* mas; embora; ainda. 押せ～引け～戸は開かなかった *ose~ hike~to wa akanakatta*: empurrando ou puxando, a porta não se abriu.

dōmo どうも *adv* **1** muito; realmente; como. ～よく降りますね ～ *furimasu ne*: como chove!. **2** de algum modo. ～見たことのある人だと思った ～ *mita koto no aru hito dato omotta*: achei que eu o(a) conhecia de algum lugar. **3** não há outro jeito; não depende de esforços humanos. ～雨らしい ～ *ame rashii*: tudo indica que vai chover. 何度やっても～うまく行かない *nando yattemo ~ umaku ikanai*: tentei várias vezes, mas não dá certo.

dōmō 獰猛 *s* ferocidade; fúria; violência.

dōmoku 瞠目 *s* olhar de espanto diante do inesperado.

dōmon 同門 *s* estudante companheiro; colega.

domori 吃り *s* gagueira; gago.

domoru 吃る *v* gaguejar; tartamudear.

dōmoto 胴元 *s* patrocinador de apostas.

dōmu ドーム (*ingl dome*) *s* domo; cúpula.

dōmyaku 動脈 *s Anat* artéria.

dōmyakuketsu 動脈血 *s Anat* sangue arterial.

dōmyakukōkashō 動脈硬化症 *s Med* arteriosclerose; esclerose arterial.

don 鈍 *s* monotonia; falta de brilho; lentidão; morosidade.

don どん *onom* **1** bang (de revólver). **2** som de baque; golpe.

donabe 土鍋 *s* pote; panela de barro; caçarola de barro.

dōnaga 胴長 *s* tronco longo.

donariai 怒鳴り合い *s* gritaria; ato de gritar um para o outro.

donariau 怒鳴り合う *v* gritar entre si; gritar um para o outro.

donarichirasu 怒鳴り散らす *v* gritar para todos os lados.

donarikomu 怒鳴り込む *v* entrar gritando em algum recinto fechado; visita de protesto violento.

donaritateru 怒鳴り立てる *v* berrar; gritar; bramir.

donaritsukeru 怒鳴りつける *v* intimidar alguém berrando; gritar; berrar.

donaru 怒鳴る *v* berrar; gritar.

donata どなた *pron* quem. *V* **dare** 誰. ～様ですか ～*sama desu ka*: qual é seu nome, por favor?

donburi 丼 *s* **1** tigela de porcelana. **2** bolso da frente de um *haragake* (avental usado pelo trabalhador).

donburi どんぶり *onom* som de esparramar líquido; pancada na água.

donburikanjō 丼勘定 *s* contas sem rigor no controle; contabilidade malfeita.

donbutsu 鈍物 *s* camarada estúpido; burro; ignorante; pessoa obtusa.

donchansawagi どんちゃん騒ぎ *s pop* rebuliço; algazarra; divertimento desenfreado.

donchō 緞帳 *s* cortina grossa.

dondengaeshi どんでん返し *s* inverso; oposto; de cabeça para baixo; de pernas para o ar.

dondon どんどん *onom* **1** som de tambor. **2** rapidamente; constantemente.

dōnen 同年 *s* **1** mesmo ano. **2** mesma idade.

dōnenpai 同年輩 *s* aproximadamente da mesma idade.

donguri 団栗 *s* glande (fruto do carvalho); bolota.

dōnika どうにか *adv* de alguma forma; de algum modo; seja como for. ～暮らして行く ～ *kurashite iku*: continuar vivendo, de alguma forma.

dōnimo(kōnimo) どうにも(こうにも) *adv* de qualquer maneira; de nenhuma maneira (negativa). ～仕様がない ～ *shiyō ga nai*: não há salvação para isto; nada pode ser feito sobre isto.

dōnin 同人 *s* **1** mesma pessoa. **2** roda de amigos; panelinha; fraternidade; clube. **3** pessoa citada; pessoa em questão.

donjiri どん尻 *s* final da cauda; da faixa mais baixa da sociedade.

donjū 鈍重 *s* falta de brilho; monotonia.

donka 鈍化 *s* declínio na sensibilidade; diminuição; lentidão na economia.

donkaku 鈍角 *s Geom* ângulo obtuso.

donkan 鈍感 *s* insensibilidade; obtusidade de sentimentos.

donki 鈍器 *s* arma ou instrumento obtuso.

donkō 鈍行 *s* trem lento; trem que para em todas as estações.

donna どんな *adj* **1** qual; que tipo de; como. ～人か ～*hito ka*: como ele(ela) é? **2** ～人でも ～*hito demo*: qualquer pessoa.

donnani どんなに *adj* **1** como; quanto; a que extensão. それを聞いたら～に喜ぶことでしょう *sore o kiitara ~ni yorokobu koto deshō*: como ela ficará contente ao ouvir isto! **2** entretanto; qualquer; seja qual for. ～勉強しても ～*benkyō shitemo*: seja qual for o esforço para estudar... ～金があっても ～*kane ga attemo*: seja qual for a riqueza que tenha... **3** de qualquer maneira. ～してでもやりなさい ～*shite demo yarinasai*: faça o melhor que puder.

dono どの *pron* qual; que. ～人 ～*hito*: quem. ～道を行っても一つ所へ出る ～ *michi o ittemo hitotsu tokoro e deru*: qualquer que seja o caminho que pegar, sairá no mesmo lugar.

-dono -殿 *suf* senhor...; Sr. ...

donō 土嚢 *s* saco de areia.

dōnokōno どうのこうの *expr* um pretexto ou outro. ～言わずに ～ *iwazu ni*: sem perguntas; sem dizer isto ou aquilo.

donokurai どの位 *expr* **1** qual distância. **2** quanto tempo. **3** quantos; quanto (quantidade). **4** quanto custa. **5** que tamanho; que profundidade.

donomichi どの道 *adv* de qualquer modo; afinal; afinal de contas.

donran 貪婪 *s* avareza; cobiça.

donsai 鈍才 *s* apatia; monotonia; falta de vivacidade.

donshoku 貪食 *s* voracidade.

donsu 緞子 *s* damasco (tecido).

donten 曇天 *s* céu nublado; tempo nublado.

donto どんと *adv* choque; colisão; *bang*; bater com força.

dontsū 鈍痛 *s* dor obtusa; dor surda.

don'yoku 貪欲 *s* avareza; cobiça; ambição; ganância; cupidez.

don'yori どんより *adv* 〜とした 〜*to shita*: turvo; obscuro.

dōnyū 導入 *s* introdução; indução; importação.

donzoko どん底 *s* fundo; abismo; profundeza.

donzumari どん詰まり *s pop* fim; conclusão; estágio final; desfecho; resultado.

dōon 同音 *s* mesmo som; homofonia.

doppo 独歩 *s* 〜の 〜*no*: singular; único; inigualável; sem igual; sem par.

dora 銅鑼 *s* gongo; sinal de sirena, campainha etc.

dorai ドライ (*ingl dry*) 〜*na*, *adj*: prático; metódico; eficiente; bebida seca.

doraibu ドライブ (*ingl drive*) *s* passeio de carro; excursão ou viagem em automóvel.

dōraku 道楽 *s* **1** *hobby*; diversão; prazer; passatempo; entretenimento; recreação. **2** dissipação; prodigalidade.

dōrakumono 道楽者 *s* pessoa folgada; libertino; *playboy*.

dorama ドラマ (*ingl drama*) *s* drama; literatura dramática; peça de teatro.

doramukan ドラム罐 *s* tambor.

doramusuko どら息子 *s vulg* filho esbanjador; filho pródigo.

dōran 胴乱 *s* sacola; carteira de couro.

dōran 動乱 *s* convulsão social ou política; agitação; distúrbio.

doraneko どら猫 *s pop* gato vagabundo; gato de beco.

dorayaki どら焼 *s Cul* panqueca com pasta de feijão doce.

dore[1] どれ *pron* qual.

dore[2] どれ *interj* bom; agora. 〜急ぎましょう 〜 *isogimashō*: agora, vamos nos apressar!

doredemo どれでも *expr* qualquer; qualquer um. その色なら〜よい *sono iro nara 〜 yoi*: se for dessa cor, pode ser qualquer um.

dorehodo どれ程 *adv* quantos; quanto.

dorei 奴隷 *s* **1** servente; criado. **2** escravo. 習慣の〜になる *shūkan no 〜ni naru*: ser ecravo do hábito.

doreisei 奴隷制 *s* escravidão; escravatura.

doreka どれか *expr* algum; qualquer; um dos dois.

doremo どれも *expr* qualquer; todos; nenhum; nenhum deles. 〜これも 〜 *koremo*: todos. その〜好かない *sono 〜 sukanai*: não gosto de nenhum deles.

doresu ドレス (*ingl dress*) *s* vestido.

dōretsu 同列 *s* mesmo nível; mesma fila; companhia; presença.

dōri 道理 *s* razão; justiça; verdade.

-dōri[1] -通り *suf* de acordo com; conforme...; em conformidade com. 規則〜 *kisoku〜*: de acordo com o regulamento.

-dōri[2] -通り *suf* rua. *V tōri* 通り.

dōrikigaku 動力学 *s* dinâmica. 空気〜 *kūki〜*: aerodinâmica.

dōritsu 同率 *s* mesma razão; mesma proporção.

doro 泥 *s* **1** barro; lama; atoleiro; lodo. **2** 顔に〜を塗る *kao ni 〜o nuru*: desgraçar; desonrar.

dōro 道路 *s* rua; caminho; estrada.

doroashi 泥足 *s* pés sujos de lama.

dorobō 泥棒[坊] *s* ladrão; arrombador; vigarista; trapaceiro.

dorodoro[1] どろどろ *onom* ruído surdo e prolongado; ribombo; estrondo.

dorodoro[2] どろどろ *mim* lamacento; lodoso; enlameado.

dorojiai 泥試合 *s* competição suja, desleal. 政党の〜 *seitō no 〜*: competição deselegante entre partidos políticos.

dōrokensetsu 道路建設 *s* construção de ruas e estradas.

dorokusai 泥臭い *adj* cheiro de lama; sem polimento; rústico; sem refinamento.

doromizu 泥水 *s* água lamacenta.

doromizukagyō 泥水稼業 *s pop* vida de imoralidades; profissão vergonhosa ou desonrosa.

doron どろん *s pop* 〜をきめる 〜*o kimeru*: desaparecer; foragir; fugir da justiça.

doronawa 泥縄 *s pop* pensar em prevenção depois de acontecer.

doronko 泥んこ *s* brejo de lama. 〜遊びをする 〜 *asobi o suru*: brincar na lama.

doronuma 泥沼 *s* pântano; atoleiro; lodaçal; brejo.

dorota 泥田 *s* campo lamacento de plantação de arroz.

doroyoke 泥除け *s* guarda-lama; para-lama.

doru ドル (*hol dollar*) *s* dólar.

dorubako ドル箱 *s pop* **1** cofre; caixa. **2** suporte financeiro; capitalista; patrocinador.

dōrui 同類 *s* **1** mesma espécie. **2** cúmplice; sócio; confederado; aliado; parceiro.

dorusōba ドル相場 *s* câmbio do dólar.

doryō 度量 *s* magnanimidade; generosidade; liberalidade.

dōryō 同僚 *s* colega; sócio; companheiro de trabalho; colega de serviço; amigo.

doryōkō 度量衡 *s* pesos e medidas.

doryoku 努力 *s* esforço; tentativa; diligência; trabalho; atividade.

dōryoku 動力 *s Eletr* força elétrica; força; dinâmica.

dōryū 同流 *s* mesmo estilo; mesma escola.

dōsa 動作 *s* ação; movimento; moção; comportamento; orientação.

dosakusa どさくさ *s pop* confusão; tumulto; afobação; agitação; inquietação.

dosamawari どさ回り *s* companhia teatral que viaja se apresentando em cidades do interior.

dōsan 動産 *s* propriedade móvel; bens móveis.

dosari どさり *onom* deixar cair pesadamente com ruído; baque surdo.

dōsatsu 洞察 *s* discernimento; compreensão; observação.

dōsatsuryoku 洞察力 *s* visão; discernimento; perspicácia; capacidade de observação.
dōse どうせ *adv* 1 de qualquer modo; em todo caso. 2 apesar de tudo. 3 naturalmente; logicamente. 4 no máximo.
dosei 怒声 *s* voz enfurecida; voz raivosa.
dosei 土星 *s Astr* Saturno.
dōsei 同姓 *s* mesmo sobrenome.
dōsei 同性 *s* mesmo sexo.
dōsei 同棲 *s* ato de morar juntos; ato de coabitar.
dōsei 銅製 *s* 〜の 〜*no*: de cobre; feito de cobre.
dōsei 動静 *s* movimentos; estado das coisas; situação.
dōseiai 同性愛 *s* homossexualismo; lesbianismo.
dōseki 同席 *s* ato de sentar-se em companhia de.
dōsen 同船 *s* 1 mesmo navio. 2 ser passageiro no mesmo navio.
dōsen 銅銭 *s* moeda de cobre.
dōsen 銅線 *s* fio de cobre.
dōsetsu 同説 *s* mesma opinião.
dosha 土砂 *s* terra e areia.
dōsha 同社 *s* mesma empresa; a citada empresa; a empresa anteriormente citada.
doshaburi 土砂降り *s pop* chuva em abundância; tromba-d'água; chuva torrencial.
dōshi 同士 *s* companheiro(a); camarada; colega.
dōshi 同志 *s* mesmo espírito; mesma mente; espírito congenial; pessoas com mesmo sentimento; pessoas com interesses comuns; camarada.
dōshi 同氏 *s* a pessoa citada; ele.
dōshi 同視 *s* 〜*suru, v*: tratar igualmente; não discriminar.
dōshi 動詞 *s* verbo.
-dōshi -通し *suf* durante todo. 夜〜 *yo*〜: durante a noite toda.
doshidoshi どしどし *adv* 1 rapidamente; constantemente; um atrás do outro; sucessivamente. 2 em grandes quantidades; em abundância. 3 sem hesitação. 4 sem parar. 5 caminhar pesadamente.
doshigatai 度し難い *adj* 1 de difícil salvação. 2 irremediável; incorrigível; inveterado.
doshin どしん *onom* som de pancada; golpe pesado; batida com força.
dōshin 同心 *s* 1 mesmo espírito; unanimidade; concordância. 2 concentricidade. 3 *Hist* agente de polícia na época do xogunato de Tokugawa.
dōshin 童心 *s* espírito de criança; mente juvenil.
dōshin'en 同心円 *s Mat* círculo concêntrico.
dōshita どうした *expr* que motivo; por que; o que. 〜のだ 〜*no da*: o que aconteceu com você?.
dōshite どうして *adv* 1 como; de que maneira. 彼は〜金持ちになったのか *kare wa* 〜*kanemochi ni nattanoka*: como será que ele se tornou rico? 2 pelo contrário; longe disso.
dōshitemo どうしても *adv* 1 a qualquer custo; a todo custo. 〜あの人を説得できなかった 〜 *ano hito o settoku dekinakatta*: eu não pude convencê-lo(la) de modo algum. 2 inevitavelmente; infalivelmente; seguramente; certamente. その企画は〜失敗だ *sono kikaku wa* 〜 *shippai da*: esse projeto certamente vai ser um fracasso. 3 de jeito nenhum; nunca. 4 querendo ou não querendo. 5 no final; depois de tudo. 6 de todo jeito.
doshitsu 土質 *s* natureza do solo; solo.
dōshitsu 同室 *s* mesmo quarto.

dōshitsu 同質 *s* mesma qualidade; homogeneidade.
dōshiuchi 同士打ち *s* combate entre forças amigas por engano.
dōsho 同所 *s* 1 mesmo lugar; mesmo endereço. 2 o lugar citado anteriormente.
dōsho 同書 *s* 1 mesmo livro. 2 o livro citado.
doshōbone 土性骨 *s* coluna vertebral; caráter inato de um indivíduo.
dōshoku 同色 *s* mesma cor.
dōshoku 銅色 *s* cor de cobre.
dōshokubutsu 動植物 *s* animais e plantas; fauna e flora.
dōshu 同種 *s* mesma espécie; homogenia; identidade racial.
dōshudōbun 同種同文 *s* 〜の 〜*no*: da mesma raça e língua.
dōshuku 同宿 *s* 〜の人 〜*no hito*: hóspede de um mesmo hotel; hóspede colega de uma mesma hospedaria.
dōshūshinto 同宗信徒 *s* correligionário.
dosō 土葬 *s* enterro; sepultamento; inumação.
dōsō 同窓 *s* colega de escola.
dōsojin 道祖神 *s* divindade guardiã dos vilãos e viajantes.
dōsōkai 同窓会 *s* associação dos graduados da mesma escola; reunião de turma.
dosoku 土足 *s* com calçado. 〜で上がる 〜*de agaru*: entrar calçado num recinto japonês.
dōsōsei 同窓生 *s* colega de escola; colega de turma.
dossari どっさり *adv* bastante; em grande quantidade.
dosshiri どっしり *adv* volumoso; corpulento; pesado.
dosu どす *s* punhal.
dosū 度数 *s* 1 número de vezes; frequência; incidência. 2 grau (temperatura, ângulo).
dōsū 同数 *s* mesmo número.
dosuguroi どす黒い *adj* escuro; penumbroso; sombrio; negro; tenebroso.
dotabata どたばた *adv* ruidosamente; barulhentamente.
dōtai 胴体 *s* corpo; tronco; torso.
dōtai 動体 *s* corpo em movimento.
dōtai 動態 *s* movimento.
dōtai 導体 *s* condutor.
dotanba 土壇場 *s* lugar de execução; momento crítico; último momento.
dotari どたり *onom* cair pesadamente com ruído.
dotchi どっち *pron* qual. *V* **dochira** どちら. 〜が〜だか見分けがつかない 〜*ga* 〜*da ka miwake ga tsukanai*: não consigo distinguir qual é qual.
dotchitsukazu no どっち付かずの *expr pop* em cima do muro; indeciso entre duas alternativas.
dote 土手 *s* barreira; aterro; ribanceira; encosta; dique.
dōtei 同定 *s* identificação.
dōtei 童貞 *s* virgindade masculina; castidade.
dōtei 道程 *s* distância; jornada; itinerário; rota.
dōteki 動的 *adj* dinâmica.
dōten 同店 *s* 1 mesma loja. 2 a loja citada anteriormente.
dōten 同点 *s* empate, mesmo número de pontos.
dōten 動転 *s* 1 movimento e mudança; transição. 2 espanto; susto.
doteppara 土手っ腹 *s vulg* barriga.

dotera 褞袍 *s* espécie de quimono com forro e enchimento de algodão.
dotō 怒涛 *s* fúria do mar.
dōto どうと *adv* cair empilhado ou amontoado.
dōtō 同党 *s* **1** mesmo partido político. **2** o citado partido político.
dōtō 同等 *s* **1** igualdade; paridade. **2** mesma categoria.
dōtoku 道徳 *s* moralidade; moral.
dōtokujō 道徳上 *adv* moralmente; do ponto de vista moral.
dōtokuka 道徳家 *s* moralista; pessoa com virtudes; pessoa virtuosa.
dōtokushugi 道徳主義 *s* moralismo.
dōtokuteki 道徳的 *adj* moralista; ético.
dōtokutetsugaku 道徳哲学 *s* filosofia moral; ética.
dōtomo どうとも *adv* *V* **dō**¹ どう. ～言えない ～*ienai*: não posso dizer nada.
dotto どっと *adv* repentinamente; de uma vez; de repente. ～出て来る ～*detekuru*: aparecer de repente.
dōwa 童話 *s* história infantil; conto de fada.
dowasure 度忘れ *s* lapso de memória; repentina falha de memória.
doya どや *s* expressão popular referindo-se a hospedaria.
doyadoya どやどや *adv* barulhentamente; ruidosamente; em bando.
dōyaku 同役 *s* colega.
dōyara どうやら *adv* **1** com dificuldade; dificilmente. **2** provavelmente.
doyasu どやす *v pop* **1** surrar; espancar. **2** berrar.
doyō 土用 *s* diz-se do meado de cada uma das quatro estações do ano, mais comumente se referindo ao período mais quente do verão; meio do verão.
dōyō 同様 *s* ～の ～*no*: o mesmo; idêntico; semelhante; parecido; do mesmo tipo; igual.
dōyō 動揺 *s* **1** o balançar do barco. **2** inquietação; agitação; distúrbio; tumulto.
dōyō 童謡 *s* canções e música infantis; cantigas.
doyōbi 土曜日 *s* sábado.
doyōboshi 土用干し *s* ato de arejar; ventilar secando roupas ao ar livre.
dōyoku 胴欲 *s* **1** avareza; ganância; cobiça. **2** crueldade; insensibilidade; desumanidade.
doyomeki どよめき *s* agitação; rebuliço; atividade; tumulto.
doyomeku どよめく *v* **1** ressoar; repercutir; refletir. **2** agitar; fazer rebuliço.
dōza 同座 *s* ato de sentar-se junto. *V* **dōseki** 同席.
dozaemon 土左衛門 *s vulg* corpo de afogado.
dōzai 同罪 *s* mesmo crime.
dōzan 銅山 *s* mina de cobre.
dōzei 同勢 *s* companhia; grupo.
dōzen 同然 *s* da mesma maneira. *V* **dōyō** 同様.
dōzen 同前 *s* o mesmo que acima; idem.
dozō 土蔵 *s* depósito; armazém de estilo antigo; paiol.
dōzo どうぞ *adv* por favor; com bondade. ～! ～!: entre, por favor! vá em frente, por favor! ～こちらへ! ～*kochira e!*: por aqui, por favor.
dōzō 銅像 *s* estátua de bronze; imagem em bronze.
dozoku 土俗 *s* costume e hábitos do local.
dōzoku 同族 *s* mesma raça; mesma família; mesmo sangue; consanguinidade.
dōzuru 同ずる *v* concordar. *V* **dōi** 同意, **sansei** 賛成.

e

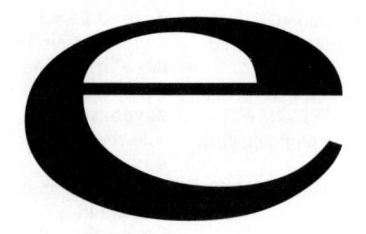

e 江 *s* baía.
e 柄 *s* alça; cabo; maçaneta; manivela; arco.
e 絵 *s* pintura; desenho; esboço; ilustração.
e 餌 *s* **1** ração. **2** isca; armadilha; chamariz. **3** alimento; ração; presa.
e へ *partícula* para; sobre; em direção a.
e え *interj* sim!; o quê!?
ē ええ *interj* sim! ; bom!; como é?
e! ええっ *interj* oh!; o quê?; como é?
eakon エアコン (termo criado a partir da abreviatura do *ingl air conditioner*) *s* ar-condicionado.
ebi 蝦・海老 *s Zool* camarão; lagosta.
ebicha 葡萄[海老]茶 *s* cor marrom.
ebisu 夷・戎 *s arc* **1** bárbaro; selvagem. **2** Ezo, antiga designação das regiões nordeste e de Hokkaido. **3** moradores dessas regiões.
Ebisu 恵比寿 *s Hist* deus da riqueza; divindade do comércio.
ebisugao 恵比須顔 *s* rosto sorridente.
ebyōshi 絵表紙 *s* capa ou cobertura ilustrada.
echiketto エチケット (*fr etiquette*) *s* etiqueta; boas maneiras.
eda 枝 *s* galho; membro; ramo; ramagem.
edaburi 枝振り *s* forma da árvore; ramificações.
edaha 枝葉 *s* galhos e folhas; ramificações.
edamame 枝豆 *s* ramo de feijão de soja verde.
edamichi 枝道 *s* estrada secundária. *V* **kiro** 岐路.
edatsugi(hō) 枝接ぎ(法) *s* enxerto; enxertia.
Edo 江戸 *s Hist* Edo; capital do xogunato de Tokugawa, atual Tóquio.
edokko 江戸っ子 *s* nascido em Edo; nascido em Tóquio.
edomae 江戸前 *s* estilo Edo.
efude 絵筆 *s* pincel para pintura.
egakiageru 描きあげる *v* rascunhar; delinear.
egakidasu 描き出す *v* delinear; retratar; descrever.
egaku 描[画]く *v* pintar; desenhar; descrever; rascunhar; delinear.
egao 笑顔 *s* olhar radiante; rosto sorridente.
egara 絵柄 *s* padrão de desenho; desenho.
egarai え辛い, **egarappoi** え辛っぽい *adj pop* acre; pungente.
egatai 得難い *adj* difícil de conseguir; raro; escasso.
egetsunai えげつない *adj pop* indecente; repugnante; desagradável; asqueroso; vulgar.
eginu 絵絹 *s* tela de seda.
egokoro 絵心 *s* gosto artístico; gosto para pintura.

egui えぐい *adj* acre; acerbo; áspero; rude; desagradável.
eguridasu 抉り出す *v V* **eguru** 抉[刳]る.
eguru 抉[刳]る *v* cavar; escavar; goivar; entalhar; perfurar.
ehagaki 絵葉書 *s* cartão-postal ilustrado.
ehen えへん *interj* som emitido para limpar a garganta; som emitido para propositadamente chamar a atenção.
ehon 絵本 *s* livro ilustrado; livro infantil ilustrado.
ei 栄 *s* glória; honra.
ei 鋭 *s* **1** com gume. **2** arma afiada; pontiaguda. **3** o melhor; os melhores.
Ei 英 *s* Inglaterra; Grã-Bretanha.
eibetsu 永別 *s* último adeus; despedida final.
eibin 鋭敏 *s* **1** agudeza; finura; sensibilidade. **2** sutileza; perspicácia; inteligência; argúcia.
eibun 英文 *s* língua inglesa; escrita em inglês; inglês escrito.
eibun 叡聞 *s* ～に達する ～*ni tassuru*: chegar aos ouvidos do imperador.
eibungaku 英文学 *s* literatura inglesa.
eibunka 英文科 *s* curso de literatura inglesa.
eibunkaishaku 英文解釈 *s* compreensão ou interpretação do texto em inglês.
eibunpō 英文法 *s* gramática da língua inglesa.
eibuntaipu 英文タイプ *s* datilografia em inglês.
eibunwayaku 英文和訳 *s* tradução do inglês para o japonês.
eichi 営地 *s* local de acampamento.
eichi 英[叡]知 *s* sabedoria; prudência; sensatez; sagacidade; inteligência.
eidaishakuchi 永代借地 *s* aforamento; aforação.
eidan 英断 *s* juízo sábio; decisão rápida; medida drástica.
eiei 営々 *adj* ～と ～*to*: assíduo; persistente.
eien 永遠 *s* eternidade; perpetuidade; imortalidade.
eiga 映画 *s* filme; cinema.
eiga 栄華 *s* **1** prosperidade; opulência; esplendor. **2** luxúria; suntuosidade.
eigahaiyū 映画俳優 *s* artista (ator) de cinema.
eigaka 映画化 *s* adaptação para produção cinematográfica.
eigakai 映画界 *s* mundo cinematográfico.
eigakan 映画館 *s* cinema; sala para projeção cinematográfica.
eigaseisaku 映画製作 *s* produção cinematográfica.

eigo 英語 s língua inglesa.
eigō 永劫 s eternidade; perpetuidade.
eigyō 営業 s negócios; operações; atividade comercial; comércio.
eigyōkyoka 営業許可 s licença de funcionamento.
eigyōnushi [shu] 営業主 s proprietário do negócio.
eigyōsha 営業者 s empresário, administrador dos negócios.
eigyōsho 営業所 s escritório; local onde funcionam os negócios.
eigyōyō 営業用 s bens para funcionamento dos negócios.
eihei 衛兵 s guarda; sentinela.
eiheikinmu 衛兵勤務 s serviço de sentinela.
eihō 泳法 s estilo de natação.
eihō 鋭鋒 s choque; embate; ímpeto.
eihō 英法 s leis inglesas.
Eihongoku 英本国 s Inglaterra; Grã-Bretanha; Reino Unido.
eii 営為 s ação; ocupação. V **itonami** 営み.
eii 栄位 s posição honorífica; posição alta.
eii 鋭意 adv zelosamente; ansiosamente; assiduamente.
eiji 嬰児 s criança; bebê; recém-nascido; criança de peito.
Eijin 英人 s inglês(a).
eijiru 映じる v 1 refletir (no espelho); ser projetado. 2 impressionar; parecer.
eijiru 詠じる v compor; celebrar; cantar; recitar (poema).
eiju 衛戍 s guarnição; tropa.
eijū 永住 s residência permanente.
eijūken 永住権 s direito de habitar permanentemente; direito de residência permanente.
eika 英貨 s 1 moeda inglesa; libra esterlina. 2 artigos manufaturados na Inglaterra.
eika 詠歌 s 1 composição de um poema japonês. 2 hino laudatório do Buda.
eikaiwa 英会話 s conversação em inglês.
eikaku 鋭角 s Geom ângulo agudo.
eikan 栄冠 s coroa; grinalda; coroa de louros; fama; glória; folha de palmeira (emblema da vitória ou honraria).
eikan 鋭感 s sensibilidade; delicadeza de sentimentos.
eiketsu 英傑 s grande homem; herói; caráter extraordinário.
eiki 英気 s vigor; virilidade; energia.
eiki 鋭気 s espírito animado; têmpera; ardor; ímpeto; energia.
eikō 曳航 s 〜suru, v: rebocar embarcação.
eikō 栄光 s glória; auréola; halo; prestígio; glória de Deus.
eikōdan 曳光弾 s bala traçante.
Eikoku 英国 s Grã-Bretanha; Inglaterra; Reino Unido; Império Britânico.
Eikokufū 英国風 s anglicismo.
Eikokujin 英国人 s inglês(a); bretão; britânico.
eikon 英魂 s alma do falecido.
eikosaku(ken) 永小作(権) s enfiteuse; aforamento; direito real alienável e transmissível aos herdeiros.
eiko(seisui) 栄枯(盛衰) s prosperidade e declínio; altos e baixos; ascensão e queda.
eikyō 影響 s influência; efeito; consequência; repercussão.

eikyōryoku 影響力 s influência; força da influência.
eikyū 永久 s eternidade; perpetuidade; permanência.
eikyūsei 永久性 s permanência. 〜のある 〜no aru: permanente.
eikyūshi 永久歯 s dente permanente.
eimai 英邁 s 〜na, adj: sensato e magnânimo; valente e sagaz; talentoso; bem-dotado.
eimei 英名 s 1 nome em inglês. 2 fama; glória; reputação; renome.
eimei 英明 s 〜na, adj: inteligente; talentoso; sagaz.
eimin 永眠 s sono eterno; morte.
einai 営内 s dentro do alojamento, do quartel.
einen 永年 s longo tempo; muitos anos.
eion 鋭音 s som agudo.
eiran 叡覧 s inspeção ou exame feito pelo imperador.
eirei 英霊 s almas dos mortos, particularmente na guerra.
eiri 営利 s lucro; ganho.
eiri 鋭利 s agudeza; finura.
eiri 栄利 s honra e lucro.
eiri 絵入り s 〜の 〜no: ilustrado; pictórico.
eirigaisha 営利会社 s empresa de negócios; empresa estabelecida com fins lucrativos.
eirin 営林 s administração florestal; silvicultura.
eiryo 叡慮 s solicitude do imperador; pensamento do imperador.
eiryō 英領 s território britânico; domínio britânico; possessão britânica.
eisai 英才 s talento; gênio; sagacidade; pessoa bem-dotada; pessoa com habilidades.
eisakubun 英作文 s composição em inglês.
eisei 衛生 s higiene; saneamento; saúde.
eisei 衛星 s Astr satélite.
eiseichūritsu 永世中立 s neutralidade permanente.
eiseigaku 衛生学 s estudo da higiene; ciência do saneamento.
eisen 曳船 s rebocador.
eisha 映写 s projeção de filme.
eisha 営舎 s Mil barracas; alojamento.
eishi 英姿 s figura impressiva; aparência nobre.
eishi 叡旨 s instruções do imperador; desejo de Sua Majestade.
eishin 栄進 s promoção.
eisho 英書 s livro em inglês; literatura inglesa.
eisho 営所 s Mil alojamento; barracas; acampamento.
eishō 栄称 s título honorável.
eishō 詠唱 s Mús ária.
eishoku 栄職 s posto alto; posição elevada; posição honorável.
eishu 英主 s governante sábio; ilustre senhor feudal.
eisō 営倉 s casa da guarda; prisão militar.
eitai 永代 s eternidade; permanência.
eitaishakuchi 永代借地 s aforamento.
eitan 詠嘆 s exclamação; admiração.
eitatsu 栄達 s distinção; promoção; progresso; ascensão.
eiten 栄転 s promoção; elevação a um cargo superior; transferência. 〜suru, v: ser promovido.
eiten 栄典 s 1 honras; sinal ou marca de distinção. 2 cerimônia.
eitetsu 英哲 s discernimento; perspicácia; sabedoria; sensatez.
Eiton 英噸 s tonelada inglesa; tonelada longa.

eiwa 英和 *s* inglês-japonês. 〜辞書 〜*jisho*: dicionário inglês-japonês.
eiya えいや *interj* grito de estímulo ao levantar algo pesado, por exemplo; grito com fúria.
eiyaku 英訳 *s* tradução para o inglês.
eiyo 栄誉 *s* honra; distinção; glória; fama; celebridade; renome. *V* **meiyo** 名誉.
eiyō 栄養 *s* nutrição; alimentação.
eiyōfuryō 栄養不良 *s* nutrição insuficiente; desnutrição; subnutrição.
eiyōgaku 栄養学 *s* ciência da nutrição; dietética.
eiyōka 栄養価 *s* valor nutritivo; qualidade nutritiva.
eiyōshi 栄養士 *s* nutricionista; técnico em nutrição.
eiyōshitchō 栄養失調 *s* nutrição desequilibrada; desnutrição; distrofia.
eiyū 英雄 *s* herói; grande homem.
eizen 営繕 *s* construção e reforma; restauração; reparação de construções.
eizō 映像 *s* imagem.
eizō 営造 *s* prédio; construção.
eizoku 永続 *s* permanência; perpetuidade; continuação.
eizokusei 永続性 *s* perpetuidade.
eizuru 映ずる *v* refletir. *V* **eijiru** 映じる.
ejiki 餌食 *s* alimento; ração; isca; presa; carne; vítima.
ēkā エーカー (*ingl acre*) *s* acre (medida agrária).
ekaki 絵描き *s* pintor; artista.
ekanban 絵看板 *s* quadro para afixar cartazes; tabuleta pictórica.
eki 易 *s* adivinhação; predição do futuro; augúrio; presságio.
eki 益 *s* ganho; lucro; benefício; vantagem; valor.
eki 液 *s* líquido; fluido; suco; seiva; secreção; solução.
eki 駅 *s* **1** estação ferroviária; parada de trem. **2** posto de hospedagem.
eki 役 *s* **1** guerra; campanha; batalha; expedição. **2** serviço.
ekiben 駅弁 *s pop* marmita vendida nas estações ferroviárias; almoço de estação ferroviária.
ekibyō 疫病 *s* epidemia; peste; praga.
ekichō 駅長 *s* chefe de estação ferroviária; agente de estação ferroviária.
ekiden 駅伝 *s* cavalo de posta; diligência; mala-posta.
ekidome 駅止め *s* 〜貨物 〜*kamotsu*: frete de entrega na estação ferroviária.
ekifu 役夫 *s* trabalhador; operário.
ekigaku 疫学 *s* epidemiologia.
ekigyū 役牛 *s* gado para fins de trabalho; animal de tração.
ekiin 駅員 *s* funcionário de estação ferroviária.
ekijō 液状 *s* 〜の 〜*no*: em estado líquido; liquefeito.
ekijū 液汁 *s* suco; seiva.
ekika 液化 *s* liquefação.
ekika 腋窩 *s Anat* axila; sovaco.
ekikin 益金 *s* lucro; ganho.
ekimen 液面 *s* superfície do líquido.
ekimu 役務 *s* trabalho, serviço; prestação de serviço.
ekiri 疫痢 *s Med ekiri*; disenteria infantil, provocada por *Shigella sonnei*.
ekiryō 液量 *s* quantidade de líquido.
ekisha 易者 *s* adivinho; áugure; vidente.
ekisha 駅舎 *s* prédio da estação ferroviária.

ekishin 液浸 *s Fís* imersão. 〜法 〜*hō*: método de imersão.
ekishō 液晶 *s Quím* cristal líquido.
ekishū 腋臭 *s* odor das axilas. *V* **wakiga** 腋臭.
ekisō 液相 *s Quím* fase líquida.
ekisu エキス *s* (abreviado do *ingl extract*) extrato; essência.
ekisuru 益する *v* beneficiar; lucrar; trazer vantagem para; ser útil.
ekisutora エキストラ (*ingl extra*) *s* participantes em filmes ou teatro cujo papel é meramente decorativo.
ekitai 液体 *s* líquido.
ekiuri 駅売り *s* **1** 〜弁当 〜*bentō*: lanche vendido nas estações ferroviárias. **2** vendedor que fica nas estações ferroviárias.
ekiwatashi 駅渡し *adj* entregue na estação ferroviária.
ekizai 液剤 *s Farm* remédio em forma líquida.
ekken 越権 *s* abuso de confiança; abuso de autoridade; usurpação.
ekkusu(kō)sen X (光)線 *s* raios X; raios roentgen.
ekkusu(kō)senshashin X (光)線写真 *s* chapa de raios X.
ekkyō 越境 *s* transgressão de fronteira; violação de fronteira; ato de ultrapassar a fronteira.
ekō 回向 *s* cerimônia budista em memória do falecido; oração aos mortos.
eko(hiiki) 依怙(贔屓) *s* parcialidade; favoritismo; preconceito; inclinação; discriminação; nepotismo.
ekoji 依怙地 *s pop* obstinação; teimosia.
ekotoba 絵詞 *s* explicação por meio de rolo de papel ilustrado; explicações junto a ilustrações nos rolos de papel.
ekubo 靨 *s* covinha.
ema 絵馬 *s* pintura ou tábua votiva de cavalo.
emaki(mono) 絵巻(物) *s* rolo de papel com ilustrações.
emi 笑み *s* sorriso.
emoiwarenu 得も言われぬ *expr* indescritível; inexprimível; indefinível.
emoji 絵文字 *s* símbolo pictórico; escrita desenhada; pictografia.
emon 衣紋 *s* vestes; roupas; roupagem.
emono 得物 *s* arma; armamento.
emono 獲物 *s* captura; presa.
emu 笑む *v* sorrir; resplandecer.
en 円 *s* **1** círculo. **2** moeda corrente japonesa, iene. *V* **endaka** 円高; **en'yasu** 円安.
en 塩 *s Quím* sal.
en 鉛 *s* chumbo. *V* **namari** 鉛.
en[1] 縁 *s* relação; conexão; afinidade; relação consanguínea; relações conjugais; casamento; chance; destino.
en[2] 縁 *s* varanda; alpendre.
en 宴 *s* festa; banquete; jantar; entretenimento. *V* **enkai** 宴会.
en 冤 *s* falsa acusação. *V* **enzai** 冤罪.
en 園 *s* jardim; quintal; plantação.
en 筵 *s* **1** esteira de palha. *V* **mushiro** 筵. **2** *V* **en** 宴.
en 艶 *s* brilho. 〜な, *adj*: encantador; fascinante; charmoso. *V* **tsuya** 艶, **adeyaka** 艶やか.
ena 胞衣 *s Anat* placenta.
enameru エナメル (*ingl enamel*) *s* esmalte.

enbaku 燕麦 *s Bot* aveia.
enban 円板 *s* disco; prato.
enban 円盤 *s* disco.
enban 鉛版 *s* estereótipo; chapa estereotípica.
enban'insatsu 鉛版印刷 *s* estereotipografia.
enbannage 円盤投げ *s* arremesso de disco (modalidade de atletismo).
enbi 艶[婉]美 *s* beleza; charme.
enbi 塩ビ *s* policloreto de vinila (*poli clorovinil*). ～管 ～*kan*: tubo de PVC. *V* **enkabinīru** 塩化ビニール.
enbifuku 燕尾服 *s* fraque.
enbō 遠望 *s* vista distante; perspectiva.
enbō 怨望 *s* inveja; ciúme.
enbō 遠謀 *s* premeditação; plano a longo prazo.
enbu 演武 *s* exercícios de artes marciais; prática de kendô e judô.
enbujō 演舞場 *s* teatro.
enbun 塩分 *s* sal; salinidade.
enbun 艶聞 *s* caso amoroso; história de amor; romance.
enburokku 円ブロック *s* bloco econômico do iene.
enchaku 延着 *s* chegada atrasada; atraso.
enchō 延長 *s* continuação; extensão; prolongamento.
enchō 園長 *s* diretor de jardim de infância; diretor de jardim zoológico.
enchoku 鉛直 *s* perpendicularidade. *V* **suichoku** 垂直.
enchōsen 延長戦 *s* prorrogação do jogo.
enchū 円柱 *s* cilindro; coluna; haste.
enchūdoku 鉛中毒 *s Med* envenenamento por chumbo.
endai 演題 *s* tema; assunto de palestra ou discurso.
endai 縁台 *s* assento; banco.
endai 遠大 ～*na*, *adj*: de grande alcance; de grande projeção; importante.
endaka 円高 *s* taxa de câmbio elevado do iene.
endan 鉛弾 *s* bala de chumbo.
endan 演壇 *s* plataforma; tribuna; púlpito.
endan 縁談 *s* conversa para apresentar o candidato a casamento; encaminhamento de proposta de casamento.
endate 円建て *s* transação cotada em iene.
enden 塩田 *s* salina; instalações para produção de sal.
endō 沿道 *s* rota; curso; beira de estrada.
endō 豌豆 *s Bot* ervilha; designação tanto da ervilha-doce como *petit-pois*.
endoku 鉛毒 *s* veneno de chumbo. 鉛中毒 *enchūdoku*: saturnismo.
endoku 煙毒 *s* poluição causada por fumaça.
en'ei 遠泳 *s* nado a longa distância.
en'eki 演繹 *s* dedução; raciocínio dedutivo.
en'ekiteki 演繹的 *adj* dedutivo; silogístico.
en'en 炎々 *adj* ～*taru* ～*taru*: resplandecente; ardendo em chamas; incendiando; ardente.
en'en 蜿蜒 *adj* ～*taru* ～*taru*: serpentear; serpenteante; sinuoso; dar voltas.
enerugī エネルギー (*ingl energy*) *s Fís* energia.
engai 円蓋 *s* cúpula; domo; abóbada.
engai 掩蓋 *s* cobertura.
engai 塩害 *s* danos causados pelas águas salgadas ou pela maresia.
engan 沿岸 *s* costa; litoral; praia; margem.
engan 遠眼 *s* hipermetropia. *V* **enshi(gan)** 遠視(眼).
engawa 縁側 *s* varanda; alpendre à entrada de uma casa; sacada.
engei 園芸 *s* horticultura; floricultura; jardinagem.
engei 演芸 *s* desempenho artístico; entretenimento dramático ou musical.
engeki 演劇 *s* peça teatral; desempenho teatral; dramatização.
engen 怨言 *s* reclamação; comentários repreensivos e reprovadores.
engen 淵源 *s* origem; início; fonte.
engi 衍[演]義 *s* expansão ou amplificação e adaptação para melhor compreensão.
engi 演技 *s* atuação; desempenho de um ator; exibição de uma habilidade.
engi 縁起 *s* **1** história; origem; lenda. **2** presságio; sorte; agouro.
engo 掩護 *s* cobertura; proteção.
engo 援護 *s* suporte; proteção; auxílio; apoio.
engoku 遠国 *s* país remoto; província distante.
engumi 縁組み *s* casamento; união matrimonial; aliança; adoção.
engun 援軍 *s* apoio; reforço.
en'in 延引 *s* demora; procrastinação.
en'in 遠因 *s* causa remota; causa subjacente; causa predisposta.
enishi 縁 *s* afinidade. *V* **en**[1] 縁.
enja 縁者 *s* relação; parentesco; conexão; colateral; cognato; consaguinidade.
enji 園児 *s* aluno de jardim de infância.
enji 臙脂 *s* vermelho; pigmento vermelho-escuro.
enjin 円陣 *s* formação em círculo.
enjin エンジン (*ingl engine*) *s* motor.
enjin 煙塵 *s* nuvem de fumaça e pó.
enjin 厭人 *s* misantropia.
enjin 猿人 *s Paleogr* pitecantropo; hominídeo.
enjiru 演じる *v* desempenhar; atuar; assumir (papel); representar artisticamente.
enjo 援助 *s* assistência; suporte; auxílio.
enjō 炎上 *s* destruição por incêndio.
enjuku 円熟 *s* maturidade; madureza; perfeição.
enka 演[艶]歌 *s* baladas populares cantadas no Japão no período moderno.
enka 縁家 *s* famílias relacionadas por laços matrimoniais.
enka 嚥下 *s* ato de engolir; deglutição.
enka 塩化 *s Quím* cloração; ato de clorar ou clorinar.
enka 円価 *s* valor do iene.
enka 円貨 *s* iene; moeda corrente do Japão.
enkabinīru 塩化ビニール *s Quím* cloreto de vinila.
enkai 沿海 *s* costa; encosta; litoral.
enkai 宴会 *s* festa; banquete; jantar; jantar social.
enkai 遠海 *s* alto-mar. *V* **en'yō** 遠洋.
enkaishoku 鉛灰色 *s* cinza-chumbo.
enkaku 沿革 *s* história; desenvolvimento; mudanças ao longo do tempo.
enkaku 遠隔 *s* ～*no* ～*no*: distante; remoto; longe.
enkakusōsa 遠隔操作 *s* controle remoto.
enkan 鉛管 *s* cano de chumbo; tubo de chumbo.
enkatsu 円滑 *s* suavidade; harmonia.
enkawase 円為替 *s* câmbio do iene.
enkei 円形 *s* círculo; forma redonda.
enkei 遠景 *s* vista distante.

enki 延期 *s* postergação; adiamento; procrastinação; extensão; prorrogação.
enki 塩基 *s* Quím base.
enkin 遠近 *s* longe e perto; distância.
enkin'hō 遠近法 *s* Des perspectiva; representação da perspectiva.
enkiri 縁切り *s* separação; dissolução do vínculo.
enko 塩湖 *s* lagoa salina.
enko 縁故 *s* relação; conexão; parentesco.
enko えんこ *s pop* enguiço no carro. ~*suru*, *v*: sentar-se; acocorar-se; agachar-se; enguiçar.
enkō 鉛工 *s* encanador.
enkō 鉛鉱 *s Min* mina de chumbo; minério de chumbo.
enkō 猿猴 *s* macaco.
enkon 怨恨 *s* rancor; inimizade; ódio. *V* **urami** 怨[恨]み.
enkyo 円鋸 *s* serrote circular.
enkyoku 婉曲 ~*na*, *adj*: eufêmico; perifrástico; indireto. ~法 ~*hō*: eufemismo.
enkyori 遠距離 *s* longa distância; longo alcance. *V* **chōkyori** 長距離.
enmachō 閻魔帳 *s pop* originalmente, os apontamentos feitos por Yama, rei do inferno, a respeito de cada pessoa, conforme o seu comportamento; livro de notas do professor; lista negra.
enmaku 煙幕 *s* cortina de fumaça.
enman 円満 *s* perfeição; integridade; integralidade; satisfação; harmonia; paz.
enmei 延命 *s* prolongamento da vida; vida longa; longevidade.
enmusubi 縁結び *s* **1** casamento; vínculo matrimonial. **2** vínculo amoroso.
ennetsu 炎熱 *s* calor extremo; clima extremamente quente.
ennichi 縁日 *s* dia da divindade; dia de festival.
ennō 延納 *s* pagamento atrasado.
en no shita 縁の下 *expr* espaço abaixo do pavimento.
enogu 絵の具 *s* pigmento; material para colorir; cores; óleo; aquarela.
enpei 掩蔽 *s* cobertura; ocultação; obscuridade.
enpei 援兵 *s* reforço; auxílio; tropa de socorro.
enpen 縁辺 *s* **1** conexões; parentesco. **2** margem; canto; aresta; beira.
enpitsu 鉛筆 *s* lápis.
enpo 園圃 *s* jardins e campos; horta.
enpō 遠方 *s* longa distância; lugar distante; país longínquo.
enpuku 艶福 *s* sorte no amor; sucesso no amor.
enrai 遠雷 *s* trovoada distante.
enrai 遠来 *s* ~の客 ~*no kyaku*: visitante vindo de longe; visita estrangeira.
enro 遠路 *s* longa estrada; longa jornada; longa distância.
enrui 塩類 *s* sais.
enrui 縁類 *s* relação; conexão; parentesco.
enryo¹ 遠慮 *s* **1** reserva; discrição; hesitação. **2** abstenção; retiro durante o luto.
enryo² 遠慮 *s* prudência; premeditação; ponderação.
enryobukai 遠慮深い *adj* reservado; modesto; tímido; retraído; acanhado.
enryogachi 遠慮勝ち ~*na*, *adj*: modesto; reservado; hesitante; acanhado.
ensa 怨嗟 *s* rancor; despeito.
ensaki 縁先 *s* beira da varanda.

ensan 塩酸 *s Quím* ácido clorídrico.
ensei 遠征 *s* expedição; campanha; invasão; expedição militar; visita.
ensei 厭世 *s* pessimismo; tédio da vida; misantropia.
ensei 延性 *s Fís* ductilidade. ~の ~*no*: dúctil.
enseigun 遠征軍 *s* time visitante.
enseitai 遠征隊 *s* expedição; força expedicionária; invasores.
enseki 縁戚 *s* parentes. *V* **shinrui** 親類.
enseki 宴席 *s* salão de banquete.
ensen 沿線 *s* ~の ~*no*: ao longo da ferrovia.
enshi(gan) 遠視(眼) *s* hipermetropia.
enshin 円心 *s* centro do círculo.
enshin 遠心 *s* ~分離 ~*bunri*: centrifugação.
enshinki 遠心器 *s* centrífuga.
ensho 炎暑 *s* intenso calor.
ensho 艶書 *s* carta de amor.
enshō 延焼 *s* expansão do fogo.
enshō 焔硝 *s* pólvora.
enshō 艶笑 *s* brincadeira ou gracejo amoroso. ~小話集 ~*shōwashū*: antologia de anedotas amorosas.
enshō 炎症 *s Med* inflamação.
enshoku 焔[炎]色 *s* cor de chama.
enshoku 鉛色 *s* ~の ~*no*: cor de chumbo.
enshoku 怨色 *s* olhar de inimizade; expressão de ressentimento.
enshoku 艶色 *s* olhar erótico; aparência sensual.
enshu 園主 *s* dono de jardim, horta ou sítio.
enshū 円周 *s* circunferência de um círculo; círculo.
enshū 演習 *s* **1** prática; exercício. **2** operações militares simuladas; manobras. **3** seminário.
enshutsu 演出 *s* produção teatral ou cinematográfica; representação; apresentação dramática.
enso 塩素 *s Quím* cloro.
ensō 演奏 *s* espetáculo; execução musical; recital.
ensōkai 演奏会 *s* concerto; recital.
ensoku 遠足 *s* excursão; longa caminhada; viagem; piquenique.
ensui 円錐 *s* cone; cone circular.
ensui 塩水 *s* água salgada; salmoura.
ensui 鉛錘 *s* chumbo (de linha de pescar); chumbada (de sonda); prumo.
ensuikei 円錐形 *s* cone.
ensuikyokusen 円錐曲線 *s* conicoide.
ensuto エンスト (*abrev do ingl engine strike*) *s pop* falha do motor; enguiço ou afogamento do motor.
entai 円体 *s* esfera. *V* **kyū** 球.
entai 延滞 *s* atraso; procrastinação; contas atrasadas. ~利子 ~*rishi*: juro de mora.
entaku 円卓 *s* mesa-redonda. ~会議 ~*kaigi*: conferência; mesa-redonda.
entei 園亭 *s* caramanchão; casa de verão; quiosque.
entei 堰堤 *s* represa; açude.
enten 炎天 *s* clima quente; clima ardente.
entenkatsudatsu 円転滑脱 *s* versatilidade; adaptabilidade; destreza.
entō 円筒 *s* cilindro.
entō 遠島 *s Hist* exílio numa ilha distante; deportação.
entotsu 煙突 *s* chaminé (de navio, locomotiva ou fábrica); cano da chaminé; chaminé de fogão ou de estufa.
entsuzuki 縁続き *s* relação; parentesco.

en'yasu 円安 *s* baixa da moeda iene; iene barato; queda do iene.
en'yō 遠洋 *s* mar aberto; alto-mar; oceano.
en'yō 援用 *s* citação; reivindicação; invocação.
en'yōkōkai 遠洋航海 *s* navegação oceânica; viagem em mar aberto; longo cruzeiro.
en'yōkōro 遠洋航路 *s* rota oceânica; rota oceânica ultramarina.
en'yūkai 園遊会 *s* festa no jardim.
enza 円座 *s* ato de sentar em círculo; esteira redonda confeccionada de palha.
enzai 冤罪 *s* acusação falsa.
enzan 演算 *s* operação. 逆算 *gyakusan*: operação inversa. *V unzan* 運算.
enzetsu 演説 *s* discurso; oração; alocução; palestra.
enzukeru 縁付ける *v* ato de fazer os arranjos para casamento de uma moça.
enzuku 縁付く *v* casar-se.
eppei 閲兵 *s* inspeção das tropas; parada; revista das tropas.
eppeishiki 閲兵式 *s* cerimônia de revista das tropas.
eppuku 悦服 *s* submissão voluntária.
epuron エプロン (*ingl apron*) *s* avental.
era 鰓 *s* guelra; brânquia.
erā エラー (*ingl error*) *s* erro; estrago; trabalhão.
erabiateru 選び当てる *v* fazer uma boa escolha.
erabidasu 選び出す *v* selecionar; sortir; escolher.
erabu 選[択]ぶ *v* **1** escolher; fazer escolha de; selecionar; sortir. **2** eleger.
eraburu 偉ぶる *v pop* fanfarrão; dar-se ares de importância.
erabutsu 偉物 *s pop* grande homem; pessoa hábil ou talentosa.
eragari 偉がり *s* pretensão; presunção tola; esnobismo.
eragaru 偉がる *v* fazer ares de presunçoso, presumido, cheio de si.
erai 偉い *adj* grande; ilustre; famoso; eminente; extraordinário; maravilhoso; excelente.
erai えらい *adj pop* grande; sério; pesado; horrível; forte; violento; severo; duro.
eraku えらく *adj* (*adv*) muito.
erasa 偉さ *s* grandeza. 人の〜を認める *hito no 〜 o mitomeru*: reconhecer a grandeza de uma pessoa.
erasō 偉そう 〜*na*, *adj*: esnobe; dar-se ares de importância; parecer dominador magistral.
erebētā エレベーター (*ingl elevator*) *s* elevador.
eriaka 襟垢 *s* sujeira da gola.
eriashi 襟脚 *s* linha de cabelo atrás do pescoço.
erigami 襟髪 *s* cabelos atrás do pescoço.
erikazari 襟飾り *s* acessórios para o pescoço, como broches, lenços.
erikubi 襟首[頸] *s* nuca.
erimaki 襟巻き *s* manta para o pescoço; cachecol.
erimoto 襟元 *s* pescoço.
erinuki 選り抜き *s* ato de pegar; escolha; seleção.
erinuku 選り抜く *v* sortir; escolher; selecionar.
erīto エリート (*fr élite*) *s* elite.
eritoru 選り取る *v* escolher entre várias opções.
eriura 襟裏 *s* avesso da gola; lado de dentro da gola.
eriwake 選り分け *s* sortimento; classificação.
eriwakeru 選り分ける *v* escolher; apartar; dividir; peneirar; classificar.
ero エロ (abreviatura de エロチシズム *erochi-*

shizumu do *ingl eroticism*) *s pop* 〜本 〜*bon*: livro erótico; revista erótica. 〜文学 〜*bungaku*: literatura erótica.
eru 得[獲]る *v* conseguir; ter; obter; adquirir; achar; ganhar; receber.
esa 餌 *s* **1** isca; ração. **2** chamariz; atrativo.
esashi 餌差し *s* isca para pegar pássaros.
ese- 似非- *pref* falso; simulacro; imitação; falsidade; simulado.
esemono 似非もの *s* fraude; falso; falsificado; fingido; impostor.
esewarai 似非笑い *s* sorriso afetado; sorriso presumido.
eshaku 会釈 *s* saudação; cumprimento; acolhimento; reverência; cortesia.
eshi 絵師 *s arc* pintor; artista.
eshi 壊死 *s Med* necrose; morte de uma parte do corpo.
eshiki 会式 *s* festa religiosa; serviço em memória de Buda.
eshin 廻心・回心 *s Rel* conversão do espírito diabólico para o espírito bom por meio do despertar religioso.
eso 壊疽 *s Med* gangrena; necrose; mortificação.
esoragoto 絵空事 *s* invencionice; mentira; irrealidade.
essei エッセイ (*ingl essay*) *s* ensaio.
essuru 閲する *v* rever; revisar; examinar.
esugata 絵姿 *s* retrato; imagem; figura; pintura.
esugoroku 絵雙六 *s* jogo de dados com figuras.
esukarētā エスカレーター (*ingl escalator*) *s* escada rolante.
etai 得体 *s* 〜の知れない 〜*no shirenai*: estranho; não familiar; misterioso; suspeito.
etari 得たり *expr* 〜!: consegui!
etarigao 得たり顔 *s pop* olhar de vitória; fazer feição de vitorioso.
etchi エッチ 〜*na*, *adj*: indecente; lascivo.
etchūfundoshi 越中褌 *s* roupa íntima masculina semelhante à cueca.
ete 得手 *s* 〜不得手 〜 *fuete*: pontos fortes e fracos de uma pessoa. 〜である 〜*de aru*: ser bom em.
ete 得て *adv* **1** 〜もすれば 〜*mo sureba*: muitas vezes, que acontece com frequência. **2** 〜望むべからず 〜*nozomubekarazu*: não podemos esperar para que isso aconteça.
etekatte 得手勝手 *s* egoísmo; teimosia.
etemono えてもの *s pop* **1** macaco. **2** imitador, macaquice.
eto 干支 *s* signos do zodíaco chinês; ciclo sexagenário para obtenção de horóscopos.
ēto ええと *interj* deixe-me ver; bem. 〜どこへ行こうかね！ 〜 *doko e ikō ka ne*: bem, para onde iremos?
etoki 絵解き *s* explanação sobre uma pintura.
etoku 会得 *s* entendimento; compreensão; apreciação; alcance.
etsu 悦 *s* alegria; contentamento; entusiasmo; divertimento.
etsu 謁 *s* ser recebido por uma pessoa superior.
etsu 閲 *s* revisão; inspeção.
etsudoku 閲読 *s* leitura atenta.
etsunen 越年 *s* passagem do ano.

etsuraku 悦楽 *s* prazer; alegria; contentamento; regozijo; divertimento.
etsuran 閲覧 *s* leitura.
etsuranshitsu 閲覧室 *s* sala de leitura.
etsureki 閲歴 *s* carreira de um indivíduo; histórico pessoal de um indivíduo; formação de um indivíduo.
ettō 越冬 *s* **1** passagem do inverno. **2** hibernação.
eyasui 得易い *adj* fácil de conseguir; acessível; facilmente alcançável.
eyō(eiga) 栄耀(栄華) *s* luxúria; magnificência; esplendor. 〜の沙汰 〜*no sata*: extravagância.

Ezo 蝦夷 *s arc* **1** *Ainu*: nativo de Ezo. **2** ilha de Ezo, atual Hokkaido.
ezō 絵像 *s* retrato; pintura; imagem.
ezōshi 絵草紙 *s* livro de pinturas; livro de histórias ilustradas.
ezu 絵図 *s* desenho; ilustração; diagrama; desenho de arquitetura; mapa. 〜を引く 〜*o hiku*: desenhar um projeto.
ezuke 餌付け *s* início de alimentação de animais ou aves; ração.
ezuku 嘔吐く *v* vomitar; borcar.

f

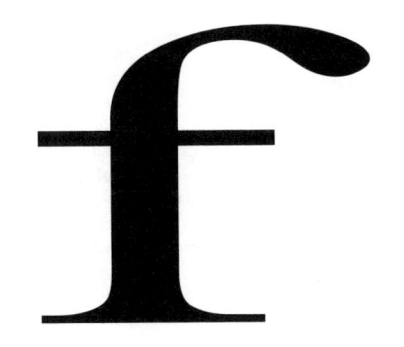

faibā ファイバー (*ingl fiber*) *s* fibra.
fairu ファイル (*ingl file*) *s* arquivo.
fakutā ファクター (*ingl factor*) *s* fator.
fan ファン (*ingl fan*) *s* fã; entusiasta; admirador; pessoa fanática; aficionado.
fasshon ファッション (*ingl fashion*) *s* moda.
fasunā ファスナー (*ingl fastener*) *s* zíper.
feruto フェルト (*ingl felt*) *s* feltro.
firudo フィールド (*ingl field*) *s* 1 atletismo. 2 campo.
firumu フィルム (*ingl film*) *s* filme.
firutā フィルター (*ingl filter*) *s* filtro.
fōkuroa フォークロア (*ingl folklore*) *s* folclore.
fōmu フォーム (*ingl form*) *s* forma, formulário.
fu 府 *s* prefeitura; governo (divisão política).
fu 負 *s* 1 número negativo. 2 sinal de negativo. 3 carga elétrica negativa.
fu 符 *s* sinal; marca; nota; amuleto; talismã.
fu 腑 *s* vísceras; tripas.
fu 斑 *s* mancha; pinta; marca; ponto; lista.
fu 賦 *s* 1 cobrança de tributo. 2 poema; prosa poética.
fu 麩 *s* 1 pão de trigo e glúten. 2 farelo de trigo.
fu 譜 *s* 1 nota musical; partitura. 2 genealogia. 3 tabela; álbum; registro.
fu 歩 *s* peão (do jogo de xadrez).
fū 風 *s* 1 ar; olhar; aparência; modo; porte; semblante; maneira. 2 costume; hábito; maneira. 3 tendência; inclinação; direção; orientação. 4 feitio. 5 estilo; forma; tipo.
fū 封 *s* ato de fechar (envelopes, cartas).
fū ふう *interj* 〜〜言って走る 〜〜*itte hashiru*: correr sem fôlego.
fuan 不安 *s* incerteza; apreensão; ansiedade; insegurança.
fuannai 不案内 *s* ignorância; não familiaridade.
fūatsu 風圧 *s* pressão do ar.
fubaidōmei 不買同盟 *s* boicote comercial.
fubako 文箱[筥] *s* porta-correspondência.
fubarai 不払い *s* não pagamento; inadimplência.
fubarai 賦払い *s* pagamento em prestações; pagamento parcelado.
fubatsu 不抜 *s* 〜の 〜*no*: firme; indomável; invencível. *V* **kenninfubatsu** 堅忍不抜.
fuben 不便 *s* inconveniência; inoportunidade; incômodo.
fubenkyō 不勉強 *s* ociosidade; falta de estudo; indolência; vadiação.
fubi 不備 *s* deficiência; imperfeição; inadequação.

expr palavra que se escreve no final de uma carta desculpando-se de possível imperfeição.
fūbi 風靡 *s* 〜*suru*, *v*: dominar; predominar; influenciar.
fubin 不憫 *s* piedade; compaixão.
fubin 不敏 *s* incapacidade.
fubo 父母 *s* pai e mãe; os pais.
fubō 誣謗 *s* 〜*suru*, *v*: caluniar; difamar.
fūbō 風防 *s* para-brisa (de automóvel).
fūbō 風貌 *s* 1 aparência; feição; traço. 2 personalidade.
fubon 不犯 *s* *Bud* mandamento budista para sacerdotes, principalmente sobre a castidade.
fubuki 吹雪 *s* tempestade de neve; nevasca.
fubuku 吹雪く *v* nevar e ventar forte.
fūbun 風聞 *s* relato; boato; rumor.
fubunritsu 不文律 *s* direito não escrito; lei oral.
fūbutsu 風物 *s* 1 objetos naturais; cenário; natureza. 2 cenas e estilos.
fūbutsushi 風物詩 *s* 1 poema natural; poema figurativo de cenário natural. 2 cena ou objeto da natureza que confere charme poético a cada estação.
fubyōdō 不平等 *s* desigualdade.
fuchaku 付着 *s* adesão; aglutinação; aderência.
fuchaku 不着 *s* não chegada; não entrega.
fuchi 不知 *s* ignorância.
fuchi 淵 *s* 1 lagoa; tanque; piscina. 2 profundeza.
fuchi 縁 *s* aresta; canto; borda; beira; orla; margem; aba; bainha; ourela.
fuchi 不治 *s* incurabilidade; malignidade.
fuchi 布置 *s* arranjo; desenho; agrupamento (de objetos); composição.
fuchi 扶持 *s* *arc* ajuda; estipêndio; pagamento a samurai de hierarquia inferior na era Edo.
fūchi 風致 *s* gosto pela natureza; beleza da paisagem.
fuchidoru 縁取る *v* embainhar; cercar; franjar; orlar; limitar.
fuchiishi 縁石 *s* pedra de meio-fio; beira da calçada.
fuchiji 府知事 *s* governador de *fu* 府.
fuchikazari 縁飾り *s* orla; ourela; babado; folho; rufo.
fuchin 浮沈 *s* altos e baixos; imersão e emersão.
fuchinui 縁縫い *s* bainha; ato de fazer bainhas.
fuchitori 縁取り *s* ato de orlar; debruar; confinar; limitar; fímbria; debrum.
fuchō 不調 *s* 1 falha; ruptura; rompimento. 2 má condição; desordem; queda ou declínio súbito.

fuchō 府庁 *s* sede do governo provincial (*fu* 府).
fuchō 婦長 *s* chefe de enfermagem.
fuchō 符牒 *s* 1 sinal; marca; símbolo. 2 etiqueta de preço. 3 criptograma; código. 4 senha.
fūchō 風潮 *s* 1 *Náut* maré. 2 tendência; inclinação; corrente.
fuchōwa 不調和 *s* desarmonia; discordância; disparidade; dissonância.
fuchū 不忠 *s* deslealdade; infidelidade; perfídia; traição.
fuchū 付注 *s* anotação; nota; comentário.
fuchūi 不注意 *s* desatenção; imprudência; negligência; inobservância.
fuchūjitsu 不忠実 *s* deslealdade; infidelidade; incredulidade.
fuda 札 *s* 1 carta; recibo; placar; placa de indicação; recibo; tíquete; cupom. 2 baralho. 3 oferta de concorrência; lanço de leilão.
fudadome 札止め *s* casa cheia.
fudai 譜第[代] *s* gerações sucessivas; vassalo hereditário.
fudamoto 札元 *s* promotor do leilão; leiloeiro.
fudan 不断・普段 *s* 1 continuidade. 2 constância.
fudangi 不断着 *s* roupa do dia a dia.
fudasho 札所 *s* locais onde são distribuídos amuletos aos peregrinos.
fudatsuki 札付き *s* 〜の 〜*no*: etiqueta de marca; etiqueta de preço; etiqueta de garantia.
fude 筆 *s* 1 pincel para escrita, caligrafia; pincel para pintura. 2 escrita; pintura; estilo de escrita.
fudebushō 筆不精 *s* 〜な*na, adj*: preguiçoso para escrever cartas.
fudebuto 筆太 *s* pincelada grossa; escrita em negrito.
fudeire 筆入れ *s* porta-lápis e canetas.
fudeki 不出来 *s* falha; trabalho malfeito.
fudemame 筆まめ *s* pronto para escrever. 〜な人 〜*na hito*: bom correspondente.
fudesaki 筆先 *s* 1 ponta do pincel. 2 manipulação de uma caneta.
fudetate 筆立て *s* porta-lápis e canetas.
fudezuka 筆塚 *s* local para depositar pincéis de caligrafia usados.
fudezukai 筆使い *s* 1 modo de usar o pincel; caligrafia. 2 técnica de escrita.
fudō 不同 *s* falta de uniformidade; desigualdade; diversidade; disparidade; irregularidade.
fudō 不動 *s* imobilidade; firmeza; estabilidade.
fudō 浮動 *s* ato de flutuar na água ou no ar.
fudō 婦道 *s* feminilidade; obrigações da mulher; afazeres de mulher.
fūdo 風土 *s* características de uma região; clima.
fūdō 風洞 *s Min* túnel de vento.
fūdogaku 風土学 *s* climatologia.
fudōi 不同意 *s* discordância; reprovação; diferença de opinião; objeção.
fūdojunka 風土馴化 *s* aclimatização; aclimatação; aclimação.
fudōka 不同化 *s* falta de assimilação; não assimilação; inassimilabilidade.
fūdoki 風土記 *s* descrição das características naturais de uma região; descrição histórico-geográfica de um território.
fudōsan 不動産 *s* imóveis; terreno; terra.
fudōtai 不導体 *s Fís* não condutor; substância não condutora.

fudōtoku 不道徳 *s* imoralidade.
fue 笛 *s* flauta; gaita; oboé; apito; flajolé; pífano.
fue 不壊 *s* firmeza; inviolabilidade; indestrutibilidade.
fuedaka 殖え高 *s* crescimento; incremento.
fuei 府営 *s* administração do governo provincial. 〜事業 〜*jigyō*: empresa do governo provincial.
fūei 諷詠 *s* composição de canções e poesias; composição poética.
fueisei 不衛生 *s* condição anti-higiênica; falta de cuidados sanitários.
fueiyō 富栄養 *s Ecol* boa nutrição. 〜化 〜*ka*: eutrofização.
fueki 不易 *s* imutabilidade; constância; invariabilidade.
fueki 賦役 *s arc* trabalho obrigatório; serviço compulsório.
fuen 不縁 *s* 1 divórcio. 2 com poucas chances de se casar. 3 casamento não realizado.
fuen 敷衍 *s* amplificação; dilatação; expansão; aplicação ampliada.
fueru 殖える *v* 1 aumentar; multiplicar; acumular; crescer. 2 propagar; proliferar.
fuete 不得手 *s* ponto fraco; inabilidade.
fuetsu 斧鉞 *s* machado; machadinha.
fūfu 夫婦 *s* marido e mulher; casal. 〜の 〜*no*: conjugal.
fūfū ふうふう *onom* respiração ofegante; respiração convulsiva; fazer esforços para respirar.
fūfugenka 夫婦喧嘩 *s* briga de casal; briga de marido e mulher.
fufuku 不服 *s* 1 insatisfação; descontentamento; discordância; reprovação. 2 objeção; protesto; reclamação.
fufukujū 不服従 *s* insubordinação; desobediência a uma ordem.
fufun ふふん *interj* 1 huhhn! torcida de nariz. 2 insatisfação. 3 ironia.
fūfunaka 夫婦仲 *s* relações conjugais.
fūfuseikatsu 夫婦生活 *s* vida conjugal.
fūfutomokasegi 夫婦共稼ぎ *s* casal que trabalha para sustentar a casa.
fūfuwakare 夫婦別れ *s* divórcio; separação de casal.
fūfuyakusoku 夫婦約束 *s* contrato de casamento; noivado; compromisso de casamento.
fūga 風雅 *s* elegância; graça; refinamento; requinte; delicadeza.
fūgai 風害 *s* danos provocados por vento ou vendaval.
fugainai 腑甲斐ない *s* desanimado; desalentado; frouxo; sem energia; covarde; tímido; inofensivo; manso.
Fugaku 富嶽 *s* designativo especial dado ao Monte Fuji.
fūgawari 風変わり *s* 1 excentricidade; esquisitice; peculiaridade; singularidade. 2 excêntrico; esquisito.
fugen 付言 *s* observações adicionais; pós-escrito.
fugen 富源 *s* recursos naturais. *V* **shigen** 資源.
fugen 誣言 *s* acusação falsa.
fūgen 諷言 *s* alusão; insinuação; sarcasmo; sugestão.
fugenjikkō 不言実行 *s* ação antes das palavras; trabalho antes das palavras.
fūgetsu 風月 *s* brilho da Lua e brisa fresca; beleza da natureza.

fugi 不義 *s* **1** imoralidade. **2** injustiça; impropriedade; iniquidade. **3** intercurso ilícito.
fugi 付議 *s* ～*suru*, *v*: levar um assunto para discussão; submeter a; debater.
fūgi 風儀 *s* **1** costume; prática. **2** maneiras; modos. **3** moral; moralidade
fugikai 府議会 *s* assembleia do governo provincial (*fu* 府).
fugiri 不義理 *s* desonestidade; injustiça; desonra; ingratidão; infidelidade; deslealdade.
fugō 符号 *s* marca; sinal; símbolo; código telegráfico.
fugō 符合 *s* coincidência; acordo; correspondência; conformidade.
fugō 富豪 *s* magnata; homem de muita riqueza; plutocrata.
fugō 負号 *s Mat* sinal de negativo; menos.
fugōkaku 不合格 *s* desqualificação; falha; eliminação; rejeição; reprovação.
fugōri 不合理 *s* irracionalidade; ilogicidade; absurdo; inconsistência; inconsequência.
fugu 不具 *s* deformidade; anormalidade; malformação; aleijado.
fugu 河豚 *s Ictiol* baiacu.
fugū 不遇 *s* infortúnio; má fortuna; adversidade; obscuridade.
fugutaiten 不倶戴天 *s* irreconciliabilidade. ～の仇 ～*no ada*: inimigo mortal.
fugyō 俯仰 *s* ～天地に恥ずる所がない ～*tenchi ni hazuru tokoro ga nai*: fiz tudo certo perante Deus e o mundo, nada tendo a envergonhar-me.
fugyōgi 不行儀 *s* maus modos; rudeza; malcriado; mal-educado.
fugyōkaku 俯仰角 *s Topogr* ângulo de elevação.
fugyōseki 不行跡 *s* mau procedimento; impropriedade; má ação; contravenção.
fūha 風波 *s* **1** ventos e ondas; tempestade; mar agitado. **2** temporal da vida. **3** discórdia; briga; confusão.
fuhai 腐敗 *s* **1** decomposição; putrefação; podridão. **2** corrupção; degeneração; deterioração.
fuhai 不敗 *s* invencibilidade.
fuhaku 浮薄 *s* leviandade; frivolidade.
fuhatsu 不発 *s* negaça; falha; não detonação.
fuhei 不平 *s* descontentamento; insatisfação; desprazer; reclamação; queixa; resmungo.
fuheikin 不平均 *s* desigualdade; desproporção; irregularidade.
fuheikō 不平行 *s* não paralelismo.
fuhen 不変 *s* imutabilidade; constância; permanência.
fuhen 普遍 *s* universalidade; generalidade; ubiquidade.
fuhen 不偏 *s* imparcialidade; equidade.
fuhenteki 普遍的 ～*na*, *adj*: universal; onipresente; ubíquo.
fuhinkō 不品行 *s* mau procedimento; má conduta; lapso de moral; vida dissoluta.
fuhitsuyō 不必要 *s* ～*na*, *adj*: desnecessário; não essencial; dispensável.
fuhō 不法 *s* ilegalidade; injustiça; ilicitude.
fuhō 訃報 *s* notícia da morte de um indivíduo; obituário.
fuhōkōi 不法行為 *s* delito; ilegalidade; ato ilícito; erro.
fuhon'i 不本意 *s* relutância; a contragosto.

fuhōnyūkoku 不法入国 *s* entrada ilegal; imigração ilegal.
fuhōshinnyū 不法侵入 *s* entrada forçada; intrusão.
fuhōshoji 不法所持 *s* posse ilegal.
fuhyō 付表 *s* lista ou tabela anexa.
fuhyō 浮氷 *s* gelo flutuante; banco de gelo flutuante.
fuhyō 浮漂 *s* sinalizador flutuante; boia.
fuhyō 浮標 *s* boia. *V* **bui** ブイ.
fuhyō 譜表 *s Mús* pauta; pentagrama; partitura.
fūhyō 風評 *s* rumor; relato. *V* **uwasa** 噂.
fuhyō(ban) 不評(判) *s* má reputação; descrédito; impopularidade.
fui 不意 *s* subitaneidade; ato repentino ou inesperado.
fui ふい *s pop* ～にする ～ *ni suru*, *v*: perder; desperdiçar; jogar fora; estragar; arruinar.
fūi 風位 *s* direção do vento.
fūi 諷意 *s* sátira; sugestão. *V* **fūshi** 諷刺.
fuichō 吹聴 *s* anúncio; publicidade; propaganda; notificação; recomendação.
fuigo 鞴 *s* fole; forja.
fuiku 傅育 *s* criação; educação.
fuin 訃音 *s* informação da morte de um indivíduo. *V* **fuhō** 訃報.
fūin 封印 *s* selo, carimbo para selar envelope.
fūin 風韻 *s* bom gosto; cheio de graça.
fuiri 不入り *s* pouca frequência; casa vazia; espetáculo pouco frequentado.
fuiri 斑入り *s* variegação; mancha colorida; com pinta.
fuishiken 不意試験 *s* prova surpresa; teste sem prévio aviso.
fuitchi 不一致 *s* discordância; inconformidade; incompatibilidade; inconsistência.
fuito ふいと *adv* repentinamente.*V* **futo** ふと; **hyotto** ひょっと.
fuiuchi 不意打ち *s* surpresa; ataque-surpresa.
fuji 不治 *s* incurabilidade. *V* **fuchi** 不治.
fuji 不時 *s* emergência; imprevisto; repentino.
fuji 藤 *s Bot* glicínia-do-japão.
fujichaku(riku) 不時着(陸) *s* pouso forçado; pouso de emergência.
fujiiro 藤色 *s* lilás; roxo-claro.
fūjikome 封じ込め *s* política de contenção de um Estado.
fūjikomeru 封じ込める *v* confinar; cercar; encurralar; reprimir; refrear.
fūjikomu 封じ込む *v* incluir algo num envelope. *V* **fūjiru** 封じる.
fūjime 封じ目 *s* lacre; fecho; vedação de um envelope.
fujimi 不死身 *s* insensibilidade perante a dor; invulnerabilidade; imortalidade.
fujimurasaki 藤紫 *s* lilás-escuro, roxo.
fujin 夫人 *s* senhora; dama; mulher casada.
fujin 布陣 *s* distribuição estratégica de tropa.
fujin 婦人 *s* pessoa do sexo feminino; dama; mulher.
fūjin 風塵 *s* poeira; assuntos mundanos; negócios mundanos.
fujinfuku 婦人服 *s* vestuário feminino; roupas femininas.
fujinka 婦人科 *s* ginecologia.
fujinkai 婦人会 *s* associação de senhoras.
fujinsanseiken 婦人参政権 *s* sufrágio feminino; direito de voto das mulheres.

fujin'yō 婦人用 *s* de uso das mulheres; para as mulheres. 〜ソックス 〜*sokkusu*: meia para mulheres.
fūjiru 封じる *v* selar; fechar.
fūjite 封じ手 *s* último movimento, quando se interrompe o jogo de *shogi* ou *go*, lacrando-se a indicação escrita.
fujitsu 不実 *s* inconstância; infidelidade; deslealdade; perfídia; insinceridade.
fujitsu 不日 *adv* numa data próxima; em poucos dias; em breve.
fujiyū 不自由 *s* inconveniência; destituição; privação.〜*na*, *adj*: inconveniente; desconfortável; necessitado; incapacitado; enfermo.
fujo 巫女 *s* médium; profetisa. *V* **miko** 巫女.
fujo 扶助 *s* auxílio; socorro; assistência; suporte; conforto.
fujō 浮上 *s* 〜*suru*, *v*: emergir; subir à tona (submarino).
fujō 不定 *s* incerteza; mutabilidade. *V* **futei** 不定. 〜の 〜*no*, *adj*: incerto; variável; inconstante.
fujō 不浄 *s* impureza; sujeira; imundície; banheiro; privada.
fujōri 不条理 *s* absurdidade; absurdo. *V* **fugōri** 不合理.
fujoryō 扶助料 *s* pensão; manutenção; subvenção real; subsídio.
fujo(shi) 婦女(子) *s* mulher; sexo feminino.
fujūbun 不十分 *s* insuficiência; imperfeição. 〜*na*, *adj*: insuficiente; incompleto; inadequado.
fujūjun 不従順 *s* desobediência; insubordinação; rebeldia.
fujukuren 不熟練 *s* inabilidade; não proficiência.
fujun 不純 *s* impureza.
fujun 不順 *s* irregularidade; variabilidade; mutabilidade; inconstância.
fujunbutsu 不純物 *s* impurezas. *Med* substância estranha.
fujutsu 巫術 *s* xamanismo.
fuka 付加 *s* adição; anexação; agregação.
fuka 負荷 *s* encargo; ônus. *Eletr* carga.
fuka 賦課 *s* cobrança; exação de tributo; tributo cobrado; taxação; tributação.
fuka 孵化 *s* incubação; ato de chocar.
fuka 不可 *s* abreviatura de reprovação. 〜の 〜*no*, *adj*: impróprio; ruim; incorreto.
fuka 鱶 *s Ictiol* tubarão.
fūka 風化 *s Geol* erosão eólica; arejamento; oxigenação; eflorescência.
fukaamigasa 深編み笠 *s* chapéu de palha que era utilizado antigamente pelos japoneses e que escondia o rosto.
fukabuka to 深々と *adv* profundamente; no fundo.
fukabun 不可分 *s* indivisibilidade. 〜である 〜*de aru*, *v*: ser inseparável.
fukachi 不可知 *s* inescrutabilidade. 〜*na*, *adj*: inconcebível; além da sabedoria humana.
fukachō 不可聴 *s* inaudibilidade.
fukade 深手 *s* ferimento grave. *V* **jūshō** 重傷.
fukadō 不稼動 *s* 〜の 〜*no adj*: ocioso; desocupado; inativo.
fukafuka ふかふか *mim* 〜した 〜*shita*: macio; suave; fofo. 〜したベッド 〜*shita beddo*: cama confortável.

fukagutsu 深靴 *s* bota de cano longo.
fukagyaku 不可逆 *s* 〜性 〜*sei*: irreversibilidade. 〜的な 〜*teki na*: irreversível.
fukahi 不可避 〜*na*, *adj*: inevitável.
fukai 不快 *s* 1 desprazer; desconforto. 〜に思う 〜*ni omou*: sentir-se desconfortável. 2 indisposição; incômodo. *V* **byōki** 病気.
fukai 深い *adj* 1 fundo. 2 denso; pesado; grosso. 3 profundo; íntimo.
fukaikō 不開港 *s* porto fechado.
fukai naka 深い仲 *expr* relação íntima.
fukainyū 不介入 *s* neutralidade; não intervenção; não envolvimento.
fukairi 深入り *s* 〜*suru*, *v*: ir a fundo; absorver-se em; dedicar-se a (certo assunto).
fukajō 不可譲 *s* inalienabilidade.
fukakai 不可解 *s* incompreensibilidade; impenetrabilidade; inexplicabilidade.
fukaketsu 不可欠 *s* indispensabilidade. 〜*na*, *adj*: indispensável. 〜条件 〜*jōken*: condição *sine qua non*.
fukakō 不可航 *s* inavegabilidade.
fukakōryoku 不可抗力 *s* inevitabilidade; força maior; ação de Deus.
fukaku 不覚 *s* imprudência; negligência; indiscrição; derrota.
fukaku 俯角 *s Fís* ângulo de depressão; declive; inclinação.
fukaku 深く *adj* (*adv*) profundamente; intensamente; sinceramente; muito.
fūkaku 風格 *s* caráter; personalidade; idiossincrasia; aparência; estilo; tom.
fukakudai 不拡大 *s* não expansão.
fukakujitsu 不確実 *s* incerteza; inautenticidade; não confiabilidade.
fukakunin 不確認 *s* não confirmado.
fukakutei 不確定 *s* indeterminação; indeterminabilidade.
fukama 深間 *s pop* 1 profundidade. 2 *V* **fukami** 深み; **fukainaka** 深い仲.
fukamaru 深まる *v* aprofundar-se; escurecer (noite); carregar-se (cores).
fukameru 深める *v* intensificar; aprofundar; aumentar; agravar.
fukami 深み *s* profundeza; lugar fundo; profundidade.
fukamidori 深緑 *s* verde-escuro.
fukan 不換 *s* inconvertibilidade; inconversibilidade.
fukan 俯瞰 *s* 〜*suru*, *v*: olhar do alto; ter uma vista aérea.
fūkan 封緘 *s* selo; fechamento de envelope.
fūkan 風乾 *s Quím* secagem ao vento.
fukanasake 深情け *s* profunda afeição.
fukanō 不可能 *s* impossibilidade.
fukanseiyu 不乾性油 *s* óleo não secante.
fukanshō 不干渉 *s* não intervenção; não interferência.
fukanshō 不感症 *s Med* frigidez; apatia.
fukan'yō 不寛容 *s* intolerância.
fukanyūsei 不可入性 *s* impenetrabilidade.
fukanzen 不完全 *s* imperfeição. 〜*na*, *adj*: inacabado; incompleto; deficiente; defeituoso.
fukaoi 深追い *s* ato de perseguir em demasia, a fundo.
fukappatsu 不活発 *s* inatividade; inércia; indolência; estagnação; depressão; letargia.

fukasa 深さ *s* profundeza; profundidade.
fukashi 不可視 *s* invisibilidade.
fukashigi 不可思議 *s* mistério; milagre; maravilha; enigma.
fukashin 不可侵 *s* inviolabilidade.
fukasoku 不可測 *s* imprevisibilidade.
fukassei 不活性 *s Fís* inatividade; inércia.
fukasu 吹かす *v* fumar; soprar; inflar.
fukasu 更かす *v* permanecer acordado até tarde da noite.
fukasu 蒸かす *v* cozinhar no vapor.
fukatsu 賦活 *s Med* avigoramento. ~*suru*, *v*: avigorar; dar vigor.
fukatsudō 不活動 *s* inatividade; letargia; inação.
fukatsujō 不割譲 *s* não cessão; não alienação.
fukazake 深酒 *s* ~*suru*, *v*: embebedar-se; beber demasiadamente.
fukazei 付加税 *s* imposto adicional.
fuke 頭垢 *s* caspa.
fukei 不敬 *s* desrespeito; irreverência; impiedade; blasfêmia; profanidade.
fukei 父兄 *s* pais; tutor.
fukei 父系 *s* linha paternal.
fukei 婦警 *s* policial do sexo feminino.
fūkei 風景 *s* paisagem; panorama; vista; visão.
fūkeiga 風景画 *s* pintura paisagística.
fukeiki 不景気 *s* 1 depressão; recessão; estagnação; má compostura. 2 ~*na*, *adj*: melancólico; sombrio; mal-humorado; desanimado.
fukeizai 不経済 *s* antieconomia; desperdício.
fuken 父権 *s* direitos do pai; poder familiar.
fuken 夫権 *s* direitos do marido.
fuken 府県 *s* prefeituras; províncias.
fukenkō 不健康 *s* ~*na*, *adj*: insalubre; não saudável; sem condições sanitárias.
fukenkōchi 不健康地 *s* local insalubre.
fukenshiki 不見識 *s* ausência de dignidade. ~*na*, *adj*: indigno; vergonhoso.
fukenzen 不健全 *s* ~*na*, *adj*: doentio; insalubre; nocivo; mórbido.
fukeru 老ける *v* envelhecer.
fukeru 更ける *v* avançar da hora; passar do tempo.
fukeru 耽る *v* 1 entregar-se; dedicar-se totalmente. 2 ser absorvido; devotar.
fuketsu 不潔 *s* imundície; impureza; sujeira; torpeza.
fuketsudan 不決断 *s* indecisão; irresolução.
fukeyaku 老け役 *s Teatr* papel de pessoa idosa numa peça teatral.
fuki 付記 *s* observação adicional; anotação suplementar.
fuki 不羈 *s* liberdade; independência.
fuki 不帰 *s* sem volta; partir desta vida.
fuki 蕗 *s Bot* ruibarbo (*Petasites japonicus Maxim*).
fūki 風紀 *s* disciplina; moral pública.
fūki 富貴 *s* riqueza e honra; riqueza e classe social elevada; rico e nobre.
fukiage 吹き上げ *s* fonte; praia aberta em que venta muito.
fukiageru 吹き上げる *v* soprar; jorrar.
fukiarasu 吹き荒らす *v* devastar; desolar; arrastar.
fukiareru 吹き荒れる *v* ventar com fúria.
fukiataru 吹き当たる *v* atingir; bater; soprar contra um obstáculo.

fukiburi 吹き降り *s* vento e chuva; tempestade.
fukichirasu 吹き散らす *v* disseminar; dissipar; dispersar.
fukidake 吹き竹 *s* tubo de bambu para atiçar fogo com lenha.
fukidamari 吹き溜り *s* neve ou folhas secas acumuladas pelo vento.
fukidashi 吹き出し *s* 1 exaustão. 2 balão (falas dos personagens de histórias em quadrinhos que são cercados por traços fechados).
fukidasu 吹き出す *v* 1 soprar. 2 expirar. 3 cair na gargalhada. 4 brotar.
fukidasu 噴き出す *v* jorrar; entrar em erupção; expelir; emitir.
fukidemono 吹き出物 *s* erupção; espinha; eczema; erupção da pele.
fukideru 吹き出る *v* rebentar.
fukigen 不機嫌 *s* desprazer; mau humor.
fukiharau 吹き払う *v* ventar; arrancar; derrubar.
fukihatsu 不揮発 *s* não volatilidade. ~*性の* ~*sei no*: não volátil.
fukikae 吹き替え *s* 1 recunhagem da moeda. 2 dublê; ator substituto. 3 gravação. 4 *V* **kaichū** 改鋳.
fukikaeru 葺き替える *v* renovar as telhas; renovar a cobertura de colmo ou palha.
fukikaesu 吹き返す *v* 1 soprar na direção contrária. 2 ressuscitar; reviver.
fukikakeru 吹き掛ける *v* soprar sobre alguém; respirar em alguém.
fukikesu 吹き消す *v* apagar vela ou lamparina com o sopro.
fukikesu 拭き消す *v* enxugar; apagar; limpar com esponja.
fukikoboreru 噴き零れる *v* transbordar (sopa, caldo).
fukikomi 吹き込み *s* gravação. ~*所* ~*jo*: estúdio de gravação.
fukikomu 吹き込む *v* 1 soprar para dentro (vento). 2 inspirar; adoutrinar.
fukikomu 拭き込む *v* polir; esfregar; lustrar; envernizar.
fukimakuru 吹き捲る *v* ventar muito; arrasar; destruir; bramar.
fukimawashi 吹き回し *s* 風の~ *kaze no*~: golpe de sorte; oportunidade única.
fukin 布巾 *s* pano de prato.
fukin 付近 *s* vizinhança; redondeza; arredores; proximidade.
fūkin 風琴 *s* órgão; acordeão; sanfona.
fukinagashi 吹き流し *s* flâmula.
fukinagasu 吹き流す *v* desviar do curso normal do navio por causa do vento.
fukin'itsu 不均一 *s* falta de uniformidade; desigualdade; falta de equilíbrio.
fukinkō 不均衡 *s* desequilíbrio; disparidade; falta de equilíbrio.
fukinsei 不均斉 *s* assimetria.
fukinshin 不謹慎 *s* imprudência; indiscrição; imodéstia; atrevimento.
fukinshitsu 不均質 *s* heterogeneidade.
fukintō 不均等 *s* desigualdade.
fukinukeru 吹き抜ける *v* vento a soprar pelo quarto.

fukinuki 吹き抜き *s* ventilação.
fukiokosu 吹き起こす *v* 火を～ *hi o* ～: atiçar para aumentar o fogo.
fukiorosu 吹き下ろす *v* ventar para baixo. 山から風が吹き下ろした *yama kara kaze ga fukioroshita*: o vento soprou montanha abaixo.
fukiotosu 拭き落とす *v* esfregar e limpar a sujeira.
fūkiri 封切り *s* estreia; primeira exibição de filme. ～*suru*, *v*: liberar para exibição.
fukiritsu 不規律 *s* irregularidade; desordem; indisciplina.
fukisarashi 吹き曝し *s* exposição ao vento.
fukiso 不起訴 *s* impronúncia.
fukisōji 拭き掃除 *s* limpeza por esfregadela; limpeza por enxugo; limpeza.
fukisoku 不規則 *s* irregularidade; inconstância.
fukisusabu [susamu] 吹き荒ぶ[む] *v* ventar violentamente; ventar forte.
fukitaosu 吹き倒す *v* derrubar árvore ou casa pela ventania.
fukitateru 吹き立てる *v* avivar o fogo.
fukite 吹き手 *s* assoprador; bazofiador; fanfarrão.
fukitobasu 吹き飛ばす *v* 1 arrancar; derrubar (vento). 2 jactar-se; vangloriar-se.
fukitoru 拭き取る *v* enxugar; passar pano para limpar.
fukitōshi 吹き通し *s* ventilação; corrente de ar.
fukitōsu 吹き通す *v* soprar através de; soprar por; manter soprando.
fukitsu 不吉 *s* infelicidade; malevolência. ～*na*, *adj*: azarado; impropício; desfavorável; sinistro; maligno.
fukitsuke 吹き付け *s* vaporização; borrifo; jato de líquido pulverizado.
fukitsukeru 吹き付ける *v* vaporizar; borrifar; pulverizar.
fukitsunoru 吹き募る *v* soprar cada vez mais forte; bramar com intensidade crescente.
fukiwakeru 吹き分ける *v* 1 aventar e separar os grãos. 2 separar. 鉱石から金属を～ *kōseki kara kinzoku o* ～: separar o metal do minério.
fukiya 吹き矢 *s* dardo; seta para zarabatana.
fukiyamu 吹き止む *v* parar de ventar.
fukiyose 吹き寄せ *s* depósito de areia ou neve.
fukiyoseru 吹き寄せる *v* amontoar de neve ou folhas secas.
fukkakeru 吹っ掛ける *v vulg* 1 desafiar uma pessoa para a briga. 2 tentativa de cobrança excessiva por um produto.
fukkan 復刊 *s* reedição; republicação.
fukkatsu 復活 *s* ressurreição; regeneração; ressuscitação; reavivar; reviver; restauração.
Fukkatsusai 復活祭 *s* Páscoa.
fukken 復権 *s* reabilitação; restauração; reintegração; readmissão.
fukki 復帰 *s* retorno; volta; reintegração; instalação.
fukkireru ふっきれる *v* esquecer uma ideia e partir para outra; passar de um pensamento para outro.
fukko 復古 *s* restauração; restabelecimento; reavivamento.
fukkō 復校 *s* retorno à escola; voltar a estudar.
fukkō 復航 *s* viagem de volta; retorno. ～*meireisho*: ordem de retorno.
fukkō 復興 *s* reavivamento; ressuscitação; restauração; reabilitação; reconstrução.
fukkoku 復刻 *s* reprodução; republicação. *V* **saikan** 再刊.
fukkura ふっくら, **fukkuri** ふっくり *mim* corpulento; cheio; fofo; inflado.
fukkyū 復旧 *s* reabilitação; restauração; restituição; recuperação.
fukkyūkōji 復旧工事 *s* obra de restauração.
fukō 不孝 *s* impiedade; desobediência; ingratidão aos pais.
fukō 不幸 *s* 1 infelicidade; miséria; dor; desgosto. 2 infortúnio; adversidade. 3 desastre; calamidade; acidente. 4 morte; perda.
fukō 富鉱 *s* mina rica; minério de alto teor.
fūkō 風向 *s* direção do vento.
fūkō 風光 *s* paisagem bela; cena maravilhosa. *V* **fūkei** 風景.
fukōhei 不公平 *s* injustiça; desigualdade; parcialidade; discriminação.
fukokoroe 不心得 *s* imprudência; indiscrição; ato indiscreto; má conduta.
fukoku 布告 *s* proclamação; declaração; notificação; decreto; edital.
fukoku 富国 *s* país rico; enriquecimento do país; país próspero.
fukōsaku 不耕作 *s* não cultivo.
fukōsei 不公正 *s* injustiça; iniquidade.
fukōshi 不行使 *s* não uso; desuso.
fukōsoku 不拘束 *s* sem impedimento; sem repressão.
fukōyō 不効用 *s* desutilidade; inutilidade.
fuku 服 *s* roupa; veste; vestimenta; traje.
fuku 副 *s* duplicação; cópia.
fuku 福 *s* sorte; prosperidade; fortuna; felicidade; riqueza.
fuku 吹く *v* 1 soprar (vento). 2 expirar. 3 tocar flauta. 4 fundir minério.
fuku 拭く *v* enxugar; limpar passando pano.
fuku 葺く *v* cobrir; colmar; cobrir de palha; cobrir com tabuinhas; cobrir com telhas de ardósia.
fuku 噴く *v* emitir; jorrar; lançar.
fuku- 副- *pref* assistente; sócio; adjunto; substituto; vice-; sub-; secundário; auxiliar.
fuku- 複- *pref* duplo; composto; múltiplo; conjugado; re-; bi-.
fukuan 腹案 *s* plano; ideia; plano preconcebido.
fukube 瓢 *s Bot* cucúrbita; cabaça; cabaceira.
fukubiki 福引き *s* sorteio.
fukuboku 副木 *s Cir* tala de madeira (ortopedia).
fukubu 腹部 *s Anat* e *Zool* região abdominal; abdômen; barriga.
fukubukushii 福々しい *adj* aparência de feliz; estar bem.
fukubun 復文 *s* retradução do japonês para o chinês. ～*suru*, *v*: retraduzir.
fukucha 福茶 *s* chá da sorte; espécie de chá feito de soja preta, especiarias e outros ingredientes para ser tomado em ocasiões festivas.
fukuchiji 副知事 *s* vice-governador.
fukuchō 副長 *s* vice-presidente; vice-diretor.
fukuchō 復調 *s* ～*suru*, *v*: recuperar a forma.
fukudai 副題 *s* subtítulo.
fukudaitōryō 副大統領 *s* vice-presidente.
fukudoku 服毒 *s* ～*suru*, *v*: tomar veneno.
fukudokuhon 副読本 *s* leitura complementar.

fukueki 服役 *s* cumprimento de prisão; serviço militar. ~*suru*, *v*: cumprir pena na prisão.
fukuen 復縁 *s* reconciliação; restauração das relações conjugais.
fukugen 復原[元] *s* restauração; restituição; reabilitação; reconstrução.
fukugichō 副議長 *s* vice-presidente.
fukugō 複合 *s* composição; complexo. ~ビタミンB ~*bitamin B*: complexo de vitamina B.
fukugyō 副業 *s* ocupação secundária; ocupação complementar; bico.
fukugyō 復業 *s* retorno ao trabalho; retomada do trabalho.
fukuhai 腹背 *s* frente e costas; barriga e costas. ~に敵を受ける ~*ni teki o ukeru*: ser atacado pela frente e por trás.
fukuhei 伏兵 *s* emboscada; cilada.
fukuhi(rei) 複比(例) *s* proporção; regra de três composta.
fukuhon 副[複]本 *s* duplicação; cópia extra; contraparte.
fukui 復位 *s* restauração; reabilitação; redução.
fukuiku 馥郁 *adj* ~たる ~*taru*: cheiroso; perfumado; aromático; balsâmico.
fukuin 副因 *s* causa secundária.
fukuin 復員 *s* desmobilização; desativação.
fukuin 福音 *s* evangelho.
fukuinsho 福音書 *s Catól* os livros dos apóstolos Mateus, Marcos, Lucas e João.
fukuji 服地 *s* tecido; pano para costura.
fukujin 副腎 *s Anat* glândula suprarrenal.
fukujinzuke 福神漬 *s* verduras fatiadas em conserva no molho de soja.
fukujiteki 副次的 *adj* secundário.
fukujū 服従 *s* obediência; submissão; subordinação; aquiescência.
fukukaichō 副会長 *s* vice-presidente de conselho.
fukukan 副官 *s* ajudante de ordens.
fukukanchō 副館長 *s* vice-diretor de museu; vice-curador.
fukukō 腹腔 *s Anat* cavidade abdominal.
fukumaden 伏魔殿 *s* pandemônio; moradia dos demônios.
fukumaku 腹膜 *s Anat* peritônio.
fukumaseru 含ませる, **fukumasu** 含ます *v* encharcar; empapar; ensopar; pôr de molho.
fukumei 復命 *s* relatório de cumprimento da ordem recebida.
fukumen 覆面 *s* máscara; véu; disfarce.
fukumeru 含める *v* **1** incluir. **2** dar instruções; instruir.
fukumetsu 覆滅 *s* destruição; ruína; derrota.
fukumi 含み *s* implicação; aquilo que fica subentendido; atmosfera; tom; sentimento.
fukumidashi 副見出し *s* subtítulo.
fukumigoe 含み声 *s* voz abafada.
fukumiwarai 含み笑い *s* risada sufocada; riso reprimido; riso gutural.
fukumo 服喪 *s* pesar; luto.
fukumu 服務 *s* serviço; prestação de serviço.
fukumu 含む *v* **1** manter algo dentro da boca. **2** compreender. **3** conter; segurar. **4** involver; implicar; abranger.
fuku no kami 福の神 *s* divindade da riqueza.

fukuramaseru 膨らませる, **fukuramasu** 膨らます *v* dilatar; encher; expandir; inchar; fazer avolumar; fazer crescer.
fukurami 膨らみ *s* inchaço; protuberância; saliência; volume.
fukuramu 膨らむ *v* inchar; crescer; encher; distender; expandir.
fukurashiko 膨らし粉 *s* fermento em pó.
fukureagaru 膨れ上がる *v* inchar; intumescer.
fukureru 膨れる *v* **1** inchar; crescer; expandir; dilatar; distender; inflar. **2** zangar-se; emburrar; ficar de mau humor.
fukurettsura 脹れっ面, **fukurezura** 脹れ面 *s* cara emburrada; zangado.
fukuri 福利 *s* bem-estar; prosperidade; conforto.
fukuri 複利 *s Mat* juros compostos.
fukuro 袋・嚢 *s* sacola; saco; pasta; estojo.
fukurō 梟 *s Ornit* coruja.
fukurodataki 袋叩き *s* surra; espancamento praticado por uma turma.
fukurogake 袋掛け *s* ensacamento de frutas tenras para protegê-las contra insetos e doenças.
fukurokōji 袋小路 *s* beco sem saída.
fukuromono 袋物 *s* bolsas e sacolas de todos os tipos.
fukuryō 服量 *s* dose; dosagem.
fukuryū 伏流 *s Geofís* corrente de água subterrânea.
fukusanbutsu 副産物 *s* produto derivado; fruto.
fukusayō 副作用 *s* efeito colateral; reação.
fukusei 復姓 *s* retomada do sobrenome original.
fukusei 複製 *s* reprodução; duplicação; réplica.
fukuseki 復籍 *s* ~の手続き ~*no tetsuzuki*: formalidade para restauração do registro civil.
fukusen 伏線 *s* preparo; prenúncio.
fukusen 複線 *s Ferrov* trilho duplo; pista duplicada; linha férrea duplicada.
fukusha 複写 *s* cópia; reprodução; duplicação.
fukusha 輻射 *s Fís* radiação.
fukushanetsu 輻射熱 *s* calor da radiação; radiação.
fukushi 福祉 *s* bem-estar.
fukushi 副詞 *s Gram* advérbio.
fukushiki 複式 *s* sistema composto; sistema plural.
fukushikikokyū 腹式呼吸 *s* respiração abdominal.
fukushikokka 福祉国家 *s* estado de bem-estar.
fukushin 腹心 *s* confidente; pessoa de alta confiança.
fukushin 覆審 *s Dir* revisão; revisão do julgamento.
fukushizai 副資材 *s* suprimentos auxiliares; material suplementar.
fukusho 副書 *s* cópia; duplicata. *V* **fukuhon** 副[複]本.
fukusho 副署 *s* assinatura com que se autentica uma outra; referenda.
fukushō 副賞 *s* prêmio adicional.
fukushō 復唱 *s* recital; ensaio; repetição.
fukushoku 服飾 *s* traje; ornamentos e acessórios.
fukushoku 復職 *s* reintegração; readmissão; reabilitação ao trabalho.
fukushoku(butsu) 副食(物) *s* prato complementar.
fukushū 復習 *s* revisão do estudo.
fukushū 復讐 *s* vingança; retaliação; revide; represália.
fukushūnyū 副収入 *s* renda adicional; rendimento de uma ocupação secundária.

fukushūshin 復讐心 *s* sentimento vingativo; espírito de retaliação.
fukusō 服装 *s* estilo de roupa; traje.
fukusō 副葬 *s* colocação de pertences do falecido junto ao cadáver.
fukusō 福相 *s* rosto radiante; aparência feliz; aparência saudável.
fukusō 輻輳 *s* **1** congestionamento; afluxo (de pessoas). **2** *Oftalm* convergência.
fukusosū 複素数 *s Mat* número complexo.
fukusū 複数 *s* plural.
fukusui 覆水 *s* água derramada.
fukusuru 服する *v* **1** submeter-se à sentença; obedecer; admitir. **2** servir no exército.
fukusuru 復する *v* retornar; reverter; ser restaurado; reassumir o cargo.
fukutoshin 副都心 *s* subcentros de uma metrópole.
fukutsu 不屈 *s* invencibilidade; flexibilidade; fortaleza.
fukutsū 腹痛 *s* dor de barriga; dor abdominal; cólica.
fukuwajutsu 腹話術 *s* ventriloquia.
fukuya 服屋 *s* alfaiate; costureiro(a); loja de roupas; butique.
fukuyaku 服薬 *s* ato de tomar remédio.
fukuyō 服用 *s* ato de tomar remédio.
fukuyō 服膺 *s* ～*suru, v*: manter na mente; guardar na memória palavras de uma pessoa.
fukuzai 伏在 *s* ～*suru, v*: estar oculto; estar escondido; permanecer latente.
fukuzai 服罪 *s* submissão à penalidade.
fukuzatsu 複雑 *s* complexidade; complicação.
fukuzō 腹蔵 *s* ～なく ～*naku*: sem reservas; francamente; abertamente.
fukuzoku 服属 *s* sujeição; subjugação.
fukyō 不況 *s* depressão; recessão; queda; má conjuntura econômica.
fukyō 不興 *s* desprazer; mau humor; desgraça.
fukyō 布教 *s* trabalho missionário; difusão da religião; missão.
fukyō 富強 *s* riqueza e poder.
fukyoku 布局 *s* composição; disposição ou arranjo tático no jogo de *go*.
fukyoku 負極 *s* cátodo; catódio; polo negativo.
fukyōwa 不協和 *s* discordância; desarmonia.
fukyōwaon 不協和音 *s* dissonância; cacofonia.
fukyū 普及 *s* difusão; propagação; disseminação; popularização.
fukyū 不朽 *s* imortalidade; imperecibilidade.
fukyū 不急 *s* ～の ～*no*: não urgente; algo que pode esperar.
fukyū 腐朽 *s* deterioração.
fukyūban 普及版 *s* edição popular.
fumaedokoro 踏まえ所 *s* ponto de vista de um indivíduo.
fumaeru 踏まえる *v* pisar; levantar-se; basear-se sobre.
fumajime 不真面目 *s* falta de sinceridade; instabilidade; falta de seriedade.
fuman(zoku) 不満(足) *s* insatisfação; descontentamento; desprazer.
fumei 不明 *s* **1** obscuridade; indefinição; ambiguidade; incompreensibilidade. **2** ignorância; falta de sagacidade.
fumeikaku 不明確 *s* indefinição; obscuridade. ～*na, adj*: indefinido; indistinto; vago; obscuro; ambíguo.

fumeirō 不明朗 *s* melancolia; depressão; tristeza.
fumeiryō 不明瞭 *s* ～*na, adj*: indistinto; obscuro; opaco; turvo; inexplícito.
fumeiyo 不名誉 *s* desonra; desgraça; descrédito; ignomínia; infâmia.
fumen 譜面 *s Mús* partitura.
fumenboku 不面目 *s* vergonha; desgraça; descrédito; honra ferida; opróbio.
fumetsu 不滅 *s* imortalidade; indestrutibilidade.
fumi 文 *s* **1** carta. **2** livro; obras escritas.
fumi 不味 *s* ～の ～*no*: desagradável; sem sabor.
fūmi 風味 *s* sabor; gosto; apetite; paladar agradável; prazer.
fumiarasu 踏み荒らす *v* esmagar; devastar; pisar; estragar pisando.
fumiayamaru 踏み誤る *v* pisar em falso.
fumichigaeru 踏み違える *v* deslocar o pé; torcer o tornozelo; pisar em falso.
fumidai 踏み台 *s* banquetas; trampolim.
fumidan 踏み段 *s* degrau.
fumidashi 踏み出し *s* início; começo. ～がいい ～*ga ii*: ter um bom começo.
fumidasu 踏み出す *v* avançar; partir; começar algum negócio; lançar-se.
fumidokoro 踏み所 *s* lugar onde se pisa.
fumie 踏み絵 *s* **1** tabuleta com imagem de Cristo ou da Virgem Maria, usada na era Edo, para testar a fé cristã. **2** teste de fidelidade.
fumihazusu 踏み外す *v* pisar em falso; escorregar.
fumiireru 踏み入れる *v* pisar num lugar novo, pisar pela primeira vez em um lugar.
fumikatameru 踏み固める *v* pisar e endurecer. 踏み固められた雪 *fumikatamerareta yuki*: neve endurecida com pisadas.
fumikesu 踏み消す *v* apagar o fogo com pisadas.
fumikiri 踏切 *s* cancela de cruzamento em nível; cruzamento de linha férrea.
fumikiriban 踏切番 *s* guarda de cancela de cruzamento em nível.
fumikiru 踏み切る *v* atravessar uma rua ou estrada; começar um negócio; decidir-se.
fumikoeru 踏み越える *v* passar sobre; ultrapassar uma linha; vencer dificuldades.
fumikomu 踏み込む *v* entrar; penetrar.
fumikorosu 踏み殺す *v* pisar até a morte.
fumikotaeru 踏み堪える *v* manter-se firme; resistir.
fumikowasu 踏み毀す *v* pisar e quebrar em pedaços.
fumimochi 不身持ち *s* conduta irregular; má conduta; mau procedimento.
fumin 不眠 *s* insônia; perda de sono. *Sin* **fuminshō** 不眠症.
fuminarasu 踏み均す *v* calcar com os pés; pisar e abrir a trilha.
fuminarasu 踏み鳴らす *v* pisar com barulho; bater com os sapatos no chão.
fuminijiru 踏み躙る *v* atropelar e esmagar; espezinhar; menosprezar.
fuminshō 不眠症 *s* insônia. *V* **fumin** 不眠.
fumishimeru 踏み締める *v* pisar ou caminhar firmemente.
fumitaosu 踏み倒す *v* escoicear e derrubar; chutar e derrubar; deixar de pagar dívidas e contas pendentes; dar ou passar calote.

fumitodomaru 踏み止まる *v* permanecer; aguardar firme; manter-se.
fumitsubusu 踏み潰す *v* pisar e esmagar; atropelar e esmagar.
fumitsukeru 踏み付ける *v* **1** pisar pesadamente. **2** desprezar; menosprezar. **3** oprimir.
fumō 不毛 *s* esterilidade; aridez.
fumon 不問 *s* 〜に付する 〜*ni fusuru*: ignorar; desconsiderar; fechar os olhos; tolerar.
fumoto 麓 *s* base (de montanha); pé; sopé; fundo.
fumu 踏[履]む *v* pisar; atropelar.
fumuki 不向き 〜*na, adj*: impróprio; inadequado.
fun 分 *s* minuto (tempo, ângulo).
fun 糞 *s* excremento; fezes; titica de pássaro.
fun ふん *interj* "não sei de nada"; "entendi"; "ah, é?".
funa 鮒 *s Ictiol* carpa prussiana.
funaashi 船足[脚] *s* **1** calado de navio. **2** avanço ou velocidade do navio.
funaasobi 舟遊び *s* entretenimento com barco.
funabata 船端・舷 *s* costado da embarcação; borda do barco; amurada do navio.
funabin 船便 *s* **1** remessa marítima. **2** correio marítimo.
funachin 船賃 *s* **1** tarifa de passagem marítima. **2** frete marítimo. **3** fretamento de navio.
funadaiku 船大工 *s* carpinteiro de embarcação; construtor de navio.
funade 船出 *s* partida de navio; embarque.
funadon'ya 船問屋 *s* agente marítimo.
funagaisha 船会社 *s* companhia de navegação.
funagu 船具 *s* aparelhagem de embarcação; engrenagem; apetrechos de navio.
funaka 不仲 *s pop* diferenças; discórdia.
funakaji 船火事 *s* incêndio de navio ou de embarcação.
funani 船荷 *s* carga marítima; frete; bagagem marítima.
funanori 船乗り *s* marinheiro; marujo; navegante.
funaoroshi 船卸し[降ろし] *s* 〜をする 〜*o suru*, *v*: lançar o navio à água. 荷物を〜する *nimotsu o* 〜*suru*: descarregar o navio.
funare 不慣れ *s* inexperiência; falta de experiência; não familiaridade.
funatabi 船旅 *s* viagem marítima.
funatsuki(ba) 船着き(場) *s* porto; ancoradouro.
funauta 舟唄・船歌 *s* canção de marinheiro.
funawatashi 船渡し *s* **1** travessia de barca. *V tosen* 渡船; *watashi* 渡し. **2** entrega a bordo. FOB (*Free on Board*).
funayado 船宿 *s* agente marítimo; abrigo de embarcações.
funayoi 船酔い *s* mareado; enjoo no mar.
funazoko 船底 *s* fundo da embarcação; porão do navio.
funazumi 船積み *s* carregamento; embarque de mercadorias em navio.
funbaru 踏ん張る *v pop* **1** firmar as pernas. **2** persistir; aguentar. **3** esforçar-se.
funben 糞便 *s* material fecal; fezes; excrementos.
funbetsu 分別 *s* prudência; discrição; bom-senso; senso de julgamento.
funbetsukusai 分別臭い *adj pop* com aparência de prudente.
funbo 墳墓 *s* túmulo; sepultura.
funbyō 分秒 *s* momento; curto espaço de tempo.
fundakuru ふんだくる *v vulg* apropriar à força; apoderar-se; cobrar exorbitâncias.
fundan ni ふんだんに *adv pop* em abundância; fartamente; copiosamente.
fundarikettari 踏んだり蹴ったり *expr* 〜の目に会う 〜*no me ni au*: ser insultado e injuriado.
fundo 憤怒 *s* rancor; ira; raiva; fúria; indignação.
fundō 分銅 *s* contrapeso.
fundoshi 褌 *s* faixa para a cintura usada pelos homens.
fune 船・舟 *s* barco; embarcação; navio.
fun'en 噴煙 *s* fumaça lançada ao espaço.
funensei 不燃性 *s Quím* não inflamabilidade; incombustibilidade.
funesshin 不熱心 *s* indiferença; falta de zelo e entusiasmo; desatenção.
fungai 憤慨 *s* indignação; ressentimento.
fungeki 憤激 *s* 〜*suru, v*: encolerizar-se; inflamar-se de fúria.
fungeki 奮激 *s* excitação; agitação.
fungi 紛議 *s* dissensão; controvérsia; disputa; diferença de opinião.
fungiri 踏ん切り *s pop* 〜がつかない 〜*ga tsukanai*: hesitar; não poder decidir ou chegar a uma conclusão.
funiai 不似合い *s* incongruência. 〜*na, adj*: impróprio; inconveniente; inadequado.
fun'iki 雰囲気 *s* atmosfera; ambiente.
funiku 腐肉 *s* carne estragada; podridão; cadáver em decomposição.
funin 不妊 *s* esterilidade; infertilidade.
funin 赴任 *s* 〜*suru, v*: dirigir-se para um novo posto a que foi designado.
funinjō 不人情 *s* falta de bondade humana; desumanidade; indelicadeza.
funinka 不認可 *s* desaprovação; rejeição; proibição.
funinki 不人気 *s* impopularidade.
funinshō 不妊症 *s* esterilidade; infertilidade.
funjibaru ふん縛る *v vulg* amarrar; prender; reter; atar.
funjō 粉状 *s* 〜の 〜*no*: em pó; empoado; pulverulento.
funjō 紛擾 *s* confusão; desordem; agitação; distúrbio; disputa; controvérsia.
funka 噴火 *s* erupção; atividade vulcânica.
funkakō 噴火口 *s* cratera vulcânica.
funkei 刎頚 *s* decapitação. 〜の友 〜*no tomo*: amigo eterno.
funki 奮起 *s* provocação; agitação; ato de pôr em atividade. 人を〜せしめるような物語 *hito o* 〜*seshimeru yō na monogatari*: história inspiradora.
funkotsusaishin 粉骨砕身 *s* 〜*suru, v*: dar o melhor de si; fazer o melhor possível.
funkyū 紛糾 *s* complicação; emaranhamento; confusão; distração; desordem; trapalhada.
funman 憤[忿]懣 *s* ira; ressentimento; indignação; irritação; sentimento de ofensa.
funmatsu 粉末 *s* pó; poeira.
funmu 噴霧 *s* pulverização; nebulização.
funmuki 噴霧器 *s* vaporizador; pulverizador; atomizador; nebulizador.
funnu 憤怒 *s* 人々の〜と嫌悪を呼び起こす

hitobito no ～*to ken'o o yobiokosu*: suscitar a indignação e a repulsa populares. *V* **fundo** 憤怒.
funnyō 糞尿 *s* excreções; fezes e urina; matéria excrementária.
funnyū 粉乳 *s* leite em pó.
funō 不能 *s* **1** 支払い～ *shiharai* ～: insolvência. *V* **fukanō** 不可能. **2** ～にする ～*ni suru*: tornar-se indisposto. **3** impotência sexual.
funō 不納 *s* falta de pagamento; inadimplência.
funō 富農 *s* agricultor próspero.
funpan 噴飯 *s* risada incontida. ～*suru, v*: desatar a rir.
funpatsu 奮発 *s* **1** esforço enérgico. **2** ～*suru, v*: regalar-se com. 新しいシャツを～する *atarashii shatsu o* ～*suru*: regalar-se com uma camisa nova.
funpun 紛々 *s adv* confusamente; em confusão.
funrei(doryoku) 奮励(努力) *s* esforço enérgico.
funryū 噴流 *s* jorro; corrente a jato.
funsai 粉砕 *s* pulverização; trituração.
funsen 奮戦 *s* batalha hercúlea; luta heroica.
funsha 噴射 *s* injeção; jato; jato de líquido pulverizado.
funshasuishin 噴射推進 *s Aeron* propulsão a jato.
funshi 憤死 *s* ～*suru, v*: morrer de indignação.
funshin 分針 *s* ponteiro longo do relógio; ponteiro que indica os minutos.
funshitsu 紛失 *s* perda; extravio.
funsho 焚書 *s* ato de queima de livros proibidos.
funshoku 粉食 *s* alimento à base de farinha.
funshoku 粉飾 *s* **1** maquilagem; falbalá; ornamentos vistosos. **2** adorno; enfeite.
funshutsu 噴出 *s* erupção; ebulição; expulsão; jorro; jato; esguicho.
funsō 扮装 *s* maquilagem; disfarce.
funsō 紛争 *s* disputa.
funsui 噴水 *s* fonte; jato de água; instalações hidráulicas decorativas; chafariz.
funsuru 扮する *v* personificar um papel; vestir-se; assumir a fantasia; disfarçar-se.
funtan 粉炭 *s* carvão em pó.
funtō 奮闘 *s* embate violento; luta; esforço enérgico.
funtōteki 奮闘的 *adj* ～精神 ～*seishin*: espírito lutador.
funuke 腑抜け *s pop* palerma; imbecil; idiota; covarde.
funwari ふんわり *adv* brandamente; devagar; com jeito.
funyafunya ふにゃふにゃ *mim pop* ～の ～*no*: mole; flácido.
funyoi 不如意 *s* ～である ～*de aru*: sentir-se contrário ao desejado; ser pressionado por falta de dinheiro.
fūnyū 封入 *s* ～*suru, v*: incluir no envelope de carta. ～の書類 ～*no shorui*: documento incluso no envelope.
funzen 憤然 *adj* ～と ～*to*: furioso; irado; encolerizado.
funzen 奮然 *adv* corajosamente; vigorosamente; firmemente; decididamente.
funzorikaeru 踏ん反り返る *v pop* assumir uma atitude arrogante, orgulhosa.
fuon 不穏 *s* inquietação; agitação; ansiedade; intranquilidade.

fuonbunshi 不穏分子 *s* elemento perturbador; elemento que causa distúrbio.
fuontō 不穏当 *s* impropriedade. ～*na, adj*: impróprio; injusto. ～な処置 ～*na shochi*: ação injusta; medida injusta.
furachi 不埒 ～*na, adj*: indisciplinado; sem lei; anárquico; desenfreado; descortês; insolente; audacioso; imperdoável.
furafura ふらふら *adv* **1** tonto; atordoado; vertiginoso. **2** inconscientemente.
furai[1] フライ (*ingl fry*) *s* fritura; à milanesa.
furai[2] フライ (*ingl fly*) *s Beis* bola rebatida para o alto.
fūraibō 風来坊 *s vulg* vagabundo; nômade; vadio.
furaipan フライパン (*ingl frying pan*) *s* frigideira.
furaito フライト (*ingl flight*) *s* voo. ～レコーダー ～*rekōdā*: caixa-preta.
furan 腐卵 *s* ovo apodrecido; ovo estragado.
furan 孵卵 *s* ovo incubado.
furanneru フランネル (*ingl flannel*) *s* flanela.
furareru 振られる *v* ser rejeitado; ser recusado; ter uma recepção fria.
furari ふらり *mim* ～と ～*to*: acidentalmente; casualmente; inesperadamente.
furasshu フラッシュ (*ingl flash*) *s* **1** de modo instantâneo. **2** luz instantânea para fotografias; lanterna elétrica.
furasu 降らす *v* fazer chover; deixar cair (as folhas).
furasuko フラスコ (*ingl flask*) *s* frasco; garrafa para ter vinho ou água à mesa; jarra.
furatsuku ふらつく *v* sentir-se tonto.
fure 振れ *s* desvio; guinada.
fure 触れ *s* **1** *arc* nota oficial; notificação; decreto. **2** contato.
fureai 触れ合い *s* contato.
furearuku 触れ歩く *v* andar falando; andar alardeando.
fureau 触れ合う *v* estar em contato; simpatizar com.
furekomi 触れ込み *s* anúncio; introdução; anunciador.
furekomu 触れ込む *v* **1** anunciar; publicar. **2** declarar publicamente.
furemawaru 触れ回る *v* circular; disseminar; espalhar rumores.
furenzoku 不連続 *s Mat* descontinuidade.
fureru 振れる *v* balançar; oscilar; inclinar.
fureru 触れる *v* **1** tocar; sentir; roçar; bater. **2** anunciar; proclamar. **3** tocar em; mencionar; referir a; comentar sobre. **4** conflitar com; violar; infringir; transgredir.
furi 不利 *s* desvantagem.
furi[1] 振り *s* **1** estilo de vestir; aparência pessoal; postura. **2** simulação; aparência.
furi[2] 振り *s* **1** balanço; oscilação. **2** postura (na dança). **3** inclinação.
furi 降り *s* chuva; quantidade de chuva ou neve caída.
furi ふり *s pop* ～の客 ～*no kyaku*: cliente casual.
furiageru 振り上げる *v* lançar; arremessar; arrojar; atirar; sacar (revólver ou faca).
furiai 振り合い *s* comparação; equilíbrio; relação.
furiateru 振り当てる *v* designar. 役を～ *yaku o*～: designar para um papel na peça.
furidashi 振り出し *s* **1** início; começo; ponto inicial. **2** emissão de título. **3** infusão de remédio.

furidasu 振り出す *v* **1** sacudir; agitar. **2** infundir. **3** editar; remeter.
furidasu 降り出す *v* começar a chover ou nevar.
furidōshi 降り通し *s* 〜の雨 〜*no ame*: chuva contínua; chuva incessante.
furieki 不利益 *s* desvantagem. 〜*na*, *adj*: não lucrativo; inútil; desfavorável; prejudicial.
furigana 振り仮名 *s* letras *kana* do silabário fonético japonês impresso ao lado dos ideogramas para auxiliar na leitura destes.
furiharau 振り払う *v* sacudir; arrebatar.
furikaburu 振りかぶる *v* erguer sobre a cabeça, erguer para o alto.
furikae 振替 *s* **1** transferência de valores. **2** transferência, mudança, troca. **3** abreviação de 郵便振替 *yūbinfurikae*: vale postal.
furikaeru 振り返る *v* **1** voltar-se, virar-se. **2** refletir sobre fatos passados, relembrar.
furikaeru 振り替える *v* **1** transferir, mudar, trocar. **2** transferir valores.
furikakaru 降り懸かる *v* **1** cair em cima. **2** acontecer, sobrevir, ocorrer, suceder.
furikakeru 振り掛ける *v* polvilhar, borrifar, espalhar, espargir.
furikata 振り方 *s* **1** manejo. **2** arranjo, disposição. **3** rumo. 身の〜 *mi no* 〜: rumo da vida.
furikazasu 振り翳す *v* **1** erguer (brandir) sobre a cabeça. **2** exibir-se, mostrar-se.
furikiru 振り切る *v* **1** soltar-se à força. **2** não se deixar prender, escapar. **3** brandir vigorosamente.
furiko 振り子 *s* pêndulo.
furikō 不履行 *s* não cumprimento, não observância, falta à promessa.
furikomerareru 降り籠められる *v* ficar impedido de sair devido à chuva ou à neve.
furikomu 降り込む *v* entrar [neve, chuva].
furikomu 振り込む *v* **1** sacudir e colocar dentro, adentrar. **2** transferir, depositar valores.
furimawasu 振り回す *v* **1** brandir. **2** agir com excesso de, abusar de. **3** exibir, vangloriar-se. **4** usar alguém como marionete.
furimidasu 振り乱す *v* embaraçar, desalinhar, desgrenhar os cabelos. 髪を〜 *kami o* 〜: descabelar-se.
furimukeru 振り向ける *v* **1** voltar o rosto, direcionar. **2** usar, aplicar, redirecionar. 積立金を返済に〜 *tsumitatekin o hensai ni* 〜: direcionar o fundo para pagamento de dívida.
furimuku 振り向く *v* virar a cabeça, voltar-se (para).
furin 不倫 *s* desvio moral, imoralidade, ato ilícito.
fūrin 風鈴 *s* sineta que tilinta com o vento.
furiorosu 振り下ろす *v* descer [a espada, a bengala etc.] num golpe.
furiotosu 振り落とす *v* varejar (sacudir) para derrubar frutas de árvores.
furīransā フリーランサー(*ingl freelancer*) *s* profissional independente [jornalista, escritor ou artista].
furishiboru 振り絞る *v* emitir a voz com toda a força. 知恵を〜 *chie o* 〜: esforçar-se ao máximo em busca de ideias.

furishikiru 降り頻る *v* chover (nevar) sem parar.
furisode 振り袖 *s* quimono de manga comprida.
furisosogu 降り注ぐ *v* **1** chover. **2** incidir (raios solares).
furisuteru 振り捨てる *v* **1** abandonar, deixar, desamparar. **2** livrar-se.
furitateru 振り立てる *v* **1** 声を〜 *koe o* 〜: gritar. **2** levantar com força. **3** agitar com força, sacudir.
furitsu 府立 *s* administrada (mantida) pela província. 〜病院 〜*byōin*: hospital público provincial.
furitsuke 振り付け *s* coreografia.
furitsuzuku 降り続く *v* continuar a chover (nevar).
furiugokasu 振り動かす *v* balançar, agitar, sacudir, chacoalhar.
furiugoku 振り動く *v* sacudir-se, agitar-se, balançar-se, vibrar, oscilar.
furiwake 振り分け *s* **1** divisão, divisão em duas partes. **2** 〜荷物 〜*nimotsu*: bagagem dependurada no ombro, em que uma parte fica para a frente, e a outra, para trás. **3** divisória entre duas áreas.
furiwakeru 振り分ける *v* **1** dividir em dois, partir em duas metades. **2** dividir, distribuir.
furiyamu 降り止む *v* deixar de cair, cessar, parar de cair [chuva, neve].
furo 風呂 *s* **1** banho de imersão. **2** banheira, sala de banho.
furō 不老 *s* eterna juventude, longevidade, não envelhecimento.
furō 浮浪 *s* **1** vagabundagem, vadiação, vida errante. **2** sem domicílio.
furō フロー(*ingl flow*) *s* circulação, fluxo, escoamento.
fūrō 封蝋 *s* lacre, cera para lacre.
fūrō 風浪 *s* **1** vento e ondas. **2** onda causada pelo vento.
furoa フロア (*ingl floor*) *s* **1** piso, soalho, chão, assoalho. **2** andar [prédio], pavimento.
furōji 浮浪児 *s* adolescente de rua, criança abandonada, criança de rua.
furoku 付録 *s* suplemento, adendo, apêndice.
furonto フロント (*ingl front*) *s* **1** frente, dianteira. **2** recepção de hotel. **3** parte frontal.
furōsha 浮浪者 *s* vagabundo, vadio, errante, sem-teto.
furoshiki 風呂敷 *s* lenço grande para embrulhar livros, presentes.
furōshotoku 不労所得 *s* **1** rendimento obtido sem esforço. **2** rendimento oriundo de investimentos.
furu 旧・古 *s* **1** coisa antiga. **2** artigo usado.
furu 降る *v* cair. 雪が〜 *yuki ga* 〜: nevar. 雨が〜 *ame ga* 〜: chover. ひょうが〜 *hyō ga* 〜: cair granizo, granizar.
furu 振る *v* **1** abanar, balançar [cabeça, mãos]. **2** rejeitar, repelir. 彼女に振られてしまった *kanojo ni furarete shimatta*: fui rejeitado pela moça. **3** sacudir, agitar. **4** espalhar, espargir.
furubiru 古びる *v* **1** envelhecer. **2** tornar-se antiquado.
furubokeru 古ぼける *v* tornar-se velho (gasto, desbotado, feio).
furudanuki 古狸 *s* **1** texugo velho. **2** espertalhão, "raposa velha", indivíduo experimentado (astuto, sagaz).

furudera 古寺 *s* templo antigo (velho, em ruínas).
furudōgu 古道具 *s* **1** artigo velho, coisa usada; bricabraque. **2** antiguidade.
furue 震え *s* tremor, estremecimento.
furueagaru 震え上がる *v* estremecer, tiritar, atemorizar-se, arrepiar-se, tremer de medo.
furuedasu 震え出す *v* começar a tremer (calafrio, tremor).
furuegoe 震え声 *s* voz tremida, voz trêmula.
furueru 震える *v* **1** tremer, tiritar. **2** vibrar, trepidar.
furufuku 古服 *s* roupa velha, usada.
furugao 古顔 *s* veterano, frequentador desde velhos tempos.
furugi 古着 *s* roupa usada, roupa batida.
furuhon 古本 *s* **1** livro usado. **2** livro antigo. ～屋 ～*ya*: sebo.
furui 震い *s* **1** tremor, calafrio, arrepio, estremecimento. **2** *Med* malária.
furui 篩 *s* peneira, crivo.
furui 古い *adj* **1** antigo, velho. **2** antiquado, ultrapassado, obsoleto. **3** envelhecido.
furuike 古池 *s* antiga lagoa, tanque velho.
furuiokosu 奮い起こす *v* despertar [o ânimo, a coragem], animar, estimular, encorajar.
furuiotosu 振い落とす *v* **1** sacudir, derrubar com sacudidas. **2** jogar fora as impurezas.
furuiotosu 篩い落とす *v* eliminar, peneirar, passar pelo crivo.
furuitsuku 震い付く *v* tremer com intensidade, estremecer, agarrar.
furuiwake 篩い分け *s* **1** peneiração, tamisação, crivação. **2** separação seletiva, seleção.
furuiwakeru 篩い分ける *v* **1** peneirar, limpar, passar pelo crivo. **2** selecionar.
furukabu 古株 *s* **1** toro (cepo) velho. **2** veterano, membro antigo. ～の社員 ～*no shain*: funcionário antigo.
furukizu 古傷 *s* **1** cicatriz antiga. **2** ferida antiga. **3** lembranças amargas.
furuku 古く *adj (adv)* antigamente, outrora, em tempos remotos. ～から知られている ～*kara shirareteiru*: é conhecido desde os tempos antigos.
furukusai 古臭い *adj* antigo, fora de moda, antiquado, retrógrado.
furumai 振舞い *s* **1** atitude, procedimento, conduta, comportamento, ação. **2** hospitalidade, acolhimento, recepção.
furumaizake 振舞い酒 *s pop* saquê oferecido a convidados, recepção com saquê.
furumau 振舞う *v* **1** comportar-se, agir, portar-se. **2** agir de forma chamativa. **3** recepcionar com iguarias.
furumekashii 古めかしい *adj* avelhado, avelhantado, com aparência antiga, fora de moda.
furusa 古さ *s* antiguidade, qualidade de antigo.
furusato 故里 *s* terra natal, local do nascimento (de origem).
furusu 古巣 *s* **1** ninho velho. **2** antigo ninho, local de origem.
furute 古手 *s* **1** artigo de segunda mão. **2** veterano. **3** métodos antigos.
furutsuwamono 古強者 *s pop* **1** veterano, experimentado. **2** pessoa experiente.

furutta 振るった *expr pop* brilhante, esplêndido, original, extraordinário, sensacional. ～事を言う ～*koto o iu*: diz coisa extraordinária.
furutte 奮って *s* com coragem, com ânimo, com motivação.
furutteru 振るってる *expr* importante, interessante, ótimo. あの先生の出す問題はいつも～ *ano sensei no dasu mondai wa itsumo* ～: a questão colocada por aquele professor é sempre interessante.
furuu 振[奮・揮]う *v* **1** manejar, brandir, empunhar. **2** exibir, exteriorizar, mostrar. **3** despertar, avivar, animar. **4** florescer, prosperar, crescer.
furuu 篩う *v* **1** peneirar, passar pelo crivo. **2** selecionar, escolher.
furuwaseru 震わせる *v* fazer tremer, fazer tiritar, fazer estremecer.
furyo 不慮 *s* inesperado, imprevisto.
furyo 俘虜 *s* prisioneiro de guerra.
furyō 不良 *s* **1** mau, má qualidade, mau estado. **2** delinquente; delinquência, má conduta.
furyō 不漁[猟] *s* pescaria (caçada) pobre (fraca).
furyō 負量 *s Mat* quantidade negativa.
furyōka 不良化 *s* degradação, decadência. ～*suru*, *v*: tornar-se delinquente.
furyōken 不料簡 *s* **1** imprudência. **2** má intenção, ponto de vista errado, mau pensamento.
furyoku 浮力 *s Fis* força ascensional, capacidade de flutuação, flutuabilidade.
fūryoku 風力 *s* velocidade (força, intensidade) do vento. ～発電 ～*hatsuden*: sistema eólico de geração de energia.
furyōritsu 不両立 *s* incompatível, contraditório, inconciliável.
furyū 浮流 *s* flutuação. ～機雷 ～*kirai*: mina flutuante.
fūryū 風流 *s* **1** elegância, distinção, bom gosto, requinte, refinamento. **2** lirismo. ～な暮し ～*na kurashi*: vida requintada.
fusa 総・房 *s* **1** tufo, franja [do chapéu]. **2** cacho, maço, penca [de uva, banana].
fūsa 封鎖 *s* **1** bloqueio, obstrução, fechamento. **2** bloqueio militar. 道路を～する *dōro o* ～*suru*: fechar (bloquear) a rua.
fusafusa 総[房]々 *adv* em tufos, franjado (abundantemente).
fusagaru 塞がる *v* **1** entupir, obstruir-se, ficar cheio. **2** ficar fechado, ficar bloqueado (impedido). **3** estar cheio, repleto, lotado, ocupado.
fusagikomu 鬱ぎ込む *v* ficar melancólico (abatido, deprimido, triste, desanimado).
fusagu 塞ぐ *v* **1** tampar, fechar, bloquear, obstruir. **2** parar, impedir, interromper. **3** ocupar, encher. **4** cumprir, executar, realizar. **5** estar deprimido (desanimado).
fusagu 鬱ぐ *v* desanimar, descoroçoar, deprimir, abater.
fusai 負債 *s* dívida, débito.
fusai 夫妻 *s* casal; marido e esposa.
fūsai 風采 *s* aparência, aspecto, jeito.
fusaika 不裁可 *s* rejeição, veto, proibição.
fusaku 不作 *s* **1** colheita má (fraca). **2** produção de má qualidade.
fusakui 不作為 *s* [em direito] omissão, abstenção, passividade, indiferença.

fusan 不参 *s* ausência, não comparecimento, falta, abstenção.
fusanka 不参加 *s* não participação, ausência.
fusansei 不賛成 *s* desaprovação, discordância, desacordo.
fusawashii 相応しい *adj* apropriado, adequado, certo, harmonioso.
fuse 布施 *s* 1 donativo, esmola. 2 doação, oferenda ao monge.
fusegu 防[禦]ぐ *s* 1 defender, proteger. 2 prevenir, precaver, evitar. 3 impedir, bloquear.
fusei 不正 *s* ato injusto, o que não é correto, desonestidade, ilicitude, ilegalidade.
fusei 父性 *s* paternidade, qualidade de pai.
fusei 不斉[整] *s* assimetria, irregularidade, desigualdade, desarmonia.
fusei 負性 *s* negatividade.
fuseiai 父性愛 *s* amor paterno, amor de pai.
fuseigō 不整合 *s* 1 falso assentamento (colocação, encaixe). 2 contradição, incompatibilidade.
fuseii 不誠意 *s* insinceridade, desonestidade, falsidade.
fuseikaku 不正確 *s* inexatidão, incorreção, imprecisão.
fuseiki 不正規 *s* não regular. ～の手続き ～*no tetsuzuki*: procedimento irregular.
fuseikō 不成功 *s* fracasso, insucesso, malogro.
fuseikōi 不正行為 *s* prática da corrupção; atos ilícitos.
fuseimyaku 不整脈 *s Med* arritmia, pulsação irregular.
fuseiritsu 不成立 *s* não conclusão, não concretização, não realização.
fuseiseki 不成績 *s* mau resultado, resultado insatisfatório, mau rendimento.
fuseishudan 不正手段 *s* meio (método) desonesto (fraudulento, ilícito, impróprio).
fuseishutsu 不世出 *s* raridade. ～の天才 ～*no tensai*: gênio extraordinário.
fuseiton 不整頓 *s* desordem, desorganização, desalinho, confusão.
fuseji 伏せ字 *s* 1 lacuna, espaço em branco. 2 letra tipográfica virada de cabeça para baixo.
fuseki 布石 *s* 1 disposição estratégica das pedras no jogo de *go*. 2 preparativos, medidas de precaução.
fusen 不戦 *s* renúncia à guerra, proscrição da guerra.
fusen 付箋 *s* etiqueta, pequeno papel anexo em que se escreve uma nota.
fusen 普選 *s* sufrágio universal.
fūsen 風船 *s* balão.
fusenmei 不鮮明 *s* falta de nitidez, obscuridade.
fusenshō 不戦勝 *s* vitória por não comparecimento do adversário.
fuseru 伏せる *v* 1 virar para baixo, baixar; abaixar-se, debruçar-se. 2 inclinar para os lados. 3 derrubar, empurrar para baixo. 4 virar de ponta-cabeça [objeto].
fuseru 臥せる *v* 1 deitar-se. 2 ficar de cama, adoecer.
fusessei 不摂生 *s* falta de cuidado com a saúde, negligência com a saúde.
fusessei 不節制 *s* intemperança, excesso, imoderação, incontinência.
fusetsu 符節 *s* documento carimbado no centro, partido ao meio, ficando cada uma das partes com uma metade para efeito de identificação.

fusetsu 敷設 *s* construção, instalação.
fusetsu 浮説 *s* boato, rumor.
fūsetsu 風説 *s* boato, rumor, falatório.
fūsetsu 風雪 *s* 1 vento acompanhado de neve. 2 tempestade de neve, nevasca.
fusha 富者 *s* rico, abastado.
fūsha 風車 *s* moinho de vento.
fushi 節 *s* 1 nós [dos caules]; juntas [dos ossos], articulação. 2 ponto (momento) marcante, virada. 3 entonação, modulação, melodia. 4 oportunidade, ocasião.
fushi 不死 *s* imortalidade, vida eterna.
fushi 父子 *s* pai e filho.
fūshi 諷刺 *s* 1 sátira, sarcasmo, ironia. 2 insinuação, alusão maliciosa.
fūshi 夫子 *s* 1 mestre, sábio. 2 Confúcio. 3 título honorífico para professores e pessoas ilustres.
fushiana 節穴 *s* 1 orifício (buraco) do nó da madeira. 2 falta de visão; fato de ser tolo (cego). お前の眼は～か *omae no me wa ～ka*: você não enxerga?
fushiawase 不仕合わせ *s* infelicidade, má sorte, infortúnio.
fūshibun 諷刺文 *s* prosa satírica, libelo difamatório.
fushibushi 節々 *s* 1 nós, juntas, articulações. 2 vários pontos.
fushichō 不死鳥 *s* fênix.
fushidara ふしだら *s* 1 desregramento, lassidão, descuido. 2 imoralidade, irregularidade.
fūshiga 諷刺画 *s* caricatura, sátira em desenho.
fushigi 不思議 *s* 1 milagre, maravilha. 2 enigma, mistério.
fushikuredatsu 節くれ立つ *v* 1 ser nodoso, ficar cheio de nós. 2 tornar-se ossudo.
fushima 節間 *s* entrenó de bambu.
fushimatsu 不始末 *s* 1 negligência, descuido, desleixo. 2 improvidência, leviandade.
fushimawashi 節回し *s* modulação, melodia, entonação.
fushime 伏し目 *s* olhar voltado (direcionado) para baixo.
fushin 不信 *s* 1 insinceridade. 2 falta de fé, ausência de crença. 3 desconfiança, descrédito.
fushin 不振 *s* 1 lentidão, depressão, inatividade, estagnação. 2 falta, declínio. 食欲～ *shokuyoku ～*: falta de apetite.
fushin 不審 *s* 1 falta de clareza, obscuridade. 2 dúvida, suspeita. 3 estranheza. ～火 ～*bi*: incêndio de origem suspeita. ～を抱く ～*o idaku*: desconfiar. ～な, *adj*: estranho, suspeito, questionável.
fushin 普請 *s* construção, edificação, obra.
fushin 腐心 *s* canseira, consumição, desgaste para realizar algo.
fushinban 不寝番 *s* 1 vigilância noturna. 2 vigilante noturno, guarda noturno.
fushinjin 不信心 *s* impiedade, descrença, falta de fé.
fushinjinmon 不審訊問 *s* interrogatório de suspeitos.
fushinjitsu 不真実 *s* insinceridade, falsidade; inverdade, falta de verdade.
fushinkan 不信感 *s* desconfiança, suspeita, dúvida.
fushinkō 不信仰 *s V* **fushinjin** 不信心.

fushinkōi 不信行為 *s* atitude de desconfiança; ato de desconfiança.
fushinnin 不信任 *s* desconfiança, não confiança.
fushinnin'an 不信任案 *s* moção de desconfiança.
fushinryaku 不侵略 *s* não agressão. ～条約 ～*jōyaku*: pacto de não agressão.
fushinsetsu 不親切 *s* falta de gentileza, falta de amabilidade, descortesia, indelicadeza. ～*na, adj*: pouco atencioso, pouco prestativo.
fushintōsei 不滲透性 *s Fís* impermeabilidade.
fushin'yō 不信用 *s* descrédito, desconfiança.
fushiogamu 伏し拝む *v* adorar, venerar, cultuar, admirar.
fushite 伏して *adv* humildemente, respeitosamente, encarecidamente. ～お願い申し上げます ～*onegai mōshiagemasu*: peço-lhe humildemente.
fushizen 不自然 *s* falta de naturalidade, artificialidade.
fushō 不肖 *s* 1 fato de ser indigno dos pais ou dos mestres. 2 forma humilde de se referir a si mesmo. 3 infelicidade, falta de sorte.
fushō 負傷 *s* ferimento, machucado. ～者 ～*sha*: os feridos.
fushō 不祥 *s* 1 mau agouro, presságio. 2 azar, infortúnio.
fushō 不詳 *s* falta de clareza, desconhecimento. 年齢～ *nenrei*～: idade desconhecida.
fūsho 封書 *s* carta fechada (selada), documento selado.
fushōbushō 不承不承 *adv* relutantemente, contra a vontade, contrariado.
fushōchi 不承知 *s* desaprovação, objeção, recusa, discordância.
fushōfuzui 夫唱婦随 *s* ascendência do marido na vida do casal.
fushōjiki 不正直 *s* falsidade, desonestidade, improbidade.
fushōka 不消化 *s* 1 má digestão, indigestão, dispepsia. 2 não assimilação.
fushoku 扶植 *s* 1 implantação, inserção. 2 socorro, apoio.
fushoku 腐蝕[食] *s* corrosão, decomposição; cautério.
fushoku 腐植 *s* humo.
fushōnin 不承認 *s* desaprovação, reprovação; veto, indeferimento.
fūshū 風習 *s* costume, tradição; práticas, usos. 祖先の～ *sosen no*～: usos e costumes dos antepassados.
fushubi 不首尾 *s* 1 incoerência, falha. 2 insucesso, fracasso, resultado desfavorável.
fushutsujō 不出場 *s* falta, não comparecimento, não participação.
fuso 父祖 *s* 1 antepassado, predecessor, ancestral. 2 pai e avô. ～伝来の ～*denrai no*: herdado dos antepassados.
fusoku 不足 *s* 1 falta, escassez, insuficiência, carestia, necessidade. 2 insatisfação.
fusoku 付則 *s* cláusula adicional.
fusoku 不測 *s* fato imprevisto. ～の事態 ～*no jitai*: situação imprevista.
fūsoku 風速 *s* velocidade do vento.
fusokufuri 不即不離 *s* neutralidade, posição neutra.
fusokugachi 不足勝ち *s* escassez, míngua, necessidade. ～*na, adj*: escasso.

fūsokukei 風速計 *s* anemômetro.
fuson 不遜 *s* altivez, arrogância, insolência.
fusōō 不相応 *s* ～*na, adj*: inadequado, impróprio, não condizente.
fusshoku 払拭 *s* ～*suru, v*: limpar, apagar, varrer, remover.
fusso 弗素 *s Quím* flúor.
fusu 伏[臥]す *v* 1 abaixar-se, debruçar-se, prostrar-se. 2 esconder-se, ocultar-se, encobrir-se.
fusū 負数 *s Mat* número negativo, número menor que zero.
fūsuigai 風水害 *s* danos causados por ventos e inundações.
fusuma 麩 *s* farelo de trigo.
fusuma 襖 *s* porta corrediça de papel da arquitetura japonesa.
fusuru 付する *v* 1 acrescentar, anexar, afixar, juntar. 2 conceder, outorgar, passar. 3 delegar, atribuir.
futa 蓋 *s* 1 tampa, tampo, tampão. 2 opérculo [de concha de moluscos].
futaban 二晩 *s* duas noites.
futae 二重 *s* 1 dobra, prega, rugas. 2 duplo, dobrado. 3 [tecidos] dupla-face. ～腰 ～*goshi*: região lombar arqueada.
futago 双子・双生児 *s* irmãos gêmeos, gêmeo.
futagokoro 二心 *s* 1 duplicidade, infidelidade. 2 traição, jogo duplo, deslealdade.
futai 付帯 *s* inerência, incidência, associação. ～事情 ～*jijō*: circunstâncias correlacionadas. ～工事 ～*kōji*: obras incidentais.
fūtai 風袋 *s* 1 peso da embalagem do produto, tara. 2 aparência, apresentação. ～共一キログラム ～*tomo ichi kiroguramu*: peso bruto de um quilo.
futaiten 不退転 *s* 1 *Bud* iluminação. 2 determinação inabalável, decisão de não voltar atrás.
futaitoko 再従兄弟[姉妹] *s* primo de segundo grau.
futaketa 二桁 *s* dois dígitos (algarismos). ～の数字 ～*no sūji*: número de dois dígitos.
futakotome 二言目 *s* palavras de praxe, coisa dita costumeiramente. ～にはお説教をする ～*ni wa osekkyō o suru*: sempre acaba em sermão.
futaku 付託 *s* encargo, incumbência, delegação.
futamata 二股 *s* 1 bifurcação, ramificação em dois, forquilha, forqueta. 2 ato de jogar (lidar) com várias oportunidades, jogo duplo.
futamatagōyaku 二股膏薬 *s* pessoa oportunista, indivíduo indeciso ("em cima do muro").
futame 二目 *s* ato de olhar pela segunda vez, ato de olhar de novo. ～と見られない ～*to mirarenai*: que jamais poderá ser visto novamente.
futame 不為め *s pop* ～*na, adj*: prejudicial, que não é benéfico.
futan 負担 *s* 1 encargo, incumbência, responsabilidade, obrigação. 2 ônus, peso.
futaoya 二[両]親 *s* pais, pai e mãe, ambos os pais.
futari 二人 *s* duas pessoas, dupla, par.
futarizure 二人連れ *s* grupo de dois (duas pessoas).
futashika 不確か *s* incerteza, dúvida. ～*na, adj*: vago, inseguro, incerto, duvidoso.
futatabi 再び *adv* outra vez, novamente.
futate 二手 *s* 1 [as] duas mãos. 2 dois grupos. ～に別れる ～*ni wakareru*: dividir-se em dois grupos.
futatōri 二通り *s* dois caminhos, duas classes, dois grupos, dois tipos.

futatsu 二つ *s* **1** dois (duas). **2** dois anos de idade.
futatsuhenji 二つ返事 *s pop* resposta imediata, resposta pronta.
futatsuoki 二つ置き *s* cada três [anos, lugares].
futatsuori 二つ折り *s* ato de dobrar em dois. 〜の〜*no*: dobrado em dois.
futayaku 二役 *s* dupla função, desempenho de dois papéis, interpretação simultânea de dois personagens.
futebuteshii ふてぶてしい *adj* atrevido, descarado, impertinente, espertalhão. 〜人 〜*hito*: pessoa atrevida.
futegiwa 不手際 *s* falta de jeito, falta de habilidade, inépcia.
futei 不定 *s* indefinição, incerteza, indeterminação. 〜冠詞 〜*kanshi*: artigo indefinido.
futei 不貞 *s* infidelidade.
futei 不逞 *s* **1** insubordinação, insubmissão. **2** desobediência, atrevimento.
fūtei 風体 *s* modo de se vestir, traje, aparência, aspecto, postura, atitude.
futeikeishi 不定形詩 *s* verso livre.
futeiki 不定期 *s* período indeterminado, prazo não programado, não planejado. 〜列車 〜*ressha*: trem com horário indeterminado.
futeisai 不体裁 *s* má forma, mau aspecto (estilo, gosto, aparência).
futeishi 不定詞 *s Gram* infinitivo.
futeishō 不定称 *s Gram* indefinido.
futeki 不適 〜*na, adj*: inadequado, impróprio.
futekigō 不適合 *s* incongruência, incompatibilidade.
futekikaku 不適格 *s* inconveniência, inadequação; desqualificação, inaptidão.
futekinin 不適任 *s* inaptidão, inadequação.
futekiō 不適応 *s Psicol* desajuste, inadaptação.
futekisetsu 不適切 〜*na, adj*: impróprio [expressão, frase], inadequado, inoportuno.
futekitō 不適当 *s* inadequação, impropriedade, inconveniência.
futekusare ふて腐れ *s pop* rabugice, mau humor.
futekusareru ふて腐れる *v* ficar rabugento (petulante), zangar-se.
fūten 瘋癲 *s* **1** loucura, insânia, demência, distúrbio mental. **2** vadio, vagabundo.
futene ふて寝 *s pop* adormecer com aparência de amuado.
futettei 不徹底 〜*na, adj*: insuficiente, imperfeito, inconclusivo, inconsistente, falta de clareza. 〜な治療 〜*na chiryō*: tratamento insuficiente ou inadequado.
futo ふと *adv* de repente, por acaso, inesperadamente. 〜したことから知り合いになったのです 〜*shita koto kara shiriai ni natta no desu*: nós nos conhecemos por acaso.
futō 不当 *s* injustiça, impropriedade, ilegalidade, ilicitude.
futō 不凍 *s* 〜剤 〜*zai*: anticongelante. 〜海 〜*kai*: mar livre de congelamento.
futō 不等 *s* desigualdade, disparidade.
futō 埠頭 *s* cais, desembarcadouro, atracadouro.
fūtō 封筒 *s* envelope.
futodoki 不届き *s* **1** negligência, descuido. **2** insolência, sem-vergonhice, desaforo.
futō(fukutsu) 不撓(不屈) *s* indomabilidade, perseverança, intrepidez, coragem, firmeza.

futōhen 不等辺 *s* 〜三角形 〜*sankakkei*: triângulo escaleno. 〜四角形 〜*shikakkei*: quadrilátero com lados desiguais.
futōhyōji 不当表示 *s* informação falsa ou enganosa.
futoi 太い *adj* **1** grosso [em diâmetro]. **2** grosso [linha, traço]. **3** grossa [voz]. **4** descarado, impudente, "cara de pau", desavergonhado.
futoito 太糸 *s* linha grossa, fio grosso.
futōitsu 不統一 *s* falta de unidade, desarmonia, falta de acordo, divergência.
futoji 太字 *s* letra em negrito, letra grossa, letra com traço grosso.
futōkasei 不透過性 *s* impermeabilidade.
futokoro 懐 *s* **1** peito, espaço entre o peito e a roupa. **2** local coberto, protegido; proteção, calor. **3** coração, pensamento, intenção. **4** bolso, carteira, dinheiro.
futokorogatana 懐刀 *s* **1** punhal, adaga. **2** homem de confiança, braço direito, confidente.
futokoroguai 懐具合 *s* situação financeira.
futoku 不徳 *s* **1** falta de virtude, imprudência, indignidade. **2** imoralidade.
futoku 太く *adj* (*adv*) **1** grosso. 〜なる 〜*naru*: ficar grosso. 声を〜する *koe o*〜*suru*: engrossar a voz. **2** sem-vergonha, imodesto, impudico.
futokugi 不徳義 *s* imoralidade, falta de princípios éticos.
futokui 不得意 *s* ponto fraco, inaptidão, inabilidade, incompetência.
futokusaku 不得策 *s* má medida, procedimentos infrutíferos.
futokutei 不特定 *s* não especificado, indeterminado, inespecífico.
futokuyōryō 不得要領 *s* 〜*na, adj*: vago, indefinido, ambíguo.
futomaki 太巻き *s* rolo grosso. 〜のタバコ 〜*no tabako*: cigarro de diâmetro maior.
futōmei 不透明 *s* **1** opacidade, ausência de brilho, qualidade de fosco. **2** falta de transparência.
futon 蒲団 *s* **1** esteira redonda usada na meditação. **2** coberta acolchoada.
futoppara 太っ腹 *s* **1** magnânimo, generoso. **2** audacioso, corajoso, ousado.
futorasu 太らす *v* fazer engordar, fazer aumentar o peso.
futōritoku 不当利得 *s* enriquecimento ilícito, lucro ilegal, benefício ilícito.
futoru 太(肥)る *v* **1** engordar, tornar-se obeso. **2** enriquecer, tornar-se rico.
futosa 太さ *s* grossura [diâmetro, voz].
futoshita ふとした *adj* inesperado, imprevisto, repentino, casual.
futōsuisei 不透水性 *s* impermeabilidade.
futotcho 太っちょ *s vulg* gorducho(a).
futsū 不通 *s* **1** interrupção [trânsito, comunicação], acesso bloqueado. **2** desconhecimento.
futsū 普通 *s* **1** comum, usual, corriqueiro. **2** médio, medíocre, trivial. **3** *adv* em geral.
futsufutsu ふつふつ *onom* **1** fervura. **2** o ato de jorrar, transbordamento de pensamentos. 〜と煮える 〜*to nieru*: levantar fervura.
futsugō 不都合 *s* **1** inconveniência, incômodo, inadequação. **2** má conduta, irregularidade.

futsūgo 普通語 *s* linguagem comum, do cotidiano.
futsugyō 払暁 *s* madrugada, alvorada, amanhecer.
futsuka 二日 *s* **1** dia dois, segundo dia do mês. **2** dois dias, período de dois dias.
futsukayoi 二日酔い・宿酔 *s* ressaca [de bebedeira].
futsuriai 不釣り合い *s* discrepância, disparidade, desproporção, desarmonia.
futsutsuka 不束 *s* estupidez, ignorância. ～*na, adj*: desajeitado, incompetente.
futtei 払底 *s* esgotamento, falta, escassez, exiguidade, carência.
futten 沸点 *s* ponto de ebulição.
futtō 沸騰 *s* ebulição, fervência.
futtobu 吹っ飛ぶ *v pop* **1** voar, ir pelo ar. **2** passar, desaparecer. **3** voar, correr velozmente.
futtōten 沸騰点 *s Fís* ponto de ebulição.
futtsuri ふっつり *adv* repentinamente interrompido(a). ～切れる～*kireru*: estancar-se.
fūu 風雨 *s* vento e chuva, intempérie, tempestade.
fuun 不運 *s* falta de sorte, azar, infortúnio.
fūun 風雲 *s* **1** vento e nuvens. **2** situação, oportunidade.
fuwafuwa ふわふわ *adv* **1** com leveza, levemente [nuvens pairando]. **2** ～した ～*shita*: *adj* fofinho, macio [pão, algodão]. **3** com pensamento instável (volúvel).
fuwaku 不惑 *s* ～の年 ～*no toshi*: idade da razão, 40 anos de idade.
fuwaraidō 付和雷同 *s* ato de ir atrás dos outros, ausência de personalidade própria, ausência de opinião própria.
fuwatari 不渡り *s* não pagamento, falta de pagamento. ～小切手 ～*kogitte*: cheque sem fundos.
fuyakeru ふやける *v* **1** amolecer-se, intumescer-se. **2** ficar indolente, lânguido, preguiçoso.
fuyasu 殖やす *v* fazer aumentar (multiplicar).
fuyo 付与 *s* concessão, outoga, ato de conferir.
fuyo 賦与 *s* divisão, distribuição; dote, doação.
fuyō 不用[要] *s* ～*na, adj*: desnecessário, sem serventia, sem importância.
fuyō 不溶 *s* insolubilidade. ～物 ～*butsu*: matéria insolúvel.
fuyō 扶養 *s* criação, sustento, amparo, assistência. 親を～する *oya o* ～*suru*: sustentar os pais.
fuyō 浮揚 *s* flutuação, ato de boiar (vir à tona).
fuyōi 不用意 imprudência, improvidência, descuido, negligência, imprevidência.
fuyōjō 不養生 *s* imoderação e descuido com a saúde, intemperança.
fuyōkazoku 扶養家族 *s* familiares dependentes.
fuyu 冬 *s* inverno.
fuyū 富裕 *s* opulência, abundância, riqueza, profusão, fartura.
fuyū 浮遊[游] *s* **1** flutuação, suspensão, ato de pairar. **2** passeio sem destino definido.

fuyufuku 冬服 *s* roupa de inverno, roupa de frio.
fuyugare 冬枯れ *s* **1** natureza desfolhada, período de inverno, paisagem de inverno. **2** baixo movimento de comércio no inverno, escassez de verduras no inverno.
fuyugomori 冬籠り *s* hibernação, ato de entocar-se no inverno, ato de fugir do frio.
fuyugoshi 冬越し *s* ～*suru, v*: passar o inverno.
fuyujitaku 冬支度 *s* preparativos para o inverno.
fuyukai 不愉快 *s* aborrecimento, desprazer, dissabor, desagrado.
fuyūkaisei 不融解性 *s* infusibilidade, qualidade de não se fundir.
fuyukitodoki 不行き届き *s* falta de cuidado, falta de atenção, negligência, desleixo.
fuyumaki 冬蒔 *s* semeadura de inverno.
fuyumono 冬物 *s* roupas usadas no inverno, roupas de inverno; artigos de inverno.
fuyuyasumi 冬休み *s* férias de inverno.
fuzai 不在 *s* ausência.
fuzaishōmei 不在証明 *s* álibi.
fuzake ふざけ *s* brincadeira, graça, gracejo, pilhéria, folia, fanfarrice.
fuzakeru ふざける *v* **1** brincar, dizer brincadeiras, gracejar. **2** farrear, fazer palhaçadas. **3** zombar, troçar, caçoar.
fuzei 風情 *s* **1** encanto, graça. **2** aparência, aspecto. **3** hospitalidade. **4** laia, tipo [de pessoa].
fuzen 不全 *s Med* insuficiência, imperfeição, falha, deficiência. 発育～ *hatsuiku*～: desenvolvimento deficiente, aplasia.
fūzen no tomoshibi 風前の灯火 *expr* estado de perigo iminente; estar por um triz.
fuzoku 付属 *s* acessório do principal. ～機関 ～*kikan*: órgão auxiliar. ～校 ～*kō*: escola anexa. ～品 ～*hin*: peça acessória.
fūzoku 風俗 *s* **1** costumes, hábitos. **2** moral. **3** aparência e modos, comportamento.
fuzokubutsu 付属物 *s* equipamento, acessório, aprestos.
fūzokueigyō 風俗営業 *s* atividades comerciais que podem afetar os bons costumes do povo, atividade comercial que oferece diversões como jogos de azar, danças, cabaré.
fūzokukairan 風俗壊乱 *s* degradação moral da sociedade, atentado aos bons costumes.
fuzoroi 不揃い *s* **1** desarmonia. **2** desigualdade, disparidade, falta de uniformidade.
fuzu 付図 *s* desenho (mapa, diagrama, gráfico, projeto) anexo.
fuzui 不随 *s* paralisia. 半身～ *hanshin*～: paralisia parcial.
fuzui 付随 *s* o que acompanha, o anexo. ～の書類 ～*no shorui*: documentos anexos. ～的現象 ～*teki genshō*: fenômenos incidentes.

g

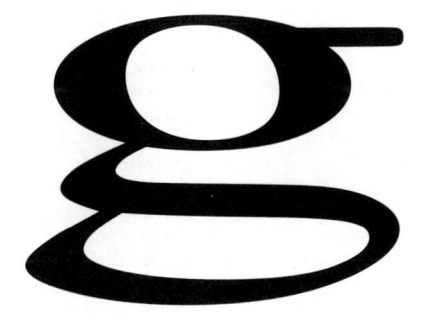

ga 賀 *s* congratulação; felicitação; cumprimento.
ga 蛾 *s Entom* mariposa; traça.
ga 雅 *s* elegância; gosto refinado.
ga 我 *s Filos* e *Psicol* ego; amor-próprio.
-ga¹ -が *conj* **1** mas; porém; contudo; todavia; no entanto. 行きたい〜暇がない *ikitai〜hima ga nai*: gostaria de ir, mas não tenho tempo. 出かけようと思った〜雨が降っていたのでやめた *dekakeyō to omotta 〜 ame ga futte ita no de yameta*: pensei em sair, mas desisti, porque estava chovendo. もう全快した〜、油断は禁物だ *mō zenkai shita 〜 yudan wa kinmotsu da*: estou totalmente restabelecido, mas não posso me descuidar. **2** e; quando; onde; quem. 昨日豊島園へ行った〜、実に面白かった *kinō Toshimaen e itta 〜, jitsu ni omoshirokatta*: ontem fui a Toshimaen e foi muito divertido. 彼は娘が三人いる〜、皆結婚している *kare wa musume ga sannin iru〜, mina kekkon shite iru*: ele tem três filhas e todas estão casadas.
-ga² -が *partícula* フランス語〜上手である *furansugo〜 jōzu de aru*: é bom em francês. 形〜似ている *katachi〜 nite iru*: é parecido na forma. 耳〜遠い *mimi〜 tōi*: ouve mal. 月〜出た *tsuki〜 deta*: surgiu a lua. 彼に知らせてやる〜いい *kare ni shirasete yaru〜 ii*: é melhor avisá-lo. ピアノ〜習いたい *piano〜 naraitai*: quero aprender (a tocar) piano.
gabei 画餅 *s* insucesso; fiasco; nada. 計画は〜に帰した *keikaku wa 〜ni kishita*: o plano mostrou-se infrutífero.
gabugabu がぶがぶ *onom* 水を〜飲む *mizu o 〜nomu*: beber grandes goles de água.
gabun 雅文 *s* estilo literário elegante; estilo literário clássico.
-gachi -勝ち *suf* tender a; ser apto a, propenso a. 若い者は極端に走り〜だ *wakai mono wa kyokutan ni hashiri〜da*: os jovens tendem para os extremos. 病気〜の人 *byōki〜no hito*: pessoa doentia. 怪我はあり〜だ *kega wa ari〜da*: acidentes costumam ocorrer.
gachō 画帳 *s* caderno de desenho (pintura).
gachō 鵞鳥 *s Ornit* ganso.
gadai 画題 *s* título (tema) da pintura; tema para a pintura.
gadan 画壇 *s* mundo da pintura; círculo dos pintores.
gaden'insui 我田引水 *s* procurar (promover) o próprio interesse; puxar a brasa para a própria sardinha; levar a água ao próprio moinho.
gādo ガード (*ingl girder-bridge*) *s* **1** ponte (viaduto) de ferro. 〜をくぐる 〜*o kuguru*: passar por baixo da ponte. 〜下に住む 〜*shita ni sumu*: morar embaixo do viaduto. **2** (*ingl guard*) guarda. **3** *Esp* boxe e *esgrima* defesa, posição defensiva.
-gaeri -帰り *suf* アメリカ〜の新聞記者 *amerika 〜no shinbunkisha*: jornalista recém-chegado de volta dos Estados Unidos. 朝〜 *asa〜*: voltar para casa de manhã, após uma noite de diversão.
gafu 画布 *s* tela (para pintura).
gafū 画風 *s* estilo de pintura.
gagaku 雅楽 *s* música da corte imperial (antiga).
gagō 雅号 *s* pseudônimo.
gahaku 画伯 *s* grande pintor; mestre da pintura.
gahitsu 画筆 *s* pincel para pintura artística.
gahō 画法 *s* arte (técnica, regras) da pintura.
gahō 画報 *s* revista ilustrada.
gahō 芽胞 *s Bot* espório.
gai 我意 *s* egoísmo.
gai 害 *s* dano; injúria; prejuízo; mal.
gai- 該- *pref* dito; próprio; em questão; correspondente; aplicável. 〜人物 〜*jinbutsu*: a pessoa em questão, a dita pessoa.
-gai -外 *suf* fora.
-gai -街 *suf* rua; zona.
gaiaku 害悪 *s* mal; dano.
gaiatsu 外圧 *s* pressão externa.
gaibu 外部 *s* fora; exterior; parte externa.
gaibun 外聞 *s* reputação; fama.
gaibunpitsu 外分泌 *s Med* secreção externa.
gaibutsu 害物 *s* mal; praga; estorvo; transtorno.
gaichi 外地 *s* exterior; estrangeiro; território ultramarino.
gaichō 害鳥 *s* aves nocivas (prejudiciais).
gaichū 外注 *s* encomenda externa; encomenda feita a alguém fora da empresa.
gaichū 害虫 *s* inseto nocivo; praga.
gaidansu ガイダンス (*ingl guidance*) *s* orientação.
gaiden 外電 *s* telegrama do estrangeiro.
gaido ガイド (*ing guide*) *s* guia; cicerone.
gaidoku 害毒 *s* mal; dano; influência maléfica.
gaien 外苑 *s* jardim externo.
gaien 外延 *s Lóg* extensão; amplitude.
gaihaku 外泊 *s* o ato de dormir fora de casa.
gaihaku 該博 *s* profundidade; amplitude.

gaiheki 外壁 s muro externo.
gaihi 外皮 s Med e Bot tegumento; exoderme.
gaihō 外報 s notícias do estrangeiro.
gaihyō 概評 s comentário geral.
gaii 外意 s intenção traiçoeira; traição; duplicidade.
gaiin 外因 s causa externa.
gaijin 外人 s estrangeiro; alienígena.
gaijūnaigō 外柔内剛 s suave na aparência e inflexível no espírito.
gaika 外貨 s moeda estrangeira.
gaikai 外界 s mundo externo.
gaikai 外海 s alto-mar.
gaikaku 外殻 s casca; concha; carapaça.
gaikaku 外郭 s cerca externa; contorno. ～dantai: órgão auxiliar, organização externa, organização extragovernamental.
gaikaku 外角 s Mat ângulo externo.
gaikan 外患 s transtorno (dificuldade, discórdia) causado pelo estrangeiro, exterior.
gaikan 外観 s aparência; vista externa.
gaikan 概観 s visão geral; contorno; esboço.
gaikatsu 概括 s sumário; resumo; síntese; generalização.
gaikei 外形 s forma externa.
gaikei 概計 s estimativa grosseira.
gaiken 外見 s aparência.
gaiki 外気 s ar livre.
gaikin 外勤 s serviço externo.
gaikō 外交 s diplomacia; política externa.
gaikō 外寇 s invasão externa; inimigo estrangeiro.
gaikōbu 外交部 s departamento de relações exteriores.
gaikōdan 外交団 s corpo diplomático; delegação diplomática.
gaikōin 外交員 s pessoa em serviço externo; vendedor.
gaikōka 外交家 s pessoa socialmente bem relacionada.
gaikōkan 外交官 s diplomata.
gaikōkankei 外交関係 s relações diplomáticas.
gaikoku 外国 s país estrangeiro; exterior.
gaikokugo 外国語 s língua estrangeira.
gaokokujin 外国人 s pessoa estrangeira; estrangeiro.
gaikokukawase 外国為替 s câmbio estrangeiro.
gaikokukōro 外国航路 s rota estrangeira.
gaikokuyuki 外国行き s ida ao estrangeiro; destinado ao exterior.
gaikōsei 外向性 s Psicol extroversão.
gaikotsu 骸骨 s esqueleto.
gaiku 街区 s quarteirão (bloco entre quatro ruas).
gaikyaku 外客 s visita estrangeira (turista).
gaikyō 概況 s situação geral; panorama; vista geral.
gaimai 外米 s arroz importado do exterior.
gaimen 外面 s lado externo; exterior; aparência externa.
gaimu 外務 s negócios estrangeiros; relações exteriores.
gainen 概念 s conceito; concepção; ideia; noção.
gairai 外来 s vir de fora; vir do estrangeiro.
gairon 概論 s 1 considerações gerais. 2 introdução.
gairyaku 概略 s resumo; sumário; síntese; epítome.
gaisai 外債 s dívida externa.
gaisan 概算 s estimativa (cálculo, cômputo) aproximada.
gaisei 外征 s expedição ao exterior.

gaisen 外線 s 1 fio elétrico externo. 2 linha telefônica externa.
gaisen 凱旋 s regresso triunfal.
gaisetsu 概説 s sumário; resumo.
gaisetsu 外接 s circunscrição.
gaisha 外車 s carro importado.
gaishi 外資 s capital estrangeiro.
gaishi 外史 s história não oficial.
gaishi 碍子 s Eletr isolador.
gaishite 概して adv geralmente; em geral.
gaishō 外相 s Ministro do Exterior.
gaishō 外傷 s ferimento externo; lesão (traumática) visível; trauma.
gaishō 街娼 s prostituta; mulher da rua.
gaishoku 外食 s refeição fora de casa.
gaishūisshoku 鎧袖一触 expr derrotar com facilidade.
gaishutsu 外出 s saída.
gaisō 外装 s embalagem; revestimento externo.
gaisobo 外祖母 s avó materna.
gaisofu 外祖父 s avô materno.
gaisōhō 外挿法 s Estat extrapolação.
gaisoku 外側 s lado externo.
gaisoku 概則 s regra geral.
gaison 外孫 s filhos da filha que adotou o nome de outra família.
gaisū 概数 s número redondo (aproximado).
gaisuru 害する v prejudicar; lesar; ofender; ferir.
gaitan 慨嘆 s lamento; pranto.
gaiteki 外敵 s inimigo externo.
gaiteki 外的 adj externo.
gaitō 外套 s sobretudo.
gaitō 街灯 s iluminação (lâmpadas) das ruas.
gaitō 街頭 s rua.
gaitō 該当 s correspondência; pertinência.
gaitōbokin 街頭募金 s coleta de dinheiro (donativos, subscrições) na rua.
gaitōenzetsu 街頭演説 s discurso feito na rua.
gaitōrokuon 街頭録音 s gravação de entrevistas feitas na rua.
gaiya 外野 s Beis campo externo.
gaiyō 外用 s uso externo.
gaiyō 外洋 s alto-mar; oceano.
gaiyō 概要 s epítome; sumário; resumo; sinopse.
gaiyū 外遊 s viagem ao estrangeiro.
gaizen 蓋然 s probabilidade.
gajō 画帖 s livro de pintura; álbum de desenho.
gajō 賀状 s cartão de Ano-Novo; carta de felicitações.
gajō 牙城 s 1 torre principal do castelo; baluarte. 2 quartel-general (centro) de uma organização.
gaka 画架 s cavalete de pintor.
gaka 画家 s pintor.
gakai 画会 s 1 exposição de pintura. 2 reunião de pintores.
gakai 瓦解 s colapso; dissolução; desintegração.
-gakari -がかり suf 1 (desenvolver o trabalho com esse número). 二人～で futari～de: em dois. 五人～の仕事 gonin～no shigoto: trabalho para cinco pessoas. 2 (dependência). 親～の身 oya～no mi: filho que depende dos pais. 3 (aproveitamento da oportunidade). 通り～に tōri～ni: de passagem.
-gakaru -がかる suf puxar (inclinar-se) para. 赤み

がかった紫 *akamigakatta murasaki*: cor roxa avermelhada (puxando para o vermelho). 芝居がかったしぐさ *shibaigakatta shigusa*: gesto teatral.
gake 崖 *s* precipício; despenhadeiro; barranco.
-gake -掛け *suf* **1** (junto com substantivo, exprime aquilo que se está usando ou calçando). ゆかた〜 *yukata*〜: vestindo *yukata*. わらじ〜 *waraji*〜: calçando *waraji*. **2** (junto com verbo: exprime o ato de estar no meio do movimento). 行き〜 *iki*〜: na ida. 帰り〜 *kaeri*〜: na volta. **3** (exprime o que está sempre presente no pensamento). よい心〜だ *yoi kokoro*〜*da*: boa intenção, boa atitude, bom cuidado. 思い〜ない *omoi*〜*nai*: inesperado. **4** (exprime a intenção de correr o risco de perder algo). 命〜 *inochi*〜: risco da própria vida. **5** (junto com vocábulo que indica o número de pessoas: exprime o número de pessoas que podem sentar-se). 三人〜の座席 *sannin*〜*no zaseki*: assento para três pessoas. 五人〜の椅子 *gonin*〜*no isu*: banco para cinco pessoas. **6** (junto com numeral, exprime a porcentagem desse número). 定価の七〜で売る *teika no shichi*〜*de uru*: vender por 70% do preço. **7** (junto com número japonês: exprime o múltiplo do número). これの四つ〜の長さにする *kore no yottsu*〜*no nagasa ni suru*: fazer quatro vezes o comprimento deste.
gakekuzure 崖崩れ *s* desabamento de terra; deslizamento de terra.
gaki 餓鬼 *s* **1** *Bud* demônio da fome. **2** *pop* menino travesso; moleque; pirralho; fedelho.
gakka 学科 *s* **1** matéria escolar; matéria de estudo. **2** curso; departamento.
gakka 学課 *s* lição; trabalho escolar.
gakkai 学会 *s* **1** congresso científico. **2** sociedade científica.
gakkai 学界 *s* mundo acadêmico.
gakkari がっかり *adv* decepção; desânimo; desilusão.
gakkei 学兄 *s* tratamento de respeito ao amigo de estudos ou da mesma escola.
gakki 学期 *s* período do ano escolar; período letivo.
gakki 楽器 *s* instrumento musical.
gakkō 学校 *s* estabelecimento (instituição) de ensino; escola; colégio.
gakkōkyōiku 学校教育 *s* educação escolar.
gakkōkyūshoku 学校給食 *s* merenda escolar.
gakku 学区 *s* distrito escolar.
gakkuri がっくり *adv* 〜弱る 〜 *yowaru*: debilitar-se acentuadamente. その知らせで母親は〜と来た *sono shirase de hahaoya wa* 〜 *to kita*: com essa notícia, a mãe ficou profundamente abalada.
gakkyoku 楽曲 *s* peça (composição) musical.
gakkyū 学究 *s* intelectual; estudioso.
gakkyū 学級 *s* classe (turma) escolar.
gakō 画工 *s* pintor; ilustrador.
gakō 画稿 *s* esboço de pintura; pintura.
gaku 学 *s* **1** estudo; aprendizagem. **2** conhecimento.
gaku[1] 額 *s* moldura; quadro.
gaku[2] 額 *s* montante; valor; soma; quantidade; volume.
gaku[3] 額 *s* testa; fronte.
gaku 楽 *s* música.
gaku 萼 *s* *Bot* cálice.
gakubatsu 学閥 *s* sectarismo. *pej* panelinha, faccionismo acadêmico.

gakubō 学帽 *s* boné escolar.
gakubu 学部 *s* faculdade; departamento.
gakubuchi 額縁 *s* moldura.
gakuchō 学長 *s* diretor (de faculdade).
gakuchō 楽長 *s* maestro; dirigente da banda de música.
gakudan 楽団 *s* orquestra; banda de música.
gakudan 楽壇 *s* mundo da música.
gakudō 学童 *s* criança da escola.
gakuen 学園 *s* instituição educacional; escola.
gakufu 楽譜 *s* partitura; livro de música.
gakufu 学府 *s* instituição educacional; centro acadêmico.
gakufu 岳父 *s* sogro.
gakufū 学風 *s* tradição acadêmica; método de estudo; espírito da escola.
gakugai 学外 *s* fora da universidade.
gakugaku がくがく *adv* trêmulo; frouxo.
gakugei 学芸 *s* arte e ciência; cultura.
gakugyō 学業 *s* estudo; trabalho escolar.
gakuha 学派 *s* escola; facção; corrente.
gakuhi 学費 *s* despesas dos estudos (educacional).
gakui 学位 *s* grau (título) acadêmico.
gakuin 学院 *s* instituto (estabelecimento) educacional; academia.
gakujutsu 学術 *s* ciência; aprendizagem; arte e ciência.
gakumei 学名 *s* nome científico; nome técnico.
gakumen 額面 *s* **1** *V* **gaku**[2] 額. **2** valor de face; valor nominal; denominação.
gakumon 学問 *s* **1** aprendizagem; estudos. **2** erudição; sabedoria; educação; cultura. **3** ciência.
gakunai 学内 *s* 〜の 〜 *no*: dentro da escola; de dentro do *campus* universitário.
gakunen 学年 *s* ano acadêmico; série acadêmica; classe.
gakun to がくんと *adv* repentinamente; bruscamente; de modo rude.
gakurei 学齢 *s* idade escolar.
gakureki 学歴 *s* carreira acadêmica; histórico escolar.
gakuri 学理 *s* teoria; princípio científico.
gakuryoku 学力 *s* habilidade escolar; o saber; conhecimento; talento adquirido na escola; capacidade intelectual.
gakusai 学才 *s* talento (capacidade, habilidade) no estudo.
gakusai 楽才 *s* talento musical.
gakusaiteki 学際的 *adj* interdisciplinar.
gakusei 学生 *s* estudante.
gakusei 学制 *s* sistema educacional.
gakusei 楽聖 *s* músico consagrado.
gakuseki(bo) 学籍(簿) *s* registro escolar.
gakusetsu 学説 *s* teoria; doutrina.
gakusha 学者 *s* acadêmico; erudito; estudioso; letrado.
gakusha 学舎 *s* prédio da escola; instituto.
gakushi 学士 *s* graduado; bacharel.
gakushi 学資 *s* despesa escolar; fundo educacional. *V* **gakuhi** 学費.
gakushiki 学識 *s* sabedoria; aprendizagem; aquisições eruditas.

gakushū 学習[修] *s* aprendizagem; estudo; treinamento.
gakusō 学僧 *s* 1 sacerdote instruído. 2 sacerdote na fase de aprendizagem.
gakusoku 学則 *s* regulamentos escolares.
gakutai 楽隊 *s* banda musical.
gakuto 学徒 *s* estudante; estudioso.
gakuyōhin 学用品 *s* artigos escolares.
gakuyū 学友 *s* colega de escola; colega de classe; companheiro de escola.
gakuzen 愕然 *adj* 〜とする 〜*to suru*: ficar atônito, estupefato, pasmo, assombrado.
gama 蝦蟇 *s Zool* espécie de sapo (*Bufo vulgaris*).
gamaguchi 蝦蟇口 *s* moedeiro; porta-moedas.
gaman 我慢 *s* paciência; perseverança; resistência; tolerância; indulgência; autodomínio; autocontrole; renúncia.
gamanzuyoi 我慢強い *adj* paciente; perseverante; resistente; tolerante.
-gamashii -がましい *suf* 1 parecer com. 2 parecer, soar. 指図〜ことを言うようですが *sashizu* 〜*koto o iu yō desu ga*: não pretendo dar ordens a você, mas... 他人がましくする *taningamashiku suru*: comportar-se como se fosse um estranho. 押し付け〜お願いでおそれいりますが *oshitsuke* 〜*onegai de osoreirimasu ga*: desculpe-me por este pedido que parece uma imposição, mas...
gamen 画面 *s* pintura; cena; imagem.
gametsui がめつい *adj pop* e *dial* cobiçoso; avarento; ganancioso; calculista; interesseiro.
gamigami がみがみ *adv* irritadiço; impertinente; impaciente; rabugento.
gamushara がむしゃら 〜*na, adj, pop*: temerário; arrojado; indiferente; imprudente; estouvado; indiscreto.
gan 眼 *s pop* olho. (やくざが)〜をつける (*yakuza ga*) 〜*o tsukeru*: (mafiosos) olhar fixamente para alguém.
gan 願 *s* prece; petição; invocação; promessa.
gan 雁 *s Ornit* ganso selvagem.
gan 癌 *s Med* câncer; carcinoma; crescimento canceroso.
ganaru がなる *v vulg* falar raivosamente; gritar.
ganban 岩盤 *s* base da rocha; camada rochosa.
ganbari 頑張り *s* obstinação; perseverança; tenacidade.
ganbaru 頑張る *v* persistir; insistir; manter-se firme; resistir.
ganbō 願望 *s* desejo; pedido. *V* **ganmō** 願望.
ganbutsu 贋物 *s* falsificação; imitação; artigo falsificado.
ganbyō 眼病 *s* doença dos olhos.
ganchiku 含蓄 *s* significado profundo; algo sugestivo.
ganchū 眼中 *s* 1 dentro do olho. 2 ato de considerar, importar. 〜に無い 〜*ni nai*: não dá importância, não considera.
gan'en 岩塩 *s* sal rochoso; sal-gema; halita.
gangake 願掛け *s pop* oferecer prece (a divindades).
gangan がんがん *adv* 1 estrondo, ruído ensurdecedor. ラジオを〜ならす *rajio o* 〜 *narasu*: tocar rádio a todo volume. 頭が〜している *atama ga* 〜*shite iru*: a cabeça está latejando. 2 fazer o fogo arder intensamente. ストーブを〜たく *sutōbu*

o 〜*taku*: fazer o fogo arder intensamente no forno. 3 admoestação, repreensão, ralhação, gritaria. 〜どなる 〜*donaru*: ralhar aos gritos.
gangu 玩具 *s* brinquedo.
gangu 頑愚 *s* estúpido e obstinado; teimoso; cabeçudo.
gan'i 願意 *s* objeto do pedido; desejo.
ganimata がに股 *s pop* cambaio; que tem pernas em arco.
ganjigarame 雁字搦め *s* 1 amarrar firmemente com cordas. 2 coação.
ganjitsu 元日 *s* primeiro dia do Ano-Novo.
ganjō 頑丈 〜*na, adj*: sólido; firme; resistente; robusto; forte; maciço.
ganka 眼下 *s Anat* parte que fica debaixo dos olhos. 全市を〜に見下ろす *zenshi o* 〜*ni miorosu*: ver toda a cidade debaixo dos olhos. 人を〜に見下ろす *hito o* 〜*ni miorosu*: menosprezar uma pessoa.
ganka 眼科 *s Med* oftalmologia; departamento de oftalmologia.
gankai 眼界 *s* raio de visão; vista; campo de visão; visão mental. *V* **shiya** 視野.
ganken 頑健 *s* saúde robusta; robustez.
gankin 元金 *s* principal. 〜高 〜*daka*: montante principal.
ganko 頑固 *s* teimosia; obstinação; renitência; persistência; tenacidade.
gankō 眼光 *s* 1 brilho dos olhos. 2 penetração; discernimento; compreensão.
gankyō 頑強 *s* obstinação; teimosia; persistência.
gankyō 眼鏡 *s* óculos. *V* **megane** 眼鏡.
gankyū 眼球 *s Anat* globo ocular.
ganmei(korō) 頑迷(固陋) *s* fanatismo; intolerância; obstinação; teimosia; perversidade.
ganmen 顔面 *s* face.
ganmi 玩味 *s* apreciação; degustação. 〜*suru, v*: apreciar; degustar.
ganmō 願望 *s* desejo; aspiração; pedido.
ganmoku 眼目 *s* ponto principal; essência; teor; substância; núcleo; objetivo principal.
gannen 元年 *s* primeiro ano. 昭和〜 *shōwa*〜: primeiro ano da era Showa. 平成〜 *heisei*〜: primeiro ano da era Heisei.
ganpeki 岩壁 *s* paredão de rocha.
ganpeki 岸壁 *s* cais; desembarcadouro.
ganpon 元本 *s* capital; montante principal.
ganrai 元来 *adv* originalmente; inicialmente; fundamentalmente; naturalmente; essencialmente.
ganri 元利 *s* principal e juros.
ganriki 眼力 *s* penetração; compreensão; força de observação.
ganrō 玩弄 *s* 〜*suru, v*: brincar com; divertir-se com. *V* **moteasobu** 玩[弄]ぶ.
ganrōbutsu 玩弄物 *s* brinquedo; animal de estimação.
ganryō 顔料 *s* cosméticos, cor; tinta; pigmentação.
gansaku 贋作 *s* objeto falsificado; imitação.
ganseki 岩石 *s* rocha; penhasco; pedras e rochas.
ganshiki 眼識 *s* discernimento; compreensão; penetração; visão crítica; discriminação.
gansho 願書 *s* formulário de requerimento; petição; requerimento por escrito.
ganshō 岩礁 *s* recife.

ganshoku 顔色 *s* cor do rosto; tez; aspecto; aparência facial.
ganso 元祖 *s* criador; fundador; pai; pioneiro; inventor; loja pioneira.
gansui 含水 *s* 〜の 〜*no*: hidratado. 〜化合物 〜*kagōbutsu*: compostos hidratados.
gantai 眼帯 *s* venda para os olhos.
gantan 元旦 *s* primeiro dia do Ano-Novo.
ganto がんと *adv* 1 som ou estado produzido por choque com objetos duros. 2 o ato de receber forte impacto na cabeça. 頭を〜打たれたように感じた *atama o 〜utareta yō ni kanjita*: senti como se tivesse levado uma pancada na cabeça. 3 opinar ou criticar severamente para castigar alguém. 〜言ってやった 〜*itte yatta*: falei-lhe severamente.
gan to shite 頑として *adv* teimosamente; firmemente; resistentemente; inflexivelmente.
gan'yaku 丸薬 *s* pílula; bolinha.
gan'yū 含有 *s* conteúdo. 〜*suru*, *v*: conter.
ganzenai 頑是ない *adj* inocente; simples; ingênuo; incapaz.
ganzō 贋造 *s* falsificação; imitação.
gappei 合併 *s* união; consolidação; fusão; incorporação; amalgamação.
gappeishō 合併症 *s Med* complicação.
gappi 月日 *s* data.
gappon 合本 *s* encadernar e fazer um só volume; volume composto.
gappyō 合評 *s* crítica feita por um grupo de pessoas.
gara 柄 *s* 1 padrão; desenho. 2 constituição do corpo; compleição. 3 caráter; natureza. 4 pertinência; propriedade.
-gara -がら *suf* 1 expressa posição social, caráter, estado. 続き〜 *tsuzuki*〜: parentesco, relação familiar. 人〜 *hito*〜: índole da pessoa. 2 expressa caráter ou estado apropriado a. 場所〜 *basho*〜: caráter do local.
garaaki がら空き *s* 〜の 〜*no*: totalmente vazio.
garagara がらがら *adv* agitar ruidosamente; chocalhar. 〜*na*, *adj*: vazio; desocupado; rude (pessoa).
garakuta がらくた *s pop* lixo; porcaria; restos; retalhos; miudezas; bugigangas.
-garami 搦み *suf pop* 1 inclusive, junto. 土地〜の家を買う *tochi*〜*no ie o kau*: comprar a casa junto com o terreno. 2 aproximadamente, cerca de. 五十〜の男性 *gojū*〜*no dansei*: homem de aproximadamente 50 anos. 3 relacionado a. 政治〜の不祥事 *seiji*〜*no fushōji*: escândalo relacionado à política.
garan 伽藍 *s* templo budista; catedral; monastério.
garan がらん *mim* vazio; vago; vacante.
garandō がらんどう *s pop* oco; vazio; desocupado; deserto.
gararito がらりと *adv* completamente; inteiramente; perfeitamente; repentinamente.
garasu ガラス・硝子 (*ingl glass*) *s* vidro; placa de vidro.
garasubari ガラス張り *s* envidraçado; vidrado.
garasuita ガラス板 *s* chapa de vidro; placa de vidro; vidro de vidraça.
gareki 瓦礫 *s* 1 entulho de telhas e pedras. 2 lixo; coisas inúteis.
gari 我利 *s* interesses pessoais; interesse próprio. 〜主義 〜*shugi*: egoísmo.

gari がり (スシ屋のショウガ) *s* gengibre em pedaços fatiados conservado em vinagre doce (para *sushi*).
-gari -狩り *suf* caça; colheita. *V* **shiohigari** 潮干狩り.
gariban がり版 *s* mimeografia.
garigari がりがり *onom* fazer som de arranhar, riscar, ranger, coçar.
garō 画廊 *s* galeria de pinturas.
garon ガロン (*ingl gallon*) *s* galão.
gāru ガール (*ingl girl*) *s* menina; moça.
garyō 雅量 *s* tolerância; generosidade; liberalidade; magnanimidade.
garyōtensei 画竜点睛 *s* toque final.
garyū 我流 *s* método próprio; estilo próprio.
gasagasa がさがさ *adv* 1 som de farfalhar, roçagar, sussurrar. 2 〜*suru*, *v*: estar áspero.
gasai 画才 *s* talento para arte pictórica; habilidade de artista.
gasatsu がさつ 〜*na*, *adj pop*: rude; grosseiro; mal-educado; descortês; abrutalhado.
gashi 画紙 *s* papel para desenho.
gashi 餓死 *s* morte causada pela fome.
gashinshōtan 臥薪嘗胆 *s* determinação e perseverança sustentadas; privações indescritíveis.
gashitsu 画室 *s* estúdio; ateliê.
gashō 臥床 *s* ato de estar deitado na cama; confinamento na cama (por doença).
gashō 画商 *s* negociante de quadros de pintura; *marchand*.
gashō 賀正 *s* cumprimentos de Ano-Novo.
gashū 我執 *s* fixação egoísta; egotismo; tenacidade; obstinação.
gashū 画集 *s* livro de pinturas.
gasorin ガソリン (*ingl gasoline*) *s* gasolina; petróleo.
gassai 合切 *adv pop* em conjunto; no total; ao todo.
gassaku 合作 *s* coautoria; colaboração; cooperação; trabalho conjunto.
gassan 合算 *s* adição; soma.
gasshiri がっしり *adv* forte; vigoroso; robusto; firme; inflexível; resoluto.
gasshō 合唱 *s* coral; conjunto de vozes.
gasshō 合掌 *s* juntar as duas palmas em sinal de veneração.
gasshūkoku 合衆国 *s* 1 estados unidos. 2 *abrev* de アメリカ合衆国 *amerika gasshūkoku*: Estados Unidos da América.
gasshuku 合宿 *s Esp* 〜所 〜*jo*: campo de treinamento; dormitório; alojamento.
gassō 合奏 *s* concerto. 〜*suru*, *v*: tocar em concerto.
gassuru 合する *v* combinar; juntar; unir; misturar; concordar; acordar; anexar.
gasu ガス・瓦斯 (*hol gas*) *s* 1 gás; corpo gasoso. 2 gasolina. 3 gás (do estômago e intestino). 4 cerração densa.
gasuru 賀する *v* celebrar; congratular um indivíduo pelo sucesso; cumprimentar.
gata がた *s pop* 〜が来る 〜*ga kuru*: enguiçar; tornar-se desconjuntado.
-gata -方 *suf* 1 indica plural. 敵〜 *teki*〜: os inimigos. 貴方〜 *anata*〜: vocês. 2 indica plural, com respeito. 先生〜 *sensei*〜: os senhores

professores. **3** perto de; quase. 明け～ *ake*～: quase ao amanhecer. **4** aproximadamente; mais ou menos. 五割～安い *gowari~ yasui*: cerca de 50% mais barato.

-gata -形 *suf* em forma de. 卵～ *tamago*～: em forma de ovo; oval.

-gata -型 *suf* tipo, modelo. 血液A～ *ketsueki A*～ sangue tipo A. T～Ford: modelo T da Ford.

gatagata がたがた *onom* e *mim* o som de avançar ruidosamente. ～*suru, v*: **1** balançar; chacoalhar; estar desconjuntado. **2** tremer. *adj* **1** decrépito; caduco. **2** ～の ～*no*: solto; frouxo; com folga.

-gatai -難い *suf* difícil de. 実行し～案 *jikkō shi*～ *an*: plano difícil de pôr em prática.

gatan がたん *onom* ～と ～*to*: bater com força, com estrondo, ruidosamente.

gatatsuku がたつく *v pop* balançar; estar desconjuntado; estar frouxo.

gatchi 合致 *s* acordo; concordância; coincidência; concorrência.

gatchiri がっちり *adv* **1** firmemente; compactamente. ～と隊伍を組む ～*to taigo o kumu*: formar fileiras compactas. **2** astutamente. ～と金をためる ～*to kane o tameru*: juntar dinheiro astutamente. **3** robusto. ～した男 ～*shita otoko*: homem robusto. **4** firme; sólido. ～した家 ～*shita ie*: casa sólida. *V* **gasshiri** がっしり.

gaten 合点 *s* **1** compreensão; entendimento; apreensão. **2** *V* **gatten** 合点.

-gatera -がてら *suf* ao mesmo tempo; enquanto. 私は 昨日花見～大石君を訪問した *watashi wa kinō hanami ~ōishi-kun o hōmon shita*: visitei meu amigo Oishi, quando fui ver flores de cerejeira.

gatsugatsu がつがつ *adv pop* ansiosamente; com fome; vorazmente. ～食う ～*kū*: comer vorazmente.

gattai 合体 *s* união; incorporação; combinação; consolidação; amalgamação.

gatten 合点 *s* ～*suru, v*: **1** consentir; concordar. *Sin* **gaten** 合点. **2** menear a cabeça em sinal de assentimento.

gawa 側 *s* **1** lado. **2** pessoas em volta; arredores. **3** estojo. 銀～時計 *gin~tokei*: relógio com estojo de prata.

gayagaya がやがや *adv* ruidosamente; barulhentamente.

gayoku 我欲 *s* interesse pessoal; egoísmo; interesse próprio.

gayōshi 画用紙 *s* papel para desenho.

gāze ガーゼ (*al Gaze*) *s* gaze.

gazen 俄然 *adv* repentinamente; tudo de uma vez; abruptamente. *V* **totsuzen** 突然.

gazō 画像 *s* retrato; fotografia.

ge 下 *s* **1** classe baixa; inferioridade. **2** último volume.

geba 下馬 *s arc* ato de desmontar do cavalo.

gebahyō 下馬評 *s* rumor; boato.

gebita 下卑た *expr pop* vulgar; baixo; sórdido; grosseiro.

gedan 下段 *s* degrau mais baixo; cama inferior de um beliche.

gedatsu 解脱 *s* libertação (da alma); salvação; emancipação.

gedō 外道 *s* heterodoxia; doutrina herética; heresia.

gedoku 解毒 *s Med* desintoxicação. ～の ～*no*: antitóxico; antídoto.

gedokuzai 解毒剤 *s* remédio contra veneno; antídoto; contraveneno.

gehin 下品 *s* vulgaridade; indecência; grosseria; mau gosto; incivilidade; rudeza.

gei 芸 *s* **1** arte; ofício; habilidade. **2** desempenho; atuação. **3** feito; truque; proeza.

geidō 芸道 *s* arte; habilidades.

geifū 芸風 *s* estilo; atuação; técnica pessoal.

geigeki 迎撃 *s* interceptação.

geigō 迎合 *s* lisonja; adulação; bajulação.

geigoto 芸事 *s* talento; habilidade; artes de entretenimento.

geiin 鯨飲 *s* ～*suru, v*: beber muito; beber como peixe; beber em demasia.

geijutsu 芸術 *s* artes; arte em geral.

geijutsuka 芸術家 *s* artista.

geimei 芸名 *s* nome artístico; nome de guerra.

geinashi 芸無し *s* pessoa sem habilidades ou talentos.

geinin 芸人 *s* artista; acrobata; ator; atriz; músico; cantor; talento.

geinō 芸能 *s* arte do entretenimento; habilidades artísticas; habilidades teatrais.

geisha 芸者 *s* gueixa; cantora e dançarina; profissional que diverte e distrai as pessoas.

geitō 芸当 *s* arte; truque; proeza; desempenho artístico.

geiyu 鯨油 *s* óleo de baleia.

geji 下知 *s arc* comando; ordem; mandado.

gejo 下女 *s* empregada; servente moça. *V* **jochū** 女中.

gejun 下旬 *s* último decêndio de um mês.

geka 外科 *s* cirurgia; departamento de cirurgia.

gekai 下界 *s* este mundo; a Terra.

geki 劇 *s* dramatização; peça teatral; desempenho teatral.

geki 撃 *s* **1** batida; golpe. 衝～ *shō*～: impacto; choque. 打～ *da*～: batida; golpe; pancada. **2** ataque; ataque com força armada. 攻～ *kō*～: ataque; ofensiva; crítica. 爆～ *baku*～: bombardeio. **3** visão; observação. 目～ *moku*～: observação. **4** remoção; retirada. 排～ *hai*～: remoção; retirada.

geki 檄, **gekibun** 檄文 *s* manifesto; declaração; solicitação ou apelo por escrito.

geki 隙 *s* fenda; greta; fresta; discórdia; diferença; brecha. *V* **suki** 隙.

gekichin 撃沈 *s* submersão; destruição. ～*suru, v*: afundar (um navio).

gekidan 劇団 *s* companhia teatral.

gekido 激怒 *s* fúria selvagem; raiva violenta; ira.

gekidō 激動 *s* agitação violenta; concussão; abalo; choque.

gekidoku 劇毒 *s* veneno mortífero.

gekietsu 激越 *s* ～*na, adj*: violento; furioso; ardente; sedicioso.

gekiga 劇画 *s* história em quadrinhos com narrativa real.

gekigen 激減 *s* decréscimo acentuado; declínio caracterizado.

gekiha 撃破 *s* derrota; deposição; destruição; ruína.

gekihatsu 激発 *s* explosão; irrupção.

gekihen 激変 *s* mudança repentina; convulsão social ou política; revolução; cataclismo.
gekihyō 劇評 *s* crítica sobre a peça teatral.
gekijō 劇場 *s* teatro; cinema.
gekijō 激情 *s* emoção violenta; paixão; fúria; raiva.
gekika 劇化 *s* dramatização; versão teatral.
gekimetsu 撃滅 *s* destruição; exterminação; aniquilação.
gekimu 劇務 *s* tarefa árdua; trabalho exaustivo.
gekirei 激励 *s* incitação; encorajamento; incentivo; excitação.
gekiretsu 激烈 *s* violência; severidade; intensidade; veemência; fúria.
gekirō 激浪 *s* ondas de tempestade; mar violento.
gekiron 激論 *s* discussão acalorada; argumentação esquentada; controvérsia; disputa veemente.
gekiryū 激流 *s* corrente violenta.
gekisaku 劇作 *s* dramaturgia; narração de peças teatrais.
gekisei 劇性 *s* 〜コレラ 〜*korera*: cólera maligna. 〜の 〜*no*: violento; virulento; agudo.
gekisen 激戦 *s* batalha feroz; luta severa.
gekishin 激震 *s* terremoto violento.
gekishō 激賞 *s* grande elogio; admiração incondicional.
gekisuru 激する *v* estar excitado; estar agitado; ser provocado; estar enfurecido; estar exasperado.
gekitai 撃退 *s* repulsa; rejeição; recusa; repelência.
gekiteki 劇的 〜*na*, *adj*: dramático.
gekitotsu 激突 *s* colisão violenta; desastre.
gekitsū 劇痛 *s* dor aguda; dor violenta; dor cruciante.
gekitsui 撃墜 *s* 〜*suru*, *v*: abater; derrotar.
gekiyaku 劇薬 *s* veneno violento; remédio potente.
gekizō 激増 *s* crescimento repentino.
gekka 激化 *s* intensificação; agravamento.
gekkan 月刊 *s* publicação mensal.
gekkan 月間 *s* período de um mês; mensal.
gekkei 月経 *s* menstruação; ciclo menstrual.
gekkeikan 月桂冠 *s* coroa de louros.
gekkō 月光 *s* raio de luar; luar.
gekkō 激昂 *s* agitação; alvoroço; indignação; rancor; exasperação.
gekkyū 月給 *s* salário; pagamento.
geko 下戸 *s* pessoa que não consome bebida alcoólica; pessoa moderada; pessoa abstêmia.
gekokujō 下剋上 *s* dominação dos superiores pelos inferiores.
gēmu ゲーム (*ingl game*) *s* jogo.
gen 弦 *s* hipotenusa; corda.
gen 絃 *s* corda de instrumento musical.
gen 減 *s* redução; diminuição.
gen 言 *s* palavra; fala; declaração; comentário; observação.
gen 厳 *s* rigor; severidade.
gen 舷 *s* *Náut* amurada (de navio ou bote); bordo (de um navio).
gen- 原- *pref* original; primitivo; primário; fundamental.
gen- 現- *pref* presente; atual; existente.
genan 下男 *s* homem servidor; criado.
gen'an 原案 *s* plano original; projeto original.
gen'atsu 減圧 *s* descompressão.
genba 現場 *s* local da construção; local de trabalho; local.

genbaku 原爆 *s abrev* de 原子爆弾 *genshibakudan*: bomba atômica; bomba A.
genban 原板 *s Fot* negativo de filme; chapa original para impressão.
genbatsu 厳罰 *s* punição severa.
genbo 原簿 *s* registro original.
genboku 原木 *s* polpa de madeira; madeira que serve de matéria-prima.
genbugan 玄武岩 *s Geol* basalto.
genbuku 元服 *s Hist* cerimônia, que celebra a maioridade.
genbun 原文 *s* texto original.
genbun itchi 言文一致 *s* unificação das linguagens escrita e falada.
genbutsu 原物 *s* original. 〜大 〜*dai*: tamanho original.
genbutsu 現物 *s* o objeto em si; o próprio objeto em questão.
genbutsushusshi 現物出資 *s* investimento em mercadorias.
genchi 言質 *s* palavra de penhor; compromisso; garantia.
genchi 現地 *s* local; local em questão; local da ocorrência.
genchichōsa 現地調査 *s* investigação do local do acontecimento.
gencho 原著 *s* trabalho original. 〜者 〜*sha*: escritor; autor.
genchū 原註 *s* anotações originais.
gendai 現代 *s* presente; hoje; dias de hoje; era moderna.
gendaika 現代化 *s* modernização; atualização.
gendaiteki 現代的 *adj* moderno; atualizado.
gendo 限度 *s* limite; limitação.
gendō 言動 *s* fala e comportamento (conduta).
gendōki 原動機 *s* motor.
gendōryoku 原動力 *s* força motriz; força propulsora.
gen'ei 幻影 *s* visão; fantasma; ilusão.
gen'eki 原液 *s* solução não diluída.
gen'eki 現役 *s* ato de estar na ativa; pessoa que está na ativa.
gen'eki 減益 *s* diminuição do lucro.
gen'en 減塩 *s Med* diminuição do sal. 〜食 〜*shoku*: dieta com pouco sal.
genetsu 解[下]熱 *s* alívio da febre. 〜剤 〜*zai*: remédio para febre.
genga 原画 *s* pintura original. ヴァン・ゴッホの 〜 *Van Gogh no* 〜: original de Van Gogh.
gengai 言外 *s* 〜の 〜*no*: implícito; não pronunciado; tácito. 〜の意味を取る 〜*no imi o toru*: ler nas entrelinhas.
gengakki 弦楽器 *s* instrumentos musicais de corda.
gengaku 減額 *s* redução; corte; diminuição.
gengi 原義 *s* significado original.
gengo 言語 *s* linguagem; fala; palavras.
gengo 原語 *s* palavra original; língua original.
gengogaku 言語学 *s* linguística; filologia.
gengyō 現業 *s* operações específicas em local de trabalho (indústrias).
gengyōin 現業員 *s* trabalhador não administrativo; trabalhador de campo (específico).
gen'hanketsu 原判決 *s* decisão inicial; decisão original.
gen'in 原因 *s* causa; fator; origem; raiz; fonte.

gen'in 減員 s redução do quadro de pessoal; corte de pessoal.
genji 言辞 s palavras; discurso; linguagem; expressão.
genji 現時 s presente momento; hoje. V **genkon** 現今, **gendai** 現代. adv no presente dia.
genjin 原人 s homem primitivo.
genjiru 減じる v 1 subtrair; deduzir. 2 diminuir; abater; reduzir. 3 reduzir; aliviar; atenuar. 4 minguar; diminuir; reduzir em números.
genjitsu 現実 s realidade; fato; atualidade.
genjitsuka 現実化 s materialização, realização.
genjō 現状 s condição atual; presente situação; *statu quo*.
genjō 現場 s local; cena da ação ou acontecimento. V **genba** 現場.
genjū 厳重 s rigor; severidade. ~*na*, adj: seguro; firme; forte.
genjūmin 原住民 s nativo; aborígine; população nativa.
genjutsu 幻術 s mágica; feitiçaria.
genka 原価 s custo; preço de custo.
genka 減価 s redução de preço; depreciação; desconto; preço reduzido.
genka 言下 s ~に ~*ni*: prontamente; diretamente. ~に答える ~*ni kotaeru*: responder prontamente.
genka 現下 s presente momento.
genkai 限界 s limite; fronteira; limitação; circunscrição; margem.
genkaku 幻覚 s alucinação; ilusão.
genkaku 厳格 s rigor; severidade; austeridade.
genkan 玄関 s entrada; pórtico; *hall*; vestíbulo.
genkan 厳寒 s frio intenso; inverno rigoroso.
genkanbarai 玄関払い s ato de dispensar uma pessoa logo na entrada da casa; negação em receber uma pessoa.
genkansaki 玄関先 s entrada de uma casa.
genkei 原形 s forma original.
genkei 原型 s modelo; protótipo; arquétipo; padrão.
genkei 減刑 s redução da pena.
genki 元気 s vigor; energia; vitalidade; espírito; saúde.
genki 衒気 s vaidade; vanglória; presunção.
genkin 現金 s dinheiro vivo; dinheiro em espécie. ~*na*, adj: mercenário; calculista; interesseiro.
genkin 厳禁 s estrita proibição; interdição.
genkinka 現金化 s conversão para dinheiro em espécie.
genkinshugi 現金主義 s princípio mercenário; política de negociar somente em dinheiro.
genkō 原鉱 s minério; minério cru.
genkō 原稿 s manuscrito; cópia (de impresso); rascunho.
genkō 現行 s ~の ~*no*, adj: existente; presente; corrente; em operação; em vigor. ~条約 ~*jōyaku*: tratado existente.
genkō 言行 s discurso e comportamento; palavras e ações.
genkōhan 現行犯 s *Jur* flagrante delito; crime cometido na presença da polícia.
genkōhō 現行法 s lei existente; lei em vigor.
genkoku 原告 s *Jur* acusador; querelante; autor.
genkon 現今 s agora; no presente; hoje; nestes dias; nos nossos dias.

genkotsu 拳骨 s punho; mão fechada. ~でなぐる ~*de naguru*: dar soco com o punho.
genkyō 現況 s condição atual; situação presente.
genkyō 元兇 s líder de gangue; chefe de ações criminosas; grande culpado.
genkyū 言及 s referência; menção.
genkyū 減給 s redução de salário; corte de salário.
genmai 玄米 s arroz integral.
genmei 言明 s declaração; afirmação; asserção.
genmei 厳命 s ordem estrita; rígida instrução; controle peremptório.
genmen 原綿 s algodão cru.
genmen 減免 s redução da taxa ou imposto; mitigação e remissão.
genmetsu 幻滅 s desilusão.
genmitsu 厳密 s rigor; severidade; minuciosidade; exatidão.
genmō 減耗 s diminuição natural.
gennama 現生 s dinheiro em espécie; dinheiro à vista.
gennari げんなり adv pop ~*suru*, v: ser saciado; estar farto; estar enjoado.
gen ni 現に adv na realidade; de fato.
gen ni 厳に adv estritamente; severamente. V **genjū** 厳重.
gennin 現任 s posição ou cargo atual. ~首相 ~*shushō*: o atual primeiro-ministro.
genpai 減配 s redução no dividendo; redução no valor da cota.
genpi 厳秘 s sigilo absoluto; segredo.
genpin 現品 s artigo em questão; estoque; produtos em estoque.
genpō 減俸 s redução do salário; corte de salário.
genpō 減法 s *Mat* subtração.
genpon 原本 s original (obra); texto original.
genpu 厳父 s honrado pai.
genri 原理 s princípio; teoria; verdade fundamental.
genrō 元老 s velho estadista; veterano; patriarca.
genron 言論 s discurso; discussão; pontos de vista; expressão.
genron 原論 s teoria; princípios.
genryō 原料 s matéria-prima.
genryō 減量 s perda em quantidade; redução do peso (de um indivíduo).
gensai 減殺 s redução de valor.
gensai 減債 s pagamento parcial do débito; amortização.
gensaiban 原裁判 s julgamento original.
gensaku 原作 s obra original.
gensaku 減作 s colheita reduzida. V **genshū** 減収.
gensan 減産 s diminuição na produção; produção reduzida.
gensanchi 原産地 s local ou país de origem (de plantas; frutas; verduras); *habitat*.
gensatsu 減殺 s redução de valor; pronúncia popular de 減殺 *gensai*.
gense 現世 s *Bud* este mundo; vida terrena.
gensei 現世 s *Geol* período recente.
gensei 厳正 s exatidão; rigor; severidade.
genseki 原石 s minério cru; gema; pedra bruta.
genseki 原籍 s domicílio; domicílio de origem; residência permanente.
genseki 言責 s responsabilidade pela afirmação.

gensen 源泉 *s* origem da nascente; nascente; manancial; fonte; origem.
gensen 厳選 *s* seleção rigorosa; escolha cuidadosa.
gensetsu 言説 *s* observação; comentário; opinião; declaração.
genshi 原始 *s* início; origem; gênese. 〜時代 〜*jidai:* era primitiva.
genshi 減資 *s* redução de capital; diminuição de capital.
genshi 原子 *s Fís* átomo.
genshibakudan 原子爆弾 *s* bomba atômica; bomba A.
genshikaku 原子核 *s* núcleo atômico; núcleo.
genshiro 原子炉 *s* reator; reator nuclear.
genshiryoku 原子力 *s* energia nuclear; força nuclear.
gensho 原書 *s* **1** obra original. **2** livro estrangeiro. *V* **yōsho** 洋書.
genshō 現象 *s* fenômeno; acontecimento.
genshō 減少 *s* diminuição; decréscimo; declínio; queda; redução.
genshoku 原色 *s* cor primária.
genshoku 現職 *s* cargo atual; presente posição (profissão).
genshoku 減食 *s* redução na alimentação; redução da ração; dieta reduzida.
genshu 元首 *s* soberano; chefe de Estado.
genshu 厳守 *s* cumprimento rigoroso; estrita observância. 時間の〜 *jikan no* 〜*:* pontualidade.
genshū 減収 *s* diminuição da renda; redução na colheita.
genshuku 厳粛 *s* gravidade; seriedade; rigor; austeridade; solenidade.
genshutsu 現出 *s* aparecimento; revelação; emersão.
genso 元素 *s Fís* e *Quím* elemento; elemento químico.
gensō 幻想 *s* fantasia; ilusão; visão; devaneio; cisma; fantasma.
gensō 現送 *s* envio de dinheiro em espécie; remessa de ouro.
gensoku 原則 *s* princípio; regulamento fundamental; princípios gerais; regras gerais.
gensoku 舷側 *s* lateral (do navio); costado de navio.
gensoku 減速 *s Fís* redução da velocidade; desaceleração.
genson 現存 *s* 〜*suru, v:* existir; subsistir.
genson 減損 *s* decréscimo; diminuição; perda; desgaste; ônus. 〜額 〜*gaku:* depreciação.
genson 厳存 *s* existência real.
gensū 減数 *s Mat* subtraendo; diminuidor.
gensui 元帥 *s* marechal; general do Exército; almirante de Frota.
gensui 減水 *s* baixo nível de água.
gensui 減衰 *s* diminuição; declínio; baixa; atenuação; depressão.
gensuibaku 原水爆 *s* bomba atômica e de hidrogênio; bomba A e H; bombas nuclear e termonuclear.
gensun(dai) 原寸(大) *s* tamanho real.
gentai 減退 *s* declínio; escassez; imperfeição; perda; prejuízo.
gentaru 厳たる *adj* rigoroso; severo; preciso; rígido.

gentei 限定 *s* limitação; qualificação; definição; determinação. 〜版 〜*ban:* edição limitada.
genten 原典 *s* texto original. ラテン語の〜から訳す *ratengo no* 〜*kara yakusu:* traduzir do original latino.
genten 減点 *s* marcação por subtração de pontos.
genten 原点 *s* ponto inicial; ponto de origem; origem.
gentō 幻灯 *s* projetor de imagens.
gentō 厳冬 *s* inverno rigoroso.
gen to shite 厳として *expr V* **genzen** 厳然.
genwaku 幻惑 *s* fascinação; sedução; deslumbramento.
genwaku 眩惑 *s* deslumbramento; perplexidade; atordoamento.
gen'ya 原野 *s* deserto; agreste; terreno árido; sertão; campina; planície.
gen'yu 原油 *s* petróleo cru.
gen'yū 現有 *s* 〜の 〜*no:* presente; existente. *Dir* de posse no momento.
genzai 原罪 *s* pecado original.
genzai 現在 *s* **1** agora; presentemente. **2** *Gram* tempo presente. *adv* realmente. *V* **gen ni** 現に.
genzaidaka 現在高 *s* saldo atual.
genzei 減税 *s* redução dos impostos; corte de impostos e taxas.
genzen 厳然 *adj* 〜たる 〜*taru:* solene; grave; inflexível; rígido; imponente; autoritário.
genzō 幻像 *s* fantasma; ilusão.
genzō 現像 *s* revelação de fotos.
genzoku 還俗 *s* retorno de um clerigo à vida secular; secularização.
genzu 原図 *s* desenho original.
geppō 月報 *s* boletim mensal; relatório mensal.
geppu 月賦 *s* prestações mensais.
geppu げっぷ *s pop* arroto. 〜が出る 〜*ga deru:* arrotar.
gera ゲラ (*ingl galley*) *s* placa usada em gráfica para impressão.
geraku 下落 *s* queda; depreciação; deterioração; queda brusca.
geretsu 下劣 *s* vulgaridade; baixeza; mesquinhez.
geri 下痢 *s Med* diarreia; intestino solto.
gerira ゲリラ (*esp guerrilla*) *s* guerrilha.
gerō 下郎 *s arc* servente; criado; indivíduo desajeitado; grosseirão; malcriado; servil.
geryaku 下略 *s* omissão do restante; abreviação da parte seguinte.
gesaku 戯作 *s arc* ato de escrever romances e novelas.
gesen 下船 *s* ato de desembarcar do navio.
gesen 下賤 *s* origem humilde. 〜の 〜*no:* vulgar; baixo.
gesenai 解せない *expr* incompreensível. あの男は私にはどうも〜 *ano otoko wa watashi ni wa dōmo* 〜*:* não consigo compreender aquele homem.
gesewa 下世話 *s pop* palavras e histórias populares ou comuns; rumores.
gesha 下車 *s* desembarque; ato de descer do trem (carro).
geshi 夏至 *s* solstício de verão.
geshuku 下宿 *s* pensão; casa de pensão; alojamento.
geshunin 下手人 *s* perpetrador de um crime; criminoso; assassino.

gesoku 下足 *s* tamancos e sapatos; calçados que são tirados nas entradas de locais de reunião.
gessan 月産 *s* produção mensal; rendimento mensal.
gessha 月謝 *s* mensalidade; pagamento mensal.
gesshoku 月蝕 *s Astr* eclipse lunar.
gesshū 月収 *s* rendimento mensal; renda mensal; salário.
gessori げっそり *adv* ～している ～*shite iru:* debilitado; consumido; desanimado.
gesu 下種[衆] *s pop* sujeito vulgar, grosseirão.
gesui 下水 *s* esgoto; bueiro.
gesuto ゲスト (*ingl guest*) *s* convidado; visitante.
geta 下駄 *s* tamanco de madeira japonês.
getemono 下手物 *s pop* **1** objeto ou produto comum; objeto nada especial, do dia a dia. **2** objeto curioso, bizarro, extravagante.
getsugaku 月額 *s* valor mensal; mensalidade; montante mensal.
getsumatsu 月末 *s* final do mês; últimos dias do mês.
getsuyō(bi) 月曜(日) *s* segunda-feira.
geya 下野 *s* ato de afastar-se da vida pública.
geza 下座 *s* **1** ato de ajoelhar-se. **2** lado direito do palco; lugar onde ficam os músicos ou a orquestra.
gezai 下剤 *s* purgante; laxante.
gi 技 *s* arte; ofício; habilidade; proeza; trabalho.
gi 義 *s* **1** justiça; humanidade; moralidade; integridade; honra; lealdade; heroísmo; autossacrifício. **2** significado; sentido; acepção. **3** estabelecimento de relação de parentesco entre pessoas sem vínculos de sangue. ～父 ～*fu*: pai adotivo; sogro; padrasto. ～兄弟 ～*kyōdai*: cunhado; irmão por juramento. **4** substituição de parte do corpo (prótese). ～眼 ～*gan*: olho artificial. ～歯 ～*shi*: dentadura.
gi 儀 *s* **1** regra. **2** cerimônia. **3** assunto; caso. **4** instrumentos para medição de corpos celestes. 地球～ *chikyū*～: globo terrestre. 水準～ *suijun*～: instrumento para medição do nível.
gi 議 *s* **1** consulta; discussão; deliberação; debate. **2** consideração; proposta; sugestão; proposição.
gian 議案 *s* projeto de lei; medida.
gibo 義母 *s* sogra; madrasta; mãe adotiva.
gibun 戯文 *s* literatura de costumes; paródia literária; obra humorística.
gibutsu 偽物 *s* artigo falso; falsificação; falsidade; adulteração.
gichō 議長 *s* presidente; presidente do conselho ou assembleia.
gidai 議題 *s* tópico para discussão; tema; programação.
gien 義捐 *s* contribuição; doação. ～者 ～*sha*: doador; contribuinte.
gienkin 義捐金 *s* doação; contribuição; quantia subscrita.
gifu 義父 *s* sogro; padrasto; pai adotivo.
gifun 義憤 *s* indignação por falta de moralidade e justiça.
giga 戯画 *s* desenhos cômicos; caricatura; história em quadrinhos.
gigan 義眼 *s* olho artificial; olho de vidro.
gigei 技芸 *s* artes; arte manual; dote. ～学校 ～*gakkō*: escola de artes manuais.
gigi 疑義 *s* dúvidas.
gigochinai ぎごちない *adj* desajeitado; inábil; embaraçado; desgracioso; deselegante.

gigoku 疑獄 *s* **1** notícias de corrupção envolvendo políticos, altos funcionários, homens de negócios etc. **2** grande escândalo de corrupção.
gihan 偽版 *s* edição pirata; pirataria.
gihei 義兵 *s Mil* soldado leal; voluntário; exército leal.
gihitsu 偽筆 *s* escrita forjada ou falsificada; pintura falsificada.
gihō 技法 *s* técnica.
giin 議員 *s* membro da Assembleia Legislativa; membro do Parlamento. *V* **daigishi** 代議士.
giin 議院 *s* Câmara dos Deputados; Câmara (dos Comuns; dos Pares; dos Representantes).
giji 疑似 *s* algo muito semelhante, difícil de distinguir se verdadeiro ou falso. ～符号 ～*fugō:* sinal falso. ～コレラ ～*korera:* caso suspeito de cólera.
giji 議事 *s* conteúdo da reunião; assunto para deliberação.
gijin 擬人 *s* personificação.
gijin 義人 *s* pessoa que luta pela justiça e pelo bem.
gijinittei 議事日程 *s* agenda do dia; ordem do dia.
gijiroku 議事録 *s* ata de reunião; relatório dos itens discutidos numa reunião.
gijō 議場 *s* local da assembleia; câmara; local de reunião.
gijōhei 儀仗兵 *s* guarda de honra.
gijutsu 技術 *s* técnica; tecnologia.
gikai 議会 *s* assembleia; Congresso; Parlamento; Câmara.
gikei 義兄 *s* cunhado; marido da irmã mais velha; irmão mais velho da esposa.
giketsu 議決 *s* decisão; resolução.
giketsuken 議決権 *s* direito de voto.
giko 擬古 *s* imitação dos costumes arcaicos.
gikō 技工 *s* artesão; artífice.
gikō 技巧 *s* habilidade técnica; artifício; técnica.
gikochinai ぎこちない *adj* desajeitado; inábil; embaraçado; desgracioso; deselegante. *V* **gigochinai** ぎごちない.
giku 疑懼 *s* medo causado pela incerteza.
gikuri to ぎくりと, **gikutto** ぎくっと *adv* ～*suru, v*: ficar assustado; ficar chocado.
gikushaku ぎくしゃく *adv* desajeitadamente; deselegantemente.
gikyo 義挙 *s* ato de fazer as coisas acontecerem pelo bem; heroísmo.
gikyōdai 義兄弟 *s* cunhado; meio-irmão.
gikyoku 戯曲 *s* peça de teatro; obras escritas para representações teatrais.
gimai 義妹 *s* cunhada; irmã mais nova da esposa; esposa do irmão mais novo.
giman 欺瞞 *s* engano; logro; burla.
-gime -極め *suf* contratado; acordado; combinado. 月～で働く *tsuki～de hataraku*: trabalhar por mês.
gimei 偽名 *s* nome falso; identidade falsa.
gimon 疑問 *s* pergunta; dúvida; questão; interrogação; problema.
gimu 義務 *s* dever; obrigação; responsabilidade.
gimukyōiku 義務教育 *s* educação obrigatória determinada por lei.
gimunengen 義務年限 *s* limite de tempo que o indivíduo deverá servir; termo de serviço obrigatório.

gin 銀 *s* prata; argênteo.
gindokei 銀時計 *s* relógio de prata.
ginen 疑念 *s* suspeita; dúvida; mau pressentimento; desconfiança.
ginga 銀河 *s Astr* Via Láctea; galáxia. ～系 ～*kei:* sistema galáctico.
gin'iro 銀色 *s* cor prata; prateado.
ginka 銀貨 *s* moeda de prata.
ginkaishoku 銀灰色 *s* cor cinza prateada.
ginkō 銀行 *s* banco; instituição financeira.
ginkonshiki 銀婚式 *s* bodas de prata.
ginkōtorihiki 銀行取引 *s* transação bancária ou financeira.
ginmekki 銀鍍金 *s* prateado por meio de galvanoplastia.
ginmi 吟味 *s* 1 investigação profunda de um crime. 2 estudo ou análise detalhada das coisas.
ginnan 銀杏 *s Bot* castanha de *ginkgo*. V **ichō** 銀杏・公孫樹.
ginō 技能 *s* habilidade; capacidade.
ginpaku 銀箔 *s* folha de prata; prata batida. ～紙 ～*shi:* folha de prata batida.
ginrei 銀鈴 *s* sino de prata.
ginsei 銀製 *s* ～の ～*no:* feito de prata. ～品 ～*hin:* utensílio de prata.
ginsekai 銀世界 *s* paisagem de neve ao redor.
gin'yūshijin 吟遊詩人 *s* menestrel; trovador.
ginzaiku 銀細工 *s* utensílio de prata trabalhada; trabalho em prata.
gion 擬音 *s* imitação de som; efeito sonoro.
gipusu ギプス (*al Gips*) *s* gesso usado em ortopedia.
giragira ぎらぎら *mim* brilho; cintilação; luz deslumbrante ou ofuscante.
girari ぎらり *adv* brilho da luz instantânea.
girei 儀礼 *s* etiqueta; boas maneiras; cumprimentos segundo regras de boas maneiras.
giri 義理 *s* 1 justiça; obrigação; decência; dever. 2 relação de parentesco com a família do cônjuge. ～の兄 ～*no ani:* cunhado. ～のむすこ ～*no musuko:* enteado.
giridate 義理立て *s* ～*suru, v:* fazer justiça a; ser leal a.
girigiri ぎりぎり *s* 1 no limite. 2 som de rodopiar. 3 barulho emitido quando se amarra algo com força.
girininjō 義理人情 *s* justiça e caridade; amor e dever; dever e humanidade.
girō 妓楼 *s* casa de mulheres; bordel.
giron 議論 *s* argumento; discussão; controvérsia; debate.
giryō 技量・伎倆 *s* talento; habilidade; capacidade; competência.
gisaku 偽作 *s* falsificação; fraude; simulação.
gisei 犠牲 *s* sacrifício. ～者 ～*sha:* vítima.
gisei 擬製 *s* imitação; falsificação.
gisei 擬声 *s* onomatopeia.
gisei 擬制 *s Jur* ficção.
gisei 議政 *s* legislatura.
giseki 議席 *s* assento na Assembleia Legislativa; assento no Parlamento.
gishi 技師 *s* engenheiro; técnico; especialista técnico.
gishi 義士 *s* mártir; pessoa íntegra.
gishi 義姉 *s* cunhada; esposa do irmão mais velho; irmã mais velha da esposa.
gishi 義肢 *s* membro artificial.
gishi 義歯 *s* dente artificial; prótese dentária; dentadura.
gishigishi ぎしぎし *onom* som de ranger; rangido; chiado; barulho de roçadura.
gishiki 儀式 *s* cerimônia; solenidade; formalidade; cerimonial; ritual.
gishin 疑心 *s* suspeita; medo; dúvida; apreensão.
gisho 偽書 *s* carta falsificada; escrita forjada; documento apócrifo.
gishō 偽称 *s* declaração falsa; identificação falsa.
gishō 偽証 *s Jur* falso testemunho; perjúrio.
gishu 技手 *s* técnico assistente; operador.
gishu 義手 *s* braço (mão) postiço (artificial).
gisō 偽[擬]装 *s* camuflagem; disfarce.
gisō 艤装 *s* equipamento de navio (barco).
gisoku 義足 *s* perna artificial (postiça).
gissha 牛車 *s Hist* carruagem de tração bovina (particularmente usada pela nobreza do período Heian).
gisshiri ぎっしり *adv* compactamente; firmemente; estritamente; cheio.
gisuru 擬する *v* 1 imitar, copiar. 2 apontar. ピストルを胸に～ *pisutoru o mune ni ～:* apontar a pistola no peito. 3 comparar. 自分を天才に～ *jibun o tensai ni ～:* comparar-se a um gênio. 4 ser previamente indicado. 次期会長に擬させられる *jiki kaichō ni gisaserareru:* ser indicado como próximo presidente.
gisuru 議する *v* deliberar; discutir.
gitā ギター (*ingl guitar*) *s* guitarra.
gitai 擬態 *s Biol* mimetismo; simulação; camuflagem.
gite 技手 *s V* **gishu** 技手.
gitei 義弟 *s* cunhado (marido da irmã mais nova ou irmão mais novo do cônjuge).
gitei 議定 *s* acordo.
giten 疑点 *s* ponto duvidoso; dúvida.
giun 疑雲 *s* nuvem de dúvida; suspeita.
giwaku 疑惑 *s* suspeita; dúvida.
giya ギヤ (*ingl gear*) *s* engrenagem; câmbio.
giyū 義勇 *s* lealdade e coragem; heroísmo.
gizagiza ぎざぎざ *s* ranhura; recorte denteado; linha em zigue-zague; serrilha; franja.
gizen 偽善 *s* hipocrisia; farisaísmo.
gizen 巍然 *adj* altaneiro e imponente.
gizetsu 義絶 *s* rompimento de relações (com filhos, familiares, amigos).
gizō 偽造 *s* falsificação.
go 伍 *s* 1 cinco pessoas; grupo de cinco pessoas; companheiro; turma. 2 cinco; letra empregada para designar cinco nas escrituras.
go 後 *s* após; depois.
go 碁 *s* jogo de *go*; jogo de tabuleiro, originário da China.
go 語 *s* 1 palavra; termo; vocábulo. 2 linguagem; língua; idioma.
go 五 *s* cinco.
gō 号 *s* 1 grito; clamor; vociferação. 怒～ *do～:* grito de raiva. ～泣 ～*kyū:* pranto, lamentação. 2 marca; sinal. 暗～ *an～:* código secreto. 記～ *ki～:* símbolo. 3 nome; denominação corrente. 年～ *nen～:* nome do reinado de cada imperador. 屋～ *ya～:* nome da loja, nome hereditário de atores de *kabuqui*. 4 pseudônimo. 5 usado junto com o

nome de trens e animais. つばめ～ *Tsubame*～: o trem Tsubame. **6** cada um dos exemplares de uma publicação periódica; número ordinal que designa ordem de coisas em série. 第一～ *dai ichi*～: nº 1.
gō 合 *s* **1** (volume) 0,18 litro. **2** um décimo da altitude de uma montanha. 富士山の八～目 *Fujisan no hachi*～*me*: 8/10 da altura do Monte Fuji. **3** (nº de vezes) participação em combates; cruzamento de espadas. **4** *Astron* conjunção; conjuntura.
gō 郷 *s* província (campo). ～に入っては～に従え ～*ni itte wa* ～*ni shitagae*: em Roma, como os romanos.
gō 業 *s* **1** *Bud* carma (destino). ～が深い～ *ga fukai*: ser muito pecador. **2** *abrev* de 業腹 *gōhara*: ira, indignação.
goaku 五悪 *s* os cinco pecados do budismo: matar, roubar, praticar adultério, mentir, ingerir bebida alcoólica.
gobai 五倍 *s* cinco vezes; quíntuplo.
goban 碁盤 *s* tabuleiro do jogo de go.
gōban 合板 *s* madeira compensada.
gōben 合弁 *s* **1** administração conjunta. **2** *Bot* gamopétalo.
gobi 語尾 *s* **1** final de uma palavra. ～を濁す ～*o nigosu*: engolir (não pronunciar bem) o final das palavras. **2** *Gram* desinência; terminação.
gobō 牛蒡 *s* *Bot* bardana.
gobu 五分 *s* **1** metade de *sun* (3,03 cm). **2** cinco por cento.
gobugari 五分刈り *s* corte de cabelo curto; cabelo curto.
gobugobu 五分五分 *s* igualdade; empate.
gobun 五分 *s* divisão em cinco partes.
gobun 誤聞 *s* mal-entendido; equívoco.
gōbyō 業病 *s* doença maligna; doença incurável.
gobyū 誤謬 *s* equívoco; engano.
gochagocha ごちゃごちゃ *s* confusão; desordem; desarrumação.
gochin 轟沈 *s* afundamento (ir a pique) instantâneo.
gochō 語調 *s* tom da voz; acentuação.
gochō 伍長 *s* *Mil* cabo do Exército.
gōchoku 剛直 *s* integridade; probidade.
gōdan 強談 *s* negociação vigorosa; demanda peremptória.
gōdatsu 強奪 *s* extorsão; saque; assalto.
goden 誤電 *s* telegrama incorreto.
godō 悟道 *s* *Bud* obtenção da sabedoria suprema; iluminação espiritual.
gōdō 合同 *s* **1** combinação; união; junção; coalizão. **2** congruência.
godoku 誤読 *s* leitura equivocada; má interpretação.
goei 護衛 *s* escolta; guarda.
goeika 御詠歌 *s* *Bud* hino do peregrino.
gofu 護符 *s* amuleto; talismã.
gofujō 御不浄 *s* latrina; lavabo; banheiro.
gōfuku 剛腹 *s* magnanimidade; generosidade.
gōfuku 剛愎 *s* obstinação; teimosia.
gofuku(mono) 呉服(物) *s* tecido (fazenda) para quimono.
gōgai 号外 *s* edição extra (de um jornal).
gogaku 語学 *s* **1** estudo das línguas. **2** linguística.
gogan 護岸 *s* proteção das costas ou margens (contra a água do mar ou do rio).
gōgan 傲岸 *s* arrogância; insolência.

gogatsu 五月 *s* maio (mês).
gogen 語原 *s* etimologia; origem das palavras.
gogi 語義 *s* sentido (significado, acepção) da palavra.
gōgi 合議 *s* consulta; conferência; conselho.
gōgi 豪儀・強気 *s* ser grande; ser poderoso; ser extraordinário; ser esplêndido.
gogo 午後 *s* tarde; à tarde; das 12 às 24 horas.
gōgo 豪語 *s* fanfarronice; jactância; bazófia.
gōgō ごうごう *onom* estrondo; estrépito; fragor. 列車が～と鉄橋を渡った *ressha ga*～*to tekkyō o watatta*: o trem atravessou a ponte de ferro com grande fragor.
gōgō 囂々 *adj* barulhento; ruidoso; estrondoso; clamoroso. ～たる非難 ～*taru hinan*: vaia estrondosa.
gohai 誤配 *s* entrega equivocada (da correspondência).
gohan 御飯 *s* arroz cozido; refeição.
gohan 誤判 *s* julgamento equivocado.
gohantaki 御飯炊き *s* cozimento (preparo) do arroz.
gōhara 業腹 *s pop* ressentimento; indignação; ira.
gohasan 御破算 *s* **1** anular cálculo no meio (com o ábaco). **2** voltar ao princípio; deixar como estava.
gohatto 御法度 *s Hist* proibição por lei; tabu.
gohei 御幣 *s* amuleto xintoísta de papéis cortados e presos a um pau. ～を担ぐ ～*o katsugu*: ser supersticioso. ～担ぎ ～*katsugi*: supersticioso.
gohei 語弊 *s* inexatidão na expressão; erro de expressão.
gohenkei 五辺形 *s Mat* pentágono.
gōhi 合否 *s* aprovação ou reprovação; sucesso ou insucesso; resultado.
gohō 語法 *s* gramática; expressão.
gohō 誤報 *s* informação (notícia) errada.
gohō 護法 *s* defesa da Constituição; defesa da religião.
gohō 午砲 *s obsol* tiro de canhão para avisar o meio-dia (usado na era Meiji até o início da era Showa).
gōhō 号砲 *s* tiro de aviso (canhão ou pistola).
gōhō 豪放 ～*na, adj*: magnânimo; tolerante; generoso.
gōhō 業報 *s Bud* efeitos do carma; destino; retribuição inevitável.
gōhō(sei) 合法(性) *s* legalidade.
goi 語彙 *s* vocábulo; vocabulário.
gōi 合意 *s* acordo; concordância; consentimento mútuo.
gōin 強引 *s* o ato de forçar; coerção.
gōin 豪飲 *s* o ato de beber em abundância (bebidas alcoólicas).
gōin 業因 *s Bud* carma.
gōitsu 合一 *s* unificação; união; unidade.
goji 誤字 *s* letra errada.
goji 護持 *s* defesa; proteção; manutenção.
gojin 御仁 *s* personalidade; pessoa ilustre.
gojin 吾人 *s* nós. *V* **wareware** 我々.
gojitsu 後日 *s* outro dia; futuramente; depois.
gojo 互助 *s* cooperação; ajuda mútua.
gojō 互譲 *s* concessão mútua.
gōjō 強情 *s* teimosia; insistência; obstinação.
gojūon 五十音 *s* silabário japonês; silabário de *kana*.
gōka 豪華 *s* esplendor; pompa; suntuosidade; luxo.
gōka 劫火 *s Bud* conflagração que destrói o Cosmos no seu fim.
gōka 業火 *s Bud* fogo do inferno.

gokai 誤解 *s* equívoco; mal-entendido.
gokai 五戒 *s Bud* os cinco mandamentos (não matar, não roubar, não praticar adultério, não mentir, não ingerir bebidas alcoólicas).
gōkai 豪快 ～*na, adj*: maravilhoso; extraordinário; esplêndido.
gokaku 互角 *s* igualdade; equilíbrio.
gōkaku 合格 *s* aprovação; o ato de passar no exame.
gokan 五官 *s* os cinco órgãos dos sentidos.
gokan 互換 *s* intercâmbio.
gokan 語感 *s* 1 impressão da palavra. 2 senso linguístico.
gokan 語幹 *s* radical (raiz) da palavra.
gōkan 強姦 *s* violação sexual; estupro.
-gokashi -ごかし *suf* tentar obter vantagem pessoal a pretexto de. 親切～に *shinsetsu*～*ni*: a pretexto de gentileza. おため～ *otame*～: sob pretensa amizade.
goke 後家 *s pop* viúva.
gokei 互恵 *s* reciprocidade; benefício mútuo.
gokei 語形 *s* forma (estrutura) das palavras.
gōkei 合計 *s* soma; total.
goken 護憲 *s* defesa (salvaguarda) da Constituição.
gōken 合憲 *s* conformidade com a Constituição.
gōken 剛健 *s* vigor; robustez.
gokenin 御家人 *s Hist* vassalo imediato de xógum nos períodos Kamakura e Muromachi.
gōketsu 豪傑 *s* herói; homem extraordinário; grande homem.
goki 語気 *s* tom de voz; maneira de falar.
goki 誤記 *s* erro de escrita.
gōki 剛毅 *s* fortitude; firmeza de caráter; firmeza.
gōki 豪気 *s* temperamento heroico; espírito firme.
gokiburi ごきぶり *s Entom* barata.
gokigen 御機嫌 *s* disposição; humor.
gōkin 合金 *s* liga metálica.
gokkan 極寒 *s* frio intenso (rigoroso).
-gokko -ごっこ *suf* brincadeira de simulação das crianças. 鬼～ *oni*～: jogo de esconde-esconde. お店～ *omise*～: brincar de lojinhas.
gokō 後光 *s* halo; nimbo; auréola.
gokoku 五穀 *s* 1 cinco tipos de cereais (arroz, trigo, painço, milho, feijão). 2 designação genérica dos cereais; grãos.
gokoku 護国 *s* defesa da pátria.
gokoku 後刻 *s* depois; mais tarde.
gokon 語根 *s* raiz da palavra.
goku 語句 *s* palavras e frases; expressão.
goku 獄 *s* prisão.
goku 極 *adv* muito; excessivamente; perfeitamente. ～当たり前 ～*atarimae*: perfeitamente normal. ～面白い ～*omoshiroi*: muito interessante.
gokuaku(hidō) 極悪(非道) *s* atrocidade; brutalidade; malvadez; crueldade.
gokubi 極微 *s* minúsculo; microscópico.
gokudō 極(獄)道 *s* deboche; libertinagem; devassidão.
gokuhi 極秘 *s* segredo absoluto; sigilo máximo.
gokuhin 極貧 *s* pobreza extrema; penúria.
gokui 極意 *s* segredo; mistérios (de uma arte); princípio secreto.
gokuin 極印 *s* carimbo (selo) de autenticação; marca indelével.
gokujō 極上 *s* melhor (mais alta) qualidade.
gokumon 獄門 *s Hist* 1 porta da cadeia. 2 uma das penalidades do período Edo: após a decapitação, a cabeça permanecia em exposição por cerca de três dias.
gokuraku 極楽 *s Bud* 1 paraíso. 2 situação ou estado de paz e tranquilidade.
gokuri to ごくりと *adv* som ou aspecto de beber um gole (trago). ～と飲む ～*to nomu*: beber um gole.
gokusaishiki 極彩色 *s* colorido brilhante (extravagante, rico).
gokushi 獄死 *s* morte na prisão.
gokusho 極暑 *s* calor extremo (intenso).
gokutsubushi 穀潰し *s* parasita; o indivíduo que não vale o pão que come.
gōkyū 号泣 *s* lamentação; pranto; o ato de chorar aos gritos.
goma 胡麻 *s Bot* gergelim; sésamo.
gomakashi 誤魔化し *s* farsa; burla; falsificação; camuflagem.
gomakasu 誤魔化す *v* 1 enganar; roubar; falsificar. 2 encobrir.
gōman 傲慢 *s* arrogância; presunção; insolência.
gomashio 胡麻塩 *s* mistura de gergelim tostado com sal. ～頭 ～*atama*: cabelos grisalhos.
gōmeikaisha 合名会社 *s* companhia ilimitada.
gomen 御免 *s* 1 perdão; desculpa; licença. ～をこうむる ～*o kōmuru*: pedir perdão; desculpar-se. ～なさい(下さい) ～*nasai (kudasai)*: desculpe-me; peço perdão; para passar na frente dos outros: com licença; para visitar alguém: há alguém aí? posso entrar?; para se ausentar momentaneamente: dê-me licença um instante. ～をこうむって中へ入った ～*o kōmutte naka e haitta*: pedindo licença, entrou. 2 declinar. お説教は～こうむる *osekkyō wa* ～*kōmuru*: não aceito sermões. 俺は～だ *ore wa* ～*da*: eu não. 3 permissão; licença. 天下～の *tenka*～*no*: licenciado. ～をこうむって ～*o kōmutte*: com sua licença. *Hist* 帯刀～の商人 *taitō*～*no shōnin*: comerciante autorizado a portar espada.
gomi 塵・芥 *s* lixo; entulho; sujeira; pó.
gomigomi ごみごみ *adv* desalinhado; desordenado; sujo.
gō mo 毫も *adv* (não) de forma alguma; (não) em absoluto; nem um pouco. 私はそんなことは～気にかけない *watashi wa sonna koto wa* ～*ki ni kakenai*: eu não me preocupo com isso em absoluto. それには～疑う余地がない *sore ni wa* ～*utagau yochi ga nai*: quanto a isso, não há nenhuma margem a dúvida.
gomoku 五目 *s* 1 mistura de várias coisas. 2 prato com mistura de vários ingredientes: ～そば ～*soba*, ～ずし ～*zushi*, ～釜飯 ～*kamameshi*. 3 abrev do jogo 五目並べ *gomokunarabe*.
gōmon 拷問 *s* tortura.
gomottomo 御尤も *adv* sem dúvida; certamente; tem razão. ご意見は～です *goiken wa*～*desu*: a sua opinião está correta.
gomu ゴム (*hol gom*) *s* borracha.
gomuhimo(ito) ゴム紐[糸] *s* fio elástico.
gomuri gomottomo 御無理御尤も *expr* aquiescer sempre; concordar sempre. ～と頭を下げる ～*to*

atama o sageru: baixar a cabeça concordando sempre.
gomuwa ゴム輪 *s* **1** elástico. **2** pneu de borracha para bicicletas.
gomuzoko ゴム底 *s* sola de borracha. ～靴 ～*gutsu*: sapato com sola de borracha.
gonan 御難 *s pop* calamidade; infortúnio.
goneru ごねる *v pop* insistir por teimosia; teimar; reclamar.
gonge 権化 *s* encarnação; personificação.
gongodōdan 言語道断 ～*na*, *adj*: abominável; inqualificável; inconcebível.
gongyō 勤行 *s Bud* serviço religioso.
gonin 誤認 *s* engano; concepção errônea; juízo falso.
goningumi 五人組 *s* **1** unidade constituída por cinco famílias vizinhas durante o xogunato Tokugawa. **2** grupo formado por cinco pessoas; quinteto.
gōnō 豪農 *s* lavrador rico.
gōon 轟音 *s* ruído ensurdecedor.
goraku 娯楽 *s* entretenimento; lazer; diversão; recreação; distração.
goran 御覧 *s* colocar à disposição para exame. これを～なさい *kore o* ～*nasai*: veja isto. ～に入れる ～*ni ireru*: mostrar a alguém.
gōrei 号令 *s* **1** comando, ordem. **2** voz de comando. ～をかける ～*o kakeru*: dar voz de comando, ordenar.
gōri 合理 *s* racionalidade. ～主義 ～*shugi*: racionalismo. ～的 ～*teki*: racional.
gōriki 強力 *s* **1** força poderosa, pessoa forte. **2** carregador de bagagens e guia dos alpinistas.
gōrikihan 強力犯 *s Jur* crime que configura violência.
gorimuchū 五里霧中 *s* sem noção de localização. ～である ～*de aru*, *v*: estar perdido, estar desorientado (desnorteado).
gorin 五輪 *s* **1** jogos olímpicos, olimpíada. **2** os cinco elementos que compõem a matéria [budismo esotérico].
gorioshi ごり押し *s pop* ato de forçar, a todo custo, a aprovação da própria ideia, projeto etc.; "rolo compressor".
goriyaku 御利益 *s* **1** graça divina, favor dos deuses. **2** efeito, eficácia.
goro 語呂 *s* combinação dos sons (pronúncia), harmonia sonora. ～が良い（悪い） ～*ga yoi* (*warui*): ser eufônico (cacofônico). ～を合わせる ～*o awaseru*: fazer trocadilhos.
-goro -頃 *suf* [temporal] por volta de, lá pelos, em torno de.
gorogoro ごろごろ *onom* **1** ruidosamente [som de trovão ou sons semelhantes]. **2** som de algo pesado rolando. **3** aspecto de pedras espalhadas. **4** aspecto de uma pessoa ociosa. **5** em grande quantidade. おなかが～鳴る *onaka ga* ～*naru*: a barriga ronca. 頭のいい人が～いる *atama no ii hito ga* ～*iru*: está cheio de pessoas inteligentes.
goroku 語録 *s* analecto, antologia, coletânea de ditos de grandes mestres.
gorone ごろ寝 ～*suru*, *v*: dormir sem se trocar, dormir em qualquer lugar com a roupa que está usando.
gorotsuki ごろつき *s vulg* desordeiro, vadio, biltre, vagabundo.

gorotsuku ごろつく *v vulg* vagar, vadiar, viver ocioso.
gorufu ゴルフ (*ingl golf*) *s* golfe.
gōruin ゴールイン (*ingl goal in*) *s* chegada, fim [numa corrida]. ～する ～*suru*, *v*: a) completar a corrida. b) alcançar o objetivo.
goryō 御陵 *s* sepultura (túmulo, mausoléu) imperial.
gōryū 合流 *s* **1** confluência, encontro. **2** convergência, união [grupos, partidos].
gosa 誤差 *s Mat* margem de erro, desvio, erro.
gosai 後妻 *s* segunda esposa (após a morte ou separação da primeira).
gosan 午餐 *s* almoço. ～会 ～*kai*: almoço social.
gosan 誤算 *s* cálculo errado, erro de cálculo.
gosei 語勢 *s* tom de voz. 強い～ *tsuyoi*～: tom de voz enfático.
gosei 悟性 *s Psicol* e *Filos* intelecto, sabedoria, ciência, entendimento.
gōsei 合成 *s Fis* composição. *Quím* síntese. ～物 ～*butsu*: produtos sintéticos. ～肥料 ～*hiryō*: fertilizante composto.
gōsei 強請 *s* extorsão, chantagem.
gōsei 豪勢 *s pop* **1** pompa, suntuosidade, luxo. **2** grande força, vitalidade, abundante energia.
gosen 互選 *s* eleição pelos próprios membros. 議長を～する *gichō o* ～*suru*: os próprios participantes escolhem entre eles o presidente da mesa.
gōsetsu 豪雪 *s* grande nevada, grande precipitação de neve.
gōsha 豪奢 *s* suntuosidade, extravagância, luxo.
goshi 五指 *s* os cinco dedos para contagem. ～に余る ～*ni amaru*: ser superior a cinco.
-goshi -越し *suf* **1** através de, por entre, por cima de. 垣根～に見る *kakine*～*ni miru*: olhar por cima da cerca. **2** ao longo de [tempo], por período de. 八年～の病 *hachinen*～*no yamai*: doença que perdura oito anos.
gōshi 合祀 ～ *suru*, *v*: cultuar dois ou mais deuses (espíritos) num único templo.
gōshi 合資 *s* sociedade [empresas].
goshigoshi ごしごし *adv* [esfregar] vigorosamente. ～洗う ～*arau*: lavar esfregando com força.
goshiki 五色 *s* as cinco cores principais [azul, amarelo, vermelho, preto, branco]; cinco cores diferentes.
goshikku ゴシック (*ingl gothic*) *s* gótico. ～風 ～*fu*: estilo gótico. ～体 ～*tai*: letra gótica.
goshin 護身 *s* autodefesa. ～術 ～*jutsu*: arte (técnicas) de autodefesa.
goshin 誤診 *s Med* diagnóstico equivocado, erro de diagnóstico.
goshin 誤審 *s* **1** erro de arbitragem. **2** *Dir* erro judiciário, erro de julgamento.
goshintai 御神体 *s* imagem (estátua, símbolo) sagrada, objeto de culto.
goshinzō 御新造 *s* sua esposa [forma respeitosa].
goshō 後生 *s Bud* **1** vida após a morte, vida além da morte. **2** ato de acumular virtudes para ser feliz na outra vida. **3** ～だから ～*dakara*: pelo amor de Deus [para pedir um favor].
gōshō 豪商 *s* mercador rico, comerciante poderoso, magnata do comércio.
goshō daiji ni 御生大事に *expr* com todo o empenho, religiosamente, com total devoção.

goshoku 誤植 *s* erro de impressão, erro tipográfico.
goshuin 御朱印 *s Hist* carta de autorização emitida por xógum. 〜船 〜*sen*: navio mercante com autorização de xógum.
goshukyōgi 五種競技 *s* pentatlo, cinco modalidades de competição.
gosō 護送 *s* escolta, proteção.
gōsō 豪壮 *s* esplendor, magnificência, grandeza. 〜な邸宅 〜*na teitaku*: palacete luxuoso.
gosogoso ごそごそ *adv* aos arrastos, provocando sons de atritos. 〜這い回る 〜*haimawaru*: engatinhar arrastando-se pelos arredores. 〜捜す 〜*sagasu*: procurar [por algo] revirando os objetos.
gossori ごっそり *adv pop* tudo, totalmente, completamente, em grande quantidade. 〜盗む 〜*nusumu*: roubar tudo. 〜儲ける 〜 *mōkeru*: lucrar muito de uma só vez.
gosū 語数 *s* quantidade (número) de palavras.
gosui 午睡 *s* sesta, cochilo da tarde.
gosuru 伍する *v* fazer parte de, entrar no rol de, atingir o mesmo nível de, igualar-se a.
gōsuru 号する *v* 1 chamar, denominar, dar o nome de. 2 declarar, anunciar. 3 fanfarronar, contar vantagem.
gotabun 御多分 *s pop* grande maioria. 〜にもれず 〜 *ni morezu*: como a grande maioria.
gotagota ごたごた *s* 1 desordem, problema, complicação, dificuldade. 2 desentendimento, rixa, briga.
gotai 五体 *s* corpo inteiro. 〜満足 〜*manzoku*: corpo sadio.
gōtai 剛体 *s Fís* corpo rígido.
gotaisō 御大層 〜*na*, *adj*: exorbitante, exagerado, extravagante.
gotaku 御託 *s pop* falatório repetitivo, ladainha, lenga-lenga.
gotakusen 御託宣 *s* 1 oráculo, revelação divina. 2 *V* **gotaku** 御託.
gotamaze ごた混ぜ *s pop* mixórdia, miscelânea, confusão, balbúrdia.
gōtan 豪胆 *s* coragem, destemor, intrepidez, audácia, ousadia.
gotcha ごっちゃ *s pop* confusão, mistura, mixórdia. 〜混ぜ 〜*maze*: *V* **gotamaze** ごた混ぜ.
gote 後手 *s* o ato de ficar na defensiva, perder a oportunidade de atacar primeiro. 〜になる 〜*ni naru*: ficar para trás, deixar-se ultrapassar.
gotegote ごてごて *adv pop* 1 excessivamente [pintura, adornos, enfeites]. 2 de modo lenga-lenga.
goten 御殿 *s* palácio, palacete, mansão.
gōtō 強盗 *s* 1 assalto, roubo. 2 assaltante, ladrão.
gotoki 如き *partícula aux* (*adj*) como, comparável a. 彼の〜天才 *kare no* 〜 *tensai*: um gênio feito ele.
gotoku 如く *partícula aux* (*adv*) como, semelhante a, tal qual. 春の〜暖かい *haru no* 〜 *atatakai*: tépido como a primavera.
-goto ni -毎に *suf* todo, cada, cada vez que. 十年〜増加する *jūnen*〜 *zōka suru*: aumenta a cada 10 anos.
gotsugō 御都合 *s* sua conveniência. 〜主義 〜*shugi*: oportunismo.
gotsugotsu ごつごつ *mim* 〜した 〜*shita*, *adj*: áspero; duro, que tem saliências, anguloso; rude, tosco.

gotsun to ごつんと *adv* com uma batida (pancada, golpe) [com algo duro]. 頭を壁に〜ぶつけた *atama o kabe ni* 〜*butsuketa*: bateu a cabeça na parede.
gotta ごった *s pop* 〜返し 〜*gaeshi*: confusão, desordem, tumulto.
gottagaesu ごった返す *v* estar em confusão (desordem, agitação), estar em tumulto.
gōu 豪雨 *s* chuva torrencial, aguaceiro.
gouchi 碁打ち *s* 1 jogo (partida) de *go*. 2 jogador profissional de *go*, hábil jogador de *go*.
goyaku 誤訳 *s* erro de tradução, tradução errada.
goyō 誤用 *s* uso errado, uso inapropriado, mau uso.
goyō 御用 *s* 1 seu assunto [a tratar]. 何の〜ですか *nan no* 〜*desu ka*: o que deseja? 2 serviços públicos, missões oficiais. 3 encomenda, pedido, solicitação. 4 retenção, prisão.
goyōkiki 御用聞き *s* 1 comerciante que entrega encomendas em domicílio. 2 inspetor, homem da lei.
gōyoku 強欲 *s* avareza, avidez, voracidade, cobiça, ganância.
gōyū 豪遊 *s* diversões extravagantes, pândega, estroinice.
gōyū 豪[剛]勇 *s* bravura, coragem, valentia.
goza 茣蓙 *s* esteira com franjas.
gōzai 合剤 *s* medicamento composto, complexo.
gozaru 御座る *v* 1 [forma respeitosa de 居る *iru*, 在る *aru*, 来る *kuru*] estar, haver, vir. 2 apaixonar-se. 3 deteriorar, apodrecer.
gozen 午前 *s* período da manhã, período entre meia-noite e meio-dia. 〜五時 〜*goji*: cinco horas da manhã.
gozen 御前 *s* 1 diante do imperador, diante de personalidade da nobreza. 2 Sua Alteza.
gōzen 傲然 *adj* 〜たる 〜*taru*: orgulhoso, soberbo, arrogante, altivo, ufano.
gōzen 轟然 *adj* 〜たる 〜*taru*: estrondoso, ruidoso, atroador.
gozō 五臓 *s* 1 os cinco órgãos internos [coração, pulmão, fígado, rim, baço]. 2 organismo.
gozoku 語族 *s Ling* grupo linguístico, família de línguas. インド・ヨーロッパ〜 *indo-yōroppa*〜: língua indo-europeia.
gozonji 御存じ *s* 1 seu conhecimento. 〜のとおり 〜*no tōri*: como é do seu conhecimento. 2 conhecido, pessoa conhecida.
gozume 後詰め *s arc* 1 retaguarda. 2 tropa que ataca os inimigos por trás.
gu 具 *s* 1 equipamento, instrumento. 2 meio. 3 detalhes, pormenores. 4 ingredientes.
gu 愚 *s* 1 insensatez, asneira, desatino, estupidez. 2 [forma modesta de se referir a si mesmo e a coisas relacionadas a si].
guai 具[工]合 *s* 1 funcionamento, estado, condição. 体の〜 *karada no*〜: estado de saúde. 2 jeito, modo [de executar uma tarefa]. 3 conveniência, aparência, andamento.
gubi 具備 *s* 〜*suru*, *v*: munir-se, preparar-se suficientemente, dotar-se, equipar-se. 条件を〜した書類 *jōken o* 〜*shita shorui*: documentos que atendem às condições.
gubutsu 愚物 *s* bobo, tolo, néscio, parvo, imbecil.
guchi 愚痴 *s* 1 tolice, insensatez. 2 lamentação, queixa, resmungo.

guchin 具陳 s relato pormenorizado, declaração detalhada.
guchippoi 愚痴っぽい adj resmungão, queixoso, lamuriante.
guchoku 愚直 s honestidade excessiva, franqueza desmedida.
gudenguden ぐでんぐでん mim 〜に酔う 〜ni you: embebedar-se completamente, ficar bêbado.
gudon 愚鈍 s estupidez, tolice, burrice, imbecilidade.
gūgen 寓言 s fábula, alegoria; parábola.
gūgū ぐうぐう adv 1 aos roncos [dormir]; profundamente. 〜寝る 〜neru: dormir aos roncos, dormir profundamente. 2 [o roncar da barriga quando se está com fome]. 腹が〜鳴った hara ga〜natta: o estômago roncou.
gūhatsu 偶発 s casualidade, ocorrência acidental. 〜的な事件 〜teki na jiken: caso acidental, incidente.
gūi 寓意 s moral [da história], significado implícito.
guigui ぐいぐい adv 1 [empurrar ou puxar] com força. 2 [agir] com disposição e vigor. 3 [beber] em goles, sem parar.
guinomi ぐい飲み s ato de beber num só gole (beber de uma só vez).
gui to ぐいと, **guitto** ぐいっと adv 1 [beber] num só gole, de uma só vez. 2 [empurrar] de uma só vez, com força.
gūji 宮司 s sacerdote superior [de um templo xintoísta].
guken 愚見 s meu humilde ponto de vista (opinião).
gukō 愚行 s ato tolo (insensato), parvoíce, asneira.
gūkyo 寓居 s 1 residência provisória, morada temporária. 2 minha simples (humilde) moradia.
gumai 愚昧 s estupidez, asneira, insensatez, idiotice, ignorância.
-gumi -組 suf grupo, turma, equipe; gangue, companhia [empresa]. 二人〜 futari〜: dupla. 赤〜 aka〜: equipe vermelha.
gumon 愚問 s 1 pergunta idiota (boba), questão (dúvida) tola. 2 minha humilde pergunta.
gun 軍 s 1 exército; forças armadas; tropa. 2 luta, batalha, guerra. 3 time, equipe.
gun 郡 s município.
gun 群 s grupo, bando, multidão, grande número de pessoas (aves, animais). 〜を抜く 〜o nuku: ser superior aos demais, destacar-se.
gunba 軍馬 s cavalo do exército, cavalo de guerra.
gunbai 軍配 s 1 tática, estratégia. 2 comando, ordem. 3 forma abreviada de 軍配団扇 gunbai uchiwa: a) instrumento (leque) usado pelo comandante da batalha. b) instrumento (leque) usado pelo árbitro de sumô.
gunbi 軍備 1 armamentos, instrumentos bélicos, instalações bélicas. 2 preparativos bélicos, preparativos para a guerra.
gunbu 軍部 s exército; militares; autoridades militares.
gundan 軍団 s corpo de exército, corporação, legião.
gun'ei 軍営 s acampamento do exército.
gungaku 軍楽 s música militar (marcial). 〜隊 〜tai: banda militar.
gungun ぐんぐん adv cada vez mais, rapidamente, a olhos vistos, de forma crescente. 〜背が伸びる 〜se ga nobiru: crescer [a estatura] a olhos vistos. 〜上達する 〜jōtatsu suru: progredir rapidamente.
gun'i 軍医 s médico do exército (das forças armadas).
gunji 軍事 s assuntos militares, questões relacionadas às forças armadas. 〜行動 〜kōdō: ação militar.
gunjikyōren 軍事教練 s treinamento militar junto às escolas.
gunjin 軍人 s militar, soldado.
gunjisaiban 軍事裁判 s corte marcial, julgamento militar. 〜所 〜sho: tribunal militar.
gunjō 群青 s azul ultramarino, cor ultramar.
gunju 軍需 s demanda de material bélico (provisões do exército), provisões e materiais bélicos. 〜産業 〜sangyō: indústria de armamentos e provisões militares.
gunka 軍靴 s calçados para militares, botas para exército.
gunka 軍歌 s canções de guerra, canções marciais (militares).
gunkan 軍艦 s navio de guerra, embarcação militar, couraçado de batalha.
gunkanku 軍管区 s distrito militar.
gunki 軍紀 s disciplina militar, ética (moral) militar.
gunki 軍旗 s estandarte, bandeira da tropa.
gunkō 軍港 s porto para navios de guerra, estação naval militar.
gunkoku 軍国 s 1 nação em guerra. 2 nação militar.
gunkokushugi 軍国主義 s militarismo.
gunkyo 群居 s grei, agregação, aglomeração, agrupamento. 海辺に〜する生物 umibe ni〜suru seibutsu: seres que vivem aglomerados na beira-mar.
gunkyosei 群居性 s gregarismo.
gunmu 軍務 s dever militar, trabalho (serviço) militar.
gū no ne ぐうの音 expr pop 〜も出ない 〜mo denai: ficar sem resposta, ficar totalmente calado, ficar sem argumento, silenciar completamente.
gunpi 軍費 s 1 gastos militares, despesas das forças armadas. 2 custo (gastos) de uma guerra (batalha).
gunpōkaigi 軍法会議 s corte marcial, tribunal militar.
gunpuku 軍服 s farda, uniforme militar.
gunrei 軍令 s 1 ordem (comando) militar. 2 regulamento militar.
gunryaku 軍略 s estratégia, tática, planos estratégicos.
gunsei 軍制 s sistema militar, organização militar.
gunsei 軍政 s governo (administração) militar.
gunsei 群棲 s Zool gregarismo, vida gregária.
gunseki 軍籍 s registro das forças armadas, registro de soldados.
gunshikin 軍資金 s 1 fundos para atividades marciais, fundos para a guerra. 2 fundos para execução de um plano.
gunshirei(kan) 軍司令(官) s comando (comandante) das forças armadas.
gunshō 群小 s 1 um grande número de coisas miúdas. 2 os pequenos, os vulgares, os medíocres. 〜作家 〜sakka: os escritores medíocres.
gunshoku 軍職 s profissão de oficial (militar), carreira militar.
gunshū 群集 s 1 multidão, aglomerado. 2 Ecol comunidade.
gunshū 群衆 s multidão, aglomeração de pessoas.

gunshuku 軍縮 *s* forma abreviada de 軍備縮小 *gunbi shukushō*: redução dos armamentos.
gunsō 軍曹 *s* sargento.
gunsō 軍装 *s* 1 farda de combate. 2 equipamento de combate.
guntai 軍隊 *s* tropa, (corpo de) exército, forças armadas.
guntō 軍刀 *s* espada militar, sabre.
guntō 群島 *s* arquipélago.
gun'yō 軍用 *s* ~の ~*no*, *adj*: para uso das forças armadas. ~金 ~*kin*: verbas militares.
gun'yū 群雄 *s* numerosos heróis, líderes rivais.
gunzei 軍勢 *s* 1 grupo de soldados, tropa, força. 2 número de soldados.
gunzō 群像 *s Bel-art* representação de um grupo de pessoas sob um único tema; "o grupo".
gunzoku 軍属 *s* civil a serviço do exército, membros civis do exército.
gurabia(ban) グラビア(版) (*ingl gravure*) *s* 1 fotogravura. 2 materiais produzidos com fotogravura, páginas (de revistas) ilustradas com fotos.
guragura ぐらぐら *adv* 1 aos balanços, de forma instável. ~*suru*, *v*: balançar, não se firmar, estar instável. 2 ~煮えたつ ~*nietatsu*: levantar fervura.
guramu グラム (*ingl gramme*; *gram*) *s* grama [peso].
guratsuku ぐらつく *v* 1 balançar, cambalear, abalar. 2 vacilar, tornar-se instável.
gurentai 愚連隊 *s pop* gangue (grupo) de jovens transviados, quadrilha de vadios.
gureru ぐれる *v pop* 1 transviar-se, desregrar-se, tornar-se mal. 2 desviar, dar errado.
guretsu 愚劣 *s* estupidez, burrice, parvoíce, insensatez.
guriguri ぐりぐり *s* 1 protuberância sob a pele, íngua. 2 o rolar de uma esfera sob pressão.
gurō 愚弄 *s* zombaria, mofa, escárnio, menosprezo.
guron 愚論 *s* 1 opinião estúpida, ponto de vista desprezível, argumento tolo. 2 minha humilde opinião.
guru ぐる *s pop* cúmplice, conluiado, conspirador.
guruguru ぐるぐる *adv* dando voltas, aos giros. ~回る ~ *mawaru*: dar voltas e mais voltas. 縄で~縛る *nawa de*~*shibaru*: amarrar dando várias voltas com a corda.
-gurumi -ぐるみ *suf* incluindo, inclusive, envolvendo todo o. 家族~で旅行した *kazoku*~*de ryokō shita*: viajou com a família toda.
gurūpu グループ (*ingl group*) *s* grupo, turma. ~サウンズ ~*saunzu*: grupo musical. ~学習 ~ *gakushū*: estudos em grupo.
gururi ぐるり *s dial* arredores, redondeza, redor, cercanias.
gururi to ぐるりと *adv* 1 por toda a volta, pelos arredores. 2 dando voltas, girando. 腕を~回す *ude o* ~*mawasu*: girar o braço. ~と囲まれる ~ *kakomareru*: ficar totalmente cercado.
gusaku 愚策 *s* plano mal traçado, passo estúpido, estratégia imprudente, medida imatura.
gusari to ぐさりと *adv* ~刺す ~*sasu*: espetar, fincar, trespassar; ferir, machucar.
gusetsu 愚説 *s* 1 opinião disparatada (estúpida, tola). 2 minha humilde opinião.

gusha 愚者 *s* pessoa tola, simplório, bobo, idiota.
gushin 具申 *s* exposição de ideias (opiniões) aos superiores, relatório.
gushō 具象 *s* o dar (tomar) forma; incorporação, personificação, corporificação.
gussuri ぐっすり *adv* [dormir] profundamente ("como uma pedra").
gūsū 偶数 *s* número par.
gūsuru 遇する *v* 1 tratar. 2 receber [pessoas], servir, recepcionar.
gutai 具体 *s* concreção. ~案 ~*an*: plano concreto. ~的 ~*teki*: concretamente.
gutaika 具体化 *s* concretização, materialização, o ato de tomar forma.
gūtara ぐうたら *s vulg* pessoa preguiçosa, ocioso, vadio.
guttari ぐったり *mim* 熱で~する *netsu de*~*suru*: ficar extenuado (lânguido, sem forças, abatido) devido a febre.
gutto ぐっと *adv* 1 com força, de uma só vez, bruscamente. 2 num só trago. 3 notavelmente, consideravelmente. ~飲み乾す ~*nomihosu*: sorver tudo num trago só. 値段が~上がった *nedan ga* ~*agatta*: o preço subiu consideravelmente.
gūwa 寓話 *s* fábula, apólogo, parábola, contos com fundo moral.
gūyūsei 偶有性 *s* [em lógica e filosofia] casualidade.
gūzen 偶然 *s* acaso, casualidade, fortuitidade, eventualidade.
gūzō 偶像 *s* 1 imagem, estátua. 2 objeto de culto, objeto de idolatria. 3 mito, autoridade tradicional.
guzu 愚図 *s* pessoa indecisa, de atitudes lentas; pessoa vagarosa, molenga.
guzuguzu 愚図愚図 *adv* 1 em desordem. 2 indecisamente, vagarosamente. 3 queixoso. ~するな ~*suru na*: não fique perdendo tempo.
guzuru 愚図る *v pop* 1 demorar, perder tempo. 2 queixar-se, fazer birra, reclamar.
gyakkō 逆行 *s* retrogressão, retrocesso, retrogradação; movimento contrário.
gyakkōka 逆効果 *s* efeito contrário, reação adversa, resultado oposto.
gyakkōsu 逆コース *s* curso oposto, direção contrária; movimento reverso.
gyakkyō 逆境 *s* adversidade, situação adversa, circunstância desfavorável.
gyaku 逆 *s* oposto, contrário, inverso. ~に ~*ni*: pelo contrário, por outro lado; para o lado oposto.
gyakufū 逆風 *s* vento desfavorável, vento contrário.
gyakujō 逆上 *s* ~*suru*, *v*: [encolerizado] perder o autocontrole, ficar fora de si, alterar-se emocionalmente.
gyakukaiten 逆回転 *s* giro em direção oposta, giro ao contrário.
gyak(u)kōka 逆効果 *s V* **gyakkōka** 逆効果.
gyak(u)kōsu 逆コース *s V* **gyakkōsu** 逆コース.
gyakumodori 逆戻り *s* reversão, retrocesso. ~*suru*, *v*: voltar atrás, dar meia-volta.
gyakuryū 逆流 *s* fluxo em direção contrária, refluxo, contracorrente.
gyakusan 逆算 *s* operação inversa, cálculo inverso.
gyakusatsu 虐殺 *s* massacre, matança, carnificina.

gyakusayō 逆作用 s reação (efeito) adversa, reação (efeito) contrária.
gyakusei 虐政 s governo opressor, tirania, despotismo.
gyakusenden 逆宣伝 s contrapropaganda.
gyakusetsu 逆説 s Lóg paradoxo.
gyakushū 逆襲 s contraofensiva, contra-ataque.
gyakusū 逆数 s Mat número recíproco, número inverso. 5の〜は1/5 go no 〜wa gobun no ichi: o número inverso de 5 é 1/5.
gyakutai 虐待 s maus-tratos, tratamento cruel, sevícias.
gyakute 逆手 s 1 golpe de judô [que força a articulação óssea do adversário em direção oposta]. 2 o ato de segurar com a mão na posição oposta à convencional. 3 agir de forma oposta à convencional.
gyakuten 逆転 s 1 reversão, o ato de girar em direção oposta. 2 virada, reviravolta.
gyakutokeimawari 逆時計廻り s giro (rotação) no sentido anti-horário.
gyakuun 逆運 s azar, falta de sorte.
gyakuyō 逆用 s uso contrário ao objetivo inicial. 相手の宣伝を〜する aite no senden o 〜suru: usar a propaganda do adversário contra o próprio adversário.
gyappu ギャップ (ingl gap) s discrepância, diferença, divergência; distância, lacuna.
gyō¹ 行 s linha; verso [de poesia]. 一〜目 ichi〜me: primeira linha.
gyō² 行 s exercício espiritual, ascese; práticas rigorosas.
gyō 業 s 1 atividade. 2 meio de vida, trabalho, profissão. 事〜 ji〜: empreendimento. 産〜san〜: indústria.
gyofu 漁夫 s pescador.
gyōgi 行儀 s 1 boas maneiras, comportamento adequado, bons modos. 2 cerimônias e rituais na prática e treinamento do budismo.
gyogu 漁具 s materiais para pesca, apetrechos (instrumento) do pescador.
gyogun 魚群 s cardume.
gyogyō 漁業 s atividade pesqueira, indústria pesqueira, pesca.
gyōgyōshii 仰々しい adj exagerado, grandioso, ostentoso, grandiloquente, pomposo, aparatoso.
gyoi 御意 s [demonstrando muito respeito]. 1 vossa vontade (desejo, intenção). 2 vossa ordem, vossa orientação.
gyōja 行者 s asceta budista, pessoa em treinamento espiritual.
gyoji 御璽 s selo (carimbo, sinete, chancela) imperial.
gyōji 行司 s Sumô juiz, árbitro.
gyōji 行事 s 1 atividade ordinária. 年中〜 nenchū〜: atividade anual. 2 fato de responsabilizar-se pela realização de uma atividade; encarregado da realização de um evento. 3 atividade, evento, realização, acontecimento.
gyojō 漁場 s 1 local apropriado para pesca, área piscosa. 2 zona pesqueira.
gyōjō 行状 s conduta, ato, comportamento.
gyokai 魚介 s peixes e moluscos (mariscos). 〜類に富む 〜rui ni tomu: ser rico em frutos do mar.

gyōkai 業界 s mundo (campo, meio) dos negócios; indústria. 〜紙 〜shi: jornal (informativo) do comércio (da indústria, dos negócios).
gyokaku 漁獲 s pesca, captura. 〜が多い 〜ga ōi: pescar em grande quantidade.
gyōkaku 仰角 s elevação, ângulo de elevação. 大砲の〜 taihō no 〜: ângulo de elevação do canhão.
gyōkei 行啓 s saída, visita [de um membro da família imperial].
gyōketsu 凝血 s 1 coagulação sanguínea. 2 sangue coagulado. 〜suru, v: coagular.
gyōketsu 凝結 s endurecimento, solidificação, congelamento; coagulação [de sangue]; coalhadura [de leite]. 〜剤 〜zai: coagulante.
gyoki 漁期 s estação (época, temporada) de pesca.
gyokō 漁港 s porto pesqueiro.
gyokō 僥倖 s sorte inesperada, boa sorte, a grande oportunidade.
gyōkō 行幸 s saída (visita) do imperador.
gyoku 玉 s 1 pedra preciosa, joia. 2 algo muito importante, algo belíssimo. 3 fatos referentes ao imperador. 〜座 〜za: trono imperial.
gyoku 漁区 s área (zona) liberada para pesca, área de pesca.
gyokuro 玉露 s chá verde fino, chá verde de alta qualidade.
gyokusai 玉砕 s morte honrosa, morte heroica.
gyokuseki 玉石 s pedra preciosa e pedregulho, gema e pedra; objeto de valor e objeto insignificante.
gyomei 御名 s nome do imperador, assinatura do imperador.
gyomin 漁民 s pescadores, povo pescador. 〜組合 〜kumiai: cooperativa dos pescadores.
gyomō 魚網 s rede de pesca.
gyōmu 業務 s trabalho, operação, expediente. 〜管理 〜kanri: gerenciamento. 〜上過失〜 〜jō kashitsu: negligência profissional.
gyōmuyō 業務用 s fins profissionais, uso comercial. 〜品 〜hin: objeto para uso comercial.
gyōnen 行年 s idade com que faleceu. 〜八十歳だった 〜hachijissai datta: faleceu aos 80 anos.
gyoniku 魚肉 s 1 peixe, carne de peixe, peixe para fins comestíveis. 2 peixe e carne.
gyōretsu 行列 s 1 fila, fileira. 2 desfile, procissão, parada. 3 Mat matriz.
gyorō 漁撈 s pesca, atividade pesqueira.
gyorogyoro ぎょろぎょろ mim [olhos] bem abertos e brilhantes, [olhos] arregalados. 目を〜させて見る me o 〜sasete miru: olhar com os olhos arregalados.
gyorori ぎょろり mim 〜と 〜to: adv de olhos arregalados, com um lance de olhar amedrontador. 〜と睨んだ 〜to niranda: lançou um olhar fulminante.
gyorui 魚類 s peixes, espécies de peixes.
gyōsan 仰山 s dial quantidade enorme (exorbitante), volume muito grande. 〜na, adj: exagerado.
gyōsei 行政 s administração. 〜改革 〜kaikaku: reforma administrativa. 〜権 〜ken: poder executivo. 〜機関 〜kikan: órgão administrativo. 〜法 〜hō: direito administrativo.
gyōseikikō [soshiki] 行政機構 [組織] s organização administrativa, estrutura administrativa.
gyōseiseiri 行政整理 s ajuste (reorganização, reestruturação, racionalização) administrativo.

gyōseki 業績 *s* realização, feito, trabalho realizado, resultado do trabalho.
gyosen 漁船 *s* navio (barco) de pesca, navio (barco) pesqueiro.
gyosha 馭者 *s* cocheiro, boleeiro, condutor de carruagem.
gyōsha 業者 *s* negociante, comerciante, empresário, mercador.
gyōshi 凝視 *s* olhar fixo, fixação. ～*suru*, *v*: olhar fixamente, fitar.
gyōshō 行商 *s* comércio ambulante, comércio itinerante, atividade de bufarinheiro (mascate). ～人 ～*nin*: mercador itinerante.
gyoshoku 魚食 *s* alimentação baseada em peixes, o ato de alimentar-se de peixes, ictiofagia.
gyoshoku 漁色 *s* devassidão, libertinagem, luxúria, lascívia.
gyōshu 業種 *s* ramo de atividades (comércio, indústria), tipo de trabalho.
gyōshū 凝集 *s* coesão, condensação, aglutinação.
gyōshuku 凝縮 *s* condensação. ～器 ～*ki*: [aparelho] condensador.
gyōsō 形相 *s* aspecto, expressão, fisionomia [que expressa sentimentos fortes como a ira]. 憤怒の～ *funnu no*～: rosto irado.
gyoson 漁村 *s* vila de pescadores, vilarejo à beira-mar.
gyosuru 御する *v* controlar, manipular, manejar, governar, dirigir. 御しにくい馬 *gyoshinikui uma*: cavalo difícil de domar.
gyōten suru 仰天する *v* ficar atônito (pasmado, assombrado, admirado, espantado, estupefato).
gyotto ぎょっと *adv* ～*suru*, *v*: sobressaltar-se, espantar-se, assustar-se.
gyōza 餃子 *s Cul* massa fina recheada com carne moída e verduras.
gyōzui 行水 *s* **1** banho para purificação [antes de cerimônias religiosas]. **2** banho de tina (bacia). 烏の～ *karasu no* ～: banho rápido.
gyū 牛 *s pop* bovino, carne bovina.
gyūba 牛馬 *s* cavalos e bois, animais de carga.
gyūgyū ぎゅうぎゅう *onom* e *mim* rangido, chiado. ～なる ～*naru*: ranger, chiar. ～詰め込む ～*tsumekomu*: enfiar (meter) com força.
gyūhi 牛皮 *s* couro bovino, couro de boi (vaca).
gyūho 牛歩 *s* modo de andar lento, à maneira dos bovinos; lentidão no andamento das atividades. ～戦術 ～*senjutsu*: estratégia de atrasar a votação no Congresso.
gyūjiru 牛耳る *v* controlar, dominar. 会社を～ *kaisha o* ～: controlar a empresa.
gyūniku 牛肉 *s* carne bovina.
gyūnyū 牛乳 *s* leite de vaca.
gyusha 牛舎 *s* estábulo.
gyutto ぎゅっと *adv* [apertar] com força. ～絞る ～*shiboru*: torcer com força. ～抱きしめる ～*dakishimeru*: dar um abraço apertado.

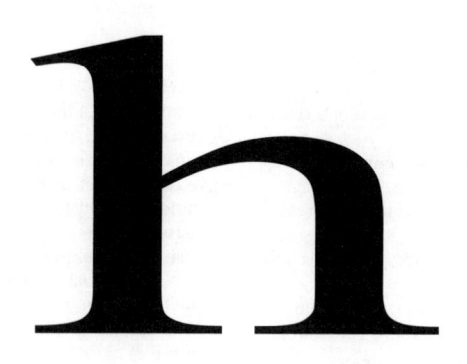

h

ha 刃 *s* fio, gume.
ha 羽 *s* **1** pena, pluma. **2** asa(s).
ha 派 *s* grupo, facção, partido, escola, seita.
ha 葉 *s* folha, folhagem.
ha 歯 *s* dente. ～が浮く ～*ga uku*: a) ter dente frouxo. b) causar arrepios. ～が立たない ～*ga tatanai*: estar além da capacidade. ～を食い縛る ～*o kuishibaru*: cerrar os dentes. ～に衣を着せない ～*ni kinu o kisenai*: falar francamente. ～の抜けたような ～*no nuketa yō na*: como se faltasse algo. ～の根が合わない ～*no ne ga awanai*: ranger os dentes de medo.
ha 覇 *s* supremacia, liderança, dominação, hegemonia.
ha は, **hā** はあ *interj* **1** sim, de fato, realmente, bem. **2** como? o que você disse?
haaku 把握 *s* compreensão. ～*suru, v*: compreender.
haba 幅・巾 *s* **1** largura, extensão, amplitude. **2** liberdade, latitude, largueza. **3** margem, diferença (de preço). ～が利く ～*ga kiku*: ser influente dentro de um grupo. ～を利かせる ～*o kikaseru*: mostrar influência (autoridade).
habakari 憚り *s* **1** hesitação, escrúpulo, reserva. **2** banheiro.
habakarinagara 憚りながら *adv* escrupulosamente, com reserva.
habakaru 憚る *v* **1** hesitar, ter escrúpulo, recear. **2** mostrar autoridade.
habamu 阻む *v* deter, parar, impedir, obstruir, bloquear.
habataki 羽搏き *s* batida de asas.
habatobi 幅跳び *s* salto em distância.
habatsu 派閥 *s* facção.
habikoru 蔓る *v* **1** alastrar-se; espalhar-se, esparramar-se. **2** crescer. **3** ser dominante, ganhar em poder.
habuku 省く *v* **1** omitir, excluir, dispensar. **2** poupar, economizar, reduzir.
haburashi 歯ブラシ *s* escova dental.
haburi 羽振り *s* poder, influência.
hachi 八 *s* oito.
hachi 蜂 *Entom* abelha.
hachi 鉢 *s* **1** tigela, bacia. **2** vaso de plantas. **3** crânio. ～植え ～*ue*: planta de vaso, planta para ser cultivada dentro de casa.
hachikireru はち切れる *v* estourar, explodir, rebentar [por estar muito cheio].

hachiku no ikioi 破竹の勢い *expr* vigor (força) irresistível; aumento progressivo de força.
hachimaki 鉢巻 *s* faixa usada na testa, testeira.
hachimitsu 蜂蜜 *s* mel de abelha.
hachi no su 蜂の巣 *s* favo; colmeia.
hachiue 鉢植え *s* planta de vaso [para ser cultivada dentro de casa].
hachō 波長 *s* comprimento de onda.
hachūrui 爬虫類 *s* réptil.
hada 肌[膚] *s* **1** pele. **2** superfície, textura. **3** temperamento. ～が合う ～*ga au*: dar-se bem com. ～で感じる ～*de kanjiru*: sentir na pele. ～を許す ～*o yurusu*: entregar-se a um homem. 荒れ～ *are*～: pele áspera. ～色 ～*iro*: a) aspecto da pele; b) cor da pele. ～寒い ～*zamui*: um pouco frio.
hadaai 肌合い *s* **1** temperamento. **2** textura [sentida no rosto].
hadagi 肌着 *s* roupa íntima.
hadaka 裸 *s* nu, nudez. ～*no, adj*: pelado, desnudo, despido. **2** exposto. **3** sem dinheiro. **4** sincero, sem fingimento. ～岩 ～*iwa*: rocha descoberta. ～線 ～*sen*: fio descoberto. ～電球 ～*denkyū*: lâmpada descoberta. ～祭り ～*matsuri*: festival de pelados. ～蝋燭 ～*rōsoku*: vela descoberta.
hadakaikkan 裸一貫 *s* sem nada, com o bolso vazio.
hadakaru はだかる *v* **1** abrir-se. **2** obstruir, impedir.
hadakauma 裸馬 *s* cavalo sem sela.
hadakeru はだける *v* desnudar, expor.
hadami 肌身 *s* pele, corpo.
hadan 破談 *s* cancelamento, dissolução, ruptura [de trato, compromisso].
hadashi 跣足 *s* pés descalços, pés desnudos.
hadazawari 肌触り *s* **1** textura, toque, sensação. **2** trato em relação às pessoas.
hadezuki 派手好き *s* gosto por cores, roupas e modas chamativas (vistosas).
hadō 波動 *s* ondulação, movimento em ondas.
hadome 歯止め *s* freio, cunha, calço.
hae 蠅 *s* mosca.
haegiwa 生え際 *s* contorno do couro cabeludo.
haenuki 生え抜き *s* **1** nativo, nascido e crescido no mesmo lugar. **2** aquele que trabalha na empresa desde sua fundação.
haeru 映[栄]える *v* **1** brilhar, reluzir. **2** sobressair-se.
hagaki 葉書 *s* cartão-postal.
hagane 鋼 *s* aço.

hagan'isshō 破顔一笑 *expr* ato de desmanchar-se em sorrisos.
hagareru 剥がれる *v* descascar, soltar-se, desprender-se.
hagata 歯形 *s* 1 marca dos dentes. 2 mordida, mordedura.
hagayui 歯痒い *adj* irritante, que faz peder a paciência.
hage 禿 *s* 1 indivíduo calvo, careca. 2 calvície.
hage 剥げ *s* marca de descolamento.
hageagaru 禿上がる *v* ficar completamente calvo.
hageatama 禿頭 *s* 1 careca, indivíduo calvo. 2 cabeça calva (careca).
hagemashi 励まし *s* encorajamento.
hagemasu 励ます *v* encorajar, animar, estimular, incitar.
hagemi 励み *s* encorajamento, incentivo, estímulo.
hagemiau 励み合う *v* encorajar (animar, estimular) um ao outro.
hagemu 励む *v* empenhar-se, esforçar-se, dedicar-se.
hageru 禿げる *v* tornar-se calvo, ficar careca.
hageru 剥げる *v* descolar, soltar-se, desbotar, descolorir-se.
hageshii 激しい *adj* violento, forte, furioso, veemente, ardente, fervoroso, intenso.
hageshiku 激しく *adv* violentamente, fortemente, furiosamente, ardentemente, fervorosamente, intensamente.
hageshisa 激しさ *s* intensidade, força, violência, fúria, fervor.
hagiawaseru 接ぎあわせる *v* remendar, colar, unir.
hagire 歯切れ *s* 1 mordida. 2 clareza na fala. ～がいい ～*ga ii*: crocante, expressar-se com clareza. ～が悪い ～*ga warui*: ser evasivo (ambíguo).
hagishiri 歯軋り *s* ranger dos dentes.
hagotae 歯応え *s* 1 resistência a mordida. 2 reação, resposta. ～がある ～*ga aru*: ser duro (difícil).
hagu 剥ぐ *v* 1 descascar, raspar. 2 despojar, roubar. 3 privar, destituir.
haguki 歯茎 *s Med* gengiva.
hagurakasu はぐらかす *v* esquivar-se, evadir-se, evitar.
haguruma 歯車 *s* roda dentada, engrenagem. ～が噛み合わない ～*ga kamiawanai*: não engrenar. ～が狂う ～*ga kuruu*: não engrenar.
haha 母 *s* 1 mãe. 2 fonte, origem.
hahakata 母方 *s* lado materno.
hahei 派兵 *s* envio de tropas.
hahen 破片 *s* pedaço, fragmento, lasca, estilhaço.
hai 灰 *s* cinza.
hai 杯・盃 *s* 1 copo, taça. ～をあげる ～*o ageru*: beber. 2 *suf* número de copos (xícaras, taças) de bebida; também para contagem de lulas, polvos, barcos.
hai 肺 *s Anat* pulmão.
hai 胚 *s Bot* e *Zool* embrião, germe.
hai はい *interj* 1 sim, certo, muito bem. 2 não (para concordar com uma pergunta negativa). 3 presente, aqui. 4 aqui está. 5 olhe, ei.
hai- 排- *pref* anti. ～日感情 ～*nichikanjō*: sentimento antinipônico.
haiben 排便 *s* defecação, evacuação.
haiboku 敗北 *s* derrota.
haibun 配分 *s* distribuição, divisão.
haibutsu 廃物 *s* lixo, material descartado.
haibyō 肺病 *s Med* doença pulmonar.
haichi 配置 *s* arranjo, disposição.
haichitenkan 配置転換 *s* redistribuição, transferência.
haichō 拝聴 *s* ～*suru*, *v*: ouvir com atenção.
haiden 拝殿 *s* oratório anteposto ao santuário principal.
haiden 配電 *s* distribuição (fornecimento) de energia elétrica.
haideru 這い出る *v* sair rastejando (engatinhando).
haidoku 拝読 *s* leitura [respeitosa]. ～*suru*, *v*: ler com gratidão (respeito).
haiei 背泳 *s* nado de costas.
haieki 廃液 *s Med* líquido efluente, líquido descartado.
haien 肺炎 *s Med* pneumonia.
haifu 配付 *s* distribuição.
haifu 配布 *s* distribuição ampla.
haigai 排外 *s* xenofobia, antiestrangeiro.
haigeki 排撃 *s* rejeição, perseguição, desaprovação.
haigo 背後 *s* 1 atrás, nas costas. 2 no fundo, por trás.
haigo 廃語 *s* palavras em desuso (obsoleto).
haigō 配合 *s* combinação, mistura, arranjo, disposição.
haigun 敗軍 *s* exército derrotado.
haigūsha 配偶者 *s* cônjuge, esposo(a).
haigyō 廃業 *s* encerramento das atividades (estabelecimento comercial, negócio), saída do ramo.
haihin 廃品 *s* artigo (material) descartado, lixo. ～回収 ～*kaishū*: coleta de material descartado.
haihon 配本 *s* distribuição de livros.
haiin 敗因 *s* causa (motivo) da derrota.
haiiro 灰色 *s* 1 (cor) cinza. 2 deprimente. 3 suspeito.
haijin 廃人 *s* inválido, incapacitado.
haijo 排除 *s* exclusão, eliminação, remoção.
haika 配下 *s* subordinado, dominado, seguidor, adepto.
haikai 俳諧 *s* série de poemas (*haiku*) que têm como tema o mundano e o cômico.
haikan 配管 *s* encanamento.
haikan 廃刊 *s* fim de publicação.
haikan 拝観 *s* visita a templo budista ou santuário xintoísta. ～者 ～*sha*: visitante. ～料 ～*ryō*: taxa de ingresso.
haikara ハイカラ (*ingl high collar*) *s pop* ocidentalizado, moderno, chique.
haikatsuryō 肺活量 *s* capacidade pulmonar. ～計 ～*kei*: espirômetro.
haikei 背景 *s* 1 cena, cenário, fundo. 2 o que está por trás, circunstância.
haikekkaku 肺結核 *s Med* tuberculose.
haiken 拝見 *s* ～*suru*, *v*: ter a honra de ver, ver.
haiketsushō 敗血症 *s* septicemia.
haiki 排気 *s* escape, descarga. ～管 ～*kan*: cano exaustor. ～装置 ～*sōchi*: exaustor. ～弁 ～*ben*: válvula exaustora. ～量 ～*ryō*: volume de descarga.
haiki 廃棄 *s* 1 descarte, abandono. 2 revogação, anulação.
haikibutsu 廃棄物 *s* material descartado, lixo.
haikigasu 排気ガス (*hol ingl gas*) *s* gás (fumaça) de escapamento.

haikingu ハイキング (ingl hiking) s caminhada no campo (montanha).
haikomu 這い込む v entrar rastejando (engatinhando).
haiku 俳句 s poema japonês de 17 sílabas (três versos de cinco, sete e cinco sílabas cada).
haikyo 廃虚 s ruínas.
haikyō 背教 s abandono da fé, renegação, apostasia.
haikyōsha 背教者 s renegado, apóstata.
haikyū 配給 s distribuição, fornecimento, abastecimento. 〜ルート (ingl route) 〜rūto: canal de distribuição.
haikyūjo 配給所 s centro (local, ponto) de distribuição.
haikyūmono 配給物 s produto de distribuição.
haikyūsei(do) 配給制(度) s sistema de racionamento (distribuição).
haimen 背面 s traseira, lado (direção) de trás.
hai-Nichi 排日 s antijaponês.
hainin 背任 s 1 prevaricação. 2 apropriação indevida.
hainyō 排尿 s Med urinação.
hairan 排卵 s Med e Zool ovulação. 〜期 〜ki: período de ovulação.
hairetsu 配[排]列 s arranjo, disposição, ordenação.
hairi 背理 s absurdo, irracionalidade.
hairu 入る・這入る v 1 entrar. 2 invadir. 3 juntar-se, tornar-se membro. 4 ser incluído (contido). 5 acomodar. 6 receber, obter. 7 caber. 8 tomar [bebida alcoólica]. 9 começar, iniciar, chegar a uma condição (fase). 10 ocupar. 11 ficar disponível, poder ser usado. 12 receber prêmio. 13 colocar [sentimento/força]. 14 ficar pronto [chá, café]. 力が〜 chikara ga 〜: colocar força. 気合が〜 kiai ga 〜: colocar a alma. 目に〜 me ni 〜: ver. 耳に〜 mimi ni 〜: ouvir.
hairyo 配慮 s consideração, cuidado, solicitude, providência.
haiseki 排斥 s expulsão, exclusão, rejeição.
haisen 配線 s fiação, distribuição de fio (elétrico).
haisen 敗戦 s derrota, perda da batalha. 〜国 〜koku: nação derrotada.
haisetsu 排泄 s excreção, evacuação.
haisha 配車 s providência (alocação) de veículo.
haisha 敗者 s perdedor, derrotado.
haisha 廃車 s veículo em sucata.
haisha 歯医者 s dentista, cirurgião-dentista.
haishaku 拝借 s empréstimo. 〜suru, v: tomar emprestado.
haishi 廃止 s abolição, anulação, desuso.
haishin 背信 s infidelidade, traição, deslealdade.
haishitsu 廃疾 s doença irrecuperável, invalidez.
haishō 廃娼 s fim da prostituição legalizada.
haishoku 配色 s arranjo (esquema) de cores.
haishoku 敗色 s sinal de derrota.
haishutsu 排出 s descarga, excreção. 〜物 〜butsu: material descartado. 〜口 〜kō: saída, válvula de descarga.
haishutsu 輩出 s surgimento seguido, aparecimento em sequência.
haiso 敗訴 s caso perdido, causa perdida, sucumbência.
haisō 敗走 s fuga. 〜suru, v: fugir, sair em debandada.
haisui 配水 s distribuição (fornecimento) de água.
haisui 排水 s 1 dreno, escoadouro. 2 deslocamento.
haisui 廃水 s esgoto, efluente.
haisuiryō 排水量 s volume de deslocamento.
haisuru 排する v rejeitar, colocar de lado.
haisuru 廃する v abolir, anular.
haisuru 拝する v 1 reverenciar, adorar, venerar. 2 ver. 3 receber.
haita 排他 s exclusivismo, rejeição ao que não é do grupo. 〜的 〜teki, adj: exclusivista.
haitai 敗退 s retirada causada por derrota.
haitai 廃頽 s decadência, deterioração, declínio.
haitatsunin 配達人 s entregador.
haitō 配当 s distribuição, divisão, dividendo, desembolso.
haitōkin 配当金 s dividendo.
haitoku 背[悖]徳 s imoralidade.
haiyaku 背約 s quebra de promessa.
haiyaku 配役 s elenco.
haiyu 廃油 s óleo usado, resíduo de óleo.
haiyū 俳優 s ator, atriz.
haizai 廃材 s material descartado.
haizan 敗残 s derrota, sobrevivência após a derrota.
haizan'hei 敗残兵 s soldado sobrevivente de uma tropa derrotada.
haizara 灰皿 s cinzeiro.
haizei 廃税 s abolição de imposto.
haizen 配膳 s preparação (colocação) da mesa de refeição. 〜係 〜gakari: garçom. 〜室 〜shitsu: sala de serviço.
haizen 沛然 adj 〜たる雨 〜taru ame: chuva torrencial.
haizetsu 廃絶 s abolição.
haizoku 配属 s atribuição, designação. 〜suru, v: designar.
haji 恥 s vergonha, vexame, desgraça, desonra. 〜も外聞もない 〜mo gaibun mo nai: não ter senso do ridículo. 〜の上塗り no uwanuri: passar vergonha repetidamente. 〜をかかせる 〜o kaka-seru: humilhar. 〜をかく 〜o kaku: passar vergonha, ser humilhado. 〜をさらす 〜o sarasu: envergonhar-se em público. 〜を忍んで 〜o shinonde: submeter-se. 〜を知る 〜o shiru: ter senso do ridículo. 〜を知らない 〜o shiranai: não ter vergonha. 〜をすすぐ 〜o susugu: vingar a honra.
hajiiru 恥じ入る s sentir-se envergonhado.
hajikeru 弾ける v 1 partir, rachar, despedaçar-se, rebentar. 2 explodir em (gargalhada), saltar com impulso.
hajiki 弾き s 1 dedilhado, repelido. 2 mola. 3 revólver, pistola.
hajikikaeru 弾き返る v reagir, dar o rebote.
hajiku 弾く v 1 dedilhar. 2 repelir.
hajimaranai 始まらない expr inútil, não vale a pena, não adianta. いまさら後悔しても〜 imasara kōkai shitemo 〜: não adianta (é inútil) arrepender-se agora.
hajimaru 始まる v 1 começar, iniciar, ocorrer. 2 originar, crescer. 3 recomeçar.
hajime 初め s início, começo, abertura, origem, primeiro, inicial.
-hajime -初め suf inclusive, a começar por. K氏五人が委員に選ばれた K-shi 〜gonin ga iin ni erabareta: sr. K. e mais cinco pessoas foram escolhidos como membros.

hajimeru 始める *v* 1 começar, iniciar. 2 recomeçar.
hajimete 初[始]めて *adv* 1 pela primeira vez. 2 finalmente.
hajirai 恥じらい *s* timidez, acanhamento, reserva.
hajirau 恥らう *v* sentir-se acanhado, constrangido.
hajiru 恥じる *v* sentir vergonha, envergonhar-se.
hajisarashi 恥晒し *s* desgraça, vergonha.
hajishirazu 恥知らず *s* desavergonhado, pessoa sem-vergonha.
hajō 波状 *s* em forma de ondas, ondulado, ondulante, instável.
hajōkōgeki 波状攻撃 *s* ataques sucessivos em ondas.
haka 墓 *s* sepultura, túmulo, lápide sepulcral.
hakaba 墓場 *s* local onde fica o túmulo, cemitério.
hakabakashii 捗々しい *adj* rápido, progressivo, satisfatório.
hakadoru 捗る *v* progredir, avançar.
hakai 破戒 *s* transgressão dos preceitos budistas.
hakai 破壊 *s* destruição, demolição. 〜分子 〜*bunshi*: elemento subversivo. 〜工作 〜*kōsaku*: atividade subversiva. 〜力 〜*ryoku*: poder destrutivo.
hakaku 破格 *s* 1 excepcional, especial, sem precedente. 2 solecismo.
hakama 袴 *s* 1 peça de roupa tradicional com pregas para ser calçada como saia. 2 louça cônica para colocar recipiente de saquê. 3 bainha de plantas.
hakamairi [mōde] 墓参り[詣で] *s* visita ao túmulo.
hakanai はかない *adj* transitório, passageiro, fugaz, efêmero.
hakanaku はかなく *adv* transitoriamente, fugazmente.
hakanasa はかなさ *s* transitoriedade, fugacidade, efemeridade.
hakarai 計らい *s* arranjo, providência, favor, préstimo.
hakarau 計らう *v* 1 arranjar, providenciar. 2 combinar, discutir, trocar ideias.
hakarazumo 図らずも *adv* inesperadamente, acidentalmente.
hakari 秤 *s* balança. 〜にかける 〜*ni kakeru*: colocar na balança, pesar.
hakari 量り *s* medida, dimensão, tamanho.
hakarigatai 測り難い *adj* imensurável, incalculável, inestimável. 2 incompreensível, inescrutável, impenetrável. 3 imprevisível.
hakarigoto 謀 *s* plano, esquema, conspiração, trama, estratagema.
hakarishirenai 測り知れない *expr* imensurável, misterioso, inescrutável.
hakaru 計[量・測]る *v* 1 medir, pesar, sondar, calcular. 2 estimar, dimensionar, julgar.
hakaru 諮る *v* consultar, pedir a opinião.
hakaru 謀[計・図]る *v* 1 tramar, conspirar, planejar, atentar. 2 enganar, tapear.
hakase 博士 *s* 1 perito, experto, especialista, versado. 2 com grau de doutor, pós-graduado em doutorado.
hakasu 捌かす *v* 1 drenar. 2 vender tudo.
hake 刷毛[子] *s* pincel.
hake 捌け *s* 1 drenagem, dreno, escoadouro. 2 venda.
hakeguchi 捌け口 *s* 1 escoadouro, ralo. 2 venda, mercado. 3 desabafo, válvula de escape.

haken 派遣 *s* envio.
hakeru 捌ける *v* 1 escorrer, correr. 2 vender, ter saída.
haki 破棄 *s* 1 destruição, rasgar e desfazer-se. 2 anulação, cancelamento, ruptura, rompimento.
haki 覇気 *s* ambição, aspiração, espírito, ânimo.
hakichigae 履き違え *s* engano, ideia errada, confusão.
hakichigaeru 履き違える *v* 1 calçar sapato por engano (invertido, de outra pessoa). 2 enganar-se, ter uma ideia errada, confundir.
hakidame 掃き溜め *s* lixeira, lixão, montão de lixo. 〜に鶴 〜*ni tsuru*: algo excelente num lugar ordinário.
hakidasu 吐き出す *v* 1 vomitar, regurgitar. 2 expelir, exalar. 3 falar tudo o que sente. 4 tirar todo o dinheiro e objetos de valor.
hakidasu 掃き出す *v* varrer, limpar.
hakigokochi 履き心地 *s* sensação que se tem ao calçar. 〜がいい 〜*ga ii*: agradável de se calçar.
hakihaki はきはき *adv* claramente, animadamente, espertamente.
hakike 吐き気 *s* ânsia de vômito, náusea, enjoo.
hakimono 履き物 *s* calçado, sapato.
hakiyoseru 掃き寄せる *v* varrer juntando o lixo.
hakka 発火 *s* 1 ignição, combustão. 2 disparo vazio (sem bala). 〜点 〜*ten*: ponto de ignição (combustão, irrupção).
hakka 薄荷 *s* hortelã, menta.
hakkai 発会 *s* abertura de reunião (encontro), primeira sessão do mês da bolsa.
hakkaishiki 発会式 *s* cerimônia de abertura (inaugural).
hakkaku 発覚 *s* descoberta, detecção, revelação.
hakkan 発刊 *s* publicação, edição.
hakkan 発汗 *s* perspiração, transpiração. 〜剤 〜*zai*: diaforético, sudorífero.
hakkekkyū 白血球 *s* glóbulo branco, leucócito.
hakken 発見 *s* descoberta, detecção.
hakken 発券 *s* emissão de título bancário (bilhete, ingresso, cartão de embarque).
hakketsubyō 白血病 *s* leucemia.
hakki 白旗 *s* bandeira branca.
hakki 発揮 *s* mostra (expressão, exibição) de habilidade (capacidade, poder).
hakkin 白金 *s* platina.
hakkiri はっきり *adv* 1 claro, óbvio. 2 vívido, distinto, intenso. 3 claro, definido. 4 definitivo, certo. 5 exato, certo. 6 franco, direto.
hakkō 発行 *s* 1 publicação, edição. 2 emissão, colocação de nota (título, certificado, selo) em circulação. 〜高 〜*daka*: quantidade de emissão. 〜所 〜*jo*: editora. 〜者 〜*sha*: editor. 〜停止 〜*teishi*: suspensão de publicação.
hakkō 発光 *s* emissão de luz, radiação, luminescência, fluorescência.
hakkō 発効 *s* efetivação, efetuação, entrada em vigor.
hakkō 発[醱]酵 *s* fermentação.
hakkō 薄倖 *s* infelicidade, infortúnio.
hakkōbi 発行日 *s* data de publicação.
hakkōbusū 発行部数 *s* tiragem.
hakkōkinshi 発行禁止 *s* proibição de publicação.
hakkutsu 発掘 *s* 1 escavação, exumação. 2 descoberta (de talento, profissional).

hakkyō 発狂 s enlouquecimento, perda da sanidade (razão).
hakkyū 発給 s emissão.
hako 箱 s 1 caixa, caixote. 2 shamisen. 3 vagão de trem.
hakō 跛行 s 1 cambaleio, ato de mancar. 2 desequilíbrio, falta de coordenação. 3 claudicação.
hakobi 運び s 1 movimentação, caminhada. 2 progresso, desenvolvimento. 3 estágio, fase. 4 visita.
hakobidasu 運び出す v carregar para fora.
hakobikomu 運び込む v carregar para dentro.
hakobisaru 運び去る v levar embora.
hakobu 運ぶ v 1 carregar, levar, transportar. 2 progredir, estar no caminho certo. 3 mover, caminhar.
hakogaki 箱書き s 1 autenticação, autógrafo, certificação, dizeres na caixa que contém o produto. 2 resumo de uma cena de roteiro (de peça).
hakogata 箱型 s formato de caixa, fechado.
hakoiri 箱入り s 1 colocado em caixa. 2 cuidar como se guardasse numa caixa. ～娘 musume: filha superprotegida.
hakoniwa 箱庭 s miniatura de jardim.
hakozume 箱詰め s colocado em caixa.
haku 泊 s pernoite.
haku 箔 s 1 folha (de metal). 2 valor, prestígio.
haku 吐く v 1 expelir, cuspir. 2 vomitar, regurgitar. 3 espirrar, emitir, expirar. 4 expressar, dizer. 5 confessar.
haku 穿[履]く v calçar.
haku 掃く v 1 varrer. 2 pintar. 掃いて捨てるほど haite suteru hodo: aos montes, em grande quantidade.
hakua 白堊 s 1 cré. 2 parede branca. ～紀 ～ki: período cretáceo.
hakuai 博愛 s filantropia. ～主義 ～shugi: filantropismo.
hakubo 薄暮 s tardinha, entardecer.
hakuboku 白墨 s giz, lápis de giz.
hakubutsu(gaku) 博物[学] s história natural.
hakubutsukan 博物館 s museu.
hakuchi 白痴 s imbecilidade, idiotismo.
hakuchō 白鳥 s cisne.
hakuchū 白昼 s dia, luz do dia. ～堂々 ～dōdō: em plena luz do dia. ～夢 ～mu: devaneio.
hakuchū 伯仲 s igualdade, equanimidade, equilíbrio.
hakudaku 白濁 s turvo, esbranquiçado.
hakudatsu 剝脱 s esfoliação, escoriação, descamação.
hakudatsu 剝奪 s despojamento, privação, confiscação.
hakugai 迫害 s perseguição, opressão.
hakugaku 博学 s erudição, conhecimento amplo.
hakuganshi 白眼視 s preconceito, desconfiança, cinismo, indiferença.
hakuhan 薄板 s lâmina, placa fina.
hakuhatsu 白髪 s cabelo branco.
hakuhen 薄片 s pedaço fino, fatia, lâmina, folha.
hakuhyō 白票 s voto em branco.
hakuhyō 薄氷 s gelo fino.
hakui 白衣 s roupa branca. ～の天使 ～no tenshi: enfermeira.
hakujaku 薄弱 s 1 pusilanimidade, fraqueza. 2 incerteza.
hakujin 白人 s homem branco, pessoa de raça branca.
hakujin 白刃 s espada desembainhada.
hakujitsu 白日 s sol brilhante, dia, luz do dia. ～夢 ～mu: devaneio.
hakujō 白状 s confissão.
hakujō 薄情 s frio, cruel, insensível, impiedoso.
hakumai 白米 s arroz polido.
hakumei 薄命 s 1 infelicidade, infortúnio. 2 vida curta.
hakumei 薄明 s crepúsculo, alvorada, penumbra.
hakunetsu 白熱 s 1 incandescência. 2 calor, ápice. ～灯 ～tō: lâmpada (luz) incandescente.
hakurai 舶来 s importado, estrangeiro. ～品 ～hin: artigo importado.
hakurankai 博覧会 s exposição, exibição, feira.
hakuri 薄利 s lucro pequeno. ～多売 ～tabai: lucro pequeno, venda volumosa.
hakuryoku 迫力 s força, poder, energia, vigor.
hakusei 剝製 s empalhamento. ～術 ～jutsu: taxidermia. ～師 ～shi: taxidermista.
hakusha 拍車 s estímulo, incentivo. ～を掛ける ～o kakeru: estimular, incentivar.
hakushaku 伯爵 s conde. ～夫人 ～fujin: condessa.
hakushi 白紙 s 1 papel branco, folha em branco. 2 sem nada, como no início. ～委任 ～inin: dar carta branca.
hakushi 博士 s doutor. ～過程 katei: doutorado. ～号 ～gō: grau de doutor. ～論文 ～ronbun: tese de doutorado.
hakushiki 博識 s erudição, conhecimento amplo.
hakusho 白書 s relatório oficial (livro branco).
hakushoku 白色 s branco, cor branca. ～光 ～kō: luz branca. ～人種 ～jinshu: raça branca. ～テロ ～tero: repressão a movimento antigovernista.
hakushu 拍手 s palmas.
hakushukassai 拍手喝采 s aplauso, ovação.
hakusuru 博する v ganhar, obter, conseguir.
hakyoku 破局 s catástrofe, colapso, final infeliz.
hakyū 波及 s repercussão, influência. ～する ～suru, v: afetar, atingir, desdobrar.
hama 浜 s 1 praia, costa. 2 margem, porto. 3 abreviação de 横浜 Yokohama.
hamaguri 蛤 s Zool marisco.
hamaki 葉巻き s charuto.
hamaru 填[嵌]まる v 1 encaixar, entrar. 2 ajustar-se, acomodar. 3 cair, afundar. 4 ser enganado. 5 ser cativado, ficar envolvido.
hamekomi 嵌め込み s encaixe, ajuste, inserção.
hameru 嵌[填]める v 1 colocar, inserir, encaixar. 2 enganar.
hametsu 破滅 s destruição, ruína.
hami 馬銜 s bocado (parte do freio da cavalgadura).
hamidasu(deru) 食み出す[出る] v sair, projetar-se, ficar saliente.
hamigaki 歯磨き s 1 pasta dental, dentifrício. 2 escovação dos dentes.
hamon 波紋 s 1 ondulação, onda. 2 repercussão, sensação, comoção.
hamon 破門 s excomunhão, expulsão.
hamono 刃物 s instrumento de corte, cutelaria.
hamono 端物 s retalho, incompleto.
hamu[1] ハム (hol ham) s presunto. ～エッグ ～eggu (ingl egg): ovo frito com presunto. ～サン

ド ~*sando*: sanduíche de presunto. ~サラダ ~*sarada* (fr *salade*): salada de presunto.
hamu² ハム (ingl *ham*) *s* radioamador.
hamu 食む *v* **1** comer, devorar, pastar. **2** receber salário.
hamukau 刃[歯]向かう *v* resistir, opor-se, rebelar-se, desafiar.
han 半 *s* **1** metade. **2** número ímpar.
han 犯 *s* **1** ofensa, crime, criminoso. **2** *suf* número de condenações recebidas.
han 判 *s* **1** tamanho, formato (de papel). **2** carimbo.
han 版 *s* **1** número de edição (impressão). **2** chapa de impressão.
han 班 *s* grupo, equipe.
han 煩 *s* transtorno, trabalho.
han 範 *s* exemplo, modelo.
han 藩 *s* feudo, suserania.
han- 反- *pref* anti.
han- 半- *pref* semi.
han- 汎- *pref* pan.
-han -犯 *suf* ofensa.
hana 花・華 *s* **1** flor, florescimento. **2** arranjo floral. **3** beleza. **4** essência. **5** auge, ápice. ~が咲く ~*ga saku*: engajar-se. ~を咲かせる ~*o sakaseru*: realizar-se. ~を添える ~*o soeru*: acrescentar graça. ~も恥じらう ~*mo hajirau*: flor da juventude. ~も実もある ~*mo mi mo aru*: ter beleza e conteúdo. ~を持たせる ~*o motaseru*: deixar alguém ficar com o crédito. ~より団子 ~*yori dango*: preferir a praticidade à beleza. ~片 ~*bira*: pétala. ~吹雪 ~*fubuki*: flores de cerejeira caindo ao vento. ~柄 ~*gara*: motivo floral. ~生け ~*ike*: vaso. ~模様 ~*moyō*: motivo floral. ~束 ~*taba*: buquê. ~屋 ~*ya*: floricultura, florista. ~園 ~*zono*: jardim de flores.
hana 洟 *s* muco (pingo) nasal. ~をかむ ~*o kamu*: assoar, limpar a mucosa do nariz.
hana 鼻 *s* **1** nariz. **2** olfato. ~の穴 ~*no ana*: narina. ~の先 ~*no saki*: a) ponta do nariz. b) muito próximo. ~であしらう ~*de ashirau*: tratar com desdém. ~で笑う ~*de warau*: desdenhar. ~が利く ~*ga kiku*: ter bom olfato. ~が高い ~*ga takai*: sentir-se orgulhoso. ~も引っ掛けない ~*mo hikkakenai*: ignorar. ~に掛ける ~*ni kakeru*: esnobar. ~に付く ~*ni tsuku*: ser ofensivo ao nariz, enjoativo. ~の下が長い ~*no shita ga nagai*: indulgente com as mulheres. ~を明かす ~*o akasu*: superar alguém que se acha superior. ~を鳴らす ~*o narasu*: adular. ~を折る ~*o oru*: humilhar. ~を高くする ~*o takakusuru*: inchar-se de orgulho.
hana 端 *s* **1** início, começo. **2** extremidade, borda, ponta.
hanabanashii 花[華]々しい *adj* esplêndido, brilhante, glorioso, espetacular.
hanabanashiku 花々しく *adv* esplendidamente, brilhantemente, gloriosamente, espetacularmente.
hanabi 花火 *s* fogos de artifício.
hanagata 花形 *s* **1** padrão (motivo) floral. **2** *Teat* estrela.
hanagoe 鼻声 *s* voz (tom) nasal.
hanagusuri 鼻薬 *s* **1** remédio para o nariz. **2** suborno.
hanahada 甚だ *adv* muito, excessivamente, terrivelmente, demasiadamente.

hanahadashii 甚だしい *adj* extremo, excessivo, intenso.
hanahadashiku 甚だしく *adv* muito, excessivamente, terrivelmente, demasiadamente.
hanaiki 鼻息 *s* **1** bufo, resfôlego. **2** arrogância. ~を窺がう ~*o ukagau*: preocupar-se com o humor de alguém.
hanaji 鼻血 *s* sangramento nasal.
hanami 花見 *s* apreciação das flores de cerejeira.
hanami 歯並み *s* dentição.
hanamichi 花道 *s* **1** passagem elevada do palco. **2** local de atuação, retirada, fim de carreira.
hanamochi 鼻持ち *s* ~のならない男 ~*no naranai otoko*: homem intolerável. ~がならない ~*ga naranai*: intolerável; destestável; repugnante; fétido; pestilento.
hanamoyō 花模様 *s* estampa de flores.
hanappashi 鼻っぱし *s* arrogância. ~の強い人 ~*no tsuyoi hito*: arrogante; agressivo; desafiador.
hanarebanare 離れ離れ *s* separação. ~の ~*no*: separado; desconexo; disperso; desconjuntado.
hanarejima 離れ島 *s* ilha isolada.
hanareru 離れる *v* **1** separar; ficar longe; distanciar. **2** desistir; deixar o lugar; morar separadamente. **3** afastar-se. **4** ficar livre. **5** separação. **6** distante; há muito tempo. **7** ser demitido.
hanarete 離れて *expr* distante; isolado; separado; independentemente de.
hanarewaza 離れ業 *s* feito; façanha; proeza.
hanasaki 鼻先 *s* **1** ponta do nariz. **2** diante dos olhos.
hanaseru 話せる *v* ~人 ~*hito*: pessoa sensível; pessoa inteligente; pessoa de bom-senso.
hanashi 話 *s* **1** conversa; papo; discurso; palestra; observação. **2** história, conto, fábula; episódio; narrativa; romance. **3** relato; notícia; rumores. **4** consulta; negociação. **5** fatos; razões.
hanashiai 話し合い *s* **1** consulta; conferência; negociação. **2** entendimento; acordo.
hanashiaite 話し相手 *s* companhia; alguém para conversar; parceiro de conversa; interlocutor.
hanashiau 話し合う *v* **1** conversar; discutir. **2** consultar; deliberar.
hanashiburi 話し振り *s* modo de falar; maneira de conversar.
hanashigai 放し飼い *s* criação de animal em liberdade.
hanashigoe 話し声 *s* voz; cochicho.
hanashijōzu 話し上手 *s* bom conversador.
hanashikakeru 話し掛ける *v* **1** dirigir-se a alguém e falar. **2** começar a falar.
hanashikata 話し方 *s* elocução; modo de falar.
hanashikomu 話し込む *v* conversar longamente; permanecer batendo papo.
hanashikotoba 話し言葉 *s* linguagem falada; linguagem coloquial.
hanashi no tane 話の種 *s* assunto da conversa; tópico; tema.
hanashitsuide 話ついで *s* ~に ~*ni*: por falar neste assunto.
hanashizuki 話し好き *s* pessoa loquaz; pessoa faladora; bom conversador.
hanasu 放す *v* **1** soltar; largar. **2** libertar.

hanasu 話す *v* **1** conversar; falar. **2** dizer; contar; relatar.
hanasu 離す *v* **1** separar; desligar. **2** afastar-se. **3** largar; deixar ir. **4** 目を～ *me o* ～: distrair-se.
hanasuji 鼻筋 *s* cana do nariz; perfil do nariz.
hanataba 花束 *s* ramo de flores; buquê de flores.
hanatare 洟垂れ *s* moncoso.
hanatarekozō 洟垂れ小僧 *s* moleque moncoso.
hanatsu 放つ *v* **1** lançar; disparar. **2** exalar; emitir; soltar.
hanatsukuri 花作り *s* atividade de floricultura.
hanatsumami 鼻摘み *s* pessoa nojenta; pessoa detestável.
hanatsumi 花摘み *s* colheita de flores.
hanauri 花売り *s* venda de flores; comércio de flores; venededor(a) de flores.
hanaya 花屋 *s* florista; floricultura; loja de flores.
hanayaka 華[花]やか ～*na, adj*: **1** abundante. **2** esplendoroso; espetacular; grandioso.
hanayome 花嫁 *s* noiva.
hanazakari 花盛り *s* auge da floração.
hanba 飯場 *s* instalação (abrigo) dos operários de construção.
hanbai 販売 *s* comercialização; venda.
hanbaku 反駁 *s* réplica; contestação.
han-Bei 反米 *s* antiamericano.
hanbō 繁忙 *s* afazeres múltiplos; pressão do trabalho.
hanbun 半分 *s* **1** metade. **2** meio; semi; quase.
-hanbun -半分 *suf* 遊び～に *asobi* ～*ni*: meio de brincadeira. 冗談～に *jōdan* ～*ni*: meio de gracejo, gozação.
hanbyōnin 半病人 *s* meio doente.
hanchū 範疇 *s* categoria; ramo.
handa 半田 *s* solda.
handan 判断 *s* decisão; raciocínio; julgamento.
handanryoku 判断力 *s* capacidade de julgamento.
hande ハンデ (*ingl handicap*) *s* **1** desvantagem. **2** *Esp* vantagem dada aos mais fracos.
handō 反動 *s* reação.
handobaggu ハンドバッグ (*ingl handbag*) *s* bolsa.
handoku 判読 *s* ato de decifrar.
handoru ハンドル・把手 (*ingl handle*) *s* **1** volante (do carro). **2** alavanca. **3** maçaneta da porta. **4** guidom da bicicleta.
handōtai 半導体 *s* semicondutor.
hane 羽 *s* **1** asa. **2** pena; pluma.
hane 跳ね *s* salpico.
haneagaru 跳ね上がる *v* **1** saltar; pular. **2** subir repentinamente.
han'ei 反映 *s* reflexo.
han'ei 繁栄 *s* prosperidade.
hanekaeri 跳ね返り *s* **1** o ressaltar da bola; ricochete. **2** repercussão.
hanekaeru 跳ね返る *v* **1** ressaltar. **2** repercutir.
hanekaeshi 跳ね返し *s* **1** rebate. **2** recuperação (mercado).
hanekaesu 撥ね返す *v* repelir; rejeitar; rebater.
han'en 半円 *s* semicírculo.
haneru 跳ねる *v* **1** saltar; pular. **2** salpicar; espirrar. **3** terminar; acabar (sessão, espetáculo). **4** subir repentinamente (preço).
haneru 撥ねる *v* **1** levantar; arrebitar; empinar. **2** rejeitar; excluir. **3** atropelar; atirar; extorquir. うわ

まえを～ *uwamae o* ～: tomar uma porcentagem do ganho de margem.
hanetsukeru 撥ねつける *v* rejeitar.
hanga 版画 *s* xilogravura; litogravura; gravura.
hangaku 半額 *s* metade do preço.
hangeki 反撃 *s* contra-ataque.
hangen 半減 *s* redução pela metade.
hangenki 半減期 *s* meia-vida.
hangetsu 半月 *s* meia-lua; meio mês.
hangi 版木 *s* bloco xilográfico.
hango 反語 *s* ironia.
hangō 飯盒 *s* marmita.
hangoroshi 半殺し *s* meio morto.
hangun 反軍 *s* antimilitar. ～主義 ～*shugi*: antimilitarismo.
hangun 叛軍 *s* exército rebelde.
hanguru ハングル (*cor hangeul*) *s* alfabeto coreano.
hangyaku 反[叛]逆 *s* revolta; traição.
han'han 半々 *s* metade; meio a meio.
han'i 範囲 *s* extensão; alcance; limite.
hanikamu はにかむ *v* estar envergonhado; acanhar-se.
hanji 判事 *s* juiz.
hanjiru 判じる *v* **1** julgar. **2** decidir. **3** conjeturar; pressupor.
hanjō 繁昌[盛] *s* prosperidade.
hanjuku 半熟 *s* meio cozido.
hanka 繁華 *s* ato de ser próspero.
hankachi ハンカチ (*ingl handkerchief*) *s* lenço.
hankai 半開 *s* **1** (porta) meio aberta, entreaberta. **2** (flor) meio aberta.
hankakōhin 半加工品 *s* produto semi-industrializado ou semimanufaturado.
hankan 反感 *s* antipatia; aversão.
hankan'hanmin 半官半民 *s* semiestatal.
hankatsū 半可通 *s* conhecimento superficial.
hankei 半径 *s* raio de um círculo.
hanken 版権 *s* direitos autorais.
hanketsu 判決 *s* sentença judicial.
hanki 半期 *s* **1** meio ano; semestre. **2** metade de um período.
hanki 半旗 *s* bandeira a meio pau.
hankin 半金 *s* metade do preço.
hankō 反抗 *s* resistência; desobediência.
hankō 反攻 *s* contra-ataque.
hankō 犯行 *s* crime; delito.
hankōteki 反抗的 *adj* rebelde; hostil; provocador; desafiador; insubordinado.
hankyō 反共 *s* anticomunista.
hankyō 反響 *s* **1** ressonância; eco. **2** reação; repercussão.
hankyōran 半狂乱 *s* semiloucura.
hankyū 半球 *s* hemisfério.
hanmei 判明 *s* esclarecimento.
hanmen 反面 *s* outro lado.
hanmen 半面 *s* **1** um dos lados. **2** metado do rosto. **3** um lado; uma parte (da verdade).
hanmo 繁茂 *s* viço; ato de ficar luxuriante.
hanmoku 反目 *s* hostilidade; antagonismo.
hanmon 反問 *s* retruque; réplica.
hanmon 煩悶 *s* preocupação; aflição; ansiedade; desespero.
hanmoto 版[板]元 *s* editor; editora.
hanne 半値 *s* metade do preço.

hannichi 半日 *s* meio dia; metade de um dia.
hannin 犯人 *s* criminoso.
hanninmae 半人前 *s* pessoa não hábil o suficiente para o trabalho.
hannō 反応 *s* 1 reação. 2 resposta; efeito.
hannyū 搬入 *s* entrega.
hanpa 半端 *s* 1 coleção incompleta; sobra. 2 indefinido; incerto.
hanpatsu 反発[撥] *s* 1 revolta; rebeldia. 2 repulsa. 3 recuperação da economia.
hanpatsuryoku 反発力 *s* força repulsiva.
hanpirei 反比例 *s* proporção inversa.
hanpu 頒布 *s* distribuição.
hanpuku 反復 *s* repetição.
hanpun 半分 *s* trinta segundos; meio minuto.
hanran 反[叛]乱 *s* rebelião; revolta.
hanran 氾濫 *s* 1 transbordamento; enchente. 2 abundância.
hanrei 凡例 *s* advertência; notas explicativas.
hanrei 判例 *s* precedente legal.
hanro 販路 *s* mercado; saída.
hanron 反論 *s* contra-argumento.
hanron 汎論 *s* princípios gerais.
hanryo 伴侶 *s* companheiro.
hanryūdōtai 半流動体 *s* semifluido.
hansa 煩瑣 *s* ato de ser complicado.
hansamu ハンサム (*ingl handsome*) *adj* homem bonito.
hansayō 反作用 *s* efeito da reação.
hansei 反省 *s* 1 arrependimento; retratação. 2 reflexão.
hansei 半生 *s* metade de uma vida.
hanseifu 反政府 *s* contra o governo.
hanseihin 半製品 *s* produto semimanufaturado.
hansen 反戦 *s* contra a guerra. ～論 ～*ron*: pacifismo.
hansen 帆船 *s* barco à vela.
hansha 反射 *s* reflexo; reação.
hanshi 半紙 *s* 1 tipo de formato de papel japonês. 2 papel para caligrafia.
hanshihanshō 半死半生 *s* quase morto.
hanshin 半身 *s* metade do corpo.
hanshinfuzui 半身不随 *s* hemiplegia.
hanshin'hangi 半信半疑 *s* dúvida.
hanshinron 汎神論 *s* panteísmo.
hanshō 反証 *s* contraprova.
hanshō 半焼 *s* destruição parcial por fogo, incêndio.
hanshō 半鐘 *s* sino; sineta de alarme.
hanshoku 繁殖 *s* reprodução; procriação.
hanshokuminchi 半植民地 *s* semicolônia.
hanshu 藩主 *s* senhor feudal.
hanso 反訴 *s* contra-acusação.
hansō 帆走 *s* ato de velejar; navegar à vela.
hansō 搬送 *s* transporte; envio; transmissão.
hansode 半袖 *s* manga curta; meia-manga.
hansoku 反則 *s* infração; falta.
hansū 反芻 *s* ruminação. ～動物 ～*dōbutsu*: animal ruminante.
hansū 半数 *s* metade do total em questão.
hansuru 反する *v* não estar de acordo; ser contra.
hantai 反対 *s* 1 contrário; oposto; avesso. 2 oposição.
hantaiheiyō 汎太平洋 *s* ～会議 ～*kaigi*: conferência panpacífica.

hantaijinmon 反対尋[訊]問 *s* contra-exame; contra-interrogatório; exame cruzado.
hantairon 反対論 *s* contra-argumento.
hantaisei 反体制 *s* antirregime; oposicionismo.
hantaitō 反対党 *s* partido oposicionista.
hantaitōhyō 反対投票 *s* votação oposicionista.
hantei 判定 *s* julgamento; decisão; veredito.
hanten 反転 *s* 1 giro; virada. 2 reversão; reflexão; inversão.
hanten 斑点 *s* pinta; mancha.
hantō 半島 *s* península.
hantoki 半時 *s* 1 aproximadamente uma hora. 2 por um momento; curto tempo.
hantōmei 半透明 *s* semitransparência.
hantsuki 半月 *s* metade do mês; quinze dias; meio mês; uma quinzena.
han'yō 汎用 *s* uso múltiplo.
hanzai 犯罪 *s* crime; delito.
hanzaijijitsu 犯罪事実 *s* fatos que constituem ofensa; crime.
hanzaisha [**nin**] 犯罪者[人] *s* criminoso.
hanzaisōsa 犯罪捜査 *s* investigação de crime.
hanzatsu 繁雑 *s* complexidade.
hanzen 判然 *s* distinção; nitidez.
haori 羽織 *s* traje de meio comprimento que se veste sobre o quimono.
haoru 羽織る *v* vestir; pôr o sobretudo.
happō 八方 *s* todas as direções.
happō 発泡 *s* espumante; efervescente.
happō 発砲 *s* disparo de arma de fogo.
happu 発布 *s* emissão; edição; promulgação; proclamação.
happun 発奮[憤] *s* coragem, ânimo. ～*suru*, *v*: ser estimulado; animar-se; criar coragem; despertar-se.
hara 原 *s* 1 planície; campina. 2 pradaria; vasta campina; região despovoada.
hara 腹 *s* 1 abdômen; barriga; estômago. 2 mente; intenção; coragem. ～の大きい ～*no ōkii*: generoso; magnânimo; mente aberta. 3 ira; raiva. 4 útero. 5 bojo.
harabai 腹這い *s* ato de ficar de barriga para baixo; ato de deitar-se de bruços.
harachigai 腹違い *s* de mães diferentes. ～の兄弟 ～*no kyōdai*: meio-irmão (nascidos de mães diferentes).
haradachi 腹立ち *s* ira; raiva; desprazer.
haradatsu 腹立つ *v* ficar com raiva.
haragonashi 腹ごなし *s* ato de auxiliar na digestão. ～に散歩する ～*ni sanpo suru*: andar para ajudar na digestão.
haragoshirae 腹ごしらえ *s* alimentar-se preparando para o trabalho.
haraguai 腹工合 *s* condição da barriga (estômago, intestinos).
haraguroi 腹黒い *adj* malicioso; mal-intencionado; maldoso.
harahara はらはら *adv* 1 som de dois objetos se tocando. 2 ficar nervoso; ficar apreensivo.
harai 払い *s* 1 pagamento. 2 disposição. 3 limpeza. 煤～ *susu*～: limpeza da fuligem.
harai 祓い *s* exorcismo; purificação.
haraikomi 払い込み *s* pagamento.
haraikomu 払い込む *v* pagar.

haraimodoshi 払い戻し *s* restituição; devolução; reembolso.
haraimodosu 払い戻す *v* restituir; devolver; reembolsar.
harainokori 払い残り *s* contas atrasadas; pagamento atrasado; saldo atrasado.
haraippai 腹一杯 *adv* barriga cheia; comer bastante; comer à vontade.
haraisage 払い下げ *s* transferência de uma propriedade estatal para privada.
haraisageru 払い下げる *v* transferir uma propriedade estatal para privada.
haraise 腹いせ *s* retaliação; vingança.
haraiwatashi 払い渡し *s* pagamento.
haraiwatasu 払い渡す *v* pagar.
haramu 妊[孕]む *v* **1** conceber; ficar grávida. **2** conter; encerrar.
haran 波瀾 *s* **1** ondas. **2** tumulto; agitação; perturbação; inquietação.
harasu 晴らす *v* clarear; elucidar; clarificar; retirar (acusação), dissipar; afastar.
harau 払う *v* **1** limpar. **2** afastar (moscas). **3** pagar. **4** manejar (espada). **5** atentar. **6** desfazer.
harau 祓う *v* expulsar espíritos diabólicos; exorcizar; purificar.
harawata 腸 *s* **1** intestinos. **2** vísceras. **3** coração; alma.
hare 晴れ *s* **1** tempo bom. **2** gala; formal; solene. 〜の衣裳 〜*no ishō*: traje formal. **3** ser inocente. 〜の身となる 〜*no mi to naru*: inocência comprovada.
hare 腫れ *s* inflamação; inchaço.
harebare 晴々 *adv* 〜した天気 〜*shita tenki*: tempo bom; tempo claro, sem nuvens. 気が〜する *ki ga* 〜*suru*: sentir-se reanimado; restaurado.
haregi 晴れ着[衣] *s* roupa para participar de cerimônias; roupa de gala.
haremono 腫れ物 *s* tumor; abscesso; inflamação; inchaço.
harenchi 破廉恥 *s* sem-vergonhice; infâmia; realizar atos ilegais sem o mínimo de escrúpulo.
hareru 晴れる *v* **1** clarear (o tempo); tornar-se tempo bom. **2** parar de chover. **3** desaparecer a suspeita. **4** refrescar.
hareru 腫れる *v* inflamar; inchar.
haretsu 破裂 *s* explosão; ruptura; erupção.
harewataru 晴れ渡る *v* clarear o céu todo; tornar-se tempo bom; refrescar.
hareyaka 晴れやか 〜*na, adj*: radiante; brilhante; claro; vistoso; ostentoso.
hari 針 *s* **1** agulha. **2** alfinete. **3** ponteiro de relógio. **4** espinho. **5** indicador de aparelho medidor.
hari 梁 *s* madeira em transversal que serve de apoio para postes e pilhas de mercadorias pesadas; viga; trave.
hari 張り *s* **1** tensão. **2** espírito; orgulho; força do desejo. **3** ânimo; entusiasmo; interesse. 〜のある顔 〜*no aru kao*: rosto expressivo.
hari 鍼 *s* **1** agulha. **2** acupuntura.
hariai 張り合い *s* **1** rivalidade; emulação; competição. **2** sentimento de que o esforço vale a pena.
hariau 張り合う *v* rivalizar; emular.
hariawaseru 貼り合わせる *v* colar e juntar duas peças.
haridashi 貼り出し *s* quadro de avisos; comunicado; pôster; placa; sinal.
haridasu 貼り出す *v* colocar no quadro de avisos.
harifuda 張[貼]り札 *s* pôster; rótulo; adesivo; cartaz de propaganda.
harigami 張り紙 *s* **1** papel colado. **2** avisos afixados em locais estratégicos.
harigane 針金 *s* arame.
harii(sha) 鍼医(者) *s* acupunturista.
harikae 張り替え *s* renovação do papel do *shoji* e *fusuma* (portas de correr japonesas).
harikaeru 張り替える *v* renovar o papel do *shoji* e *fusuma*; renovar a almofada da cadeira.
harikiru 張り切る *v* estar com vigor; estar tenso para realizar algo; estar entusiástico.
hariko 張り子 *s* papel-pedra, papel machê.
harikomi 張り込み *s* espreita; vigilância.
harikomu 張り込む *v* espreitar; vigiar.
harisakeru 張り裂ける *v* explodir; estourar; rebentar.
harishigoto 針仕事 *s* costura; trabalho que envolve agulha; corte e costura. *V saihō* 裁縫.
haritsukeru 貼り付ける *v* colar.
haritsumeru 張り詰める *v* **1** ficar tenso; ficar entusiasmado. **2** cobrir totalmente. 氷が〜 *kōri ga* 〜: ficar todo coberto de gelo.
haru 春 *s* **1** primavera. **2** puberdade.
haru 張る *v* **1** esticar; estender. **2** cobrir; colocar. **3** colar. **4** realizar; promover. **5** insistir. **6** exibir-se. **7** estabelecer; montar. **8** competir. **9** vigiar. **10** arriscar. **11** encher. **12** ser caro. **13** ficar tenso. **14** doer; ter rigidez. **15** apostar.
haru 貼る *v* colar.
harubaru 遥々 *adv* **1** de longe; distante. **2** ao longe; a distância.
haruka(ni) 遥か(に) *adv* **1** longe; distante. **2** muito tempo atrás. **3** incomparavelmente.
harusaki 春先 *s* início da primavera.
harusame 春雨 *s* **1** chuva de primavera. **2** macarrão transparente fabricado com amido.
hasai 破砕 *s* esmagamento; fragmentação; trituração.
hasamaru 挟まる *v* estar no meio de dois; estar entre; ficar prensado; ficar entalado; ficar preso.
hasami 鋏・剪刀 *s* **1** tesoura. **2** tesoura picotadora de bilhetes e passagens.
hasamu 挟[挿]む *v* pôr entre; inserir; interpor; prender com pinça.
hasan 破産 *s* insolvência; falência.
hasei 派生 *s* derivação.
haseiteki 派生的 *adj* derivado; secundário.
hasen 破船 *s* navio naufragado; sinistro marítimo.
haseru 馳せる *v* correr; galopar.
hashagu 燥ぐ *v* **1** secar; tostar; chamuscar. **2** fazer travessuras; divertir-se; galhofar.
hashi 端 *s* extremidade; canto; margem; gume; borda.
hashi 箸 *s* "pauzinhos" para comer pratos orientais.
hashi 橋 *s* ponte; viaduto; passarela.
hashigaki 端書き *s* **1** comentários introdutórios; prefácio; introdução. **2** pós-escrito.
hashigo 梯子 *s* **1** escada; escada de mão. **2** *abrev* de 梯子酒 *hashigozake*: andar de bar em bar.
hashigodan 梯子段 *s* degrau; escada.
hashika 麻疹 *s* sarampo.

hashike(bune) 艀(舟) *s* sampana; barcaça; lanchão; barco de bagagem.

hashira 柱 *s* 1 pilar; poste; coluna. 2 pessoa de suporte; apoio; auxiliar.

hashiraseru 走らせる, **hashirasu** 走らす *v* 1 despachar; correr; enviar; fazer correr. 2 dirigir carro; navegar; carregar (vento). 3 fazer o inimigo fugir. 4 deslizar suavemente.

hashiri 走り *s* 1 ato de correr. 2 ato de mover suavemente. 3 pia da cozinha. 4 primeira colheita da estação.

hashirigaki 走り書き *s* escrita cursiva; rabiscos; garatujas.

hashirizukai 走り使い *s* mensageiro; garoto de recados.

hashiru 走る *v* 1 correr. 2 fugir. 3 tornar-se. 4 exceder.

hashita 端 *s* fração; fragmento; restos; caco.

hashitagane 端金 *s* pequena soma de dinheiro; trocados; resto.

hashitanai はしたない *adj* vulgar; baixo; inferior; medíocre; desprezível.

hashiwatashi 橋渡し *s* mediação; agência; intermediação; ponte de ligação.

hashōfū 破傷風 *s* tétano.

hashu 播種 *s* semeadura; plantação; semeação.

hashutsu 派出 *s* envio. 〜看護婦 〜*kangofu*: enfermeira contratada para trabalhar na casa do enfermo.

hashutsufu 派出婦 *s* empregada doméstica diarista.

hashutsujo 派出所 *s* escritório filial; escritório de representação; posto policial.

hason 破損 *s* dano; prejuízo; quebra; colapso.

hassan 発散 *s* 1 exalação; expiração; emanação; difusão. 2 radiação. 3 evaporação. 4 *Fís* divergência.

hassei 発生 *s* ocorrência; origem; gênese; criação; nascimento; geração; aparecimento; produção; desenvolvimento.

hassei 発声 *s* 1 expressão oral; elocução; fonação. 2 dirigir (encabeçar) brindes e saudações.

hassha 発車 *s* partida (trem, bonde, ônibus etc.).

hassha 発射 *s* descarga; disparo; arremesso; lançamento (foguete).

hasshin 発信 *s* envio de mensagem; envio de telegrama.

hasshoku 発色 *s* 1 desenvolvimento da cor. 2 coloração.

hassō 発送 *s* envio; despacho; remessa.

hassō 発想 *s* concepção da ideia.

hassuru 発する *v* 1 descarregar; disparar; radiar. 2 emitir; publicar (leis). 3 causar. 4 originar; dar origem a. 5 enviar; despachar. 6 partir; iniciar. 7 anunciar.

hasu 斜 *s* 〜の 〜*no*: oblíquo; inclinado; diagonal.

hasu 蓮 *s Bot* lótus (*Nelumbo nucifera*).

hasū 端数 *s* número fracionário; restos; sobras.

hata 畑 *s* plantação; campo cultivado.

hata 旗 *s* 1 bandeira; faixa; estandarte; flâmula; bandeirola. 2 bandeira nacional.

hata 端・傍 *s* extremidade, borda. *V* **heri** 縁; **soba** 側・傍.

hata 機・織機 *s* tear.

hatabi 旗日 *s* feriado nacional.

hatachi 二十歳 *s* 20 anos de idade.

hatairo 旗色 *s* 1 situação de batalha (antigamente era informada de acordo com a cor da bandeira). 2 circunstâncias, estado.

hatajirushi 旗標[印] *s* 1 marca de bandeira; desenho de bandeira; insígnia. 2 objetivo; causa; lema.

hatake 畑・畠 *s* 1 plantação; campo cultivado. 2 campo ou área de especialidade de um indivíduo.

hataki 叩き *s* 1 espanador. 2 um dos golpes do sumô.

hataku 叩く *v* 1 espanar. 2 bater. 3 *Sumô* aplicar o golpe *hataki*.

hatamoto 旗本 *s* 1 na Antiguidade, quartel onde ficava o general. 2 vassalos subordinados diretamente ao xógum.

hatan 破綻 *s* 1 falha; ruptura. 2 falência. 3 término de relacionamento.

hatankyō 巴旦杏 *s Bot* amêndoa (*Prumus amygdalus*).

hataori 機織り *s* 1 tecelão. 2 ato de tecer.

hatarakaseru 働かせる *v* 1 fazer alguém trabalhar; empregar; usar. 2 exercitar; usar.

hataraki 働き *s* 1 trabalho; serviço. 2 ação; função; exercício; operação; atividade; movimento; ação.

hatarakibachi 働き蜂 *s* trabalhador; abelha operária.

hatarakiburi 働き振り *s* modo como um indivíduo trabalha; desempenho no trabalho; produtividade.

hatarakiguchi 働き口 *s* emprego; vaga; posição. 〜を捜す 〜*o sagasu*: procurar um emprego.

hatarakikake 働き掛け *s* influência.

hatarakikakeru 働き掛ける *v* influenciar; instigar.

hatarakimono 働き者 *s* trabalhador esforçado.

hatarakite 働き手 *s* trabalhador; operário.

hatarakizakari 働き盛り *s* 〜(の年頃)〜 (*no toshigoro*): o ato de estar no auge da vida profissional.

hataraku 働く *v* trabalhar; agir; fazer; praticar; operar.

hatasaku 畑作 *s* plantação de legumes e hortaliças em horta.

hataseru kana 果たせるかな *expr* efetivamente, como era esperado. *V* **hatashite** 果たして.

hatashiai 果し合い *s* duelo.

hatashijō 果し状 *s* carta de desafio; cartel.

hatashite 果たして *adv* como era esperado; na realidade; realmente. 〜…であろうか 〜 …*de arō ka*: será que realmente…

hatasu 果たす *v* realizar; cumprir; executar; levar a cabo.

hatazao 旗竿 *s* mastro de bandeira.

hatchaku 発着 *s* embarque e desembarque.

hatchū 発注 *s* pedido. 〜*suru, v*: efetuar um pedido.

hate 果て *s* 1 extremo; fim. 2 limite; fronteira. 3 resultado; consequência.

hate はて, **hate na** はてな *interj* 1 oh, meu Deus!; o quê?!; por quê? 2 bem…; deixe-me ver…

hatenkō 破天荒 *s* sem precedentes; inédito; nunca visto.

hateru 果てる *v* 1 terminar; acabar. 2 morrer; falecer; ser morto.

-hateru -果てる *suf* 疲れ〜 *tsukare*〜: estar exausto; estar cansado.

hateshi ga nai 果てしがない *expr* ser interminável; ser infinito; ser ilimitado; ser eterno.

hateshinai 果てしない *adj* ilimitado; eterno; interminável; insondável.

hateshinaku 果てしなく *adv* infinitamente; eternamente; sem fim.
hato 鳩 *s* pomba.
hatō 波涛 *s* ondas enormes.
hatoba 波止場 *s* cais; quebra-mar.
hatodokei 鳩時計 *s* relógio de cuco.
hatoha 鳩派 *s* facção de não agressão; moderados.
hatsu 初 *s* início; o primeiro.
hatsu- 初- *pref* primeiro; novo. ～飛行 ～*hikō*: vôo inaugural.
-hatsu -発 *suf* **1** partida. **2** envio. **3** contagem de disparos de armas e canhões.
hatsuan 発案 *s* **1** sugestão; proposta. **2** moção.
hatsubai 発売 *s* início da venda; lançamento para venda.
hatsubaikinshi 発売禁止 *s* proibição da venda ou circulação.
hatsubutai 初舞台 *s* estreia no palco; debute de um indivíduo no palco.
hatsubyō 発病 *s* acometimento de doença. ～*suru*, *v*: contrair uma doença.
hatsuden 発電 *s* geração de eletricidade; produção de força elétrica.
hatsudenki 発電機 *s* gerador de eletricidade.
hatsudensho 発電所 *s* estação de geração de energia. 水力～ *suiryoku*～: usina hidrelétrica.
hatsudō 発動 *s* moção; atividade; exercício. ～力 ～*ryoku*: força motiva.
hatsudōki 発動機 *s* motor; máquina.
hatsuen 発煙 *s* emissão de fumaça.
hatsuga 発芽 *s* germinação.
hatsugan 発癌 *s* carcinogênese.
hatsugen 発言 *s* discurso; elocução; declaração; fala; proposta; uso da palavra.
hatsugen 発現 *s* revelação; manifestação.
hatsugenken 発言権 *s* direito de opinar.
hatsugenryoku 発言力 *s* voz; influência.
hatsuiku 発育 *s* crescimento; desenvolvimento; progresso.
hatsujō 発情 *s* excitação sexual.
hatsujōki 発情期 *s* puberdade.
hatsuka 二十日 *s* **1** vinte dias. **2** vigésimo dia do mês.
hatsukōgyō 初興行 *s* estreia de uma peça teatral.
hatsukoi 初恋 *s* o primeiro amor.
hatsukōkai 初公開 *s* primeira exibição ao público.
hatsumei 発明 *s* **1** invenção. **2** inteligência; brilho.
hatsumeihin 発明品 *s* invenção; invento.
hatsumimi 初耳 *s* novidade; notícia ouvida pela primeira vez.
hatsumono 初物 *s* primeiros produtos colhidos de uma estação.
hatsunetsu 発熱 *s* **1** geração de calor. **2** ocorrência de febre, aparecimento de febre. ～量 ～*ryō*: poder calórico.
hatsuon 発音 *s* pronúncia, pronunciação. ～記号 ～*kigō*: símbolo fonético.
hatsuratsu 溌剌[溂] *s* vivacidade, vigor.
hatsurei 発令 *s* proclamação, anúncio oficial.
hatsuro 発露 *s* expressão, manifestação.
hatsuyō 発揚 *s* exaltação, excitação.
hattari はったり *s* bravata, blefe.
hattatsu 発達 *s* **1** desenvolvimento, crescimento, amadurecimento. **2** progresso, avanço.

hatten 発展 *s* desenvolvimento, crescimento, expansão, evolução, prosperidade.
hattensei 発展性 *s* possibilidade de crescimento futuro.
hattenteki 発展的 *adj* expansivo, desenvolvente.
hatto はっと *adv* **1** ficar surpreso (sobressaltado), ser surpreendido. **2** lembrar-se (ter uma ideia) repentinamente.
hau 這う *v* rastejar, arrastar-se, engatinhar.
hawatari 刃渡り *s* **1** comprimento de lâmina. **2** caminhar descalço sobre uma lâmina.
haya 早 *adv* já, cedo.
hayaashi 早足・速歩 *s* passo rápido, marcha rápida, trote (de cavalo).
hayabaya(to) 早々(と) *adv* muito cedo.
hayagatten 早合点 *s* conclusão precipitada (apressada).
hayai 早(速)い *adj* **1** rápido, veloz, ágil. **2** cedo, prematuro. が～か *ga* ～*ka*: assim que. ～話が～ *hanashi ga*: resumindo.
hayajini 早死に *s* morte prematura.
hayaku 破約 *s* cancelamento de contrato.
hayaku 端役 *s* papel pequeno, personagem menor.
hayaku 早く *adv* cedo, há muito tempo, rapidamente, prontamente. ～も ～*mo*: já, tão cedo.
hayakuchi 早口 *s* fala rápida. ～言葉 ～*kotoba*: trava-língua.
hayamaru 早まる *v* **1** ser adiantado (antecipado). **2** ser imprudente (irrefletido), agir precipitadamente.
hayame ni 早目に *adv* um pouco cedo, antes.
hayameru 早める *v* adiantar, antecipar.
hayanomikomi 早呑み込み *s* **1** conclusão precipitada (apressada). **2** indivíduo esperto, que compreende rápido.
hayaoki 早起き *s* ato de levantar-se cedo.
hayari 流行り *s* moda, voga. ～目 ～*me*: conjuntivite epidêmica.
hayarikko 流行りっ児 *s* **1** pessoa popular. **2** artista popular.
hayaru 流行る *v* **1** estar na moda (voga). **2** prosperar, florescer. **3** ser epidêmico.
hayaru 逸る *v* impacientar-se, ansiar.
hayasa 早さ *s* rapidez, prontidão, ligeireza, velocidade.
hayashi 林 *s* bosque, mata.
hayashi 囃子 *s* acompanhamento musical. ～方 ～*kata*: acompanhante musical. ～言葉 ～*kotoba*: refrão sem significado.
hayasu 生やす *v* deixar crescer (pelo, barba, raiz).
hayatemawashi 早手回し *s* em antecipação, de antemão.
hayatochiri 早とちり *s* conclusão apressada (precipitada).
hayauchi 早射ち *s* tiros rápidos, batidas rápidas.
hayawaza 早業 *s* gesto ligeiro, trabalho rápido.
hazakai(ki) 端境(期) *s* **1** entressafra. **2** período de renovação.
hazeru はぜる *v* irromper, estourar, partir-se.
hazu 筈 *s* razão, lógica, previsão, óbvio, ter de, dever, esperar.
hazubeki 恥ずべき *expr* vergonhoso, desonroso.
hazukashigaru 恥ずかしがる *v* sentir-se envergonhado (acanhado, tímido). 恥ずかしがり屋 *hazukashigariya*: pessoa acanhada (tímida).

hazukashii 恥ずかしい *adj* 1 vergonhoso, desonroso. 2 envergonhado, acanhado, constrangido.
hazukashime 辱しめ *s* insulto, humilhação, estupro.
hazukashimeru 辱しめる *v* humilhar, desonrar, insultar, estuprar.
hazukashisa 恥ずかしさ *s* vergonha, acanhamento.
hazumi 弾み *s* 1 rebote, reação. 2 impulso. 3 momento, instante, circunstância, acaso. ちょっとした～で *chotto shita ～de*: por mero acaso.
hazumiguruma 弾み車 *s* volante (roda pesada ligada a um eixo que regula a força aplicada a este).
hazumu 弾む *v* 1 pular, saltar. 2 ficar animado, ser estimulado. 3 regalar, pagar bem. 4 respiração difícil.
hazure 外れ *s* 1 distante do centro, fora dos limites. 2 não alcançar a expectativa (objetivo).
hazureru 外れる *v* 1 sair do lugar, deslocar-se. 2 estar fora dos limites, distanciar-se do centro (curso). 3 falhar, errar, não atender à expectativa (objetivo). 4 contrariar.
hazusu 外す *v* 1 retirar, remover, deslocar. 2 perder, falhar. 3 evitar. 4 distanciar. 5 omitir, apagar.
he 屁 *s* ventosidade, peido, pum, traque. ～の河童 ～*no kappa*, *gír*: canja, batata. ～とも思わない ～*tomo omowanai*: não se importar.
hebaritsuku へばりつく *v* aderir, pegar-se, grudar.
hebaru へばる *v* esgotar-se, perder a força.
hebi 蛇 *s* cobra, serpente. ～に睨まれた蛙 ～*ni niramareta kaeru*: ficar imóvel por medo. ～の生殺し ～*no namagoroshi*: deixar ferido semimorto, deixar ansioso.
hebo へぼ *s* 1 inabilidade, falta de destreza. 2 verdura (legume, fruta) malformada.
hechima 糸瓜 *s Bot* bucha. ～の皮 ～*no kawa*: inútil, sem valor.
hedatari 隔たり *s* 1 distância. 2 diferença, disparidade.
hedataru 隔たる *v* estar distante, diferir.
hedate 隔て *s* 1 barreira, divisória, vão. 2 distinção, discriminação, distância.
hedateru 隔てる *v* 1 separar, dividir. 2 colocar distância, deixar um tempo.
hedatete 隔てて *expr* à distância, em intervalos, após.
hedo 反吐 *s* vômito. ～が出る ～*ga deru*: nauseabundo, nauseante, nauseativo, asqueroso, repugnante.
hedomodo suru へどもどする *v* ficar atrapalhado (aturdido).
hei 丙 *s* terceira classe, abaixo da média.
hei 兵 *s* soldado, arma, batalha, guerra.
hei 塀 *s* muro, cerca, barreira.
hei 幣 *s* tiras estreitas de papel ou tecido, presas a vara ou bambu, oferecidas a divindades ou usadas em rituais xintoístas.
heian 平安 *s* paz, tranquilidade. ～時代 ～*jidai*, ～朝 ～*chō*: período Heian (794–1185). ～京 ～*kyō*: antiga capital, em Kyoto.
heiban 平板 *s* 1 monotonia, tédio, maçada. 2 acento plano (sem tom alto nem baixo).
heibon 平凡 *s* comum, ordinário, medíocre.
heichi 平地 *s* baixada, planície, plano, campina. ～に波瀾を起こす ～*ni haran o okosu*: causar distúrbios sem necessidade.

heichi 並[併]置 *s* ～*suru*, *v*: colocar lado a lado, criar um anexo. 病院に看護学校を～する *byōin ni kangogakkō o ～suru*: fundar uma escola de enfermagem em anexo ao hospital.
heidon 併呑 *s* anexação, absorção.
heieki 兵役 *s* serviço militar. ～義務 ～*gimu*: serviço militar obrigatório.
heifū 弊風 *s* costume ruim, prática nociva.
heifuku 平服 *s* roupa comum (para o dia a dia), traje informal.
heigai 弊害 *s* fato danoso, influência nociva, estrago, prejuízo.
heigei 睥睨 *s* olhar feroz. ～*suru*, *v*: olhar com desdém (ar feroz).
heigen 平原 *s* campina.
heigō 併合 *s* anexação, união, fusão, consolidação.
heihatsu 併発 *s* 1 ocorrência simultânea de dois ou mais fatos, concomitância. 2 complicação de uma doença pela ocorrência de outra.
heihō 平方 *s* quadrado. 一メートル～ *ichimētoru ～*: um metro quadrado. ～根 ～*kon*: raiz quadrada.
heii 平易 *s* simplicidade, clareza.
heiin 兵員 *s* soldado, número de soldados.
heiji 平時 *s* tempo de paz, tempos normais.
heijitsu 平日 *s* dia útil (de semana, normal).
heijō 平常 *s* usual, comum, normal. ～のとおり ～*no tōri*: como usual. ～心 ～*shin*: serenidade, calma.
heika 平価 *s* paridade (de moeda, câmbio).
heika 兵火 *s* fogo causado pela guerra, guerra.
heika 陛下 *s* Sua Majestade, Vossa Majestade.
heikai 閉会 *s* encerramento de uma reunião.
heikatsu 平滑 *s* plano e liso. ～な表面 ～*na hyōmen*: superfície plana e lisa.
heiki 平気 *s* 1 calma, frieza, autocontrole, indiferença, desconsideração. 2 sem hesitação, com tranquilidade. ～の平左 ～*no heiza*: inabalável.
heiki 兵器 *s* armas e munições de guerra, petrechos. ～庫 ～*ko*: arsenal. ～工場 ～*kōjō*: arsenal, fábrica de armamento.
heikin 平均 *s* 1 média, regular, comum, mediano. 2 equilíbrio, proporção. ～寿命 ～*jumyō*: expectativa de vida. ～台 ～*dai*: barra de equilíbrio. ～値 ～*chi*: média, valor médio. ～点 ～*ten*: nota média.
heikinka 平均化 *s* padronização, nivelação, uniformização.
heikinten 平均点 *s* nota média.
heikō 平衡 *s* equilíbrio, contrapeso. ～感覚 ～*kankaku*: senso de equilíbrio.
heikō 並行 *s* em paralelo, lado a lado, simultâneo.
heikō 閉口 *s* embaraçado, aturdido.
heikō 平行 *s* paralelo. ～棒 ～*bō*: barras paralelas. ～移動 ～*idō*: translação de eixos. ～四辺形 ～*shihenkei*: paralelogramo. ～線 ～*sen*: a) linha paralela. b) desencontro.
heimaku 閉幕 *s* descida da cortina, término, encerramento.
heimen 平面 *s* superfície plana.
heimenkikagaku 平面幾何学 *s* geometria plana.
heimensankakuhō 平面三角法 *s* trigonometria plana.
heimenzu 平面図 *s* planta plana (de edifício), projeto, desenho.
heimin 平民 *s* pessoas comuns, povo.

heion 平穏 s calmo, quieto, tranquilo. ～無事 ～*buji*: em paz.
heiretsu 並列 s enfileiramento. ～回路 ～*kairo*, *Eletr*: circuito paralelo.
heiryoku 兵力 s força de um exército, número de soldados.
heisa 閉鎖 s 1 fechamento, encerramento (interrupção) de atividades. 2 fechado, antissocial, exclusivista.
heisaku 平作 s colheita normal, safra média.
heisei 平静 s calma, tranquilidade, serenidade, equilíbrio.
heishi 兵士 s soldado, tropa.
heishinteitō 平身低頭 s prostração, postura de súplica.
heiso 平素 s cotidiano, habitual.
heisoku 閉塞 s bloqueio.
heisotsu 兵卒 s soldado raso.
heitai 兵隊 s soldado, tropa. ～ごっこ ～*gokko*: brincar de soldado. ～蟻 ～*ari*: formiga operária.
heitan 平坦 s 1 plano, nivelado, uniforme. 2 tranquilo, rotineiro, sem grandes acontecimentos.
heitan 兵站 s Mil retaguarda, praça de armas, intendência militar.
heiten 閉店 s encerramento de atividade comercial, fechamento de loja.
heiwa 平和 s paz, harmonia. ～維持軍 ～*ijigun*: força (tropa) de manutenção da paz (da ONU).
heiwajōyaku 平和条約 s tratado (acordo) de paz.
heiwakaigi 平和会議 s conferência pela paz.
heiwashugi 平和主義 s pacifismo.
heiwateki 平和的 adj pacífico.
heiya 平野 s planície, plano, campina.
heiyō 併用 s uso conjunto (simultâneo).
heizei 平生 s usual, comum, usualmente, comumente.
heizen 平然 s calma, frieza, impassibilidade, imperturbabilidade.
heizon 並存 s coexistência.
heki 壁 s muro, parede, divisória.
hekichi 僻地 s lugar ermo (distante, remoto).
hekieki 辟易 s titubeio, recuo, aborrecimento. ～*suru*, v: titubear, estar farto.
hekiga 壁画 s mural, pintura de parede.
hekikan 壁間 s superfície da parede, parte da parede entre pilares.
hekimen 壁面 s face (superfície) da parede.
hekison 僻村 s vila remota (distante).
hekitō 劈頭 s início, começo, abertura.
hekomi 凹み s cavidade, côncavo, amassado, mossa.
hekomu 凹む s 1 tornar-se côncavo, ficar marcado, amassar-se. 2 ceder, desistir, dar-se por vencido. 3 sofrer prejuízo.
hekotareru へこたれる v desanimar-se, desencorajar-se, dar-se por vencido, ficar exausto.
hema へま s mancada, asneira, erro crasso.
hen 辺 s 1 lado (de polígono). 2 parte, local aproximado. この～に駅がありますか*kono* ～ *ni eki ga arimasu ka*: há alguma estação nas redondezas? 3 grau aproximado, extensão. どの ～まで勉強しましたか *dono* ～ *made benkyō shimashitaka?*: até que ponto você estudou?
hen 変 s 1 incidente, distúrbio. 2 *Mús* bemol. adj 1 ～*na*: estranho, curioso, peculiar, anormal.
2 ～*na*: suspeito, suspeitoso. adv ～に ～*ni*: estranhamente.
hen 篇 s 1 parte de um livro, volume, seção. 2 texto, poema completo.
hen 編 s abreviação de edição; compilação.
hen'atsu 変圧 s *Eletr* transformação.
hen'atsuki 変圧器 s *Eletr* transformador.
henbō 変貌 s transfiguração, transformação, metamorfose.
henchō 偏重 s supervalorização.
hendensho 変電所 s *Eletr* subestação.
hendō 変動 s mudança, flutuação (de preço).
hendōkawasesōba 変動為替相場 s câmbio flutuante.
hen'i 変異 s 1 anormalidade. 2 alteração, variação, mutação.
henji 返事 s resposta, réplica.
henji 変事 s incidente, acidente, desastre, fato incomum.
henjin 変人 s indivíduo excêntrico, pessoa ranzinza.
henjiru 変じる v mudar-se, tornar-se, transformar-se.
henka 変化 s 1 mudança, alteração, transformação. 2 variedade, diversidade. 3 *Gram* conjugação, declinação, inflexão.
henkaku 変革 s mudança, reforma.
henkan 返還 s devolução, restituição.
henkan 変換 s mudança, conversão, transformação.
henkei 変形 s deformação, transformação.
henken 偏見 s preconceito, tendência.
henkin 返金 s reembolso, restituição.
henkō 変更 s alteração, mudança, modificação.
henkō 偏光 s *Fís* polarização (óptica).
henkutsu 偏屈 s tacanho, intolerante, bitolado.
henkyaku 返却 s devolução, reembolso.
henkyō 辺境 s região remota, fronteira.
henkyō 偏狭 s 1 terreno pequeno. 2 bitolado, intolerante.
henkyoku 編曲 s *Mús* arranjo.
henmei 変名 s nome falso.
hen na 変な adj suspeito, suspeitoso, estranho, curioso, excêntrico.
hennen 編年 s ～史 ～*shi*, *Hist*: crônica. ～体 ～*tai*: formato cronológico.
hennō 返納 s devolução, reposição.
hennyū 編入 s admissão, incorporação. ～試験 ～*shiken*: teste de transferência.
henpei 扁平 s plano, chato.
henpeisoku 扁平足 s pé chato.
henpin 返品 s mercadoria devolvida. ～*suru*, v: devolver uma mercadoria.
henpō 返報 s 1 retaliação, revanche, vingança. 2 resposta, réplica. 3 retribuição.
henpon 返本 s devolução de livro.
henrei 返礼 s retribuição de um favor (presente, visita, telefonema).
henreki 遍歴 s 1 viagem por diversos lugares, peregrinação, vagueação. 2 experiência diversificada.
henryō 変量 s *Estat* e *Fís* variável.
hensa 偏差 s *Estat* desvio. *Fís* desvio de direção (posição).
hensai 返済 s devolução, pagamento, reembolso, restituição.

hensan 編纂 *s* compilação, edição. ～者 ～*sha*: compilador, editor.
hensei 編成[制] *s* organização, formação, composição.
hensen 変遷 *s* mudança, transição.
hensetsu 変節 *s* apostasia, renegação.
henshi 変死 *s* morte acidental (anormal). ～体 ～*tai*: corpo de pessoa que teve morte acidental.
henshin 返信 *s* resposta, réplica.
henshin 変心 *s* mudança de ideia, inconstância.
henshin 偏心 *s* desvio do centro.
henshitsu 変質 *s* **1** mudança de qualidade, deterioração. **2** perversão, mania. ～者 ～*sha*: pervertido, maníaco.
henshoku 変色 *s* mudança de cor, descoloração, desbotamento.
henshoku 偏食 *s* dieta desequilibrada.
henshū 編集[輯] *s* edição, compilação. ～部 ～*bu*: (seção de) redação. ～長 ～*chō*: redator chefe. ～者 ～*sha*: redator.
henshū 偏執 *s* monoideísmo, ideia fixa, obcecação. ～狂 ～*kyō*: monomania, monomaníaco, monômano. ～病 ～*byō*: paranoia. ～病患者 ～*byō kanja*: paranoico.
hensō 返送 *s* retorno, devolução, restituição.
hensō 変装 *s* disfarce, fantasia, máscara.
hensoku 変則 *s* irregularidade, anomalia.
hensoku 変速 *s Autom* mudança de velocidade. ～機 ～*ki*: transmissão, caixa de câmbio. ～ギア ～*gia*: câmbio. ～レバー ～*rebā*: alavanca de câmbio.
hensū 変数 *s Álg* variável.
hensuru 偏する *v* ter tendência (inclinação), ser parcial.
hentai 編隊 *s Aeron* formação.
hentō 返答 *s* resposta, réplica.
henzai 偏在 *s* concentração, distribuição desigual.
henzai 遍在 *s* onipresença, ubiquidade.
henzō 変造 *s* alteração. ～*suru*, *v*: alterar, forjar.
hera 箆 *s* espátula.
herasu 減らす *v* **1** reduzir, diminuir, cortar. **2** esvaziar.
herazuguchi 減らず口 *s* retruque, réplica desnecessária. ～をたたく ～*o tataku*: retrucar, retorquir, insistir em dar a última palavra.
heri 減り *s* diminuição, decréscimo, perda.
heri 縁 *s* ponta, borda, beira, extremidade.
herikutsu 屁理屈 *s* argumento ilógico (equivocado), sofisma.
heru 経る *v* **1** passar (o tempo), decorrer. **2** experimentar, vivenciar. **3** passar por processo (estágio, fase).
heru 減る *v* **1** diminuir, decrescer, cair. **2** recuar, titubear. **3** sentir fome.
hesaki 舳先 *s Náut* proa.
heso 臍 *s* **1** umbigo. **2** pequena saliência ou cavidade da superfície. **3** centro. ～で茶を沸かす ～*de cha o wakasu*: muito engraçado (tolo). ～を曲げる ～*o mageru*: ficar emburrado (amuado, carrancudo). ～曲がり ～*magari*: emburrado, amuado, carrancudo.
heso no o 臍の緒 *s* cordão umbilical. ～を切って以来 ～*o kitte irai*: desde o nascimento.
heta 下手 *s* **1** inábil, imperito, desajeitado. **2** frívolo, superficial, medíocre. ～な鉄砲も数撃ちゃ当たる ～*na teppō mo kazu ucha ataru*: mesmo o atirador inábil acerta o alvo se disparar várias vezes. ～の横好き ～*no yokozuki*: gostar muito, apesar de ser inábil.
hetabaru へたばる *v* ficar exausto, fatigar-se.
hetoheto へとへと *mim* exausto, fatigado.
hetsurai 諂[諛]い *s* adulação, bajulação.
hetsurau 諂[諛]う *v* adular, bajular.
heya 部屋 *s* cômodo, aposento, dependência, quarto. ～着 ～*gi*: roupão.
heyadai 部屋代 *s* aluguel.
heyazumi 部屋住み *s* dependente.
hi 日 *s* **1** Sol, luz do Sol. **2** durante o dia. **3** um dia. **4** data. **5** época. **6** caso, ocasião. ～が浅い ～*ga asai*: há pouco tempo. ～の当たる ～*no ataru*: lugar ao sol. ～を改めて ～*o aratamete*: algum outro dia. ～を追って ～*o otte*: conforme passam os dias.
hi 火 *s* **1** fogo, chama, brasa. **2** incêndio. **3** calor. ～が出る ～*ga deru*: a) rosto vermelho de vergonha. b) violento. ～が付いたように ～*ga tsuita yō ni*: freneticamente, furiosamente. ～に油を注ぐ ～*ni abura o sosogu*: jogar lenha na fogueira. ～の消えたよう ～*no kieta yō*: deserto, quieto. ～を落とす ～*o otosu*: fechar. ～を付ける ～*o tsukeru*: colocar fogo, acender, iniciar (revolta, protesto). ～を吐く ～*o haku*: lançar chamas. ～を噴く ～*o fuku*: emitir fogo, disparar. ～を見るより明らかである ～*o miru yori akiraka de aru*: claro como a luz do dia. ～の元 ～*no moto*: lugar onde há fogo (cozinha), aquecedor. ～の車 ～*no kuruma*: a) no fogo do inferno; b) em dificuldade financeira.
hi 比 *s* **1** proporção. **2** comparação, equivalência.
hi 妃 *s* princesa.
hi 否 *s* não, negação, discordância.
hi 秘 *s* segredo.
hi 緋 *s* cor escarlate.
hi 碑 *s* monumento, lápide, pedra sepulcral.
hi 非 *s* **1** mal, erro. **2** adversidade, desfavorável. **3** falta. ～の打ち所がない ～*no uchidokoro ga nai*: perfeito, sem nenhuma falha. ～を鳴らす ～*o narasu*: censurar, denunciar.
hi- 被- *pref* sofrer, receber, sujeitar-se.
hi- 非- *pref* des, a, in, não.
-hi -費 *suf* custo, despesa.
hiagaru 干上がる *v* **1** secar completamente. **2** perder o meio de subsistência.
hiai 悲哀 *s* tristeza, dor, infortúnio.
hiasobi 火遊び *s* **1** brincar com fogo. **2** relação amorosa efêmera.
hiatari 日当たり *s* receber a luz do Sol. ～がいい ～*ga ii*: ensolarado. ～が悪い ～*ga warui*: pouco ensolarado.
hibachi 火鉢 *s* braseiro, aquecedor tradicional a carvão para esquentar as mãos ou ferver a água.
hibaihin 非売品 *s* produto que não está à venda.
hibaku 被爆 *s* **1** sofrer bombardeio. **2** ser exposto a radioatividade. ～者 ～*sha*: a) vítima de bombardeio; b) vítima de radiação da bomba atômica.
hiban 非番 *s* folga, fora de serviço.
hibana 火花 *s* faísca. ～を散らす ～*o chirasu*: soltar faíscas.

hibashira 火柱 *s* coluna de fogo.
hibi 日々 *s* todos os dias, diariamente, dia a dia.
hibi 皹 *s* rachadura na pele, gretadura.
hibi 罅 *s* rachadura, fenda, fissura.
hibiki 響 *s* **1** som, tonalidade de um som. **2** eco, reverberação. **3** vibração.
hibikiwataru 響き渡る *v* ecoar, ressoar, ressonar, reverberar.
hibiku 響く *v* **1** soar. **2** ressoar, ecoar, tocar. **3** afetar. **4** ser bem conhecido. 妙に～ *myō ni* ～: soar estranho.
hibō 誹謗 *s* calúnia, difamação, abuso. ～*suru, v*: caluniar, difamar.
hibon 非凡 ～*na, adj*: extraordinário, notável, incomum, excepcional.
hibōryoku(shugi) 非暴力(主義) *s* não violência.
hiboshi 日干し *s* secagem ao sol. ～にする ～*ni suru, v*: secar ao sol.
hiboshi 火乾し *s* secagem ao fogo.
hibu 日歩 *s* juro diário.
hibukure 火脹れ *s* pústula, bolha.
hibun 碑文 *s* inscrição, epitáfio.
hibusō 非武装 *s* desarmamento. ～化する ～*ka suru, v*: desmilitarizar. ～地帯 ～*chitai*: zona desmilitarizada. ～中立 ～*chūritsu*: neutralidade desarmada.
hibuta 火蓋 *s* tampa de espingarda. ～を切る ～*o kiru*: abrir fogo, começar, iniciar.
hibyōin 避病院 *s* lazareto, leprosário, hospital para quarentena, hospital de isolamento.
hida 襞 *s* dobra, prega (de saia), franzido.
hidai 肥大 *s* hipertrofia.
hidane 火種 *s* **1** fogo, graveto para fogo. **2** causa.
hidara 干鱈 *s* bacalhau seco.
hidari 左 *s* esquerdo. ～通行 ～*tsūkō*: mão (de trânsito) à esquerda.
hidarigawa 左側 *s* lado esquerdo.
hidarikiki 左利き *s* canhoto, canho, sinistro.
hidarimae 左前 *s* **1** vestir quimono com a gola direita sobre a esquerda. **2** estar em dificuldades financeiras.
hidarimaki 左巻き *s* **1** sentido anti-horário. **2** louco, doido, maluco, demente.
hidarimawari 左回り *s* **1** rotação à esquerda, sentido anti-horário. **2** não ir bem, ter azar.
hidarite 左手 *s* **1** mão esquerda. **2** lado esquerdo.
hidarizuma 左褄 *s* **1** gola esquerda do quimono. **2** gueixa.
hidaruma 火達磨 *s* coberto de chamas.
hidatsu 肥立つ *v* **1** recuperar-se (de doença ou parto). **2** crescer, desenvolver-se.
hiden 秘伝 *s* segredo, mistério.
hideri 日照り・旱 *s* estiagem, seca.
hidō 非道 *s* tirania, crueldade, injustiça, atrocidade.
hidoi 酷い *adj* **1** cruel, impiedoso, injusto. **2** severo, violento, sério, terrível.
hidoime 酷い目 *expr* experiência terrível (difícil).
hidoku 酷く *adv* muito, terrivelmente, extremamente, severamente, violentamente.
hidori 日取り *s* data de realização.
hidōtokuteki 非道徳的 *adj* imoral.
hie 冷え *s* frio, friagem.
hie 稗 *s* gramínea nativa da China, com semente triangular, cultivada antigamente como ração.

hiebie 冷え冷え *adv* **1** frio penetrante. **2** relacionamento vazio e triste.
hieiri(teki) 非営利(的) *adj* sem fins lucrativos, beneficente.
hieiseiteki 非衛生的 *adj* insalubre, anti-higiênico.
hieki 裨益 *s* lucro, benefício. ～*suru, v*: beneficiar, servir.
hieru 冷える *v* **1** esfriar, arrefecer. **2** perder o entusiasmo.
hifu 皮膚 *s* pele, epiderme.
hifubyō 皮膚病 *s* dermatose, doença de pele.
hifuka 皮膚科 *s* dermatologia.
hifuku 被服 *s* vestuário, vestimenta.
hifuku 被覆 *s* cobertura, capa, revestimento. ～*suru, v*: cobrir, envolver.
hifun 悲憤 *s* indignação, ressentimento.
higa 非我 *s* Filos não eu.
higa 彼我 *s* ele e eu, eles e nós.
higaeri 日帰り *s* passeio (viagem) de um dia.
higai 被害 *s* dano, prejuízo, avaria, injúria, ofensa.
higaimōsō 被害妄想 *s* mania de perseguição, paranoia.
higaisha 被害者 *s* vítima.
higame 僻目 *s* engano, preconceito.
higami 僻み *s* inveja, complexo de inferioridade.
higamu 僻む *v* invejar, ter autopiedade, sentir-se injustiçado, ter visão doentia.
higan 彼岸 *s* **1** margem oposta. **2** semana equinocial.
higan 悲願 *s* desejo ardente, maior desejo.
higara 日柄 *s* auspício do dia, dia de sorte (ou azar).
higasa 日傘 *s* para-sol, guarda-sol.
higashi 東 *s* leste.
higashihankyū 東半球 *s* hemisfério leste (inclui Europa, África, Ásia e Oceania).
higata 干潟 *s* baixa-mar, maré vazante.
hige 卑下 *s* modéstia, humildade. ～*suru, v*: menosprezar-se, subestimar-se, rebaixar-se. ～して ～*shite*: modestamente, humildemente.
hige 髭・鬚・髯 *s* barba, bigode, bigode de animais. 口～ *kuchi*～: bigode. 顎～ *ago*～: barba. ～面 ～*zura*: face barbada.
higeki 悲劇 *s* tragédia.
higenjitsuteki 非現実的 *adj* irreal, fora da realidade, impraticável, imaginário.
higesori 髭剃り *s* lâmina de barbear, barbeador.
higi 被疑 *s* suspeita. ～者 ～*sha*: suspeito.
higo 卑[鄙]語 *s* vulgarismo, palavra (expressão, linguagem) vulgar (obscena).
higo 庇護 *s* proteção, apoio, suporte.
higō 非業 *s* Rel não predestinado. ～の死 ～*no shi*: morte por causa externa.
higōhō 非合法 *s* ilegalidade. ～*na, adj*: ilegal.
higoro 日頃 *adv* **1** usualmente, sempre. **2** por longo tempo.
higoto 日毎 *s* dia a dia, a cada dia que passa.
higuchi 火口 *s* **1** queimador, bico de gás, boca de arma. **2** foco do incêndio.
higunjika 非軍事化 *s* desmilitarização.
higure 日暮れ *s* tardinha, entardecer, poente.
higyō 罷業 *s* greve.
hihan 批判 *s* crítica, censura, desaprovação. ～*suru, v*: criticar, censurar, desaprovar.
hihanteki 批判的 *adj* crítico, desaprovador, censurador.

hihei 疲弊 *s* 1 exaustão. 2 exaurido, exausto.
hihō 秘方[法] *s* método secreto.
hihō 悲報 *s* notícia triste.
hihogosha 被保護者 *s* dependente, tutelado.
hihokenbutsu [bukken] 被保険物[物件] *s* objeto segurado.
hihokensha 被保険者 *s* pessoa segurada.
hihyō 批評 *s* crítica, comentário.
hihyōgan 批評眼 *s* visão crítica.
hihyōka 批評家 *s* crítico.
hiideru 秀でる *v* sobressair-se, destacar-se, distinguir-se.
hiiki 贔屓 *s* favor, favoritismo, apoio, imparcialidade. 〜目 〜*me*: ponto de vista favorável. 〜客 〜*kyaku*: freguês. 〜*suru*, *v*: favorecer. 〜を受ける 〜*o ukeru*: ser favorecido. 〜の引き倒し 〜*no hikitaoshi*: favorecer demais alguém e acabar prejudicado.
hiiku 肥育 *s* engorda (de animal).
hiimago 曾孫 *s* bisneto.
hiire 火入れ *s* ignição, acendimento.
hiji 肘 *s* cotovelo.
hiji 秘事 *s* segredo.
hijideppō 肘鉄砲 *s* cotovelada. 〜を食わす 〜*o kuwasu*: rejeitar, recusar.
hijikake 肘掛け *s* braço da cadeira. 〜椅子 〜*isu*: cadeira de braços, poltrona.
hijindō 非人道 *s* desumanidade. 〜的 〜*teki*, *adj*: desumano.
hijiri 聖 *s* 1 santo. 2 gênio, sábio.
hijō 非常 *s* emergência, calamidade. 〜食 〜*shoku*: ração para uma emergência.
hijō 非情 *s* insensível, frio, sem coração.
hijōguchi 非常口 *s* saída de emergência.
hijōji 非常時 *s* situação de emergência, crise.
hijōjitai 非常事態 *s* estado de emergência.
hijōkin 非常勤 *s* trabalho de tempo parcial.
hijō na 非常な *adj* incomum, extraordinário, grande.
hijō ni 非常に *adv* muito, extremamente, imensamente.
hijōsen 非常線 *s* cordão de isolamento.
hijōshiki 非常識 *s* insensatez, insensato, absurdo, disparatado, sem juízo.
hijōshudan 非常手段 *s* medidas extremas (de emergência).
hijōyō 非常用 *s* para uso em caso de emergência.
hijū 比重 *s* 1 peso específico, densidade. 2 importância relativa, peso. 〜計 〜*kei*: densímetro.
hijun 批准 *s* ratificação. 〜*suru*, *v*: ratificar.
hijunsho 批准書 *s* instrumento de ratificação.
hijutsu 秘術 *s* arte secreta, segredos de uma arte.
hika 皮下 *s* subcutâneo, hipodérmico. 〜脂肪 〜*shibō*: gordura subcutânea. 〜組織 〜*soshiki*: tecido hipodérmico.
hika 悲歌 *s Poét* elegia.
hikachūsha 皮下注射 *s* injeção subcutânea.
hikae 控え *s* 1 espera. 2 reserva. 3 anotação, memorando, cópia, duplicata.
hikaechō 控え帳 *s* memorando.
hikaejo 控え所 *s* sala de espera.
hikaeme 控え目 *s* moderado, reservado, modesto.
hikaeru 控える *v* 1 esperar. 2 estar próximo. 3 anotar. 4 abster-se, conter-se.
hikaeshitsu 控え室 *s* antessala, sala de espera.

hikagakuteki 非科学的 *adj* não científico.
hikage 日陰 *s* 1 sombra. 2 à margem da sociedade.
hikagemono 日陰者 *s* pessoa marginalizada pela sociedade (ex-condenado, concubina).
hikaku 比較 *s* comparação.
hikaku 皮革 *s* couro (pele) de animal.
hikakuka 非核化 *s* desnuclearização.
hikakukenkyū 比較研究 *s* estudo comparativo.
hikakuteki 比較的 *adj* (*adv*) comparativamente, relativamente.
hikan 悲観 *s* pessimismo. 〜論 〜*ron*: visão pessimista. 〜論者 〜*ronsha*: pessoa pessimista.
hikan 避寒 *s* ato de fugir do frio.
hikanron [setsu] 悲観論[説] *s* pessimismo; negativismo.
hikanteki 悲観的 *adj* pessimista.
hikarabiru 干枯らびる *v* secar; murchar.
hikarasu 光らす *v* fazer brilhar; polir.
hikari 光 *s* luz; brilho; raio de luz; claridade.
hikaru 光る *v* brilhar; reluzir; cintilar.
hikasareru 引かされる *v* ser levado.
hikazei 非課税 *s* isenção de imposto.
hikazu 日数 *s* número de dias.
hike 引け *s* 1 hora de terminar o serviço. 2 perda; derrota.
hikedoki 引け時 *s* hora do encerramento da bolsa.
hikeme 引け目 *s* complexo de inferioridade; desvantagem.
hiken 比肩 *s* comparação.
hikerakasu ひけらかす *v* exibir.
hikeru 引ける *v* 1 terminar o trabalho do dia. 2 envergonhar-se.
hiketsu 否決 *s* rejeição; veto.
hiketsu 秘訣 *s* segredo.
hiki 引き *s* 1 puxão. 魚の〜が強い *sakana no 〜ga tsuyoi*: o peixe está puxando com força. 2 conexão; intermediação. 彼は友人の〜で入社した *kare wa yūjin no 〜de nyūsha shita*: ele foi admitido na empresa por intermédio de um amigo. 3 apoio; recomendação.
hiki 誹毀 *s* difamação; calúnia; libelo difamatório.
-hiki -匹・-疋 *suf* 1 sufixo usado para contagem de animais pequenos ou selvagens. 2 unidade de medida de tecidos: 20 m x 34 cm.
hikiage 引き上[揚]げ *s* 1 ato de levantar puxando. 2 aumento de salário e preços. 3 salvamento de navio naufragado.
hikiageru 引き上[揚]げる *v* 1 puxar para levantar. 2 aumentar; subir. 3 promover.
hikiai 引き合い *s* 1 ato de puxar de ambos os lados. 2 citação. 3 testemunha. 4 pedido.
hikiatekin 引当金 *s* provisão; reserva de dinheiro.
hikiau 引き合う *v* 1 puxar um para cada lado. 2 lucrar; render. 3 compensar; valer a pena.
hikiawase 引き合わせ *s* 1 encontro previamente acertado. 2 comparação.
hikiawaseru 引き合わせる *v* 1 apresentar uma pessoa a outra. 2 comparar; verificar. 3 juntar puxando.
hikidashi 引き出し *s* gaveta.
hikidasu 引き出す *v* 1 puxar; tirar. 2 extrair; arrancar; extorquir. 3 sacar o dinheiro.
hikifune 曳き船 *s* rebocador.
hikigane 引き金 *s* gatilho.

hikihanasu 引き離す *v* **1** separar à força. **2** ultrapassar; passar à frente.
hikiharau 引き払う *v* desocupar o lugar.
hikiireru 引き入れる *v* **1** conduzir para dentro. **2** atrair; induzir para o próprio lado.
hikiiru 率いる *v* **1** conduzir; dirigir; guiar. **2** atrair. **3** comandar; chefiar.
hikikae 引き換え *s* troca; entrega de produto mediante algo (dinheiro, cupom, tíquete etc.).
hikikaeru 引き換える *v* trocar; converter.
hikikaesu 引き返す *v* retornar; voltar atrás. 途中から～ *tochū kara*～: voltar atrás no meio do caminho.
hikikomoru 引き篭る *v* **1** fechar-se em casa. **2** levar uma vida retirada.
hikimodosu 引き戻す *v* levar de volta para casa; fazer retornar.
hikin 卑近 ～*na, adj*: bem conhecido, familiar. ～な例をあげる ～*na rei o ageru*: dar um exemplo simples.
hikinige 轢き逃げ *s* ato de atropelar uma pessoa e fugir.
hikiniku 挽き肉 *s* carne moída.
hikinobashi 引き延[伸]ばし *s* **1** ampliação de foto. **2** obstrucionismo; postergação.
hikinobasu 引き延ばす *v* **1** esticar; estender; distender os músculos. **2** prolongar; postergar; adiar.
hikinuku 引き抜く *v* **1** pegar um bom(a) profissional e recolocá-lo(a) em sua empresa. **2** arrancar. 大根を～ *daikon o* ～: arrancar o nabo.
hikinzoku 非金属 *s* metaloide; elemento não metálico.
hikiokosu 引き起こす *v* **1** levantar; erguer. **2** suscitar; causar; provocar. 紛争を～ *funsō o*～: provocar uma revolta.
hikisage 引き下げ *s* redução; corte de salário.
hikisageru 引き下げる *v* **1** puxar para baixo; baixar; reduzir. **2** retirar. 提案を～ *teian o*～: retirar a proposta.
hikisaku 引き裂く *v* **1** rasgar em pedaços. **2** separar à força.
hikishime 引き締め *s* redução; aperto.
hikishimeru 引き締める *v* **1** reduzir; limitar. **2** apertar com força.
hikishio 引き潮 *s* maré baixa.
hikitate 引き立て *s* proteção; apoio; estímulo; motivação.
hikitateru 引き立てる *v* **1** proteger; apoiar; auxiliar. **2** animar; motivar; alentar. **3** realçar. **4** conduzir à força.
hikitatsu 引き立つ *v* **1** melhorar, realçar, destacar. **2** ganhar ânimo.
hikite 引き手 *s* **1** maçaneta. **2** puxador de *fusuma*. **3** admirador, sedutor.
hikite 弾き手 *s* tocador de instrumento musical de cordas.
hikitomeru 引き留める *v* **1** reter; parar. **2** opor; não deixar avançar.
hikitorinin [te] 引き取り人[手] *s* requerente; reclamante; guarda.
hikitoru 引き取る *v* **1** retirar; receber. **2** tomar conta. **3** 息を～ *iki o*～: falecer; morrer. 孤児を～ *koji o*～: tomar conta de um órfão.
hikitsugi 引継ぎ *s* transferência de cargo.

hikitsugu 引き継ぐ *v* **1** entregar; passar; transferir. **2** herdar.
hikitsukeru 引き付ける *v* **1** atrair; fascinar; cativar; seduzir. **2** ter uma convulsão.
hikitsuzuite 引き続いて *expr* continuamente; sem interrupção; consecutivamente; sucessivamente; dar continuidade.
hikitsuzuki 引き続き *adv* em seguida; sem interrupção.
hikitsuzuku 引き続く *v* continuar; prosseguir.
hikiuke 引き受け *s* aceitação.
hikiukeru 引き受ける *v* aceitar; responsabilizar-se.
hikiwake 引き分け *s* empate.
hikiwakeru 引き分ける *v* **1** separar; dividir. **2** empatar.
hikiwatashi 引き渡し *s* entrega; desocupação.
hikiwatasu 引き渡す *v* **1** entregar. **2** pôr.
hikizan 引き算 *s* subtração.
hikizuru 引き摺る *v* arrastar; arrastar pelo chão; levar à força.
hikkakari 引っ掛かり *s* **1** preocupação. **2** apoio do pé.
hikkakaru 引っ掛かる *v* **1** enganchar-se; ficar preso. **2** ser apanhado. **3** ser enganado. **4** causar preocupação.
hikkakeru 引っ掛ける *v* **1** pendurar. **2** prender-se; tropeçar. **3** atirar líquido em alguém.
hikkaku 引っ掻く *v* arranhar; dar arranhões.
hikkei 必携 *s* porte obrigatório, indispensável, imprescindível.
hikki 筆記 *s* escrita. ～試験 ～*shiken*: exame escrito.
hikkirinashi ni ひっきりなしに *adv* ininterruptamente.
hikkomasu 引っ込ます, **hikkomeru** 引っ込める *v* **1** encolher; retrair. **2** retirar; retratar; recolher. 辞表を～ *jihyō o* ～: retirar a carta de demissão.
hikkomi 引っ込み *s* ato de recuar.
hikkomu 引っ込む *v* encolher; recuar.
hikkoshi 引っ越し *s* mudança de um local para outro de residência, estabelecimento comercial ou escritório.
hikkosu 引っ越す *v* mudar de um local para outro.
hikkurikaeru 引っくり返る *v* **1** dar uma reviravolta; virar-se. **2** tombar. **3** inverter a situação.
hikkurikaeshi 引っくり返し *s* **1** avesso. **2** inversão.
hikkurikaesu 引っくり返す *v* **1** inverter a situação. **2** virar do avesso. **3** revirar.
hikkyō 畢竟 *adv* no final de tudo; praticamente; substancialmente.
hikō 飛行 *s* voo.
hikō 非行 *s* delinquência, má conduta.
hikōjō 飛行場 *s* aeroporto; campo de pouso e decolagem.
hikōki 飛行機 *s* avião; aeronave.
hikokumin 非国民 *s* antipatriota.
hikoku (nin) 被告[人] *s* acusado; réu.
hikōsen 飛行船 *s* dirigível.
hikōshi 飛行士 *s* aviador.
hikōshiken 飛行試験 *s* exame para aviador; exame para se tornar piloto.
hikōshiki 非公式 *s* não oficial; confidencial; sem caráter oficial.
hikōtei 飛行艇 *s* tipo de hidroavião.

hiku 引く *v* **1** puxar. **2** levar. **3** encolher. **4** conduzir. **5** atrair. **6** suceder. **7** instalar. **8** consultar um dicionário ou enciclopédia. **9** subtrair. **10** pegar resfriado. 風邪を〜 *kaze o*〜: pegar resfriado. **11** tirar. **12** retroceder; recuar. **13** retirar-se; aposentar-se. **14** baixar. 熱が〜 *netsu ga* 〜: baixou a febre.
hiku 退[引]く *v* **1** retratar; voltar atrás. **2** retirar; aposentar. **3** recolher.
hiku 挽く *v* **1** moer. **2** serrar.
hiku 弾く *v* tocar instrumento musical.
hiku 碾く *v* moer.
hiku 轢く *v* atropelar.
hikui 低い *adj* **1** baixo. **2** humilde; inferior. **3** baixo; pobre.
hikuku 低く *adv* baixo. 〜飛ぶ鳥 〜*tobu tori*: aves que voam baixo.
hikutsu 卑屈 *s* servilismo; falta de coragem e vontade.
hikyō 卑怯 *s* covardia; mesquinhez; baixeza.
hikyō 秘境 *s* terra inexplorada.
hikyō 悲境 *s* condição miserável; situação angustiante.
hikyōryoku 非協力 *s* não cooperação.
hima 暇・隙 *s* **1** tempo livre. **2** estar sem atividade; estar desempregado. **3** descanso; folga; férias. **4** demissão.
himadoru 暇取る *v* demorar; atrasar. 途中で〜 *tochū de* 〜: atrasar no meio do caminho.
himago 曾孫 *s* bisneto(a).
himahima ni 閑々に *expr* nas horas de folga; nas horas livres.
himaku 皮膜 *s* membrana interdigital; membrana natatória. 〜組織 〜*soshiki*: epitélio.
himan 肥満 *s* obesidade.
himashi ni 日増しに *adv* dia após dia.
himashiyu 蓖麻子油 *s* óleo de rícino.
himatsu 飛沫 *s* borrifo; espirro.
himatsubushi 暇潰し *s* **1** passatempo. **2** ato de gastar tempo à toa; ato de perder tempo.
himawari 向日葵 *s* girassol.
hime 姫 *s* **1** menina; garota. **2** princesa.
himei 悲鳴 *s* grito; berro.
himen 罷免 *s* exoneração; demissão.
himeru 秘める *v* guardar em segredo.
himitsu 秘密 *s* segredo; sigilo.
himitsukaigi 秘密会議 *s* reunião secreta.
himitsukessha 秘密結社 *s* sociedade secreta.
himo 紐 *s* **1** fio; cordão. **2** condição, restrição. **3** rufião, proxeneta, cáften.
himojii ひもじい *adj* faminto; esfomeado.
himono 干物 *s* peixe seco, defumado.
himoto 火元 *s* origem do incêndio.
himotsuki 紐付き *s* **1** com condições ou cláusulas. **2** com alça; com cordão. **3** mulher que tem rufião.
hin 品 *s* **1** nobreza. **2** artigo. **3** produto.
hin 貧 *s* pobreza.
hina 雛 *s* **1** filhote de ave; pinto. **2** boneca.
hinaga 日長 *s* dia mais longo.
hinan 非難 *s* crítica; censura.
hinan 避難 *s* abrigo; refúgio.
hinata 日向 *s* local ensolarado.
hinatabokko 日向ぼっこ *s* ato de tomar sol.
hinawajū 火縄銃 *s* espingarda de mecha; pederneira; arcabuz.

hindo 頻度 *s* frequência.
hinekureru ひねくれる *v* tornar-se retorcido ou deformado; tornar-se uma pessoa difícil.
hinekureta ひねくれた *expr* **1** incompreensível. あの人の字は〜字だ *ano hito no ji wa* 〜*ji da*: a letra daquela pessoa é incompreensível. **2** deformado; retorcido; contorcido; tortuoso. 〜根性 〜*konjō*: caráter tortuoso.
hineru 捻[拈・撚]る *v* **1** torcer. **2** beliscar. **3** derrotar. **4** elaborar, complicar.
hin'i 品位 *s* **1** autoridade; grandeza moral; dignidade. **2** grau; qualidade; quilate.
hin'igo 賓位語 *s* predicado.
hiniku 皮肉 *s* ironia.
hinin 否認 *s* negação; recusa.
hinin 避妊 *s* anticoncepção.
hinin'hō 避妊法 *s* método anticoncepcional.
hinin'jō 非人情 *s* crueldade; pessoa sem sentimento de bondade.
hininshō 非人称 *s* impessoal. 〜動詞 〜*dōshi*: verbo impessoal.
hinja 貧者 *s* pessoa pobre; indigente.
hinjaku 貧弱 *s* escassez; insuficiência.
hinji 賓辞 *s* **1** predicado. **2** *Gram* objeto direto ou indireto.
hinketsu(shō) 貧血(症) *s* anemia.
hinkō 品行 *s* comportamento; conduta; caráter moral.
hinkon 貧困 *s* **1** indigência; pobreza; pauperismo. **2** falta; carência; escassez.
hinku 貧苦 *s* sofrimento causado pela pobreza.
hinkyū 貧窮 *s* 〜している 〜*shite iru*: estar na pobreza; ser muito pobre.
hinmin 貧民 *s* pessoa pobre; indigente; mendigo.
hinminkutsu 貧民窟 *s* favela; cortiço; bairro pobre.
hinmoku 品目 *s* lista de artigos; item; produto.
hinobe 日延べ *s* postergação; adiamento; suspensão do trabalho; extensão do período.
hi no de 日の出 *s* nascer do sol.
hi no iri 日の入り *s* pôr do sol.
hi no ko 火の粉 *s* fagulha; faísca.
hi no kuruma 火の車 *s* **1** carro de fogo que se diz existir no inferno. **2** dificuldade financeira.
hi no maru 日の丸 *s* forma do Sol; círculo vermelho. 〜の旗 〜*no hata*: bandeira do Japão.
hinōritsuteki 非能率的 *adj* ineficiente.
hi no te 火の手 *s* chama; labareda; fogo; fulgor.
hinpan 頻繁 *s* frequência. 〜な, *adj*: frequente; incessante.
hinpatsu 頻発 *s* ocorrência frequente; frequência.
hinpin 頻々 *adj* frequente. 〜と 〜*to*, *adv*: frequentemente; muitas vezes; em curtos intervalos.
hinpu 貧富 *s* riqueza e pobreza.
hinpyō 品評 *s* criticismo. 〜*suru*, *v*: criticar; comentar.
hinpyōkai 品評会 *s* exibição; feira; exposição; demonstração.
hinsei 品性 *s* característica; traço característico.
hinshi 瀕死 *s* 〜状態 〜*jōtai*: condição agonizante. 〜の 〜*no*: final; moribundo. 〜の病人 〜*no byōnin*: paciente terminal.
hinshitsu 品質 *s* qualidade. 〜管理 〜*kanri*: controle de qualidade.

hinshu 品種 s espécie; grau; variedade; tipo.
hinsō 貧相 s rosto de pobre. ～na, adj: aparência de pobre; malvestido.
hinsuru 貧する v ficar pobre; viver na pobreza; ser reduzido à pobreza.
hinsuru 瀕する v aproximar; chegar na iminência de; tender para.
hinto ヒント s dica; palpite.
hiōi 日覆い s guarda-sol; sombrinha; veneziana; estore para janela.
hippaku 逼迫 s 1 iminência, alarme. 2 escassez de dinheiro.
hipparu 引っ張る v 1 puxar. 2 esticar. 3 levar uma pessoa à força. 4 convidar. 5 estender o prazo.
hippataku 引っぱたく v surrar; esbofetear; dar palmadas.
hippu 匹夫 s 1 um homem. 2 pessoa humilde; pessoa despretensiosa.
hira 平 s 1 plano. 手の～ te no ～: palma da mão. 2 comum, simples. ～の社員 no shain: funcionário comum, simples.
hira- 平- pref comum; ordinário. ～社員 ～shain: mero funcionário de escritório.
hiragana 平仮名 s silabário hiragana da língua japonesa; caracteres kana cursivos.
hirahira ひらひら adv adejante; tremulante; agitado. ～suru, v: esvoaçar; agitar; ondear ao vento.
hiraishin 避雷針 s para-raios.
hirakeru 開ける v 1 desenvolver-se; progredir. 2 abrir; inaugurar. 3 estender-se.
hiraki 開き s 1 diferença de tempo ou idade. 2 abertura. 3 fim, encerramento. お～ o～: fim de uma festa ou reunião.
hirakifū 開き封 s carta de envelope aberto.
hiraku 開く v 1 abrir. 門を～ mon o ～: abrir o portão. 2 começar; iniciar; inaugurar. 店を～ mise o ～: inaugurar uma loja. 3 abrir um caminho. 道を～ michi o ～: abrir uma estrada. 4 explorar; progredir; civilizar. 5 florir; desabrochar. 6 distanciar-se. 差が～ sa ga ～: abrir diferença.
hiramekasu 閃かす v fazer cintilar; fazer lampejar; fazer tremular.
hirameki 閃き s 1 lampejo. 2 clarão. 天才の～がある tensai no ～ga aru: ter lampejo de gênio. 3 tremulação.
hirameku 閃く v 1 flutuar. 2 reluzir. 3 surgir.
hiraoyogi 平泳ぎ s nado de peito.
hiratai 平たい adj 1 simples; comum. 2 liso. ～石 ～ishi: pedra lisa.
hirataku 平たく adv de forma achatada; simplesmente.
hirate 平手 s 1 mão aberta. 2 igualdade no jogo de shogi.
hiraya 平屋 s casa térrea.
hire 鰭 s barbatana.
hirei 比例 s proporção; relação.
hirei 非礼 s descortesia.
hireidaihyō 比例代表 s representação proporcional.
hirenzoku 非連続 s descontinuação.
hiretsu 卑劣 s ser servil; baixo; ignóbil.
hiri 非理 s absurdidade; irracionalidade. ～na, adj: irracional.
hirihiri ひりひり mim ardência de ferida; sabor da mostarda.

hiritsu 比率 s porcentagem; proporção.
hiro 尋 s braça; 1,8 m.
hirō 披露 s apresentação; anúncio; notícia. 開店～ kaiten～: anúncio da inauguração de loja.
hirō 疲労 s cansaço; esgotamento.
hiroba 広場 s praça; pátio.
hirobiro to 広々と adv amplo; espaçoso.
hirogari 広がり s extensão; o espraiar.
hirogaru 広がる v 1 aumentar. 2 espalhar-se. 3 estender-se; alargar-se.
hirogeru 広げる v alargar; ampliar; expandir; estender; abrir.
hiroi 広い adj espaçoso; vasto; extenso.
hiroiageru 拾い上げる v selecionar; apanhar.
hiroidasu 拾い出す v apanhar; tirar.
hiroimono 拾い物 s achado. 落し物～ otoshi～: achados e perdidos.
hiroiyomi 拾い読み s ler um livro por alto; leitura apenas de partes; ato de folhear e ler por cima.
hiroku 広く adv largamente; extensamente.
hiroma 広間 s sala grande.
hiromaru 広まる v alargar-se; propagar-se; espalhar-se.
hiromeru 広める v aumentar; alargar; divulgar; propagar.
hironri 非論理 s ilógico; não racional.
hirosa 広さ s tamanho; extensão; grandeza.
hirou 拾う v apanhar; escolher; selecionar; recolher.
hiru 昼 s 1 de dia. 2 meio-dia.
hiru 干る v 1 secar; desidratar. 2 refluxo; maré vazante.
hirugaeru 翻[飜]る v 1 mudar completamente. 2 ondular; tremular. 風に～ kaze ni～: tremular ao vento.
hirugaesu 翻[飜]す v 1 virar. 2 mudar. 3 desviar; esquivar. 4 desfraldar.
hirugaette 翻って expr ～考えるに ～kangaeru ni: considerando o assunto de um ângulo diferente.
hirui 比類 s ser paralelo; tipo ou espécie paralela.
hiruma 昼間 s durante o dia.
hirumae 昼前 s antes do meio-dia.
hirumeshi 昼飯 s almoço; refeição do meio-dia.
hirumu 怯む v vacilar.
hirune 昼寝 s sesta.
hirusugi 昼過ぎ s após o meio-dia.
hiruyasumi 昼休み s descanso do almoço; horário de almoço.
hiryō 肥料 s adubo; fertilizante.
hisai 被災 s sofrer um desastre ou catástrofe natural. ～者 ～sha: vítima de catástrofe.
hisaku 秘策 s plano secreto. ～を練る ～o neru: elaborar um plano secreto.
hisan 悲惨 s tragédia; desgraça.
hisan 飛散 s ato de espalhar-se ao vento.
hisashi 庇 s 1 toldo, marquise, alpendre. 2 pala do chapéu.
hisashiburi 久し振り s depois de muito tempo.
hisashii 久しい adj longo tempo.
hisashiku 久しく adv por longo tempo; por anos. ～ご ぶさた致しまして申し訳ありません ～gobusata itashimashite mōshiwake arimasen: desculpe-me não ter dado notícias por longo tempo.
hiseisanteki 非生産的 adj improdutivo.
hisen 卑賎 s condição humilde.

hisenron 非戦論 *s* pacifismo.
hishageru ひしゃげる *v* ficar achatado.
hishakōteki 非社交的 *adj* insociável.
hishaku 柄杓 *s* **1** concha para sopa. **2** caço.
hishigata 菱形 *s* losango.
hishihishi to 犇々と *adv* firmemente, vivamente, agudamente.
hisho 秘書 *s* secretário(a).
hisho 避暑 *s* veraneio.
hishō 費消 *s* consumo; gastar dinheiro.
hishokan 秘書官 *s* secretário.
hisō 悲壮 *s* heroicidade trágica.
hisohiso 密々 *adv* em segredo; sigilosamente.
hisoka 密か 〜*na*, *adj*: secreto; sigiloso.
hisomeru 潜める *v* **1** esconder. **2** silenciar. **3** ter algo escondido, sem ser revelado.
hisomeru 顰める *v* franzir as sobrancelhas.
hisomu 潜む *v* **1** ocultar. **2** esconder-se.
hisoyaka 密やか 〜*na*, *adj*: **1** quieto; calmo; sereno. 〜に流れる 〜*ni nagareru*: escorrer serenamente. **2** secreto.
hissageru 引っ提げる *v* **1** trazer na mão. **2** chefiar. **3** levantar um caso.
hisseki 筆跡(蹟) *s* caligrafia; escrita.
hissha 筆写 *s* transcrição da escrita.
hissha 筆者 *s* autor; escritor.
hisshi 必死 *s* **1** esforço extraordinário ou fenomenal. **2** morte inevitável.
hisshi 必至 *s* algo inevitável.
hisshi 筆紙 *s* papel e pincel.
hisshō 必勝 *s* vitória certa.
hisshūkamoku 必修科目 *s* matéria obrigatória a ser estudada num curso.
hissori(to) ひっそり(と) *adv* silenciosamente; calmamente.
hissu 必須 *s* ato de ser imprescindível ou indispensável.
hisuru 比する *v* comparar.
hisuru 秘する *v* guardar em segredo.
hitai 額 *s* testa.
hitaishō 非対称 *s* 〜の 〜*no*: assimétrico.
hitan 悲嘆[歎] *s* desgosto; amargura, tristeza profunda.
hitaru 浸る *v* **1** ser banhado; ser inundado. **2** entregar-se.
hitasu 浸す *v* **1** deixar de molho. **2** umedecer; molhar; embeber.
hitasura ひたすら *s* do fundo do coração. *adv* unicamente; somente. 彼女は〜泣くだけであった *kanojo wa 〜 naku dake de atta*: ela só chorava.
hitchū 必中 *s* ato de acertar no alvo.
hitei 否定 *s* negação.
hitetsukinzoku 非鉄金属 *s* metais não ferrosos.
hito 人 *s* **1** pessoa. **2** outras pessoas; outros; alguém; pessoa desconhecida. **3** mundo. **4** caráter das pessoas. **5** pessoa valiosa.
hito 費途 *s* item da despesa. *V shito* 使途.
hitoame 一雨 *s* aguaceiro; chuva passageira.
hitoanshin 一安心 *s* alívio; sossego.
hitoashi 一足 *s* **1** um passo. **2** um salto. **3** um segundo.
hitoban 一晩 *s* uma noite.
hitobarai 人払い *s* ato de solicitar que todos saiam de um local.

hitochigai 人違い *s* ato de confundir uma pessoa com outra.
hitodakari 人だかり *s* aglomerado de gente.
hitodanomi 人頼み *s* ato de estar sempre contando com as pessoas.
hitodasuke 人助け *s* obra de misericórdia; auxílio social.
hitode 人手 *s* **1** mão de obra. **2** ajuda alheia. **3** mão alheia.
hitode 人出 *s* afluência de pessoas.
hitodenashi 人でなし *s* monstro; pessoa cruel; animal em forma humana.
hitoe 一重 *s* uma camada.
hitoe ni 偏に *adv* **1** completamente; pura e simplesmente. **2** imensamente.
hitogara 人柄 *s* caráter; personalidade.
hitogiki 人聞き *s* ato de chegar ao ouvido das pessoas.
hitogirai 人嫌い *s* misantropia.
hitogoe 人声 *s* voz humana.
hitogokochi 人心地 *s* ato de sentir-se gente; ato de vir a si; voltar a si.
hitogomi 人込み *s* multidão.
hitogoroshi 人殺し *s* assassino; homicida.
hitoichibai 人一倍 *s* ato de ser fora do comum.
hitoiki 一息 *s* **1** pausa; descanso. **2** fôlego.
hitojichi 人質 *s* refém.
hitokado 一廉 *s* ato de ser um indivíduo importante; ser um homem/mulher feito(a).
hitokakae 一抱え *s* uma braçada.
hitokata naranu 一方ならぬ *adj* imenso; extraordinário; fora do comum.
hitokata narazu 一方ならず *adv* imensamente; extraordinariamente. 母親は〜喜んだ *hahaoya wa 〜 yorokonda*: a mãe ficou extraordinariamente contente.
hitokiwa 一際 *adv* de maneira notória, de maneira conspícua, marcadamente.
hitokko 人っ子 *s* uma alma viva.
hitokoro 一頃 *adv* **1** certo período de tempo. **2** de antes.
hitokoto 一言 *s* **1** uma palavra; palavrinhas. **2** resumo.
hitokuchi 一口 *s* uma bocada; uma dentada; um gole; uma garfada.
hitokui 人食い *s* antropofagia; ato de alimentar-se de carne humana.
hitomae 人前 *s* em público.
hitomaku 一幕 *s* um ato de peça teatral.
hitomane 人真似 *s* imitação.
hitomawari 一回り *s* **1** um giro; uma volta. **2** tamanho (maior ou menor). **3** um ciclo do zodíaco (12 anos).
hitomazu 一先ず *adv* de qualquer maneira; por enquanto; provisoriamente.
hitome[1] 一目 *s* **1** relance; vista rápida. **2** um ponto de tricô ou crochê. **3** uma malha; um nó.
hitome[2] 人目 *s* observação; atenção; ser visto; chamar a atenção dos outros.
hitomi 瞳 *s* pupila; menina dos olhos.
hitomōke 一儲け *s* obtenção de lucro.
hitomukashi 一昔 *s* uns tempos atrás; uma década atrás.
hitonaka 人中 *s* público.
hitonami 人波 *s* aglomeração; rio de gente.

hitonami 人並み *s* ser ordinário; ser comum.
hitonatsu(k)koi 人懐(っ)こい *adj* carinhoso; afetuoso; afável; amigável; sociável.
hitonigiri 一握り *s* um punhado.
hitonomi 一飲み *s* um gole.
hitoomoi ni 一思いに *adv* sem hesitação; resolutamente; de uma vez.
hitorashii 人らしい *adj* humano; decente. 〜行いをしない 〜*okonai o shinai*: não agir como um ser humano.
hitori 一人 *s* uma pessoa; só.
hitori 独り *s* 1 sozinho; solitário. 2 sem auxílio; a sós. 3 solteiro.
hitoriaruki 独り歩き *s* 1 ato de andar sozinho. 2 independência.
hitoriatari 一人当たり, **hitoriate** 一人当て *adv* por pessoa; *per capita*.
hitoribotchi 独りぼっち *s* sozinho; só.
hitoributai 独り舞台 *s* 1 único ator da peça. 2 estrela da peça. 3 sem rival.
hitoride ni 独りでに *adv* por si; sozinho; automaticamente.
hitorigaten 独り合点 *s* juízo apressado.
hitorigime 独り決め *s* decisão arbitrária.
hitorigurashi 独り暮らし *s* ato de viver ou morar só; vida solitária.
hitorihitori 一人一人 *adv* cada pessoa; um por um.
hitorikko 一人[独り]っ子 *s* filho único.
hitorimono 一人[独り]者 *s* solteiro.
hitorinokorazu 一人残らず *expr* todos; sem exceção. 彼らは〜新聞記者だ *karera wa* 〜 *shinbunkisha da*: eles são todos jornalistas.
hitoritabi 一人[独り]旅 *s* ato de viajar só.
hitorizutsu 一人宛 *s* um por um; um por vez. 〜入ってください 〜*haittekudasai*: por favor, entrem um de cada vez.
hitosashiyubi 人差指・食指 *s* dedo indicador.
hitosawagase 人騒がせ *s* alarme; sobressalto; escândalo.
hitoshii 等[均・斉]しい *adj* igual; semelhante; parecido.
hitoshiku 等しく *adv* igualmente; mesmo; em conjunto. 〜分配する 〜 *bunpai suru*: dividir igualmente.
hitoshio 一入 *adv* mais; ainda mais; especialmente; particularmente. 末子だから〜かわいい *suekko dakara* 〜 *kawaii*: por ser o filho mais novo, ele é especial.
hitoshirenu 人知れぬ *expr* secreto; desconhecido.
hitoshirezu 人知れず *expr* secretamente; sem ninguém saber.
hitosoroi 一揃い *s* um jogo completo; uma série ou uma coleção.
hitosuji 一筋 *s* 1 um traço; um fio; uma linha. 2 ato de concentrar-se em uma só atividade.
hitotamari 一たまり *s* 〜もなく 〜 *mo naku*: facilmente; sem resistência.
hitotoki 一時 *s* um curto período de tempo; um momento.
hitotonari 為人 *s* temperamento; caráter.
hitotōri 一通り *adv* 1 por alto; uma vista de olhos. 2 o principal; o fundamental. 3 ordinariamente; normalmente. 〜の教育 〜 *no kyōiku*: educação ordinária. 音楽についての〜の知識 *ongaku ni tsuite no* 〜 *no chishiki*: conhecimento fundamental de música.
hitotsu 一つ *s* 1 um; uma. 2 só; somente; unicamente. 3 qualquer; nada; nenhum.
hitotsubu 一粒 *s* um grão.
hitotsuhitotsu 一つ一つ *s* um por um.
hitotsukami 一掴み *s* um punhado.
hitotsuki 一月 *s* um mês.
hitotsuoki 一つ置き *s* um sim, um não; de modo alternado.
hitoyama 一山 *s* 1 um monte. 2 uma rima. 3 um filão.
hitoyama 人山 *s* uma multidão; muita gente.
hitoyasumi 一休み *s* descanso; intervalo.
hitozato 人里 *s* povoado; lugar habitado.
hitozute 人伝 *s* boato; ato de ouvir dizer.
hitsū 悲痛 *s* dor; pesar. 〜*na, adj*: triste; doloroso.
hitsudan 筆談 *s* conversa por escrito.
hitsudoku 必読 *s* leitura obrigatória.
hitsuji 羊 *s* carneiro; ovelha; cordeiro.
hitsujō 必定 *s* ato de ser mais que certo.
hitsujuhin 必需品 *s* artigos de primeira necessidade.
hitsujun 筆順 *s* ordem de escrita dos traços do *kanji*.
hitsuke 火付け *s* 1 instigação. 2 ato de acender fogo. 〜役 〜*yaku*: função de acender fogo; instigador.
hitsumei 筆名 *s* pseudônimo.
hitsumetsu 必滅 *s* mortalidade. 〜の 〜*no*: mortal.
hitsuyō 必要 *s* necessidade.
hitsuzen 必然 *s* inevitabilidade; necessidade.
hittakuru 引ったくる *v* roubar; arrancar; arrebatar.
hitteki 匹敵 *s* igualdade; estar à altura.
hittō 筆頭 *s* primeiro da lista.
hiun 非運 *s* desgraça; azar.
hiwai 卑猥 *s* obscenidade; indecência.
hiwari 日割り *s* 1 salário ou pagamento diário. 2 agenda ou programação/plano de trabalho.
hiya 冷や *s* 1 água fria. 2 saquê frio. 3 frio; gelado. 酒を〜で飲む *sake o* 〜 *de nomu*: beber saquê gelado. 〜飯 〜*meshi*: arroz frio.
hiyaase 冷汗 *s* suor frio de medo ou nervosismo.
hiyahiya 冷や冷や *adv* 1 preocupado; com medo. 2 frio.
hiyakashi 冷やかし *s* 1 brincadeira. 2 dar uma volta pelas lojas perguntando o preço dos produtos, sem comprar nada.
hiyakasu 冷やかす *v* 1 gracejar; brincar; caçoar; troçar. 2 entrar numa loja e não comprar nada.
hiyake 日焼け *s* bronzeamento da pele pelo sol; queimadura de sol.
hiyaku 飛躍 *s* 1 salto. 2 ato de saltar; mudar de um assunto para outro (sem lógica ou coerência).
hiyameshi 冷や飯 *s* arroz frio; boia-fria.
hiyamizu 冷や水 *s* água fria.
hiyari to 冷やりと *adv* 1 com frio. 2 com calafrios. 3 horrorizar-se.
hiyasu 冷やす *v* 1 esfriar; refrigerar; refrescar. 2 頭を〜: *atama o* 〜: acalmar-se.
hiyatoi 日雇い *s* trabalho contratado por dia.
hiyayaka 冷ややか *s* indiferença; frieza. 〜*na, adj*: ser frio.
hiyō 費用 *s* despesa; gasto.
hiyoke 日除け *s* toldo.
hiyoko 雛 *s* 1 filhote de ave; pinto. 2 novato; inexperiente.

hiyoku 肥沃 *s* fertilidade.
hiyori 日和 *s* **1** tempo. **2** tempo bom.
hiyorimi 日和見 *s* oportunismo.
hiyu 比喩 *s* alusão; figura; alegoria.
hiza 膝 *s* joelho.
hizakari 日盛り *s* calor forte; pleno dia.
hizamazuku 跪く *v* ajoelhar-se.
hizamoto 膝元 *s* **1** perto de si. **2** perto de uma pessoa.
hizarashi 日晒し *s* exposição ao sol; insolação. ～にする ～*ni suru*: expor ao sol.
hizashi 日差し *s* Sol; luz; raios do Sol.
hizō 秘蔵 *s* **1** ato de guardar como um tesouro. **2** favoritismo; predileção.
hizō 脾臓 *s Anat* baço.
hizoku 卑俗 *s* vulgaridade; grosseria.
hizoku 卑属 *s* descendente.
hizuke 日付け *s* data; dia, mês e ano.
hizukehenkōsen 日付変更線 *s* linha internacional da data.
hizume 蹄 *s* casco (cavalo, boi).
hizumi 歪み *s* **1** distorção. **2** deformação; desequilíbrio. 横～ *yoko*～: distorção lateral.
hizumu 歪む *v* torcer; deformar.
ho 帆 *s* vela.
ho 歩 *s* passo.
ho 穂 *s* **1** espiga. **2** ponta de lança. **3** revelação. ～に出る ～*ni deru*: ser revelado pelo olhar.
-ho -補 *suf* ～adjunto.
hō 方 *s* **1** direção; sentido; rumo. **2** área; lado. **3** lá; caso. **4** quadrado.
hō 法 *s* **1** lei; direito; código. **2** método; meio; sistema; técnica. **3** boas maneiras. **4** razão; direito. **5** doutrina budista. **6** *Gram* modo de conjugação verbal.
hō 頬 *s* bochecha.
hoan 保安 *s* manutenção da segurança e da ordem.
hōan 法案 *s* projeto de lei.
hobaku 捕縛 *s* captura; prisão.
hōbaru 頬張る *v* **1** encher a boca de alimento. **2** comer.
hobashira 帆柱・檣 *s* mastro.
hōben 方便 *s* subterfúgio.
hōbi 褒美 *s* prêmio.
hobo 保母[姆] *s* professora de jardim de infância.
hobo 略々 *adv* quase; mais ou menos; aproximadamente.
hōbō 方々 *s* diversos lados; vários modos; todos os lados.
hōboku 放牧 *s* pastagem.
hōbun 邦文 *s* escrito em japonês; língua japonesa. ～タイプライター ～*taipuraitā*: datilografia em japonês.
hōbun 法文 *s* **1** texto da lei. **2** faculdade de direito e letras.
hōchi 法治 *s* regime constitucional.
hōchi 報知 *s* aviso; informação; notícia.
hōchi 放置 *s* abandono.
hōchiku 放逐 *s* exílio; expulsão.
hochō 歩調 *s* passo; ritmo dos passos na hora de andar.
hōchō 包丁 *s* faca de cozinha.
hochōki 補聴器 *s* aparelho de audição.
hōdai 砲台 *s* forte. ～を築く ～*o kizuku*: construir um forte.
-hōdai -放題 *suf* à vontade; como bem entender.

食べ～の店 *tabe*～*no mise*: restaurante onde se come quanto quiser por um preço único.
hōdan 砲弾 *s* bala de canhão.
hōden 放電 *s* descarga elétrica.
hodo¹ 程 *s* **1** medida; grau. **2** limite. **3** distância. **4** tempo. **5** posição social. **6** estado de algo.
hodo² 程 *partícula* **1** aproximadamente; cerca de. **2** tanto que. **3** simplesmente. **4** propriamente dito. **5** tanto como. **6** quanto mais... melhor.
hodō 歩道 *s* calçada de pedestres.
hodō 補導 *s* orientação.
hōdō 報道 *s* divulgação; reportagem.
hodochikai 程近い *adj* perto; próximo.
hodokeru 解ける *v* **1** desarmar-se; desprender-se. **2** desaparecer a tensão.
hodokoshi 施し *s* esmola.
hodokosu 施す *v* **1** dar; doar. **2** executar. **3** ornar; enfeitar; decorar.
hodoku 解く *v* desamarrar; desatar.
hodonaku 程無く *adv* sem demora; daqui a pouco.
hodoyoi 程良い *adj* bom; ideal; apropriado; conveniente.
hodoyoku 程よく *adv* propriamente; moderadamente. ～飲食する ～*inshoku suru*: comer e beber moderadamente.
hōe 法会 *s* **1** sessão budista com sermão. **2** ofício funerário.
hōei 放映 *s* transmissão televisiva.
hoeru 吠[吼]える *v* **1** latir; rugir; urrar; bramir. **2** gritar; berrar.
hōfu 抱負 *s* ambição; plano.
hōfu 豊富 *s* abundância; fartura; riqueza.
hōfuku 報復 *s* vingança; retaliação.
hōga 萌芽 *s* germinação.
hōgai 法外 ～な, *adj*: exorbitante.
hōgaku 方角 *s* **1** direção. **2** suposição.
hōgaku 法学 *s* direito; jurisprudência.
hōgan 包含 *s* inclusão.
hogaraka 朗か ～な, *adj*: **1** límpido. ～な空 ～*na sora*: céu límpido. **2** alegre. ～な人 ～*na hito*: pessoa alegre.
hogei 捕鯨 *s* pesca de baleia.
hogeisen 捕鯨船 *s* baleeira.
hōgeki 砲撃 *s* bombardeio; ataque de artilharia pesada.
hōgen 方言 *s* **1** dialeto. **2** regionalismo.
hōgen 放言 *s* palavras ou expressões indiscretas.
hogo 反古 *s* **1** papel inutilizado. **2** coisas inúteis.
hogo 保護 *s* proteção; abrigo.
hogo 補語 *s Gram* complemento.
hōgo 邦語 *s* idioma ou língua japonesa.
hōgō 縫合 *s* sutura.
hogobōeki 保護貿易 *s* comércio protecionista.
hogosha 保護者 *s* responsável; pais; protetor; tutor.
hohei 歩兵 *s* soldado de infantaria.
hōhei 砲兵 *s* artilheiro.
hōhō 方法 *s* meio; método; modo; processo.
hohoemi 微笑み *s* sorriso.
hohoemu 微笑む *v* sorrir.
hōhōron 方法論 *s* metodologia.
hoi 補遺 *s* suplemento; apêndice de dicionário.
hon'i 本意 *s* verdadeira intenção; vontade.
hōi 方位 *s* **1** direção; pontos cardeais. **2** sorte ou azar, dependendo da direção.

hōi 包囲 s cerco; sítio.
hoiku 保育 s ato de cuidar e educar crianças.
hoikuen [jo] 保育園[所] s escola maternal.
hoji 保持 s conservação; manutenção; retenção.
hōji 法事 s ofício budista pelos defuntos.
hojikuru 穿る v cavar.
hōjin 邦人 s japoneses residentes fora do Japão.
hōjin 法人 s pessoa jurídica.
hōjinzei 法人税 s imposto de renda de pessoa jurídica.
hōjiru 奉じる v 1 trabalhar. 2 seguir. キリスト教を ～ *kirisutokyō o* ～: acreditar no cristianismo. 3 dedicar; oferecer.
hōjiru 報じる v 1 informar; comunicar. 2 pagar; retribuir.
hōjiru 焙じる v torrar.
hojo 補助 s 1 auxílio. 2 suplemento.
hōjo 幇助 s 1 ajuda. 2 cumplicidade.
hōjō 方丈 s 1 um *jo* (3,03 m) ao quadrado, aposento de quatro e meio tatames. 2 superior do templo.
hōjō 褒状 s menção honrosa; certificado de mérito. ～をもらう ～*o morau*: receber uma menção honrosa.
hōjō 豊饒 s fertilidade; produtividade.
hojokin 補助金 s subsídio.
hojū 補充 s algo complementar.
hōjū 放縦 s libertinagem.
hojūhei 補充兵 s reservista.
hōjuku 豊熟 s colheita abundante.
hōjutsu 砲術 s técnica de artilharia.
hoka 外・他 s 1 outro lugar. 2 além de. 3 outro.
hōka 放火 s incêndio provocado.
hōka 法科 s faculdade de direito.
hōka 放課 s término das aulas no dia a dia.
hōka 砲火 s fogo de artilharia.
hōka 邦貨 s moeda japonesa.
hōkai 崩壊[潰] s 1 ruína; desmoronamento. 2 desintegração.
hokaku 捕獲 s 1 captura. 2 apresamento.
hokan 保管 s guarda; conservação.
hokanaranu 外ならぬ *expr* não é nada mais que..., não é outra coisa senão... ～あなたの頼みだから尽力しましょう ～ *anata no tanomi dakara jinryoku shimashō*: como o pedido vem de você, vou me esforçar ao máximo para conseguir.
hōkatsu 包括 s abrangente.
hōkatsuteki 包括的 *adj* global.
hoken 保険 s 1 seguro. 2 abreviatura de 健康保険 *kenkō hoken*: seguro-saúde.
hoken 保健 s preservação da saúde.
hōken 封建 s feudalismo.
hokenkin 保険金 s dinheiro do seguro.
hokenryō 保険料 s prêmio do seguro.
hokenzuki 保険付き s ～の ～*no*: garantido. その時計は二十年の～だ *sono tokei wa nijū nen no* ～*da*: esse relógio tem 20 anos de garantia.
hoketsu 補欠 s 1 suprimento. 2 suplente; substituto.
hōki 法規 s lei; norma; regulamento.
hōki 放棄 s desistência; renúncia.
hōki 箒 s vassoura.
hōki 蜂起 s rebelião; revolta.
hokki 発起 s 1 iniciativa; lançamento. 2 resolução.
hokkoku 北国 s países do norte.
Hokkyoku 北極 s Polo Norte.

hoko 矛・鉾・戟 s pique; armas.
hokō 歩行 s ato de andar; caminhada.
hōkō 方向 s 1 direção; rumo. 2 carreira.
hōkō 奉公 s 1 ato de servir. 2 emprego; ato de trabalhar como aprendiz.
hōkō 放校 s expulsão da escola.
hōkō 芳香 s perfume; aroma; fragrância.
hōkō 咆哮 s berro; urro; rugido.
hōkōguchi 奉公口 s colocação; vaga de emprego.
hōkoku 報告 s informação; reportagem; relato.
hōkokusho 報告書 s relatório.
hōkōnin 奉公人 s criado; empregado.
hokorashige 誇らしげ *adj* ar de orgulhoso.
hokorashii 誇らしい *adj* triunfante; orgulhoso.
hokori 埃 s poeira; pó.
hokori 誇り s dignidade; orgulho.
hokorobaseru 綻ばせる v 1 sorrir. 2 desabrochar.
hokorobi 綻び s descosedura.
hokorobiru 綻びる v 1 sorrir. 2 desabrochar. 3 descoser-se.
hokoru 誇る v 1 vangloriar-se. 2 sentir orgulho.
hokosaki 鋒先 s 1 ponta de lança. 2 alvo de ataque.
hokōsha 歩行者 s pedestre.
hōkōtenkan 方向転換 s mudança de rumo.
hokubu 北部 s região norte.
hokui 北緯 s latitude norte.
hokuro 黒子 s pinta; sinal na pele.
hokusoemu ほくそ笑む v ficar contente; rir secretamente (às escondidas).
hokyō 補強 s reforço.
hokyō 豊凶 s colheita boa ou ruim. ～係数 ～*keisū*: coeficiente de colheita boa ou ruim.
hokyū 補給 s fornecimento; abastecimento.
hōkyū 俸給 s salário; pagamento.
hōkyūseikatsusha 俸給生活者 s trabalhador assalariado.
homaesen 帆前船 s barco à vela. *Sin* **hansen** 帆船.
hōman 放漫 s relaxamento; desleixo.
hōman 豊満 ～*na*, *adj*: 1 corpulento. 2 cheia de corpo.
homare 誉れ s 1 honra; glória. 2 fama; reputação.
hōmatsu 泡沫 s bolha; espuma. *adj* fugaz; transitório; efêmero.
hōmeibo [roku] 芳名簿[録] s lista de nomes (de visitas).
homemono 褒め者 s pessoa que é sempre elogiada pelos feitos e habilidades. あの子は近所の～だ *ano ko wa kinjo no* ～*da*: aquela criança é sempre alvo de elogios na vizinhança.
hōmen 方面 s 1 área; ramo. 2 lado; direção.
hōmen 放免 s 1 libertação. 2 absolvição. ～*suru*, *v*: libertar; soltar.
homeru 褒める v elogiar.
homo ホモ (*abrev* do *ingl* homossexual) s 1 homossexual. 2 homogeneização. ～牛乳 ～*gyūnyū*: leite homogeneizado.
hōmō 法網 s malhas da justiça.
hōmon 訪問 s visita.
hōmonsha [kyaku] 訪問者[客] s visita; visitante.
hōmu 法務 s assuntos jurídicos.
hōmu ホーム s 1 (*abrev* do *ingl* platform) plataforma. 2 *Beis* base. 3 (*ingl* home) lar; casa.
hōmuru 葬る v 1 enterrar; sepultar. 2 abafar; encobrir.

hon 本 *s* 1 livro. 2 verdadeiro; autêntico.
hon- 本- *pref* 1 meu; nosso. 2 este; presente.
-hon -本 *suf* numeral para contagem de objetos longos e finos; numeral para contagem de filmes; telas de pintura; rolos; numeral para contagem de lutas de judô.
hon'an 本案 *s* presente projeto.
hon'an 翻案 *s* adaptação.
honba 本場 *s* 1 local de origem. 2 centro produtor. 3 *Econ* sessão da manhã na bolsa de valores.
honbako 本箱 *s* armário de livros.
honbamono 本場物 *s* produto autêntico.
honban 本番 *s* representação; apresentação com espectadores. ぶっつけ～ *buttsuke* ～: apresentação com espectadores sem treino prévio.
honbu 本部 *s* matriz; central; sede; quartel-general.
honbun 本分 *s* dever; obrigação.
honbun 本文 *s* corpo do texto; texto original; este texto.
hondai 本題 *s* tema; assunto principal.
hondai 本代 *s* preço do livro; dinheiro para os livros.
hondana 本棚 *s* estante de livros.
hondo 本土 *s* 1 pátria. 2 território principal de uma nação.
hone 骨 *s* 1 osso; espinha. 2 armação; estrutura. 3 ânimo; energia; fibra. 4 trabalho.
honegumi 骨組み *s* 1 esqueleto; constituição física. 2 estrutura. 3 esboço.
honemi 骨身 *s* o corpo e os ossos. ～にしみる寒さ ～*ni shimiru samusa*: frio penetrante.
hōnen 豊年 *s* ano de fartura; ano de boa colheita.
honenuki 骨抜き *s* 1 desossamento. 2 emasculação. 3 enfraquecimento; moleza.
honeori 骨折り *s* esforço; trabalho.
honeorizon 骨折り損 *s* esforço inútil; trabalho perdido.
honeoru 骨折る *v* matar-se; esforçar-se; sacrificar-se.
honeoshimi 骨惜しみ *s* ato de trabalhar poupando-se; ato de trabalhar com pouca vontade.
honetsugi 骨接ぎ *s* ato de reduzir fraturas e luxações.
honeyasume [yasumi] 骨休め[休み] *s* descanso; folga; repouso.
hongen 本源 *s* origem; fonte; princípio.
hongetsu 本月 *s* este mês. ～号 ～*gō*: edição do corrente mês.
hongi 本義 *s* 1 verdadeiro sentido; significação original. 2 princípio básico.
hongimari 本決まり *s* decisão final; decisão definitiva.
hongoku 本国 *s* país de origem.
hongoshi 本腰 *s* ato de trabalhar a sério; agir a sério.
hongyō 本業 *s* ocupação principal; profissão.
hon'i 本位 *s* 1 posição primitiva. 2 prioridade; medida; critério; padrão.
hon'i 本意 *s* vontade; intenção verdadeira.
hon'i 翻意 *s* ato de mudar de ideia.
hō-Nichi 訪日 *s* visita ao Japão.
hōnin 放任 *s* não interferência; ato de dar carta branca.
hōninshugi 放任主義 *s* princípio da não interferência.
hon'isei 本位制 *s* sistema padrão. 単～ *tan*～: monometalismo.

honjitsu 本日 *s* hoje; presente dia.
honka 本科 *s* 1 este curso. 2 curso normal ou regular.
honkaigi 本会議 *s* 1 reunião ou assembleia geral. 2 esta sessão. 3 sessão plenária. 議案を～にかける *gian o* ～*ni kakeru*: submeter um projeto à sessão plenária.
honkaku 本格 *s* autenticidade.
honkakuteki 本格的 *adj* genuíno; verdadeiro; autêntico.
honkan 本館 *s* prédio ou pavilhão central; este prédio.
honke 本家 *s* 1 principal do tronco familiar. 2 fundador da linhagem; origem da linhagem. 3 sede; matriz.
honkeiyaku 本契約 *s* contrato ou acordo formal.
honken 本件 *s* este caso; assunto em questão.
honki 本気 *s* seriedade.
honkoku 翻刻 *s* reimpressão; reprodução.
honkyo 本拠 *s* base ou sede do trabalho; quartel-general.
honmatsu 本末 *s* essencial e secundário; meio e fim.
honmō 本望 *s* 1 alegria; satisfação. 2 grande desejo; sonho de vida.
honmono 本物 *s* 1 algo genuíno, verdadeiro, autêntico. 2 objeto ou produto de boa qualidade.
honmyō 本名 *s* nome verdadeiro.
honne 本音 *s* intenção verdadeira; real pensamento.
honnin 本人 *s* própria pessoa.
honno ほんの *adj* apenas; somente; só.
honnō 本能 *s* instinto dos animais.
honnori(to) ほんのり(と) *adv* levemente; ligeiramente.
hōnō 奉納 *s* oferenda ao templo.
honobono to 仄々と *adv* vagamente; indistintamente. ～明けゆく空 ～*akeyuku sora*: o amanhecer vago do céu. ～とした気持になる ～*to shita kimochi ni naru*: sentir-se enternecido.
honoka 仄か ～*na, adj*: indefinido; obscuro; vago.
honoka ni 仄かに *adv* fracamente; vagamente; indistintamente. その事は～知っている *sonokoto wa* ～ *shitteiru*: estou a par desse assunto vagamente.
honomekasu 仄めかす *v* insinuar; sugerir; aludir.
honoo 焔・炎 *s* chama; labareda.
honpō 奔放 ～*na, adj*: extravagante; selvagem; libertino.
honrai 本来 *adv* 1 originariamente; inicialmente. 2 naturalmente. 3 normalmente. *V ganrai* 元来.
honron 本論 *s* 1 tema principal; questão principal. 2 este tema; este assunto.
honryō 本領 *s* feudo; natureza substancial.
honryū 奔流 *s* corrente rápida; torrente.
honseki 本籍 *s* domicílio oficial; residência fixa.
honsen 本線 *s* 1 linha principal da rede ferroviária. 2 esta linha ferroviária.
honsha 本社 *s* 1 templo xintoísta principal. 2 esta empresa; a sede da firma.
honshi 本旨 *s* objetivo principal.
honshiki 本式 *s* estilo tradicional; estilo clássico.
honshin 本心 *s* 1 verdadeira intenção; o que sente o coração de verdade. 2 juízo; tino.
honshitsu 本質 *s* essência; valor intrínseco.
honshō 本性 *s* 1 verdadeiro caráter; temperamento nato. 2 juízo.

honshoku 本職 *s* **1** ocupação principal. **2** este ministério; esta secretaria.
honsō 奔走 *s* **1** correria; pressa. **2** dedicação.
honten 本店 *s* **1** loja matriz ou principal ou central. **2** esta loja; este estabelecimento.
hontō 本当 *s* **1** verdade; fato. **2** muito. **3** exato; adequado. **4** genuíno; autêntico.
hontōrashii 本当らしい *adj* provável; plausível; enganoso. いかにも～ *ikanimo* ～: como se fosse verdade.
hon'ya 本屋 *s* livreiro; livraria.
hon'yaku 翻訳 *s* tradução; versão.
honyū 哺乳 *s* lactação; amamentação; aleitamento.
honyūdōbutsu 哺乳動物 *s* animal mamífero.
honzō 本草 *s* plantas; ervas; ervas medicinais.
honzōgaku 本草学 *s* botânica; fitologia.
hōō 法王 *s* papa; santo padre.
hoon 保温 *s* conservação do calor.
hōon 報恩 *s* gratidão; reconhecimento.
hora 法螺 *s* exagero; gabarolice; presunção; bazófia. ～吹き ～*fuki*: bazofiador.
hora ほら *interj* olhe!; olha!; veja!
hōratsu 放埓 *s* devassidão; desregramento.
hōrei 法令 *s* lei; norma; regra; estatuto.
hōrei 法例 *s* legislação regulamentadora da aplicação das leis.
horeru 惚れる *v* **1** apaixonar-se. **2** admirar; ficar fascinado.
hori 彫り *s* gravura; estampa; escultura.
horidashimono 掘出し物 *s* tesouro encontrado; objeto achado valioso.
horidasu 掘り出す *v* desenterrar; exumar; extrair.
hōridasu 抛[放]り出す *v* **1** lançar; atirar; jogar para fora. **2** arremessar. **3** desistir; renunciar. **4** expulsar. **5** desfazer-se de algo.
horimono 彫り物 *s* escultura.
hōritsu 法律 *s* lei.
hōritsujō 法律上 *s* legalmente; do ponto de vista legal.
hōrō 放浪 *s* vadiagem; vagabundagem.
hōrō 琺瑯 *s* esmalte.
horobiru 滅びる *v* perecer; entrar em decadência.
horobosu 滅ぼす *v* arruinar; destruir; aniquilar; exterminar. 敵を～ *teki o*～: destruir o inimigo.
horu 彫る *v* **1** gravar; esculpir. **2** tatuar.
horu 掘る *v* **1** cavar. **2** desenterrar; escavar; extrair do solo.
hōru 放る *v* **1** atirar; lançar. **2** desistir; abandonar. **3** não ligar; não fazer caso.
horyo 捕虜 *s* prisioneiro de guerra.
horyū 保留 *s* com reservas; suspensão; pendência.
hōsaku 豊作 *s* boa colheita.
hōsaku 方策 *s* esquema; estratagema.
hosei 補正 *s* revisão; emenda.
hōsei 法制 *s* **1** legislação; leis. **2** sistema legal.
hōseki 宝石 *s* joia; pedra preciosa.
hōsha 放射 *s* radiação.
hōshajō 放射状 *s* actinomorfo; que apresenta forma radial.
hoshaku 保釈 *s* penhor; garantia; caução; fiança; liberdade provisória.
hōshanō 放射能 *s* radioatividade.
hōshasei 放射性 *s* qualidade radiativa.
hōshasen 放射線 *s* raios radioativos.

hoshi 星 *s* **1** estrela. **2** asterisco. **3** pinta; mancha. **4** vitória; pontos. **5** criminoso. **6** destino; sorte. **7** astro; pessoa eminente.
hōshi 奉仕 *s* **1** serviço. **2** auxílio; ajuda. **3** desconto.
hoshidara 干し鱈 *s* bacalhau seco ou desidratado.
hoshigaru 欲しがる *v* querer; desejar; ansiar.
hoshii 欲しい *adj* **1** desejar; ter vontade de. **2** necessitar; precisar. **3** querer.
hōshiki 方式 *s* modelo; fórmula; estilo.
hoshimono 干し物 *s* algo para secar; roupas para secar.
hōshin 方針 *s* **1** orientação; rumo. **2** agulha magnética. *V* **jishin** 磁針.
hoshiniku 干し肉 *s* carne-seca; carne desidratada.
hoshō 歩哨 *s* sentinela.
hoshō 保証 *s* penhor; garantia.
hoshō 保障 *s* segurança.
hoshō 補償 *s* recompensação.
hoshō 報償 *s* compensação; remuneração. ～金 ～*kin*: dinheiro da compensação.
hoshōkin 保証金 *s* depósito de fiança.
hoshōkin 補償金 *s* dinheiro da compensação.
hōshoku 奉職 *s* emprego; função.
hōshoku 飽食 *s* fartura.
hoshōnin 保証人 *s* fiador.
hoshōtsuki 保証付き *s* com garantia.
hoshu 保守 *s* **1** conservadorismo. **2** manutenção de máquinas e equipamentos.
hoshū 補習 *s* lições suplementares.
hoshū 補修 *s* conserto; reparo.
hōshū 報酬 *s* remuneração; gratificação.
hoshushugi 保守主義 *s* conservadorismo.
hōshutsu 放出 *s* **1** liberação; emissão. **2** entrega; ato de pôr à venda.
hosō 舗装 *s* pavimentação.
hōsō 包装 *s* embalagem; empacotamento.
hōsō 放送 *s* transmissão televisiva ou radiofônica.
hōsō 疱瘡 *s* varíola.
hosoboso 細々 *adv* fino; muito estreito; muito pobre.
hosoi 細い *adj* **1** fino; delgado. **2** estreito. **3** fraco. **4** débil; tênue.
hosoku 補足 *s* complemento; suplemento.
hosoku 捕捉 *s* captura.
hosoku 細く *adv* fino. ～*suru*, *v*: afinar.
hosonagai 細長い *adj* longo e estreito; oblongo.
hosoru 細る *v* **1** encolher; diminuir. **2** emagrecer.
hossa 発作 *s* ataque; acesso; espasmo.
hossateki 発作的 *adj* convulsivo; espasmódico.
hossoku 発足 *s* começo; inauguração. 正しい～ *tadashii* ～: começo certo.
hossuru 欲する *v* desejar; querer.
hosu 干[乾]す *v* **1** secar; enxugar. **2** esvaziar. **3** beber tudo.
hōsui 放水 *s* **1** drenagem; saída de água. **2** ato de lançar ou atirar água.
hōsuiro 放水路 *s* canal de drenagem; agueira.
hōtai 包[繃]帯 *s* atadura, bandagem.
hotaru 蛍螢 *s Entom* vaga-lume, pirilampo.
hōtei 法廷 *s* corte; tribunal; sala de audiência.
hōtei 法定 *s* legalidade. ～の ～*no*: legal; estatutário; estabelecido por lei.
hōteishiki 方程式 *s Mat* equação.
hōteki 法的 *adj* legal. ～には ～*ni wa*: legalmente.

hoten 補填 *s* compensação; suplemento.
hōten 法典 *s* código de leis.
hoteru ホテル (*ingl hotel*) *s* hotel.
hoteru 火照る *v* sentir calor; afoguear; enrubescer.
hōtō 放蕩 *s* dissipação; libertinagem; desregramento.
hotobori 熱り・余熱 *s* 1 calor remanescente. 2 restos de entusiasmo, excitação, nervosismo, febre.
hotoke 仏 *s* 1 Buda. 2 imagem do Buda. 3 o morto; o falecido.
hotondo 殆ど *adv* quase; aproximadamente; mais ou menos; por volta de.
hottan 発端 *s* origem; gênese; começo; início.
hottategoya 掘っ建て小屋 *s* cabana; barraca; choupana; choça.
hōtteoku 放って置く *v* negligenciar; deixar a pessoa ou a coisa como está; deixar só.
hoyō 保養 *s* preservação da saúde; recuperação após doença; recreação; relaxamento.
hōyō 法要 *s* culto budista; culto em memória do falecido. *V* **hōji** 法事.
hōyō 抱擁 *s* abraço.
hoyū 保有 *s* posse; retenção; ato de reter como se fosse objeto próprio.
hozeisōko 保税倉庫 *s* armazém da alfândega.
hozen 保全 *s* integridade; preservação; conservação; manutenção.
hozon 保存 *s* preservação; conservação; armazenagem.
hyakkajiten 百科辞典 *s* enciclopédia.
hyakkaten 百貨店 *s* loja de departamentos.
hyaku 百 *s* cem.
hyakushō 百姓 *s* agricultor; camponês; trabalhador do campo; caipira.
hyō 表 *s* tabela; quadro; diagrama; rol; gráfico.
hyō 俵 *s* saco feito de cordas de palha para embalar cereais.
hyō 票 *s* voto. *V* **tōhyō** 投票.
hyō 雹 *s* granizo; pedra de granizo; tempestade de granizo.
hyō 豹 *s* leopardo; pantera.
hyōban 評判 *s* crítica; fama; reputação; opinião do mundo sobre um certo assunto; popularidade; boato.
hyōbō 標榜 *s* almejamento. ～*suru*, *v*: declarar publicamente; afirmar; adotar uma plataforma ou lema.
hyōchaku 漂着 *s* ato de chegar numa praia à deriva pelas correntes marítimas.
hyōdai 表[標]題 *s* título; legenda.
hyōdo 表土 *s* solo superficial; camada mais superficial do solo.
hyōga 氷河 *s* geleira.
hyōgen 表現 *s* expressão; representação; manifestação.
hyōgi 評議 *s* conferência; discussão; deliberação.
hyōgiin 評議員 *s* conselheiro de comissão ou junta de curadores.
hyōgo 標語 *s* lema.
hyōhaku 漂白 *s* branqueamento; descoramento; descorante.
hyōhen 豹変 *s* mudança repentina.
hyōhon 標本 *s* 1 espécime. 2 amostra. 3 exemplo.
hyoi to ひょいと *adv* repentinamente; casualmente; acidentalmente; levemente.
hyōji 表示 *s* indicação; expressão; demonstração; manifestação.
hyōjō 表情 *s* expressão; olhar.
hyōjun 標準 *s* padrão; norma; critério; padrão de comparação; medida; nível.
hyōjungata 標準型 *s* tipo padrão.
hyōjunji 標準時 *s* horário de Greenwich; hora-padrão.
hyōka 評価 *s* avaliação; estimativa; classificação.
hyōketsu 氷結 *s* congelamento.
hyōketsu 票決 *s* voto; decisão por votação.
hyōketsu 評決 *s* veredito; decisão; conceito ou juízo emitido sobre algo.
hyōki 表記 *s* declaração pública; ato de mencionar na capa.
hyōkin 剽軽 *s* comicidade. ～*na*, *adj*: engraçado; brincalhão; cômico; divertido.
hyokkuri ひょっくり *adv* inesperadamente; repentinamente; acidentalmente; casualmente.
hyōkō 標高 *s* altitude em relação ao nível do mar.
hyōmei 表明 *s* expressão; demonstração; manifestação.
hyōmen 表面 *s* superfície; face; anverso; parte externa; aparência.
hyōmenka 表面化 *s* ～*suru*, *v*: pôr-se em evidência; revelar; vir à tona.
hyōri 表裏 *s* 1 dentro e fora; reverso e anverso. 2 os dois lados.
hyōrō 兵糧 *s* 1 provisão (militar). 2 alimento.
hyorohyoro ひょろひょろ *mim* 1 cambaleante; vacilante. 2 magricela.
hyōron 評論 *s* crítica; revisão; comentário; comentário editorial.
hyōronka 評論家 *s* crítico; comentarista.
hyōryū 漂流 *s* ato de derivar; ato de flutuar; ato de ficar à deriva.
hyōsetsu 剽窃 *s* pirataria; plágio.
hyōshi 拍子 *s* 1 tempo; ritmo; medida-padrão de tempo musical. 2 oportunidade; momento.
hyōshi 表紙 *s* capa; cobertura; encadernação.
hyōshiki 標識 *s* marca; sinal; facho; farol; guia.
hyōshō 表象 *s* 1 representação; ideia. 2 símbolo; emblema.
hyōshō 表彰 *s* premiação; honraria; elogio; louvor.
hyōsū 票数 *s* número de votos; força do voto.
hyōsuru 表する *v* expressar; demonstrar; manifestar; parabenizar.
hyōsuru 評する *v* criticar; comentar.
hyōtan 瓢箪 *s Bot* cucúrbita; cabaça.
hyōteki 標的 *s* alvo; mira.
hyōten 氷点 *s* ponto de congelamento.
hyotto ひょっと *adv* acaso; por acaso; casualmente.
hyōzan 氷山 *s* montanha de gelo flutuante; *iceberg*.

i

i 井 *s* poço. *V* **ido** 井戸.
i 異 *s* algo que difere, que tem um ponto incomum. ～を立てる ～*o tateru*: fazer objeção a algo. *adj* estranho, raro, misterioso. ～なことを言うようだが ～*na koto o iu yō da ga*: talvez seja estranho dizer-lhe isso, mas...
i 意 *s* **1** sentimento, pensamento, mente, cuidado. ～に介する ～*ni kai suru*, *v*: prestar atenção. ～に介さない ～*ni kaisanai*: não se importar. **2** gosto, afeição. ～に適する ～*ni tekisuru*: ser adequado para. ～を迎える ～*o mukaeru*, *v*: aceitar o outro. **3** intenção, inclinação, vontade. 自分の～のままにする *jibun no*～*no mama ni suru*: fazer a própria vontade. ～に従う ～*ni shitagau*: submeter-se à vontade (de alguém). **4** significado. *V* **igi** 意義, **imi** 意味.
i 衣 *s* vestimenta, roupa, traje. *V* **ifuku** 衣服.
i 医 *s* medicina.
i 偉 *s* grandeza, importância, dignidade. ...は～とするに足り ...*wa* ～*to suru ni taru*: é digno de admiração que...
i 夷 *Hist* bárbaro (povo do norte, invasor do Império Romano do Ocidente).
i 胃 *Anat* estômago.
-i -位 *suf* lugar, posição, colocação. (競技で)一～になる (*kyōgi de*) *ichi*～*ni naru*: ficar em primeiro lugar na competição.
iahōn イアホーン (*ingl earphone*) *s* fone de ouvido.
iai 遺愛 *s* relíquia.
ian 慰安 *s* **1** consolo, conforto. ～*suru*, *v*: consolar. 宗教に～を求める *shūkyō ni* ～*o motomeru*: buscar consolo na religião. **2** recreação, divertimento, distração. ～会 ～*kai*: festa de recreação.
iateru 射当てる *v* acertar o alvo.
iatsu 威圧 *s* repressão, coerção, autoritarismo. ～*suru*, *v*: coagir.
iatsuteki 威圧的 ～*na*, *adj*: repressivo, coercivo, autoritário.
iawaseru 居合わせる *v* coincidir (calhar) de estar no local, estar presente.
ibara 茨・荊・棘 *s* espinheiro. ～の道 *no michi*: caminho espinhoso, árduo.
ibaru 威張る *v* vangloriar-se, envaidecer-se, ensoberbecer-se.
ibasho 居場所 *s* lugar onde se está, paradeiro. *V* **idoko(ro)** 居所.
ibiki 鼾 *s* ronco. ～をかく ～*o kaku*: roncar.
ibiru いびる *v pop* maltratar, infligir maus tratos.
ibitsu 歪 *s* distorção, torcedura, deformidade. ～になる ～*ni naru*: entortar, deformar.
ibo 疣 *s Med* verruga, pápula. ～ができる ～*ga dekiru*: ter (nascer) uma verruga. *Zool* ～足 ～*ashi*: parápodes. *Bot* protuberância, verruga. きゅうりの～ *kyūri no* ～: verruga do pepino.
ibo 異母 *s* madrasta. ～姉妹 ～*shimai*: irmãs nascidas de mães diferentes.
ibu 胃部 *s* região gástrica. ～の ～*no*, *adj*: gástrico.
ibu 慰撫 *s* ato de acalmar, tranquilizar. ～*suru*, *v*: acalmar, apaziguar, tranquilizar.
ibukashii 訝しい *adj* duvidoso, em que não se pode confiar. ～顔をする ～*kao o suru*: expressar desconfiança.
ibuki 息吹 *s* sopro, brisa, viração. 春の～ h*aru no* ～: sopro da primavera. 青春の～ *seishun no* ～: sopro (energia) da juventude.
ibukuro 胃袋 *s* estômago, barriga, ventre, pança.
ibun 異聞 *s* um estranho rumor, um boato curioso, interessante.
ibuningu(doresu) イブニング(ドレス) (*ingl evening dress*) *s* vestido (traje) para noite.
ibunshi 異分子 *s* forasteiro, elemento estranho.
iburu 燻る *v* soltar fumaça, fumegar, ficar esfumaçado.
ibushi 燻し *s* fumigação, defumação, oxidação (para metais).
ibushigin 燻し銀 *s* prata oxidada, prata coberta de pátina.
ibusu 燻す *v* defumar, fumigar. 肉を～ *niku o* ～: defumar a carne. 蚊を～ *ka o* ～: espantar os pernilongos usando fumaça.
ibutsu 異物 *s* uma substância (corpo) estranha.
ibutsu 遺物 *s* relíquia, ruínas.
ibyō 胃病 *s* doenças gástricas.
ichatsuki いちゃつき *s* agarração, agarramento.
ichatsuku いちゃつく *v pop* (o casal) estar agarradinho, acariciar-se.
ichi 一 *s* um. 第～ *dai*～: primeiro. ～を聞いて十を知る ～*o kiite jū o shiru*: entender rapidamente, com muita facilidade.
ichi 市 *s* mercado, feira.
ichi 位置 *s* **1** lugar, localização, posição. 建物の～ *tatemono no* ～: localização do prédio. ～について ～*ni tsuite*: todos a postos. ～*suru*, *v*: ficar situado. **2** posição, situação hierárquica, social,

grau, posto. あの人は課長の〜にある *ano hito wa kachō no 〜ni aru*: ele ocupa a posição de chefe de seção. 相手の〜に身をおいて考える *aite no 〜ni mi o oite kangaeru*: colocar-se na situação do outro (para compreendê-lo).

ichian 一案 *s* uma ideia, um plano.

ichiba 市場 *s* mercado. 魚(青物)〜 *uo (aomono)* 〜: mercado de peixe (verduras e frutas).

ichibai 一倍 *s* **1** medida equivalente, a medida em si, multiplicado por um. **2** antigamente, duas vezes a medida ou o dobro.

ichiban 一番 *adv* **1** experimentar, tentar. これを〜やってみよう *kore o 〜 yattemiyō*: vou tentar fazer isto. **2** o mais, o melhor, o maior. 〜早い〜 *hayai*: o mais rápido. 風邪には睡眠が〜だ *kaze ni wa suimin ga 〜da*: o repouso é o melhor remédio para a cura da gripe. 〜好きだ〜 *suki da*: é o que mais gosto.

ichiban 一番 *s* **1** o número um, o primeiro. 〜星 〜*hoshi*: a primeira estrela. 〜で合格する 〜*de gōkaku suru*: passar em primeiro lugar. **2** só uma partida ou só um jogo. チェスを〜やる *chesu o 〜 yaru*: vou jogar xadrez só uma vez. 〜勝負 〜*shōbu*: (decidir) num só desafio. **3** uma parte, uma estrofe.〜の歌詞 〜*no kashi*: uma canção que só tem a primeira estrofe.

ichibetsu 一別 *s* separação, despedida. 〜以来 〜*irai*: desde que nos encontramos pela última vez, desde nossa despedida.

ichibetsu 一瞥 *s* espiada, olhadela, ato de olhar de relance. 〜*suru*, *v*: dar uma espiada, olhar de relance.

ichibi 市日 *s* dia de feira.

ichibō 一望 *s* ter uma vista total num só relance. 〜千里の海原 〜*senri no unabara*: a vastidão sem fim da vista do oceano.

ichibu 一分 *s* **1** um décimo ou um por cento. **2** o mínimo, a menor parte. 〜のすきもない 〜*no suki mo nai*: não faltar nada, ser completo, estar perfeito.

ichibu 一部 *s* **1** uma parte, um pedaço. 〜の人は反対している 〜*no hito wa hantai shiteiru*: uma parte das pessoas é contra. **2** um exemplar (de um livro).

ichibubun 一部分 *s V* **ichibu** 一部.

ichibushijū 一部始終 *s* do começo ao fim, de cabo a rabo, todos os detalhes. 身の上の〜を語る *mi no ue no 〜o kataru*: contar a história de sua vida do início ao fim.

ichida 一駄 *s* carga (de madeira) para cavalos.

ichidai 一代 *s* **1** uma vida (inteira), uma geração. 〜でその店はつぶれた 〜*de sono mise wa tsubureta*: essa loja faliu na primeira geração. **2** época, tempo, período. 〜の英雄 〜*no eiyū*: herói de uma época.

ichidai- 一大- *pref* um(a) grande, uma enorme.〜発見〜*hakken*: uma grande descoberta.

ichidaiji 一大事 *s* algo muito importante. 人生の〜 *jinsei no* 〜: o fato (coisa) mais marcante da vida. すわ〜*suwa*〜: meu Deus, isto é uma emergência!

ichidaiki 一代記 *s* biografia, história da vida de uma pessoa.

ichidan 一団 *s* grupo, bando, gangue.

ichidan 一段 *s* um degrau, categoria, grau. 階段を〜ずつ登る *kaidan o 〜zutsu noboru*: subir a escada um degrau de cada vez. 彼は私より〜高い地位にいる *kare wa watashi yori 〜 takai chii ni iru*: ele está num grau superior a mim. **2** muito, bem mais, notavelmente. 〜魅力的になる 〜*miryokuteki ni naru*: tornar-se muito mais atraente. **3** parágrafo, pequena passagem do texto. 小説の〜を語る *shōsetsu no 〜o kataru*: narrar um trecho do romance.

ichidan- 一段- *pref* avulso. 〜歯車装置 〜*haguruma sōchi*: engrenagem avulsa.

ichidanraku 一段落 *s* um parágrafo, uma parte do trabalho.これで仕事も〜ついた *korede shigoto mo 〜 tsuita*: assim terminamos uma parte do trabalho.

ichido 一度 *s* **1** uma vez. 一生に〜 *isshō ni 〜*: uma vez na vida. 〜きり 〜*kiri*: só uma vez. **2** de uma vez, ao mesmo tempo, simultaneamente. 〜に二つのことをする 〜*ni futatsu no koto o suru*: fazer duas coisas ao mesmo tempo. 〜にビールを五本飲んだ 〜*ni bīru no gohon nonda*: tomou cinco garrafas de cerveja de uma vez. **3** um grau. 気温が〜さがった *kion ga 〜 sagatta*: a temperatura abaixou um grau.

ichidō 一同 *s* todos (pertencentes ao grupo). 社員〜 *shain*〜: todos os funcionários da firma. 家族〜 *kazoku* 〜: a família toda.

ichidoki ni 一時に *adv* de uma vez, ao mesmo tempo. *V* **ichido** 一度.

ichien 一円 *s* **1** todo(a), toda região. 九州〜に *Kyūshū 〜ni*: em toda ilha de Kyushu. **2** um iene.

ichigai ni 一概に *adv* indiscriminadamente, juntando tudo, sem distinção, como uma coisa só, sem nenhuma reserva. 彼が無実かどうかは〜言えない *kare ga mujitsu ka dōka wa〜ienai*: não posso afirmar precipitadamente se ele é inocente ou não.

ichigan 一眼 *s* **1** um só olho. **2** *Fot* lente. レフ〜*refu*: máquina fotográfica *reflex* e uma só objetiva.

ichigatsu 一月 *s* janeiro, primeiro mês do ano.

ichigei 一芸 *s* uma arte.

ichigeki 一撃 *s* um golpe, uma pancada.

ichigen 一言 *s* uma palavra, uma só palavra. *V* **ichigon** 一言.

ichigenka 一元化 *s* centralização, unificação. 〜*suru*, *v*: centralizar, unificar.

ichigenron 一元論 *s Filos* monismo.

ichigenshi bunshi 一原子分子 *s Quím* molécula monoatômica.

ichigenteki 一元的 *adj* unificado.

ichigo 一期 *s* uma vida toda (inteira).

ichigo 一語 *s* uma palavra, uma só palavra, em cada palavra. 一語一語*ichigo ichigo*: palavra por palavra. 〜で言えば 〜 *de ieba*: dizendo numa só palavra.

ichigo 苺 *s Bot* morango.

ichigō 一合 *s* medida de volume, correspondente a 0,18 litro.

ichigon 一言 *s* uma palavra, uma só palavra.

ichigū 一隅 *s* canto, cantinho, recanto.

ichigyō 一行 *s* uma linha.

ichihayaku 逸早く *adv* rapidamente, sem nenhuma demora, prontamente, imediatamente.

ichii 一位 *s* primeiro lugar, primeiro colocado.

ichiichi 一々 *adv* **1** um por um, um de cada vez,

separadamente. ～名前をあげる ～ *namae o ageru*: mencionar os nomes um a um. 2 tudo, em cada coisa. ～文句を言う ～ *monku o iu*: colocar defeito em tudo (que uma pessoa faz). 3 detalhadamente, minuciosamente. ～述べる ～ *noberu*: detalhar, especificar.

ichiin 一因 *s* uma das causas (motivos). *V* **gen'in** 原因.

ichiin 一員 *s* membro (de uma associação).

ichiinsei 一院制 *s* sistema unicameral. ～議会 ～*gikai*: legislatura unicameral.

ichiisenshin 一意専心 *adv* de alma e coração, com devoção, com veneração.

ichiji 一次 *s* primeiro. ～*no*: o primeiro. ～方程式 ～*hōteishiki*: equação de primeiro grau. 第～世界大戦 *dai*～*sekai taisen*: Primeira Guerra Mundial.

ichiji 一事 *s* uma coisa, um caso. ～が万事 ～*ga banji*: do singular (particular), dá para se concluir o geral. 彼は～が万事この調子で仕事をする *kare wa* ～*ga banji kono chōshi de shigoto o suru*: ele sempre trabalha assim.

ichiji 一時 *s* 1 uma hora. 午後～です *gogo* ～*desu*: é uma hora da tarde. 2 outrora, houve um tempo em que. 彼には～のような力はない *kare ni wa* ～*no yō na chikara wa nai*: ele já não tem tanta força como antigamente. 3 temporário, provisório, momentâneo. ～中断 ～*chūdan*: interrupção provisória. ～停止 ～*teishi*: parada provisória, pausa. ～気を失う ～ *ki o ushinau*: perder os sentidos momentaneamente.

ichijiazukari 一時預かり *s* guarda provisória (de bagagem, de volumes). ～所 ～*sho*: local onde se guardam objetos temporariamente; vestiário.

ichijiazuke 一時預け *s* guarda ou depósito temporário de um objeto.

ichijibarai 一時払い *s* pagar de uma vez, em um único pagamento.

ichijigen 一次元 *s* uma só dimensão. ～の ～ *no*: unidimensional.

ichijikan 一時間 *s* uma hora (de duração).

ichijikin 一時金 *s* abono, subsídio em dinheiro. 年末～ *nenmatsu*～: abono de final de ano.

ichijiku 無花果 *s Bot* figo. ～の木 ～*no ki*: figueira.

ichijinogare 一時逃れ *s* ato de se esquivar ou burlar usando sofisma.～を言う ～*o iu*: sofismar, arranjar uma desculpa temporária.

ichijirushii 著しい *adj* notável, extraordinário, singular.

ichijirushiku 著しく *adv* notavelmente, extraordinariamente, singularmente.

ichijishinogi 一時凌ぎ *s* expediente, algo paliativo, temporário, provisório.

ichijiteki 一時的 *adj* temporário, provisório, transitório.

ichijitsu 一日 *s* um dia. ～千秋の思い ～*senshū no omoi*: (a ansiedade é tão grande que) um dia parece uma eternidade.

ichijo 一助 *s* uma ajuda, um auxílio.

ichijō 一場 *s* um lugar, esse lugar, este momento.

ichijun 一旬 *s* durante 10 dias; um decêndio.

ichijun 一巡 *s* uma volta, uma ronda.

ichi ka bachi ka 一か八か *adv pop* é tudo ou nada. ～やってみよう ～ *yattemiyō*: vamos tentar (arriscar), é tudo ou nada.

ichimai 一枚 *s* uma folha, um cartão (unidade de um objeto fino e plano).

ichimaiiwa 一枚岩 *s* monólito.～的な ～*teki na*: monolítico.

ichiman 一万 *s* dez mil.

ichimatsu 一抹 *s* um pouco, de leve. ～の不安を感じる ～*no fuan o kanjiru*: sentir uma leve inquietação (insegurança).

ichimatsu(moyō) 市松(模様) *s* tecido (com estampa) xadrez.

ichimei 一名 *s* 1 uma pessoa. ～につき ～*ni tsuki*: por pessoa, por cabeça. 2 um outro nome, pseudônimo, nome fictício.

ichimei 一命 *s* uma vida. ～を取りとめる ～*o toritomeru*: escapar da morte, ser salvo.

ichimen 一面 *s* 1 um lado, uma face, um aspecto. この事件には他の～がある *kono jiken ni wa hoka no* ～*ga aru*: há um outro aspecto neste caso. 2 por outro lado, entretanto.この方がよいが～高価である *kono hō ga yoi ga* ～ *kōka de aru*: este é melhor, mas, por outro lado, é caríssimo. 3 toda a superfície. あたり～の雪であった *atari*～*no yuki de atta*: tudo ao redor estava coberto de neve. 4 a primeira página (do jornal). 第～のニュースになる *dai*～*no nyūsu ni naru*: ser notícia de primeira página.

ichimenshiki 一面識 *s* conhecer pouco, superficialmente. 彼とは～もない*kare to wa* ～*mo nai*: ele é totalmente estranho para mim.

ichimi 一味 *s* 1 mesmo grupo, bando, quadrilha. あいつは泥棒の～だった *aitsu wa dorobō no* ～*datta*: ele fazia parte de um bando de ladrões. 2 um só gosto.

ichimōdajin 一網打尽 *expr* capturar um bando de uma vez. 強盗一味を～にした *gōtō ichimi o* ～*ni shita*: o bando de assaltantes foi capturado de uma só vez.

ichimoku 一目 *s* 1 um olhar. ～する, *v*: dar uma olhada, olhar de relance. 2 pedra (peça) de *go* (jogo japonês). ～置く ～ *oku*: colocar uma pedra como *handicap*. 3 reconhecer o mérito, a superioridade. あの人にはみんなが～置いている *ano hito ni wa minna ga* ～ *oiteiru*: todos reconhecem os méritos dele.

ichimokuryōzen 一目瞭然 *expr* ser óbvio, ser evidente.

ichimokusan 一目散 *s* fugir apressadamente (sem olhar para trás).

ichimon 一門 *s* 1 um clã. 平家～ *heike* ～: o clã dos Taira. 2 uma seita, mesma seita (escola) budista.

ichimon 一文 *s* um *mon* (antiga moeda divisionária), pouco dinheiro, quantidade insignificante.

ichi mo ni mo naku 一も二もなく *expr* fazer sem hesitação, agir prontamente.

ichimon'ittō 一問一答 *s* ato de dar uma resposta imediata para cada pergunta.

ichimonnashi 一文無し *s* o fato de não ter dinheiro nenhum.

ichimon'oshimi 一文惜しみ *s* mesquinhez, avareza.

ichimonsen 一文銭 *s arc* uma moeda de um *mon* (um décimo de um *sen*).

ichimōsaku 一毛作 *s* uma só safra (colheita) por ano.

ichimotsu 一物 *s* 1 uma coisa, um objeto. 泥棒は

～も取らないで逃げた *dorobō wa* ～ *mo toranaide nigeta*: o ladrão fugiu sem levar um só objeto. **2** intenção secreta, uma trama. 彼はどうも腹(胸)に～ありそうだ *kare wa dōmo hara (mune) ni ～arisōda*: parece que ele está tramando alguma coisa. **3** jargão designativo de genitália masculina.
ichimotsu 逸物 *s* melhor espécie, raça (de cavalo).
ichinan 一難 *s* uma desgraça, um infortúnio. ～去ってまた～ ～*satte mata*～: uma desgraça atrás da outra.
ichinen 一念 *s* colocar toda alma e pensamento numa só coisa, entusiasmo, determinação.
ichinen 一年 *s* **1** um ano. ～ぶりで帰る ～*buri de kaeru*: voltar depois de um ano. **2** primeiro ano escolar.
ichinensei 一年生 *s* **1** aluno do primeiro ano. **2** ～植物 ～*shokubutsu*: uma planta anual.
ichinichi 一日 *s* **1** uma dia. ～分の仕事 ～*bun no shigoto*: trabalho de um dia. **2** o dia todo. 昨日は～待っていた *kinō wa* ～ *matte ita*: ontem fiquei o dia todo esperando. **3** certo dia. **4** primeiro dia do mês.
ichinin 一任 *s* ato de confiar (algo) a alguém; encarregar, incumbir.
ichinin 一人 *s* uma pessoa, um homem.
ichininensei 一二年生 *s* calouros, novatos e segundanistas (de universidade americana).
ichininmae 一人前 *s* **1** uma porção para uma pessoa. すし～ *sushi* ～: sushi para uma pessoa. **2** ～の: adulto, pessoa amadurecida. ～になる ～*ni naru*: ficar adulto, ficar independente.
ichininshō 一人称 *s Gram* primeira pessoa.
ichiō 一応, 一往 *adv* **1** em todo caso, por ora, por enquanto, em princípio. ～これで間に合うと思う ～ *kore de maniau to omou*: por ora, acho que isto é o suficiente. ～考えた上 ～*kangaeta ue*: em consideração a. **2** uma vez. ～も二往も ～*mo niō mo*: frequentemente, muitas vezes.
ichioku 一億 *s* cem milhões.
ichiran 一覧 *s* **1** uma olhada, ato de olhar. ～*suru*, *v*: dar uma olhada. ご～下さい *go*～ *kudasai*: dê uma olhada (nos documentos), por favor. **2** resumo, sumário, manual. 学校～表 *gakkō* ～*hyō*: manual (guia) das escolas.
ichiranbarai 一覧払い *s* pagamento a vista.
ichiran(hyō) 一覧(表) *s* catálogo, lista.
ichiransei 一卵性 *s Med* uniovulação.～双生児 ～*sōseiji*: gêmeos univitelinos.
ichirei 一礼 *s* uma reverência (pequena saudação inclinando a cabeça ou o corpo).
ichirei 一例 *s* um exemplo. ～を挙げれば ～*o agereba*: por exemplo.
ichiren 一連¹ *s* uma série, cadeia.
ichiren 一連² *s* uma resma (500 folhas de papel).
ichirenbangō 一連番号 *s* números consecutivos, seguidos. ～をつける ～*o tsukeru*: numerar na sequência.
ichiretsu 一列 *s* uma fila, fileira.
ichiri 一理 *s* alguma razão, alguma verdade.
ichiriichigai 一利一害 *s* os prós e os contras.
ichirin 一輪 *s* **1** uma flor. ～二輪と咲き始める ～ *nirin to sakihajimeru*: começa a desabrochar de uma em uma flor. **2** uma roda. ～車 ～*sha*: monociclo.

ichirinzashi 一輪挿し *s* vaso para uma só flor.
ichiritsu 一律 *s* uniformidade, coerência, igualdade. ～の ～*no*: uniforme, igual. それは～には行かない *sore wa* ～*ni wa ikanai*: não se pode aplicar a mesma regra para todos. *Sin* **ichiyō** 一様.
ichiro 一路 *s* **1** um caminho. 彼は破滅の～をたどっている *kare wa hametsu no* ～*o tadotte iru*: ele está a caminho da ruína. **2** direto, diretamente. ～日本に向かう ～ *nihon ni mukau*: ir direto ao Japão.
ichirui 一塁 *s Beis* a primeira base.
ichiru no nozomi 一縷の望み *expr* um raio de esperança.
ichiryōjitsu 一両日 *s* um ou dois dias.
ichiryū 一流 *s* **1** primeira categoria. ～のピアニスト ～ *no pianisuto*: pianista de primeira categoria. **2** peculiar, próprio. これは彼～の書き方だ *kore wa kare* ～*no kakikata da*: este é o estilo (maneira de escrever) próprio dele.
ichisedai 一世代 *s* uma geração.
ichiwari 一割 *s* dez por cento. ～引き ～*biki*: desconto de dez por cento.
ichiya 一夜 *s e adv* **1** uma noite. ～に ～*ni*: em uma noite. ～を明かす ～*o akasu*: passar a noite acordado. **2** uma certa noite.
ichiyaku 一躍 *s* ato de dar um salto, pulo. ～有名になる ～ *yūmei ni naru*: tornar-se famoso(a) repentinamente.
ichiyazuke 一夜漬け *s* **1** ato de deixar de molho por uma noite. ～のきゅうり ～*no kyūri*: pepino deixado de molho por uma noite. **2** algo feito às pressas. ～の知識 ～*no chishiki*: conhecimento adquirido em pouco tempo.
ichiyō 一様 *s* uniformidade, igualdade, similaridade, identidade. ～に ～*ni*: uniformemente.
ichiyō 一葉 *s* uma folha (de árvore).
ichiyū 一揖 *s* uma leve reverência. ～*suru*, *v*: fazer uma leve reverência.
ichiza 一座 *s* **1** todas as pessoas presentes, espectadores. ～を見渡す ～*o miwatasu*: olhar para todos (que estão presentes). **2** uma troupe, companhia (grupo) teatral. ～を組織する ～*o soshiki suru*: organizar uma troupe.
ichizoku 一族 *s* parente, parentela, clã, toda a família.
ichizon de 一存で *adv* de julgamento próprio, critério pessoal. こういう重大なことは私の～は決めかねる *kō iu jūdai na koto wa watashi no* ～*wa kimekaneru*: um assunto tão importante como este não pode ser decidido só pela minha apreciação.
ichizuke 位置づけ *s* localização, posicionamento.
ichizukeru 位置づける *v* localizar, posicionar.
ichizu ni 一途[図]に *adv* ter um pensamento, ter uma só ideia fixa. ～思い込む ～ *omoikomu*: pensar numa só coisa. 仕事～生きる *shigoto* ～*ikiru*: viver só para o trabalho.
icho 遺著 *s* obra póstuma.
ichō 移牒 *s* notificação ou comunicado para uma repartição pública de jurisdição diferente.
ichō 銀杏・公孫樹 *s Bot* nogueira-do-japão (*Ginkgo biloba*).
ichō 胃腸 *s* estômago e os intestinos. ～病 ～*byō*: problema gastrointestinal.
ichū 意中 *s* aquilo que vai no íntimo, âmago, coração

ou mente. 彼は私の〜の人だ *kare wa watashi no〜no hito da*: ele é a pessoa que está no meu coração. 〜を明かす 〜*o akasu*: abrir o coração.
idai 医大 *s* faculdade de medicina.
idai 偉大 *s* grandeza, importância, magnificência. 〜*na, adj*: grandioso, magnífico.
idaku 抱く *v* 1 abraçar, segurar, carregar, portar. 2 ter no coração, nutrir, abrigar. 不安の念を〜 *fuan no nen o* 〜: ficar preocupado (apreensivo).
iden 遺伝 *s* hereditariedade, transmissão hereditária. 〜*suru, v*: transmitir por herança. 〜病 〜*byō*: doença hereditária.
idengaku 遺伝学 *s* genética. 〜者 〜*sha*: geneticista.
idenshi 遺伝子 *s* gene. 〜分析 〜*bunseki*: análise genética.
ideorogī イデオロギー (*al Ideologie*) *s* ideologia, pensamento, ponto de vista. 〜的 〜*teki*: ideológico. 〜の対立 〜*no tairitsu*: conflito ideológico.
idetachi 出で立ち *s* 1 partida [para viagem]. 2 aspecto, modo de se vestir, vestimenta, traje, roupa.
ido 井戸 *s* poço.
ido 緯度 *s* latitude. 地球〜 *chikyū*〜: latitude terrestre.
idō 異動 *s* alteração, mudança, transferência [em cargos, postos de trabalho]. 人事〜 *jinji*〜: alteração no quadro de funcionários.
idō 移動 *s* deslocamento, movimento. 〜*suru, v*: deslocar(-se), mudar de lugar. 〜警察 〜*keisatsu*: polícia móvel.
idō 異同 *s* diferença, desigualdade, ponto divergente.
idobata 井戸端 *s* proximidade do poço. 〜会議 〜*kaigi*: conversa de comadres (fofocas) à beira do poço.
idoko(ro) 居所 *s* 1 endereço, residência. 2 paradeiro.
idomu 挑む *v* 1 desafiar, provocar, chamar para um desafio. 2 tentar conquistar, cortejar.
idōsei 移動性 *s* qualidade do que é migratório. 〜高気圧 〜*kōkiatsu*: anticiclone migratório.
ie 家 *s* 1 casa. 2 lar, morada, residência. 3 família, linhagem familiar. 〜を空ける 〜*o akeru*: sair, ausentar-se da casa.
ieba 言えば *expr* はっきり〜 *hakkiri*〜: falando claramente, sinceramente falando. ...と〜 ...*to* 〜: falando em..., por falar em... そう〜 *sō* 〜: falando nisso.
iede 家出 *s* desaparecimento; sumiço. 〜*suru, v*: desaparecer da casa, sumir (fugir) de casa. 〜娘 〜*musume*: menina que fugiu de casa.
iedomo 雖も *partícula* ...と〜 *to* 〜: por mais (mesmo) que se diga que, mesmo sendo, apesar de.
iegamae 家構え *s* feitio (aparência, estrutura, estilo) da casa.
iegara 家柄 *s* linhagem familiar, *status* (estrato) social da família. 〜がよい 〜*ga yoi*: procede de uma família de boa linhagem.
iei 遺影 *s* quadro (foto) de pessoa falecida.
ieji 家路 *s* caminho para casa, caminho de volta ao lar. 〜を急ぐ 〜*o isogu*: seguir apressadamente para casa.
ieki 胃液 *s* suco gástrico.
iemochi 家持ち *s* 1 proprietário de casa, possuidor de imóvel residencial. 2 chefe (arrimo) de família. 3 constituição de uma nova família [pelo casamento].
iemoto 家元 *s* principal representante de uma escola (estilo) de arte, grão-mestre.
ien 胃炎 *s Med* gastrite.
ienami 家並み *s* 1 casas enfileiradas, fileira de casas. 2 todas as casas. 〜に損害を受ける 〜*ni songai o ukeru*: ter todas as casas danificadas. 3 equiparação com as demais casas (famílias).
ienashi 家無し *s* sem-teto, pessoa desabrigada.
ieru 癒える *v* sarar, curar.
iesagashi 家捜し *s* procura de uma casa. 〜をする 〜*o suru, v*: procurar uma casa (para alugar).
iesu イエス (*ingl yes*) *interj* sim, concordância.
iesuji 家筋 *s* linhagem familiar, descendência, sangue, estirpe.
Iesu Kirisuto イエスキリスト (*lat Jesus Christus*) *s* Jesus Cristo.
ietsuki 家付き *s* 1 empregados que já residiam no imóvel. 2 o que tem como parte integrante uma casa, o que traz consigo uma casa. 〜の土地 〜*no tochi*: terreno com uma casa.
ietsuzuki 家続き *s* fileira de casas, casas seguidas, uma após a outra.
ieyashiki 家屋敷 *s* quinta, terreno com casa, casa e terreno, propriedade com casa de habitação.
ifu 畏怖 *s* grande medo, terror, pavor, temor.
ifu 委付 *s Dir* desistência, abandono, renúncia. 〜通知 〜*tsūchi*: notificação de desistência, cessão.
ifū 威風 *s* majestade, grandiosidade, excelência; maneira (modo) majestosa, ar imponente.
ifū 遺風 *s* 1 costumes (usos) herdados de gerações anteriores, tradição. 2 ensinamentos deixados pelos falecidos.
ifuku 衣服 *s* roupa, vestimenta, traje.
iga 毬 *s* ouriço, casca espinhosa [de alguns frutos].
igaguri 毬栗 *s* castanhas com ouriço.
igaguriatama 毬栗頭 *s pop* cabelos curtos e espetados.
igai 以外 *s* excetuando, senão, exceto, com exceção de, tirando; além de, fora. これ〜に方法はない *kore* 〜*ni hōhō wa nai*: não há outro jeito senão este.
igai 遺骸 *s* restos mortais, cadáver, corpo do falecido.
igai 意外 *adj* 〜*na*: inesperado, fora da expectativa, surpreendente.
igaku 医学 *s* medicina.
igakukai 医学界 *s* meios médicos, mundo da medicina, círculo dos médicos.
igamiai 啀合い *s* conflito, desentendimento, rixa, desavença, disputa.
igamiau 啀合う *v* arreganhar os dentes reciprocamente; disputar, brigar, entrar em conflito.
igan 胃癌 *s Med* câncer do estômago.
iganmenkan [taishoku] 依願免官[退職] *s* demissão voluntária, exoneração solicitada pelo próprio indivíduo.
igarappoi いがらっぽい *adj pop* ácido; acre; áspero; irritadiço.
igata 鋳型 *s* 1 molde [para fundição]. 2 molde (modelo pelo qual se talha alguma coisa). 〜にはめる 〜*ni hameru*: moldar, padronizar.
igen 威厳 *s* dignidade, majestade, imponência. 〜の

ある 〜no aru: com ar de dignidade, majestoso, sobranceiro.
igeta 井桁 s 1 parapeito (bordas) do poço. 2 linhas paralelas cruzadas. 〜に積む 〜ni tsumu: empilhar cruzando barras paralelas.
igi 異義 s significado diferente, outro significado.
igi 異議 s objeção, contestação, protesto.
igi 意義 s 1 significado, sentido, significação. 2 importância, valor. 参加することに〜がある sanka suru koto ni 〜ga aru: a importância está na participação.
igi 威儀 s 1 majestade, dignidade, imponência. 2 maneira solene, modo formal.
igo 以後 s 1 após o que, a partir de então, após isso, desde então. 2 a partir de agora, doravante.
igo 囲碁 s jogo de *go*.
igokochi 居心地 s sensação [de conforto ou não] que o local oferece. 〜がいい 〜ga ii: confortável, aconchegante. 〜が悪い 〜ga warui: desconfortável, pouco aprazível.
igon 遺言 s 1 último desejo, última vontade. 2 *Dir* testamento.
igonsho 遺言書 s *Dir* testamento [documento].
iguchi 兎唇 s lábio leporino.
igui 居食い s fato de viver sem trabalhar, vida improdutiva. 〜suru, v: comer sem trabalhar.
igyō 異形 s aparência estranha (anormal), feitio diferente, forma incomum.
igyō 偉業 s grande trabalho, feito grandioso, realização importante.
igyō 遺業 s obra deixada [por uma pessoa falecida]. 父の〜を継ぐ chichi no 〜o tsugu: dar continuidade à obra deixada pelo pai.
ihai 位牌 s *Bud* tabuleta memorial, tabuleta com o nome do falecido.
ihai 違背 s desobediência, descumprimento.
ihan 違反 s infração, contravenção, violação, transgressão.
ihatsu 衣鉢 s 1 vestimentas e instrumentos de monge. 2 segredos de uma arte ou religião transmitidos pelo mestre.
ihatsu 遺髪 s cabelo do falecido [guardado como lembrança].
ihen 異変 s 1 alteração, anormalidade. 2 acidente, desastre, perturbação, ocorrência inesperada.
ihin 遺品 s objeto deixado pelo falecido, relíquia.
ihō 違法 s ilegalidade, transgressão da lei. 〜行為 〜kōi: atitude ilegal, delito. 〜的に 〜teki ni: ilegalmente.
ihōjin 異邦人 s estrangeiro.
ihoku 以北 s ao norte de. 京都〜 *Kyōto*〜: ao norte de Kyoto.
ihon 異本 s livro alternativo (similar, variante).
ihyō 意表 s fato inesperado, surpresa. 人の〜をつく (〜に出る) hito no〜o tsuku (ni〜 deru): surpreender a pessoa, pegar de surpresa.
ii 善[良]い *adj* 1 bom. 2 precioso, de boa qualidade, nobre. 3 belo, bonito. 〜景色だ 〜keshiki da: é uma bela paisagem. 4 agradável, benéfico, favorável, eficaz. 5 apropriado, adequado, conveniente. 6 ...方が〜 ... hō ga 〜: é melhor. 行った方が〜 itta hō ga 〜: melhor ir. 行かない方が〜 ikanai hō ga 〜: melhor não ir. 7 [permissão] 入っても〜 haittemo 〜: pode entrar.

読まなくても〜 yomanakutemo 〜: não será preciso ler. 8 [indiferença] もう〜よ mō 〜yo: não quero mais. 何でも〜 nan demo 〜: qualquer coisa serve.
iiai 言い合い s discussão, contenda, altercação, bate-boca.
iiarasoi 言い争い s *V* iiai 言い合い.
iiarasou 言い争う v discutir, debater, altercar.
iiaratameru 言い改める v 1 dizer em outras palavras. 2 retificar, falar de forma correta.
iiarawasu 言い表す v expressar em palavras, dizer, exprimir. 気持ちをうまく〜 kimochi o umaku 〜: expressar habilmente os sentimentos.
iiateru 言い当てる v adivinhar, acertar.
iiau 言い合う v discutir, debater, altercar.
iiawaseru 言い合わせる v ajustar previamente, combinar de antemão, acertar.
iiayamari 言い誤り s erro na fala, lapso de expressão, deslize no discurso.
iiayamaru 言い誤る v cometer um lapso ao falar, cometer um erro no discurso.
iibun 言い分 s 1 argumento, opinião, explanação, o que a pessoa tem a dizer. 2 objeção, protesto, reclamação.
iichigaeru 言い違える v cometer lapso ao falar, expor incorretamente.
iichigai 言い違い s erro de expressão, lapso na fala, deslize de discurso.
iichirasu 言い散らす v falar desmesuradamente, espalhar [um assunto], falar aos quatro ventos.
iidakudaku 唯々諾々 *expr* 〜として〜to shite, *adv*: obedientemente, de modo submisso, prontamente.
iidashi 言い出し s início da fala (discurso, conversa), ato de começar a falar.
iidasu 言い出す v 1 começar a falar, pronunciar a primeira palavra, ser o primeiro a falar. 2 propor, expor.
iie いいえ *interj* não. 〜、もう沢山です 〜, mō takusan desu: não, já estou satisfeito, obrigado.
iifukumeru 言い含める v explicar detalhadamente, fazer entender, instruir bem.
iifurasu 言い触らす v espalhar [um assunto], falar aos quatro ventos.
iifurusu 言い古す v cansar de falar, falar repetidamente. 言い古した言葉 iifurushita kotoba: palavras batidas, expressões estereotipadas.
iigai 言い甲斐 s 〜がある 〜ga aru: vale a pena ser dito. 〜がない 〜ga nai: não vale a pena falar.
iigakari 言い掛かり s 1 falsa acusação, pretexto para provocação. 2 compromisso verbal [que não permite voltar atrás].
iigusa 言い草 s 1 assunto, fala. 2 jeito (modo) de falar. 3 pretexto, desculpa.
iihanatsu 言い放つ v afirmar, dizer sem cerimônia, declarar, dizer publicamente.
iiharu 言い張る v insistir em dizer, persistir na afirmação, teimar.
iihiraki 言い開き s desculpa, justificativa, explicação [de uma atitude].
iihito いい人 *expr* 1 pessoa de boa índole, pessoa de bom caráter. 2 namorado(a).
iika いいか *expr* veja bem; está bem?; entendeu? 〜、よく聞け 〜, yoku kike: preste atenção e ouça.

～、来るんじゃないぞ ～, *kurunjanaizo*: não venha, entendeu?

iikaeru 言い換える *v* 1 dizer em outras palavras. 2 retificar. ～と ～*to*: em outras palavras, isto é.

iikaesu 言い返す *v* retrucar, responder, replicar, retorquir.

iikagen 好い加減 ～*na, adj*: 1 moderado, no ponto certo, na medida certa. 2 apropriado, adequado. 3 irresponsável, sem seriedade, duvidoso, vago. *adv* consideravelmente, bastante. ～待たされた ～*matasareta*: fizeram-me esperar bastante.

iikakeru 言い掛ける *v* 1 dirigir palavras a, falar com. 2 começar a falar, tocar no assunto.

iikaneru 言いかねる *v* não conseguir falar [sobre], ter dificuldade para tocar no assunto, hesitar em falar.

iikao 好い顔 *expr* 1 fisionomia (expressão) bem-humorada, rosto alegre. 2 belo rosto, rosto bonito. 3 pessoa influente (poderosa, conhecida). ～をしなかった ～*o shinakatta*: não gostou, não aceitou com gosto.

iikata 言い方 *s* modo de falar, maneira de agir (se expressar), forma de expressão. ～が悪かった ～ *ga warukatta*: falou de forma imprópria. 丁寧な ～ *teinei na* ～: maneira polida de falar.

iikawasu 言い交わす *v* 1 conversar, trocar palavras. 2 fazer promessas recíprocas de amor.

iiki 好い気 ～*na, adj*: 1 folgado, despreocupado, tranquilo. 2 vaidoso, presunçoso, convencido, imodesto. ほめると～になる *homeru to* ～*ni naru*: elogiado, logo sente-se vaidoso.

iikikaseru [**iikikasu**] 言い聞かせる[言い聞かす] *v* explicar, instruir, aconselhar, admoestar. いくら言い聞かせてもだめだ *ikura iikikasetemo dame da*: por mais que aconselhe, não adianta.

iikimi 好い気味 *expr* bem feito! 落第して～だ *rakudai shite* ～*da*: bem feito que foi reprovado!

iikirenai 言い切れない *expr* 1 não se pode afirmar, não há certeza. それが真実とは～ *sore ga shinjitsu to wa* ～: não podemos afirmar que isso seja verdade. 2 não se pode falar tudo, não é possível esgotar tudo o que se tem para falar.

iikiru 言い切る *v* 1 afirmar categoricamente, declarar, asseverar. 2 falar tudo, terminar de falar.

iikko いいっこ *s pop* 1 ato de falar. そんなこと～なしだ *sonna koto* ～*nashi da*: não vamos falar dessas coisas. 2 discussão, contenda. ～*suru, v*: discutir.

iiko 好い子 *expr* bom menino (boa menina), criança obediente.

iikomeru 言い籠める *v* vencer [uma pessoa] na discussão, silenciar [a pessoa] com argumentos.

iikonasu 言いこなす *v* 1 falar com domínio, expressar com habilidade. 2 maldizer, falar mal [de].

iikoto 好い事 *expr* 1 coisa boa, acontecimento feliz. 2 bom pretexto, boa desculpa. 3 relacionamento amoroso.

iikurasu 言い暮らす *v* falar o tempo todo [em], viver falando [de, sobre].

iimakasu 言い負かす *v* vencer [a outra pessoa] na discussão, argumentar melhor, calar [a pessoa] com argumentos.

iimawashi 言い回し *s* forma de se expressar, expressão, frase, entonação, jeito de falar. ～が下手な人 ～*ga heta na hito*: pessoa que se expressa mal.

iimawasu 言い回す *v* 1 falar habilmente, explanar com domínio, expressar com propriedade. 2 transmitir em larga escala, divulgar. 3 dizer de forma indireta, fazer rodeios.

iimono いい物 *expr* coisa boa, algo bom, artigo bom.

iimorasu 言い洩[漏]らす *v* 1 revelar [o segredo] involuntariamente (por descuido). 2 esquecer-se de mencionar, omitir (por lapso).

iin 委員 *s* membro de uma comissão (comitê). ～長 ～*chō*: presidente da comissão.

iin 医院 *s* clínica médica, consultório médico.

iin 医員 *s* 1 funcionário de clínica ou hospital, profissionais da área de saúde. 2 membro integrante de equipe médica.

iinaka 好い仲 *expr* 1 relacionamento amistoso, bom relacionamento. 2 relacionamento amoroso.

iinaoshi 言い直し *s* correção [do que falou anteriormente], retificação.

iinaosu 言い直す *v* corrigir [o anteriormente dito], retificar; falar de outra forma.

iinarawashi 言い習わし *s* tradição oral, antigo dito popular, o que se costuma dizer por tradição.

iinarawasu 言い習わす *v* 1 falar de modo tradicional, expressar-se costumeiramente. 2 [um indivíduo] ter hábito de repetir, falar por hábito.

iinareru 言い馴れる *v* acostumar-se a dizer, adquirir o hábito de falar. ～た言葉 ～*ta kotoba*: palavra usual.

iinari(hōdai/shidai) 言いなり(放題・次第) *s* ato de obedecer com submissão, obediência absoluta. 人の～になる *hito no* ～*ni naru*: obedecer cegamente, fazer tudo o que os outros mandam.

iinayamu 言い悩む *v* 1 expressar, em palavras, as preocupações. 2 hesitar em falar.

iinazuke 許嫁 *s* prometido(a), noivo(a).

iine 言い値 *s* preço proposto pelo vendedor. ～で買う ～*de kau*: comprar pelo preço inicial de venda.

iine いいね *expr* está bem?, entende?, entendeu? しばらく待っていなさい ～ *shibaraku matte inasai*, ～: fique esperando um pouco, está bem?

iinfutaku 委員付託 *s* ato de confiar (delegar) [uma questão] a uma comissão, encaminhar (submeter) a julgamento de um comitê.

iinikui 言いにくい *adj* [assunto] delicado, difícil de se falar, embaraçoso.

iinkai 委員会 *s* comissão, comitê, conselho.

iinogare 言い逃れ *s* evasiva, esquiva, pretexto, subterfúgio.

iinogareru 言い逃れる *v* usar de evasivas (subterfúgios), arranjar um pretexto (desculpa), esquivar.

iinokosu 言い残す *v* 1 deixar por dizer, deixar o assunto inacabado, não dizer tudo o que tem a falar. 2 deixar dito, deixar um aviso (recado, mensagem).

iioki 言い置き *s* recado, palavras (mensagens) deixadas [antes da morte ou viagem].

iioku 言い置く *v* deixar dito, deixar uma mensagem (recado). この世に～こと *kono yo ni* ～ *koto*: uma mensagem a deixar para este mundo.

iiokureru 言い遅れる *v* dizer com atraso, atrasar-se em dizer, perder a hora oportuna para dizer.

iiokuru 言い送る *v* **1** enviar um recado, dizer por carta (recado), mandar uma missiva. **2** transmitir de pessoa para pessoa. 指令を〜 *shirei o*〜: transmitir a ordem.

iiotosu 言い落とす *v* **1** deixar de citar, omitir por esquecimento, esquecer-se de falar. **2** maldizer, falar mal [de].

iiowaru 言い終わる *v* terminar de falar, concluir a fala.

iioyobu 言い及ぶ *v* referir-se a, fazer alusão a, mencionar, falar de.

iisasu 言いさす *v* interromper o assunto, parar de falar.

iishiburu 言い渋る *v* relutar em falar, hesitar em dizer.

iishirenu 言い知れぬ *expr* indescritível, difícil de expressar (dizer, exprimir). 〜悲しみ 〜*kanashimi*: tristeza indescritível.

iisobireru 言いそびれる *v* perder o momento oportuno de dizer, deixar de dizer, não conseguir dizer.

iisokonai 言い損ない *s* erro de dicção, erro na fala, falha de pronúncia; erro no uso das palavras, falha na maneira de se expressar.

iisokonau 言い損なう *v* **1** falar incorretamente, pronunciar errado, expressar-se de forma inadequada. **2** deixar de dizer [o que deveria ser dito].

iisugi 言い過ぎ *s* ato de falar (criticar, censurar) demasiadamente, exagero [nas afirmações], excesso.

iisugiru 言い過ぎる *v* exceder-se no que fala, falar demais, exagerar nas afirmações.

iisugosu 言い過ごす *v* ser demasiadamente severo no que fala, censurar excessivamente, falar além do necessário.

iisuteru 言い捨てる *v* falar rispidamente ao sair (ir-se embora), falar palavras de desafeição; falar com desprezo.

iitai 言いたい *expr* querer dizer (falar, contar). 〜こ とがある 〜*koto ga aru*: quero dizer-lhe uma coisa.

iitasu 言い足す *v* acrescentar, dizer mais, complementar [o anteriormente dito], dizer ainda.

iitateru 言い立てる *v* **1** declarar, fazer declaração. **2** apontar, levantar [questões], enumerar.

iitoshi 好い年 *expr* idade madura, idade considerável, idade para se ter discernimento. 〜をしてみっと もない 〜*o shite mittomonai*: é vergonhoso fazer tal coisa com a idade que tem.

iitōsu 言い通す *v* persistir em dizer, insistir em afirmar.

iitsukaru 言い付かる *v* receber ordem, receber instrução. 用を〜 *yō o* 〜: receber ordem para cumprir uma tarefa.

iitsuke 言い付け *s* ordem, instrução, orientação.

iitsukeru 言い付ける *v* ordenar, instruir, dar ordens.

iitsukurou 言い繕う *v* desculpar-se [de uma falha] com pretextos (justificativas).

iitsukuseru 言い尽くせる *v* poder expressar completamente, ser possível dizer tudo. どうすれ ば〜だろう *dōsureba* 〜 *darō*: como poderia exprimir tudo em palavras?

iitsukusu 言い尽くす *v* **1** dizer tudo sem ressalvas, esgotar o assunto. **2** exprimir verbalmente de forma completa, expressar com perfeição.

iitsutae 言い伝え *s* **1** lenda, tradição passada de geração para geração. **2** recado.

iitsutaeru 言い伝える *v* **1** transmitir de geração para geração, deixar para gerações posteriores. **2** passar o recado, transmitir a mensagem.

iiwake 言い訳 *s* **1** justificativa, explicação. **2** desculpa, pretexto.

iiwasureru 言い忘れる *v* esquecer-se de dizer (mencionar).

iiwatashi 言い渡し *s* sentença, julgamento, veredicto, pronunciamento; ordem, aviso.

iiwatasu 言い渡す *v* sentenciar, pronunciar, condenar, dar o veredicto; ordenar, anunciar.

iiyō 言い様 *s* modo de falar (dizer), jeito de dizer, maneira de falar.

iiyodomu 言い淀む *v* hesitar em dizer.

iiyoru 言い寄る *v* cortejar, galantear, agradar, aproximar-se tentando conquistar.

ijaku 胃弱 *s* mal funcionamento do estômago, dispepsia, indigestão, digestão difícil. 〜の人 〜*no hito*: pessoa dispéptica.

iji 意地 *s* **1** gênio, temperamento, índole. **2** orgulho, determinação, persistência, obstinação.〜が悪い 〜*ga warui*: maldoso, ardiloso, capcioso. 〜を張 る 〜*o haru*: não dar o braço a torcer, teimar.

iji 維持 *s* manutenção, preservação, conservação. 〜*suru, v*: manter, conservar. 〜費 〜*hi*: despesas com manutenção.

iji 遺児 *s* órfão, criança órfã.

ijibaru 意地張る *v* obstinar-se, persistir, teimar.

ijikitanai 意地汚い *adj* ganancioso, ávido, voraz.

ijime いじめ *s* maltrato, tormento.

ijimeru いじめる *v* maltratar, molestar, perturbar, atormentar.

ijin 偉人 *s* grande personalidade, pessoa importante (prodigiosa). 歴史の〜たち *rekishi no*〜*tachi*: os grandes nomes da história.

ijin 異人 *s* *obsol* **1** estrangeiro, ocidental. **2** pessoa diferente.

ijinshu 異人種 *s* raça diferente, uma outra raça.

ijippari 意地っ張り *s* teimoso, obstinado, inflexível.

ijirashii いじらしい *adj* que causa compaixão, digno de comiseração, enternecedor, comovente.

ijirashisa いじらしさ *s* compaixão, comiseração, comoção.

ijirimawasu 弄り回す *v* remexer, manusear desajeitadamente.

ijiru 弄る *v* manusear, mexer, tocar, brincar [com].

ijiwaru 意地悪 *s* maldade, atitude perversa, perversidade, má índole.

ijiwarui 意地悪い *adj* maldoso, perverso, ruim.

ijiwaruku 意地悪く *adv* de forma maldosa, com maldade, demonstrando perversidade.

ijizuku 意地ずく *s* obstinação, teimosia, inflexibilidade.

ijō 以上 *s* **1** acima de, mais que, maior que, além de. **2** igual ou superior a. **3** acima mencionado, supracitado. **4** nada mais, fim. **5** já que, uma vez que. 約束し た〜、必ず実行する *yakusoku shita* 〜 *kanarazu jikkō suru*: uma vez prometido, cumprirei impreterivelmente.

ijō 委譲 *s* transferência, cessão, transmissão, entrega. 権利を〜する *kenri o* 〜*suru*: ceder os direitos.

ijō 異状 *s* alteração, anomalia, problema, desarranjo, desordem, mau estado. 体の～を訴える *karada no～o uttaeru*: queixar-se de indisposição (sintoma anormal) física.

ijō 異常 *s* anormalidade, algo fora do comum. ～児 ～*ji*: criança anormal. ～*na, adj*: anormal, extraordinário, incomum.

ijōfu 偉丈夫 *s* homem robusto, homem corpulento.

ijū 移住 *s* migração, imigração, emigração. ～者 ～*sha*: migrante.

ika 以下 *s* **1** abaixo de, menor que, menos de. **2** igual ou menor que. **3** abaixo citado, que se segue; abaixo. **4** e outros. 部長～十名 *buchō ～ jūmei*: diretor de departamento e mais 10 membros.

ika 医科 *s* área médica, departamento de medicina [de uma universidade].

ika 烏賊 *s Zool* lula.

ikada 筏 *s* jangada.

ikaga 如何 *adv* **1** de que forma, como. ご気分は～ですか *gokibun wa ～desu ka*: como se sente? **2** o que acha?, que tal? ご旅行は～でしたか *goryokō wa ～deshita ka*: como foi a viagem?

ikagawashii いかがわしい *adj* **1** suspeito, duvidoso, que não merece confiança. **2** indecente, obsceno, lascivo.

ikai 位階 *s* hierarquia (na corte). ～の高い人 ～*no takai hito*: pessoa da alta camada hierárquica.

ikaiyō 胃潰瘍 *s Med* úlcera gástrica.

ikake 鋳掛け *s* funilaria, solda, conserto (remendo) de panelas (caldeiras).

ikaku 威嚇 *s* intimidação, ameaça. ～*suru, v*: ameaçar, intimidar. ～的 ～*teki*: ameaçador.

ikakuchō 胃拡張 *s Med* dilatação estomacal (gástrica), gastrectasia.

ikameshii 厳しい *adj* **1** majestoso, solene. **2** severo, austero, duro. **3** ostentoso, pomposo. **4** formal, cerimonioso.

ikameshiku 厳しく *adv* solenemente, com severidade, com pompa, cheio de formalidades.

ikamono いか物 *s pop* **1** artigo falso, imitação. **2** comida estranha (exótica). ～をつかまされる ～*o tsukamasareru*: ser enganado com uma imitação.

ikamonogui いか物食い *s pop* pessoa que gosta de comida estranha (exótica, bizarra), pessoa que tem um estranho gosto quanto à alimentação.

ikan 尉官 *s* oficiais das forças armadas com graduação abaixo de major.

ikan 移管 *s* transferência de jurisdição (alçada).

ikan 遺憾 *s* desgosto, pena, fato de deixar a desejar, mágoa. ～なこと ～*na koto*: fato lamentável. ～ながら ～*nagara*: infelizmente.

ikan 如何 *adv* como, o que. ...の～を問わず ...*no ～o towazu*: sem levar em consideração. 成行きの～による *nariyuki no ～ni yoru*: dependerá do desenrolar dos acontecimentos.

ikanaru 如何なる *adj* que tipo de. ～理由で ～*riyū de*: com que motivo. ～時も ～*toki mo*: qualquer que seja o momento.

ikani 如何に *adv* de que modo, como. ～扱うべきか ～*atsukaubeki ka*: de que forma tratar. ～つらくとも ～*tsurakutomo*: por mais penoso que seja.

ikanimo 如何にも *adv* **1** de fato, realmente, muito, extremamente. **2** aparentemente, como se. ～本当らしい嘘 ～ *hontō rashii uso*: uma mentira que aparenta veracidade.

ikansen 如何せん *expr* **1** como fazer. **2** não há jeito, não há o que fazer.

ikaraseru 怒らせる *v* **1** provocar a ira, deixar [alguém] enfezado. **2** endurecer, enrijecer. 肩を～ *kata o ～*: enrijecer os ombros.

ikarasu 怒らす *v V* **ikaraseru** 怒らせる.

ikari 怒り *s* ira, raiva, cólera, fúria, indignação.

ikari 錨・碇 *s* âncora.

ikaru 怒る *v* zangar-se, irritar-se, ficar irado, encolerizar-se, enfurecer-se.

ikasama いかさま *s pop* fraude, malandragem, impostura, trapaça, embuste.

ikasu 生[活]かす *v* **1** ressuscitar, reviver, fazer voltar à vida. **2** manter vivo, vivificar, deixar com vida. **3** ativar, dar vida. **4** utilizar.

ikatsui いかつい *adj* severo, duro, rígido, rude.

ikazoku 遺家族 *s* família do falecido, família que perdeu o chefe.

ike 池 *s* tanque, pequeno lago; represa, açude.

ikebana 生け花・活け花 *s* arte de arranjar flores naturais, arranjo de flores naturais.

ikedori 生け捕り *s* captura com vida. 熊を～にする *kuma o ～ni suru*: capturar o urso vivo.

ikedoru 生け捕る *v* capturar com vida.

ikegaki 生け垣 *s* cerca viva, sebe viva (de plantas).

ikei 畏敬 *s* veneração, reverência.

iken 異見 *s* opinião diferente, ponto de vista divergente, objeção.

iken 意見 *s* **1** opinião, ponto de vista, ideia, parecer. **2** aconselhamento, recomendação.

iken 違憲 *s* inconstitucionalidade, violação da constituição.

ikenai いけない *adj* **1** proibido, não permitido, que não deve ser feito. **2** ser ruim, não ser bom, estar em péssimo estado. **3** ter problema, ter defeito.

-ikenai kara -いけないから *expr* não seria bom, seria ruim. かぜをひくと～... *kaze o hikuto ～*...: ...pois não seria bom ficar gripado (para não ficar gripado).

ikenie 生贄・犠牲 *s* **1** sacrifício, oferenda [de ser vivo sacrificado]. **2** animal sacrificado, vítima.

ikensho 意見書 *s* parecer, opinião por escrito.

ikeru 行ける *v* **1** poder ir, ser possível ir. 歩いて～ *aruite ～*: é possível ir a pé. **2** tolerar [bebida alcoólica]. お酒は～でしょう *osake wa ～deshō*: gosta de saquê? **3** dominar, ter habilidade. スキーは少々～ *suki wa shōshō ～*: sei esquiar um pouco. **4** ser bom. この料理は～ *kono ryōri wa ～*: este prato é bom!

ikeru 活[生]ける *v* arranjar [plantas no vaso], dispor. 草花を～ *kusabana o～*: pôr flores do campo no jarro.

ikeru 埋ける *v* enterrar, cobrir [com terra, cinza].

ikeru 生ける *v* **1** estar vivo. 生きとし～もの *ikitoshi ～ mono*: todos os seres (criaturas) viventes. **2** manter vivo, não deixar morrer, vivificar.

ikesu 生洲[簀] *s* viveiro [para pescados].

ikezonzai いけぞんざい *adj pop* muito grosseiro, extremamente rude, total falta de polidez (modos).

iki 生[活]き *s* **1** frescor [do peixe], frescura. ～のよい魚 ～*no yoi sakana*: peixe fresco. **2** *tip* conforme original, correção anulada.

iki 行き *s* ida. ～も帰りも一緒だった ～*mo kaeri*

mo issho datta: estivemos juntos tanto na ida como na volta.

iki 息 *s* **1** respiração, fôlego, alento, bafo. ～もつかずに ～*mo tsukazu ni*: num só fôlego. ～も絶え絶えに ～*mo taedae ni*: respirando com dificuldade. **2** aroma [de chá e outros]. **3** ritmo, passo [entre duas pessoas]. ぴったり～が会うコンビ *pittari* ～*ga au konbi*: dupla que se ajusta perfeitamente.

iki 粋 *s* elegância, vivacidade. ～*na*, *adj*: elegante, chique, fino, galante.

iki 域 *s* **1** limite, limiar. **2** área. **3** fase, estágio, nível.

iki 意気 *s* **1** disposição, ânimo, coragem. **2** temperamento, natureza.

iki 遺棄 *s* abandono. ～罪 ～*zai*: crime de abandono.

iki 閾 *s* Psicol limiar, começo.

-iki -行き *suf* com destino a, que vai para. この電車は大阪～です *kono densha wa Osaka*～*desu*: o destino desse trem é Osaka.

ikiatari 行き当たり *s* fim da estrada (rua, linha, passagem); rua sem saída.

ikiataru 行き当たる *v* **1** deparar-se com, encontrar, topar. **2** ficar sem saída, chegar num beco sem saída.

ikiau 行き会う *v* encontrar-se, cruzar-se, passar por, deparar com, defrontar.

ikiba 行き場 *s* lugar para onde ir, destino.

ikichi 生き血 *s* sangue de um animal vivo (pessoa viva).

ikichigai 行き違い *s* **1** desencontro. **2** desentendimento, desacerto.

ikichigau 行き違う *v* **1** desencontrar-se, ir em direção oposta, cruzar-se. **2** ir e vir. **3** desentender-se; dar errado.

ikidaore 行き倒れ *s* pessoa caída (morta) na estrada [por fome, cansaço, frio etc.].

ikidokoro 行き所 *s* lugar para onde ir, lugar onde chegou, destino.

ikidomari 行き止まり *s* fim da linha (estrada, passagem), rua sem saída, beco sem saída.

ikidomaru 行き止まる *v* **1** parar no caminho. **2** parar, chegar ao fim; estar impedido de seguir; ficar sem saída. **3** encontrar obstáculos intransponíveis, ficar bloqueado.

ikidori 憤り *s* indignação, raiva, ira, rancor.

ikidoru 憤る *s* indignar-se, irar-se, enfurecer-se, encolerizar-se.

ikie 生き餌 *s* isca viva.

ikigai 生き甲斐 *s* razão de viver, sentido da vida, alegria (gosto) de viver. ～を感じる ～*o kanjiru*: encontrar o sentido da vida.

ikigai 域外 *s* fora da área, fora da jurisdição, fora do território.

ikigakari 行き掛かり *s* circunstância, andamento, conjuntura.

ikigire 息切れ *s* falta de ar, respiração difícil, perda de fôlego.

ikigomi 意気込み *s* ânimo, entusiasmo, disposição, força de vontade, determinação.

ikigomu 意気込む *v* animar-se, entusiasmar-se, estar determinado [a realizar algo].

ikigurushii 息苦しい *adj* sufocante, abafado.

ikihaji 生き恥 *s* desonra (vergonha) em vida. ～をさらす ～*o sarasu*: ter uma conduta vergonhosa exposta ao público, ter uma vida desonrada.

ikiiki 生々 *adv* ～と ～*to*: de modo radiante, cheio de vida, animadamente, com vigor.

ikiji 意気地 *s* orgulho, amor-próprio, dignidade, brio.

ikikaerasu 生き返らす *v* ressuscitar, trazer novamente à vida.

ikikaeri 行き帰り *s* ida e volta.

ikikaeru 生き返る *v* ressuscitar, voltar à vida, reviver, recuperar (recobrar) a vida.

ikikata 生き方 *s* modo de vida, maneira de viver, *modus vivendi*.

ikikata 行き方 *s* **1** como chegar [a algum lugar], maneira (modo) de ir. **2** método, meio, curso, linha [de ação].

ikikenkō 意気軒昂 *adj* ～として ～*to shite*: com ânimo total, entusiasticamente.

ikiki 往き来 *s* **1** o ir e vir, idas e voltas. **2** relacionamento, contato.

ikikkiri 行きっきり *s* fato de ir definitivamente, fato de ir e não voltar.

ikimaku 息巻く *v* **1** usar do poder (força). **2** esbravejar, enfezar-se, vociferar.

ikimi 生き身 *s* corpo carnal, existência física, corpo mortal.

ikimono 生き物 *s* seres vivos, criaturas vivas, vida, formas de vida.

ikinagara 生きながら *expr* vivo. ～の ～*no*: em vida. ～の地獄 ～*no jigoku*: inferno em vida.

ikinagaraeru 生き長ら[存]える *v* sobreviver, continuar a existir, viver por um longo tempo.

ikinai 域内 *s* dentro da área. ～貿易 ～*bōeki*: comércio exterior dentro de uma determinada área.

ikinari いきなり *adv* repentinamente, abruptamente, subitamente.

ikinarihōdai 行き成り放題 *s* ～の人 ～*no hito*: pessoa que age conforme as circunstâncias (o desenrolar dos acontecimentos).

ikinobiru 生き延びる *v* sobreviver, continuar vivo, escapar com vida.

ikinokori 生き残り *s* sobrevivente.

ikinokoru 生き残る *v* sobreviver, escapar com vida.

ikinuki 息抜き *s* **1** buraco (vão) para ventilação, respiradouro. **2** pausa para descanso, descanso, recreação.

ikinyorai 生き如来 *s* Buda em vida, pessoa com a alma cheia de virtudes, comparável ao Buda.

ikioi 勢い *s* **1** força, vigor, potência. **2** energia, entusiasmo, coragem. **3** propulsão, impulso, ímpeto. **4** poder. **5** consequência, tendência, curso natural.

ikioizuku 勢いづく *v* ganhar força, ganhar impulso, tornar-se forte (potente).

ikire いきれ *s* calor abafado, ar mormacento, cheiro abafado, calor sufocante.

ikiritatsu いきり立つ *v* irritar-se, alterar-se, indignar-se, exaltar-se.

ikiru 生きる *v* **1** viver, existir. **2** manter-se, sustentar-se, ganhar a vida. **3** surtir efeito, dar resultado. **4** realçar, ter vida.

ikisaki 行き先 *s* **1** destino, lugar para onde se vai (foi), paradeiro. **2** futuro.

ikisatsu 経緯 *s* circunstâncias, acontecimentos relacionados ao fato; passado (história); detalhes.

ikishōchin 意気消沈 *s* desânimo, falta de coragem,

ikisugi perda de disposição, depressão, abatimento. ~*suru*, *v*: desanimar-se.

ikisugi 行き過ぎ *s* **1** o fato de passar além do ponto onde se desejava chegar, avançar demais. **2** atitude excessiva, fato de passar dos limites.

ikisugiru 行き過ぎる *v* **1** ir além de, passar do ponto onde deveria parar. **2** exceder-se, passar dos limites.

ikita 生きた *expr* **1** vivo. **2** real, verdadeiro.

ikitōgō 意気投合 *s* afinidade, entendimento mútuo, o fato de dar-se bem, simpatia.

ikitsuke 行きつけ *s* local favorito. ~の店 ~*no mise*: loja preferida. ~のレストラン ~*no resu-toran*: o restaurante em que se vai com frequência.

ikitsuku 行き着く *v* atingir o local desejado, chegar.

ikiutsushi 生き写し *s* fato de ser muito parecido, fato de ser muito semelhante fisicamente.

ikiwakare 生き別れ *s* separação em vida, separação para o resto da vida.

ikiwataru 行き渡る *v* estender-se, difundir-se, chegar a todos os cantos, bastar para todos, abranger.

ikiyōyō 意気揚々 *adj* ~たる ~*taru*: glorioso, exultante, triunfante. ~と ~*to*: com ar exultante (triunfante).

ikizukai 息遣い *s* respiração. ~が荒い ~*ga arai*: respirar de forma ofegante.

ikizuku 息づく *v* **1** respirar, estar vivo. **2** suspirar, lamentar. **3** ofegar, arfar.

ikizumari 行き詰まり *s* fim da linha, beco sem saída, limite, impasse.

ikizumaru 行き詰まる *v* chegar ao fim da linha, estar num beco sem saída, chegar ao limite, chegar num impasse.

ikka 一家 *s* **1** família. **2** casa. **3** escola, estilo. ~団欒 ~*danran*: reunião em família.

ikka 一荷 *s* carga, peso.

ikkagen 一家言 *s* **1** opinião ou teoria própria da pessoa, ponto de vista pessoal. **2** opinião repleta de discernimento, dito.

ikkagetsu 一箇月 *s* um mês, período de um mês.

ikkai 一回 *s* uma vez, uma rodada. ~で ~*de*: de uma só vez.

ikkai 一階 *s* andar térreo. ~席 ~*seki*: plateia.

ikkai 一介 *s* mero, simples. ~の勤め人 ~*no tsutomenin*: um trabalhador como qualquer outro.

ikkaku 一角 *s* **1** um lugar, um canto. **2** um chifre. ~獣 ~*jū*: unicórnio.

ikkakusenkin 一攫千金 *s* obtenção de grande fortuna num só lance, grandes lucros com pouco trabalho.

ikkan 一巻 *s* um capítulo, um livro, um filme, volume um. ~の終り ~*no owari*: fim de tudo, tarde demais.

ikkan 一貫 *s* coerência, fato de manter uma forma de pensar ou agir do começo ao fim. 終始~した 計画 *shūshi ~shita keikaku*: um plano coerente do começo ao fim.

ikkan 一環 *s* elo, uma parte de um todo interligado. 対策の~ *taisaku no ~*: uma parte da medida.

ikkanen 一箇年 *s* um ano, período de um ano.

ikkansagyō 一貫作業 *s* trabalho integrado, processo completo (único), operação contínua.

ikkansei 一貫性 *s* coerência.

ikkatsu 一括 *s* ato de tratar vários itens como um único pacote (lote). ~採択 ~*saitaku*: adoção de várias medidas num só ato. ~払い ~*barai*: pagamento à vista.

ikkatsu 一喝 *s* brado, berro. ~*suru*, *v*: berrar, bradar.

ikkei 一系 *s* linhagem familiar única, mesma linhagem sanguínea. 万世~ *bansei*~: linhagem [do imperador] eternamente contínua.

ikken 一件 *s* **1** um fato, um acontecimento. **2** o fato conhecido, o fato em questão. ~落着 ~*rakuchaku*: caso resolvido. ~書類 ~*shorui*: toda documentação relativa a um fato.

ikken 一見 *s* **1** uma olhada, uma olhadela. **2** um encontro. 百聞は~にしかず *hyakubun wa ~ni shikazu*: nada como ver para crer. ~して ~*shite*: ao dar uma olhada.

ikken 一軒 *s* uma casa. ~家 ~*ya*: uma casa isolada. ~~訪問する ~~*hōmon suru*: visitar de casa em casa.

ikken 一間 *s* **1** espaço entre duas colunas numa construção. **2** um *ken* [medida de comprimento correspondente a 1,818 m].

ikken'ya 一軒家 *s* uma casa isolada, uma casa distante das demais.

ikketsu 一決 *s* decisão, solução, consenso. ~*suru*, *v*. chegar a um acordo.

ikki 一気 *s* uma só respiração, um só fôlego. ~に ~*ni*: numa só vez, sem interrupções.

ikki 一季 *s* uma estação do ano, um período.

ikki 一期 *s* um período preestabelecido [semestre, trimestre etc.].

ikki 逸機 *s* perda da oportunidade (chance).

ikki 一騎 *s* um cavaleiro, um soldado montado.

ikki 一揆 *s Hist* **1** utilização dos mesmos métodos ou caminhos. 自他~ *jita~*: a utilização dos mesmos meios que os demais utilizam. **2** união, solidariedade. **3** motim, insurreição, revolta nos tempos feudais.

ikkiichiyū 一喜一憂 *s* alternância de alegria e tristeza, o fato de estar ora contente ora triste.

ikkikasei 一気呵成 *expr* o fato de fazer de uma só vez. ~に書き上げる ~*ni kakiageru*: escrever tudo de uma só vez.

ikkiuchi 一騎打ち *s* combate de um contra um, luta entre dois.

ikko 一戸 *s* uma casa, um lar.

ikko 一箇 *s* uma unidade [de objeto pequeno], um elemento, uma peça. ~百円 ~*hyaku en*: cem ienes a peça. ~の人間 ~*no ningen*: um simples ser humano.

ikko 一顧 *s* observação, atenção. ~だにしない ~*da ni shinai*: não dá sequer uma atenção.

ikkō 一行 *s* uma comitiva, um grupo, um séquito, um destacamento. 観光団の~ *kankōdan no ~*: um grupo de turistas.

ikkō 一考 *s* uma reflexão, uma atenção, uma consideração. ~を要すること ~*o yō suru koto*: um fato que exige ponderação.

ikkojin 一個人 *s* uma pessoa, um indivíduo. ~の力ではどうにもならない ~*no chikara dewa dōnimo naranai*: sozinho não se pode fazer nada.

ikkoku 一国 *s* um país, uma nação, um Estado.

ikkoku[1] 一刻 *s* um minuto, um instante, um momento. ~も早く ~*mo hayaku*: o quanto antes.

ikkoku² 一刻 s obstinação, teimosia, inflexibilidade. ~na, adj: obstinado, teimoso, inflexível.

ikkon 一献 s 1 uma taça de saquê. 2 o ato de servir saquê. ~差し上げる ~sashiageru: servir (oferecer) uma taça de saquê.

ikkō(ni) 一向(に) adv nem um pouco, absolutamente, nada. ~売れない商品 ~urenai shōhin: mercadoria que não tem saída. ~にかまってくれない ~ni kamatte kurenai: não dá a menor atenção.

ikku 一区 s um distrito, um bairro.

ikkyo 一挙 s 1 uma atitude, uma ação. 2 ato de fazer algo de uma só vez. ~に仕上げる ~ni shiageru: terminar de uma só vez.

ikkyoichidō 一挙一動 s cada ato, cada ação, cada movimento. ~に注意する ~ni chūi suru: observar cada atitude.

ikkyoku 一曲 s uma peça musical, um trecho da música, uma melodia.

ikkyoryōtoku 一挙両得 s "dois coelhos numa só cajadada".

ikkyū 一級 s 1 uma categoria, uma classe. 2 primeira categoria, primeira classe, primeira qualidade. ~品 ~hin: artigo de primeira, produto fino.

ikō 以降 s a partir de, desde. 十日~ tōka~: após o dia 10.

ikō 威光 s autoridade, influência, poder. ~を放つ ~o hanatsu: ter um ar de autoridade.

ikō 意向 s intenção, intuito, inclinação, disposição. ~を確かめる ~o tashikameru: certificar-se das intenções.

ikō 遺稿 s trabalho (manuscrito) inédito de um autor falecido, obra póstuma.

ikō 移行 s transferência, locomoção, mudança.

ikoi 憩い s descanso, repouso.

ikoku 異国 s terra estrangeira, país estrangeiro. ~人 ~jin: estrangeiro [pessoa].

ikokufū 異国風 s estilo (modo, aspecto) estrangeiro.

ikon 遺恨 s rancor, ódio, ressentimento.

ikotsu 遺骨 s restos mortais, ossos, cinzas.

iku 行く v 1 ir, locomover-se, deslocar-se, mover-se. 2 direcionar-se, dirigir-se, seguir [para algum lugar]. 3 passar por, percorrer. 4 avançar [o tempo, a idade].

iku- 幾- pref vários, numerosos, inúmeros, alguns, uns.

ikubaku 幾何[許] s algum, um pouco. ~かの金 ~ka no kane: algum dinheiro.

ikubun 幾分 s 1 algum, um pouco. 2 uma parte. 費用の~かを負担する hiyō no ~ka o futan suru: assumir uma parte da despesa.

ikubun(ka) 幾分(か) adv em partes, parcialmente, em alguma parte, até certo ponto. ~関係がある ~kankei ga aru: há alguma relação.

ikubyō 育苗 s cultivo de mudas [de plantas].

ikudo 幾度 s quantas vezes, várias vezes. ~呼んでも返事はなかった ~ yondemo henji wa nakatta: por mais que chamasse, não respondia.

ikudo mo 幾度も expr inúmeras vezes, várias vezes, muitas vezes. ~繰り返し言った ~ kurikaeshi itta: disse repetidas vezes.

ikudōon ni 異口同音に expr em uma só voz, em uníssono, unanimemente.

ikue 幾重 s repetição. ~にも ~ni mo: repetidamente.

ikuei 育英 s educação, formação. ~事業 ~jigyō: trabalho educacional.

ikuji 育児 s ato de cuidar de criança (bebê), puericultura. ~室 ~shitsu: berçário.

ikuji 意気地 s força de vontade, coragem.

ikujihō 育児法 s modo de cuidar de bebê, método de puericultura.

ikujinashi 意気地無し s pessoa sem coragem, indivíduo fraco, pessoa covarde.

ikunen 幾年 s quantos anos. ~も ~mo: vários anos, muitos anos.

ikunichi 幾日 s quantos dias. ~も ~mo: vários dias, muitos dias.

ikura イクラ (rus ikra) s ovas de salmão.

ikura 幾ら adv que quantidade, quanto(s), que valor (preço). これ、~ですか kore, ~desu ka: quanto custa isto? ~でもある ~demo aru: ter o quanto desejar. ~読んでも分からない ~ yondemo wakaranai: por mais que se leia, não se consegue entender.

ikuraka 幾らか adv algum, certa quantidade, um pouco, um tanto. それを聞いて~安心した sore o kiite ~ anshin shita: tranquilizei-me um tanto ao saber disso.

ikura mo 幾らも adv [não] muito. ~行かないうちに ~ikanai uchi ni: não avançou muito e...

ikusa 軍 s guerra, batalha, luta.

ikusei 育成 s formação, educação, criação.

ikushu 育種 s melhoramento genético, melhoramento da espécie.

ikusūki 育雛器 s chocadeira, criadeira de pintos.

ikuta 幾多 s ~の ~no: muitos, numerosos, inúmeros.

ikutōri 幾通り s quantos tipos. ~ありますか ~ arimasu ka: há quantos tipos? ~も ~mo: vários tipos, várias formas.

ikutsu 幾つ s 1 quantos. ~も ~mo: muitos, vários. 2 quantos anos, que idade. お~ですか o~desu ka: quantos anos tem?

ikuyo 幾夜 s quantas noites. ~も ~mo: várias noites, muitas noites.

ikyo 依拠 s 1 dependência, ato de depender. 2 ponto de apoio.

ikyō 異教 s 1 religião(ões) diferente(s) daquela a qual professa. 2 [para os cristãos] outra religião, religião pagã.

ikyō 異境[郷] s país estrangeiro, outro país, terra estranha.

ikyoku 医局 s departamento médico, ambulatório médico.

ikyoku 委曲 s detalhes, pormenores. ~を尽くす ~o tsukusu: explanar em detalhes.

ima 今 s 1 o agora, este momento, o presente momento. ~を大切に生きる ~o taisetsu ni ikiru: viver valorizando o momento presente. 2 há instantes, neste exato momento. ~出かけたかりです ~ dekaketa bakari desu: acabou de sair. 3 já, agora mesmo. ~まいります ~ mairimasu: estou indo já. 4 mais, outro. ~一度調べる ~ ichido shiraberu: verificar mais uma vez.

ima 居間 s sala de estar.

imada 未だ adv ainda. ~かつて ~katsute: nunca, jamais.

imada ni 未だに *adv* ainda. ～届いていない ～ *todoite inai*: ainda não chegou.
imadashi 未だし *adj* imaturo, insuficiente, cedo. ～の感がある ～*no kan ga aru*: não parece ser ainda o momento certo, não é chegada a hora.
imadoki 今時 *s* 1 hoje em dia, dias de hoje, tempos atuais. 2 a esta hora, agora.
imagoro 今頃 *s* a estas horas, agora, nesta época.
imaichido 今一度 *adv* mais uma vez, novamente.
imaimashii 忌々しい *adj* aborrecedor, irritante, detestável, chato, maldito.
imajibun 今時分 *s V* **imagoro** 今頃.
imamade 今迄 *expr* até agora, até o presente momento.
imamotte 今もって *expr* ainda, ainda hoje, até mesmo agora. ～それを根にもっている ～ *sore o ne ni motte iru*: ainda hoje guarda rancor por causa disso.
ima ni 今に *expr* em breve, a qualquer hora, um dia, não tardará em.
ima ni mo 今にも *expr* a qualquer instante, estar prestes a, estar na iminência de. ～倒れそうだった ～ *taoresō datta*: estava prestes a tombar.
imasara 今更 *adv* 1 agora, depois de tudo, a essa altura, depois de tanto tempo. 2 novamente, outra vez.
imashigata 今し方 *adv* agora mesmo, há instantes.
imashime 戒め *s* admoestação, lição, aviso, conselho, advertência.
imashimeru 戒める *v* 1 admoestar, aconselhar, advertir. 2 proibir, impedir. 3 castigar, punir.
ima wa 今わ *s* derradeiros momentos, momentos finais, hora da morte. ～の願い ～*no negai*: o derradeiro desejo.
imawashii 忌まわしい *adj* 1 abominável, detestável, fastidioso. 2 agourento, que dá azar, funesto.
imaya 今や *adv* agora. ～引き上げの時 ～*hikiage no toki*: (agora) é o momento da retirada.
imayaososhito 今や遅しと *expr* impacientemente, apressadamente, ansiosamente. ～時を待つ ～*toki o matsu*: aguardar ansiosamente pelo momento certo.
imayō 今様 *s* moda atual, modernismo, última moda. ～の建築物 ～*no kenchikubutsu*: construção moderna.
imei 異名 *s V* **imyō** 異名.
imēji イメージ (*ingl image*) *s* imagem, impressão, conceito. ～アップ ～*appu*: melhora da imagem (conceito). ～ダウン ～*daun*: piora da imagem (conceito).
imi 忌み *s* 1 abstinência, tabu. 2 proibição.
imi 意味 *s* 1 significado, sentido, acepção, conotação. 2 importância, propósito, sentido. 今さらそんなことを言っても～がない *ima sara sonna koto o ittemo ～ga nai*: não tem sentido falarmos disso agora. 悪い～にとられては困る *warui～ni torarete wa komaru*: não gostaria que interpretasse mal. ～ありげな笑い ～*arige na warai*: sorriso insinuante (sugestivo).
imijiki いみじき *adj* 1 extraordinário, admirável, esplêndido. 2 apropriado, adequado.
imijiku(mo) いみじく(も) *adv* extraordinariamente, admiravelmente; adequadamente, apropriadamente.

imikirau 忌み嫌う *v* detestar, abominar, repudiar, ter aversão a.
imin 移民 *s* 1 imigração, emigração. 2 imigrante, emigrante.
imiron 意味論 *s Ling* semântica.
imishinchō 意味深長 *s* significado profundo, fato de ser repleto de significação. ～な言葉 ～*na kotoba*: palavras com um profundo significado.
imitēshon イミテーション (*ingl imitation*) *s* imitação, falsa reprodução.
imo 芋 *s* 1 batata [comestíveis de variadas espécies]. 2 tubérculo.
imohori 芋掘り *s* 1 escavação da terra para retirar batatas. 2 caipira, gente da roça.
imomushi 芋虫 *s* lagarta verde (pelada).
imon 慰問 *s* visita para confortar, visita para consolar, visita de solidariedade.
imono 鋳物 *s* artigos de metal fundido. ～師 ～*shi*: fundidor, profissional que trabalha na fundição. ～工場 ～*kōjō*: indústria de fundição.
imori 井守 *s Zool* salamandra, lagartixa, osga.
imōto 妹 *s* irmã mais nova. ～が二人います ～*ga futari imasu*: tenho duas irmãs mais novas.
imozuru 芋蔓 *s* vergônteas (gavinhas) da batata. ～式に ～*shiki ni*: de modo que, ao puxar um, o outro aparece, por estarem ligados.
imu 医務 *s* serviço médico. ～室 ～*shitsu*: sala de atendimento médico.
imu 忌む *v* 1 abominar, detestar, ter aversão a. 2 considerar um tabu, proibir.
imyō 異名 *s* 1 um outro nome, segundo nome. 2 pseudônimo, apelido, alcunha.
in 因 *s* causa, fator desencadeador.
in 印 *s* selo, carimbo, sinete, chancela. ～を押す ～*o osu*: carimbar.
in 院 *s* 1 instituto, templo. 寺～ *ji～*: templo, mosteiro. 2 eximperador. 後鳥羽～ *Gotoba～*: ex-imperador Gotoba.
in 陰 *s* 1 sombra, parte sombria. 2 parte oculta (não exposta, implícita). 3 aparelho genital. 4 o que tem propriedade passiva. ～にこもる感情 ～*ni komoru kanjō*: sentimento guardado (reprimido).
in 韻 *s* 1 rima. ～文 ～*bun*: texto em poema. 2 vibração do som, sonoridade.
in 淫 *s* 1 fato de entregar-se aos prazeres (à libertinagem). ～酒 ～*shu*: entregar-se à bebida. 2 lascividade, obscenidade, licenciosidade.
-in -員 *suf* membro, elemento. 会～ *kai～*: associado.
ina 否 *interj* não. 受け容れるか～か *ukeireru ka ～ka*: aceitar ou não.
ina 異な *adj pop* incomum, extraordinário, diferente, estranho.
inabikari 稲光 *s* relâmpago, lampejo do relâmpago.
inada 稲田 *s* plantação de arroz, arrozal.
inagara 居[座]ながら *adv* em casa, sem sair de casa. テレビのお蔭で、～にして試合が観戦できる *terebi no okage de, ～ni shite shiai ga kansen dekiru*: graças à televisão, pode-se assistir ao jogo sem sair de casa.
inago 蝗 *s Entom* gafanhoto.
inaho 稲穂 *s* espiga de arroz.
inai 以内 *s* dentro de, não mais que, até. 五分～で終わります *gofun ～de owarimasu*: encerraremos

dentro de cinco minutos. 五百円〜の価格 *gohyakuen 〜no kakaku*: preço de até 500 ienes.
inai 居ない *expr* não estar presente, estar ausente.
inaka 田舎 *s* 1 interior, zona rural, campo, roça, província. 2 terra natal, terra de origem. 〜育ち 〜*sodachi*: pessoa criada no interior.
inakafū 田舎風 *s* jeito interiorano, maneiras rústicas (sem refinamento), estilo do campo, provincialismo.
inakajimiru 田舎染みる *v* assumir modos provincianos, adquirir jeitos do interior, adquirir aspecto interiorano.
inakakotoba 田舎言葉 *s* linguajar do interior, dialeto regional, provincialismo.
inakakusai 田舎臭い *adj* rude, grosseiro, sem classe.
inakamawari 田舎回り *s* turnê pelo interior.
inakamono 田舎者 *s* sujeito interiorano, pessoa do campo, caipira, camponês.
inakanamari 田舎訛り *s* sotaque interiorano, entonação do campo.
inakappē いなかっぺえ *s vulg* caipira, interiorano.
inakazumai 田舎住まい *s* vida no campo, residência no interior.
inamu 否む *v* 1 recusar. 2 negar. 〜ことができない 〜*koto ga dekinai*: não há como negar (recusar).
inan 以南 *s* ao sul [de].
inanaki 嘶き *s* relincho, rincho [do cavalo].
inanaku 嘶く *v* relinchar, rinchar.
inaoru 居直る *v* 1 endireitar-se no assento, sentar-se direito. 2 mudar repentinamente de atitude, assumir uma atitude violenta, tomar postura ameaçadora.
inarabu 居並ぶ *v* sentar-se todos lado a lado, estar presente, reunir-se.
Inari 稲荷 *s* deus da colheita, divindade representada pela raposa. 〜神社 〜*jinja*: santuário inari.
inarizushi 稲荷鮨 *s Cul* arroz temperado contido numa trouxa de tofu frito.
inasaku 稲作 *s* cultivo de arroz, produção de arroz.
inase いなせ *s pop* elegância, espirituosidade, vigor, coragem, galantaria.
inasu いなす *v* 1 evadir, fugir, desconversar [às perguntas]. 2 driblar, fintar, esquivar-se [do ataque].
inaya 否や *expr* 1 assim que, tão logo, mal. それを知るや〜、すぐ出発した *sore o shiru ya 〜, sugu shuppatsu shita*: mal ouviu isso, partiu imediatamente. 2 sim ou não. 3 objeção, discordância.
inazuma 稲妻 *s* relâmpago, clarão do relâmpago, raio.
inbai 淫売 *s* prostituição. 〜婦 〜*fu*: prostituta, meretriz. 〜屋 〜*ya*: prostíbulo.
inbaiyado 淫売宿 *s* prostíbulo, bordel, casa de prostituição.
inban 印判 *s* selo, carimbo. 〜師 〜*shi*: profissional que grava os selos.
inbi 隠微 *s* obscuridade, mistério, abstrusidade.
inbō 陰謀 *s* intriga, conspiração, maquinação, conluio.
inbu 陰部 *s* região púbica, parte íntima, órgãos genitais.
inbun 韻文 *s* verso, poema, composição métrica.
inchi 引致 *s* detenção, prisão. 被疑者は警察に〜された *higisha wa keisatsu ni 〜 sareta*: o suspeito foi levado (preso) pela polícia.

inchi インチ (*ingl inch*) *s* polegada.
inchiki インチキ *s pop* falsidade, fraude, impostura.
inchō 院長 *s* diretor (de hospital, academia, instituição).
indō 引導 *s* ato de reconduzir as almas perdidas, sermão para a alma do defunto alcançar a iluminação.
ine 稲 *s* planta do arroz.
in'ei 陰影 *s* 1 sombra, sombreado. 2 profundidade, nuance, matiz.
inemuri 居眠り *s* cochilo. 〜運転をする 〜*unten o suru*: cochilar ao volante.
infure インフレ, **infurēshon** インフレーション (*ingl inflation*) *s* inflação.
inga 因果 *s* causa e efeito, causalidade.
ingakankei 因果関係 *s* relação de causa e efeito.
ingaōhō 因果応報 *s* o fato de os carmas positivos e negativos do passado gerarem como resultado a felicidade ou a infelicidade do presente e, da mesma forma, os carmas acumulados no presente gerarem os resultados no futuro.
ingen(mame) 隠元(豆) *s* vagem, feijão comum.
ingin 慇懃 *s* 1 cortesia, polidez, gentileza, respeito. 2 intimidade, amizade. 3 relacionamento amoroso.
ingo 隠語 *s* linguagem secreta (codificada), gíria, jargão.
inikui 居にくい *expr* não se sentir bem (à vontade) [estando naquele local].
inin 委任 *s* mandato, procuração, incumbência, delegação. 〜*suru, v*: incumbir, delegar.
ininjō 委任状 *s* (instrumento de) procuração, (instrumento de) mandato.
inintōchi 委任統治 *s* mandato, administração por mandato.
inintōchiken 委任統治権 *s* poder para administrar por mandato.
inja 隠者 *s* eremita, ermitão.
inji 印字 *s* 1 impressão, estampagem. 2 letra impressa, tipo.
injun 因循 *s* 1 vacilação, indecisão, irresolução. 2 conservadorismo.
injunkosoku 因循姑息 *s* conservadorismo retrógrado.
inka 引火 *s* ignição, inflamação. 〜温度 〜*ondo*: temperatura de inflamação (ignição). 〜性の 〜*sei no*: inflamável.
inkan 印鑑 *s* selo pessoal, sinete, chancela. 〜届け 〜*todoke*: registro do selo. 〜証明 〜*shōmei*: certificado de autenticidade do selo.
inkei 陰茎 *s Anat* pênis.
inken 引見 *s* entrevista, audiência, recepção. 〜室 〜*shitsu*: sala de audiência. 〜*suru, v*: conceder uma audiência.
inken 陰険 *s* 〜*na, adj*: dissimulado, astucioso, traiçoeiro, manhoso, velhaco.
inki 陰気 *s* obscuridade, melancolia, tristeza. 〜な場所 〜*na basho*: lugar sombrio.
inki インキ(インク) (*ingl ink*) *s* tinta [para escrever].
inko 鸚哥 *s Ornit* periquito.
inkō 咽喉 *s* laringe, garganta. 耳鼻〜科 *jibi〜ka*: otorrinolaringologia.
inkoku 印刻 *s* gravação. 〜師 〜*shi*: gravador de sinete.

inkyaku 韻脚 *s* final de um verso, rima. 〜のある詩 〜*no aru shi*: verso rimado.

inkyo 隠居 *s* **1** afastamento da função, fato de retirar-se da vida ativa. **2** pessoa idosa, aposentada, pessoa afastada da vida produtiva.

inkyoku 陰極 *s Eletr* polo (eletrodo) negativo, catodo.

inmetsu 湮滅 *s* extinção, destruição, aniquilamento, extermínio.

inmō 陰毛 *s Anat* pelos púbicos.

inmon 陰門 *s Anat* vulva.

innen 因縁 *s* **1** causa e ocorrência ocasional, fatalidade, destino, sina. **2** afinidade, ligação, relação, vínculo. **3** origem, história.

innin 隠忍 *s* paciência, tolerância. 〜*suru, v*: tolerar, ser paciente, suportar.

innō 陰嚢 *s Anat* escroto. 〜ヘルニア 〜*herunia*: hérnia escrotal.

inochi 命 *s* vida. 〜の限り 〜*no kagiri*: enquanto estiver vivo. 〜を落とす 〜*o otosu*: perder a vida, morrer.

inochibiroi 命拾い *s* o fato de salvar-se por um triz. 〜*suru, v*: escapar da morte por pouco.

inochigake 命懸け *s* vida ou morte. 〜の戦い 〜*no tatakai*: luta de vida ou morte. 〜で進んだ 〜*de susunda*: avançou arriscando a vida.

inochi karagara 命からがら *adv* com vida. 〜逃げた 〜*nigeta*: escapou com vida.

inochishirazu 命知らず *s* destemor, ousadia, imprudência, intrepidez, temeridade.

inochitori 命取り *s* causa da morte, motivo do arruinamento. 〜の 〜*no*: fatal, mortal.

in'ōgo 印欧語 *s* língua indo-europeia.

i no ichiban いの一番 *s pop* o primeiro. 〜に駆けつける 〜*ni kaketsukeru*: chegar antes de todos.

inokori 居残り *s* hora extra, trabalho extra, permanência no trabalho além do expediente (na escola após o término da aula). 〜*suru, v*: fazer horas extras, ficar na escola [de castigo] depois da aula.

inokoru 居残る *v* ficar até mais tarde [na escola, no trabalho], fazer horas extras.

inori 祈り *s* reza, oração, prece. 〜がかなった 〜*ga kanatta*: a oração foi atendida.

inoru 祈る *v* **1** rezar, orar, fazer prece. **2** desejar, esperar, fazer votos. 幸運を〜 *kōun o*〜: orar pela sorte.

inoshishi 猪 *s Zool* javali, porco-do-mato.

inpei 隠蔽 *s* dissimulação, encobrimento, ato de encobertar (esconder, ocultar).

inpon 淫奔 *s* devassidão, libertinagem, desregramento, luxúria, lascívia.

inpotentsu インポテンツ (*ingl impotent*) *s* impotência (sexual).

inpu 淫婦 *s* mulher luxuriosa (lasciva, libertina, indecente).

inpū 淫風 *s* maneiras imorais, costumes indecentes, imoralidades.

inran 淫乱 *s* lascívia, impudícia, luxúria. 〜*na, adj*: libidinoso, libertino.

inrei 引例 *s* citação, exemplo citado. 〜の豊富な 〜*no hōfu na*: rico em exemplificações.

inreki 陰暦 *s* calendário lunar.

inritsu 韻律 *s* ritmo, métrica, cadência.

inryō 飲料 *s* bebida. 清涼〜 *seiryō*〜: refrigerante.

inryoku 引力 *s Fís* força da gravidade, força da atração [entre matérias], gravitação.

inryōsui 飲料水 *s* água potável.

insatsu 印刷 *s* impressão. 〜*suru, v*: imprimir. 〜所 〜*jo*: gráfica.

insatsubutsu 印刷物 *s* material impresso.

insatsuki 印刷機 *s* impressora, máquina de impressão.

insei 陰性 *s* **1** eletronegatividade, inatividade. **2** resultado negativo. 検査の結果は〜であった *kensa no kekka wa* 〜*de atta*: o resultado do exame foi negativo.

insei 隠棲 *s* vida em retiro (isolada, segregada). 〜*suru, v*: viver em retiro.

insei 院政 *s* governo exercido pelo ex-Imperador, regime de governo com o poder nas mãos do Imperador em retiro.

inseki 引責 *s* ato de chamar para si (assumir) a responsabilidade. 〜*suru, v*: responsabilizar-se.

inseki 姻戚 *s* parentesco afim, relação de parentesco por matrimônio.

inseki 隕石 *s* meteorito, aerólito. 〜の落下 〜*no rakka*: queda (chuva) de meteoros.

inshi 印紙 *s* selo, estampilha. 収入〜 *shūnyū*〜: estampilha, selo fiscal.

inshi 因子 *s Mat* fator. 決定的〜 *ketteiteki* 〜: fator determinante. *Genét* gene. 〜型 〜*gata*: genótipo.

inshin 殷賑 *s* prosperidade. 〜産業 〜*sangyō*: indústria próspera.

insho 印書 *s* tipografia, datilografia. 〜*suru, v*: datilografar.

inshō 引証 *s* cotação, citação, apresentação de provas.

inshō 印象 *s* impressão. 第一〜 *daiichi*〜: primeira impressão. 〜づける 〜*zukeru*: impressionar.

inshō 引照 *s* citação de referências.

inshōha 印象派 *s* escola impressionista, impressionismo; artista impressionista.

inshoku 飲食 *s* comida e bebida, alimentos, comes e bebes.

inshokubutsu 飲食物 *s* comida e bebida, comes e bebes.

inshokuten 飲食店 *s* comércio de alimentação, restaurante, lanchonete.

inshōshugi 印象主義 *s* impressionismo.

inshōteki 印象的 *adj* impressionante, marcante.

inshu 飲酒 *s* ingestão de bebida alcoólica. 〜運転 〜*unten*: ato de dirigir alcoolizado.

inshū 因襲・因習 *s* costume tradicional, usos e costumes, tradição. 〜的 〜*teki*: convencional. 〜打破 〜*daha*: iconoclasmo.

insotsu 引率 *s* liderança, ato de conduzir. 〜*suru, v*: conduzir [um grupo].

insū 員数 *s* número de elementos (membros, componentes).

insū 因数 *s Mat* fator. 〜分解 〜*bunkai*: decomposição em fator.

insuru 印する *v* imprimir, marcar. 心に深く〜 *kokoro ni fukaku*〜: marcar nitidamente no pensamento.

insutanto インスタント (*ingl instant*) *s* instantâneo. 〜コーヒー 〜*kōhī*: café solúvel. 〜食品 〜*shokuhin*: alimento semipronto.

intabyū インタビュー (*ingl interview*) *s* entrevista. 〜*suru, v*: entrevistar.

intai 引退 *s* afastamento da ativa (vida pública). ～*suru*, *v*: aposentar-se, retirar-se da vida pública, encerrar a carreira.
intaizōbusshi 隠退蔵物資 *s* bens e produtos ocultos.
intān インターン (*ingl intern[e]*) *s* médico interno, trabalho de médico interno.
interi(gencha) インテリ(ゲンチャ) (*rus intelligentsiya*) *s* intelectual, a intelectualidade. ～階級 ～*kaikyū*: classe dos intelectuais.
interia インテリア (*ingl interior*) *s* interior, ambiente interno. ～デザイナー ～*dezainā*: decorador de interiores.
intō 淫蕩 *s* libertinagem, desregramento, devassidão, lascívia, dissipação. ～生活 ～*seikatsu*: vida depravada.
intō 咽頭 *s* Anat faringe. ～炎 ～*en* : faringite.
intoku 隠匿 *s* ocultação, sonegação. ～財産 ～*zaisan*: bens sonegados.
intoku 陰徳 *s* bens praticados no anonimato, caridade praticada às ocultas.
inton 隠遁 *s* retiro, reclusão, afastamento [da sociedade].
intonēshon イントネーション (*ingl intonation*) *s* entonação.
intoro(dakushon) イントロ(ダクション) (*ingl introduction*) *s* introdução.
inu 犬 *s Zool* canino, cão, cachorro. 雌～ *mesu*～: cadela. 野良～ *nora*～: cachorro abandonado, vira-lata.
inu 戌 *s* cachorro (o décimo primeiro elemento do horóscopo chinês).
inujini 犬死に *s* fato de perder a vida em vão, morte estúpida.
inukaki 犬掻き *s Nat* nado cachorrinho.
inuki 居抜き *s* locação ou venda de imóvel com mobília. 店を～で買う *mise o ～ de kau*: adquirir uma casa de comércio com mercadoria e tudo.
inuku 射抜く *v* trespassar, atravessar, varar. 胸を～ *mune o ～*: trespassar o peito.
in'utsu 陰鬱 *s* melancolia, lugubridade, tristeza. ～な, *adj*: melancólico, sombrio, escuro.
inyō 囲繞 *s* ～*suru*, *v*: fechar, rodear, circundar.
in'yō 引用 *s* citação. ～文 ～*bun*: texto citado. ～*suru*, *v*: citar, fazer citação.
in'yō 飲用 *s* uso potável. ～に適している ～*ni tekishite iru*: apropriado para beber. ～水 ～*sui*: água potável.
in'yō 陰陽 *s* duas forças cósmicas, polo positivo e polo negativo, atividade e passividade, luz e sombra, Sol e Lua. ～性 ～*sei*: bipolaridade.
in'yu 隠喩 *s* metáfora. ～的な ～*teki na*: metafórico.
inyū 移入 *s* introdução, ato de trazer de outras regiões. ～品 ～*hin*: produtos oriundos de outras regiões.
inzei 印税 *s* direitos autorais [de um livro], honorários de autor.
inzen 隠然 *s* latência da força. ～たる勢力 ～*taru seiryoku*: poder latente, força subjacente (oculta).
inzū 員数 *s* número total de membros. ～を揃える ～*o soroeru*: completar o quadro [de membros].
iō 硫黄 *s* enxofre. ～の ～*no*: sulfúrico, sulfuroso.
ion イオン (*ingl ion*) *s Quím* íon.
ionka イオン化 *s* ionização.
iori 庵 *s* eremitério, aposento para retiro.
iotosu 射落とす *v* 1 abater [com tiro, flecha], derrubar. 2 conquistar [algo almejado].
ippa 一派 *s* partido, grupo, escola, corrente, facção.
ippai 一杯 *s* 1 um copo [cheio], uma xícara, uma medida. ～のコーヒー ～*no kōhī*: uma xícara de café. 2 um gole, um drinque. ～いかがですか ～ *ikaga desu ka*: que tal um gole [de bebida alcoólica]? 3 cheio, repleto, bastante. 腹～食べる *hara*～*taberu*: comer fartamente. 4 tudo, máximo. 力で引く *chikara*～*hiku*: puxar com força total.
ippai 一敗 *s* uma derrota. 九勝～ *kyūshō ～*: nove vitórias e uma derrota.
ippaku 一泊 *s* uma hospedagem, uma noite de estada, um pernoite.
ippan 一半 *s* metade, parte, parcela.
ippan 一般 *s* 1 generalidade, universalidade, normalidade. 2 comum, ordinário, usual, normal. ～的 ～*teki*: comum, usual.
ippanka 一般化 *s* generalização, popularização. ～*suru*, *v*: generalizar, popularizar.
ippantōhyō 一般投票 *s* votação geral, referendo popular.
ippatsu 一発 *s* um tiro, um lance, uma golpe, um disparo, um soco. ～撃つ ～*utsu*: dar um tiro.
ippen 一片 *s* um pedaço, uma peça, um fragmento. ～の土地 ～*no tochi*: um pedaço de terra.
ippen 一辺 *s* um lado [de figura geométrica].
ippen 一変 *s* mudança radical, alteração total. 事態が～する *jitai ga ～suru*: a situação se altera bruscamente.
ippen 一遍 *s* 1 uma vez. ～会ってみたい ～*atte mitai*: gostaria de vê-lo uma vez. 2 por toda a parte, nos arredores. 辺り～に散らばる *atari ～ni chirabaru*: espalhar-se por todos os arredores. 3 formalidade, protocolo. 通り～のこと *tōri ～no koto*: o que é de praxe.
ippen 一編 *s* uma composição [poética].
ippentō 一辺倒 *s* fato de apoiar (adotar) só um lado, inclinação total, apoio unilateral.
ippiki 一匹・一疋 *s* um gato, cão ou outro animal pequeno.
ippin 一品 *s* 1 um artigo, uma peça, um item. 2 o melhor, o supremo. 天下～ *tenka～*: a melhor obra.
ippin 逸品 *s* artigo superior, artigo excelente, artigo de alta qualidade, obra-prima, raridade.
ippitsu 一筆 *s* 1 um trabalho (carta, texto) escrito a caneta (pincel). 2 uma pincelada, um traço, um rabisco, umas linhas. 3 letras escritas por uma só pessoa. ～画 ～*ga*: pintura feita com uma só pincelada.
ippo 一歩 *s* 1 um passo, uma passada. 2 uma etapa, um degrau. ～手前にいる ～*temae ni iru*: estar a um passo [de].
ippō 一方 *s* um lado, uma direção, uma parte, um sentido. ～的 ～*teki*: unilateral. ～では ～*dewa*: por um lado. 人口は増える～です *jinkō wa fueru ～desu*: a população só aumenta.
ippō 一報 *s* informação, aviso, comunicado. ～*suru*, *v*: avisar, comunicar.
ippon 一本 *s* 1 um, uma unidade [de objeto alongado]. 2 um golpe acertado, um ponto. 3 um livro, um volume. 4 uma gueixa completa.

ippon'ashi 一本足 *s* uma só perna. 〜で立つ 〜*de tatsu*: ficar sobre uma perna só.

ippondachi 一本立ち *s* independência, autonomia. 親元から〜する *oyamoto kara 〜suru*: tornar-se independente dos pais.

ippondate 一本建 *s* padrão singular. 〜映画 〜*eiga*: apresentação de um só filme.

ippongi 一本気 *s* **1** pensamento único, ideia fixa, determinação. **2** pureza.

ipponjōshi 一本調子 *s* monotonia, invariabilidade. 彼の歌は〜だ *kare no uta wa 〜da*: o canto dele é monótono.

ipponka 一本化 *s* unificação, centralização.

ipponmichi 一本道 *s* caminho reto, estrada única, linha (estrada) reta.

ippon'yari 一本槍 *s* **1** único ponto forte. **2** diretriz única, método único. 彼は芸術〜の人間だ *kare wa geijutsu 〜no ningen da*: ele é um homem que vive para a arte.

ipponzuri 一本釣り *s* pesca com um único anzol.

ippōteki 一方的 〜*na, adj*: unilateral.

ippū 一風 *s* um estilo, um aspecto. 〜変わった人 〜*kawatta hito*: pessoa estranha (excêntrica, nada convencional, incomum).

ippū 一封 *s* um envelope lacrado, conteúdo lacrado em envelope. 金〜 *kin*〜: envelope com dinheiro [dado como prêmio].

ippuippu 一夫一婦 *s* monogamia. 〜制 〜*sei*: sistema monogâmico.

ippuku 一服 *s* **1** uma dose [de medicamento]. 朝夕〜ずつ服用する *asayū 〜zutsu fukuyō suru*: tomar uma dose pela manhã e à tarde. **2** uma tragada [de cigarro], um cigarro. 〜いかがですか 〜*ikaga desu ka*: aceita um cigarro? **3** descanso. そろそろ〜しよう *sorosoro 〜shiyō*: vamos descansar.

ippuku 一幅 *s* um rolo [de pergaminho com desenho ou escrita], quadro.

ippun 一分 *s* um minuto.

ippusei 一夫制 *s* monandria, sistema monândrico.

ipputasai 一夫多妻 *s* poligamia. 〜制 〜*sei*: sistema poligâmico.

ippyō 一票 *s* um voto. 〜を投じる 〜*o tōjiru*: votar [em].

iradachi 苛立ち *s* irritação, exasperação.

iradataseru 苛立たせる *v* irritar [alguém], provocar, exasperar, causar irritação.

iradatsu 苛立つ *v* irritar-se, exasperar-se.

irai 以来 *s* **1** desde. それ〜 *sore* 〜: desde então. **2** a partir de.

irai 依頼 *s* **1** solicitação, pedido. 〜者 〜*sha*: solicitante. **2** dependência. 〜心が強い 〜*shin ga tsuyoi*: ser demasiadamente dependente.

iraira 苛々 *adv* irritação, inquietação. 〜*suru, v*: ficar (estar) irritado, ficar (estar) inquieto, ficar (estar) impaciente.

iraishin 依頼心 *s* espírito de dependência, propensão à dependência.

iraka 甍 *s* telha, telhado.

iranu 要らぬ *expr* desnecessário, indesejável, inútil, supérfluo. 〜お世話だ 〜*osewa da*: não pedi a sua ajuda.

irasshai 入らっしゃい *v* vir, seja bem-vindo(a), entrar. また明日〜 *mata ashita* 〜: venha amanhã novamente.

irassharu いらっしゃる *v* **1** ir. どちらへいらっしゃいますか *dochira e 〜irasshaimasu ka*: onde vai? **2** vir. いつこちらへいらっしゃいますか *itsu kochira e irasshaimasu ka*: quando virá aqui? **3** estar. ご自宅に〜 *gojitaku ni* 〜: encontra-se em casa. **4** ser. 山田さんでいらっしゃいますか *Yamada san de irasshaimasu ka*: é o(a) senhor(a) Yamada?

irasuto イラスト, **irasutorēshon** イラストレーション (*ingl illustration*) *s* ilustração [de livros, revistas].

ireba 入れ歯 *s* dentes artificiais, dentes postiços.

irechigai 入れ違い *s* coincidência entre a chegada de uma pessoa e a saída de outra. 父と〜に客が来た *chichi to 〜ni kyaku ga kita*: ao mesmo tempo em que meu pai saía, a visita chegava.

ireguchi 入れ口 *s* orifício por onde se introduzem moedas (fichas).

irei 異例 *s* caso sem precedente, caso singular, fato excepcional, anormalidade. 〜の措置 〜*no sochi*: medida sem precedente (excepcional).

irei 威令 *s* autoridade, poder, domínio.

ireisai 慰霊祭 *s* culto aos mortos, cerimônia em homenagem às almas dos falecidos.

irejichi 入れ質 *s* penhor, caução. 〜*suru, v*: empenhar, dar como garantia, penhorar.

irejie 入れ知恵 *s* sugestão, ato de incutir uma ideia, instrução. 〜*suru, v*: instruir.

irekae 入れ替え *s* **1** reposição, substituição, troca, permuta. **2** manobra [de trem], troca de trilho.

irekaeru 入れ替える *v* repor, substituir, trocar, re-colocar.

irekawari 入れ代わり *s* substituição, troca, reposição. 新旧の〜が激しい *shinkyū no 〜ga hageshii*: a troca do velho pelo novo é intensa.

irekawaru 入れ代わる *v* substituir, entrar em troca do anterior, assumir o lugar.

ireko 入れ子 *s* **1** caixas de tamanhos diferentes que se encaixam uma dentro da outra. **2** razões ocultas, fatos ocultos.

iremazeru 入れ混ぜる *v* misturar, mesclar, amalgamar.

iremono 入れ物 *s* recipiente, vasilhame, receptáculo.

ireru 入[容]れる *v* **1** pôr, colocar, introduzir, adicionar. コーヒーに砂糖を〜 *kōhī ni satō o* 〜: colocar açúcar no café. **2** inserir, incrustar, meter. **3** aceitar, permitir a entrada, admitir, acomodar. 仲間に〜 *nakama ni* 〜: admitir como companheiro. **4** incluir, abranger, contar, considerar como parte. 足代も入れて五千円 *ashidai mo irete gosen'en*: 5 mil ienes, incluindo a condução. **5** ligar, ativar. ラジオを〜 *rajio o* 〜: ligar o rádio. **6** preparar [chá, café etc.].

irezoko 入れ底 *s* fundo falso.

irezumi 入れ墨・刺青 *s* tatuagem. 〜をする 〜*o suru*: tatuar, fazer tatuagem.

iri 入り *s* **1** entrada. **2** esconder [do Sol ou da Lua] no horizonte. **3** receita, renda. **4** audiência, movimento [nas casas de espetáculos]. **5** início de um período. 彼岸の〜 *higan no* 〜: início do equinócio.

-iri -入り *suf* com, que contém. 十個〜の箱 *jikko 〜no hako*: caixa com 10 unidades.

iriaichi 入会地 *s Dir* terreno comunitário, terreno de posse conjunta.

iriaiken 入会権 *s Dir* direito de posse comum.
iribitari 入り浸り *s* 1 fato de ficar de molho em água. 2 fato de frequentar um lugar, permanecendo por longo tempo; fato de estar constantemente em um local.
irie 入り江 *s* baía, enseada, angra.
irifune 入り船 *s* navios que estão chegando, barcos que irão aportar.
irigome 炒り米 *s* arroz tostado, arroz torrado.
iriguchi 入り口 *s* 1 entrada, porta de entrada. 2 início, primeira etapa, princípio.
irikawari 入り替わり *s* substituição, troca de turno. 〜立ち替わり 〜*tachikawari*: um atrás do outro, sucessivamente.
irikawaru 入り替わる *v* substituir, assumir o lugar [de alguém].
iriko 炒り子 *s* pequenos peixes tostados, pequenos peixes secos.
irikomu 入り込む *v* entrar, adentrar, introduzir-se, meter-se, embrenhar-se.
irikumu 入り組む *v* complicar-se, tornar-se complexo (intrincado, enredado).
irimajiru 入り交じる *v* misturar, mesclar, combinar, confundir. 怒りと悲しみが〜 *ikari to kanashimi ga* 〜: misturaram-se ódio e tristeza.
irimame 炒り豆 *s* feijão (grão de soja) torrado.
irimidareru 入り乱れる *v* misturar-se confusamente (desordenadamente), tornar-se uma miscelânea, formar uma mixórdia.
irimuko 入り婿 *s* genro que passa a ser membro da família; homem que adota o sobrenome da esposa.
iritamago 煎り卵 *s* ovos mexidos.
iro 色 *s* 1 cor, colorido, coloração, matiz. 2 maquiagem, pintura, cor facial, tez. 〜を失う 〜*o ushinau*: perder a cor, empalidecer. 3 aspecto, semblante, fisionomia. 4 sensualidade, amor (desejo) carnal, atração física. 〜を好む 〜*o konomu*: ser lascivo. 5 tipo, espécie. 6 namorado(a), amante.
irō 慰労 *s* recompensa, reconhecimento, gratificação. 選手を〜する *senshu o* 〜*suru*: gratificar o atleta.
irō 遺漏 *s* negligência, omissão, falha, falta.
iroai 色合い *s* tom, coloração, matiz. 〜がいい 〜*ga ii*: tem uma bonita tonalidade (cor).
irodome 色止め *s* procedimento para não desbotar a cor. 〜法 〜*hō*: técnica para evitar desbotamento.
irodori 色取り *s* 1 combinação de cores, coloração, colorido. 2 variedade, toque especial.
irodoru 彩[色取]る *v* 1 dar colorido, colorir, enfeitar, pintar. 2 maquiar-se, enfeitar-se.
irogami 色紙 *s* papel colorido.
irogawari 色変わり *s* 1 alteração de cor, desbotamento, descoloração. 2 cor diferente, cor estranha.
irogoto 色事 *s pop* 1 caso de amor, intriga amorosa, aventura amorosa. 2 cena de amor.
iroguro 色黒 *s* pele morena, tez escura. 〜の 〜*no*: moreno.
iroha いろは *s* 1 silabário japonês. 〜順 〜*jun*: sequência do silabário japonês. 2 abc, primeiras lições, rudimentos, conhecimento básico.
iroiro 色々 *s* variedade, diversidade. 〜な, *adj*: variados, vários, diversos.
iroito 色糸 *s* fio colorido, linha colorida.
irojiro 色白 *s* pele clara, tez clara. 〜の 〜*no*: de pele branca (clara).
iroka 色香 *s* 1 cor e perfume (cheiro, aroma). 2 beleza feminina, charme, encanto, sensualidade.
irōkai 慰労会 *s* festa em reconhecimento aos esforços.
iroke 色気 *s* 1 tom, combinação de cores. 2 sensualidade, sedução, charme. 3 desejo sexual, interesse pelo sexo oposto, paixão.
irokeshi 色消し *s* 1 *Fís* acromatismo. 2 falta de sensibilidade, grosseria, rudeza.
irōkyūka 慰労休暇 *s* folga (descanso) concedida(o) em reconhecimento aos esforços.
iromachi 色町 *s pop* bairro (vila, rua, lugar) onde se reúnem casas noturnas, boates e bordéis.
irome 色目 *s pop* 1 intensidade (tonalidade) da cor. 2 denominação das cores do vestuário. 3 denominação das mercadorias. 4 olhar insinuante, olhar enamorado.
iromegane 色眼鏡 *s* 1 óculos de cor. 2 visão preconceituosa.
iromeku 色めく *v* 1 adquirir uma cor viva, ganhar colorido, ganhar vida, tornar-se vistoso. 2 passar a demonstrar interesse pelo sexo oposto, agitar-se, empolgar-se, agir como um apaixonado. 3 demonstrar nervosismo, deixar transparecer o sentimento.
iromono 色物 *s* 1 artigos de vestuário coloridos, tecidos coloridos. 2 entretenimentos variados, variedade de espetáculos.
iron 異論 *s* 1 opinião divergente, ponto de vista diferente. 2 objeção, protesto, dissensão.
ironuki 色抜き *s* descoloração.
iroondo 色温度 *s Fís* temperatura da cor.
iroonna 色女 *s pop* 1 mulher atraente (charmosa, bonita, encantadora). 2 amante, concubina.
irootoko 色男 *s pop* 1 homem galanteador, mulherengo, amante, namorado. 2 homem bonito (elegante, charmoso).
iroppoi 色っぽい *adj* sensual, voluptuoso(a), sedutor(a).
irori 囲炉裏 *s* lareira incrustada no chão, lareira embutida no piso.
irotsuke 色付け *s* 1 pintura, tingimento, tratamento. 2 coloração, tonalidade.
irotsuya 色艶 *s* 1 cor e brilho. 2 compleição, cor da face. 3 graça, beleza, atrativo.
irowake 色分け *s* 1 distinção (distribuição, separação) de acordo com a cor. 2 separar de acordo com tendências, cores ou qualidades.
iroyoi 色よい *adj pop* boa, favorável, animador. 〜返事 〜*henji*: resposta favorável.
irozame 色褪め *s* desbotamento da cor. 〜*suru, v*: desbotar.
irozome 色染め *s* tingimento, tintura.
irozuku 色づく *v* adquirir coloração, ganhar cor. 柿の実の〜頃 *kaki no mi no*〜 *koro*: época do amadurecimento dos caquis.
irozuri 色刷り *s* 1 estampagem [de roupas] a cores. 2 impressão a cores.
iru 入る *v* 1 entrar. 2 chegar, atingir, alcançar. 3 penetrar, ir fundo.
iru 居る *v* 1 estar, ficar, existir, permanecer. 2 morar, residir, ocupar. 3 habitar, viver. 4 estar presente.

iru 要る *v* necessitar, precisar, ser necessário. その仕事は時間が～ *sono shigoto wa jikan ga* ～: esse trabalho requer tempo.
iru 射る *v* 1 lançar [flecha], atirar. 2 atingir, acertar.
iru 煎[炒]る *v* tostar, torrar, ressecar.
irui 衣類 *s* vestimenta, roupas, vestuário, traje.
iruka 海豚 *s Zool* golfinho, delfim.
irusu 居留守 *s* fingir-se de ausente.
iryō 衣料 *s* vestuário. ～費 ～*hi*: despesa com vestuário. ～店 ～*ten*: loja de roupas.
iryō 医療 *s* tratamento médico, assistência médica.
iryōhi 医療費 *s* despesas de assistência médica.
iryoku 威力 *s* poder, autoridade, influência, força, potência.
iryūhin 遺留品 *s* 1 bens deixados pelo(a) falecido(a). 2 objetos esquecidos.
isagiyoi 潔い *adj* bravo, valoroso, puro, íntegro, honrado, bom perdedor.
isagiyoku 潔く *adv* bravamente, heroicamente, honradamente, sem relutância.
isai 委細 *s* detalhe, pormenor, minúcia.
isai 偉才 *s* talento.
isaku 遺作 *s* obra póstuma.
isamashii 勇ましい *adj* bravo, valente, corajoso, heroico.
isamashiku 勇ましく *adv* bravamente, corajosamente, valentemente.
isameru 諫める *v* aconselhar, recomendar, advertir.
isamitatsu 勇み立つ *v* encorajar-se, animar-se, exaltar-se.
isamu 勇む *v* ser encorajado, tomar coragem.
isan 胃散 *s* sal de fruta (para problemas digestivos).
isan 胃酸 *s* ácido gástrico.
isan 違算 *s* erro de cálculo.
isan 遺産 *s* herança, legado.
isasaka 聊か *adv* um pouquinho, levemente.
iseebi 伊勢蝦 *s* lagosta.
isei 威勢 *s* 1 ânimo, disposição, vigor, entusiasmo. 2 autoridade, força, influência.
isei 異性 *s* sexo oposto. ～体 ～*tai*: isômero.
isei 遺精 *s* ejaculação involuntária; espermatorreia.
iseisha 為政者 *s* estadista, administrador.
iseki 移籍 *s* 1 transferência de domicílio. 2 transferência de um jogador para outro clube.
iseki 遺跡 *s* ruínas, local arqueológico.
isenjō 胃洗浄 *s Med* lavagem do estômago.
isetsu 異説 *s* teoria (visão) diferente.
isha 医者 *s* médico.
isha 慰藉 *s* consolação, consolo, conforto.
isharyō 慰藉料 *s* indenização, ressarcimento.
ishi 石 *s* pedra. ～にかじりついても ～*ni kajiritsuitemo*: a qualquer custo. ～の上にも三年 ～*no ue ni mo sannen*: se aguentar muito tempo, será recompensado.
ishi 医師 *s* médico.
ishi 意志 *s* desejo, vontade.
ishi 意思 *s* intenção, determinação, propósito.
ishi 縊死 *s* suicídio por enforcamento.
ishi 遺子 *s* filho póstumo, filho deixado pelo morto.
ishi 遺志 *s* desejo (vontade) do morto.
ishiatama 石頭 *s* 1 cabeça-dura, teimoso, obstinado. 2 estúpido, burro.
ishibashi 石橋 *s* ponte de pedra. ～を叩いて渡る ～*o tataite wataru*: com cuidado redobrado.

ishibotoke 石仏 *s* imagem de Buda em pedra.
ishidan 石段 *s* escada (degrau) de pedra.
ishidatami 石畳 *s* calçamento (pavimentação) de pedra.
ishigake 石崖 *s* penhasco, rochedo.
ishigaki 石垣 *s* muro de pedra.
ishigumi 石組み *s Constr* arranjo de pedras (em jardim).
ishihara 石原 *s* campo cheio de pedras.
ishihyōji 意思表示 *s* expressão da intenção.
ishijiki 石敷き *s* calçamento (pavimentação) de pedra.
ishikabe 石壁 *s* parede de pedra.
ishiki 意識 *s* consciência, conhecimento, percepção, razão, juízo, sentido. ～下 ～*ka*: subconsciente. ～調査 ～*chōsa*: pesquisa de opinião.
ishikiri 石切り *s* extração de pedra. ～場 ～*ba*: pedreira, ardosieira.
ishikoro 石ころ *s* pedrisco, pedrinha.
ishimuro 石室 *s* câmara de pedra.
ishin 異心 *s* intenção traiçoeira, intriga.
ishin 威信 *s* prestígio, dignidade.
ishin 維新 *s* 1 renovação. 2 *Hist* Restauração Meiji.
ishinage 石投げ *s* arremesso de pedra.
ishindenshin 以心伝心 *s* entendimento tácito, telepatia.
ishinōryoku 意思能力 *s* capacidade mental.
ishitsu 異質 *s* heterogeneidade. *adj* heterogêneo, diferente, estranho, de natureza diferente.
ishitsu 遺失 *s* extravio.
ishitsubutsu 遺失物 *s* objeto extraviado.
ishiusu 石臼 *s* pilão de pedra.
ishiwari 石割り *s* quebra de pedra.
ishiwata 石綿 *s Min* asbesto, amianto.
ishiya 石屋 *s* comerciante de pedras.
ishiyama 石山 *s* 1 pedreira. 2 montanha cheia de pedras.
ishizaiku 石細工 *s* lapidação, trabalho em pedra.
ishizue 礎 *s* pedra angular (fundamental), base, fundação.
ishizukuri 石造り *s* 1 trabalho em pedra. 2 artesão que trabalha com pedra.
ishizumi 石積み *s* 1 brincadeira infantil em que se empilham pedras. 2 alvenaria.
isho 医書 *s* livro de medicina.
isho 遺書 *s* testamento, carta testamentária.
ishō 衣装[裳] *s* vestuário, indumentária.
ishō 意匠 *s* desenho, ideia, elaboração.
ishoku 委嘱 *s* encargo, missão, incumbência. ～*suru*, *v*: encarregar, incumbir.
ishoku 異色 *s* incomum, singular, único, raro, incomparável, extraordinário.
ishoku 移植 *s* transplante. ～*suru*, *v*: transplantar.
ishoku 衣食 *s* alimentação e vestuário, subsistência, vida.
ishokujū 衣食住 *s* comida, agasalho e teto.
ishōmochi 衣装持ち *s* ter muitas roupas, ter o guarda-roupa cheio.
ishu 異種 *s* variedade (espécie) diferente.
ishu 意趣 *s* rancor, ódio, maldade, malevolência, hostilidade.
ishū 異臭 *s* mau cheiro, catinga, fedor.
ishū 蝟集 *s fig* enxame, multidão, profusão.

ishugaeshi 意趣返し *s* revanche, vingança, retaliação.
ishukōhai 異種交配 *s* *Zool* hibridação, hibridização.
ishuku 畏縮 *s* recuo, acovardamento, perda de coragem. ~*suru*, *v*: fraquejar, intimidar-se, recuar.
ishuku 萎縮 *s* encolhimento, contração, perda de vigor. ~症 ~*shō*: atrofia.
ishutsu 移出 *s* despacho, expedição, embarque, exportação.
isō 移送 *s* transporte, transferência.
isō 位相 *s* *Eletr* e *Fis* fase. ~幾何学 ~*kikagaku*: topologia. ~差 ~*sa*: diferença de fase.
iso(be) 磯(辺) *s* praia, costa, litoral.
isōgai 意想外 *s* inesperado, imprevisto.
isogani 磯蟹 *s* siri-da-areia.
isogaseru 急がせる *v* apressar.
isogashii 忙しい *adj* ocupado, atarefado, envolvido, movimentado.
isogashisa 忙しさ *s* sobrecarga, atarefamento.
isogasu 急がす *v* apressar.
isogi 急ぎ *s* urgência, pressa, afobação.
isogiashi 急ぎ足 *s* passos apressados, andar apressado.
isogu 急ぐ *v* apressar-se, afobar-se.
isoide 急いで *expr* às pressas, apressadamente, urgentemente, afobadamente.
isoiso(to) いそいそ(と) *adv* alegremente, com deleite, com disposição.
ison 依存 *s* dependência, confiança. ~*suru*, *v*: depender, confiar.
isōrō 居候 *s* filante, parasito, papa-jantares, pessoa que vive de favor na casa dos outros.
issai 一切 *s* 1 tudo, o todo. 2 (em oração negativa) qualquer coisa, nada, nunca.
issai 一再 *s* uma ou duas vezes.
issai 一歳 *s* um ano de idade.
issaigassai 一切合財 *s pop* tudo.
issaishujō 一切衆生 *s* todos os seres vivos.
issaitafu 一妻多夫 *s* poliandria.
issaku 一昨 *s* duas unidades de tempo atrás. ~年 ~*nen*: ano retrasado.
issaku 一策 *s* um plano, uma ideia.
issakujitsu 一昨日 *s* anteontem.
issatsu 一冊 *s* um volume (livro).
issatsu 一札 *s* uma carta, um documento.
issei 一世 *s* 1 uma vida, uma geração. 2 época, era. 3 primeiro imperador (papa) de mesmo nome. 4 primeira geração de imigrantes.
issei 一斉 *s* em união, todos juntos, em uma só voz.
isseiichidai 一世一代 *s* uma vez em toda a vida.
isseiki 一世紀 *s* um século.
isseishageki 一斉射撃 *s* uma fuzilada simultânea.
isseki 一夕 *s* uma noite.
isseki 一石 *s* uma pedra. ~を投じる ~*o tōjiru*: causar um rebuliço.
isseki 一席 *s* 1 reunião. 2 discurso. 3 primeiro colocado.
issekinichō 一石二鳥 *s* matar dois coelhos numa só cajadada.
issen 一戦 *s* uma batalha (partida, rodada).
issen 一線 *s* 1 linha de demarcação. 2 limite. 3 posição de destaque no trabalho.
issen 一閃 *s* lampejo, brilho (clarão) momentâneo.
issetsu 一節 *s* parágrafo, estrofe, verso.

issetsu 一説 *s* uma teoria (versão, opinião).
issetsuna 一刹那 *s* um instante (momento).
isshasenri 一瀉千里 *s* num galope, rapidamente.
isshi 一死 *s* morte.
isshi 一子 *s* um filho.
isshi 一矢 *s* uma seta. ~を報いる ~*o mukuiru*: revidar, responder.
isshi 一糸 *s* um fio de linha, muito pouco. ~乱れず ~*midarezu*: em perfeita ordem. ~もまとわず ~*mo matowazu*: nu em pelo.
isshidōjin 一視同仁 *s* imparcialidade, fraternidade.
isshiki 一式 *s* um jogo completo (de ferramentas, utensílios, móveis).
isshin 一心 *s* concentração, determinação, devoção.
isshin 一身 *s* um corpo, si mesmo, si próprio.
isshin 一新 *s* renovação, reforma, restauro, mudança total.
isshin 一審 *s* *Dir* primeira instância.
isshindōtai 一心同体 *s* unidos numa só alma e num só corpo.
isshinfuran 一心不乱 *s* compenetrado, concentrado.
isshin'ittai 一進一退 *s* ora progredindo ora regredindo, altos e baixos.
isshinjō 一身上 *s* motivos particulares.
isshinkyō 一神教 *s* monoteísmo.
isshintō 一親等 *s* grau de parentesco de primeiro grau.
isshisōden 一子相伝 *s* transmissão de pai para filho sobre segredos de um ofício.
isshitsu 一室 *s* um cômodo, um quarto.
issho 一所 *s* um lugar.
issho 一緒 *s* 1 junto, com, em companhia de. 2 ao mesmo tempo, simultaneamente, igual. ~*suru*, *v*: acompanhar.
isshō 一生 *s* toda a vida; uma vida; a vida inteira.
isshō 一笑 *s* risada. ~*suru*, *v*: rir. ~に付する ~*ni fusuru*: rir e não se importar.
isshōgai 一生涯 *s* durante toda a vida, enquanto viver.
isshōkenmei 一所懸命 *s* com todo o empenho, com o máximo esforço, desesperadamente.
isshoku 一色 *s* uma cor, monocromia.
isshoku 一食 *s* uma refeição.
isshokusokuhatsu 一触即発 *s* situação extremamente perigosa, situação explosiva.
isshokuta 一緒くた *s pop* miscelânea, embaralhado, misturado.
isshu 一首 *s* um poema.
isshu 一種 *s* um tipo (espécie, variedade).
isshū 一周 *s* uma volta (revolução, giro).
isshū(kan) 一週(間) *s* uma semana.
isshūki 一周忌 *s* primeiro aniversário de falecimento.
isshūki 一周期 *s* *Astr* período, tempo para completar uma volta.
isshukuippan 一宿一飯 *s* ganhar um pernoite e uma refeição, receber um favor durante uma viagem.
isshūnen 一周年 *s* um ano.
isshun(kan) 一瞬(間) *s* um instante (momento).
isso いっそ *adv pop* preferivelmente, melhor, antes.
issō 一掃 *s* limpeza completa. ~*suru*, *v*: limpar completamente, erradicar.
issō 一層 *s adv* mais, mais ainda.
issō 一艘 *s* um navio.

issoku 一足 *s* um par de sapatos (meias).
issoku 一束 *s* um maço.
issokutobi 一足飛び *s* num pulo (salto).
issui 一睡 *s* um cochilo (dormido). 〜もしない 〜*mo shinai*: não dormir nada.
issun 一寸 *s* **1** unidade de medida equivalente a 3,03 cm. **2** pouquíssimo. 〜先は闇 〜*saki wa yami*: ninguém sabe o dia de amanhã.
issunnogare 一寸逃がれ *s* evasiva, subterfúgio, ato de tirar o corpo fora.
issuru 逸する *v* perder, deixar escapar, desviar.
isu 椅子 *s* **1** cadeira. **2** cargo, posição.
Isuramukyō イスラム教 (*ár islam*) *s* islamismo.
isuwari 居座り *s* permanência.
isuwaru 居座る *v* ficar, permanecer, manter-se.
ita 板 *s* tábua, prancha, placa. 〜につく 〜*ni tsuku*: estar habituado, adaptar-se, combinar, cair bem.
itabari 板張り *s* revestimento de madeira, lambri.
itabasami 板挟み *s* dilema, situação embaraçosa.
itabei 板塀 *s* cerca, tapume.
itachi 鼬 *s* Zool doninha. 〜の最後っ屁 〜*no saigoppe*: última cartada. 〜の道 〜*no michi*: perder contato. 〜ごっこ 〜*gokko*: jogo de crianças; círculo vicioso.
itachoko 板チョコ (*ingl chocolate*) *s* chocolate em barra.
itadakeru 戴ける *s* poder aceitar (receber).
itadaki 頂 *s* cume, pico, topo.
itadakimono 戴き物 *s* presente, regalo.
itadaku 戴[頂]く *v* **1** receber, aceitar, ganhar. **2** comer, beber, tomar. **3** ter sobre a cabeça. **4** servir. **5** conseguir sem esforço.
itade 痛手 *s* **1** ferimento sério. **2** choque, baque, golpe.
itado 板戸 *s* porta corrediça de madeira.
itagakoi 板囲い *s* tapume; cerca de tábuas de madeira.
itagarasu 板ガラス *s* placa (lâmina) de vidro.
itagaru 痛がる *v* queixar-se de dor.
itai 遺体 *s* cadáver; restos mortais.
itai 痛い *adj* **1** doloroso; dolorido; dorido. **2** penoso; árduo; difícil; insuportável.
itaitashii 痛々しい *adj* deplorável; lastimável; digno de piedade; que dá pena.
itajiki 板敷き *s* piso de madeira.
itajikiri 板仕切り *s* divisão (separação) de madeira.
itakabe 板壁 *s* parede de madeira.
itakedaka 居丈高 *adj* arrogante; insolente; dominante; imperioso.
itakire 板切れ *s* pequeno pedaço de tábua.
itaku 委託 *s* comissão; consignação; incumbência; encargo.
itakuhanbai 委託販売 *s* venda por consignação; venda por comissão.
itakukakō 委託加工 *s* processamento por comissão.
itakukin 委託金 *s* dinheiro em depósito; quantia consignada.
itamae 板前 *s* cozinheiro.
itamashii 痛ましい *adj* triste; deplorável; lamentável; lastimável; digno de pena.
itamashisa 痛ましさ *s* tristeza; lástima; pena; miséria; desgraça.
itamemono 炒め物 *s* fritura; fritada.
itameru 炒める *v* fritar; frigir.

itameru 傷[痛]める *v* **1** ferir; lesar; magoar; danificar; estragar. **2** afligir; atormentar.
itametsukeru 傷め付ける *v* atormentar; exprobrar.
itami 痛[傷]み *s* **1** dor; sensação dolorosa. **2** tristeza; mágoa; pesar; sofrimento. **3** deterioração; putrefação; decomposição. **4** dano; prejuízo; avaria; estrago.
itamiiru 痛み入る *v* sentir-se muito obrigado (com relação a alguém); sentir-se profundamente grato (reconhecido); lamentar; sentir-se envergonhado.
itamu 悼む *v* lamentar; sentir pesar.
itamu 痛[傷]む *v* **1** sentir dor; doer. **2** afligir-se; sofrer. **3** lesar; estragar; deteriorar-se; ficar gasto pelo uso.
itan 異端 *s* heresia; heterodoxia.
ita no ma 板の間 *s* sala (quarto) com soalho de madeira.
itaranai 至らない *expr* imperfeito; incompetente; inábil; inexperiente; descuidado; negligente.
itaseri tsukuseri 致せり尽くせり *expr* perfeito; mais que satisfatório; impecável.
itari 至り *s* **1** limite máximo; apogeu; ponto culminante. **2** fruto; efeito; excesso.
itarikku イタリック (*ingl italic*) *s* itálico; grifo.
itaru 至[到]る *v* **1** levar; conduzir; atingir; alcançar. **2** chegar a; resultar em; acabar em. **3** vir; chegar.
itaru made 至るまで *expr* até. 現在に〜*genzai ni* 〜: até o presente. 始めより終わりに〜 *hajime yori owari ni* 〜: do (desde o) início ao (até o) fim. 微細な点に〜注意を払っていた *bisai na ten ni* 〜 *chūi o haratte ita*: prestavam atenção até nos mínimos detalhes.
itaru tokoro 至る所 *s e adv* em toda parte; em todo lugar.
itasa 痛さ *s* dor; sensação dolorosa.
itashikata 致し方 *s* jeito; método; meio; remédio; solução.
itashi kayushi 痛し痒し *expr* situação difícil, melindrosa.
itasu 致す *v* **1** fazer. 如何致しましょうか *ikaga itashimashō ka*: como quer que eu faça? 喜んでそう致します *yorokonde sō itashimasu*: com satisfação, farei assim. **2** causar; provocar. この失敗はすべて私の不徳の〜ところです *kono shippai wa subete watashi no futoku no* 〜 *tokoro desu*: este fracasso se deve totalmente à minha incompetência. **3** prestar (assistência); devotar; exercer; aplicar. 力を〜*chikara o* 〜: fazer esforço, esforçar-se.
itatamaranai 居たたまらない, **itatamarenai** 居たたまれない *adj* incapaz de (não aguentar) ficar (permanecer). 暑くて居たたまれず家を飛び出した *atsukute itatamarezu ie o tobidashita*: incapaz de aguentar o calor, sai de casa. 恥ずかしくて居たたまれなかった *hazukashiku te itatamarenakatta*: senti-me envergonhado e não consegui ficar.
itatte 至って *adv* muito; excessivamente; extremamente.
itawari 労り *s* consideração; simpatia; carinho; cuidado; amabilidade; afabilidade.
itawaru 労る *v* ter piedade; ter compaixão; ter pena; consolar; tratar com carinho; tomar cuidado; ser atencioso.

itawashii いたわしい *adj* lastimável; deplorável; triste.

itazura いたずら *s* travessura; maldade; diabrura; patifaria; velhacaria.

itazura ni 徒に *adv* em vão; inutilmente; debalde; sem proveito.

itazurazakari いたずら盛り *s* auge da traquinice.

itchaku 一着 *s* 1 chegada à meta em primeiro lugar. 2 um terno (roupa).

itchi 一致 *s* 1 concordância; acordo; consenso; coincidência; harmonia. 2 união; unidade; concerto; unanimidade; cooperação; combinação.

itchiten 一致点 *s* ponto de encontro; pontos em comum; ponto de coincidência.

itchō 一朝 *s* 1 uma manhã. 2 certa manhã. 3 breve espaço de tempo. 4 (em caso de) emergência, imprevisto.

itchōisseki 一朝一夕 *s* um dia e uma noite; da noite para o dia; de um dia para o outro; curto espaço de tempo.

itchōittan 一長一短 *s* méritos e deméritos; vantagens e desvantagens; prós e contras.

itchokusen 一直線 *s* linha reta.

itchōra 一帳[張]羅 *s* 1 a melhor roupa. 2 a única roupa.

itchūya 一昼夜 *s* um dia e uma noite completos.

itei 移程 *s* Engenharia civil [緩和曲線の] desvio de uma curva de transmissão.

iteki 夷狄 *s* bárbaro; estrangeiro; alienígena.

itemo tattemo 居ても立っても *expr* estado de impaciência, inquietação, desassossego. 〜いられないほどうれしかった 〜 *irarenai hodo ureshikatta*: estava tão contente que não podia conter a alegria.

iten 移転 *s* 1 transferência. 2 mudança.

itetsuku 凍て付く *v* congelar.

ito 糸 *s* fio; linha; cordão; cordel; barbante; fita; filamento; fiapo.

ito 絃 s corda de instrumento musical.

ito 意図 *s* intenção; intento; propósito; desígnio.

itoguchi 糸口 *s* 1 ponta da linha (fio). 2 começo; ponto de partida. 3 indício; pista.

itoguruma 糸車 *s* dobadoura (roda de dobar).

itoko 従兄弟・従姉妹 *s* primo(a).

itokuri 糸繰り *s* dobagem.

itokuzu 糸屑 *s* resíduos de fios; fiapos de tecidos.

itoma 暇 *s* 1 tempo livre; hora de lazer. 2 demissão; mandar embora; pôr na rua. 3 despedida; adeus. 4 folga.

itomagoi 暇乞い *s* 1 despedida; adeus. 2 pedido de folga.

itomaki 糸巻き *s* 1 bobina; carretel; tambor. 2 cravelha (dos instrumentos musicais de corda).

itome 糸目 *s* 1 fio fino. 2 cordel do papagaio. 3 peso do fio. 金に〜を付けない *kane ni 〜o tsukenai*: não fazer questão do dinheiro; não se importar com as despesas.

itomeru 射止める *v* 1 abater a tiro. 2 conquistar; ganhar.

itomono 糸物 *s* armarinhos.

itonami 営み *s* 1 obra. 2 ofício; profissão. 3 preparativos.

itonamu 営む *v* 1 efetuar; realizar. 2 dirigir (gerir) um negócio. 3 fazer os preparativos; construir. 4 realizar serviços religiosos.

itooshii 愛しい *adj* querido; amado; estimado; caro.

itooshimu 愛しむ *v* 1 ter pena; simpatizar. 2 amar. 3 valorizar.

itoshigaru 愛しがる *v* 1 tratar com amor. 2 ter pena; simpatizar.

itoshigo 愛し子 *s* filho(a) querido(a); filho(a) amado(a); filho(a) predileto(a).

itoshii 愛しい *adj* 1 amável; gracioso. 2 que dá pena; coitado.

itotori 糸取り *s* dobagem de seda.

itou 厭う *v* 1 detestar; recear. 2 cuidar; ter cuidado. 3 poupar.

itowaku 糸枠 *s* carretel; bobina.

itowashii 厭わしい *adj* abominável; repugnante; detestável; odioso; horrível.

itoyori 糸撚り *s* 1 ação de trançar fios. 2 nome de peixe.

itozoko 糸底 *s* orla do fundo das chávenas.

itsu 何時 *s* quando; a que horas; em que dia.

itsū 胃痛 *s* dor de estômago; gastralgia.

itsudatsu 逸脱 *s* desvio; aberração; afastamento.

itsu demo 何時でも *expr* a qualquer hora; sempre. 〜出発できる 〜 *shuppatsu dekiru*: podemos partir a qualquer hora (momento). 勘定は〜よろしい *kanjō wa 〜 yoroshii*: a conta poderá ser paga quando lhe convier.

itsu goro 何時ごろ *s* quando (aproximadamente).

itsu ka 何時か *adv* 1 tempo incerto (futuro); um dia; algum dia; uma ocasião qualquer (passado); outro dia; outra vez. 2 cedo ou tarde. 3 sem se dar conta.

itsu kara 何時から *expr* desde quando.

itsuku 居着く *v* chegar e ficar; fixar-se; estabelecer-se; instalar-se.

itsukushimi 慈しみ *s* amor; afeição; carinho.

itsukushimu 慈しむ *v* amar; querer bem; ter afeição; tratar com carinho.

itsu made 何時まで *expr* até quando.

itsu made mo 何時までも *expr* enquanto se queira; eternamente; para sempre.

itsu mo 何時も *adv* sempre; a toda hora; constantemente; permanentemente; invariavelmente.

itsunandoki 何時なんどき *adv* a qualquer momento.

itsu ni 一に *adv* unicamente; somente; totalmente; inteiramente.

itsu ni nai 何時にない *expr* invulgar; fora do comum; excepcional.

itsu ni naku 何時になく *expr* invulgarmente; como nunca; extraordinariamente.

itsu no ma ni ka いつの間にか, **itsu no ma ni yara** いつの間にやら *expr* sem se dar conta; sem se dar por isso; antes de se reparar.

itsushika いつしか *adv* sem se dar conta; despercebidamente.

itsutsu 五つ *s* 1 cinco. 2 antiga denominação horária, correspondente às oito horas (manhã e tarde).

itsuwa 逸話 *s* história interessante; anedota.

itsuwari 偽り *s* mentira; falsidade; impostura; embuste.

itsuwaru 偽る *v* mentir; enganar; fingir; falsificar; iludir.

itsuzai 逸材 *s* pessoa de excepcional talento.

itsuzuke 居続け *s* permanecer em um lugar fora

de casa (especialmente em casas de diversão para homens).
ittai¹ 一体 *s* um corpo; um conjunto; uma unidade.
ittai² 一体 *adv* mas afinal?; com que então?
ittai 一帯 *s* extensão; zona; toda uma região.
ittai 一隊 *s* contingente; esquadra; bando; grupo.
ittai ni 一体に *adv* geralmente; via de regra; no conjunto.
ittan 一端 *s* uma ponta; uma extremidade.
ittan 一旦 *adv* uma vez.
itte 一手 *s* **1** melhor e único meio. セールスは押しの～だ *sērusu wa oshi no ～da*: a venda depende unicamente da audácia. **2** monopólio, exclusividade. ～販売 ～*hanbai*: venda exclusiva. **3** um lance; uma jogada.
ittei 一定 *s* invariabilidade; regularidade; constância. ～の ～*no*: fixo; determinado; certo; constante.
itteifuhen 一定不変 *s* invariável; constante; fixo; permanente; imutável.
itteiji 一丁字 *s* uma só letra.
itteki 一滴 *s* uma gota; um pingo.
itten 一点 *s* um ponto; uma pinta.
itten 一転 *s* **1** uma volta. **2** mudança completa.
itten 一天 *s* todo o céu; firmamento.
ittenbanjō 一天万乗 *s* posição de domínio de uma nação; Imperador.
ittenbari 一点張り *s* persistência; perseverança.
ittetsu 一徹 *s* obstinação; teimosia.
itto 一途 *s* um caminho; um curso; único caminho.
ittō 一党 *s* um partido.
ittō 一等 *s* **1** primeira classe; primeiro lugar; primeiro grau. **2** um grau. **3** o melhor.
ittō 一頭 *s* uma cabeça de gado.
ittoki 一時 *s* **1** antiga medida de tempo correspondente a duas horas. **2** um momento; um instante.
ittōkoku 一等国 *s* uma potência de primeira classe.
ittōshō 一等賞 *s* o primeiro prêmio.
ittsū 一通 *s* uma cópia (de). 書類～ *shorui*～: um documento. ～の手紙 ～*no tegami*: uma carta.
ittsui 一対 *s* par, parelha.
iu 言う *v* **1** falar; dizer; proferir; afirmar; declarar; contar; observar; expressar. **2** chamar-se, denominar-se, intitular-se. 私は山田次郎と言います *watashi wa Yamada Jirō to iimasu*: eu me chamo Jiro Yamada. 彼は三郎と言います *kare wa Saburō to iimasu*: ele se chama Saburo. **3** indica formalmente o conteúdo da matéria. 作家と～仕事は楽ではない *sakka to ～ shigoto wa raku de wa nai*: o trabalho de escritor não é fácil. と～わけです *to ～ wake desu*: significa: o que foi exposto anteriormente. **4** o teor do assunto exprime o que se ouviu ou que se leu: ～そうだ ～*sōda*: diz-se que. その国はとても美しいと～ *sono kuni wa totemo utsukushii to ～*: dizem que esse país é muito lindo. **5** para dar ênfase. 今度と～今度はがまんできない *kondo to～kondo wa gaman dekinai*: desta vez é que não suporto mais. **6** expressa o sentido de semelhante, tal. ああ～ことをしてはいけません *aa～koto o shite wa ikemasen*: não pode praticar semelhante ato.
iu made mo nai 言うまでもない *expr* é escusado dizer que; é evidente que; nem é preciso dizer que...
iu made mo naku 言うまでもなく *expr* evidentemente; obviamente; desnecessário dizer.

iwa 岩 *s* rocha; rochedo; penha; penhasco; penedo.
iwa 違和 *s* mal-estar; estranheza; insegurança.
iwaba 言わば *adv* por assim dizer; se assim se pode chamar.
iwademo 言わでも *expr* desnecessário dizer; nem é preciso dizer.
iwai 祝い *s* celebração; comemoração; felicitação; festa; festividade; festejo; congratulação.
iwaku¹ 曰く *s* razão; pretexto; motivo; causa.
iwaku² 曰く *v* dizer; explicar.
iwanbakari 言わんばかり *expr* como se quisesse dizer.
iwan kata nashi 言わん方なし *expr* indizível; inexprimível; indescritível.
iwan'ya 言わんや *adv* mais; mais ainda (afirmativo); menos; menos ainda (negativo).
iware 謂れ *s* razão; causa; motivo.
iwashi 鰯 *s* Ictiol sardinha.
iwataobi 岩田帯 *s* faixa de pano branco com que as gestantes japonesas envolvem o abdome a partir do quinto mês de gestação.
iwau 祝う *v* celebrar; festejar; comemorar; felicitar; dar os parabéns a.
iwayama 岩山 *s* montanha rochosa.
iwayuru 所謂 *adj* assim chamado; como se costuma dizer.
iwazu katarazu 言わず語らず *expr* tacitamente; sem dizer nada.
iya 嫌・厭 *adj* desagradável; desgostoso; repugnante; antipático; indesejável; repulsivo.
iya¹ いや *interj* (exprime surpresa, emoção) ai!; ah!; oh!; meu Deus! ～驚いた ～*odoroita*: ah! que surpresa!
iya² いや *interj* (exprime negação) não. ～ちがいます ～*chigaimasu*: não, não é.
iyademo ōdemo 否でも応でも *expr* quer queira quer não; por bem ou por mal; à força. ～行かねばならない ～ *ikaneba naranai*: não tenho escolha, tenho de ir/tenho de ir queira ou não.
iyagarase 嫌がらせ *s* molestamento; assédio; importunação.
iyagaru 嫌がる *v* não gostar de; detestar; odiar; ter aversão a; não querer; relutar em.
iyahōn イヤホーン (*ingl* earphone) *s* fone de ouvido.
iyaiya 否々 *interj* não; nunca; de modo nenhum.
iyaiya(nagara) 嫌々(ながら) *adv* contra a vontade; com relutância; com desgosto.
iyake 嫌気 *s* desgosto; desagrado; aversão; repugnância.
iyaku 医薬 *s* **1** medicamento. **2** Medicina e Farmácia.
iyaku 違約 *s* quebra de contrato; descumprimento da promessa.
iyaku 意訳 *s* tradução livre.
iyamasu いや増す *v* aumentar cada vez mais.
iyami 嫌味 *s* ironia; sarcasmo; agravo; ofensa.
iya ni いやに *adv pop* desagradavelmente; ofensivamente; estranhamente; terrivelmente; demasiadamente.
iya ni naru 嫌[厭]になる *expr* desgostar de; sentir repugnância por; tornar-se avesso a; enjoar-se; enfadar-se; perder o interesse.
iya ō nashi 否応無し *expr* compulsório; peremptório; obrigatório; forçoso.

iyarashii いやらしい *adj* **1** desagradável; repugnante; repelente. **2** impróprio; indecente; indecoroso.

iyashii 卑[賤]しい *adj* **1** humilde; baixo; pobre; obscuro. **2** abjeto; ignóbil; mesquinho; desprezível; infame. **3** ordinário; reles; grosseiro; vulgar. **4** ganancioso; sôfrego; voraz. **5** andrajoso; miserável.

iyashiku mo 苟も *adv* **1** no mínimo; pelo menos; por pouco que seja. ～男たるもの自分の言動に責任を持て ～*otoko taru mono jibun no gendō ni sekinin o mote*: assuma a responsabilidade pelo que diz e faz, pelo menos como homem que é. **2** se; por acaso. **3** malfeito; imperfeito.

iyashimi 卑しみ *s* desprezo; menosprezo; desdém; desconsideração.

iyashimu 卑[賤]しむ *v* desprezar; menosprezar; desdenhar; desconsiderar.

iyashinbō 賤しん坊 *s pop* pessoa voraz; pessoa ávida por comida; glutão.

iyasu 癒す *v* **1** curar; sarar; cicatrizar. **2** aliviar (a dor); matar (a sede); aplacar (a ira).

iyō 威容 *s* aspecto (ar) majestoso; aparência imponente.

iyō 異様 *s* forma (aparência) estranha, esquisita, singular, grotesca.

iyoiyo 愈々 *adv* **1** enfim; finalmente; por último. 工事も～終わりに近づいてきた *kōji mo ～ owari ni chikazuite kita*: finalmente, as obras estão chegando ao fim. **2** mais e mais; cada vez mais; ainda mais. 雨は～激しくなってきた *ame wa ～ hageshiku natte kita*: a chuva está se tornando cada vez mais forte. **3** sem dúvida; com certeza; certamente. これで～間違いない *kore de ～ machigai nai*: agora já não há a mínima dúvida. **4** em caso de necessidade; no momento exato. ～となったらすぐ行きます ～*to nattara sugu ikimasu*: em caso de necessidade, irei imediatamente.

iyoku 意欲 *s* vontade; desejo; entusiasmo; ambição. ～が盛んである ～*ga sakan de aru*: tem forte desejo de...

iyokuteki 意欲的 *adj* interessado; entusiasta; ambicioso.

iza いざ *interj* então; pronto; já. **2** no devido momento; na hora certa; em último caso.

izakaya 居酒屋 *s* taberna; bar; botequim.

izakoza いざこざ *s* desavença; distúrbio; encrenca.

izashirazu いざ知らず *expr* quanto a isso não sei, mas... 人は～、私はそんなことはしません *hito wa ～watashi wa sonna koto wa shimasen*: quanto aos outros não sei, mas eu não faço isso.

izen 以前 *s* **1** antes; antigamente; em outra época; faz tempo. **2** antes de; anterior a.

izen 依然 *adv* (として) como sempre; como de costume. 彼は～として怠け者である *kare wa ～to shite namakemono de aru*: ele continua preguiçoso como sempre.

izō 遺贈 *s* doação testamentária; legado.

izoku 遺族 *s* família enlutada; os que ficaram (da família do falecido).

izon 異存 *s* objeção; opinião divergente.

izuko, izuku 何処 *pron* **1** onde. ～ともなく消えうせる ～*tomo naku kie useru*: desaparece não se sabe onde. **2** todo lugar; toda parte. ～も同じ秋の夕暮れ ～*mo onaji aki no yūgure*: a mesma tarde outonal em toda parte.

izumai 居住まい *s* postura (posição) de sentado. ～を正す ～*o tadasu*: endireitar-se (na cadeira); sentar-se direito.

izumi 泉 *s* fonte; nascente de água; manancial.

izurai 居ずらい *adj* custar a ficar. *V* **itatamaranai** 居たたまらない.

izure 何[孰]れ *pron* e *adv* **1** qualquer (dos dois ou mais); ambos. 二人は～も劣らぬ美人だ *futari wa ～mo otoranu bijin da*: ambas são igualmente belas. **2** mais cedo ou mais tarde; algum dia. 人間は～死ぬ *ningen wa ～shinu*: cedo ou tarde o homem morrerá. **3** brevemente; em breve; dentro de pouco tempo; um dia desses. ～近いうちにお伺いします ～*chikai uchi ni oukagai shimasu*: qualquer dia desses, farei uma visita.

izure mo 何れも *expr* **1** ambos; um e outro. **2** qualquer um; todos.

izure ni se yo [shite mo] 何れにせよ[しても] *expr* em todo caso; seja como for; de qualquer maneira. ～世間は広いよ ～*seken wa hiroi yo*: de qualquer maneira, o mundo é grande.

j

ja 邪 *s* injustiça; mal; maldade; iniquidade.
ja 蛇 *s* cobra; serpente.
jā じゃあ *conj* então; bem; se é assim.
jaaku 邪悪 *s* maldade; perversidade; malignidade.
jadō 邪道 *s* **1** procedimento errado; maneira incorreta. **2** doutrina herética; heresia; heterodoxia.
jadoku 蛇毒 *s* veneno de cobra.
jagaimo 馬鈴薯 *s Bot* batata; batata-inglesa; batatinha.
jaguchi 蛇口 *s* torneira; bica; válvula.
jahō 邪法 *s* **1** doutrina herética. **2** magia negra.
jairokonpasu ジャイロコンパス (*ingl gyrocompass*) *s* bússola giroscópica.
jairosukōpu ジャイロスコープ (*ingl gyroscope*) *s* giroscópio.
jakago 蛇籠 *s* cesto de bambu cheio de cascalho, para fazer diques.
jaken 邪慳 *s* crueldade; falta de piedade.
jaketsu ジャケツ *s* jaqueta.
jaki 邪気 *s* **1** ar contaminado; vapor pestilento; miasma. **2** resfriado. **3** malícia.
jakka 弱化 *s* enfraquecimento; debilitação.
jakkan 若干 *s* certo número de; alguns; um pouco.
jakkan 弱冠 *s* **1** 20 anos de idade. **2** jovem.
jakki 惹起 *s* ~*suru*, *v*: provocar; criar; causar; ocasionar; induzir.
jako 雑魚 *s Sin* **zako** 雑魚 **1** peixe miúdo. **2** indivíduo insignificante.
jakō 麝香 *s* almíscar.
jaku 弱 *s* fraqueza; debilidade; fragilidade.
-jaku -弱 *suf* quase; pouco menos de.
jakuden 弱電 *s* corrente (elétrica) fraca.
jakuhai 若輩 *s* **1** jovem. **2** inexperiente.
jakunen 若[弱]年 *s* juventude; mocidade.
jakunikukyōshoku 弱肉強食 *s* a lei da selva; a lei do mais forte.
jakusha 弱者 *s* os fracos.
jakushō 弱小 *s* **1** pequeno e fraco. **2** juventude; mocidade.
jakutai 弱体 *s* debilidade; fraqueza.
jakutaika 弱体化 *s* debilitação; enfraquecimento.
jakuten 弱点 *s* **1** ponto fraco. **2** deficiência; fraqueza.
jakyō 邪教 *s* religião herética; heresia; paganismo.
jama 邪魔 *s* obstáculo; embaraço; estorvo; impedimento; obstrução; empecilho; incômodo. 通行の〜になる *tsūkō no ~ni naru*: impede a passagem. お〜します *o ~shimasu*: com licença. 大変長いことお〜いたしました *taihen nagai koto o ~itashimashita*: desculpe ter-lhe tomado tanto tempo.
jamadate 邪魔立て *s* obstáculo; embaraço; impedimento; estorvo.
jamamono 邪魔物 *s* obstáculo; embaraço; empecilho; estorvo; impedimento.
jamu ジャム (*ingl jam*) *s* geleia de frutas.
jānarisuto ジャーナリスト (*ingl journalist*) *s* jornalista.
janbo ジャンボ (*ingl jumbo*) *s* gigantesco.
janen 邪念 *s* **1** pensamento mau; intenção má. **2** pensamento fútil; devaneio.
janguru ジャングル (*ingl jungle*) *s* selva; floresta.
janken じゃん拳 *s* jogo tradicional do Japão disputado com os dedos de uma das mãos. Os participantes mostram, simultaneamente, a mão. Podem apresentar o punho cerrado (pedra), a palma aberta (papel) ou dois dedos (tesoura). Conforme convenção, o papel ganha da pedra, a tesoura ganha do papel, e a pedra ganha da tesoura. Numa disputa entre três ou mais pessoas, a apresentação simultânea das três modalidades implicará o estabelecimento de contradição tripartite, exigindo-se nova rodada. A disputa pode ser feita por duas ou mais pessoas.
janome 蛇の目 *s* **1** forma de anel grande. **2** olho de cobra (olhar frio e cruel). **3** abreviatura de 蛇の目傘 *janomegasa*: guarda-chuva. **4** uma das maneiras de preparo de ingredientes da culinária que consiste em cortá-los em forma anelar. **5** forma para bolo anelar.
janpā ジャンパー (*ingl jumper*) *s Vest* blusão.
janpu ジャンプ (*ingl jump*) *s* salto.
janru ジャンル (*fr genre*) *s* gênero.
jaren 邪恋 *s* amor ilícito.
jareru じゃれる *v* brincar; ser brincalhão.
jari 砂利 *s* cascalho; pedra britada miúda.
jashin 邪神 *s* **1** divindade maléfica; demônio, diabo. **2** divindade pagã.
jashū 邪宗 *s* **1** seita herética. **2** cristianismo na era Edo.
jasui 邪推 *s* suspeita infundada.
jazu ジャズ (*ingl jazz*) *s Mús* jazz.
jetto ジェット (*ingl jet*) *s* jato.
jettoki ジェット機 *s* avião a jato.

ji 字 *s* 1 letra; ideograma. 2 caligrafia.
ji 地 *s* 1 terra; solo; chão. 足が〜についている *ashi ga ～ni tsuite iru*: está com os pés no chão. 2 textura. 〜の粗い布 *～no arai nuno*: pano de textura grosseira. 3 fundo (quadros, bandeiras). 青〜に金文字 *ao～ni kinmoji*: letras douradas em fundo azul. 4 parte descritiva (narrativa) de romance (em contraposição à parte do diálogo). 〜の文 *～no bun*: o texto descritivo. 5 〜紙 *～gami*: papel de suporte para colagem. 6 realidade; fato; prática. 恋愛小説を〜でいく *ren'ai shōsetsu o ～de iku*: imitar na realidade uma história de amor. 7 lugar; terra; região. 〜の物 *～no mono*: produto local. 8 território capturado (jogo de go). 9 não profissional; honesto; decente; respeitável. 〜の女 *～no onna*: mulher honesta, respeitável.
ji 次 *s* ordem; sequência. 式〜 *shiki～*: programa da cerimônia. 順〜 *jun～*: em ordem. *pref* próximo; seguinte. 〜回 *～kai*: próxima vez. 〜男 *～nan*: segundo filho.
ji 時 *s* hora.
ji 痔 *s* hemorroidas.
ji 辞 *s* 1 palavra; termo; expressão. 〜書 *～sho*: dicionário. 開会の〜 *kaikai no ～*: palavras de abertura. 〜を低くして頼む *～o hikuku shite tanomu*: pedir com humildade. 2 mensagem formal (discurso). 歓迎の〜 *kangei no ～*: mensagem de boas-vindas. 3 recusar; declinar; renunciar; despedir-se. 固〜する *ko～suru*: recusar com veemência. 〜任する *～nin suru*: renunciar. 〜去する *～kyo: suru* despedir-se.
-ji -次 *suf* número de vezes; grau; ordem; sequência. 第一〜五ヵ年計画 *dai ichi～gokanen keikaku*: primeiro plano quinquenal. 第二〜世界大戦 *dai ni～sekai taisen*: Segunda Guerra Mundial.
-ji -寺 *suf* templo. 東大〜 *Tōdai～*: templo Todai.
-ji -事 *suf* fato. 最大の関心〜 *saidai no kanshin～*: assunto de maior interesse.
-ji -路 *suf* 1 caminho; rota. 伊勢〜 *Ise～*: caminho para Ise. 2 distância (percurso, caminhada) para um dia. 三日〜 *mikka～*: distância para três dias. 3 idade. 三十〜 *miso～*: trinta anos de idade. 六十〜の坂を越える *muso～no saka o koeru*: passar dos 60 anos de idade.
jiai 自愛 *s* 1 cuidar (de si próprio). どうかご〜ください *dōka go～kudasai*: peço-lhe que cuide bem da sua saúde. 2 prudência. 3 amor-próprio.
jiai 慈愛 *s* afeição; carinho; amor; benevolência.
jiba 磁場 *s Fís* campo magnético.
jibaku 自爆 *s* explosão suicida.
jiban 地盤 *s* 1 chão; piso; solo. 〜沈下 *～chinka*: afundamento do solo. 2 base; alicerce. 〜を固める *～o katameru*: consolidar a base. 3 base (de influência). 農村を〜として立候補する *nōson o ～to shite rikkōho suru*: candidatar-se tendo como base (eleitoral) a zona rural.
jibara 自腹 *s pop* próprio bolso (seu dinheiro). 〜を切る *～o kiru*: pagar do próprio bolso.
jiben 自弁 *s* pagamento da própria despesa. 食事代は各自〜のこと *shokujidai wa kakuji～no koto*: cada um paga a sua refeição.
jibeta 地べた *s dial* chão; solo.
jibiinkō 耳鼻咽喉 *s* ouvido, nariz, garganta. 〜科 *～ka*: otorrinolaringologia.

jibiki 字引き *s* dicionário.
jibikiami 地曳網 *s* rede de arrasto.
jibo 字母 *s* 1 letras do alfabeto. 2 matriz de caracteres tipográficos.
jibo 慈母 *s* mãe carinhosa.
jibōjiki 自暴自棄 *s* desespero.
jibun 自分 *s* eu; próprio; si mesmo.
jibun 時分 *s* 1 época; altura; hora. 2 oportunidade; momento propício.
jibunkatte 自分勝手 *s* egoísmo; arbitrariedade.
jibutsu 事物 *s* coisas. 外国の〜を紹介する *gaikoku no ～o shōkai suru*: apresentar as coisas do exterior.
jibyō 持病 *s* doença crônica.
jichi 自治 *s* governo autônomo; autonomia. 大学の〜 *daigaku no ～*: autonomia universitária.
jichikai 自治会 *s* associação autônoma.
jichiken 自治権 *s* direito de autonomia.
jichinsai 地鎮祭 *s* cerimônia de purificação do local da construção.
jichiryō 自治領 *s* território com autonomia.
jichisei 自治制 *s* sistema de governo autônomo.
jichitai 自治体 *s* órgão (organismo) autônomo.
jichō 次長 *s* vice-diretor; segunda pessoa na escala hierárquica.
jichō 自重 *s* 1 manutenção da própria dignidade. 2 prudência; circunspecção. 3 o fato de cuidar da própria saúde.
jida 耳朶 *s* 1 lóbulo da orelha; pavilhão auricular. 2 orelhas externas. 〜に触れる *～ni fureru* chegar aos ouvidos.
jidai 地代 *s* 1 preço de arrendamento do terreno. 2 preço do terreno.
jidai 次代 *s* próxima geração; geração seguinte.
jidai 時代 *s* 1 período; época; era. 奈良〜 *Nara～* período Nara. 2 tempo. 私の学生〜 *watashi no gakusei～*: nos meus tempos de estudante. 古き良き〜 *furuki yoki ～*: velhos e bons tempos. 3 antiguidade. 〜のついた花瓶 *～no tsuita kabin*: vaso de flores antigo.
jidaigeki 時代劇 *s* drama histórico.
jidaiokure 時代遅れ *s* desatualizado; antiquado.
jidaisakugo 時代錯誤 *s* anacronismo.
jidaishoku 時代色 *s* feições (características) de uma época (era).
jidaishugi 事大主義 *s* bajulação; servilismo.
jidaisō 時代相 *s* fases da época (era).
jidan 示談 *s* acordo extrajudicial; solução amigável.
jidanda 地団駄 *s pop* o ato de bater os pés no chão. 〜踏んでくやしがる *～funde kuyashigaru*: bater os pés no chão por causa de ressentimento.
jidaraku 自堕落 *s* desregramento.
jiden 自伝 *s* autobiografia.
jido 磁土 *s* caulim.
jidō 自動[働] *s* automático.
jidō 児童 *s* criança.
jidōfukushi 児童福祉 *s* bem-estar de menores.
jidōhanbaiki 自動販売機 *s* máquina automática (de venda).
jidōritsu 自同律 *s Lóg* lei (princípio) da identidade.
jidōsha 自動車 *s* automóvel; carro.
jidōshakyōsō 自動車競走 *s* corrida de automóveis (carros).
jidōshaya 自動車屋 *s* oficina de automóveis (reparos); revendedor de carros (vendas).

jidōshi 自動詞 *s Gram* verbo intransitivo.
jidōshiki 自動式 *adj* automático.
jidōteki 自動的 〜*na*, *adj*: automático.
jiei 自営 *s* administração independente (própria); empreendimento autônomo.
jiei 自衛 *s* autodefesa; defesa própria.
jieiken 自衛権 *s* direito de autodefesa.
jien 耳炎 *s Med* otite; inflamação do ouvido.
jifu 自負 *s* autoconfiança; orgulho; vaidade; presunção.
jifu 慈父 *s* pai afetuoso (bondoso, generoso).
jifū 時風 *s* tendência da época.
jifushin 自負心 *s* espírito de autoconfiança.
jiga 自我 *s* ego; eu.
jigajisan 自画自讃 *s* autoelogio.
jigane 地金 *s* 1 metal que serve de base. 2 caráter verdadeiro.
jigashugi 自我主義 *s* egoísmo.
jigatame 地固め *s* 1 nivelar o terreno. 2 consolidar a base.
jigazō 自画像 *s* autorretrato.
jigen 時限 *s* 1 tempo determinado. 2 período.
jigen 示現 *s* revelação; manifestação.
jigen 次元 *s Mat* 1 dimensão. 2 ponto de vista; nível.
jigi 字義 *s* significado da palavra (ideograma).
jigi 児戯 *s* brincadeira de criança; infantilidade; criancice.
jigi 時宜 *s* momento oportuno; hora própria.
jigo 事後 *s* depois do evento.
jigo 爾後 *adv* a partir de então.
jigō 次号 *s* próximo número.
jigoe 地声 *s* voz natural.
jigōjitoku 自業自得 *s* consequência natural da própria ação; ter o que é merecido.
jigoku 地獄 *s Bud* inferno.
jigoshōdaku 事後承諾 *s* aprovação depois do fato consumado.
jigyō 事業 *s* 1 empreendimento; atividade; obra. 政府の〜 *seifu no* 〜: obra do governo. 2 negócio; empresa. 3 feito; façanha.
jigyōka 事業家 *s* 1 empresário. 2 industrial; homem de negócios.
jigyōkai 事業界 *s* mundo empresarial (industrial, comercial).
jigyōnendo 事業年度 *s* exercício social.
jigyōshotoku 事業所得 *s* receita operacional.
jigyōzei 事業税 *s* tributação regional sobre renda de pessoas físicas ou jurídicas.
jihada 地肌 *s* 1 textura. 2 superfície da terra; chão.
jihaku 自白 *s* confissão.
jihatsu(sei) 自発(性) *s* espontaneidade.
jihatsuteki 自発的 *adj* espontâneo; voluntário.
jiheishō 自閉症 *s* autismo.
jihen 事変 *s* 1 acidente; desastre; infortúnio; calamidade. 2 distúrbio. 3 conflito.
jihensū 自変数 *s Mat* variável independente.
jihi 自費 *s* próprias expensas; à própria custa.
jihi 慈悲 *s* misericórdia; piedade; benevolência; compaixão; clemência.
jihibiki 地響き *s* tremor da terra; rumor subterrâneo.
jihitsu 自筆 *s* escrito de próprio punho; autógrafo.
jihoku 磁北 *s* norte magnético.
jihyō 自評 *s* autocrítica; autoavaliação.

jihyō 時評 *s* comentário sobre eventos correntes.
jihyō 辞表 *s* demissão; carta de demissão.
jii 示威 *s* demonstração de força.
jii 次位 *s* segundo lugar (posição).
jii 自慰 *s* 1 autoconsolação. 2 masturbação; onanismo.
jii 侍医 *s* médico da família imperial.
jii 爺 *s* idoso; velho.
jii 辞意 *s* intenção de renunciar.
jiin 寺院 *s* templo budista.
jiiro 地色 *s* cor de fundo.
jiishiki 自意識 *s* autoconsciência.
jiiundō 示威運動 *s* demonstração; parada; ação intimidatória.
jijaku 自若 *adj* calmo; imperturbável; tranquilo.
jiji 時事 *s* acontecimentos correntes; notícias do dia.
jiji 時々 *adj* a cada momento; incessante.
jijikaisetsu 時事解説 *s* comentários sobre os acontecimentos correntes; comentários sobre as notícias do dia.
jijikokkoku 時々刻々 *s* e *adv* a cada momento; sem cessar.
jijimondai 時事問題 *s* questões correntes; assuntos do dia; tópicos correntes.
jijin 自刃[尽] *s* suicídio com armas cortantes.
jijitsu 事実 *s* fato; realidade; verdade.
jijitsu 時日 *s* data.
jijitsujō 事実上 *s* de fato; verdadeiramente; praticamente; virtualmente; com efeito.
jijitsumukon 事実無根 *s* sem fundamento; absurdo; inteiramente contrário ao fato.
jijo 次女 *s* segunda filha.
jijo 次序 *s* ordem; sistema; arranjo.
jijo 侍女 *s arc* aia; dama de companhia.
jijō 事情 *s* circunstância; razão; situação.
jijō 自[二]乗 *s Mat* quadrado (segunda potência).
jijoden 自叙伝 *s* autobiografia.
jijōjibaku 自縄自縛 *s* própria armadilha. 〜に陥る 〜*ni ochiiru* cair na própria armadilha.
jijōsayō 自浄作用 *s* autopurificação.
jijū 侍従 *s* camareiro; mordomo.
jika 自家 *s* casa própria (família). 〜用 〜*yō*: para uso próprio. 〜用車 〜*yōsha*: carro particular.
jika 直 *s* direto. 〜取引 〜*torihiki*: negócio direto.
jika 時価 *s* preço corrente; cotação do dia.
jika 磁化 *s Fís* magnetização.
jika 時下 *adv* agora; no presente; nesta época do ano.
jikachūdoku 自家中毒 *s Med* autointoxicação.
jikadanpan 直談判 *s* negociação direta.
jikadōchaku 自家撞着 *s* autocontradição.
jikai 次回 *s* próxima vez.
jikaku 字画 *s* número de traços dos caracteres chineses.
jikaku 自覚 *s* autoconsciência.
jikaku 耳殻 *s Anat* pavilhão auricular.
jikakushōjō 自覚症状 *s Med* sintoma subjetivo.
jikan 次官 *s* vice-ministro; subsecretário.
jikan 時間 *s* 1 tempo. まだ〜がたっぷりある *mada* 〜*ga tappuri aru*: ainda temos muito tempo. 〜がかかる 〜*ga kakaru*: leva muito tempo. 〜の問題だ 〜*no mondai da*: é questão de tempo. 〜をかせぐ 〜*o kasegu*: ganhar tempo. 2 hora (unidade

jikangai ... 181 ... **jikyō**

de tempo; 60 minutos). 東京まで一～かかる *Tōkyō made ichi～ kakaru*: leva uma hora até Tóquio. 大阪まで新幹線で三～で行ける *Osaka made shinkansen de san～de ikeru*: é possível ir a Osaka de trem-bala em três horas. **3** aula; matéria; cadeira. 次は歴史の～だ *tsugi wa rekishi no ～da*: a aula seguinte é de história. 授業の～割 *jugyō no ～wari*: horário das aulas.
jikangai 時間外 *s* hora extra; fora do horário.
jikan'hyō 時間表 *s* horário.
jikankyū 時間給 *s* pagamento por hora.
jikankyūsui 時間給水 *s* fornecimento de água em horário determinado.
jikantai 時間帯 *s* faixa horária; período de tempo.
jikanwari 時間割 *s* horário.
jikasei 自家製 *s* fabricação caseira.
jikatsu 自活 *s* autossustento; o poder viver com os próprios recursos. *～suru, v*: sustentar-se; ganhar a vida.
jikayō 自家用 *s* uso particular.
jikayōsha 自家用車 *s* carro particular.
jikei 次兄 *s* segundo irmão mais velho.
jikei 慈恵 *s* caridade; benevolência.
jikeidan 自警団 *s* grupo de autovigilância.
jikeiretsu 時系列 *s Estat* série cronológica.
jiken 事件 *s* **1** acontecimento; ocorrência; incidente. **2** caso.
jiketsu 自決 *s* **1** autodeterminação. **2** suicídio.
jiki 時期 *s* tempo; temporada; época; estação do ano.
jiki 時機 *s* oportunidade; momento; ocasião; hora.
jiki 磁器 *s* porcelana.
jiki 次期 *s* próximo período.
jiki 磁気 *s Fís* magnetismo.
jiki 直 *adv* **1** logo; sem demora; dentro em breve. 彼は～来ます *kare wa ～ kimasu*: ele virá logo. もう～お正月だ *mō～oshōgatsu da*: dentro em breve será o Ano-Novo. もう～クリスマスだ *mō ～ kurisumasu da*: o Natal está próximo. **2** direto. ～弟子 *～deshi* discípulo direto.
jikihaitatsu 直配達 *s* entrega direta.
jikihitsu 直筆 *s* autógrafo; escrito de próprio punho.
jikijiki 直々 *s* e *adv* pessoalmente; em pessoa; diretamente.
jikini 直に *adv* imediatamente; num instante; já; logo.
jikiso 直訴 *s Hist* entrega de petições diretamente ao xógum ou a senhor feudal, sem passar pelas instâncias determinadas.
jikitorihiki 直取引き *s Com* transação (negociação) direta (entre vendedor e comprador, sem passar pelo intermediário).
jikiwa 直話 *s* narração direta.
jikka 実価 *s* **1** valor intrínseco (verdadeiro). **2** preço real. **3** preço de custo.
jikka 実科 *s* curso prático.
jikka 実家 *s* casa paterna.
jikkai 十戒 *s* dez mandamentos, decálogo.
jikkan 実感 *s* sentimento real; sensação real.
jikkei 実兄 *s* irmão de sangue mais velho.
jikkei 実刑 *s* pena de prisão sem efeito suspensivo.
jikken 実見 *s* observação real; inspeção pessoal; observação com os próprios olhos.
jikken 実権 *s* poder real, efetivo.

jikken 実験 *s* experiência; experimentação; teste; prova; ensaio.
jikkenjō 実験場 *s* local de experiência; centro de prova.
jikkenkagaku 実験科学 *s* ciência experimental; ciência empírica.
jikkenron 実験論 *s Filos* positivismo.
jikkenshitsu 実験室 *s* laboratório.
jikkenshugi 実験主義 *s* experimentalismo.
jikkentetsugaku 実験哲学 *s* filosofia empírica (positiva).
jikkō 実行 *s* prática; execução; realização; ação. *～suru, v*: praticar; executar; realizar; agir.
jikkō 実効 *s* eficácia; resultado prático.
jikkōka 実行家 *s* homem de ação.
jikkon 昵懇 *s* intimidade; familiaridade.
jikkōnan 実行難 *s* impraticabilidade; inexequibilidade.
jikkōryoku 実行力 *s* poder de execução; capacidade de ação.
jikkōsha 実行者 *s* executor; realizador.
jikkuri(to) じっくり(と) *adv* com cuidado e vagar.
jikkyō 実況 *s* cena (situação, estado) real; cena ao vivo.
jikkyōhōsō 実況放送 *s Telev* transmissão ao vivo.
jiko 自己 *s* eu; si mesmo; si próprio; ego.
jiko 事故 *s* **1** acidente; desastre. **2** razão; circunstância.
jikō 事項 *s* assunto; questão; caso; item.
jikō 時候 *s* estação do ano.
jikō 時効 *s Dir* prescrição.
jikoanji 自己暗示 *s* autossugestão.
jikobengo 自己弁護 *s* justificação; autodefesa.
jikochūshin 自己中心 *s* egoísmo; egocentrismo.
jikōhazure 時候外れ *s* fora de época.
jikohon'i 自己本位 *s* egoísmo; egocentrismo.
jikoken'o 自己嫌悪 *s* autoaversão; não gostar de si mesmo.
jikoku 自国 *s* país de origem; pátria; terra natal.
jikoku 時刻 *s* hora.
jikokugo 自国語 *s* língua vernácula.
jikokuhyō 時刻表 *s* horário.
jikomanzoku 自己満足 *s* complacência própria; satisfação consigo mesmo.
jikon 自今 *adv* doravante; daqui em diante; no futuro.
jikoryū 自己流 *s* estilo próprio; autodidatismo.
jikosaimin 自己催眠 *s* auto-hipnose.
jikosakunō 自小作農 *s* pequeno agricultor proprietário de terra própria e que cultiva também terra arrendada.
jikosenden 自己宣伝 *s* autopromoção.
jikoshōkai 自己紹介 *s* autoapresentação.
jikotōsui 自己陶酔 *s* narcisismo.
jiku 軸 *s* **1** eixo (de rotação). **2** rolo (pergaminho, quadro). ～を掛ける *～o kakeru*: pendurar o quadro. **3** palito, cabo (fósforo, pincel). **4** talo. **5** fulcro, centro. **6** eixo. 座標～ *zahyō～*: eixo das coordenadas.
jiku 字句 *s* palavras e frases; termos.
jikū 時空 *s Fís* tempo e espaço.
jikuji 忸怩 *s* vergonha.
jikuuke 軸受け *s* mancal.
jikyo 辞去 *s* despedida; partida.
jikyō 自供 *s* confissão. *～suru, v*: confessar.

jikyoku 時局 *s* situação; circunstâncias; estado de coisas; conjuntura.
jikyoku 磁極 *s Fís* polo magnético.
jikyū 自給 *s* autossuficiência; abastecer a si mesmo.
jikyū 持久 *s* persistência; tenacidade; perseverança.
jikyū 時給 *s* pagamento por hora.
jikyūjisoku 自給自足 *s* autossuficiência.
jikyūkeizaishugi 自給経済主義 *s* autarquia; princípio de economia de autossuficiência.
jikyūryoku 持久力 *s* poder de sustentação; resistência; persistência; tenacidade.
jikyūsaku 持久策 *s* plano de resistência; tática dilatória.
jikyūsen 持久戦 *s* 1 guerra prolongada. 2 jogo de resistência.
jimae 自前 *s pop* 1 pagamento do próprio bolso. 2 independência (autonomia). ～の芸者 ～*no geisha*: gueixa independente.
jimaku 字幕 *s Cin* legenda.
jiman 自慢 *s* orgulho; bazófia; jactância; vaidade.
jimanbanashi 自慢話 *s* conversa jactanciosa; bazófia.
jimangao 自慢顔 *s ar* ufano; cara de bazófia.
jimawari 地回り *s* 1 zonas vizinhas. 2 o ato de vender nas terras vizinhas; vendedor ambulante. 3 desordeiro; salteador.
jimei 自明 *s* o que é óbvio; evidente (por si mesmo).
jimejime じめじめ *adv* 1 úmido; molhado. 2 melancólico; sombrio; lúgubre.
jimen 地面 *s* terra; chão.
jimetsu 自滅 *s* 1 decadência natural. 2 autodestruição.
jimi 地味 *s* simplicidade; sobriedade; frugalidade.
jimi 滋味 *s* 1 sabor; delícia. 2 alimento nutritivo e saboroso. 3 impressão benéfica e enriquecedora.
jimichi 地道 *s* 1 firmeza; constância; uniformidade; regularidade. 2 modéstia; simplicidade.
-jimiru -じみる *suf* 1 parecer. 子供～*kodomo*～ parecer criança. 年寄り～ *toshiyori*～: parecer idoso. 2 ficar impregnado. あか～ *aka*～: impregnado de sujeira. 油～ *abura*～: impregnado de óleo.
jimoku 耳目 *s* 1 olho e ouvido. ～法(視聴覚法) ～*hō (shichōkakuhō)* método audiovisual. 2 atenção; interesse. ～を集める ～*o atsumeru*: atrair a atenção. 3 ser informante. 彼らは首領の～となって働いている *karera wa syuryō no ～to natte hataraite iru*: eles trabalham como informantes do chefe.
jimon 自問 *s* pergunta a si mesmo.
jimonjitō 自問自答 *s* solilóquio; monólogo.
jimoto 地元 *s* local.
jimu 事務 *s* serviço; trabalho de escritório.
jimu ジム (*ingl gym*) *s* ginásio de esportes.
jimuin 事務員 *s* funcionário de escritório.
jimukyoku 事務局 *s* secretaria.
jimusho 事務所 *s* escritório.
jimusōchō 事務総長 *s* secretário-geral.
jimuteki 事務的 *adv* despachado; prático; eficiente.
jin 陣 *s* 1 acampamento; quartel; posição. ～を張る ～*o haru*: acampar; aquartelar. 2 guerra; campanha; combate. 大阪夏の～ *Osaka natsu no* ～: campanha de verão de Osaka. 3 por algum tempo; de novo; outra vez; súbito; repentino. 一～の風が吹く *ichi*～*no kaze ga fuku*: ventar durante algum tempo. 4 disposição das tropas preparando-se para o combate. ～を敷く ～*o shiku*: dispor as tropas.

5 grupo. 教授～ *kyōju*～: professorado (corpo docente). 報道～ *hōdō*～: grupo de jornalistas.
jin 仁 *s* 1 (confucionismo) virtude perfeita. 2 benevolência; humanidade; caridade; filantropia. 3 pessoa. 尊敬すべき～ *sonkei subeki*～: pessoa respeitável. 4 núcleo. 5 nucléolo.
-jin -人 *suf* 1 pessoa(s). 詩～ *shi*～ poeta. 外～ *gai*～ estrangeiro, alienígena. 2 raça; etnia. 西洋～ *seiyō*～: ocidental. 東洋～ *tōyō*～: oriental. ブラジル～ *burajiru*～: brasileiro. 日本～ *nihon*～: japonês. 3 habitante; pessoa originária de. 火星～ *kasei*～: marciano. 東京～ *tōkyō*～: habitante de Tóquio. 4 pessoa que se dedica a determinada área de atividade; especialista. 経済～ *keizai*～: perito em economia.
jin'ai 仁愛 *s* benevolência.
jin'ai 塵埃 *s* 1 poeira; lixo. 2 imundícies do mundo. 3 afazeres mundanos; assuntos terrenos.
jinan 次男 *s* segundo filho.
jinarashi 地均し *s* 1 terraplenagem. 2 rolo. 3 preparo prévio para que as coisas caminhem bem.
jinari 地鳴り *s* estrondo (ruído) da terra.
jinba 人馬 *s* homens e cavalos. ～の往来 ～*no ōrai*: tráfego de homens e cavalos. ～もろともに倒れた ～*morotomo ni taoreta*: o cavalo e o cavaleiro caíram juntos.
jinbō 人望 *s* popularidade.
jinbun 人文 *s* 1 humanidade. 2 civilização; cultura.
jinbunchiri 人文地理 *s* geografia humana; antropogeografia.
jinbunkagaku 人文科学 *s* ciências humanas.
jinbunshugi 人文主義 *s* humanismo.
jinbutsu 人物 *s* 1 pessoa. 2 personalidade; caráter. 3 pessoa capaz. 4 figura humana.
jinbutsuga 人物画 *s* retrato, pintura de figura humana.
jinbutsuhyō 人物評 *s* apreciação (análise, crítica) do caráter da pessoa.
jinchi 陣地 *s* posição (militar).
jinchi 人知 *s* inteligência (sabedoria, conhecimento) humana.
jinchiku 人畜 *s* homens e animais. ～無害 ～*mugai*: inofensivo aos homens e aos animais.
jindai 神代 *s* idade dos deuses; era divina; idade mitológica.
jindai 甚大 *s* ～*na*, *adj*: muito grande; enorme; imenso; tremendo.
jindō 人道 *s* 1 humanidade; humanitarismo. 2 passagem para pedestres; calçada.
jindoru 陣取る *v* 1 assentar acampamento militar; tomar posição. 2 postar-se; ocupar lugar.
jindōshugi 人道主義 *s* humanitarismo.
jindōteki 人道的 *adj* humano; humanitário.
jin'ei 陣営 *s* acampamento; quartel; campo; facção.
jinen 次年 *s* ano seguinte.
jinen 自然 *s* natureza. *Sin* **tennen** 天然, **shizen** 自然.
jinetsu 地熱 *s* calor da terra, geotermia. *Sin* **chinetsu** 地熱.
jingane 陣鐘 *s Hist* sino de alarme (gongo) utilizado nos campos de batalha.
jingasa 陣笠 *s Hist* 1 casquete de palha de bambu. 2 soldado raso. 3 subalterno. É comumente utilizado para designar deputados que não ocupam cargos na Dieta.

jingi 神祇 *s* divindades celestes e terrestres.
jingi 神器 *s Hist* tesouros sagrados.
jingi 仁義 *s* **1** humanidade e justiça; benevolência e integridade. **2** moral. **3** dever. **4** cumprimento formal entre antigos profissionais do jogo de azar.
jingo 人後 *s* atrás dos outros; inferior aos outros. 私は記憶力にかけては～に落ちない *watashi wa kiokuryoku ni kakete wa ～ni ochinai*: em matéria de memória, eu não fico atrás de ninguém.
jingū 神宮 *s* templo xintoísta.
jin'i 人為 *s* **1** trabalho do homem; ação humana. **2** artificialidade.
jinin 自任 *s* pretensão; atribuição a si. ～*suru*, *v*: pretender; atribuir-se, considerar-se. 料理の名人であると～する *ryōri no meijin de aru to ～suru*: considera-se excelente em culinária.
jinin 辞任 *s* resignação; renúncia. ～*suru*, *v*: renunciar; resignar.
jin'in 人員 *s* número de pessoas; pessoal; quadro.
jin'inseiri 人員整理 *s* redução (corte) de pessoal.
jin'iteki 人為的 *adj* **1** artificial. **2** manipulação.
jinja 神社 *s* templo xintoísta.
jinji 人事 *s* **1** esforço humano. ～を尽くして天命を待つ ～*wo tsukushite tenmei wo matsu*: fazer o melhor possível e aguardar a providência divina. **2** assuntos humanos; afazeres humanos. **3** assuntos do pessoal. ～部 ～*bu*: departamento de pessoal.
jinji 仁慈 *s* benevolência; beneficência; compaixão; bondade.
jinjifusei 人事不省 *s* inconsciência; perda da consciência; coma.
jinjigyōsei 人事行政 *s* administração de pessoal.
jinjiidō 人事異動 *s* mudança de pessoal.
jinjitsu 人日 *s* sétimo dia de janeiro pelo calendário lunar.
jinjō 尋常 *s* **1** normal; comum; ordinário; usual. ～児 ～*ji*: criança normal. **2** atitude louvável; gesto valoroso (heroico). **3** porte digno, elegante.
jinjutsu 仁術 *s* **1** ato de benevolência. **2** carreira de médico.
jinka 人家 *s* casa; habitação humana.
jinkai 塵芥 *s* lixo; imundície.
jinkaku 人格 *s* **1** caráter. **2** personalidade. **3** pessoa.
jinkakuka 人格化 *s* personificação.
jinkakusha 人格者 *s* pessoa de caráter; pessoa de boa índole.
jinken 人絹 *s* seda artificial; raiom.
jinken 人権 *s* direitos humanos.
jinken 人件 *s* matéria concernente ao homem (pessoal).
jinken'hi 人件費 *s* despesas de pessoal.
jinken'yōgo 人権擁護 *s* defesa dos direitos humanos.
jinkō 人口 *s* **1** população; número de habitantes. **2** comentários do povo.
jinkō 人工 *s* artificial.
jinkōchōsa 人口調査 *s* censo demográfico.
jinkōeisei 人工衛星 *s* satélite artificial.
jinkōjusei 人工受精 *s Biol* inseminação artificial.
jinkōkokyū 人工呼吸 *s* respiração artificial.
jinkōmondai 人口問題 *s* problema populacional.
jinkōteki 人工的 *adj* artificial.
jinkōtōkei 人口統計 *s* estatística populacional.
jinkotsu 人骨 *s* osso humano.

jinkōzunō 人工頭脳 *s* cérebro mecânico; cérebro artificial.
jinmei 人名 *s* nome de uma pessoa.
jinmei 人命 *s* vida; vida humana.
jinmeibo 人名簿 *s* lista de nomes; relação nominal; lista de chamada; guia de nomes.
jinmeikyūjo 人命救助 *s* salvamento de vidas.
jinmin 人民 *s* as pessoas; os cidadãos; o público; o povo.
jinmon 訊[尋]問 *s* questionamento; interrogatório.
jinpin 人品 *s* **1** aparência pessoal; semblante; modo; porte. **2** caráter; personalidade.
jinponshugi 人本主義 *s* humanismo.
jinpun 人糞 *s* fezes humanas; excrementos.
jinriki(sha) 人力(車) *s* jinriquixá, carro de duas rodas puxado por uma pessoa para transportar passageiros.
jinrin 人倫 *s* **1** humanidade; obrigações e deveres do ser humano. **2** princípios morais. **3** relações humanas.
jinrui 人類 *s* humanidade; raça humana; ser humano (*Homo sapiens*).
jinruigaku 人類学 *s* antropologia.
jinryoku 人力 *s* **1** força humana. **2** esforço humano.
jinryoku 尽力 *s* esforço; diligência; aplicação de um poder; assistência.
jinsei 人生 *s* vida humana; vida.
jinsei 人性 *s* natureza humana; instinto humano; humanidade; humanismo.
jinseikan 人生観 *s* visão sobre a vida de um indivíduo; teoria ou conceito sobre a vida.
jinseitetsugaku 人生哲学 *s* filosofia de vida.
jinseki 人跡 *s* pegadas humanas.
jinsen 人選 *s* seleção de pessoal; escolha da pessoa adequada.
jinsha 仁者 *s* **1** pessoa com virtudes. **2** pessoa benevolente; filantropo; humanitário.
jinshin 人心 *s* coração das pessoas; sentimento das pessoas.
jinshin 人身 *s* **1** corpo humano. **2** pessoa humana.
jinshin 仁心 *s* benevolência; humanidade. ～ある ～*aru*: caridoso; benevolente.
jinshinbaibai 人身売買 *s* tráfico de escravos; tráfico de vidas humanas.
jinshin'hogo 人身保護 *s Dir* ～法 ～*hō*: habeas corpus.
jinshinkōgeki 人身攻撃 *s* ataque ou ofensa pessoal; troca de ofensas pessoais.
jinshu 人種 *s* raças humanas.
jinshugaku 人種学 *s* etnografia.
jinshusabetsu 人種差別 *s* discriminação racial; segregação racial.
jinshuteki 人種的 *adj* racial; étnico.
jinsoku 迅速 *s* rapidez; ligeireza; sagacidade; presteza; velocidade.
jintai 人体 *s* corpo humano. ～実験 ～*jikken*: experiência em humanos.
jintaku 仁沢 *s* influência benévola; bondade; benevolência.
jintei 人定 *s Dir* confirmação da identidade de um indivíduo.
jinteki 人的 *adj* humano.
jintoku 仁徳 *s* benevolência; humanidade; bondade.
jintōzei 人頭税 *s* imposto por cabeça; capitação.

jintsū 陣痛 s dores do parto; dor violenta.
jinuri 地塗り s 1 primeira demão. 2 camada primária.
jinushi 地主 s proprietário de terra; senhorio.
jinzai 人材 s recursos humanos; talentos; pessoas capacitadas.
jinzaitōyō 人材登用 s admissão de talentos para cargos.
jinzen 荏苒 s procrastinação; postergação; protelação.
jinzō 人造 s artificialidade; feito ou fabricado pelos homens.
jinzō 腎臓 s Anat rim. ~病 ~byō: doença renal.
jīpan ジーパン (do ingl de invenção jap jeans + pants) s calça jeans.
jippā ジッパー (ingl zipper) s fecho de correr; fecho ecler; zíper.
jippi 実費 s 1 despesa real. 2 preço de custo.
jippu 実父 s pai verdadeiro; pai de sangue.
jīpu ジープ (ingl jeep) s jipe (tipo de automóvel).
jipushī ジプシー (ingl gypsy) s cigano(a).
jirai 爾来 adv desde então; daí em diante.
jirai(ka) 地雷(火) mina terrestre.
jirasu 焦らす v irritar; provocar; atritar; caçoar.
jirei 辞令 s nomeação; designação de um cargo por escrito.
jirei 事例 s exemplo; precedente; citação.
jirenma ジレンマ (ingl dilemma) s dilema.
jireru 焦れる v irritar-se; tornar-se impaciente; apoquentar.
jirettai 焦れったい adj provocativo; irritante; incômodo; exasperante.
jirihin じり貧 s pop declínio gradual da riqueza; empobrecimento.
jirijiri じりじり adv 1 aos poucos; passo a passo; gradualmente. 2 chiado de algo que está a frigir.
jiriki 自力 s força própria; esforço próprio.
jiritsu 自立 s independência; autossuficiência; autonomia. V dokuritsu 独立.
jiritsu 自律 s Filos 1 autonomia. 2 autocontrole; autodeterminação.
jiritsukeizai 自立経済 s independência econômica; autarquia; economia autossuficiente.
jirojiro じろじろ adv ~見る ~miru: olhar fixamente; encarar; fitar; olhar com suspeita; perscrutar.
jiron 持論 s argumento ou opinião defendida por certo indivíduo. ...というのが私の～だ ...to iu no ga watashi no ~da: a minha opinião é essa.
jirori to じろりと adv olhar cortante.
jiryoku 磁力 s Fís força magnética; magnetismo.
jisa 時差 s diferença de fuso horário das várias regiões do mundo.
jisage 字下げ s espaço que se dá para começar um novo parágrafo.
jisaku 自作 s obra ou trabalho próprio.
jisakunō 自作農 s agricultor independente; agricultor proprietário.
jisan 持参 s ato de trazer ou levar consigo.
jisankin 持参金 s dote dos noivos.
jisannin 持参人 s portador.
jisatsu 自殺 s suicídio; morte pelas próprias mãos; autodestruição; autocídio.
jisatsuteki 自殺的 adj suicida.

jisei 自生 s planta nativa.
jisei 時勢 s tendência das eras; sinal dos tempos; condições da vida.
jisei 辞世 s 1 falecimento. 2 poema de despedida do falecido; canção da morte.
jisei 自制 s autocontrole; autocomando.
jisei 自省 s autoanálise; reflexão; introspecção.
jisei 時制 s Gram tempos verbais.
jisei 磁性 s Fís magnetismo.
jiseiryoku 自制力 s força do autocontrole; autocomando sobre o temperamento.
jiseki 次席 s posição seguinte da posição principal.
jiseki 自責 s autocensura. ~suru, v: condenar-se; reprovar-se.
jiseki 事績 s realização; feito; conquista; façanha.
jiseki 事蹟 s evidência; vestígio; traço histórico.
jisen 自選 s 1 autoeleição. 2 ato de reunir e selecionar as próprias obras.
jisetsu 自説 s opinião ou ponto de vista do próprio indivíduo.
jisetsu 時節 s 1 estação do ano. 2 eras. 3 ocasião; oportunidade; chance.
jisetsu 持説 s argumento ou opinião defendida por um certo indivíduo.
jisetsugara 時節柄 adv em vista dos tempos.
jisha 寺社 s templos budistas e xintoístas.
jishaku 磁石 s ímã; magneto.
jishin 自身 s si próprio; o próprio. V jibun 自分.
jishin 自信 s autoconfiança; confiança em si mesmo.
jishin 地震 s terremoto; abalo sísmico; tremor terrestre.
jishin 磁針 s agulha magnética.
jishin 慈心 s benevolência; piedade; compaixão.
jishingaku 地震学 s sismologia.
jishinkansoku 地震観測 s observação sismológica.
jishinkei 地震計 s sismógrafo.
jishitsu 自室 s o quarto próprio; a sala própria.
jishitsu 自失 s perda de consciência; abstração.
jisho 地所 s terra; terreno; solo; imóvel.
jisho 辞書 s dicionário; glossário.
jisho 自署 s assinatura; autógrafo; assinatura pessoal.
jishō 自称 s autodeterminação. ~suru, v: a) autodeclarar; autoelogiar. b) primeira pessoa do singular/plural.
jishō 事象 s fenômeno; evento.
jishoku 辞職 s ato de pedir demissão; renúncia ao cargo.
jishokunegai 辞職願い s pedido de demissão; carta de demissão.
jishomochi 地所持ち s proprietário de terrenos.
jishu 自主 s independência; autonomia.
jishu 自首 s ato de entregar-se; confissão; denúncia voluntária.
jishū 自修[習] s autodidatismo.
jishuken 自主権 s direito de autonomia dentro da autoindependência.
jishuku 自粛 s autodisciplina.
jishuteki 自主的 adj independente; autônomo; livre; ativo; positivo.
jisoku 自足 s autossuficiência.
jisoku 時速 s velocidade por hora.
json 自尊 s 1 autoestima; autorrespeito. 2 orgulho.
jisonshin 自尊心 s orgulho próprio; amor-próprio; respeito próprio.

jissai 実際 *s* o fato; a verdade; a prática; a realidade; a condição atual. *adv* realmente; de fato; praticamente; na realidade; na prática.
jissaika 実際家 *s* pessoa prática; prático.
jissaiteki 実際的 ～*na, adj*: prático; trivial; sagaz.
jisseikatsu 実生活 *s* vida real; vida; na prática.
jisseki 実績 *s* resultado; resultado atual.
jissen 実戦 *s* combate; batalha real; ação.
jissen 実践 *s* prática. ～*suru, v*: pôr a teoria em prática; praticar; colocar em ação.
jissen 実線 *s* linha contínua cheia.
jissetsu 実説 *s* história verdadeira; fato.
jissha 実写 *s* fotografia tirada da vida real; filme de atualidades.
jisshakai 実社会 *s* a sociedade atual; o mundo real.
jisshi 実子 *s* filho(a) verdadeiro(a); filho(a) de sangue.
jisshi 実施 *s* execução; implementação; realização.
jisshi 十指 *s* **1** dez dedos. **2** muitas pessoas.
jisshin 十進 *s* ～*no*: decimal; denário.
jisshin'hō[sei] 十進法[制] *s* sistema decimal; escala denária.
jisshitsu 実質 *s* conteúdo; substância; essência; matéria.
jisshitsuteki 実質的 *adj* substancial; essencial; real; sólido. ～援助 ～*enjo*: ajuda substancial. ～進歩 ～*shinpo*: progresso substancial.
jisshō 実証 *s* prova real; comprovação por evidências.
jisshōshugi 実証主義 *s* positivismo.
jisshōtetsugaku 実証哲学 *s* filosofia positivista; positivismo.
jisshū 実習 *s* estágio prático; treinamento; exercício prático.
jisshukyōgi 十種競技 *s* decatlo, competição envolvendo dez modalidades de atletismo.
jisshū(nyū) 実収(入) *s* **1** renda real; rendimentos; recebimento. **2** produção.
jissō 実相 *s* **1** estado real; condição real. **2** *Bud* realidade.
jissoku 実測 *s* medição; observação; inspeção.
jissokuzu 実測図 *s* mapa de medição; levantamento topográfico.
jissū 実数 *s* *Mat* número real.
jissun 実寸 *s* tamanho real.
Jisu ジス *s* JIS, abreviatura de *Japanese Industrial Standard*: padrão industrial do Japão.
jisuberi 地滑り *s* deslizamento de terra; desmoronamento.
jisui 自炊 *s* ato de cozinhar para si mesmo.
jisuru 辞する *v* **1** renunciar ao cargo. **2** declinar; recusar. **3** pedir licença ou permissão para deixar o lugar.
jisuru 持する *v* sustentar; manter; proteger.
jita 自他 *s* **1** o próprio e os outros; sujeito e objeto. **2** verbos transitivos e intransitivos.
jitabata じたばた *adv pop* ～*suru, v*: debater-se; esforçar-se; atrapalhar-se.
jitai 字体 *s* tipo de letra.
jitai 自体 *s* **1** o próprio corpo. **2** a própria coisa. *V* **sore jitai** それ自体.
jitai 事態 *s* situação; estado das coisas; aspecto das coisas ou acontecimentos.
jitai 辞退 *s* renúncia; recusa; declínio.
jitaku 自宅 *s* casa própria; residência própria; lar de um indivíduo.

jitamago 地卵 *s* ovos de produção local.
jitchi 実地 *s* prática no próprio local da realização do evento.
jitchikeiken 実地経験 *s* experiência prática.
jitchikenshō 実地検証 *s* inspeção na cena do crime; investigação no local da ocorrência.
jitchoku 実直 *s* honestidade, sinceridade. ～*na, adj*: honesto; sincero; fiel; firme.
jitei 自邸 *s* residência própria.
jiten 次点 *s* o segundo melhor número de pontos ou votos numa competição ou eleição.
jiten 自転 *s* autorrotação, rotação.
jiten 事典 *s* enciclopédia.
jiten 時点 *s* um certo ponto no decorrer do tempo.
jiten 辞典 *s* dicionário; léxico.
jitensha 自転車 *s* bicicleta.
jitensha 次点者 *s* ganhador do segundo lugar numa competição ou eleição.
jitojito じとじと *adv* ～*suru, v*: estar úmido ou molhado.
jitoku 自得 *s* **1** autossatisfação; satisfeito consigo mesmo. **2** aquisição própria. *V* **jigōjitoku** 自業自得. **3** percepção ou compreensão por si mesmo.
jitsu 実 *s* **1** verdade; realidade; atualidade. **2** sinceridade; gentileza; fidelidade. **3** dividendo; multiplicando. **4** substância; essência.
jitsubo 実母 *s* mãe verdadeira; mãe de sangue.
jitsubutsu 実物 *s* objeto real; artigo genuíno; original. *V* **genbutsu** 現物.
jitsubutsudai 実物大 *s* tamanho original.
jitsudan 実弾 *s* **1** cartucho de bala; munição. **2** dinheiro da compra de votos.
jitsudō 実働 *s* trabalho efetivo.
jitsueki 実益 *s* lucro real; ganho material; utilidade.
jitsuen 実演 *s* **1** desempenho no palco; apresentação no palco. **2** atuar realmente no local e na realidade.
jitsugai 実害 *s* prejuízo real; perda real.
jitsugaku 実学 *s* estudo visando à prática.
jitsugen 実現 *s* realização; materialização.
jitsugetsuseishin 日月星辰 *s* grupo dos corpos celestiais.
jitsugi 実技 *s* técnica prática; habilidade prática; treinamento prático.
jitsugyō 実業 *s* indústria; negócios.
jitsugyōka 実業家 *s* homem de negócios.
jitsugyōkai 実業界 *s* mundo dos negócios.
jitsui 実意 *s* **1** sinceridade; fidelidade. **2** coração verdadeiro.
jitsuin 実印 *s* carimbo legalizado.
jitsujō 実情[状] *s* situação atual e real, condição atual e real; fatos.
jitsujōchōsa 実情調査 *s* pesquisa da situação real e atual.
jitsumei(jitsumyō) 実名 *s* nome verdadeiro; nome real.
jitsumen 実綿 *s* algodão bruto com semente.
jitsumu 実務 *s* serviço administrativo; prática de negócios.
jitsunenron 実念論 *s* realismo na escolástica.
jitsu ni 実に *adv* realmente; de fato; verdadeiramente; sinceramente; extremamente. 君は～に字がうまい *kimi wa ～ji ga umai*: você realmente tem uma letra bonita.

jitsurei 実例 *s* exemplo; caso concreto; ilustração; precedente.
jitsureki 実歴 *s* experiência real; vida (carreira) de um indivíduo.
jitsuri 実利 *s* utilidade; lucro.
jitsurishugi 実利主義 *s* utilitarismo.
jitsurōdō 実労働 *s* trabalho real.
jitsuroku 実録 *s* registro autêntico.
jitsuryoku 実力 *s* **1** habilidade real; capacidade; eficiência; competência. **2** armamento; força.
jitsuryokusha 実力者 *s* homem de influência.
jitsuwa 実話 *s* história verdadeira; relato autêntico.
jitsu wa 実は *s* na realidade; francamente; realmente; honestamente.
jitsuyō 実用 *s* uso prático; utilidade; praticidade.
jitsuyōka 実用化 *s* ~*suru, v*: pôr em prática.
jitsuyōmuki 実用向き *s* ~の ~*no*: para uso prático.
jitsuyōshin'an 実用新案 *s* novo modelo utilitário; novo desenho para utilidade prática.
jitsuyōshugi 実用主義 *s* pragmatismo.
jitsuyōteki 実用的 *adj* prático.
jitsuzai 実在 *s* existência real; realidade.
jitsuzairon 実在論 *s Filos* realismo.
jitsuzō 実像 *s Ópt* imagem real.
jitsuzon 実存 *s* existência.
jitsuzuki 地続き *s* contiguidade da terra.
jittai 実態 *s* condição atual e real.
jittai 実体 *s Filos* substância; essência.
jittaichōsa 実態調査 *s* pesquisa da condição real e atual.
jittairon 実体論 *s Filos* substancialismo.
jitte 十手 *s Hist* cassetete de metal.
jittei 実弟 *s* irmão mais novo de sangue.
jitteihō 実定法 *s* lei positiva.
jitto じっと *adv* **1** firmemente; pacientemente; constantemente. **2** silenciosamente; tranquilamente.
jittori じっとり *adv* ~している ~*shite iru*: molhado; úmido.
jiu 慈[滋]雨 *s* chuva benéfica.
jiuta 地唄 *s* balada; música folclórica.
jiwajiwa じわじわ *adv* gradualmente; lentamente; constantemente.
jiware 地割れ *s* fissura; rachadura; fenda geológica.
jiwari 地割り *s* distribuição de terra; loteamento.
jiyaku 持薬 *s* remédio de uso habitual.
jiyō 滋養 *s* nutrição; alimentação. *V* **eiyō** 栄養.
jiyō 自用 *s* ~の ~*no*: para uso próprio; de uso pessoal, particular.
jiyōbun 滋養分 *s* elemento nutritivo.
jiyoku 耳翼 *s Anat* aurícula.
jiyū 自由 *s* liberdade.
jiyū 事由 *s* razão; causa; condição. *V* **riyū** 理由.
jiyūbōeki 自由貿易 *s* comércio livre.
jiyūgata 自由型 *s Nat* estilo livre.
jiyūhanbai 自由販売 *s* venda livre.
jiyūhōnin 自由放任 *s* sem interferência. *Econ* laissez-faire.
jiyūishi 自由意志 *s* vontade própria; espontaneidade.
jiyūjizai 自由自在 *s* ~*na, adj*: livre; irrestrito. ~に ~*ni*: livremente.
jiyūka 自由化 *s* liberalização.
jiyūkeiyaku 自由契約 *s* contrato livre.

jiyūkekkon 自由結婚 *s* casamento livre.
jiyūkigyō 自由企業 *s* empresa livre.
jiyūkōdō 自由行動 *s* liberdade de ação.
jiyūkokka 自由国家 *s* **1** nação livre; estado livre. **2** *V* **dokuritsukoku** 独立国.
jiyūritsu 自由律 *s* verso livre (tanca).
jiyūrōdō 自由労働 *s* trabalho livre.
jiyūsairyō 自由裁量 *s* responsabilidade de um órgão governamental de decidir o que não consta na legislação; liberdade de juízo com circunspecção.
jiyūsentaku 自由選択 *s* escolha livre.
jiyūshisō 自由思想 *s* ideias liberais; pensamento liberal.
jiyūshokugyō 自由職業 *s* profissão liberal.
jiyūshugi 自由主義 *s* liberalismo.
jiyūtōgi 自由討議 *s* discussão livre.
jizake 地酒 *s* saquê regional.
jizen 事前 *s* antes da ocorrência. ~に ~*ni, adv*: antecipadamente.
jizen 慈善 *s* caridade; beneficência; filantropia.
jizen 次善 *s* segundo melhor.
jizen'ichi 慈善市 *s* bazar beneficente.
jizenjigyō 慈善事業 *s* trabalho filantrópico; serviço social.
jizenka 慈善家 *s* filantropo.
jizenkōgyō 慈善興行 *s show* ou concerto de caridade; peças em benefício de comunidade necessitada e carente.
jizenshin 慈善心 *s* benevolência.
jizoku 持続 *s* manutenção; continuação. ~*suru, v*: manter; sustentar; continuar.
jo 序 *s* prefácio.
jo 女 *s* **1** mulher; menina. **2** filha; moça.
jō 上 *s* **1** Sua Majestade. **2** superior. **3** primeira classe; o melhor. **4** primeiro tomo.
jō 丈 *s* medida de comprimento, cerca de 3,03 m.
jō 条 *s* **1** artigo; cláusula; item. **2** linha; coluna.
jō 城 *s* castelo.
jō 情 *s* **1** sentimento; emoção. **2** circunstâncias; verdade; fatos. **3** obstinação.
jō 嬢 *s* menina; mulher solteira; moça. *suf* senhorita.
jō 錠 *s* **1** trava. **2** comprimido.
jō 状 *s* **1** condição; estado; circunstâncias; aparência. **2** carta; epístola.
jō 乗 *s Mat* multiplicação; produto de um número multiplicado por si mesmo; potenciação.
-jō -条 *partícula* **1** embora; ainda que. **2** porque; pois. **3** artigo.
jō- 定- *pref* regular; permanente.
-jō -上 *suf* do ponto de vista do. 教育~ *kyōiku*~: do ponto de vista da educação.
-jō -状 *suf* **1** carta. 招待~ *shōtai* ~: convite. **2** parecido com; em forma de. 球~の *kyū* ~*no*: em forma de globo.
-jō -帖 *suf* usado para contagem de biombo.
-jō -場 *suf* solo; pista; curso. ゴルフ~ *gorufu*~: campo de golfe.
-jō -畳 *suf* usado para contagem de tatame. 十~の 間 *jū*~*no ma*: sala de 10 *jo* (tatames).
jōatsu 常圧 *s* pressão normal.
jōba 乗馬 *s* equitação.
jōbeki 乗冪 *s Mat* potência.
jōbi 常備 *s* ~の ~*no*: estar preparado a qualquer hora.

jōbu 丈夫 s 1 boa saúde. 2 robustez; tenacidade; resistência.
jōbu 上部 s 1 parte superior; parte de cima. 2 superfície.
jōbukuro 状袋 s envelope.
jobun 序文 s prefácio; introdução; preâmbulo.
jobun 条文 s cláusulas; itens dos artigos constante nos códigos de legislação.
jōbun 上聞 s fato de chegar aos ouvidos do Imperador.
jōbutsu 成仏 s morte; falecimento.
jōchi 常置 s instalação permanente.
jochō 助長 s auxílio para progresso e crescimento; encorajamento.
jōcho 情緒 s emoção; sentimento.
jōchō 冗長 s redundância; prolixidade.
jochū 女中 s empregada doméstica.
jochū 除虫 s defensivo contra insetos. ~剤 ~zai: inseticida; repelente de insetos.
jōchū 城中 s Hist ~に ~ni: dentro do castelo.
jōchū 常駐 s estacionamento permanente. ~suru, v: estar permanentemente estacionado.
jōchūge 上中下 s os três níveis: básico, intermediário e avançado; o bom, o médio e o melhor.
jōdai 上代 s tempo antigo/era antiga.
jōdan 冗談 s gracejo; ludíbrio; brincadeira; coisa engraçada.
jōdan 上段 s 1 estrado; parte elevada do pavimento. 2 posição de erguer a espada acima da cabeça no kendo.
jōdeki 上出来 s bom desempenho; sucesso; bom trabalho.
jōdo 浄土 s jodo: o "paraíso"; a "terra pura" dos budistas.
jōdō 常道 s curso normal dos acontecimentos; modo ordinário; caminho comum.
jodōshi 助動詞 s Gram verbo auxiliar.
jōei 上映 s projeção de filme. ~時間 ~jikan: tempo de duração do filme.
joen 助演 s suporte na apresentação teatral. ~者 ~sha: ator ou atriz coadjuvante.
jōen 上演 s apresentação teatral; apresentação de palco; desempenho.
jōfu 情夫 s o amante.
jōfu 情婦 s a amante.
jogai 除外 s exclusão.
jōgai 場外 s fora de área.
jogakusei 女学生 s menina ou moça estudante; estudante do ensino fundamental ou médio do sexo feminino.
joge 上下 s 1 em cima e embaixo. 2 classes superior e inferior. 3 subida e descida; flutuação.
jogen 序言 s prefácio; introdução.
jogen 助言 s conselho; sugestão; dica; recomendação.
jōgesuidō 上下水道 s água e esgoto. ~事業 ~jigyō: serviço de água e esgoto.
jōgi 定規[木] s régua.
jōgi 情誼 s amizade; companheirismo; camaradagem; coleguismo.
jōgo 上戸 s bebedor; aquele que bebe frequentemente; cachaceiro.
jōgo 漏斗 s funil.
jōgo 冗語 s pleonasmo; palavra ou expressão redundante ou supérflua.

jōhan 上半 s a metade de cima de algum objeto.
jōhanshin 上半身 s metade superior do corpo; busto. ~写真 ~shashin: fotografia da cintura para cima.
jōhatsu 蒸発 s 1 evaporação; vaporização; volatização. 2 desaparecimento misterioso de uma pessoa.
jōheki 城壁 s parede de castelo; defesa; proteção.
jōhi 冗費 s despesas desnecessárias.
jōhin 上品 s 1 elegância; graça; refinamento; delicadeza; decência; gentileza. 2 artigo de primeira classe.
johō 叙法 s Gram modo verbal. 直接~ chokusetsu ~: modo indicativo.
johō 除法 s Mat divisão.
jōho 譲歩 s concessão; conciliação.
jōhō 上方 s parte superior.
jōhō 情報 s informação; notícia.
jōhō 定法 s regulamento estabelecido; fórmula; método preestabelecido; regra.
jōhō 乗法 s Mat multiplicação.
johyō 除氷 s descongelamento.
joi 女医 s a médica.
joi 叙位 s investidura em um cargo.
jōi 上位 s classe ou categoria superior.
jōi 譲位 s abdicação ao trono.
jōi 攘夷 s Hist expulsão dos estrangeiros; não permissão da entrada de estrangeiros.
jōi 情意 s emoção e vontade; sentimento.
jōin 上院 s Câmara dos Pares; Senado. ~議員エドワードケネディ ~giin Edowādo Kenedi: senador Edward Kennedy.
jōin 冗員 s pessoal supérfluo.
jōin 乗員 s tripulação.
joji 女児 s 1 menina; bebê do sexo feminino. 2 estudante menina.
joji 叙事 s narração; descrição. ~文 ~bun: descrição; narrativa.
jōji 情事 s caso amoroso extraconjugal.
jōji 常時 s ~利用 ~riyō: cliente regular. ~運転 ~unten: serviço regular de veículo.
jōjin 常人 s pessoa ordinária; pessoa medíocre; pessoa comum.
jōjin 情人 s namorado(a); pessoa querida.
jōjiru 乗じる v multiplicar.
jojishi 叙事詩 s poema épico.
jōjitsu 情実 s 1 fatos reais. 2 dificuldade de resolver por motivo de envolvimento pessoal.
jojō 抒[叙]情 s expressão dos sentimentos próprios; lirismo.
jōjō 上々[乗] s o melhor.
jōjō 上場 s 1 apresentação de palco. 2 ação negociada em bolsa de valores.
jōjō 情状 s condições e fatos reais ocorridos.
jojōfu 女丈夫 s heroína; mulher valente e firme.
jojo ni 徐々に adv gradualmente; devagar; aos poucos; passo a passo.
jojōshi 抒[叙]情詩 s poesia lírica.
jōju 成就 s ato de terminar o que tinha em mente; consumação; realização; sucesso.
jōjū 常住 s 1 constância; eternidade. 2 ~者 ~sha: residente; habitante regular.
jōjun 上旬 s primeiros dez dias do mês; primeiro decêndio.
jojutsu 叙述 s descrição; narração dos fatos.

jōka 浄化 s **1** purificação. **2** limpeza; asseio; honestidade.
jōka 浄火 s fogo sagrado.
jōka 情火 s paixão; fogo da paixão; chama da paixão.
jōkai 上階 s andar superior.
jokan 女官 s oficial do sexo feminino que serve no palácio.
jōkan 上官 s oficial superior; oficial de categoria superior.
jōkanpan 上甲板 s Náut convés superior; castelo de proa.
jokantoku 助監督 s Cin assistente de diretor de cinema.
jokei 女系 s linhagem feminina; linhagem matriarcal.
jōkei 情景 s **1** paisagem. **2** natureza e sentimento.
jōkeiki 上景気 s prosperidade; crescimento rápido; alta.
joken 女権 s direitos da mulher; sufrágio feminino.
jōken 条件 s **1** item; cláusula. **2** termo; requisito; ressalva. **3** condição.
jōkenbun 条件文 s Gram sentença condicional.
jōken'hansha 条件反射 s Fisiol reflexo condicionado.
jōken'hō 条件法 s Gram modo condicional.
jōkentsuki 条件付き s condicional. 〜売買 〜baibai: venda condicional. 〜承認 〜shōnin: aprovação condicional.
jōki 上気 s tontura; vertigem; enrubescimento das faces.
jōki 蒸気 s vapor.
jōki 常軌 s curso normal de ação.
jōki 常規 s regulamentos estabelecidos; regras.
jōkigen 上機嫌 s bom humor; alegria; jovialidade.
jōkin 常勤 s emprego em horário integral.
jokō 女工 s operária.
jokō 徐行 s ato de avançar devagar.
jōko 上古 s antigo; remoto; antiguidade.
jōkō 条項 s artigo e cláusulas; termos; itens.
jōkō 情交 s **1** amizade; intimidade. **2** intercurso sexual; relação sexual.
jōkō 乗降 s ato de subir e descer de um veículo.
jōkoku 上告 s Dir apelação final.
jōku ジョーク (ingl joke) s brincadeira; gracejo; pilhéria.
jōkū 上空 s **1** céu. **2** acima das nuvens.
jokun 叙勲 s condecoração.
jōkyaku 乗客 s passageiro de avião, táxi, ônibus.
jōkyaku 常[定]客 s cliente; frequentador; visitante regular; freguês.
jōkyaku 上客 s **1** convidado de honra. **2** bom cliente.
jokyo 除去 s remoção; exclusão; eliminação.
jōkyō 上京 s ato de ir à capital, Tóquio.
jōkyō 状[情]況 s situação, condição; circunstância.
jokyōju 助教授 s professor assistente; professor adjunto.
jokyoku 序曲 s Mús prelúdio; prólogo.
jokyōshi 女教師 s professora.
jōkyōshōko 情況証拠 s Dir evidências circunstanciais.
jokyū 女給 s garçonete.
jōkyū 上級 s **1** grau superior. **2** classe avançada.
jōkyūsei 上級生 s estudante de classe avançada; estudante de último ano.

jōmae 錠前 s trava.
jōmai 上米 s arroz de primeira classe.
jomaku 序幕 s **1** abertura do primeiro ato no teatro. **2** prelúdio; início.
jomaku 除幕 s ato de remover a cortina.
jomakushiki 除幕式 s inauguração de estátua ou placa comemorativa.
jōman 冗漫 s prolixidade; disseminação; dispersão. 〜な文体 〜na buntai: estilo prolixo.
jomei 助命 s ato de salvar a vida de uma pessoa; clemência.
jomei 除名 s exclusão do nome de uma lista.
jōmi 情味 s **1** charme; atração; sabor; gosto; paladar. **2** coração caloroso; bondade.
jōmono 上物 s artigo de boa qualidade; produtos selecionados.
jomōzai 除毛剤 s creme ou líquido depilatório.
jōmu 常務 s serviço de rotina; trabalho regular.
jōmuin 乗務員 s membro da tripulação.
jōmyaku 静脈 s Anat veia.
jōnai 場内 s dentro do campo; interior do local em questão.
jonan 女難 s apuros envolvendo mulheres.
jōnen 情念 s sentimentos; emoções.
jōnetsu 情熱 s paixão; entusiasmo; emoção.
jōnin 常任 s posto permanente.
joō 女王 s rainha.
jōon 常温 s temperatura normal.
jōran 上欄 s **1** coluna superior. **2** coluna anterior.
jōran 擾乱 s distúrbio; tumulto; desordem.
jōrei 条例 s regras; regulamentos; leis; atos.
jōrei 定例 s uso preestabelecido; que já tem precedente.
jōrei 常例 s uso; costume; prática; forma convencional.
jōren 定[常]連 s cliente regular; frequentador; freguês.
joretsu 序列 s grau; categoria; ordem.
jōri 条理 s sequência lógica; lógica; razão.
jōri 情理 s sentimento e razão; coração e mente.
jōriku 上陸 s desembarque; pouso.
joro, jōro 如露 s regador.
jorō 女郎 s pop prostituta; meretriz.
joron 序論 s introdução; comentários introdutórios.
joryoku 助力 s auxílio; ajuda; assistência; suporte; cooperação.
jōryoku 常緑 s fato de uma árvore manter as folhas verdes o ano inteiro; planta indecídua.
joryū 女流 s estilo feminino. 〜文学 〜bungaku: literatura escrita por mulheres.
jōryū 上流 s **1** nascente do rio, a montante. **2** classe mais alta da sociedade.
jōryū 蒸留 s destilação.
jōryūshakai 上流社会 s alta sociedade; classe alta.
josai 如才 s 〜なさ 〜nasa: habilidade; destreza; esperteza; sagacidade; perspicácia; afabilidade.
josai 助祭 s diácono.
jōsai 城砦[塞] s Hist fortaleza; forte.
jōsaku 上作 s **1** boa colheita; colheita abundante. **2** obra-prima.
jōsaku 上策 s boa ideia; plano de ação; boa política.
josan 助産 s serviço de parteira.
josei 女性 s **1** mulher; feminilidade. **2** Gram feminino.

josei 女婿 *s* marido da filha; genro.
josei 助成 *s* auxílio; favorecimento. 〜金 〜*kin*: contribuição, subsídio.
josei 助勢 *s* suporte; encorajamento; apoio.
jōsei 上製 *s* produtos de confecção superior.
jōsei 情勢 *s* estado das coisas; situação; condição; circunstância; *statu quo*.
jōsei 醸成 *s* 1 ato de fabricar saquê pela fermentação do arroz. 2 〜*suru*, *v*: criar ambiente.
joseikin 助成金 *s* subsídio; fundo; prêmio; recompensa.
joseki 除籍 *s* remoção do nome do registro civil.
jōseki 定石[跡] *s* 1 jogada tática do *shogi*. 2 fórmula.
jōseki 上席 *s* 1 assento de honra; assento superior. 2 superioridade.
jōseki 定[常]席 *s* assento habitual de uma pessoa.
jōsen 乗船 *s* ato de embarcar num navio.
josetsu 序説 *s* introdução.
josetsu 除雪 *s* remoção da neve.
jōsetsu 常設 *s* permanente. 〜委員会 〜*iinkai*: comissão permanente.
jōsha 乗車 *s* ato de embarcar em um veículo.
jōshaken 乗車券 *s* passagem; bilhete de embarque.
joshi 女子 *s* mulher; menina; filha; moça.
joshi 女史 *s* senhora; senhorita.
joshi 助詞 *s Gram* partícula.
jōshi 情死 *s* suicídio passional; suicídio de amantes.
jōshi 上司 *s* oficial superior; superior; chefe.
jōshiki 常識 *s* senso comum; bom-senso.
jōshiki 定式 *s* formalidade.
jōshin 上申 *s* relatório a um superior.
jōshitsu 上質 *s* qualidade superior. 〜の紙 〜*no kami*: papel de qualidade superior.
jōsho 浄書 *s* escrita passada a limpo.
jōshō 上昇 *s* ascensão; crescimento; tendência à elevação.
jōshō 常勝 *s* 〜の 〜*no*: invencível.
joshoku 女色 *s* 1 beleza feminina. 2 sensualidade; prazer carnal.
jōshoku 常食 *s* alimento diário; refeição; dieta.
joshu 助手 *s* 1 auxiliar. 2 assistente.
joshū 女囚 *s* prisioneira.
jōshu 情趣 *s* 1 sentimento. 2 efeito artístico; toque romântico.
jōshū 常習 *s* convenção; costume habitual; hábito.
jōshubi 上首尾 *s* sucesso; resultado satisfatório.
jōshuhan 常習犯 *s* criminoso reincidente, criminoso inveterado.
josō 女装 *s* ato de vestir-se de mulher.
josō 助走 *s* corrida de aproximação; no atletismo, corrida até o ponto de dar o impulso.
josō 除草 *s* eliminação das ervas daninhas.
jōso 上訴 *s* apelação; recurso.
jōsō 上層 *s* camada mais alta da sociedade.
jōsō 情操 *s* sentimento; emoção cultivada.
jōsō 上奏 *s* relatório apresentado ao imperador.
joson 女尊 *s* respeito com as mulheres; galantaria.
josū 序数 *s Mat* números ordinais.
josū 除数 *s Mat* divisor.
jōsū 乗数 *s Mat* multiplicador.
jōsū 常数 *s Mat* 1 constante; invariável. 2 curso natural das coisas; fatalidade; destino.
jōsui 上水 *s* suprimento de água.

jōsui 浄水 *s* água limpa; água para limpeza.
josuru 恕する *v* perdoar com magnanimidade.
jotai 除隊 *s* dispensa do serviço militar.
jōtai 状態 *s* estado; condição; aparência; situação; aspecto; estado das coisas.
jōtai 常態 *s* estado normal; normalidade.
jōtai 上体 *s Anat* parte superior do corpo.
jōtan 上端 *s* parte superior; parte de cima; extremidade superior.
jōtatsu 上達 *s* progresso; melhora; avanço.
jōtei 上程 *s* inclusão de uma ideia ou sugestão na pauta do dia.
joten'in 女店員 *s* balconista; vendedora.
jōtenki 上天気 *s* tempo (clima) bom.
jōto 譲渡 *s* transferência; alienação; cessão. 財産〜 *zaisan*〜: alienação de bens.
jōtō 上等 *s* superioridade; excelência.
jōtō 常套 *s* convencionalidade; trivialidade.
jōtokui 定得意 *s* cliente regular; freguês assíduo.
jōwa 情話 *s* 1 conversa de amantes. 2 romance; história de amor.
jōwan 上腕 *s* membros superiores.
joya 除夜 *s* última noite do ano.
jōyado 定宿 *s* hotel ou hospedaria que um indivíduo utiliza regularmente.
jōyaku 助役 *s* oficial assistente.
jōyaku 条約 *s* tratado; convenção; contrato.
jōyatō 常夜灯 *s* luz que permanece acesa a noite inteira.
jōyatoi 常雇い *s* empregado regular.
jōyo 剰余 *s* excedente; resíduo; resto; margem; saldo.
jōyō 乗用 *s* 〜エレベーター 〜*erebētā*: elevador para passageiros. 〜の 〜*no*: para montar. 〜の馬 〜*no uma*: cavalo para montar.
jōyō 常用 *s* uso comum; uso diário. 〜語 〜*go*: vocabulário comum.
jōyoku 情欲 *s* desejo carnal; paixão; desejo sexual.
joyū 女優 *s* atriz.
jōza 上座 *s* assento do superior; lugar de honra.
jōzai 浄財 *s* dinheiro para doação; ofertório; doação para instituição de caridade, igreja ou templo.
jōzai 錠剤 *s* tablete; pastilha; comprimido.
jōzetsu 饒舌 *s* tagarelice; loquacidade; fluência; garrulice.
jōzō 醸造 *s* fabricação fermentativa de bebida alcoólica.
jōzu 上手 *s* destreza; habilidade; proficiência.
ju 呪 *s* fórmula mágica; maldição.
ju 寿 *s* longevidade.
jū 十 *s* dez.
jū 住 *s* moradia; residência.
jū 従 *s* secundário; subordinado; acessório. 〜たる地位 〜*taru chii*: posição de subordinado.
jū 銃 *s* arma; revólver; rifle.
jū 獣 *s* animal; bruto. *V* **kemono** 獣.
jū 柔 *s* suavidade; brandura; fraqueza.
jū- 従- *pref* seguido de.
-jū -中 *suf* 1 durante. 一日 〜 *ichinichi*〜: o dia inteiro. 2 todos os lugares. 東京〜 *Tōkyō*〜: todos os lugares de Tóquio.
-jū -重 *suf* dobrado; repetido; em dois.
jūatsu 重圧 *s* pressão. 〜感 〜*kan*: sentimento de opressão. 〜を加える 〜*o kuwaeru*: colocar pressão sobre.

jūbai 十倍 *s* dez vezes. 〜にする 〜*ni suru*: multiplicado por dez.

jūbako 重箱 *s* jogo de caixas laqueadas sobrepostas para colocar comida.

jūbaku(gekiki) 重爆(撃機) *s Aeron* bombardeiro pesado.

juban 襦袢 *s* camisa de baixo; camiseta.

jūboku 従僕 *s* servidor; empregado.

jūbun 十分 *s* dividido por dez.

jūbun 十[充]分 *s* 〜*na, adj*: suficiente; satisfatório; perfeito; o bastante. 〜な食事 〜*na shokuji*: refeição suficiente.

jubutsu 呪物 *s* fetiche; talismã; amuleto.

jūbyō 重病 *s* doença grave.

juchū 受注[註] *s* ato de receber pedido. 〜*suru, v*: receber pedido; ordem.

jūchūhakku 十中八九 *adv* em nove casos dentre dez.

jūdai 重大 *s* importância; gravidade; seriedade; magnitude.

jūdai 十台[代] *s* de dez a dezenove anos de idade. 〜で死ぬ 〜*de shinu*: morrer na idade de dez a dezenove anos.

judaku 受諾 *s* aceitação. 正式〜 *seishiki*〜: aceitação formal.

jūdan 銃弾 *s* bala de arma de fogo; projétil.

jūdan 縦断 *s* 1 corte vertical; divisão. 2 de uma costa a outra.

jūden 充電 *s* carga de eletricidade; carregar bateria elétrica.

jūden 重電 *s* eletricidade pesada. 〜機 〜*ki*: equipamento de eletricidade pesada.

judō 受動 *s Gram* voz passiva. *V* **ukemi** 受身.

jūdō 柔道 *s* judô; arte marcial japonesa de defesa pessoal.

jueki 受益 *s* benefício. 〜*suru, v*: beneficiar-se.

jueki 樹液 *s* seiva; suco leitoso de planta.

juekisha 受益者 *s* beneficiário.

jūfuku 重複 *s* sobreposição; repetição.

jufun 受[授]粉 *s Bot* polinização; fertilização.

jugaku 儒学 *s* confucionismo. 〜者 〜*sha*: confucionista.

jūgatsu 十月 *s* mês de outubro.

jūgeki 銃撃 *s* tiro ou disparo de arma de fogo.

jūgo 銃後 *s* civis não envolvidos nas batalhas; serviços de retaguarda durante a guerra.

jūgoya 十五夜 *s* 1 lua cheia. 2 décima quinta noite do oitavo mês lunar.

jūgun 従軍 *s* ato de ir para o campo de batalha acompanhando a tropa.

jugyō 授業 *s* aula; ato de receber instrução; lição em classe.

jūgyō 従業 *s* ato de se sujeitar ao trabalho.

jūgyōin 従業員 *s* empregado; trabalhador operacional; operário; funcionário.

jūhan 重版 *s* segunda impressão gráfica; reedição; segunda edição.

jūhan 従犯 *s* participação em crime; cumplicidade em crime.

juhi 樹皮 *s Bot* casca de árvore; córtex; córtice.

jūhi 獣皮 *s* couro; pele de animal.

juhō 呪法 *s* palavras mágicas; encantamento; técnica de magia.

jūhō 銃砲 *s* arma de fogo.

jūi 獣医 *s* médico veterinário; cirurgião veterinário.

jūichigatsu 十一月 *s* mês de novembro.

juisha 受遺者 *s Dir* legatário.

jūitsu 充溢 *s* abundância; excesso.

jūjaku 柔弱 *s* fraqueza física e sentimental.

jūji 十字 *s* cruz.

jūji 十時 *s* 1 dez horas. 2 お〜 *o*〜: lanche das dez da manhã.

jūji 従事 *s* dedicação. 〜*suru, v*: empenhar; dedicar.

jūjigun 十字軍 *s Hist* cruzada.

jūji(hō)ka 十字(砲)火 *s* fogo cruzado.

jūjika 十字架 *s* crucifixo.

jūjiro 十字路 *s* cruzamento de duas ruas.

jūjitsu 充実 *s* substancialidade; plenitude; perfeição; repleção.

juju 授受 *s* ato de dar e receber; entrega e recebimento; transferência. 財産の〜 *zaisan no*〜: transferência de bens.

jūjū 重々 *adv* 1 repetidamente; sucessivamente. 2 extremamente; muitíssimo. 〜お詫びいたします 〜*owabi itashimasu*: peço mil desculpas.

jūjun 従[柔]順 *s* obediência; docilidade; brandura; submissão; mansidão.

jujutsu 呪術 *s* encantamento; palavras mágicas. *V* **majinai** 呪い.

jūjutsu 柔術 *s* jiu-jítsu, arte marcial japonesa de autodefesa sem armas. *V* **jūdō** 柔道.

jūka 従価 *s* 〜税 〜*zei*: imposto *ad valorem*.

jūka 銃火 *s* disparo de arma; fogo que sai do disparo.

jukei 受刑 *s* ato de receber sentença judicial; cumprimento de sentença.

jūkei 従兄 *s* primo mais velho.

jukeisha 受刑者 *s* réu; culpado; prisioneiro que cumpre a sentença.

jūkeishō 重軽傷 *s* ferimentos leves e ferimentos graves.

jūkeitei 従兄弟 *s* primos. *Sin* **itoko** 従兄弟・従姉妹.

juken 受験 *s* ato de prestar exame.

juken 授権 *s* autorização; delegação legal. 〜代理人 〜*dairinin*: agente autorizado; representante legal.

jūketsu 充血 *s Med* hiperemia; congestão sanguínea. 動脈性〜 *dōmyakusei*〜: congestão arterial.

jūki 銃器 *s* armas de fogo de pequeno porte.

jūki 銃機 *s* fecharia; mecanismo de disparo de arma de fogo.

jūki 什器 *s* móveis e utensílios do dia a dia.

jūkikanjū 重機関銃 *s* metralhadora pesada.

jūkinzoku 重金属 *s Quím* metal pesado.

jukkai 述懐 *s* efusão do sentimento e pensamento de um indivíduo.

jukkō 熟考 *s* reconsideração; reflexão profunda. 〜*suru, v*: repensar; ponderar.

jukō 受講 *s* assistir a palestras e cursos.

jūkō 重厚 *s* profundeza; substância; seriedade. 〜な態度 〜*na taido*: atitude séria e grave.

jūkōgyō 重工業 *s* indústria pesada.

jūkon 重婚 *s* bigamia.

juku 塾 *s* curso particular que acompanha os estudos da escola regular.

jukuchi 熟知 *s* familiaridade; conhecimento total do assunto.

jukudoku 熟読 *s* leitura cuidadosa e atenciosa; leitura atenta.

jukugo 熟語 *s* palavra composta de origem chinesa; expressão idiomática.
jukuren 熟練 *s* destreza; habilidade; esperteza; facilidade.
jukurenkō 熟練工 *s* trabalhador hábil; operário qualificado.
jukuryo 熟慮 *s* deliberação profunda; reconsideração; ato de repensar.
jukushi 熟柿 *s* caqui maduro.
jukusui 熟睡 *s* sono profundo.
jukusuru 熟する *v* 1 amadurecer. 2 adquirir habilidade. 3 estar maduro para a ação; ter momento certo.
jukyō 儒教 *s* confucionismo; ensinamentos de Confúcio.
jukyo 住居 *s* casa; moradia; residência; habitação.
jukyū 需給 *s* demanda e oferta.
jukyūsha 受給者 *s* recebedor da pensão.
jūmai 従妹 *s* prima mais nova.
jūman 十万 *s* dez mil.
jūman 充満 *s* repleção; abundância. 精力が～している *seiryoku ga ～shite iru*: ele está cheio de vitalidade.
jūmen 渋面 *s* cara de desagrado; mau humor; carranca.
jūmin 住民 *s* habitante.
jūmō 絨毛 *s* lã; tecido.
jumoku 樹木 *s* árvore.
jumon 呪文 *s* palavras mágicas; fórmula mágica; conjuro; encanto.
jūmonji 十文字 *s* cruz. *V* **jūji** 十字.
jumyō 寿命 *s* vida; expectativa de vida; duração da vida.
jun 旬 *s* período de dez dias; período de decêndio. *V* **jōjun** 上旬; **chūjun** 中旬; **gejun** 下旬.
jun 純 *s* 1 pureza. 2 inocência; castidade; natureza.
jun 順 *s* 1 ordem; turno. *V* **junban** 順番. 2 correto; certo.
jun- 準- *pref* quase; semi-; associado. ～会員 ～*kaiin*: membro associado. ～教員 ～*kyōin*: professor assistente.
jun'ai 純愛 *s* amor puro; amor platônico.
junan 受難 *s* sofrimento; provação.
jūnan 柔軟 *s* elasticidade, flexibilidade. ～な, *adj*: suave; elástico; flexível; maleável. ～性 ～*sei*: maleabilidade; elasticidade.
junban 順番 *s* ordem; turno (no beisebol ou críquete); sequência.
junbi 準備 *s* preparativo; disposição; providência; provisão; reserva. *V* **yōi** 用意.
junbiginkō 準備銀行 *s* banco de reservas.
junbikin 準備金 *s* fundo de reserva.
junboku 淳朴 *s* simplicidade e honestidade.
junbun 純分 *s* pureza. ～度 ～*do*: grau de pureza do ouro, da prata.
junbungaku 純文学 *s* literatura. ～小説 ～*shōsetsu*: novela literária.
junchi 馴致 *s* domesticação. ～*suru*, *v*: domesticar; acostumar; habituar.
junchō 順調 *s* condição favorável; progresso homogêneo; plenitude.
jundo 純度 *s* grau de pureza. *V* **junbun** 純分.
jun'eki(kin) 純益(金) *s* lucro líquido.
jūnen 十年 *s* dez anos.

jungyō 巡業 *s* visitas regionais a trabalho (circo, banda musical, equipe de teatro).
jun'i 順位 *s* ordem; classificação; graduação; posição.
jūnibun 十二分 *adj* ～に ～*ni*: mais que o suficiente; cheio; completo. *V* **jūbun** 十分.
jūnigatsu 十二月 *s* mês de dezembro.
jūniji 十二時 *s* doze horas; meio-dia; meia-noite.
jun'iku 馴育 *s* domesticação. ～*suru*, *v*: domesticar; criar.
jūniku 獣肉 *s* carne de animais; carne.
junin 受任 *s* ato de receber ordens. ～者 ～*sha*: nomeado; mandatário.
jūnin 住人 *s* habitante; morador; residente; cidadão.
jūnin 重任 *s* missão de muita responsabilidade; posto ou posição de confiança.
jūnin 十人 *s* dez pessoas. ～十色 ～*toiro*: muitas pessoas; muitas mentes ou cabeças.
jūninnami 十人並み *s* ～の ～*no*: média; ordinário; medíocre; comum.
junji 順次 *s* gradualmente; aos poucos.
junjiru 殉じる *v* sacrificar a vida por algo.
junjiru 準じる *v* corresponder; ter critério proporcional.
junjite 準じて *expr* ～に ～*ni*: de acordo com; proporcional a; conforme.
junjitsu 旬日 *s* período de dez dias.
junjitsu 閏日 *s* dia bissexto.
junjo 順序 *s* ordem; sequência; método; procedimento; sistema; formalidades.
junjō 純情 *s* mente pura; inocência; sentimento puro.
junjun 順々 *s* ordem. ～に ～*ni*: em ordem; sucessivamente.
junjun to 諄々と *adv* ensinar pacientemente; ensinar zelosamente, repetidamente.
junka 純化 *s* purificação. ～*suru*, *v*: purificar; refinar.
junka 馴化 *s* aclimação; aclimatização; adaptação de um ser a um novo meio.
junkai 巡回 *s* ronda; patrulha. ～文庫 ～*bunko*: biblioteca itinerante.
junkaiin 準会員 *s* membro associado.
junkan 循環 *s* 1 circulação; rotação; ciclo. 2 circulação do sangue; sistema circulatório.
junkangofu 準看護婦 *s* enfermeira assistente.
junkansen 循環線 *s* linha circular de trem ou ônibus.
junkatsu 潤滑 *s* lubrificação.
junkatsuyu 潤滑油 *s* óleo lubrificante.
junken 純絹 *s* seda pura.
junkesshō(sen) 準決勝(戦) *s* partida semifinal.
junketsu 純血 *s* sangue puro.
junketsu 純潔 *s* 1 pureza; integridade; inocência. 2 castidade; pureza virginal; virgindade.
junkin 純金 *s* ouro puro.
junkyo 準拠 *s* conformidade; ato de obedecer às regras.
junkyō 殉教 *s* martírio. ～者 ～*sha*: mártir.
junkyō 順境 *s* condição favorável; circunstância favorável.
junkyū 準急 *s* expresso local (trem).
junmen 純綿 *s* algodão puro.
junmō 純毛 *s* lã pura.
junnen 閏年 *s* ano bissexto. *V* **urūdoshi** 閏年.
ju(n)nō 順応 *s* adaptação; ajuste; aclimação.

ju(n)nōsei 順応性 *s* adaptabilidade; maleabilidade.
junō 受納 *s* recebimento; aceitação.
jūnōshugi 重農主義 *s Econ* fisiocracia.
junpaku 純白 *s* brancura pura; pureza; virgindade.
junpō 順法 *s* em conformidade com a legislação vigente; observância da lei.
junpū 順風 *s* vento favorável.
junrei 巡礼 *s* peregrinação; peregrino.
junriron 純理論 *s* teoria.
junro 順路 *s* rota regular; itinerário.
junryō 純良 *s* pureza. ～*na, adj*: puro; genuíno; salutar.
junryō 順良 *s* obediência. ～*na, adj*: bom e obediente; pacífico; dócil.
junsa 巡査 *s* policial; agente de polícia. *V* **keikan** 警官.
junshin 純真 *s* pureza; ingenuidade; sinceridade. ～な子供 ～*na kodomo*: criança inocente.
junshoku 殉職 *s* morte no trabalho; morte durante cumprimento do dever. ～者 ～*sha*: vítima do cumprimento do dever.
junshoku 潤飾[色] *s* ornamentação; coloração.
junshu 純種 *s Genét* puro sangue.
junshu 遵守 *s* observância; obediência; conformidade (lei).
junsui 純水 *s* água pura.
junsui 純粋 *s* pureza; genuinidade. ～培養 ～*baiyō*: cultura pura. ～系統 ～*keitō*: linhagem pura.
juntaku 潤沢 *s* abundância; exuberância; fartura.
juntō 順当 ～*na, adj*: próprio; correto; normal; regular; natural; razoável. 君がお父さんの後を継ぐのが～だ *kimi ga otōsan no ato o tsugu no ga ～da*: é natural que você suceda ao seu pai.
jun'yō 準用 *s* aplicação conforme o caso.
jun'yōkan 巡洋艦 *s* cruzador.
junyū 授乳 *s* amamentação; lactação.
junzentaru 純然たる *adj* 1 puro. 2 absoluto; perfeito; completo; verdadeiro; genuíno. ～詐欺 ～*sagi*: perfeita fraude. ～詩人 ～*shijin*: um poeta genuíno.
jūo 縦横 *s* 1 largura e comprimento. 2 todas as direções.
jūrai 従来 *s* até agora; anteriormente; outrora; em tempos passados.
juri 受理 *s* aceitação.
jūrin 蹂躙 *s* infração; violação; abuso; afronta; atentado; invasão. 人権～ *jinken～*: violação dos direitos humanos.
juritsu 樹立 *s* estabelecimento; fundação; instalação. 新政党を～する *shinseitō o ～suru*: fundar um novo partido político.
jūrōdō 重労働 *s* trabalho pesado.
jūrui 獣類 *s* animais; bestas; brutos.
juryō 受領 *s* recebimento; aceitação.
jūryō 重量 *s* peso.
jūryō 銃猟 *s* caça.
jūryōage 重量挙げ *s Esp* levantamento de peso.
juryoku 呪力 *s* força de espírito que serve de base às crenças; força mágica.
jūryoku 重力 *s* gravidade; gravitação.
jūryōkyū 重量級 *s* categoria peso-pesado.
jusan 授産 *s* ato de dar emprego às pessoas; treinamento profissional; habilitação.
jūsatsu 重殺 *s Beis* jogo duplo; eliminação dupla.

jusei 受[授]精 *s Biol* fertilização; fecundação; polinização.
jūsei 銃声 *s* som de arma de fogo; tiro.
jūsei 獣性 *s* criminalidade; bestialidade; brutalidade; natureza brutal do homem.
jūseki 重責 *s* responsabilidade extrema.
jusen(sha) 受洗(者) *s* batismo. ～者 ～*sha*: pessoa batizada.
jusha 儒者 *s* confucionista; confuciano.
jūsha 従者 *s* seguidor; companheiro; acompanhante.
jushi 樹脂 *s* resina; colofônio; goma; breu.
jūshi 獣脂 *s* substância oleosa; gordura animal; sebo.
jūshi 従姉 *s* prima mais velha.
jūshimai 従姉妹 *s* primas.
jushin 受信 *s* recepção; recebimento de uma mensagem.
jūshin 銃身 *s* cano de arma de fogo.
jūshin 重心 *s Fís* centro de gravidade.
jushinki 受信機 *s* receptor de rádio ou telégrafo.
jushō 受賞 *s* recebimento de prêmio por algum feito ou trabalho.
jushō 授賞 *s* outorga de prêmio; reconhecimento.
jushō 綬章 *s* cordão ou fita usada como distintivo de uma ordem honorífica.
jūsho 住所 *s* endereço.
jūshō 重症 *s* doença grave. *V* **jūbyō** 重病.
jūshō 重傷 *s* ferimento grave.
jūshoku 住職 *s* chefe dos sacerdotes budistas; superior do templo.
jūshoku 重職 *s* posição de muita responsabilidade; cargo de confiança. *V* **yōshoku** 要職.
jūshoroku 住所録 *s* livro de endereços.
jūshōshugi 重商主義 *s Econ* mercantilismo.
juso 呪詛 *s* maldição; praga; desgraça; imprecação; anátema; execração.
jūsō 重曹 *s Quím* bicarbonato de sódio.
jūsoku 充足 *s* suficiência; o fato de ser suficiente.
jūsotsu 従卒 *s* soldado subordinado.
jussaku 術策 *s* artifício; estratagema; tática.
jūsu ジュース (*ingl juice*) *s* suco; bebida feita com polpa de frutas.
jūsui 重水 *s Quím* óxido de deutério; água pesada.
jūsuiso 重水素 *s Quím* isótopo do hidrogênio; deutério.
jutai 受胎 *s* concepção; fecundação; fertilização.
jūtai 重態 *s* estado crítico; condição grave; gravidade da doença.
jūtai 渋滞 *s* congestionamento; retardamento; procrastinação.
jutaku 受託 *s* confiança.
jūtaku 住宅 *s* casa; residência; acomodação; moradia; habitação.
jūtakuchi 住宅地 *s* área residencial; distrito residencial.
jūtan 絨毯 *s* tapete; carpete.
jūtansan 重炭酸 *s Quím* ～塩 ～*en*: bicarbonato. ～カリウム ～*kariumu*: bicarbonato de potássio.
jūtei 従弟 *s* primo mais novo.
jūten 重点 *s* ênfase; ponto importante; prioridade.
jūten 充填 *s* enchimento.
jūtō 充当 *s* apropriação; designação.
jutsu 術 *s* 1 arte; técnica; habilidade 2 modo; maneira 3 artifício; estratagema; recursos. 4 mágica; feitiçaria.

jutsugo 術語 *s Gram* termo técnico; linguagem profissional; terminologia científica; nomenclatura.
jutsugo 述語 *s Gram* predicado.
juwaki 受話器 *s* fone; fone de ouvido; aparelho receptor (rádio).
jūyaku 重役 *s* diretor; diretoria de empresa.
jūyaku 重訳 *s* tradução da tradução; retradução.
juyo 授与 *s* premiação; outorga; concessão. ∼*suru*, *v*: conferir um grau a uma pessoa; premiar um ganhador.
juyō 需要 *s* demanda; exigência; solicitação.
juyō 受容 *s* recepção. ∼力 ∼*ryoku*: capacidade de recepção; receptividade.
juyō 需用 *s* consumo. *V* **shōhi** 消費.
jūyō 重要 *s* importância; magnitude; consequência.
jūyoku 獣欲 *s* desejo animal; apetite sexual; bestialidade; desejo intenso.
juyōkyōkyū 需要供給 *s* suprimento e exigência; demanda e oferta.
jūyōsei 重要性 *s* importância; gravidade.
jūyōshi 重要視 *s* ∼*suru*, *v*: dar mais importância a; dar mais valor a um certo assunto; encarar como prioridade.

juyoshiki 授与式 *s* cerimônia de outorga ou premiação.
jūyu 重油 *s* óleo combustível.
jūzai 重罪 *s Dir* ofensa ou crime grave; crime capital.
jūzei 重税 *s* taxação ou tributação pesada; tributação excessiva.
jūzen 従前 *s* ∼の ∼*no*: prévio; anterior; precedente; antigo; passado. ∼の通り ∼*no tōri*: como citado anteriormente.
jūzen 十全 *s* 1 perfeição; perfeccionismo. 2 segurança absoluta.
juzō 受像 *s* recebimento de imagens. ∼*suru*, *v*: receber imagens televisionadas.
juzō 受贈 *s* recebimento de presente.
jūzoku 従属 *s* subordinação; dependência.
juzu 数珠 *s* rosário; terço; colar de contas.
juzudama 数珠玉 *s* 1 conta do rosário. 2 nome de planta (*Coix lacryma-jobi*).
jūzume 重詰め *s* alimento colocado em 重箱 *jūbako*.
juzutsunagi 数珠繋ぎ *s* amarrar mercadorias ou prisioneiros em fila.

k

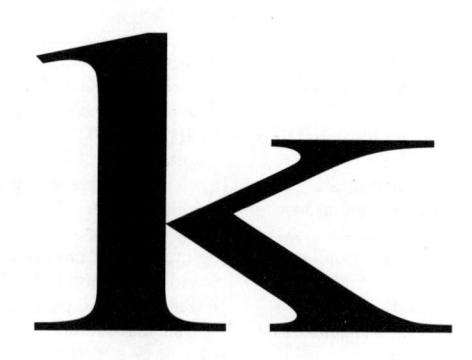

ka 可 *s* **1** adequado, apropriado, bom. これは否でそれは〜 *kore wa hi de, sore wa*〜: este não é adequado, e esse sim. **2** avaliação regular. *pref* possível. 〜視 〜*shi*: visível.
ka 香 *s* cheiro, odor, perfume, fragrância.
ka 科 *s* divisão, ramo, departamento, faculdade, família.
ka 荷 *s* carga, peso.
ka 蚊 *s Entom* pernilongo, mosquito.
ka 課 *s* lição, seção, departamento.
ka か *partícula* **1** dúvida, interrogação. **2** alternativa.
-ka -日 *suf* dia.
-ka -化 *suf* transformação, tendência. 固体〜 *kotai*〜: solidificação. 映画〜 *eiga*〜: transformação em filme. 温暖〜 *ondan*〜 aquecimento.
kaatsu 加圧 *s* pressurização. 〜*suru*, *v*: pressurizar.
kaba 河馬 *s Zool* hipopótamo.
kabā カバー (*ingl cover*) *s* cobertura, capa. 〜*suru*, *v*: dar cobertura.
kaban 鞄 *s* pasta, valise, mala.
kabanmochi 鞄持ち *s pop* secretário. *fig* servil, capacho.
kabau 庇う *v* defender, proteger.
kabe 壁 *s* parede, muro. *fig* obstáculo.
kabegiwa 壁際 *s* rente à parede; à beira da parede.
kabegoshi ni 壁越しに *expr* estar separado por paredes. 〜聞く 〜*kiku*: ouvir atrás da parede.
kabehitoe 壁一重 *s* vizinho separado apenas por uma parede; estar bastante próximo.
kaben 花弁 *s* pétala.
kabetsuchi 壁土 *s* argamassa de barro para reboco.
kabi 黴 *s* bolor.
kabi 華美 *s* **1** esplendor, pompa, suntuosidade. 〜*na*, *adj*: esplêndido, pomposo. **2** aquilo que dá na vista; ostentação. 〜*na*, *adj*: vistoso, ostentoso.
kabikusai 黴臭い *adj* com cheiro de bolor; cheirando a mofo.
kabin 花瓶 *s* vaso de flores.
kabin 過敏 *s* hipersensibilidade, suscetibilidade, nervosidade. 〜*na*, *adj*: hipersensível, suscetível, nervoso.
kabiru 黴る *v* mofar, embolorar.
kabocha 南瓜 *s Bot* abóbora.
kabosoi か細い *adj* esbelto, fino, frágil, delicado, fraco.
kabu 下部 *s* parte inferior. 〜構造 〜*kōzō*: infra-estrutura. 〜機関 〜*kikan*: agência, órgão subordinado. 〜組織 〜*soshiki*: subsidiária.
kabu 株 *s* **1** *Bot* cepa, tronco. **2** raiz, pé. **3** *Econ* ação.
kabuka 株価 *s* valor das ações. 〜指数 〜*shisū*: índice do preço da ação.
kabuken 株券 *s Econ* título, ação.
kabuki 歌舞伎 *s Teat* cabúqui, teatro cabúqui.
kabunushi 株主 *s* titular das ações, acionista.
kabura 蕪菁 *s Bot* nabo redondo (*Brassica campestris*).
kabure かぶれ *s* **1** *Med* erupção da pele, borbulha. **2** influência.
kabureru かぶれる *v* **1** *Med* ter erupções. **2** ser influenciado.
kaburitsuku 噛り付く *v* abocanhar.
kaburu 被る *v* **1** cobrir-se. 帽子を〜 *bōshi o*〜: pôr o chapéu. 毛布を〜 *mōfu o*〜: cobrir-se com a coberta. **2** levar a culpa (de alguém). **3** tomar banho de algo. 水を〜 *mizu o*〜: tomar um banho de água.
kabuseru 被せる *v* **1** cobrir. **2** derramar, despejar. **3** incriminar, culpar alguém.
kabushiki 株式 *s* ação, título. 〜市場 〜*shijō*: mercado de ações. 〜仲介人 〜*chūkainin*: corretor. 〜相場 〜*sōba*: cotação em bolsa de valores.
kabushikigaisha 株式会社 *s* companhia, sociedade anônima.
kabushikitorihiki 株式取引 *s* negociação em títulos ou ações.
kabuto 兜 *s* capacete, elmo metálico usado pelos guerreiros japoneses.
kabutomushi 兜虫 *s Entom* bezouro, coleóptero.
kabuwake 株分け *s* multiplicação de uma planta separando-lhe a raiz; divisão de cepas.
kachi 価値 *s* valor, mérito, dignidade. 〜論 〜*ron*, *Filos*: axiologia.
kachi 勝ち *s* vitória, conquista, triunfo.
kachiau かち合う *v* coincidir, colidir, bater.
kachieru かち得る *v* alcançar, atingir, adquirir, ganhar.
kachihokoru 勝ち誇る *v* triunfar, gloriar, ufanar-se.
kachiki 勝ち気 *s* espírito competitivo, espírito combativo.
kachikoshi 勝ち越し *s* saldo positivo de vitórias numa competição.
kachikosu 勝ち越す *v* saldo vitorioso numa competição.

kachiku 家畜 *s* animal doméstico.
kachinokoru 勝ち残る *v* permanecer vitorioso.
kachō 家長 *s* chefe da família. ～権 ～*ken*: direitos do patriarca.
kachō 課長 *s* chefe de seção.
kachōon 可聴音 *s* som audível.
kachū 火中 *s* fogo, dentro do fogo. ～の栗を拾う～ *no kuri o hirou*: arriscar-se em benefício de outrem.
kachū 家中 *s* 1 dentro da casa. 2 todos os componentes da família. 3 denominação coletiva dos vassalos de uma suserania.
kadai 架台 *s* sapata, base, fundação.
kadai 課題 *s* tarefa.
kadai 過大 *adj* ～*na*: imenso, grandioso, exorbitante, exagerado.
kadaihyōka 過大評価 *s* supervalorização. ～*suru*, *v*: supervalorizar.
kadan 果断 *s* resolução, decisão. ～*na*, *adj*: decidido, resoluto, determinado.
kaden 家伝 *s* tradição, transmissão de pai para filho.
kaden 荷電 *s Eletr* carga elétrica.
kado 角 *s* 1 esquina, cunhal, aresta, canto, extremidade. 2 ângulo. 3 pessoa dura, inflexível.
kado 過度 *s* exagero, excesso. ～緊張 ～ *kinchō*: tensão excessiva.
kadō 可動 *s* ～*na*, *adj*: móvel, ajustável. ～橋 ～*kyō*: ponte móvel.
kadō 稼動 *s* trabalho, operação. ～日数 ～*nissū*: dias trabalhados.
kādo カード (*ingl card*) *s* cartão.
kadode 門出 *s* partida, início de uma nova fase. ～を祝う ～*o iwau*: comemorar a partida ou a vida nova. ～*suru*, *v*: partir, iniciar uma nova etapa.
kadoguchi 門口 *s* entrada, portão, em frente ao portão.
kadosaki 門先 *s* porta, em frente da casa.
kadowakashi かどわかし *s* rapto, sequestro.
kadowakasu かどわかす *v* raptar, sequestrar.
kae 替[代]え *s* 1 substituto, troca. 2 muda.
kaedama 替え玉 *s* substituto, dublê.
kaegi 換え着 *s* muda de roupa.
kaen 火[焔]炎 *s* labareda, chama.
kaeranu 帰らぬ *expr* sem retorno, sem volta, que não volta mais. ～人 ～*hito*: pessoa falecida. ～旅 ～*tabi*: partida para o outro mundo.
kaeri 帰り *s* volta, retorno, regresso.
kaerigake ni 帰りがけに *expr* na volta, no caminho de casa.
kaerijitaku 帰り支度 *s* preparativos para retornar, para voltar.
kaerimichi 帰り道[路] *s* caminho de volta, de regresso.
kaerimiru 顧る *v* 1 olhar para trás. 2 fazer reflexão, refletir, meditar. 3 relembrar, recordar. 4 considerar, pensar.
kaerini 帰り荷 *s* carga de retorno.
kaeru 蛙 *s Zool* sapo. *provérbio* ～の面に水 ～*no tsura ni mizu*: ser indiferente a tudo e a todos. ～の子は～ ～*no ko wa*～: filho de peixe, peixinho é.
kaeru 変[代・換・替]える *v* 1 mudar, trocar, alterar. 2 transformar, modificar. 3 converter, alternar. 4 substituir, representar. 5 renovar.
kaeru 帰[返・還]る *v* voltar, regressar, devolver.
kaeru 孵る *v* chocar.

kaeshi 返し *s* 1 retribuição, dar algo em agradecimento. 2 troco.
kaesu 返す *v* 1 devolver. 2 virar, revolver. 3 retribuir. 4 recusar.
kaesu 帰す *v* 1 fazer voltar, retornar. 2 recusar.
kaette 却って *adv* 1 ao contrário, pelo contrário. 2 mais ainda, por isso mesmo.
kaeuta 替え歌 *s* música parodiada.
kafē カフェー (*fr café*) *s* cafeteria, bar.
kafu 下付 *s* 1 outorga, concessão. ～金 ～*kin*: auxílio financeiro. 2 emissão, edição. ～*suru*, *v*: outorgar, conceder, emitir, editar.
kafu 火夫 *s* foguista.
kafu 寡婦 *s* viúva.
kafuku 禍福 *s* alegrias e tristezas, felicidades e infelicidades, fortuna e tragédia.
kafuku(bu) 下腹(部) *s Anat* abdome.
kafun 花粉 *s Bot* pólen.
kafusoku 過不足 *s* excesso e falta. ～なし ～*nashi*: sem exagero nem falta.
kagai 加害 *s* dano, prejuízo, estrago, agressão.
kagai 課外 *s* extracurricular.
kagaisha 加害者 *s* agressor, pessoa nociva, perniciosa.
kagaku 化学 *s* Química.
kagaku 科学 *s* ciência, conhecimento.
kagaku 下顎 *s Anat* maxilar inferior, queixo, mandíbula.
kagaku 価額 *s Dir* avaliação, apreciação, estimativa.
kagameru 屈める *v* curvar, inclinar, agachar.
kagami 鏡 *s* 1 espelho. 2 tampa de tonel de saquê.
kagami 鑑 *s* espelho, modelo.
kagamikomu 屈み込む *v* curvar-se bem; agachar-se.
kagamu 屈む *v* curvar-se, inclinar-se, agachar-se.
kagari(bi) 篝(火) *s* tocha.
kagayakashii 輝かしい *adj* brilhante, esplendoroso, resplandecente.
kagayakasu 輝かす *v* iluminar, fazer brilhar.
kagayaki 輝き *s* brilho, esplendor.
kagayaku 輝く *v* brilhar, reluzir, resplandecer.
kage 蔭・陰 *s* 1 sombra. 2 o que está por trás. 3 graça, proteção.
kage 影 *s* 1 silhueta. 2 reflexo, imagem projetada. ～が薄い ～*ga usui*: falta de energia vital, aspecto sombrio.
kageboshi 陰干し *s* secagem à sombra.
kagebōshi 影法師 *s* sombra, silhueta.
kagee 影絵 *s* projeção de sombras, geralmente com o uso das mãos, formando imagens de pessoas ou animais.
kageguchi 陰口 *s* falatório, maledicência.
kagehinata 陰日向 *s* 1 sombra e luz. 2 falsidade, fingimento, hipocrisia.
kageki 過激 *s* extremo, extremista. ～*na*, *adj*: radical, extremo, extremista.
kageki 歌劇 *s* ópera, drama musical.
kagen 下弦 *s Astron* período entre a lua cheia e a lua nova, lua em quarto minguante.
kagen 下限 *s* limite inferior.
kagen 加減 *s Mat* 1 adição e subtração. 2 dosagem, controle. ～*suru*, *v*: dosar, controlar. 3 medida. 4 ajuste.
kagenagara 蔭ながら *expr* em segredo, discretamente, ocultamente.

kagerō 陽炎 s revérbero.
kagi 鈎 s 1 gancho. 2 colchete.
kagi 鍵 s chave.
kagiana 鍵穴 s buraco de fechadura.
kagigata 鈎形 s formato de gancho.
kagiranai 限らない expr ...とは〜 ...to wa 〜: não significa que, nem sempre é, não necessariamente.
kagiri 限り s 1 limite, restrição, demarcação. 2 o quanto for possível. 出来る〜 dekiru 〜: o quanto puder. 命ある〜 inochi aru〜: enquanto viver.
-kagiri -限り suf apenas, somente. 今日〜 kyō〜: somente hoje. 今度〜 kondo〜: apenas desta vez.
kagirinai 限りない adj ilimitado, infinito, irrestrito, infindável.
kagirinaku 限りなく adv infinitamente, irrestritamente.
kagiru 限る v 1 limitar, restringir. 2 ser o melhor que existe, único. これに〜 kore ni〜: é o melhor.
kagitsukeru 嗅ぎ付ける v cheirar, farejar, sentir, detectar.
kagitte 限って expr justamente, exatamente, precisamente. その時に〜 sono toki ni〜: justamente nessa hora.
kago 加護 s proteção, providência.
kago 駕篭 s palanquim.
kago 籠 s cesto, cesta, gaiola.
kago 過誤 s erro, falha, falta.
kagō 化合 s Quím combinação química. 〜suru, v: combinar.
kagōbutsu 化合物 s composto químico.
kagon 過言 s exagero. と言っても〜ではない to ittemo 〜dewanai: não é exagero afirmar que.
kagu 家具 s móvel, mobília, utensílio doméstico.
kagu 嗅ぐ v cheirar, farejar.
kagū 仮寓 s moradia temporária, residência provisória. 〜suru, v: morar provisoriamente.
kagura 神楽 s kagura, dança e música sagradas do xintoísmo.
kagyaku 可逆 s reversibilidade. 〜反応 〜hannō: reação reversível. 〜的 〜teki, adj: reversível.
kagyō 家業 s negócio próprio, negócios de família.
kagyō 稼業 s negócios, trabalho, ocupação.
kahan 河畔 s beira-rio.
kahan 過半 s grande parte, maioria.
kahan 過般 adv outrora, tempos atrás, recentemente.
kahansū 過半数 s mais que a metade, maioria simples.
kahei 貨幣 s moeda, dinheiro.
kahen 可変 s variável, mutável.
kahi 可否 s bom e mau, prós e contras.
kahitsu 加筆 s correção, revisão. 〜suru, v: corrigir, revisar, acrescentar.
kahō 下方 s parte inferior, infra.
kahō 果報 s 1 ventura, destino, sorte. 2 mérito de vida anterior.
kahō 家宝 s fortuna familiar, tesouro de família.
kahō 家法 s mandamentos de família.
kahō 加法 s Mat adição.
kai 下位 s posição inferior, subordinação.
kai 甲斐 s efeito, resultado, valor, benefício. 〜がある 〜ga aru: valer a pena.
kai 回 s número de vezes, ordem sequencial.

kai 会 s 1 encontro, assembleia, reunião. 2 associação, sociedade, clube.
kai 貝・介 s concha.
kai 戒・誡 s admoestação, reprimenda, advertência, mandamento.
kai 怪 s 1 mistério, fantástico. 2 espectro, fantasma, monstro.
kai 海 s mar, praia.
kai 界 s 1 mundo, grupo, meio, ambiente. 2 limite, campo.
kai 買い s compra.
kai 階 s andar, pavimento, camada.
kai 櫂 s remo.
kai 快 s prazer, deleite.
kai 解 s esclarecimento, notação, solução.
kaiage 買い上げ s compra.
kaiageru 買い上げる v comprar.
kaiaku 改悪 s mudança para pior, deterioração, piora.
kaiasaru 買い漁る v sair à procura, ir em busca, ir às compras, comprar desenfreadamente.
kaiatsumeru 買い集める v dedicar-se às compras.
kaibatsu 海抜 s altura acima do nível do mar.
kaibō 解剖 s dissecação, necropsia. 病理〜 byōri〜: anatomia patológica. 〜用語 〜yōgo: termo de anatomia. 〜suru, v: dissecar, fazer autópsia, necropsia.
kaibōgaku 解剖学 s anatomia.
kaibun 灰分 s cinza, resíduos minerais de incineração, favila.
kaibutsu 怪物 s monstro, ser misterioso.
kaichiku 改築 s reconstrução, reforma. 〜suru, v: reconstruir, reformar.
kaichin 開陳 s opinião, parecer. 〜suru, v: opinar, expressar uma visão, posição ou ideia, dar um parecer.
kaichō 会長 s presidente de associação, presidente do conselho.
kaichō 快調 s 1 harmonia. 2 boas condições.
kaichū 海中 s no mar; no meio do mar.
kaichū 懐中 s de bolso.
kaichū 回虫 s Zool lombriga, ascáride.
kaichūdentō 懐中電灯 s lanterna.
kaidai 改題 s mudança de tema, de título. 〜suru, v: mudar o tema, o título.
kaidai 解題 s introdução bibliográfica, esclarecimento bibliográfico.
kaidai 海内 s interior do país.
kaidan 会談 s diálogo, conversa, conferência. 〜suru, v: dialogar, conversar, conferenciar.
kaidan 怪談 s história de terror.
kaidan 階段 s escada, escadaria, degraus.
kaidashi 買い出し s compra e estoque, principalmente de gêneros alimentícios.
kaidō 街道 s via, avenida, estrada.
kaidoki 買い時 s momento propício para compra.
kaidoku 解読 s decifração, decodificação, interpretação. 〜suru, v: decifrar, decodificar.
kaidoku 買い得 s compra vantajosa, pechincha.
kaifū 開封 s ato de abrir envelope ou retirar lacre. 〜suru, v: abrir envelope, retirar lacre ou selo.
kaifuku 回[恢]復 s restabelecimento, recuperação, reabilitação. 〜suru, v: restabelecer-se, recuperar-se, reabilitar-se.

kaifukuki 回[恢]復期 *s* período de recuperação, período de convalescença.
kaifukushujutsu 開腹手術 *s* celiotomia, laparotomia.
kaiga 絵画 *s* pintura, pintura em quadro.
kaigai 海外 *s* estrangeiro, ultramar.
kaigaihatten 海外発展 *s* crescimento no exterior, desenvolvimento no ultramar.
kaigaihōsō 海外放送 *s* radiodifusão para o exterior.
kaigaijijō 海外事情 *s* situação dos países ultramarinos.
kaigaishii かいがいしい *adj* 1 tomada de medidas eficientes e rápidas. 2 heroico, bravo, louvável.
kaigaishinshutsu 海外進出 *s* avanço ultramarino.
kaigaitokō 海外渡航 *s* viagem para o exterior.
kaigan 海岸 *s* praia, orla marítima.
kaigara 貝殻 *s* concha.
kaigen 開眼 *s* 1 cerimônia de consagração de uma nova imagem budista. 2 o despertar espiritual. ～*suru*, *v*: despertar espiritualmente, atingir o estado de iluminação búdica.
kaigenrei 戒厳令 *s* lei marcial. ～を発する ～*o hassuru*: proclamar a lei marcial. ～をしく ～*o shiku*: estabelecer a lei marcial.
kaigi 会議 *s* reunião, congresso, conferência, convenção, concílio, sessão do plenário.
kaigi 懐疑 *s* dúvida, descrença, ceticismo. ～的 ～*teki*, *adj*: de modo cético, de maneira dúbia.
kaigo 改悟 *s* expiação do erro cometido. ～*suru*, *v*: reformar-se do erro passado.
kaigo 悔悟 *s* remorso, arrependimento, penitência. ～*suru*, *v*: sentir remorso, arrepender-se.
kaigō 会合 *s* reunião, encontro.
kaigun 海軍 *s* marinha de guerra, marinha.
kaigyaku 諧謔 *s* sarcasmo, humor.
kaigyō 改行 *s* mudança de linha ou de parágrafo.
kaigyō 開業 *s* abertura de um estabelecimento; inauguração de novo negócio.
kaigyōi 開業医 *s* médico.
kaihan 改版 *s* reedição, revisão.
kaihatsu 開発 *s* desenvolvimento. ～*suru*, *v*: desenvolver.
kaihei 海兵 *s* fuzileiro naval.
kaihei 開閉 *s* abertura e fechamento. ～橋 ～*bashi*: ponte móvel, levadiça. ～回路 ～*kairo*: chave de circuito.
kaihen 改変 *s* mudança, alteração, modificação. ～*suru*, *v*: modificar, alterar, reformular.
kaihi 会費 *s* contribuição social, mensalidade.
kaihi 回避 *s* evitação, esquiva. ～*suru*, *v*: evitar, esquivar.
kaihin 海浜 *s* praia, beira-mar.
kaihō 介抱 *s* enfermagem, tratamento. ～*suru*, *v*: cuidar, tratar de enfermos, feridos.
kaihō 会報 *s* boletim, informativo.
kaihō 快方 *s* melhoria, convalescença. ～に向かう ～*ni mukau*: estar melhorando.
kaihō 開放 *s* 1 aquilo que é aberto, livre. ～電流 ～*denryū*: corrente aberta. ～弦 ～*gen*: corda solta. 2 o que é aberto, liberal. ～*suru*, *v*: liberar, abrir.
kaihō 解放 *s* libertação, abertura, emancipação. ～*suru*, *v*: libertar, emancipar.
kaihō 解法 *s* solução. ～*suru*, *v*: solucionar.
kaihō 快報 *s* boas notícias, boas novas, notícias favoráveis.
kaihyō 界標 *s* linhas demarcatórias, marco de delimitação.
kaihyō 開票 *s* apuração de votos, contagem de votos. ～*suru*, *v*: abrir as urnas.
kaihyō 解氷 *s* degelo. ～*suru*, *v*: degelar.
kaiiki 海域 *s* área marítima.
kaiin 会員 *s* associado, membro, sócio.
kaiin 海員 *s* marinheiro, homem do mar.
kaiinu 飼い犬 *s* cachorro de estimação.
kaiire 買い入れ *s* estocagem, compra.
kaiireru 買い入れる *v* estocar, comprar.
kaiji 海事 *s* assuntos marítimos, negócios marítimos.
kaiji 快事 *s* acontecimento feliz, fato agradável.
kaiji 開示 *s* *Jur* abertura para divulgação. ～*suru*, *v*: abrir para exame.
kaijin 海神 *s* deus do mar, Netuno, *Poseidôn*.
kaijin 灰燼 *s* cinza.
kaijinbutsu 怪人物 *s* pessoa misteriosa.
kaijo 解除 *s* 1 cancelamento, dissolução, remoção. ～*suru*, *v*: cancelar, dissolver, remover. 2 liberação, eliminação. ～*suru*, *v*: liberar, eliminar.
kaijō 回状 *s* circular, carta-circular, encíclica.
kaijō 会場 *s* salão, local de eventos.
kaijō 海上 *s* o que é relativo ao mar. ～つつがなく ～*tsutsuganaku*: viagem marítima sem problemas. ～を行く ～*o iku*: ir pelo mar.
kaijō 開場 *s* abertura, inauguração. ～*suru*, *v*: inaugurar, abrir. ～中 ～*chū*: aberto.
kaijō 階上 *s* pavimento superior, andar de cima.
kaijōhoan 海上保安 *s* segurança marítima.
kaijōhoken 海上保険 *s* seguro marítimo. ～を付ける ～*o tsukeru*: colocar no seguro marítimo.
kaijū 海獣 *s* monstro marinho.
kaijū 懐柔 *s* conciliação, pacificação, apaziguamento. ～策 ～*saku*: medida de conciliação.
kaika 開化 *s* desenvolvimento e aprimoramento do conhecimento, civilização, saber, ilustração. ～*suru*, *v*: civilizar, desenvolver o conhecimento, ilustrar(-se).
kaika 開花 *s* florescimento, desabrochar. ～*suru*, *v*: florescer, desabrochar.
kaika 階下 *s* pavimento inferior, andar de baixo.
kaikaburi 買い被り *s* 1 ato de comprar por preço elevado. 2 superestimação. あの人を買い被っていた *ano hito o kaikabutteita*: superestimei demais aquela pessoa.
kaikaburu 買い被る *v* 1 comprar por preço elevado. 2 superestimar.
kaikai 開会 *s* abertura, início, inauguração. ～式を行う ～*shiki o okonau*: fazer a cerimônia de abertura. ～*suru*, *v*: abrir, dar início, inaugurar.
kaikaku 改革 *s* reforma, reorganização, reestruturação. ～*suru*, *v*: reformar, reorganizar.
kaikan 会館 *s* sede, salão, clube.
kaikan 快感 *s* sentimento prazeroso, sensação agradável.
kaikan 開館 *s* abertura do recinto. ～時間 ～*jikan*: horário de abertura. ～*suru*, *v*: abrir.
kaikata 買い方 *s* 1 modo de comprar. 2 comprador. ～市場 ～*shijō*: mercado comprador.
kaikatsu 快活 *s* vivacidade, vigor. ～*na*, *adj*: vivaz, vívido, vigoroso.

kaikei 会計 *s* 1 contabilidade. 2 conta, pagamento.
kaikei 塊茎 *s Bot* tubérculo.
kaikeikensa 会計検査 *s* auditoria.
kaikeinendo 会計年度 *s* ano fiscal.
kaiken 会見 *s* entrevista, audiência. ~*suru, v*: dar entrevista, participar de entrevista.
kaiken 改憲 *s* revisão da Constituição.
kaiketsu 解決 *s* solução, resolução. ~*suru, v*: solucionar, resolver.
kaiki 回帰 *s* recorrência, retorno, regressão.
kaiki 会[開]期 *s* sessão, período de exibição.
kaiki 会規 *s* regulamento, estatuto.
kaiki 快気 *s* prazer, agrado, recuperação da saúde.
kaiki 怪奇 *s* assombroso, fantasmagórico, misterioso.
kaikin 皆勤 *s* presença absoluta.
kaikin 解禁 *s* liberação de uma proibição, remoção de um embargo. ~*suru, v*: liberar uma proibição, remover um embargo.
kaikiri 買い切り *s* reserva, aquisição.
kaikiru 買い切る *v* reservar, comprar, adquirir.
kaikisen 回帰線 *s* trópicos. 南~ *minami*~: trópico de Capricórnio. 北~ *kita*~ trópico de Câncer, linha de retorno.
kaikishoku 皆既食[蝕] *s Astr* eclipse total.
kaiko 回顧 *s* retrospectiva, revisão.
kaiko 蚕 *s Zool* bicho-da-seda.
kaiko 解雇 *s* demissão.
kaiko 懐古 *s* recordação, reminiscência.
kaikō 回航 *s* navegação, circunavegação. ~*suru, v*: navegar.
kaikō 開口 *s* 1 abertura. *Bot* abertura dos poros. 2 início da fala, abertura da palestra.
kaikō 開校 *s* inauguração da escola. ~*suru, v*: inaugurar, abrir uma escola.
kaikō 開港 *s* 1 abertura do porto. ~*suru, v*: abrir o porto. 2 porto de livre acesso.
kaikoku 開国 *s* 1 abertura do país. 2 fundação do país.
kaikomu 買い込む *v* comprar e estocar.
kaikon 悔恨 *s* remorso, arrependimento.
kaikon 開墾 *s* desbravamento. ~*suru, v*: desbravar.
kaikyo 快挙 *s* ação heroica, feito heroico.
kaikyō 回教 *s* islamismo.
kaikyō 海峡 *s* estreito, canal.
kaikyō 開橋 *s* abertura de ponte ou viaduto.
kaikyō 懐郷 *s* nostalgia, recordações nostálgicas.
kaikyū 階級 *s* 1 classe social, nível social, casta. 2 posição, nível, classificação.
kaikyū 懐旧 *s* recordação, reminiscência, retrospectiva.
kaikyūishiki 階級意識 *s* consciência de classe.
kaikyūtōsō 階級闘争 *s* luta de classes.
kaimaku 開幕 *s* início do espetáculo, abertura, inauguração. ~戦 ~*sen*: jogo de abertura.
kaimamiru 垣間見る *v* olhar de relance através de frestas ou por algum vão.
kaimei 改名 *s* mudança de nome. ~*suru, v*: mudar de nome.
kaimei 解明 *s* esclarecimento, desvendamento.
kaimen 海面 *s* superfície do mar, sobre o mar.
kaimen 界面 *s* interface.
kaimen 海綿 *s* esponja.
kaimetsu 壊[潰]滅 *s* destruição, exterminação, dizimação. ~*suru, v*: destruir, exterminar.

kaimodoshi 買い戻し *s Com* compra de volta.
kaimodosu 買い戻す *v* comprar de volta, recomprar.
kaimoku 皆目 *adv pop* nada, absolutamente. ~わからない ~*wakaranai*: não entendo nada (usado sempre com a forma negativa).
kaimono 買い物 *s* compra, aquisição.
kaimotomeru 買い求める *v* comprar, adquirir.
kaimu 皆無 *s* inexistência.
kain 下院 *s* câmara baixa, câmara dos deputados federais.
kain 課員 *s* membro de um setor, componente de um setor.
kainan 海難 *s* tragédia marítima. ~救助 ~*kyūjo*: resgate marítimo. ~信号 ~*shingō*: S.O.S., sinal de socorro.
kainarasu 飼い馴らす *v* adestrar, domesticar.
kaine 買い値 *s* valor de compra, preço de mercado.
kainin 解任 *s* expiração do mandato, exoneração.
kainin 懐妊 *s* gravidez, prenhez. ~*suru, v*: engravidar.
kainushi 買い主 *s* comprador.
kainushi 飼い主 *s* dono de criação do animal.
kainyū 介入 *s* intervenção, interveniência. ~*suru, v*: intervir.
kaiōsei 海王星 *s Astr* Netuno.
kairai 傀儡 *s* marionete, boneco, pessoa manipulada.
kairaishi 傀儡師 *s* manipulador de bonecos, marionetista.
kairaku 快楽 *s* prazer, deleite, alegria, distração. ~*na, adj*: agradável, prazeroso.
kairan 回覧 *s* circular. ~雑誌 ~*zasshi*: revista que circula entre várias pessoas. ~板 ~*ban*: ofício ou carta-circular.
kairan 壊乱 *s* transgressão, distúrbio, confusão. 風俗~ *fūzoku*~: quebra de costumes.
kaireki 改暦 *s* 1 adoção de novo calendário. 2 calendário do novo ano.
kairi 乖離 *s* dissociação, separação, desmembramento.
kairi 海里 *s Náut* milha náutica.
kairikukū 海陸空 *s* mar, terra e ar. ~軍 ~*gun*: Marinha, Exército e Aeronáutica.
kairo 海路 *s* rota marítima.
kairo 回路 *s Eletr* circuito elétrico.
kairō 回廊 *s* galeria, corredor.
kairōdōketsu 偕老同穴 *s* viver bem com alguma pessoa até o final da vida (literalmente, em vida, envelhecer junto e, após a morte, compartilhar da mesma vala).
kairui 貝類 *s* conchas e moluscos.
kairyō 改良 *s* melhoria, melhora, melhoramento, reforma. ~*suru, v*: melhorar, reformar.
kairyū 海流 *s* corrente marítima.
kaisai 皆済 *s* 1 encerramento, término, conclusão. 2 quitação, total de um empréstimo. ~*suru, v*: terminar, encerrar, concluir, saldar, liquidar, solver, quitar.
kaisai 開催 *s* realização de um evento ou atividade. ~*suru, v*: realizar.
kaisaku 改作 *s* reforma, reformulação. ~*suru, v*: reformar, reformular.
kaisaku 開鑿 *s* escavação. ~*suru, v*: escavar.
kaisan 解散 *s* 1 dispersão, dispensa. 2 desmem-

bramento, desagregação. **3** dissolução. ~*suru*, *v*: a) dispersar, dispensar. b) desmembrar, desagregar. c) dissolver.
kaisan(butsu) 海産(物) *s* produto marítimo.
kaisatsu 改札 *s* catraca, borboleta. ~口 ~*guchi*: entrada da catraca, da borboleta.
kaisei 改正 *s* reformulação, correção, retificação. ~*suru*, *v*: reformular, corrigir, retificar.
kaisei 改姓 *s* **1** mudança de sobrenome. **2** o nome que foi mudado. ~*suru*, *v*: mudar o sobrenome.
kaisei 快晴 *s* tempo bom, dia de sol.
kaisei 回生 *s* revivificação, renascimento.
kaiseidōbutsu 海生動物 *s* animais marinhos.
kaiseishokubutsu 海生植物 *s* plantas marinhas.
kaiseki 会席 *s* local de realização de um evento ou encontro.
kaiseki 解析 *s* análise. ~*suru*, *v*: analisar.
kaisen 回旋 *s* rotação, involução ou convolução. ~橋 ~*kyō*: ponte móvel. ~曲 ~*kyoku*: rondó.
kaisen 会戦 *s* batalha, luta.
kaisen 改選 *s* reeleição. ~*suru*, *v*: reeleger, reeleger-se.
kaisen 海戦 *s* batalha naval.
kaisen 開戦 *s* início da guerra, início da batalha. ~*suru*, *v*: iniciar a guerra, a batalha.
kaisen 回線 *s Eletr* circuito. 電話~ *denwa*~: linha de telefone.
kaisetsu 開設 *s* instalação, inauguração. ~*suru*, *v*: instalar, inaugurar.
kaisetsu 解説 *s* explanação, comentário, interpretação. ~*suru*, *v*: comentar, explanar.
kaisetsu 回折 *s Fís* difração.
kaisha 会社 *s* companhia, firma, empresa, corporação. トンネル~ *tonneru*~: empresa-fantasma.
kaisha 膾炙 *s* notório, amplamente conhecido, de conhecimento geral.
kaishain 会社員 *s* empregado de escritório, funcionário de uma empresa.
kaishaku 解釈 *s* interpretação, leitura, explanação. ~*suru*, *v*: interpretar.
kaishi 怪死 *s* morte misteriosa (de causa desconhecida). ~*suru*, *v*: morrer de causa misteriosa.
kaishi 開始 *s* início, começo, abertura, princípio. ~*suru*, *v*: iniciar.
kaishiburi 買い渋り *s* relutância em comprar.
kaishiburu 買い渋る *v* resistir a comprar, ser relutante em comprar.
kaishime 買い占め *s* açambarcagem, açambarcamento.
kaishimeru 買い占める *v* açambarcar, comprar com exclusividade.
kaishin 回診 *s* visita a pacientes em hospital. ~*suru*, *v*: visitar pacientes no hospital (o médico).
kaishin 改心 *s* regeneração, emenda, recuperação moral. ~*suru*, *v*: regenerar-se.
kaishin 改新 *s* renovação, reforma (de sistema, regulamento). ~*suru*, *v*: renovar.
kaishin 海深 *s* fundo do mar, profundezas do oceano.
kaishin 会心 *s* satisfação, realização.
kaishinteki 改進的 *adj* progressista.
kaisho 会所 *s* clube de jogadores de *go*.
kaisho 楷書 *s* estilo de escrita em traços retos, sem abreviatura de caracteres chineses.
kaishō 甲斐性 *s* capacidade, competência, confiabilidade.
kaishō 回章 *s* **1** circular. **2** resposta.
kaishō 改称 *s* mudança de designação (título). ~*suru*, *v*: mudar de nome.
kaishō 快勝 *s* vitória fácil (esmagadora, extraordinária, notável). ~*suru*, *v*: vencer com facilidade.
kaishō 解消 *s* **1** cancelamento, anulação. **2** dissolução. **3** solução. ~*suru*, *v*: cancelar, resolver.
kaishoku 会食 *s* reunião para refeição. ~*suru*, *v*: reunir-se para uma refeição.
kaishoku 解職 *s* dispensa, demissão. ~*suru*, *v*: demitir, dispensar.
kaishū 回収 *s* **1** coleta, recuperação. **2** retirada, recolhimento. ~*suru*, *v*: coletar.
kaishū 改宗 *s Rel* conversão. ~者 ~*sha*: convertido. ~*suru*, *v*: converter-se.
kaishū 改修 *s* reparo, reforma, melhoria, benfeitoria. ~*suru*, *v*: reparar, reformar.
kaishū 会衆 *s* assembleia, congregação, grupo de pessoas.
kaishun 改[悔]悛 *s Rel* arrependimento, penitência, remorso.
kaishun 回春 *s* **1** *Geogr* retorno da primavera. **2** *Med* rejuvenescimento, recuperação de vigor.
kaiso 改組 *s* reorganização. ~*suru*, *v*: reorganizar.
kaiso 開祖 *s* fundador de escola (estilo, doutrina, seita).
kaisō 回送 *s* **1** reenvio de correspondência. **2** transferência de veículo vazio. ~*suru*, *v*: reenviar. ~車 ~*sha*: trem (carro) fora de serviço.
kaisō 会葬 *s* participação em funeral. ~者 ~*sha*: participante de um funeral. ~*suru*, *v*: participar de funeral.
kaisō 回想 *s* recordação, reminiscência, lembrança. ~*suru*, *v*: recordar, lembrar. ~録 ~*roku*: memórias, memorial.
kaisō 快走 *s* corrida veloz (ligeira). ~*suru*, *v*: correr velozmente.
kaisō 改装 *s* redecoração, remodelação, reforma. ~*suru*, *v*: redecorar.
kaisō 海藻 *s* alga marinha, planta marinha.
kaisō 階層 *s* **1** andar (de prédio). **2** classe social.
kaisō 潰走 *s* debandada, dispersão, fuga desordenada. ~*suru*, *v*: debandar.
kaisōba 買い相場 *s* preço de compra no mercado cambial.
kaisoku 会則 *s* regulamento de uma associação.
kaisoku 快足 *s* caminhar velozmente (ligeiro).
kaisoku 快速 *s* alta velocidade.
kaison 海損 *s* prejuízo causado por danos em transporte marítimo.
kaisū 回数 *s* número de vezes, frequência. ~券 ~*ken*: bilhete múltiplo.
kaisugi 買い過ぎ *s* compra exagerada (demasiada, excessiva, descomedida).
kaisugiru 買い過ぎる *v* comprar exageradamente (em demasia).
kaisui 海水 *s* água do mar.
kaisuiyoku 海水浴 *s* banho de mar. ~場 ~*jō*: praia para banhistas. ~客 ~*kyaku*: banhista.
kaisuru 介する *v* **1** preocupar-se, importar-se. **2** usar como intermediário (mediador).
kaisuru 解する *v* compreender, interpretar.

kaisuru 会する *v* 1 reunir. 2 encontrar, ver.
kaitai 拐帯 *s* fuga com dinheiro alheio. ～*suru, v*: fugir apossando-se de dinheiro alheio.
kaitai 解体 *s* 1 desmontagem, desmonte, desmanche, desmantelamento. 2 dissolução. ～*suru, v*: desmontar.
kaitai 懐胎 *s* concepção, gravidez, gestação. ～*suru, v*: engravidar.
kaitaku 開拓 *s* povoamento e exploração, desbravamento, desmatamento. ～*suru, v*: povoar, explorar. ～者 ～*sha*: pioneiro, explorador, colonizador. ～地 ～*chi*: colônia, terra colonizada.
kaitate 買い立て *s* recém-comprado.
kaite 買い手 *s* comprador, cliente, freguês.
kaitei 改定 *s* revisão. ～*suru, v*: revisar.
kaitei 改訂 *s* revisão de livro. ～*suru, v*: revisar. ～版 ～*ban*: edição revisada.
kaitei 海底 *s* fundo oceânico.
kaitei 開廷 *s Dir* abertura da corte (tribunal). ～*suru, v*: abrir a corte.
kaitei 階梯 *s* 1 degrau, escada. 2 passo, meio. 3 guia, manual.
kaiteki 快適 *s* agradável, confortável, aconchegante.
kaiten 回転 *s* rotação, giro, revolução. ～*suru, v*: girar. ～盤 ～*ban*: disco giratório. ～ドア ～*doa*: porta giratória. ～椅子 ～*isu*: cadeira giratória. ～木馬 ～*mokuba*: carrossel. ～資金 ～*shikin*: capital de giro. ～率 ～*ritsu*: retorno (giro de capital).
kaiten 開店 *s* abertura de loja, inauguração. ～*suru, v*: abrir, inaugurar.
kaiten 回天 *s* renascimento, restauração, retorno.
kaitō 回答 *s* resposta, réplica. ～者 ～*sha*: respondente. ～*suru, v*: responder.
kaitō 会頭 *s* presidente de associação (sociedade).
kaitō 怪盗 *s* ladrão misterioso.
kaitō 解答 *s* solução, resposta (de um problema). ～*suru, v*: responder, resolver.
kaitoru 買い取る *s* comprar.
kaitsū 開通 *s* abertura de passagem (estrada, túnel). ～*suru, v*: ser aberto ao tráfego.
kaitsuke 買い付け *s* compra, aquisição.
kaitsumamu 掻い摘む *v* resumir, sumariar.
kaiukeru 買い受ける *v* comprar (adquirir).
kaiun 海運 *s* transporte marítimo. ～業 ～*gyō*: negócio de transporte marítimo.
kaiun 開運 *s* melhora de sorte.
kaiwa 会話 *s* conversação, diálogo. ～*suru, v*: conversar.
kaiwai 界隈 *s* vizinhança, imediações.
kaiyaku 解約 *s* cancelamento de contrato, distrato. ～*suru, v*: cancelar.
kaiyō 海洋 *s* mar, oceano. ～学 ～*gaku*: oceanografia.
kaiyō 潰瘍 *s Med* úlcera.
kaiyū 会友 *s* 1 colega de associação. 2 colaborador de associação.
kaiyū 回遊 *s* 1 viagem por vários lugares. 2 migração de cardume. ～*suru, v*: viajar por aí, migrar.
kaizai 介在 *s* interposição, existência entre. ～*suru, v*: interpor-se, colocar-se entre.
kaizan 改竄 *s* adulteração de documento. ～*suru, v*: adulterar, defraudar.
kaizen 改善 *s* melhoria, melhoramento.
kaizō 改造 *s* alteração, remodelação, reorganização.
kaizō 解像 *s Fot* resolução, definição.
kaizoe 介添え *s* ajudante, assistente, auxiliar. 花嫁の～ *hanayome no* ～: dama de honra.
kaizoku 海賊 *s* pirata. ～船 ～*sen* : navio pirata. ～版 ～*ban*: edição pirata.
kaizon 買い損 *s* ～*suru, v*: compra malfeita.
kaizu 海図 *s* carta náutica (de navegação).
kaizuka 貝塚 *s* sítio arqueológico de conchas, sambaqui.
kaji 火事 *s* incêndio.
kaji 加持 *s Rel* prece de encantamento, cura pela fé.
kaji 家事 *s* serviço doméstico, afazeres da casa.
kaji 舵 *s Náut* leme, timão. ～を取る ～*o toru*: controlar, conduzir.
kaji 鍛冶 *s* forjadura, forjamento.
kajiba 火事場 *s* local de incêndio. ～泥棒 ～*dorobō*: saqueador que se aproveita de incêndio.
kajikamu かじかむ *v* ficar adormecido (entorpecido, rijo) por causa do frio.
kajikō 鍛冶工 *s* ferreiro, forjador.
kajimimai 火事見舞い *s* visita de solidariedade à vítima de incêndio.
kajin 家人 *s* familiar, membro da família.
kajin 歌人 *s* poeta.
kajin 佳人 *s* mulher bela. ～薄命 ～*hakumei*: mulher bela tem vida breve.
kajiritsuku 齧り付く *v* 1 dar uma dentada. 2 agarrar-se, apegar-se, grudar.
kajiru 齧る *v* 1 morder, mastigar. 2 aprendizado superficial.
kajitori 舵取り *s Náut* timoneiro.
kajitsu 佳[嘉]日 *s* dia auspicioso.
kajitsu 果実 *s* fruto, fruta.
kajitsu 過日 *s* outro dia, alguns dias atrás.
kajiya 鍛冶屋 *s* ferreiro.
kajō 下情 *s* condição de vida do povo (vista pelo governante).
kajō 渦状 *s* espiral. ～紋 ～*mon* : estria de impressão digital.
kajō 過剰 *s* excesso, sobra. ～人員 ～*jin'in*: pessoal excedente. ～投与 ～*tōyo*: dosagem excessiva.
kajō 箇条 *s* artigo, cláusula, item.
kaju 果樹 *s* árvore frutífera. ～園 ～*en*: pomar.
kajū 加重 *s* 1 acréscimo de peso, carga. 2 *Dir* agravação. ～*suru, v*: acrescentar carga.
kajū 果汁 *s* suco de fruta.
kajū 過重 *s* sobrecarga, excesso de peso.
kajū 荷重 *s Mec* carga, peso.
kakā 嬶 *s vulg* minha velha. ～天下 ～*denka*: casa em que a mulher manda mais que o marido.
kakae 抱え *s* 1 emprego. 2 braçada. ひと～の花 *hito* ～ *no hana*: uma braçada de flores.
kakaekomu 抱え込む *v* 1 segurar firme nos braços. 2 encarregar-se, assumir.
kakaeru 抱える *v* 1 segurar (carregar) nos braços. 2 empregar. 3 responsabilizar-se, assumir.
kakageru 掲げる *v* 1 levantar, erguer, suspender. 2 divulgar, publicar.
kakaku 価格 *s* preço, valor. ～差 ～*sa*: diferença de preço. ～操作 ～*sōsa*: manipulação de preço.
kakan 果敢 *s* audacioso, audaz, arrojado, temerário.
kakari 係 *s* cargo, incumbência, dever, obrigação.
kakari 掛かり *s* 1 despesas. 2 engrenagem, endentação.

kakariai 掛かり合い *s* envolvimento.
kakariau 掛かり合う *v* envolver-se, implicar-se, meter-se.
kakarichō 係長 *s* chefe de serviço.
kakariin 係員 *s* funcionário encarregado.
kakarikiri 掛かり切り *s* dedicação total, dedicação exclusiva.
kakaritsuke 掛かり付け *s* habituado. ～の医者 ～*no isha*: médico da família.
kakaru 掛[懸]かる *v* 1 ficar suspenso (pendurado). 2 cobrir. 3 ser taxado. 4 respingar. 5 enroscar-se. 6 ser apanhado, cair em armadilha. 7 começar, iniciar, ocupar-se. 8 necessitar, exigir, custar, tomar. 9 depender, basear. 10 consultar, ficar aos cuidados. 11 estar em cartaz. 12 funcionar. 13 atravessar.
kakaru 罹る *v* adoecer, sofrer. 病気に～ *byōki ni* ～: contrair doença.
kakaru 係る *v* relacionar-se.
kakaru 斯かる *adj* tal como, tão como.
-kakaru -かかる *suf* 1 estar a ponto de, estar para fazer. 2 começar a.
kakashi 案山子 *s* 1 espantalho. 2 figura decorativa.
kakasu 欠かす *v* faltar, perder, não comparecer.
kakato 踵 *s* 1 calcanhar. 2 salto de sapato.
kakawarazu 拘らず *conj* embora, contudo, ainda que, apesar de, não obstante.
kakawari 係[関]わり *s* relação, conexão. ～合い ～*ai*: relacionamento, relação, conexão.
kakawaru 係[関]わる *v* 1 envolver-se, tomar parte, estar interessado, importar-se. 2 afetar, influenciar.
kakazurau かかずらう *v* relacionar-se, envolver-se, aderir-se.
kake 掛 *s* crédito, fiado.
kake 賭 *s* 1 aposta, jogo a dinheiro. 2 entregue à sorte.
-kake -掛け *suf* 1 no meio do movimento (gesto). 2 ferramenta para pendurar, gancho, cabide.
kakeagaru 駆け上がる *v* correr para cima, subir correndo.
kakeai 掛け合い *s* 1 negociação, diálogo. 2 realização (execução) alternada. ～漫才 ～*manzai*: diálogo cômico.
kakeashi 駆け足 *s* corrida, galope.
kakeau 掛け合う *v* 1 negociar, pechinchar. 2 fazer mutuamente.
kakeawase 掛け合わせ *s* 1 multiplicação. 2 hibridação, hibridização.
kakeawasu 掛け合わす *v* 1 multiplicar. 2 cruzar.
kakebuton 掛け布団 *s* edredom, acolchoado.
kakedaikin 掛け代金 *s* conta, dívida.
kakedashi 駆け出し *s* inexperiente, novato, iniciante.
kakedasu 駆け出す *v* 1 correr para fora. 2 começar a correr.
kakegae 掛け替え *s* substituição, troca, substituto, alternativa. ～のない ～*no nai*: insubstituível, único, inestimável.
kakegai 掛け買い *s* compra a crédito (fiado).
kakegane 掛け金 *s* trinco, ferrolho.
kakegoe 掛け声 *s* brado para marcar ritmo, acompanhar ou encorajar.
kakegoto 賭け事 *s* jogo de azar, jogatina.

kakegoya 掛け小屋 *s* cabana provisória montada para espetáculos.
kakehanareru 懸け離れる *v* estar longe (distante), ser diferente.
kakehashi 懸け橋 *s* 1 ponte de madeira sobre rio ou precipício. 2 ponte provisória. 3 *fig* ponte, mediador.
kakehazushi 掛け外し *s* com dispositivo de colocação e retirada.
kakehiki 駆け引き *s* 1 barganha, negociação. 2 tática, truque. ～suru, *v*: barganhar, pechinchar, regatear.
kakei 火刑 *s* condenado à morte na fogueira.
kakei 家系 *s* linhagem, árvore genealógica.
kakei 家計 *s* orçamento doméstico, finanças domésticas. ～費 ～*hi*: despesas domésticas.
kakeibo 家計簿 *s* livro de contas domésticas.
kakejiku 掛け軸 *s* rolo de desenho ou caligrafia decorativa para pendurar na parede.
kakekin 掛け金 *s* 1 dinheiro referente à compra a crédito (fiado). 2 prestação.
kakekin 賭け金 *s* dinheiro apostado em jogo de azar.
kakekko 駆けっこ *s* brincadeira de apostar corrida a pé.
kakekomi 駆け込み *s* corrida para dentro. ～乗車 ～*jōsha*: correr para pegar ônibus (trem) prestes a partir. ～寺 ～*dera*: templo budista onde se refugiam as esposas de maridos violentos.
kakekomu 駆け込む *v* correr para dentro, entrar correndo, refugiar-se.
kakemawaru 駆け回る *v* 1 correr em volta. 2 estar ocupado (atarefado), estar na correria.
kakemochi 掛け持ち *s* o fato de ter duas ou mais ocupações (cargos). ～suru, *v*: trabalhar em dois ou mais lugares.
kakemodoru 駆け戻る *v* retornar (voltar) correndo.
kakemono 掛け物 *s* rolo de desenho ou caligrafia para pendurar na parede.
kakemoto 賭け元 *s* agenciador de apostas.
kakemotsu 掛け持つ *v* ter duas ou mais ocupações (cargos).
kakene 掛け値 *s* valor inflacionado, sobrepreço.
kakeochi 駆け落ち *s* fuga com o amante (namorado). ～suru, *v*: fugir com o amante.
kakeoriru 駆け下りる *v* descer correndo, correr para baixo.
kakeppanashi 掛けっぱなし *s* deixar ligado (motor ou aparelho elétrico).
kakera 欠けら *s* 1 fragmento, pedaço, lasca. 2 quantidade ínfima. ～もない ～*mo nai*: não ter um resquício sequer.
kakeru 欠ける *v* 1 quebrar, lascar. 2 faltar, carecer, necessitar.
kakeru 書ける *v* conseguir escrever.
kakeru 掛[懸]ける *v* 1 pendurar, suspender, enganchar. 2 passar de um lado para outro. 3 colocar sobre, cobrir. 4 salpicar, espalhar. 5 afetar, influenciar, causar. 6 gastar, empregar. 7 ligar, acionar. 8 multiplicar. 9 colocar em cartaz. 10 fixar, colocar.
kakeru 駆ける *v* 1 correr. 2 galopar.
kakeru 賭ける *v* 1 apostar. 2 arriscar.

kakeru 翔ける *v* voar muito rápido.
-kakeru -掛ける *suf* **1** começar a, iniciar. **2** direcionar a ação a. **3** a ponto de fazer.
kakete 賭け手 *s* apostador, jogador.
kakete かけて *expr* **1** de um ponto a outro. **2** em relação a.
kaketsu 可決 *s* aprovação. ~*suru, v*: aprovar.
kaketsukeru 駆け付ける *v* dirigir-se às pressas a, chegar com pressa.
kakeuri 掛け売り *s* venda a crédito (fiado).
kakeya 掛け矢 *s* marreta.
kakezan 掛け算 *s* operação de multiplicação.
kakezurimawaru 駆けずり回る *v* correr para cá e para lá.
kaki 火気 *s* **1** fogo. **2** intensidade do fogo.
kaki 火器 *s* arma de fogo.
kaki 花卉 *s* flores, plantas ornamentais.
kaki 花器 *s* vaso de flores.
kaki 牡蠣 *s Zool* ostra. ~フライ ~*furai*: ostra à milanesa.
kaki 垣 *s* **1** cerca, cercado. **2** barreira.
kaki 夏季 *s* estação de verão.
kaki 夏期 *s* período de verão.
kaki 下記 *s* abaixo mencionado, seguinte.
kaki 柿 *s Bot* caqui, caquizeiro.
kakiageru 書き上げる *v* **1** terminar de escrever. **2** relacionar, discriminar, especificar.
kakiaratameru 書き改める *v* reescrever.
kakiarawasu 書き表す *v* descrever, expressar.
kakiarawasu 書き著す *v* escrever e publicar em livro.
kakiatsumeru 掻き集める *v* juntar, reunir.
kakichigaeru 書き違える *v* escrever incorretamente.
kakichigai 書き違い *s* escrita incorreta, erro de escrita.
kakichirasu 書き散らす *v* **1** rabiscar. **2** escrever depressa.
kakidashi 書き出し *s* escrito inicial de uma obra.
kakidasu 書き出す *v* **1** começar a escrever. **2** indicar por escrito. **3** extrair um parágrafo (sentença).
kakiguai 書き具合 *s* conforto para escrever. このペンは~がいい *kono pen wa ~ga ii*: esta caneta é agradável para escrever.
kakiire 書き入れ *s* anotação, apontamento, inscrição.
kakiiredoki 書き入れ時 *s* melhor época para o comércio.
kakiireru 書き入れる *v* preencher, completar.
kakiiro 柿色 *s* cor de caqui maduro, marrom avermelhado.
kakikae 書き替え *s* reescrita, renovação, transferência de propriedade.
kakikaeru 書き替える *v* reescrever, recontar, renovar ou transferir títulos.
kakikake 書き掛け *s* escrita inacabada (inconclusa, incompleta).
kakikata 書き方 *s* modo (estilo) de escrever.
kakikomu 書[描]き込む *v* preencher, completar.
kakikōshūkai 夏期講習会 *s* curso de verão (férias).
kakikotoba 書き言葉 *s* linguagem escrita (literária).
kakikudasu 書き下す *s* **1** escrever em sequência. **2** transcrição do chinês para o japonês corrente.
kakikuwaeru 書き加える *v* inserir, adicionar palavras.

kakimawasu 掻き回す *v* **1** revolver, mexer, agitar. **2** revistar, rebuscar, desordenar, embaralhar.
kakimazeru 掻き混ぜる *v* **1** mexer, revolver, misturar. **2** criar confusão.
kakimidasu 掻き乱す *v* perturbar, tumultuar.
kakimono 書き物 *s* escrito, papel, documento.
kakimushiru 掻き毟る *v* arrancar.
kakin 家禽 *s* aves domésticas (galinha, pato).
kakinaosu 書き直す *v* reescrever, passar a limpo.
kakinareru 書き慣れる *v* acostumar-se a escrever.
kakine 垣根 *s* **1** cerca, cercado. **2** barreira.
kakinikui 書き難い *adj* difícil de escrever.
kakinokosu 書き残す *v* **1** deixar uma mensagem (nota, carta). **2** deixar inacabado. **3** esquecer de escrever.
kakinuki 書き抜き *s* trecho extraído, extrato, excerto.
kakioki 書き置き *s* **1** nota (carta) deixada. **2** carta testamentária.
kakiokosu 書き起こす *v* começar a escrever.
kakiokuru 書き送る *v* enviar uma carta.
kakioroshi 書き下ろし *s* recém-escrito, inédito.
kakiorosu 書き下ろす *v* escrever um novo livro.
kakiotoshi 書き落とし *s* omissão por esquecimento.
kakiotosu 書き落とす *v* omitir, esquecer de escrever.
kakiowaru 書き終わる *v* terminar de escrever.
kakisashi 書きさし *s* escrita inacabada, inconclusa, incompleta.
kakishibu 柿渋 *s* substância adstringente do caqui.
kakishirusu 書き記す *v* registrar, anotar.
kakisoeru 書き添える *v* inserir, acrescentar palavras.
kakisokonau 書き損なう *v* errar em escrever, escrever incorretamente.
kakitateru 書き立てる *v* anunciar, apregoar, dar destaque.
kakite 書き手 *s* **1** autor. **2** pessoa que escreve bem.
kakitome 書留 *s* carta (correspondência) registrada.
kakitori 書き取り *s* ditado.
kakitoru 書き取る *v* escrever, anotar, escrever o que é ditado.
kakitsuke 書き付け *s* anotação.
kakitsukeru 書き付ける *v* anotar, fazer anotação.
kakitsukusu 書き尽くす *v* escrever tudo (exaustivamente).
kakiutsusu 書き写す *v* transcrever, copiar.
kakizome 書き初め *s* prática de caligrafia comemorando o Ano-Novo.
kakka 閣下 *v* Vossa Excelência.
kakkazan 活火山 *s* vulcão ativo.
kakke 脚気 *s Med* beribéri.
kakketsu 喀血 *s Med* hemoptise.
kakki 活気 *s* vigor, energia, ânimo, cheio de vida.
kakki 客気 *s* ímpeto, ardor.
kakkiri かっきり *adv pop* exatamente, precisamente, pontualmente.
kakkiteki 画期的 *adj* memorável, que marca época.
kakkizuku 活気付く *v* animar-se, ser estimulado.
kakko 各個 *s* cada, individualmente, respectivamente.
kakko 括弧 *s* parêntese, colchete, chave.
kakko 確固[乎] *adj* firme, determinado, resoluto.
kakkō 恰[格]好 *s* **1** aparência, forma, figura. **2** postura, pose, aparência. **3** adequado, apropriado.

4 idade aparente. 5 situação, condição. ～をつける ～o tsukeru: tentar mostrar-se inteligente. ～がつく ～ga tsuku: salvar as aparências.
kakkoku 各国 *s* cada nação, vários países.
kakkū 滑空 *s Aeron* voo planado. ～*suru, v*: planar, voar planando.
kakkyō 活況 *s* atividade, prosperidade, vivacidade, movimentação.
kako 過去 *s* passado. ～形 ～*kei*: pretérito. ～分詞 ～*bunshi*: particípio passado. ～完了 ～*kanryō*: pretérito perfeito.
kakō 下降 *s* descida, declínio, descenso, descensão, baixa. ～*suru, v*: descer, descender, baixar.
kakō 火口 *s* cratera, abertura no cone vulcânico.
kakō 加工 *s* processamento, industrialização. ～*suru, v*: industrializar. ～業 ～*gyō*: indústria de transformação. ～食品 ～*shokuhin*: alimento industrializado. ～品 ～*hin*: produto industrializado.
kakō 河口 *s* estuário, desembocadura.
kakō 可航 *s* navegável.
kakōchi 可耕地 *s* terra cultivável.
kakochō 過去帳 *s* livro de registros de óbitos de templo budista.
kakōgan 花崗岩 *s* granito.
kakoi 囲い *s* cerca, cercado.
kakoikomi 囲い込み *s* cerco.
kakoikomu 囲い込む *v* cercar, circundar.
kakoimono 囲い者 *s* concubina.
kakoku 苛酷 *s* severidade, crueldade, rigor. ～*na, adj*: severo, cruel, rigoroso.
kakomi 囲み *s* 1 cerco. 2 coluna (de jornal) em destaque.
kakomu 囲む *v* 1 cercar, circundar. 2 sitiar, assediar.
kakon 禍根 *s* origem (raiz) dos males.
kakotsu 託つ *v* queixar-se, lamentar-se, lamuriar-se.
kakotsukeru 託ける *v* usar como pretexto (desculpa).
kakou 囲う *v* 1 cercar, rodear, circundar. 2 armazenar. 3 esconder. 4 sustentar uma amante.
kaku 角 *s* 1 ângulo. 2 quadrado. 3 chifre. 4 bispo (de xadrez japonês).
kaku 核 *s* 1 núcleo. 2 cerne, âmago. ～エネルギー ～*enerugī*: energia nuclear. ～家族 ～*kazoku*: família nuclear. ～保有国 ～*hoyūkoku*: potência (país) nuclear. ～粒子 ～*ryūshi*: núcleon.
kaku 格 *s* 1 classe, posição, reputação. 2 capacidade. 3 regra. 4 *Gram* caso.
kaku 欠く *v* 1 faltar, falhar, estar destituído. 2 lascar.
kaku 書[描]く *v* 1 escrever, compor, descrever. 2 desenhar, pintar.
kaku 掻く *v* 1 arranhar, coçar. 2 dedilhar. 3 remar, revolver. 4 raspar, cortar. 5 arar. 汗を～ *ase o* ～: suar. あぐらを～ *agura o* ～: sentar-se no chão com as pernas cruzadas. 恥を～ *haji o* ～: passar vergonha.
kaku 各 *adv* cada, todo.
kaku 斯く *adv* portanto, deste modo, como isso, tal.
kaku- 隔- *pref* alternado.
kakū 架空 *s* ficcional, imaginário. ～名義 ～*meigi*: nome falso.
kakubaru 角張る *v* ser quadrado, formal.

kakubekarazaru 欠くべからざる *expr* indispensável, imprescindível, essencial.
kakubetsu 各別 *s* cada qual em separado, separadamente, individualmente.
kakubetsu 格別 *adj* especial, excepcional, notável, particular.
kakubō 角帽 *s* barrete de formatura, estudante universitário.
kakubu 各部 *s* cada parte (seção, departamento).
kakubun 確聞 *s* convicção em ter ouvido. ～*suru, v*: ouvir com certeza.
kakubunretsu 核分裂 *s Fís* fissão nuclear.
kakubusō 核武装 *s* armamento nuclear.
kakuchi 各地 *s* todo (cada) lugar, vários locais.
kakuchi 隔地 *s* local remoto (distante, longínquo).
kakuchi 覚知 *s* percepção. ～*suru, v*: perceber.
kakuchō 拡張 *s* expansão, ampliação, aumento, extensão. ～*suru, v*: expandir. ～政策 ～*seisaku*: política expansionista.
kakudai 拡大 *s* 1 expansão, aumento, extensão. 2 ampliação. ～*suru, v*: aumentar, expandir. ～コピー ～*kopī*: cópia ampliada.
kakudaikyō 拡大鏡 *s* lente de aumento, lupa.
kakudo 角度 *s* 1 ângulo. 2 ponto de vista.
kakudo 確度 *s* confiabilidade, exatidão, precisão.
kakueki 各駅 *s* cada (toda) estação.
kakugata 角形 *s* forma quadrangular.
kakugen 格言 *s* provérbio, máxima, dito, ditado.
kakugen 確言 *s* assertiva, afirmação. ～*suru, v*: afirmar, declarar.
kakugetsu 隔月 *s* meses alternados.
kakugi 閣議 *s* reunião do gabinete (conselho de ministros).
kakugo 覚悟 *s* 1 resolução, decisão, o fato de estar preparado (determinado, resolvido). 2 prontidão, preparação. 3 resignação. ～*suru, v*: estar preparado (decidido, resignado).
kakuha 各派 *s* facções partidárias (seitas).
kakuhan 攪拌 *s* agitação. ～*suru, v*: mexer, bater, misturar, agitar. ～器 ～*ki*: batedeira.
kakuheiki 核兵器 *s* arma nuclear.
kakuheki 隔壁 *s* tabique, divisória.
kakuho 確保 *s* manutenção, garantia. ～*suru, v*: assegurar, garantir, guardar.
kakuhō 確報 *s* relatório ou notícia confiável.
kakuhōmen 各方面 *s* todas as direções.
kakui 隔意 *s* reserva. ～ない ～*nai*: sem reserva, franco, aberto.
kakui 各位 *s* senhoras e senhores.
kakuin 閣員 *s* ministro, membro do gabinete.
kakuishi 角石 *s* pedra quadrada.
kakuitsu 画一 *s* uniformidade. ～化 ～*ka*: padronização.
kakuji 各自 *s* cada um, todo mundo.
kakujikken 核実験 *s* teste de arma nuclear. ～場 ～*jō*: local de teste nuclear.
kakujin 各人 *s* cada (toda) pessoa, cada um.
kakujitsu 隔日 *s* dia sim, dia não, dias alternados.
kakujitsu 確実 *s* certeza. ～*na, adj*: certo, seguro, claro. 2 confiável, fidedigno. 3 seguro, firme. ～性 ～*sei*: confiabilidade, certeza.
kakujū 拡充 *s* expansão, ampliação. ～*suru, v*: expandir, ampliar.
kakukai 各階 *s* cada (todo) andar (de prédio).

kakukaku 斯く斯く *adv* assim e assim, tais e tais. 〜しかじか 〜*shikajika*: assim por diante.
kak(u)kō 各項 *s* cada (todo) item (cláusula).
kakumau 匿う *v* abrigar, proteger, esconder, dar refúgio, acoitar.
kakumei 革命 *s* revolução. 〜運動 〜*undō*: movimento revolucionário. 〜家 〜*ka*: revolucionário. 〜軍 〜*gun*: exército revolucionário.
kakumo かくも *adv* tão, tanto, assim.
kakunen 隔年 *s* anos alternados.
kakunin 確認 *s* confirmação, verificação, certificação. 〜*suru, v*: confirmar, verificar.
kakunō 格納 *s* armazenagem. 〜*suru, v*: guardar, abrigar.
kakunōko 格納庫 *s* hangar.
kakuran 攪乱 *s* distúrbio, perturbação.
kakureba(sho) 隠れ場(所) *s* esconderijo.
kakurega 隠れ家 *s* esconderijo.
kakureru 隠れる *v* 1 esconder-se, refugiar-se. 2 desaparecer, ocultar-se, tornar-se invisível.
kakuri 隔離 *s* isolamento, quarentena. 〜*suru, v*: isolar, separar, colocar em quarentena.
kakuritsu 確立 *s* estabelecimento, fundação, instauração.
kakuritsu 確率 *s* probabilidade.
kakuron 各論 *s* discussão por item. 〜に入る 〜*ni hairu*: entrar em detalhes.
kakuryō 閣僚 *s* ministro, membro do gabinete.
kakusa 格差 *s* diferencial, disparidade, desigualdade.
kakusage 格下げ *s* rebaixamento, degradação.
kakusaku 画策 *s* trama, conspiração, maquinação. 〜*suru, v*: conspirar, maquinar.
kakusan 拡散 *s* difusão, proliferação. 〜*suru, v*: proliferar, disseminar.
kakusan 核酸 *s Bioquím* ácido nucleico.
kakusei 覚醒 *s* despertamento. 〜*suru, v*: despertar, perder a ilusão.
kakusei 隔世 *s* distanciamento do mundo. 〜の感 〜*no kan*: sensação de viver em época diferente.
kakuseiki 拡声器 *s* alto-falante.
kakuseizai 覚醒剤 substância anti-hipnótica.
kakusensō 核戦争 *s* guerra nuclear.
kakusha 各社 *s* cada empresa; cada companhia.
kakushiaji 隠し味 *s Cul* condimento quase imperceptível ao paladar; tempero de realce.
kakushibasho 隠し場所 *s* esconderijo, escondedouro.
kakushidate 隠し立て *s* ato de encobrir o segredo de alguém.
kakushigei 隠し芸 *s* habilidade artística secreta.
kakushigoto 隠し事 *s* segredo.
kakushiki 格式 *s* 1 posição social. 2 cerimônia; formalidade.
kakushikibaru 格式張る *s* apego a formalidades; cerimônia. *V* **katakurushii** 固苦しい.
kakushin 革新 *s* reforma; inovação.
kakushin 核心 *s* núcleo; centro.
kakushin 確信 *s* convicção; certeza.
kakushite 斯くして *adv* assim; desta maneira; deste modo.
kakushitsu 角質 *s* queratina.
kakushitsu 確執 *s* dissensão, divergência.
kakusho 各所 *s* cada lugar.
kakushō 各省 *s* cada ministério.
kakushō 確証 *s* comprovação; confirmação.
kakushu 各種 *s* cada espécie.
kakushū 隔週 *s* semanas alternadas.
kakusō 各層 *s* 1 cada camada social. 2 cada estrato geológico.
kakusu 隠す *v* 1 esconder. 2 encobrir. 3 disfarçar.
kakusuru 画する *v* 1 traçar. 2 marcar. 3 planejar.
kakute 斯くて *conj* assim; por isso; desta maneira. *V* **kakushite** 斯くして.
kakutei 確定 *s* decisão. 〜判決 〜*hanketsu*: sentença definitiva. 〜的に 〜*teki ni*: definitivamente; conclusivamente.
kakutō 格[挌]闘 *s* luta corporal. 〜*suru, v*: lutar; debater-se.
kakutō 確答 *s* resposta definitiva.
kakutoku 獲得 *s* conquista; obtenção.
kakuyaku 確約 *s* promessa certa.
kakuyasuhin 格安品 *s* pechincha; produto barato.
kakuza 擱座 *s* encalhe. *V* **zashō** 座礁.
kakuzen 確然 *adj* 〜たる 〜*taru*: definitivo; positivo.
kakuzetsu 隔絶 *s* afastamento; isolamento.
kakuzuke 格付け *s* classificação.
kakyakusen 貨客船 *s* navio de carga e passageiros.
kakyakusha 貨客車 *s* trem de carga e passageiros.
kakyō 架橋 *s* construção de pontes.
kakyoku 歌曲 *s* canção.
kakyū 下級 *s* classe baixa; nível inferior.
kakyū 火急 *s* urgência.
kakyūteki 可及的 *adj* na medida do possível.
kama 窯 *s* forno. パン焼き〜 *pan'yaki*〜: forno de panificadora.
kama 鎌 *s* foice japonesa. 〜入れをする 〜*ire o suru*: colher; ceifar.
kama 罐 *s* caldeira para aquecer água.
kamaboko 蒲鉾 *s* pasta de peixe cozido no vapor.
kamado 竈 *s* 1 fogão a lenha para cozinhar. 2 lar; moradia familiar.
kamae 構え *s* 1 construção; estrutura. 2 postura; posição.
kamaeru 構える *v* 1 montar casa. 2 pôr-se em posição. 3 inventar; simular; fingir. 病気を〜 *byōki o*〜: fingir-se de doente.
kamakeru かまける *s* estar ocupado.
kamakiri 蟷螂 *s Entom* louva-a-deus.
kamau 構う *v* 1 preocupar-se; dar atenção a. 2 interferir. 3 cuidar. 4 molestar; caçoar. 5 punir.
kame 亀 *s Zool* tartaruga terrestre ou marítima.
kamei 加盟 *s* filiação; ato de inscrever-se como membro.
kamei 仮名 *s* pseudônimo.
kamei 家名 *s* nome de família; sobrenome.
kamei 科名 *s Bot* nome de família de plantas.
kamen 下面 *s* plano inferior.
kamen 仮面 s máscara; disfarce.
kamera カメラ (*ingl camera*) *s* máquina fotográfica.
kameraman カメラマン (*ingl cameraman*) *s* fotógrafo.
kami 上 *s* 1 soberano; monarca. 2 autoridade; governo. 3 nascente do rio. 4 senhor; patrão.
kami 神 *s* 1 divindade. 2 heróis da mitologia. 3 mortos venerados.
kami 紙 *s* papel.
kami 髪 *s* cabelo.

kami 加味 *s* 1 condimento; tempero. 2 inclusão; adição.
kamiai 噛み合い *s* ajustamento.
kamiarai 髪洗い *s* lavagem de cabelo.
kamiau 噛み合う *v* 1 engrenar. 2 ajustar-se.
kamibasami 紙挟み *s* prendedor de papel; clipe para papel.
kamibukuro 紙袋 *s* saco de papel.
kamidana 神棚 *s* oratório ou altar xintoísta.
kamigakari 神懸[憑]り *s* 1 possessão por forças sobrenaturais. 2 excentricidade.
kamigata 上方 *s* região de Kyoto e Osaka.
kamigata 髪型 *s* estilo de penteado; estilo do corte de cabelo.
kamihanki 上半期 *s* primeiro semestre do ano.
kamihitoe 紙一重 *s* espessura de uma folha de papel. 〜の差 〜*no sa*: diferença insignificante.
kamiire 紙入れ *s* carteira de dinheiro.
kamikatachi 髪かたち *s* corte de cabelo; penteado.
kamikazari 髪飾り *s* adorno para cabelo; ornamento para cabelo.
kamikaze 神風 *s* 1 vento providencial. 2 〜特攻隊 〜*tokkōtai*: soldados suicidas.
kamiki 上期 *s* primeiro semestre.
kamikire 紙切れ *s* pedaço de papel.
kamikiru 噛み切る *v* cortar com os dentes.
kamikuzu 紙屑 *s* aparas de papel; papéis velhos.
kamin 仮眠 *s* soneca; sesta.
kaminari 雷 *s* 1 trovoada; trovão; raio. 2 descompostura. 3 deus do trovão.
kami no ke 髪の毛 *s* cabelo.
kami no ku 上の句 *s* primeiros três metros da poesia clássica japonesa.
kamisama 神様 *s* 1 divindade. 2 ídolo; estrela.
kamisan かみさん *s pop* patroa; senhora; dona.
kamishimeru 噛み締める *v* 1 mastigar bem. 2 digerir.
kamisori 剃刀 *s* 1 navalha de barbear. 2 ser rápido e certeiro.
kamisuki 紙漉き *s* 1 confecção de papel. 2 pessoa que confecciona papel. 〜機械 〜*kikai*: máquina de fazer papel.
kamite 上手 *s* 1 parte superior. 2 lado direito do palco visto da plateia.
kamitsu 過密 *s* superlotação; congestionamento. 〜*na, adj*: superpovoado. 人口の過密化 *jinkō no kamitsuka*: concentração demográfica excessiva.
kamitsubute 紙礫 *s* pelota de papel; bolinha de papel feita para atirar.
kamitsuku 噛み付く *v* 1 abocanhar; morder. 2 gritar; protestar.
kamiwaza 神業 *s* obra divina; milagre.
kamiyasuri 紙鑢 *s* lixa; lixa de papel.
kamiyo 神代 *s* idade mitológica.
kamiyui 髪結い *s* cabeleireiro(a).
kamizutsumi 紙包み *s* embrulho de papel.
kamo 鴨 *s Ornit* pato selvagem.
kamoku 課[科]目 *s* matéria; disciplina.
kamome 鴎 *s Ornit* gaivota.
-kamoshirenai -かもしれない *expr* talvez; possivelmente. そうなる〜 *sōnaru*〜: talvez aconteça isso.
kamosu 醸す *v* 1 fermentar. 2 ocasionar; causar; provocar; produzir.

kamotsu 貨物 *s* carga; mercadorias.
kamu 噛[咬]む *v* 1 morder. 2 mastigar. 3 engrenar. 4 estar envolvido.
kamu かむ *v* assoar. 鼻を〜 *hana o* 〜: assoar o nariz.
kamubakku カムバック (*ingl comeback*) *s* retorno; regresso.
kamufurāju カムフラージュ (*fr camouflage*) *s* camuflagem; disfarce.
kan 刊 *s* publicação.
kan 巻 *s* 1 livro. 2 bobina; rolo.
kan 勘 *s* intuição; instinto; pressentimento.
kan 棺 *s* caixão; esquife.
kan 間 *s* 1 período; espaço de tempo. 2 entre. 3 relação.
kan 管 *s* tubo; cano. *suf* numeral para objetos em forma de tubo.
kan 館 *s* prédio grande; mansão. 日本〜 *nihon*〜: pavilhão japonês.
kan 燗 *s* aquecimento do saquê em banho-maria.
kan 完 *s* fim; final.
kan 官 *s* governo; autoridades; cargo do governo. 〜を辞する 〜*o jisuru*: renunciar ao cargo oficial.
kan 冠 *s* 1 coroa. 2 o primeiro; o melhor.
kan 閑 *s* lazer; tempo livre.
kan 感 *s* emoção; sentimento; sensação; impressão.
kan 歓 *s* prazer; alegria; diversão.
kan 観 *s* 1 aparência; aspecto. 2 ponto de vista.
kana 仮名 *s* silabário fonético japonês.
kana 哉 *partícula* emotiva da linguagem poética, aposta ao final da oração.
kanaami 金網 *s* rede de arame.
kanabō 鉄[金]棒 *s* cajado ou vara de ferro.
kanadarai 金盥 *s* bacia de metal.
kanadehon 仮名手本 *s arc* caderno de caligrafia do silabário da língua japonesa.
kanaderu 奏でる *v* tocar instrumento musical.
kanae 鼎 *s* 1 símbolo de poder imperial na China antiga. 2 panela de três pernas usada na China antiga.
kanaeru 叶える *v* 1 atender. 2 satisfazer.
kanagata 金型 *s* molde de metal.
kanagu 金具 *s* peça metálica.
kanaguri 金繰り *s* financiamento. 〜をする 〜*o suru*: financiar; levantar fundos.
kanagurisuteru かなぐり捨てる *v pop* 1 despir e atirar as vestes. 2 abandonar; deitar fora.
kanai 家内 *s* 1 esposa; mulher. 2 família. 3 dentro de casa.
kanakin 金巾 *s* (*port canequim*) tecido indiano de algodão.
kanakiribasami 金切り鋏 *s* tesoura para cortar folhas metálicas.
kanakirigoe 金切り声 *s* voz estridente feminina.
kan'aku 奸悪 *s* 1 perfídia. 2 traição.
kanakuzu 金屑 *s* sucata; ferro-velho.
kanamajiribun 仮名交じり文 *s* escrita mista de caracteres chineses e silabário japonês.
kaname 要 *s* 1 eixo. 2 ponto principal.
kanamono 金物 *s* utensílio metálico.
kanan 火難 *s* fogo; desastre envolvendo fogo.
kan'an 勘案 *s* consideração. *V kōryo* 考慮. 〜*suru, v*: levar em consideração.
kanarazu 必ず *adv* 1 certamente; seguramente. 2 sempre.

kanarazushimo 必ずしも *adv* nem sempre; não necessariamente. 光るが〜金ではない *hikaru ga 〜 kin dewa nai*: nem tudo que reluz é ouro.

kanari かなり *adv* bastante; consideravelmente. 雨が〜降った *ame ga 〜 futta*: choveu bastante.

kanari no かなりの *expr* bastante; consideravelmente. 〜収入 *〜shūnyū*: renda considerável.

kanasabi 金錆 *s* ferrugem.

kanashibari 金縛り *s* 1 escravo do dinheiro. 2 ato de amarrar firmemente.

kanashige 悲しげ *adj* ar de tristeza. 〜な *〜na*: triste; infeliz.

kanashii 悲しい *adj* triste; melancólico; magoado; infeliz. 〜出来事 *〜dekigoto*: acontecimento triste.

kanashiku 悲しく *adv* tristemente. 〜する *〜suru*, *v*: ficar triste; entristecer.

kanashimi 悲しみ *s* dor; tristeza.

kanashimu 悲しむ *v* entristecer-se; sofrer; lastimar.

kanashisa 悲しさ *s* tristeza.

kanashisō 悲しそう *adj* com ar de tristeza; entristecedor.

kanata 彼方 *s* além; lá. 地平線の〜に *chiheisen no 〜ni*: além do horizonte.

kanateko 金挺 *s* pé de cabra.

kanatsunbo 金聾 *s pop* indivíduo totalmente surdo; pessoa surda.

kan'atsushi 感圧紙 *s* papel decalco sensível.

kanau 叶う *v* 1 realizar-se. 2 poder fazer; ser capaz de. 詫びが叶いました *wabi ga kanaimashita*: minhas desculpas foram aceitas.

kanau 適う *v* ajustar-se; corresponder. 道理に適った行為 *dōri ni kanatta kī*: conduta de acordo com a razão.

kanau 敵う *v* equiparar-se a; aguentar. 彼には適わない *kare ni wa kanawanai*: não há quem se equipare a ele.

kanawa 金輪 *s* anel de metal; arco de metal.

kanazuchi 金槌 *s* 1 martelo. 2 indivíduo que não sabe nadar.

kanazukai 仮名遣い *s* uso do silabário *kana*; ortografia do silabário *kana*.

kanban 看板 *s* 1 placa; letreiro. 2 cartaz. 3 reputação; crédito. 4 hora de fechar.

kanbanmusume 看板娘 *s pop* moça bonita que serve para atrair os fregueses de uma loja.

kanbashii 芳しい *adj* 1 aromático. 2 bom; satisfatório.

kanbatsu 旱魃 *s* seca.

kanbatsu 間伐 *s* desbaste de florestas. 〜する *〜suru*, *v*: desbastar a floresta.

kanben 勘弁 *s* perdão; desculpa; tolerância.

kanben 簡便 *s* ato de ser simples.

kanbetsu 鑑別 *s* discriminação; distinção.

kanbi 甘美 *s* doçura.

kanbi 完備 *s* ter tudo equipado. 冷暖房〜 *reidanbō 〜*: equipamento completo de aquecimento e ar-condicionado.

kanbō 官房 *s* secretarias de órgãos governamentais.

kanbō 感冒 *s* resfriado. 〜にかかる *〜ni kakaru*: pegar resfriado. *V* **kaze** 風邪.

kanboku 灌木 *s* arbusto.

kanbotsu 陥没 *s* depressão; afundamento do terreno.

kanbu 患部 *s* parte lesada; parte doente. 〜を冷やす *〜o hiyasu*: refrescar a parte lesada.

kanbu 幹部 *s* dirigentes; principais chefes.

kanbun 漢文 *s* 1 texto em chinês clássico. 2 composição literária em chinês.

kanbungaku 漢文学 *s* literatura clássica chinesa.

kanbunsho 官文書 *s* documento oficial. 〜偽造 *〜gizō*: falsificação de documento oficial.

kanbutsu 乾物 *s* gêneros alimentícios secos. 〜屋 *〜ya*: mercearia de secos.

kanbyō 看病 *s* ato de cuidar de doentes.

kanchi 寒地 *s* zona fria.

kanchi 換地 *s* 1 troca de terrenos; remarcação de terra. 2 terreno para troca. 〜予定地 *〜yoteichi*: terreno reservado para remarcação.

kanchi 感知 *s* percepção; pressentimento.

kanchi 関知 *s* interesse; relação.

kanchigai 勘違い *s* equívoco; mal-entendido; engano.

kanchō 干潮 *s* maré vazante; maré baixa.

kanchō 官庁 *s* repartição pública.

kanchō 間諜 *s* espião; agente secreto.

kanchō 管長 *s* sacerdote superior de seitas budistas.

kanchō 館長 *s* diretor de museu ou biblioteca.

kanchō 艦長 *s* comandante de navio de guerra.

kanchū 寒中 *s* estação do frio; meio do inverno.

kandai 寛大 *s* magnanimidade; generosidade.

kandakai 甲高い *adj* agudo; estridente. 〜声 *〜koe*: voz estridente.

kandan 間断 *s* interrupção; intermissão. 〜ない *〜nai*: incessante, contínuo.

kandan 寒暖 *s* calor e frio; temperatura.

kandan 歓談 *s* conversa serena.

kandankei 寒暖計 *s* termômetro.

kanden 乾田 *s* campo de arroz seco.

kanden 間[閑]田 *s* campo alqueivado, arrozal em pousio.

kanden 感電 *s* choque elétrico.

kandenchi 乾電池 *s* pilha seca.

kando 感度 *s* sensibilidade.

kandō 間道 *s* caminho secundário; atalho.

kandō 感動 *s* emoção. 〜する *〜suru*, *v*: impressionar-se; emocionar-se. その言葉は少年を〜させた *sono kotoba wa shōnen o 〜saseta*: as palavras emocionaram o garoto.

kandokoro 勘所 *s* ponto crucial. 〜をちゃんと押さえている *〜o chanto osaete iru*: conhece o ponto nevrálgico da questão.

kandokuri 燗徳利 *s* garrafa para aquecer o saquê.

kandōshi 感動詞 *s Gram* interjeição.

kane 金 *s* 1 metal. 2 dinheiro.

kane 鐘・鉦 *s* sino; campainha.

kaneai 兼ね合い *s* equilíbrio.

kanebako 金箱 *s* 1 cofre; suporte financeiro; recurso financeiro. 2 fonte de renda; pessoa que sustenta a família.

kanebanare 金離れ *s* desapego ao dinheiro.

kanebarai 金払い *s* pagamento.

kanegane かねがね *adv* há algum tempo. *V* **kanete** 予て.

kanegura 金蔵 *s* 1 local onde se guardam valores. 2 fonte de renda.

kaneguri 金繰り *s* movimentação de recursos financeiros.

kan'ei 官営 *s* empreendimentos administrados pelo governo. *V* **kokuei** 国営.

kaneire 金入れ *s* carteira de dinheiro; porta-moedas.
kanekashi 金貸し *s* 1 empréstimo de dinheiro. 2 pessoa que empresta dinheiro. 3 usurário.
kanemawari 金回り *s* 1 situação financeira. 2 circulação de dinheiro.
kaneme 金目 *s* valor. 〜のもの 〜*no mono*: objeto valioso.
kanemochi 金持 *s* pessoa rica; o rico.
kanemōke 金儲け *s* ato de ganhar dinheiro; ato de lucrar.
kanemōkeshugi 金儲け主義 *s* culto ao dinheiro.
kanen 可燃 *s* inflamável.
kan'en 肝炎 *s Med* hepatite.
kanendo 過年度 *s* ano contábil passado.
kaneoshimi 金惜しみ *s* avarento; sovina.
kaneru 兼ねる *v* combinar; unir; possuir ambos; ter duas atividades simultaneamente.
-kaneru -かねる *suf* 1 hesitar. 人殺しもやりかねない男だ *hitogoroshi mo yarikanenai otoko da*: ele é capaz até de assassinato. 2 não poder; não estar na posição de. 3 ser impaciente, não suportar.
kanesonaeru 兼ね備える *v* reunir; combinar; ser dotado também de.
kanete 予て *adv* 1 já há algum tempo. 2 de antemão; antes.
kanetsu 火熱 *s* calor.
kanetsu 加熱 *s* aquecimento.
kanetsu 過熱 *s* 1 aquecimento em excesso. 2 efervescência.
kanetsuki 鐘撞き *s* toque do sino.
kanezukai 金使[遣]い *s* gasto de dinheiro.
kanezuku 金尽く *s pop* 〜で 〜*de*: pela força do dinheiro; a qualquer custo.
kanezumari 金詰り *s* falta de dinheiro.
kanezuru 金蔓 *s* financiador; fonte de dinheiro.
kanga 閑雅 *s* 1 elegância; refinamento; requinte. 2 quietude. *V* **kansei** 閑静.
kangae 考え *s* 1 pensamento. 2 ideia; concepção. 3 plano. 4 opinião. 5 modo de pensar. 6 precisão; suposição. 7 intenção; motivo. 8 decisão. 9 expectativa; desejo.
kangaeawaseru 考え合わせる *v* comparar os dois lados de uma questão.
kangaebukai 考え深い *adj* judicioso; sensato; prudente.
kangaechigai 考え違い *s* mal-entendido; equívoco.
kangaedasu 考え出す *v* 1 inventar; imaginar; criar. 2 começar a pensar.
kangaegoto 考え事 *s* 1 pensamento. 2 preocupação. 何か〜でもあるのか *nanika 〜demo aru no ka*: qual é a sua preocupação?
kangaekata 考え方 *s* modo de pensar.
kangaekomu 考え込む *v* estar pensativo.
kangaemono 考え物 *s* preocupação; problema.
kangaenaosu 考え直す *v* repensar.
kangaenuku 考え抜く *v* pensar bem.
kangaeru 考える *v* 1 pensar. 2 opinar. 3 pretender. 4 supor; calcular. 5 imaginar. 6 julgar; considerar. 7 reconsiderar; refletir. 8 inventar.
kangaetsuku 考え付く *v* ocorrer; lembrar-se.
kangaeyō 考え様 *s* modo de pensar; ponto de vista.
kangai 干[旱]害 *s* danos causados pela seca.
kangai 灌漑 *s* irrigação.

kangai 感慨 *s* emoção profunda.
kangakki 管楽器 *s* instrumento de sopro.
kangaku 官学 *s* universidade oficial.
kangaku 漢学 *s* 1 sinologia. 2 estudo dos clássicos chineses.
kangamiru 鑑みる *v* ter em vista.
kangan 汗顔 *s* ato de corar de vergonha.
kangan 宦官 *s* eunuco.
kangei 歓迎 *s* boas-vindas; recepção.
kangeikai 歓迎会 *s* festa de boas-vindas.
kangeiko 寒稽古 *s* treino de inverno.
kangeki 感激 *s* emoção; ato de ficar impressionado.
kangeki 観劇 *s* ato de assistir a uma peça de teatro.
kangeki 間隙 *s* 1 brecha. 2 descuido. 〜を埋める 〜*o umeru*: cobrir ou completar a brecha.
kangen 甘言 *s* adulação; lisonja.
kangen 換言 *expr* ou seja; dizendo em outras palavras.
kangen 還元 *s* 1 voltar a pensar do zero. 〜*suru, v*: restaurar. 2 *Quím* redução.
kangen 諫言 *s* conselho; advertência.
kangengaku 管弦[絃]楽 *s* música de orquestra.
kangetsu 寒月 *s* luar de inverno.
kangetsu 観月 *s* contemplação da lua.
kangezai 緩下剤 *s Farm* purgativo leve; laxativo; laxante.
kango 看護 *s* enfermagem.
kango 漢語 *s* palavra ou expressão chinesa.
kangofu 看護婦 *s* enfermeira.
kangoku 監獄 *s obsol* prisão; cadeia.
kanguru 勘繰る *v* desconfiar; suspeitar.
kangyō 官業 *s* empresa do governo; monopólio do governo.
kangyō 勧業 *s* fomento da indústria.
kani 蟹 *s* caranguejo; siri.
kan'i 官位 *s* 1 cargo público. 2 categoria hierárquica no funcionalismo público.
kan'i 簡易 *s* simplicidade.
kan'ihoken 簡易保険 *s* sistema de seguro de vida simplificado.
kan'ika 簡易化 *s* simplificação.
kan'in 官印 *s* selo oficial.
kan'in 姦淫 *s* adultério.
kan'ippatsu 間一髪 *expr* por um triz. 〜のところで逃れる 〜*no tokoro de nogareru*: escapar por um triz.
kanja 患者 *s* paciente; doente; enfermo.
kanji 感じ *s* 1 sensação. 2 sensibilidade; percepção.
kanji 漢字 *s* ideograma chinês.
kanji 幹事 *s* chefia; administração; organizador de um evento.
kanji 監事 *s* 1 inspetor; fiscal. 2 conselheiro fiscal.
kanjiki かんじき *s* sapatas para andar sobre a neve.
kanjin 閑人 *s* pessoa ociosa.
kanjin 勧進 *s Bud* angariação de fundos para construção de templo budista.
kanjin 寛仁 *s* generosidade; magnanimidade. 〜*na, adj*: generoso; compassivo; clemente; misericordioso.
kanjin 肝心[腎] *s* ponto principal.
kanjinmoto 勧進元 *s* patrocinador; promotor.
kanjiru 感じる *v* 1 sentir. 痛みを〜 *itami o〜*: sentir a dor. 物のあわれを〜 *mono no aware o〜*: ser sensível a acontecimentos tocantes. 2 ser

impressionado; ser afetado. 人の恩に～ hito no on ni ～: ficar comovido com a bondade das pessoas. **3** responder. いくら親切に言ってやっても感じない男だ ikura shinsetsu ni itte yattemo kanjinai otoko da: todas as palavras de gentileza ditas a ele foram em vão.
kanjitoru 感じ取る v perceber; notar; compreender.
kanjiyasui 感じ易い adj **1** sensível; suscetível. **2** sentimental.
kanjo 寛恕 s generosidade; magnanimidade.
kanjo 官女 s Hist dama de companhia.
kanjō 勘定 s **1** cálculo; conta. **2** títulos de contabilidade.
kanjō 感情 s emoção; sentimento.
kanjō 感状 s citação; carta de louvor; carta de recomendação.
kanjō 環状 s forma circular, anelar.
kanjō 艦上 s a bordo de um navio de guerra.
kanjōchigai 勘定違い s erro de cálculo.
kanjōdakai 勘定高い adj interesseiro.
kanjōgaki 勘定書き s fatura; conta; cobrança.
kanjōteki 感情的 ～na, adj: emotivo; sentimental.
kanju 感受 s captação de sensações.
kanju 甘受 s resignação; conformação; submissão.
kanjuku 完熟 s amadurecimento completo.
kanjusei 感受性 s sensibilidade.
kanka 乾果 s frutas secas.
kanka 換価 s conversão de bens em dinheiro; realização. ～率 ～ritsu: taxa de conversão.
kanka 感化 s influência; inspiração. 親の～ oya no ～: influência dos pais. 善に導く～力 zen ni michibiku ～ryoku: influência para o bem.
kanka 干戈 s armas.
kanka 看過 s transigência.
kankai 官界 s mundo do funcionalismo público.
kankaikanchō 管海官庁 s repartições fiscalizadoras dos assuntos marítimos.
kankaku 間隔 s intervalo; espaço.
kankaku 感覚 s sentido; sensibilidade.
kankan(bakari) 看貫(秤) s balança; equipamento para pesar.
kankashokubutsu 観花植物 s flores e plantas ornamentais.
kankatsu 管轄 s jurisdição.
kankatsuken 管轄権 s Dir poder de autoridade da jurisdição.
kankei 関係 s **1** relação. 物質と精神との～ busshitsu to seishin to no ～: relação entre a matéria e o espírito. **2** envolvimento; participação. 犯罪に～する hanzai ni ～suru: ter participação num crime. V **kankeisha** 関係者.
kankei 奸[姦]計 s trama; trapaça.
kankeigaisha 関係会社 s empresa coligada; empresa filiada.
kankeikikan 関係機関 s entidades coligadas.
kankeisha 関係者 s pessoas envolvidas; partes envolvidas.
kankeisha 緩傾斜 s inclinação moderada; ladeira suave.
kankeizukeru 関係付ける v relacionar; ligar; associar.
kanken 官憲 s autoridades oficiais.
kanken 管見 s **1** visão estreita. **2** ponto de vista pessoal.

kanketsu 完結 s conclusão; fim; término. ～篇 ～hen: último da série.
kanketsu 間欠[歇] s intermitência.
kanketsu 簡潔 s brevidade; concisão.
kanki 乾季 s estação seca.
kanki 寒気 s clima frio; tempo frio.
kanki 換気 s ventilação.
kanki 歓喜 s alegria; prazer; júbilo.
kanki 官紀 s disciplina moral dos funcionários públicos.
kanki 勘気 s desagrado.
kanki 喚起 s suscitação; o despertar.
kankin 官金 s fundo do governo. ～費消 ～hishō: apropriação indébita dos fundos do governo.
kankin 監禁 s detenção.
kankin 換金 s conversão em moeda; conversão de bens em dinheiro.
kankin 桿菌 s bacilo.
kankitsurui 柑橘類 s cítrus, citrino.
kanko 歓呼 s aplauso; aclamação.
kankō 勘考 s ponderação; consideração.
kankō 刊行 s publicação.
kankō 敢行 s realização de algum evento, consecução resoluta.
kankō 感光 s exposição à luz.
kankō 慣行 s prática habitual.
kankō 観光 s turismo.
kankō 緘口 s mutismo. ～suru, v: permanecer calado.
kankōbai 寒紅梅 s Bot ume (ameixeira) de inverno.
kankōchō 官公庁 s repartições públicas.
kankōdo 感光度 s grau de exposição à luz.
kankoku 寒国 s região de clima frio; país frio.
kankoku 勧告 s conselho; recomendação; aviso; advertência.
kankōkyaku 観光客 s turista.
kankonsōsai 冠婚葬祭 s as quatro cerimônias mais importantes: maioridade, casamento, funeral e cultos aos antepassados.
kankōri 官公吏 s funcionários públicos; oficiais do governo.
kankōryokō 観光旅行 s viagem de turismo.
kankōshiritsu 官公私立 s do governo, público ou particular. ～学校 ～gakkō: escolas do governo; escolas públicas ou particulares.
kankōsho 官公署 s repartições do governo.
kankotsudattai 換骨奪胎 s adaptação de uma versão original.
kanku 管区 s distrito; região; circunscrição.
kanku 艱苦 s sofrimento; penúria.
kanku 甘苦 s alegrias e tristezas.
kankyaku 観客 s espectadores; público; plateia.
kankyaku 閑却 s negligência; desleixo; descuido.
kankyo 官許 s permissão do governo; licença do governo.
kankyo 閑居 s **1** vida sossegada; vida ociosa. **2** moradia em local retirado.
kankyō 感興 s interesse; curiosidade; entusiasmo.
kankyō 環境 s meio; ambiente.
kankyū 官給 s fornecimento gratuito de algo pelo governo.
kankyū 緩急 s **1** lentidão e rapidez; mansidão e dureza. **2** emergência.
kanman 緩慢 s **1** lentidão. 動作が～である dōsa

kanman 干満 *s* maré baixa e maré alta.
kanmatsu 巻末 *s* final do livro.
kanmei 官名 *s* título oficial; nome oficial.
kanmei 官命 *s* missão oficial; ordem do governo.
kanmei 感銘 *s* impressão profunda. ～的な ～*teki na*: impressivo. その本からは何の～も受けなかった *sono hon kara wa nan no ～mo ukenakatta*: esse livro não me impressionou nem um pouco.
kanmei 簡明 *s* simplicidade e clareza; concisão.
kanmi 甘味 *s* doçura; sabor adocicado.
kanmin 官民 *s* governo e povo.
kanmoku 緘黙 *s* silêncio; taciturnidade. ～症 ～*shō*: mutismo. ～*suru*, *v*: permanecer em silêncio.
kanmon 喚問 *s* intimação; citação; notificação judicial.
kanmuri 冠 *s* coroa.
kanna 鉋 *s* plaina.
kannai 管内 *s* dentro da jurisdição.
kannan 艱難 *s* trabalho; dificuldade; adversidade; sofrimento.
kannen 観念 *s* 1 ideia; conceito. 2 noção. 3 resignação; desistência.
kannetsumekkin 乾熱滅菌 *s* esterilização por meio de calor seco.
kannetsuzai 感熱剤 *s* substância termossensível.
kannin 堪忍 *s* 1 paciência; tolerância. 2 perdão.
kanningu カンニング (*ingl cunning*) *s pop* cola. ～をする ～*o suru*: colar.
kannō 完納 *s* pagamento completo.
kannō 官能 *s* 1 funções orgânicas. 2 sensualidade. 3 voluptuosidade.
kannō 感応 *s* 1 simpatia. 2 resposta divina. 3 indução eletromagnética.
Kannon 観音 *s* deusa budista da misericórdia.
kannuki 閂 *s* 1 tranca; ferrolho. 2 tesoura; no sumô, imobilização do adversário com os braços.
kannushi 神主 *s* sacerdote xintoísta.
kano 彼の *adj* aquele; aquela. ～地 ～*chi*: aquele lugar.
kanō 仮納 *s* depósito temporário de dinheiro.
kanō 化膿 *s* supuração.
kanō 可能 *s* 1 possibilidade. ～な, *adj*: possível; realizável. 2 *Gram* potencial. ～動詞 ～*dōshi*: verbos com noções de possibilidade.
-ka no gotoku -かの如く *expr* como se.
kanojo 彼女 *pron* 1 ela. 2 namorada.
kan'oke 棺桶 *s* caixão; esquife.
kanōsei 可能性 *s* possibilidade.
kanpa 看破 *s* intuição; perspicácia.
kanpa 寒波 *s* onda de ar frio; frente fria.
kanpai 完敗 *s* derrota total.
kanpai 乾杯 *s* brinde; "saúde!".
kanpan 干犯 *s* violação; infração.
kanpan 甲板 *s* convés de navio.
kanpatsu 煥発 *s* brilho; ato de ser brilhante. 才気～である *saiki～ de aru*: ser muito brilhante; estar cheio de recursos.
kanpeishiki 観兵式 *s* revista às tropas; desfile militar.
kanpeki 完璧 *s* perfeição.
kanpensuji 官辺筋 *s* círculo governamental.
kanpi 官費 *s* despesas do governo. ～生 ～*sei*: bolsista do governo.
kanpō 官報 *s* diário oficial.
kanpō 漢方 *s* medicina chinesa; terapia chinesa.
kanpon 完本 *s* edição completa.
kanpu 姦夫 *s* adúltero; amante.
kanpu 姦婦 *s* adúltera; amante.
kanpu 還付 *s* reembolso; restituição. ～金 ～*kin*: dinheiro reembolsado.
kanpū 寒風 *s* vento frio.
kanpuku 官服 *s* uniforme de oficial.
kanpuku 感服 *s* admiração.
kanraku 陥落 *s* 1 queda. 2 rendição. 3 ～*suru, v*: deixar-se conquistar.
kanraku 歓楽 *s* diversão; prazer; deleite. 人生の～ *jinsei no ～*: prazeres da vida.
kanran 観覧 *s* contemplação. ～*suru, v*: assistir; apreciar.
kanrei 寒冷 *s* frio; temperatura baixa.
kanrei 慣例 *s* hábito; usos e costumes; praxe. 決まった～ *kimatta ～*: costume estabelecido. ～上 ～*jō*: tradicionalmente; convencionalmente.
kanreichi 寒冷地 *s* região fria.
kanreki 還暦 *s* aniversário de sessenta anos.
kanren 関連 *s* relação; ligação; conexão.
kanrensei 関連性 *s* correlação.
kanri 管理 *s* 1 controle; administração; gestão; direção. 2 guarda; custódia.
kanri 官吏 *s* oficial do governo; funcionário público.
kanrinin(sha) 管理人(者) *s* zelador de prédio; administrador; gerente; curador.
kanritsu 官立 *s* ～学校 ～*gakkō*: estabelecimento de ensino oficial.
kanro 甘露 *s* néctar; doçura.
kanroku 貫禄 *s* dignidade; imponência; importância; solenidade. ～がある人 ～*ga aru hito*: pessoa respeitada.
kanrui 感涙 *s* lágrimas de emoção.
kanryaku 簡略 *s* simplicidade; brevidade. ～な, *adj*: breve; conciso.
kanryō 完了 *s* 1 conclusão; término; fim. 2 *Gram* pretérito; passado. 過去～ *kako～*: pretérito perfeito.
kanryō 官僚 *s* burocracia; burocrata. ～政治 ～*seiji*: governo burocrata.
kanryū 寒流 *s* corrente marítima fria.
kanryū 還流 *s* refluxo de água.
kansa 監査 *s* auditoria; inspeção; fiscalização. ～役 ～*yaku*: fiscal; auditor.
kansai 完済 *s* liquidação; pagamento completo.
kansai 艦載 *s* ～機 ～*ki*: aeronaves que têm base em porta-aviões.
kansai 関西 *s* regiões de Kyoto e Osaka.
kansaku 間作 *s* 1 cultivo intercalado em terras onde já existem outra plantações. 2 cultura rotativa.
kansan 閑散 *s* 1 ócio. 2 calmo; de pouco movimento. 今ごろ店は～だ *imagoro mise wa～da*: a loja deve estar calma agora.
kansan 換算 *s* conversão; câmbio.
kansatsu 監察 *s* inspeção; fiscalização. ～*suru, v*: fiscalizar; inspecionar.
kansatsu 鑑札 *s* licença; certificado.
kansatsu 観察 *s* observação; estudo; pesquisa;

exame. 蟻の習性についての〜 ari no shūsei ni tsuite no 〜: observações sobre os hábitos das formigas.
kansatsugan 観察眼 s olho observador.
kansatsuryoku 観察力 s capacidade ou poder de observação.
kansei 完成 s término; fim; perfeição; realização. 〜品 〜hin: produto acabado.
kansei 官製 s produto ou produção do governo.
kansei 陥穽 s 1 armadilha de cova. 2 cilada; ardil.
kansei 乾性 s sequidão; secura.
kansei 閑静 s calma; tranquilidade. 〜na, adj: sossegado; calmo; tranquilo.
kansei 感性 s sensibilidade.
kansei 歓声 s grito de alegria.
kansei 慣性 s inércia.
kansen 官選 s escolhido ou selecionado pelo governo. 〜弁護人 〜bengonin: advogado oficioso. V kokusen 国選.
kansen 感染 s contaminação; contágio.
kansen 幹線 s linha principal.
kansetsu 間接 s indireto; por intermédio.
kansetsu 関節 s articulação; junta.
kansha 官舎 s residência oficial.
kansha 感謝 s agradecimento; gratidão.
kanshaku 癇癪 s raiva; fúria; ira. 〜を起こす 〜o okosu: perder a calma.
kanshakudama 癇癪玉 s pop ataque de cólera.
kanshakumochi 癇癪持ち s pessoa irascível; pessoa de temperamento explosivo.
kanshi 漢詩 s poema chinês.
kanshi 監視 s vigilância; guarda.
kanshi 干支 s ciclo sexagenário de contagem dos anos, originário da China. V eto 干支.
kanshi 諌止 s dissuasão. 〜suru, v: dissuadir; desaconselhar.
kanshi 冠詞 s Gram artigo.
kanshiki 乾式 s processo a seco.
kanshiki 鑑識 s 1 identificação criminal. 〜課 〜ka: seção de identificação criminal. 2 avaliação; juízo; exame.
kanshikigan 鑑識眼 s sabedoria na distinção; olho crítico. 〜がある 〜ga aru: ter olho crítico.
kanshin 感心 s admiração.
kanshin 関心 s curiosidade; interesse.
kanshin 歓心 s benevolência; graça; favor.
kanshite 関して expr relacionado a; concernente a. V kansuru 関する.
kanshitsu 乾湿 s sequidão e umidade. 〜計 〜kei: psicrômetro.
kansho 甘薯・藷 s batata-doce.
kansho 寒暑 s frio e calor; temperatura.
kanshō 干渉 s interferência; intervenção; intromissão.
kanshō 感傷 s sentimentalismo.
kanshō 管掌 s administração. 〜suru, v: gerenciar; administrar; supervisionar.
kanshō 緩衝 s amortecimento de choques.
kanshō 癇症[性] s suscetibilidade; irritabilidade.
kanshō 鑑賞 s apreciação da arte. 〜家 〜ka: apreciador.
kanshoku 官職 s funcionalismo público; cargo oficial.
kanshoku 間色 s cor intermediária.

kanshoku 感触 s 1 tato. 2 sensação; impressão.
kanshōryoku 鑑賞力 s capacidade de apreciar.
kanshu 看守 s carcereiro; guarda de prisão.
kanshū 監修 s supervisão.
kanshū 慣習 s hábito; usos e costumes; convenção. 〜に従う 〜ni shitagau: seguir os costumes.
kanshū 観衆 s espectadores; público; audiência; auditório.
kanso 簡素 s simplicidade.
kansō 乾燥 s secura; aridez.
kansō 感想 s opinião; impressão. 〜文 〜bun: impressões pessoais escritas sobre leitura ou sobre acontecimento.
kansō 観想 s contemplação.
kansoku 観測 s 1 observação. 〜所 〜jo: observatório. 2 opinião; parecer.
kanson 寒村 s aldeia pobre e isolada.
kansū 巻数 s número de volumes de livros de uma série; número de rolos de filme.
kansū 関[函]数 s Mat função. 二次〜 niji〜: função de segundo grau.
kansui 鹹水 s água salgada.
kansui 灌水 s aspersão de água.
kansui 完遂 s término; acabamento. 目的を〜する mokuteki o 〜suru: conseguir realizar o almejado.
kansuru 関する v 1 ter relação; dizer respeito. この件に〜一切の書類 kono ken ni 〜issai no shorui: todos os documentos relacionados a este assunto. 2 afetar; envolver; comprometer. 名誉に〜問題 meiyo ni 〜mondai: questão envolvendo a honra.
kansuru 冠する v nomear; designar; coroar.
kantai 寒帯 s zona glacial.
kantai 歓[歓]待 s hospitalidade; recepção cordial.
kantai 艦隊 s esquadra; frota.
kantaku 干拓 s recuperação da terra pela drenagem. 〜suru, v: drenar.
kantan 肝胆 s profundezas do coração; íntimo do coração.
kantan 感嘆 s exclamação; admiração.
kantan 簡単 s simplicidade. 〜明瞭 〜meiryō: claro e simples. 〜na, adj: leve; simples. 〜な食事 〜na shokuji: refeição leve.
kantei 官邸 s residência oficial.
kantei 艦艇 s navio de guerra.
kantei 鑑定 s parecer de especialista; análise; avaliação.
kanten 旱天 s seca; estiagem.
kanten 寒天 s 1 ágar-ágar seco. 2 céu de inverno; clima frio.
kanten 観点 s ponto de vista.
kantera カンテラ s (hol kandelaar) lanterna; lampião.
kantetsu 貫徹 s realização; execução. 〜suru, v: realizar; executar. 初志を〜する shoshi o 〜suru: realizar a intenção original.
kanto 官途 s cargo governamental. V kanshoku 官職.
kantō 巻頭 s começo de um livro. 〜の言(の辞) 〜no gen (no ji): prefácio.
kantō 敢闘 s combatividade. 〜精神 〜seishin: espírito de luta. 〜suru, v: lutar corajosamente.
kantoku 感得 s percepção; inspiração; intuição.

kantoku 監督 *s* **1** superintendente; supervisão; direção. **2** diretor de filme. **3** técnico de time.
kantōshi 間投詞 *s Gram* interjeição.
kantsū 姦通 *s* adultério.
kantsū 貫通 *s* perfuração; penetração. 彼は胸部に～銃創を受けた *kare wa kyōbu ni ～jūsō o uketa*: ele recebeu um tiro perfurante no peito.
kanwa 緩和 *s* alívio; atenuação; moderação; afrouxamento; diminuição.
Kanwa 漢和 *s* **1** sino-japonês. ～辞典 ～*jiten*: dicionário chinês-japonês. **2** dicionário de ideogramas chineses.
kan'ya 寒夜 *s* noite fria; noite de inverno.
kan'yaku 完訳 *s* tradução completa.
kan'yaku 漢訳 *s* tradução para o chinês clássico.
kan'yo 関[干]与 *s* relação; participação.
kan'yō 肝要 *s* importância vital. ～*na*, *adj*: importante; de importância vital; essencial; indispensável. ～な点 ～*na ten*: ponto vital; ponto indispensável.
kan'yō 官用 *s* missão oficial; negócios do governo. *V kōyō* 公用.
kan'yō 慣用 *s* uso corrente. ～英語 ～*eigo*: inglês idiomático. ～上 ～*jō*: por uso. ～の ～*no*: comum; ordinário.
kan'yō 寛容 *s* compreensão; magnanimidade; generosidade; tolerância.
kan'yōshokubutsu 観葉植物 *s* plantas ornamentais.
kan'yu 肝油 *s* óleo de fígado de bacalhau etc.
kan'yu 換喩 *s Gram* metonímia.
kanyū 加入 *s* ingresso; adesão; filiação; entrada.
kan'yū 勧誘 *s* angariação; convite; aliciamento. ～*suru*, *v*: convidar; induzir; persuadir. 雑誌購読の～をする *zasshi kōdoku no ～o suru*: vender assinaturas de revistas.
kanyūsha 加入者 *s* pessoas inscritas; membros; assinantes. ～名簿 ～*meibo*: lista de membros.
kanzai 管財 *s* administração de propriedade. 破産～人 *hasan～nin*: administrador de massa falida; administrar a propriedade sob custódia.
kanzake 燗酒 *s* saquê quente.
kanzashi 簪 *s* grampo ornamental para cabelo.
kanzei 関税 *s* taxa alfandegária; direitos alfandegários.
kanzen 完全 *s* perfeição; totalidade. ～*na*, *adj*: completo; inteiro.
kanzenchōaku 勧善懲悪 *s* ato de incentivar o bem e punir o mal.
kanzenmuketsu 完全無欠 *s* perfeição absoluta; perfeição completa sem ressalvas.
kanzen(to) 敢然(と) *s* ousadia; seriedade; coragem. ～と立ち上がる ～*to tachiagaru*: erguer-se bravamente contra o inimigo. ～として難局に当たる ～*to shite nankyoku ni ataru*: enfrentar a situação difícil corajosamente.
kanzetsu 冠絶 *s* proeminência; ser único.
kanzō 肝臓 *s Anat* fígado.
kanzuku 感付く *v* desconfiar; suspeitar; pressentir. 彼は感付かれないように変装して行った *kare wa kanzukarenai yō ni hensō shite itta*: ele foi disfarçado para que ninguém desconfiasse.
kanzume 缶詰 *s* **1** enlatado. **2** retenção; confinamento.
kao 顔 *s* **1** face; rosto; cara. **2** semblante; aparência; fisionomia. **3** prestígio; reputação. **4** nome. ～が広い ～*ga hiroi*: ser conhecido. **5** ar de graça. 表に～を出す *omote ni ～o dasu*: aparecer em público. 晴れ晴れした～ *harebare shita～*: rosto radiante.
kaō 花押 *s* assinatura; selo escrito.
kaoawase 顔合わせ *s* **1** primeiro encontro; apresentação pela primeira vez. **2** confrontação. **3** representação conjunta de dois atores famosos.
kaobure 顔触れ *s* caras; rostos. 委員の～の大分が新しくなった *iin no ～no daibu ga atarashiku natta*: há muitas caras novas no comitê.
kaodachi 顔立ち *s* feição; aparência; aspecto; fisionomia. ～がよい ～*ga yoi*: ter uma boa aparência.
kaodashi 顔出し *s* comparecimento; participação. 彼は世間にあまり～をしない *karewa seken ni amari ～o shinai*: ele não participa muito das atividades da sociedade.
kaoiro 顔色 *s* **1** cor do rosto. ～が変わる ～*ga kawaru*: empalidecer. **2** expressão do rosto.
kaojashin 顔写真 *s* fotografia do rosto.
kaokatachi 顔容[形] *s* feição; aparência; rosto.
kaoku 家屋 *s* casa; residência; habitação.
kaomake 顔負け *s pop* ～*suru*, *v*: ficar desconcertado.
kaomise 顔見世 *s pop* aparição em público pela primeira vez; estreia.
kaomishiri 顔見知り *s* conhecido; pessoa conhecida.
kaomuke 顔向け *s* ato de olhar de frente. 世間に～できない *seken ni ～dekinai*: não poder encarar o público, a sociedade.
kaonajimi 顔馴染み *s* velho conhecido.
kaori 香[薫]り *s* perfume; aroma; fragrância.
kaoru 薫[香]る *v* cheirar. 若葉が薫っている *wakaba ga kaotte iru*: sente-se o cheiro das folhas novas.
kaotsuki 顔つき *s* expressão; semblante; fisionomia. 怒った～ *ikatta ～*: expressão de ira.
kaoyaku 顔役 *s* pessoa de influência. 町内の～ *chōnai no ～*: homem de influência do bairro.
kappa 河童 *s* animal lendário com aspecto de rã; bom nadador.
kappa カッパ・合羽 (*port capa*) *s* capa de chuva.
kappan 活版 *s* **1** tipografia; impressão. **2** tipo.
kapparai かっ払い *s vulg* **1** furto; roubo. **2** batedor de carteiras; "trombadinha".
kapparau かっ払う *v* roubar; surrupiar.
kappatsu 活発 *s* ativo.
kappo 闊歩 *s* ato de andar com passos largos.
kappō 割烹 *s* culinária japonesa; restaurante japonês.
kappuku 恰幅 *s* constituição física; configuração do corpo.
kappuru カップル (*ingl couple*) *s* casal; par.
kara 殻 *s* **1** casca. **2** concha de ostra ou caracol. **3** palha de feijão.
kara 空 *s* vácuo; vazio; desocupado.
kara[1] から *adv pop* completamente; absolutamente; totalmente. 彼は～いくじがない *kare wa ～ikuji ga nai*: ele é uma pessoa totalmente covarde.
kara[2] から *partícula* **1** de; através de; das mãos de. 人～金を受け取る *hito～ kane o uketoru*: receber o dinheiro de terceiros. **2** de; desde. 朝～晩まで働

く *asa～ ban made hataraku*: trabalhar da manhã até a noite. **3** porque; por causa de; por; visto que; como. 知らない～言えない *shiranai～ ienai*: como eu não sei, não posso lhe falar. **4** de; por. 必要～ *hitsuyō～*: por necessidade. **5** de acordo com; por. これらの事実～判断すると *korera no jijitsu～ handan suru to*: julgando de acordo com estes fatos.

karaage 空揚げ *s* fritura à milanesa. 鳥の～ *tori no～*: frango a passarinho.

karabako 空箱 *s* caixa vazia.

karaburi 空振り *s* **1** *Beis* rebatida em falso. **2** dar um soco e não acertar. **3** fracasso.

karada 体 *s* **1** corpo. **2** físico. **3** saúde. **4** força física.

karadatsuki 体付き *s* constituição física.

karagenki 空元気 *s* aparência de corajoso.

karai 辛い *adj* **1** picante; apimentado. **2** salgado. **3** rígido; rigoroso.

karaibari 空威張り *s* bazófia; vanglória; bravata. ～屋 ～*ya*: fanfarrão.

karajiman 空自慢 *s* bazófia; só ter garganta. ～する人 ～*suru hito*: bazofiador.

karakai からかい *s* zombaria.

karakara からから *onom* gargalhada. ～と笑って ～*to waratte*: gargalhando.

karakara からから *mim* seco. のどが乾いて～だ *nodo ga kawaite ～da*: estar com a garganta seca de sede.

karakasa 唐傘 *s* guarda-chuva japonês de bambu e papel oleado.

karakau からかう *v* zombar; caçoar; brincar; gracejar.

karakkaze 空っ風 *s pop* vento seco e forte.

karak(k)ishi から(っ)きし *adv pop* completamente inútil.

karakuchi 辛口 *s* **1** sabor picante. **2** pessoa que gosta de alimentos salgados e bebidas alcoólicas.

karaku mo 辛くも *adv* **1** com muito sacrifício. **2** por um triz; por pouco. ～逃れる ～*nogareru*: escapar por um triz.

karakuri からくり *s* **1** truque. **2** mecanismo; dispositivo.

karakuriningyō からくり人形 *s* marionete com dispositivo mecânico para movimentá-la.

karakusa 唐草 *s* arabesco. ～模様 ～*moyō*: estampa de arabesco.

karamaru 絡まる *v* enroscar-se; enredar-se.

karamawari 空回り *s* **1** derrapagem; rotação em falso. **2** atividade ineficaz. ～*suru, v*: rodar em círculos.

karame 辛目 *adj* um pouco salgado.

karameru カラメル (*ingl caramel*) *s* caramelo. ～色 ～*iro*: cor de caramelo.

karameru 絡める *v* **1** prender; reter (criminoso). **2** cobrir (com mel, creme etc.).

karami 辛味 *s* sabor picante; gosto apimentado.

karamiai 絡み合い *s* entrelaçamento; entrançamento; ato de enroscar-se.

karamiau 絡み合う *v* entrelaçar-se; unir-se; intrincar-se. この問題にはいろいろな事情が絡み合っている *kono mondai ni wa iroiro na jijō ga karamiatte iru*: várias circunstâncias estão intrincadas neste assunto.

karamitsuku 絡み付く *v* enlaçar-se; ligar-se.

karamu 絡む *v* **1** enroscar-se. **2** ligar-se estreitamente. **3** meter-se; provocar briga.

-kara ni wa -からには *partícula* desde que; uma vez que; já que. 始めた～最後までやれ *hajimeta ～ saigo made yare*: uma vez que começou, vá até o fim.

karaoke 空オケ *s* **1** orquestra sem canto e local onde se tocam essas músicas. **2** CD de música gravada apenas com acompanhamento.

karappo 空っぽ *s pop* vazio.

karareru 駆られる *v* ser levado; ser estimulado.

karari から り *mim* seco; crocante; franco. 天ぷらが～と揚がった *tempura ga ～to agatta*: o tempurá ficou bem crocante.

karasawagi 空騒ぎ *s* tempestade em copo d'água; barulho por nada.

karasenden 空宣伝 *s* propaganda sensacionalista; propaganda enganosa.

karāshashin カラー写真 *s* fotografia colorida.

karashi 芥子 *s* mostarda.

karashina 芥子菜 *s Bot* mostarda em folhas.

kara shite からして *partícula* 君～そんな事をしては困るじゃないか *kimi～ sonna koto o shite wa komaru janai ka*: é um problema fazer isso, começando por você.

karasu 烏・鴉 *s Ornit* corvo.

karasu 枯らす *v* deixar murchar; destruir; deixar secar. 草木を～日照り続き *kusaki o ～hideri tsuzuki*: dias contínuos ensolarados de secar as plantas.

karasu 嗄らす *v* ficar rouco. 声を嗄らして叫ぶ *koe o karashite sakebu*: gritar muito.

karate 空手 *s* **1** *Esp* caratê. **2** mãos vazias.

karategata 空手形 *s* cheque sem fundo; letra de câmbio sem cobertura.

karate(jutsu) 唐[空]手(術) *s* arte marcial de Ryukyu (atual Okinawa); caratê.

karatō 辛党 *s* adeptos de bebidas alcoólicas.

karatto カラット (*hol karaat*) *s* quilate: medida para peso de pedras preciosas e grau de pureza do ouro.

karayakusoku 空約束 *s* promessa em vão.

karazeki 空咳 *s* tosse seca.

kare 彼 *pron* **1** ele. **2** namorado; amante; marido.

karē カレー (*ingl curry*) *s* caril. ～粉 ～*ko*: pó de curry. ～ライス ～*raisu*: prato de arroz com caril.

karebana 枯れ花 *s* flores murchas.

kareeda 枯れ枝 *s* galho murcho e seco.

karegoe 嗄れ声 *s* voz rouca.

kareha 枯れ葉 *s* folha murcha e seca.

karei 華麗 *s* grandiosidade; esplendor.

karei 鰈 *s Ictiol* solha; rodovalho; linguado.

kareki 枯れ木 *s* árvore murcha e seca.

karekore かれこれ *adv* **1** uma coisa e outra; isto e aquilo. **2** aproximadamente; cerca de.

karekusa 枯れ草 *s* erva seca; capim seco.

karen 可憐 *adj* bonito; lindo. ～な少女 ～*na shōjo*: menina bonita.

karendā カレンダー (*ingl calendar*) *s* calendário.

kareno 枯れ野 *s* campo seco; deserto.

kareru 枯れる *v* **1** murchar. **2** secar. **3** amadurecer. 枯れた筆跡 *kareta hisseki*: caligrafia de mestre.

kareru 涸れる *v* esgotar-se. 夏で川の水が涸れた *natsu de kawa no mizu ga kareta*: o verão esgotou as águas do rio.

kareshi 彼氏 *s pop* **1** ele. **2** namorado; amante.
kareshiba 枯れ芝 *s* grama seca ou murcha.
karetsu 苛烈 *s* ato de ser severo, violento.
kari 仮 *s* **1** temporário; provisório. **2** suposição; ficção. 〜の名 〜*no na*: nome fictício.
kari 狩り *s* caça; apanha. いちご〜 *ichigo*〜: apanha-morangos.
kari 借り *s* **1** dívida. **2** obrigação; dívida de gratidão.
kariage 刈り上げ *s* **1** colheita. **2** corte curto de cabelo.
kariage 借り上げ *s* aluguel pago pelo governo a um civil. 事務所の〜 *jimusho no* 〜: alugar o escritório para o governo.
kariageru 刈り上げる *v* **1** colher. **2** cortar cabelo.
kariageru 借り上げる *v* alugar um imóvel de um cidadão para o governo.
kariatsumeru 借り集める *v* juntar; reunir.
kariba 狩り場 *s* campo ou local de caça.
karichin 借り賃 *s* aluguel; valor do aluguel.
karidashi 駆[狩]り出し *s* ato de mobilizar forçadamente. 応援に〜された *ōen ni* 〜*sareta*: foi mobilizado forçadamente para a torcida.
karidasu 借り出す *v* tomar emprestado.
karidasu 駆[狩]り出す *v* mobilizar à força.
karieigyō 仮営業 *s* negócio temporário.
karigi 借り着 *s* roupa emprestada; roupa alugada.
karigoya 仮小屋 *s* casebre, choupana.
karihōtai 仮包帯 *s* curativo de primeiros socorros; curativo provisório.
kariire 刈り入れ *s* colheita.
kariire 借り入れ *s* empréstimo. 〜*suru, v*: receber emprestado. 〜金 〜*kin*: dinheiro tomado emprestado.
kariireru 刈り入れる *v* colher.
kariireru 借り入れる *v* tomar dinheiro emprestado; receber o dinheiro emprestado.
kariishō 借り衣装 *s* traje alugado; vestuário emprestado.
karikari かりかり *onom* ruído de mastigar ou roer; estar nervoso.
karikashi 借り貸し *s* o emprestar e o pegar emprestado.
karikata 借り方 *s* devedor; débito; gastos; saídas.
karikiri 借り切り *s* locação e uso exclusivo do espaço.
karikiru 借り切る *v* alugar e fazer uso exclusivo do local.
karikoshi 借り越し *s* saque a descoberto.
karikyuramu カリキュラム (*ingl curriculum*) *s* currículo; curso; matérias cursadas.
karimono 借り物 *s* objeto emprestado.
karine 仮寝 *s* soneca; sesta; cochilo.
kari ni 仮に *adv* **1** provisoriamente; temporariamente. **2** por conveniência. **3** por exemplo.
karinige 借り逃げ *s* fuga sem o pagamento da dívida.
kari ni mo 仮にも *adv* mesmo por um momento. 君は〜そんな事を思い立ってはならない *kimi wa* 〜 *sonna koto o omoitatte wa naranai*: você não pode nem por um momento pensar em fazer isso.
karinui 仮縫い *s* alinhavo. 〜*suru, v*: alinhavar, provar, experimentar a roupa.

karinushi 借り主 *s* arrendatário; locatário; inquilino.
karinyūgaku 仮入学 *s* matrícula condicional de um estudante.
kariru 借りる *v* **1** pegar emprestado. **2** pedir ajuda. **3** citar; usar. 人の言葉を〜 *hito no kotoba o* 〜: usar as palavras de alguém.
karishakuhō 仮釈放 *s* soltura condicional.
karishobun 仮処分 *s* solução provisória.
karishussho 仮出所 *s Dir* liberdade condicional.
karisome かりそめ *s* **1** ato de ser transitório. **2** insignificância. 〜の病 〜*no yamai*: indisposição leve. **3** ato de ser descuidado; ato de não dar importância.
karitaosu 借り倒す *v* calotear; deixar de pagar as dívidas.
karitate 刈り立て *s* recém-cortado (grama, cabelo).
karitateru 駆り立てる *v* **1** fazer caminhar; fazer avançar. **2** impulsionar; empurrar.
karite 借り手 *s* devedor; arrendatário; locatário; inquilino.
karitoji 仮綴じ *s* brochura.
karitoru 刈り取る *v* cortar; ceifar. 花の周りの雑草を〜 *hana no mawari no zassō o* 〜: cortar as ervas daninhas em volta das flores.
kariue 仮植え *s* ato de plantar provisoriamente antes do replante definitivo.
kariukenin 借受人 *s* arrendatário; locatário.
karizumai 仮住まい *s* residência temporária.
karō 過労 *s* esgotamento; estresse; cansaço por excesso de trabalho.
karōjite 辛うじて *adv* por um triz; por pouco; a muito custo.
karonjiru 軽んじる *v* menosprezar; desprezar.
karorī カロリー (*ingl calorie*) *s Fís* caloria.
karoyaka 軽やか 〜*na, adj*: aspecto leve e agradável. 〜な踊りの手振り 〜*na odori no teburi*: modo leve e agradável de dançar.
karu 刈る *v* cortar; tosquiar; podar; ceifar.
karu 駆る *v* dirigir; montar. 車を駆って現場に急行する *kuruma o katte genba ni kyūkō suru*: dirigir o carro até o local do acontecimento.
karugarushii 軽々しい *adj* leviano; descuidado.
karugaru(to) 軽々(と) *adv* com facilidade; sem grande sacrifício.
karuhazumi 軽はずみ *s* precipitação; imprudência. 〜なことをする 〜*na koto o suru*: agir precipitadamente.
karui 軽い *adj* **1** leve; pouco. **2** fácil; ligeiro. **3** simples. **4** baixo; humilde.
karuishi 軽石 *s* pedra-pomes.
karuku 軽く *adv* descuidadamente; de leve; sem dar importância. 〜食事する 〜*shokuji suru*: comer uma refeição leve.
karukuchi 軽口 *s* **1** piada; gracejo. **2** suavidade ou leveza da bebida alcoólica.
karushūmu カルシウム (*ingl calcium*) *s Quím* cálcio.
karuta カルタ・骨牌 (*port carta*) *s* jogo de cartas; cartas com figuras ou poemas.
karuwaza 軽業 *s* acrobacia; malabarismo; equilibrismo.
karyō 下僚 *s* subordinado; inferior na hierarquia.
karyō 科料 *s* pena de multa.
karyō 過料 *s Dir* multa.

karyoku 火力 s calor; capacidade de fogo.
karyokuhatsuden 火力発電 s energia termoelétrica.
karyū 下流 s 1 parte inferior do rio. 2 camadas menos privilegiadas da sociedade.
karyū 加硫 s Quím vulcanização.
kasa 笠 s 1 quebra-luz. 2 chapelão japonês feito de bambu.
kasa 傘 s guarda-chuva; sombrinha; guarda-sol.
kasa 嵩 s 1 quantidade; volume. 2 vulto; volume. 〜のある 〜no aru: volumoso.
kasabaru 嵩張る v avolumar-se; ser volumoso.
kasai 火災 s incêndio.
kasaihoken 火災保険 s seguro contra incêndio.
kasaikeihō 火災警報 s alarme de incêndio.
kasakasa¹ かさかさ adj ressecado. 皮膚が〜している hifu ga 〜shite iru: a pele está ressecada.
kasakasa² かさかさ onom o farfalhar das folhas secas. 落ち葉が〜鳴っている ochiba ga 〜 natte iru: as folhas secas estão farfalhando sob o vento.
kasaku 家作 s casa para alugar.
kasamu 嵩む v acumular; amontoar; avolumar.
kasan 加算 s soma; acréscimo. 〜suru, v: adicionar; somar; incluir.
kasan 家産 s fortuna de um indivíduo; propriedade de uma família.
kasanari 重なり s pilha; sobreposição.
kasanariau 重なり合う v sobrepor-se; empilhar. 重なり合った枝 kasanariatta eda: galhos sobrepostos.
kasanaru 重なる v 1 amontoar-se; sobrepor-se; acumular-se. 2 repetir-se. 3 coincidir.
kasane 重ね s pilha; camada.
kasaneawaseru 重ね合わせる v sobrepor.
kasanegasane 重ね重ね adv sucessivamente; repetidamente; seguidamente. 〜の不幸 〜no fukō: uma série de infortúnios.
kasaneru 重ねる v 1 amontoar; acumular; empilhar; sobrepor. 2 repetir; acrescentar.
kasanete 重ねて adv novamente; mais uma vez. 〜お願いする 〜onegai suru: reiterar o pedido.
kase 枷 s 1 grilhões; algemas. 2 estorvo; empecilho.
kasegi 稼ぎ s 1 salário. 2 trabalho; emprego. 3 consumo.
kasegite 稼ぎ手 s trabalhador; colaborador.
kasegu 稼ぐ v 1 trabalhar para ganhar dinheiro. 2 obter; conseguir. 点を〜 ten o 〜: ganhar pontos. 3 ganhar. 時間を〜 jikan o 〜: ganhar tempo.
kasei 火勢 s fogo; labareda.
kasei 加勢 s auxílio; socorro; reforço.
kasei 苛性 s causticidade. 〜ソーダ 〜sōda: soda cáustica.
kasei 家政 s economia doméstica; administração da casa.
kasei 火星 s Astr planeta Marte.
kaseki 化石 s fóssil; pessoa retrógrada; objeto antigo.
kasen 下線 s sublinha; grifo; underline. 〜を引く 〜o hiku: sublinhar.
kasen 河川 s rios.
kasetsu 仮設 s construção provisória.
kasetsu 架設 s construção; instalação. 〜suru, v: instalar; construir.
kasetsu 仮説 s hipótese.
kasha 貨車 s vagão de carga.
kashaku 仮借 s perdão; clemência.

kashaku 呵責 s remorso; tormento.
kashi 可視 s visibilidade. 〜圏 〜ken: raio de visão.
kashi 仮死 s desmaio; síncope.
kashi 河岸 s 1 margem de rio. 2 mercado de peixe. 3 lugar; assento.
kashi 華氏・カ氏 s Fahrenheit. 〜72度 〜nana-jūni do: 72 graus Fahrenheit.
kashi 菓子 s doce.
kashi 貸し s empréstimo. 彼に一万円ほど〜がある kare ni ichiman yen hodo 〜ga aru: ele me deve 10.000 ienes.
kashi 歌詞 s letra de música.
kashibeya 貸し部屋 s quarto de aluguel. Sin kashishitu 貸し室.
kashichi 貸し地 s terreno de aluguel.
kashichin 貸し賃 s taxa de aluguel.
kashidaore 貸し倒れ s dívida perdida ou incobrável.
kashidashi 貸し出し s 1 empréstimo de dinheiro; adiantamento. 2 empréstimo de objetos.
kashidasu 貸し出す v emprestar; alugar.
kashigeru 傾げる v inclinar. 首を〜 kubi o 〜: inclinar o pescoço (em sinal de não entendimento ou não veracidade do assunto tratado).
kashihon 貸し本 s livro emprestado.
kashijimusho 貸し事務所 s escritório alugado.
kashikan 下士官 s oficial subalterno.
kashikari 貸し借り s empréstimo e dívida; crédito e débito.
kashikata 貸し方 s 1 credor. 2 crédito; entrada.
kashikin 貸し金 s dinheiro emprestado; empréstimo.
kashikiri 貸し切り s reservado ou alugado para a viagem inteira. 〜バス 〜basu: ônibus alugado, fretado.
kashikoi 賢い adj esperto; sábio; inteligente.
kashikomaru 畏まる v 1 obedecer; acatar. 2 sentar-se cerimoniosamente.
kashikosa 賢さ s esperteza; inteligência.
kashikoshi 貸し越し s Com conta pendente; saque a descoberto.
kashima 貸し間 s sala alugada.
kashin 過信 s confiança exagerada.
kashinushi 貸し主 s senhorio; credor.
kashira 頭 s 1 cabeça. 2 chefe. 3 primeiro.
kashira(mo)ji 頭(文)字 s 1 primeira letra. 2 letra maiúscula. 3 iniciais.
kashiratsuki 頭付き s formato da cabeça; prato de peixe por inteiro.
kashiryō 貸し料 s taxa de aluguel.
kashishitsu 貸し室 s sala ou quarto alugado.
kashite 貸し手 s locador.
kashitsu 過失 s 1 descuido; erro. 2 negligência. 〜致死 〜chishi: homicídio culposo.
kashitsuke 貸し付け s empréstimo.
kashitsukeru 貸し付ける v emprestar; financiar.
kashiuri 貸し売り s venda a prazo.
kashiya 貸家 s casa alugada, casa para alugar.
kasho 個所 s parte; ponto; passagem de livro. 同じ〜に onaji 〜ni: no mesmo ponto; no mesmo lugar.
kashō 火傷 s queimadura.
kashō 仮称 s nome provisório.
kashō 過少 s exageradamente pouco.
kashoku 家職 s profissão ou atividade da família.
kashoku 過食 s apetite exagerado.

kashoku 貨殖 *s* aumento do patrimônio.
kashu 火酒 *s* aguardente.
kashu 歌手 *s* cantor(a).
kashū 歌集 *s* **1** coleção de tanca (poemas japoneses). **2** livro de músicas.
kaso 可塑 *s* ～物 ～*butsu*, ～材 ～*zai*: plástico; material plástico. ～性 ～*sei*: plasticidade.
kaso 過疎 *s* despovoamento; rarefação acentuada.
kasō 下層 *s* camada inferior da sociedade.
kasō 火葬 *s* cremação.
kasō 仮装 *s* fantasia; disfarce.
kasō 仮想 *s* hipótese; suposição.
kasoku 加速 *s* aceleração. ～*suru*, *v*: acelerar.
kasokudo 加速度 *s* grau de aceleração.
kassai 喝采 *s* aplauso; aclamação.
kassatsu 活殺 *s* vida e morte; domínio sobre alguém. ～自在である ～*jizai de aru*: ter poder absoluto sobre uma pessoa.
kassei 活性 *s* atividade. ～化 ～*ka*: ativação.
kasseki 滑石 *s* esteatito; pedra-sabão.
kassen 合戦 *s* batalha; combate. ～*suru*, *v*: batalhar; combater.
kassen 活栓 *s* válvula.
kassha 滑車 *s* roldana. *Med* tróclea.
kasshoku 褐色 *s* castanho; marrom; cor bronzeada da pele.
kassō 滑走 *s* deslizamento.
kassōro 滑走路 *s Aeron* pista de decolagem e aterrissagem.
kassui 渇水 *s* estiagem; seca.
kassuru 渇する *v* **1** secar. **2** ter sede.
kasu 粕・糟 *s* borras [de arroz cozido e fermentado na fabricação de saquê].
kasu 滓 *s* **1** resíduo. **2** escória. 人間の～ *ningen no*～: lixo humano. **3** sedimento. ～がたまる ～*ga tamaru*: sedimentar.
kasu 貸す *v* **1** emprestar. **2** alugar; arrendar. **3** ceder; deixar usufruir.
kasugai 鎹 *s* grampo de ferro; elo. *V kizuna* 絆.
kasui 下垂 *s* descaimento; declínio.
kasuka 幽[微]か *adj* vago, tênue.
kasumeru 掠める *v* **1** roubar. **2** roçar; passar de leve. **3** iludir; enganar. 監視の目を～ *kanshi no me o*～: enganar a vigilância.
kasumetoru 掠め取る *v* roubar e pegar; enganar e pegar.
kasumi 霞 *s* névoa.
kasumu 霞む *v* **1** enevoar. **2** turvar. 涙で目が～ *namida de me ga* ～: olhos turvos de lágrimas.
kasure 掠れ *s* **1** som confuso; rouquidão. **2** toque de leve.
kasureru 掠れる *v* **1** enrouquecer. **2** arranhar. かすれた字 *kasureta ji*: letras arranhadas.
kasurikizu 掠り傷 *s* ferimento de arranhão.
kasuru 科する *v* aplicar; infligir. 罰金を～ *bakkin o*～: multar; aplicar multa.
kasuru 掠る *v* **1** tocar de raspão; roçar. **2** roubar uma porcentagem.
kasuru 課する *v* **1** mandar fazer; incumbir. **2** impor. 重税を～ *jūzei o*～: taxar pesadamente.
kasuru 化する *v* mudar; transformar-se.
kasuru 嫁する *v* casar-se.
kasutera カステラ (*port pão de Castella*) *s* pão de ló.

kasutori 粕取り *s* **1** aguardente feita da borra do saquê. **2** baixa qualidade.
kata 片 *s* resolução; regulação; fixação; estabelecimento. ～をつける ～*tsukeru*: resolver uma questão.
kata 方 *s* **1** direção. **2** pessoa. そういう名の～ *sō iu na no*～: pessoa com esse nome.
kata 形 *s* **1** forma. **2** caução; garantia; penhor. **3** padrão; estampa. **4** marca; traço.
kata 肩 *s* **1** ombro. **2** ombreira. **3** saliência.
kata 型 *s* **1** molde; forma. **2** modelo; tipo; estilo. **3** formalidades; protocolo; praxe.
kata 過多 *s* excesso.
-kata -方 *suf* **1** modo; maneira. **2** lado; parte. 父～のおじ *chichi*～*no oji*: tio do lado paterno. **3** pessoa responsável. **4** aos cuidados de. 山田様～ *Yamada-sama*～: aos cuidados do sr. Yamada.
kataashi 片足[脚] *s* uma perna.
katabō 片棒 *s* um dos homens que levam o palanquim; colaborador; parceiro.
katabutori 堅太り *s* constituição gorda e robusta.
katachi 形・容 *s* **1** forma. ～の同じような ～*no onaji yō na*: semelhante em forma. **2** aparência; figura. ～の良い人 ～*no yoi hito*: pessoa de boa aparência.
katachibakari 形ばかり *expr* mera formalidade.
katachinba 片跛 *s* ímpar; desigualdade. *V bikko* 跛.
katachizukuru 形作る *v* moldar; dar forma; constituir.
katadōri 型通り *s* como as formalidades exigem; como de praxe. *adv* formalmente.
katagaki 肩書き *s* posição social; *status*; grau acadêmico.
katagami 型紙 *s* molde de papel para confecção de roupa.
katagata 方々 *s* todos os senhores e senhoras; todas as pessoas.
katagata かたがた *partícula* ao mesmo tempo que; combinado com; aproveitando o ensejo; aproveitando. 散歩～行って見た *sanpo*～ *itte mita*: aproveitando a caminhada, fui ver.
katagawa 片側 *s* de um lado só.
katagawari 肩代わり *s* sub-rogação; substituição; ato de assumir a dívida.
katagi 気質 *s* espírito; modo de pensar; caráter.
katagi 堅気 *s* decência; seriedade; honestidade.
katagoshi 肩越し *s* por cima do ombro.
kataguruma 肩車 *s* **1** ato de levar alguém sobre os ombros. **2** nome de uma técnica em judô.
katahaba 肩幅 *s* largura dos ombros.
katahada 片肌 *s* um dos lados do ombro nu.
katahara 片腹 *s* um lado do abdome.
katahashi 片端 *s* **1** um lado; uma ponta. **2** um pouco; uma parte.
katahiji 肩肘 *s* ombros e cotovelos.
katahō 片方 *s* um lado; um dos dois; o outro.
katai 堅[固・硬]い *adj* **1** duro; rígido. **2** justo; apertado. **3** rigoroso; severo. **4** seguro; honesto. **5** duro; formal; sério.
katai 難い *adj* difícil.
kataiji 片意地 *s* teimosia.
katainaka 片田舎 *s* lugar afastado; local isolado.
katakake 肩掛け *s* xale.
katakana 片仮名 *s* um dos sistemas de sinais grá-

ficos convencionais que representam fonemas da língua japonesa.
kataki 敵 *s* 1 inimigo. 2 rival. 3 vingança.
katakiuchi 敵討ち *s Hist* vingança.
katakoto 片言 *s* linguagem de criança; falas truncadas.
kataku 家宅 *s* domicílio; casa.
kataku 堅[固・硬]く *adv* 1 duramente. 2 firmemente. 3 rigorosamente.
katakuna 頑な *s* 〜な心 〜*na kokoro*: coração inflexível, impassível.
kataku naru 堅[固・硬]くなる *expr* 1 ficar sólido; endurecer. 2 ficar nervoso; congelar; tornar-se formal e cerimonioso.
katakuri 片栗 *s Bot* eritrônio. 〜粉 〜*ko*: fécula de batata.
katakurushii 固苦しい *adj* formal; cerimonioso.
katakurushisa 固苦しさ *s* formalidade.
kataku suru 堅[固]くする *expr* endurecer; firmar; tornar-se rigoroso.
katamari 固まり・塊 *s* 1 bloco; torrão; pedaço. 2 grupo de pessoas.
katamaritsuku 固まり付く *v* incrustar; firmar; endurecer.
katamaru 固まる *v* 1 endurecer; solidificar; coagular. 2 reunir-se; aglomerar-se.
katame 固め *s* 1 firmeza. 2 defesa. 3 compromisso; promessa.
katame 片目[眼] *s* um olho; caolho.
katamekura 片盲 *s* cego de um olho.
katamen 片面 *s* um lado; uma face.
katameru 固[堅]める *v* 1 endurecer. 2 amontoar. 3 firmar. 4 defender; guardar.
katami 肩身 *s* 1 corpo. 2 honra; brio.
katami 形見 *s* recordação; lembrança.
katamichi 片道 *s* caminho de ida.
katamiwake 形見分け *s* distribuição de objetos de pessoas falecidas como lembrança.
katamukeru 傾ける *v* 1 inclinar. 2 arruinar.
katamuki 傾き *s* 1 inclinação. 2 tendência. *V* keikō 傾向.
katamuku 傾く *v* 1 inclinar-se. 2 declinar. 3 decair; entrar em decadência.
katan 下端 *s* parte inferior.
katan 加[荷]担 *s* auxílio; ajuda; participar em apoio.
katana 刀 *s* espada.
katanashi 形無し *s* ruína; farrapo.
kataneri 固練り *s* ato de amassar até ficar bem consistente.
kataomoi 片思い *s* amor não correspondido.
kataoshi 肩押し *s* 1 ato de empurrar com o ombro. 2 suporte; assistência; apoio. 〜*suru*, *v*: auxiliar; ajudar.
kataoya 片親 *s* pai ou mãe.
katappashi 片っ端 *s pop* uma ponta. 〜から 〜*kara*: um por um; de um canto a outro.
katarai 語らい *s* 1 conversa. 2 conspiração. 3 convite. 週末に二、三人の友と語らって旅行に出かけた *shūmatsu ni ni, sannin no tomo to kataratte ryokō ni dekaketa*: convidamos uns amigos e viajamos no fim de semana.
katarau 語らう *v* 1 conversar. 2 convidar. 3 conspirar.

katari 語り *s* narração.
katari 騙り *s* 1 fraude; roubo. 2 trapaceiro; vigarista.
katariau 語り合う *v* conversar.
kataribe 語部 *s Hist* narrador ou contador de histórias.
katarigusa 語り草 *s* assunto da conversa.
katarikuchi 語り口 *s* modo de falar.
katarimono 語り物 *s* história narrada.
katarite 語り手 *s* narrador.
katarogu カタログ (*fr catalogue*) *s* catálogo; folheto.
kataru 語る *v* 1 falar; dizer; narrar. マイクを通して〜 *maiku o tōshite* 〜: falar ao microfone. 2 recitar.
kataru 騙る *v pop* 1 enganar; burlar. 2 usar fraudulentamente. 人の名を〜 *hito no na o* 〜: usar o nome de terceiros para fins de fraude.
katasa 堅[固]さ *s* dureza; solidez.
katasagari 片下がり *s* 〜の 〜*no*: desigual; em desnível. 着物を〜に着る *kimono o* 〜*ni kiru*: vestir o quimono com a barra em desnível.
katasagari 肩下がり *s* escrever os ideogramas inclinados para a direita.
katasaki 肩先 *s* ombro.
katasumi 片隅 *s* um canto.
katate 片手 *s* uma só mão.
katatema 片手間 *s* horas livres; intervalo.
katateochi 片手落ち *s* parcialidade; injustiça.
katatoki 片時 *s* um instante; um momento.
katatsumuri 蝸牛 *s Zool* caracol.
kataude 片腕 *s* 1 um braço. 2 o braço direito; um bom colaborador.
katawa 片輪・不具 *s* incompleto; com defeito; deficiente físico.
katawaki 片脇 *s* 1 abaixo de um dos braços; axila. 2 ao lado. 〜に寄せる 〜*ni yoseru*: colocar ao lado de si.
katawara 傍ら *s* 1 lado. 2 além de; paralelamente.
kataware 片割れ *s* 1 um componente do grupo. 2 parte fragmentada.
katayaburi 型破り *s* fora do padrão. 〜な人間 〜*na ningen*: pessoa original.
katayori 偏り・片寄り *s* desvio; parcialidade; inclinação.
katayoru 偏る・片寄る *v* inclinar-se; ser parcial.
katayoseru 片寄せる *v* colocar de um lado; arrumar; inclinar para um lado.
katazu 固唾 *s* saliva que se acumula na boca quando a pessoa fica tensa.
katazuke 片付け *s* arrumação.
katazukeru 片付ける *v* 1 arrumar; organizar. 2 colocar de volta no seu devido lugar. 3 resolver. 4 casar a filha. 5 liquidar; matar.
katazuku 片付く *v* 1 estar arrumado. 2 resolver-se. 3 casar-se.
katei 仮定 *s* hipótese; suposição.
katei 家庭 *s* lar; casa; família.
katei 過程 *s* processo; estágio; período. 生産〜 *seisan* 〜: processo de produção.
katei 課程 *s* curso; currículo escolar.
kateihō 仮定法 *s Gram* forma condicional.
kateihōmon 家庭訪問 *s* visita à família dos alunos pelo professor da escola.
kateikankyō 家庭環境 *s* ambiente familiar.

kateikyōiku 家庭教育 s educação familiar.
kateikyōshi 家庭教師 s professor particular.
kateimuki 家庭向き s para uso doméstico; para casa. あの婦人は〜だ ano fujin wa 〜da: ela é uma boa dona de casa.
kateisōgi 家庭争議 s disputa familiar; problemas de família. 〜を起こす 〜o okosu: causar uma disputa familiar.
kateiteki 家庭的 s caseira.
kateiyō 家庭用 s para uso doméstico.
kato 過渡 s transição.
katō 下等 s classe inferior; grosseria.
katō 果糖 s frutose.
katō 過当 s excesso; exagero.
katoki 過渡期 s período de transição.
katokusōzoku 家督相続 s sucessão da chefia da família.
katorisenkō 蚊取り線香 s incenso repelente de mosquitos e pernilongos.
katōseiji 寡頭政治 s oligarquia.
katsu 活 s 1 ressuscitação. 2 vida.
katsu 渇 s sede.
katsu 勝つ v 1 vencer. 2 dominar. 3 exceder; ser superior. 4 prevalecer. 5 ultrapassar.
katsu 且つ adv ao mesmo tempo; além disso.
katsuai 割愛 s 〜suru, v: ter pena de dar; omitir algo.
katsubō 渇望 s ânsia; desejo ardente.
katsudō 活動 s atividade; ação.
katsudōhan'i 活動範囲 s raio de ação.
katsudōka 活動家 s homem de ação.
katsudōryoku 活動力 s força de ação.
katsudōteki 活動的 s 〜na, adj: ativo(a). 〜な生活 〜na seikatsu: vida ativa.
katsueru 飢える v estar faminto; estar com fome.
katsugan 活眼 s perspicácia.
katsugeki 活劇 s cena animada, de ação.
katsugiageru 担ぎ上げる v carregar; erguer até a altura dos ombros.
katsugidasu 担ぎ出す v 1 carregar para fora de casa. 2 persuadir.
katsugikomu 担ぎ込む v levar carregado para dentro.
katsugimawaru 担ぎ回る v andar carregando. みこしを〜 mikoshi o 〜: andar carregando o andor.
katsugiya 担ぎ屋 s 1 vendedor ambulante. 2 pessoa que acha graça em iludir outrem.
katsugō 渇仰 s ato de adorar alguém.
katsugu 担ぐ s 1 levar nos ombros. 2 escolher. 3 supersticioso. V gohei 御幣. 4 enganar.
katsuji 活字 s letra; tipo; caracteres tipográficos.
katsujitai 活字体 s letra de fôrma.
katsukatsu[1] かつかつ adv pop por pouco; com dificuldade.
katsukatsu[2] かつかつ onom o som do galopar dos cavalos. 〜音を立てる 〜oto o tateru: batida leve intermitente.
katsumata かつまた adv além disso; demais; de mais a mais. V katsu 且つ.
katsumoku 刮目 s ver com atenção.
katsuo 鰹 s Ictiol bonito.
katsuobushi 鰹節 s bonito seco, desidratado.
katsura 鬘 s peruca.
katsurei 割礼 s circuncisão.

katsuretsu カツレツ (ingl cutlet) s costeleta; bife à milanesa.
katsuro 活路 s saída de uma dificuldade; escapar de problemas. ...を救う唯一の〜 ...o sukuu yuiitsu no 〜: única alternativa para salvar.
katsuryoku 活力 s energia; vigor.
katsute 曽[嘗]て adv antigamente; outrora.
katsuyaku 活躍 s atividade; ação; produção. 〜suru, v: ser ativo; participar ativamente.
katsuyō 活用 s 1 aplicação; uso prático. 2 Gram conjugação dos verbos; flexão das palavras; declinação do latim.
katsuzai 滑剤 s lubrificante.
kattarui かったるい adj pop cansado. V darui だるい.
kattatsu 闊達 s magnanimidade; generosidade.
katte 勝手 s 1 cozinha. 2 egoísmo; capricho. 3 conveniência. 4 algo familiar.
kattederu 買って出る expr oferecer-se.
kattegamashii 勝手がましい adj voluntarioso; obstinado; egoísta.
kattekimama 勝手気まま s puro egoísmo.
kattemuki 勝手向き s 1 para o lado da cozinha. 2 situação financeira familiar.
katteshidai 勝手次第 s à vontade; como quiser.
katto カット (ingl cut) s corte de madeira; corte em filmes; corte de desenhos e fotos.
katto かっと adv 1 encolerizado; irado. 〜なりやすい性質 〜nariyasui seishitsu: temperamento explosivo. 2 〜目を見開く 〜me o mihiraku: arregalar bem os olhos.
kattō 葛藤 s conflito; dificuldade; complicação. 〜を生じる 〜shōjiru: causar complicações.
kattobasu かっ飛ばす v pop dar uma pancada forte numa bola.
kau 買う v 1 comprar; adquirir. 2 invocar. 怒りを〜 ikari o 〜: angariar a ira de uma pessoa. 3 valorizar; apreciar. 彼の誠実は買ってやらねばならぬ kare no seijitsu wa katte yaraneba naranu: devemos reconhecer devidamente a sua sinceridade.
kau 飼う v criar animais; cuidar de animais e mantê-los.
kaun 家運 s sorte da família.
kauntā カウンター (ingl counter) s 1 balcão. 2 contador. 3 contra.
kawa 川・河 s rio; corrente; riacho.
kawa 皮・革 s pele; couro.
kawa 側 s um lado.
kawabari 革張り s forro de couro.
kawabata 川端 s beira-rio.
kawabukuro 皮袋[嚢] s sacola de couro; odre.
kawabune 川船 s barca; barcaça de rio.
kawabyōshi 革表紙 s encadernação em couro.
kawadoko 川床 s leito de rio.
kawagishi 川岸 s beira de rio.
kawagoe 川越え s travessia de rio.
kawagoshi 川越し s travessia de rio a pé.
kawagu 皮[革]具 s artigos de couro.
kawagutsu 革靴 s sapato de couro.
kawahaba 川幅 s largura do rio.
kawahimo 革紐 s correia; tira de couro.
kawaigaru 可愛がる v 1 tratar carinhosamente; mimar; acariciar. 2 fazer agrados.
kawaige 可愛気 s graciosidade; graça.

kawaii 可愛い *adj* 1 amável; amoroso; pequenino. 2 atraente; simpático.
kawairashii 可愛らしい *adj* engraçadinho(a).
kawaisa 可愛さ *s* graciosidade.
kawaisō 可哀そう *adj* digno de pena; miserável; cruel; patético. ～*na, adj*: pobre; piedoso. ～な話 ～*na hanashi*: história de dar dó. ～な若者 ～*na wakamono*: jovem miserável.
kawajari 川砂利 *s* cascalho do rio.
kawajiri 川尻 *s* 1 boca do rio; estuário. 2 corrente mais baixa do rio.
kawakaban 革鞄 *s* pasta de couro.
kawakami 川上 *s* parte superior do rio; nascente.
kawakasu 乾かす *v* secar; enxugar.
kawaki 乾き *s* secagem.
kawaki 渇き *s* sede.
kawakiri 皮切り *s* começo de uma ação.
kawaku 乾く *v* secar; enxugar.
kawaku 渇く *v* estar com sede; ter sede.
kawamuki 皮剥き *s* ato de descascar.
kawamukō 川向こう *s* ～の ～*no*: do outro lado do rio.
kawanaka 川中 *s* centro de um rio.
kawanameshi 革鞣 *s* curtimento de couro.
kawaobi 革帯 *s* cinto de couro.
kawara 川[河]原・磧 *s* leito de cascalho.
kawara 瓦 *s* telha.
kawarabuki 瓦葺き *s* cobertura com telhas.
kawarake 土器 *s* peça em terracota.
kawaranu 変わらぬ *expr* imutável; constante. ～友情 ～*yūjō*: amizade imutável.
kawari 代わり *s* 1 substituição. 2 retorno; compensação. 3 por outro lado. 4 repetição. コーヒーのお～ *kōhī no o*～: repetição da xícara de café.
kawari 変わり *s* 1 mudança. 2 diferença. 3 novidade. 4 excentricidade.
kawari 替わり *s* turno. 一月～で勤める *hitotsuki* ～*de tsutomeru*: trabalhar em turno de um mês.
kawariau 代わり合う *v* alternar-se; revesar-se.
kawaribae 代わり栄え *s* mudança para o melhor. 一向～がしない *ikkō* ～*ga shinai*: não houve melhoria com as mudanças.
kawariban(ko)ni 代わり番(こ)に *expr* alternadamente.
kawaridane 変り種 *s* 1 variação da espécie. 2 excêntrico.
kawarihateru 変わり果てる *v* mudar completamente.
kawarime 変わり目 *s* ponto de mudança.
kawarimono 変わり者 *s* indivíduo excêntrico, estranho, esquisito.
kawariyasui 変わり易い *adj* variável; mutável; instável.
kawaru 代わる *v* mudar; trocar; substituir.
kawaru 変わる *v* mudar; ser diferente; ser esquisito.
kawarugawaru 代わる代わる *adv* por turno; alternadamente.
kawase 為替 *s* câmbio; vale postal; letra de câmbio.
kawase 川瀬 *s* corredeira de rio.
kawasei 皮[革]製 *s* feito de couro.
kawasesōba 為替相場 *s* cotação do câmbio.
kawasetegata 為替手形 *s* letra de câmbio.
kawashimo 川下 *s* jusante do rio.
kawasu 交わす *v* trocar; fazer reciprocamente.

kawasu 川洲 *s* banco de areia.
kawasuji 川筋 *s* curso do rio.
kawatta 変わった *expr* 1 diferente; diverso. 2 estranho; esquisito.
kawauo 川魚 *s* peixe de água-doce.
kawazoi 川沿い *s* beira-rio.
kawazoko 川底 *s* leito do rio.
kawazuna 川砂 *s* areia do rio.
kaya 蚊帳 *s* mosquiteiro.
kaya 茅・萱 *s* eulália (gramínea).
kayabuki 茅葺き *s* cobertura de palha.
kayaku 火薬 *s* pólvora.
kayō 可溶 *s* ～合金 ～*gōkin*: metal fundível. ～性 ～*sei*: fusibilidade.
kayō 歌謡 *s* canção.
kayō かよう ～*na, adj*: deste tipo; assim.
kayōbi 火曜日 *s* terça-feira.
kayoi 通い *s* 1 carreira. 2 frequência. 3 caderneta de crediário.
kayoiji[michi] 通い路 *s* caminho onde se trafega todos os dias.
kayoinareru 通い慣れる *v* habituar-se a frequentar.
kayoitsumeru 通い詰める *v* frequentar; fazer visitas frequentes.
kayoke 蚊除け *s* repelente de mosquitos; fumigação para afugentar insetos.
kayoku 寡欲 *s* desinteresse material por parte de uma pessoa.
kayōkyoku 歌謡曲 *s* canção popular.
kayou 通う *v* 1 ir regularmente. 2 ir e vir; viajar. 3 circular. 4 entender-se.
kayowai か弱い *adj* fraco; débil; frágil.
kayowaseru 通わせる *v* fazer com que frequente.
kayu 粥 *s* papa de arroz.
kayugaru 痒がる *v* sentir comichão, coceira.
kayui 痒い *adj* coçar; comichão.
kazaana 風穴 *s* respiradouro.
kazaguruma 風車 *s* cata-vento (brinquedo).
kazai 家財 *s* 1 mobília. 2 haveres da família.
kazakami 風上 *s* barlavento.
kazamuki 風向き *s* 1 direção do vento. 2 situação; humor.
kazan 火山 *s* vulcão.
kazankatsudō 火山活動 *s* atividade vulcânica.
kazari 飾り *s* 1 decoração; ornamento. 2 aparência; exterior. 3 decorações de Ano-Novo.
kazaridana 飾り棚 *s* prateleira de decoração.
kazarike 飾り気 *s* afetação.
kazarimono 飾り物 *s* 1 enfeite; decoração; ornamento. 2 ser só de nome. 社長といっても～だ *shachō to ittemo* ～*da*: ele é presidente da empresa só de nome.
kazaritateru 飾り立てる *v* adornar; enfeitar.
kazaritsuke 飾り付け *s* decoração; peças decorativas.
kazaritsukeru 飾り付ける *v* decorar; ornamentar.
kazaru 飾る *v* 1 decorar; adornar. 2 enfeitar; fazer brilhar. 3 disfarçar; enfeitar; colorir.
kazashimo 風下 *s* sota-vento.
kazasu 翳す *v* proteger-se das luzes com a palma da mão.
kazayoke 風除け *s* para-brisas; proteção contra o vento.
kaze 風 *s* 1 vento. 2 ar; mistério. どういう～の吹

きまわしで 来てくれたの *dō iu* ～*no fukimawashi de kitekureta no*: o que o trouxe aqui?
kaze 風邪 *s* resfriado; gripe.
kazeatari 風当たり *s* **1** força do vento. **2** pressão. ここは～が強い *koko wa* ～*ga tsuyoi*: aqui venta muito forte.
kazegusuri 風邪薬 *s* remédio para resfriado.
kazei 課税 *s* taxação; tributação; imposto.
kazeke 風邪気 *s* leve resfriado.
kazemachi 風待ち *s* espera de vento favorável.
kazemuki 風向き *s* direção do vento. *V* **kazamuki** 風向き.
kazetōshi 風通し *s* ventilação. *V* **tsūfū** 通風.
kazō 家蔵 *s* posses da família.
kazoeageru 数え上げる *v* contar quantos tem.
kazoechigaeru 数え違える *v* calcular errado; contar errado.
kazoedoshi 数え年 *s* antigo modo de contar a idade, atribuindo um ano ao recém-nascido.
kazoekirenai 数え切れない *adj* incalculável; inumerável; incontável.
kazoenaoshi 数え直し *s* recontagem.
kazoenaosu 数え直す *v* recontar; contar novamente.
kazoeru 数える *v* **1** contar; calcular. 一から百まで～ *ichi kara hyaku made* ～: contar de um a cem. **2** incluir; enumerar. 友達の一人に～ *tomodachi no hitori ni* ～: incluir como um dos amigos.
kazoku 家族 *s* família.
kazoku 華族 *s obsol* nobreza.
kazokukeikaku 家族計画 *s* planejamento familiar.
kazokuseido 家族制度 *s* sistema familiar.
kazokuzure 家族連れ *s* junto com a família; em família. ～の旅行 ～*no ryokō*: viagem com a família.
kazu 数 *s* **1** número. **2** grande número. ～ある中で ～*aru naka de*: entre muitos. **3** ～に入る ～*ni hairu*: ser contado como importante.
kazukazu 数々 *s* muitos; inúmeros.
kazunoko 数の子 *s* ovas de arenque.
kazushirenu 数知れぬ *expr* inumerável; incalculável; incontável.
ke 毛 *s* **1** cabelo. **2** pelo de homens e animais. **3** penugem; pena. **4** pelo; lanugem.
ke 気 *s* ar; sinal; sabor; traço; sintoma.
-ke -家 *suf* família tal. 田中～ *Tanaka*～: família Tanaka.
keageru 蹴上げる *v* lançar algo ao ar com pontapé.
keai 蹴合い *s* luta de galos. *V* **tōkei** 闘鶏.
keami 毛編み *s* malha de lã.
keana 毛穴 *s* poros do pelo.
keau 蹴合う *v* chutar um contra o outro.
keba 毛羽・毳 *s pop* **1** felpa; lanugem. **2** hachura (traços em mapas para indicar terreno acidentado).
kebadatsu 毳立つ *v* levantar felpas de tecido.
kebakebashii けばけばしい *adj* berrante; vistoso.
kebukai 毛深い *adj* peludo.
kebyō 仮病 *s* dissimulação de estar doente.
kechi[1] けち *s* **1** mesquinhez; avareza. **2** miserável. **3** má sorte. **4** censura.
kechi[2] けち *s pop* pão-duro.
kechikechi suru けちけちする *v pop* ser mesquinho.

kechikusai けち臭い *adj pop* mesquinho.
kechinbō けちん坊 *s pop* sovina; mesquinho.
kechirasu 蹴散らす *v* dispersar; desbaratar. 敵を～ *teki o* ～: desbaratar os inimigos.
kedakai 気高い *adj* nobre; digno.
kedamono 獣 *s* besta; animal; bruto.
kedarake 毛だらけ *s* cabeludo; peludo.
kedarui けだるい *adj* indolente; mole; lânguido. ～午後 ～*gogo*: tarde modorrenta.
kedoru 気取る *v* adivinhar; desconfiar; suspeitar.
kega 怪我 *s* **1** ferida; ferimento. **2** sem saber como. ～の巧妙 ～*no kōmyō*: acaso feliz; um lance de sorte.
kegarawashii 汚らわしい *adj* sujo; imundo; obsceno; nojento.
kegare 汚[穢]れ *s* **1** impureza; mácula; pecado. **2** profanação. *V* **yogore** 汚れ.
kegareru 汚[穢]れる *v* sujar-se; manchar-se; ser corrupto.
kegasu 汚[穢]す *v* **1** sujar; manchar. **2** macular; manchar.
kegawa 毛皮 *s* pele. ～のオーバー ～*no ōobā*: casaco de pele.
kegawari 毛替[更]り *s* muda de pelo.
kegen 怪訝 *s* estranheza.
kegirai 毛嫌い *s pop* antipatia; aversão.
kehaegusuri 毛生え薬 *s* tônico para nascimento de cabelo.
kehai 気配 *s* indício; sinal.
ke hodo mo 毛ほども *expr* nenhuma partícula; nem um pouco.
kei 刑 *s* sentença; castigo. ～の適用 ～*no tekiyō*: aplicação da pena.
kei 系 *s* **1** *Biol, Astr, Geol* e *Quím* sistema. 神経～ *shinkei*～: sistema nervoso. **2** família; genealogia; origem. 日系ブラジル人 *nikkei burajirujin*: nipo-brasileiro; brasileiro descendente de japoneses.
kei 径 *s* diâmetro.
kei 計 *s* **1** plano; medida. **2** soma; total.
kei 経 *s* longitude.
kei 兄 *s* **1** irmão mais velho. **2** senhor.
keiai 敬愛 *s* veneração; respeito; afeição reverente.
keiba 競馬 *s* corrida de cavalos.
keibajō 競馬場 *s* hipódromo.
keibatsu 刑罰 *s* punição; pena.
keibatsu 閨閥 *s* favorecimento de familiares da esposa com concessão de prerrogativas.
keiben 軽便 *s* ～*na, adj*: prático; conveniente.
keibetsu 軽蔑 *s* menosprezo; desconsideração; desprezo.
keibi 警備 *s* vigilância; guarda.
keibi 軽微 *s* insignificância.
keibin 慧敏 *s* astúcia. ～*na, adj*: inteligente; astuto.
keibitai 警備隊 *s* guarnição; guardas.
keibo 継母 *s* madrasta.
keibo 敬慕 *s* admiração; amor e respeito.
keibō 警棒 *s* bastão usado pela polícia.
keibōdan 警防団 *s* unidade civil de defesa.
keibu 警部 *s* inspetor de polícia.
keibu 軽侮 *s* desprezo.
kaibu 頸部 *s Anat* pescoço; cerviz.
keichō 敬弔 *s* condolências.
keichō 傾聴 *s* ato de escutar atentamente.
keichō 軽重 *s* peso e leveza; importância.

keichō 慶弔 *s* felicitação ou condolência.
keichū 傾注 *s* dedicação; devoção.
keidai 境内 *s* 1 recinto do templo. 2 interior da divisa.
keido 経度 *s* longitude.
keido 軽度 *s* leveza.
keido 傾度 *s* grau de inclinação. *V* **keisha** 傾斜.
keiei 経営 *s* administração.
keieigaku 経営学 *s* ciência da administração de empresas.
keieihi 経営費 *s* custo operacional; despesas de administração.
keieihō 経営法 *s* gerenciamento; modo de administrar.
keieisha 経営者 *s* administrador; gerente.
keien 敬遠 *s* 1 ato de aguardar à distância por respeito. 2 *Beis* dar a primeira base ao batedor de propósito.
keifu 系譜 *s* genealogia.
keifu 継父 *s* padrasto.
keifuku 敬服 *s* admiração.
keifun 鶏糞 *s* excremento de galinha.
keiga 慶賀 *s* felicitações; parabéns.
keigai 形骸 *s* 1 carcaça; esqueleto. 2 coisa sem conteúdo.
keigan 慧眼 *s* perspicácia; intuição.
keigen 軽減 *s* redução; alívio da dor; comutação da pena.
keigo 敬語 *s* termo honorífico ou respeitoso; linguagem de tratamento.
keigo 警護 *s* escolta; guarda.
keigōkin 軽合金 *s* liga leve.
keigu 敬具 *adv* cordialmente; sinceramente; atenciosamente; respeitosamente (aposto em final de cartas). *V* **sōsō** 草々.
keigyō 景仰 *s* adoração; admiração. ~*suru*, *v*: adorar; venerar; admirar.
keihai 軽輩 *s* subalterno; serviçal.
keihaku 軽薄 *s* frivolidade; inconstância; leviandade.
keihanzai 軽犯罪 *s* delito leve.
keihatsu 啓発 *s* esclarecimento; iluminação.
keihi 経費 *s* custo; despesa.
keihin 景品 *s* prêmio; presente.
keihisetsuyaku 経費節約 *s* contenção de despesas.
keihō 警報 *s* alarme; alerta.
keihō 刑法 *s* direito penal; direito criminal.
keihōki 警報器 *s* equipamento de alarme.
keii 敬意 *s* respeito; homenagem.
keii 経緯 *s* 1 urdidura e trama. 2 longitude e latitude. 3 circunstâncias; detalhes.
keiji 刑事 *s* 1 caso policial; caso criminal. 2 detetive.
keiji 啓示 *s* revelação. 神の~ *kami no* ~: revelação de Deus.
keiji 掲示 *s* aviso.
keijiban 掲示板 *s* quadro de avisos.
keijihikokunin 刑事被告人 *s* réu de ação criminal.
keijijō 形而上 *s* ~学 ~*gaku*: metafísica.
keijika 形而下 *s* ~学 ~*gaku*: ciência física. ~の ~*no*: físico; concreto.
keijisaiban 刑事裁判 *s* processo criminal.
keijisoshō 刑事訴訟 *s* ação criminal.
keijō 刑場 *s* cadafalso; local da execução.
keijō 計上 *s* inclusão da conta.
keijō 経常 *s* ordinário.
keijō 形状 *s* forma.
keika 経過 *s* 1 o passar do tempo. 2 andamento; seguimento.
keikai 軽快 *s* 1 ligeireza; leveza. 2 ser alegre.
keikai 警戒 *s* cautela; alerta; cuidado.
keikaikansei 警戒管制 *s* controle de aviso de alerta.
keikaikeihō 警戒警報 *s* alarme de alerta.
keikaisen 警戒線 *s* cordão de isolamento da polícia.
keikaishingō 警戒信号 *s* sinal de alerta.
keikaku 計画 *s* plano; esquema; planejamento.
keikakuan 計画案 *s* plano; projeto.
keikakuteki 計画的 *adv* intencionalmente; sistematicamente; deliberadamente.
keikan 桂冠 *s* coroa de louros.
keikan 警官 *s* policial; polícia civil.
keikan 景観 *s* vista; panorama.
keiken 経験 *s* experiência.
keiken 敬虔 *s* piedade; devoção.
keikendan 経験談 *s* história das experiências pessoais.
keikenjō 経験上 *adv* pela experiência.
keikenka 経験家 *s* pessoa com experiência; veterano.
keikenron 経験論 *s* empirismo.
keikensha 経験者 *s* pessoa experiente.
keikenteki 経験的 *adj* empírico.
keiki 刑期 *s* duração da pena.
keiki 契機 *s* oportunidade; chance; momento.
keiki 計器 *s* instrumento de medição.
keiki 景気 *s* 1 situação econômica; negócios. 2 conjuntura. 3 os tempos; os acontecimentos.
keikiban 計器板 *s* painel de instrumentos de medição.
keikihikō 計器飛行 *s* voo por instrumento.
keikikanjū 軽機関銃 *s* metralhadora leve.
keikikyū 軽気球 *s* balão.
keikinzoku 軽金属 *s* metais leves.
keikizuku 景気付く *v* animar-se.
keiko 稽古 *s* exercício; treino; ensaio; lição.
keikō 傾向 *s* 1 tendência; inclinação. 2 propensão.
keikō 携行 *s* o ato de portar. ~*suru*, *v*: levar consigo; portar consigo.
keikō 経口 *s* *Farm* via oral.
keikō 蛍光 *s* 1 *Fís* fluorescência. 2 luz do pirilampo.
keikōgyō 軽工業 *s* indústria leve.
keikoku 警告 *s* aviso; advertência.
keikoku 渓谷 *s* vale; garganta; desfiladeiro.
keiku 警句 *s* dito agudo; aforismo.
keikyo 軽挙 *s* ato precipitado.
keikyomōdō 軽挙妄動 *s* precipitação; imprudência; ação precipitada.
keimō 啓蒙 *s* esclarecimento; instrução; educação.
keimusho 刑務所 *s* prisão; cárcere; cadeia; penitenciária.
keimyō 軽妙 *adj* simples e gracioso.
keiniku 鶏肉 *s* carne de galinha, de frango.
keiran 鶏卵 *s* ovo de galinha.
keirei 敬礼 *s* continência.
keireki 経歴 *s* histórico pessoal; carreira; currículo.
keiren 痙攣 *s* convulsão; espasmo; câimbra.
keiretsu 系列 *s* *Biol* sistema; sequência; linha. ~会社 ~*kaisha*: empresa afiliada. ~化 ~*ka*: agrupamento; sistematização.

keiri 経理 *s* controladoria; contabilidade.
keirin 競輪 *s* corrida de bicicletas.
keirin 経綸 *s* política e administração pública.
keirishi 計理士 *s obsol* contador.
keiro 経[径]路 *s* caminho; curso; via; trajeto; percurso; itinerário.
keiro 毛色 *s* cor do cabelo; modo. 〜の変わった人 〜*no kawatta hito*: pessoa excêntrica.
keirō 敬老 *s* respeito aos idosos.
keirui 係累 *s* familiares; dependentes.
keiryaku 計略 *s* estratagema; artifício; artimanha.
keiryō 計量 *s* pesagem; medição.
keiryō 軽量 *s* peso leve.
keiryū 繋[係]留 *s* amarração de navio; ancoragem de balão.
keiryū 渓流 *s* corrente; curso d'água.
keisagyō 軽作業 *s* serviço leve. 〜に雇われる 〜*ni yatowareru*: ser contratado para serviços leves.
keisai 掲載 *s* publicação.
keisan 計算 *s* 1 cálculo; conta. 2 plano; previsão.
keisanki 計算機[器] *s* calculadora.
keisanpu 経産婦 *s Med* mulher que já teve filho.
keisansho 計算書 *s* extrato de conta.
keisatsu 警察 *s* polícia.
keisatsukan 警察官 *s* policial; guarda.
keisatsuken 警察権 *s* poder de polícia; autoridade policial.
keisatsusho 警察署 *s* comissariado de polícia.
keisei 形成 *s* formação; forma. 〜外科 〜*geka*: cirurgia plástica. 人格〜 *jinkaku*〜: formação do caráter.
keisei 形勢 *s* situação; estado das coisas; circunstâncias.
keisei 経世 *s* administração do governo.
keiseki 形跡 *s* vestígio; traço; evidência; rastro; pegada.
keisen 罫線 *s* pauta; com linha.
keisen 繋[系]船 *s* amarração; atracação do barco.
keisen 経線 *s Astr* e *Geofís* meridiano.
keisha 傾斜 *s* 1 inclinação; declive. 2 tendência.
keisha 鶏舎 *s* galinheiro.
keishi 刑死 *s* execução; falecimento por pena de morte.
keishi 軽視 *s* dar pouca importância; fazer pouco-caso.
keishi 警視 *s* superintendente de polícia.
keishichō 警視庁 *s* departamento de polícia metropolitana.
keishiki 形式 *s* forma; estilo; mera formalidade.
keishikibaru 形式張る *v* ser formal; fazer cerimônia.
keishikiron 形式論 *s* formalismo.
keishikiteki 形式的 *adj* formalmente.
keishin 敬神 *s* reverência às divindades.
keishitsu 形質 *s Genét* característica; qualidade.
keisho 経書 *s* clássico chinês do confucionismo.
keishō 軽少 〜*na, adj*: insignificante.
keishō 敬称 *s* título honorífico.
keishō 軽症 *s* doença leve.
keishō 軽傷 *s* ferimento leve.
keishō 継承 *s* sucessão.
keishō 警鐘 *s* 1 sino de alarme. 2 aviso.
keishō 景勝 *s* paisagem bela e pitoresca.
keishoku 軽食 *s* refeição leve.

keishū 閨秀 *s* mulher talentosa. 〜作家 〜*sakka*: escritora.
keishuku 慶祝 *s* congratulação; celebração.
keisō 係争 *s Dir* litígio; disputa.
keisō 計装 *s* instrumentação. 高度の〜 *kōdo no* 〜: altamente instrumentado.
keisō 軽装 *s* roupas leves.
keisō 継走 *s* corrida de revezamento. *V rirē* リレー.
keisoku 計測 *s* medição. 〜*suru, v*: medir. 〜器 〜*ki*: medidor.
keisotsu 軽率 *s* imprudência; precipitação.
keisū 計数 *s* cálculo; números. *V keisan* 計算.
keisū 係数 *s* coeficiente; módulo; fator. 化学〜 *kagaku*〜: fator químico.
keisui 渓水 *s* água do vale; rio que corre pelo vale.
keisuru 敬する *v* respeitar; estimar. *V uyamau* 敬う.
keisuru 慶する *v* congratular; felicitar.
keitai 形態 *s* forma; formato; configuração. 〜学 〜*gaku, Biol*: morfologia. 〜形成 〜*keisei, Biol*: morfogênese.
keitai 携帯 *s* portátil. 〜電話 〜*denwa*: telefone celular.
keitaigaku 形態学 *s* morfologia.
keitaihin 携帯品 *s* objetos pessoais; bagagem de mão.
keiteki 警笛 *s* apito; buzina. 〜を鳴らす 〜*o narasu*: apitar; buzinar.
keiten 経典 *s* escrituras; livros sagrados; sutras.
keito 毛糸 *s* lã; fio de lã.
keitō 系統 *s* 1 sistema. 神経〜 〜*shinkei*: sistema nervoso. 2 linhagem genealógica. 〜図 〜*zu*: genealogia.
keitō 傾倒 *s* 〜*suru, v*: dedicar-se.
keitōteki 系統的 *adj* sistemático; metódico. 〜分類法 〜*bunruihō*: sistema de classificação filogenética.
keiyaku 契約 *s* contrato; convênio; compromisso.
keiyakusho 契約書 *s* contrato escrito.
keiyo 恵与 *s* 〜*suru, v*: dar; presentear; favorecer.
keiyō 形容 *s* 1 forma; figura; aparência. 2 qualificação; descrição; figuras de linguagem.
keiyō 掲揚 *s* hasteamento. 〜*suru, v*: hastear. 国旗を〜 *kokki o* 〜: hastear a bandeira nacional.
keiyōshi 形容詞 *s Gram* palavras flexíveis que indicam qualidade ou estado, constituindo complementos nominal ou verbal, ou função predicativa.
keiyu 経由 *s* escala; via. パナマ運河〜の船でロスへ行く *panama unga* 〜*no fune de rosu e iku*: navegar para Los Angeles de navio via Canal do Panamá.
keiyu 軽油 *s* gasóleo.
keizai 経済 *s* 1 economia; finanças. 政治〜 *seiji*〜: economia política. 2 poupança; economia. 労力の〜 *rōryoku no* 〜: economia de trabalho.
keizai 軽罪 *s* pena leve.
keizaigaku 経済学 *s* estudo da economia.
keizaijō 経済上 *s* economicamente.
keizaijōtai 経済状態 *s* condições econômicas ou financeiras; situação econômica de um indivíduo.
keizaikai 経済界 *s* mundo da economia.
keizaikikō 経済機構 *s* estrutura econômica.
keizaikomon 経済顧問 *s* conselheiro econômico.
keizaiseichō 経済成長 *s* crescimento econômico.

keizaiseisaku 経済政策 *s* política econômica.
keizaisen 経済戦 *s* guerra econômica; competição econômica.
keizaishi 経済史 *s* história da economia.
keizaiteki 経済的 *adj* econômico.
keizoku 継続 *s* continuação; renovação. ～*suru*, *v*: continuar.
keizoku 系属 *s Dir* pendência, litispendência. 訴訟～中 *soshō~chū*: ação em pendência.
keizu 系図 *s* árvore genealógica; linhagem genealógica.
kejime けじめ *s* distinção; discriminação. *V* **kubetsu** 区別.
kēki ケーキ *(ingl cake) s* bolo. バースデー～ *bāsudē~*: bolo de aniversário.
kekka 結果 *s* resultado; consequência; conclusão; desfecho.
kekkai 決壊[潰] *s* colapso; desmoronamento.
kekkaku 結核 *s Med* tuberculose.
kekkakuyobō 結核予防 *s* prevenção da tuberculose.
kekkan 欠陥 *s* deficiência; defeito.
kekkan 血管 *s Anat* vaso sanguíneo; artéria, veia e capilar.
kekki 血気 *s* vitalidade; entusiasmo.
kekki 決起 *s* ～*suru*, *v*: levantar-se contra, sublevar.
kekkin 欠勤 *s* falta ao trabalho. 無断～ *mudan~*: ausente no trabalho sem aviso.
kekkinsha 欠勤者 *s* pessoa ausente ao trabalho.
kekkintodoke 欠勤届 *s* aviso de ausência.
kekkō 血行 *s* circulação de sangue.
kekkō 結構 *s* excelência. ～*na*, *adj* 1 bom; excelente. ～品物 ～*shinamono*: um artigo precioso. 2 estar satisfeito. 明日で～です *ashita de ~desu*: amanhã está bom para mim. 3 não querer. もう一杯いかがですか。いいえ もう～です *mō ippai ikaga desu ka. iie mō ~ desu*: aceita mais um trago? não, muito obrigado, não quero mais.
kekkō 決行 *s* ação. ～*suru*, *v*: executar, agir. 決めたことを～する *kimeta koto o ~suru*: executar o que se propôs.
kekkon 血痕 *s* mancha de sangue.
kekkon 結婚 *s* casamento; núpcias; matrimônio.
kekkon'iwai 結婚祝い *s* presente de casamento.
kekkonsagi 結婚詐欺 *s* casamento fraudulento.
kekkonseikatsu 結婚生活 *s* vida de casado; vida conjugal.
kekkonshiki 結婚式 *s* cerimônia de casamento.
kekkontodoke 結婚届 *s* registro de casamento.
kekkyoku 結局 *s* no final das contas; finalmente; por fim.
kekkyū 血球 *s Anat* e *Zool* corpúsculos sanguíneos.
kemono 獣 *s* animal selvagem. *V* **kedamono** 獣, **dōbutsu** 動物.
kemui 煙い *adj* fumegante; fumarento. *V* **kemutai** 煙たい.
kemuri 煙 *s* 1 fumaça. 2 nuvem; borrifo.
kemuru 煙る *v* fazer fumaça; lançar fumaça; fumegar.
kemushi 毛虫 *s Zool* taturana; lagarta.
kemutagaru 煙たがる *v* 1 não se sentir à vontade com a pessoa ou o lugar. 2 ser sensível à fumaça.
kemutai 煙たい *adj* 1 fumegante. 2 incômodo; embaraçoso. *V* **kemui** 煙い.

ken 件 *s* acontecimento; caso; assunto.
ken 見 *s* ponto de vista; opinião.
ken 券 *s* bilhete; passagem. 乗車～ *jōsha~*: bilhete de passagem.
ken 剣 *s* 1 espada. 2 ferrão de abelha.
ken 間 *s ken*, unidade de comprimento equivalente a 1,818 metro.
ken 県 *s* província.
ken 圏 *s* raio de ação; esfera; âmbito; círculo.
ken 権 *s* 1 direito. 2 autoridade; poder.
ken 腱 *s* 1 rispidez; severidade. 2 local inacessível.
ken 腱 *s Anat* tendão. アキレス～ *akiresu~*: tendão de Aquiles.
ken 兼 *conj* e; simultaneamente; ao mesmo tempo.
-ken -軒 *suf* numeral para contagem de construções.
kenage 健気 *adj* 1 bravo; heroico; corajoso. 2 louvável; admirável.
kenagesa 健気さ *s* heroísmo.
ken'aku 険悪 *adj* 1 perigoso; ameaçador. 2 hostil.
kenami 毛並み *s* 1 pelo; como estão os pelos. 2 raça; categoria.
ken'an 懸案 *s* questão pendente.
ken'an 検案 *s Dir* laudo; exame *post-mortem*.
kenasu 貶す *v* ofender; difamar.
kenban 鍵盤 *s* teclado.
kenben 検便 *s* exame de fezes.
kenbetsu 軒別 *s* ～に回る ～*ni mawaru*: passar de casa em casa. *V* **kobetsu** 戸別.
kenbikyō 顕微鏡 *s* microscópio.
kenbo 賢母 *s* mãe sábia.
kenbu 剣舞 *s* dança das espadas.
kenbun 見聞 *s* conhecimento; informação; experiência. ～が広い ～*ga hiroi*: ser bem informado.
kenbun 検分 *s* inspeção; exame. 細かに～する *komaka ni ~suru*: realizar uma minuciosa inspeção.
kenbutsu 見物 *s* visita; observação. ～*suru*, *v*: observar; ver; olhar; assistir.
kenbutsunin 見物人 *s* espectador; visitante.
kenbutsuseki 見物席 *s* assento do espectador.
kenchi 見地 *s* ponto de vista.
kenchiji 県知事 *s* governador da província.
kenchiku 建築 *s* construção; arquitetura.
kenchikubutsu 建築物 *s* edifício; prédio; construção. *V* **biru** ビル, **tatemono** 建物.
kenchikugyō 建築業 *s* indústria da construção.
kenchikuka 建築家 *s* arquiteto.
kenchikuukeoi 建築請負 *s* contrato de construção.
kencho 顕著 ～*na*, *adj*: notável, proeminente. 効能が～である *kōnō ga ~de aru*: ter um efeito notável.
kenchō 県庁 *s* governo da província.
kendaku 懸濁 *s Fís Quím* suspensão.
kenden 喧伝 *s* escândalo; rumor muito grande.
kendō 剣道 *s* esgrima japonesa.
ken'ei 兼営 *s* ter dois negócios ao mesmo tempo; administrar duas empresas simultaneamente.
ken'eki 検疫 *s* controle sanitário; quarentena.
ken'eki 権益 *s* direitos e interesses.
kenen 懸念 *s* preocupação; receio.
ken'en 嫌厭 *s* desgosto; ódio.
ken'en 犬猿 *s* cão e macaco; relação de animosidade; cão e gato.

ken'etsu 検閲 *s* censura.
kengai 圏外 *s* fora do raio de ação.
kengai 懸崖 *s* penhasco.
kengaku 見学 *s* visita de estudo.
kengakuryokō 見学旅行 *s* viagem de estudo.
kengan 検眼 *s* exame oftalmológico.
kengeki 剣戟 *s* armas brancas; luta com espadas.
kengen 権限 *s Dir* competência; jurisdição; autoridade.
kengen 顕現 *s* manifestação; encarnação. ~*suru*, *v*: manifestar; encarnar.
kengi 建議 *s* proposta; sugestão.
kengi 嫌疑 *s* suspeita. *V* **utagai** 疑い.
kengisha 嫌疑者 *s* pessoa suspeita; suspeito criminoso.
kengo 堅固 *s* firmeza; solidez.
kengu 賢愚 *s* sabedoria e estupidez.
kengyō 兼業 *s* outra atividade profissional além da principal.
kengyō 検校 *s* 1 inspeção e direção ao mesmo tempo. 2 grau máximo do funcionalismo para os cegos.
ken'i 権威 *s* 1 mestre. 2 autoridade. ~主義 ~*shugi*: autoritarismo.
ke'in 牽引 *s* força de tração. ~*suru*, *v*: puxar; arrastar.
ke'in 検印 *s* carimbo ou selo de aprovação.
ken'isha 権威者 *s* autoridade em certo assunto.
ken'isuji 権威筋 *s* fonte autorizada.
ken'izai 健胃剤 *s* remédio para digestão; remédio digestivo.
kenja 賢者 *s* pessoa sábia.
kenji 検事 *s* promotor público.
kenji 献辞 *s* dedicatória.
kenji 堅持 *s* defesa firme de uma ideia ou medida.
kenji 顕示 *s* ~*suru*, *v*: mostrar; expor.
kenjin 県人 *s* natural de uma província.
kenjiru 献じる *v* oferecer; dedicar; presentear. 本を~ *hon o* ~: presentear com um livro.
kenjitsu 堅実 *adj* estável; sólido; firme; seguro.
kenjo 賢女 *s* mulher sábia.
kenjō 献上 *s* ato de presentear, de ofertar.
kenjō 謙譲 *s* modéstia.
kenjū 拳銃 *s* pistola; revólver.
kenjutetsugaku 犬儒哲学 *s* filosofia cínica.
kenjutsu 剣術 *s* arte da esgrima.
kenka 喧嘩 *s* briga; luta; disputa.
kenka 堅果 *s Bot* fruto indeiscente (noz, catanha, avelã). ~油 ~*yu*: óleo de castanha.
kenkai 見解 *s* opinião; ponto de vista.
kenkai 県会 *s* assembleia provincial.
kenkaku 剣客 *s* espadachim.
kenkaku 懸隔 *s* diferença; discrepância.
kenkappayai 喧嘩っ早い *adj* rápido nas brigas.
kenkazuki 喧嘩好き *s* brigão; disputador.
kenkengōgō 喧々囂々 *adj* confusão barulhenta.
kenketsu 献血 *s* doação de sangue.
kenki 嫌忌 *s* aversão. *V* **ken'en** 嫌厭.
kenki 嫌気 *s Biol* e *Patol* anaerobiose.
kenkin 献金 *s* contribuição financeira; doação em espécie. ~*suru*, *v*: dar dinheiro; doar dinheiro.
kenkō 健康 *s* 1 saúde física. 2 saúde mental.
kenkōbi 健康美 *s* beleza da saúde física.
kenkōhō 健康法 *s* como manter a saúde; método para manter a forma.
kenkōhoken 健康保険 *s* seguro social de saúde.
kenkōjōtai 健康状態 *s* estado de saúde.
kenkoku 建国 *s* fundação do país.
kenkōshindan 健康診断 *s* exame médico.
kenkōshoku 健康色 *s* compleição saudável.
kenkōshoku 健康食 *s* alimentação saudável.
kenkōsōdan 健康相談 *s* consulta sobre saúde; consultoria na área de saúde.
kenkōtai 健康体 *s* corpo saudável; condição saudável.
kenkōteki 健康的 *adj* saudável.
kenkun 賢君 *s* senhor; suserano sábio; chefe sensato.
kenkyaku 健脚 *s* pernas fortes e resistentes.
kenkyo 検挙 *s* prisão; detenção.
kenkyo 謙虚 *s* modéstia; humildade. *V* **kenjō** 謙譲, **kenson** 謙遜.
kenkyō 検鏡 *s* exame microscópico.
kenkyōfukai 牽強付会 *s* interpretação forçada.
kenkyū 研究 *s* pesquisa; estudo; investigação.
kenkyūdaimoku 研究題目 *s* tema de estudo ou pesquisa.
kenkyūhappyō 研究発表 *s* apresentação de trabalhos de pesquisas.
kenkyūhōkoku 研究報告 *s* relatório de estudos.
kenkyūjo 研究所 *s* laboratório de pesquisa; instituto de pesquisas.
kenkyūka 研究家 *s* pesquisador.
kenkyūkai 研究会 *s* grupo de pesquisa; grupo de estudo.
kenkyūshin 研究心 *s* espírito de pesquisador.
kenkyūshitsu 研究室 *s* gabinete de estudo; sala de pesquisa; laboratório de pesquisas.
kenma 研磨 *s* polimento; lapidação.
kenmaki 研磨機 *s* polidor; afiador; amolador.
kenmaku 剣[見]幕 *s* atitude ameaçadora.
kenmei 件名 *s* assunto; matéria; caso. ~索引 ~*sakuin*: índice de assuntos.
kenmei 賢明 *s* prudência. ~*na*, *adj*: judicioso; prudente.
kenmei 懸命 *s* muito esforço; muito empenho.
kenmin 県民 *s* habitante de província.
ken mo hororo 剣もほろろ *expr* brusco; ríspido; rude.
kenmon 検問 *s* fiscalização; controle policial.
kenmu 兼務 *s* cargo acumulado.
kennai 圏内 *s* dentro da esfera; dentro do alcance.
kennin 兼任 *s* desempenho de dois ou mais cargos ao mesmo tempo; acúmulo de funções.
kenninfubatsu 堅忍不抜 *s* perseverança inquebrantável.
kennō 献納 *s* oferenda ao templo.
kennō 権能 *s* capacidade autoritária. *V* **kengen** 権限.
kennon 剣呑 *adj pop* perigo.
kennyō 検尿 *s Med* exame de urina.
ken'o 嫌悪 *s* aversão; repugnância.
ken'on 検温 *s Med* medida de temperatura.
kenpaku 建白 *s* petição; representação. ~書 ~*sho*: petição escrita.
kenpei 権柄 *s* ~ずくで ~*zuke de*: arrogante; despótico; autoritário.
kenpei 憲兵 *s* polícia militar.
kenpitsu 健筆 *s* ter facilidade para escrever.
kenpō 憲法 *s* Constituição.
kenpon 献本 *s* ato de oferecer um livro.

kenpu 絹布 *s* tecido de seda.
kenpujin 賢夫人 *s* boa esposa.
kenran 絢爛 *s* suntuosidade; ostentação.
kenri 権利 *s* **1** direito. 〜を放棄する 〜*o hōki suru*: renunciar ao seu direito. **2** direitos.
kenrikin 権利金 *s* pagamento da concessão; ágio; prêmio.
kenritsu 県立 *s* provincial. 〜高校 〜*kōkō*: colégio provincial.
kenrizuki 権利付き *s* com direitos; com garantias. 〜空き店 〜*akimise*: loja desocupada com direitos.
kenrō 堅牢 *s* durabilidade; solidez.
kenryo 賢慮 *s* **1** sabedoria; sensatez. **2** sua consideração.
kenryoku 権力 *s* poder; autoridade.
kenryokuarasoi 権力争い *s* luta pelo poder.
kensa 検査 *s* exame; inspeção.
kensai 賢才 *s* talento; indivíduo com habilidades.
kensajo 検査所 *s* posto de inspeção.
kensakan 検査官 *s* inspetor; fiscal.
kensaku 研削 *s* amoladura; afiação.
kensaku 建[献]策 *s* sugestão; conselho. 〜箱 〜*bako*: caixa de sugestões.
kensaku 検索 *s* consulta; busca.
kensan 研鑽 *s* estudo perseverante.
kensatsu 検札 *s* revisão dos bilhetes. 〜係 〜*gakari*: inspetor de bilhetes.
kensatsu 検察 *s* investigação criminal.
kensatsu 賢察 *s* percepção; conjetura. ご〜どおり *go*〜*dōri*: como o senhor percebeu.
kensatsuchō 検察庁 *s* promotoria pública.
kensayaku 検査役 *s* **1** inspetor, fiscal. **2** 相撲〜*sumō*〜: conselheiro do juiz de sumô.
kensei 県政 *s* administração provincial.
kensei 牽制 *s* ato de deter o adversário com advertências.
kensei 権勢 *s* poder; influência.
kensei 憲政 *s* constitucionalismo; governo constitucional.
kenseki 譴責 *s* repreensão.
kensetsu 建設 *s* construção civil.
kensetsu 兼摂 *s* acúmulo de funções.
kensetsukikai 建設機械 *s* equipamento de construção civil.
kenshi 犬歯 *s* dente canino.
kenshi 検死[屍] *s* autópsia.
kenshiki 見識 *s* perspicácia.
kenshin 検診 *s* exame médico.
kenshin 献身 *s* dedicação; sacrifício pessoal.
kenshinteki 献身的 *adj* dedicado; submisso.
kenshō 肩章 *s* dragona de militar.
kenshō 憲章 *s* carta constitucional.
kenshō 懸賞 *s* prêmio; recompensa.
kenshō 顕彰 *s* reconhecimento.
kenshō 検証 *s* *Dir* verificação; inspeção. 現場〜 *genba*〜: inspeção no local da ocorrência.
kenshoku 兼職 *s* cargo ou função acumulada.
kenshū 研修 *s* estágio; estudo e treinamento. 〜旅行 〜*ryokō*: viagem de estudo.
kenshū 献酬 *s* troca de *sakazuki*.
kenshutsu 検出 *s* detecção.
kenso 険[嶮]岨 *s* ser íngreme. *V* **kewashii** 険[嶮]しい.
kensō 喧騒 *s* ruído; barulho.
kensoku 検束 *s* prisão.
kenson 謙遜 *s* modéstia; humildade.
kensū 件数 *s* número de casos.
kensū 軒数 *s* quantidade de casas ou construções.
kensui 懸垂 *s* suspensão; pendência; exercício de ginástica em barra fixa.
kentai 倦怠 *s* cansaço; aborrecimento.
kentaiki 倦怠期 *s* fase de lassidão.
kentan 健啖 *s* apetite de devorar.
kentan 検痰 *s* exame de saliva ou escarro.
kentei 検定 *s* certificação oficial.
kentetsu 賢哲 *s* sábio; filósofo.
kentō 見当 *s* **1** estimativa; suposição. **2** ideia de direção.
kentō 拳闘 *s* pugilismo; boxe.
kentō 健闘 *s* luta, esforço.
kentō 検討 *s* exame; ato de repensar, estudar o assunto.
kentōchigai 見当違い *s* engano; ato de supor equivocadamente.
kentōhazure 見当外れ *s* previsão frustrada.
kentōsenshu 拳闘選手 *s* pugilista; boxeador.
kentōshi 遣唐使 *s* delegado do Japão enviado para a China durante a Dinastia Tang.
kenuki 毛抜き *s* pinça para arrancar pelo.
ken'yaku 倹約 *s* economia.
ken'yō 兼用 *s* uso múltiplo; dupla utilidade.
kenzai 建材 *s* abreviatura de 建築材料 *kenchiku zairyō*: material de construção.
kenzai 健在 *s* **1** boa saúde. **2** boa forma.
kenzan 検算 *s* verificação do cálculo; prova da conta.
kenzen 健全 *s* **1** saúde física e psicológica. **2** sanidade.
kenzō 建造 *s* construção.
kenzoku 眷属[属] *s* família e agregados.
keori 毛織 *s* feito de lã.
keorimono 毛織物 *s* artigo de lã.
keosareru 気圧される *v* ser intimidado; ser pressionado.
keotosu 蹴落とす *v* **1** passar a perna. **2** dar um pontapé e deixar a pessoa cair.
keppai 欠配 *s* falta de distribuição de suprimentos e correspondência.
keppaku 潔白 *s* **1** inocência. **2** pureza.
keppan 血判 *s* selo de sangue. 〜書 〜*sho*: petição selada com sangue.
keppeki 潔癖 *s* **1** mania de limpeza. **2** escrupulosidade.
keppon 欠本 *s* coleção incompleta de livros.
keppyō 結氷 *s* congelamento.
kerai 家来 *s* servidores de um suserano; vassalo.
keredo(mo) けれど(も) *conj* porém; mas; todavia; contudo. 年は若い〜 *toshi wa wakai* 〜: é jovem, mas... *V* **kakawarazu** 拘らず.
keren けれん *s pop* **1** o ato de agradar a plateia. **2** exibicionismo.
keri 蹴り *s* chute; pontapé.
keri けり *s* solução.
keridasu 蹴り出す *v* dar o pontapé inicial.
kerori to けろりと, **kerotto** けろっと *adv pop* **1** completamente; inteiramente; logo. **2** como se nada tivesse acontecido. 病気が〜と治る *byōki ga* 〜*naoru*: sarar de uma doença rapidamente.
keru 蹴る *v* **1** chutar. **2** rejeitar.
kesa 今朝 *s* esta manhã; hoje de manhã.

kesa 袈裟 *s* espécie de estola e avental dos monges budistas.
keshi 芥子・罌粟 *s Bot* papoula.
keshigomu 消しゴム *s* borracha (de apagar).
keshiin 消印 *s* carimbo postal; chancela. 元旦の～ *gantan no*～: carimbo postal de primeiro de janeiro.
keshikakeru 嗾ける *v* instigar; estimular; provocar.
keshikaran 怪しからん *adj* inadmissível; absurdo; imperdoável.
keshiki 景色 *s* paisagem; vista.
keshikibamu 気色ばむ *v* aborrecer-se; fazer cara feia; zangar-se.
keshin 化身 *s* encarnação; personificação. 悪魔の～ *akuma no* ～: encarnação do demônio.
keshisaru 消し去る *v* apagar da face da terra; desfazer-se; extinguir.
keshitomeru 消し止める *v* apagar; extinguir o fogo.
keshō 化粧 *s* **1** maquilagem. **2** ornamentação; decoração.
keshōbako 化粧箱 *s* estojo de maquilagem.
kashōdōgu 化粧道具 *s* produtos para maquilagem.
keshōhin 化粧品 *s* cosméticos; produtos de beleza.
keshōshiage 化粧仕上げ *s Constr* revestimento e acabamento finais.
keshōshitsu 化粧室 *s* toalete.
kessai 決済 *s* liquidação; acerto de contas.
kessai 決裁 *s* despacho; aprovação.
kessai 潔斎 *s* abstinência; purificação. 精進～する *shōjin*～*suru*, *v*: purificar-se.
kessaku 傑作 *s* obra-prima.
kessan 決算 *s* balanço.
kessei 結成 *s* organização; formação. ～式 ～*shiki*: cerimônia inaugural.
kessei 血清 *s Med* soro.
kesseki 欠席 *s* ausência; falta; não comparecimento.
kesseki 結石 *s Med* cáculo; pedra. 腎臓～ *jinzō*～: cálculo renal; nefrolitíase; litíase renal.
kessekisaiban 欠席裁判 *s Dir* julgamento à revelia.
kessekitodoke 欠席届 *s* justificativa da ausência.
kessen 決戦 *s* luta final; batalha decisiva.
kessen 血戦 *s* batalha desesperada; luta sangrenta. ～の地 ～*no chi*: local de luta sangrenta.
kessen 血栓 *s Med* êmbolo; trombo.
kessha 結社 *s* sociedade; associação. 秘密～ *himitsu*～: sociedade secreta. ～の自由 ～*no jiyu*: liberdade de associação.
kesshi 決死 *s* decisão suicida; desespero.
kesshin 決心 *s* decisão; determinação; resolução.
kesshin 決審 *s* conclusão do julgamento.
kesshitai 決死隊 *s* batalhão suicida.
kesshite 決して *adv* nunca; jamais; de jeito nenhum; de modo algum.
kessho 血書 *s* escrito a sangue como sinal de determinação.
kesshō 決勝 *s* final de campeonato.
kesshō 結晶 *s* **1** cristalização; cristal. **2** fruto; resultado. 愛の～ *ai no*～: fruto do amor. ～の ～*no*, *adj*: cristalino.
kesshoku 欠食 *s* ato de deixar de comer uma refeição.
kesshoku 血色 *s* tez; semblante; compleição natural.
kesshōsen 決勝戦 *s* jogo final de campeonato.
kesshōten 決勝点 *s* ponto decisivo.
kesshū 結集 *s* concentração; ato de juntar. *V* **atsumeru** 集める, **matomeru** 纏める.
kesshutsu 傑出 *s* ato de se sobressair.
kessō 血相 *s* fisionomia; semblante. *V* **kaoiro** 顔色, **kesshoku** 血色.
kessoku 結束 *s* união. 党の～ *tō no* ～: unidade partidária. ～して敵に当たる ～*shite teki ni ataru*: unir-se contra o inimigo.
kesson 欠損 *s* **1** falta; falha. **2** déficit, prejuízo.
kessuru 決する *v* decidir; tomar partido.
kesu 消す *v* apagar; extinguir; matar.
kēsu ケース (*ingl case*) *s* **1** estojo; caixa. **2** caso. ～バイ～ ～*bai*～ (*ingl case-by-case*): caso a caso. ～スタディ ～*sutadi* (*ingl case study*): estudo de caso.
keta 桁 *s* **1** *Arq* viga. **2** algarismo. 一～上 *hito* ～ *ue*: um algarismo (dígito) acima. **3** grandeza. ～違い ～*chigai*: muito superior.
ketahazure 桁外れ *s* ～の ～*no, adj*: extraordinário. ～の安値 ～*no yasune*: preço extraordinariamente baixo.
ketai 懈怠 *s* negligência; preguiça.
ketaosu 蹴倒す *s* derrubar a pontapé.
ketatamashii けたたましい *adj* ensurdecedor; estridente. ～声をあげる ～ *koe o ageru*: gritar com voz estridente.
ketchaku 決着 *s* ajuste final; conclusão.
ketchin 血沈 *s* hemossedimentação; sedimentação eritrocítica.
ketō 毛唐 *s vulg* estrangeiro. *V* **gaijin** 外人.
ketobasu 蹴飛ばす *v* chutar; dar um pontapé.
ketsu 決 *s* decisão.
ketsuatsu 血圧 *s* pressão arterial.
ketsubetsu 訣別 *s* separação definitiva; despedida.
ketsubi 結尾 *s* fim; desfecho; conclusão.
ketsubō 欠乏 *s* insuficiência; carência; falta.
ketsubutsu 傑物 *s* grande homem.
ketsudan 決断 *s* decisão.
ketsudanryoku 決断力 *s* capacidade de decisão.
ketsueki 血液 *s* sangue.
kestuekigata 血液型 *s* grupo sanguíneo; tipo sanguíneo.
ketsuekiginkō 血液銀行 *s* banco de sangue.
ketsuekikensa 血液検査 *s* exame de sangue.
ketsuen 血縁 *s* consanguinidade.
ketsugi 決議 *s* resolução; decisão; voto. *V* **giketsu** 議決.
ketsugian 決議案 *s* projeto de resolução.
ketsugibun 決議文 *s* texto de resolução.
ketsugo 結語 *s* peroração.
ketsugō 結合 *s* combinação; união; junção. ～*suru*, *v*: combinar-se; unir-se; juntar-se.
ketsugōryoku 結合力 *s* força da unificação; força para manter-se unido.
ketsui 決意 *s* resolução; decisão; determinação.
ketsuin 欠員 *s* vaga; cargo vago.
ketsujitsu 結実 *s* **1** realização; fruto. 努力が～する *doryoku ga* ～*suru*: frutifica-se o esforço. **2** frutificação.
ketsujo 欠如 *s* ausência; carência; falta. 注意力の～ *chūiryoku no*～: falta de atenção.
ketsujō 楔状 *s* que tem forma de cunha. ～骨 ～*kotsu*: osso cuneiforme. ～文字 ～*moji*: escrita cuneiforme.

ketsumatsu 結末 *s* epílogo; desfecho; fim.
ketsurei 欠礼 *s* ato de pedir desculpas por não poder apresentar cumprimentos. 喪中につき年賀〜致します *mochū ni tsuki nenga* 〜*itashimasu*: por estarmos de luto, omitiremos os cumprimentos de Ano-Novo.
ketsuretsu 決裂 *s* ruptura; rompimento; quebra (das negociações).
ketsuron 結論 *s* conclusão.
ketsuryō 結了 *s* término. 〜*suru, v*: finalizar; terminar; concluir; completar.
ketsuzen 決然 *s* ser firme; ser resoluto.
ketsuzoku 血族 *s* parentes; consanguinidade.
kettai na けったいな *adj dial* esquisito; estranho.
kettaku 結託 *s* conluio; conspiração.
kettei 決定 *s* decisão; determinação.
ketteiban 決定版 *s* 1 o melhor; o supra-sumo. 2 definitiva.
ketteiken 決定権 *s* direito (poder) de decisão.
ketteiron 決定論 *s Filos* determinismo.
ketteiteki 決定的 *adj* determinante; decisivo.
ketten 欠点 *s* defeito; falha; imperfeição.
kettō 血統 *s* genealogia; linhagem; família; origem.
kettō 決闘 *s* desafio; luta; duelo.
kettō 血糖 *s Med* e *Zool* glicemia. 〜値 〜*chi*: taxa de glicemia.
keu 稀有 *s* raridade.
kewashii 険[嶮]しい *adj* 1 rigoroso; severo. 2 íngreme.
keyaburu 蹴破る *v* arrombar a pontapé. *V* **kechirasu** 蹴散らす.
kezuri 削り *s* corte; raspadura; ato de alisar; tornar lisa uma superfície áspera.
kezuritoru 削り取る *v* desbastar.
kezuru 削る *v* 1 reduzir. 2 riscar; eliminar; apagar. 3 desgastar; tirar; raspar.
ki 木・樹 *s* 1 arbusto; árvore; planta. 2 madeira.
ki 生 *s* genuinidade; pureza.
ki 気 *s* 1 coração; vontade; intenção; disposição; espírito. 〜は心 〜*wa kokoro*: o que importa é a intenção, o coração. 2 essência; cheiro; fragrância; gosto. 3 atmosfera; ar; ambiente.
ki 忌 *s* luto.
ki 季 *s* estação do ano. *V* **kisetsu** 季節.
ki 記・紀 *s* história; conto; crônica; registro. 戦争〜 *sensō*〜: registro de guerra.
ki 黄 *s* amarelo. *V* **kiiro** 黄色.
ki 期 *s* período; prazo; termo; fase.
ki 奇 *s* curiosidade; singularidade; originalidade.
ki 器 *s* 1 utensílio; instrumento. 2 habilidade; talento; capacidade. 3 vaso; receptáculo; recipiente. *V* **utsuwa** 器.
ki 機 *s* oportunidade; ocasião.
ki 基 *Quím* radical; grupo.
ki- 貴- *pref* de respeito para com o próximo. 〜社 〜*sha*: sua (respeitosa) empresa 〜兄 〜*kei*: sua (respeitosa) pessoa.
-ki -基 *suf* utilizado para contagem de máquinas, de torres. 発動機三〜 *hatsudōki san*〜: três motores.
kī キー (*ingl key*) *s* 1 chave. 2 tecla. 3 tom.
kiai 気合 *s* espírito de luta; energia; grito de incentivo; provocação em competição.
kiake 忌明け *s* fim do luto.
kian 起案 *s* minuta.

kiara na 気荒な *adj* temperamental, violento.
kiatsu 気圧 *s* 1 pressão atmosférica. 2 atmosfera.
kiatsu 汽圧 *s* pressão do vapor.
kiatsukei 気圧計 *s* barômetro.
kiawaseru 来合わせる *v* vir na hora, por coincidência. 彼はいい所に来合わせた *kare wa ii tokoro ni kiawaseta*: ele veio numa boa hora.
kiba 牙 *s* dente de animal; presa; colmilho. 〜をむく 〜*o muku*: arreganhar os dentes.
kiba 騎馬 *s* equitação.
kiba 木場 *s* armazém de madeiras; local de negociações de madeiras.
kibako 木箱 *s* caixa de madeira.
kibaku 起爆 *s* início de explosão.
kibamu 黄ばむ *v* amarelar; ficar amarelado. 黄ばんだページ *kibanda pēji*: páginas amareladas.
kiban 基盤 *s* base; fundamento.
kibarashi 気晴らし *s* diversão; distração.
kibaru 気張る *v pop* 1 esforçar-se. 2 gastar mais que o normal.
kibatsu 奇抜 *s* extravagância; excentricidade.
kiben 詭弁 *s* sofisma; sofística. 〜家 〜*ka*: sofista.
kibi 機尾 *s* parte traseira do avião.
kibi 機微 *s* sutileza; enigma; mistério.
kibi 黍 *s Bot* milhete chinês.
kibiki 忌引き *s* ausência por motivo de luto.
kibikibi きびきび *adv* ativo; esperto; vivo.
kibin 機敏 *s* rapidez; vivacidade.
kibishii 厳しい *adj* 1 rigoroso; severo; exigente. 2 duro; implacável; difícil. 〜現実 〜*genjitsu*: dura realidade.
kibishisa 厳しさ *s* rigor; dificuldade.
kibo 規模 *s* tamanho; escala.
kibō 希望 *s* 1 desejo; esperança; expectativa; aspiração. 2 sonho; esperança. 〜がわく 〜*ga waku*: brotar a esperança.
kibone 気骨 *s* alma; nervos. 〜の折れる 〜*no oreru*: fatigante.
kibori 木彫り *s* escultura em madeira.
kibōsha 希望者 *s* candidato; aspirante.
kibōteki 希望的 *adj* otimista.
kibu 基部 *s* base; alicerce.
kibuku 忌服 *s* luto.
kibukureru 着膨れる *v* agasalhar-se demasiadamente.
kibun 気分 *s* 1 disposição; estado de espírito; sensação. 2 estado de saúde; condição física.
kibuntenkan 気分転換 *s* distração da mente; divertimento; recreação. 〜に出かける 〜*ni dekakeru*: dar uma saída para espairecer.
kibun'ya 気分屋 *s* pessoa temperamental.
kibutsu 器物 *s* recipiente; utensílio.
kibyō 奇病 *s* doença rara; enfermidade incomum. *V* **nanbyō** 難病.
kibyōshi 黄表紙 *s arc* folhetim popular, de capa amarela, de sátira e humor, em voga por volta de 1800.
kichaku 帰着 *s* 1 conclusão; resultado. 2 volta; regresso; retorno.
kichi 吉 *s* boa sorte; bom presságio.
kichi 既知 *s* já do conhecimento.
kichi 基地 *s* posto; base.
kichi 機知[智] *s* acuidade; espírito engenhoso.
kichi 危地 *s* perigo; situação crítica.

kichigai 気違い *adj* **1** loucura; demência. **2** pessoa demente; indivíduo maluco. **3** fanatismo; entusiasmo; paixão.

kichiji 吉事 *s* acontecimento feliz.

kichiku 鬼畜 *s* demônio; pessoa sem coração.

kichinichi 吉日 *s* dia de sorte.

kichin to きちんと *adv* **1** exatidão; pontualidade. **2** cuidadosamente; com atenção. **3** estar limpo, alinhado.

kichin'yado 木賃宿 *s* hospedaria barata.

kichirei 吉例 *s* festividades de cada região.

kichisū 既知数 *s* dado; número cógnito.

kichizui 吉瑞 *s* preâmbulo de um acontecimento feliz; sinal de sorte.

kichō 帰朝 *s* regresso ao país. *V* **kikoku** 帰国.

kichō 貴重 *s* preciosidade. ～*na, adj*: valioso; precioso; inestimável. ～なデータ ～*na dēta*: dados preciosos.

kichō 機長 *s* comandante de aeronave. *V* **pairotto** パイロット.

kichō 記帳 *s* registro em livro.

kichō 基調 *s* **1** *Mús* tônica dominante. **2** princípio; fundamento; base.

kichōhin 貴重品 *s* artigo ou mercadoria valiosa.

kichōmen 几帳面 *s* ～*na, adj*: escrupuloso; pontual; exato; meticuloso. ～な人 ～*na hito*: pessoa meticulosa.

kichū 気中 *s* que está no ar. ～放電 ～*hōden*: descarga elétrica em meio gasoso. ～微生物 ～*biseibutsu*: micro-organismo do ar.

kichū 忌中 *s* de luto.

kidai 季題 *s* tema abordando as quatro estações do ano no poema *haiku*. *V* **kigo** 季語.

kidan 奇談 *s* história estranha; conto misterioso.

kidaore 着倒れ *s pop* extravagância no vestir.

kidate 気立て *s* temperamento; caráter; natureza.

kiden 起電 *s* geração de eletricidade.

kiden 貴殿 *pron* Vossa Senhoria. *V* **anata** 貴方.

kidenryoku 起電力 *s Eletr* força eletromotriz.

kido 輝度 *s* grau de brilho.

kido 木戸 *s* **1** portinhola; cancela. **2** entrada; ingresso. ～御免 ～*gomen*: entrada livre.

kidō 軌道 *s* **1** via férrea; carril; trilho. **2** órbita; trajetória.

kidō 起動 *s* arranque; ato de se pôr em movimento.

kidō 機動 *s Mil* manobra; movimento. ～部隊 ～*butai*: unidade (militar) mecanizada.

kidoairaku 喜怒哀楽 *s* emoções; sentimentos: alegria, ira, tristeza e prazer.

kidōhikō 軌道飛行 *s* voo orbital.

kidori 気取り *s* presunção; vaidade; ato de querer aparecer.

kidoriya 気取り屋 *s* pedante; pretensioso; presumido.

kidoru 気取る *v* **1** ser vaidoso. **2** fazer-se de; dar-se ares de importante.

kidosen 木戸銭 *s* taxa de entrada.

kidōsha 気動車 *s* veículo ou vagão movido a diesel ou gasolina.

kidōtai 機動隊 *s* tropas móveis; força tática móvel.

kie 帰依 *s* conversão. 仏門に～ *butsumon ni* ～: aderir ao budismo.

kiehateru 消え果つ *v* desaparecer completamente.

kiei 気鋭 *s* entusiasmo; animação.

kiei 帰営 *s* ato de voltar ao quartel.

kiei 機影 *s* sombra de avião em voo. レーダーに～が映る *rēdā ni* ～*ga utsuru*: aparecer a silhueta do avião no radar.

kieiru 消え入る *v* esvair-se; morrer.

kiekakaru 消えかかる *v* prestes a apagar-se.

kien 気焔 *s* grande falatório.

kien 奇縁 *s* coincidência; estranho encontro de pessoas.

kien 機縁 *s* ocasião; oportunidade.

kieru 消える *v* **1** derreter-se. **2** apagar-se; extinguir-se. **3** sumir; desaparecer.

kiesaru 消え去る *v* desaparecer; sumir. *V* **kieru** 消える.

kietsu 喜悦 *s* regozijo; alegria.

kieuseru 消え失せる *v* desaparecer; sumir. とっとと消え失せろ！ *totto to kieusero!*: suma da minha frente!

kieyuku 消え行く *v* desaparecer; sumir. ～人種 ～*jinshu*: raça em extinção.

kifu 寄付 *s* contribuição; doação.

kifū 気風 *s* características; caráter; temperamento. 国民の～ *kokumin no*～: características do povo.

kifuda 木札 *s* pequena tabuleta de madeira; letreiro de madeira.

kifuhō 記譜法 *s Mús* notação musical.

kifujin 貴婦人 *s* senhora; dama.

kifukin 寄付金 *s* donativo em espécie; doação.

kifukōi 寄付行為 *s* contribuição; doação; ato de caridade.

kifuku 起伏 *s* relevo; ondulação; altos e baixos. ～に富んだ人生 ～*ni tonda jinsei*: vida cheia de altos e baixos.

kifuku 帰服 *s* rendição; submissão.

kifurushi 着古し *s* roupa surrada; roupa usada e velha.

kifurusu 着古す *v* usar a roupa e desgastá-la.

kifusha 寄付者 *s* doador; contribuinte do donativo.

kiga 飢餓 *s* fome; inanição.

kiga 起臥 *s* ato de levantar-se e deitar-se.

ki ga aru 気がある *expr* estar interessado em; ter inclinação a. 君は彼女に対して～のかないのか *kimi wa kanojo ni taishite* ～*no ka nai no ka*: quais são os seus interesses a respeito dela?

ki ga au 気が合う *expr* concordância; combinação de opiniões; afinidade.

kigae 着替え *s* mudança de roupa; troca de roupa.

ki ga fureru 気が触れる *expr* ficar irado; ficar louco.

kigai 危害 *s* prejuízo; dano.

kigai 気概 *s* ânimo; energia; coragem.

kigakari 気懸り *s* inquietação; preocupação.

ki ga kawaru 気が変わる *expr* mudar de ideia. 気が変わりやすい *ki ga kawari yasui*: ser volúvel.

ki ga kiku 気が利く *expr* que tem muito tato; atencioso.

kigaku 器楽 *s Mús* música instrumental.

ki ga kuruu 気が狂う *v* perder a cabeça; perder a razão. ～ほど愛する ～*hodo aisuru*: amar a ponto de enlouquecer.

kigamae 気構え *s* expectativa; estado de preparação.

ki ga muku 気が向く *expr* estar inclinado a fazer; querer fazer. 彼は～と何時間も机に向かっている *kare wa* ～*to nanjikan mo tsukue ni mukatte*

iru: quando ele está com vontade, fica horas frente à escrivaninha.
kigan 祈願 *s* oração; reza. *V* **inori** 祈り.
ki ga nai 気が無い *expr pop* não ter interesse; não ter inclinação para.
kigane 気兼ね *s* acanhamento; ato de fazer cerimônia.
ki ga nukeru 気が抜ける *expr* desanimado; desalentado.
kigaru 気軽 *s* à vontade; a bel-prazer.
ki ga sumu 気が済む *expr* estar satisfeito; estar saciado.
ki ga suru 気がする *expr* sentir; pensar; imaginar. いやな〜 *iya na* 〜: sentir desprazer.
ki ga susumu 気が進む *expr* querer fazer; sentir-se inclinado a. 食事に気が進まない *shokuji ni ki ga susumanai*: não estar com vontade de comer.
kigata 木型 *s* forma de madeira; molde de madeira.
ki ga tatsu 気が立つ *expr* estar excitado.
ki ga tsuku 気が付く *expr* perceber; estar esperto; estar atento; ser escrupuloso.
kigawari 気変わり *s* mudança de ideia; inconstância; volubilidade.
kigeki 喜劇 *s* comédia.
kigen 紀元 *s* era cristã; nova era; a.D e d.C. 西暦〜930年 *seireki* 〜*kyūhyaku sanjū nen*: ano 930 da era cristã.
kigen 起原[源] *s* origens.
kigen 期限 *s* prazo; limite.
kigen 機嫌 *s* 1 humor; espírito; disposição. 2 saúde.
kigengao 機嫌顔 *s* rosto feliz.
kigentori 機嫌取り *s* bajulação; adulação.
kigen'yoku 機嫌良く *adv* de bom humor; animado; alegre.
kigi 機宜 *s* ocasião oportuna.
kiginu 生絹 *s* seda crua.
kigire 木切れ *s* pedaço de madeira; lasca.
kigo 季語 *s* expressões e termos utilizados em *haiku* segundo as estações do ano.
kigō 記号 *s* sinal; símbolo.
kigō 揮毫 *s* caligrafia artística.
kigokochi 着心地 *s* sensação ao vestir a roupa.
kigokoro 気心 *s* índole; caráter; coração.
kigu 器具 *s* aparelho; utensílio; instrumento.
kigu 危惧 *s* desconfiança; dúvida; preocupação.
kigū 奇遇 *s* encontro inesperado.
kigū 寄寓 *s* ato de permanecer uns dias na residência de alguém.
kigui 木杭 *s* 1 estaca de madeira; baliza de madeira. 2 resto de madeira.
kigumi 木組み *s* madeiramento; carpintaria.
kigumi 気組み *s* ato de estar preparado para agir.
kigurai 気位 *s* altivez; sentimento de honra.
kigurō 気苦労 *s* trabalho; tormento; preocupação.
kigusuri 生薬 *s* ervas medicinais.
kigutsu 木靴 *s* tamancos.
kigyō 企業 *s* empresa; companhia; organização.
kigyō 起業 *s* fundação de uma empresa; início de uma organização.
kigyō 機業 *s* indústria têxtil.
kigyōka 企業家 *s* homem de negócios; empresário.
kigyōshin 企業心 *s* espírito empreendedor.
kihaku 気魄[迫] *s* energia; espírito de luta.
kihaku 稀薄 *s* 1 diluição; rarefação; pouca densidade. 〜な空気 〜*na kūki*: ar rarefeito.

kihan 規範 *s* padrão; modelo; norma.
kihan 羈絆 *s* restrição; peia. *V* **kizuna** 絆.
kihansen 機帆船 *s* veleiro motorizado.
kihatsu 揮発 *s* volatilização.
kihazukashii 気恥ずかしい *adj* envergonhado.
kihei 騎兵 *s* soldado de cavalaria.
kiheki 奇癖 *s* excentricidade.
kihi 忌避 *s* 1 deserção; evasão. 2 denegação; recusa.
kihin 気品 *s* nobreza; refinamento.
kihin 貴賓 *s* visitante ilustre; hóspede de honra.
kihō 気泡 *s* bolha; espuma.
kihō 季報 *s* informativo trimestral.
kihō 既報 *s* notícia já publicada.
kihō 貴方 *s* você; sua pessoa.
kihō 機鋒 *s* embate; ímpeto; força.
kihon 基本 *s* base; fundamento.
kihonkyū 基本給 *s* salário-base.
kihonteki 基本的 *adj* básico; fundamental.
kii 奇異 *s* estranho; esquisitice.
kii 貴意 *s* ideia preciosa; opinião valiosa.
kiin 起因 *s* causa; origem.
kiippon 生一本 *s* pureza; genuinidade; autenticidade; franqueza.
kiiro 黄色 *s* cor amarela.
kiiroi 黄色い *adj* amarelo; amarelado; amarelento.
kiito 生糸 *s* linha de seda crua.
kijaku 着尺 *s* comprimento-padrão da peça de tecido para quimono.
kiji 記事 *s* artigo de jornal; notícia; reportagem.
kiji 雉子 *s Ornit* faisão.
kiji 生地 *s* 1 tecido; pano. 2 natureza. *V* **honshō** 本性. 3 massa para fazer pão ou bolo.
kijiku 機軸 *s* 1 eixo. 2 centro de atividade.
kijin 奇人 *s* pessoa esquisita.
kijin 貴人 *s* pessoa nobre; aristocrata.
kijirushi き印 *s* doido; maluco; insensato. *V* **kichigai** 気違い.
kijitsu 期日 *s* dia marcado; prazo; vencimento.
kijo 鬼女 *s* mulher diabólica.
kijo 貴女 *s* você; dama; senhora.
kijō 机上 *s* 1 sobre a mesa. 2 〜プラン 〜*puran*: apenas planejado.
kijō 気状 *s* forma gasosa. 〜の 〜*no*, *adj*: gasoso.
kijō 軌条 *s* carril.
kijō 騎乗 *s* ato de cavalgar.
kijō 気丈 *s* ato de ser forte, corajoso.
kijōbu 気丈夫 *s* sentir-se seguro; sentir-se confiante. *V* **kijō** 気丈.
kiju 喜寿 *s* 77 anos de idade.
kijū 機銃 *s* metralhadora.
kijun 帰順 *s* submissão.
kijun 基準 *s* critério; padrão; base. 〜価格 〜*kakaku*: preço-padrão. 〜年度 〜*nendo*: ano-base; período-base.
kijun 規準 *s* critério; padrão; norma. 〜化 〜*ka*: normalização.
kijutsu 奇術 *s* magia.
kijutsu 記述 *s* relato; descrição.
kika 気化 *s* vaporização; volatilização; carburação.
kika 帰化 *s* naturalização. 〜*suru*, *v*: naturalizar-se.
kika 奇禍 *s* acidente; desastre.
kikaeru 着替える *v* trocar de roupa.
kikagaku 幾何学 *s* geometria.

kikageki 喜歌劇 *s* opereta; ópera cômica; comédia musical.
kikai 器械 *s* instrumento.
kikai 機会 *s* oportunidade; ocasião.
kikai 機械 *s* máquina.
kikai 奇怪 *adj* **1** enigma; mistério. **2** insolência.
kikaika 機械化 *s* mecanização.
kikaikintō 機会均等 *s* igualdade de oportunidade.
kikaitaisō 器械体操 *s* ginástica com aparelhos.
kikaiteki 機械的 *adj* mecânico. ～接着 ～*setchaku*: adesão mecânica. ～処理 ～*shori*: processos mecânicos.
kikaku 企画 *s* planejamento; projeto.
kikaku 規格 *s* padrão.
kikakuka 規格化 *s* uniformização; estandardização.
kikan 季刊 *s* edição trimestral.
kikan 既刊 *s* já editado.
kikan 帰還 *s* retorno; volta.
kikan 期間 *s* período; tempo; prazo.
kikan 旗艦 *s* navio capitânia.
kikan 機関 *s* **1** órgão; instituição; organização. **2** motor.
kikan 奇観 *s* espetáculo; maravilha.
kikan 亀鑑 *s* protótipo; modelo.
kikan 気管 *s Med* traqueia.
kikan 器官 *s Med* aparelho; órgão.
kikanai 聞かない *expr* teimar; resistir. 彼は言い出したらなかなか～ *kare wa iidashitara nakanaka* ～: uma vez falado, ele insiste até o fim.
kikanai きかない *expr* não inferior a; nada menos que. 一万じゃ～だろう *ichiman ja* ～*darō*: isso custará mais de dez mil ienes.
kikanjū 機関銃 *s* metralhadora.
kikanko 機関庫 *s Ferrov* rotunda para locomotivas.
kikansha 帰還者 *s* pessoa repatriada; pessoa que retorna ao país de origem.
kikansha 機関車 *s* locomotiva.
kikanshi 機関士 *s* maquinista.
kikanshi 機関紙[誌] *s* boletim informativo; informativo de uma instituição.
kikanshi 気管支 *s Med* brônquios.
kikanshitsu 機関室 *s* sala de máquinas.
kikareru 聞かれる *v* ser ouvido por acaso; surpreendido ao ser ouvido. だれにも～ことなく *dare ni mo* ～ *koto naku*: sem ser ouvido por ninguém.
kikaseru 利かせる *v* **1** acentuar o efeito. もっと塩を利かせてください *motto shio o kikasetekudasai*: acentue mais no sal, por favor. **2** exercitar; trabalhar. *V* **ki o kikasu** 気を利かす.
kikatsu 飢渇 *s* fome e sede.
kikazaru 着飾る *v* trajar-se com muitos enfeites.
kikei 奇形 *s* malformação congênita.
kikei 奇計 *s* plano engenhoso; bom estratagema.
kikei 詭計 *s* artifício; truque fraudulento; artimanha.
kiken 危険 *s* perigo.
kiken 気圏 *s* atmosfera.
kiken 棄権 *s* **1** renúncia a um direito. **2** desistência. **3** abstenção.
kikenbutsu 危険物 *s* objeto perigoso; substância perigosa.
kikenshi 危険視 *s* ～*suru*, *v*: considerar perigoso.
kikenshingō 危険信号 *s* sinal de perigo.
kikenshisō 危険思想 *s* ideologia perigosa.

kiketsu 既決 *s* já deliberado.
kiketsu 帰結 *s* consequência; resultado; conclusão.
kiki 危機 *s* crise.
kiki 利き *s* eficácia.
kiki 機器 *s* maquinaria; equipamento.
kikiakiru 聞き飽きる *v* enjoar-se de ouvir; cansar-se de ouvir.
kikiawase 聞き合わせ *s* averiguação; investigação; indagação.
kikiawaseru 聞き合わせる *v* fazer perguntas; buscar informações.
kikichigaeru 聞き違える *v* ouvir errado; compreender mal.
kikichigai 聞き違い *s* equívoco; ato de ouvir errado.
kikidasu 聞き出す *v* **1** sondar. **2** começar a ouvir.
kikifurushita 聞き古した *expr* banal; mais que sabido.
kikigaki 聞き書き *s* **1** ato de escrever tudo o que se diz. **2** caderno de anotações.
kikigurushii 聞き苦しい *adj* desagradável (de ouvir).
kikiippatsu 危機一髪 *expr* por um fio; por um triz.
kikiireru 聞き入れる *v* dar ouvidos; atender um pedido.
kikiiru 聞き入る *v* prestar atenção; ouvir com atenção.
kikijōzu 聞き上手 *s* bom ouvinte.
kikikaesu 聞き返す *v* **1** perguntar de novo. 何べんも～ *nanben mo* ～: perguntar várias vezes. **2** ouvir de novo.
kikikaikai 奇々怪々 *s* ～*na, adj*: estranho; fantástico; brutal; monstruoso.
kikikajiri 聞きかじり *s* conhecimento superficial.
kikikajiru 聞きかじる *v* ter noções de certa matéria ou assunto.
kikikata 聞き方 *s* **1** ouvinte. **2** modo de perguntar; ato de ouvir.
kikikomi 聞き込み *s* investigação; inquérito.
kikikomu 聞き込む *v* andar perguntando; ouvir.
kikime 利[効]き目 *s* efeito. *V* **kōka** 効果, **kōryoku** 効力.
kikimimi 聞き耳 *s* ouvido atento.
kikimorasu 聞き漏らす *v* perder alguns trechos do que deveria ouvir; não conseguir ouvir por inteiro.
kikin 飢饉 *s* **1** carência de suprimentos; fome. **2** escassez. 水～ *mizu*～: falta de água.
kikin 基金 *s* fundo.
kikinagasu 聞き流す *v* não fazer caso do que ouviu.
kikinaosu 聞き直す *v* perguntar de novo; voltar a ouvir.
kikinareru 聞き慣れる *v* acostumar-se a ouvir.
kikinboshū 基金募集 *s* levantamento de fundo. ～運動 ～*undō*: campanha de arrecadação de fundos.
kikinikui 聞き難い *adj* **1** difícil de ouvir; difícil de perguntar. **2** desagradável de ouvir.
kikinzoku 貴金属 *v* metal precioso.
kikioboe 聞き覚え *s* reconhecimento pelo som. ～のある ～*no aru*: familiar.
kikioboeru 聞き覚える *v* aprender de ouvido.
kikioku 聞き置く *v* estar ciente; estar informado. 参考のために～ *sankō no tame ni* ～: ouvir para estar informado.

kikioyobi 聞き及び *s* ato de ter conhecimento de; ato de ouvir falar de. お〜のとおり *o 〜no tōri*: como você sabe; como você ouviu falar.

kikioyobu 聞き及ぶ *v* ter conhecimento de; ouvir; estar informado sobre. 私の聞き及んでいるところでは *watashi no kikioyonde iru tokoro de wa*: pelo que eu ouvi falar; pelo que estou informado.

kikisokonai 聞き損ない *s* 1 não conseguir ouvir por inteiro. 2 mal-entendido.

kikisokonau 聞き損なう *v* 1 ouvir mal. 2 perder a chance de ouvir; não conseguir ouvir.

kikisute 聞き捨て *s* ato de ouvir e não fazer caso.

kikisuteru 聞き捨てる *v* ignorar; ouvir e não fazer caso.

kikitadasu 聞き糺す *v* averiguar; indagar; verificar.

kikitagaru 聞きたがる *v* ser curioso; ser inquisitivo. 何でもよく〜男だな *nandemo yoku 〜 otoko da na*: como você é curioso!

kikite 聞き手 *s* ouvinte; auditório.

kikitogameru 聞き咎める *v* censurar; implicar com a falha de uma pessoa.

kikitoppa 危機突破 *s* suplantação da crise. 〜策 *〜saku*: medida anticrise.

kikitori 聞き取り *s* ato de ouvir. 〜の試験 *〜no shiken*: prova de ditado. 英語を〜で書けますか *eigo o 〜 de kakemasu ka*: consegue escrever o que for falado em inglês?

kikitoru 聞き取る *v* ouvir bem. 聞き取れない *kiki torenai*: inaudível.

kikitsukeru 聞き付ける *v* 1 ser informado; ter informação. 2 ouvir. 3 acostumar-se a ouvir.

kikitsukusu 聞き尽くす *v* ouvir tudo; ouvir até o fim.

kikitsutae 聞き伝え *s* boato; rumor.

kikitsutaeru 聞き伝える *v* ouvir falar; ouvir de outras pessoas.

kikiude 利き腕 *s* o braço que se usa mais; o braço mais habilidoso.

kikiwake 聞き分け *s* entendimento; compreensão. 〜のよい *〜no yoi*: pessoa razoável; criança dócil.

kikiwakeru 聞き分ける *v* 1 entender; compreender. 2 distinguir o som.

kikizurai 聞きづらい *s* dificuldade de ouvir; audição difícil.

kikizute 聞き捨て *s* ato de ouvir e não fazer caso.

kikka 菊花 *s* crisântemo.

kikkake きっかけ *s* ocasião; chance; oportunidade. 彼らはそれを〜にして方向転換を図るであろう *karera wa sore o 〜ni shite hōkōtenkan o hakaru de arō*: eles farão disto uma oportunidade para mudar de direção.

kikkari きっかり *adv* justamente; precisamente; exatamente. 〜千円 *〜sen'en*: exatamente mil ienes.

kikkin 喫緊 *s* urgência; necessidade. 〜事 *〜ji*: assunto urgente. 〜の *〜no, adj*: muito importante. 〜の問題 *〜no mondai*: problema urgente.

kikkō 亀甲 *s* carapaça da tartaruga.

kikkō 拮抗 *s* rivalidade; competição.

kikkyō 吉凶 *s* sorte e azar.

kikō 気孔 *s* 1 poro da pele dos animais. 2 estômato.

kikō 気候 *s* clima; tempo; condições meteorológicas.

kikō 奇行 *s* excentricidade; conduta excêntrica. 〜に富む *〜ni tomu*: ser cheio de excentricidades.

kikō 紀行 *s* diário de viagem; relato de viagem.

kikō 起工 *s* começo do trabalho de construção civil. 〜する, *v*: iniciar a obra.

kikō 帰航 *s* viagem de retorno; viagem de regresso de navio ou avião.

kikō 帰港 *s* retorno ao porto.

kikō 寄港 *s* escala nos portos. 〜する, *v*: fazer escala.

kikō 寄稿 *s* colaboração para jornais ou revistas.

kikō 機構 *s* 1 mecanismo. 2 estrutura; organização.

kikōbon 稀覯本 *s* livros raros.

kikōbun 紀行文 *s* diário ou notas de viagem.

kikōchi 既耕地 *s* terra cultivada.

kikoe 聞こえ *s* 1 reputação; fama. 2 audição; sonoridade.

kikoeru 聞こえる *v* 1 poder ouvir; ouvir. 2 parecer. 皮肉に〜 *hiniku ni 〜*: parece irônico. 3 ser notado; ser conhecido. 著作家として彼の名は聞こえている *chossakka to shite kare no na wa kikoete iru*: seu nome é conhecido como escritor.

kikoeyogashi 聞こえよがし *s* ato de falar indiretamente de modo que a pessoa alvo ouça. 彼は〜に私の悪口をいった *kare wa 〜ni watashi no warukuchi o itta*: ele falou mal de mim, de maneira que eu ficasse sabendo.

kikoku 帰国 *s* retorno ou regresso ao país.

kikomu 着込む *v* vestir muita roupa.

kikon 既婚 *s* casado.

kikonashi 着こなし *s* ato de saber vestir.

kikonasu 着こなす *v* saber vestir. 〜がうまい *〜ga umai*: sabe vestir-se bem.

kikori 樵夫 *s* lenhador; mateiro; madeireiro; cortador de madeiras.

kikōshi 貴公子 *s* jovem nobre.

kikotsu 気骨 *s* firmeza de caráter.

kiku 菊 *s Bot* crisântemo.

kiku 利く *v* 1 ser eficaz; ter efeito; produzir o efeito esperado. よく〜薬 *yoku 〜 kusuri*: remédio muito eficaz. 2 agir; funcionar. 耳がよく〜 *mimi ga yoku 〜*: o ouvido funciona bem. 気が〜 *ki ga 〜*: ser diligente. 腕の〜 *ude no 〜*: capaz; hábil.

kiku 聞[聴]く *v* 1 ouvir; dar ouvidos a. よく注意して〜 *yoku chūi shite 〜*: ouvir atentamente. そのニュースはまだ聞いていない *sono nyūsu wa mada kiite inai*: ainda não havia ouvido essa notícia. 2 ser informado; ouvir sobre; aprender. よく〜名前 *yoku 〜 namae*: nome familiar. その点については何も聞いていない *sono ten ni tsuite wa nanimo kiiteinai*: não tenho informações a respeito disso. 3 obedecer; seguir; ouvir. 親の言うことを〜 *oya no iu koto o 〜*: obedecer ao que os pais dizem. 彼の希望も聞いてやらなければならない *kare no kibō mo kiite yaranakereba naranai*: precisamos levar em consideração os desejos dele também. 4 peguntar; exigir; questionar. 道を〜 *michi o 〜*: perguntar o caminho. 理由が聞きたい *riyū ga kikitai*: quero saber a razão. あと聞きたい事はありませんか *ato kikitai koto wa arimasen ka*: vocês não têm mais perguntas que queiram fazer?

kikubari 気配り *s* atenção; cuidado. 〜をする 〜*o suru*: cuidar bem; dar atenção. *V* **hairyo** 配慮.

kikutabireru 着くたびれる *v* desgastar-se de tanto vestir. 着くたびれた服 *kikutabireta fuku*: roupas desgastadas; roupas velhas.

kikuzu 木屑 *s* lasca de madeira.
kikyaku 棄却 *s* rejeição.
kikyo 起居 *s* cotidiano.
kikyō 気胸 *s* pneumotórax.
kikyō 帰京 *s* regresso a Tóquio.
kikyō 帰郷 *s* retorno à terra natal.
kikyoku 危局 *s* crise; situação crítica.
kikyū 気球 *s* balão; aerostato. 〜に乗る 〜*ni noru*: subir de balão; passear de balão.
kikyū 危急 *s* emergência; momento crítico.
kikyū 希求 *s* aspiração. 〜*suru, v*: desejar; aspirar; visar a.
kimae 気前 *s* generosidade; liberalidade. 〜がよい 〜*ga yoi*: ser generoso.
kimagure 気紛れ *s* capricho; veneta. 一時の〜 *ichiji no* 〜: capricho de momento.
kimajime 生真面目 *s* seriedade; honestidade; sinceridade.
kimakase 気任せ *s* a seu gosto; à vontade; a bel-prazer.
kimama 気儘 *s* sem compromisso; capricho; livre. 〜*na, adj*: egoísta; voluntarioso; caprichoso; indócil.
kimari 決[極・定]まり *s* 1 conclusão; acordo; ordem. 引越ししたばかりで家の中はまだ〜がつかない *hikkoshi shita bakari de ie no naka wa mada* 〜*ga tsukanai*: como acabei de me mudar, a casa ainda não está em ordem. 2 regra. 〜のない 〜*no nai*: irregularidade; desordem. 3 hábito; costume. 彼の毎日のお〜どおり *kare no mainichi no o*〜*dōri*: como ele faz todos os dias. 4 〜が悪い 〜*ga warui*: sentir-se embaraçado.
kimarikitta 決[極]まり切った *expr* estereotipado; comum; rotineiro. 〜あいさつ 〜*aisatsu*: saudação de praxe.
kimarimonku 極[定]まり文句 *s* frase convencional; clichê.
kimariwarui きまり悪い *adj* que fica sem jeito.
kimaru 決[極・定]まる *v* 1 determinar-se; decidir-se; resolver-se. 決まった通りに *kimatta tōri ni*: como se determinou. 2 decidir-se. 勝負はあっけなく決まった *shōbu wa akkenaku kimatta*: o jogo se decidiu facilmente. 3 ser certo. 金さえあれば幸せとは決まっていない *kane sae areba shiawase to wa kimatte inai*: o dinheiro nem sempre traz a felicidade. 4 ser perfeito. この絵は構図が実によく決まっている *kono e wa kōzu ga jitsu ni yoku kimatte iru*: a composição deste quadro é perfeita.
kimatsu 期末 *s* fim de período; fim do exercício.
kimatta 決[極]まった *expr* determinado.
kimatte 決[極]まって *adv* invariavelmente; sem falta; sempre.
kimayoi 気迷い *s* 1 hesitação. 2 instabilidade.
kimazui 気まずい *adj* desagradável; sentir-se mal.
kime 木目・肌理 *s* 1 textura da madeira. 2 textura das rochas. 3 tez.
kime 決[極]め *s* contrato.
kimei 記名 *s* assinatura.
kimei 記銘 *s* inscrição gravada em madeira, metal etc.
kimekomu 決め込む *v* 1 decidir-se; ter como certo; estar certo. 2 fingir; fazer passar por. 3 não ter escrúpulos. 猫婆を〜 *nekobaba o* 〜: apossar-se ilegalmente.

kimeru 決[極・定]める *v* decidir-se; determinar; resolver; definir; concluir; fixar. 職業を〜 *shokugyō o*〜: fixar a profissão. 決めずにおく *kimezu ni oku*: deixar em suspenso.
kimete 決[極]め手 *s* fator decisivo.
kimi 気味 *s* 1 sensação. 2 tendência; vislumbre.
kimi 君 *s* 1 você; tu. 2 imperador; soberano.
kimi 黄身 *s* gema de ovo.
kimigakatta 黄味がかった *expr* amarelado. 〜茶色 〜*chairo*: marrom amarelado.
Kimigayo 君が代 *s* 1 reinado do imperador. 2 hino nacional do Japão.
kimijika 気短か *adj* impaciente.
kimitsu 気密 *s* fechamento hermético.
kimitsu 機密 *s* informação confidencial; sigilo; segredo.
kimo 胆・肝 *s* 1 fígado. *V* **kanzō** 肝臓. 2 órgãos internos. 魚の〜 *sakana no* 〜: tripas de peixe. 3 coragem; bravura. 〜の太い人 〜*no futoi hito*: pessoa arrojada; pessoa ousada. 4 alma. 〜に銘じる 〜*ni meijiru*: tomar algo a peito.
kimochi 気持 *s* 1 sensação; sentimento; emoção; impressão. 〜がよい 〜*ga yoi*: agradável; confortável. 2 humor; estado de espírito. シャワーを浴びたら〜がよくなった *shawā o abitara* 〜*ga yokunatta*: sinto-me melhor após o banho de chuveiro. 3 sentimento. 4 agradecimento; gratidão. 5 muito pouco. 〜だけ昇給する 〜*dake shōkyū suru*: aumentar o salário simbolicamente.
kimochiyoi 気持よい *adj* agradável; confortável.
kimochiyoku 気持ちよく *s* com gosto; com boa vontade.
kimono 着物 *s* 1 quimono; vestuário japonês tradicional. 2 roupa.
kimottama 肝っ玉[魂] *s pop* bravura; coragem.
kimuzukashii 気難しい *adj* rabugento; difícil de contentar; exigente.
kimyō 奇妙 〜*na, adj*: estranho; esquisito; excêntrico.
kin 金 *s* 1 ouro. 2 dinheiro. 3 abreviatura de 金曜日 *kin'yōbi*: sexta-feira.
kin 菌 *s* 1 fungo. 2 bactéria; germe; bacilo; micróbio.
kin 筋 *s* músculo.
kinaga 気長 *adj* paciente; que não tem pressa.
kinai 機内 *s* dentro do avião.
kinako 黄粉 *s* farinha de feijão de soja adocicada.
kinakusai きな臭い *adj* 1 o que cheira a esturro. *V* **kogekusai** 焦げ臭い. 2 o que não agrada.
kinan 危難 *s* perigo; risco. 〜に遭う 〜*ni au*: passar por um perigo. *V* **sainan** 災難, **kiken** 危険.
kin'atsu 禁圧 *s* repressão; proibição. 〜*suru, v*: reprimir.
kinben 勤勉 *s* diligência.
kinboshi 金星 *s* 1 um grande feito. 2 *Sumô* vitória contra um *yokozuna*.
kinbuchi 金縁 *s* 1 moldura dourada. 2 armação dourada de óculos.
kinbun 均分 *s* divisão em partes iguais.
kinchaku 近着 *s* recém-chegado.
kinchisan 禁治産 *s Jur* interdição.
kinchō 緊張 *s* 1 tensão; nervosismo. 2 rigidez dos músculos.
kinchō 謹聴 *s* ato de ouvir com atenção.
kindai 近代 *s* época moderna.

kindaibijutsukan 近代美術館 *s* Museu de Arte Moderna.
kindaibungaku 近代文学 *s* literatura moderna.
kindaka 金高 *s* quantia em dinheiro.
kindan 禁断 *s* proibição.
kindo 襟度 *s* magnanimidade.
kine 杵 *s* pilão. *V* **usu** 臼.
kinen 記念 *s* comemoração.
kinen 祈念 *s* oração. ~*suru*, *v*: rezar; orar.
kin'en 禁煙 *s* proibição do ato de fumar.
kinenbi 記念日 *s* dia comemorativo.
kinen'hi 記念碑 *s* monumento; lápide.
kinen'hin 記念品 *s* lembrança; recordação.
kinensai 記念祭 *s* festa de comemoração.
kinenshiki 記念式 *s* cerimônia comemorativa.
kingaku 金額 *s* quantia; soma em dinheiro.
kingaku 菌学 *s* micologia.
kingan 近眼 *s* miopia.
kingashinnen 謹賀新年 *expr* Feliz Ano-Novo.
kingen 謹厳 *s* gravidade; seriedade.
kingen 謹言 *expr* respeitosamente; atenciosamente; cumprimentos de final de correspondência.
kingin 金銀 *s* ouro e prata; dinheiro.
kingō 近郷 *s* vizinhança; povoados vizinhos das grandes cidades.
kingusari 金鎖 *s* corrente de ouro.
kingyo 金魚 *s* peixinhos vermelhos ou dourados.
kin'hon'i 金本位 *s* padrão ouro.
kinichi 忌日 *s* aniversário da morte; aniversário de falecimento.
ki ni iri 気に入り *s* predileto; favorito.
ki ni iru 気に入る *expr* sentir-se satisfeito; agradar-se; satisfatório; aceitável. 気に入った家 *ki ni itta ie*: gostei desta casa.
ki ni kakaru 気に懸かる *expr* estar ansioso; estar preocupado.
ki ni kakeru 気に懸ける *expr* preocupar-se. 世間のうわさなど~な *seken no uwasa nado~na*: não ligue para o que o mundo fala de você.
ki ni kuwanai [kuwanu] 気に食わない[食わぬ] *expr* inaceitável; desagradável; coisa com o qual não se concorda; não gostar. どうもここは~ *domo koko wa* ~: não estou gostando daqui.
kinin 帰任 *s* volta ao cargo.
kin'in 金員 *s* soma em dinheiro; dinheiro.
ki ni naru 気になる *expr* 1 *V* **ki ni kakaru** 気に懸かる. 2 sentir-se inclinado a; pensar em fazer. どうして自殺する気になったのだろう *dōshite jisatsu suru ki ni natta no darō*: por que será que ele pensou em se suicidar?
kin'iro 金色 *s* dourado; cor de ouro.
ki ni sawaru 気に障る *expr* ofender; magoar; desagradar. ~事を言う ~*koto o iu*: falar algo ofensivo.
ki ni suru 気にする *expr* preocupar-se; estar pensativo sobre; estar obcecado; ser sensível a; estar nervoso sobre. 少しも気にしない *sukoshi mo ki ni shinai*: não ligar nem um pouco.
ki ni tomeru 気に留める *expr* prestar atenção; perceber. 気に留めない *ki ni tomenai*: ficar indiferente; não ligar; ignorar.
kin'itsu 均一 *s* uniformidade.
ki ni yamu 気に病む *expr* sentir-se muito mal; sentir profundamente; preocupar-se; ficar nervoso. 何をそんなに気に病んでいるんだ *nani o sonna ni ki ni yandeirunda*: por que você está tão nervoso?
kinji 近似 *s* aproximação; semelhança.
kinji 近時 *s* recentemente.
kinjiru 禁じる *v* 1 conter. 2 proibir.
kinjitō 金字塔 *s* obra ciclópica.
kinjitsu 近日 *s* futuro próximo.
kinjo 近所 *s* arredores; vizinhança.
Kinjō(heika) 今上(陛下) *s* Sua Majestade, o Imperador.
kinjomawari 近所回り *s* visita aos vizinhos.
kinjozukiai 近所付き合い *s* trato com os vizinhos.
kinjū 禽獣 *s* aves e feras; animais.
kinka 金貨 *s* moeda de ouro.
kinkagyokujō 金科玉条 *s* regra de ouro; ato de ser sagrado.
kinkai 近海 *s* águas costeiras.
kinkai 金塊 *s* lingote de ouro.
kinkai 欣快 *s* alegria.
kinkaikin 金解禁 *s* levantamento da proibição de exportação de ouro.
kinkaku 金閣 *s* pavilhão dourado.
kinkan 近刊 *s* próxima publicação; número recém-publicado.
kinkan 金冠 *s* 1 coroa de ouro. 2 coroa de ouro dentária.
kinkangakki 金管楽器 *s* instrumento musical de sopro feito de metal.
kinkawasehon'isei 金為替本位制 *s* padrão ouro de câmbio.
kinkei 近景 *s* paisagem das proximidades.
kinkei 謹啓 *expr* prezado senhor; excelentíssimo senhor.
kinken 金権 *s* influência do dinheiro; poder plutocrático.
kinken 勤倹 *s* ato de trabalhar e poupar.
kinketsubyō 金欠病 *s pop* falta de dinheiro.
kinki 禁忌 *s* 1 contra-indicação. 2 tabu.
kinkijakuyaku 欣喜雀躍 *s* salto de alegria.
kinkin 近々 *adv* no futuro próximo; em breve.
kinkin 僅々 *adv* apenas; somente.
kinko 金庫 *s* cofre; caixa-forte.
kinko 禁錮 *s Dir* prisão.
kinkō 均衡 *s* equilíbrio.
kinkō 金工 *s* 1 ourivesaria. 2 ourives.
kinkō 金鉱 *s* 1 minério de ouro. 2 mina de ouro. ~業 ~*gyō*: mineração de ouro.
kinkō 近郊 *s* subúrbio; arredores de cidades.
kinkoku 謹告 *s* ato de informar respeitosamente.
kinkon'ichiban 緊褌一番 *s* atenção e ânimo redobrados diante de situação importante.
kinkonshiki 金婚式 *s* bodas de ouro.
kinkotsu 筋骨 *s* ~たくましい ~ *takumashii*: musculoso; corpo avantajado.
kinku 禁句 *s* palavra ou sentença proibida.
kinkyō 近況 *s* estado atual; condições do momento.
kinkyori 近距離 *s* curta distância.
kinkyū 緊急 *s* urgência; emergência.
kinmagai 金紛い *s* imitação de ouro.
kinmekki 金メッキ *s* douradura. ~*suru*, *v*: dourar.
kinmitsu 緊密 *s* estreito; íntimo.
kinmoji 金文字 *s* letra dourada.
kinmon 禁門 *s* 1 portão proibido. 2 portão do palácio imperial.

kinmotsu 禁物 *s* coisa proibida; algo proibido. アルコールは彼には〜 *arukōru wa kare ni wa* 〜: álcool é algo proibido para ele.
kinmu 勤務 *s* serviço; trabalho. 八時間〜 *hachi jikan* 〜: jornada de trabalho de oito horas.
kinmuku 金無垢 *s* ouro fino.
kinnen 近年 *s* últimos anos.
kinniku 筋肉 *s* músculo.
kinnō 金納 *s* pagamento em dinheiro.
kinnō 勤王 *s* lealdade ao imperador.
kinō 昨日 *s* ontem.
kinō 機能 *s* função; funcionamento.
kino 帰納 *s Lóg* indução.
kinobori 木登り *s* ato de subir nas árvores.
ki no doku 気の毒 *s* pena; de dar pena.
ki no fureta 気の触れた *expr* insano; doido; maluco. 〜人 〜*hito*: pessoa louca.
ki no hayai 気の早い *expr* impaciente; irritadiço. 〜人 〜*hito*: pessoa impaciente.
ki no kiita 気の利いた *expr* sensível; sensato; inteligente; atraente. 〜料理屋 〜*ryōriya*: resturante aprazível. 〜身なりをしている 〜*minari o shite iru*: vestir-se com bom gosto. 〜男 〜*otoko*: homem sensato.
ki no kikanai 気の利かない *expr* desleixado. 〜男 〜*otoko*: homem desajeitado.
kinoko 茸 *s Bot* cogumelo.
ki no me 木の芽 *s* broto; rebento.
ki no mi 木の実 *s* fruto.
kinomi ki no mama de 着の身着のままで *expr* apenas com a roupa do corpo.
kin'omuketsu 金甌無欠 *expr* 〜の 〜*no*: perfeito; ideal.
ki no nai 気の無い *expr* indecisão.
ki no nuketa 気の抜けた *expr* sem vida; insípido; sem sabor; choca. 〜ビール 〜*bīru*: cerveja choca. 〜ような対話 〜*yō na taiwa*: conversa insípida.
kinori 気乗り *s* 〜する 〜*suru*, *v*: estar interessado em; sentir-se inclinado a. 大いに〜している *ōi ni* 〜*shite iru*: estar bem interessado.
ki no sei 気の所為 *expr* impressão.
ki no yamai 気の病 *s* depressão; neurastenia.
kinpai 金杯 *s* taça dourada.
kinpai 金牌 *s* medalha de ouro; primeiro prêmio.
kinpaku 金箔 *s* folha de ouro.
kinpaku 緊迫 *s* tensão.
kinpatsu 金髪 *s* cabelo loiro.
kinpen 近辺 *s* proximidades; vizinhança.
kinpi 金肥 *s* adubo químico.
kinpika 金ぴか *s pop* brilho falso. 〜の 〜*no*: cintilante; brilhante.
kinpin 金品 *s* objetos de valor; dinheiro e bens.
kinpun 金粉 *s* pó de ouro.
kinrai 近来 *s* recentemente; nos últimos tempos.
kinran 金襴 *s* brocado de ouro.
kinrei 禁令 *s* proibição; interdição.
kinri 金利 *s* juros.
kinrō 勤労 *s* trabalho; labor. 〜階級 〜*kaikyū*: classe laboral. 〜者 〜*sha*: trabalhador.
kinrui 菌類 *s* fungos.
kinrui 禽類 *s* aves e pássaros.
kinryō 禁猟 *s* proibição da caça.
kinryō 禁漁 *s* proibição da pesca.
kinryoku 金力 *s* força do dinheiro.

kinryoku 筋力 *s* força muscular; energia física.
kinsa 僅差 *s* pouca diferença; margem pequena. 〜で勝つ 〜*de katsu*: ganhar por uma pequena diferença.
kinsaku 近作 *s* obra recente; última obra.
kinsaku 金策 *s* angariação de dinheiro; ato de conseguir dinheiro.
kinsatsu 禁札 *s* placa ou quadro de aviso de interdição.
kinsei 近世 *s* tempos modernos.
kinsei 均斉[整] *s* equilíbrio; proporção; simetria. 〜のとれた 〜*no toreta*: simétrico.
kinsei 金製 *s* feito de ouro.
kinsei 禁制 *s* proibição; interdição.
kinsei 金星 *s Astr* planeta Vênus.
kinseihin 禁制品 *s* artigo proibido; artigos de contrabando.
kinseki 金石 *s* minerais e rochas; monumentos de rocha. 〜文 〜*bun*: inscrições em rochas e monumentos. 〜学 〜*gaku*: epigrafia.
kinsen 金銭 *s* dinheiro.
kinsenkanjō 金銭勘定 *s* conta.
kinsenzuku 金銭ずく *expr pop* só pelo dinheiro; ver apenas o lado financeiro. *V* **zuku** ずく. 〜で働く 〜*de hataraku*: trabalhar meramente por dinheiro.
kinsetsu 近接 *s* proximidade; acesso; aproximação. 〜町村 〜*chōson*: distritos das proximidades.
kinshi 禁止 *s* proibição.
kinshi(gan) 近視(眼) *s* miopia.
kinshi(mei)rei 禁止(命)令 *s* ordem de proibição; interdição.
kinshin 近親 *s* parentes próximos.
kinshin 謹慎 *s* 1 boa conduta. 2 castigo; penitência. 〜*suru*, *v*: permanecer confinado em casa; comportar-se bem.
kinshitsu 均質 *s* homogeneidade.
kinsho 禁書 *s* livro proibido.
kinshō 僅少 *s* muito pouco.
kinshu 金主 *s* financiador.
kinshu 禁酒 *s* abstinência alcoólica; proibição da bebida alcoólica.
kinshuhō 禁酒法 *s* lei seca.
kinshuku 緊縮 *s* 1 redução. 2 austeridade; corte de despesas.
kinshushugi 禁酒主義 *s* antialcoolismo.
kinsoku 禁足 *s* confinamento; ato de estar incomunicável.
kinsu 金子 *s* dinheiro; fundo; soma de dinheiro.
kintama 睾丸 *s* testículos. 人の〜を握る *hito no* 〜*o nigiru*: tocar no ponto vulnerável de uma pessoa.
kintei 欽定 *s* autorização imperial.
kinteki 金的 *s* meta; alvo.
kintetsu 金鉄 *s* ouro e ferro; firmeza.
kintō 均等 *s* igualdade; uniformidade.
kinton きんとん *s* doce à base de castanha, feijão ou batata-doce.
kintōtaigū 均等待遇 *s* tratamento uniforme.
kintōwari 均等割 *s* divisão em partes iguais.
kinu 絹 *s* seda; tecido de seda.
kinubari 絹張り *s* acabamento de seda.
kinugoshi 絹漉し *s* filtro de seda.
kinuito 絹糸 *s* linha ou fio de seda.

kinuji 絹地 s tecido de seda.
kinuke 気抜け s 1 apatia; desânimo. 2 ato de ficar insípido.
kinumono 絹物 s roupas de seda; artigos de seda.
kinuta 砧 s bloco de pedra ou madeira sobre o qual se estende o tecido e bate para amolecê-lo.
kinuwata 絹綿 s borra de seda.
kinuzure 衣擦れ s frufru; farfalhar das saias ou vestidos.
kin'yō 緊要 adj importante; de vital importância.
kin'yōbi 金曜日 s sexta-feira.
kin'yoku 禁欲 s abstinência; controle emocional.
kin'yokushugi 禁欲主義 s estoicismo; ascetismo.
kin'yu 禁輸 s embargo de comércio exterior.
kinyū 記入 s preenchimento. V **kisai** 記載.
kin'yūgyō 金融業 s negócio de finanças; segmento financeiro.
kin'yūkai 金融界 s mundo das finanças.
kin'yūkikan 金融機関 s instituição financeira.
kin'yūkinko 金融金庫 s caixa financiadora.
kin'yūkyōkō 金融恐慌 s crise financeira.
kin'yūshihon 金融資本 s capital financeiro.
kin'yūshijō 金融市場 s mercado financeiro.
kin'yushutsu 金輸出 s exportação de ouro.
kinzai 近在 s arredores da cidade.
kinzaiku 金細工 s ourivesaria.
kinzan 金山 s mina de ouro.
kinzen 欣然 adj alegre; demonstração, manifestação de contentamento, satisfação.
kinzōgan 金象眼[嵌] s marchetado de ouro.
kinzoku 金属 s metal.
kinzoku 勤続 s serviço contínuo.
kinzokuban 金属版 s impressão metalográfica.
kinzokuen 金属塩 s Quím sal metálico.
kinzokukakō 金属加工 s processamento transformador metalomecânico.
kinzokukōtaku 金属光沢 s brilho metálico.
kinzokunengen 勤続年限 s período de trabalho contínuo.
kinzokusei 金属製 s feito de metal.
kinzokuseiren 金属精錬 s refinamento de metal.
kinzokusha 勤続者 s funcionário "da casa". 三十年〜 sanjūnen 〜: funcionário com 30 anos de casa.
kinzokuzaiku 金属細工 s artesanato em metal.
kiō 既往 s acontecimentos do passado.
kioitatsu 気負い立つ v ficar entusiasmado.
ki o kikasu 気を利かす v usar a cabeça; exercitar o tato; usar o bom-senso. 気を利かして座をはずした ki o kikashite za o hazushita: ele usou o bom-senso e saiu do recinto.
kioku 記憶 s memória; lembrança; recordação.
ikokure 気後れ s perda de coragem; timidez; ato de ficar nervoso.
kiokuryoku 記憶力 s capacidade de memória.
kiokusōchi 記憶装置 s Eletrôn dispositivo de memória.
kiokusōshitsu 記憶喪失 s perda de memória. 〜症 〜shō: amnésia.
ki o mawasu 気を回す expr suspeitar; fazer suposições.
kiomoi 気重い adj deprimido; abatido; melancólico.
ki o momu 気を揉む v ficar ansioso; aborrecer-se; estar irrequieto.
kion 気温 s temperatura.

kiore 気折れ s sentir-se deprimido; ser desencorajado.
kiōshō 既往症 s anamnese; histórico do paciente.
ki o tsuke 気を付け expr posição de sentido.
ki o tsukeru 気を付ける v tomar cuidado; atentar.
kiou 気負う v ficar entusiasmado.
kippari shita きっぱりした expr claro; definitivo; decisivo.
kippari(to) きっぱり(と) adv definitivamente; terminantemente. 〜断る 〜kotowaru: recusar terminantemente.
kippō 吉報 s boa notícia.
kippu 切符 s bilhete; passagem.
kippū 気風 s pop temperamento; disposição.
kippuuri 切符売り s venda, vendedor de bilhetes ou passagens.
kippuuriba 切符売り場 s bilheteria.
kirabiyaka 綺羅びやか adj brilhante; resplandecente. 〜な光景 〜na kōkei: paisagem resplandecente.
kirai 嫌い adj 1 não gostar; desgostar. 2 inconveniente.
kirai 機雷 s mina.
kirakira きらきら 〜suru, v: reluzir; brilhar.
kiraku 気楽 s ato de ter vida fácil; ser despreocupado. 〜に 〜ni: confortavelmente.
kirameki 煌き s clarão; cintilação.
kirameku 煌く v 1 resplandecer; luzir; cintilar. 2 brilhar.
kirasu 切らす v 1 estar com falta de. 2 acabar; estar sem.
kirau 嫌う v 1 não gostar de. 2 evitar.
kire 切れ s 1 tecido; pano. 2 retalho de pano; pedaço; posta; lasca. 3 gume; fio. 4 feitio.
kireaji 切れ味 s corte; fio. このナイフは〜がいい kono naifu wa〜ga ii: esta faca corta bem.
kirehashi 切れ端 s pedaço de pano ou papel.
kirei 奇[綺]麗 adj 1 bonito; belo. 2 asseado; limpo. 3 límpido; puro. 4 nítido. 5 magistral; perfeito. 6 completo.
kireigoto 奇麗事 s disfarce; desculpa; ato de encobrir, de embelezar.
kireisappari(to) 奇麗さっぱり(と) adv completamente. 〜忘れる 〜wasureru: esquecer-se completamente.
kireizuki 奇麗好き s pessoa asseada; pessoa que gosta de limpeza.
kireji 切れ地 s 1 tecido; pano. 2 pedaço de tecido.
kirekomi 切れ込み s corte; recorte no papel ou pano.
kirekuzu 切れ屑 s restos de retalhos, lascas.
kirema 切れ間 s pausa; intervalo; interrupção; brecha.
kireme 切れ目 s 1 fenda; corte; ruptura. 2 pausa. 3 fim.
kiremono 切れ物 s instrumento cortante.
-kirenai -切れない suf não poder. その本は今日中には読み〜 sono hon wa kyōjū ni wa yomi〜: não posso terminar de ler esse livro hoje.
kireru 切れる v 1 estar afiado. 2 rasgar; cortar; partir-se. 3 parar. 4 romper-se. 5 estar sem. 6 expirar; vencer; passar do prazo. 7 ser astuto; esperto. 8 ceder. 9 embarulhar. 10 fazer uma curva brusca.
kirete 切れ手 s pessoa habilidosa.

kiretsu 亀裂 *s* fenda; fresta; ruptura; rachadura.
kiri 切り *s* **1** limite. **2** fim. **3** último quadro de peças de cabúqui.
kiri 錐 *s* broca; sovela; perfurador.
kiri 霧 *s* névoa; nevoeiro.
kiri 桐 *s* *Bot* paulównia.
-kiri -きり *partícula* **1** só. **2** sempre. 寝た〜老人 *neta〜rōjin*: pessoa idosa, sempre de cama.
kiriage 切り上げ *s* **1** encerramento; fim. **2** valorização. **3** *Mat* arredondar os quebrados para cima.
kiriageru 切り上げる *v* **1** acabar; encerrar; terminar. **2** *Econ* valorizar; subir. **3** *Mat* arredondar os quebrados para cima.
kiriai 切[斬]り合い *s* luta com espadas.
kiribako 霧箱 *s* *Fís* câmara de névoa.
kiribana 切り花 *s* flores cortadas.
kiribari 切り張り *s* **1** cortar e colar. **2** remendo no tecido da roupa.
kiridashi 切り出し *s* **1** corte e transporte de árvores. **2** faca de trinchar.
kiridasu 切[伐]り出す *v* **1** cortar árvores ou quebrar rochas e transportar. **2** falar no assunto ちょっと切り出しにくい問題だった *chotto kiridashinikui mondai datta*: aquele era um assunto muito delicado.
kiridōshi 切り通し *s* corte no morro para abrir estrada.
kirifuda 切り札 *s* **1** trunfo. **2** último trunfo.
kirigirisu 蟋蟀 *s* *Entom* gafanhoto.
kirihanasu 切り離す *v* separar; cortar. 権利と義務は絶対に切り離せぬものだ *kenri to gimu wa zettai ni kirihanasenu mono da*: direitos e deveres são absolutamente inseparáveis.
kiriharau 切り払う *v* cortar. 枝を〜 *eda o 〜*: cortar o galho fora.
kirihiraku 切り開く *v* **1** abrir caminho. **2** desbravar; cultivar. **3** cortar para abrir. 自己の運命を〜 *jiko no unmei o 〜*: abrir caminho para o próprio destino.
kirihirogeru 切り広げる *v* cortar e ampliar.
kiriiru 切り入る *v* abrir caminho e invadir o território inimigo.
kiriishi 切り石 *s* pedra talhada; bloco de rocha.
kirijini 切[斬]り死に *s* lutar até a morte.
kirikabu 切り株 *s* **1** toco de árvore. **2** restolho de cereais.
kirikae 切り換[替]え *s* troca; mudança; transferência.
kirikaeru 切り換[替]える *v* trocar; mudar; transferir; converter. 新番組と〜 *shinbangumi to 〜*: transferir para um novo programa.
kirikata 切り方 *s* modo de cortar; como cortar.
kirikiri きりきり *adv* **1** com diligência; com afinco. **2** dor aguda. **3** apertar bem.
kirikirimai きりきり舞い *s pop* andar atarefado.
kirikizamu 切り刻む *v* picar; cortar em pedacinhos.
kirikizu 切り傷 *s* corte; ferida; incisão.
kirikōjō 切り口上 *s* modo formal de falar; linguagem formal.
kirikomu 切り込む *v* **1** cortar fundo. **2** romper a linha inimiga. **3** ir direto ao ponto.
kirikorosu 切[斬]り殺す *v* matar com arma branca.
kirikuchi 切り口 *s* corte da ferida; incisão.
kirikuzu 切り屑 *s* restos do que foi cortado; lascas.

kirikuzusu 切り崩す *v* desfazer; derrubar.
kirimawashi 切り回し *s* controle; administração. 〜のうまい人 *〜no umai hito*: bom administrador; bom gerenciador.
kirimawasu 切り回す *v* gerir; administrar; lidar.
kirime 切り目 *s* **1** pausa; intervalo. **2** corte.
kirimi 切り身 *s* pedaço; posta.
kirimori 切り盛り *s* administração; gerenciamento. 家の〜をする *ie no 〜o suru*: administrar a casa.
kirin 麒麟 *s* *Zool* **1** girafa. **2** animal lendário chinês parecido com Pégaso. **3** 〜児 *〜ji*: criança-prodígio.
kirinukeru 切り抜ける *v* **1** evitar o perigo. **2** superar; passar por cima; conseguir ultrapassar o obstáculo. 困難を苦もなく〜 *konnan o ku mo naku 〜*: superar os obstáculos sem dificuldades.
kirinuki 切り抜き *s* recorte de jornal ou revista.
kirinuku 切り抜く *v* recortar.
kiriotosu 切り落とす *v* decepar; podar; cortar.
kirisage 切り下げ *s* desvalorização.
kirisageru 切り下げる *v* **1** cortar. **2** *Econ* desvalorizar a moeda.
kirisame 霧雨 *s* garoa; chuva fina.
Kirishitan キリシタン・切支丹 (*port cristão*) *s* *Rel* **1** cristianismo. **2** cristão.
kirisoroeru 切り揃える *s* cortar os pedaços em tamanhos e cortes iguais.
kirisute 切り捨て *s* **1** ato de matar. **2** *Mat* simplificação; descarte.
kirisuteru 切り捨てる *s* **1** cortar com a espada; matar. **2** omitir; descartar; excluir. 少数以下を〜 *shōsū ika o 〜*: descartar as frações.
Kirisuto キリスト・基督 (*port Cristo*) *s* Jesus Cristo.
Kirisutokyō キリスト教 *s* religião cristã; cristianismo.
kiritaosu 切り倒す *v* derrubar.
kiritate 切り立て *s* recém-cortado.
kiritatsu 切り立つ *v* levantar-se; erguer-se.
kiritorisen 切り取り線 *s* linha pontilhada que indica onde recortar.
kiritoru 切り取る *v* cortar.
kiritsu 起立 *s* ato de levantar-se.
kiritsu 規[紀]律 *s* **1** ordem. **2** disciplina; regulamento.
kiritsukeru 切り付ける *v* cortar ou ferir uma pessoa com espada. 肩先に〜 *katasaki ni〜*: cortar o ombro de uma pessoa.
kiritsume 切り詰め *s* **1** encurtamento. **2** economia; redução de custos; corte nas despesas. 〜政策 *〜seisaku*: política de corte nas despesas.
kiritsumeru 切り詰める *v* **1** encurtar. **2** economizar; reduzir os custos; cortar as despesas.
kiritto きりっと *adv* com firmeza; alinhado; bem-arrumado. 〜した *〜shita*: elegante; bem-arrumado; bem definido.
kiriuri 切り売り *s* **1** venda em pedaços. **2** vender os conhecimentos intelectuais. 学問の〜をする *gakumon no 〜o suru*: vender a sabedoria para sobrevivência.
kiro 岐路 *s* cruzamento; encruzilhada.
kiro 帰路 *s* caminho de volta. *V kito* 帰途.
kiroku 記録 *s* **1** registro; anotação. **2** recorde. 新〜 *shin〜*: novo recorde.
kirokuteki 記録的 *adj* sem precedentes; recorde. 〜短時間で *〜tanjikan de*: com tempo recorde.

kirokuyaburi 記録破り *s* ato de bater o recorde.
kiru 切[斬]る *s* **1** cortar; picotar. 封を～ *fu o* ～: abrir o envelope da correspondência. 木を～ *ki o* ～: cortar a árvore. 切符を～ *kippu o* ～: picotar o bilhete de passagem. **2** cortar relações com uma pessoa. 彼と私は切っても切れない仲だ *kare to watashi wa kittemo kirenai naka da*: eu e ele temos um relacionamento impossível de se romper. **3** desligar. 電話を～ *denwa o* ～: desligar o telefone. **4** começar. 口を～ *kuchi o* ～: começar a falar. **5** embaralhar. トランプを～ *toranpu o* ～: embaralhar as cartas. **6** assinar; passar. 小切手を～ *kogitte o* ～: emitir o cheque. **7** criticar; comentar. 汚職事件を～ *oshoku jiken o* ～: denunciar um caso de corrupção. **8** escorrer a água. 水を～ *mizu o* ～: escorrer bem a água. **9** abrir caminho. 風邪を切って走る *kaze o kitte hashiru*: correr contra o vento. **10** virar. ハンドルを左に～ *handoru o hidari ni* ～: virar o volante para a esquerda. **11** romper. 堤を～ *tsutsumi o* ～: romper o dique. **12** fazer. 十字を～ *jūji o* ～: fazer o sinal da cruz. **13** fixar um prazo, limitar o tempo. 日限を～ *nichigen o* ～: fixar uma data-limite.
kiru 着る *v* **1** vestir; usar; pôr. **2** ser acusado de. 濡れ衣を～ *nureginu o* ～: ser acusado de crime que não cometeu.
-kiru -切る *suf* **1** completar algo; terminar de; acabar de. 読み～ *yomi*～: terminar de ler. **2** fazer algo de maneira decidida. *V* **dantei** 断定.
kiryaku 機略 *s* dom; esperteza.
kiryō 器量 *s* **1** fisionomia; aparência; feições do rosto. **2** talento; capacidade.
kiryōgonomi 器量好み *s* gosto por mulheres de boa aparência.
kiryōjin 器量人 *s* pessoa de grande capacidade.
kiryoku 気力 *s* energia; vigor; vitalidade; força de vontade.
kiryū 気流 *s* Meteor corrente atmosférica.
kiryū 寄留 *s* domicílio temporário.
kisai 記載 *s* menção; escrita. ～*suru, v*: escrever.
kisai 起債 *s* emissão de títulos ou obrigações.
kisai 鬼才 *s* pessoa de talento extraordinário; gênio.
kisaki 后 *s* imperatriz.
kisaku 気さく *adj* simpático; franco; simples.
kisama 貴様 *pron vulg* tu; você. *V* **omae** お前, **anata** 貴方.
kisan 起算 *s* início da contagem. ～*suru, v*: começar a contar.
kisan 帰参 *s* retorno ao lugar ou posição de origem.
kise 着せ *s* ～の ～*no*: banhado a. 銀～の *gin* ～*no*: banhado a prata.
kisei 気勢 *s* entusiasmo; ânimo.
kisei 奇声 *s* voz estranha. ～を上げる ～*o ageru*: emitir uma voz estranha.
kisei 既成 *s* existente; consumado. ～道徳 ～*dōtoku*: princípios morais estabelecidos. ～政党 ～*seitō*: partido político existente.
kisei 帰省 *s* volta à terra natal por período temporário.
kisei 既製 *s* ato de ser manufaturado; ato de estar pronto. ～コンクリート ～*konkurīto*: concreto pré-moldado.
kisei 規正 *s* reajuste; regulamentação. 消費～ *shōhi*～: regulamentação do consumo.

kisei 寄生 *s* Biol **1** parasitismo. **2** parasita. ～*suru, v*: parasitar.
kisei 規制 *s* controle; regulamentação.
kiseibutsu 寄生物 *s* parasita.
kiseichū 寄生虫 *s* inseto parasita.
kiseifuku 既製服 *s* roupa pronta; *prêt-à-porter*.
kiseihin 既製品 *s* artigo manufaturado.
kiseishokubutsu 寄生植物 *s* planta parasita.
kiseitai 寄生体 *s* parasita. ～学 ～*gaku*: parasitologia.
kiseki 奇蹟[跡] *s* milagre.
kiseki 貴石 *s* 半～ *han*～: pedra semipreciosa. *V* **hōseki** 宝石.
kiseki 鬼籍 *s* Bud rol dos mortos. ～に入る ～*ni hairu*: morrer.
kisekiteki 奇蹟的 *adj* milagroso.
kisen 汽船 *s* navio a vapor.
kisen 基線 *s* linha de base. 三角形の～ *sankakukei no* ～: base do triângulo.
kisen 機先 *s* ato de ter a iniciativa; previsão; prevenção; antecipação aos acontecimentos.
kisen 貴賎 *s* classes altas e baixas; nobreza e plebe.
kiseru キセル・煙管 (*cambojano khsier*) *s* cachimbo.
kiseru 着[被]せる *v* **1** vestir. **2** culpar; imputar; impor. **3** cobrir; encobrir.
kisetsu 季節 *s* estações do ano.
kisetsu 既設 *s* existência; algo já construído. ～線 ～*sen*: linha férrea em operação.
kisetsufū 季節風 *s Náut* monções.
kisetsukan 季節感 *s* sensação da estação do ano; o sentir da estação.
kisetsumono 季節物 *s* frutas e alimentos da estação.
kisetsuteki 季節的 *adj* sazonal.
kisha 汽車 *s* trem puxado por locomotiva a vapor.
kisha 記者 *s* jornalista; repórter.
kisha 喜捨 *s* esmola; caridade; contribuição.
kishachin 汽車賃 *s* tarifa de passagem de trem.
kishakaiken 記者会見 *s* entrevista com jornalistas; entrevista coletiva.
kishaku 希[稀]釈 *s* diluição. ～*suru, v*: diluir.
kishi 岸 *s* margem; costa; beira.
kishi 騎士 *s* **1** cavaleiro. **2** cavaleiro da Idade Média.
kishi 旗幟 *s* **1** bandeira; pavilhão; estandarte. **2** atitude; posição.
kishibe 岸辺 *s* beira d'água.
kishidō 騎士道 *s* ideal dos cavaleiros.
kishikaisei 起死回生 *s* toque mágico; volta à vida.
kishimu 軋む *v* ranger.
kishin 寄進 *s* donativo; oferenda.
kishiru 軋る *v* ranger. *Sin* **kishimu** 軋む.
kishitsu 気質 *s* temperamento. *V* **kishō** 気性.
kishō 気性 *s* temperamento; índole.
kishō 気象 *s* meteorologia; tempo; clima.
kishō 起床 *s* ato de levantar-se da cama.
kishō 記章 *s* emblema; insígnia; medalha.
kishō 徽章 *s* emblema; insígnia; distintivo; símbolo.
kishō 希少 *s* raridade. ～*na, adj*: raro; escasso.
kishōdai 気象台 *s* observatório meteorológico.
kishōgaku 気象学 *s* meteorologia.
kishōkansoku 気象観測 *s* observação meteorológica.
kishoku 気色 *s* **1** humor; sentimento; disposição de espírito. **2** expressão; aparência.

kishoku 寄食 *s* ato de viver na casa de conhecido. *V* **isōrō** 居候.
kishōtsūhō 気象通報 *s* boletim meteorológico.
kishu 旗手 *s* **1** porta-bandeira. **2** *fig* chefe; cabeça.
kishu 機首 *s* parte frontal do avião.
kishu 機種 *s* tipo ou modelo de avião ou máquina.
kishu 騎手 *s* cavaleiro; jóquei.
kishuku 寄宿 *s* vida em pensionato ou internato.
kishukusha 寄宿舎 *s* pensionato; internato; dormitório.
kiso 起訴 *s* processo; acusação; indiciamento.
kiso 基礎 *s* **1** *Arquit* alicerce. **2** base; fundamento.
kisō 起草 *s* elaboração; redação.
kisō 奇想 *s* ideia original ou extravagante.
kisō 帰巣 *s* ato de voltar ao ninho.
kisojō 起訴状 *s Dir* acusação formal; libelo acusatório.
kisokōji 基礎工事 *s Arquit* construção do alicerce; obras de fundação.
kisoku 気息 *s* respiração; fôlego.
kisoku 規則 *s* **1** regulamento; regra. **2** lei; norma.
kisokusho 規則書 *s* regulamentos; prospecto.
kisokutadashii 規則正しい *adj* metódico; ordenado; sistemático; regular.
kisokuteki 規則的 *adj* metódico; ordenado; sistemático; regular.
kisokuzukume 規則ずくめ *s* regras fixas; inteiramente regulamentado; que se baseia completamente em regras rigorosas.
kison 毀損 *s* difamação. 名誉〜でうったえる *meiyo* 〜*de uttaeru*: processar por difamação.
kisōsha 起草者 *s* redator.
kisoteki 基礎的 *adj* fundamental; básico.
kisou 競う *v* desafiar; competir.
kisoyūyo 起訴猶予 *s Dir* suspensão do indiciamento.
kissa 喫茶 *s* ato de tomar chá.
kissaki 切っ先 *s* ponta afiada da espada.
kissui 生粋 *s* genuinidade.
kissui 喫[吃]水 *s* calado do navio.
kissuisen 喫[吃]水線 *s* linha de flutuação.
kissuru 喫する *v* **1** beber; comer; fumar. **2** sofrer uma derrota.
kisū 奇数 *s* número ímpar.
kisū 帰趨 *s* tendência; consequência; resultado.
kisūhō 記数法 *s* sistema de numeração.
kisuru 帰する *v* **1** resultar em; terminar em. **2** atribuir. **3** reverter; cair.
kisuru 記する *v* **1** anotar; registrar; marcar; escrever. **2** guardar; gravar.
kita 北 *s* norte.
kitae 鍛え *s* treinamento; prática; disciplina; moderação do temperamento.
kitaeru 鍛える *v* **1** temperar; forjar. **2** adestrar; treinar. 体を〜 *karada o* 〜: pôr-se em forma.
kitai 気体 *s* corpo gasoso.
kitai 希[稀]代 *s* raridade; singularidade.
kitai 期待 *s* expectativa. 〜*suru, v*: esperar ansiosamente; antecipar.
kitai 機体 *s* fuselagem; corpo da máquina ou equipamento.
kitai 危殆 *s* perigo; risco.
kitai 奇態 *s pop* raridade; esquisitice; estranheza.
kitaihazure 期待外れ *s* desilusão; decepção.
kitaika 気体化 *s* gaseificação; vaporização.

kitakaze 北風 *s* vento norte.
kitakirisuzume 着た切り雀 *s* aquele que tem apenas a roupa do corpo.
kitaku 帰宅 *s* regresso ao lar. 〜*suru, v*: voltar para casa.
kitaku 寄託 *s* consignação; depósito; caução.
kitamuki 北向き *s* o ato de estar voltado para o norte.
kitan 忌憚 *s* reserva; escrúpulo.
kitanai 汚い *adj* **1** sujo; porco. **2** indecente. **3** feio. **4** mesquinho; avaro. **5** baixo; obsceno.
kitanaku 汚く *adv* 〜*suru, v*: sujar; bagunçar; estragar. *V* **yogosu** 汚す.
kitanarashii 汚らしい *adj* sujo na aparência; imundo; torpe; obsceno; porco.
kitaru 来たる *v* que vem; a vir. 〜日曜日 〜*nichiyōbi*: domingo que vem.
kitarubeki 来たるべき *expr* próximo; que vem; próximos. 〜選挙 〜*senkyo*: a eleição que vem; próxima eleição.
kitasu 来たす *v* causar; trazer. 失敗を〜 *shippai o* 〜: causar falha; causar insucesso.
kitchiri きっちり *adv pop* **1** exatamente. **2** perfeitamente; hermeticamente fechado.
kitchō 吉兆 *s* bom agoiro.
kitei 既定 *s* o que está estabelecido, determinado.
kitei 規定 *s* regulamento. 〜*suru, v*: regulamentar.
kitei 規程 *s* regulamentos.
kitei 基底 *s* base.
kiteki 汽笛 *s* apito.
kiten 気[機]転 *s* inteligência; presteza de espírito.
kiten 起点 *s* ponto de partida.
kito 企図 *s* projeto; plano.
kito 帰途 *s* caminho de volta para casa.
kitō 祈祷 *s* prece; oração.
kitō 気筒 *s* cilindro.
kitoku 危篤 *s* estado crítico de um enfermo.
kitoku 既得 *s* o que já foi adquirido.
kitoku 奇特 〜*na, adj*: louvável.
kitokuken 既得権 *s* direitos adquiridos.
kitsuen 喫煙 *s* ato de fumar.
kitsuenka 喫煙家 *s* fumante.
kitsui きつい *adj* **1** violento; ríspido. **2** forte. 〜酒 〜*sake*: bebida alcoólica forte. **3** rígido; severo. きつく叱る *kitsuku shikaru*: repreender severamente. **4** duro; pesado. 〜仕事 〜 *shigoto*: trabalho duro. **5** apertado. 〜スケジュール 〜*sukejūru*: programação apertada. 〜服 〜*fuku*: roupa apertada.
kitsuke 気付け *s* **1** ato de encorajar. **2** ato de trazer uma pessoa para a vida, estimular à vida.
kitsuke 着付け *s* ato de vestir o quimono ou ajudar a vesti-lo.
kitsumon 詰問 *s* interrogatório rigoroso.
kitsune 狐 *s Zool* raposa.
kitsuneiro 狐色 *s* castanho-claro.
kitsunetsuki 狐つき *s* o que está possuído pela raposa (crença popular).
kitte 切手 *s* selo postal.
kitte shūshū 切手収集 *s* filatelia; coleção de selos.
kitto[1] きっと *adv* com certeza; certamente; sem dúvida; seguramente.
kitto[2] きっと *adv* severamente; rispidamente. 〜にらみつける 〜*niramitsukeru*: lançar um olhar severo.
kiuke 気受け *s* ato de ser aceito; popularidade. *V* **uke** 受け, **hyōban** 評判.

kiun 気運 s ambiente.
kiun 機運 s momento; oportunidade.
kiutsuri 気移り s distração.
kiwa 際 s 1 borda; beira. 2 última hora.
kiwadatsu 際立つ v 1 notar-se nitidamente. 2 distinguir-se.
kīwādo キーワード (ingl key word) s palavra-chave.
kiwadoi 際どい adj 1 perigoso; arriscado. 2 indecente.
kiwaku 木枠 s engradado de madeira para acondicionar e transportar objetos.
kiwamarinai 極まりない adj ilimitado. 不愉快~ fuyukai ~: ser extremamente desagradável.
kiwamaru 窮[極]まる v 1 terminar; parar. 2 chegar ao extremo. 3 estar sem saber o que fazer. 進退~ shintai~: estar num beco sem saída.
kiwameru 極[窮・究]める v 1 atingir. 頂上を~ chōjō o ~: atingir o pico da montanha. 2 levar ao extremo. 暴虐を~ bōgyaku o ~: agir com extrema violência.
kiwamete 極めて adv extremamente; muito.
kiwami 極み s 1 extremo; limite. 天地の~ tenchi no ~: fim do mundo. 2 auge; cúmulo.
kiyaku 規約 s estatuto; regulamentos.
kiyami 気病み s depressão; tristeza; melancolia.
kiyasui 気安い adj à vontade; seguro; sem preocupações.
kiyasume 気休め s ato de consolar.
kiyo 寄与 s contribuição.
kiyō 起用 s ato de promover ou nomear alguém.
kiyō 器用 s 1 destreza; habilidade. ~na, adj: hábil; destro. 2 esperteza.
kiyō 紀要 s publicação periódica; boletim.
kiyohōhen 毀誉褒貶 s elogio e censura.
kiyoi 清い adj puro; límpido. ~愛~ ai: amor platônico. ~心~kokoro: coração puro.
kiyoi 着よい adj confortável (de se vestir).
kiyokiippyō 清き一票 expr votar com a consciência limpa.
kiyoku 清く adj (adv) puramente.
kiyome 清め s purificação.
kiyomeru 清める v limpar; purificar.
kiyoraka 清らか adj V kiyoi 清い.
kiyowa 気弱 ~na, adj: tímido; fraco (caráter).
kiyū 杞憂 s ansiedade; medo irracional sem motivo ou causa.
kiza 気障 s afetação. あいつは~で鼻持ちがならない aitsu wa ~de hanamochi ga naranai: ele é odiosamente presunçoso.
kizai 器材 s equipamentos e materiais.
kizai 機材 s maquinaria e materiais.
kizaiku 木細工 s artesanato em madeira.
kizamime 刻み目 s sinais do entalhe, corte.
kizamitsukeru 刻み付ける v talhar; gravar.
kizamu 刻む v 1 picar. にんじんを~ ninjin o ~: picar a cenoura. 2 esculpir; gravar. 石に名前を~ ishi ni namae o ~: gravar o nome na pedra.
kizara 木皿 s prato de madeira.
kizashi 兆[萌]し s indício; sinal.
kizasu兆[萌]す v dar sinais; mostrar indícios; brotar.
kizawari 気障り s sentimento desagradável; mau humor.
kizen 毅然 adj firme. ~たる態度 ~taru taido: atitude firme.

kizetsu 気絶 s perda dos sentidos; desmaio. ~suru, v: desmaiar.
kizewashii 気忙しい adj 1 agitado; ocupado. 2 impaciente. ~人 ~hito: pessoa impaciente.
kizō 寄贈 s presente.
kizoku 帰属 s retorno; regresso. ~suru, v: pertencer a; ser membro de.
kizoku 貴族 s nobreza; aristocracia.
kizokuteki 貴族的 adj nobre; aristocrático.
kizōsha 寄贈者 s doador.
kizu 疵・瑕 s 1 fenda; rachadura; desfiguração. 時計のガラスの細い~ tokei no garasu no komakai ~: o risquinho do cristal do relógio. 2 falha; defeito; ponto fraco. 名声に~がついた meisei ni~ga tsuita: causou danos à reputação.
kizu 傷・創 s 1 ferimento; lesão. 2 sofrimento; mágoa. 心に深い~を負う kokoro ni fukai~o ou: sentir uma profunda mágoa no coração.
kizuato 傷跡 s cicatriz.
kizuguchi 傷口 s corte da ferida; abertura da ferida.
kizugusuri 傷薬 s medicamento para ferimento.
kizukai 気遣い s preocupação. V shinpai 心配.
kizukare 気疲れ s esgotamento físico e/ou mental.
kizukau 気遣う v preocupar-se.
kizuke 気付け s aos cuidados de.
kizukiageru 築き上げる v construir; estabelecer (reputação). 小僧から~ kozō kara ~: construir reputação a partir do período de aprendiz.
kizuku 築く v construir; fazer. 城を~ shiro o ~: construir um castelo.
kizuku 気付く v reparar; perceber; dar-se conta.
kizumari 気詰まり s constrangimento.
kizumono 傷物 s 1 mercadoria defeituosa. 2 moça deflorada.
kizuna 絆 s 1 laço. 友情の~ yūjō no ~: laço de amizade. 2 corrente; corda.
kizutsukeru 傷つける v 1 machucar; magoar. 2 ferir. 3 riscar; danificar.
kizutsuku 傷つく v 1 machucar-se; magoar-se. 2 sentir-se ofendido. 3 danificar-se.
kizuyoi 気強い adj 1 forte; intrépido. 2 seguro.
ko 子・児 s 1 filho; criança. 2 cria; filhote. 3 broto; rebento. 4 moça. 5 juro; lucro. 元も~もない moto mo ~mo nai: perda total.
ko 戸 s numeral para contagem de casa. 五十~の小村 gojikko no shōson: vila de 50 casas.
ko 弧 s arco.
ko 粉 s pó; farinha.
ko 個 s 1 numeral para objetos pequenos. りんご二~ ringo ni~: duas maçãs. 2 unidade; indivíduo. ~を生かす ~o ikasu: dar valor ao indivíduo.
ko 湖 s lago.
ko- 故- pref falecido.
ko- 小- pref pop quase. ~一時間 ~ichijikan: por cerca de uma hora.
kō 甲 s 1 armadura; carapaça. 2 parte de fora. 3 primeiro lugar na classificação.
kō 考 s pensamento; consideração.
kō 幸 s felicidade; sorte.
kō 項 s cláusula.
kō 行 s viagem; ir; realizar.
kō 孝 s amor filial; respeito aos pais.
kō 効 s efeito.

kō 稿 *s* escrita. *V* **genkō** 原稿.
kō こう *adv* assim; desta maneira. 〜してはいられない 〜*shite wa irarenai*: não posso ficar assim.
kō- 好- *pref* bom. 〜天気 〜*tenki*: tempo bom.
-kō -校 *suf* escola.
koakinai 小商い *s pop* pequeno comércio.
koakindo 小商人 *s pop* pequeno comerciante.
kōan 公安 *s* segurança pública.
kōan 考案 *s* concepção; ideia; plano.
kōan'iin 公安委員 *s* comissão de segurança pública.
koatari 小当たり *s* ato de sondar e obter informações.
kōatsu 高圧 *s Mec* alta pressão; alta tensão. *Eletr* 〜電流 〜*denryū*: corrente de alta tensão.
kōatsuteki 高圧的 *adj* arrogante; coercivo.
kōba 工場 *s* fábrica.
kobai 故買 *s* receptação.
kōbai 公売 *s* leilão; hasta pública.
kōbai 勾配 *s* inclinação; aclive; declive.
kōbai 購買 *s* compra. 〜者 〜*sha*: comprador.
kōbaikumiai 購買組合 *s* cooperativa de compra de gêneros básicos.
kōbairyoku 購買力 *s* poder de compra; poder aquisitivo.
kōbaishin 購買心 *s* interesse do cliente em comprar.
kōbaisū 公倍数 *s Mat* múltiplo comum.
kobaka 小馬鹿 *s pop* tolinho. 〜にする 〜*ni suru*, *v*: menosprezar; fazer pouco das pessoas.
kobako 小箱 *s* caixinha; caixote.
kōbaku 広漠 *s* vastidão.
kobamu 拒む *v* 1 parar; impedir. 2 recusar.
kōban 交番 *s* posto policial.
kōban 鋼板 *s* chapa de aço.
kobana 小鼻 *s* asas do nariz.
kobanashi 小話[咄] *s* anedota.
kōbansei 交番制 *s* sistema de revezamento.
kōbashii 香ばしい *adj* cheiroso.
kobashiri 小走り *s* corridinha.
kōbe 頭 *s* cabeça.
kōben 抗弁 *s* 1 *Dir* defesa. 2 arrazoado.
kobetsu 戸別 *s* cada casa; de porta em porta. 〜にアンケートをとる 〜*ni ankēto o toru*: realizar questionário de porta em porta.
kobetsu 個別 *s* individual; um de cada vez.
kobi 媚び *s* 1 coqueteria; mulher sedutora. 2 lisonja; adulação.
kōbi 交尾 *s* cópula; coito. 〜する *suru*, *v*: acasalar; copular.
kōbi 後尾 *s* cauda; final de uma formatura de tropa.
kōbin 幸便 *s* 1 ato de pedir que alguém leve uma carta ou encomenda. 2 mensagem acessória que será levada por uma pessoa.
kobiritsuku こびりつく *v pop* agarrar-se; grudar-se.
kobiru 媚びる *v* 1 insinuar-se. 2 adular; lisonjear.
kobito 小人 *s* anão.
kōbo 公募 *s* anúncio público.
kōbo 酵母 *s* fermento; levedura.
kōbō 工房 *s* atelier; estúdio.
kōbō 攻防 *s* ataque e defesa; guerra ofensiva e defensiva.
kōbō 興亡 *s* prosperidade e decadência; destino.
koboku 古木 *s* árvore secular.
kōboku 公僕 *s* servidor público. *V* **kōmuin** 公務員.
kōboku 高木 *s* 1 árvore alta. 2 árvore. *V* **kyōboku** 喬木.
kobone 小骨 *s* ossos miúdos; espinhas de peixe; pouco trabalho.
kobonnō 子煩悩 *s* pai extremoso.
kobore 零[溢]れ *s* que caiu no caminho ou foi derramado. お〜を頂戴する *o〜o chōdai suru*: ficar com as migalhas ou as sobras.
koboreru 零[溢]れる *v* derramar-se; transbordar.
kobosu 零[溢]す *v* 1 derramar; esparramar. 2 resmungar.
kobōzu 小坊主 *s pop* 1 monge jovem. 2 garoto; moleque.
kobu 瘤 *s* 1 galo; corcunda; empecilho. 2 protuberância. 3 filho.
kobu 鼓舞 *s* estímulo; ato de encorajar.
kōbu 後部 *s* parte de trás; retaguarda; parte posterior.
kōbu 荒蕪 *s* terra infecunda, inóspita.
kobui 瘤胃 *s Zool* rúmen; rume; pança; primeira cavidade do estômago dos ruminantes.
kobukusha 子福者 *s* pessoa abençoada com muitos filhos.
kobun 古文 *s* escritos antigos; literatura clássica.
kobun 子分 *s* capanga. *V* **teshita** 手下, **buka** 部下.
kōbun 公文 *s* documento oficial; despacho oficial.
kōbun 構文 *s* estrutura sintática da frase.
kobune 小船 *s* bote; pequeno barco.
kōbunshi 高分子 *s Quím* macromolécula.
kōbunsho 公文書 *s* documento oficial.
koburi 小降り *s* chuva fininha.
koburi 小振り *s* 1 tamanho pequeno. 2 balanço; desembaraçado.
kobushi 拳 *s* punho; mão fechada.
kobuta 子豚 *s* filhote de porco.
kobutori 小太り *s* bem alimentado, bem nutrido, robusto.
kobutsu 古物 *s* 1 antiguidade; objeto de arte antiga. 2 objeto de segunda mão.
kōbutsu 好物 *s* prato favorito.
kōbutsu 鉱物 *s* minério.
kōbutsugaku 鉱物学 *s* mineralogia.
kobyakushō 小百姓 *s* pequeno agricultor.
kocha 紅茶 *s* chá preto.
kochaku 固着 *s* aderência. 〜*suru*, *v*: aderir.
kōchaku 膠着 *s* aglutinação. 〜*suru*, *v*: aglutinar.
kochi 故知 *s* sabedoria dos antepassados.
kōchi 拘置 *s* detenção.
kōchi 高地 *s* planalto.
kōchi 耕地 *s* terra cultivável.
kōchi 巧緻 *s* perfeição requintada.
kōchi 荒地 *s* terra não cultivada; terreno baldio.
kōchi 狡智 *s* astúcia, esperteza.
kochikochi こちこち *onom* 1 bem duro, petrificado, endurecido. 乾いて〜になっている *kawaite 〜ni natte iru*: está seco e bem duro. 2 tenso, duro. 3 empedernido, teimoso. 〜の石頭 〜*no ishiatama*: cabeça-dura.
kōchiku 構築 *s* construção. 〜*suru*, *v*: construir.
kōchin 工賃 *s* custo de mão de obra.
kochira こちら *pron* 1 aqui, cá. 〜にいらっしゃい 〜*ni irasshai*: venha para cá. 2 este lado, esta direção. 3 este, isto, esta pessoa.
kōchiseiri 耕地整理 *s* reajustamento da área cultivável.
kōchishi 後置詞 *s Gram* pospositiva, partícula posposta.

kōchisho 拘置所 s prisão.
kochitora こちとら pron vulg 1 eu. 2 nós.
kochō 誇張 s exagero.
kochō 胡蝶 s arc borboleta. 〜の夢 〜no yume: efemeridade da vida.
kōchō 好調 adj favorável, satisfatório, promissor. 〜な売れ行き 〜na ureyuki: uma vendagem satisfatória.
kōchō 校長 s diretor de escola.
kōchō 高潮 s 1 maré alta. 2 ponto culminante.
kōchō 紅潮 s rubor. 〜suru, v: ficar ruborizado.
kōchōkai 公聴会 s audiência pública.
kōchoku 硬直 s rigidez, endurecimento. 〜suru, v: enrijecer, ficar rígido, entesar-se.
kochōteki 誇張的 adj exagerado.
kōchū 口中 s dentro da boca.
kodachi 木立 s arvoredo, bosque.
kodai 古代 s antiguidade.
kodai 誇大 s exagero, extravagância.
kōdai 工大 s abreviatura de 工科大学 kōkadaigaku, faculdade de engenharia.
kōdai 広[宏]大 adj vastidão, imensidão. 〜無辺 〜muhen: infinito, sem limites.
kōdaimoku 好題目 s excelente tema, ótimo tópico.
kodaimōsō 誇大妄想 s ideias exageradas. 〜狂 〜kyō: megalomania.
kodaka 甲高 s palma da mão (planta do pé) gorda.
kodakai 小高い adj pouco elevado. 〜丘 〜oka: pequena colina.
kodakara 子宝 s riqueza de ter um filho. 〜に恵まれる 〜ni megumareru: ser abençoado com filhos, ter filhos.
kodama 木霊 s 1 dríade, ninfa dos bosques. 2 eco. 〜suru, v: ecoar.
kōdan 公団 s empresa pública.
kōdan 後段 s última parte (de um livro, palestra, apresentação).
kōdan 講談 s narrativa de peripécias dos samurais.
kōdan 講壇 s tablado, estrado, tribuna.
kōdanshi 好男子 s 1 moço bonito. 2 rapaz simpático.
kodaru 小樽 s barril pequeno.
kodashi 小出し s ato de fazer algo aos poucos. 貯金を〜にする chokin o 〜ni suru: retirar o dinheiro da poupança aos poucos. 情報を〜にする jōhō o 〜ni suru: informar pouco a pouco.
kodawari こだわり s reserva, restrição, ressalva. 〜なく 〜naku: sem reservas.
kodawaru こだわる v ater-se aos detalhes, preocupar-se com detalhes.
kōdei 拘泥 s detalhamento. 〜suru, v: ater-se aos detalhes.
kōden 公電 s telegrama oficial.
kōden 香典 s oferenda em dinheiro em sinal de condolências (no funeral ou missa).
kōden 光電 s fotelétron.
kodō 鼓動 s palpitação, pulsação.
kōdo 光度 s luminosidade, brilho.
kōdo 高度 s 1 altitude. 2 alto grau, alta qualidade.
kōdo 硬度 s 1 rigidez, grau de dureza. 2 dureza.
kōdo¹ コード (ingl cord) s fio (elétrico), cabo (elétrico), cordão.
kōdo² コード (ingl code) s 1 regulamento. 2 código
kōdo 荒土 s terreno abandonado, terras improdutivas.

kōdō 公道 s 1 moral, bom caminho. 2 via pública, estrada pública.
kōdō 行動 s ação, conduta, comportamento, atitude. 〜suru, v: agir, comportar-se.
kōdō 坑道 s galeria (de mina), passagem subterrânea, túnel.
kōdō 講堂 s auditório, salão para eventos.
kōdō 黄道 s Astr eclíptica (órbita) do Sol.
kodōgu 小道具 s acessórios (adereços) que se usam no palco.
kōdōhan'i 行動範囲 s perímetro de ação.
kōdōhankei 行動半径 s raio de ação (de carro, avião etc.).
kōdōkaishi 行動開始 s Mil ação!; ato de iniciar a manobra (operação).
kōdokei 高度計 s altímetro.
kōdokei 硬度計 s esclerômetro.
kōdokei 光度計 s fotômetro.
kodoku 孤独 s solidão, isolamento.
kōdoku 鉱毒 s poluição mineral.
kōdoku 購読 s assinatura de periódico (revista, jornal etc.).
kōdokuryō 購読料 s preço de assinatura de um periódico.
kōdokusha 購読者 s assinante de um periódico.
kodomo 子供 s criança.
kodomodamashi 子供騙し s truque para enganar uma criança.
kodomogokoro 子供心 s sensibilidade da criança. 〜にも悲しかった 〜ni mo kanashikatta: foi triste mesmo para uma criança.
kodomomuki 子供向き s próprio para criança.
kodomo no hi 子供の日 expr dia das crianças.
kodomorashii 子供らしい adj infantil, pueril.
kōdōshugi 行動主義 s Psicol behaviorismo.
kōdosokuryō 高度測量 s Astr altimetria, hipsometria.
koe 声 s voz. 大きい声 okii koe: voz alta. 小さい〜でささやく chiisai 〜de sasayaku: sussurrar, murmurar, falar baixo.
koe 肥え s adubo, esterco.
koeda 小枝 s galhinho, graveto.
koedame 肥溜め s estrumeira, esterqueira.
koegawari 声変わり s mudança de voz (na puberdade).
kōei 公営 s administração pública.
kōei 光栄 s honra. 〜です 〜desu: é uma honra.
kōei 後裔 s descendente.
kōeikyō 好影響 s boa influência, influência favorável.
koejiman 声自慢 s orgulho da própria voz.
kōeki 公益 s utilidade pública. 〜法人 〜hōjin: instituição sem fins lucrativos.
kōeki 交易 s comércio. 自由〜 jiyū〜: livre-comércio.
kōekijigyō 公益事業 s serviço de utilidade pública.
kōekiyūsen 公益優先 s prioridade aos benefícios públicos.
kōen 公園 s parque, jardim público.
kōen 公演 s espetáculo, apresentação pública.
kōen 後援 s patrocínio, apoio.
kōen 講演 s conferência, palestra.
kōenkai 後援会 s comissão de apoio, patrocinadores, fã-clube.

kōensha 後援者 *s* patrocinador.
koeru 肥える *v* engordar.
koeru 超える *v* **1** transpor, atravessar, passar para o outro lado. 国境を～ *kokkyō o* ～: atravessar a fronteira de um país. **2** ultrapassar, exceder. 限度を～ *gendo o* ～: passar dos limites. **3** transcender, superar.
kōetsu 校閲 *s* revisão de publicações.
kofū 古風 *s* estilo antigo. ～*na, adj*: antiquado, obsoleto. ～な考え ～*na kangae*: pensamento antiquado.
kōfu 工夫 *s* trabalhador de construção.
kōfu 交付 *s* emissão, entrega de documentos por repartição pública.
kōfu 公布 *s* promulgação, publicação. ～*suru, v*: promulgar, publicar.
kōfu 鉱夫 *s* mineiro.
kōfū 校風 *s* características (espírito, tradição, estilo) de uma escola.
kōfukin 交付金 *s* subsídio.
kōfukō 幸不幸 *s* felicidade e infelicidade.
kōfuku 幸福 *s* felicidade. ～*na, adj*: feliz, abençoado. ～な結婚生活 ～*na kekkon seikatsu*: casamento bem-sucedido, vida conjugal feliz.
kōfuku 降伏 *s* rendição, capitulação. ～*suru, v*: render-se, capitular, entregar-se.
kofun 古墳 *s* túmulo da antiguidade.
kōfun 興[昂]奮 *s* excitação. ～*suru, v*: ficar excitado, ficar agitado.
kōfunzai 興奮剤 *s* droga estimulante.
kōfusha 交付者 *s* órgão emissor.
kōga 高雅 *s* elegância, refinamento.
kogai 戸外 *s* fora de casa; ao ar livre.
kogai 小買 *s* pequenas compras.
kogai 子飼い *s* **1** criar desde filhote. **2** funcionário que aprendeu todo o ofício numa mesma empresa.
kōgai 口外 *s* revelação. ～*suru, v*: revelar, contar a alguém (o segredo).
kōgai 公害 *s* poluição; danos ambientais. 騒音～ *sōon*～: poluição sonora.
kōgai 郊外 *s* periferia, subúrbio.
kōgai 梗概 *s* síntese, sinopse, sumário.
kogaisha 子会社 *s* subsidiária, empresa filiada.
kōgaku 工学 *s* engenharia. ～部 ～*bu*: faculdade de engenharia. 電気～ *denki*～: engenharia elétrica. 機械～ *kikai*～: engenharia mecânica.
kōgaku 光学 *s* ótica.
kōgaku 高額 *s* soma, importância (grande), valor (caro).
kōgakuhakushi 工学博士 *s* doutor em engenharia.
kōgakushi 工学士 *s* engenheiro.
kōgakushin 向学心 *s* vontade de estudar, curiosidade intelectual.
kōgan 厚顔 *s* descaramento. ～無恥な ～*muchi na*: descarado, sem-vergonha.
kōgan 睾丸 *s Anat* testículo.
kogane 小金 *s* pequena quantia de dinheiro, pequena economia.
kogara 小柄 *s* compleição miúda. ～な人 ～*na hito*: uma pessoa baixa e magra.
kogarashi 凩・木枯らし *s* vento frio e seco de fins de outono ao inverno.
kogareru 焦がれる *v* **1** ansiar, desejar muito. **2** estar perdidamente apaixonado. *suf* ansiar por, estar louco por. 待ち～ *machi*～: esperar ansiosamente.
kogasu 焦がす *v* **1** queimar, chamuscar. ご飯を～ *gohan o* ～: queimar o arroz. **2** arder de paixão.
kogata 小形[型] *s* tamanho (porte) pequeno.
kogatajidōsha 小型自動車 *s* carro pequeno, veículo de porte pequeno.
kogataka 小型化 *s* redução de tamanho.
kogatana 小刀 *s* canivete, faca pequena.
kōge 高下 *s* **1** superior e inferior. **2** alto e baixo.
kogecha(iro) 焦げ茶(色) *s* marrom-escuro.
kōgei 工芸 *s* produção artesanal, artesanato. 伝統～ *dentō*～: artesanato tradicional.
kōgeihin 工芸品 *s* peças de artesanato.
kōgeki 攻撃 *s* ataque. ～*suru, v*: atacar, combater.
kōgekiryoku 攻撃力 *s* capacidade de ataque.
kōgekiseishin 攻撃精神 *s* espírito combativo.
kogekusai 焦げ臭い *adj* estar cheirando a queimado, cheiro de queimado.
kōgen 公言 *s* declaração pública, ato de dizer abertamente.
kōgen 巧言 *s* palavras aduladoras, lisonjas.
kōgen 高原 *s* planalto.
kogetsuki 焦げ付き *s* **1** queimado. **2** dívida irrecuperável.
kogetsuku 焦げ付く *v* **1** ficar queimado, queimar e grudar na panela. **2** não conseguir recuperar a dívida.
kogeru 焦げる *v* queimar-se, esturrar-se.
kogi 漕ぎ *s* ato de remar.
kōgi 広義 *s* sentido lato, sentido amplo.
kōgi 抗議 *s* protesto. ～*suru, v*: protestar.
kōgi 講義 *s* aula, palestra, conferência.
kōgi 交誼 *s* amizade, relação amistosa.
kōgi 厚[高・好]誼 *s* gentileza, grande consideração.
kogire 小切れ *s* pedaço de pano, retalho.
kogirei 小奇麗 *s* ～*na, adj*: asseado, bem arranjado, de boa aparência.
kōgiroku 講義禄 *s* anotações da aula ou da conferência.
kogite 漕ぎ手 *s* remador.
kogitte 小切手 *s* cheque. ～を振り出す(切る) ～*o furidasu (kiru)*: emitir um cheque.
kogo 古語 *s* palavra arcaica, arcaísmo.
kōgo 口語 *s* linguagem coloquial, língua falada.
kōgo 交互 *s* alternado, intercalado.
kōgō 皇后 *s* imperatriz.
kogoe 小声 *s* voz baixa, sussurro, murmúrio.
kogoejini 凍え死に *s* morte devido ao frio.
kogoeru 凍える *v* ficar enregelado, sentir-se congelado.
kogomu 屈む *v* agachar-se.
kogoraseru 凍[凝]らせる *v* deixar congelar.
kogoroshi 子殺し *s* filicídio, infanticídio.
kogoru 凍[凝]る *v* congelar-se.
kōgōsei 光合成 *s Bot* fotossíntese.
kōgōshii 神々しい *adj* divino, sublime.
kōgotai 口語体 *s* estilo (linguagem) coloquial.
kogoto 小言 *s* **1** repreenda, admoestação. ～を言う ～*o iu*: repreender, admoestar. **2** resmungo, queixa. ～を言う ～*o iu*: queixar-se, resmungar.
kogoto ni 戸毎に *expr* em cada casa.
kogu 漕ぐ *v* **1** remar, pedalar. **2** 自転車を～ *jitensha o* ～: pedalar a bicicleta. ブランコを～ *buranko o* ～: mover o balanço, brincar no balanço.

kōgu 工具 *s* ferramenta.
kōgu 耕具 *s* utensílios utilizados na lavoura.
kōgū 厚遇 *s* hospitalidade, recepção calorosa.
koguchi 小口 *s* **1** corte de um sólido na sua menor superfície. **2** pequena quantia. 〜の注文 〜*no chūmon*: pedido pequeno.
kogun 孤軍 *s* tropa isolada. 〜奮闘する 〜*funtō suru*: tentar vencer sem auxílio de ninguém; lutar sozinho.
kōgun 行軍 *s* marcha (militar).
kōgyō 工業 *s* indústria. 〜大学 〜*daigaku*: faculdade de engenharia industrial. 〜製品 〜*seihin*: produto industrializado, produto manufaturado.
kōgyō 鉱業 *s* indústria de minas, mineração.
kōgyō 興行 *s* espetáculo, *show*, teatro.
kōgyō 興業 *s* fundação de um empreendimento.
kōgyōka 工業化 *s* industrialização.
kōgyōkachi 興行価値 *s* valor do espetáculo.
kōgyōkoku 工業国 *s* país industrial.
kōgyōseiseki 興行成績 *s* resultado do espetáculo, rendimento proveniente do espetáculo.
kōgyōyō 工業用 *s* de uso industrial, industrial.
kōha 硬派 *s* linha dura.
kohaba 小幅 *s* largura simples de tecido para confecção de quimono.
kōhai 荒廃 *s* **1** devastação, assolação. **2** ruína moral, descrença.
kōhai 後輩 *s* novatos, calouros.
kōhai 交配 *s* **1** acasalamento. **2** hibridação.
kōhaishu 交配種 *s* variedade híbrida.
kohaku 琥珀 *s* *Miner* âmbar. 〜織 〜*ori*: tafetá.
kōhaku 紅白 *s* vermelho e branco. 〜試合 〜*jiai*: competição entre dois grupos.
kohan 湖畔 *s* margem de lago.
kōhan 公判 *s* *Dir* julgamento público; juízo.
kōhan 後半 *s* segunda metade. 〜生 〜*sei*: segunda metade da vida.
kōhan 広範[汎] 〜*na*, *adj*: extenso, largo, vasto.
kōhan'i 広範囲 *s* vasta extensão, grande alcance.
kōhanki 後半期 *s* segunda metade do período, segundo semestre.
kōhantei 公判廷 *s Dir* corte de julgamento, tribunal de justiça.
kōhei 工兵 *s Mil* sapador. 〜隊 〜*tai*: corpo de engenharia militar.
kōhei 公平 *s* imparcialidade, justiça, equidade.
kōheimushi 公平無私 *s* justo e desinteressado.
kōhen 後篇 *s* última parte de um livro.
kōhi 工費 *s* custo de construção (obra).
kōhi 公費 *s* gasto público, expensas públicas.
kōhi 口碑 *s* tradição oral comunicada de geração para geração, lenda, folclore.
kōhī コーヒー・珈琲 (*hol koffie*) *s* café. 〜セット 〜*setto* (*ingl set*): jogo para café. 〜ポット 〜*potto* (*ingl pot*): cafeteira. 〜豆 〜*mame*: grão de café. 〜ミル 〜*miru* (*ingl mill*): moedor de café.
kōhījawan コーヒー茶碗 *s* xícara de café.
kōhīten コーヒー店 *s* café, bar.
kōhīwakashi コーヒー沸かし *s* cafeteira elétrica.
kōho 候補 *s* candidatura. 〜者 〜*sha*: candidato.
kōhō 工法 *s* método de construção.
kōhō 公報 *s* relatório (boletim) oficial.
kōhō 広[弘]報 *s* informação, publicidade, relações públicas. 〜課 〜*ka*: departamento de relações públicas. 〜官 〜*kan*: oficial de relações públicas. 〜誌 〜*shi*: informativo, boletim.
kōhō 後方 *s* atrás, traseira, retaguarda.
kōhō 高峰 *s* pico, montanha alta.
kōhon 稿本 *s* manuscrito, texto antes de ser editado.
kōhosei 候補生 *s* cadete.
kōhosha 候補者 *s* candidato.
kōhoshameibo 候補者名簿 *s* lista de candidatos.
kōhyō 公表 *s* anúncio oficial. 〜する, *v*: anunciar oficialmente.
kōhyō 好評 *s* popularidade (comentário) favorável, boa reputação.
koi 恋 *s* amor romântico. 〜する, *v*: amar, apaixonar-se. 〜は思案のほか 〜*wa shian no hoka*: o amor está além da razão. 〜は盲目 〜*wa mōmoku*: o amor é cego. 〜に破れる 〜*ni yabureru*: ser desapontado no amor. 〜患い 〜*wazurai*: estar perdido de amor.
koi 鯉 *s Ictiol* carpa.
koi 故意 *s* intencional, deliberado, proposital.
koi 請[乞]い *s* pedido, solicitação, súplica, rogo.
koi 濃い *adj* **1** escuro, profundo. **2** denso, forte, pesado, grosso.
kōi 行為 *s* ato, ação, atitude, conduta. 〜能力 〜*nōryoku*: capacidade.
kōi 好意 *s* afabilidade, amabilidade, benevolência, favor. 〜を持つ 〜*o motsu*: ser amigável. 〜を無にする 〜*o mu ni suru*: não retribuir à gentileza.
kōi 皇位 *s* trono imperial.
kōi 厚意 *s* gentileza, favor.
koibito 恋人 *s* namorado(a).
koibumi 恋文 *s* carta de amor.
koichi 好位置 *s* boa posição (localização).
kōido 高緯度 *s* latitude alta.
koigataki 恋敵 *s* rival no amor.
koigokoro 恋心 *s* sentimento de amor.
koiki 小意気 *s* elegante, charmoso, chique.
kōiki 広域 *s* extensa (grande) área. 〜捜査 〜*sōsa*: busca de suspeito em grande área.
koikogareru 恋焦がれる *v* arder de paixão, definhar de amor.
koin 雇員 *s* auxiliar de oficial, funcionário.
kōin 公印 *s* selo (carimbo) oficial.
kōin 工員 *s* operário.
kōin 拘引 *s* detenção, prisão, custódia. 〜する, *v*: deter, prender.
koinaka 恋仲 *s* relação de amor mútuo, apaixonados um pelo outro.
koinegau 希う *v* desejar ardentemente, implorar, rogar.
koinobori 鯉幟 *s* flâmula em forma de carpa.
koinu 子[小]犬 *s* cãozinho, filhote de cão.
kōisha 行為者 *s* autor, agente, executor.
koishi 小石 *s* pedrisco, pedrinha.
koishigaru 恋しがる *v* sentir saudade, suspirar por alguém.
koishii 恋しい *adj* querido, amado, saudoso.
kōishō 後遺症 *s Med* sequela.
koisuru 恋する *v* amar, apaixonar-se.
kōiteki 好意的 *adj* amável, afável, favorável.
koitsu 此奴 *pron pop* este cara (sujeito).
kōiu こういう *adj* como este, deste tipo.
koji 孤児 *s* órfão. 〜院 〜*in*: orfanato.

koji 古事 *s* fato antigo.
koji 固持 *s* persistência, insistência. ~*suru*, *v*: persistir, agarrar-se.
koji 固辞 *s* recusa (rejeição) firme. ~*suru*, *v*: recusar firmemente.
koji 故事 *s* fato histórico, origem, fonte, tradição. ~来歴 ~*raireki*: origem e história.
kōji 工事 *s* construção, obra. ~*suru*, *v*: construir. ~費 ~*hi*: custo de construção. ~現場 ~*genba*: local da obra.
kōji 小路 *s* viela, beco, rua estreita.
kōji 公示 *s* anúncio público, declaração oficial. ~*suru*, *v*: anunciar oficialmente.
kōji 麹 *s* levedura, lêvedo.
kōji 好事 *s* 1 evento feliz. 2 atitude boa. ~魔多し ~*ma ōshi*: problemas aparecem quando tudo parece estar bem.
kōji 後事 *s* assuntos (negócios) futuros. ~を託す ~*o takusu*: pedir para cuidar dos assuntos quando se for.
kojiakeru 抉じあける *v* abrir à força, arrombar.
kojiin 孤児院 *s* orfanato.
kojiki 乞食 *s* mendigo, mendicante, pedinte.
kōjiki 好時期[季] *s* boa época.
kojima 小島 *s* ilhota.
kojin 個人 *s* indivíduo, pessoa, cidadão. ~タクシー ~*takushī* (*ingl taxi*): táxi de motorista-proprietário.
kojin 故人 *s* falecido, finado, morto.
kōjin 幸甚 *s* grande felicidade.
kōjinbutsu 好人物 *s* pessoa de natureza boa.
kojinkeiei 個人経営 *s* administração privada.
kojinkyōju 個人教授 *s* aula particular.
kojinmari 小じんまり *s* pequeno e aconchegante, compacto e confortável.
kojinsa 個人差 *s* diferença entre indivíduos.
kojinshidō 個人指導 *s* orientação individual (personalizada).
kojinshugi 個人主義 *s* individualismo.
kojinteki 個人的 *adj* particular, individual, privado.
kojin'yō 個人用 *s* para uso particular (individual).
kojiraseru 拗らせる *v* deixar agravar (piorar, complicar).
kojireru 拗れる *v* agravar-se, piorar, complicar-se.
kojiru 抉る *v* abrir à força.
kōjiru 高[昂]じる *v* agravar, piorar.
kōjiru 講じる *v* 1 dar uma palestra. 2 pensar numa solução. 3 adotar uma medida.
kojitsu 故実 *s* costume (prática) antigo.
kōjitsu 口実 *s* pretexto, desculpa, justificativa.
kojitsuke こじつけ *s* distorção, interpretação distorcida (forçada).
kojitsukeru こじつける *v* distorcer, forçar.
kojiwa 小皺 *s* ruga fina, pé de galinha.
kojō 湖上 *s* no lago.
kōjo 皇女 *s* princesa imperial.
kōjo 控除 *s* dedução, subtração. ~額 ~*gaku*: abatimento. ~*suru*, *v*: deduzir.
kōjō 口上 *s* palavra, mensagem. ~で ~*de*: verbalmente. ~書 ~*sho*: nota verbal.
kōjō 工場 *s* fábrica, oficina, usina. ~長 ~*chō*: diretor. ~用地 ~*yōchi*: terreno industrial ~廃棄物 ~*haikibutsu*: efluente industrial.

kōjō 向上 *s* progresso, avanço, melhora, aperfeiçoamento. ~*suru*, *v*: avançar, melhorar.
kōjō 膠状 *s* gelatinoso.
kōjō 交情 *s* amizade, relação íntima.
kōjō 厚情 *s* amabilidade, bondade, favor, gentileza.
kōjō 恒常 *s* constância, perenidade. ~性 ~*sei*: constância. *Med* homeostasia.
kōjōkanri 工場管理 *s* administração de fábrica.
kōjōkantoku 工場監督 *s* supervisão (supervisor) de fábrica.
kōjōrōdō 工場労働 *s* trabalho em fábrica.
kōjōseisan 工場生産 *s* produção em fábrica.
kōjōsen 甲状腺 *s Anat* tiroide. ~炎 ~*en*: tiroidite. ~ホルモン ~*horumon*: hormônio tireóideo.
kōjōshin 向上心 *s* ambição, aspiração.
kōjun 公準 *s Geom* postulado.
kōjutsu 口述 *s* ditado, declaração oral. ~試験 ~*shiken*: exame oral. ~*suru*, *v*: ditar.
kōjutsu 後述 *s* mencionado (descrito, dito) posteriormente.
kōka 工科 *s* departamento de engenharia. ~大学 ~*daigaku*: faculdade de engenharia.
kōka 考科[課] *s* avaliação de desempenho. ~状 ~*jō*: registro de avaliação pessoal.
kōka 効果 *s* efeito, resultado, eficácia, eficiência. 音響~ *onkyō*~: acústica.
kōka 降下 *s* descida, queda, aterrissagem. ~*suru*, *v*: descer, cair.
kōka 高価 *s* ~*na*, *adj*: caro, valioso.
kōka 硬化 *s* endurecimento, enrijecimento. ~*suru*, *v*: endurecer, enrijecer. ~ゴム ~*gomu*: ebonite, vulcanite. ~症 ~*shō*: esclerose. 動脈~ *dōmyaku*~: arteriosclerose.
kōka 硬貨 *s* moeda.
kōka 膠化 *s* gelatinização. ~*suru*, *v*: gelatinizar-se.
kōkagaku 光化学 *s* fotoquímica.
kokage 木陰 *s* debaixo de árvore, sombra de árvore.
kōkahin 高価品 *s* artigo caro (valioso).
kōkai 公開 *s* 1 aberto ao público. 2 anúncio público. ~*suru*, *v*: exibir. ~状 ~*jō*: carta aberta. ~練習 ~*renshū*: treino aberto ao público.
kōkai 後悔 *s* arrependimento, pesar. ~*suru*, *v*: arrepender-se, lastimar.
kōkai 航海 *s* navegação, cruzeiro. ~*suru*, *v*: navegar, velejar.
kōkai 更改 *s* renovação, alteração. ~*suru*, *v*: renovar.
kōkai 公海 *s* alto-mar, mar livre.
kōkaidō 公会堂 *s* edifício (salão, auditório) público.
kōkaikinmu 航海勤務 *s* serviço a bordo.
kōkaikōza 公開講座 *s* curso de extensão, aberto ao público.
kōkainisshi 航海日誌 *s* diário de navegação (bordo).
kōkaishi 航海士 *s* navegador.
kokaku 顧客 *s* freguês, cliente.
kokaku 呼格 *s Gram* caso vocativo.
kōkaku 広角 *s Fot* ângulo (campo) amplo; grande angular.
kōkaku 降格 *s* rebaixamento de posição (cargo). ~*suru*, *v*: ser rebaixado.
kōkakurui 甲殻類 *s Zool* crustáceo.
kōkan 公刊 *s* publicação. ~*suru*, *v*: publicar.
kōkan 交換 *s* troca, intercâmbio, substituição, permuta.

kōkan 交感 s simpatia mútua.
kōkan 交歓[驩] s fraternização, troca de gentilezas (cortesias).
kōkan 巷間 s nas ruas, na cidade.
kōkan 高官 s alto oficial.
kōkan 鋼管 s cano de aço.
kōkandai 交換台 s mesa telefônica.
kōkangakusei 交換学生 s estudante de programa de intercâmbio.
kōkan'hin 交換品 s troca, produto trocado.
kōkankyōju 交換教授 s professor de programa de intercâmbio.
kōkanpan 後甲板 s Náut convés de ré, tombadilho superior.
kōkansei 交換性 s conversibilidade.
kōkanshinkei 交感神経 s Med nervo simpático. ～系 ～kei: sistema nervoso simpático.
kōkanshu 交換手 s telefonista.
kōkateki 効果的 adj efetivo, eficiente, eficaz.
kokatsu 枯[涸]渇 s 1 seca, escoamento. 2 exaustão, esgotamento. ～suru, v: secar.
kōkatsu 狡猾 s astúcia, safadeza, esperteza. ～na, adj: astucioso, safado.
koke 苔 s musgo, líquen. ～の生えた ～no haeta: à moda antiga, ultrapassada.
koke 虚仮 s vulg tolo, bobo, idiota. ～にする ～ni suru: fazer de bobo. ～の一念 ～no ichinen: mesmo um tolo consegue, quando se concentra em uma coisa.
kokei 固形 s sólido. ～スープ ～sūpu (ingl soup): tablete de caldo. ～燃料 ～nenryō: combustível sólido.
kōkei 口径 s calibre.
kōkei 光景 s cena, espetáculo, vista, visão.
kōkei 後継 s sucessão.
kokeibutsu 固形物 s corpo sólido.
kōkeiki 好景気 s prosperidade, boa conjuntura econômica.
kōkeisha 後継者 s sucessor.
kōkekka 好結果 s bom resultado, sucesso.
kokemushita 苔生した expr coberto de musgo, musgoso.
koken 沽券 s dignidade. ～にかかわる ～ni kakawaru, v: afetar a dignidade.
kōken 公権 s poder e direito públicos.
kōken 効験 s efeito, eficácia.
kōken 後見 s guarda, tutela.
kōken 貢献 s contribuição, serviço. ～suru, v: contribuir, servir, ajudar.
kōkennin 後見人 s tutor, guardião.
kōkenryoku 公権力 s poder público, autoridade governamental.
kokeodoshi 虚仮威し s pop 1 ostentação, bravata. 2 blefe, ameaça vazia.
kokera 柿 s lasca de madeira.
kokeraotoshi 柿落とし s inauguração de teatro.
kokeru こける v tropeçar.
koketsu 虎穴 s toca de tigre. ～に入らずんば虎子を得ず ～ni irazunba koshi o ezu: quem não se arrisca não petisca.
kōketsu 高潔 s de altos princípios, nobre, sublime.
kōketsu 膏血 s suor e sangue. ～を絞る ～o shiboru, v: explorar, sugar o sangue.
kōketsuatsu 高血圧 s hipertensão.

kōki 呼気 s expiração.
koki 古希 s 70 anos de idade.
kōki 広軌 s bitola larga.
kōki 光輝 s brilho, glória, resplendor, luz.
kōki 好機 s boa oportunidade, chance, oportunidade favorável.
kōki 香気 s fragrância, aroma.
kōki 後期 s fase final, segundo semestre.
kōki 高貴 s nobreza. ～na, adj: nobre.
kōki 工期 s prazo de obra (construção).
kōkiatsu 高気圧 s alta pressão atmosférica.
kōkigyō 公企業 s empreendimento público.
kokimi 小気味 s prazeroso. ～いい ～ii: elegante, delicioso, sensacional.
kōkin 公金 s dinheiro público. ～横領 ～ōryō: desvio de dinheiro público.
kōkin 拘禁 s detenção, confinamento, custódia, aprisionamento.
kōkin'hishō 公金費消 s desfalque de dinheiro público.
kōkinsei 抗菌性 s ação antibacteriana.
kokiorosu 扱き下ろす v criticar, atacar, rebaixar, desdenhar.
kōkisei 好気性 s aeróbio.
kōkishin 好奇心 s curiosidade.
kokitsukau 扱き使う v fazer trabalhar muito, fatigar, extenuar, esfalfar.
kokizami 小刻み s pouco a pouco, gradualmente, repetição em intervalos curtos.
kokka 国花 s flor nacional.
kokka 国家 s nação, Estado, país. ～安全 ～anzen: segurança nacional. 福祉～ fukushi～: Estado de bem-estar social.
kokka 国歌 s hino nacional.
kokka 刻下 s agora, neste instante (momento).
kokkagun 国家群 s grupo de nações.
kokkahijōjitai 国家非常事態 s estado de emergência nacional.
kokkai 国会 s congresso nacional, parlamento.
kokkai 骨灰 s cinzas de ossos de animais.
kokkaigiin 国会議員 s congressista, parlamentar.
kokkakanri 国家管理 s administração governamental.
kokkakeizai 国家経済 s economia nacional.
kokkakōmuin 国家公務員 s servidor público nacional.
kokkaku 骨格 s 1 estrutura, esqueleto, ossatura. 2 físico, constituição, compleição.
kokkan 酷寒 s frio intenso (rigoroso, severo).
kokkashakaishugi 国家社会主義 s socialismo nacional.
kokkashiken 国家試験 s exame (concurso) nacional.
kokkashugi 国家主義 s nacionalismo. ～者 ～sha: nacionalista.
kokkateki 国家的 adj nacional.
kokkei 滑稽 s engraçado, cômico, humorístico, ridículo, absurdo, risível.
kokkei 酷刑 s pena (punição) severa (cruel).
kokken 国憲 s constituição nacional.
kokken 国権 s poder nacional, soberania, poder de Estado.
kokki 克己 s comedimento, moderação, autodomínio, autocontrole. ～心 ～shin: espírito de comedimento. ～suru, v: comedir, conter-se.

kokki 国旗 *s* bandeira nacional.
kokkin 国禁 *s* proibição nacional, banimento.
-kokkiri -こっきり *suf* exatamente.
kokkishin 克己心 *s* espírito de comedimento.
kokko 国庫 *s* Tesouro Nacional (Fazenda). ～債券 ～*saiken*: título do Tesouro. ～補助金 ～ *hojokin*: subsídio governamental.
kokkō 国交 *s* relações diplomáticas.
kokkoku(ni) 刻々(に) *adv* a todo momento, minuto a minuto.
kokku 刻苦 *s* diligência, zelo, desvelo, dedicação, esforço. ～*suru*, *v*: trabalhar duro.
kokku コック (*hol* kok) *s* cozinheiro. ～長 ～*chō*: mestre-cuca, cozinheiro-chefe.
kokkuri こっくり *adv* 1 balançar a cabeça, meneio. 2 cochilo. ～*suru*, *v*: menear, cochilar, pescar.
kokkurikokkuri こっくりこっくり *mim* cochilo.
kokkyō 国教 *s* religião do Estado.
kokkyō 国境 *s* fronteira, limite.
koko 此処 *pron* 1 aqui e cá, neste lugar. 2 ultimamente. 3 neste momento. 4 neste ponto (fase, situação). ～だけ ～*dake*: aqui entre nós. ～ぞ ～*zo*: momento crítico. ～しばらく ～ *shibaraku*: por algum tempo, daqui para a frente.
koko 個々 *s* individual, cada, um por um, separadamente.
koko 戸々 *s* cada (toda) casa, de porta a porta.
kokō 戸口 *s* domicílio, número de casas e população.
kokō 糊口 *s* subsistência. ～を凌ぐ ～*o shinogu*: sobreviver com dificuldade.
kōko 公庫 *s* instituição financeira pública. 金融～ *kin'yū*～: corporação financeira oficial.
kōko 考古 *s* estudos arqueológicos.
kōko 好個 *s* bom, ideal, apropriado.
kōko 後顧 *s* preocupação com o que se deixa para trás. ～の憂い ～*no ui*, *v*: ter ansiedade sobre o futuro.
kōkō 孝行 *s* devoção filial. ～*suru*, *v*: devotar-se (dedicar-se) aos pais.
kōkō 航行 *s* navegação, cruzeiro. ～*suru*, *v*: navegar, velejar.
kōkō 高校 *s* ensino médio (secundário). ～生 ～*sei*: secundarista. ～卒 ～*sotsu*: formado em ensino médio.
kōkō 港口 *s* entrada do porto.
kōkō こうこう *adv* tal e tal, assim e assim.
kokochi 心地 *s* sensação, sentimento, humor, disposição. 生きた～がしない *ikita* ～*ga shinai*: sentir-se morto.
kokochiyoi 心地よい *adj* confortável, prazeroso.
kokochiyoku 心地よく *adv* confortavelmente, prazerosamente.
kōkōchōsa 戸口調査 *s* censo.
kōkogaku 考古学 *s* arqueologia. ～者 ～*sha*: arqueólogo.
kōkōgyō 鉱工業 *s* indústria de mineração.
kokoira 此処いら *s* por aqui, nas redondezas.
kokokashiko 此処彼処 *pron* aqui e ali.
kokoku 故国 *s* país (terra) natal.
kōkoku 公告 *s* anúncio público (oficial). ～*suru*, *v*: anunciar publicamente.
kōkoku 公国 *s* ducado, principado.
kōkoku 広告 *s* anúncio, publicidade. ～*suru*, *v*: anunciar, veicular. ～代理店 ～*dairiten*: agência de propaganda (publicidade).
kōkoku 抗告 *s Dir* apelação, apelo, recurso. ～*suru*, *v*: apelar, recorrer.
kōkokubira 広告ビラ *s* folheto, pôster.
kōkokugyō 広告業 *s* negócio e propaganda.
kōkokunushi 広告主 *s* anunciante, patrocinador.
kōkokuran 広告欄 *s* coluna de anúncios.
kōkokuryō 広告料 *s* taxa (preço) de anúncio.
kōkokutoritsugi 広告取次 *s* agenciamento de anúncio.
kokon 古今 *s* ontem e hoje, velho e moderno, todos os tempos. ～東西 ～*tōzai*: todas as eras e países. ～未曾有 ～*mizou*: sem igual na história.
kokonoka 九日 *s* dia nove, nono dia do mês. ～間 ～*kan*: em nove dias.
kokonotsu 九つ *s* 1 nove. 2 nove anos de idade. ～目 ～*me*: nono.
kokora 此処ら *pron* estes lados. ～辺り ～*atari*: por aqui, nestas imediações. ～中 ～*jū*: em toda esta vizinhança.
kokoro 心 *s* 1 mente. 2 pensamento, intenção. 3 humor, sentimento. 4 consideração, simpatia, atenção, cuidado. 5 sinceridade. 6 resposta de adivinhação. ～が動く ～*ga ugoku*: interessar-se. ～が通う ～*ga kayou*: compreender mutuamente. ～が騒ぐ ～*ga sawagu*: preocupar-se. ～が弾む ～*ga hazumu*: entusiasmar-se. ～の旅路 ～*no tabiji*: viagem sentimental. ～の友 ～*no tomo*: amigo do peito. ～を入れ替える ～*o irekaeru*: mudar de atitude. ～を打つ ～*o utsu*: tocar, comover. ～を奪われる ～*o ubawareru*: ficar fascinado. ～を鬼にする ～*o oni ni suru*: endurecer-se contra compaixão. ～を砕く ～*o kudaku*: preocupar-se, esforçar-se. ～を配る ～*o kubaru*: dar atenção. ～を引く ～*o hiku*: atrair. ～を許す ～*o yurusu*: confiar. ～を寄せる ～*o yoseru*: apaixonar-se. ～に描く ～*ni egaku*: imaginar. ～に掛ける ～*ni kakeru*: considerar. ～に刻む ～*ni kizamu*: gravar na memória. ～密に ～*hisoka ni*: secretamente. ～ゆくまで ～*yuku made*: até contentar-se. ～やさしい ～*yasashii*: meigo, afetuoso, amável.
kokoroaru 心ある *adj* cuidadoso, atento, prudente, sensível.
kokoroatari 心当たり *s* ～がある ～*ga aru*: saber, ter ideia. ～がない ～*ga nai*: não ter ideia.
kokoroatatamaru 心暖まる *v* acalentar.
kokoroate 心当て *s* expectativa. ～にする ～*ni suru*: contar com.
kokorobosoi 心細い *adj* desamparado, solitário.
kokorodanomi 心頼み *s* esperança, confiança, apoio.
kokoroe 心得 *s* conhecimento, experiência, noção, compreensão, regra. ～違い ～*chigai*: comportar-se mal. ～顔 ～*gao*: expressão de quem sabe (conhece).
kokoroeru 心得る *v* compreender, considerar, conhecer, estar ciente.
kokorogakari 心掛かり *s* cuidado, preocupação.
kokorogake 心掛け *s* 1 atitude. 2 atenção, cuidado, prudência. 3 esforço, intenção.
kokorogakeru 心掛ける *v* pretender, tentar, ter em mente, ser cuidadoso.

kokorogamae 心構え *s* atitude mental, preparação.
kokorogawari 心変わり *s* mudança de ideia, traição. ~*suru*, *v*: mudar de ideia.
kokorogurushii 心苦しい *adj* doloroso, incômodo.
kokoroiki 心意気 *s* espírito, disposição.
kokoromachi 心待ち *s* expectativa.
kokoromakase 心任せ *s* bel-prazer, vontade pessoal.
kokoromi 試み *s* tentativa, teste, experiência.
kokoromiru 試みる *v* tentar, experimentar.
kokoromochi 心持ち *s* 1 sentimento, humor. 2 um pouco.
kokoromotonai 心許ない *adj* incerto, precário, indigno de confiança, inseguro.
kokoromotonaku 心許なく *adv* apreensivamente, ansiosamente.
kokoronai 心ない *adj* impensado, insensato, irrefletido, imprudente, cruel.
kokorone 心根 *s* 1 verdadeiro sentimento. 2 caráter, gênio.
kokoro nimo nai 心にも無い *expr* insincero, fingido.
kokoro no hodo 心の程 *s* verdadeiro sentimento.
kokoronokori 心残り *s* arrependimento, lamento, lástima, insatisfação.
kokoro no mama 心の儘 *expr* como manda o coração.
kokoro no soko 心の底 *expr* fundo do coração, verdadeiro motivo.
kokorooboe 心覚え *s* lembrança, recordação.
kokorookinaku 心置きなく *adv* sem reserva (cerimônia), livre de cuidado, francamente, livremente.
kokorosabishii 心寂しい *adj* melancólico, solitário, desamparado, abandonado.
kokorosuru 心する *v* tomar cuidado, atentar, prestar atenção.
kokoroyari 心遣り *s* consideração, compaixão.
kokoroyasui 心安い *adj* familiar, íntimo.
kokoroyoi 快い *adj* prazeroso, agradável, confortável, refrescante.
kokoroyoku 快く *adv* com prazer (vontade, prontidão).
kokorozashi 志 *s* 1 ambição, aspiração, desejo, vontade. 2 resolução, intenção. 3 objetivo, propósito. 4 gentileza, bondade, amabilidade. 5 pequeno presente de agradecimento.
kokorozasu 志す *v* intencionar, aspirar, resolver.
kokorozoe 心添え *s* sugestão, conselho, aviso.
kokorozukai 心遣い *s* consideração, solicitude, cuidado.
kokorozuke 心付け *s* gorjeta, gratificação.
kokorozukushi 心尽くし *s* gentileza, atenção, consideração.
kokorozuyoi 心強い *adj* encorajador, tranquilizador.
kokorozuyoku 心強く *adv* com confiança (tranquilidade).
kōkotsu 硬骨 *s* 1 osso duro. 2 firmeza, inflexibilidade, obstinação, teimosia.
kōkotsu 恍惚 *s* êxtase, enlevo, transe.
koku 酷 *s* severo, cruel, duro.
koku 穀 *s* cereal, grão.
koku こく *s* corpo, sabor, consistência.
koku 濃く *adv* densamente, fortemente.
-koku -国 *suf* país.

kokū 虚空 *s* céu, espaço, vazio, ar.
kōkū 航空 *s* aviação. ~会社 ~*gaisha*: empresa aérea. ~券 ~*ken*: passagem aérea.
kōkū 高空 *s* altura, ponto elevado, altitude.
kokuban 黒板 *s* quadro-negro, lousa. ~拭き ~*fuki*: apagador.
kokubetsu 告別 *s* despedida. ~*suru*, *v*: despedir-se. ~式 ~*shiki*: funeral.
kōkūbin 航空便 *s* via aérea.
kokubō 国防 *s* defesa nacional. ~省 ~*shō*: Ministério da Defesa.
kōkūbokan 航空母艦 *s* porta-aviões.
kokubun 国文 *s* 1 texto em japonês. 2 literatura japonesa.
kokubungaku 国文学 *s* literatura japonesa.
kokubunji 国分寺 *s Hist* templo budista estabelecido pelo governo da era Nara.
kokubunpō 国文法 *s* gramática japonesa.
kokubyaku 黒白 *s* 1 preto e branco. 2 certo e errado, bem e mal.
kokuchi 告知 *s* aviso, comunicação, notificação. ~*suru*, *v*: avisar, comunicar. ~板 ~*ban*: quadro de avisos. ~書 ~*sho*: notificação (por escrito).
kokuchū 国中 *s* todo o país, o país inteiro.
kokudo 国土 *s* território nacional, domínio, país.
kokudō 国道 *s* rodovia nacional.
kokudobōei 国土防衛 *s* defesa do território nacional.
kokudokeikaku 国土計画 *s* planejamento de território nacional.
kokuei 国営 *s* estatal, governamental, administrado pelo governo.
kokueika 国営化 *s* estatização, nacionalização.
kokueki 国益 *s* interesse nacional.
kokuen 黒煙 *s* fumaça preta.
kokuen 黒鉛 *s Quím* e *Miner* grafite.
kokufū 国風 *s* costume nacional.
kokufuku 克服 *s* conquista. ~*suru*, *v*: vencer, conquistar, subjugar.
kokufuku 克復 *s* retorno, restauração, reabilitação. ~*suru*, *v*: restaurar.
kokugai 国外 *s* exterior, estrangeiro, fora do país. ~追放 ~*tsuihō*: deportação, extradição.
kōkūgaku 航空学 *s* aeronáutica.
kokugi 国技 *s* esporte nacional.
kokugo 国語 *s* 1 língua pátria. 2 língua japonesa. ~学 ~*gaku*: linguística japonesa. ~科 ~*ka*: curso de letras.
kokugō 国号 *s* nome do país.
kokuhaku 告白 *s* confissão, declaração. ~*suru*, *v*: confessar, declarar, admitir.
kokuhatsu 告発 *s* 1 denúncia, acusação. 2 descoberta, revelação. ~*suru*, *v*: acusar, denunciar.
kokuhi 国費 *s* gasto (despesa, desembolso) nacional.
kokuhin 国賓 *s* convidado do Estado.
kokuhō 国法 *s* lei nacional.
kokuhō 国宝 *s* patrimônio nacional.
kokuhyō 酷評 *s* crítica severa, censura. ~*suru*, *v*: criticar severamente.
kōkūhyōshiki 航空標識 *s* sinalização aérea, radiofarol.
kokui 国威 *s* prestígio nacional.
kokui 黒衣 *s* roupa preta (de monge budista).
kokuji 告示 *s* anúncio (boletim, notificação) oficial

(público). ~*suru*, *v*: anunciar, notificar. 板 ~*ban*: quadro de avisos, mural.
kokuji 国事 *s* assunto (interesse) nacional.
kokuji 酷似 *s* similaridade, semelhança. ~*suru*, *v*: ser muito semelhante.
kokujihan 国事犯 *s* crime (criminoso) político.
kokujin 黒人 *s* negro, pessoa negra. ~種 ~*shu*: etnia negra.
kokujō 国情 *s* condições de um país.
kokujoku 国辱 *s* desgraça (vergonha) nacional.
kōkūki 航空機 *s* aeronave, avião, aeroplano.
kokukoku 刻々 *adv* a todo momento, minuto a minuto.
kōkūkōtsūkansei 航空交通管制 *s* controle de tráfego aéreo.
kokumei 克明 *s* ~*na*, *adj*: 1 fiel, consciencioso. 2 detalhado, minucioso. 3 claro.
kokumin 国民 *s* povo, população, nação. ~総生産 (GNP) ~*sōseisan*: produto nacional bruto. ~純生産 (NNP) ~*junseisan*: produto nacional líquido.
kokuminchochiku 国民貯蓄 *s* poupança nacional.
kokumingun 国民軍 *s* exército do povo.
kokuminkaihei 国民皆兵 *s* obrigação militar de toda a população.
kokuminkanjō 国民感情 *s* sentimento nacional.
kokuminkenkōhoken 国民健康保険 *s* seguro (seguridade) social, previdência.
kokuminnenkin 国民年金 *s* aposentadoria, benefício.
kokumin no shukujitsu 国民の祝日 *expr* feriado nacional, data comemorativa.
kokuminsei 国民性 *s* caráter nacional, características de um povo.
kokuminseikatsu 国民生活 *s* vida do povo.
kokuminseishin 国民精神 *s* espírito nacional.
kokuminshotoku 国民所得 *s* renda nacional.
kokuminshugi 国民主義 *s* nacionalismo.
kokumintōhyō 国民投票 *s* plebiscito.
kokumotsu 穀物 *s* cereal, grão.
kokumu 国務 *s* negócios de estado.
kokunai 国内 *s* doméstico, interno, dentro do país, interior. ~線 ~*sen*: linha doméstica. ~便 ~*bin*: voo doméstico. ~法 ~*hō*: legislação interna.
kokunaijijō 国内事情 *s* assuntos (condições) internos (domésticos).
kokunaikōkū 国内航空 *s* serviço aéreo doméstico.
kokunaishōhi 国内消費 *s* consumo interno.
kokunan 国難 *s* crise nacional.
kokunetsu 酷熱 *s* 1 febre alta. 2 *Rel* inferno.
kokuō 国王 *s* rei, monarca, soberano. ~殺害 ~*satsugai*: regicídio.
kokuon 国恩 *s* dívida para com o país.
Kokuren 国連 *s* Organização das Nações Unidas (ONU). ~加盟国 ~*kameikoku*: país-membro. ~平和維持軍 ~*heiwa ijigun*: tropa de paz. ~安全保障理事会 ~*anzen hoshō rijikai*: Conselho de Segurança. ~事務総長 ~*jimu sōchō*: secretário-geral.
Kokurengun 国連軍 *s* força (tropa) da ONU.
kokuretsu 酷烈 *s* severidade, rigor, intensidade.
kokuri 国利 *s* interesse nacional.
kokuritsu 国立 *s* nacional, governamental. ~大学 ~*daigaku*: universidade nacional. ~競技場 ~*kyōgijō*: estádio nacional.

kōkūro 航空路 *s* rota (linha) aérea.
kokuron 国論 *s* opinião nacional (pública).
kokurui 穀類 *s* grãos, cereais.
kokuryoku 国力 *s* poder (riqueza) nacional.
kokusai 国際 *s* internacional. ~色 ~*shoku*: conotação internacional. ~線 ~*sen*: voo (linha) internacional. ~電話 ~*denwa*: chamada internacional. ~都市 ~*toshi*: cosmópole. ~連合 ~*rengō*: ONU. ~人 ~*jin*: cosmopolita, cidadão do mundo.
kokusai 国祭 *s* festival nacional.
kokusaibōeki 国際貿易 *s* comércio internacional.
kokusaigo 国際語 *s* língua internacional (universal).
kokusaihō 国際法 *s Dir* direito internacional.
kokusaika 国際化 *s* internacionalização.
kokusaikaihatsu 国際開発 *s* desenvolvimento internacional.
kokusaikankei 国際関係 *s* relações internacionais.
kokusaikanri 国際管理 *s* controle internacional.
kokusaikekkon 国際結婚 *s* casamento interétnico.
kokusaikin'yū 国際金融 *s* finanças internacionais.
kokusaikyōchō 国際協調 *s* cooperação internacional.
kokusaikyōryoku 国際協力 *s* cooperação internacional. ~事業団 ~*jigyōdan*: Agência de Cooperação Internacional do Japão (JICA).
kokusaimondai 国際問題 *s* problema internacional.
kokusaishakai 国際社会 *s* sociedade internacional.
kokusaishugi 国際主義 *s* internacionalismo.
kokusaishūshi 国際収支 *s* balança comercial, balança de pagamentos internacionais.
kokusaiteki 国際的 *adj* internacional, cosmopolita, universal.
kokusaitsūka 国際通貨 *s* moeda internacional. ~基金 ~*kikin*: Fundo Monetário Internacional (FMI).
kokusaku 国策 *s* política nacional.
kokusan 国産 *s* produção doméstica. ~車 ~*sha*: carro nacional.
kokusan'hin 国産品 *s* produto nacional.
kokusei 国政 *s* política governamental, administração nacional. ~調査権 ~*chōsaken*: direito de investigar os atos do governo.
kokusei 国勢 *s* estado (situação) de um país.
kokuseichōsa 国勢調査 *s* censo. ~員 ~*in*: recenseador.
kokuseki 国籍 *s* nacionalidade. 二重~ *nijū*~: dupla nacionalidade.
kokusen 国選 *s* escolhido pelo governo. ~弁護人 ~*bengonin*: advogado de ofício.
kōkūshashin 航空写真 *s* fotografia aérea, aerofotografia.
kokushi 酷使 *s* exploração, tratamento duro. ~*suru*, *v*: explorar alguém, fazer trabalhar demais.
kokusho 酷暑 *s* calor intenso (extremo, tórrido).
kokushō 国章 *s* emblema nacional.
kokushoku 黒色 *s* cor preta, preto.
kokuso 告訴 *s* acusação, queixa, ação legal. ~*suru*, *v*: acusar, processar, acionar.
kokusō 国葬 *s* funeral nacional (do Estado).
kokusui 国粋 *s* qualidades nacionais de um país.

kokusuishugi 国粋主義 s nacionalismo. ～者 ～*sha*: nacionalista.
kokutai 国体 s 1 estrutura (constituição) nacional. 2 Encontro Nacional de Desportos.
kōkūtai 航空隊 s força aérea.
kokutan 黒檀 s *Bot* ébano.
kokutei 国定 s nacional, aprovado pelo governo. ～教科書 ～*kyōkasho*: livro didático aprovado pelo governo.
kokuten 黒点 s ponto preto, mácula, mancha, pinta.
kokutō 黒糖 s açúcar mascavo, mascavado.
kokuun 国運 s destino de uma nação.
kokuyu 告諭 s ～*suru*, *v*: instruir (persuadir) um subordinado.
kokuyū 国有 s estatal, de propriedade do Estado. ～地 ～*chi*: terra do Estado.
kōkūyūbin 航空郵便 s via aérea.
kokuyūka 国有化 s estatização.
kokuyūrin 国有林 s reserva florestal nacional.
kōkūyusō 航空輸送 s transporte aéreo.
kokuyūzaisan 国有財産 s propriedade estatal.
kokuze 国是 s diretriz nacional.
kokuzei 国税 s imposto nacional. ～庁 ～*chō*: Receita. ～局 ～*kyoku*: escritório regional da Receita.
kokuzoku 国賊 s traidor da pátria.
kōkyaku 後脚 s pata traseira.
kōkyō 故郷 s terra natal.
kōkyo 公許 s permissão oficial, licença. ～*suru*, *v*: permitir oficialmente.
kōkyo 皇居 s Palácio Imperial.
kōkyo 溝渠 s fosso, vala.
kōkyō 口供 s depoimento. ～*suru*, *v*: depor.
kōkyō 公共 s público, comum. ～料 ～*ryō*: tarifa de serviço público. ～心 ～*shin*: senso de dever público, moralidade.
kōkyō 好況 s prosperidade.
kōkyō 交響 s sinfônico.
kōkyōbutsu 公共物 s propriedade pública.
kōkyōdantai 公共団体 s entidade pública.
kōkyōgaku 交響楽 s sinfonia. ～団 ～*dan*: orquestra sinfônica.
kōkyōjigyō 公共事業 s utilidade pública, empreendimento público.
kōkyōkigyōtai 公共企業体 s corporação pública.
kōkyōkyoku 交響曲 s sinfonia.
kokyū 呼吸 s 1 respiração, fôlego. 2 modo, maneira. 3 jeito, destreza, truque. ～*suru*, *v*: respirar.
kōkyū 恒久 s duradouro, permanente.
kōkyū 高級 s alta classe (qualidade), vistoso.
kōkyū 高給 s salário alto.
kōkyū 攻究 s especialização. ～*suru*, *v*: pesquisar, especializar-se.
kōkyū(bi) 公休(日) s feriado legal (oficial).
kōkyūhin 高級品 s artigo de alta qualidade.
kōkyūka 恒久化 s perpetuação.
kokyūki 呼吸器 s sistema respiratório.
kokyūundō 呼吸運動 s 1 respiração, movimento respiratório. 2 exercício de respiração.
koma 小間 s quarto (cômodo) pequeno.
koma 駒 s 1 cavalo, pônei. 2 peça de *shogi*. 3 cavalete de violão (violino).
koma 黄麻 s *Bot* juta.
komado 小窓 s janela pequena.

komagire 細切れ s pedaços pequenos.
komagiri 細切り s carne em fatias miúdas.
komagoma 細々 *adv* 1 em pedaços. 2 em detalhe.
komai 古米 s arroz velho.
kōmai 高邁 s ～*na*, *adj*: nobre, elevado.
komainu 狛犬 s cão guardião de santuário xintoísta.
komakai 細かい *adj* 1 pequeno, minúsculo, microscópico. 2 detalhado, minucioso, exato. 3 menor, insignificante. 4 elaborado, delicado. 5 trocado, troco.
komakaku 細かく *adv* 1 em pedaços. 2 minuciosamente, exatamente, precisamente.
komaku 鼓膜 s *Anat* tímpano.
komamono 小間物 s miudezas, bugiganga, balangandã.
komamonoya 小間物屋 s loja de miudezas.
kōman 高慢 s orgulho, arrogância, impertinência.
komanuki 拱く *v* cruzar os braços.
komaraseru 困らせる *v* 1 aborrecer, chatear. 2 empobrecer. 3 embaraçar, aturdir, perturbar.
komarikiru 困り切る *v* ficar perplexo ao extremo.
komarimono 困り者 s incorrigível, incômodo, ovelha negra, pessoa-problema.
komarinuku 困り抜く *v* ficar muito perplexo (embaraçado, confuso).
komaru 困る *v* 1 estar em apuro, ter problema. 2 passar necessidade. 3 estar embaraçado (perplexo).
komata 小股 s passos curtos; perna.
komatsu 小松 s pinheiro jovem.
komatta 困った *expr* embaraçoso, aborrecedor, triste.
komayaka 細[濃]やか *adj* 1 carinhoso, afetuoso, cordial, meigo. 2 pequeno, minucioso. 3 profundo, escuro.
komazukai 小間使い s criada, empregada.
kome 米 s arroz (beneficiado e cru).
komebitsu 米櫃 s recipiente para guardar arroz.
komedai 米代 s dinheiro para comprar arroz.
kōmei 抗命 s desobediência.
kōmei 高名 s fama, reputação, eminência, renome.
kōmei(seidai) 公明(正大) s justiça, honestidade, imparcialidade.
kōmeisenkyo 公明選挙 s eleição limpa (justa).
komekami 顳かみ s *Anat* têmpora.
komeko 米粉 s farinha de arroz.
komemono 込め物 s recheio, enchimento, estofo, forro.
komen 湖面 s superfície de lago.
komenaosu 込め直す *v* recarregar.
kome no meshi 米の飯 *v* arroz cozido.
komeru 込[籠]める *v* 1 contar, incluir. 2 carregar. 3 concentrar.
komesōba 米相場 s cotação do arroz.
komesōdō 米騒動 s tumulto popular provocado pela alta do arroz.
kometogi 米磨ぎ s lavagem de arroz.
kometsubu 米粒 s grão de arroz.
kometsuki 米搗き s limpeza de arroz, beneficiamento de arroz.
komeya 米屋 s loja (comerciante) de arroz.
komi 込み s 1 cobertura, total. 2 desvantagem. *adv* inclusive.
kōmi 香味 s sabor, gosto, aroma.
komiageru 込み上げる *v* 1 sentir náusea, ter vontade

komiai de vomitar. **2** subir (lágrimas). **3** encher-se, ter acesso.
komiai 込み合い *s* multidão.
komiau 込み合う *v* ficar cheio (superlotado, apinhado de gente).
komichi 小道[路] *s* caminho, curso, trilha, viela, beco.
komidashi 小見出し *s* subtítulo.
komiiru 込み入る *v* ser complicado (complexo, intricado).
komiitta 込み入った *expr* complicado, complexo, intricado.
kōmin 公民 *s* cidadão, habitante.
kōminken 公民権 *s* cidadania, direito civil.
kōminseikatsu 公民生活 *s* vida civil.
kōmō 紅毛 *s* cabelo ruivo.
komochi 子持ち *s* **1** gravidez, gestação. **2** par de grande e pequeno.
komogomo 交々 *adv* alternadamente, por turno, um após o outro, sucessivamente.
komoji 小文字 *s* letra pequena, minúscula.
kōmōjin 紅毛人 *s* pessoa de cabelo ruivo, estrangeiro, europeu, branco.
kōmoku 項目 *s* item, cláusula.
komon 顧問 *s* conselheiro, consultor, orientador.
komon 小紋 *s* estampa em tecido de padrão fino.
kōmon 校門 *s* portão de escola.
kōmon 後門 *s* portão (porta) traseiro.
kōmon 肛門 *Anat* ânus.
komonjo 古文書 *s* documento antigo, paleografia.
komono 小者 *s* criado, doméstico, pessoa sem importância.
komono 小物 *s* **1** artigo pequeno, artigos variados. **2** peixes miúdos.
komorebi 木漏れ日 *s* luz do sol filtrada pelas folhas das árvores.
komori 子守 *s* que cuida de criança, ama, babá.
kōmori 蝙蝠 *s Zool* morcego.
kōmorigasa 蝙蝠傘 *s* guarda-chuva.
komoriuta 子守歌 *s* canção de ninar.
komoru 籠る *v* **1** confinar-se, fechar-se, trancar-se. **2** ser cheio de, carregado.
komozutsumi 菰包み *s* pacote embrulhado com palha.
komu 込む *v* **1** ficar cheio (congestionado, apinhado, lotado). **2** elaborado, intricado.
kōmu 工務 *s* trabalho de engenharia.
kōmu 公務 *s* serviço público, assunto do governo, negócio oficial.
komugi 小麦 *s* trigo.
komugiiro 小麦色 *s* marrom-claro, cor castanha, pardo.
kōmuin 公務員 *s* funcionário (servidor) público.
kōmuru 蒙る *v* receber, sofrer, suportar, sujeitar-se.
kōmushikkō 公務執行 *s* execução (exercício) de obrigação oficial.
komusō 虚無僧 *s* sacerdote Zen mendicante da seita Fuke (普化宗) vestindo capelo e tocando *shakuhachi* (尺八).
komusume 小娘 *s* jovem moça, menina.
komuzukashii 小難しい *adj pop* incômodo, impertinente, fastidioso.
kōmyaku 鉱脈 *s* veio, filão. 〜を掘り当てる 〜*o horiateru*: descobrir o filão.

kōmyō 功名 *s* grande feito, façanha, ato heroico, proeza. 〜を立てる 〜*o tateru*: realizar um ato heroico. 〜を争う 〜*o arasou*: disputar pela notoriedade.
kōmyō 巧妙 *s* 〜*na*, *adj*: astuto, sagaz, perspicaz. 〜な手段 〜*na shudan*: um plano perspicaz.
kōmyō 光明 *s* **1** luz, raio. 生活に〜を与える *seikatsu ni* 〜*o ataeru*: iluminar o viver. **2** esperança. ひとすじの〜 *hitosuji no* 〜: um raio de esperança. **3** luz emanada por Buda.
kōmyōshin 功名心 *s* ambição, aspiração, desejo de atos heroicos, amor à fama. 〜に駆られる 〜*ni kakerareru*: ser dominado (induzido) pela ambição.
kon 紺 *s* azul-marinho. 〜の背広 〜*no sebiro*: terno azul-marinho.
kon 根 *s* **1** *Mat* raiz. 平方〜 *heihō* 〜: raiz quadrada. **2** perseverança, persistência, paciência. 〜をつめる 〜*o tsumeru*: perseverar. 彼は〜負けした *kare wa* 〜*make shita*: a falta de paciência o derrotou.
kon- 今- *pref* **1** agora, presente momento. 〜世紀 〜*seiki*: este século. 〜秋 〜*shū*: outono deste ano. **2** hoje, o dia de hoje. 〜日 〜*nichi*: hoje.
kona 粉 *s* **1** farinha. ひいて〜にする *hite* 〜*ni suru*, moer e fazer farinha. 〜にひく 〜*ni hiku*: moer, triturar (os cereais). **2** pó. 〜チーズ 〜*chīzu*: queijo ralado. 〜石けん 〜*sekken*: sabão em pó.
konagona 粉々 *s* em fragmentos. 〜になる 〜*ni naru*: ficar fragmentado, reduzir-se a fragmentos.
konagusuri 粉薬 *s* remédio em pó, pó medicinal.
kōnai 坑内 *s* dentro da mina. 〜労働者 〜*rōdōsha*: trabalhador no interior da mina.
kōnai 校内 *s* dentro da escola. 〜放送 〜*hōsō*: transmissão dentro da escola.
kōnai 構内 *s* instalações, estabelecimento, recinto, área ao redor da escola ou estação ferroviária. 学校〜 *gakkō* 〜: pátio da escola. みだりに〜に立ち入るべからず *midari ni* 〜*ni tachiirubekarazu*: proibida a entrada de estranhos.
konamijin 粉微塵 *s* fragmentos. 〜に砕ける 〜*ni kudakeru*: fragmentar-se.
konamiruku 粉ミルク *s* leite em pó.
kōnan 後難 *s* dificuldade posterior. 〜を恐れる 〜*o osoreru*: ficar com medo das consequências.
kōnan 硬軟 *s* dureza e moleza.
konasekken 粉石鹸 *s* sabão em pó.
konasu 熟す *v* **1** pulverizar, reduzir a pó, esmigalhar. 土を〜 *tsuchi o* 〜: lavrar a terra. **2** digerir. **3** dar conta do serviço. この仕事は一週間ではこなせない *kono shigoto wa isshūkan dewa konasenai*: este serviço não poderá ser feito em uma semana. **4** manejar com habilidade. 運転を〜 *unten o* 〜: ser hábil no volante. **5** atuar, representar (numa peça de teatro). 役を〜 *yaku o* 〜: dar conta do papel. **6** 数で〜 *kazu de* 〜: vantagem propiciada pelo grande número.
konazumi 粉炭 *s* carvão em pó.
konban 今晩 *s* esta noite.
konbō 混紡 *s* tecelagem com vários tipos de fios.
konbō 棍棒 *s* clava, porrete, cacete. 〜で殴る 〜*de naguru*: bater com porrete.
konbu 昆布 *s* alga marinha comestível.
konchū 昆虫 *s* inseto.
konchūgaku 昆虫学 *s* entomologia, insetologia.

konchūsaishū 昆虫採集 s coleção de insetos.
kondaku 混濁 s turvação, confusão. ～*suru*, *v*: turvar-se, perturbar-se. 意識が～する *ishiki ga ～ suru*: perturbação da consciência.
kondan 懇談 s conversa informal. ～*suru*, *v*: ter uma conversa informal.
kondankai 懇談会 s reunião informal.
kondate 献立 s **1** menu, cardápio. 今日の～ *kyō no ～*: o cardápio de hoje. **2** arranjo. ～を整える ～*o totonoeru*: o arranjo está completo.
kondo 今度 s **1** desta vez, agora. ～の事件 ～*no jiken*: este caso. **2** na próxima vez, em outra ocasião; novamente. ～行く時は ～ *iku toki wa*: na próxima vez que formos. また～いらっしゃい *mata ～irasshai*: venha novamente. **3** recentemente, há pouco tempo. ～お隣へ来た人 ～*otonari e kita hito*: o vizinho que chegou recentemente.
kondō 金堂 s salão principal de templo budista.
kondō 混同 s mistura, confusão. ～*suru*, *v*: misturar, confundir. 公私を～する *kōshi o ～suru*: confundir o público com o particular.
kondōmu コンドーム (*al* Kondom) s preservativo, camisa de vênus.
kone コネ (*ingl abrev* de *conection*) s conexão, ligação. あの会社に有力な～がある *ano kaisha ni yūryoku na ～ga aru*: naquela firma, tenho bons contatos.
koneko 子猫 s filhote de gato.
konemawasu 捏ね回す *v* **1** misturar, amassar, sovar. **2** disputar, contender, discutir.
konemazeru 捏ね交ぜる *v* amassar e misturar.
kōnen 後年 s alguns anos depois, mais tarde. ～になって ～*ni natte*: depois de alguns anos.
kōnen 光年 s *Astr* ano-luz (9.4605 x 10^{12} km).
kōnenki 更年期 s menopausa, climatério.
koneru 捏ねる *v* **1** sovar, amassar, misturar. **2** fazer birra, teimar. 子供がだだをこねている *kodomo ga dada o konete iru*: a criança está fazendo birra.
kōnetsu 光熱 s luz e aquecimento. ～費 ～*hi*: despesa com luz e aquecimento.
kōnetsu 高熱 s calor intenso, alta temperatura, febre alta.
kongai 婚外 s extraconjugal, fora do casamento.
kongan 懇願 s pedido, solicitação, súplica. 赦しを～する *yurushi o ～suru*: suplicar perdão.
kongarakaru こんがらかる *v* **1** emaranhar-se, enredar-se, embaraçar-se. 糸がこんがらかった *ito ga kongarakatta*: a linha embaraçou-se. **2** ficar confuso, enlear-se, complicar-se. 頭がこんがらかってきた *atama ga kongarakattekita*: minha cabeça está confusa.
kongari こんがり *mim* ～と焼けている ～*to yaketeiru*: o bolo está levemente tostado.
kongen 根元[源] s raiz, origem, base, fonte, causa. ～を絶つ ～*o tatsu*: cortar pela raiz. この病気の～はたばこだ *kono byōki no ～wa tabako da*: a causa desta doença é o fumo.
kongetsu 今月 s este mês.
kongetsubun 今月分 s valor referente a este mês. ～の給料 ～*no kyūryō*: salário referente a este mês.
kongi 婚儀 s cerimônia de casamento.
kongo 今後 s de agora em diante, daqui em diante. ～3年 ～ *san nen*: daqui a três anos.

kongō 混合 s mistura, mescla. ～*suru*, *v*: misturar, mesclar. ～肥料 ～*hiryō*: fertilizante (adubo) composto.
kongō 金剛 s diamante; dureza adamantina.
kongōbutsu 混合物 s mistura, mescla, composto. ～のない ～ *no nai*: puro, sem mistura.
kongōriki 金剛力 s força hercúlea, força extraordinária.
kongōseki 金剛石 s diamante.
kongōsha 金剛砂 s esmeril em pó.
kongyō 今暁 s primeiras horas desta manhã.
kon'i 懇意 s familiaridade, amizade, intimidade. ～にする ～*ni suru*: tratar como amigo. ～な間柄だ ～*na aidagara da*: ser muito achegado.
konidauma 小荷駄馬 s cavalo de carga.
konimotsu 小荷物 s bagagem de mão.
kon'in 婚姻 s casamento, matrimônio. ～*suru*, *v*: casar-se.
kōnin 公認 s autorização oficial, reconhecimento, aprovação. ～*suru*, *v*: autorizar, reconhecer oficialmente. ～記録 ～*kiroku*: registro oficial.
kōnin 後任 s sucessão; sucessor. 田中氏の～として任命された *Tanaka-shi no ～to shite ninmei sareta*: foi nomeado sucessor do sr. Tanaka.
kōnin 降任 s remoção de cargo, transferência para cargo inferior.
kōninkaikeishi 公認会計士 s contador.
kōninkōhosha 公認候補者 s candidato oficialmente inscrito.
kon'intodoke 婚姻届け s registro de casamento.
koninzū 小人数 s pequeno número de pessoas.
kon'iro 紺色 s azul-marinho.
konjaku 今昔 s passado e presente. ～の感にたえない ～*no kan ni taenai*: como os tempos mudaram!
konji 今次 s desta vez. ～の試験 ～*no shiken*: esta prova.
konji 根治 s cura completa. ～*suru*, *v*: ficar completamente curado.
konjiki 金色 s cor de ouro. ～の ～*no*: dourado.
konjō 根性 s **1** temperamento, personalidade, caráter, espírito. ～の腐った ～*no kussatta*: um caráter corrupto. **2** força de vontade, firmeza de caráter. ～がある ～*ga aru*: ter força de vontade, ter fibra.
konjō 紺青 s azul da prússia.
konjō 今生 s esta vida (mundo, existência). ～の別れ ～*no wakare*: último adeus.
konjō 懇情 s sentimento afetuoso, amigável.
konka 婚家 s a família do marido.
konka 今夏 s este verão.
konkagiri 根限り *adv* esforçar-se enquanto tiver energia (força). ～働く ～*hataraku*: trabalhar até o limite.
konkai 今回 s esta vez, agora. ～左記に移転しました ～*saki ni iten shimashita*: recentemente mudei-me para o endereço indicado.
konkan 根幹 s raiz, tronco, base, núcleo. そのことの～が分かる *sono koto no ～ga wakaru*: entender a base dessa ideia.
konkei 根茎 s *Bot* rizoma.
konketsu 混血 s miscigenação, mestiçagem.
konketsuji 混血児 s criança miscigenada, mestiço.

konki 根気 *s* perseverança, persistência, paciência. 〜がある 〜*ga aru*: tem paciência. 〜よく調べる 〜*yoku shiraberu*: verificar pacientemente.

konki 婚期 *s* idade para casar-se, núbil. 〜逸する 〜*issuru*: deixar passar a idade de casar.

konki 今季 *s* nesta estação (do ano).

konki 今期 *s* neste período, período atual. 〜国会 〜 *kokkai*: presente período da Dieta.

konkimake 根気負け *s* derrota diante da perseverança de outrem. *V* **konmake** 根負け.

konkō 混淆 *s* mistura confusa (caótica). 〜*suru*, *v*: misturar, confundir. 神仏〜 *shinbutsu* 〜: sincretismo do xintoísmo com o budismo.

konkon こんこん *onom* 1 voz da raposa, regougo. 狐が〜と鳴いた *kitsune ga* 〜*to naita*: a raposa regougou. 2 raposa (linguagem infantil). 3 nevar forte, cair granizo. 雪が〜と降る *yuki ga* 〜*to furu*: nevar bem forte. 4 tosse. 〜と咳をする 〜*to seki o suru*: tossir. 5 bater de leve a porta. 〜とドアをノックした 〜*to doa o nokku shita*: bateu levemente a porta.

konkon to 昏々と *adv* profundamente. 〜眠る 〜*nemuru*: dormir profundamente.

konkon to 懇々と *adv* insistentemente, reiteradamente. 〜説く 〜*toku*: convencer por meio da insistência.

konku(ketsubō) 困苦(欠乏) *s* adversidades, tribulações, sofrimentos. 〜に堪える 〜*ni taeru*: suportar privações.

konkurabe 根競べ *s* teste de provação. 〜をする 〜*o suru*: fazer um teste de provação.

konkurīto コンクリート (*ingl concrete*) *s* concreto, betão, argamassa de cimento.

konkūru コンクール (*fr concours*) *s* concurso, competição, certame.

konkyaku 困却 *s* embaraço, aflição, apuro. 〜*suru*, *v*: ficar embaraçado, aflito, em apuros.

konkyo 根拠 *s* fundamento, embasamento. 〜のない話 〜*no nai hanashi*: uma história sem fundamento.

konkyochi 根拠地 *s* sede, base, centro de operações.

konkyū 困窮 *s* pobreza, escassez, insuficiência. 〜*suru*, *v*: empobrecer, viver na miséria.

konma コンマ (*hol komma*) *s* 1 vírgula. 〜で切る 〜*de kiru*: colocar a vírgula. 2 vírgula (decimal). 〜以下を切り捨てる 〜 *ika o kirisuteru*: não considerar as frações.

konmake 根負け *s* desistência diante de tenacidade. 〜*suru*, *v*: desistir, ser derrotado, render-se. 君の熱心さには〜した *kimi no nesshinsa ni wa* 〜 *shita*: eu me rendo diante da sua pertinácia.

konmei 昏迷 *s* confusão, atordoamento. 〜*suru*, *v*: ficar atordoado, confuso. 〜状態 〜*jōtai*: estado de letargia.

konmō 懇望 *s* rogo, súplica, petição. 〜*suru*, *v*: rogar, suplicar, pedir com instância. 演説を〜された *enzetsu o* 〜 *sareta*: insistiram para que fizesse um discurso.

konmori(to) こんもり(と) *adv* densamente, espessamente. 〜した 〜*shita*: denso, espesso, cerrado. 〜茂った森 〜*shigetta mori*: uma floresta densa.

konmyōnichi 今明日 *s* hoje e (ou) amanhã. 〜中に 〜*jū ni*: hoje ou amanhã.

konna こんな *adj* assim, desta forma. 〜具合に 〜*guai ni*: desta maneira.

konnan 困難 *s* dificuldade, problema, obstáculo. 〜*na*, *adj*: difícil, árduo. 財政〜 *zaisei* 〜: dificuldade financeira. 呼吸〜 *kokyū*〜: dificuldade respiratória.

konna ni こんなに *adv* tanto, tão, assim. 〜朝早く 〜*asa hayaku*: assim tão cedo (de manhã).

konnen 今年 *s* este ano.

konnichi 今日 *s* 1 hoje, neste dia. 2 época presente. 〜の世界 〜*no sekai*: mundo atual.

konnyaku 蒟蒻 *s Bot* espécie de inhame (*Amorphophalus Konjak*). いと〜 *ito*〜: macarrão feito com esse tubérculo.

konnyakuban 蒟蒻版 *s* hectógrafo.

konnyū 混入 *s* mistura, mescla. 〜*suru*, *v*: misturar, mesclar.

kono 此の *adj* este. 〜日 〜*hi*: neste dia. 〜目でちゃんと見た 〜*me de chanto mita*: vi com (estes) meus próprios olhos.

kōnō 効能 *s* 1 efeito. 〜がある 〜*ga aru*: fazer efeito, ser eficaz. 2 válido, eficaz. 彼の努力も〜がなかった *kare no doryoku mo* 〜*ga nakatta*: mesmo o esforço dele não foi válido.

kono aida この間 *s* outro dia, há alguns dias, há pouco tempo. 〜の会 〜*no kai*: na última reunião.

kono ba この場 *expr* aqui, neste lugar. これは〜限りの話にしよう *kore wa* 〜*kagiri no hanashi ni shiyō*: este assunto fica aqui só entre nós.

konobun この分 *expr* este modo, este jeito. 〜では明日は天気だろう 〜*de wa ashita wa tenki darō*: pelo jeito, amanhã teremos tempo bom.

konoe 近衛 *s* guarda imperial. 〜兵 〜*hei*: soldado da guarda imperial.

kōnōgaki 効能書き *s* bula, prospecto. 〜を並べる 〜*o naraberu*: enumerar as virtudes do remédio.

konogoro この頃 *s* estes dias, ultimamente, hoje em dia, agora. 〜の若者 〜*no wakamono*: os jovens de agora.

ko no ha 木の葉 *s* folhas das árvores. 秋は〜が散る *aki wa* 〜 *ga chiru*: no outono, as folhas caem.

kono hen この辺 *expr* esta redondeza, por aqui, esta parte. どこか〜に *dokoka* 〜*ni*: acho que fica por aqui. 〜の意味が分からない 〜*no imi ga wakaranai*: não entendo o significado desta parte.

kono hito この人 *expr* esta pessoa, ele, ela.

kono hō この方 *expr* 1 este, isto. 〜が分りやすい 〜*ga wakariyasui*: este é mais fácil. 2 refere-se às primeiras pessoas (eu, nós).

kono kurai このくらい *expr* aproximadamente (esta quantia, esta medida, este valor); mais ou menos, cerca de. 〜の大きさ 〜 *no ōkisa*: mais ou menos deste tamanho. 仕事は〜にしておこう *shigota wa* 〜*ni shiteokō*: vamos parar o serviço por aqui.

ko no ma 木の間 *s* entre as árvores. 〜にかくれる 〜*ni kakureru*: esconder-se entre as árvores.

kono mae この前 *s* outro dia, a última vez. 〜会った時 〜*atta toki*: quando nos encontramos a última vez.

kono mama この儘 *expr* deste jeito, como ele está, assim mesmo. 〜放っておく 〜 *hōtteoku*: deixar como está.

konomashii 好ましい *adj* agradável, amável, simpático, bom, satisfatório. ～人 ～*hito*: uma pessoa agradável. あまり～状況ではない *amari ～jōkyō dewa nai*: não é uma situação muito satisfatória.

konomi 好み *s* **1** gosto. ～の ～*no*: favorito. ～が違う ～*ga chigau*: ter gostos diferentes. **2** preferência, predileção. ～により ～*ni yori*: de acordo com a preferência.

konomu 好む *v* gostar, afeiçoar-se, simpatizar, querer, preferir. 読書を～ *dokusho o～*: gostar de ler. ～と好まざるとにかかわらず ～*to konomazaru to ni kakawarazu*: quer queira ou não. 肉より魚を～ *niku yori sakana o～*: prefere peixe à carne.

kono sai この際 *expr* agora, nesta ocasião, nestas circunstâncias. ～皆さまに御礼申し上げます ～ *minasama ni orei mōshiagemasu*: gostaria de aproveitar esta ocasião para agradecer-lhes.

kono saki この先 *expr* **1** daqui em diante, de hoje em diante, futuramente. ～どうするつもりだ ～ *dōsuru tsumori da*: o que você pretende fazer daqui em diante? **2** adiante, à frente. 銀行はすぐ～です *ginkō wa sugu ～desu*: o banco fica logo adiante.

kono setsu この節 *expr* V **konogoro** この頃.

kono tabi この度 *s* agora, nesta ocasião. ～はおめでとうございます ～*wa omedetō gozaimasu*: meus parabéns.

kono ten この点 *expr* este ponto. ～では君に賛成だ ～*de wa kimi ni sansei da*: neste ponto, estou de acordo com você.

kono toki この時 *expr* esta hora, este momento, esta ocasião, então. ちょうど～ *chōdo ～*: exatamente neste momento.

kono tokoro この所 *expr* agora, estes dias, recentemente, ultimamente. ～あまり元気がない ～ *amari genki ga nai*: ultimamente, está sem ânimo.

kono tōri この通り *adv* desta forma, assim, desta maneira. ～にしなさい ～*ni shinasai*: faça desta maneira.

kono tsugi この次 *expr* próximo, seguinte, depois. ～に ～*ni*: da próxima vez.

kono ue この上 *adv* **1** além disso, ainda por cima. ～言うことはない ～*iu koto wa nai*: além disso, não tenho mais nada a dizer. **2** agora. ～はあきらめるしかないよ ～*wa akirameru shika nai yo*: agora só resta desistir.

kono ue(mo)nai この上(も)ない *expr* o maior, o melhor; insuperável. ～名誉です ～ *meiyo desu*: é a maior honra para mim.

kono yo この世 *s* este mundo, esta vida. ～を去る ～*o saru*: morrer, deixar este mundo.

kono yō この様 *adj* ～*na*, *adj*: assim, deste modo (maneira). ～にしなさい ～*ni shinasai*: faça desta maneira.

konpai 困憊 *s* fadiga, exaustão, esgotamento. ～*suru*, *v*: ficar cansado, exausto.

konpan 今般 *adv* esta vez, agora, recentemente, ultimamente.

konpō 梱包 *s* embalagem, ato de acondicionar. 紙で～する *kami de ～suru*: embalar (embrulhar) com papel.

konpon 根本 *s* **1** raiz, base, origem, fonte, causa. ～にさかのぼる ～*ni sakanoboru*: ir em busca da origem. **2** fundamento, alicerce, princípio, essência. ～問題 ～*mondai*: problema fundamental.

konponteki 根本的 *adj* fundamental, básico, radical, drástico. ～改革 ～*kaikaku*: reforma radical.

konran 混乱 *s* confusão, desordem, caos. ～*suru*, *v*: ficar confuso. ～状態にある ～*jōtai ni aru*: estar um caos.

konrei 婚礼 *s* cerimônia de casamento. ～に呼ばれる ～*ni yobareru*: ser convidado para o casamento.

konrinzai 金輪際 *s Bud* refere-se à camada mais profunda da Terra. *adv pop* nunca, de modo algum. ～うそは言わない ～ *uso wa iwanai*: eu nunca minto.

konro 焜炉 *s* fogareiro. 石油～ *sekiyu～*: fogareiro de querosene.

konryū 建立 *s* construção. 寺を～する *tera o ～suru*: edificar um templo.

konryū 根瘤[粒] *s Bot* raiz, tubérculo. ～細菌 ～*saikin*: bactéria do tubérculo.

konsai 混載 *s* ato de misturar as cargas. ～貨物 ～*kamotsu*: carregamento misto.

konsairui 根菜類 *s* raízes comestíveis.

konsaku 混作 *s* cultura intercalar. ～*suru*, *v*: cultivar junto com outra plantação.

konsei 混成 *s* mistura, composto. ～*suru*, *v*: misturar.

konsei 懇請 *s* solicitação, pedido. 許可を～する *kyoka o～suru*: pedir uma autorização.

konsei 混声 *s* coro misto. ～四部合唱 ～*shibugasshō*: coro misto a quatro vozes.

konseki 痕跡 *s* vestígio, rasto, sinal, marca, traço. ～を残す ～*o nokosu*: deixar vestígio.

konseki 今夕 *s* hoje à noite (à tardinha).

konsen 混戦 *s* luta desesperada (confusa).

konsen 混線 *s* **1** linha cruzada de telefone. **2** confusão. 話が～してしまった *hanashi ga ～shite shimatta*: as conversas ficaram confusas.

konsetsu 懇切 *s* bondade, cordialidade. ～*na*, *adj*: atencioso, bondoso, cordial. ～な説明 ～ *na setsumei*: uma explicação minuciosa.

konshin 懇親 *s* amizade, relação amistosa. ～を結ぶ ～*o musubu*: relacionamento mais próximo.

konshin 渾身 *s* o corpo todo (inteiro). ～の力をこめて ～*no chikara o komete*: com todo o empenho possível.

konshinkai 懇親会 *s* reunião social, festa. ～を催す ～*o moyoosu*: dar uma festa.

konshoku 混色 *s* mistura de cores.

konshū 今週 *s* esta semana. ～中に ～*chū ni*: ainda nesta semana.

konshū 今秋 *s* este outono.

konshun 今春 *s* esta primavera.

konsome コンソメ (*fr consommé*) *s Cul* consomê.

konsū 根数 *s Mat* raiz, radical.

konsui 昏睡 *s* coma. ～状態 ～*jōtai*: estado de coma.

kontan 魂胆 *s* **1** alma, coração, espírito. **2** plano, conspiração, intriga, segundas intenções. ～を見抜く ～*o minuku*: perceber (adivinhar) o plano.

kontei 根底 *s* base, fundamento, raiz. 理論の～ *riron no ～*: a base da teoria.

kontena コンテナ (*ingl container*) *s* contêiner, recipiente, receptáculo.

kontō 昏倒 *s* desmaio, perda dos sentidos. ～*suru*, *v*: desmaiar, perder os sentidos.
kontō 今冬 *s* este inverno.
kontoku 懇篤 *s* cordialidade, bondade, amabilidade. ～*na*, *adj*: cordial, bondoso, amável. ～な礼状 ～*na reijō*: uma carta de agradecimento cordial.
konton 混[渾]沌 *s* caos, confusão. ～たる状態 ～*taru jōtai*: situação caótica.
konuka 小糠 *s* farelo de arroz. ～雨 ～*ame*: chuva fina, chuvisco, garoa.
konwa 混和 *s* mistura, combinação. ～*suru*, *v*: misturar, combinar. 油と水は～しない *abura to mizu wa ～shinai*: o óleo e a água não se misturam.
konwakai 懇話会 *s* encontro amistoso; reunião informal.
kon'ya 今夜 *s* esta noite, hoje à noite. ～中に ～*chū ni*: ainda hoje à noite.
kon'ya 紺屋 *s* tinturaria.
kon'yaku 婚約 *s* noivado. ～*suru*, *v*: noivar, ficar noivo(a). ～指輪 ～*yubiwa*: anel de noivado, aliança.
kon'yakusha 婚約者 *s* os noivos.
kon'yō 混用 *s* uso conjunto (simultâneo). 2つの薬を～する *futatsu no kusuri o ～suru*: tomar dois remédios simultaneamente.
kon'yoku 混浴 *s* banho misto.
kōnyū 購入 *s* compra; aquisição. *V* **kōbai** 購買, **kau** 買う.
kōnyūsha 購入者 *s* comprador.
konzatsu 混雑 *s* congestionamento.
konzatsuji 混雑時 *s* hora de congestionamento; hora do *rush*.
konzen 婚前 *s* antes do casamento.
konzen 渾然 *s* harmonia; integração. ～一体となる ～*ittai to naru*: constituir um todo harmonioso.
konzetsu 根絶 *s* eliminação; extermínio. ～し得る ～*shiuru*: poder erradicar.
koō 呼応 *s* 1 chamada e resposta. 2 concordância. ～*suru*, *v*: concordar; combinar. 3 *Gram* concordância.
kōo 好悪 *s* gostos e aversões.
koodori 小躍り *s* salto de alegria.
kooke 小桶 *s* pequena tina.
kōon 高温 *s* temperatura elevada.
kōon 恒温 *s* temperatura constante.
kōon 厚恩 *s* grande favor. ～を受ける ～*o ukeru*: receber gentilezas; dever obrigações.
kōon 高音 *s* *Mús* som alto; tom agudo.
kōonsen 恒温線 *s* isoterma.
kootoko 小男 *s* homem pequeno.
kōotsu 甲乙 *s* 1 o primeiro e o segundo; A e B. 2 superioridade e inferioridade.
koppa 木端 *s* 1 inutilidade. 2 resto de madeira.
koppai 粉灰[骨灰] *s* esfarelado, pó.
koppamijin 骨灰[木端]微塵 *s* fragmento; pedacinhos.
koppidoku こっ酷く *adv* severamente; rigorosamente; cruelmente. ～叱る ～*shikaru*: repreender severamente.
koppu コップ (*hol kop*) *s* copo.
koppun 骨粉 *s* farinha de ossos.
kora こら *interj pop* interjeição que se usa quando se repreende alguém: ei!; que é isso?; escute!; olhe!
kōra 甲羅 *s* 1 carapaça de animal. 2 longa experiência.
koraeru 堪える *v* resistir; suportar; aguentar. *V* **taeru** 堪[耐]える, **shinobu** 忍ぶ.
koraeshō 堪え性 *s* paciência; perseverança.
korai 古来 *s* desde os tempos antigos.
kōraku 行楽 *s* excursão; passeio.
kōran 高覧 *s* inspeção; leitura atenciosa.
korashime 懲らしめ *s* punição; castigo; lição.
korashimeru 懲らしめる *s* punir; repreender; castigar.
korasu 凝らす *v* concentrar; devotar. ひとみを～ *hitomi o～*: concentrar os olhos.
kōrasu コーラス (*ingl chorus*) *s* coral, coro.
kōrasu 凍らす *v* congelar.
kore¹ これ *pron* isto; este. あれや～や *areya ～ya*: este e aquele. ～だ ～*da*: é isto.
kore² これ *interj* ei!; você aí!; espere! ～待ってくれというのに ～*matte kure to iu noni*: ei, espere que estou pedindo.
kore bakari こればかり *expr* pouco; tão pouco; pouca coisa; só isso. ～の金 ～*no kane*: só isso de dinheiro.
kore dake これだけ *expr* isto tudo; só isto. その案に反対する理由は～じゃない *sono an ni hantai suru riyū wa ～janai*: não é somente por isto que discordo do plano.
kore de これで *expr* com isto; agora; assim. ～お仕舞いにしよう ～*oshimai ni shiyō*: com isto, vamos terminar.
kore demo これでも *expr* mesmo assim. ～男か ～*otoko ka*: mesmo assim, você se diz homem? ～私は幸福です ～*watashi wa kōfuku desu*: mesmo assim, sou feliz.
kore hodo これ程 *expr* tanto assim; mais; muito; tão. ～頼んでも ～*tanondemo*: mesmo pedindo tanto. ～悪いとは思わなかった ～*warui towa omowanakatta*: não pensei que estivesse tão mal.
kōrei 恒例 *s* praxe; costume.
kōrei 好例 *s* bom exemplo.
kōrei 高齢 *s* idade avançada.
koreijō これ以上 *expr* mais que isto. ～待てません ～*matemasen*: não posso esperar mais do que isto. あの男には～は無理だ *ano otoko ni wa ～wa muri da*: é inútil esperar mais que isto daquele homem.
kōreisha 高齢者 *s* idoso; ancião.
kore kara これから *expr* de agora em diante.
kore kiri これきり *s* 1 nunca mais; só desta vez. 2 só isto.
korekurai これくらい *s* mais ou menos; aproximadamente. ～の高さ ～*no takasa*: mais ou menos desta altura.
korekushon コレクション *s* coleção.
kore made これまで *expr* 1 até agora; até então. ～はこれでよろしい ～*wa korede yoroshii*: até agora, está bom. 2 até aqui. 今日は～にしておこう *kyō wa ～ni shite okō*: hoje faremos até aqui. 3 fim. もう～と思う *mō ～to omou*: acho que é o fim.
kore miyogashi ni これ見よがしに *expr* ostentar; exibir.
kore shiki これしき *adj* insignificante.
kore to iu これと言う *expr* em especial; que vale a pena mencionar. ～絵が一つもない ～*e ga hitotsu*

mo nai: não há nenhuma pintura que valha a pena mencionar.
kōretsu 後列 *s* últimas filas; fila de trás.
kore wa これは *interj* que indica surpresa. 〜以外だ 〜*igai da*: que surpresa!
kore wa kore wa これはこれは *interj* ora vejam! 〜、ようこそ 〜*yōkoso*: ora vejam, sejam bem-vindos!
korezo これぞ *expr* interessante; diferente; especial. 〜と思うもの 〜*to omou mono*: um que eu ache especial. 〜という話 〜*to iu hanashi*: história diferente que valha a pena contar.
kori 梱 *s* pacote; embrulho.
kori 凝り *s* endurecimento; rigidez.
kōri 氷 *s* gelo.
kōri 公吏 *s* funcionário público.
kōri 公理 *s Mat* axioma.
kōri 行李 *s* mala feita de vime.
kōri 高利 *s* juro alto.
kōrikashi 高利貸し *s* usurário, agiota.
korikatamaru 凝り固まる *v* 1 tornar-se fanático. 2 coagular; coalhar.
korikō 小利口 *s* sagacidade; esperteza.
korikutsu 小理屈 *s* argumento sem consistência lógica.
kōrimizu 氷水 *s* 1 água com gelo. 2 gelo ralado com xarope.
kōrin 後輪 *s* roda traseira.
kōrin 降臨 *s* manifestação reveladora de uma divindade; epifania.
koriru 懲りる *v* aprender a lição; aprender pela experiência.
korishō 凝り性 *s* perfeccionismo.
kōrishugi 功利主義 *s* utilitarismo.
kōriteki 功利的 〜*na, adj*: utilitário; prático.
koritsu 孤立 *s* isolamento.
kōritsu 公立 *s* instituição pública. 〜学校 〜*gakkō*: escola pública.
kōritsu 効率 *s* 1 produtividade. 2 eficiência.
kōritsu 高率 *s* taxa elevada.
kōritsuku 凍り付く *v* congelar; ficar sem ação por medo.
koritsushugi 孤立主義 *s* isolacionismo.
kōrizatō 氷砂糖 *s* açúcar cristalizado.
kōrizuke 氷漬け *s* mergulhado no gelo; conservado no gelo. 魚の〜 *sakana no* 〜: peixe conservado no gelo.
kōrizume 氷詰め *s* embalado no gelo.
koro 頃 *s* 1 por volta de; a esta altura. 2 época; altura.
korō 古[故]老 *s* ancião.
kōro 香炉 *s* incensário.
kōro 航路 *s* 1 rota de navegação. 2 rota de voo aéreo.
kōro 行路 *s* 1 caminho. 2 rumo; vida.
kōro 高炉 *s* alto-forno.
kōro 功労 *s* trabalho de grande mérito.
koroai 頃合い *s* 1 boa hora; hora apropriada. 2 conveniência.
korobasu 転ばす *v* fazer rolar. 玉を〜 *tama o* 〜: fazer a bola rolar.
korobimawaru 転び回る *v* chafurdar; espojar-se; rebolar-se.
korobu 転ぶ *v* 1 levar um tombo. 2 trair.

korobyōsha 行路病者 *s* doente indigente.
korogarikomu 転がり込む *v* 1 rolar para dentro. 2 cair nas mãos de.
korogaru 転がる *v* 1 rolar. 2 tombar; girar.
korogasu 転がす *v* 1 fazer rolar. 2 derrubar; fazer cair. 3 passar adiante; comprar e vender.
korogeochiru 転げ落ちる *v* tombar e cair.
kōrogi 蟋蟀 *s Entom* grilo.
kōrohyōshiki 航路標識 *s* baliza, sinalização para navegação.
korokke コロッケ (*fr croquette*) *s Cul* croquete.
korokoro ころころ *mim* estar gordinho; rechonchudo. *onom* rir como um trinado.
kōroku 高禄 *s* alto salário.
koromo 衣 *s* 1 roupa; vestuário. 2 hábito do monge budista. 3 camada de massa para fritura.
koromogae 衣替え *s* 1 mudança de roupa de acordo com a estação do ano. 2 mudança de decoração de interiores.
kōron 口論 *s* discussão.
kōron 公論 *s* 1 opinião pública. 2 opinião imparcial; crítica justa.
kōron 抗論 *s* controvérsia. 〜*suru, v*: repudiar; refutar.
kōron 高論 *s* opinião valiosa; opinião valorosa.
kōron'otsubaku 甲論乙駁 *s* prós e contras; argumentos a favor e contra.
korori to ころりと *adv* 1 facilmente; completamente. 2 subitamente; de repente. 3 cair.
kōrōsha 功労者 *s* benemérito.
koroshi 殺し *s* assassinato.
korosu 殺す *v* 1 matar; assassinar. 2 reprimir; conter; reter; sacrificar-se. 3 inutilizar. 4 *Beis* pôr o jogador fora do jogo.
koru 凝る *v* 1 ficar rígido. 2 apaixonar-se. 3 concentrar-se.
kōru 凍る *v* gelar.
koruku コルク (*hol kurk*) *s* cortiça.
kōryaku 攻略 *s* conquista do reduto inimigo; tomada.
kōryan 高粱 *s Bot* sorgo; milho-zaburro.
koryo 顧慮 *s* consideração; atenção.
kōryo 考慮 *s* atenção; estudo mais apurado; consideração.
kōryō 校了 *s* última correção de provas; última revisão; término da revisão.
kōryō 香料 *s* 1 especiaria; condimento. 2 perfume.
kōryō 稿料 *s* remuneração por obra ou trabalho escrito.
kōryō 綱領 *s* 1 programa. 2 plataforma de um partido político.
kōryō 荒涼 *s* desolação; aridez.
kōryō 公領 *s* terras de domínio público.
kōryoku 効力 *s* 1 efeito. 2 validade; vigência.
kōryoku 抗力 *s Fís* e *Mec* resistência.
koryōriya [ten] 小料理屋[店] *s* pequeno restaurante.
koryū 古流 *s* 1 estilo clássico. 2 estilo tradicional.
kōryū 交流 *s* 1 intercâmbio. 2 *Eletr* corrente alternada.
kōryū 拘留 *s* detenção; prisão.
kōryū 興隆 *s* prosperidade.
kōryūjinji 交流人事 *s* intercâmbio de pessoal.
kosa 濃さ *s* espessura; densidade; intensidade.
kōsa 考査 *s* avaliação.
kōsa 交差[叉] *s* cruzamento; interseção.

kosai 小才 *s* pop astúcia; esperteza.
kosai 公債 *s* título do tesouro; dívida pública.
kosai 交際 *s* convivência social; relações sociais.
kosai 高裁 *s* abreviatura de 高等裁判所 *kōtō-saibansho*: Supremo Tribunal de Justiça.
kōsai 鉱滓 *s* escória.
kōsai 光彩 *s* 1 esplendor; brilho. 2 destaque.
kōsaihan'i 交際範囲 *s* círculo de amizades.
kōsaihi 交際費 *s* despesas de representação social.
kōsaijō 交際上 *s* em matéria de cortesia social; como relação social.
kosaku 小作 *s* trabalho em terra arrendada.
kōsaku 工作 *s* 1 obra; confecção de artefatos. 2 trabalhos manuais; artefatos manuais.
kōsaku 交錯 *s* mistura; emaranhamento.
kōsaku 耕作 *s* cultivo; lavra de terras.
kōsakuhin 工作品 *s* produtos de artefatos manuais.
kosakuken 小作権 *s* direito de arrendamento.
kōsakukikai 工作機械 *s* máquina-ferramenta.
kosakuseido 小作制度 *s* regime de arrendamento.
kosame 小雨 *s* chuvisco; chuva fina.
kosan 古参 *s* veterano.
kōsan 公算 *s* probabilidade; possibilidade.
kōsan 恒産 *s* patrimônio; bens imóveis; renda fixa.
kōsan 降参 *s* capitulação; rendição.
kosansha 古参者 *s* veterano.
kōsaten 交差点 *s* cruzamento; encruzilhada.
kōsatsu 考察 *s* consideração; reflexão; ponderação.
kōsatsu 絞殺 *s* estrangulamento; enforcamento.
kosei 個性 *s* personalidade.
kōsei 公正 *s* imparcialidade; equidade; justiça; igualdade.
kōsei 更生 *s* 1 renascimento; renovação. 2 reabilitação; regeneração.
kōsei 攻勢 *s* ataque; ofensiva.
kōsei 厚生 *s* assistência social; bem-estar público; saúde pública.
kōsei 後世 *s* 1 nova geração. 2 estudantes mais novos.
kōsei 校正 *s* revisão de provas.
kōsei 構成 *s* organização; composição; construção.
kōsei 恒星 *s* *Astr* estrela fixa.
kōsei 硬性 *s* *Fís* dureza.
kōseibusshitsu 抗生物質 *s* antibiótico.
koseibutsu 古生物 *s* fóssil animal e vegetal.
koseibutsugaku 古生物学 *s* paleontologia.
kōseidantai 構成団体 *s* organizações participantes.
kōseikatsu 公生活 *s* vida pública; carreira pública.
kōseinenkin 厚生年金 *s* pensão anual.
kōseinō 高性能 *s* alta precisão.
kōseiseki 好成績 *s* ótimo resultado; ótima nota.
kōseishōsho 公正証書 *s* escritura pública; documento notarial.
koseishugi 個性主義 *s* personalismo.
kōseitan'i 構成単位 *s* unidade constituinte.
kōseizumi 校正済み *s* prova corrigida. *V* **kōryō** 校了.
koseki 戸籍 *s* registro civil.
koseki 古跡[蹟] *s* ruínas; local histórico. *V* **iseki** 遺跡.
kōseki 功績 *s* feito notável; ação ou serviço relevante.
kōseki 鉱石 *s* minério.
kosen 古銭 *s* moeda antiga.
kōsen 口銭 *s* percentagem; comissão.
kōsen 公選 *s* eleição por voto popular.
kōsen 交戦 *s* guerra; combate; beligerância.
kōsen 光線 *s* raio de luz; raios luminosos.
kōsen 抗戦 *s* resistência; luta de resistências.
kōsen 鉱泉 *s* fonte de água mineral.
kōsen'hō 公選法 *s* lei sobre sufrágio; voto popular.
kōsenken 交戦権 *s* direito de beligerância.
kōsenkoku 交戦国 *s* nações beligerantes.
kōsetsu 公設 *s* instituição pública: nacional, provincial, distrital ou municipal.
kōsetsu 交接 *s* cópula; coito. ~*suru*, *v*: copular.
kōsetsu 降雪 *s* precipitação de neve.
kōsetsu 巷説 *s* boato; o que se ouve dizer.
kōsha 公社 *s* empresa ou organização pública.
kōsha 巧者 *s* pessoa hábil.
kōsha 後者 *s* último; este.
kōsha 校舎 *s* prédio da escola.
kōshahō 高射砲 *s* canhão antiaéreo.
koshaku 小癪 *s* atrevimento; petulância.
kōshaku 公爵 *s* duque.
kōshaku 侯爵 *s* marquês.
kōshaku 講釈 *s* explanação; explicação; palestra. *V* **kōgi** 講義.
kōshakushi 講釈師 *s* narrador de histórias; contador de histórias.
kōshasai 公社債 *s* 1 títulos da dívida pública. 2 debênture de empresa.
koshi 腰 *s* 1 quadril; cintura. 2 ânimo; entusiasmo. ~が砕ける ~*ga kudakeru*: desanimar. 3 elasticidade. ~のある紙 ~*no aru kami*: papel encorpado.
kōshi 公使 *s* ministro.
kōshi 行使 *s* uso. 権利を~する *kenri o* ~*suru*: fazer uso dos direitos.
kōshi 孝子 *s* filhos com devoção filial.
kōshi 格子 *s* 1 grade; rótula; gelosia. 2 estampa em xadrez.
kōshi 講師 *s* 1 palestrante; conferencista. 2 docente; professor.
kōshi 嚆矢 *s* início; primeiro.
kōshi 公私 *s* assuntos públicos e particulares.
Kōshi 孔子 *s* Confúcio. ~の教え ~*no oshie*: confucionismo.
koshiire 輿入れ *s* casamento. *V* **yomeiri** 嫁入り.
kōshijima 格子縞 *s* estampa em xadrez.
koshikake 腰掛け *s* 1 cadeira; banco; assento. 2 posto provisório.
koshikakeru 腰掛ける *v* sentar-se.
kōshikan 公使館 *s* legação. ~員 ~*in*: membro da legação.
koshiki 古式 *s* ritual antigo.
kōshiki 公式 *s* 1 formalidade; forma oficial. 2 *Mat* fórmula.
kōshikihōmon 公式訪問 *s* visita oficial.
kōshikika 公式化 *s* formalização; formulação.
kōshikishiai 公式試合 *s* campeonato oficial; campeonato aberto.
koshimaki 腰巻き *s* saiote; saia de baixo.
koshimawari 腰回り *s* medida da cintura.
kōshin 公信 *s* carta oficial; comunicado oficial.
kōshin 交信 *s* comunicação; contato.
kōshin 行進 *s* marcha; parada.
kōshin 更新 *s* renovação. 記録を~する *kiroku o* ~*suru*: tornar a bater recorde.

kōshin 後進 *s* **1** geração mais nova. **2** marcha para trás; retrocesso. **3** atraso; subdesenvolvimento.
kōshin 孝心 *s* dedicação filial.
kōshinchiiki 後進地域 *s* região subdesenvolvida.
kōshinjo 興信所 *s* agência de detetive particular; agência de informações comerciais.
kōshinkoku 後進国 *s* país subdesenvolvido.
kōshinkyoku 行進曲 *s Mús* marcha.
kōshinryō 香辛料 *s* especiarias.
kōshinryoku 向心力 *s* força central; força centrípeta.
kōshinsei 後進性 *s* atraso; relutância.
koshinuke 腰抜け *s* **1** fraqueza das pernas; o ato de não aguentar de pé. **2** covarde. *V* **yowamushi** 弱虫, **okubyō** 臆病.
koshirae 拵え *s* **1** feitura. **2** preparativo. **3** ornamentos de uma espada. **4** maquilagem.
koshiraeru 拵える *v* fazer; fabricar; construir.
kōshisei 高姿勢 *s* arrogância; prepotência.
koshitsu 固執 *s Psicol* obsessão; fixação.
koshitsu 個室 *s* sala ou quarto individual.
koshitsu 痼疾 *s* doença crônica.
kōshitsu 膠質 *s Quím* e *Fís* coloide.
kōshitsu 皇室 *s* casa imperial; família imperial.
kōshitsu 硬質 *s* rigidez; dureza.
kosho 古書 *s* **1** livro raro; livro usado; livro velho. **2** livro clássico.
koshō 胡椒 *s Bot* pimenta-do-reino.
koshō 故障 *s* **1** falha; enguiço. エンジンの～ *enjin no* ～: falha do motor. **2** objeção; protesto. ～を申し立てる ～*o mōshitateru*: protestar contra.
kosho 高所 *s* **1** lugar alto. **2** visão ampla.
kōshō 公称 *s* nominal. ～資本 ～*shihon*: capital nominal.
kōshō 公娼 *s* prostituição. *V* **baishunfu** 売春婦; **shōfu** 娼婦.
kōshō 公証 *s* reconhecimento pelo notário.
kōshō 交渉 *s* **1** negociação. ～*suru*, *v*: negociar. **2** relação; contato. ...と～がある ...*to* ～*ga aru*: ter conexões com.
kōshō 考証 *s* pesquisa histórica; investigação histórica.
kōshō 哄笑 *s* gargalhada. ～*suru*, *v*: soltar gargalhada.
kōshō 高尚 *s* ～*na*, *adj*: nobre; altivo; elevado; refinado.
kōshoku 公職 *s* cargo público.
kōshoku 好色 *s* sensualidade; erotismo.
kōshoku 黄色 *s* amarelo. *V* **ōshoku** 黄色.
kōshokujinshu 黄色人種 *s* raça amarela.
kōshokutsuihō 公職追放 *s* purgação do serviço público.
kōshōnin 公証人 *s* notário.
koshu 戸主 *s* chefe de família.
kōshu 絞首 *s* estrangulamento; enforcamento.
kōshu 攻守 *s* ofensiva e defensiva; ataque e defesa.
kōshū 口臭 *s* halitose; mau hálito.
kōshū 公衆 *s* público.
kōshū 講習 *s* curso.
kōshūbenjo 公衆便所 *s* banheiro público.
kōshūdenwa 公衆電話 *s* telefone público; "orelhão".
kōshūdōtoku 公衆道徳 *s* moral pública.
kōshūha 高周波 *s Eletr* alta frequência.
kōshūkai 講習会 *s* curso de curta duração.

kōshukei 絞首刑 *s* pena de enforcamento. ～になる ～*ni naru*: ser condenado à forca.
koso こそ *partícula* mesmo; sim. 私～お詫びを申し上げなければなりません *watashi*～ *owabi o mōshiagenakereba narimasen*: sou eu que devo apresentar o pedido de desculpas, não você.
kōso 公訴 *s Dir* acusação; denúncia pública.
kōso 控訴 *s Dir* apelação.
kōso 酵素 *s Bioquím* enzima; fermento.
kōso 公葬 *s* funeral público; exéquias oficiais.
kōso 抗争 *s* conflito de rivalidade. *V* **arasoi** 争い.
kōsō 高層 *s* **1** extremamente alto. **2** camada mais alta da atmosfera.
kōsō 構想 *s* idealização; concepção; plano; ideia.
kōsō 広[宏]壮 *s* ～*na*, *adj*: magnificente; grandioso; imponente.
kōsō 高僧 *s* **1** bonzo virtuoso. **2** alto dignatário budista.
kōsō 降霜 *s* geada. ～があった ～*ga atta*: geou.
kosobai こそばい, **kosobayui** こそばゆい *adj dial* **1** sentir cócegas; estar coceguento. **2** ter vergonha.
kosodoro こそ泥 *s pop* ratoneiro.
kōsogaku 酵素学 *s Bioquím* enzimologia.
kōsōkenchiku(butsu) 高層建築(物) *s* arranha-céus.
kosokoso こそこそ *adv* às escondidas; pela calada. *V* **kossori** こっそり.
kosoku 姑息 *s* expediente; paliativo; improviso. ～な手段を採る ～*na shudan o toru*: usar de paliativo.
kōsoku 光速 *s* velocidade da luz.
kōsoku 拘束 *s* limitação; restrição.
kōsoku 校則 *s* regulamento da escola.
kōsoku 梗塞 *s* bloqueio; obstrução. 心筋～ *shinkin*～: infarto do miocárdio.
kōsoku(do) 高速(度) *s* alta velocidade.
kōsokujikan 拘束時間 *s* horas de trabalho.
kōsokuryoku 拘束力 *s Dir* poder coercivo.
kōsokusha 拘束者 *s* pessoa que reprime, que impõe coerção.
kossetsu 骨折 *s* fratura dos ossos.
kosshi 骨子 *s* ponto central; ponto principal; essência.
kosshitsu 骨質 *s* tecido ósseo.
kossō 骨相 *s* configuração óssea.
kossori こっそり *adv* às escondidas; secretamente; pela calada.
kosu 越す *v* **1** atravessar; transpor. **2** passar; superar; ultrapassar. **3** passar por cima. **4** exceder. **5** mudar-se; transferir-se.
kosu 漉す *v* coar; filtrar.
kosū 戸数 *s* número de casas; famílias.
kosū 個数 *s* número de unidades.
kōsu コース (*ingl course*) *s* **1** curso. 日本語の～をとる *nihongo no*～*o toru*: escolher o curso de língua japonesa. **2** pista de atletismo. **3** prato. フル～の洋食を食べる *furu*～*no yōshoku o taberu*: comer refeição ocidental completa. **4** linha; rota. 予定の～を変更する *yotei no* ～*o henkō suru*: alterar a rota planejada. **5** itinerário; percurso. ハイキング～ *hikingu*～: rota para caminhada. **6** processo; curso.
kosui 湖水 *s* lago.
kosui 鼓吹 *s* animação; inspiração; propaganda.

愛国心を～する **aikokushin o~suru**: inspirar patriotismo no coração das pessoas.

kosui 狡い *s* **1** trapaceiro. **2** sovina. あいつは～男だ *aitsu wa ~ otoko da*: aquele tipo é um sovina. *V* **zurui** ずるい.

kōsui 香水 *s* perfume.

kosureru 擦れる *v* roçar; esfregar; friccionar.

kosuriotosu 擦り落とす *v* limpar esfregando.

kosuru 擦る *v* friccionar; raspar; escovar.

kōsuru 抗する *v* reagir; resistir; opor.

kotae 答え *s* **1** resposta. **2** solução; resultado.

kotaeru 答[応]える *v* **1** responder. **2** resolver; solucionar.

kotai 固体 *s* sólido.

kotai 個体 *s* indivíduo; organismo.

kōtai 交代[替] *s* revezamento; troca de turnos.

kōtai 後退 *s* receio; retrocesso.

kōtai 抗体 *s Fisiol* anticorpo; corpo imune.

kōtaiin 交代員 *s* membro do turno.

kōtaijikan 交代時間 *s* hora da troca de turnos.

kotaika 固体化 *s* solidificação.

kōtaikō 皇太后 *s* imperatriz; rainha-mãe.

kōtaisei 交代制 *s* sistema de revezamento; sistema de turnos.

kōtaishi 皇太子 *s* príncipe herdeiro.

kōtaku 光沢 *s* brilho.

kotan 枯淡 *s* simplicidade refinada.

kōtansai 降誕祭 *s* comemoração do nascimento. キリスト～ *kirisuto~*: Natal.

kotatsu 火[炬]燵 *s* braseira; aquecedor.

kōtatsu 口達 *s* notificação verbal; instrução oral.

kote 鏝 *s* ferro de passar roupa.

kotei 固定 *s* fixo; ato de pregar.

kōtei 工程 *s* **1** andamento do trabalho. **2** processo. 生産～ *seisan~*: processo de manufatura.

kōtei 公定 *s* regulamentação oficial.

kōtei 公邸 *s* residência oficial.

kōtei 行程 *s* **1** distância; viagem. **2** itinerário; percurso.

kōtei 肯定 *s* afirmação.

kōtei 皇帝 *s* imperador.

kōtei 校訂 *s* revisão de obras manuscritas.

kōtei 校庭 *s* recinto da escola; jardim ou pátio da escola.

kōtei 高低 *s* altos e baixos.

koteika 固定化 *s* fixação; congelamento. ～債権 *~saiken*: créditos congelados.

koteikakaku 固定価格 *s* preço fixo.

koteikyū 固定給 *s* salário fixo; salário regular.

koteishihon 固定資本 *s* ativo fixo.

koteishisan 固定資産 *s* ativo imobilizado.

kōteisōba 公定相場 *s* cotação oficial.

kōteiteki 肯定的 *adj* afirmativo; positivo.

kōteki 公的 *adj* público; oficial.

kōteki 好適 *s* ato de ser ideal.

kōtekishu 好敵手 *s* competidor à altura; adversário leal.

koten 古典 *s* clássico. ～文学 *~bungaku*: literatura clássica.

koten 個展 *s* exposição individual.

kōten 交点 *s* ponto de intersecção.

kōten 好転 *s* mudança favorável.

kōten 高点 *s* nota alta; bom resultado.

kōten 公転 *s Astr* movimento de revolução periódica de planetas, satélites e estrelas ao redor do Sol, planetas e outras estrelas.

kōtenki 好天気 *s* bom tempo.

kotenshugi 古典主義 *s* classicismo.

kotenteki 古典的 *adj* clássico.

kōtetsu 更迭 *s* remodelação; mudança.

kōtetsu 鋼鉄 *s* aço. ～板 *~ban*: chapa de aço.

koto 事 *s* **1** coisa; assunto; caso. **2** acontecimento; incidente. **3** situação; estado das coisas.

koto 琴・箏 *s* coto; instrumento de corda do Japão.

koto 古都 *s* antiga capital; cidade antiga.

koto 糊塗 *s* conserto provisório; remedeio.

-koto -事 *suf* conhecido com o nome de. 荒熊～荒井 *Arakuma~Arai*: Arai, conhecido como Arakuma.

kōtō 口頭 *s* oral. ～で伝える *~de tsutaeru*: transmitir oralmente.

kōtō 高[昂]騰 *s* subida muito grande; acréscimo dos preços; encarecimento.

kōtō 高等 *s* nível elevado; categoria elevada.

kōtō 喉頭 *s Anat* laringe.

kotoba 言葉 *s* palavra; vocábulo; termo; linguagem; língua.

kotobajiri 言葉尻 *s* pegar em somenos das palavras para discutir.

kotobazukai 言葉使[遣]い *s* linguagem; modo de falar; expressão.

kōtōbenron 口頭弁論 *s* processo oral.

kōtōbu 後頭部 *s Anat* região occipital.

kotobuki 寿 *s* **1** congratulações, felicitações. **2** longevidade, vida longa.

kōtōgakkō 高等学校 *s* ensino médio (secundário).

kotogara 事柄 *s* matéria, assunto, questão, problema, negócio, circunstância.

kotogotoku 悉く *adv* tudo, inteiramente, totalmente, completamente, tudo junto, em todo caso, sem exceção.

kotogoto ni 事毎に *adv* em tudo.

kotogotoshii 事々しい *adj* pomposo, bombástico, exagerado, pretensioso.

kōtōjinmon 口頭尋問 *s* interrogatório. ～*suru, v*: interrogar.

kōtōka 高等科 *s* curso avançado.

kotokaku 事欠く *v* faltar, necessitar.

kotokireru 事切れる *v* dar o último suspiro, expirar, morrer.

kotokomaka ni 事細かに *expr* minuciosamente, circunstanciadamente, em detalhe, em todo o particular.

kōtoku 公徳 *s* moralidade pública, virtudes cívicas.

kōtokushin 公徳心 *s* espírito público, senso de dever público.

kōtōkyōiku 高等教育 *s* educação superior.

kōtōmukei 荒唐無稽 *s* absurdo, disparate, tolice, asneira.

kotonakare 事なかれ *expr* sossego a qualquer preço, segurança em primeiro lugar, prudência.

kotonaku 事なく *expr* sem acidente, pacificamente, calmamente, sem dificuldade.

kotonaru 異なる *v* diferir, ser diferente, variar, divergir.

kotonatta 異なった *expr* diferente, vários, variado, díspar, discrepante, divergente.

koto ni 殊に *adv* **1** especialmente, distintamente,

particularmente, excepcionalmente. 2 acima de tudo, antes de tudo, melhor de tudo.
koto ni suru 異にする *expr* diferir, ser diferente, variar, discriminar.
koto no hoka 殊の外 *adv* 1 sumamente, extremamente, excepcionalmente. 2 inesperadamente, além das expectativas.
kotori 小鳥 *s* passarinho.
kōtōsaibansho 高等裁判所 *s* Supremo Tribunal de Justiça.
kotosara 殊更 *s* 1 especialmente, particularmente, em particular, em especial. 2 intencionalmente, além das expectativas.
kotoshi 今年 *s* este ano, o ano corrente.
kōtōshimon [**shiken**] 口頭試問[試験] *s* exame oral, entrevista.
kototariru [**taru**] 事足りる[足る] *expr* responder (servir) ao propósito, ser suficiente.
kotowari 断り *s* 1 recusa, declinação, rejeição. 2 desculpa, escusa, alegação, justificativa.
kotowarigaki 断り書き *s* nota explanatória.
kotowaru 断る *v* 1 recusar, declinar, rejeitar. 2 desculpar-se, escusar, alegar. 3 demitir, despedir. 4 proibir.
kotowaza 諺 *s* provérbio, dito popular, máxima, adágio.
kotozukaru 託[言]付かる *v* ser incumbido de dar recado.
kotozuke [**zute**] 言付け[づて] *s* mensagem, recado. ～*suru*, *v*: enviar mensagem por meio de alguém.
kotozukeru 託[言]付ける *v* enviar mensagem por meio de alguém.
kotsu 骨 *s* 1 osso. 2 cinzas, restos.
kotsu こつ *s* jeito, habilidade, destreza, jogo de cintura, truque, tato.
kōtsū 交通 *s* tráfego, trânsito, comunicação, intercurso, transporte.
kōtsūanzen 交通安全 *s* segurança de trânsito.
kotsubai 骨灰 *s* cinzas de osso.
kotsuban 骨盤 *s Anat* pelvis, bacia.
kōtsūbōgai 交通妨害 *s* obstrução de tráfego, interferência no trânsito.
kotsubu 小粒 *s* grão pequeno, grânulo.
kōtsūdōtoku 交通道徳 *s* moralidade de trânsito.
kōtsugō 好都合 *s* favorável, conveniência, oportunidade, fortuna, sorte, prosperidade.
kōtsūhi 交通費 *s* despesa de transporte.
kōtsūihan 交通違反 *s* infração de trânsito.
kōtsūihansha 交通違反者 *s* infrator de trânsito.
kōtsūjiko 交通事故 *s* acidente de trânsito.
kōtsūkikan 交通機関 *s* meio de transporte, facilidade de transporte, transporte público, sistema de trânsito.
kōtsūkisoku 交通規則 *s* regras de trânsito.
kotsukotsu こつこつ *adv* incansavelmente, assiduamente, laboriosamente, pacientemente. *onom* pancada ligeira, toques.
kōtsūrōdōsha 交通労働者 *s* operário de tráfego, motorneiro, condutor, carreteiro.
kōtsūryō 交通量 *s* volume de tráfego, densidade de trânsito.
kōtsūseiri 交通整理 *s* controle de tráfego. ～*suru*, *v*: regular (controlar, ajustar) o tráfego.

kōtsūshadan 交通遮断 *s* bloqueio de estrada, isolamento, quarentena. ～*suru*, *v*: cortar a comunicação, bloquear a rua, isolar, colocar (manter) em quarentena.
kōtsūshingō 交通信号 *s* sinal de trânsito, semáforo.
kotsusoshōshō 骨粗鬆症 *s Med* osteoporose.
kotsuzen 忽然 *adv* subitamente, de repente, inesperadamente, abruptamente.
kotsuzui 骨髄 *s Anat* medula óssea, tutano de osso.
kotta 凝った *expr* elaborado, primoroso, de bom gosto, refinado, artístico, caprichoso, seleto.
kotteri こってり *adv* densamente, pesadamente denso.
kottō(**hin**) 骨董(品) *s* antiguidade, curiosidade, objeto de arte.
kou 請[乞]う *v* 1 pedir, requerer, convidar, rogar, suplicar, apelar. 2 pedir, solicitar.
kōu 降雨 *s* chuva, precipitação.
kouma 子馬 *s* pônei, potro, poldro, ginete.
kōun 幸[好]運 *s* boa fortuna, sorte, destino propício.
kōun 耕耘 *s* lavoura, aração, cultivo, agricultura.
kōunji 幸運児 *s* criança de sorte, filha da fortuna.
kōunki 耕運[耘]機 *s* arado, máquina cultivadeira.
kouri 小売り *s* varejo, venda a varejo.
kourishō 小売商 *s* comércio varejista, distribuidor.
kouriten 小売店 *s* loja a varejo.
kourusai こうるさい *adj* birrento, meticuloso, minucioso.
kōuryō 降雨量 *s* quantidade de chuva; precipitação.
koushi 子牛 *s* vitela, bezerro.
kouta 小唄 *s* cantiga, cançoneta, balada, pequena canção.
kōwa 講和 *s* paz, reconciliação. ～*suru*, *v*: fazer as pazes.
kowadaka 声高 *s* voz alta.
kowagari 怖がり *s* timidez, acanhamento, tibieza, covardia.
kowagaru 怖がる *v* temer, recear, ter medo, estar nervoso, ficar intimidado.
kowagowa 恐々 *adv* timidamente, cuidadosamente, nervosamente, cautelosamente, com medo.
kowai 恐い *adj* medroso, terrível, horrível, espantoso, medonho.
kowai 強い *adj* duro, rijo, forte, rude.
kowairo 声色 *s* 1 tom de voz, voz. 2 imitação de fala.
kōwajōyaku 講和条約 *s* tratado de paz.
kowaki 小脇 *s* debaixo do braço.
kowameshi 強飯 *s* arroz glutinoso cozido a vapor.
kōwan 港湾 *s* porto.
kowappa 小童 *s vulg* garoto, menino, moleque, pirralho, fedelho, guri.
koware 毀れ *s* quebra, destroços, fragmento, pedaço quebrado.
kowaremono 毀れ物 *s* 1 artigo frágil, quebrável. 2 artigo quebrado.
kowareru 毀れる *v* 1 quebrar. 2 não ter sucesso.
kowasa 恐さ *s* medo, temor, ferocidade.
kowasa 強さ *s* dureza, rigor, rigidez.
kōwashisetsu 講和使節 *s* enviado da paz, missão (delegação) de paz.
kowasu 毀す *v* quebrar, destruir, demolir, forçar, rebentar, esmagar, destroçar.

koya 小屋[舎] *s* **1** casa pequena, cabana, casebre, choupana, barraca. **2** teatro, tenda.
kōya 荒野 *s* deserto, ermo, região inculta, baldio, terra inóspita.
koyagi 子山羊 *s* cabrito(a).
koyakamashii 小やかましい *adj pop* capcioso, implicante, crítico, caturra.
koyaku 子役 *s Teat, Cin* e *Telev* papel infantil, papel de criança.
kōyaku 口約 *s* promessa verbal, apalavramento, acordo verbal. ~*suru, v*: fazer uma promessa verbal, dar a palavra.
kōyaku 公約 *s* promessa pública, compromisso público. ~*suru, v*: prometer publicamente.
kōyaku 膏薬 *s* emplastro.
koyakunin 小役人 *s vulg* oficial inferior (menor).
koyama 小山 *s* colina, monte, outeiro.
koyashi 肥やし *s* adubo, esterco, estrume, fertilizante.
koyasu 肥やす *v* **1** adubar, fertilizar, enriquecer, frutificar. **2** engordar. **3** enriquecer-se. **4** mimar o paladar.
koyō 雇用[傭] *s* contratação, emprego. ~*suru, v*: contratar, empregar.
kōyō 公用 *s* **1** negócio oficial (público), dever oficial. **2** serviço público. **3** despesa pública.
kōyō 孝養 *s* desempenho de obrigações filiais.
kōyō 効用 *s* uso, utilidade, efeito, benefício.
kōyō 紅[黄]葉 *s* folhas vermelhas, folhas outonais coloridas. ~*suru, v*: tornar-se vermelho (amarelo), colorir-se de cores outonais.
kōyō 高[昂]揚 *s* elevação espiritual. ~*suru, v*: exaltar, intensificar, animar.
koyoi 今宵 *s* esta noite, hoje à noite.
koyomi 暦 *s* calendário, almanaque.
koyōsha 雇用者 *s* empregador, patrão.
koyū 固有 *s* **1** características, peculiaridade, essência. **2** inerência, inerente, inato, intrínseco.
kōyu 香油 *s* óleo capilar perfumado, bálsamo, pomada, brilhantina.
kōyu 鉱油 *s* óleo mineral.
kōyū 公有 *s* propriedade pública.
kōyū 交友 *s* amigo, conhecido, companheiro.
koyubi 小指 *s* dedo mínimo, dedinho, mindinho.
kōyūbutsu 公有物 *s* propriedade pública, bens públicos.
kōyūkai 校友会 *s* associação de ex-alunos.
kōyūkankei 交友関係 *s* relação de amizade.
koyuki 粉雪 *s* neve fina (em pó).
kōza 口座 *s* conta bancária.
kōza 講座 *s* **1** curso. **2** cadeira, cátedra.
kōzai 鋼材 *s* aço.
kōzai 功罪 *s* méritos e deméritos.
kozaiku 小細工 *s* **1** trabalho manual. **2** truque, ardil, artifício.
kōzairyō 好材料 *s* material bom, dados excelentes, indicações favoráveis, fatores ótimos.
kozakana 小魚 *s* peixinho, filhote de peixe.
kozakashii 小賢しい *adj* inteligente, vivo, esperto, impertinente, astuto, sagaz.
kōzan 高山 *s* montanha alta, pico alto.
kōzan 鉱山 *s* mina.
kōzangyō 鉱山業 *s* indústria de mineração.
kōzanshokubutsu 高山植物 *s* planta alpina, flora alpina.
kozappari 小ざっぱり *adv* limpo e elegante, bem-arrumado, asseado, em boa ordem.
kozara 小皿 *s* prato pequeno, pires.
kōzatsu 交雑 *s Bot* cruzamento. *Zool* hibridização. *Genét* hibridação.
kozei 小勢 *s* força pequena, pequeno número de homens.
kōzen 公然 *s* aberto, público, declarado.
kōzen 昂然 *s* exultante, triunfante, excitado com triunfo, orgulhoso.
kozeni 小銭 *s* troco, trocado, dinheiro miúdo, moeda divisionária.
kozeriai 小競り合い *s* rixa, pequena desavença, altercação, discussão, disputa.
kōzetsu 口舌 *s* palavras, língua.
kozō 小僧 *s* **1** jovem sacerdote budista. **2** mensageiro. **3** menino, moleque, pirralho.
kōzō 構造 *s* estrutura, construção, forma, constituição, organização.
kōzōjō 構造上 *adj (adv)* estruturalmente, estrutural, construtivo, orgânico.
kōzoku 皇族 *s* família imperial, membro da realeza.
kōzoku 後続 *s* sucessão.
kōzōshugi 構造主義 *s* estruturalismo.
kozotte 挙って *adv* tudo, todos juntos, sem exceção.
kōzu 構図 *s* composição, plano, desenho.
kozuchi 小槌 *s* macete pequeno.
kozue 梢 *s* topo de árvore.
kōzui 洪水 *s* **1** enchente, inundação. **2** dilúvio, torrente.
kozukai 小使 *s* criado, servente.
kozukai 小遣い *s* mesada, dinheiro para despesas miúdas.
kozukaitori 小遣い取り *s* biscate, bico.
kozuku 小突く *v* acotovelar, empurrar, bater, sacudir.
kozutsumi 小包 *s* embrulho, pacote.
kozutsumiyūbin 小包郵便 *s* remessa de pacote, encomenda.
ku 九 *s* nove.
ku 区 *s* bairro, distrito, zona, seção.
ku 句 *s* **1** frase, expressão, sentença, oração. **2** linha, verso. **3** haicai.
ku 苦 *s* **1** dor, sofrimento, aflição, ansiedade, preocupação. **2** necessidade, provação, privação, apuro.
kū 空 *s* **1** ar, céu, firmamento. **2** vazio, vaga, vacância, vácuo.
kūbaku 空爆 *s* bombardeio aéreo.
kūbaku 空漠 *s* vasto, ilimitado, extenso, vago, enevoado, obscuro.
kubaru 配る *v* **1** distribuir, espalhar. **2** repartir, alocar, dispor. **3** desdobrar.
kubetsu 区別 *s* diferença, distinção, discriminação.
kubi 首・頸 *s* **1** pescoço. **2** cabeça. **3** gargalo. **4** demissão.
kubijikken 首実検 *s* inspeção (identificação) de um suspeito.
kubikase 首枷 *s* pelourinho, laço, nó.
kubikazari 首飾り *s* colar, colarinho.
kubikiri 首斬[切]り *s* **1** decapitação. **2** demissão, exoneração.
kubinashi 首無し *s* sem cabeça, decapitado.
kubippiki 首っ引き *s* referência (consulta) constante de dicionário.

kubire 括れ *s* parte constringida (comprimida), constrição, compressão.
kubireru 括れる *v* ser constringido (comprimido, contraído).
kubisuji 頸筋 *s* nuca, cangote.
kubitsuri 首吊り *s pop* enforcamento. ~*suru, v*: enforcar-se.
kubittake 首っ丈 *s pop* até o pescoço, estar profundamente apaixonado, perder a cabeça.
kubiwa 頸輪 *s* 1 colar, coleira. 2 colarinho.
kubo 窪・凹 *s* côncavo, afundado, depressão.
kūbo 空母 *s* porta-aviões.
kubochi 窪地 *s* baixio, depressão, local afundado.
kubomi 窪み *s* côncavo, cavidade, concavidade, cova, buraco, fosso.
kubomu 窪む *v* tornar-se côncavo (afundado), formar uma cavidade, afundar.
kubu 九分 *s* nove partes, nove décimos, nove por cento, próximo a, praticamente.
kubukurin 九分九厘 *s* 99%, quase todo, com toda probabilidade.
kubun 区分 *s* 1 divisão, seção, demarcação, subdivisão. 2 classificação, ordem. ~*suru, v*: dividir, demarcar, classificar, ordenar.
kūbun 空文 *s* letra morta.
kuchi 口 *s* 1 boca, lábios. 2 língua, fala, palavras. 3 gosto, paladar. 4 boca para alimentar. 5 bocal, tampa, rolha. 6 porta, portão, entrada, saída. 7 rota, subida, desembocadura, estuário. 8 emprego, trabalho, serviço, colocação. 9 chamada, compromisso, emprego, demanda. 10 tipo, espécie, classe, gênero, descrição, lote, item. 11 início. 12 rumor. 13 abertura. 14 parte, cota, participação.
kūchi 空地 *s* terreno vago, lote vago, terra desocupada, espaço aberto.
kuchiake 口開[明]け *s* início, abertura, começo.
kuchianguri 口あんぐり *s pop* boquiaberto.
kuchiatari 口当たり *s* gosto, palatável.
kuchiba 朽ち葉 *s* folha apodrecida.
kuchibashi 嘴 *s* bico de ave.
kuchibashiru 口走る *v* falar, contar, ser indiscreto.
kuchibaya 口早[速]や *s* fala rápida.
kuchibeni 口紅 *s* batom.
kuchibeta 口下手 *s* falador pobre.
kuchibi 口火 *s* 1 mecha, rastilho, estopim, detonador. 2 causa, origem.
kuchibiru 唇 *s* lábio, beiço.
kuchibue 口笛 *s* assobio, silvo, sibilo.
kuchiburi 口振り *s* 1 modo de falar. 2 insinuação, alusão, intimação.
kuchibyōshi 口拍子 *s* marcar o compasso oralmente.
kuchidashi 口出し *s* interferência, intromissão. ~*suru, v*: interferir, intrometer-se, comentar.
kuchidassha 口達者 *s* falador, eloquente, loquaz.
kuchidome 口止め *s* proibição de mencionar. ~*suru, v*: proibir de mencionar, impor silêncio.
kuchidomeryō 口止め料 *s* pagamento para calar alguém, preço do silêncio.
kuchie 口絵 *s* frontispício, ilustração colocada na folha de rosto.
kuchigane 口金 *s* tampa metálica, fecho, cápsula.
kuchigaru 口軽 *s* loquacidade, eloquência, fluência.
kuchigatai 口堅い *adj* lacônico, sigiloso.

kuchigenka 口喧嘩 *s* bate-boca, discussão.
kuchigitanai 口汚い *adj* desbocado, boca suja, chulo.
kuchigitanaku 口汚く *adv* abusivamente, asperamente, grosseiramente, de modo chulo.
kuchigomoru 口籠る *v* gaguejar, tartamudear, balbuciar, resmungar, vacilar.
kuchigotae 口答え *s* réplica, resposta. ~*suru, v*: responder, retorquir, replicar, retrucar.
kuchiguchi 口々 *s* 1 toda entrada. 2 toda boca. ~に ~*ni*: unanimemente, mutuamente.
kuchiguruma 口車 *s* lisonja, adulação, engabelação.
kuchiguse 口癖 *s* modo de dizer, frase favorita.
kuchihateru 朽ち果てる *v* 1 decair, deteriorar, decompor-se, fenecer. 2 morrer na obscuridade.
kuchihige 口髭 *s* bigode.
kuchijōzu 口上手 ~*na, adj*: fluente, bem-falante.
kuchikazu 口数 *s* 1 número de bocas para alimentar. 2 loquacidade de uma pessoa. 3 número de cotas.
kuchikiki 口利き *s* 1 pessoa eloquente, porta-voz. 2 mediação. 3 intermediário.
kuchikiri 口切り *s* início, começo.
kuchikomi 口コミ *s* comunicação boca a boca.
kuchiku 駆逐 *s* expulsão, despejo, extermínio. ~*suru, v*: expulsar, desalojar, expelir.
kuchikukan 駆逐艦 *s* *Náut* destróier, contratorpedeiro.
kuchimae 口前 *s pop* modo de falar.
kuchimakase 口任せ *s* fala ao acaso.
kuchimame 口まめ *s* falador, tagarela, loquaz.
kuchimane 口真似 *s* imitação, arremedo. ~*suru, v*: imitar alguém, repetir as palavras de alguém.
kuchimoto 口元 *s* 1 boca. 2 formato da boca. 3 arredores de uma entrada.
kuchinaoshi 口直し *s* pospasto apetitoso.
kuchi ni suru 口にする *expr* 1 saborear, comer, ter, tomar. 2 falar, mencionar, referir-se.
kuchiru 朽ちる *v* 1 apodrecer, putrefazer, desfazer, decompor-se, fenecer, deteriorar. 2 permanecer na obscuridade.
kuchisaki 口先 *s* 1 lábios, boca, focinho, tromba, bico. 2 linguagem, linguajar.
kuchiwa 口輪 *s* focinheira, mordaça.
kuchiwaru 口悪 *s* ultraje, insulto, vilipêndio.
kuchiyakamashii 口喧しい *adj* 1 rabugento, crítico, ranzinza, implicante, censurador. 2 tagarela, fofoqueiro.
kuchiyakusoku 口約束 *s* palavra de alguém, promessa (acordo, contrato) verbal.
kuchiyogoshi 口汚し *s* mero petisco, pequena mordida. ~*suru, v*: comer apenas uma mordida.
kuchizoe 口添え *s* conselho, recomendação, apoio.
kuchizusamu 口吟む *v* cantarolar, cantar para si mesmo.
kuchizutae 口伝え *s* transmissão oral, tradição. ~*suru, v*: passar (transmitir, instruir) oralmente.
kuchō 口調 *s* tom, modo de expressão.
kuchō 区長 *s* líder (chefe) de distrito (bairro).
kuchū 苦衷 *s* sofrimento mental, angústia de um dilema sem solução.
kūchū 空中 *s* ar, céu, espaço.
kūchūbunkai 空中分解 *s* desintegração no ar. ~*suru, v*: desintegrar-se no ar, explodir durante o voo.
kūchūburanko 空中ブランコ *s* trapézio.

kūchūchisso 空中窒素 *s* nitrogênio atmosférico.
kūchūsen 空中戦 *s* combate aéreo.
kūchūshashin 空中写真 *s* foto aérea, aero-fotografia.
kuchūyaku [zai] 駆虫薬[剤] *s* 1 repelente. 2 vermífugo, vermicida.
kūchūyusō 空中輸送 *s* transporte aéreo.
kuda 管 *s* 1 tubo, cano. 2 conversa de bêbado.
kudakeru 砕ける *v* 1 quebrar-se, despedaçar-se, partir-se. 2 vacilar. 3 suavizar-se, tornar-se amável.
kudaketa 砕けた *expr* 1 quebrado, despedaçado, esmigalhado. 2 fácil, familiar, simples. 3 afável, amigável.
kudaku 砕く *v* 1 quebrar, partir, despedaçar. 2 explicar em linguagem simples.
kudamono 果物 *s* fruta, fruto.
kudamonoya 果物屋 *s* fruteiro, comerciante de frutas.
kudan no 件の *adj* o caso em questão, o dito, o acima mencionado.
kudaranai 下らない *adj* 1 insignificante, inútil, sem valor, desprezível. 2 não ser menos que.
kudari 下り *s* 1 descida. 2 ida do centro da cidade para a periferia.
kudarizaka 下り坂 *s* 1 declive. 2 declínio. 3 piora.
kudaru 下る *v* 1 descer, cair, baixar. 2 ir para o interior. 3 dar ordem. 4 passar. 5 render-se, entregar-se, renunciar. 6 ser menos que. 7 ter diarreia.
kudasaru 下さる *v* dar, conferir, fazer uma gentileza.
kudashi 下し *s* evacuação, purgação. ~薬 ~*gusuri*: purgativo, laxante.
kudasu 下す *v* 1 baixar, trazer para baixo. 2 dar ordem (julgamento). 3 decidir. 4 derrotar, vencer.
kudasu 降す *v* derrotar, vencer.
kudatte 下って *expr* após, mais tarde.
kuden 口伝 *s* instrução (transmissão, tradição) oral.
kūdetā クーデター (*fr coup d'État*) *s* golpe de Estado.
kudo くど *s* 1 forno a lenha. 2 chaminé.
kudō 駆動 *s* acionamento. ~軸 ~*jiku*: eixo de transmissão. ~装置 ~*sōchi*: engrenagem de transmissão. ~輪 ~*rin*: roda de transmissão.
kūdō 空洞 *s* caverna, cavidade, buraco, vazio, oco.
kudoi くどい *adj* 1 maçante, entediante, aborrecido. 2 pesado, gorduroso, berrante, vistoso.
kūdōka 空洞化 *s* esvaziamento, perda de substância. ~*suru*, *v*: tornar-se vazio. 産業の~ *sangyō no* ~: esvaziamento do setor industrial.
kudoki 口説き *s* súplica, roga, galanteio. ~落とす ~*otosu*: persuadir.
kudoku 功徳 *s* 1 graça, dádiva, bênção. 2 virtude, boa ação, ato de caridade.
kudoku 口説く *v* 1 suplicar, rogar. 2 galantear, cortejar.
kudoku くどく *adj* (*adv*) repetidamente, insistentemente.
kudokudo くどくど *adv* insistentemente, constantemente, demasiadamente, excessivamente.
kueki 苦役 *s* trabalho pesado (duro, difícil, penoso), faina, labuta.
kuenai 食えない *expr* 1 não comestível. 2 desagradável, desgostoso. 3 não conseguir viver. 4 esperto, astuto.

kueru 食える *v* 1 ser comestível; poder comer. 2 conseguir viver.
kufū 工夫 *s* artifício, invenção, invento, plano, meio. ~*suru*, *v*: inventar, projetar.
kūfuku 空腹 *s* fome.
kugai 苦界 *s* 1 mundo de sofrimento. 2 vida de prostituição.
kugaku 苦学 *s* estudos sob adversidades (dificuldades). ~生 ~*sei*: estudante trabalhador.
kugatsu 九月 *s* setembro.
kūgeki 空隙 *s* abertura, fenda, orifício, brecha.
kugen 苦言 *s* conselho franco (amargo).
kugi 釘 *s* prego, pino, cavilha. ~を刺す ~*o sasu*: relembrar, advertir.
kugin 苦吟 *s* composição trabalhosa, sofrer por bons versos.
kuginuki 釘抜き *s* pé de cabra, arranca-pregos.
kugiri 区切り *s* 1 fim, parada. 2 pontuação, frase.
kugiru 句[区]切る *v* pontuar, separar, limitar.
kugizuke 釘付け *s* 1 preso com prego. 2 fixo, imobilizado.
kūgun 空軍 *s* força aérea.
kugurido 潜り戸 *s* postigo.
kuguru 潜る *v* 1 passar sob (por baixo de). 2 mergulhar, submergir. 3 evadir-se, escapar.
kugyō 苦行 *s* penitência, ascetismo, mortificação.
kuhai 苦杯 *s* derrota, experiência amarga.
kūhaku 空白 *s* branco, vácuo.
kūhi 空費 *s* desperdício, ócio.
kūhō 空砲 *s* tiro de festim.
kui 杭・杙 *s* estaca, poste.
kui 食い *s* mordida de isca.
kui 悔い *s* arrependimento, remorso, pesar.
kūi 空位 *s* lugar vago, vacância.
kuiai 食い合い *s* comer um ao outro.
kuiarasu 食い荒らす *v* destruir, corroer.
kuiaratame 悔い改め *s* arrependimento, remorso, pesar.
kuiaratameru 悔い改める *v* arrepender-se, emendar-se, reformar-se.
kuiau 食い合う *v* 1 comer juntos. 2 invadir o domínio do outro.
kuiawase 食い合わせ *s* intoxicação causada por alimentos.
kuichigai 食い違い *s* discrepância, inconsistência, diferença, conflito.
kuichigau 食い違う *v* diferir, discordar, colidir, ir contra.
kuichigiru 食いちぎる *v* morder, cortar com os dentes.
kuichirasu 食い散らす *v* 1 comer um pouco de cada coisa. 2 fazer um pouco de tudo. 3 comer deixando a comida em desordem.
kuidame 食い溜め *s* ~*suru*, *v*: entupir-se de comida para poder ficar sem comer por algum tempo.
kuidaore 食い倒れ *s pop* exagero nos gastos com comida.
kuidōraku 食い道楽 *s* gastrônomo, *gourmet*.
kuigoro 食い頃 *s* época certa para comer algum produto.
kuihagure 食い逸れ *s* perda de refeição.
kuihagureru [hazusu] 食い逸れる[外す] *v* 1 perder uma refeição. 2 perder o emprego.

kuihōdai 食い放題 s comer à vontade.
kuiiji 食い意地 s gula. 〜が張っている 〜ga hatteiru: guloso, glutão.
kuiiru 食い入る v penetrar, invadir. 〜ように見つめる 〜yō ni mitsumeru: fitar, olhar fixamente.
kuiki 区域 s área, distrito, território, zona, quarteirão.
kuikiru 食い切る v 1 morder, cortar com os dentes. 2 comer tudo.
kuikomi 食い込み s perda, prejuízo.
kuikomu 食い込む v 1 penetrar, carcomer, corroer. 2 invadir. 3 causar perda, ter prejuízo.
kuimono 食い物 s 1 comida, alimento, provisão. 2 presa, vítima.
kuinige 食い逃げ s fuga sem pagar a conta. 〜suru, v: fugir sem pagar.
kuiru 悔いる v arrepender-se.
kuisagaru 食い下がる v agarrar, persistir, perseverar.
kuishibaru 食い縛る v cerrar os dentes.
kuishinbō 食いしん坊 s pop guloso, glutão.
kuisugi 食い過ぎ s ato de comer demais.
kuisugiru 食い過ぎる v comer demais.
kuitaosu 食い倒す v 1 causar prejuízo deixando de pagar a conta. 2 gastar toda a fortuna.
kuitarinai 食い足りない adj continuar com fome, insatisfeito.
kuitomeru 食い止める v refrear, reprimir, impedir, evitar.
kuitsubusu 食い潰す s gastar toda a fortuna.
kuitsuku 食い付く s 1 morder, abocanhar. 2 grudar, pegar-se. 3 aceitar avidamente.
kuitsukusu 食い尽くす v consumir, comer tudo, exaurir, esgotar.
kuitsumeru 食い詰める v ficar sem um tostão, não ter como manter-se, quebrar.
kuiuchi 杭打ち s estacaria. 〜機 〜ki: bate-estacas.
kujaku 孔雀 s Ornit pavão.
kuji 籤 s sorteio, loteria, rifa. 〜運 〜un: felizardo nos sorteios.
kujibiki 籤引き s sorteio. 〜suru, v: sortear.
kujikeru 挫ける v 1 desanimar, desencorajar, abater-se. 2 torcer, deslocar, distender, luxar.
kujiku 挫く v 1 torcer, deslocar, distender. 2 frustrar, desencorajar, amedrontar.
kujinogare 籤逃がれ s livre de obrigações por sorteio.
kujira 鯨 s Zool baleia. 〜尺 〜jaku: régua tradicional para medida de comprimento. 〜幕 〜maku: cortina usada em funeral, com faixas pretas e brancas alternadas na vertical.
kujo 駆除 s extermínação, eliminação. 〜suru, v: exterminar, eliminar.
kujō 苦情 s reclamação, queixa, objeção.
kujōshori 苦情処理 s atendimento à reclamação, resolução de disputa.
kuju 口授 s instrução (ensino) oral. 〜suru, v: ensinar.
kujū 九十 num noventa.
kujū 苦汁 s experiência amarga, momento difícil.
kukai 区会 s assembleia de distrito.
kukaku 区画 s divisão, demarcação, seção, zona.
kukakuseiri 区画整理 s zoneamento.
kukan 区間 s seção, intervalo.
kūkan 空間 s espaço. 〜的 teki, adj: espacial.

kūkanchi 空閑地 s terreno vazio.
kukebari 桁け針 s agulha para pontos de bainha.
kukei 矩形 s retângulo, retangular.
kūkei 空閨 s aposento (leito) de cônjuge ausente.
kūken 空拳 s mão vazia (limpa, sem arma).
kuki 茎 s caule, talo.
kūki 空気 s ar, atmosfera.
kūkichōsetsu 空気調節 s condicionamento de ar. 〜装置 〜sōchi: condicionador de ar.
kūkijū 空気銃 s espingarda de ar comprimido.
kūkireikyaku 空気冷却 s refrigeração. 〜器 〜ki: refrigerador de ar.
kukkiri(to) くっきり(と) adv claramente, nitidamente, marcadamente, notavelmente.
kukkyō 屈強 s forte, robusto, determinado, resoluto.
kukkyoku 屈曲 adj curva, sinuosidade, dobra.
kūkō 空港 s aeroporto.
kuku 九々 s tabuada, tabela de multiplicação.
kukuri 括り s fardo, maço, feixe.
kukuru 括る v juntar, unir, amarrar, atar, prender.
kukyō 苦境 s apuros, dificuldade, situação difícil.
kūkyo 空虚 s vazio, vão, vaga.
kuma 隈・曲 s 1 profundeza, fundo, canto. 2 área escura, sombra. 3 olheiras.
kuma 熊 s Zool urso.
kumade 熊手 s ancinho, engaço.
kumadori 隈取り s 1 sombreado. 2 maquilagem de teatro cabúqui.
kumadoru 隈取る v sombrear, maquilar.
kumai 供米 s arroz como oferenda, oblata.
kumanaku 隈なく adv totalmente, por todas as partes.
kūmei 空名 s título vazio, falsa reputação.
kumen 工面 s esforço para obter. 〜suru, v: conseguir, obter, angariar, juntar (dinheiro).
kumi 組 s 1 classe. 2 grupo, time. 3 jogo, par. 4 composição tipográfica.
kumiai 組合 s associação, sindicato, cooperativa, sociedade, união.
kumiaiin 組合員 s associado, sindicalista.
kumiaikanbu 組合幹部 s diretoria de associação, sindicato.
kumiaishugi 組合主義 s sindicalismo, cooperativismo.
kumiaisoshiki 組合組織 s organização sindical, cooperativa.
kumiau 組み合う v 1 unir-se. 2 atracar-se. 3 associar-se, cooperar. 腕を〜 ude o〜: dar os braços.
kumiawase 組み合わせ s 1 combinação, arranjo. 2 formação de pares.
kumiawaseru 組み合わせる v 1 combinar, juntar, unir, compor. 2 fazer competir.
kumichō 組長 s líder, chefe de seção, equipe.
kumidasu 汲み出す v bombear para fora; tirar água com recipiente.
kumihosu 汲み乾す v drenar, escoar.
kumiido 汲み井戸 s poço de extração.
kumikae 組み換え s rearranjo, recombinação. 遺伝子〜 idenshi 〜: recombinação de genes, transgênico.
kumikaeru 組み換える v rearranjar, recombinar, recompor.
kumikawasu 酌み交わす v beber junto.
kumikomu 汲み込む v encher com água.

kumikomu 組み込む *v* inserir, integrar.
kumin 区民 *s* habitantes de um distrito.
kumishiyasui 与し易い *expr* fácil de se lidar.
kumisuru 与する *v* 1 tomar partido, apoiar, ficar do lado, alinhar-se, aliar-se. 2 concordar, consentir.
kumitate 組み立て *s* estrutura, constituição, construção, organização, montagem. ～図 ～*zu*: diagrama de montagem.
kumitatekenchiku 組み立て建築 *s* construção pré-fabricada.
kumitatekōjō 組み立て工場 *s* fábrica de montagem.
kumitateru 組み立てる *v* montar, construir, erigir.
kumitateshiki 組み立て式 *adj* montável.
kumitori 汲み取り *s* retirada de excremento. ～便所 ～*benjo*: banheiro tipo fossa. ～車 ～*sha*: caminhão limpa-fossa.
kumitoru 汲み取る *v* 1 tirar água com um recipiente. 2 apreender algo suposto.
kumitsuku 組み付く *v* agarrar, atracar.
kumiuchi 組み打ち *s* luta corpo a corpo. ～*suru, v*: lutar, atracar.
kumo 雲 *s* nuvem. ～足 ～*ashi*: movimento das nuvens. ～を掴むような ～*o tsukamu yō na*: vago, ilusório. ～つくばかり ～*tsukubakari*: muito alto. ～を霞 ～*o kasumi*: fuga veloz.
kumo 蜘蛛 *s Entom* aranha. ～の糸 ～*no ito*: teia de aranha. ～の子を散らす ～*no ko o chirasu*: sair em debandada. ～膜 ～*maku, Anat*: membrana aracnoide. ～膜下出血 ～*makka shukketsu*: hemorragia subaracnóidea.
kumogakure 雲隠れ *s* 1 esconder-se atrás das nuvens. 2 desaparecer, sumir, esconder-se.
kumoma 雲間 *s* vão entre nuvens.
kumon 苦悶 *s* angústia, agonia, aflição. ～*suru, v*: agoniar-se, angustiar-se, afligir-se.
ku mo naku 苦も無く *adv* facilmente, sem dificuldade (problema).
kumo no su 蜘蛛の巣 *s* teia de aranha.
kumo no ue 雲の上 *s* sobre as nuvens, acima das nuvens.
kumorasu 曇らす *v* 1 obscurecer, ofuscar, enublar. 2 nublar, escurecer. 3 tornar sombrio.
kumori 曇り *s* 1 nublado. 2 obscuro, sombrio. 3 melancolia, tristeza. ～ガラス ～*garasu*: vidro fosco.
kumoru 曇る *v* 1 nublar-se, escurecer-se. 2 tornar-se sombrio (melancólico).
kumosuke 雲助 *s* 1 *arc* carregador de palanquim. 2 ～運転手 ～*untenshu, vulg*: motorista de táxi desonesto.
kumotsu 供物 *s* oferenda.
kumoyuki 雲行き *s* 1 movimento das nuvens. 2 mudança no ambiente.
kumu 汲む *v* 1 tirar com recipiente, extrair. 2 compreender, entender. 3 pertencer, descender.
kumu 酌む *v* beber junto.
kumu 組む *v* 1 cruzar, entrelaçar. 2 juntar, montar. 3 atracar, lutar. 4 unir forças, trabalhar em conjunto.
kun 訓 *s* leitura japonesa de ideograma.
kun 勲 *s* mérito.
-kun -君 *suf* forma de tratamento para alguém hierarquicamente igual ou inferior, usado principalmente entre homens.

kunai 区内 *s* dentro do distrito.
kunan 苦難 *s* sofrimento, apuro, provação.
kunden 訓電 *s* instruções telegráficas.
kundō 訓導 *s* 1 orientação, instrução. 2 *arc* professor de ensino fundamental. ～*suru, v*: orientar, instruir.
kunekune くねくね *adv* zigue-zague, sinuoso. ～*suru, v*: ser sinuoso.
kunen 九年 *s* nove anos.
kuneri くねり *s* sinuosidade.
kuneru くねる *v* ser sinuoso, ziguezaguear, serpentear.
kunetsu 苦熱 *s* calor; calor insuportável.
kuni 国 *s* 1 país, nação. 2 nacionalidade. 3 terra natal. 4 província, região. ～自慢 ～*jiman*: orgulhar-se de sua terra natal. ～許(元) ～*moto*: terra natal.
kun'i 君位 *s arc* trono, coroa.
kunibetsu 国別 *s* classificação por nacionalidade.
kunigara 国柄 *s* caráter nacional.
kuniguni 国々 *s* nações, todos os países.
kunijū 国中 *s* todo o país, o país inteiro.
kuniku 苦肉 *s* autossacrifício. ～の策 ～*no saku*: medida desesperada, último recurso.
kun'iku 訓育 *s* educação moral, disciplina.
kuninamari 国訛り *s* dialeto.
kunji 訓示 *s* instruções (do superior para o subordinado).
kunji 訓辞 *s* discurso de advertência, palestra.
kunkai 訓戒 *s* advertência, admoníção.
kunkō 勲功 *s* mérito, distinção, serviço honrado.
kunkoku 君国 *s arc* monarca e país.
kunmei 君命 *s* ordem do senhor (imperador).
kunō 苦悩 *s* angústia, aflição, sofrimento. ～*suru, v*: angustiar-se, sofrer.
kun'on 君恩 *s arc* benevolência do senhor.
kunpū 薫風 *s* brisa primaveril.
kunrei 訓令 *s* instrução, ordem.
kunren 訓練 *s* treinamento, disciplina. ～*suru, v*: treinar, disciplinar.
kunrenjo 訓練所 *s* recinto destinado a treinamento.
kunrin 君臨 *s* reinado. ～*suru, v*: reinar, dominar.
kunsei 燻製 *s* defumado.
kunshi 君子 *s* cavalheiro, homem nobre. ～危うきに近寄らず ～*ayauki ni chikayorazu*: a discrição é o melhor valor.
kunshō 勲章 *s* medalha, insígnia, condecoração, comenda.
kunshu 君主 *s* monarca, soberano.
kunshukoku 君主国 *s* monarquia, país monárquico.
kunshusei 君主制 *s* sistema monárquico.
kunten 訓点 *s* sinais apostos em textos chineses que lhes propiciavam a sua conversão para o japonês.
kuntō 薫陶 *s* disciplina, treinamento. ～*suru, v*: disciplinar, treinar.
kunwa 訓話 *s* discurso instrutivo.
kuppuku 屈服 *s* submissão, entrega. ～*suru, v*: render-se, entregar-se.
kura 倉・庫・蔵 *s* depósito, armazém. ～が建つ ～*ga tatsu*: ficar rico. ～浚え *zarae*: liquidação.
kura 鞍 *s* sela, selim.
-kurabe -比べ *suf* competição, concurso. 腕～ *ude*～: concurso de força (habilidade). 駆け～ *kake*～: corrida.

kurabemono 比べ物 s ～にならない ～ni naranai: não pode ser comparado.
kuraberu 比べる v 1 comparar, contrastar. 2 competir. 力を～ chikara o ～: medir forças.
kurabu クラブ (ingl club) s 1 clube. 2 paus do baralho de cartas. 3 taco de golfe.
kuragari 暗がり s escuro, local escuro.
kurage 水母・海月 s Zool medusa, água-viva.
kurai 位 s 1 grau, classe. 2 trono, coroa. 3 Arit posição de algarismo. ～suru, v: ocupar uma posição, estar situado. ～取り ～tori: unidade. ～負け ～make: não conseguir sustentar a posição.
kurai 暗い adj 1 escuro, sombrio, melancólico, triste. 2 desconhecido, estranho, ignorante.
-kurai -くらい partícula 1 aproximadamente, por volta de, quase. 2 só isso. 3 tanto, como. どの～ dono～: quanto. この～ kono～: este tanto.
kuraianto クライアント (ingl client) s cliente.
kuraimakkusu クライマックス (ingl climax) s ápice, clímax.
kurakkā クラッカー (ingl cracker) s biscoito de água e sal.
kuraku 暗く adj escuro, sombrio. ～suru, v: escurecer.
kuraku 苦楽 s alegria e tristeza.
kurakura くらくら mim tonto. ～suru, v: sentir tontura (vertigem).
kurakushon クラクション (ingl klaxon) s buzina.
kuramasu 眩ます v ofuscar, deslumbrar.
kuramasu 晦ます v esconder, ocultar, enganar.
kuramu 眩む v ser ofuscado (deslumbrado), sentir tontura, cegar-se, deslumbrar-se.
kūran 空欄 s em branco, espaço em branco, vazio.
kurani 倉荷 s bens depositados (armazenados).
kurasa 暗さ s escuridão, melancolia.
kurarinetto クラリネット (ingl clarinet) s clarineta.
kurashi 暮らし s vida, subsistência, existência. ～向き ～muki: situação de vida.
kurashikata 暮らし方 s modo (estilo) de vida.
kurashikiryō 倉敷料 s taxa de armazenamento, aluguel de armazém.
kurashikku クラシック (ingl classic) s clássico, música clássica.
kurasu 暮らす v 1 viver. 2 passar o tempo.
kurasu クラス (ingl class) s aula, classe. ～メイト ～meito (ingl mate): colega de classe. ～分け ～wake: organização de classe escolar.
kurau 食らう v 1 comer, beber. 2 ser atingido no corpo.
kurawasu 食らわす v dar soco, golpear, acertar.
kurayami 暗闇 s escuridão, escuro.
kure 暮れ s anoitecer, crepúsculo.
kuregure mo くれぐれも adv sinceramente, repetidamente, outra vez.
kurejitto クレジット (ingl credit) s crédito, empréstimo. ～カード ～kādo (ingl card): cartão de crédito.
kurēmu クレーム (ingl claim) s reclamação.
kurēn クレーン (ingl crane) s guindaste.
kurenai 紅 s carmesim, vermelho vivo.
kurēpu クレープ (fr crêpe) s crepe.
kureru 暮れる v 1 anoitecer, entardecer. 2 terminar. 3 ficar desnorteado.
kureru くれる v dar, presentear, regalar.

kureson クレソン (fr cresson) s Bot agrião.
kureyon クレヨン (ingl crayon) s giz de cera, creiom.
kuri 栗 s Bot castanha da Europa.
kuriā クリアー (ingl clear) s ～na, adj: claro. ～suru, v: superar, sobrepujar; alcançar, atingir.
kuriage 繰り上げ s adiantamento, antecipação.
kuriageru 繰り上げる v antecipar, adiantar.
kuriawase 繰り合わせ s arranjo de tempo.
kuriawaseru 繰り合わせる v arranjar tempo, ajustar horário.
kuridasu 繰り出す v 1 sair em grupo. 2 tirar um após outro. 繰り出し梯子 kuridashi hashigo: escada telescópica.
kurige 栗毛 s cavalo de pelo marrom.
kurigoto 繰言 s mesma história (ladainha), lamúria, choradeira.
kurihirogeru 繰り広げる v desdobrar, desenrolar, abrir, espalhar.
kuriire 繰り入れ s transferência de dinheiro.
kuriireru 繰り入れる v transferir dinheiro.
kuriiro 栗色 s cor castanha, marrom.
kurikaeshi 繰り返し s repetição, refrão. ～符号 ～fugō: sinal gráfico de repetição.
kurikaesu 繰り返す v repetir, reiterar.
kurikoshi 繰り越し s transferência para o seguinte.
kurikosu 繰り越す v transferir para o seguinte.
kurīmu クリーム (ingl cream) s creme. 生～ nama～: creme de leite fresco. ～チーズ ～chīzu (ingl cheese): queijo cremoso.
kurīnā クリーナー (ingl cleaner) s limpador.
kurinikku クリニック (ingl clinic) s clínica.
kurīningu クリーニング (ingl cleaning) s lavagem de roupa. ～屋 ～ya: lavanderia. ドライ～ dorai～: lavagem a seco.
kurinobe 繰り延べ s adiamento.
kurinoberu 繰り延べる v adiar, postergar.
kurinuki 刳り貫き s perfuração.
kurinuku 刳り貫く v perfurar, cavar.
kurisage 繰り下げ s adiamento, postergação.
kurisageru 繰り下げる v adiar, postergar.
kurisumasu クリスマス (ingl Christmas) s Natal. ～カード ～kādo (ingl card): cartão de Natal. ～ツリー ～tsurī (ingl tree): árvore de Natal. ～キャロル ～kyaroru (ingl carol): canção natalina. ～イブ ～ibu (ingl eve): véspera de Natal.
kurisutaru クリスタル (ingl crystal) s cristal.
kuro 黒 s 1 preto, negro, cor preta. 2 pedra preta (de jogo de tabuleiro). 3 culpado.
kurō 苦労 s sofrimento, dificuldade, necessidade, provação, transtorno, apuros.
kūro 空路 s rota aérea.
kuroaza 黒痣 s mácula.
kurobikari 黒光り s brilho negro.
kurobīru 黒ビール s cerveja preta.
kuroboshi 黒星 s 1 ponto preto. 2 alvo. 3 perda, derrota, falha.
kurobuchi 黒斑 s manchas (pintas) pretas.
kurocha 黒茶 s marrom-escuro.
kurofuku 黒服 s roupa preta (de luto).
kuroguro to 黒々と adv em preto, escuro.
kuroi 黒い adj 1 preto, negro. 2 escuro. 3 sujo, manchado. 4 sinistro.
kuroji 黒字 s superavit; no azul.

kuroji 黒地 *s* fundo preto.
kurokabi 黒黴 *s Bot* bolor preto.
kurokami 黒髪 *s* cabelo preto.
kurokemuri 黒煙 *s* fumaça negra.
kuroko 黒子 *s* **1** assistente de teatro cabúqui vestido de preto. **2** pessoas que ajudam os atores nos bastidores.
kuroku 黒く *adv* preto, negro. ～*suru*, *v*: enegrecer.
kuromaku 黒幕 *s* **1** cortina preta. **2** pessoa que manipula pelos bastidores.
kurome 黒目 *s* íris, pupila.
kuromegane 黒眼鏡 *s arc* óculos escuros.
kuromi 黒味 *s* negrura, escuro.
kuronuri 黒塗り *s* pintado (laqueado) de preto.
kuroobi 黒帯 *s* faixa preta.
kuropan 黒パン *s* pão de centeio.
kuroppoi 黒っぽい *adj* escuro, preto.
Kuroshio 黒潮 *s Geogr* corrente marítima do Pacífico que borda as ilhas do Japão.
kurōshō 苦労性 *s* ansioso, preocupado, pessoa que se preocupa em demasia.
kurōto 玄人 *s* profissional, especialista, perito.
kurotsuchi 黒土 *s* terra preta.
kurozatō 黒砂糖 *s* açúcar mascavo, mascavado.
kurozumu 黒ずむ *v* escurecer, enegrecer, tornar-se preto.
kuru 来る *v* **1** vir, chegar, aproximar-se. **2** visitar. **3** chegar a vez (época). **4** chegar a um estágio. **5** originar-se, derivar de, ser causado por. **6** relativo a, acerca de.
kuru 刳る *v* furar, perfurar, cavar.
kuru 繰る *v* **1** enrolar. **2** virar a página. **3** contar um a um. **4** tirar a semente.
kurubushi 踝 *s Anat* tornozelo.
kurui 狂い *s* **1** confusão, desordem. **2** empenamento.
kuruijini 狂い死に *s* morte causada por loucura.
kuruizaki 狂い咲き *s* florescimento fora de época.
kurukuru くるくる *adv* **1** giro, viravolta. **2** ativamente. **3** incessantemente.
kuruma 車 *s* **1** roda, rodízio. **2** veículo, carro, automóvel. ～代 ～*dai*: custo de transporte, honorário. ～の両輪 ～*no ryōrin*: inseparáveis.
kurumaisu 車椅子 *s* cadeira de rodas.
kurumaru 包まる *v* envolver-se, enrolar-se.
kurumaya 車屋 *s arc* estação de riquixá.
kurumayoi 車酔い *s* enjoo ao andar em veículo.
kurumayose 車寄せ *s* pórtico, alpendre.
kurumaza 車座 *s* sentar em círculo.
kurumeru 包める *v* incluir, colocar tudo junto.
kurumi 胡桃 *s Bot* noz.
kurumiwari 胡桃割り *s* quebra-nozes.
kurumu 包む *v* envolver; embrulhar.
kurushigaru 苦しがる *v* sofrer; queixar-se de dores.
kurushii 苦しい *adj* **1** penoso; doloroso; aflitivo; angustiante; lancinante. *V* **kutsū** 苦痛. **2** difícil; duro; trabalhoso; penoso; árduo. *V* **konnan** 困難. **3** necessitado; indigente; pobre.
kurushimagire 苦し紛れ *s* situação desesperadora. ～に嘘を付く ～*ni uso o tsuku*: mentir numa situação de desespero.
kurushimeru 苦しめる *v* **1** atormentar; mortificar; afligir; angustiar; apoquentar. **2** torturar; infligir dor. *V* **kutsū** 苦痛.
kurushimi 苦しみ *s* **1** dor; aflição; pena; sofrimento; angústia; agonia; tormento; amargura. **2** dificuldade; adversidade; tribulação; provação; aperto. ～に耐える ～*ni taeru*: resistir às dificuldades. *V* **nangi** 難儀.
kurushimu 苦しむ *v* **1** sofrer; sentir dor. **2** sofrer; debater-se com dificuldades; passar por provações. *V* **modaeru** 悶える, **nayamu** 悩む. **3** estar perplexo. *V* **komaru** 困る, **kyū suru** 窮する. **4** custar. *V* **honeoru** 骨折る.
kurushisa 苦しさ *s* **1** dor; agonia; sofrimento; tormento. **2** dificuldade.
kuruu 狂う *v* **1** enlouquecer; endoidecer; perder a razão. **2** avariar-se. **3** transtornar-se; malograr-se; falhar. **4** distorcer-se; ficar torcido. **5** ficar louco de paixão. *V* **mayou** 迷う, **oboreru** 溺れる. 賭け事に～ *kakegoto ni* ～: enlouquecido pelo jogo. **6** enfurecer-se. *V* **arekuruu** 荒れ狂う.
kuruwa 廓 *v* **1** área cercada. **2** bairro dos prostíbulos.
kuruwaseru 狂わせる *v* **1** fazer endoidecer. **2** fazer avariar; desarranjar; desmanchar. **3** perturbar; transtornar; estragar. 判断を～ *handan o* ～: perturbar a capacidade de julgar.
kuryo 苦慮 *s* trabalho e preocupação. ～*suru*, *v*: ver-se aflito.
kusa 草 *s* erva; capim; grama; relva.
kusabana 草花 *s* flores.
kusabi 楔 *s* **1** cunha; cavilha; calço. **2** *fig* elo.
kusabigata 楔形 *s* forma de cunha.
kusabigatamoji 楔形文字 *s* caracteres cuneiformes (dos assírios).
kusabukai 草深い *adj* **1** cheio de erva. **2** afastado; remoto. ～田舎 ～*inaka*: lugar afastado das cidades.
kusabuki 草葺 *s* de colmo. ～の家 ～*no ie*: casa forrada de colmo.
kusachi 草地 *s* capinzal; prado; pastagem.
kusahara 草原 *s* ervaçal; campo com erva, prado.
kusai 臭い *adj* **1** malcheiroso; que cheira mal; fétido; fedorento. ～飯を食べる ～*meshi o taberu*: ir para a prisão. **2** suspeito; que cheira a esturro; duvidoso; artificial. *V* **ayashii** 怪しい, **utagawashii** 疑わしい. ～仲 ～*naka*: relação duvidosa.
-kusai -臭い *suf* cheirar; dar a impressão de. 汗～ *ase*～: cheirar a suor. いんちき～ *inchiki*～: cheirar falso. けち～ *kechi*～: mesquinho; avaro; sovina.
kusairo 草色 *s* verde-escuro.
kusakari 草刈り *s* ceifa da erva. ～*suru*, *v*: ceifar; segar; cortar a relva. *V* **kusatori** 草取り, **kusamushiri** 草毟り.
kusakarigama 草刈り鎌 *s* foice; gadanha.
kusaki 草木 *s* vegetação; mato.
kusaku 句作 *s* composição de *haiku* (*haikai*).
kusami 臭味 *s* **1** mau cheiro. **2** pedantismo.
kusamura 叢 *s* moita de erva.
kusamushiri 草むしり *s* monda.
kusarasu 腐らす *v* **1** deixar apodrecer. **2** desacoroçoar, deixar-se abater. 気を～ *ki o* ～: desanimar.
kusare- 腐れ- *suf* bom para nada; podre; que não vale a pena.
kusareen 腐れ縁 *s* vínculo infeliz, mas irremediável.
kusari 腐り *s* **1** podre. *V* **fuhai** 腐敗. **2** parte decadente.
kusari 鎖 *s* **1** correia; corrente. **2** laço; cadeia. 古い

kusaru

～をたち切る *furui ～o tachikiru*: romper os laços do passado.
kusaru 腐る *v* 1 apodrecer; decompor-se; estragar-se; deteriorar-se; azedar-se. 2 danificar-se; corroer-se; ficar carcomido. 3 corromper-se; viciar-se; perverter-se. 4 sentir-se deprimido; estar desalentado.
kusatori 草取り *s* monda; ato de arrancar as ervas daninhas.
kusawake 草分け *s* 1 primeiro explorador; pioneiro. 2 fundador; criador.
kusayabu 草薮 *s* mato de capim e ervas.
kusayakyū 草野球 *s* beisebol amador praticado em qualquer campo aberto.
kuse 癖 *s* 1 hábito; costume; mania; vício; tique. ～をつける ～*o tsukeru*: habituar-se. 子供に早起きの～をつけさせる *kodomo ni hayaoki no ～o tsukesaseru*: habituar as crianças a levantar-se cedo. 2 maneirismo; peculiaridade. 彼の文章には～がある *kare no bunshō ni wa～ga aru*: o estilo dele é peculiar. 3 mau jeito. 髪の～を直す *kami no ～o naosu*: corrigir o mau jeito do cabelo.
kūseki 空席 *s* 1 assento livre; assento desocupado. 2 posto vago.
kusen 苦戦 *s* luta desesperada.
kuse ni 癖に *expr* embora; ainda que; posto que; se bem que; apesar de. 知りもしない～ *shiri mo shinai ～*: apesar de não saber nada.
kusetsu 苦節 *s* sofrimento. ～十年 ～*jūnen*: dez anos de luta inabalável.
kūsha 空車 *s* carro vago; táxi vago.
kushakusha くしゃくしゃ *mim* amarrotado.
kushami 嚔 *s* espirro.
kushi 串 *s* espeto.
kushi 櫛 *s* pente. ～の歯 ～*no ha*: dentes do pente. ～で髪をすく ～*de kami o suku*: pentear o cabelo; passar o pente no cabelo.
kushi 駆使 *s* domínio completo. ～*suru*, *v*: fazer; manter as ordens dadas. 2 livre disposição; domínio. 自分の能力を最大限に～して働く *jibun no nōryoku o saidaigen ni ～shite hataraku*: trabalhar usando ao máximo as capacidades próprias.
kushiki 奇しき *adj* estranho; misterioso; curioso; singular.
kushikumo 奇しくも *adv* misteriosamente; curiosamente.
kushin 苦心 *s* esforço; trabalho árduo; canseira. ～の作 ～*no saku*: fruto de muito esforço.
kushiyaki 串焼き *s* assado no espeto; espetinho.
kushizashi 串刺し *s* 1 espetada. ～にする ～*ni suru*: assar no espeto. 2 espetar. やりで動物を～にする *yari de dōbutsu o ～ni suru*: atravessar o animal com a lança.
kushō 苦笑 *s* sorriso amarelo; sorriso amargo.
kūsho 空所 *s* espaço em branco.
kūshū 空襲 *s* bombardeio aéreo.
kūshūkeihō 空襲警報 *s* alarme antiaéreo.
kuso 糞 *s vulg* 1 excremento; merda. ～をする ～*o suru*: defecar; cagar. 2 que diabo!; merda!; que vá para o inferno! 3 que chatice! 4 muito. ～度胸 ～*dokyō*: temeridade; audácia dos diabos.
kūso 空疎 *s* 1 dispersão. 2 vazio; futilidade.
kūsō 空想 *s* fantasia; imaginação; sonho; devaneio; quimera.

kutsugaesu

kūsōka 空想家 *s* sonhador; fantasista; utopista.
kūsōkagakushōsetsu 空想科学小説 *s* romance de ficção científica.
kusomajime 糞真面目 *s* sisudez.
kusotare 糞垂れ *s pop* safado.
kūsōteki 空想的 *s* imaginário; fantasioso; utópico.
kussetsu 屈折 *s* 1 curva; sinuosidade. 2 ser retorcido. 3 refração.
kussetsubōenkyō 屈折望遠鏡 *s* telescópio refrativo.
kussetsukaku 屈折角 *s* ângulo de refração.
kussetsuritsu 屈折率 *s* índice de refração.
kussetsuryoku 屈折力 *s* poder de refração.
kusshi 屈指 *s* proeminência; contagem pelos dedos.
kusshin 屈伸 *s* 1 extensão e contração. 2 extensão e flexão.
kusshon クッション (*ingl cushion*) *s* 1 almofada. 2 ato de ser fofo. 3 amortecedor. ワンクッション置く *wankusshon oku*: usar de meios indiretos para suavizar o choque.
kussuru 屈する *v* 1 curvar; dobrar; vergar; fletir. 2 perder o ânimo; desanimar. 3 render-se; ceder; sucumbir; vergar-se.
kusuburu 燻る *v* 1 fumegar; deitar fumo. 2 enfarruscar-se; sujar-se com fuligem. 3 estagnar. 田舎に～ *inaka ni ～*: permanecer na obscuridade da roça. 4 arder às ocultas; estar latente. 住民の間に燻り続けている不満 *jūmin no aida ni kusuburitsuzukete iru fuman*: o descontentamento latente entre a população. 5 encerrar-se em casa.
kusuguri 擽り *s* 1 gracejo; piada; dito cômico. 2 cócegas.
kusuguru 擽る *v* 1 fazer cócegas; titilar. 2 fazer rir. 3 agradar; deleitar-se; lisonjear.
kusuguttai 擽ったい *adj* 1 titilante; que tem cócegas. 2 envergonhado.
kusumu くすむ *v* 1 ser escuro. 2 ser obscuro.
kusuneru くすねる *v* surripar; deitar a unha.
kusuri 薬 *s* remédio; medicamento; droga; pomada; pílula; tônico; unguento. 風邪～ *kaze～*: remédio para gripe.
kusuriya 薬屋 *s* farmácia.
kusuriyubi 薬指 *s* dedo anular.
kutabaru くたばる *v vulg* 1 ficar exausto; ficar arrombado. 2 morrer.
kutabire 草臥れ *s* fadiga.
kutabireru くたびれる *v* 1 cansar-se; ficar exausto. 2 desalentar; perder o ânimo.
kutakuta くたくた *mim* 1 muito cansado. 2 bem cozido. ～に煮る ～*ni niru*: cozer até ficar desfeito.
kūtei 空挺 *s* tropa aerotransportada.
kuten 句点 *s* ponto-final.
kūten 空転 *s* 1 *Mec* rodar em falso. 2 fazer muito rodeio sem entrar no assunto.
kutō 句読 *s* pontuação. ～を打つ ～*o utsu*: pontuar.
kutō 苦闘 *s* luta dura.
kutōten 句読点 *s* sinais de pontuação.
kutsu 靴 *s* sapatos; botas; botinas; calçados.
kutsū 苦痛 *s* dor; sofrimento. ～を訴える ～*o uttaeru*: queixar-se de dores.
kutsubera 靴箆 *s* calçadeira.
kutsugaeru 覆る *v* 1 virar de pernas para o ar; capotar. 2 cair; tombar; ser derrubado. 3 mudar completamente.
kutsugaesu 覆す *v* 1 virar de pernas para o ar;

inverter; virar ao contrário; capotar. **2** derrubar. **3** mudar; ultrapassar.
kutsuhimo 靴紐 *s* cordão de sapato; cadarço.
kutsujoku 屈辱 *s* humilhação; vexame; vergonha; ignomínia; desonra. 〜を味わう 〜*o ajiwau*: sentir a humilhação; sentir o vexame. 〜を与える 〜*o ataeru*: humilhar; envergonhar; desonrar.
kutsujokuteki 屈辱的 *adj* humilhante; vergonhoso; ignominioso; desonroso. 〜な体験 〜*na taiken*: experiência humilhante.
kutsujū 屈従 *s* submeter-se ao inimigo.
kutsumigaki 靴磨き *s* **1** engraxamento do calçado. **2** engraxate.
kutsunaoshi 靴直し *s* sapateiro; conserto de sapato.
kutsuoto 靴音 *s* som do sapato; som dos passos de uma pessoa.
kutsurogi 寛ぎ *s* descanso; ato de estar à vontade.
kutsurogu 寛ぐ *v* **1** por-se à vontade; descansar. **2** deixar de fazer cerimônias. どうぞお寛ぎ下さい *dōzo okutsurogi kudasai*: fique à vontade; não faça cerimônia.
kutsushita 靴下 *s* meias.
kutsuwa 轡 *s* freio (para cavalo); brida.
kutsuya 靴屋 *s* sapataria; sapateiro.
kutsuzoko 靴底 *s* sola do sapato.
kutsuzumi 靴墨 *s* graxa. 〜を塗る 〜*o nuru*: engraxar.
kutsuzure 靴擦れ *s* ferida causada pelos sapatos.
kuttaku 屈託 *s* **1** preocupação; cuidado; inquietação. **2** tédio; cansaço; enfado.
kutte kakaru 食って掛かる *expr* virar-se contra. 親に〜 *oya ni* 〜: virar-se contra os pais.
kuttsukeru くっ付ける *v* ligar; unir; juntar.
kuttsuku くっ付く *v* **1** pegar-se; agarrar-se; colar-se; aderir. **2** estar perto. **3** juntar-se; pôr-se de namoro.
kuu 食う *v* **1** comer; devorar; tragar. **2** viver. **3** morder; picar. 虫が食ったりんご *mushi ga kutta ringo*: maçã bichada. **4** gastar; consumir. **5** invadir. 人の地盤を〜 *hito no jiban o*〜: invadir a área alheia. **6** derrotar; bater. **7** levar; receber; ser sujeito a. 不意打ちを〜 *fuiuchi o*〜: ser apanhado de surpresa.
kuu ka kuwareru ka 食うか食われるか *expr* de morte. 〜の戦い 〜*no tatakai*: luta de vida ou morte.
kuu ya kuwazu no 食うや食わずの *expr* cheia de privações. 〜の生活をする 〜*no seikatsu o suru*: levar uma vida cheia de privações.
kuwa 鍬 *s* enchada; sacho.
kuwa 桑 *s Bot* amoreira.
kuwadate 企て *s* plano; tentativa; maquinação. 逃亡の〜 *tōbō no*〜: plano de fuga.
kuwadateru 企てる *v* **1** planejar; tramar; maquinar. **2** tentar. 家出を〜 *iede o* 〜: tentar fugir de casa.
kuwaeru 加える *v* **1** adicionar, somar. **2** acrescentar. **3** aumentar. **4** dar; impor; infligir. **5** incluir.
kuwaeru 銜える *v* segurar com os dentes; segurar na boca.
kuwagatamushi 鍬形虫 *s Zool* vaca-loira; lucano.
kuwaseru 食わせる *v* **1** dar de comer; servir comida. **2** manter; sustentar. **3** infligir um golpe; passar uma rasteira. 一杯〜 *ippai*〜: enganar; passar uma rasteira.

kuwashii 詳しい *adj* **1** pormenorizado; detalhado; minucioso; circunstanciado. **2** saber bem; estar familiarizado; estar bem informado. この辺の地理に〜 *kono hen no chiri ni* 〜: conhecer bem as redondezas.
kuwashiku 詳しく *adv* detalhadamente; minuciosamente; pormenorizadamente. もっと〜言うと *motto* 〜 *iu to*: para ser mais exato.
kuwawaru 加わる *v* **1** participar; tomar parte; associar-se. **2** aumentar; alargar; engrandecer-se; crescer. **3** ser adicionado; ser acrescentado.
kuwazugirai 食わず嫌い *expr* **1** mania de não gostar de certa comida. **2** preconceito; não gostar, mesmo sem nunca ter comido.
kuyakusho 区役所 *s* escritório da administração distrital.
kuyami 悔やみ *s* pêsames; condolências.
kuyamijō 悔やみ状 *s* carta de condolências.
kuyamu 悔やむ *v* **1** arrepender-se; ter pena. **2** solidarizar-se na dor; sentir.
kuyashigaru 悔しがる *v* estar aborrecido; sentir vexame.
kuyashii 悔しい *adj* humilhante; decepcionante.
kuyashimagire 悔し紛れ *s* ressentimento.
kuyashinamida 悔し涙 *s* lágrimas de humilhação.
kuyashisa 悔しさ *s* vexame; despeito.
kuyō 供養 *s* ofício pelos mortos.
kuyokuyo くよくよ *adv* tormento; aflição. 〜*suru, v*: atormentar-se; afligir-se.
kūyu 空輸 *s* transporte aéreo. 〜*suru, v*: transportar por via aérea.
kūzen 空前 *s* coisa nunca vista; fato inédito.
kūzenzetsugo 空前絶後 *expr* sem par e difícil de acontecer.
kuzetsu 口[舌]説 *s* tagarelice; briguinha de namorados.
kuzu 屑 *s* **1** lixo; refugo; desperdício; detritos; resíduos. **2** lixo. 人間の〜 *ningen no*〜: escória da humanidade.
kuzu 葛 *s Bot kudzu* (*Pueraria lobata ohwi*), de que se extrai a fécula.
kuzuire 屑入れ *s* lixeira.
kuzukago 屑籠 *s* cesto de lixo.
kuzumono 屑物 *s* artigos inúteis; inutilidades; lixo.
kuzure 崩[潰]れ *s* **1** desmoronamento; desabamento. **2** parte desmoronada. **3** debandada. **4** falha; fracasso. 画家〜 *gaka*〜: pintor fracassado, malsucedido.
-kuzure -崩[潰]れ *s* fracassado; decadente. 作家〜 *sakka*〜: escritor fracassado.
kuzureochiru 崩れ落ちる *v* cair; ruir.
kuzureru 崩[潰]れる *v* **1** desabar; cair; desmoronar; cair em ruínas. **2** descompor-se; perder a linha. **3** destroçar. **4** piorar. **5** sofrer uma baixa. **6** derrotado. **7** rebentar.
kuzushi 崩し *s* forma simplificada, abreviada.
kuzushigaki 崩し書き *s* escrita simplificada, abreviada.
kuzusu 崩す *v* **1** demolir; derrubar; destruir; arrasar. **2** descompor. **3** trocar em miúdos. **4** simplificar a escrita. **5** *Econ* baixar; reduzir. 値を〜 *ne o* 〜: reduzir o preço.
kuzutetsu 屑鉄 *s* ferro-velho.
kuzuya 屑屋 *s* trapeiro.

kyabarē キャバレー (*fr cabaret*) *s* cabaré.
kyabetsu キャベツ (*ingl cabbage*) *s Bot* repolho.
kyabia キャビア (*ingl caviar*) *s Cul* caviar; ovas de esturjão.
kyadi キャディ (*ingl caddie*) *s* carregador de tacos de golfe.
kyahan 伽絆 *s* perneiras; polainas.
kyakka 却下 *s* rejeição; recusa; indeferimento.
kyakka 脚下 *s* pé.
kyakkan 客観 *s* objetivo.
kyakkanka 客観化 *s* objetivação.
kyakkansei 客観性 *s* objetividade.
kyakkanshugi 客観主義 *s* objetivismo.
kyakkanteki 客観的 *s* objetivo.
kyakkō 脚光 *s* 1 luzes da ribalta. 2 centro das atenções.
kyaku 客 *s* 1 visita; visitante. 2 convidado; conviva; hóspede. 3 freguês; freguesia; cliente; clientela. 4 assistência; espectadores. 5 passageiro. 6 receber em casa.
kyaku 脚 *s* perna. *suf* numeral para contar móveis com pernas. いす五～ *isu go～*: cinco cadeiras.
kyakuashi 客足 *s* clientes; fregueses.
kyakuashirai [atsukai] 客あしらい[扱い] *s* hospitalidade; serviço aos clientes; acolhimento aos convidados.
kyakubu 脚部 *s* perna.
kyakudane 客種 *s* freguesia. ～が悪い *～ga warui*: ter uma freguesia de baixo nível social.
kyakugo 客語 *s Gram* predicado; objeto.
kyakuhiki 客引き *s* ato de aliciar fregueses.
kyakuhon 脚本 *s* peça teatral; *script*; roteiro.
kyakuma 客間 *s* sala de visitas.
kyakuseki 客席 *s* assentos, plateia.
kyakusen 客船 *s* barco/navio de passageiros.
kyakusenbi 脚線美 *s* beleza da linha das pernas.
kyakusha 客車 *s* vagão de passageiros.
kyakushitsu 客室 *s* sala de visitas; quarto de hóspedes.
kyakushoku 脚色 *s* 1 dramatização; encenação. 2 ato de conferir um sabor pitoresco a uma história; romancear.
kyakutai 客体 *s Filos* objeto.
kyakuyose 客寄せ *s* atração; chamariz para atrair clientes.
kyandē キャンデー (*ingl candy*) *s* caramelo; bala; bombom.
kyanpēn キャンペーン (*ingl campaign*) *s* campanha.
kyanpu キャンプ (*ingl camp*) *s* 1 tenda de *camping*. 2 campismo. 3 acampamento militar. 4 acampamento para treino de jogadores. 5 acampamento de prisioneiros.
kyanseru キャンセル (*ingl cancel*) *s* cancelamento.
kyasha 華奢 *adj* delgado. ～な女性 *～na josei*: mulher frágil, elegante.
kyasshu キャッシュ (*ingl cash*) *s* dinheiro vivo; numerário.
kyasshukādo キャッシュカード (*ingl* de invenção japonesa *cash + card*) *s* cartão magnético.
kyasutā キャスター (*ingl caster*) *s* 1 rodinhas de móveis. 2 locutor de rádio ou televisão.
kyasuto キャスト (*ingl cast*) *s* elenco.
kyatapira キャタピラ (*ingl caterpillar*) *s* trator de esteiras.

kyatatsu 脚立 *s* escadote.
kyatchibōru キャッチボール (*ingl* de invenção japonesa *catch + ball*) *s* ato de apanhar e atirar a bola de beisebol.
kyatchifurēzu キャッチフレーズ (*ingl catch phrase*) *s* frase de propaganda; lema; divisa.
kyo 挙 *s* ação.
kyo 虚 *s* 1 vacuidade; vácuo; vazio. 2 momento de distração. 3 mentira. 4 unidade imaginária.
kyō 今日 *s* hoje; dia de hoje.
kyō 京 *s* 1 capital; metrópole. 2 antiga cidade de Kyoto.
kyō 経 *s* escrituras sagradas do budismo; sutra.
kyō 興 *s* 1 interesse. 2 prazer; diversão.
-kyō -狂 *suf* 1 mania; maníaco. 2 fanático. ギャンブル～ *gyanburu～*: fanático por jogos de azar.
-kyō -強 *suf* um pouco mais de. 千円～ *sen'en～*: um pouco mais de mil ienes.
kyōai 狭隘 *s* 1 estreiteza. 2 acanhamento de espírito.
kyōaku 兇悪 *s* atrocidade; barbaridade. ～犯罪 *～hanzai*: crime hediondo.
kyōatsu 強圧 *s* pressão; coerção. ～手段 *～shudan*: medidas coercivas.
kyōbai 競売 *s* leilão.
kyōben 教鞭 *s* vara. ～を執る *～o toru*: lecionar; ser professor.
kyōben 強弁 *s* argumento forçado.
kyōbō 兇暴 *s* fúria; raiva; cólera. ～な, *adj*: furioso; raivoso; colérico. ～なふるまい *～na furumai*: conduta violenta.
kyōbō 共謀 *s* conspiração; conluio. ～する, *v*: conspirar; conluiar.
kyōbō 狂暴 *s* fúria; raiva; cólera.
kyōboku 喬木 *s* árvore grande.
kyōbu 胸部 *s* peito; tórax.
kyōchi 境地 *s* 1 disposição de espírito. 2 campo; domínio.
kyōcho 共著 *s* coautoria. ～者 *～sha*: coautores.
kyōchō 協調 *s* cooperação; colaboração. ～する, *v*: cooperar; colaborar.
kyōchō 強調 *s* 1 destaque; acento tônico. 2 *Gram* ênfase. 3 *Econ* estar bom; estar ativo.
kyōchō 凶兆 *s* mau agouro.
kyōchoku 強直 *s* integridade; honestidade; rigidez
kyōchū 胸中 *s* íntimo; coração; peito.
kyōda 強打 *s* pancada forte.
kyodai 巨大 *s* ato de ser enorme/gigantesco; colossal.
kyōdai 兄弟・姉妹 *s* 1 irmãos(ãs). 2 camarada.
kyōdai 鏡台 *s* toucador.
kyodaitoshi 巨大都市 *s* megalópole.
kyodaku 許諾 *s* aceitação; concordância.
kyōdan 教団 *s* associação religiosa.
kyōdan 教壇 *s* estrado da aula. ～に立つ *～ni tatsu*: ato de dar aulas; ato de ser professor.
kyodō 挙動 *s* comportamento; conduta.
kyōdo 郷土 *s* 1 terra natal. 2 província; região.
kyōdo 強度 *s* 1 força; poder de resistência. 2 grau elevado.
kyōdō 共[協]同 *s* sociedade; comunidade; união; associação; comunhão.
kyōdō 教導 *s* instrução; ensino; educação.
kyōdōbokin 共同募金 *s* angariação para fundo comunitário.
kyōdōitchi 協同一致 *s* cooperação unânime.

kyōdōkanri 共同管理 *s* condomínio; gestão coletiva.
kyōdōkeiei 共同経営 *s* cogerenciamento.
kyōdōkenkyū 共同研究 *s* pesquisa em equipe.
kyōdōkumiai 協同組合 *s* cooperativa.
kyōdōnōjō 共同農場 *s* fazenda coletiva.
kyōdoryōri 郷土料理 *s* cozinha regional.
kyōdōsagyō 共同作業 *s* trabalho em equipe.
kyōdōseikatsu 共同生活 *s* vida em comunidade; coabitação.
kyōdōseisaku 共同製作 *s* coprodução.
kyōdōsekinin 共同責任 *s* responsabilidade coletiva.
kyōdōsensen 協[共]同戦線 *s* frente única.
kyōdōshoyū 共同所有 *s* copropriedade.
kyōdōshusshi 共同出資 *s* investimento em sociedade.
kyōdōsōzoku 共同相続 *s* herança conjunta.
kyōdōsuiji 共同炊事 *s* cozinha comunitária.
kyōdōtai 共[協]同体 *s* comunidade; sociedade comunitária.
kyoei 虚栄 *s* vaidade; vanglória.
kyōei 共栄 *s* prosperidade mútua; coprosperidade.
kyōei 共営 *s* gestão conjunta.
kyoeishin 虚栄心 *s* vaidade; vanglória; presunção.
kyōeki 共益 *s* lucro comum.
kyōen 共演 *s* atuação conjunta numa peça ou filme.
kyōetsu 恐[恭]悦 *s* prazer; alegria; júbilo.
kyofu 巨富 *s* fortuna colossal; riqueza enorme.
kyōfu 恐怖 *s* terror; pavor; medo; pânico. ～に襲われる ～*ni osowareru*: ficar aterrorizado.
kyōfu 教父 *s* 1 padre da igreja; os padres. 2 padrinho.
kyōfū 強風 *s* vento forte; ventania; vendaval.
kyōfukan 恐怖感 *s* sensação de medo; temor.
kyōfushin 恐怖心 *s* medo; pavor. ～を抱かせる ～*o idakaseru*: assustar; meter medo; aterrorizar.
kyōfushō 恐怖症 *s* fobia; medo mórbido.
kyōgai 境涯 *s* situação; circunstâncias.
kyogaku 巨額 *s* quantia enorme.
kyōgaku 共学 *s* educação mista.
kyōgaku 教学 *s* educação; assuntos educacionais.
kyōgaku 驚愕 *s* espanto; surpresa.
kyōgaru 興がる *s* ser entretido; ser divertido; achar prazeroso.
kyōgashinnen 恭賀新年 *expr* votos de feliz Ano-Novo.
kyōgeki 挟撃 *s* ataque por ambos os lados.
kyogen 虚言 *s* mentira; falsidade.
kyōgen 狂言 *s* 1 *Teat* farsa de um programa de nô. 2 *Teat* peça de cabúqui. 3 fingimento; simulação. ～自殺 ～*jisatsu*: suicídio simulado.
kyogi 虚偽 *s* mentira; falsidade; impostura.
kyōgi 協議 *s* deliberação; consulta; discussão.
kyōgi 狭義 *s* sentido restrito.
kyōgi 教義 *s* doutrina; dogma; credo.
kyōgi 競技 *s* jogo; partida; competição desportiva.
kyōgijō 競技場 *s* estádio.
kyōgikai 協議会 *s* conselho; reunião consultiva.
kyōgikai 競技会 *s* torneio esportivo.
kyōgirikon 協議離婚 *s* divórcio de comum acordo.
kyōgō 強豪 *s* jogador veterano.
kyōgō 競合 *s* 1 rivalidade; concorrência; competição. 2 concorrência de fatores. ～脱線 ～*dassen*: descarrilamento em uma confluência.
kyōgū 境遇 *s* condições de vida; situação; meio; circunstâncias.
kyōgyō 協業 *s* trabalho em cooperação; cooperação.
kyōha 教派 *s* seita religiosa.
kyōhaku 脅迫 *s* ameaça; intimidação; chantagem.
kyōhaku 強迫 *s* coação; coerção.
kyōhakudenwa 脅迫電話 *s* telefonema de ameaça.
kyōhakujō 脅迫状 *s* carta de ameaça.
kyōhakukannen 強迫観念 *s* obsessão; ideia obsessiva.
kyōhakuteki 脅迫的 *adj* intimidante; ameaçador.
kyōhan 共犯 *s* cumplicidade.
kyōhansha 共犯者 *s* cúmplice.
kyohei 挙兵 *s* levantamento militar.
kyōhen 共編 *s* coorganização.
kyōhensha 共編者 *s* coorganizadores.
kyohi 拒否 *s* recusa; rejeição; veto. ～反応 ～*hannō*: rejeição; recusa; repulsa.
kyohi 巨費 *s* despesa grande.
kyohiken 拒否権 *s* direito de veto.
kyohō 虚報 *s* notícia falsa.
kyōhō 凶報 *s* 1 má notícia. 2 notícia da morte.
kyōhon 狂奔 *s* correria louca.
kyōhon 教本 *s* 1 doutrina; ensinamento fundamental. 2 livro de estudo.
kyōi 胸囲 *s* medida de busto.
kyōi 驚異 *s* maravilha; assombro; prodígio; portento.
kyōi 脅威 *s* ameaça; perigo.
kyōiki 境域 *s* solo. 清浄な～ *seijō na* ～: solo sagrado.
kyōiku 教育 *s* educação; ensino; instrução.
kyōikubangumi 教育番組 *s* programa educativo de TV.
kyōikugaku 教育学 *s* pedagogia.
kyōikuhi 教育費 *s* gastos/despesas com a educação.
kyōikuhō 教育法 *s* método de ensino; método de educação.
kyōikuiin 教育委員 *s* membro do conselho educacional.
kyōikukikan 教育機関 *s* órgão de ensino; instituição de ensino.
kyōikumama 教育ママ *s* mãe excessivamente zelosa com a educação dos filhos.
kyōikuseido 教育制度 *s* sistema educacional.
kyōikusha 教育者 *s* educador; pedagogo.
kyōikushinrigaku 教育心理学 *s* psicologia da educação.
kyōikusōkan 教育総監 *s* inspetor geral da educação militar.
kyōikuteido 教育程度 *s* grau de instrução.
kyōikuteki 教育的 *adj* educativo; instrutivo; didático.
kyōin 教員 *s* professor; corpo docente; professorado.
kyōiteki 驚異的 *adj* admirável; assombroso; extraordinário; maravilhoso; prodigioso.
kyojaku 虚弱 *s* fraqueza.
kyōjaku 強弱 *s* força; acento; dinâmica.
kyōji 教示 *s* ensino. ～する *suru v*: ensinar; indicar; mostrar.
kyōji 凶事 *s* acontecimento trágico; desgraça.
kyōji 矜持[恃] *s* orgulho; dignidade.
kyōji 共時 *s* sincronia.
kyojin 巨人 *s* gigante.
kyōjin 狂人 *s* louco; doido; alienado.
kyōjin 強靭 *s* tenacidade; firmeza.
kyōjiru 興じる *v* divertir-se.

kyōjō 凶状 v crime; ofensa.
kyōjō 教条 s dogma; doutrina.
kyōjōshugi 教条主義 s dogmatismo.
kyojū 居住 s residência.
kyōju 教授 s 1 ensino. ～法 ～hō: didática; método de ensino. 個人～ kojin～: aula particular. 2 professor titular de universidade.
kyōju 享受 s ato de gozar; gozo. この国は自然の恵みを～している kono kuni wa shizen no megumi o ～ shiteiru: o país goza das dádivas naturais.
kyōjuhō 教授法 s método de ensino; didática.
kyojūken 居住権 s direito de residência.
kyojūsha 居住者 s habitante; morador.
kyōjutsu 供述 s depoimento; testemunho.
kyoka 許可 s permissão; licença; autorização.
kyōka 教化 s ato de espalhar o ensinamento; catequização.
kyōka 強化 s fortalecimento; reforço.
kyōka 教科 s matéria; cadeira; curso.
kyōkagarasu 強化ガラス s vidro reforçado.
kyōkagasshuku 強化合宿 s concentração; acampamento de treino intensivo.
kyōkakatei 教科課程 s currículo; programa de curso.
kyōkan 共感 s simpatia. ～suru, v: sintonizar; simpatizar-se.
kyōkan 教官 s professor; instrutor.
kyokasei 許可制 s sistema de concessão de licença.
kyokashō 許可証 s licença.
kyōkasho 教科書 s livro escolar; livro didático.
kyōkatsu 恐喝 s ameaça; intimidação; chantagem; extorsão. ～suru, v: ameaçar; extorquir; intimidar; fazer chantagem.
kyōkatsuzai 恐喝罪 s crime de extorsão.
kyōken 狂犬 s cão raivoso.
kyōken 強権 s poder imperativo, poder do Estado.
kyōken 強健 s saúde, robustez.
kyōken 教権 s 1 autoridade escolar. 2 autoridade eclesiástica.
kyōkenbyō 狂犬病 s Vet raiva. ～予防注射 ～yobōchūsha: vacina antirrábica.
kyōketsu 供血 s doação de sangue.
kyōki 凶[兇]器 s arma mortífera.
kyōki 狂気 s loucura.
kyōki 狂喜 s alegria louca; alegria imensa.
kyōki 侠気 s espírito cavalheiresco.
kyōki 強記 s boa memória.
kyokin 醵金 s contribuição em dinheiro; doação em dinheiro. ～suru, v: contribuir; dar.
kyokō 挙行 s celebração.
kyokō 虚構 s ficção; invenção; pura fabricação.
kyōkō 強[鞏]固 s firmeza; solidez.
kyōkō 凶[兇]行 s ato de violência; atrocidade; assassínio.
kyōkō 恐慌 s pânico; medo.
kyōkō 強行 s ato de fazer à força.
kyōkō 教皇 s papa; sumo pontífice da igreja católica.
kyōkō 強硬 s firmeza; inflexibilidade.
kyōkoku 強国 s uma nação forte; potência.

kyōkoku 峡谷 s desfiladeiro; garganta; vale estreito.
kyoku 曲 s 1 Mús peça; ária; canção. 2 ato de ter graça. 3 injustiça.
kyoku 局 s 1 departamento; repartição pública. 2 estação de rádio; emissora. 3 negócio; situação; aquilo que importa. ～に当たる ～ni ataru: resolver a situação. 4 partida de go ou shogi. 一局打つ ikkyoku utsu: jogar uma partida de go ou shogi.
kyoku 極 s 1 Geol polo. 2 Fis polo. プラスの ～ purasu no ～: polo positivo. 3 auge; ponto culminante; extremo.
kyōku 教区 s paróquia; diocese.
kyōku 恐懼 s temor respeitoso; reverência.
kyokuban 局番 s indicativo da rede telefônica; prefixo.
kyokubi 極微 s ～の ～no: microscópico; atômico.
kyokubu 局部 s 1 uma parte; uma seção; um lugar. 2 parte afetada. 3 partes.
kyokubumasui 局部麻酔 s anestesia local.
kyokuchi 極地 s regiões polares.
kyokuchi 極致 s cume; máximo; non-plus-ultra.
kyokuchō 局長 s chefe de departamento.
kyokuchoku 曲直 s diferença entre o certo e o errado.
kyokudai 極大 s máximo.
kyokudo 極度 s máximo grau; extremo.
kyokudome 局留め s retenção e entrega no correio.
kyokufu 曲譜 s partitura; livro de música.
kyokugai 局外 s 1 fora do departamento. 2 de fora. ～中立 ～chūritsu: neutralidade.
kyokugaisha 局外者 s pessoa neutra; pessoa que nada tem a ver com o assunto; estranho.
kyokugei 曲芸 s acrobacia; habilidades.
kyokugen 極限 s limite.
kyokugen 局限 s limitação.
kyokugi 曲技 s acrobacia; habilidades.
kyokuhoku 極北 s extremo norte; Polo Norte.
kyokuin 局員 s funcionário de departamento.
kyokujitsu 旭日 s sol nascente.
kyok(u)kai 曲解 s interpretação distorcida.
kyok(u)kei 極刑 s pena máxima; pena capital.
kyok(u)ken 極圏 s círculo polar. 北極圏 hokkyokuken: circulo polar ártico. 南極圏 nankyokuken: círculo polar antártico.
kyok(u)kō 極光 s aurora polar. 北極光 hokkyokukō: aurora boreal. 南極光 nankyokukō: aurora austral.
kyokumei 曲名 s título de uma composição musical.
kyokumei 局名 s nome de emissora de rádio ou televisão.
kyokumoku 曲目 s programa de concerto musical.
kyōkun 教訓 s ensinamento, preceito, doutrina, moral, lição. ～を与える ～o ataeru: ensinar, dar uma lição. よい～になる yoi ～ni naru: servir como uma boa lição.
kyokunori 曲乗り s acrobacia sobre cavalo, bicicleta, avião etc. ～をする ～o suru: fazer acrobacia.
kyōkunteki 教訓的 adj instrutivo, edificante, moralizador, didático. ～な話 ～na hanashi: uma história instrutiva.
kyokuritsu 曲率 s Geom curvatura. ～中心 ～chūshin: centro da curvatura.
kyokuron 極論 s argumento radical. ～suru, v: argumentar de forma radical, ter ousadia em dizer.
kyokuryō 極量 s dose máxima de medicamento. ～

超過に注意する 〜*chōka ni chūi suru*: evitar a superdose (*overdose*).

kyokuryoku 極力 *s* dentro do possível, o melhor possível, até o máximo de suas forças. 〜ご出席下さい 〜 *goshusseki kudasai*: façam o possível para estar presentes.

kyokusa 極左 *s* extrema esquerda. 〜分子 〜*bunshi*: os elementos da extrema esquerda.

kyokusei 極性 *s Eletr* polaridade.

kyokusen 曲線 *s* curva, linha curva. 〜柱 〜*chū*: cilindroide.

kyokusenbi 曲線美 *s* beleza das curvas femininas. 〜の女 〜*no onna*: uma mulher com lindas curvas.

kyokusetsu 曲折 *s* **1** curva, volta, meandro, sinuosidade. 〜*suru*, *v*: fazer uma curva, dobrar, ziguezaguear. **2** complicação, dificuldade, vicissitudes, reveses. 〜の多い生涯 〜*no ōi shōgai*: uma vida cheia de reveses.

kyokusho 局所[処] *s* uma região limitada (específica), parte afetada. 〜麻酔 〜*masui*: anestesia local.

kyokushō 極小 *s* o menor, o mínimo. 〜の 〜*no*: infinitesimal, mínimo.

kyokutan 極端 *s* um extremo. 〜から〜に走る 〜*kara* 〜*ni hashiru*: ir de um extremo ao outro. 〜*na*, *adj*: extremo, radical, excessivo.

kyokuten 極点 *s* ponto extremo, clímax, auge.

Kyokutō 極東 *s* o Extremo Oriente.

kyokuu 極右 *s* a extrema direita.

kyokuyō 極洋 *s* mares polares.

kyōkyū 供給 *s* fornecimento, abastecimento, provisão. 〜*suru*, *v*: suprir, fornecer, abastecer. 電力を〜する *denryoku o* 〜*suru*: fornecer energia elétrica.

kyōkyūchi 供給地 *s* fonte, local de fornecimento (abastecimento).

kyōkyūgen 供給源 *s* fonte, fornecedor. たんぱく質の〜 *tanpakushitsu no* 〜: fonte de proteínas.

kyoman 巨万 *s* milhões.

kyōman 驕慢 *s* orgulho, arrogância, soberba. 〜*na*, *adj*: arrogante, soberbo. 〜な態度 〜*na taido*: jeito (postura) arrogante.

kyomei 虚名 *s* falsa reputação, vanglória. 〜を博する 〜*o hakusuru*: ganhar fama sem reais méritos.

kyōmei 共鳴 *s* **1** ressonância, consonância (de sons). 〜*suru*, *v*: ressoar, ecoar. 〜箱 〜*bako*: caixa de ressonância. **2** compreensão, simpatia, empatia. 〜*suru*, *v*: compreender, ter empatia, sentir o mesmo (que o outro).

kyōmeisha 共鳴者 *s* simpatizante.

kyōmi 興味 *s* interesse, curiosidade. 〜のある 〜*no aru*: interessante. 〜を持つ 〜*o motsu*: ter interesse em.

kyōmibukai 興味深い *adj* muito interessante, de grande interesse. 〜問題 〜*mondai*: uma questão de grande interesse.

kyōmihon'i 興味本意 *s* algo interessante, divertido. 〜の読み物 〜*no yomimono*: leitura leve, agradável.

kyōmishinshin 興味津々 *adj* muito interessante, fascinante. 〜である 〜*de aru*: ser fascinante.

kyomō 虚妄 *s* mentira, falsidade. 〜の説 〜*no setsu*: falso raciocínio, opinião sem fundamento.

kyōmon 経文 *s* sutra, livro sagrado do budismo.

kyomu 虚無 *s* **1** nada, vazio. 〜的 〜*teki*: niilístico. **2** algo sem vida.

kyōmu 教務 *s* **1** secretaria da escola. **2** trabalhos de secretaria do templo.

kyomushugi 虚無主義 *s* niilismo. 〜者 〜*sha*: niilista.

kyonen 去年 *s* ano passado. 〜の三月 〜*no sangatsu*: março do ano passado.

kyōnen 享年 *s* número de anos vividos, idade que a pessoa tinha ao falecer. 〜五十二歳 〜 *gojūnisai*: ele tinha 52 anos.

kyōnetsu 強熱 *s* calor intenso, ignição. 〜*suru*, *v*: aquecer intensamente.

kyōō 饗[供]応 *s* recepção, festa, banquete. 〜*suru*, *v*: dar uma festa, um banquete. 〜にあずかる 〜*ni azukaru*: ser bem recebido.

kyorai 去来 *s* ato de ir e vir. 〜*suru*, *v*: ir e vir, voltar.

kyōraku 享楽 *s* divertimento, recreação. 〜*suru*, *v*: deleitar, gozar, desfrutar. 人生を〜する *jinsei o* 〜*suru*: desfrutar a vida.

kyōrakushugi 享楽主義 *s* hedonismo.

kyōrakuteki 享楽的 *adj* prazeroso.

kyōran 狂乱 *s* loucura, demência, doidice. 〜*suru*, *v*: enlouquecer. 〜物価 〜*bukka*: aumento desenfreado dos preços.

kyōran 供覧 *s* exposição (de objetos ou produtos). 〜*suru*, *v*: expor, mostrar.

kyorei 虚礼 *s* formalidades desnecessárias. 〜を廃する 〜*o haisuru*: dispensar as formalidades inúteis.

kyōren 教練 *s* treinamento militar. 〜*suru*, *v*: treinar, exercitar.

kyōretsu 強烈 *s* intensidade. 〜*na*, *adj*: forte, intenso. 〜な一撃 〜*na ichigeki*: um golpe forte, potente.

kyori 距離 *s* distância, trajeto. 一時間の〜 *ichijikan no* 〜: distância de uma hora. 一キロの〜 *ichikiro no* 〜: distância de um quilômetro.

kyōri 郷里 *s* terra natal.

kyorokyoro きょろきょろ 〜*suru*, *v*: olhar para todos os lados com ansiedade ou distraidamente.

kyōryō 狭量 *s* estreiteza de sentimento. 〜な人 〜*na hito*: uma pessoa intolerante.

kyōryō 橋梁 *s* ponte. 〜を架する 〜*o ka suru*: construir uma ponte.

kyōryoku 協力 *s* colaboração, ajuda, cooperação. 〜*suru*, *v*: colaborar, ajudar.

kyōryoku 強力 *s* potência. 〜*na*, *adj*: forte, poderoso. 〜なエンジン 〜*na enjin*: motor potente.

kyōryokusha 協力者 *s* colaborador.

kyoryū 居留 *s* residência. 〜*suru*, *v*: morar.

kyōryū 恐竜 *s Paleont* dinossauro.

kyoryūchi 居留地 *s* área autorizada para residentes estrangeiros.

kyoryūmin 居留民 *s* residentes. 日本人〜 *nihonjin* 〜: residentes japoneses no exterior.

kyōsa 教唆 *s* instigação, incitação. 〜*suru*, *v*: instigar, incitar. 犯罪を〜する *hanzai o*〜*suru*: instigar uma pessoa a cometer um crime.

kyōsai 共済 *s* ajuda mútua. 〜会 〜*kai*: sociedade de auxílio mútuo.

kyōsai 共催 *s* patrocínio conjunto, copatrocínio. 〜*suru*, *v*: copatrocinar.

kyōsai 恐妻 *s* ter medo da esposa. 〜家 〜*ka*: marido submisso à mulher.

kyōsaikumiai 共済組合 *s* cooperativa de ajuda mútua.
kyōsaku 凶作 *s* colheita ruim.
kyōsaku 狭窄 *s Med* estritura, estenose; estreitamento.
kyōsan 共産 *s* propriedade comum. ～党 ～*tō*: partido comunista.
kyōsan 協賛 *s* aprovação e cooperação (apoio). ～*suru, v*: aprovar e apoiar.
kyōsanka 共産化 *s* coletivização; tornar-se comunista.
kyōsankei 共産系 *s* ～の ～*no*: comunista. ～の新聞 ～*no shinbun*: jornal de linha comunista.
kyōsanken 共産圏 *s* área de influência comunista.
kyōsansei 共産制 *s* comunismo; coletivismo.
kyōsanshugi 共産主義 *s* comunismo. ～国 ～*koku*: país comunista.
kyōsanshugisha 共産主義者 *s* comunista.
kyōsantō 共産党 *s* partido comunista.
kyosatsu 巨刹 *s* um grande templo budista.
kyosei 去勢 *s* 1 castração. ～*suru, v*: castrar. 2 emasculação. ～*suru, v*: emascular.
kyosei 虚勢 *s* fanfarrice, bazófia.
kyosei 巨星 *s* 1 uma estrela grande. 2 uma pessoa brilhante, notável, famosa.
kyōsei 強制 *s* coerção, repressão, compulsão. ～*suru, v*: coagir, compelir, forçar. ～収容所 ～*shūyōjō*: campo de concentração.
kyōsei 矯[匡]正 *s* correção. ～*suru, v*: corrigir, endireitar, alinhar. ～視力 ～*shiryoku*: correção visual (por meio de lentes).
kyōsei 強請 *s* 1 extorsão, intimidação. ～*suru, v*: extorquir, obter por violência. 金品を～する *kinpin o* ～*suru*: extorquir valores. 2 coerção. ～*suru, v*: forçar, coagir.
kyōseiijū 強制移住 *s* deportação, exílio. ～させる ～*saseru*: deportar, exilar.
kyōseirōdō 強制労働 *s* trabalho forçado. ～を科する ～*o kasuru*: impor trabalho forçado.
kyōseiryoku 強制力 *s* poder coercivo, poder legal.
kyōseishikkō 強制執行 *s* execução judicial.
kyōseishobun 強制処分 *s* medida compulsória.
kyōseishudan 強制手段 *s* meios legais. ～に訴える ～*ni uttaeru*: apelar para os meios legais.
kyōseishūyō 強制収容 *s* detenção.
kyōseisokai 強制疎開 *s* evacuação forçada de pessoas. ～させる ～*saseru*: forçar as pessoas a deixar o local.
kyōseiteki 強制的 *adj* compulsório, obrigatório; coercivo, forçado.
kyōshi 教師 *s* professor, mestre. ～をする ～*o suru*: lecionar. 家庭～ *katei*～: professor particular.
kyoshiki 挙式 *s* cerimônia, celebração. 結婚の～ *kekkon no* ～: cerimônia de casamento. ～*suru, v*: realizar a cerimônia.
kyoshin 虚心 *s* franqueza. ～に考える ～*ni kangaeru*: pensar francamente, livremente.
kyōshin 狂信 *s* fanatismo. ～*suru, v*: ser fanático, crer fanaticamente.
kyōshin 強震 *s* terremoto forte, violento.
kyoshintankai 虚心坦懐 *s* franqueza, sinceridade.
kyoshiteki 巨視的 *adj* macroscópico. ～に見る ～*ni miru*: ter uma visão ampla.
kyoshitsu 居室 *s* sala, sala particular, sala de estar.

kyōshitsu 教室 *s* 1 sala de aula. 2 curso. 料理～を開く *ryōri* ～*o hiraku*: abrir um curso de culinária.
kyosho 居所 *s* 1 residência. 2 paradeiro. 彼の～は不明である *kare no* ～*wa fumei de aru*: não sabemos o paradeiro dele. 3 endereço.
kyōshō 挙証 *s* estabelecimento de evidência.
kyōsho 教書 *s* mensagem (do presidente).
kyōshō 協商 *s* acordo, pacto, negociação entre países. ～*suru, v*: fazer um acordo, negociar.
kyoshoku 虚飾 *s* ostentação, pompa.
kyōshoku 教職 *s* magistério. ～につく ～*ni tsuku*: tornar-se professor.
kyōshokuin 教職員 *s* as pessoas que trabalham na escola. ～組合 ～*kumiai*: sindicato dos professores e funcionários.
kyoshu 挙手 *s* 1 ato de levantar a mão. ～*suru, v*: levantar a mão. 2 continência.
kyoshu 去就 *s* atitude a ser tomada. ～を明らかにする ～*o akiraka ni suru*: definir a atitude.
kyōshu 教主 *s* fundador de uma seita religiosa.
kyōshū 郷愁 *s* nostalgia, saudade. 幼年時代への～ *yōnenjidai e no* ～: saudade da infância.
kyōshū 教習 *s* treino, instrução. ～*suru, v*: treinar, instruir, ensinar.
kyōshū 強襲 *s* assalto, investida impetuosa. ～*suru, v*: assaltar, atacar violentamente.
kyōshubōkan 拱手傍観 *s* ato de cruzar os braços e não tomar nenhuma atitude. ～*suru, v*: cruzar os braços, não fazer nada.
kyōshūjo 教習所 *s* escola de treinamento. 自動車～ *jidōsha*～: autoescola.
kyōshuku 恐縮 *s* constrangimento, sentimento de embaraço (usado como expressão de gratidão). ～ですが、これを教えていただけますか ～*desu ga, kore o oshiete itadakemasu ka*: desculpe-me, mas poderia me explicar sobre isto?
kyoshu no rei 挙手の礼 *s* continência, cumprimento militar.
kyoshutsu 醵出 *s* doação, contribuição, colaboração. ～*suru, v*: doar, contribuir com dinheiro para um fundo.
kyōshutsu 供出 *s* entrega obrigatória de produto ao Estado. ～*suru, v*: entregar. 米を～する *kome o* ～*suru*: entregar o arroz ao governo.
kyōshutsuwariate 供出割当 *s* cota a ser entregue.
kyoso 挙措 *s* modo de ação, procedimento, comportamento.
kyōso 教祖 *s* fundador de uma seita religiosa.
kyōsō 強壮 *s* robusteza. ～*na, adj*: forte, robusto. 彼は非常に～だ *kare wa hijō ni*～*da*: ele é muito forte.
kyōsō 競争 *s* competição, concurso, concorrência. ～*suru, v*: competir, concorrer.
kyōsō 競走 *s* corrida. ～*suru, v*: correr numa competição. 百メートル～ *hyaku mētoru* ～: corrida de 100 metros.
kyōsōaite 競争相手 *s* concorrente, rival.
kyōsōishiki 競争意識 *s* espírito de rivalidade, de competição.
kyōsōkyoku 協奏曲 *s* concerto. ピアノ～ *piano* ～: concerto para piano.
kyōsonkyōei 共存共栄 *s* coexistência; prosperidade mútua. ～主義 ～*shugi* princípio da prosperidade mútua.

kyōsōryoku 競争力 *s* força de competição.
kyōsōsha 競争者 *s* competidor, rival, concorrente.
kyōsōshiken 競争試験 *s* exame de seleção, concurso.
kyōsōshin 競争心 *s* espírito de competição.
kyōsōzai 強壮剤 *s* medicamento tônico, revigorante.
kyōsuru 供する *v* **1** oferecer, colocar à disposição de. 天覧に～ *tenran ni ～*: apresentar ao imperador. **2** servir uma refeição leve. 茶菓を～ *saka o ～*: servir chá e doces. **3** suprir, prover.
kyotai 巨体 *s* figura gigantesca, corpaço, corpanzil. ～の持ち主 *～no mochinushi*: homem gigantesco.
kyōtai 狂態 *s* conduta escandalosa, vergonhosa. ～を演じる *～o enjiru*: comportar-se escandalosamente.
kyōtaku 供託 *s* depósito, consignação. ～する *～suru*, *v*: depositar. ～金 *～kin*: dinheiro depositado.
kyōtakusho 供託所 *s* depósito para custodiar valores.
kyōtan 驚嘆 *s* admiração. ～する *～suru*, *v*: admirar-se, ficar maravilhado.
kyōtei 協定 *s* acordo, pacto (entre países). ～する *～suru*, *v*: fazer um acordo. ～価格(値段) *～kakaku (nedan)*: preço acordado.
kyōtei 教程 *s* **1** método de ensino; currículo. **2** manual, apostila.
kyōtei 胸底 *s* um sentimento que está no fundo do coração. ～を打ちあける *～o uchiakeru*: abrir o coração.
kyōteisho 協定書 *s* acordo por escrito; termos do acordo.
kyōteki 強敵 *s* um adversário forte.
kyōteki 狂的 *adj* louco, lunático, doido. ～な行ない *～na kōi*: um ato insano.
kyoten 拠点 *s* posição, base. 軍事～ *gunji～*: base militar.
kyōtendōchi 驚天動地 *expr* ato de assombrar as pessoas. ～の大事件 *～no daijiken*: um fato assombroso, espantoso.
kyotō 巨頭 *s* um líder, uma figura importante. ～会談 *～kaidan*: conferência de estadistas.
kyōto 教徒 *s* crente, fiel. キリスト～ *kirisuto ～*: cristão.
kyoton to きょとんと *adv* vagamente, inexpressivamente. ～した顔をする *～shita kao o suru*: olhar (pasmado) com espanto.
kyōtsū 共通 *s* ser comum. ～の *～no*: comum. ～語 *～go*: língua comum do país.
kyōtsūsei 共通性 *s* comunidade, comunhão. ～を持っている *～o motteiru*: ter algo em comum.
kyōtsūten 共通点 *s* ponto em comum.
kyōwa 協和 *s* **1** harmonia, concordância. ～する *～suru*, *v*: harmonizar-se. **2** *Mús* consonância, concordância de sons.
kyōwakoku 共和国 *s* república, país republicano.
kyōwasei(do) 共和制(度) *s* sistema (regime) republicano.
kyōwaseiji 共和政治 *s* governo republicano.
kyōwaseitai 共和政体 *s* sistema republicano de governo, regime republicano.
kyōwashugi 共和主義 *s* republicanismo.
kyōyaku 協約 *s* acordo, convenção, pacto. ～する *～suru*, *v*: fazer um acordo.
kyōyakusho 協約書 *s* acordo por escrito.

kyoyō 許容 *s* **1** permissão, tolerância. ～する *～suru*, *v*: permitir, tolerar. ～量 *～ryō*: grau de tolerância. **2** perdão.
kyōyo 供与 *s* fornecimento, provisão. ～する *～suru*, *v*: fornecer, prover.
kyōyō 共用 *s* uso comunitário. ～する *～suru*, *v*: dividir o uso de alguma coisa. ～電話 *～denwa*: telefone comunitário (de uso comum).
kyōyō 強要 *s* coerção, repressão. ～する *～suru*, *v*: coagir, compelir, reprimir. 彼は辞職を～された *kare wa jishoku o ～sareta*: compeliram-no a deixar o cargo.
kyōyō 教養 *s* cultura, educação, instrução. ～のある人 *～no aru hito*: uma pessoa instruída, bem-educada.
kyoyōgendo 許容限度 *s* limite de tolerância, limite máximo permitido.
kyoyōjikan 許容時間 *s* tempo de tolerância.
kyoyu 教諭 *s* professor, instrutor.
kyōyū 共有 *s* copropriedade, comunidade. ～する *～suru*, *v*: possuir alguma coisa em comunhão.
kyōyū 享有 *s* posse, gozo. 自由を～する *jiyū o ～suru*: gozar a liberdade.
kyōyūbutsu 共有物 *s* propriedade comum.
kyōyūchi 共有地 *s* terras de uso comunitário.
kyōyūzaisan 共有財産 *s* propriedade comum de bens.
kyōzai 教材 *s* material didático.
kyōzame 興醒め *s* ato de estragar a festa; desmancha-prazeres. ～なことを言う *～na koto o iu*: dizer algo para tirar a graça.
kyozetsu 拒絶 *s* recusa, rejeição. ～する *～suru*, *v*: recusar, rejeitar. 申し込みを～する *mōshikomi o ～suru*: recusar um pedido.
kyū 九 *s* nove. ～倍 *～bai*: nove vezes.
kyū 旧 *s* **1** coisa antiga. ～の *～no*: antigo. **2** antigamente. ～に復する *～ni fuku suru*: voltar a ser como antes. **3** o calendário antigo (lunar). ～暦の元日 *～reki no ganjitsu*: Ano-Novo de acordo com o calendário antigo.
kyū 灸 *s* **1** moxibustão. ～をすえる *～o sueru*: aplicar a moxibustão. **2** punição, castigo. ～をすえる *～o sueru*: admoestar com rigor.
kyū 急 *s* **1** emergência, urgência. ～な用事 *～na yōji*: um compromisso urgente. **2** dito ou ato repentino. **3** rapidez. ～に *～ni*, *adv*: de repente. **1** ～な, *adj*: íngreme, abrupto. ～な坂 *～na saka*: uma ladeira íngreme. **2** ～な, *adj*: estreito, fechado. ～な曲がり角 *～na magarikado*: uma curva fechada. **3** ～な, *adj*: rápido. ～な流れ *～na nagare*: forte correnteza.
kyū 級 *s* **1** classe, grau, categoria. ～に分ける *～ni wakeru*: classificar. **2** classe (ano escolar). 一級上(下)である *ikkyū ue (shita) de aru*: estar um ano na frente (atrás).
kyū 球 *s* globo, esfera; bola de beisebol; lâmpada elétrica.
kyū- 旧- *pref* anterior, precedente. ～軍人 *～gunjin*: ex-militar.
kyūai 求愛 *s* corte, galanteio. ～する *～suru*, *v*: cortejar, fazer a corte.
kyūaku 旧悪 *s* crime cometido no passado. ～が露見した *～ga roken shita*: foram descobertos os crimes do passado.
kyūba 急場 *s* emergência, urgência, momento

crítico. ~を救う ~o sukuu: salvar alguém de um perigo (crise).
kyūban 吸盤 s Zool ventosa.
kyūbetsu 級別 s classificação.
kyūbo 急募 s recrutamento urgente. ~suru, v: recrutar com urgência.
kyūbō 窮乏 s pobreza, miséria. ~している ~shite iru: estar na miséria.
kyūbyō 急病 s uma doença repentina.
kyūbyōnin 急病人 s um doente repentino.
kyūchaku 吸着 s adsorção. ~suru, v: adsorver. ~剤 ~zai: adsorvente.
kyūchi 旧知 s velho conhecido (amigo). ~の間柄 ~no aidagara: velhos amigos.
kyūchi 窮地 s situação difícil, apuro, dilema. ~に落ちる ~ni ochiru: ficar em situação difícil, ser encurralado. ~を脱する ~o dassuru: sair de um apuro, livrar-se de uma situação difícil.
kyūchō 級長 s representante da classe.
kyūdai 及第 s aprovação. ~suru, v: sair-se bem nos exames, ser aprovado. ~者 ~sha: candidato aprovado.
kyūdaiten 及第点 s nota de aprovação. ~を取る ~o toru: obter nota de aprovação.
kyūdan 糾弾 s acusação, denúncia, censura. ~suru, v: acusar, censurar, denunciar.
kyūden 宮殿 s palácio real. ~のような家 ~no yō na ie: uma casa luxuosa como um palácio.
kyūdō 旧道 s estrada antiga.
kyūdō 求道 s a busca da verdade (iluminação). ~者 ~sha: a pessoa que busca a verdade, catecúmeno. ~心 ~shin: disposição espiritual na procura da verdade.
kyūen 救援 s socorro, auxílio, ajuda, assistência, salvamento. ~suru, v: socorrer, prestar ajuda. ~物資 ~busshi: socorro com víveres. ~活動 ~katsudō: montar uma equipe de socorro. ~隊 ~tai: equipe de socorro.
kyūfu 給付 s doação, subsídio. ~suru, v: entregar, conceder. 失業~ shitsugyō~: salário-desemprego. ~金を受ける ~kin o ukeru: receber subsídio. 医療~ iryō~: subsídio médico.
kyūfukin 給付金 s dinheiro do subsídio, benefício.
kyūgaku 休学 s interrupção dos estudos. ~suru, v: interromper os estudos. 五ヶ月の~届けをだす gokagetsu no ~todoke o dasu: enviar solicitação de ausência por cinco meses.
kyūgata 旧型 s modelo antigo. ~no: fora da moda.
kyūgeki 急激 s ~na, adj: precipitado, rápido. ~に ~ni, adv: precipitadamente, rapidamente. ~に増加する ~ni zōka suru: aumentar rapidamente.
kyūgen 給源 s fonte de provisão.
kyūgi 球戯[技] s jogo de bola. ~場 ~jō: campo. ボーリング場 bōringujō: boliche. 玉突き~ tamatsuki~: salão de bilhar.
kyūgo 救護 s socorro, assistência, salvamento. ~suru, v: socorrer, prestar assistência. ~班(隊) ~han(tai): equipe de socorro.
kyūgō 糾合 s reunião, agrupamento. ~suru, v: reunir. 同士を~する dōshi o ~suru: reunir os companheiros.
kyūgohan 救護班 s equipe de socorro.
kyūgoshirae 急拵え s improvisação. ~で間に合わせる ~de maniawaseru: remediar de qualquer maneira. ~suru, v: improvisar.
kyūgyō 休業 s descanso, folga. 本日~ honjitsu~: fechado. ~中 ~chū: fechado. ~suru, v: fechar, suspender os negócios.
kyūgyōbi 休業日 s dia de folga. 本日は~です honjitsuha ~desu: hoje é dia de nossa folga.
kyūha 旧派 s 1 velha escola. ~の俳優 ~no haiyū: ator da velha escola. 2 conservadores.
kyūha 急派 s envio imediato de uma brigada. ~suru, v: enviar prontamente.
kyūhaku 急迫 s urgência, aperto. ~suru, v: urgir. ~した事態 ~shita jitai: situação de urgência.
kyūhan 旧版 s antiga edição. ~を改定する ~o kaitei suru, v: revisar a antiga edição.
kyūhei 旧弊 s velho abuso de longa data. ~な考え ~na kangae: ideia antiquada. ~を改める ~o aratameru: deixar a antiga ideia de lado.
kyūhen 急変 s mudança repentina. ~suru, v: mudar de repente. 病状の~ byōjō no ~: piora repentina do estado de saúde. 天候が~した tenkō ga ~shita: o tempo mudou repentinamente.
kyūhi 給費 s bolsa de estudo. ~を受ける ~o ukeru: receber bolsa de estudo. ~生 ~sei: bolsista.
kyūhin 救貧 s auxílio aos pobres. ~院 ~in: asilo para os desamparados. ~事業 ~jigyō: obra assistencial.
kyūhō 旧法 s antiga legislação, antigas leis que não vigoram mais.
kyūhō 臼砲 s morteiro. ~をうちこむ ~o uchikomu: atacar com morteiros.
kyūhō 急報 s aviso urgente. ~を受ける ~o ukeru: receber um aviso importante. ~suru, v: avisar alguém com urgência. 火事を~する kaji o ~suru: dar alarme de incêndio.
kyūin 吸引 s absorção. ~suru, v: absorver, chupar. ~機 ~ki: aspirador. ~力 ~ryoku: força de aspiração. ~ファン ~fan: exaustor.
kyūji 給仕 s 1 auxiliar de escritório, marçano, moço de recados, garçom. 2 serviço à mesa. ~suru, v: servir à mesa.
kyūjin 求人 s procura de pessoal; "precisa-se".
kyūjinkōkoku 求人広告 s anúncio de empregos.
kyūjitsu 休日 s feriado. 今日は~だ kyō wa ~da: hoje é feriado. 別荘で~をおくる bessō de ~o okuru: passar o feriado na casa de campo.
kyūjitsuake 休日明け s um dia após o feriado, dia seguinte ao feriado.
kyūjo 救助 s socorro, salvamento. ~を求める ~o motomeru: pedir socorro. ~suru, v: socorrer, salvar, acudir. ~信号 ~shingō: S.O.S. ~本部 ~honbu: posto central de salvamento. ~作業. ~sagyō: operação de resgate. ~船(艇) ~sen(tei): barco de salvamento.
kyūjō 弓状 s forma de arco. ~の ~no: arqueado, em forma de arco.
kyūjō 休場 s 1 teatro fechado. 2 ausência de um ator ou lutador de sumô.
kyūjō 球状 s forma de esfera. ~の ~no: esférico.
kyūjō 窮状 s situação miserável. ~を救う ~o sukuu: salvar alguém de uma situação miserável. ~を訴える ~o uttaeru: queixar-se da situação miserável.
kyūjō 宮城 s palácio imperial.

kyūjoshingō 救助信号 *s* pedido de socorro, S.O.S. ～を発する ～*o hassuru*: mandar um S.O.S.

kyūjōshō 急上昇 *s* súbita alta dos preços. ～*suru*, *v*: ascender rapidamente.

kyūjotai 救助隊 *s* brigada de socorro, grupo de salvamento.

kyūjū 九十 *s* noventa.

kyūjutsu 弓術 *s* arco e flecha. ～家 ～*ka*: arqueiro.

kyūjutsu 救恤 *s* socorro, ajuda às vítimas.

kyūjutsukin 救恤金 *s* dinheiro para ajudar (as vítimas).

kyūka 旧家 *s* família antiga tradicional.

kyūka 休暇 *s* férias, licença. 明日から～だ *ashita kara ～da*: as férias começam amanhã. ～中 ～*chū*: estar de licença.

kyūkābu 急カーブ *s* curva fechada. この先～あり *kono saki ～ari*: cuidado, curva fechada.

kyūkai 休会 *s* recesso do parlamento, suspensão de reunião.

kyūkaku 嗅覚 *s* olfato. ～が鋭い ～*ga surudoi*: ter um olfato apurado.

kyūkakudo 急角度 *s* ângulo agudo. ～の ～*no*: (curva) fechada.

kyūkan 休刊 *s* suspensão da publicação de periódicos. ～*suru*, *v*: suspender a publicação.

kyūkan 休館 *s* ato de fechar (biblioteca, museu). ～*suru*, *v*: fechar. 日曜日は～ *nichiyōbi wa～*: fechado aos domingos.

kyūkan 急患 *s* caso urgente de doença.

kyūkan 旧慣 *s* antigo costume, prática antiga.

kyūkanchi 休閑地 *s* pousio (alqueive), terra alqueivada.

kyūkanegai 休暇願い *s* pedido de férias.

kyūkaryokō 休暇旅行 *s* viagem de férias.

kyūkatsu 久闊 *s* ato de ficar sem mandar notícias por um longo tempo. ～を叙する ～*o josuru*: falar-se depois de muito tempo de ausência.

kyūkazan 休火山 *s* vulcão inativo.

kyūkei 休憩 *s* descanso, intervalo. ～五分間 ～*gofunkan*: cinco minutos de intervalo. ちょっと～しましょう *chotto ～shimashō*: vamos fazer um pequeno intervalo.

kyūkei 求刑 *s* pedido da pena. ～*suru*, *v*: apresentar pedido de pena.

kyūkei 球茎 *s* bulbo.

kyūkeijikan 休憩時間 *s* hora de descanso, intervalo.

kyūkeisha 急傾斜 *s* grande inclinação. ～の ～*no*: inclinação abrupta, escarpado.

kyūketsuki 吸血鬼 *s* vampiro.

kyūki 吸気 *s* 1 inspiração, inalação de ar. 2 admissão de ar no cilindro.

kyūkō 休校 *s* feriado escolar.

kyūkō 急行 *s* 1 ato de ir logo. 事故現場へ記者を～させる *jikogenba e kisha o ～saseru*: enviar imediatamente um repórter para o local do acidente. ～バス ～*basu*: ônibus expresso. 2 *abrev* de 急行列車 *kyūkōressha*: trem expresso. ～で行く ～*de iku*: ir no trem expresso.

kyūkōbai 急勾配 *s* encosta íngreme, uma grande inclinação.

kyūkōbin 急行便 *s* entrega expressa.

kyūkōdensha 急行電車 *s* trem elétrico expresso.

kyūkōgun 急行軍 *s* marcha forçada.

kyūkōka 急降下 *s* voo picado. ～*suru*, *v*: descer muito rapidamente. ～爆撃 ～*bakugeki*: bombardeio em picado.

kyūkoku 急告 *s* aviso urgente. ～*suru*, *v*: dar aviso urgente.

kyūkoku 救国 *s* salvação nacional. ～運動 ～*undō*: movimento pela salvação nacional.

kyūkon 求婚 *s* pedido de casamento. ～*suru*, *v*: pedir em casamento.

kyūkon 球根 *s* bulbo. ～植物 ～*shokubutsu*: planta bulbosa.

kyūkōressha 急行列車 *s* trem, comboio expresso.

kyūkutsu 窮屈 *s* ～*na*, *adj*: 1 ser apertado. ズボンが～だ *zubon ga ～da*: a calça está apertada. ～な家 ～*na ie*: casa pequena. 2 ser rígido (formal). ～な規則 ～*na kisoku*: regulamento rígido. 3 acanhamento. あの先生の前へ出ると～だ *ano sensei no mae e deru to ～da*: sinto-me pouco à vontade na frente daquele professor. 4 dificuldades financeiras. ～な暮らし ～*na kurashi*: uma vida apertada.

kyūkyo 旧居 *s* a residência antiga (anterior).

kyūkyo 急遽 *s* depressa, às pressas, com urgência, apressadamente. ～出発する ～ *shuppatsu suru*: partir de repente.

kyūkyō 旧教 *s* catolicismo.

kyūkyō 窮境 *s* dilema, apuro, situação embaraçosa.

kyūkyoku 究[窮]極 *s* extremo, final. ～の目的 ～*no mokuteki*: o fim, último. ～的に ～*teki ni*: ao fim.

kyūkyū 救急 *s* primeiros socorros. ～病院 ～*byōin*: pronto-socorro. ～法 ～*hō*: guia de primeiros socorros. ～患者 ～*kanja*: paciente de urgência.

kyūkyū 汲々 *adv* absorto numa só coisa. お金もうけにのみ～している *okane mōke ni nomi ～shiteiru*: só pensa em ganhar dinheiro.

kyūmei 糾[糺]明 *s* a investigação precisa. ～*suru*, *v*: esclarecer com rigor. 犯行の動機を～する *hankō no dōki o ～suru*: rigoroso interrogatório para esclarecer o motivo do crime.

kyūmei 救命 *s* ato de salvar vidas. ～ボート ～*bōto*: barco salva-vidas. ～胴衣 ～*dōi*: colete salva-vidas. ～具 ～*gu*: equipamento salva-vidas.

kyūmei 旧名 *s* antigo nome.

kyūmei 究明 *s* investigação, exame, estudo, indagação, esclarecimento. ～*suru*, *v*: esclarecer, examinar, estudar, indagar, investigar.

kyūmen 球面 *s* superfície esférica. ～幾何学 ～*kikagaku*: geometria esférica. ～鏡 ～*kyō*: espelho esférico. ～三角法 ～*sankakuhō*: trigonometria esférica.

kyūmin 休眠 *s* 1 dormência, quiescência. 2 dinheiro parado, fábrica inativa.

kyūmon 糾[糺]問 *s* interrogatório cerrado.

kyūmu 急務 *s* assunto urgente. 時世の～に応じる *jisei no ～ni ōjiru*: responder às exigências do momento.

kyūnan 救難 *s* socorro, salvamento.

kyūnan 急難 *s* perigo iminente.

kyūnansagyō 救難作業 *s* operação de salvamento.

kyūnen 旧年 *s* ano velho.

kyū ni 急に *adv* de repente, repentinamente, inesperadamente. ～に雨が降り出した ～*ni ame ga furidashita*: começou a chover repentina-

mente. 温度が〜下がった *ondo ga 〜sagatta*: a temperatura abaixou repentinamente.
kyūnyū 吸入 *s* inalação. 〜*suru*, *v*: inalar, aspirar.
kyūnyūki 吸入器 *s* inalador. 〜をかける 〜*o kakeru*: usar o inalador. 酸素〜 *sanso*〜: inalador de oxigênio.
kyūnyūyaku [zai] 吸入薬[剤] *s* medicamento para inalação.
kyūon 旧恩 *s* um favor muito antigo. 〜にむくいる 〜*ni mukuiru*: retribuir um favor recebido.
kyūpitchi 急ピッチ (*ingl pitch*) *s* ritmo acelerado. 〜で工事が進められている 〜*de kōji ga susumerarete iru*: as obras estão avançando em ritmo acelerado.
kyūrai 旧来 *s* que vem de longe, de longa data.
kyūraku 急落 *s* baixa repentina. 〜*suru*, *v*: baixar, cair de repente.
kyūraku 及落 *s* resultado do exame.
kyūreki 旧暦 *s* antigo calendário, calendário lunar. 〜の正月 〜*no shōgatsu*: o Ano-Novo de acordo com o antigo calendário.
kyūri 胡瓜 *s Bot* 1 pepino. 2 pepineiro.
kyūryō 丘陵 *s* morro, colina, outeiro. 〜地帯 〜*chitai*: área montanhosa (de colina).
kyūryō 給料 *s* salário, ordenado. この会社は〜が良い(悪い) *kono kaisha wa 〜ga yoi (warui)*: esta empresa paga bem (mal). 〜をあげる 〜*o ageru*: aumentar o salário. 〜をもらう 〜*o morau*: receber o salário.
kyūryōtori 給料取り *s* assalariado.
kyūryū 急流 *s* torrente, corrente forte. 〜にのまれる 〜*ni nomareru*: ser engolido pela torrente.
kyūsai 救済 *s* auxílio, ajuda, assistência. 〜を受ける 〜*o ukeru*: receber auxílio. 〜*suru*, *v*: ajudar.
kyūsaisaku 救済策 *s* medida de auxílio, ajuda, assistência.
kyūsei 急逝 *s* morte repentina. *V* **kyūshi** 急死.
kyūsei 旧姓 *s* sobrenome de solteira.
kyūsei 急性 *s* agudo. 〜肺炎 〜*haien*: pneumonia aguda. 〜腎炎 〜*jin'en*: nefrite aguda. 〜肝炎 〜*kan'en*: hepatite aguda.
kyūsei 救世 *s* salvação do mundo.
kyūseido 旧制度 *s* antigo sistema. 〜を廃する 〜*o haisuru*: abolir o antigo regime.
Kyūseigun 救世軍 *s* exército da salvação.
kyūseishu 救世主 *s* Salvador (Messias, Redentor, Cristo).
kyūseki 旧跡 *s* lugar de interesse histórico. 名所〜 *meisho*〜: lugar de valor histórico.
kyūsekkijidai 旧石器時代 *s Arqueol* era Paleolítica.
kyūsen 休戦 *s* trégua, suspensão de hostilidades, armistício. 〜中である 〜*chū de aru*: estar em trégua. 〜*suru*, *v*: suspender os ataques.
kyūsenjōyaku 休戦条約 *s* tratado de paz.
kyūsenkaidan 休戦会談 *s* conferência de paz.
kyūsenkyōtei 休戦協定 *s* acordo de cessar-fogo.
kyūsenpō 急先鋒 *s* chefe de um movimento.
kyūsetsu 急設 *s* instalação rápida. 〜*suru*, *v*: instalar rapidamente.
kyūshi 休止 *s* pausa, suspensão, interrupção. 〜*suru*, *v*: parar, interromper. 運転一部を〜する *unten ichibu o 〜suru*: interromper parcialmente o serviço.
kyūshi 急死 *s* morte repentina. 〜*suru*, *v*: morrer de repente.

kyūshi 急使 *s* mensageiro expresso. 〜をたてる 〜*o tateru*: mandar um enviado extraordinário.
kyūshi 九死 *s* ato de estar à beira da morte. 〜に一生を得る 〜*ni ishō o eru*: escapar da morte por um triz.
kyūshi 臼歯 *s Anat* dente molar.
kyūshiki 旧式 *s* 1 estilo antigo, maneira tradicional. 2 antiquado, fora de moda, ultrapassado. 〜な考え 〜*na kangae*: ideia antiquada.
kyūshin 休診 *s* feriado da clínica. 本日は〜 *honjitsu wa 〜*: a clínica está fechada hoje.
kyūshin 求心 *s* movimento centrípeto. 〜力 〜*ryoku*: força centrípeta.
kyūshin 急進 *s* avanço rápido. 〜*suru*, *v*: avançar rapidamente. 〜的な 〜*teki na*, *adj*: radical. 〜思想 〜*shisō*: ideologia radical.
kyushinshugi 急進主義 *s* radicalismo.
kyūshintō 急進党 *s* partido radical.
kyūshisō 旧思想 *s* antiga ideologia.
kyūshitsu 吸湿 *s* absorção da umidade. 〜剤 〜*zai*: substância higroscópica.
kyūshitsusei 吸湿性 *s* higroscopicidade.
kyūsho 急所 *s* 1 ponto vital. 〜を外れる 〜*o hazureru*: não atingir o ponto vital. 2 ponto principal. 〜をついた質問 〜*o tsuita shitsumon*: pergunta que toca no ponto principal. 3 ponto sensível. 〜をつく 〜*o tsuku*: acertar o ponto sensível.
kyūshō 求償 *s* pedido de indenização. 〜権 〜*ken*: direito à indenização.
kyūshōgatsu 旧正月 *s* Ano-Novo do antigo calendário.
kyūshoku 休職 *s* ato de tirar licença (deixar o serviço temporariamente). 〜になる 〜*ni naru*: ser afastado do serviço temporariamente.
kyūshoku 求職 *s* busca, procura de emprego.
kyūshoku 給食 *s* refeição provida pela empresa. 学校〜 *gakkō*〜: merenda escolar.
kyūshokukōkoku 求職広告 *s* anúncio de procura de trabalho.
kyūshū 吸収 *s* absorção de uma empresa por outra, assimilação. 〜*suru*, *v*: assimilar uma cultura estrangeira. 〜合併 〜*gappei*: incorporação por absorção. 〜力 〜*ryoku*: força de absorção.
kyūshū 急襲 *s* ataque-surpresa. 〜*suru*, *v*: atacar de surpresa.
kyūshū 旧習 *s* antigo costume, convenção.
kyūshun 急峻 *s* precipício, declive íngreme. 〜な山道 〜*na yamamichi*: caminho íngreme.
kyūshūryoku 吸収力 *s* força de absorção, poder de absorção da umidade.
kyūshūsei 吸収性 *s* absorbilidade.
kyūshutsu 救出 *s* salvamento, resgate. 人質を〜する *hitojichi o 〜suru*: libertar os reféns.
kyūso 窮鼠 *s* rato encurralado. 〜猫を噛む 〜*neko o kamu*: se não tem para onde fugir, até rato morde o gato.
kyūsō 急送 *s* ato de enviar a encomenda por expresso.
kyūsoku 休息 *s* descanso, repouso. 〜*suru*, *v*: descansar, repousar.
kyūsoku 急速 *s* rapidez, velocidade. 〜な進歩をとげる 〜*na sinpo o togeru*: fazer rápido progresso.
kyūsokujikan 休息時間 *s* hora de descanso, de repouso.

kyūsu 急須 *s* bule para chá.
kyūsū 級数 *s* série, progressão. 幾何(等比)～ *kika(tōhi)* ～: progressão geométrica. 算術(等差) *sanjutsu (tōsa)*: progressão aritmética.
kyūsui 吸水 *s* aspiração de água. ～*suru, v*: conduzir água. ～管 ～*kan*: cano adutor de água. ～ポンプ *ponpu (hol pomp)*: bomba para aspirar água.
kyūsui 給水 *s* abastecimento de água. ～を制限する ～*o seigen suru*: racionar a água. ～*suru, v*: abastecer de água.
kyūsuru 窮する *v* **1** ficar encurralado. 窮すれば通ず *kyūsureba tsūzu*: a necessidade conduz à solução. **2** ficar embaraçado. 返答に～する *hentō ni ～suru*: ficar embaraçado para responder. **3** estar com dificuldades financeiras. 衣食に～ *ishoku ni ～*: não ganhar para comer e vestir.
kyūsuru 給する *v* **1** dar, conceder, conferir. 学費を～ *gakuhi o ～*: pagar os estudos. **2** fornecer. 衣食を～ *ishoku o ～*: prover as necessidades.
kyūtai 球体 *s* esfera.
kyūtai 旧態 *s* antigo estado das coisas. ～に復する ～*ni fukusuru*: voltar ao que era antes.
kyūtaku 旧宅 *s* antiga residência, casa antiga.
kyūtei 宮廷 *s* corte, palácio real. ～文学 ～*bungaku*: literatura palaciana.
kyūteisha 急停車 *s* frenagem rápida. ～*suru, v*: parar o carro repentinamente.
kyūteki 仇敵 *s* inimigo figadal, mortal.
kyūten 急転 *s* mudança rápida.
kyūtenkan 急転換 *s* mudança repentina. ～*suru, v*: mudar repentinamente.
kyūtenpo 急テンポ *s* (*it tempo*) ritmo, movimento, andamento acelerado. ～で ～*de*: em ritmo acelerado, a toda velocidade.
kyūtō 急騰 *s* ascensão repentina da cotação. 物価の～ *bukka no ～*: rápida elevação do custo de vida. ～*suru, v*: elevar rapidamente.
kyūtō 給湯 *s* abastecimento de água quente. ～設備 ～*setsubi*: instalação de abastecimento de água quente. ～*suru, v*: suprir com água quente.
kyūtō 旧套 *s* prática antiga, costume antigo, convencionalismo. ～を守る ～*o mamoru*: proceder de acordo com os velhos costumes. ～を脱する ～*o dassuru*: livrar-se do convencionalismo.
kyūtsui 急追 *s* perseguição intensa. ～*suru, v*: perseguir intensamente.
kyūyaku 旧約 *s abrev* de 旧約聖書 *kyūyakuseisho*: Velho Testamento.
kyūyaku 旧訳 *s* antiga tradução.
Kyūyakuseisho 旧約聖書 *s* Velho Testamento, Antigo Testamento.
kyūyo 給与 *s* salário, ordenado. ～ベース ～*bēsu*: salário-base. ～生活者 ～*seikatsusha*: assalariado.
kyūyo 窮余 *s* aperto. ～の一策として ～*no issaku to shite*: como último recurso.
kyūyō 休養 *s* descanso, repouso. ～*suru, v*: descansar, repousar. ～室 ～*shitu*: sala de estar, de recreação. 君は～したほうがいい *kimi wa ～shita hō ga ii*: é melhor você descansar.
kyūyō 急用 *s* assunto urgente. ～で大阪へ行った ～*de Osaka e itta*: foi para Osaka tratar de um negócio urgente.
kyūyu 給油 *s* **1** lubrificação. ～*suru, v*: lubrificar, olear. **2** abastecimento de gasolina. ～*suru, v*: abastecer de gasolina.
kyūyū 旧友 *s* velho amigo. 小学校時代からの～ *shōgakkō jidai kara no ～*: amigo desde o tempo da escola primária.
kyūyū 級友 *s* colega da escola, condiscípulo.
kyūzō 急造 *s* construção apressada. ～の ～*no*: feito às pressas.
kyūzō 急増 *s* aumento rápido. ～*suru, v*: aumentar rapidamente. 人口～対策 *jinkō ～taisaku*: medida de controle do aumento da população.

m

ma 真 *s* verdade. 〜に受ける 〜*ni ukeru*: acreditar em algo como se fosse verdade. 冗談を〜に受ける *jōdan o* 〜*ni ukeru*: levar uma brincadeira a sério.

ma 間 *s* **1** espaço [entre duas coisas]. 〜を明ける 〜*o akeru*: abrir espaço. **2** intervalo, pausa, tempo vago. 少し〜をおいて *sukoshi* 〜*o oite*: depois de um breve intervalo. 食事をする〜もない *shokuji o suru* 〜*mo nai*: não ter tempo nem para comer. **3** sala, cômodo. 奥の〜 *oku no* 〜: sala dos fundos. 四〜の家 *yo*〜*no ie*: casa de quatro cômodos. **4** tempo, duração. ちょっとの〜も *chotto no* 〜*mo*: por alguns instantes. 留守の〜に *rusu no* 〜*ni*: enquanto estava fora. **5** sorte, chance. 〜が悪い 〜*ga warui*: má sorte, infortúnio, embaraço.

ma 魔 *s* demônio, diabo, má influência, espírito mau. 〜がさす 〜*ga sasu*: pensar o mal, estar possuído pelo mal. 〜をはらう 〜*o harau*: espantar (exorcizar) os maus espíritos.

ma- 真- *pref* **1** justo, verdadeiro, puro, límpido. 〜人間 〜*ningen*: homem honesto. 〜水 〜*mizu*: água límpida. **2** preciso, correto, exato. 〜上・〜下 〜*ue*/〜*shita*: exatamente em cima/embaixo.

mā まあ *adv* a princípio, justo, por favor. 〜これでいいだろう 〜 *kore de ii daro*: a princípio, deve estar bom assim. 〜お入りください 〜 *ohairi kudasai*: por favor, entre. *interj* oh!, oh!, meu Deus!, que coisa! 〜おどろいた 〜 *odoroita*: oh!, que susto!

maatarashii 真新しい *adj* novo (completamente).

mabara 疎ら 〜*na*, *adj*: poucos, espalhado, esparso, disperso. 人影の〜な店内 *hitokage no* 〜*na ten'nai*: loja com poucas pessoas.

mabataki 瞬き *s* piscada, piscadela.

mabataku 瞬く *v* piscar.

mabiki 間引き *s* **1** ato de colher o que foi plantado; desbaste. 〜菜 〜*na*: verduras colhidas logo que começaram a brotar. **2** infanticídio (para reduzir o número de dependentes). **3** redução, corte.

mabiku 間引く *v* **1** colher certo número de plantas semeadas, desbastar. **2** reduzir. 運転を〜 *unten o* 〜: reduzir o número de veículos (serviço).

maboroshi 幻 *s* ilusão, sonho, fantasia.

mabuka 目深 *s* ato de esconder os olhos. ぼうしを〜にかぶる *bōshi o* 〜*ni kaburu*: colocar o chapéu a ponto de esconder os olhos.

mabushii 眩しい *adj* ofuscante, brilhante, radiante, deslumbrante.

mabushisa 眩しさ *s* brilho, deslumbre, ofuscamento.

mabuta 目蓋・瞼 *s* pálpebra.

machi 町・街 *s* cidade, centro.

machiai 待合 *s* **1** encontro marcado. **2** sala de espera [de uma casa de chá]. **3** *abrev* de 待合茶屋 *machiaijaya*: local de diversão para homens acompanhados por gueixa.

machiaijo 待合所, **machiaishitsu** 待合室 *s* sala de espera [em hospitais, estações].

machiakasu 待ち明かす *v* esperar por alguém a noite toda.

machiawase 待ち合わせ *s* encontro [com uma pessoa na hora e no lugar marcados].

machiawaseru 待ち合わせる *v* encontrar-se com alguém na hora e no lugar marcados.

machibari まち針 *s* alfinete com cabeça.

machibito 待ち人 *s* pessoa esperada.

machiboke 待ちぼけ, **machibōke** 待ちぼうけ *s pop* espera em vão.

machibuse 待ち伏せ *s* emboscada, espera, tocaia.

machibuseru 待ち伏せる *v* emboscar, armar cilada.

machidōi 待ち遠い, **machidōshii** 待ち遠しい *adj* ansioso, impaciente (pela espera).

machiageru 間違える *v* errar, cometer erros, enganar-se, confundir.

machigai 間違い *s* **1** erro, engano. 〜がある 〜*ga aru*: ter erros. **2** acidente. 彼に〜が起こった *kare ni* 〜*ga okotta*: aconteceu um acidente com ele. 〜problema, desafio, briga, encrenca. 〜などの起らない内に早く帰りなさい 〜*nado no okoranai uchi ni hayaku kaerinasai*: saia antes que haja algum problema. **4** deslize, conduta imprópria. 若い同士の間にはとかく〜が起こりやすい *wakai dōshi no aida ni wa tokaku* 〜*ga okoriyasui*: é fácil ocorrerem deslizes entre os jovens.

machigau 間違う *v* errar. 間違った *machigatta*: errado, incorreto.

machihazure 町外れ *s* subúrbio; fora dos limites da cidade.

machijikan 待ち時間 *s* tempo de espera.

machikado 街角 *s* esquina.

machikamaeru 待ち構える *v* concentrar-se, preparar-se.

machikaneru 待ちかねる *v* esperar ansiosamente (impacientemente). 聴衆は彼女の来るのを待ちかねる *chōshū wa kanojo no kuru no o machi*-

machikōba 町工場 *s* pequena fábrica numa cidade.

machikogareru 待ち焦がれる *v* ser impaciente, esperar ansiosamente. 故郷の便りを待ち焦がれている *kokyō no tayori o machikogareteiru*: espera ansiosamente por notícias da casa.

machikutabireru 待ち草臥れる *v* cansar de tanto esperar.

machi machi 区々 *s* ~の ~*no*: vários, diverso, dividido. ~に ~*ni*: variadamente. 意見が~だ *iken ga* ~*da*: as opiniões estão divididas.

machinaka 町中 *s* rua (comercial e residencial).

machinami 町並み *s* fileira de casas e lojas de uma rua.

machinozomu 待ち望む *v* esperar (desejando algo) ansiosamente.

machiukeru 待ち受ける *v* esperar, aguardar. 思いがけない災難が彼を~ *omoigakenai sainan ga kare o* ~: desastre inesperado o aguarda.

machiwabiru 待ち侘びる *v* esperar preocupado.

machizumai 町住まい *s* vida urbana. ~をする ~*o suru*: morar na cidade.

mada まだ *adv* ainda. もういいですか. ~です *mō ii desu ka.* ~*desu*: já está pronto? ainda não. ~雨が降っている ~*ame ga futteiru*: ainda está chovendo. りんごが~ある *ringo ga* ~*aru*: ainda tem maçã. ~三時だ ~*sanji da*: ainda são três horas.

madamada まだまだ *adv* ainda mais, muito mais. ~勉強しなければならない ~*benkyō shinakereba naranai*: tem de estudar muito mais.

madamu マダム (*fr madame*) *s* senhora, proprietária.

madara 斑ら *s* mancha, pinta. ~な, *adj*: malhado. ~な犬 ~*na inu*: cão malhado.

madarui 間だるい, **madarukkoi** 間だるっこい *adj* lento, monótono, demorado. ~話 ~*hanashi*: conversa tediosa. 話し方がとても~ *hanashikata ga totemo* ~: o modo de conversar é muito lento (monótono).

madashimo まだしも *adv* antes, melhor, menos mal. それだけなら~だ *sore dake nara* ~*da*: isso é menos mal.

made 迄 *partícula* até. 今~ *ima*~: até agora. 一日から三十一日~ *tsuitachi kara sanjūichinichi* ~: do dia 1 até o dia 31. あの人が来る~待つ *ano hito ga kuru*~ *matsu*: esperar até aquela pessoa chegar. 京都~の切符 *Kyōto* ~*no kippu*: passagem até Kyoto. そんなこと~言う *sonna koto*~ *iu*: dizer até isso. 一度に五冊~借りられる *ichido ni gosatsu*~ *karirareru*: podem-se pegar emprestados até cinco livros de uma vez.

made ni 迄に *expr* até, antes de. 夕飯~は帰ってくる *yūhan* ~*wa kaettekuru*: voltar até o horário do jantar.

mado 窓 *s* janela.

madoakari 窓明かり *s* iluminação vinda da janela.

madogarasu 窓ガラス *s* vidro da janela.

madogiwa 窓際 *s* perto da janela. ~の席 ~*no seki*: assento perto da janela. ~に(で)~ *ni (de)*: na janela.

madoguchi 窓口 *s* guichê. 切符売り~ *kippu uri*~: guichê que vende bilhetes.

madoi 惑い *s* perplexidade, indecisão, dúvida.

madori 間取り *s* arranjo, disposição, organização de uma sala (cômodo). ~図 ~*zu*: planejamento de espaço. この家は~がよくできている *kono ie wa* ~*ga yoku dekiteiru*: esta casa está bem planejada.

madorosu マドロス (*hol matroos*) *s* 1 marinheiro, tripulante (de navio). 2 ~パイプ ~*paipu*: cachimbo de marinheiro.

madou 惑う *v* estar perdido, hesitar.

madowasu 惑わす *v* 1 fazer perder-se, atrair para o mal. 2 enganar. 消費者を~広告 *shōhisha o* ~ *kōkoku*: propaganda que engana o consumidor.

mae 前 *s* 1 frente, em frente. 駅~の銀行 *eki*~*no ginkō*: o banco em frente à estação. 2 atrás, anterior. 二、三日~ *ni, sannichi* ~: dois a três dias atrás. ~の社長 ~*no shachō*: presidente anterior (de uma empresa). 3 antes. 出発~のあいさつ *shuppatsu* ~*no aisatsu*: despedida antes da partida. 六時十五分~ *rokuji jūgofun* ~: 15 minutos antes das seis horas [15 minutos para as seis horas].

-mae -前 *suf* 1 porção. 一人~の料理 *ichinin*~*no ryōri*: comida para uma pessoa. 2 mestria. 一人~の職員 *ichinin*~*no shokuin*: um bom funcionário. 3 tornar-se adulto(a); tornar-se homem (mulher). お前もやっと一人~になった *omae mo yatto ichinin* ~*ni natta*: enfim, você se tornou um(a) homem(mulher).

maeashi 前足 *s* pé (pata) dianteiro.

maeba 前歯 *s* dentes incisivos.

maebarai 前払い *s* pagamento antecipado [de produtos, do salário]. 給料の~として一万円貸す *kyūryō no* ~*to shite ichiman'en kasu*: emprestar 10.000 ienes como adiantamento do salário.

maebure 前触れ *s* 1 aviso (anúncio) com antecedência. ~もなく ~*mo naku*: sem nenhum aviso prévio. 2 indício; prenúncio. 地震の~ *jishin no* ~: prenúncio de terremoto.

maegaki 前書き *s* prefácio, prólogo, introdução, preâmbulo.

maegami 前髪 *s* franja.

maegari 前借り *s* pedido de adiantamento. 給料から一万円~できませんでしょうか *kyūryō kara ichiman'en* ~*dekimasen deshō ka*: será que poderia me adiantar 10.000 ienes do salário?

maegashi 前貸し *s* pagamento adiantado, adiantamento de dinheiro. 給料を~する *kyūryō o* ~*suru*: pagar adiantado o salário.

maeiwai 前祝い *s* celebração (comemoração) antecipada. ~*suru, v*: celebrar (comemorar) antecipadamente. 成功の~に一杯やる *seikō no* ~*ni ippai yaru*: beber para comemorar antecipadamente o sucesso.

maejirase 前知らせ *s* anúncio (aviso) prévio, premonição, pressentimento. *V* **maebure** 前触れ.

maekagami 前屈み *s* corpo arqueado, inclinado, curvado para frente. ~になって歩く ~*ni natte aruku*: andar com o corpo arqueado.

maekake 前掛け *s* avental. *V* **epuron** エプロン.

maekōjō 前口上 *s* 1 prólogo [de um drama]. 2 preâmbulo (rodeio). ~はいいから早く本題に入りなさい ~*wa ii kara hayaku hondai ni hairinasai*: deixe de preâmbulos e entre logo no assunto.

maemae 前々 s muito tempo atrás. ～からの望み ～kara no nozomi: desejo antigo (de muito tempo atrás).

maemotte 前以て adv de antemão, com antecedência, antecipadamente. 変更があれば～お知らせする henkō ga areba ～ oshirase suru: se houver alguma mudança, avisarei antecipadamente.

maemuki 前向き s 1 ato de estar voltado para a frente. 2 (mentalidade, atitude) positiva, construtiva. ～に対処する ～ni taisho suru: tomar medidas construtivas. ～ni: positivamente.

maeoki 前置き s introdução, nota introdutória, preâmbulo. 彼の話は～が長い kare no hanashi wa ～ ga nagai: na conversa dele, os preâmbulos são longos.

maeuri 前売り s venda antecipada (de passagens, ingressos); reserva.

maeushiro 前後ろ s frente e trás; contrário, avesso. セーターを～に着る sētā o ～ni kiru: vestir o suéter ao contrário.

mafutatsu 真二つ s em dois (exatos). ～に ～ni: exatamente em dois. ～に切る ～ni kiru: cortar exatamente na metade [cortar em duas metades iguais].

mafuyu 真冬 s o auge do inverno.

magai 紛い s imitação, artificialidade, falsidade. ～の真珠 ～no shinju: pérola falsa.

ma ga nukeru 間が抜ける expr 1 bobo, tolo, idiota. ～ことをする ～koto o suru: fazer tolices. V **manuke** 間抜け. 2 descompasso, fora do ritmo (na música).

magao 真顔 s rosto (olhar) sério. ～になる ～ni naru: ficar sério.

magari 曲がり s curva, arqueamento.

magari 間借り s ato de tomar emprestado (aluguel, locação) um quarto de uma casa. ～人 ～nin: locatário, inquilino. ～をする ～o suru: alugar um cômodo.

magarikado 曲がり角 s 1 esquina, travessa. 三つ目の～を左へ行く mittsume no ～o hidari e iku: virar à esquerda na terceira travessa. 2 mudança de situação, ponto de viragem. 世界経済は一つの～に来ている sekaikeizai wa hitotsu no ～ni kite iru: a economia mundial chegou a um ponto de viragem.

magarikuneru 曲がりくねる v entortar(-se), serpentear, enrolar(-se), torcer(-se); retorcerse (caminhos, rios, galhos). 曲がりくねって magarikunette: sinuosamente, tortuosamente.

magarime 曲がり目 s esquina, curva, volta. 船は川の～をまわった fune wa kawa no ～o mawatta: o barco passou pela curva do rio.

magarinari 曲がりなり s de modo imperfeito, incompleto, bem ou mal. ～にも ～ni mo: de qualquer maneira. ～にも卒業できた ～ni mo sotsugyō dekita: conseguiu se formar (graduar-se) de qualquer jeito.

magaru 曲がる v virar, curvar-se. あそこで右に～ asoko de migi ni ～: virar à direita naquele lugar. 曲がっている magatte iru: está torto. ネクタイが曲がっている nekutai ga magatte iru: a gravata está torta.

magashi 間貸し s aluguel, locação (de quartos). ～suru, v: alugar.

magatta 曲がった expr 1 errado, desonesto. ～ことをする ～ koto o suru: fazer coisa errada, agir desonestamente. 2 curvo; torto; retorcido. 腰が～老人 koshi ga ～ rōjin: idoso com as costas encurvadas.

magau 紛う v imitar, confundir. 王侯と～生活 ōkō to ～ seikatsu: vida que imita a da realeza.

mage 曲げ s curvatura, curva. ～中心 ～chūshin: centro da curvatura. ～木 ～ki: madeira torta. ～試験 ～shiken: teste de flexão.

mageru 曲げる v 1 entortar, virar, inclinar, curvar, dobrar. 膝を～運動・体操 hiza o ～ undō/taisō: movimento/exercício de dobrar o joelho. 2 distorcer, deturpar. 事実を～ jijitsu o ～: distorcer a verdade (o fato).

magirasu 紛らす v 1 confundir, enganar-se, esconder. 涙を笑いに～ namida o warai ni ～: confundir (esconder) as lágrimas com um sorriso. 2 distrair, desviar. 悲しみを～ kanashimi o ～: esconder a tristeza.

magirawashii 紛らわしい adj confuso, ambíguo, indistinto. ～名前 ～namae: nome fácil de ser confundido. ～ことを言う ～koto o iu: dizer ambiguidades.

magire 紛れ s complicação, confusão. ～もない事実 ～mo nai jijitsu: fato evidente, incontroverso.

-magire -紛れ suf no momento de, no instante de. 腹立ち～に haradachi ～ni: no momento da raiva. 苦し～に kurushi ～ni: na dificuldade.

magirekomu 紛れ込む v misturar-se, confundir-se, perder-se. 人群れに～ hitomure ni ～: misturar-se na multidão.

magire mo nai 紛れもない expr evidente, óbvio, sem erro. ～事実 ～jijitsu: fato evidente.

magireru 紛れる v 1 misturar, desaparecer. 闇に～ yami ni ～: desaparecer na escuridão. 2 distrair-se, desviar, estar absorto em. 気が～ ki ga ～: distrair-se. 話に紛れて仕事を忘れる hanashi ni magirete shigoto o wasureru: ficar absorto na conversa a ponto de esquecer-se do trabalho.

magiwa ni 間際に expr antes, instantes antes. (電車の)扉が閉まる～とびのる (densha no) tobira ga shimaru ～ tobinoru: pular para dentro do trem imediatamente antes de a porta fechar.

mago 馬子 s condutor de cavalos de carga; arreeiro, almocreve. ～にも衣装 ～ni mo ishō: almocreve bem-vestido pode parecer distinto.

mago 孫 s neto(a).

magokoro 真心 s sinceridade, sentimento verdadeiro. ～をこめた仕事 ～o kometa shigoto: trabalho feito de todo o coração. ～をこめた愛情 ～o kometa aijō: paixão sincera.

magomago suru まごまごする v 1 ficar indeciso, ficar confuso, ficar perdido. まごまごして magomago shite: confusamente. 火事だと聞いてまごまごしなかった kaji da to kiite magomago shinakatta: quando soube que era incêndio, manteve-se calmo (não ficou desorientado). 2 ficar à toa, perder tempo. まごまごしていると新人に追いつかれる magomago shite iru to shinjin ni oitsukareru: se ficar à toa, será alcançado (ultrapassado) pelos novatos.

magotsuku まごつく v ficar confuso, ficar desorientado (embaraçado), equivocar, errar. 返答

に～ *hentō ni ～*: ficar confuso sobre como responder. 要領がわからなくて最初まごついた *yōryō ga wakaranakute saisho magotsuita*: estava atrapalhado no começo, porque não sabia do assunto.

maguchi 間口 *s* **1** frente, divisa frontal (de um terreno), fachada principal. ～の狭い店 *～no semai mise*: estabelecimento de fachada estreita. **2** amplitude, extensão, limite, alcance [negócios, conhecimentos]. ～を広げる *～o hirogeru*: alargar (aumentar) a amplitude.

magureatari 紛れ当たり *s* sucesso imprevisto, acerto ao acaso.

maguro 鮪 *s Ictiol* atum.

magusa 秣 *s* forragem seca para a alimentação do gado.

maguwa 馬鍬 *s* instrumento agrícola com dentes para destorroamento puxado por boi ou cavalo.

mahi 麻痺 *s* paralisia, adormecimento, entorpecimento, anestesia. 顔面～ *ganmen ～*: paralisia facial. 小児～ *shōni～*: paralisia infantil, poliomielite. 対～ *tsui～*: paraplegia. 交通～ *kōtsū～*: engarrafamento [trânsito].

mahiru 真昼 *s* meio do dia.

mahō 魔法 *s* magia, feitiçaria, encantamento, bruxaria.

mahōbin 魔法瓶 *s* garrafa térmica. *V* **potto** ポット.

mahōtsukai 魔法使い *s* mágico, feiticeiro, adivinho.

mai 舞 *s* dança, bailado.

-mai -まい *aux* designa negação. するかし～か *suru ka shi～ka*: fazer ou não fazer. たぶんそうでは ある～ *tabun sō dewa aru～*: acho que não é.

mai- 毎- *pref* cada, sempre, todo. ～日 *～nichi*: todos os dias. ～日曜日 *～nichiyōbi*: cada (todo) domingo.

-mai -枚 *suf* [contagem de coisas planas, como folhas de papel, camisetas, pratos]. 70円切手を五～ *nanajūen kitte o go ～*: cinco selos de 70 ienes. 皿四～ *sara yon～*: quatro pratos. SサイズのTシャツを一～ *esusaizu no chiishatsu o ichi～*: uma camiseta de tamanho pequeno.

maiagaru 舞い上がる *v* voar para o alto; flutuar, voar, levantar-se. ほこりが～ *hokori ga ～*: a poeira se levanta. 秋の葉が風に舞い上がった *aki no ha ga kaze de maiagatta*: as folhas do outono foram levadas pelo vento. *gír* ficar exultante, extasiado.

maiasa 毎朝 *s* todas as manhãs, cada manhã.

maiban 毎晩 *s* todas as noites, cada noite.

maibotsu 埋没 *s* **1** ato de esconder-se no fundo; soterramento. ～*suru*, *v*: estar soterrado. 地中に～する *chichū ni ～suru*: soterrado. **2** ser desconhecido, ser esquecido.

maichimonji 真一文字 *s* reto. ～に *～ni*: reto, direto. 唇を～に結ぶ *kuchibiru o ～ni musubu*: cerrar bem os lábios.

maido 毎度 *s* cada vez, todo o tempo, sempre. [お客様に]～ありがとうございます [*okyakusama ni*] *～arigatōgozaimasu*: [voltando-se ao cliente] muito obrigado (pela preferência).

maigo 迷子 *s* **1** criança perdida. **2** perdido. ～になった荷物 *～ni natta nimotsu*: objetos perdidos.

maigō 毎号 *s* cada número (de edição).

maigofuda 迷子札 *s* etiqueta (cartão) de identificação para criança. あの子は～をつけていなかった *ano ko wa ～o tsukete inakatta*: aquela criança estava sem etiqueta de identificação.

maihime 舞姫 *s* dançarina, bailarina.

maihōmu マイホーム (do *ingl* de invenção *jap my home*) *s* minha casa. ～主義 *～shugi*: vida centralizada na casa e na família.

maiji 毎時 *s* cada hora, toda hora, por hora. ～80キロのスピード(で) *～hachijikkiro no supīdo (de)*: (a) 80 quilômetros por hora.

maikā マイカー (do *ingl* de invenção *jap my car*) *s* meu próprio carro. ～族 *～zoku*: pessoas que têm seu próprio carro.

maikai 毎回 *s* cada vez, todas as vezes. ～ここに来ると道に迷う *～koko ni kuru to michi ni mayou*: cada vez que venho para cá, me perco.

maiko 舞妓 *s* (jovem) dançarina [aprendiz de gueixa, que se apresenta nos salões de Kyoto].

maikomu 舞い込む *v* **1** entrar voando. 花びらが～ *hanabira ga～*: a pétala entrou voando. **2** aparecer (entrar, acontecer, ser visitado) imprevisivelmente (inesperadamente). 変な人が～ *hen na hito ga ～*: ser visitado (inesperadamente) por uma pessoa estranha.

maiku(rohon) マイク(ロホン) (*ingl microphone*) *s* microfone.

maikyo 枚挙 *s* contagem, enumeração. ～*suru*, *v*: contar, enumerar.

maimodoru 舞い戻る *v* voltar, retornar (ao lugar de onde saiu).

mainasu マイナス (*ingl minus*) *s* **1** *Arit* menos, subtração. 10－7は3 *jū ～nana wa san*: 10 menos sete são três. **2** negativo, abaixo de zero. ～15度 *～jūgodo*: 15 graus Celsius negativos. **3** ponto negativo [característica].

mainen 毎年 *s* cada ano, todos os anos, por ano. ～一回 *～ikkai*: uma vez por ano. ～毎に *～goto ni*: anualmente.

mainichi 毎日 *s* cada dia, todos os dias, por dia, diariamente. ～一回 *～ikkai*: uma vez ao dia.

maioriru 舞い降りる *v* pousar, descer. 鳥が～ *tori ga ～*: o pássaro pousa.

mairu マイル (*ingl mile*) *s* milha [equivalente a 1.609 m].

mairu 参[詣]る *v* **1** ir, vir, chegar, estar [tratamento de modéstia], ir, vir (forma polida). お車が参りました *okuruma ga mairimashita*: o carro do senhor chegou. 今夜東京へ参ります *kon'ya Tōkyō e mairimasu*: vou esta noite para Tóquio. ただ今横浜に参りました *tadaima Yokohama ni mairimashita*: neste exato momento, estamos em Yokohama. **2** visitar [templos]. 神社・お寺に～ *jinja/otera ni ～*: visitar templo xintoísta/budista. **3** perder, ser derrotado. もう参った *mō maitta*: já fui derrotado; já perdi. **4** ficar embaraçado, estar com problemas. 長い時間待たされて、私は参ってしまう *nagai jikan matasarete, watashi wa maitte shimau*: fiquei embaraçado por ter esperado por longo tempo. **5** ficar apaixonado. あの女の子の美しさに～ *ano onna no ko no utsukushisa ni ～*: estou apaixonado pela beleza daquela garota. **6** morrer.

maisetsu 埋設 *s* instalação (de canos de gás, de

esgoto) no subsolo. ~*suru*, *v*: instalar (equipar) no subsolo. ケーブルを~する *kēburu o* ~*suru*: instalar cabos subterrâneos.

maishū 毎週 *s* cada semana, todas as semanas, por semana, semanalmente. ~水曜日の朝 ~*suiyōbi no asa*: toda quarta-feira de manhã. ~三回 ~*sankai*: três vezes por semana.

maisō 埋葬 *s* enterro, sepultamento. ~*suru*, *v*: enterrar, sepultar.

maisū 枚数 *s* número de folhas [usado para contagem de coisas planas]. *V* -**mai** -枚.

maitoshi 毎年 *s* cada ano, todos os anos, anualmente. *V* **mainen** 毎年.

maitsuki 毎月 *s* cada mês, todos os meses, mensalmente, por mês. ~二度 ~*nido*: duas vezes ao mês.

maiyo 毎夜 *s* todas as noites, cada noite. *V* **maiban** 毎晩.

maiyū 毎夕 *s* cada noite (entardecer), todas as noites.

maizō 埋蔵 *s* ato de enterrar, ato de esconder embaixo da terra. ~*suru*, *v*: pôr (esconder) debaixo da terra. ~物 ~*butsu*: bens enterrados (escondidos debaixo da terra).

mājan 麻雀 *s mah-jong* [jogo chinês].

majieru 交える *v* 1 misturar, juntar, embaralhar. この遊びに先生も~ *kono asobi ni sensei mo* ~: juntar também o professor nesta brincadeira. 膝を交えて語り合う *hiza o majiete katariau*: ter uma conversa informal/franca. 2 trocar. ことばを~ *kotoba o* ~: trocar palavras.

majika 間近 *s* proximidade, vizinhança [tempo e espaço]. ~に ~*ni*: próximo, perto, pegado, junto, vizinho. 学校は交番の~にある *gakkō wa kōban no ~ni aru*: a escola é vizinha do posto policial. ~に迫る ~*ni semaru*: aproximar-se. 入学試験は~に迫っている *nyūgaku shiken wa ~ni sematte iru*: o exame de admissão está se aproximando.

majikai 間近い *adj* perto, próximo, junto. 正月も~ *shōgatsu mo* ~: o Ano-Novo está próximo.

-majiki -まじき *aux* não ser próprio de. 学生にある~行為 *gakusei ni aru~kōi*: conduta imprópria de estudante.

majikiri 間仕切り *s* divisória entre um cômodo e outro. ~壁 ~*kabe*: parede divisória.

majikku マジック (*ingl magic*) *s* mágica. ~アイ ~*ai*: olho mágico. ~ハンド ~ *hando*: máquina que substitui a mão humana. ~ペン ~*pen*: caneta marcadora.

majimaji まじまじ *adv* modo de encarar. ~と見る ~*to miru*: fitar, olhar fixamente, encarar.

majime 真面目 *s* seriedade, gravidade. ~な, *adj*: 1 sério, grave. ~な人 ~*na hito*: pessoa séria. ~な顔をする ~*na kao o suru*: assumir uma feição séria. ~になる ~*ni naru*: tornar-se sério. ~に考える ~*ni kangaeru*: pensar seriamente. 2 honesto, sério, decente. ~な生活をする ~*na seikatsu o suru*: ter uma vida honesta. ~に働く ~*ni hataraku*: trabalhar decentemente.

majimekusaru 真面目くさる *v pop* fazer-se parecer sério. 真面目くさった挨拶をする *majimekusatta aisatsu o suru*: fazer um cumprimento que aparenta muita seriedade.

majin 魔神 *s* diabo, demônio.

majinai 呪い *s* magia, feitiço, encanto, reza.

majinau 呪う *v* fazer um feitiço.

majiri 混[雑・交]じり *s* mistura, mescla, misto. かな交じり版 *kana majiriban*: edição em que se misturam ideogramas com o silabário japonês. 白髪~の頭 *shiraga ~no atama*: cabeleira grisalha. 雨~の雪 *ame ~no yuki*: misto de chuva e neve.

majiriau 混じり合う *v* misturar. AとBが~ *ei to bī ga~*: mistura de A e B.

majirike 混じり気 *s* mistura em que há impurezas; mistura impura. ~がある ~*ga aru*: há impurezas. ~のない ~*no nai*: puro, genuíno.

majirimono 混じり物 *s* mistura, composto, impureza.

majiru 混[雑・交]じる *v* 1 misturar. 水と油は混じらない *mizu to abura wa majiranai*: água e óleo não se misturam. あの人にドイツ人の血が混じっている *ano hito ni doitsujin no chi ga majitte iru*: aquela pessoa tem mistura de sangue alemão. 2 juntar-se. 生徒たちに交じって遊んだ *seitotachi ni majitte asonda*: brincou, juntando-se aos alunos.

majiwari 交わり *s* relação, companhia, amizade. あの人と~を続けたくない *ano hito to ~o tsuzuketakunai*: não quero continuar relacionando-me com aquela pessoa.

majiwaru 交わる *v* 1 associar-se, manter relações, relacionar-se. 良い友と~ *yoi tomo to* ~: manter boas relações. 2 cruzar, juntar. ここで二本の道路が~ *koko de nihon no dōro ga* ~: as duas ruas se cruzam aqui.

majo 魔女 *s* feiticeira, bruxa. ~狩り ~*kari*: caça às bruxas.

majutsu 魔術 *s* arte da magia; feitiço, encantamento, mágica. ~師 ~*shi*: mágico, mago.

makafushigi 摩訶不思議 *s* mistério extremo (profundo). ~な, *adj*: misterioso.

makanai 賄い *s* refeição, comida. この下宿は~付きだ *kono geshuku wa ~tsuki da*: esta pensão oferece refeições.

makanau 賄う *v* 1 oferecer refeições, abastecer, estocar, providenciar. 五十人前の昼食を~ *gojūninmae no chūshoku o~*: providenciar almoço para 50 pessoas. 2 arranjar, cobrir, custear. 費用を~ *hiyō o~*: cobrir as despesas. 奨学金を十万円で~ *shōgakukin o jūmanen de~*: custear a bolsa de estudos com 100.000 ienes.

makarimachigau 罷り間違う *v* acontecer o pior, dar errado. 罷り間違えば *makarimachigaeba*: se acontecer o pior. 罷り間違えば赤字になっていただろう *makarimachigaeba akaji ni natte ita darō*: se tivesse dado errado, teria ficado no vermelho.

makaritōru 罷り通る *v* ser permitido, seguir impune. 不正が~世の中 *fusei ga ~ yo no naka*: mundo em que a corrupção segue impune.

makaseru 任せる *v* 1 entregar aos cuidados, confiar. この仕事をあの人に~ *kono shigoto o ano hito ni* ~: entregar este serviço para aquela pessoa. 患者を医師に~ *kanja o ishi ni* ~: confiar o paciente aos cuidados do médico. 2 deixar por conta (à vontade). 足に任せて歩く *ashi ni makasete aruku*: andar a esmo.

makasu 負かす *v* derrotar, vencer. 議論で~ *giron de~*: vencer no debate.

makazu 間数 *s* número de cômodos.
make 負け *s* perda, derrota.
makeboshi 負け星 *s* pontuação da perda (derrota).
makegirai 負け嫌い *s* inflexível; persistente; que não gosta de perder. *V* **makezugirai** 負けず嫌い.
makeguse 負け癖 *s* sequência de derrotas.
makeikusa 負け戦 *s* batalha (jogo, guerra) perdida.
makekosu 負け越す *v* ter mais derrotas do que vitórias.
makenki 負けん気 *s pop* espírito combativo.
makeoshimi 負け惜しみ *s* fato de não aceitar a derrota. ~の強い ~*no tsuyoi:* mau perdedor.
makeru 負ける *v* 1 perder, ser derrotado. 2 entregar-se, ceder. 3 ser inferior. 4 ser intoxicado, sofrer irritação da pele. 5 reduzir (preço).
makezugirai 負けず嫌い *s pop* mau perdedor. *V* **makegirai** 負け嫌い.
makezu otorazu 負けず劣らず *adv* igualmente, tão como.
maki 巻 *s* rolo, volume.
maki 薪 *s* lenha.
makiagaru 巻き上がる *v* 1 subir em espiral, enrolar, torcer. 2 tornar-se completamente enrolado.
makiage 巻き上げ *s* levantamento, torção, enrolamento. ~機 ~*ki:* manivela, molinete.
makiageru 巻き上げる *v* 1 enrolar. 2 levantar pó. 3 enganar, furtar, tomar, extorquir.
makiba 牧場 *s* pasto.
makichirasu 撒き散らす *v* 1 espalhar, dispersar, derramar. 2 divulgar, difundir.
makie 蒔き絵 *s* laca dourada (prateada); laqueados com incrustações douradas e/ou prateadas.
makige 巻き毛 *s* cacho, caracol, cabelo ondulado.
makijaku 巻き尺 *s* fita métrica, trena.
makikaeshi 巻き返し *s* 1 recuperação, contra-ataque. 2 rebobinagem.
makikaesu 巻き返す *v* recuperar-se, recobrar a força, contra-atacar.
makikomu 巻き込む *v* 1 enrolar, envolver, imergir. 2 envolver, arrastar, apanhar, capturar.
makimodosu 巻き戻す *v* rebobinar (filme, fita).
makimono 巻き物 *s* 1 rolo (pergaminho). 2 rolo de tecido.
makinaoshi 蒔き直し *s* 1 ressemear. 2 recomeçar.
makiokosu 巻き起こす *v* criar, gerar, causar.
makita 真北 *s* direção exata do norte.
makitabako 巻き煙草 *s* cigarro, cigarrilha.
makitori 巻き取り *s* ~紙 ~*gami:* rolo de papel para impressão.
makitoru 巻き取る *v* rebobinar, enrolar novamente em outro rolo.
makitsuke 蒔き付け *s* semeadura.
makitsukeru 巻き付ける *v* colocar (enrolar) em volta.
makitsuku 巻き付く *v* enrolar-se, enroscar.
makiwari 薪割り *s* 1 corte de lenha. 2 machado.
makizoe 巻き添え *s* envolvimento; implicação.
makizushi 巻き鮨 *s sushi* enrolado.
makka 真赤 *s* 1 vermelho vivo, carmesim. 2 absoluto, completo. ~なうそ ~*na uso:* mentira absoluta.
makki 末期 *s* período final, último estágio (fase), ocaso. *adj* terminal, decadente. ~患者 ~*kanja:* paciente terminal.

makkō 抹香 *s* incenso em pó. ~鯨 ~*kujira:* cachalote.
makkō 真向 *s* frontal, exatamente em frente.
makkura 真暗 *s* 1 escuridão total. 2 sem esperança.
makkurayami 真暗闇 *s* escuridão total.
makkuro 真黒 *s* preto profundo, negro.
makoto 誠・真 *s* 1 verdade, realidade, fato. 2 sinceridade, honestidade, pureza. ~しやかな ~*shiyaka* ~*na, adj:* plausível, ilusório.
makoto ni 誠に *adv* realmente, deveras, na verdade, de fato, sem dúvida.
maku 幕 *s* 1 cortina, pano. ~が開く ~*ga hiraku:* abre (levanta) o pano, início. ~が閉じる ~*ga tojiru:* fecha (desce) o pano, fim. 2 *Teat* ato. 第一 ~ *daiichi*~: primeiro ato. ~間 ~*ai:* intervalo dos atos. 3 caso, lugar, ocasião. 君の出る~では ない *kimi no deru* ~*dewa nai:* não é da sua conta; você não está sendo chamado. 4 categoria superior de sumô. 入 ~ *nyū*~: promoção para a categoria superior. ~下 ~*shita:* categoria de sumô imediatamente inferior à de 十両 *jūryō.*
maku 膜 *s* membrana, película.
maku 巻[捲]く *v* 1 enrolar, serpear. 2 envolver, amarrar. 3 dar corda. 4 ser envolvido (coberto). 5 escalar montanhas dando volta para evitar local perigoso.
maku 蒔く *v* semear.
maku 撒く *v* 1 espalhar, dispersar, derramar. 2 escapulir-se, despistar.
māku マーク (*ingl mark*) *s* marca, símbolo, sinal. ~*suru, v:* marcar, observar, registrar.
makugire 幕切れ *s* final, término.
makura 枕 *s* travesseiro. ~を交わす ~*o kawasu:* ter relações sexuais. ~を高くして眠る ~*o takakushite nemuru:* dormir em paz. ~を並べて 討死にをする ~*o narabete uchijini o suru:* morrer lado a lado numa batalha. ~カバー ~*kabā* (*ingl cover*): fronha.
makuragi 枕木 *s* dormente, viga.
makurakotoba 枕詞 *s Lit* epíteto convencional, de cinco ou menos fonemas, que comparece nos poemas antigos japoneses.
makuramoto 枕許 *s* cabeceira.
makureru 捲れる *v* dobrar-se para cima, levantar-se, virar-se, revolver.
makuro マクロ (*ingl macro*) *s* macro.
makuru 捲くる *v* arregaçar, dobrar para cima.
makushitateru 捲くし立てる *v* vociferar, arguir furiosamente (com veemência).
makutsu 魔窟 *s* 1 antro, covil. 2 bordel.
mama 儘 *s* 1 como está, intacto. 2 como quiser. 3 conforme, de acordo.
mama ママ (*ingl mam(m)a*) *s* mamãe, proprietária de casa noturna.
mama 間々 *adv* às vezes, de vez em quando, ocasionalmente.
māmā[1] まあまあ *adv* mais ou menos, moderadamente, não tão mal.
māmā[2] まあまあ *interj* 1 ora, calma, por favor. 2 ah, oh, meu Deus.
mamachichi 継父 *s* padrasto.
mamagoto 飯事 *s* brincadeira de casinha.
mamahaha 継母 *s* madrasta.
mamako 継子 *s* enteado. ~扱い ~*atsukai:* ser negligenciado. ~苛め ~*ijime:* maus-tratos.

mamaoya 継親 *s* madrasta, padrasto.
mama yo 儘よ *expr* não importa, não faz mal.
mame 肉刺 *s* bolha, pápula.
mame 豆 *s* grão, feijão.
mame まめ 〜*na, adj:* 1 diligente, aplicado, trabalhador. 2 devotado, fiel, leal. 3 saudável.
mame- 豆- *pref* pequeno.
mameabura 豆油 *s* óleo de soja.
mamemaki 豆撒き *s* cerimônia em que se atiram grãos para espantar o mal e chamar a sorte.
mametsu 摩滅 *s* abrasão, desgaste.
mamieru 見える *v* ver, encontrar, ter entrevista (audiência).
maminami 真南 *s* direção exata do sul.
mamireru 塗れる *v* ser coberto (lambuzado, manchado).
mamizu 真水 *s* água doce.
mamō 磨耗 *s* abrasão, desgaste por fricção.
mamonaku 間もなく *adv* logo, brevemente, daqui a pouco.
mamono 魔物 *s* demônio, mau espírito.
mamori 守り *s* defesa, proteção.
mamorigami 守り神 *s* guardião, espírito protetor, anjo da guarda.
mamorihonzon 守り本尊 *s* deidade (divindade) protetora.
mamoru 守[護]る *v* 1 defender, proteger, guardar. 2 obedecer, seguir, observar.
mamukai 真向かい *s* exatamente em frente, do lado oposto.
mamushi 蝮 *s* Zool víbora.
man 万 *s* 1 dez mil. 2 grande quantidade.
man 満 *s* cheio, completo. 〜を持す 〜*o jisu:* estar bem preparado. 〜を引く 〜*o hiku:* beber um copo de saquê cheio até a borda; puxar ao máximo o arco para soltar a flecha.
man- 満- *pref* completo.
manā マナー(*ingl manner*) *s* etiqueta, boas maneiras, bons modos.
manabi 学び *s* aprendizagem, estudo.
manabu 学ぶ *v* 1 aprender. 2 pesquisar. 3 tomar lições.
manadeshi 愛弟子 *s* pupilo (discípulo) favorito.
manaita 俎・真名板 *s* tábua para cortar. 〜の鯉 〜*no koi:* ficar à mercê, não ter como escapar. 〜に載せる 〜*ni noseru:* falar sobre alguém.
manajiri 眦 *s* canto dos olhos. 〜を決する 〜*o kessuru:* abrir bem os olhos (com determinação ou ira).
manamusume 愛娘 *s* filha querida.
manatsu 真夏 *s* auge do verão. 〜日 〜*bi:* dia quente de verão.
manazashi 眼差し *s* olhar.
manben naku 万遍なく *adv* igualmente, uniformemente, completamente, sem exceção.
manbiki 万引き *s* furto em loja.
manbyō 万病 *s* todos os tipos de doença.
manchaku 瞞着 *s* enganação, ludíbrio. 〜*suru, v:* enganar, ludibriar.
manchō 満潮 *s* maré cheia.
mandara 曼荼羅 *s* mandala.
mandō 満堂 *s* toda a audiência (assembléia).
mandokoro 政所 *s Hist* 1 órgão jurídico da era Kamakura. 2 esposa de regente.

mandorin マンドリン (*ingl mandolin*) *s* bandolim, mandolim.
mane 真似 *s* 1 imitação. 2 ação, atitude, comportamento. 3 simulação, fingimento.
manegoto 真似事 *s* imitação, fingimento.
manejā マネージャー(*ingl manager*) *s* 1 gerente. 2 treinador. 3 empresário (de artista).
maneki 招き *s* convite.
manekineko 招き猫 *s* estatueta de gato acenando para chamar fregueses.
maneku 招く *v* 1 convidar. 2 acenar. 3 chamar. 4 causar, incorrer.
man'en 蔓延 *s* propagação, proliferação. 〜*suru, v:* propagar, proliferar.
maneru 真似る *v* imitar, copiar.
man'etsu 満悦 *s* grande prazer (satisfação).
manga 漫画 *s* história em quadrinhos, charge.
man ga ichi 万が一 *adv* por acaso, eventualmente.
mangekyō 万華鏡 *s* caleidoscópio.
mangetsu 満月 *s* lua cheia.
mango マンゴ (*ingl mango*) *s Bot* manga.
mangurōbu マングローブ (*ingl mangrove*) *s Bot* mangue.
man'hōru マンホール (*ingl manhole*) *s* bueiro, boca de lobo.
mania マニア (*ingl mania*) *s* maníaco, entusiasta, adepto.
maniau 間に合う *v* 1 estar em tempo, chegar a tempo. 2 servir, ser útil. 3 ser suficiente.
maniawase 間に合わせ *s* paliativo, substituto, provisório.
maniawaseru 間に合わせる *v* 1 improvisar, substituir provisoriamente. 2 deixar pronto.
man'ichi 万一 *s* eventualidade, emergência. *adv* por acaso, eventualmente.
Manikyō マニ教 *s* maniqueísmo.
manikyua マニキュア (*ingl manicure*) *s* manicure; esmalte de unha. 〜液 〜*eki:* esmalte de unha. 〜落とし 〜*otoshi:* removedor de esmalte. 〜ばさみ 〜*basami:* alicate de unha.
manimani まにまに *adv* à mercê de, ao sabor de.
man'in 満員 *s* lotado, cheio, completo.
maningen 真人間 *s* pessoa honesta, bom cidadão.
manishi 真西 *s* direção exata do oeste.
manji まん字・卍 *s* suástica, cruz gamada.
manjō 満場 *s* toda a audiência (assembleia, presentes). 〜一致 〜*itchi:* unanimidade.
manjū 饅頭 *s Cul* bolinho recheado com massa de feijão doce.
mankai 満会 *s* término do prazo de vigência de um círculo de ajuda mútua.
mankai 満開 *s* florescência plena.
mankanshoku 満艦飾 *s* 1 navio todo enfeitado para celebração. 2 varal cheio de roupas. 3 mulher cheia de adornos.
manki 満期 *s* expiração, vencimento. 〜日 〜*bi:* data de vencimento.
mankin 万金 *s* grande soma, muito dinheiro.
mankitsu 満喫 *s* apreciação, gozo, prazer. 〜*suru, v:* desfrutar, apreciar, gozar.
mankō 満腔 *s* todo o corpo, com todo o coração.
manmae 真前 *s* exatamente em frente, debaixo do nariz.

manmaku 慢幕 s cortina.
manman 満々 adv cheio de (ambição, confiança etc.).
manman 漫々 adv ilimitadamente, imensamente, vastamente.
manmaru 真ん丸 s círculo perfeito, redondo, esférico.
manma to まんまと adv completamente, exatamente, com sucesso.
manmen 満面 s toda a face. ～に笑み ～ni emi: todo sorriso. ～に朱を注いで ～ni shu o sosoide: vermelho de raiva.
manmosu マンモス (ingl mammoth) s Paleont mamute. ～計画 ～keikaku: projeto colossal. ～大学 ～daigaku: universidade gigantesca. ～都市 ～toshi: megalópole.
mannaka 真中 s centro, meio.
mannen 万年 s dez mil anos, eternidade, perpetuidade.
mannendoko 万年床 s leito sempre estendido.
mannen'hitsu 万年筆 s caneta-tinteiro.
mannen'yuki 万年雪 s neve eterna.
manneri マンネリ, **mannerizumu** マンネリズム (ingl mannerism) s rotina, estereótipo.
ma no atari 目のあたり adv realmente, pessoalmente, com os próprios olhos.
manpo 漫歩 s volta, passeio, vagueação. ～suru, v: vaguear, perambular, vagar.
manpokei 万歩計 s podômetro, passômetro, conta-passos.
manpuku 満腹 s estômago cheio. ～suru, v: estar satisfeito.
manpukukan 満腹感 s sensação de satisfação, de plenitude.
manriki 万力 s torno de bancada, morsa.
manrui 満塁 s Esp bases (de beisebol) cheias.
manryō 満了 s expiração, vencimento. ～suru, v: expirar, vencer.
mansai 満載 s 1 carga completa (cheia). 2 cheio de artigos (reportagens, notícias). ～suru, v: estar repleto de artigos.
mansei 慢性 s 1 cronicidade. 2 habitualidade. ～病 ～byō: doença crônica. ～インフレ ～infure: inflação crônica.
manshin 満身 s todo o corpo, da cabeça aos pés.
manshin 慢心 s orgulho, vaidade, presunção.
manshon マンション (ingl mansion) s apartamento. ワンルーム～ (ingl one room) wanrūmu ～: apartamento de um cômodo.
mansui 満水 s cheio de água.
mantan 満タン s pop tanque cheio. ～にする ～ni suru: encher o tanque, completar.
manten 満点 s 1 nota máxima. 2 perfeito, satisfatório.
manten 満天 s todo o céu. ～の星 ～no hoshi: céu todo estrelado.
mantenka 満天下 s todo o mundo.
manto マント (fr manteau) s mantô.
mantsūman マンツーマン (ingl man to man) s um para um, individual.
manugareru, **manukareru** 免れる v escapar, evitar, evadir-se.
manuke 間抜け s vulg tolo, bobo, estúpido. ～na, adj: tolo, bobo, estúpido.

manukezura 間抜け面 s vulg cara de bobo.
man'yū 漫遊 s viagem, giro, volta.
manza 満座 s todos os presentes.
manzai 漫才 s diálogo cômico em dupla. ～師 ～shi: membro de dupla cômica.
manzan 満山 s toda a montanha, a montanha inteira.
manzara 満更 adv não totalmente (inteiramente).
manzen 漫然 adj sem objetivo, à toa, ao deus-dará.
manzoku 満足 s 1 satisfação, contentamento. 2 adequação, suficiência. ～感 ～kan: sensação de satisfação. ～na, adj: satisfatório, suficiente, decente. ～suru, v: estar satisfeito (contente).
maō 魔王 s satanás, demônio.
maotoko 間男 s pop 1 adultério. 2 amante de esposa adúltera.
mappadaka 真裸 s completamente pelado, nu em pelo.
mappai 末輩 s (hierarquicamente, tecnicamente) inferior.
mappira 真平 adv pop de modo algum, nem pensar. ～御免 ～gomen: para mim, basta.
mappiruma 真昼間 s pop em plena luz do dia.
mappitsu 末筆 s finalmente (em carta).
mappō 末法 s Rel últimos anos dos mandamentos budistas, era da decadência. ～思想 ～shisō: pessimismo devido ao final dos tempos.
mararia マラリア (ingl malaria) s Med malária. ～原虫 ～genchū: parasita da malária.
marason(kyōsō) マラソン(競争) (ingl marathon) s maratona. ～選手 ～senshu: maratonista.
mare 稀れ adj raro, incomum, escasso.
mari 毬・球 s bola.
marifana マリファナ (esp marijuana) s maconha.
marine マリネ (fr mariné) s Cul marinado.
maroyaka 円やか adj suave, brando, redondo.
maru 丸 s 1 círculo. 大きな～を描く ōki na ～o egaku: traçar um círculo grande. 2 completo, inteiro, todo. ～二年 ～ninen: dois anos completos. 3 interior de castelo. 本～ hon～: torre principal de um castelo. 4 ponto-final (sinal de pontuação). 5 certo (bem, correto). 二重～ niju～: círculo duplo (muito bem, excelente). 6 sufixo usado no nome de pessoas, cavalos, navios e espadas famosas. 牛若～ Ushiwaka～: Ushiwakamaru (nome de infância de Minamotono-Yoshitsune). ブラジル～ Burajiru-maru: Brasil-maru (nome de navio).
maruanki 丸暗記 s decoração (memorização) por repetição mecânica.
marubatsushiki 丸×式 s método de escolha entre o certo e o errado.
marubōzu 丸坊主 s 1 cabeça raspada. 2 desmatado (montanha sem árvores).
marudashi 丸出し s pop exposto totalmente, descoberto.
marude 丸で adv 1 inteiramente, completamente. 2 como se fosse, exatamente como.
marudori 丸取り s apoderação, apoderamento, apropriação. ～suru, v: apropriar-se de tudo.
marugao 丸顔 s rosto redondo.
marugata 丸型 s redondo, circular, esférico.
marugoto 丸ごと adv inteiramente, totalmente, juntamente.
maruhadaka 丸裸 s 1 nu, pelado, nu em pelo. 2 desprovido(a) de qualquer posse.

marui 丸い *adj* **1** redondo, circular, esférico. **2** amigavelmente, amavelmente, pacificamente.
marukibashi 丸木橋 *s* ponte de tora.
marukibune 丸木舟 *s* canoa.
marukkiri 丸っきり *adv* completamente, totalmente, absolutamente.
maruku 丸[円]く *adj* **1** amigável, amável, pacífico. **2** circular, redondo.
marumado 丸窓 *s* janela redonda.
marumaru 丸々 *adv* **1** completamente, inteiramente, totalmente. **2** gordo, roliço, rechonchudo.
marumaru to 丸々と *adv* gordo, roliço, rechonchudo.
marumekomu 丸め込む *v* **1** enrolar. **2** induzir, persuadir por meio de lisonja.
marumeru 丸める *v* enrolar, arredondar.
marumi 丸[円]味 *s* **1** rotundidade, redondeza. **2** maturidade.
marumie 丸見え *s* totalmente exposto, inteiramente visível.
marumōke 丸儲け *s* ganho total, lucro líquido. ~*suru, v*: obter lucro líquido.
marunomi 丸呑み *s* **1** deglutição por inteiro sem mastigar. ~*suru, v*: engolir inteiro. **2** aceitação incondicional. 要求を~にする *yōkyū o* ~*ni suru*: aceitar as exigências incondicionalmente. **3** engolir, aprender ou acreditar sem compreender o conteúdo. 人の話を~にする *hito no hanashi o* ~*ni suru*: engolir (acreditar) o que os outros dizem.
maruta 丸太 *s* tora. ~小屋 ~*goya*: cabana de toras (paus).
marutenjō 丸天井 *s* abóbada, teto curvilíneo.
marutsubure 丸潰れ *s* colapso, destruição total.
maruutsushi 丸写し *s* cópia palavra por palavra. ~*suru, v*: copiar, plagiar.
maruyake 丸焼け *s* totalmente queimado, completamente destruído pelo fogo.
maruyaki 丸焼き *s* assado inteiro.
maruyane 丸屋根 *s* cúpula, domo.
maruzon 丸損 *s* perda total. ~*suru, v*: sofrer perda total.
maryoku 魔力 *s* poder mágico, força misteriosa.
masago 真砂 *v* areia fina.
masaguru まさぐる *v* apalpar, roçar.
masaka まさか *adv* de jeito algum. *adj* impossível, improvável.
masaka no toki まさかの時 *expr* numa emergência, numa eventualidade.
masakari 鉞 *s* machado de lenhador.
masa ni 正に *adv* **1** justamente, exatamente. **2** certamente, sem dúvida, seguramente. **3** realmente.
masa ni 当に *adv* naturalmente, exatamente.
masa ni 将に *adv* estar quase, a ponto de, prestes a.
-masari -勝[優]り *suf* que indica superação.
masaru 勝[優]る *v* exceder, ser superior, sobrepujar, superar, avantajar-se. ~とも劣らず ~*tomo otorazu*: se não superior, não é inferior.
masashiku 正しく *adv* seguramente, certamente, sem dúvida, evidentemente, realmente.
masatsu 摩擦 *s* fricção, atrito, desarmonia. 貿易~ *bōeki*~: atrito comercial. ~熱 ~*netsu*: calor friccional.
masatsuon 摩擦音 *s* Fon consoante fricativa.
masayume 正夢 *s* sonho premonitório.

maseru ませる *v* ser precoce (adiantado, avançado) para a idade.
mashaku 間尺 *s* **1** medidas de construção. **2** contas, proporção. ~に合わない ~*ni awanai*: não valer a pena.
mashi 増し *s* **1** acréscimo, adição, extra. **2** ser melhor (preferível), superar, sobrepujar.
mashibun 増し分 *s* Arit acréscimo, incremento.
mashikaku 真四角 *s* quadrado perfeito.
mashita 真下 *s* exatamente abaixo.
mashite 況して *adv* **1** muito mais, ainda mais. **2** muito menos, menos ainda. **3** sem falar de, nem é preciso dizer.
mashin マシン (*ingl machine*) *s* **1** máquina. **2** carro (motocicleta) de competição. **3** metralhadora.
mashō 魔性 *s* demoníaco, diabólico, satânico, feitiço, encanto.
mashōmen 真正面 *s* exatamente em frente.
mashumaro マシュマロ (*ingl marshmallow*) *s* Cul doce de consistência esponjosa, feito com xarope de milho, açúcar e gelatina.
massaichū 真っ最中 *s* meio, auge, em plena atividade.
massāji マッサージ (*ingl massage*) *s* massagem. ~*suru, v*: massagear. ~師 ~*shi*: massagista. ~療法 ~*ryōhō*: massoterapia.
massakari 真っ盛り *s* auge.
massakasama ni 真っ逆様に *adv* de ponta-cabeça, de cabeça para baixo, de pernas para o ar.
massaki 真っ先 *s* no início, primeiro de todos, na liderança.
massao 真っ青 *s* azul profundo, pálido, cadavérico.
massatsu 抹殺 *s* apagamento, ofuscação, ofuscamento. ~*suru, v*: a) apagar, ofuscar. b) ignorar, negar a existência, liquidar.
masseki 末席 *s* último assento, posição inferior, assento mais distante da posição de honra. ~を汚す ~*o kegasu*: ter a honra de participar.
masshigura ni 驀地に *adv* precipitadamente, rapidamente, a toda velocidade.
masshiro 真っ白 *s* branco puro, alvura. ~*na, adj*: alvo, branco como a neve, imaculado.
masshō 抹消 *s* apagamento, extinção. ~*suru, v*: apagar.
masshōjiki 真っ正直 *adj* absolutamente honesto, direto, com total honestidade.
masshōteki 末梢的 *adj* detalhado, minucioso, trivial, insignificante.
masshupoteto マッシュポテト (*ingl mashed potatoes*) *s* purê de batata.
masshurūmu マッシュルーム (*ingl mushroom*) *s* Bot champignon.
massugu 真っ直ぐ *s* **1** reto, ereto. **2** direto, diretamente. **3** honesto, franco, reto.
masu 枡 *s* **1** utensílio quadrado de madeira usado para medição. **2** medida. **3** assento de camarote.
masu 鱒 *s* Ictiol truta.
masu 増す *v* **1** aumentar, crescer, ganhar. **2** elevar.
masui 麻酔 *s* anestesia. 全身~ *zenshin*~: anestesia geral. 局所~ *kyokusho*~: anestesia local.
masuiyaku [zai] 麻酔薬[剤] *s* anestésico.
masukara マスカラ (*ingl mascara*) *s* rímel.
masukatto マスカット *s* (*ingl muscat*) uva moscatel.

masukomi マスコミ, **masukomyunikēshon** マスコミュニケーション (*ingl mass communication*) *s* meio de comunicação em massa, mídia.
masukotto マスコット (*ingl mascot*) *s* mascote.
masuku マスク (*ingl mask*) *s* 1 máscara. 2 feições, traços.
masumasu 益々 *adv* mais e mais, cada vez mais, crescentemente.
masume 桝目 *s* 1 medida. 2 quadrado (de papel quadriculado).
masuru 摩する *v* 1 friccionar, polir, esfregar. 2 aproximar-se, tocar.
masutā マスター (*ingl master*) *s* 1 proprietário (gerente) de bar. 2 com grau de mestre. ～コース ～*kōsu*: mestrado. ～*suru, v*: saber a fundo, dominar.
masuto マスト (*ingl mast*) *s* mastro.
mata 叉 *s* bifurcado, bipartido.
mata 股 *s* virilha, entrepernas, coxa. 世界を～に掛ける *sekai o*～*ni kakeru*: viajar por todo o mundo. ～擦れ ～*zure*: irritação na coxa devido à fricção.
mata 又・亦・復 *adv* 1 novamente, outra vez. ～その本を読みます ～*sono hon o yomimasu*: vou ler novamente esse livro. ～お会いしましょう ～*oai shimashō*: vamos nos encontrar novamente. 2 também. 私も～そう信じている *watashi mo* ～ *sō shinjite iru*: eu também creio assim. 彼は医者だが息子も～医者だ *kare wa isha da ga musuko mo* ～*isha da*: ele é médico e o seu filho também é. 3 outro. ～の機会 ～*no kikai*: uma outra oportunidade. ～の日 ～*no hi*: outro dia. 4 além de, também, ainda. 彼は学者でもあり～詩人でもある *kare wa gakusha de mo ari* ～*shijin demo aru*: além de ser erudito, ele é também poeta. これも～傑作だ *kore mo* ～*kessaku da*: este também é uma obra-prima. 5 mas, por outro lado. 兄は勉強が嫌いだが弟の方は～馬鹿に読書が好きだ *ani wa benkyō ga kirai da ga otōto no hō wa* ～ *baka ni dokusho ga suki da*: o irmão mais velho não gosta de estudar, mas (por outro lado) o mais novo gosta muito de ler. 6 mas, afinal de contas. なんで～そんな馬鹿なことをしたのか *nande* ～*sonna baka na koto o shita no ka*: afinal de contas, por que fez tamanha tolice? 7 indiretamente. *V* **matagari** 又[復]借り, **matagashi** 又[復]貸し.
mata 又 *conj* 1 além disso. 2 ou então.
matagari 又[復]借り *s* subaluguel, sublocação. ～*suru, v*: tomar emprestado indiretamente.
matagaru 跨る *v* 1 montar. 2 estender-se. 3 atravessar.
matagashi 又[復]貸し *s* subaluguel, sublocação. ～*suru, v*: sublocar, subalugar.
matagi 跨ぎ *s* um passo.
matagi 叉木 *s* galho bifurcado, ramo bipartido.
matagiki 又聞き *s* informação de segunda mão. ～*suru, v*: ouvir indiretamente.
matagu 跨ぐ *v* escarranchar-se, cruzar, atravessar.
matamata 又[復]々, **matamo(ya)** 又も(や) *adv* outra vez, novamente.
matanichī マタニティー (*ingl maternity*) *s* maternidade. ～ドレス ～*doresu*: vestido para gestante. ～用品 ～*yōhin*: artigo para gestante.
mata no hi 又の日 *s* algum outro dia.
mata no na 又の名 *s* outro nome; também chamado.

mataseru 待たせる *v* fazer esperar.
matataki 瞬き *s* cintilação, brilho, piscar (de olhos).
matataku 瞬く *v* cintilar, brilhar, piscar (os olhos). ～間に ～*ma ni*: num piscar de olhos.
mata to nai 又と無い *expr* único, sem igual.
mata wa 又は *conj* ou então.
matcha 抹茶 *s Cul* chá verde em pó (usado na cerimônia do chá).
matchi¹ マッチ (*ingl match*) *s* fósforo.
matchi² マッチ (*ingl match*) *s* partida, jogo.
matchi³ マッチ (*ingl match*) *s* combinação. ～*suru, v*: combinar.
matchibako マッチ箱 *s* caixa de fósforo.
matecha マテ茶 *s* (*bras*) chá-mate.
matenrō 摩天楼 *s* arranha-céu.
mato 的 *s* 1 alvo, mira. 2 objeto, ponto.
matohazure 的外れ *s* 1 o ato de errar o alvo. 2 irrelevante, fora de questão, mal orientado.
matoi 纏い *s* estandarte de bombeiro.
matomari 纏まり *s* 1 conclusão, acabamento, entendimento. 2 consistência, coerência, unidade, harmonia. ～をつける ～*o tsukeru*: completar, concluir.
matomaru 纏まる *v* 1 concluir-se (acabar-se, completar-se). 2 unir-se, juntar-se. 3 organizar-se.
matomatta 纏まった *adv* 1 grande soma, quantidade considerável. 2 definitivo, unido, organizado.
matome 纏め *s* conclusão, sumário. ～役 ～*yaku*: coordenador, mediador, organizador.
matomeru 纏める *v* 1 concluir, acabar, completar. 2 unir. 3 organizar.
matomo 正面 *s* honestidade; seriedade. ～*na, adj*: honesto, decente, sério. 2 direito, direto.
matomo ni 正面に *adv* diretamente, seriamente, honestamente.
matou 纏う *v* vestir, usar, estar envolvido.
matsu 松 *s Bot* pinheiro. ～笠・ぼっくり ～*kasa/bokkuri*: pinha. ～脂 ～*yani*: resina. ～虫 ～*mushi*: espécie de grilo.
matsu 待[俟]つ *v* 1 esperar, aguardar. 2 contar com, depender de, esperar assistência.
-matsu -末 *suf* 1 final, último. 2 pó. 3 miúdo, diminuto, insignificante, desinteressante.
matsuba 松葉 *s Bot* folha de pinheiro.
matsubayashi 松林 *s* bosque de pinheiros.
matsubazue 松葉杖 *s* muleta.
matsubi 末尾 *s* final, conclusão, término.
matsudai 末代 *s* 1 vida depois da morte. 2 gerações futuras, posteridade, eternidade. ～まで ～*made*: por todas as gerações, para sempre, eternamente.
matsuge 睫毛 *s* cílio, pestana.
matsugo 末期 *s* fim da vida, últimos momentos, hora da morte. ～の言葉 ～*no kotoba*: últimas palavras. ～の水 ～*no mizu*: água para umedecer os lábios de um moribundo. ～の水を取る ～*no mizu o toru*: presenciar a morte.
matsujitsu 末日 *s* último dia.
matsukasa 松毬 *s* pinha.
matsukazari 松飾り *s* decoração de pinheiro para o Ano-Novo.
matsu no uchi 松の内 *s* semana do Ano-Novo.
matsuri 祭[祀]り *s* festival, festa, celebração.
matsuriageru 祭り上げる *v* 1 prestar culto. 2 colocar alguém em alto posto, bajulando-o.

matsuro 末路 *s* 1 fim do caminho. 2 final da vida, últimos dias. 3 fim miserável.
matsuru 祭[祀]る *v* divinizar, endeusar, adorar, venerar, cultuar.
matsuwaru 纏わる *v* 1 enrolar-se. 2 estar relacionado, ser concernente. 纏わり付く *matsuwaritsuku*: seguir, apegar-se, rodear.
matta 待った *interj* espere!, pare! *s* parada, interrupção.
mattadanaka 真っ只中 *s* 1 meio, centro. 2 auge.
mattaira 真平ら *adj* totalmente plano, perfeitamente nivelado.
mattaku 全く *adv* 1 inteiramente, completamente, totalmente, perfeitamente. 2 realmente, de fato, verdadeiramente, muito.
mattan 末端 *s* 1 final, ponta, extremidade, ponteira. 2 camada (parte) inferior de uma organização.
mattosuru 全うする *v* completar, concluir, terminar, finalizar, cumprir, realizar.
mau 舞う *v* 1 dançar. 2 voar, esvoaçar, rodar, circular.
maue 真上 *s* exatamente em cima.
maushiro 真後 *s* exatamente atrás.
maware migi 回れ右 *s* direita volver, meia-volta volver. ~*suru*, *v*: dar meia-volta.
mawari 回[周]り *s* 1 rotação, volta, revolução, giro. ~をよくする ~*o yoku suru*: melhorar a rotação. ~舞台 ~*butai*: palco giratório. 2 propagação. 火の~が早い *hi no* ~*ga hayai*: a propagação do fogo é rápida. 3 circunferência (perímetro), redondeza, cercanias, arredores, vizinhança. この池は~が百メートルある *kono ike wa* ~*ga hyaku mētoru aru*: este lago tem 100 metros de circunferência. 口の~をふく *kuchi no* ~*o fuku*: limpar em volta da boca. 4 via, passagem. 北極~でヨーロッパに行く *hokkyoku* ~*de yōroppa ni iku*: ir à Europa via Polo Norte. 5 ciclo de doze anos. 一~上の兄 *hito* ~ *ue no ani*: irmão doze anos mais velho. 6 efeito, eficácia. 酒の~が早い *sake no* ~*ga hayai*: o saquê faz efeito rapidamente.
-mawari -回り *suf* 1 volta, giro, rotação. 2 ciclo de doze anos. 3 via, passagem por.
mawarikudoi 回りくどい *adj* indireto, vago, com rodeios, prolixo.
mawarimawatte 回り回って *expr* após passar por muitos lugares (mãos), após muitas voltas.
mawarimichi 回り道 *s* desvio, volta, rodeio.
mawarimochi 回り持ち *s* revezamento, rodízio, turno.
mawaru 回る *v* 1 rodar, girar, revolver. 2 rondar, patrulhar, circular. 3 desviar, dar volta. 4 ser passado de mão em mão. 5 fazer efeito. 6 funcionar. 7 passar por, via. 8 passar do horário.
mawashimono 回し者 *s* espião, agente secreto.
mawasu 回す *v* 1 fazer girar, rodar. 2 passar de mão em mão. 3 enviar, transmitir. 4 emprestar, investir.
mawata 真綿 *s* seda crua/natural. ~で首を絞める ~*de kubi o shimeru*: arruinar alguém por meios indiretos.
mayakashi まやかし *s pop* enganação, fraude, decepção, truque, falsificação.
mayakasu まやかす *v pop* fraudar, enganar, falsificar.
mayaku 麻薬 *s* droga, narcótico, tóxico.

mayaku chūdoku 麻薬中毒 *s* intoxicação por drogas.
mayoi 迷い *s* dúvida, hesitação, desnorteamento, confusão, perplexidade.
mayoiaruku 迷い歩く *v* vaguear, perder-se.
mayoikomu 迷い込む *v* entrar vagueando, perder-se.
mayoke 魔除け *s* talismã, amuleto.
mayonaka 真夜中 *s* meio da noite, meia-noite.
mayonēzu マヨネーズ (*fr mayonnaise*) *s* maionese.
mayou 迷う *v* 1 ficar perdido (perplexo), ficar em dúvida, hesitar. 2 errar o caminho.
mayowasu 迷わす *v* 1 desencaminhar, enganar, confundir. 2 tentar, atrair, induzir, seduzir.
mayu 眉 *s* sobrancelha. ~が曇る ~*ga kumoru*: parecer ansioso. ~を吊り上げる ~*o tsuriageru*: olhar furiosamente. ~を顰める ~*o hisomeru*: expressar desagrado ou preocupação. ~を開く ~*o hiraku*: sentir alívio. ~に火が付く ~*ni hi ga tsuku*: urgente. ~に唾を付ける ~*ni tsuba o tsukeru*: ficar desconfiado. ~尻 ~*jiri*: final da sobrancelha. ~墨 ~*zumi*: lápis delineador.
mayu 繭 *s* casulo.
mayuge 眉毛 *s* sobrancelha, pelo da sobrancelha.
mazakon マザコン, **mazākonpurekkusu** マザーコンプレックス (*ingl mother complex*) *s* complexo de Édipo.
mazamaza to まざまざと *adv* claramente, intensamente, precisamente, vivamente.
mazeawaseru 混ぜ合わせる *v* misturar, juntar.
mazegohan 混ぜ御飯 *s* risoto, prato de arroz misturado com outros ingredientes.
mazemono 混ぜ物 *s* mistura, composto. ~のある ~*no aru*: impuro, adulterado. ~のない ~*no nai*: puro.
mazeru 混[雑]ぜる *v* misturar, combinar, fundir, adulterar, incluir, mexer.
mazo マゾ, **mazohisuto** マゾヒスト (*al Masochist*) *s* masoquista.
mazo マゾ, **mazohizumu** マゾヒズム (*al Masochism*) *s* masoquismo.
mazu 先ず *adv* 1 em primeiro lugar, antes de tudo. 2 de qualquer modo. 3 provavelmente, quase.
mazui まずい *adj* 1 insípido, desagradável ao paladar. 2 feio, repugnante. 3 inábil, pobre, desajeitado. 4 desfavorável, inconveniente.
mazumazu 先ず先ず *adv* tolerável, passável.
mazushii 貧しい *adj* 1 pobre, necessitado, humilde. 2 pobre, escasso, insuficiente.
me 目・眼 *s* 1 olho. ~で見る ~*de miru*: ver com os próprios olhos. ~を開く ~*o hiraku*: abrir os olhos. 2 olhar. ~が合った ~*ga atta*: os olhares se cruzaram. 鋭い非難の~ *surudoi hinan no*~: olhar severo de crítica. 3 observação, atenção. ~のつけどころ ~*no tsukedokoro*: ponto de observação. 細かいところに~のとどく人 *koma-kai tokoro ni* ~*no todoku hito*: um sagaz observador. 4 discernimento, discriminação, apreciação. ~がそなわる ~*ga sonawaru*: possuir discernimento, saber apreciar. 5 ponto de vista. 専門家の~ *senmonka no* ~: ponto de vista de especialista. 日本人の~から見れば *nihonjin no* ~*kara mireba*: segundo o ponto de vista dos

japoneses. **6** vista, visão, acuidade visual. 私は～が見えない *watashi wa ～ga mienai*: eu não enxergo. ～の不自由な人 *～no fujiyū na hito*: deficiente visual. **7** experiência, tratamento, situação. ひどい～にあった *hidoi ～ni atta*: tive uma terrível experiência. ひどい～にあわせてやる *hidoi ～ni awasete yaru*: darei um tratamento duro. **8** cuidado, favor, atenção. ～をかける *～o kakeru*: tratar (cuidar) de alguém com especial atenção. **9** que tem forma ou posição semelhante às de um olho. 台風の～ *taifū no～*: olho (centro) do furacão. **10** malha, dente, textura. ～の粗い布 *～no arai nuno*: tecido de malha larga. 碁盤の～ *goban no～*: casa do tabuleiro de go. のこぎりの～ *nokogiri no～*: dentes do serrote. **11** ponto (pinta) dos dados (de jogar). 欲しい～が出ない *hoshii ～ga denai*: não saem os pontos de que preciso. **12** escala, graduação de escala. はかりの～ *hakari no～*: graduação da balança. **13** vinco, prega, dobra. ズボンの折り～ *zubon no ori～*: vinco da calça. **14** peso. ～減り *～beri*: perda de peso.

me 芽 *s Bot* broto, germe. ～が出る *～ga deru*: brotar, mostrar sinal de sucesso. ～を摘む *～o tsumu*: destruir logo no começo; cortar pela raiz; cercear.

me- 女･･牝･･雌- *s* **1** mulher, feminino. **2** fêmea.

-me -目 *suf* **1** ordinal. 四年～ *yonen～*: quarto ano. 二代～ *nidai～*: segunda geração. **2** grau. 小さ～ *chiisame～*: mais para pequeno. **3** momento importante. 変わり～ *kawari～*: momento de mudança.

meakashi 目明し *s Hist* assistente de investigação criminal da era Edo.

meaki 目明き *s* **1** pessoa que enxerga. **2** pessoa alfabetizada. **3** pessoa sensível.

meatarashii 目新しい *adj* novo, recente, original.

meate 目当て *s* **1** guia, marca, alvo, destino. **2** finalidade, objetivo.

meawaseru 娶せる *v* fazer casar.

mebae 芽生え *s* **1** brotamento, germinação. **2** surgimento, crescimento, nascimento.

mebaeru 芽生える *v* **1** brotar, germinar. **2** surgir, aparecer, nascer.

meberi 目減り *v* perda de peso (valor).

meboshi 目星 *s* **1** alvo, fim, objetivo. **2** pista. ～を付ける *～o tsukeru*: ter ideia, pista.

meboshii 目ぼしい *adj* importante, notável, valioso, destacado, proeminente.

mebunryū 目分量 *s* medida aproximada (estimada).

mebuta 雌豚 *s Zool* porca, leitoa.

mecha 滅茶 *～na*: *adj* absurdo, incoerente, confuso, irracional.

mechakucha 滅茶苦茶 *s pop* **1** absurdo, incoerente, confuso, irracional. **2** em pedaços, fragmentado. **3** desordenado, caótico, confuso. **4** terrivelmente, realmente.

mechamecha 滅茶滅茶 *s pop V* **mechakucha** 滅茶苦茶.

medachi 芽立ち *s* germinação, brotamento.

medaka 目高 *s Ictiol* barrigudinho, ciprinodonte, microciprino.

medama 目玉 *s* **1** globo ocular. **2** repreensão, bronca. **3** chamativo, central. ～番組 *～bangumi*: programa especial. ～商品 *～shōhin*: chamariz (mercadoria em venda especial).

medamayaki 目玉焼 *s* ovo frito.

medaru メダル (*ingl medal*) *s* medalha.

medatsu 目立つ *v* ser notável (conspícuo), chamar a atenção, sobressair.

Mēdē メーデー (*ingl May Day*) *s* Dia do Trabalho.

mederu 愛でる *v* admirar, amar, apreciar, desfrutar.

medetai めでたい *adj* feliz, auspicioso, alegre.

medetaku めでたく *adv* felizmente, prosperamente, com êxito.

media メディア (*ingl media*) *s* mídia.

medo 目処 *s* **1** esperança, perspectiva, possibilidade, probabilidade. **2** buraco da agulha.

megahon メガホン (*ingl megaphone*) *s* megafone.

megakeru 目掛ける *v* apontar, mirar, visar, alvejar.

megami 女神 *s* deusa.

megane 眼鏡 *s* **1** óculos. **2** julgamento, juízo, discriminação. ～に適う *～ni kanau*: ganhar a confiança de. ～違い *～chigai*: erro de julgamento. ～屋 *～ya*: oculista. ～橋 *～bashi*: ponte de dois arcos.

meganegoshi 眼鏡越し *s* por sobre os óculos.

megashira 目頭 *s* canto do olho próximo ao nariz. ～が熱くなる *～ga atsukunaru*: comover-se. ～を押さえる *～o osaeru*: enxugar as lágrimas.

megeru めげる *v* **1** desencorajar-se, sucumbir, perder o ânimo. **2** quebrar(-se), lascar(-se).

megumareru 恵まれる *v* ser abençoado (afortunado).

megumi 恵み *s* graça, bênção, benevolência, caridade. ～の雨 *～no ame*: chuva abençoada.

megumu 恵む *v* dar, fazer caridade, ser piedoso.

megumu 芽ぐむ *v* brotar, germinar.

megurasu 回[巡]らす *v* **1** cercar, murar. **2** virar, girar. **3** pensar, ponderar. **4** lembrar, pensar.

meguri 回[巡]り *s* **1** circunferência. **2** viagem, volta, peregrinação. **3** circulação. 血の～が悪い *chi no ～ga warui*: a) má circulação sanguínea. b) raciocínio lento.

meguriai 回[巡]り合い *s* encontro acidental (casual).

meguriau 回[巡]り合う *v* encontrar por acaso, encontrar após vaguear muito.

meguriawase 回[巡]り合わせ *s* sorte, sina.

meguru 回[繞]る *v* **1** circundar, cercar. **2** circular, retornar. **3** rodar, viajar aqui e ali. **4** estar relacionado.

megusuri 目薬 *s* **1** colírio. **2** pequeno suborno.

mehachibu 目八分 *s pop* **1** ato de segurar um pouco abaixo da altura dos olhos. **2** oito décimos.

mehana 目鼻 *s* **1** olhos e nariz. **2** feição, face, aparência. **3** forma, contorno.

mehanadachi 目鼻立ち *s* traços, feições, semblante.

mei 姪 *s* sobrinha.

mei 銘 *s* **1** epitáfio, inscrição. **2** nome gravado. **3** nome, designação. **4** preceito, mandamento, máxima. 座右の～ *zayū no～*: lema, máxima.

mei 命 *s* **1** ordem, comando, instrução. **2** vida. **3** destino, fado, sorte.

mei 明 *s* **1** claridade, luz. ～暗 *～an*: luz e sombra (claro-escuro). 鮮～ *sen～*: nitidez. **2** alvorada,

amanhecer, aurora. 黎～ *rei*～: aurora. **3** visão, vista. 失～ *shitsu*～: perda da visão. **4** discernimento, sagacidade, perspicácia. 先見の～ *senken no* ～: capacidade de prever o futuro. **5** este mundo, mundo atual. 幽～ *yū*～: este mundo e o outro.
mei- 名- *pref* famoso, grande, notável.
-mei -名 *suf* número de pessoas.
meian 名案 *s* boa (brilhante) ideia.
meian 明暗 *s* **1** luz e sombra. **2** alegria e tristeza, felicidade e infelicidade.
meiba 名馬 *s* cavalo bom.
meibi 明媚 *s* paisagem bela. ～*na, adj*: pitoresco, formoso.
meibo 名簿 *s* lista de nomes. 会員～ *kaiin*～: lista de associados.
meibō 名望 *s* reputação, popularidade, fama, renome.
meibōka 名望家 *s* pessoa de grande reputação (popularidade).
meibun 名文 *s* composição excelente, bela passagem, prosa em estilo primoroso. ～家 ～*ka*: mestre do estilo.
meibun 明文 *s* cláusula explícita.
meibun 名分 *s* obrigação moral, causa justa. 大儀～ *taigi*～: boa razão, causa justa.
meibunka 明文化 *s* estabelecido em estatuto.
meibutsu 名物 *s* **1** produto famoso (popular), especialidade. **2** atração, destaque, figura popular. ～にうまい物なし ～*ni umai mono nashi*: sabor aquém da fama.
meibutsuotoko 名物男 *s* homem popular.
meicho 名著 *s* livro famoso, clássico da literatura, obra-prima.
meichū 命中 *s* acerto. ～率 ～*ritsu*: índice de acerto. ～*suru, v*: acertar.
meichūdan 命中弾 *s* tiro certeiro.
meidai 命題 *s Lóg* proposição.
meido 冥土[途] *s* o outro mundo, o mundo dos mortos.
meido 明度 *s* luminosidade, matiz, nuança, tonalidade.
meifuku 冥福 *s* repouso em paz. ～を祈る ～*o inoru*: orar pelo repouso da alma.
meiga 名画 *s* **1** pintura famosa, obra-prima. **2** filme bom.
meigara 銘柄 *s* marca, grife. ～品 ～*hin*: produto de grife.
meigen 名言 *s* dito sábio, frase inteligente.
meigen 明言 *s* declaração. ～*suru, v*: declarar, dizer.
meigetsu 明月 *s* lua cheia, lua clara.
meigi 名義 *s* nome, título. ～人 ～*nin*: acionista nominal, titular. ～上 ～*jō*: nominal.
meigikakikae 名義書き替え *s* transferência de título (propriedade).
meihaku 明白 *adj* claro, evidente, óbvio.
meihitsu 名筆 *s* **1** escrita excelente, caligrafia soberba. **2** pintura bela.
meii 名医 *s* grande médico, médico famoso.
meiji 明示 *s* declaração, expressão. ～的な ～*teki*: ～*na, adj*: explícito. ～*suru, v*: declarar claramente.
Meiji 明治 *s* era Meiji (de 08/09/1868 a 30/07/1912). ～維新 ～*ishin*: restauração Meiji. ～時代 ～*jidai*: era Meiji. ～天皇 ～*tennō*: Imperador Meiji.
meijin 名人 *s* perito, mestre. ～芸 ～*gei*: atuação (*performance*) de mestre.

meijiru 命じる *v* **1** ordenar, dar ordens, comandar, instruir. **2** nomear, designar.
meijiru 銘じる *v* gravar, imprimir, anotar. 肝(心)に～ *kimo (kokoro) ni*～: gravar no coração.
meijitsu 名実 *s* reputação e realização, forma e conteúdo.
meijō 名状 *s* descrição. ～し難い ～*shigatai*: indescritível. ～*suru, v*: descrever.
meika 名家 *s* boa família, família de prestígio, família tradicional.
meikai 明快 *s* claridade, lucidez. ～*na, adj*: claro, lúcido, explícito.
meikai 明解 *s* explicação (interpretação) clara.
meikaku 明確 *s* clareza, precisão, exatidão. ～*na, adj*: claro, preciso, definido, distinto.
meiki 明記 *s* especificação, declaração clara. ～*suru, v*: especificar, declarar claramente.
meiki 銘記 *s* registro na memória. ～*suru, v*: guardar na memória, manter em mente.
meikō 名工 *s* artesão habilidoso; perito.
meikyoku 名曲 *s* música famosa, clássico da música.
meikyōshisui 明鏡止水 *s* mente serena (como espelho polido ou água calma).
meikyū 迷宮 *s* labirinto. ～入り ～*iri*: insolúvel, sem explicação, não esclarecido, misterioso.
meimei 命名 *s* nomeação, batismo. ～*suru, v*: dar nome, batizar.
meimei 銘々 *s* cada, individual, respectivo. ～皿 ～*zara*: prato pequeno (individual).
meimetsu 明滅 *s* piscação, cintilação. ～*suru, v*: piscar, cintilar, tremeluzir.
meimō 迷妄 *s* ilusão, devaneio, sonho.
meimoku 名目 *s* **1** nome, nominal. **2** pretexto.
meimon 名門 *s* família distinta (ilustre, nobre). ～校 ～*kō*: escola de prestígio. ～の出 ～*no de*: de família nobre.
meimu 迷夢 *s* ilusão, devaneio, delusão.
meimyaku 命脈 *s* vida. ～を保つ ～*o tamotsu*: sobreviver.
meinichi 命日 *s* aniversário da morte de alguém.
Meiōsei 冥王星 *s Astr* Plutão.
meirei 命令 *s* ordem, comando. ～*suru, v*: ordenar, comandar, mandar.
meiri 名利 *s* fama e riqueza.
meirishin 名利心 *s* ambição, interesse mundano.
meiro 迷路 *s* labirinto.
meirō 明朗 *adj* **1** franco, alegre, radiante, vivo. **2** honesto, claro.
meirōka 明朗化 *s* endireitamento, correção, eliminação de inexatidão, clarificação. ～*suru, v*: corrigir, endireitar.
meiron 名論 *s* argumento convincente, teoria bem fundamentada, excelente opinião.
meiron 迷論 *s* argumento inaceitável (infundado), opinião absurda.
meiru 滅入る *v* deprimir-se, desanimar-se, esmorecer-se.
meiryō 明瞭 *s* clareza, lucidez, obviedade. ～*na, adj*: claro, óbvio, evidente.
meiryū 名流 *s* celebridades, pessoas distintas, notáveis.
meisai 明細 *s* detalhes, particularidades.
meisai 迷彩 *s* camuflagem.
meisaisho 明細書 *s* especificação, extrato de contas.

meisaku 名作 *s* obra-prima.
meisan 名産 *s* produto local (conhecido), especialidade.
meisatsu 明察 *s* discernimento, julgamento claro, visão aguçada.
meisei 名声 *s* fama, reputação, renome, popularidade.
meiseki 明晰 *adj* claridade, nitidez, lucidez. ～*na, adj*: claro, nítido, lúcido.
meisha 目医者 *s* oftalmologista.
meishi 名士 *s* celebridade, pessoa proeminente.
meishi 名刺 *s* cartão de visita.
meishi 名詞 *s Gram* substantivo. ～化 ～*ka*: substantivação. ～句 ～*ku*: frase substantivada.
meishin 迷信 *s* superstição. ～家 ～*ka*: pessoa supersticiosa.
meisho 名所 *s* local famoso, lugar pitoresco.
meishō 名称 *s* nome, título.
meishō 名勝 *s* vista bonita, paisagem bela.
meishō 明証 *s* prova, evidência, comprovação.
meishokyūseki 名所旧跡 *s* local pitoresco e de interesse histórico.
meishu 名手 *s* 1 perito, hábil, destro. 2 movimento (de xadrez) inteligente.
meishu 盟主 *s* líder dos aliados.
meisō 名僧 *s* grande sacerdote.
meisō 瞑想 *s* meditação. ～的 ～*teki: na, adj*: meditativo. ～*suru, v*: meditar, contemplar.
meisū 命数 *s* duração da vida.
meisuru 瞑する *v* 1 cerrar os olhos. 2 descansar (repousar) em paz, morrer.
meitei 酩酊 *s* embriaguez. ～*suru, v*: embriagar-se, ficar bêbado.
meiten 名店 *s* loja famosa. ～街 ～*gai*: rua comercial de lojas famosas.
meitetsu 明哲 *s* sabedoria, sagacidade.
meitō 名答 *s* resposta inteligente (correta, excelente).
meiwaku 迷惑 *s* problema, aborrecimento, inconveniência. ～*na, adj*: aborrecedor, irritante. ～*suru, v*: aborrecer-se. ～をかける ～*o kakeru*: incomodar, molestar.
meiyo 名誉 *s* honra, glória, prestígio, dignidade, reputação. ～会員 ～*kaiin*: membro honorário.
meiyokison 名誉毀損 *s* calúnia, difamação.
meiyokyōju 名誉教授 *s* professor emérito.
meiyoshimin 名誉市民 *s* cidadão honorário.
meiyoshin [yoku] 名誉心[欲] *s* ambição, aspiração à fama.
meiyoshoku 名誉職 *s* cargo honorário.
meiyū 名優 *s* grande ator.
meizan 名山 *s* montanha famosa.
mejiri 目尻 *s* canto externo do olho.
mejirooshi 目白押し *s* cheio, lotado, apinhado, abarrotado.
mejirushi 目印 *s* sinal, marca, placa.
mēkā メーカー (*ingl maker*) *s* fabricante. ～品 ～*hin*: produto de grife.
mekake 妾 *s* amante, concubina.
mekakushi 目隠し *s* 1 venda para os olhos. 2 tapume, biombo, anteparo.
-mekashii -めかしい *suf* com aparência de, parecer.
mekasu めかす *v* adornar-se, arrumar-se, enfeitar-se.

mekata 目方 *s* peso.
mekiki 目利き *s* 1 avaliação, estimativa. 2 avaliador, conhecedor.
mekimeki めきめき *adv* visivelmente, notavelmente, rapidamente.
mekki 鍍金 *s* 1 revestimento (banho) de metal. 2 pretensão, aparência. 金～ *kin*～: douração, douradura. ～がはげる ～*ga hageru*: trair-se, revelar-se, mostrar a verdadeira face.
mekkin 滅菌 *s* esterilização. ～ガーゼ ～*gāze*: gaze esterilizada. ～器 ～*ki*: esterilizador. ～*suru, v*: esterilizar. *V* **sakkin** 殺菌.
mekkiri めっきり *adv* consideravelmente, notavelmente, muito.
mekkyaku 滅却 *s* extinção, destruição. ～*suru, v*: extinguir, destruir.
-meku -めく *suf* parecer, aparentar, ter ar de. 春～ *haru*～: parecer primavera.
mekubari 目配り *s* observação, cuidado, vigilância. ～*suru, v*: observar, manter os olhos em, cuidar de.
mekubase 目配せ *s* sinal com os olhos. ～を交わす ～*o kawasu*: trocar olhares significativos. ～*suru, v*: sinalizar com os olhos.
mekujira 目くじら *s* canto dos olhos. ～を立てる ～*o tateru*: irritar-se com insignificâncias.
mekura 盲 *s* 1 cego. 2 analfabeto. 3 ignorante.
mekuraban 盲判 *s* carimbo ou assinatura que a pessoa coloca mecanicamente, sem ler o documento.
mekurameppō 盲滅法 *s pop* às cegas, cegamente.
mekuru 捲る *v* 1 folhear, virar. 2 arrancar, tirar com força.
mekuso 目糞 *s vulg* remela (dos olhos), ramela.
mekyabetsu 芽キャベツ *s* couve-de-bruxelas.
mēkyappu メーキャップ (*ingl make-up*) *s* maquilagem.
memagurushii 目まぐるしい *adj* atordoante, rápido, afobado.
memai 眩暈 *s* tontura, vertigem.
memeshii 女々しい *adj* covarde, maricas.
memie 目見え *s* 1 audiência, entrevista. 2 estreia, primeira representação em palco.
memo メモ (*ingl memo*) *s* anotação, apontamento, lembrete. ～を取る ～*o toru*: tomar nota, anotar. ～帳 ～*chō*: bloco de anotações.
memori 目盛り *s* escala, graduação (de instrumento de medida).
memorī メモリー (*ingl memory*) *s Inform* memória.
memoto 目許 *s* 1 redor dos olhos. 2 olhar.
men 面 *s* 1 face. 2 máscara. 3 página de jornal. 4 aspecto, área. 5 superfície, face. ～が割れる ～*ga wareru*: ser identificado. ～と向かう ～*to mukau*: face a face.
men 綿 *s* algodão. ～棒 ～*bō*: cotonete. ～糸 ～*shi*: fio de algodão.
menareru 目馴れる *v* acostumar-se a ver.
menbā メンバー (*ingl member*) *s* membro, participante.
menboku 面目 *s* 1 honra, reputação, prestígio. 2 aparência, aspecto.
menbokunai 面目ない *adj* envergonhado, desconcertado, vexado.
menbō(seki) 綿紡(績) *s* fiação de algodão.
menchi メンチ (*ingl mince*) *s* carne moída. ～カツ

~*katsu*: bolinho de carne à milanesa. ~ボール
~*bōru* (*ingl ball*): almôndega.
mendan 面談 *s* entrevista, conversa. ~*suru*, *v*: conversar, ter entrevista.
mendō 面倒 *s* 1 aborrecimento, transtorno, trabalho incômodo. 2 cuidado, atenção. ~を見る ~*o miru*: cuidar; assistir. ~見が良い ~*mi ga yoi*: prestativo. ~になる ~*ni naru*: cansar-se, entediar-se.
mendōkusagaru 面倒臭がる *v* achar trabalhoso (cansativo, tedioso).
mendōkusai 面倒臭い *adj pop* trabalhoso, incômodo, cansativo, tedioso.
mendori 雌鳥[鶏] *s* 1 galinha. 2 fêmea das aves.
men'eki 免役 *s* 1 dispensa do serviço militar. 2 absolvição dos réus, soltura da prisão.
men'eki 免疫 *s* imunidade. ~グロブリン ~*guroburin* (*ingl globulin*): imunoglobulina. ~学 ~*gaku*: imunologia. ~治療 ~*chiryō*: imunoterapia. ~不全症 ~*fuzenshō*: imunodeficiência.
men'ekihannō 免疫反応 *s* imunorreação.
men'ekikikan 免疫期間 *s* período de imunidade.
men'ekisei 免疫性 *s* imunidade.
men'ekitai 免疫体 *s* anticorpo.
me ni tsuku 目につく *v* atrair a atenção. *adj* notável, observável.
menjiru 免じる *v* demitir, dispensar, exonerar. ...に免じて ...*ni menjite*: por consideração a.
menjo 免除 *s* isenção, abatimento, dispensa. ~*suru*, *v*: isentar.
menjō 免状 *s* diploma, licença, certificado.
menka 綿[棉]花 *s* algodão em rama.
menkai 面会 *s* entrevista, encontro. ~*suru*, *v*: encontrar, ter entrevista. ~謝絶 ~*shazetsu*: proibição de receber visita.
menkaibi 面会日 *s* dia de visita.
menkainin 面会人 *s* visitante.
menkui 面食い *s pop* mulher que prefere homem bonito; homem que prefere mulher bonita.
menkurau 面食らう *v pop* ficar confuso (atordoado, desconcertado, desnorteado).
menkyo 免許 *s* 1 licença; autorização. 2 transmissão do segredo de uma arte ao discípulo.
menkyojō [shō] 免許状[証] *s* licença; certificado de autorização. 運転~ *unten*~: carta de habilitação de motorista.
menmen 面々 *s* cada um; cada qual.
menmitsu 綿密 *s* meticulosidade.
menmoku 面目 *s V* **menboku** 面目.
menō 瑪瑙 *s Miner* ágata.
me no doku 目の毒 *expr* algo muito sedutor; coisa atraente demais.
me no iro 目の色 *expr* cor dos olhos; expressão dos olhos.
me no kataki 目の敵 *expr* ...を~にする ...*o ~ni suru*: com inimizade; ver com ódio; ter inimizade.
me no kusuri 目の薬 *expr* algo que, quando se olha, serve como colíro para os olhos.
me no mae 目の前 *expr* 1 frente dos olhos. 2 próximo, em termos temporais.
men'orimono 綿[棉]織物 *s* tecido de algodão.
me no shita 眼[目]の下 *expr* 1 abaixo dos olhos, subocular. 2 comprimento a partir dos olhos até o rabo.
me no tama 目の玉 *s* globo ocular; os olhos.
menpu 綿布 *s* tecido de algodão. *V* **men'orimono** 綿[棉]織物.
menpuku 綿服 *s* roupas de algodão.
menrui 麺類 *s Cul* macarrão; massa.
menseihin 綿製品 *s* artigos de algodão.
menseki 免責 *s* isenção de obrigação.
menseki 面積 *s* área; extensão; superfície.
mensetsu 面接 *s* entrevista.
mensetsushiken [shimon] 面接試験[試問] *s* exame oral; entrevista de avaliação do candidato.
menshi 綿糸 *s* fio de algodão; linha de algodão.
menshiki 面識 *s* conhecimento pessoal.
menshoku 免職 *s* exoneração; demissão.
menso 免訴 *s* cessação da demanda (processo).
mensō 面相 *s* feição do rosto.
mensu メンス (*abrev* do *al Menstruation*) *s* menstruação.
mensuru 面する *v* 1 estar voltado para; fazer frente com. 2 encarar; enfrentar.
mentei 面体 *s* face; aparência; feição; traços.
mentori 面取り *s* chanfradura; bisel; feitio; feição.
mentōshi 面通し *s* identificação.
mentsu 面子 *s* honra; aparência. ~がつぶれる ~*ga tsubureru*: ficar com a honra denegrida.
menuki 目抜き *s* ponto principal.
menyū メニュー (*fr menu*) *s* 1 cardápio. 2 lista de funções do computador. 3 plano; quadro; tabela.
menzai 免罪 *s* absolvição, libertação, indulto, perdão.
menzaifu 免罪符 *s* indulgência.
menzei 免税 *s* isenção de impostos.
menzen 面前 *s* público; quem está presente; diante de.
meoto 夫婦 *s* casal.
merihari めりはり *s* equilíbrio; organização; modulação.
merikenko メリケン粉 *s* farinha de trigo.
merikomu めり込む *v* submergir; afundar-se; enterrar-se; cravar-se.
meriyasu メリヤス (*esp medias*) *s* malha; ponto de meia.
merodorama メロドラマ (*ingl melodrama*) *s* dramalhão; melodrama.
meruhen メルヘン (*al Märchen*) *s* conto de fadas.
mesaki 目先 *s* 1 diante dos olhos. 2 agora. 3 visão do futuro.
meshi 召し *s* chamada; convocação. ~に応じて ~*ni ōjite*: em resposta à convocação.
meshi 飯 *s* 1 refeição. 2 arroz cozido.
meshiagaru 召し上がる *v* comer e tomar, na forma respeitosa da língua japonesa.
meshibe 雌蕊 *s Bot* pistilo; gineceu.
meshita 目下 *s* subordinado; subalterno.
meshitaki 飯炊き *s* serviços de cozinha; cozinheiro.
meshitsukai 召使い *s* empregado; criado.
messēji メッセージ (*ingl message*) *s* recado; mensagem.
messhihōkō 滅私奉公 *s* dedicação integral ao país.
messō na [mo nai] 滅相な[もない] *adj pop* absurdo; ridículo; extravagante.
messuru 滅する *v* perecer; desaparecer.
mesu 雌・牝 *s* fêmea.
mesu メス (*hol mes*) *s* 1 *Med* bisturi. 2 medida drástica; ato de cortar o mal pela raiz.

mesu 召す *v* **1** chamar; convocar. **2** apanhar um resfriado. **3** ser de idade. **4** ser de agrado.
mesuosu 雌雄・牝牡 *s* fêmea e macho.
mētā メーター (*ingl* metre; meter) *s* **1** medidor de eletricidade. **2** taxímetro.
metan メタン (*al* Methan/*ingl* methane) *s* Quím metano.
metate 目立て *s* amolação dos dentes (serrotes, limas, pedra de moinho).
metoru 娶る *v* desposar; esposar.
mētoru メートル (*hol* meter, *fr* mètre) *s* metro; medida de comprimento.
metsubō 滅亡 *s* extinção; ruína; queda.
metsubushi 目潰し *s* qualquer coisa atirada aos olhos.
metsugi 芽接ぎ *s* enxerto de borbulha.
metsuki 目付き *s* olhar; expressão dos olhos.
metta 滅多 *s* acaso; irreflexão.
mettagiri 滅多切り *s* ～にする ～*ni suru*: ato de picar ou retalhar em pedaços.
metta ni 滅多に *adv* raramente; nunca.
mettauchi 滅多打ち *s* ato de bater muito; arrasar o adversário com batidas sucessivas.
meue 目上 *s* superior; o mais velho.
meuma 雌馬 *s Zool* égua.
meushi 雌牛 *s Zool* vaca.
meutsuri 目移り *s* hesitação; vacilação; indecisão na escolha.
meyani 目脂 *s* remela. *V* **mekuso** 目糞.
meyasu 目安 *s* meta; objetivo; ponto de referência.
mezamashi 目覚まし *s* ato de despertar; acordar.
mezamashi(dokei) 目覚し(時計) *s* relógio despertador.
mezamashii 目覚しい *adj* notável; brilhante; espetacular.
mezame 目覚め *s* **1** ato de despertar; acordar. **2** o despertar de algum instinto. **3** conversão.
mezameru 目覚める *v* **1** acordar; despertar. **2** voltar a si. **3** brotar; despertar.
mezasu 目指す *v* visar; almejar; ter em vista.
mezatoi 目敏い *adj* **1** que tem olho vivo. 目敏く見つける *mezatoku mitsukeru*: achar rapidamente. **2** que tem sono leve.
mezawari 目障り *s* **1** obstáculo que impede ou atrapalha a visibilidade. **2** algo que ofende a vista.
mezurashigaru 珍しがる *v* achar curioso; ter curiosidade.
mezurashige ni 珍しげに *adv* achar curioso; ficar pasmado.
mezurashii 珍しい *adj* **1** novo; inédito. **2** raro. **3** rico, precioso, excelente.
mezurashiku 珍しく *adv* excepcionalmente. ～早起きする ～*hayaoki suru*: levantar-se excepcionalmente cedo.
mi 巳 *s* **1** serpente do horóscopo chinês. **2** 10 horas da manhã; entre nove e 11 horas da manhã. **3** sul-sudeste.
mi 身 *s* **1** corpo. ～も心も捧げる ～*mo kokoro mo sasageru*: dedicar-se de corpo e alma. **2** o próprio corpo. ～から出た錆 ～*kara deta sabi*: sofrer as consequências dos próprios atos. **3** condição (posição) social. ～の程知らず ～*no hodo shirazu*: pessoa presunçosa que desconhece a própria condição social, talento ou capacidade. **4** coração, alma, espírito, sentimento. 勉強に～が入る *benkyō ni* ～*ga hairu*: concentrar-se no estudo. **5** posição, pele. 人の～になって考える *hito no ni natte kangaeru*: pensar colocando-se na posição da pessoa. 親の～になる *oya no* ～*ni naru*: colocar-se no lugar dos pais. **6** comportamento, conduta. ～持が良い ～*mochi ga yoi*: ter boa conduta. ～を誤る ～*o ayamaru*: desviar-se do bom caminho. **7** carne. 魚の～ *sakana no* ～: carne de peixe. **8** lâmina da espada. 抜き～ ～*nuki*～: espada desembainhada. **9** recipiente. ～も蓋もない ～*mo futa mo nai*: ser direto (franco) demais.
mi 実 *s* **1** fruto. **2** conteúdo. **3** ingredientes (de missoshiro).
mi- 未- *pref* não; ainda não. ～発表の作品 ～*happyō no sakuhin*: obra inédita.
-mi -味 *suf* sabor; toque; um "quê". 新し～ *atarashi*～: com toque moderno.
miageru 見上げる *v* **1** olhar com reverência; erguer os olhos. **2** admirar.
miai 見合い *s* encontro arranjado entre um homem e uma mulher com a finalidade de fazê-los casar-se.
miakiru 見飽きる *v* cansar-se de olhar ou assistir.
miarawasu 見露わす *v* descobrir; detectar.
miataru 見当たる *v* descobrir; achar; encontrar.
miau 見合う *v* **1** estar de acordo. **2** harmonizar; combinar. **3** olhar um para o outro; encarar.
miawaseru [*awasu*] 見合わせる[合す] *v* **1** desistir; deixar de fazer. **2** trocar olhares. **3** comparar.
miba 見場 *s pop* aspecto; apresentação; aparência.
mibae 見栄え *s* realce; fazer vista; aparência exterior.
mibōjin 未亡人 *s* viúva.
mibun 身分 *s* **1** *status*; posição social. **2** condições econômicas .
mibunchigai 身分違い *s* diferença na posição social.
mibunfusōō 見分不相応 *s* ～の ～*no*: não condizente com a posição social.
mibunshōmei 身分証明 *s* identificação.
mibunshōmeisho [*shō*] 身分証明書[証] *s* carteira de identidade.
mibunsōō 身分相応 *s* adequado à posição social.
miburi 身振り *s* gesticulação; mímica.
miburui 身震い *s* tremedeira; arrepio; calafrio.
michaku 未着 *s* que ainda não chegou ou não foi entregue.
michakushu 未着手 *s* ～の工事 ～*no kōji*: obra de construção ainda não iniciada.
michi 道・路・途 *s* **1** caminho; rua. **2** meio; recurso. **3** ensino; moral; bom caminho. **4** ramo; profissão; especialidade.
michi 未知 *s* desconhecido; incógnito.
michiafureru 満ち溢れる *v* transbordar; encher-se.
michiannai 道案内 *s* guia; condutor.
michibata 道端 *s* beira do caminho, margem da estrada.
michibikidasu 導き出す *v* deduzir; extrair.
michibiku 導く *v* **1** orientar; conduzir; encaminhar; ensinar. **2** guiar; conduzir.
michibiraki 道開き *s* abertura de uma estrada.
michigaeru 見違える *v* não reconhecer; confundir ao ver.

michigai 見違い *s* engano ao olhar ou ver; equívoco.
michijun 道順 *s* caminho; roteiro; itinerário.
michikusa 道草 *s* 1 capim. 2 o ato de vadiar em vez de ir diretamente ao destino.
michinaranu 道ならぬ *expr* imoral; ilícito; proibido. 〜恋 〜*koi*: amor proibido.
michinori 道程 *s* distância; jornada.
michiru 満ちる *v* 1 encher-se; ficar repleto. 2 completar; ficar perfeito. 3 completar o prazo. 4 início da maré alta.
michishio 満ち潮 *s* maré cheia. *Sin* **manchō** 満潮.
michishirube 道しるべ *s* 1 placa de indicação. 2 manual; guia.
michisū 未知数 *s Mat* incógnita.
michitariru 満ち足りる *v* satisfazer-se; estar satisfeito.
michizure 道連れ *s* companhia de viagem.
midara 淫ら *adj* obsceno; lascivo; indecente.
midare 乱れ *s* confusão; desordem.
midare [midashi] gami 乱れ[乱し]髪 *s* cabelo despenteado.
midareru 乱れる *v* 1 desordenar-se; desarrumar-se. 2 desorganizar-se; degenerar. 3 perder a paz.
midari ni 妄りに *adv* sem permissão; indiscriminadamente; sem necessidade.
midashi 見出し *s* 1 título; manchete; legenda. 2 verbete de dicionário.
midashigo 見出し語 *s Tip* chamada; palavra-guia; palavra-chave.
midashinami 身嗜み *s* 1 apresentação; aparência; decoro. 2 cultura geral.
midasu 乱す *v* desarrumar; desorganizar; perturbar.
midokoro 見所 *s* 1 ponto principal; ponto importante. 2 ponto positivo.
midoku 味読 *s* leitura gostosa; leitura bem apreciada.
midori 緑・翠 *s* 1 árvores com folhas verdes. 2 tom reluzente.
midorigo 嬰児 *s* recém-nascido; bebê.
midoriiro 緑色 *s* cor verde.
mie 三重 *s* triplicação; triplo.
mie 見え *s* 1 aparência; ostentação; exibição. 2 postura; pose; atitude.
miegakure 見え隠れ *s* ato de aparecer e desaparecer em curtos intervalos.
mieru 見える *v* 1 enxergar; avistar. 2 aparentar; parecer. 3 aparecer; vir; chegar.
miesuku 見え透く *v* transparecer; ser visível até o fundo.
mifutatsu 身二つ *s* dar à luz uma criança; ser mãe.
migaki 磨き *s* 1 lustre; polimento. 2 aperfeiçoamento; aprimoramento.
migakiageru [komu, tateru] 磨き上げる[込む、立てる] *v* lustrar; polir; dar brilho.
migakiishi 磨き石 *s* pedra de polir usada para esfregar o convés dos navios.
migaku 磨く *v* 1 polir; esfregar; lustrar. 2 polir a lente. 3 melhorar; aprimorar; aperfeiçoar.
migamae 身構え *s* preparativo.
migamaeru 身構える *v* colocar-se a postos; preparar-se.
migara 身柄 *s* corpo; pessoa.
migaru 身軽 *s* 1 leveza; agilidade. 2 alívio.
migatte 身勝手 *s* egoísmo. *V* **jibunkatte** 自分勝手.

migawari 身代わり *s* substituto; substituição; bode expiatório.
migi 右 *s* 1 lado direito; direita. 2 supracitado. 3 melhor; superior. 4 conservador; direitista.
migigawa 右側 *s* lado direito.
migikiki 右利き *s* destro; destrimanismo.
migimaki 右巻き *s* no sentido do ponteiro do relógio; da esquerda para a direita.
migimawari 右回り *s* ato de virar à direita; volta no sentido horário.
migirei 身綺麗 *s* limpo; asseado.
migiri 砌 *s* tempo; época; momento.
migite 右手 *s* 1 mão direita. 2 lado direito.
migiude 右腕 *s* 1 braço direito. 2 indivíduo de confiança.
migoro 見頃 *s* a melhor época para contemplação.
migoroshi 見殺し *s* ato de deixar alguém morrer sem socorro ou auxílio; abandono à própria sorte.
migoshirae 身拵え *s* equipar-se; vestir-se.
migotae 見応え *s* valer a pena ver; ser digno de ver.
migoto 見事 *s* 1 ato de ser admirável. 2 ato de ser perfeito.
migurumi 身ぐるみ *s* tudo, até as roupas do corpo. 〜はぎとられる 〜*hagitorareru*: ser roubado por completo.
migurushii 見苦しい *adj* vergonhoso; feio; indigno; indecente.
mihakarai 見計らい *s* critério; juízo; entendimento. 〜注文 〜*chūmon*: pedido a critério da casa.
mihakarau 見計らう *v* 1 saber escolher; escolher o que convém. 2 calcular a hora conveniente.
mihatten 未発見 *s* não explorado; não descoberto.
mihakkō 未発行 *s* 〜の 〜*no*: não publicado; não editado; inédito.
mihanasu 見離す *v* desamparar; abandonar; desistir.
mihappyō 未発表 *s* inédito; não publicado.
miharai 未払い *s* não pago; não quitado.
miharaikomi 未払い込み *s* não pago.
miharashi 見晴らし *s* vista; visibilidade. 〜のいい座敷 〜*no ii zashiki*: sala com boa vista.
miharasu 見晴らす *v* avistar ao longe. 遠く海を〜 *tōku umi o*〜: avistar o mar distante.
mihari 見張り *s* vigilância; sentinela.
miharu 見張る *v* 1 vigiar; guardar. 2 arregalar os olhos; olhar assustado.
mihattatsu 未発達 *s* subdesenvolvido; não desenvolvido.
mihiraki 見開き *s* que se abre no meio. 〜図版 〜*zuhan*: chapa dupla.
mihiraku 見開く *v* arregalar os olhos.
mihon 見本 *s* amostra; modelo.
mihon'ichi 見本市 *s* feira industrial.
mihotoke 御仏 *s* Buda.
miidasu 見出す *v* encontrar; achar; descobrir; selecionar. 多数の中から見出される *tasū no naka kara miidasareru*: ser selecionado entre muitos.
miira ミイラ (*port mirra*) *s* múmia.
miiri 実入り *s* 1 remuneração; rendimento. 2 frutificação.
miiru 魅入る *v* enfeitiçar; fascinar; possuir.
miiru 見入る *v* fixar a vista; olhar atentamente.
mijika 身近 *s* que está perto. 〜な、*adj*: próximo; familiar.

mijikai 短い *adj* **1** curto. **2** breve. **3** impaciente. 気が～ *ki ga～*: impaciente.
mijikaku 短く *adv* de modo breve.
mijikame 短かめ *s* tendência para o comprimento curto.
mijime 惨め *adj* miserável. ～な状態 ～*na jōtai*: condições miseráveis. ～さ ～*sa*: miséria.
mijin 微塵 *s* migalha; partícula.
mijingiri 微塵切り *s* picadinho; miudinho.
mijirogi 身じろぎ *s* movimento leve do corpo. 彼は～もしなかった *kare wa ～mo shinakatta*: ele não se movimentou nem um pouco.
mijirogu 身じろぐ *v* mexer-se; agitar-se.
mijitaku 身支度 *s* ato de vestir-se; ato de equipar-se.
mijuku 未熟 *s* imaturidade; inexperiência.
mijukuren 未熟練 *s* inexperiente; inábil. ～工 ～*kō*: trabalhador inexperiente.
mikado 御門 *s* imperador.
mikaeri 見返り *s* garantia; penhor. ～資金 ～*shikin*: fundos de garantia. ～担保 ～*tanpo*: penhor.
mikaeru 見返る *v* voltar-se e olhar para trás.
mikaeshi 見返し *s* **1** interior da gola; punhos da roupa. **2** contracapa do livro. **3** ato de voltar-se e olhar.
mikaesu 見返す *v* **1** voltar-se; olhar para trás. **2** devolver o olhar. **3** tornar a ver. **4** fazer ver quem a pessoa realmente é.
mikagiru 見限る *v* perder a esperança; desistir; "lavar as mãos".
mikai 未開 *s* **1** inculto; primitivo. **2** inexplorado; virgem. ～社会 ～*shakai*: sociedade primitiva. ～の ～*no*: não civilizado.
mikaihatsu 未開発 *s* ～の ～*no*: inexplorado; selvagem.
mikaiketsu 未解決 *s* não solucionado.
mikaikon 未開墾 *s* solo virgem, selvagem. ～地 ～*chi*: terra não cultivada.
mikaitaku 未開拓 *s* ～の ～*no*: inexplorado.
mikake 見掛け *s* aparência; fachada.
mikakedaoshi 見掛け倒し *s pop* mera ostentação; simples aparato.
mikakeru 見掛ける *v* **1** começar a ver. **2** olhar; ver de passagem; dar uma olhadela.
mikakō 未加工 *s* ～の ～*no*: não terminado; não processado.
mikaku 味覚 *s* **1** sabor. **2** paladar; gosto.
mikakunin 未確認 *s* não confirmação; não identificação. ～の ～*no*: não confirmado; não identificado.
mikakutei 未確定 *s* não definido; não decidido; pendente.
mikan 蜜柑 *s* tangerina; laranja.
mikan 未完 *s* inacabado; inconcluso.
mikaneru 見かねる *v* não suportar olhar; não conseguir ser indiferente.
mikansei 未完成 *s* incompleto; imperfeito; inacabado.
mikata 味方 *s* aliado; parceiro.
mikata 見方 *s* **1** modo de ver. **2** ponto de vista.
mikawasu 見交わす *v* entreolhar; trocar olhares.
mikazuki 三日月 *s* **1** lua nova; lua crescente. **2** forma de meia-lua.

mikeika 未経過 *s* ～費用 ～*hiyō*: despesas pré-pagas. ～利子 ～*rishi*: juros pré-pagos. ～保険料 ～*hokenryō*: prêmio pré-pago.
mikeiken 未経験 *s* inexperiência.
miken 眉間 *s* glabela; sobrolho.
miken 未見 *s* ～の ～*no*: desconhecido; ignorado.
mikeneko 三毛猫 *s* gato com malhas pretas, amarelas e brancas.
miketsu 未決 *s* **1** pendência; situação não resolvida. **2** à espera do julgamento, sem sentença.
mikettei 未決定 *s* ～の ～*no*: indeterminado; indefinido.
miki 幹 *s* **1** tronco; caule. **2** parte principal.
mikiri 見切り *s* **1** desistência; abandono. **2** liquidação.
mikirihin [mono] 見切り品[物] *s* artigo vendido a preço irrisório.
mikiru 見切る *v* **1** desistir; abandonar. **2** vender a preço reduzido. **3** acabar de ver; ver até o fim.
mikiwame 見極め *s* discernimento; clareza. ～がつく ～*ga tsuku*, ～をつける ～*o tsukeru*: ficar claro, ter uma visão exata.
mikiwameru 見極める *v* **1** certificar-se; confirmar. **2** apurar; conhecer a fundo.
mikka 三日 *s* **1** três dias. **2** dia três do mês.
mikkabōzu 三日坊主 *s pop* pessoa volúvel; pessoa inconstante.
mikkai 密会 *s* encontro secreto; conciliábulo. ～する, *v*: encontrar-se secretamente.
mikkatenka 三日天下 *s pop* curto período de domínio; reinado curto.
mikkei 密計 *s* conluio; conspiração; trama.
mikkō 密行 *s* jornada secreta. ～する ～*suru v*: ir secretamente; andar às ocultas.
mikkō 密航 *s* **1** viagem clandestina a bordo de um navio ou avião; o ato de viajar sem pagar. **2** viagem ilegal.
mikkoku 密告 *s* delação; denúncia
miko 巫女 *s* **1** virgem dos santuários xintoístas. **2** necromante; médium; adivinha.
mikōchi 未耕地 *s* terra não cultivada.
mikomareru 見込まれる *expr* ganhar a confiança de alguém; ser reconhecido; ser marcado. 彼に見込まれたら最後だ *kare ni mikomaretara saigo da*: uma vez marcado por ele, é o fim.
mikomi 見込み *s* **1** esperança; futuro; possibilidade. **2** suposição; cálculo; previsão.
mikomu 見込む *v* **1** prever; calcular. **2** confiar. **3** hipnotizar; fascinar.
mikon 未婚 *s* solteirismo; celibato.
mikōnin 未公認 *s* não oficial. ～記録 ～*kiroku*: recorde não oficial.
mikoshi 見越し *s* **1** previsão. **2** ato de olhar por cima do muro.
mikoshi 神輿 *s* **1** palanquim xintoísta. **2** quadris; assento.
mikosu 見越す *v* **1** adivinhar; prever. **2** olhar por cima.
mikubiru 見縊る *v* subestimar; menosprezar; desprezar. 人を～な *hito o～na*: não menospreze as pessoas.
mikudasu 見下す *v* olhar com desprezo; menosprezar.
mikuji 御籤 *s* oráculo, sorte. ～を引く ～*o hiku*: tirar a sorte em santuário xintoísta ou templo budista.

mikuraberu 見比べる *v* comparar; confrontar.
mikyōiku 未教育 *s* não treinado; não educado.
mimai 見舞い *s* 1 visita de solidariedade. 病気見舞いに行く *byōki mimai ni iku*: visitar um doente. 2 donativo. 3 golpe. 一発をお〜する *ippatsu o o〜suru*: dar um soco.
mimamoru 見守る *v* 1 olhar atentamente; contemplar. 2 proteger.
miman 未満 *s* incompleto; menos de. 十八歳〜 *jūhassai〜*: menos de 18 anos.
mimau 見舞う *v* 1 fazer uma visita de solidariedade. 2 dar um murro; atacar.
mimawari 見回り *s* 1 ronda; inspeção. 2 patrulha; vigia.
mimawaru 見回る *v* vigiar; rondar. 工場を〜 *kōjō o 〜*: fazer uma inspeção na fábrica.
mimawasu 見回す *v* olhar em volta. あたりをきょろきょろ〜 *atari o kyorokyoro 〜*: olhar em volta.
mimei 未明 *s* madrugada; antes de o raiar do sol.
mimi 耳 *s* 1 ouvido. 2 orelha. 3 asa. 茶碗の〜 *chawan no〜*: asa de xícara. 4 ponta; extremidade. 5 côdea do pão de forma.
mimiatarashii 耳新しい *adj* que é novidade.
mimigakumon 耳学問 *s* conhecimento por ouvir dizer.
mimikaki 耳掻き *s* bastonete para limpeza dos ouvidos.
mimikazari 耳飾り *s* brinco; enfeite para as orelhas.
mimimoto 耳元 *s* junto ao ouvido.
miminari 耳鳴り *s* tinido; zumbido nos ouvidos.
mimitabu 耳朶 *s* lóbulo da orelha; pavilhão auricular.
mimitchii みみっちい *adj pop* mísero; picuinhas; mesquinho.
mimiuchi 耳打ち *s* cochicho. 〜*suru*, *v*: cochichar; falar ao ouvido; sussurrar; segredar.
mimiwa 耳輪 *s* brinco; brinco em argola.
mimizatoi 耳聡い *adj* ouvido atento; ouvido aguçado.
mimizawari 耳障り *adj* desagradável ou irritante ao ouvido.
mimizu 蚯蚓 *s Zool* minhoca.
mimizubare 蚯蚓腫れ *s* vergão.
mimizuku 木菟 *s Ornit* coruja. *V* **fukurō** 梟.
mimochi 身持ち *s* comportamento; conduta.
mimodae 身悶え *s* convulsão; contorção.
mimono 見物 *s* espetáculo; atração.
mimoto 身元[許] *s* 1 identidade; origem; procedência. 2 caráter; pessoa.
mimotohoshō 身元保証 *s* referência pessoal; garantia de identidade ou idoneidade de uma pessoa.
mimuku 見向く *v* 1 olhar para trás; voltar-se para o outro lado. 2 interessar-se.
min 眠 *s* sono.
mina 皆 *s* 1 todos; todo o mundo. 2 tudo.
minage 身投げ *s* suicídio (atirando-se na água, de um prédio etc.).
minagiru 漲る *v* encher; transbordar; inundar.
minagoroshi 皆殺し *s* massacre; aniquilação; chacina.
minami 南 *s* sul.
minamikaze 南風 *s* vento que sopra do sul; ventos meridionais.
minamimuki 南向き *s* situação de estar voltado para o sul.

minamoto 源 *s* 1 fonte; nascente. 2 origem; fonte; princípio.
minaosu 見直す *v* 1 rever; tornar a ver. 2 reconsiderar; reexaminar. 3 descobrir novos méritos. 4 melhorar; recuperar.
minarai 見習い *s* aprendiz.
minaraikikan 見習い期間 *s* período de aprendizagem.
minarau 見習う *v* 1 aprender. 2 imitar; seguir o exemplo.
minareru 見慣れる *v* acostumar-se a ver; tornar-se familiar; conhecer bem.
minari 身形・身装 *s* aparência; traje.
minasan 皆さん *s* todas as pessoas; o pessoal. vocativo: minhas senhoras e meus senhores.
minashigo 孤児 *s* órfão; órfã. *V* **koji** 孤児.
minasu 見做す *v* considerar como; presumir. 欠席した者は不合格と〜 *kesseki shita mono wa fugōkaku to〜*: os ausentes serão considerados reprovados.
minato 港 *s* porto.
mindo 民度 *s* nível de vida do povo; nível educacional do povo.
mine 峰 *s* 1 topo; cume; pico da montanha. 2 costas de uma espada ou outro instrumento cortante.
min'ei 民営 *s* administração privada.
mingei 民芸 *s* arte popular.
mini ミニ (*ingl mini abrev* de *miniature*) *s* mini; pequenino.
min'i 民意 *s* opinião pública.
minikui 醜い *adj* 1 feio; desfigurado. 2 vergonhoso; indecente; desagradável.
minikui 見にくい *adj* indistinto; que não se vê bem.
minji 民事 *s* causa cível, do direito civil.
minjisaiban 民事裁判 *s* julgamento civil.
minjisoshō 民事訴訟 *s* processo civil.
minjō 民情 *s* condições de vida do povo.
minju 民需 *s* procura do público; demanda da população civil.
minka 民家 *s* casa particular; habitação.
minkan 民間 *s* 1 povo; comunidade civil. 2 privado; civil. 〜事業 〜*jigyō*: obra (empreendimento) privada.
minkankōkū 民間航空 *s* aviação civil.
minken 民権 *s* direitos do povo.
mino 蓑 *s* capa feita de colmo.
minō 未納 *s* não pago.
minogasu 見逃す *v* 1 deixar escapar. 2 fazer vista grossa. 3 *Beis* não rebater a bola arremessada.
minohodo 身の程 *s* posição social, o lugar de alguém na sociedade.
minokosu 身残す *v* não ver.
mi no mawari 身の回り *s* 1 pessoal. 〜の物 〜*no mono*: objetos de uso pessoal. 2 afazeres do dia a dia. 〜の世話をする 〜*no sewa o suru*: cuidar de uma pessoa no dia a dia.
minomushi 蓑虫 *s Entom* bicho-de-cesto.
minori 実[稔]り *s* 1 frutificação; colheita. 2 fruto; resultado.
minoru 実る *v* 1 frutificar; dar frutos. 2 dar resultado.
minoshirokin 身代金 *s* dinheiro de resgate.
mi no ue 身の上 *s* 1 situação de vida; condições de vida. 2 destino. 3 vida; passado.

mi no uebanashi 身の上話 *s* história da vida pessoal; reminiscências do passado.
minouesōdan 身の上相談 *s* consulta sobre problemas da vida pessoal.
minpō 民法 *s* direito civil.
minsei 民政 *s* governo civil; administração civil.
minsen 民選 *s* eleição por voto popular.
minshin 民心 *s* vontade do povo.
minshu 民主 *s* democracia.
minshū 民衆 *s* povo; público.
minshuka 民主化 *s* democratização.
minshūka 民衆化 *s* popularização.
minshukoku 民主国 *s* país democrático.
minshusei 民主制 *s* sistema democrático.
minshushugi 民主主義 *s* democracia.
minshuteki 民主的 *adj* democrático.
minufuri 見ぬ振り *expr* fingir que não viu; fazer que não viu.
minuku 見抜く *v* perceber; descobrir; adivinhar.
minwa 民話 *s* folclore; lenda popular.
min'yō 民謡 *s* música folclórica.
min'yū 民有 *s* posse privada.
minzoku 民族 *s* povo; etnia; nação.
minzoku 民俗 *s* folclore; usos e costumes tradicionais de um povo.
minzokugaku 民俗学 *s* estudo do folclore, demologia.
minzokugaku 民族学 *s* etnologia.
minzokujiketsu 民族自決 *s* autodeterminação de um povo.
minzokuongaku 民族音楽 *s* música folclórica.
minzokushugi 民族主義 *s* nacionalismo.
mioboe 見覚え *s* reconhecimento; que não é estranho. 〜のある顔 〜*no aru kao*: rosto que não é estranho.
miokuri 見送り *s* 1 ato de levar alguém ao aeroporto, estação ou porto para despedir-se; despedida; bota-fora. 2 ato de deixar passar; ato de deixar por fazer.
miokuru 見送る *v* 1 despedir-se de alguém que parte. 2 deixar passar; deixar por fazer. 3 cuidar de alguém até a morte. 4 *Beis* não rebater a bola.
miomo 身重 *s* gravidez; o fato de estar grávida.
miorosu 見下ろす *v* avistar algo de cima para baixo.
miosame 見納め *s* ato de dar a última olhada.
miotori 見劣り *s* aparência inferior.
miotoru 見劣る *v* ser inferior. 安い品物はやはり〜 *yasui shinamono wa yahari* 〜: artigos baratos têm pior aspecto, realmente.
miotoshi 見落とし *s* lapso; omissão; deslize.
miotosu 見落とす *v* omitir; deixar escapar; não ver.
mippei 密閉 *s* hermeticamente fechado.
mippū 密封 *s* selagem; fechamento hermético.
mirai 未来 *s* 1 futuro. 2 *Bud* outra vida; além-túmulo. 3 *Gram* tempo verbal.
miraiha 未来派 *s* futurismo.
miren 未練 *s* apego; relutância em abandonar algo ou deixar de fazer algo.
mirengamashii 未練がましい *adj* pesaroso; relutante.
miri ミリ (*ingl milli*) *s* 1 milésimo. 2 milímetro.
miriguramu ミリグラム (*ingl milligramme*) *s* miligrama.
mirimētoru ミリメートル (*ingl millimetre*) *s* milímetro.
miririttoru ミリリットル (*ingl millilitre*) *s* mililitro.
miru 見[観]る *v* 1 ver, olhar. 注意して〜 *chūi shite* 〜: olhar com atenção. 2 observar, estudar, examinar. イギリス人の目から見た日本 *igirisujin no me kara mita nihon*: o Japão visto (observado) pelos ingleses. 3 ver, visitar. 京都を〜 *kyōto o* 〜: visitar Kyoto. 4 ler, ver. それは新聞で見た *sore wa shinbun de mita*: isso eu vi (li) no jornal. 5 verificar, examinar. 道順を地図で〜 *michijun o chizu de* 〜: verificar o caminho pelo mapa. 6 julgar. 良いと〜 *yoi to* 〜: aprovar, considerar bom. 7 pensar; considerar. その点から〜とこの説は正しい *sono ten kara* 〜*to kono setsu wa tadashii*: considerando esse ponto de vista, esta teoria está correta. 8 estimar, calcular. 多く見て *ōku mite*: calculando por alto (por cima). 9 cuidar, tratar, tomar conta. 赤ん坊の面倒を〜 *akanbō no mendō o*〜: cuidar do bebê. 10 testar, tentar, experimentar, provar. 服を着て〜 *fuku o kite* 〜: experimentar a roupa. 11 passar por uma experiência. 大人になって〜とそうは考えなくなった *otona ni natte* 〜*to sō wa kangaenakunatta*: depois que me tornei adulto, comecei a pensar diferente.
miruku ミルク (*ingl milk*) *s* 1 leite (de vaca). 2 leite condensado.
mirume 見る目 *expr* 1 vista, cena. 〜も愉快である〜 *mo yukai de aru* 〜: ser agradável aos olhos. 2 olho clínico. 人を〜がある *hito o* 〜*ga aru*: saber ver as pessoas; conhecer as pessoas.
mirumiru 見る見る *adv* num instante, num piscar de olhos. 船は〜沈んだ *fune wa* 〜 *shizunda*: o navio afundou num instante.
miryō 魅了 *s* fascinação. 〜*suru*, *v*: fascinar, deslumbrar, cativar, encantar. 読者を〜する *dokusha o* 〜*suru*: cativar os leitores.
miryoku 魅力 *s* atrativo, charme, encanto. 女性的〜 *joseiteki* 〜: encanto feminino.
misa ミサ (*lat missa*) *s* missa (católica).
misadameru 見定める *v* avaliar, observar bem para poder decidir. 君の真意を見定めたい *kimi no shin'i o misadametai*: quero saber (avaliar) a sua verdadeira intenção.
misageru 見下げる *v* desprezar, subestimar, rebaixar, humilhar. 見下げたやつだ *misageta yatsu da*: ele é uma pessoa desprezível.
misai 未済 *s* algo que não foi terminado; algo inacabado. 〜の借金 〜*no shakkin*: uma dívida pendente.
misairu ミサイル (*ingl missile*) *s* míssil.
misakai 見境 *s* distinção, discriminação. 〜がつかない 〜*ga tsukanai*: não ter discernimento.
misaki 岬 *s* cabo, ponta, promontório.
misanpu 未産婦 *s* mulher que nunca gerou filhos; mulher nulípara.
misao 操 *s* 1 castidade, virgindade. 〜を守る 〜*o mamoru*: manter a castidade. 2 fidelidade aos princípios.
mise 店 *s* loja, estabelecimento comercial.
miseban 店番 *s* empregado (vendedor) de loja. 〜をする 〜*o suru*: tomar conta de uma loja.
misebirakasu 見せびらかす *v pop* mostrar, exibir, ostentar, alardear.

misebiraki 店開き *s* ato de abrir uma loja; inauguração.
misedokoro 見せ所 *s* ponto, momento, cena a ser mostrada. ここが君の腕の〜だ *koko ga kimi no ude no 〜da*: chegou o momento de mostrar a sua habilidade.
miseihin 未製[成]品 *s* produto inacabado.
miseinen 未成年 *s* minoridade; o menor de idade.
miseiri 未整理 *s* algo a ser arrumado; desarrumado.
misejimai 店仕舞い *s* 1 ato de fechar a loja (deixar de funcionar). 不景気で〜をする *fukeiki de 〜o suru*: fechar a loja devido à recessão. 2 ato de fechar a loja (encerrar o expediente). 午後十時に〜をする *gogo jūji ni 〜o suru*: a loja fecha às 22 horas.
misekake 見せ掛け *s* aparência, ilusão, fingimento. 〜の 〜*no*: aparente, que se mostra.
misekakeru 見せ掛ける *v* aparentar, fingir, afetar, simular.
misemono 見世物 *s* exibição, espetáculo, *show*.
miseru 見せる *v* 1 mostrar, apresentar, revelar. 舌を〜 *shita o 〜*: mostrar a língua. 医者に〜 *isha ni 〜*: ser examinado pelo médico. 2 fazer aparentar. できるだけ美しく〜 *dekirudake utsukushiku 〜*: fazer tudo para dar uma bela aparência. 3 exibir, expor à vista, fazer ver. 踊りを踊って〜 *odori o odotte 〜*: mostrar a dança. 4 fingir, simular. 金持ちらしく〜 *kanemochirashiku 〜*: fingir-se de rico.
misesaki 店先 *s* parte da frente (entrada) da loja.
miseshime 見せしめ *s* lição, repreensão.
misetsu 未設 *s* a ser instalado.
misetsukeru 見せ付ける *v* demonstrar, exibir, mostrar.
miseuri 店売り *s* venda em lojas. 〜*suru, v*: vender em lojas.
mishin ミシン (*ingl sewing machine*) *s* máquina de costura.
mishō 実生 *s* planta formada a partir da semente.
mishō 未詳 *s* desconhecido, não identificado.
miso 味噌 *s* 1 missô, pasta fermentada de soja. 〜汁 〜*shiru*: missoshiro. 2 *expr* 〜もくそも一緒にする 〜*mo kuso mo issho ni suru*: misturar as coisas boas com as ruins. 〜を付ける 〜*o tsukeru*: falhar, ir mal.
misogi 禊 *s* cerimônia xintoísta de purificação.
misoka 三十日・晦日 *s* último dia do mês.
misokonau 見損なう *v* 1 fazer um julgamento errado. あの男は見損なった *ano otoko wa misokonatta*: enganei-me ao avaliá-lo (julgá-lo). 2 perder a oportunidade de ver. フランス美術展を〜 *furansu bijutsuten o 〜*: perder a exposição de arte francesa.
misomeru 見初める *v* apaixonar-se à primeira vista.
misoreru 見外れる *v* não reconhecer, não notar. 立派な成績でお見それしました *rippa na seiseki de omisoreshimashita*: perdoe-me por ter subestimado o seu desempenho.
missei 密生 *s* crescimento. 〜*suru, v*: crescer, desenvolver de forma abundante, grassar.
missetsu 密接 *s* proximidade. 〜*na, adj*: íntimo, estreito, próximo. 〜な関係 〜*na kankei*: relacionamento estreito. 〜する家と家 〜*suru ie to ie*: casas (construídas) muito próximas.
misshi 密使 *s* mensageiro secreto.

misshitsu 密室 *s* sala secreta, sala fechada, solitária.
missho 密書 *s* carta confidencial (secreta).
misshū 密集 *s* agrupamento, aglomeração, ajuntamento. 〜*suru, v*: aglomerar-se, agrupar-se.
missō 密葬 *s* funeral realizado com discrição, só com familiares.
misu¹ ミス (*ingl miss*) *s* erro, falha, engano. 〜をする 〜*o suru*: errar, falhar.
misu² ミス (*ingl Miss*) *s* senhorita, mulher solteira.
misuborashii みすぼらしい *adj* miserável, pobre.
misueru 見据える *v* fixar os olhos, olhar atentamente.
misugosu 見過ごす *v* deixar passar desapercebido, não perceber.
misui 未遂 *s* plano não consumado. 自殺〜 *jisatsu 〜*: tentativa de suicídio.
misukasu 見透かす *v* ler o coração, adivinhar, perceber.
misumasu 見澄ます *v* observar bem, olhar com cautela.
misumisu 見す見す *adv* mesmo vendo diante dos olhos, mesmo sabendo. 〜犯人を取り逃がす〜 *hannin o torinigasu*: deixar o criminoso escapar mesmo estando à vista.
misuru 魅する *v* fascinar, encantar, atrair as pessoas.
misuteru 見捨てる *v* abandonar, deixar, desamparar.
-mitai -みたい *suf* parecer, assemelhar-se. 馬鹿〜 *baka 〜*: você parece tolo. 卵〜なものだった *tamago 〜na mono datta*: era algo semelhante ao ovo.
mitake 身丈 *s* estatura; comprimento da parte de trás do quimono, sem o colarinho.
mitasu 満[充]たす *v* 1 encher, deixar cheio. コップに水を〜 *koppu ni mizu o 〜*: encher o copo de água. 2 suprir, preencher. 不足を〜 *fusoku o 〜*: suprir as deficiências. 3 satisfazer, suprir. 食欲を〜 *shokuyoku o 〜*: satisfazer o apetite.
mitate 見立て *s* 1 diagnóstico. 〜違い 〜*chigai*: erro no diagnóstico. 2 escolha. 〜がじょうずだ 〜*ga jōzu da*: ele sabe fazer boa escolha.
mitateru 見立てる *v* 1 diagnosticar. 2 escolher, optar, selecionar. 自分で〜 *jibun de 〜*: escolher sozinho. 3 julgar, dar uma opinião. 本物と〜 *honmono to 〜*: julgar que é verdadeiro.
mitatokoro 見たところ *expr* olhando por fora, pela aparência. 〜は丈夫そうだ 〜*wa jōbusō da*: olhando, parece resistente.
mitchaku 密着 *s* aderência. 〜*suru, v*: aderir, grudar, colar.
mitei 未定 *s* algo a ser decidido, não definido. 〜の問題 〜*no mondai*: uma questão em aberto.
mitekure 見てくれ *s pop* aparência, aspecto. 〜がいい 〜*ga ii*: uma boa aparência.
mitemawaru 見て回る *expr* dar uma volta para olhar. 町を〜 *machi o 〜*: dar uma volta pela cidade.
mitetoru 見て取る *v* adivinhar, perceber, entender. 様子をすぐ〜 *yōsu o sugu 〜*: perceber logo a situação.
mitō 未踏 *s* inatingibilidade. 〜の 〜*no, adj*: inatingido; inalcançado.
mitodokeru 見届ける *v* ver com os próprios olhos, constatar, verificar. 最期を〜 *saigo o 〜*: ver até o último momento (antes da morte).

mitogameru 見咎める *v* suspeitar, interrogar.
mitome(in) 認め(印) *s* chancela privada, carimbo. ～を押す ～*o osu*: carimbar, chancelar.
mitomeru 認める *v* **1** ver, notar, perceber. 異常を～ *ijō o*～: perceber a anormalidade. **2** reconhecer, aceitar. 世に認められる *yo ni mitomerareru*: ser reconhecido por todos. 負けたことを～ *maketa koto o* ～: aceitar a derrota. **3** aprovar, autorizar, sancionar. 外出を～ *gaishutsu o* ～: autorizar a saída. **4** julgar, considerar. 彼を犯人と～ *kare o hannin to* ～: considerá-lo como autor do crime.
mitoreru 見惚れる *v* ficar fascinado, encantado.
mitorizu 見取り図 *s* esboço, esquema, planta.
mitōshi 見通し *s* **1** visão, visibilidade. そこは～が悪い *soko wa* ～*ga warui*: a visibilidade aí é ruim. **2** perspectiva, visão, previsão. 長期の～ *chōki no* ～: visão a longo prazo.
mitōsu 見通す *v* **1** olhar para longe. **2** adivinhar, ler. 心を～ *kokoro o* ～: ler o pensamento. **3** prever. 将来を～ *shōrai o* ～: prever o futuro.
mitsu 密 *s* densidade; intimidade. ～*na*, *adj*: **1** próximo, íntimo. **2** denso, compacto, concentrado. **3** secreto.
mitsu 蜜 *s* mel, néctar (da flor).
mitsubachi 蜜蜂 *s* abelha de mel.
mitsubai 密売 *s* contrabando, venda ilícita. ～*suru*, *v*: fazer contrabando.
mitsubaibai 密売買 *s* tráfico ilícito.
mitsubōeki 密貿易 *s* contrabando.
mitsudan 密談 *s* conversa secreta (confidencial). ～*suru*, *v*: ter uma conversa secreta.
mitsudo 密度 *s* densidade. 人口～ *jinkō*～: densidade demográfica.
mitsugasane 三つ重ね *s* ～の ～*no*: em três camadas.
mitsugi 密議 *s* consulta secreta, conclave. ～を凝らす ～*o korasu*: discutir secretamente.
mitsugi(mono) 貢(物) *s arc* tributo, imposto. ～を納める ～*o osameru*: pagar o tributo.
mitsugo 三つ子 *s pop* **1** criança de três anos de idade. **2** trigêmeos. **3** criança pequena.
mitsugu 貢ぐ *v* **1** pagar o tributo. **2** custear. 生活費を～ *seikatsuhi o* ～: custear as despesas ordinárias.
mitsukaru 見付つかる *v* **1** ser encontrado, descoberto, detectado. その盗賊はまだ見つからない *sono tōzoku wa mada mitsukaranai*: esse ladrão ainda não foi encontrado. **2** achar, encontrar. 本が見付からない *hon ga mitsukaranai*: não estou encontrando o meu livro.
mitsukeru 見付ける *v* **1** achar, encontrar. 仕事を～ *shigoto o* ～: encontrar um trabalho. **2** descobrir, notar, perceber, surpreender. 子供が煙草を吸っているのを～ *kodomo ga tabako o sutteiru no o* ～: surpreender o adolescente fumando. **3** procurar, buscar. **4** estar acostumado a ver.
mitsukusu 見尽す *v* ver tudo, esgotar completamente.
mitsumeru 見詰める *v* fitar os olhos em, encarar.
mitsumori 見積もり *s* estimativa, cálculo. ～書 ～*sho*: orçamento (escrito).
mitsumorikakaku 見積価格 *s* valor estimado (calculado).
mitsumoru 見積もる *v* fazer uma estimativa, calcular, avaliar. 予算を～ *yosan o* ～: fazer o orçamento.
mitsunyūkoku 密入国 *s* entrada clandestina num país.
mitsurin 密林 *s* mata virgem, selva.
mitsurō 蜜蝋 *s* cera de abelha.
mitsuryō 密猟[漁] *s* caça ilegal [pesca ilegal].
mitsuyaku 密約 *s* acordo secreto.
mitsuyu(nyū) 密輸(入) *s* contrabando, importação ilegal.
mitsuyushutsu 密輸出 *s* contrabando, exportação ilegal.
mitsuzō 密造 *s* fabricação ilegal. ～*suru*, *v*: manufaturar (fabricar) secretamente.
mittei 密偵 *s* espião, agente secreto.
mittomonai 見っともない *adj pop* vergonhoso, ridículo, indecente.
mittsu 三つ *s* três.
mittsū 密通 *s* adultério, infidelidade conjugal.
miuchi 身内 *s* **1** corpo inteiro (todo). **2** familiares, parentes. **3** seguidores.
miugoki 身動き *s* movimento do corpo.
miukeru 見受ける *v* **1** ver, encontrar. 毎朝～風景 *maiasa* ～ *fūkei*: paisagem que se vê todas as manhãs. **2** aparentar, parecer. 見受けたところ元気そうだ *miuketa tokoro genkisō da*: ele aparenta ser saudável.
miushinau 見失う *v* perder de vista.
miwake 見分け *s* distinção, diferença, separação. ～がつく ～*ga tsuku*: saber distinguir.
miwakeru 見分ける *v* **1** distinguir, diferenciar. 本物とにせ物を～ *honmono to nisemono o* ～: distinguir o verdadeiro do falso. **2** identificar, avaliar. 犯人を～ *hannin o* ～: identificar o criminoso.
miwaku 魅惑 *s* atração, encanto, charme. ～*suru*, *v*: atrair, encantar.
miwatasu 見渡す *v* olhar para longe, ao alcance da vista. ～かぎり ～*kagiri*: até onde a vista pode alcançar.
miya 宮 *s* **1** templo xintoísta. **2** príncipe (princesa) da família imperial. 高松の～ *Takamatsu no* ～: o príncipe Takamatsu.
miyaburu 見破る *v* descobrir, desmascarar, perceber. 本心を～ *honshin o* ～: descobrir a verdadeira intenção.
miyage(mono) 土産(物) *s* presente, lembrança.
miyagebanashi 土産話 *s* relato (história) de uma viagem. ～をする ～*o suru*: contar (a alguém) sobre a viagem.
miyako 都 *s* capital; corte, cidade onde reside a família imperial; metrópole.
miyakoochi 都落ち *s* afastamento da capital, mudança para o interior. ～*suru*, *v*: sair da capital, afastar-se de Tóquio.
miyamairi 宮参り *s* visita a um templo xintoísta. ～をする ～*o suru*: visitar um templo xintoísta.
miyaru 見遣る *v* olhar para longe. 遠方を～ *enpō o* ～: olhar para um lugar longínquo.
miyasui 見易い *adj* visível; claro, óbvio, evidente. ～場所 ～*basho*: lugar visível.
miyo 御代 *s* reinado, império. 明治の～に *meiji no* ～ *ni*: na era Meiji.
miyō 見様 *v* visão, modo de ver. ～によっては ～*ni yotte wa*: dependendo da maneira de se ver.

miyoi 見好い *adj* aparência agradável, ficar bem; fácil de ver.
miyori 身寄り *s* parente.
mizen 未然 *s* antes de acontecer, a tempo.
mizo 溝 *s* **1** vala, valeta. **2** sulco, rego. **3** divergência (desavença) entre duas pessoas.
mizō 未曾有 *s* sem precedente.
mizore 霙 *s* chuva acompanhada de neve.
mizu 水 *s* **1** água. **2** líquido, fluido. **3** água fria. **4** pequeno intervalo na luta de sumô. 〜が入る 〜*ga hairu*: fazer um breve intervalo.
mizuabi 水浴び *s* banho frio; natação.
mizuage 水揚げ *s* **1** descarregamento de navio. **2** pesca. **3** rendimento total da venda. **4** corte do caule do arranjo floral para melhor absorção da água. **5** ato de deflorar.
mizuame 水飴 *s* xarope de amido.
mizuarai 水洗い *s* lavagem só com água, sem sabão.
mizuasobi 水遊び *s* ato de brincar na água.
mizubashira 水柱 *s* coluna de água, tromba-d'água.
mizube 水辺 *s* beira da água.
mizubitashi 水浸し *s* submersão, inundação.
mizubōsō 水疱瘡 *s Med* catapora, varicela.
mizubukure 水脹れ *s* bolha, empola.
mizuburo 水風呂 *s* banho frio de ofurô.
mizudaru 水樽 *s* barril (pipa) de água.
mizugame 水瓶 *s* jarro (de água). 〜座 〜*za*: Aquário (signo do zodíaco).
mizugare 水涸れ *s* seca, secura.
mizugi 水着 *s* traje de banho.
mizugiwa 水際 *s* beira (margem) da água.
mizuhake 水捌け *s* escoamento da água, drenagem.
mizuhebi 水蛇 *s Zool* cobra-d'água.
mizuhiki 水引き *s* fios feitos de papel para atar presentes ou envelopes (vermelho e branco para celebrações, preto e branco para funerais).
mizuirazu 水入らず *s* (ambiente) familiar, sem a presença de estranhos. 親子〜で暮らす *oyako 〜de kurasu*: viver em intimidade entre pais e filhos.
mizuire 水入れ *s* vasilhame (recipiente) de água.
mizuiro 水色 *s* azul-celeste.
mizukagen 水加減 *s* quantidade (proporção) de água.
mizukakeron 水掛け論 *s* discussão desnecessária (inútil).
mizukara 自ら *pron* si próprio, si mesmo. 〜を欺かない 〜*o azamukanai*: não se enganar a si mesmo. *adv* por si mesmo (próprio). 〜決める 〜*kimeru*: decidir por si próprio.
mizukasa 水嵩 *s* volume de água dos rios ou lagos.
mizuke 水気 *s* umidade; sumo, suculência. 〜のある 〜*no aru*: úmido; suculento.
mizukumi 水汲み *s* tirar água.
mizukusa 水草 *s* planta aquática.
mizukusai 水臭い *adj* **1** aguado. 〜酒 〜*sake*: saquê aguado. **2** cerimonioso, formal, distante, reservado. 〜ことを言うな 〜*koto o iuna*: não fale como se fôssemos dois estranhos.
mizumaki 水撒き *s* irrigação, rega. 〜をする 〜*o suru*: aguar, regar, irrigar.
mizumakura 水枕 *s* travesseiro (saco) de água ou gelo.
mizumashi 水増し *s* **1** diluição, acréscimo de água.

2 aumento do valor (da conta). 請求額を〜する *seikyūgaku o 〜suru, v*: aumentar o valor a solicitar.
mizumizushii 瑞々しい *adj* fresco, saudável, cheio de vida, jovem.
mizumono 水物 *s* **1** líquido; bebida. **2** sorte, casualidade. 勝負は〜だ *shōbu wa 〜da*: o jogo é uma questão de sorte.
mizumushi 水虫 *s Entom* pé de atleta, micose dos pés.
mizunomi 水呑み *s* copo para beber água.
mizuochi 水落・鳩尾 *s* boca do estômago, epigástrio.
mizuoke 水桶 *s* balde (de água); cisterna.
mizuoto 水音 *s* som da queda-d'água ou da correnteza.
mizuppoi 水っぽい *adj* aguado, insosso.
mizusakazuki 水杯 *s* brinde de despedida feito com água (quando alguém se vai para sempre).
mizusaki 水先 *s* curso (direção) do navio.
mizusakiannai 水先案内 *s* piloto do navio; pilotagem.
mizusashi 水差し *s* pequena vasilha para água, jarro.
mizushibuki 水飛沫 *s* borrifo, respingo.
mizushirazu 見ず知らず *s* algo desconhecido (estranho). 〜の人(町) 〜*no hito (machi)*: uma pessoa (cidade) desconhecida.
mizushōbai 水商売 *s pop* **1** negócio (comércio) arriscado. **2** comércio de bar (casa noturna); diversões mundanas.
mizutamamoyō 水玉模様 *s* estampa de bolinhas.
mizutamari 水溜り *s* poça de água.
mizuumi 湖 *s* lago, lagoa.
mizuwari 水割り *s* ato de diluir a bebida alcoólica com água.
mo 喪 *s* luto. 〜に服する 〜*ni fuku suru*: estar de luto.
mo 藻 *s* alga.
mo も *partícula* **1** também, da mesma forma. **2** tanto como; e. ボールペンで〜えんぴつで〜よろしい *bōrupen de〜 enpitsu de〜 yoroshii*: pode ser tanto a lápis como a caneta. **3** mesmo que. どんなに雨がひどくて〜 *donna ni ame ga hidokute〜*: mesmo que a chuva esteja forte. **4** (função enfática). 一時間〜待った *ichi jikan 〜 matta*: esperei durante uma hora!
mō 毛 *s* **1** estrutura filiforme que segue na superfície da pele dos animais e das plantas. 羽〜 *u〜*: plumagem. 〜髪 〜*hatsu*: cabelo, pelo do corpo. **2** safra, colheita das plantações. 二〜作 *ni〜saku*: duas colheitas em um ano. 不〜 *fu〜*: árido, estéril. **3** unidade fracionária de dinheiro, peso e comprimento.
mō 網 *s* rede. 放送〜 *hōsō〜*: rede de transmissão.
mō 蒙 *s* ignorância. 〜を啓く 〜*o hiraku*: acabar com a ignorância.
mō[1] もう *adv* **1** já, daqui a pouco. 〜すぐ行く 〜*sugu iku*: já vou. **2** já. 〜十時か 〜*jūji ka*: já são 10 horas? **3** já, além disso; mais. 〜何もできない 〜*nanimo dekinai*: já não dá para se fazer mais nada. **4** mais; outra vez. 〜一度 〜*ichido*: mais uma vez. **5** mais; outro. 〜一人の人 〜*hitori no hito*: a outra pessoa.
mō[2] もう *onom* muuu (mugido). *s inf* relativo à vaca.

mōbaku 猛爆 *s* forte (intensivo) bombardeio.
mōbenkyō 猛勉強 *s* estudo intensivo.
mochi 持ち *s* **1** conservação; durabilidade. この食品は〜がいい *kono shokuhin wa 〜ga ii*: este produto alimentício dura bem. **2** ato de ter. 力〜 *chikara〜*: que tem força. **3** por conta de. 費用は自分〜で *hiyō wa jibun〜de*: as despesas ficam por conta de cada um.
mochi 餅 *s* bolo de massa de arroz.
mochiagaru 持ち上がる *v* **1** erguer-se; levantar-se. **2** acontecer; surgir.
mochiageru 持ち上げる *v* **1** erguer; levantar. **2** lisonjear; bajular; elogiar.
mochiagumu 持ちあぐむ *v* não saber o que fazer.
mochiaji 持ち味 *s* sabor natural; característica.
mochiaruku 持ち歩く *v* levar consigo.
mochiau 持[保]ち合う *v* **1** *Econ* estar estável; manter o equilíbrio. **2** dividir a conta entre os participantes. 費用は皆で持ち合った *hiyō wa minna de mochiatta*: cada um pagou a sua própria parte.
mochiawase 持ち合わせ *s* ato de calhar de ter naquele momento. 〜の金 〜*no kane*: dinheiro em mãos. 〜の品 〜*no shina*: mercadoria em estoque.
mochiawaseru 持ち合わせる *v* calhar de ter.
mochiba 持ち場 *s* posto de trabalho; área de ronda.
mochibun 持ち分 *s* quota; parte fracionada.
mochidashi 持ち出し *s* **1** retirada; ato de levar. **2** ato de pagar do próprio bolso.
mochidasu 持ち出す *v* **1** levar do lugar. そっと〜 *sotto〜*: contrabandear; levar escondido. **2** roubar. **3** trazer à discussão, à apreciação. 会議に〜 *kaigi ni〜*: levar o assunto à reunião. **4** pagar do próprio bolso.
mochigane 持ち金 *s* dinheiro em mãos.
mochigome 糯米 *s* arroz de *mochi*; arroz glutinoso.
mochigusare 持ち腐れ *s* desperdício; ter e não aproveitar.
mochihakobi 持ち運び *s* transporte.
mochihakobu 持ち運ぶ *v* transportar. *V* **hakobu** 運ぶ.
mochiie 持ち家 *s* casa própria.
mochiiru 用いる *v* **1** utilizar; empregar. **2** aproveitar.
mochijikan 持ち時間 *s* limite de tempo disponível em jogo de xadrez, palestra, conferência, testes etc.
mochikabu 持ち株 *s* ação pertencente a uma pessoa. 〜を売る 〜*o uru*: vender as ações.
mochikaeru 持ち帰る *v* trazer de volta.
mochikakeru 持ち掛ける *v* propor; aproximar.
mochikata 持ち方 *s* modo ou maneira de segurar.
mochikiri 持ち切り *s* único tópico da conversa; ato de ser o tema das conversas. 彼がその試合に勝った時は新聞は彼のことで〜だった *kare ga sono shiai ni katta toki wa shinbun wa kare no koto de 〜datta*: quando ele venceu o jogo, os jornais só falavam deste assunto.
mochikiru 持ち切る *v* **1** segurar tudo. **2** continuar a segurar. **3** manter. **4** ser único tema das conversas.
mochikomi 持ち込み *s* ato de levar para dentro. 〜荷物制限 〜*nimotsu seigen*: restrição de bagagens de mão que podem ser levadas para dentro de avião, trem, navio, ônibus.

mochikomu 持ち込む *v* **1** levar algo consigo e entrar num recinto ou meio de transporte. **2** propor; fazer reclamação. 議論に見当違いのことを〜 *giron ni kentōchigai no koto o 〜*: trazer assuntos não pertinentes à discussão. **3** conseguir; chegar a uma conclusão. 試合を決勝に〜 *shiai o kesshō ni 〜*: levar o jogo até as finais.
mochikoshi 持ち越し *s* postergação; adiamento.
mochikosu 持ち越す *v* **1** postergar; adiar. 前年から持ち越した仕事 *zennen kara mochikoshita shigoto*: serviço postergado desde o ano passado. **2** manter. 病人が冬を〜 *byōnin ga fuyu o〜*: o doente sobreviver ao inverno.
mochikotaeru 持ち堪える *s* aguentar; durar. 最後まで〜 *saigo made〜*: aguentar até o fim.
mochimae 持ち前 *s* por natureza; característica; peculiaridade. 〜の性質 〜*no seishitsu*: característica natural. 〜の声 〜*no koe*: voz natural de um indivíduo.
mochimawari 持ち回り *s* revezamento; turno; vez.
mochimawaru 持ち回る *v* levar para todos os lugares, passar de mão em mão.
mochimono 持ち物 *s* **1** posse; propriedade. **2** pertences; bagagem.
mochinaoshi 持ち直し *s* melhora; recuperação; restabelecimento.
mochinaosu 持ち直す *v* recuperar; melhorar. 天気は持ち直した *tenki wa mochinaoshita*: o tempo melhorou. 相場はじきに〜だろう *sōba wa jiki ni〜darō*: o mercado deverá melhorar em breve.
mochinige 持ち逃げ *s* roubo e fuga. 会社の金を〜する *kaisha no kane o 〜suru*: fugir com o dinheiro da empresa.
mochinushi 持ち主 *s* dono; proprietário.
mochiron 勿論 *adv* sem dúvida; obviamente; naturalmente. 彼は英語は〜ドイツ語もフランス語もできます *kare wa eigo wa〜doitsugo mo furansugo mo dekimasu*: sem dúvida, ele sabe o inglês e também o alemão e o francês.
mochisaru 持ち去る *v* levar embora.
mochitsuki 餅搗き *s* ato de amassar arroz *mochi* no pilão.
mochiyoru 持ち寄る *v* ato de cada participante trazer a sua parte.
mōchō 盲腸 *s Anat* apêndice.
mōchōen 盲腸炎 *s Med* apendicite.
mochū 喪中 *s* luto.
mōda 猛打 *s* golpe forte.
modae 悶え *s* agonia; angústia. 心の〜 *kokoro no 〜*: angústia mental. 〜苦しむ 〜*kurushimu*: sofrer intensa agonia.
modaeru 悶える *v* agoniar-se; angustiar-se.
modan モダン (*ingl modern*) *adj* moderno. 〜アート 〜*āto*: arte moderna. 〜バレー 〜*barē*: balé moderno. すっかり〜になる *sukkari〜ni naru*: tornar-se completamente modernizado.
modashigatai 黙し難い *adj* irrecusável; impossível de desobedecer.
mōde 詣で *s* visita a santuário xintoísta. *V* **sankei** 参詣.
moderu モデル (*ingl model*) *s* modelo.
modokashigaru もどかしがる *v* estar irritado; estar impaciente. 時間がなかなかたたないのを〜 *jikan ga nakanaka tatanai no o 〜*: ficar impaciente porque o tempo não passa logo.

modokashii もどかしい *adj* que faz perder a paciência; irritante; tedioso.
mōdōken 盲導犬 *s* cão para guiar cegos.
-modoki -もどき *suf* parecido; semelhante; como. おとぎ話〜の *otogi banashi〜no*: como um conto de fadas. 芝居〜に *shibai〜ni*: como numa peça teatral; dramaticamente.
mōdoku 猛毒 *s* veneno mortífero.
modori 戻り *s* **1** volta. *V* **kaeri** 帰り. **2** recuperação.
modoru 戻る *v* **1** voltar; regressar. **2** ficar como antes; recuperar.
modoshi 戻し *s* retorno. 〜品 〜*shina*: produtos devolvidos. 〜入れ 〜*ire*: reembolso 〜送金 〜*sōkin*: retorno da remessa de dinheiro.
modosu 戻す *v* **1** devolver. **2** fazer andar para trás. **3** vomitar. **4** restaurar. **5** rejeitar.
moe 燃え *s* queima. 〜が悪い 〜*ga warui*: não queima bem.
moeagaru 燃え上がる *v* **1** arder com labaredas. **2** inflamar-se. 心に怒りを燃え上がらせる *kokoro ni ikari o moeagaraseru*: fazer uma pessoa se inflamar de raiva.
moedasu 燃え出す *v* começar a queimar.
moegara 燃え殻 *s* cinzas; brasas; tição.
moehirogaru 燃え広がる *v* espalhar chamas; propagar fogo; alastrar fogo.
moekiru 燃え切る *v* queimar totalmente; ser consumido pelo fogo.
moenokori 燃え残り *s* cinzas, tição, borralho.
moeochiru 燃え落ちる *v* cair queimado pelas chamas.
moeru 萌える *v* brotar; germinar.
moeru 燃える *v* **1** incendiar-se; inflamar-se. **2** brilhar. **3** apaixonar-se.
moeruomoi 燃える思い *expr* paixão ardente.
moesakaru 燃え盛る *v* queimar vigorosamente.
moetsuku 燃えつく *v* pegar fogo.
moeutsuru 燃え移る *v* espalhar fogo; propagar fogo. *V* **moehirogaru** 燃え広がる. 火が隣家へ燃え移った *hi ga rinka e moeutsutta*: o fogo se alastrou para as casas vizinhas.
mōfu 毛布 *s* cobertor; manta.
mofuku 喪服 *s* roupa de luto.
mogaku もがく *v* contorcer-se; torcer-se de dor; debater-se; ficar impaciente. もがいて死ぬ *mogaite shinu*: morrer contorcendo-se. もがき苦しむ *mogaki kurushimu*: contorcer-se em desesperada agonia.
mōgeki 猛撃 *s* ataque violento; golpe violento.
mogi 模擬 *s* simulação; imitação. 〜試験 〜*shiken*: exame simulado.
mogidō 没義道 *s* brutalidade; crueldade; desumanidade.
mogitoru もぎ取る *v* arrancar; colher com força.
mogura 土竜 *s* *Zool* toupeira.
moguri 潜り *s* **1** mergulho; mergulhador. **2** ilegalidade; falta de licença. 〜弁護士 〜*bengoshi*: advogado sem licença para advogar.
mogurikomu 潜り込む *v* **1** enfiar-se; meter-se. **2** esconder-se; entrar sem permissão.
moguru 潜る *v* **1** mergulhar. **2** esconder-se.
mogusa 艾 *s* artemísia; folha seca de artemísia para moxa.
mohan 模範 *s* modelo; exemplo. 〜生 〜*sei*: estudante exemplar.

mōhatsu 毛髪 *s* cabelo.
mōhitsu 毛筆 *s* pincel.
mohō 模倣 *s* imitação.
mōi 猛威 *s* violência; fúria.
mōja 亡者 *s* **1** morto. **2** escravo. **3** fantasma. **4** louco. 金の〜 *kane no〜*: sovina.
moji 文字 *s* **1** letra; caracteres. **2** escrita.
mojidōri 文字どおり *expr* ao pé da letra; literalmente.
mojimoji もじもじ *mim* 〜*suru*, *v*: ficar hesitante; ficar acanhado; ficar com medo.
mōjin 盲人 *s* deficiente visual; cego.
mojiru 捩る *v* parodiar.
mōjō 網状 *s* retiforme, reticular.
mōjū 猛獣 *s* fera; animal feroz.
mōjū 盲従 *s* obediência cega; submissão cega.
mōjūgari 猛獣狩り *s* safári; caça de animais ferozes.
mōka 猛火 *s* grande incêndio; fogo violento.
mōkan 毛管 *s* **1** tubo capilar. **2** *abrev* de 毛細血管 *mōsaikekkan*, vaso capilar.
mōkaru 儲かる *v* **1** lucrar. **2** ganhar; ter sorte.
mōke 設け *s* preparação; instalação; reserva; provisão; estabelecimento. 園内には休憩所の〜がある *ennai niwa kyūkeijo no 〜ga aru*: dentro do parque, existem instalações para descanso. 〜の席につく 〜*no seki ni tsuku*: instalar-se no assento preparado.
mōke 儲け *s* **1** lucro; ganho. 〜の多い 〜*no ōi*: lucrativo. **2** sorte; proveito.
mōkeguchi 儲け口 *s* fonte de lucro; bom emprego.
mokei 模型 *s* maquete; modelo.
mōken 猛犬 *s* cão bravo.
mōkeru 設ける *v* **1** preparar; organizar; arranjar; reservar. **2** instalar; fundar; abrir (estabelecimento). **3** estabelecer; instituir (leis).
mōkeru 儲ける *v* **1** lucrar; fazer dinheiro. **2** ter proveito; beneficiar-se. **3** ter filho; dar à luz.
mōkeshigoto 儲け仕事 *s pop* serviço de lucro fácil. 〜なら一口乗りたい 〜*nara hitokuchi noritai*: se é lucrativo, quero participar.
mokka 目下 *adv* agora; neste momento; hoje em dia; atualmente. 〜の状態では 〜*no jōtai dewa*: na atual situação; na presente circunstância; nas atuais condições. 〜の問題 〜*no mondai*: questão do momento. 〜のところ 〜*no tokoro*: no momento; para o momento.
mokka 黙過 *s* consentimento tácito; conivência; aprovação tácita. *V* **mokunin** 黙認.
mokkei 黙契 *s* acordo tácito.
mokke no saiwai 物[勿]怪の幸い *expr* sorte; acaso feliz.
mokko 畚 *s* cesto de colmo.
mokkō 木工 *s* **1** carpinteiro; marceneiro. **2** artesanato em madeira.
mokkō 黙考 *s* meditação.
mokkōzō 木構造 *s* construção em madeira; estrutura de madeira.
mokkyo 黙許 *s* conivência; consentimento tácito; permissão.
mōkō(geki) 猛攻(撃) *s* ataque violento.
mōkon 毛根 *s* raiz do cabelo (pelo).
mokuba 木馬 *s* **1** cavalo de madeira. **2** *Ginást* cavalo de pau.
mokudoku 黙読 *s* leitura silenciosa.

mokugeki 目撃 *s* ato de ver com os próprios olhos; ato de testemunhar.
mokugeki 黙劇 *s* pantomima.
mokuhanga 木版画 *s* xilografia; xilogravura.
mokuhen 木片 *s* lasca de madeira.
mokuhi 黙秘 *s* silêncio.
mokuhiken 黙秘権 *s* direito de silêncio.
mokuhyō 目標 *s* 1 alvo. 2 ponto de referência. 3 objetivo; meta.
mokuhyōgaku 目標額 *s* quantia ou valor; meta.
mokuji 目次 *s* índice.
mokujū 黙従 *s* obediência passiva.
mokume 木目 *s* veio da madeira.
mokumoku 黙々 *adv* sem falar; em silêncio. 〜と働く 〜*to hataraku*: trabalhar em silêncio.
mokunin 黙認 *s* consentimento tácito; aprovação implícita; conivência.
mōkunren 猛訓練 *s* treinamento intensivo.
mokurei 目礼 *s* cumprimento com aceno de cabeça.
mokurei 黙礼 *s* reverência silenciosa; cumprimento em silêncio.
mokuren 木蓮 *s Bot* magnólia.
mokuroku 目録 *s* catálogo; lista.
mokuromi 目論見 *s* trama; plano; esquema; projeto; segundas intenções. 〜がはずれた 〜*ga hazureta*: o plano não deu certo.
mokuromu 目論む *v* tramar; planejar; aprontar; maquinar.
mokusan 目算 *s* 1 estimativa; cálculo aproximado. 2 expectativa.
mokusei 木星 *s Astr* o planeta Júpiter.
mokusei 木製 *s* feito de madeira; trabalho em madeira.
mokushi 黙示 *s* 1 revelação de Deus. 2 dar a entender.
mokushi 黙視 *s* fazer que não vê; conivência; fechar os olhos.
mokushitsu 木質 *s Bot* lenho.
mokusō 黙想 *s* contemplação; meditação.
mokusoku 目測 *s* ato de medir a olho.
mokusuru 黙する *v* calar; emudecer; silenciar.
mokutan 木炭 *s* carvão vegetal.
mokuteki 目的 *s* fim; finalidade; objetivo; propósito; intenção.
mokutekichi 目的地 *s* local de destino.
mokutekiron 目的論 *s Filos* teleologia.
mokutō 黙祷 *s* reza em silêncio; prece silenciosa.
mokuyaku 黙約 *s* acordo tácito.
mokuyōbi 木曜日 *s* quinta-feira.
mokuzai 木材 *s* madeira serrada.
mokuzen 目前 *s* diante dos olhos; à vista.
mokuzō 木造 *s* feito de madeira.
mokuzō 木像 *s* imagem feita de madeira.
mokuzu 藻屑 *s* restos de algas.
mōkyōiku 盲教育 *s* educação dos cegos.
mōmai 蒙昧 *s* ignorância; desconhecimento. *V* **muchi** 無知.
mōmaku 網膜 *s Anat* retina.
mōmakusaibō 網膜細胞 *s Zool* célula retinal.
momareru 揉まれる *v* levar encontrões; ser experiente.
mome(goto) 揉め(事) *s* problemas; fricções; desavença; discórdia.
momen 木綿 *s* (tecido de) algodão.

momeru 揉める *v* 1 zangar-se e discutir. 何がそんなに揉めているのだ *nani ga sonna ni momete iru no da*: qual é a causa de tanta discussão? 2 ficar impaciente. 気が〜 *ki ga* 〜: ficar ansioso; ficar preocupado.
momi 籾 *s* 1 arroz com casca. 2 *abrev* de 籾殻 *momigara*: casca de arroz.
momi 樅 *s Bot* pinheiro-alvar, abeto.
momiai 揉み合い *s* 1 luta; briga. 2 discussão acirrada. 3 pequena flutuação na bolsa de valores.
momiau 揉み合う *v* 1 andar aos empurrões. 2 grande discussão. 3 flutuação (na bolsa de valores).
momigara 籾殻 *s* casca grossa do arroz.
momiji 紅葉 *s* 1 ácer; bordo. 2 folhagem vermelha das árvores no outono.
momikeshi 揉み消し *s* ato de abafar e encobrir uma ação.
momikesu 揉み消す *v* 1 apagar esfregando. 2 abafar; ocultar; encobrir.
momikucha 揉みくちゃ *s* 1 encontrão; cotovelada; empurra-empurra. 2 ato de amarrotar.
momiryōji 揉み寮治 *s* massagem.
momo 股 *s* coxa.
momo 桃 *s Bot* pêssego.
momoiro 桃色 *s* cor-de-rosa.
mōmoku 盲目 *s* cegueira.
mōmokuteki 盲目的 *adj* cegamente; indiferentemente; imprudentemente.
momu 揉む *v* 1 amarrotar. 2 fazer massagem. 3 preocupar-se. 4 empurrar. 5 discutir muito. 6 treinar.
mon 門 *s* 1 portão de entrada. 2 casa do mestre. 3 filo; divisão. 4 numeral (de contagem) de canhões.
mon 紋 *s* brasão.
monban 門番 *s* porteiro; guarda.
monbatsu 門閥 *s* linhagem; boa família.
monbu 文部 *s* assuntos da educação.
Monbudaijin 文部大臣 *s* ministro da Educação.
Monbushō 文部省 *s* ministério da Educação.
monchaku 悶着 *s* problemas; encrenca. 〜を引き起こす 〜*o hikiokosu*: causar problemas.
monchi 門地 *s* linhagem; origem de uma família. 〜の高い 〜*no takai*: de linhagem nobre.
mondai 問題 *s* 1 pergunta; questão. 2 caso; assunto; dificuldade. 3 assunto do momento. 4 discussão pública; crítica pública. 〜を起こす 〜*o okosu*: causar uma discussão pública. 5 confusão; problema. 〜を起こす 〜*o okosu*: causar confusão; causar problema.
mondaigai 問題外 *s* fora de questão.
mondaiishiki 問題意識 *s* consciência dos problemas.
mondaika 問題化 *s* 〜*suru*, *v*: vir a ser assunto, tornar-se problema.
mondaiten 問題点 *s* ponto controverso; ponto em questão; ponto problemático.
mondō 問答 *s* 1 perguntas e respostas; diálogo. 2 controvérsia; discussão; disputa.
mon'ei 門衛 *s* porteiro.
mōnen 妄念 *s* pensamentos irrelevantes.
mongai 門外 *s* 1 fora do portão. 2 fora da especialidade.
mongaikan 門外漢 *s* 1 pessoa estranha; pessoa de fora. 2 leigo; amador.

mongamae 門構え *s* aspecto do portão.
mongen 門限 *s* horário de fechamento dos portões.
monjin 門人 *s* discípulo.
monka 門下 *s* discípulo.
monko 門戸 *s* **1** porta; casa. **2** família; escola.
monku 文句 *s* **1** palavras de um discurso; expressão. **2** queixa; reclamação.
monkunashi 文句無し *s pop* perfeição. 〜の 〜*no*: perfeito; satisfatório.
monmō 文盲 *s* analfabetismo.
monmon 悶々 *adj* angústia; tormento; agonia.
monnashi 文無し *s pop* penúria; pessoa sem um tostão.
mono 物 *s* coisa física; artigo; objeto; assunto.
mono 者 *s* indivíduo; pessoa.
mono もの *s* algo natural de ser feito. 自分のことは自分でする〜です *jibun no koto wa jibun de suru 〜desu*: é natural que cada um cuide da sua vida.
monoganashii 物悲しい *adj* triste; melancólico.
monogatari 物語 *s* narrativa; relato; história.
monogataru 物語る *v* **1** provar; mostrar; revelar. **2** contar; descrever; relatar.
monogoi 物乞い *s* **1** mendigo. **2** mendicância.
monogokoro 物心 *s* razão; juízo; arbítrio.
monogoshi 物越し *s* 〜に 〜*ni*: indiretamente; com algo obstruindo.
monogoshi 物腰 *s* postura; atitude.
monogoto 物事 *s* a vida; as coisas.
monogusa 物臭 *s pop* indolência; preguiça.
monohoshi 物干し *s* armação para secar roupa.
monohoshisō 物欲しそう *adj* estar com cara de quem quer alguma coisa.
monoii 物言い *s* objeção.
monoimi 物忌み *s arc* abstenção de alimentação; ato de permanecer confinado em casa.
monoire 物入れ *s* algo para guardar coisas; porta-treco.
monoiri 物入り *s* despesas e gastos.
monoiu 物言う *v* **1** falar; conversar. **2** ser eficaz; mandar. 金が〜 *kane ga*〜: o dinheiro é que manda.
monokage 物陰 *s* sombra; esconderijo.
monomane 物真似 *s* imitação.
monomezurashii 物珍しい *adj* raro; curioso.
monomi 物見 *s* **1** turismo. **2** vigia. **3** abreviatura de 物見櫓 *monomiyagura*, torre de vigia.
monomiyusan 物見遊山 *s pop* turismo; viagem de lazer; passeio.
monomochi 物持ち *s* **1** homem abastado. **2** ato de fazer as coisas durarem mais.
monomonoshii 物々しい *adj* **1** rigoroso; imponente. **2** aparatoso; exagerado.
monomorai 物貰い *s* **1** mendigo. **2** *Med* hordéolo; terçol.
mononareta 物慣れた *adj* experiente; habilidoso.
mono no 物の *adv* aproximadamente; não mais que. 〜十分もたたぬうちに 〜*jippun mo tatanu uchi ni*: em menos de 10 minutos.
mono no ものの *partícula* embora; mas; ainda assim. とは言う〜可愛い *towa iu* 〜 *kawaii*: ...mas ainda assim, eu o(a) amo.
mono no aware 物のあわれ *expr* sentimento patético das coisas; sensibilidade à beleza.
mononoke 物の怪 *s arc* mau espírito.

monooboe 物覚え *s* memória; aprendizagem; absorção; lembrança.
monooki 物置き *s* despensa; depósito.
monoomoi 物思い *s* reflexão; pensamento.
monooshimi 物惜しみ *s* mesquinhez; avareza.
monooto 物音 *s* ruído; barulho.
monosabishii 物寂しい *adj* desgostoso; melancólico; solitário.
monosashi 物差し *s* **1** régua; medida. **2** padrão; critério.
monoshiri 物識り *s* sabe-tudo; enciclopédia ambulante.
monoshizuka 物静か *adj* tranquilo; sossegado; calmo.
monosugoi 物凄い *adj* **1** terrível; horrível. **2** fantástico; extraordinário.
monotarinai 物足りない *adj* insatisfatório; insuficiente.
monoui 物憂[懶]い *adj* indolente; melancólico.
monouri 物売り *s* vendedor ambulante.
monowakare 物別れ *s* ato de cada um permanecer com a sua opinião; ruptura; desacordo.
monowakari 物分り *s* entendimento; compreensão.
monowarai 物笑い *s* riso; risada; zombaria.
monowasure 物忘れ *s* falha de memória; esquecimento.
monozuki 物好き *s* capricho; excentricidade.
monpa 門派 *s* divisão de uma seita religiosa.
monpe もんぺ *s* calças de trabalho que as mulheres usavam antigamente.
monsatsu 門札 *s* placa com nome do residente.
monseki 問責 *s* censura; repreensão.
monshi 悶死 *s* morte dolorosa; morte em agonia.
monshō 紋章 *s* brasão.
monto 門徒 *s* seguidor de seita religiosa.
montsuki 紋付 *s* quimono com o brasão da família.
monuke 蛻・藻抜け *s* remoção do casco; ecdise. 〜の殻である 〜*no kara de aru*: estar completamente vazio.
mon'yō 文様 *s* forma do brasão. *V moyō* 模様.
monzai 問罪 *s* acusação. 〜*suru*, *v*: acusar; denunciar.
monzeki 門跡 *s* **1** abade budista de Honganji. **2** abade da sede de uma seita. **3** templo cujo abade é da nobreza.
monzen 門前 *s* frente do portão.
monzenbarai 門前払い *expr* negativa à entrada; ato de dar com a porta na cara.
moppara 専ら *adv* somente; unicamente; inteiramente.
mōra 網羅 *s* inclusão de tudo.
morai 貰い *s pop* **1** gorjeta; gratificação. **2** esmola. **3** donativo.
moraigo 貰い子 *s* adoção de uma criança; criança adotada.
moraimono 貰い物 *s* presente.
morainaki 貰い泣き *s* ato de chorar ao ver outras pessoas chorarem.
moraisageru 貰い下げる *v* libertar uma pessoa da custódia; soltar da cadeia.
moraite 貰い手 *s* receptor. 彼女は嫁の〜がたくさんあった *kanojo wa yome no* 〜*ga takusan atta*: ela tinha muitos pedidos de casamento.
moraiwarai 貰い笑い *s* riso induzido pelo riso de outro.

morasu 漏[洩]らす *v* **1** verter; deixar sair. **2** deixar transparecer. **3** revelar; divulgar. 秘密を〜 *himitsu o* 〜: revelar um segredo. **4** omitir; deixar escapar. 一人漏らさず捕まえる *hitori morasazu tsukamaeru*: prender todos sem exceção.
morau 貰う *v* **1** receber; ganhar. **2** conquistar.
more 漏[洩]れ *s* **1** goteira. **2** omissão; falta.
moreguchi 漏れ口 *s* fenda ou buraco de escape ou goteira; vazamento.
morenaku 漏れなく *adv* sem exceção.
moreru 漏[洩]れる *v* **1** vazar; escapar. この穴があるのでガスが〜 *kono ana ga aru node gasu ga* 〜: este buraco permite que o gás vaze. **2** vazar. 秘密が〜 *himitsu ga* 〜: vazamento de segredo. **3** ser omitido; ficar de fora.
mōretsu 猛烈 *s* intensidade; violência.
mori 守り *s* **1** ama. **2** guarda; vigilância.
mori 盛り *s* **1** abundância. **2** *abrev* de 盛蕎麦 *morisoba*.
mori 森 *s* floresta.
mori 銛 *s* arpão.
mori 漏り *s* vazamento. 〜をとめる 〜*o tomeru*: parar o vazamento.
moriagari 盛り上がり *s* **1** entusiasmo; excitação. **2** clímax.
moriagaru 盛り上がる *v* **1** fazer saliência; ficar bem cheio. **2** animar; intensificar.
moriageru 盛り上げる *v* **1** animar. **2** amontoar.
moridakusan 盛り沢山 *adj* cheio; abundante; repleto.
morikaesu 盛り返す *v* reagir; recuperar.
morikiri 盛り切り *s* um prato singular, sem repetição.
morikomu 盛り込む *v* introduzir; incorporar. 自分の考えをその計画に〜 *jibun no kangae o sono keikaku ni* 〜: incorporar a ideia ao plano.
morimori もりもり *mim* animado. 〜食べる 〜*taberu*: comer com muito apetite. 〜仕事をする 〜*shigoto o suru*: trabalhar intensamente. 筋肉が〜している *kinniku ga* 〜*shite iru*: os músculos estão muito desenvolvidos.
moritsuchi 盛り土 *s* elevação de terreno; aterro elevado.
moritsuke 盛り付け *s* colocação dos alimentos nos pratos.
mōrō 朦朧 *adj* tonto; semiconsciente; vago; ambíguo.
mōroa 盲聾唖 *s* cego, surdo e mudo.
moroi 脆い *adj* **1** frágil; quebradiço. **2** fácil.
moroku 脆く *adv* facilmente; sem dificuldades. 〜も死ぬ 〜*mo shinu*: morrer repentina e facilmente.
mōroku 耄碌 *s* senilidade.
moromoro 諸々 *s* vários; diversos; todos os tipos de.
moro ni 諸に *adv pop* completamente; em cheio.
morosa 脆さ *s* fragilidade.
morote 諸手 *s* duas mãos; ambos os braços. 〜を広げて歓迎する 〜*o hirogete kangei suru*: abrir os braços e dar as boas-vindas.
morotomo(ni) 諸共(に) *adv* juntamente; com tudo.
moru 盛る *v* **1** amontoar; empilhar. **2** ministrar.
moru 漏[洩]る *v* vazar. *V* **moreru** 漏[洩]れる.
mosaku 模索 *s* procurar às apalpadelas, às cegas. 暗中〜 *anchū*〜: procurar às cegas no escuro.

mōsei 猛省 *s* reconsideração; séria reflexão. 〜*suru*, *v*: refletir seriamente.
mōseihin 毛製品 *s* artigos de lã.
mōsen 毛氈 *s* tapete.
mosha 模写 *s* reprodução; réplica; cópia.
moshi 若し *conj* se, no caso de. 〜天気が良かったら明日運動会がある 〜 *tenki ga yokattara ashita undōkai ga aru*: se o tempo estiver bom, a gincana será realizada amanhã.
moshi もし, **mōshi** もうし *interj* desculpe-me; por favor. もしもし、お聞きしたいことがあるのですが *moshimoshi, okikishitai koto ga aru no desu ga*: por favor, gostaria de perguntar uma coisa.
mōshiageru 申し上げる *v* **1** exprimir. **2** fazer; dizer; mencionar. 皆様に申し上げます *minasama ni mōshiagemasu*: atenção, por favor!
mōshiawase 申し合わせ *s* acordo; combinação.
mōshiawaseru 申し合わせる *v* combinar; fazer acordo.
mōshibun 申し分 *s* objeção; protesto. 〜のない 〜*no nai*: perfeito; impecável.
mōshideru 申し出る *v* propor; perguntar; participar; apresentar.
mōshiide 申し出 *s* oferta; proposta; inscrição; relatório. 援助の〜 *enjo no*〜: oferta de auxílio.
mōshiire 申し入れ *s* pedido; proposta; reclamação.
mōshiireru 申し入れる *v* oferecer; propor.
mōshikaneru 申しかねる *v* hesitar em dizer.
moshikashitara [**suru to**] もしかしたら [すると] *expr pop* talvez; possivelmente.
mōshikomi 申し込み *s* **1** pedido; requerimento; proposta. 〜人 〜*nin*: proponente. **2** inscrição. **3** reserva. ホテルの〜 *hoteru no*〜: reserva de hotel.
mōshikomijun 申し込み順 *s* ordem de inscrição.
mōshikomisho 申込書 *s* formulário de inscrição.
mōshikomu 申し込む *v* **1** propor; pedir. **2** inscrever-se. **3** reservar.
mōshikosu 申し越す *v* informar; comunicar.
moshikuwa もしくは *conj* ou então.
moshimo no koto 若しもの事 *expr* acidente; emergência; contingência. 〜があったら 〜*ga attara*: se algo inesperado ocorrer; em caso de emergência.
mōshin 盲[妄]信 *s* fé cega.
mōshin 盲進 *s* avanço às cegas. 〜*suru*, *v*: avançar imprudentemente.
mōshinoberu 申し述べる *v* declarar; dizer.
mōshitate 申し立て *s* declaração; solicitação. 〜をする 〜*o suru*, *v*: declarar; solicitar.
mōshitateru 申し立てる *v* declarar; protestar; solicitar. 理由を〜 *riyū o* 〜: explicar a razão de.
mōshiwake 申し訳 *s* **1** explicação; desculpa; justificativa. **2** mera formalidade.
moshiya 若しや *adv* porventura; acaso. 〜と思ったことが本当になった 〜*to omotta koto ga hontō ni natta*: o meu medo do acaso se tornou realidade.
mōshiyō 申し様 *s* maneira de dizer. 何ともお詫びの〜のない *nan tomo owabi no* 〜*no nai*: não tenho como pedir desculpas.
moshō 喪章 *s* faixa de tecido preto que significa luto.
mōsho 猛暑 *s* calor intenso.
mōshū 妄執 *s* obsessão.

mōsō 妄想 *s* alucinação.
mōsu 申す *v* dizer; falar de modo formal. *V* **iu** 言う.
mō sukoshi もう少し *expr* mais um pouco.
motageru 擡げる *v* levantar a cabeça; ganhar força; aparecer.
motamota もたもた *adv* lentidão; vagar; ineficiência.
motarasu 齎(ら)す *v* proporcionar; produzir; causar.
motareisu 凭れ椅子 *s* cadeira de apoio; cadeira com encosto.
motareru 凭れる *v* **1** apoiar-se. **2** ser indigesto.
motarekakeru 凭れ掛ける *v* encostar-se; apoiar-se.
motaseru 持たせる *v* **1** fazer segurar. **2** fazer conservar; fazer durar.
motatsuku もたつく *v* atrasar-se; demorar.
moteamasu 持て余す *v* não saber o que fazer; ter de sobra.
moteasobu 玩[弄]ぶ *v* **1** aproveitar; brincar. **2** mexer; distrair-se. **3** controlar.
motehayasu 持てはやす *v* admirar; adorar.
mōten 盲点 *s* **1** ponto cego. **2** ponto fraco; calcanhar de aquiles; falha.
motenashi 持て成し *s* acolhimento; hospitalidade.
motenasu 持て成す *v* **1** tratar; receber bem as pessoas. **2** hospedar.
moteru もてる *v* ter sucesso; ser admirado.
moteru 持てる *v* poder ter. ～階級 ～*kaikyū*: as classes sociais abastadas.
moto 下 *prep* **1** sob; debaixo. **2** com. **3** perante; com.
moto 元・本・素 *s* **1** base. 事実を～にして意見をのべた *jijitsu o* ～*ni shite iken o nobeta*: dei uma opinião baseada nos fatos reais. **2** causa; origem. **3** ～栓 ～*sen*: torneira de segurança; registro. **4** capital. **5** antes; antigamente.
moto 許 ～に ～*ni*: em; com. 叔父の～にいる *oji no*～*ni iru*: morar com o tio.
mōtō 毛頭 *adv* nunca; nada; nenhum.
motochō 元帳 *s* livro-caixa; livro-mestre.
motode 元手 *s* **1** capital. **2** base de tudo.
motodōri 元通り *expr* como antes. ～丈夫になる ～*jōbu ni naru*: voltar a ser saudável como antes.
motogoe 元肥 *s* adubo de base.
motoi 基 *s* alicerce; base; fundamento.
motome 求め *s* **1** pedido. **2** compra; aquisição.
motomeru 求める *v* **1** pedir; requerer; exigir. **2** procurar; buscar.
motomoto 元々 *adv* desde o início; para começar; por natureza. *s* ato de não ter nada a perder.
motone 元値 *s* preço de custo.
motoru 悖る *v* ser contra. 道徳に～ *dotoku ni* ～: ser contra a moral.
motoyori 元より *adv* **1** desde o começo. **2** sem dúvida.
motozuku 基づく *v* **1** fundamentar-se; basear-se. **2** resultar. **3** conforme; de acordo com.
motsu 臓物 *s pop* vísceras de animais.
motsu 持つ *v* **1** ter; pegar; segurar; levar consigo. 物をもってやる *mono o motte yaru*: eu seguro as coisas para você. **2** encarregar-se. **3** durar; conservar; manter; aguentar. 一生～ *isshō* ～: durar a vida inteira. **4** ter; entreter. **5** manter. 世の中は持ちつ持たれつだ *yo no naka wa mochitsu*

motaretsu da: a ajuda mútua mantém o mundo como é. **6** pagar. 費用を～ *hiyō o* ～: pagar as despesas.
motsure 縺れ *s* emaranhamento, complicação, dificuldade.
motsurege 縺れ毛 *s* cabelo embaraçado (desalinhado, desarrumado).
motsureru 縺れる *v* emaranhar-se, embaraçar-se, complicar-se.
mottai 勿体 *s* importância. ～をつける ～*o tsukeru*: dar importância demais.
mottaiburu 勿体ぶる *v* bancar o importante, mostrar pompa, ser pretensioso.
mottainai 勿体ない *adj* bom demais, desperdiçador.
motte 以って *expr* **1** com, por meio de, através de. **2** porque, em vista de. ～しても *shitemo*: mesmo com. ～すれば ～*sureba*: com.
mottekaeru 持って帰る *v* levar de volta. *Sin* **mochikaeru** 持ち帰る.
mottekoi 持って来い *expr* ideal, excelente, conveniente, apropriado, adequado.
mottekuru 持って来る *expr* trazer.
mottemawaru 持って回る *v* **1** levar para cá e para lá. **2** agir com rodeios.
mottemawatta 持って回った *expr* indireto, vago, com rodeios. *Sin* **mawarikudoi** 回りくどい.
motte no hoka 以ての外 *expr* absurdo, fora de questão, impróprio.
motte umareta 持って生まれた *expr* inato, natural.
motte yuku 持って行く *expr* levar, carregar, transportar.
motto もっと *adv* mais, mais ainda, muito mais.
mottō モットー (*ingl motto*) *s* lema.
mottomo[1] 尤も *adj* razoável, compreensível, certo, natural. ご～です *go*～*desu*: você está certo.
mottomo[2] 尤も *conj* mas, entretanto, de fato, por outro lado.
mottomo 最も *adv* extremamente, o mais. ～よい ～*yoi*: o melhor. ～金のいらない ～*kane no iranai*: o mais barato.
mottomorashii 尤もらしい *adj* plausível.
moya 靄 *s* nevoeiro, névoa.
moyai 舫い *s* amarra.
moyaizuna 舫い綱 *s* cabo, amarra de navio.
moyamoya もやもや *mim* nebuloso, enevoado, confuso, obscuro, deprimido. ～*suru*, *v*: ser nebuloso (enevoado).
moyashi 萌し *s* broto de feijão.
moyasu 燃やす *v* **1** queimar, acender, inflamar. **2** entusiasmar-se, animar-se.
moyō 模様 *s* **1** padrão, desenho, estampa. 水玉～ *mizutama*～: estampa de bolinhas. **2** aparência, sinal, indicação, condições, circunstâncias. 雨～ *ama*～: aspecto (sinal) de chuva.
moyōgae 模様替え *s* remodelação, rearranjo, mudança.
moyooshi 催し *s* encontro, reunião, evento. ～物 ～*mono*: evento, exposição, programa de entretenimento.
moyoosu 催す *v* **1** realizar, dar (uma festa), fazer uma reunião. **2** dar sinais de, sentir.
moyori 最寄り *s* o mais próximo. ～の駅 ～*no eki*: estação mais próxima.

mōzen 猛然 *adj* violento, furioso, feroz. ~と ~*to*, *adv*: violentamente, furiosamente, ferozmente.
mozō 模造 *s* imitação, cópia. ~*suru*, *v*: imitar, copiar. ~の ~*no*: falsificado. ~品 ~*hin*: réplica. ~真珠 ~*shinju*: imitação de pérola.
mozomozo もぞもぞ *adv* comichão. ~*suru*, *v*: **1** sentir comichão. **2** ficar inquieto, irrequieto.
mozu 百舌 *s Ornit* picanço.
mu 無 *s* **1** nada, nulo, zero. **2** em vão, inútil. ~にする ~*ni suru*: desperdiçar, anular. ~になる ~*ni naru*: ser em vão.
mubō 無謀 *s* imprudente, irrefletido, estouvado, descuidado.
mubōbi 無防備 *s* desprotegido, indefeso. ~都市 ~*toshi*: cidade aberta.
mubyō 無病 *s* saudável. ~息災 ~*sokusai*: perfeito estado de saúde.
mucha 無茶 *s pop* imprudência. ~*na*, *adj*: irracional, absurdo, despropositado, imprudente, descuidado, confuso, excessivo.
muchakucha 無茶苦茶 *s pop* confusão, bagunça. ~*na*, *adj*: confuso, de pernas para o ar, bagunçado, absurdo.
muchakuriku 無着陸 *s* sem escala. ~飛行 ~*hikō*: voo direto, sem escala.
muchi 無知 *s* ignorância, estupidez. ~*na*, *adj*: ignorante, estúpido.
muchi 鞭 *s* chicote, açoite, vara.
muchi 無恥 *s* descaramento. ~*na*, *adj*: descarado, desavergonhado, sem-vergonha.
muchin 無賃 *s* gratuito, isento.
muchinjōsha 無賃乗車 *s* viagem sem passagem, carona. ~*suru*, *v*: viajar sem pagar passagem.
muchitsujo 無秩序 *s* desordem, confusão, caos. ~*na*, *adj*: desordenado, confuso, caótico.
muchiuchi 鞭打ち *s* açoite, chicotada. ~症 ~*shō*: síndrome pós-traumática do pescoço.
muchiutsu 鞭打つ *v* **1** açoitar, chicotear. **2** encorajar, instigar, estimular.
muchū 夢中 *s* como num sonho. ~で ~*de*: freneticamente, como um louco. ~になる ~*ni naru*: ficar absorto (fascinado, louco).
muda 無駄 *s* desperdício, inutilidade. ~*na*, *adj*: inútil, desperdiçado. ~に ~*ni*: em vão. ~になる ~*ni naru*: ser desperdiçado. ~にする ~*ni suru*: desperdiçar. ~にしない ~*ni shinai*: usar bem. ~金 ~*gane*: dinheiro desperdiçado. ~飯を食う ~*meshi o kuu*: levar uma vida inútil. ~を省く ~*o habuku*: evitar desperdício.
mudaashi 無駄足 *s* perda de viagem, ida em vão.
mudabanashi 無駄話 *s* conversa inútil (vazia).
mudabone 無駄骨 *s* esforço desperdiçado (em vão).
mudage 無駄毛 *s* pelo indesejável.
mudaguchi 無駄口 *s* conversa inútil. ~をたたく ~*o tataku*: dizer coisa inútil (sem sentido).
mudai 無代 *s* gratuito.
mudai 無題 *s* sem título.
mudajini 無駄死に *s* morte inútil. ~*suru*, *v*: morrer em vão.
mudan 無断 *s* sem notificação (permissão).
mudankekkin 無断欠勤 *s* falta (ausência) sem notificação.
mudanshakuyō 無断借用 *s* empréstimo sem permissão. ~*suru*, *v*: tomar emprestado sem pedir.

mudazukai 無駄遣い *s* desperdício de dinheiro.
muden 無電 *s* rádio sem fio. *Sin* **musendenshin** 無線電信.
muden'hōsō 無電放送 *s* radiotransmissão.
mudenkyoku 無電局 *s* estação radiotelegráfica.
mueki 無益 *s* inutilidade, futilidade. ~*na*, *adj*: inútil, fútil, desnecessário.
muen 無縁 *s* falta de relação. ~*na*, *adj*: sem relação. ~墓地 ~*bochi*: cemitério de desconhecidos. ~仏 ~*botoke*: morto que não deixou parentes.
muen 無塩 *s* sem sal. ~バター (*ingl butter*) ~*batā*: manteiga sem sal.
muen 無煙 *s* sem fumaça. ~火薬 ~*kayaku*: pólvora sem fumaça.
muen 無鉛 *s* sem chumbo. ~ガソリン ~*gasorin* (*ingl gasoline*): gasolina sem chumbo.
muentan 無煙炭 *s* carvão sem fumaça; antracito.
mufū 無風 *s* calmaria, ausência de vento.
mufūjōtai 無風状態 *s* calmaria.
mufunbetsu 無分別 *s* indiscrição, imprudência. ~*na*, *adj*: indiscreto, imprudente, irrefletido.
mufūtai 無風帯 *s* região de calmaria.
muga 無我 *s* abnegação, desinteresse, desprendimento. ~の ~*no*, *adj*: abnegado.
mugai 無害 *s* inocuidade, inocência. ~*na*, *adj*: inócuo, inofensivo, inocente.
mugai 無蓋 *s* aberto, descoberto. ~貨車 ~*kasha*: vagão descoberto, vagonete, trole. ~自動車 ~*jidōsha*: carro aberto.
mugaku 無学 *s* ignorância, falta de estudo, analfabetismo.
mugamuchū 無我夢中 *s* em êxtase, absorto.
mugei 無芸 *s* sem talento. ~大食 ~*taishoku*: sem virtude, exceto o grande apetite.
mugen 無限 *s* infinito, eternidade, ilimitado. ~の ~*no*, *adj*: ilimitado, eterno. ~級数 ~*kyūsū*: série infinita. ~小数 ~*shōsū*: decimais infinitas.
mugen 夢幻 *s* **1** fantasia, visão. **2** efemeridade.
mugendai 無限大 *s* infinito, tamanho ilimitado.
muge ni 無下に *adv* friamente, categoricamente. ~断る ~*kotowaru*: recusar rispidamente (categoricamente). ~追い返す ~*oikaesu*: mandar embora friamente.
mugenkidō 無限軌道 *s* lagarta (correia articulada).
mugensekinin 無限責任 *s Jur* responsabilidade (obrigação) ilimitada.
mugenshō 無限小 *s* infinitesimal.
mugi 麦 *s Bot* gramínea. 小~ *ko*~: trigo. 大~ *ō*~: cevada. ライ~ *rai*~: centeio. ~茶 ~*cha*, ~湯 ~*yu*: chá com cevada.
mugiko 麦粉 *s* farinha de trigo (cevada, centeio). 小~ *ko*~: farinha de trigo.
mugiwara 麦藁 *s* palha. ~帽子 ~*bōshi*: chapéu de palha. ~細工 ~*zaiku*: trabalho em palha.
mugoi 惨[酷]い *adj* **1** brutal, cruel, horrível, terrível, impiedoso, frio. **2** miserável, trágico. *s* sangue-frio.
mugon 無言 *s* silêncio. ~の ~*no*: mudo. ~で ~*de*: em silêncio, sem falar.
mugongeki 無言劇 *s* pantomima.
mugotarashii 惨[酷]たらしい *adj* cruel, trágico, horrível. *Sin* **mugoi** 惨[酷]い.
mugotarashisa 惨[酷]たらしさ *s* crueldade.
muhai 無敗 *s* invicto, invencível.

muhai(tō) 無配(当) *s Fin* sem dividendo. 〜株 〜*kabu*: ação sem pagamento de dividendo.
muhenka 無変化 *s* ausência de alteração, monotonia.
muhi 無比 *s* único, sem paralelo (igual), inigualável, incomparável.
muhihan 無批判 *s* sem crítica (questionamento). 〜*na, adj*: inquestionável, indiscriminado.
muhitsu 無筆 *s* analfabeto.
muhizuke 無日付 *s* sem data.
muhō 無法 *s* 1 imoralidade. 2 desrespeito à lei. 〜*na, adj*: injusto, errado, ilegal. 〜地帯 〜*chitai*: terra sem lei. 〜者 〜*mono*: fora da lei.
muhon 謀叛 *s* rebelião, revolta, insurreição. 〜人 〜*nin*: rebelado, revoltoso.
muhongi 謀叛気 *s* espírito (clima) de revolta.
muhōshū 無報酬 *s* sem remuneração (recompensa).
muhyō 霧氷 *s* geada.
muhyōjō 無表情 *s* falta de expressão, impassibilidade. 〜*na, adj*: impassível, duro.
mui 無為 *s* ócio, inércia, inatividade. 〜徒食 〜*toshoku*: desperdício de tempo. 〜無策 *musaku*: sem plano nem ação.
muichibutsu [motsu] 無一物 *s* sem tostão, sem nada.
muichimon 無一文 *s* falido, sem nada.
muigi [imi] 無意義[意味] *s* sem significado (sentido, propósito). 〜*na, adj*: insignificante, vazio, absurdo.
muika 六日 *s* dia seis, sexto dia do mês. 〜間 〜*kan*: seis dias. 〜の菖蒲 〜*no ayame*: inútil (imprestável) por estar atrasado.
muishiki 無意識 *s* inconsciência, falta de lucidez. 〜の 〜*no, adj*: inconsciente, involuntário.
muison 無医村 *s* vila sem médico.
mujaki 無邪気 *s* inocência, falta de maldade, ingenuidade. 〜*na, adj*: inocente, simples, natural, ingênuo.
muji 無地 *s* liso, sem estampa (desenho).
mujihi 無慈悲 *s* crueldade, impiedade, desumanidade, barbaridade. 〜*na, adj*: cruel, desumano, impiedoso.
mujikaku 無自覚 *s* inconsciência. 〜*na, adj*: inconsciente, cego, insensível, apático.
mujiko 無事故 *s* sem acidente, livre de acidente.
mujin 無人 *s* desabitado. 〜駅 〜*eki*: estação sem atendente. 〜スタンド 〜*sutando*: posto de autosserviço. 〜島 〜*tō*: ilha deserta.
mujin 無尽 *s* 1 ilimitado, inesgotável. 2 *abrev* de 無尽講 *mujinkō*: cooperativa de financiamento mútuo.
mujina 狢[貉] *s Zool* texugo. 同じ穴の〜 *onaji ana no*〜: farinha do mesmo saco.
mujinzō 無尽蔵 *s* ilimitado, inesgotável.
mujitsu 無実 *s* 1 falsa acusação. 2 algo sem base. 〜の 〜*no, adj*: infundado.
mujō 無情 *s* crueldade, impiedade. 〜*na, adj*: frio, cruel, sem coração.
mujō 無上 *s* supremo, maior, melhor, mais alto.
mujō 無常 *s* mutabilidade, incerteza, transitoriedade. 〜観 〜*kan*: visão da vida como algo transitório e vazio.
mujōken 無条件 *s* incondicional. 〜降伏 〜*kōfuku*: rendição incondicional. 〜反射 〜*hansha*: reflexo incondicionado.

mujōyaku 無条約 *s p us* sem tratado (acordo).
mujun 矛盾 *s* contradição, incompatibilidade, conflito. 〜律 〜*ritsu, Lóg*: contradição.
mujūryō [jūryoku] 無重量[重力] *s* gravidade zero.
mukachi 無価値 *s* sem valor, inútil, desprezível.
mukade 百足 *s Zool* centopeia. 〜競争 〜*kyōsō*: corrida em que os corredores têm uma perna amarrada à de seu companheiro.
mukae 迎え *s* 1 encontro, recepção. 〜に行く 〜*ni iku*: ir buscar (receber) alguém. 2 pessoa que vai receber alguém.
mukaebi 迎え火 *s* fogueira para receber os espíritos que se foram.
mukaeireru 迎え入れる *v* receber, deixar entrar, conduzir, acompanhar.
mukaeru 迎える *v* 1 receber, acolher, aceitar, encontrar. 2 convidar, mandar buscar. 3 chegar à época (situação).
mukaeutsu 迎え撃つ *v* combater, interceptar.
mukaezake 迎え酒 *s* bebida alcoólica para curar a ressaca.
mukai 向かい *s* lado oposto.
mukaiau 向かい合う *v* encarar mutuamente, estar frente a frente.
mukaiawase 向かい合わせ *s* frente a frente, face a face.
mukaikaze 向かい風 *s* vento desfavorável.
mukamuka むかむか *mim* 1 náusea, enjoo. 2 raiva, cólera, ira. 〜*suru, v*: sentir enjoo (raiva).
mukan 無冠 *s* sem coroa, destronado.
mukandō 無感動 *s* apatia, indiferença. 〜*na, adj*: apático, indiferente, impassível.
mukangae 無考え *s* imprudência. 〜*na, adj*: imprudente, irrefletido, descuidado.
mukankaku 無感覚 *s* sem sensibilidade. 〜*na, adj*: insensível, endurecido.
mukankei 無関係 *s* sem relação, desconexo, separado, não relacionado.
mukansa 無鑑査 *s* não sujeito ao júri (julgamento, exame).
mukanshin 無関心 *s* apatia, indiferença, desinteresse.
mukanshō 無干渉 *s* sem interferência (intervenção).
mukashi 昔 *s* antiguidade, época remota, velhos tempos. 〜昔 〜*mukashi*: há muito tempo; era uma vez.
mukashibanashi 昔話 *s* 1 lenda, história (narrativa) antiga. 2 memórias, reminiscências.
mukashifū 昔風 *s* à moda antiga.
mukashikatagi 昔気質 *s* conservador, honesto e teimoso, à moda antiga, antiquado.
mukashinagara 昔ながら *expr* como antigamente, como nos velhos tempos.
mukashinajimi 昔馴染み *s* velho amigo.
mukashitsu 無過失 *s* sem falta (negligência). 〜責任 〜*sekinin, Jur*: responsabilidade objetiva.
mukatsuku むかつく *v* 1 enjoar, sentir náusea. 2 ficar irritado (irado).
mukau 向う *v* 1 encarar, enfrentar, voltar-se, virar-se. 2 dirigir-se a, aproximar-se de. 3 contrariar, resistir, enfrentar, combater. 4 chegar à época (situação).
-muke -向け *suf* dirigido a, voltado a, para.

mukei 無形 *s* informe; abstrato, invisível, intangível, espiritual, imaterial. ～資産 ～*shisan*: bens intangíveis.
mukeikaku 無計画 *s* sem plano (projeto). ～*na*, *adj*: eventual, casual, não planejado.
mukeiken 無経験 *s* inexperiência, falta de experiência.
mukeikoku 無警告 *s* sem aviso (notificação).
mukeisatsu 無警察 *s* sem polícia (lei). ～状態 ～*jōtai*: anarquia.
mukekka 無結果 *s* sem resultado.
mukeru 向ける *v* 1 voltar, virar, dirigir. 2 apontar, mirar. 3 enviar. 4 aplicar, usar. 5 visar.
mukeru 剥ける *v* descascar-se, descamar.
mukesseki 無欠席 *s* frequência (presença) completa (sem nenhuma falta).
muketsu 無血 *s* sem derramamento de sangue, sem batalha.
muketsu 無欠 *s* sem falha, perfeito.
muki 向き *s* 1 direção, posição. 2 próprio, apropriado. 3 voltado a, relacionado. ～になる ～*ni naru*: levar a sério, irritar-se com pouca coisa. ～不向き ～*fumuki*: cada um tem qualidades e defeitos. ～合う ～*au*: ficar face a face. *Sin* **mukaiau** 向かい合う.
muki 無機 *s* inorgânico. ～化合物 ～*kagōbutsu*: composto inorgânico.
muki 無期 *s* indefinido.
muki むき *s* ～になる ～*ni naru*: levar a sério, irritar-se com pouca coisa.
mukichōeki 無期懲役 *s* prisão perpétua.
mukidashi 剥き出し *s* descoberto, nu, exposto. ～に ～*ni*, *adv*: abertamente, francamente.
mukidasu 剥き出す *v* mostrar, descobrir, expor.
mukidō 無軌道 *s* (via férrea, caminho) sem trilhos. ～*na*, *adj*: sem princípios, imoral, inescrupuloso, desonesto.
mukienki 無期延期 *s* adiamento (postergação) por tempo indeterminado.
mukigen 無期限 *s* indefinido; por período indeterminado.
mukimei 無記名 *s* anônimo, não identificado. ～投票 ～*tōhyō*: voto secreto.
mukin 無菌 *s* assepsia. ～室 ～*shitsu*: sala asséptica.
mukinaoru 向き直る *v* virar-se, voltar-se.
mukiryoku 無気力 *s* desânimo, apatia. ～*na*, *adj*: inativo, apático, sem vigor, desanimado.
mukizu 無傷 *s* 1 ileso. 2 perfeito.
mukkuri むっくり *adv* (modo de levantar-se) abruptamente. ～*suru*, *v*: estar bem gordo.
muko 婿 *s* noivo, genro. ～養子 ～*yōshi*: adotado pela família da esposa; assumir o sobrenome da esposa.
mukō 向こう *s* 1 outro lado, lá, lado oposto. 2 outra parte, ele, ela. 3 destino. 4 próximo, vindouro, futuro. ～意気の強い ～*iki no tsuyoi*: agressivo, corajoso. ～傷 ～*kizu*: ferimento na frente do corpo, ferimento na testa. ～持ち ～*mochi*: à custa alheia.
mukō 無効 *s* inválido, sem efeito. ～にする ～*ni suru*: invalidar. ～になる ～*ni naru*: ser invalidado.
mukōgawa 向こう側 *s* lado oposto.
mukōgishi 向こう岸 *s* margem oposta.

mukokuseki 無国籍 *s* sem nacionalidade. ～料理 ～*ryōri*: cozinha internacional.
mukōmizu 向こう見ず *s* imprudente, irrefletido, impetuoso.
mukon 無根 *s* infundado, falso, improcedente.
mukōzune 向こう脛 *s* tíbia, canela (parte frontal).
muku 無垢 *s* inocência, pureza.
muku 向く *v* 1 voltar-se, virar-se. 2 defrontar, fazer frente. 3 ser adequado (apropriado), convir, servir. 4 estar inclinado a.
muku 剥く *v* descascar, raspar.
mukuchi 無口 *s* taciturnidade. ～*na*, *adj*: taciturno, quieto, de poucas palavras.
mukuge 尨毛 *s* pelo longo e espesso dos animais. ～の ～*no*, *adj*: peludo.
mukui 報い *s* compensação, retribuição, retorno, castigo. 当然の～ *tōzen no*～: aquilo que merece.
mukuiru 報いる 1 retribuir, recompensar, dar em retorno. 2 vingar-se, retaliar.
mukumi 浮腫み *s* inchaço, inchação, intumescência, edema.
mukumu むくむ *v* inchar, intumescer, edemaciar.
mukureru むくれる *v pop* emburrar, amuar, ficar carrancudo (mal-humorado).
mukyōiku 無教育 *s* ignorância. ～*na*, *adj*: ignorante, inculto, sem instrução.
mukyū 無休 *s* sem folga. 年中～ *nenjū*～: aberto o ano todo.
mukyū 無給 *s* sem salário, gratuito.
muma 夢魔 *s* pesadelo, mau sonho.
mumei 無名 *s* anônimo, desconhecido.
mumei 無銘 *s* sem assinatura, autor anônimo.
mumeisenshi 無名戦士 *s* soldado desconhecido.
mumeishi 無名氏 *s p us* anônimo, desconhecido.
mumenkyo 無免許 *s* sem licença. ～運転 ～*unten*: ato de dirigir sem licença.
mumi 無味 *s* 1 insípido, sem sabor (gosto). 2 sem graça, desinteressante.
mumikansō 無味乾燥 *adj* chato, tedioso, sem poesia (graça), insípido.
mumō 無毛 *s* sem pelo. ～症 ～*shō*: atriquíase, alopecia.
mumyō 無明 *s Rel* ignorância.
munage 胸毛 *s* pelo do peito.
munamoto 胸元, **munasaki** 胸先 *s* peito, seio, epigástrio.
munasawagi 胸騒ぎ *s* inquietação, preocupação, pressentimento.
munashii 空しい *adj* vazio, fútil, vão.
munashiku 空しく *adj* em vão, despropositado.
munashisa 空しさ *s* vazio, futilidade.
munasan(yō) 胸算(用) *s* cálculo mental, estimativa, expectativa.
mune 旨 *s* 1 alvo, fim, propósito principal. 2 conteúdo, significado, sentido.
mune 胸 *s* 1 peito, tórax. 新鮮な空気を～いっぱい吸う *shinsen na kūki o* ～*ippai suu*: encher o peito de ar fresco. 2 coração. ～が高鳴る ～*ga takanaru*: o coração bate mais forte. 3 pulmões. ～をわずらう ～*o wazurau*: sofrer de tuberculose. 4 estômago. ～が焼ける ～*ga yakeru*: ter azia. 5 coração, alma. ～がいっぱいで何も言えない ～*ga ippai de nanimo ienai*: não consigo dizer nada de tanta emoção. 子どもの病気で～を

痛める *kodomo no byōki de* ～*o itameru*: ficar aflito com a doença do filho. **6** seios de mulher. ～母親の～で乳を吸う *hahaoya no* ～*de chichi o suu*: mamar nos seios da mãe.
mune 棟 *s Constr* cumeeira. *suf* quantidade de construções.
muneage 棟上 *s* colocação da armação de uma casa, construção da estrutura da casa. ～式 *shiki*: festa da cumeeira.
munehaba 胸幅 *s* largura do tórax.
munen 無念 *s* arrependimento, ressentimento. ～を晴らす ～*o harasu*: desforrar-se, vingar-se.
munenmusō 無念無想 *s* perfeita serenidade da mente, ausência de pensamentos mundanos.
muneyake 胸焼け *s* azia.
muni 無二 *s* único, sem igual (paralelo). ～の親友 ～*no shin'yū*: melhor amigo.
muninsho 無任所 *s* sem cargo. ～大臣 ～*daijin*: ministro sem pasta.
munō 無能 *s* incompetência, ineficácia. ～*na, adj*: incompetente, ineficiente.
munōryoku 無能力 *s* incompetência, incapacidade. ～者 ～*sha*: incompetente, pessoa legalmente incapacitada.
munōyaku 無農薬 *s* sem agrotóxico. ～野菜 ～*yasai*: legumes orgânicos.
muon 無音 *s p us* silêncio.
mura 村 *s* vila, aldeia, povoado. ～興し ～*okoshi*: revitalização local. ～雨 ～*same*: chuva intermitente. ～人 ～*bito*: aldeão. ～祭 ～*matsuri*: festival do povoado.
mura 斑 *s* **1** borrão, mancha, irregularidade, falta de uniformidade, falha. **2** capricho, inconstância.
muragaru 群がる *v* amontoar-se, apinhar-se, juntar.
murahachibu 村八分 *s* ostracismo.
muraki 斑気 *s* caprichoso, temperamental, inconstante.
murasaki 紫 *s* **1** violeta, roxo, púrpura. **2** *Bot* aljofareira, sete-sangrias. **3** *shoyu* (molho de soja). ～水晶 ～*suishō*: ametista.
murasakiiro 紫色 *s* cor violeta, roxo, púrpura.
murasu 蒸らす *v* cozer a vapor.
mure 群れ *s* grupo, multidão, bando, manada, rebanho.
mureru 蒸れる *v* **1** ser cozido no vapor. **2** ficar quente e abafado.
mureru 群れる *v* juntar-se, reunir-se. *Sin* **muragaru** 群がる.
muri 無理 *s* impossibilidade, absurdo, despropósito. ～*na, adj*: irracional, absurdo, despropositado, excessivo. ～数 ～*sū*: número irracional. ～やり ～*yari*: contra a vontade, à força. ～押し ～*oshi*: forçar as coisas. ～方程式 ～*hōteishiki*: equação irracional. ～に ～*ni*: à força. ～をする ～*o suru*: trabalhar em excesso, forçar-se.
murijii 無理強い *s* coação. ～*suru, v*: compelir, forçar, obrigar.
murikai 無理解 *s* incompreensão, falta de compreensão (simpatia). ～*na, adj*: incompreensivo, intolerante, rígido, indiferente, frio.
murikaranu 無理からぬ *adj p us* razoável, justo.
murinandai 無理難題 *s* absurdidade, impossibilidade, exigência despropositada.
murisandan 無理算段 *s* esforço incomum para resolver as dificuldades (principalmente financeiras) que enfrenta.
murishinjū 無理心中 *s* duplo suicídio forçado. ～をする ～*o suru*: forçar alguém a suicidar-se junto.
murisoku 無利息 *s* sem juro.
muro 室 *s* câmara, adega, estufa.
murui 無類 *s* sem igual (paralelo, comparativo).
muryō 無料 *s* grátis, gratuito, livre de taxa.
muroku 無力 *s* impotência, ineficácia, incompetência, desamparo.
musabetsu 無差別 *s* indiscriminação; sem distinção; igual; com imparcialidade.
musaboru 貪る *v* cobiçar, ambicionar, desejar ardentemente, devorar. ～ように本を読む ～*yō ni hon o yomu*: devorar o livro (ler com avidez). 暴利を～ *bōri o* ～: explorar, exigir juros elevados. 快楽を～ *kairaku o* ～: entregar-se aos prazeres.
musai 無才 *s* ignorância, falta de talento.
musaku 無策 *s* sem recursos (estratégia), falta de política (direção).
musakui 無作為 *s* não intencional, não propositado, involuntário, aleatório.
musakurushii 穢苦しい *adj* bagunçado, sujo, esquálido, imundo, desarrumado.
musan 無産 *s* sem propriedade (bens).
musebinaki 咽び泣き *s* pranto soluçante.
musebinaku 咽び泣く *v* soluçar, chorar entre soluços.
musebu 咽ぶ *v* **1** sufocar-se, engasgar. **2** soluçar.
musei 無声 *s* **1** silêncio, mutismo. **2** *Fon* surdo.
museibutsu 無生物 *s* ser inanimado.
museifu 無政府 *s* anarquia. ～主義 ～*shugi*: anarquismo. ～状態 ～*jōtai*: estado de anarquia.
museigen 無制限 *s* sem limite (restrição). ～*na, adj*; ilimitado, irrestrito, livre.
museiran 無精卵 *s* óvulo, ovo não fecundado.
musekaeru 咽せ返る *v* **1** engasgar seriamente. **2** soluçar muito, chorar em soluços.
museki 無籍 *s p us* sem registro domiciliar.
musekinin 無責任 *s* irresponsabilidade. ～*na, adj*: irresponsável.
musekitsuidōbutsu 無脊椎動物 *s Zool* invertebrado.
musen 無線 *s* rádio sem fio.
musen 無銭 *s* sem dinheiro. ～飲食 ～*inshoku*: comer sem pagar.
musendenshin 無線電信 *s* radiotelegrafia.
musendenwa 無線電話 *s* radiotelefonia.
musenryokō 無銭旅行 *s* ato de viajar sem dinheiro.
musenshuha 無線周波 *s* radiofrequência.
musensōjū 無線操縦 *s* radiocontrole.
musentsūshin 無線通信 *s* radiocomunicação.
museru 咽る *v* sufocar-se, engasgar-se.
musessō 無節操 *s* sem princípios, inconstante.
musha 武者 *s* samurai vestindo armadura; guerreiro; soldado.
mushaburitsuku むしゃぶりつく *v* agarrar-se violentamente.
mushakusha むしゃくしゃ *adv* irritado, aborrecido. ～*suru, v*: ficar irritado (aborrecido).
mushamusha むしゃむしゃ *adv* mastigar ruidosamente.
musha(shūgyō) 武者(修業) *s* peregrinação de samurai (para aperfeiçoar-se nas artes marciais). ～震い ～*burui*: tremer por causa de excitação.

mushi 虫 *s* **1** inseto. **2** verme. **3** acesso, ataque. 〜に食われる 〜*ni kuwareru*: ser picado por inseto. 〜のいい 〜*no ii*: egoísta. 〜が知らせる 〜*ga shiraseru*: ter um pressentimento. 〜の息 〜*no iki*: estertor, respiração derradeira. 〜の居場所が悪い 〜*no ibasho ga warui*: estar mal-humorado. 〜の知らせ 〜*no shirase*: intuição. 〜の好かない 〜*no sukanai*: achar desagradável. 〜も殺さぬ 〜*mo korosanu*: aparência inocente. 腹の〜が納まらない *hara no*〜*ga osamaranai*: não conter a raiva. 〜かご 〜*kago*: gaiola para inseto. 〜下し 〜*kudashi*: vermífugo. 〜刺され 〜*sasare*: picada de inseto. 〜ピン 〜*pin*: alfinete entomológico. 〜除け 〜*yoke*: repelente.
mushi 無視 *s* descaso, desprezo. 〜*suru*, *v*: ignorar, fazer pouco-caso.
mushi 無私 *s* desinteresse, abnegação.
mushiatsui 蒸し暑い *adj* quente e abafado.
mushiba 虫歯 *s* cárie dental.
mushibamu 蝕む *v* estragar, afetar, destruir, minar, corromper.
mushiboshi 虫干し *s* 〜*suru*, *v*: colocar (roupa, livro) ao sol para evitar ser carcomido.
mushiburo 蒸し風呂 *s* banho a vapor.
mushigama 蒸し釜 *s p us* caldeira para cozimento a vapor.
mushihon 無資本 *s* sem capital.
mushikaku 無資格 *s* sem qualificação, inapto, incompetente.
mushiken 無試験 *s* sem exame (teste).
mushikera 虫けら *s* verme, pessoa desprezível, vil.
mushiki 蒸し器 *s* panela para cozer no vapor.
mushikui 虫食い *s* carcomido, caruncho, carunchento.
mushimegane 虫眼鏡 *s* lupa.
mushimushi 蒸し蒸し *adv* quente e abafado. 〜*suru*, *v*: estar quente e abafado.
mushin 無心 *s* **1** inocência. **2** pedido, rogo. 〜*suru*, *v*: pedir. **3** *Rel* livre de pensamento.
mushinkei 無神経 *s* insensibilidade. 〜*na*, *adj*: insensível, imprudente, descarado.
mushinron 無神論 *s* ateísmo. 〜者 〜*sha*: ateu, ateísta.
mushiritoru 毟り取る *v* arrancar, tirar, depenar.
mushiro 莚・筵 *s* esteira. 針の〜 *hari no*〜: cama de pregos.
mushiro 寧ろ *adv* ao contrário, melhor, antes, preferivelmente.
mushiru 毟る *v* tirar, puxar, arrancar, depenar.
mushiryo 無思慮 *s* imprudência, irreflexão, indiscrição. 〜*na*, *adj*: irrefletido, imprudente, indiscreto.
mushiryoku 無資力 *s p us* falta de fundos, insolvência.
mushitaoru 蒸しタオル *s* toalha quente.
mushiyaki 蒸し焼き *s* assado.
mushizu 虫酸 *s pop* 〜が走る 〜*ga hashiru*: sentir aversão (nojo, desgosto).
mushō 無償 *s* grátis, gratuito, sem compensação.
mushōbu 無勝負 *s* empate.
mushoku 無色 *s* incolor, neutro, sem cor.
mushoku 無職 *s* sem ocupação, desocupado, desempregado.

mushō ni 無性に *adv* muito, extremamente, excessivamente.
mushozoku 無所属 *s* independente, neutro, apartidário.
mushū 無臭 *s* inodoro.
mushukumono 無宿者 *s* sem-teto, vadio, vagabundo.
mushūkyō 無宗教 *s* sem religião.
mushumi 無趣味 *s* sem *hobby*. 〜*na*, *adj*: sem gosto, desinteressante, vulgar.
mushūnyū 無収入 *s* sem renda (rendimento).
mushusei 無酒精 *s* sem álcool.
musō 夢想 *s* sonho, visão. 〜*suru*, *v*: sonhar. 〜家 〜*ka*: sonhador.
musu 蒸す *v* cozer no vapor.
musū 無数 *s* inumerável, infinito, incontável, inúmero.
musubi 結び *s* **1** final, conclusão. **2** bolinho de arroz. **3** nó. **4** união. 蝶〜 *chō*〜: laço-borboleta. 〜の神 〜*no kami*: cupido.
musubiawaseru 結び合わせる *v* combinar, unir, amarrar, prender.
musubime 結び目 *s* laço, nó.
musubi no kami 産霊の神 *s p us* Deus criador.
musubitsukeru 結び付ける *v* amarrar, unir, prender, conectar, associar.
musubitsuki 結び付き *s* conexão, relação.
musubitsuku 結び付く *v* ser conectado (relacionado, associado, amarrado).
musubu 結ぶ *v* **1** amarrar, prender. **2** ligar, conectar. **3** concluir, terminar. **4** produzir. **5** fechar, cerrar.
musui 無水 *s* anidro.
musuko 息子 *s* filho.
musume 娘 *s* **1** filha. **2** menina, garota, moça. 〜らしい 〜*rashii*: como moça. 〜心 〜*gokoro*: coração de menina.
mutanpo 無担保 *s* sem garantia (caução, fiança, penhor).
mute 無手 *s p us* mão vazia, mão desarmada.
muteikei 無定形 *s* amorfo, informe.
muteikei 無定型 *s* sem formato fixo. 〜詩 〜*shi*: verso livre.
muteiken 無定見 *s* falta de convicção.
muteikō 無抵抗 *s* falta de resistência, passividade. 〜主義 〜*shugi*: princípio de não resistência.
muteisha 無停車 *s p us* sem parada (escala).
muteki 無敵 *s* invencível, incomparável, sem igual.
muteki 霧笛 *s* sirene, sereia.
muteppō 無鉄砲 *s* impetuosidade; temeridade. 〜*na*, *adj*: impetuoso, imprudente, irrefletido, temerário.
mutodoke 無届け *s* sem notificação (aviso).
mutokuten 無得点 *s* sem pontos (pontuação).
mutonjaku [**tonchaku**] 無頓着 *s* indiferença, indolência, descuido, despreocupação.
mutsū 無痛 *s* ausência de dor. 〜*no*, *adj*: indolor.
mutsumajii 睦まじい *adj* afetuoso, íntimo, carinhoso.
mutto suru むっとする *v* **1** ofender-se, aborrecer-se, irritar-se. **2** ficar abafado (sufocante, mal ventilado).
muttsu 六つ *s* seis.
muttsuri むっつり *mim* taciturno, calado, mal-humorado, antipático.

muyami 無暗 *s* 1 irreflexão, imprudência, precipitação. 2 exagero, excesso.
muyō 無用 *s* inutilidade. *adj* inútil, desnecessário. 〜の長物 〜*no chōbutsu*: elefante branco.
muyoku 無欲 *s* desinteresse, generosidade, altruísmo. 〜*na, adj*: desinteressado, generoso, altruísta.
muyūbyō 夢遊病 *s* sonambulismo, noctambulação.
muzai 無罪 *s* inocência, não culpabilidade.
muzaihōmen 無罪放免 *s* absolvição.
muzamuza むざむざ *adv* facilmente, sem resistência, gratuitamente.
muzan 無慙[残] *s* crueldade. 〜*na, adj*: cruel, impiedoso.
muzei 無税 *s* livre de imposto (taxa).
muzōsa 無造作 *s* sem dificuldade. 〜*na, adj*: fácil, simples, casual.
muzugayui むず痒い *adj* coceira, comichão, comichoso.
muzukaru むずかる *v* ficar lamuriento (mal-humorado).
muzukashii 難しい *adj* difícil, duro, severo, problemático, grave.
muzumuzu むずむず *mim* coceira, comichão. 〜*suru, v*: a) comichar, produzir coceira. b) impacientar-se, ansiar, desejar.
myakkan 脈管 *s p us* vasos, sistema vascular.
myaku 脈 *s* 1 veia. 2 pulso, pulsação. 3 esperança.
myakudō 脈動 *s* pulsação, vibração. 〜*suru, v*: pulsar, vibrar.
myakuha 脈波 *s p us* pulso.
myakuhaku 脈搏 *s* pulso, ritmo de pulsação.
myakuraku 脈絡 *s* 1 vaso sanguíneo. 2 continuação, conexão, coerência, contexto. 〜のない 〜*no nai, adj*: desconexo, incoerente.
myō 妙 *s* maravilha, singularidade. 〜*na, adj*: estranho, curioso, singular.
myō- 明- *pref* próximo, seguinte.
myōan 妙案 *s* boa ideia.
myōban 明礬 *s* alume.
myōchō 明朝 *s* amanhã de manhã.
myōdai 名代 *s* procurador, mandatário.
myōga 冥加 *s* proteção divina.
myōgakin 冥加金 *s pop* oferenda, oferta.
myōgi 妙技 *s* proeza, façanha, excelente desempenho.
myōgo- 明後- *pref* depois do próximo. 〜日 〜*nichi*: depois de amanhã.
myōhō 妙法 *s p us* 1 método excelente, segredo, mistério. 2 *Rel* lei suprema de Buda.
myōji 名字 *s* sobrenome.
myōjō 明星 *s* 1 *Astr* Vênus. 2 estrela, pessoa brilhante.
myōmi 妙味 *s* 1 charme, beleza. 2 lucro, ganho.
myōnen 明年 *s* ano que vem, próximo ano.
myōnichi 明日 *s* amanhã.
myōrei 妙齢 *s* jovem, juventude, mocidade.
myōri 冥利 *s* providência divina, sorte. 〜に尽きる 〜*ni tsukiru*: benefício devido à posição.
myōshu 妙手 *s* 1 excelente movimento (de xadrez). 2 perito, experimentado.
myōshun 明春 *s* próxima primavera.
myōyaku 妙薬 *s* santo remédio.

n

na 名 *s* **1** nome, título das coisas em geral. 花の〜 *hana no* 〜: nome de flores. **2** a) primeiro nome em relação ao sobrenome. 姓は丹下、〜は左膳 *sei wa Tange,* 〜 *wa Sazen*: o sobrenome é Tange, o nome é Sazen. b) nome completo. 〜は田中太郎と申します 〜 *wa Tanaka Tarō to mōshimasu*: o meu nome é Tarô Tanaka. **3** fama, renome, reputação. 功成り〜遂ぐ *kōnari* 〜*togu*: realizados os objetivos, feita a fama. **4** pretexto, justificativa, nome. 社会改革に〜を借りて *shakaikaikaku ni* 〜*o karite*: sob o pretexto da reforma social. 正義の〜において *seigi no* 〜*ni oite*: em nome da justiça.

na 菜 *s* verdura.

-na -な *suf* **1** proibição. 忘れる〜 *wasureru*〜: não se esqueça. 走る〜 *hashiru*〜: não corra. **2** imperativo. 早く行き〜 *hayaku iki*〜: vá em frente. **3** confirmação ou exclamação. 彼は随分我儘だから〜 *kare wa zuibun wagamama dakara* 〜: ele é muito egoísta, sabe? 随分早く来た〜 *zuibun hayaku kita*〜: veio muito cedo!

nā なあ *interj* olha, ouça. 〜君、そうだろ〜 *kimi, sō darō*: olha, não é isso mesmo? きれいだ〜 *kirei da*〜: que lindo! 寒い〜 *samui*〜: que frio!

naaru 名ある *s p us* famoso, ter nome. *Sin* **yūmei** 有名.

naate 名宛 *s* destinatário. *Sin* **atena** 宛名.

nabakari 名ばかり *expr* apenas nome.

nabe 鍋 *s* **1** panela, caçarola. **2** prato servido na panela. 〜物 〜*mono*: comida servida na panela (*sukiyaki*). 〜つかみ 〜*tsukami*: pega-panelas, luva térmica. 〜敷き 〜*shiki*: descanso de panela (travessa).

nabeyaki 鍋焼き *s* cozido na caçarola. 〜うどん 〜*udon*: macarrão servido em tigela que foi ao fogo.

nabezoko 鍋底 *s* **1** fundo da panela. **2** permanência de situação desfavorável. 〜景気 〜*keiki*: recessão prolongada.

nabigēshon ナビゲーション (*ingl navigation*) *s* navegação. 〜システム 〜*shisutemu* (*ingl system*): sistema de navegação. カー〜 *kā*〜 (*ingl car*): sistema de navegação por satélite (para automóveis).

nabigētā ナビゲーター (*ingl navigator*) *s* **1** navegador. **2** piloto automático.

nabikaseru 靡かせる *v* **1** conquistar, persuadir, subjugar. **2** flutuar (tremular, desfraldar).

nabiku 靡く *v* **1** agitar, sacudir, tremular, balançar, flutuar. **2** submeter-se, sujeitar-se, ser persuadido (atraído).

naburigoroshi 嬲り殺し *s* torturar até a morte.

naburimono 嬲り者 *s* alvo de riso ou chacota.

naburu 嬲る *v* **1** chacotear, zombar, escarnecer. **2** brincar.

nada 洋・灘 *s* mar aberto.

nadai 名代 *s* fama. 〜の 〜*no, adj*: famoso, conhecido.

nadakai 名高い *adj* famoso, conhecido, notório.

nadameru 宥める *v* acalmar, sossegar. 宥めすかす *nadamesukasu*: acalmar, persuadir, induzir.

nadaraka なだらか *adj* suave, calmo, brando.

nadare 雪崩 *s* avalancha.

nadare 傾れ *s* inclinação.

nadarekomu 傾れ込む *v* entrar precipitadamente (como uma avalancha), invadir.

nadareochiru 傾れ落ちる *v* desmoronar, desabar, escorregar, deslizar.

nadeageru 撫で上げる *v* pentear (para cima), alisar, acariciar, afagar.

nadegata 撫で肩 *s* ombros suavemente delineados.

nademawasu 撫で回す *v* passar a mão, alisar tudo.

nadeorosu 撫で下ろす *v* **1** alisar, acariciar, afagar (para baixo). **2** ficar aliviado.

naderu 撫でる *v* acariciar, afagar, alisar.

nadeshiko 撫子 *s Bot* cravina, cravo.

nadetsukeru 撫で付ける *v* pentear, alisar.

nado 等 *partícula* e outros, e assim por diante, *et cetera*, tal como.

nae 苗 *s* muda, broto.

naedoko 苗床 *s* sementeira, canteiro, pepineira, viveiro.

naegi 苗木 *s* muda de árvore.

naeru 萎える *v* **1** enfraquecer-se, debilitar-se. **2** paralisar-se. **3** murchar, secar.

nafuda 名札 *s* crachá, etiqueta.

nafusa ナフサ *s* (*al Naphtha*) nafta.

nafutarin ナフタリン *s* (*al Naphtalin*) naftalina.

nagaame 長雨 *s* chuva prolongada.

nagabanashi 長話 *s* conversa longa.

nagabikaseru 長引かせる *v* prolongar, estender, atrasar, prorrogar.

nagabiku 長引く *v* prolongar-se, estender-se, ser prorrogado.

nagachōba 長丁場 s 1 caminho longo (distância). 2 período longo.
nagadangi 長談義 s discurso tedioso, conversa demasiadamente longa.
nagae 長柄 s cabo longo.
nagae 轅 s haste da carroça.
nagagutsu 長靴 s bota.
nagai 長居 s longa estada, visita demorada.
nagai 長[永]い adj longo, prolongado.
nagaiki 長生き s vida longa, longevidade. ~*suru*, v: ter longevidade, viver muito.
nagaime 長い目 expr perspectiva distante, visão de longo prazo.
nagaisu 長椅子 s sofá, divã, banco, assento.
nagaku 長[永]く adv por muito tempo.
nagame 眺め s vista, cenário, paisagem.
nagame 長め s relativamente longo.
nagameru 眺める v ver, olhar, observar, contemplar.
nagamochi 長持 s baú, arca.
nagamochi 長持ち s durabilidade, resistência. ~*suru*, v: durar, ser durável.
nagamonku 長文句 s discurso tedioso.
naganaga 長々 adv longamente, por muito tempo. adj esticado, alongado.
naganegi 長葱 s *Bot* cebolinha.
naganen 長年 s tempo que abrange muitos anos, período longo.
naganenkinzoku [kinmu] 長年勤続[勤務] s serviço prestado durante longos anos, muitos anos de trabalho.
nagara ながら partícula 1 mas, entretanto. 2 enquanto. 3 do mesmo jeito. いつも~ *itsumo*~: como sempre. 生れ~ *umare*~: nato. ~族 ~*zoku*: pessoa que tem o hábito de fazer duas atividades simultaneamente (estudar ouvindo música).
nagaraeru 長[永]らえる v ter vida longa, sobreviver.
nagaraku 長らく adv por muito tempo, durante longo período. *Sin* **nagaku** 長[永]く.
nagare 流れ s 1 corrente, correnteza, fluxo. 2 escola, linha. 3 descendência. 4 cancelamento.
nagareboshi 流れ星 s estrela cadente, meteoro.
nagaredama 流れ弾 s bala perdida.
nagaredasu [deru] 流れ出す[出る] v correr (escorrer, escoar, desaguar, verter) para fora.
nagarekomu 流れ込む s correr (escorrer, escoar, desaguar, verter) para dentro.
nagaremono 流れ者 s errante, erradio, errabundo, multívago.
nagareru 流れる v 1 correr, fluir, verter. 2 disseminar. 3 passar. 4 ser cancelado. 5 perder o penhor.
nagaresagyō 流れ作業 s processo de linha de montagem, trabalho em série.
nagaretsuku 流れ着く v chegar carregado pela água.
nagarewatari 流れ渡り s vaguear, errar, ser levado.
nagasa 長さ s comprimento.
nagasareru 流される expr 1 ser levado (carregado) pelas águas. 2 ser exilado.
nagashi 流し s pia, cuba. adj errante. ~のタク シー ~*no takushī* (ingl *taxi*): táxi que circula em busca de passageiro.
nagashiami 流し網 s 1 arrasto, pesca de arrasto. 2 rede de arrasto.
nagashiita 流し板 s p us tábua para escoar (drenar).
nagashikomi 流し込み s moldado.
nagashikomu 流し込む v derramar dentro.
nagashime 流し目 s 1 olhar oblíquo, soslaio, esguelha. 2 olhar de flerte.
nagashimijikashi 長し短し expr p us não serve.
nagasode 長袖 s *Vest* manga longa.
nagasu 流す v 1 derramar, drenar, escoar. 2 fazer boiar (flutuar). 3 disseminar, difundir, divulgar, espalhar. 4 transmitir, emitir. 5 exilar. 6 confiscar o penhor. 7 cancelar. 8 vaguear em busca de freguês (público).
nagatabi 長旅 s viagem longa.
nagatarashii 長たらしい adj pop demasiado longo, comprido demais, prolixo, tedioso.
nagatsuzuki 長続き s continuidade. ~*suru*, v: continuar, durar muito tempo.
nagauta 長唄 s estilo musical de *shamisen*.
nagawazurai 長患い s doença prolongada, longa enfermidade.
nagaya 長屋 s casas contíguas enfileiradas.
nagayu 長湯 s banho demorado.
nage 投げ s 1 arremesso. 2 desistência, abandono.
nageashi 投げ足 s ato de sentar-se com as pernas atiradas (estendidas).
nagedasu 投げ出す v 1 atirar (arremessar) fora. 2 estirar, estender, alongar. 3 desistir, abandonar. 4 sacrificar, dar a vida.
nageire 投げ入れ s estilo livre de arranjo de flores.
nageireru 投げ入れる v arremessar (atirar, lançar, jogar) dentro.
nagekaesu 投げ返す v arremessar (atirar, lançar, jogar) de volta.
nagekakeru 投げ掛ける v 1 pendurar, colocar como se arremessasse. 2 lançar para alguém. 3 atirar-se, apoiar-se, encostar-se.
nagekawashii 嘆かわしい adj deplorável, lastimável, lamentável.
nageki 嘆き s pesar, dor, lamento, lástima.
nagekissu 投げキッス s (ingl *kiss*) beijo lançado ao ar. ~*suru*, v: lançar um beijo ao ar.
nagekomu 投げ込む v arremessar (atirar, lançar) para dentro.
nageku 嘆く v lamentar-se, lastimar.
nagenawa 投げ索[縄] s laço, laçada.
nageru 投げる v 1 arremessar, atirar, lançar, jogar. 2 abandonar, desistir.
nagetsukeru 投げ付ける v atirar (arremessar, jogar) em alguém (algo).
nageuri 投売り s liquidação, venda com prejuízo. ~*suru*, v: vender com prejuízo.
nageyari 投げ遣り s negligência, descuido, relaxamento. ~*na*, adj: descuidado, relaxado.
nagi 凪 s calmaria, calma.
naginata 長[薙]刀 s alabarda japonesa.
nagisa 渚 s praia, costa, beira d'água.
nagitaosu 薙ぎ倒す v 1 derrubar, ceifar. 2 derrotar, vencer.
nagomu 和む v acalmar, suavizar, harmonizar.
nagori 名残り s 1 vestígios, traços, restos. 2 tristeza

nagorioshige [sō] 名残惜しげ [そう] 〜*na*, *adj*: relutante.
nagorioshii 名残惜しい *adj* relutante em despedir-se (partir), saudoso.
nagoyaka 和やか *adj* harmonioso, pacífico, tranquilo, calmo.
nagu 凪ぐ *v* acalmar (vento, mar).
naguriai 殴り合い *s* luta, combate, disputa, peleja, briga, pancadaria.
nagurigaki 殴り書き *s* garrancho, rabisco.
nagurikaesu 殴り返す *v* bater (golpear, esmurrar) de volta, revidar.
nagurikakaru 殴り掛かる *v* tentar bater, avançar para esmurrar (golpear).
nagurikomi 殴り込み *s* invasão repentina, incursão, ataque.
nagurikomu 殴り込む *v* invadir, atacar.
nagurikorosu 殴り殺す *v* matar a golpes, bater (espancar, surrar) até a morte.
naguritaosu 殴り倒す *v* golpear, derrubar a golpes (socos), surrar, espancar.
naguritsukeru 殴り付ける *v* esmurrar, golpear (bater) muito (violentamente).
naguru 殴る *v* esmurrar, golpear, bater, socar, surrar.
nagusame 慰め *s* consolação, consolo, conforto, reconforto, alívio.
nagusameru 慰める *v* consolar, reconfortar, reanimar, confortar, aliviar.
nagusami 慰み *s* prazer, diversão, recreação, brincadeira. 〜物 〜*mono*: joguete, brinquedo.
nagusamu 慰む *v* acalmar-se, tranquilizar-se.
nai 無い *adj* 1 inexistência, falta, carência, inexistente, carente. 2 não ser encontrado, ser perdido. 3 sem igual (comparação). 〜物ねだり 〜*mono nedari*: implorar por algo inexistente.
-nai -内 *suf* dentro de, no interior de.
-nai -ない *suf* 1 não. 2 desejo, pedido, convite.
naibu 内部 *s* dentro, interior. 〜監査 〜*kansa*: auditoria interna.
naibun 内聞 *s* sigilo, segredo. 〜にする 〜*ni suru*: manter sigilo.
naibunpitsu 内分泌 *s* secreção interna. 〜腺 〜*sen*: glândula endócrina.
naichi 内地 *s* 1 interior do país. 2 metrópole (da colônia).
naidaku 内諾 *s* aceite (aprovação) informal. 〜*suru*, *v*: aprovar informalmente.
naidan 内談 *s* conversa particular, reunião privada.
naien 内苑 *s* jardim interno (de palácio, santuário xintoísta).
naien 内縁 *s* sem formalidade civil, consensual. 〜関係 〜*kankei*: concubinato. 〜の妻 〜*no tsuma*: companheira, concubina. 〜の夫 〜*no otto*: companheiro, concubino.
naifu ナイフ (*ingl knife*) *s* faca.
naifuku 内服 *s* uso interno. 〜薬 〜*yaku*: medicamento para uso interno (ingestão).
naifun 内紛 *s* problema interno (doméstico).
naigai 内外 *s* 1 dentro e fora, doméstico e estrangeiro. 2 aproximadamente, por volta de.

naigashiro ni suru 蔑ろにする *expr* desprezar, ignorar, fazer pouco-caso.
naihō 内報 *s* informação não oficial. 〜*suru*, *v*: comunicar (avisar, contar) informalmente.
naihō 内包 *s Lóg* conotação. 〜*suru*, *v*: conotar.
naii 内意 *s* intenção, desejo.
naiji 内示 *s* notícia não oficial. 〜*suru*, *v*: noticiar informalmente.
naijitsu 内実 *s* situação real (de fato), verdade, realidade.
naijo 内助 *s* apoio interno (íntimo). 〜*suru*, *v*: cuidar da casa para que o marido possa dedicar-se ao trabalho. 〜の功 〜*no kō*: apoio da esposa.
naijō 内情 *s* condições (circunstâncias) internas, situação interna.
naika 内科 *s* clínica geral. 〜医 〜*i*: clínico geral.
naikaku 内閣 *s* ministério, gabinete. 〜官房長官 〜*kanbō chōkan*: secretário-geral do gabinete. 〜総理大臣 〜*sōri daijin*: primeiro-ministro. 〜総辞職 〜*sōjishoku*: renúncia ao gabinete. 〜改造 〜*kaizō*: reforma ministerial.
naikaku 内角 *s Geom* ângulo interno.
naiki 内規 *s* estatuto (regulamento) interno.
naikin 内勤 *s* trabalho interno, serviço administrativo.
naikoku 内国 *s* doméstico, interno. 〜会社 〜*gaisha*: empresa nacional. 〜郵便 〜*yūbin*: correspondência doméstica.
naimei 内命 *s* ordem informal, instruções secretas.
naimen 内面 *s* 1 dentro, interior. 2 mental. 〜描写 〜*byōsha*: descrição psicológica. 〜生活 〜*seikatsu*: vida íntima.
naimenteki 内面的 *adj* interno, mental.
naimitsu 内密 *s* segredo, sigilo.
naimu 内務 *s* assuntos internos (domésticos). 〜省 〜*shō*: ministério do interior.
nainai 内々 *adv* 1 secretamente, sigilosamente, privadamente, confidencialmente. 2 internamente.
nainenkikan 内燃機関 *s* máquina (motor) de combustão interna.
nairan 内乱 *s* rebelião, guerra civil, distúrbio interno.
nairiku 内陸 *s* interior, distante do litoral. 〜国 〜*koku*: país sem litoral (costa). 〜性気候 〜*sei kikō*: clima continental.
nairon ナイロン (*ingl nylon*) *s* náilon.
naisai 内済 *s* ajuste (transação) informal. 〜*suru*, *v*: resolver internamente.
naisei 内政 *s* política interna, assunto doméstico.
naisei 内省 *s* introspecção, reflexão. 〜*suru*, *v*: refletir, introverter.
naiseiteki 内省的 *adj* introspectivo, reflexivo.
naisen 内線 *s* ramal (extensão) de telefone.
naisen 内戦 *s* guerra civil.
naisetsu 内接 *s Geom* inscrição. 〜*suru*, *v*: estar inscrito. 〜円 〜*en*: círculo inscrito. 〜多角形 〜*takakukei*: polígono inscrito.
naishi 乃至 *conj* 1 de... até..., entre. 2 ou então.
naishin 内心 *s* 1 intenção real, fundo do coração. 2 centro.
naishin 内申 *s* relato (relatório) confidencial. 〜*suru*, *v*: relatar confidencialmente.
naishin 内診 *s* 1 exame interno (ginecológico).

~*suru*, *v*: examinar internamente. **2** consulta na casa do médico.
naishinsho 内申書 *s* relatório (boletim) escolar.
naisho, naishō 内証 *s* segredo, confidência.
naishō 内傷 *s p us* ferimento interno.
naishōbanashi 内証話 *s* conversa sigilosa (confidencial).
naishōgoto 内証事 *s* segredo, sigilo, assunto sigiloso (secreto).
naishoku 内職 *s* **1** bico, segundo emprego, serão. **2** atividade secreta durante aula (reunião).
naishukketsu 内出血 *s* hemorragia interna. ~*suru*, *v*: ter hemorragia interna.
naisō 内装 *s* decoração interior. ~工事 ~*kōji*: acabamento interno.
naitatsu 内達 *s p us* prévia notificação informal. ~*suru*, *v*: notificar antes informalmente.
naitei 内定 *s* decisão não oficial (informal). ~*suru*, *v*: decidir informalmente.
naitei 内偵 *s* investigação secreta (sigilosa). ~*suru*, *v*: investigar secretamente.
naiteki 内的 *adj* interno, interior, intrínseco, mental.
naito ナイト (*ingl night*) *s* noite, noturno. ~ガウン (*ingl gown*): roupão, robe, penhoar. ~クラブ ~*kurabu* (*ingl club*): clube noturno.
naitsū 内通 *s* **1** comunicação secreta, traição. **2** fornicação.
naiyaku 内約 *s* contrato (acordo) interno (particular). ~*suru*, *v*: combinar particularmente.
naiyō 内用 *s* uso interno. *Sin* **naifuku** 内服.
naiyō 内容 *s* conteúdo, substância, detalhes.
naiyū 内憂 *s* problema doméstico. ~外患 ~*gaikan*: problemas interno e externo.
naizai 内在 *s Filos* imanência. ~*suru*, *v*: ser imanente (inerente).
naizō 内臓 *s Anat* órgão interno, víscera. ~学 ~*gaku*: organologia.
naizō 内蔵 *s* embutimento, embutido. ~*suru*, *v*: embutir.
najimi 馴染み *s* familiaridade, intimidade. ~の客 ~*no kyaku*: freguês, cliente, comprador assíduo.
najimu 馴染む *v* **1** familiarizar-se, tornar-se íntimo. **2** acostumar-se, adaptar-se.
najiru 詰る *v* censurar, condenar, reprovar, culpar, acusar.
naka 中 *s* **1** dentro, interior. **2** meio, centro, entre. **3** durante. **4** média. ~でも ~*demo*: dentre todos.
naka 仲 *s* relação. ~に入る ~*ni hairu*: mediar. ~がいい ~*ga ii*: íntimo.
nakaba 半ば *s* metade, meio, centro.
nakadachi 仲立ち *s* mediação.
nakagai 仲買い *s* atravessador, intermediário.
nakagoro 中頃 *s* meado.
nakahodo 中程 *s* no meio.
nakai 仲居 *s* garçonete.
nakama 仲間 *s* companheiro, parceiro, colega.
nakamadōshi 仲間同士 *s* companheiros, camaradas.
nakamahazure 仲間外れ *s* exclusão, ostracismo.
nakamairi 仲間入り *s* associação. ~*suru*, *v*: associar-se, juntar-se.
nakamaware 仲間割れ *s* rompimento entre amigos, discórdia interna.
nakami 中身 *s* conteúdo, substância.

nakanaka なかなか *adv* **1** muito, realmente, consideravelmente. **2** sem facilidade, longe disso, de nenhum modo.
nakanaori 仲直り *s* reconciliação. ~*suru*, *v*: fazer as pazes, reconciliar-se.
nakaniwa 中庭 *s* pátio interno; claustro; jardim de inverno.
naka ni wa 中には *expr* alguns deles; dentre eles. 君達の~ *kimitachi no* ~: dentre vocês.
nakanzuku 就中 *adv* especialmente; particularmente. 英語を学ぼうと思う者は~発音に注意しなければならない *eigo o manabō to omou mono wa* ~*hatsuon ni chūi shinakereba naranai*: quem quer aprender inglês deve, particularmente, ser cuidadoso com a pronúncia.
nakare 勿れ *adj* não deve. 笑う~ *warau*~: não ria. 恐るる~ *osoruru*~: não tenha medo; não tema.
-nakase -泣かせ *suf* martírio.
nakaseru 泣かせる *v* **1** fazer chorar. **2** fazer sofrer. **3** comover; arrancar lágrimas.
nakasu 泣かす *v* **1** fazer chorar. **2** comover; emocionar.
nakatagai 仲違い *s* discórdia; desavença.
nakatsugi 中継[次]ぎ *s* junção; ligação; intermediação. ~をする ~*o suru*: intermediar; agir como intermediário.
nakayasumi 中休み *s* descanso; intervalo.
nakayoku 仲良く *adv* amigavelmente.
nakayoshi 仲良し *s* ato de serem amigos; ato de serem camaradas; amizade.
nakayubi 中指 *s* dedo médio.
nakazutobazu 鳴かず飛ばず *expr* ficar inativo; permanecer sem atividade nenhuma.
nakenashi 無けなし *s* migalha; pouca quantidade. ~の金 ~*no kane*: pouco dinheiro.
nakeru 泣ける *v* emocionar-se e chorar. ~だけ泣く ~*dake naku*: chorar o quanto puder chorar.
naki 泣き *s* choro. ~を入れる ~*o ireru*: pedir perdão apelando para a compaixão.
naki 亡き *s* falecido; morto.
nakiakasu 泣き明かす *v* passar a noite inteira chorando.
nakidasu 泣き出す *v* pôr-se a chorar.
nakidasu 鳴き出す *v* começar a cantar. 蛙は雨が降ると~ *kaeru wa ame ga furuto* ~: os sapos começam a coaxar quando chove.
nakidokoro 泣き所 *s* ponto fraco; calcanhar de aquiles.
nakifusu 泣き伏す *v* pôr-se a chorar.
nakigao 泣き顔 *s* cara de choro.
nakigara 亡き骸 *s* cadáver; corpo de defunto.
nakigoe 泣き声 *s* choro; gemido; voz lacrimosa.
nakigoe 鳴き声 *s* vozes dos animais em geral.
nakigoto 泣き言 *s* lamúria; queixa.
nakiharasu 泣き腫らす *v* ficar com os olhos inchados de tanto chorar.
nakihito 亡き人 *expr* pessoa falecida; o falecido.
nakijakuru 泣きじゃくる *v* soluçar.
nakijōgo 泣き上戸 *s* pessoa que tem o hábito de chorar quando bebe.
nakikurasu 泣き暮らす *v* passar o(s) dia(s) chorando.
nakikuzureru 泣き崩れる *v* desfazer-se em lágrimas.

nakimane 泣き真似 *s* ato de fingir que chora.
nakinaki 泣き泣き *adv* a choramingar.
nakineiri 泣き寝入り *s* 1 desistência ao querer fazer algo, por medo do adversário. 2 ato de adormecer chorando.
nakinureru 泣き濡れる *v* molhar o rosto inteiro de lágrimas.
nakiotoshi 泣き落とし *s* ato de convencer à força de lágrimas.
nakiotosu 泣き落とす *v* convencer com lágrimas.
nakisakebu 泣き叫ぶ *v* dar gritos ao chorar.
nakitsuku 泣き付く *v* 1 chegar a alguém, chorando. 2 pechinchar.
naki(t)tsura 泣き(つ)面 *s pop* cara de choro.
nakiwakare 泣き別れ *s* despedida com muito choro.
nakiwameku 泣きわめく *v* chorar e gritar.
nakiwarai 泣き笑い *s* ato de chorar e rir ao mesmo tempo.
nakiyamu 泣き止む *v* parar de chorar.
nakōdo 仲人 *s* padrinhos que apresentam os candidatos ao casamento. *adj* casamenteiro.
naku 泣く *v* 1 chorar. 2 lamentar muito. 3 conformar-se.
naku 鳴く *v* cantar (aves); emitir som (animais).
nakunaku 泣く泣く *adv* 1 a chorar; chorosamente. ～別れる ～*wakareru*: despedir-se chorando. 2 com relutância; sem vontade. ～承知した ～*shōchi shita*: concordei sem vontade.
nakunaru 無くなる *v* 1 desaparecer. 2 esgotar; acabar.
nakunaru 亡くなる *v* morrer; falecer.
nakunasu 無[亡]くなす, **nakusuru** 無[亡]くする *v* perder; livrar-se; remover; destituir; privar. 子供を無くす *kodomo o nakusu*: perder a criança. 財産を無くす *zaisan o nakusu*: perder os bens. 彼は片腕をなくして帰ってきた *kare wa kataude o nakushite kaette kita*: ele voltou sem um braço.
nakute 無くて *expr* 1 por falta de; por não ter. 2 não ser.
-nakute -なくて *expr* 1 falta de; na ausência de. 金が～困る *kane ga ～ komaru*: a falta de dinheiro é um problema. 2 sem. 資本が～商売を始める *shihon ga ～ shōbai o hajimeru*: começar um negócio sem dinheiro.
nakute mo 無くても *expr* mesmo não tendo; sem. それは～差しつかえない *sore wa ～ sashitsukaenai*: posso muito bem fazê-lo sem isso.
nakute wa 無くては *expr* sem; mas. ～ならない ～*naranai*: indispensável; imprescindível.
nama 生 *s* 1 cru; fresco; natural. 2 imperfeito. 3 *abrev* de 現生 *gennama*: dinheiro em espécie; dinheiro a vista.
namaakubi 生欠伸 *s* bocejo leve.
namaatarashii 生新しい *adj* novo; fresquíssimo.
namaatatakai 生暖かい *adj* quente/úmido.
namabyōhō 生兵法 *s* 1 conhecimento superficial da tática militar. 2 laivos de uma ciência.
namachi 生血 *s* sangue vivo; sangue de ser vivo.
namae 名前 *s* 1 nome; denominação. 2 primeiro nome.
namagashi 生菓子 *s* 1 doces que não se conservam por causa do grande teor de água. 2 doces que contêm cremes e frutas.
namagawaki 生乾き *s* meio seco.

namagusai 生臭い *adj* 1 que tem cheiro de sangue, carne ou peixe. 2 mundano.
namahanka 生半可 *s* algo feito pela metade; imperfeição.
namahenji 生返事 *s* resposta vaga.
namahōsō 生放送 *s* transmissão ao vivo.
namaiki 生意気 *s* atrevimento; insolência; ousadia. ～*na, adj*: atrevido; insolente; ousado.
namaikizakari 生意気盛り *s* rapazola presumido; idade da rebeldia, peralvilho.
namaji なまじ *s* imprudência; precipitação.
namajikka なまじっか *adv* 1 imprudentemente; precipitadamente 2 pouco. ～*na, adj*: imperfeito; incompleto; insatisfatório. ～な試み ～*na kokoromi*: tentativas pela metade; tentativas incompletas.
namakawa 生皮 *s* pele por curtir. *V* **nameshigawa** 鞣し革.
namake 怠け *s* preguiça.
namakegokoro 怠け心 *s* mente preguiçosa; espírito de preguiçoso.
namakeguse 怠け癖 *s* vício da preguiça; indolência.
namakemono 怠け者 *s* preguiçoso; molengão.
namakeru 怠ける *v* não fazer; preguiçar; vadiar.
namaki 生木 *s* 1 árvore em pé. 2 madeira verde; madeira acabada de cortar.
namakizu 生傷 *s* ferida recente.
namamekashii 艶かしい *adj* sedutor; fascinante.
namami 生身 *s* 1 carne crua; peixe cru. 2 corpo vivo; carne e osso.
namamono 生物 *s* alimentos perecíveis.
namanamashii 生々しい *adj* palpitante; vívido; vivo; fresco.
namanie 生煮え *s* meia cozedura.
namanurui 生温い *adj* 1 brando; benigno; pouco rigoroso. 2 pouco morno.
namari 訛り *s* sotaque.
namari 鉛 *s Quím* chumbo.
namariiro 鉛色 *s* cor de chumbo.
namaru 鈍る *v* emperrar; embotar-se.
namatamago 生卵 *s* ovo cru.
namatsuba 生唾 *s* saliva.
namayasashii 生易しい *adj* fácil.
namazakana 生魚 *s* peixe cru.
namazu 鯰 *s Ictiol* bagre.
namekuji 蛞蝓 *s Zool* lesma.
nameraka 滑らか *adj* 1 suave; flutuante; imperturbável. 2 liso; macio; calmo.
nameru 嘗[舐]める *v* 1 lamber. 2 engolir; devorar. 3 experimentar; provar.
nameshigawa 鞣し革 *s* couro; pele curtida.
namesu 鞣す *v* curtir.
nami 波 *s* 1 altos e baixos. 2 onda; vaga.
nami 並み *s* média. ～の ～*no, adj*: comum.
namida 涙 *s* lágrimas.
namidagoe 涙声 *s* voz chorosa.
namidagumashii 涙ぐましい *adj* comovente; entristecedor; que faz chorar.
namidagumu 涙ぐむ *v* chorar; estar com lágrimas nos olhos.
namidamoroi 涙脆い *adj* chorão(ona).
namida nagara ni 涙ながらに *expr* a chorar.
namidatsu 波立つ *v* encrespar (ondas do mar).
namigashira 波頭 *s* crista da onda.

namigata 波形 *s* forma ondular.
namihazure 並外れ *s* ser extraordinário, excepcionalidade, ser incomum.
namiki 並木 *s* fileira de árvores. 〜道 〜*michi*: alameda.
naminami 並々 *adj* comum; ordinário; normal.
naminami to なみなみと *adv* até transbordar.
naminori 波乗り *s* surfe; aquaplano. 〜をする 〜*o suru*: aquaplanar; surfar.
namitaitei 並み大抵 *s* 〜の 〜*no, adj*: incomum. 〜でない困難 〜*de nai konnan*: dificuldades incomuns. 〜でない 〜*de nai*: nada fáceis.
namiuchigiwa 波打ち際 *s* orla da praia.
namiutsu 波打つ *v* ondear; ondular.
namiyoke 波除け *s* quebra-mar; molhe.
namonai 名も無い *expr* desconhecido.
nan 難 *s* dificuldade; problema.
nan 何 *pron* que; o que. 〜の考えもない人たち 〜*no kangae mo nai hitotachi*: pessoas sem ideias. 〜にもならない 〜*ni mo naranai*: em vão; sem produtividade; sem frutos. 彼は〜の役にも立たない男だ *kare wa* 〜*no yaku ni mo tatanai otoko da*: ele é totalmente inútil. 〜なりと召し上がれ 〜*narito meshiagare*: sirva-se à vontade.
nan- 何- *pref* quê?; quantos. 二千〜百万 *nisen*〜*byakuman*: vinte e alguns milhões. 〜百メートルとも知れない深さ 〜*byaku mētoru tomo shirenai fukasa*: profundidade não sabida de algumas centenas de metros. 七十〜歳かに *nanajū*〜*sai ka ni*: 70 e poucos anos de idade. 〜時間も 〜*jikan mo*: algumas tantas horas.
nanae 七重 *s* sete vezes. *num* sétuplo.
nanafushigi 七不思議 *s* sete maravilhas.
nanairo 七色 *s* sete cores.
nanakusa 七草 *s* sete ervas. 〜がゆ 〜*gayu*: caldo de arroz servido com as sete ervas no dia 7 de janeiro.
naname 斜め *s* 1 inclinação. 2 mau humor.
nanashi 名無し *s* sem nome; desconhecido.
nanatsu 七つ *s* 1 sete. 2 sete anos de idade.
nanatsudōgu 七つ道具 *s* pertences de uma pessoa; equipamentos pertencentes a uma pessoa; petrechos.
nanba 難場 *s* situação difícil. *V* **nansho** 難所.
nanbā ナンバー (*ingl number*) *s* número.
nanban 何番 *s* que número?
nanban 南蛮 *s* 1 primeiros europeus que chegaram ao Japão. 2 bárbaros meridionais.
Nanbei 南米 *s* América do Sul.
nanben 何遍 *s* quantas vezes?
nanboku 南北 *s* norte e sul.
nanbu 南部 *s* sul; parte sul; região sul.
nanbun 何分 *s* fração. 一分は一時間の〜の幾つか *ippun wa ichijikan no* 〜*no ikutsu ka*: um minuto de uma hora são quanto em frações?
nanbun 難文 *s* sentença de difícil compreensão.
nanbutsu 難物 *s* pessoa ou assunto difícil.
nanbyō 難病 *s* doença incurável.
nan da 何だ *expr* o quê?
nandai 難題 *s* 1 problema difícil. 2 pedido difícil.
nandaime 何代目 *s* que geração?
nandaka 何だか *expr* 1 o que é. 2 pouco. 〜疲れた 〜*tsukareta*: cansei-me um pouco.
nandakanda なんだかんだ *expr* isto e aquilo; afinal de contas; uma coisa e outra.

nan de 何で *expr* por quê?; para quê?
nandemo 何でも *expr* 1 tudo. 2 seja como for; a todo custo. 3 ao que parece; pelo visto. 4 sem importância.
nandemo ii kara 何でもいいから *expr* de qualquer modo; seja como for; em todo o caso. 〜一緒に来たまえ 〜*issho ni kitamae*: seja como for, venha comigo. 〜静かになさい 〜*shizuka ni nasai*: de qualquer modo, façam silêncio.
nandemonai 何でもない *expr* não ser nada; trivial; que não tem consequências. 〜こと 〜 *koto*: tarefa fácil. 私にとって、それは一事だ *watashi ni totte, sore wa* 〜 *koto da*: para mim, isso não significa nada. 少しくらいの酒は〜 *sukoshi kurai no sake wa* 〜: um pouco de álcool não muda em nada.
nandemoya 何でも屋 *s pop* 1 bazar; loja de miudezas; armazém de secos e molhados. 2 pessoa faz-tudo.
nando 何度 *s* 1 quantas vezes? 2 quantos graus?
nandomo 何度も *expr* muitas vezes; repetidamente; frequentemente.
nangatsu 何月 *s* que mês?
nangi 難儀 *s* 1 sofrimento. 2 dificuldade; complexidade.
nangoku 南国 *s* países do sul; sul.
nangyōkugyō 難行苦行 *s* 1 ascese. 2 muito sofrimento.
nani 何 *pron* o que; qualquer coisa; que.
nan'i 南緯 *s* latitude sul.
nan'i 難易 *s* grau de dificuldade; dificuldade ou facilidade.
nanibun 何分 *adv* de qualquer maneira; como você vê.
nani ga nandaka 何がなんだか *expr* o que é o quê. 〜さっぱりわからない 〜*sappari wakaranai*: eu não sei o que é o quê; não estou entendendo nada.
nani ga nandemo 何がなんでも *expr* a qualquer custo; custe o que custar. 〜やり通せ 〜*yari tōse*: faça, custe o que custar.
nani ga nashi ni 何が無しに *expr* casualmente; sem nada particular em mente.
nanigashi 某 *s* certa pessoa; fulano; certa quantia.
nanigenai 何気ない *adj* casual.
nanigenaku 何気なく *adv* casualmente; naturalmente; sem intenção.
nanigoto 何事 *s* o que; qualquer coisa. 〜があろうと 〜*ga arō to*: aconteça o que acontecer.
nanika 何か *expr* 1 alguma coisa; algo. 2 qualquer coisa assim.
nanika kanika 何か彼か *expr* isto ou aquilo; um ou outro. 〜している 〜*shiteiru*: fazer isto ou aquilo. 〜本を読む 〜*hon o yomu*: ler este ou aquele livro.
nanika ni tsuke 何彼につけ *expr* de um jeito ou de outro. 〜お忙しいでしょう 〜*oisogashii deshō*: você deve estar ocupado, de um jeito ou de outro.
nani kara nani made 何から何まで *expr* tudo; todas as coisas. だれでも〜ことごとく知るわけにはいかない *daredemo* 〜 *kotogotoku shiru wake ni wa ikanai*: as pessoas não podem saber de tudo simplesmente.
nani ka shira 何かしら *expr* 1 algo. 2 que será? 〜

胸騒ぎがする ～*munasawagi ga suru*: não sei o que é, mas sinto uma inquietação. ～不安を感じる ～*fuan o kanjiru*: não sei, mas sinto uma insegurança.

nani ka to 何かと *adv* em muitos sentidos; de um jeito ou de outro. ～忙しい ～*isogashii*: estou ocupado de um jeito ou de outro.

nanikuso 何糞 *interj vulg* **1** autoestímulo: "hei de vencer". **2** maldição: "você vai ver".

nanikuwanukao 何食わぬ顔 *expr* com cara de inocente.

nani mo 何も *expr* **1** tudo. **2** nada. **3** especialmente.

nanimo kamo 何も彼も *expr* tudo; por inteiro; completamente.

nanimono 何者 *s* quem; o que. あれは～か *are wa ～ka*: que raio é ele? ～かに殺される ～*ka ni korosareru*: ser morto por uma pessoa desconhecida.

nanimono 何物 *s* ～か ～*ka*: alguma coisa. 経験によって～かを得る *keiken ni yotte ～ka o eru*: ganhar algo por meio da experiência.

nanishiro 何しろ *adv* seja como for; de qualquer forma; como você vê.

nanitozo 何卒 *adv* por favor. ～ご許可下さい ～*gokyoka kudasai*: por favor, pedimos permissão.

nani wa sateoki 何はさて置き *expr* antes de tudo; primeiramente. 明日の朝起きたら～をしなければいけない *ashita no asa okitara ～ sore o shinakereba ikenai*: tenho de fazer isso em primeiro lugar amanhã, assim que me levantar.

naniyakaya 何や彼や *expr* isto e aquilo; uma coisa e outra. ～用事がある ～*yōji ga aru*: estou ocupado com uma coisa ou outra.

naniyori 何より *expr* mais do que tudo.

nanjaku 軟弱 *s* **1** debilidade; instabilidade. **2** timidez. **3** *Econ* com tendência à baixa.

nanji 何時 *s* que horas são?

nanji 難字 *s* ideograma chinês difícil de ler.

nanji 難事 *s* assunto difícil.

nanji 難治 *s* **1** cura difícil. **2** administração difícil.

nanji 汝・爾 *pron* tu; você. ～の物 ～*no mono*: suas coisas.

nanjikan 何時間 *s* quantas horas?

nanjū 難渋 *s* **1** dificuldade; aflição. **2** estagnação; congestionamento.

nanka 南下 *s* ato de ir para o sul.

nanka なんか *partícula pop* como; tal como; algo como; e assim por diante; e também. 君～にできるものか *kimi ～ni dekiru mono ka*: aposto como é impossível isto ser feito por você. あの男にこんな難しい英文～分かるもんか *ano otoko ni konna muzukashii eibun ～ wakaru mon ka*: não podemos esperar que aquele homem entenda um texto tão difícil em inglês. 私は政治的野心～持っていない *watashi wa seijiteki yashin ～ motteinai*: não tenho aspirações tais como ambições políticas.

nanka 軟化 *s* abrandamento; debilitação; amolecimento.

nankagetsu 何ヶ月 *s* quantos meses?

nankai 難解 *s* entendimento difícil.

nankan 難関 *s* obstáculo grande.

nanken 難件 *s* assunto difícil; negócio delicado; problema complicado. ～を処理する ～*o shori suru*: resolver um problema complicado.

nankin 軟禁 *s Dir* cárcere privado.

Nankin 南京 *s* Nanquim (China).

nankinbukuro 南京袋 *s* saco de juta.

nankin'hanabi 南京花火 *s* artefato pirotécnico.

nankinjō 南京錠 *s* cadeado.

nankinmachi 南京町 *s* bairro chinês; distrito chinês.

nankinmame 南京豆・落花生 *s Bot* amendoim.

nankinmushi 南京虫 *s* percevejo.

nankitsu 難詰 *s* censura; vituperação.

nankō 軟膏 *s* pomada; unguento.

nankō 難航 *s* **1** travessia difícil; voo difícil. **2** andamento lento.

nankōfuraku 難攻不落 *s* **1** pessoa irredutível. **2** inexpugnabilidade; invencibilidade.

nankotsu 軟骨 *s Anat* cartilagem.

nankuse 難癖 *s* falta; defeito. ～をつける ～*o tsukeru*: criticar; reclamar dos defeitos.

nankyoku 難局 *s* situação crítica; crise.

Nankyoku 南極 *s* Polo Sul.

Nankyokutairiku 南極大陸 *s* continente antártico.

nanmin 難民 *s* refugiado.

nanmon(dai) 難問(題) *s* problema difícil.

nannaku 難なく *adv* sem dificuldade; como se nada fosse.

nan nara 何なら *adv* se quiser; então.

nannari to 何なりと *expr* qualquer coisa; tudo. ～一番良いと思われる処置をとりなさい ～*ichiban yoi to omowareru shochi o torinasai*: escolha a medida que achar melhor.

nannen 何年 *s* **1** quantos anos?; quanto tempo? ～もの間 ～*mo no aida*: por muitos anos 五十～前 *gojū～mae*: cinquenta e poucos anos atrás. **2** que dia? 新憲法は昭和～に公布されたか *shinkenpō wa shōwa ～ni kōfu sareta ka*: em que ano da era Showa foi promulgada a nova Constituição?

nannichi 何日 *s* **1** quantos dias?; quanto tempo. 京都に～ご滞在でしたか *Kyōto ni ～gotaizai deshita ka*: quanto tempo você ficou em Kyoto? **2** que dia? 新学期は～からですか *shingakki wa ～kara desu ka*: quando começa o ano escolar? 今日は～ですか *kyō wa ～desu ka*: que dia é hoje?

nannimo 何にも *adv* nada. ～ならない ～*naranai*: não vai nos levar a nenhum lugar; não significará nada; não adianta nada. あんなに苦労したのに～ならなかった *anna ni kurō shita noni ～ naranakatta*: tivemos tantos problemas, mas não adiantou nada.

nannin 何人 *s* quantas pessoas? ～でも雇う ～*demo yatou*: nós contrataremos quantas pessoas vierem. さて～申し込むかな *sate ～ mōshikomu ka na*: será que vão se inscrever quantas pessoas?

nanno 何の *expr* **1** que; que tipo de. 今日は～試験か *kyō wa ～ shiken ka*: que prova é hoje? ～の話をしているのだ ～*no hanashi o shiteiru no da*: você está falando do quê? **2** nada. ～の役にも立たない ～*no yaku ni mo tatanai*: não ser útil para nada; não adiantar nada. ～の故障もなく ～*no koshō mo naku*: sem acidentes; sem paradas inesperadas. *interj* ～これしきの事 ～*koreshiki no koto*: oh, isto não é nada! ～わたしが怒るものですか ～*watashi ga ikaru mono desu ka*: por que eu deveria ficar irado?

nanode なので *partícula* porque; uma vez que; por isso.

na no hana 菜の花 *s Bot* colza. *V* **aburana** 油菜.
nanoka 七日 *s* sete dias; dia sete. *V* **nanuka** 七日.
nanori 名告[乗]り *s* identidade. 〜をあげる 〜*o ageru*: apresentar uma pessoa; revelar a identidade de alguém; anunciar a candidatura. 親子の〜をあげる *oyako no* 〜*o ageru*: revelar o parentesco de pai e filho.
nanoru 名告[乗]る *v* **1** dizer o nome. **2** adotar o nome; ficar com o nome.
nanpa 難破 *s* naufrágio.
nanpasen 難破船 *s* navio naufragado.
nanpō 南方 *s* sul; zona austral; região sul.
nanpū 南風 *s* vento do sul. *V* **minamikaze** 南風.
Nanpyōyō 南氷洋 *s* oceano Glacial Antártico.
nanra 何等 *s* qualquer; algum; nenhum; qualquer maneira. *adv* 〜かの処置をとる 〜*ka no shochi o toru*: tomar alguma ação. 〜かの理由で 〜*ka no riyū de*: por alguma razão. 〜かの変化 〜*ka no henka*: algum tipo de mudança. 〜不思議はない 〜*fushigi wa nai*: não há nada de estranho nisto. 〜の関係もない 〜*no kankei mo nai*: não ter nenhuma relação com.
nansai 何歳 *s* quantos anos de idade.
nansen 難船 *s* navio naufragado.
nansen 難戦 *s* briga desesperada; luta difícil. *V* **kusen** 苦戦.
nansensu ナンセンス (*ingl nonsense*) *adj* sem sentido.
nanshiki 軟式 *s* jogo de tênis ou beisebol com bola de borracha mole.
nanshitsu 軟質 *s* aspecto mole, macio ou brando. 〜アスファルト 〜*asufaruto*: asfalto macio. 〜ゴム 〜*gomu*: borracha macia.
nansho 難所 *s* local perigoso.
nanshoku 難色 *s* relutância; desaprovação.
nantan 南端 *s* parte sul; região sul; extremidade sul.
nanten 難点 *s* **1** ponto de dificuldade. **2** defeito; falta; falha; ponto negativo. 彼の提案は〜がある *kare no teian wa* 〜*ga aru*: a sugestão dele tem falhas.
nan to 何と *expr* o que; como. 〜しても 〜*shitemo*: a qualquer risco; de qualquer maneira. 〜いっても 〜*ittemo*: de todo jeito. 人が〜言おうと *hito ga* 〜*iō to*: quaisquer que sejam os comentários alheios. …は英語で〜いいますか *... wa eigo de* 〜 *iimasu ka*: como se fala… em inglês? *interj* que! 〜と暑いこと 〜*to atsui koto*: que calor!
nantoka 何とか *adv* **1** algum; qualquer; alguém; algo. 〜さんという人 〜*san to iu hito*: alguém chamado sr. fulano. 〜言って行け 〜*itte ike*: você me deve desculpas. 〜言われるのがこわかった 〜*iwareru no ga kowakatta*: estava com medo de ouvir comentários. **2** de alguma forma. 〜やって行く 〜*yatte iku*: continuar de alguma forma; ir vivendo de alguma forma. 〜してあげよう 〜*shite ageyō*: vamos ver o que podemos fazer por você/por ele.
nantoka ka(n)toka 何とか彼(ん)とか *expr pop* uma coisa ou outra. 〜言って 〜*itte*: com um pretexto ou outro. 〜言ってごま化す 〜*itte gomakasu*: confundir o ponto principal usando expressões equivocadas.
nantomo 何とも *adv* **1** de fato; realmente. 〜困ったことになった 〜*komatta koto ni natta*: estou em apuros. 〜愉快でたまらない 〜*yukai de tamaranai*: é muito engraçado. 〜お気の毒です 〜 *okinodoku desu*: não sei como consolá-lo. **2** sem importância; nada; nem um pouco. 彼は〜返事をしなかった *kare wa* 〜*henji o shinakatta*: ele não deu nenhuma resposta. 彼から〜便りがない *kare kara* 〜 *tayori ga nai*: ainda não tivemos notícias dele. 痛くも〜ない *itakumo* 〜*nai*: não dói nem um pouco.
nantomoienai 何とも言えない *expr* indescritível; indefinível; não há palavra que expresse. その問題については〜 *sono mondai ni tsuite wa* 〜: não posso dizer nada sobre essa questão. 〜変な音 〜*hen na oto*: som esquisito. 〜良い気持だ 〜*yoi kimochi da*: sinto-me tão bem que não posso descrever.
nantomonai 何ともない *expr* estar bem, não ter nada, não fazer mal, ser indiferente. 医者は〜と言った *isha wa* 〜*to itta*: o médico disse que está tudo bem. 今夜くらい少し遅くまで勉強したって〜だろう *kon'ya kurai sukoshi osoku made benkyō shitatte* 〜*darō*: não lhe fará mal se estudar até mais tarde hoje à noite. 悪口くらい〜 *warukuchi kurai* 〜: maledicências não me preocupam.
nantomo omowanai 何とも思わない *expr* não hesitar; menosprezar; pensar que não é nada. あの女のことなんか何とも思っていない *ano onna no koto nanka nantomo omotteinai*: ela não significa nada para mim. 彼は人を殺すくらい〜 *kare wa hito o korosu kurai* 〜: ele não hesitaria em assassinar uma pessoa.
nantonaku 何となく *adv* sem saber o porquê; por uma razão ou outra; de alguma forma; vagamente. 〜気味が悪い 〜*kimi ga warui*: ter medo sem razão. 〜重大な事が起こりそうな気がする 〜*jūdai na koto ga okorisō na ki ga suru*: tenho a impressão de que vai ocorrer algo sério.
nanuka 七日 *s* sete dias; dia sete. *Sin* **nanoka** 七日.
nanushi 名主 *s Hist* chefe de uma vila.
nan'yōbi 何曜日 *s* que dia da semana?
nanzan 難産 *s* parto difícil.
nao 尚・猶 *adv* **1** ainda; ainda mais; além disso. 〜一度 〜*ichido*: mais uma vez. 〜申し上げておきたいことは… 〜*mōshiagete okitai koto wa…*: além disso, eu gostaria de dizer que… この方が〜よい *kono hō ga* 〜*yoi*: este está melhor. 早ければ〜よい *hayakereba* 〜*yoi*: quanto mais cedo, melhor. **2** mesmo. 昼〜暗い *hiru* 〜*kurai*: estar escuro mesmo durante o dia.
naokatsu 尚且 *adv* além disso; apesar de.
naomata 尚又 *adv* além; além disso; somando a isto. 〜こういう説もある 〜*kō iu setsu mo aru*: além disso, existe uma outra versão.
naonao 尚々 *adv* ainda mais; mais e mais; muito mais. 彼が来れば〜結構だ *kare ga kureba* 〜*kekkō da*: se ele vier, melhor ainda.
naore 名折れ *s* vergonha; desonra.
naori 直り *s* cura; recuperação.
naoru 直[治]る *v* sarar; curar.
naosara 尚更 *adv* por isso mesmo; muito mais.
naoshi 直し *s* **1** correção; emenda. **2** conserto.
naosu 直[治]す *v* **1** melhorar; corrigir. **2** reparar; consertar.

naozari なおざり *s* ato de não fazer caso; descuido; menosprezo.
napukin ナプキン (*ingl napkin*) *s* 1 guardanapo. 2 absorvente higiênico feminino.
naraba ならば *adv pop* se possível; preferencialmente. ～早くおい出なさい ～*hayaku oidenasai*: se possível, venha cedo. ～こちらが欲しい ～*kochira ga hoshii*: eu prefiro este.
nara(ba) なら(ば) *partícula* se; de; relativamente. 必要～ *hitsuyō*～: se necessário. その事～ *sono koto*～: se for este assunto.
naraberu 並べる *v* 1 comparar. 2 alinhar; enfileirar; juntar. 3 pôr; arrumar. 4 enumerar.
narabetateru 並べ立てる *v* apresentar uma longa lista; enumerar.
narabi 並び *s* 1 ato de ficar ao lado, na mesma fileira. 2 ato de estar à altura.
narabi ni 並びに *conj* bem como; mas também; e.
narabu 並ぶ *v* 1 enfileirar-se. 2 estar à mesma altura; ser semelhante.
narai 習い *s* usos e costumes.
naraikomu 習い込む *v* aprender bem; absorver profundamente.
naranai [nu] ならない[ぬ] *expr* 1 deve; ter de; ser obrigado a; ser necessário; não se deve. そうでなくちゃ～ *sō denakucha* ～: as coisas devem ser assim. なぜ今日でなければ～のか *naze kyō de nakereba* ～*no ka*: por que precisa ser hoje? 2 deve fazer. 親には従わねば～ *oya ni wa shitagawaneba* ～: devemos obedecer aos nossos pais.
narashi 均し *s* 1 *V* **heikin** 平均. 2 média. 客は一日～二十人です *kyaku wa ichinichi*～*nijūnin desu*: o número de fregueses por dia é de 20 pessoas.
narasu 平[均]す *v* 1 aplanar; nivelar; alisar. 2 tirar a média.
narasu 馴[慣]らす *v* domar; domesticar.
narasu 鳴らす *v* 1 expressar. 2 soar; tocar; emitir som.
narau 倣[傚]う *v* seguir o exemplo, o modelo; imitar.
narau 習う *v* 1 estudar. 2 praticar; aprender; treinar; exercitar.
narawashi 習わし *s* costume; tradição.
narazumono ならず者 *s vulg* malandro; velhaco.
nare 慣れ *s* hábito; prática; experiência.
nareai 馴れ合い *s* cumplicidade; conivência.
nareau 馴れ合う *v* 1 ser amigos. 2 entender-se.
nareba なれば *partícula* desde que; a partir de. ご希望～ *gokibō*～: desde que seja o seu desejo.
naredo(mo) なれど(も) *partícula* embora; ainda que; se bem que.
narekko 慣れっこ *s pop* ato de estar acostumado; ato de estar familiarizado.
narenareshii 馴れ馴れしい *adj* atrevido; exageradamente familiar.
narenareshiku 馴れ馴れしく *adv* de um jeito muito familiar; sem cerimônia; familiarmente. ～話す ～*hanasu*: falar num tom familiar. いやに～話す *iya ni* ～ *hanasu*: falar de modo exageradamente familiar. ～しない ～*shinai*: permanecer distante.
nareru 慣[馴・狎]れる *v* acostumar-se; habituar-se; familiarizar-se.

naresomeru 馴れ初める *v* começar a acostumar-se.
nari 生り *s* ato de dar ou produzir bem; frutos, por exemplo. ～がよい ～*ga yoi*: dar bastante; produzir abundantemente.
nari 形・態 *s* 1 forma; figura; estatura; tamanho; jeito. 2 aparência; vestuário.
nari 鳴り *s* som; toque.
-nari -なり *partícula* 1 um ou outro, qualquer. 行く～帰る～好きなようにしなさい *iku*～ *kaeru*～ *suki na yō ni shinasai*: vá ou volte, faça como quiser. 2 assim que, tão logo. 部屋に入る～叫んだ *heya ni hairu*～ *sakenda*: assim que entrou na sala, gritou. 3 próprio, à maneira de. 私には私～の意見がある *watashi ni wa watashi*～ *no iken ga aru*: eu tenho a minha própria opinião. 4 e. 家を出た～帰らない *ie o deta*～ *kaeranai*: saiu de casa e não voltou. テレビをつけた～行ってしまった *terebi o tsuketa*～ *itte shimatta*: ligou o televisor e se foi.
nariagari(mono) 成り上がり(者) *s pop* novo-rico; pessoa arrogante.
nariagaru 成り上がる *v* enriquecer ou subir de posição rapidamente.
narihibiku 鳴り響く *v* 1 ressoar. 2 espalhar-se; estender-se.
narikawaru 成り代わる *v* agir em nome de outra pessoa.
narikin 成金 *s pop* 1 novo-rico. 2 pedra de xadrez, que passa de peão a ouro.
narikiru 成り切る *v* transformar num personagem por completo.
narimono 鳴り物 *s* instrumento musical; música; fanfarra.
narisokonau 成り損なう *v* malograr-se; não chegar a ser. ちょっとの事で金持ちに成り損なった *chotto no koto de kanemochi ni narisokonatta*: deixei de ser rico por pouco.
narisumasu 成りすます *v* passar-se por; fazer-se de.
naritachi 成り立ち *s* 1 acabamento; conclusão. 2 história; origem. 3 formação; composição.
naritatsu 成り立つ *v* 1 realizar-se; efetivar-se; concluir-se. 2 compor-se. 3 dar certo.
nari to(mo) なりと(も) *partícula* mesmo; mesmo se. どこ～ *doko* ～: onde quer que seja. 何時～ *itsu*～: quando quer que seja. 一分～ *ippun*～: mesmo por um momento. 何～召し上がれ *nan* ～ *meshiagare*: sirvam-se à vontade.
nariyuki 成り行き *s* rumo dos acontecimentos; andamento das coisas; situação.
nariyuku 成り行く *v* ter determinado resultado; decorrer dos acontecimentos. この先我々はどう～ことやら *kono saki wareware wa dō* ～ *koto yara*: fico imaginando como será o nosso futuro.
naru 生る *v* frutificar; dar fruto.
naru 成る *v* 1 vir a ser; tornar-se. 2 ser. 3 ganhar forma. 4 tolerar; suportar. 5 passar por.
naru 鳴る *v* 1 ser famoso. 2 tocar; ressoar.
narubeku なるべく *adv* se possível; se as circunstâncias permitem. ～なら ～*nara*: se possível. ～早く ～*hayaku*: o mais rápido possível.
naruhodo 成程 *adv* realmente; de fato; é mesmo.
nasai なさい *v* aconselhar; ser melhor. 用心～ *yōjin*～: tome cuidado. もっと勉強～ *motto benkyō*～: eu aconselho você a estudar mais; estude mais.

nasake 情け *s* 1 amor entre homem e mulher. 2 compaixão; caridade.
nasakebukai 情け深い *adj* compassivo; bondoso; que tem coração.
nasakegokoro 情け心 *s* simpatia; compaixão; piedade; clemência; caridade; amor; gentileza; afeição.
nasakenai 情け無い *adj* 1 cruel; desumano. 2 vergonhoso; lamentável.
nasanunaka 生さぬ仲 *expr* parentesco por afinidade.
nasaru 為さる *v* forma respeitosa de 為す *nasu* e する *suru*: fazer. 日曜日には何を～のですか *nichiyōbi ni wa nani o ～no desu ka*: o que sempre faz aos domingos?
nasasō 無さそう *expr* parece que não tem. ～である ～*de aru*: ser improvável; parece que não. もうかる見込みは～だ *mōkaru mikomi wa ～da*: parece-me que não há previsão de lucro.
nashi 梨 *s Bot* pera.
nashi 無[亡]し *adj* destituído; inexistente. 休日も～に *kyūjitsu mo ～ni*: sem descanso. 資本～で *shihon ～de*: sem capital.
nashitogeru 成し遂げる *v* realizar; completar; terminar.
nassen 捺染 *s* estampagem; impressão.
nasu 成す *v* 1 fazer; formar; executar; cumprir. 財を～ *zai o ～*: fazer fortuna. 名を～ *na o ～*: fazer nome. 2 constituir; formar. 社会を～ *shakai o ～*: formar a sociedade. これは意味をなさない *kore wa imi o nasanai*: isto não faz nenhum sentido.
nasu 生す *v* produzir; ter; dar à luz. 彼女は彼との間に七人の子供を生した *kanojo wa kare to no aida ni shichinin no kodomo o nashita*: ela teve sete filhos com ele. *V* **umu** 生む.
nasu 為す *v* agir; fazer; exercer; conduzir; praticar. 善を～ *zen o ～*: praticar a virtude. ～所を知らず ～*tokoro o shirazu*: sem saber o que fazer.
nasu(bi) 茄子 *s Bot* beringela.
nasuriai 擦り合い *s* recriminação recíproca.
nasuritsukeru 擦り付ける *v* 1 atribuir; colocar a culpa. 2 esfregar.
nasuru 擦る *v* besuntar esfregando; lambuzar.
nata 鉈 *s* machadinha.
natane 菜種 *s* semente de colza.
natori 名取り *s* professor; mestre licenciado de canto, dança ou instrumentos musicais japoneses.
natsu 夏 *s* verão.
natsuba 夏場 *s* época ou período de verão.
natsubate 夏ばて *s* cansaço de verão.
natsufuku 夏服 *s* roupa de verão.
natsuin 捺印 *s* colocação de carimbo; selo; sinete.
natsukashigaru 懐かしがる *v* sentir saudades.
natsukashii 懐かしい *adj* saudoso.
natsukashimi 懐かしみ *s* nostalgia; saudade.
natsukashimu 懐かしむ *v* sentir saudades; recordar com nostalgia.
natsukashisa 懐かしさ *s* nostalgia; saudade.
natsukeru 懐ける *v* domesticar; ganhar confiança.
natsukkoi 懐っこい *adj* facilmente adaptável; dócil.
natsuku 懐く *v* aconstumar-se; gostar de.
natsumuki 夏向き *s* próprio para o verão.

natsuyase 夏痩せ *s* ato de emagrecer durante o verão.
natsuyasumi 夏休み *s* férias de verão.
natte(i)nai 成って(い)ない *adj* sem sentido; errado.
natteiru なっている *expr* deveria ser; deveria estar. 君は毎朝八時出勤ということに～ *kimi wa maiasa hachiji shukkin to iu koto ni ～*: está subentendido que você esteja aqui no local de trabalho às 8 horas da manhã todos os dias. 話はそういう風に～ *hanashi wa sō iu fū ni ～*: a história está combinada desse jeito.
nattō 納豆 *s* feijão de soja fermentado.
nattoku 納得 *s* convencimento, compreensão, consentimento.
nau 綯う *v* entrançar; trançar.
nawa 縄 *s* corda.
nawabari 縄張り *s* 1 ato de pôr uma corda para delimitar espaço. 2 esfera de influência; domínio de uma pessoa; jurisdição; território.
nawabashigo 縄梯子 *s* escada de corda.
nawame 縄目 *s* 1 o ato de ser preso. 2 nós de corda.
nawatobi 縄跳び *s* pula-corda.
naya 納屋 *s* depósito; adega.
nayamashii 悩ましい *adj* 1 triste; constrangedor; doloroso. 2 voluptuoso; sedutor.
nayamasu 悩ます *v* torturar; atormentar.
nayami 悩み *s* preocupação; problema; dor; sofrimento.
nayamu 悩む *v* preocupar-se; sofrer.
nazashi 名指し *s* ato de chamar pelo nome; indicação pelo nome.
nazasu 名指す *v* chamar pelo nome; nomear.
naze 何故 *adv* por que; por qual razão; como. ～だか分からないが ～*daka wakaranai ga*: não sei o porquê. ～ならば ～*naraba*: porque; a razão é. ～でしょう ～*deshō*: por que será? ～あんなことをしたのか ～*anna koto o shita no ka*: por que será que ele fez aquilo?
nazo 謎 *s* 1 enigma; mistério. 2 insinuação; sugestão.
nazokake 謎掛け *s* brincadeira de resolver enigmas; charada.
nazoraeru 擬える *v* imitar; comparar.
nazotoki 謎解き *s* desvendamento do mistério.
nazukeoya 名付け親 *s* padrinhos que escolhem o nome da criança recém-nascida.
nazukeru 名付ける *v* dar o nome.
ne 音 *s* som; canto.
ne 根 *s* 1 raiz. 2 fundamento; base. 3 causa; motivo. 4 temperamento. 5 fundo do coração. 6 núcleo.
ne 値 *s* 1 preço. 2 valor.
ne 子 *s* meia-noite; signo do rato no horóscopo chinês; norte.
ne ね, **nē** ねえ 1 *interj* sabe; acho; acredito; penso; meu bem; querido(a). 2 *partícula* olhe aqui; aí; daí; não é? あのねえ、加藤君 *ano nē, Katō-kun*: olhe aqui, Kato. 今日は六月十日でしたね *kyō wa rokugatsu tōka deshita ne*: hoje é dia 10 de junho, não é?
neagari 値上がり *s* acréscimo de preço.
neage 値上げ *s* aumento no custo de vida; aumento no preço. ～*suru*, *v*: aumentar os preços, taxas, impostos.
nease 寝汗 *s* suor noturno.

nebai 粘い *adj pop* pegajoso; grudento.
nebakkoi ねばっこい *adj* 1 pegajoso. 2 importuno, insistente.
nebari 粘り *s* 1 viscosidade; glutinosidade. 2 tenacidade.
nebaritsuku 粘り付く *v* aderir; grudar.
nebarizuyoi 粘り強い *adj* 1 viscoso; pegajoso 2 perseverante; persistente.
nebarizuyosa 粘り強さ *s* perseverança; persistência.
nebaru 粘る *v* 1 ser pegajoso. 2 agarrar e não largar.
nebatsuku 粘付く *v* grudar-se.
nebie 寝冷え *s* resfriado apanhado durante o sono.
nebiki 値引き *s* abatimento; desconto.
nebiraki 値開き *s* margem; diferença de preços.
nebō 寝坊 *s* pessoa dorminhoca. ～*suru, v*: acordar tarde.
neboke 寝惚け *s* sonolência, sonambulismo. ～顔 ～*gao*: aparência de sono.
nebokeru 寝惚ける *v* 1 estar sonolento. 2 estar meio acordado. 3 sonambular.
nebukai 根深い *adj* 1 arraigado. 2 profundo; grande; inveterado.
nebukuro 寝袋 *s* saco de dormir.
nebumi 値踏み *s* avaliação; apreçamento; orçamento. 百万円と～する *hyaku man'en to～suru*: estimar em 1 milhão de ienes.
nebusoku 寝不足 *s* falta de (horas de) sono.
nechanecha ねちゃねちゃ *mim* glutinoso; gomoso; viscoso.
nechigae 寝違え *s* mau jeito durante o sono.
nechigaeru 寝違える *v* dormir de mau jeito. 背中を寝違えた *senaka o nechigaeta*: estou com dor nas costas por ter dormido de mau jeito.
nechinechi ねちねち *adv* glutinoso; pegajoso.
nedan 値段 *s* preço; custo.
nedanzuke 値段付け *s* marcação de preço.
nedaru ねだる *v* pechinchar; pedir importunamente.
nedoko 寝床 *s* cama; lugar onde se dorme.
nefuda 値札 *s* etiqueta de preço.
nega ネガ (*ingl abrev* de *negative*) *s Fot* negativo de filme.
negaeri 寝返り *s* ato de virar-se na cama. ～を打つ ～*o utsu*: mudar de posição na cama.
negaeru 寝返る *v* 1 trair; mudar de lado. 2 mudar de posição na cama.
negai 願い *s* pedido; solicitação; desejo; petição.
negaide 願い出 *s* requerimento.
negaideru 願い出る *v* fazer um requerimento; requerer.
negaigoto 願い事 *s* desejo; pedido; oração.
negao 寝顔 *s* rosto de uma pessoa dormindo.
negattari kanattari 願ったりかなったり *expr pop* ser ideal; não há coisa melhor que. お供させて頂ければ～です *otomo sasete itadakereba ～desu*: seria a melhor coisa se eu pudesse acompanhá-los.
negau 願う *v* 1 desejar; almejar. 私達は皆彼の幸福を願っている *watashitachi wa minna kare no kōfuku o negatte iru*: todos nós desejamos a ele felicidade. 2 solicitar; requerer; implorar; pedir; suplicar. 早速、ご返事をお願いします *sassoku gohenji o onegaishimasu*: pedimos uma resposta urgente.
negawashii 願わしい *adj* desejável.

negi 葱 *s Bot* cebolinha.
negi 禰宜 *s* sacerdote xintoísta.
negirau 犒う *v* reconhecer; manifestar apreço.
negiru 値切る *v* regatear; pechinchar; fazer com que baixem os preços.
negiwa 寝際 *s* 1 um pouco antes de ir para a cama. 2 logo após ter se deitado. *V neshina* 寝しな.
negokochi 寝心地 *s* sensação na cama. ～の良い床 ～*no yoi toko*: cama confortável de dormir.
negoto 寝言 *s* 1 soniloquência; ato de falar durante o sono. 2 bobagem.
negui 寝食い *s* ociosidade; vadiação; indolência; inutilidade. ～*suru, v*: viver ociosamente; vadiar.
negura 塒 *s* 1 esconderijo; toca; ninho. 2 meu lar; minha toca.
negurushii 寝苦しい *adj* dificuldade de pegar no sono; não conseguir dormir direito. 夏の夜は～ *natsu no yoru wa ～*: as noites de verão são terríveis para dormir.
nehaba 値幅 *s* faixa de preço, diferença entre os preços máximo e mínimo.
nehan 涅槃 *s* nirvana. ～像 ～*zō*: imagem de Buda imediatamente após a morte.
nehorihahori 根掘り葉掘り *adv* detalhadamente; inquisitivamente. ～調べる ～*shiraberu*: examinar tudo de alto a baixo, examinar tudo.
neijitsu 寧日 *s* dia pacífico; dia de folga. ～なし ～*nashi*: sem dia de folga.
neiki 寝息 *s* respiração de uma pessoa durante o sono.
neiribana 寝入り端 *s* momento em que uma pessoa está prestes a pegar no sono; primeiro sono.
neiro 音色 *s* timbre; tonalidade do som.
neiru 寝入る *v* 1 dormir profundamente. 2 adormecer; pegar no sono.
neji 螺子・捻子・捩子 *s* 1 parafuso; rosca; porca. 2 mola; corda (de relógio).
nejiageru 捩じ上げる *v* torcer; levantar torcendo.
nejikomu 捩じ込む *v* 1 pressionar torcendo. 2 opor-se; ser contra, protestar.
nejimagaru 捩じ曲がる *v* empenar-se; entortar-se; arquear-se.
nejimageru 捩じ曲げる *v* 1 dobrar por meio de torção. 2 distorcer.
nejimawashi 螺子回し *s* chave de fenda.
nejioru 捩じ折る *v* quebrar por meio de torção.
nejireru 捩れる *v* 1 torcer. ネクタイが捩じれている *nekutai ga nejireteiru*: a gravata está torta. 2 ser retorcido.
nejireta 捩れた *expr* 1 retorcido. 2 perverso; tortuoso; desonesto; intratável.
nejiri 捩じり *s* torção.
nejiru 捩じる *v* 1 torcer. 2 abrir e fechar (girar) a torneira.
nekabu 根株 *s* toco de árvore abatida.
nekaseru 寝かせる *v* 1 fazer dormir. 2 colocar no chão. 3 conservar. 4 fermentar. *V nekasu* 寝かす.
nekashimono 寝かし物 *s* bens não vendidos; sobra de venda.
nekasu 寝かす *v* 1 fazer dormir. 2 colocar no chão. 3 conservar. 4 fermentar.
nekkara 根っから *adv* 1 por natureza; desde o nascimento. ～の商人である ～*no shōnin de aru*: é comerciante por natureza. 2 completamente. そ

んな事は～知らない sonna koto wa ～ shiranai: não sei absolutamente nada sobre isso.
nekketsu 熱血 s **1** sangue quente. **2** fervor; fogo; paixão.
nekki 熱気 s **1** ar quente. **2** entusiasmo. **3** febre alta.
nekkishōdoku 熱気消毒 s esterilização por calor; desinfecção a vapor; pasteurização (leite).
nekko 根っ子 s dial **1** raiz. **2** toco. **3** fundamento; base.
nekkuresu ネックレス (ingl necklace) s colar.
nekkyō 熱狂 s fervor; excitação; entusiasmo. ～suru, v: entusiasmar-se.
nekkyōteki 熱狂的 adj entusiástico; selvagem; louco; frenético. ～歓迎 ～kangei: uma entusiástica recepção de boas-vindas.
neko 猫 s **1** Zool gato. **2** gueixa; artista.
nekobaba 猫糞 s pop apropriação indevida; furto às escondidas.
nekogi 根扱ぎ s ato de arrancar pela raiz; erradicação.
nekoirazu 猫入らず s veneno para ratos.
nekojita 猫舌 s pessoa que não suporta alimentos muito quentes; "língua de gato"; aversão à comida quente.
nekokaburi 猫被り s hipocrisia; fingimento.
nekomi 寝込み s ato de estar dormindo. ～を襲う ～o osou: surpreender uma pessoa que está dormindo.
nekomu 寝込む v **1** dormir profundamente. **2** ficar de cama (por doença).
nekonadegoe 猫撫で声 s voz insinuante.
nekorobu 寝転ぶ v deitar-se.
nekosogi 根こそぎ s ato de arrancar pela raiz. ～絶やされた ～tayasareta: ser exterminado pela raiz, totalmente, completamente.
nekoze 猫背 s corcunda.
nekubi 寝首 s cabeça de uma pessoa a dormir. ～をかく ～o kaku: assassinar uma pessoa que está dormindo.
nekutabireru 寝くたびれる v cansar de dormir.
nekutai ネクタイ (ingl necktie) s gravata.
nema 寝間 s quarto de dormir; dormitório.
nemaki 寝巻き・寝間着 s roupa de dormir; pijama.
nemawashi 根回し s **1** negociações prévias. ～suru, v: preparar o terreno. **2** ato de cavar em volta da árvore.
nemimi 寝耳 s ouvido de quem dorme. ～に水 ～ni mizu: uma grande surpresa; algo inesperado.
nemoto 根元 s **1** pé da árvore. **2** raiz; raiz do problema.
nemugaru 眠がる v sentir sono.
nemui 眠い adj sonolento; com sono.
nemuke 眠気 s sonolência; sono.
nemukezamashi 眠気覚まし s algo para espantar o sono. ～に一杯やる ～ni ippai yaru: beber para manter os olhos abertos.
nemuku 眠く adj ～なる ～naru: ficar com sono. ～なるような講演 ～naru yō na kōen: palestra monótona de dar sono. うんと食べると～なるよ unto taberu to ～naru yo: se comer muito, ficarás com sono.
nemuraseru 眠らせる v colocar para dormir; fazer adormecer; levar para a cama.
nemuri 眠り s **1** sono. **2** sono eterno; morte.

nemurigusuri 眠り薬 s sonífero; remédio para dormir.
nemurikomu 眠り込む v adormecer; cair no sono. 私の～のを見るといつも起こしてくれた watashi no ～no o miru to itsumo okoshite kureta: toda vez que me via caindo no sono, acordava.
nemuru 眠る v **1** dormir; adormecer. **2** permanecer parado. **3** morrer.
nemu(ta)sō 眠(た)そう adj com sono; sonolento. ～な顔 ～na kao: com cara de sono.
nen 年 s **1** ano. ～5分の利息 ～gobu no risoku: cinco por cento de juros ao ano. ～に一度 ～ni ichido: anualmente; uma vez ao ano. **2** período de serviço de aprendizagem. **3** ano (idade); ano acadêmico; série escolar. **4** ano de formatura. 一千九百五十七～のK大学卒業生 issen kyūhyaku gojū shichi～no K daigaku sotsugyōsei: formando do ano de 1957 da Universidade K.
nen 念 s **1** sentimento; sensação. **2** desejo. **3** precaução; atenção; cuidado.
nen'ake 年明け s fim do prazo de serviço; final do período.
nenashigoto 根無し言 s pura invenção; relato infundado.
nenashigusa 根無し草 s **1** erva daninha da água sem raízes. **2** alguém sem raízes. ～の孤児 ～no koji: órfão sem parentes.
nenbetsu 年別 s por ano. ～変化 ～henka: variação anual. ～索引 ～sakuin: índice por ano.
nenbutsu 念仏 s oração budista.
nenchaku 粘着 s adesão. ～suru, v: aderir; colar-se; pegar-se.
nenchakusei 粘着性 s adesividade.
nenchō 年長 s o mais velho; sênior.
nenchūgyōji 年中行事 s eventos que ocorrem regularmente durante o ano.
nendai 年代 s **1** data. **2** era; época; geração.
nendaigaku 年代学 s cronologia. ～者 ～sha: cronologista. ～的な ～teki na: cronológico.
nendaijun 年代順 s ordem de data; ordem cronológica.
nendaiki 年代記 s crônica; anais.
nendo 年度 s **1** ano; termo. 本～ hon～: corrente ano. **2** ano fiscal. **3** ano letivo.
nendo 粘土 s barro; massa de modelar.
nendo 粘度 s viscosidade.
nen'eki 年益 s lucro anual.
nen'eki 粘液 s líquido viscoso; muco.
nen'ekishitsu 粘液質 s mucoso; fleumático. ～の人 ～no hito: pessoa de temperamento fleumático.
nenga 年賀 s votos de feliz Ano-Novo; votos de Boas Festas.
nengajō 年賀状 s postal de Ano-Novo.
nengaku 年額 s quantia anual; soma anual.
nengan 念願 s desejo (anseio) enorme.
nengappi 年月日 s data: ano, mês e dia.
nengaranenjū 年がら年中 adv pop toda hora; sempre; o ano inteiro.
nengen 年限 s período de tempo; tempo.
nengetsu 年月 s **1** tempo; anos. **2** mês e ano.
nengō 年号 s nome do reinado de um imperador.
nengoro 懇ろ adj **1** cortesia; cordialidade. **2** intimidade; confiança.
nengu 年貢 s **1** tributo fundiário. ～を納める ～o

osameru: pagar o imposto fundiário. **2** *fig* ～を納める ～*o osameru*: terminar, acertar as contas.

nen'iri 念入り *s* com cuidado; zelosamente; com atenção.

nenji 年次 *s* **1** anual. ～報告 ～*hōkoku*: relatório anual. **2** ordem anual.

nenjiru 念じる *v* **1** rezar; fazer votos. **2** estar sempre a pensar; ter em mente.

nenjū 年中 *s* **1** durante o ano inteiro; todos os dias do ano; do começo ao fim do ano. **2** sempre; eternamente.

nenjūgyōji 年中行事 *s* eventos que ocorrem regularmente durante o ano.

nenkan 年刊 *s* publicação anual.

nenkan 年間 *s* **1** o ano todo. ～予算 ～*yosan*: orçamento anual. **2** era; anos. 明治～に *Meiji*～*ni*: nos anos Meiji; na era Meiji.

nenkan 年鑑 *s* almanaque; anuário.

nenki 年忌 *s* aniversário da morte.

nenki 年季[期] *s* **1** tempo de serviço; aprendizagem. **2** experiência e prática adquirida ao longo dos anos. ～が入っている ～*ga haitte iru*: possuir uma longa prática.

nenkiake 年季明け *s* fim do prazo de serviço; fim do período de aprendizagem.

nenkibōkō 年季奉公 *s* aprendizagem.

nenkin 年金 *s* pensão anual.

nenkō 年功 *s* **1** tempo de serviço. **2** experiência adquirida ao longo dos anos.

nenkyū 年級 *s* ano; série; grau de ensino.

nenkyū 年給 *s* salário anual. *V* **nenpō** 年俸.

nenmaku 粘膜 *s Anat* mucosa; membrana mucosa.

nenmatsu 年末 *s* fim do ano; fechamento do ano.

nennai 年内 *s* antes do final do ano; durante este ano ainda.

nenne ねんね *s pop inf* nanar; ato de dormir; sono. ～*suru*, *v*: nanar, dormir.

nennen 年々 *s* ano após ano; ano a ano; anualmente; todos os anos.

nen no tame 念のため *expr* **1** por precaução. ～警察に届けろ ～*keisatsu ni todokero*: por precaução, relate isso à polícia. **2** para ter certeza. ～もう一度部屋を捜した ～*mō ichido heya o sagashita*: procurou mais uma vez pelo quarto, para ter certeza.

nenpai 年配 *s* ter idade; de idade avançada.

nenpō 年俸 *s* vencimento anual; salário anual.

nenpu 年賦 *s* prestação anual.

nenpyō 年表 *s* tabela cronológica.

nenrai 年来 *adv* há muito tempo; há muitos anos.

nenrei 年齢 *s* idade.

nenreisō 年齢層 *s* faixa etária.

nenri 年利 *s* juro anual.

nenriki 念力 *s* força de vontade.

nenrin 年輪 *s* **1** história. **2** experiência adquirida com os anos. **3** anéis de crescimento das árvores.

nenryō 燃料 *s* combustível.

nenryoku 粘力 *s* **1** tenacidade; perseverança. **2** viscosidade.

nensa 年差 *s* diferença de anos; diferença de idade.

-nensai -年祭 *s* festival comemorativo de aniversário.

nensan(gaku) 年産(額) *s* produção anual.

nensei 粘性 *s* viscosidade.

nenshi 年始 *s* **1** início do ano; Ano-Novo. **2** festas de Ano-Novo. ～回り ～*mawari*: visitas de cumprimento de Ano-Novo.

nenshitsu 粘質 *s* viscosidade. *V* **nensei** 粘性.

nenshō 年少 *s* menoridade; juventude.

nenshō 年商 *s* movimento de negócios anual.

nenshō 燃焼 *s* **1** combustão. **2** colocação de toda a energia.

nenshōsha 年少者 *s* jovem, menor de idade.

nenshū 年収 *s* rendimento anual.

nenshutsu 捻出 *s* obtenção de recursos depois de muito empenho.

nensū 年数 *s* número de anos.

nentō 年頭 *s* início do ano.

nentō 念頭 *s* pensamento; mente.

nenwari 年割り *s* **1** média anual. **2** prestação anual.

nen'yu 燃油 *s* óleo combustível.

nenza 捻挫 *s* entorce, torção. ～*suru*, *v*: torcer.

neoki 寝起き *s* **1** ato de despertar; ato de acordar. **2** ato de dormir e acordar; ato de viver. ～を共にする ～*o tomo ni suru*: viver juntos.

neon ネオン (*ingl neon*) *s Quím* **1** gás néon (Ne10). **2** iluminação néon.

neppū 熱風 *s* lufada de ar quente.

nerai 狙い *s* **1** pontaria; alvo. **2** intenção; fim.

neraiuchi 狙い撃ち *s* disparo certeiro.

nerau 狙う *v* **1** alvejar; apontar; ter na mira. よく～ *yoku* ～: mirar bem. **2** visar; estar à espreita. 機会を～ *kikai o* ～: visar a uma oportunidade.

neri 練り *s* amassamento; ato de polimento.

neriaruku 練り歩く *v* desfilar; marchar; andar em procissão.

neriawaseru 練り合わせる *v* amassar acrescentando outros ingredientes; preparar; compor.

nerigusuri 練り薬 *s* medicamento em forma de pasta.

nerikatameru 練り固める *v* endurecer amassando.

neru ネル (*ingl abrev* de *flannel*) *s* flanela.

neru 寝る *v* **1** dormir. ～間も惜しんで勉強する ～*ma mo oshinde benkyō suru*: passar a noite em claro, sem dormir, para estudar. **2** deitar-se; inclinar-se. 寝たまま食事をとる *netamama shokuji o toru*: tomar uma refeição deitado. **3** estar de cama. 病気で寝ている *byōki de neteiru*: está de cama por motivo de doença. **4** ter relação sexual. あの女は誰とでも～ *ano onna wa dareto demo* ～: aquela mulher vai para a cama com qualquer pessoa. **5** aplicar técnicas rasteiras no judô. **6** fermentar. **7** produtos não vendidos. 寝ている資本 *nete iru shihon*: capital parado.

neru 練[錬・煉・捏]る *v* **1** amassar. 米の粉を練って団子にする *kome no kona o nette dango ni suru*: amassar a farinha de arroz e fazer bolinhos. **2** polir, apurar, elaborar. 文を～ *bun o* ～: polir as frases, apurar o texto. **3** dar têmpera. **4** exercitar; adestrar-se. 体を～ *karada o* ～: exercitar-se fisicamente. **5** caminhar lentamente.

nesagari 値下がり *s* queda de preço.

nesage 値下げ *s* redução de preço.

nēsan 姉[姐]さん *s* **1** irmã mais velha. **2** moça; menina. **3** empregada. **4** colega mais velha.

neshina 寝しな *s* hora de ir para a cama.

neshizumaru 寝静まる *v* dormir sossegado.

neshōben 寝小便 *s* ato de urinar na cama, dormindo.

neshōgatsu 寝正月 s ato de passar o Ano-Novo deitado.

nesoberu 寝そべる v deitar-se estendido. 彼は芝生の上に長々と寝そべった kare wa shibafu no ue ni naganaga to nesobetta: ele se estendeu sobre a grama.

nesobireru 寝そびれる v ter insônia; perder o sono. 昨夜は寝そびれてしまった sakuya wa nesobirete shimatta: não consegui dormir esta noite.

nessei 熱誠 s entusiasmo; devoção; sinceridade. 〜があふれる 〜ga afureru: transbordar de entusiasmo.

nessen 熱戦 s luta renhida.

nessen 熱線 s raios infravermelhos.

nesshin 熱心 s fervor; ardor; entusiasmo; zelo.

nesshinka 熱心家 s pessoa zelosa, entusiasta, amante ardente de um hobby; pessoa apaixonada, fanática.

nessuru 熱する v 1 aquecer; esquentar; ficar quente. 高度に〜 kōdo ni 〜: esquentar intensamente. 2 entusiasmar-se. 彼は物に〜たちだ kare wa mono ni 〜tachi da: ele é de um temperamento que se entusiasma facilmente.

nesugata 寝姿 s figura (aparência) da pessoa dormindo.

nesugiru 寝過ぎる v dormir demais.

nesugosu 寝過ごす v não acordar a tempo; dormir e perder a hora.

neta ネタ s pop 1 assunto para notícia; novidade. いい〜になる ii 〜ni naru: ser grande notícia. 2 prova; evidência. 〜が上がる 〜ga agaru: achar uma evidência. 3 truque, segredo.

netamashii 妬ましい adj invejável; invejoso.

netami 妬み s inveja.

netamu 妬む v ter inveja; ser invejoso.

netchū 熱中 s fervor; ardor; entusiasmo; zelo; paixão. 釣りに〜している tsuri ni 〜shite iru: está entusiasmado pela pesca.

netemo sametemo 寝ても覚めても expr dia e noite. 彼は〜チェスのことばかり考えている kare wa 〜 chesu no koto bakari kangaeteiru: dia e noite, ele só pensa no xadrez.

netomari 寝泊り s hospedagem. 彼は叔母の家に〜している kare wa oba no ie ni〜shite iru: ele está hospedado na casa da tia.

netsu 熱 s 1 calor. 2 febre. 3 paixão; entusiasmo; ardor. 4 animação; bom humor.

netsuai 熱愛 s paixão; amor ardente.

netsuben 熱弁 s discurso inflamado.

netsubō 熱望 s desejo ardente; grande aspiração.

netsubyō 熱病 s Med estado febril; pirexia.

netsuen 熱演 s apresentação entusiástica.

netsui 熱意 s ardor; calor; entusiasmo.

netsujō 熱情 s amor ardente.

netsukaseru 寝付かせる v colocar para dormir. あやして〜 ayashite 〜: cantar canção de ninar e colocar para dormir.

netsuke 根付け s 1 pessoa que fica sempre junto ao principal. 〜衆 〜shū: os subordinados; o povo que rodeia. 2 acessório utilizado para pendurar uma bolsa na cintura.

netsuke 熱気 s febre; estado febril. 〜がある 〜ga aru: ter uma leve febre; estar febril.

netsuki 寝付き s ato de adormecer.

netsuku 寝付く v 1 adormecer; dormir. 2 ficar de cama.

netsuppoi 熱っぽい adj 1 febril. 2 ardoroso; entusiástico.

netsuretsu 熱烈 s paixão; entusiasmo.

netsurikigaku 熱力学 s Fís termodinâmica.

netsuryō 熱量 s Fís quantidade de calor.

netsusamashi 熱冷まし s antipirético; medicamento contra a febre.

netsuzō 捏造 s invenção; fabricação. 〜記事 〜kiji: artigo inventado. 〜suru, v: fabricar; forjar; falsificar.

nettai 熱帯 s trópicos; zona tórrida.

nettaigyo 熱帯魚 s peixe tropical.

netto ネット (ingl net) s 1 rede. 〜を張る 〜o haru: colocar a rede. 2 peso líquido. 3 abreviatura de network.

nettō 熱湯 s água fervente.

nettowāku ネットワーク (ingl network) s cadeia; rede.

neuchi 値打ち s 1 valor; mérito; estimativa; preço. 千円の〜のある品 sen'en no 〜no aru shina: artigo que vale 1.000 ienes. 見に行く〜がある mi ni iku 〜ga aru: vale a pena ver. 2 dignidade. そんな事をすると君の〜が下がる sonna koto o suru to kimi no 〜 ga sagaru: se fizer isso, não será muito digno de você.

neugoki 値動き s flutuação dos preços.

nezame 寝覚め s o acordar; o despertar.

nezameru 寝覚める v acordar, despertar.

nezō 寝相 s posição de dormir.

nezuku 根付く v arraigar-se; ganhar raízes. 深く〜 fukaku 〜: ganhar raízes profundas no solo.

nezumi 鼠 s Zool rato.

nezumiiro 鼠色 s cinzento; de cor cinza.

nezumitori 鼠捕り s ratoeira. gír radar para fiscalizar motoristas que cometem excesso de velocidade.

nezumizan 鼠算 s progressão geométrica.

nezumori 値積り s estimativa.

nezuyoi 根強い adj fortemente enraizado.

nezuyoku 根強く adv firmemente enraizado; profundamente enraizado

ni 二 num 1 o número dois. 2 segundo.

ni 荷 s 1 carga; carregamento. 2 peso; encargo.

ni 煮 s cozimento. 〜が足りない 〜ga tarinai: falta cozimento.

-ni -に partícula 1 em; a; altura; quando. 明日の朝九時〜成田をたちます asu no asa kuji〜 Narita o tachimasu: partirei de Narita amanhã às 9 horas da manhã. 2 em. 私はパリ〜住んでいます watashi wa Pari〜 sunde imasu: eu moro em Paris. 3 para; em direção a. 日本は南北〜長い島国だ nihon wa nanboku〜 nagai shimaguni da: o Japão é um arquipélago comprido na direção norte-sul. 4 em; a; para. 大人になる otona〜 naru: tornar-se adulto. 5 em; a. 部屋に入る heya〜 hairu: entrar no quarto/sala. 6 por. 人〜恥をかかせる hito〜 haji o kakaseru: fazer alguém passar por uma humilhação. 7 a; em; com. 壁〜寄りかかる kabe 〜 yorikakaru: encostar-se à parede. 8 para; a fim de. 駅まで父を迎え〜行く eki made chichi o mukae〜 iku: ir buscar o pai na estação. 9 como. 高校の入学祝〜腕時計をもらう kōkō no *nyūgaku iwai*~ *udedokei o morau*: ganhar um relógio de pulso como presente pela entrada no curso colegial. **10** (motivo) com; por; de. 怒り~震える *ikari*~*furueru*: tremer de raiva. **11** (porcentagem) em; por. 本校の学生のうち三人~一人は海外旅行の経験がある *honkō no gakusei no uchi sannin*~ *hitori wa kaigai ryokō no keiken ga aru*: dos estudantes desta escola, um em cada três já viajou para o exterior. **12** (conteúdo da situação) em. 資源~富む国 *shigen*~ *tomu kuni*: país rico em recursos. **13** (repetição de uma ação) mais e mais 彼女は泣き~泣いた *kanojo wa naki*~ *naita*: ela só chorava e chorava.

-ni -似 *suf* semelhante; parecido. 彼は父親~だ *kare wa chichioya*~*da*: ele puxou ao pai.

niagaru 煮上がる *v* cozer bem.
niage 荷揚げ *s* descarregamento de carga (do navio).
niai 似合い *s* combinação boa.
niatsukai 荷扱い *s* despacho de bagagens.
niau 似合う *v* cair bem; combinar bem; condizer.
nibai 二倍 *s* dobro; duas vezes.
niban 二番 *s* o número dois; segundo.
nibanme 二番目 *s* segundo.
nibansenji 二番煎じ *s* **1** utilização das folhas de chá pela segunda vez. **2** reprodução; repetição.
nibasha 荷馬車 *s* carroça.
nibu 二部 *s* **1** duas partes. **2** segunda parte. **3** curso noturno. **4** duas cópias; dois exemplares.
nibui 鈍い *adj* **1** embotado; rombo. **2** estúpido; tapado; bronco. **3** fosco; baço.
nibun 二分 *s* divisão em duas partes.
niburaseru 鈍らせる *v* **1** fazer enfraquecer. **2** fazer embotar.
niburu 鈍る *v* **1** enfraquecer. **2** embotar.
nichaku 二着 *s* o segundo lugar na chegada, numa competição.
nichi 日 *s* **1** *abrev* de 日曜日 *nichiyōbi*: domingo. **2** *abrev* de 日本 *nihon*: Japão.
Nichi-Bei 日米 *s* Japão e Estados Unidos.
nichibotsu 日没 *s* pôr do sol.
Nichi-Doku 日独 *s* Japão e Alemanha.
Nichi-Ei 日英 *s* Japão e Inglaterra.
Nichi-Futsu 日仏 *s* Japão e França.
nichigen 日限 *s* prazo; data limite; dia marcado.
Nichi-Gō 日豪 *s* Japão e Austrália.
Nichi-I 日伊 *s* Japão e Itália.
Nichi-In 日印 *s* Japão e Índia.
nichiji 日時 *s* dia e hora; data.
nichijō 日常 *s* dia a dia; todos os dias. ~の ~*no*, *adj*: cotidiano.
nichinichi 日々 *s* cada dia; todos os dias.
Nichi-Ran 日蘭 *s* Japão e Holanda.
Nichi-Ro 日露 *s* Japão e Rússia.
nichiya 日夜 *adv* **1** dia e noite. **2** sem descanso.
nichiyō 日用 *s* uso diário.
nichiyō(bi) 日曜(日) *s* domingo.
nichiyōhin 日用品 *s* artigos de uso diário.
nidai 荷台 *s* caixa de carga; carroçaria.
nidan 二段 *s* de dois andares; de duas linhas. ~の ~*no*: duplo; de dois estágios. ~ベッド ~*beddo*: beliche; cama de dois andares.
nidashi(jiru) 煮出し(汁) *s* caldo; decocção.
nidasu 煮出す *v* **1** cozer até apurar; cozer bem. **2** começar a ferver.

nido 二度 *s* duas vezes.
nidome 二度目 *s* segunda vez.
nidonuri 二度塗り *s* ato de passar duas mãos de tinta.
nie 煮え *s* fervura; cozimento. *V* **ni** 煮.
nieagaru 煮え上がる *v* estar fervendo; estar cozido.
niekaeru 煮え返る *v* ebulir.
niekiranai 煮え切らない *adj* indeciso; irresoluto; vago; dúbio; vacilante.
niekurikaeru 煮えくり返る *v pop* **1** ferver em borbulhão. **2** zangar-se; ferver por dentro.
niekuzureru 煮え崩れる *v* cozer até ficar em pedaços.
nieru 煮える *v* **1** estar cozido; cozer. **2** zangar-se. **3** chegar a um acordo.
nietagiru 煮えたぎる *v* cozinhar bem quente; ebulir.
nietatsu 煮え立つ *v* ferver; chegar ao ponto de ebulição.
nieyu 煮え湯 *s* água fervente.
nifuda 荷札 *s* etiqueta da bagagem.
nigai 苦い *adj* **1** amargo. **2** irritado; carrancudo. **3** duro; penoso; doloroso.
nigami 苦味 *s* amargor; gosto amargo.
nigamushi 苦虫 *s* amargor.
niganigashii 苦々しい *adj* desagradável; repugnante; abominável.
nigao 似顔 *s* retrato.
nigaoe 似顔絵 *s* retrato pintado.
nigari 苦汁 *s* salmoura; restos obtidos em salina, constituídos principalmente de cloreto de magnésio.
nigasu 逃がす *v* **1** pôr em liberdade; deixar ir. **2** deixar fugir.
nigate 苦手 *s* **1** pessoa chata. **2** ponto fraco.
nigatsu 二月 *s* fevereiro.
nigawarai 苦笑い *s* sorriso amargo; sorriso amarelo.
nigawase(tegata) 荷為替(手形) *s Econ* letra documentária; letra de câmbio documentária.
nige 逃げ *s* evasão; fuga.
nigeashi 逃げ足 *s* fuga; ato de pôr-se a fugir.
nigeba 逃げ場 *s* abrigo; refúgio.
nigechiru 逃げ散る *v* dispersar; voar em várias direções.
nigedasu 逃げ出す *v* pôr-se a fugir.
nigegoshi 逃げ腰 *s* preparativo para fuga; evasão.
nigeguchi 逃げ口 *s* porta de fuga; saída secreta.
nigejitaku 逃げ支度 *s* preparação para fuga.
nigekaeru 逃げ帰る *v* voltar em fuga (fugindo).
nigekakure 逃げ隠れ *s* foragir-se.
nigekōjō 逃げ口上 *s* evasiva.
nigekomu 逃げ込む *v* refugiar-se.
nigemadou 逃げ惑う *v* correr à procura de uma saída.
nigemawaru 逃げ回る *v* correr de um lado para o outro, fugindo de algo.
nigemichi 逃げ道 *s* **1** caminho para fuga. **2** desculpa; pretexto.
nigen 二元 *s* dualidade.
nigenobiru 逃げ延びる *v* conseguir fugir; escapar são e salvo.
nigeokureru 逃げ遅れる *v* não conseguir fugir a tempo; atrasar-se na fuga.
nigeru 逃げる *v* **1** fugir; escapar. **2** evitar; fugir. **3** distanciar-se; ir à frente.
nigesokonau 逃げ損なう *v* não fugir a tempo.
nigeuseru 逃げ失せる *v* desaparecer; sumir de vista; evaporar-se.

nigeyasui 逃げ易い *adj* impalpável; esquivo; passageiro; fugaz; transitório; breve.
nigiraseru 握らせる *v* 1 deixar pegar. 2 subornar; untar as mãos de alguém.
nigiri 握り *s* 1 cabo; maçaneta; punho. 2 punhado; mão cheia.
nigirikobushi 握り拳 *s* punho; mão-fechada.
nigirimeshi 握り飯 *s* bolinho de arroz.
nigirishimeru 握り締める *v* apertar a mão; segurar com força.
nigiritsubushi 握り潰し *s* 1 ato de partir na mão; ato de espremer na mão. 2 bloqueio.
nigiritsubusu 握り潰す *v* 1 partir na mão. 2 parar; bloquear.
nigiriya 握り屋 *v* pão-duro; agarrado; sovina.
nigirizushi 握り鮨 *s sushi* comprimido com as mãos.
nigiru 握る *v* 1 empunhar; segurar; agarrar; pegar. 2 deter; ter.
nigiteki 二義的 ～の ～*no, adj*: secundário. ～である ～*de aru*: de importância secundária.
nigiwai 賑わい *s* alegria; afluência; concurso de gente.
nigiwau 賑わう *v* 1 animar-se. 2 prosperar; florescer.
nigiyaka 賑やか *adj* 1 animado; movimentado. 2 alegre; jovial.
nigō 二号 *s* 1 pavilhão dois. 2 concubina; amante.
nigon 二言 *s* duplicidade; hipocrisia.
nigori 濁り *s* 1 turvação; impureza. 2 sinal de " ﾞ ". *V* **dakuon** 濁音.
nigorizake 濁り酒 *s* saquê espesso; saquê não refinado.
nigoru 濁る *v* 1 turvar-se; ganhar impurezas. 2 toldar-se; anuviar-se.
nigoshirae 荷拵え *s* ato de fazer a bagagem; acondicionamento da carga.
nigosu 濁す *v* 1 turvar. 2 ser ambíguo; ser obscuro.
nigotta 濁った *expr* turvo; impuro. *V* **nigoru** 濁る.
niguruma 荷車 *s* carroça.
nihodoki 荷解き *s* desembaraçamento das malas ou carga.
Nihon 日本 *s* Japão.
nihon'buyō 日本舞踊 *s* dança japonesa.
nihondate 二本建 *s* duplo; duas coisas simultâneas. ～上映 ～*jōei*: programa de filme duplo; dois filmes no mesmo programa.
nihonfū 日本風 *s* à moda japonesa.
nihongo 日本語 *s* língua japonesa.
nihonka 日本化 *s* ato de transformar tudo à moda japonesa; "japonizar".
Nihonkai 日本海 *s* mar do Japão.
nihonma 日本間 *s* sala em estilo japonês com tatame.
nihonryōri 日本料理 *s* culinária japonesa; cozinha japonesa.
nihonryū 日本流 *s* estilo japonês.
nihonsei 日本製 *s* manufaturado no Japão; feito no Japão.
nihonseifu 日本政府 *s* governo japonês.
nihonshi 日本紙 *s* papel japonês.
nihonshi 日本史 *s* história do Japão.
nihonshu 日本酒 *s* saquê; bebida alcoólica japonesa.
nihonshugi 日本主義 *s* nacionalismo japonês.
nihontō 日本刀 *s* espada japonesa.

nii 二位 *s* segundo lugar.
nii- 新- *pref* novo; nova. ～妻 ～*zuma*: nova esposa.
niin 二院 *s* bicameral.
niisan 兄さん *s* 1 irmão mais velho. 2 rapaz; moço.
niji 二次 *s* 1 segundo lugar; secundário. 2 segunda vez. 3 *Mat* segundo grau.
niji 虹 *s* arco-íris.
nijiiro 虹色 *s* cores do arco-íris.
nijikai 二次会 *s* segunda rodada; esticada; segundo turno; saideira; segunda saída informal, depois da primeira formal.
nijimideru 滲み出る *v* 1 fluir; escorrer; extravasar. 2 permear; transpirar.
nijimu 滲む *v* espalhar-se; encher-se.
nijirushi 荷印 *s* marca; grife.
nijisseiki 二十世紀 *s* século vinte.
nijiteki 二次的 *adj* secundário.
nijō 二乗 *s Mat* ao quadrado; elevado à segunda potência.
nijū 二十 *s* vinte.
nijū 二重 *s* duplicidade; duplicação; dobro.
nijūago 二重顎 *s* queixo duplo.
nijūjinkaku 二重人格 *s* dupla personalidade.
nijūkakaku 二重価格 *s* preço duplo. ～制 ～*sei*: sistema de preço duplo.
nijūkekkon 二重結婚 *s* bigamia.
nijūkokuseki 二重国籍 *s* dupla nacionalidade.
nijūku 二重苦 *s* tortura dupla.
nijūmado 二重窓 *s* janela dupla.
nijūmaru 二重丸 *s* círculo duplo.
nijūseikatsu 二重生活 *s* vida dupla.
nijūsō 二重奏 *Mús* dueto; duo.
nijūutsushi 二重写し *s* sobreposição de imagens.
nijūyojikan 二十四時間 *s* vinte e quatro horas.
nijūzoko 二重底 *s* fundo falso; fundo duplo.
nijūzuri 二重刷り *s* impressão dupla.
nikai 二回 *s* duas vezes.
nikai 二階 *s* dois andares, segundo andar. ～の部屋 ～*no heya*: quarto do segundo andar.
nikaime 二回目 *s* segunda vez.
nikata 煮方 *s* 1 cozedura; maneira de cozinhar. 2 cozinheiro.
nikawa 膠 *s* grude; cola de origem animal.
nikayou 似通う *v* parecer-se; assemelhar-se.
niken 二軒 *s* duas casas.
niki 二季 *s* dois períodos; duas estações.
nikibi 面皰 *s* espinha; acne.
nikka 日課 *s* exercício diário; tarefa diária; rotina.
nikka 日貨 *s* artigos japoneses; dinheiro japonês.
Nikka 日華 *s* Japão e China.
nikkai 肉塊 *s* pedaço de carne; corpo.
nikkan 日刊 *s* publicação diária.
nikkan 肉感 *s* sensualidade. ～美 ～*bi*: beleza sensual. ～的 ～*teki, adj*: sugestivo; sensual.
Nikkan 日韓 *s* Japão e República da Coreia.
nikkei 日系 *s* descendência japonesa.
nikkeru ニッケル (*ingl nickel*) *s Quím* níquel.
nikki 日記 *s* diário.
nikkin 日勤 *s* serviço diário; serviço diurno.
nikkō 日光 *s* luz do Sol; raios solares; radiação solar.
nikkori にっこり *adv* risonho. *V* **nikoniko** にこにこ.
nikkōshōdoku 日光消毒 *s* desinfecção por exposição ao sol.

nikkōyoku 日光浴 *s* banho de sol.
nikkyū 日給 *s* salário diário; salário de diarista; pagamento diário.
nikō 二項 *s* dois monômios; binômio.
nikochin ニコチン (*ingl nicotine*) *s* nicotina.
nikodatejūtaku 二戸立て住宅 *s* casa geminada.
nikokugo 二国語 *s* duas línguas.
nikomi 煮込み *s* cozimento.
nikomu 煮込む *v* **1** cozer bem. **2** cozer vários ingredientes juntos.
nikoniko にこにこ *adv* risonho; sorridente. ～顔 ～*gao*: rosto risonho.
nikoyaka にこやか *adj* simpático; risonho; bem-disposto; afável.
niku 肉 *s* **1** músculo. **2** carne. **3** polpa. ～の多い果物 ～*no ōi kudamono*: fruta carnuda. **4** suculência. 原案に～をつける *gen'an ni ~ tsukeru*: dar mais conteúdo ao original. **5** (prazer carnal) carne. ～の誘惑 ～*no yūwaku*: tentações da carne. **6** almofada para carimbos.
nikubanare 肉離れ *s Med* distensão muscular.
nikuboso 肉細 *s* ～*no* ～*no*: escrita fina.
nikubuto 肉太 *s* ～*no* ～*no*: escrita grossa. ～の書体 ～*no shotai*: escrita grossa; caracteres em negrito.
nikudango 肉団子 *s* almôndegas.
nikugan 肉眼 *s a* olho nu; vista desarmada.
nikugyū 肉牛 *s* gado bovino para corte.
nikuhaku 肉薄 *s* encalço; ato de perseguir de perto; acossamento.
nikuhen 肉片 *s* pedaço de carne.
nikuhiki 肉挽き *s* moedor de carne.
nikuhitsu 肉筆 *s* escrita feita a mão.
nikui 憎い *adj* **1** odioso. **2** formidável.
-nikui -難い *suf* difícil de. いい～ *ii*～: difícil de dizer.
nikuiro 肉色 *s* cor encarnada.
nikukarazu 憎からず *expr* ～思う ～*omou*: amar; ter carinho por; ter um sentimento no fundo do coração.
nikumareguchi 憎まれ口 *s* maledicência; má-língua.
nikumarekko 憎まれっ子 *s pop* diabrete; rapaz mau.
nikumaremono 憎まれ者 *s* pessoa detestável; ovelha negra.
nikumareru 憎まれる *v* ser detestado; ser odiado.
nikumareyaku 憎まれ役 *s* papel indesejável.
nikumiau 憎み合う *v* odiar (um ao outro).
nikumu 憎む *v* odiar; detestar; abominar; ter aversão.
nikunikushii 憎々しい *adj* odioso; detestável; desagradável.
nikurashii 憎らしい *adj* odiento; detestável; desagradável.
nikurui 肉類 *s* as carnes.
nikusa 憎さ *s* ódio.
nikushimi 憎しみ *s* ódio; rancor; raiva; inimizade.
nikushin 肉親 *s* consanguinidade; parentesco.
nikushitsu 肉質 *s* carne; polpa.
nikushoku 肉食 *s* carnívoro.
nikushu 肉腫 *s Med* sarcoma.
nikutai 肉体 *s* parte física; corpo.
nikutairōdō 肉体労働 *s* trabalho braçal.

nikuya 肉屋 *s* açougue; açougueiro; carniceiro.
nikuyoku 肉欲 *s* desejos carnais; luxúria.
nikuzuke 肉付け *s* moldagem. ～*suru*, *v*: **1** moldar; modelar. **2** conferir o conteúdo.
nikuzuki 肉付き *s* compleição; musculatura.
nikuzuku 肉付く *v* engordar.
nikyoku 二極 *s* bipolar.
nikyū 二級 *s* segundo grau; segundo estágio; segunda categoria. ～品 ～*hin*: artigos de segunda categoria.
nimai 二枚 *s* duas folhas.
nimaijita 二枚舌 *s pop* duplicidade; hipocrisia.
nimaime 二枚目 *s* **1** papel de galã. **2** bonitão.
nimame 煮豆 *s* feijão cozido.
nimen 二面 *s* **1** duas faces. **2** segunda página do jornal.
-ni mo -にも *partícula* também; mesmo; ainda que; tanto... como. いい～悪い～ *ii*～*warui*～: pelo bem ou pelo mal. 行く～帰る～ *iku*～ *kaeru*～: tanto para ir como para voltar.
ni mo kakawarazu にも拘らず *expr* mesmo; apesar de. 雨天に～ *uten*～: mesmo com chuva. 病気～ *byōki*～: apesar de estar doente.
nimono 煮物 *s* cozido.
nimotsu 荷物 *s* **1** bagagem. **2** carga.
nin 任 *s* cargo; posto; encargo; missão; obrigação.
-nin -人 *suf* **1** pessoa; termo empregado para contagem de pessoas. 十～ *jū*～: 10 pessoas. **2** personalidade; caráter.
ninau 担う *v* **1** levar nos ombros. **2** arcar com o peso.
ninchi 任地 *s* posto (local) de trabalho.
ninchi 認知 *s* **1** reconhecimento. ～*suru*, *v*: aceitar. **2** perfilhação. 子供を～する *kodomo o* ～*suru*: perfilhar.
nindaku 認諾 *s* aprovação; admissão.
ninen 二年 *s* dois anos.
ningen 人間 *s* **1** homem; ser humano; gênero humano. **2** personalidade; pessoa; caráter.
ningendokku 人間ドック *s* exame médico completo; *check-up* médico.
ningengirai 人間嫌い *s* misantropia. *adj* misantropo.
ningenka 人間化 *s* humanização.
ningenmi 人間味 *s* humanidade.
ningennami 人間並み *s* ser humano comum (ordinário).
ningensei 人間性 *s* natureza humana.
ningenshakai 人間社会 *s* sociedade humana.
ningenwaza 人間業 *s* trabalho dos homens; obra humana.
ningyo 人魚 *s* sereia.
ningyō 人形 *s* **1** boneco; fantoche. **2** autômato; bonifrate.
ningyōgeki 人形劇 *s* teatro de marionetes.
ningyōshibai 人形芝居 *s show* de marionetes.
ningyōtsukai [**mawashi**] 人形使い[回し] *s* titereiro.
nin'i 任意 *s* livre-arbítrio; livre vontade; opção.
nininsankyaku 二人三脚 *s* corrida a três pernas; união de esforços.
nin'isei 任意性 *s* voluntariedade.
nin'ishuttō 任意出頭 *s* comparecimento voluntário.
ninja 忍者 *s* soldado espião da era feudal do Japão.
ninjin 人参 *s Bot* cenoura.

ninjiru 任じる *v* 1 nomear; instituir uma comissão. 2 assumir-se; considerar-se.

ninjō 人情 *s* sentimento humano; natureza humana; humanidade; simpatia; coração; gentileza.

ninjōbanashi 人情噺 *s* romance; história da natureza humana.

ninjōka 人情家 *s* pessoa simpática; pessoa que tem bom coração.

ninjōmi 人情味 *s* humanidade; bondade.

ninjū 忍従 *s* submissão; resignação.

ninjutsu 忍術 *s* arte marcial de espionagem dos ninja.

ninka 認可 *s* aprovação; autorização.

ninkan 任官 *s* nomeação para um cargo público.

ninki 人気 *s* 1 popularidade. 2 atmosfera; mercado.

ninki 任期 *s* período de serviço; período do exercício de um cargo.

ninkimono 人気者 *s* pessoa popular.

ninkitōhyō 人気投票 *s* pesquisa de popularidade.

ninkitori 人気取り *s* jogada publicitária.

ninkyō 任[仁]侠 *s* espírito cavalheiresco.

ninmei 任命 *s* nomeação; designação.

ninmen 任免 *s* nomeação e deposição. ～権を持つ ～*ken o motsu*: ter poder de nomear e destituir.

ninmu 任務 *s* encargo; missão; função; incumbência.

ninniku 大蒜 *s Bot* alho.

ninoashi 二の足 *s* "segundo passo". ～を踏む ～*o fumu*: vacilar; hesitar.

ninoku 二の句 *s* palavra, frase seguinte. ～が継げない ～*ga tsugenai*: ficar boquiaberto (sem palavras).

ninomai 二の舞 *s* "mesma dança"; repetição do erro. ～を演ずる ～*o enzuru*: cometer o mesmo erro.

ninotsugi 二の次 *s pop* secundário; sem importância.

ninpi 認否 *s* aprovação e reprovação.

ninpu 人夫 *s* trabalhador braçal.

ninpu 妊[姙]婦 *s* mulher grávida, gestante.

ninshiki 認識 *s* conhecimento; cognição; percepção.

ninshikifusoku 認識不足 *s* falta de percepção.

ninshikiron 認識論 *s Filos* epistemologia; teoria cognoscitiva.

ninshin 妊[姙]娠 *s* gravidez; concepção; gestação.

ninshinchūzetsu 妊娠中絶 *s* aborto.

ninshō 人証 *s* prova testemunhal.

ninshō 認証 *s* confirmação; reconhecimento; atestado; certificação; validação.

ninshō 人称 *s Gram* pessoa. ～代名詞 ～*daimeishi*: pronome pessoal.

ninshōkan 認証官 *s* funcionário público cuja nomeação está sujeita à confirmação do imperador.

ninshōshiki 認証式 *s* cerimônia de nomeação (imperial).

ninsō 人相 *s* fisionomia; cara; feições; caráter.

ninsōgaki 人相書き *s* descrição da fisionomia.

ninsoku 人足 *s* trabalhador braçal.

nintai 忍耐 *s* perseverança; paciência.

nintoku 人徳 *s* virtude natural de um indivíduo.

ninushi 荷主 *s* proprietário ou expedidor de carga.

nin'yō 任用 *s* nomeação. ～する ～*suru*, *v*: nomear; designar.

ninzu, ninzū 人数 *s* 1 número de pessoas. 2 muita gente.

niokuri 荷送り *s* expedição de carga.

nioroshi 荷卸ろし *s* descarregamento de carga.

niou 匂[香]う *v* 1 cheirar. 2 suspeitar. 3 resplandecer, brilhar.

niowaseru 匂わせる *v* 1 perfumar; cheirar a perfume. 2 insinuar; dar a entender.

nippō 日報 *s* jornal diário; informativo diário.

niramekko 睨めっこ *s pop* brincadeira de fitar os olhos nos olhos sem rir; quem rir perde.

nirami 睨み *s* 1 olhar sério. 2 influência; autoridade.

niramiai 睨み合い *s* 1 ato de olhar fixamente um ao outro. 2 hostilidade; antagonismo.

niramiau 睨み合う *v* 1 olhar fixamente um ao outro. 2 estar desavindo; observar-se com hostilidade.

niramitsukeru 睨み付ける *v* lançar um olhar severo; olhar com desafio; olhar furiosamente.

niramu 睨む *v* 1 fixar o olhar; lançar um olhar penetrante. 2 calcular; conjecturar. 3 vigiar. 4 considerar; tomar em consideração; ter em vista.

niranseisōseiji 二卵性双生児 *s* gêmeos dizigóticos.

nirenpatsu 二連発, **nirenjū** 二連銃 *s* espingarda de dois canos.

niretsu 二列 *s* duas fileiras.

nirin 二輪 *s* 1 duas rodas. 2 flor dupla.

nirokujichū 二六時中 *adv* dia e noite; o tempo todo; a toda hora.

niru 似る *v* ser parecido; parecer-se; assemelhar-se.

niru 煮る *v* cozer; ferver.

niryū 二流 *s* segunda ordem; segunda categoria; segunda qualidade.

nisabaki 荷捌き *s* liquidação; vender barato os saldos.

nisankatanso 二酸化炭素 *s Quím* dióxido de carbono.

nise 贋・偽 *s* imitação; falsificação. ～金 ～*gane*: dinheiro falso.

nise 二世 *s* duas existências; esta vida e a outra vida; este mundo e o outro.

nisegane 贋金 *s* dinheiro falso, moeda falsa.

nisei 二世 *s* 1 segundo. ドン・ペドロ～ *Don Pedro*～: D. Pedro II. 2 segunda geração, herdeiro. 山田さんは～の誕生を喜んでいる *Yamada-san wa ～no tanjō o yorokondeiru*: Sr. Yamada está feliz com o nascimento do seu herdeiro. 3 nissei.

nisemono 贋[偽]物 *s* artigo falso; imitação; "segunda linha". この時計は～です *kono tokei wa ～desu*: este relógio é de "segunda linha" (falso).

nisemono 贋[偽]者 *s* fingido, falso, disfarçado.

niseru 似せる *v* 1 imitar, copiar. 絹に似せた織物 *kinu ni niseta orimono*: tecido imitando seda. 2 falsificar, forjar.

nisesatsu 贋札 *s* cédula falsa, dinheiro falso, nota falsa. 一万円の～が出回っている *ichiman'en no ～ga demawatteiru*: estão circulando (na praça) notas falsas de 10.000 ienes.

nisha 二者 *s* ambos, ambas as pessoas. ～選一 ～*sen'itsu*: escolher um dos dois.

nishi 西 *s* oeste. *Sumô* lado oeste.

nishibi 西日 *s* sol poente, sol da tarde.

nishigawa 西側 *s* lado oeste.

nishihankyū 西半球 *s* meridiano ocidental, hemisfério ocidental.

nishikaze 西風 *s* vento oeste.

nishiki 錦 *s* 1 brocado japonês. 2 vestimenta de luxo. 故郷に〜を飾る *kokyō ni 〜o kazaru*: voltar à terra natal gloriosamente.

nishikita 西北 *s* noroeste. *V* **seihoku** 西北.

nishime 煮しめ *s* cozido de legumes temperado com molho de soja.

nishiminami 西南 *s* sudoeste. *V* **seinan** 西南.

nishin 鯡・鰊 *s Ictiol* arenque.

-ni shitemo -にしても *expr* mesmo que, ainda que, por mais que. それが本当〜信じられない *sore ga hontō 〜 sinjirarenai*: por mais que isso seja verdade, não posso acreditar.

-ni shite wa -にしては *expr* apesar de, considerando que. 子ども〜責任感が強い *kodomo 〜 sekininkan ga tsuyoi*: tem grande responsabilidade, apesar de ser uma criança.

nishoku 二色 *s* duas cores.

nishu 二種 *s* duas espécies, dois tipos. 第〜 *dai〜*: segunda classe.

nishūkan 二週間 *s* duas semanas.

nisō 尼僧 *s* monja (budista).

nisokusanmon 二束三文 *s pop* valor irrisório, "a preço de banana". 彼は自動車を〜で手放した *kare wa jidōsha o 〜 de tebanashita*: ele vendeu o carro "a preço de banana".

nissan 日参 *s* visita diária. 〜*suru, v*: visitar diariamente.

nissan 日産 *s* produção diária.

nissha 日射 *s Meteor* radiação solar. 〜計 〜*kei*: pireliômetro.

nisshabyō 日射病 *s* heliose, insolação. 〜にかかる 〜*ni kakaru*: ter insolação.

nisshingeppo 日進月歩 *s* progresso incessante; avanço constante.

nisshō 日照 *s* luz solar, raios solares. 〜時間 〜*jikan*: duração da insolação.

nisshōki 日章旗 *s* bandeira nacional do Japão, bandeira do Sol Nascente.

nisshoku 日食 *s Astr* eclipse do Sol.

nissū 日数 *s* (quantidade de) dias.

nisugiru 煮過ぎる *v* cozinhar demais.

nitaki 煮焚き *s* preparo dos alimentos; cozinha. 〜*suru, v*: cozinhar, preparar comida.

nitanita にたにた, **nitari** にたり *mim* sorriso malicioso. 〜*suru, v*: sorrir de modo malicioso.

nitariyottari 似たり寄ったり *adj* muito parecido, praticamente igual, semelhante.

nitate 煮立て *s* fervor, fervura, cozimento, cozido.

nitateru 煮立てる *v* ferver, entrar em ebulição, levantar fervura.

nitatsu 煮立つ *v* ferver, entrar em ebulição, levantar fervura.

nitchimo satchimo 二進も三進も *adv pop* sem solução, sem saída. 〜行かない 〜 *ikanai*: estar num "beco sem saída".

nitchū 日中 *s* de dia, durante o dia.

Nitchū 日中 *s* Japão e China, sino-japonês.

nito 二兎 *s* dois coelhos, duas lebres. 〜を追う者は一兎をも得ず *o ou mono wa itto o mo ezu*, *provérbio*: quem tudo quer tudo perde.

nitō 二頭 *s* dois (animais de porte grande), duas cabeças. 〜の馬 〜 *no uma*: dois cavalos. 〜立て 〜*date*: carroça de tração de dois cavalos.

nitō 二等 *s* 1 segunda classe, segunda categoria. 〜品 〜*hin*: artigo de segunda (categoria), artigo inferior. 2 segundo colocado, segundo lugar. 競走で〜になった *kyōsō de 〜ni natta*: classificou-se em segundo lugar, na corrida de pedestres.

nitōbun 二等分 *s* divisão em duas partes. 〜*suru, v*: dividir em dois. 財産を〜した *zaisan o 〜shita*: dividiu os bens em duas partes.

nitōshin 二等親 *s* parentesco de segundo grau, relação de segundo grau.

nitsū 二通 *s* 1 duas cópias. 2 duas correspondências, duas cartas.

nitsukawashii 似つかわしい *adj* apropriado, adequado, conveniente. 〜相手 〜*aite*: companheiro apropriado.

nitsukeru 煮付ける *v* cozinhar, refogar.

nitsumaru 煮詰まる *v* 1 ficar apurado, cozinhar bem. ソースが煮詰まった *sōsu ga nitsumata*: o molho ficou apurado. 2 ganhar forma, tomar forma. 計画が煮詰まった *keikaku ga nitsumatta*: o projeto tomou forma.

nitsumeru 煮詰める *v* 1 cozinhar bem, engrossar. 汁を〜 *shiru o 〜*: engrossar o caldo. 2 desenvolver, formar, formalizar. この計画を〜 *kono keikaku o 〜*: formalizar este projeto.

nittei 日程 *s* programação do dia.

nittō 日当 *s* remuneração do dia, diária.

niuke 荷受け *s* recebimento de carga; recepção de bagagem.

niuma 荷馬 *s* cavalo de carga, cavalo carregado de bagagem.

niwa 庭 *s* 1 jardim, quintal. 〜を作る 〜*o tsukuru*: construir um jardim. 〜の手入れをする 〜*no teire o suru*: cuidar do jardim. 2 *fig* 〜の訓 〜*no oshie*: educação no lar. 学びの〜 *manabi no〜*: escola.

-ni wa -には *partícula* 1 em (lugar de existência). 机の上〜何もありません *tsukue no ue 〜 nanimo arimasen*: não há nada em cima da mesa. 2 em (tempo). 七時〜もう起きています *shichiji〜 mō okiteimasu*: às 7 horas, já estou acordada. 3 para (direção). 学校〜行く *gakkō〜 iku*: eu vou para a escola. 4 para, a (objeto indireto). 母〜もう話しました *haha 〜 mō hanashimashita*: já falei à mamãe. 5 para (finalidade). 町〜買い物〜行きませんでした *machi 〜 kaimono 〜 ikimasendeshita*: não fui à cidade fazer compras. 6 (ênfase de uma determinada situação). 行く〜行ったが、... *iku 〜 itta ga...*: ir? eu fui, mas... ある〜あるが、たいした物ではない *aru 〜 aru ga, taishita mono de wa nai*: ter? tem, mas não são coisas boas.

niwaijiri 庭いじり *s* jardinagem.

niwaishi 庭石 *s* pedra de jardim, pedras colocadas no jardim.

niwaka 俄か *adj* repentino, súbito.

niwakaame 俄か雨 *s* chuva repentina.

niwakabenkyō 俄か勉強 *s* estudo às vésperas do exame, estudo de improviso. 〜*suru, v*: estudar às vésperas do exame, estudar de improviso.

niwakageiki 俄か景気 *s* 1 economia temporariamente em alta. 2 alta repentina (dos preços). 3 desenvolvimento repentino (de uma cidade).

niwakazukuri 俄か造[作]り *s* improvisação.
niwaki 庭木 *s* árvore de quintal, jardim.
niwasaki 庭先 *s* jardim.
niwashi 庭師 *s* paisagista, mestre em jardinagem, jardineiro.
niwatori 鶏 *s* galo, galinha, frango.
niwatsukuri 庭作り *s* paisagismo, jardinagem. ~*suru, v*: fazer jardinagem, cuidar do jardim.
niyakeru にやける *v* ser efeminado. にやけた顔をする *niyaketa kao o suru*: fazer gestos efeminados. にやけた若者 *niyaketa wakamono*: jovem efeminado.
niyaki 煮焼き *s* cozido ou assado. ~*suru, v*: cozinhar ou assar.
niyakkai 荷厄介 *s* encargo, estorvo. ~*na, adj*: penoso, incômodo, laborioso. 彼女は自分の子どもを~にしている *kanojo wa jibun no kodomo o ~ni shiteiru*: ela trata o próprio filho como um encargo.
niyaku 荷役 *s* **1** carregamento, estivagem, estiva e descarregamento de embarcações. **2** carregador, estivador.
niyaniya にやにや *adv* ironicamente, maliciosamente.
niyari にやり *adv* sorriso malicioso. ~とする ~*to suru*: sorrir maliciosamente.
niyō 二様 *s* duas formas, duas maneiras, duplo, dois. ~の意味 ~*no imi*: duplo sentido. ~の表現 ~*no hyōgen*: duas maneiras de expressão.
niyori 似寄り *s* idade similar, semelhança, parecença. ~*no, adj*: parecido, semelhante, similar. これと~の物を探しています *kore to ~no mono o sagashiteimasu*: procuro algo semelhante a isto.
niyoru 似寄る *v* assemelhar-se, ser parecido com. *V niru* 似る.
nizakana 煮魚 *s* peixe cozido (ao molho de soja com açúcar).
nizukuri 荷造り *s* empacotamento, acondicionamento. ~*suru, v*: empacotar, acondicionar, encaixotar, fazer as malas.
nizumi 荷積み *s* carregamento, carga. ~*suru, v*: carregar.
no 野 *s* campo, prado, planície. ~の花 ~*no hana*: a flor do campo. 後は~となれ、山となれ *ato wa ~to nare, yama to nare*: de resto, seja lá o que Deus quiser; depois de mim, o dilúvio.
-no -の *partícula* **1** de (posse, pertencente a). 父~ネクタイ *chichi~ nekutai*: gravata do papai. 彼~友達 *kare~ tomodachi*: amigo dele. 日本~経済 *Nihon~ keizai*: economia do Japão. クラブ~会員 *kurabu~ kaiin*: o associado do clube. 救急車~サイレンが鳴り響く *kyūkyūsha~ sairen ga narihibiku*: a sirene da ambulância ecoa. 金~価値がわからない *kane~ kachi ga wakaranai*: não sabe o valor do dinheiro. このシャープ・ペンシル~芯は0,5ミリです *kono shāpupenshiru~ shin wa 0,5 miri desu*: o grafite desta lapiseira é de 0,5 mm. この辞書はだれ~ですか *kono jisho wa dare~ desu ka*: de quem é este dicionário? **2** de (sobre, a respeito de, relacionado a). 化学~本 *kagaku~ hon*: livro de química. ポルトガル語~先生 *porutogarugo~ sensei*: professor de língua portuguesa. それは何~絵ですか *sore wa nan~ e desu ka*: que desenho é esse? **3** de (localidade). 海~家 *umi~ ie*: casa de praia. 川沿い~町 *kawazoi~ machi*: cidade da margem do rio. **4** de (referente a, relacionado a). 先月~給料 *sengetsu~ kyūryō*: salário do mês passado. 誕生日~プレゼント *tanjōbi~ purezento*: presente de aniversário. **5** de (material). 金~指輪 *kin~ yubiwa*: anel de ouro. 大理石~階段 *dairiseki~ kaidan*: escada de mármore. **6** de (outros qualificativos). 十八歳~若者 *jūhassai~ wakamono*: jovem de 18 anos. 二人~愛 *futari~ ai*: o amor entre os dois. 英語~手紙 *eigo~ tegami*: carta em inglês. 逆境~人 *gyakkyō~ hito*: pessoa em dificuldade. **7** um(a). ブラウスは赤い~がほしい *burausu wa akai~ ga hoshii*: a blusa, quero uma vermelha. **8** (interrogação). どこへ行く~ *doko e iku~*: aonde vai? **9** (afirmação). 愛している~ *aishiteiru~*: estou amando. **10** (sujeito da oração). 私~作ったケーキ *watashi~ tsukutta kēki*: o bolo que eu fiz. 雨~降る夜でした *ame~ furu yoru deshita*: foi numa noite em que chovia.
nō 能 *s* **1** habilidade, talento, capacidade. 彼は食べるよりほかに~がない *kare wa taberu yori hoka ni ~ga nai*: ele só sabe comer. ~無し ~*nashi*: incompetente, imprestável, inútil. ~ある鷹は爪を隠す ~*aru taka wa tsume o kakusu*: uma pessoa capacitada sabe ser modesta. 金をもうけることだけが~じゃない *kane o mōkeru koto dake ga ~janai*: na vida há outras coisas, além de ganhar dinheiro. **2** teatro clássico japonês, Nô. ~舞台 ~*butai*: palco do Nô.
nō 脳 *s Anat* cérebro, miolos, encéfalo. ~溢血 ~*ikketsu*: hemorragia cerebral, apoplexia cerebral. ~梗塞 ~*kōsoku*: infarto cerebral. ~*no, adj*: cerebral, encefálico.
nō 農 *s* agricultura, lavoura. ~作業 ~*sagyō*: atividade agrícola. *V nōgyō* 農業.
nō 膿 *s* pus, substância supurada, purulência, supuração, sânie. *V umi* 膿.
nō 嚢 *s* bolsa, cavidade. *Zool* bolsa. *Anat* bexiga. *Bot* síliqua.
nō- 濃- *pref* **1** (cor) escuro. ~紺 ~*kon*: azul-marinho escuro. ~緑色 ~*ryokushoku*: verde-escuro. **2** (líquido) denso, grosso.
noasobi 野遊び *s* piquenique, passeio no campo.
nobana 野花 *s* flor campestre.
nobanashi 野放し *s* pastagem. ~の牛 ~*no ushi*: o boi criado no pasto. ~にする ~*ni suru*: deixar solto. 家畜を~にする *kachiku o ~ni suru*: fazer o gado pastar.
nobara 野薔薇 *s Bot* rosa do campo, rosa multiflora.
nobasu 延[伸]ばす *v* **1** encompridar, alongar, alargar, estender, esticar, prolongar. このスカートの丈を10センチ伸ばします *kono sukāto no take o jissenchi nobashimasu*: vou encompridar 10 cm o comprimento desta saia. 髪を伸ばす *kami o ~*: fazer crescer o cabelo. 髭を伸ばす *hige o ~*: deixar a barba crescer. **2** endireitar, esticar, tornar reto. 背筋を伸ばす *sesuji o ~*: endireitar a coluna. 首を伸ばす *kubi o ~*: esticar o pescoço. 曲がった針金を伸ばす *magatta harigane o ~*: tornar reto o arame que entortou. **3** adiar, protelar, prorrogar, postergar, retardar. 試験の日を延ばす *shiken no hi o ~*: adiar o dia do exame. 期限を延ばす *kigen o ~*: prorrogar o prazo (data de

vencimento). 借金の返済はもう1ヵ月延ばしてください *shakkin no hensai wa mō ikkagetsu nobashite kudasai*: por favor, postergue por mais um mês o pagamento da dívida. **4** diluir, tornar-se mais ralo. 糊を伸ばす *nori o ~*: diluir a cola (na água). **5** alisar, desamarrotar. アイロンでブラウスのしわを伸ばす *airon de burausu no shiwa o ~*: passar a ferro a blusa amarrotada. **6** desenvolver, cultivar. 子どもの才能を延ばす *kodomo no sainō o ~*: desenvolver a habilidade da criança. **7** expandir, estender. 勢力を伸ばす *seiryoku o ~*: expandir o poder (a influência). **8** bater, abater, derrubar. 生意気だと言って、伸ばされた *namaiki da to itte, nobasareta*: abateram-me, dizendo que eu era insolente.

nobe 延べ *s* **1** totalidade; agregação. ~10万人集まった *~jūmannin atsumatta*: no total, reuniram-se 100.000 pessoas. ~面積 *~menseki*: total de área. ~勤労時間 *~kinrō jikan*: total de horas trabalhadas. ~日数 *~nissū*: total de dias. ~人員 *~jin'in*: total de número de pessoas (trabalhadores). **2** ~取引 *~torihiki*: negócio a prazo, transação com pagamento a prazo.

nobe 野辺 *s* **1** campo. ~の花 *~no hana*: flor do campo. **2** sepultura, túmulo, tumba. ~の送りをする *~no okuri o suru*: realizar o funeral, acompanhar o féretro até a sepultura.

nobebarai 延払い *s* pagamento diferido. ~輸出 *~yushutsu*: exportação com pagamento a prazo.

nobebō 延べ棒 *s* barra (de metal), vergão, bastão.

nobegane 延べ金 *s* chapa de metal, lâmina de metal. 金の~ *kin no ~*: placa de ouro.

nobejikan 延べ時間 *s* total de horas.

nōben 能弁 *s* eloquência, fluência para se expressar. ~家 *~ka*: orador eloquente. *~na, adj*: eloquente, fluente.

noberu 述べる *v* falar, expressar, explanar, mencionar, relatar, contar. 意見を~ *iken o ~*: opinar. 感想を~ *kansō o ~*: exprimir as impressões. 礼を~ *rei o ~*: expressar agradecimentos. 事件の概要を~ *jiken no gaiyō o ~*: relatar sumariamente o incidente. 前にも述べたとおり、私には理解できない問題です *mae ni mo nobeta tōri, watashi ni wa rikai dekinai mondai desu*: conforme mencionei anteriormente, é um problema que eu não consigo entender. 彼は旅行に行けない事情を述べた *kare wa ryokō ni ikenai jijō o nobeta*: ele relatou a razão de não poder viajar.

noberu 延べる *v* estender. 床を~ *toko o ~*: fazer a cama (para dormir). *V* **nobasu** 延[伸]ばす.

nobetateru 述べ立てる *v* discorrer, dissertar, discursar.

nobi 伸[延]び *s* **1** espreguiçamento. ~をする ~*o suru*: espreguiçar. **2** adiamento, postergação. **3** crescimento. ~が早い *~ga hayai*: crescimento rápido. **4** capacidade de extensão ou de esticamento; espalhamento. このペンキは~が良い *kono penki wa ~ga yoi*: esta tinta espalha bem. **5** alongamento, prolongamento, extensão. ~率 *~ritsu, Quim*: índice de dilatação. ~計 *~kei, Mec*: extensômetro, dilatômetro.

nobi 野火 *s* fogo da campina, fogo do mato, queimada.

nobiagaru 伸び上がる *v* esticar-se, ficar em pé na ponta dos pés.

nobichijimi 伸び縮み *s* dilatação e contração, elasticidade, flexibilidade. ~が効かなくなる *~ga kikanaku naru*: perder a elasticidade. *~suru, v*: dilatar e contrair, esticar e encolher, ter elasticidade.

nobihirogaru 延び広がる *v* expandir, estender-se.

nobinobi 伸び伸び *s* sensação de alívio, sensação de liberdade. *~suru, v*: sentir alívio, sentir-se livre. ~した文章を書く *~shita bunshō o kaku*: escrever em um estilo livre, de fácil compreensão. ~と横になる *~to yoko ni naru*: deitar-se confortavelmente.

nobinobi 延び延び *s* adiamento, prorrogação. *~ni naru, v*: ficar adiado, ficar prorrogado.

nobiru 伸[延]びる *v* **1** esticar-se, estender-se, encompridar, alongar-se. この道は海岸まで延びている *kono michi wa kaigan made nobiteiru*: esta estrada vai até a praia. **2** encompridar, crescer. 髪が伸びた *kami ga nobita*: o cabelo cresceu. **3** ser adiado, ser prorrogado. 大学入学試験の日が延びる *daigaku nyūgaku shiken no hi ga~*: o dia do exame vestibular será adiado. 借金返済の期限が延びた *shakkin hensai no kigen ga nobita*: o vencimento da dívida foi prorrogado. **4** progredir. 英語の能力が伸びた *eigo no nōryoku ga nobita*: a proficiência em língua inglesa progrediu.

nobori 上[登]り *s* subida, aclive, escalada.

nobori 幟 *s* banner, estandarte, flâmula, bandeira.

noboriguchi 登[上]り口 *s* ponto de partida (para subir [escalar] a montanha).

noborikudari 上り下り *s* subida e descida, aclive e declive.

noborimichi 上り道 *s* subida, aclive (rua, estrada).

noboriori 上り降り *s* subida e descida. *~suru, v*: subir e descer.

noborizaka 上[登]り坂 *s* **1** aclive, subida, ladeira ascendente. **2** elevação, ascensão.

noboru 上[昇・登]る *v* **1** subir, escalar, ascender, trepar. **2** ir (para a capital). 京へ上る *Kyō e ~*: ir à capital. **3** subir, ascender. 舞台に登る *butai ni ~*: subir no palco. **4** elevar-se, atingir, aumentar, subir. 相当大きな数に上る *sōtō ōkina kazu ni ~*: elevar-se a uma quantidade considerável. 農業の損害は数百万に上った *nōgyō no songai wa sūhyakuman ni nobotta*: o prejuízo do setor agrícola atingiu milhões. **5** subir (o rio). 鮭が海から川に上ること *sake ga umi kara kawa ni ~ koro*: na época em que o salmão sobe (do mar) para o rio. **6** apresentar, ser colocado. その問題は議題に上るだろう *sono mondai wa gidai ni ~darō*: essa questão provavelmente será colocada como tema de discussão. うわさに上る *uwasa ni ~*: tornar-se alvo de fofocas.

nobose 逆[上]せ *s* nervosismo, tontura, excitação. ~性だ *~shō da*: ser nervoso, ser facilmente excitável.

noboseagaru 逆上せ上がる *v* **1** enfurecer-se, perder a cabeça. **2** empolgar-se, entusiasmar-se, envaidecer-se.

noboseru 逆上せる *v* **1** sentir tontura, subir o sangue à cabeça. **2** excitar-se, enervar-se. **3** envaidecer-se, entusiasmar-se, animar-se.

nobosu 上す *v* elevar, aumentar, subir; pôr.

nōbyō 脳病 *s* doença cerebral, doença encefálica.

nochi 後 *s* **1** depois de, após. その〜 *sono* 〜: depois disso. 三日〜 *mikka* 〜: após três dias. 〜に 〜*ni*: depois, posteriormente, subsequentemente. 地震の〜火事になりました *jishin no* 〜 *kaji ni narimashita*: após o terremoto, veio o incêndio. **2** mais tarde, depois (futuramente), futuro. 二週間〜に *nishūkan* 〜*ni*: duas semanas depois. 〜にお電話いたします 〜*ni odenwa itashimasu*: eu lhe telefono mais tarde.

nōchi 農地 *s* terreno agrícola, propriedade agrícola. 〜改革 〜*kaikaku*: reforma agrária. 〜法 〜*hō*: legislação agrária.

nochihodo 後程 *adv* depois, daqui a pouco.

nōchikaihatsu 農地開発 *s* exploração de terreno agrário, desenvolvimento agrário.

nochinochi 後々 *s* tempo futuro, posteridade.

nōchū 嚢中 *s* dentro da carteira.

-node -ので *partícula* porque, por causa de, por motivo de, devido a, como. 雨が降る〜、傘を持っていきなさい *ame ga furu* 〜, *kasa o motte ikinasai*: leve o guarda-chuva, porque vai chover.

nodo 喉 *s* Anat garganta, goela. **2** voz. 〜がいい 〜*ga ii*: ter uma boa voz.

nōdo 農奴 *s* servo, escravo.

nōdo 濃度 *s* densidade, consistência. *Quim* concentração. 〜計 〜*kei*: densímetro.

nōdō 能動 *s* ação, atividade. 〜態 〜*tai*: *Gram* voz ativa. 〜的 〜*teki*, *adj*: ativo.

nodobotoke 喉仏 *s* pomo de adão, gogó.

nodojiman 喉自慢 *s* ufania por sua voz. 素人〜大会 *shirōto* 〜 *taikai*: concurso de cantores amadores.

nodoka 長閑 〜*na*, *adj*: tranquilo, calmo, brando, sereno.

nodokesa 長閑さ *s* tranquilidade, serenidade, sossego.

nodokubi 喉首 *s* pescoço, colo.

nodomoto 喉元 *s* garganta.

nodowa 喉輪 *s* **1** protetor metálico de garganta (armadura). **2** 攻め 〜*zeme*, *Sumô*: ataque pela garganta.

nōen 農園 *s* plantação, fazenda.

nōen 濃艶 〜*na*, *adj*: encantador, fascinante, sensual.

nōen 脳炎 *s* Med encefalite. 流行性〜 *ryūkōsei*〜: encefalite epidêmica.

nōfu 納付 *s* pagamento.

nōfu 農夫 *s* trabalhador rural, lavrador, camponês.

nōfu 農婦 *s* lavradora, agricultora, camponesa.

nogai 野飼い *s* pastagem, criação em pasto, criação à solta.

nōgaki 能書き *s* **1** relação de virtudes, bula (remédios). **2** relação de dotes pessoais; elogio de si próprio.

nōgakkō 農学校 *s* escola agrícola.

nōgaku 農学 *s* agronomia. 〜部 〜*bu*: faculdade de agronomia. 〜研究所 〜*kenkyūjo*: Centro de Pesquisa de Agronomia. 〜者 〜*sha*: agrônomo.

nogareru 逃れる *v* **1** escapar, escapulir, fugir, evadir. 警察から〜 *keisatsu kara* 〜: fugir da polícia. **2** esquivar-se, livrar-se. 責任を〜 *sekinin o* 〜: esquivar-se à responsabilidade.

nogasu 逃がす *v* deixar escapar, deixar escapulir, perder. 殺人犯を逃がした *satsujin'han o nogashita*: deixou o assassino escapulir. 機会を〜 *kikai o* 〜: perder a oportunidade.

nōgei 農芸 *s* técnica agrícola, agricultura.

nōgeka 脳外科 *s* neurocirurgia, cirurgia cerebral. 〜医 〜*i*: neurocirurgião.

nōgu 農具 *s* ferramenta agrícola, instrumento agrícola.

nōgyō 農業 *s* agricultura.

nōgyōdaigaku 農業大学 *s* faculdade de agronomia.

nōgyōdantai 農業団体 *s* organização agrícola, associação dos agricultores.

nōgyōgijutsu 農業技術 *s* técnica agrícola.

nōgyōiin 農業委員 *s* membro de comissão agrícola. 〜会 〜*kai*: comissão agrícola.

nōgyōkumiai 農業組合, **nōgyō kyōdō kumiai** (**nōkyō**) 農業協同組合(農協) *s* cooperativa agrícola.

nōgyōseibutsugaku 農業生物学 *s* bioagronomia.

nōgyōseisan 農業生産 *s* produção agrícola.

nōgyōson 農業村 *s* vila rural.

nōha 脳波 *s* Fisiol onda cerebral. 〜計 〜*kei*: eletroencefalógrafo. 〜図 〜*zu*: eletroencefalograma.

nōhanki 農繁期 *s* época do plantio (ou da colheita), época mais atarefada na lavoura.

nōhankyūka 農繁休暇 *s* férias escolares na época do plantio (ou da colheita).

nohara 野原 *s* campo, campina, planície.

nōhin 納品 *s* entrega de mercadoria. 〜書 〜*sho*: guia de entrega de mercadoria. 〜する, *v*: entregar mercadoria, fazer a entrega de mercadoria.

nōhinketsu 脳貧血 *s* anemia encefálica, anemia cerebral.

nōhō 農法 *s* métodos (técnicas) agrícolas.

nohohon のほほん *mim* indiferença, despreocupação, desinteresse. 〜と, *adv*: indiferentemente, despreocupadamente, sem interesse.

nōhon 納本 *s* **1** entrega de livros. **2** entrega de livro (ou cópia) para a apreciação da censura.

nōhonshugi 農本主義 *s* fisiocracia, princípio de "agricultura em primeiro lugar".

nōikketsu 脳溢血 *s* Med derrame cerebral, hemorragia cerebral, apoplexia cerebral.

noirōze ノイローゼ (*al Neurose*) *s* Med neurose.

noji 野路 *s* estrada de campo. *V* **nomichi** 野道.

nōji 農事 *s* trabalho agrícola, afazeres da agricultura. 〜機械 〜*kikai*: implementos e maquinaria agrícolas. 〜試験場 〜*shikenjō*: campo de experiências agrícolas.

nōjishidō 農事指導 *s* orientação (do trabalho, da técnica) agrícola.

nōjō 農場 *s* fazenda, plantação.

nojuku 野宿 *s* ato de dormir ao relento. 〜する, *v*: dormir ao relento.

nōka 農科 *s* curso de agronomia, departamento de agronomia. 〜大学 〜*daigaku*: faculdade de agronomia.

nōka 農家 *s* **1** casa de fazenda, casa do lavrador. **2** família rural.

nōka 濃化 *s* concentração.

nōkan 納棺 *s* deposição do corpo do falecido no ataúde. 〜する, *v*: colocar em ataúde.

nōkanki 農閑期 *s* época de recesso na agricultura, entressafra.

nōkasshoku 濃褐色 *s* marrom-escuro.

nokemono 除け者 *s* marginalizado, excluído,

ignorado. ~*ni suru, v*: marginalizar, excluir, ignorar.
nokeru 退[除]ける *v* **1** remover, retirar, tirar. 邪魔になる物を~ *jama ni naru mono o* ~: remover os obstáculos. **2** omitir, excluir. 火曜日を除けたら、いつでもいいです *kayōbi o noketara, itsu demo ii desu*: poderá ser a qualquer dia, exceto terça-feira. *V* **nozoku** 除く.
nokezoru 仰け反る *v* curvar-se para trás, inclinar-se para trás.
noki 軒 *s* beiral.
nōki 納期 *s* prazo, vencimento de entrega, de pagamento.
nōkigu 農機具 *s* máquina agrícola, ferramenta agrícola, instrumento agrícola.
nōkin 納金 *s* pagamento em dinheiro. ~*suru, v*: pagar.
nokinami 軒並み *s* casas enfileiradas, uma encostada na outra (casa). ~*ni*: de porta em porta. ~に訪問する ~*ni hōmon suru*: visitar de porta em porta.
nokisaki 軒先 *s* **1** canto do beiral. **2** frente da casa, fachada.
nokishita 軒下 *s* debaixo do beiral. ~で雨宿りをする ~*de amayadori o suru*: esperar a chuva passar debaixo do beiral.
nokku ノック (*ingl knock*) *s* pancada, golpe, batida. ~*suru, v*: bater a porta.
nōkō 農耕 *s* agricultura, lavoura, cultivo.
nōkō 濃厚 *s* densidade. ~*na, adj*: **1** forte, escuro, denso. ~なかおり ~*na kaori*: forte odor. **2** profundo, tenso. ~になる ~*ni naru*: ficar pesado. 戦争気分が~になった *sensō kibun ga* ~*ni natta*: a atmosfera de guerra tornou-se tensa.
nōkō 農工 *s* agricultura e indústria.
nokogiri 鋸 *s* serrote, serra.
nōkon 濃紺 *s* azul-marinho, azul-escuro.
nokonoko のこのこ *adv* lentamente, despreocupadamente, descaradamente. 会議が終わるころに彼は~とやってきた *kaigi ga owaru koro ni kare wa* ~*to yatte kita*: quando a reunião estava por terminar, ele apareceu descaradamente.
nokorazu 残らず *adv* tudo, inteiramente, sem sobrar.
nokori 残り *s* resto, restante, sobra.
nokorikuzu 残り屑 *s* quinquilharia, trapo, sobra.
nokorimono 残り物 *s* resto, sobra.
nokorioshii 残り惜しい *adj* lamentável, lastimável.
nokorisukuna 残り少な *expr* pouca sobra. ~になる ~*ni naru*: sobrar pouco, estar no fim.
nokoru 残る *v* **1** sobrar, restar. **2** permanecer, ficar. 家に~ *ie ni* ~: ficar em casa. 最後まで~ *saigo made* ~: ficar até o fim.
nokosu 残す *v* **1** deixar, deixar sobrar, guardar, reservar. 仕事を~ *shigoto o* ~: deixar o trabalho [para depois]. お金を~ *okane o* ~: guardar (economizar) dinheiro. **2** deixar registrado. この世に名を~ *kono yo ni na o* ~: deixar registrado o nome.
nōkotsu 納骨 *s* ato de guardar as cinzas (os ossos) no cemitério. ~する ~*suru, v*: depositar as cinzas (de uma pessoa) no jazigo.
noku 退く *v* sair, afastar, largar.
nōmaku 脳膜 *s Med* meninge. ~炎 ~*en*: meningite.
nomareru 飲[呑]まれる *v* **1** ser sugado, ser engolido. 波に・海に~ *nami ni/umi ni* ~: ser engolido pelas ondas/pelo mar. **2** ficar sob o efeito do álcool. あんなに酒に飲まれてはだめだ *anna ni sake ni nomarete wa dame da*: beber até o ponto de ficar dominado pelo álcool não é bom.
nomaseru 飲ませる *v* fazer beber. 無理に~ *muri ni* ~: fazer beber à força. 子どもに水を~ *kodomo ni mizu o* ~: fazer a criança beber água.
nomasu 飲ます *v* fazer beber. *V* **nomaseru** 飲ませる.
nōmen 能面 *s* máscara (utilizada na representação) do teatro Nô.
nomeru 飲める *v* ser possível beber, ser bom para beber. その水は飲めますか *sono mizu wa nomemasu ka*: é possível beber essa água? [essa água é boa para se beber?].
nomeru のめる *v* cair para a frente, tombar para a frente.
nomesu のめす *v* deixar cair para a frente.
nomeya utae 飲めや歌え *expr pop* algazarra. ~の大騒ぎ ~*no ōsawagi*: folia, festança.
nomi 蚤 *s Entom* pulga.
nomi 鑿 *s* formão, cinzel. ~で彫る ~*de horu*: lavrar com cinzel.
-nomi -のみ *partícula* somente, apenas. 学歴~で人を判断してはいけない *gakureki* ~ *de hito o handan shitewa ikenai*: não se deve avaliar uma pessoa somente pelos estudos.
nomiakasu 飲み明かす *v* beber a noite toda, passar a noite bebendo.
nomichi 野道 *s* caminho ao longo do campo, vereda de campo.
nomiguchi 呑み口 *s* bocal, boca (de garrafa).
nomiguse 飲み癖 *s* hábito de beber.
nomigusuri 飲み薬 *s* remédio administrado por via oral.
nomihosu 飲み干す *v* beber até a última gota. 一気に~ *ikki ni* ~: beber (tudo) de uma só vez.
nomikake 飲み掛け *s* copo meio cheio (não acabado de beber).
nomikomi 飲み込み *s* **1** trago. **2** compreensão, entendimento. ~が悪い ~*ga warui*: a compreensão é demorada. ~のはやい子 ~*no hayai ko*: criança de percepção rápida, criança esperta.
nomikomu 飲み込む *v* engolir, tragar, absorver.
nomikuchi 飲み口 *s* sabor, gosto, paladar.
nomikui 飲み食い *s* comida e bebida, comes e bebes. *V* **inshoku** 飲食.
nomimizu 飲み水 *s* água potável. *V* **inryōsui** 飲料水.
nomimono 飲み物 *s* bebida. *V* **inryō** 飲料.
nōmin 農民 *s* agricultor, lavrador. ~の ~*no, adj*: rústico, camponês, rural.
nominakama 飲み仲間 *s* companheiro de farra (de bebida).
nominarazu のみならず *expr* não somente... como também. あの人は研究者である ~ 立派な教育者だ *ano hito wa kenkyūsha de aru* ~ *rippa na kyōikusha da*: aquela pessoa não somente é um bom pesquisador como também é um excelente educador. *adv* além disso, mais que isso, não somente isso. ~彼女は私の親友だ ~ *kanojo wa watashi no shin'yū da*: além disso, ela é minha melhor amiga.

nominikui 飲み難い *adj* difícil de beber.
nomippuri 飲みっ振り *s* modo de beber. 君は〜がいいね *kimi wa 〜ga ii ne*: você tem um jeito excelente de beber!
nomisawagu 飲み騒ぐ *v* fazer farra, agitar uma bebedeira.
nomishiro 飲み代 *s pop* dinheiro para a bebida.
nōmiso 脳味噌 *s pop* cérebro, massa cinzenta.
nomisugi 飲み過ぎ *s* ato de ter bebido demais, exagero na bebida.
nomisugiru 飲み過ぎる *v* beber demais, exceder-se na bebida.
nomisuke 飲み助 *s* beberrão.
nomitomodachi 飲み友達 *s* companheiro de bebida.
nomitsubureru 飲み潰れる *v* perder a lucidez por beber demais; cair de bêbado.
nomitsubusu 飲み潰す *v* 1 embebedar [alguém]. 2 財産を〜 *zaisan o 〜*: perder a fortuna por beber demais.
nomiya 飲み屋 *s* bar, botequim, taberna.
nomiyoi 飲みよい *adj* fácil de beber.
nomu 飲[呑]む *v* 1 beber, tomar. 水・酒・薬を〜 *mizu/sake/kusuri o 〜*: beber água/bebida alcoólica/remédio. 2 esconder. ナイフを呑んでいた *naifu o nondeita*: escondia uma faca. 3 segurar (dentro de si), conter. 涙を〜 *namida o 〜*: conter as lágrimas. 4 aceitar. 要求を〜 *yōkyū o 〜*: aceitar a exigência. 5 desprezar. 相手を呑んで試合を続ける *aite o nonde shiai o tsuzukeru*: continuar o jogo, desprezando o outro.
nōmu 農務 *s* negócios agrícolas. 〜長官 *〜chōkan*: Secretário da Agricultura.
nōmu 濃霧 *s* neblina densa.
nonaka 野中 *s* dentro do campo.
nōnashi 能なし *s* inutilidade, incompetência.
nonbē 飲ん兵衛 *s pop* bêbado.
nonbiri のんびり *adv* tranquilamente, sem pressa, despreocupadamente. 〜暮らす 〜*kurasu*: viver confortavelmente (tranquilamente).
nonezumi 野鼠 *s* rato do campo.
-noni -のに *partícula* 1 apesar de, a despeito de, ainda que. 雨が降っている〜行く *ame ga futte iru 〜 iku*: vou, apesar de estar chovendo. 2 enquanto. みんなが勉強している〜彼だけ遊んでばかりいる *minna ga benkyō shite iru 〜 kare dake asonde bakari iru*: enquanto todos estão estudando, só ele está se divertindo. 3 para [propósito]. それを見る〜この眼鏡が必要だ *sore o miru 〜 kono megane ga hitsuyō da*: para ver isso, é preciso estes óculos. 4 [quando se expressa um desejo] 早く来ればいい〜 *hayaku kureba ii 〜*: ah! se viesse logo...
nonki 呑気 〜*na, adj* distraído, despreocupado, tranquilo, calmo, sossegado, otimista.
nonkimono 呑気者 *s* pessoa calma (despreocupada), pessoa otimista.
nōnō のうのう *mim* de modo tranquilo. 〜と 〜*to*: tranquilamente, confortavelmente. 〜と暮らす 〜*to kurasu*: viver confortavelmente, levar boa vida.
nonoshiri 罵り *s* injúria, insulto, ofensa.
nonoshiru 罵る *v* ofender, insultar, caluniar.
nonpori ノンポリ (*ingl abrev* de *non-political*) *s* que não tem interesse político. 〜学生 〜 *gakusei*: estudante apolítico. 〜の 〜*no*: apolítico.
nonpuro ノンプロ (*ingl abrev* de *non-professional*) *s* não profissional, amador. 〜選手 〜*senshu*: jogador amador.
nōnyū 納入 *s* pagamento, fornecimento. 〜品 〜*hin*: entrega de mercadoria (suprimento). 〜*suru, v*: pagar, entregar, fornecer. 会費を〜する *kaihi o 〜suru*: pagar a taxa.
nopperabō のっぺらぼう 〜*na, adj pop* sem expressão, inexpressivo, monótono. 〜な顔 〜*na kao*: rosto inexpressivo. 〜な挨拶 〜*na aisatsu*: cumprimento seco.
nopperi のっぺり *mim* [rosto] comprido, chato e sem expressão. 〜している顔 〜*shite iru kao*: rosto chato e inexpressivo.
noppiki naranu 退っ引きならぬ *adj* inevitável, fatal, sem saída. 〜証拠 〜*shōko*: prova fatal. 〜用事 〜*yōji*: negócio urgente.
noppo のっぽ *s pop* que é alto demais [estatura, altura].
nora 野良 *s* (relativo a) campo. 〜男 〜*otoko*: homem do campo, camponês.
noragi 野良着 *s* roupa usada no campo, roupa rústica.
norainu 野良犬 *s* cão vira-lata.
norakura のらくら *adv* à toa, em vão, ociosamente, preguiçosamente. 〜*suru, v*: ficar à toa, ficar ocioso. 〜して暮らす 〜*shite kurasu*: viver ociosamente.
norakuramono のらくら者 *s* pessoa ociosa.
norakuramusuko のらくら息子 *s* filho esbanjador; *playboy*.
noraneko 野良猫 *s* gato vira-lata.
norarikurari のらりくらり *adv* 1 à toa, ociosamente. *V* **norakura** のらくら. 2 sem consistência.
norashigoto 野良仕事 *s* trabalho rural. 〜をする 〜*o suru*: trabalhar na lavoura.
noren 暖簾 *s* 1 cortina (que se coloca na entrada dos estabelecimentos), cortina com nome do estabelecimento. 〜を下ろす 〜*o orosu*: fechar (definitivamente) o estabelecimento. 2 reputação, confiança. 〜に傷をつける 〜*ni kizu o tsukeru*: sujar o nome (a reputação) do estabelecimento perante a sociedade.
nori 海苔 *s* alga marinha. 焼き・味付け〜 *yaki/ajitsuke〜*: alga torrada (seca)/temperada.
nori 乗り *s* 1 embarque. 三人〜の飛行機 *sannin 〜no hikōki*: avião para três pessoas. 2 união, alegria, estímulo. 〜がいい 〜*ga ii*: estar estimulado. 今日の観客は〜がいい *kyo no kankyaku wa 〜ga ii*: os espectadores de hoje estão bem motivados. 3 distribuição, espalhamento [pintura]. インクの〜がいい *inku no 〜ga ii*: a tinta tem boa distribuição [a tinta se espalha bem].
nori 糊 *s* cola, grude, goma. ゴム〜付き封筒 *gomu 〜tsuki fūtō*: envelope com goma arábica.
nōri 脳裡 *s* cérebro, mente, memória.
noriage 乗り上げ *s* encalhe.
noriageru 乗り上げる *v* encalhar, colidir. 船が暗礁に〜 *fune ga anshō ni 〜*: o navio encalha no recife. 車が歩道に〜 *kuruma ga hodō ni 〜*: o carro sobe na calçada.
noriai 乗り合い *s* ato de tomar um transporte com outra pessoa.
noriawaseru [awasu] 乗り合わせる[合わす] *v* embarcar junto inesperadamente.

noriba 乗り場 *s* plataforma [de trem, metrô], parada [de ônibus]. タクシー～ *takushī*～: ponto de táxi.

noridasu 乗り出す *v* 1 partir, zarpar, pôr em movimento, deixar. 海に～ *umi ni* ～: zarpar. 2 tomar providências; lançar-se, concorrer. 政界へ～ *seikai e*～: lançar-se na carreira política. 3 inclinar, curvar, dobrar. 体を～ *karada o*～: inclinar o corpo. 窓から体を～ *mado kara karada o* ～: inclinar o corpo para fora da janela.

norigokochi 乗り心地 *s* sensação num meio de transporte. ～がよい・悪い ～*ga yoi/warui*: ser confortável/desconfortável de se viajar.

norihagureru 乗りはぐれる *v* perder [o navio, o trem].

noriii 乗りいい *adj* fácil de dirigir, confortável para se andar.

norikae 乗り換え *s* baldeação, transferência.

norikaeru 乗り換える *v* baldear, trocar, transferir. 電車から地下鉄に～ *densha kara chikatetsu ni*～: transferir de trem para o metrô.

norikakaru [kakeru] 乗り掛かる[掛ける] *v* subir, embarcar; colidir, lançar-se. 暗礁に～ *anshō ni*～: colidir nos recifes. 私が乗り掛けたら電車が動き出した *watashi ga norikaketara densha ga ugokidashita*: quando estava prestes a subir no trem, ele começou a andar.

noriki 乗り気 *s* interesse, entusiasmo, disposição.

norikiru 乗り切る *v* 1 vencer, ultrapassar, resistir. 危機を～ *kiki o*～: vencer a crise. 2 atravessar. 太平洋をヨットで～ *Taiheiyō o yotto de*～: atravessar o Oceano Pacífico em um iate.

norikoeru 乗り越える *v* passar por cima, superar, vencer. 難関を～ *nankan o*～: superar dificuldades (barreiras). 塀を～ *hei o*～: passar por cima do muro.

norikomi 乗り込み *s* embarque.

norikomu 乗り込む *v* 1 entrar, subir, embarcar [em um meio de transporte]. 船に～ *fune ni*～: embarcar no navio. 2 marchar, avançar; chegar. 敵地に～ *tekichi ni* ～: avançar para a terra do inimigo.

norikonasu 乗りこなす *v* conduzir, orientar (o cavalo). あの女の子はうまく馬を乗りこなした *ano onna no ko wa umaku uma o norikonashita*: aquela garota conduziu muito bem o cavalo.

norikoshi 乗り越し *s* ultrapassagem do ponto de descida.

norikosu 乗り越す *v* passar além, ultrapassar (seu destino).

norikumi 乗り組み *s* tripulação.

norikumiin 乗組員 *s* tripulante, pessoal de bordo.

norikumu 乗組む *v* estar a bordo, ir a bordo, embarcar.

norimaki 海苔巻き *s* Cul arroz temperado enrolado em alga.

norimawaru 乗り回る *v* passear, dirigir.

norimawasu 乗り回す *v* passear, conduzindo um veículo (meio de transporte); dirigir, conduzir, guiar.

norimono 乗り物 *s* veículo, transporte, meio de transporte.

nōrin 農林 *s* agricultura e silvicultura.

norinarasu 乗り馴らす *v* controlar, segurar as rédeas [de um cavalo].

nōringakkō 農林学校 *s* escola de agricultura e silvicultura.

norinikui 乗り難い *adj* difícil de dirigir, difícil de controlar, desconfortável para viajar.

noriokureru 乗り遅れる *v* perder, não alcançar (um veículo). バスに～ *basu ni* ～: perder o ônibus.

noriori 乗り降り *s* embarque e desembarque.

norisuteru 乗り捨てる *v* desembarcar, descer (de algum veículo); deixar, abandonar. 自動車を～ *jidōsha o*～: abandonar o carro. まだ新しい車が乗り捨ててあった *mada atarashii kuruma ga norisutete atta*: um carro ainda novo estava abandonado.

norite 乗り手 *s* cavaleiro, condutor, passageiro. 馬が～を振り落とした *uma ga* ～ *furiotoshita*: o cavalo derrubou o cavaleiro. このバスは～があまりいない *kono basu wa* ～*ga amari inai*: não há muitos passageiros neste ônibus.

norito 祝詞 *s* oração xintoísta. ～をあげる ～*o ageru*: recitar a oração xintoísta.

nōritsu 能率 *s* eficiência, eficácia, rendimento.

noritsugu 乗り継ぐ *v* baldear, trocar sucessivamente o meio de transporte.

noriutsuru 乗り移る *v* 1 trocar, transferir-se [para outro veículo]. V **norikaeru** 乗り換える. 2 possuir, dominar, apoderar-se. 悪霊があの人に乗り移った *akuryō ga ano hito ni noriutsutta*: um espírito mau apoderou-se daquela pessoa.

norizuke 糊付け *s* goma, cola. ～をする ～*o suru*: engomar, passar cola.

noroi 呪い *s* maldição, praga, desgraça, blasfêmia.

noroi 鈍い *adj* 1 lento, demorado, lerdo. 私は足が～ *watashi wa ashi ga* ～: tenho passos lentos [ando devagar]. 仕事が～ *shigoto ga* ～: ser lento no trabalho. 2 estúpido, bronco. 理解が ～ *rikai ga* ～: ser demorado na compreensão.

noroke 惚気 *s* pop ato de falar sobre as próprias relações amorosas. あの人の～を聞く *ano hito no* ～*o kiku*: ouvir a conversa daquela pessoa sobre suas relações amorosas.

norokeru 惚気る *v* pop falar, contar sobre as próprias relações amorosas, orgulhar-se das próprias conquistas.

noroma 鈍ま *s vulg* estupidez. ～な, *adj*: estúpido, bobo, lerdo, imbecil. ～である ～*de aru*: ser estúpido; ser lerdo e facilmente enganado.

noronoro のろのろ *adv* lentamente.

norou 呪う *v* amaldiçoar, praguejar, maldizer, blasfemar; detestar.

noru 乗[載]る *v* 1 tomar, embarcar, pegar, montar [cavalo]. バスに乗る *basu ni* ～: pegar ônibus. 馬に乗る *uma ni* ～: montar cavalo. 自転車に乗る *jitensha ni* ～: andar de bicicleta. 飛行機に乗っていく *hikōki ni notte iku*: viajar de avião. 2 em cima; estar colocado. 机の上に載っている *tsukue no ue ni notte iru*: estar em cima da mesa. 3 juntar-se, participar. あの人の話に乗る *ano hito no hanashi ni* ～: participar da conversa daquela pessoa. 調子に乗る *chōshi ni*～: empolgar-se. 4 registrar, estar impresso, publicar. 新聞に載る *shimbum ni* ～: ser publicado no jornal.

noruma ノルマ (*rus norma*) *s* trabalho, parcela, tarefa. ～を果たす ～*o hatasu*: cumprir (realizar) o trabalho.

nōryō 納涼 s ato de desfrutar o frescor nas noites de verão. ～花火大会 ～*hanabi taikai*: festival de fogos de artifício na noite de verão.

nōryoku 能力 s habilidade, capacidade, competência, faculdade. 知的～ *chiteki*～: faculdade intelectual.

nosabaru のさばる v espalhar-se, crescer incontrolavelmente.

nōsaku 農作 s cultivo da terra.

nōsakubutsu 農作物 s produto agrícola.

nōsanbutsu 農産物 s produto agrícola, produção agrícola.

nōsatsu 悩殺 s encanto, fascínio. ～*suru*, v: encantar, fascinar, cativar.

nōsei 農政 s administração agrícola.

noseru 乗[載]せる v 1 pôr, colocar [em cima], fazer embarcar, apanhar [passageiros]. 棚の上に箱を載せる *tana no ue ni hako o* ～: colocar a caixa em cima da estante. 乗客を乗せる *jōkyaku o* ～: apanhar passageiros. 2 fazer participar. その仕事に一口乗せる *sono shigoto ni hitokuchi* ～: deixar participar desse trabalho. 3 enganar-se, cair na armadilha. そんな話に乗せられるものか *sonna hanashi ni noserareru mono ka*: não serei enganado por esse tipo de conversa. 4 publicar, colocar, registrar, divulgar, anunciar. 新聞に記事を載せる *shimbun ni kiji o* ～: publicar um artigo no jornal. あの新聞に広告を載せる *ano shimbun ni kōkoku o* ～: anunciar naquele jornal.

noshi 熨斗 s enfeite de papel para presentes.

nōshi 脳死 s morte cerebral.

noshiagaru 伸し上がる v atingir, subir [ao topo], progredir, avançar. 一位に ～ *ichii ni* ～: atingir o primeiro lugar. スターの座に～ *sutā no za ni*～: alcançar o estrelato.

noshiageru 伸し上げる v fazer subir, fazer avançar, fazer alcançar.

noshikakaru 伸し掛かる v 1 inclinar-se, curvar-se. 2 sofrer [pressão psicológica]. 彼に重い責任が伸し掛かっている *kare ni omoi sekinin ga noshikakatte iru*: ele está sofrendo a carga de uma grande responsabilidade.

nōshinkei 脳神経 s nervo cerebral. ～外科(医) ～*geka*(*i*): neurocirurgia (neurocirurgião).

nōshōgai 脳障害 s lesão cerebral.

nōshukketsu 脳出血 s Med hemorragia cerebral, derrame.

nōshuku 濃縮 s engrossamento, concentração. ～ウラン ～*uran*: urânio concentrado. ～ジュース ～*jūsu*: suco concentrado.

nosodachi 野育ち s pessoa que foi criada no campo; pessoa rude, grosseira. ～の ～*no*, adj: grosseiro, arisco, mal-educado.

nōson 農村 s vila agrícola, comunidade rural.

nosonoso のそのそ adv lentamente, preguiçosamente. ～歩く ～*aruku*: andar lentamente.

nossori のっそり adv impassivamente. V **nosonoso** のそのそ.

nosu 伸す v 1 elevar, crescer. 2 expandir, esticar. 紙のしわを～ *kami no shiwa o* ～: esticar as dobras do papel. 3 esticar, prolongar [a viagem], prosseguir. 4 expandir, elevar-se [posição alta]. スーパーは売り上げを伸してきた *sūpā wa uriage o noshite kita*: o supermercado tem expandido suas vendas. 5 derrubar, nocautear.

nōtan 濃淡 s claro e escuro; tonalidade, gradação [cor]. 色の～ *iro no* ～: tonalidade da cor. ～法 ～*hō*: jogo de luz e sombra [de uma pintura]. ～をつける ～*o tsukeru*: sombrear.

notarejini 野たれ死に s vulg morte na rua (na sarjeta).

nōtatchi ノータッチ (ingl *no touch*) s 1 não tocar a mão, não encostar. 2 sem relação, sem vínculo. その問題については私は～だ *sono mondai ni tsuite wa watashi wa* ～*da*: não quero saber desse problema.

notautsu のた打つ v retorcer-se, contorcer-se [de dor]. 激痛に～ *gekitsū ni*～: contorcer-se de dor.

noten 野天 s ar livre. ～風呂 ～*buro*: banho de imersão ao ar livre. ～の ～*no*, adv: ao ar livre.

nōto ノート (ingl *note*) s 1 nota. ～*suru*, v: anotar, escrever, fazer anotações. 2 caderno.

notto ノット (ingl *knot*) s nó [unidade de velocidade equivalente a uma milha marítima por hora]. 20～を出す *nijū*～*o dasu*: fazer 20 nós.

nottori 乗っ取り s posse, controle, sequestro.

nottoru 乗っ取る v tomar, apoderar-se, capturar, aprisionar, sequestrar, estar na posse de, usurpar. 会社を～ *kaisha o* ～: usurpar a firma. 旅客機を～ *ryokyakuki o*～: sequestrar o avião de passageiro.

nottoru 則る v obedecer, seguir, sujeitar-se, agir conforme. 規則に～ *kisoku ni* ～: obedecer às regras. 古式に～ *koshiki ni* ～: seguir o velho estilo.

nousagi 野兎 s lebre.

nōyaku 農薬 s agrotóxico, defensivos agrícolas.

noyama 野山 s campo e montanha, vale.

nozarashi 野晒し s fato de ter sido castigado pelo tempo. ～の ～*no*: castigado pelo tempo, batido pelo vento. ～にする ～*ni suru*: expor-se às intempéries.

nozawa 野沢 s pântano, campo alagadiço.

nōzei 納税 s pagamento de taxas. ～*suru*, v: pagar impostos.

nōzeisha 納税者 s contribuinte; pagador de impostos.

nōzeishinkoku 納税申告 s declaração de imposto de renda.

nozoite 除いて expr exceto, salvo, com exceção de.

nozoki 覗き s olhadela, olhada, espiada.

nozokiana 覗き穴 s orifício de observação.

nozokikomu 覗き込む v olhar minuciosamente, observar.

nozokimi 覗き見 s espiada, espreitada, olhadela. ～*suru*, v: espiar, espreitar, observar.

nozoku 除く v excluir, omitir, deixar de lado, eliminar, abolir, cancelar, remover.

nozoku 覗く v observar, olhar com atenção, espionar, espreitar.

nozomashii 望ましい adj desejável, esperado. s esperança, expectativa; ambição, aspiração; possibilidade, oportunidade.

nozomidōri 望み通り expr de acordo com as expectativas, conforme desejado.

nozomu 望む v 1 desejar, ansiar, aspirar, pretender; ter expectativas, esperar. 幸福を～ *kōfuku o* ～: desejar a felicidade. 2 olhar, observar, contemplar. 遠くから富士山を～ *tōku kara Fujisan o* ～: contemplar o Monte Fuji de longe.

nozomu 臨む *v* **1** estar de frente para, voltar-se para. 海に～家 *umi ni ～ ie*: a casa que está de frente para o mar. **2** encarar, enfrentar, confrontar-se. その時に臨んで *sono toki ni nozonde*: nesse momento. 危難に臨んで *kinan ni nozonde*: no momento da dificuldade. **3** assistir [a uma cerimônia], comparecer, estar presente. 結婚式に～ *kekkonshiki ni ～*: comparecer a uma cerimônia de casamento.

nōzui 脳髄 *s Anat* cérebro, encéfalo.

nozumi 野積み *s* armazenagem [estocagem] ao ar livre.

nugaseru 脱がせる, **nugasu** 脱がす *v* fazer tirar, ajudar a tirar [roupa]. 着物を脱がせる *kimono o nugaseru*: fazer tirar a roupa.

nugisuteru 脱ぎ捨てる *v* tirar, deixar jogado. シャツを～ *shatsu o ～*: deixar a camisa jogada.

nugu 脱ぐ *v* tirar. 靴を～ *kutsu o ～*: tirar os sapatos. 着物を～ *kimono o ～*: tirar a roupa, despir-se.

nuguiotosu 拭い落とす *v* limpar esfregando. 靴の汚れを～ *kutsu no yogore o ～*: limpar o sapato esfregando a sujeira.

nuguu 拭う **1** secar; enxugar; limpar. 彼は手で額を拭った *kare wa te de hitai o nugutta*: ele limpou a testa com as próprias mãos. **2** apagar; safar.

nui 縫い *s* **1** costura. **2** bordado.

nuiage 縫い揚げ *s* pregas; barra.

nuiawase 縫い合わせ *s* remendo.

nuiawaseru 縫い合わせる *v* coser; remendar.

nuibari 縫い針 *s* agulha de coser.

nuigurumi 縫い包み *s* **1** bicho de pelúcia. **2** roupa de fantasia.

nuiito 縫い糸 *s* linha de coser.

nuikomi 縫い込み *s* dobra; prega.

nuikomu 縫い込む *v* coser; meter na dobra.

nuime 縫い目 *s* **1** costura; sutura. **2** ponto.

nuimono 縫い物 *s* costura; bordado.

nuishiro 縫い代 *s* margem para costura.

nuitsukeru 縫い付ける *v* pregar com pontos de costura.

nuitsukurou 縫い繕う *v* remendar; consertar; fazer com retalhos; improvisar.

nuka 糠 *s* farelo de arroz.

nukabataraki 糠働き *s* trabalho perdido.

nukamiso 糠味噌 *s* pasta feita de farelo de arroz.

nukaranu 抜からぬ *expr* como quem não sabe de nada; olhar com olhos penetrantes; estar atento.

nukari 抜かり *s* inadvertência; descuido.

nukaru 抜かる *v* descuidar-se.

nukaru 泥濘る *v* ficar enlameado.

nukarumi 泥濘 *s* **1** lamaçal; lodaçal. **2** apuros.

nukasu 抜かす *v* omitir; suprimir; saltar.

nukasu ぬかす *v vulg* dizer; ter a coragem de dizer.

nukayorokobi 糠喜び *s* alegria prematura; alegria sem causa real.

nukeana 抜け穴 *s* **1** passagem secreta. **2** saída; escapatória.

nukedasu [deru] 抜け出す[出る] *v* **1** escapulir-se; esquivar-se. **2** fugir; escapar. **3** libertar-se. **4** 髪の毛が～ *kami no ke ga～*: começar a cair (cabelo).

nukegake 抜け駆け *s* ultrapassagem; tomar a dianteira.

nukegara 抜け殻 *s* exúvia; casco.

nukege 抜け毛 *s* cabelos caídos; queda de cabelo.

nukekawari 抜け換[替]わり *s* mudança dos dentes, pelos, penas, pele.

nukekawaru 抜け換[替]わる *v* mudar os dentes, pelos, penas, pele.

nukeme 抜け目 *s* descuido; imprudência.

nukemenai 抜け目ない *adj* alerta; esperto; prudente; cauteloso; cuidadoso.

nukemenaku 抜け目なく *adv* escrupulosamente; cuidadosamente; com perspicácia; com astúcia; com sagacidade.

nukemichi 抜け道 *s* **1** atalho. **2** subterfúgio; escapatória; desculpa.

nukenuke ぬけぬけ *adv pop* sem vergonha; descaradamente.

nukeru 抜[脱]ける *v* **1** cair. 毛が～ *ke ga ～*: cai o cabelo. 歯が～ *ha ga ～*: cai o dente. **2** faltar, não estar. この本は三ページ抜けている *kono hon wa sanpēji nukete iru*: neste livro, faltam três páginas. 彼の名前が名簿から抜けている *kare no namae ga meibo kara nukete iru*: falta o nome dele nesta lista. **3** perder, desaparecer. においが～ *nioi ga ～*: sair o cheiro, perder o aroma. 気の抜けたビール *ki no nuketa bīru*: cerveja desenxabida (que perdeu o gás). **4** passar por local estreito, atravessar. 汽車がトンネルを～ *kisha ga tonneru o ～*: o trem passa pelo túnel. 露地を通り～ *roji no tōri～*: atravessar a ruela. **5** sair, escapar, retirar-se. 会議を途中で～ *kaigi o tochū de ～*: sair no meio da reunião. グループから～ *gurūpu kara ～*: sair do grupo. **6** ser estúpido (tonto). 彼は少し抜けている *kare wa sukoshi nukete iru*: ele é um pouco estúpido (tonto). **7** límpido. ～ような青空 *～yō na aozora*: céu azul límpido.

nuki 抜き *s* **1** omissão. 夕飯～で *yūhan～de*: sem jantar. **2** ato de derrotar. 五人～ *gonin～*: derrotando cinco oponentes.

nukiashi(sashiashi) 抜き足(差し足) *s* passos sorrateiros.

nukidasu 抜き出す *v* **1** tirar. **2** selecionar; escolher.

nukigaki 抜き書き *s* extrato, excerto. 演説の～ *enzetsu no ～*: trechos de um discurso. 新聞の～ *shinbun no ～*: excerto de jornal.

nukinderu 抽[挺・擢]んでる *v* exceder; superar; destacar-se.

nukisashi 抜き差し *s* sem saída.

nukite 抜き手 *s Nat* braçada por cima da cabeça.

nukitori 抜き取り *s* **1** amostragem. **2** ato de surripiar.

nukitoru 抜き取る *v* **1** tirar; arrancar; extrair. **2** surripiar; furtar.

nukitsu nukaretsu 抜きつ抜かれつ *expr* ultrapassar e ser ultrapassado; luta renhida em igualdade de condições.

nukiuchi 抜き打ち *s* **1** golpe de espada desferido quase instantaneamente. **2** surpresa.

nukizuri 抜き刷り *s* separata.

nuku 抜[貫・抽]く *v* **1** tirar; arrancar; extrair. 歯医者で歯を抜いてもらう *haisha de ha o nuite morau*: extrair um dente no dentista. **2** retirar, tirar. 洋服のしみを～ *yōfuku no shimi o～*: tirar a mancha da roupa. **3** omitir; poupar. 手を～ *te o ～*: poupar trabalho. **4** tomar. 堅陣を～ *kenjin o ～*: tomar uma praça-forte. **5** ultrapassar; suplantar;

adiantar-se. 最後の十メートルで抜かれた *saigo no jūmētoru de nukareta*: fui ultrapassado nos últimos 10 metros. **6** compor a gola. えもんを〜 *emon o* 〜: compor a gola do quimono de modo a fazer realçar a nuca. **7** ir até o limite. 彼は考え抜いてやっと結論を出した *kare wa kangaenuite yatto ketsuron o dashita*: depois de pensar muito, chegou finalmente a uma conclusão.

-nuku -ぬく *suf* ir até o fim; alcançar o limite máximo. 一晩踊り〜 *hitoban odori*〜: passar a noite interia dançando.

nukumi 温み *s* calor; conforto.

nukunuku ぬくぬく *adv* **1** aconchegantemente. **2** regaladamente. **3** descaradamente.

numa 沼 *s* pântano.

numachi 沼地 *s* terras pantanosas.

numeri 滑り *s* lodo; secreção viscosa de certos moluscos e peixes; limo.

nuno 布 *s* pano; tecido.

nunoji 布地 *s* tecido.

nurasu 濡らす *v* molhar; umedecer.

nureginu 濡れ衣 *s* calúnia; acusação falsa.

nurenezumi 濡れ鼠 *s* rato molhado; pessoa totalmente encharcada.

nureru 濡れる *v* **1** molhar-se. **2** praticar ato sexual.

nuri 塗り *s* **1** laqueação; envernização. **2** pintura.

nuriageru 塗り上げる *v* terminar de pintar; finalizar a pintura.

nuribake 塗り刷毛 *s* pincel para pintura.

nurie 塗り絵 *s* figura com contornos para ser colorida.

nurigusuri 塗り薬 *s* pomada; unguento.

nurikabe 塗り壁 *s* parede emplastrada.

nurikae 塗り替え *s* repintura.

nurikaeru 塗り替える *v* pintar de novo; aplicar outra demão de tinta.

nurikesu 塗り消す *v* pintar e apagar.

nurimono 塗り物 *s* objeto de madeira laqueada.

nuritate 塗り立て *s* pintura fresca; recém-pintado.

nuritateru 塗り立てる *v* **1** pintar com esmero. **2** pintar em excesso.

nuritsubusu 塗り潰す *v* pintar completamente.

nuru 塗る *v* **1** pintar; untar; aplicar. **2** *V* **nasuritsukeru** 擦り付ける.

nurui 温い *adj* **1** morno. **2** frouxo; brando; mole.

nurumayu 微温湯 *s* água morna.

nurumeru 温める *v* amornar.

nurumu 温む *v* **1** ficar morno. **2** arrefecer um pouco.

nurunuru ぬるぬる *mim* escorregadio.

nushi 主 *s* **1** senhor; patrão; amo. **2** proprietário. **3** marido; esposo. **4** autor. **5** patriarca.

nusubito 盗人 *s* ladrão.

nusumi 盗み *s* roubo; furto.

nusumidasu 盗み出す *v* roubar e levar para fora.

nusumidori 盗み撮り *s* fotografar sem autorização.

nusumigiki 盗み聞き *s* escuta clandestina.

nusumimi 盗み見 *s* olhar furtivo.

nusumimiru 盗み見る *v* lançar um olhar furtivo.

nusumitoru 盗み取る *v* roubar; furtar. *V* **nusumu** 盗[偸・竊]む.

nusumu 盗[偸・竊]む *v* **1** roubar; furtar; rapinar; surripiar. **2** fazer pela calada. **3** plagiar. **4** arranjar tempo. ひまを盗んでピアノを弾く *hima o nusunde piano o hiku*: tocar piano nos momentos livres.

nutto ぬっと *adv* subitamente; inesperadamente.

nuu 縫う *v* **1** coser; costurar; suturar. **2** serpear; avançar nas curvas.

nyō 尿 *s* urina.

nyōbō 女房 *s* **1** esposa; mulher. **2** cortesã.

nyojitsu 如実 *s* realidade.

nyonin 女人 *s arc* mulher.

nyōso 尿素 *s Quím* ureia.

nyuansu ニュアンス (*fr nuance*) *s* tom; sombra de diferença no sentido ou no sentimento; nuança.

nyūbai 入梅 *s* começo da estação das chuvas.

nyūbu 入部 *s* admissão num clube ou grêmio.

nyūchō 入超 *s* abreviatura de 輸入超過 *yunyū-chōka*: excesso das importações sobre as exportações.

nyūdan 入団 *s* alistamento como recruta; entrada de uma pessoa em uma organização.

nyūden 入電 *s* telegrama recebido.

nyūei 入営 *s* alistamento.

nyūeki 乳液 *s* **1** látex. **2** loção leitosa.

nyūgaku 入学 *s* admissão em uma escola; matrícula.

nyūgakugansho 入学願書 *s* formulário de requerimento de admissão.

nyūgakusha 入学者 *s* estudante novo; recém-matriculado.

nyūgakushigansha 入学志願者 *s* candidatos à admissão na escola.

nyūgakushiken 入学試験 *s* exame de admissão; exame de seleção.

nyūgan 乳癌 *s Med* câncer de mama.

nyūgoku 入獄 *s* ato de ir para a prisão.

nyūgyū 乳牛 *s* vaca-leiteira.

nyūhi 入費 *s* custo; despesa.

nyūin 入院 *s* internação; hospitalização.

nyūinkanja 入院患者 *s* paciente internado.

nyūjaku 柔弱 *s* fraqueza; debilidade.

nyūji 乳児 *s* bebê; criança de peito.

nyūjō 入場 *s* entrada. 〜*suru*, *v*: entrar. 〜無料 〜*muryō*: entrada franca.

nyūjō 乳状 *s* emulsão, emulsificado.

nyūjōken 入場券 *s* bilhete de entrada.

nyūjōryō 入場料 *s* tarifa; taxa de entrada.

nyūjōsha 入場者 *s* visitante; espectador.

nyūka 入荷 *s* entrada de mercadoria.

nyūka 乳化 *s* emulsificação.

nyūkai 入会 *s* entrada numa associação.

nyūkaisha 入会者 *s* novo membro; novo sócio.

nyūkaku 入閣 *s* entrada para o ministério.

nyūkin 入金 *s* **1** receita; entrada de dinheiro. **2** pagamento. **3** pagamento parcial; sinal.

nyūko 入庫 *s* **1** armazenagem. **2** entrada na garagem.

nyūkō 入港 *s* entrada no porto.

nyūkoku 入国 *s* entrada no país.

nyūkoku kanrikyoku 入国管理局 *s* seção de imigração.

nyūkyo 入居 *s* ato de viver numa casa.

nyūmon 入門 *s* **1** ato de entrar como discípulo em uma instituição. **2** introdução; iniciação.

nyūmonsho 入門書 *s* manual; compêndio, guia.

nyūnen 入念 *s* cuidado; esmero.

nyūryoku 入力 *s* inserção, digitação de dados no computador.

nyūsan 乳酸 *s Quím* ácido láctico.
nyūsankin 乳酸菌 *s* bacilo láctico.
nyūsatsu 入札 *s* licitação.
nyūsatsusha 入札者 *s* licitante.
nyūseihin 乳製品 *s* laticínios.
nyūseki 入籍 *s* inscrição no registro civil da família.
nyūsen 入選 *s* ato de ser selecionado num concurso.
nyūsha 入社 *s* ingresso em empresa.
nyūshashiken 入社試験 *s* exame de ingresso em uma empresa.
nyūshi 入試 *s abrev* de 入学試験 *nyūgaku shiken*: exame de admissão em uma escola; processo de seleção.
nyūshi 乳歯 *s* dente de leite.
nyūshin 入信 *s* conversão (religião).
nyūshin 入神 *s* divindade. ～の ～*no, adj*: divino.
nyūshō 入賞 *s* obtenção de prêmio.
nyūshoku 入植 *s* colonização; imigração.
nyūshōsha 入賞者 *s* premiado.
nyūshu 入手 *s* aquisição. ～*suru, v*: adquirir; obter.
nyūshunan 入手難 *s* dificuldade de obtenção.
nyūsu ニュース (*ingl news*) *s* notícia.
nyūtai 入隊 *s* alistamento no Exército.
nyūtō 入党 *s* filiação a um partido.
nyūwa 柔和 *s* suavidade; mansidão.
nyūyō 入用 *s* necessidade; precisão.
nyūyōji 乳幼児 *s* bebês e crianças. *V* **nyūji** 乳児, **yōji** 幼児.
nyūyoku 入浴 *s* banho. ～*suru, v*: tomar banho.
nyūzai 乳剤 s emulsão.

O

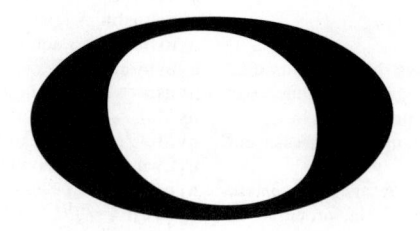

o 尾 s 1 rabo, cauda. 2 sopé da montanha. 〜に鰭が付く 〜*ni hire ga tsuku*: ficar exagerado. 〜を引く 〜*o hiku*: ter efeito duradouro.
o 男・雄・牡 s masculino, macho.
o 緒 s 1 cordão. 2 cadarço.
-o -を *partícula* 1 objeto da ação. 本〜読む *hon*〜 *yomu*: ler um livro. 2 local de passagem. 川〜渡る *kawa*〜 *wataru*: atravessar o rio. 3 tempo da ação. 休み〜過ごす *yasumi*〜 *sugosu*: passar as férias. 4 ponto de partida da ação. 部屋〜出る *heya*〜 *deru*: sair do quarto.
o- 小- *pref* 1 pequeno, detalhado, mini. 2 pouco.
o- お- *pref* respeito, reverência, polidez.
ō 王 s rei, monarca, soberano, magnata, campeão.
ō 翁 s ancião.
ō 応 *interj* sim, certo, está bem.
ō おう *interj* oh, ah.
ō - 大- *pref* grande, gigante, enorme.
ō 欧 s Europa.
ō 墺 s Áustria.
ōa 欧亜 s Europa e Ásia.
oagari お上がり *expr* entre.
oainikusama お生憎様 *expr* sinto muito, mas.
oaisō お愛想 s conta em restaurante, cortesia.
ōaji 大味 s insípido, sem sabor.
ōakubi 大欠伸 s grande bocejo.
ōame 大雨 s chuvarada, chuvão, aguaceiro.
ōana 大穴 s 1 buracão. 2 perda grande. 3 zebra.
ōarashi 大嵐 s tempestade.
ōare 大荒れ s turbulência, confusão.
ōase 大汗 s suor pesado, perspiração abundante.
oashi お足 s *pop* pé (lingugem de tratamento).
ōashi 大足 s 1 pé grande. 2 passo largo.
ōatama 大頭 s 1 cabeção. 2 líder, cabeça, chefe.
ōatari 大当たり s grande sucesso (prêmio, vitória).
ōaza 大字 s *p us* secção de uma vila.
oba 伯[叔]母 s tia.
ōbā オーバー (*ingl over*) s 1 exagero, excesso, demasia. 2 casaco. 〜*suru*, *v*: exceder, ultrapassar. 〜*na*, *adj*: exagerado, demasiado, excessivo.
ōbaka 大馬鹿 s *pop* grande idiota, bobalhão.
obake お化け s *pop* monstro, fantasma, aparição, assombração. 〜屋敷 〜*yashiki*: casa mal-assombrada.
ōban 凹版 s *p us* entalhe.
ōban 大判 s tamanho grande em papéis, livro e revista. *arc* moeda grande do século XVII.

obana 雄花 s flor unissexual masculina.
obane 尾羽 s pena de cauda.
obasan 伯[叔]母さん s titia, tia.
obasan 小母さん s mulher de meia-idade.
obāsan 祖母さん・お婆さん s vovó, vó; mulher idosa.
ōbasho 大場所 s *Sumô* torneio regular.
O-Bei 欧米 s Ocidente, Europa e América. 〜人 〜*jin*: ocidental, europeus e americanos.
obekka おべっか s *vulg* bajulação, lisonja, adulação. 〜使い 〜*zukai*: bajulador.
ōbeya 大部屋 s sala grande, camarim para vários atores. 〜俳優 〜*haiyū*: ator coadjuvante.
obi 帯 s faixa, cinturão (para quimono).
ōbī オービー・OB (*ingl old boy*) s graduado, formado, ex-aluno.
obieru 怯える *v* assustar-se, temer, amedrontar-se.
obijō 帯状 s forma de faixa.
obikidasu 誘き出す *v* atrair para fora.
obikiyoseru 誘き寄せる *v* atrair para junto.
ōbin 大瓶 s garrafão.
obiru 帯びる *v* 1 usar, vestir. 2 ser encarregado (confiado). 3 ter, tomar (cor, forma).
obitadashii 夥しい *adj* abundante, profuso, numeroso.
obiyakasu 脅かす *v* intimidar, assustar, amedrontar, ameaçar, meter medo.
ōbo 応募 s inscrição. 〜*suru*, *v*: inscrever-se. 〜者 〜*sha*: inscrito.
ōbō 横暴 s opressão, tirania. 〜*na*, *adj*: opressivo, tirânico, despótico.
oboe 覚え s 1 memória, rememoração. 2 autoconfiança. 3 confiança, favor, proteção. 4 experiência. 5 facilidade de aprendizagem.
oboegaki 覚書き s anotação, nota, memorando.
oboeru 覚える *v* 1 lembrar, memorizar. 2 aprender, dominar. 3 sentir, perceber.
oboko おぼこ s *pop* virgem, donzela, menina inocente.
ōbone 大骨 s *p us* grande esforço.
ōbora 大法螺 s contar vantagens.
oborejini 溺れ死に s morte por afogamento.
oboreru 溺れる *v* 1 afogar-se. 2 viciar-se, entregar-se.
oboro 朧ろ *adj* vago, obscuro, enevoado. s filé de peixe ou camarão cozido, esfarelado e temperado.
oboroge 朧ろ気 *adj* vago, obscuro, confuso, esmaecido.

oborozuki 朧ろ月 *s* lua enevoada.
oborozukiyo 朧ろ月夜 *s* noite de lua enevoada.
ōbosha 応募者 *s* inscrito.
oboshimeshi 思し召し *s* **1** sua opinião (desejo, vontade). **2** interesse pelo sexo oposto.
obotchan お坊ちゃん *s pop* filhinho de papai (mamãe).
obotsukanai 覚束ない *adj* **1** incerto, dúbio, duvidoso, ambíguo. **2** instável, inconstante, pouco firme.
ōbun 応分 *adj* apropriado, adequado.
ōbun オーブン (*ingl oven*) *s* forno.
ōbun 欧文 *s* língua (escrita) europeia (ocidental).
ōbune 大船 *s* navio grande. 〜に乗る 〜*ni noru*: entregar-se com confiança (tranquilidade).
ōbun'insatsu 欧文印刷 *s p us* impressão em letra ocidental.
oburāto オブラート (*al oblate*) *s* folha fina de gelatina para embrulhar bala (remédio).
oburi 大降り *s* chuvão, chuvarada, aguaceiro.
ōburoshiki 大風呂敷 *s* vanglória, jactância, convencimento. 〜を広げる 〜*o hirogeru*: vangloriar-se, contar vantagem.
obusaru 負ぶさる *v* **1** ser carregado nas costas. **2** apoiar-se, depender.
obutsu 汚物 *s* sujeira, excreção, excremento.
obuzābā オブザーバー (*ingl observer*) *s* observador, espectador.
ocha お茶 *s* **1** chá. **2** cerimônia do chá. **3** descanso. 〜にする 〜*ni suru*: descansar. 〜を濁す 〜*o nigosu*: desconversar, disfarçar.
ōchaku 横着 *s* astuto, desonesto, negligente, descarado.
ocha no ko お茶の子 *s* **1** doce. **2** coisa fácil. 〜さいさい 〜*saisai*: trabalho facílimo.
ochi 落ち *s* **1** omissão, equívoco. **2** desfecho, conclusão. **3** desfecho de piada.
-ochi -落ち *suf* ex-. 都〜 *miyako*〜: forçado a abandonar a capital.
ōchi 凹地 *s p us* depressão, buraco, abismo.
ochiai 落ち合い *s p us* **1** encontro, reunião. **2** confluência, ponto de encontro de dois rios.
ochiau 落ち合う *v* encontrar-se, reunir-se, juntar-se.
ochiba 落ち葉 *s* folha seca (morta); folha caída.
ochibureru 落ちぶれる *v* decair, descair, degradar, ruir.
ochido 落ち度 *s* erro, falha, falta, equívoco.
ochiiru 陥る *v* cair, sucumbir, afundar.
ochikazuki お近付き *s* conhecimento, encontro, conhecido.
ochikobore 落ち零れ *s* perdedor, derrotado, desistente.
ochikomu 落ち込む *v* **1** cair. **2** afundar. **3** deprimir-se. **4** decair, piorar.
ochime 落ち目 *s* decadente, degradante, em queda.
ochiochi おちおち *adv* calmamente, tranquilamente. 〜していられない 〜*shiteirarenai*: não se pode ficar ocioso.
ochiru 落ちる *v* **1** cair. **2** pôr-se (o sol). **3** ser omitido. **4** desbotar, soltar-se. **5** ser reprovado. **6** declinar, deteriorar, regredir. **7** ser inferior. **8** cair nas mãos do inimigo.
ochitsukeru 落ち着ける *v* acalmar, tranquilizar.

ochitsuki 落ち着き *s* **1** calma, tranquilidade, serenidade. **2** estabilidade, paz.
ochitsukiharau 落ち着き払う *v* estar imperturbável (tranquilo, calmo, sereno).
ochitsuku 落ち着く *v* acalmar-se, tranquilizar-se, recompor-se, aquietar-se.
ōchō 王朝 *s* dinastia.
ochoboguchi おちょぼ口 *s pop* muxoxo, beiço.
ochōshimono お調子者 *s pop* entusiasmado, exaltado, leviano.
ōda 殴打 *s* golpe, batida, pancada. 〜*suru*, *v*: acertar, bater, golpear.
odabutsu お陀仏 *s* **1** morto. **2** acabado. 〜になる 〜*ni naru*: morrer.
odaimoku お題目 *s* **1** mantra. **2** falácia.
odaku 汚濁 *s* sujeira, imundície, mancha.
ōdaku 応諾 *s* aceitação, consentimento, acordo. 〜*suru*, *v*: consentir, aceitar.
ōdan 横断 *s* **1** cruzamento, travessia. **2** corte transversal. 〜*suru*, *v*: cruzar, atravessar, cortar na transversal.
ōdan 黄疸 *s Med* icterícia.
ōdan'hodō 横断歩道 *s* faixa para pedestre.
ōdanmen 横断面 *s* corte transversal.
ōdasukari 大助かり *s* grande ajuda (auxílio).
odate 煽て *s* bajulação, adulação, lisonja.
ōdatemono 大立て者 *s* **1** ator principal. **2** poderoso, líder.
odateru 煽てる *v* bajular, adular, incitar.
odayaka 穏やか *adj* calmo, quieto, tranquilo, moderado, gentil, pacífico.
ōde 大手 *s* do ombro até a ponta dos dedos. 〜を振って 〜*o futte*: triunfante.
odeki おでき *s pop* furúnculo, pereba, bereba.
ōdeki 大出来 *s* façanha, grande feito.
odeko おでこ *s pop* testa; testa proeminente.
ōdekoron オーデコロン (*fr eau de Cologne*) *s* água de colônia, colônia.
odemashi お出まし *s* aparecimento, presença.
oden おでん *s Cul* legumes e bolinhos de peixe cozidos em sopa.
ōdio オーディオ (*ingl audio*) *s* áudio. 〜マニア 〜*mania* (*ingl mania*): apaixonado (obcecado) por áudio.
ōdo 大戸 *s p us* porta de entrada.
ōdō 王道 *s p us* regra de direito, princípio de lealdade.
ōdoburu オードブル (*fr hors-d'oeuvre*) *s* entrada, antepasto.
ōdōgu 大道具 *s Teat* cenário, cenografia. 〜方 〜*kata*: cenógrafo.
ōdoiro 黄土色 *s* cor ocre.
odokashi 嚇かし *s* ameaça, intimidação.
odokasu 嚇かす *v* ameaçar, intimidar.
odoke おどけ *s pop* gracejo, brincadeira, graça.
odokemono おどけ者 *s pop* brincalhão, gracejador, trocista.
odokeru おどける *v pop* gracejar, brincar, fazer graça (troça).
odomi 澱 *s p us* sedimento, borra.
odomu 澱む *v p us* precipitar-se, depositar-se.
odoodo おどおど *adv* nervosamente, com temeridade, com receio.
odori 踊り *s* dança.
ōdōri 大通り *s* avenida, rua principal.

odoriagaru 躍り上がる *v* saltar, pular, exaltar-se.
odoriba 踊り場 *s Arquit* patamar.
odorikakaru 踊り掛かる *v* saltar (pular, avançar) sobre.
odoriko 踊り子 *s* dançarina.
odorikomu 踊り込む *v* pular (saltar) para dentro.
odorokasu 驚かす *v* surpreender, assustar, chocar, espantar.
odoroki 驚き *s* surpresa, espanto, estupefação, susto, terror.
odorokiiru 驚き入る *v* 1 ficar estupefato (muito surpreso). 2 ficar admirado.
odoroku 驚く *v* 1 surpreender-se, espantar-se, ficar chocado. 2 admirar-se, pasmar.
odorokubeki 驚くべき *expr* surpreendente, admirável, maravilhoso.
odorokuhodo 驚くほど *expr* surpreendentemente, admiravelmente.
odoru 踊る *v* dançar.
odoru 躍る *v* saltar, pular. 胸が～ *mune ga*～, 心が～ *kokoro ga* ～: ficar com o coração palpitante.
odoshi 威し *s* ameaça, intimidação, blefe. *Sin* **odokashi** 嚇かし.
odoshimonku 威し文句 *s* palavras ameaçadoras.
odosu 威す *v* ameaçar, intimidar, aterrorizar. *Sin* **odokasu** 嚇かす.
ōen 応援 *s* torcida, auxílio, ajuda. ～*suru*, *v*: torcer, ajudar, auxiliar.
ōendan 応援団 *s* torcida organizada.
oeragata お偉方 *s pop* autoridades, dignitários, gente importante.
oeru 終える *v* terminar, concluir, completar, finalizar.
ōeru オーエル [OL] (*ingl office lady*) *s* escriturária, auxiliar administrativa.
ofisu オフィス (*ingl office*) *s* escritório. ～オートメーション ～*ōtomēshon* (*ingl automation*): automação de escritório.
ofuda お札 *s* amuleto, talismã.
ōfuku 往復 *s* ida e volta. ～*suru*, *v*: ir e voltar. ～切符 ～*kippu*: bilhete de ida e volta. ～葉書 ～*hagaki*: cartão postal com resposta pré-paga.
ofukuro お袋 *s pop* mãe. ～の味 ～*no aji*: comida da mamãe.
ōfukuundō 往復運動 *s Mec* movimento alternado.
ofureko オフレコ (*ingl off the record*) *s* à parte, não publicado.
ofuru お古 *s pop* usado, de segunda mão.
ōga 横臥 *s* decúbito lateral. ～*suru*, *v*: deitar-se de lado.
ōgakari 大掛かり *s* larga escala.
ogakuzu 大鋸屑 *s* serragem, serradura.
ōgama 大釜 *s p us* caldeirão.
ogami 男神 *s arc p us* deidade masculina.
ogamitaosu 拝み倒す *v* implorar (suplicar, pedir) até conseguir.
ogamiya 拝み屋 *s pop p us* curandeiro.
ogamu 拝む *v* 1 venerar, cultuar, adorar, orar, rezar. 2 ver.
ōganemochi 大金持ち *s* ricaço.
ōgara 大柄 *s* 1 estatura grande. 2 estampa (desenho) grande.
ōgata 大形[型] *s* grande porte (escala), tamanho grande.

ogawa 小川 *s* riacho, ribeiro.
ōgenka 大喧嘩 *s* grande briga.
ōgesa 大袈裟 *s* exagero. ～*na*, *adj*: exagerado.
ōgi 扇 *s* leque.
ōgigata 扇形 *s* formato de leque.
oginai 補い *s* suplemento, complemento, compensação.
oginau 補う *v* suprir, acrescentar, preencher, compensar.
ōgiri 大切り *s p us* 1 corte grande. 2 término, conclusão.
ōgoe 大声 *s* voz alta, vozeirão.
ōgon 黄金 *s* ouro, dinheiro.
ōgonbannō 黄金万能 *s p us* riqueza, bens materiais.
ōgonjidai 黄金時代 *s* anos dourados, época de ouro.
ogori 奢り *s* luxúria, extravagância, por conta de.
ogori 驕り *s* presunção, vaidade.
ogoru 奢る *v* 1 viver em luxúria, ser extravagante. 2 pagar a conta (de refeição).
ogoru 驕る *v* ser arrogante (insolente, presunçoso).
ōgosho 大御所 *s* líder, cabeça.
ogosoka 厳か ～*na*, *adj*: solene, austero, sério.
ōgoto 大事 *s* problema (incidente) sério (grave).
ōguchi 大口 *s* 1 boca grande. 2 grande negócio. ～をたたく ～*o tataku*: gabar-se, vangloriar-se.
ōgui 大食い *s pop* comilão, glutão, guloso.
ōhaba 大幅 *s* grande oscilação (diferença, alteração). *adj* largo.
ohajiki お弾き *s* bolinha de gude.
ohako おはこ *s pop* ponto forte, especialidade, predileção, favoritismo.
ohanashichū お話中 *expr* linha telefônica ocupada.
oharai お払い *s* ato de pagar a conta; desfazer-se dos trastes.
ōharai 大祓い *s Hist* benzedura.
oharaibako お払い箱 *s pop* ato de ser dispensado do emprego ou de um posto.
ohari お針 *s pop* trabalho de costura.
ohariko お針子 *s* costureira.
ōhashi 大橋 *s* grande ponte. 三条の～ *sanjō no*～: a grande ponte de Sanjo.
ohatsu お初 *s* 1 primeira vez. 2 primícias. 3 roupa que se veste pela primeira vez.
ohayō お早よう *expr* bom dia. ～ございます ～*gozaimasu*: bom dia (formal).
ōhazure 大外れ *s* 1 grande falta, grande falha. 2 erro grande; equívoco.
ōhebi 大蛇 *s* serpente enorme.
ōhei 横柄 *s* arrogância; insolência; prepotência.
ōhen 応変 *s* conveniência.
ohiraki お開き *s pop* fim; encerramento.
ohire 尾鰭 *s* 1 cauda e barbatanas. 2 barbatana caudal. 3 *fig* exagero.
ōhiroma 大広間 *s* salão.
ohitoyoshi お人好し *s* bonachão; crédulo; ingênuo; inocente.
ohitsuji 雄羊 *s* carneiro. ～座 ～*za*: signo de Áries; constelação de Áries.
ohiya お冷や *s pop* 1 água fresca. 2 arroz frio.
ōhō 応報 *s* paga; castigo merecido; retribuição; justiça retributiva.
ōhō 往訪 *s* visita. ～の記者 ～*no kisha*: entrevistador; repórter.
ohyakudo お百度 *s pop* o ato de rezar, andando

oi 老い *s* **1** velhice. *V* **rōnen** 老年. **2** velho.
oi 甥 *s* sobrinho.
oi おい *interj* alô!, ei!, psiu!, olá! 〜、ちょっと待って 〜, *chotto mate*: ei, espere um pouco.
ōi 王位 *s* trono; dignidade; coroa.
ōi 覆い *s* véu; cobertura.
ōi 多い *adj* muitos; grande quantidade.
oibore 老い耄れ *s pop* caducidade; decrepitude.
oiboreru 老い耄れる *v pop* ficar caduco. *V* **mōroku** 耄碌.
oichirasu 追い散らす *v* dispersar.
ōichiza 大一座 *s* grande companhia de artistas.
oidashi 追い出し *s* ato de enxotar; expulsão; ato de pôr na rua; ato de despedir.
oidasu 追い出す *v* **1** afugentar; enxotar. **2** expulsar; despedir; mandar embora.
oide お出で *s* **1** ficar; estar. お父様は〜ですか *otōsama wa 〜desu ka*: o senhor seu pai está? **2** ir; vir. どちらへ〜ですか *dochira e 〜desu ka*: para onde o senhor vai?
oihagi 追い剥ぎ *s* assalto à mão armada; salteador; ladrão de estrada. 〜に出会う 〜*ni deau*: ser roubado por um ladrão de estrada.
oiharau 追い払う *v* afugentar; mandar embora; enxotar.
oihateru 老い果てる *v* ficar fraco com a idade; envelhecer ao extremo.
oikaesu 追い返す *v* repelir; tocar de volta.
oikakeru 追い掛ける *v* **1** perseguir; correr atrás. **2** acontecer em seguida.
ōikakusu 覆い隠す *v* esconder; encobrir.
oikaze 追い風 *s* vento favorável; vento a favor.
oikomi 追い込み *s* **1** ato de encurralar. **2** arrancada final. **3** fase final.
oikomu 追い込む *v* **1** encurralar; tocar para dentro. **2** forçar; apertar. **3** dar a arrancada final. **4** fazer composição tipográfica sem interrupção.
oikomu 老い込む *v* envelhecer de repente.
oikoshi 追い越し *s* ultrapassagem.
oikoshikinshi 追い越し禁止 *s* ultrapassagem proibida.
oikosu 追い越す *v* **1** ultrapassar; passar à frente. **2** superar.
oimawasu 追い回す *v* **1** perseguir por toda parte. **2** assediar. **3** fazer trabalhar excessivamente; fazer suar no trabalho.
ōin 押印 *s* carimbagem; ato de carimbar.
ōin 押韻 *s* rima. 〜*suru, v*: rimar.
oinami 追い波 *s* onda que vem a seguir.
ōi ni 大いに *adv* **1** grandemente; muito. **2** muito; excessivamente. 〜に食べる 〜*ni taberu*: comer muito.
oioi おいおい *onom* **1** ei, ei! 〜、あれはまだ子供だよ 〜, *are wa mada kodomo da yo*: ei, ei, ele é ainda uma criança. **2** berreiro. 〜泣く 〜*naku*: chorar.
oioi(ni) 追々(に) *adv* **1** gradualmente; pouco a pouco; aos poucos. **2** à medida que o tempo passa.
ōiri 大入り *s* casa cheia (espetáculo); capacidade de audiência.
oiru 老いる *v* envelhecer.
oisaki 老い先 *s* anos de vida que ainda restam.

oisemaru 追い迫る *v* estar quase a apanhar; fechar o cerco.
oishigeru 生い茂る *v* crescer em abundância. 木が生い茂っている *ki ga oishigette iru*: as árvores estão crescendo em abundância.
oishii おいしい *adj* gostoso; delicioso; saboroso.
ōisogashi 大忙し *s* ato de estar muito ocupado.
ōisogi 大急ぎ *s* urgência; pressa. 〜で食事をする 〜*de shokuji o suru*: comer com pressa.
oi sore to おいそれと *adv* sem mais, sem menos; de repente. 〜金はできない 〜*kane wa dekinai*: dinheiro não se faz de repente.
oisugaru 追い縋る *v* implorar.
oitachi 生い立ち *s* **1** crescimento. **2** primeiros anos de vida; criação; origens.
ōitade 大痛手 *s* ferimento grave; grande perda. 〜を受ける 〜*o ukeru*: sofrer uma grande perda.
oitate 追い立て *s* expulsão; despejo. 〜を食う 〜*o kuu*: sofrer ação de despejo.
oitateru 追い立てる *v* enxotar; despejar. 借家人を〜 *shakuyanin o 〜*: despejar o inquilino.
oitatsu 生い立つ *v* crescer.
oite 追い手 *s* perseguidor. 〜をまく 〜*o maku*: despistar o perseguidor.
oite 於て *partícula* **1** em. 本郷に〜 *hongō ni 〜*: em Hongo. **2** quanto a; referente a. 彼に〜そんな事はない *kare ni〜sonna koto wa nai*: quanto a ele não existe tal problema.
oitekibori 置いてきぼり *s* abandono de alguém; ato de deixar para trás. 〜を食う 〜*o kuu*: ser deixado para trás.
oitekuru 置いて来る *v* deixar lá e voltar; esquecer.
oiteyuku 置いて行く *v* deixar para trás e partir.
ōitsu 横溢 *s* plenitude. 〜*suru, v*: estar cheio de; estar repleto de. 元気〜している *genki〜 shite iru*: estar cheio de vitalidade; estar cheio de vida, energia.
oitsuku 追い付く *v* atingir; apanhar; alcançar.
oitsumeru 追い詰める *v* encurralar; cercar; colocar em posição difícil.
oiuchi 追い撃ち *s* caça; flagelação. 〜をかける 〜*o kakeru*: atacar o inimigo.
oiwake 追分 *s* bifurcação da estrada.
oiyaru 追い遣る *v* impelir; levar; relegar a uma posição inferior. *V* **oiharau** 追い払う.
ōja 王者 *s* **1** rei; monarca. **2** manda-chuva.
ojan おじゃん *s* ato de ir tudo por água abaixo; fracasso.
oji 伯[叔]父 *s* tio.
ōji 王子 *s* príncipe.
ōji 皇子 *s* príncipe imperial.
ōji 往事 *s* acontecimento do passado; passado.
ojigi お辞儀 *s* cumprimento que se faz inclinando a cabeça e o corpo.
ojiisan おじいさん *s* **1** avô. **2** ancião; velhinho; homem idoso.
ōjikake 大仕掛け *s* plano, mecanismo ou estrutura de grande escala; grande extensão.
ojike 怖じ気 *s* medo; timidez; nervosismo. 〜がつく 〜*ga tsuku*: ficar em pânico; ficar nervoso; ficar amedrontado.
ojikeru 怖ける *v* temer; ficar com medo; ficar amedrontado.
ojiosoreru 怖じ恐れる *v* amedrontar-se; ficar com medo.

ōjiru 応じる *v* **1** responder. **2** aceitar. 呼び出しに～ *yobidashi ni*～: aceitar o chamado e responder. **3** satisfazer. **4** condizer; corresponder.

ojisan 小父さん *s inf* **1** um homem; titio; senhor. **2** tio.

ōjite 応じて *expr* segundo; de acordo com; em resposta. 必要に～ *hitsuyō ni* ～: de acordo com a necessidade.

ōjo 皇[王]女 *s* princesa imperial.

ōjō 往生 *s* **1** morte. **2** *Bud* renascer no outro mundo. **3** submissão. ～させる ～*saseru*: persuadir uma pessoa. **4** grande dificuldade; perdição.

ōjōgiwa 往生際 *s* **1** hora da morte. **2** rendição; ato de ser vencido. ～が悪い ～*ga warui*: ser mau perdedor.

ojoku 汚辱 *s* vergonha; desonra; mancha.

ojōsan お嬢さん *s* **1** sua filha. **2** senhorita. **3** moça mimada; menina rica.

oka 岡・丘 *s* colina; outeiro.

oka 陸 *s* terra; litoral.

ōka 謳歌 *s* glorificação; elogio; canto; louvor.

okabo 陸稲 *s Bot* arroz cultivado em terra seca.

okabu お株 *s* especialidade; o ponto forte.

okadochigai お門違い *s* o fato de enganar-se totalmente; erro.

okaerinasai お帰りなさい *expr* **1** vá embora. **2** voltar; bem-vindo de volta à casa.

okaeshi お返し *s* **1** retribuição do presente recebido. **2** retaliação; vingança. **3** troco.

okage お陰 *s* **1** graças; por proteção divina; favor; ajuda. お蔭様で皆元気です *okagesama de minna genki desu*: graças a Deus estão todos bem.

okaiko お蚕 *s pop* bicho-da-seda.

okakae お抱え *s* privativo; particular. ～弁護士 ～*bengoshi*: advogado particular.

okamai お構い *s* ato de importar-se com as pessoas; hospitalidade. どうぞ～なく *dōzo* ～*naku*: não se importe comigo.

okamainashi お構いなし *s* sem se importar (hora e lugar). 人の迷惑などいっこう～だ *hito no meiwaku nado ikkō* ～*da*: ele não se importa com o incômodo causado às pessoas.

okami 女将 *s* dona; patroa; proprietária.

okami お上 *s* **1** imperador; corte imperial. **2** governo; autoridades. **3** rei; amo. **4** senhora; esposa.

ōkami 狼 *s* **1** *Zool* lobo. **2** conquistador.

okamisan お上さん *s* esposa; dona de casa.

okan 悪寒 *s* arrepio; calafrio.

ōkan 王冠 *s* **1** coroa. **2** coroa de louros. **3** tampa. ビール瓶の～を取る *bīru bin no* ～*o toru*: abrir a garrafa de cerveja.

okane お金 *s* **1** metal. **2** dinheiro.

okanmuri お冠 *s* mau humor. 彼女は～だ *kanojo wa*～*da*: ela está mal-humorada.

okappa(atama) おかっぱ(頭) *s* corte de cabelo com franja.

okāsan お母さん *s* mãe.

okashigaru おかしがる *v* **1** achar graça. **2** estranhar.

okashii おかしい *adj* **1** divertido; engraçado; cômico. **2** estranho; raro; esquisito; maluco. **3** impróprio; incongruente. ～話 ～*hanashi*: história sem lógica. **4** suspeito; feio. うちの番頭は隣の女中と～: *uchi no bantō wa tonari no jochū to* ～: há algo de suspeito entre o meu funcionário e a empregada do vizinho.

okashi na おかしな *adj* divertido; engraçado; cômico.

okashiratsuki 尾頭付き *s* peixe com cabeça e rabo; peixe inteiro.

okashisa おかしさ *s* **1** substantivo de *okashii*. **2** incongruência; absurdo. **3** estranheza; esquisitice.

ōkasshoku 黄褐色 *s* cor bronzeada.

okasu 犯す *v* **1** cometer; perpetrar. **2** violar; infringir; transgredir.

okasu 冒す *v* **1** arriscar; desafiar. **2** prejudicar; atacar; danificar. **3** profanar; blasfemar; poluir; desonrar. **4** usar indevidamente o nome do clã.

okasu 侵す *v* **1** invadir; violar. **2** infringir. 権限を～ *kengen o* ～: infringir a autoridade.

ōkata 大方 *s* **1** provavelmente; mais ou menos; talvez. **2** quase. **3** a maioria. **4** o povo em geral.

ōkawa 大川 *s* rio grande.

okawari お代わり *s* ato de repetir o prato.

ōkaze 大風 *s* vendaval; furacão.

okazu お数 *s* pratos acessórios; pratos de mistura.

oke 桶 *s* alguidar de madeira.

ōke 王家 *s* família real.

ōkei 凹型 *s* concavidade; formatação côncava.

ōken 王権 *s* autoridade real.

okeru 於ける *partícula* **1** em; quando. **2** para; como. 葉の植物に～は肺の動物に～がごとし *ha no shokubutsu ni* ～*wa hai no dōbutsu ni*～*ga gotoshi*: as folhas são para as plantas como os pulmões são para os animais.

ōkesutora オーケストラ (*ingl orchestra*) *s* **1** orquestra. **2** música de orquestra.

oki 沖 *s* alto-mar.

oki 熾 *s* brasa de borralho.

-oki -置き *suf* a cada. 二日～に *futsuka* ～*ni*: a cada dois dias. 五メートル～にくぎを打つ *gomētoru* ～*ni kugi o utsu*: colocar prego a cada cinco metros.

ōki 王姫 *s* princesa.

ōki 王旗 *s* estandarte real; bandeira real.

okiagaru 起き上がる *v* levantar-se; pôr-se de pé.

okiai 沖合い *s* alto-mar. ～漁業 ～*gyogyō*: pescaria em alto-mar.

okiba 置き場 *s* lugar para colocar coisas. 自動車～ *jidōsha*～: estacionamento. 材木～ *zaimoku*～: depósito de madeiras.

okibiki 置き引き *s* furto de bagagem ou bolsa, enquanto o dono está ausente por uns momentos.

okidasu 起き出す *v* sair da cama; começar a se levantar da cama.

okigake 起き掛け *s* logo ao se levantar.

okihanashi 置き放し *s* abandono de objetos. 彼はいつも本を～にする *kare wa itsumo hon o* ～*ni suru*: ele sempre deixa os livros abandonados.

ōkii 大きい *adj* **1** grande. **2** alto; largo. **3** imenso; enorme. **4** exagerado; fanfarrão; louco. 彼の話はいつも～ *kare no hanashi wa itsumo* ～: ele é um homem fanfarrão; ele é uma pessoa exagerada. **5** mais velho. ～兄さん ～*niisan*: o irmão mais velho. **6** magnânimo. ～人物 ～*jinbutsu*: pessoa magnânima. **7** importante; crucial; sério. 大きな問題 *ōkina mondai*: problema sério; caso crucial. **8** arrogante; insolente.

okikae 置き換え *s* mudança de lugar.

okikaeru 置き換える *v* **1** mudar as coisas de lugar. **2** repor; substituir; trocar.

ōkiku 大きく *adj* grande. ~*suru*, *v*: estender; engrandecer; aumentar de tamanho; expandir. *V* **ōkii** 大きい.
okimari お決まり *s* costume; hábito; rotina; convenção.
okimiyage 置き土産 *s* ato de deixar um presente de despedida ao ir embora.
okimono 置き物 *s* **1** objeto de decoração; ornamento. **2** *fig* figura decorativa.
ōkina 大きな *adj* grande; enorme. ~*na ji de kaku*: escrever em letras grandes. ~*koto o iu*: exagerar ao contar sobre os acontecimentos.
ōki ni 大きに *adv* **1** muito. **2** muito obrigado (dialeto de Kansai).
okiru 起きる *v* **1** levantar-se. **2** acordar; despertar. 目覚し時計で~ *mezamashidokei de* ~: acordar com o despertador. **3** ser acordado. **4** ocorrer; acontecer; surgir.
okiryō 沖漁 *s* pesca em alto-mar.
ōkisa 大きさ *s* **1** tamanho; dimensão; volume. **2** grandeza.
okite 掟 *s* regulamento; mandamento; regra.
okitegami 置き手紙 *s* mensagem ou carta deixada para alguém.
okiwasureru 置き忘れる *v* esquecer onde deixou. 傘を~ *kasa o* ~: esquecer em qualquer lugar o guarda-chuva.
okizari 置き去り *s* abandono. 妻子を~にする *saishi o* ~*ni suru*: abandonar a esposa e os filhos.
ōkizu 大傷 *s* ferimento grave.
okizuri 沖釣り *s* pescaria em alto-mar.
okkanabikkuri(de) おっかなびっくり(で) *adv* com muito medo.
okkanai おっかない *adj pop* horrível; horrendo; que causa medo. *V* **osoroshii** 恐ろしい.
okkū 億劫 *adj* importuno; incômodo; aborrecido. 手紙をかくのさえ~だ *tegami o kaku no sae* ~*da*: até escrever cartas me aborrece.
okkūgaru 億劫がる *v* ter preguiça de fazer; achar que está aborrecido.
ōko 往古 *s* antigamente; nos tempos remotos. *V* **mukashi** 昔.
ōkō 横行 *s* **1** ato de andar arrogantemente. **2** ato de estar infestado; ato de campear.
ōkō 王侯[公] *s* príncipes; realeza.
okobore お溢れ *s* **1** restos. **2** sobra da abundância.
okoegakari お声掛かり *s* recomendação.
okogamashii 痴[烏滸]ましい *adj* **1** presunçoso. **2** ridículo; absurdo.
okoge お焦げ *s* arroz esturrado.
ōkoku 王国 *s* reino; monarquia; reino de alguma atividade. 三井~ *Mitsui*~: grupo Mitsui.
okomori お籠もり *s* ato de manter-se confinado no santuário para rezar.
okonai 行ない *s* **1** ato; ação. **2** conduta; comportamento.
okonau 行なう *v* agir; realizar; fazer; praticar; cumprir. *V* **shūgyō** 修業.
okonawareru 行なわれる *v* **1** ser feito; ser colocado em prática. **2** acontecer. **3** ser utilizado. **4** continuar; levar em frente.
okonomi お好み *s* gosto; preferência.
oko no sata 痴[烏滸]の沙汰 *expr* estupidez; ação tola; presunção; impertinência.

okoraseru 怒らせる, **okorasu** 怒らす *v* irritar; fazer zangar-se.
okori 起こり *s* **1** origem; começo; nascimento. **2** causa; motivo.
okoridasu 怒り出す *v* começar a se irar.
okorijōgo 怒り上戸 *s* pessoa fácil de se descontrolar e brigar ao ingerir bebida alcoólica; pessoa briguenta.
okorinbō 怒りん坊 *s* pessoa irritável; pessoa irritadiça.
okorippoi 怒りっぽい *adj* irritável; irascível; rabugento.
okoritsukeru 怒り付ける *v* dar uma bronca.
okoru 怒る *v* **1** zangar-se; irritar-se. **2** repreender; dar uma repreensão.
okoru 起こる *v* **1** ocorrer; originar-se; acontecer; surgir; aparecer. **2** ser gerado; produzir-se. 物体を摩擦すると電気が~ *buttai o masatsu suru to denki ga*~: quando se atrita dois corpos, produz-se a eletricidade.
okoru 興る *v* tornar-se próspero; prosperar; florescer.
okoru 熾る *v* começar a arder; pegar fogo. 火が熾っている *hi ga okotte iru*: está pegando fogo.
okoshi おこし *s* doce de painço e arroz pipocados.
okoshi お越し *s* ida; vinda. どうぞ~下さい *dōzo* ~*kudasai*: por favor, venha à minha casa.
okosu 起こす *v* **1** erguer; endireitar; levantar. **2** acordar. **3** começar; abrir; lançar; inaugurar. **4** gerar; produzir; provocar; fazer nascer. **5** adoecer; contrair; apanhar.
okosu 興す *v* levantar; promover; ressuscitar; restaurar. すたれた家を~ *sutareta ie o* ~: reerguer uma família arruinada.
okosu 熾す *v* fazer fogo; manter o fogo.
okotari 怠り *s* **1** negligência; indolência; preguiça. **2** descuido; falta; desleixo.
okotaru 怠る *v* **1** negligenciar; ser indolente. **2** descuidar-se.
oku 屋 *s* telhado; cobertura da casa; casa.
oku 奥 *s* **1** interior; fundo; mais para dentro. **2** parte interior da casa. **3** esposa de nobre; dama. *V* **fujin** 夫人.
oku 億 *s* **1** cem milhões. **2** número astronômico.
oku 措く *v* **1** excluir; excetuar. **2** suspender; desistir; descontinuar; deixar de lado; deixar de. 主人を措いてそれを決めることはできない *shujin o oite sore o kimeru koto wa dekinai*: não podemos excluir o dono dessa tomada de decisão.
oku 置く *v* **1** pôr; colocar. **2** deixar. **3** instalar. **4** conservar; guardar. **5** depositar. **6** fazer de antemão. **7** acumular-se.
oku 擱く *v* colocar; deitar; parar. 筆を~ *fude o* ~: deitar a caneta; parar de escrever.
ōku 多く *adv* e *s* **1** muito; abundantemente. **2** a maioria.
okuba 奥歯 *s* dente molar.
okubyō 臆病 *s* covardia; timidez.
okubyōmono 臆病者 *s* covarde; medroso.
okuchi 奥地 *s* interior; sertão.
okuchō 億兆 *s* número exorbitante; a massa; a multidão.
okudan 臆断 *s* conjectura.

okufukai 奥深い *adj* profundo; fundo; esotérico.
okugai 屋外 *s* ao ar livre; fora do teto.
okugaki 奥書き *s* pós-escrito; endosso.
okugata 奥方 *s* dama nobre; esposa.
okugi 奥義 *s* arcano; mistério; segredos de uma arte.
okujō 屋上 *s* terraço; cobertura; sobre o telhado.
okuman 億万 *s* bilhões.
okumanchōja 億万長者 *s* bilionário; ricaço.
okumaru 奥まる *v* estender para o fundo.
okumatta 奥まった *expr* retirado; afastado; escondido. ~部屋 ~*heya*: quarto do fundo; quarto afastado.
okumen 臆面 *s* ato de fazer cerimônia; feições de quem tem vergonha.
okunai 屋内 *s* interior da casa; sob o teto.
okuni お国 *s* país ou cidade natal; terra natal.
okunijiman お国自慢 *s* orgulho da terra natal; especialidade da terra.
okuninamari お国訛り *s* sotaque regional; sotaque da terra natal.
okuniwa 奥庭 *s* quintal; pátio interior; jardim de inverno.
oku no te 奥の手 *s* 1 segredo; mistério. 2 último recurso; última cartada.
okura オクラ (*ingl okra*) *s Bot* quiabo; quiabeiro.
okuraseru 遅らせる *v* atrasar; diferir; adiar; procrastinar; deixar para depois.
okure 遅れ *s* 1 atraso. 2 ficar atrás.
okurebase 後れ馳せ *s* 1 ato de partir atrasado. 2 chegar tarde.
okurege 後れ毛 *s* cabelo solto; cabelo desprendido.
okureru 遅れる *v* 1 atrasar-se; chegar tarde. 2 ficar para trás; chegar depois.
okuri 送り *s* 1 expedição. 大阪～の品 *ōsaka~no shina*: mercadoria a ser expedida para Osaka. 2 ida; ato de levar. 3 transferência. 4 enterro.
okuribi 送り火 *s* luzes na despedida aos mortos.
okuridasu 送り出す *v* despedir-se de; acompanhar até a saída.
okurigana 送り仮名 *s* letras do silabário japonês acrescentadas ao ideograma chinês para completar a palavra.
okurijō 送り状 *s* fatura.
okurikaesu 送り返す *v* devolver; mandar de volta.
okurikomi 送り込み *s* alimentação de máquinas.
okurikomu 送り込む *v* escoltar; entregar.
okurimono 贈り物 *s* presente; lembrança; prenda.
okurimukae 送り迎え *s* levar e trazer de volta.
okuriōkami 送り狼 *s pop* 1 homem que vive perseguindo mulheres. 2 perseguidor.
okurisaki 送り先 *s* destino; destinatário.
okuritodokeru 送り届ける *v* levar ao destino; entregar ao destinatário.
okuru 送る *v* 1 mandar; enviar; expedir; despachar. 2 enviar alguém. 3 passar o tempo. 去年は郷里で夏を送った *kyonen wa kyōri de natsu o okutta*: no ano passado passei o verão na minha terra. 4 acompanhar; levar. 5 levar para enterrar. 棺を～ *hitsugi o ~*: acompanhar o féretro até o local do sepultamento.
okuru 贈る *v* 1 oferecer; dar de presente. 2 dizer; proferir; saudar.
okusama 奥様 *s* senhora; sua senhora; sua esposa.
okusan 奥さん *s* 1 senhora; esposa de outrem. 2 senhora mais velha.

okusetsu 臆説 *s* hipótese; conjectura.
okusoko 奥底 *s* 1 fundo do mar; profundeza; profundidade. 2 fundo.
okusoku 臆測 *s* suposição; especulação.
okusuru 臆する *v* temer; ser tímido; recear; hesitar.
okute 奥手・晩生・晩稲 *s* 1 arroz serôdio. 2 ato de ser tardio. 3 pessoa imatura. 4 pessoa tímida em relação ao sexo oposto.
okuyama 奥山 *s* recôndito, montanhês.
okuyukashii 奥ゆかしい *adj* fino; distinto; elegante.
okuyuki 奥行き *s* 1 profundidade de conhecimento ou experiência. 2 medida do fundo de um terreno.
ōkyū 王宮 *s* palácio real.
ōkyū 応急 *s* resposta a uma emergência; expediente paliativo.
ōkyūsaku 応急策 *s* plano de emergência.
ōkyūshochi 応急処置 *s* medida de emergência.
ōkyūteate 応急手当 *s* primeiros socorros.
omachidōsama お待ち遠さま *expr* desculpe-me por tê-lo(a) feito esperar.
omachigai 大間違い *s* grande erro.
omae お前 *pron pop* 1 tu; você. 2 termo de tratamento entre homens ou de superior para subordinado.
omaesan お前さん *pron pop* meu querido; você.
omairi お参り *s* visita ao templo.
ōmajime 大真面目 *s* seriedade. ~*na*, *adj*: zeloso; sério; sem brincar.
ōmaka 大まか *s* 1 visão aproximada; visão geral. 2 generosidade.
omake お負け *s* 1 desconto; abatimento. 2 suplemento. 3 troco; extra.
ōmake 大負け *s* 1 derrota estrondosa. 2 grande desconto.
omake ni お負けに *adv* além disso; ainda por cima. これは～です *kore wa~desu*: este é um brinde extra.
omamori お守り *s* amuleto.
omaru 御丸・御虎子 *s* privada; urinol.
ōmata 大股 *s* passos largos.
omatsurikibun お祭り気分 *s* espírito festivo.
omatsurisawagi お祭り騒ぎ *s* festa; alegria; folia; algazarra.
ōmawari 大回り *s* 1 caminho mais longo; rodeio. 2 ato de dar uma grande volta.
omawari(san) お巡り(さん) *s pop* policial; guarda; polícia.
ome お目 *s* seus olhos, sua vista. *V* me 目.
ōme 大目 *s* vista grossa; tolerância.
omedama お目玉 *s pop* raspanete; repreensão; reprimenda.
ōmedama 大目玉 *s pop* grande raspanete; bronca.
omedeta おめでた *s* acontecimento feliz; casamento; gravidez.
omedetai おめでたい *adj* feliz; auspicioso.
omedetō(gozaimasu) おめでとう(ございます) *expr* parabéns; felicitações.
omedōri お目通り *s obsol* audiência; entrevista; presença. ~を願い出る ~*o negaideru*: pedir uma audiência.
omei 汚名 *s* desonra; infâmia; ignomínia.
omekashi おめかし *s pop* ato de enfeitar-se; vestir-se bem.

omen お面 *s* máscara.
ōmen 凹面 *s* concavidade; côncavo. 〜鏡 〜*kyō*: espelho côncavo; lente côncava.
omeome(to) おめおめ(と) *adv* descaradamente; sem vergonha.
omeshi お召し *s* 1 chamamento de Deus. 2 〜列車 〜*ressha*: trem imperial. 3 〜になる 〜*ni naru*, *v*: vestir.
omeshimono お召し物 *s* roupa; vestido; traje.
ōmidashi 大見出し *s* título; cabeçalho.
omiki お神酒 *s* saquê oferecido como libação aos deuses. *V* **sake** 酒.
omishirioki お見知り置き *s* ato de ser conhecido de alguém.
ōmisoka 大晦日 *s* véspera de Ano-Novo; último dia do ano.
omiyamairi お宮参り *s* visita a templo xintoísta.
omizu お水・御神水 *s* água sagrada; água benta oferecida no altar.
ōmizu 大水 *s* inundação; enchente.
omocha 玩具 *s* 1 brinquedo. 2 objeto de diversão.
omochaya 玩具屋 *s* loja de brinquedos.
omodatta 主立った *adj* principal; destacado.
omoeba 思えば *expr* se pensar; pensando bem. 〜人生は夢に過ぎない 〜*jinsei wa yume ni suginai*: pensando bem, a vida não passa de um sonho.
omoi 思い *s* 1 pensamento. 2 desejo. 3 amor; afeição; carinho. 4 experiência. 恥ずかしい〜をする *hazukashii*〜*o suru*: sentir-se envergonhado. 5 preocupação; o pensar. 6 saudade; desejo de ver. 〜を馳せる 〜*o haseru*: pensar no passado.
omoi 重い *adj* 1 pesado. 2 carregado; lento; vagaroso. 3 grave; sério; severo. 4 importante.
omoiagari 思い上がり *s* presunção; ilusão.
omoiagaru 思い上がる *v* ser convencido; ser presunçoso; ser vaidoso.
omoiamaru 思い余る *v* não saber o que fazer; ficar perdido; não suportar mais.
omoiataru 思い当る *v* lembrar-se; vir à tona; vir à ideia; ocorrer.
omoichigai 思い違い *s* mal-entendido; equívoco; engano; confusão.
omoidashiwarai 思い出し笑い *s* riso provocado por um fato passado.
omoidasu 思い出す *v* 1 recordar-se; lembrar-se; vir à lembrança. 2 começar a pensar.
omoide 思い出 *s* recordação; lembrança; reminiscência.
omoidebanashi 思い出話 *s* conversa sobre o passado; memórias; lembranças.
omoidōri 思い通り *s* como se pensa; como se esperava; o que se previa.
omoiegaku 思い描く *v* imaginar.
omoigakenai 思い掛けない *adj* inesperado; imprevisto; casual.
omoigakenaku 思い掛けなく *adv* inesperadamente; acidentalmente; de repente.
omoigo 思い子 *s* criança favorita; filho querido; bicho de estimação.
omoiire 思い入れ *s* 1 ato de pensar só numa coisa; concentração. 2 postura de personagem no teatro; ter atuação exclusiva.
omoiiru 思い入る *v* considerar; ponderar.

omoikaesu 思い返す *v* recordar; lembrar. *V* **kangaenaosu** 考え直す, **omoinaosu** 思い直す.
omoikiri 思い切り *s* 1 decisão. 2 a vontade; a bel-prazer; com toda a força.
omoikiru 思い切る *v* 1 desistir. 2 decidir.
omoikitta 思い切った *expr* radical; drástico; ousado; resoluto; decidido.
omoikitte 思い切って *adv* 1 resolutamente; decididamente; corajosamente. 2 quanto quiser; até não poder mais; à vontade.
omoikomu 思い込む *v* 1 acreditar; convencer-se; estar convencido. 2 decidir.
omoimawasu 思い回す *v* repensar; refletir.
omoimayou 思い迷う *v* hesitar; ficar indeciso.
omoimidareru 思い乱れる *v* ter pensamentos conflituosos; ter o juízo perturbado.
omoi mo yoranai [yoranu] 思いも寄らない[寄らぬ] *expr* inesperado; que não passa pela cabeça; fora de cogitação.
omoinaosu 思い直す *v* pensar melhor; reconsiderar; mudar de ideia.
omoinayamu 思い悩む *v* agonizar; preocupar-se; inquietar-se.
omoi no hoka(ni) 思いの外(に) *expr* fora de toda a expectativa; ao contrário do que se pensava.
omoinokosu 思い残す *v* ter do que se arrepender; ficar com remorsos.
omoi no mama 思いの儘 *expr* à sua vontade; a seu bel-prazer; a seu gosto.
omoiomoi 思い思い *s* cada qual à sua maneira.
omoiyobu 思い及ぶ *v* 1 ocorrer; vir à cabeça. 2 lembrar-se.
omoishiru 思い知る *v* ver bem; perceber; aprender; dar-se conta.
omoisugoshi 思い過ごし *s* cisma; desconfiança infundada.
omoisugosu 思い過ごす *v* pensar demais; dar demasiada importância.
omoitachi 思い立ち *s* ideia; plano; projeto; impulso.
omoitatsu 思い立つ *v* pensar e fazer; resolver.
omoitodomaru 思い止まる *v* desistir; abandonar a ideia.
omoitsuki 思い付き *s* plano; sugestão; boa ideia; ideia brilhante.
omoitsuku 思い付く *v* 1 pensar; ocorrer; vir à cabeça. 2 lembrar-se.
omoitsumeru 思い詰める *v* cismar; estar sempre a pensar na mesma coisa; consumir-se de tanto pensar.
omoitsunoru 思い募る *v* pensar e pensar; pensar seguidamente.
omoiukaberu 思い浮かべる *v* trazer à memória; lembrar-se; recordar.
omoiwazurau 思い煩う *v* preocupar-se; inquietar-se; afligir-se.
omoiyari 思い遣り *s* dedicação; atenção; ato de pensar nos outros.
omoiyaru 思い遣る *v* 1 ter pena; apiedar-se; ser delicado. 2 lembrar-se. 3 ficar preocupado.
ōmoji 大文字 *s* 1 letra grande. 2 letra maiúscula.
omokage 面影 *s* 1 semblante; ar; sinal. 2 vestígio; traços.
ōmōke 大儲け *s* grande lucro.
omoki 重き *s* peso; importância.

omo(k)kurushii 重(っ)苦しい *adj* opressivo; pesado; carregado.
omoku 重く *adv* pesadamente; seriamente.
omokuchi 重口 *s* pessoa calada. ～の ～*no*: devagar no discurso.
omome 重目 *s* relativamente pesado.
omomi 重み *s* 1 peso. 2 importância; autoridade. 3 dignidade.
omomochi 面持ち *s* expressão; aspecto; ar; rosto.
omomuki 趣 *s* 1 bom gosto; elegância; beleza; encanto. 2 aparência; feição; aspecto. 3 teor; conteúdo; sentido; significado. 4 estado; situação.
omomuku 赴く *v* 1 dirigir-se para; ir; caminhar. 2 ficar; mudar para.
omomuro ni 徐ろに *adv* pouco a pouco; lentamente; vagarosamente.
ōmon 大門 *s* portão da frente; portão grande.
omo na 主な *adj* principal; importante.
omoneru 阿る *v* bajular; adular.
omoni 重荷 *s* 1 carga pesada. 2 fardo; peso; encargo; responsabilidade.
omo ni 主に *adv* principalmente; sobretudo; essencialmente.
omonjiru 重んじる *v* prezar; estimar; ter em alto conceito; dar valor; apreciar.
ōmono 大物 *s* 1 caça grossa; um bicho grande. 2 figura importante; pessoa fora de série.
omonpakari 慮り *s* consideração; pensamento; escrúpulo; prudência.
omonpakaru 慮る *v* pensar bem; ser prudente.
omonzuru 重んずる *v* estimar; prezar; ter em alto conceito; dar valor; apreciar. *V* **omonjiru** 重んじる.
omoomoshii 重々しい *adj* grave; solene; digno.
omoomoshisa 重々しさ *s* gravidade; solenidade; dignidade.
omori 錘 *s* 1 chumbo; chumbada. 2 peso.
ōmori 大盛り *s* dose grande; um prato muito cheio de comida.
omosa 重さ *s* 1 peso. 2 importância. 3 *Fís* gravidade. *V* **jūryō** 重量.
omoshi 重し *s* 1 peso. 2 importância; autoridade.
omoshirogaru 面白がる *v* divertir-se; gostar; achar graça; sentir prazer.
omoshirohanbun 面白半分 *adj* por brincadeira; meio a brincar.
omoshiroi 面白い *adj* 1 engraçado; cômico. 2 divertido; alegre; agradável. 3 interessante. 4 satisfatório; bom.
omoshiroku 面白く *adv* com prazer; com interesse; alegremente. ～一日遊ぶ ～*ichinichi asobu*: divertir-se alegremente o dia inteiro.
omoshiromi 面白み *s* interesse; graça.
omoshirookashii 面白おかしい *adj* cômico; divertido.
omoshirosa 面白さ *s* interesse; graça. *V* **omoshiromi** 面白み.
omote 表 *s* 1 cara; face; parte frontal; anverso. ～を出す ～*o dasu*: mostrar a cara. 2 exterior; aparência. 3 público; oficial; formal. ～に出せない事情がある ～*ni dasenai jijō ga aru*: há razões que não podem ser tornadas públicas. 4 fora de casa; na rua. ～はまだ暗い ～*wa mada kurai*: lá fora ainda está escuro. 5 revestimento do tatame.

ōmote 大持て *s pop* assédio dos fãs; admiração dos fãs.
omotedateru 表立てる *s* fazer vir a público; tornar público.
omotedatsu 表立つ *v* vir a público; tornar-se público.
omotedatta 表立った *expr* público; oficial; aberto.
omotedōri 表通り *s* rua principal.
omotegae 表替え *s* troca de revestimento.
omotegenkan 表玄関 *s* entrada principal; porta da frente; vestíbulo.
omoteguchi 表口 *s* entrada da frente.
omotemon 表門 *s* portão principal da frente.
omotemuki 表向き *s* abertamente; publicamente; ato de ser público; ato de vir a ser oficial.
omotezata 表沙汰 *s* ato de tornar público.
ōmoto 大本 *s* principal; base; fundamental.
omou 思[想]う *v* 1 pensar; julgar; achar. 2 acreditar; estar convencido. 3 sentir. 4 supor. 彼は思ったより若い *kare wa omotta yori wakai*: ele é mais novo do que se supunha. 5 tomar por; pensar. 6 tencionar; querer. 7 imaginar. 8 sonhar; esperar; calcular. 9 recordar; lembrar-se. 10 querer; desejar. 父は私を弁護士にしようと思っている *chichi wa watashi o bengoshi ni shiyō to omotte iru*: o meu pai quer que eu seja advogado. 11 amar; apaixonar-se. 12 preocupar-se; recear.
omoumama 思う儘 *expr* realizar as ações da maneira que deseja; como almeja; como quiser. ここでは君は自分の～に行動できる *koko dewa kimi wa jibun no ～ni kōdō dekiru*: aqui você poderá agir como quiser; aqui você é o dono do seu nariz. *V* **omoi no mama** 思いの儘.
omoutsubo 思う壺 *s* estar na boca do lobo; armadilha; o que se esperava; estar no papo.
omouzonbun 思う存分 *expr* até não poder mais; sem parar; à vontade.
omowaku 思わく *s* 1 trama; intenção; cálculo. 2 opinião alheia. 3 especulação. ～通りになる ～*dōri ni naru*: acontecer como se especulava.
omowakugai 思わく買い *s* compra especulativa.
omowanu 思わぬ *expr* inesperado com o que não se contava.
omowareru 思われる *v* voz passiva de *omou*. 1 parecer. 2 ser considerado; ser tido como.
omowaseru 思わせる *v* dar a entender; fazer pensar; insinuar.
omowashii 思わしい *adj* satisfatório; bom.
omowazu(shirazu) 思わず(知らず) *adv* sem querer; instintivamente; irrefletidamente.
omoya 母屋 *s* casa principal.
omoyatsure 面窶れ *s* aspecto extenuado; rosto macilento; ares de fadiga.
omoyu 重湯 *s* caldo de arroz; papa de arroz.
ōmu 鸚鵡 *s Ornit* papagaio.
ōmugaeshi 鸚鵡返し *s* ato de papaguear; repetir como papagaio.
ōmugi 大麦 *s Bot* cevada.
ōmukashi 大昔 *s* a mais remota antiguidade.
ōmukō 大向こう *s* 1 plateia. 2 público; povo; as massas.
omuretsu オムレツ (*fr omelette*) *s* omelete.
omutsu お襁褓 *s* fralda. ～をする ～*o suru*: pôr fralda; colocar fralda.

on 音 *s* **1** som; ruído. **2** leitura chinesa do ideograma.
on 恩 *s* favor; bondade; bem; amor; dever de gratidão.
on 雄・牡 *s* macho. *V* **osu** 雄・牡.
onagare お流れ *s* **1** suspensão. **2** saquê bebido no copo usado pelo superior.
ōnagi 大凪 *s* calma absoluta; silêncio repentino; calmaria; bonança.
onago 女子 *s* mulher; moça; menina. *V* **fujin** 夫人, **onna** 女, **musume** 娘.
on'ai 恩愛 *s* afeição; amor conjugal ou amor entre pais e filhos.
onaidoshi 同い年 *s* da mesma idade.
onaji 同じ *s* **1** mesmo; igual; idêntico. **2** semelhante; similar. 私もあなたも～考えです *watashi mo anata mo ~kangae desu*: eu e você temos ideias semelhantes. **3** ato de não mudar. この辺は十年前と～だ *kono hen wa jūnen mae to ~da*: isto aqui está como há dez anos.
onaka お腹 *s* barriga; estômago; ventre; pança.
ōnami 大波 *s* onda enorme; onda gigante; vaga.
onara 屁 *s* peido; ventosidade; traque.
onari お成り *s* visita de uma personalidade. 不意の～ *fui no ~*: visita-surpresa.
onasake お情け *s* piedade; comiseração.
ōnata 大鉈 *s* machado grande.
onbin 穏便 *adj* amigável, calmo, gentil.
onboro おんぼろ *s vulg* esfarrapado; gasto; em ruínas; escangalhado.
onborojidōsha おんぼろ自動車 *s* calhambeque.
onbu 負んぶ *s pop* **1** ato de carregar nas costas. **2** *fig* dependência.
onchi 音痴 *s* **1** ato de ser desafinado; sem ouvido tonal. **2** não ter habilidade ou jeito para certas coisas.
onchō 音調 *s* entonação; tom.
onchō 恩寵 *s* graça; favor; concessão.
onchū 御中 *s* excelentíssimos senhores (nas cartas).
ondan 温暖 *s* quente; ameno.
ondanzensen 温暖前線 *s* frente quente.
ondo 音頭 *s* **1** ato de dirigir uma banda; ato de ter iniciativa numa festa; brinde com bebida. **2** música folclórica.
ondo 温度 *s* temperatura.
ondochōsetsu 温度調節 *s* regularização de temperatura.
ondokei 温度計 *s* termômetro.
ondoku 音読 *s* **1** leitura em voz alta. **2** leitura chinesa do *kanji*.
ondori 雄鶏 *s* ave macho; galo.
ondotori 音頭取り *s* **1** regente de coro. **2** chefe; pessoa que faz o brinde numa festa.
one 尾根 *s* crista; lombo; espinhaço; lombada.
onegai お願い *s* pedido.
oneji 雄螺子 *s* rosca de parafuso.
oneko 牡猫 *s* gato.
ōnen 往年 *s* anos passados; antes; o passado.
ōnetsu 黄熱 *s Med* febre amarela.
ongaeshi 恩返し *s* retribuição de favor.
ongaku 音楽 *s* música.
ongakuka 音楽家 *s* músico.
ongakukai 音楽会 *s* concerto; recital.
ongakushi 音楽史 *s* história da música.
ongakutai 音楽隊 *s* banda musical.
ongan 温顔 *s* rosto afável; fisionomia serena.

ongi 恩義[誼] *s* favor; obrigação; dever de gratidão.
ongyoku 音曲 *s* **1** canção acompanhada de *shamisen*. **2** música japonesa.
oni 鬼 *s* **1** ogro; diabo; gênio mau. **2** *fig* fera; homem endiabrado. **3** valente; pessoa capaz. ～に金棒 *~ni kanabō*: dupla vantagem. ～の霍乱 *~no kakuran*: doença repentina apanhada por pessoa que vendia saúde. **4** pessoa esforçada. 仕事の～ *shigoto no ~*: escravo do trabalho.
oni- 鬼- *pref* **1** intrépido; valente. **2** desumano; cruel; duro; implacável.
on'i 恩威 *s* justiça e clemência.
oniba 鬼歯 *s* dente canino.
onibaba 鬼婆 *s* megera; bruxa.
onibasu 鬼蓮 *s Bot* vitória-régia gigante.
onibi 鬼火 *s* fogo fátuo.
onigokko 鬼ごっこ *s* pega-pega.
on'in 音韻 *s Fon* fonema.
onjin 恩人 *s* benfeitor; protetor; salvador.
onjō 温情 *s* benevolência; consideração.
onjōshugi 温情主義 *s* paternalismo.
onjun 温順 *s* docilidade; ato de ser dócil.
onkai 音階 *s Mús* escala musical.
onkei 恩恵 *s* favor; benefício; graça.
onken 穏健 *s* moderado.
onketsu 温血 *s* sangue quente. ～動物 *~dōbutsu*: animal homeotérmico.
onkō 温厚 *adj* gentil; afável; cortês.
onkyō 音響 *s* som; estrondo.
onkyōkōka 音響効果 *s* som; efeito acústico.
onkyū 恩給 *s* pensão. ～で暮らす *~de kurasu*: viver de pensão.
onmitsu 隠密 *s* **1** segredo. **2** espião; agente secreto.
onna 女 *s* **1** mulher. **2** mulher adulta.
onnade 女手 *s* **1** letra de mulher; caligrafia feminina. **2** trabalho de mulher; emprego de mulher.
onnaasobi 女遊び *s* libertinagem.
onnagata 女形 *s Teat* **1** papel feminino. **2** ator que faz papel de mulher.
onnagirai 女嫌い *s* misoginia; misógino.
onnagokoro 女心 *s* coração de mulher; psicologia feminina.
onna no ko 女の子 *s* **1** menina. **2** jovem; moça. **3** filha. **4** menina recém-nascida.
onnarashii 女らしい *adj* jeito feminino.
onnatarashi 女たらし *s pop* galanteador; mulherengo; conquistador.
onnatomodachi 女友達 *s* amiga; colega.
onnayaku 女役 *s* papel feminino; papel de mulher.
onnazakari 女盛り *s* mulher na flor da idade.
onnen 怨念 *s* rancor; ressentimento.
ono 斧 *s* machado.
onoborisan お上りさん *s pop* provinciano; caipira de visita à cidade.
ononoku 戦[慄]く *v* tremer de frio; tremer de medo.
onoono 各々 *e adv* cada um; cada qual.
onore 己れ *s* próprio; se; si; mesmo. *interj* seu miserável!
onozukara 自ずから, **onozuto** 自ずと *adv* naturalmente; como coisa natural.
onpa 音波 *s Fís* onda sonora.
onpu 音符 *s* **1** nota musical. **2** sinal diacrítico.
onpyōmo(n)ji 音標文字 *s* **1** sinal fonético. **2** letra.

onritsu 音律 *s* tom alto ou baixo; afinação.
onryō 音量 *s* volume do som ou da voz.
onryō 怨霊 *s* alma penada.
onryō 温良 ～*na, adj*: bondoso; dócil; gentil; amável.
onsei 音声 *s* voz; som.
onseigaku 音声学 *s* fonética.
onsen 温泉 *s* águas termais.
onsetsu 音節 *s* sílaba.
onsha 恩赦 *s* anistia; indulto.
onshi 恩師 *s* professor respeitado.
onshin 音信 *s* carta; notícias.
onshirazu 恩知らず *s* ingratidão; ingrato.
onshitsu 音質 *s* qualidade do som.
onshitsu 温室 *s* estufa.
onshitsusaibai 温室栽培 *s* cultura em estufa.
onshō 恩賞 *s* prêmio; recompensa. *V* **hobi** 褒美.
onshō 温床 *s* 1 viveiro coberto para manter o calor. 2 *fig* viveiro.
onshū 恩讐 *s* amor e ódio.
onshū 温習 *s* revisão; treinamento. *V* **fukushū** 復習.
onso 音素 *s* fonema.
onsoku 音速 *s* velocidade do som.
onsu オンス (*ingl ounce*) *s* onça; 29,691 gramas.
onsui 温水 *s* água quente.
ontai 温帯 *s* zona temperada.
ontaku 恩沢 *s* benefício; favor. ～に浴する ～*ni yoku suru*: receber favores.
ontei 音程 *s Mús* tom; intervalo.
onten 恩典 *s* privilégio especial.
ontō 穏当 *s* conveniente; apropriado; razoável; acertado; correto.
onwa 穏和 *s* 1 temperado; ameno. 2 moderado; pacato; brando; calmo.
onwa 温和 ～*na adj* ameno. ～な気候 ～*na kikō*: clima ameno.
on'yoku 温浴 *s* banho quente; banho nas termas.
on'yokuryōhō 温浴療法 *s* terapia com banhos quentes.
onzarokku オンザロック (*ingl on the rocks*) *s* bebida alcoólica com gelo.
onzon 温存 *s* conservação.
onzōshi 御曹司 *s* filho privilegiado; fidalgo.
ōō 往々 *adv* 1 ocasionalmente; às vezes. 2 frequentemente.
ōonna 大女 *s* mulher de estrutura grande; mulher alta; mulherona.
ōshii 雄々しい *adj* varonil; viril; corajoso; másculo. ～態度 ～*taido*: atitude viril. *V* **isamashii** 勇ましい.
ōshiku 雄々しく *adv* bravamente; heroicamente.
ōotoko 大男 *s* homenzarrão; grandalhão.
opāru オパール *s Min* opala.
opera オペラ *s* ópera.
ōppira おおっぴら *adj* abertamente; à mostra; em público; às claras.
ōrai 往来 *s* 1 vaivém; tráfico; trânsito. 2 rua; caminho.
Oranda オランダ *s* Holanda.
ōraka おおらか *adj* generoso; magnânimo. ～な性格 ～*na seikaku*: caráter magnânimo.
ore 折れ *s* pedaço quebrado.
ore 俺 *pron pop* eu, usado somente pelos homens.

orekireki お歴々 *s pop* pessoas notáveis; personalidades famosas e ilustres.
oreme 折れ目 *s* vinco; prega; dobra. *V* **orime** 折り目.
oreru 折れる *v* 1 quebrar; fraturar; partir. 2 dobrar. 3 virar; fazer uma curva. 4 ceder.
ori 折 *s* 1 ocasião; tempo; altura; quando. 2 oportunidade; ocasião.
ori 折り *s* caixa de madeira ou papelão.
ori 澱・滓 *s* sedimento; borra; depósito.
ori 檻 *s* 1 jaula. 2 prisão.
ori 織り *s* tecido; tecelagem.
-ori -折り *suf* dobra; dobradiças.
oriai 折り合い *s* 1 relacionamento. 2 compromisso.
oriashiku 折悪しく *adv* infelizmente.
oriau 折り合う *v* 1 ceder; comprometer-se. 2 entender-se; dar-se bem.
origami 折り紙 *s* 1 arte da dobradura. 2 garantia; atestado de autenticidade.
origamitsuki 折紙付き *s* garantido; autêntico; reconhecido.
oriitte 折り入って *adv* pedir um favor. ～頼みたい事がある ～*tanomitai koto ga aru*: quero lhe pedir um favor muito especial.
orikaeshi 折り返し *s* 1 bainha. 2 volta; retorno. 3 estribilho. 4 logo; imediatamente.
orikaesu 折り返す *v* 1 dobrar. 2 fazer retorno.
orikara 折から *s* nesse momento; então.
orikasanaru 折り重なる *v* amontoar-se; ficar uma coisa em cima da outra.
orikomi 折り込み *s* inserção; folha desdobrável.
orikomu 折り込む *v* 1 dobrar. 2 inserir; colocar.
orikomu 織り込む *v* 1 entretecer; entrelaçar. 2 *fig* inserir; intercalar; entremear.
orimageru 折り曲げる *v* dobrar; curvar.
orimazeru 織り混ぜる *v* entremear; misturar.
orime 折り目 *s* 1 vinco; prega; dobra. 2 polidez; educação; boas maneiras. 3 fase importante.
orime 織り目 *s* textura.
orimono 織物 *s* tecido.
orimono 下り物 *s* 1 corrimento; leucorreia. 2 menstruação; regras. 3 secundinas.
orimonogyō 織物業 *s* comércio de tecidos; fabricação de tecidos.
orimoto 織り元 *s* fabricante de tecidos.
oriori 折々 *s* 1 cada. 2 de vez em quando; ocasionalmente; às vezes.
oriru 下[降]りる *v* 1 descer. 2 sair; desembarcar. 3 cair. 初霜が～ *hatsushimo ga*～: cair a primeira geada. 4 receber ビザが～ *biza ga*～: receber o visto. 5 demitir-se; deixar o cargo. 6 desistir. 7 fechar; trancar. 錠が下りている *jō ga orite iru*: a porta está trancada. 8 desaparecer. すべてを告白して胸のつかえが下りた *subete o kokuhaku shite mune no tsukae ga orita*: depois de confessar tudo, foi-se o peso que havia no peito.
oritatami(shiki, jizai) 折り畳み(式,自在) *s* dobrável.
oritatamu 折り畳む *v* dobrar.
oritatsu 降り立つ *v* 1 pousar. 2 apear-se. 3 descer.
ōritsu 王立 *s* ～*no, adj*: real.
oriyoku 折りよく *adv* por sorte; felizmente.
orizume 折詰め *s* caixa. ～弁当 ～*bentō*: marmita acondicionada em caixa laqueada.
orizuru 折り鶴 *s* cegonha em dobradura de papel.

orochi 大蛇 *s* serpente gigante.
oroka 愚か *s* tolo; estúpido; tonto; idiota.
oroka 疎か *adj* não; muito menos; dispensa mencionar.
orokamono 愚か者 *s* estúpido; tolo; imbecil.
orooro おろおろ *mim* perdido.
oroorogoe おろおろ声 *s* voz trêmula.
ōrora オーロラ (*lat aurora*) *s* aurora.
-oroshi -下ろし *suf* 1 ralado. 大根～ *daikon*～: nabo ralado. 2 novo; fresco; acabado de sair. 3 descarregar. 荷物の積み～ *nimotsu no tsumi*～: carregamento e descarregamento de cargas.
oroshi 卸し *s* comércio por atacado.
oroshiuri 卸し売り *s* venda por atacado.
orosoka 疎か ～*na, adj*: negligente; descuidado.
orosu 卸す *v* vender por atacado.
orosu 降[下]ろす *v* 1 baixar; pôr no chão; tirar. 2 lançar âncora. 3 descarregar. トラックから積荷を～ *torakku kara tsumini o*～: descarregar o caminhão. 4 exonerar; despojar. 5 retirar; sacar. 銀行の預金を～ *ginkō no yokin o*～: sacar o dinheiro da conta-corrente. 6 abortar. 子供を～ *kodomo o*～: provocar o aborto. 7 cortar em filetes. 魚を三枚に～ *sakana o sanmai ni*～: cortar o peixe em três filetes. 8 trancar. 錠を～ *jō o*～: trancar o cadeado.
oru 折る *v* 1 fraturar; partir; quebrar. 骨を～ *hone o*～: fraturar o osso. 2 dobrar. 3 fazer dobradura. 鶴を～ *tsuru o*～: fazer dobradura de cegonha. 4 ceder; dar-se por vencido; render-se. 我を～ *ga o*～: dar-se por vencido; ceder. 5 perturbar; interromper. 話の腰を～ *hanashi no koshi o*～: interromper a conversa.
oru 織る *v* tecer.
ōryō 横領 *s* usurpação; apropriação indevida; desfalque.
ōryoku 応力 *s Fís* tensão; tensão interna.
osa 筬 *s* pente de tear.
osae 押[抑]さえ *s* 1 peso; apoio; peso para papéis. 2 retaguarda. 3 autoridade; controle.
osaegatai [kirenai] 抑え難い[切れない] *adj* incontrolável; irresistível; inexprimível.
osaeru 押[抑]える *v* 1 prender; segurar. 2 parar; conter. ペストの流行は誰も～ことができなかった *pesuto no ryūkō wa daremo*～*koto ga dekinakatta*: ninguém pôde conter o grassar da peste. 3 abafar; subjugar; reprimir; controlar; dominar; sufocar. 興奮した群衆を～ *kōfun shita gunshū o*～: dominar a multidão excitada. 4 refrear. 怒りを～ *ikari o*～: refrear a ira. 5 flagrar; apanhar; prender. 暴行の現場を～ *bōkō no genba o*～: flagrar o ato de violência. 6 apanhar; pegar; captar. 話の要点を～ *hanashi no yōten o*～: captar os pontos essenciais da conversa. 7 embargar. 財産を～ *zaisan o*～: embargar os bens. 8 limitar; reduzir. 被害を最小限に～ *higai o saishōgen ni*～: reduzir os danos ao mínimo.
osaetsukeru 押[抑]え付ける *v* 1 imobilizar. 2 reprimir.
osagari お下がり *s pop* 1 oferenda retirada do santuário. 2 roupa usada por irmãos mais velhos passada para os irmãos mais novos.
osage お下げ *s* trança.
ōsaji 大匙 *s* colher de sopa.

osaki 尾先 *s* ponta da cauda; ponta do rabo.
osaki お先 *s* primeiro; à frente. ～に失礼 ～*ni shitsurei*: com licença, devo antecipar-me.
osakimakkura お先真っ暗 *adj* futuro negro; não ter futuro.
osamari 納まり *s* 1 solução. 2 acordo satisfatório; conclusão. ～をつける ～*o tsukeru*: resolver a questão. 3 enquadramento; harmonia.
osamarikaeru 納まり返る *v* estar satisfeito; estar calmo e sereno.
osamaru 治まる *v* ficar em paz; ser bem governado; acalmar.
osamaru 修まる *v* controlar-se. 素行が修まらない *sokō ga osamaranai*: uma conduta incontrolada.
osamaru 納[収]まる *v* 1 acalmar-se. 怒りが～ *ikari ga*～: acalmar a ira. 2 passar; estabilizar. 3 voltar a ser como antes; recuperar. 元の鞘に～ *moto no saya ni*～: recuperar a posição.
osame 納め *s* 1 fim. 2 último. この一杯が今日の飲み～だ *kono ippai ga kyō no nomi*～*da*: este copo é o último de hoje.
osameru 治める *v* 1 reinar; governar. 2 administrar; controlar. 川の水を～ *kawa no mizu o*～: controlar o caudal do rio. 3 acalmar. 痛みを～薬 *itami o*～*kusuri*: remédio para controlar a dor.
osameru 修める *v* 1 cultivar; estudar; adquirir; dedicar-se. 学問を～ *gakumon o*～: dedicar-se aos estudos. 2 orientar. 身を～ *mi o*～: saber orientar-se.
osameru 納[収]める *v* 1 apaziguar; aplacar; pacificar. 喧嘩を丸く～ *kenka o maruku*～: apaziguar a briga. 2 obter; ter; ganhar; conseguir; apossar-se. 権力を手中に～ *kenryoku o shuchū ni*～: ter o poder nas mãos. 3 pagar. 税金を～ *zeikin o*～: pagar os impostos. 4 suprir; fornecer; abastecer. 取引先に注文の品を～ *torihikisaki ni chūmon no shina o*～: fornecer a mercadoria ao cliente. 5 oferecer; oferendar. 6 aceitar. 粗品ですがどうぞお納め下さい *sohin (soshina) desu ga dōzo oosame kudasai*: por favor, aceite um modesto presente.
osanagao 幼顔 *s* rosto infantil.
osanago 幼子 *s* criança pequena; bebê.
osanagokoro 幼心 *s* sentimentos de criança.
osanai 幼い *adj* 1 infantil. 2 inocente; imaturo.
osananajimi 幼馴染 *s* amigo de infância.
osaraba おさらば *interj pop* adeus!
osarai おさらい *s* revisão das lições; ensaio.
osato お里 *s pop* casa dos pais; terra natal.
ōsawagi 大騒ぎ *s* tumulto; algazarra; alvoroço; gritaria; agitação.
ōse 仰せ *s* às suas ordens.
osechiryōri お節料理 *s* iguarias japonesas servidas no Ano-Novo.
ōsei 旺盛 *s* excelente; próspero; boa condição.
oseji お世辞 *s* adulação; elogio só para agradar.
osekkai おせっかい *s* ato de ser intrometido; ato de meter o nariz onde não é chamado.
osen 汚染 *s* poluição; contaminação.
ōsen 応戦 *s* contra-ataque; aceitação do desafio.
ōsen 横線 *s* linhas paralelas. ～小切手 ～*kogitte*: cheque cruzado.
ōsetsu 応接 *s* recepção.
ōsetsukeru 仰せつける *v* incumbir; mandar.

ōsetsuma 応接間 s sala de visitas.
ōsetsushitsu 応接室 s sala de visitas. V **kyakuma** 客間, **ōsetsuma** 応接間.
oshaberi おしゃべり s 1 conversa; papo. 2 tagarelice. 3 bisbilhotice; mexerico.
oshaburi おしゃぶり s chupeta.
oshare おしゃれ s elegância no vestir.
oshi 押[圧]し s 1 empurrão. 2 peso. 3 persistência; teimosia.
oshi 唖 s mudez; mutismo.
ōshi 横死 s morte violenta.
oshiai 押し合い s empurrão; encontrão.
oshiaiheshiai 押し合いへし合 expr pop empurra-empurra; ato de se empurrar.
oshiakeru 押し開ける v abrir com força.
oshiau 押し合う v empurrarem-se entre si.
oshibotan 押しボタン s botão de apertar. ～式信号機 ～shiki shingōki: semáforo acionado por botão.
oshidamaru 押し黙る v manter-se calado.
oshidashi 押し出し s 1 saída forçada. 2 Beis ato de conseguir ponto com a falta do adversário.
oshidasu 押し出す v 1 empurrar para fora; espremer e botar para fora. 2 sair em massa. 3 apregoar.
oshie 教え s 1 ensino; lição. 2 ensinamento. 3 doutrina; preceitos.
oshiego 教え子 s discípulo; aluno antigo.
oshiekata 教え方 s metodologia de ensino.
oshiekomu 教え込む v incutir; ensinar bem.
oshieru 教える v 1 ensinar; instruir. 2 informar; mostrar. 3 ajudar a descobrir.
oshige(mo)naku 惜し気(も)なく expr prodigamente; generosamente; sem parcimônia.
ōshigoto 大仕事 s grande tarefa; solicitação muito grande; muito trabalho.
oshihakaru 推し量る v imaginar; perscrutar.
oshii 惜しい adj 1 triste; lamentável; deplorável. 2 insubstituível; valioso.
oshiire 押し入れ s armário embutido.
oshiireru 押し入れる v empurrar para dentro; encher.
oshiiri 押し入り s invasão; ato de forçar a entrada.
oshiiru 押し入る v invadir; assaltar; entrar sem licença; forçar a entrada.
oshikakekyaku 押し掛け客 s autoconvidado; ato de visitar sem ser convidado.
oshikakeru 押し掛ける v 1 invadir. 2 fazer-se de convidado.
oshikko おしっこ s inf xixi; urina.
oshikiru 押し切る v cortar pressionando; forçar a despeito da oposição.
oshikomu 押し込む v 1 engarrafar; forçar para dentro. 2 forçar a entrada.
oshimai お仕舞い s 1 fim; término. 2 final. 3 ato de acabar-se.
oshime おしめ s fralda. V **omutsu** お襁褓.
oshimi 惜しみ s pena, lástima.
oshimu 惜しむ v 1 poupar; economizar. 2 lastimar; chorar; ter pena de. 3 valorizar; prezar; dar valor.
ōshin 往信 s envio de carta.
ōshin 往診 s visita médica; visita do médico aos pacientes.
oshinagasu 押し流す v arrastar pela correnteza; escorrer.
oshinobi お忍び s pop às escondidas.
oshinokeru 押し退ける v 1 empurrar e tirar do caminho. 2 afastar.
ōshio 大潮 s maré de sizígia; maré-viva.
oshiri お尻 s traseiro; nádegas.
oshiroi 白粉 s pó de arroz.
oshisusumeru 推し進める v puxar; levar adiante; prosseguir; fazer avançar.
oshisusumu 押し進む v puxar adiante; forçar a avançar.
oshitaosu 押し倒す v derrubar com empurrão.
oshite 押して adv 1 mesmo; apesar. 2 insistentemente.
oshite 推して adv por dedução; por inferência; por suposição.
oshitōsu 押し通す v persistir; insistir; levar até o fim.
oshitsubusu 押し潰す v esmagar.
oshitsukegamashii 押し付けがましい adj exigente; tirânico; impositivo; mandão.
oshitsukeru 押し付ける v 1 apertar; prensar. 2 forçar; impor. 3 infringir; burlar. 4 deitar a responsabilidade aos outros.
oshiuri 押し売り s vendedor inoportuno.
oshiwakeru 押し分ける v abrir caminho à força.
oshiyaru 押し遣る v afastar; empurrar para os lados.
oshiyoseru 押し寄せる v avançar; invadir.
oshō 和尚 s bonzo.
ōshō 応召 s convocação; alistamento; recrutamento.
oshoku 汚職 s corrupção; suborno.
ōshoku 黄色 s amarelo; cor amarela.
ōshū 応酬 s resposta; réplica.
ōshū 押収 s confisco; apreensão.
Oshū 欧州 s Europa.
ōso 応訴 s contestação a uma ação.
osoi 遅い adj 1 tardio. 2 vagaroso; moroso; lento.
osoikakaru 襲い掛かる v atacar.
ōsōji 大掃除 s limpeza geral.
osojie 遅知恵 s 1 inteligência demorada. 2 ideia tardia.
osoku 遅く adj 1 tardio. 2 vagaroso.
osokunaru 遅くなる expr ficar tarde; estar atrasado; tornar-se mais lento.
osokutomo 遅くとも adv o mais tardar.
osomaki 遅蒔き s 1 sementeira tardia. 2 ação tardia.
osomatsu お粗末 s ato de ser modesto.
oson 汚損 s ato de ficar sujo; danificação; deterioração.
osonae お供え s 1 bolo de arroz de oferenda. 2 oferendas em geral.
osoraku 恐らく adv possivelmente; provavelmente.
osore 恐れ s 1 temor; medo; pavor. 2 receio; perigo.
osoreiru 恐れ入る v 1 pedir desculpas. 2 ficar muito agradecido. 3 ficar espantado.
osorenagara 恐れながら adv respeitosamente; com o devido respeito.
osoreōi 恐れ多い adj respeitoso.
osoreononoku 恐れ戦く v tremer de medo; ficar aterrorizado.
osoreru 恐れる v 1 temer; ter medo de. 2 preocupar-se; ter medo de; recear.
osoroi お揃い s 1 conjunto; igual; mesmo idêntico. 2 acompanhado.

osoroshigaru 恐ろしがる *v* ter medo. *V* **kowagaru** 怖がる, **osoreru** 恐れる.
osoroshige 恐ろしげ *adj* horrível; aflitivo.
osoroshii 恐ろしい *adj* 1 horrível; pavoroso; assustador. 2 espantoso; impressionante. 3 incrível.
osoroshiku 恐ろしく *adv* terrivelmente; muito.
osoroshisa 恐ろしさ *s* terror; horror; pavor; medo.
osoruosoru 恐る恐る *adv* com medo; com receio.
osou 襲う *v* 1 atacar; passar causando danos. 2 suceder.
osowareru 襲われる *v* ser atacado; ser tomado.
osowaru 教わる *v* 1 aprender; instruir-se. 2 informar-se.
ossharu 仰しゃる *v* forma respeitosa dos verbos dizer, falar. *V* **iu** 言う.
osu 雄・牡 *s* macho.
osu 押[圧]す *v* 1 empurrar. 2 dominar. 3 pressionar; apertar. 呼び鈴を～ *yobirin o～*: apertar a campainha. 4 carimbar; selar. 5 aguentar; suportar. 病気を押して出場する *byōki o oshite shutsujō suru*: participar, mesmo estando doente. 6 assegurar-se; certificar-se. 念を～ *nen o～*: confirmar; certificar.
osu 推す *v* 1 inferir; concluir; julgar; supor. 2 nomear; recomendar.
ōsugiru 多過ぎる *v* ter a mais; ter demais; ter em excesso.
osui 汚水 *s* água suja; água poluída.
osukā オスカー *s* Oscar; premiação máxima do cinema americano.
osumashi おすまし *s* afetação.
osusowake お裾分け *s* ato de compartilhar o que foi ganho em excesso.
ōsutoraria オーストラリア *s* Austrália.
ōsutoria オーストリア *s* Áustria.
otafuku お多福 *s* mulher feia.
otafukukaze お多福風 *s Med* parotidite; caxumba.
otafukumame お多福豆 *s* fava-de-cavalo.
otagai お互い *s* mútuo; recíproco.
ōtai 応対 *s* recepção; atendimento.
otakaku お高く *adv* arrogantemente; imperiosamente. ～とまっている ～*tomatteiru*: ser arrogante; ser orgulhoso.
otakebi 雄叫び *s* grito de guerra; berro.
otaku お宅 *s* 1 sua casa. 2 você; senhor; senhora.
otamajakushi お玉杓子 *s* 1 girino. 2 nota musical. *V* **onpu** 音符.
otazunemono お尋ね者 *s* o procurado; fugitivo da justiça.
otchokochoi おっちょこちょい *s vulg* indivíduo cabeça no ar; pessoa irrequieta; indivíduo leviano.
ōte 大手 *s* 1 entrada principal de um castelo. 2 uma grande empresa.
oteage お手上げ *s* ato de não ter mais saída; desistência.
otearai お手洗い *s* banheiro; lavabo.
otemori お手盛り *s* para benefício próprio.
otemotokin 御手許金 *s* dinheiro disponível.
oten 汚点 *s* 1 mancha. 2 desonra; mácula.
ōten 横転 *s* 1 queda; tombo. 2 rolo; cabriola de rotação do avião em voo horizontal.
otenba お転婆 *s* menina travessa.
otenkiya お天気屋 *s* pessoa temperamental.
otenomono お手の物 *s* a sua especialidade; o seu forte.
otentōsama お天道様 *s* Sol.
oterasama お寺様 *s* sacerdote budista (uso coloquial).
otetsudaisan お手伝いさん *s* criada; empregada doméstica.
otetsuki お手付き *s* ato de tocar na carta errada (jogo de baralho ou cartas).
oteyawaraka ni お手柔らかに *adv* com indulgência; com cuidado.
oto 音 *s* 1 som; barulho; ruído. 2 fama.
ōto 嘔吐 *s* vômito; enjoo; náusea.
ōtō 応答 *s* resposta.
ōtobai オートバイ (*ingl autobicycle*) *s* motocicleta.
otogai 頤 *s* queixo.
otogi お伽 *s* conto de fadas.
otogibanashi お伽話 *s* conto infantil; histórias da carochinha; conto de fadas.
otogi no kuni お伽の国 *s* país das maravilhas.
otoko 男 *s* 1 homem; sexo masculino. 2 homem adulto. 3 sujeito; cara. 4 masculinidade; aspecto varonil.
otokoburi 男振り *s* masculinidade.
otokodate 男達 *s* espírito cavalheiresco; cavalheiro.
otokodatera ni 男だてらに *adv* não ser próprio de um homem. ～にめそめそ泣くな ～*ni mesomeso nakuna*: seja homem, não chore.
otokogi 男気 *s* postura de defesa do justo.
otokogirai 男嫌い *s* androfobia. ～の ～*no, adj*: andrófobo.
otokogokoro 男心 *s* coração dos homens; instinto masculino.
otokomasari 男勝り *s* mulher corajosa.
otokomono 男物 *s* para homens; roupa para homem.
otokonakase 男泣かせ *s pop* mulher apeladora, escravizadora.
otokonaki 男泣き *s* choro de homem; pranto incontido do homem frente a injustiça.
otokonoko 男の子 *s* 1 menino; criança do sexo masculino. 2 filho. 3 moço; rapaz.
otokorashii 男らしい *adj* viril; másculo.
otokorashiku 男らしく *adv* corajosamente; resolutamente; decididamente; como homem.
otokoshū 男衆 *s* 1 rapaziada. 2 criados.
otokoyaku 男役 *s* papel do personagem masculino.
otokoyamome 男鰥 *s* viúvo.
otokozakari 男盛り *s* apogeu da virilidade.
otokui お得意 *s* 1 freguês; cliente. 2 especialidade; o forte; especialista.
otome 少[乙]女 *s* moça; rapariga; donzela; virgem.
otomo お供 *s* ato de acompanhar; ato de ir junto; o acompanhante.
otona 大人 *s* 1 adulto. 2 pessoa madura.
otonabiru 大人びる *v* parecer adulto. 言葉づかいが大人びている *kotoba zukai ga otonabite iru*: usa vocabulário de adulto.
otonaburu 大人ぶる *v* comportar-se como adulto.
otonagenai 大人気ない *adj* infantil; impróprio de adulto.
otonashii おとなしい *adj* 1 calmo; sossegado; pacífico; dócil. 2 discreto.
otonashiku おとなしく *adv* com submissão; com obediência; pacificamente; docilmente; calmamente.
otori 囮 *s* isca; chamariz; armadilha.
otoroe 衰え *s* enfraquecimento; definhamento; declínio.

otoroeru 衰える *v* debilitar-se; decair; enfraquecer; diminuir.
otoru 劣る *v* ser inferior a; ficar atrás; ser pior que; estar abaixo das expectativas; ser desigual a.
otosata 音沙汰 *s* notícia; pio; sinais.
otoshi 落とし *s* calha de transporte; escorregadouro; cano ou plano inclinado por onde se faz deslizar alguma coisa.
otoshiana 落とし穴 *s* armadilha; cilada; buraco.
otoshidama お年玉 *s* presente de Ano-Novo (dado às crianças).
otoshiireru 陥れる *v* 1 fazer alguém cair numa cilada. 2 capturar; pegar; tomar. 城を～ *shiro o*～: tomar o castelo.
otoshimeru 貶める *v* fazer pouco-caso; desprezar; menosprezar.
otoshimono 落し物 *s* objeto perdido.
otoshinushi 落とし主 *s* dono do objeto encontrado.
otosu 落とす *v* 1 deixar cair; lançar de cima. 2 falhar ao pegar. 球を～ *tama o* ～: deixar escapar a bola. 3 perder. 財布を～ *saifu o* ～: perder a carteira. 4 remover; tirar; limpar. ふけを～ *fuke o* ～: tirar a caspa. 5 capturar; tomar. 6 omitir. 7 deteriorar. 品質を～ *hinshitsu o* ～: piorar na qualidade.
otōto 弟 *s* irmão mais novo.
ototoi 一昨日 *s* anteontem.
ototoshi 一昨年 *s* ano retrasado; dois anos atrás; há dois anos.
ōtotsu 凹凸 *s* 1 altos e baixos; desnível. 2 côncavo e convexo.
otozure 訪れ *s* 1 visita. *V* **hōmon** 訪問. 2 chegada.
otozureru 訪れる *v* 1 fazer visita; visitar. 2 chegar.
otsu¹ 乙 *s* 1 segundo signo do calendário *jikkan*. 2 o segundo; B (em relação a A). 成績は全部～だ *seiseki wa zenbu* ～*da*: as notas são todas B.
otsu² 乙 *adj pop* 1 engenhoso; engraçado. 2 estranho; original; curioso.
ōtsubu 大粒 *s* grãos graúdos; gota grande; pingo grande.
otsuge お告げ *s* mensagem divina; oráculo.
otsuki お付き *s* escolta; acompanhante.
otsukiai お付き合い *s pop* em companhia; por sociabilidade. *V* **tsukiai** 付き合い. 私の酒はほんの～程度です *watashi no sake wa honno* ～ *teido desu*: eu bebo apenas socialmente.
otsukuri お作り *s* 1 maquilagem. *V* **keshō** 化粧. 2 まぐろの～ *maguro no* ～: prato de atum fatiado. *V* **sashimi** 刺身.
otsumu お頭 *s inf* cabeça.
otsuri お釣り *s* troco.
otsutome お勤め *s* 1 *Bud* recitação de sutra. 2 trabalho.
otte 追っ手 *s* perseguidor.
otte 追って *adv* mais tarde; posteriormente. 精確な情報は～郵送する *seikaku na jōhō wa* ～ *yūsō suru*: as informações mais exatas serão enviadas posteriormente por correio.
otto 夫 *s* marido.
otto おっと *interj pop* oh!; opa!; oba! ～、部屋を間違えた ～, *heya o machigaeta*: opa, errei de quarto!
ottori おっとり *adv* calmamente; tranquilamente.
ou 追[逐]う *v* 1 perseguir. 2 seguir. 3 expulsar; afugentar; espantar. 4 tocar. 5 procurar; seguir. 流行を～ *ryūkō o* ～: seguir a moda.
ou 負う *v* 1 carregar. 赤ん坊を背に～ *akanbō o se ni*～: levar o bebê nas costas. 2 sofrer danos. 重傷を～ *jūshō o*～: sofrer ferimento grave. 3 receber favores. 4 acarretar; assumir. 彼はその責任を負った *kare wa sono sekinin o otta*: ele assumiu essa responsabilidade.
ōu 被[蔽・覆・掩]う *v* 1 cobrir; estender sobre. 2 tapar; cobrir. 目を覆うような惨状 *me o ōu yō na sanjō*: cena desastrosa de se fechar os olhos. 3 encobrir; esconder; ocultar. 4 envolver; invadir. 政界を覆う黒い霧 *seikai o ōu kuroi kiri*: a névoa negra que envolve o mundo político.
ōuke 大受け *s* grande aceitação.
ouma 雄馬 *s* cavalo; garanhão.
ōumi 大海 *s* oceano; grande oceano; mar extenso.
ōuridashi 大売り出し *s* grande liquidação.
oushi 牡牛 *s* boi; touro.
ōuso 大嘘 *s pop* grande mentira.
ōutsushi 大写し *s Cin* filmagem de perto.
ōwarai 大笑い *s* gargalhada.
owaraseru 終わらせる *expr* terminar; fechar; acabar.
ōwarawa 大童 *s* ato de dar duro. ～の活動 ～*no katsudō*: atividades febris.
owari 終わり *s* término; fim; encerramento.
ōwaribiki 大割引 *s* grande desconto; liquidação; promoção.
owaru 終わる *v* terminar; encerrar.
owaseru 負わせる *v* 1 fazer carregar; obrigar a levar. 2 fazer assumir; impor. 3 deitar a culpa. 4 ferir.
oya 親 *s* 1 pais. 2 mãe; pai; fundador; mentor; inventor.
oya おや, **oya!** おやっ *interj* meu Deus!; oh!
oyabaka 親馬鹿 *s* pai ou mãe coruja; pais corujas; corujice.
oyabun 親分 *s* chefe; cabeça.
oyabune 親船 *s* navio grande. ～に乗る *ni noru*: segurança, garantia, sentir-se seguro.
oyadama 親玉 *s* chefão. *V* **bosu** ボス, **kashira** 頭, **oyabun** 親分.
oyafukō 親不孝 *s* ingratidão aos pais; desobediência aos pais.
oyagaisha 親会社 *s* matriz.
oyagakari 親掛かり *s* pessoa dependente dos pais.
oyagokoro 親心 *s* amor paterno ou materno; coração de pai ou mãe.
oyagoroshi 親殺し *s* parricídio; parricida.
oyaji 親爺 *s pop* velhote; camarada.
oyaji 親父 *s pop* 1 pai. 2 chefe. 3 velhote. 4 patrão; dono.
oyakata 親方 *s* mestre; chefe.
ōyake 公 *s* público; oficial; governamental.
oyako 親子 *s* 1 pais e filhos. 2 duas coisas interdependentes. ～電話 ～*denwa*: telefone com extensão.
oyakōkō 親孝行 *s* dedicação aos pais.
oyakume お役目 *s* função no trabalho; deveres da profissão.
oyakyōdai 親兄弟 *s* pais, irmãos e irmãs de um indivíduo; parentes próximos.
oyama おやま *s* ator de cabúqui que representa um papel feminino.
oyamoto 親元 *s* banqueiro de apostas.
oyamoto 親許 *s* lar dos pais; sob o teto da casa dos pais.

oyaomoi 親思い *s* o(a) filho(a) que se preocupa com os pais, que gosta dos pais.
oyashirazu 親知らず *s* **1** dente de siso. **2** criança que nunca conheceu os próprios pais.
oyasui お安い *adj pop* fácil; simples. 〜ご用です 〜*goyō desu*: coisa fácil de se resolver!
oyasukunai お安くない *expr pop* caro; precioso. 〜仲 〜*naka*: o par se tornou íntimo.
oyasumi お休み *s* **1** descanso; folga. **2** bom sono.
ōyasuuri 大安売り *s* grande liquidação; promoção.
oyatsu お八つ *s* merenda; hora do chá; lanche.
oyayubi 親指 *s* polegar.
oyayuzuri 親譲り *s* herança dos pais.
ōyō 大様・鷹揚 *s* mente aberta; ato de ser magnânimo; liberalidade; generosidade; magnanimidade.
ōyō 応用 *s* aplicação; prática. 広く〜できる *hiroku 〜dekiru*: pode se aplicar de modo extenso.
oyobanai 及ばない *expr* é desnecessário. そうするには〜 *sō suru ni wa* 〜: é desnessário chegar a esse ponto.
oyobazunagara 及ばずながら *expr* apesar de minhas modestas possibilidades; com as minhas pobres habilidades. 〜ご尽力致しましょう 〜*gojinryoku itashimashō*: vou me empenhar com as minhas poucas habilidades.
oyobigoshi 及び腰 *s* **1** postura inclinada. **2** atitude indecisa.
oyobosu 及ぼす *v* exercer influência sobre; causar.
oyobu 及ぶ *v* **1** alcançar; atingir; chegar; seguir enquanto for possível. **2** igualar; equiparar. **3** chegar a ponto de; ir até.

oyogi 泳ぎ *s* natação.
oyogu 泳ぐ *v* **1** nadar. **2** perder o equilíbrio. **3** avançar desviando-se dos obstáculos.
ōyōmondai 応用問題 *s* exercícios práticos.
oyoso 凡そ, **ōyoso** 大凡 *adv* **1** cerca de; aproximadamente; mais ou menos. **2** geralmente; basicamente. **3** completamente; absolutamente; inteiramente. 〜意味がない 〜*imi ga nai*: não tem nenhum sentido.
ōyowari 大弱り *s* importunação; aborrecimento.
ōyuki 大雪 *s* grande nevasca.
oyurushi お許し *s* permissão.
ōza 王座 *s* **1** trono. **2** primeiro lugar; posição de campeão.
ōzake 大酒 *s* ato de beber muito; ato de consumir muita bebida alcoólica.
ōzakenomi 大酒飲み *s* beberrão.
ozanari お座なり *s* mera formalidade.
ōzappa 大ざっぱ *s* **1** geral; por alto; aproximado. **2** imperfeição; descuido.
ōzara 大皿 *s* prato grande.
ozashiki お座敷 *s* **1** banquete em estilo japonês. **2** sala em estilo japonês (de tatame).
ōzei 大勢 *s* multidão; muita gente.
ōzoku 王族 *s* família real.
ozon オゾン (*ingl ozone*) *s Quím* ozônio.
ōzon 大損 *s* grande prejuízo.
ōzora 大空 *s* céu aberto.
ōzume 大詰め *s* **1** desenlace; desfecho. **2** cena final.
ozuozu おずおず *adv* de modo hesitante; timidamente.

P

pā ぱあ *adj* **1** *pop* maluco. **2** vazio. *s* mão aberta; que significa "papel" no *janken*.
pachapacha ぱちゃぱちゃ *onom* som de salpicar ou chapinhar; chape-chape.
pachikuri ぱちくり *adv pop* pestanejar ou piscar dos olhos.
pachin ぱちん *onom* **1** som agudo produzido pela batida de objetos duros contra alguma coisa. **2** som produzido pelo tapa no rosto.
pachinko パチンコ *s* **1** estilingue. **2** jogo eletrônico de azar.
pachipachi ぱちぱち *onom* som de bater palmas; som de crepitar.
pai パイ (*ingl pie*) *s* torta.
pai 牌 *s* peça de jogo de *mah'jong* (dominó chinês).
paipu パイプ (*ingl pipe*) *s* **1** tubo. **2** mediador de negociações. **3** cachimbo.
pairotto パイロット (*ingl pilot*) *s* piloto.
pajama パジャマ (*ingl pajamas*) *s* pijama.
pakkēji パッケージ (*ingl package*) *s* pacote. 〜ツアー 〜*tsuā*: pacote de viagem; excursão organizada por agência de turismo.
pakku パック (*ingl pack*) *s* **1** embrulho; embalagem. **2** máscara de beleza. **3** massa de gelo flutuante. **4** disco de borracha que é usado como "bola" no hóquei sobre o gelo.
pakkuri ぱっくり *adv e mim* 〜かみつく 〜*kamitsuku*: dar uma bocada grande. 〜と口を開ける 〜*to kuchi o akeru*: com a boca aberta.
pakupaku ぱくぱく *onom* **1** abrir e fechar a boca repetidamente. **2** devorar a comida.
pakuri ぱくり *mim* **1** jeito de abrir bem a boca e dar uma bocada. 〜と食べる 〜*to taberu*: comer ligeiro e de uma só vez. **2** rasgão.
pakuru ぱくる *v pop* **1** furtar com esperteza. **2** prender. **3** comer abrindo bem a boca.
pakutsuku ぱく付く *v pop* atirar-se na comida.
pan パン (*port pão*) *s* pão.
panchi パンチ (*ingl punch*) *s* **1** furador. **2** soco. **3** força; garra.
paneru パネル (*ingl panel*) *s* painel.
panfuretto パンフレット (*ingl pamphlet*) *s* folheto de explicação; panfleto.
panikku パニック (*ingl panic*) *s* pânico.
panko パン粉 *s* farinha de rosca.
panku パンク (*ingl puncture*) *s* **1** furo no pneu. **2** mau funcionamento.
pantsu パンツ (*ingl pants*) *s* cueca; calção; calças.
pan'ya パン屋 *s* padaria.
papa パパ (*ingl papa*) *s* papai; pai.
papa(i)ya パパ(イ)ヤ (*ingl papaya*) *s* espécie de mamão; papaia.
parapara ぱらぱら *mim* **1** de modo esparso. **2** o cair de coisas pequenas. **3** rapidamente.
Pararinpikku パラリンピック (*ingl Paralympic*) *s* paraolimpíada; olimpíada de pessoas com deficiências físicas.
parashūto パラシュート (*fr parachute*) *s* paraquedas.
paratsuku ぱらつく *v* cair em pequenas doses; ser desigual.
parēdo パレード (*ingl parade*) *s* desfile de rua; parada.
paripari ぱりぱり *onom e adv* **1** ruído de comer alimentos secos e duros. **2** objeto novo.
pāru パール (*ingl pearl*) *s* pérola.
pāsā パーサー (*ingl purser*) *s* comissário de bordo.
pasapasa ぱさぱさ *mim* sequidão; secura.
pāsentēji パーセンテージ (*ingl percentage*) *s* porcentagem.
pāsento パーセント (*ingl per cent, percent*) *s* por cento.
pasokon パソコン (*abrev do ingl personal computer*) *s* computador pessoal.
pasupōto パスポート (*ingl passport*) *s* passaporte. *V* ryoken 旅券.
patchiri ぱっちり *mim* o ato de abrir dos olhos.
pāfi パーティー (*ingl party*) *s* **1** festa. **2** grupo de alpinistas.
patokā パトカー (*abrev do ingl patrol car*) *s* carro patrulha; radiopatrulha.
patto suru ぱっとする *expr* atraente; suntuoso; magnífico; vistoso; ostentoso.
pechakucha ぺちゃくちゃ *onom vulg* tagarelar.
pēji ページ (*ingl page*) *s* página.
peke ぺけ *s vulg* **1** sinal "X" indicando erro. **2** rejeição; ato de estar mal.
pekopeko ぺこぺこ *adv* **1** sensação de barriga vazia; fome. お腹が〜だ *onaka ga 〜da*: estou faminto. **2** servilismo; abaixar a cabeça várias vezes, em sinal de obediência.
pen ペン (*ingl pen*) *s* **1** caneta. **2** atividade literária.
pendanto ペンダント (*ingl pendant*) *s* pingente.
pengin ペンギン (*ingl penguin*) *s Ornit* pinguim.
penishirin ペニシリン (*ingl penicillin*) *s* penicilina.
penki ペンキ (*hol pek*) *s* tinta.
penshūji ペン習字 *s* caligrafia à pena.

perapera ぺらぺら *onom* e *adv pop* 1 fluente. 2 falar depressa.
perikan ペリカン (*ingl pelican*) *s Ornit* pelicano.
pēsu ペース (*ingl pace*) *s* ritmo.
peten ぺてん *s pop* fraude; farsa.
petenshi ぺてん師 *s* vigarista; impostor.
petto ペット (*ingl pet*) *s* animal de estimação.
pianisuto ピアニスト (*ingl pianist*) *s* pianista.
piano ピアノ (*ital piano*) *s* piano, instrumento musical.
pikapika ぴかぴか *mim* 1 lustroso. 2 brilhante. 3 novo em folha.
pikunikku ピクニック (*ingl picnic*) *s* excursão; piquenique.
pīman ピーマン (*fr piment*) *s* pimentão.
pin ピン (*ingl pin*) *s* 1 alfinete de segurança. 2 pinos de boliche. 3 prendedor de cabelo. 4 bandeirinha que indica o buraco no campo de golfe.
pinboke ピンぼけ *s* 1 desfocado. 2 despropositado; não a propósito.
pin'hane ピンはね *s* ato de surripiar; apropriação de parte do lucro.
pinku ピンク (*ingl pink*) *s* 1 cor-de-rosa. 2 erotismo.
pinsetto ピンセット (*hol pincet*) *s* pinça.
pinto ピント (*abrev do hol brandpunt*) *s* 1 foco da lente. 2 ponto. 〜はずれな答え 〜*hazure na kotae*: resposta sem sentido.
pin to ぴんと *mim* estirado. 〜とそりかえったひげ 〜*to sorikaetta hige*: bigode retorcido ou barba estirada. *adj* esticado. 背筋を〜と伸ばしなさい *sesuji o*〜*nobashinasai*: endireite as suas costas.
piriodo ピリオド (*ingl period*) *s* ponto final. 〜をうつ 〜*o utsu*: terminar.
pisutoru ピストル (*ingl pistol*) *s* revólver; pistola.
pitari to ぴたりと *adv* 1 muito junto. 2 repentinamente. 3 hermeticamente. 4 perfeitamente. 5 de frente; cara a cara. 目と目が〜と合った *me to me ga* 〜*to atta*: olharem-se nos olhos. 6 imobilizar de repente.
pittari ぴったり *adv* 1 hermeticamente. 2 bem combinado, ornado.
piza ピザ (*ingl pizza*) *s* pizza.
piyopiyo ぴよぴよ *onom* piu-piu; som de piar.
pointo ポイント (*ingl point*) *s* 1 ponto principal; assunto. 2 ponto em jogos. 3 agulhas da ferrovia.
poi to ぽいと *adv* jogar fora com leveza e convicção.
pokan to ぽかんと *adv* à toa; aéreo; ociosamente. *adj* boquiaberto.
pokapoka ぽかぽか *adv* calor confortável; temperatura amena.
poketto ポケット (*ingl pocket*) *s* bolso.
pokkari ぽっかり *adv* 1 o flutuar das coisas. 2 falta; vazio; buraco.
pokkuri ぽっくり *adv* repentinamente; de repente. 〜死ぬ 〜*shinu*: morrer repentinamente.
pon ぽん *onom* som de estouro; estampido; batida. 〜と膝を打つ 〜*to hiza o utsu*: bater no joelho. 〜と肩をたたく 〜*to kata o tataku*: dar uma batida no ombro.
pondo ポンド *s* (*hol pond, ingl pound*) libra esterlina, moeda da Grã-Bretanha.
pon'hiki ぽん引き *s vulg* 1 vigarista. 2 chulo; proxeneta.
ponītēru ポニーテール (*ingl ponytail*) *s* rabo de cavalo (penteado).
ponpon ぽんぽん *onom* 1 estampidos seguidos. 花火が〜上がっている *hanabi ga* 〜*agatte iru*: estão soltando fogos de artifício! 2 língua solta. 〜とものを言う 〜*to mono o iu*: não tem papas na língua. 3 *inf* barriga. 〜すいかを叩く 〜*suika o tataku*: bater levemente na melancia para ver se está madura.
ponpu ポンプ (*hol pomp*) *s* bomba d'água.
poppukōn ポップコーン (*ingl popcorn*) *s* pipoca.
poribukuro ポリ袋 *s* saco de polietileno.
poruno ポルノ (*fr porno*) *s* pornografia.
posutā ポスター (*ingl poster*) *s* cartaz; pôster.
potsunen to ぽつねんと *adv* sozinho; solitário.
potsun to ぽつんと *adv* solitário.
potsupotsu ぽつぽつ *adv* 1 o cair gotas; isoladamente; de modo esparso; aos poucos; gradualmente. 2 pequenas erupções que aparecem gradualmente.
potto ポット (*ingl pot*) *s* garrafa térmica; chaleira. コーヒー〜 *kōhī*〜: cafeteira.
pōzu ポーズ (*ingl pose*) *s* atitude artificial; posição; postura.
-ppanashi -っ放し *suf* deixar bagunçado; condição contínua. 彼は何でもやり〜だ *kare wa nandemo yari*〜*da*: ele deixa sempre tudo bagunçado.
pui to ぷいと *adv* sem mais sem menos; abruptamente; sem explicações.
pukapuka ぷかぷか *mim* 1 boiar. 2 fumar.
punpun ぷんぷん *adv* 1 cheiro forte. 2 zangado.
puraido プライド (*ingl pride*) *s* orgulho; honra; dignidade.
purachina プラチナ (*esp e hol platina*) *s* platina.
puraibashī プライバシー (*ingl privacy*) *s* privacidade.
purakādo プラカード (*ingl placard*) *s* cartaz, placa.
purasu プラス (*ingl plus*) *s* 1 *Mat* sinal de adição; mais. 2 positivo; acima de zero. 3 polo positivo. 4 lucro; ganho.
purasuchikku プラスチック (*ingl plastic*) *s* plástico.
purattohōmu プラットホーム (*ingl platform*) *s* plataforma de estação.
purezento プレゼント (*ingl present*) *s* presente.
puro プロ (*abrev do ingl professional*) *s* profissional.
purodakushon プロダクション (*ingl production*) *s* 1 produção. 2 agência de produção artística. 3 estúdio de cinema.
puropera プロペラ (*ingl propeller*) *s* hélice.
puropōshon プロポーション (*ingl proportion*) *s* proporção.
puropōzu プロポーズ (*ingl propose*) *s* pedido de casamento.
puroresu プロレス (*abrev do ingl professional wrestling*) *s* luta-livre profissional.
puroretaria プロレタリア (*fr prolétariat*) *s* 1 proletariado. 2 proletário.
puroyakyū プロ野球 *s* beisebol profissional.
pūru プール (*ingl pool*) *s* piscina.
putsun to ぷつんと *adv* 1 de repente. 2 arrebentar o fio.
puttsuri ぷっつり *adv* 1 cortar. 2 de repente.
pyonpyon ぴょんぴょん *onom* saltos; pulinhos.
pyūpyū ぴゅうぴゅう *onom* som do vento; som do chicote.

r

ra 羅 *s arc* **1** rede, ato de pegar com rede. 網～ *mō*～: (abrangência) de tudo. **2** tecido leve de seda. 綺～ *ki*～: aspecto vistoso (deslumbrante), indumentária elegante. **3** alinhamento. *V* **raretsu** 羅列. **4** Roma 羅馬.
-ra -等 *suf* **1** indicador de plural. 彼～ *kare*～: eles. これ～ *kore*～: estes. **2** ...e outros. 山田さん～ *Yamada-san*～: Yamada e os demais.
raba 騾馬 *s Zool* mula.
rachi 拉致 *s* rapto, sequestro. ～*suru, v*: raptar, sequestrar.
rachi 埒 *s* **1** cerca em volta de campo de equitação. **2** limite, objetividade. ～もない ～*mo nai*: leviandade, frivolidade. ～が明かない ～*ga akanai*: não chegar a uma conclusão.
rachigai 埒外 *s* fora do limite estabelecido. ～に出る ～*ni deru*: ir além das fronteiras. ～に出ない ～*ni denai*: manter-se dentro dos limites.
raden 螺鈿 *s* camada de madrepérola. ～細工 ～*saiku*: trabalhos [artigos] de madrepérola.
rafu 裸婦 *s Bel-art* nu feminino.
ragan 裸眼 *s* olho nu. ～視力 ～*shiryoku*: visão a olho nu.
rai 雷 *s* trovão. *V* **kaminari** 雷.
rai- 来- *pref* próximo, vindouro. ～月 ～*getsu*: mês que vem.
-rai -来 *suf* desde, desde então, por, durante. 昨夜～ *sakuya*～: desde a noite anterior. 二十年～の友人 *nijūnen*～*no yūjin*: amigo há 20 anos [amizade que dura 20 anos].
raibaru ライバル (*ingl rival*) *s* rival, competidor, concorrente.
raibyō 癩病 *s Med* hanseníase, mal de Hansen, lepra.
raichaku 来着 *s* chegada. ～*suru, v*: chegar, atingir, alcançar.
raichō 来朝 *s* chegada ao Japão, visita ao Japão. ～*suru, v*: visitar o Japão, chegar ao Japão.
raichō 来聴 *s* ato de vir para ouvir [uma palestra, um concerto]. ～者 ～*sha*: ouvinte, auditório, público. ～*suru, v*: ouvir [uma palestra, um concerto].
raidan 来談 *s* ato de vir para falar sobre algum assunto.
raiden 来電 *s* telegrama [que chega ou que chegou].
raiden 雷電 *s* trovão e raio.
raien 来援 *s* ato de vir para ajudar; assistência, ajuda, suporte.

raiga 来駕 *s* sua visita, sua presença, sua companhia. どうぞご～下さい *dōzo go*～ *kudasai*: por favor, dê-nos a graça de sua visita.
raigeki 雷撃 *s* ataque de torpedos.
raigetsu 来月 *s* mês que vem, próximo mês.
raigō 来迎 *s* **1** *Bud* vinda da deusa Amida para saudar o espírito dos crentes. **2** o raiar (nascer) do sol.
raihin 来賓 *s* convidado, visitante.
raihō 来訪 *s* visita, chamada. ～*suru, v*: visitar, fazer uma visita.
raihōsha 来訪者 *s* visitante.
raii 来意 *s* motivo da visita.
raijō 来場 *s* ato de vir ao lugar em questão; vinda. ～*suru, v*: assistir. ～者 ～*sha*: auditório, presente, espectador. ご～の皆様 *go*～*no minasama e*: a todos os presentes.
raikai 来会 *s* presença numa reunião. ～*suru, v*: estar presente a uma reunião.
raikaisha 来会者 *s* público presente, pessoas presentes na reunião.
raikan 雷管 *s* detonador, explosivo.
raikō 来航 *s* ato do vir de outro país pelo mar.
raikyaku 来客 *s* visitante, convidado, companhia.
raimei 雷鳴 *s* barulho do trovão.
raimei 雷名 *s* nome conhecido. ～を天下にとどろかす ～*o tenka ni todorokasu*: fazer o nome ficar conhecido mundo afora.
rainen 来年 *s* ano que vem, próximo ano.
raion ライオン (*ingl lion*) *s Zool* leão, leoa.
rairaku 磊落 *s* franqueza, sinceridade, generosidade. ～な, *adj*: franco, sincero, generoso.
raireki 来歴 *s* histórico, história, conhecimento, carreira, origem. 故事～ *koji*～: origem e história.
rairin 来臨 *s* presença, visita. 天皇の～ *tennō no*～: na presença do Imperador. ご～下さい *go*～ *kudasai*: pedimos a graça de sua [honrosa] visita.
raisan 礼賛[讚] *s* adoração, admiração, glorificação, exaltação, elogio. ～*suru, v*: adorar, admirar, cultuar, glorificar, idolatrar.
raise 来世 *s* vida após a morte, vida futura, outra vida.
raisha 来社 *s* visita a uma empresa. ～をする ～*o suru*: visitar uma empresa.
raishin 来信 *s* carta recebida.
raishū 来週 *s* semana que vem, próxima semana.
raishun 来春 *s* próxima primavera.
raitā ライター (*ingl lighter*) *s* isqueiro.

raiu 雷雨 *s* chuvas e trovões; tempestade, temporal.
raiyū 来遊 *s* visita a passeio. ～*suru*, *v*: visitar, passear.
rajio ラジオ (*ingl radio*) *s* rádio.
rajō 螺状 *s* espiral, parafuso.
rakka 落下 *s* queda, descida.
rakka 落果 *s* queda de uma fruta; fruta caída.
rakka 落花 *s* o cair das pétalas; flores caídas.
rakkan 落款 *s* assinatura e marca (sinal, carimbo); assinatura, autenticação.
rakkan 楽観 *s* otimismo, confiança. ～*suru*, *v*: ser otimista, ter uma visão favorável.
rakkanteki 楽観的 *na*, *adj*: otimista, esperançoso, confiante, favorável.
rakkasan 落下傘 *s* paraquedas.
rakkasei 落花生 *s Bot* amendoim.
raku 楽 *s* 1 conforto, comodidade. ～*na*, *adj*: confortável, fácil, simples, leve. ～な暮らし ～*na kurashi*: vida confortável. ～に ～*ni*: confortavelmente. 2 alívio. ～になる ～ *ni naru*: ficar aliviado. 薬を飲んでから～になった *kusuri o nonde kara* ～*ni natta*: depois que tomei o remédio, fiquei aliviado.
rakuba 落馬 *s* ato de cair de um cavalo. ～*suru*, *v*: cair do cavalo.
rakubaku 落莫 *adj* triste, desolado; solitário.
rakuban 落盤 *s* desmoronamento (de uma mina).
rakuchaku 落着 *s* solução, conclusão, decisão. 一件～ *ikken*～: solução de um caso. ～*suru*, *v*: estar concluído, estar decidido.
rakuchō 落丁 *s* falta de páginas. ～が六ページある ～*ga roku pēji aru*: estão faltando seis páginas.
rakuchū 洛中 *s* dentro da capital; dentro da cidade de Kyoto. ～に ～*ni*: na cidade de Kyoto. ～洛外に～*rakugai ni*: nos subúrbios e na cidade de Kyoto.
rakuda 駱駝 *s Zool* camelo, dromedário. ひとこぶ～ *hitokobu*～: dromedário. ふたこぶ～ *futakobu*～: camelo.
rakudai 落第 *s* reprovação, eliminação, rejeição, fracasso. ～*suru*, *v*: ser reprovado, ser eliminado. ～させる ～*saseru*: reprovar, eliminar.
rakudaisei 落第生 *s* estudante reprovado, repetente.
rakudatsu 落脱 *s* omissão, falta, abandono. ～*suru*, *v*: ser omisso, abandonar.
rakuen 楽園 *s* paraíso, Éden. 地上の～ *chijō no* ～: paraíso terrestre, paraíso mundano.
rakugaki 落書き *s* rabisco, pichação. ～*suru*, *v*: rabiscar, pichar.
rakugan 落雁 *s* 1 ganso selvagem pousando no campo. 2 biscoito de farinha de arroz.
rakugo 落後[伍] *s* desistência, fracasso, ato de ficar para trás. ～*suru*, *v*: desistir. 競走で～する *kyōsō de* ～*suru*: desistir durante a corrida.
rakugo 落語 *s performance* popular monologada de humor sarcástico, originário das anedotas japonesas.
rakugosha 落後[伍]者 *s* desistente, fracassado.
rakuhaku 落魄 *s* pobreza, ruína, desgraça. ～*suru*, *v*: cair em desgraça, arruinar-se.
rakuin 烙印 *s* marca, sinal, estigma (feito com ferro em brasa). ～を押す *~o osu*: marcar, estigmatizar. 裏切り者として～を押された *uragirimono to shite* ～*o osareta*: foi marcado como traidor.
rakuin 落胤 *s* filho ilegítimo, bastardo [de uma família nobre].

rakuinkyo 楽隠居 *s* vida confortável de aposentado. 彼は～の身である *kare wa* ～*no mi de aru*: ele tem uma confortável vida de aposentado.
rakujō 落城 *s* rendição (queda) de um castelo.
rakumei 落命 *s* morte. ～*suru*, *v*: morrer, perder a vida.
rakunō 酪農 *s* criação de gado leiteiro. ～場 ～*jō*: fazenda de gado leiteiro. ～製品 ～*seihin*: laticínio.
rakurai 落雷 *s* queda de um raio, raio do trovão. ～*suru*, *v*: cair um raio.
rakuraku(to) 楽々(と) *adv* 1 confortavelmente. ～と暮らす ～*to kurasu*: viver confortavelmente. 2 facilmente, com muita facilidade. この問題は～と解決できた *kono mondai wa* ～*to kaiketsu dekita*: consegui resolver este problema com muita facilidade.
rakurui 落涙 *s* ato de derramar lágrimas, choro. ～*suru*, *v*: derramar (verter) lágrimas, chorar. その話を聞いて～した *sono hanashi o kiite* ～*shita*: derramei lágrimas ao ouvir essa conversa. ～させる ～*saseru*: fazer derramar lágrimas. 別れを告げたさい、彼女を～させた *wakare o tsugeta sai, kanojo o* ～*saseta*: eu a fiz chorar quando anunciei a separação.
rakusa 落差 *s* desnível, diferença de nível.
rakusatsu 落札 *s* proposta bem-sucedida (leilão, concorrência).
rakusei 落成 *s* conclusão, acabamento. ～*suru*, *v*: finalizar, terminar, concluir. あの建物はもうすぐ～する *ano tatemono wa mō sugu* ～*suru*: aquele prédio logo será finalizado.
rakuseishiki 落成式 *s* cerimônia de inauguração.
rakuseki 落石 *s* desmoronamento de pedras, desabamento de pedras.
rakusen 落選 *s* derrota [nas eleições], rejeição. ～者 ～*sha*: candidato derrotado. ～作 ～*saku*: trabalho (objeto) rejeitado. ～する ～*suru*, *v*: ser derrotado, ser rejeitado, perder, não ser aceito.
rakushō 楽勝 *s* vitória fácil. ～*suru*, *v*: vencer facilmente, ter uma vitória fácil.
rakushu 落手 *s* 1 recebimento [utilizado em cartas]. ～*suru*, *v*: receber [a pessoa é o sujeito]; chegar [a carta é o sujeito]. おとどけの品はたしかに～いたしました *otodoke no shina wa tashika ni* ～*itashimashita*: sem dúvida, recebi a mercadoria. 2 mau lance [*shogi*]. ～*suru*, *v*: fazer um péssimo lance.
rakutan 落胆 *s* decepção, desânimo, abatimento, desilusão, desapontamento. ～*suru*, *v*: decepcionar-se, ficar desanimado, perder o ânimo, ficar desapontado.
rakuten 楽天 *s* otimismo.
rakutenchi 楽天地 *s* paraíso, Éden.
rakutenka 楽天家 *s* pessoa otimista, pessoa despreocupada.
rakutenteki 楽天的 *adj* otimista, esperançoso, animado.
rakuyō 落葉 *s* desfolhamento; o cair das folhas; folhas caídas.
rakuyōju 落葉樹 *s* árvore cujas folhas caem no inverno e renovam-se na primavera; árvores decíduas.
Rama 喇嘛 *s* lama [sacerdote budista entre os mongóis e tibetanos]. ～教 ～*kyō*: lamaísmo. ～教徒 ～*kyōto*: lamaísta.

rāmen ラーメン (*chin* 拉麺) *s* macarrão [aletria] chinês.

ran 乱 *s* guerra, revolta, rebelião.

ran 欄 *s* **1** coluna, seção, página [de jornais e revistas]. 広告～ *kōkoku*～: seção de anúncios. 運動～ *undō*～: seção de esportes. **2** espaço (vazio, em branco). 登録番号～ *tōroku bangō*～: espaço para o número de registro. ～に記入する ～*ni kinyū suru*: preencher no espaço. **3** corrimão, balaústre.

ran 卵 *s Zool* ovo. ～状 ～*jō*: oval, em forma de ovo.

ran 蘭 *s Bot* orquídea.

ranbatsu 乱伐 *s* desmatamento desordenado, desmatamento indiscriminado. ～*suru*, *v*: desmatar, desflorestar indiscriminadamente.

ranbiki 蘭引き *s arc* alambique.

ranbō 乱暴 *s* violência, rudeza, selvageria. ～*na*, *adj*: **1** violento, rude, selvagem, desordeiro. ～なスポーツ・少年・話し方 ～ *na supōtsu/shōnen/hanashikata*: esporte/garoto/modo de falar áspero. ～な言葉を使う ～*na kotoba o tsukau*: usar palavras rudes. **2** ～*na*, *adj*: bruto, áspero, indiferente. ～な扱い方 ～*na atsukaikata*: modo áspero no trato. **3** ～*na*, *adj*: irregular, ilegal; extravagante, audacioso, excessivo. ～な要求 ～*na yōkyū*: pedido extravagante (excessivo). **4** ～*na*, *adj*: negligente, imprudente. 彼はお金遣いが～だ *kare wa okanezukai ga* ～*da*: ele é imprudente no trato com o dinheiro.

ranbōmono 乱暴者 *s* desordeiro, arruaceiro.

ranbu 乱舞 *s* folia, orgia; dança violenta. ～*suru*, *v*: dançar freneticamente.

ranchi ランチ (*ingl lunch*) *s* lanche, merenda, almoço. ～タイム ～*taimu*: hora do lanche, hora do almoço.

ranchikisawagi 乱痴気騒ぎ *s pop* folia, farra, orgia, pândega.

ranchō 乱丁 *s* erro de paginação, ordem incorreta [páginas de livro]. ～本 ～*bon*: livro cujas páginas estão ordenadas incorretamente.

ranchō(shi) 乱調(子) *s* **1** discordância, desacordo, desarmonia, confusão, desordem, irregularidade. **2** flutuação violenta.

randa 乱打 *s* soco, murro, batida, pancadas repetidas. ～*suru*, *v*: socar, dar socos, esmurrar, bater, dar pancadas repetidamente. 半鐘を～する *hanshō o* ～*suru*: tocar freneticamente o alarme contra incêndio.

randoku 乱読 *s* leitura não sistemática de livros; ato de passar os olhos nos livros. ～*suru*, *v*: correr os olhos pelos livros.

randoseru ランドセル (*hol ransel*) *s* mochila escolar [usada por crianças durante o curso primário].

rangai 欄外 *s* margem [nas páginas de livros e/ou revistas].

rangaku 蘭学 *s Hist* estudo sobre a ciência ocidental por meio da língua holandesa, ocorrido a partir da segunda metade da era Edo.

rangoku 乱国 *s* país em conflito, país com problemas, país sem ordem nem lei.

rangui 乱杭 *s* estacas cravadas em intervalos irregulares [na terra ou na água, para obstruir a visão do inimigo]. ～歯 ～*ba*: arcada dentária irregular.

rangyō 乱行 *s* conduta desregrada, libertinagem.

ranjuku 爛熟 *s* **1** fruta passada, fruta madura demais. ～*suru*, *v*: ficar passado, ficar maduro demais. **2** maturidade, maturação total. ～した文化 ～*shita bunka*: cultura em processo de decadência. ～*suru*, *v*: alcançar a plena maturidade.

rankaku 卵殻 *s* casca do ovo.

rankaku 濫[乱]獲 *s* pesca e/ou caça indiscriminada, pesca e/ou caça excessiva. ～*suru*, *v*: pescar e/ou caçar indiscriminadamente (excessivamente).

rankan 欄干 *s* grade (de proteção), corrimão, parapeito [em pontes e/ou corredores]. 橋の～にもたれる *hashi no* ～*ni motareru*: apoiar-se na grade de proteção da ponte.

rankei 卵形 *s* formato de ovo.

rankiryū 乱気流 *s Meteor* turbulência, corrente de ar turbulento.

rankōge 乱高下 *s* flutuações violentas, sobe e desce violentos. ～市況 ～*shikyō*: mercado instável.

ranku ランク (*ingl rank*) *s* grau, ordem, classe.

ranma 乱麻 *s pop* caos, anarquia. 快刀～を断つ *kaitō* ～*o tatsu*: cortar o nó górdio.

ranman 爛漫 *adj* florido. ～たる桜花 ～*taru ōka*: flores da cerejeira completamente desabrochadas. ～と咲いている ～*to saite iru*: estar totalmente florido.

ranmin 乱民 *s* povo desordeiro, rebelde.

ranmyaku 乱脈 *s* desordem, confusão, desorganização, caos.

rannyū 乱入 *s* invasão, incursão, intrusão. ～者 ～*sha*: intruso, invasor. ～*suru*, *v*: invadir.

ran'ō 卵黄 *s Zool* gema do ovo.

ranpaku 卵白 *s Zool* clara do ovo.

ranpatsu 乱発 *s* tiro a esmo, às cegas. ～*suru*, *v*: atirar ao acaso.

ranpatsu 濫発 *s* tiragem (emissão, edição) excessiva [de papel-moeda, de títulos]. ～*suru*, *v*: emitir excessivamente (indiscriminadamente).

ranpi 濫[乱]費 *s* desperdício, gasto excessivo, extravagância. ～*suru*, *v*: desperdiçar, dissipar, ser extravagante, gastar exageradamente.

ranpitsu 乱筆 *s* escrita apressada, letra ilegível, ato de escrever às pressas. ～をお許し下さい ～*o oyurushi kudasai*: desculpe pelos rabiscos desta carta [desculpe por escrever esta carta às pressas].

ranpu ランプ (*hol lamp*) *s* lâmpada, lampião, lamparina.

ranran 爛々 *adj* brilhante, cintilante. 彼の目は～と光っていた *kare no me wa* ～*to hikatte ita*: os olhos dele estavam brilhando.

ranri 乱離 *s* dispersão. ～*suru*, *v*: dispersar.

ranrin 乱倫 *s* conduta imoral, imoralidade perturbada.

ranritsu 乱立 *s* aparecimento desordenado, aglomeração. その選挙区では候補者が～している *sono senkyoku de wa kōhosha ga* ～*shite iru*: nesse distrito eleitoral, há uma verdadeira aglomeração de candidatos.

ransaku 濫[乱]作 *s* produção excessiva. ～*suru*, *v*: produzir excessivamente.

ransei 乱世 *s* tempo turbulento, época turbulenta, turbuência social.

ransei 卵生 s Zool oviparidade, oviparismo. ～動物 ～*dōbutsu*: animal ovíparo.
ransen 乱戦 s luta desordenada (confusa), tumulto.
ransha 乱射 s tiro a esmo. ～*suru*, v: atirar a esmo, disparar às cegas.
ranshi 乱視 s Med astigmatismo.
ranshi 卵子 s Bot e Zool óvulo.
ranshin 乱心 s distúrbio mental, distração, insanidade. ～者 ～*sha*: pessoa perturbada, indivíduo insano. ～*suru*, v: ficar mentalmente abalado, perder a cabeça. ～している ～*shite iru*: estar perturbado.
ranshō 濫觴 s origem, começo, gênese, criação.
ransō 卵巣 s Anat e Zool ovário.
rantō 乱闘 s luta confusa.
ran'yō 濫用 s abuso, mau uso. ～*suru*, v: abusar, fazer mau uso. 権力を～する *kenryoku o* ～*suru*: abusar do poder.
ranzatsu 乱雑 s desordem, confusão, desorganização. ～*na*, adj: confuso, desorganizado.
ranzō 濫造 s produção excessiva. ～*suru*, v: produzir em excesso. 粗製～ *sosei*～: superprodução de artigos de qualidade inferior.
rappa 喇叭 s trombeta, corneta.
rappanomi 喇叭飲み s pop ato de beber direto da garrafa.
raretsu 羅列 s enumeração, citação, arranjo. ～*suru*, v: enumerar, citar, arranjar.
rasen 螺旋 s parafuso, espiral.
rasha 羅紗 s tecido grosso de lã. ～紙 ～*gami*: papel de parede aveludado.
-rashii[1] らしい *aux* parece [suposição]. 本当～嘘をつく *hontō* ～ *uso o tsuku*: fala mentiras como se fossem verdades. テストがある～ *tesuto ga aru* ～: parece que vai ter prova. 主人～人が出てきた *shujin* ～ *hito ga detekita*: apareceu um homem, que talvez seja o dono da casa. この話は真実らしく聞こえる *kono hanashi wa shinjitsu rashiku kikoeru*: esta história soa como verdadeira. 雨～ *ame*～: parece que vai chover.
-rashii[2] らしい *suf* apropriado a, adaptado a [aparência]. 紳士～態度 *shinshi* ～*taido*: atitude que parece ser de cavalheiro. しゃべり方がいかにも弁護士～ *shaberikata ga ikanimo bengoshi* ～: o modo de falar é como se realmente fosse um advogado. この近くに公園～公園がない *kono chikaku ni kōen* ～ *kōen ga nai*: por aqui, não há nenhum parque digno desse nome.
rashingi 羅針儀 s bússola.
rashutsu 裸出 s exposição, desnudamento. ～*suru*, v: ser/estar exposto, ser/estar desnudo.
rasshuawā ラッシュアワー (*ingl rush hour*) s horário de pico. 朝夕の～ *asayū no* ～: horário de pico da manhã e da noite.
ratai 裸体 s corpo nu, nudez. 半～ *han*～: seminu. 全～ *zen*～: totalmente nu. ～主義 ～*shugi*: nudismo.
Raten ラテン (*lat Latin*) s latim.
ratengo ラテン語 s língua latina. ～風 ～*fū*: latinidade, latinismo.
ratsuwan 辣腕 s astúcia, perspicácia, esperteza, sagacidade, habilidade. ～家 ～*ka*: pessoa astuta, sagaz, habilidosa. ～を振るう ～*o furuu*: mostrar (demonstrar) toda a astúcia; revelar grande habilidade.

reberu レベル (*ingl level*) s 1 nível. ～が高い・低い ～*ga takai/hikui*: o nível é alto/baixo. ～アップする ～*appu suru*: elevar-se. 2 nível de bolha de ar.
rēdā レーダー (*ingl radar*) s radar.
redî レディー (*ingl lady*) s senhora, dama.
rei 礼 s 1 cumprimento, saudação, mesura. 先生に～をする *sensei ni* ～*o suru*: fazer mesura (cumprimentar) ao professor. 2 etiqueta, educação, polidez, respeito. ～を知る ～*o shiru hito*: pessoa bem-educada. ～を知らぬ人 ～*o shiranu hito*: pessoa sem modos. 3 cerimônia, solenidade. 4 agradecimento, gratidão. お～の印に *o*～*no shirushi ni*: como forma de gratidão. ～を述べる ～*o noberu*: expressar gratidão [a alguém por algo]. 5 recompensa, consideração, reconhecimento, gratificação, retribuição. の～として *no* ～*to shite*: em consideração a. ～をする ～*o suru*: retribuir, recompensar.
rei 例 s 1 uso, prática. 2 hábito, costume. ～によって ～*ni yotte*: como de costume. ～の ～*no*: o de sempre, costumeiro, habitual. 3 precedente. いままでに～のない大災害 *ima made ni* ～*no nai daisaigai*: grave acidente sem precedente. 4 caso, exemplo, ilustração. ～をあげる ～*o ageru*: exemplificar, dar exemplos. ～として引く ～*to shite hiku*: citar como exemplo.
rei 零 s zero, nulidade, cifra, nada.
rei 霊 s alma, espírito, fantasma. ～的生活 ～*teki seikatsu*: vida espiritual. ～の世界 ～*no sekai*: mundo do espírito. 祖先の～を祭る *sosen no* ～*o matsuru*: orar pelas almas dos ancestrais.
rei 令 s 1 ordem, comando. 2 decreto, lei.
reiba 冷罵 s injúria, insulto, ultraje, ofensa. ～を浴びせる ～*o abiseru*: insultar, ofender.
reibai 霊媒 s médium.
reibō 礼帽 s chapéu formal, chapéu de cerimônia, cartola.
reibō 冷房 s refrigeração, ar frio. ～のきいている部屋 ～*no kiite iru heya*: quarto (sala, aposento) refrigerado. ～*suru*, v: refrigerar, esfriar.
reibōsōchi 冷房装置 s aparelho de refrigeração.
reibun 例文 s exemplo, sentença exemplificativa. この辞書には～がたくさんのっている *kono jisho ni wa* ～*ga takusan notte iru*: há muitos exemplos neste dicionário.
reichō 霊長 s ～類 ～*rui*: espécie dos Primatas.
reidai 例題 s exercício, exemplo [para provar a teoria], modelo.
reido 零度 s zero grau, ponto de congelamento.
reien 霊園 s cemitério, necrópole.
reifuku 礼服 s roupa formal, traje de cerimônia.
reigai 冷害 s prejuízo (dano, estrago, perda) causado pelo tempo frio. 作物を～から守る *sakumotsu o* ～*kara mamoru*: proteger a colheita contra o frio.
reigai 例外 s exceção. ～的(に) ～*teki(ni)*: excepcional(mente). ～なく ～*naku*: sem exceções. どんな規則にも～がある *donna kisoku ni mo* ～*ga aru*: em qualquer regra, sempre há uma exceção.
reigan 冷眼 s olhar frio, olhar indiferente.
reigen 霊験 s milagre. ～あらたかな ～*arataka na*, adj: milagroso, miraculoso.
reigen 冷厳 s rigidez, inflexibilidade. ～*na*, adj:

rígido, severo, austero. 〜な態度 〜na taido: atitude austera.
reigetsu 例月 s todo mês, cada mês.
reigi(sahō) 礼儀(作法) s cortesia, decoro, etiqueta, polidez, educação, boas maneiras.
reigo 囹圄 s prisão, cadeia, cárcere. 〜の人 〜no hito: prisioneiro.
reigū 冷遇 s tratamento frio, falta de hospitalidade. 〜suru, v: tratar friamente, receber friamente, acolher com indiferença. 〜された 〜sareta: ser recebido com indiferença, ser recebido friamente.
reigū 礼遇 s 1 tratamento honroso, recepção cordial. 〜suru, v: receber cordialmente, tratar com respeito. 〜される 〜sareru, 〜を受ける 〜o ukeru: ser recebido calorosamente, ser tratado com respeito. 2 honra, privilégio. 〜停止 〜teishi: suspensão de privilégios.
reihai 礼拝 s culto, adoração. 朝の〜 asa no 〜: culto matinal. 〜堂 〜dō: capela, santuário. 〜suru, v: cultuar, adorar, venerar. 神々を〜する kamigami o 〜suru: cultuar os deuses.
reihai 零敗 s derrota (sem ter feito nenhum ponto). 〜suru, v: perder de zero.
reihaishiki 礼拝式 s cerimônia religiosa, ritual.
reihō 礼砲 s salva. 〜を放つ 〜o hanatsu: disparar tiros para a saudação. 二十一発の〜を放つ nijūippatsu no 〜o hanatsu: disparar salva de 21 tiros.
reihō 霊峰 s montanha sagrada.
reihyō 冷評 s escárnio, sarcasmo. 〜suru, v: olhar com sarcasmo, comentar sarcasticamente.
reiiki 霊域 s território sagrado, território divino.
reiji 例示 s exemplificação, ilustração. 〜suru, v: ilustrar com exemplos, exemplificar.
reiji 零時 s zero hora. 午前〜 gozen〜: meia-noite. 午後〜 gogo〜: meio-dia.
reijitsu 例日 s dia útil.
reijō 令状 s ordenação, mandado, autorização. 〜を執行する 〜o shikkō suru: executar um mandado.
reijō 礼状 s carta de agradecimento.
reijō 令嬢 s filha (termo de respeito para mencionar a filha de terceiros), uma jovem.
reika 零下 s abaixo de zero. 〜の気温 〜no kion: temperatura abaixo de zero. 〜20度に下がる 〜nijūdo ni sagaru: abaixar para 20 graus Celsius negativos.
reikai 例会 s reunião regular, periódica. 毎月の〜 maitsuki no 〜: reunião mensal.
reikai 例解 s explicação por meio de exemplos; exemplificação, ilustração. 〜suru, v: dar exemplos, exemplificar, explicar por meio de exemplos.
reikai 霊界 s 1 mundo espiritual. 〜の現象 〜no genshō: fenômeno espiritual. 2 mundo dos mortos.
reikan 霊感 s inspiração divina, inspiração, percepção extrassensorial. 〜のひらめき 〜no hirameki: lampejo de inspiração.
reiketsu 冷血 s Zool sangue-frio. 〜動物 〜dōbutsu: animal cuja temperatura do corpo varia de acordo com o ambiente; animal não homeotermo.
reiketsukan 冷血漢 s pessoa de sangue-frio, sem sentimentos, cruel. 彼は〜だ kare wa 〜da: o coração dele é de pedra.
reiki 冷気 s ar gelado, temperatura fria. 朝の〜を感じる asa no 〜o kanjiru: sentir o frio da manhã.

reiki 例規 s regra estabelecida.
reiki 励起 s Fís estímulo, excitação. 〜原子・分子 〜genshi/bunshi: átomo/molécula excitada. 〜させる 〜saseru: excitar, estimular.
reikin 礼金 s retribuição, gratificação [em forma de dinheiro].
reikō 励行 s execução rígida, realização com esforço, observação rigorosa. 規則の〜 kisoku no 〜: observação rigorosa das regras. 〜suru, v: observar rigorosamente, executar rigorosamente. 大掃除を〜する ōsōji o 〜suru: realizar uma limpeza geral.
reikoku 冷酷 s insensibilidade, desumanidade, barbaridade, crueldade, frieza. 〜na, adj: insensível, desumano, bárbaro, cruel, frio. 彼は〜な人間だ kare wa 〜na ningen da: ele é um homem cruel.
reikon 霊魂 s alma, espírito.
reikyaku 冷却 s refrigeração, esfriamento, frieza. 〜期間 〜kikan: período de esfriamento. 〜効果 〜kōka: efeito refrigerante. 〜水 〜sui: água de refrigeração. 〜suru, v: esfriar, refrigerar, gelar.
reikyakuki 冷却器 s refrigerador.
reimawari 礼回り s visita de retribuição.
reimei 黎明 s alvorada, amanhecer, crepúsculo matinal. 〜に 〜ni: ao amanhecer, na alvorada.
reimei 令名 s reputação, fama, renome.
reimeiki 黎明期 s aurora, alvorada, nascimento, começo, início. 文芸復興の〜 bungei fukkō no 〜: alvorada do Renascimento. 原子力時代の〜 genshiryoku jidai no 〜: alvorada da era da energia nuclear.
reimyō 霊妙 〜na, adj: miraculoso, misterioso, sobrenatural, inexplicável, maravilhoso. 〜な筆 〜na fude de: [escrito] num estilo maravilhoso.
reinen 例年 s todo ano, cada ano, anualmente. 〜になく 〜ni naku: diferentemente dos outros anos. 〜の催し 〜no moyooshi: evento anual.
reinkōto レインコート (ingl raincoat) s capa de chuva, capa impermeável.
reiraku 零落 s queda, ruína, decadência. 〜者 〜sha: pessoa arruinada. 〜した生活 〜shita seikatsu: vida miserável. 〜suru, v: estar arruinado, cair em ruína.
reireishii 麗々しい adj ostentoso, pomposo, pretensioso, presunçoso. 〜看板 〜kanban: letreiro pretensioso.
reireishiku 麗々しく adv pomposamente, ostensivamente, pretensiosamente, presunçosamente. 〜飾り立てる 〜kazaritateru: enfeitar pomposamente.
reiryō 冷涼 s frescor.
reisai 例祭 s festival anual (regular).
reisai 零細 s de pequena dimensão. 〜企業 〜kigyō: pequena empresa. 〜資金 〜shikin: capital mínimo. 〜農家 〜nōka: pequeno agricultor. 〜na, adj: pequeno, minúsculo, insignificante.
reisei 冷静 s calma, serenidade, tranquilidade. 〜na, adj: calmo, sereno, tranquilo, controlado. 〜な頭 〜na atama: cabeça fria. 〜な判断 〜na handan: julgamento sereno. 〜に 〜ni: calmamente, friamente, serenamente, tranquilamente.
reisen 冷泉 s fonte de água mineral fria.
reisen 冷戦 s guerra fria.
reisen 霊泉 s fonte milagrosa. 不老不死の〜 furōfushi no 〜: fonte da juventude.
reisetsu 礼節 s decoro, etiqueta, polidez, regras de

boas maneiras. ~を磨く ~o migaku: cultivar as boas maneiras.

reishiki 礼式 s normas de etiqueta, modos. ~を制定する ~o seitei suru: estabelecer um código de etiqueta.

reishitsu 麗質 s beleza, charme. 天の成せる~ ten no naseru ~: beleza natural.

reishō 冷笑 s sorriso frio, riso de escárnio, zombaria, sarcasmo. ~suru, v: zombar, sorrir com desdém, rir sarcasticamente.

reishō 例証 s ilustração, exemplificação, exemplo, prova. ~suru, v: ilustrar, exemplificar, dar exemplos como prova. 問題を~する事実 mondai o ~suru jijitsu: fato que exemplifica o problema [fato ilustrativo do problema].

reisō 礼装 s traje para cerimônia. ~で ~de: em traje formal. ~suru, v: vestir-se formalmente.

reisui 冷水 s água gelada, água fria.

reisuimasatsu 冷水摩擦 s fricção com pano umedecido em água gelada.

reisuiyoku 冷水浴 s banho de água fria.

reisuru 令する v dar ordens, comandar, ordenar, ditar.

reitan 冷淡 s 1 indiferença, desinteresse, frieza. ~na, adj: indiferente, desinteressado, frio, apático, sem entusiasmo. ~な態度 ~na taido: comportamento indiferente, atitude desinteressada. ~に ~ni: indiferentemente, friamente, apaticamente. 2 insensibilidade, desumanidade. ~na, adj: insensível, desumano, frio. ~な性質 ~na seishitsu: temperamento frio.

reiteki 霊的 adj espiritual, incorpóreo, imaterial. ~交流 ~kōryū: intercâmbio espiritual. ~生活 ~seikatsu: vida espiritual.

reiten 零点 s (nota) zero, sem marcação, sem nota. 試験に~をとる shiken ni ~o toru: tirar zero no exame.

reitetsu 冷徹 s frieza, severidade, crítica penetrante. ~na, adj: aguçado, crítico, severo, penetrante. ~な目で将来を見る ~na me de shōrai o miru: avaliar o futuro com um olhar crítico e penetrante.

reitō 冷凍 s refrigeração, congelamento. ~器 ~ki: refrigerador, congelador. ~庫 ~ko: congelador. ~suru, v: refrigerar, congelar.

reitōkansō 冷凍乾燥 s congelamento a vácuo. ~機 ~ki: congelador a vácuo. ~suru, v: congelar a vácuo.

reiu 冷雨 s chuva fria.

reiyaku 霊薬 s remédio milagroso. 不老不死の~ furōfushi no ~ : elixir da juventude.

reizō 冷蔵 s refrigeração. ~suru, v: refrigerar, manter gelado, manter congelado.

reizōko 冷蔵庫 s geladeira.

reizoku 隷属 s subordinação. ~的地位 ~teki chii: posição subordinada. ~国 ~koku: nação subordinada. ~suru, v: estar subordinado, estar sujeito, estar sob o controle.

reki 暦 s calendário. 太陽~ taiyō~: calendário solar. 西~ sei~: calendário ocidental.

-reki -歴 suf experiência, histórico. 研究~ kenkyū~: histórico acadêmico. 教師~五年 kyōshi ~ gonen: histórico de cinco anos como professor.

rekichō 歴朝 s dinastias consecutivas.

rekidai 歴代 s gerações sucessivas. ~の首相 ~no shushō: primeiros-ministros sucessivos. ~の内閣 ~no naikaku: sucessivos gabinetes.

rekihō 暦法 s estudos sobre os movimentos dos corpos celestes aos quais estão baseados os sistemas dos calendários.

rekihō 歴訪 s série de visitas a lugares e pessoas em curto espaço de tempo. ~suru, v: visitar um após o outro. アジア諸国を~する Ajia shokoku o ~suru: visitas sucessivas aos países da Ásia.

rekijitsu 暦日 s o calendário, dia do calendário.

rekinen 歴年 s ano a ano, ano após ano.

rekinen 暦年 s ano civil.

rekinin 歴任 s ato de ocupar sucessivamente vários postos [no trabalho]. ~suru, v: ocupar várias posições sucessivamente. 要職を~する yōshoku o ~suru: assumir cargos importantes sucessivamente.

rekireki 歴々 s 1 pessoa de classe. 財界のお~ zaikai no o~: pessoa de posição do mundo financeiro. 2 adv clara(mente), evidente(mente). ~たる事実 ~taru jijitsu: fato evidente.

rekisei 瀝青 s piche, betume, asfalto. ~岩 ~gan: retinito.

rekisen 歴戦 s pessoa que participou de várias guerras, veterano de guerra. ~の勇士 ~no yūshi: guerreiro de muitos combates.

rekishi 歴史 s 1 história, anais, crônica. 日本~ Nihon~: história japonesa. 西洋~ seiyō~: história ocidental. ~地理 ~chiri: geografia histórica. 2 história, tradição. 輝かしい~のある学校 kagayakashii ~no aru gakkō: escola de boa tradição.

rekishi 轢死 s morte por atropelamento.

rekishijō 歴史上 s (adv) historicamente, do ponto de vista histórico. ~有名な所 ~yūmei na tokoro: local famoso do ponto de vista histórico.

rekishiteki 歴史的 adj histórico, tradicional. ~事実・人物 ~jujitsu/jinbutsu: fato histórico, personalidade histórica. ~な行事 ~na gyōji: evento tradicional. ~建造物 ~ kenzōbutsu: construção histórica.

rekisū 暦数 s calendário, destino, número de anos.

rekiyū 歴遊 s turismo, passeio turístico. ~suru, v: fazer um passeio histórico.

rekizen 歴然 s claridade. ~たる事実 ~taru jijitsu: fato evidente. ~として ~to shite: claramente, evidentemente, obviamente.

rekka 烈火 s chama furiosa, fogo devastador. ~の如く怒る ~no gotoku ikaru: ficar vermelho de raiva, enfurecer-se.

rekka 劣化 s Quím deterioração.

rekkai 裂開 s deiscência, rachadura, fissura. ~suru, v: romper-se, abrir-se espontaneamente.

rekki to shita れっきとした adj 1 evidente, claro, indubitável, irrefutável. ~証拠 ~shōko: prova irrefutável, prova incontestável. 2 respeitável, decente, ilustre. ~旧家 ~kyūka: família antiga e respeitável. ~俳優 ~haiyū: ator respeitável, ator de grande reputação. ~作家 ~sakka: escritor ilustre.

rekkoku 列国 s vários países. 欧州~ ~ōshū ~: nações europeias. ~議会同盟 ~ gikai dōmei: união interparlamentar. ~会議 ~kaigi: conferência internacional. ~の干渉 ~no kanshō: intervenção das nações.

rekkyo 列挙 *s* enumeração. ~*suru*, *v*: enumerar, listar.

rekōdo レコード (*ingl record*) *s* 1 recorde. ~を作る・破る ~*o tsukuru/yaburu*: marcar o recorde, quebrar o recorde. 2 disco, LP. モーツァルトの交響曲第40番の ~ *Mōtsuaruto no kōkyōkyoku daiyonjūban no* ~: disco da sinfonia número 40 de Mozart. ~プレーヤー ~*purēyā*: toca-discos.

rekōdoyaburi レコード破り *s* quebra de recorde.

ren 連 *s* 1 resma [de papel]. 2 verso [de poema]. 五~の詩 *go*~*no shi*: poema de cinco versos. 3 *suf* parte, grupo, companhia. 文士~ *bunshi*~: grupo de escritores.

ren'ai 恋愛 *s* amor, paixão. 純潔な・精神的~ *junketsu na/seishinteki* ~: amor puro/platônico. ~*suru*, *v*: amar, apaixonar-se.

ren'aikankei 恋愛関係 *s* relação de amor, caso de amor.

ren'aikekkon 恋愛結婚 *s* casamento por amor. ~をする ~*o suru*: casar por amor.

renbai 廉売 *s* ato de vender barato, liquidação, promoção. ~日 ~*bi*: dia de liquidação. ~品 ~*hin*: mercadorias promocionais, mercadorias em promoção.

renban 連判 *s* assinatura coletiva. ~状 ~*jō*: pacto assinado por todos.

renbin 憐憫 *s* compaixão, pena, piedade, misericórdia.

renbo 恋慕 *s* amor, apego. ~*suru*, *v*: amar, apaixonar-se, apegar-se. 横~する *yoko* ~*suru*: apaixonar-se por uma pessoa comprometida.

renchi 廉恥 *s* honra, brio. 何よりも~を重んじる *nani yori mo* ~*o omonjiru*: respeitar a honra acima de tudo.

renchishin 廉恥心 *s* senso de vergonha. ~のない人 ~*no nai hito*: pessoa desavergonhada.

renchoku 廉直 *s* honestidade, integridade, probidade. ~の ~*no*, *adj*: correto, honesto, íntegro, justo. ~の人 ~*no hito*: pessoa íntegra.

renda 連打 *s* batidas repetidas. 左右の~で相手をノックアウトした *sayū no* ~*de aite no nokkuauto shita*: derrotou o adversário com golpes sucessivos de direita e de esquerda. ~*suru*, *v*: dar golpes sucessivos, dar batidas repetidas.

rendō 連動 *s* engrenagem, conexão.

renga 連歌 *s* poema encadeado de criação coletiva, formado pela alternância de dois seguimentos de versos (5-7-5/7-7) da métrica do tanca.

renga 煉瓦 *s* tijolo.

rengō 連合 *s* combinação, união, associação, aliança. 婦人団体~会 *Fujin Dantai*~*kai*: Federação das Organizações Femininas. 全国~会 *zenkoku* ~*kai*: federação nacional. ~*suru*, *v*: combinar, unir(-se), ligar(-se), aliar(-se).

rengōgun 連合軍 *s* forças aliadas, os aliados.

rengoku 煉獄 *s* purgatório.

renji レンジ (*ingl range*) *s* fogão. 電子~ *denshi*~: fogão eletrônico, forno de micro-ondas. ガス ~ *gasu*~: fogão a gás.

renjitsu 連日 *s* dias seguidos, todos os dias, dia após dia. ~連夜 ~*ren'ya*: dias e noites.

renjū 連中 *s* 1 turma, grupo. 愉快な~ *yukai na* ~: turma divertida. 2 companhia de artistas. 三味線杵屋~ *shamisen Kineya* ~: companhia Kineya de *shamisen* [instrumento musical de três cordas].

renka 廉価 *s* preço baixo, custo baixo, preço popular. ~版 ~*ban*: edição de livro barato. ~販売 *hanbai*: venda a preço baixo, liquidação. ~品 *hin*: produto barato.

renkei 連携 *s* contato mútuo, cooperação, colaboração.

renkei 連係[繋] *s* conexão, ligação, contato. ... と~を保つ ...*to* ~*o tamotsu*: manter contato.

renketsu 連結 *s* junção, conexão, atracação. ~器 ~*ki*: conector. ~装置 ~*sōchi*: dispositivo de conexão. ~*suru*, *v*: juntar, acoplar, conectar.

renketsu 廉潔 *s* honestidade, probidade, integridade. ~な, *adj*: honesto, correto, justo, íntegro. ~の士 ~*no shi*: homem íntegro, homem justo.

renki 連記 *s* listagem múltipla; votação múltipla. ~制 ~*sei*: sistema de votação múltipla [para mais de dois candidatos]. (投票で) 二名~する (*tōhyō de*) *nimei* ~*suru*: escrever dois nomes na cédula de votação.

renkinjutsu 錬金術 *s* alquimia. ~師 ~*shi*: alquimista.

renko 連呼 *s* repetidas chamadas. ~*suru*, *v*: chamar [o nome de alguém] repetidamente.

renkō 連行 *s* ato de levar um suspeito. ~*suru*, *v*: levar um suspeito [à polícia].

renkyū 連休 *s* feriado prolongado.

renma 練磨 *s* treino, prática, exercício. ~*suru*, *v*: treinar, praticar, exercitar, cultivar.

renmei 連名 *s* assinatura coletiva. 我々の~で *wareware no* ~*de*: em nossos nomes. ~で招待状を出す ~*de shōtaijō o dasu*: enviar o convite em nome de todos.

renmei 連盟 *s* associação, liga, federação, confederação, união, aliança.

renmen 連綿 *adj* ~たる ~*taru*: consecutivo, ininterrupto, contínuo, inquebrável. ~たる王朝 ~*taru ōtō*: reinado ininterrupto. ~として ~*to shite*: continuamente, ininterruptamente, numa sucessão ininterrupta.

renpai 連敗 *s* derrotas sucessivas. ~*suru*, *v*: sofrer sucessivas derrotas, perder sucessivamente.

renpatsu 連発 *s* 1 disparos sucessivos. 2 emissão sucessiva (de palavras). 3 sucessão de eventos.

renpei 練兵 *s* exercícios militares. ~日 ~*bi*: dia de exercícios (militares). ~場 ~*jō*: área para exercícios militares.

renpō 連邦 *s* federação, confederação, união.

renpō 連峰 *s* cadeia de montanhas, cordilheira. 日本アルプス~ *Nihon Arupusu* ~: Alpes japoneses.

renraku 連絡 *s* 1 contato, comunicação, conexão. ~係 ~*gakari*: responsável pelo contato. ~*suru*, *v*: contatar, fazer contato com. 警察と~する *keisatsu to* ~*suru*: fazer contato com a polícia. ~をつける ~*o tsukeru*: estabelecer contato. 2 comunicação, informação. ~*suru*, *v*: comunicar, informar, notificar. 電話で~する *denwa de* ~ *suru*: informar por telefone. 3 conexão, comunicação. ~駅 ~*eki*: estações interligadas. ~乗車券 ~*jōshaken*: passagem (tíquete) de interligação. ~*suru*, *v*: conectar-se, comunicar-se, juntar-se, ligar.

renrakusen 連絡船 *s* balsa.

renren 恋々 *adj* ~とする apegar-se, estar apai-

renritsu

xonado. 彼は彼女に対して今なお～としている *kare wa kanojo ni taishite ima nao ～to shite iru*: ele continua apaixonado por ela. 現在の地位に～としている *genzai no chii ni ～to shite iru*: estar apegado à atual posição.

renritsu 連立 *s* aliança, união. ～内閣 ～*naikaku*: ministério de coalizão.

renrui 連累 *s* envolvimento, implicação, cumplicidade.

rensa 連鎖 *s* cadeia, ligação, série.

rensahannō 連鎖反応 *s Fís* e *Quím* reação em cadeia.

rensai 連載 *s* publicação em série.

rensaku 連作 *s* **1** plantação contínua do mesmo produto. ～*suru, v*: plantar sempre o mesmo produto. **2** obra escrita por vários escritores.

rensaten 連鎖店 *s* rede de lojas.

rensen 連戦 *s* batalhas sucessivas; batalhas e batalhas. ～*suru, v*: participar de sucessivas batalhas, lutar em batalhas seguidas.

rensenrenpai 連戦連敗 *s* derrotas sucessivas. ～*suru, v*: perder em todas as batalhas, sofrer derrotas em cada batalha.

rensenrenshō 連戦連勝 *s* vitórias sucessivas. ～*suru, v*: obter vitórias consecutivas, ganhar todas as batalhas.

rensetsu 連接 *s* conexão, combinação. ～棒 ～*bō*: haste conectora. ～部 ～*bu*: sinapse. ～電話 ～*denwa*: extensão telefônica. ～*suru, v*: conectar, combinar.

renshaku 連借 *s* dívida feita em grupo.

rensho 連署 *s* assinatura coletiva.

renshō 連勝 *s* vitórias sucessivas. ～*suru, v*: ganhar sucessivamente.

renshū 練習 *s* treino, prática, exercício. ～*suru, v*: praticar, treinar, exercitar, colocar em prática.

renshūbusoku 練習不足 *s* falta de treino.

renshūmondai 練習問題 *s* exercícios, questões para treinar.

renshūsei 練習生 *s* estudante, estagiário, aprendiz.

renshūyō 練習用 *s* para (destinado ao) exercício.

rensō 連想 *s* associação de ideias.

rentai 連帯 *s* solidariedade, ato de fazer em grupo.

rentai 連隊 *s* regimento. 騎兵～ *kihei～*: regimento de cavalaria. ～長 ～*chō*: comandante de regimento.

rentaihoshō 連帯保証 *s* garantia coletiva (solidária). ～人 ～*nin*: cofiador.

rentaikei 連体形 *s Gram* forma de flexão exigida ao vocábulo quando assume a função de adjetivação dentro de uma oração.

rentaisaimu 連帯債務 *s* obrigação solidária. ～者 ～*sha*: devedor solidário.

rentaisekinin 連帯責任 *s* responsabilidade solidária, responsabilidade coletiva.

rentatsu 練達 *s* habilidade, destreza, sagacidade.

rentogen レントゲン (*ingl roentgen*) *s* **1** raio X. **2** unidade quantitativa de raio X.

ren'ya 連夜 *s* noites seguidas, cada noite, noite após noite.

renza 連座 *s* implicação, envolvimento, cumplicidade.

renzoku 連続 *s* continuação, continuidade, sucessão, série.

renzu レンズ (*hol* e *ingl lens*) *s* lentes.

renzumame レンズ豆 *s* lentilha.

reppu 烈婦 *s* heroína, grande mulher.

reppū 烈風 *s* vento forte [violento], ventania, tempestade.

reppuku 列福 *s Catól* beatificação.

rēru レール (*ingl rail*) *s* trilho, linha, pista.

ressei 劣性 *s* recessivo. ～形質 ～*keishitsu*: caráter recessivo. ～の遺伝 ～*no iden*: herança recessiva.

ressei 劣勢 *s* inferioridade [na força]. ～の ～*no, adj*: inferior.

resseki 列席 *s* presença, frequência. ～*suru, v*: estar presente.

ressekisha 列席者 *s* presente, ouvinte, espectador.

ressha 列車 *s* trem.

resshō 裂傷 *s* corte da pele, laceração.

ressun レッスン (*ingl lesson*) *s* lição.

ressuru 列する *v* **1** estar presente. 会議に ～*kaigi ni ～*: estar presente em uma conferência. **2** enfileirar-se, classificar(-se), considerar-se, fazer parte. 五大強国に～ *godai kyōkoku ni ～*: fazer parte das cinco nações poderosas.

rēsu レース (*ingl race*) *s* corrida, competição.

resuringu レスリング (*ingl wrestling*) *s* luta.

resutoran レストラン (*fr restaurant*) *s* restaurante.

retasu レタス (*ingl lettuce*) *s Bot* alface.

retchū 列柱 *s* colunata.

retsu 列 *s* fila, linha, fileira.

retsuaku 劣悪 ～*na, adj*: inferior, pobre, de má qualidade. ～な製品 ～*na seihin*: artigo inferior.

retsuden 列伝 *s* série de biografias.

retsujaku 劣弱 ～*na, adj*: inferior.

retsujō 劣情 *s* paixão (desejo) vil.

retsuretsu 烈々 *s* intenso, forte.

retteru レッテル (*hol letter*) *s* etiqueta, rótulo. ～を貼る ～*o haru*: rotular.

rettō 列島 *s* arquipélago.

rettō 劣等 *s* inferior, pobre. ～生 ～*sei*: aluno medíocre.

rettōkan 劣等感 *s* complexo de inferioridade.

rēyon レーヨン (*fr rayonne, ingl rayon*) *s* raiom.

rēzā レーザー (*ingl laser*) *s* laser. ～ディスク ～*disuku*: disco a laser. ～光線 ～*kōsen*: raio laser. ～プリンター ～*purintā*: impressora a laser.

ri 利 *s* **1** lucro, ganho, benefício, vantagem. **2** juro.

ri 里 *s* unidade de distância equivalente a 3,927 km.

ri 理 *s* **1** razão. ～にかなう ～*ni kanau*: ser razoável. ～ある ～*aru*: ter alguma razão. **2** princípio. 自然の～ *shizen no ～*: princípio natural. **3** verdade. 真～ *shin～*: verdade.

riage 利上げ *s* elevação de juro. ～*suru, v*: elevar o juro.

ribarai 利払い *s* pagamento de juro.

riben 利便 *s* conveniência.

ribēto リベート (*ingl rebate*) *s* **1** dedução, abatimento, restituição. **2** comissão, suborno.

ribetsu 離別 *s* **1** separação. **2** divórcio.

ribon リボン (*ingl ribbon*) *s* **1** fita (para laço). **2** fita para impressora.

ribyō 罹病 *s* adoecimento. ～*suru, v*: adoecer. ～者 ～*sha*: doente, paciente. ～率 ～*ritsu*: morbidade.

richakuriku 離着陸 *s* decolagem e aterrissagem.

richi 理知[智] *s* intelecto, inteligência. ～的な ～*teki na, adj*: intelectual.

richigi 律儀 *s* fidelidade, lealdade. ~*na*, *adj*: honesto, leal, fiel.
richigimono 律義者 *s* homem honesto (leal, fiel).
richiteki 理知[智]的 *adj* intelectual.
rīdā リーダー (*ingl leader*) *s* líder. ~シップ ~*shippu* (*ingl leadership*): liderança, comando.
ridatsu 離脱 *s* deserção, abandono.
rieki 利益 *s* lucro, ganho, retorno, benefício, vantagem.
riekihaitō 利益配当 *s* distribuição de lucro, vantagem, participação nos lucros.
riekikōkan 利益交換 *s p us* reciprocidade, benefício recíproco.
rien 離縁 *s* 1 divórcio. 2 dissolução de adoção.
rifuda 利札 *s p us* cupom.
rifujin 理不尽 *adj* imoderado, injusto, despropositado.
rifuresshu リフレッシュ (*ingl refresh*) *s* alívio, refrescamento, renovação. ~*suru*, *v*: aliviar, refrescar, reanimar, restaurar.
rifuto リフト (*ingl lift*) *s* 1 teleférico. 2 elevador de carga.
rigai 利害 *s* interesses. ~得失 ~*tokushitsu*: vantagens e desvantagens. ~関係者 ~*kankeisha*: partes interessadas.
rigai 理外 *s p us* transcendental, sobrenatural, acima da razão.
rigaikankei 利害関係 *s* interesse. ~がある ~*ga aru*: ter interesse, estar interessado.
rigaku 理学 *s* ciências naturais. ~士 ~*shi*: bacharel em ciências. ~博士 ~*hakushi*: doutor em ciências.
rigen 俚言 *s* dialeto.
rigōshūsan 離合集散 *s* reunião e separação, encontro e despedida.
rigui 利食い *s Com* realização de lucro. ~*suru*, *v*: vender ações na alta e recomprá-las na baixa.
rihaba 利幅 *s* margem de lucro.
rihabiri リハビリ, **rihabiritēshon** リハビリテーション (*ingl rehabilitation*) *s* reabilitação.
rihan 離反 *s* separação, desafeição. ~*suru*, *v*: afastar-se, desafeiçoar-se.
rihāsaru リハーサル (*ingl rehearsal*) *s* ensaio, treino.
rihatsu 理髪 *s* corte de cabelo. ~師 ~*shi*: cabeleireiro.
rihi 理非 *s* certo ou errado.
rihikyokuchoku 理非曲直 *s p us* certo e errado, méritos e deméritos, justiça.
rihō 理法 *s* lei. 自然の~ *shizen no* ~: leis naturais (da natureza).
riji 理事 *s* diretor, curador, síndico.
rijikai 理事会 *s* diretoria, curadoria.
rijikoku 理事国 *s* país membro.
rijun 利潤 *s* lucro, retorno.
rika 理科 *s* 1 disciplina de ciências. 2 ciências naturais.
rikagaku 理化学 *s* físico-química.
rikai 理解 *s* compreensão, entendimento. ~*suru*, *v*: entender, compreender.
rikairyoku 理解力 *s* poder de compreensão.
rikan 罹患 *s* contágio, adoecimento. ~*suru*, *v*: contrair uma doença, infectar-se.
rikan 離間 *s* separação, afastamento.
rikansaku 離間策 *s p us* intriga, discórdia, manobra divisora (separatista).

riken 利権 *s* direitos, concessão.
riki 利器 *s* 1 ferramenta (instrumento) útil. 2 instrumento cortante.
-riki -力 *suf* força, poder.
rikigaku 力学 *s* dinâmica, mecânica.
rikimu 力む *v* 1 esforçar-se, forçar. 2 gabar-se, vangloriar-se.
rikin 利金 *s p us* juro, ganho.
rikiryō 力量 *s* habilidade, capacidade, competência.
rikisaku 力作 *s* grande obra (trabalho), obra-mestra, obra-prima.
rikisen 力戦 *s* batalha árdua. ~*suru*, *v*: lutar muito.
rikisetsu 力説 *s* ênfase. ~*suru*, *v*: enfatizar, realçar.
rikishi 力士 *s* lutador de sumô.
rikisō 力走 *s* corrida impetuosa. ~*suru*, *v*: correr com toda velocidade.
rikka 立夏 *s* primeiro dia de verão.
rikken 立憲 *s* constitucional.
rikkenseiji 立憲政治 *s* constitucionalismo, governo constitucional.
rikkenteki 立憲的 *adj p us* constitucional.
rikkō 力行 *s* realização com muito esforço. ~*suru*, *v*: realizar com esforço (dedicação).
rikkōho 立候補 *s* candidatura. ~*suru*, *v*: candidatar-se.
rikkoku 立国 *s* construção (desenvolvimento) de uma nação.
rikkyaku 立脚 *s* base. ~*suru*, *v*: basear-se, estar baseado, fundamentar, firmar-se.
rikkyakuchi [**ten**] 立脚地[点] *s* posição, ponto de vista.
rikkyō 陸橋 *s* viaduto.
riko 利己 *s* egoísmo. ~的な ~*teki na*, *adj*: egoísta.
rikō 利口 *s* ~*na*, *adj*: inteligente, vivo, esperto, sábio, sensato.
rikō 履行 *s* cumprimento do dever. ~*suru*, *v*: cumprir o dever, manter a palavra.
rikōgakubu 理工学部 *s* faculdade de ciências e engenharia.
rikōmono 利口者 *s* pessoa inteligente (viva, esperta, sábia, sensata).
rikon 離婚 *s* divórcio. ~*suru*, *v*: divorciar-se.
rikonsoshō 離婚訴訟 *s* ação (processo) de divórcio.
rikontodoke 離婚届 *s* formulário para divórcio.
rikōru リコール (*ingl recall*) *s* 1 cassação de mandato por voto popular. 2 recolhimento à fábrica, substituição de peça com defeito de fabricação.
rikoshugi 利己主義 *s* egoísmo.
rikoteki 利己的 *adj* egoísta.
riku 陸 *s* terra firme, solo.
rikuage 陸揚げ *s* desembarque. ~*suru*, *v*: desembarcar, descarregar.
rikuchi 陸地 *s* terra. *Sin riku* 陸.
rikudana 陸棚 *s Geol p us* plataforma continental (marítima).
rikugun 陸軍 *s* Exército.
rikuhei 陸兵 *s p us* forças (tropas) terrestres.
rikujō 陸上 *s* em terra firme. ~競技 ~*kyōgi*: atletismo.
rikujōkinmu 陸上勤務 *s* serviço em terra.
rikukaigun 陸海軍 *s* Exército e Marinha.
rikukaikū 陸海空 *s* Exército, Marinha e Aeronáutica.

rikuri 陸離 *s p us* brilhante, ofuscante.
rikuro 陸路 *s* rota terrestre, por terra.
rikurūto リクルート (*ingl recruit*) *s* seleção, recrutamento. ～*suru, v*: recrutar, admitir, selecionar.
rikusen 陸戦 *s* batalha em terra.
rikutō 陸稲 *s* arroz cultivado em terra seca. *Sin* **okabo** 陸稲.
rikutsu 理屈 *s* **1** razão, teoria, lógica, argumento. **2** pretexto, justificativa, desculpa. ～に合わない ～*ni awanai*: ilógico. ～を言う ～*o iu*: arguir.
rikutsuppoi 理屈っぽい *adj* argumentativo, teimoso, insistente.
rikutsuya 理屈屋 *s p us* pessoa argumentativa (capciosa).
rikutsuzeme 理屈責め *s p us* persuasão, argumento convincente, força de argumento. *Sin* **rizume** 理詰め.
rikuun 陸運 *s* transporte terrestre.
rikuzakai 陸境 *s p us* fronteira terrestre.
rikuzoku(to) 陸続(と) *adv* sucessivamente, continuamente.
rikyū 離宮 *s* vila imperial, palácio separado.
rimawari 利回り *s* taxa de rendimento.
rimen 裏面 *s* verso, atrás, reverso.
rimokon リモコン (abreviação à japonesa do *ingl remote control*) *s* controle remoto.
rin 厘 *s* unidade de dinheiro, peso e comprimento.
rin 鈴 *s* sino.
rin 輪 *s* **1** roda. **2** sufixo numeral para contar flores.
rin 燐 *s Quím* fósforo.
rinban 輪番 *s* turno, rotação. ～で ～*de*: em turnos. ～制 ～*sei*: rodízio.
rinbyō 淋[痳]病 *s Med* gonorreia.
rinchi リンチ (*ingl lynch*) *s* linchamento, tortura.
rinchi 隣地 *s p us* terra adjacente, terreno contíguo (vizinho).
rindō 林道 *s* trilha (caminho) na mata.
rindoku 輪読 *s* leitura em turno (rodízio). ～*suru, v*: ler em rodízio. ～会 ～*kai*: círculo de leitura.
rindoku 痲毒 *s Med p us* gonorreia.
rinen 理念 *s* ideia, doutrina, ideologia.
ringaku 林学 *s* silvicultura.
ringen 綸言 *s p us* palavras do imperador.
ringetsu 臨月 *s* último mês da gravidez (gestação).
ringi 稟議 *s* consulta via circular. ～書 ～*sho*: circular interna para aprovação.
ringo 林檎 *s Bot* maçã.
ringoku 隣国 *s* país vizinho.
ringu リング (*ingl ring*) *s* **1** anel. **2** roda. **3** ringue.
ringyo 臨御 *s p us* visita (presença) imperial.
ringyō 林業 *s* atividade (economia) florestal.
rinin 離任 *s* afastamento (desligamento) do cargo. ～*suru, v*: afastar-se do cargo.
rinji 臨時 *s* temporário, extraordinário, especial. ～教員 ～*kyōin*: professor substituto. ～休業 ～*kyūgyō*: fechamento temporário. ～費 ～*hi*: despesa extra. ～雇い ～*yatoi*: empregado temporário.
rinjin 隣人 *s* vizinho, próximo.
rinjin'ai 隣人愛 *s* amor ao próximo.
rinjō 輪状 *s p us* cíclico, circular.
rinjō 鱗状 *s p us* escamoso, forma em escama.
rinjō 臨場 *s* presença, comparecimento.
rinjōkan 臨場感 *s* (ter) presença, impressão de ser ao vivo.

rinjū 臨終 *s* morte, falecimento.
rinka 輪禍 *s* atropelamento, acidente de trânsito.
rinka 隣家 *s* casa vizinha.
rinkai 臨界 *s Fís* limite, ponto crítico. ～温度 ～*ondo*: temperatura crítica. ～状態 ～*jōtai*: estado crítico. ～点 ～*ten*: ponto crítico.
rinkai 臨海 *s* beira-mar, borda-mar.
rinkaku 輪郭 *s* **1** contorno, perfil, silhueta. **2** esboço, resumo.
rinkan 輪姦 *s* estupro em série (grupo). ～*suru, v*: estuprar sucessivamente.
rinkangakkō 林間学校 *s* acampamento escolar.
rinken 臨検 *s* inspeção oficial, busca, revista. ～*suru, v*: inspecionar, revistar, buscar, investigar.
rinki 臨機 *s p us* de acordo com a circunstância, adequado à ocasião.
rinki 悋気 *s pop* ciúme, dor de cotovelo. *Sin* **shitto** 嫉妬.
rinkiōhen 臨機応変 *s* expediente, medidas emergenciais, adequação à circunstância.
rinkō 輪講 *s p us* leitura e explicação em turno (rodízio). ～*suru, v*: ler um livro em turno.
rinkō 燐光 *s* fosforescência.
rinkoku 隣告 *s p us* notícia, notificação. ～*suru, v*: notificar.
rinmō 厘毛 *s p us* coisa de pouco valor.
rinmukan 林務官 *s* agente (inspetor) florestal.
rinne 輪廻 *s Bud* ciclo de reencarnação, metempsicose.
rinō 離農 *s* abandono da agricultura. ～*suru, v*: desistir da agricultura.
rinpa 淋巴 (*hol lympha*) *s Anat* ～液 ～*eki*: linfa. ～炎 ～*en*: linfadenite. ～管 ～*kan*: vaso linfático. ～球 ～*kyū*: linfócito. ～節 ～*setsu*: nódulo linfático.
rinpasen 淋巴腺 *s Anat* gânglio linfático.
rinpojigyō 隣保事業 *s p us* trabalho social.
rinraku 淪落 *s p us* ruína, queda, corrupção.
rinri 倫理 *s* moral, ética.
rinri 淋漓 *s p us* suor abundante.
rinrigaku 倫理学 *s* ética. ～者 ～*sha*: eticista.
rinrin 凛々 *adj* **1** espirituoso, valente, bravo. **2** frio, penetrante (intenso).
rinritsu 林立 *s* enfileirado como um bosque. ～*suru, v*: enfileirar.
rinsaku 輪作 *s Agr* cultura rotativa (alternada), agricultura alternativa.
rinsan 燐酸 *s Quím* ácido fosfórico.
rinsanbutsu 林産物 *s* produtos da mata (floresta).
rinsei 林政 *s* administração florestal.
rinsei 稟請 *s* petição.
rinsei 輪生 *s Bot p us* verticilo, espira.
rinseki 隣席 *s* assento ao lado (adjacente).
rinseki 臨席 *s* presença, comparecimento. ～*suru, v*: comparecer, estar presente.
rinsen 臨戦 *s* preparado para a guerra. ～態勢 ～*taisei*: estado de prontidão para a guerra.
rinsetsu 隣接 *s* adjacente, contíguo.
rinshō 臨床 *s* clínico. ～医 ～*i*: clínico, generalista, internista. ～医学 ～*igaku*: medicina clínica. ～治療 ～*chiryō*: tratamento clínico. ～試験 ～*shiken*: teste clínico.
rinshoku 吝嗇 *s* avaro, mesquinho. *Sin* **kechi**[2] けち.

rinsu リンス (*ingl rinse*) *s* creme condicionador. ~*suru*, *v*: aplicar creme condicionador nos cabelos.
rinten 輪転 *s* rotação, giro. ~*suru*, *v*: rodar, girar.
rintenki 輪転機 *s* prensa rotativa.
rin'u 霖雨 *s p us* chuva contínua.
rin'ya 林野 *s* floresta e campo. ~庁 ~*cho*: agência florestal.
rinyō 利尿 *s Med* diurese. ~剤 ~*zai*: diurético. ~作用 ~*sayō*: ação diurética.
rinyū 離乳 *s* desmama, desmame, desmamo. ~期 ~*ki*: período de desmama. ~食 ~*shoku*: papinha, alimento infantil.
rinzen 凛然 *adj* 1 valente, bravo. 2 frio, intenso (penetrante).
ripōto リポート (*ingl report*) *s* relato, relatório.
rippa 立派 *s* 1 admirável, esplêndido, excelente, respeitável. 2 legítimo, legal. 3 inegável, evidente.
rippō 立法 *s* legislação. ~権 ~*ken*: poder legislativo. ~者 ~*sha*: legislador.
rippō 律法 *s p us* lei, regra, regulamento.
rippō 立方 *s Mat* cúbico. 一~メートル *ichi*~*mētoru*: um metro cúbico.
rippōkon 立方根 *s Mat* raiz cúbica.
rippōtai 立方体 *s* cubo.
rippu リップ (*ingl lips*) *s* lábios. ~クリーム ~*kurīmu* (*ingl cream*): brilho para os lábios. ~サービス ~*sābisu* (*ingl service*): elogio da boca para fora.
rippuku 立腹 *s* ira, raiva, irritação, aborrecimento. ~*suru*, *v*: irritar-se, aborrecer-se. *Sin* **okoru** 怒る.
rirakkusu リラックス (*ingl relax*) *s* relaxamento. ~*suru*, *v*: relaxar, repousar.
rirē リレー (*ingl relay*) *s* 1 revezamento, corrida de revezamento. 2 relê.
rireki 履歴 *s* histórico, história, experiência.
rirekisho 履歴書 *s curriculum vitae*, currículo.
ririku 離陸 *s* decolagem. ~*suru*, *v*: decolar.
ririshii 凛々しい *adj* bravo, valente, másculo.
rirīsu リリース (*ingl release*) *s* 1 liberação, afrouxamento. 2 lançamento. ~*suru*, *v*: liberar, afrouxar, lançar.
riritsu 利率 *s* taxa de juro.
riron 理論 *s* teoria. ~的 ~*teki*, *adj*: teórico. ~上 ~*jō*: teoricamente, em tese.
rirontōsō 理論闘争 *s* disputa (discussão, polêmica) teórica.
riroseizen 理路整然 *expr* logicamente, consistente, bem argumentado.
risāchi リサーチ (*ingl research*) *s* pesquisa. ~*suru*, *v*: pesquisar. マーケチング~ *māketingu*~ (*ingl marketing*): pesquisa de mercado.
risage 利下げ *s* corte de juros.
risai 罹災 *s* perda (destruição) por calamidade (desastre natural, catástrofe). ~*suru*, *v*: sofrer um desastre (calamidade, catástrofe).
risaikuru リサイクル (*ingl recycle*) *s* reciclagem. ~*suru*, *v*: reciclar. ~ショップ ~*shoppu* (*ingl shop*): loja de objetos usados.
risaisha [min] 罹災者[民] *s* vítima (de catástrofe, desastre, calamidade), flagelados.
risaitaru リサイタル (*ingl recital*) *s* recital.
risan 離散 *s* dispersão, separação, afastamento, dissolução. ~*suru*, *v*: separar, dispersar-se, partir.
risei 理性 *s* razão. ~的 ~*teki na*, *adj*: racional.

riseki 離籍 *s* retirada de nome do registro civil. ~*suru*, *v*: retirar o nome do registro civil.
risen 離船 *s p us* abandono de navio. ~*suru*, *v*: abandonar o navio.
risetsu 離接 *s p us* disjunção. ~的 ~*teki*, *adj*: disjuntivo.
rishi 利子 *s* juro.
rishō 離礁 *s p us* afastamento do recife (rochedo). ~*suru*, *v*: afastar-se do recife (rochedo).
rishō 離床 *s* ~*suru*, *v*: deixar a cama, recuperar-se, curar-se.
rishoku 利殖 *s* aumento de patrimônio, enriquecimento. ~*suru*, *v*: fazer (ganhar) dinheiro, lucrar.
rishoku 離職 *s* afastamento do emprego (cargo). ~*suru*, *v*: deixar o emprego (cargo).
rishū 履修 *s* estudo. ~*suru*, *v*: cursar, estudar. ~届け ~*todoke*: registro (formulário) de matrícula.
risō 理想 *s* ideal. ~的 ~*teki*, *adj*: ideal. ~論 ~*ron*: teoria idealista. ~像 ~*zō*: imagem ideal (perfeita).
risōgata 理想型 *s Sociol* tipo ideal.
risōka 理想化 *s* idealização.
risōka 理想家 *s* idealista.
risoku 利息 *s* juro. *Sin* **rishi** 利子.
risōkyō 理想郷 *s* utopia.
rison 離村 *s* abandono (partida, saída) da vila. ~*suru*, *v*: deixar a vila.
risōshugi 理想主義 *s* idealismo. ~者 ~*sha*: idealista.
risōteki 理想的 *adj* ideal.
risshi 立志 *s p us* determinação, decisão quanto ao objetivo de vida.
risshiden 立志伝 *s* história (biografia) de homem que venceu na vida por esforço próprio.
risshin(shusse) 立身(出世) *s* sucesso social. ~*suru*, *v*: subir na vida, ser alguém na vida.
risshō 立証 *s* prova, testemunho, comprovação. ~*suru*, *v*: provar, comprovar, demonstrar.
risshoku 立食 *s* bufê. ~パーティー ~*pātī* (*ingl party*): festa com serviço de bufê.
risshū 立秋 *s* início (primeiro dia) do outono.
risshun 立春 *s* início (primeiro dia) da primavera.
rissui 立錐 *s* colocação de broca (furadeira). ~の余地もない ~*no yochi mo nai*: completamente lotado.
rissuru 律する *v* julgar, medir. 己をもって他人を~ *onore o motte tanin o* ~: julgar os outros pelos próprios parâmetros.
risu 栗鼠 *s Zool* esquilo.
risū 里数 *s p us* distância.
risū 理数 *s* ciências e matemática. ~系 ~*kei*: ciências exatas.
risui 利水 *s* irrigação. ~工事 ~*kōji*: construção de sistema de irrigação.
risui 離水 *s p us* decolagem da água (de hidroavião).
risuku リスク (*ingl risk*) *s* risco, perigo. *Sin* **kiken** 危険.
risuru 利する *v* 1 ganhar, lucrar, beneficiar-se, tirar proveito. 2 utilizar, aproveitar.
risuto リスト (*ingl list*) *s* lista. ~アップする ~*appu* (*ingl up*) ~*suru*, *v*: listar, enumerar.
risutora(kucharingu) リストラ(クチャリング) (*ingl restructuring*) *s* reestruturação (de empresa).

rita 利他 *s* altruísmo. ～的 ～*teki, adj*: altruísta. ～者 ～*sha*: altruísta. ～主義 ～*shugi*: altruísmo.
ritaia リタイア (*ingl retire*) *s* **1** abandono (de jogo). **2** aposentadoria. ～*suru, v*: abandonar, aposentar-se.
ritchi 立地 *s* localização. ～条件 ～*jōken*: condições geográficas e sociais de localização.
ritei 里程 *s* distância. ～標 ～*hyō*: marco quilométrico.
ritekikōi 利敵行為 *s* atitude que beneficia o inimigo, ação vantajosa para o inimigo.
riten 利点 *s* mérito, vantagem.
ritō 離党 *s* abandono (saída) do partido político. ～*suru, v*: deixar o partido.
ritō 離島 *s* ilha isolada. ～*suru, v*: abandonar a ilha.
ritoku 利得 *s* ganho, lucro.
ritokuzei 利得税 *s p us* taxa sobre lucro.
ritomasu リトマス (*ingl litmus*) *s* tornassol. ～試験紙 ～*shikenshi*: papel de ácido-base.
ritsu 率 *s* taxa, proporção, percentagem, porcentagem, probabilidade.
ritsu 律 *s* **1** lei, regulamento, estatuto. **2** ritmo.
ritsuan 立案 *s* plano, projeto. ～*suru, v*: planejar.
ritsuansha 立案者 *s* planejador, autor do plano (projeto).
ritsudō 律動 *s* ritmo, movimento rítmico.
ritsugan 立願 *s p us* oferecimento de oração. ～*suru, v*: oferecer uma oração.
ritsugen 立言 *s p us* expressão de opinião, proposição.
ritsukaku 律格 *s p us* **1** regra. **2** versificação, métrica.
ritsuki 利付き *s* com juro.
ritsurei 立礼 *s* reverência feita em pé.
ritsuron 立論 *s* argumento. ～*suru, v*: argumentar.
ritsuryō 律令 *s* códigos penal e civil dos períodos Nara e Heian.
ritsuzen 慄然 *adj* horrorizado, aterrorizado.
ritsuzō 立像 *s* estátua, estatueta de corpo inteiro.
rittai 立体 *s* sólido, com forma tridimensional. ～感 ～*kan*: senso de perspectiva. ～幾何学 ～*kikagaku*: geometria sólida. ～音響 ～*onkyō*: som estereofônico.
rittaiha 立体派 *s* Bel-art cubismo.
rittaikōsa 立体交差 *s* cruzamento em desnível, passagem elevada.
rittaishi 立太子 *s* posse de príncipe herdeiro. ～式 ～*shiki*: cerimônia de posse (investidura) do príncipe herdeiro.
rittaiteki 立体的 *adj* tridimensional.
rittō 立冬 *s* início (primeiro dia) do inverno.
rittō 立党 *s* formação (organização) de partido político.
riyaku 利益 *s p us* graça divina. *Sin* **goriyaku** 御利益.
riyō 利用 *s* **1** uso, utilização. **2** exploração. ～*suru, v*: usar, tirar vantagem, aproveitar. ～者 ～*sha*: usuário.
riyō 理容 *s* corte de barba e cabelo. ～師 ～*shi*: barbeiro.
riyōkachi 利用価値 *s* valor de uso.
riyōkōsei 利用厚生 *s p us* promoção do bem-estar público.
riyoku 利欲 *s* ganância, avareza.
riyū 理由 *s* motivo, razão, causa, pretexto, desculpa, justificativa.

rizābu リザーブ (*ingl reserve*) *s* reserva. ～*suru, v*: reservar.
rizai 理財 *s* economia, finanças.
rizaya 利鞘 *s* margem de lucro.
rizoku 里俗 *s p us* costumes rurais.
rizoku 俚俗 *s p us* simplicidade interiorana.
rizume 理詰め *s* persistir pela logicidade, racionalidade.
rizumikaru リズミカル (*ingl rhythmical*) *adj* rítmico.
rizumu リズム (*ingl rhythm*) *s* ritmo.
ro 炉 *s* lareira, fogueira, forno, fornalha.
ro 路 *s p us* caminho, estrada, rota.
ro 櫓 *s* remo. ～を漕ぐ ～*o kogu*: remar.
ro 絽 *s* crepe (de seda).
rō 老 *s* velhice, velho.
rō 牢 *s* cadeia, prisão, cárcere.
rō 蝋 *s* cera. ～人形 ～*ningyō*: boneco de cera.
rō 鑞 *s p us* solda.
rō 労 *s* trabalho, esforço, labuta.
rōa 聾唖 *s* surdo-mudo. ～者 ～*sha*: pessoa surdo-muda. ～学校 ～*gakkō*: escola para surdos-mudos.
roba 驢馬 *s* Zool burro, jumento.
rōba 老婆 *s* velha, mulher idosa.
rōbai 狼狽 *s* atônito, aturdido, confuso, atrapalhado. ～*suru, v*: ficar atônito (aturdido, confuso).
rōban 牢番 *s arc* guarda de prisão, carcereiro.
rōbashin 老婆心 *s* gentileza, preocupação excessiva.
robata 炉端 *s* junto ao fogo. ～焼き ～*yaki*: grelhado à mesa.
robī ロビー (*ingl lobby*) *s* **1** saguão. **2** *Polít* lobby, campanha, lobismo.
rōbiki 蝋引き *s arc* enceramento.
robō 路傍 *s* beira de estrada. ～の人 ～*no hito*: passante, transeunte.
robōenzetsu 路傍演説 *s p us* discurso em beira de estrada.
rōboku 老木 *s* árvore velha.
rōboku 老僕 *s arc* servo idoso, criado velho.
robotto ロボット (*ingl robot*) *s* robô. ～工学 ～*kōgaku*: robótica.
rōbyō 老病 *s p us* doença senil (geriátrica).
rōchin 労賃 *s* ordenado, soldo, salário.
rōdai 露台 *s* sacada, balcão.
rōden 漏電 *s* curto-circuito. ～*suru, v*: causar curto-circuito.
rōdo ロード (*ingl road*) *s* estrada. ～マップ ～*mappu* (*ingl map*): mapa rodoviário (de estradas). ～レース ～*rēsu* (*ingl race*): corrida de rua. ～ショー ～*shō* (*ingl show*): pré-estreia. ～ワーク ～*wāku* (*ingl work*): exercício (treino) preparatório. シルク～ *shiruku*～ (*ingl silk*): rota da seda.
rōdō 労働 *s* trabalho, labuta, faina. ～省 ～*shō*: ministério do trabalho. ～量 ～*ryō*: carga de trabalho. ～基準法 ～*kijun'hō*: leis trabalhistas, legislação trabalhista. ～権 ～*ken*: direito ao trabalho. ～災害 ～*saigai*: acidente de trabalho.
rōdōchingin 労働賃金 *s p us* pagamento, salário.
rōdōjikan 労働時間 *s* horas de trabalho.
rōdoku 朗読 *s* declamação. ～*suru, v*: declamar, recitar. ～法 ～*hō*: elocução.
rōdokuenzetsu 朗読演説 *s p us* discurso lido, leitura de discurso.

rōdōkumiai 労働組合 *s* sindicato (associação) de trabalhadores.
rōdōryoku 労働力 *s* mão de obra, força de trabalho.
rōdōsha 労働者 *s* trabalhador, operário. ～階級 ～*kaikyū*: classe operária.
rōdōshijō 労働市場 *s p us* mercado de trabalho.
rōdōsōgi 労働争議 *s* disputa trabalhista.
rōdōundō 労働運動 *s* movimento (campanha) de trabalhadores.
roei 露営 *s* acampamento. ～*suru*, *v*: acampar. ～地 ～*chi*: local de acampamento.
rōei 朗詠 *s* recitação, declamação. ～*suru*, *v*: declamar, recitar.
rōei 漏洩 *s* 1 vazamento de segredo, indiscrição. 2 vazamento de líquido ou gás.
rōeki 労役 *s* serviço, trabalho. ～*suru*, *v*: servir, prestar serviço, trabalhar.
rōgakkō 聾学校 *s* escola para surdos.
rōgami 蝋紙 *s* papel de cera.
rōgan 老眼 *s Med* presbiopia, presbiopsia, presbitia, presbitismo, vista cansada. ～鏡 ～*kyō*: óculos para vista cansada.
rōgin 労銀 *s p us* pagamento, salário.
rōgin 朗吟 *s* recitação, recital. ～*suru*, *v*: recitar, cantar.
rōgo 老後 *s* velhice.
rōgoku 牢獄 *s* prisão, cárcere, cadeia. *Sin* rō 牢.
rogōshi 炉格子 *s p us* grade.
rōhai 老廃 *s* velho, inútil. ～物 ～*butsu*: lixo, resíduo, refugo, restos, detritos.
rōhei 老兵 *s* soldado velho, veterano.
rohen 炉辺 *s p us* próximo ao fogo (lareira).
rōhi 浪費 *s* desperdício, perda, gastamento. ～*suru*, *v*: desperdiçar, perder. ～家 ～*ka* gastador (esbanjador) inveterado.
rōhiheki 浪費癖 *s* hábito de desperdício (gastamento).
rōhō 朗報 *s* boa-nova (notícia).
roiyaruzerī ロイヤルゼリー (*ingl royal jelly*) *s* geleia-real.
rōjaku 老弱 *s* velhos e jovens; enfraquecimento causado pela velhice.
roji 露地 *s* ar livre, campo.
roji 路地 *s* beco, viela, ruela. ～裏 ～*ura*: travessa.
rōjin 老人 *s* velho, idoso. ～病 ～*byō*: doença relacionada ao envelhecimento. ～病医学 ～*byō igaku*: geriatria. ～クラブ ～*kurabu* (*ingl club*): clube da terceira idade. ～性痴呆症 ～*seichihōshō*: demência senil. ～ホーム ～*hōmu* (*ingl home*): asilo de velhos.
rojō 路上 *s* na rua. ～生活者 ～*seikatsusha*: sem-teto, morador de rua. ～駐車 ～*chūsha*: estacionar o veículo na rua.
rōjo 老女 *s* mulher velha (idosa).
rōjō 篭城 *s* sitiado em castelo, confinamento. ～*suru*, *v*: confinar-se, encerrar-se.
rōju 老寿 *s p us* longevidade.
rōju 老樹 *s p us* árvore antiga (velha).
rōjū 老中 *s arc* membro do conselho do xógum.
rōjuku 老熟 *s p us* maturidade, experiência.
roka 濾過 *s* filtragem, filtração. ～*suru*, *v*: filtrar. ～紙 ～*shi*: filtro de papel.
roka 炉火 *s p us* fogo da lareira de uma casa rural japonesa.
rōka 老化 *s* envelhecimento.

rōka 廊下 *s* corredor, passagem.
rokaki 濾過器[機] *s* filtro.
rokaku 鹵獲 *s p us* captura de material bélico. ～*suru*, *v*: capturar.
rōkaru ローカル (*ingl local*) *adj* local, regional. ～線 ～*sen*: linha regional de trem. ～版 ～*ban*: edição local.
rokata 路肩 *s* acostamento.
roken 露顕 *s* descoberta, detecção, exposição. ～*suru*, *v*: ser descoberto (detectado, exposto).
roken 陋見 *s p us* visão (opinião, ponto de vista) estreita (limitada).
rokēshon ロケーション (*ingl location*) *s* 1 local. 2 área exterior de filmagem.
rōketsuzome ろうけつ染め *s* batique.
roketto ロケット (*ingl rocket*) *s* foguete.
roketto ロケット (*ingl locket*) *s* medalhão (retrato posto em moldura para pendurar ao pescoço).
rokkā ロッカー (*ingl locker*) *s* armário, guarda-volumes, armário com cadeado. ～ルーム ～*rūmu* (*ingl room*): sala de guarda-volumes (armários).
rokkotsu 肋骨 *s Anat* costela.
rokō 露光 *s p us* exposição (à luz). ～*suru*, *v*: expor.
rōko 牢固 *s* firmeza, determinação. ～*na*, *adj*: firme, determinado, inflexível.
rōkō 老巧 *s* experiente, perito, veterano. ～*na*, *adj*: experiente, perito.
rōkō 陋巷 *s arc* passagem estreita, viela suja.
rokotsu 露骨 *s* 1 aberto, franco, direto. 2 notável, saliente, conspícuo.
rōkotsu 老骨 *s* corpo envelhecido. ～に鞭打って ～*ni muchi utte*: apesar da idade avançada.
roku 六 *num* seis.
roku 禄 *s arc* soldo (remuneração) de samurai. ～を食む ～*o hamu*: receber salário.
rōku 労苦 *s* trabalho, esforço, fadiga, dor.
rōku 老躯 *s* corpo envelhecido. ～に鞭打って ～*ni muchi utte*: apesar da idade avançada.
rokubai 六倍 *num* seis vezes, sêxtuplo.
rokubu 六部 *s p us* peregrino (romeiro) budista.
rokubungi 六分儀 *s* sextante.
rokudemonai 陸[碌]でもない *expr pop* inútil, desprezível.
rokudenashi 陸[碌]でなし *adj vulg* canalha, patife, miserável.
rokuga 録画 *s* gravação em vídeo, filmagem. ～*suru*, *v*: gravar, filmar.
rokugatsu 六月 *s* junho.
rokujō 六情 *s p us* seis emoções (alegria, ira, tristeza, prazer, amor e ódio).
rokujū 六十 *num* sessenta.
rokujūdai 六十代 *s* sexagenário, faixa dos sessenta anos.
rokumaku 肋膜 *s Anat* pleura.
rokumakuen 肋膜炎 *s* pleurisia, pleuris, pleurite.
rokumentai 六面体 *s Mat* hexaedro.
roku na 陸[碌]な *adj* insatisfatório, ruim, indecente.
roku ni 陸[碌]に *adj* impróprio, inadequado.
rokuon 録音 *s* gravação de som. ～*suru*, *v*: gravar em fita. ～室 ～*shitsu*: sala de gravação.
rokuonki 録音機 *s* gravador.
rokuro 轆轤 *s* 1 torno. 2 roldana. ～首 ～*kubi*: monstro de pescoço longo.

rokushō 緑青 s ferrugem verde (de cobre), azinhavre, azebre.
rōkyo 陋居 s p us casebre, choupana, chiqueiro.
rōkyō 老境 s velhice.
rōkyū 老朽 s velho, decrépito, decadente, gasto.
rōmaji ローマ字 s alfabeto latino.
roman'ha 浪漫派 s escola romântica; escritores românticos.
romanshugi 浪漫主義 s romantismo.
rōmasūji ローマ数字 s algarismo romano.
romei 露命 s vida precária, vida efêmera.
romen 路面 s superfície da estrada ou rua; piso.
rōmu 労務 s posto de trabalho; serviço.
rōmusha 労務者 s trabalhador; empregado.
rōmushaboshū 労務者募集 s recrutamento de trabalhadores.
ron 論 s 1 argumento; argumentação; discussão. 2 teoria; opinião.
ronbaku 論駁 s refutação. ~*suru*, v: refutar; discutir.
ronbun 論文 s tese; ensaio; dissertação.
ronchō 論調 s teor dos argumentos.
rondai 論題 s tema de discussão; assunto da conferência.
rondan 論断 s veredito; conclusão.
rondan 論壇 s 1 mundo dos críticos; mundo dos jornalistas. 2 local de discussão.
rōnen 老年 s velhice; idade avançada.
rōnenki 老年期 s período da velhice.
rongai 論外 s 1 fora de questão. 2 fora do âmbito do assunto.
rongi 論議 s debate; discussão; argumento. ~*suru*, v: discutir; debater.
rōnin 浪人 s 1 samurai sem senhor; guerreiro errante. 2 indivíduo desempregado. 3 estudante que não passou no vestibular após conclusão de curso secundário.
rōningyō 蝋人形 s boneco de cera.
ronjin 論陣 s argumentação.
ronjiru 論じる v 1 discutir; argumentar. 2 tratar. 3 considerar; levar em conta.
ronjutsu 論述 s afirmação; enunciado da questão.
ronketsu 論決 s conclusão; decisão. なかなか~がつかなかった *nakanaka~ga tsukanakatta*: levou-se muito tempo para chegar a uma decisão.
ronkō 論考 s apreciação de certo assunto, estudo.
ronkōkōshō 論功行賞 s atribuição de recompensas segundo méritos.
ronkoku 論告 s declaração final do promotor público.
ronkyaku 論客 s argumentador.
ronkyo 論拠 s fundamento; base do argumento.
ronkyū 論及 s referência; menção. ~*suru*, v: referir-se; mencionar.
ronkyū 論究 s busca da razão por meio do debate; condução de uma discussão exaustiva.
ronnan 論難 s forte crítica; denúncia; censura. ~攻撃 ~*kōgeki*: denúncia; condenação. ~*suru*, v: criticar; atacar.
rōnō 労農 s trabalhadores e agricultores.
ronpa 論破 s refutação; desconsideração de uma teoria.
ronpō 論法 s raciocínio; linha de argumentação; lógica. 誤った~ *ayamatta~*: falso argumento.
ronpō 論鋒 s força do argumento; lógica. 鋭い~ *surudoi~*: argumento incisivo.
ronpyō 論評 s criticismo; comentário; apreciação.
ronri 論理 s lógica; teoria; raciocínio.
ronrigaku 論理学 s lógica; ciência da lógica.
ronrijō 論理上 adv logicamente; racionalmente.
ronriteki 論理的 adj lógico; racional; coerente.
ronsen 論戦 s polêmica; debate.
ronsetsu 論説 s discurso; dissertação; editorial; comentário de fundo.
ronsha 論者 s 1 autor, disputante; defensor. 2 ensaísta.
ronshi 論旨 s ponto, teor do argumento.
ronshō 論証 s prova; demonstração.
ronsō 論争 s disputa; controvérsia; argumento; polêmica.
ronteki 論敵 s oponente, adversário (em debate).
ronten 論点 s ponto crucial do argumento.
rōnyaku 老若 s jovens e anciãos; novos e velhos.
rōō 老翁 s um homem velho.
rōoku 陋屋 s 1 choupana miserável. 2 morada; residência.
roppō 六法 s seis direitos (civil, constitucional, penal, processual civil, processual penal, comercial).
roppōzensho 六法全書 s compêndio dos seis direitos.
roppu 六腑 s Med chin os seis órgãos internos.
rōpu ロープ (ingl *rope*) s corda, cabo.
rōraku 籠絡 s ato de enganar uma pessoa com elogios; lisonja; bajulação.
rōrei 老齢 s velhice.
rōren 老練 s experiência; maturidade. ~な労働者 ~*na rōdōsha*: trabalhador experiente.
roretsu 呂律 s articulação das palavras, dicção. ~が回らないこと ~*ga mawaranai koto*: dificuldade de articulação das palavras.
rōretsu 陋劣 s infâmia; baixeza. ~な手段 ~*na shudan*: truque sujo.
rōrō 浪々 s ato de vagabundear; ato de ficar sem trabalhar. ~の ~*no*: desempregado.
rōrō 朗々 s sonoridade. ~とよくひびく声 ~*to yoku hibiku koe*: voz ressonante.
rōryoku 労力 s trabalho; esforço; mão de obra.
rōsai 老妻 s minha velha mulher; esposa.
rōsaku 労作 s trabalho laborioso; produto de um grande esforço.
rōsei 老成 s 1 prematuridade; precocidade. 2 V *rōren* 老練.
rōsei 労政 s administração do trabalho.
rosen 路線 s 1 carreira; rota; linha; percurso. 2 orientação; política. ~設定 ~*settei, Eng*: alinhamento.
rōshi 老師 s velho professor; velho padre.
rōshi 労資[使] s empregados e patronato; trabalho e capital.
rōshikyōchō 労資[使]協調 s cooperação entre trabalhadores e patronato; conciliação industrial.
rōshin 老臣 s *Hist* vassalo sênior.
rōshu 老酒 s 1 vinho antigo. 2 老酒 *raochu*: bebida alcoólica fermentada representativa da China.
rōshū 老醜 s fealdade da velhice.
rōshū 陋習 s vício; mau hábito.
roshutsu 露出 s 1 mostra; exibição. 2 exposição à luz.
rōsoku 蝋燭 s vela.
rōsui 老衰 s senilidade; velhice.

rōsui 漏水 s escape de água; vazamento de água.
rōsuru 労する v trabalhar.
rōsuru 弄する v usar; gastar; manipular. V **moteasobu** 玩[弄]ぶ.
rōsuru 聾する v ficar surdo; ensurdecer.
rōtai 老体 s pessoa de idade avançada; corpo velho; carcaça.
rōtaika 老大家 s velho mestre.
rotei 路程 s distância; percurso.
rotei 露呈 s revelação; exposição. V **bakuro** 暴露.
roten 露天 s ao ar livre.
roten 露店 s tenda ao ar livre; barraca de feira.
rotenbori 露天掘り s mineração a céu aberto.
rotō 路頭 s beira (margem) do caminho. ～に迷う ～ni mayou: ficar ao abandono (na rua).
rōto 漏斗 s funil.
rōya 牢屋 s cadeia; prisão; cárcere.
rōyaburi 牢破り s fuga da cadeia. V **datsugoku** 脱獄.
rōyō 老幼 s velhos e crianças.
rōyū 老友 s velho amigo.
rōzaiku 蝋細工 s trabalho em cera.
rōzeki 狼藉 s 1 desordem; balbúrdia; confusão. 2 violência; excesso. V **ranbō** 乱暴.
rōzu(mono) ローズ(物) s sobra; mercadoria que não foi vendida por ser velha ou defeituosa; resto; desperdício.
rubi ルビ s (ingl ruby) 1 tipo de corpo 5 1/2 (Inglaterra). 2 colocação de leitura ao lado dos ideogramas para facilitar a leitura.
rubī ルビー s (ingl ruby) rubi.
rufu 流布 s divulgação; circulação; difusão.
rui 累 s incômodo; problema; complicação; acumulação.
rui 塁 s 1 fortaleza; barricada; trincheira. 2 Beis base.
rui 類 s 1 espécie; tipo; classe. 2 caso análogo; exemplo semelhante.
ruibetsu 類別 s classificação. ～suru, v: classificar.
ruidai 累代 s 1 gerações sucessivas. 2 de geração para geração.
ruigainen 類概念 s gênero.
ruigen 累減 s decréscimo gradual; diminuição gradativa.
ruigo 類語 s Gram sinônimo.
ruihan 累犯 s reincidência de crime.
ruiheki 塁壁 s proteção; defesa; trincheira; forte; parede do forte.
ruiji 類似 s grande semelhança; analogia; similaridade.
ruiji 累次 s sucessão. ～消去法 ～shōkyohō: método de eliminação sucessiva.
ruijihin 類似品 s mercadoria semelhante; produtos parecidos.
ruijin'en 類人猿 s Zool antropoide; antropomorfo.
ruijiten 類似点 s ponto semelhante.
ruijō 累乗 s número elevado à potência.
ruika 累加 s aumento cumulativo.
ruikan 涙管 s Anat canal lacrimal.
ruikei 累計 s total; soma. V **gōkei** 合計; **sōkei** 総計.
ruikei 類型 s tipo; classe; modelo; estereótipo; falta de originalidade.
ruiku 類句 s frase semelhante; haiku semelhante.

ruinen 累年 s 1 anos consecutivos. 2 ano após ano; todos os anos.
ruiran 累卵 s perigo iminente.
ruirei 類例 s exemplo semelhante; caso semelhante; analogia; caso paralelo.
ruirui 累々 s pilha; montão; amontoado.
ruisai 塁砦 s fortaleza.
ruiseki 累積 s acúmulo.
ruisen 涙腺 s Anat glândula lacrimal.
ruishin 累進 s promoção sucessiva; aumento progressivo.
ruishinkazei 累進課税 s taxação progressiva.
ruishō 類焼 s incêndio que se alastrou. ～を免れる ～o manugareru: escapar do fogo.
ruisui 類推 s inferência por analogia. ～suru, v: inferir.
ruisuru 類する v ser semelhante; ser parecido; ser da mesma espécie.
rujutsu 縷述 s explanação detalhada.
rukotsu 鏤骨 s muito trabalho; laborioso. ～の作品 ～no sakuhin: fruto de muito trabalho.
runin 流人 s exilado; desterrado.
runpen ルンペン (al Lumpen) s marginal; vagabundo.
rupo ルポ (abrev do fr reportage) s reportagem.
ruri 瑠璃 s lazulita; lápis-lazúli.
rurō 流浪 s vagabundagem; nomadismo.
ruru 縷々 adj 1 contínuo. 2 minuciosamente; detalhadamente.
rūru ルール s (ingl rule) lei; regra; regulamento; norma. ～違反 ～ihan: violação da lei.
rusu 留守 s 1 ausência. 2 negligência.
rusuban 留守番 [i] 留守番[居] s ato de guardar a casa; pessoa que guarda a casa.
rusutaku 留守宅 s casa cujo dono está ausente.
ruten 流転 s 1 mudança contínua; mutabilidade. 2 migração. 3 Fil transmigração da alma.
rūto ルート s (ingl route) rota; caminho; via; percurso.
rūto ルート s (ingl roots) 1 Mat raiz quadrada. 2 raiz da palavra.
rutsubo 坩堝 s crisol; cadinho.
ruzai 流罪 s arc exílio; degredo. ～に処する ～ni shosuru: exilar; desterrar.
rūzu ルーズ s (ingl loose) adj relaxado.
ryakki 略記 s descrição resumida.
ryaku 略 s 1 abreviação; resumo. 2 omissão.
ryakubun 略文 s sentença abreviada.
ryakudatsu 略奪 s saque; espoliação; depredação.
ryakuden 略伝 s pequena biografia.
ryakufuku 略服 s traje simples; traje informal.
ryakuga 略画 s esboço, croqui.
ryakugen 略言 s ato de dizer em poucas palavras, de ser conciso.
ryakugi 略儀 s brevidade; informalidade.
ryakugo 略語 s abreviatura; sigla.
ryakugō 略号 s código; sinal; cifra.
ryakuji 略字 s ideograma simplificado.
ryakumei 略名 s forma abreviada do nome de uma pessoa.
ryakureki 略歴 s currículo resumido; breve histórico; resumo da vida de uma pessoa.
ryakusetsu 略説 s descrição geral; resumo.
ryakushi 略史 s breve história; esboço histórico.

ryakushiki 略式 *s* informalidade; simplicidade.
ryakushō 略称 *s* abreviatura; designação abreviada.
ryakushu 略[掠]取 *s* captura; saque; pilhagem.
ryakusu 略す *v* 1 encurtar; resumir; abreviar. 2 omitir. 3 saquear; roubar.
ryakuzu 略図 *s* esboço; mapa simples.
ryō 両 *s* 1 antiga unidade monetária e de peso do Japão. 2 um e outro; ambos. 3 sufixo numeral para contagem de carruagem; vagão.
ryō 良 *s* bom.
ryō 料 *s* 1 preço; custo; taxa; tarifa. 2 material; ingrediente.
ryō 猟 *s* caça; caçada.
ryō 量 *s* quantidade. 〜よりも質が肝心だ 〜*yori mo shitsu ga kanjin da*: é mais importante a qualidade do que a quantidade.
ryō 稜 *s* aresta.
ryō 漁 *s* pesca.
ryō 領 *s* 1 território; possessão; domínio; feudo. ブラジルは昔ポルトガル〜だった *burajiru wa mukashi porutogaru〜datta*: antigamente, o Brasil era território de Portugal. 2 sufixo numeral de armaduras e elmos.
ryō 寮 *s* 1 dormitório; internato. 2 casa de campo.
ryō 涼 *s* fresco. 〜を入れる 〜*o ireru*: refrescar a sala.
ryō 諒 *s* entender; apreciar.
ryōan 良案 *s* ideia boa, bom plano.
ryōan 諒闇 *s* período de luto nacional pelo falecimento dos pais do imperador.
ryōba 両刃 *s* os dois gumes da espada.
ryōbiraki 両開き *s* duplo; de duas folhas. 〜の戸 〜*no to*: porta de duas folhas.
ryōbun 領分 *s* 1 território. 2 esfera; domínio; âmbito.
ryōbun 両分 *s* bissecção; divisão em duas partes iguais.
ryōchi 料地 *s* terra preservada. 皇室御〜 *kōshitsu go*〜: terreno de propriedade imperial.
ryōchi 領地 *s* 1 território; âmbito nacional; área do país. 2 domínio; feudo. *V* **ryōdo** 領土.
ryōchi 了知 *s* compreensão; apreciação.
ryōchi 領置 *s Dir* manutenção em custódia; detenção.
ryodan 旅団 *s* brigada. 〜長 〜*chō*: chefe de brigada; brigadeiro.
ryōdan 両断 *s* dicotomia; separação em dois.
ryōdate 両建 *s Com* e *Econ* opção dupla (na Bolsa).
ryōdo 領土 *s* território; área do país; domínio; posse; solo. 〜権 〜*ken*: direitos territoriais. 〜獲得 〜*kakutoku*: aquisição de território.
ryōdo arasoi 領土争い *s* conflito territorial.
ryōdokakuchō 領土拡張 *s* expansão territorial.
ryōdō 糧道 *s* linha de suprimento.
ryōdōtai 良導体 *s Fís* bom condutor.
ryōen 良縁 *s* casamento bom; um bom par. 〜を結ぶ 〜*o musubu*: ter um casamento ideal.
ryōfū 涼風 *s* brisa fresca.
ryōga 陵駕 *s* ato de sobrepujar. 〜*suru*, *v*: superar; ultrapassar.
ryōgae 両替 *s* câmbio; troca por miúdos. 〜*suru*, *v*: trocar o dinheiro (grande por miúdos ou por dinheiro estrangeiro).
ryogai 慮外 *s* 1 algo inesperado. 2 rudeza, indelicadeza.
ryōgai 領外 *s* fora do território.

ryōgan 両岸 *s* duas margens do rio.
ryōgan 両眼 *s* os dois olhos.
ryōgawa 両側 *s* os dois lados. 道の〜に *michi no 〜ni*: nos dois lados da rua.
ryōgen 両舷 *s* os dois lados do navio.
ryōgen no hi 燎原の火 *expr* fogo no campo; fogo incontrolável.
ryōgi 両義 *s* ambiguidade; dois significados.
ryogu 旅具 *s* bagagem de viagem; acessórios para viagem.
ryōhashi 両端 *s* as duas extremidades; as duas pontas.
ryōhei 良兵 *s* bom soldado.
Ryōheika 両陛下 *s* imperador e imperatriz; suas majestades imperiais.
ryohi 旅費 *s* despesas de viagem.
ryōhi 良否 *s* o bom e o mau; o bem e o mal; qualidade.
ryōhin 良品 *s* artigos ou mercadoria de boa qualidade.
ryōhō 両方 *s* ambos; os dois; um e outro. 〜共 〜*tomo*: ambos; tanto um como o outro.
ryōhō 療法 *s* terapia; terapêutica; método de tratamento.
ryōhō 良法 *s* metodologia boa.
ryōiki 領域 *s* 1 território; domínio territorial. 2 âmbito; esfera; campo de ação.
ryoin 両院 *s* ambas as câmaras do Congresso.
ryōji 領事 *s* cônsul; consulesa.
ryōji 療治 *s* tratamento; curativo; cura.
ryōjitsu 良日 *s* dia de sorte; dia bom.
ryojō 旅情 *s* gosto pela viagem; sonho do viajante.
ryōjoku 凌辱 *s* 1 vexame; humilhação; insulto. 2 estupro; violação da virgindade.
ryōjū 猟銃 *s* espingarda de caça.
ryōka 良家 *s* família distinta; boa família.
ryōkai 了解 *s* compreensão; concordância; consentimento.
ryōkai 諒解 *s* compreensão; consentimento. 相互の〜 *sōgo no 〜*: compreensão mútua.
ryōkai 領海 *s* águas territoriais.
ryokaku 旅客 *s* passageiro; viajante; turista.
ryokan 旅館 *s* hospedaria; pensão; pousada.
ryōkan 量感 *s* sensação de volume. 〜がある 〜*ga aru*: volumoso; corpulento.
ryōkan 僚艦 *s* navio auxiliar; navio de guerra que tem a mesma missão e ação.
ryokangyō 旅館業 *s* hotelaria.
ryōkei 量刑 *s* medida da pena.
ryoken 旅券 *s* passaporte.
ryōken 了[料]簡・量見 *s* 1 noção; ideia; opinião. 2 discrição. 3 tolerância, indulgência.
ryōken 猟犬 *s* cão de caça.
ryōkenchigai 了簡違い *s* 1 equívoco; erro; ideia errada. 2 leviandade; imprudência; falta de tino.
ryōki 涼気 *s* ar fresco.
ryōki 猟奇 *s* mania de excentricidade; caça bizarra.
ryōki 猟期 *s* temporada de caça.
ryōki 漁期 *s* temporada de pesca.
ryōkin 料金 *s* tarifa; taxa; pagamento; preço; custo.
ryōkinjo 料金所 *s* pedágio.
ryokka 緑化 *s* reflorestamento.
ryokō 旅行 *s* viagem; excursão; turismo.
ryōko 両虎 *s* dois tigres; dois homens bons; dois mestres.
ryōkō 良好 *s* ato de ser bom. 〜な, *adj*: satisfatório; bom; excelente; favorável.

ryokōannai 旅行案内 s guia turístico.
ryokōka 旅行家 s viajante; que gosta de viagens.
ryokōki 旅行記 s diário de viagem.
ryokōnittei 旅行日程 s programação de viagem; cronograma de viagem.
ryokōsaki 旅行先 s destino da viagem.
ryokōsha 旅行者 s viajante.
ryokōsha 旅行社 s agência de viagens.
ryōkū 領空 s espaço aéreo.
ryokucha 緑茶 s chá verde.
ryokuchi 緑地 s área de floresta; área verde; zona arborizada.
ryokuhi 緑肥 s adubo vegetal.
ryokuin 緑陰 s sombra de uma árvore.
ryokuju 緑樹 s o verde; árvores verdejantes.
ryokunaishō 緑内障 s Med glaucoma.
ryokushoku 緑色 s cor verde.
ryokusō 緑草 s grama verde.
ryokusō 緑藻 s algas verdes.
ryokuya 緑野 s campina verde.
ryokuyō 緑葉 s folhas verdes.
ryōkyaku 両脚 s as duas pernas.
ryōkyoku 両極 s os dois polos; as duas extremidades.
ryōkyokutan 両極端 s os dois extremos; polos opostos.
ryōmatsu 糧秣 s provisão para os soldados; forragem para os animais.
ryōme 量目 s peso.
ryōmen 両面 s dos dois lados; dupla face. 〜テープ 〜tēpu: fita adesiva dupla face.
ryōmenzuri 両面刷り s impressão nos dois lados.
ryōmi 涼味 s fresco; frescor.
ryōmin 良民 s povo pacífico.
ryōnai 領内 s dentro do território; dentro do domínio.
ryōri 料理 s 1 culinária; cozinha; prato; comida. 〜教室 〜kyōshitsu: curso de culinária. しつこい 〜 shitsukoi 〜: prato pesado. 〜学 〜gaku: gastronomia; culinária. 2 despacho; tratamento da situação. 敵を〜する teki o 〜suru: derrubar o inimigo.
ryōriban [nin] 料理番[人] s cozinheiro.
ryōrin 両輪 s as duas rodas.
ryōritsu 両立 s compatibilidade; coexistência. 〜suru, v: compatibilizar; fazer duas coisas ou mais ao mesmo tempo.
ryōritsu 料率 s taxa de prêmio do seguro; tarifa.
ryōriya 料理屋 s restaurante.
ryōryō 稜々 adj 〜たる 〜taru: acidentado; rugoso. 〜たる山脈 〜taru sanmyaku: cordilheira acidentada.
ryōryō 寥々 adj 1 raro; escasso. 2 triste.
ryōryō 両々 s os dois; ambos; um e outro.
ryoryoku 膂力 s força física.
ryōsai 良妻 s boa esposa.
ryōsaikenbo 良妻賢母 s perfeita dona de casa e perfeita mãe de família.
ryōsaku 良策 s medida sábia.
ryōsan 量産 s produção em massa.
ryōsatsu 諒[了]察 s consideração. 〜suru, v: considerar.
ryōsei 両性 s ambos os sexos; bissexualidade; hermafroditismo.
ryōsei 良性 s benignidade.
ryōseidōbutsu 両棲[生]動物 s animal anfíbio.
ryōseirui 両棲[生]類 s Zool anfíbios.
ryōsen 猟[漁]船 s barco de caça e pesca.
ryōsen 稜線 s linha do cume da serrania.
ryosha 旅舎 s pousada; hospedaria. V **ryokan** 旅館.
ryōsha 寮舎 s dormitório; pousada.
ryōshi 漁師 s pescador.
ryōshi 量子 s Fís quantum.
ryōshi butsurigaku 量子物理学 s física quântica.
ryōshiki 良識 s bom-senso.
ryōshin 両親 s pais, pai e mãe. V **fubo** 父母.
ryōshin 良心 s consciência. 〜の自由 〜no jiyū: liberdade de consciência.
ryōshitsu 良質 s qualidade boa; qualidade superior.
ryoshō 旅商 s comerciante viajante.
ryōsho 良書 s livros de qualidade.
ryōshō 了承 s compreensão; aprovação; concordância.
ryōoshoku 糧食 s provisão; mantimento.
ryoshū 旅愁 s melancolia de viagem.
ryōshu 良種 s raça pura, boa semente.
ryōshu 領主 s arc senhor feudal.
ryōshū 領収 s recebimento do pagamento.
ryōshū 領袖 s líder; protagonista; espírito de liderança; chefe. 党の〜 tō no 〜: líder do partido.
ryōshū 涼秋 s outono fresco.
ryōshū [sho] 領収[書] s recibo de pagamento.
ryosō 旅装 s apetrechos de viagem; traje de viagem.
ryōsode 両袖 s as duas mangas.
ryōsuru 了する v 1 terminar; completar. 2 compreender.
ryōtai 両体 s 〜の 〜no: que tem dois corpos.
ryōtan 両端 s duas extremidades; dois extremos.
ryōte 両手 s as duas mãos; os dois braços.
ryotei 旅程 s roteiro; itinerário de viagem.
ryōtei 料亭 s restaurante japonês de qualidade.
ryōtei 量定 s apreciação; determinação.
ryōtenbin 両天秤 s os dois pratos da balança. 〜にかける 〜ni kakeru: fazer jogo duplo, ser oportunista.
ryōtō 両刀 s duas espadas (a maior e a menor).
ryōtō 両頭 s bicéfalo.
ryōtōseiji 両頭政治 s diarquia.
ryōtōzukai 両刀使い s uso de duas espadas; pessoa versada em duas artes; pessoa que gosta tanto de bebidas alcoólicas como de doces ao mesmo tempo.
ryōude 両腕 s os dois braços.
ryōyaku 良薬 s medicamento eficaz.
ryōyō 両様 s dois caminhos; duas maneiras; dois jeitos. ここの文句は〜に解釈ができる koko no monku wa 〜ni kaishaku ga dekiru: esta passagem pode ser interpretada de duas maneiras.
ryōyō 療養 s tratamento médico.
ryōyōjo 療養所 s casa de saúde, sanatório.
ryōyoku 両翼 s as duas asas.
ryōyū 領有 s posse; possessão.
ryōyū 両雄 s dois heróis.
ryōyū 僚友 s colega; camarada.
ryōyū 良友 s bom amigo; boa amiga.
ryōzai 良材 s 1 madeira de lei. 2 bom profissional; pessoa capacitada.
ryōzen 両全 s vantagem para as duas partes. 〜の策 〜no saku: plano vantajoso para as duas partes.
ryōzon 両損 s prejuízo para as duas partes; desvantagem para os dois lados.

ryū 竜[龍] *s* dragão.
-ryū -流 *suf* **1** tipo; maneira; modo. **2** estilo; escola. **3** classe; categoria.
ryūan 硫安 *s Quím* sulfato de amônio.
ryūbi 柳眉 *s* sobrancelhas lindas.
ryūbijutsu 隆鼻術 *s* rinoplastia.
ryūboku 流木 *s* madeira flutuante.
ryūchi 留置 *s* detenção. 〜所 〜*jo*: casa de detenção.
ryūchiken 留置権 *s* direito de detenção.
ryūchō 流暢 *s* fluência. 〜*na, adj*: fluente; eloquente.
ryūdan 榴弾 *s* obus, granada.
ryūdan 流弾 *s* bala perdida. *V* **nagaredama** 流れ弾.
ryūdō 流動 *s* fluxo; mutabilidade.
ryūdōbutsu 流動物 *s* **1** substância líquida; fluido. **2** alimento líquido.
ryūdōtai 流動体 *s* fluido. 〜の 〜*no*: líquido.
ryūgaku 留学 *s* estudos no exterior.
ryūgakusei 留学生 *s* estudante que frequenta curso no exterior.
ryūgen(higo) 流言(飛[蜚]語) *s* boato infundado.
ryūgi 流儀 *s* **1** estilo; escola. **2** modo; maneira; estilo.
ryūgū 流寓 *s* vida não estabelecida; viver em país estrangeiro.
ryūha 流派 *s* escola; estilo.
ryūhei 流弊 *s* costumes nocivos arraigados.
ryūho 留保 *s* **1** reserva. **2** ressalva de direito.
ryūhyō 流氷 *s* banco de gelo flutuante, banquisa.
ryūi 留意 *s* consideração; atenção.
ryūiki 流域 *s* bacia fluvial; vale.
ryūin 溜飲 *s* pirose; azia. 〜を下げる 〜*o sageru*: sentir-se aliviado, satisfeito.
ryūjin 竜神 *s* rei dragão; deus dragão.
ryūjō 粒状 *s* forma de grão. 〜の 〜*no*: granular.
ryūka 硫化 *s Quím* sulfuração.
ryūkai 流会 *s* suspensão de assembleia (reunião).
ryūkan 流汗 *s* transpiração.
ryūkan 流感 *s pop* abreviatura de 流行性感冒 *ryūkōsei kanbō*: gripe.
ryūkei 流刑 *s arc* desterro; deportação; exílio.
ryūketsu 流血 *s* derramamento de sangue.
ryūki 隆起 *s* saliência; protuberância; elevação.
ryukku(sakku) リュック(サック) (*al Rucksack*) *s* mochila.
ryūko 竜虎 *s* **1** o dragão e o tigre. **2** os dois gigantes; os dois melhores.
ryūkō 流行 *s* **1** moda. **2** propagação.
ryūkōbyō 流行病 *s* epidemia.
ryūkōchi 流行地 *s* área infectada.
ryūkōgo 流行語 *s* palavra que está na moda.
ryūkōka 流行歌 *s* canção popular.
ryūkōokure 流行遅れ *s* ato de estar atrasado na moda.
ryūkōsei 流行性 *s Med* epidemicidade.
ryūmachi(su) リュウマチ(ス) (*hol rheumatisch*) *s* reumatismo.
ryūmin 流民 *s* refugiados; povo que vagueia.
ryūnen 留年 *s* reprovação; ato de perder o ano; repetência.
ryūnin 留任 *s* permanência no cargo.
ryūnyū 流入 *s* afluência; influxo; entrada.
ryūrei 流麗 *s* fluência; fluidez; elegância no estilo.
ryūri 流離 *s* ato de perambular sozinho em um país estranho.
ryūro 流露 *s* efusão; transbordamento.
ryūryō 流量 *s Fís* fluxo; volume de líquido corrente.
ryūryō 嚠喨 *adj* 〜たる 〜*taru*: claro; sonoro. 〜たるラッパの響き 〜*taru rappa no hibiki*: som sonoro da corneta.
ryūryōkei 流量計 *s* aparelho que mede o fluxo de líquido ou o volume de líquido corrente.
ryūryū 隆々 *adj* com força; prosperamente; com grande sucesso.
ryūryū 粒々 *adv* com perseverança; de grão em grão.
ryūsa 流砂 *s* areia movediça.
ryūsan 硫酸 *s Quím* ácido sulfúrico.
ryūsei 流星 *s* estrela cadente.
ryūsei 隆盛 *s* prosperidade. 国運の〜 *kokuun no*〜: prosperidade nacional.
ryūsenkei 流線型 *s* forma aerodinâmica.
ryūshi 粒子 *s* partícula; corpúsculo; grão; grânulo.
ryūshitsu 流失 *s* destruição causada por enxurrada.
ryūshutsu 流出 *s* escoamento; fuga. 〜*suru, v*: descarregar; escapar; drenar.
ryūsoku 流速 *s* velocidade de passagem do líquido.
ryūsui 流水 *s* água corrente.
ryūtai 流体 *s Fís* fluido. 〜工学 〜*kōgaku*: engenharia hidráulica.
ryūtō 流灯 *s* lanternas de papel acesas soltas na água.
ryūtōdabi 竜頭蛇尾 *s expr* cabeça de dragão e cauda de serpente; começo animado e fim melancólico.
ryūtsū 流通 *s* circulação; distribuição.
ryūyō 流用 *s* apropriação indevida.
ryūzan 流産 *s* **1** aborto; parto prematuro. **2** *fig* abortar; fracassar.
ryūzoku 流俗 *s* convenção; a maioria das pessoas. 〜に従う 〜*ni shitagau*: nadar seguindo a corrente; seguir a maioria.
ryūzu 竜頭 *s* coroa do relógio.

S

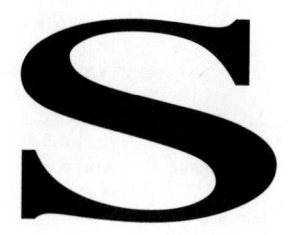

sa 差 *s* diferença, variação, margem, disparidade.
sa 左 *s* esquerda.
sa 然 *adv* assim.
sa さ *partícula* de fato, realmente, você sabe, é verdade.
sa さあ *interj* **1** vamos! **2** bem.
saba 鯖 *s Ictiol* cavala. 〜を読む 〜*o yomu*: enganar de propósito na contagem; manipular o número.
sabaibaru サバイバル (*ingl survival*) *s* sobrevivência. 〜キット 〜*kitto* (*ingl kit*) equipamento de sobrevivência.
sabakeru 捌ける *v* vender, ser vendido.
sabaki 捌き *s* **1** venda. **2** manuseio, tratamento, manipulação.
sabaki 裁き *s* julgamento, decisão.
sabaku 砂漠 *s* deserto.
sabaku 捌く *v* manipular, manusear, manejar, vender, encontrar mercado. 魚を〜 *sakana o* 〜: limpar peixe.
sabaku 裁 *v* **1** julgar, decidir. **2** lidar, tratar, resolver.
sabetsu 差別 *s* discriminação, distinção. 人種〜 *jinshu*〜: discriminação racial. 〜用語 〜*yōgo*: termo discriminatório, expressão pejorativa. 性〜 *sei*〜: discriminação por gênero. 〜*suru*, *v*: discriminar, distinguir.
sabetsutaigū 差別待遇 *s* tratamento discriminatório (preferencial, desigual).
sabetsuteki 差別的 *adj* discriminatório, discriminador, distintivo.
sabi 寂び *s* simplicidade elegante e sóbria, serenidade refinada.
sabi 錆・銹 *s* ferrugem. 〜が付く 〜*ga tsuku*: enferrujar. 〜を落とす 〜*o otosu*: remover a ferrugem. 身から出た〜 *mi kara deta*〜: por falha própria.
sabibyō 銹病 *s Agr* ferrugem, alfarra.
sabidome 錆止め *s* antiferrugem, anticorrosivo.
sabiiro 錆色 *s* cor de ferrugem.
sabireru 寂れる *v* decair, tornar-se decadente.
sabiru 錆びる *v* enferrujar-se.
sabiru 寂びる *v* amadurecer, suavizar.
sabishigaru 寂しがる *v* sentir solidão, sentir-se triste. 寂しがり屋 *sabishigariya*: pessoa que não suporta ficar só.
sabishige 寂しげ *adj* sozinho, solitário. *Sin* **sabishii** 寂しい.
sabishii 寂[淋]しい *adj* só, solitário, sozinho, tristonho.
sabishisa 寂しさ *s* solidão, desolação, desgosto.
sābisu サービス (*ingl service*) *s* serviço. 〜*suru*, *v*: oferecer serviço extra gratuitamente. 家庭〜 *katei*〜: dedicação à família. 〜エリア 〜*eria* (*ingl area*): área de serviço. 〜メニュー 〜*menyū* (*ingl menu*): menu especial. 〜業 〜*gyō*: setor de serviços. 〜品 〜*hin*: produto promocional.
sābisuryō サービス料 *s* taxa de serviço.
sabitsuku 錆び付く *v* enferrujar-se, ficar corroído.
sabō 砂防 *s* controle de erosão do solo.
saboru サボる *s pop* matar aula ou trabalho.
sabotāju サボタージュ (*fr sabotage*) *s* sabotagem, operação tartaruga.
saboten 仙人掌 *s Bot* cacto.
sabutaitoru サブタイトル (*ingl subtitle*) *s* subtítulo.
sachi 幸 *s* **1** delícia. **2** boa sorte; fortuna. 山の〜 *yama no* 〜: delícias do campo. 海の〜 *umi no* 〜: delícias do mar. *V* **saiwai** 幸い.
sadamaru 定まる *v* ser determinado, decidido, definido, fixo.
sadame 定め *s* lei, regra, regulamento, decisão, destino, sorte.
sadamenaki 定めなき *s* incerto, mutável, variável, inconstante.
sadameru 定める *v* determinar, decidir, fixar, estabelecer.
sadameshi 定めし, **sadamete** 定めて *adv* certamente, sem dúvida, provavelmente.
sadizumu サディズム (*ingl sadism*) *s* sadismo.
sadō 作動 *s* operação, funcionamento, trabalho. 〜*suru*, *v*: funcionar, operar. 〜中 〜*chū*: em operação.
sadō 茶道 *s* cerimônia do chá.
sadō 差動 *s Fís* e *Mec* movimento diferencial. 〜変圧器 〜*hen'atsuki*: transformador diferencial.
sadoru サドル (*ingl saddle*) *s* selim de bicicleta ou motocicleta.
sae 冴え *s* perspicácia, inteligência, esperteza, destreza.
sae さえ *partícula* **1** até mesmo, sequer. **2** além de, exceto. **3** se, somente.
saegiru 遮る *v* **1** obstruir, bloquear a visão. **2** interromper, encurtar.
saekaeru 冴え返る *v* **1** ser perfeitamente claro. **2** esfriar.
saeki 差益 *s* margem de ganho.
saen 茶園 *s* plantação de chá.

saeru 冴える *v* ficar claro; ficar completamente desperto.
saetsu 査閲 *s* inspeção. ~*suru*, *v*: inspecionar.
saezae suru 冴え冴えする *v* ficar brilhante, límpido. ~しない ~*shinai*: indisposto, deprimido.
saezuri 囀り *s* canto, chilreado, gorjeio, chilro.
saezuru 囀る *v* cantar, gorjear.
safaia サファイア (*ingl sapphire*) *s Miner* safira.
safari サファリ (*ingl safari*) *s* safari, caça.
sāfin サーフィン (*ingl surfing*) *s* surfe.
saga 性 *s* natureza, modo de ser. *V* **seishitsu** 性質.
sagai 詐害 *s Dir* fraude, fraudulento.
sagaku 差額 *s* diferença, saldo. 貿易~ *bōeki*~: saldo do comércio exterior. ~ベッド ~*beddo* (*ingl bed*) leito hospitalar parcialmente coberto pelo plano de saúde.
sagan 左岸 *s* margem esquerda do rio.
sagan 砂岩 *s Geol* arenito.
sagan 左眼 *s p us* olho esquerdo.
saganai さがない *adj* mau, ruim.
sagari 下がり *s* 1 descida, queda. 2 após um horário. ~目 ~*me*: olho oblíquo, tendência à queda.
sagaru 下がる *v* 1 cair, descer. 2 retirar-se, afastar-se. 3 deteriorar-se, declinar. 4 passar o tempo.
sagashiateru 探し当てる *v* encontrar, localizar, descobrir. *V* **sagashidasu** 探し出す.
sagashidasu 探し出す *v* encontrar, localizar, descobrir.
sagashimawaru 探し回る *v* vasculhar, procurar ao redor.
sagashimono 探し物 *s* objeto que se procura. ~をする ~*o suru*: procurar um objeto.
sagasu 探す *v* procurar, buscar, pesquisar.
sage 下げ *s* 1 retirada, remoção. 2 mote de história cômica. 3 suspenso, pendurado, alçado.
sagemaku 下げ幕 *s* cortina pendurada.
sagen 左舷 *s Náut* bombordo.
sageru 下げる *v* 1 abaixar, fazer descer. 2 pendurar, suspender, pender. 3 retirar, remover, limpar. 4 reduzir, rebaixar.
sageru 提げる *v* carregar na mão, pendurar.
sageshio 下げ潮 *s* maré baixa.
sagesōba 下げ相場 *s* mercado baixista, cotações em baixa.
sagesumu 蔑む *v* desprezar, desdenhar.
sagewatasu 下げ渡す *v* entregar (do superior para alguém inferior).
sagi 詐欺 *s* estelionato, fraude, logro, calote, trapaça.
sagi 鷺 *s Ornit* garça.
sagishi 詐欺師 *s* estelionatário, trapaceiro, malandro.
saguri 探り *s* sondagem, investigação. ~を入れる ~*o ireru*: sondar, investigar.
saguriai 探り合い *s* sondagem (investigação) mútua.
saguriashi 探り足 *s* andar às apalpadelas.
saguriateru 探り当てる *v* apalpar e encontrar, achar, descobrir, localizar.
saguridasu 探り出す *v* descobrir, encontrar, sondar, arrancar um segredo.
sagurimawaru 探り回る *v* tatear à procura.
saguru 探る *v* 1 apalpar, tatear, remexer. 2 sondar, investigar. 3 visitar lugar desconhecido.
sagyō 作業 *s* trabalho, operação. ~中 ~*chū*: em (durante) operação. ~員 ~*in*: trabalhador. ~場 ~*ba*: local de trabalho. ~服 ~*fuku*, ~着 ~*gi*: macacão, uniforme de trabalho. ~室 ~*shitsu*: sala de trabalho.
saha 左派 *s* facção de esquerda, esquerdista.
sahai 差配 *s* encargo, representação. ~*suru*, *v*: encarregar-se, representar.
sahainin 差配人 *s* agente, intermediário.
sahanji 茶飯事 *s* cotidiano, rotina. *V* **nichijō** 日常.
sahen 左辺 *s* lado esquerdo; termos que estão do lado esquerdo de uma equação.
sahō 作法 *s* etiqueta, boas maneiras.
sahodo さほど *adv* (não) muito, (nem) tanto. *V* **sore hodo** それほど.
sai 才 *s* habilidade, aptidão, talento, inteligência. ~に溺れる ~*ni oboreru*: confiar demais na própria aptidão.
sai 差異 *s* diferença.
sai 彩 *s p* colorido, brilho.
sai 際 *s* quando, na ocasião, em caso de.
sai 菜 *s Cul* 1 folhagens comestíveis. 2 acompanhamento do prato principal.
sai 犀 *s* rinoceronte.
sai 賽 *s* dado. ~の目 ~*no me*: pontos marcados nas faces do dado. ~の目に切る ~*no me ni kiru*: cortar em cubos, corte em cubo. ~は投げられた ~*wa nagerareta* o dado foi lançado.
sai- 再-*pref* re. ~利用 ~*riyō*: reutilização, reciclagem.
sai- 最-*pref* o mais, extremo.
-sai -歳 *suf* anos de idade.
saiai 最愛 *s* amado, querido.
saiaku 最悪 *s* o pior. ~の場合 ~*no baai*: no pior dos casos.
saibai 栽培 *s* cultivo, cultura. ~*suru*, *v*: cultivar. 水~ *mizu*~: hidroponia. *V* **suikō(hō)** 水耕(法).
saiban 裁判 *s* justiça, julgamento, juízo.
saibanchō 裁判長 *s* juiz presidente.
saibankan 裁判官 *s* juiz, juiz de direito, magistrado, julgador, sentenciador.
saibanken 裁判権 *s* competência, competência judiciária, jurisdição, poder judiciário.
saibansho 裁判所 *s* foro, fórum, juizado, juízo, tribunal, corte.
saibansho 裁判書 *s* documento de um julgamento.
saibanzata 裁判沙汰 *s* ação, processo.
saibashi 菜箸 *s Cul* fachi (*hashi*), pauzinhos longos usados para cozinhar e servir.
saibashiru 才走る *v* ser sabichão.
saibetsu 細別 *s* subdivisão. ~*suru*, *v*: subdividir.
saibō 細胞 *s* 1 *Biol* célula. *Bot* e *Zool* célula. ~核 ~*kaku*: núcleo celular. ~質 ~*shitsu*: citoplasma. ~組織 ~*soshiki*: tecido celular. ~壁 ~*heki*: parede celular. ~分化 ~*bunka*: diferenciação celular. ~分裂 ~*bunretsu*: divisão celular. ~膜 ~*maku*: membrana celular.
saibōgaku 細胞学 *s* citologia.
saiboku 砕木 *s* moagem (trituração) de madeira.
saibu 細部 *s* detalhe, minúcia, pormenor.
saibun 細分 *s* subdivisão. ~*suru*, *v*: subdividir.
saibunpai 再分配 *s* redistribuição.
saibusō 再武装 *s* rearmamento. ~*suru*, *v*: rearmar.
saichi 才知 *s* inteligência, agudeza, finura de espírito. *V* **saikaku** 才覚.
saichi 細緻 *s* minucioso, detalhado, delicado.
saichiku 再築 *s* reconstrução. ~*suru*, *v*: reconstruir.

saichō 最長 s o mais longo.
saichōsa 再調査 s reexame, novo exame (investigação, pesquisa).
saichū 最中 s no meio, durante, enquanto.
saichūmon 再注文 s pedido repetido.
saidā サイダー (ingl cider) s cidra, soda limonada.
saidai 最大 s o maior, máximo.
saidai 細大 s geral e detalhe, grande e pequeno.
saidaigen 最大限, **saidaigendo** 最大限度 s limite máximo.
saidaikōyakusū 最大公約数 s máximo divisor comum.
saidaikyū 最大級 s nível máximo.
saidan 裁断 s 1 decisão, julgamento. 2 corte. ~suru, v: decidir, julgar, cortar. ~機 ~ki: cortador.
saidan 祭壇 s altar.
saiden 祭殿 s santuário, lugar venerado.
saido 再度 s novamente, outra vez, pela segunda vez.
saido 済度 s Rel salvação, redenção.
saido サイド (ingl side) s lado. ~ボード ~bōdo (ingl board) aparador, guarda-louça. ~ブレーキ ~burēki (ingl brake) freio de mão. ~ミラー ~mirā (ingl mirror) espelho retrovisor lateral.
saidoku 再読 s releitura. ~suru, v: reler.
saien 再演 s nova apresentação. ~suru, v: apresentar (reapresentar, encenar) novamente.
saien 菜園 s horta.
saien 才媛 s mulher talentosa.
saifu 財布 s carteira.
saifuku 祭服 s veste para festival religioso.
saifukueki 再服役 s 1 novo alistamento, realistamento. 2 novo cumprimento de pena.
saigai 災害 s calamidade, catástrofe, desastre. ~地 ~chi: área atingida. ~保険 ~hoken: seguro de acidente.
saigaku 才学 s arc habilidade e aprendizagem, talento e estudo.
saigen 際限 s limite, fronteira. ~なく ~naku: infinitamente, indefinidamente.
saigen 再現 s reaparecimento, ressurgimento, reprodução. ~suru, v: recriar, reproduzir.
saigetsu 歳月 s tempo, anos.
saigi 再議 s reconsideração, rediscussão.
saigi 祭儀 s ritos de festivais religiosos.
saiginmi 再吟味 s reexame, revisão. ~suru, v: rever, reexaminar.
saigi(shin) 猜疑(心) s desconfiança, suspeita.
saigo 最後 s último, final, fim.
saigo 最期 s último momento, instante derradeiro, morte. ~の言葉 ~no kotoba: últimas palavras.
saigōsei 再合成 s nova síntese.
saigotsūchō 最後通牒 s ultimato.
saigunbi 再軍備 s rearmamento.
saihai 再敗 s nova (outra) derrota.
saihai 再拝 s duas reverências.
saihai 采配 s comando, direção, liderança. ~を振う ~o furuu: liderar, dirigir, comandar.
saihaibun 再配分 s repartição.
saihaichi 再配置 s reordenamento, realinhamento. ~suru, v: redistribuir, realinhar.
saihakken 再発見 s redescoberta. ~suru, v: redescobrir.
saihakkō 再発行 s reemissão.

saihan 再犯 s reincidência, repetição de um delito.
saihan 再版 s reimpressão, segunda impressão (tiragem). ~suru, v: reimprimir.
saihan(bai) 再販(売) s revenda.
saihate 果て s confins (longínquo, distante).
saihatsu 再発 s volta, reincidência, recaída.
saihen 再変 s nova mudança (alteração).
saihen 砕片 s lasca, estilhaço, fragmento.
saihen 細片 s pequeno pedaço.
saihen 再編 s reorganização, realinhamento. ~suru, v: reorganizar, realinhar.
saihensei 再編成 s reorganização, realinhamento.
saihi 歳費 s despesa anual.
saihi 採否 s aprovação ou rejeição.
saihitsu 細筆 s pincel fino (delgado).
saihitsu 才筆 s escrita brilhante, talento literário.
saihō 裁縫 s corte e costura. ~suru, v: costurar.
saihō 再訪 s revisitação. ~suru, v: revisitar, visitar novamente.
saihoken 再保険 s resseguro.
saihoku 最北 s extremo norte.
saihon サイホン (ingl siphon) s sifão.
saihōsō 再放送 s retransmissão, reapresentação, reprise.
saihyō 砕氷 s quebra de gelo.
saihyō 細評 s crítica minuciosa, comentário detalhado.
saihyōka 再評価 s reavaliação. ~suru, v: reavaliar.
saihyōsen 砕氷船 s Náut quebra-gelo.
saiinzai 催淫剤 s afrodisíaco.
saiji 祭事 s festival, ritual religioso.
saiji 細字 s letra pequena.
saiji 細事 s assunto trivial, fato insignificante.
saijin 才人 s homem talentoso (inteligente). V saishi 才子.
saijinmon 再尋問 s reinquirição.
saijitsu 祭日 s feriado nacional, data comemorativa.
saijo 才女 s mulher inteligente (talentosa).
saijo 妻女 s 1 esposa. 2 mulher.
saijō 最上 s o melhor, o máximo, o mais. ~の品物 ~no shinamono: o melhor artigo.
saijō 斎場 s local sagrado onde se realizam cerimônias religiosas, local de velório.
saijōei 再上映 s reprise, reapresentação de filme.
saijōkyū 最上級 s grau máximo, supra-sumo.
saijōtō 最上等 s melhor qualidade.
saika 再嫁 s segundo casamento de uma mulher.
saika 最下 s o pior, inferior.
saika 載貨 s 1 carregamento de cargas. 2 carga.
saika 西下 s rumo oeste; sair de Tóquio e tomar o rumo oeste.
saika 災禍 s calamidade, infortúnio, desastre.
saika 裁可 s deferimento, aprovação.
saikafu 再下付 s outorga (licenciamento) pela segunda vez.
saikai 再開 s reabertura, reinício.
saikai 最下位 s último da classificação.
saikai 再会 s reencontro.
saikai 際会 s defrontação. ~suru, v: defrontar, deparar.
saikaihatsu 再開発 s melhorias e reativação de uma região (local).
saikaku 才覚 s 1 engenho, talento, argúcia, engenhosidade.

saikakunin 再確認 *s* reconfirmação. ~*suru*, *v*: reconfirmar.
saikakyū 最下級 *s* péssimo, pior categoria.
saikan 再刊 *s* reedição. ~*suru*, *v*: reeditar.
saikan 細管 *s* tubo de pequeno calibre.
saikan 才幹 *s* talento, capacidade.
saikatō 最下等 *s* pior espécie, pior categoria.
saikeikoku 最恵国 *s* nação mais favorecida (no tratado de comércio entre as nações).
saikeikokuyak(u)kan 最恵国約款 *s* cláusula de nação mais favorecida.
saikeirei 最敬礼 *s* reverência com máximo respeito, profunda deferência.
saiken 再建 *s* 1 reconstrução, reedificação. ~*suru*, *v*: reconstruir. 2 reorganização, restauração. ~*suru*, *v*: reorganizar, restaurar, reestruturar.
saiken 債券 *s* título de crédito.
saiken 債権 *s* crédito. ~国 ~*koku*: país credor. 者 ~*sha*: credor.
saiken 細見 *s* ato de olhar detalhadamente, exame de detalhes.
saikensa 再検査 *s* reinspeção, novo exame.
saikentō 再検討 *s* reconsideração, reexame.
saiketsu 採血 *s* coleta de sangue. ~*suru*, *v*: tirar sangue.
saiketsu 採決 *s* votação. ~の結果 ~*no kekka*: resultado da votação.
saiketsu 裁決 *s* veredicto, sentença.
saiki 才気 *s* talento, inteligência, perspicácia. ~あふれた人 ~*afureta hito*: pessoa com uma inteligência brilhante.
saiki 再起 *s* 1 restabelecimento, cura. ~不能 ~*funō*: irreversível. 2 recuperação, volta. ~*suru*, *v*: recuperar, voltar à ativa.
saiki 再帰 *s* retorno. *Gram* reflexivo. ~動詞 ~*dōshi*: verbo reflexivo.
saiki 祭器 *s* apetrechos utilizados em cultos religiosos.
saikin 採金 *s* garimpagem, extração de ouro.
saikin 細菌 *s* micróbio, bactéria, bacilo, germe.
saikin 最近 *s* ultimamente, recentemente. ~の事件 ~*no jiken*: incidente recente.
saikinetsu 再帰熱 *s Med* febre recorrente.
saikingaku 細菌学 *s* bacteriologia.
saikinshi 再禁止 *s* nova proibição. ~*suru*, *v*: proibir novamente.
saikō 再考 *s* reconsideração. ~*suru*, *v*: reconsiderar, pensar melhor, repensar.
saikō 再校 *s* 1 segunda prova. 2 segunda revisão.
saikō 再興 *s* reerguimento. ~*suru*, *v*: reerguer-se, recuperar, ressurgir, refazer.
saikō 採光 *s* iluminação. ~窓 ~*mado*: clarabóia. ~をよくする ~*o yoku suru*: melhorar a iluminação.
saikō 採鉱 *s* mineração. ~*suru*, *v*: explorar uma mina, trabalhar uma mina.
saikō 細孔 *s* pequeno orifício.
saikō 最高 *s* 1 máximo, o mais alto. ~点 ~*ten*: a nota (a pontuação) mais alta. ~裁判所 ~*saibansho*: supremo tribunal. 2 excelente, o melhor. ~の品質 ~*no hinshitsu*: a melhor qualidade.
saikōchō 最高潮 *s* auge, clímax, ponto culminante. ~に達する ~*ni tassuru*: atingir o auge.
saikōfu 再交付 *s* reemissão. パスポートの~を申請する *pasupōto no* ~*o shinsei suru*: solicitar a reemissão de passaporte. ~*suru*, *v*: reemitir.
saikōgakufu 最高学府 *s* ensino superior, universidade.
saikōhō 最高峰 *s* 1 pico mais alto. 2 a autoridade máxima, o melhor de todos. 世界文学の~ *sekai bungaku no* ~: o número um da literatura universal.
saikōi 最高位 *s* a melhor colocação. ~を占める ~*o shimeru*: ocupar a melhor colocação.
saikoku 催告 *s* notificação de cobrança, intimação. ~*suru*, *v*: notificar a cobrança, intimar.
saikōkyū 最高級 *s* grau máximo, melhor qualidade.
saikon 再婚 *s* segundo casamento, segundas núpcias. ~*suru*, *v*: casar-se novamente.
saikoro 骰子 *s* dado. ~の目 ~*no me*: pontos (marcados nas faces do dado).
saikōryū 再拘留 *s* nova detenção. ~*suru*, *v*: tornar a deter.
saikōsei 再構成 *s* reformulação, reconstituição, reorganização. ~*suru*, *v*: reformular, reconstituir, reorganizar.
saikōshireibu 最高司令部 *s* alto comando, supremo quartel-general.
saikōshireikan 最高司令官 *s* supremo comandante.
saikōten 最高点 *s* pontuação máxima; maior ponto.
saiku 細工 *s* 1 trabalho artesanal, artesanato. 2 acabamento, talhe. 入念な~ *nyūnen na* ~: acabamento benfeito. 3 artifício, ardil, fraude, trapaça. ~*suru*, *v*: fazer uso de artifícios, fraudar, trapacear, maquiar. 帳簿に~する *chōbo ni* ~*suru*: maquiar a conta.
saikubun 細区分 *s* subdivisão. ~*suru*, *v*: subdividir.
saikun 細君 *s* esposa, cara-metade, mulher.
saikuru サイクル (*ingl cycle*) *s* ciclo. 毎秒五十~ *maibyō gojū* ~: 50 ciclos por segundo.
saikutsu 採掘 *s* exploração de minas, mineração. ~場 ~*ba*: mina. ~*suru*, *v*: minerar, explorar uma mina.
saikyo 再挙 *s* segunda tentativa. ~を図る ~*o hakaru*: tentar outra vez.
saikyō 最強 *s* máximo, mais forte. ~のチーム ~*no chīmu*: o time mais forte.
saikyōiku 再教育 *s* reeducação, reciclagem. ~*suru*, *v*: reeducar, reciclar.
saikyoka 再許可 *s* renovação de licença. ~*suru*, *v*: renovar a licença.
saimatsu 細末 *s* 1 detalhe, trivialidade. ~に拘る ~*ni kodawaru*: preocupar-se com detalhes. 2 pó. ~にする ~*ni suru*: transformar em pó.
saimatsu 歳末 *s* fim de ano. ~大売出し ~*ōuridashi*: grande liquidação de fim de ano.
saimin 細民 *s* classe menos abastada, população carente.
saimin 催眠 *s* hipnose. ~療法 ~*ryōhō*: cura por hipnose, hipnoterapia.
saiminjōtai 催眠状態 *s* estado hipnótico.
saiminjutsu 催眠術 *s* hipnotismo. ~にかける ~*ni kakeru*: hipnotizar.
saiminzai 催眠剤 *s* soníferos, hipnóticos.
saimitsu 細密 *s* minúcia, detalhe, pormenor. ~な, *adj*: minucioso, detalhado, pormenorizado.
saimō 細毛 *s* cílios (das folhas, asas etc.).

saimoku 細目 *s* detalhes, particularidades, pequenos itens.
saimon 祭文 *s* escritos lidos em rituais religiosos.
saimu 債務 *s* dívida, débito. 〜不履行 〜*furikō*: não pagamento de dívida. 〜を清算する 〜*o seisan suru*: liquidar a dívida.
saimusha 債務者 *s* devedor.
sain サイン (*ingl sign*) *s* **1** sinal. 〜を送る 〜*o okuru*: fazer sinal. **2** assinatura, autógrafo. 〜*suru*, *v*: assinar.
sainamu 苛む *v* atormentar, torturar, remoer. 不安に苛まれる *fuan ni sainamareru*: remoer-se de preocupação.
sainan 災難 *s* desgraça, infortúnio, desastre, calamidade. 〜に遇う 〜*ni au*: sofrer infortúnio. 〜を免れる 〜*o manugareru*: escapar da desgraça.
sainen 再燃 *s* recrudescência, ressurgimento. 〜*suru*, *v*: ressurgir, reaparecer, reavivar, ressuscitar, reativar, reiniciar
sainetsu 再熱 *s* reaquecimento, recalescência. 〜*suru*, *v*: reaquecer.
sainin 再任 *s* renomeação. 〜*suru*, *v*: renomear.
saininshiki 再認識 *s* reconhecimento, redescobrimento. 〜*suru*, *v*: reconhecer, redescobrir.
sainō 才能 *s* talento, dom, capacidade, aptidão, vocação. 〜がある 〜*ga aru*: ter talento para, ter o dom de.
sai no me 賽の目 *s* pontos de numeração dos dados.
sainyū 歳入 *s* receita anual dos órgãos governamentais.
sainyūgaku 再入学 *s* rematrícula, readmissão numa escola. 〜*suru*, *v*: entrar de novo numa escola.
sainyūkoku 再入国 *s* reentrada no país. 〜許可書 〜*kyokasho*: visto de reentrada. 〜*suru*, *v*: reentrar em um país.
sairai 再来 *s* segunda vinda; segundo advento. キリスト〜説 *Kirisuto* 〜*setsu*: adventismo.
sairei 祭礼 *s* celebração religiosa, festival xintoísta.
sairen サイレン (*ingl siren*) *s* sirene, sereia.
sairi 犀利 〜*na adj* arguto, aguçado, penetrante. 〜な頭脳 〜*na zunō*: mente brilhante.
sairiyō 再利用 *s* reaproveitamento. 〜*suru*, *v*: reaproveitar, reutilizar.
sairoku 採録 *s* **1** transcrição, registro. 〜*suru*, *v*: transcrever. **2** gravação. 〜*suru*, *v*: gravar.
sairoku 載録 *s* 〜*suru*, *v*: registrar. 議事録に〜されている *gijiroku ni* 〜*sarete iru*: estar registrado na ata.
sairuidan 催涙弾 *s* bomba lacrimogênea.
sairuigasu 催涙ガス *s* gás lacrimogêneo.
sairyaku 才略 *s* esperteza, recurso inteligente.
sairyō 才量 *s* medição; peso e volume de uma carga.
sairyō 宰領 *s* 〜*suru*, *v*: comandar, dirigir, coordenar.
sairyō 最良 *s* o melhor. 人生〜の日 *jinsei* 〜*no hi*: melhor dia da vida.
sairyō 裁量 *s* arbítrio, decisão.
sairyū 細粒 *s* grânulo, grão minúsculo.
saisaki 幸先 *s* presságio, agouro. 〜が良い 〜*ga yoi*: ter bom presságio; ter bom começo.
saisan 再三 *adv* várias vezes; repetidas vezes. 〜注意する 〜*chūi suru*: chamar atenção várias vezes.
saisan 採算 *s* lucro, ganho. 〜がとれる 〜*ga toreru*: ser lucrativo, dar lucro.
saisei 再生 *s* **1** renascimento. **2** regeneração. **3** reciclagem. **4** reprodução (de algo que foi gravado). **5** reminiscência.
saisei 再製 *s* 〜*suru*, *v*: remodelar, reformar, refazer.
saisei 祭政 *s* a religião e o Estado. 〜一致 〜*itchi*: teocracia.
saiseiki 最盛期 *s* **1** tempos áureos; época de prosperidade; melhor época. **2** sazão. 桃の〜 *momo no* 〜: estação do pêssego.
saiseisan 再生産 *s* reprodução. 〜*suru*, *v*: tornar a produzir.
saiseki 砕石 *s* **1** britamento. **2** brita, pedra britada, cascalho.
saiseki 採石 *s* extração de pedra.
saisen 再選 *s* reeleição. 〜*suru*, *v*: reeleger-se.
saisen 賽銭 *s* donativo em dinheiro nos templos. 〜箱 〜*bako*: caixa de ofertório.
saisenkyo 再選挙 *s* outra eleição; nova eleição (devido à anulação da primeira).
saisentan 最先端 *s* a ponta, a crista. 流行の〜 *ryūkō no* 〜: a última moda.
saisetsu 再説 *s* 〜*suru*, *v*: explicar novamente, repetir a explicação.
saisetsu 細説 *s* explanação detalhada. 〜*suru*, *v*: explicar detalhadamente.
saishi 才子 *s* homem inteligente (talentoso, sagaz). 〜才に倒れる 〜*sai ni taoreru*: falhar por confiar demais no próprio talento.
saishi 祭司 *s* oficiante, celebrante, sacerdote que celebra o culto religioso.
saishi 祭祀 *s* rito, celebração religiosa.
saishi 妻子 *s* esposa e filhos. 〜を養う 〜*o yashinau*: sustentar a esposa e os filhos.
saishiken 再試験 *s* exame de recuperação, outra prova, segundo exame. 〜を受ける 〜*o ukeru*: fazer outra prova.
saishiki 彩色 *s* coloração, colorido. 〜*suru*, *v*: colorir, dar cores.
saishin 再審 *s* revisão do processo. 〜の訴え 〜*no uttae*: ação para rever o processo.
saishin 細心 *s* extremo cuidado, escrúpulo, prudência. 〜の注意 〜*no chūi*: atenção redobrada.
saishin 最新 *s* o mais novo, recente. 〜型 〜*gata*: último modelo.
saishin 最深 *s* o mais profundo. 〜部 〜*bu*: parte mais profunda.
saishinryūkō 最新流行 *s* a última moda.
saishinsa 再審査 *s* reexame, revisão. 〜*suru*, *v*: reexaminar, rever, julgar novamente.
saishinshiki 最新式 *s* último tipo, estilo supermoderno.
saishite 際して *expr* em caso de; quando, na ocasião em que. 危険に〜 *kiken ni* 〜: em caso de perigo.
saisho 最初 *s* princípio, início, começo. 〜の 〜*no*: primeiro, inicial, original.
saishō 最小 *s* menor, mínimo. 〜の単位 〜*no tan'i*: a menor unidade.
saishō 最少 *s* o menos possível, menor quantidade. 〜の人数 〜*no ninzū*: menor número de pessoas.
saishōgen(do) 最小限(度) *s* grau mínimo. 〜の被害 〜*no higai*: danos mínimos.
saishoku 菜食 *s* alimentação vegetariana, dieta vegetariana. 〜主義者 〜*shugisha*: vegetariano.
saishoku 才色 *s* talento e beleza. 〜兼備の女性 〜*kenbi no josei*: moça bonita e inteligente.

saishori 再処理 *s* novo tratamento do material.
saishu 祭主 *s* sacerdote principal.
saishu 採取 *s* **1** coleta. ~*suru*, *v*: coletar, recolher. **2** extração. ~*suru*, *v*: extrair.
saishū 採集 *s* coleção. ~家 ~*ka*: colecionador. ~*suru*, *v*: colecionar.
saishū 最終 *s* último. ~的に ~*teki ni*: definitivamente, no final das contas.
saishūan 最終案 *s* plano definitivo, último plano.
saishūbi 最終日 *s* último dia.
saishūkai 最終回 *s* última sessão, última parte de um seriado.
saishuppatsu 再出発 *s* recomeço. ~*suru*, *v*: recomeçar.
saishutsu 歳出 *s* despesa anual dos órgãos governamentais.
saishutsu 再出 *s* reaparecimento. ~*suru*, *v*: reaparecer, surgir pela segunda vez.
saisō 再送 *s* reemissão, reenvio. ~*suru*, *v*: reemitir, enviar de novo.
saisoku 細則 *s* regulamento detalhado.
saisoku 催促 *s* cobrança. ~*suru*, *v*: cobrar, insistir na cobrança.
saisokujō 催促状 *s* carta de cobrança.
saisoshiki 再組織 *s* reorganização. ~*suru*, *v*: reorganizar, reestruturar.
saisōshin 再送信 *s* retransmissão. ~*suru*, *v*: retransmitir.
saita 最多 *s* maior número. ~出場 ~*shutsujō*: maior número de participações.
saitai 妻帯 *s* estado civil: casado. ~者 ~*sha*: casado.
saitaku 採択 *s* escolha. ~*suru*, *v*: escolher, admitir, adotar.
saitan 採炭 *s* extração de carvão mineral.
saitan 最短 *s* o mais curto, o mais breve. ~距離 ~*kyori*: menor distância.
saitasū 最多数 *s* maior número.
saitei 最低 *s* **1** o mais baixo, menor. ~気温 ~*kion*: temperatura mínima. **2** pior, péssimo, vil. ~の男 ~*no otoko*: o pior dos homens.
saitei 裁定 *s* arbitragem, julgamento. ~*suru*, *v*: arbitrar, julgar.
saitei 再訂 *s* segunda revisão. ~*suru*, *v*: rever, fazer a segunda revisão.
saiteichingin 最低賃金 *s* salário mínimo.
saiteki 最適 ~*na*, *adj*: apropriado, adequado, ideal. ~な温度 ~*na ondo*: temperatura ideal.
saiten 採点 *s* avaliação. ~が甘い ~*ga amai*: ser complacente na avaliação, dar notas boas. ~*suru*, *v*: dar nota, avaliar.
saitenkan 再転換 *s* reconversão.
saitōhyō 再投票 *s* a nova votação. ~を行う ~*o okonau*: votar novamente.
saitōitsu 再統一 *s* reunificação.
saitoku 才徳 *s* virtude e talento.
saitōshi 再投資 *s* reinvestimento. ~*suru*, *v*: reinvestir.
saitotsunyū 再突入 *s* ~*suru*, *v*: reentrar (com ímpeto).
saitsūyō 再通用 *s* ~*suru*, *v*: fazer circular de novo.
saiu 細雨 *s* chuvisco, chuva fina, garoa.
saiun 彩雲 *s* nuvens iridescentes.
saiwai 幸い *s* **1** felicidade. ~*na*, *adj*: feliz, abençoado. **2** sorte, boa ventura. ~、怪我もなかった ~, *kega mo nakatta*: felizmente, não me feri. ~*suru*, *v*: favorecer, dar sorte. 雨が我がチームに~した *ame ga waga chīmu ni ~ shita*: a chuva favoreceu o nosso time.
saiwan 才腕 *s* talento, habilidade.
saiwaribiki 再割引 *s* redesconto.
saiyō 採用 *s* **1** adoção, aceitação. ~*suru*, *v*: adotar, aceitar. 週五日制を~ *shū itsukasei o ~ suru*: adotar a jornada de cinco dias de trabalhos semanais. **2** admissão, emprego. ~試験 ~*shiken*: exame de admissão. ~*suru*, *v*: admitir, empregar.
saiyu 採油 *s* **1** extração de petróleo. **2** extração de óleo.
saiyunyū 再輸入 *s* reimportação.
saiyushutsu 再輸出 *s* reexportação.
saizen 最前 *s* há pouco, pouco antes, algum tempo atrás. ~お電話した者ですが *~ odenwa shita mono desu ga*: eu telefonei há pouco.
saizen 最善 *s* **1** melhor. ~の策 ~*no saku*: melhor medida. **2** o máximo, o melhor. ~を尽くす ~*o tsukusu*: dar o máximo de si; esforçar-se o máximo possível.
saizenretsu 最前列 *s* primeira fila, fileira da frente.
saizensen 最前線 *s* frente de batalha.
saizu サイズ (*ingl size*) *s* medida, tamanho, número. ~が合う ~*ga au*: estar no tamanho certo.
saizuchi 才槌 *s* malho, maço.
saji 匙 *s* colher. 茶~ *cha~*: colher de chá. ~を投げる ~*o nageru*: perder a esperança (de cura de um enfermo), desistir.
saji 瑣事 *s* frivolidade, insignificância, algo sem importância. ~にこだわる ~*ni kodawaru*: apegar-se a frivolidades.
sajikagen 匙加減 *s* **1** dosagem, quantidade. **2** consideração, preocupação. ~*suru*, *v*: considerar, respeitar.
sajiki 桟敷 *s* galeria, balcão. 天井~ *tenjō~*: galeria, geral.
sajin 砂塵 *s* nuvem de areia.
sajō 砂上 *s* em cima da areia, sobre a areia. ~楼閣 ~*rōkaku*: construir castelos sobre a areia.
sajū 叉銃 *s* ensarilhamento de armas.
saka 坂 *s* **1** ladeira, subida, rampa. **2** declive, vertente, encosta. 六十の~を越す *rokujū no ~o kosu*: superar os 60 anos de idade.
saka 茶菓 *s* chá com doces. ~を供する ~*o kyō suru*: oferecer chá com doces.
sakaba 酒場 *s* bar, taberna, boteco.
sakadachi 逆立ち *s* sustentar-se nos braços de pernas para cima; plantar bananeira. ~しても彼にはかなわない ~*shitemo kare ni wa kanawanai*: de nenhum modo consigo ser melhor que ele.
sakadai 酒代 *s* dinheiro para pagar a bebida.
sakadaru 酒樽 *s* barril de saquê.
sakadateru 逆立てる *v* eriçar, arrepiar, ouriçar. 髪を~ *kami o ~*: arrepiar (ouriçar) o cabelo.
sakadatsu 逆立つ *v* ficar arrepiado, eriçado.
sakae 栄え *s* prosperidade, sucesso, glória, felicidade, bem-estar.
sakaeru 栄える *v* prosperar, florescer. 国が~ *kuni ga ~*: o país prospera.
sakago 逆子 *s Med* agripa.
sakagura 酒蔵 *s* depósito de saquê.
sakai 境 *s* **1** divisa, fronteira, limite. 生死の~にい

る *seishi no* ～*ni iru*: estar entre a vida e a morte. **2** lugar.

sakaime 境目 *s* linha divisória, divisa. この川は私の家と彼の家との～になっている *kono kawa wa watashi no ie to kare no ie to no* ～*ni natte iru*: este rio é a linha divisória entre a minha casa e a dele.

sakamaku 逆巻く *v* encrespar-se, agitar-se. ～波～*nami*: ondas se encrespam.

sakamichi 坂道 *s* ladeira, subida, vertente, encosta.

sakamori 酒盛り *s* festa com bebidas. ～をする～*o suru*: dar uma festa.

sakan 左官 *s* pedreiro.

sakan 盛ん *s* ～*na, adj*: **1** próspero, florescente, em franco desenvolvimento. この町は工業が～だ *kono machi wa kōgyō ga* ～*da*: esta cidade tem uma indústria próspera. **2** ativo, com vigor, enérgico. ～な運動 ～*na undō*: um movimento vigoroso. **3** intenso, entusiástico, animado, caloroso. ～な歓迎 ～*na kangei*: uma recepção calorosa. **4** intenso, violento. ～に攻撃する ～*ni kōgeki suru*: atacar violentamente. **5** popular. 日本では野球が～だ *nihon de wa yakyū ga* ～*da*: no Japão o beisebol é muito popular.

sakana 魚 *s* peixe. ～屋 ～*ya*: peixaria. ～の骨 ～*no hone*: espinha de peixe.

sakana 肴 *s* petisco; prato que acompanha o saquê. 酒と～ *sake to* ～: saquê e petiscos.

sakanade 逆撫で *s* esfregar com as mãos no sentido contrário à orientação do pelo.

sakaneji 逆捩じ *s* ato de retrucar, retorquir, revidar. ～を食わせる ～*o kuwaseru*: refutar.

sakanoboru 遡る *v* **1** subir, ir contra a correnteza. 川を～ *kawa o* ～: subir o rio. **2** remontar, retornar ao passado. 歴史を～ *rekishi o* ～: recuar na História.

sakaotoshi 逆落とし *s* precipitação, queda de ponta-cabeça.

sakarau 逆らう *v* **1** desobedecer, resistir, rebelar-se. 親に～ *oya ni* ～: desobedecer aos pais. **2** avançar em direção contrária, ir contra. 風に～ *kaze ni* ～: ir contra o vento.

sakari 盛り *s* **1** auge, plenitude, apogeu. 今は夏の～だ *ima wa natsu no* ～*da*: estamos no auge do verão. **2** flor da idade, vigor, pujança. 若い～に *wakai* ～*ni*: em plena juventude. **3** cio. ～がつく ～*ga tsuku*: estar no cio.

sakariba 盛り場 *s* local movimentado com lojas e diversões.

sakaru 盛る *v* **1** prosperar, florescer, ter sucesso. **2** copular, cruzar.

sakasa(ma) 逆さ(ま) *s* ao contrário, de ponta-cabeça. ABCを～に言う *ABC o* ～*ni iu*: dizer o abecedário de trás para frente.

sakashii 賢しい *adj* sábio, esperto, inteligente, sensato.

sākasu サーカス (ingl *circus*) *s* circo. ～団 ～*dan*: troupe, companhia de circo.

sakate 酒手 *s* dinheiro para comprar bebidas.

sakate 逆手 *s* ato de pegar na contramão; agarrar-se à barra por baixo.

sakaurami 逆恨み *s* ressentimento injusto. ～*suru, v*: ressentir-se injustamente. 彼の為に忠告したのに～された *kare no tame ni chūkoku shita no ni* ～*sareta*: eu o adverti para o bem dele, mas ele ficou ressentido comigo.

sakaya 酒屋 *s* loja de bebidas alcoólicas.

sakazori 逆剃り *s* ～*suru, v*: passar a lâmina no sentido contrário ao do crescimento da barba.

sakazuki 杯 *s* pequena taça de cerâmica ou porcelana para beber saquê.

sakazukigoto 杯事 *s* troca de brinde. ～*suru, v*: selar promessa com um brinde.

sake 酒 *s* **1** saquê. **2** bebidas alcoólicas.

sake 鮭 *s* Ictiol salmão.

sakebi(goe) 叫び(声) *s* grito, brado, clamor. ～をあげる ～*o ageru*: gritar, berrar.

sakebu 叫ぶ *v* **1** gritar, berrar, bradar. 泣き～ ～*naki* ～: chorar alto e forte. **2** clamar, apelar. 死刑反対を～ *shikei hantai o* ～: protestar contra a pena de morte.

sakei 左傾 *s* tendência para a esquerda (posição política) ～*suru, v*: inclinar-se para a esquerda.

sakekusai 酒臭い *adj* cheirar a saquê.

sakekuse 酒癖 *s* mau hábito que se manifesta quando a pessoa se embriaga.

sakeme 裂け目 *s* rasgo, rasgão (tecido); fenda, rachadura (solo). 岩の～ *iwa no* ～: fenda das rochas.

saken 差遣 *s* despacho, expedição. ～*suru, v*: enviar, despachar emissário.

sakenomi 酒飲み *s* pessoa que gosta de bebida alcoólica.

sakeru 避ける *v* **1** evitar, fugir, desviar-se de. 人目を～ *hitome o* ～: evitar as pessoas. 危険を～ *kiken o* ～: evitar o perigo. **2** manter distância, evitar. あんな人たちは避けたほうがよい *anna hitotachi wa saketa hō ga yoi*: é melhor ficar longe daquelas pessoas. **3** fugir, esquivar-se (da responsabilidade).

sakeru 裂ける *v* rasgar, rachar, romper; fender-se. 落雷で木が裂けた *rakurai de ki ga saketa*: o raio atingiu a árvore, rachando-a.

sakezuki 酒好き *s* gosto pela bebida alcoólica.

saki 先 *s* **1** ponta, extremidade. **2** frente, dianteira. **3** o primeiro; prioritário. 何よりも～に *nani yori mo* ～*ni*: antes de tudo. **4** antes, na frente. 私の方が～に来た *watashi no hō ga* ～*ni kita*: cheguei antes de você. **5** na frente, distante. ニキロ～に *ni kiro* ～*ni*: dois quilômetros adiante. **6** futuro. これから～ *korekara* ～: daqui para a frente, no futuro. **7** passado recente; anterior. ～の地震 ～*no jishin*: terremoto recente. **8** com antecedência. ～に知らせる ～*ni shiraseru*: avisar antecipadamente. **9** destino. 外出～ *gaishutsu*～: local para onde a pessoa foi. **10** restante, continuação. 話の～ *hanashi no* ～: sequência da história. **11** a outra parte. ～の意見 ～*no iken*: opinião da outra parte.

saki 左記 *s* seguinte. ～のとおり ～*no tōri*: da seguinte forma, como segue.

sakibarai 先払い *s* pagamento antecipado.

sakibashiru 先走る *v* estar à frente (adiantado). 先走った考え *sakibashitta kangae*: ideia avançada para a época.

sakibō 先棒 *s* **1** carregador da frente do palanquim. **2** lacaio, capanga.

sakiboso 先細 *s* afunilamento. ～の ～*no, adj*: cônico, afunilado.

sakibosori 先細り *s* afunilamento. *Sin* **sakiboso** 先細. ～*suru, v*: acabar, enfraquecer aos poucos.

sakibure 先触れ *s* anúncio prévio. ~*suru*, *v*: anunciar previamente. ~もなく訪問する ~*mo naku hōmon suru*: fazer uma visita de surpresa.

sakidaka 先高 *s* alta cotação no mercado futuro.

sakidasu 咲き出す *v* começar a florescer.

sakidatsu 先立つ *v* 1 ir na frente, preceder. 試合に先立って *shiai ni sakidatte*: antes do jogo. 2 morrer antes de. 親に~ *oya ni* ~: morrer antes dos pais. 3 preceder, ter importância prioritária. ~ものは金 ~*mono wa kane*: o requisito principal é o dinheiro.

sakideru 咲き出る *v* começar a florescer, desabrochar.

sakidonari 先隣 *s* segunda casa vizinha.

sakidori 先取り *s* antecipação. ~*suru*, *v*: fazer antes dos outros, antecipar-se. ~*suru*, *v*: receber antecipado.

sakidoritokken 先取特権 *s Dir* direito de privilégio.

sakigachi 先勝ち *s* o primeiro que chegar.

sakigake 先駆け・魁 *s* 1 liderança, iniciativa. 労働運動の~をする *rōdō undō no* ~*o suru*: liderar o movimento dos trabalhadores. 2 pioneiro, precursor; anúncio. 春の~ *haru no*~: anúncio da primavera.

sakihizuke 先日付け ~の ~*no, adj*: pré-datado. ~小切手 ~*kogitte*: cheque pré-datado.

sakihokoru 咲き誇る *v* entrar em plena florescência.

sakimawari 先回り *s* 1 ~*suru*, *v*: antecipar-se. 人の話を~する *hito no hanashi o* ~ *suru*: adivinhar o final da história. 2 ~*suru*, *v*: chegar antes dos outros.

sakimidareru 咲き乱れる *v* estar totalmente florido.

sakimono 先物 *s* operações a termo, títulos ou artigos comprados a termo.

sakimonobaibai 先物売買 *s* compra e venda a termo.

sakimonogai 先物買い *s* compra a termo.

sakin 砂金 *s* ouro de aluvião.

sakinjiru 先んじる *v* 1 ir na frente, preceder. 時代に~ *jidai ni* ~: estar adiantado para a época. 2 antecipar-se, adiantar-se.

sakiototoi 一昨々日 *s* trasanteontem, há três dias.

sakiototoshi 一昨々年 *s* três anos atrás; há três anos.

sakisama 先様 *s pop* a outra parte, o(s) outro(s).

sakisorou 咲き揃う *v* estar todo florido.

sakiuri 先売り *s* venda a termo.

sakiwatashi 先渡し *s* entrega futura (a termo) da mercadoria.

sakiyuki 先行き *s* futuro. ~が案じられる ~*ga anjirareru*: estar preocupado com o futuro.

sakizaki 先々 *s* 1 futuro. 2 todos os lugares onde se vai. 行く~でもてる *iku* ~*de moteru*: ser bem recebido em todos os lugares.

sakka 作家 *s* autor; escritor; romancista; homem das letras.

sakka 作歌 *s* produzir poemas.

sakkā サッカー (ingl *soccer*) *s* futebol.

sakkaku 錯覚 *s* ilusão, alucinação. ~を起こす ~*o okosu*: causar ilusão.

sakkashō 擦過傷 *s* escoriação, arranhadura, esfoladura.

sakki 殺気 *s* ferocidade, agressividade.

sakki さっき *adv pop* agora há pouco, há alguns instantes. ~から ~*kara*: há algum tempo.

sakkidatsu 殺気立つ *v* enfurecer-se, encolerizar-se.

sakkin 殺菌 *s* esterilização; pasteurização; desinfecção. ~*suru*, *v*: esterilizar; desinfectar. ~牛乳 ~*gyūnyū*: leite pasteurizado.

sakkō 作興 *s* promoção, aumento, estímulo.

sakkon 昨今 *s* ultimamente, recentemente, estes dias.

sakku サック (ingl *sack*) *s* 1 estojo. 2 preservativo. 3 dedeira.

sakkyoku 作曲 *s* composição musical. ~*suru*, *v*: compor música.

sakkyū 早急 *s* urgência. ~*na, adj*: urgente.

sakō 鎖港 *s* fechamento do porto. ~*suru*, *v*: fechar os portos.

sakoku 鎖国 *s* isolamento do país. ~政策 ~*seisaku*: política de isolamento do país.

sakoso さこそ *adv* certamente; como tal; mesmo que assim seja.

sakotsu 鎖骨 *s Anat* clavícula.

sakouben 左顧右眄 *s* irresolução, indecisão.

saku 作 *s* 1 obra, trabalho, produção. ロダンの~ *rodan no* ~: uma obra de Rodin. 2 colheita, safra.

saku 柵 *s* cerca, sebe.

saku 策 *s* plano; política; medida. ~を施す ~*o hodokosu*: adotar uma medida. ~を弄する ~*o rōsuru*: usar artifícios.

saku 咲く *v* florescer, desabrochar, florir. 話に花が~ *hanashi ni hana ga* ~: a conversa fica animada.

saku 割く *v* 1 cortar, dividir, rachar. 2 separar, dividir. 夫婦の間を~ *fūfu no aida o* ~: separar o casal. 3 separar, reservar. 時間を~ *jikan o* ~: reservar um tempo. 4 ceder, alienar.

saku 裂く *v* rasgar, cortar, rachar.

saku- 昨- *pref* que significa passado, último. ~八月一日 ~*hachigatsu tsuitachi*: dia 1.º de agosto último.

sakuban 昨晩 *s* ontem à noite, noite passada.

sakubō 策謀 *s* estratagema, estratégia; maquinação, trama. ~を巡らす ~*o megurasu*: maquinar, intrigar.

sakubun 作文 *s* redação, composição literária, dissertação.

sakuchō 昨朝 *s* ontem de manhã.

sakudō 策動 *s* maquinação, trama, intriga. ~*suru*, *v*: maquinar.

sakufū 作風 *s* 1 estilo literário. 2 estilo peculiar de um artista.

sakugara 作柄 *s* colheita, safra.

sakugen 削減 *s* redução, diminuição; corte. ~*suru*, *v*: diminuir, reduzir, cortar. 予算を~する *yosan o* ~*suru*: fazer corte no orçamento.

sakugen 遡源 *s* ~*suru*, *v*: subir o rio, ir em direção à nascente.

sakugenchi 策源地 *s* base de operações.

sakugo 錯誤 *s* 1 erro, equívoco. ~に陥る ~*ni ochiiru*: cometer um erro. 2 desacordo. 時代~ *jidai*~: anacronismo.

sakugyō 昨暁 *s* ontem ao amanhecer.

sakuhin 作品 *s* obra artística (literária, pintura ou escultura).

sakuhō 作法 *s* modo (maneira) de escrever ou compor. 小説～ *shōsetsu* ～: técnica de escrever romances.
sakui 作為 *s* 1 artificialidade, artifício. ～的な ～*teki na*: artificial. 2 perpetração.
sakui 作意 *s* 1 tema central; intenção do artista. 2 plano, intenção.
sakui さくい *adj pop* franco, sincero, espontâneo, frágil.
sakuin 索引 *s* índice.
sakujitsu 昨日 *s* ontem.
sakujo 削除 *s* cancelamento, anulação. ～*suru*, *v*: cancelar, eliminar, apagar. 名前を名簿から～する *namae o meibo kara* ～*suru*: eliminar o nome da lista.
sakujō 索条 *s* cabo, corda.
sakuma 作間 *s* 1 espaço entre as fileiras riscadas de terra nas plantações. 2 período de descanso do agricultor nas entressafras.
sakumotsu 作物 *s* produtos agrícolas; colheita, safra.
sakunyū 搾乳 *s* ordenha, ordenhação. ～*suru*, *v*: ordenhar.
sakuō 策応 *s* maquinação, trama, conspiração, colusão.
sakuotoko 作男 *s* trabalhador rural.
sakura 桜 *s Bot* cerejeira.
sakura さくら *s pop* comprador contratado para atrair clientes nas lojas.
sakuran 錯乱 *s* confusão, perturbação, tumulto.
sakuranbo 桜んぼ *s* cereja.
sakuraniku 桜肉 *s pop* carne de cavalo.
sakurei 作例 *s* exemplo, modelo, amostra.
sakuretsu 炸裂 *s* explosão, estouro. ～*suru*, *v*: explodir, estourar.
sakuritsu 冊立 *s* emposse por ordem imperial. ～*suru*, *v*: empossar, dar posse a.
sakuryaku 策略 *s* trama, conspiração, estratagema.
sakusaku 嘖々 *onom* ～*suru*, *v*: o ruído ao comer (torradas ou biscoitos). ～と雪を踏む ～*to yuki o fumu*: o ruído ao caminhar na neve.
sakusan 酢[醋]酸 *s Quím* ácido acético.
sakusei 作成 *s* elaboração. ～*suru*, *v*: elaborar, preparar; fazer; escrever. 予算の～ *yosan no* ～: elaboração do orçamento.
sakusei 作製 *s* fabricação, produção.
sakusen 作戦 *s* tática, estratégia, plano de ação; plano de operação militar.
sakusenjō 作戦上 *s* ～*no, adj*: operacional, estratégico.
sakusenkeikaku 作戦計画 *s* plano de operação militar.
sakusha 作者 *s* autor(a), escritor(a).
sakushi 作詞 *s* composição de letras. ～*suru*, *v*: compor letra (verso) para música.
sakushi 作詩 *s* composição poética. ～*suru*, *v*: escrever poesia.
sakushi 策士 *s* 1 indivíduo perito em tática. 2 maquinador.
sakushu 搾取 *s* exploração. 労働者を～する *rōdōsha o* ～*suru*: explorar os operários.
sakushū 昨秋 *s* último outono, outono do ano passado.
sakushun 昨春 *s* última primavera, primavera do ano passado.

sakushutsuki 搾出機 *s* máquina extrusora.
sakusō 錯綜 *s* complicação, emaranhamento, confusão. ～*suru*, *v*: complicar.
sakuteki 索敵 *s* caça ao inimigo; operação de caça.
sakutō 昨冬 *s* último inverno, inverno do ano passado.
sakuya 昨夜 *s* noite passada, ontem à noite.
sakuyaku 炸薬 *s* explosivo.
sakuyū 昨夕 *s* ontem ao anoitecer.
sakuzen 索然 *adj* seco, desolado, isolado. 興味～ *kyōmi* ～: sem nenhuma motivação.
sakuzu 作図 *s* construção de uma figura. ～*suru*, *v*: desenhar.
sakuzuke 作付け *s* plantação. キャベツの～ *kyabetsu no* ～: plantação de repolho.
sakyū 砂丘 *s* duna; elevação de areia no deserto ou praia.
-sama -様 *suf* de tratamento: senhor, senhora, senhorita.
samasu 冷ます *v* 1 deixar esfriar. お茶を～ *ocha o* ～: deixar esfriar o chá. 2 acalmar, serenar, esfriar. 熱意を～ *netsui o* ～: acabar com o entusiasmo.
samasu 覚[醒]ます *v* 1 despertar, acordar. 目を～ *me o* ～: despertar. 2 abrir os olhos, perceber. 迷いを～ *mayoi o* ～: tirar a ilusão. 3 fazer passar a embriaguez.
samatage 妨げ *s* obstáculo, impedimento. 交通の～ *kōtsū no* ～: obstáculo ao trânsito.
samatageru 妨げる *v* 1 impedir, estorvar, atrapalhar. 安眠を～ *anmin o* ～: perturbar o sono. 2 (na forma negativa) ser possível. 再選を妨げない *saisen o samatagenai*: não impede a reeleição.
samatsu 瑣末 *s* trivialidades; algo sem importância.
samayou 彷徨う *v* vagar, andar sem destino.
samazama 様々 *s ~na, adj*: diversos, vários.
same 鮫 *s Ictiol* tubarão.
sameru 冷める *v* 1 esfriar, ficar frio. スープが～ *sūpu ga* ～: a sopa esfria. 2 acalmar, serenar, esfriar. 冷めた目で見る *sameta me de miru*: ver a situação serenamente.
sameru 覚[醒]める *v* 1 acordar, despertar. 目が～ *me ga* ～: despertar. 2 voltar a si; abrir os olhos. 夢から～ *yume kara* ～: despertar do sonho. 3 酔いが～ *yoi ga* ～: passa a embriaguez.
sameru 褪める *v* descolorar, desbotar, perder a cor.
samezame to さめざめと *adv* contido, reprimido. ～泣く ～*naku*: choro contido.
samidare 五月雨 *s* chuva do início de verão.
samo さも *adv* 1 desta maneira; assim. ～あるべき ～*arubeki*: como deve ser. 2 realmente, certamente. ～嬉しそうに見える ～*ureshisō ni mieru*: realmente, parece estar contente.
samonaraba are さもならばあれ, **samo are** さもあれ *expr* de qualquer forma, não havendo outra maneira.
samon 査問 *s* inquérito, averiguação.
samo nai to さもないと, **samo nakuba** さもなくば *expr* de outra maneira; caso contrário; por outro lado.
samoshii さもしい *adj* sórdido, mesquinho; baixo; sujo. ～根性 ～*konjō*: mesquinhez.
samugaru 寒がる *v* ser friorento.
samui 寒い *adj* 1 frio. ～朝 ～ *asa*: manhã fria. 寒くなる *samukunaru, v*: esfriar, ficar frio. 2 pobre;

vazio. ふところが～ *futokoro ga* ～: estar com os bolsos vazios.
samuke 寒気 *s* calafrio; frialdade. ～がする ～*ga suru*: sentir calafrio.
samukedatsu 寒気立つ *v* sentir frio; sentir arrepio.
samurai 侍 *s Hist* samurai.
samusa 寒さ *s* frio. ひどい～ *hidoi* ～: frio rigoroso.
samuzamu to 寒々と *adv* friamente. ～した ～*shita*: frio, gelado; triste, sombrio.
samuzora 寒空 *s* céu de inverno; tempo frio.
san 三 *num* três.
san 桟 *s* tranca.
san 産 *s* 1 parto; nascimento. 初めてのお～ *hajimete no o* ～: primeiro parto. 2 produto. ポルトガル～のワイン *porutogaru* ～*no wain*: vinho produzido em Portugal. 3 nativo. 東京の～である *Tōkyō no* ～*de aru*: nativo de Tóquio. 4 fortuna. ～を成す ～*o nasu*: fazer fortuna.
san 算 *s* 1 *sin* de 算木 *sangi*: peças de madeira utilizadas nas operações aritméticas. ～を乱して逃げる ～*o midashite nigeru*: fugir em debandada. 2 conta, cálculo. ～を置く ～*o oku*: calcular, contar.
san 酸 *s Quím* ácido.
-san -山 *suf* monte; montanha.
sanadahimo 真田紐 *s* cadarço.
sanadamushi 真田虫 *s Zool* tênia, solitária.
sanae 早苗 *s* muda de arroz.
sanagara さながら *adv* como, exatamente como; como se fosse. ～地獄のようだ ～*jigoku no yō da*: é um verdadeiro inferno.
sanagi 蛹 *s* crisálida; ninfa.
sanaka 最中 *s* no meio, no ápice. 大雨の～に *ōame no* ～*ni*: no meio da forte chuva.
sanakuba さなくば *expr* se não (condicional).
sanatoryūmu サナトリウム (*lat sanatorium*) *s* sanatório.
sanba 産婆 *s* parteira.
sanba 産馬 *s* criação (procriação) de cavalos.
sanbagarasu 三羽烏 *s* trio (que se destaca dentro de um grupo).
sanbai 三倍 *num* três vezes; triplo. ～にする ～*ni suru*: triplicar.
sanbaizu 三杯酢 *s Cul* molho feito de vinagre, molho de soja e açúcar.
sanbanshōbu 三番勝負 *s* série de três jogos (para decidir o vencedor).
sanbashi 桟橋 *s* cais; ancoradouro. 浮き～ *uki*～: cais flutuante.
sanbi 賛[讃]美 *s* louvor; glorificação, exaltação; elogio. 神を～する *kami o* ～*suru*: louvar a Deus.
sanbi 酸鼻 *s* desastre; horror. ～をきわめた事故 ～*o kiwameta jiko*: um acidente horrível.
sanbika 賛[讃]美歌 *s* hino, cântico de louvor ao Senhor.
sanbō 三方 *s* mesinha-bandeja feita de madeira.
sanbō 参謀 *s* 1 oficial do Estado-Maior. 2 conselheiro.
sanbu 三部 *s* três partes. ～合唱 ～*gasshō*: coro a três vozes. ～作 ～*saku*: uma trilogia.
sanbun 三分 *s* trissecção. ～*suru, v*: dividir em três partes.
sanbun 散文 *s* prosa.

sanbunteki 散文的 ～*na, adj*: prosaico.
sanbutsu 産物 *s* 1 produção, produto. 2 fruto, resultado. 努力の～ *doryoku no* ～: fruto do esforço.
sanbyakudaigen 三百代言 *s* advogado chicaneiro.
sanbyakunen 三百年 *s* trezentos anos.
sanbyōshi 三拍子 *s* 1 *Mús* compasso ternário. 2 três requisitos importantes.
sanchaku 参着 *s* chegada. *Sin* **tōchaku** 到着.
sanchannōgyō 三ちゃん農業 *s pop* lavoura cuidada pelos avôs e mãe (o pai se dedica a outro mister).
sanchi 産地 *s* centro produtor; centro de criação.
sanchi 山地 *s* região montanhosa.
sanchō 山頂 *s* cume, cimo; topo da montanha.
sanchū 山中 *s* entre as montanhas; nas montanhas.
sandai 参内 *s* visita ao palácio imperial. ～*suru, v*: visitar o palácio imperial.
sandaibanashi 三題話し *s* história improvisada pelo contador de histórias, na qual são incluídos três temas levantados pela plateia.
sandaikoku 三大国 *s* as três grandes nações.
sandaito(shi) 三大都(市) *s* as três maiores cidades (do Japão).
sandan 散弾 *s* bala de chumbo fino. ～銃 ～*jū*: espingarda.
sandan 算段 *s* manejo; plano; artifício. ～*suru, v*: controlar, manejar; arranjar algum dinheiro.
sandanronpō 三段論法 *s Lóg* silogismo.
sandantobi 三段跳び *s* salto triplo. ～の出世をする ～*no shusse o suru*: ser rapidamente promovido.
sandaru サンダル *s* sandália.
sando 三度 *s* 1 três vezes. ～目 ～*me*: a terceira vez. 2 *Mús* terceira; terça.
sando 酸度 *s Quím* acidez.
sandō 山道 *s* caminho nas montanhas.
sandō 参道 *s* caminho de acesso ao templo.
sandō 参堂 *s* visita a um templo.
sandō 賛同 *s* aprovação, consentimento; apoio. ～*suru, v*: aprovar, endossar.
sandoitchi サンドイッチ (*ingl sandwich*) *s* sanduíche.
sane 核 *s* 1 *Bot* caroço, nozes. 2 *Anat* clitóris.
san'en 三猿 *s* os três macacos, o primeiro não vê, o segundo não ouve e o terceiro não fala.
sanfujinka 産婦人科 *s* obstetrícia e ginecologia.
sanga 山河 *s* rios e montanhas; natureza.
sanga 参賀 *s* visita congratulatória ao palácio imperial.
sangachō 参賀帳 *s* livro de visita congratulatória.
sangai 三階 *s* terceiro andar; no Japão, o térreo é contado como primeiro andar.
sangai 三界 *s* 1 *Bud* os três mundos da existência. 2 o mundo todo. 3 lugar distante.
sangai 惨害 *s* grandes perdas, danos, prejuízos. ～を与える ～*o ataeru*: causar grandes prejuízos.
sangaku 山嶽[岳] *s* montanhas. ～地方 ～*chihō*: região montanhosa.
sangaku 産額 *s* montante da produção.
sangakukyōdō 産学協同 *s* cooperação indústria-universidade.
sangatsu 三月 *s* mês de março.
sangeki 惨劇 *s* tragédia, acontecimento trágico.
sangen 三弦 *s* instrumento musical de três cordas. *Sin* **shamisen** 三味線.

sangenshoku 三原色 *s* as três cores primárias.
sangetsu 山月 *s* a lua vista por trás da montanha.
sangi 算木 *s* **1** pequenos blocos de madeira usados para adivinhação. **2** pequenas peças usadas para cálculos aritméticos no Japão.
Sangiin 参議院 *s* câmara alta, senado.
sango 珊瑚 *s* coral. ~礁 ~*sho*: recife de corais.
sango 産後 *s* pós-parto, após o parto.
sangoku 三国 *s* **1** três países. **2** antiga referência às três nações: Japão, China e Índia.
sangōzasshi 三号雑誌 *s* periódico de curta duração.
sangu 産具 *s* material obstétrico.
sangū 参宮 *s* visita a um templo xintoísta.
sagun 三軍 *s* o grande exército; referência aos três serviços militares.
sangurasu サングラス (*ingl sun-glasses*) *s* óculos de sol; óculos escuros.
sangyo 三業 *s* empreendimentos ligados a restaurantes e lazer.
sangyō 産業 *s* indústria. ~資本 ~*shihon*: capital industrial. ~革命 ~*kakumei*: revolução industrial.
sangyōbetsu 産業別 *s* segundo ramo de atividade. ~(労働)組合 ~(*rōdō*) *kumiai*: sindicato dos trabalhadores de segundo ramo de atividades.
sangyōkaihatsu 産業開発 *s* desenvolvimento industrial.
sangyōkōkoku 三行広告 *s* anúncios classificados.
sangyōkumiai 産業組合 *s* cooperativas de produção.
sangyōsupai 産業スパイ *s* espião industrial.
san'i 賛意 *s* aprovação, consentimento. ~を示す ~*o shimesu*: mostrar consentimento.
san'in 産院 *s* maternidade.
san'itsu 散逸 *s* dispersão, dissipação (perda). 蔵書が~した *zōsho ga* ~*shita*: os livros da biblioteca se perderam.
sanji 三次 *s* terceiro. ~方程式 ~*hōteishiki*: equação de terceiro grau.
sanji 参事 *s* secretário; conselheiro. 大使館~官 *taishikan* ~*kan*: conselheiro de embaixada.
sanji 産児 *s* criança recém-nascida.
sanji 惨事 *s* desastre, catástrofe, acidente terrível.
sanji 賛辞 *s* louvor, elogio. ~を呈する ~*o tei suru*, *v*: louvar, enaltecer.
sanjigen 三次元 *s* tridimensionalidade. ~の ~*no*: tridimensional.
sanjikai 参事会 *s* conselho. 市~ *shi*~: conselho municipal.
sanjiru 散じる *v* **1** dispersar, espalhar. **2** gastar, desperdiçar.
sanjiseigen 産児制限 *s* controle de natalidade.
sanjo 賛助 *s* apoio, amparo, consentimento. ~*suru*, *v*: apoiar, amparar.
sanjō 山上 *s* cimo da montanha.
sanjō 参上 *s* visita, visitação feita à pessoa de respeito. ~*suru*, *v*: visitar.
sanjō 惨状 *s* uma cena trágica, um espetáculo deprimente.
sanjō 三乗 *s Mat* cubo (terceira potência).
sanjoku 産褥 *s* puerpério; leito puerperal. ~熱 ~*netsu*: febre puerperal.
sanjū 三十 *num* trinta.
sanjūgonichi 三十五日 *s* trigésimo quinto dia (após o falecimento).

sanjutsu 算術 *s* aritmética.
sanka 参加 *s* participação, adesão, entrada. ~*suru*, *v*: participar.
sanka 産科 *s* obstetrícia, tocologia.
sanka 讃歌 *s* hino; música de louvor (a Deus).
sanka 惨禍 *s* desastre, calamidade. 戦争の~ *sensō no* ~: horrores da guerra.
sanka 傘下 *s* filiação. 大企業の~に入る *daikigyō no* ~*ni hairu*: filiar-se a uma grande empresa.
sanka 酸化 *s Quím* oxidação. ~*suru*, *v*: oxidar-se.
sankabutsu 酸化物 *s Quím* óxido; substância óxida.
sankahikiuke 参加引き受け *s* aceitação por intervenção; aceite de honra.
sankai 山塊 *s* massa da montanha independente, isolada.
sankai 散会 *s* encerramento das sessões; dispersão após o término da reunião.
sankai 参会 *s* presença, participação na reunião.
sankai 散開 *s Mil* evolução das tropas; expansão.
sankai 山海 *s* montanhas e mares.
sankaiki 三回忌 *s* segundo aniversário de morte de alguém.
sankaisha 参会者 *s* participante.
sankakangen 酸化還元 *s* redução-oxidação. ~電池 ~*denchi*: pilha oxirredução.
sankaku 三角 *s* triângulo.
sankaku 参画 *s* participação em um plano. ~*suru*, *v*: participar de plano.
sankakuhō 三角法 *s Mat* trigonometria.
sankakukankei 三角関係 *s* triângulo amoroso.
sankakukei 三角形 *s* triângulo; forma triangular.
sankakusu 三角州 *s* delta.
sankan 参観 *s* visita; inspeção. 授業を~する *jugyō o* ~*suru*: visita às aulas.
sankan 山間 *s* ~の ~*no*: entre as montanhas; nas montanhas.
sankannin 参観人 *s* visita; visitante. 学校~ *gakkō* ~: visitante de uma escola.
sankasha 参加者 *s* participante.
sankashiharai 参加支払い *s* pagamento por intervenção.
sanke 産気 *s* dores do parto. ~づく ~*zuku*: iniciar o trabalho de parto.
sankei 山系 *s* cordilheira; complexo montanhoso.
sankei 三景 *s* as três mais belas vistas (paisagens).
sankei 参詣 *s* visita a um templo. ~*suru*, *v*: visitar um templo.
sanken 散見 *s* ~*suru*, *v*: encontrar uma vez ou outra (aqui e ali).
sankenbunritsu 三権分立 *s* separação dos três poderes (administrativo, legislativo e judiciário).
sankin 産金 *s* mineração de ouro.
sankō 三校 *s* a terceira prova gráfica.
sankō 参考 *s* referência; consulta. ~にする ~*ni suru*: consultar; ter como referência.
sankōsho 参考書 *s* livro de referência (de consulta).
sankyaku 三脚 *s* tripé.
sankyō 三教 *s* três religiões.
sankyō 山峡 *s* garganta, desfiladeiro; vale estreito.
sankyoku 三曲 *s* o trio de instrumentos musicais (*koto*, *shamisen* e *shakuhachi*, mas dependendo da escola esta relação pode variar).
sankyoku 三極 *s* ~の ~*no*: triódico. ~真空管 ~*shinkūkan*: válvula tríodo.

sankyū 産休 *s* licença-maternidade.
sanmaime 三枚目 *s pop Teat* e *Cin* papel cômico; ator cômico; comediante.
sanman 散漫 *s* distração, alheamento. 注意が～である *chūi ga ～de aru*: ser distraído. ～*na, adj*: desatento; que não presta atenção.
sanmata 三股 *s* haste munida de forquilha para pendurar objetos em lugar elevado.
sanmen 三面 *s* **1** três lados. **2** parte do jornal que estampa o noticiário local.
sanmenkyō 三面鏡 *s* toucador com três espelhos.
sanmenroppi 三面六臂 *s* versatilidade. ～の人 ～*no hito*: uma pessoa versátil.
sanmi 酸味 *s* acidez. ～のある ～*no aru*: azedo; fermentado; estragado.
sanmiittai 三位一体 *s* a Santíssima Trindade.
sanmon 三文 *s* uma moeda de pouco valor. それは～の値打ちもない *sore wa ～no neuchi mo nai*: isso não vale nem um centavo.
sanmyaku 山脈 *s* cordilheira.
sannen 三年 *s* três anos.
sannin 三人 *s* três pessoas.
sanningumi 三人組 *s* trio; grupo de três pessoas.
sanninshō 三人称 *s Gram* a terceira pessoa.
sannyū 算入 *s* inclusão. ～*suru, v*: incluir na conta.
sanō 砂嚢 *s* **1** saco de areia (feito de lona). **2** moela (das aves).
sanpai 参拝 *s* peregrinação a templos budistas e xintoístas. ～*suru, v*: visitar templos.
sanpai 酸敗 *s* acidificação. ～*suru, v*: acidificar, azedar.
sanpai 惨敗 *s* derrota esmagadora (desastrosa). ～*suru, v*: sofrer uma derrota esmagadora.
sanpaikyūhai 三拝九拝 *s* pedir abaixando várias vezes a cabeça.
sanpatsu 散発 *s* o que ocorre esporadicamente. ～的な ～*teki na*: esporádico.
sanpatsu 散髪 *s* corte de cabelo. ～*suru, v*: cortar o cabelo. ～屋 ～*ya*: barbearia.
sanpi 賛否 *s* os prós e contras; aprovação e reprovação. ～を問う ～*o tou*: colocar a questão em votação.
sanpin 三品 *s* na bolsa de mercadorias, refere-se a algodão, fio de algodão e tecido de algodão.
sanpitsu 算筆 *s* aritmética e caligrafia (escrita).
sanpo 散歩 *s* passeio a pé; caminhada. ～*suru, v*: passear, caminhar.
sanpō 山砲 *s* artilharia de montanha.
sanpō 算法 *s* aritmética.
sanpu 産婦 *s* parturiente.
sanpu 散[撒]布 *s* pulverização; borrifo. ～*suru, v*: pulverizar, borrifar.
sanpuku 山腹 *s* encosta da montanha.
sanran 産卵 *s* postura de ovos; desova. ～*suru, v*: pôr ovos; desovar.
sanran 散乱 *s* ato de espalhar. ～*suru, v*: espalhar, esparramar.
sanran 燦爛 *adj* brilhante. ～と輝く ～*to kagayaku*: brilhar intensamente.
sanrei 山霊 *s* divindade ou espírito guardião das montanhas.
sanretsu 参列 *s* comparecimento; presença em uma cerimônia.
sanretsusha 参列者 *s* presente; espectador.

sanrin 山林 *s* montanhas e florestas; floresta na montanha.
sanrinbō 三隣亡 *s* dias considerados de azar no calendário antigo.
sanringaku 山林学 *s* dendrologia.
sanrinsha 三輪車 *s* triciclo.
sanrō 参籠 *s* confinamento em templo por devoção.
sanroku 山麓 *s* sopé do monte.
sanryū 三流 *s* terceira categoria; terceira classe.
sansa 三叉 *s* trifurcado; dividido em três ramificações.
sansai 三歳 *s* três anos de idade.
sansai 山菜 *s* plantas silvestres comestíveis.
sansai 山塞 *s* **1** fortaleza na montanha. **2** espelunca de bandidos nas montanhas.
sansairyōri 山菜料理 *s* prato de plantas silvestres comestíveis.
sansaku 散策 *s* passeio a pé.
sansangogo 三々五々 *adv* em pequenos grupos.
sansankudo 三々九度 *s* cerimônia de casamento xintoísta.
sansei 三世 *s* terceira geração.
sansei 参政 *s* participação no governo.
sansei 酸性 *s* acidez. ～にする ～*ni suru*: acidificar.
sansei 賛成 *s* aprovação; concordância.
sansei 三省 *s* reflexão, introspecção. ～*suru, v*: refletir sobre si mesmo.
sanseiken 参政権 *s* direitos políticos; sufrágio.
sanseisha 賛成者 *s* pessoas a favor.
sanseitōhyō 賛成投票 *s* voto a favor.
sanseki 山積 *s* acúmulo.
sansen 三選 *s* eleição pela terceira vez.
sansen 参戦 *s* participação em uma guerra. ～*suru, v*: participar de uma guerra.
sansen 山川 *s* montanhas e rios.
sansha 三者 *s* três pessoas.
sansha 三舎 *s* bivaque em três dias de marcha do exército, na China antiga.
sanshakaidan 三者会談 *s* conferência tripartida; encontro a três.
sanshi 蚕糸 *s* seda crua. *V* **kiito** 生糸.
sanshi 三思 *s* reflexão profunda.
sanshigyō 蚕糸業 *s* indústria sericícola.
sanshisuimei 山紫水明 *s* paisagem de grande beleza natural.
sanshitsu 産室 *s* sala de partos.
sanshō 参照 *s* referência; consulta.
sanshō 三唱 *s* ato de dar três "vivas".
sanshoku 三色 *s* três cores. ～の ～*no*: tricolor.
sanshoku 蚕食 *s* ocupação voraz; invasão voraz de território alheio.
sanshu 三種 *s* três espécies; terceira categoria.
sanshu no jingi 三種の神器 *s* os três emblemas sagrados, símbolo da família imperial do Japão.
sanshutsu 産出 *s* produção. ～*suru, v*: produzir.
sanshutsu 算出 *s* cálculo.
sanshutsudaka 産出高 *s* valor produzido.
sanshutsuryō 算出量 *s* quantidade produzida.
sanso 酸素 *s Quím* oxigênio.
sansō 山荘 *s* casa de veraneio; casa de montanha.
sansō 三相 *s Eletr* três fases. ～交流 ～*kōryū*: corrente alternada trifásica.
sansobonbe 酸素ボンベ *s* botijão de oxigênio.
sansokyūnyū 酸素吸入 *s* inalação de oxigênio.

sansokyūnyūki 酸素吸入器 *s* inalador de oxigênio.
sansomasuku 酸素マスク *s* máscara de oxigênio.
sanson 山村 *s* aldeia na montanha.
sansū 算数 *s* **1** aritmética. **2** cálculo.
sansui 山水 *s* montanhas e rios.
sansui 散[撒]水 *s* rega; irrigação. ~*suru*, *v*: regar; irrigar.
sansuiga 山水画 *s* pintura de paisagem.
sansukumi 三竦み *s pop* contradição tripartite.
sansuru 産する *v* produzir.
sansuru 算する *v* contar; numerar; computar; totalizar.
santaimondai 三体問題 *s* Astr e Dinâmica problema dos três corpos.
santa kurōsu サンタクロース (*ingl* Santa Claus) *s* Papai Noel.
santan 三嘆 *s* admiração. ~*suru*, *v*: admirar.
santan 賛嘆 *s* admiração, louvação. ~*suru*, *v*: admirar; louvar.
santan 惨澹 *adj* ~たる ~*taru*: horrível; miserável; trágico; lamentável; deplorável.
santei 算定 *s* avaliação; estimativa; orçamento.
santō 三等 *s* terceiro lugar; terceira classe. ~賞 ~*shō*: prêmio de terceira colocação.
santōbun 三等分 *s* divisão em três partes iguais.
santoku 三徳 *s* três virtudes primárias.
santōseiji 三頭政治 *s* triarquia.
san'ya 山野 *s* montanhas e campos.
san'yaku 三役 *s* três posições; três funções; três postos; três papéis. 党の~ *tō no* ~: as três pessoas que ocupam postos mais importantes do partido.
san'yo 参与 *s* **1** participação. ~*suru*, *v*: participar; tomar parte. **2** conselheiro; consultor.
san'yō 算用 *s* cálculo; computação.
san'yō sūji 算用数字 *s* algarismo arábico.
sanzai 散在 *s* localização espalhada.
sanzai 散財 *s pop* **1** gasto; despesa. **2** desperdício de dinheiro.
sanzan 散々 *adv* duramente; severamente; extremamente; excessivamente; rudemente; muito.
sanzen 参禅 *s* prática da meditação zen.
sanzen 燦然 *adj* brilhante.
sanzoku 山賊 *s* bandido.
sanzoku kōi 山賊行為 *s* banditismo.
sanzun 三寸 *s* três *sun* (medida de comprimento).
sao 竿 *s* **1** pau; vara. **2** vara do barco; zinga.
saosasu 棹さす *v* impelir o barco com zinga.
saotome 早乙女 *s* jovem moça na plantação de arroz.
sappari さっぱり *adv* **1** agradavelmente limpo. **2** natural; simples e agradável. **3** nada; nem sombra. 彼女から~便りがない *kanojo kara* ~ *tayori ga nai*: não tenho nenhuma notícia dela. **4** uma desgraça. 景気は~だ *keiki wa* ~*da*: a situação econômica está uma desgraça. **5** inteiramente; totalmente. ~縁を切る ~*en o kiru*: cortar relações.
sappūkei 殺風景 *s* desolação; ser prosaico. ~な部屋 ~*na heya*: um quarto sem atrativos.
sara 皿 *s* **1** prato; travessa. 銘々~ *meimei*~: prato individual. **2** qualquer objeto que se assemelha a um prato. 膝の~ *hiza no* ~: patela. **3** prato da balança.
saraarai 皿洗い *s* ato de lavar pratos; pessoa que lava pratos.

saraaraiki 皿洗い機 *s* máquina de lavar louça.
saraba¹ さらば *conj* então; nesse caso; se é assim; é assim.
saraba² さらば *interj* adeus! *V* **sayōnara** さようなら.
saraburedo サラブレッド (*ingl* thoroughbred) *s* cavalo puro-sangue; puro-sangue.
sarada サラダ (*ingl* salad) *s* salada. フルーツ~ *furūtsu*~: salada de frutas.
saraigetsu 再来月 *s* daqui a dois meses.
sarainen 再来年 *s* daqui a dois anos.
sarakedasu さらけ出す *v* revelar; colocar às claras.
sarakin サラ金 *s* agiota; abreviatura de サラリーマン金融 *sararīman kin'yū*: empréstimo para assalariado.
sara ni 更に *adv* **1** outra vez; de novo; segunda vez; novamente. ~に挑戦する ~*chōsen suru*: tentar novamente. **2** além disso. 彼は英語が達者でポルトガル語も話せる *kare wa eigo ga tassha de* ~*porutogaru go mo hanaseru*: ele sabe bem inglês e também fala português. **3** ainda mais; cada vez mais. ~に努力する ~*ni doryoku suru*: esforçar-se ainda mais.
sararīman サラリーマン (*ingl* salaried man) *s* empregado assalariado.
sarari to さらりと *adv* **1** inteiramente; completamente. **2** com toda a naturalidade. **3** de agradável maciez. ~した肌ざわり ~*shita hadazawari*: tato macio. **4** natureza fina. ~した味 ~*shita aji*: de sabor agradavelmente fino.
sarasara さらさら **1** *onom* ruído leve. 小川が~流れている *ogawa ga* ~ *nagarete iru*: sussurram os riachos. **2** *adv* depressa; facilmente. **3** *mim* seco; enxuto; solto. ~した雪 ~*shita yuki*: neve solta.
sarashi 晒し *s* branqueamento.
sarashimono 晒し者 *s* criminoso exposto à execração do público; objeto de escárnio.
sarasu 晒[曝]す *v* **1** expor à intempérie. 炎天にさらされる *enten ni sarasareru*: ficar exposto ao intenso sol. **2** embeber em água. 玉ねぎを水に~ *tamanegi o mizu ni* ~: embeber a cebola em água. **3** expor-se. 人前で恥じを~ *hitomae de haji o*~: passar vergonha em público. **4** expor-se. 危険に身を~ *kiken ni mi o*~: expor-se ao perigo. **5** branquear.
sarau 浚う *v* limpar; desentupir. どぶを~ *dobu o* ~: limpar a vala.
sarau 復習う *v* praticar; revisar; treinar; rever.
sarau 攫う *v* sequestrar; levar; tirar; roubar; raptar; arrancar. 子供を~ *kodomo o* ~: raptar uma criança. 人気を~ *ninki o* ~: arrancar aplausos.
sareba されば *conj* ~と言って ~*to itte*: e ainda; mas então; por isso tudo; apesar disso; não obstante.
saredo(mo) されど(も) *conj* mas; porém; todavia; não obstante; apesar disso; no entanto.
sareki 砂礫 *s* pedregulho; cascalho.
sarigenai さり気ない *adj* natural; casual; disfarçadamente.
sarinagara さりながら *conj* entretanto; ainda.
saron サロン (*fr* salon) *s* salão.
saru 猿 *s* Zool macaco.
saru¹ 去る *v* partir; deixar; largar; afastar-se. 世を~ *yo o* ~: morrer.
saru² 去る *v* **1** passar; desaparecer; sumir. 痛みが~

itami ga ~: a dor passa. **2** estar distante no tempo e no espaço. 今を~二十年前 *ima o* ~ *nijūnen mae*: há 20 anos.
saru³ 去る *adj* último; anterior; passado. ~三日 ~*mikka*: último dia três.
saru 然る *adj* certo; um. ~場所 ~*basho*: certo lugar; um lugar.
sarugashikoi 猿賢い *adj vulg* hábil; engenhoso; astuto.
sarugaku 猿楽 *s* farsa de *noh* medieval; protótipo da farsa de *kyogen*.
sarugutsuwa 猿轡 *s* mordaça.
sarujie 猿知恵 *s* esperteza aparente.
sarumane 猿真似 *s* macaquice; arremedo; imitação superficial.
sarumata 猿股 *s* calção; cuecas.
sarumonera サルモネラ (*lat Salmonella*) *s Bioq* salmonela. ~菌 ~*kin*: bactéria do gênero *Salmonella*.
sarumono 然る者 *s* uma pessoa desse tipo; uma pessoa esperta.
sarushibai 猿芝居 *s* teatro de macacos; farsa.
sasa 笹 *s Bot* espécie de bambu; taquara.
sasa 些々 *adj* trivial.
sāsā さあさあ *interj* **1** vamos, vamos. ~召し上がってください ~*meshiagatte kudasai*: vamos, sirvam-se, por favor. **2** ah, sim.
sasae 支え *s* suporte; estaca; escora; esteio; sustentáculo; apoio. ~をする ~*o suru*, *v*: apoiar. 心の支え *kokoro no sasae*: apoio moral.
sasaebashira 支え柱 *s* apoio; sustentáculo.
sasaeru 支える *v* **1** sustentar; apoiar; manter. **2** escorar; aguentar. **3** amparar; ajudar; assistir. 友人に支えられる *yūjin ni sasaerareru*: ser amparado pelos amigos. **4** deter; conter; parar. 敵の攻撃を~ *teki no kōgeki o*~: deter o avanço do inimigo.
sasagemono 捧げ物 *s* oferenda.
sasageru 捧げる *v* **1** erguer; levantar. **2** consagrar; oferecer. **3** dedicar.
sasai 些細 *s* insignificância. ~*na*, *adj*: insignificante.
sasakure ささくれ *s* raigota.
sasami 笹身 *s* carne branca; peito de frango.
sasaru 刺さる *v* espetar-se. のどに魚の骨が刺さった *nodo ni sakana no hone ga sasatta*: uma espinha de peixe espetou-me na garganta.
sasatsu 査察 *s* inspeção; investigação. ~*suru*, *v*: inspecionar; investigar.
sasayaka ささやか *adj* pequeno; simples; modesto. ささやかに暮らす *sasayaka ni kurasu*: viver modestamente.
sasayaki 囁き *s* sussurro; murmúrio; cochicho.
sasayaku 囁く *v* sussurrar; cochichar. 耳元で~ *mimimoto de* ~: sussurrar ao ouvido.
sasen 左遷 *s* rebaixamento; baixar de categoria/posto.
saseru¹ させる *v* **1** forçar; obrigar. 私はついに白状させられた *watashi wa tsui ni hakujō sasererata*: finalmente, fui obrigado a confessar. **2** deixar; permitir. 子供の好きなようにさせておく *kodomo no suki na yō ni saseteoku*: deixar à vontade das crianças.
saseru² させる *v aux* **1** mandar fazer. **2** deixar. ちょっと考えさせてください *chotto kangae-*

sasete kudasai: deixe-me pensar um pouco. **3** decidir fazer. 都合により明日は休業させていただきます *tsugō ni yori ashita wa kyūgyō sasete itadakimasu*: por razões particulares, não funcionaremos amanhã.
sashi 差し *s* a dois; frente a frente. ~で飲む ~*de nomu*: beber a dois.
sashiageru 差し上げる *v* **1** erguer; levantar; elevar. **2** dar; oferecer; presentear.
sashiatari 差し当り *adv* por enquanto; por ora; de momento. ~これで間に合う ~*kore de ma ni au*: por ora, isto já é o suficiente.
sashidashinin 差し出し人 *s* remetente.
sashidasu 差し出す *v* **1** apresentar. **2** enviar. **3** estender.
sashidegamashii 差し出がましい *adj* inoportuno; atrevido; intrometido; descarado.
sashideru 差し出る *v* intrometer-se.
sashie 挿し絵 *s* ilustração; gravura.
sashigane 差し金 *s* instigação; incitação; sugestão.
sashihasamu さし挟む *v* **1** inserir; pôr. **2** ter; abrigar.
sashihikaeru 差し控える *v* **1** moderar-se; conter-se. **2** abster-se. 発言を~ *hatsugen o* ~: abster-se de falar.
sashihiki 差し引き *s* dedução; subtração.
sashihikikanjō 差し引き勘定 *s* saldo; balanço. ~をする ~*o suru*: fazer o balanço da conta.
sashihiku 差し引く *v* deduzir; subtrair; descontar.
sashiire 差し入れ *s* **1** inserção. **2** entrega de objetos aos presos. **3** *fig* entrega de lanche/alimentos para ajudar a animar a reunião.
sashiireru 差し入れる *v* **1** inserir. **2** entregar objetos aos presos. **3** ajudar a animar, com lanche, as pessoas em uma reunião.
sashikae 差し替え *s* reposição; mudança; substituição; troca.
sashikaeru 差し替える *v* repor; mudar; substituir; trocar.
sashikakaru 差し掛かる *v* **1** aproximar-se. **2** cobrir. **3** estar à porta.
sashiki 挿し木 *s* chantão; tanchão; estaca.
sashikizu 刺し傷 *s* estocada; punhalada; facada.
sashikomi 差し込み *s* **1** inserção. **2** *Eletr* tomada. **3** dor súbita. *V* **shaku** 癪.
sashikomipuragu 差込プラグ *s* plugue.
sashikomu 差し込む *v* **1** inserir; meter. **2** sentir uma dor súbita.
sashikomu 射し込む *v* feixe de luz que ilumina a parte de dentro.
sashikorosu 刺し殺す *v* matar a punhalada.
sashimi 刺身 *s sashimi*, prato de peixe cru, em fatias.
sashimodoshisaiban 差し戻し裁判 *s* audiência de um caso que retorna à instância de origem por decisão de uma corte superior.
sashimodosu 差し戻す *v* devolver; mandar de volta.
sashimono 指し物 *s* marcenaria.
sashimukai 差し向かい *s* frente a frente.
sashimukeru 差し向ける *v* **1** enviar; mandar; despachar. **2** dirigir-se; ir.
sashimuki 差し向き *adv* por ora. これだけあれば~不自由はない *koredake areba* ~ *fujiyū wa*

sashine 指し値 *s* Com preço indicado.
nai: isto suprirá as minhas necessidades do presente. *V* **sashiatari** 差し当たり.
sashinechūmon 指し値注文 *s* pedido ao preço indicado.
sashioku 差し置く *v* **1** deixar como está. **2** ignorar; desrespeitar; passar por cima.
sashiosae 差し押さえ *s* embargo; arresto; apreensão; confisco; penhora.
sashiosaehin 差し押え品 *s* apreensão; captura; acessório; pertence; anexo.
sashiosaereijō 差し押さえ令状 *s* mandato de apreensão.
sashiosaeru 差し押さえる *v* embargar; arrestar; apreender; confiscar; penhorar.
sashisawari 差し障り *s* **1** obstáculo; impedimento; estorvo; problema. **2** ofensa; desconsideração; insulto; ultraje.
sashisawaru 差し障る *v* obstruir; atrapalhar; impedir.
sashisemaru 差し迫る *v* ser iminente; estar próximo.
sashishimesu 指し示す *v* indicar; mostrar; apontar.
sashitaru さしたる *adj* particular; especial; que se diga. 両者の間に〜相違はない *ryōsha no aida ni 〜sōi wa nai*: não há diferença especial entre os dois.
sashite さして *adv* muito; particularmente. それは〜重要な問題ではない *sore wa 〜 jūyō na mondai dewa nai*: isso não é um problema particularmente importante.
sashitome 差し止め *s* proibição; suspensão.
sashitomeru 差し止める *v* proibir; suspender.
sashitōsu 刺し通す *v* furar; perfurar; varar.
sashitsukae 差し支え *s* impedimento; obstáculo; inconveniência; problema; objeção.
sashitsukaenai 差し支えない *expr* ser possível; não haver problema; poder. この本をお借りしても〜ですか *kono hon o okari shitemo 〜desu ka*: posso levar este livro emprestado?
sashitsukaeru 差し支える *v* constituir obstáculo; ser problema; atrapalhar; ser inconveniente.
sashiwatashi 差し渡し *v* comprimento total; diâmetro.
sashizu 指図 *s* direção; instrução; ordem; indicação. 〜*suru, v*: dar ordens; indicar.
sashizunin 指図人 *s* instrutor; diretor; pessoa designada.
sashizusho 指図書 *s* ordem; orientações.
sashō 査証 *s* visto. 入国〜 *nyūkoku〜*: visto de entrada.
sashō 詐称 *s* declaração falsa; deturpação da verdade.
sashō 些少 *s* ninharia; insignificância; pouco. 〜ですがお納めください *〜desu ga oosame kudasai*: queira ter a bondade de aceitar esta insignificância.
sashu 詐取 *s* fraude; engano; logro. 〜*suru, v*: defraudar; enganar.
sasoi 誘い *s* **1** convite. 〜に応じる *〜ni ōjiru*: aceitar o convite. **2** sedução; tentação. 〜に乗る *〜ni noru*: cair na tentação; deixar-se seduzir.
sasori 蠍 *s Zool* escorpião.
sasou 誘う *v* **1** convidar. **2** tentar; seduzir. **3** provocar; induzir; causar; suscitar. 同情を〜 *dōjō o 〜*: suscitar compaixão.

sassa to さっさと *adv* rapidamente; imediatamente; apressadamente; depressa.
sasshi 察し *s* **1** percepção; suposição; imaginação. **2** consideração; compreensão; simpatia.
sasshi 冊子 *s* livrete; livro; panfleto.
sasshi サッシ (*ingl sash*) *s* caixilho. アルミ〜 *arumi 〜*: caixilho de alumínio.
sasshin 刷新 *s* reforma; novação; remodelação. 〜*suru, v*: reformar; renovar.
sasshō 殺傷 *s* morte e ferimento.
sassō 颯爽 *adj* garboso; vistoso; elegante. 〜とした若者 *〜to shita wakamono*: moço garboso.
sassoku 早速 *adv* imediatamente; diretamente; prontamente; rapidamente; sem demora. 〜ですが〜 *desu ga*: vamos entrar direto no assunto.
sassuru 察する *v* supor; sentir; presumir; imaginar; julgar; compreender; simpatizar; sentir. 彼の心中は〜に余りある *kare no shinchū wa 〜ni amari aru*: o sofrimento dele deve ser maior do que podemos imaginar. 〜するところ *〜suru tokoro*: é possível que; talvez; provavelmente.
sasu 砂洲 *s* banco de areia.
sasu 刺す *v* **1** furar; perfurar; traspassar; penetrar; espetar. 針で〜 *hari de 〜*: espetar com agulha. **2** picar. 虫に刺される *mushi ni sasareru*: ser picado por um inseto. **3** costurar; dar uns pontos. 布を〜 *nuno o 〜*: costurar o pano. **4** *Beis* pôr fora do jogo.
sasu 指[差]す *v* **1** apontar, indicar. **2** nomear; designar. **3** seguir em direção a; rumar. **4** inserir, colocar, introduzir. **5** encher; abastecer. **6** abrir o guarda-chuva. **7** pôr a espada à cintura. **8** medir. **9** oferecer (uma bebida). **10** jogar *shogi* (xadrez japonês).
sasu 射す *v* incidir (luz ou raio solar).
sasuga(ni) さすが(に) *adv* **1** como era de esperar; realmente; com certeza. あの人は〜偉い *ano hito wa 〜 erai*: sem dúvida, ele é um grande homem. **2** apesar de; mesmo até. 無口な彼も〜黙っていられなかった *mukuchi na kare mo 〜 damatte irarenakatta*: mesmo ele, que é quieto, não conseguiu ficar calado.
sasuga no さすがの *adj* mesmo; até. 〜勇者も幽霊には弱い *〜 yūsha mo yūrei ni wa yowai*: até mesmo um valente como ele tem medo de fantasmas.
sasurai 流離 *s* vagueação. 〜の民 *〜no tami*: povo nômade.
sasurau 流離う *v* vaguear; andar sem destino; errar.
sasuru 摩る *v* acariciar; alisar; esfregar. 背中を〜 *senaka o 〜*: alisar as costas.
sata 沙汰 *s* **1** instrução; ordem; comando. 追って〜する *otte 〜suru*: darei instruções adicionais em seguida. **2** informação; comunicação; notícia. 何の〜もない *nanno 〜mo nai*: não se ter nenhuma notícia. **3** rumor. **4** caso; ato; procedimento. 狂気の〜 *kyōki no 〜*: ato de loucura.
satan 嗟嘆 *s* **1** lamentação. 〜*suru, v*: lamentar. **2** admiração. 〜*suru, v*: admirar; elogiar.
satayami 沙汰止み *s* sustação de notícia. 〜*ni naru*: ser abandonado. 計画も〜となった *keikaku mo 〜to natta*: o plano foi abandonado.
satchi 察知 *s* pressuposição. 〜*suru, v*: perceber; sentir; suspeitar; pressentir; adivinhar.

satchūzai 殺虫剤 *s* inseticida.
sate さて *conj* bem; agora; então.
satei 査定 *s* taxação; tributação; avaliação.
satekoso さてこそ *adv* como eu pensava (imaginava).
satemo さても *adv* realmente; com certeza; sem dúvida.
sateoku さて置[措]く *v* deixar de lado. 冗談はさて置いて本題に入る *jōdan wa sateoite hondai ni hairu*: deixar as amenidades de lado e entrar no assunto principal.
satesate さてさて *adv* que; como; quanto; quão; realmente; verdadeiramente.
satetsu 砂鉄 *s* minério ferruginoso de aluvião.
satetsu 蹉跌 *s* tropeço; insucesso.
sate wa さては *conj* 1 então; assim. 〜君だったのか 〜 *kimi datta no ka*: então, era você? 2 além disso; até.
sato 里 *s* 1 vila; aldeia. 2 a casa dos pais; lar onde a pessoa foi criada. 3 terra natal; interior. 4 origem; história pessoal.
satō 砂糖 *s* açúcar. 〜黍 〜*kibi*: cana-de-açúcar.
satogaeri 里帰り *s* primeira visita à casa dos pais feita pela recém-casada.
satogo 里子 *s* filho(a) criado(a) por outra família. 〜に出す 〜*ni dasu*: confiar o filho(a) aos cuidados de outra família.
satogokoro 里心 *s* saudade do lar; nostalgia.
satoi 敏[聡]い *adj* 1 inteligente. 2 vivo; perspicaz.
satoimo 里芋 *s Bot* inhame (*Colocasia antiquorum*).
satokata 里方 *s* família da esposa (ou nora).
satooya 里親 *s* pais adotivos.
satori 悟り *s* 1 compreensão; entendimento; intuição. 2 iluminação espiritual.
satoru 悟[覚]る *v* 1 discernir; perceber[ver]. 2 ser iluminado espiritualmente.
satoshi 諭し *s* admoestação; exortação; conselho; advertência.
satosu 諭す *v* admoestar; aconselhar; advertir.
satōzuke 砂糖漬け *s* alimento conservado em açúcar.
satsu 札 *s* nota; papel-moeda. 千円〜 *sen'en*〜: nota de mil ienes.
satsu サツ *s pop* polícia.
-satsu -冊 *suf* numeral para contar livros ou encadernados.
satsubatsu 殺伐 *adj* violento; feroz; sanguinário; selvagem. 〜な時代 〜*na jidai*: uma época violenta.
satsubira 札片 *s pop* dinheiro.
satsuei 撮影 *s* filmagem; ato de fotografar. 〜*suru*, *v*: filmar; fotografar.
satsugai 殺害 *s* assassinato; homicídio. 〜*suru*, *v*: matar; assassinar.
satsui 殺意 *s* intenção de matar.
satsuire 札入れ *s* carteira de notas.
satsujin 殺人 *s* homicídio; assassinato.
satsujinteki 殺人的 *adj* furioso; terrível; violento. 〜混雑 〜*konzatsu*: uma confusão terrível.
satsujinzai 殺人罪 *s* crime de homicídio. 〜に問われる 〜*ni towareru*: ser acusado por homicídio.
satsuki 五[皐]月 *s* mês de maio (no calendário lunar).
satsumaimo 薩摩芋・甘藷 *s Bot* batata-doce (*Ipomoea batatas*).

satsuriku 殺戮 *s* massacre; genocídio; carnificina.
satsutaba 札束 *s* maço de notas (dinheiro).
satto さっと *adv* rapidamente; de repente.
sattō 殺到 *s* afluência repentina de pessoas. 〜*suru*, *v*: aglomerar (afluir) repentinamente.
sawa 沢 *s* 1 pântano; lamaçal. 2 vale; baixada.
sawagashii 騒がしい *adj* 1 barulhento; ruidoso. 2 agitado; turbulento. 世の中が〜 *yo no naka ga* 〜: o mundo está conturbado.
sawagasu 騒がす *v* perturbar; agitar; inquietar; alarmar.
sawagi 騒ぎ *s* 1 barulho; clamor. 2 tumulto; distúrbio; agitação. 3 rebuliço. 4 caso; disputa. 5 instigação; incitamento. 6 sensação. 7 festança; folia.
sawagitateru 騒ぎ立てる *v* fazer um grande rebuliço; alarmar; gritar.
sawagu 騒ぐ *v* 1 fazer barulho. 2 gritar; clamar; bradar. 3 protestar; reclamar. 4 causar agitação. 5 ficar agitado; ficar nervoso. 6 alvoroçar-se. 7 fazer rebuliço.
sawakai 茶話会 *s* reunião de chá.
sawari 障り *s* impedimento; obstáculo. 〜がある 〜 *ga aru*: ser prejudicial; haver impedimento.
sawari 触り *s* 1 tato; sensação. 2 o clímax; a passagem mais importante da obra. 3 trato; recepção. 〜のよい人 〜*no yoi hito*: uma pessoa agradável.
sawaru 障る *v* 1 impedir; estorvar; obstruir; atrapalhar. 2 ferir; ofender; aborrecer.
sawaru 触る *v* tocar; mexer.
sawasawa さわさわ *onom* sussurro; ruído.
sawasu 醂す *v* remover a adstringência.
sawayaka 爽やか 〜*na*, *adj*: 1 refrescante; agradável. 2 claro; fluente; eloquente. 弁舌〜に *benzetsu* 〜*ni*: discursar fluentemente.
saya 莢 *s* vagem.
saya 鞘 *s* 1 bainha da espada. 2 ágio; margem de lucro.
sayaendō 英豌豆 *s Bot* ervilha (*Pisum sativum*).
sayaingen 英隠元 *s Bot* vagem (*Phaseolus vulgaris*).
sayatori 鞘取り *s* corretagem; negócio de corretor.
sayo 小夜 *s* noite. 〜ふけて 〜*fukete*: tarde da noite.
sayō 左様 〜*na*, *adj*: 1 tal; como; assim. 2 certamente; de fato; sim. *interj* bem; vejamos.
sayō 作用 *s* efeito; ação; função. 化学〜 *kagaku*〜: ação química.
sayoku 左翼 *s* 1 asa esquerda. 2 esquerda na política. 3 *Beis* ala esquerda.
sayōnara さようなら, **sayonara** さよなら *interj* até logo; adeus.
sayu 白湯 *s* água quente. 薬を〜で飲む *kusuri o* 〜*de nomu*: tomar o remédio com água quente.
sayū 左右 *s* 1 direita e esquerda. 2 lado de alguém.
sayūsōshō 左右相称 *s* simetria bilateral.
sayūsuru 左右する *v* controlar; dominar; influenciar.
sazameki さざめき *s* ruído; barulho; gritaria de pessoas.
sazameku さざめく *v* 1 fazer ruído. 2 笑い〜 *warai*〜: rir alegremente.
sazanami 漣・小波 *s* pequena onda; ondulação.
sazareishi 細石 *s* cascalho; lascas de pedra.
sazo(kashi) さぞ(かし) *adv* certamente; realmente; sem dúvida.

sazukarimono 授かり物 *s* uma dádiva; um presente.
sazukaru 授かる *v* 1 receber uma dádiva; obter algo precioso. 2 ser ensinado.
sazukeru 授ける *v* 1 conceder; outorgar; conferir. 2 ensinar; instruir.
se 背 *s* 1 costas; dorso. 2 o lado de trás, parte traseira. 3 estatura; altura. 4 山の〜 *yama no* 〜: crista da montanha.
se 瀬 *s* 1 torrente; correnteza. 2 lugar raso; baixada. 3 ocasião; circunstância. 4 situação. 立つ〜がない *tatsu* 〜*ga nai*: ficar numa situação embaraçosa.
sebamaru 狭まる *v* estreitar-se; ficar estreito; contrair-se.
sebameru 狭める *v* estreitar; contrair; reduzir a passagem.
sebangō 背番号 *s Beis* número do jogador indicado no uniforme.
sebire 背鰭 *s* barbatana dorsal.
sebiro 背広 *s* traje masculino; terno.
sebiru せびる *v pop* pedir dinheiro insistentemente; importunar alguém pedindo algo.
sebone 背骨 *s* espinha dorsal; coluna vertebral.
sebumi 瀬踏み *s* 1 sondagem da profundidade do rio. 2 tentativa; ensaio.
sechigarai 世知辛い *adj pop* difícil de viver; esperteza. 〜世の中 〜*yo no naka*: uma vida difícil.
sedai 世代 *s* geração.
seden 世伝 *s* transmissão ao longo de gerações. 〜の〜*no*: por sucessão.
segai 世外 *s* afastado do mundano. 彼は〜に超然としている *kare wa* 〜*ni chōzen to shite iru*: ele vive alheio ao mundano.
segamu せがむ *v* importunar alguém pedindo algo.
segare 倅・悴 *s pop* 1 meu filho. 2 designação do próprio filho.
sehi 施肥 *s* fertilização. 〜*suru, v*: adubar.
sehyō 世評 *s* fama; reputação; opinião pública.
sei 正 *s* 1 integridade; retidão; justiça. 2 original. 3 *Mat* positivo. 〜の数 〜*no sū*: número positivo.
sei 性 *s* 1 sexo. 2 natureza. 3 *Gram* gênero.
sei 姓 *s* nome de família; sobrenome.
sei 制 *s* sistema; organização.
sei 所為 *s* consequência; causa; resultado. の〜で *no* 〜*de*: por causa de. 人の〜にする *hito no* 〜*ni suru*: colocar a culpa nos outros.
sei 背 *s* estatura; altura.
sei 聖 *s* santo.
sei 精 *s* 1 espírito; duende; ninfa; fada. 2 energia; vigor; vitalidade. 3 esperma.
sei 生 *s* 1 ser vivo; existência. 2 vida.
sei 静 *s* quietude; calma; paz.
sei- 正- *pref* regular. 〜会員 〜*kaiin*: membro regular.
-sei -世 *suf* geração.
-sei -製 *suf* produção; manufatura.
seia 井蛙 *s* 1 o sapo que vive no fundo do poço. 2 pessoa com visão curta.
seian 成案 *s* plano definitivo.
seiatsu 制圧 *s* domínio; supremacia; controle. 〜*suru, v*: dominar; controlar.
seibai 成敗 *s* punição; julgamento. 〜*suru, v*: punir; julgar.
seibaku 精麦 *s* cevada ou trigo despalhado.
seibatsu 征伐 *s* 1 subjugação; conquista. 〜*suru, v*: subjugar; conquistar. 2 punição. 3 extermínio.

seibetsu 性別 *s* distinção de sexo; gênero.
seibetsu 生別 *s* separação para a vida toda.
seibi 整備 *s* preparação; manutenção; instalação. 〜*suru, v*: preparar; manter.
seibi 精美 *s* beleza perfeita.
seibi 精微 *s* exatidão; precisão.
seibo 聖母 *s* Virgem Maria; Nossa Senhora; Santa Maria.
seibo 歳暮 *s* 1 final do ano. 2 presente dado no final do ano.
seibo 生母 *s* a mãe biológica.
seibō 制帽 *s* boné do uniforme.
seibō 製帽 *s* fabricação de chapéu.
seibu 西部 *s* parte oeste; oeste. 〜劇 〜*geki*: filme de faroeste.
seibun 成分 *s* ingrediente; componente. 水の〜 *mizu no* 〜: elementos que compõem a água.
seibun 精分 *s* 1 nutriente. 2 vitalidade.
seibun'hō 成文法 *s* estatuto; lei escrita; código.
seibunka 成文化 *s* codificação. 〜*suru, v*: codificar.
seibutsu 生物 *s* ser vivo; organismo; criatura.
seibutsu 静物 *s* natureza-morta; objeto em repouso.
seibutsuga 静物画 *s* pintura de natureza-morta.
seibutsugaku 生物学 *s* biologia.
seibutsukentei 生物検定 *s* teste biológico.
seibutsusō 生物相 *s Biol* biota.
seibyō 性病 *s* doença venérea.
seicha 製茶 *s* fabricação do chá.
seichaku 正嫡 *s* filho legítimo.
seichi 生地 *s* local de nascimento; terra natal.
seichi 聖地 *s* local sagrado; Terra Santa.
seichi 整地 *s* terraplenagem; preparação do solo.
seichi 精緻 *s* sutileza; delicadeza; exatidão. 〜な筆 〜*na fude*: traço minucioso da pintura.
seichishiki 性知識 *s* conhecimento sobre sexo; informação sexual.
seichō 生[成]長 *s* crescimento; desenvolvimento. 〜*suru, v*: crescer, desenvolver-se.
seichō 正調 *s* melodia tradicional. 〜追分 〜*oiwake*: melodia clássica de *oiwake*.
seichō 政庁 *s* repartição governamental.
seichō 清聴 *s* audição. ご〜ありがとうございました *go*〜 *arigatō gozaimashita*: obrigado pela atenção.
seichōkabu 成長株 *s* 1 ações de uma empresa em alta. 2 uma pessoa em ascensão.
seichōritsu 生長率 *s* taxa de crescimento. 経済〜 *keizai* 〜: índice de crescimento econômico.
seichū 掣肘 *s* restrição; controle. 〜*suru, v*: restringir; controlar.
seichū 成虫 *s Entom* imago; a forma definitiva do inseto depois da metamorfose.
seidai 盛大 *s* época de prosperidade; idade próspera.
seidaku 清濁 *s* pureza e impureza; o bom e o mau. 〜併せ呑む 〜*awasenomu*: ser tolerante diante de opiniões divergentes.
seidan 政談 *s* conversa sobre política. 〜をする 〜*o suru*: falar sobre política.
seidan 聖断 *s* decisão imperial.
seidan'enzetsu 政談演説 *s* discurso em campanha política. 〜をする 〜*o suru*: fazer discurso político.
seidasu 精出す *v* esforçar-se; dedicar-se; empenhar-se.

seiden 静電 *s Eletr* eletricidade estática. ～学 ～*gaku*: eletrostática.
seidenki 静電気 *s Eletr* eletricidade estática.
seido 制度 *s* sistema; instituição; regime. ～を設ける ～*o mōkeru*: estabelecer um sistema.
seido 精度 *s* precisão; exatidão. ～が高い ～*ga takai*: ser extremamente acurado (preciso).
seidō 正道 *s* o caminho correto. ～を踏み外す ～*o fumihazusu*: desviar-se do caminho da retidão.
seidō 青銅 *s* bronze. ～の像 ～*no zō*: estátua de bronze.
seidō 制動 *s Mec* controle da velocidade; amortecimento.
seidoka 制度化 *s* institucionalização. ～*suru*, *v*: institucionalizar.
seidōki 制動機 *s* freio; breque.
seidōki 青銅器 *s* utensílio de bronze.
seidoku 精読 *s* leitura atenta. ～*suru*, *v*: ler atentamente.
seiei 精鋭 *s* 1 a elite; a nata; o melhor. 2 soldado de elite.
seieki 精液 *s* sêmen; esperma; líquido seminal.
seien 声援 *s* grito de apoio, de encorajamento. ～*suru*, *v*: torcer; apoiar; encorajar.
seien 製塩 *s* fabricação de sal. ～所 ～*sho*: salina.
seien 盛宴 *s* uma grande festa. ～を張る ～*o haru*: dar um banquete.
seifu 政府 *s* governo.
seifu 正負 *s Mat* (número) positivo e negativo.
seifuku 制服 *s* uniforme.
seifuku 征服 *s* conquista; subjugação. ～*suru*, *v*: conquistar; subjugar.
seifuku 正腹 *s* legitimidade. ～の子 ～*no ko*: filho legítimo.
seifuku 正副 *s* o titular e o vice; o original e a cópia. ～議長 ～ *gichō*: o presidente e o vice-presidente da assembleia.
seifun 製粉 *s* moagem. ～*suru*, *v*: moer o trigo.
seigaku 声楽 *s* canto; música vocal. ～家 ～*ka*: vocalista.
seigaku 聖楽 *s* música sacra.
seigan 請願 *s* petição; requerimento. ～*suru*, *v*: pedir, requerer ao governo.
seigen 制限 *s* limite; restrição; limitação. ～*suru*, *v*: limitar; restringir. 時間～ *jikan* ～: limitação de tempo.
seigen 正弦 *s Mat* seno.
seigenteki 制限的 *adj* restritivo; limitativo.
seigi 正義 *s* 1 justiça; equidade; direito. ～感 ～*kan*: senso de justiça. 2 propósito correto.
seigikan 正義感 *s* senso de justiça.
seigo 生後 *s* após o nascimento. ～二ヶ月の乳児 ～*nikagetsu no nyūji*: bebê de dois meses.
seigo 正誤 *s* 1 o certo e o errado. 2 correção de erros; retificação.
seigō 整合 *s* ajuste; conformidade; coordenação. ～*suru*, *v*: ajustar; coordenar.
seigyo 制御 *s* 1 controle; comando. 2 manejo. ～*suru*, *v*: controlar; manejar; comandar.
seigyō 正業 *s* profissão/ocupação.
seigyō 成業 *s* ato de completar o trabalho; ato de completar os estudos.
seiha 制覇 *s* conquista; domínio; supremacia. ～*suru*, *v*: conquistar; dominar.
seihai 成敗 *s* sucesso ou insucesso.
seihai 聖杯[盃] *s* cálice sagrado.
seihaku 精白 *s* refinamento; beneficiamento. ～米 ～*mai*: arroz beneficiado.
seihan 製版 *s* chapa; clichê. 写真～ *shashin*～: fotogravura.
seihantai 正反対 *s* exatamente o contrário; totalmente oposto.
seihanzai 性犯罪 *s* crime sexual.
seihei 精兵 *s* tropa de elite.
seiheki 性癖 *s* tendência; inclinação; propensão; hábito.
seihen 政変 *s* 1 golpe de Estado. 2 mudança de gabinete.
seihi 正否 *s* certo ou errado.
seihi 成否 *s* sucesso ou insucesso; resultado. ～を占う ～*o uranau*: adivinhar o resultado.
seihin 製品 *s* produto manufaturado; produto acabado. 外国～ *gaikoku*～: produto estrangeiro. 化学～ *kagaku*～: produto químico manufaturado. 新～ *shin*～: produto novo.
seihin 清貧 *s* honorável pobreza.
seihinkensa 製品検査 *s* inspeção do produto.
seihirei 正比例 *s Mat* proporção direta.
seihō 西方 *s* direção oeste.
seihō 製法 *s* processo de fabricação.
seihōkei 正方形 *s* quadrado.
seihoku 西北 *s* noroeste.
seihon 正本 *s* 1 certidão; documento autenticado. 2 original.
seihon 製本 *s* encadernação. ～*suru*, *v*: encadernar. ～所 ～*jo*: oficina de encadernação.
seihyō 製氷 *s* fabricação de gelo.
seii 星位 *s* posição de uma estrela fixa; ascendente.
seii 誠意 *s* sinceridade; honestidade.
seii 勢威 *s* influência e poder.
seiiki 声域 *s* amplitude da voz.
seiiki 聖域 *s* recinto sagrado.
seiiku 生[成]育 *s* nascimento e crescimento; criação.
seiin 成員 *s* membros; associados.
seiippai 精一杯 *adj e s* com o máximo esforço; toda a força; o melhor possível; limite. ～生きる ～*ikiru*: viver a vida em plenitude. ～努力する ～*doryoku suru*: fazer todo o possível.
seija 聖者 *s* santo.
seija 正邪 *s* o bem e o mal.
seijaku 静寂 *s* silêncio; sossego; quietude; calma; tranquilidade.
seiji 正字 *s* forma correta e não abreviada dos ideogramas chineses.
seiji 政治 *s* política; governo; negócios de Estado.
seiji 政事 *s* negócios políticos; negócios administrativos.
seiji 盛事 *s* um grande evento.
seijidantai 政治団体 *s* organização política.
seijigaku 政治学 *s* ciências políticas.
seijihanzai 政治犯罪 *s* crime político.
seijihō 正字法 *s* ortografia.
seijika 政治家 *s* político.
seijikatsudō 政治活動 *s* atividade política.
seijikenkin 政治献金 *s* contribuição ou doações na política.
seijiku 正軸 *s* eixo principal; eixo cristalográfico principal.

seijimondai 政治問題 *s* problema político.
seijin 成人 *s* adulto; maioridade.
seijin 聖人 *s* santo; sábio religioso; mestre religioso.
seijinbyō 成人病 *s* doença de adultos; doenças geriátricas.
seijin'eiga 成人映画 *s* cinema para adultos, filme para maiores de 18 anos.
seijinetsu 政治熱 *s* paixão pela política.
seijinshiki 成人式 *s* cerimônia da maioridade ao completar 20 anos de idade.
seijiryoku 政治力 *s* força política; influência política.
seijishikin 政治資金 *s* fundo para atividades políticas.
seijiteki 政治的 *adj* político.
seijitetsugaku 政治哲学 *s* filosofia política.
seijitsu 聖日 *s* dia santo.
seijitsu 誠実 *s* integridade; sinceridade; honestidade.
seijiundō 政治運動 *s* movimento político; atividades políticas.
seijiya 政治屋 *s* politiqueiro.
seijo 整除 *s* divisibilidade.
seijō 正常 *s* normalidade; normal.
seijō 性状 *s* propriedades.
seijō 清浄 *s* pureza; limpeza.
seijō 政情 *s* situação política.
seijōka 正常化 *s* normalização.
seijōki 星条旗 *s* bandeira dos Estados Unidos da América.
seijū 製絨 *s* tecelagem de lã.
seijuku 成熟 *s* 1 amadurecimento; maturação. 2 desenvolvimento pleno; maturidade; maioridade. ～*suru*, *v*: tornar-se adulto. 3 perfeição; aperfeiçoamento.
seijukuki 成熟期 *s* puberdade; adolescência; período de maturidade.
seijun 清純 *s* pureza.
seika 正価 *s* preço fixo.
seika 正貨 *s* espécie; dinheiro; moeda.
seika 正課 *s* curso regular; currículo regular.
seika 成果 *s* resultado; fruto do trabalho.
seika 聖火 *s* 1 tocha sagrada; fogo sagrado. 2 tocha olímpica.
seika 聖歌 *s* canto litúrgico; canto religioso.
seika 製菓 *s* confeitaria; fabricação de doces.
seika 声価 *s* reputação.
seika(butsu) 青果(物) *s* verduras e frutas.
seikagaku 生化学 *s* bioquímica; química biológica.
seikagaku 性科学 *s* sexologia.
seikagyō 製菓業 *s* indústria de doces.
seikai 正解 *s* resposta certa. ～*suru*, *v*: responder corretamente; dar a resposta certa.
seikai 政界 *s* mundo político.
seikai 盛会 *s* reunião concorrida; reunião bem-sucedida.
seikaiin 正会員 *s* sócio efetivo.
seikaiken 制海権 *s* domínio do mar; supremacia naval.
seikakkō 背格好 *s* estatura; compleição.
seikaku 正[精]確 *s* precisão; exatidão; correção. ～*na chizu* ～な地図: mapa correto.
seikaku 性格 *s* caráter; temperamento; natureza; gênio.
seikakuhaiyū 性格俳優 *s* ator/atriz especializados em representar papéis marcantes.
seikan 生還 *s* volta a salvo.
seikan 性感 *s* prazer fisiológico no ato sexual.
seikan 製鑵[缶] *s* 1 manufatura de latas. 2 fabricação de caldeira.
seikan 精悍 *adj* intrepidez; bravura. ～*na metsuki* ～な目つき: olhar destemido.
seikan 静観 *s* espera cautelosa; contemplação serena.
seikanpan 正甲板 *s* convés principal.
seikashijō 青果市場 *s* mercado de frutas e verduras.
seikatsu 生活 *s* 1 vida. 社会～ *shakai*～: vida social. 2 vitalidade.
seikatsuhi 生活費 *s* gastos familiares; despesas do cotidiano.
seikatsuhitsujuhin 生活必需品 *s* artigos de primeira necessidade.
seikatsuhogo 生活保護 *s* assistência social.
seikatsukaizen 生活改善 *s* melhoria das condições de vida.
seikatsukinō 生活機能 *s* funções vitais.
seikatsukyōdōkumiai 生活協同組合 *s* cooperativa dos consumidores.
seikatsunan 生活難 *s* dificuldades da vida.
seikatsuryoku 生活力 *s* força para lutar pela vida.
seikatsusuijun 生活水準 *s* padrão de vida.
seikatsuyōshiki 生活様式 *s* modo de vida.
seikei 生計 *s* meio de vida; subsistência; ganha-pão.
seikei 整形 *s* ortopedia; cirurgia ortopédica.
seikei 成形 *s* ato de dar forma; moldagem.
seikei 政経 *s* abreviatura de 政治経済 *seiji keizai*: política e economia.
seikeigeka 整形外科 *s* ortopedia; cirurgia ortopédica.
seikeigekai 整形外科医 *s* ortopedista.
seikeihi 生計費 *s* despesas de manutenção da vida; custo de vida.
seikeishujutsu 整形手術 *s* operação ortopédica.
seiken 制憲 *s* estabelecimento da Constituição.
seiken 政見 *s* opinião política; programa político.
seiken 政権 *s* poder político; governo.
seiken'yoku 政権欲 *s* aspiração política.
seiketsu 清潔 *s* limpeza; asseio.
seiketsuhō 清潔法 *s* método de limpeza doméstica geral.
seiki 生気 *s* ânimo; vitalidade; vigor; vida.
seiki 世紀 *s* século.
seiki 正規 *s* regular; normal; legítimo; oficial.
seikimatsu 世紀末 *s* final do século.
seikin 精勤 *s* diligência; assiduidade. ～*suru*, *v*: ser assíduo.
seikō 成功 *s* sucesso; êxito; bom resultado.
seikō 性交 *s* relação sexual; cópula; coito.
seikō 政綱 *s* princípio político; plataforma política.
seikō 製鋼 *s* fabricação de aço.
seikō 生硬 *s* cru; rude; imaturo; imperfeito, grosseiro.
seikō 精巧 *s* perfeição; esmero; delicadeza; finura; precisão.
seikōgyō 製鋼業 *s* indústria do aço.
seikōhō 正攻法 *s* tática regular; maneira ortodoxa de tratar.
seikōi 性行為 *s* ato sexual.
seikon 精根 *s* energia; forças. ～*tsukihateru* ～尽き果てる: esgotar a energia; ficar sem forças.
seikon 精魂 *s* alma; espírito; coração.

seikōsha 成功者 *s* pessoa bem-sucedida; pessoa de sucesso.
seikotsu 整骨 *s* coaptação; adaptação de ossos deslocados.
seikūken 制空権 *s* supremacia aérea; domínio do ar.
seikurabe 背比べ *s* comparação das estaturas.
seikyō 正教 *s* ortodoxia; Igreja Ortodoxa Grega.
seikyō 盛況 *s* prosperidade; sucesso.
seikyō 政教 *s* política e religião; Estado e Igreja.
seikyōbunri 政教分離 *s* separação da política e da religião.
seikyōiku 性教育 *s* educação sexual.
seikyoku 政局 *s* situação política.
seikyōto 清教徒 *s* puritano.
seikyū 性急 *s* impaciência; impetuosidade; precipitação.
seikyū 請求 *s* pedido; petição; reclamação; requisição; solicitação.
seikyūbarai 請求払い *s* pagamento sob cobrança.
seikyūken 請求権 *s* direito de petição.
seikyūnin 請求人 *s* reclamante; requisitante; requerente.
seikyūryoku 制球力 *s Beis* controle da bola.
seikyūsha 請求者 *s* reclamante; requisitante; requerente.
seikyūsho 請求書 *s* fatura; conta; nota de débito.
seima 製麻 *s* fiação e tecelagem de cânhamo/juta.
seimai 精米 *s* beneficiamento do arroz; arroz beneficiado.
seimei 生命 *s* **1** vida. **2** alma.
seimei 声明 *s* declaração; comunicado; protesto. ~*suru*, *v*: declarar; comunicar.
seimei 盛名 *s* fama; reputação.
seimei 姓名 *s* nome completo; nome e sobrenome.
seimeihandan 姓名判断 *s* onomatomancia.
seimeihoken 生命保険 *s* seguro de vida.
seimeisen 生命線 *s* linha da palma da mão que representa supostamente a vida.
seimeisho 声明書 *s* declaração escrita; comunicado escrito.
seimitsu 精密 *s* minuciosidade; detalhado; pormenorizado; preciso; exato.
seimitsukensa 精密検査 *s* exame minucioso.
seimitsukikai 精密機械 *s* máquinas de precisão.
seimon 正門 *s* portão principal; entrada principal.
seimon 誓文 *s* juramento escrito.
seimu 政務 *s* negócios de governo.
seimujikan 政務次官 *s* vice-ministro parlamentar; subsecretário parlamentar.
seinan 西南 *s* sudoeste.
seinen 成年 *s* maioridade; adulto.
seinen 青年 *s* jovem; mocidade; juventude.
seinen 生年 *s* **1** ano do nascimento. **2** idade.
seinen 盛年 *s* anos vigorosos da mocidade.
seinengappi 生年月日 *s* data de nascimento; ano, mês e dia do nascimento.
seinenkai 青年会 *s* associação de moços.
seinenshiki 成年式 *s* cerimônia da maioridade.
seiniku 精肉 *s* carne fresca bovina de qualidade.
seinō 性能 *s* capacidade; aproveitamento; eficiência; rendimento; funcionamento.
seinō 精農 *s* agricultor industrioso.
Seiō 西欧 *s* Europa Ocidental.
seiōbunmei 西欧文明 *s* civilização ocidental.

seion 声音 *s* som vocal. ~文字 ~*moji*: fonograma.
seirai 生来 *s* natureza; de nascença.
seirei 政令 *s* determinação governamental; decreto do governo.
seirei 精霊 *s* espírito; alma.
seirei 制令 *s* leis e instituições.
seirei 精励 *s* diligência; assiduidade; aplicação.
seirei 聖霊 *s Catól* o Espírito Sagrado; o Espírito do Senhor.
seireiki 西暦 *s* era cristã; d.C.; calendário ocidental.
seiren 精練 *s* **1** limpeza e beneficiamento. **2** treino, adestramento.
seiren 精錬 *s* refinação; refinamento. ~*suru*, *v*: refinar.
seiren 清廉 *s* integridade; probidade; honestidade; retidão.
seirenkeppaku 清廉潔白 *s* ~*na*, *adj*: probo; honesto.
seiretsu 整列 *s* formação em fila. ~*suru*, *v*: formar fila.
seiri 生理 *s* **1** fisiologia. ~的食塩水 ~*shokuensui*: solução salina fisiológica. ~的な現象 ~*teki na genshō*: fenômeno fisiológico. **2** menstruação; regras.
seiri 整理 *s* **1** ordem; regularização; arrumação; arranjo. ~*suru*, *v*: arrumar; pôr em ordem. **2** liquidação; redução; corte. 人員~ *jin'in*~: redução de pessoal.
seirigaku 生理学 *s* fisiologia.
seirikigaku 静力学 *s Fís* estática.
seiritsu 成立 *s* concretização; formação; organização; realização; aprovação; conclusão. 予算が議会で~した *yosan ga gikai de* ~*shita*: o orçamento foi aprovado pela Dieta.
seirō 蒸籠 *s* recipiente para cozinhar a vapor.
seirō 晴朗 *adj* límpido; claro.
seiron 正論 *s* argumento correto.
seiron 政論 *s* discussão política.
seirui 声涙 *s* voz e lágrimas. ~共に下る ~*tomo ni kudaru*: sair lágrimas juntamente com as palavras.
seiryaku 政略 *s* estratégia política.
seiryō 声量 *s* volume da voz.
seiryō 清涼 *s* frescor; refresco.
seiryōinryōsui 清涼飲料水 *s* refrigerante; bebida refrescante.
seiryoku 勢力 *s* força; influência; poder.
seiryokuarasoi 勢力争い *s* luta pelo poder; luta pela supremacia.
seiryoku 精力 *s* **1** energia; vigor; vitalidade. **2** potência sexual masculina.
seiryokuhan'i 勢力範囲 *s* esfera de influência; território de um indivíduo.
seiryokuka 精力家 *s* homem poderoso; pessoa influente.
seiryū 清流 *s* corrente de água límpida.
seiryū 整流 *s Eletr* retificação.
seiryūki 整流器 *s* retificador; válvula retificadora.
seisa 性差 *s* diferença entre os sexos.
seisa 精査 *s* investigação minuciosa; inspeção cuidadosa.
seisai 正妻 *s* esposa legítima.
seisai 制裁 *s* punição; sansão; castigo disciplinar.
seisaibō 性細胞 *s Biol* célula germinativa; célula sexual.

seisaku 制作 *s* fabricação; produção.
seisaku 政策 *s* política. 経済～ *keizai*～: política econômica.
seisaku 製作 *s* produção; elaboração.
seisakujo 製作所 *s* fábrica; oficina.
seisakusha 製作者 *s* fabricante; produtor.
seisan 清算 *s* liquidação. ～人 ～*nin*: liquidante.
seisan 精算 *s* acerto de contas.
seisan 成算 *s* esperança de sucesso; perspectiva de sucesso.
seisan 聖餐 *s Catól* Eucaristia; banquete sagrado; comunhão; ceia do Senhor.
seisan 生産 *s* produção.
seisanbutsu 生産物 *s* produto.
seisanchi 生産地 *s* região produtora.
seisandaka 生産高 *s* produção; rendimento; quantidade produzida.
seisangijutsu 生産技術 *s* tecnologia de produção; tecnologia industrial.
seisan'hi 生産費 *s* custo de produção.
seisankakaku 生産価格 *s* preço de custo.
seisankanri 生産管理 *s* controle de produção.
seisanmokuhyō 生産目標 *s* meta de produção.
seisanryoku 生産力 *s* capacidade de produção.
seisansei 生産性 *s* produtividade.
seisansha 生産者 *s* produtor; fabricante.
seisanteki 生産的 *adj* produtivo. ～労働 ～*rōdō*: trabalho produtivo. 非～ *hi*～: improdutivo.
seisatsu 生殺 *s* vida e morte.
seisatsu 省察 *s* reflexão; consideração; introspecção.
seisei 精製 *s* refinação.
seisei 生成 *s* 1 formação; geração. ～*suru*, *v*: criar-se; formar-se. 2 criação; produção.
seiseidōdō 正々堂々 *adj* honesto; franco; justo; correto. ～と戦う ～*to tatakau*: lutar honesta e corajosamente.
seiseihō 精製法 *s* processo de refinação.
seiseikatsu 性生活 *s* vida sexual.
seisei suru 清々する *v* refrescar; aliviar; consolar; sentir-se bem.
seiseki 成績 *s* resultado; nota de aproveitamento.
seiseki 聖跡[蹟] *s* locais sagrados históricos.
seisekijun 成績順 *s* por ordem de classificação.
seisen 生鮮 *s* produtos perecíveis. ～食品 ～*shokuhin*: alimentos perecíveis.
seisen 聖戦 *s* guerra santa.
seisen 精選 *s* beneficiamento; limpeza; seleção rigorosa.
seisen 政戦 *s* campanha política; luta pelo poder.
seisetsu 清節 *s* integridade; fidelidade ao princípio moral.
seisetsu 正接切 *s Mat* tangente.
seishain 正社員 *s* funcionário efetivo da empresa.
seishi 生死 *s* vida e/ou morte. ～にかかわる問題 ～*ni kakawaru mondai*: questão de vida ou morte.
seishi 静止 *s* ato ou efeito de repousar; ato de ficar estacionário.
seishi 制止 *s* controle; ordem de parar; contenção.
seishi 製糸 *s* fiação.
seishi 正史 *s* história oficial
seishi 正視 *s* ato de encarar; ato de olhar bem de frente; emetropia. 事実問題を～する *jijitsu mondai o* ～*suru*: encarar os fatos. ～練習 ～*renshū*: exercícios ortópticos.

seishi 精子 *s Bot* e *Zool* espermatozoide; anterozoide.
seishi 製紙 *s* fabricação de papel.
seishigyō 製紙業 *s* indústria de papel.
seishiki 正式 *s* forma regular; forma oficial; forma legal.
seishin 精神 *s* 1 espírito; alma; coração; mente; gênio. 2 intenção; razão.
seishinbunretsushō 精神分裂症 *s* esquizofrenia.
seishinbunseki 精神分析 *s* psicanálise.
seishinbyō 精神病 *s* psicopatia.
seishinbyōgaku 精神病学 *s* psiquiatria.
seishinbyōin 精神病院 *s* hospital psiquiátrico.
seishinbyōrigaku 精神病理学 *s* psicopatologia.
seishin'hakujaku 精神薄弱 *s* debilidade mental; atraso mental.
seishin'ijō 精神異常 *s* psicose; distúrbio mental.
seishinjōtai 精神状態 *s* estado mental.
seishinkinō 精神機能 *s* função psíquica.
seishinrōdō 精神労働 *s* trabalho mental.
seishinryōhō 精神療法 *s* psicoterapia.
seishinryoku 精神力 *s* força de espírito; resistência espiritual.
seishinseii 誠心誠意 *adv* sincera e devotadamente; de todo o coração.
seishinshugi 精神主義 *s* idealismo; espiritualismo.
seishinshūgyō 精神修業 *s* cultura mental; treinamento mental.
seishinsokutei 精神測定 *s* psicometria.
seishinteki 精神的 *adj* mental; espiritual; psíquico.
seishitsu 性質 *s* 1 natureza; temperamento; caráter; personalidade. 2 propriedade; qualidade.
seisho 清書 *s* ato de passar a limpo.
seisho 聖書 *s* Bíblia Sagrada.
seishō 斉唱 *s* 1 grito uníssono. 万歳～ *banzai*～: grito de "viva". 2 *Mús* canto em uníssono.
seishō 制勝 *s* vitória; conquista da vitória.
seishō 政商 *s* homem de negócios com ligações políticas; empresário com conexões políticas.
seishohō 正書法 *s* ortografia.
seishoku 生殖 *s* reprodução; procriação; geração.
seishoku 生色 *s* aparência viva; aparência animada.
seishoku 聖職 *s* ordem sacra; sacerdócio.
seishokusha 聖職者 *s* sacerdote; padre; ministro sagrado; pastor.
seishoku 声色 *s* 1 voz e semblante. 2 música e vozes femininas.
seishok(u)ki 生殖器 *s* órgão reprodutor.
seishōnen 青少年 *s* juventude; geração jovem; mocidade.
seishu 清酒 *s* saquê refinado.
seishuku 静粛 *s* silêncio; calma; ordem; sossego.
seishun 青春 *s* juventude; mocidade; flor da idade.
seiso 清楚 *s* asseio; limpeza. ～な身なり ～*na minari*: vestir-se com distinção e charme.
seiso 精粗 *s* pureza e grosseria; finura e aspereza; alta e baixa qualidades.
seisō 正装 *s* traje de cerimônia; uniforme militar. ～には及びません (招待状にて *shōtaijō nite*) ～*ni wa oyobimasen* (escrito em convites; literalmente: dispensa-se traje a rigor): traje de passeio.
seisō 政争 *s* rivalidade política.
seisō 清掃 *s* limpeza. ～*suru*, *v*: limpar; varrer.
seisō 星霜 *s* os anos; o tempo.

seisō 盛装 s traje de gala/luxo. ~suru, v: vestir-se luxuosamente, pomposamente.
seisō 成層 s estratificação.
seisōfu 清掃夫 s trabalhador da limpeza.
seisōken 成層圏 s estratosfera.
seisoku 棲[生]息 s habitação. ~suru, v: habitar; viver.
seisoku 正則 s sistema regular.
seisū 正数 s Mat números positivos.
seisū 整数 s Mat números inteiros.
seisui 清水 s água limpa; água da fonte.
seisui 聖水 s água benta.
seisui 静水 s água paralisada; água estagnada.
seisui 盛衰 s altos e baixos; vicissitudes; ascensão e decadência. 栄枯~ eiko~: prosperidade e decadência.
seisuru 制する v 1 estabelecer; instituir; aprovar; promulgar. 2 reprimir; refrear; controlar. 3 dominar; ter todo o poder.
seitai 生態 s hábitos; modo de vida.
seitai 政体 s sistema de governo; regime de governo.
seitai 聖体 s Catól corpo de Cristo; pão eucarístico; hóstia sagrada.
seitai 生体 s organismo; corpo vivo.
seitai 声帯 s cordas vocais; voz.
seitaigaku 生態学 s ecologia.
seitaihannō 生体反応 s reação vital.
seitaijikken 生体実験 s experiência com corpos vivos.
seitaikaibō 生体解剖 s vivissecção.
seitaimosha 声帯模写 s imitação da voz.
seitaku 請託 s solicitação; imploração de favor.
seitan 生誕 s nascimento. ~の地 ~no chi: local de nascimento.
seitei 制定 s estabelecimento de normas; promulgação de leis. ~suru, v: estabelecer; instituir; promulgar.
seiteki 性的 adj sexual. ~関係 ~kankei: relações sexuais.
seiteki 静的 adj estático; parado; imóvel.
seiten 晴天 s bom tempo; céu claro.
seiten 聖典 s livro sagrado.
seiten 青天 s céu azul; céu limpo.
seiten'hakujitsu 青天白日 s limpidez de céu azul. ~の身となる ~no mi to naru: ser declarado completamente inocente.
seitenkan 性転換 s mudança de sexo.
seitetsu 製鉄 s siderurgia.
seito 生徒 s aluno.
seitokai 生徒会 s associação dos alunos.
seito 聖徒 s discípulo de Cristo.
seito 征途 s ato de iniciar uma expedição militar.
seitō 正統 s legitimidade; ortodoxia.
seitō 政党 s partido político.
seitō 製陶 s fabricação de cerâmica.
seitō 製糖 s fabricação de açúcar.
seitō 精糖 s refinação de açúcar.
seitō 正当 adj justo; correto; legítimo; legal.
seitōbōei 正当防衛 s legítima defesa.
seitōha 正統派 s escola ortodoxa.
seitōka 正当化 s justificação. ~suru, v: justificar.
seitoku 生得 s aquisição inata; algo que se tem por natureza.
seitokusetsu 生得説 s nativismo.

seiton 整頓 s ordem; arrumação; arranjo.
seitsū 精通 s conhecedor; perito; conhecimento detalhado do todo.
seiu 晴雨 s chuva ou céu limpo.
seiukei 晴雨計 s barômetro.
seiun 星雲 s Astr nebulosa.
seiun 青雲 s céu azul; ideal; ambição.
seiun 盛運 s prosperidade; boa fortuna.
seiya 聖夜 s véspera de Natal; noite santa.
seiyaku 制約 s restrição; limitação; condição. ~suru, v: restringir; limitar; condicionar.
seiyaku 製薬 s fabricação de medicamentos; indústria farmacêutica.
seiyaku 誓約 s juramento; promessa solene; compromisso. ~を果たす ~o hatasu: cumprir a promessa.
Seiyō 西洋 s ocidente; oeste; Europa.
seiyō 静養 s repouso; restabelecimento. ~のために ~no tameni: para repouso.
seiyōbunmei 西洋文明 s civilização ocidental.
seiyōjin 西洋人 s ocidental; europeu.
seiyōka 西洋化 s ocidentalização.
seiyoku 性欲 s apetite sexual; desejo carnal.
seiyōryōri 西洋料理 s culinária ocidental; pratos ocidentais.
seiyu 精油 s beneficiamento de óleos essenciais.
seiyu 製油 s refinação de óleo; refino de petróleo; fabricação de óleo.
seiyū 政友 s companheiro de política.
seiyū 清遊 s excursão; viagem de entretenimento.
seiyū 声優 s dublador; artista de dublagem.
seiza 正座 s posição correta de se sentar sobre o tatame.
seiza 星座 s Astr constelação.
seizai 製材 s serragem de madeira; madeira serrada. ~suru, v: serrar madeira.
seizaigyō 製材業 s indústria madeireira.
seizan 生残 s sobrevivência.
seizan 青山 s 1 montanha verdejante. 2 sepultura; local de descanso eterno.
seizei 精々 adv 1 no máximo; quando muito. かかっても~十五日でしょう kakattemo~jūgonichi deshō: deve demorar no máximo uns 15 dias. 2 na medida do possível. ~早く ~hayaku: o mais rápido possível.
seizen 生前 s vida; existência. ~に ~ni: enquanto vivo; durante a vida.
seizen 整然 adj ordenado; sistemático; organizado.
seizensetsu 性善説 s teoria segundo a qual a natureza humana é fundamentalmente boa.
seizō 聖像 s imagem sagrada; ícone.
seizō 製造 s manufatura; produção; fabricação. ~suru, v: manufaturar; produzir; fabricar.
seizōgyō 製造業 s indústria manufatureira.
seizōgyōsha 製造業者 s fabricante; produtor.
seizon 生存 s vida; sobrevivência.
seizonken 生存権 s direito à vida.
seizonkyōsō 生存競争 s luta pela sobrevivência.
seizonsha 生存者 s sobrevivente.
seizoroi 勢揃い s formação militar; ato de alinhar-se.
seizōsho 製造所 s fábrica; usina; oficina.
seizu 製図 s desenho; cartografia; elaboração de mapas.

seizuka 製図家 *s* desenhista; cartógrafo.
seji 世事 *s* assuntos mundanos; vida prática.
seji 世辞 *s* lisonja; adulação.
sejin 世人 *s* povo; público; mundão.
sejō 世情 *s* assuntos mundanos; mundo.
sejō 世上 *s* no mundo; entre as pessoas.
sekai 世界 *s* mundo.
seikaigo 世界語 *s* linguagem universal.
sekaiheiwa 世界平和 *s* paz mundial.
sekaiichi 世界一 *s* o melhor no mundo; o primeiro lugar do mundo.
sekaiisshū 世界一周 *s* volta ao mundo.
sekaijin 世界人 *s* cidadão do mundo; cosmopolita.
sekaikakkoku 世界各国 *s* todos os países do mundo; cada um dos países do mundo.
sekaikiroku 世界記録 *s* recorde mundial.
sekairenpō 世界連邦 *s* Federação das Nações do Mundo.
sekaiseisaku 世界政策 *s* política mundial.
sekaishugi 世界主義 *s* cosmopolitismo; internacionalismo.
sekaitaisen 世界大戦 *s* guerra mundial.
sekaiteki 世界的 *adj* mundial.
sekaseka せかせか *mim* irrequieto; apressado; impaciente. 彼はいつも～している *kare wa itsumo ~shite iru*: ele está sempre irrequieto.
sekasu 急かす *v* apressar; pressionar; apertar; empurrar. そんなに～な *sonna ni ~na*: não me apresse tanto.
seken 世間 *s* mundo; vida; gente. ～へ出る *~e deru*: lançar-se à vida.
sekenbanare 世間離れ *s* desligado do mundo. ～した人 *~shita hito*: pessoa que é alheia ao mundo.
sekenbanashi 世間話 *s* conversa; bate-papo.
sekennami 世間並み *s* ato de ser comum; habitual; ordinário. ～に暮らす *~ni kurasu*: viver decentemente uma vida comum.
sekenshirazu 世間知らず *s* inexperiência da vida. 彼は全く～だ *kare wa mattaku ~da*: ele é completamente inexperiente.
sekentei 世間体 *s* aparências; fachada; reputação.
sekenteki 世間的 *adj* social; mundano. ～知識がない *~chishiki ga nai*: não tem conhecimento do mundo. ～名声 *~meisei*: fama social.
sekentsū 世間通 *s* pessoa que conhece o mundo.
sekenzure 世間擦れ *s* afetação. ～のしている *~no shite iru*: afetado.
seki 咳 *s* tosse.
seki 席 *s* 1 assento; cadeira; lugar. 2 local; recinto; altura.
seki 堰 *s* barragem; dique.
seki 積 *s* *Mat* produto; resultado de uma multiplicação.
seki 籍 *s* 1 registro civil. 2 registro. 3 documento.
seki 寂 *s* quietude. ～とした *~to shita*: silencioso; quieto; calmo; sereno.
-seki -石 *suf* jóia. 二十一～の時計 *nijūisseki no tokei*: relógio com 21 pedras.
sekiageru 咳き上げる *v* ter um acesso de tosse.
sekiaku 積悪 *s* pecados acumulados; série de ações nocivas.
sekibaku 寂寞 *adj* solidão; desolação.
sekiban 石版 *s* litografia. ～刷りにする *~zuri ni suru*: litografar.

sekiban'insatsu 石版印刷 *s* litografia.
sekibarai 咳払い *s* tosse propositada. ～をする *~o suru*: tossir propositadamente para advertir.
sekibun 積分 *s* *Mat* cálculo integral.
sekichū 脊柱 *s* *Anat* coluna vertebral; espinha dorsal.
sekidō 赤道 *s* *Geod* equador.
sekidome 咳止め *s* remédio contra tosse; expectorante.
sekiei 石英 *s* *Miner* quartzo.
sekigaihōsha 赤外放射 *s* *Fís* radiação infravermelha.
sekigaisen 赤外線 *s* *Fís* raios infravermelhos.
sekigaku 碩学 *s* grande cientista; sábio; erudito.
sekigan 隻眼 *s* caolho.
sekigo 隻語 *s* dito; frase.
sekigun 赤軍 *s* Exército Vermelho.
sekihai 惜敗 *s* derrota por pouco; perda por pequena margem.
sekihan 赤飯 *s* arroz cozido com feijão vermelho (*azuki*).
sekihi 石碑 *s* lápide; pedra tumular.
sekihin 赤貧 *s* extrema pobreza; miséria; penúria.
sekiji 席次 *s* ordem dos assentos; assento; lugar. 私の～は五十人中十五番だ *watashi no ~wa gojūninchū jūgoban da*: estou em 15.º lugar numa turma de 50.
sekijitsu 昔日 *s* velhos tempos; passado.
sekijō 席上 *s* local da reunião; assento; lugar.
sekijūji 赤十字 *s* Cruz Vermelha.
sekikan 石棺 *s* sarcófago.
sekikomu 急き込む *v* agitar-se; inquietar-se; atrapalhar-se.
sekikomu 咳き込む *v* ter um acesso de tosse; tossir convulsivamente.
sekimen 赤面 *s* rubor facial; enrubescimento causado pela emoção.
sekimen 石綿 *s* *Miner* amianto; asbesto.
sekimori 関守 *s* *arc* guarda de posto de fiscalização nas fronteiras das suseranias.
sekimu 責務 *s* dever; obrigação.
sekinetsu 赤熱 *s* calor encandescente; aquecido ao rubro.
sekinin 責任 *s* responsabilidade.
sekinin'hoken 責任保険 *s* seguro de obrigação; seguro de responsabilidade.
sekininkan 責任感 *s* senso de responsabilidade.
sekininnogare 責任逃れ *s* ato de fugir à responsabilidade.
sekininsha 責任者 *s* encarregado; responsável.
seki no yama 関の山 *s* máximo. 彼にはこれくらいの仕事が～だ *kare ni wa kore kurai no shigoto ga ~da*: esta é a sua capacidade máxima de trabalho.
sekirara 赤裸々 *s* nudez; franqueza; as coisas como elas são.
sekiri 赤痢 *s* disenteria; diarreia.
sekisai 積載 *s* carregamento; carga.
sekisan 積算 *s* adição; integração; totalização cumulativa.
sekisetsu 積雪 *s* acúmulo de neve; neve acumulada.
sekisho 関所 *s* barreira de fiscalização.
sekishoku 赤色 *s* 1 cor vermelha; vermelho. 2 comunismo.
sekishu 赤手 *s* de mãos vazias; desarmado; sem recurso financeiro.

sekishu 隻手 *s* uma mão.
sekitan 石炭 *s* carvão mineral; hulha.
sekitangasu 石炭ガス *s* gás de carvão mineral; gás de destilação a seco de carvão mineral.
sekitansan 石炭酸 *s* Quím fenol.
sekitansutōbu 石炭ストーブ *s* fogão de carvão; estufa de carvão.
sekitateru 急き立てる *v* apressar; urgir; apertar.
sekitei 石庭 *s* jardim de pedras de estilo japonês.
sekitō 石塔 *s* pedra tumular.
sekitomeru 堰き止める *v* represar; deter; interceptar; interromper.
sekitori 関取 *s* lutadores qualificados de sumô.
sekitsui 脊椎 *s* Anat coluna vertebral.
sekitsuidōbutsu 脊椎動物 *s* animal vertebrado.
sekitsuikotsu 脊椎骨 *s* vértebra.
sekiyu 石油 *s* petróleo.
sekiyugasu 石油ガス *s* gás de petróleo; gás natural.
sekiyukagaku 石油化学 *s* petroquímica.
sekiyukagakukōgyō 石油化学工業 *s* indústria petroquímica.
sekiyushigen 石油資源 *s* recursos naturais petrolíferos.
sekizai 石材 *s* pedra para construção.
sekizen 積善 *s* acúmulo de feitos virtuosos.
sekizō 石造 *s* construção de pedra.
sekizō 石像 *s* estátua de pedra.
sekizui 脊髄 *s* Anat medula espinhal.
sekka 赤化 *s* comunização. ~*suru*, *v*: comunizar.
sekkachi せっかち *s* pop ser impaciente. ~*na*, *adj*: impaciente; apressado; impetuoso; precipitado.
sekkai 石灰 *s* cal; óxido de cálcio.
sekkai 石塊 *s* pedra; calhau.
sekkai 切開 *s* Cir incisão. ~*suru*, *v*: incisar; cortar; abrir; operar.
sekkaishujutsu 切開手術 *s* operação cirúrgica.
sekkaibun 石灰分 *s* conteúdo de cal.
sekkaishitsu 石灰質 *s* material de pedra calcária. ~肥料 ~*hiryō*: fertilizante calcário. ~除去 ~*jokyo*: descalcificação. ~の ~*no*: calcário.
sekkaku せっかく *adv* 1 com muito esforço; trabalhosamente. ~貯めた金を泥棒に取られた ~ *tameta kane o dorobō ni torareta*: o ladrão levou todo o dinheiro que poupei com tanto trabalho. 2 com gentileza; por bem. 私の~の忠告もむだになった *watashi no* ~*no chūkoku mo muda ni natta*: de nada adiantou o conselho que lhe dei. 3 com alegria; ansiosamente. ~のピクニックも雨で中止になった ~*no pikunikku mo ame de chūshi ni natta*: o piquenique que tanto esperávamos foi cancelado por causa da chuva!
sekkan 石棺 *s* sarcófago de pedra.
sekkan 折檻 *s* castigo físico; severa repreensão.
sekkei 設計 *s* plano; projeto; desenho.
sekkeisha 設計者 *s* projetista; desenhista; arquiteto.
sekkekkyū 赤血球 *s* Anat glóbulo vermelho; eritrócito.
sekken 石鹸 *s* sabão; sabonete.
sekken 接見 *s* entrevista concedida pelo superior; audiência.
sekken 席巻 *s* conquista de tudo.
sekki 石器 *s* instrumento de pedra.
sekki 節季 *s* final do ano; fim de cada estação; dia de fechamento do ano; dia de balanço.
sekkijidai 石器時代 *s* Arqueol idade da pedra.
sekkin 接近 *s* aproximação; intimidade; semelhança.
sekkō 斥候 *s* exploração; reconhecimento; patrulha; batedor; explorador.
sekkō 石工 *s* pedreiro; canteiro.
sekkō 石膏 *s* Miner sulfato de cálcio hidratado; gesso.
sekkotsu 接骨 *s* redução de ossos fraturados.
sekkotsui 接骨医 *s* ortopedista.
sekku 節句 *s* uma das cinco festas sazonais do ano.
sekkusu セックス (*ingl sex*) *s* sexo. ~*suru*, *v*: ter relações sexuais.
sekkutsu 石窟 *s* caverna; gruta.
sekkyaku 接客 *s* recepção dos visitantes; atendimento às visitas.
sekkyakugyō 接客業 *s* serviço de atendimento a hóspedes e fregueses.
sekkyō 説教 *s* 1 sermão; pregação. 2 repreenda; repreensão.
sekkyō 石橋 *s* ponte de pedra.
sekkyoku 積極 *s* ser positivo, ativo.
sekkyokusei 積極性 *s* iniciativa; atividade; ser ativo.
sekkyokushugi 積極主義 *s* ativismo.
sekkyokuteki 積極的 *adj* ativo; positivo.
seko 世故 *s* coisas da vida. ~にたけている ~*ni takete iru*: saber muito do mundo.
sekō 施工 *s* construção; execução de obras. ~*suru*, *v*: construir.
seku 急く *v* apressar-se; ser impaciente.
seku 咳く *v* tossir.
seku 塞[堰]く *v* represar; barrar; parar.
sekushī セクシー (*ingl sexy*) *s* atraente; sensual.
sekushon セクション (*ingl section*) *s* seção.
semai 施米 *s* esmola dada em forma de arroz; arroz dado por caridade.
semai 狭い *adj* estreito; limitado; restrito; apertado.
semakurushii 狭苦しい *adj* estreito e incômodo.
semaru 迫る *v* 1 pressionar; urgir; forçar; apertar; obrigar. 2 aproximar-se; avançar; chegar perto.
seme 攻め *s* ofensiva; ataque.
seme 責め *s* 1 responsabilidade; culpa. 2 tortura.
semeau 攻め合う *v* atacar reciprocamente.
semegu 鬩ぐ *v* brigar; criticar.
semehorobosu 責め滅ぼす *v* atacar e destruir; arrasar.
semeiru 攻め入る *v* invadir; penetrar.
semeku 責め苦 *s* tortura; tormento.
semento セメント (*ingl cement*) *s* cimento.
semeotosu 攻め落とす *v* tomar de assalto. 砦を~ *toride o* ~: atacar e tomar a fortaleza.
semeru 攻める *v* atacar; investir contra.
semeru 責める *v* 1 perseguir; pedir com insistência; insistir; apertar. 2 condenar; censurar; repreender; reprovar. 3 torturar; atormentar.
semesainamu 責め苛む *v* maltratar; tratar cruelmente; atormentar.
semetateru 攻め立てる *v* atacar repetidamente.
semetateru 責め立てる *v* repreender severamente.
semete せめて *adv* ao menos; pelo menos. ~二千円なら買うのだが ~*nisen'en nara kau no da ga*: se ao menos custasse uns 2 mil ienes, eu compraria.
semete 攻め手 *s* 1 atacante. 2 ataque. ~に詰まる ~*ni tsumaru*: esgotar todos os meios de ataque.

semeyoru 攻め寄る *v* realizar um ataque ou um assalto.
semeyoseru 攻め寄せる *v* atacar em peso.
semi 蝉 *s Entom* cigarra.
semina セミナー(*ingl seminar*) *s* seminário; curso.
semushi 傴僂 *s* corcunda.
sen 千 *num* mil.
sen 先 *s* anterior; primeiro; frente; dianteira.
sen 栓 *s* rolha; torneira; fecho.
sen 銭 *s* moeda divisionária: 1/100 do iene.
sen 選 *s* seleção; compilação; escolha.
sen 線 *s* 1 linha; raio. 2 direção; caminho; linha. 3 impressão. 4 linha férrea ou marítima.
sen 腺 *s Anat* glândula.
-sen -船 *suf* navio. 運送〜 *unsō*〜: navio para transporte.
-sen -戦 *suf* 1 batalha; guerra. 2 jogo; competição.
senaka 背中 *s* costas; dorso.
senakaawase 背中合わせ *expr* de costas um para o outro.
senbai 千倍 *num* mil vezes.
senbai 専売 *s* monopólio; monopolização; exclusividade.
senbaihin 専売品 *s* artigo/produto de monopólio, de venda exclusiva.
senbaiken 専売権 *s* direito de monopólio, de venda exclusiva.
senbaitokkyo 専売特許 *s* direitos de patente.
senban 旋盤 *s Mec* torno mecânico.
senban 千万 *adv* muitíssimo; realmente; deveras; extremamente. *suf* muito. 気の毒〜だ *kinodoku*〜*da*: sinto muito mesmo.
senbankō 旋盤工 *s* torneiro.
senbatsu 選抜 *s* classificação; seleção.
senbazuru 千羽鶴 *s* mil cegonhas em dobradura de papel colocadas em corrente em sinal de sorte.
senbei 煎餅 *s* biscoito feito de farinha de arroz.
senben 先鞭 *s* prioridade; iniciativa; pioneirismo.
senbetsu 選別 *s* classificação; seleção.
senbetsu 餞別 *s* presente de despedida.
senbi 船尾 *s* popa; ré; parte traseira de embarcação.
senbi 戦備 *s* preparativos para a guerra.
senbin 先便 *s* última carta.
senbō 羨望 *s* inveja.
senbōkyō 潜望鏡 *s* periscópio.
senbyōshi 戦病死 *s* morte por doença contraída na frente de batalha.
sencha 煎茶 *s* chá verde de qualidade média.
senchaku 先着 *s* que chega primeiro.
senchi 戦地 *s* campo de batalha; frente de batalha.
senchikinmu 戦地勤務 *s* prestação de serviço em campo de batalha.
senchimentarizumu センチメンタリズム *s* sentimentalismo.
senchi(mentaru) センチ(メンタル) (*ingl sentimental*) *adj* sentimental.
senchimētoru センチメートル (*ingl centimeter*) *s* centímetro.
senchō 船長 *s* capitão de navio; comandante; mestre de embarcação.
senchū 船中 *s* interior de um navio.
sendai 先代 *s* geração anterior; antigo mestre; antigo dono.
sendan 専断 *s* arbitrariedade; decisão arbitrária.

sendatsu 先達 *s* precursor; pioneiro; guia.
sendatte 先だって *adv* outro dia; há pouco; recentemente. 〜はありがとう 〜*wa arigatō*: obrigado por outro dia.
senden 宣伝 *s* propaganda; publicidade.
sendenbira 宣伝ビラ *s* folheto de propaganda.
sendenbu 宣伝部 *s* departamento de publicidade.
senden'hi 宣伝費 *s* despesas de publicidade.
sendenkōka 宣伝効果 *s* efeito ou resultado de propaganda.
sendensen 宣伝戦 *s* guerra de propaganda.
senden'ya 宣伝屋 *s* marqueteiro; propagandista.
sendo 鮮度 *s* frescor. 〜の高い野菜 〜*no takai yasai*: verdura muito fresca.
sendō 先導 *s* guia; orientação. 〜*suru*, *v*: guiar.
sendō 扇[煽]動 *s* instigação; agitação; incitação; demagogia.
sendōsha 扇動者 *s* agitador; demagogo; instigador.
sendō 船頭 *s* mestre de barco; barqueiro.
sen'ei 尖鋭 *s* 1 agudeza, procedimento aguçado. 2 que é radical; extremista.
sen'eika 尖鋭化 *s* 〜*suru*, *v*: radicalizar.
sen'eki 戦役 *s* guerra.
sen'en 遷延 *s* procrastinação; adiamento. 〜*suru*, *v*: procrastinar; atrasar.
sen'etsu 僭[僣]越 *s* presunção; arrogância; petulância; atrevimento; ousadia. 〜な事を言う 〜*na koto o iu*: falar ousadamente; exceder a sua própria autoridade.
sengai 選外 *s* desclassificação; que fica fora da seleção.
sengaikasaku 選外佳作 *s* menção honrosa.
sengaku 浅学 *s* conhecimento superficial.
sengan 洗顔 *s* ato de lavar o rosto.
sengen 宣言 *s* declaração; comunicado; proclamação; manifesto. 独立〜 *dokuritsu*〜: proclamação da independência.
sengensho 宣言書 *s* declaração; manifesto.
sengetsu 先月 *s* mês passado.
sengi 詮議 *s* deliberação; discussão; exame; consideração; sindicância. 〜*suru*, *v*: deliberar; discutir; examinar.
sengidate 詮議立て *s* rigorosa investigação. 〜をする 〜*o suru*: realizar exaustiva investigação.
sengiri 千切り *s* corte de legumes em pedaços finos.
sengo 戦後 *s* pós-guerra.
sengokujidai 戦国時代 *s Hist* período das guerras civis no Japão (séculos XV a XVI).
sengu 船具 *s* equipamentos de barco/navio.
sengū 遷宮 *s* transferência dos símbolos sagrados xintoístas do santuário antigo para o novo.
sengyo 鮮魚 *s* peixe fresco.
sengyō 専業 *s* ocupação exclusiva; dedicação profissional exclusiva.
sengyōnōka 専業農家 *s* família que se dedica exclusivamente à agricultura.
sen'i 船医 *s* médico de bordo.
sen'i 戦意 *s* espírito combativo. 〜を失う 〜*o ushinau*: perder o espírito de combate.
sen'i 遷移 *s Fís* transição.
sen'i 繊維 *s* fibra.
sen'isangyō 繊維産業 *s* indústria têxtil.
sen'iki 戦域 *s* zona de guerra; área de batalha.
sen'in 船員 *s* tripulante de navio; marinheiro; marujo.
sen'iso 繊維素 *s* fibrina; celulose. 天然〜 *tennen*

~: celulose natural. ~を生じる ~o *shōjiru*: fibrinogênico; fibrinogenoso.
sen'itsu 専一 *s* concentração; importância primária; máxima importância.
senjaku 繊弱 *s* fraqueza; fragilidade. ~な子供 ~*na kodomo*: criança frágil.
senji 戦時 *s* tempo de guerra.
senjidasu 煎じ出す *v* preparar uma infusão; extrair por cozimento.
senjigusuri 煎じ薬 *s* chá de erva medicinal; infusão medicinal.
senjihensei 戦時編成 *s* organização de guerra; regime de guerra.
senjihoken 戦時保険 *s* seguro de risco de guerra.
senjihoshō 戦時補償 *s* indenização de guerra.
senjijōtai 戦時状態 *s* estado de guerra; beligerância.
senjikinmu 戦時勤務 *s* trabalho relacionado à guerra. ~解除 ~*kaijo*: dispensa do trabalho relacionado à guerra.
senjikokusai 戦時国債 *s* bônus de guerra.
senjin 戦陣 *s* posição de batalha.
senjin 先人 *s* predecessor; antecessor; pioneiro.
senjin 戦塵 *s* poeira do campo de combate. まだ~によごれていない若い兵士 *mada~ni yogoretenai wakai heishi*: jovem soldado ainda distante do combate.
senjiru 煎じる *v* preparar uma infusão.
senjitaisei 戦時体制 *s* regime de guerra.
senjitsu 先日 *s* outro dia; há pouco tempo.
senjitsumeru 煎じ詰める *v* 1 engrossar por fervura. 2 condensar; resumir.
senjō 洗浄 *s* lavagem; limpeza.
senjō 戦場 *s* campo de batalha.
senjō 線条 *s* linha; filamento.
senjō 線状 *s* linear; em linha. ~分子 ~*bunshi*: molécula linear. ~焦点 ~*shōten*: foco linear.
senjō 扇[煽]情 *s* ser picante; lascivo; sugestivo.
senjōki 洗浄器 *s* aparelho para irrigação; aparelho para lavagem.
senjūminzoku 先住民族 *s* povo nativo.
senjūsha 先住者 *s* primeiros habitantes.
senjūsha 専従者 *s* funcionário de dedicação exclusiva.
senjutsu 戦術 *s* tática; tática de combate.
senka 戦火 *s* fogo bélico.
senka 戦果 *s* façanha militar; resultado da guerra.
senka 戦禍 *s* flagelo da guerra. ~を免れる ~*o manukareru*: escapar do flagelo da guerra.
senka 選科 *s* matéria optativa; curso optativo.
senka 専科 *s* curso de especialização.
senkai 旋回 *s* volta; revolução; rotação; evolução; giro. ~*suru, v*: guiar; evoluir; circular; virar.
senkakusha 先覚者 *s* pioneiro; precursor; guia; mestre.
senkan 戦艦 *s* navio de guerra.
senkan 潜函 *s* caixa pneumática.
senkei 扇形 *s* forma de leque.
senkei 線形 *s* alinhamento. *adj* linear.
senken 先遣 *s* primeira expedição.
senkenbutai 先遣部隊 *s* tropa avançada; primeiro contingente.
senken 先見 *s* previsão; visão. ~の明がある ~*no mei ga aru*: ser previdente.
senkenteki 先験的 *adj* transcendental. ~認識 ~*ninshiki*: cognição transcendental.

senketsu 先決 *s* decisão prévia; prioridade de decisão.
senketsu 鮮血 *s* sangue fresco. 傷口から~がほとばしった *kizuguchi kara~ga hotobashitta*: o sangue fresco jorrou do ferimento.
senketsumondai 先決問題 *s* problema de resolução prioritária.
senki 戦記 *s* narrativa de guerra.
senki 戦旗 *s* bandeira de batalha.
senki 戦機 *s* momento propício para o ataque.
senki 疝気 *s Med* cólica no baixo ventre.
senkin 千金 *s* muito dinheiro; bom montante. ~に値する ~*ni atai suru*: valer muito dinheiro.
senko 千古 *s* remota antiguidade.
senkō 先行 *s* precedência; precessão; ato de ir à frente. 時代に~する思想 *jidai ni ~suru shisō*: ideia adiantada para a época.
senkō 穿孔 *s* perfuração.
senkō 専攻 *s* especialização acadêmica.
senkō 洗鉱 *s* lavagem de minério.
senkō 閃光 *s* relâmpago; raio de luz. ~を放つ ~*o hanatsu*: luzir; relampejar.
senkō 戦功 *s* ato de bravura em campo de batalha; mérito militar.
senkō 選考・銓衡 *s* seleção. ~に漏れる ~*ni moreru*: não ser selecionado.
senkō 線香 *s* incenso.
senkōhanabi 線香花火 *s* fogo de artifício "estrelinha".
senkō 潜航 *s* viagem submarina. ~*suru, v*: submergir.
senkō 選鉱 *s* separação de minério. ~*suru, v*: separar minério.
senkō 潜行 *s* ato de esconder-se. 地下に~する *chika ni ~suru*: entrar na clandestinidade.
senkōiinkai 選考委員会 *s* comissão de seleção.
senkōkijun 選考基準 *s* critério de seleção.
senkoku 宣告 *s* veredicto; sentença. ~*suru, v*: sentenciar.
senkoku 先刻 *s* há pouco tempo; já. そんなことは~承知だ *sonna koto wa~shōchi da*: já sabia disso.
senkōtei 潜航艇 *s* submarino.
senkotsu 仙骨 *s Anat* osso sacro.
senku 先駆 *s* primeiro; pioneiro. ~を成す ~*o nasu*: ir primeiro; ser o iniciador.
senkuchi 先口 *s* primazia; primeira colocação.
senkusha 先駆者 *s* pioneiro.
senkyaku 先客 *s* visita antecedente.
senkyaku 船客 *s* passageiros de navio.
senkyakubanrai 千客万来 *expr* sucessão interminável de clientes.
senkyakumeibo 船客名簿 *s* lista de passageiros do navio.
senkyo 船渠 *s* dique flutuante; dique seco.
senkyo 選挙 *s* eleição; votação.
senkyo 占拠 *s* ocupação. ~地 ~*chi*: território ocupado. 不法~ *fuhō~*: ocupação ilegal.
senkyō 宣教 *s* trabalho missionário.
senkyō 戦況 *s* situação militar; situação de guerra.
senkyoenzetsu 選挙演説 *s* discurso eleitoral.
senkyohō 選挙法 *s* legislação eleitoral.
senkyoiin 選挙委員 *s* comissão eleitoral.
senkyojimu 選挙事務 *s* administração da campanha eleitoral.
senkyokanri 選挙管理 *s* corregedoria eleitoral.

senkyoken 選挙権 s direito de voto.
senkyokijitsu 選挙期日 s dia da eleição.
senkyokōhō 選挙公報 s boletim oficial eleitoral.
senkyoku 戦局 s situação da guerra; andamento da guerra.
senkyoku 選曲 s seleção de música.
senkyoku 選挙区 s distrito eleitoral.
senkyomin 選挙民 s eleitorado.
senkyonin 選挙人 s eleitor.
senkyoninmeibo 選挙人名簿 s lista de eleitores.
senkyoseido 選挙制度 s sistema eleitoral.
senkyosen 選挙戦 s campanha eleitoral; batalha eleitoral.
senkyōshi 宣教師 s missionário.
senkyoshikin 選挙資金 s fundo de campanha eleitoral.
senkyoundō 選挙運動 s campanha eleitoral.
senkyū 船級 s classificação de navio.
senman 千万 num dez milhões.
senmannin 千万人 s dez milhões de pessoas.
senmei 鮮明 s clareza; nitidez.
senmei 闡明 s elucidação; esclarecimento.
senmen 洗面 s ato de lavar o rosto.
senmendōgu 洗面道具 s acessórios de toalete.
senmenjo 洗面所 s lavatório.
senmetsu 殲滅 s aniquilação; extermínio.
senmin 選民 s povo eleito; os eleitos.
senmin 賤民 s casta; massa popular; classe baixa.
senminshisō 選民思想 s elitismo.
senmō 繊毛 s Zool cílio.
senmon 専門 s especialidade.
senmongakkō 専門学校 s escola técnica; escola profissionalizante.
senmongo 専門語 s terminologia técnica; termo técnico.
senmon'i 専門医 s médico especialista.
senmonka 専門家 s especialista; profissional especializado.
senmonkyōiku 専門教育 s ensino especializado.
senmonteki 専門的 adj específico; profissional. ～知識 ～chishiki: conhecimentos específicos.
senmonten 専門店 s loja especializada.
senmonzasshi 専門雑誌 s revista especializada.
senmu 専務 s superintendente.
senmyō 宣命 s edito imperial escrito em japonês arcaico.
sennai 船内 s a bordo do navio; dentro do navio.
sennen 千年 s mil anos.
sennen 先年 s e adv há uns anos; ano passado; outro ano.
sennen 専念 s dedicação exclusiva; concentração. ～suru, v: dedicar-se; concentrar-se.
sennichi 千日 s mil dias.
sennin 仙人 s eremita lendário que vive nas montanhas.
sennin 先任 s antiguidade; o mais antigo na carreira.
sennin 専任 s serviço em tempo integral.
sennin 選任 s nomeação. ～suru, v: nomear.
senninken 先任権 s direito do mais antigo.
senninriki 千人力 s força/poder de mil homens.
sennō 洗脳 s lavagem cerebral.
sennuki 栓抜き s abridor de garrafas; saca-rolhas.
sennyo 仙女 s ninfa; fada.
sennyū 潜入 s infiltração. ～suru, v: infiltrar-se.

sennyūshu[kan] 先入主[観] s preconceito; ideia preconcebida.
sen'ō 専横 s arbitrariedade; despotismo; tirania.
senobi 背伸び s 1 ato de esticar-se; pôr-se nas pontas dos pés. 2 querer fazer mais do que pode.
senpai 先輩 s sênior; veterano; o mais velho; o mais antigo.
senpai 戦敗 s derrota na guerra. ～国 ～koku: país derrotado.
senpaku 浅薄 s superficialidade; frivolidade; leviandade. ～な知識 ～na chishiki: conhecimento superficial. ～な人 ～na hito: pessoa leviana.
senpaku 船舶 s navio; barco; embarcação.
senpan 先般 s outro dia; há uns tempos. ～来 ～rai: desde há algum tempo.
senpan 戦犯 s abreviatura de 戦争犯罪 sensō hanzai: crime de guerra.
senpatsu 先発 s ato de começar antes; ato de partir antes. ～隊 ～tai: tropa avançada.
senpatsu 洗髪 s lavagem de cabelo.
senpei 尖兵 s posto de guarda avançada; destacamento avançado.
senpenbanka 千変万化 s série de mudanças; mudanças caleidoscópicas.
senpen'ichiritsu 千篇一律 s monotonia; estereotipado.
senpi 戦費 s despesas de guerra.
senpō 先方 s 1 outra parte. ～の意向を尋ねる ～no ikō o tazuneru: perguntar a intenção da outra parte. 2 destinatário; destino.
senpō 先鋒 s vanguarda; dianteira; liderança.
senpō 戦法 s tática; plano de combate.
senpō 旋法 s Mús modo. 教会～ kyōkai～: modo eclesiástico.
senpu 先夫 s ex-marido; falecido marido.
senpū 旋風 s redemoinho; ciclone; vendaval.
senpūki 扇風機 s ventilador.
senpuku 船腹 s 1 casco do navio. 2 tonelagem do navio.
senpuku 潜伏 s 1 acoitamento. 2 Med incubação; latência.
senpukuki 潜伏期 s Med e Zool período de incubação.
senpukusei 潜伏性 s latência.
senpyō 選評 s seleção e crítica.
senran 戦乱 s distúrbios de guerra.
senrei 先例 s precedente. ～がない ～ga nai: não ter precedentes.
senrei 洗礼 s Catól batismo. ～を施す ～o hodokosu: batizar.
senreimei 洗礼名 s nome cristão de batismo.
senreki 戦歴 s experiência de guerra; carreira de guerra; histórico como combatente.
senren 洗練 s polimento; refinamento.
senretsu 戦列 s linha de combate.
senretsu 鮮烈 adj brilhante; nítido.
senri 千里 s mil ri, medida itinerária equivalente a 3.927 km.
senrigan 千里眼 s intuição; clarividência; olho de lince.
senrihin 戦利品 s presa de guerra; troféu de guerra.
senritsu 旋律 s melodia.
senritsu 戦慄 s calafrio; arrepio; tremor causado por medo.

senro 線路 *s* linha férrea; trilho.
senryaku 戦略 *s* estratégia.
senryakujō 戦略上 *s* sob o ponto de vista estratégico.
senryakuteki 戦略的 *adj* estratégico.
senryo 浅慮 *s* modo superficial de pensar.
senryō 占領 *s* ocupação de território.
senryō 染料 *s* tintas; corantes; tintura. 合成〜 *gōsei* 〜: corante sintético.
senryō 選良 *s* 1 os selecionados; os escolhidos. 2 representante do povo; deputado.
senryōchi 占領地 *s* território ocupado.
senryōgun 占領軍 *s* forças de ocupação.
senryōkoku 占領国 *s* país ocupante.
senryoku 戦力 *s* poder militar.
senryo no isshitsu 千慮の一失 *expr* "mesmo o sábio, entre os seus vários pensamentos, pode ter algum que esteja errado".
senryōyakusha 千両役者 *s* grande ator.
senryū 川柳 *s* verso humorístico/satírico de 17 sílabas.
senryū 潜竜 *s* o dragão que permanece escondido nos lagos em vez de subir ao céu; governante que permanece no seu lugar em vez de assumir o trono.
sensā センサー (*ingl sensor*) *s* sensor.
sensabanbetsu 千差万別 *s* variedade infinita.
sensai 先妻 *s* ex-esposa.
sensai 戦災 *s* danos causados pela guerra.
sensai 繊細 *s* delicadeza; fineza. 〜な神経 〜*na shinkei*: nervos delicados.
sensaku 穿鑿 *s* inquirição minuciosa; escrutínio.
sensaku 詮索 *s* exploração; busca; procura; investigação. 〜*suru*, *v*: investigar; buscar; procurar.
sensei 先生 *s* 1 professor; mestre. 2 doutor; médico; político; pessoa respeitável.
sensei 先制 *s* tomada da dianteira, da iniciativa.
sensei 専制 *s* absolutismo; autocracia.
sensei 宣誓 *s* juramento.
senseishiki 宣誓式 *s* cerimônia de juramento.
sensei(jutsu) 占星(術) *s* astrologia.
senseikōgeki 先制攻撃 *s* ataque preventivo.
senseiryoku 潜勢力 *s* força latente; potencialidade.
senseiseiji 専制政治 *s* despotismo; autocracia; governo absoluto.
senseki 船籍 *s* nacionalidade do navio.
sensen 宣戦 *s* declaração de guerra.
sensen 戦線 *s* frente; linha de batalha.
sensengetsu 先々月 *s* há dois meses; dois meses atrás.
sensenkyōkyō 戦々恐々 *adj* amedrontado; calado de medo; todo temeroso.
sensēshon センセーション (*ingl sensation*) *s* sensação.
sensēshonaru センセーショナル (*ingl sensational*) *adj* sensacional.
sensha 戦車 *s* tanque de guerra; carro de combate.
senshi 先史 *s* pré-história.
senshi 戦士 *s* soldado; combatente; guerreiro.
senshi 戦死 *s* morte na guerra. 〜*suru*, *v*: morrer na guerra.
senshi 戦史 *s* história da guerra.
senshin 専心 *s* dedicação; aplicação. 仕事に〜する *shigoto ni* 〜*suru*: dedicar-se ao trabalho.
senshin 先進 *s* avanço; desenvolvimento.

senshinbanku 千辛万苦 *s* muitos sofrimentos e dificuldades.
senshinkoku 先進国 *s* país desenvolvido.
senshisha 戦死者 *s* soldado morto na guerra.
senshitsu 船室 *s* camarote de navio.
senshō 先勝 *s* vitória no primeiro jogo ou primeira luta.
senshō 戦勝 *s* vitória na guerra.
senshō 戦傷 *s* ferimento de guerra.
senshoku 染色 *s* tintura. 〜*suru*, *v*: tingir.
senshokutai 染色体 *s* Biol e Genét cromossomo.
senshu 先取 *s* preferência. 〜*suru*, *v*: obter antes dos outros.
senshu 船首 *s* proa de navio.
senshu 選手 *s* atleta; jogador.
senshū 先週 *s* semana passada; última semana.
senshū 専修 *s* especialização. 〜*suru*, *v*: especializar-se.
senshū 選集 *s* antologia.
senshū 千秋 *s* mil anos; muitos anos.
senshuken 選手権 *s* campeão; campeonato.
senshūraku 千秋楽 *s* último dia; dia do fechamento; dia da conclusão.
senshutokken 先取特権 *s Dir* direito preferencial; prioridade de direito; direito de opção.
senshutsu 選出 *s* eleição; escolha. 〜*suru*, *v*: eleger; escolher.
sensō 戦争 *s* guerra.
sensō 船倉[艙] *s* porão de navio.
sensōgiseisha 戦争犠牲者 *s* vítima de guerra.
sensōhanzai 戦争犯罪 *s* crime de guerra.
sensōjōtai 戦争状態 *s* estado de guerra; beligerância.
sensōkoi 戦争行為 *s* ato de guerra.
sensoku 洗足 *s Catól* lava-pés.
sensoku 船側 *s* costado ou flanco de navio.
sensu 扇子 *s* leque. 〜であおぐ 〜*de aogu*: abanar com o leque.
sensu センス (*ingl sense*) *s* senso; gosto.
sensui 泉水 *s* fonte; chafariz; tanque de jardim.
sensui 潜水 *s* mergulho; submersão. 〜*suru*, *v*: mergulhar.
sensuifu 潜水夫 *s* mergulhador.
sensuikan 潜水艦 *s* submarino.
sensuru 宣する *v* declarar; fazer uma declaração.
sentā センター (*ingl center*) *s* centro. 国立がん〜 *kokuritsu gan* 〜: Centro Nacional de Oncologia. ショッピング〜 *shoppingu*〜: centro comercial; *shopping center*. スポーツ〜 *supōtsu*〜: centro desportivo.
sentai 船体 *s* casco de navio.
sentai 船隊 *s* frota de navios.
sentaku 洗濯 *s* lavagem de roupa.
sentaku 選択 *s* escolha; seleção; opção.
sentakukamoku 選択科目 *s* matéria optativa.
sentakuken 選択権 *s* direito de opção.
sentakuki 洗濯機 *s* máquina de lavar roupa.
sentakumono 洗濯物 *s* roupa suja para ser lavada; roupa lavada.
sentakuya 洗濯屋 *s* lavanderia.
sentan 先[尖]端 *s* ponta; extremidade; vanguarda; ponta de lança. 〜的な 〜*teki na*, *adj*: ultramoderno; de vanguarda.
sentan 選炭 *s* seleção de carvão de qualidade; concentração de carvão.

sentan 戦端 s hostilidades. 〜を開く 〜o hiraku: iniciar a guerra.
sente 先手 s primeira jogada; o primeiro a jogar; antecipação; iniciativa.
sentei 船底 s fundo de navio; porão.
sentei 剪定 s poda. 〜suru, v: podar.
sentei 選定 s seleção; escolha. 〜suru, v: selecionar; escolher.
senteibasami 剪定鋏 s tesoura de poda.
sentensei 先天性 s congenialidade; aprioridade.
sententeki 先天的 adj natural; congênito. 〜na, adj: congênito; hereditário; herdado; inato; conato.
sentetsu 銑鉄 s ferro-gusa.
sentetsu 先哲 s sábio; antigo mestre.
sentō 銭湯 s banho público.
sentō 尖塔 s pináculo; campanário; torre sineira.
sentō 先頭 s vanguarda; frente; testa; cabeceira; liderança; dianteira.
sentō 戦闘 s batalha; luta; combate.
sentōbutai 戦闘部隊 s unidade de combate; forças de combate.
sentōbakugekiki 戦闘爆撃機 s caça bombardeiro.
sentōfuku 戦闘服 s traje de combate.
sentōin 戦闘員 s combatente.
sentōjōtai 戦闘状態 s estado de guerra.
sentōjunbi 戦闘準備 s preparativos para combate.
sentōki 戦闘機 s avião de combate.
sentōkōi 戦闘行為 s ação de combate; ação militar; ação de hostilidade.
sentōninmu 戦闘任務 s missão de combate.
sentōryoku 戦闘力 s força combativa; poder de combate.
sentōtaikei 戦闘隊形 s formação para combate.
sentōtaisei 戦闘態勢 s a postura para combate; preparado para combate.
sentōteki 戦闘的 adj combativo.
sen'un 戦雲 s nuvens de guerra; sinais de guerra.
sen'yaku 先約 s compromisso anterior.
sen'yō 専用 s uso exclusivo; uso privativo.
sen'yō 宣揚 s proclamação. 国威を〜する kokui o〜suru: aumentar o prestígio do país.
sen'yōki 専用機 s avião particular; avião de uso exclusivo.
sen'yōsha 専用車 s carro exclusivo para fim específico.
sen'yū 占有 s ocupação; posse. 〜suru, v: ocupar; tomar posse.
sen'yū 専有 s monopólio; posse exclusiva. 〜suru, v: monopolizar.
sen'yū 戦友 s companheiro de guerra.
sen'yūken 占有権 s direito de posse.
senzai 洗剤 s detergente.
senzai 潜在 s potencialidade; latência; dormência.
senzai 千載 s mil anos; milênio.
senzaiishiki 潜在意識 s subsconsciência.
senzen 戦前 s antes da guerra.
senzo 先祖 s antepassados.
senzoku 専属 s exclusividade; aquele que é exclusivo. 我が社への俳優 wagasha〜no haiyū: ator exclusivo da nossa companhia.
senzokukeiyaku 専属契約 s contrato de exclusividade.
seoinage 背負い投げ s golpe de judô com uso de suas costas como alavanca.

seou 背負う v 1 carregar nas costas. 2 assumir as responsabilidades.
seppaku 切迫 s aperto; urgência; iminência; tensão.
seppan 折半 s divisão ao meio.
seppatsumaru 切羽詰る v estar sob pressão muito grande; estar em um grande aperto.
seppu 節婦 s mulher virtuosa.
seppuku 切腹 s suicídio/ritual em que se corta o ventre. 〜suru, v: praticar o suicídio golpeando o ventre.
seppuku 説伏 s persuasão.
seppun 接吻 s beijo. 〜suru, v: beijar.
sērā セーラー (ingl sailor) s marinheiro.
sērafuku セーラー服 s vestido como marinheiro.
seramikkusu セラミックス (ingl ceramics) s cerâmica.
seri 競り s leilão; licitação. 〜市 〜ichi: mercado de leilão.
seriageru 競り上げる v elevar o lance no leilão.
seriau 競り合う v competir.
seridasu 迫り出す v 1 projetar-se. おなかが〜 onaka ga〜: ganhar barriga. 2 aparecer no palco pelo alçapão.
serifu 台詞 s 1 fala do artista. 〜を覚える 〜o oboeru: decorar a fala. 2 palavra; fala.
serifumawashi 台詞回し s elocução teatral.
seriotosu 競り落とす v ganhar em leilão.
seriuri 競り売り s leilão; licitação. 〜suru, v: leiloar; licitar.
serohan セロハン (ingl cellophane) s celofane.
seron 世論 s opinião pública.
serotēpu セロテープ (ingl cellophane tape) s fita adesiva de celofane.
seru 競る v competir; disputar; leiloar.
serufusābisu セルフサービス (ingl self-service) s autosserviço; ato de servir-se.
seruroido セルロイド (ingl celluloid) s celuloide.
sērusuman セールスマン (ingl salesman) s vendedor; agente de vendas.
seryō 施療 s tratamento médico gratuito.
sesai 世才 s esperteza; conhecimento do mundo.
sesekomashii せせこましい adj pop 1 pequeno; limitado; apertado. 2 inquieto; picuinha; difícil de contentar.
seseragi せせらぎ s arroio; riacho; ruído de riacho.
seserawarai せせら笑い s pop sorriso zombeteiro de desprezo ou escárnio.
seserawarau せせら笑う v pop rir zombeteiramente; sorrir com desprezo; zombar.
seshimeru せしめる v pop bifar; deitar as unhas. まんまと〜 manma to 〜: bifar sem dificuldade.
seshu 施主 s pessoa que preside o funeral; pessoa que faz a oferenda ao templo budista; construtora de um prédio.
seshū 世襲 s herdamento. 〜制 〜sei: sistema hereditário.
sesō 世相 s situação social; sinal dos tempos; condições sociais.
sessaku 切削 s corte. 〜工具 〜kōgu: instrumento de corte.
sessaku 拙策 s trabalho malfeito; trabalho modesto.
sessatakuma 切磋琢磨 s aprimoramento contínuo; emulação. 〜suru, v: aprimorar-se; emular.
sessei 摂生 s cuidado com a saúde; regime.

sessei 節制 *s* temperança; moderação; comedimento.
sessen 接戦 *s* luta encarniçada; batalha renhida; desafio. 〜の末に勝つ *no sue ni katsu*: vencer após uma luta renhida.
sessen 接線 *s Mat* tangente; linha tangencial.
sesse to せっせと *adv* sem parar; duramente; diligentemente.
sessha 接写 *s Fot* fotografia de perto; fotografia de primeiro plano.
sessha 拙者 *pron obsol* eu.
sesshi 摂氏 *s* centígrado.
sesshi kandankei 摂氏寒暖計 *s* termômetro da escala Celsius.
sesshō 折衝 *s* negociação. 〜*suru*, *v*: negociar.
sesshō 殺生 *s* destruição da vida; crueldade. それはあまりに〜だ *sore wa amari ni 〜da*: isso é cruel demais.
sesshō 摂政 *s Hist* regente; regência. 〜の宮 〜*no miya*: o príncipe regente.
sesshoku 接触 *s* 1 contato; conexão; ligação; relação. 2 toque; colisão. 〜*suru*, *v*: colidir; tocar.
sesshoku 節食 *s* moderação na alimentação; regime alimentar moderado.
sesshu 摂取 *s* ingestão; adoção; assimilação; absorção. 〜*suru*, *v*: ingerir; adotar; assimilar; absorver.
sesshu 節酒 *s* moderação na bebida.
sesshu 接種 *s Med* inoculação; vacinação.
sesshū 接収 *s* requisição; confiscação; confisco; desapropriação. 〜を解除する 〜*o kaijo suru*: liberar a desapropriação.
sessō 節操 *s* fidelidade; integridade; honra.
sessō 拙僧 *s* eu; humilde servidor de Buda.
sessoku 拙速 *s* ato de fazer as coisas depressa ainda que imperfeitas.
sessuru 接する *v* 1 ser adjacente; confinar; ser contíguo. 2 atender; ter relações. 3 tocar. 4 receber.
sessuru 節する *v* economizar; poupar.
sesuji 背筋 *s* dorso; costas; espinha.
sētā セーター (*ingl sweater*) *s* suéter; malha de lã.
setai 世帯 *s* lar; domicílio.
setai 世態 *s* condição social; situação da sociedade.
setake 背丈 *s* estatura; altura.
setchaku 接着 *s* adesão; colagem. 〜剤 〜*zai*: material adesivo.
setchi 設置 *s* instituição; instalação; ato de constituir. 委員会を〜する *iinkai o 〜suru*: constituir uma comissão.
setchi 接地 *s* 1 solo; terra. 2 aterrissagem; pouso.
setchū 折衷 *s* mistura; compromisso; ato de ser ecléctico. 〜*suru*, *v*: misturar; combinar.
seto 瀬戸 *s* canal.
setogiwa 瀬戸際 *s* momento crítico; estar à beira.
setohiki 瀬戸引き *s* esmaltagem.
setomono 瀬戸物 *s* porcelana; cerâmica.
setsu 節 *s* 1 ocasião; oportunidade. あの〜はお世話になりました *ano 〜wa osewa ni narimashita*: muito obrigado pela sua amabilidade naquela ocasião. 2 virtude; integridade; princípios. 〜を曲げる 〜*o mageru*: faltar aos próprios princípios. 3 parágrafo; versículo; passagem; estrofe; parte.
setsu 説 *s* 1 opinião; ponto de vista. 2 teoria. 3 rumor; versão. 彼が犯人だという〜 *kare ga hannin da to iu 〜*: a versão que diz que ele é o criminoso.
setsu 切 〜*na*, *adj*: ansioso; impulsivo. 〜なる思い 〜*naru omoi*: um desejo ardente.
setsubi 設備 *s* equipamento; instalação. この学校は〜が良い *kono gakkō wa 〜ga yoi*: esta escola tem boas instalações.
setsubihi 設備費 *s* despesa de instalação.
setsubiji 接尾辞 *s Gram* sufixo.
setsubitōshi 設備投資 *s* investimento em instalações.
setsubō 切望 *s* desejo ardente; aspirações e expectativa.
setsubun 節分 *s* vésperas das datas de mudança de estações.
setsudan 切断 *s* corte; amputação. 〜*suru*, *v*: cortar; amputar.
setsudanmen 切断面 *s* superfície do corte; plano de seção.
setsuden 節電 *s* economia de energia elétrica.
setsudo 節度 *s* moderação. 〜のある 〜*no aru*: que tem moderação.
setsuei 設営 *s* construção. 〜*suru*, *v*: construir.
setsuen 節煙 *s* moderação ao fumar. 〜*suru*, *v*: moderar no fumo.
setsugan 接岸 *s* atracação. 〜*suru*, *v*: atracar.
setsugen 節減 *s* redução. 経費〜 *keihi〜*: redução das despesas.
setsugō 接合 *s* 1 junção. 〜*suru*, *v*: juntar, ligar. 2 zigose; fecundação.
setsugōshi 接合子 *s Biol* zigoto.
setsuji 説示 *s* instruções.
setsuji 接辞 *s Gram* afixo.
setsujitsu 切実 *adj* sério; urgente. 〜な要求 〜*na yōkyū*: pedido urgente.
setsujo 切除 *s* corte; excisão; raspagem. 〜*suru*, *v*: fazer um corte; fazer uma raspagem.
setsujoku 雪辱 *s* desforra; reabilitação. 〜*suru*, *v*: tirar desforra; reabilitar-se.
setsujōsha 雪上車 *s* semovente sobre a neve.
setsuju 接受 *s* recebimento. 〜体 〜*tai*: receptor. 〜*suru*, *v*: receber.
setsumei 説明 *s* explicação; elucidação; descrição; exposição.
setsumeisho 説明書 *s* nota explicativa; manual de instruções.
setsumon 設問 *s* elaboração de questões; pergunta. 〜に答える 〜*ni kotaeru*: responder às perguntas.
setsuna 刹那 *s* momento; instante. 〜の 〜*no*: momentâneo; instantâneo; passageiro.
setsunai 切ない *adj* estado de depressão com sensação de impotência; doloroso; triste. 〜胸の内を明かす *mune no uchi o akasu*: revelar a dor do coração.
setsuretsu 拙劣 *s* ato de ser mal-acabado; malfeito.
setsuri 摂理 *s* providência divina.
setsuritsu 設立 *s* fundação; organização. 〜*suru*, *v*: fundar; organizar.
setsuritsusha 設立者 *s* fundador; organizador.
setsusetsu 切々 *adj* ardente; veemente; comovente; intenso. 〜と訴える 〜*to uttaeru*: fazer um apelo comovente.
setsuwa 説話 *s* narrativa e lenda populares de cunho didático.

setsuwatai 説話体 *s* estilo narrativo.
setsuyaku 節約 *s* economia; poupança. ～*suru*, *v*: economizar; poupar.
setsuyu 説諭 *s* conselho; advertência; aviso.
setsuzen 截然 *s* ～たる ～*taru*: distinto; claro.
setsuzoku 接続 *s* 1 *Eletr* junção; ligação; conexão. ～*suru*, *v*: juntar; ligar; conectar. 2 *Gram* ligação das orações.
setsuzokushi 接続詞 *s Gram* conjunção.
settai 接待 *s* recepção; atendimento. ～*suru*, *v*: receber; atender.
settaigakari 接待係 *s* recepcionista; pessoa/grupo encarregado de recepcionar pessoas.
settaku 拙宅 *s* minha humilde casa.
settei 設定 *s* estabelecimento de regras; instituição; fixação. ある状況を～する *aru jōkyō o* ～*suru*: criar determinada situação.
setten 接点 *s* 1 *Mat* tangência. 2 ponto de contato. 3 ponto de comum acordo.
setto セット (*ingl set*) *s* 1 jogo; conjunto. ～で売る ～*de uru*: vender o conjunto. 2 ajuste. 3 arranjo de cabelo. ～ローション ～*rōshon*: loção para cabelo. 4 cenário. オープン～ *ōpun*～: cenário ao ar livre. 5 série de jogos. ～ポイント ～*pointo*: ponto decisivo da série de jogos. 6 aparelho. テレビ～ *terebi*～: aparelho de televisão.
settō 窃盗 *s* furto; ladrão. ～を働く ～*o hataraku*: praticar um furto.
settōgo [ji] 接頭語[辞] *s Gram* prefixo.
settoku 説得 *s* persuasão. ～*suru*, *v*: convencer; persuadir.
settokuryoku 説得力 *s* força de persuasão.
settōzai 窃盗罪 *s* crime de furto.
sewa 世話 *s* trabalho; incômodo. ～なしである ～*nashi de aru*: nada há a fazer. ～をする ～*o suru*, *v*: cuidar; ajudar; auxiliar. どうしようと大きなお～だ *dōshiyō to okina o*～*da*: ninguém lhe pediu conselho.
sewanin 世話人 *s* encarregado; administrador.
sewanyōbō 世話女房 *s* dona de casa devotada.
sewari 背割り *s* 1 casaco com fenda nas costas. 2 peixe seco com corte nas costas.
sewashii 忙しい *adj* atarefado; muito ocupado.
sewashinai せわしない *adj pop* agitado; irrequieto; atarefado; apressado.
sewayaki 世話焼き *s* pessoa oficiosa; pessoa ocupada com assuntos alheios.
sewazuki 世話好き *s* pessoa oficiosa; pessoa que gosta de tratar de assuntos alheios; pessoa gentil; pessoa intrometida.
seyaku 施薬 *s* distribuição gratuita de remédios.
-seyo -せよ *forma imperativa do verbo suru flexionado como conjunção alternativa* ainda que; posto que; mesmo que. それを買うに～買わないに～ 見るだけ見てみよう *sore o kau ni* ～*kawanai ni* ～ *mirudake mite miyō*: quer compre ou não, vou dar uma olhada.
sezoku 世俗 *s* mundo; século; vulgo. ～化する ～*ka suru*: vulgarizar; popularizar; secularizar.
sha 社 *s* abreviatura de: a) 神社 *jinja*: templo xintoísta. b) 会社 *kaisha*: empresa. c) 結社 *kessha*: sociedade; associação. わが～ *waga*～: nossa empresa.
sha 車 *s* veículo; carro; *van*.

shaba 娑婆 (*sânsc Saha*) *s* este mundo; aqui na Terra, mundanidade; sociedade. ～気がある ～*ke ga aru*: ter ambições mundanas. ～に出る ～*ni deru*: ganhar a liberdade; voltar à sociedade; sair da prisão.
shaba 車馬 *s* cavalos e veículos.
shabake 娑婆気 *s pop* desejos mundanos.
shaberu しゃべる *v* conversar; falar; tagarelar. 勉強中は～な *benkyōchū wa*～*na*: enquanto se estuda, não se fala.
shabon シャボン (*port sabão*) *s pop* sabão. ～玉を吹く ～*dama o fuku*: soprar bolhas de sabão.
shabondama シャボン玉 *s* bolhas de sabão.
shaburu しゃぶる *v* chupar. あめを～ *ame o* ～: chupar bala.
shachō 社長 *s* presidente de uma empresa.
shadan 遮断 *s* interrupção; corte. ～*suru*, *v*: interromper; parar; cortar
shadatsu 洒脱 ～*na*, *adj*: desembaraçado; fino; franco; desinibido; natural. 軽妙～ *keimyō*～: uma desinibição refinada.
shadō 車道 *s* pista de estrada.
shaei 舎営 *s* alojamento para soldados.
shaei 射影 *s Mat* e *Fís* projeção.
shafuto シャフト (*ingl shaft*) *s* eixo.
shafutsu 煮沸 *s* fervura. ～*suru*, *v*: ferver.
shafutsushōdoku 煮沸消毒 *s* esterilização por meio de fervura.
shagai 社外 *s* fora da empresa.
shagamu しゃがむ *v* acocorar-se; pôr-se de cócoras.
shagaregoe 嗄れ声 *s* voz rouca; voz gutural.
shagareru 嗄れる *v* ficar com voz rouca.
shageki 射撃 *s* tiro; disparo; descarga. ～*suru*, *v*: disparar; abrir fogo; atirar.
shahei(butsu) 遮蔽(物) *s* cobertura; proteção.
shahen 斜辺 *s* lado oblíquo; hipotenusa.
shahi 社費 *s* despesas da empresa.
shahon 写本 *s* cópia manuscrita.
shai 謝意 *s* agradecimento. ～を表する ～*o hyōsuru*: manifestar gratidão; expressar agradecimento.
shain 社員 *s* empregado de uma empresa; pessoal. 正～ *sei*～: funcionário efetivo.
shainryō 社員寮 *s* alojamento para funcionários.
shaji 社寺 *s* santuários e templos.
shaji 謝辞 *s* palavras de agradecimento.
shajiku 車軸 *s* eixo de roda.
shajitsu 写実 *s* descrição objetiva; realismo.
shajitsuha 写実派 *s* escola realista.
shajitsushugi 写実主義 *s* realismo.
shajitsuteki 写実的 *adj* realista; objetivo; real.
shajō 車上 *s* a bordo de um veículo ou trem.
Shaka 釈迦 *s* (*sânsc sakyamuni*) Buda.
shakai 社会 *s* 1 sociedade; público; comunidade. 2 mundo.
shakaibu 社会部 *s* seção de notícias locais.
shakaichitsujo 社会秩序 *s* ordem social.
shakaifuan 社会不安 *s* instabilidade social; insegurança social.
shakaifukushi 社会福祉 *s* assistência social.
shakaigaku 社会学 *s* sociologia.
shakaihōshi 社会奉仕 *s* serviço social.
shakaihoshō 社会保障 *s* previdência social.
shakaiishiki 社会意識 *s* consciência social.
shakaijigyō 社会事業 *s* obra social.

shakaijin 社会人 *s* membro da sociedade.
shakaijōsei 社会状勢 *s* situação social.
shakaika 社会科 *s* estudos sociais.
shakaika 社会化 *s* socialização.
shakaikagaku 社会科学 *s* ciências sociais.
shakaikairyō 社会改良 *s* reforma social.
shakaikikō 社会機構 *s* mecanismo social.
shakaikyōiku 社会教育 *s* educação cívica.
shakaiminshushugi 社会民主主義 *s* democracia social.
shakaimondai 社会問題 *s* problema social.
shakairentai 社会連帯 *s* solidariedade social.
shakaiseigi 社会正義 *s* justiça social.
shakaiseikatsu 社会生活 *s* vida social; convívio social.
shakaishi 社会史 *s* história social.
shakaishinrigaku 社会心理学 *s* psicologia social.
shakaishugi 社会主義 *s* socialismo.
shakaisō 社会層 *s* estrato social.
shakaisoshiki 社会組織 *s* estrutura social; organização social.
shakaiteki 社会的 *adj* ～*na*, *adj*: social; societário.
shakaiundō 社会運動 *s* movimento social; campanha pública.
shakan 舎監 *s* diretor do dormitório de estudantes.
shakankyori 車間距離 *s* distância entre carros que seguem no mesmo sentido.
shaken 車検 *s* vistoria de veículos.
shaken 車券 *s* bilhete de aposta na corrida de bicicletas.
shaketsu 瀉血 *s* sangria; flebotomia.
shaki 社旗 *s* bandeira de empresa.
shakishaki しゃきしゃき *mim* ágil; fresco; agradável. ～した人 ～*shita hito*: pessoa ágil.
shakkan 借款 *s* empréstimo.
shakkin 借金 *s* dívida.
shakkintori 借金取り *s* cobrador de dívidas.
shakkuri しゃっくり *s* soluço.
shako 車庫 *s* garagem.
shakō 社交 *s* relações sociais; convívio social.
shakō 遮光 *s* anteparo da luz.
shakō 射倖 *s* especulação.
shakōdansu 社交ダンス *s* dança social; baile.
shakōkai 社交界 *s* mundo da alta sociedade.
shakoku 社告 *s* comunicado de uma empresa.
shakōkurabu 社交クラブ *s* clube de relações sociais.
shakōsei 社交性 *s* sociabilidade.
shakōteki 社交的 *adj* ～*na*, *adj*: social; sociável.
shaku 尺 *s* unidade de medida japonesa equivalente a 30,3 cm.
shaku 酌 *s* ato de servir saquê.
shaku 癪 *s* 1 ofensa; irritação. ～に障る ～*ni sawaru*: irritar; fazer perder a paciência; mexer com os nervos. 2 espasmo.
shakuchi 借地 *s* arrendamento de terra.
shakuchiken 借地権 *s* direito de arrendamento.
shakudo 尺度 *s* escala; critério; padrão.
shakudō 赤銅 *s* liga de cobre e ouro.
shakufu 酌婦 *s* garçonete; atendente de bar.
shakuhachi 尺八 *s* flauta simples de bambu com cinco orifícios.
shakuhō 釈放 *s* libertação.
shakui 爵位 *s* título nobiliárquico.

shakumei 釈明 *s* explicação; defesa; justificação.
shakunetsu 灼熱 *s* incandescência; calor abrasador; paixão amorosa. ～の恋 ～*no koi*: paixão ardente. ～の太陽 ～*no taiyō*: sol abrasador.
shakuriageru しゃくり上げる *v* soluçar; chorar convulsivamente.
shakurinaki しゃくり泣き *s* choro convulsivo.
shakuryō 酌量 *s* ato de levar em consideração; ato de ter em conta.
shakushaku 綽々 *adj* amplo; que tem de sobra.
shakushi 杓子 *s* concha; colher grande.
shakushijōgi 杓子定規 *s* burocrata; formalista.
shakuya 借家 *s* casa alugada.
shakuyazumai 借家住まい *s* residente em casa alugada.
shakuyō 借用 *s* empréstimo. ～*suru*, *v*: pedir emprestado; tomar emprestado.
shakuyōshōsho 借用証書 *s* título de dívida; nota promissória.
shamei 社名 *s* nome de empresa.
shamei 社命 *s* ordem de empresa.
shamen 赦免 *s* perdão; absolvição. ～*suru*, *v*: perdoar; absolver.
shamen 斜面 *s* plano inclinado; declive; rampa.
shamisen 三味線 *s* instrumento musical japonês de três cordas.
shamoji 杓子 *s* colher de madeira para servir arroz.
shanai 車内 *s* dentro de um veículo.
shanai 社内 *s* dentro da empresa.
shanaidenwa 社内電話 *s* telefone interno da empresa.
shanderia シャンデリア (*ingl chandelier*) *s* lustre; candelabro.
shanikusai 謝肉祭 *s* carnaval.
shanimuni 遮二無二 *adv* temerariamente; loucamente; teimosamente; às cegas. ～突進する ～*tosshin suru*: ir à carga como loucos.
shanshan しゃんしゃん *onom* som de guizos; som que se emite estendendo as mãos para fechar um acordo entre as pessoas que participaram de uma reunião.
shanson シャンソン (*fr chanson*) *s* canção popular francesa.
shan to しゃんと *adv* em boa forma; com aprumo.
shaon 謝恩 *s* expressão de gratidão; retribuição de favor recebido.
shāpu シャープ (*ingl sharp*) *s* 1 agudo; inteligente; perspicaz. ～な考え ～*na kangae*: ideia inteligente. 2 *Mús* sustenido.
sharaku 洒落 *adj* espirituoso; chistoso; livre; fácil; aberto; franco.
sharakusai 洒落臭い *adj vulg* atrevido; descarado; chistoso.
share 洒落 *s* 1 dito chistoso; chiste; pilhéria; gracejo. 2 elegância no vestir.
sharei 謝礼 *s* remuneração; gratificação.
share(k)ke 洒落(っ)気 *s* 1 piada; chiste. 2 gostar de vestir-se bem.
sharekomu しゃれこむ *v* dar-se ao luxo; vestir-se com apuro.
sharemono 洒落者 *s* janota; afetado.
shareru 洒落る *v* 1 dizer gracejos. 2 vestir-se bem.
shareta 洒落た *expr* gracioso; humorístico; chistoso; vistoso; elegante; moderno; chique.

sharin 車輪 s roda.
sharyō 車輌 s vagão.
shasai 社債 s debênture.
shasaihakkō 社債発行 s emissão de debêntures.
shasaiken 社債券 s debênture.
shasatsu 射殺 s matar a tiro.
shasei 写生 s desenho ou pintura de cópia da natureza.
shasei 射精 s ejaculação.
shasen 車線 s faixa de trânsito.
shasen 斜線 s Geom linha oblíqua.
shasetsu 社説 s editorial.
shāshā しゃあしゃあ adj pop 1 descaramento; vergonha. 2 som de água corrente.
shashi 社史 s história da empresa.
shashi 斜視 s estrabismo.
shashi 奢侈 s luxo; fausto; extravagância.
shashin 写真 s fotografia; retrato.
shashinban 写真版 s fotogravura.
shashinchō 写真帳 s álbum de fotos.
shashindensō 写真電送 s fototelegrafia; transmissão de fac-símile.
shashingao 写真顔 s aparência de uma pessoa na fotografia.
shashingirai 写真嫌い s pessoa avessa à fotografia.
shashinki 写真機 s máquina fotográfica.
shashin'ya 写真屋 s estúdio fotográfico; fotógrafo.
shashō 車掌 s cobrador; condutor de passageiros.
shashu 社主 s proprietário de uma empresa.
shashutsu 射出 s ejeção; projeção.
shasō 車窓 s janela de carro; janela de trem.
shasoku 社則 s regulamento de firma.
shasuru 謝する v 1 agradecer; expressar gratidão. 2 pedir perdão.
shatai 車体 s carroceria de veículo.
shataku 社宅 s residência da empresa para os funcionários.
shatei 射程 s alcance de tiro. 有効〜 yūkō〜: alcance efetivo de tiro.
shateki 射的 s tiro ao alvo; exercício de tiro.
shatsu シャツ (ingl shirt) s camisa.
shattā シャッター (ingl shutter) s 1 obturador; regulador de luz. 〜を切る 〜o kiru: disparar o obturador. 2 porta de correr. 〜を降ろす 〜o orosu: fechar a porta de correr.
shatto auto シャットアウト (ingl shut out) s ato de fechar a porta a alguém. 仲間から〜される nakama kara 〜sareru: ser banido pelos colegas.
shaun 社運 s destino da empresa; sorte da empresa.
shawā シャワー (ingl shower) s chuveiro; ducha.
shayō 社用 s serviço da empresa.
shayō 斜陽 s sol poente; declínio; decadência. 〜になる 〜ni naru: início da decadência.
shayōsangyō 斜陽産業 s indústria em decadência.
shayōzoku 斜陽族 s grupo social em declínio.
shayōzoku 社用族 s pessoas que fazem despesas por conta da empresa.
shayū 社友 s 1 colega. 2 amigo de trabalho.
shazai 謝罪 s pedido de perdão.
shazaibun 謝罪文 s pedido de perdão por escrito.
shazetsu 謝絶 s recusa; negação. 面会〜 menkai 〜: visitas não permitidas.
sherī シェリー (ingl sherry) s xerez.
shi 氏 s senhor; senhora; ele. 小泉〜 Koizumi〜: Sr. Koizumi. 田中〜によれば Tanaka〜ni yoreba: segundo o Sr. Tanaka.
shi 市 s cidade; município. 〜当局 〜tōkyoku: autoridades municipais.
shi 史 s história; anais da história. ブラジル〜 burajiru〜: história do Brasil.
shi 四 s número quatro.
shi 死 s 1 morte. 〜の恐怖 〜no kyōfu: medo da morte. 2 Beis eliminação do jogador.
shi 詩 s poesia; poema; versos.
shi 士 s cavalheiro; samurai; homem.
shi 師 s professor; mentor; perceptor; mestre. 〜の恩 〜no on: favores do professor.
shi 資 s recurso; capital; fundos; material; dados.
shi し particula e; além de; além do mais; além disso; tanto mais que.
shi! しいっ interj 1 xô!; grito para espantar animais. 2 quieto; silêncio; calado!
shiagari 仕上がり s acabamento; conclusão.
shiagaru 仕上がる v acabar; concluir; terminar.
shiage 仕上げ s acabamento; retoque; última demão. 〜塗り 〜nuri: última demão de pintura.
shiageru 仕上げる v acabar; completar; aperfeiçoar; terminar.
shiai 試合 s competição; partida; jogo; luta.
shian 私案 s plano particular; proposta pessoal.
shian 思案 s pensamento; consideração; meditação; reflexão.
shian 試案 s plano experimental; esboço de um plano.
shiasatte 明々後日 adv pop daqui a três dias.
shiatsuryōhō 指圧療法 s terapia com pressão manual.
shiawase 仕合わせ s 1 felicidade. 〜者 〜mono: pessoa afortunada. 2 boa sorte; ventura.
shiba 柴 s galhos; gravetos.
shibafu 芝生 s gramado; relvado.
shibai 芝居 s 1 teatro; peça teatral; encenação; representação teatral. 2 brincadeira; teatro. 〜を打つ 〜o utsu: encenar uma farsa.
shibaigakaru 芝居がかる v ser teatral.
shibaigi 芝居気 s comportamento teatral.
shibaraku 暫く adv 1 por algum tempo; por pouco tempo; um momento; um instante. 〜お待ちください 〜omachikudasai: espere um momento, por favor. 2 longo tempo. 〜ぶりの晴天 〜buri no seiten: céu claro depois de algum tempo.
shibariageru 縛り上げる v amarrar; prender.
shibaritsukeru 縛り付ける v amarrar; prender.
shibaru 縛る v 1 amarrar; prender. 小包をひもで〜 kozutsumi o himo de 〜: amarrar o pacote com um barbante. 2 prender; restringir; impedir; dificultar. 規則で学生を〜 kisoku de gakusei o 〜: cercear os estudantes com regulamentos. 仕事に縛られているサラリーマン shigoto ni shibararete iru sararīman: o empregado assalariado preso ao trabalho.
shibataku 瞬く v piscar. 目を〜 me o 〜: piscar os olhos.
shiben 支弁 s pagamento; custeio; desembolso. 〜suru, v: pagar; custear; desembolsar.
shibetsu 死別 s separação por motivo de morte.
shibire 痺れ s torpor; dormência; entorpecimento.
shibireru 痺れる v 1 adormecer; ficar adormecido.

2 tornar insensível. **3** ficar extasiado; ficar fascinado.

shibo 思慕 *s* anseio; desejo ardente; saudade.

shibō 死亡 *s* morte; falecimento; óbito. ～*suru*, *v*: morrer; falecer.

shibō 志望 *s* desejo; ambição; aspiração; escolha; preferência; opção.

shibō 脂肪 *s* gordura; obesidade; adiposidade.

shibōhoken 死亡保険 *s* seguro de vida por motivo de morte.

shibōkō 志望校 *s* escola escolhida; escola desejada.

shibomu 萎む *v* murchar; desvanecer-se; esmorecer; definhar; debilitar-se; secar.

shibori 絞り *s* **1** abertura do diafragma-íris. **2** ～染め ～*zome*: processo de tinturaria em que a exclusão da tinta é feita amarrando-se o tecido. **3** espremedura. レモン～器 *remon*～*ki*: espremedor de limão.

shiboriageru 絞り上げる *v* **1** espremer com força. **2** extorquir. **3** apertar.

shiboridashi 絞りだし *s* extração.

shiboridasu 絞[搾]り出す *v* pressionar; espremer. 汁を～ *shiru o* ～: espremer para tirar o suco da fruta.

shiborikasu 搾り粕 *s* bagaço.

shiborikomu 絞[搾]り込む *v* レモン汁をカクテルに～ *remonjū o kakuteru ni* ～: espremer o suco de limão no coquetel.

shibōritsu 死亡率 *s* taxa de mortalidade.

shiboru 絞[搾]る *v* **1** espremer; torcer. 雑巾を～ *zōkin o* ～: torcer o pano de limpeza. **2** extrair líquido; tirar; arrancar. **3** juntar; estreitar; fechar; limitar; restringir; reduzir. 問題を～*mondai o* ～: restringir o problema. **4** extorquir; explorar; chupar. ヤクザに金を搾られた *yakuza ni kane o shiborareta*: fui extorquido pelos *yakuza* (organização criminosa japonesa). **5** repreender; fazer suar. 彼は先生に水泳で搾られた *kare wa sensei ni suiei de shiborareta*: ele foi cobrado pelo professor na aula de natação. **6** espremer; arrancar; comprimir. 頭を絞って考える *atama o shibotte kangaeru*: ter que usar muito a cabeça.

shibōsha 死亡者 *s* morto.

shibōsha 志望者 *s* candidato; aspirante; pretendente.

shibōshitsu 脂肪質 *s* substância gordurosa. ～の ～*no*, *adj*: sebáceo; gorduroso.

shibōsoshiki 脂肪組織 *s* tecido adiposo.

shibōtodoke 死亡届 *s* registro de óbito.

shibōtsūchi 死亡通知 *s* notícia de falecimento; comunicação de falecimento.

shibu 支部 *s* filial; sucursal.

shibu 渋 *s* adstringência; gosto do suco de caqui verde. ～茶 ～*cha*: chá adstringente. ～柿 ～*gaki*: caqui adstringente.

shibui 渋い *adj* **1** adstringente; áspero; seco. ～ワイン ～*wain*: vinho seco. **2** austero; sóbrio; grave; amadurecido. **3** frio; seco. ～返事 ～*henji*: resposta seca. **4** parcimonioso; mesquinho; agarrado; pão-duro. 彼は金に～ *kare wa kane ni* ～: ele é parcimonioso no dinheiro.

shibuichi 四分一 *s* um quarto; literalmente: um em cada quatro.

shibuki 飛沫 *s* respingo; borrifo; salpico. ～を浴びる ～*o abiru*: ficar todo salpicado.

shibumi 渋味 *s* **1** adstringência. **2** sobriedade; simplicidade elegante.

shibun 四分 *s* quarto; quarta parte.

shibun 詩文 *s* poesia e prosa.

shibungoretsu 四分五裂 *s* ruptura; o despedaçar. ～*suru*, *v*: despedaçar; destroçar.

shibunsho 私文書 *s* documento particular.

shiburoku 四分六 *s pop* proporção de quatro para seis; possibilidade inferior a 50%. ～に分ける ～*ni wakeru*: dividir na proporção de quatro para seis.

shiburu 渋る *v* **1** estagnar. **2** hesitar; mostrar relutância; não gostar; fazer má cara. **3** ter o tenesmo.

shibushibu 渋々 *adv* relutantemente; de má vontade; contra a vontade. ～金を出す ～*kane o dasu*: dar o dinheiro contra a vontade.

shibutoi しぶとい *adj pop* obstinado; cabeçudo; teimoso.

shibutsu 私物 *s* objetos de uso particular.

shibyō 死病 *s* doença mortal; doença fatal.

shichi 七 *num* sete.

shichi 質 *s* penhor; casa de penhores; prego. ～に入れる ～*ni ireru*: efetuar a penhora.

shichi 死地 *s* perigo de morte; lugar perigoso.

shichibai 七倍 *num* sete vezes.

shichifuda 質札 *s* cautela de penhor.

shichifukujin 七福神 *s* sete divindades da fortuna.

shichigatsu 七月 *s* julho.

shichigochō 七五調 *s* poemas de 31 sílabas com cadências de sete e cinco.

shichigosan 七五三 *s* números ímpares considerados de sorte, festivos

shichijū 七十 *num* setenta.

shichiken 質権 *s* penhor; direito pignoratício.

shichimenchō 七面鳥 *s Ornit* peru.

shichinagare 質流れ *s* confisco de penhor.

shichirin 七輪 *s* fogareiro.

shichiya 質屋 *s* casa de penhores; penhorista.

shichō 支庁 *s* escritório ou agência de repartição pública.

shichō 市長 *s* prefeito.

shichō 思潮 *s* tendência; corrente de pensamento. 現代～ *gendai*～: corrente de pensamento contemporânea.

shichō 試聴 *s* audição. ～*suru*, *v*: ouvir. ～室 ～*shitsu*: sala de audição; sala de música.

shichō 視聴 *s* visão e audição; atenção.

shichōkaku 視聴覚 *s* sentido audiovisual.

shichoku 司直 *s* autoridades judiciais.

shichōritsu 視聴率 *s Telev* índice de audiência.

shichōsha 視聴者 *s Telev* telespectador.

shichōson 市町村 *s* cidades e vilas; municípios.

shichū 支柱 *s* suporte; escora; apoio; arrimo. 一家の～ *ikka no*～: arrimo de família.

shichū 市中 *s* cidade. ～銀行 ～*ginkō*: banco comercial.

shida 歯朶・羊歯 *s Bot* feto; samambaia.

shidai 私大 *s* abreviatura de 私立大学 *shiritsu daigaku*: universidade particular.

shidai 次第 *s* **1** ordem; precedência. **2** diretamente; tão logo.

shidai 至大 *s* ～の ～*no*, *adj*: enorme; imenso; vasto; muito grande.

shidai ni 次第に *adv* gradualmente; aos poucos.

shidan 師団 *s* divisão. ~長 ~*chō*: comandante de divisão.
shidan 詩壇 *s* mundo da poesia; círculo poético.
shidare (枝)垂れ *s* ramos pendentes.
shidareru (枝)垂れる *v* dobrar-se; ramos que pendem.
shidashi 仕出し *s* fornecimento de refeições.
shidasu 仕出す *v* começar a fazer; começar.
shidekasu 仕出かす *v pop* tramar; fazer algo disparatado.
shiden 市電 *s* carro elétrico (bonde) municipal.
shīdī シーディー (*ingl CD*) *s* 1 cartão multibanco (*ingl cash dispenser*). 2 disco compacto; disco magnético.
shido 示度 *s* marcação. 中心~ *chūshin*~: marcação central.
shido 視度 *s Met* visibilidade.
shidō 指導 *s* liderança; direção; orientação. ~をする ~*o suru*: orientar; dirigir; guiar; liderar.
shidō 斯道 *s* caminho da moralidade e benevolência, ditado pelo confucionismo.
shidō 始動 *s Mec* arranque.
shidō 市道 *s* estrada municipal.
shidōhōshin 指導方針 *s* guia de orientação.
shidōin 指導員 *s* orientador; instrutor.
shidōkyōshi 指導教師 *s* professor orientador; tutor.
shidoro しどろ *adj* ~*na*, *adj*: confuso; descuidado.
shidoromodoro しどろもどろ *adj* incoerente; confuso; inconsistente; meter os pés pelas mãos.
shidōryoku 指導力 *s* capacidade de liderança; qualidades de chefia.
shidōsha 指導者 *s* chefe; líder; guia; tutor; orientador.
shiei 市営 *s* administração municipal.
shiei 私営 *s* empreendimento particular.
shieibasu 市営バス *s* ônibus municipal.
shieki 使役 *s* emprego; trabalho; ocupação; serviço.
shien 支援 *s* ajuda; apoio; auxílio.
shien 私怨 *s* ódio; rancor; inimizade pessoal.
shien 紫煙 *s* fumo de cigarro ou cachimbo.
shifuku 私服 *s* 1 traje civil. 2 detetive.
shifuku 私腹 *s* próprio bolso; papo.
shifuku 紙幅 *s* espaço reservado em um periódico para determinada pessoa.
shifuku 雌伏 *s* ato de ficar à espera de uma oportunidade.
shifun 脂粉 *s* cosméticos.
shiga 歯牙 *s* dentes.
shigai 市外 *s* subúrbio; fora do perímetro urbano.
shigai 市街 *s* ruas da cidade.
shigai 死骸 *s* cadáver; carcaça.
shigaichi 市街地 *s* distritos urbanos.
shigaidenwa 市外電話 *s* telefonema interurbano.
shigaisen 紫外線 *s* raios ultravioleta.
shigaisenryōhō 紫外線療法 *s* tratamento com raios ultravioleta.
shigaku 史学 *s* estudo da história; história como ciência.
shigaku 私学 *s* escola particular.
shigaku 視学 *s* inspeção do ensino.
shigaku 歯学 *s* odontologia.
shigamitsuku しがみつく *v* agarrar-se. 首相の椅子に~ *shushō no isu ni* ~: agarrar-se à posição de primeiro-ministro. しがみついて離れない

shigamitsuite hanarenai: agarrar com força e não largar.
shigan 志願 *s* aspiração; desejo; requerimento de admissão. ~*suru*, *v*: desejar; aspirar; requerer; pedir que seja admitido.
shigan 史眼 *s* senso de história; visão histórica.
shiganai しがない *adj* pobre; miserável; frágil. ~商売 ~*shōbai*: um negócio frágil.
shigan'hei 志願兵 *s* soldado voluntário.
shigansha 志願者 *s* candidato; aspirante; voluntário.
shigatsu 四月 *s* abril. ~馬鹿 ~*baka*: dia da mentira.
shigeki 刺激 *s* 1 estímulo; incentivo; irritação; provocação. 2 *Biol/Fisiol* estímulo.
shigekibutsu 刺激物 *s* estimulante; excitante.
shigeku 繁く *adv* frequentemente; densamente.
shigemi 茂[繁]み *s* moita; mato.
shigen 資源 *s* recursos naturais.
shigen 至言 *s* palavras sábias; dito magistral.
shigeru 茂[繁]る *v* crescer bem, germinação fecunda.
shigeshige しげしげ *adv* 1 amiúde; repetidas vezes; frequentemente. 2 fixamente.
shigi 私議 *s* 1 discussão em particular. 2 calúnia na ausência da pessoa. *V* **shiken** 私見.
shigikai 市議会 *s* assembleia municipal; câmara dos vereadores.
shigin 詩吟 *s* recitação de poema do estilo chinês.
shigo 死後 *s* após a morte. ~硬直 ~*kōchoku*: rigidez cadavérica.
shigo 死語 *s* língua morta; palavra obsoleta.
shigo 私語 *s* cochicho.
shigoki 扱き *s* 1 cós; tira de pano usada pelas mulheres como cinto. 2 treinamento rigoroso.
shigoku 至極 *adv* muito; mais; extremamente; totalmente.
shigoku 扱く *v* 1 puxar com a mão fechada; ripar. 2 treinar rigorosamente.
shigosen 子午線 *s* meridiano.
shigoto 仕事 *s* 1 ocupação; emprego. 2 trabalho; tarefa; serviço. 3 obrigação; incumbência; missão; dever.
shigotoba 仕事場 *s* local de trabalho, oficina.
shigotogi 仕事着 *s* roupa de trabalho.
shigotoshi 仕事師 *s* empreendedor.
shigure 時雨 *s* chuva intermitente entre o final do outono e o começo do inverno.
shigureru 時雨れる *v* chover e parar; chover intermitentemente.
shigusa 仕種 *s* 1 arte teatral; representação; gesto. 2 maneira de ser; comportamento.
shigyō 始業 *s* começo; início dos trabalhos.
shihai 支配 *s* 1 controle; superintendência; domínio; governo. 2 controle; direção; influência. ~*suru*, *v*: controlar; governar; dominar; influenciar.
shihai 賜杯 *s* taça do imperador.
shihaika 支配下 *s* sob o domínio.
shihaiken 支配権 *s* controle; supremacia; domínio.
shihainin 支配人 *s* gerente; administrador.
shihaiteki 支配的 *adj* dominante; sobrepujante.
shihan 市販 *s* venda no mercado. ~*suru*, *v*: vender no mercado.
shihan'hin 市販品 *s* artigo à venda no mercado.
shihan 師範 *s* mestre; professor; instrutor.

shihangakkō 師範学校 *s* escola normal de formação de professores.
shihanki 四半期 *s* trimestre; um quarto do ano.
shiharai 支払い *s* pagamento.
shiharaichi 支払い地 *s* local de pagamento; domicílio.
shiharaidenpyō 支払伝票 *s* ficha ou boleto de pagamento.
shiharaihoshō 支払保証 *s* garantia de pagamento.
shiharaikigen 支払期限 *s* prazo de vencimento.
shiharaikyozetsu 支払拒絶 *s* recusa de pagamento.
shiharaimeirei 支払命令 *s* ordem para pagamento.
shiharainin 支払人 *s* pagador.
shiharainōryoku 支払能力 *s* capacidade de solvência; solvabilidade.
shiharaiteishi 支払停止 *s* suspensão de pagamento; cessação de pagamento.
shiharaiyūyo 支払猶予 *s* moratória; prorrogação de pagamento.
shiharau 支[仕]払う *v* pagar.
shihatsu 始発 *s* primeira partida (do trem); estação de partida.
shihei 紙幣 *s* papel-moeda; nota; cédula. ～を偽造する ～*o gizō suru*: falsificar notas.
shihen 紙片 *s* pedaço de papel.
shihen 四辺 *s* 1 vizinhança. 2 quatro lados.
shihenkei 四辺形 *s* quadrilátero.
shihi 市費 *s* despesas municipais; despesas do município.
shihi 私費 *s* despesa própria. ～で留学する ～*de ryūgaku suru*: estudar no exterior por conta própria.
shiho 試補 *s* funcionário em período de experiência; aspirante.
shihō 四方 *s* quatro pontos cardeais; quatro lados; quadrado.
shihō 司法 *s* justiça; magistratura.
shihōdai 仕放題 *s* a bel-prazer; ato de fazer o que bem entender.
shihōgyōsei 司法行政 *s* administração judicial.
shihōhogo 司法保護 *s* proteção judicial.
shihōkeisatsu 司法警察 *s* polícia judiciária.
shihōken 司法権 *s* poder judiciário.
shihon 資本 *s* capital.
shihonchikuseki 資本蓄積 *s* acúmulo de capital.
shihonka 資本家 *s* capitalista.
shihonkin 資本金 *s* capital.
shihōsaibansho 司法裁判所 *s* tribunal de justiça.
shihōshoshi 司法書士 *s* escrivão oficial do judiciário.
shihonshugi 資本主義 *s* capitalismo.
shihōshiken 司法試験 *s* exame nacional de habilitação para todas as áreas de direito.
shihyō 指標 *s* índice; indicador.
shihyō 師表 *s* modelo; exemplo.
shii 私意 *s* opinião pessoal; interesse pessoal.
shii 思惟 *s* pensamento.
shiiku 飼育 *s* criação de animais.
shiin 子音 *s* Gram consoante.
shiin 死因 *s* causa da morte.
shiin 試飲 *s* degustação de bebida. ～*suru*, *v*: saborear bebida; degustar bebida.
shiin 私印 *s* selo privado.
shiire 仕入れ *s* compra em quantidade.
shiirekakaku 仕入れ価格 *s* preço de compra.
shiireru 仕入れる *v* comprar; adquirir.
shiiru 強いる *v* compelir; forçar; pressionar; constranger; coagir; obrigar.
shiitageru 虐げる *v* oprimir; perseguir.
shiite 強いて *adv* forçado; obrigando-se a fazer. どちらもおいしいが～言えばこっちの方が好きだ *dochira mo oishii ga ～ ieba kocchi no hō ga suki da*: ambos são saborosos, mas, se insiste, diria que prefiro este.
shiji 支持 *s* 1 suporte. 2 apoio. ～*suru*, *v*: apoiar; dar apoio. 政府の政策を全面的に～する *seifu no seisaku o zenmenteki ni ～suru*: dar total apoio à política do governo.
shiji 私事 *s* assuntos pessoais.
shiji 指示 *s* 1 indicação. 2 instruções.
shiji 師事 *s* ato de trabalhar e aprender de um mestre.
shijidaimeishi 指示代名詞 *s* Gram pronome demonstrativo.
shijin 私人 *s* indivíduo; particular. ～として発言する ～*to shite hatsugen suru*: pronunciar-se como indivíduo.
shijin 詩人 *s* poeta; poetisa.
shijitsu 史実 *s* fato histórico.
shijo 子女 *s* filhos; jovens.
shijō 史上 *s* anais da história.
shijō 市場 *s* Econ mercado.
shijō 至上 *s* supremacia.
shijō 私情 *s* sentimento pessoal.
shijō 紙上 *s* no papel; na carta; no jornal.
shijō 詩情 *s* sentimento poético.
shijō 誌上 *s* páginas da revista. ～で ～*de*: na revista.
shijō 至情 *s* sinceridade; sentimentos genuínos.
shijōbunseki 市場分析 *s* análise de mercado.
shijōchōsa 市場調査 *s* pesquisa de mercado.
shijōkachi 市場価値 *s* valor de mercado.
shijōmeirei 至上命令 *s* ordem suprema; necessidade absoluta; imperativo categórico.
shijū 四十 *s* quarenta. ～代の ～*dai no*: quadragenário; quarentão; quarentona.
shijū 始終 *adv* 1 do início ao fim. 2 sempre; frequentemente.
shijuku 私塾 *s* escola particular.
shijūkunichi 四十九日 *s* cerimônia budista pelo defunto no 49º dia de sua morte.
shijun 視準 *s* colimação; ato ou efeito de colimar.
shijun 諮詢 *s* pergunta; indagação; consulta; referência.
shika 市価 *s* preço de mercado; preço corrente.
shika 鹿 *s* Zool veado; corça.
shika 史家 *s* historiador; historiógrafo.
shika 歯科 *s* odontologia.
shika しか *partícula* só; somente; apenas; unicamente. 私は今千円～持っていません *watashi wa ima sen'en～ motteimasen*: agora só tenho mil ienes.
shikaban 私家版 *s* edição particular.
shikabane 屍 *s* cadáver.
shikaeru 仕替える *v* fazer tudo novamente; começar de novo.
shikaeshi 仕返し *s* 1 ato de fazer de novo. 2 retaliação; represália.
shikaesu 仕返す *v* 1 fazer de novo. 2 retaliar; revidar; vingar.

shikai 市会 s câmara municipal.
shikai 司会 s mediação; moderação de uma reunião.
shikai 視界 s visibilidade; alcance da vista; campo visual.
shikai 斯界 s este ramo; ramo considerado.
shikai 歯科医 s dentista.
shikaigiin 市会議員 s vereador; membro da câmara municipal.
shikaisha 司会者 s apresentador; narrador; mediador da reunião.
shikajika しかじか adv e assim por diante; tais; isto e aquilo. 〜の日に 〜no hi ni: nos dias tais.
shikake 仕掛け s 1 mecanismo; dispositivo; sistema. 2 escala. 大〜で ō 〜 (ōjikake) de: em grande escala. 3 artifício; truque.
shikakeru 仕掛ける v 1 começar; iniciar. 2 provocar; originar; atiçar; desafiar. 3 montar; armar.
shikaku 四角 s quadrado; quadrilátero.
shikaku 死角 s ângulo morto.
shikaku 視覚 s visão; sentido da visão.
shikaku 資格 s qualificação; requisito; capacidade; habilitação. 〜試験 〜shiken: exame de habilitação.
shikakubaru 四角張る v ser formal.
shikakukei 四角形 s forma quadrada, quadrangular, quadrilateral.
shikameru 顰める v franzir a testa; fazer caretas.
shikamettsura 顰めっ面, **shikamezura** 顰め面 s pop careta; carranca.
shikamo しかも conj 1 além disso; e. 彼女は美人で〜頭が良い kanojo wa bijin de〜atama ga yoi: ela é bonita e, além disso, é inteligente. 2 apesar disso; mas; contudo.
shikan 士官 s oficial.
shikan 仕官 s servidor do governo.
shikan 弛緩 s relaxamento; afrouxamento. 〜suru, v: relaxar; afrouxar.
shikan 史観 s visão histórica; sentido histórico.
shikanenai 為かねない expr ser capaz de; não recuar diante de nada; não ter escrúpulos.
shikaneru 為かねる v hesitar; não poder realizar; não ter a liberdade de fazer; sentir-se relutante; estar impossibilitado de fazer.
shikangakkō 士官学校 s academia militar.
shikaraba 然らば conj nesse caso; se; então.
shikarashimeru 然らしめる v que o faz a; que o leva a. これは時勢の〜所だ kore wa jisei no〜tokoro da: isto é um inevitável resultado da tendência dos tempos.
shikari 然り v sim; você está certo; exatamente. 〜と言う 〜to iu: respondeu que sim.
shikaritobasu [tsukeru] 叱り飛ばす[つける] v censurar com veemência.
shikaru 叱る v repreender; censurar; dar uma lição; dar uma reprimenda. きびしく〜 kibishiku〜: repreender severamente.
shikarubeki 然るべき adj apropriado; devido; adequado; conveniente; razoável. あの生徒は退学になって〜だ ano seito wa taigaku ni natte 〜da: aquele aluno deve ser expulso da escola. 〜家柄の娘 〜iegara no musume: a jovem de boa família.
shikarubeku 然るべく adv devidamente; adequadamente.

shikaru ni 然るに conj porém; todavia; não obstante; apesar disso; por outro lado.
shikashi(nagara) しかし(ながら) conj mas; não obstante; no entanto; apesar disso.
shikata 仕方 s maneira. 鰻の料理の〜を教える unagi no ryōri no〜o oshieru: ensinar a maneira de preparar a enguia.
shikata ga nai 仕方がない expr 1 não ter outro jeito; não ter outra maneira. 命令だから〜 meirei dakara 〜: ordens são ordens, tenho de obedecer. 2 ser inútil; não adiantar. じたばたしても〜 jitabata shitemo 〜: é inútil agitar-se. 3 insuportável; intolerável. 頭が痛くて〜 atama ga itakute 〜: estou com uma dor de cabeça insuportável.
shikata naku [nashi ni] 仕方なく[なしに] adv sem ter outra maneira; à força; contra a vontade; com relutância. 〜承知する 〜shōchi suru: concordar contra a vontade.
shika to 確と adv 1 certamente; claramente; distintamente. 名前は〜と覚えています namae wa 〜oboete imasu: lembro-me bem do nome. 2 firmemente; sério. 〜約束を交わす 〜yakusoku o kawasu: comprometer-se a sério.
shikatsu 死活 s vida ou morte. 〜にかかわる 〜ni kakawaru: vital; decisivo.
shikatsumerashii しかつめらしい adj 1 solene; sério; pedante; presumido. 2 formal; cerimonioso.
shikazan 死火山 s vulcão extinto.
shike 時化 s 1 tempestade sobre o mar. 2 escassez de peixe; pescaria fraca. 3 recessão; comércio fraco; falta de freguês.
shikei 死刑 s pena de morte; pena capital.
shikei 私刑 s justiça pelas próprias mãos; linchamento.
shikei 紙型 s molde de papel.
shikeishū 死刑囚 s condenado à morte.
shikekomu しけ込む v enfiar-se em casa; retirar-se; permanecer em retiro.
shiken 試験 s 1 exame; prova. 筆記〜 hikki〜: prova escrita. 中間〜 chūkan〜: avaliação provisória. 2 experiência; teste.
shiken 私見 s opinião pessoal.
shiken 私権 s direito privado.
shikenbenkyō 試験勉強 s estudo para prova.
shikenbi 試験日 s dia da prova.
shikenjō 試験場 s laboratório; estação experimental.
shikenjunbi 試験準備 s preparação para prova.
shikenkan 試験管 s tubo de ensaio.
shikenmondai 試験問題 s temas para os exames.
shikenro 試験炉 s Quím reator de prova.
shikensaiyō 試験採用 s contratação experimental.
shikenteki 試験的 adj experimental.
shikenzumi 試験済み s testado; experimentado.
shikeru 時化る v 1 ter temporal. 2 ter pescaria fraca. 3 ficar triste, desanimado, deprimido.
shikeru 湿気る v ficar úmido, passado. 湿気ったせんべい shiketta senbei: biscoito amolecido.
shiketsu 止血 s estancamento de hemorragia; hemostasia.
shiki 四季 s as quatro estações.
shiki 式 s 1 cerimônia; celebração; rito. 2 método; sistema; forma; fórmula; modelo; estilo. 3 expressão; fórmula matemática; equação.

shiki 死期 *s* hora da morte.
shiki 指揮 *s* 1 comando; chefia. 2 regência de orquestra.
shiki 士気 *s* moral; espírito de combate; ânimo.
shikibetsu 識別 *s* distinção; discernimento. 〜できない 〜*dekinai*: não saber distinguir.
shikibō 指揮棒 *s* batuta.
shikibuton 敷布団 *s* acolchoado usado sobre o tatame.
shikichi 敷地 *s* lote de terreno; local de construção.
shikichō 色調 *s* tom de cor; tonalidade; matiz. 明るい〜 *akarui*〜: tom claro.
shikidai 指揮台 *s* pódio; plataforma.
shikifu 敷布 *s* lençol.
shikifuku 式服 *s* traje de gala; traje para cerimônias.
shikii 敷居 *s* assento; limiar da porta; soleira.
shikiishi 敷き石 *s* pavimentação; paralelepípedo.
shikiita 敷き板 *s* prancha; plataforma; tábua sobre a qual se colocam vasos etc.
shikiji 式辞 *s* discurso; oração de saudação.
shikiji 識字 *s* alfabetização.
shikijō 色情 *s* apetite sexual; desejo carnal; luxúria.
shikijō 式場 *s* salão de cerimônias.
shikikan 指揮官 *s* comandante da tropa.
shikiken 指揮権 *s* poder de comando.
shikiken 識見 *s* discernimento; perspicácia.
shikikin 敷き金 *s* depósito de caução.
shikimō 色盲 *s* daltonismo.
shikimono 敷き物 *s* tapete; esteira; passadeira; capacho.
shikin 至近 *s* bem próximo; bem perto; à queima-roupa.
shikin 資金 *s* fundo; capital; fundos. 回転〜 *kaiten*〜: capital de giro. 建築〜 *kenchiku*〜: fundo de construção. 政治〜 *seiji*〜: fundo para atividades políticas. 運転〜 *unten*〜: capital operacional.
shikin 賜金 *s* concessão monetária; gratificação.
shikinka 資金化 *s* capitalização.
shikinnan 資金難 *s* dificuldade financeira; falta de fundos.
shikinseki 試金石 *s* 1 pedra de toque. 2 teste; prova.
shikiri 仕切り *s* 1 divisão. 2 compartimento; divisória; quarto.
shikiri ni [to] 頻りに[と] *adv* 1 frequentemente; repetidas vezes; incessantemente. 〜電話がかかってくる 〜*denwa ga kakattekuru*: o telefone toca incessantemente. 2 intensamente; muito; ansiosamente; ardentemente; insistentemente. 〜旅行をしたがる 〜*ryokō o shitagaru*: desejar muito viajar.
shikiru 仕切る *v* 1 dividir; separar. 2 acertar as contas. 3 dirigir; dominar. 4 tomar a posição.
shikisai 色彩 *s* 1 cor; matiz; coloração. 2 característica.
shikisaikankaku 色彩感覚 *s* sensibilidade à cor.
shikisaikōka 色彩効果 *s* efeito da cor.
shikisha 識者 *s* pessoa entendida; intelectual.
shikisha 指揮者 *s* regente; maestro.
shikiso 色素 *s* substância corante; pigmento.
shikitari 仕来り *s pop* tradição; costume; ritual; prática convencional.
shikiten 式典 *s* cerimônia; rito.
shikka 失火 *s* fogo acidental.
shikka 膝下 *s* lar dos pais; junto dos pais. 父母の〜を離れる *fubo no* 〜*o hanareru*: deixar a casa dos pais.
shikkaku 失格 *s* desqualificação.
shikkan 疾患 *s* doença; enfermidade. 腹部〜 *fukubu*〜: doença da região abdominal.
shikkarimono しっかり者 *s pop* 1 pessoa de caráter. 2 pessoa segura de si.
shikkari shita しっかりした *expr* 1 sólido; firme; seguro; forte. 2 pessoa corajosa, de confiança, responsável. あの男には〜所がない *ano otoko ni wa* 〜 *tokoro ga nai*: falta firmeza de caráter naquele homem.
shikkari suru しっかりする *v* 1 ser firme; ser forte; ser sólido. 土台がしっかりしている *dodai ga shikkari shiteiru*: a estrutura é sólida/firme. 年はとっても足はしっかりしている *toshi wa tottemo ashi wa shikkari shite iru*: está velho, mas tem passos firmes. 2 ser corajoso; ser responsável.
shikke 湿気 *s* umidade.
shikkei 失敬 *s* 1 rudeza; má educação; descortesia. 2 licença. 3 roubo; ato de surripiar.
shikken 失権 *s* perda dos direitos.
shikketsu 失血 *s* perda de sangue.
shikki 湿気 *s* umidade.
shikki 漆器 *s* laqueados.
shikkin 失禁 *s Med* incontinência urinária. 〜*suru*, *v*: ter incontinência urinária.
shikko 疾呼 *s* grito.
shikkō 失効 *s* invalidação; prescrição; anulação.
shikkō 執行 *s* execução. 〜*suru*, *v*: executar; realizar.
shikkoku 桎梏 *s* cadeias de convenções; jugo; grilhões.
shikkoku 漆黒 *s* preto retinto.
shikkōri 執行吏 *s* oficial de diligências; meirinho. *ant* mordomo.
shikkōryoku 執行力 *s* força executiva; força executória.
shikkōyūyo 執行猶予 *s* suspensão condicional de pena; pena suspensa.
shikkui 漆喰 *s* argamassa; reboco. 〜を塗る 〜*o nuru*: aplicar a argamassa.
shikkuri しっくり *adv* exatamente; combinar bem; encaixar bem. 二人の仲はあまり〜いっていない *futari no naka wa amari* 〜*itteinai*: os dois não estão se dando bem.
shikkyaku 失脚 *s* perda de posição; queda; desgraça. 〜*suru*, *v*: cair em desgraça; perder a posição.
shikō 私行 *s* conduta privada; comportamento particular.
shikō 伺候 *s* 1 atendimento; prestação de serviço. 2 visita de cortesia; visita para cumprimentos.
shikō 施工 *s* execução de obras. 〜*suru*, *v*: executar obras; construir.
shikō 指向 *s* direcionamento do problema; orientação.
shikō 思考 *s* pensamento. 〜力 〜*ryoku*: capacidade de pensar.
shikō 施行 *s* aplicação; entrada em vigor; cumprimento. この法律は去年から〜されている *kono hōritsu wa kyonen kara* 〜*sareteiru*: esta lei está em vigor desde o ano passado.
shikō 嗜好 *s* gosto; agrado; preferência. 〜品 〜*hin*: artigo de luxo, favorito, preferido.
shikō 志向 *s* intenção; vontade; aspiração.

shikomi 仕込み *s* 1 treinamento; ensino; aprendizagem. 2 abastecimento. 3 preparação dos ingredientes.
shikomu 仕込む *v* 1 treinar; educar; ensinar. 2 encaixar. 3 abastecer-se. 4 comprar os ingredientes necessários. 5 preparar os ingredientes.
shikon 歯根 *s* raiz do dente.
shikonashi しこなし *s* procedimento; modos; maneiras; apresentação.
shikonasu しこなす *v* gerenciar; executar com destreza.
shikonshōsai 士魂商才 *s* samurai em espírito e mercador em talento; espírito cavalheiresco combinado com astúcia nos negócios.
shikori 凝り *s* rigidez no músculo.
shikoru 凝る *v* endurecer; enrijecer; concentrar-se.
shikōsei 指向性 *s* direcionamento.
shikotama しこたま *adv pop* grande quantidade; montão. ～金をもうける ～*kane o mōkeru*: ganhar uma enormidade de dinheiro.
shiku 布[敷]く *v* 1 estender. 2 espalhar num certo espaço. 3 colocar por baixo. 4 dispor. 5 assentar; instalar. 6 fazer entrar em vigor. 7 dominar.
shiku 如く *v* ser igual, como. 早いに～はない *hayai ni ～wa nai*: quanto antes, melhor.
shiku 市区 *s* 1 bairro municipal. 2 a cidade e o bairro.
shikuhakku 四苦八苦 *s* estar em apuros; estar em dificuldades.
shikujiru しくじる *v* 1 fracassar; falhar. 2 ser despedido.
shikumi 仕組み *s* 1 mecanismo; estrutura. 2 método. 3 enredo.
shikumu 仕組む *v* 1 montar. 2 tramar; armar; planejar. 3 elaborar o enredo.
shikushiku しくしく *adv* soluçar ao chorar; chorar triste e discretamente.
shikutsu 試掘 *s* prospecção. ～*suru, v*: prospectar.
shikyo 死去 *s* morte. ～*suru, v*: morrer.
shikyō 市況 *s* situação do mercado. 株式～ *kabushiki*～: situação do mercado de ações.
shikyō 司教 *s* bispo. 管区～ *kanku*～: diocese.
shikyoku 支局 *s* sucursal; filial.
shikyū 支給 *s* fornecimento; pagamento. ～*suru, v*: fornecer, pagar.
shikyū 至急 *s* urgência. ～電報 ～*denpō*: telegrama urgente.
shikyū 子宮 *s Anat* útero.
shikyūbin 至急便 *s* correspondência expressa.
shikyūhō 至急報 *s* informativo urgente.
shima 島 *s* 1 ilha. 2 domínio; território. ここは俺達の～だ *koko wa oretachi no ～da*: esta zona é nossa; esta região é de domínio nosso.
shima 縞 *s* listra; risca.
shimaguni 島国 *s* país insular. ～根性 ～*konjō*: mentalidade de ilhéu.
shimai 仕舞い *s* 1 fim. 2 desfecho. 3 esgotamento de mercadoria.
shimai 姉妹 *s* irmãs.
shimaikomu 仕舞い込む *v* guardar. 箪笥の奥に～ *tansu no oku ni*～: guardar bem no fundo do guarda-roupa.
shimameguri 島巡り *s* excursão pelas ilhas.
shimamoyō 縞模様 *s* estampa de padrão listrado.
shimanagashi 島流し *s* 1 exílio; desterro. 2 *fig* mandar alguém para um lugar distante e seguro.

shimaokusoku 揣摩臆測 *s* especulação; conjecturas e suposições.
shimari 締まり *s* 1 solidez; firmeza; cuidado; apuro. 2 ato de fechar.
shimariya 締まり屋 *s* avarento; poupador; pão-duro.
shimaru 締まる *v* 1 fechar. 2 ficar firme; enrijecer. 3 ser forte.
shimatsu 始末 *s* 1 fim; desfecho; resultado. 2 arrumação; resolução; ato de colocar em ordem. 3 economia; poupança. ～*suru, v*: economizar; poupar.
shimatsusho 始末書 *s* justificação por escrito.
shimattta しまった *expr* 1 estou perdido!; meu Deus! 2 ih, estraguei; errei!; cometi um erro!
shimau 仕舞う *v* 1 treinar; acabar. 2 guardar; arrumar. 3 encerrar o expediente. 4 acabar de fazer.
shimauma 縞馬 *s Zool* zebra.
shimeageru 締め上げる *v* 1 apertar bem. 2 pressionar. 警察で締め上げられる *keisatsu de shimeagerareru*: ser pressionado pela polícia.
shimedashi 締め出し *s* ato de colocar fora; exclusão; ato de não deixar entrar.
shimedasu 締め出す *v* colocar para fora; fechar as portas:
shimei 氏名 *s* nome completo.
shimei 使命 *s* missão.
shimei 指名 *s* nomeação; designação; indicação.
shimei 死命 *s* vida ou morte; destino.
shimeiken 指名権 *s* direito de nomeação.
shimeitehai 指名手配 *s* criminoso procurado.
shimekiri 締め切り *s* 1 encerramento do prazo; fim do prazo. 2 fechamento; encerramento. ～になった門 ～*ni natta mon*: o portão fechado permanentemente.
shimekiru 締め切る *v* 1 encerrar o prazo. 2 fechar. あの家の門はいつも締め切ったままだ *ano ie no mon wa itsumo shimekitta mama da*: o portão daquela casa está sempre fechado.
shimekorosu 絞め殺す *v* estrangular.
shimekukuri 締め括り *s* conclusão; remate. ～をする ～*o suru, v*: rematar; concluir.
shimekukuru 締め括る *v* concluir; rematar; terminar. 話を手短かに～ *hanashi o temijika ni*～: terminar a conversa rapidamente.
shimen 紙面 *s* 1 página de jornal. 2 carta.
shimen 四面 *s* 1 quatro lados. ～体 ～*tai*: tetraedro. 2 todos os lados.
shimeppoi 湿っぽい *adj* 1 úmido. 2 melancólico; triste; sombrio; murcho.
shimerasu 湿らす *v* umedecer.
shimeri 湿り *s* 1 umidade. ～を帯びる ～*o obiru*: adquirir umidade. 2 chuva. けっこうなお～ですね *kekkō na o～desu ne*: que chuva abençoada! 3 ato de ser sombrio. ～声 ～*goe*: voz chorosa.
shimerike 湿り気 *s* umidade.
shimeru 占める *v* 1 ocupar. 大臣の椅子を～ *daijin no isu o* ～: ocupar a cadeira de ministro. 2 ter; ocupar. 都心の一等地を～ *toshin no ittōchi o* ～: ocupar um terreno de primeira na região metropolitana.
shimeru 湿る *v* ficar úmido; umedecer; ganhar umidade.

shimeru 締[絞][閉]める *v* **1** apertar. **2** apertar enlaçando. 首を~ *kubi o*~: estrangular; apertar o pescoço. **3** fechar. **4** enrijecer; esticar. 財布のひもを~ *saifu no himo o* ~: reduzir os gastos.

shimeshi 示し *s* **1** exemplo. ~がつかない ~*ga tsukanai*: não poder dar um bom exemplo. **2** revelação.

shimeshiawase 諜し合わせ *s* conluio; conspiração.

shimeshiawaseru [awasu] 諜し合わせる[合わす] *v* conspirar; pactuar antes; combinar antes.

shimesu 示す *v* **1** mostrar; apresentar. **2** indicar; demonstrar; dar um exemplo. **3** apontar; indicar.

shimesu 湿す *v* umedecer; molhar.

shimeta 占めた *interj pop* que bom!; ganhamos!; conseguimos!

shimete 締めて *expr* **1** ao todo; no total. **2** com todo o empenho; a sério.

shimetsu 死滅 *s* extinção; morte. ~する ~*suru v*: extinguir-se; morrer.

shimetsuke 締め付け *s* **1** aperto. ~ボルト ~*boruto*: apertar o parafuso. **2** pressão; controle. 経費削減の~を強化する *keihi sakugen no* ~*o kyōka suru*: realizar um controle mais rígido das despesas.

shimetsukeru 締め付ける *v* **1** apertar bem; apertar com força. **2** pressionar; oprimir; apertar. 胸を締め付けられるような話 *mune o shimetsukerareru yōna hanashi*: uma história de cortar o coração.

shimeyaka 湿やか *s* **1** calmo; suave; silencioso. **2** calado; triste; solene.

shimi 染み *s* **1** nódoa; mancha; borrão; marca. **2** mancha na pele; pinta.

shimideru 滲み出る *v* exsudar; escorrer lentamente; embeber-se.

shimijimi しみじみ *adv* atentamente; bem. 鏡を~と眺める *kagami o* ~*to nagameru*: olhar demoradamente o espelho.

shimikomu 染み込む *v* infiltrar-se; penetrar fundo; gravar-se; ganhar raízes.

shimin 市民 *s* **1** munícipe; habitante da cidade. **2** civil; cidadão. **3** burguês.

shimin 嗜眠 *s* letargia; torpor; sono profundo.

shiminken 市民権 *s* direito de cidadania.

shimiru 染[滲]みる *v* **1** embeber; encharcar; infiltrar; penetrar. 汗の染みたワイシャツ *ase no shimita waishatsu*: camisa empapada de suor. **2** arder; irritar. この目薬は~ *kono megusuri wa* ~: este colírio faz os olhos arderem. **3** ficar impressionado; comover; tocar o coração. 彼の親切が身に染みてうれしかった *kare no shinsetsu ga mi ni shimite ureshikatta*: a gentileza dele me tocou o coração.

shimitōru 染[滲]み通る *v* **1** atravessar; penetrar; infiltrar-se; impregnar. **2** ficar profundamente impressionado.

shimittare しみったれ *s* mesquinhez; avareza; sovinice.

shimiwataru 染[滲]み渡[亘]る *v* **1** penetrar; encher; impregnar; espalhar-se. **2** difundir-se; propagar-se.

shimizu 清水 *s* água de nascente; água límpida.

shimo 下 *s* **1** parte de baixo; fundo. **2** depois; a seguir; abaixo. **3** povo; massa; classe baixa. **4** parte inferior do corpo; órgãos genitais.

shimo 霜 *s* **1** geada. 初~ *hatsu*~: primeira geada do ano. **2** cabelo branco.

shimobe 僕 *s* servo; criado.

shimobukure 下膨れ *s* rosto bochechudo.

shimodoke 霜解け *s* descongelamento; degelo.

shimofuri 霜降り *s* **1** tecido mesclado com pintas brancas e coloridas. **2** pintas brancas.

shimogakaru 下掛かる *v pop* falar sobre assuntos indecentes.

shimogare 霜枯れ *s* **1** queima das plantas pela geada. **2** comércio fraco.

shimogareru 霜枯れる *v* plantas murchas ou mortas pela geada.

shimohanki 下半期 *s* segundo semestre.

shimojimo 下々 *s pop* classes baixas; povo em geral.

shimon 指紋 *s* impressões digitais.

shimon 試問 *s* pergunta; prova; exame. ~を受ける ~*o ukeru*: prestar exame oral; ser interrogado. 口頭~ *kōtō*~: exame oral.

shimon 諮問 *s* consulta; inquérito. ~案 ~*an*: esboço da consulta.

shimote 下手 *s* **1** parte de baixo. **2** rio abaixo. **3** lado esquerdo do palco visto pelo espectador.

shimotsuki 霜月 *s* décimo primeiro mês do calendário lunar; mês da geada; novembro.

shimoyake 霜焼け *s* frieira; ulceração da pele causada pelo frio.

shimoza 下座 *s* **1** assento inferior. **2** lado esquerdo do palco.

shimuke 仕向け *s* **1** tratamento. **2** despacho; encaminhamento.

shimukeru 仕向ける *v* **1** induzir; levar; persuadir; estimular; obrigar. 子供に勉強するように~ *kodomo ni benkyō suru yō ni*~: estimular a criança a estudar. **2** enviar; despachar; mandar; remeter.

shin 心 *s* **1** coração. ~不全 ~*fuzen*: insuficiência cardíaca. **2** mente; coração; espírito. 愛国~ *aikoku*~: sentimento patriótico. **3** alma; fundo do coração.

shin 臣 *s* súdito; vassalo.

shin 信 *s* **1** sinceridade; honestidade. **2** confiança. **3** crença; fé; pensamento.

shin 神 *s* divindade. ~の ~*no*: divino.

shin 新 *s* novo; novidade. ~校長 ~*kōchō*: novo diretor da escola.

shin 真 *s* verdade; realidade; genuinidade. ~の ~*no*: verdadeiro; real; genuíno.

shin 寝 *s* sono. ~につく ~*ni tsuku*: ir para a cama.

shin- 新- *pref* novo; fresco; neo; moderno; atual. ~発明 ~*hatsumei*: nova invenção. ~大統領 ~*daitōryō*: novo presidente.

shin- 親- *pref* pró; a favor de.

-shin -審 *suf Dir* instância. 第一審 *daiisshin*: primeira instância.

shina 品 *s* **1** artigo; mercadoria. あらゆる~を取り揃える *arayuru*~*o torisoroeru*: reunir grande sortimento de mercadorias. **2** qualidade. ~が落ちる ~*ga ochiru*: queda na qualidade do produto.

shina 嬌態 *s pop* coqueteria; flerte.

shinabiru 萎びる *v* murchar; definhar; enrugar; secar. 萎びた野菜 *shinabita yasai*: verdura murcha.

shinabusoku 品不足 *s* escassez de produtos; falta de mercadoria.

shinadareru 萎垂れる *v* 1 inclinar-se; curvar-se; pender. 2 encostar-se em alguém de maneira coquete.
shinagaki 品書き *s* cardápio; menu; catálogo; lista de mercadorias.
shinagara 品柄 *s* qualidade dos produtos.
shinagire 品切れ *s* esgotamento de mercadoria.
shinai 市内 *s* dentro da cidade; dentro do município.
shinai 竹刀 *s* espada de bambu usada no *kendo*.
shin'ai 親愛 *s* afeição; amor. ～なる友 ～*naru tomo*: querido(a) amigo(a).
shinakazu 品数 *s* quantidade de artigos. ～が多い ～*ga ōi*: ter muitos artigos.
shinamono 品物 *s* artigo; mercadoria; produto; espécie.
shinan 指南 *s* instrução; ensino; treino. ～を受ける ～*o ukeru*: receber instrução; aprender (artes marciais).
shinan 至難 *s* cúmulo da dificuldade.
shin'an 新案 *s* nova ideia; novo desenho. 実用～特許 *jitsuyō～tokkyo*: patente de uma nova invenção.
shinareru 仕慣れる *v* estar acostumado a fazer.
shinareru 死なれる *expr* perder alguém por motivo de morte. 子供に～ *kodomo ni～*: perder a criança.
shinaseru 死なせる *expr* causar a morte; perder alguém por motivo de morte.
shinau 撓う *v* vergar; curvar-se; ser flexível.
shinausu 品薄 *s* escassez de produtos; falta de mercadoria.
shinayaka 撓[嫋]やか *adj* 1 elegante; descontraído. 2 flexível; maleável; elástico. 3 ágil. ～に歩く ～*ni aruku*: andar graciosamente.
shinayakasa 撓やかさ *s* elegância; elasticidade; descontração.
shinbatsu 神罰 *s* castigo divino.
shinbi 審美 *s* apreço do belo. ～的な ～*teki na*, *adj*: estético. ～眼 ～*gan*: senso estético; sentido estético.
shinbō 心棒 *s* eixo; centro.
shinbō 辛抱 *s* paciência; resignação; perseverança; resistência.
shinbō 信望 *s* confiança; popularidade; apreço. ～を集める ～*o atsumeru*: ganhar popularidade; conquistar a confiança.
shinbō 深謀 *s* plano amadurecido. ～をめぐらす ～*o megurasu*: fazer um plano bem pensado. ～遠慮 ～*enryo*: plano bem pensado, com toda a prudência.
shinboku 親睦 *s* amizade. ～会 ～*kai*: reunião de amigos.
shinboru シンボル (*ingl symbol*) *s* símbolo. ～マーク ～*māku*: emblema.
shinbotoke 新仏 *s* pessoa recém-sepultada.
shinbu 深部 *s* fundo; parte mais funda.
shinbun 新聞 *s* jornal; imprensa.
shinbundai 新聞代 *s* assinatura de jornal.
shinbundane 新聞種 *s* matéria de jornal; artigo de jornal; notícia.
shinbun'haitatsu 新聞配達 *s* distribuição de jornais; entrega de jornais.
shinbunkirinuki 新聞切り抜き *s* recorte de jornal.
shinbunkisha 新聞記者 *s* jornalista.

shinbunsha 新聞社 *s* empresa jornalística.
shinbunshi 新聞紙 *s* papel de jornal.
shinbutsu 神仏 *s* divindades xintoístas e budistas.
shincha 新茶 *s* chá novo; chá da nova colheita.
shinchaku 新着 *s* nova remessa. ～図書目録 ～*tosho mokuroku*: catálogo dos livros recém-chegados.
shinchiku 新築 *s* nova construção.
shinchintaisha 新陳代謝 *s Biol* metabolismo; renovação.
shinchishiki 新知識 *s* ideias avançadas; informação nova.
shincho 新著 *s* novo livro.
shinchō 身長 *s* altura; estatura.
shinchō 伸張 *s* expansão. ～する, *v*: estender; prolongar; aumentar.
shinchō 慎重 *s* prudência; discrição; cuidado; cautela. ～な処置を講じる ～*na shochi o kōjiru*: tomar medidas prudentes.
shinchō 新調 *s* 1 nova confecção. ～する, *v*: fazer algo novo. 2 novo ritmo.
shinchoku 進捗 *s* progresso; avanço.
shinchū 心中 *s* fundo do coração; coração; pensamento íntimo.
shinchū 真鍮 *s* latão.
shinchū 進駐 *s* ocupação militar.
shindai 身代 *s* fortuna; propriedades; bens.
shindai 寝台 *s* cama. ～列車 ～*ressha*: trem com compartimento provido de cama.
shindan 診断 *s* diagnóstico.
shindatsu 侵奪 *s Dir* esbulho; roubo de imóvel.
shinden 神殿 *s* santuário; templo.
shinden 新田 *s* nova gleba de plantação de arroz.
shindenzu 心電図 *s Med* eletrocardiograma.
shindo 伸度 *s* elasticidade.
shindo 深度 *s* profundidade.
shindo 進度 *s* grau de progresso.
shindo 震度 *s* intensidade sísmica; magnitude sísmica.
shindō 神童 *s* menino-prodígio.
shindō 振動 *s* vibração; oscilação.
shindō 震動 *s* abalo; tremor; vibração; trepidação. ～を感じる ～*o kanjiru*: sentir o abalo.
shindoi しんどい *adj dial* 1 cansado. 2 trabalhoso.
shindōkei 振動計 *s* oscilógrafo; vibrômetro.
shindōsū 振動数 *s* frequência.
shin'ei 新鋭 *s* novo e potente ～チーム ～*chīmu*: equipe nova e competitiva.
shin'en 深遠 *s* profundidade; profundeza. ～な, *adj*: profundo; fundo; impenetrável; esotérico.
shin'en 親縁 *s* afinidade. ～性 ～*sei*: caráter afim.
shin'en 深淵 *s* abismo; precipício; desfiladeiro; garganta.
shinfonī シンフォニー (*ingl symphony*) *s Mús* sinfonia.
shinfuzen 心不全 *s Med* insuficiência cardíaca; colapso cardíaco.
shingai 心外 *s* algo inesperado; traição.
shingai 侵害 *s* violação; usurpação; transgressão; invasão; infração. 人権～ *jinken～*: violação dos direitos humanos.
shingai 震駭 *s* terror; horror; alarme; abalo; choque. ～させる ～*saseru*: aterrorizar; abalar; chocar.
shingakki 新学期 *s* novo ano letivo.
shingaku 神学 *s* teologia.

shingaku 進学 *s* ingresso em cursos superiores. ~*suru*, *v*: ingressar na escola superior.
shingan 心眼 *s* visão interior.
shingan 心願 *s* súplica silenciosa a deidades.
shingao 新顔 *s* recém-chegado; novato; cara nova.
shingari 殿 *s* 1 último. ~になる ~*ni naru*: ser o último. 2 retaguarda. ~を務める ~*o tsutomeru*: ficar na defesa da retaguarda.
shingata 新型[形] *s* novo modelo; novo estilo; novo desenho. ~の自動車 ~*no jidōsha*: carro de último modelo.
shingeki 進撃 *s* marcha; avanço; arremetida; ataque.
shingeki 新劇 *s* novo teatro dos fins do século XIX, no Japão, em contraposição ao clássico cabúqui.
shingen 進言 *s* conselho; sugestão; aviso.
shingen 森厳 *s* ~*na*, *adj*: solene; sério; grave.
shingen 箴言 *s* provérbio; adágio; ditado.
shingenchi 震源地 *s* 1 centro sísmico; epicentro. 2 centro dos distúrbios.
shingetsu 新月 *s* lua nova; quarto crescente.
shingi 信義 *s* confiança; honradez; fé; sinceridade. ~上 ~*jō*: do ponto de vista da honra.
shingi 真偽 *s* verdade ou falsidade; autenticidade. ~はともかくとして ~*wa tomokaku to shite*: verdadeiro ou não, o fato é...
shingi 審議 *s* exame; deliberação; discussão.
shingikai 審議会 *s* conselho deliberativo.
shingo 新語 *s* 1 neologismo; palavra nova. 2 palavra que aparece pela primeira vez.
shingō 信号 *s* 1 sinal; aviso. 2 semáforo; farol de sinalização. 手旗~ *tebata*~: sinal por meio de bandeirinha. 停止~ *teishi*~: sinal de parar.
shingōgakari 信号係 *s* encarregado da sinalização.
shingōki 信号旗 *s* bandeira para sinalização codificada.
shingōki 信号機 *s* semáforo; aparelho sinalizador.
shingōmushi 信号無視 *s* desrespeito às sinalizações.
shingu 寝具 *s* roupa de cama.
shingun 進軍 *s* avanço do exército; marcha.
shinguru シングル (*ingl single*) *s* simples; um só; singular; solteiro.
shingurubeddo シングルベッド (*ingl single bed*) *s* cama de solteiro.
shin'hakken 新発見 *s* nova descoberta; descobrimento.
shin'hatsumei 新発明 *s* nova invenção.
shin'hossoku 新発足 *s* novo início.
shin'i 心意 *s* mente.
shin'i 真意 *s* 1 verdadeira intenção; verdadeiro motivo. 2 verdadeiro sentido.
shin'i 神意 *s* vontade divina.
shinibasho 死に場所 *s* lugar para morrer.
shinigami 死神 *s* deus da morte; morte.
shinigane 死に金 *s* 1 dinheiro parado. 2 dinheiro desperdiçado. ~を投じる ~*o tōjiru*: desperdiçar o dinheiro.
shinigao 死に顔 *s* rosto ao morrer.
shinigiwa 死に際 *s* hora da morte.
shinihateru 死に果てる *v* 1 morrer. 2 extinguir-se.
shinikakaru 死にかかる *v* estar a ponto de morrer; estar à porta da morte.
shinikakeru 死にかける *v* ficar às portas da morte; quase morrer.

shinikata 死に方 *s* modo de morrer; morrer.
shinikui 為難い *adj* difícil de executar.
shinime 死に目 *s* momento da morte; últimos momentos.
shinimizu 死に水 *s* água para molhar os lábios da pessoa que está morrendo.
shinimonogurui 死に物狂い *s* luta desesperada. ~で働く ~*de hataraku*: trabalhar como desesperado.
shinin 死人 *s* morto; defunto; falecido. ~に口なし ~*ni kuchi nashi*: os mortos não falam.
shin'in 真因 *s* a verdadeira razão; real causa.
shin'iri 新入り *s pop* recém-vindo; recém-chegado; novato.
shinise 老舗 *s* loja de longa tradição; loja antiga e conhecida.
shinishōzoku 死に装束 *s* mortalha; roupa branca da pessoa que fará haraquiri.
shinisokonau 死に損なう *v* 1 falhar na tentativa de suicídio. 2 escapar à morte; ficar vivo.
shinitaeru 死に絶える *v* extinguir-se.
shiniwakare 死に別れ *s* separação por motivo de morte.
shiniwakareru 死に別れる *v* perder alguém por motivo de morte.
shinizama 死に様 *s vulg* modo de morrer; morte.
shinizokonai 死に損ない *s vulg* 1 pessoa que quis se matar. 2 pessoa velha e malquerida.
shinja 信者 *s* crente; seguidor; fiel. キリスト教~ *kirisuto kyō*~: cristão.
shinjidai 新時代 *s* nova época.
shinjin 信心 *s* fé; devoção. 不~ *fu*~: incredulidade.
shinjin 新人 *s* novo membro; novo talento; novato; principiante.
shinjin 深甚 *adj* sentimento profundo.
shinjiru 信じる *v* 1 acreditar; crer. 2 confiar; ter confiança. 3 crer; ter fé.
shinjitsu 真実 *s* 1 verdade; realidade. 2 realmente; verdadeiramente.
shinjitsu(mi) 真[信]実(味) *s* sinceridade; honestidade; fidelidade; verdade.
shinjitsusei 真実性 *s* verdade; fidelidade; veracidade; autenticidade; credibilidade.
shinjo 神助 *s* auxílio divino; graça divina.
shinjō 心情 *s* íntimo; coração; sentimentos. ~をくむ ~*o kumu*: sentir.
shinjō 身上 *s* 1 mérito; ponto forte. 2 dados pessoais; caráter; vida pessoal.
shinjō 信条 *s* 1 artigo de fé; credo. 2 princípio; opinião; convicção. 生活~ ~*seikatsu*~: filosofia de vida; princípio que norteia a vida de uma pessoa.
shinjō 真情 *s* verdadeiros sentimentos.
shinjotai 新世帯 *s* nova casa; novo lar.
shinju 真珠 *s* pérola. ~貝 ~*gai*: moluscos perolíferos. 人造~ *jinzō*~: pérola artificial.
shinjū 心中 *s* duplo suicídio de amantes por acordo mútuo. 一家~ *ikka*~: suicídio de uma família inteira.
shinjūdate 心中立て *s pop* fidelidade. ~*suru*, *v*: manter-se fiel.
shinjun 浸潤 *s* 1 infiltração. 2 invasão.
shinka 真価 *s* valor; mérito.
shinka 深化 *s* aprofundamento.
shinka 進化 *s Biol* evolução.

shinkabu 新株 *s Econ* nova ação. 〜引受権 〜*hikiukeken*: direito preferencial para subscrição das ações novas.
shinkai 深海 *s* mar profundo.
shinkai 新開 *s* novo; abertura nova. 〜住宅地 〜*jūtakuchi*: área residencial nova.
shinkaichi 新開地 *s* zona recém-urbanizada; terra recém-cultivada.
shinkan 信管 *s* rastilho; estopim.
shinkan 新刊 *s* publicação nova; livro novo.
shinkan 新館 *s* novo pavilhão; prédio novo; edifício novo.
shinkan 森閑 *s* silêncio total.
shinkansen 新幹線 *s* trem expresso de alta velocidade; trem-bala.
shinkaron 進化論 *s Biol* teoria da evolução; evolucionismo; darwinismo.
shinkei 神経 *s* 1 nervo. 〜の 〜*no*: neural; neurônico; nervoso. 2 nervos; sensibilidade. 〜が太い 〜*ga futoi*: destemido; corajoso.
shinkeibyō 神経病 *s* neurose; doença nervosa; neuropatia.
shinkeika 神経科 *s* neurologia.
shinkeikabin 神経過敏 *s* susceptibilidade; hipersensibilidade; nervosismo.
shinkeikei 神経系 *s Anat* e *Zool* sistema nervoso.
shinkeikō 新傾向 *s* nova tendência.
shinkeisen 神経戦 *s* guerra de nervos.
shinkeishitsu 神経質 *s* temperamento nervoso.
shinkeishō 神経症 *s* neurose.
shinkeisoshiki 神経組織 *s* sistema nervoso.
shinkeisuijaku 神経衰弱 *s Med* neurastenia; depressão nervosa.
shinkeitsū 神経痛 *s* nevralgia; neuralgia.
shinken 真剣 *s* 1 espada verdadeira. 2 seriedade. 〜な態度 〜*na taido*: atitude séria.
shinkenshōbu 真剣勝負 *s* luta com espadas verdadeiras.
shinketsu 心血 *s* alma e coração; energia total.
shinketsu 審決 *s* julgamento; decisão.
shinki 新規 *s* ser novo; novo começo.
shinki 振起 *s* animação; estímulo; encorajamento. 〜する, *v*: estimular; encorajar; animar.
shinki 新奇 *s* novidade; originalidade; inovação.
shinkigen 新紀元 *s* nova época.
shinkiitten 心機一転 *s* mudança completa. 〜*suru*, *v*: mudar de mentalidade.
shinkijiku 新機軸 *s* método completamente novo; inovação.
shinkikaiten 新規開店 *s* reabertura de loja com nova direção.
shinkikōshin 心悸亢進 *s Med* palpitação; taquicardia; aceleração do ritmo cardíaco.
shinkikusai 辛気くさい *adj pop* aborrecido; maçante; chato.
shinkimakinaoshi 新規蒔き直し *s pop* novo início; recomeço.
shinkinkan 親近感 *s* sentimento de intimidade; afinidade. 〜を抱く 〜*o idaku*: sentir intimidade.
shinkirō 蜃気楼 *s* miragem.
shinkiroku 新記録 *s* novo recorde.
shinkō 信仰 *s* fé; crença; credo. 〜の自由 〜*no jiyū*: liberdade de religião.
shinkō 振興 *s* fomento; promoção; estímulo. 産業の〜を図る *sangyō no*〜*o hakaru*: promover o desenvolvimento da indústria.
shinkō 進行 *s* progresso; avanço; andamento.
shinkō 新興 *s* ascensão; subida; desenvolvimento.
shinkō 深更 *s* altas horas da noite.
shinkō 親交 *s* relação amigável; amizade.
shinkōgakari 進行係 *s* mestre de cerimônias; diretor de programa; apresentador.
shinkōkei 進行形 *s Gram* forma progressiva.
shinkōkoku 新興国 *s* país em desenvolvimento.
shinkoku 申告 *s* declaração; dar conta; relato. 確定〜 *kakutei*〜: declaração de imposto de renda comprovada.
shinkoku 深刻 *adj* grave. 事態が〜になる *jitai ga*〜*ni naru*: agravar-se a situação.
shinkokuka 深刻化 *s* agravamento.
shikokunōzei 申告納税 *s* pagamento de impostos por declaração.
shinkokuzai 親告罪 *s* crime de ação privada.
shinkokyū 深呼吸 *s* respiração profunda.
shinkon 新婚 *s* recém-casado.
shinkon 心魂 *s* alma de uma pessoa; coração de uma pessoa.
shinkonryokō 新婚旅行 *s* viagem de lua de mel.
shinkōsangyō 新興産業 *s* nova indústria.
shinkōsei 進行性 *s* progressividade. 〜の 〜*no*: progressivo.
shinkōseikatsu 信仰生活 *s* vida religiosa.
shinkotchō 真骨頂 *s* verdadeiro valor de cada um.
shinku 辛苦 *s* sofrimento; angústia; trabalho; privação; agruras; dificuldades.
shinku 真[深]紅 *s* carmesim; vermelho-escuro.
shinkū 真空 *s* 1 vácuo. 〜にする 〜*ni suru*, *v*: fazer vácuo. 2 vazio; oco. ショックで頭が〜になった *shokku de atama ga*〜*ni natta*: com o choque, fiquei zonzo.
shinkufū 新工夫 *s* novo mecanismo; nova invenção.
shinkūkan 真空管 *s* tubo de vácuo.
shinkyo 新居 *s* residência nova; casa nova.
shinkyō 心境 *s* estado de espírito.
shinkyō 信教 *s* crença religiosa; religião. 〜の自由 〜*no jiyū*: liberdade de religião.
shinkyō 新教 *s* protestantismo.
shinkyō 進境 *s* progresso; avanço; melhoria; aperfeiçoamento.
shinkyoku 新曲 *s* nova música; nova composição musical.
shinkyū 進級 *s* aprovação.
shinkyū 鍼灸 *s* acupuntura e moxibustão.
shinkyū 新旧 *s* novo e o antigo. 〜交替 〜*kōtai*: mudança do velho para o novo.
shinmai 新米 *s* 1 arroz novo; arroz recém-colhido. 2 novato; principiante.
shinme 新芽 *s* broto; rebento; botão; folha nova.
shinmei 身命 *s* vida; corpo e alma.
shinmei 神明 *s* divindade; os deuses. 〜造り 〜*zukuri*: estilo de arquitetura do templo xintoísta.
shinmenmoku 真面目 *s* o que a pessoa realmente é. 〜を発揮する 〜*o hakki suru*: mostrar o que é.
shinmi 親身 *s* 1 parentesco. 2 bondade. 〜な, *adj*: amável; bondoso.
shinmin 臣民 *s* súditos.
shinmiri しんみり *adv* 1 sossegadamente; triste-

shinmitsu mente; melancolicamente. ~*suru*, *v*: ficar melancólico. 2 intimamente; familiarmente. ~と話す ~*to hanasu*: falar; conversar em tom familiar.
shinmitsu 親密 *s* intimidade; familiaridade.
shinmon 審問 *s* interrogatório; inquérito. ~*suru*, *v*: interrogar.
shinmotsu 進物 *s* presente; oferta; oferenda.
shinmyō 神妙 *s* 1 acontecimento divino, sobrenatural. 2 comportamento extraordinário. 3 obediência. ~に働く ~*ni hataraku*: trabalhar docilmente.
shinnā シンナー (*ingl thinner*) *s* diluente de tinta; solvente, tíner.
shinnen 信念 *s* fé; convicção. あくまでも~を貫く *akumademo* ~*o tsuranuku*: proceder sempre segundo as suas convicções.
shinnen 新年 *s* Ano-Novo. ~会 ~*kai*: festa de Ano-Novo.
shinnin 信任 *s* confiança; crédito. ~*suru*, *v*: confiar; acreditar.
shinnin 新任 *s* nova nomeação; novo cargo. ~の挨拶を述べる ~*no aisatsu o noberu*: fazer o discurso de posse do novo cargo.
shinnin 親任 *s* nomeação pessoal imperial.
shinninjō 信任状 *s* credenciais apresentadas pela autoridade.
shinninkan 親任官 *s* oficial nomeado pessoalmente pelo imperador.
shinninshiki 親任式 *s* cerimônia de posse pela Sua Majestade.
shinnintōhyō 信任投票 *s* voto de confiança.
shinnō 親王 *s* príncipe imperial; príncipe real.
shinnyo 真如 *s* *Bud* realidade absoluta; verdade universal.
shinnyū 侵入 *s* invasão; incursão; entrada. ~*suru*, *v*: invadir; entrar; fazer uma incursão. ~者 ~*sha*: invasor; assaltante.
shinnyū 進入 *s* avanço.
shinnyū 新入 *s* novato. ~生 ~*sei*: calouro.
shinobaseru 忍ばせる *expr* esconder; ocultar; dissimular; encobrir.
shinobi 忍び *s* 1 discrição. 2 andar incógnito. 3 espionagem.
shinobiashi 忍び足 *s* andar discreto.
shinobigatai 忍び難い *adj* insuportável; intolerável; imperdoável.
shinobiiru [komu] 忍び入る[込む] *v* entrar sorrateiramente. 窓から部屋へ~ *mado kara heya e* ~: entrar sorrateiramente no quarto pela janela.
shinobinaki 忍び泣き *s* choro contido; choro em silêncio.
shinobinaku 忍び泣く *v* chorar em silêncio.
shinobiyoru 忍び寄る *v* aproximar-se sem ser percebido.
shinobu 忍ぶ *v* 1 suportar; tolerar; aguentar; sofrer; aturar. 恥を~ *haji o* ~: suportar a vergonha. 2 esconder-se; passar despercebido. 人目を~ *hitome o* ~: evitar ser visto. 3 ter encontros secretos.
shinobu 偲ぶ *v* 1 recordar; lembrar; evocar. 亡き子を~ *nakiko o* ~: lembrar o falecido filho. 2 imaginar; supor. 本人の努力がしのばれる *honnin no doryoku ga shinobareru*: pode-se bem imaginar o seu grande esforço.

shinogi 凌ぎ *s* remedeio; suporte. 急場~ *kyūba*~: remedeio para emergência.
shinogi 鎬 *s* na espada japonesa, linha saliente que corre no meio ao longo da lâmina.
shinogono 四の五の *expr pop* resmungo. ~言わずに ~*iwazu ni*: sem resmungar.
shinogu 凌ぐ *v* 1 suportar; aguentar. 2 vencer; defender-se; ver-se livre. 3 exceder; ganhar; superar; sobrepujar; ultrapassar.
shinōkōshō 士農工商 *v* os quatro estratos sociais do antigo Japão: samurai, camponês, artesão e comerciante.
shin'on 心音 *s* som do batimento cardíaco.
shinpa 新派 *s* 1 arte nova; nova escola. 2 teatro novo.
shinpai 心配 *s* 1 preocupação; aflição; ansiedade; inquietação; temor; receio. ~の種 ~*no tane*: causa da preocupação. ~をかける ~*o kakeru*: causar preocupação. ~*suru*, *v*: preocupar-se; recear; sentir ansiedade. ~し過ぎる ~*shisuguiru*: preocupar-se demais. いらぬ~ *iranu* ~: preocupações inúteis. 2 preocupar-se e fazer algo.
shinpaigoto 心配事 *s* motivo de preocupação.
shinpan 侵犯 *s* invasão; violação; infração. 国境~ *kokkyō*~: violação da fronteira de um país.
shinpan 新版 *s* 1 publicação nova; livro novo. 2 edição nova.
shinpan 審判 *s* 1 arbitragem; julgamento; veredicto; sentença. ~を下す ~*o kudasu*: dar a sentença. 2 juízo. 最後の~ *saigo no* ~: juízo final.
shinpatsu 進発 *s* começo; início.
shinpei 新兵 *s* recruta; recém-alistado; conscrito.
shinpen 身辺 *s* ao derredor de uma pessoa; o que está ao redor de alguém.
shinpen 新編 *s* nova edição.
shinpi 神秘 *s* mistério; enigma.
shinpi 真否 *s* verdade ou falsidade. ~を確かめる ~*o tashikameru*: averiguar se é verdade ou não.
shinpin 新品 *s* produto novo.
shinpishugi 神秘主義 *s* misticismo.
shinpiteki 神秘的 *adj* místico; misterioso.
shinpitsu 真筆 *s* escrita de próprio punho.
shinpo 進歩 *s* progresso; avanço; evolução; melhoria; melhoramento.
shinpō 信奉 *s* fé. ~*suru*, *v*: crer; acreditar. ~者 ~*sha*: crente; devoto.
shinpoha 進歩派 *s* progressista; facção progressista.
shinpon 新本 *s* livro novo.
shinposhugi 進歩主義 *s* progressismo.
shinpoteki 進歩的 *adj* progressista; avançado. ~な考え ~*na kangae*: uma ideia progressista.
shinpu 新婦 *s* noiva; nubente. 新郎~ *shinrō*~: os noivos.
shinpu 神父 *s* *Catól* padre; sacerdote.
shinpū 新風 *s* novos ares; nova vida.
shinpuku 心服 *s* admiração; ato de admirar e seguir.
shinpuku 信服 *s* convencimento. ~*suru*, *v*: ser convencido.
shinpuku 振幅 *s* *Fís* amplitude da oscilação.
shinpyōsei 信憑性 *s* credibilidade. ~に欠ける ~*ni kakeru*: não ter credibilidade.
shinrabanshō 森羅万象 *s* todas as coisas e acontecimentos do Universo.
shinrai 信頼 *s* confiança.

shinrai 新来 *s* novo. ~患者 ~*kanja*: novo paciente.
shinraikankei 信頼関係 *s* relação de confiança.
shinratsu 辛辣 *s*, *na*, *adj*: mordaz; cáustico. ~な批評 ~*na hihyō*: crítica contundente.
shinrei 心霊 *s* espírito; psique. ~現象 ~*genshō*: fenômeno oculto.
shinrei 神霊 *s* alma de uma pessoa morta; espírito divino.
shinrei 浸礼 *s* Catól imersão; batismo de imersão.
shinreki 新暦 *s* novo calendário; calendário solar.
shinri 心理 *s* mentalidade; estado mental; psicologia.
shinri 真理 *s* verdade. ~の探求 ~*no tankyū*: busca da verdade.
shinri 審理 *s* julgamento.
shinrigaku 心理学 *s* psicologia; ciência da mente/psique. 犯罪~ ~*hanzai*~: psicologia criminal.
shinrigakusha 心理学者 *s* psicólogo.
shinrin 森林 *s* floresta; mata; selva.
shinrin 親臨 *s* presença imperial; visita imperial.
shinrinchitai 森林地帯 *s* zona florestal.
shinringaku 森林学 *s* silvicultura; dendrologia.
shinriteki 心理的 *adj* psicológico; mental.
shinro 針路 *s* rumo; rota; curso.
shinro 進路 *s* 1 caminho; rumo; curso. 2 futuro; carreira; vida.
shinrō 新郎 *s* noivo; nubente. ~新婦 ~*shinpu*: os noivos.
shinrui 親類 *s* parente(s).
shinruizukiai 親類付き合い *s* 1 relações de família. 2 trato como família.
shinryaku 侵略 *s* invasão; ocupação; força; usurpação.
shinryakukoku 侵略国 *s* país invasor.
shinryakusensō 侵略戦争 *s* guerra de invasão; guerra de agressão.
shinryo 深慮 *s* prudência; deliberação.
shinryo 神慮 *s* desejo divino; divina providência.
shinryō 診療 *s* consulta médica.
shinryoku 新緑 *s* verde tenro.
shinsa 審査 *s* exame; inspeção.
shinsai 震災 *s* desastre sísmico.
shinsain 審査員 *s* membro do júri.
shinsaku 新作 *s* nova obra; nova composição.
shinsan 辛酸 *s* sofrimentos; tribulações.
shinsatsu 診察 *s* consulta médica; exame médico. ~*suru*, *v*: dar consultas; examinar.
shinsatsu 新札 *s* nova nota, cédula.
shinsatsubi 診察日 *s* dia da consulta.
shinsatsuryō 診察料 *s* preço da consulta.
shinsedai 新世代 *s* nova geração.
shinsei 心性 *s* mente; mentalidade; natureza.
shinsei 申請 *s* requisição; requerimento; petição.
shinsei 神聖 *s* santidade; divindade.
shinseido 新制度 *s* novo sistema.
shinseihin 新製品 *s* novo produto.
shinseiji 新生児 *s* recém-nascido.
shinseikatsu 新生活 *s* vida nova.
shinseimei 新生命 *s* nova vida.
shinseimen 新生面 *s* novo campo; novo horizonte.
shinseisho 申請書 *s* requerimento.
shinsekai 新世界 *s* o Novo Mundo.
shinsen 新選 *s* nova escolha; nova seleção, nova eleição.
shinsen 新鮮 *s* frescor; frescura; novidade.
shinsenmi 新鮮味 *s* frescor.
shinsetsu 新設 *s* nova instalação.
shinsetsu 新雪 *s* neve recém-caída.
shinsetsu 親[深]切 *s* bondade; amabilidade; gentileza; cortesia; delicadeza; afabilidade. ~*na*, *adj*: amável; gentil; bondoso; afável; cortês.
shinsetsugi 親切気 *s* boa vontade; coração bondoso.
shinsha 新車 *s* carro novo.
shinsha 深謝 *s* sinceros agradecimentos; profunda gratidão.
shinshaku 斟酌 *s* 1 consideração; ter em conta. 2 compreensão.
shinshi 紳士 *s* cavalheiro; homem honrado; gentil homem.
shinshi 真摯 *s* seriedade; sinceridade.
shinshigai 新市街 *s* novo distrito; nova cidade.
shinshiki 新式 *s* novo sistema; novo estilo; novo método.
shinshin 心神 *s* mente; espírito. ~喪失 *sōshitsu*~: alienação mental. ~耗弱 ~*kōjaku*: deficiência mental; oligofrenia.
shinshin 新進 *s* ascensão.
shinshin 心身・身心 *s* corpo e espírito; alma; mente. ~障害者 ~*shōgaisha*: deficiente físico e mental.
shinshin 津々 *adj* muito; extremamente.
shinshin to しんしんと *adv* silenciosamente.
shinshiroku 紳士録 *s* "quem é quem".
shinshiteki 紳士的 *adj* cavalheiresco; bem educado; digno.
shinshitsu 寝室 *s* quarto; dormitório.
shinsho 信書 *s* correspondência; carta.
shinshō 心象 *s* imagem. ~風景 ~*fūkei*: paisagem imaginada.
shinshō 心証 *s* Dir 1 impressão; convencimento. 2 convicção do juiz/tribunal.
shinshō 辛勝 *s* vitória difícil.
shinshōbōdai 針小棒大 *s* exagero; fazer de um alfinete um espeto.
shinshōgai 新生涯 *s* nova vida; nova carreira.
shinshōhitsubatsu 信賞必罰 *s* premiar o bem e castigar o mal.
shinshoku 浸食[蝕] *s* erosão; corrosão.
shinshoku 寝食 *s* dormir e comer.
shinshokusayō 侵食作用 *s* ação erosiva.
shinshōsha 身障者 *s* abreviatura de 身体障害者 *shintaishōgaisha*: deficiente físico.
shinshu 進取 *s* inovação.
shinshu 新種 *s* nova variedade; espécie nova.
shinshukō 新趣向 *s* nova ideia; novo plano.
shinshuku 伸縮 *s* elasticidade; expansão e contração.
shinshukujizai 伸縮自在 *s* ser elástico.
shinshukusei 伸縮性 *s* elasticidade.
shinshutsu 進出 *s* expansão; avanço; entrada. ~*suru*, *v*: expandir-se.
shinshutsu 滲[浸]出 *s* exsudação; exosmose. ~液 ~*eki*: exsudato.
shinso 親疎 *s* grau de intimidade entre pessoas.
shinsō 神葬 *s* funeral conduzido de acordo com ritos xintoístas.
shinsō 真相 *s* fatos; verdade.
shinsō 新装[粧] *s* redecoração; novo arranjo. ~開店 ~*kaiten*: inauguração de loja reformada.

shinsōchōsa 真相調査 *s* averiguação da verdade.
shinsoko 心[真]底 *s* **1** fundo do coração. **2** sério; verdadeiro.
shinsotsu 新卒 *s* recém-formado.
shinsui 浸水 *s* inundação. 〜家屋 〜*kaoku*: casa inundada.
shinsui 進水 *s* lançamento de navio.
shinsui 心酔 *s* admiração; adoração; paixão; entusiasmo.
shinsuisha 心酔者 *s* admirador ardente; entusiasta; devoto.
shinsuishiki 進水式 *s* cerimônia de lançamento de navio.
shintai 身体 *s* corpo humano.
shintai 進退 *s* **1** movimento; avanço e recuo. **2** comportamento; atitude; procedimento; conduta. **3** renúncia ou permanência no cargo.
shintaikensa 身体検査 *s* exame médico; revista geral.
shintairiku 新大陸 *s* novo continente.
shintaisei 新体制 *s* novo sistema; novo regime.
shintaishōgaisha 身体障害者 *s* deficiente físico.
shintaiukagai 進退伺い *s* colocar o cargo à disposição.
shintaku 神託 *s* oráculo; mensagem divina.
shintaku 信託 *s* fideicomisso.
shintaku 新宅 *s* nova residência.
shintakugyō 信託業 *s* empresa fiduciária.
shintakukikin 信託基金 *s* fundo de crédito fiduciário.
shintakusha 信託者 *s* fideicomissário.
shintakutōchi 信託統治 *s* curadoria; fideicomisso.
shintakuzaisan 信託財産 *s* propriedade fiduciária.
shintan 薪炭 *s* lenha e carvão.
shintatsu 進達 *s* transmissão; repasse; encaminhamento.
shinte 新手 *s* novo truque; outra habilidade.
shintei 心底 *s* fundo do coração; verdadeira intenção.
shintei 進呈 *s* oferta.
shinteiban 新訂版 *s* edição revista.
shinteki 進適 *s* teste de aptidão escolar; teste de inteligência.
shinteki 心的 *adj* mental; psicológico.
shinten 進展 *s* evolução; crescimento; aumento; desenvolvimento; progresso; avanço.
shinten 親展 *s* confidencial; pessoal.
shinto 信徒 *s* seguidor; adepto; crente; devoto; discípulo; fiel.
shin to しんと *adv* em silêncio total; em silêncio profundo.
shintō 神道 *s* xintoísmo.
shintō 浸透 *s* infiltração; penetração; impregnação.
shintō 新刀 *s* nova espada; espada moderna.
shintō 新党 *s* novo partido político.
shintō 親等 *s* grau de parentesco; consanguinidade.
shintō 心頭 *s* mente; espírito; coração.
shintsū 心痛 *s* angústia; preocupação; agonia; tormento.
shinu 死ぬ *v* **1** morrer; falecer. **2** ficar sem força. **3** não ter utilidade; perder. **4** não ter força. **5** morrer (no jogo de *go*).
shinwa 神話 *s* **1** mitologia; mito. 〜時代 〜*jidai*: idade mitológica. ギリシャ〜 *girisha*〜: mitologia grega.
shinwa 親和 *s* *Quím* afinidade.
shinwagaku 神話学 *s* mitologia.
shinwaryoku 親和力 *s* *Quím* afinidade.
shin'ya 深夜 *s* altas horas da noite; meio da noite.
shin'yahōsō 深夜放送 *s* *Rád* e *Telev* transmissão noturna.
shin'yaryōkin 深夜料金 *s* taxa noturna.
shin'yaku 新訳 *s* nova versão; nova tradução.
shin'yaku 新薬 *s* novo remédio.
shin'yakuseisho 新約聖書 *s* Novo Testamento.
shinyō 屎尿 *s* dejetos humanos; excrementos e urina.
shin'yō 信用 *s* **1** confiança; fé; credibilidade. **2** *Econ* crédito.
shin'yōchōsa 信用調査 *s* investigação de credibilidade.
shin'yōgashi 信用貸し *s* empréstimo a crédito.
shin'yōjō 信用状 *s* carta de crédito.
shin'yōjōtai 信用状態 *s* situação financeira.
shin'yōju 針葉樹 *s* *Bot* coníferas; árvores de folhas aciculadas.
shin'yōtorihiki 信用取引 *s* transação a crédito.
shin'yū 親友 *s* amigo íntimo.
shin'yū 深憂 *s* profunda preocupação; grande receio.
shinzan 新参 *s* novato; recém-chegado.
shinzanmono 新参者 *s* novato; calouro; recruta.
shinzen 神前 *s* altar xintoísta.
shinzen 親善 *s* amizade; boa vontade; relações amistosas.
shinzenbi 真善美 *s* verdade; bem; belo.
shinzenshisetsu 親善使節 *s* missão amistosa.
shinzō 心像 *s* imagem mental.
shinzō 心臓 *s* **1** *Anat* coração. **2** centro. **3** ato de ser atrevido, descarado.
shinzō 新造 *s* *arc* **1** ser novo. **2** senhora recém-casada. **3** moça.
shinzōbu 心臓部 *s* *Anat* parte central; área do coração.
shinzōbyō 心臓病 *s* doença cardíaca.
shinzōgaku 心臓学 *s* cardiologia.
shinzōgeka 心臓外科 *s* cirurgia cardíaca.
shizōgo 新造語 *s* neologismo; palavra nova.
shinzoku 親族 *s* parentes.
shinzokukaigi 親族会議 *s* reunião dos parentes.
shinzokukekkon 親族結婚 *s* casamento entre parentes.
shinzōmahi 心臓麻痺 *s* ataque cardíaco.
shinzui 真[神]髄 *s* essência; quinta-essência; núcleo; alma.
shinzuru 信ずる *v* acreditar; crer; confiar.
shio 塩 *s* sal.
shio 潮 *s* **1** água salgada; mar. **2** maré. **3** corrente marítima. **4** oportunidade; ocasião.
shioaji 塩味 *s* sabor salgado.
shiobiki 塩引き *s* peixe salgado.
shiodachi 塩断ち *s* abstinência de sal; ato de cortar o sal.
shiodashi 塩出し *s* dessalinização de alimento colocando-o de molho na água.
shiodoki 潮時 *s* **1** hora da mudança de maré. **2** oportunidade; ocasião.
shiohigari 潮干狩 *s* cata-mariscos durante a maré baixa.

shioire 塩入れ *s* saleiro.
shiokagen 塩加減 *s* tempero de sal.
shiokarai 塩辛い *adj* salgado.
shiokaze 潮風 *s* brisa do mar.
shioki 仕置き *s* 1 execução. 2 castigo. ～*suru*, *v*: castigar; punir.
shiokuri 仕送り *s* remessa de ajuda. ～を受ける ～*o ukeru*: receber remessa de ajuda de casa.
shiomizu 潮水 *s* água do mar.
shiomizu 塩水 *s* água salgada; salmoura.
shiomomi 塩揉み *s* verduras espremidas e temperadas com água salgada.
shiomono 塩物 *s* alimento salgado.
shion 師恩 *s* sentimento de gratidão ao professor.
shiorashii しおらしい *adj* dócil; meigo; delicado; modesto; humilde.
shiore 萎れ *s* 1 murcho; seco. 2 desânimo; tristeza.
shioreru 萎れる *v* 1 murchar; secar. 2 ficar desanimado, triste, abatido.
shiori 栞 *s* 1 marcador de páginas. 2 guia; manual. 日本文学研究の～ *nihon bungaku kenkyū no* ～: guia da literatura japonesa.
shiosame 仕[為]納め *s* último ato deste ano; último acontecimento desta temporada. これが冬のスキーの～だ *kore ga fuyu no sukī no* ～*da*: estas são as minhas últimas esquiações neste inverno.
shiotoshi 為落とし *s* falha; omissão.
shiotosu 為落とす *v* omitir; falhar; deixar de fazer.
shioyake 潮焼け *s* bronzeado pelo sol e vento do mar.
shioyaki 塩焼き *s* assado temperado com sal; grelhado com sal.
shiozakana 塩魚 *s* peixe temperado com sal.
shiozuke 塩漬け *s* conserva em salmoura.
shippai 失敗 *s* fracasso; insucesso; erro; fiasco; revés. ～*suru*, *v*: fracassar.
shippe(i) 竹箆 *s* 1 bastão de bambu usado no treinamento zen para alertar os discípulos indisciplinados. 2 repreensão.
shippei 疾病 *s* doença; enfermidade; moléstia.
shippe(i)gaeshi 竹箆返し *s* retaliação imediata.
shippi 失費 *s* despesas; gastos. ～がかさむ ～*ga kasamu*: aumento das despesas.
shippitsu 執筆 *s* ato de escrever. ～*suru*, *v*: escrever.
shippo 尻尾 *s* 1 rabo. 2 ponta. 大根の～ *daikon no* ～: ponta do nabo.
shippōyaki 七宝焼き *s* objeto com incrustações metálicas, esmaltado e queimado no estilo *shippo*.
shippu 湿布 *s* compressa úmida.
shippū 疾風 *s* vendaval; ventania; rajada de vento.
shira しら *s pop* ao natural; inocência. ～を切る ～*o kiru*: fingir inocência; fingir que não sabe.
shirabakureru しらばくれる *v pop* fingir que não sabe.
shirabe 調べ *s* 1 verificação; inquérito; investigação; averiguação; sindicância. 2 nota; tom; toque; som melódico; música.
shirabeageru 調べ上げる *v* investigar completamente.
shirabemono 調べ物 *s* assunto para investigar/verificar; assunto para estudar/pesquisar.
shiraberu 調べる *v* 1 investigar; examinar; estudar; apurar; fazer uma busca. 2 verificar. 3 interrogar; inquirir; fazer uma sindicância.

shirachakeru 白茶ける *v* desbotar; perder a cor; ficar castanho-claro.
shirafu 素[白]面 *s pop* sem estar sob o efeito do álcool.
shiraga 白髪 *s* cabelo branco.
shiragaatama 白髪頭 *s* cabeça de cabelos brancos.
shiragazome 白髪染め *s* tingimento dos cabelos brancos.
shiraha 白刃 *s* espada retirada da bainha.
shiraha 白羽 *s* plumas brancas na cauda da flecha. ～の矢が立つ ～*no ya ga tatsu*: ser escolhido.
shiraho 白帆 *s* vela branca de barco.
shirajira 白々 *adv* 1 como dia a clarear. 夜が～明けてきた *yoru ga* ～*aketekita*: o dia começou a clarear. 2 de maneira esbranquiçada.
shirajirashii 白々しい *adj* descarado. ～嘘をつく ～*uso o tsuku*: mentir descaradamente.
shiraji(shiki) 白地(式) *s* 1 peças de cerâmica ainda não queimadas no forno. 2 peças não pintadas ou tingidas. 3 estilo branco; em branco.
shirakaba 白樺 *s Bot* bétula; vidoeiro.
shirakeru 白ける *v* 1 desbotar. 2 arrefecer o entusiasmo de alguém; desagradavelmente frio.
shiraki 白木 *s* madeira ao natural.
shirako 白子 *s* 1 láctea, líquido seminal dos peixes. 2 *Med* albino (pessoas e animais).
shirami 虱 *s Entom* piolho.
shiramitsubushi 虱潰し *s* pente-fino; busca completa.
shiramu 白む *v* clarear; alvorecer; amanhecer.
shiranami 白波 *s* 1 ondas brancas; ondas espumosas. 2 ladrão; assaltante.
shirankao 知らん顔 *s* ato de fingir que não vê.
shirareru 知られる *expr* 1 ser conhecido. 2 ser famoso.
shirasagi 白鷺 *s Ornit* garça branca.
shirase 知らせ *s* 1 aviso; notícia; informação; notificação. 2 prenúncio; sinal.
shiraseru 知らせる *v* avisar; notificar; noticiar; informar.
shirasu 白州 *s* 1 banco de areia branca. 2 tribunal ao ar livre.
shirayuri 白百合 *s Bot* lírio branco; açucena.
shirazu 知らず *expr* negativo de 知る *shiru*: não saber. 他の人は～私は行く *hoka no hito wa* ～ *watashi wa iku*: os outros eu não sei, mas eu vou. *suf* não saber. 世間～ *seken*～: ingênuo; inexperiente.
shirazushirazu 知らず知らず *adv* involuntariamente; inconscientemente; sem se dar conta.
shirei 司令 *s* comando; comandante.
shirei 指令 *s* ordem; diretriz; instruções. ～を出す ～*o dasu*: dar ordem.
shireibu 司令部 *s* quartel-general.
shireichōkan 司令長官 *s* comandante-chefe; supremo comandante.
shireikan 司令官 *s* comandante.
shireitō 司令塔 *s* torre de comando.
shirekitta 知れきった *expr* óbvio; palpável; do conhecimento de todos; evidente.
shiremono 痴れ物 *s* 1 estúpido; burro; ignorante. 2 desordeiro; patife; canalha.
shiren 試練 *s* provação; atribulação. ～に堪える ～*ni taeru*: resistir à provação.

shirenai 知れない *expr* não poder saber. 明日は雨かも〜 *asu wa ame kamo*〜: amanhã, pode ser que chova.
shireru 知れる *v* 1 chegar ao conhecimento; saber. 2 poder saber; entender; perceber. 子供を見れば その親が〜 *kodomo o mireba sono oya ga* 〜: vendo os filhos, veem-se os pais.
shireta 知れた *adj* 1 evidente; óbvio. 2 pequeno; insignificante; sem importância. 彼の将来も〜も のだ *kare no shōrai mo* 〜*mono da*: não se espera muito do futuro dele.
shiretsu 歯列 *s* fileira de dentes; posição dos dentes. 〜矯正 〜*kyōsei*: correção da posição dos dentes; ortodontia.
shiretsu 熾烈 *s* feroz; violento; renhido. 〜な戦い を繰り広げる 〜*na tatakai o kurihirogeru*: lançar-se a uma luta renhida.
shirewataru 知れ渡る *v* tornar-se conhecido por toda a parte.
shiri 尻 *s* 1 nádegas; traseiro; rabo; bunda; anca. 2 retaguarda; fim; traseira. 3 fundo. 4 posição mais baixa; último lugar.
shiri 私利 *s* interesse pessoal; interesse próprio.
shiriagari 尻上がり *s* 1 entonação ascendente. 〜 に言う 〜*ni iu*: subir o tom de voz ao pronunciar. 2 melhoria da situação. 尻上がりの市況 *shiriagari no shikyō*: mercado em ascensão.
shiriai 知り合い *s* conhecido; amigo.
shirifuri 尻振り *s* balanço dos quadris; o rebolar dos quadris.
shirigaru 尻軽 *s vulg* 1 ativo. 2 volúvel; licenciosa. 〜女 〜*onna*: mulher volúvel.
shirigomi 尻込み *s* 1 hesitação; ficar com medo. 〜する, *v*: hesitar. 2 retrair-se; encolher-se; recuar.
shirikiretonbo 尻切れ蜻蛉 *s pop* inacabado; mal-acabado.
shirime 尻目 *s* olhar de soslaio; olhar de quem ignora; olhar de desprezo.
shirimetsuretsu 支離滅裂 *s* incoerência; inconsistência; incongruência. 〜である 〜*de aru*: não ter coerência; ser incoerente.
shirimochi 尻餅 *s* queda pelas nádegas no chão. 〜 をつく 〜*o tsuku*: cair de nádegas.
shirinugui 尻拭い *s pop* ato de pagar pelo culpado.
shirinuku 知り抜く *v* conhecer a fundo; conhecer bem.
shiriomo 尻重 *s* pessoa indolente; pessoa preguiçosa.
shirioshi 尻押し *s* 1 empurrão por trás; instigação. 2 apoio; auxílio; ajuda.
shiritsu 市立 *s* construído ou de propriedade municipal.
shiritsu 私立 *s* particular; entidade privada. 〜学校 〜*gakkō*: escola particular.
shirizokeru 退ける *v* 1 afastar; manter as pessoas a distância. 2 repelir. 3 recusar; rejeitar. 4 demitir; afastar; excluir; eliminar.
shirizoku 退く *v* 1 afastar-se; ceder; recuar. 2 retirar-se. 3 demitir-se; reformar-se; aposentar-se.
shirīzu シリーズ (*ingl series*) *s* série. 〜もの 〜*mono*: seriado.
shiro 白 *s* 1 cor branca; branco. 2 pedras brancas do go. 3 inocência.
shiro 城 *s* castelo; fortaleza; baluarte.
-shiro -しろ *partícula* ainda que; quer sim, quer não.

de qualquer forma. 本当に〜うそに〜 *hontō ni* 〜*uso ni*〜: quer seja verdade, quer não.
shiroari 白蟻 *s Entom* formiga branca; cupim; térmite.
shiroato 城跡 *s* ruínas de castelo.
shirobai 白バイ *s* motocicleta da polícia; polícia de trânsito.
shiroi 白い *adj* 1 branco. 2 espaço vazio. 答案を〜 ままで出す *tōan o* 〜*mama de dasu*: entregar a prova em branco. 3 hostil. 外国人を〜目で見る *gaikokujin o* 〜*me de miru*: olhar os estrangeiros com frieza.
shiroji 白地 *s* tecido de fundo branco.
shirokabi 白黴 *s* mofo; bolor; míldio.
shirokujichū 四六時中 *s* o tempo todo; 24 horas por dia; sempre; a toda e noite; constantemente.
shirokuma 白熊 *s Zool* urso polar.
shirokuro 白黒 *s* 1 preto e branco. 2 certo e errado; bom e mau. 3 revirar os olhos. 驚いて目を〜させ る *odoroite me o*〜*saseru*: revirar os olhos de susto.
shirome 白眼 *s* 1 parte branca do olho; esclera. 2 olhar frio.
shiromi 白身 *s* 1 carne branca. 2 clara de ovo.
shiromono 代物 *s* artigo; mercadoria; mixórdia. こ れは売れるような〜ではない *kore wa ureru-yōna* 〜 *dewanai*: um artigo destes não se vende.
shiromuku 白無垢 *s* quimono branco.
shiron 試論 *s* dissertação; ensaio.
shiron 詩論 *s* ensaio sobre poesia; crítica aos poemas.
shironuri 白塗り *s* pintado em branco.
shiroppoi 白っぽい *adj* esbranquiçado; que tende para o claro.
shirōto 素人 *s* amador; não profissional; leigo.
shirōtobanare 素人離れ *s* longe de ser amador.
shirōtokusai 素人臭い *adj* imperfeito; que ainda tende ao amadorismo.
shirōtome 素人目 *s* olhar de amador; olhar de não especialista.
shirozatō 白砂糖 *s* açúcar branco; açúcar refinado.
shiru 汁 *s* 1 suco; sumo. 2 sopa; caldo; molho. 3 proveito; o melhor.
shiru 知る *v* 1 saber; conhecer. 2 lembrar-se; recordar-se. 3 compreender; entender; conhecer. 4 notar; ver. 5 ter consciência de; experimentar. 6 travar conhecimento com. 7 competir; ter a ver com.
shīru シール (*ingl seal*) *s* 1 selo; adesivo; sinete. 2 pele de foca.
shirube 知る辺 *s* conhecido; amigo.
shiruko 汁粉 *s* caldo de feijão *azuki* adocicado.
shirumono 汁物 *s* sopas; caldos; cremes.
shirushi 印・標・徴・験 *s* 1 marca. 2 símbolo. 3 prova; mostra. 4 sinal. 5 lembrança; recordação. 6 distintivo. 7 efeito; resultado. 8 marca comercial.
shirusu 記す *v* 1 escrever; anotar; marcar. 2 guardar; gravar.
shiruwan 汁椀 *s* tigela para sopa.
shiryo 思慮 *s* sensatez; prudência; ponderação. 〜 深い人 〜*bukai hito*: pessoa prudente.
shiryō 史料 *s* material histórico; registro histórico. 〜編纂所 〜*hensanjo*: centro de historiografia.
shiryō 死霊 *s* alma do morto; fantasma.
shiryō 飼料 *s* forragem; ração. 配合〜 *haigō*〜: mistura de rações.

shiryō 資料 *s* dados; documentos; material. 〜を提供する 〜*o teikyō suru*: fornecer dados. 研究〜*kenkyū*〜: material para estudo/pesquisa.
shiryoku 視力 *s* acuidade visual.
shiryoku 資力 *s* recursos financeiros. 私は車を買うだけの〜がない *watashi wa kuruma o kau dake no*〜*ga nai*: não tenho meios para comprar um carro.
shiryoku 死力 *s* esforço extremo. 〜を尽くす 〜*o tsukusu*: fazer um esforço desesperado.
shiryū 支流 *s* **1** afluente. **2** ramificação de estilo/escola; facção de partido.
shisa 示唆 *s* **1** sugestão; ideia. 〜に富んだ論文 〜*ni tonda ronbun*: uma tese cheia de ideias. **2** instigação. 盗みを〜する *nusumi o* 〜*suru*: instigar a roubar; induzir a cometer roubo.
shisai 司祭 *s* padre; sacerdote; pastor.
shisai 仔細 *s* **1** razão; motivo; significado; circunstâncias. 〜を説明する 〜*o setsumei suru*: explicar o motivo. **2** pormenores; particularidades; minúcias. 〜に調べる 〜*ni shiraberu*: examinar minuciosamente. **3** inconveniência; impedimento. 〜なければ話してください 〜*nakereba hanashite kudasai*: se não houver inconveniente, diga-me o que aconteceu.
shisai 市債 *s* título de dívida municipal.
shisai 詩才 *s* vocação para a poesia.
shisaku 思索 *s* pensamento; contemplação; meditação. 〜にふける 〜*ni fukeru*: meditar; absorto em meditação.
shisaku 施策 *s* política; medida.
shisaku 試作 *s* fabricação experimental; cultivo experimental; estudo. 〜品 〜*hin*: produto para experiência; produto em período experimental.
shisaku 詩作 *s* produção poética. 〜*suru*, *v*: escrever poemas.
shisan 資産 *s* Econ ativo; propriedade; bens; meios; posses; valores. 〜がある 〜*ga aru*: possuir bens; ter bens.
shisan 四散 *s* dispersão para todas as direções.
shisanka 資産家 *s* pessoa abastada.
shisantōketsu 資産凍結 *s* congelamento de bens.
shisatsu 刺殺 *s* **1** morte à estocada. **2** *Beis* eliminação.
shisatsu 視察 *s* inspeção; observação. 海外へ〜に行く *kaigai e* 〜*ni iku*: ir ao exterior em viagem de estudos.
shisei 市制 *s* organização municipal.
shisei 市政 *s* administração municipal.
shisei 施政 *s* administração; governo. 〜権 〜*ken*: autoridade de governo.
shisei 姿勢 *s* **1** postura; posição; pose. 楽な〜で座る *raku na*〜*de suwaru*: sentar-se numa posição confortável. **2** atitude. 前向きの〜で *maemuki no* 〜*de*: com uma atitude positiva.
shisei 至誠 *s* sinceridade; devoção à verdade.
shiseihōshin 施政方針 *s* programa de governo.
shiseiji 私生児 *s* filho ilegítimo; filho bastardo.
shiseikatsu 私生活 *s* vida pessoal; vida particular.
shiseki 史蹟[史跡] *s* monumento histórico.
shiseki 歯石 *s* tártaro dos dentes; odontólito.
shisen 支線 *s* ramal de ferrovia.
shisen 視線 *s* olhar; vista. 〜をそらす 〜*o sorasu*: desviar o olhar.

shisetsu 私設 *s* instalação privada.
shisetsu 使節 *s* delegação; enviado.
shisetsu 施設 *s* instalações. 娯楽〜 *goraku*〜: instalações de lazer. 軍事〜 *gunji*〜: instalações militares. 福祉〜 *fukushi*〜: instalações assistenciais.
shisha 支社 *s* filial de empresa.
shisha 死者 *s* morto; falecido; defunto.
shisha 使者 *s* mensageiro; emissário.
shisha 試写 *s* pré-estreia. 〜会 〜*kai*: sessão de pré-estreia.
shishagonyū 四捨五入 *s* arredondamento dos números: maior que cinco para cima e menor que quatro para baixo.
shishaku 子爵 *s obsol* visconde.
shishi 四肢 *s* membros superiores e inferiores.
shishi 獅子 *s* Zool leão. 〜身中の虫 〜*shinchū no mushi*: pessoa indesejada.
shishi 死屍 *s* cadáver.
shishi 孜々 *adj* assiduamente; com diligência; com grande esforço. 〜として勉強する 〜*to shite benkyō suru*: esforçar-se com assiduidade nos estudos.
shishimai 獅子舞 *s* dança do dragão em estilo do cabúqui.
shishin 私心 *s* interesse pessoal; egoísmo.
shishin 指針 *s* **1** ponteiro do relógio. **2** guia; roteiro; manual.
shishinkei 視神経 *s Anat* nervo óptico.
shishisonson 子々孫々 *s* posteridade; descendentes.
shishitsu 私室 *s* sala privativa.
shishitsu 資質 *s* qualidade inata; dom.
shisho 司書 *s* bibliotecário(a).
shisho 私書 *s* documento particular; carta confidencial.
shisho 死処 *s* lugar onde um indivíduo morre.
shishō 支障 *s* obstáculo; impedimento; complicação. 〜が生じる 〜*ga shōjiru*: surgir um obstáculo.
shishō 私消 *s* desfalque; peculato; desvio de dinheiro.
shishō 私娼 *s* prostituta não registrada.
shishō 刺傷 *s* punhalada; facada; ferimento penetrante/perfurante.
shishō 師匠 *s* **1** mestre; professor; instrutor. **2** mestre; denominação dos bons artistas.
shishoku 試食 *s* degustação.
shishōsha 死傷者 *s* mortos e feridos.
shishu 死守 *s* defesa renhida. 〜*suru*, *v*: defender até a morte.
shishu 詩趣 *s* sensibilidade poética. 〜のある 〜*no aru*: poético.
shishū 刺繍 *s* bordado. 〜*suru*, *v*: bordar.
shishū 詩集 *s* coletânea de poesia; antologia poética.
shishuku 私淑 *s* admiração; admiração a ponto de eleger alguém como modelo.
shishunki 思春期 *s* puberdade; adolescência.
shishutsu 支出 *s* despesas; saídas. 〜を減らす 〜*o herasu*: diminuir as despesas.
shiso 始祖 *s* fundador; iniciador.
shisō 思想 *s* pensamento; ideia; ideologia.
shisō 詩想 *s* **1** inspiração poética. **2** pensamento expresso no poema.
shisō 志操 *s* princípios; constância; integridade. 〜堅固な人 〜*kengo na hito*: pessoa íntegra.
shisō 使嗾 *s* instigação.

shisōdantai 思想団体 *s* grupo ideológico.
shisōhan 思想犯 *s* crime ideológico.
shisōka 思想家 *s* pensador; ideólogo.
shisōkai 思想界 *s* mundo ideológico.
shisoku 子息 *s* filho.
shisoku 四足 *s* quatro patas; quatro pernas.
shisoku 四則 *s Mat* as quatro operações fundamentais da aritmética.
shison 子孫 *s* descendente.
shisonji 仕損じ *s* erro; falha; estrago.
shisonjiru 仕損じる *v* errar; falhar; estragar. 急いてしたことを〜 *seite wa koto o〜*: a pressa é inimiga da perfeição.
shissaku 失策[錯] *s* erro; falha. 〜を演じる 〜*o enjiru*: cometer um erro; errar.
shissei 失政 *s* má administração; mau governo; política malconduzida.
shissei 執政 *s* 1 administração; governo. 2 administrador; regente.
shissei 叱正 *s* 1 admoestação. 2 crítica; correção. 御〜を仰ぐ *go〜 o aogu*: fico à espera da sua crítica.
shisseki 叱責 *s* repreensão; censura; admoestação severa. 〜する 〜*suru*, *v*: censurar; repreender; admoestar severamente. 不注意を〜する *fuchūi o〜suru*: repreender pelo descuido.
shisshi 嫉視 *s* olhar ciumento.
shisshin 失神 *s* desmaio. 〜する, *v*: desmaiar; perder os sentidos.
shisshō 失笑 *s* riso; risada. 〜を禁じ得ない 〜*o kinjienai*: não poder conter o riso.
shisso 質素 *s* simplicidade; frugalidade. 〜な食事 〜*na shokuji*: refeição frugal.
shissō 失踪 *s* desaparecimento.
shissō 疾走 *s* corrida disparada. 全力〜 *zenryoku〜*: correr a toda velocidade.
shissoku 失速 *s* perda de altura (avião), de velocidade. 〜する 〜*suru*, *v*: perder altura, velocidade.
shissuru 失する *v* 1 perder; não ter. 時機を〜 *jiki o〜*: perder a oportunidade. 2 exceder. 遅きに〜 *osoki ni〜*: ser tarde demais.
shisū 紙数 *s* número de páginas, de papel.
shisū 指数 *s Mat* e *Econ* 1 expoente; potência. 2 índice. 物価〜 *bukka〜*: índice de preços. 知能〜 *chinō〜*: quociente de inteligência.
shisugiru 為過ぎる *v* fazer demais; exceder; ir longe demais. 仕事を〜 *shigoto o〜*: trabalhar demais.
shisui 止水 *s* água parada.
shisuru 資する *v* contribuir; servir; conduzir. 国の発展に〜政策 *kuni no hatten ni〜seisaku*: política que contribui para o desenvolvimento do país.
shisutā シスター *(ingl sister) s* 1 irmã; freira. 2 parceira lésbica.
shisutemu システム *(ingl system) s* sistema. 〜工学 〜*kōgaku*: engenharia de sistemas.
shita 下 *s* 1 parte inferior; abaixo; embaixo; sob; debaixo. 2 inferioridade. 3 idade inferior. 4 debaixo; às ordens de. 5 logo a seguir. 6 assento inferior. 7 entrada de um pagamento; sinal.
shita 舌 *s* 1 língua. 〜が肥えている 〜*ga koeteiru*: ter o paladar apurado. 2 fala; lábia. 〜が回る 〜*ga mawaru*: tagarelar; ser loquaz.
shitaago 下顎 *s* maxilar inferior.
shitaaji 下味 *s Cul* tempero preparatório. 〜をつける 〜*o tsukeru*: deixar a temperar.
shitabara 下腹 *s* baixo ventre; abdome; barriga.
shitabataraki 下働き *s* 1 trabalhador braçal; trabalhador subordinado. 2 criado.
shitabi 下火 *s* 1 borralho; fogo sem intensidade. 2 perda da força; diminuição. 3 fogo brando.
shitadori 下取り *s* troca como parte de pagamento. 車を〜してもらう *kuruma o〜shite morau*: dar o carro antigo como parte do pagamento do novo.
shitae 下絵 *s* esboço; desenho.
shitagaeru 従える *v* 1 fazer-se acompanhar; levar junto. 部下を〜 *buka o〜*: levar junto o subordinado. 2 subjugar; conquistar; dominar. 地方の豪族を〜 *chihō no gōzoku o〜*: conquistar os poderosos clãs regionais.
shitagaki 下書き *s* 1 rascunho. 2 esboço.
shitagaru したがる *expr* querer fazer. 子供たちはサッカーを〜 *kodomo tachi wa sakkā o〜*: as crianças querem jogar futebol.
shitagatte 従って *conj* 1 conforme; de acordo com; segundo. 儀式は慣例に〜行われた *gishiki wa kanrei ni〜okonawareta*: a cerimônia se realizou conforme o costume. 2 na proporção de; à medida que. 年をとるに〜視力が衰える *toshi o toru ni〜shiryoku ga otoroeru*: a vista vai enfraquecendo, à medida que se envelhece. 3 por isso; portanto; por conseguinte. このホテルの設備は一流だ、〜宿泊料金も高い *kono hoteru no setsubi wa ichiryū da,〜shukuhakuryōkin mo takai*: as instalações deste hotel são de primeira linha, portanto, a diária também é cara.
shitagau 従う *v* 1 seguir; ir atrás. 2 obedecer; aceitar; acatar. 地図に従って進む *chizu ni shitagatte susumu*: ir seguindo as indicações do mapa. 3 seguir; acompanhar. 川の流れに従って下る *kawa no nagare ni shitagatte kudaru*: descer seguindo a margem do rio.
shitageiko 下稽古 *s* ensaio; treino.
shitagi 下着 *s* roupa de baixo; roupa íntima.
shitagokoro 下心 *s* 1 intenção oculta. 2 trama; maquinação; segundas intenções.
shitagoshirae 下拵え *s* 1 preparativos. 2 ato de fazer de antemão.
shitai 死体 *s* cadáver.
shitai 肢体 *s* membros do corpo.
shitai 姿態 *s* figura; pose. なまめかしい〜 *namamekashii〜*: pose provocante.
shitai したい *expr* querer fazer. 〜ことは何でもやった 〜*koto wa nandemo yatta*: fiz tudo o que queria fazer.
shitaihakkutsu 死体発掘 *s* exumação.
shitaihōdai したい放題 *s* tudo o que quiser fazer; fazer toda a vontade. 〜にさせておく 〜*ni sasete oku*: deixar fazer a vontade.
shitaikaibō 死体解剖 *s* autópsia.
shitaiyoru 慕い寄る *v* amar e se aproximar de uma pessoa.
shitaji 下地 *s* 1 alicerce; base. 2 vocação; jeito inato. 3 argamassa para parede.
shitajiki 下敷き *s* 1 plástico ou tecido colocado de permeio para proteger as superfícies. 2 ficar debaixo. 〜になる 〜*ni naru*: ficar debaixo dos escombros. 3 modelo. 古典を〜にする *koten o〜ni suru*: basear-se em uma obra clássica.

shitajunbi 下準備 *s* preparativos de antemão.
shitaku 支[仕]度 *s* **1** preparação; preparativos. **2** vestir-se para sair.
shitaku 私宅 *s* minha casa; minha residência.
shitakuchibiru 下唇 *s* lábio inferior.
shitamabuta 下瞼 *s* pálpebra inferior.
shitamachi 下町 *s* parte baixa da cidade; bairros da periferia.
shitamawari 下回り *s* **1** subalterno; subordinado; trabalho de subordinado. **2** auxiliar de cena.
shitamawaru 下回る *v* ficar abaixo do esperado. 予想を〜 *yosō o*〜: ficar abaixo das expectativas.
shitame 下目 *s* **1** ato de olhar para baixo. **2** olhar de desprezo. 相手を〜に見る *aite o* 〜*ni miru*: lançar um olhar de desprezo ao outro.
shitami 下見 *s* **1** averiguação do local com antecedência. **2** preparativos da lição.
shitamotsure 舌縺れ *s* ceceio; balbucio.
shitamuki 下向き *s* **1** ato de virar para baixo; abaixar. コップを〜に置く *koppu o* 〜*ni oku*: pôr o copo virado para baixo. **2** decrescer; diminuir. **3** tendência de baixa nas cotações da bolsa. 〜気配 〜*kehai*: sinais de baixa.
shitanamezuri 舌嘗めずり *s pop* **1** ato de lamber os beiços. **2** ato de esperar ansiosamente.
shitanuri 下塗り *s* primeira demão de tinta.
shitappa 下っ端 *s vulg* subalterno; um funcionário qualquer.
shitari したり *interj* deu certo!; graças a Deus! これは〜！ *kore wa*〜: Deus o abençoe!; que bom!
shitarigao したり顔 *s* ar triunfante.
shitasaki 舌先 *s* **1** ponta da língua. **2** lábia. 〜で人を操る 〜*de hito o ayatsuru*: iludir as pessoas com lábia.
shitashige 親しげ *s* ar de intimidade.
shitashigoto 下仕事 *s* arranjos preliminares; preparativos; serviços subcontratados.
shitashii 親しい *adj* íntimo; familiar; amigo.
shitashiku 親しく *adv* **1** intimamente; amigavelmente; com confiança. **2** pessoalmente; em pessoa. 〜見聞する 〜*kenbun suru*: verificar pessoalmente.
shitashimi 親しみ *s* intimidade; familiaridade; amizade; afeição; confiança.
shitashimu 親しむ *v* **1** fazer amizade; simpatizar; ser amigo; confraternizar; conhecer bem. **2** familiarizar-se; gostar.
shitashirabe 下調べ *s* verificação preliminar.
shitasōdan 下相談 *s* consulta prévia; conversações preliminares.
shitataka したたか *adv* severamente; com toda a força; muito; excessivamente; destemido.
shitatakamono したたか者 *s pop* pessoa dura.
shitatameru 認める *v* **1** escrever; registrar. **2** comer.
shitatarazu 舌足らず *s* **1** ceceio; língua presa. **2** expressão imperfeita.
shitatari 滴り *s* gota.
shitataru 滴る *v* **1** pingar; gotejar. **2** ser viçoso.
shitatarui 舌たるい *adj* falar ceceando.
shitate 仕立て *s* **1** costura; confecção; feitio; corte. **2** preparo de quitute especial.
shitatekata 仕立て方 *s* **1** estilo de costura; método de corte e costura. **2** método de treinamento; como treinar.

shitatemono 仕立物 *s* roupa para costurar.
shitateru 仕立てる *v* **1** costurar; trabalhar como costureira/alfaiate; confeccionar roupas. **2** arranjar. **3** treinar; ensinar. **4** fazer passar por.
shitateya 仕立て屋 *s* costureira; alfaiate.
shitatsuzumi 舌鼓 *s* expressão de aprovação de iguarias.
shitau 慕う *v* **1** suspirar; sentir saudades. **2** adorar; idolatrar; admirar. **3** seguir.
shitauchi 舌打ち *s* estalo com a língua.
shitauke 下請け *s* subempreitada; subcontratação.
shitawashii 慕わしい *adj* caro; querido.
shitayaku 下役 *s* **1** subordinado; subalterno. **2** funcionário subalterno.
shitayomi 下読み *s* primeira leitura; preparação da lição.
shitazawari 舌触り *s* paladar; sabor; gosto.
shitazumi 下積み *s* **1** parte de baixo de uma pilha de cargas. **2** população da camada inferior da sociedade.
shitchi 湿地 *s* pântano; pantanal; brejo; charco.
shitchō 失調 *s* **1** desequilíbrio; mau funcionamento; ataxia; falta de coordenação dos movimentos. **2** desequilíbrio; falta. 栄養〜 *eiyō*〜: desnutrição.
shite 仕手 *s* **1** executor. **2** protagonista do teatro nô. **3** *Econ* especulador do mercado de ações. 〜戦 〜*sen*: guerra entre especuladores.
shite して *conj* e; então. 〜君はどうするの 〜*kimi wa dō suru no*: e você, o que vai fazer?
shite して *expr* 皆〜いじめる *minna* 〜*ijimeru*: todos fazem caçoada de mim.
shitei 指定 *s* determinação; marcação; designação; indicação; especificação. 〜の時間に遅れないようにしなさい 〜*no jikan ni okurenai yō ni shinasai*: procure chegar na hora indicada, sem atraso.
shitei 師弟 *s* mestre e discípulo.
shitei 子弟 *s* **1** filhos. **2** crianças; jovens.
shitei 視程 *s* Aeron e Meteor visibilidade; grande transparência do ar.
shiteiseki 指定席 *s* poltrona reservada; assento reservado.
shiteki 指摘 *s* indicação; apontamento dos pontos problemáticos.
shiteki 私的 *adj* particular; pessoal.
shiteki 詩的 *adj* poético.
shitemo しても *expr* ainda que; mesmo assim. それに〜 *sore ni*〜: mesmo assim.
shiten 支店 *s* filial; agência; sucursal.
shiten 視点 *s Ópt* ponto de vista.
shitetsu 私鉄 *s* empresa privada de estradas de ferro.
shite wa しては *expr* para. 十二月に〜暖かい *jūnigatsu ni*〜*atatakai*: para dezembro, está quente.
shiteyaru してやる *v pop* fazer algo a outrem.
shito 使徒 *s* apóstolo.
shito 使途 *s* justificação do gasto.
shitō 至当 *s* ato de ser justo; ato de ser apropriado; ato de ser razoável.
shitō 死闘 *s* luta desesperada; combate mortal.
shitomeru 仕留める *v* **1** golpear com precisão. **2** conseguir o que se quer.
shitone 茵・褥 *s* colchão.
shitoshito しとしと *adv* suavemente; silenciosa-

mente; mansamente. ~雨が降っている ~*ame ga futte iru*: a chuva está caindo silenciosamente.
shitoyaka しとやか *adj* gentil; distinto; meigo; modesto. ~な女性 ~*na josei*: mulher meiga.
shitsu 室 *s* **1** quarto; sala. 病~ *byō*~: quarto de hospital. **2** esposa. 正~ *sei*~: esposa legítima.
shitsu 湿 *s* **1** umidade. **2** comichão; sarna.
shitsu 質 *s* **1** qualidade. **2** natureza; índole; temperamento.
shitsu 失 *s* erro; falha; desvantagem; demérito; perda.
shitsū 私通 *s* intercurso ilícito; ligação ilícita; adultério.
shitsū 歯痛 *s* odontalgia; dor de dentes.
shītsu シーツ (*ingl sheet*) *s* lençol.
shitsubō 失望 *s* decepção; desilusão.
shitsuboku 質朴 *s* simplicidade. ~*na*, *adj*: simples; não sofisticado.
shitsubun 湿分 *s* umidade higroscópica.
shitsuchō 室長 *s* chefe de secção.
shitsudo 湿度 *s* grau de umidade.
shitsudokei 湿度計 *s* higrômetro.
shitsugen 失言 *s* lapso na língua; gafe; dizer algo impróprio. ~を取り消す ~*o torikesu*: retratar-se; retirar a palavra. ~*suru*, *v*: cometer uma gafe.
shitsugen 湿原 *s* brejo; pântano; pantanal; charco; terra pantanosa.
shitsugi 質疑 *s* pergunta; questão; interrogação; interpelação. ~応答 ~ *ōtō*: perguntas e respostas; debate.
shitsugyō 失業 *s* desemprego.
shitsugyōhoken 失業保険 *s* seguro-desemprego.
shitsugyōsha 失業者 *s* desempregado.
shitsugyōtaisaku 失業対策 *s* medida contra o desemprego.
shitsugyōteate 失業手当て *s* benefício ao desempregado.
shitsūhattatsu 四通八達 *s* ligações dos meios de comunicação para todas as regiões. 我が国は鉄道が~している *waga kuni wa tetsudō ga* ~*shite iru*: o nosso país tem ligações ferroviárias para todas as regiões.
shitsui 失意 *s* desespero; decepção; desilusão; perda da vontade de viver.
shitsuji 執事 *s* mordomo.
shitsujun 湿潤 *s* umidade. ~な気候 ~*na kikō*: clima úmido.
shitsuke 仕付け *s* alinhavo.
shitsuke 躾 *s* educação; disciplina; ensino. ~が良い ~*ga yoi*: ter boa educação.
shitsukekata 躾方 *s* como ensinar boas maneiras; método para ensinar boas maneiras.
shitsukeru 躾る *v* ensinar; educar. 子供を~ *kodomo o* ~: educar os filhos.
shitsukeru しつける *v* **1** estar acostumado. **2** alinhavar.
shitsukoi しつこい *adj* **1** importuno; teimoso. **2** insistente; persistente. **3** pesado; rico; forte.
shitsukoku しつこく *adv* insistentemente; persistentemente; importunamente.
shitsukusu し尽くす *v* fazer de tudo. 彼は若い時に道楽の限りをし尽くした *kare wa wakai toki ni dōraku no kagiri o shitsukushita*: ele experimentou de tudo quanto aos prazeres na juventude.

shitsumei 失明 *s* perda de visão.
shitsumon 質問 *s* pergunta.
shitsumonchōsa 質問調査 *s* pesquisa por meio de questionário.
shitsumonsen 質問戦 *s* interpelações.
shitsumonsho 質問書 *s* questionário escrito.
shitsumu 執務 *s* desempenho das funções; despacho; serviço; trabalho. ~中である ~*chū de aru*: estar em serviço.
shitsunai 室内 *s* interior da casa; dentro da sala.
shitsunai antena 室内アンテナ *s* antena interna.
shitsunai ondo 室内温度 *s* temperatura no interior do recinto.
shitsunaisōshoku 室内装飾 *s* decoração de interiores.
shitsunen 失念 *s* lapso de memória; esquecimento. ~*suru*, *v*: esquecer; olvidar.
shitsuon 室温 *s* temperatura ambiente.
shitsurei 失礼 *s* **1** falta de educação; rudeza; descortesia. **2** pedido de desculpa. **3** pedido de licença para entrar ou sair.
shitsuren 失恋 *s* frustração no amor; desilusão amorosa.
shitsuryō 質量 *s* **1** *Fís* massa. **2** qualidade e quantidade.
shitsuryō 質料 *s* matéria; substância.
shitsuteki 質的 *adj* qualitativo.
shitsuyō 執拗 *s* **1** constância; obstinação; tenacidade. ~に主張する ~*ni shuchō suru*: insistir obstinadamente. **2** insistência; ato de ser importuno. ~な攻撃を加える ~*na kōgeki o kuwaeru*: atacar de maneira obstinada.
shitsuzukeru 為続ける *v* persistir; continuar fazendo.
shitta 叱咤 *s* repreensão; encorajamento.
shittai 失態 *s* erro; disparate. ~を演じる ~*o enjiru*: cometer um erro.
shittakaburi 知ったかぶり *s* pedante; sabe-tudo; sabichão.
shittenbattō 七転八倒 *s* contorcer-se de dores.
shitto 嫉妬 *s* ciúme; inveja. ~深い ~*bukai*: ciumento; invejoso.
shittō 執刀 *s* cirurgia; uso do bisturi. その手術は森教授~の下に行われた *sono shujutsu wa Mori kyōju* ~*no moto ni okonawareta*: essa cirurgia foi feita pelo professor Mori.
shittori しっとり *adv* **1** úmido; molhado. **2** sossegado; calmo; tranquilo.
shittoshin 嫉妬心 *s* ciúme; inveja.
shittsui 失墜 *s* perda. ~*suru*, *v*: perder; cair.
shiuchi 仕打ち *s* tratamento. ひどい~を受ける *hidoi* ~*o ukeru*: receber maus-tratos; ser maltratado.
shiunten 試運転 *s* viagem de teste (de carro; ônibus; barco).
shiwa 指話 *s* linguagem de mão; datilologia.
shiwa 視話 *s* leitura labial.
shiwa 皺 *s* ruga. ~だらけの ~*darake no*: todo enrugado.
shiwake 仕分け *s* classificação; separação.
shiwakesho 仕分け書 *s* especificações.
shiwakucha 皺くちゃ *s pop* rugoso; amarrotado; amassado. ~になる ~*ni naru*: ficar amarrotado.
shiwasu 師走 *s* mês de dezembro; fim do ano.

shiwayose 轍寄せ *s* ato de fazer os outros arcarem com as responsabilidades. ~*suru*, *v*: passar o trabalho a outrem.
shiwaza 仕業 *s* obra. 神の~ *kami no*~: obra de Deus.
shiya 視野 *s* 1 campo visual; vista. 2 ponto de vista; perspectiva.
shiyaku 試薬 *s* reagente.
shiyakusho 市役所 *s* prefeitura.
shiyō 仕様 *s* 1 jeito; modo; meio; maneira. 2 especificações.
shiyō 使用 *s* uso; utilização; aplicação; emprego.
shiyō 私用 *s* 1 uso privado. 2 assunto particular.
shiyō 試用 *s* teste; experiência. ~*suru*, *v*: experimentar.
shiyō 飼養 *s* criação.
shiyō 枝葉 *s* 1 rama. 2 superfície; pormenor; parte secundária.
shiyō 至要 *adj* essencial; mais importante; principal.
shiyōgaki 仕様書き *s* especificações.
shiyōhō 使用法 *s* modo de usar.
shiyōken 使用権 *s* direito de uso; usufruto.
shiyōkikan 試用期間 *s* período de experiência.
shiyoku 私欲 *s* interesse próprio; desejo egoísta. 私利~ *shiri*~: interesse e ambição pessoais.
shiyōnin 使用人 *s* empregado.
shiyō no nai 仕様のない *adj* inútil; imprestável; incorrigível.
shiyōryō 使用料 *s* taxa de uso; valor da utilização.
shiyōryō 使用量 *s* consumo.
shiyōsei 脂溶性 *s* lipossolubilidade.
shiyōsha 使用者 *s* 1 usuário; consumidor. 2 empregador; patrão.
shiyōsho 仕様書 *s* especificações.
shiyū 市有 *s* propriedade municipal.
shiyū 私有 *s* propriedade particular.
shiyū 雌雄 *s* 1 macho e fêmea; os dois sexos. ~同体 ~*dōtai*: hermafroditismo. 2 decisão. ~を決める ~*o kimeru*: decidir uma batalha por hegemonia.
shiyūzaisan 私有財産 *s* bens privados.
shizai 私財 *s* bens privados; fortuna.
shizai 資材 *s* material. 建築~ *kenchiku*~: material de construção.
shizan 死産 *s* parto de natimorto.
shizei 市税 *s* imposto municipal.
shizen 自然 *s* 1 natureza. 2 naturalidade. 3 ato de ser lógico. 4 espontaneidade.
shizenbutsu 自然物 *s* objeto natural.
shizenbyōsha 自然描写 *s* descrição da natureza.
shizenchiri(gaku) 自然地理(学) *s* geografia física.
shizengenshō 自然現象 *s* fenômeno natural.
shizen'hakka 自然発火 *s* combustão espontânea.
shizen'hassei 自然発生 *s* geração espontânea; autogênese.
shizen'hō 自然法 *s* direito natural.
shizen'hogo 自然保護 *s* preservação da natureza.
shizenjin 自然人 *s* 1 homem natural. 2 *Dir* pessoa física.
shizenkagaku 自然科学 *s* ciências naturais.
shizenkai 自然界 *s* 1 natureza. 2 mundo natural. 3 universo.
shizenkansō 自然乾燥 *s* secagem natural.
shizenkōen 自然公園 *s* parque natural; parque de reserva natural.
shizennenshō 自然燃焼 *s* combustão espontânea.
shizenryōhō 自然療法 *s* fisiopatia; terapia física.
shizenryoku 自然力 *s* poder da natureza.
shizenshi 自然死 *s* morte natural.
shizenshokuhin 自然食品 *s* alimento natural.
shizenshōmetsu 自然消滅 *s* extinção natural.
shizenshōnin 自然承認 *s* aprovação automática.
shizenshugi 自然主義 *s* naturalismo.
shizensū 自然数 *s* número natural.
shizensūhai 自然崇拝 *s* adoração da natureza.
shizenteki 自然的 *adj* natural.
shizentetsugaku 自然哲学 *s* filosofia natural.
shizentōta 自然淘汰 *s* seleção natural.
shizoku 氏族 *s* clã.
shizoku 支[枝]族 *s* ramificacões de uma família principal.
shizokuseido 氏族制度 *s* sistema de clã.
shizuka 静か *adj* 1 sossegado; quieto. ~にする ~*ni suru*: ficar em silêncio. 2 ato de ser calmo/sereno. 今日は海が~だ *kyō wa umi ga* ~*da*: hoje o mar está calmo. 3 tranquilo. ~に暮らす ~*ni kurasu*: viver tranquilamente.
shizukesa 静けさ *s* calmaria; tranquilidade; quietude; paz; serenidade; silêncio.
shizuku 雫・滴 *s* gota.
shizumarikaeru 静まり返る *expr* reinar o silêncio; silêncio completo.
shizumaru 静[鎮]まる *v* 1 serenar; acalmar; amainar. 2 voltar a paz. 3 acalmar-se; tranquilizar-se; apaziguar-se.
shizumeru 沈める *v* afundar; fazer submergir. ソファーに身を~ *sofa ni mi o* ~: afundar-se no sofá.
shizumeru 静[鎮]める *v* 1 mandar calar; fazer sossegar. 騒ぐ子達を~ *sawagu kotachi o*~: fazer sossegar as crianças que estão fazendo barulho. 2 acalmar; aliviar; tranquilizar. 痛みを~ *itami o* ~: aliviar a dor. 3 acabar com; pacificar; apaziguar. 内乱を~ *nairan o* ~: acabar com a guerra civil.
shizumu 沈む *v* 1 afundar; naufragar. 2 baixar; descer; afundar-se. 沈みかけた太陽 *shizumikaketa taiyō*: o sol que está a se pôr. 3 ficar triste; desanimar; ficar melancólico. 4 cair na miséria; ficar pobre. 貧乏のどん底に~ *binbō no donzoko ni*~: ficar na maior miséria. 5 ficar com pontos negativos em um jogo.
shīzun シーズン (*ingl season*) *s* estação; temporada; época.
shīzun ofu シーズンオフ (*ingl season off*) *s* fora de estação.
shizuri 試刷[摺]り *s* prova de impressão.
shizushizu 静々 *adv* silenciosamente; calmamente; devagar.
sho 書 *s* 1 letra. 2 caligrafia em pincel. 3 carta. 4 livro.
sho 署 *s* 1 repartição pública. 2 posto de polícia.
sho 暑 *s* calor.
sho- 諸- *pref* diversos; vários. ~外国 ~*gaikoku*: países estrangeiros. ~問題 ~*mondai*: diversos problemas.
sho [cho] 緒 *s* começo; início. ~に就く ~*ni tsuku*: começar a se realizar.

shō 小 *s* pequeno.
shō 性 *s* 1 natureza; temperamento; caráter; disposição. 2 qualidade. 3 origem.
shō 省 *s* 1 ministério. 2 província chinesa. 四川省 *shisenshō*: província de Shisen, China.
shō 称 *s* nome; título.
shō 商 *s* 1 comércio; comerciante. 2 *Mat* quociente.
shō 章 *s* 1 capítulo. 2 emblema; distintivo.
shō 勝 *s* vitória.
shō 賞 *s* prêmio; recompensa; galardão. 〜を与える *o ataeru*: premiar; recompensar.
shō ショー (*ingl show*) *s* espetáculo; exibição; desfile; exposição.
shō 相 *s* ministro. 首〜 *shu*〜: primeiro-ministro.
shō 将 *s* general; comandante.
shō 証 *s* 1 certificado. 2 prova.
-shō -しょう *v aux* equivalente a である *de aru*.
shō- 小- *pref* pequeno. 〜企業 〜*kigyō*: pequena empresa.
shō- 少- *pref* pouco.
shōaku 小悪 *s* pequena ofensa; pequeno pecado.
shōaku 掌握 *s* posse; domínio; controle. 〜*suru*, *v*: assumir; controlar; apoderar-se.
shōbai 商売 *s* 1 comércio; negócio. 2 ocupação; profissão; trabalho. 3 profissão de prostituta. 〜上がりの女 〜*agari no onna*: ex-prostituta.
shōbaidōgu 商売道具 *s* instrumento de trabalho.
shōbaigae 商売替え *s* mudança de trabalho.
shōbaigara 商売柄 *s* natureza da profissão; caráter da profissão.
shōbaigataki 商売敵 *s* concorrente; rival no negócio.
shōbaigi 商売気 *s* 1 espírito interesseiro. 2 de ter jeito para negócios.
shōbainin 商売人 *s* 1 comerciante. 2 profissional.
shobatsu 処罰 *s* castigo; punição.
shōbatsu 賞罰 *s* premiação e castigo.
shōben 小便 *s* urina. 〜*suru*, *v*: urinar.
shōbi 焦眉 *s* urgência.
shōbō 消防 *s* combate a incêndios.
shōbōchō 消防庁 *s* departamento do corpo de bombeiros.
shōbōsha 消防車 *s* carro de bombeiros.
shōbōsho 消防署 *s* quartel dos bombeiros.
shoboshobo しょぼしょぼ *adv* 1 o chuviscar. 2 pestanejar. 3 triste; abatido. 彼が〜歩いている *kare ga* 〜 *aruite iru*: ele vai todo abatido!
shōbōtai 消防隊 *s* corpo de bombeiros.
shōbu 勝負 *s* 1 disputa. 2 partida; desafio; jogo.
shōbugoto 勝負事 *s* jogo de aposta; jogo de azar.
shobun 処分 *s* 1 desfazimento; liquidação. 2 castigo; punição. 懲戒〜 *chōkai*〜: punição disciplinar.
shōbun 性分 *s* natureza; constituição; temperamento; índole.
shōbushi 勝負師 *s* 1 jogador; apostador. 2 pessoa ousada.
shōbyōhei 傷病兵 *s* soldados doentes e feridos.
shochi 処置 *s* medida; solução; disposição; tratamento. 〜*suru*, *v*: fazer tratamento.
shōchi 承知 *s* 1 consentimento; aceitação; assentimento; concordância; permissão. 2 ter conhecimento. 3 perdão; desculpa.
shōchi 招致 *s* ato de atrair.
shochō 所長 *s* chefe de escritório.
shochō 署長 *s* chefe de delegacia.
shōchō 象徴 *s* símbolo.
shōchō 小腸 *s Anat* intestino delgado.
shōchōshugi 象徴主義 *s* simbolismo.
shōchōteki 象徴的 *adj* simbólico.
shōchū 焼酎 *s* aguardente de arroz ou de outros cereais.
shodai 初代 *s* primeiro; fundador; primeira geração.
shōdaku 承諾 *s* consentimento; aprovação; anuência. 〜書 〜*sho*: consentimento por escrito.
shōdan 商談 *s* encontro de negócios; negociação.
shodana 書棚 *s* estante de livros.
shodō 書道 *s* arte da caligrafia.
shōdo 照度 *s* intensidade de iluminação.
shōdo 焦土 *s* 1 terra queimada. 2 ato de ficar reduzido a cinzas.
shōdō 衝動 *s* impulso; ímpeto; estímulo. 〜買い 〜*gai*: compra compulsiva de coisas.
shōdoku 消毒 *s* desinfecção; esterilização; assepsia. 〜*suru*, *v*: desinfetar; esterilizar. 蒸気〜 *jōki*〜: desinfecção a vapor. 日光〜 *nikkō*〜: desinfecção por exposição à luz do sol.
shōdokuki 消毒器 *s* aparelho esterilizador.
shōdokuyaku 消毒薬 *s* antisséptico; desinfetante.
shōdōteki 衝動的 *adj* compulsivo.
shoen 初演 *s* estreia; primeira apresentação.
shōfu 娼婦 *s* prostituta; meretriz.
shōfuda 正札 *s* 1 etiqueta de preço fixo. 2 preço marcado.
shōfuku 承服 *s* aceitação; consentimento.
shōfuku 妾腹 *s* filho tido com concubina.
shōga 生薑 *s Bot* gengibre.
shōgai 生涯 *s* 1 vida. 2 por toda a vida; durante a vida. 〜忘れ得ぬ人 〜*wasureenu hito*: uma pessoa inesquecível.
shōgai 渉外 *s* relações-públicas.
shōgai 傷害 *s* ferimento; lesão.
shōgai 障害[碍] *s* obstáculo.
shōgaibutsu 障害物 *s* barreira; obstáculo.
shōgaichishi 傷害致死 *s* lesão corporal seguida de morte.
shogakari 諸掛かり *s* vários gastos; todos os gastos.
shōgakkō 小学校 *s* ensino primário; escola primária.
shōgaku 少[小]額 *s* pequena soma. 〜貨幣 〜*kahei*: moeda de pequeno valor.
shōgaku 商学 *s* ciências comerciais. 〜博士 〜*hakase*: doutor em ciências comerciais.
shōgakukin 奨学金 *s* bolsa de estudos.
shōgakusei 小学生 *s* aluno de ensino primário; aluno de ensino fundamental.
shogakusha 初学者 *s* iniciante; novato.
shōgakushi 商学士 *s* bacharel em ciências comerciais.
shōgakushikin 奨学資金 *s* bolsa para incentivo aos estudos.
shōgatsu 正月 *s* janeiro; primeiro dia do ano; Ano-Novo.
shogekaeru 悄げ返る *v* ficar todo desanimado.
shōgeki 衝撃 *s* 1 impacto; choque; embate; colisão. 2 abalo emocional.
shogen 緒言 *s* introdução; capítulo introdutório.
shōgen 証言 *s* testemunho; depoimento. 〜*suru*, *v*: testemunhar.

shōgensha 証言者 *s* testemunha.
shogeru 悄げる *v* ficar desanimado.
shōgi 床几*s* banqueta; assento dobradiço.
shōgi 将棋 *s shogi*, espécie de jogo de xadrez praticado no Japão.
shōgi 娼妓 *s* prostituta; meretriz.
shōgi 勝義 *s* o sentido fundamental do termo.
shōgiban 将棋盤 *s* tabuleiro de *shogi*.
shōgidaoshi 将棋倒し *s* efeito dominó.
shōgo 正午 *s* meio-dia.
shōgō 称号 *s* título.
shōgō 商号 *s* nome comercial.
shōgō 照合 *s* comparação; confronto; cotejo. ～*suru*, *v*: cotejar; confrontar.
shogū 処遇 *s* tratamento; acolhimento.
shōgun 将軍 *s Hist* 1 xógum. ～職 ～*shoku*: xogunato. 2 general.
shōgyō 商業 *s* comércio.
shōgyōdezain 商業デザイン *s* desenho comercial.
shōgyōhōsō 商業放送 *s* transmissão comercial; programa de rádio comercial.
shōgyōka 商業化 *s* comercialização.
shōgyōkōkō 商業高校 *s* escola de comércio; colégio comercial.
shōgyōshinbun 商業新聞 *s* jornal do comércio.
shōgyōshugi 商業主義 *s* mercantilismo; comercialismo.
shōgyōtorihiki 商業取引 *s* transação comercial.
shoha 諸派 *s* vários partidos; várias facções.
shōhai 賞杯[盃] *s* troféu.
shōhai 勝敗 *s* vitória ou derrota.
shohan 初犯 *s* delinquente primário.
shohan 初版 *s* primeira edição.
shohan 諸般 *s* vários; diversos; todos os tipos.
shōhei 傷兵 *s* soldado ferido.
shōhei 招聘 *s* convite. ～*suru*, *v*: convidar.
shōheki 障壁 *s* barreira. 言語～ *gengo*～: barreira da linguagem.
shōhen 小片 *s* fragmento; pedaço.
shōhi 消費 *s* consumo. ～を減らす ～*o herasu*: reduzir o consumo.
shōhikumiai 消費組合 *s* cooperativa de consumidores.
shōhin 商品 *s* artigo; produto; mercadoria.
shōhin 賞品 *s* prêmio; troféu.
shōhinken 商品券 *s* vale-compra; vale-produto; vale-oferta.
shōhintorihikisho 商品取引所 *s* bolsa de mercadorias.
shōhisha 消費者 *s* consumidor.
shōhizai 消費財 *s* bens de consumo; produtos de consumo.
shōhizei 消費税 *s* imposto sobre o consumo.
shoho 初歩 *s* primeiras noções; noções principais; rudimentos.
shohō 処方 *s* receita; prescrição médica. ～*suru*, *v*: receitar; prescrever.
shōhō 商法 *s* 1 modo de fazer comércio. 2 direito comercial.
shōhō 詳報 *s* informação pormenorizada.
shōhon 正本 *s* 1 texto original. 2 texto de peça. 3 texto completo.
shōhon 抄本 *s* 1 extrato de livro. 2 cópia. 戸籍～ *koseki*～: cópia do registro civil.

shohyō 書評 *s* crítica literária.
shōhyō 商標 *s* marca.
shōhyōken 商標権 *s* patente da marca.
shōi 少尉 *s* segundo-tenente.
shoichinen 初一念 *s* intenção inicial; desejo original.
shōidan 焼夷弾 *s* bomba incendiária.
shōigunjin 傷痍軍人 *s* mutilado de guerra; soldado ferido.
shoikomi 背負い込み *s* artigos não vendidos; estoque morto.
shoikomu 背負い込む *v* arcar. 借金を～ *shakkin o* ～: arcar com as dívidas.
shōin 勝因 *s* causa da vitória.
shōin 証印 *s* selo de autenticação.
shoji 所持 *s* ato de ter em poder. 不法～ *fuhō*～: ter em mãos ilegalmente.
shōji 商事 *s* 1 assuntos comerciais; negócios. 2 firma comercial.
shōji 障子 *s* janela corrediça com os caixilhos forrados de papel.
shōji 小事 *s* insignificância, questão trivial.
shojihin 所持品 *s* pertences, objetos pessoais.
shōjiireru 請じ入れる *v* convidar para entrar.
shōjiki 正直 *s* honestidade, integridade, retidão. ～*na*, *adj*: honesto, íntegro, reto.
shōjikimono 正直者 *s* pessoa honesta.
shojikin 所持金 *s* dinheiro que se traz no bolso.
shōjin 精進 *s* 1 devoção, dedicação. 2 abstinência de carne e peixe. ～*suru*, *v*: devotar-se. ～揚げ ～*age*: fritura de legumes. ～日 ～*bi*: dia de abstinência. ～料理 ～*ryōri*: cozinha vegetariana.
shōjin 小人 *s* pessoa sem virtudes. ～閑居して不善をなす ～*kankyo shite fuzen o nasu*: pessoa sem virtudes, quando desocupada, faz coisa ruim.
shōjiru 生じる *v* produzir, gerar, originar, ocorrer.
shōjiru 請じる *v* convidar, conduzir.
shojisha 所持者 *s* possuidor, dono, proprietário.
shojo 処女 *s* virgem, donzela, solteira. ～航海 ～*kōkai*: primeira viagem. ～作 ～*saku*: obra de estreia. ～出版 ～*shuppan*: publicação inicial. ～性 ～*sei*: virgindade. ～雪 ～*yuki*: primeira neve.
shōjo 少女 *s* menina, garota.
shōjō 症状 *s* sintoma, condição do paciente.
shōjō 賞状 *s* diploma de mérito.
shōjō 清浄 *s* pureza. ～*na*, *adj*: puro, imaculado.
shojochi 処女地 *s* solo virgem.
shojomaku 処女膜 *s Anat* hímen.
shōjōmuku 清浄無垢 *s* puro, imaculado.
shōjū 小銃 *s* rifle, arma de fogo pequena.
shojun 初旬 *s* início do mês, primeiro decêndio do mês.
shōjun 照準 *s* mira, alvo, fim. ～を合わせる ～*o awaseru*: mirar, ter como alvo.
shōjutsu 詳述 *s* explicação, explanação.
shoka 初夏 *s* início do verão.
shoka 書架 *s* estante de livros.
shoka 書家 *s* calígrafo.
shōka 消火 *s* combate ao fogo, extinção de incêndio. ～栓 ～*sen*: hidrante. ～訓練 ～*kunren*: treinamento de combate ao fogo.
shōka 消化 *s* 1 digestão. 2 consumo. 3 assimilação. ～系 ～*kei*: aparelho digestório. ～液 ～*eki*: suco gástrico. ～剤 ～*zai*: medicamento digestório. ～器官 ～*kikan*: órgão digestório.

shōka 唱歌 *s* canção.
shōka 娼家 *s arc* prostíbulo.
shōka 頌歌 *s* ode.
shōka 昇華 *s Psicol* e *Quím* sublimação. ~*suru*, *v*: sublimar.
shōka 商家 *s* comerciante, casa comercial.
shōka 商科 *s* curso de comércio. ~大学 ~*daigaku*: faculdade de comércio.
shōkafuryō 消化不良 *s* indigestão, dispepsia.
shokai 初回 *s* primeira vez, primeira rodada.
shōkai 哨戒 *s* patrulha, ronda. ~*suru*, *v*: patrulhar, fazer a ronda.
shōkai 商会 *s* firma comercial, companhia.
shōkai 紹介 *s* apresentação. ~*suru*, *v*: apresentar. 自己~ *jiko*~: autoapresentação. ~先 ~*saki*: referência. ~状 ~*jō*: carta de referência.
shōkai 照会 *s* indagação, referência. ~*suru*, *v*: indagar, perguntar.
shōkai 詳解 *s* explanação detalhada, explicação minuciosa.
shōkaiha 小会派 *s Polít* partido minoritário.
shōkaijō 紹介状 *s* carta de apresentação.
shōkaisha 紹介者 *s* apresentante.
shōkaki 消火器 *s* extintor de incêndio.
shōkaki 消化器 *s* sistema digestório.
shōkaku 昇格 *s* promoção. ~*suru*, *v*: ser promovido.
shokan 所感 *s* impressão, opinião.
shokan 書簡[翰] *s* carta, correspondência. ~箋 ~*sen*: papel de carta.
shōkan 召喚 *s* chamado, convocação, intimação. ~*suru*, *v*: intimar, convocar.
shōkan 召還 *s* ordem de retorno. ~*suru*, *v*: chamar de volta.
shōkan 将官 *s* oficial-general.
shōkan 償還 *s* reembolso, amortização, devolução, ressarcimento.
shōkanjō 召喚状 *s* carta de intimação.
shōkankigen 償還期限 *s* data de vencimento; prazo para reembolso.
shokanshū 書簡集 *s* coletânea de cartas.
shōkanshū 商慣習 *s* prática comercial.
shokantai 書簡体 *s* estilo epistolar.
shokatsu 所轄 *s* jurisdição.
shokei 処刑 *s* execução, punição. ~*suru*, *v*: executar, punir. ~台 ~*dai*: forca.
shōkei 小計 *s* subtotal, soma parcial.
shōkei 少[小]憩 *s* pequena pausa, curto intervalo.
shōkei 捷径 *s* atalho.
shōkeimoji 象形文字 *s* hieróglifo, pictograma.
shoken 初見 *s* primeiro encontro, à primeira vista.
shoken 所見 *s* ponto de vista, opinião.
shōken 証券 *s* título, valor mobiliário.
shōkengaisha 証券会社 *s* corretora de valores.
shōkentorihikijo 証券取引所 *s* bolsa de valores.
shōkēsu ショーケース (*ingl showcase*) *s* mostruário.
shoki 初期 *s* fase inicial, início, começo, estágio incipiente. ~化 ~*ka*, *Inform*: inicialização, formatação.
shoki 書記 *s* escrevente, secretário. ~官 ~*kan*: secretário. ~長 ~*chō*: secretário-chefe. ~局 ~*kyoku*: secretaria.
shoki 暑気 *s* calor, tempo quente. ~中り ~*atari*: sucumbir ao calor.
shoki 所期 *s* esperado, aguardado, suposto.
shōki 正気 *s* são, sóbrio, sensato, consciente.
shōki 商機 *s* oportunidade de negócio.
shōki 詳記 *s* registro minucioso.
shōki 勝機 *s* oportunidade de vitória, chance de vencer.
shōkibo 小規模 *s* pequena escala, pequeno porte.
shokikan 書記官 *s* secretário.
shōkin 賞金 *s* prêmio, recompensa.
shōkin(rui) 渉禽(類) *s* ave pernalta.
shokkaku 触覚 *s* tato, sensação tátil.
shokkaku 触角 *s* antena de inseto.
shokken 食券 *s* vale-refeição, tíquete-refeição, tíquete-restaurante.
shokken 職権 *s* autoridade, poder oficial. ~乱用 ~*ran'yō*: abuso de poder.
shokki 食器 *s* louça, talheres, aparelho de jantar. ~洗い機 ~*araiki*: lava-louça.
shokki 織機 *s* tear.
shokkō 職工 *s arc* operário, trabalhador, mecânico. ~長 ~*chō*: mestre.
shokku ショック (*ingl shock*) *s* choque, impacto, trauma, ataque de paralisia. ~死 ~*shi*: morte causada por choque.
shoko 書庫 *s* biblioteca.
shokō 曙光 *s* aurora, alvorada. 希望の~ *kibō no*~: fio de esperança.
shōko 証拠 *s* evidência, prova. 状況~ *jōkyō*~: prova circunstancial. ~隠滅 ~*inmetsu*: destruição de provas.
shōkō 小康 *s* calmaria. ~状態 ~*jōtai*: melhora temporária da doença.
shōkō 将校 *s* oficial militar.
shōkō 焼香 *s* queima de incenso. ~*suru*, *v*: oferendar incenso.
shōkō 昇降 *s* subida e descida. ~*suru*, *v*: subir e descer. ~口 ~*guchi*: entrada.
shōkodateru 証拠立てる *v* provar, atestar, testemunhar.
shōkōgun 症候群 *s* síndrome.
shōkōgyō 商工業 *s* indústria e comércio.
shōkōi 商行為 *s* transação comercial.
shokoku 諸国 *s* vários países.
shokon 初婚 *s* primeiro casamento.
shōkon 商魂 *s* espírito comercial, empreendedor.
shōkori 性懲り *s pop* arrependimento. ~もなく ~*mo naku*: obstinadamente.
shōkoto nashi ni しよう事無しに *expr pop* sem alternativa, relutantemente.
shoku 食 *s* 1 comida, refeição, alimentação, apetite. ~が進む ~*ga susumu*: ter apetite. ~が細い ~*ga hosoi*: comer pouco. 2 eclipse. 日~ *nisshoku*: eclipse solar.
shoku 職 *s* emprego, ocupação, trabalho.
shokuan 職安 *s abrev* de 職業安定所 *shokugyō-anteijo*: serviço de amparo ao trabalhador.
shokuatari 食中り *s* intoxicação alimentar. ~*suru*, *v*: intoxicar-se.
shokuba 職場 *s* local de trabalho.
shokubai 触媒 *s Quím* catalisador. ~作用 ~*sayō*: catálise.
shokubeni 食紅 *s* colorante, corante vermelho para alimentos.
shokubō 嘱望 *s* expectativa. ~*suru*, *v*: depositar

esperança, esperar. ～されている ～*sarete iru*: ser promissor.
shokubun 職分 *s* dever do ofício.
shokubutsu 植物 *s* planta, vegetal, vegetação. ～人間 ～*ningen*: pessoa em estado vegetativo. ～油 ～*yu*: óleo vegetal. 観葉～ *kan'yō*～ planta ornamental.
shokubutsuen 植物園 *s* jardim botânico.
shokubutsugaku 植物学 *s* botânica.
shokubutsukai 植物界 *s* reino vegetal.
shokubutsusaishū 植物採集 *s* coleta de plantas.
shokubutsusei 植物性 *s* vegetal, de origem vegetal.
shokubutsushi 植物誌 *s p us* flora.
shokubutsusō 植物相 *s* flora.
shokuchi 触知 *s arc* percepção tátil, tato.
shokuchō 職長 *s p us* chefia, mestre.
shokuchūdoku 食中毒 *s* intoxicação alimentar.
shokudai 燭台 *s* castiçal.
shokudō 食堂 *s* refeitório, restaurante, lanchonete, sala de jantar.
shokudō 食道 *s Anat* esôfago.
shokudōraku 食道楽 *s* gastrônomo, *gourmet*.
shokudōsha 食堂車 *s* vagão-restaurante.
shokuen 食塩 *s* sal de cozinha. ～水 ～*sui*: solução salina.
shokugo 食後 *s* após a refeição.
shokugyō 職業 *s* profissão, ocupação, trabalho.
shokugyōbetsu 職業別 *s* classificado por profissão.
shokugyōbyō 職業病 *s* doença ocupacional.
shokugyōhodō 職業補導 *s arc* orientação vocacional.
shokugyōishiki 職業意識 *s* consciência profissional.
shokugyōka 職業化 *s p us* profissionalização.
shokugyōshōkai 職業紹介 *s arc* agência de emprego.
shokuhi 食費 *s* despesa com alimentação.
shokuhin 食品 *s* produto alimentício. ～店 ～*ten*: mercearia.
shokuhin'eisei 食品衛生 *s* higiene dos alimentos.
shokuhinkakō 食品加工 *s* processamento de alimentos.
shokuin 職員 *s* funcionário, empregado, pessoal.
shokuji 食事 *s* refeição. ～をする ～*o suru*: fazer uma refeição. ～を出す ～*o dasu*: servir uma refeição.
shokujinshu 食人種 *s* canibal.
shokujiryōhō 食餌療法 *s* terapia por meio de dieta alimentar.
shokujosei 織女星 *s Astr* Vega.
shokuju 植樹 *s* plantio de árvore. ～*suru, v*: plantar árvore.
shokumei 職名 *s p us* nome da ocupação.
shokumin 植民 *s* colonização. ～*suru, v*: colonizar.
shokuminchi 植民地 *s* colônia. ～主義 ～*shugi*: colonialismo.
shokuminchika 植民地化 *s* colonização.
shokumoku 属目 *s p us* observação. ～*suru, v*: observar, prestar atenção.
shokumotsu 食物 *s* alimento. ～学 ～*gaku*: bromatologia. ～連鎖 ～*rensa*: cadeia alimentar.
shokumu 職務 *s* encargo, dever, incumbência. ～質問 ～*shitsumon*: questionamento pela polícia. ～給 ～*kyū*: gratificação de cargo.

shokumushikkō 職務執行 *s p us* execução da função.
shokun 諸君 *s* senhoras e senhores.
shokuniku 食肉 *s* carne comestível.
shokunikurui 食肉類 *s Zool* carnívoro.
shokunin 職人 *s* artesão, artífice.
shokunō 職能 *s* função. ～給 ～*kyū*: ordenado por produtividade.
shokupan 食パン *s* pão de fôrma.
shokureki 職歴 *s* histórico profissional.
shokurin 植林 *s* reflorestamento. ～*suru, v*: reflorestar.
shokuryō 食料 *s* gênero alimentício.
shokuryō 食糧 *s* alimento, comida, provisão. ～費 ～*hi*: despesa de alimentação.
shokuryōhin 食料品 *s* produto alimentar.
shokuryōjijō 食糧事情 *s* situação alimentar.
shokuryōkanri 食料管理 *s p us* controle de alimentos.
shokusan 殖産 *s* aumento de produção.
shokusei 食性 *s* hábito alimentar.
shokusei 職制 *s* organização de carreira em um escritório.
shokuseikatsu 食生活 *s* hábito alimentar.
shokuseki 職責 *s* responsabilidade, incumbência.
shokushi 食指 *s* **1** dedo indicador. **2** manifestação de desejo.
shokushin 触診 *s Med* exame de toque. ～*suru, v*: apalpar.
shokushō 食傷 *s* intoxicação alimentar. ～*suru, v*: estar farto.
shokushō 職掌 *s* incumbência, responsabilidade.
shokushokudōbutsu 食植動物 *s p us* herbívoro.
shokushu 触手 *s* tentáculo, antena de inseto. ～を伸ばす ～*o nobasu*: tentar obter.
shokushu 職種 *s* tipo de ocupação.
shokutaku 食卓 *s* mesa de jantar. ～を囲む ～*o kakomu*: sentar-se à mesa.
shokutaku 嘱託 *s* trabalhador temporário, tempo parcial.
shokutsū 食通 *s gourmet*, gastrônomo.
shokuyō 食用 *s* comestível.
shokuyōjō 食養生 *s arc* dieta, regime alimentar.
shokuyoku 食欲 *s* apetite, fome.
shokuzai 贖罪 *s* redenção, expiação, cumprimento de pena.
shokuzen 食前 *s* antes da refeição. ～酒 ～*shu*: aperitivo.
shōkyaku 消却 *s* apagamento, extinção. ～*suru, v*: extinguir, pagar dívida.
shōkyaku 焼却 *s* incineração. ～*suru, v*: incinerar. ～炉 ～*ro*: incinerador.
shōkyaku 償却 *s* ressarcimento, restituição, depreciação. ～*suru, v*: ressarcir, restituir, depreciar.
shōkyo 消去 *s* eliminação. ～*suru, v*: eliminar. ～法 ～*hō*: método da eliminação.
shōkyō 商況 *s* situação do mercado.
shōkyokusei 消極性 *s* passividade, negatividade.
shōkyokuteki 消極的 *adj* passivo, negativo.
shokyū 初級 *s* elementar, básico, introdutório.
shōkyū 昇級 *s* promoção. ～*suru, v*: ser promovido.
shōkyū 昇給 *s* aumento de salário. ～*suru, v*: aumentar o salário, ter o salário aumentado.

shōkyūshi 小休止 *s* pequeno descanso, intervalo curto.
shōma 消磨 *s* desgaste.
shōman ショーマン (*ingl showman*) *s* artista de espetáculo.
shomei 書名 *s* título de livro.
shomei 署名 *s* assinatura, autógrafo. ~*suru*, *v*: assinar. ~者 ~*sha*: signatário. ~運動 ~*undō*: coleta de assinaturas.
shōmei 証明 *s* 1 prova, evidência, testemunho. 2 atestado, certificado. ~*suru*, *v*: provar, atestar.
shōmei 照明 *s* iluminação.
shomeinatsuin 署名捺印 *s* assinatura e carimbo.
shōmeisho 証明書 *s* atestado, certificado. 身分~ *mibun*~: carteira de identidade.
shomen 書面 *s* 1 carta. ~で知らせる ~*de shiraseru*: informar por carta. 2 documento. ~にする ~*ni suru*: por escrito.
shōmen 正面 *s* 1 frente; fachada. ~玄関 ~*genkan*: entrada principal. 2 confrontação. ~切って申し出る ~*kitte mōshideru*: fazer uma proposta oficial.
shōmenshōtotsu 正面衝突 *s* colisão frontal; confronto.
shōmetsu 消滅 *s* extinção; desaparecimento. ~*suru*, *v*: extinguir-se; desaparecer.
shōmi 正味 *s* líquido. ~の重量 ~*no jūryō*: peso líquido.
shōmi 賞味 *s* sabor; gosto. ~期限 ~*kigen*: prazo de validade para consumo.
shomin 庶民 *s* povo; cidadão comum. ~階級 ~*kaikyū*: população.
shomō 所望 *s* desejo; pedido.
shōmō 消耗 *s* 1 consumo; exaustão. 2 esgotamento. ~*suru*, *v*: esgotar-se; extenuar-se.
shōmōhin 消耗品 *s* artigos de consumo.
shōmon 証文 *s* escritura; documento notarial; título de crédito.
shomotsu 書物 *s* livro.
shomu 庶務 *s* assuntos gerais. ~課 ~*ka*: seção de serviços gerais.
shonanoka, shonanuka 初七日 *s* serviço religioso de sétimo dia da morte.
shonbori しょんぼり *adv pop* desconsoladamente; desanimado; abatido; desconsolado.
shōne 性根 *s pop* natureza; índole; caráter; temperamento.
shonen 初年 *s* 1 primeiro ano. 2 início; primeiros anos.
shōnen 少年 *s* rapaz; jovem; mocinho; adolescente.
shōnenba 正念場 *s* 1 cena crucial do teatro cabúqui em que é dado a conhecer o verdadeiro caráter do personagem. 2 momento de mostrar quem é. ~を迎える ~*o mukaeru*: é chegado o momento da revelação.
shōnendan 少年団 *s* grupo de escoteiros.
shōnen'hanzai 少年犯罪 *s* crime juvenil.
shonen'hei 初年兵 *s* novo recruta.
shōnenjidai 少年時代 *s* período da adolescência.
shōnenki 少年期 *s* adolescência.
shonenkyū 初年級 *s* classe de iniciantes.
shonetsu 暑熱 *s* calor escaldante.
shōnetsujigoku 焦熱地獄 *s* inferno de fogo.
shōni 小児 *s* bebê; criança.
shōnibyō 小児病 *s* doença infantil.

shonichi 初日 *s* o primeiro dia.
shōnika 小児科 *s* pediatria.
shōnimahi 小児麻痺 *s* paralisia infantil; poliomielite.
shōnin 承認 *s* aprovação; consentimento. ~を得る ~*o eru*: obter aprovação. ~*suru*, *v*: aprovar; dar consentimento.
shōnin 昇任 *s* promoção. ~*suru*, *v*: ser promovido; subir de posto.
shōnin 商人 *s* comerciante; negociante.
shōnin 証人 *s* testemunha. ~台 ~*dai*: banco das testemunhas.
shoninkyū 初任給 *s* salário inicial.
shōnō 小農 *s* pequeno lavrador; agricultor.
shōnō 樟脳 *s* cânfora.
shōnyūdō 鍾乳洞 *s* gruta calcária.
shōō 照応 *s* correspondência.
shōonki 消音器 *s* abafador de som.
shōrai 将来 *s* 1 futuro; porvir. 2 futuramente; um dia.
shōrai 招来 *s* 1 ato de chamar; convidar. 2 ocasionar; causar; originar.
shōraisei 将来性 *s* ato de ter futuro. ~がある ~*ga aru*: ter futuro.
shōrei 省令 *s* decreto ministerial.
shōrei 奨励 *s* encorajamento; estímulo; incentivo. ~*suru*, *v*: encorajar; estimular; incentivar.
shōrei 症例 *s Med* caso patológico.
shōreikin 奨励金 *s* incentivo financeiro; prêmio; bônus. ~を出す ~*o dasu*: conceder bônus.
shori 処理 *s* processamento; tratamento; limpeza; solução. 事務を~する能力 *jimu o~suru nōryoku*: capacidade de resolver as questões de serviço.
shōri 勝利 *s* vitória; triunfo. ~を得る ~*o eru*: obter vitória; conseguir a vitória.
shōri 小利 *s* pequeno lucro; pequeno ganho.
shōritsu 勝率 *s* porcentagem de vitórias sobre o número total de jogos.
shorō 初老 *s* 1 meia-idade. ~の紳士 ~*no shinshi*: cavalheiro de meia-idade. 2 quarenta anos de idade.
shōrō 鐘楼 *s* campanário.
shōroku 抄録 *s* extrato; excerto.
shoron 緒論 *s* introdução; prefácio.
shōron 詳論 *s* exposição pormenorizada. ~*suru*, *v*: expor detalhadamente.
shōru ショール (*ingl shawl*) *s* xale.
shorudābaggu ショルダーバッグ (*ingl shoulder bag*) *s* bolsa a tiracolo.
shorui 書類 *s* documentos; papéis; documentação. ~を作成する ~*o sakusei suru*: redigir um documento.
shōrui 生類 *s* seres vivos; seres animados.
shoruikaban 書類鞄 *s* pasta de documentos.
shoruisenkō 書類選考 *s* seleção de candidatos por exame de documentos.
shoruisōken 書類送検 *s* envio da documentação referente a um caso criminal ao provedor de justiça.
shōrūmu ショールーム (*ingl show room*) *s* salão de exposições; sala de amostras.
shōryaku 省略 *s* omissão; abreviação. *Gram* elipse. ~*suru*, *v*: omitir; abreviar.
shōryo 焦慮 *s* impaciência; preocupação. ~*suru*, *v*: ser/estar impaciente; estar ansioso.
shōryo 少量 *s* pequena quantidade; um pouco.

shōryō 精霊 *s* alma dos mortos.
shōryokuka 省力化 *s* redução da mão de obra.
shōryū 小粒 *s* partículas finas; pequenos grãos.
shosa 所作 *s* 1 porte; maneiras. 2 postura; dança.
shōsa 小差 *s* pequena diferença.
shosai 所載 *s* publicado. 本誌〜の論文 *honshi〜no ronbun*: ensaio publicado nesta revista.
shosai 書斎 *s* gabinete de estudo; biblioteca particular.
shōsai 商才 *s* habilidade para os negócios; talento para os negócios.
shōsai 詳細 *s* pormenores; detalhes.
shosan 所産 *s* resultado do esforço; fruto do esforço.
shōsan 勝算 *s* perspectiva de sucesso.
shōsan 賞[称]讃 *s* elogio; aplauso; admiração; louvor. 〜される 〜*sareru*: ser elogiado; receber aplausos; ser louvado.
shōsan 硝酸 *s* Quím ácido nítrico. 〜ナトリウム 〜*natoriumu*: nitrato de sódio.
shōsan'en 硝酸塩 *s* Quím nitratos.
shōsangin 硝酸銀 *s* Quím nitrato de prata.
shosanpu 初産婦 *s* primípara; mulher que teve o primeiro parto.
shōsasshi 小冊子 *s* livreto; panfleto; folheto; boletim.
shōsatsu 笑殺 *s* risada. 〜*suru*, *v*: dispensar com um riso; rir sobre um assunto.
shosei 処世 *s* conduta de vida.
shosei 書生 *s* estudante.
shōsei 招請 *s* convite para algum evento.
shōsei 笑声 *s* risada; gargalhada.
shoseijutsu 処世術 *s* arte de viver.
shōsekai 小世界 *s* microcosmo; mundo pequeno.
shoseki 書籍 *s* livros; publicações. 〜目録 〜*mokuroku*: catálogo de publicações.
shōseki 硝石 *s* Quím salitre.
shōsen 商船 *s* navio mercante.
shōsengakkō 商船学校 *s* escola da marinha mercante.
shōsenkyoku 小選挙区 *s* pequeno distrito eleitoral.
shosetsu 所説 *s* opinião; ponto de vista.
shosetsu 諸説 *s* diferentes comentários; variedade de opiniões ou pontos de vista.
shōsetsu 小説 *s* novela; romance. 長編〜 *chōhen*〜: romance longo. 連載〜 *rensai*〜: romance publicado em série. 推理〜 *suiri*〜: romance policial.
shōsetsuka 小説家 *s* romancista; novelista; escritor.
shosha 書写 *s* 1 cópia de um texto. 〜*suru*, *v*: copiar um texto. 2 caligrafia.
shōsha 商社 *s* firma comercial; empresa comercial. 〜マン 〜*man*: funcionário de empresa comercial.
shōsha 勝者 *s* vencedor.
shōsha 瀟洒 *s* elegância. 〜な家 〜*na ie*: casa elegante.
shōsha 照射 *s* radiação. 〜*suru*, *v*: aplicar radiação.
shoshi 庶子 *s* filho ilegítimo; bastardo.
shoshi 初志 *s* primeira ideia do projeto. 〜を貫く 〜*o tsuranuku*: manter a ideia original do projeto.
shōshi 笑止 *adj* ridículo; parvo. 〜千万 〜*senban*: extremamente ridículo; extremamente absurdo.
shōshi 焼死 *s* morte causada por queimadura. 〜*suru*, *v*: morrer carbonizado.
shoshigaku 書誌学 *s* bibliografia; bibliologia. 〜者 〜*sha*: bibliólogo.

shoshihon 小資本 *s* pequeno capital.
shoshiki 書式 *s* forma; formato; modelo; formulário.
shōshimin 小市民 *s* classe média baixa; pequeno burguês.
shoshin 初心 *s* 1 intenção original; propósito inicial. 2 primeiros estudos. 3 inexperiência; ingenuidade.
shoshin 所信 *s* convicção; parecer; opinião. 〜を述べる 〜*o noberu*: expor o próprio parecer.
shōshin 小心 *s* 1 timidez; covardia; pusilanimidade. 〜な, *adj*: tímido; covarde; pusilânime. 2 prudência; escrúpulo; cautela; cuidado; meticulosidade.
shōshin 昇進 *s* promoção; subida de cargo.
shōshin 傷心 *s* mágoa; dor; desgosto. 〜のあまり自殺した 〜*no amari jisatsu shita*: suicidou-se por desgosto.
shōshinjisatsu 焼身自殺 *s* suicídio pelo fogo; imolação.
shoshinsha 初心者 *s* 1 principiante; calouro; novato. 2 pessoa ingênua.
shōshinshōmei 正真正銘 *s* autenticidade. その話は〜まちがいない *sono hanashi wa* 〜*machigai nai*: essa história é autêntica, sem dúvida alguma.
shōshitsu 焼失 *s* destruição causada pelo fogo.
shōshitsu 消失 *s* desaparecimento; perda.
shosho 所[処]々 *s* vários lugares; diversos lugares.
shōsho 証書 *s* título de crédito; escritura; documento notarial; documento judicial; certificado. 〜を作成する 〜*o sakusei suru*: lavrar um documento judicial. 公正〜 *kōsei*〜: instrumento público. 卒業〜 *sotsugyō*〜: diploma de formatura. 借用〜 *shakuyō*〜: título de dívida.
shōshō 少々 *adv* 1 um pouco; um tanto. 塩胡椒〜 *shio koshō*〜: um pouco de sal e pimenta. 私は〜のことではへこたれないぞ *watashi wa*〜*no koto de wa hekotarenaizo*: eu não me rendo tão facilmente. 2 ordinário. 彼の努力は〜のことではなかった *kare no doryoku wa* 〜*no koto dewa nakatta*: o esforço dele não era nada comum.
shōshoku 少食 *s* comer pouco.
shoshū 所収 *s* inserção; inclusão.
shoshū 初秋 *s* começo do outono.
shōshū 召集 *s* mobilização; chamada; recrutamento. 〜に応じる 〜*ni ōjiru*: atender à convocação.
shōshū 招集 *s* convocação.
shoshun 初春 *s* começo da primavera.
shōshūrei 召集令 *s* ordem de recrutamento.
shōso 勝訴 *s* ganho de causa em tribunal.
shōsō 少壮 *s* juventude. 〜気鋭の 〜*kiei no*: brioso e cheio de juventude.
shōsō 尚早 *s* prematuridade. 時機〜である *jiki*〜*de aru*: ainda é prematuro.
shōsō 焦燥 *s* impaciência; irritação.
shōsoku 消息 *s* 1 notícias. 〜を絶つ 〜*o tatsu*: não dar sinal de vida; deixar de dar notícias. 2 informação. 政界の〜に通じている *seikai no*〜*ni tsūjite iru*: estar bem informado sobre a situação política.
shōsokusuji 消息筋 *s* fontes bem informadas.
shōsokutsū 消息通 *s* pessoa bem informada; pessoa que está a par das informações.
shōsū 少数 *s* pequeno número; poucos; minoria.
shōsū 小数 *s Mat* 1 pequena quantidade. 2 numero decimal; fração.

shōsuha 少数派 *s* grupo minoritário.
shōsui 憔悴 *s* emaciação; definhamento.
shosuru 処する *v* **1** enfrentar; fazer face. 難局に～ *nankyoku ni*～: enfrentar uma situação difícil. **2** agir; resolver; comportar-se. **3** sentenciar; condenar. 死刑に～ *shikei ni*～: condenar à morte.
shōsuru 称する *v* **1** chamar; intitular; denominar. 山田と～男 *Yamada to* ～ *otoko*: o homem que responde pelo nome de Yamada. **2** fingir; alegar; pretextar. 病気と称して学校を休む *byōki to shōshite gakkō o yasumu*: faltar à aula alegando estar doente.
shōsuru 賞する *v* **1** louvar; elogiar. **2** admirar; apreciar.
shōsūten 小数点 *s Mat* número decimal. ～以下を切り捨てる ～*ika o kirisuteru*: desconsiderar os números decimais.
shotai 所[世]帯 *s* lar; família; domicílio; casa. ～を持つ ～*o motsu*: constituir família.
shotai 書体 *s* **1** estilo de letra. **2** caligrafia.
shōtai 小隊 *s* pelotão.
shōtai 正体 *s* **1** verdadeiro caráter; identidade; espécie. ～をあばく ～*o abaku*: desmascarar. **2** juízo. 彼は酔うと～がなくなる *kare wa you to* ～*ga nakunaru*: ele, quando se embebeda, perde o juízo.
shōtai 招待 *s* convite. ～に応じる ～*ni ōjiru*: aceitar o convite.
shotaidōgu 所帯道具 *s* utensílios domésticos.
shotaijimiru 所帯染みる *v* viver apenas para os afazeres domésticos.
shōtaijō 招待状 *s* carta de convite.
shōtaiken 招待券 *s* convite.
shotaimen 初対面 *s* primeiro encontro; primeira vez que se veem.
shotaimochi 所帯持ち *s* **1** homem casado. **2** mulher casada.
shotaiyatsure 所帯窶れ *s* aparência cansada por causa dos afazeres domésticos.
shōtaku 妾宅 *s* casa da concubina.
shōtaku 沼沢 *s* pântano.
shotchū しょっちゅう *adv pop* sempre; a toda hora; constantemente.
shoteate 諸手当 *s* benefícios que complementam o salário.
shotei 所定 *s* aquilo que foi fixado; o determinado; o estabelecido. ～の位置につく ～*no ichi ni tsuku*: ocupar os lugares previamente designados.
shōteki 小敵 *s* pequeno adversário; oponente fraco.
shoten 書店 *s* livraria.
shōten 昇天 *s* **1** ascensão. ～祭 ～*sai*: festa da ascensão de Cristo. **2** morte.
shōten 商店 *s* casa comercial; loja.
shōten 焦点 *s* **1** foco. **2** ponto importante; centro. 議論の～を絞る *giron no* ～*o shiboru*: focar o ponto central da discussão.
shotō 初等 *s* elementar; primário. ～教育 ～*kyōiku*: instrução primária.
shotō 初頭 *s* começo; início.
shotō 蔗糖 *s* açúcar de cana; sacarose.
shotō 諸島 *s* grupo de ilhas; arquipélago.
shotō 初冬 *s* começo do inverno.
shōto ショート (*ingl short*) *s* **1** curto. **2** *Beis* jogador que se coloca entre a segunda e a terceira base. **3** curto-circuito. ～する *suru, v*: haver um curto-circuito.

shōtō 消燈 *s* apagar as luzes.
shotōka 初等科 *s* curso elementar.
shōtokēki ショートケーキ (*ingl shortcake*) *s* bolo com creme chantili e morangos.
shotoku 所得 *s* **1** posse. **2** rendimento.
shōtoku 生得 *s* ser inato.
shōtoku 頌徳 *s* louvor à honra. ～碑 ～*hi*: monumento em honra de uma pessoa.
shotokugaku 所得額 *s* valor do rendimento.
shotokuzei 所得税 *s* imposto de renda sobre os rendimentos.
shōtopantsu ショートパンツ (*ingl short pants*) *s* calção.
shōtorihiki 商取引 *s* transação comercial.
shōtoshi 小都市 *s* cidade pequena.
shōtotsu 衝突 *s* **1** colisão; choque; trombada. **2** conflito. 利害の～ *rigai no*～: conflito de interesses.
shōtsukimeinichi 祥月命日 *s Bud* aniversário de morte.
shou 背負う *v* **1** carregar nas costas. **2** arcar com a responsabilidade. **3** jactar-se; ser presunçoso. あなたずいぶん背負っているわね *anata zuibun shoutte iru wa ne*: você é muito convencido, hein!
shōuchū 小宇宙 *s* microcosmo.
shōuindō ショーウインドー (*ingl show window*) *s* vitrine.
shōun 勝運 *s* sorte.
shōwa 昭和 *s* era Showa, de 1926 a 1989.
shōwa 唱和 *s* fazer coro; recitar em uníssono.
shōwakusei 小惑星 *s Astr* asteroide.
shōwaru 性悪 *s* indivíduo de mau caráter, malicioso, malvado.
shoya 初夜 *s* **1** primeira noite do casal; noite de núpcias. **2** primeiras horas da noite.
shōyaku 生薬 *s* erva medicinal.
shōyaku 抄訳 *s* tradução resumida.
shoyo 所与 *s* ～*no*: dado. ～の条件のもとで ～*no jōken no motode*: sob dadas condições.
shoyō 所要 *s* necessidade. ～時間 ～*jikan*: tempo necessário.
shōyo 賞与 *s* gratificação; prêmio; bônus.
shōyō 商用 *s* os negócios. ～文 ～*bun*: carta comercial.
shōyō 慫慂 *s* sugestão; indução.
shōyō 従容 *s* tranquilidade. ～たる ～*taru*: plácido; tranquilo.
shoyū 所有 *s* posse; propriedade. ～*suru, v*: possuir.
shōyu 醤油 *s* molho de soja para tempero na culinária oriental.
shoyūbutsu 所有物 *s* posses; haveres; propriedades.
shoyūchi 所有地 *s* terreno; propriedade.
shoyūkaku 所有格 *s Gram* caso possessivo.
shoyūken 所有権 *s* direito de propriedade.
shoyūsha 所有者 *s* proprietário.
shoyūyoku 所有欲 *s* desejo de possuir; cobiça.
shozai 所在 *s* paradeiro; localização. ～が不明である ～*ga fumei de aru*: não saber onde está.
shozainai 所在ない *adj* aborrecido; sem ter o que fazer.
shozainasa 所在なさ *s* tédio; sem saber o que fazer na inação; entediado pela inatividade.
shōzen 承前 *s* continuação da exposição anterior.
shōzen 悄然 *adj* desconsolado; desanimado; des-

coroçoado. ～としている ～*to shite iru*: estar desconsolado.
shozō 所蔵 *s* posse de bens.
shōzō 肖像 *s* efígie; imagem; ícone; retrato.
shōzōga 肖像画 *s* retrato; retrato pintado.
shozoku 所属 *s* pertencente; ligado. ～部隊 ～*butai*: unidade militar a que se pertence. 無～ *mu*～: independente.
shōzoku 装束 *s* 1 traje. 白の～ *shiro no* ～: traje branco. 2 traje completo.
shōzui 祥瑞 *s* bom presságio.
shu 主 *s* 1 patrão; dono. 2 senhor. 3 principal. 学生にとって勉強は～でスポーツは従だ *gakusei ni totte benkyō wa* ～*de supōtsu wa jū da*: para o estudante, estudo é o principal, e o esporte, secundário. 4 proprietário. 5 Deus; Senhor. ～我を愛す ～*ware o aisu*: Deus nos ama.
shu 朱 *s* zarcão; cinábrio; vermelhão. ～を入れる ～*o ireru*: corrigir um texto.
shu 種 *s* 1 gênero; classe; espécie; tipo; natureza; categoria. この～の犯罪 *kono* ～*no hanzai*: crime desta natureza. 2 espécie. ～の起源 ～*no kigen*: origem das espécies.
-shu -首 *suf* sufixo para contagem de versos e poemas. 歌を一首詠む *uta o isshu yomu*: compor uma poesia.
shū 囚 *s* preso; prisioneiro.
shū 州・洲 *s* 1 continente; estado. アジア～ *ajia* ～: continente asiático. 2 estado. 州立病院 *shūritsubyōin*: hospital estadual.
shū 宗 *s* seita religiosa.
shū 周 *s* volta. グランドを二～する *gurando o ni*～*suru*: dar duas voltas na quadra esportiva.
shū 臭 *s* 1 cheiro. 2 gosto; ar; maneira. ブルジョア～ *burujoa*～: ar de burguês.
shū 衆 *s* 1 multidão; massa. 2 amigos. 皆の～ *mina no* ～: todos os amigos. 3 número; superioridade numérica. ～を頼む ～*o tanomu*: contar com grande massa.
shū 週 *s* semana. 来～の今日 *rai*～*no kyō*: exatamente daqui a uma semana.
shū 集 *s* coleção. 書簡～ *shokan*～: coletânea epistolar.
shūaku 醜悪 *s* feiura; infâmia.
shūban(sen) 終盤(戦) *s* parte final de um jogo. いよいよ選挙戦も～に入った *iyoiyo senkyosen mo* ～*ni haitta*: os embates eleitorais estão agora na reta final.
shūbatsu 秀抜 *s* excelência. ～な, *adj*: excelente; soberbo; distinto.
shubetsu 種別 *s* classificação; sortimento.
shubi 首尾 *s* 1 cabeça e rabo. 2 começo e fim. 3 resultado.
shūbi 愁眉 *s* semblante preocupado; aparência triste.
shubihei 守備兵 *s* soldados da guarnição.
shubiikkan 首尾一貫 *s* consistência; coerência.
shubitai 守備隊 *s* guarnição.
shubiyoku 首尾よく *adv* com sucesso. ～合格した ～*gōkaku shita*: afortunadamente, fui aprovado.
shūbō 衆望 *s* popularidade; confiança do público. ～にこたえる ～*ni kotaeru*: corresponder às expectativas.
shubōsha 首謀者 *s* cabecilha; mentor.
shubu 主部 *s* 1 parte principal. 2 *Gram* sujeito.

shubun 主文 *s* texto da sentença judicial.
shūbun 醜聞 *s* escândalo. ～を流す ～*o nagasu*: vazar a notícia do escândalo.
shūbun(ten) 秋分(点) *s* equinócio de outono.
shubyō 種苗 *s* sementes e plantas.
shūchaku 執着 *s* apego.
shūchakueki 終着駅 *s* estação terminal; fim de linha; ponto final.
shūchi 周知 *s* conhecimento geral; conhecimento público.
shūchi 羞恥 *s* pudor.
shūchi 衆智 *s* sabedoria de muitas pessoas.
shūchiji 州知事 *s* governador do estado.
shūchiku 修築 *s* reparação; reforma.
shūchishin 羞恥心 *s* sentimento de pudor. ～がない ～*ga nai*: desavergonhado.
shuchishugi 主知主義 *s* intelectualismo.
shucho 主著 *s* obra principal de uma pessoa.
shuchō 主張 *s* 1 asserção; alegação; afirmação. 2 opinião; posição; ponto de vista. ～を通す ～*o tōsu*: fazer prevalecer a opinião.
shuchō 首長 *s* chefe. ～選挙 ～*senkyo*: eleição do chefe.
shūchō 酋長 *s* cacique; chefe da tribo.
shuchū 手中 *s* 1 palma da mão. 2 ter na mão.
shūchū 集中 *s* concentração; intensificação; convergência. ～する, *v*: concentrar; centrar; convergir. 精神を勉強に～する *seishin o benkyō ni* ～*suru*: concentrar-se nos estudos.
shūchūkōgi 集中講義 *s* curso intensivo.
shūchūryoku 集中力 *s* capacidade de concentração.
shudai 主題 *s* 1 tema; assunto; matéria. 2 título. 3 tema; ideia principal.
shudaika 主題歌 *s* canção-tema do filme.
shudan 手段 *s* meio; medida; passo; recurso. ～を講じる ～*o kōjiru*: arranjar um meio. あらゆる～を用いる *arayuru* ～*o mochiiru*: valer-se de todos os meios disponíveis.
shūdan 集団 *s* grupo; massa; bando. ～で ～*de*: em grupo.
shūdannōjō 集団農場 *s* fazenda coletiva.
shūdatsu 収奪 *s* usurpação.
shūden(sha) 終電(車) *s* último trem do dia.
shudō 手動 *s* operação manual.
shūdōin 修道院 *s* mosteiro; convento.
shūdōjo [ni] 修道女[尼] *s* irmã; freira; monja.
shūdōkai 修道会 *s* ordem religiosa.
shudōken 主導権 *s* liderança; iniciativa.
shudōsha 主導者 *s* líder; autor de uma proposta.
shūdōshi [sō] 修道士[僧] *s* monge; irmão; frade.
shuei 守衛 *s* guarda; segurança; porteiro.
shūeki 囚役 *s* trabalho forçado dos prisioneiros.
shūeki 収益 *s* ganho; lucro; rendimento.
shūeki 就役 *s* entrada em serviço.
shuen 主演 *s* ator/atriz principal; protagonista.
shuen 酒宴 *s* banquete.
shūen 周縁 *s* periferia.
shūen 終焉 *s* 1 morte; fim. 2 término.
shufu 主婦 *s* mulher casada; dona de casa. 一家の～ *ikka no*～: dona de casa. ～業 ～*gyō*: trabalho da dona de casa.
shufu 首府 *s* capital; metrópole.
shūfuku 修復 *s* restauração. ～*suru, v*: restaurar.
shūgaku 就学 *s* escolarização.

shūgakuryokō 修学旅行 *s* excursão da escola; viagem de estudo.
shugan(ten) 主眼(点) *s* objetivo principal.
shugei 手芸 *s* artesanato; trabalhos manuais.
shūgeki 襲撃 *s* ataque; assalto. ~*suru*, *v*: atacar de surpresa.
shugen 祝言 *s* cerimônia de casamento. ~を挙げる ~*o ageru*: celebrar o casamento; casar.
shūgenja 修験者 *s* monge que leva uma vida ascética nas montanhas.
shugi 主義 *s* 1 princípio; sistema. 安全第一~ *anzen daiichi*~: princípio de "segurança em primeiro lugar". 2 doutrina; princípio. 無~ *mu*~: sem princípios. ~も節操も貫く ~*mo sessō mo tsuranuku*: manter os princípios e as opiniões.
shugi 祝儀 *s* 1 celebração; festa de casamento. 2 gratificação; gorjeta. 3 presente; lembrança.
shūgi 衆議 *s* consulta pública. ~一決する ~*ikketsu suru*: decidir por unanimidade.
shūgiin 衆議院 *s* Câmara dos Deputados.
shūgiingiin 衆議院議員 *s* deputado.
shugisha 主義者 *s* ideologista; socialista; comunista.
shugo 主語 *s* *Gram* sujeito.
shugo 守護 *s* 1 proteção; guarda; defesa; salvaguarda. 2 guardião militar provincial da Idade Média.
shugō 酒豪 *s* bebedor de primeira.
shūgō 集合 *s* 1 encontro; reunião; ajuntamento. ~時間 ~*jikan*: horário do encontro. 2 conjunto; ponto de convergência. *Mat* ~論 ~*ron*: teoria dos conjuntos.
shugojin 守護神 *s* divindade protetora.
shugū 殊遇 *s* favor especial; tratamento cordial.
shūgu 衆愚 *s* massa ignorante; plebe. ~政治 ~*seiji*: oclocracia.
shūgyō 修行 *s* 1 *Bud* ascetismo; ascese; prática ascética; treino; provação. ~中である ~*chū de aru*: estar em provação. 2 adestramento; treino. 武者~ *musha*~: aperfeiçoamento nas artes marciais.
shūgyō 修業 *s* curso. ~年限 ~*nengen*: anos de duração do curso.
shūgyō 終業 *s* encerramento das aulas; término dos trabalhos.
shūgyō 就業 *s* 1 ato de estar em trabalho. ~時間 ~*jikan*: horário de trabalho. 2 emprego. ~人口 ~*jinkō*: população economicamente ativa.
shūgyō 醜業 *s* prostituição.
shūgyōfu 醜業婦 *s* prostituta; mulher de rua.
shugyoku 珠玉 *s* 1 joia; pérola; pedra preciosa. 2 joia literária.
shūha 宗派 *s* 1 seita religiosa. 2 escola.
shūha 秋波 *s* olhar amoroso.
shūha 周波 *s* *Eletr* e *Acús* frequência de onda. 高~ *kō*~: alta frequência.
shuhai 酒盃 *s* copo de saquê. ~を傾ける ~*o katamukeru*: beber do saquê; levantar o copo de saquê.
shūhai 集配 *s* coleta e entrega. ~人 ~*nin*: carteiro.
shuhan 主犯 *s* infrator principal; chefe do bando de criminosos.
shuhan 首班 *s* chefe. ~に指名する ~*ni shimei suru*: nomear para chefe. 内閣の~ *naikaku no* ~: chefe do gabinete dos ministros.
shūhasū 周波数 *s* *Eletr* frequência.

shuhei 手兵 *s* soldados sob comando.
shūhen 周辺 *s* periferia; cercanias; arredores. 港の~の町 *minato no* ~*no machi*: cidades nas cercanias do porto.
shuhin 主賓 *s* convidado de honra; homenageado.
shuhitsu 主筆 *s* redator-chefe; editor.
shuhitsu 朱筆 *s* 1 tinta vermelha; lápis vermelho. 2 correção. ~を加える ~*o kuwaeru*: corrigir; rever.
shuhō 主峰 *s* pico principal.
shūhō 修法 *s* regras e procedimentos esotéricos.
shūhō 週報 *s* jornal semanal; semanário.
shūhyō 衆評 *s* opinião pública.
shui 首位 *s* topo; primeiro lugar. ~に立つ ~*ni tatsu*: ficar no topo.
shui 趣[主]意 *s* conteúdo; teor; essência; finalidade; objetivo. 来訪の~を告げる *raihō no*~*o tsugeru*: anunciar o objetivo da visita.
shūi 周囲 *s* 1 circunferência; perímetro; cercanias; arredores. 2 ambiente; situação; vizinhança; pessoas à volta. ~の影響を受ける ~*no eikyō o ukeru*: ser influenciado pelo ambiente.
shūi 拾遺 *s* catação de objetos caídos.
shuin 手淫 *s* masturbação; onanismo.
shuin 主因 *s* causa principal; motivo principal.
shuiro 朱色 *s* vermelho vivo; rubro; escarlate.
shuisho 趣意書 *s* prospecto.
shūitsu 秀逸 *s* excelência; soberbo.
shūjaku 執着 *s* persistência; tenacidade.
shuji 主事 *s* diretor; superintendente; orientador geral.
shūji 修辞 *s* retórica; eloquência. ~法 ~*hō*: método de retórica.
shūji 習字 *s* caligrafia; arte de escrever com pincel.
shūjigaku 修辞学 *s* retórica.
shujii 主治医 *s* médico principal do paciente; médico da família.
shujin 主人 *s* 1 chefe de família. 2 patrão. 3 marido. 4 proprietário. 5 anfitrião.
shūjin 囚人 *s* preso; prisioneiro; condenado.
shūjin 衆人 *s* público; povo; multidão.
shūjinkanshi 衆人環視 *s* sob o olhar do povo.
shujinkō 主人公 *s* herói de uma novela; protagonista.
shūjitsu 週日 *s* dia da semana.
shūjitsu 終日 *s* o dia inteiro; todo o dia. ~終夜 ~*shūya*: dia todo e noite toda.
shūjō 衆生 *s* *Bud* todas as coisas vivas; toda a humanidade.
shujōsei 主情性 *s* emotividade.
shujōteki 主情的 *adj* emotivo; emocional.
shuju 種々 *s* diversidade; variedade. ~雑多な ~*zatta na*: toda a sorte de; vários.
shujū 主従 *s* 1 principal e secundário. 2 senhor e criado.
shūju 収受 *s* recebimento. ~*suru*, *v*: receber.
shujutsu 手術 *s* operação; cirurgia; intervenção cirúrgica.
shujutsudai 手術台 *s* mesa de operações.
shujutsushitsu 手術室 *s* sala de operações.
shuka 主家 *s* casa do mestre; casa do patrão.
shūka 集荷 *s* recolhimento de carga.
shūka 衆寡 *s* muito e pouco. ~敵せず ~*teki sezu*: ser derrotado pelo inimigo numericamente superior.
shūkai 集会 *s* reunião; encontro; concentração. ~

の自由 ~no jiyū: liberdade de reunião/associação.
shukaku 主格 s Gram caso nominativo.
shukaku 主客 s convidado principal.
shūkaku 収穫 s 1 colheita; safra. 2 fruto do trabalho; resultado.
shukan 主管 s supervisão; encargo; superintendência; administração. ~suru, v: supervisionar; administrar.
shukan 主観 s subjetividade.
shūkan 収監 s prisão.
shūkan 週刊 s publicação semanal.
shūkan 週間 s semana. 交通安全~ kōtsuanzen~: semana da segurança no trânsito.
shūkan 習慣 s hábito; usos e costumes; praxe; prática. 子供に早寝早起きの~をつける kodomo ni hayane hayaoki no ~o tsukeru: habituar as crianças a se deitarem e a acordarem cedo.
shūkankei 醜関係 s relação ilícita.
shukanron [**shugi**] 主観論[主義] s subjetivismo.
shūkanshi 週刊誌 s revista semanal; semanário. 写真~ shashin~: revista semanal ilustrada.
shukanteki 主観的 adj subjetivo.
shukei 主計 s tesoureiro; contabilista; oficial de intendência.
shūkei 集計 s contagem; totalização.
shuken 主権 s soberania.
shūken 集権 s centralização de poder.
shukensha 主権者 s chefe supremo.
shūketsu 終結 s 1 fim. 2 conclusão.
shūketsu 集結 s concentração.
shuki 手記 s nota; memorando; anotação; apontamento.
shuki 酒気 s cheiro de álcool; cheiro de bebida alcoólica.
shūki 周忌 s aniversário de morte.
shūki 周期 s período; ciclo. ~表 ~hyō: tabela periódica.
shūki 臭気 s cheiro; mau cheiro; fedor.
shūki 秋季 s outono.
shūki 終期 s fechamento do período.
shūkin 集金 s cobrança. ~係 ~gakari: cobrador.
shūkiteki 周期的 adj periódico.
shukka 出火 s início de incêndio. ~の原因を調べる ~no gen'in o shiraberu: investigar a causa do incêndio.
shukka 出荷 s despacho da carga.
shukkan 出棺 s saída do féretro.
shukke 出家 s Bud bonzo; monge.
shukketsu 出欠 s presença e/ou ausência. ~を通知する ~o tsūchi suru: avisar a presença ou a ausência.
shukketsu 出血 s 1 hemorragia; perda de sangue. 2 perda; prejuízo. ~大サービス ~dai sābisu: venda promocional com prejuízo.
shukkin 出金 s pagamento; despesas. ~伝票 ~denpyō: nota de pagamento.
shukkin 出勤 s ida para o trabalho.
shukkinbo 出勤簿 s livro de ponto.
shukkō 出航 s saída do porto; partida do porto. ~命令 ~meirei: ordem de partida do porto.
shukkō 出港 s saída do porto; partida do porto. ~命令 ~meirei: ordem para partir do porto para a embarcação.

shukkō 出向 s transferência temporária. ~suru, v: ser transferido temporariamente.
shukkoku 出国 s saída do país.
shukkokutetsuzuki 出国手続 s formalidades para saída do país.
shukkōteishi 出港停止 s cancelamento da saída do porto.
shukō 手工 s artesanato; trabalho manual.
shukō 趣向 s plano; ideia. ~を変える ~o kaeru: mudar de plano. 新~ shin~: nova ideia.
shukō 手交 s entrega pessoal.
shukō 首肯 s assentimento; concordância; meneio positivo de cabeça.
shukō 酒肴 s comida e bebida; comes e bebes.
shūkō 周航 s circum-navegação.
shūkō 修好[交] s amizade; relações amistosas.
shūkō 就航 s entrada de navio em serviço. ~suru, v: entrar em serviço.
shūkō 醜行 s conduta infame; escândalo.
shukōgei 手工芸 s artesanato.
shukōgyō 手工業 s indústria artesanal; artesanato.
shukoroshi 主殺し s assassinato de mestre.
shuku 宿 s hospedaria; pernoite.
shukubō 宿坊 s alojamentos dos bonzos e dos peregrinos.
shukubō 宿望 s desejo acalentado há muito tempo.
shukubun 祝文 s mensagem de congratulações.
shukuchoku 宿直 s plantão; vigia; serviço noturno.
shukudai 宿題 s 1 deveres escolares de casa. 2 questão pendente; questão a ser resolvida.
shukuden 祝電 s telegrama de felicitações.
shukuei 宿営 s alojamento; bivaque.
shukuen 祝宴 s banquete; festa.
shukuen 宿怨 s velho ódio; velha queixa.
shukufuku 祝福 s bênção; graça divina; felicidade.
shukuga 祝賀 s celebração; congratulação; felicitação.
shukugagyōji 祝賀行事 s festividades.
shukugakai 祝賀会 s festa de celebração.
shukugō 縮合 s Quim condensação.
shukuhai 祝杯 s brinde. ~をあげる ~o ageru: brindar.
shukuhaku 宿泊 s alojamento. ~suru, v: alojar-se; hospedar-se; ficar.
shukuhakujo 宿泊所 s hospedaria; alojamento; dormitório.
shukuhakunin 宿泊人 s hóspede.
shukuhakuryō 宿泊料 s despesas de alojamento.
shukuhei 宿弊 s mal enraizado; vício inveterado.
shukuhō 祝砲 s salva de tiros de regozijo.
shukui 祝意 s congratulações; felicitações; parabéns.
shukuji 祝辞 s palavras congratulatórias; discurso de congratulação; felicitações.
shukujitsu 祝日 s dia de festa; feriado.
shukujo 淑女 s dama; senhora; mulher distinta.
shukumei 宿命 s fado; destino; sorte; fatalidade. ~を担う ~o ninau: carregar o fado.
shukumeiron 宿命論 s fatalismo.
shukun 主君 s senhor.
shukun 殊勲 s feito notável; serviço meritório. ~を立てる ~o tateru: distinguir-se.
shukusatsuban 縮刷版 s impressão em tamanho reduzido.
shukusei 粛正 s disciplina.
shukusei 粛清 s expurgo; limpeza; liquidação.

shukusha 宿舎 *s* alojamento; hospedaria; acomodações.
shukusha 縮写 *s* reprodução em miniatura; cópia reduzida.
shukushaku 縮尺 *s* 1 escala. ～図 ～*zu*: desenho em escala reduzida. 2 escala. ～五万分の一の地図 ～*goman bun no ichi no chizu*: mapa na escala de 1:50.000 (um por cinquenta mil).
shukushō 祝勝 *s* celebração/comemoração da vitória.
shukushō 縮小 *s* redução; corte.
shukushu 宿主 *s Biol* hospedeiro.
shukushuku 粛々 *adj* em silêncio; solenemente. *s* situação solene.
shukusuru 祝する *v* 1 felicitar; festejar; comemorar. 2 abençoar.
shukuteki 宿敵 *s* antigo inimigo; inimigo de longos anos.
shukuten 祝典 *s* celebração solene.
shukutoku 淑徳 *s* virtudes femininas.
shukuzen 粛然 *s* respeitoso silêncio.
shukuzu 縮図 *s* 1 cópia em miniatura; desenho em tamanho reduzido. 2 resumo; sinopse; síntese. 人生の～ *jinsei no*～: síntese da vida.
shukyō 主教 *s* prelado; bispo.
shukyō 酒興 *s* 1 alegria do vinho. ～を添える ～*o soeru*: animar a festa. 2 animação.
shūkyō 宗教 *s* religião.
shūkyōdantai 宗教団体 *s* organização religiosa.
shūkyōka 宗教家 *s* homem dedicado à religião; pessoa religiosa.
shūkyoku 終局 *s* 1 fim da partida de xadrez. 2 fim; desfecho. ～に近づく ～*ni chikazuku*: aproximar-se do fim.
shūkyoku 終極 *s* último; fim.
shūkyōsaiban 宗教裁判 *s* inquisição.
shūkyōshin 宗教心 *s* espírito religioso.
shukyū 首級 *s* a cabeça. ～をあげる ～*o ageru*: decapitar.
shūkyū 週休 *s* descanso semanal.
shūkyū 週給 *s* salário semanal.
shūkyū 蹴球 *s* jogo de bola; futebol.
shūmaku 終幕 *s* 1 último ato de uma peça de teatro. 2 descida do pano; fim da representação. 3 desfecho; fim.
shūmatsu 週末 *s* fim de semana.
shūmatsu 終末 *s* fim; termo; conclusão.
shūmatsuryokō 週末旅行 *s* viagem de fim de semana.
shūmei 襲名 *s* sucessão no nome de artista teatral. ～披露興行 ～*hirō kōgyō*: espetáculo para comemorar a sucessão do nome de artista teatral.
shūmei 醜名 *s* má fama; má reputação; mau nome.
shumi 趣味 *s* 1 gosto. ～がよい ～*ga yoi*: ter bom gosto. 2 passatempo; paixão favorita; distração; *hobby*.
shūmi 臭味 *s* cheiro; cheiro desagradável.
shumin 就眠 *s* ir dormir.
shumīzu シュミーズ (*fr chemise*) *s Vest fem* combinação.
shumoku 種目 *s* variedade de artigos; modalidade. ～別 ～*betsu*: cada modalidade desportiva; por modalidades.
shūmoku 衆目 *s* atenção do público.

shūmon 宗門 *s* seita religiosa.
shumu 主務 *s* 1 principal; responsável; pessoa competente. 2 dever principal. ～官庁 ～*kanchō*: autoridades competentes.
shun 旬 *s* 1 época; tempo. 2 época mais propícia. 3 estação.
shunbetsu 峻別 *s* distinção nítida. ～*suru*, *v*: distinguir claramente.
shunbun 春分 *s* equinócio da primavera.
shundō 蠢動 *s* 1 ato de serpear. 2 manobra; intriga.
shūnen 周年 *s* aniversário.
shūnen 執念 *s* obsessão; ideia fixa; obstinação; teimosia obsessiva.
shūnenbukai 執念深い *adj* obsessivo; obstinado; teimoso; vingativo.
shūnenbukaku 執念深く *adv* obstinadamente; teimosamente.
shunga 春画 *s* pintura erótica.
shungen 峻厳 *s* 1 rigidez; rigor; severidade. 2 escarpado; inacessível.
shungiku 春菊 *s Bot* crisântemo cheiroso e comestível (*Chrysanthemum coronarium* L. var *spatiosum* Bail).
shunin 主任 *s* encarregado; chefe. ～教授 ～*kyōju*: professor decano.
shūnin 就任 *s* posse no cargo.
shūninshiki 就任式 *s* cerimônia de posse.
shunji 瞬時 *s* instante; momento.
shunjitsu 春日 *s* dia de primavera.
shunjō 春情 *s* paixão sexual.
shunjū 春秋 *s* 1 primavera e outono. 2 ano. ～に富む ～*ni tomu*: ter um futuro muito bom; ter muitos anos pela frente.
shunjun 逡巡 *s* hesitação. ～*suru*, *v*: hesitar; vacilar.
shunkan 瞬間 *s* instante; momento; segundo. ～湯沸かし器 ～*yuwakashiki*: aquecedor de água instantâneo.
shunkashūtō 春夏秋冬 *s* as quatro estações do ano.
shunketsu 俊傑 *s* grande homem; herói; figura ilustre.
shunki 春季 *s* época da primavera.
shunkō 竣工 *s* conclusão das obras. ～*suru*, *v*: concluir as obras.
shunkōshiki 竣工式 *s* inauguração da construção.
shunkyo 峻拒 *s* rejeição categórica; recusa firme.
shunō 首[主]脳 *s* líder; chefe. ～会談 ～*kaidan*: reunião de cúpula; reunião de chefes de governo.
shūnō 収納 *s* 1 recebimento de dinheiro. ～*suru*, *v*: receber; recolher. 2 recolhimento na caixa. ～スペース ～*supēsu*: espaço para guardar as coisas.
shunōbu 首脳部 *s* cúpula da empresa; topo da organização.
shunpū 春風 *s* brisa de primavera.
shunretsu 峻烈 *s* severidade; rigor.
shunsai 俊才 *s* prodígio; homem de talento excepcional.
shunsetsu 浚渫 *s* dragagem. ～*suru*, *v*: dragar.
shunshō 春宵 *s* noite de primavera.
shunshoku 春色 *s* panorama primaveril.
shunsoku 駿足 *s* 1 corcel veloz. 2 corredor veloz; corredor excepcional; correr como um galgo. ～のランナー ～*no rannā*: corredor veloz.
shunuri 朱塗り *s* charão carmim.
shūnyū 収入 *s* rendimento; ganho; entradas; receita; renda. ～がある ～*ga aru*: ter rendimento.

shūnyūgen 収入源 *s* fonte de rendimento.
shūnyūinshi 収入印紙 selo fiscal de recibo.
shūnyūyaku 収入役 *s* tesoureiro.
shuppan 出帆 *s* partida do navio.
shuppan 出版 *s* publicação. 限定～ *gentei* ～: publicação limitada; edição limitada. 自費～ *jihi*～: publicação paga pelo autor; publicação particular.
shuppanbusū 出版部数 *s* tiragem da publicação.
shuppanbutsu 出版物 *s* publicação; revista; livro.
shuppangyō 出版業 *s* editora.
shuppanken 出版権 *s* direitos editoriais.
shuppankinenkai 出版記念会 *s* lançamento de livro.
shuppansha 出版社 *s* editora.
shuppatsu 出発 *s* partida. ～*suru*, *v*: partir. 再～ *sai*～: recomeço; nova vida; nova tentativa.
shuppatsubi 出発日 *s* dia da partida.
shuppatsuten 出発点 *s* ponto de partida.
shuppei 出兵 *s* envio de tropas.
shuppi 出費 *s* despesas; gastos; desembolso.
shuppin 出品 *s* obra para exibição; mostra; exposição. ～*suru*, *v*: exibir; mostrar; expor.
shuppinmokuroku 出品目録 *s* catálogo de exposição.
shuppon 出奔 *s* evasão; fuga.
shūra 修羅 *s* 1 *Bud* abreviatura de 阿修羅 *Ashūra*: deus *ashura*. 2 guerra sanguinolenta; carnificina. ～の巷 ～*no chimata*: cena de carnificina.
shūrai 襲来 *s* invasão; ataque; assalto.
shūrajō 修羅場 *s* cena de guerra sangrenta.
shūraku 集落 *s* aldeia; lugarejo; colônia.
shuran 酒乱 *s* desvario causado pela embriaguês; bêbado violento.
shūran 収攬 *s* ato de capturar; cativação. 人心を～する *jinshin o*～*suru*: cativar as pessoas; captar a estima do povo.
shūrei 秀麗 *s* beleza extraordinária. 眉目～ *bimoku*～: rosto de beleza extraordinária.
shūrei 秋冷 *s* frio de outono.
shuren 手練 *s* habilidade; perícia; destreza.
shūren 修練[錬] *s* treinamento; exercício.
shūressha 終列車 *s* último trem do dia.
shūri 修理 *s* conserto; reparo. ～中である ～*chū de aru*: estar em reparo. ～に出す ～*ni dasu*: mandar para conserto.
shūridai 修理代 *s* preço do conserto.
shuriken 手裏剣 *s arc* faca de arremesso.
shūrikō 修理工 *s* mecânico.
shūrikōjō 修理工場 *s* oficina de reparos; oficina de consertos.
shūrō 就労 *s* trabalho; emprego.
shūroku 収[集]録 *s* 1 registro. 2 gravação em fita magnética.
shūron 宗論 *s* polêmica em torno de princípios religiosos entre seitas.
shurui 種類 *s* variedade; espécie; classe; tipo; gênero; natureza.
shurui 酒類 *s* licores alcoólicos; bebidas alcoólicas.
shuruibetsu [wake] 種類別[分け] *s* classificação por grupos; classificar por espécies.
shūrurearizumu シュールレアリズム (*fr surréalisme*) *s* surrealismo.

shuryō 狩猟 *s* caça; caçada. ～をする ～*o suru*: caçar. ～民族 ～*minzoku*: povo de caçadores.
shuryō 首領 *s* cabecilha; chefe.
shuryō 酒量 *s* consumo de bebida alcoólica por determinada pessoa.
shūryō 修了 *s* conclusão de curso. ～証書 ～*shōsho*: certificado de conclusão de curso.
shūryō 終了 *s* 1 fim; termo; conclusão; encerramento. 2 finalização.
shuryoku 主力 *s* 1 força principal; esteio. 2 maior esforço. ～を注ぐ ～*o sosogu*: concentrar todos os esforços.
shuryū 主流 *s* 1 caudal principal do rio. 2 corrente principal. ～派 ～*ha*: facção dominante; grupo principal.
shuryūdan 手榴弾 *s* granada de mão.
shusa 主査 *s* presidente do júri de examinadores.
shūsa 収差 *s Fís* aberração.
shusai 主催 *s* promoção; patrocínio.
shusai 主宰 *s* superintendência; supervisão; presidência. ～*suru*, *v*: supervisionar; presidir.
shūsai 秀才 *s* talento; gênio.
shūsaku 習作 *s* esboço; estudo; rascunho.
shūsan 集散 *s* 1 movimento. 離合～ *rigō*～: movimento de união e separação. 2 arrecadação e distribuição.
shūsanchi 集散地 *s* centro de recebimento e distribuição.
shusanchi 主産地 *s* principal centro produtor.
shusei 守成 *s* preservação; manutenção.
shusei 守勢 *s* defensiva.
shūsei 修正[整] *s* emenda; revisão; correção.
shūsei 習性 *s* hábito; costume; peculiaridade. 昆虫の～ *konchū no*～: peculiaridade dos insetos.
shūsei 集成 *s* compilação. 古典文学～ *koten bungaku*～: compilação da literatura clássica.
shūsei 終生 *s* vida inteira; toda a vida; uma vida.
shūseian 修正案 *s* proposta de emenda.
shuseibun 主成分 *s* principal ingrediente; principal componente.
shūseishugi 修正主義 *s* revisionismo.
shuseki 主[首]席 *s* primeira posição; primeiro lugar. ～で卒業する ～*de sotsugyō suru*: formar-se em primeiro lugar no curso.
shuseki 酒席 *s* festa; banquete.
shūseki 集積 *s* acúmulo; integração. ～回路 ～*kairo*: circuito integrado.
shusen 守戦 *s* guerra defensiva.
shūsen 周旋 *s* bons ofícios; recomendação; mediação; agenciamento.
shūsen 終戦 *s* fim da guerra.
shusendo 守銭奴 *s* avarento; sovina; avaro; pão-duro.
shūsengyō 周旋業 *s* serviços de corretagem.
shūsenjo 周旋所 *s* agência.
shūsennin 周旋人 *s* agente; corretor; intermediário.
shusenron 主戦論 *s* argumento belicoso; teoria belicista.
shusetsu 主節 *s Gram* oração principal.
shusha 取捨 *s* adoção ou rejeição; escolha. ～選択 ～*sentaku*: liberdade de escolha.
shushi 種子 *s* semente; caroço. ～植物 ～*shokubutsu*: planta fanerogâmica.
shushi 趣[主]旨 *s* propósito; intenção; objetivo;

finalidade. 〜に反する 〜*ni hansuru*: contrariar a finalidade.
shūshi 収支 *s* receita e despesa; balanço; ativo e passivo.
shūshi 宗旨 *s* **1** doutrina de uma religião. **2** seita; credo; igreja. **3** princípio.
shūshi 修士 *s* licenciatura; mestrado.
shūshi 終止 *s* fim; termo.
shūshi 終始 *s* **1** o princípio e o fim. **2** do começo ao fim.
shūshifu 終止符 *s* **1** ponto final. **2** pôr fim; terminar. 〜を打つ 〜*o utsu*: acabar; terminar.
shūshigae 宗旨変え *s* **1** mudança de religião. **2** mudança de princípios.
shūshi kessan 収支決算 *s* balanço de receitas e despesas.
shūshin 修身 *s* moral; ética.
shūshin 執心 *s* apego; paixão louca; fascinação.
shūshin 就寝 *s* 〜*suru*, *v*: ir para a cama; deitar-se; dormir.
shūshin 終審 *s* última instância.
shūshin 終身 *adj* perpétuo; vitalício. 〜会員〜*kaiin*: sócio vitalício. 〜刑〜*kei* prisão perpétua.
shushō 主将 *s* comandante-chefe; capitão de equipe.
shushō 主[首]唱 *s* proposição; sugestão; patrocínio; defesa. 〜*suru*, *v*: propor, sugerir, patrocinar, defender.
shushō 首相 *s* primeiro-ministro.
shushō 殊勝 *adj* louvável; admirável.
shūshō 愁傷 *s* **1** lamentação; dor; pesar. **2** condolências; pêsames.
shushoku 主食 *s* alimento principal.
shushoku 酒色 *s* bebidas e mulheres; prazeres sensuais. 〜にふける〜*ni fukeru*: entregar-se aos prazeres sensuais; levar vida desregrada.
shushoku 酒食 *s* comidas e bebidas.
shūshoku 修飾 *s* **1** decoração; ornamentação; adorno; enfeite. **2** modificação; qualificação.
shūshoku 就職 *s* emprego.
shūshoku 秋色 *s* **1** sinais de outono. **2** paisagem outonal.
shūshokugo 修飾語 *s Gram* complemento.
shūshokuguchi 就職口 *s* emprego; colocação.
shūshokunan 就職難 *s* dificuldade de encontrar emprego.
shūshokusaki 就職先 *s* emprego; colocação; local de emprego.
shūshokuundō 就職運動 *s* procura de emprego.
shūshōrōbai 周章狼狽 *s* consternação; desnorteamento e confusão.
shūshū 蒐[収]集 *s* coleção. 〜*suru*, *v*: colecionar; reunir.
shūshū 収拾 *s* controle; domínio.
shūshūka 蒐[収]集家 *s* colecionador.
shūshuku 収縮 *s* contração; encolhimento; retração.
shūsō 就巣 *s* choca; incubação.
shūsoku 終息・熄 *s* cessação; extinção; fim; termo.
shussan 出産 *s* parto. 〜*suru*, *v*: dar à luz; parir.
shussatsu 出札 *s* venda de bilhetes.
shusse 出世 *s* sucesso na vida; êxito social.
shussegashira 出世頭 *s* a pessoa mais bem-sucedida.
shussei 出征 *s* partida para a guerra.

shussei 出精 *s* esforço; diligência; assiduidade; aplicação.
shusseki 出席 *s* presença; comparecimento; frequência; atendimento.
shussekisha 出席者 *s* presentes; participantes; assistentes.
shussesaku 出世作 *s* obra que tornou famoso o autor; obra que projetou o autor.
shusseyoku 出世欲 *s* ambição de sucesso.
shusshi 出資 *s* investimento; participação em uma empresa.
shusshigaku 出資額 *s* montante do investimento; montante da participação no capital.
shusshin 出身 *s* origem; formação; graduação.
shusshinchi 出身地 *s* local de nascimento; terra natal.
shusshinkō 出身校 *s* escola em que uma pessoa se formou.
shussho 出所 *s* **1** origem; fonte. 噂の〜 *uwasa no* 〜: origem do boato. **2** soltura da prisão. 仮〜 *kari* 〜: liberdade condicional.
shusshō 出生 *s* nascimento.
shusshoku 出色 *s* proeminente.
shusshoshintai 出処進退 *s* movimento; procedimento; curso de ação; caminho a seguir; postura. 政治家の〜には常に十分な理由がなければならない *seijika no* 〜*ni wa tsune ni jūbun na riyū ga nakereba naranai*: o político precisa ter sempre uma boa razão para a sua postura.
shusso 出訴 *s* ato de mover ação judicial.
shussui 出水 *s* enchente; inundação.
shutai 主体 *s Filos* **1** sujeito; eu. **2** individualidade. **3** parte principal; corpo.
shūtai 醜態 *s* conduta vergonhosa; comportamento escandaloso.
shutaisei 主体性 *s* subjetividade; independência; identidade.
shūtaisei 集大成 *s* compilação.
shūtan 愁嘆 *s* lamentação; tristeza; pesar.
shutaru 主たる *adj* principal; maior.
shutchō 出張 *s* viagem de negócios; viagem a serviço.
shutchō 出超 *s* saldo positivo no comércio exterior.
shutchōjo 出張所 *s* agência; sucursal.
shutei 舟艇 *s* barco; lancha; embarcação.
shūten 終点 *s* fim; ponto final; estação terminal; fim de linha.
shuto 首都 *s* capital; metrópole.
shutō 種痘 *s* vacina contra a varíola.
shūto 舅 *s* sogro.
shūtō 周到 *s* ser cuidadoso, meticuloso, escrupuloso, cauteloso.
shutoken 首都圏 *s* área metropolitana.
shutoku 取得 *s* aquisição; obtenção.
shūtoku 拾得 *s* posse de coisa achada.
shūtoku 習[修]得 *s* aprendizagem.
shūtome 姑 *s* sogra.
shu to shite 主として *adv* principalmente; essencialmente; sobretudo.
shutsuba 出馬 *s* **1** comparecimento, presença. **2** apresentação da candidatura. 〜*suru*, *v*: candidatar-se.
shutsubotsu 出没 *s* aparecimento frequente.
shutsudai 出題 *s* **1** formulação de questões para

exame. 2 apresentação de temas para a confecção de canções e poesias.
shutsudo 出土 *s* escavação arqueológica. ～*suru, v*: escavar.
shutsudō 出動 *s* mobilização; entrada em ação.
shutsudōhin 出土品 *s* achados arqueológicos.
shutsudōmeirei 出動命令 *s* ordem de movimentação de forças militares.
shutsuen 出演 *s* representação; atuação artística.
shutsuenryō 出演料 *s* cachê.
shutsuensha 出演者 *s* elenco.
shutsugan 出願 *s* requerimento. ～*suru, v*: requerer.
shutsugeki 出撃 *s* ataque; investida; sortida.
shutsugen 出現 *s* aparecimento; aparição.
shutsugoku 出獄 *s* saída do cárcere; soltura da cadeia.
shutsugyo 出御 *s* presença do imperador.
shutsujin 出陣 *s* partida para a guerra.
shutsujō 出場 *s* participação.
shutsunyū 出入 *s* entrada e saída; idas e vindas.
shutsunyūkoku 出入国 *s* entrada e saída do país.
shutsuryō 出猟 *s* saída para caçada.
shutsuryō 出漁 *s* saída para pesca.
shutsuryoku 出力 *s Eletr* e *Mec* 1 potência; capacidade geradora. 2 saída; rendimento.
shuttan 出炭 *s* 1 extração de carvão mineral. 2 produção de carvão vegetal.
shuttei 出廷 *s* comparecimento ao tribunal.
shutten 出典 *s* fonte; origem.
shuttō 出頭 *s* comparecimento; apresentação.
shūu 驟雨 *s* aguaceiro; chuvarada.
shuwa 手話 *s* datilologia; quirologia.
shūwai 収賄 *s* aceitação de suborno; corrupção passiva.
shuwan 手腕 *s* habilidade; capacidade; destreza; perícia; competência; talento.
shuwanka 手腕家 *s* pessoa hábil, competente.
shūya 終夜 *adv* durante a noite inteira.
shuyaku 主役 *s* papel principal.
shūyaku 集約 *s* concentração; intensificação.
shuyō 主要 *s* fundamental; essencial; principal; importante.
shuyō 主用 *s* 1 afazer ordenado pelo patrão. 2 assunto principal.
shuyō 腫瘍 *s Med* tumor.
shūyō 収用 *s*.expropriação; desapropriação.
shūyō 収容 *s* acomodação; alojamento; recolhimento.
shūyō 修養 *s* educação moral.
shūyōjo 収容所 *s* asilo; acampamento; albergue.
shūyū 周遊 *s* excursão; volta; giro.
shuzai 取材 *s* obtenção de informações; coleta de dados.
shuzan 珠算 *s* cálculo com ábaco.
shūzei 収税 *s* arrecadação de impostos; taxação.
shūzen 修繕 *s* conserto; reparo.
shūzen 愁然 *adj* triste; pesaroso; desconsolado.
shuzō 酒造 *s* fabricação de bebidas alcoólicas; produção de aguardente.
shūzō 収蔵 *s* silagem; armazenamento; depósito.
shuzoku 種族 *s* raça; tribo.
shūzoku 習俗 *s* usos e costumes.
so 祖 *s* antepassado; fundador; iniciador; pioneiro.
so 粗 *s* grosseria; rudeza.
so 疎 *s* afastamento; estranhamento; distanciamento; alienação; alheamento.
so 素 *s Quím* princípio.
sō 双 *s* dois; par.
sō 相 *s* aspecto; fisionomia; fase; faceta.
sō 僧 *s* monge budista; bonzo.
sō 層 *s* camada; estrato; faixa.
sō 壮 *s* vigor; vitalidade; coragem.
sō そう *adv* 1 sim; assim; dessa maneira; isso. ～ですか. ～*desu ka*: ah, sim? ～ですとも ～*desu tomo*: é isso mesmo. 君は学生かね. ～です *kimi wa gakusei ka ne*. ～*desu*: você é estudante? sim. 君は行かなかったんだろう. ～です *kimi wa ikanakattandarō*. ～*desu*: você não foi? não. 2 tão; tanto. ～怒るな ～*okoru na*: não fique tão zangado assim. ～急ぐな ～*isogu na*: não se apresse tanto.
-sō -そう *partícula* 1 parece que; talvez; pode ser que; com ar de. うれし～に *ureshi*～*ni*: parece contente (com ar de). あの人はお金があり～だ *ano hito wa okane ga ari*～*da*: aquela pessoa parece ser rica. 2 ser óbvio; ter obrigação. 大学生なら分かり～なものだ *daigakusei nara wakari*～*na mono da*: se é universitário, deveria compreender isso. もう着いてもよさ～なものだ *mo tsuite mo yosa*～*na mono da*: já deveria ter chegado. 3 estar prestes. 今にも泣き出し～だった *ima ni mo nakidashi*～*datta*: estava prestes a chorar. 4 segundo dizem; dizem que. 新聞によると今夜雨が降る～だ *shinbum ni yoru to kon'ya ame ga furu*～*da*: segundo os jornais, teremos chuva esta noite.
sō- 総- *pref* total; geral; todo; global. ～額～*gaku*: soma total. ～所得～*shotoku*: rendimento total. ～支配人～*shihainin*: gerente geral.
sōai 相愛 *s* paixão mútua; amor recíproco.
soaku 粗悪 *s* ser de qualidade inferior.
sōan 草案 *s* minuta; rascunho; esboço.
sōan 創案 *s* ideia original.
sōatari 総当り *s* 1 sistema de disputa em que todos disputam contra todos. 2 sistema de sorteio em que todos os bilhetes são premiados.
soba 側・傍 *s* 1 perto; ao lado. ～で見る～*de miru*: ver de perto. ～に寄る～*ni yoru*: chegar perto. ～に座る～*ni suwaru*: sentar ao lado. 2 vizinhança; adjacência; proximidade. 駅の～の本屋 *eki no*～*no hon'ya*: livraria próxima da estação. 3 assim que; imediatamente; à medida que. かたづける～からちらかす *katazukeru* ～*kara chirasu*: desarruma assim que se arruma.
soba 蕎麦 *s* 1 *Bot* planta do gênero *Fagopyrum esculentum*, da família das Poligonáceas; trigo sarraceno. 2 *Cul* macarrão feito de trigo sarraceno.
sōba 相場 *s* 1 preço de mercado; cotação. ドル～ *doru*～: cotação do dólar. 2 especulação. ～師～*shi*: especulador. 3 opinião corrente. 金持ちはけちと～が決まっている *kanemochi wa kechi to* ～*ga kimatte iru*: é opinião corrente que os ricos são parcimoniosos.
sobachikaku 側近く *expr* perto de; junto; próximo. 殿様のお～仕える *tonosama no o* ～*tsukaeru*: servir junto ao senhor feudal.
sobakara 側から *expr* à medida que; tão logo; assim que; imediatamente. こしらえる～皆食べてし

まった *koshiraeru~mina tabete shimatta*: comeram tudo, assim que foi sendo preparado.
sobakasu 雀斑 *s* sarda; lentigem; efélide.
sobakiri 蕎麦切り *s* massa de trigo sarraceno em fios de macarrão.
sōban 早晩 *adv* cedo ou tarde. ~君のしなければならない事だ *~kimi no shinakereba naranai koto da*: é algo que você deverá fazer, cedo ou tarde.
sōbana 総花 *s* benefício para todos.
sobaya 蕎麦屋 *s* casa de pasta que serve macarrão de trigo sarraceno.
sobayaku 側役 *s* servidor pessoal.
sobazue 側杖 *s* golpe indireto; golpe acidental. ~を食う *~o kū*: ser atingido acidentalmente em tumultos.
sōbetsu 送別 *s* despedida; bota-fora.
sōbetsukai 送別会 *s* festa de despedida.
sōbi 装備 *s* equipamento; apetrechamento; armamento; aparelhamento.
sobieru 聳える *v* erguer-se; elevar-se.
-sobireru -そびれる *suf* perder a oportunidade; não conseguir. 言い~ *ii~*: perder a oportunidade de dizer. 寝~ *ne~*: não conseguir dormir.
sobo 祖母 *s* avó.
sobō 粗暴 *s* rudeza; grosseria; violência.
sōbō 僧房[坊] *s* alojamento dos monges anexo aos templos budistas.
soboku 素朴[僕] *s* simplicidade; singeleza; ingenuidade.
soboro そぼろ *s* 1 carne de peixe ou de outra origem moída, temperada e seca. 2 ato de estar emaranhado. ~髪 *~gami*: cabelos desgrenhados.
soburi 素振り *s* maneira; modos; jeito; atitude; ar; sinal.
sobyō 素描 *s* esboço.
socha 粗茶 *s* chá de qualidade inferior; chá simples; termo usado por modéstia para oferecer chá. ~ですが、どうぞ *~desu ga, dōzo*: sirva-se do chá.
sochi 措置 *s* medida; providência; ação.
sōchi 装置 *s* equipamento; dispositivo; aparelho; instalação.
sochira そちら *pron* 1 indica objetos, local ou direção próximos do interlocutor: esse; isso; aí. ~に参ります *~ni mairimasu*: irei aí. ~の様子はいかがですか？ *~no yōsu wa ikaga desu ka*: como todos aí estão passando? 2 indica o próprio interlocutor ou a pessoa que está próxima a ele.
sōchō 早朝 *s* de manhã cedo.
sōchō 総長 *s* 1 reitor de universidade. 2 secretário-geral.
sōchō 荘重 *s* solenidade. ~な, *adj*: solene; majestoso; grave.
soda 粗朶 *s* lenha.
sōda 操舵 *s* manejo do leme.
sōda ソーダ・曹達 (*hol soda*) *s* soda.
sodachi 育ち *s* 1 crescimento. ~の早い木 *~no hayai ki*: árvore de crescimento rápido. ~盛りの子供 *~zakari no kodomo*: criança em plena fase de crescimento. 2 criação; educação. ~が良い *~ga yoi*: tem uma boa educação. 都会~ *tokai~*: criado na cidade.
sōdachi 総立ち *s* todos de pé. 観客は~となった *kankyaku wa ~to natta*: os espectadores puseram-se todos de pé.

sodai 粗大 *adj* grande e grosseiro.
sōdai 総代 *s* representante.
sōdai 壮大 *s* magnificência; grandiosidade.
sōdan 相談 *s* 1 consulta; conversa; confabulação. 2 conselho. 3 oferta; proposta. 4 acordo; arranjo; combinação.
sōdan'aite 相談相手 *s* consultor; conselheiro.
sōdanjo 相談所 *s* consultório; escritório.
sōdankai 相談会 *s* reunião de consulta; conferência.
sōdan'yaku 相談役 *s* consultor; conselheiro.
sōdasui ソーダ水 *s* refrigerante gasoso; gasosa; soda.
sodate no oya 育ての親 *s* pais de criação.
sodateru 育てる *v* criar; educar; cultivar; formar; alimentar.
sodatsu 育つ *v* crescer; criar-se; desenvolver-se.
sōdatsu 争奪 *s* disputa; luta.
sōdatsusen 争奪戦 *s* campeonato; competição.
sode 袖 *s* 1 manga. 2 alas laterais de um prédio; extremidades laterais do palco; bastidor. 3 desprezar; tratar friamente. ~にする *~ni suru*: dar o fora. ~を引く *~o hiku*: convidar; chamar a atenção discretamente. ~振り合うも他生の縁 *~furiau mo tashō no en*: até encontros fortuitos fazem parte do destino.
sōde 総出 *s* sair todos juntos.
sodeguchi 袖口 *s Vest* punho.
sōden 送電 *s* transmissão de eletricidade; suprimento de energia elétrica.
sōden 相伝 *s* transmissão de geração em geração. 父子~ *fushi~*: transmissão de pai para filho.
sode no shita 袖の下 *s vulg* suborno.
sōdō 僧堂 *s* local de meditação dos monges da seita zen.
sōdō 騒動 *s* desordem; distúrbio; tumulto.
sōdōin 総動員 *s* mobilização geral.
sodoku 素読 *s* leitura dos textos clássicos chineses em voz alta.
sōdōsen 双胴船 *s* catamarã.
soegaki 添え書き *s* nota; legenda; pós-escrito.
soegi 副え木 *s* tala; suporte.
soegi 添え木 *s* suporte de madeira; escora.
soejō 添え状 *s* 1 carta que acompanha a pessoa ou o objeto enviado. 2 carta de apresentação; carta de recomendação.
soemono 添え物 *s* acessório; complemento; prêmio; aditivo; guarnição; suplemento.
soen 疎遠 *s* distanciamento; longo silêncio.
sōen 桑園 *s* plantação (jardim) de amoreiras.
soeru 添える *v* acrescentar; juntar; anexar; acompanhar; afixar.
sofu 祖父 *s* avô.
sōfu 送付 *s* envio; remessa.
sōfū 送風 *s* ventilação; arejamento.
sofubo 祖父母 *s* avós.
sōfūki 送風機 *s* ventilador.
sofuku 粗服 *s Vest* roupa simples, humilde.
sōfuku 僧服 *s* hábito sacerdotal; batina.
sofutobōru ソフトボール (*ingl softball*) *s* modalidade de beisebol praticada com bola maior e macia.
sofutouea ソフトウエア (*ingl software*) *s Inform* programa de computador.
sōga 爪牙 *s* unhas e dentes.

sogai 阻害 *s* impedimento; obstrução; obstáculo; estorvo.
sogai 疎外 *s* 1 alheamento; distanciamento. 2 alienação.
sōgai 霜害 *s* prejuízo causado pela geada.
sōgai 窓外 *s* fora da janela, além da janela.
sōgakari 総掛かり *s* esforço conjugado; todos juntos.
sōgaku 奏楽 *s* execução musical; arte musical.
sōgaku 総額 *s* montante total; soma total.
sogan 訴願 *s* petição; apelação; recurso.
sōgan 双眼 *s* dois (ambos os) olhos.
sōgankyō 双眼鏡 *s* binóculo.
sōgawa 総革 *s* feito todo de couro.
sōgei 送迎 *s* recepção (boas-vindas) e despedida; o ato de buscar e levar o visitante.
sogeki 狙撃 *s Mil* o atirar de emboscada; o alvejar.
sōgen 草原 *s* prado; pradaria; pampa; savana; estepe.
sogeru 殺[削]げる *v* fender; rachar; lascar. 削げた頬 *sogeta hoo*: rosto chupado.
sōgi 争議 *s* disputa; conflito.
sōgi 葬儀 *s* funeral; enterro; exéquias.
sōgikōi 争議行為 *s* atos de disputa; atos que impedem a realização normal do trabalho, praticados por operários e patrões; greves e locautes.
sōgiri 総桐 *s* confeccionado todo de madeira.
sogitoru 殺[削]ぎ取る *v* lascar; desbastar; remover fatias.
sōgiya 葬儀屋 *s* funerária.
sogo 齟齬 *s* discordância; desacordo; discrepância.
sogo 祖語 *s Ling* língua-mãe.
sōgo 相互 *s* mútuo; recíproco.
sōgō 総[綜]合 *s* 1 generalização. 2 síntese. ~*suru*, *v*: sintetizar; integrar.
sōgoanzen'hoshō 相互安全保障 *s* segurança mútua.
sōgōbitamin 総合ビタミン *s Farm* complexo vitamínico.
sōgōbyōin 総合病院 *s* hospital geral.
sōgōdaigaku 総合大学 *s* universidade.
sōgoenjo 相互援助 *s* ajuda mútua.
sōgofujo 相互扶助 *s* ajuda mútua.
sōgoginkō 相互銀行 *s* banco de fomento; caixa econômica.
sōgohoken 相互保険 *s* seguro mútuo.
sōgoison 相互依存 *s* dependência mutual; interdependência.
sōgokankei 相互関係 *s* inter-relação; reciprocidade.
sōgōkyōgi 総合競技 *s Ginást* exercícios combinados.
sōgon 荘厳 *s* solenidade, majestade. ~*na*, *adj*: solene; majestoso, suntuoso.
sōgosanshō 相互参照 *s* referência cruzada.
sōgosayō 相互作用 *s* ações recíprocas; interação.
sōgōteki 総[綜]合的 *adj* sintético; geral; compreensivo.
sōgotsūshin 相互通信 *s* comunicações recíprocas; intercomunicação.
sōgōzasshi 総合雑誌 *s* revista de assuntos gerais.
sogu 殺[削]ぐ *v* 1 desbastar; cortar; lascar; recortar. 2 diminuir; reduzir; enfraquecer. 3 afiar; cortar obliquamente. 4 aparar.
sōgu 装具 *s* equipamento; armamento.

sōgu 葬具 *s* acessórios para o funeral.
sōgū 遭遇 *s* encontro inesperado (repentino).
sōgun 総軍 *s* toda a tropa.
soguwanai そぐわない *expr* inapropriado; inadequado; inoportuno; inconveniente.
sōgyō 創業 *s* fundação (inauguração) de uma empresa.
sōgyō 操業 *s* operação; funcionamento; trabalho.
sōgyō 早暁 *s* o amanhecer; alvorada; aurora.
sōhaku 蒼白 *s* palidez; lividez.
sohan 粗飯 *s* modesta (pobre) refeição; termo usado por modéstia ao oferecer a refeição.
sōhan 相反 *s* reciprocidade.
sōhatsu 双発 *s Aeron* bimotor.
sōhatsusei 早発性 *s* caráter precoce.
sōhei 僧兵 *s Hist* monges guerreiros.
sōheki 双璧 *s* as duas grandes autoridades; os dois grandes mestres; par de joias.
sōhigyō 総罷業 *s* greve geral.
sohō 粗放 *s* negligência; rudeza; descuido; desatenção; incúria.
sōhō 双方 *s* ambos; os dois.
sōhon 草本 *s Bot* erva; herbáceo.
sōhonke 総本家 *s* família-tronco; cepa.
sōhonzan 総本山 *s* templo principal (de uma seita religiosa).
sōhoteki 相補的 *adj* complementar.
soi 粗衣 *s* modesto (pobre) vestuário.
sōi 相違 *s* diferença; disparidade; discrepância; divergência.
sōi 創意 *s* criatividade; originalidade.
sōi 僧衣 *s* hábito de monge; vestimenta sacerdotal.
sōi 総意 *s* opinião geral; consenso.
sōi 創痍 *s* ferida.
sōieba そう言えば *expr* de fato; sim. ~そうだね ~*sōda ne*: de fato, é isso mesmo. ~あれはきのうのことだ ~ *are wa kinō no kotoda*: de fato, aquilo foi ontem.
soin 素因 *s* 1 fator básico; causa principal. 2 predisposição.
soin 訴因 *s* causa da ação legal; acusação; pleito.
sōin 僧院 *s* mosteiro; monastério.
sōin 総員 *s* todos os membros.
sōinai 相違ない *expr* não há dúvida; sem dúvida; é certo que; com certeza. 右の通りに~ *migi no tōri ni~*: o precedente está conforme a verdade. 彼の仕業に~*kare no shiwaza ni~*: não há dúvida de que isso é obra dele.
sōinaku 相違なく *adv* sem dúvida; certamente; seguramente.
soine 添い寝 *s* dormir (deitar-se) junto.
sōireba 総入れ歯 *s* dentadura postiça.
sōiten 相違点 *s* diferença; ponto divergente.
soitogeru 添い遂げる *v* 1 viver junto em feliz união até a morte. 2 conseguir casar.
soitsu 其奴 *pron vulg* tratamento pejorativo de *ele* ou *esse*: tipo; gajo; cara; sujeito; isso; essa coisa.
sōiu そういう *adj* essa forma; esse; isso; tal; assim. ~ことなら仕方ない ~*koto nara shikata nai*: se é assim, paciência. ~金なら幾らでも出す ~*kane nara ikura demo dasu*: para tais propósitos, contribuo com qualquer quantia.
soji 措辞 *s* fraseologia; modo de expressão; dicção.
sōji 相似 *s* semelhança; analogia.
sōji 掃除 *s* limpeza; faxina.

sōjiki 掃除機 *s* máquina de limpar; aspirador de pó.
sōjimai 総仕舞い *s* **1** encerramento dos trabalhos. **2** venda total.
sōjishoku 総辞職 *s* demissão geral.
sōjite 総じて *adv* geralmente; em geral. ～日本人は勤勉である ～*nihonjin wa kinben de aru*: em geral, os japoneses são trabalhadores.
sōjiya 掃除屋 *s* firma de limpeza; limpadora de fossas.
sojō 訴状 *s* petição.
sojō 俎上 *s* sobre a tábua de cortar. ～にのせる ～*ni noseru*: ser alvo de críticas. ～の魚 ～*no uo*: sujeito ao próprio destino; sem salvação.
sōjō 層状 *s* estratificação.
sōjō 騒擾 *s* distúrbio; agitação; comoção; revolta; tumulto.
sōjō 奏上 *s* informar o trono.
sōjō 相乗 *s* *Mat* multiplicação; sinergia.
sōjū 操縦 *s* manejar; pilotar; manipular; controlar; manobrar.
sōjuku 早熟 *s* amadurecimento precoce; precocidade.
sōjūryō 総重量 *s* peso total.
sōjūsha 操縦者 *s* operador; manipulador; manobrista.
sōjūshi 操縦士 *s* piloto.
sōjushinki 送受信機 *s* transmissor-receptor.
sojutsu 祖述 *s* exposição de doutrinas do mestre.
sōjutsu 槍術 *s* arte de lutar com a lança.
sokai 租界 *s* área onde a nação perdeu o seu poder administrativo; concessão.
sokai 疎開 *s* dispersão; evacuação.
sōkai 掃海 *s* dragagem de minas; limpeza do mar.
sōkai 総会 *s* assembleia-geral; sessão plenária.
sōkai 壮快 *s* alegria reconfortante. ～*na*, *adj*: excitante; emocionante; animador.
sōkai 爽快 *s* ～*na*, *adj*: refrescante; reconfortante.
sokaku 組閣 *s* formação do gabinete.
sokaku 疎隔 *s* distanciamento; alheamento.
sōkan 壮観 *s* vista magnífica; espetáculo grandioso.
sōkan 相関 *s* correlação; inter-relação; relação mutual.
sōkan 送還 *s* deportação; repatriação.
sōkan 創刊 *s* fundação (de um periódico); primeira publicação.
sōkan 総監 *s* inspetor geral; superintendente geral.
sōkangō 創刊号 *s* primeiro número de um periódico.
sōkanjō 総勘定 *s* conta total; cômputo geral.
sōkankankei 相関関係 *s* correlação.
sōkankeisū 相関係数 *s Estat* coeficiente de correlação.
sōkanteki 相関的 *adj* inter-relativo; correlativo; mutuamente relacionado.
sōkantoku 総監督 *s* diretor geral; inspetor geral; supervisor geral; superintendente; treinador geral.
sōka to itte そうかと言って *expr* mas; todavia; não obstante; contudo; e ainda. せいは高くもないが～低くもない *sei wa takaku mo nai ga ～hikuku mo nai*: não é alto, mas também não é baixo.
sōkatsu 総括 *s* generalização; sumarização; resumo; síntese; conclusão; recapitulação.
sōkatsuteki 総括的 *adj* global; geral.
sōkawa 総革 *s* todo (inteiramente) de couro.
sōke 宗家 *s* família (tronco) principal.

sōkedatsu 総毛立つ *v* arrepiar-se; estremecer; ficar com os pelos eriçados.
sōkei 早計 *s* prematuridade; precipitação; imprudência.
sōkei 総計 *s* total; soma total.
soken 訴権 *s* direito de ação.
sōken 壮健 *s* saúde; vitalidade.
sōken 送検 *s* envio de suspeitos, criminosos e documentos da polícia ao ministério público para serem processados.
sōken 創見 *s* ponto de vista (ideia) original.
sōken 創建 *s* fundação.
sōken 双肩 *s* ombros. ～に掛かる ～*ni kakaru*: recai sobre os ombros; é responsável.
sōki 早期 *s* fase inicial; começo.
sōki 想起 *s* recordação; reminiscência.
sōkin 送金 *s* remessa (envio) de dinheiro.
sokka 足下 *s* sob os pés; aos pés. ～に蹂躙する ～*ni jūrin suru*: espezinhar. *pron* tu; você (tratamento respeitoso dado a alguém do mesmo nível, usado principalmente em cartas de pessoas do sexo masculino).
sokkansei 速乾性 *s* secagem rápida.
sokkenai 素気ない *adj* seco; brusco; frio; ríspido.
sokketsu 即決 *s* decisão imediata.
sokketsusaiban 即決裁判 *s* julgamento sumário.
sokki(jutsu) 速記(術) *s* taquigrafia; estenografia.
sokkin 即金 *s* pagamento a vista.
sokkin(sha) 側近(者) *s* pessoas mais chegadas.
sokkiroku 速記録 *s* registro estenográfico; registro taquigráfico.
sokkō 速攻 *s* ataque rápido.
sokkō 測候 *s* observação meteorológica.
sokkō 測高 *s* medição da altura.
sokkō 即行 *s* **1** ida imediata. **2** execução imediata.
sokkō 即効 *s* efeito imediato.
sokkōjo 測候所 *s* observatório meteorológico.
sokkoku 即刻 *adv* imediatamente; no mesmo instante; incontinente.
sokkōyaku 即効薬 *s* remédio de efeito imediato.
sokkuri そっくり *adv* **1** tudo; todo; inteiramente; completamente. 骨ごと～食べる *hone goto ～taberu*: comer com osso e tudo. 遺産を～もらった *isan o ～moratta*: recebeu toda a herança. **2** ser muito parecido; ser tal e qual. この子は父親に～だ *kono ko wa chichioya ni ～da*: este menino é tal e qual o pai.
sokkyō 即興 *s* improvisação; improviso.
sokkyōshi 即興詩 *s* poesia improvisada; verso extemporâneo.
soko 底 *s* **1** fundo. 川～ *kawazoko*: leito do rio. 靴の～ *kutsu no*～: sola de sapato. 二重～ *nijūzoko*: fundo duplo. ～を突く ～*o tsuku*: acabar; chegar ao fim. **2** *Econ* ponto mais baixo. 値段が～を突いた *nedan ga ～o tsuita*: os preços atingiram o ponto mais baixo.
soko 其[所]処 *pron* **1** aí; esse lugar. ～まで行く ～*made iku*: vou até aí. ～からここまで ～*kara koko made*: daí até aqui. ～で待っていなさい ～*de matte inasai*: espere aí. **2** aí; esse ponto; esse fato. ～が知りたい ～*ga shiritai*: gostaria de saber sobre esse ponto. ～が困った所だ ～*ga komatta tokoro da*: esse é o problema.
sokō 素行 *s* comportamento; conduta.

sokō 粗鋼 *s* aço bruto.
sōko 倉庫 *s* armazém; depósito; entreposto.
sōkō 走行 *s* corrida; andar do carro.
sōkō 草稿 *s* rascunho; manuscrito; esboço.
sōkō 装甲 *s* blindagem.
sōkō 操行 *s* comportamento; conduta.
sōkō 奏功 *s* eficácia; resultado.
sōkō そうこう *adv* enquanto isso; nesse ínterim; uma coisa e outra; entrementes; nesse meio-tempo. 〜するうちに雨が降ってきた 〜*suru uchi ni ame ga futte kita*: nesse meio-tempo, começou a chover.
sokobie 底冷え *s* frio penetrante (que chega até os ossos).
sokobikari 底光り *s* brilho contido (que vem de dentro); brilho profundo.
sokode そこで *conj* então; pois bem; portanto; por isso; agora.
sokogawa 底革 *s* couro da sola; sola.
sōkogyō 倉庫業 *s* armazéns-gerais.
sokoi 底意 *s* intenção secreta (oculta); segunda intenção.
sokoiji 底意地 *s* caráter; natureza (temperamento, disposição) oculta; obstinação.
sokojikara 底力 *s* força latente; potencialidade.
sōkōkai 壮行会 *s* festa de incentivo para alguém que parte em missão ou estudos.
soko koko de 其処此処で *expr* aqui e ali. 〜虫が鳴く 〜*mushi ga naku*: aqui e ali, cantam os insetos.
sokoku 祖国 *s* pátria; país de origem.
sōkoku 相剋 *s* conflito; rivalidade; disputa.
sokokuai 祖国愛 *s* amor à pátria; patriotismo.
sokomade 其処まで *expr* tanto; a tal grau; a tal extensão; a tal ponto; exagero. 〜言わなくてもいい 〜 *iwanakutemo ii*: não precisa dizer tanto. 倹約も〜行くとけちになる *ken'yaku mo 〜iku to kechi ni naru*: a poupança, quando atinge tal grau, chega a ser avareza.
sokomame 底豆 *s* vesícula que se forma na planta do pé; bolha; calo.
sōkon 早婚 *s* casamento precoce.
sōkon 創痕 *s* cicatriz; sinal; marca.
-sokonai -損ない *suf* deslize; erro; falha. 言い〜*ii*〜: deslize da língua. 書き〜 *kaki*〜: falha na escrita.
sokonashi 底無し *s* sem fundo; insaciável.
sokonau 損なう *v* 1 estragar; ferir; prejudicar. 健康を〜 *kenkō o*〜: prejudicar a saúde. 感情を〜 *kanjō o*〜: ferir os sentimentos. 機嫌を〜 *kigen o* 〜: ficar de mau humor.
-sokonau -損なう *v* perder; falhar; não conseguir. 列車に乗り〜 *ressha ni nori*〜: perder o trem. 仕事をやり〜 *shigoto o yari*〜: falhar no trabalho. 昇進し〜 *shōshin shi*〜: não conseguir a promoção.
sokone 底値 *s* preço mínimo.
sokoni 底荷 *s Náut* lastro.
sokonoke 其処退け *s* superar (ser melhor que) um profissional. 本職〜の腕前 *honshoku 〜no udemae*: habilidades que superam as de um profissional.
sokonuke 底抜け *s* sem fundo; imprudente; indiscreto; extremo; sem fim. 〜の馬鹿〜 *no baka*: tolo ao extremo; perfeito idiota.
sokora(atari) 其処ら(辺り) *adv pop* por aí. 〜に

あるはずだ 〜*ni aru hazu da*: deve estar por aí. 〜で一休みしよう 〜*de hitoyasumi shiyō*: vamos dar uma parada por aí.
-sokosoko -そこそこ *suf* aproximadamente; mais ou menos. 百円〜 *hyakuen*〜: aproximadamente 100 ienes.
-sokosoko ni -そこそこに *adv* apressadamente; mal; apenas. あいさつも〜帰った *aisatsu mo* 〜*ni kaetta*: mal cumprimentou e se foi. 朝食も〜家を出た *chōshoku mo* 〜 *ie o deta*: após um desjejum apressado, saiu de casa.
sokotsu 粗忽 *s* descuido; imprudência; falha; desatenção; trapalhice. 〜を詫びる 〜*o wabiru*: pedir desculpas pela falha.
sokotsumono 粗忽者 *s* pessoa descuidada, desatenta.
sokozumi 底積み *s* alojado (carregado) no fundo, por baixo dos outros.
soku 束 *s* fascículo; feixe; treliça.
-soku -束 *suf* numeral para contagem de pacote, feixe, maço.
-soku -足 *suf* par. 靴一〜 *kutsu issoku*: 1 par de sapatos. 靴下二〜 *kutsushita ni*〜: 2 pares de meia.
sōku 走狗 *s* cão de caça. *pej* serviçal do poder.
sokuatsu 側圧 *s* pressão lateral.
sokubai 即売 *s* venda de artigos (produtos) expostos na exposição.
sokubaku 束縛 *s* restrição; limitação; atadura; amarra.
sokubu 足部 *s* pé; região dos pés.
sokubun 仄聞 *s* ouvir dizer; ouvir de passagem.
sokuchi 測地 *s* agrimensura; geodésia; levantamento topográfico.
sokuchi 測知 *s* inferência; compreensão.
sokuchigaku 測地学 *s* geodésia.
sokudaku 即諾 *s* aceitação imediata; pronto consentimento.
sokudan 速断 *s* 1 conclusão precipitada. 2 decisão imediata.
sokudo 速度 *s* velocidade.
sokudokei 速度計 *s* velocímetro.
sokudoku 速読 *s* leitura rápida; leitura dinâmica.
sokudoseigen 速度制限 *s* limite de velocidade.
sokugin 即吟 *s* improvisação; verso improvisado.
sokuhai 側背 *s* flanco.
sokuhatsu 即発 *s* iminência de explosão; pronto para desencadear; a ponto de estourar.
sokuhatsu 束髪 *s* penteado tipo rabo de cavalo.
sokuhitsu 速筆 *s* escrita rápida (fluente).
sokuhō 速報 *s* informação rápida; notícia de última hora.
sokui 即位 *s* ascensão ao trono; entronização; coroação.
sokuin no jō 惻隠の情 *s* piedade; compaixão; comiseração; misericórdia.
sokuishiki 即位式 *s* cerimônia de entronização; cerimônia de coroação.
sokuji 即時 *adv* instantaneamente; prontamente; imediatamente.
sokujibarai 即時払い *s* pagamento a vista.
sokujitsu 即日 *adv* no mesmo dia.
sokujiyobidashi 即時呼び出し *s* acesso rápido.
sokujo 息女 *s* filha; termo respeitoso para se referir à filha dos outros ou dos ilustres.
sokumen 側面 *s* lado; flanco; face lateral; aspecto.

sokumenkōgeki 側面攻撃 *s* ataque pelos flancos.
sokumenzu 側面図 *s* visão lateral; perfil.
sokuō 即応 *s* conformidade; concordância; adaptação; adequação.
sokuon 促音 *s Fon* som oclusivo; glotalização.
sokuonki 測音器 *s* sonômetro; fonômetro.
sokurō 足労 *s* incômodo de vir. たびたびご〜をかけてすみません *tabitabi go〜o kakete sumimasen*: desculpe-me por fazê-lo vir aqui tantas vezes.
sokuryō 測量 *s* medição do terreno.
sokuryoku 速力 *s* velocidade.
sokusai 息災 *s* incolumidade; integridade; são e salvo.
sokusan 速算 *s* cálculo rápido.
sokusei 即製 *s* fabricação na hora; confecção imediata.
sokusei 速成 *s* formação intensiva; conclusão (acabamento) rápida.
sokuseki 即席 *s* improvisação; instantaneidade.
sokuseki 足跡 *s* 1 pegada; rastro; marca dos pés; viagem; visita. 2 curso; caminhada.
sokusekiryōri 即席料理 *s* prato leve preparado rapidamente; prato improvisado.
sokusensokketsu 即戦即決 *s* ataque (guerra) relâmpago.
sokusha 速写 *s Fot* fotografia instantânea.
sokusha 速射 *s* disparo rápido.
sokushahō 速射砲 *s* canhão de tiro rápido.
sokushi 即死 *s* morte instantânea.
sokushin 促進 *s* promoção; aceleração; fomento; estímulo; ativação.
sokushin 測深 *s* sondagem.
sokushisha 即死者 *s* pessoa morta instantaneamente.
sokushitsu 側室 *s* concubina (de um daimiô).
sokusoku 惻惻 *adj* agudo; penetrante; pesaroso; contrito.
sokusuru 即する *v* estar de acordo; estar adaptado; estar conforme.
sokutatsu 速達 *s* entrega expressa.
sokutatsu(yū)bin 速達(郵)便 *s* correio (serviço postal) expresso.
sokutei 測定 *s* medição; determinação.
sokuteihō 測定法 *s* método de medição.
sokutō 即答 *s* resposta pronta (imediata).
sokutō 速答 *s* resposta rápida.
sokutsū 足痛 *s* dor nos pés; podalgia.
sōkutsu 巣窟 *s* covil; antro; esconderijo; caverna.
sokuya 即夜 *adv* na mesma noite.
sokuza 即座 *s* 〜*ni, adv*: imediatamente; prontamente.
sōkuzure 総崩れ *s* derrocada; derrota completa.
sōkyo 壮挙 *s* feito heroico; façanha; proeza.
sōkyoku 箏曲 *s* música de coto, instrumento de cordas japonês, que data do século XVI.
sokyū 遡及 *s* retroação; retroatividade.
sōkyū 早急 *s* urgência; pressa.
somabito 杣人 *s* lenhador.
somagi 杣木 *s* madeira extraída.
sōmakuri 総まくり *s* revisão geral; crítica geral.
somanu [nai] 染まぬ[ない] *expr* que não agrada. 心に〜仕事 *kokoro ni 〜shigoto*: trabalho que não agrada.
somaru 染まる *v* 1 ser tingido; ser corado. 赤く〜 *akaku 〜*: ser tingido de vermelho. 2 ser imbuído; ficar impregnado; ser influenciado.
sōmatō 走馬灯 *s* lanterna giratória.
somatsu 粗末 *s* 1 simplicidade; pobreza; inferioridade; modéstia. 〜な品 〜*na shina*: artigo modesto (de qualidade inferior). 2 descuido; desperdício. 〜に扱う 〜*ni atsukau*: (objetos) tratar com descuido; (pessoas) tratar com rudeza, de modo descortês.
somayama 杣山 *s* floresta para extração de madeira.
someagari 染め上がり *s* resultado do tingimento.
someageru 染め上げる *v* tingir; acabar de tingir.
somegara 染め柄 *s* desenho (estampa, figura) tinto.
sōmei 聡明 *s* ser inteligente, sagaz, esperto, perspicaz.
sōmeikyoku 奏鳴曲 *s Mús* sonata.
someiro 染め色 *s* cor da tintura.
someito 染め糸 *s* fio (linha) tinto.
someji 染め地 *s* pano (tecido) tinto; pano (tecido) a ser tinto.
somekae 染め替え *s* o retingir com outra cor.
somekaeru 染め替える *v* retingir.
somekaeshi 染め返し *s* o retingir com a mesma cor ou com outra cor.
somekaesu 染め返す *v* retingir.
someko 染め粉 *s* corante em pó.
somemono 染め物 *s* tecidos ou fios tintos ou a serem tintos.
somen 粗面 *s* superfície áspera; face rugosa.
sōmen 素麺 *s* macarrão japonês de fios delgados; aletria.
someru 染める *v* 1 tingir. 髪を黒く〜 *kami o kuroku 〜*: tingir o cabelo de preto. 2 corar; colorir; pintar; tingir; ruborizar. 爪を赤く〜 *tsume o akaku 〜*: pintar as unhas de vermelho. 頬を〜 *hoo o 〜*: ficar corado (ruborizado). 3 experimentar; começar; envolver-se. 人工飼育に手を〜 *jinkō shiiku ni te o 〜*: começar a criação artificial.
-someru -初める *suf* começar; iniciar. 夜が明け〜 *yo ga ake〜*: começar a clarear o dia.
sometsuke 染め付け *s* tingimento; gravação; pintura.
sometsukeru 染めつける *v* tingir; gravar; pintar.
sōmi 総身 *s* corpo inteiro.
somitsu 粗密 *s* espessura e escassez; rarefação e densidade. 人口の〜 *jinkō no 〜*: densidade da população.
sōmō 草莽 *s* 1 mato; bosque; ervaçal. 2 comunidade civil; povo. 〜の臣 〜*no shin*: súdito humilde (obscuro), povo.
sōmoku 草木 *s* árvores e plantas; vegetação.
somosomo 抑 *conj* afinal; pois bem; agora. 〜人間という動物は... 〜*ningen to iu dōbutsu wa...*: pois bem, o animal dito homem... *adv* em primeiro lugar; antes de tudo. これが〜失敗のもとだった *kore ga 〜 shippai no moto datta*: esta foi, em primeira instância, a causa do fracasso.
sōmotojime 総元締め *s* gerente geral.
sōmu 双務 *s* ser bilateral, recíproco.
sōmu 総務 *s* assuntos (serviços) gerais; diretor dos serviços gerais.
somukeru 背ける *v* volver; virar. 顔を〜 *kao o 〜*: virar o rosto. 目を〜 *me o 〜*: desviar o olhar.
somuku 背く *v* 1 agir contra; ser contrário. 親の意に〜 *oya no i ni 〜*: ser contra a vontade dos pais.

期待に〜 *kitai ni* 〜: não corresponder à expectativa. **2** desobedecer; rebelar-se; trair. 王に〜 *ō ni* 〜: rebelar-se contra o rei. 信頼に〜 *shinrai ni*〜: trair a confiança. **3** violar; infringir; transgredir. 規則に〜 *kisoku ni* 〜: infringir os regulamentos. 法に〜 *hō ni* 〜: violar a lei.

son 損 *s* **1** perda; prejuízo. **2** desvantagem.

sonae 備え *s* **1** preparativo; prevenção; provisão; equipamento. 万一の〜 *man'ichi no* 〜: provisão para uma emergência. 老後の〜 *rōgo no* 〜: provisão para a velhice. **2** defesa. 敵襲に対する〜 *tekishū ni taisuru* 〜: defesa frente ao ataque inimigo.

sonaemono 供え物 *s* oferenda.

sonaeru 供える *v* oferecer.

sonaeru 備える *v* **1** providenciar; preparar; prevenir. 地震に〜 *jishin ni* 〜: preparar-se para um terremoto. 試験に〜 *shiken ni* 〜: prevenir-se para o exame. **2** ter; possuir; ser dotado de. 彼は色々な能力を備えている *kare wa iroiro na nōryoku o sonaete iru*: ele possui (é dotado de) diversas qualidades. 威厳を備えている *igen o sonaete iru*: é dotado de dignidade. **3** equipar; instalar; guarnecer. 電話を〜 *denwa o* 〜: instalar o telefone. 工場に工具を〜 *kōjō ni kōgu o* 〜: guarnecer a fábrica de ferramentas.

sonaetsuke 備え付け *s* equipamento; provisão; instalação; suprimento.

sonaetsukeru 備え付ける *v* prover; instalar; equipar.

sōname 総嘗め *s* **1** destruição completa. **2** vitória arrasadora.

sōnan 遭難 *s* desastre; acidente; naufrágio.

sōnansha 遭難者 *s* vítima; sinistrado; náufrago.

sōnanshingō 遭難信号 *s* sinal de acidente; pedido de socorro (S.O.S).

sonata 汝 *pron arc* tu, vós.

sonawaru 備わる *v* **1** estar provido; estar equipado. **2** possuir; ser inerente.

sonbō 存亡 *s* vida ou morte; sorte; destino; existência.

sonchō 村長 *s* chefe da vila.

sonchō 尊重 *s* respeito; estima; deferência.

sondai 尊大 *s* altivez; arrogância; orgulho; soberba; presunção.

sondō 村道 *s* estrada de vila.

son'eki 損益 *s* lucro e prejuízo; perdas e ganhos; vantagens e desvantagens.

sonemi 嫉[妬]み *s* ciúme; inveja.

sonemibukai 嫉[妬]み深い *adj* ciumento; invejoso.

sonemu 嫉[妬]む *v* enciumar; invejar.

sōnen 壮年 *s* apogeu (plenitude) da vida; meia-idade.

sōnen 想念 *s* noção; concepção; ideia; pensamento.

songai 損害 *s* dano; perda; prejuízo; estrago.

songaibaishō 損害賠償 *s* indenização dos danos; compensação dos prejuízos.

songaihoken 損害保険 *s* seguro contra danos.

songan 尊顔 *s* sua face (termo de respeito). ご〜を拝す *go〜o haisu*: tenho a honra de contemplar a sua face.

songen 尊厳 *s* dignidade.

songikai 村議会 *s* assembleia da vila.

songō 尊号 *s* título honorífico.

sonin 訴人 *s arc* pleiteante; acusador; reclamante; litigante.

sōnin 奏任 *s obsol* nomeação feita com a aprovação do imperador.

sonjiru 損じる *v* estragar; ferir; prejudicar; falhar; errar.

sonkei 尊敬 *s* respeito; apreço; estima; veneração; deferência.

sonkin 損金 *s* perda em dinheiro; perda pecuniária; perda financeira.

sonmei 尊名 *s* seu nome (termo respeitoso); título honorífico.

sonmin 村民 *s* povo da vila.

sonmō 損耗 *s* desgaste.

sonna そんな *adj* tal; semelhante; esse; isso; assim. 〜時 〜*toki*: em tal caso (situação). 〜事を言えば 〜*koto o ieba*: se isso é dito. 私って〜女なの *watashitte 〜 onna nano*: sou uma mulher assim.

sonna ni そんなに *adv* dessa maneira; assim; tanto; tão. 〜あわてるな 〜*ni awateru na*: não se apresse tanto. 〜難しくはない 〜 *muzukashiku wa nai*: não é tão difícil assim.

sonnō 尊王 *s arc* reverência ao imperador.

sono 園 *s* jardim.

sono その *adj* esse. 〜日私は外出していた 〜*hi watashi wa gaishutsu shite ita*: nesse dia, eu estive fora. 〜少年 〜*shōnen*: esse menino.

sono ba その場 *expr* nesse lugar; ali mesmo; no ato; nessa ocasião. 〜で決定する 〜*de kettei suru*: decidir no ato. 〜に居合わせる 〜*ni iawaseru*: estar presente (nesse momento). 〜でつかまった 〜*de tsukamatta*: foi preso ali mesmo (em flagrante).

sono ba kagiri その場限り *expr* contemporização; paliativo; temporário. 〜の約束 〜*no yakusoku*: promessa vã (de momento). 彼の発言は何時も〜だ *kare no hatsugen wa itsumo 〜da*: suas palavras são sempre momentâneas (não são cumpridas).

sono ba nogare その場逃れ *s* contemporização; paliativo; temporário. 〜の言い訳を考え出す 〜*no iiwake o kangaedasu*: inventar uma desculpa paliativa.

sono den その伝 *expr* desse modo; dessa maneira.

sono go その後 *adv* após; depois disso; desde então; a partir dessa data; subsequentemente. 〜三年間 〜*sannenkan*: desde então, durante 3 anos.

sono hazu その筈 *expr* é natural (lógico, evidente, óbvio).

sono hen その辺 *expr* **1** por aí; arredores. 眼鏡はどこか〜にあるだろう *megane wa dokoka 〜ni aru darō*: os óculos devem estar por aí. **2** esse ponto; caso; isso. 〜のところは私にも分からない 〜*no tokoro wa watashi nimo wakaranai*: acerca disso, eu também não estou a par.

sono hi その日 *expr* esse dia.

sonohigurashi その日暮らし *s* **1** viver precariamente o dia a dia; viver o dia apenas com os ganhos desse dia. **2** viver o dia sem se preocupar com o futuro.

sono hito その人 *expr* homem de talento; a pessoa em questão. 自由党に〜ありと知られた *jiyūtō ni 〜 ari to shirareta*: destaque; integrante do Partido Liberal.

sono hō その方 *expr* isso; esse. *pron* você.
sono hoka その外 *expr* o resto; os outros.
sono jitsu その実 *expr* na realidade; na verdade; de fato.
sono koro その頃 *expr* então; naquela época; esses dias. 〜の学生 〜*no gakusei*: os estudantes daquela época. 〜私も若かった 〜*watashi mo wakakatta*: naquela época, eu também era jovem.
sono koto その事 *expr* isso; questão; assunto. 〜は彼に伝えます 〜*wa kare ni tsutaemasu*: transmitirei isso a ele. 〜については 〜*ni tsuite wa*: a respeito desse assunto.
sono kurai そのくらい *expr* isso; aproximadamente (mais ou menos) isso; só isso (pouco); tão; tanto (muito). 〜で十分だ 〜*de jūbun da*: isso é o suficiente; basta isso. 〜のことで泣くな 〜*no koto de naku na*: não chore por tão pouco. 〜勉強したら試験に合格する 〜*benkyō shitara shiken ni gōkaku suru*: se estudar o equivalente a isso, será aprovado no exame. 本なら私も〜は持っている *hon nara watashi mo* 〜*wa motte iru*: em se tratando de livros, também tenho aproximadamente essa quantidade.
sono kuse その癖 *adv* apesar disso; mesmo assim; sem embargo.
sono mama その儘 *adv* assim como está. 本は〜にしておく *hon wa* 〜*ni shite oku*: deixar o livro como está. どうぞ〜で *dōzo* 〜*de*: por favor, não se incomode. 例の問題は〜になっている *rei no mondai wa* 〜*ni natte iru*: aquela questão permanece parada (não foi resolvida).
sono michi その道 *expr* nesse ramo, campo; nessa área, especialidade. 〜に明るい 〜*ni akarui*: versado nessa área. 〜の大家 〜*no taika*: autoridade no assunto (área). 〜の人の意見を聞く 〜*no hito no iken o kiku*: ouvir a opinião de especialista no assunto.
sono mono その物 *expr* em si; em pessoa; essa coisa; propriamente dito. 真理〜を愛する *shinri* 〜*o aisuru*: amar a verdade em si. 彼は勤勉〜だ *kare wa kinben* 〜*da*: ele é a diligência em pessoa.
sono mukashi その昔 *expr* muito tempo atrás; era uma vez.
sono muki その向き *expr* essa direção; esse lado; autoridades competentes. 〜にとどけ出る 〜*ni todoke deru*: comunicar às autoridades competentes.
sono ori [setsu] その折[節] *expr* nessa ocasião; nesse caso.
sono suji その筋 *expr* autoridades competentes.
sono ta その他 *expr* resto; etc.; os outros. トンカチ、のこぎり〜の大工道具 *tonkachi, nokogiri* 〜*no daiku dōgu*: o martelo, o serrote e outras ferramentas de marcenaria.
sono tame そのため *expr* **1** por isso; por essa razão. **2** para isso.
sono te その手 *expr* **1** essa conversa; esse meio; essa estratégia. **2** essa espécie, tipo de coisas. 〜の物はもう売らない 〜*no mono wa mō uranai*: não venderemos mais essa espécie de coisas.
sono toki その時 *expr* nessa ocasião; nesse tempo; então. 〜はま〜さ 〜*wa mata* 〜*sa*: não se preocupe antes do tempo.
sono tōri その通り *expr* exatamente isso.

sono tsumori その積り *expr* essa a intenção. 〜で彼を訪問した 〜*de kare o hōmon shita*: eu o visitei com essa intenção.
sono uchi その内 *expr* desses; dentre eles. 十五人の負傷者が出た。〜日本人は三人だった *jūgonin no fushōsha ga deta.* 〜*nihonjin wa sannin datta*: houve 15 feridos, dentre eles três eram japoneses.
sono uchi ni その内に *expr* brevemente; entretanto; dali a pouco. 〜彼もやって来るでしょう 〜*kare mo yatte kuru deshō*: em breve, ele também deve chegar.
sono ue その上 *adv* além disso; e ainda por cima. 〜困ったことに... 〜*komatta koto ni*...: para piorar a situação...
sonpi 存否 *s* existência ou não. 〜を確かめる 〜*o tashikameru*: certificar-se da existência.
sonpi 尊卑 *s* aristocratas e plebeus; classes alta e baixa.
sonpo 損保 *s* seguro de objetos/móveis/imóveis.
sonraku 村落 *s* lugarejo; povoado; aldeia; sítio; vilarejo.
sonritsu 村立 *s* fundado e mantido pela vila.
sonritsu 存立 *s* existência. 〜*suru*, *v*: continuar a existir.
sonryō 損料 *s* aluguel.
sonshitsu 損失 *s* perda; prejuízo.
sonshō 損傷 *s* estrago; dano. 〜を与える 〜*o ataeru*: estragar; danificar.
sonshoku 遜色 *s* inferioridade.
sonsuru 存する *v* existir; viver; manter; preservar. 主権は国民に〜 *shuken wa kokumin ni* 〜: a soberania reside no povo.
sontaku 忖度 *s* conjectura; suposição.
sontoku 損得 *s* ganho e perda; vantagens e desvantagens. 〜尽くで 〜*zuku de*: por razões mercenárias; por dinheiro; por interesse.
son'yū 村有 *s* propriedade da vila.
sōnyū 挿入 *s* inserção; introdução. 〜*suru*, *v*: inserir; introduzir.
sōnyūku 挿入句 *s Gram* inserção de palavras ou versos.
sonzai 存在 *s* existência; ser.
sonzairiyū 存在理由 *s* razão de ser.
sonzairon 存在論 *s* ontologia.
sonzei 村税 *s* impostos das vilas.
sonzoku 存続 *s* continuação; manutenção; permanência. 〜*suru*, *v*: continuar; manter; conservar.
sonzoku 尊属 *s* ascendente; antepassado. 直系〜 *chokkei*〜: ascendente em linha reta.
sōō 相応 *s* ser apropriado; ser próprio; ser condizente. 〜*na*, *adj*: adequado; apropriado; próprio.
sōon 騒音 *s* ruído; barulho.
sōonkōgai 騒音公害 *s* poluição sonora.
soppa 反っ歯 *s* dentes ressaídos; dentuça.
sopurano ソプラノ (*ital soprano*) *s* soprano.
sora 空 *s* **1** céu; ar; firmamento; abóbada celeste. 〜の旅 〜*no tabi*: viagem aérea. **2** tempo 晴れた〜 *hareta*〜: céu azul; céu límpido. **3** memorização; ato de decorar. 〜で読む 〜*de yomu*: recitar de cor. **4** ser distraído; alheio. 心も〜に *kokoro mo* 〜*ni*: feliz da vida; sem pensar; com ar distraído.
sora そら *interj* veja!; vê?; olha; olhe. 〜ご覧 〜*goran*: viu só?; não disse?
soradanomi 空頼み *s* desejo em vão. 祈ったが〜だった *inotta ga* 〜*datta*: rezei, mas foi em vão.

soragoto 空[虚]言 *s* falsidade; mentira.
soraibiki 空鼾 *s* ronco fingido.
sorairo 空色 *s* azul-celeste.
soramame 蚕豆 *s Bot* fava.
soramimi 空耳 *s* 1 ouvir mal; pensar que ouviu; confusão. 2 fingir que não ouviu; fazer ouvidos moucos de mercador.
soramoyō 空模様 *s* tempo; imagem, aspecto do céu.
sōran 騒乱 *s* conflito. ～罪 ～*zai*: crime de sedição.
sōran 総[綜]覧 *s* visão geral. ～*suru*, *v*: ter a compreensão de tudo.
soranaki 空泣き *s* choro fingido; lágrimas de crocodilo.
soranamida 空涙 *s* lágrimas; falsas; lágrimas fingidas.
sorani 空似 *s* semelhança acidental. 他人の～ *tanin no*～: ser casualmente parecido com alguém.
soranjiru 諳んじる *v* decorar; aprender de cor.
soraosoroshii 空恐ろしい *adj* sentir medo sem saber a causa. ～計画 ～*keikaku*: um plano de meter medo.
sorasu 反らす *v* empinar-se; empertigar-se.
sorasu 逸[外]らす *v* 1 não acertar; errar. 的を～ *mato o*～: errar o alvo. 2 desviar. 話をわき へ～ *hanashi o waki e*～: desviar a conversa.
sorawarai 空笑い *s* sorriso fingido; riso forçado.
sorazorashii 空々しい *adj* falso; fingido; insincero; oco. ～お世辞を言う ～*oseji o iu*: falsos elogios.
sore それ *pron* esse; então. ～で結構です ～*de kekkō desu*: isso é o suficiente. ～よりこの方が良 い ～*yori kono hō ga yoi*: este é melhor que esse.
sore それ, **sore!** それっ *interj* veja!; olhe!; toma!
sore dakara それだから *conj* é por isso que. ～彼 は皆に嫌われるのです ～*kare wa minna ni kirawareru no desu*: é por isso que ele é malquisto por todos.
sore dake それだけ *expr* 1 mais ou menos isso; só isso. ～あれば十分です ～*areba jūbun desu*: isso já é o suficiente. 2 quanto mais… mais… 努力が多 ければ～得るものも多い *doryoku ga ōkereba* ～*eru mono mo ōi*: quanto mais empenho, mais proveito.
sore dake ni それだけに *expr* por isso mesmo; precisamente por isso.
soredama 逸れ弾 *s* bala perdida.
sore de それで *conj* e por isso é que; e então; agora. ～それからどうしたの ～*sorekara dōshita no?* e então, o que fez?
sore demo それでも *conj* mas; entretanto; mesmo assim.
sore de ite それでいて *expr* apesar disso; mesmo assim; no entanto.
sore de koso それでこそ *expr* por isso mesmo; isto sim! ～親友だ ～*shin'yū da*: isto, sim, é de um verdadeiro amigo!
sore dewa それでは *conj* então; assim sendo; sendo assim; nesse caso. ～これでおいとまします ～*korede oitoma shimasu*: então, eu vou me despedindo.
soredokoro ka [janai] それどころか[じゃない] *expr* pelo contrário; de maneira nenhuma.
soregashi 某 1 *pron* eu. 2 *pron arc* certa pessoa.
sore hodo それ程 *adv* tão; tanto. ～重病でもない ～*jūbyō de mo nai*: não é uma doença tão grave. ～までする必要はない ～*made suru hitsuyō wa nai*: não é preciso fazer tanto.
sōrei 壮麗 *s* magnificência; esplendor; grandiosidade. ～な, *adj*: magnífico; esplêndido; grandioso.
sore irai それ以来 *expr* desde então. ～彼とは会っ ていない ～*kare to wa atteinai*: desde então, nunca mais o vi.
sore jitai それ自体 *expr* isso em si. 計画～には反 対しなかった *keikaku*～*ni wa hantai shinakatta*: não me opus ao plano em si.
sore igo それ以後 *expr* depois disso; desde então.
sore izen それ以前 *expr* antes disso; até então.
sore kara それから *expr* 1 e. 秋田まで飛行機で 行き、～電車に乗り換えた *Akita made hikōki de iki*, ～*densha ni norikaeta*: fui de avião até Akita e depois tomei o trem. 2 depois disso. ～間もなく ～*mamonaku*: pouco depois; logo a seguir.
sorek(k)iri それ(っ)きり *adv* só isso; só; desde então. 話は～になった *hanashi wa* ～*ni natta*: a conversa ficou por aí (e nunca mais retomamos).
sore koso それこそ *expr* isso sim. 火事にでもなっ たら～大変だ *kaji ni demo nattara* ～*taihen da*: se houver um incêndio (aí, sim), vai ser uma catástrofe!
sore kurai それくらい *expr* tão pouco; coisa tão pequena. ～のことでくよくよするな ～*no koto de kuyokuyo suru na*: não se preocupe com coisa tão pequena!
sore made それまで *expr* 1 até então; até esse ponto. ～の事情を話す ～*no jijō o hanasu*: relatar o que aconteceu até então. 2 pronto; desisto. やるだけやってだめなら～だ *yarudake yatte dame nara* ～*da*: farei todo o possível, e, se não der; desisto!
sore mo それも *expr* isso também.
sore nara それなら *conj* então; neste caso. ～それ でいいさ ～*sorede iisa*: então, se assim for, para mim está tudo bem.
sore nari それなり *expr* 1 de certo modo; em proporção. ～に ～*ni*: a seu modo; à sua maneira. 2 na mesma. 例の件は～になっている *rei no ken wa*～*ni natteiru*: o assunto em questão está na mesma.
sore ni shite wa それにしては *expr* sendo assim; se nesse caso. 初めて作ったの。～よく出来てい るよ *hajimete tsukutta no.*～*yoku dekiteiru yo*: é a primeira vez que fez? sendo assim, está muito benfeito.
soreru 逸[外]れる *v* desviar-se; perder-se; sair; não acertar. 針路を逸れた船 *shinro o soreta fune*: o navio que saiu da rota.
soreshiki no それしきの *expr pop* tão insignificante.
sore sōō それ相応 *expr* a seu modo; à sua maneira, condizente a.
sore tomo それとも *conj* ou. 海に行こうか～山 に行こうか *umi ni ikō ka* ～*yama ni ikō ka*: vamos para o mar ou para as montanhas?
sore to naku それとなく *expr* indiretamente; discretamente; em rodeios.
sōretsu 壮烈 *adj* heroísmo; bravura. ～な最後を遂 げる ～*na saigo o togeru*: morrer heroicamente.
sore wa sore wa それはそれは *interj* que lástima;

que maravilha! ～お気の毒さまでした ～*oki no doku sama deshita*: que lástima, sinto muito!

sore wa sō to それはそうと *expr* bem; a propósito; mudando de assunto.

soreya 逸れ矢 *s* flecha perdida.

sorezore それぞれ *adv* cada um; cada qual. 人には～長所がある *hito ni wa ～ chōsho ga aru*: cada qual tem o seu ponto forte.

sori 反り *s* arqueamento; curvatura; empeno. あの二人は～が合わない *ano futari wa ～ga awanai*: aqueles dois não se dão bem.

sori 橇 *s* trenó.

sōri 総理 *s* controle geral.

sōridaijin 総理大臣 *s* primeiro-ministro.

sorihashi 反り橋 *s* ponte em arco.

sorikaeru 反り返る *v* empenar; curvar-se; empertigar-se.

sorin 疎林 *s* campo com vegetação (árvores) rarefeita.

soriotosu 剃り落とす *v* barbear e tirar a barba.

soritate 剃り立て *s* acabado de barbear; recém-barbeado.

sōritsu 創立 *s* fundação.

sōritsusha 創立者 *s* fundador.

sorō 疎漏 *s* descuido; engano.

sōro 走路 *s* pista; percurso.

sōrō 早老 *s* velhice precoce; parecer velho para a idade.

soroban 算盤 *s* 1 ábaco. ～をはじく ～*o hajiku*: manejar o ábaco. 2 cálculo; contas. ～が合わない ～*ga awanai*: a conta está errada; o negócio não compensa.

sorobandama 算盤球 *s* contas do ábaco.

sorobankanjō 算盤勘定 *s* cálculos; contas feitas em ábaco.

sorobanzuku 算盤ずく *s* por interesse; por cálculo; por venalidade.

sōrōbun 候文 *s* estilo de antigo epistolário.

soroeru 揃える *v* 1 dispor em ordem; pôr direitinho. 靴を揃えて脱ぐ *kutsu o soroete nugu*: descalçar e dispor os sapatos, em ordem. 2 dispor de variedades. この店は品を色々揃えている *kono mise wa shina o iroiro soroeteiru*: esta loja tem uma grande variedade de mercadorias. 3 acertar; igualar. 口を揃えて言う *kuchi o soroete iu*: afirmar em coro.

soroi 揃い *s* 1 jogo; conjunto. 2 serviço. 一～の茶器 *hito～no chaki*: um aparelho completo de chá.

sōron 争論 *s* discussão; altercação.

sōron 総論 *s* argumento geral; introdução. 民法～ *minpō～*: Introdução ao Direito Civil.

sorosoro そろそろ *adv* aos poucos; devagar. ～進む ～*susumu*: avançar devagar. ～行こうか ～*ikō ka*: vamos andando.

sorotte 揃って *expr* todos juntos; em massa.

sorou 揃う *v* 1 igualar; combinar. 2 estar completo; estar reunidos; estar juntos. 今日は珍しく全員が揃った *kyō wa mezurashiku zen'in ga sorotta*: hoje, excepcionalmente, todos estão presentes. 3 concordar; estar em harmonia. 足並が～ *ashinami ga～*: marchar em passo conjugado; agir da mesma maneira; ser da mesma opinião.

soru 反る *v* empenar; curvar-se; empertigar-se.

soru 剃る *v* rapar; fazer a barba; raspar.

sōrui 藻類 *s Bot* família das algas.

sōryo 僧侶 *s* bonzo; monge budista.

sōryō 送料 *s* tarifa do envio; porte.

sōryō 総量 *s* quantidade; volume total.

sōryō 総領 *s* primogênito. ～の甚六 ～*no jinroku*: primogênito menos atilado.

sōryōji 総領事 *s* cônsul-geral.

sōryōjikan 総領事館 *s* consulado geral.

sōryoku 総力 *s* toda a força. ～戦 ～*sen*: batalha de força total, sem tréguas.

soryūshi 素粒子 *s Fís* partícula elementar.

sōsa 捜査 *s* busca; investigação criminal. ～本部 ～*honbu*: centro de investigação criminal. ～官 ～*kan*: detetive; agente de polícia.

sōsa 操作 *s* 1 manipulação; manejo; manuseio. ～する, *v*: manipular; manejar; manusear. 遠隔～ *enkaku～*: comando a distância. 2 forjar; fraudar. 帳簿を～する *chōbo o ～suru*: fraudar as contas. 市場～ *shijō～*: manipulação do mercado.

sōsa 走査 *s* escaneamento.

sōsa そうさ *expr* é sim; isso mesmo.

sosai 蔬菜 *s* verdura.

sōsai 相殺 *s* compensação; anulação. 貸し借りを～する *kashikari o ～suru*: contrabalançar o empréstimo e a dívida.

sōsai 総裁 *s* presidente. 日銀～ *nichigin～*: presidente do Banco do Japão.

sōsai 葬祭 *s* funerais e cultos aos antepassados.

sōsaku 創作 *s* criação. ～する, *v*: criar. ～意欲 ～*iyoku*: vontade de criar.

sōsaku 捜索 *s* busca. 家宅～ *kataku～*: busca domiciliar.

sōsakuin 総索引 *s* índice geral.

sōsakuka 創作家 *s* criador.

sōsakuryoku 創作力 *s* criatividade; poder de criação; talento criador.

sōsakutai 捜索隊 *s* expedição de busca.

sōsamō 捜査網 *s* rede de busca da polícia.

sōsareijō 捜査令状 *s* mandado de busca e apreensão.

sosei 粗製 *s* produção de má qualidade.

sosei 組成 *s* composição; constituição. ～物 ～*butsu*: composto.

sosei 蘇生 *s* ressuscitação; reanimação. ～する, *v*: ressuscitar; reanimar.

sosei 塑性 *s Fís* plasticidade.

sōsei 創製 *s* invenção; criação.

sōsei 叢[簇]生 *s* crescimento em cachos; touceira.

sōsei 早世 *s* morte precoce.

sōseiji 双生児 *s* gêmeos. 一卵性～ *ichiransei～*: gêmeos univitelinos.

sōseiji 早生児 *s* bebê prematuro.

soseiranzō 粗製濫造 *s* produção em massa de artigos de má qualidade.

sōsēji ソーセージ (*ingl sausage*) *s* salsicha.

sōseki 礎石 *s* pedra fundamental. ～を据える ～*o sueru*: colocar a pedra fundamental.

sōseki 踪跡 *s* traços; marcas.

sōseki 僧籍 *s Bud* monge oficial registrado.

sosen 祖先 *s* antepassado.

sōsenkyo 総選挙 *s* eleição geral.

sosensūhai 祖先崇拝 *s* culto aos antepassados.

sōsetsu 創設 *s* fundação. 文学賞を～する *bungakushō o ～suru*: instituir/fundar um prêmio literário.

sōsetsu 霜雪 *s* geada e neve.

sōsha 走者 *s* corredor; aquele que corre.

sōsha 奏者 *s* tocador de instrumento musical. バイオリン～ *baiorin*～: violinista.
sōsha 掃射 *s* o ato de levar tudo a ferro e fogo.
sōsha 壮者 *s* homem na idade áurea.
soshakken 租借権 *s* direito de arrendamento.
soshaku 租借 *s* arrendamento.
soshaku 咀嚼 *s* 1 mastigação. ～運動 ～*undō*: movimento de mastigação. 2 compreensão; assimilação. ～*suru*, *v*: assimilar.
soshakuchi 租借地 *s* terreno arrendado.
soshi 阻止 *s* obstrução. ～*suru*, *v*: obstruir; impedir.
sōshi 壮士 *s* moço na flor da idade.
sōshi 草子・草紙・双紙 *s arc* 1 diários, coletâneas de poemas escritos; histórias em encadernações. 2 caderno de caligrafia.
sōshi 創始 *s* criação; invenção. ～*suru*, *v*: criar.
soshiki 組織 *s* 1 organização; organismo; instituição. 2 estrutura; organização. 社会～ *shakai*～: organização social. 3 sistema. ～立てる ～*tateru*: sistematizar. 4 *Anat* tecido; textura.
sōshiki 葬式 *s* funeral; enterro.
sōshiki 相識 *s* conhecidos; pessoas próximas.
sōshiki 総指揮 *s* comando supremo; direção geral.
soshikigaku 組織学 *s* histologia.
soshikika 組織化 *s* sistematização; organização. ～*suru*, *v*: sistematizar; organizar; estruturar.
sōshikikan 総指揮官 *s* comandante supremo.
soshikikōgaku 組織工学 *s* engenharia de sistemas.
soshikiteki 組織的 *adj* organizacional; estrutural.
soshin 祖神 *s* divindade protetora da vila, de onde acredita-se que as famílias descendem.
sōshin 送信 *s* transmissão; emissão; envio. ～*suru*, *v*: transmitir; emitir; enviar.
sōshin 喪心[神] *s* abstração; estupefação; desmaio.
soshina 粗品 *s* expressão de modéstia; humilde presente.
sōshingu 装身具 *s* acessórios de uso pessoal; adorno.
sōshinki 送信機 *s* transmissor; emissor.
sōshireibu 総司令部 *s* quartel-general.
sōshireikan 総司令官 *s* supremo comandante militar.
soshiri 謗[誹]り *s* calúnia; difamação; crítica.
soshiru 謗[誹]る *v* caluniar; difamar; criticar.
sōshisha 創始者 *s* autor; criador; fundador.
sōshisōai 相思相愛 *s* amor mútuo; amor recíproco, correspondido.
sōshishutsu 総支出 *s* despesa bruta.
soshite そして, **sōshite** そうして *conj* e; depois.
soshitsu 素質 *s* 1 qualidades; natureza; talento; vocação. 2 tendência. 遺伝的～ *identeki*～: tendência hereditária.
sōshitsu 喪失 *s* perda. ～*suru*, *v*: perder (memória, nacionalidade).
sōshō 訴訟 *s* ação judicial; litígio; processo. ～手続き ～*tetsuzuki*: trâmites legais do processo. 刑事～ *keiji*～: processo criminal.
sōsho 草書 *s* caligrafia em estilo cursivo de caracteres chineses/japoneses.
sōsho 叢[双]書 *s* série; coleção.
sōshō 宗匠 *s* mestre; professor.
sōshō 相称 *s* simetria.
sōshō 創傷 *s* trauma; ferimento. ～学 ～*gaku*: traumatologia.
sōshō 総称 *s* nome genérico. ～*suru*, *v*: dar um nome genérico.

soshōjiken 訴訟事件 *s* caso em litígio processual.
soshoku 粗食 *s* refeição frugal, pobre.
sōshoku 草食 *s* herbívoro. ～動物 ～*dōbutsu*: animal herbívoro.
sōshoku 装飾 *s* ornamento; decoração; adorno; enfeite. ～用の ～*yō no*: decorativo.
sōshoku 僧職 *s* sacerdócio budista.
sōshokuga 装飾画 *s* pintura decorativa.
sōshokuhin 装飾品 *s* artigos de ornamento; decoração.
sōshokuyō 装飾用 *s* para decoração; decorativo.
soshōtetsuzuki 訴訟手続き *s* trâmites legais do processo.
soshu 粗酒 *s* saquê de qualidade inferior.
sōshu 双手 *s* duas mãos; braços abertos.
sōshu 宗主 *s* soberano máximo de um grupo de estados suseranos da antiga China.
sōshun 早春 *s* início da primavera.
sōshutsu 簇出 *s* ～*suru*, *v*: originar grupos/agrupamentos.
soso 楚々 *s* cândido; puro.
sosō 粗相 *s pop* descuido; negligência; desatenção. ～*suru*, *v*: ser descuidado; sujar-se.
sōsō 草創 *s* início; começo; princípio. ～期 ～*ki*: primórdios.
sōsō 葬送 *s* comparecimento ao funeral.
sōsō 怱々 *s* agitação; alvoroço; pressa; correria.
sōsō 錚々 *adj* ～たる ～*taru*: proeminentes; eminentes; líderes; salientes.
sōsō 早々 *adj* logo depois; no começo; apenas; sem demora; apressadamente. ～に引き上げる ～*ni hikiageru*: retirar-se apressadamente. 開店～の店 *kaiten*～*no mise*: loja recém-inaugurada.
sōsō そうそう *adv* sempre; repetidamente. ～彼に頼めない ～*kare ni tanomenai*: não posso pedir favores sempre a ele. *interj* ah, sim!
sōsobo 曾祖母 *s* bisavó.
sōsofu 曾祖父 *s* bisavô.
sōsofubo 曾祖父母 *s* os bisavós.
sosogu 注[灌]ぐ *v* 1 deitar. コーヒーをカップに～ *kōhī o kappu ni*～: deitar o café na xícara. 2 desaguar; desembocar. アマゾン川は大西洋に～ *amazon gawa wa taiseiyō ni*～: o Rio Amazonas deságua no Oceano Atlântico. 3 concentrar; dar; devotar; dedicar. 心血を～ *shinketsu o*～: dedicar-se de corpo e alma. 火に油を～ *hi ni abura o*～: deitar lenha no fogo.
sosokkashii そそっかしい *adj* descuidado; leviano; disparatado.
sosokkashiya そそっかし屋 *s pop* pessoa descuidada, apressada.
sōsoku 総則 *s* regras gerais.
sosokusa そそくさ *adv* às pressas; precipitadamente. ～と立ち去る ～*to tachisaru*: sair às pressas.
sōson 曾孫 *s* bisnetos.
sosonokasu 唆[嗾]す *v* induzir; incitar; instigar.
sosoritatsu そそり立つ *v* erguer-se. 崖が～ *gake ga*～: ergue-se um alto penhasco escarpado.
sosoru 唆る *v* excitar; provocar; despertar. 好奇心をそそられる *kōkishin o sosorareru*: despertar a curiosidade.
sōsotsu 怱[倉]卒 ～*na*, *adj*: precipitado; apressado; ocupado.

sossen 率先 *s* ato de ir à frente, de tomar a iniciativa, de dar exemplo. ～して仕事を進める ～*shite shigoto o susumeru*: liderar o trabalho.
sōsu ソース (*ingl sauce*) *s* molho. ～をかける ～*o kakeru*: pôr molho.
sosū 素数 *s Mat* números primos.
sōsū 総数 *s* número total.
sosui 疎水 *s* ser hidrofóbico, canal.
sosui 疎[疏]水 *adj Fís* e *Quím* hidrofóbico.
sōsui 送水 *s* fornecimento de água.
sōsui 総帥 *s* comandante-chefe.
sosuikan 送水管 *s* cano de água; duto de água.
sōsureba そうすれば *expr* nesse caso; que então. こういう風にやりなさい。～うまく行く *kō iu fū ni yarinasai.*～*umaku iku*: faça desta maneira que então dará certo.
sōsuru 草する *v* escrever; rascunhar.
sōsuru 奏する *v* **1** *Mús* tocar. **2** ter efeito. 功を～ *kō o* ～: dar resultado.
sōsuru to そうすると *expr* então; em resumo. ～この件に関して君は何も知らない ～ *kono ken ni kanshite kimi wa nani mo shiranai*: em resumo, você não sabe nada a respeito deste caso.
sōtai 相対 *s* relatividade.
sōtai 総体 *s* todo; totalidade; geral; o conjunto todo.
sōtaikyaku 総退却 *s* retirada total; recolhimento geral.
sōtairon 相対論 *s* teoria da relatividade.
sōtaisei 相対性 *s* relatividade. ～理論 ～*riron*: teoria da relatividade.
sōtaiteki 相対的 *adj* relativo.
sōtatsu 送達 *s* entrega; transporte; despacho; notificação. ～*suru, v*: entregar; notificar.
sotchi そっち *pron pop* esse lugar; aí.
sotchinoke そっち退け *s pop* ato de deixar de lado; ato de "mandar passear". 勉強は～で遊ぶ *benkyō wa* ～*de asobu*: brincar, deixando de lado o estudo.
sotchoku 率直 *s* franqueza; sinceridade. ～な意見 ～*na iken*: opinião franca.
sotchū 卒中 *s Med* apoplexia.
sotei 措定 *s Filos* suposição; assunção.
sōtei 装丁[幀・釘] *s* encadernação. ～*suru, v*: encadernar.
sōtei 想定 *s* hipótese; suposição; pressuposto. ～*suru, v*: supor; pressupor.
sōtei 漕艇 *s* remadura; remo.
sōtei 走程 *s* distância coberta por uma corrida.
sōtei 送呈 *s* ～*suru, v*: enviar como presente; presentear.
sōtei 壮丁 *s obsol* adulto; jovem que atingiu a maioridade.
sōten 争点 *s* ponto de discórdia.
sōten 装填 *s* ato de carregar (uma arma/máquina fotográfica com o filme).
sōten 総点 *s* número total de pontos.
soto 外 *s* **1** fora. ～へ出る ～*e deru*: sair. 家の～ ～*ie no*～: fora de casa. **2** exterior. 感情を～に出す *kanjō o* ～*ni dasu*: exteriorizar os sentimentos.
sōto 僧徒 *s* monges.
sōto 壮途 *s* empreendimento ambicioso; tentativa arrojada.
sōto 掃討[蕩] *s* limpeza. ～作戦 ～*sakusen*: operação de limpeza.
sōtō 総統 *s* presidente; chefe supremo.

sōtō 相当 *s* **1** ato de ser apropriado. 能力に～した報酬 *nōryoku ni*～*shita hōshū*: a remuneração condizente com a capacidade. **2** ato de ser considerável. ～の収入 ～*no shūnyū*: um rendimento considerável.
sotoba, sotōba 卒塔婆 *s Bud* peanha votiva; tabuleta de campas.
sotobiraki 外開き *s* que abre para fora.
sotobori 外堀 *s* fosso exterior.
sotogakoi 外囲い *s* cerca externa.
sotogamae 外構え *s* aparência exterior.
sotogawa 外側 *s* lado de fora; lado externo.
sotokabe 外壁 *s* parede de fora; parede exterior.
sōtoku 総督 *s* governador; vice-rei.
sōtokufu 総督府 *s* governo geral (da colônia).
sotomago 外孫 *s* netos por parte das filhas que adotaram o sobrenome de outras famílias.
sotomata 外股 *s* pés virados para fora.
sotomawari 外回り *s* serviço externo; cercado externo.
sotonori 外法 *s* medida externa de um recipiente (caixa).
sōtonsū 総トン数 *s* tonelagem bruta.
sotowaku 外枠 *s* armação externa, extra.
sotozura 外面 *s* por fora; aparência. ～はよいが内面が悪い ～*wa yoi ga uchizura ga warui*: é afável para os de fora e ruim para os familiares.
sotsu そつ *s pop* falta; erro; descuido. ～のない人 ～*no nai hito*: pessoa atilada; pessoa que sabe o que faz.
sotsū 疎[疏]通 *s* entendimento; compreensão. 意思が～する *ishi ga*～*suru*: entender-se.
sotsugyō 卒業 *s* formatura; conclusão de um curso. ～*suru, v*: graduar-se; formar-se.
sotsugyōronbun 卒業論文 *s* tese, trabalho final de formatura.
sotsugyōsei 卒業生 *s* formados; formandos; graduandos.
sotsugyōshiki 卒業式 *s* cerimônia de formatura.
sotsugyōshōsho 卒業証書 *s* certificado de formatura.
sotsui 訴追 *s* acusação; impedimento legal.
sotto そっと *adj* **1** sem fazer barulho; com cuidado. **2** na surdina; secretamente; às escondidas. **3** sem tocar. ～して置く ～*shite oku*: deixar como está; não incomodar.
sottō 卒倒 *s* desmaio; desfalecimento; perda dos sentidos. ～*suru, v*: desmaiar; desfalecer; perder os sentidos.
sou 沿う *v* alinhar; estar de acordo. 海岸に沿って走る電車 *kaigan ni sotte hashiru densha*: trem que corre ao longo da praia.
sou 添[副]う *v* **1** acompanhar; atender. **2** casar; unir por meio de casamento. 娘を友人の息子に添わせる *musume o yūjin no musuko ni sowaseru*: casar a filha com o filho de um amigo. **3** corresponder. ご希望に～ように努力いたしょう *gokibō ni* ～ *yō ni doryoku itashimashō*: farei o possível para satisfazer o seu pedido.
sōwa 挿話 *s* episódio.
sōwa 総和 *s* soma total.
sowaseru 添わせる *v* fazer acompanhar; fazer ligar; fazer casar.
sowasowa そわそわ *adv* inquietação; nervosismo.

～しないでじっとしていなさい ～*shinaide jitto shite inasai*: calma, não fique nervoso!
soya 粗野 *s* rudeza; rusticidade; grosseria; aspereza. ～*na*, *adj*: rude; rústico; grosseiro; áspero.
soyō 素養 *s* conhecimento básico.
soyofuku そよ吹く *v* ventar suavemente.
soyogu そよぐ *v* sussurrar; farfalhar; balançar; oscilar; mover-se; tremular; mexer; flutuar.
soyokaze そよ風 *s* brisa; aragem.
sōyukan 送油管 *s* oleoduto.
sozai 素材 *s* **1** material bruto; matéria-prima. ～の持ち味を生かす ～*no mochiaji o ikasu*: realçar o toque natural dos ingredientes. **2** material literário.
sōzai 総[惣]菜 *s* qualquer iguaria; acompanhamento do arroz.
sōzan 早産 *s* parto prematuro.
sōzarai 総復習 *s* recapitulação; ensaio geral.
sozatsu 粗雑 *s* rusticidade; grosseria; aspereza.
sozei 租税 *s* imposto.
sōzei 総勢 *s* número total.
sōzen 蒼然 *adj* verde-escuro (cor); a penumbra de um entardecer.
sōzen 騒然 *s* clamor; confusão; agitação; tumulto.
sōzetsu 壮絶 *s* sublime; heroico. ～*na*, *adj*: heroico.
sōzō 創造 *s* criação. ～*suru*, *v*: criar. ～的な ～*teki na*, *adj*: criativo.
sōzō 想像 *s* imaginação; fantasia; conjectura. ～できる ～*dekiru*: imaginável.
sōzoku 相続 *s* sucessão; herança. ～*suru*, *v*: suceder; herdar.
sōzokuken 相続権 *s* direito de sucessão.
sōzokunin [sha] 相続人[者] *s* herdeiro(a).
sōzokuzei 相続税 *s* imposto sobre herança.
sozoro(ni) 漫ろ(に) *adv* excitado; irrequieto; sem motivação, vagamente, naturalmente.
sozoroaruki 漫ろ歩き *s* andar; vagar para espairecer.
sōzōryoku 創造力 *s* poder de criação.
sōzōryoku 想像力 *s* capacidade de imaginação; poder de imaginação.
sōzōshii 騒々しい *adj* barulhento; ruidoso; confuso; tumultuado; turbulento. ～街 ～*machi*: rua barulhenta.
sōzu 僧都 *s Bud* sacerdote.
su 洲 *s* banco de areia; baixio.
su 巣 *s* **1** ninho; toca; covil; colmeia; vespeiro; formigueiro; teia. **2** foco; antro. 悪の～ *aku no* ～: antro do mal. **3** lar; casa; ninho. 愛の～ *ai no* ～: ninho do amor.
su 酢 *s* vinagre. ～の物 ～*no mono*: prato preparado ao vinagrete.
sū 数 *s* número. 限られた～ *kagirareta* ～: número limitado. 利用者～ *riyōsha* ～: número de usuários.
sū- 数- *pref* uns; alguns; vários. ～ヶ月 ～*kagetsu*: alguns meses. ～回 ～*kai*: algumas vezes.
suae 酢和え *s* tempero de vinagre.
suashi 素足 *s* pé descalço.
sūbai 数倍 *s* várias vezes maior.
subako 巣箱 *s* caixa de ninho para as aves feita pelo homem.
subarashii 素晴らしい *adj* excelente; soberbo; esplêndido; formidável; magnífico; maravilhoso. ～成績を収める ～*seiseki o osameru*: obter ótimos resultados.
subarashiku 素晴らしく *adv* admiravelmente; magnificamente.
subashikoi すばしこい *adj* rápido; ágil; vivo; esperto.
subashikoku すばしこく *adv* rapidamente; agilmente.
subayai 素早い *adj* rápido; ágil. ～動作 ～*dōsa*: movimento rápido.
subayaku 素早く *adv* rapidamente; agilmente. ～行動に移す ～*kōdō ni utsusu*: passar rapidamente para a ação.
sube 術 *s* modo; maneira; jeito; meio.
subekaraku 須らく *adv* naturalmente; obrigatoriamente.
subekkoi 滑っこい *adj pop* escorregadio; liso; aveludado; macio.
subekukuru 統[総]べ括る *v* generalizar; resumir.
suberasu 滑らす *v* deixar escorregar. ついうっかり口を～ *tsui ukkari kuchi o*～: falar sem querer; deixar escapar uma confidência.
suberi 滑り *s* o deslizar; o escorregar. 戸の～が良い *to no*～*ga yoi*: a porta desliza bem.
suberidai 滑り台 *s* escorregador; plataforma de lançamento de navio à água no estaleiro.
suberidashi 滑り出し *s* começo. ～が良い ～*ga yoi*: começar bem.
suberidasu 滑り出す *v* **1** começar a deslizar. **2** arrancar. 会社は順調に滑り出した *kaisha wa junchō ni suberidashita*: a empresa deu uma boa arrancada.
suberidome 滑り止め *s* corrente do pneu; medida de precaução.
suberiita 滑り板 *s* trilho.
suberikomaseru 滑り込ませる *v* deslizar para dentro. ポケットの中に片手を滑り込ませた *poketto no naka ni katate o suberikomaseta*: fez deslizar a mão bolso adentro.
suberikomi 滑り込み *s Beis* deslizar com o corpo para alcançar a base.
suberikomu 滑り込む *v* **1** *Beis* deslizar para; projetar-se.
suberiochiru 滑り落ちる *v* escorregar e cair.
suberioriru 滑り降りる *v* descer deslizando; descer escorregando.
suberiyasui 滑り易い *adj* escorregadio; resvaladiço. ～床 ～*yuka*: assoalho escorregadio.
suberu 滑[辷]る *v* **1** deslizar. スケートリンクで～ *sukēto rinku de*～: patinar no rinque de patinação. **2** escapar. つい口が～ *tsui kuchi ga*～: dar com a língua nos dentes. **3** ser reprovado. 試験に～ *shiken ni*～: ser reprovado no exame.
subesube すべすべ *adv* macio; liso.
subete すべて *s* tudo; inteiro. *adv* **1** inteiramente; totalmente. **2** geralmente; em geral.
subomaru 窄まる *v* estreitar.
subomeru 窄める *v* fechar; encolher; estreitar. 肩を～ *kata o*～: encolher os ombros.
subomu 窄む *v* enrugar; franzir.
subuta 酢豚 *s Cul* carne de porco com molho agridoce.
sūchi 数値 *s Mat* valor numérico; indicação em números.
suchīmu スチーム (*ingl steam*) *s* vapor.
suchuādesu スチュアーデス (*ingl stewardess*) *s* aeromoça; comissária de bordo.

sudachi 巣立ち *s* ato de o passarinho deixar o ninho; ato de deixar a casa dos pais para viver independentemente.
sudare 簾 *s* persiana de bambu.
sudatsu 巣立つ *v* deixar o ninho; lançar-se à vida; tornar-se independente.
sude 素手 *s* mão vazia; só com as mãos.
sude ni 既に *adv* 1 já. ～述べた通り ～*nobeta tōri*: como já lhe disse antes. 2 na realidade; efetivamente. それが～嘘をついている証拠だ *sorega ～ uso o tsuite iru shōko da*: mas, efetivamente, isso já é a prova de que você está mentindo.
sudōri 素通り *s* ato de passar reto. ～*suru*, *v*: passar sem parar.
sudōshi 素透し *s* transparência; vidro simples. ～の眼鏡 ～*no megane*: óculos de lente simples (sem grau).
sue 末 *s* 1 fim. 2 ponta; extremidade. 3 futuro. ～はどうなることやら ～*wa dō naru koto yara*: como será o futuro? 4 no final. 彼等は口論の～殴り合いになった *karera wa kōron no ～naguriai ni natta*: a discussão deles terminou em socos. 5 filho caçula.
suehiro 末広 *s* final promissor; forma de leque.
suehirogari 末広がり *s* ato de alargar-se como quando se abre um leque. ～になる ～*ni naru*: prosperar cada vez mais.
suekko 末っ子 *s* filho caçula, mais novo, mais jovem.
suenagaku 末永く *expr* para sempre; toda a vida; por muito tempo.
sueoki 据え置き *s* ato de deixar como está; ato de deixar uma dívida não resgatada; diferimento. ～にする ～*ni suru*: diferir; adiar.
sueokichokin 据え置き貯金 *s* poupança diferida.
sueokikikan 据置期間 *s* prazo de diferimento.
sueoku 据え置く *v* deixar como está; diferir. 据え置かれた価格 *sue okareta kakaku*: os preços que permaneceram sem aumento.
sueosoroshii 末恐ろしい *adj* futuro muito preocupante.
sueru 据える *v* 1 assentar; pôr; colocar. 玄関に据えられた下駄箱 *genkan ni suerareta getabako*: a sapataria colocada na entrada. 2 nomear. 後釜に～ *atogama ni～*: nomear como sucessor. 3 fixar; determinar; decidir. 目を据えて見る *me o suete miru*: olhar fixamente; fixar bem nos olhos.
sueru 饐える *v* azedar; estragar; apodrecer.
suetanomoshii 末頼もしい *adj* promissor.
suetsuke 据え付け *s* instalação; colocação.
suetsukeru 据え付ける *v* instalar; montar; fixar.
suezen 据え膳 *s* bandeja com a refeição; preparar tudo para alguém. 上げ膳～で暮らす *agezen～de kurasu*: viver sempre servido por alguém.
suezue 末々 *s* 1 futuro. 2 descendentes; posteridade.
sūgaku 数学 *s* matemática. 応用～ *ōyō～*: matemática aplicada.
sūgakusha 数学者 *s* matemático.
sugame 眇 *s* estrabismo; olho vesgo.
sugao 素顔 *s* rosto ao natural, sem maquilagem; realidade; a verdade.
sugareru すがれる *v* desbotar; desvanecer. すがれた花 *sugareta hana*: flor desbotada.
sugaru 縋る *v* 1 agarrar-se; abraçar; apoiar-se. 遺体に縋って泣く *itai ni sugatte naku*: chorar abraçando o corpo do morto. 2 depender; contar com; apelar; implorar. 神に～ *kami ni～*: implorar a Deus.
sugasugashii 清々しい *adj* refrescante; estimulante. ～朝の空気 ～*asa no kūki*: o ar refrescante da manhã.
sugata 姿 *s* 1 figura; forma; aparência; cara. 後ろ～ *ushiro～*: a figura da pessoa vista por trás; aparência pelas costas. 2 aspecto; estado. 変わり果てた～ *kawarihateta～*: com aspecto completamente transfigurado.
sugatami 姿見 *s* espelho grande da altura de uma pessoa; espelho de corpo inteiro.
sugekaeru すげ替える *v* recolocar; substituir.
sugenai すげない *adj* frio; seco; ríspido. ～返事 ～*henji*: a resposta fria.
sugenaku すげなく *adv* friamente; frigidamente; bruscamente; categoricamente; terminantemente.
sugeru すげる *v* fixar; prender; pregar; ajustar; encaixar. 下駄の鼻緒を～ *geta no hanao o ～*: fixar a tira do *gueta* (calçado de madeira com saltos).
sugi 杉 *s Bot* cedro.
-sugi -過ぎ *suf* 1 passados. 二時十分～です *niji jippun～desu*: passaram das 2 horas e 10 minutos. 昼～まで寝た *hiru～made neta*: dormi até depois do meio-dia. 2 demais; demasiado. 働き～で倒れた *hataraki～de taoreta*: adoeceu por trabalhar demais. 食べ～ *tabe～*: comer demais.
suginai 過ぎない *expr* só; não passar de. 私は彼に言われた通りにやったに～ *watashi wa kare ni iwareta tōri yatta ni ～*: eu apenas fiz o que ele me mandou.
suginamiki 杉並木 *s* alameda; avenida de cedros.
sugiru 過ぎる *v* 1 passar; atravessar o tempo e o espaço. 列車はもう京都を過ぎた *ressha wa mō Kyōto o sugita*: o trem já passou por Kyoto. 2 exceder; ultrapassar; ser demais. 度が～ *do ga ～*: exceder os limites; ir longe demais. 3 não merecer; ser bom demais. 彼には過ぎた女房だ *kare ni wa sugita nyōbō da*: ela é uma esposa boa demais para ele.
-sugiru -過ぎる *suf* demais; demasiado. 早～ *haya～*: cedo demais.
sugisaru 過ぎ去る *v* passar; ficar para trás. 古き良き時代は過ぎ去った *furuki yoki jidai wa sugisatta*: já se foram os bons tempos.
sugiyuku 過ぎ行く *v* ir passando (referente a tempo). 時は～ *toki wa ～*: o tempo passa.
sugoi 凄い *adj* 1 horrível; terrível; ameaçador. ～顔 ～*kao*: semblante terrível. 2 fantástico; tremendo; excepcional; formidável. ～美人 ～*bijin*: que mulher linda!
sugoku 凄く *adv* muito; extremamente; terrivelmente. ～頭が痛い ～*ga itai*: estou com muita dor de cabeça.
sugomi 凄味 *s* terror; ameaça. ～を利かせる ～*o kikaseru*: ameaçar; aterrorizar; intimidar.
sugomonku 凄文句 *s pop* linguagem ameaçadora.
sugomu 凄む *v* ameaçar; intimidar.
sugoroku 双六 *s* jogo japonês semelhante ao gamão.
sugosu 過ごす *v* 1 passar o tempo. 読書に時を～ *dokusho ni toki o～*: passar o tempo na leitura. 2

viver; passar. **3** exceder-se. 度を〜 *do o*〜: ir longe demais; passar dos limites. **4** deixar escapar. 見〜*mi*〜: não ver; deixar escapar; perder.
sugu 直ぐ *adv* **1** imediatamente; já; logo. もう〜お正月だ *mō*〜*oshōgatsu da*: logo, logo é Ano-Novo. **2** perto; ao lado. 〜近く 〜*chikaku*: pertinho daqui. **3** facilmente; logo; com facilidade. 〜こわれる 〜*kowareru*: quebrar com facilidade.
sugureru 優れる *v* **1** ser melhor; ser superior; ser excelente. **2** estar bem. 顔色が優れない *kaoiro ga sugurenai*: não estar com boa fisionomia.
sugureta 優れた *expr* excelente; superior; muito bom. 〜業績 〜 *gyōseki*: resultado excelente.
sugurete 優れて *adv* de forma excelente; eminentemente; extraordinariamente; excepcionalmente.
suhada 素肌 *s* pele sem nenhuma maquilagem; pele nua. 〜にセーターを着る 〜 *ni sētā o kiru*: vestir o pulôver sem nada por baixo/sobre a pele.
sūhai 崇拝 *s* adoração; admiração; culto; veneração. 〜*suru*, *v*: venerar; adorar; admirar; cultuar.
suhama 州浜 *s* **1** ponta da praia. **2** espécie de doce com açúcar e glúten.
sūhyaku 数百 *s* algumas centenas.
sūhyakuman 数百万 *s* alguns milhões.
sui 粋 *s* essência; quinta-essência; supra-sumo; o melhor.
sui 酸い *adj* azedo; ácido; acre.
suiage 吸い上げ *s* bombeamento; ato de sugar.
suiageru 吸い上げる *v* sugar; bombear.
suiatsu 水圧 *s* pressão hidráulica.
suibaku 水爆 *s* bomba de hidrogênio.
suiban 水盤 *s* floreira rasa e larga.
suiban 推輓[挽] *s* recomendação; indicação.
suibi 衰微 *s* declínio; decadência. 〜*suru*, *v*: declinar; decair.
suibō 水防 *s* prevenção contra inundação.
suibō 衰亡 *s* decadência e falência.
suibun 水分 *s* umidade; água; sumo; suco. 〜の多い果物 〜*no ōi kudamono*: fruta suculenta.
suichiryōhō 水治療法 *s* cura pela água; hidroterapia.
suichoku 垂直 *s* perpendicularidade; verticalidade.
suichokusen 垂直線 *s* linha perpendicular.
suichū 水中 *s* dentro d'água.
suichūmegane 水中眼鏡 *s* óculos de natação.
suidan 推断 *s* raciocínio; dedução; influência. 〜*suru*, *v*: raciocinar; deduzir.
suidashi 吸い出し *s* sucção; abreviação de 〜膏薬 〜*kōyaku*: emplastro para sugar pus.
suidasu 吸い出す *v* sugar; chupar.
suiden 水田 *s* campo irrigado, arrozeira.
suidō 水道 *s* **1** água canalizada. **2** canal.
suidōkan 水道管 *s* cano d'água.
suidōkyoku 水道局 *s* departamento de águas.
suiei 水泳 *s* natação.
suieipantsu 水泳パンツ *s* calção para natação.
suifu 水夫 *s* marujo; marinheiro.
suifu 炊夫 *s* cozinheiro.
suifu 炊婦 *s* cozinheira.
suigai 水害 *s* danos da inundação.
suiganmōrō 酔眼朦朧 *expr* olhos turvos pela bebedeira.
suigara 吸殻 *s* ponta de cigarro.
suigen 水源 *s* nascente.

suigenchi 水源地 *s* lugar da nascente; bacia hidrográfica.
suigin 水銀 *s* mercúrio.
suigintō 水銀灯 *s* lâmpada de mercúrio.
suigyū 水牛 *s* Zool búfalo.
suihanki 炊飯器 *s* panela de cozer arroz. 電機〜 *denki*〜: panela elétrica de cozer arroz.
suihei 水平 *s* horizontalidade.
suihei 水兵 *s* marinheiro.
suiheifuku 水兵服 *s* uniforme de marinheiro.
suiheimen 水平面 *s* plano horizontal.
suiheisen 水平線 *s* linha do horizonte.
suihō 水泡 *s* espuma; bolha d'água.
suihō 水疱 *s Med* bolha; borbulha.
suii 水位 *s* nível da água.
suii 推移 *s* transição; mudança.
suijaku 衰弱 *s* enfraquecimento; fraqueza.
suiji 炊事 *s* ato de cozinhar. 〜*suru*, *v*: cozinhar.
suijiba 炊事場 *s* cozinha.
suijidōgu 炊事道具 *s* utensílios de cozinha.
suijin 粋人 *s* pessoa de gostos refinados.
suijō 水上 *s* sobre a água.
suijōki 水蒸気 *s* vapor de água.
suijōkyōgi 水上競技 *s* esporte aquático.
suijun 水準 *s* **1** nível. 〜以上 〜*ijō*: acima do nível. **2** padrão; média.
suijungi 水準儀 *s* instrumento de nivelamento.
suijunki 水準器 *s* nível; aparelho para medir o nivelamento do solo.
suika 西瓜 *s Bot* melancia.
suika 誰何 *s* ato de perguntar o nome.
suika 水火 *s* água e fogo; qualquer obstáculo.
suikan 酔漢 *s* bêbado.
suikei 水系 *s* sistema aquático; sistema hídrico.
suikei 推計 *s* estimativa. 〜*suru*, *v*: estimar; calcular; fazer uma estimativa.
suikō 遂行 *s* cumprimento; execução; realização do trabalho.
suikō(hō) 水耕(法) *s* hidroponia; método hidropônico.
suikōsaibai 水耕栽培 *s* cultivo por hidroponia.
suikō 推敲 *s* retoque; correção; polimento; melhoria em texto.
suikomi 吸い込み *s* sucção; drenagem.
suikomu 吸い込む *v* inspirar; aspirar; sugar; chupar; engolir; absorver; tragar.
suikuchi 吸い口 *s* bocal; boquilha; filtro. 煙管の〜 *kiseru no*〜: boquilha do cachimbo.
suikyō 酔[粋]狂 *s* excentricidade; brincadeira; maluqueira; veneta de embriagado. 〜*na*, *adj*: caprichoso; extravagante; meio maluco.
suikyū 水球 *s* polo aquático.
suima 水魔 *s* demônio da água; enchente; dilúvio.
suima 睡魔 *s* sono; sonolência. 〜に襲われる 〜*ni osowareru*: ser atacado pela sonolência.
suimatsu 水沫 *s* **1** espuma. **2** *spray*.
suimen 水面 *s* superfície da água.
suimin 睡眠 *s* sono; ato de estar a dormir.
suiminbusoku 睡眠不足 *s* falta de horas de sono; o ato de dormir pouco.
suiminjikan 睡眠時間 *s* horas dormidas.
suimin'yaku[zai] 睡眠薬[剤] *s* sonífero.
suimon 水門 *s* comporta (do canal).
suimongaku 水文学 *s* estudos sobre a origem, características e distribuição da água.

suimono 吸い物 s sopa; caldo.
suimyaku 水脈 s veio d'água.
suinan 水難 s 1 afogamento. 2 naufrágio. 3 danos causados por inundação.
suion 水温 s temperatura d'água.
suirai 水雷 s torpedo; mina submarina.
suirei 水冷 s resfriamento à água. ～式エンジン ～*shiki enjin*: motor resfriado à água.
suiren 水練 s prática de natação; treino de natação.
suiren 睡蓮 s *Bot* nenúfar; ninfeia; lírio-d'água.
suiri 水利 s 1 transporte fluvial; navegabilidade de um rio. 2 aproveitamento de água. ～工事 ～*kōji*: obras de irrigação.
suiri 推理 s raciocínio; indução; inferência; ilação; dedução.
suirikigaku 水力学 s *Fís* hidráulica; hidrodinâmica.
suirishōsetsu 推理小説 s romance; novela policial.
suiriku 水陸 s terra e água; anfíbio; por terra e por mar.
suiro 水路 s 1 curso d'água. 2 rota do barco.
suiron 推論 s raciocínio; dedução. ～*suru*, v: raciocinar; deduzir.
suiryō 水量 s volume de água.
suiryoku 水力 s força hidráulica.
suiryoku 推力 s força de propulsão; impulso.
suiryokudenki 水力電気 s hidreletricidade.
suiryokuhatsuden 水力発電 s geração hidrelétrica.
suiryū 水流 s corrente d'água.
suisaienogu 水彩絵の具 s aquarela.
suisaiga 水彩画 s pintura em aquarela.
suisan 水産 s produção aquática.
suisan 推算 s cálculo aproximado.
suisanka 水酸化 s *Quím* hidroxilação.
suisashi 吸いさし s cigarro meio tragado.
suisatsu 推察 s suposição; conjectura. ご～の通りです *go～no tōri desu*: sua suposição estava correta.
suisei 水性 s 1 aquosidade. 2 solúvel na água.
suisei 水棲[生] s aquático. ～動物 ～*dōbutsu*: animal aquático. ～植物 ～*shokubutsu*: planta aquática.
suisei 彗星 s *Astr* cometa.
suisei 水勢 s força da água.
Suisei 水星 s *Astr* planeta Mercúrio.
suiseitoryō 水性塗料 s tinta solúvel na água.
suisen 水洗 s lavagem com água.
suisen 水仙 s *Bot* narciso.
suisen 垂線 s *Bot* linha perpendicular.
suisen 推薦 s recomendação; indicação.
suisenbenjo 水洗便所 s sanitário com descarga.
suisenshiki 水洗式 s sistema de descarga com jato d'água.
suisha 水車 s moinho d'água; azenha. ～小屋 ～*goya*: casa do moinho.
suishi 水死 s morte por afogamento.
suishin 水深 s profundidade da água.
suishin 推進 s propulsão; promoção. ～*suru*, v: propulsionar; promover.
suishinryoku 推進力 s força propulsora.
suishitsu 水質 s qualidade da água.
suishitsukensa 水質検査 s análise da água.
suishō 水晶 s cristal de rocha.
suishō 推称[賞] s admiração. ～*suru*, v: admirar.

suishō 推奨 s recomendação.
suishoku 翠色 s verdura; plantas verdes; verde.
suishōtai 水晶体 s *Anat* cristalino lenticular do olho.
suiso 水素 s *Quím* hidrogênio.
suisō 水葬 s funeral em alto-mar.
suisō 水槽 s tanque; reservatório; caixa-d'água.
suisō 吹奏 s o ato de soprar. ～*suru*, v: tocar (instrumento musical).
suisobakudan 水素爆弾 s bomba de hidrogênio.
suisoku 推測 s conjectura; suposição.
suisui すいすい *mim* leve e rápido; deslizar; facilmente.
suitai 衰退 s decadência; queda; declínio. ～の一途をたどる ～*no ichizu o tadoru*: seguir o caminho da decadência.
suitai 推戴 s recebimento com veneração.
suitai 酔態 s estado de embriaguez.
suitarashii 好いたらしい *adj pop* amável; bondoso. ～人だ ～*hito da*: ele é uma pessoa amável.
suitchi スイッチ (*ingl* switch) s interruptor.
suitei 水底 s fundo do mar; fundo d'água.
suitei 推定 s cálculo; estimativa.
suiteki 水滴 s gota d'água; pingo. ガラスに～がつく *garasu ni～ga tsuku*: formar gotas no vidro da janela.
sui to すいと *adv* levemente; ligeiramente. ～通り過ぎる ～*tōrisugiru*: ir passando ligeiramente.
suitō 水筒 s cantil.
suitō 水稲 s arroz de terreno irrigado.
suitō 出納 s receitas e despesas; entradas e saídas.
suitō 水痘 s *Med* varicela.
suitopī スイトピー (*ingl* sweet pea) s *Bot* ervilha-de-cheiro.
suitorigami 吸い取り紙 s mata-borrão.
suitoru 吸い取る v 1 absorver; chupar. この布はよく汗を～ *kono nuno wa yoku ase o～*: este tecido absorve bem o suor. 2 arrebatar; explorar; extorquir. 利益を～ *rieki o～*: extorquir o lucro.
suitsukeru 吸い付ける v 1 atrair; puxar para si. 磁石は鉄を～ *jishaku wa tetsu o～*: o ímã atrai o ferro. 2 puxar o fumo.
suitsuku 吸い付く v prender; agarrar; grudar.
suiun 水運 s transporte a barco.
suiun 衰運 s falha da sorte; infortúnios da vida.
suiyaku 水薬 s medicamento líquido.
suiyōbi 水曜日 s quarta-feira.
suiyōeki 水溶液 s solução aquosa.
suiyoku 水浴 s banho.
suiyōsei 水溶性 s solubilidade aquosa.
suizō 膵臓 s *Anat* pâncreas.
suizokukan 水族館 s aquário.
suji 筋 s 1 tendão; nervo; músculo. ～を違える ～*o tagaeru*: torcer o músculo. 2 linha; listra; risca; traço. ～をつける ～*o tsukeru*: riscar; traçar uma linha. 3 fibra; filamento; nervo. ～の多い ～*no ōi*: fibroso; filamentoso. 4 enredo; intriga; trama; argumento. ～が込み入った小説 ～*ga komiitta shōsetsu*: romance de enredo complexo. 5 fonte; pessoa competente. 消息～ ～*shōsoku～*: canais de informação. 6 aptidão; jeito; capacidade; habilidade; queda. 彼はなかなかテニスの～がよい *kare wa nakanaka tenisu no～ga yoi*: ele tem muita habilidade para o tênis. 7 razão; lógica. ～が

通っている ~ga tōtte iru: é lógico. 8 sangue; linhagem; estirpe.
sūji 数字 *s* 1 número; dígito. ~で表す ~*de arawasu*: exprimir em números. 2 número. アラビア~ *arabia*~: algarismos arábicos (romanos). 3 número; algarismo. 彼は~に明るい *kare wa ~ni akarui*: ele é forte em números/matemática.
sujiai 筋合い *s* razão; direito.
sujichigai 筋違い *s* 1 cãibra; torcicolo. 2 erro; o absurdo. 3 obliquidade.
sujigaki 筋書き *s* sinopse; enredo; plano; papel. ~通りに ~*dōri ni*: segundo o plano.
sujigane 筋金 *s* reforço metálico.
sujikai 筋違い *s* 1 barras cruzadas em diagonal (para reforçar a parede). 2 reforço.
sujiko 筋子 *s* ova de salmão.
sūjiku 枢軸 *s* eixo; centro; fator principal.
sūjikukoku 枢軸国 *s* países do eixo.
sujimaki 筋蒔き *s Agr* sulco da sementeira.
sujime 筋目 *s* 1 dobra; prega. 2 linhagem; estirpe.
sujimichi 筋道 *s* razão; lógica; ordem; coordenação; método; fio da meada.
sujimukai [mukō] 筋向い[向こう] *s* ~の ~*no*: diagonalmente; opostamente a.
sūjitsu 数日 *s* alguns dias.
sujō 素性 *s* 1 origem; nascimento. ~が良い ~*ga yoi*: ser de boa família. 2 identidade; origem; história pessoal; passado. ~の怪しい ~*no ayashii*: de origem dúbia.
sūjū 数十 *s* umas dezenas.
sukāfu スカーフ (*ingl scarf*) *s* lenço de pescoço; echarpe.
sūkagetsu 数か月 *s* alguns meses.
sūkai 数回 *s* algumas vezes.
sukaidaibingu スカイダイビング (*ingl sky diving*) *s* paraquedismo.
sukanai 好かない *expr* repulsivo; desagradável; ríspido; odioso; revoltante; repugnante.
sukanpin 素寒貧 *s vulg* sem dinheiro; liso.
sukasazu すかさず *adv* logo; imediatamente; sem demora. ~機会を捕らえた ~*kikai o toraeta*: rapidamente, assegurou/apreendeu a oportunidade.
sukashi 透かし *s* 1 marca-d'água. ~入りの紙幣 ~*iri no shihei*: nota com marca-d'água. 2 abertura. ~彫り ~*bori*: talha com aberturas.
sukasu 透[空]かす *v* 1 espaçar. 2 ver através de. 光に透かして見る *hikari ni sukashite miru*: ver contra a luz.
sukasu 賺す *v* persuadir; convencer; lisonjear; adular; bajular. 威したり賺したり説得する *odoshitari sukashitari settoku suru*: convencer alguém com ameaças e adulações.
sukāto スカート (*ingl skirt*) *s* saia.
sukauto スカウト (*ingl scout*) *s* descobridor. ~する ~*suru, v*: buscar; andar à busca.
sukebei 助平 *s vulg* indecente; tarado; lascivo; descarado.
sukedachi 助太刀 *s* ajuda.
sūkei 崇敬 *s* veneração.
sukejūru スケジュール (*ingl schedule*) *s* programação; horário. ハード~ *hādo*~: programação puxada.
sukeru 透ける *v* ser transparente.
sukēru スケール (*ingl scale*) *s* 1 escala. ~の大きい ~*no ōkii*: grande escala. 2 régua; regra; medida.
suketchi スケッチ (*ingl sketch*) *s* esboço; desenho rápido; rascunho. ~する ~*suru, v*: esboçar; fazer um esboço.
sukēto スケート (*ingl skate*) *s* patinação. ~する ~*o suru, v*: patinar.
suki 好き *s* 1 gosto; preferência. 私は紅茶の方が~です *watashi wa kōcha no hō ga ~desu*: prefiro o chá. 2 fazer à vontade. ~なようにしなさい ~*na yō ni shinasai*: faça como quiser.
suki 隙 *s* 1 brecha; abertura; espaço. 柱と壁の間に~ができる *hashira to kabe no aida ni~ ga dekiru*: surgir uma abertura entre a parede e o pilar. 2 descuido; falta; erro. ~を見せる ~*o miseru*: descuidar-se. 3 intervalo; tempo livre. 仕事の~を見て *shigoto no~o mite*: aproveitando o tempo livre no trabalho.
suki 数寄 *s* gosto; gosto refinado; *hobby* de bom gosto.
suki 鋤・犂 *s* arado; charruá; pá.
sukī スキー (*ingl ski*) *s* esqui.
sūki 数奇 *s* infelicidade; infortúnio; miséria; vicissitudes.
sūki 枢機 *s* o ponto mais importante; assunto de importância para o Estado.
sukiau 好き合う *v* amar mutuamente; amar entre si.
sukigushi 梳き櫛 *s* pente-fino.
sukihara 空き腹 *s* estômago vazio.
sukihōdai 好き放題 *s* ato de fazer tudo o que se gosta/quer.
sukiire 漉き入れ *s* marca-d'água; figuras que surgem no papel quando colocado contra a luz.
sukikaesu 鋤き返す *v* arar; lavrar.
sukikatte 好き勝手 *s* ato de fazer tudo o que se gosta/quer.
sukikirai 好き嫌い *s* o gostar e o não gostar. ~の激しい人 ~*no hageshii hito*: pessoa com gostos difíceis. 食べ物の~がない *tabemono no~ga nai*: comer de tudo.
sukikonomu 好き好む *v* fazer por gosto; agir de livre vontade. 好き好んで *suki kononde*: agindo de livre vontade.
sūkikyō 枢機卿 *s Catól* cardeal; prelado da Igreja Católica.
sukima 隙間 *s* fenda; abertura; vão; frincha.
sukimakaze 隙間風 *s* vento que entra pelas frinchas.
sukimi 透き見 *s* olhadela; espreitadela.
sukimono 好き者 *s pop* diletante; amador.
sukinshippu スキンシップ (*ingl* de invenção *jap skinship*) *s* contato físico.
sukisha 数寄者 *s* pessoa de gostos refinados; praticante da cerimônia do chá.
sukitōru 透き通る *v* ser transparente; ser claro.
sukiya 数寄屋 *s* sala de cerimônia do chá.
sukiyaki 鋤焼き *s Cul* prato japonês de carne com legumes cozidos em molho de soja, na própria mesa.
sukizuki 好き好き *s* gostos; questão de gosto.
sukkarakan すっからかん *s pop* estar sem nada, sem proventos.
sukkari すっかり *adv* completamente; inteiramente; realmente.
sukkiri すっきり *adv* bem; fresco; claro; preciso;

sem ambiguidade; ares de tudo ordenado, sem nada atravancado. 〜した文章 〜*shita bunshō*: texto de estilo claro. 〜した髪型 〜*shita kamigata*: simples e bem penteado.

sukku to すっくと *adv* de repente. 〜立ち上がる 〜*tachiagaru*: levantar-se de repente.

sūkō 崇高 *s* sublimidade; grandeza; excelência; nobreza. 〜*na*, *adj*: sublime; grandioso; excelso; nobre.

sukoa スコア (*ingl score*) *s* 1 pontos; resultado. 〜をつける 〜*o tsukeru*: registrar os pontos. 2 *Mús* partitura.

sukoburu 頗る *adv* muito; extremamente. 〜健康です 〜*kenkō desu*: estou muito bem de saúde.

sukoppu スコップ (*hol schop*) *s* pá.

sukōru スコール (*ingl squall*) *s* borrasca; temporal.

sukoshi 少し *adv* 1 pouco. 〜ばかりの地所 〜*bakari no jisho*: um pouquinho de terreno. 2 por pouco. もう〜で死ぬところだった *mō* 〜*de shinu tokoro datta*: por pouco, eu não morri. 3 um pouco (tempo). 〜前に 〜*mae ni*: faz pouco tempo. 4 um pouco (distância). 〜行くと海岸に出た 〜*iku to kaigan ni deta*: andando um pouco, saímos na praia. 5 um pouco. あいつは〜どうかしている *aitsu wa* 〜*dōka shite iru*: ele parece estar um tanto fora do seu juízo.

sukoshi mo 少しも *adv* nada; nem um pouco; qualquer. 〜進歩がない 〜*shinpo ga nai*: não há nenhum progresso.

sukotchi スコッチ (*ingl Scotch*) *s* escocês. 〜ウィスキー 〜*wisukī*: uísque escocês.

sukoyaka 健やか *adj* saudável.

suku 好く *v* gostar.

suku 空く *v* ficar vazio. おなかが〜 *onaka ga*〜: ficar com fome.

suku 透く *v* 1 ser transparente. 2 deixar um vão.

suku 梳く *v* pentear. 髪を〜 *kami o*〜: pentear o cabelo.

suku 鋤く *v* arar; lavrar; revolver o solo.

sukui 救い *s* socorro; auxílio; remédio; ajuda; salvação; esperança; consolo.

sukui 掬い *s* ato de tirar com concha; cavar.

sukuiageru 救い上げる *v* salvar retirando do mar, poço, abismo.

sukuiageru 掬い上げる *v* retirar o líquido.

sukuiami 掬い網 *s* rede pequena de apanhar peixe.

sukuidasu 救い出す *v* socorrer; salvar.

sukuidasu 掬い出す *v* retirar o líquido.

sukui no kami 救いの神 *expr* o Salvador; divindade da salvação.

sukui no te 救いの手 *expr* a mão da salvação.

sukuite 救い手 *s* salvador; resgate.

sukuitoru 掬い取る *v* pegar com concha.

sukumeru 竦める *v* encolher. 首を〜 *kubi o*〜: encolher o pescoço.

sukumu 竦む *v* parar; ficar paralisado. 足が〜 *ashi ga*〜: pernas paralisadas.

sukunai 少ない *adj* pouco; poucos. 〜時間 〜*jikan*: com pouco tempo. 少なすぎる *sukuna-sugiru*: pouco demais. 一番少ない *ichiban sukunai*: o menor; pouco.

sukunakarazu 少なからず *adv* muito; não pouco.

sukunakutomo 少なくとも *adv* pelo menos; no mínimo. 〜一万円 〜*ichiman'en*: no mínimo dez mil ienes.

sukūpu スクープ (*ingl scoop*) *s* furo jornalístico; reportagem publicada em primeira mão.

sukuranburu スクランブル (*ingl scramble*) *s* 1 mexer; misturar. 〜エッグ 〜*eggu*: ovos mexidos. 〜交差点 〜*kōsaten*: cruzamento com passadeiras em diagonal. 2 partida de emergência. 〜をかける 〜*o kakeru*: partir a toda pressa ao receber o aviso de emergência.

sukurappu スクラップ (*ingl scrap*) *s* 1 recorte de revista ou jornal. 2 sucata; ferro-velho.

sukurīn スクリーン (*ingl screen*) *s* 1 tela; cinema. 2 chapa de vidro com linhas em malha usada em fotogravuras. 〜印刷 〜*insatsu*: impressão em que se usa a chapa de vidro com linhas em malha.

sukūru スクール (*ingl school*) *s* escola.

sukuryū スクリュー (*ingl screw*) *s* hélice (avião/barco); parafuso.

sukuse 宿世 *s* carma; existência anterior de uma pessoa.

sukusuku すくすく *adv* depressa; com rapidez e vigor. 〜と育つ 〜*to sodatsu*: crescer cheio de saúde.

sukūtā スクーター (*ingl scooter*) *s* motoneta; mini-motocicleta.

sukuu 救う *v* socorrer; salvar; ajudar; libertar; compensar. 病気から〜 *byōki kara*〜: curar alguém de uma doença. 世を〜 *yo o*〜: salvar o mundo. 人命を〜 *jinmei o* 〜: salvar uma vida.

sukuu 掬う *v* 1 apanhar; tirar. 手で水を掬って飲む *te de mizu o sukutte nomu*: pegar e beber a água com as mãos. 2 agarrar; prender. 足を〜 *ashi o* 〜: passar uma rasteira.

sukuu 巣食う *v* fazer o ninho; instalar-se; colocar uma ideia na cabeça.

sukyandaru スキャンダル (*ingl scandal*) *s* escândalo. 〜を起こす 〜*o okosu*: provocar um escândalo.

sumai 住い *s* casa; residência; habitação; moradia; domicílio. お〜はどちらですか *o*〜*wa dochira desuka*: onde o senhor mora?

sūman 数万 *s* algumas dezenas de milhar.

sumanai 済まない *expr* 1 indesculpável; que não se pode ignorar. 忘れていたでは〜ぞ *wasurete ita dewa* 〜*zo*: esqueceu-se? isto não é desculpa. 2 desculpe; peço desculpa; por favor. 〜気がする 〜*ki ga suru*: sentir-se culpado.

sumashijiru 澄まし汁 *s* sopa leve; *consomé*.

sumashiya 澄まし屋 *s pop* presunçoso; presumido; afetado.

sumasu 済ます *v* 1 acabar; terminar; cumprir. 食事を〜 *shokuji o* 〜: acabar de comer. 2 fazer chegar; conter. 月に三万円の食費で済ましている *tsuki sanman'en no shokuhi de sumashite iru*: consigo conter os gastos em alimentação em trinta mil ienes por mês.

sumasu 澄ます *v* 1 purificar; limpar. 2 apurar. 耳を澄まして聞く *mimi o sumashite kiku*: ouvir com ouvidos apurados. 3 dar-se ares; ser afetado; não ligar; não fazer caso. 澄ました顔 *sumashita kao*: cara de arrogante. 4 apurar. 神経を研ぐ〜 *shinkei o togi*〜: apurar a sensibilidade.

sumāto スマート (*ingl smart*) *adj* 1 esbelto; delgado. 〜な体つき 〜*na karadatsuki*: corpo esbelto. 2 elegante; fino; requintado; ágil; hábil.

sumen 素面 *s* 1 rosto sóbrio. 2 rosto sem máscara.
sumi 炭 *s* carvão; brasa.
sumi 済み *s* visto; testado; liquidado. 経験～ *keiken* ～: experimentado.
sumi 隅 *s* canto; recanto. ～に置けない ～*ni okenai*: não desprezível. 重箱の～までつつく *jūbako no* ～*made tsutsuku*: impertinente; ser niquento.
sumi 墨 *s* tinta nanquim; tinta da lula; tinta do polvo. ～をする ～*o suru*: dissolver tinta nanquim.
sumiarasu 住み荒らす *v* deixar a casa mal--conservada.
sumibashira 隅柱 *s* pilar de canto.
sumibi 炭火 *s* brasa de carvão. ～をおこす ～*o okosu*: acender o carvão.
sumidawara 炭俵 *s* saco de carvão.
sumie 墨絵 *s* pintura a tinta nanquim.
sumigokochi 住み心地 *s* sensação da moradia; conforto da residência.
sumiiro 墨色 *s* cor da tinta nanquim; preto.
sumikiru 澄み切る *v* ser muito claro; ser muito puro. 澄み切った心 *sumikitta kokoro*: coração límpido; coração puro.
sumikomi 住み込み *s* o fato de residir no local de trabalho.
sumikomu 住み込む *v* residir no local de trabalho.
suminareru 住み慣れる *v* acostumar-se na moradia; morar por muito tempo.
suminawa 墨縄 *s* linha imergida em tinta nanquim que serve para traçar, demarcar madeiras.
sumire 菫 *s Bot* violeta.
sumiso 酢味噌 *s Cul* missô, pasta de soja, ao molho vinagrete.
sumite 住み手 *s* inquilino; morador.
sumitori 炭取り *s* balde/cesto para carvão.
sumitsuku 住み着く *v* estabelecer-se; fixar residência.
sumiwataru 澄み渡る *v* aclarar; ficar todo límpido, translúcido. 澄み渡った空 *sumiwatatta sora*: o céu todo límpido.
sumiya 炭屋 *s* loja/venda de carvão; negociante de carvão.
sumiyaka 速やか *adj* rápido; pronto. 速やかに返答 *sumiyaka ni hentō*: resposta pronta; resposta rápida.
sumiyaki 炭焼き *s* produção de carvão vegetal; carvoeiro. ～小屋 ～*goya*: abrigo do carvoeiro junto ao forno.
sumizome 墨染め *s* tintura preta; tingimento em preto.
sumizumi 隅々 *s* todos os cantos.
sumō 相撲 *s* sumô, modalidade esportiva japonesa de luta corporal. ～を取る ～*o toru*: lutar corpo a corpo; lutar sumô.
sumoggu スモッグ (*ingl smog*) *s* mistura de fumaça e nevoeiro; ar poluído.
sumomo 李 *s Bot* ameixeira; ameixa.
sumōtori 相撲取り *s* lutador de sumô.
sumu 住[棲]む *v* 1 morar; habitar; viver; residir. 2 viver. 私と彼とは住んでいる世界が違う *watashi to kare to wa sunde iru sekai ga chigau*: eu e ele vivemos em mundos diferentes.
sumu 済む *v* 1 acabar; terminar. 済んだ事は仕方ない *sunda koto wa shikata nai*: não adianta remoer o que já passou. 2 ficar resolvido. それで済むと思っているのか *sorede sumu to omotteiru no ka*: você acha que tudo ficou resolvido? 3 chegar; ser suficiente. あなたが来てくれれば私は行かないで済む *anata ga kite kurereba watashi wa ikanai de sumu*: se você vier, eu não preciso ir.
sumu 澄む *v* ficar límpido; ficar transparente. 澄んだ水 *sunda mizu*: água límpida.
sumūzu スムーズ (*ingl smooth*) *adj* sem qualquer problema; normal. ～に行く ～*ni iku*: correr tudo normal.
sun 寸 *s* equivalente a 3,03 cm; medida; tamanho.
suna 砂 *s* areia. ～を噛むような思い ～*o kamu yō na omoi*: ser insípido, insosso.
sunaarashi 砂嵐 *s* tempestade de areia.
sunaasobi 砂遊び *s* brincadeira na areia.
sunaba 砂場 *s* espaço delimitado com areia para brincar.
sunabokori 砂埃 *s* poeira de areia.
sunabukuro 砂袋 *s* 1 saco de areia. 2 moela.
sunaburo 砂風呂 *s* banho de areia.
sunadokei 砂時計 *s* ampulheta.
sunahama 砂浜 *s* praia de areia.
sunahara 砂原 *s* planície de areia.
sunaji 砂地 *s* areal; terreno arenoso.
sunakemuri 砂煙 *s* poeirada; nuvem de areia.
sunakku スナック (*ingl snack*) *s* merenda; lanche; refeição ligeira.
sunao 素直 *s* obediência; franqueza; honestidade; simplicidade. ～な, *adj*: dócil.
sunatsubu 砂粒 *s* grão de areia.
sunawachi 即ち *s voc formal* 1 isto é; ou seja; a saber. 2 conseqüentemente; sem dúvida. 戦えば～勝つ *tatakaeba*～*katsu*: se lutares, consequentemente ganharás.
sunayama 砂山 *s* dunas; montanha de areia.
sunbun 寸分 *s* pouco; um pouquinho. ～違わない ～*chigawanai*: absolutamente idêntico; sem diferir em nada; réplica exata.
sunbyō 寸秒 *s* momento; segundos. ～を争う ～*o arasou*: não pode esperar; não ter tempo a perder; não poder perder um segundo.
sundan 寸断 *s* cortar em pedaços.
sunde no koto ni すんでの事に *expr* por pouco; quase. ～彼に行き違うところだった ～*kare ni ikichigau tokoro datta*: por pouco não me desencontrei dele.
sune 膞・脛 *s* canela.
suneate 膞当・脛当 *s* perneira.
sunekajiri 膞齧り *s pop* parasita.
sunemono 拗ね者 *s* aquele que é sempre do contra; descontente; mal-humorado.
sūnen 数年 *s* alguns anos.
suneru 拗ねる *v* ficar de mau humor; amuar.
sungeki 寸劇 *s* peça teatral curta; esquete.
sungen 寸言 *s* concisão; sobriedade; epigrama.
sungō 寸毫 *s* ～も ～*mo*: nem um pouco. ～疑いもない ～*utagai mo nai*: fora de suspeita; sem nenhuma dúvida.
sūnin 数人 *s* algumas pessoas.
sunka 寸暇 *s* momento; instante; pequena folga. ～を惜しんで読書をする ～*o oshinde dokusho o suru*: entregar-se à leitura sem perder um instante.
sunnari すんなり *adv* 1 facilmente; sem dificuldade. 2 esbelta; elegante.

sunoko 簀の子 *s* tábua vazada usada como tapete em banheira; cortina de bambu.
sunomono 酢の物 *s Cul* prato ao molho vinagrete.
sunpō 寸法 *s* **1** medida; tamanho; número; dimensão. **2** plano; programa. こういう～になっているのさ *kō iu ～ni natte iru no sa*: saiba que o plano é este!
sunpōdori 寸法取り *s* o ato de tirar a medida.
sunpyō 寸評 *s* breve crítica.
sunshi 寸志 *s* pequena prova de gratidão; pequeno presente.
suntetsu 寸鉄 *s* **1** pequena arma. **2** epigrama; palavras concisas.
sunwa 寸話 *s* discurso curto; pequena palestra.
sunzen 寸前 *s* justo antes; na iminência.
sunzumari 寸詰まり *s pop* ser curto demais.
sūpā スーパー (*ingl super*) *s* super. ～マーケット ～*māketto*: supermercado.
supagetfi スパゲッティー (*it spaghetti*) *s* espaguete.
supai スパイ (*ingl spy*) *s* espião; espionagem.
supana スパナ (*ingl spanner*) *s* chave-inglesa.
supìchi スピーチ (*ingl speech*) *s* discurso.
supìdo スピード (*ingl speed*) *s* velocidade.
supìdoihan スピード違犯 *s* excesso de velocidade; ultrapassagem da velocidade permitida.
supìkā スピーカー (*ingl speaker*) *s* alto-falante.
supōkusuman スポークスマン (*ingl spokesman*) *s* porta-voz.
suponji スポンジ (*ingl sponge*) *s* esponja. ～ケーキ ～*kēki*: pão de ló.
suponsā スポンサー (*ingl sponsor*) *s* patrocinador.
supōtsu スポーツ (*ingl sport*) *s* esporte; desportos.
suppai 酸っぱい *adj* ácido; azedo. ～味がする ～*aji ga suru*: ter gosto azedo.
suppanuki 素破抜き *s pop* divulgação à revelia.
suppanuku 素破抜く *v pop* revelar; divulgar à revelia.
suppokasu すっぽかす *v pop* descumprir o prometido; dar um furo.
suppon 鼈 *s Zool* cágado.
sūpu スープ (*ingl soup*) *s* sopa; caldo.
suraido スライド (*ingl slide*) *s* deslizamento lento; slide; dispositivo; lâmina.
suramu スラム (*ingl slum*) *s* favela; bairro pobre.
suranpu スランプ (*ingl slump*) *s* enfraquecimento. ～に陥る ～*ni ochiiru*: ficar fora de forma; ter queda de desempenho.
surasura(to) すらすら(と) *adv* com facilidade; o desenvolver sem impecilhos.
sureau 擦れ合う *v* acotovelar-se; roçar uns nos outros.
surechigai 擦れ違い *s* o ato de cruzar com; desencontro.
surechigau 擦れ違う *v* cruzar com; desencontrar; discordar.
surekkarashi 擦れっからし *s pop* descarado; desavergonhado; insolente.
sureru 擦れる *v* **1** roçar e fazer ruído. **2** ficar arranhado. **3** tornar-se macaco velho; ser maroto.
suresure 擦れ擦れ *s* **1** rente; ato de passar raspando. **2** por pouco; por um triz; a custo. ～で試験に合格する ～*de shiken ni gōkaku suru*: passar na prova raspando.
suri 刷り *s* impressão.
suri 掏摸 *s* batedor de carteiras. 集団～ *shūdan～*:

bando de trombadinhas. ～に時計をやられた ～*ni tokei o yarareta*: o relógio foi levado pelos trombadinhas.
sūri 数理 *s* princípio matemático. ～経済[統計・物理]学 ～*keizai* [*tōkei/butsuri*] *gaku*: econometria [estimativa estatística, física matemática]. ～的 ～*teki*: matematicamente.
suriagari 刷り上り *s* conclusão do trabalho de impressão. ～が良い・悪い ～*ga yoi/warui*: a impressão final é boa/é ruim.
suriagaru 刷り上る *v* acabar de imprimir. 刷り上がったばかりのポスター *suriagatta bakari no posutā*: cartaz que acabou de ser impresso.
suriageru 刷り上げる *v* terminar a impressão.
suriashi 摺り足 *s* ato de arrastar os pés. ～で歩く ～*de aruku*: andar arrastando os pés.
suribachi 擂り鉢 *s* tigela de cerâmica para triturar/moer.
surigarasu 擦りガラス *s* vidro fosco, vidro translúcido.
suriherasu 擦[磨]り減らす *v* gastar pelo atrito, desgastar, consumir. 靴のかかとを～ *kutsu no kakato o ～*: desgastar os saltos do sapato. この事件が神経を～ *kono jiken ga shinkei o ～*: este caso desgasta os nervos.
suriheru 磨り減る *v* gastar, desgastar. 靴の底が磨り減っている *kutsu no soko ga surihette iru*: as solas do sapato estão gastas.
surikaeru すり替える *v* substituir (desonestamente), trocar (secretamente). 偽者と～ *nise-mono to ～*: trocar pelo falso.
surikireru 擦り切れる *v* romper-se de tão gasto. えりが擦り切れたTシャツ *eri ga surikireta tī shatsu*: camiseta com a gola puída.
surikizu 擦り傷 *s* raspão, arranhão.
surikogi 擂り粉木 *s* pilão de madeira [para triturar/moer], conjugado ao *suribachi*. ごまを～でする *goma o ～de suru*: triturar o gergelim com o pilão de madeira.
surikudaku 擂り砕く *v* moer, triturar.
surimono 刷り物 *s* objetos impressos. ～にする ～*ni suru*: imprimir.
surimukeru 擦り剥ける *v* esfolar, gastar, desgastar. 膝の皮が擦り剥けている *hiza no kawa ga surimukete iru*: a pele do joelho está esfolada.
surimuku 擦り剥く *v* esfolar, gastar. 自転車で転び、膝を擦り剥いてしまった *jitensha de korobi, hiza no surimuite shimatta*: acabei esfolando o joelho, quando caí da bicicleta.
surippa スリッパ (*ingl slipper*[*s*]) *s* chinelos [fechados na parte da frente e usados dentro das casas japonesas].
suriru スリル (*ingl thrill*) *s* sensação de medo, de perigo. ～のある ～*no aru*: atemorizador, impressionante, sensacional. ～を感じる ～*o kanjiru*: atemorizar-se, impressionar-se. ～を求める人 ～*o motomeru hito*: pessoa em busca de aventuras.
suritate 刷り立て *s* impressão fresca. ～の ～*no*: recém-impresso.
suriyoru 摩り寄る *v* aproximar-se, acercar-se, achegar-se.
surōgan スローガン (*ingl slogan*) *s* frase de propaganda, lema, *slogan*. ～をかかげる ～*o kakageru*: levantar um *slogan*.

surōmō [shon] スローモー[ション] (*ingl slow motion*) *s* câmera lenta. ～映画 ～*eiga*: filme em câmera lenta.

suru 刷る *v* imprimir. 色刷りに～ *irosuri ni* ～: imprimir em cores. 刷っている *sutte iru*: estar sendo impresso.

suru 為る *v* 1 fazer, ser, ter, jogar, praticar, executar. 音が～ *oto ga* ～: fazer barulho. 教師を～ *kyōshi o* ～: ser professor. スポーツを～ *supotsu o* ～: praticar esporte. サッカーを～ *sakkā o* ～: jogar futebol. 一日分の仕事を～ *ichinichibun no shigoto o* ～: fazer o trabalho de um dia. そう～より外はなかった *sō* ～ *yori hoka wa nakatta*: não tinha outro jeito a não ser este. **2** fazer, transformar. 君をリーダーにしよう *kimi o rīdā ni shiyō*: vamos torná-lo líder. **3** custar. このネクタイは一万円しています *kono nekutai wa ichiman'en shite imasu*: esta gravata está custando dez mil ienes. **4** passar, decorrer. 三年したら帰ってくる *sannen shitara kaette kuru*: decorridos três anos, voltará.

suru 掏る *v* pegar, furtar. 誰のポケットでも掏うとする *dare no poketto demo surō to suru*: tentar furtar os bolsos de qualquer pessoa. 掏られる *surareru*: ser furtado.

suru 摩[磨・擦]る *v* 1 esfregar, friccionar. マッチを擦る *matchi o suru*: riscar o fósforo. 墨を磨る *sumi o suru*: friccionar o bloco de nanquim [para caligrafia]. **2** perder. 財産を磨る *zaisan o suru*: perder os bens. 彼は株で大分磨った *kare wa kabu de daibun sutta*: ele perdeu uma grande soma nas ações.

suru 擂る *v* moer, triturar. ごまを～ *goma o* ～: triturar o gergelim; bajular para ter vantagem.

surudoi 鋭い *adj* 1 agudo, afiado, pontudo. ～角度 ～*kakudo*: ângulo agudo. **2** violento, forte, agudo. ～批判 ～*hihan*: crítica aguda, crítica penetrante. ～痛み ～*itami*: dor forte. **3** aguçado, apurado, delicado. ～聴覚・嗅覚 ～*chokaku/kyūkaku*: audição apurada; olfato apurado. 頭の～人 *atama no* ～*hito*: pessoa de mente aguçada [pessoa brilhante, pessoa inteligente]. **4** rápido, esperto.

surudoku 鋭く *adv* aguçadamente. ～する ～*suru*: faguçar.

surudosa 鋭さ *s* agudeza.

surume 鯣 *s* lula seca.

sururi to するりと *adv* facilmente, sem muito esforço. ～はまる・はずれる ～ *hamaru/hazureru*: encaixar/escapar facilmente. 指輪が～指からはずれた *yubiwa ga* ～ *yubi kara hazureta*: o anel deslizou sem esforço pelo dedo.

surusuru(to) するする(と) *adv* suavemente. ～すべる ～ *suberu*: escorrega suavemente.

suru to すると *conj pop* 1 e, então, nesse momento. 私は出かけようとしていた。～電話がなった *watashi wa dekakeyō to shite ita.* ～*denwa ga natta*: estava de saída; nesse instante, o telefone tocou. **2** então, assim, neste caso. ～来年卒業なんですね ～ *rainen sotsugyō nan desu ne*: então, se forma o ano que vem, certo?

sūryō 数量 *s* quantidade, volume. ～詞 ～*shi*: quantificador. ～割引 ～*waribiki*: desconto por volume. ～が増す・減る ～*ga masu/heru*: aumentar/diminuir a quantidade.

susamajii 凄まじい *adj* terrível, horrível, monstruoso. ～形相 ～*gyōso*: olhar/feições [fisionomia] terrível(is). ～人出 ～ *hitode*: tremenda multidão, grande multidão. ～音を立てて爆発した ～*oto o tatete bakuhatsu shita*: explodiu produzindo um barulho horrível.

susamu 荒む *v* devastar, ficar turbulento, decair. 荒んだ心 *susanda kokoro*: mente tempestuosa. 荒んだ生活 *susanda seikatsu*: uma vida devastada [turbulenta]. あの人の芸は荒んできた *ano hito no gei wa susande kita*: os dotes artísticos daquela pessoa estão decaindo.

sūsei 趨勢 *s* tendência, inclinação, intenção. 時代の～に従う *jidai no* ～*ni shitagau*: seguir as tendências da época.

sūsen 数千 *s* milhares. ～の人 ～*no hito*: alguns milhares de pessoas.

sushi 鮨・鮓・寿司 *s* Cul sushi. ～屋 ～*ya*: restaurante de *sushi*.

sūshi 数詞 *s* Gram numeral. 序・基 ～*jo/ki* ～: numeral ordinal/cardinal.

sūshiki 数式 *s* fórmula numérica.

sushizume 鮨詰め *s* estar lotado. ～の電車 ～*no densha*: trem lotado (de passageiros).

suso 裾 *s* barra, bainha, base, pé. スカートの～ *sukāto no* ～: bainha da saia. ズボンの～をまくる *zubon no* ～ *o makuru*: dobrar a barra da calça.

susomoyō 裾模様 *s* estampas da base do quimono.

susono 裾野 *s* o campo que se estende ao pé da montanha.

susu 煤 *s* fuligem/pó. ～だらけの ～ *darake no*: coberto de fuligem/pó. ～を払う ～*o harau*: espanar o pó.

susugi 漱ぎ *s* enxágue, água para lavar os pés.

susugu 漱[雪]ぐ *v* 1 lavar, enxaguar. 口を漱ぐ *kuchi o susugu*: lavar a boca, fazer gargarejo. **2** limpar. 汚名を雪ぐ *omei o susugu*: limpar o nome manchado. 恥を雪ぐ *haji o susugu*: lavar a desonra.

susukeru 煤ける *v* ficar preto de fuligem. 台所の壁が～ *daidokoro no kabe ga* ～: a parede da cozinha fica preta/escura (de fuligem).

susuketa 煤けた *expr* coberto de fuligem. 煙で～天井 *kemuri de* ～ *tenjō*: teto coberto de fuligem da fumaça.

susuki 薄 *s* Bot gramínea parecida com a eulália; capim. 枯れ～ *kare* ～: capim seco.

susume 勧[薦]め *s* recomendação, conselho. 医者の～で入院した *isha no* ～*de nyūin shita*: internou-se (no hospital) por conselho do médico.

susumeru 進める *v* 1 lavar, marchar para a frente, adiantar. 時計を十分～ *tokei o jippun* ～: adiantar em 10 minutos o relógio. 軍を～ *gun o* ～: avançar com a tropa. 計画を～ *keikaku o* ～: adiantar os planos. **2** elevar, subir. **3** promover, estimular. 食欲を～ *shokuyoku o* ～: estimular o apetite. **4** apressar, acelerar. 会議を～ *kaigi o* ～: apressar a reunião.

susumeru 勧[薦]める *v* 1 recomendar, aconselhar. ...に勧められて *...ni susumerarete*: aconselhado por. **2** persuadir, exigir. 勉強を～ *benkyō o* ～: recomendar mais esforço nos estudos. **3** encorajar. **4** oferecer, sugerir. 腰をかけるように～ *koshi o kakeru yo ni* ～: sugerir para se sentar. 酒を～ *sake o* ～: oferecer saquê.

susumi 進み *s* avanço, progresso. 建築工事の～が

とても速い kenchiku kōji no ~ga totemo hayai: houve muita rapidez nos avanços da construção.

susumu 進む v 1 avançar, seguir adiante, fazer progresso, progredir. 時代と共に~ jidai to tomo ni ~: progredir de acordo com a época. 一歩ずつ進んで ippo zutsu susunde: avançando passo a passo. 2 progredir, avançar (melhorar), adiantar. 進んだ思想 susunda shisō: pensamento avançado, ideia progressista. 文明が~について bunmei ga ~ni tsuite: com o avanço da civilização. 3 ser elevado. 4 avançar. 病勢が進んでいる byōsei ga susunde iru: a doença está no estágio avançado. 5 vontade própria. 気が進まない ki ga susumanai: não ter vontade.

susurinaki 啜り泣き s soluço. ~をする ~o suru: soluçar, choramingar. ~しながら言う ~ shinagara iu: falar entre soluços.

susurinaku 啜り泣く v chorar aos soluços. 啜り泣いている susurinaite iru: estar chorando aos soluços.

susuru 啜る v aspirar fazendo barulho; sorver. みそ汁を~ misoshiru o ~: sorver a sopa de soja. 鼻を~ hana o ~: fungar.

sutā スター (ingl star) s estrela, astro, artista famoso. 映画~ eiga ~: astro do cinema.

sutaffu スタッフ (ingl staff) s assistente, equipe. ~が足りない ~ga tarinai: falta de assistentes.

sutairu スタイル (ingl style) s estilo, moda. 彼女は~がいい kanojo wa ~ ga ii: ela tem um belo estilo [ela é elegante].

sutajio スタジオ (ingl studio) s estúdio, ateliê. 画家の~ gaka no ~: ateliê do pintor.

sutamina スタミナ (ingl stamina) s resistência. ~がある・ない ~ga aru/nai: ter/não ter resistência. ~をつける ~o tsukeru: desenvolver resistência.

sutando スタンド (ingl stand) s 1 plataforma, arquibancada. ~は満員だった ~wa man'in datta: a arquibancada estava lotada. 2 suporte. 電気~ denki ~: abajur. 3 estande, balcão. ~バー ~bā: barzinho.

sutareru 廃れる, **sutaru** 廃る v inutilizar, cair em desuso. 流行が~ ryūkō ga ~: caiu a moda. 一時廃れてまたはやってきた ichiji sutarete mata hayatte kita: saiu de moda por um tempo e está de volta novamente.

sutari 廃り s desperdício, esbanjamento.

sutarimono 廃り物 s objeto inútil, obsoleto.

sutāto スタート (ingl start) s início, começo, saída. ~suru, v: começar, marcar início. ~係 ~gakari: aquele que dá o sinal de partida. ~の合図 ~no aizu: sinal de partida. ~を誤る ~o ayamaru: queimar a largada.

suteba 捨て場, **sutebasho** 捨て場所 s local para jogar lixo. ごみの~に困る gomi no ~ni komaru: incomodado com o espaço para jogar lixo.

sutebachi 捨て鉢 s pop autoabandono como sentimento de protesto, indiferença. ~na, adj: desesperado, descuidado, indiferente. その問題に対して彼は~の態度を取っている sono mondai ni taishite kare wa ~no taido o totte iru: ele está tomando uma atitude indiferente, irresponsável, de autoabandono com relação a este problema.

sutegane 捨て金 s dinheiro jogado fora, dinheiro desperdiçado.

sutego 捨て子 s criança abandonada. ~をする ~o suru: abandonar uma criança.

suteinu 捨て犬 s cachorro sem dono.

suteishi 捨て石 s 1 pedras para enrocamento. ~護岸 ~gogan: muro de pedras de proteção da margem. 2 pedra ornamental de jardim japonês. 3 mártir. ~となる ~to naru: tornar-se um mártir, sacrificar-se.

sutēji ステージ (ingl stage) s palco.

suteki 素敵[的] s maravilha, beleza, graça. ~na, adj: esplêndido, brilhante, maravilhoso. ~なご馳走 ~na gochisō: excelente refeição.

sutēki ステーキ (ingl steak) s bife grelhado.

sutemi 捨て身 s pessoa disposta a se arriscar.

sutendogurasu ステンドグラス (ingl stained glass) s vitral.

sutene 捨て値 s preço promocional, abaixo do custo. 私はそれを~で売った watashi wa sore o ~de utta: vendi isso a um preço baixíssimo.

suteneko 捨て猫 s gato sem dono.

sutenresu ステンレス (ingl stainless steel) s aço inoxidável.

suteoku 捨て置く v deixar como está. そのままにわけにはいかない sono mama ~ wake ni wa ikanai: não se pode deixar do jeito que está.

sutereo ステレオ s (ingl stereo) aparelho de som. ~カメラ ~kamera: câmera estereoscópica. ~音響 ~onkyō: estereofonia. ~投影 ~tōei: projeção estereográfica. ~タイプ ~taipu: estereótipo.

suteru 捨てる v 1 jogar fora, atirar, lançar. ごみを~ gomi o ~: jogar o lixo. 2 abandonar, descartar, deixar, rejeitar, desistir, renunciar. 世を~ yo o ~: renunciar ao mundo, desistir do mundo. 古い考えを~ furui kangae o ~: descartar velhas ideias. 信仰を~ shinkō o ~: abandonar a fé. 権利を~ kenri o ~: desistir do direito.

suteuri 捨て売り s venda a preço bem reduzido, abaixo do custo.

sutezerifu 捨て台詞 s palavras de insulto. ~を吐く ~o haku: proferir palavras insultantes.

suto スト (abrev ingl strike) s greve. ~規制法 ~ kiseihō: lei antigreve. ~破り ~yaburi: fura-greve.

sutōbu ストーブ (ingl stove) s aquecedor. ガス・石油・電気 ~ gasu/sekiyu/denki ~: aquecedor a gás/a querosene/elétrico.

sutokkingu ストッキング (ingl stocking) s [par de] meias. ナイロンの~ nairon no~: meias de náilon.

sutoppu ストップ (ingl stop) s parada. ~suru, v: parar. ストップ! sutoppu!: pare! ~ウォッチ ~uotchi: cronômetro.

sutoraiki ストライキ (ingl strike) s greve.

sutoresu ストレス (ingl stress) s estresse. スポーツをやって~を解消する supōtsu o yatte ~o kaisho suru: acabar com o estresse praticando esporte.

sutorippā ストリッパー (ingl stripper) s striptease, pessoa que se despe dançando.

sutorippu(shō) ストリップ(ショー) (ingl strip show) s striptease. ストリップ劇場 sutorippu gekijō: casa de espetáculos de striptease.

sūtsu スーツ (ingl suit) s terno.

suttamonda 擦った揉んだ expr bagunça. ~の大

騒ぎ ～no ōsawagi: grande estardalhaço, grande bagunça.
suttenten すってんてん *s pop* sem nada, sem dinheiro. ～になる ～ni naru: ficar sem nada, quebrar.
sutto すっと *adv* 1 diretamente, silenciosamente, delicadamente. 2 rapidamente. ～立ち上がる ～tachiagaru: levantar-se repentinamente. ～suru, *v*: aliviar-se, ficar aliviado.
sūtto すうっと *adv* com alívio. ～suru, *v*: ficar aliviado, sentir-se bem, refrescar-se. ～する飲み物 ～suru nomimono: bebida refrescante.
suu 吸う *v* 1 aspirar, inalar. タバコを～ tabako o ～: fumar. 2 beber em pequenos goles.
suwari 座り *s* estabilidade. ～の良い ～no yoi: estável. ～の悪い ～no warui: instável.
suwarigokochi 座り心地 *s* sensação de conforto/desconforto para sentar-se. ～が良い・悪い ～ga yoi/warui: ser confortável/desconfortável para sentar-se.
suwarikomi 座り込み *s* protesto passivo. ～戦術 ～senjutsu: táticas de protesto passivo.
suwarikomu 座り込む *v* sentar-se.
suwarinaosu 座り直す *v* sentar-se novamente; sentar-se direito.
suwaru 座[据]る *v* sentar-se. いすに～ isu ni ～: sentar-se na cadeira. どうぞお座りください *dōzo osuwari kudasai*: sente-se, queira sentar-se.
suyaki 素焼き *s* primeira queima da porcelana.

suyasuya すやすや *adv* calmamente, sossegadamente, pacificamente. ～眠る ～ nemuru: dormir calmamente.
sūyō 枢要 *s* importância. ～な都市 ～na toshi: cidade principal, cidade importante. ～の地位を占める ～no chii o shimeru: ocupar uma posição importante.
suzu 鈴 *s* sineta, guizo. ～の音 ～no oto: o tilintar do sino. ～を振る ～o furu: tocar a sineta. 猫に～をつける neko ni ～o tsukeru, provérbio: colocar um guizo no gato.
suzu 錫 *s* estanho. ～製品 ～seihin: objetos de estanho.
suzuke 酢漬け *s* conservação em vinagre. ～にする ～ni suru: fazer conservas em vinagre.
suzume 雀 *s Ornit* pardal.
suzumi 涼み *s* refrescância. ～に出る ～ni deru: sair à noite para se refrescar.
suzumu 涼む *v* refrescar-se.
suzunari 鈴生り *s* aglomeração; dar em cachos, aglomerar-se.
suzuri 硯 *s* objeto onde é preparada a tinta para caligrafia. ～箱 ～ bako: estojo onde se prepara a tinta.
suzushii 涼しい *adj* fresco. ～目 ～me: olhos limpos, olhos brilhantes. ～所に置く ～tokoro ni oku: colocar em local fresco.
suzushisa 涼しさ *s* frescura, frescor.

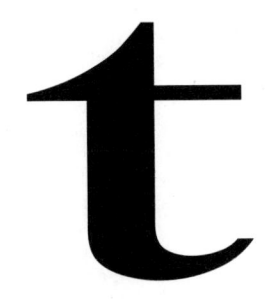

t

ta 田 *s* arrozal, campo de arroz. 〜を耕す 〜*o tagayasu*: arar o arrozal.
ta 他 *s* **1** outro, outros. 〜のもので間に合わす 〜*no mono de maniawasu*: substituir por outras coisas. **2** outras pessoas; outros. 〜を責める 〜*o semeru*: atormentar os outros. **3** outra coisa; o resto. 〜は推して知るべし 〜*wa oshite shiru beshi*: o resto subentende-se. **4** outro lugar. 〜を捜す 〜*o sagasu*: procurar em outros lugares.
ta 多 *s* muito, numeroso.
ta- 他- *pref* outro. 〜人 〜*nin*: terceiro, outras pessoas não aparentadas. 〜国 〜*koku*: outro país.
ta- 多- *pref* muitos, vários. 〜数 〜*sū*: numerosos, muitos. 〜種 〜*shu*: muitas variedades.
taai 他愛 *s* altruísmo.
taba 束・把 *s* maço, feixe. 〜にする 〜*ni suru*: atar em maços.
tabai 多売 *s* vender bastante. 薄利〜 *hakuri* 〜: venda em quantidade com pouca margem de lucro.
tabakaru 詽[謀]る *v* **1** ludibriar, enganar. **2** pensar, refletir. **3** consultar.
tabako 煙草 *s* cigarro. 〜を吸う 〜*o suu*: fumar cigarro. 〜銭 〜*sen*: trocado, merreca. *Bot* tabaco.
tabakodai 煙草代 *s* **1** despesa com cigarro. **2** trocado, dinheiro miúdo.
tabakoire 煙草入れ *s* cigarreira.
tabakoya 煙草屋 *s* tabacaria.
tabakozuki 煙草好き *s* aquele que aprecia o fumo.
tāban ターバン (*ingl turban*) *s* turbante.
tabane 束ね *s* **1** ato de fazer maços. **2** organizador, coordenador.
tabaneru 束ねる *v* atar em maço, prender. 髪を〜 *kami o* 〜: prender os cabelos.
tabasamu 手挟む *v* levar na mão; carregar debaixo do braço.
tabeakiru 食べ飽きる *v* ficar enjoado da comida (de tanto comer o mesmo prato).
tabedoki 食べ時 *s* época propícia para a degustação.
tabegoro 食べ頃 *s* ponto (tempo) certo para comer.
tabekake 食べ掛け *s* comido pela medade; meio comido.
tabekakeru 食べ掛ける *v* começar a comer.
tabekata 食べ方 *s* **1** modo de preparar. 牛のスネの〜 *ushi no sune no* 〜: modo de preparar o mocotó. **2** modo de comer; boas maneiras à mesa.
tabemono 食べ物 *s* comida, alimento, alimentação.
tabemonoya 食べ物屋 *s* restaurante, lanchonete, estabelecimentos que servem comidas.
taben 多弁 *s* tagarelice, loquacidade. 〜*na*, *adj*: loquaz, falador.
tabenareru 食べ慣れる *v* acostumar-se a comer.
tabenokoshi 食べ残し *s* restos de comida, sobra.
tabenokosu 食べ残す *v* deixar sobra de comida; não comer tudo.
taberareru 食べられる *expr* **1** ser comestível. **2** conseguir comer; ser capaz de comer. **3** dar para viver. この給料では食べられない *kono kyūryō de wa taberarenai*: não dá para sobreviver com este salário.
taberu 食べる *v* **1** comer, alimentar-se. **2** viver, sustentar, manter-se.
tabesugi 食べ過ぎ *s* gula, exceder-se na comida.
tabesugiru 食べ過ぎる *v* comer demais; exceder-se na comida.
tabezakari 食べ盛り *s* fase de crescimento; idade em que se come mais.
tabezugirai 食べず嫌い *s* preconceito com relação a alguma comida; rejeitar um prato sem provar.
tabi 足袋 *s* meia japonesa (com dedão separado) usada com quimono.
tabi 度 *s* vez, ocasião. 見る〜思い出す *miru*〜 *omoidasu*: lembro-me toda vez que vejo.
tabi 旅 *s* viagem, jornada.
tabiakinai 旅商い *s* comércio ambulante.
tabiakindo 旅商人 *s* mascate, vendedor ambulante, caixeiro-viajante.
tabibito 旅人 *s* viajante, andarilho.
tabidachi 旅立ち *s* partida, ato de sair de viagem.
tabidatsu 旅立つ *v* sair de viagem; partir de viagem.
tabigarasu 旅烏 *s pop* **1** nômade, viajante sem rumo, andarilho. **2** forasteiro.
tabigeinin 旅芸人 *s* artista itinerante.
tabiji 旅路 *s* jornada, viagem.
tabijitaku 旅支度 *s* preparativos de viagem.
tabikasanaru 度重なる *v* ocorrer repetidas vezes; acontecer com frequência.
tabikasegi 旅稼ぎ *s* trabalho itinerante.
tabikōgyō 旅興行 *s* espetáculo montado por grupo teatral itinerante.
tabimakura 旅枕 *s* **1** pernoite longe de casa. **2** jornada, viagem.
tabimawari 旅回り *s* 〜*no*: ambulante, itinerante.
tābin タービン (*ingl turbine*) *s* turbina. 水力〜 *suiryoku*〜: turbina hidráulica.

tabinikki 旅日記 s diário de viagem.
tabi no mono 旅の者 expr viajante, pessoa que está de passagem.
tabisaki 旅先 s destino da viagem; parada durante uma viagem.
tabishibai 旅芝居 s teatro itinerante.
tabisō 旅僧 s sacerdote em viagem; monge itinerante.
tabisugata 旅姿 s traje de viagem.
tabitabi 度々 adv repetidas vezes; muitas vezes; frequentemente; amiúde.
tabiyakusha 旅役者 s artista itinerante.
tabiyatsure 旅窶れ s ar de fadiga causado por viagem.
tabizukare 旅疲れ s cansaço de viagem.
tabō 多忙 s vida atribulada. ～na, adj: atarefado, ocupado, atribulado. ～な毎日 ～na mainichi: dias extenuantes.
tabō 多望 s cheio de esperanças. 前途～ zento～: futuro promissor.
tabū タブー (polinésio tabu, tapu) s tabu.
tabun[1] 多分 s grande quantidade; algo em demasia.
tabun[2] 多分 adv talvez, possivelmente.
tabun 他聞 s ato de chegar aos ouvidos alheios. ～をはばかる話 ～o habakaru hanashi: assunto confidencial.
taburakasu 誑かす v enganar, lograr.
tabutsu 他物 s outros objetos.
tabyō 多病 s saúde delicada. 才子～ saishi～: muito talento, pouca saúde.
tachi 太刀 s espada.
tachi 質 s 1 índole, temperamento, caráter. おこりっぽい～ okorippoi ～: temperamento explosivo. 2 compleição, constituição física. 病弱な byōjaku na ～: saúde delicada. 3 qualidade. ～の悪い化粧品 ～no warui keshōhin: cosméticos de má qualidade. ～の悪いいたずら ～no warui itazura: brincadeira de mau gosto.
-tachi -たち suf (indica o plural) 学生～ gakusei～: estudantes.
tachiagari 立ち上がり s início, começo.
tachiagaru 立ち上がる v 1 levantar-se, ficar em pé; erguer-se. 2 levantar. ほこりが～ hokori ga ～: levantar poeira. 3 reerguer-se, tomar novo alento; recuperar-se. どん底から～ donzoko kara ～: reerguer-se, saindo do fundo do poço. 4 Sumô iniciar a luta. 5. Inform iniciar o programa.
tachiai 立ち会い s 1 presença, assistência. 証人の～ shōnin no ～: presença de testemunha. 2 sessão da bolsa de valores. 午前の～ gozen no ～: sessão da bolsa de valores no período da manhã.
tachiaienzetsu 立ち会い演説 s discurso de campanha ou comício na rua.
tachiainin 立会人 s testemunha, observador.
tachiaruki 立ち歩き s ato de andar. 赤ん坊が～するようになった akanbō ga ～suru yō ni natta: o bebê começou a dar os primeiros passos.
tachiau 立ち会う v presenciar, estar presente; ser testemunha.
tachiba 立場 s 1 posição, lugar. 社長の～ shachō no ～: posição de presidente. 私の～にもなってください watashi no ～ni mo natte kudasai: coloque-se no meu lugar. 2 situação, circunstância. 3 ponto de vista. いろいろな～で考える iroiro na ～de kangaeru: pensar sob vários pontos de vista.

tachiban 立ち番 s 1 trabalho de vigilância. 2 guarda, vigia, sentinela.
tachibanashi 立ち話 s prosa rápida sem se sentar.
tachidokoro ni 立ち所に adv imediatamente, de imediato.
tachidomaru 立ち止まる v estacar, parar. 入り口で～ iriguchi de ～: parar na entrada.
tachidōshi 立ち通し s ato de ficar em pé o tempo todo.
tachifusagaru 立ち塞がる v barrar a passagem; impedir a passagem.
tachigare 立ち枯れ s árvore ou planta seca.
tachige 立ち毛 s 1 pé de arroz ainda verde do arrozal. 2. lavoura, planta verde.
tachigie 立ち消え s 1 fogo que se apaga no meio da queima. 2 interrupção, suspensão. 計画が～になる keikaku ga ～ni naru: suspender o plano.
tachigiki 立ち聞き s ～suru, v: escutar sorrateiramente; ouvir a conversa atrás da porta.
tachigui 立ち食い s pop ～suru, v: comer em pé.
tachihadakaru 立ちはだかる v barrar a passagem; causar embaraços.
tachihataraku 立ち働く v trabalhar incansavelmente.
tachii 立ち居 s comportamento, movimentos.
tachiifurumai 立ち居振る舞い s postura, porte; conduta.
tachiiri 立ち入り s entrada. ～禁止 ～kinshi: proibida a entrada.
tachiirikensa 立ち入り検査 s fiscalização no local.
tachiiru 立ち入る v 1 entrar, penetrar. 2 interferir, intrometer(-se). 問題に～ mondai ni ～: interferir na questão. 3 ir a fundo; inteirar-se da questão. 立ち入って話し合う tachiitte hanashiau: conversar com franqueza.
tachiita 裁ち板 s tábua de corte para costura.
tachiitaru 立ち至る v chegar ao ponto de.
tachikaeru 立ち返る v voltar ao ponto inicial. 原点に立ち返って検討しなおす genten ni tachikaette kentō shinaosu: reavaliar, voltando ao ponto de partida.
tachikakeru 立ち掛ける v tentar levantar-se.
tachikata 裁ち方 s corte (de roupa), modo de cortar.
tachikaze 太刀風 s lufada de vento provocada pelo movimento rápido da espada.
tachiki 立ち木 s pé de árvore. ～にぶつかる ～ni butsukaru: dar um encontrão na árvore.
tachikiru 断ち切る s 1 cortar, decepar. 2 desligar, romper, deixar para trás. 関係を～ kankei o～: cortar as relações. 3 cortar, obstruir, bloquear. 輸送路を～ yusōro o～: bloquear a rota de transporte.
tachikomeru 立ち込[籠]める v estar saturado, estar envolto (em fumaça), impregnar-se.
tachikomu 立ち込む v abarrotado, compacto, comprimido por causa da multidão.
tachikutabireru 立ち草臥れる v cansaço por ficar muito tempo de pé.
tachikurami 立ち眩み s vertigem, tontura sentida ao ficar de pé.
tachikuzu 裁ち屑 s 1 retalhos de tecidos; pedaço de pano. 2 tiras de papel. 3 sobras inutilizadas de tecido.
tachimachi 忽ち adv num instante; num piscar de olhos.

tachimajiru 立ち交じる *v* fazer parte do conjunto; integrar-se.
tachimawari 立ち回り *s* 1 cena de luta. 2 briga, luta.
tachimawaru 立ち回る *v* 1 mexer-se. 2 manobrar. 上手に～ *jōzu ni ～*: agir sem escrúpulos. 3 passar por. 立ち回り先 *tachimawari saki*: paradeiro.
tachimi 立ち見 *s* ato de assistir de pé a uma peça de teatro.
tachimiseki 立見席 *s* galeria onde o público assiste de pé.
tachimodoru 立ち戻る *v* voltar, retornar.
tachimono 断ち物 *s* abstinência de algum alimento; jejum.
tachimono 裁ち物 *s* corte de tecido para costura.
tachimukau 立ち向かう *v* enfrentar, encarar. 難局に～ *nankyoku ni ～*: enfrentar uma situação difícil.
tachinaoru 立ち直る *v* endireitar, recuperar o equilíbrio. 2 reerguer-se, recobrar-se, restabelecer-se. 3 melhorar, recuperar-se. 不況から～ *fukyō kara ～*: recuperar-se da recessão.
tachinarabu 立ち並ぶ *v* 1 formar fila, alinhar. 2 igualar, perfilar. ～者がいない *～mono ga inai*: não há quem iguale.
tachinayamu 立ち悩む *v* ficar preocupado, hesitar.
tachinbō 立ちん坊 *s pop* o tempo todo em pé.
tachinoboru 立ち上る *v* elevar-se, subir. 煙が～ *kemuri ga ～*: o elevar da fumaça.
tachinoki 立ち退き *s* desocupação, evacuação, despejo.
tachinokiryō 立ち退き料 *s* indenização pelo despejo.
tachinokisaki 立ち退き先 *s* novo endereço (após o despejo).
tachinoku 立ち退く *v* 1 desocupar, desalojar-se. 2 mudar-se, sair. 3 refugiar-se.
tachinomi 立ち飲み *s* ～*suru, v*: beber em pé.
tachinui 裁ち縫い *s* corte e costura.
tachiōjō 立ち往生 *s* inação. ～*suru, v*: ficar sem saber o que fazer; paralisar de susto.
tachiokure 立ち遅[後]れ *s* atraso.
tachiokureru 立ち遅[後]れる *v* 1 ficar atrasado, ficar para trás. 2 começar com atraso, levar desvantagem. 3 *Sumō* levantar-se com atraso.
tachioyogi 立ち泳ぎ *s* nado em posição vertical.
tachisabaki 太刀捌き *s* manejo da espada.
tachisaru 立ち去る *v* abandonar (um lugar), ir embora.
tachishōben 立ち小便 *s* urinação na rua. ～をする *～o suru*: urinar na rua.
tachisugata 立ち姿 *s* 1 postura de pé. 2 postura de dança.
tachisukumu 立ち竦む *v* sentir-se estático.
tachitōsu 立ち通す *v* ficar em pé o tempo todo.
tachitsuzukeru 立ち続ける *v* ficar em pé o tempo todo.
tachiugoki 立ち動き *s* movimentos, movimentação.
tachiuo 太刀魚 *s Ictiol* peixe-espada (*Trichiurus lepturus*).
tachiuri 立ち売り *s* comércio ambulante; venda de miudezas na rua.
tachiwaru 断ち割る *v* cortar e separar.
tachiyaku 立ち役 *s Teat* atores principais no teatro cabúqui.

tachiyomi 立ち読み *s* leitura em pé. ～*suru, v*: ler nas livrarias.
tachiyoru 立ち寄る *v* 1 aproximar, chegar perto. 2 dar uma passadinha, parar em. 帰る途中、本屋に～ *kaeru tochū, hon'ya ni ～*: dar uma passadinha na livraria antes de voltar para casa.
tachiyuku 立ち行く *v* conseguir manter-se (nos negócios). 事業が～ *jigyō ga ～*: conseguir levar avante o empreendimento.
tada¹ 唯[常・只] *s* 1 grátis, gratuito, de graça. 2 comum, normal. ～の人 *～no hito*: uma pessoa comum. ～の友達 *～no tomodachi*: simples amigos.
tada² 唯[直・只] *adv* só, apenas, simplesmente. ～泣くばかりだった *～naku bakari datta*: só chorava. *conj* porém, todavia, contudo, mas.
tadabataraki 只働き *s* trabalho sem remuneração. ～*suru, v*: trabalhar de graça.
tadabōkō 只奉公 *s* emprego sem remuneração.
tadachi ni 直ちに *adv* imediatamente, sem demora.
tadagoto 徒事 *s* corriqueiro, comum, banalidade. ～ではない *～de wa nai*: ser algo sério; ser extraordinário.
tada hitotsu 唯一つ *s* apenas uma coisa; uma única coisa.
tadai 多大 *s* ～*na(no), adj*: imenso, grande, gigantesco, excelente. ～な成果を得る *～na seika o eru*: conseguir um excelente resultado.
tadaima 唯今 *s* agora, neste momento. ～の時刻は午後二時です *～no jikoku wa gogo niji desu*: neste momento, são 14 horas. *adj* neste instante, agora mesmo. ～出発しました *～shuppatsu shimashita*: saiu neste instante; cheguei! (anunciando o regresso).
tadamono 只[徒]者 *s* pessoa comum. ～ではない *～dewa nai*: é uma pessoa especial; é uma pessoa fora de série.
tadanaka 直中 *s* meio, centro. 敵の～ *teki no ～*: no meio dos inimigos; cercado por inimigos.
tadanaranu 徒ならぬ・啻ならぬ *expr* incomum, fora do comum, insólito. ～さわぎ *～sawagi*: acontecimento incomum.
tada ni 啻に *adv arc* apenas, somente.
tadanori 只乗り *s* carona. ～*suru, v*: viajar sem pagar a passagem.
tadare 爛れ *s* chaga, úlcera.
tadareru 爛れる *v* 1 chagar, criar úlcera, tornar-se purulento, apostemar. 2 degradar, ter uma vida desregrada.
tada sae 只さえ *adv* como se não bastasse; ainda por cima.
tadashi 但し *conj* mas, porém, contudo, todavia, contanto que, salvo.
tadashigaki 但し書き *s* ressalva, restrição, aparte.
tadashii 正しい *adj* correto, certo, justo, exato, direito. ～答え *～kotae*: resposta correta.
tadashizuki 但し付き *s* com ressalva.
tadasu 正す *v* 1 corrigir, retificar. 2 endireitar, ajustar, arrumar. 3 esclarecer.
tadasu 質[糺]す *v* 1 interrogar, indagar, perguntar. 2 verificar, averiguar, certificar-se.
tadatada ただただ *adv* só tenho a, apenas.
tadayou 漂う *v* 1 flutuar, boiar. 2 vaguear, andar à toa. 3 pairar.

tadoku 多読 s intensa leitura. ～*suru*, v: ler muito, ler em grande quantidade, sem ser muito seletivo.
tadon 炭団 s aglomerado de carvão vegetal.
tadorigaki 辿り書き s 1 garrancho, letra malfeita. 2 texto ruim, redação malfeita.
tadoritsuku 辿り付く v chegar a muito custo.
tadoriyomi 辿り読み s leitura quase soletrada. ～*suru*, v: ler com dificuldade.
tadoru 辿る v seguir, caminhar, tomar o rumo. 話の筋を～ *hanashi no suji o*～: seguir o enredo. 記憶を～ *kioku o* ～: recorrer à memória.
tadōshi 他動詞 s *Gram* verbo transitivo.
tadotadoshii たどたどしい *adj* vacilante, hesitante, inseguro. ～日本語 ～*nihongo*: japonês pouco fluente.
taedae 絶え絶え *adj* 1 balbuciante. 2 arfante, ofegante. ～*ni*, *adv*: com interrupção.
taegatai 堪[耐]え難い *adj* insuportável, intolerável.
taehateru 絶え果てる v extinguir, acabar completamente.
taeiru 絶え入る v expirar, morrer.
taekaneru 堪[耐]えかねる v não aguentar, ser insuportável.
taekireru 堪[耐]え切れる v conseguir suportar. 絶え切れない *taekirenai*: não conseguir suportar, tornar-se insustentável.
taema 絶え間 s interrupção, pausa, intervalo.
taemanaku 絶え間なく *adv* incessantemente, ininterruptamente, sem parar.
taenaru 妙なる *adj* sublime.
taeru 堪[耐]える v 1 suportar, aguentar, aturar, tolerar. 2 resistir, ser a prova de. 火に～ *hi ni* ～: resistir ao fogo.
taeru 絶える v 1 extinguir-se. 2 acabar, parar, cessar. 息が～ *iki ga* ～: morrer, expirar.
taeshinobu 堪え忍ぶ v aturar, suportar com resignação.
taete 絶えて *adv* há anos; há muito tempo; nunca mais.
taezaru 絶えざる *expr* incessante; contínuo; constante. ～努力 ～*doryoku*: esforço contínuo.
taezu 絶えず *adv* forma negativa de *taeru*; constantemente; sempre; sem parar.
tafu タフ (*ingl tough*) *adj* forte; robusto; vigoroso; resistente; rijo; duro.
taga 箍 s arco de barril.
tagaeru 違える v quebrar; romper; faltar. 約束を～ *yakusoku o* ～: romper a promessa; faltar ao compromisso.
tagai 互い s reciprocidade.
tagaichigai 互い違い s alternância.
tagaisen 互先 s em jogo de *go*, alternadamente, o primeiro a jogar.
tagaku 多額 s grande quantia em dinheiro. ～納税者 ～*nōzeisha*: grande tributário.
tagane 鏨 s buril; cinzel; cunha de aço.
-tagaru -たがる *suf* querer; desejar fazer. 子供は何でも自分でやり～ *kodomo wa nandemo jibun de yari*～: as crianças querem fazer tudo por si mesmas.
tagau 違う v 1 ser diferente; variar; afastar-se; desviar-se; falhar. 2 infringir; violar.
tagayasu 耕す v lavrar; cultivar. 畑を～ *hatake o* ～: lavrar a gleba.

tagei 多芸 s versatilidade; ato de saber fazer de tudo. ～な人 ～*na hito*: pessoa versátil em ofícios.
tagen 多元 s pluralidade; múltiplo.
tagen 多言 s muitas palavras; tagarelice.
tagenron 多元論 s pluralismo.
tagi 多義 s polissemia; ambiguidade. ～語 ～*go*: palavra ambígua; palavra polissêmica.
tagiru 滾[沸]る v ferver; borbulhar; arder.
tagon 他言 s divulgação; ato de dizer aos outros. ～をはばかる ～*o habakaru*: ser confidencial.
tagosaku 田吾作 s *vulg* camponês; aldeão; lavrador.
tagui 比・類 s espécie; gênero; classe; tipo; raça. ～まれな ～*mare na*: raro; excepcional; extraordinário; singular.
taguru 手繰る v puxar; recolher. 網を～ *ami o* ～: puxar a rede. 話の糸を～ *hanashi no ito o* ～: coligir os traçados da conversa.
tahata 田畑 s campos cultivados; gleba.
tahatsu 多発 s ocorrência frequente. ～*suru*, v: ocorrer frequentemente.
tahenkei 多辺形 s polígono.
tahō 他方 s 1 outro lugar; outro lado. 2 por outro lado; mas. 輸出は増え～輸入は減った *yushutsu wa fue* ～ *yunyū wa hetta*: aumentaram as exportações; por outro lado, diminuíram as importações.
tahōmen 多方面 s diversas áreas; vários campos.
tai 体 s 1 corpo. 2 estilo; forma. ～をなさない ～*o nasanai*: não configura uma aparência adequada.
tai 対 s 1 contrário; oposto; adversário. 2 igual. ～で勝負する ～*de shōbu suru*: disputar de igual para igual. 3 contra; versus; com. アメリカ～ブラジルの試合 *amerika*～*burajiru no shiai*: partida dos EUA. contra o Brasil. 4 para; com. ～ブラジル貿易 ～*burajiru bōeki*: comércio com o Brasil.
tai 隊 s equipe; unidade; força; formação militar; banda. ～を組む ～*o kumu*: formar uma equipe.
tai 態 s 1 voz de voz ativa/passiva. 受動～ *judō*～: voz passiva. 2 configuração; aparência; postura.
tai 鯛 s *Ictiol* pargo.
tai 他意 s outra intenção; segundas intenções; malícia; más intenções.
tai- 大- *pref* grande; enorme; extenso.
tai- 対- *pref versus*; contra; anti; oposto.
tai- 耐- *pref* à prova de; resistente a; anti. ～熱 ～*netsu*: resistência ao calor.
-tai -帯 *suf* zona; região. 火山～ *kazan*～: região vulcânica.
-tai -たい *aux* querer; desejar; ter vontade de. アフリカに行き～ *Afurika ni iki*～: quero ir à África.
taian 対案 s contraproposta.
taian(nichi) 大安(日) s dia de sorte.
taiatari 体当たり s arremetida com o corpo; investida com arrojo; com toda a força.
taiatsu 耐圧 s resistência à pressão.
taiban 胎盤 s *Anat* placenta.
taibatsu 体罰 s castigo corporal.
taibetsu 大別 s classificação geral.
taibō 待望 s desejo ardente; anseio; anelo. ～の ～*no*: ansiado; desejado.
taibō 耐乏 s austeridade; privações.
taiboku 大木 s árvore gigantesca.
taibōseikatsu 耐乏生活 s vida austera.
taibu 大部 s ato de ser volumoso (impressos ou livros).

taibutsu 対物 *s* ato em confronto ao objeto.
taibyō 大病 *s* doença grave; enfermidade grave.
taichi 対地 *s* do céu em confronto ao solo (ar/solo).
taichi 対置 *s* contraposição. ~*suru*, *v*: opor-se.
taicho 大著 *s* livro volumoso; obra-prima.
taichō 体調 *s* forma física; saúde. ~を整える ~*o totonoeru*: pôr-se em boa forma.
taichō 退庁 *s* saída da repartição pública.
taichō 退潮 *s* refluxo da maré; maré baixa.
taichō 隊長 *s* comandante; chefe de uma corporação.
taida 怠惰 *s* preguiça.
taidan 対談 *s* conversa. ~*suru*, *v*: ter uma conversa; diálogo.
taiden 帯電 *s* carga elétrica; eletrização. ~体 ~*tai*: corpo eletrizado.
taido 態度 *s* atitude; modo de pensar; postura; conduta; modos; comportamento; ar; jeito. ~を決める ~*o kimeru*: decidir-se; tomar uma atitude.
taido 大度 *s* magnanimidade; generosidade; mente aberta.
taidō 胎動 *s* 1 movimento fetal. 2 primeiros indícios.
taidō 帯同 *s* ato de fazer-se acompanhar; ato de levar alguém junto.
taiei 退嬰 *s* conservantismo; tradicionalismo.
taieki 退役 *s* ato de passar à reserva. ~軍人 ~*gunjin*: oficial da reserva.
taieki 体液 *s* Fisiol humor; os humores.
taifū 台[颱]風 *s* tufão.
taifū 大風 *s* furacão; vento forte.
taiga 大河 *s* rio grande.
taiga 大賀 *s* congratulações; grandes comemorações.
taigai 体外 *s* fora do corpo.
taigai 対外 *s* exterior. ~的 ~*teki*: voltado para o exterior; externo; internacional.
taigai 大害 *s* grande dano/prejuízo.
taigai 大概 *adv* 1 geralmente; na maioria das vezes; quase sempre. 学生は~この本を読む *gakusei wa ~kono hon o yomu*: quase todos os estudantes leem este livro. 2 talvez. 明日は~雨だろう *asu wa ~ ame darō*: amanhã talvez chova. 3 dentro do razoável. ~にする ~*ni suru*: guardar os limites.
taigaienjo 対外援助 *s* ajuda ao exterior.
taigaijusei 体外受精 *s* inseminação *in vitro*.
taigaikankei 対外関係 *s* relações exteriores.
taigaiseisaku 対外政策 *s* política externa.
taigaku 退学 *s* ato de renunciar à escola. ~させる ~*saseru*: expulsar da escola.
taigakushobun 退学処分 *s* expulsão da escola.
taigan 対岸 *s* outra margem do rio; margem oposta.
taigan 大願 *s* anelo; grande aspiração.
taigen 体現 *s* encarnação; personificação.
taigen 体言 *s* Gram vocábulos nocionais da gramática japonesa.
taigensōgo 大言壮語 *s* bazófia; jactância; alarde; fanfarronice.
taigi 大儀 *s* cerimônia oficial; ato de ser cansativo.
taigi 大義 *s* lei moral; justiça; lealdade.
taigimeibun 大義名分 *s* razão justa.
taigo 隊伍 *s* fileira; fila; formação. ~を組む ~*o kumu*: formar fileiras.
taigo 対語 *s* antônimo.
taigū 待遇 *s* tratamento; acolhimento; recepção. ~のよい会社 ~*no yoi kaisha*: empresa receptiva aos funcionários.

taigūkaizen 待遇改善 *s* melhoria das condições de trabalho.
taigun 大軍 *s* grande exército; grande força militar.
taigun 大群 *s* grande número de animais.
taigyaku 大逆 *s* alta traição; lesa-majestade.
taigyo 大魚 *s* peixe grande.
taigyō 大業 *s* um grande feito; um grande empreendimento.
taigyō 怠業 *s* sabotagem.
taiha 大破 *s* destruição total.
taihai 大敗 *s* derrota total.
taihai 退[頽]廃 *s* degeneração; corrupção; decadência. ~*suru*, *v*: degenerar; decair; corromper; declinar.
taihai 大盃 *s* taça grande.
taihan 大半 *s* maioria; maior parte.
taihasei 対波性 *s* navegabilidade no mar; propriedade antionda da embarcação.
taihei 太[泰]平 *s* paz; tranquilidade. 天下泰平 *tenkataihei*: paz reinante no mundo inteiro.
taiheiraku 太平楽 *s* 1 título de música executada em cerimonial da corte japonesa. 2 viver sem preocupação; castelos no ar; sonhos dourados.
Taiheiyō 太平洋 *s* Oceano Pacífico.
taihen 大変 *adj* 1 muito; extremamente. ~面白い本 ~*omoshiroi hon*: livro muito interessante. 2 sério; grave. ~なことになった ~*na koto ni natta*: a questão tornou-se grave. 3 numeroso; enorme; incontável. ~な金額 ~*na kingaku*: enorme soma de dinheiro.
taihi 対比 *s* comparação; contraste.
taihi 待避 *s* 1 Ferrov ~線 ~*sen*: desvio. 2 refúgio; cobertura; proteção.
taihi 堆肥 *s* adubo animal; estrume; esterco.
taihi 退避 *s* ato de refugiar-se. ~所 ~*jo*: local de refúgio.
taiho 退歩 *s* retrocesso; recuo; declínio. ~*suru*, *v*: retroceder; recuar; declinar; andar para trás.
taiho 逮捕 *s* detenção; captura; prisão. 別件~ *bekken*~: detenção por outra acusação.
taihō 大砲 *s* canhão; artilharia.
taihojō 逮捕状 *s* mandado de prisão.
taiho(mei)rei 逮捕(命)令 *s* ordem de prisão.
taihon 大本 *s* princípios básicos; grande fundamento.
taii 大意 *s* ideia principal; resumo; esboço; sumário; essência; substância; ponto principal. ~をつかむ ~*o tsukamu*: captar a ideia geral.
taii 体位 *s* físico; constituição física; postura.
taii 退位 *s* abdicação.
taiiku 体育 *s* educação física; atletismo; ginástica.
taiikukan 体育館 *s* ginásio de esportes.
taiin 退院 *s* alta do hospital.
taiin 隊員 *s* membro de uma corporação.
taiin 太陰 *s* lua.
taiji 退治 *s* extermínio; limpeza.
taiji 胎児 *s* embrião; feto.
taiji 対峙 *s* ato de estar frente a frente. ~*suru*, *v*: enfrentar.
taiji 帯磁 *s* Fís magnetização.
taijin 対人 *s* relação entre pessoas.
taijin 対陣 *s* ato de enfrentar; enfrentamento de dois exércitos.
taijin 退陣 *s* retirada; renúncia; afastamento. ~*suru*, *v*: retirar-se; renunciar.

taijin 大人 *s* grande homem; cavalheiro.
taijin 滞陣 *s* acampamento. ~*suru*, *v*: permanecer em acampamento; continuar a acampar.
taijinkankei 対人関係 *s* relações pessoais.
taijō 退場 *s* saída do lugar; ato de sair de cena.
taiju 大樹 *s* árvore grande.
taijū 体重 *s* peso do corpo.
taika 大火 *s* fogo; incêndio de grandes proporções.
taika 大家 *s* grande mestre; autoridade; figura eminente.
taika 対価 *s* compensação; valor equivalente/correspondente.
taika 退化 *s* degeneração; regressão; atrofia; retrocesso.
taika 耐火 *s* ato de ser refratário ao fogo. ~性の ~*sei no*: resistente ao calor; refratário.
taika 滞貨 *s* acúmulo; estoque. 郵便物の~ *yūbinbutsu no* ~: acúmulo de correio/cartas postais.
taika 大過 *s* falta/falha séria; erro grave.
taika 大廈 *s* casa grande; edifício; grande prédio.
taikakikan 退化器官 *s* órgão atrofiado.
taikai 大会 *s* congresso; convenção; encontro.
taikai 退会 *s* ato de deixar uma associação.
taikai 大塊 *s* grande massa sólida.
taikakōrō 大廈高楼 *s* prédios altos e grandes.
taikakōzō 耐火構造 *s* construção à prova de fogo.
taikaku 体格 *s* constituição; compleição; físico.
taikaku 対角 *s Geom* ângulo oposto.
taikakukensa 体格検査 *s* exame médico.
taikakusen 対角線 *s* diagonal.
taikan 大官 *s* alto funcionário do governo.
taikan 退官 *s* ato de reformar-se de um cargo público; aposentar-se de cargo público.
taikan 耐寒 *s* resistência ao frio.
taikan 大旱 *s* grande seca/estiagem.
taikanshiki 戴冠式 *s* cerimônia de coroação.
taikansōchi 耐寒装置 *s* equipamento de resistência ao frio.
taikasei 耐火性 *s* resistente ao calor; refratário.
taike 大家 *s* família rica; família distinta; grande família.
taikei 体刑 *s* punição física; castigo corporal; condenação a trabalhos forçados.
taikei 体系 *s* sistema. ~的な ~*teki na*: sistemático.
taikei 隊形 *s* formatação de grupo.
taikei 大計 *s* projeto de longo alcance; grande plano.
taikei 大慶 *s* grande felicidade; regozijo; grande prazer.
taiken 大圏 *s* círculo máximo; ortodromia.
taiken 大権 *s* poder supremo do imperador na antiga constituição japonesa.
taiken 体験 *s* experiência. ~を生かす ~*o ikasu*: aproveitar a experiência.
taiken 帯剣 *s* sabre; porte de espada.
taiken 大賢 *s* sábio.
taikendan 体験談 *s* discorrer sobre as experiências vividas.
taikenki 体験記 *s* anotações das experiências pessoais.
taiketsu 対決 *s* confrontação. ~*suru*, *v*: confrontar-se.
taiki 大気 *s* atmosfera; ar.
taiki 待機 *s* aguardar uma chance/oportunidade.
taiki 隊旗 *s* bandeira de uma unidade.
taiki 大器 *s* pessoa de grande talento; grande gênio.
taikin 大金 *s* grande quantia em dinheiro.
taikin 大禁 *s* proibição estrita.
taikiosen 大気汚染 *s* poluição atmosférica.
taikiroku タイ記録 *s* recorde igual.
taiko 太古 *s* tempos remotos; a mais remota antiguidade.
taiko 太鼓 *s* tambor.
taikō 大公 *s* grão-duque.
taikō 大綱 *s* princípios fundamentais; ideia geral.
taikō 太后 *s* imperatriz/rainha viúva.
taikō 対向 *s* oposto.
taikō 対抗 *s* oposição; confrontação; antagonismo; rivalidade; competição.
taikō 対校 *s* interescolar; entre escolas. ~試合 ~*shiai (jiai)*: torneio escolar.
taikō 退行 *s* degradação; retrocesso.
taikō 退校 *s* expulsão da escola. *V* **taigaku** 退学.
taikō 大功 *s* serviço de mérito.
taikōba 対抗馬 *s* **1** cavalo rival. **2** candidato adversário (em uma eleição).
taikoban 太鼓判 *s* selo grande. ~を押す ~*o osu*: garantir; afiançar.
taikobara 太鼓腹 *s* barriga grande; pança.
taikōbō 太公望 *s* amador da pesca.
taikoku 大国 *s* país grande; país importante; potência; nação forte. 超~ *chō*~: superpotência.
taikomochi 太鼓持ち *s* **1** palhaço profissional que anima os banquetes. **2** adulador; lisonjeador; bajulador.
taikōsaku 対抗策 *s* contramedida.
taikōsha 対抗者 *s* oponente; adversário; antagonista; rival.
taikōsha 対向車 *s* carro que vem em sentido oposto ao nosso.
taikōshoku 帯黄色 *s arc* amarelento, amarelado.
taiku 体躯 *s* corpo. *Sin* **taikaku** 体格.
taikū 対空 *s* antiaéreo. ~ミサイル ~*misairu* (*ingl missile*): míssil antiaéreo.
taikū 滞空 *s* permanência no ar. ~記録 ~*kiroku*: recorde de voo.
taikun 帯勲 *s arc* paramentar-se com a condecoração.
taikutsu 退屈 *s* tédio, fastio, enfado. ~な, *adj*: entediante, enfadonho, fastidioso.
taikutsushinogi 退屈凌ぎ *s* passatempo, matar o tempo.
taikyaku 退却 *s* retirada. ~*suru*, *v*: retirar-se, bater em retirada.
taikyo 退去 *s* evacuação, abandono, afastamento. 強制~ *kyōsei*~: deportação. 国外~者 *kokugai*~*sha*: deportado. ~*suru*, *v*: evacuar, deixar, sair.
taikyo 大挙 *s* ação em massa. ~*suru*, *v*: sair em massa (multidão).
taikyō 胎教 *s* cuidado pré-natal. ~にいい ~*ni ii*: bom para o feto.
taikyoku 大局 *s* situação geral.
taikyoku 対局 *s* partida de jogo de tabuleiro.
taikyoku 対極 *s* oposto, extremo, antípoda.
taikyokuken 太極拳 *s tai chi chuan*.
taikyū 耐久 *s* durabilidade, resistência. ~試験 ~*shiken*: teste de resistência. ~性 ~*sei*: durabilidade. ~消費財 ~*shōhizai*: bens duráveis.

taikyūryoku 耐久力 *s* durabilidade.
taikyūzai 耐久財 *s arc* bens duráveis.
taima 大麻 *s* maconha.
taimā タイマー (*ingl timer*) *s timer*, marcador de tempo, temporizador.
taimai 大枚 *s pop* dinheiro grosso, muita grana.
taiman 怠慢 *s* negligência, preguiça, ócio, descuido. ～*na, adj*: negligente, descuidado.
taimatsu 松明・炬火 *s* tocha, archote.
taimei 大命 *s p us* ordem do imperador.
taimei 待命 *s* espera por segundas ordens (novas instruções); remoção temporária de um posto oficial.
taimen 対面 *s* encontro. ～*suru, v*: encontrar, ficar face a face.
taimen 体面 *s* aparência, reputação, honra, prestígio. ～を保つ ～*o tamotsu*: manter as aparências.
taimenkōtsū 対面交通 *s* tráfego nos dois sentidos; duas mãos.
taimingu タイミング (*ingl timing*) *s* momento apropriado. ～がいい ～*ga ii*: em tempo.
taimō 大望 *s* aspiração, ambição.
taimō 体毛 *s* pelo do corpo.
taimu タイム (*ingl time*) *s* tempo. ～サービス ～*sābisu* (*ingl service*): promoção por tempo limitado.
taimu タイム (*ingl thyme*) *s Bot* tomilho.
taimukādo タイムカード (*ingl timecard*) *s* cartão de ponto.
tain 多淫 *s arc* lascividade acentuada.
tainai 体内 *s* interior do corpo. ～時計 ～*dokei*: relógio biológico.
tainai 胎内 *s* intrauterino.
tainai 対内 *s* doméstico, interno.
tainan 大難 *s p us* grande problema (dificuldade).
tainetsu 体熱 *s arc* temperatura do corpo.
tainetsu 耐熱 *s* resistência ao calor. ～ガラス ～*garasu* (*ingl glass*): vidro à prova de calor.
tainichi 対日 *s* para com o Japão. ～関係 ～*kankei*: relação com o Japão.
tainin 大任 *s* missão importante, grande tarefa.
tainin 退任 *s* demissão, renúncia. ～*suru, v*: deixar o cargo.
tainō 滞納 *s* atraso no pagamento, inadimplência. ～*suru, v*: estar inadimplente.
tainōsha 滞納者 *s* devedor, inadimplente.
tainōshobun 滞納処分 *s* punição ao inadimplente.
taiō 対応 *s* correspondência, equivalência, enfrentamento. ～*suru, v*: corresponder, equivaler. ～策 ～*saku*: contramedida.
taion 体温 *s* temperatura do corpo. ～低下 ～*teika*: hipotermia.
taionkei 体温計 *s* termômetro clínico.
taipu タイプ (*ingl type*) *s* **1** tipo, espécie. **2** máquina de escrever. ～ミス ～*misu*: erro de datilografia (digitação).
taipuraitā タイプライター (*ingl typewriter*) *s* máquina de escrever.
taira 平ら *s* plano, nivelado, uniforme. ～*na, adj*: plano, liso. ～にする ～*ni suru*: nivelar.
tairageru 平らげる *v* comer tudo, devorar.
tairaka 平らか *adj* **1** plano, uniforme, liso, nivelado. **2** tranquilo, em paz.
tairan 大乱 *s* grande rebelião.

tairan 台覧 *s p us* inspeção ou apreciação feita pelo imperador (imperatriz).
tairei 大礼 *s* cerimonial de entronização do imperador.
taireifuku 大礼服 *s* traje a rigor.
tairetsu 隊列 *s* fila, fileira de soldados.
tairiku 大陸 *s* continente.
tairikudana 大陸棚 *s* plataforma continental.
tairikuteki 大陸的 *adj* continental.
tairin 台臨 *s arc* presença ou chegada do imperador (imperatriz).
tairitsu 対立 *s* oposição, confronto. ～*suru, v*: opor-se, confrontar-se.
tairo 退路 *s* rota de fuga.
tairu タイル (*ingl tile*) *s* azulejo, ladrilho.
tairyaku 大略 *s* sumário, resumo.
tairyō 大量 *s* grande quantidade.
tairyō 大漁 *s* pesca em grande escala.
tairyōgyakusatsu 大量虐殺 *s* massacre, genocídio.
tairyoku 体力 *s* força física.
tairyōseisan 大量生産 *s* produção em série (grande escala).
tairyū 対流 *s Fís* convecção. ～圏 ～*ken*: troposfera.
taisa 大佐 *s Mil* coronel no Exército; capitão de mar e guerra na Marinha.
taisa 大差 *s* grande diferença (discrepância).
taisai 大祭 *s* grandes datas comemorativas na religião xintoísta.
taisaku 大作 *s* grande obra (trabalho), obra-prima.
taisaku 対策 *s* contramedida.
taisan 退散 *s* retirada, fuga. ～*suru, v*: retirar-se, fugir, desaparecer.
taisan 耐酸 *s* resistência ao ácido.
taisatsu 大冊 *s* livro grosso.
taisei 大勢 *s* tendência geral, situação.
taisei 体制 *s* organização, estrutura, sistema, ordem, regime (social).
taisei 体勢 *s* postura, posição.
taisei 態勢 *s* atitude, condição, preparação. ～を整える ～*o totonoeru*: preparar as condições.
taisei 大成 *s* sucesso. ～*suru, v*: ser bem-sucedido.
taisei 泰西 *s* oeste, Ocidente.
taisei 頽勢 *s* declínio.
taisei 対生 *s Bot* folhas opostas.
taiseishikko 大声疾呼 *expr p us* vociferar.
Taiseiyō 大西洋 *s* Oceano Atlântico.
taiseki 体積 *s* volume, capacidade.
taiseki 対蹠 *s* oposto, antípoda. *Sin* **taisho** 対蹠.
taiseki 退席 *s* saída. ～*suru, v*: deixar o lugar (assento).
taiseki 堆石 *s Geol* morena.
taiseki 堆積 *s* sedimentação, acumulação. ～*suru, v*: acumular, sedimentar.
taiseki 大石 *s arc* grande pedra.
taisen 大戦 *s* grande guerra. 第一次世界～ *daiichiji sekai*～: Primeira Guerra Mundial.
taisen 対戦 *s* confronto. ～*suru, v*: confrontar, opor, competir. ～相手 ～*aite*: oponente.
taisen 対潜 *s arc* antissubmarino.
taisen 大船 *s arc* grande navio.
taisenshahō 対戦車砲 *s* artilharia antitanque (anticarro).
taisetsu 大切 *adj* importante, valioso, precioso. ～にする ～*ni suru*: valorizar, cuidar.

taisha 大社 s arc grande santuário xintoísta.
taisha 大赦 s anistia, perdão.
taisha 代謝 s metabolismo.
taisha 退社 s saída da empresa. ~suru, v: aposentar-se, demitir-se, deixar o trabalho.
taishaku 貸借 s empréstimo, débito e crédito.
taishakutaishōhyō 貸借対照表 s Cont balanço.
taishi 大使 s embaixador.
taishi 太子 s príncipe.
taishi 大志 s ambição.
taishikan 大使館 s embaixada.
taishikan'in 大使館員 s membro (funcionário) da embaixada.
taishin 対審 s Jur acareação, contraditório.
taishin 耐震 s à prova de abalos sísmicos.
taishita 大した adj grande, importante, sério, grave, considerável.
taishite 大して adv não muito.
taishite 対して expr para, frente a, face a face, em relação a.
taishitsu 体質 s constituição, condição física, predisposição.
taishitsu 耐湿 s resistência à umidade; à prova de umidade.
taishitsu 退室 s saída do recinto. ~suru, v: deixar o recinto, sair.
taisho 対処 s enfrentamento, solução. ~suru, v: enfrentar, lidar; solucionar.
taishō 大将 s 1 Mil general, almirante. 2 chefe, líder. 3 pop meu chapa, meu chefe.
taishō 大勝 s grande vitória. ~suru, v: vencer facilmente.
taishō 大詔 s edito imperial.
taishō 対称 s 1 Mat simetria. 2 Gram segunda pessoa.
taishō 対象 s objeto, alvo, fim.
taishō 対照 s contraste, comparação. ~suru, v: contrastar, comparar.
taishō 隊商 s caravana.
taishō 大笑 s gargalhada. ~suru, v: dar gargalhada, gargalhar.
taishō 大賞 s grande prêmio.
taishokōsho 大所高所 s visão ampla, ponto de vista elevado.
taishoku 大食 s glutonia, glutão, voracidade. ~suru, v: comer muito.
taishoku 退職 s demissão, aposentadoria. ~者 ~sha: demissionário, demitente, aposentado.
taishoku 耐食[蝕] s resistência à corrosão, anticorrosivo.
taishoku 褪色 s desbotamento, descoloração, descolorização. ~suru, v: desbotar, descolorir-se.
taishōku 対照区 s lote de controle in vivo.
taishokukin 退職金 s indenização trabalhista por demissão.
taishokuteate 退職手当 s indenização trabalhista por demissão.
taishōryōhō 対症療法 s tratamento (terapia) dos sintomas.
taishōyaku [zai] 対症薬[剤] s p us remédio, medicamento específico.
taishu 大酒 s p us bebedeira, ingestão de bebida alcoólica em grande quantidade.
taishū 大衆 s público, povo, massas.
taishū 体臭 s odor do corpo.

taishūka 大衆化 s popularização.
taishūmuki 大衆向き s popular.
taishūsei 大衆性 s apelo popular, popularidade.
taishutsu 退出 s saída, retirada. ~suru, v: sair, retirar-se.
taishutsu 帯出 s remoção, retirada. ~suru, v: retirar, pedir emprestado. ~禁止 ~kinshi: empréstimo proibido.
taisō 体操 s ginástica, exercício físico.
taisō 大層 s muito, exagero. ~na, adj: exagerado, demasiado.
taisū 大数 s p us grande número, quantidade aproximada.
taisū 対数 s Mat logaritmo. ~表 ~hyō: tabela de logaritmos.
taisui 耐水 s resistência à água, à prova d'água. ~性 ~sei: impermeabilidade.
taisuru 対する v 1 confrontar, opor, facear, resistir. 2 em relação a, comparado a.
taisuru 体する v obedecer, respeitar.
taisuru 帯する v p us trazer à cintura; portar.
taitei 退廷 s Jur saída (retirada) da corte. ~suru, v: deixar o tribunal.
taitei 大帝 s grande imperador.
taitei 大抵 adv 1 geralmente, usualmente, normalmente. 2 provavelmente. 3 normal, comum. ~にする ~ni suru: moderar-se.
taiteki 大敵 s grande rival, inimigo poderoso.
taiteki 対敵 s arc hostil, em relação ao inimigo; antagonista.
taiten 大典 s cerimonial do Estado ou da corte imperial.
taito 泰斗 s autoridade, especialista.
taitō 対当 s p us correspondência, equivalência, oposição.
taitō 対等 s igualdade, paridade, equivalência.
taitō 帯刀 s arc uso (porte) de espada.
taitō 駘蕩 s arc calmo, sereno, suave, primaveril.
taitō 台頭・擡頭 s arc crescimento. ~suru, v: crescer, destacar-se, ganhar poder.
taitoku 体得 s experiência. ~suru, v: aprender com a experiência.
taitoru タイトル (ingl title) s título.
taitosukāto タイトスカート (ingl tight skirt) s Vest saia justa (reta).
taiwa 対話 s diálogo, conversa, conversação.
taiwasha 対話者 s interlocutor.
taiwatai 対話体 s estilo dialogado.
taiya タイヤ (ingl tire; tyre) s pneu. スペア~ supea ~: estepe, pneu sobressalente.
taiyaku 大厄 s grande calamidade, grande climatério.
taiyaku 大役 s tarefa (missão, dever) importante.
taiyaku 対訳 s tradução impressa ao lado do texto original.
taiyo 貸与 s empréstimo.
taiyō 太洋 s oceano.
taiyō 大要 s resumo, sumário.
taiyō 太陽 s Sol.
taiyōkei 太陽系 s sistema solar.
taiyōkokuten 太陽黒点 s mancha solar.
taiyoku 大欲 s avareza, ganância. ~は無欲に似たり ~wa muyoku ni nitari: quem tem grande ambição não tem pequenos desejos.
taiyōnensū 耐用年数 s vida útil.

taiyōnetsu 太陽熱 *s* calor solar.
taiyōshin 太陽神 *s* deus do sol.
taiyōshinwa 太陽神話 *s* mito solar.
taiyōsūhai 太陽崇拝 *s arc* veneração ao sol.
taiyusei 耐油性 *s p us* resistência ao óleo, à prova de óleo.
taiza 対座 *s* ～*suru*, *v*: sentar-se defronte (face a face).
taizai 滞在 *s* estada, estadia, permanência. ～*suru*, *v*: ficar, permanecer. ～客 ～*kyaku*: visita. ～費 ～*hi*: despesa de estada.
taizan 大山 *s p us* grande montanha, montanha alta.
taizen 大全 *s p us* obra completa, coleção, enciclopédia.
taizen 泰然 *s* calmo, frio. ～として ～*to shite*: com espírito tranquilo.
taizenjijaku 泰然自若 *adj* calmo, controlado, com autocontrole.
taizō 退蔵 *s* bens ocultos.
taizoku 大賊 *s arc* ladrão notório.
taizuki 隊付き *s* adido ao regimento.
taji 他事 *s* outro assunto. ～ながら ～*nagara*: a propósito.
taji 多事 *s arc* cheio de acontecimentos, atarefado.
tajikusen 多軸船 *s arc* navio de múltiplas hélices.
tajirogu たじろぐ *v* recuar, titubear, retroceder, estremecer.
tajitaji(to) たじたじ(と) *adv* de forma vacilante, de modo hesitante.
tajitatan 多事多端 *s* muito ocupado, atarefado, cheio de acontecimentos.
tajitsu 他日 *s* e *adv* outro dia; um dia destes. ～を期する ～*o kisuru*: esperar por um outro dia.
tajō 多情 *s* paixão, volubilidade.
tajōtakan 多情多感 *s* sentimentalismo exagerado.
tajōtakon 多情多恨 *s* hipersensibilidade sofrida.
taka 高 *s* quantidade; volume; número. ～がしれている ～*ga shirete iru*: ser insignificante; ter pouco valor. ～をくくる ～*o kukuru*: fazer pouco-caso.
taka 鷹 *s Ornit* falcão.
taka 多寡 *s* quantidade; muito ou pouco. 収入の～に応じて *shūnyū no* ～*ni ōjite*: em proporção ao rendimento.
takabisha 高飛車 *s* arrogância; prepotência; arbitrariedade; insolência. ～なやり方 ～*na yarikata*: procedimento arrogante.
takaburi 高ぶり *s* orgulho; excitação.
takaburu 高ぶる *v* ser orgulhoso; ficar excitado.
takadai 高台 *s* colina; elevação de terreno; alto; morro.
takadaka 高々 *adv* 1 muito alto; no topo. 鼻～である *hana*～*de aru*: estar muito orgulhoso. 2 quando muito; no máximo. ～一万円くらいだろう ～*ichiman'en kurai darō*: deve custar, quando muito, uns 10 mil ienes.
takadaka 高々と *adv* o mais; o mais alto; o maior; o melhor.
takagari 鷹狩り *s* caçada com falcão; falcoaria.
takaha 鷹派 *s* os falcões; linha radical.
takahiku 高低 *s* altos e baixos.
takai 他界 *s* o outro mundo. ～*suru*, *v*: morrer; ir para o outro mundo.
takai 高い *adj* 1 alto; elevado. ～波 ～*nami*: ondas altas. 2 alto. ～熱 ～*netsu*: febre alta. 緯度が～ido ga～: latitude alta. 3 superior; alto; elevado; sublime; nobre. ～地位を占める ～*chii o shimeru*: ocupar uma posição alta. ～理想 ～*risō*: ideal nobre. 評判が～ *hyōban ga* ～: ter boa reputação. 4 caro; elevado. ～値 ～*ne*: preço elevado. 5 barulhento; alto; sonoro. ～声で話す ～*de hanasu*: conversar em voz alta.
takaibiki 高鼾 *s* ressono alto; ronco alto; o ato de dormir bem.
takakkei 多角形 *s Geom* polígono.
takaku 多角 *s* vários ângulos; diverso; múltiplo. ～的に物事を見る ～*teki ni monogoto o miru*: ver as coisas sob vários aspectos.
takaku 高く *adv* 1 alto. 2 posição alta; cargo alto. 3 voz alta. 4 caro; preço alto. 何でも～なった *nandemo*～*natta*: tudo ficou mais caro.
takakubōeki 多角貿易 *s* comércio exterior multilateral.
takakuka 多角化 *s* diversificação.
takakukeiei 多角経営 *s* administração diversificada.
takakunōgyō 多角農業 *s* agricultura diversificada; policultura.
takamakura 高枕 *s* travesseiro alto; dormir em paz.
takamari 高まり *s* subida; aumento. 緊張の～ *kinchō no*～: aumento da tensão.
takamaru 高まる *v* subir; elevar-se; crescer; aumentar; intensificar-se; acumular-se. 感情が～ *kanjō ga* ～: ficar mais emocionado.
takame 高目 *s* ligeiramente alto; tender para o caro/elevado. 温度を～に設定する *ondo o*～*ni settei suru*: estabelecer a temperatura em um nível ligeiramente alto.
takameru 高める *v* elevar; subir; erguer; levantar; melhorar; aumentar; promover. 品質を～ *hinshitsu o* ～: melhorar a qualidade. 信用を～ *shin'yō o* ～: aumentar a credibilidade.
takami 高み *s* lugar alto. ～の見物をする ～*no kenbutsu o suru*: assistir sem intervir.
takamura 竹叢・篁 *s* bosquete de bambu.
takan 多感 *s* emotividade; sensibilidade delicada. ～な, *adj*: sensível; sentimental; emocional; emotivo. ～な年頃 ～*na toshigoro*: idade suscetível a comoção.
takana 高菜 *s Bot* mostarda.
takanami 高浪・波 *s* ondas altas.
takanaru 高鳴る *v* soar alto; palpitar com força. 若い血が～ *wakai chi ga*～: o palpitar do sangue jovem.
takane 高嶺 *s* cume alto; algo elevado; algo fora do alcance; algo imponente. ～の花 ～*no hana*: coisa fora do alcance; mulher inacessível.
takane 高値 *s* preço alto. ～で売る ～*de uru*: vender por um preço alto.
takanozomi 高望み *s* objetivo demasiadamente alto. ～*suru*, *v*: mirar muito alto; querer demais.
takanshō 多汗症 *s Med* hiperidrose.
takara 宝 *s* tesouro; preciosidade; riqueza; fortuna. ～の山 ～*no yama*: mina de ouro. お～ *o* ～: dinheiro; riqueza.
takarabune 宝船 *s* navio de tesouro; navio carregado de tesouro.

takarajima 宝島 *s* ilha do tesouro.
takaraka 高らか *adj* sonoro; alto. ～に鐘が鳴る ～*ni kane ga naru*: os sinos tocam alto.
takarakuji 宝籤 *s* loteria.
takaramono 宝物 *s* tesouro.
takarasagashi 宝捜し *s* busca do tesouro.
takari たかり *s* chantagem; extorsão. ～に合う ～*ni au*: ser extorquido; ser chantageado.
takaru たかる *v* 1 juntar; aglomerar. 蟻が砂糖に～ *ari ga satō ni*～: as formigas se aglomeram no açúcar. 2 extorquir; chupar; pechinchar. 金を～ *kane o* ～: extorquir dinheiro.
takasa 高さ *s* altura; altitude. ～二千メートルの山 ～*nisen mētoru no yama*: a montanha de 2.000 metros de altitude.
takashio 高潮 *s* maré enchente; macaréu; pororoca.
takatobi 高飛び *s pop* fuga. ～*suru*, *v*: fugir para longe; evadir-se.
takatobi 高跳び *s* salto em altura.
takatobikomi 高飛び込み *s* salto (mergulho) de plataforma.
takawarai 高笑い *s* gargalhada.
take 丈 *s* altura; estatura; porte; comprimento. ～が伸びる ～*ga nobiru*: crescer em estatura. ズボンを～をつめる *zubon no* ～*o tsumeru*: encurtar a barra das calças.
take 他家 *s* outra família. ～へ養子に行く ～*e yōshi ni iku*: adotado por outra família.
take 竹 *s Bot* bambu.
take 茸・蕈 *s Bot* cogumelo.
takebera 竹篦 *s* espátula de bambu.
takebōki 竹箒 *s* vassoura de bambu.
takedakeshii 猛々しい *adj* 1 feroz. ～獣～ *kemono*: animal feroz. 2 descarado; desavergonhado; atrevido. ～盗人 ～*nusuto*: ladrão desavergonhado.
takegaki 竹垣 *s* cerca de bambu.
takegari 茸狩り *s* colheita de cogumelos.
takei 多形 *s Bioquim* multiforme; polimorfismo.
taken 他見 *s* exposição a terceiros; ato de mostrar para os outros.
takenawa 酣・闌 *s* auge; apogeu; plenitude; ponto culminante; clímax. 秋～ *aki*～: pleno outono.
take no kawa 竹の皮 *s* bainha de bambu.
takenoko 筍 *s* bambueira; broto de bambu.
takenokoisha 筍医者 *s vulg* curandeiro; charlatão.
takenokoseikatsu 筍生活 *s pop* viver na dependência da venda dos pertences.
takeru 長ける *v* ter talento. 世故に長けた人 *seko ni taketa hito*: pessoa com muita experiência de vida.
takeru 哮る *v* rugir; urrar; bramido; ruído ensurdecedor.
takeru 猛る *v* enfurecer-se; enraivecer-se; ficar furioso.
takeru 闌ける *v* 1 subir alto. 2 estar maduro; ser avançado.
takesu 竹簾 *s* esteira de bambu.
taketsu 多血 *s* muito sangue. ～質 ～*shitsu*: pletora.
takeuma 竹馬 *s* andas. ～に乗る ～*ni noru*: andar de pernas de pau.
takeyabu 竹藪 *s* bambuzal.
takeyari 竹槍 *s* lança de bambu.
takezaiku 竹細工 *s* artesanato em bambu.
takezao 竹竿 *s* vara de bambu.

taki 滝 *s* queda-d'água; cascata; cachoeira; catarata. ～の汗 ～*no ase*: suor em abundância.
taki 多岐 *s* muitos e divergentes caminhos; muita variedade.
takibi 焚き火 *s* fogueira.
takidashi 炊き出し *s* preparo de comida em caso de emergência.
takigawa 滝川 *s* correnteza; cachoeira.
takigi 薪 *s* lenha.
takiguchi 滝口 *s* boca da queda-d'água.
takiguchi 焚き口 *s* boca do forno.
takinobori 滝登り *s* ato de subir pela cachoeira.
takishīdo タキシード (*amer tuxedo*) *s smoking*; traje de gala masculino.
takitsubo 滝壷 *s* fundo da cachoeira.
takitsuke 焚き付け *s* acendalha.
takitsukeru 焚き付ける *v* acender o lume. 人を～ *hito o*～: incitar alguém.
takkan 達観 *s* visão filosófica.
takken 卓見 *s* opinião clarividente.
takkuru タックル (*ingl tackle*) *s* falta cometida no futebol americano ou no *rugby*.
takkyū 卓球 *s* tênis de mesa; pingue-pongue.
tako 凧 *s* pipa; papagaio. ～をあげる ～*o ageru*: empinar pipa.
tako 胼胝 *s* calo. 指に～ができた *yubi ni*～*ga dekita*: estou com calo no dedo.
tako 章魚・蛸 *s Zool* polvo.
takō 多孔 *s* muitos orifícios. ～性の ～*sei no*: porosidade.
takō 多幸 *s* muitas felicidades. ご～をお祈り申し上げます *go*～*o oinori mōshiagemasu*: desejo-lhe muitas felicidades.
takoashihaisen 蛸足配線 *s* ligação de muitos fios elétricos em uma só tomada.
takobeya たこ部屋 *s pop* barracão para os condenados a trabalhos forçados.
takohai(tō) 蛸配(当) *s pop* dividendo espúrio.
takoku 他国 *s* países estrangeiros; outros países.
takokugo 他国語 *s* línguas de países estrangeiros; língua de outros países.
takokugo 多国語 *s* muitas línguas.
takokusekikigyō 多国籍企業 *s* empresa multinacional.
takōshiki 多項式 *s Mat* polinômio.
takotsubo 蛸壺 *s* 1 pote utilizado como armadilha para apanhar polvos. 2 casamata; esconderijo subterrâneo.
taku 宅 *s* 1 minha casa. 2 meu marido. ～も参ります ～*mo mairimasu*: meu marido também vai. 3 お～ *o*～: sua casa; sua família.
taku 卓 *s* mesa. ～を囲む ～*o kakomu*: sentar-se à mesa.
taku 焚[炊]く *v* 1 queimar; acender o lume. 風呂を～ *furo o* ～: acender o lume da banheira. 2 cozinhar; cozer; fazer. 飯を～ *meshi o* ～: cozer o arroz.
takuan(zuke) 沢庵(漬け) *s* nabo em conserva.
takuchi 宅地 *s* terreno para construção de casas; área residencial. ～を造成する ～*o zōsei suru*: fazer loteamento; lotear.
takuetsu 卓越 *s* excelência; superioridade; eminência; primazia. ～した能力 ～*shita nōryoku*: habilidade excepcional.

takuhatsu 托鉢 *s Bud* mendicância; ato de pedir esmola. ～*suru, v*: mendigar.

takuhon 拓本 *s* cópia obtida em papel esfregando-o sobre a figura original.

takuitsuteki 択一的 *adj* alternativa.

takujisho 託児所 *s* creche; instituição assistencial diurna aos bebês e crianças.

takujō 卓上 *s* sobre a mesa. ～電話 ～*denwa*: telefone de mesa.

takumanai 巧まない, **takumanu** 巧まぬ *expr* sem artifícios; simples; natural; ingênuo. 巧まない美 *takumanai bi*: beleza simples; beleza sem artifícios.

takumashii 逞しい *adj* robusto; vigoroso; forte; valente; corajoso. 逞しく生きる *takumashiku ikiru*: enfrentar a vida com coragem; ser forte.

takumashiku 逞しく *adv* vigorosamente; corajosamente.

takumashisa 逞しさ *s* vigor; coragem; valentia.

takumashū suru 逞しゅうする *v* largar as rédeas; dar largas.

takumi 巧み *s* ato de ser hábil; ser engenhoso. ～な口実 ～*na kōjitsu*: pretexto engenhoso. ～な手段 ～*na shudan*: truque hábil.

takumi 工 *s arc* artesão; mecânico; carpinteiro; trabalhador em madeira.

takumu 拓務 *s* serviços de colonização (departamento).

takurami 企み *s* maquinação; trama; desígnio; más intenções; intriga; artimanha; estratagema; conspiração.

takuramu 企む *v* tramar; maquinar; conspirar. 悪事を～ *akuji o*～: tramar um crime.

takuron 卓論 *s* opinião clarividente.

takusan 沢山 *adv* 1 muito; bastante. ～食べる ～*taberu*: comer muito. 2 o bastante; o suficiente. もう～です *mō*～*desu*: já estou satisfeito; já é o suficiente. そんな話はもう～です *sonna hanashi wa mō*～*desu*: já estou farto desse tipo de história.

takusen 託宣 *s* oráculo; alto parecer.

takusetsu 卓説 *s* opinião excelente.

takushī タクシー *(ingl taxi) s* táxi.

takushiageru たくしあげる *v* arregaçar; preguear.

takushoku 拓殖 *s* colonização; exploração; fomento. ～銀行 ～*ginkō*: banco de fomento.

takusō 宅送 *s* entrega em domicílio. V **takuhai** 宅配.

takusō 託送 *s* despacho por encomenda. ～*suru, v*: despachar.

takusōhin 託送品 *s* artigo despachado; mercadoria despachada.

takusuru 託する *v* 1 confiar; encomendar; incumbir; entregar; depositar. 友人に託して送る *yūjin ni takushite okuru*: enviar por intermédio de um amigo. 2 sob pretexto. 病気に託して休む *byōki ni takushite yasumu*: folgar sob o pretexto de doença.

takuto タクト *(al Takt) s* batuta. V **shikibō** 指揮棒.

takuwae 貯[蓄]え *s* provisão; reserva; armazenamento; depósito; estoque; acúmulo. ～がある ～*ga aru*: ter provisão; ter reserva.

takuwaeru 貯[蓄]える *v* acumular; armazenar; poupar; guardar em depósito/estoque. 力を～ *chikara o*～: acumular energia. 知識を～ *chishiki o*～: acumular conhecimentos.

takyō 他郷 *s* terras estranhas; país do estrangeiro.

takyoku 多極 *s* multipolo; multipolaridade. ～化 ～*ka*: multipolarização.

tama 偶 *s* raridade; ato de ser ocasional. 彼はここに～にしか来ない *kare wa koko ni* ～*ni shika konai*: é raro ele vir aqui.

tama 球・丸・玉・璧・弾 *s* 1 bola; esfera; globo; gota. ～の汗 ～*no ase*: gotas de suor. 毛糸の～ *keito no*～: novelo de lã. 2 pedra preciosa; joia; gema. ～にきず ～*ni kizu*: único defeito. 3 lâmpada. ～が切れた ～*ga kireta*: queimar a lâmpada. 4 moeda. 十円～ ～*jūendama*: moeda de 10 ienes. 5 lente. 眼鏡の～ *megane no*～: lente dos óculos.

tama 霊・魂 *s* alma; espírito; força.

tamadai 玉台 *s* mesa de bilhar.

tamagaki 玉垣 *s* cercado de um templo.

tamageru 魂消る *v pop* assustar-se.

tamago 卵・玉子 *s* ovo; ova. ～のきみ ～*no kimi*: gema de ovo.

tamagogata 卵形 *s* forma oval.

tamagoiro 卵色 *s* cor amarelada.

tamagome 弾込め *s* carregamento (de armas).

tamagoyaki 卵焼き *s* ovos mexidos e fritos.

tamagozake 卵酒 *s* gemada.

tamahiroi 球拾い *s* catador de bolas de golfe e beisebol.

tamajikuuke 球軸受け *s* rolamento de esfera.

tamakazari 玉飾り *s* enfeites; joias.

tamamono 賜物 *s* presente; dádiva; fruto; resultado. 努力の～ *doryoku no*～: fruto do esforço.

tamamushi 玉虫 *s Entom* buprestídeo.

tamamushiiro 玉虫色 *s* cor iridescente; cor cambiante.

tamana 玉菜 *s* repolho.

tamanage 球投げ *s* jogo de bola.

tamanashi 玉無し *s pop* perda total; prejuízo absoluto.

tamanegi 玉葱 *s Bot* cebola.

tama no koshi 玉の輿 *expr* palanquim decorado de joias. ～に乗る ～*ni noru*: casar com homem de alta posição social.

tamanori 玉乗り *s* ato de dançar sobre a bola.

tamaranai 堪らない *expr* 1 insuportável; intolerável. ～暑さ ～*atsusa*: calor insuportável. 2 não poder se conter; não resistir.

tamari[1] 溜まり *s* charco; acúmulo. 学生の～場 *gakusei no*～*ba*: lugar de reunião dos estudantes.

tamari[2] 溜まり *s* variedade de *shoyu*.

tamarikaneru 堪り兼ねる *v* não poder aguentar; não poder suportar; não tolerar; não resistir.

tamarimizu 溜まり水 *s* água acumulada; poça d'água.

tamaru 溜(貯)まる *v* 1 acumular; amontoar-se. 棚にほこりが溜まった *tana ni hokori ga tamatta*: o pó acumulou-se sobre as prateleiras. 2 juntar; poupar. お金が貯まったら車を買うつもりだ *okane ga tamattara kuruma o kau tsumori da*: se conseguir poupar, pretendo comprar um carro.

tamasaka たまさか *adv* às vezes; ocasionalmente.

tamashii 魂 *s* alma; espírito; vigor; força. 死者の～ *shisha no*～: alma do morto.

tamatama 偶々 *adv* casualmente; acidentalmente; por acaso.

tamatebako 玉手箱 *s* caixa de segredos; cofre precioso.

tamatsuki 玉突き *s* bilhar. ～衝突 ～*shōtotsu*: engavetamento de carros.

tamau 給う *v* vocábulo flexível da linguagem de tratamento: dar, receber, ordenar.

tamawaru 賜[給]わる *v* ter a honra de receber. 拝閲を～ *haietsu o*～: conseguir uma audiência.

tamayoke 弾除け *s* proteção contra balas de revólver; à prova de balas.

tame 為 *s* 1 bem; benefício; ajuda; proveito. 嘘は～にならないぞ *uso wa* ～*ni naranaizo*: a mentira não faz bem a ninguém. 2 por causa de; por motivo de; devido a; graças a. 不注意の～に*fuchūi no* ～*ni*: por causa do descuido. 3 para; por; a fim de. 平和の～に *heiwa no* ～*ni*: pela paz.

tame 溜め *s* sumidouro; poça.

tameike 溜め池 *s* reservatório; açude; tanque grande.

tameiki 溜め息 *s* suspiro. ～をつく ～*o tsuku*: suspirar; dar um suspiro.

tamekomu 溜め込む *v* economizar; acumular; juntar; poupar; amealhar.

tamen 他面 *s* outro lado. ～において ～*ni oite*: por outro lado.

tamen 多面 *s* muitos lados; muitos aspectos. ～的な ～*teki na*, *adj*: multifacetado; versátil.

tame ni suru 為にする *v* efetuar em razão de, por motivo de.

tamentai 多面体 *s* poliedro.

tameoku 溜め置く *v* armazenar; guardar.

tamerau ためらう *v* hesitar; vacilar; duvidar. 返事を～ *henji o*～: hesitar em responder.

tameru 溜[貯]める *v* 1 acumular; amontoar; juntar. 仕事を～ *shigoto o* ～: acumular serviço. 2 colecionar. 切手を～ *kitte o*～: colecionar selos.

tameru 矯める *v* corrigir; emendar; endireitar. 悪癖を～ *akuheki o* ～: emendar-se dos vícios.

tameshi 例 *s* exemplo; precedente; experiência; caso. 計算があった～がない *keisan ga atta*～*ga nai*: os cálculos nunca deram certo.

tameshi 試[験]し *s* prova; ensaio; tentativa; experiência. ～に着てみる ～*kitemiru*: provar a roupa.

tamesu 試[験]す *v* provar; ensaiar; experimentar; tentar. 新しい機械を～ *atarashii kikai o*～: experimentar uma máquina nova.

tami 民 *s* povo.

tāminaru ターミナル (*ingl terminal*) *s* estação terminal; ponto final; terminal de computadores.

taminzokukokka 多民族国家 *s* nação multirracial.

tamō 多毛 *s* muitos pelos. *Med* ～症 ～*shō*: hipertricose.

tamokuteki 多目的 *adj* finalidade múltipla; várias finalidades. ～ダム ～*damu*: represa para várias finalidades.

tamoto 袂 *s* manga de quimono. ～にすがる ～*ni sugaru*: suplicar.

tamotsu 保つ *v* manter; conservar; guardar; reter; preservar; sustentar; segurar. 秩序を～ *chitsujo o* ～: manter a ordem. 面目を～ *menmoku o* ～: manter as aparências.

tamuke 手向け *s* oferta; tributo; oferenda.

tamukeru 手向ける *v* oferecer; tributar; dedicar.

tamuro 屯 *s* aglomeração. ～*suru*, *v*: reunir-se; aglomerar-se; frequentar; afluir.

tamushi 田虫・頑癬 *s Med* tinha; impigem.

tan 反 *s* 1 um *tan* equivale a 991,7 metros quadrados. 2 peça de tecido com 10,6 metros x 34 centímetros.

tan 丹 *s Quím* 1 chumbo vermelho. 2 vermelho. 3 pílula.

tan 胆 *s* 1 fígado. 2 espírito; coragem; nervos.

tan 痰 *s* escarro; expectoração. ～を吐く ～*o haku*: escarrar; expectorar.

tan 短 *s* 1 *pref* breve; curto; pouco. 2 *Mús* menor. ～音階 ～*onkai*: escala menor.

tan 端 *s* extremidade; correto; origem. ...に～を発する ...*ni* ～*o hassuru*: originar; ter origem.

tan 歎 *s* lamentação; mágoa; pesar; desgosto; dor.

tan- 単- *pref* simples; singular; único; individual.

-tan -端 *suf* origem; originar-se; começar.

tān ターン (*ingl turn*) *s* retorno; volta; virada.

tana 棚 *s* estante; prateleira; armário.

tana 店 *s pop* 1 loja. *V* mise 店. 2 casa alugada.

tanaage 棚上げ *s* ato de deixar de lado. ～*suru*, *v*: deixar de lado; colocar o projeto na gaveta; arquivar.

tanabata 七夕 *s* "festa das estrelas" que ocorre dia 7 de julho.

tanabiku 棚引く *v* pairar.

tanabota 棚牡丹 *s pop* pechincha; ganho fácil.

tanagari 店借り *s* aluguel de uma casa; locação de imóvel.

tanagokoro 掌 *s* palma da mão. *V* **tenohira** 手の平.

tanako 店子 *s pop* locatário; inquilino.

tanan 多難 *s* muitas dificuldades.

tanaoroshi 店卸し *s* 1 inventário. ～品 ～*hin*: mercadorias inventariadas. 2 mexerico. 人の～をする *hito no* ～*o suru*: falar dos defeitos alheios; mexericar.

tanazarashi 店晒し *s* ficar exposto na prateleira sem comprador. ～の商品 ～*no shōhin*: mercadoria encalhada.

tanben 単弁 *s* válvula singular; valva singular.

tanbetsu 反別 *s* gleba calculável em medida *tan*.

tanbi 耽美 *s* esteticismo; absorvido na beleza; estética.

tanbi 嘆美 *s* adoração; admiração.

tanbishugi 耽美主義 *s* esteticismo.

tanbo 田圃 *s* campo de arroz; arrozal.

tanbō 探訪 *s* pesquisa; investigação; observação. ～*suru*, *v*: pesquisar; investigar (*in loco*).

tanbōkisha 探訪記者 *s* repórter; entrevistador.

tanbomichi 田圃道 *s* caminho no meio do arrozal.

tanbun 短文 *s* oração simples; frase.

tanchi 探知 *s* detecção. ～*suru*, *v*: localizar; descobrir; detectar.

tanchiki 探知機 *s* aparelho detector; radar.

tanchō 単調 *s* monotonia; insipidez. ～*na*, *adj*: monótono; insípido; banal.

tanchō 短調 *s Mús* escala menor.

tandai 短大 *s* curso superior de curta duração.

tandeki 耽溺 *s* ato de mergulhar nos vícios; ato de entregar-se aos maus hábitos.

tandekiseikatsu 耽溺生活 *s* vida de vícios; vida de maus hábitos.

tanden 丹田 *s* abdome; ponto abaixo do umbigo, considerado vital para a mente e o espírito.

tandoku 単独 *s* independente; individual; sozinho.

tandoku 丹毒 s Med erisipela.
tandoku 耽読 s concentração na leitura.
tandokuhan 単独犯 s crime individual.
tandokuhikō 単独飛行 s voo solitário.
tane 胤 s sêmen; linhagem paterna. 王の～を宿す ō no ～o yadosu: conceber um filho do rei.
tane 種 s 1 semente; caroço; pevide; grão. 2 sêmen. 3 causa; origem; razão; base. 飯の～ meshi no～: fonte de renda; meio de vida. 4 matéria; objeto; assunto; tema; ingredientes; material. 寿司の～ sushi no～: ingredientes do sushi, menos o arroz. 5 truque; segredo. ～を明かす ～o akasu: desvendar o segredo.
taneabura 種油 s óleo de colza; óleo de canola.
taneakashi 種明かし s revelação de truque/segredo.
tanechigai 胤[種]違い s linhagem diferente; meio-irmão; meia-irmã.
tanegire 種切れ s esgotamento de assunto; fim das mercadorias.
tanehon 種本 s original; livro-fonte.
taneimo 種芋 s batata-semente.
tanemaki 種蒔き s sementeira.
tanemono 種物 s 1 sementes. 2 comida japonesa à base de macarrão e outros ingredientes.
tanen 多年 s muitos anos. ～にわたる戦争 ～ni wataru sensō: guerra de muitos anos.
tanenashi 種無し s sem semente.
tanensei 多年生 s perene; que dura muitos anos. Bot ～植物 ～shokubutsu: planta vivaz.
tanetamago 種卵 s ovo de chocadeira; ovo fertilizado para procriação.
tanetori 種取り s 1 plantas para produção de sementes. 2 procriação. 3 repórter; busca de reportagens ou notícias.
tanetsuke 種付け s Pec acasalamento. ～suru, v: acasalar.
taneuma 種馬 s cavalo para procriação; plantel de cavalos.
taneushi 種牛 s touro para procriação.
tangan 嘆願 s solicitação; petição; apelo.
tangansho 歎願書 s solicitação por escrito.
tangei 端倪 s imaginação; conjectura.
tangen 単元 s Educ unidade de crédito; didática com temática unificada.
tango 単語 s vocábulo; palavra; verbete.
tango 端午 s festa das flores de íris. ～の節句 ～no sekku: festa dos meninos.
tan'hon'i 単本位 s padrão singular.
tani 谷 s vale; desfiladeiro; garganta; ravina; ribanceira. 気圧の～ kiatsu no ～: depressão barométrica.
tan'i 単位 s 1 unidade. 貨幣～ kahei～: unidade monetária. 2 elemento unitário; conjunto. 家族は社会の最小単位である kazoku wa shakai no saishō tan'i de aru: a família é a menor célula da sociedade. 3 crédito (critério de carga horária de estudos).
tanigawa 谷川 s rio do vale.
tanikaze 谷風 s 1 vento do vale. 2 vento que vem do vale.
taniku 多肉 s Bot muita polpa. ～性の ～sei no: carnudo.
tanima 谷間 s entre os vales; da encosta.
tanimizu 谷水 s água do vale; riacho.

tanin 他人 s 1 outra pessoa; os outros. 2 estranho; terceiro. ～は口出しするな ～kuchidashi suru na: isto não é conversa para estranhos. 3 desconhecido. 家まで～の手に渡ってしまった ie made ～no te ni watatte shimatta: até a casa acabou nas mãos de desconhecidos.
taningyōgi 他人行儀 s comportamento cerimonioso.
taninzū 多人数 s multidão de pessoas; muitas pessoas.
tanishi 田螺 s Zool caramujo de água doce.
tanisoko 谷底 s fundo de um vale.
tan'itsu 単一 s ato de ser único. ～国家 ～kokka: estado unificado. ～耕作 ～kōsaku: monocultura.
tan'itsuka 単一化 s simplificação; unificação. ～suru, v: simplificar; unificar.
taniwatari 谷渡り s travessia de vales.
tanjikan 短時間 s tempo curto.
tanjiru 嘆じる v 1 lamentar; lastimar; sentir. 2 admirar; aplaudir.
tanjitsugetsu 短日月 s um curto espaço de tempo.
tanjō 誕生 s nascimento.
tanjōbi 誕生日 s data de aniversário.
tanjōiwai 誕生祝い s comemoração do aniversário.
tanjū 胆汁 s bílis; fel.
tanjun 単純 s simplicidade. ～な人 ～na hito: pessoa simples.
tanjunka 単純化 s simplificação.
tanjūshitsu 胆汁質 s temperamento colérico.
tanka 担架 s maca; padíola.
tanka 炭化 s carbonização.
tanka 単価 s preço por unidade.
tanka 啖呵 s ameaça; bravata. ～を切る ～o kiru: ameaçar; vociferar; praquejar.
tanka 短歌 s poema japonês de 31 sílabas.
tankā タンカー (ingl tanker) s navio-tanque.
tankadaigaku 単科大学 s faculdade.
tankasshoku 淡褐色 s marrom-claro.
tankei 短径 s eixo menor da elipse.
tanken 探検 s expedição; exploração. ～suru, v: explorar.
tanken 短剣 s punhal; sabre; espadim.
tanken 短見 s miopia; vista míope; visão estreita.
tankenki 探検記 s relatório de expedição-aventura.
tankentai 探検隊 s expedição; grupo de exploradores.
tanki 短気 s impaciência; nervos; irritabilidade.
tanki 短期 s curta duração; prazo curto.
tanki 単騎 s cavaleiro solitário.
tankidaigaku 短期大学 s faculdade cujos cursos têm curta duração; faculdade cujos cursos duram 2 anos.
tankikan 短期間 s curto período de tempo.
tankikōshū 短期講習 s curso de curta duração.
tankō 炭坑 s escavação interna de mina de carvão.
tankō 炭鉱 s mina de carvão.
tankō 探鉱 s prospecção de minério/jazidas minerais.
tankō 鍛鋼 s aço forjado.
tankōbon 単行本 s livro.
tankobu たん瘤 s pop calombo.
tankōhan 単行犯 s Dir crime singular; ofensa singular.
tankō(shoku) 淡紅(色) s rosa (cor); rosa-salmão; rosa-pálido.

tankō(shoku) 淡黄(色) *s* amarelo-limão (cor); amarelo-claro.

tanku タンク (ingl tank) *s* **1** tanque de guerra. **2** tanque; reservatório; depósito.

tanku 短軀 *s* estatura pequena.

tankyoku 単極 *s* eletrodo; polo singular. 〜の 〜*no*, *adj*: unipolar.

tankyori 短距離 *s* curta distância. 〜競争 〜*kyōsō*: corrida de curta distância.

tankyū 探究 *s* investigação; pesquisa; estudo; busca.

tankyū 探求 *s* busca; pesquisa; procura.

tanmari たんまり *adv pop* muito. 〜もうける 〜*mōkeru*: ganhar muito dinheiro.

tanmei 短命 *s* vida curta; fato de viver pouco.

tanmono 反物 *s* peça de tecido.

tannaru 単なる *adj* simples; mero; puro.

tannen 丹念 *s* esmero; diligência; cuidado. 〜に調べる 〜*ni shiraberu*: investigar cuidadosamente.

tan ni 単に *adv* somente; simplesmente; só; apenas.

tannin 担任 *s* encarregado. 〜教師 〜*kyōshi*: professor responsável.

tannō 堪能 *s* **1** habilidade; perícia; destreza; mestria. 〜な, *adj*: hábil; destro; jeitoso; fluente. ポルトガル語に〜である *porutogarugo ni 〜de aru*: ser fluente em português. **2** satisfação. 〜する, *v*: ficar satisfeito.

tannō 胆嚢 *s Anat* vesícula biliar; colecistе.

tanō 多能 *s* versatilidade; várias habilidades.

tanomi 頼み *s* **1** pedido. 〜を断る 〜*o kotowaru*: recusar o pedido. **2** confiança; esperança; dependência. 〜の綱 〜*no tsuna*: última esperança.

tanomikomu 頼み込む *v* pedir insistentemente.

tanomoshii 頼もしい *adj* digno de confiança; seguro; promissor; com futuro. 〜若者 〜*wakamono*: jovem promissor.

tanomoshi(kō) 頼母子(講) *s* ajuda mútua financeira entre um pequeno grupo de amigos.

tanomu 頼む *v* **1** pedir. 手をついて〜 〜*te o tsuite*〜: pedir de joelhos. **2** confiar; incumbir; entregar aos cuidados de; encarregar. 財産の管理は友人に頼んである *zaisan no kanri wa yūjin ni tanonde aru*: a administração dos bens, confiei a um amigo. **3** contratar. 弁護士を〜 *bengoshi o*〜: contratar um advogado. **4** reservar; pedir; encomendar. すき焼きを〜 *sukiyaki o*〜: pedir *sukiyaki*. **5** contar; depender; recorrer. 〜にたらぬ人 〜*ni taranu hito*: pessoa com quem não se pode contar.

tan'on 単音 *s* **1** som singular; monossílabo; som de uma letra. **2** monotonia.

tan'onkai 短音階 *s Mús* escala menor.

tanoshige 楽しげ *adj* ar de quem está contente. 〜な一団 〜*na ichidan*: grupo alegre.

tanoshii 楽しい *adj* agradável; divertido; alegre; feliz. 〜思い出 〜*omoide*: lembrança agradável.

tanoshiku 楽しく *adv* agradavelmente; alegremente; felizmente. 〜暮らす 〜*kurasu*: levar uma vida feliz.

tanoshimaseru 楽しませる *v* entreter; divertir; recrear; distrair; dar prazer a. 目を楽しませてくれる花 *me o tanoshimasete kureru hana*: flores que agradam aos nossos olhos.

tanoshimi 楽しみ *s* alegria; prazer; distração; divertimento; expectativa; prazer antecipado. 将来が〜な青年 *shōrai ga 〜na seinen*: um jovem com futuro, de muitas expectativas.

tanoshimu 楽しむ *v* gostar; divertir-se; desfrutar; apreciar. 人生を〜 *jinsei o* 〜: gozar a vida; aproveitar a vida.

tanpa 短波 *s* onda curta.

tanpajushin 短波受信 *s* recepção de ondas curtas.

tanpaku 蛋白 *s* albumina; proteína.

tanpaku 淡白 *s* suave; simples; indiferença. 金に〜である *kane ni 〜de aru*: desprendimento diante de dinheiro.

tanpakushitsu 蛋白質 *s Bioquím* proteína; substância albuminosa; albumina.

tanpeikyū 短兵急 *adj* impulsivo; precipitado; abrupto.

tanpen 短編 *s* obra literária curta.

tanpenshōsetsu 短編小説 *s* pequena novela; conto.

tanpo 担保 *s* hipoteca; caução; penhor; fiança. 不動産〜 *fudōsan*〜: hipoteca imobiliária.

tanpobukken 担保物権 *s* direito real de garantia; garantia real.

tanpozuki 担保付き *s* com garantia de hipoteca; segurado.

tanpyō 短評 *s* breve comentário; breve crítica.

tanraku 短絡 *s Eletr* curto-circuito.

tanrei 端麗 *s* beleza; elegância; graça. 容姿〜 *yōshi*〜: bela figura.

tanren 鍛錬 *s* têmpera; disciplina; treino; exercício; adestramento. 〜する, *v*: forjar; temperar; treinar; exercitar; adestrar.

tanri 単利 *s* juro simples.

tanryaku 胆略 *s* coragem e desenvoltura.

tanryo 短慮 *s* imprudência; precipitação; caráter impetuoso.

tanryoku 胆力 *s* ânimo; coragem; decisão.

tansa 探査 *s* investigação; inquisição.

tansai 淡彩 *s* coloração leve.

tansaibō 単細胞 *s Bot* e *Zool* uma só célula. 〜の人 〜*no hito*: pessoa bitolada; simplista; pessoa com pouca inteligência. 〜動物 〜*dōbutsu*: animal unicelular.

tansaku 探索 *s* busca; investigação.

tansaku 単作 *s Agr* monocultura.

tansan 炭酸 *s Quím* ácido carbônico.

tansan'en 炭酸塩 *s Quím* carbonato.

tansangasu 炭酸ガス *s* gás carbônico; dióxido de carbono.

tansansōda 炭酸ソーダ *s Quím* carbonato de sódio.

tansansui 炭酸水 *s* água gasosa; água gaseificada.

tansei 丹誠[精] *s* esmero; cuidado; empenho; trabalho; diligência; zelo. 〜を込めて 〜*o komete*: com todo o empenho.

tansei 嘆声 *s* suspiro de lamentação; suspiro de admiração.

tansei 端正 *s* aprumo; elegância; nobreza. 〜な顔立ち 〜*na kaodachi*: rosto escultural.

tanseki 胆石 *s* cálculo biliar.

tanseki 旦夕 *s* manhã e tarde; o dia e a noite.

tansen 単線 *s* via única.

tansetsu 鍛接 *s* solda; fundição.

tansha 単車 *s* veículo de duas rodas com motor; motocicleta.

tanshi 短詩 *s* poema curto.

tanshi 単子 *s Filos* mônada. 〜論 〜*ron*: monadologia; monadismo.

tanshin 単身 *s* só; sozinho. ～赴任 ～*funin*: emprego longe da família.
tanshin 短針 *s* ponteiro menor das horas.
tanshitsu 炭質 *s* qualidade do carvão.
tansho 短所 *s* ponto fraco; defeito; desvantagem.
tansho 端緒 *s* começo; chave. 問題解決の～を得る *mondai kaiketsu no ～o eru*: encontrar a chave para a solução do problema.
tanshō 短小 *s* pequenez; fato de ser curto e pequeno.
tanshō 嘆賞 *s* admiração; aplauso; elogio.
tanshoku 単色 *s* monocromia.
tanshoku 淡色 *s* cor clara.
tanshōtō 探照灯 *s* holofote.
tanshū 反収 *s* produção por *tan* da gleba.
tanshuku 短縮 *s* redução; diminuição; corte; encurtamento. ～*suru*, *v*: diminuir; reduzir; abreviar; encurtar.
tanso 炭素 *s* Quím carbono. 一酸化～ *issanka～*: monóxido de carbono.
tansō 炭層 *s* base de carvão; camada de carvão.
tansō 単相 *s Eletr* fase singular. *Biol* haploide.
tansoku 探測 *s* sondagem.
tansoku 嘆息 *s* suspiro. ～*suru*, *v*: suspirar; dar um suspiro.
tansu 箪笥 *s* cômoda; armário.
tansū 単数 *s* unidade. *Gram* singular. 三人称～ *sanninshō～*: terceira pessoa do singular.
tansui 炭水 *s* **1** carvão e água. **2** carbono e hidrogênio.
tansuikabutsu 炭水化物 *s Quím* hidrato de carbono.
tantan 坦々 *adj* plano e amplo; calmo; sereno.
tantan 淡々 *adj* simples; indiferente; calmo; despreocupado; impassível. ～と語る ～*to kataru*: falar calmamente, friamente.
tantan 湛々 *adj* superabundante; cheio; quase transbordando.
tantei 探偵 *s* espião; detetive; agente policial; espionagem.
tantei 短艇 *s* barco; bote; navio.
tanteishōsetsu 探偵小説 *s* romance policial.
tanteki 端的 *adj* direto; franco; simples e claro.
tantetsu 鍛鉄 *s* ferro forjado.
tanto たんと *adv pop* bastante; muito.
tantō 担当 *s* encargo; incumbência.
tantō 短刀 *s* punhal; adaga.
tantō 短頭 *s* braquicefalia.
tantōchokunyū 単刀直入 *s* franqueza; ato de ser direto.
tantōsha 担当者 *s* encarregado; responsável pela seção.
tantsuba 痰唾 *s* expectoração; catarro.
tanuki 狸 *s Zool* texugo.
tanukineiri 狸寝入り *s pop* sono fingido.
tan'yōhikōki 単葉飛行機 *s* monoplano.
tanzaku 短冊 *s* **1** tira de papel encorpado para escrever um poema curto. **2** tira; retângulo.
tanzen 丹前 *s* quimono curto acolchoado.
tanzen 端然 *s* postura; justo; direito; bem. ～と座る ～*to suwaru*: sentar-se corretamente.
tanzō 鍛造 *s* forja; ferraria.
taonsetsu 多音節 *s* polissílabo.
taoreru 倒れる *v* **1** cair; desmoronar-se; tombar. 倒れ掛かった家 *taorekakatta ie*: casa prestes a cair. **2** ser derrotado; cair. 内閣が～ *naikaku ga～*: cai o ministério. **3** falir. 会社が倒れた *kaisha ga taoreta*: a firma faliu. **4** cair doente. 過労で～ *karō de ～*: cair de cansaço. **5** morrer. 凶弾に～ *kyōdan ni～*: ser morto por uma bala assassina.
taoru タオル (*ingl towel*) *s* toalha.
taoru 手折る *v* cortar; arrancar. 枝を～ *eda o ～*: arrancar o galho.
taosu 倒す *v* **1** derrubar; deitar ao chão; tombar; inclinar. **2** derrotar. 強敵を～ *kyōteki o ～*: derrotar o inimigo poderoso. **3** matar. 一刀のもとに～ *ittō no moto ni ～*: matar com um só golpe de espada. **4** pregar calote; não pagar; calotear. 借金をふみ～ *shakkin o fumi～*: calotear a dívida.
tappitsu 達筆 *s* letra bonita.
tappudansu タップダンス (*ingl tap dance*) *s* sapateado.
tappuri たっぷり *adv* **1** muito; de sobra; ter para dar e vender; à vontade. 朝食を～とる *chōshoku o～toru*: comer bem pela manhã. **2** folgado; largo; amplo. ～した服 ～*shita fuku*: roupa folgada; roupa confortável.
tara 鱈 *s Ictiol* bacalhau.
-tara -たら *aux* forma o caso condicional; se; no caso de. 雨が降ったら遠足は中止だ *ame ga futtara ensoku wa chūshi da*: se chover, a excursão será cancelada. 新聞だったら机の上よ *shinbun dattara tsukue no ue yo*: se é o jornal, ele está sobre a mesa.
tara たら *partícula pop* exclamativa com conotações de ordem, indignação etc. いやだったら *iyadattara*: não quero e não insista.
tarafuku 鱈腹 *adv pop* barrigada; encher a barriga. ～食う ～*kū*: comer até a saciedade.
tarai 盥 *s* bacia; tina.
taraimawashi 盥回し *s* **1** malabarismo de fazer rodar uma bacia; passar o abacaxi. **2** alternação de postos entre os membros do mesmo partido ou grupo. ～にする ～*ni suru*: passar a vaga ao colega.
tarappu タラップ (*hol trap*) *s* rampa; passadiço de embarque/desembarque.
tarasu 垂らす *v* **1** suspender; pendurar. **2** pingar; gotejar; deitar. 汗を～ *ase o ～*: suar em gotas.
tarasu 滴す *v* gotejar; pingar; derramar.
tarasu 誑す *v pop* seduzir; atrair; induzir. 女を～ *onna o ～*: seduzir uma mulher.
taratara たらたら *adv* líquido (sangue, suor, baba) a escorrer. *suf* queixar-se; cumprimentos demais. 不平～である *fuhei ～de aru*: prolongar os queixumes.
-tarazu -足らず *suf* menos de. 一時間～で *ichijikan ～de*: em menos de 1 hora.
tare 垂れ *s* **1** qualquer coisa suspensa ou dependurada; cortina; aba; penduricalho. **2** molho; molho de tempero; muito líquido. 鰻の～ *unagi no ～*: molho para a enguia assada.
tare 誰 *pron* quem; alguém; todos. *V dare* 誰.
taregashi 誰某 *s pop* fulano; sicrano; senhor/senhora fulano(a).
tarekare 誰彼 *s* esta ou aquela pessoa; muitas pessoas.
tarekomeru 垂れ籠める *v* pairar; fechar-se completamente; encobrir. 暗雲が～ *an'un ga～*: nuvens negras encobrem.
taremaku 垂れ幕 *s* cortina de palco.

tarenagashi 垂れ流し s pop incontinência; deixar correr a sujeira; despejo. 工場が有害な廃液を川に〜にしていた *kōjō ga yūgai na haieki o kawa ni〜ni shite ita*: a fábrica despejava os detritos tóxicos nocivos no rio.

tarento タレント (*ingl talent*) s **1** talento. **2** artista de rádio e televisão.

tareru 垂[滴]れる v **1** cair; pender; inclinar-se. 枝が〜 *eda ga〜*: penderem-se os ramos/galhos. **2** pingar; escorrer. 蛇口から水が〜 *jaguchi kara mizu ga 〜*: pingar água da torneira. **3** dar; conceder. 教えを〜 *oshie o 〜*: ensinar; instruir. **4** deixar; legar. 名を後世に〜 *na o kōsei ni〜*: deixar o nome para a posteridade. **5** evacuar; cagar. 糞を〜 *kuso o 〜*: evacuar; defecar; obrar.

tareru たれる v vulg evacuar.

taresore 誰其 s pop fulano e sicrano; senhores tal e tal.

tari たり *partícula* ou... ou; ora... ora. 朝から雨が降ったりやんだりしている *asa kara ame ga futtari yandari shite iru*: desde cedo, ora chove ora para de chover.

tariki 他力 s **1** ajuda alheia. **2** salvação de fora. 〜本願 〜*hongan*: salvação pela fé na misericórdia de Buda.

tarinai 足りない *expr* **1** não ser suficiente; faltar. 栄養が〜 *eiyō ga〜*: estar subnutrido; falta de nutriente. **2** não valer; não merecer; insignificante; ser indigno de. 論ずるに〜 *ronzuru ni〜*: não merecer comentários. **3** estúpido; ter um parafuso a menos.

tariru 足りる v **1** ser suficiente; bastar. 食料は十分に足りている *shokuryō wa jūbun ni tarite iru*: temos alimentos suficiente. **2** valer; merecer; ser digno de. 秘密を託するに〜人 *himitsu o takusuru ni 〜hito*: pessoa em quem se pode confiar um segredo.

taru 樽 s barril; pipa.

taru 足る v **1** ser suficiente. **2** valer; merecer; ser digno de. この本は読むに〜 *kono hon wa yomu ni 〜*: este livro é digno de leitura.

-taru -たる *aux* autossuficiente. 教師〜ものは *kyōshi〜mono wa*: na qualidade de professor...

tāru タール (*ingl tar*) s piche; alcatrão.

taruiri 樽入り s embarricado.

tarumi 弛み s parte bamba; frouxidão; relaxamento; afrouxamento.

tarumu 弛む v afrouxar; relaxar; descuidar-se; ter folga.

tarutarusōsu タルタルソース (*ingl tartar(e) sauce*) s molho tártaro.

taruzume 樽詰め s embarricado.

taryō 多量 s grande quantidade. 出血〜 *shukketsu 〜*: hemorragia em grande quantidade.

taryū 他流 s outra escola; outro estilo; outra corrente; método diferente.

taryūjiai 他流試合 s competição com outra escola (outro estilo).

tasai 多才 s versatilidade; muitos talentos; multiforme.

tasai 多彩 s colorido; multicolor; variado; de muitas espécies. 〜な催しもの 〜*na moyooshimono*: eventos com várias atrações.

tasan 多産 s fecundidade; mulher que tem vários partos.

tasatsu 他殺 s homicídio; assassinato.

tasha 多謝 s **1** muitos agradecimentos. **2** muitos pedidos de desculpa.

tashi 足し s complemento; auxílio; pequena ajuda. 腹の〜にする *hara no 〜ni suru*: enganar o estômago.

tashika[1] 確か *adj* **1** certo; seguro. 代金は〜に受取りました *daikin wa 〜ni uketorimashita*: acusamos o recebimento de seu pagamento. **2** autêntico; seguro; digno de confiança. 〜な数字 〜*na sūji*: o número fidedigno. **3** são; bom da cabeça. 気は〜かい *ki wa 〜 kai*: você está bem da cabeça?; consciente?

tashika[2] 確か *adv* talvez; provavelmente. 彼は〜今ブラジルにいるはずだ *kare wa 〜 ima burajiru ni iru hazu da*: ele, se não me engano, está agora no Brasil.

tashikameru 確かめる v confirmar; verificar; certificar-se. 住所を〜 *jūsho o〜*: confirmar o endereço.

tashika ni 確かに *adv* certamente; sem dúvida; positivamente; decididamente; conscientemente; fora de questão.

tashimae 足し前 s complemento; pequena ajuda; montante a acrescentar.

tashinameru 窘める v repreender.

tashinami 嗜み s **1** *hobby*; gosto. **2** modéstia; discrição; recato. 女の〜 *onna no 〜*: modéstia feminina.

tashinamu 嗜む v **1** apreciar; gostar de. 茶道を〜 *sadō o〜*: apreciar a arte da cerimônia do chá. **2** ser prudente.

tashinkyō [ron] 多神教[論] s politeísmo.

tashiseisei 多士済々 *expr* pessoas de valores.

tashitsu 多湿 s muito úmido; umedecido.

tashizan 足し算 s soma; adição.

tasho 他所 s outro lugar; outro local; outra parte do país.

tashō 多少 s **1** número maior ou menor; quantidade menor ou maior. **2** um pouco; algo. 〜知っている 〜 *shitte iru*: saber algo.

tashoku 多色 s várias cores.

tashumi 多趣味 s muitos gostos; muitas atividades de lazer.

tashutayō 多種多様 s grande variedade; diversidade.

tasogare 黄昏 s crepúsculo; anoitecer.

tassei 達成 s ato de conseguir; realização; cumprimento; consecução. 目的を〜する *mokuteki o 〜suru*: conseguir atingir o objetivo.

tassha 達者 s **1** são; saudável; forte. **2** perito; forte.

tasshi 達し s aviso oficial; ordem pública.

tassuru 達する v **1** atingir; chegar à perfeição; alcançar. 心臓に〜傷 *shinzō ni 〜kizu*: ferimento que atinge o coração. **2** conseguir; realizar. 目的を〜 *mokuteki o〜*: alcançar o objetivo. **3** transmitir; notificar; ordenar.

tasu 足す v **1** acrescentar o que falta. 水を〜 *mizu o 〜*: acrescentar água. **2** fazer. 用を〜 *yō o 〜*: fazer o serviço. **3** somar.

tasū 多数 s grande número; maioria. 〜を占める 〜*o shimeru*: conseguir a maioria; ter a maioria.

tasūhyō 多数票 s a maioria dos votos.

tasukaranai 助からない *expr* não se salvar.

tasukaru 助かる v **1** salvar-se do perigo (da morte).

命が〜 *inochi ga* 〜: salvar-se. **2** ser de grande ajuda; calhar; poupar. 暖かい冬で助かった *atatakai fuyu de tasukatta*: o inverno ajudou por ter sido mais brando.
tasuke 助け *s* auxílio; socorro; ajuda.
tasukeai 助け合い *s* ajuda mútua; colaboração.
tasukeau 助け合う *v* ajudar uns aos outros; colaborar.
tasukebune 助け船 *s* **1** barco salva-vidas. **2** auxílio; socorro.
tasukedasu 助け出す *v* socorrer; salvar do perigo; tirar da dificuldade.
tasukeru 助ける *v* **1** socorrer; salvar. 助けてくれ！ *tasukete kure!*: socorro! **2** ajudar; colaborar. 父の仕事を〜 *chichi no shigoto o* 〜: ajudar nos negócios do pai.
tasūketsu 多数決 *s* decisão pela maioria dos votos.
tasuki 襷 *s* tira de pano para prender as mangas do quimono, enquanto trabalha.
tasukigake 襷がけ *s* colocar *tasuki* (tira de pano para prender as mangas do quimono).
tasūsha 多数者 *s* muitas pessoas; maioria.
tasūtō 多数党 *s* partido majoritário.
tata 多々 *s* muito; muitos. 〜ある 〜*aru*: há muitos. V *takusan* 沢山.
tataeru 称える *v* elogiar; louvar.
tataeru 湛える *v* estar cheio; estar a transbordar. 水を湛えた桶 *mizu o tataeta oke*: a tina cheia de água.
tatakai 戦い *s* guerra; batalha; combate; luta.
tatakainuku 戦い抜く *v* lutar até o fim.
tatakau 戦[闘]う *v* **1** lutar; combater. 侵略者と〜 *shinryakusha to* 〜: lutar contra os invasores. **2** competir; disputar. 優勝をかけて〜 *yūshō o kakete* 〜: disputar contando com a vitória.
tatakawasu 闘わす *v* fazer lutar. 議論を〜 *giron o* 〜: discutir; debater.
tataki 敲[叩]き *s* **1** paulada; vergastada; ato de bater. 鯵の〜 *aji no* 〜, *Cul*: carapau levemente batido e grelhado. **2** piso de terra batida.
tatakiageru 叩き上げる *v* trabalhar visando à melhoria na habilidade; começar do nada.
tatakidai 叩き台 *s* base do debate; plano e/ou ideia a serem discutidos. 議論の〜とする *giron no* 〜*to suru*: tomar como base do debate.
tatakidaiku 叩き大工 *s vulg* marceneiro novato.
tatakidasu 叩き出す *v* afugentar; deitar para fora; enxotar.
tatakifuseru 叩き伏せる *v* **1** derrubar com pancadas ou socos. **2** derrotar.
tatakikomu 叩き込む *v* **1** martelar; meter com força. **2** martelar; ensinar à força.
tatakikowasu 叩き毀す *v* quebrar por meio de pancadas; derrubar (uma construção).
tatakinomesu 叩きのめす *v* nocautear; dar uma sova. 喧嘩の相手を〜 *kenka no aite o* 〜: derrubar o adversário.
tatakiokosu 叩き起こす *v* obrigar a acordar. 電話のベルで叩き起こされる *denwa no beru de tataki-okosareru*: ser despertado com o toque do telefone.
tatakiotosu 叩き落とす *v* derrubar; prostrar; abater.
tatakitsubusu 叩き潰す *v* esmagar; esmigalhar; quebrar.
tatakitsukeru 叩き付ける *v* golpear; atirar. 辞表を〜 *jihyō o* 〜: apresentar o pedido de demissão em caráter irrevogável.

tataku 叩[敲]く *v* **1** bater. 手を〜 *te o* 〜: bater palmas. **2** sondar. 人の意見を〜 *hito no iken o* 〜: sondar a opinião das pessoas. **3** regatear. 安く買い〜 *yasuku kai*〜: regatear e comprar barato. **4** falar; retorquir; atacar. 陰口を〜 *kageguchi o* 〜: falar mal por trás das pessoas. **5** criticar; censurar. 日本の貿易黒字を〜 *nihon no bōeki kuroji o* 〜: criticar o saldo positivo do comércio japonês.
tatami 畳 *s* esteira de palha entrelaçada que reveste o soalho da casa japonesa.
tatami- 畳み- *pref* dobrável. V **oritatami (shiki, jizai)** 折り畳み (式,自在).
tatamigae 畳替え *s* renovação dos tatames.
tatamiya 畳屋 *s* loja de *tatame*; vendedor de tatame.
tatamu 畳む *v* **1** dobrar. 布団を〜 *futon o* 〜: dobrar o acolchoado. **2** fechar; desmontar. 傘を〜 *kasa o* 〜: fechar o guarda-chuva. **3** encerrar as atividades. 店を〜 *mise o*〜: encerrar o negócio.
tatan 多端 *s* **1** muitas coisas. 出費〜のため *shuppi* 〜*no tame*: devido às muitas despesas. **2** atarefado. 公務〜である *kōmu*〜*de aru*: estar atarefado com os serviços públicos.
tatari 祟り *s* maldição; castigo; praga.
tataru 祟る *v* amaldiçoar; castigar. 怨霊が〜 *onryō ga* 〜: amaldiçoado pela alma penada.
tataseru 立[起]たせる *v* fazer alguém levantar-se; ajudar a levantar-se.
tatazumai 佇まい *s* aspecto; figura; aparência; postura.
tatazumu 佇む *v* ficar parado, em pé. 夕陽の丘に一人〜 *yūhi no oka ni hitori* 〜: uma figura solitária em pé, na colina ao sol poente.
tatchi タッチ (*ingl touch*) *s* **1** toque; contato. **2** relação. **3** mão; traço; toque. **4** o bater da tecla. **5** tato. 柔らかい〜の布 *yawarakai*〜*no nuno*: o tecido macio. **6** sensação; toque. コメディー〜の映画 *komedī*〜*no eiga*: filme com toque cômico.
tate 殺陣 *s* luta com espadas em cena de filme ou teatro.
tate 楯・盾 *s* escudo; proteção.
tate 縦・竪・経 *s* comprimento; altura; linha vertical. 首を〜にふる *kubi o*〜*ni furu*: acenar a cabeça na vertical; concordar.
-tate -たて *suf* recém; fresco; recente. ペンキ塗り〜のベンチ *penki nuri*〜*no benchi*: o banco recém-pintado.
tateana 竪穴 *s* escavação na vertical; túmulo vertical.
tatefuda 立て札 *s* tabuleta.
tategaki 縦書き *s* escrita na vertical.
tategoto 竪琴 *s* harpa; lira.
tategu 建具 *s* portas divisórias e janelas de uma casa.
tatehiza 立て膝 *s* sentar-se com o joelho erguido.
tatejiku 縦軸 *s* eixo vertical; linha vertical de um gráfico.
tatejima 縦縞 *s* listras verticais.
tatejiwa 縦皺 *s* rugas em linhas verticais.
tatekae 立て替え *s* adiantamento de dinheiro; empréstimo de dinheiro.
tatekae 建て替え *s* reconstrução. 家の〜 *ie no* 〜: reconstrução da casa.
tatekaeru 立て替える *v* adiantar dinheiro a outrem.
tatekaeru 建て替える *v* reconstruir; reedificar; reformar.

tatekake 建てかけ s construção inacabada.
tatekakeru 立て掛ける v encostar; apoiar. はしごを壁に〜 *hashigo o kabe ni* 〜: apoiar a escada na parede.
tatekanban 立て看板 s tabuleta; placa; cartazes.
tatekata 建て方 s 1 arquitetura; estilo de construção. 2 estrutura. 3 método de construção.
tatekō 竪坑 s poço de mina.
tatekomoru 立て籠もる v fechar-se. 部屋に〜 *heya ni* 〜: fechar-se, isolar-se no quarto.
tatekomu 立て込む v estar cheio; ficar abarrotado.
tatemae 建て前 s 1 colocação da cumeeira; festa da cumeeira. 2 princípio; diretriz.
tatemae 点て前 s etiqueta da cerimônia do chá.
tatemashi 建て増し s ampliação de um prédio; construção de um anexo.
tatemasu 建て増す v ampliar; aumentar um prédio.
tatematsuru 奉る v 1 oferecer. 2 respeitar; reverenciar; venerar; adorar; satisfazer alguém com encargo fictício.
tatemono 建物 s prédio; edifício; construção.
tatemono 竪物 s rol vertical.
taten 他店 s outra loja; outra firma.
tatenaoru 立て直る v recobrir; restaurar.
tatenaoshi 建て直し s reorganização; recuperação; restabelecimento.
tatenaosu 立て直す v endireitar; refazer; reorganizar; restabelecer. 生活を〜 *seikatsu o* 〜: reorganizar a vida.
tatenaosu 建て直す v reconstruir; reedificar.
tatene 建て値 s cotação; preço de mercado.
tateru 立[建・樹]てる v 1 levantar; erguer; colocar em pé. 2 provocar; causar. 腹を立てる *hara o tateru*: zangar-se. 3 realizar; cumprir; apoiar. あちらを立てればこちらが立たない *achira o tatereba kochira ga tatanai*: se apoiar este, falho com aquele. 4 fazer. 誓を立てる *chikai o tateru*: fazer juramento. 5 respeitar. 家長と立てる *kachō to tateru*: respeitá-lo como chefe de família. 6 fechar. 戸を〜 *to o* 〜: fechar a porta. 7 colocar; apresentar; escolher. 第三者を間に〜 *daisansha o aida ni* 〜: colocar uma terceira pessoa como intermediária. 8 afiar. のこぎりの歯を〜 *nokogiri no ha o* 〜: afiar o serrote.
tatesake 縦裂け s fissura na vertical.
tatesuji 縦筋 s linha vertical; risca vertical.
tatetōsu 立て通す v manter até o final.
tatetsubo 建坪 s área construída.
tatetsuku 楯突く v opor-se; contrariar; revidar.
tatetsuzuke 立て続け s sucessão; continuação. 〜に 〜*ni*: sucessivamente; ininterruptamente.
tateuri 建て売り s construção para venda.
tateyoko 縦横 s comprimento e largura.
tatō 多党 s muitos partidos.
tatoe 譬[喩・例]え s exemplo; alegoria; provérbio; parábola.
tatoe 仮令 s mesmo que; ainda que. 〜首になっても真実を言うつもりだ 〜*kubi ni nattemo shinjitsu o iu tsumori da*: mesmo que perca o emprego, pretendo falar a verdade.
tatoeba 例えば adv por exemplo.
tatoebanashi 譬え話 s narração alegórica.
tatoe(ru) 例[譬・喩]え(る) v comparar; assemelhar.

〜ようもない 〜*yō mo nai*: incomparável. 〜て言うと 〜*te iu to*: em sentido figurado.
tatosuru 多とする *expr* 1 reconhecer o feito; agradecer; ter gratidão. 2 sentir-se satisfeito.
tatsu 竜・辰 s 1 dragão. 2 quinto signo do horóscopo chinês. 3 entre 7 e 9 horas; hora do dragão. 4 direção sudeste/leste.
tatsu 立[起・建]つ v 1 levantar-se; pôr-se de pé. 立て！ *tate!*: levante-se! 中に〜 *naka ni* 〜: servir de intermediário. 2 agir. 〜べき時が来た 〜*beki toki ga kita*: chegou a hora de agirmos! 3 exalar; zangar-se; espalhar-se. 悪臭が立っているどぶ *akushū ga tatte iru dobu*: o fosso que exala mau cheiro. 腹が立つ *hara ga* 〜: ficar zangado; sentir revolta. 噂が〜 *uwasa ga* 〜: o boato se espalha. 4 manter-se; cumprir; realizar-se. これで義理が〜 *kore de giri ga* 〜: assim cumpri o meu dever. 5 fixar-se; decidir-se. 予定が〜 *yotei ga* 〜: o esquema poderá ser traçado. 6 saber fazer bem. 筆が〜 *fude ga* 〜: escrever bem. 腕の〜職人 *ude no* 〜*shokunin*: artesão habilidoso.
tatsu 経つ v decorrer; passar. 時の〜のを忘れる *toki no* 〜*no o wasureru*: não sentir o passar do tempo.
tatsu 断[絶・裁]つ v 1 abster-se. 2 interceptar; barrar; cortar. 退路を〜 *tairo o* 〜: barrar a retirada. 3 romper; cortar; interromper. 連絡を〜 *renraku o* 〜: cortar a ligação; cortar a comunicação. 4 exterminar; extirpar; erradicar; acabar. 悪の根を〜 *aku no ne o* 〜: extirpar o mal pela raiz.
tatsu 裁つ v cortar o tecido ou papel.
tatsuben 達弁 s eloquência; fluência.
tatsui 達意 s clareza. 〜の文を書く 〜*no bun o kaku*: escrever com clareza.
tatsujin 達人 s 1 perito; mestre; entendido. 同時通訳の〜 *dōjitsūyaku no* 〜: especialista em tradução simultânea. 2 sábio; filósofo.
tatsumaki 竜巻 s tornado.
tatsunootoshigo 竜の落し子 s *Zool* cavalo-marinho.
tatta たった *adv* somente; só; apenas. 〜一点の差で試合に負けた 〜*itten no sa de shiai ni maketa*: perdemos por uma diferença de apenas um ponto.
tattaima たった今 *adv* neste instante; incontinente; já; imediatamente. 〜彼は出掛けたところです 〜*kare wa dekaketa tokoro desu*: ele acabou de sair neste instante.
tatte たって *adv* insistentemente; à força. 〜の願い 〜*no negai*: pedido insistente.
-tatte -たって forma sintética da conjunção concessiva たとて *tatote*: mesmo que; ainda que. 今更行ったって間に合わない *imasara ittatte ma ni awanai*: mesmo que vá, não chegará a tempo.
tattobu 貴[尊]ぶ v 1 valorizar; prezar; estimar. 2 respeitar; reverenciar; honrar.
tattoi 貴い *adj* 1 valioso; precioso. 2 nobre; venerável; augusto.
tau 多雨 s muita chuva.
taue 田植え s plantio de arroz.
tawagoto 戯言 s bobagem; asneira; disparate.
tawai(mo)nai たわい(も)ない *adj* 1 fácil. 2 insignificante; inconsistente. 〜議論 〜*giron*: discussão inconsistente. 3 inocente; infantil; simples; frágil. 4 perdido; descontrolado.
tawai(mo)naku たわい(も)なく *adv* 1 facilmente;

tawake 戯け *s vulg* bobagem; estupidez.
tawakemono 戯け者 *s vulg* bobo; estúpido.
tawakeru 戯ける *v pop* falar tolices; ser leviano; zombar. *V fuzakeru* ふざける.
tawaketa 戯けた *expr* estúpido; absurdo; bobo.
tawameru 撓める *v* vergar; curvar.
tawami 撓み *s* flexão; vergadura; deflexão.
tawamu 撓む *v* curvar-se; dobrar-se.
tawamure 戯れ *s* brincadeira; graça; piada; namorico.
tawamureru 戯れる *v* brincar; gracejar.
tawara 俵 *s* saco de palha.
tawashi 束子 *s* escovinha utilizada no tanque ou cozinha; bucha para esfregar.
tawawa ni 撓に *adv* galho, ramo dobrado com o peso.
tawayaka 撓やか *adj* flexível; maleável; dócil.
tayasu 絶やす *v* 1 exterminar; extirpar. 家を～ *ie o* ～: extinguir a família. 2 deixar acabar; ficar sem. 酒を～ *sake o* ～: deixar esgotar o saquê.
tayasui たやすい *adj* fácil; simples; leve. ～仕事 ～*shigoto*: trabalho fácil.
tayasuku たやすく *adv* facilmente; prontamente; sem dificuldades.
tayō 多用 *s* uso frequente; atarefado.
tayō 多様 *s* diversidade; variedade; multiplicidade.
tayōka 多様化 *s* diversificação.
tayori 便り *s* notícia; novidade; carta.
tayori 頼り *s* confiança; dependência.
tayorinai 頼りない *adj* que não merece confiança; que não tem crédito.
tayoru 頼る *v* confiar; contar; depender.
tayū 太夫 *s* títulos atribuídos aos sacerdotes xintoístas, aos artistas do teatro nô e cabúqui e na era Edo, às cortesãs de renome.
tayumu 撓む *v* relaxar a atenção; diminuir os esforços.
tazan 他山 *s* outra montanha.
tazei 多勢 *s* grande número; superioridade numérica.
tazukuri 田作り *s* 1 lavrar um arrozal. 2 *Cul* alevino de sardinha seca cozido em *shoyu*; sardinha seca.
tazuna 手綱 *s* rédea; freio. ～を引き締める ～*o hiki shimeru*: apertar a rédea.
tazunebito 尋ね人 *s* pessoa desaparecida.
tazunedasu 尋ね出す *v* conseguir achar; localizar.
tazunemono 尋ね物 *s* objeto perdido; busca de perdidos.
tazunemono 尋ね者 *s* procurado (pessoa).
tazuneru 訪ねる *v* visitar; fazer uma visita.
tazuneru 尋ねる *v* 1 procurar. 尋ね当てる *tazune ateru*: localizar; achar. 2 perguntar; inquirir. 安否を～ *anpi o* ～: perguntar pela segurança de alguém. 3 pesquisar; investigar. 由来を～ *yurai o* ～: investigar a origem.
tazusaeru 携える *v* levar consigo; ter sempre consigo.
tazusawaru 携わる *v* participar; tomar parte.
te 手 *s* 1 mão; braço; pata de animal. ～を振る ～*o furu*: acenar com a mão. 2 meio; método; truque. ～を尽くす ～*o tsukusu*: usar todos os meios possíveis; fazer de tudo. 3 ajuda; mão de obra; braços. 猫の手も借りたいくらい忙しい *neko no te mo karitai kurai isogashii*: estou ocupadíssimo. ～を貸す ～*o kasu*: dar uma mão. 4 serviço; trabalho. ～の離せない用事 ～*no hanasenai yōji*: serviço urgente. 5 conexão; relação. ～を引く ～*o hiku*: retirar-se; afastar-se; desligar-se. 手を広げる *te o hirogeru*: expandir as relações; aumentar os negócios. 6 qualidade; tipo; gênero. この～の品 *kono* ～*no shina*: artigo deste gênero. 7 sufixo que significa "pessoa". 話し～ *hanashi*～: locutor.
-te -て *conj* e; pois. 神田へ行って買って来た *Kanda e itte katte kita*: fui a Kanda e comprei. 湯が熱くて入れない *yu ga atsukute hairenai*: não consigo me banhar, pois a água está quente.
-te –手 *suf* 1 pessoa. 2 direção; lado.
teai 手合い・徒 *s vulg* companheiro; bando.
teami 手編み *s* tricô ou crochê feito a mão.
tearai [ara na] 手荒い[荒な] *adj* grosseiro; rude; descuidado.
tearai 手洗い *s* ato de lavar as mãos; recipiente para lavar as mãos; banheiro.
tearaku [ara ni] 手荒く[荒に] *adv* violentamente; de modo rude.
teashi 手足 *s* mãos e pés; braços e pernas; os membros.
teasobi 手遊び *s pop* 1 brinquedo de atividade manual; passatempo. 2 jogos de azar.
teatari 手当たり *s* 1 tato. 2 que se consegue alcançar.
teatarishidai 手当たり次第 *s* tudo que está ao alcance da mão.
teate 手当て *s* 1 remuneração; subsídio. 2 tratamento. 3 preparativo; prevenção; provisão. 資金の～をする *shikin no* ～*o suru*: prover-se de fundos.
teatsui 手厚い *adj* caloroso; cordial; hospitaleiro; respeitoso; cuidadoso. ～看護を受ける ～*kango o ukeru*: ser tratado com todos os cuidados.
teatsuku 手厚く *adv* 1 calorosamente; cordialmente; com hospitalidade. 2 generosamente. ～礼をする ～*rei o suru*: agradecer calorosamente.
teawase 手合わせ *s* jogo; competição. ～をする ～*o suru*: competir; jogar.
tebako 手箱 *s* caixinha.
tebanashi 手放し *s* 1 ato de soltar. 2 ato de ser aberto; ato de falar sem reservas.
tebanasu 手放す *v* 1 largar a mão; soltar. 2 largar; mandar; vender. 家を～ *ie o* ～: vender a casa. 3 não interferir. 4 largar no meio; deixar por fazer.
tebatashingō 手旗信号 *s* sinalização com bandeiras.
tebayai 手早い *adj* rápido; ágil; ligeiro.
tebayaku 手早く *adv* rapidamente; ligeiramente. ～片付ける ～*katazukeru*: colocar em ordem rapidamente.
teben(tō) 手弁(当) *s* marmita; lanche; merenda; ato de trabalhar a seco; serviço gratuito.
tebikae 手控え *s* anotação; memorando.
tebikaeru 手控える *v* retrair; abster-se; anotar por escrito.
tebiki 手引き *s* 1 guia. 2 introdução; manual. 3 apresentação; ajuda.
tebiroi 手広い *adj* amplo; largo; extenso.
tebiroku 手広く *adv* extensamente; amplamente. ～商売をする ～*shōbai o suru*: negociar em grande escala; ter uma extensa rede de negócios.
tebori 手彫り *s* gravação/escultura; entalhe manual.

tebukuro 手袋 *s* luvas.
tebura 手ぶら *s* mãos vazias.
teburi 手振り *s* gesto.
tēburu テーブル (*ingl table*) *s* mesa.
tēburukake テーブル掛け *s* toalha de mesa.
tebusoku 手不足 *s* falta de mão-de-obra.
tebyōshi 手拍子 *s* ato de bater palmas acompanhando o ritmo.
techigai 手違い *s* erro; problema; engano; falha.
techō 手帳 *s* agenda; guia; caderneta.
tedai 手代 *s* balconista; vendedor; atendente de loja.
tedashi 手出し *s* intromissão; ato de começar uma briga.
tedasuke 手助け *s* auxílio; ajuda; assistência.
tedōgu 手道具 *s* instrumentos; ferramentas de mão; implemento; utensílio.
tedori 手取り *s* ordenado/salário líquido; lucro líquido; ato de apanhar com a mão.
tedori 手捕り *s* captura.
tefuda 手札 *s pop* cartas que o jogador tem em mãos.
tefuki 手拭き *s* toalha de mãos; lenços umedecidos descartáveis para limpar as mãos.
tegai 手飼い *s* manter; criar; cuidar (de animais).
tegakari 手掛かり *s* fio da meada; pista; chave.
tegakeru 手掛ける *v* 1 lidar; tratar. 2 cuidar; criar; educar; tomar conta.
tegaki 手書き *s* escrito a mão; manuscrito.
te ga mawaru 手が回る *expr* 1 atendimento completo. 2 mandado de prisão expedido.
tegami 手紙 *s* carta.
tegara 手柄 *s* mérito; feito; façanha; proeza; ação meritória.
tegarabanashi 手柄話 *s* história sobre façanhas.
tegaragao 手柄顔 *s* semblante vanglorioso.
tegaru 手軽 *s* facilidade; bom; ligeiro; informal. ～な食事 ～*na shokuji*: refeição ligeira.
tegata 手形 *s* 1 título; letra de câmbio. 為替～ *kawase*～: letra de câmbio. 約束～ *yakusoku*～: letra promissória. 2 impressão da palma da mão.
tegatafuridashi 手形振出 *s* emissão de título.
tegatahikiuke 手形引受 *s* aceitação de título.
tegatai 手堅い *adj* 1 firme. 2 sólido; seguro. 3 de boa reputação; confiável. ～商売 ～*shōbai*: um negócio seguro.
tegatakōkan 手形交換 *s* compensação de títulos.
tegataku 手堅く *adv* com segurança; com crédito.
tegatawaribiki 手形割引 *s* desconto de títulos.
tegire 手切れ *s* rompimento de relações; corte.
tegirebanashi 手切れ話 *s* proposta de separação; a história do rompimento.
tegirekin 手切れ金 *s* indenização pelo rompimento das relações.
tegiwa 手際 *s* jeito; habilidade; perícia; destreza; aptidão. 不～ *fu*～: inaptidão; falta de habilidade.
tegiwayoku 手際よく *adv* habilmente; com tato; com estilo.
tegokoro 手心 *s* consideração; tolerância; indulgência. ～を加える ～*o kuwaeru*: ter em conta; ser tolerante.
tegome 手込め *s* 1 aprisionamento de uma pessoa. 2 violação; estupro.
tegoro 手頃 *s* prático; conveniente; adequado; razoável. ～な値段 ～*na nedan*: preço aceitável; preço razoável.

tegoshirae 手拵え *s* ～の ～*no, adj*: feito em casa; caseiro.
tegotae 手応え *s* reação; resposta; efeito.
tegowai 手強い *adj* duro; inflexível; forte; exigente; que não está para brincadeiras.
teguchi 手口 *s* truque; trampa.
teguruma 手車 *s* carrinho de mão.
tehai 手配 *s* preparativos; providências; procura de um criminoso.
tehajime 手始め *s* começo; início.
tehazu 手筈 *s* preparativos; arranjos; plano; encontro marcado.
tehidoi 手酷い *adj* severo; cruel; sério.
tehidoku 手酷く *adv* severamente; violentamente; sem perdão.
tehodoki 手解き *s* primeiras lições; iniciação; rudimentos; ato de ensinar. ポルトガル語の～を受ける *porutogarugo no* ～*o ukeru*: receber as primeiras noções de português.
tehon 手本 *s* 1 modelo de caligrafia. 2 modelo; bom exemplo. よい～を示す *yoi* ～*o shimesu*: dar um bom exemplo.
tei 丁 *s* 1 quarto dos dez signos numéricos chineses. 2 quarto lugar; quarta colocação.
tei 低 *s* lugar baixo.
tei 体 *s* aparência; cara; jeito; aspecto externo. 職人～の男 *shokunin*～*no otoko*: homem com aparência de artesão.
tei 亭 *s* caramanchão.
tei 艇 *s* bote; lancha; barco.
tei 弟 *s* irmão mais novo.
tei 邸 *s* mansão; residência.
tei 帝 *s* imperador. *V kōtei* 皇帝.
tei 貞 *s* castidade.
teian 提案 *s* proposta; sugestão. ～者 ～*sha*: autor da proposta.
teiatsu 低圧 *s* 1 pressão baixa. 2 baixa tensão.
teiatsu 定圧 *s Fís* pressão constante.
teibō 堤防 *s* dique; barreira. ～を築く ～*o kizuku*: construir um dique.
teiboku 低木 *s* arbusto; árvore baixa (até 2 metros de altura).
teibukka 低物価 *s* preço baixo.
teichaku 定着 *s* fixação. ～液 ～*eki*: líquido fixador.
teichi 定置 *s* ato de fixar; ato de prender. ～網 ～*ami*: rede fixa (de pesca).
teichi 低地 *s* planície; terra baixa.
teichingin 低賃金 *s* salário baixo.
teichō 丁[鄭]重 *s* ato de ser polido, respeitoso; cortesia. ～に答える ～*ni kotaeru*: responder com delicadeza.
teichō 低調 *s* 1 baixo; fraco. ～な作品 ～*na sakuhin*: obra fraca. 2 desânimo; apatia; inércia; ato de não ter graça. ～な出足 ～*na deashi*: início fraco.
teidan 鼎談 *s* conferência tripartida.
teiden 停電 *s* corte de energia elétrica.
teido 低度 *s* baixo grau.
teido 程度 *s* grau; nível; limite; medida; ponto. ～問題 ～*mondai*: questão de grau.
teien 庭園 *s* jardim.
teigaku 低額 *s* pequena quantia em dinheiro.
teigaku 定額 *s* valor fixo. ～貯金 ～*chokin*: depósito fixo; poupança fixa.
teigaku 停学 *s* suspensão escolar.

teigakunen 低学年 *s* séries escolares mais baixas.
teigakusei 定額制 *s* sistema de valor fixo.
teigen 低減 *s* baixa; redução; diminuição.
teigen 定限 *s* limite estabelecido.
teigen 逓減 *s* diminuição sucessiva; decréscimo gradual.
teigenteki 定言的 *adj Lóg* juízo categórico.
teigi 定義 *s* definição.
teigi 提議 *s* moção; proposta.
teigo 低語 *s* murmúrio; cochicho; falar em voz baixa.
teigyō 定業 *s* ocupação/emprego regular.
teihaku 停[碇]泊 *s* ancoragem; atracação. ～中の船 ～*chū no fune*: navio ancorado; navio atracado.
teihakuchi [jo] 停[碇]泊地[所] *s* ancoradouro.
teihatsu 剃髪 *s* tonsura.
teihen 底辺 *s* base; camada mais baixa da sociedade.
teihon 定本 *s* texto autêntico; versão autorizada.
teihon 底本 *s* 1 rascunho; anotações. 2 texto original; livro fonte.
teihyō 定評 *s* reputação conceituada; fama conceitual. ～のある店 ～*no aru mise*: loja conceituada.
teii 低位 *s* posição baixa; baixo grau.
teiin 定員 *s* número permitido de pessoas; quota; quórum; lotação. ～オーバー ～*ōba*: superlotação.
teiji 定時 *s* tempo marcado; hora marcada; período fixo.
teiji 提示 *s* exposição; anunciação; revelação. 条件を～する *jōken o ～suru*: expor as condições.
teiji 呈示 *s* apresentação. ～*suru*, *v*: mostrar; apresentar; indicar; sugerir.
teijikei 丁字形 *s* em forma de letra "T".
teijisei 定時制 *s Educ* sistema de turnos.
teijitsu 定日 *s* dia marcado.
teijo 貞女 *s* mulher casta; esposa fiel.
teijō 呈上 *s* oferecimento.
teijō 定常 *s* regularidade; constância.
teijōgi 丁定規 *s* esquadro em T.
teijū 定住 *s* residência fixa. ～地 ～*chi*: local da residência fixa.
teika 低下 *s* queda; baixa; declínio; deterioração; rebaixamento; perda. 気温の～ *kion no ～*: baixa de temperatura.
teika 低価 *s* depreciação; declínio; queda de preço.
teika 定価 *s* preço fixo.
teikahyō 定価表 *s* lista de preços; tabela de preços.
teikai 停会 *s* suspensão de reunião; prorrogação; adiamento.
teikai 低徊 *s* ato de tardar; vaguear; oscilar; hesitar.
teikaihatsu 低開発 *s* subdesenvolvimento.
teikan 定款 *s* estatutos da sociedade.
teikan 諦観 *s* 1 visão clara. 2 resignação.
teike 手活け *s* arranjo floral feito pela própria pessoa.
teikei 定形 *s* forma-padrão; formato regular; forma padronizada.
teikei 定型 *s* tipo; forma fixa. ～の ～*no*: fixo; estereotipado.
teikei 提携 *s* cooperação. ～*suru*, *v*: cooperar; aliar-se; combinar-se; coligar-se. 技術～ *gijutsu～*: cooperação técnica.
teikei 梯形 *s Mat* trapézio.
teiken 定見 *s* opinião definida; convicção.
teiketsu 締結 *s* conclusão; ratificação.

teiketsuatsu 低血圧 *s* hipotensão; pressão baixa.
teiki 定期 *s* período; prazo.
teiki 提起 *s* proposta.
teikiatsu 低気圧 *s Meteor* 1 depressão atmosférica; ciclone. 2 *fig* mau humor.
teikibarai 定期払い *s* pagamento periódico.
teikihoken 定期保険 *s* seguro a termo.
teikikankō 定期刊行 *s* publicação periódica.
teikiken 定期券 *s* passe para transporte.
teikinri 低金利 *s* juro baixo.
teikiyokin 定期預金 *s* depósito bancário a prazo fixo.
teikō 抵抗 *s* 1 resistência; luta; oposição. ～を感じる ～*o kanjiru*: sentir resistência. 2 *Fis* resistência. 空気の～を減じる *kūki no ～o genjiru*: reduzir a resistência do ar.
teikoku 定刻 *s* hora marcada.
teikoku 帝国 *s* império.
teikokushugi 帝国主義 *s* imperialismo.
teikōryoku 抵抗力 *s* força de resistência.
teikōundō 抵抗運動 *s* movimento de resistência.
teikū 低空 *s* baixa altitude.
teikūhikō 低空飛行 *s* voo em baixa altitude.
teikyō 提供 *s* oferta; doação. ～*suru*, *v*: oferecer; dar; pagar; doar.
teikyū 低級 *s* fato de ser de mau gosto, baixo, vulgar.
teikyū 定給 *s* salário fixo.
teikyū 庭球 *s Esp* tênis.
teikyūbi 定休日 *s* dia determinado para descanso semanal no comércio ou em firmas.
teikyūsenshu 庭球選手 *s* tenista; jogador de tênis.
teimai 弟妹 *s* irmãos e irmãs mais novos.
teimei 低迷 *s* depressão; ato de estar no fundo do abismo; estagnação.
teimen 底面 *s Geom* base.
teinai 邸内 *s* ～に ～*ni*, *adj*: no interior da mansão.
teinai 庭内 *s* ～に ～*ni*, *adj*: no jardim; dentro do jardim.
teinei 丁寧 *s* 1 polidez; delicadeza; cortesia. ～な言葉づかい ～*na kotoba zukai*: linguagem polida. 2 cuidado; escrúpulo; meticulosidade. ～な教え方 ～*na oshiekata*: ensino dedicado. ～に扱う ～*ni atsukau*: tratar cuidadosamente.
teineigo 丁寧語 *s* linguagem respeitosa; polida.
teinen 丁年 *s* maioridade.
teinen 定年 *s* ano limite para uma pessoa se aposentar.
teinensei 定年制 *s* sistema de aposentadoria.
teinō 低能 *s* debilidade mental.
teinōji 低能児 *s* criança mentalmente deficiente; estudante com baixo rendimento.
teiō 帝王 *s* soberano; monarca; imperador; um "césar".
teion 低音 *s Mús* som baixo; som grave.
teion 低温 *s* temperatura baixa.
teion 定温 *s* temperatura constante.
teiōsekkai(jutsu) 帝王切開(術) *s Med* operação cesariana.
teippai 手一杯 *s* totalmente ocupado; fato de estar no limite dos afazeres.
teiraku 低落 *s* baixa capacidade; baixa popularidade.
teirazu 手入らず *s* 1 sem problemas. 2 intocado. 3 virgem.
teire 手入れ *s* 1 conserto. ～*suru*, *v*: consertar;

reparar. 2 cuidado; correção. 〜が行き届いている 〜ga ikitodoite iru: estar bem cuidado. 3 batida policial.
teirei 定例 s costume; ordinário; regular.
teiren 低廉 s 〜na, adj: barato; preço baixo; preço moderado.
teiri 低利 s juro baixo.
teiri 定理 s teorema.
teirishikin 低利資金 s financiamento a juro baixo.
teiritsu 低率 s proporção baixa.
teiritsu 定率 s taxa fixa.
teiritsu 鼎立 s oposição tripartida.
teiryō 定量 s volume fixo; volume determinado.
teiryōbunseki 定量分析 s análise quantitativa.
teiryū 底流 s corrente subterrânea; força oculta.
teiryū 停留 s parada.
teiryūjo 停留所 s ponto; estação [de trem ou ônibus].
teisai 体裁 s aparência; forma. V gaikan 外観; mikake 見掛け. 〜を繕う 〜o tsukurou: recompor as aparências.
teisaijō 体裁上 adv em conformidade com as aparências.
teisaiyoku 体裁よく adv ficar bem; aparecer bem.
teisatsu 偵察 s reconhecimento. 〜suru, v: fazer reconhecimento.
teisatsuhikō 偵察飛行 s voo de reconhecimento.
teisei 訂正 s correção; revisão. 〜suru, v: corrigir; rever.
teisei 帝政 s monarquia; regime imperial.
teisei 低声 s voz baixa; cochicho.
teiseibunseki 定性分析 s Quím análise qualitativa.
teiseinō 低性能 s baixa eficiência.
teisen 停船 s parada de navio.
teisen 停戦 s armistício; cessar-fogo.
teisenkyōtei 停戦協定 s acordo de cessar-fogo.
teisenmeirei 停船命令 s ordem de parada de navio.
teisetsu 定説 s teoria vigente.
teisetsu 貞節 s fidelidade.
teisha 停車 s parada. 〜suru, v: parar. 各駅〜 kakueki〜: trem que para em todas as estações.
teishajikan 停車時間 s tempo de parada do comboio.
teishajō 停車場 s lugar de parada; estação.
teishi 停止 s 1 ato de parar. 一時〜 ichiji〜: parada momentânea. 2 probição; suspensão. 支払い〜 shiharai〜: suspensão do pagamento; moratória.
teishi 底止 s ato de parar no terminal; ato de cessar.
teishicchi 低湿地 s pântano; terreno baixo e úmido.
teishiki 定式 s fórmula; forma estabelecida.
teishin 挺進 s voluntariado.
teishisei 低姿勢 s atitude modesta; posição moderada.
teishitsu 低湿 s terreno baixo e úmido.
teishitsu 低質 s baixa qualidade.
teishō 提唱 s proposição; apresentação. 〜者 〜sha: proponente.
teishoku 定食 s refeição completa.
teishoku 定植 s 〜suru, v: plantar a muda da sementeira na gleba.
teishoku 抵触 s infringência da lei; discordância.
teishoku 定職 s emprego fixo; ocupação estável.
teishoku 停職 s suspensão da ocupação, cargo.
teishu 亭主 s 1 dono; patrão; hospedeiro. 2 marido.

teishū(nyū) 低収(入) s poucos recursos; salário baixo.
teishūha 低周波 s Eletr onda de baixa frequência.
teishuku 貞淑 s castidade; fidelidade; modéstia feminina.
teishūnyū 定収入 s renda fixa.
teishutsu 提出 s entrega; apresentação. 辞表を〜する jihyō o 〜suru: apresentar o pedido de demissão.
teishutsusha 提出者 s proponente; apresentador.
teiso 提訴 s apresentação de um processo ao tribunal. 〜suru, v: processar.
teisō 貞操 s castidade; virgindade.
teisōjūrin 貞操蹂躙 s violação da castidade.
teisoku 低速 s baixa velocidade.
teisokusū 定足数 s quórum. 〜に満たない 〜ni mitanai: não atingir o quórum.
teisoshiki 定礎式 s cerimônia de lançamento da pedra fundamental.
teisū 定数 s 1 número estabelecido; quórum. 2 Mat constante. Quím proporção constante.
teisuru 呈する v 1 dar (conselho); apresentar. 賛辞を〜する sanji o 〜suru: fazer elogios; elogiar. 2 mostrar; apresentar; dar sinais. 活気を〜する kakki o 〜suru: mostrar-se animado.
teitai 停滞 s estagnação; acúmulo; congestionamento. 〜した貨物 〜shita kamotsu: carga acumulada.
teitai 手痛い adj severo; duro; sério; doloroso. 〜打撃を受ける 〜dageki o ukeru: sofrer duro golpe.
teitaku 邸宅 s residência; mansão.
teitaku 手痛く adv severamente.
teitaraku 為体・体たらく s pop estado; aparência. 何と言う〜だ nan to iu 〜da: que estado deprimente!
teiten 定点 s Mat ponto fixo.
teitetsu 蹄鉄 s ferradura.
teito 帝都 s capital imperial; metrópole imperial.
teitō 抵当 s hipoteca.
teitō 低頭 s ato de abaixar a cabeça; reverência; mesura.
teitōbukken 抵当物件 s artigo hipotecado.
teitōken 抵当権 s direito hipotecário.
teitōkenja 抵当権者 s credor hipotecário.
teitoku 提督 s almirante.
teiton 停頓 s paralisação; impasse.
teitōnagare 抵当流れ s hipoteca não resgatada.
teiyaku 締約 s conclusão do tratado; convenção; acordo.
teiyō 提要 s sumário; sinopse.
teiyoku 体よく adv diplomaticamente; polidamente.
teizoku 低俗 s vulgaridade; fato de ser vulgar.
tejaku 手酌 s ato de se servir de bebida alcoólica. 〜で飲む 〜de nomu: beber servindo-se.
tejika 手近 adj estar perto; estar próximo; ter à mão. 〜にあるもので代用する 〜ni aru mono de daiyō suru: substituir com o que se tem à mão.
tejina 手品 s mágica; truque.
tejinashi 手品師 s ilusionista; mágico.
tejō 手錠 s algemas.
tejun 手順 s processo; ordem; programa; curso; procedimento; providências. 〜よく 〜yoku: providências adequadas.

tekagami 手鏡 *s* espelho de mão.
tekagen 手加減 *s* 1 consideração; ato de ter em conta. 2 medição a olho.
tekateka てかてか *adv* luzir; brilhar.
tekazu 手数 *s* 1 incômodo; trabalho; aborrecimento. 〜がかかる仕事 ~*ga kakaru shigoto*: obra/serviço que exige muito trabalho. 2 movimentos. 〜を読む ~*o yomu*: adivinhar os movimentos do adversário/oponente.
teki 滴 *s* pingo; gota.
teki 敵 *s* adversário; inimigo; antagonista; concorrente; rival. 〜を破る ~*o yaburu*: derrotar o inimigo. 多くの〜を作る *ōku no* ~*o tsukuru*: fazer muitos inimigos.
-teki -的 *suf* sufixo de adjetivação do substantivo.
tekibishii 手厳しい *adj* severo; duro; cruel; impiedoso; mordaz.
tekibishiku 手厳しく *adv* severamente; rigorosamente.
tekichi 敵地 *s* território inimigo.
tekichū 的[適]中 *s* ato de acertar no alvo.
tekichū 敵中 *s* em meio ao; meio do inimigo.
tekidan 敵弾 *s* projétil inimigo. 〜にたおれる ~*ni taoreru*: tombar sob o fogo do inimigo.
tekido 適度 *s* moderação. 〜な運動 ~*na undō*: exercício moderado.
tekiei 敵影 *s* sinais do inimigo.
tekifuteki 適不適 *s* ato de ser ou não ser adequado.
tekiga 摘芽 *s* retirada dos brotos supérfluos.
tekigaishin 敵愾心 *s* sentimento hostil; hostilidade; inimizade; animosidade.
tekigawa 敵側 *s* lado inimigo.
tekigen 適言 *s* palavra apropriada; palavra adequada; expressão conveniente para cada ocasião.
tekigi 適宜 *s* ato de ser adequado/apropriado. 〜の処置をする ~*no shochi o suru*: tomar as medidas adequadas.
tekigō 適合 *s* conformidade; adaptação. 〜させる ~*saseru*: estar em conformidade; tornar compatível.
tekigun 敵軍 *s* forças inimigas.
tekigyō 適業 *s* profissão apropriada.
tekihai 敵背 *s* parte posterior ou por trás do inimigo.
tekihatsu 摘発 *s* ato de descobrir. 脱税を〜する *datsuzei o* ~*suru*: descobrir a evasão de impostos.
tekihei 敵兵 *s* soldado inimigo.
tekihi 適否 *s* fato de ser ou não ser apropriado.
tekihō 適法 *s* legalidade. 〜に ~*ni*: legalmente.
tekihonshugi 敵本主義 *s* ato de simular um objetivo falso; o ato de enganar.
tekihyō 適評 *s* crítica benfeita; comentário acertado.
tekii 敵意 *s* inimizade; hostilidade. 〜を示す ~*o shimesu*: manifestar hostilidade.
tekijin 敵陣 *s* campo inimigo; frente inimiga.
tekika 摘果 *s* retirada dos frutos supérfluos.
tekikaku 的確 *s* ato de ser preciso; ato de ser exato. 〜な判断を下す ~*na handan o kudasu*: julgar com justiça.
tekikaku 適格 *s Jur* ato de ser competente; ato de ter qualidades; capacitação; elegibilidade.
tekikakusha 適格者 *s* pessoa qualificada; pessoa competente.
tekikan 敵艦 *s* navio inimigo.

tekiki 手利き *s* mestre em trabalhos manuais; pessoa hábil com as mãos.
tekikoku 敵国 *s* país inimigo.
tekikokugo 敵国語 *s* língua do inimigo.
tekimen 覿面 *s* ato de estar à vista; ser imediato.
tekimikata 敵味方 *s* amigos e inimigos; duas facções.
tekin 手金 *s* sinal; depósito.
tekinin 適任 *s* competência; aptidão para o cargo.
tekininsha 適任者 *s* pessoa competente; pessoa qualificada para ocupar o posto.
tekiō 適応 *s* adaptação; fato de convir; ato de aplicar-se àquele caso.
tekiōsei 適応性 *s* adaptabilidade; flexibilidade.
tekipaki てきぱき *adv* prontamente; rapidamente; desembaraçadamente. 〜事を運ぶ ~*koto o hakobu*: agir de forma eficiente.
tekirei 適齢 *s* idade apropriada.
tekirei 適例 *s* exemplo adequado. 〜を示す ~*o shimesu*: indicar um bom exemplo.
tekireiki 適齢期 *s* idade de casar; nubilidade.
tekiryō 適量 *s* dose; quantidade apropriada.
tekisei 適正 *s* correto e apropriado.
tekisei 適性 *s* aptidão.
tekisei 敵性 *s* caráter hostil.
tekiseikakaku 適正価格 *s* preço razoável, condizente.
tekiseikensa 適性検査 *s* teste vocacional; teste de aptidão.
tekiseikokka 敵性国家 *s* país hostil.
tekisen 敵船 *s* navio inimigo.
tekisetsu 適切 *s* ato de ser conveniente, próprio, adequado.
tekishaseizon 適者生存 *s* sobrevivência seletiva.
tekishi 敵視 *s* hostilidade; inimizade.
tekisho 適所 *s* local apropriado.
tekishu 敵手 *s* mãos do inimigo.
tekishū 敵襲 *s* ataque do inimigo.
tekishutsu 剔出 *s* remoção; extração.
tekishutsu 摘出 *s* extração; exposição. 弾丸の破片を〜する *dangan no hahen o* ~*suru*: extrair os estilhaços da bala.
tekisuru 適する *v* ser adequado; ser apropriado; ser conveniente; ser qualificado. 野菜栽培に〜土地 *yasai saibai ni* ~*tochi*: terra boa/adequada para hortaliças.
tekisuru 敵する *v* 1 ser inimigo. 2 ser rival.
tekisuto テキスト (*ingl text*) *s* 1 texto. 2 livro didático.
tekitai 敵対 *s* antagonismo; hostilidade.
tekitaikōdō 敵対行動 *s* hostilidades; atividades hostis; ato de hostilidade.
tekitaikōi 敵対行為 *s* ação hostil.
tekitō 適当 *s* ato de ser condizente; ato de ser moderado. *V* **tekisetsu** 適切.
tekiya 的屋 *s* charlatão; impostor.
tekiyaku 適役 *s* cargo adequado.
tekiyaku 適訳 *s* tradução precisa.
tekiyaku 適薬 *s* remédio adequado; remédio específico; bom remédio.
tekiyō 適用 *s* aplicação. この規則は未成年者には〜されない *kono kisoku wa miseinensha ni wa* ~*sarenai*: esta norma não se aplica aos menores de idade.

tekiyō 摘要 *s* resumo; sumário.
tekiyōhan'i 適用範囲 *s* âmbito da aplicação.
tekizai 適材 *s* pessoa certa.
tekizaitekisho 適材適所 *s* pessoa certa no lugar certo.
tekizei 敵勢 *s* força do inimigo; o inimigo.
tekizen 敵前 *s* diante do inimigo.
tekizenjōriku 敵前上陸 *s* desembarque à vista do inimigo.
tekizentōbō 敵前逃亡 *s* fuga à vista do inimigo.
tekizu 手傷 *s* ferimento em luta, combate.
tekka 鉄火 *s* **1** ferro em brasa. **2** fogo nas batalhas. **3** *sushi* de atum.
tekkaba 鉄火場 *s pop* salão de jogos de azar.
tekkai 撤回 *s* revogação; retratação; anulação; cancelamento.
tekkan 鉄管 *s* tubo de ferro.
tekken 鉄拳 *s* croque; carolo; golpe de punho.
tekkenseisai 鉄拳制裁 *s* punição com golpe de punho.
tekketsu 剔抉 *s* bisbilhotar um crime/uma fraude.
tekki 鉄器 *s* objeto de ferro.
tekki 適期 *s* período apropriado.
tekki 敵機 *s* avião inimigo.
tekki 摘記 *s* sumário; epítome.
tekkijidai 鉄器時代 *s Arqueol* idade do ferro.
tekkin 鉄筋 *s Constr* barra de ferro.
tekkinkonkurīto 鉄筋コンクリート *s* concreto armado.
tekkiri てっきり *adv pop* sem sombra de dúvida.
tekkō 鉄鉱 *s* minério de ferro.
tekkō 鉄鋼 *s* ferro e aço.
tekkōgyō 鉄鋼業 *s* indústria siderúrgica.
tekkōjo [jō] 鉄工所[場] *s* ferraria.
tekkotsu 鉄骨 *s* estrutura; armação de ferro.
tekkyo 撤去 *s* remoção; retirada.
tekkyō 鉄橋 *s* ponte de ferro.
teko 梃子 *s* alavanca.
tekoire 梃子入れ *s* apoio especial, suporte.
tekonimotsu 手小荷物 *s* bagagem de mão.
tekozuru 手古摺る *v pop* entraves a solucionar; estar em apuros.
tekubari 手配り *s* arrranjo; preparativos.
tekubi 手首 *s* pulso.
tekuda 手管 *s* ardil; manha; truque.
tekuse 手癖 *s* costume; hábito. 〜が悪い 〜*ga warui*: furtar; surrupiar.
tema 手間 *s* **1** tempo; trabalho. 〜を省く 〜*o habuku*: poupar tempo e trabalho. **2** pagamento pelo tempo e trabalho. 〜を支払う 〜*o shiharau*: pagar pelo trabalho.
tēma テーマ (*al Thema*) *s* tema; assunto.
temachin 手間賃 *s* pagamento pelo trabalho.
temadoru 手間取る *v* levar tempo e trabalho; tardar.
temae[1] 手前 *s* **1** este lado; para cá. ハンドルを〜に引く *handoru o〜ni hiku*: puxar a manivela para cá. **2** em consideração. 人様の〜 *hitosama no〜*: em consideração às outras pessoas. **3** prática na cerimônia do chá. **4** habilidade.
temae[2] 手前 *pron* **1** eu; si mesmo, si próprio. **2** você; tu.
temaegatte 手前勝手 *s pop* egoísmo; capricho/interesse pessoal.
temahima 手間隙 *s* trabalho e tempo.

temame 手まめ *s* **1** assiduidade; diligência; aplicação. **2** habilidade; destreza.
temane 手真似 *s* gesticulação; gesto; sinal com as mãos.
temaneki 手招き *s* ato de chamar com acenos de mão.
temaneku 手招く *v* chamar com acenos de mão.
temari 手鞠 *s* bola japonesa revestida de linhas coloridas.
temashigoto 手間仕事 *s* serviço trabalhoso; trabalho por peça.
tematsubushi 手間潰し *s* desperdício de trabalho/tempo.
temawari 手回り *s* ao alcance da mão.
temawaridōgu 手回り道具 *s* pertences pessoais.
temawashi 手回し *s* manivela; preparativos.
temijika 手短か *adj* simplificado; breve.
temiyage 手土産 *s* pequeno presente.
-temo -ても *conj* hipotética concessiva ainda que; mesmo que. 何があっても *nani ga attemo*: aconteça o que acontecer.
temochi 手持ち *s* ter disponível. 〜の外貨 〜*no gaika*: reservas em moedas estrangeiras.
temochibusata 手持無沙汰 *s* tédio; pessoa entediada.
temonaku 手も無く *adv pop* facilmente; sem nenhuma dificuldade.
temori 手盛り *s* **1** o ato de se servir. **2** お〜 o〜: decisão tomada em proveito próprio.
temoto 手許 *s* **1** ao alcance da mão. 〜の資料 〜*no shiryō*: documentos disponíveis. **2** dinheiro disponível. 〜が不如意である 〜*ga funyoi de aru*: estar desprovido. **3** junto de si. 一人娘を〜に置く *hitori musume o〜ni oku*: manter junto de si a filha única.
temotokin 手許金 *s* dinheiro disponível.
temukai 手向かい *s* resistência; oposição.
temukau 手向かう *v* resistir; opor.
ten 天 *s* **1** céu. 〜を仰ぐ 〜*o aogu*: levantar os olhos para o céu. **2** providência; Deus. 運を〜に任せる *un o〜ni makaseru*: confiar na providência. **3** céu; paraíso.
ten 点 *s* **1** ponto. **2** ponto-final (sinal de pontuação). 〜を打つ 〜*o utsu*: pontuar. **3** nota. 〜を付ける 〜*o tsukeru*: dar nota; avaliar. **4** ponto; ponto de vista; questões. 重要な〜をメモする *jūyō na〜o memo suru*: anotar as questões importantes. **5** peça; artigo. 衣類数〜 *irui sū〜*: algumas peças de roupa. **6** ponto; grau. どの〜まで *dono 〜made*: até que ponto? 出発〜 *shuppatsu〜*: ponto de partida.
ten 典 *s* **1** cerimônia; celebração. **2** código.
tenabe 手鍋 *s* tacho.
tenaga 手長 *s* **1** braços longos. **2** dedos leves; cleptomania.
tenagusami 手慰み *s* **1** brincar com os dedos; passatempo. **2** jogo de azar.
tenaishoku 手内職 *s* trabalho manual caseiro.
tenami 手並み *s* habilidade.
tenaoshi 手直し *s* emenda; retoque. 〜する *suru*, *v*: emendar; retocar.
tenarai 手習い *s* **1** aprendizagem de caligrafia. **2** treino; exercício.
tenarashi 手馴らし *s* prática; exercício.
tenarasu 手馴らす *v* **1** domar. **2** treinar; praticar.

tenareru 手馴[慣]れる *v* adquirir habilidade; acostumar-se.
tenazukeru 手懐ける *v* domesticar; ganhar confiança. 部下を～ *buka o* ～: ganhar a confiança dos subordinados.
tenbai 転売 *s* revenda.
tenbatsu 天罰 *s* castigo divino; vingança dos deuses. ～覿面 ～*tekimen*: imediata é a vingança dos deuses.
tenbiki 天引き *s* desconto ou dedução na fonte.
tenbin 天秤 *s* balança. ～に掛ける ～*ni kakeru*: pôr na balança; sopesar os prós e os contras.
tenbinbō 天秤棒 *s* recoveira.
tenbō 展望 *s* vista; panorama; perspectiva. ～がきく ～*ga kiku*: ter uma vista ampla.
tenbōdai 展望台 *s* mirante; miradouro.
tenbōsha 展望車 *s* carro ou vagão panorâmico.
tenbun 天分 *s* talento natural.
tenbyō 点描 *s* esboço.
tenchi 転地 *s* mudança de ares.
tenchi 転置 *s* transposição.
tenchi 天地 *s* 1 o céu e a terra; o Universo; a natureza. 2 o topo e a base. 3 o mundo.
tenchijin 天地人 *s* o céu, a terra e o homem.
tenchiryōhō 転地療法 *s* terapia por meio de mudança de ares.
tenchiryōyō 転地療養 *s* mudança de ares para tratamento de saúde.
tenchishinmei 天地神明 *s* todas as divindades.
tenchū 天誅 *s* castigo do céu.
tende てんで *adv pop* completamente; absolutamente. *V* **maru de** 丸で, **marukkiri** 丸っきり, **mattaku** 全く, **zenzen** 全然.
tendenbarabara てんでんばらばら *adj pop* diversidade. ～な意見 ～ *na iken*: opiniões das mais desconectadas.
tende ni てんでに *adv pop* cada um; cada qual; respectivamente; separadamente. ～好きなものを食べる ～*suki na mono o taberu*: cada qual come aquilo que gosta.
tendoku 転読 *s* leitura de sutra salteando-se alguns capítulos.
tendon 天丼 *s* tigela de arroz com camarão empanado por cima.
tenga 典雅 *s* refinamento; elegância; fineza.
tengai 天涯 *s* terra longínqua.
tengankyō 天眼鏡 *s* lente de aumento; lupa.
tengantsū 天眼通 *s* clarividência; faculdade de vidente.
tengen 天元 *s* 1 centro do Universo. 2 marca central do tabuleiro de *go*.
tengoku 天国 *s* paraíso; céu; reino dos céus.
tengu 天狗 *s Hist* 1 personagem fictício, de nariz longo, que habita as montanhas e tem poderes sobrenaturais. 2 orgulho; jactância. ～になる ～*ni naru*: gabar-se; vangloriar-se.
tengusa 天草 *s* ágar-ágar.
tengyō 転業 *s* mudança de emprego. ～*suru*, *v*: mudar de emprego.
ten'i 転位 *s* transposição; deslocamento; inversão.
ten'i 転移 *s* transferência; metástase; transição. 癌の～ *gan no* ～: metástase do câncer.
ten'i 天意 *s* vontade divina; providência.
te ni amaru 手に余る *expr* além da capacidade; que foge ao controle; inadministrável. この仕事は私の～ *kono shigoto wa watashi no* ～: este trabalho vai além da minha capacidade.
te ni kakaru 手に掛かる *expr* cair em outras mãos. 悪者の～ *warumono no* ～: cair em mãos de criminosos.
te ni kakeru 手に掛ける *expr* 1 matar com as próprias mãos. 2 cuidar; proteger.
tenimotsu 手荷物 *s* bagagem de mão.
ten'in 店員 *s* balconista; vendedor; empregado de loja.
te ni oenai 手に負えない *expr* inadministrável; incontrolável; incorrigível; intratável.
te, ni, o, ha てにをは *s Gram* partículas relacionais que, na oração, desempenham funções sintáticas.
te ni tsukanai 手に付かない *expr* devido a questões emocionais, não estar em condições de.
tenji 展示 *s* exposição; exibição.
tenji 点字 *s* braille; anagliptografia; sinais gráficos em relevo.
tenjihin 展示品 *s* objetos para exposição.
tenjikai 展示会 *s* exposição.
tenjiku 天竺 *s* Índia.
tenjikumomen 天竺木綿 *s* tecido de algodão feito originalmente na Índia.
tenjiru 転じる *v* 1 mudar; alterar; desviar; converter. 話題を～ *wadai o* ～: mudar de assunto. 2 mudar de posto.
tenjiru 点じる *v* 1 pontuar; acender. 2 preparar o chá.
tenjō 天井 *s* teto.
tenjō 天上 *s* céu.
tenjō 添乗 *s* acompanhamento; condutor da excursão.
tenjōin 添乗員 *s* acompanhante de viagem.
tenjōkai 天上界 *s* mundo celestial.
tenjōsajiki 天井桟敷 *s* assento da galeria de um teatro.
tenjōshirazu 天井知らず *s* sem ter limite na escalada; que apenas sobe.
tenjōura 天井裏 *s* espaço entre o telhado e o forro; sótão.
tenju 天寿 *s* dias de vida. ～を全うする ～*o mattō suru*: completar os seus dias de vida.
tenjū 転住 *s* migrar.
tenka 天下 *s* reino; mundo. ここは若者の～だ *koko wa wakamono no* ～*da*: aqui é o reino dos jovens.
tenka 点火 *s* ignição; inflamação.
tenka 転化 *s* mudança; transformação; inversão; conversão.
tenka 添加 *s* adicionamento; acréscimo.
tenka 転嫁 *s* imputação. 責任～ *sekinin*～: imputação da responsabilidade.
tenka harete 天下晴れて *expr* legalizado; legitimado; livre.
tenkai 展開 *s* 1 desenvolvimento; evolução. 2 avanço. 3 *Mat* expansão; desenvolvimento.
tenkai 転回 *s* reviravolta; giro; rotação.
tenkai 天界 *s* esfera celeste.
tenkaichi 天下一 *s* o melhor do mundo.
tenkaippin 天下一品 *s* o melhor produto do mundo.
tenkamuhi [musō] 天下無比[無双] *s* único; incomparável; sem igual.
tenkan 転換 *s* mudança; volta.
tenkan 癲癇 *s Med* epilepsia; ataque epiléptico.

tenkanki 転換期 *s* período de transição.
tenkara てんから *adv pop* desde o começo; absolutamente; totalmente.
tenka wakeme 天下分け目 *expr* decisivo; fatal. 〜の戦争 〜*no sensō*: batalha decisiva.
tenkei 典型 *s* tipo; protótipo; modelo.
tenkei 天恵 *s* bênção da natureza; dom da natureza.
tenkei 天啓 *s* revelação divina.
tenkeiteki 典型的 *adj* 〜的な 〜*teki na*: típico; exemplar; paradigmático.
tenken 点検 *s* exame; inspeção; revisão. 車の定期〜 *kuruma no teiki*〜: revisão periódica do carro.
tenki 天気 *s* tempo; condições meteorológicas. 〜が怪しい 〜*ga ayashii*: tempo incerto.
tenki 転機 *s* ponto de viragem.
tenki 転記 *s* transcrição.
tenkiguai [moyō] 天気具合 [模様] *s* sinais do tempo; condições climáticas.
tenkin 転勤 *s* transferência para outro local de trabalho. 〜*suru*, *v*: ser transferido.
tenkiyohō 天気予報 *s* previsão do tempo; boletim meteorológico.
tenko 点呼 *s* chamada.
tenkō 天候 *s* tempo.
tenkō 転向 *s* mudanca; conversão.
tenkō 転校 *s* mudança de escola.
tenkyo 転居 *s* mudança de residência.
tenkyo 典拠 *s* referência; fonte. 〜を示す 〜*o shimesu*: indicar as fontes.
tenkyō 転教 *s* apostasia.
tenkyū 天球 *s* firmamento; abóbada celeste.
tenkyūgi 天球儀 *s* globo celeste.
tenmaku 天幕 *s* **1** cortina pendurada do teto. **2** pavilhão; marquise.
tenmatsu 顛末 *s* da ocorrência; os pormenores; os fatos.
tenmei 天命 *s* **1** destino. 〜を知る 〜*o shiru*: resignar-se com o destino. **2** vida.
tenmetsu 点滅 *s* pisca-pisca; ato de acender e apagar. 〜*suru*, *v*: piscar.
tenmon 天文 *s* astronomia.
tenmondai 天文台 *s* observatório astronômico.
tenmongaku 天文学 *s* estudo da astronomia.
tennen 天然 *s* natureza. *V* shizen 自然.
tennengasu 天然ガス *s* gás natural.
tennenkinenbutsu 天然記念物 *s* monumento natural.
tennenshigen 天然資源 *s* recursos naturais.
tennenshoku 天然色 *s* cor natural.
tennenshokushashin 天然色写真 *s* fotografia em cores naturais.
tennentō 天然痘 *s Med* varíola.
tennin 天人 *s* ser celestial.
tennin 転任 *s* transferência de posto.
tennō 天王 *s* **1** divindade budista que comanda o mundo dos desejos. **2** imperador.
tennō 天皇 *s* imperador do Japão.
tennōheika 天皇陛下 *s* sua majestade imperial.
Tennōsei 天王星 *s Astr* Urano.
tennyo 天女 *s* ninfa; deusa; beldade.
tennyū 転入 *s* mudança de lugar.
tennyūgaku 転入学 *s* transferência de escola.
tennyūtodoke 転入届 *s* aviso de mudança.
te no hira 手の平 *s* palma da mão.

te no kō 手の甲 *s* dorso da mão.
te no mono 手の物 *s* **1** algo na mão de alguém. **2** especialidade de um indivíduo.
te no mono 手の者 *s pop* homens subordinados a um chefe.
tenōru テノール (*ingl tenor*) *s Mús* tenor.
te no suji 手の筋 *s* linhas da mão.
te no uchi 手の内 *s* destreza; mão; intenção. 〜を見せる 〜*o miseru*: revelar a própria destreza; pôr as cartas na mesa.
te no ura 手の裏 *s* palma da mão.
tenpen 転変 *s* mudança constante. 有為〜 *ui*〜: as vicissitudes da vida.
tenpen(chii) 天変(地異) *s* cataclismo (extraordinário).
tenpi 天日 *s* sol.
tenpo 填補 *s* **1** compensação. **2** complementação; suplemento; ato de completar.
tenpo テンポ (*ital tempo*) *s* tempo; ritmo; velocidade. 急〜 *kyū*〜: tempo rápido.
tenpo 店舗 *s* loja.
tenpu 天賦 *s* natureza. 〜の才能 〜*no sainō*: talento natural.
tenpu 添付 *s* anexo; apêndice.
tenpuku 顛覆 *s* capotamento; queda. 〜した船 〜*shita fune*: emborcação; naufrágio.
tenpura 天麩羅 *s* **1** *Cul* prato feito com camarões e legumes empanados e fritos no estilo japonês. **2** galvanização.
tenpushiryō 添付資料 *s* documentos anexados.
tenrai 天来 *s* celestial.
tenraku 転落 *s* queda; degradação. 最下位に〜したチーム *saikai ni* 〜*sita chīmu*: a equipe que caiu para o último lugar.
tenran 展覧 *s* exposição; exibição.
tenrankai 展覧会 *s* exposição.
tenrei 典礼 *s* cerimônia; liturgia.
tenri 天理 *s* lei da natureza.
tenro 転炉 *s Metal* forno giratório.
tensai 天才 *s* gênio.
tensai 天災 *s* calamidade natural.
tensai 転載 *s* reimpressão. 〜*suru*, *v*: reimprimir.
tensai 甜菜 *s Bot* beterraba.
tensaiji 天才児 *s* criança superdotada.
tensaku 添削 *s* correção. 〜*suru*, *v*: corrigir.
tensan(butsu) 天産(物) *s* produto natural.
tensei 天性 *s* qualidade nata; de nascença.
tensei 展性 *s* ductilidade da matéria.
tensei 転生 *s* metempsicose; transmigração da alma. 〜*suru*, *v*: transmigrar.
tensei 転成 *s* transmutação; transformação.
tensei 天声 *s* reputação; trovão; voz de Deus.
tensen 点線 *s* tracejado; linha picotada.
tensha 転写 *s* transcrição. 〜*suru*, *v*: transcrever.
tenshaku 転借 *s* sublocação. 〜*suru*, *v*: sublocar.
tenshi 天子 *s* imperador.
tenshi 天使 *s* anjo.
tenshi 天資 *s* natureza; constituição natural.
tenshin 転身 *s* mudança de posição.
tenshin 点心 *s* almoço oferecido no templo zen-budista; doce que acompanha o chá; refeição leve chinesa; petiscos.
tenshin 転進 *s* mudança de rumo.

tenshinranman 天真爛漫 *s* ingenuidade; candura; inocência.
tensho 添書 *s* **1** carta enviada por mensageiro. **2** carta de apresentação; carta de recomendação. **3** nota de esclarecimento.
tenshoku 天職 *s* vocação; missão eclesiástica.
tenshoku 転職 *s* mudança de emprego.
tenshokusha 転職者 *s* **1** aquele que muda de ocupação; emprego. **2** posto.
tenshu 天主 *s* Deus.
tenshu 店主 *s* proprietário da loja.
tenshutsu 転出 *s* mudança para outro lugar.
tenshutsusaki 転出先 *s* novo endereço.
tenshutsutodoke 転出届 *s* comunicação de mudança de endereço.
tensō 転送 *s* reencaminhamento; reexpedição; reenvio. ～*suru*, *v*: reenviar; reexpedir; reencaminhar.
tensoku 天測 *s* observação astronômica.
tensoku 纏足 *s* prática chinesa antiga que consistia em reduzir o tamanho dos pés das mulheres.
tenson 天孫 *s* descendentes dos deuses.
tensū 点数 *s* **1** nota; ponto; resultado. **2** número de artigos (produtos).
tensūhyō 点数表 *s* quadro de pontuação; pauta das notas.
tensui 天水 *s* água da chuva.
tentai 天体 *s* astro; corpo celeste.
tentai 転貸 *s* sublocação.
tentaibōenkyō 天体望遠鏡 *s* telescópio astronômico.
tentaishaku 転貸借 *s* sublocação; subaluguel; subarrendamento.
tentan 恬淡 *s* ato de ser desprendido; indiferença. 無欲～な人 *muyoku ～na hito*: pessoa sem interesses materiais.
tenteki 点滴 *s* **1** gota d'água. **2** *Med* soro.
tenteki 天敵 *s* inimigo natural.
tentekomai 点手古舞い *s pop* alvoroço; lufa-lufa. ～*suru*, *v*: azafamar-se; andar numa azáfama.
tenten 転々 *adj* andar de um lugar para outro, de mão em mão; saltitar.
tenten 点々 *adv* **1** muitos pontos. **2** gota a gota.
tentetsu 転轍 *s Ferrov* mudança de linha.
tentetsuki 転轍機 *s Ferrov* agulha da ferrovia.
tento テント (*ingl tent*) *s* tenda; barraca.
tentō 店頭 *s* frente da loja; vitrina; balcão. ～に並べる ～*ni naraberu*: expor na vitrina.
tentō 点燈 *s* ato de acender a luz.
tentō 転[顚]倒 *s* **1** tombo; queda. **2** inversão. 本末～ *honmatsu*～: inversão das prioridades; botar o carro diante dos bois. **3** perturbação. ～*suru*, *v*: perder a cabeça; perturbar-se.
tentō 天道 *s pop* **1** providência divina. **2** o Sol.
tentori 点取り *s* competição por marcação de pontos.
tentorimushi 点取り虫 *s pop* estudante esforçado.
ten to shite 恬として *adv* indiferentemente; calmamente.
tenugui 手拭い *s* toalha.
tenui 手縫い *s* ato de costurar com a mão.
tenukari 手抜かり *s pop* erro; falha; descuido.
tenuki 手抜き *s* abreviatura intencional do trabalho. ～工事 ～*kōji*: construção defeituosa.
ten'un 天運 *s* destino; sorte; sina; fado.

ten'yawan'ya てんやわんや *s pop* confusão total; desordem.
ten'yo 天与 *s* dádiva de Deus. ～の ～*no*, *adj*: talento nascença.
ten'yō 転用 *s* desvio; utilização para outro fim.
ten'yū 天佑 *s* providência divina.
tenzai 点在 *s* ato de estar disperso.
te o ageru 手を挙げる *expr* levantar a mão.
te o awaseru 手を合わせる *s* juntar as mãos (para rezar).
teochi 手落ち *s* erro; falha; inadvertência; descuido; negligência.
te o dasu 手を出す *expr* estender a mão; experimentar; meter-se em/com.
teodori 手踊り *s* dança executada apenas com as mãos.
te o fureru 手を触れる *expr* passar a mão; tocar.
te o furu 手を振る *expr* acenar com a mão.
te o hanareru 手を離れる *expr* separar-se de.
te o hiku 手を引く *expr* dar a mão; afastar-se.
te o hirogeru 手を広げる *expr* estender; expandir.
teoi 手負い *s* ferimento.
teoijishi 手負い猪[獅子] *s* **1** javali [leão] ferido. **2** homem desesperado.
te o ireru 手を入れる *expr* corrigir; retocar (manuscrito; texto; produção escrita).
te o kae shina o kae 手を変え品を変え *expr* tentar de tudo; tentar por todos os meios.
te o kakeru 手を掛ける *expr* trabalhar; pegar.
te o kariru 手を借りる *s* pedir ajuda.
te o kasu 手を貸す *expr* dar uma ajuda (mão).
te o kazasu 手を翳す *expr* colocar as mãos sobre. 火に～ *hi ni*～: esquentar as mãos no fogo.
teoke 手桶 *s* tina com aduelas pequenas.
te o kiru 手を切る *expr* romper; cortar relações.
te o kudasu 手を下す *expr* **1** executar pessoalmente. **2** deitar a mão.
teokure 手遅れ *s* tarde demais. ～になる ～*ni naru*: não ter mais solução.
teokuri 手送り *s Mec* alimentação manual.
te o mawasu 手を回す *expr* prevenir; maquinar; tomar as medidas; enviar emissários.
teomoi 手重い *adj* sério; grave.
te o nigiru 手を握る *expr* fechar a mão; aperto de mão; cooperar.
teono 手斧 *s* machada.
te o nobasu 手を伸ばす *expr* esticar o braço; lançar-se em um negócio.
te o nuku 手を抜く *expr* abreviar.
teori 手織り *s* tecelagem manual.
teoshiguruma 手押し車 *s* carrinho de mão.
te o tsukeru 手を付ける *expr* tocar; começar um trabalho; ter relações sexuais; utilização indébita de dinheiro.
te o tsukeru 手を着ける *expr* começar um trabalho.
te o tsukusu 手を尽くす *expr* usar todos os meios possíveis; fazer de tudo.
te o utsu 手を打つ *expr* bater palmas; fazer um bom negócio; tomar medidas a tempo.
te o yaku 手を焼く *expr* ter aborrecimentos.
teppai 撤廃 *s* abolição; revogação; anulação. ～*suru*, *v*: abolir.
teppan 鉄板 *s* chapa de ferro.
teppan'yaki 鉄板焼き *s Cul* assado na chapa.

teppei 撤兵 s evacuação de tropas.
teppeki 鉄壁 s parede de ferro.
teppen 天辺 s topo; cume; ponta.
teppen 鉄片 s pedaço de ferro.
teppitsu 鉄筆 s estilo; buril.
teppō 鉄砲 s arma de fogo; espingarda; fuzil.
teppōdama 鉄砲玉 s bala; projétil.
teppun 鉄粉 s limalha de ferro; pó de ferro.
tēpu テープ (*ingl tape*) s fita de vídeo; fita cassete; serpentina.
tēpurekōdā テープレコーダー (*ingl tape recorder*) s gravador.
tera 寺 s templo budista.
teraazuke 寺預け s *arc* confinamento em templo budista.
terai 衒い s afetação; pretensão; ostentação.
terakoya 寺子屋 s escola elementar da época Muromachi-Edo.
teramairi 寺参り s visita a templo budista.
terameguri 寺巡り s peregrinação a templos budistas.
teraotoko 寺男 s serviçal de templo budista.
terasen 寺銭 s taxa de aluguel paga ao proprietário pelos participantes do jogo de azar.
terashiawaseru 照らし合わせる v confrontar; comparar.
terashidasu 照らし出す v iluminar.
terasu テラス (*ingl terrace*; *fr terrasse*) s terraço.
terasu 照らす v 1 iluminar; alumiar. 2 comparar.
terau 衒う v exibir-se; mostrar-se; dar-se ares de. 奇を衒った作品 *ki o teratta sakuhin*: uma obra exibicionista.
terebi テレビ (*ingl television*) s televisão.
terebi bangumi テレビ番組 s programa de televisão.
terebi dorama テレビドラマ s telenovela.
terebi gēmu テレビゲーム s *videogame*; jogos eletrônicos em tela.
terehon kādo テレホンカード (*ingl telephone card*) s cartão telefônico.
terekakushi てれ隠し s *pop* ato de disfarçar a timidez ou a vergonha.
terekusai てれくさい *adj pop* envergonhado; com vergonha.
terentekuda 手練手管 s *pop* todos os estratagemas. ～を弄する ～*o rō suru*: usar de todos os estratagemas.
terepashī テレパシー (*ingl telepathy*) s telepatia.
tereru てれる v envergonhar-se.
teri 照り s 1 tempo bom; sol. 2 brilho.
terihaeru 照り映える v incandescer; resplandecer; reluzir.
terikaeshi 照り返し s reflexão da luz.
terikaesu 照り返す v refletir a luz; reluzir.
terikagayaku 照り輝く v iluminar brilhantemente; brilhar.
terikomi 照り込み s 1 brilho do Sol. 2 dias contínuos de clima seco.
terikomu 照り込む v 1 longa seca. 2 insolação no interior das casas.
teritsukeru 照り付ける v abrasar; queimar. じりじりと～太陽 *jirijiri to～taiyō*: o sol abrasador.
teriwataru 照り渡る v iluminar.
teriyaki 照り焼き s *Cul* peixe temperado com molho de soja e assado na brasa.

tero テロ (*al abrev* de *Terror*; *ingl abrev* de *terrorism*) s terrorismo.
terorisuto テロリスト (*ingl terrorist*) s terrorista.
terorizumu テロリズム (*ingl terrorism*) s terrorismo. *Sin* **tero** テロ.
teru 照る v 1 brilhar; resplandecer. 2 tempo ensolarado.
teruterubōzu 照る照る坊主 s *pop* boneco de papel que se pendura na sacada para pedir bom tempo.
teryōri 手料理 s comida caseira; prato feito em casa.
teryūdan 手榴弾 s *gír Mil* granada de mão.
tesabaki 手捌き s manuseio; manipulação. 彼の手綱の～は見事だ *kare no tazuna no～wa migoto da*: ele tem uma grande habilidade no manuseio das rédeas.
tesage(bukuro) 手提げ(袋) s ato de levar na mão; sacola de mão.
tesagekaban 手提げ鞄 s pasta; valise; mala.
tesagekago 手提げ籠 s cesto; sacola.
tesagekinko 手提げ金庫 s cofre portátil.
tesaguri 手探り s apalpadela. ～で歩く ～*de aruku*: andar às apalpadelas; tatear.
tesaki 手先 s 1 habilidade com as mãos; tato. 2 informante. 警察の～ *keisatsu no ～*: informante de polícia.
tesei 手製 s feito à mão. このクッキーは～ですか *kono kukkī wa ～desu ka*: este biscoito foi feito por você?
teshiage 手仕上げ s acabamento à mão.
teshigoto 手仕事 s trabalho manual.
teshingō 手信号 s sinalização com a mão; sinalização com bandeira.
teshio 手塩 s 1 na Antiguidade, sal oferecido antes da refeição em sinal de purificação. 2 cuidado. ～にかけて育てる ～*ni kakete sodateru*: criar com grande sacrifício e carinho.
teshita 手下 v subordinado; agente; capanga.
teshoku 手燭 s castiçal portátil.
tesō 手相 s linhas da palma da mão. ～学 ～*gaku*: quiromancia.
tessa 鉄鎖 s corrente de ferro.
tessaku 鉄柵 s cerca de ferro.
tessaku 鉄索 s cabo de aço.
tessei 鉄製 s fato de ser feito de ferro.
tesseki 鉄石 s pedra e ferro; fato de ser resistente.
tesshitsu 鉄質 s ～の ～*no*: ferroso.
tesshō 徹宵 *adv* a noite inteira; em vigília sem dormir. ～飲み明かす ～*nomiakasu*: beber a noite inteira.
tesshū 撤収 s retirada de tropas da tenda. ～*suru*, *v*: retirar; recolher.
tessō 鉄窓 s janela com grade de ferro; grade de jaula.
tessoku 鉄則 s regra inviolável.
tessuru 徹する v 1 empenhar-se; devotar-se. 2 sentir profundamente. 3 passar. 世を徹して働く *yo o tesshite hataraku*: passar a noite trabalhando.
tesū 手数 s incômodo; trabalho; aborrecimento.
tesuji 手筋 s 1 linhas da palma da mão. 2 maneira de fazer; aptidão; jeito.
tesuki 手空き s livre dos afazeres; tempo livre.
tesuki 手漉き s papel manufaturado.

tesuri 手摺り *s* corrimão; parapeito.
tesūryō 手数料 *s* comissão; remuneração pelo serviço; mão de obra.
tesutā テスター (*ingl tester*) *s* aparelho de experimentação.
tesuto テスト (*ingl test*) *s* teste; exame; prova; experiência.
tetoriashitori 手取り足取り *s* ato de agarrar pelas mãos e pelos pés; ato de esmerar-se. ～教える～ *oshieru*: ensinar com esmero.
tetsu 鉄 *s* ferro.
tetsu 轍 *s* rastro de rodas de carro.
tetsu 哲 *s* clareza; lógica das coisas; filósofo; discípulo; sábio.
tetsuarei 鉄亜鈴 *s* halteres.
tetsubin 鉄瓶 *s* chaleira de ferro.
tetsubō 鉄棒 *s* barra de ferro (para ginástica).
tetsudai 手伝い *s* **1** ajuda; auxílio. **2** ajudante; auxiliar. 家事～ *kaji*～: auxiliar doméstica.
tetsudau 手伝う *v* **1** ajudar; auxiliar; dar uma mãozinha. **2** concorrer; contribuir para. 我が社は不景気も手伝って倒産した *wagasha wa fukeiki mo tetsudatte tōsan shita*: a nossa firma foi à falência por causa da crise econômica.
tetsudō 鉄道 *s* estrada de ferro; ferrovia.
tetsudōbin 鉄道便 *s* transporte por ferrovia.
tetsudōjūgyōin 鉄道従業員 *s* funcionários/empregados operacionais da rede ferroviária.
tetsudōkamotsu 鉄道貨物 *s* mercadoria de transporte ferroviário; frete.
tetsudōkōankan 鉄道公安官 *s* agente de segurança ferroviária.
tetsudōmō 鉄道網 *s* rede ferroviária.
tetsudōrenraku 鉄道連絡 *s* conexão ferroviária.
tetsudōryokaku 鉄道旅客 *s* passageiros da rede ferroviária.
tetsudōryokō 鉄道旅行 *s* viagem de trem; viagem ferroviária.
tetsudōsenro 鉄道線路 *s* via férrea.
tetsugaku 哲学 *s* filosofia. ～上 ～*jō*: filosoficamente. ～的な ～*teki na*: filosófico.
tetsugakusha 哲学者 *s* filósofo.
tetsugōshi 鉄格子 *s* grade de ferro.
tetsuiro 鉄色 *s* cor de ferro; preto avermelhado.
tetsujin 哲人 *s* sábio mestre.
tetsujōmō 鉄条網 *s* cerca de arame farpado.
tetsukabuto 鉄兜 *s* capacete de aço.
tetsukazu 手付かず *s* não tocado. ～の仕事 ～*no shigoto*: serviço por fazer.
tetsuke(kin) 手付(金) *s* depósito; sinal.
tetsuki 手付き *s* maneira de usar as mãos; gesto no manuseio.
tetsukuzu 鉄屑 *s* ferro-velho; sucata.
tetsumenpi 鉄面皮 *s* cara de pau; descaramento.
tetsumuji 鉄無地 *s* tecido liso cor de ferro.
tetsu no kāten 鉄のカーテン *expr* "cortina de ferro".
tetsuri 哲理 *s* princípios filosóficos; filosofia.
tetsusabi 鉄錆 *s* ferrugem.
tetsuya 徹夜 *s* vigília; o ato de passar a noite em claro.
tetsuzai 鉄材 *s* material de ferro.
tetsuzai 鉄剤 *s* medicamento que contém ferro.
tetsuzuki 手続き *s* formalidades; trâmites; processo.

tetsuzukijō 手続き上 *s* formalidades; que diz respeito a trâmites.
tettai 撤退 *s* retirada.
tettaimeirei 撤退命令 *s* ordem de retirada.
tettei 徹底 *s* radical; inflexibilidade; exaustivamente.
tettei shita 徹底した *expr* conclusivo; completo; sem cerimônia.
tetteiteki 徹底的 *adv* exaustivamente; completamente.
tettō 鉄塔 *s* torre de ferro.
tettoribayai 手っ取り早い *adj* rápido; ligeiro; simples.
tettoribayaku 手っ取り早く *adv pop* rapidamente; prontamente; efetivamente.
tettōtetsubi 徹頭徹尾 *adv* completamente; do princípio ao fim. *V tokoton* とことん.
tettsui 鉄槌 *s* martelo de ferro.
teuchi 手打ち *s* **1** execução pelas próprias mãos. **2** conclusão de um negócio. **3** feito a mão. **4** reconciliação.
teue 手植え *s* plantar a mão.
teusu 手薄 *s* insuficiência; falta de mão de obra.
teusui 手薄い *adj* escasso; insuficiente.
tewake 手分け *s* divisão de trabalho.
tewatashi 手渡し *s* entrega pessoal; entrega em mãos.
teyari 手槍 *s Hist* lança curta.
tezaiku 手細工 *s* artesanato.
tezawari 手触り *s* tato.
tēze テーゼ (*al These*) *s* tese.
tezema 手狭 *adj* estreiteza. ～な, *adj*: estreito; acanhado.
tezome 手染め *s* tintura a mão; tingimento a mão.
tezoroi 手揃い *s* ser suficiente.
tezukami 手掴み *s* ato de pegar com a mão. ～で食べる ～*de taberu*: comer com a mão.
tezukara 手ずから *adv* com as próprias mãos; pessoalmente.
tezukuri no 手作りの *expr* feito à mão; artesanal; caseiro.
tezumari 手詰まり *s* impasse; empate. ～になる ～*ni naru*: chegar a um impasse.
tezumaru 手詰まる *v* **1** estar com pouco dinheiro. **2** estar sem recursos.
tezuri 手刷り *s* impressão manual.
tezuri 手釣り *s* pesca manual.
tezuru 手蔓 *s pop* empenho; contatos; influências; conexão. ～がある ～*ga aru*: ter contatos; ter influências.
tezuyoi 手強い *adj* forte; firme; severo; duro.
tezuyoku 手強く *adv* firmemente; severamente; fortemente.
tī ティー (*ingl tea*) *s* chá.
tīn'eijā ティーンエイジャー (*ingl teenager*) *s* adolescente.
tīshatsu ティーシャツ (*ingl T-shirt*) *s* camiseta.
tisshupēpā ティッシュペーパー (*ingl tissue paper*) *s* lenço de papel.
to 戸 *s* porta.
to 斗 *s* unidade de medida de volume correspondente a cerca de 18 litros.
to 砥 *s* pedra de amolar.
to 都 *s* **1** metrópole; capital. **2** Tóquio. ～バス ～*basu*: ônibus metropolitano. ～庁 ～*chō*: Administração Metropolitana de Tóquio.

to 堵 *s* cerca; cercado.
to 徒 *s* bando; um tipo ingrato. 無学の～ *mugaku no* ～: bando de ignorantes.
to 途 *s* caminho.
-to -と *partícula* parceiro ou antagonista; com, contra. 友達～映画に行く *tomodachi～eiga ni iku*: ir ao cinema com o(a) amigo(a). 敵～戦う *teki～ tatakau*: lutar contra o inimigo. *conj* **1** assim que; logo que. 私が家へ戻る～彼が来ていた *watashi ga ie e modoru ～kare ga kite ita*: quando cheguei em casa, ele já estava lá. **2** mesmo que; quer... quer... 事実であろう～なかろう～ *jijitsu de arō～ nakarō～*: seja verdade ou não; quer seja assim quer não. *conj condic* se. 勉強しない～落第するぞ *benkyō shinai～ rakudai suru zo*: se não estudar, será reprovado, hein!
tō 十 *num* dez.
tō 刀 *s* **1** espada; faca. **2** estilete para esculpir.
tō 党 *s* partido político.
tō 等 *s* **1** classe; grau; categoria. **2** etc. **3** igual.
tō 塔 *s* torre; pagode.
tō 筒 *s* tubo; cano.
tō 糖 *s* açúcar. *V* **satō** 砂糖.
tō 燈 *s* lâmpada.
tō 薹 *s* pedúnculo. ～が立つ ～*tatsu*: criar talo com o passar do tempo.
tō 当 *s* **1** correção; propriedade. ～を得た処置 ～*o eta shochi*: medida justa. **2** este; esta. ～の ～*no*: em questão.
tō 籐 *s Bot* rotim; junco grosso.
tō- 当- *pref* o próprio; este; esta. ～の本人 ～*no honnin*: o próprio; a própria pessoa.
-tō -頭 *suf* cabeça de gado; sufixo para contagem de animais.
-tō -唐 *suf arc* da dinastia Tang.
Tō 唐 *s Hist* dinastia Tang.
tōami 投網 *s* tarrafa; rede de pesca.
tōan 答案 *s* **1** resposta da questão; gabarito. **2** folha da prova.
toaru とある *adv* um; um certo. ～国の王子様 ～*kuni no ōjisama*: príncipe de um certo país.
tāsa 遠浅 *s* baixio.
tōatsu 等圧 *s* igualdade de pressão.
tōatsusen 等圧線 *s* linha isobárica.
toba 賭場 *s pop* local de jogo de azar; salão de jogos; cassino.
tobaku 賭博 *s* jogo de azar.
tobaku 倒幕 *s arc* derrubada do xogunato.
tobakuhan 賭博犯 *s* crime referente a jogos de aposta.
tōban 当番 *s* **1** plantão; turno de serviço. **2** pessoa que está de serviço; guarda.
tōban 登板 *s Beis* posição de lançador.
tobari 帳 *s* **1** cortina; reposteiro. **2** véu.
tobashiri 迸り *s* salpico; borrifo.
tobashiru 迸る *v* salpicar; borrifar.
tobashiyomi 飛ばし読み *s* leitura de trechos salteados.
tobasu 飛ばす *v* **1** fazer voar; pôr a voar; lançar ao ar; arremessar. **2** borrifar; respingar. **3** disparar; atirar. 弾丸を～ *dangan o* ～: disparar uma bala. **4** conduzir a alta velocidade. **5** saltar; omitir. **6** espalhar; fazer circular. デマを～ *dema o* ～: espalhar boatos. **7** dizer. **8** enviar. **9** despachar.

tobatchiri 迸り *s pop* **1** salpico; borrifo; respingo. **2** ricochete; golpe indireto.
tōbatsu 討伐 *s* subjugação; punição.
tōbatsu 倒伐 *s* subjugação.
tōbatsu 党閥 *s* facção; grupo exclusivo.
tōbatsu 盗伐 *s* roubo de árvores; corte clandestino de árvores.
tōbatsutai 討伐隊 *s* força punitiva; expedição.
to-Bei 渡米 *s* viajar para os Estados Unidos.
tōben 答弁 *s* resposta; réplica; justificação.
tobi 跳び *s* pulo; salto; ato de galgar.
tobi 鳶 *s* **1** *Ornit* milhafre. **2** operário que conserta chaminés altas de fábricas etc.
tobiagaru 飛び上がる *v* **1** levantar voo; subir. **2** dar um pulo; saltar; pular.
tobiaruku 飛び歩く *v* andar/correr de um lado para o outro.
tobichi 飛び地 *s* enclave.
tobichigau 飛び違う *v* **1** pular cruzando com alguém. **2** pássaros em revoada.
tobichiru 飛び散る *v* saltar por todos os lados.
tobidasu 飛び出す *v* **1** sair correndo; saltar para fora. **2** abandonar; fugir. 家を～ *ie o*～: fugir de casa. **3** projetar-se; ressaltar; ser saliente. **4** aparecer repentinamente.
tobideru 飛び出る *v* projetar. 目玉が～ほど高い *medama ga* ～*hodo takai*: preço de arregalar os olhos.
tobidōgu 飛び道具 *s arc* arma de fogo.
tobiguchi 鳶口 *s* gancho de bombeiro.
tobihanareru 飛び離れる *v* **1** saltar e se distanciar. **2** diferenciar-se do ordinário; incomum.
tobihaneru 飛び跳ねる *v* pular; saltar; saltitar.
tobihi 飛び火 *s* **1** fagulha; faísca. **2** *fig* repercussão.
tobiiri 飛び入り *s* participação sem inscrição; participante de última hora.
tobiirikatte 飛入り勝手 *s* ato de estar aberto a todos os participantes.
tobiiro 鳶色 *s* castanho avermelhado.
tobiishi 飛び石 *s* alpondra.
tobiishirenkyū 飛び石連休 *s* feriados com intervalos.
tobiita 飛び板 *s Nat* trampolim; prancha de saltos.
tobikakaru 飛び掛る *v* saltar sobre; lançar-se sobre.
tobikakeru 飛び翔る *v* voar; planar; voar alto.
tobikau 飛び交う *v* **1** voar intercruzando. **2** circular. 流言蜚語が～ *ryūgen'higo ga*～: circulação de falsos rumores.
tobikiri 飛び切り *s* excepcionalmente; extraordinariamente.
tobikoeru 飛び越える *v* **1** pular por cima; saltar. **2** cruzar; atravessar. **3** ultrapassar; passar por cima.
tobikomi 飛[跳]び込み *s* **1** salto. **2** salto de trampolim.
tobikomijisatsu 飛び込み自殺 *s* suicídio; salto para a morte.
tobikomu 飛び込む *v* **1** mergulhar. **2** irromper; entrar. 部屋に～ *heya ni* ～: precipitar-se no quarto. **3** acontecer subitamente. **4** meter-se. 事件の渦中に～ *jiken no kachū ni* ～: meter-se no turbilhão do caso.
tobikosu 飛び越す *v* saltar; transpor.
tobimawaru 飛び回る *v* **1** voar por todos os lados. **2** pular; brincar; saltitar. **3** *fig* estar atarefado.

tobinawa 飛縄 *s* corda de pular.
tobinoku 飛び退く *v* saltar para trás.
tobinori 飛び乗り *s* ato de tomar um veículo em movimento.
tobinoru 飛び乗る *v* pegar um veículo em movimento.
tobinukete 飛び抜けて *expr* ser excepcional; ser muito bom. 頭が～よい生徒 *atama ga ～ yoi seito*: aluno excepcionalmente inteligente.
tobiokiru 飛び起きる *v* saltar da cama.
tobiori 飛び降り *s* salto para baixo.
tobioriru 飛び降りる *v* saltar para baixo.
tobira 扉 *s* 1 porta. 2 página de rosto de livro.
tobiryōdo 飛び領土 *s* enclave.
tobisagaru 飛び下がる *v* saltar para trás.
tobisaru 飛び去る *v* voar para longe.
tobitatsu 飛び立つ *v* 1 levantar voo. 2 pular de alegria. ～思いである *～ omoi de aru*: sentir-se exultante.
tobitobi 飛び飛び *s* 1 aqui e ali. 2 saltando (de um assunto para outro assunto).
tobitsuku 飛び付く *v* 1 lançar-se; atirar-se. 2 reagir rápido; agarrar a oportunidade.
tobiuo 飛び魚 *s Ictiol* peixe-voador.
tobiutsuru 飛び移る *v* saltar de um lugar para outro. 枝から枝へ～ *eda kara eda e ～*: pular de galho em galho.
tobiyomi 飛び読み *s* leitura salteada de trechos.
tobo 登簿 *s* registro. ～料 *～ryō*: taxa de registro. ～suru, *v*: registrar.
tōbō 逃亡 *s* fuga; deserção; evasão.
tōbōsha 逃亡者 *s* fugitivo; desertor.
tōboe 遠吠え *s* uivo ao longe.
toboke とぼけ *s* inocência simulada; ignorância fingida.
tobokeru とぼける *v pop* 1 fingir; fazer-se de inocente; simular. 2 fazer-se de bobo. とぼけたことをする *toboketa koto o suru*: cometer bobagens.
tōboku 倒木 *s* árvore caída.
toboru とぼる *v* queimar, acender.
toboshii 乏しい *adj* 1 escasso; magro; insuficiente; limitado; exíguo. 2 pobre.
toboshisa 乏しさ *s* pobreza.
tobosu 点す *v* acender o fogo ou a luz.
tobotobo とぼとぼ *adv* com andar vacilante. 老人は疲れ果てて～歩いていた *rōjin wa tsukarehatete ～ aruite ita*: o ancião, exausto de cansaço, caminhava com passos vacilantes.
tobu 飛ぶ *v* 1 voar; ser levado pelo vento. 2 saltar. 泥が～ *doro ga ～*: lama espirrada. 3 desviar-se; distanciar-se. 話が～ *hanashi ga ～*: a conversa mudou de rumo. 4 saltar. 番地が飛んでいる *banchi ga tonde iru*: a numeração não segue a sequência. 5 espalhar-se com rapidez. デマが飛んでいる *dema ga tonde iru*: os boatos andam às soltas. 6 ser lançado. 下手な役者には容赦なく野次が飛んだ *heta na yakusha ni wa yōsha naku yaji ga tonda*: para o mau ator, a vaia saltou sem piedade.
tobu 跳ぶ *v Esp* pular; saltar.
tōbu 東部 *s* parte oriental; do leste.
tōbu 頭部 *s* cabeça.
tobukuro 戸袋 *s* vão, encaixe, moldura das portas.
tōbun 等分 *s* divisão em partes iguais.
tōbun 糖分 *s* porcentagem de açúcar.
tōbun 当分 *adv* por ora; por enquanto.
tobutsu 吐物 *s* vômito.
tobutsu 賭物 *s* aposta.
tōbutsu 唐物 *s arc* produtos importados; bens estrangeiros.
tōbyō 投錨 *s* ancoragem; lançamento de âncora.
tōbyō 闘病 *s* luta contra a doença.
tōbyōseikatsu 闘病生活 *s* a vida de luta contra a doença.
tōchaku 到着 *s* chegada. ～時刻 *～jikoku*: hora da chegada.
tōchan 父ちゃん *s pop* papai.
tochi 土地 *s* 1 lote de terreno; propriedade. 2 solo; terra. 3 região; zona; lugar. 4 território.
tochi 栃・橡 *s Bot* castanha-da-índia.
tōchi 当地 *s* esta terra; este lugar; aqui. ～の産物 *～no sanbutsu*: produtos desta terra.
tōchi 統治 *s* governo; domínio; administração.
tōchi 等値 *s* de igual valor. ～の *～no*: equivalente.
tochibaibai 土地売買 *s* compra e venda de terreno.
tochigara 土地柄 *s* natureza da região.
Tochiji 都知事 *s* governador de Tóquio.
tochikairyō 土地改良 *s* melhoramento do solo.
tochikan 土地鑑 *s* conhecimento do lugar.
tochikaoku 土地家屋 *s* casas e terrenos; imóveis.
tochiku 屠畜 *s* animal abatido.
tochiru とちる *v pop* falhar; atrapalhar-se.
tochishoyū 土地所有 *s* propriedade do terreno.
tochishoyūken 土地所有権 *s* título de propriedade do terreno.
tochishūyō 土地収用 *s* expropriação de terreno.
tochishūyōhō 土地収用法 *s* lei de expropriação de terreno.
tochitatemono 土地建物 *s* prédios e terrenos.
tochō, tōchō 登頂 *s* conquista do cume. ～suru, *v*: conquistar o topo da montanha.
tochō 徒長 *s Agr* crescimento improdutivo e inútil (de plantas e árvores).
tōchō 盗聴 *s* escuta secreta; escuta clandestina.
tōchō 登庁 *s* comparecimento a repartição pública.
tōchōki [sōchi] 盗聴器[装置] *s* aparelho de escuta secreta; microfone secreto.
tōchoku 当直 *s* plantão; turno de vigia. ～suru, *v*: ficar de plantão.
tochū 途中 *s* meio do percurso; durante; no meio de. ～から引き返す *～kara hikikaesu*: retornar no meio do percurso.
tochūgesha 途中下車 *s* interrupção da viagem; descer do carro no meio do percurso.
tochūkeiji 途中計時 *s* medição de tempo em meio a uma corrida.
todae 途絶え *s* corte; parada.
todaeru 途絶える *v* cortar; parar; cessar; acabar.
tōdai 灯台 *s* 1 castiçal, candeia. 2 farol. ～下暗し *～moto kurashi*: o que está sob o farol é o que menos se vê.
tōdai 当代 *s* 1 geração atual; atualidade. 2 atual chefe da família.
tōdaimori 灯台守 *s* faroleiro; guarda de farol.
tōdan 投弾 *s* ato de atirar uma bomba.
tōdan 登壇 *s* subida ao estrado.
todana 戸棚 *s* armário.
tōde 遠出 *s* excursão para local distante.
tōden 盗電 *s* roubo de eletricidade.

tōden 答電 *s* telegrama de resposta; telegrama enviado ao remetente.
tōden'i 等電位 *s* 〜の 〜*no*: equipotencial.
tōdo 陶土 *s* argila branca.
todōfuken 都道府県 *s* a metrópole e as províncias do Japão.
todokaseru 届かせる *expr* fazer alcançar.
todoke 届け *s* notificação; informação; declaração; registro; aviso; justificação. 〜を出す 〜*o dasu*: apresentar a declaração; notificar.
todokederu 届け出る *v* notificar; comunicar.
todokeide 届け出 *s* notificação.
todokeru 届ける *v* 1 entregar; levar; mandar. 手紙を〜 *tegami o* 〜: entregar a carta. 2 notificar; informar; declarar; registrar; avisar.
todokesaki 届け先 *s* destino; destinatário de entrega.
todokesho 届け書 *s* notificação; relato.
todokoori 滞り *s* atraso; problema; obstáculo; contratempo. 月謝の〜 *gessha no* 〜: mensalidade em atraso.
todokooru 滞る *v* acumular-se; ficar por fazer; atrasar-se; estar com problemas. ローンの返済を滞らせる *rōn no hensai o todokooraseru*: atrasar-se no pagamento do empréstimo.
todoku 届く *v* 1 chegar; alcançar; atingir. 声の〜所 *koe no*〜*tokoro*: onde a voz alcança. この値段では手が届かない *kono nedan de wa te ga todokanai*: por este preço, não posso adquiri-lo. 2 ser atingido; ser cumprido; ser realizado; ser correspondido; ser reconhecido. 我々の誠意が先方に届かなかった *wareware no seii ga senpō ni todokanakatta*: a nossa sinceridade não foi reconhecida por eles. 3 ser atencioso.
todomaru 止[停・留]まる *v* 1 parar; ficar; permanecer. 現職に止まる *genshoku ni* 〜: continuar no presente trabalho. 2 limitar-se a expor o problema. 赤字の額は一億や二億に留まらなかった *akaji no gaku wa ichioku ya nioku ni todomaranakatta*: o deficit não se limitou em 100 ou 200 milhões.
todome 止め *s* golpe de misericórdia; dar o golpe decisivo; ser o melhor.
todomeru 止[留]める *v* 1 pôr fim; deter. 足を止める *ashi o todomeru*: deter-se; fazer uma parada. 2 deixar (nome na história). 記憶に止める *kioku ni todomeru*: fixar; guardar na memória. 3 limitar. 被害を最小限に止める *higai o saishōgen ni todomeru*: limitar o prejuízo ao mínimo possível.
todo no tsumari とどのつまり *s* resultado final; conclusão. *adv* no final das contas.
tōdori 頭取 *s* presidente do banco.
todorokasu 轟かす *v* 1 fazer estrondo. 爆音を〜 *bakuon o* 〜: produzir estrondo. 2 tornar difundido; tornar famoso. 悪名を〜 *akumei o* 〜: ganhar má reputação. 3 fazer palpitar. 胸を〜 *mune o* 〜: fazer o coração palpitar.
todoroki 轟き *s* 1 estrondo; ronco. 2 palpitação.
todoroku 轟く *v* 1 ressoar; trovejar; retumbar. 2 ser famoso. 名声が天下に轟いている *meisei ga tenka ni todoroite iru*: a sua reputação ecoa pelo mundo. 3 palpitar.
toe 十重 *s* décuplo.
toei 都営 *s* administração metropolitana.
tōei 投影 *s* 1 projeção. 〜*suru, v*: projetar (imagem). 2 *Mat* projeção. 〜画法 〜*gahō*: método de projeção.
toeijūtaku 都営住宅 *s* blocos residenciais da administração metropolitana.
tōen 遠縁 *s* parentesco distante.
tofu 塗布 *s* aplicação; unção. 薬を傷口に〜する *kusuri o kizuguchi ni* 〜*suru*: aplicar o medicamento na ferida.
tōfu 豆腐 *s Cul* alimento à base de soja triturada, cujo líquido é solidificado; *tofu*.
tōfū 東風 *s* 1 vento do leste. 2 vento de primavera.
tōfuhyō 灯浮標 *s* boia luminosa de aviso aos navegantes; luz flutuante.
toga 咎・科 *s* 1 falta; culpa; pecado. 2 crime. 3 defeito.
tōgai 凍害 *s* danos causados pela geada.
tōgai 等外 *s* desclassificação.
tōgai 当該 *s* que diz respeito a. 〜の 〜*no*: concernente; competente; referente. 〜人物 〜*jinbutsu*: dita pessoa.
tōgai 頭蓋 *s Anat* crânio.
togaki ト書き *s* indicações para representação, dadas aos atores pelo autor, assinaladas na obra.
togama 利鎌 *s* foice afiada.
togame 咎め *s* remorso; acusação; reprovação; censura.
togameru 咎める *v* 1 censurar; repreender; reprovar; culpar. 2 interpelar. 3 infectar; agravar.
tōgan 東岸 *s* costa oriental; margem oriental.
tōgan 冬瓜 *s Bot* variedade de cucurbitácea de casca branca.
tōganin 科人 *s* criminoso; convicto.
tōgarashi 唐辛子・蕃椒 *s Bot* pimenta vermelha.
togarasu 尖らす *v* 1 afiar; aguçar. 2 irritar. 声を〜 *koe o* 〜: esganiçar a voz. 神経を〜 *shinkei o* 〜: nervos à flor da pele.
togari 尖り *s* ponta afiada; ponta; pico.
togaru 尖る *v* 1 ser pontiagudo; ser afiado; ser aguçado. 2 ficar sensível.
tōgata 塔型 *s* tipo torre; forma de torre.
toge 刺・棘 *s* 1 espinho. 2 tala; lasca. 〜を抜く 〜*o nuku*: extrair a tala. 3 aspereza; rispidez; língua afiada. 〜のある言い方 〜*no aru iikata*: maneira mordaz de falar.
tōge 峠 *s* 1 garganta; o ponto mais alto entre os desfiladeiros. 2 crise; ponto crítico. 病人は今夜が峠でしょう *byōnin wa kon'ya ga tōge deshō*: o ponto crítico do paciente será esta noite.
tōgei 陶芸 *s* arte da cerâmica.
tōgeika 陶芸家 *s* ceramista.
togenezumi とげ鼠 *s Zool* rato espinhoso.
togenuki 刺抜き *s* pinça.
togeru 遂げる *v* atingir; alcançar; conseguir. 目的を〜 *mokuteki o* 〜: atingir o objetivo. 発展を〜 *hatten o* 〜: desenvolver; crescer; progredir.
togetogeshii 刺刺しい *adj* cáustico; áspero; ríspido; mordaz; irritadiço.
togetogeshiku 刺刺しく *adv* agudamente; friamente; asperamente.
tōgetsu 当月 *s* este mês.
togi 研ぎ *s* 1 amoladura. 〜に出す 〜*ni dasu*: mandar afiar. 2 amolador de tesouras e navalhas. 〜師 〜*shi*: amolador de espadas antigas. 包丁〜*hōchō*〜: afiador de facas.

tōgi 討議 *s* discussão; debate. ～を打ち切る ～*o uchikiru*: encerrar o debate.

tōgi 党議 *s* **1** deliberação; debate do partido. ～にかける ～*ni kakeru*: submeter ao debate do partido. **2** política do partido. ～に服する ～*ni fuku suru*: seguir as diretrizes partidárias.

tōgi 闘技 *s* competição; jogo; luta; disputa.

tōgijō 闘技場 *s* campo de competição; arena; ringue.

togiageru 研ぎ上げる *v* acabar de afiar, amolar.

togire 跡切れ *s* pausa; parada; interrupção.

togireru 跡切れる *v* cortar; interromper; cessar; fazer pausa. ～ことなく ～*koto naku*: sem interrupção; continuamente.

togisumasu 研ぎ澄ます *v* **1** afiar bem. **2** afinar; apurar.

togiya 研ぎ屋 *s* afiador; amolador.

tōgo 統語 *s Gram* ～法 ～*hō*: sintaxe.

tōgō 投合 *s* sintonia. ～*suru, v*: coincidir; dar-se bem; sintonizar; concordar. 意気～ *iki*～: afinidade nas intenções.

tōgō 統合 *s* integração. ヨーロッパの経済～ *yōroppa no keizai*～: a integração econômica da Europa.

tōgoe 遠声 *s* voz distante.

tōgoku 投獄 *s* ato de meter na cadeia; detenção; prisão.

tōgoku 東国 *s* **1** país do leste. **2** províncias da região de Kantô.

tōgoma 唐胡麻 *s Bot* rícino.

togu 研 [磨] ぐ *v* **1** afiar; amolar. **2** polir; dar lustro. **3** lavar. 米を～ *kome o* ～: lavar o arroz.

toguchi 戸口 *s* porta de casa.

toguro 蜷局 *s* rolo; espiral; serpentina; caracol. ～を巻く ～*o maku*: enrolamento em espiral; jogar conversa em roda.

toguruma 戸車 *s* porta-rodízio.

tōguwa 唐鍬 *s* enxada com cabeça de ferro.

tōgyo 統御 *s* controle; governo; domínio.

tōgyō 糖業 *s* indústria de açúcar.

togyū 屠牛 *s* matadouro; abatedouro.

tōgyū 闘牛 *s* tourada; touro de lide.

tōgyūshi 闘牛士 *s* toureiro.

tōha 党派 *s* partido; facção partidária; grupo; clã. ～争い ～*arasoi*: luta entre facções.

tōha 踏破 *s* caminhada; jornada.

tohai 徒輩 *s* grupo; companhia; camarada.

tohaku 渡伯 *s* ato de ir ao Brasil.

tōhan 登攀 *s* subida; escalada. ～*suru, v*: escalar; subir.

tōhatsu 頭髪 *s* cabelo.

tōheki 盗癖 *s* cleptomania; propensão ao roubo.

tōhen 等辺 *s* equilátero. 二等辺三角形 *nitōhen sankakukei*: triângulo isósceles.

tohi 徒費 *s* desperdício.

tohi 逃避 *s* evasão; fuga. 現実からの～ *genjitsu kara no*～: fuga da realidade.

tōhi 等比 *s Mat* proporção geométrica.

tōhi 当否 *s* **1** certo ou errado. **2** ser ou não ser apropriado.

tōhikyūsū 等比級数 *s Mat* série geométrica.

tōhin 盗品 *s* artigos/objetos roubados.

tōhisūretsu 等比数列 *s* progressão geométrica.

toho 徒歩 *s* a pé; caminhada. ～旅行 ～*ryokō*: viagem a pé.

tōhō 当方 *s* nossa parte; nós; eu. ～としては ～*to shite wa*: de nossa parte; por mim; por nós. ～の責任 ～*no sekinin*: nossa responsabilidade.

tōhō 東方 *s* leste; direção leste.

tōhoku 東北 *s* **1** nordeste. **2** nordeste do Japão.

tōhokujin 東北人 *s* nordestino.

tohō mo nai 途方もない *expr* sem lógica; sem razão; absurdo; extraordinário; exagerado.

tohō mo naku 途方もなく *expr* incrivelmente. ～高い ～*takai*: incrivelmente caro.

tōhon 謄本 *s* cópia; duplicação.

tohō ni kureru 途方に暮れる *expr* ficar perplexo, perdido, sem saber o que fazer.

tōhonseisō 東奔西走 *s* azáfama; zelo pressuroso.

tohoryokō 徒歩旅行 *s* viagem a pé.

tōhyō 投票 *s* votação; sufrágio; voto.

tōhyōatsume 投票集め *s* ato de reunir votos.

tōhyōbako 投票箱 *s* urna eleitoral.

tōhyōbi 投票日 *s* dia de votação; dia de eleição.

tōhyōjo 投票所 *s* local de votação.

tōhyōken 投票権 *s* direito de voto.

tōhyōritsu 投票率 *s* afluência às urnas; porcentagem de eleitores presentes nas urnas.

tōhyōsū 投票数 *s* número de votos.

tōhyōyōshi 投票用紙 *s* formulário de votação.

toi 問 *s* questão; pergunta; problema. *V* **shitsumon** 質問.

toi 樋 *s* calha; cano; duto de água.

tōi 等位 *s* **1** grau; classe; escala. **2** *Gram* coordenação. ～節 ～*setsu*: oração coordenada.

tōi 東夷 *s Hist* bárbaros orientais.

tōi 当為 *s Filos* o que deve ser feito.

tōi 遠い *adj* **1** longe; distante; afastado; longínquo no espaço e tempo. ～所 ～*tokoro*: lugar distante, remoto, longínquo. ～先のこと ～*saki no koto*: futuro longínquo. **2** fraco. 気が遠くなる *ki ga tōku naru*: desmaiar; perder os sentidos; pasmar.

toiawase 問い合わせ *s* pergunta; consulta; pedido de referências; pedido de informação.

toiawaseru 問い合わせる *v* perguntar; consultar; inquirir; pedir informações.

-to ieba -と言えば *expr* falando de; quanto a; isso faz-me lembrar de.

toikaesu 問い返す *v* **1** perguntar de novo; repetir a pergunta. **2** pegar na palavra; retorquir.

toikakeru 問い掛ける *v* perguntar; interpelar; indagar.

toiki 吐息 *s* suspiro; ofego; respiração difícil. *V* **tameiki** 溜め息.

tōin 党員 *s* partidário; membro de um partido. ～名簿 ～*meibo*: lista dos partidários.

tōin 登院 *s* comparecimento à Câmara.

tōin 頭韻 *s* aliteração no início do verso. ～を踏む ～*o fumu*: aliterar.

toire トイレ, **toiretto** トイレット (*abrev do ingl toilet room*) *s* banheiro; toalete.

toishi 砥石 *s* pedra de amolar; esmeril. 回転～ *kaiten*～: rebolo.

tōisokumyō 当意即妙 *s* espírito vivo; vivacidade; argúcia; réplica instantânea.

tōisu 籐椅子 *s* cadeira de ratã.

toita 戸板 *s* porta removível utilizada no transporte de pessoas feridas ou de cargas.

toitadasu 問い質す *v* inquirir; interrogar; indagar.

tōitsu 統一 *s* unidade; unificação; consolidação;

tōitsukenkai uniformidade; coerência; uniformização; integração; coordenação.
tōitsukenkai 統一見解 *s* parecer unânime.
tōitsukōdō 統一行動 *s* atividade; coordenada; integrada.
toitsumeru 問い詰める *v* submeter a interrogatório rigoroso.
tōitsusensen 統一戦線 *s* frente unificada.
-to itta -といった *expr* assim dito.
-to itte -といって *expr* falando desta maneira; entretanto.
-to iu -という *expr* chamado de; que tem por nome; assim dito. ジョークとは英語で冗談～意味だ *jōku to wa eigo de jōdan ～ imi da*: "joke" em inglês significa "piada".
-to iu no wa -というのは *expr* 1 pelo motivo de; por causa de; em virtude de; a saber. 2 assim dito.
toji 徒事 *s* coisa inútil; esforço em vão.
toji 綴じ *s* encadernado.
toji 途次 *s* no meio; no caminho de.
tōji 冬至 *s* solstício de inverno.
tōji 当時 *s* nesse tempo; nessa hora; nessa época; então; quando. 中学～の想い出 *chūgaku～no omoide*: as recordações do tempo de ginásio.
tōji 杜氏 *s* chefe preparador de saquê.
tōji 湯治 *s* tratamento em termas.
tōji 答辞 *s* discurso em resposta.
tojiawaseru 綴じ合わせる *v* encadernar; grampear; juntar.
tojiito 綴じ糸 *s* 1 fio para encadernação. 2 linha de alinhavar.
tōjiki 陶磁器 *s* objetos de cerâmica; louças e porcelanas.
tojikomeru 閉じ込める *v* encerrar; confinar; encarcerar; enclausurar; encurralar.
tojikomi 綴じ込み *s* arquivo; o destacável. ～広告 *～kōkoku*: propaganda numa ou mais folhas colocadas dentro de jornal ou revista; folhetos de propaganda.
tojikomoru 閉じ籠る *v* confinar-se; fechar-se; isolar-se; permanecer dentro de casa. 自分の殻に～ *jibun no kara ni ～*: fechar-se em sua própria carapaça/concha.
tojikomu 綴じ込む *v* 1 arquivar; pôr em arquivo. 書類をファイルに～ *shorui o fairu ni ～*: arquivar os documentos. 2 colocar; incluir. アンケート用葉書を本に～ *ankēto yō hagaki o hon ni ～*: inserir um postal com questionário de pesquisas no meio do livro.
tojimari 戸締り *s* trancamento das portas.
tojin 都塵 *s* fumaça e poeira, poluição sonora da metrópole/cidade grande.
tōjin 党人 *s* homem do partido. 生え抜きの～ *haenuki no ～*: militante convicto.
tōjin 蕩尽 *s* esbanjamento; desperdício.
tojiru 閉じる *v* 1 fechar. 目を～ *me o ～*: fechar os olhos. 店を～ *mise o ～*: fechar a loja. 2 encerrar; terminar. 幕を～ *maku o ～*: baixar a cortina do palco; terminar. 生涯を～ *shōgai o ～*: morrer.
tojiru 綴じる *v* 1 encadernar; grampear; agrafar; arquivar em pasta. 原稿を～ *genkō o ～*: encadernar o manuscrito. 2 costurar; coser. ほころびを～ *hokorobi o ～*: coser uma costura desfeita.

tōjiru 投じる *v* 1 lançar. 2 meter. 獄に～ *goku ni ～*: meter na cadeia. 3 lançar-se; entregar-se; dedicar-se. 政界に身を～ *seikai ni mi o ～*: lançar-se na política. 4 investir; dispender. 資本を～ *shihon o ～*: investir capital. 5 render-se.
tōjisei 等時性 *s Fís* isocronismo; tautocronismo.
tōjisha 当事者 *s* pessoa interessada. 訴訟～ *soshō ～*: parte litigante.
tōjitsu 当日 *s* esse dia; dia marcado. 当日券 *tōjitsu ken*: ingresso para o dia assinalado.
tojō 途上 *s* no caminho.
tōjō 搭乗 *s* embarque.
tōjō 登場 *s* 1 subida ao palco; entrada em cena. 2 aparição. 3 advento; aparecimento. 文壇に～する *bundan ni～suru*: estrear no mundo literário.
tōjōken 搭乗券 *s* cartão de embarque.
toka 渡河 *s* travessia do rio.
-toka -とか *partícula exemplificativa* 1 tal como; quer... quer. 働きたくても学歴～年齢～で仕事がみつからない *hatarakitakutemo gakureki～nenrei～de shigoto ga mitsukaranai*: mesmo que eu queira trabalhar, não há emprego por causa do nível de escolaridade ou idade. 2 ouvi dizer... ou coisa parecida. 佐藤～いう人 *Satō～ iu hito*: um certo Sato.
tōka 十日 *s* 1 período de 10 dias. 2 dia 10 do mês.
tōka 投下 *s* 1 lançamento. 爆弾を～する *bakudan o ～suru*: lançar bombas. 2 investimento de capital.
tōka 燈火 *s* luz. ～に親しむ *～ni shitashimu*: deleitar-se na leitura: expressão indicativa de outono.
tōka 糖菓 *s* doces e balas.
tōka 透過 *s Eletr* transmissão; transparência.
tōka 等価 *s* equivalência. ～の *～no*: equivalente a.
tōka 糖化 *s Quím* sacarificação.
tokage 蜥蜴 *s Zool* lagarto.
tokai 都会 *s* cidade; metrópole.
tokai 渡海 *s* travessia do oceano.
tōkai 倒壊[潰] *s* colapso; destruição; desmoronamento. ～suru, *v*: desmoronar.
tōkai 韜晦 *s* ocultação de um indivíduo.
tokaifū 都会風 *s* estilo citadino.
tokaijin 都会人 *s* citadino; metropolitano.
tokaiseikatsu 都会生活 *s* vida urbana.
tōkakansei 燈火管制 *s* controle de luzes (para defesa antiaérea); *black-out*.
tokaku とかく *adv* 1 muitas vezes. 病気の時は～悲観的になりがちだ *byōki no toki wa ～hikanteki ni narigachi da*: na doença, muitas vezes tende-se a ficar pessimista. 2 umas e outras não muito boas. ～の批評 *～no hihyō*: críticas nem tanto positivas.
tōkaku 倒閣 *s* derrubada do ministério, gabinete ministerial.
tōkaku 頭角 *s* topo da cabeça.
tōkaku 等角 *s Geom* ângulos iguais.
tōkaku 統覚 *s Filos* e *Psicol* intuição; apercepção. ～suru, *v*: aperceber-se.
tōkan 投函 *s* postar carta e impressos.
tōkan 凍寒 *s* frio congelante.
tōkan 等閑 *s* negligência.
-toka nantoka -とかなんとか *expr pop* isto e aquilo. ～言い訳する *～iiwake suru*: desculpar-se com isto e aquilo.
tōkankaku 等間隔 *s* intervalos regulares.

tōkara 疾うから *expr pop* há tempos; faz tempo.
tōkarazu(shite) 遠からず(して) *expr* brevemente; dentro em breve; daqui a pouco; num futuro próximo. 事件は〜解決に向かうでしょう *jiken wa 〜kaiketsu ni mukau deshō*: presume-se que o caso vai ser solucionado dentro em breve.
tōkashihon 投下資本 *s* capital investido.
tokasu 溶かす *v* 1 dissolver. 2 fundir; derreter.
tokasu 解かす *v* derreter (o gelo); pentear (o cabelo).
tōkatsu 統括 *s* 1 unificação; integração. 〜*suru, v*: unificar; integrar. 2 controle; administração.
tōkatsu 統轄 *s* controle; administração; direção.
tōke 当家 *s* esta casa; nossa casa; nós. 御〜 *go〜*: a sua família.
tokeai 解け合い *s* aproximação; entendimento.
tokeau 解け合う *v* aproximar-se; entender-se.
tokeau 溶け合う *v* fundir-se; misturar-se; confundir-se.
tokei 徒刑 *s* 1 pena de trabalhos forçados. 無期〜 *muki 〜*: trabalhos forçados por tempo indeterminado. 2 desterro; exílio; deportação.
tokei 時計 *s* relógio. 振り子〜 *furiko〜*: relógio de pêndulo. デジタル〜 *dejitaru〜*: relógio digital. 懐中〜 *kaichū〜*: relógio de bolso.
tōkei 東経 *s* longitude leste.
tōkei 統計 *s* estatística.
tōkei 闘鶏 *s* briga de galos; galo de briga.
tōkeichi 統計値 *s* dados estatísticos.
tōkeigaku 統計学 *s* estudo/ciência da estatística.
tōkeihyō 統計表 *s* tabela estatística.
tokeijikake 時計仕掛け *s* mecanismo de relojoaria.
tokeimawari 時計回り *s* movimento no sentido horário.
tōkeinenkan 統計年鑑 *s* anuário estatístico.
tōkeiteki 統計的 *adj* estatisticamente; estatístico. 〜数字 〜*sūji*: números estatísticos.
tokeiten 時計店 *s* relojoaria; loja de relógios.
tokekomu 融け込む *v* derreter; fundir.
tokemizu 融け水 *s* água descongelada da neve.
tōken 刀剣 *s* espada; arma branca.
tokeru 溶ける *v* 1 derreter; degelar; descongelar; fundir. 2 dissolver-se.
tokeru 解ける *v* 1 desatar-se; desamarrar-se; soltar-se; desfazer-se o nó.
toketsu 吐血 *s* vômito de sangue; hematêmese. 〜*suru, v*: vomitar sangue.
tōketsu 凍結 *s* 1 congelamento. 〜乾燥 〜*kansō*: liofilização. 2 congelamento (financeiro). 賃金を〜させる *chingin o 〜saseru*: congelar o salário.
toki 時 *s* 1 tempo; hora. 〜が解決する 〜*ga kaiketsu suru*: o tempo se encarregará de resolver. 〜が経つ 〜*ga tatsu*: o tempo passa. 〜を稼ぐ 〜*o kasegu*: ganhar tempo. 2 momento; ocasião; altura; conjuntura; vez; caso. 今際の〜 *imawa no 〜*: o último momento da vida. 3 oportunidade; hora; momento. 〜の運 〜*no un*: um acaso da sorte. 千載一遇の〜 *senzai ichigū no 〜*: oportunidade raríssima. 4 estação; época. 〜の花 〜*no hana*: flores da época. 5 era; época; altura; tempo. 〜の人 〜*no hito*: homem do momento. 5 unidade de tempo. 昔の一時は今の二時間にあたる *mukashi no ittoki wa ima no nijikan ni ataru*: um *toki* antigo corresponde a 2 horas atuais.
toki 斎 *s* refeição matinal do bonzo; refeição servida aos participantes das cerimônias no templo.

tōki 冬季 *s* estação do inverno. 〜オリンピック 〜*orinpikku*: olimpíadas de inverno.
tōki 当期 *s* presente; período; este período. 〜配当 〜*haitō*: dividendos do/deste período.
tōki 投機 *s* especulação; aposta.
tōki 登記 *s* registro.
tōki 陶器 *s* cerâmica; porcelana.
tōki 騰貴 *s* subida; alta. 株価の〜 *kabuka no 〜*: alta da cotação das ações.
tōki 投棄 *s* abandono. 〜*suru, v*: abandonar; jogar fora; despejar.
tokidoki 時々 *s* ocasião. 〜の花 〜*no hana*: flores das várias estações. *adv* às vezes; de vez em quando. 今日は曇り〜雨でしょう *kyō wa kumori〜ame deshō*: hoje o céu permanecerá nublado com chuvas esparsas.
tokifuseru 説き伏せる *v* convencer; persuadir.
tokihanasu 解き放す *v* soltar; libertar; livrar.
tokihazure 時外れ *s* fora de hora; inoportuno; fora de época.
tokihodoku 解きほどく *v* descosturar.
tokihogusu 解きほぐす *v* desemaranhar; desenredar; desfazer; aliviar.
tokikikasu 説き聞かす *v* aconselhar.
tokimeki ときめき *s* palpitação; emoção; vibração. 胸の〜を抑える *mune no 〜o osaeru*: conter a emoção.
tokimeku 時めく *v* ser próspero; ter sucesso; estar no auge.
tokimeku ときめく *v* palpitar; pulsar; vibrar.
tokin 鍍金 *s* revestimento de metal; galvanização.
tokinaranu 時ならぬ *adj* 1 inoportuno; intempestivo; fora de época. 2 súbito; repentino; inesperado.
toki ni 時に *conj* a propósito; mudando de assunto. *adv* às vezes; ocasionalmente.
toki ni wa 時には *adv* ocasionalmente; às vezes; uma ou outra vez.
toki ni yoru to 時によると *adv* às vezes; conforme o momento; ocasionalmente. この店は〜二時間も待たされることがある *kono mise wa 〜 nijikan mo matasareru koto ga aru*: nesta loja, há ocasiões em que é preciso esperar 2 horas para ser atendido.
toki no koe 鬨の声 *s* grito de guerra.
tokiokosu 説き起こす *v* começar uma argumentação.
tokiori 時折 *adv* uma vez ou outra.
tokisatosu 説き諭す *v* persuadir; convencer.
tōkishin 投機心 *s* gosto pela especulação.
tōkisho 登記所 *s* cartório de registro.
tōkishōsho 登記証書 *s* certidão de registro.
tokitama 時偶 *adv* esporadicamente; uma vez por outra; de vez em quando; ocasionalmente.
tōkiteki 投機的 *adj* especulativo; arriscado; aventureiro. 〜な事業 〜*na jigyō*: negócio arriscado.
tōkitetsuzuki 登記手続き *s* formalidades de registro.
toki to baai 時と場合 *expr* de acordo com a hora e as circunstâncias.
toki to shite 時として *adv* às vezes; algumas vezes; de vez em quando; ocasionalmente.
tokitsukeru 説き付ける *v* convencer.

tokka 特価 *s* preço especial de promoção.
tokkahin 特価品 *s* preços especiais; artigos de saldo; pechincha.
tokkansagyō 突貫作業 *s* trabalho acelerado, em obras; execução rápida.
tokkankōji 突貫工事 *s* obra executada a todo o vapor.
tokkei 特恵 *s* preferência; favorecimento preferencial.
tokken 特権 *s* 1 privilégio; prerrogativa; regalia. 2 opção. 3 imunidade; prerrogativas.
tokki 突起 *s* protuberância; saliência. 〜のある 〜*no aru*: protuberante; saliente.
tokki 特記 *s* menção especial.
tokkijikō 特記事項 *s* itens de registros especiais.
tokkō 特攻 *s* ataque suicida.
tokkō 特効 *s* virtude especial; efeito especial.
tokkō 徳行 *s* conduta virtuosa; boa ação; benevolência; ato de virtude.
tokkō 篤行 *s* boa ação; ato de caridade.
tokkō 特高 *s* serviço secreto especial.
tokkumiai 取っ組み合い *s pop* luta corpo a corpo.
tokkumu 取っ組む *v* 1 agarrar-se; lutar. 2 enfrentar; olhar de frente.
tokkun 特訓 *s* treinamento intensivo. 〜をする 〜*o suru*: dar um treinamento intensivo.
tokku ni 疾っくに *adv pop* há muito tempo; faz tempo.
tokku no mukashi 疾っくの昔 *expr pop* há muito tempo.
tokkuri 徳利 *s* garrafinha de porcelana para saquê.
tokkurikubi とっくり首 *s pop* gola alta.
tokkuri(to) とっくり(と) *adv pop* seriamente; cuidadosamente; bem. 〜と考えなさい 〜*to kangaenasai*: pense seriamente.
tokkyo 特許 *s* 1 licença especial. 2 patente; alvará.
tokkyō 凸鏡 *s* espelho convexo.
tokkyō 徳教 *s* ensinamentos sobre moralidade.
tokkyohin 特許品 *s* artigo patenteado.
tokkyohoshō 特許補償 *s* compensação de patente.
tokkyojō 特許状 *s* licença especial.
tokkyoken 特許権 *s* direito de patente. 〜の侵害 〜*no shingai*: violação do direito de patente.
tokkyū 特急 *s* 1 expresso. 2 toda a velocidade.
tokkyū 特級 *s* qualidade superior.
tokkyūdensha 特急電車 *s* trem expresso.
toko 床 *s* cama; leito.
tokō 渡航 *s* travessia do mar.
tokō 塗工 *s* pintura; pintor.
tōkō 投降 *s* rendição.
tōkō 投稿 *s* colaboração em jornal/revista.
tōkō 陶工 *s* oleiro; ceramista.
tōkō 登校 *s* ida para a escola.
tokoage 床上げ *s* convalescença.
tokobashira 床柱 *s* coluna de madeira polida do espaço reservado aos enfeites de flores e pinturas de uma sala de construção japonesa.
tokoiri 床入り *s* deitar-se na cama; consumação do casamento; noite de núpcias.
tokoita 床板 *s* piso de madeira do quarto.
tōkōjikan 登校時間 *s* hora de ir para a escola.
tōkon 当今 *s* dias de hoje; agora; o presente; momento atual.
tōkon 闘魂 *s* espírito combativo.

tokonatsu 常夏 *s* 1 verão contínuo. 2 *Bot* cravo-da-índia; cravinho; cravo aromático.
tokonoma 床の間 *s* recanto principal da sala-quarto de uma casa japonesa, adornado de *ikebana* e pintura.
tokoro 所 *s* 1 lugar; local; sítio; ponto; terra; onde. 2 endereço. 3 qualidade; aspecto. 4 a parte. 5 a coisa; a questão. 6 hora; ocasião; situação. 7 alcance; âmbito; limite.
tokorobanchi 所番地 *s* endereço.
tokoro de ところで *conj* 1 isso a parte; e; mas. 〜であの件はどうなりましたか 〜*ano ken wa dō narimashita ka*: e aquele assunto, como ficou? 2 mesmo que; ainda que; por mais que. 私がいくら頑張った〜あなたにはかないません *watashi ga ikura ganbatta〜anata ni wa kanaimasen*: por mais que eu me esforce, nunca serei tão bom quanto você. 3 quando; nessa altura. 道を曲った〜友達に出会った *michi o magatta〜 tomodachi ni deatta*: ao dobrar a esquina, encontrei-me com um amigo.
tokorodokoro 所々 *s* aqui e ali; em alguns lugares.
tokoro e 所へ *expr* 1 quando. 相談している〜電話がかかってきた *sōdan shite iru 〜denwa ga kakatte kita*: quando consultava uma pessoa, tocou o telefone.
tokoro ga ところが *conj* mas; no entanto; contudo; porém; todavia; não obstante; apesar disso.
tokorogaki 所書き *s* endereço.
tokorokirawazu 所嫌わず *adv* em qualquer lugar; por toda a parte; onde quer que seja.
tokorosemai 所狭い *adj* apertado; atravancado.
tokoroten 心太 *s Cul* geleia de ágar-ágar.
tōkōsen 等高線 *s* contorno topográfico.
tōkōsenchizu 等高線地図 *s* mapa topográfico.
tokoshi(na)e 永久 *s* eternidade. *V* eien 永遠, eikyū 永久.
tokoton とことん *s pop* até o fim; último; extremo.
tokoya 床屋 *s* barbeiro; cabeleireiro; barbearia.
tokoyami 常闇 *s* escuridão eterna; caos; anarquia.
tokoyo 常世 *s arc* eternidade.
toku 得 *s* 1 obtenção; aquisição. 2 ganho; lucro; vantagem; proveito. 〜な買い物 〜*na kaimono*: uma boa compra. 近道を行けば十分〜をする *chikamichi o ikeba jippun 〜o suru*: se pegar o atalho, ganhará 10 minutos.
toku 徳 *s* 1 virtude; qualidade moral. 〜のある 〜*no aru*: virtuoso; honrado. 〜の高い人 〜*no takai hito*: pessoa de altas qualidades morais. 2 bem; boa ação. 〜を施す 〜*o hodokosu*: praticar uma boa ação.
toku 溶く *v* 1 dissolver. 2 bater. 溶いた卵 *toita tamago*: ovo batido.
toku 解く *v* 1 desatar; desamarrar; desfazer; desapertar; soltar. 荷物を解く *nimotsu o toku*: desatar a corda da carga/bagagem. 2 descoser; desmanchar a costura. 3 resolver; decifrar; solucionar; desvendar. 問題を〜*mondai o〜*: resolver o problema. 謎を〜 *nazo o 〜*: decifrar o enigma. 4 destravar; suprimir. 封鎖を〜 *fūsa o〜*: destravar o bloqueio. 5 demitir. 任職を解かれる *ninshoku o tokareru*: perder o posto; ser despedido do emprego. 6 anular; cancelar; rescindir. 契約を〜 *keiyaku o〜*: rescindir o contrato. 7 abrandar;

緊張を〜 *kinchō o* 〜: acalmar os nervos; relaxar-se. 誤解を〜 *gokai o*〜: desfazer um mal-entendido. **8** destrinçar; desembaraçar. ブラシでもつれ髪を〜 *burashi de motsure gami o* 〜: desembaraçar o cabelo com a escova. **9** despir; tirar. 旅装を〜 *ryosō o* 〜: tirar a roupa de viagem.

toku 説く *v* **1** explicar. **2** expor; ensinar; pregar. **3** defender; advogar. 教育の必要性を〜 *kyōiku no hitsuyōsei o* 〜: defender a necessidade da educação.

toku 疾く *adv* rápido; ligeiro.

tōku 遠く *s* ao longe; a distância; distante. *adv* longe; distante.

tokubai 特売 *s* saldo; liquidação. *V* **bāgen** バーゲン.

tokubetsu 特別 *adj* especial.

tokubetsuatsukai 特別扱い *s* tratamento especial.

tokubetsubangumi 特別番組 *s* programa especial.

tokubetsuchōshū 特別徴収 *s* cobrança especial.

tokubetsuhaitō 特別配当 *s* dividendo extra.

tokubetsuhosakan 特別補佐官 *s* conselheiro/assessor especial.

tokubetsuki 特別機 *s* avião especial (do presidente; do imperador).

tokubetsukyūkō 特別急行 *s* trem expresso.

tokubetsuninmu 特別任務 *s* missão especial.

tokubetsunin'yō 特別任用 *s* tarefa especial.

tokubetsuryōkin 特別料金 *s* preço especial; taxa extra.

tokubetsuseki 特別席 *s* assento privado.

tokubetsushinkyū 特別進級 *s Educ* aprovação especial para classe mais avançada.

tokubetsushō 特別賞 *s* prêmio especial.

tokubetsushoku 特別職 *s* posto especial.

tokubetsuteate 特別手当 *s* salário extra; décimo terceiro salário; bônus.

tokubō 徳望 *s* prestígio moral; boa reputação.

tokubun 得分 *s pop* lucro; ganho; tributo; parte; quinhão.

tokuchō 特長 *s* ponto forte.

tokuchō 特徴 *s* característica; marca distintiva; peculiaridade. 〜的 〜*teki*: característico.

tokudai 特大 *s* tamanho extra/gigante.

tokudane 特種 *s* **1** espécie, tipo especial. **2** furo; notícia em primeira mão.

tokuden 特電 *s* telegrama especial.

tokudo 得度 *s* ato de tornar-se bonzo.

tokufū 徳風 *s* nobreza de caráter.

tokugaku 篤学 *s* dedicação ao estudo.

tokugakukan 督学官 *s* inspetor escolar.

tokugi 特技 *s* especialidade; talento; habilidade.

tokugi 徳義 *s* moralidade; probidade; integridade.

tokugishin 徳義心 *s* senso moral; probidade.

tokuha 特派 *s* abreviatura de 特別派遣 *tokubetsu haken*: envio/enviado especial.

tokuhai 特配 *s* abreviatura de 特別配給・配当 *tokubetsu haikyū/haitō*: bônus especial; ração/quota extra.

tokuhain 特派員 *s* **1** enviado especial. **2** correspondente especial.

tokuhashisetsu 特派使節 *s* enviado especial para representar o país.

tokuhaitaishi 特派大使 *s* embaixador extraordinário.

tokuhitsu 特筆 *s* menção especial por escrito. 〜に値する 〜*ni atai suru*: digno de destaque por escrito.

tokuhō 特報 *s* abreviatura de 特別報道 *tokubetsu hōdō*: notícia especial; notícia urgente.

tokuhon 読本 *s* livro de leitura de texto. 国語の〜 *kokugo no* 〜: livro de leitura da língua pátria. 人生〜 *jinsei*〜: livro da vida.

tokuhyō 得票 *s* obtenção de votos; votos obtidos.

tokuhyōsa 得票差 *s* diferença de votos.

tokuhyōsū 得票数 *s* número de votos.

tokui 得意 *s* **1** prosperidade; satisfação; glória; sucesso. **2** orgulho; ufania. 〜がる 〜*garu*: ficar todo orgulhoso. 〜がらせる 〜*garaseru*: encher alguém de orgulho. **3** o ponto forte; especialidade. 〜の学科 〜*no gakka*: matéria favorita. **4** cliente; freguês; clientela. お〜 *o*〜: clientes.

tokui 特異 *adj* ser único; extraordinário; peculiar; especial. 〜な点 〜*na ten*: ponto peculiar; particularidade.

tokuigao 得意顔 *s* ar triunfante; feições de orgulhoso.

tokuiku 徳育 *s* educação moral.

tokuimawari 得意回り *s* ronda pelos clientes.

tokuisaki 得意先 *s* cliente; freguês. 〜を回る 〜*o mawaru*: visitar os clientes.

tokuisei 特異性 *s* singularidade; peculiaridade; particularidade.

tokujitsu 篤実 *s* sinceridade; honestidade.

tokujō 特上 *s* abreviatura de 特別上等 *tokubetsu jōtō*: qualidade superior.

tokuju 特需 *s* abreviatura de 特別需用 *tokubetsu juyō*: encomenda especial.

tokumei 匿名 *s* **1** anonimato. 〜の手紙 〜*no tegami*: carta anônima. **2** pseudônimo. 〜を用いる 〜*o mochiiru*: usar pseudônimo.

tokumei 特命 *s* abreviatura de 特別命令 *tokubetsu meirei*: missão especial.

tokumeihihyō 匿名批評 *s* crítica anônima.

tokumen 特免 *s* **1** licença especial. **2** dispensa.

tokumu 特務 *s* abreviatura de 特別任務 *tokubetsu ninmu*: serviço especial; serviço secreto.

tokumukikan 特務機関 *s* órgão de serviços especiais.

toku ni 特に *adv* especialmente; de propósito; principalmente; sobretudo.

tokunō(ka) 篤農(家) *s* fazendeiro exemplar; produtor agrícola eficiente.

tokurei 特例 *s* caso especial; exceção.

tokurei 督励 *s* encorajamento; estímulo; incitamento; exortação.

tokusaku 特作 *s* produção especial.

tokusaku 得策 *s* política mais sábia; plano vantajoso.

tokusan 特産 *s* especialidade; produção especial.

tokusei 特性 *s* abreviatura de 特別性質 *tokubetsu seishitsu*: qualidade; caráter especial; característica; peculiaridade.

tokusei 特製 *s* abreviatura de 特別製造 *tokubetsu seizō*: fabricação especial.

tokusei 徳性 *s* caráter; virtude; qualidade moral.

tokusei 徳政 *s* **1** administração benevolente. **2** isenção de impostos; anistia.

tokusen 特選 *s* **1** seleção especial **2** ser selecionado; ser premiado.

tokusetsu 特設 *s* abreviatura de 特別設置 *tokubetsu setchi*: instalação especial.
tokusha 特赦 *s* anistia; perdão especial.
tokushi 特志 *s* generosidade; prêmio; recompensa.
tokushi 特使 *s* enviado especial. 〜を立てる 〜*o tateru*: mandar um enviado especial.
tokushi 篤志 *s* 1 caridade. 2 dedicação à beneficência.
tokushika 篤志家 *s* filantropo.
tokushin 特進 *s* abreviatura de 特別昇進 *tokubetsu shōshin*: promoção rápida; promoção especial.
tokushin 得心 *s* convicção; satisfação; consentimento. 〜*suru*, *v*: convencer-se.
tokushin(zai) 涜神(罪) *s* (crime de) profanação; sacrilégio.
tokushitsu 特質 *s* característica; propriedade; qualidade especial; caráter específico; marca distintiva.
tokushitsu 得失 *s* vantagens e desvantagens; lucros e perdas.
tokushō 特賞 *s* prêmio especial; galardão.
tokushō 特称 *s Lóg* proposição particular.
tokushoku 特色 *s* característica; peculiaridade; particularidade. 〜を現す 〜*o arawasu*: apresentar peculiaridades.
tokushoku 涜職 *s* corrupção; suborno. *V* **oshoku** 汚職.
tokushu 特殊 *s* especial.
tokushu 特種 *s* tipo especial.
tokushū 特集 *s* edição especial.
tokushūban 特集版 *s* edição especial.
tokushūgō 特集号 *s* número especial.
tokushuhōjin 特殊法人 *s* entidade jurídica com estatuto especial.
tokushujijō 特殊事情 *s* circunstâncias especiais.
tokushuka 特殊化 *s* diferenciação; especialização; particularização.
tokushukinmu 特殊勤務 *s* serviço especial; missão especial.
tokushukissa 特殊喫茶 *s* casa noturna; boate.
tokusō 徳操 *s* fidelidade aos princípios; moralidade.
tokusoku 督促 *s* reclamação; pedido para acelerar o processo.
tokusokujō 督促状 *s* carta de aviso; carta de cobrança; carta de reclamação.
tokusuru 得する *v* ganhar; lucrar.
tokutai 特待 *s* abreviatura de 特別待遇 *tokubetsu taigū*: tratamento especial.
tokutaisei 特待生 *s* aluno isento de mensalidade por ter boas notas; aluno do quadro de honra.
tokutei 特定 *s* determinação especial.
tokuteizaisan 特定財産 *s* bens específicos.
tokuten 特典 *s* benefício; privilégio; regalia; vantagem.
tokuten 得点 *s* pontos ganhos; nota; marcar pontos em jogos de esporte.
toku to 篤と *adv* ponderadamente; seriamente; cuidadosamente. 〜考える 〜*to kangaeru*: pensar seriamente.
tokutō 禿頭 *s* calvície; calva; careca.
tokutō 特等 *s* categoria especial; categoria superior.
tokutoku to(shite) とくとく(して) *adv* com orgulho. 〜語る 〜*kataru*: falar todo orgulhoso.
tokuyaku 特約 *s* contrato especial.
tokuyō 徳用 *s* ser econômico. 〜になる 〜*ni naru*: sair mais barato; sair mais em conta.

tokuyū 特有 *s* ser peculiar/próprio/característico. はしか〜の症状 *hashika* 〜*no shōjō*: sintomas característicos do sarampo.
tokuyūsei 特有性 *s* peculiaridade.
tōkyoku(sha) 当局(者) *s* autoridades comptentes. 政府〜 *seifu*〜: autoridades governamentais; pessoa competente. 警察当局者 *keisatsu tōkyokusha*: autoridades policiais.
tōkyori 等距離 *s* equidistância. 〜にある 〜*ni aru*: estar à mesma distância.
tōkyū 投球 *s* lançamento de bola. 〜*suru*, *v*: lançar; atirar a bola. 全力〜 *zenryoku*〜: arremessar com toda a força.
tōkyū 等級 *s* classe; grau; categoria. 〜を付ける 〜*o tsukeru*: classificar; separar por categorias.
toma 苫 *s* juncos trançados que serviam de cobertura dos casebres.
tomadoi 戸惑い *s* desnorteamento; desorientação; perplexidade; confusão; ato de ficar perdido. 〜の色を隠せない 〜*no iro o kakusenai*: não poder esconder o desnorteamento.
tomadou 戸惑う *v* ficar perplexo/desnorteado/desorientado/confuso/perturbado.
tōmaki 遠巻き *s* ato de cercar de longe. 〜にする 〜*ni suru*, *v*: cercar mantendo distância.
tomare 止まれ *v* pare!; espere!
tomari 止まり *s* ato de parar; parada. この電車は名古屋止まりです *kono densha wa Nagoyadomari desu*: este trem tem como terminal a cidade de Nagoya.
tomari 泊まり *s* 1 pernoitar. 2 hospedaria. 3 plantão noturno. 4 ancoradouro.
tomariawaseru 泊まり合わせる *v* ficar hospedado no mesmo hotel.
tomarichin 泊まり賃 *s* despesa de hospedagem.
tomarigake 泊りがけ *s* viagem com estadia; viagem com hospedagem.
tomarigi 止まり木 *s* 1 poleiro. 2 banquinho alto junto aos balcões dos bares.
tomarikomi 泊り込み *s* ato de pernoitar. 何日も〜で仕事する *nannichi mo* 〜*de shigoto suru*: pernoitar vários dias no trabalho.
tomarikomu 泊り込む *v* pernoitar; passar a noite.
tomarikyaku 泊り客 *s* hóspede.
tomaru 止[停]まる *v* 1 parar; deter-se; fazer parada; estacionar. 急行が〜駅 *kyūkō ga* 〜*eki*: estação em que para o expresso. 2 cessar; interromper; paralisar. 痛みが〜 *itami ga* 〜: parar a dor; deixar de doer. 恐怖のあまり息の根も〜かと思った *kyōfu no amari iki no ne mo*〜*ka to omotta*: de tanto medo, até parecia-me parar a respiração.
tomaru 泊まる *v* 1 pousar; pernoitar; passar a noite fora. ホテルに〜 *hoteru ni* 〜: hospedar-se em hotel. 2 ancorar; atracar.
tomasu 富ます *v* fazer enriquecer.
tomato トマト (*ingl tomato*) *s* tomate. 〜ジュース 〜*jūsu*: suco de tomate.
tōmawari 遠回り *s* 1 volta grande. 〜な道 〜*na michi*: caminho mais longo; caminho que dá muita volta. 〜*suru*, *v*: dar muita volta. 2 ineficácia; demora; morosidade. 君のやり方は相変わらず〜だね *kimi no yarikata wa aikawarazu* 〜*da ne*: o seu procedimento é sempre mais lento/moroso.

tōmawashi 遠回し *s* rodeio. ~*na, adj*: indireto; sinuoso; perifrástico.
tōme 遠目 *s* 1 vista de longe. 2 o ato de ver ao longe. ~が利く ~*ga kiku*: conseguir ver bem ao longe. 3 vista cansada.
tomebari 留め針 *s* alfinete.
tomedate 止め立て *s* impedimento, retenção. ~*suru, v*: tentar dissuadir.
tomedo 止め処 *s* o fim; ato de parar; ato de terminar; ato de acabar.
tomedonaku 止め処なく *adv* incessantemente; ininterruptamente.
tomegane 留め金 *s* fecho; fivela.
tōmegane 遠眼鏡 *s* telescópio.
tōmei 透明 *s* 1 transparência. 2 limpidez; pureza; clareza.
tōmeikan 透明感 *s* sensação de pureza, limpidez.
tōmeitai 透明体 *s* corpo transparente.
tomekanagu 留め金具 *s* fecho ou gancho de metal.
tōmen 当面 *s* 1 presente; urgente. 2 imediato. 我々の~の問題 *wareware no ~no mondai*: o nosso problema mais urgente.
tomeoki 留め置き *s* 1 detenção pela polícia; ato de repetir de ano. 2 ato de deixar retido. 電報を~にする *denpō o~ni suru*: reter o telegrama.
tomeokiyūbin 留め置き郵便 *s* caixa postal.
tomeoku 留め置く *v* 1 prender; deter. 2 reter.
tomeru 止[停・留]める *v* 1 parar. エンジンを~ *enjin o ~*: parar o motor. 2 interromper; cessar; cortar; estancar. 血を~ *chi o ~*: estancar o sangue. インフレを~ *infure o ~*: conter a inflação. 車の通行を~ *kuruma no tsūkō o ~*: fechar a rua ao trânsito de veículos.
tomeru 泊める *v* 1 hospedar; dar alojamento. 一晩二千円で~旅館 *hitoban nisen'en de~ryokan*: a pensão que dá hospedagem por 2 mil ienes. 2 ancorar. 船を~ *fune o ~*: ancorar o navio.
tomeyaku 止め役 *s* pacificador; intermediário de brigas.
tomi 富 *s* 1 riqueza; fortuna. 2 riquezas naturais. 3 loteria.
tōmi 唐箕 *s* máquina de separar grãos.
tōmi 遠見 *s* 1 ato de ver ao longe. 2 visto de longe.
tōmichi 遠路 *s* 1 longo caminho; longa caminhada. 2 rodeio; volta; desvio. *V* **tōmawari** 遠回り.
tomikuji 富籤 *s* loteria; rifa; sorteio.
tōmimi 遠耳 *s* ouvido aguçado.
tomin 都民 *s* cidadão da capital.
tōmin 冬眠 *s* hibernação.
tōmin 島民 *s* habitante de ilha.
tōmindōbutsu 冬眠動物 *s* animal que hiberna.
tōmitsu 糖蜜 *s* 1 melaço. 2 xarope; calda de açúcar.
tomo 友 *s* 1 amigo. 2 companheiro; colega.
tomo 供 *s* 1 acompanhamento; companhia. 2 acompanhante; séquito. ~を連れる ~*o tsureru*: levar o acompanhante.
tomo 艫 *s* popa. ~の方に ~*no hō ni*: na direção da popa.
tomo¹ とも *partícula* 1 mesmo que; ainda que; seja como for. 2 o mais possível. 早く~ *hayaku~*: mesmo que chegue rápido. 多く~ *ōku~*: no máximo. 3 com certeza. そうだ~ *sōda~*: claro que sim. 4 nem; nem sequer. うん~すん~言わない *un ~ sun ~ iwanai*: não diz sim nem não. 5 quem sabe?; talvez. 誰~言えない *dare ~ienai*: não saberia dizer quem.
tomo² とも (と *to*: indicativo de conteúdo de pensamento acrescido de も *mo* enfático) tal como. 親を親~思わない *oya o oya~ omowanai*: desconsiderá-los como pais.
tomo- 共- *pref* 1 ambos; todos. 2 inclusive. 送料~千円 *sōryō ~ sen'en*: 1.000 ienes inclusive postagem.
tomoare ともあれ *adv* em todo o caso; seja como for; de qualquer forma.
tomodachi 友達 *s* amigo; companheiro; colega.
tomodachigai 友達甲斐 *s* verdadeira amizade.
tomodachizukiai 友達付き合い *s* relações amistosas; trato de amigos.
tomodaore 共倒れ *s* derrota conjunta dos dois.
tomodomo(ni) 共々(に) *adv* juntos; juntamente; e. 親子~ *oyako ~*: pai e filho juntos.
tomoe 巴 *s* brasão com a figura de uma vírgula em movimento circular.
tomogara 輩 *s* homens; companheiros.
tomogui 共食い *s* 1 *Zool* ato de devorar mutuamente, canibalismo. 2 competição selvagem.
tomokaku(mo) ともかく(も) *adv* em todo o caso; de qualquer modo; de qualquer forma.
tomokasegi 共稼ぎ *s* casal que trabalha fora para arcar com as despesas da casa.
tōmoku 頭目 *s* chefe; líder; cabecilha; cérebro.
tomomachi 共待ち *s* sala de espera para os acompanhantes do suserano.
tomomawari 供回り *s* escolta; comitiva; séquito.
-tomonaku -ともなく *expr* sem intenção especial. 聞く~聞いている *kiku~ kiite iru*: escutar sem intenção de ouvir.
tomonau 伴う *v* 1 acompanhar; ir junto; estar de acordo com. 権利には必ず義務が~ *kenri ni wa kanarazu gimu ga~*: os direitos vêm acompanhados dos deveres. 2 ser acompanhado de; levar consigo; acarretar. 彼は息子を伴って私の家にやって来た *kare wa musuko o tomonatte watashi no ie ni yatte kita*: ele veio à minha casa acompanhado do filho.
tomo ni 共[倶]に *adv* 1 ambos; tanto um como o outro; e. 男女共に *danjo tomo ni*: homens e mulheres juntos. 2 em consonância com; à medida que; de acordo com. 年をとると~ *toshi o toru to~*: à medida que se envelhece.
tomo ni suru 共にする *expr* fazer juntos; compartilhar. 一生を~ *isshō o ~*: compartilhar a vida.
tōmorokoshi 玉蜀黍 *s Bot* milho.
tomoru 点る *v* estar iluminado; ter luz. 明かりの点っている部屋 *akari no tomotte iru heya*: o quarto vem a luz acesa.
tomoshibi 燈火 *s* luz; chama; lâmpada; candeia; facho; tocha. 心の~ *kokoro no ~*: a luz da vida; chama do coração.
tomoshiraga 共白髪 *s* o fato de um casal viver junto até a velhice.
tomosu 点す *v* acender a luz; iluminar.
tomo sureba [suru to] ともすれば[すると] *adv* às vezes; eventualmente; ocasionalmente.
tomowarai 共笑い *s* ato de rir juntamente com outras pessoas.
tomozuna 艫綱・纜 *s* cabo da âncora.

tomu 富む *v* 1 ser rico; enriquecer. 富んだ *tonda*: rico; opulento; abastado. 2 repleto. 機知に富んだ会話 *kichi ni tonda kaiwa*: conversa cheia de espiritualidade; sabedoria.

tomurai 葬[弔]い *s* 1 funeral; enterro. 2 condolências. 3 cerimônia budista para sufragar o morto.

tomuraigassen 弔い合戦 *s* guerra de morte; batalha para vingar a morte de uma pessoa; batalha de desforra.

tomurau 弔う *v* 1 expressar as condolências; dar os pêsames. 2 sufragar o morto. 先祖の霊を～ *senzo no rei o ～*: sufragar as almas dos antepassados.

tōmyō 燈明 *s* vela/luz votiva.

ton トン (*ingl ton*) *s* tonelada; tonelagem.

tonaeru 唱える *v* 1 recitar; entoar; salmodiar. 呪文を～ *jumon o ～*: recitar as palavras mágicas. 2 gritar. 3 advogar; clamar; preconizar; proclamar; propor. 異議を～ *igi o ～*: levantar uma objeção.

tōnaijijō 党内事情 *s* situação dentro do partido.

tōnamento トーナメント (*ingl tournament*) *s* torneio; competição.

tōnan 東南 *s* sudeste.

tōnan 盗難 *s* roubo; furto.

tōnantodoke 盗難届け *s* boletim de ocorrência de roubo/furto.

tonari 隣 *s* 1 vizinho; lado. 2 vizinho ou a casa dele.

tōnari 遠鳴り *s* rajadas distantes; ruído distante.

tonariau 隣り合う *v* ser vizinho; ficar perto um do outro.

tonariawase 隣り合わせ *s* ato de estar juntos; conjunto.

tonaridōshi 隣同士 *s* ser vizinhos.

tonarigumi 隣組 *s* grupo de vizinhos; instituição social.

tonarikinjo 隣近所 *s* vizinhança.

tonarimura 隣村 *s* aldeia vizinha.

tonarizukiai 隣付き合い *s* relações de boa vizinhança.

tonbo 蜻蛉 *s Entom* libélula.

tonbogaeri 蜻蛉返り *s* 1 salto-mortal. 2 meia-volta, ida e volta imediata.

tonchi 頓智 *s* esperteza; perspicácia; graça.

tonchinkan 頓珍漢 *s pop* coisa sem sentido; disparate; esquisitice; bizantinice. ～なことを言う ～*na koto o iu*: falar coisas disparatadas.

tonda とんだ *adj* terrível; disparatado; desmedido; absurdo. ～災難だ ～*sainan da*: que tragédia!

tondemonai とんでもない *adj* absurdo; disparatado. ～要求をする ～*yōkyū o suru*: pedir demais; pedido absurdo.

ton'ei 屯営 *s* campo militar; quartel militar.

tōnen 当年 *s* este ano; então; nessa época; nesse ano.

tonikaku とにかく *adv* de qualquer maneira; seja como for.

tōnin 当人 *s* pessoa em questão; o próprio interessado.

tonjaku 頓着 *s* ato de fazer caso; ato de preocupar-se, incomodar-se.

tonji 遁辞 *s* desculpa; subterfúgio; evasiva.

tonjiru 豚汁 *s Cul* sopa de missô com carne de porco e verduras.

tonkatsu 豚カツ *s Cul* carne de porco à milanesa.

tonkyō 頓狂 *s* ato de estar louco; ser louco. ～な声を出す ～*na koe o dasu*: dar gritos esquisitos.

tonma 頓馬 *s vulg* idiota; burro; idiotice. ～なやつだ ～*na yatsu da*: que cara mais idiota!

tonneru トンネル (*ingl tunnel*) *s* 1 túnel. 2 Beis ato de passar a bola por entre as pernas.

tonogata 殿方 *s* os cavalheiros.

tōnokeru 遠退ける *v* manter a distância.

tōnoku 遠退く *v* 1 afastar-se; distanciar-se. 2 ficar cada vez mais separados. 3 rarear. 筆が～ *fude ga ～*: rarearem as cartas.

tōnomukashi 疾うの昔 *expr* há muito tempo.

tonosama 殿様 *s Hist* senhor feudal. ～ぶる ～*buru*: assumir ares de senhor feudal.

tonosamagei 殿様芸 *s* arte do diletante rico que dispõe de tempo ocioso.

tonsei 遁世 *s* isolamento. ～*suru*, *v*: afastar-se do mundano.

tonseiseikatsu 遁世生活 *s* vida eremítica.

tonshi 頓死 *s* morte repentina.

tonsō 遁走 *s* fuga. ～*suru*, *v*: escapar; fugir.

tonsōkyoku 遁走曲 *s Mús* fuga.

tonsū 噸数 *s* tonelagem.

ton to 頓と *adv pop* completamente.

tonton[1] とんとん *s pop* 1 igual; elas por elas. 2 facilmente; zás-trás. 話は～とまとまった *hanashi wa ～to matomatta*: chegou-se logo a um acordo.

tonton[2] とんとん *onom* toque-toque. ～とドアをノックする ～*to doa o nokku suru*: bater a porta de leve.

tontonbyōshi とんとん拍子 *s* rapidez; bom ritmo.

ton'ya 問屋 *s* atacadista.

tōnyōbyō 糖尿病 *s Med* diabetes.

tōnyōbyōkanja 糖尿病患者 *s* diabético.

tōnyū 投入 *s* 1 ato de lançar para dentro. ～*suru*, *v*: introduzir; enviar. 2 *Econ* investimento.

tōnyū 豆乳 *s* leite de soja.

tōnyūshihon 投入資本 *s* o capital investido.

tonza 頓挫 *s* impasse.

tōon 等温 *s* isotermia.

topikku トピック (*ingl topic*[s]) *s* tópico.

toppa 突破 *s* 1 romper. 敵陣を～する *tekijin o ～suru*: romper as linhas inimigas. 2 vencer. 入試の難関を～する *nyūshi no nankan o ～suru*: vencer a difícil barreira do vestibular. 3 ultrapassar. その懸賞の応募者は五千人を～した *sono kenshō no ōbosha wa gosennin o ～shita*: os candidatos ao concurso ultrapassaram 5 mil.

toppakō 突破口 *s* saída para um problema; abertura para uma solução.

toppan 凸版 *s* impressão tipográfica.

toppatsu 突発 *s* ato de ocorrer repentinamente.

toppi 突飛 *s pop* excêntrico; extravagante.

toppu トップ (*ingl top*) *s* o que está na crista; topo.

toppū 突風 *s* rajada súbita de vento.

toppukiji トップ記事 *s* noticiário/reportagem de capa.

toppukurasu トップクラス (*ingl top class*) *s* o melhor; empresa líder.

toppunyūsu トップニュース (*ingl top news*) *s* notícia de primeira página; maior notícia.

toppuri とっぷり *adv* completamente.
toppyōshi mo nai 突拍子もない *expr* fora do normal; excêntrico; extravagante; louco.
tora 虎 *s* 1 *Zool* tigre. 2 bêbado, embriagado. ～になる ～*ni naru*: ficar bêbado.
tora 寅 *s* 1 tigre, terceiro signo do zodíaco chinês. 2 este-nordeste. 3 4 horas da manhã.
toraberāzuchekku トラベラーズチェック (*ingl traveler's check*) *s* cheque de viagem.
toraburu トラブル (*ingl trouble*) *s* problema; desordem; complicação.
toraedokoro 捕らえ処 *s* indícios que nos levam a um julgamento.
toraeru 捕[捉]らえる *v* 1 agarrar. 2 captar. 3 prender.
torafu 虎斑 *s* listras de tigre; malhado.
toragari 虎刈り *s pop* corte de cabelo às escadinhas.
torai 渡来 *s* 1 vinda ao Japão; ato de chegar do além-mar. 2 introdução.
tōrai 到来 *s* chegada. 好機～ *kōki*～: chegada do momento oportuno.
tōraimono 到来物 *s* presente recebido.
torakku トラック (*ingl truck*) *s* caminhão.
tōraku 当落 *s* resultado das eleições.
torakutā トラクター (*ingl tractor*) *s* trator.
toranjisutā トランジスター (*ingl transistor*) *s Fís* transistor.
toranku トランク (*ingl trunk*) *s* 1 mala grande para viagem. 2 porta-bagagens do carro.
tora no ko 虎の子 *s* 1 filhote de tigre. 2 tesouro de um indivíduo; poupança.
tora no maki 虎の巻 *s pop* 1 segredos; dicas. 2 livro de consulta frequente.
toranpu トランプ (*ingl trump*) *s* cartas; baralho.
toraware 捕[囚]らわれ *s* confinamento; escravidão; captura.
torawareru 捕[囚・捉]らわれる *v* 1 ser apanhado. 2 ter uma ideia fixa; preocupar-se. 3 ser vítima. 妄想に～ *mōsō ni*～: deixar-se levar por fantasias.
toredaka 取れ高 *s* 1 volume da colheita. 2 pesca.
torēdomāku トレードマーク (*ingl trade mark*) *s* 1 marca registrada. 2 característica especial de um indivíduo.
tōrei 答礼 *s* ato de retribuir uma gentileza.
torēningu トレーニング (*ingl training*) *s* treinamento.
toreru 取[脱・捕・採]れる *v* 1 poder pegar. 手に取れる *te ni toreru*: poder pegar com as mãos. 2 soltar-se; saltar; cair; separar-se. 3 poder ter; conseguir. 4 colher; poder colher. 5 ser fotografado. 6 poder entender. 7 levar; requerer. 8 saber levar as pessoas. 9 ser caçado; ser apanhado.
tōreru 通れる *v* poder passar; ter passagem.
tori 酉 *s* 1 galo; décimo signo do zodíaco chinês. 2 6 horas da tarde. 3 oeste.
tori 鳥 *s* 1 ave; pássaro. ～の羽 ～*no hane*: pena de ave. ～かご ～*kago*: gaiola. 2 carne de frango.
tōri 通り *s* 1 rua; avenida. 2 passagem; trânsito. 3 escoamento; o correr. 4 transmissão. 5 aceitação. 6 compreensão. 7 conforme; como; segundo. 手本の～に書く *tehon no ～ni kaku*: escrever de acordo com o modelo. 御覧の～ ～*goran no* ～: como veem; como se vê.
toriaezu 取り敢えず *adv* 1 logo. 2 antes de tudo;

em primeiro lugar. 帰宅すると～着替える *kitaku suruto ～ kigaeru*: ao chegar em casa, a primeira coisa é trocar de roupa. 3 para já; entretanto.
toriage 取り上げ *s* confiscação; aceitação.
toriageru 取り上げる *v* 1 levantar; pegar. 2 aceitar; ouvir.
toriai 取合い *s* disputa na aquisição.
tōriame 通り雨 *s* chuva passageira.
toriami 鳥網 *s* rede de caçar aves.
toriatsukai 取り扱い *s* 1 trato; atendimento. 客の～のよい店 *kyaku no ～ no yoi mise*: a loja que atende bem os clientes. 2 manuseio; manejo. 3 transação; despacho; serviço.
toriatsukaichūi 取り扱い注意 *s* frágil; o que requer atenção ao manusear.
toriatsukaidaka 取扱高 *s* total das transações.
toriatsukaisetsumeisho 取扱説明書 *s* manual de instruções.
toriatsukaijikan 取扱い時間 *s* horas de serviço; horas de expediente.
toriatsukaijo 取扱所 *s* escritório de despacho.
toriatsukainin 取扱人 *s* despachante.
toriatsukau 取り扱う *v* 1 tratar. お客を丁重に～ *okyaku o teichō ni ～*: tratar bem os clientes. 2 manusear; lidar. 荒っぽく～ *arappoku ～*: manuseio bruto.
toriatsume 取り集め *s* recolhimento; ajuntamento.
toriatsumeru 取り集める *v* juntar; recolher.
toriau 取り合う *v* 1 disputar. 2 ligar; prestar atenção; responder.
toriawase 取り合わせ *s* sortido; combinação.
toriawaseru 取り合わせる *v* misturar; fazer um sortido.
tōriawaseru 通り合わせる *v* encontro casual; passar por.
toribun 取り分 *s* parte; quota; quinhão.
torichigae 取り違え *s* 1 erro; engano; equívoco. 2 mal-entendido.
torichigaeru 取り違える *v* 1 pegar por engano. 2 entender mal; confundir. 文の意味を～ *bun no imi o～*: confundir o sentido da frase.
torichirasu 取り散らす *v* pôr em desordem; bagunçar.
toridaka 取り高 *s* entrada; dividendo; salário anual; produção.
toridasu 取り出す *v* 1 tirar. 2 escolher. コンピューターで必要なデータを～ *konpyūtā de hitsuyō na dēta o～*: escolher os dados necessários pelo computador.
toride 砦 *s Hist* forte; fortaleza; baluarte.
toridoku 取り得 *s pop* ganho; lucro.
toridori とりどり *adj* vários; diversos; diferentes.
torie 取り柄 *s* ponto bom; ponto positivo.
tōrigakari 通り掛かり *s* 1 ato de passar por perto. 2 a caminho.
torigoya 鳥小屋 *s* 1 aviário. 2 galinheiro; poleiro.
torihada 鳥肌 *s* pele arrepiada.
torihakarai 取り計い *s* arranjo; favor. 特別の～で *tokubetsu no ～de*: por especial favor.
torihakarau 取り計らう *v* resolver; solucionar.
toriharai 取り払い *s* demolição; desmantelamento.
toriharau 取り払う *v* remover; tirar; limpar.
torihazushi 取り外し *s* desmontagem.
torihazusu 取り外す *v* desmontar; separar; desligar.

torihiki 取り引き *s* transação comercial; comércio; acordo; trato.
torihikiaite 取引相手 *s* parceiro comercial.
torihikidaka 取引高 *s* valor da transação.
torihikiginkō 取引銀行 *s* banco com o qual se tem transação.
torihikiin 取引員 *s* corretor.
torihikijo 取引所 *s* bolsa.
torihikikankei 取引関係 *s* relações comerciais; negócios.
torihikisaki 取引先 *s* cliente.
torihirogeru 取り拡げる *v* 1 estender; expandir. 2 espalhar.
torii 鳥居 *s* portal de templo xintoísta.
tōriippen 通り一遍 *s* 1 ato de estar de passagem. 2 mera formalidade.
toriire 取り入れ *s* 1 introdução; adoção. 2 colheita.
toriiredoki 取り入れ時 *s* época da colheita.
toriireru 取り入れる *v* 1 recolher. 2 introduzir. 3 colher.
toriiru 取り入る *v* conquistar alguém. 女に〜 *onna ni* 〜: conquistar uma mulher.
toriisogi 取り急ぎ *s* ato de apressar-se; pressa; urgência.
torikae 取り替え *s* troca; permuta.
torikaeru 取り替える *v* 1 trocar; permutar. 2 mudar.
torikaeshi 取り返し *s* recuperação.
torikaesu 取り返す *v* recuperar.
torikago 鳥籠 *s* gaiola.
torikaji 取り舵 *s Náut* bombordo.
torikakaru 取り掛かる *v* começar; lançar-se.
tōrikakaru 通り掛かる *v* passar; estar passando; estar a passar.
torikakomu 取り囲む *v* cercar; rodear.
torikata 採[取・撮]り方 *s* maneira de fotografar; maneira de apanhar, de interpretar, de pegar.
torikawasu 取り交わす *v* trocar. 挨拶を〜 *aisatsu o* 〜: trocar cumprimentos.
torikeshi 取り消し *s* revogação; cancelamento; anulação; rescisão.
torikeshifunō 取り消し不能 *expr* irrevogável; irreversível.
torikesu 取り消す *v* revogar; anular; cancelar; rescindir.
torikime 取り極め *s* decisão; acordo.
torikimeru 取り決める *v* decidir; ajustar; acertar.
torikku トリック (*ingl trick*) *s* truque; armadilha.
toriko 虜 *s* 1 prisioneiro. 〜にする 〜 *ni suru*: aprisionar. 2 *fig* presa; cativo.
torikomi 取り込み *s* 1 colheita; ato de recolher. 2 fraude. 3 confusão; rebuliço; alvoroço.
torikomu 取り込む *v* 1 recolher. 2 andar em um alvoroço; estar muito ocupado. 3 roubar; desviar; burlar; desviar.
torikoshigurō 取り越し苦労 *s* preocupação desnecessária; tempestade num copo d'água.
tōrikosu 通り越す *v* 1 passar. 2 superar; ultrapassar.
torikowashi 取り壊し *s* demolição.
torikowasu 取り壊す *v* demolir; desmantelar; desmontar.
torikumi 取り組み *s* 1 *Sumô* pega; luta. 2 empenho na resolução.
torikumu 取り組む *v* 1 agarrar-se; jogar; lutar. 2 enfrentar; olhar de frente; empenhar-se.

torikuzushi 取り崩し *s* demolição.
torikuzusu 取り崩す *v* demolir; desmontar.
tōrima 通り魔 *s* criminoso ocasional passageiro.
torimagireru 取り紛れる *v* 1 ficar perdido. 2 ficar atarantado; andar em uma roda-viva.
torimaki 取り巻き *s* séquito; sequazes.
torimaku 取り巻く *v* 1 rodear; cercar. 2 cortejar; adular.
torimatomeru 取り纏める *v* 1 juntar; pôr em ordem. 2 apaziguar; resolver o problema.
torimazeru 取り混ぜる *v* misturar.
torimazete 取り混ぜて *expr* ao todo; no total.
torime 鳥目 *s* cegueira noturna.
tōrimichi 通り道 *s* 1 local de passagem; trajeto; rota. 2 caminho; meu caminho.
torimidasu 取り乱す *v* 1 desarrumar. 2 estar inquieto; estar perturbado, fora de si.
torimochi 取り持ち *s pop* 1 mediação. 2 ato de receber; atendimento.
torimodoshi 取り戻し *s* restauração; recuperação
torimodoshiken 取り戻し権 *s* direito de recuperação.
torimodosu 取り戻す *v* 1 reaver; retomar. 2 recuperar; recobrar.
tori mo naosazu 取りも直さず *expr* em outras palavras; ou seja; a saber.
torimono 捕り物 *s arc* captura.
tōrimono 通り者 *s pop* pessoa muito conhecida; figura popular.
torimotsu 取り持つ *v* 1 receber; entreter. 2 mediar; ser o intermediário.
torimusubu 取り結ぶ *v* 1 fechar contrato; fazer um acordo. 2 juntar. *V* **torimotsu** 取り持つ. 3 saber levar.
tōrina 通り名 *s* alcunha; apelido.
torinaosu 取り直す *v* 1 retomar. 2 recuperar. 3 *Sumô* repetir a luta.
torinaosu 撮り直す *v Fot* tirar/bater outra fotografia.
torinashi 執り成し *s* intercessão; mediação.
torinasu 執り成す *v* 1 mediar; interceder. 2 arbitrar.
torinigasu 取り逃がす *v* deixar escapar.
toriniku 鶏肉 *s* carne de frango.
tori ni kuru 取りに来る *expr* vir pegar.
tori ni yaru 取りに遣る *expr* enviar alguém para receber.
tori ni yuku 取りに行く *expr* ir buscar.
torinokeru 取り除ける *v* retirar do caminho; remover.
torinokosu 取り残す *v* o que deixou de tirar.
torinozoku 取り除く *v* retirar; tirar; afastar. 心から不安を〜 *kokoro kara fuan o* 〜: afastar as angústias.
tōrinukeru 通り抜ける *v* passar; atravessar.
toriosaeru 取り押さえる *v* 1 segurar. 2 prender; dominar; imobilizar.
torisageru 取り下げる *v* retirar. 訴訟を〜 *soshō o* 〜: retirar a acusação.
torishikiru 取り仕切る *v* manejar; administrar.
torishimari 取り締まり *s* 1 administração; superintendência; controle; fiscalização. 2 inspetor; supervisor. 3 abreviatura de 取締役 *torishimariyaku*: diretor; administrador.
torishimariyaku 取締役 *s* diretor; administrador. 〜会 〜*kai*: reunião de diretoria.

torishimaru 取り締まる *v* administrar; fiscalizar.
torishirabe 取り調べ *s* investigação; interrogatório.
torishiraberu 取り調べる *v* inquirir; interrogar; investigar.
tōrisōba 通り相場 *s* Com e Econ **1** preço de praça. **2** valor corrente.
torisokonau 取り損なう *v* **1** deixar escapar. **2** entender mal.
torisoroeru 取り揃える *v* completar; adquirir. 道具を一式〜 *dōgu o isshiki*〜: adquirir um jogo de ferramentas.
tōrisugari 通りすがり *s* ato de estar passando eventualmente.
tōrisugiru 通り過ぎる *v* passar. 急いで〜 *isoide*〜: passar com muita pressa.
torisumasu 取り澄ます *v* altivez presunçosa.
toritate 取り立て *s* **1** cobrança. **2** apoio; apresentação. 社長の〜にあずかる *shachō no*〜*ni azukaru*: ser destacado pelo presidente. **3** recém-colhido. 〜の果物 〜*no kudamono*: fruta recém-colhida.
toritateru 取り立てる *v* **1** cobrar. **2** propor. **3** fazer menção especial.
toritatete 取り立てて *s* especialmente; em especial; em particular.
toritome(no)nai 取り留め(の)無い *expr* incoerente; vago; sem nexo.
toritomeru 取り留める *v* salvar; segurar.
toritsugi 取次ぎ *s* **1** intermediário; agente. **2** atendimento; recepção.
toritsugiten 取次店 *s* agência distribuidora.
toritsugu 取り次ぐ *v* **1** intermediar. **2** atender e encaminhar.
toritsuke 取り付け *s* **1** instalação; montagem. **2** corrida dos correntistas aos bancos.
toritsukeru 取り付ける *v* **1** instalar; montar. **2** obter; assegurar; conseguir. **3** comprar habitualmente.
toritsuku 取り付く *v* **1** agarrar-se. **2** transmitir. **3** obcecar-se. アマゾンの不思議な魅力に取り付かれる *amazon no fushigi na miryoku ni toritsukareru*: ficar obcecado pelo encanto misterioso da Amazônia.
toritsukurou 取り繕う *v* **1** remendar; consertar. **2** encobrir. その場を〜 *sono ba o* 〜: salvar a situação. **3** disfarçar; enganar. 体裁を〜 *teisai o* 〜: salvar as aparências.
toriuchi 鳥打ち *s* caça de aves.
toriwake 取り分け *s* especialmente; em especial; sobretudo; particularmente.
toriwakeru 取り分ける *v* **1** separar; escolher. **2** distribuir; dividir; repartir.
toriyame 取り止め *s* cancelamento. 雨で遠足は〜になった *ame de ensoku wa* 〜*ni natta*: por causa da chuva, a excursão foi cancelada.
toriyameru 取り止める *v* cancelar.
toriyō 取り様 *s* interpretação. 物は〜だ *mono wa* 〜*da*: tudo depende da interpretação.
toriyoseru 取り寄せる *v* **1** puxar para junto de si. **2** mandar trazer; encomendar.
torizao 鳥竿 *s* vara de caçar aves.
torizata 取り沙汰 *s* rumor; comentários. 〜*suru*, *v*: comentar.
toro 吐露 *s* exprimir claramente. 真情を〜する *shinjō o* 〜*suru*: abrir-se completamente.

torō 徒労 *s* trabalho improdutivo; esforço em vão; desperdício de trabalho.
tōrō 灯籠 *s* luminária de pedra/madeira/metal que serve de adorno de templos e jardins.
torobi とろ火 *s* fogo brando.
toroi とろい *adj* **1** fraco; brando. **2** simplório; tolo; estúpido.
tōroku 登録 *s* registro; inscrição. 未〜の *mi*〜*no*: não registrado.
tōron 討論 *s* debate. 〜*suru*, *v*: debater; arguir; discutir.
tōronkai 討論会 *s* debate; mesa-redonda.
tororìbasu トロリーバス (*ingl trolley bus*) *s* trólebus.
tororo とろろ *s* cará ralado.
toru 取[採・執・捕・把・撮]る *v* **1** pegar; tomar; segurar. **2** ganhar; receber; tirar (boas notas). **3** admitir; aceitar. 弟子を〜 *deshi o* 〜: aceitar o aprendiz. **4** conquistar; levar; roubar; apoderar-se. ガンに命を取られる *gan ni inochi o torareru*: morrer (vida roubada) de câncer. **5** escolher; preferir. この二つのうちどれを取りますか *kono futatsu no uchi dore o torimasuka*: destes dois, qual você prefere? **6** tirar; colher; extrair. 薬草を採る *yakusō o toru*: colher planta medicinal. **7** interpretar; entender. 意味を取る *imi o toru*: compreender o significado. **8** apanhar. 川で魚を捕る *kawa de sakana o toru*: pescar no rio. **9** encomendar; pedir. 出前を取る *demae o toru*: pedir um *delivery*. **10** reservar. ホテルの部屋を取る *hoteru no heya o toru*: reservar um quarto de hotel. **11** absorver; consumir. 栄養を取る *eiyō o toru*: nutrir-se. **12** tomar (nota); tirar (fotografia); responsabilizar-se. 会議の記録を取る *kaigi no kiroku o toru*: fazer ata da reunião. 責任を取る *sekinin o toru*: assumir a responsabilidade; responsabilizar-se. **13** conquistar; medir. ご機嫌を取る *gokigen o toru*: adular; conquistar as boas graças. 脈を取る *myaku o toru*: medir a pulsação. **14** cobrar. 利息を取る *risoku o toru*: cobrar juros. 税金を取る *zeikin o toru*: cobrar impostos. **15** agir; encarregar-se. 仲介の労を取る *chūkai no rō o toru*: ser intermediário.
tōru 通る *v* **1** passar. いつもの道を〜 *itsumo no michi o*〜: passar sempre pelo mesmo caminho. **2** passar; ser aprovado. 検査に〜 *kensa ni*〜: ser aprovado no teste. **3** lucidez. よく〜声 *yoku* 〜*koe*: a voz clara e nítida. **4** ser conhecido como; ter fama. 名の通った店 *na no tōtta mise*: uma loja reconhecida. **5** entender-se; ser inteligível; ser coerente; ser razoável. 意味が通らない文章 *imi ga tōranai bunshō*: texto ininteligível.
tōrui 党類 *s* partidos; facções.
toru ni taranai 取るに足らない *expr* insignificante. 〜こと 〜*koto*: uma ninharia; insignificância.
toryō 塗料 *s* tinta.
tōryō 棟梁 *s* líder; chefe; capataz.
tōryō 当量 *s* *Fís* e *Quím* equivalente.
tōryō 等量 *s* mesma quantidade; quantidades iguais.
tōryū 逗留 *s* estadia. 〜*suru*, *v*: estar; ficar.
tōryūmon 登竜[龍]門 *s* porta para o sucesso.
tōsa 等差 *s* **1** diferença equivalente. **2** diferença gradual.

tōsa 踏査 *s* exploração. 実地～ *jitchi*～: pesquisa de campo.
tōsai 搭載 *s* carregamento; carga.
tōsai 当歳 *s* 1 este ano. 2 que nasceu este ano.
tosaka 鳥冠・鶏冠 *s Ornit* crista do galo.
tōsaku 盗作 *s* plágio; plagiato. ～*suru, v*: plagiar.
tōsan 倒産 *s* falência; bancarrota. ～*suru, v*: ir à falência.
tōsan父さん*s* papai (chamamento).
tōsasūretsu 等差数列 *s Mat* progressão aritmética.
tosatsu 屠殺 *s* matança; chacina; carnificina.
tosei 渡世 *s pop* ato de viver; ato de levar a vida.
tōsei 陶製 *s* feito de cerâmica.
tōsei 統制 *s* controle; domínio; regulamentação. ～のある ～*no aru*: organizado; sob controle.
tōsei 当世 *s* tempo presente, atual. *pop* moderno.
tōseifū 当世風 *s* estilo moderno.
tōseihin 統制品 *s* artigos controlados.
tōseikakaku 統制価格 *s* preço tabelado.
tosen 渡船 *s* balsa.
tōsen 当選 *s* o ato de ganhar as eleições; ato de ser eleito; ato de ser selecionado.
tōsen 当籤 *s* relacionado à sorte; ser sorteado.
tōsen bangō 当選番号 *s* número de sorte.
tōsetsu 当節 *s pop* agora; atual.
tosha 吐瀉 *s* excreção; vômito; fezes.
tōsha 透写 *s* decalque; cópia. ～*suru, v*: decalcar.
tōsha 投射 *s Eletr* projeção.
tōsha 当社 *s* 1 este santuário. 2 esta empresa.
tōshaban 謄写版 *s* mimeógrafo.
tōshabanzuri 謄写版摺り *s* impressão mimeografada.
toshi 年 *s* 1 ano. ～初めに ～*hajime ni*: no começo do ano. 2 idade. ～をごまかす ～*o gomakasu*: dissimular a idade.
toshi 都市 *s* cidade. マンモス～ *manmosu*～: megalópole. 姉妹～ *shimai*～: cidades gêmeas. 衛星～ *eisei*～: cidade-satélite.
toshi 徒死 *s* ato de morrer em vão.
tōshi 投資 *s* investimento.
tōshi 通し *s* 1 seguido; consecutivo. Abreviatura de 通し狂言 *tōshikyōgen*: apresentação integral de uma peça. 2 ato de mandar entrar.
tōshi 凍死 *s* fato de morrer de frio.
tōshi 透視 *s* 1 ver através de. 2 clarividência. 3 *Med* radiografar.
tōshi 闘士 *s* guerreiro; lutador.
tōshi 闘志 *s* ânimo combativo; garra.
tōshibangō 通し番号 *s* números seguidos.
tōshigahō 透視画法 *s* método da perspectiva.
toshigai 年甲斐 *s* fruto da idade; discernimento que provém da experiência de vida.
toshigo 年子 *s* filhos com diferença de 1 ano.
toshigoro 年頃 *s* idade apropriada para casar.
toshiha 年端 *s* utilizado na sua maioria para indicar a tenra idade.
tōshika 投資家 *s* investidor.
toshikeikaku 都市計画 *s* planejamento urbano.
tōshikippu 通し切符 *s* passagem/bilhete intermunicipal.
toshikokka 都市国家 *s* cidade-estado.
toshikoshi 年越し *s* 1 passagem do ano. 2 noite de Ano-Novo.
toshima 年増 *s* mulher de meia-idade; matrona.

toshimondai 都市問題 *s* problemas das grandes cidades.
toshin 都心 *s* centro da cidade.
tōshin 答申 *s* relatório.
tōshin 等親 *s* grau de parentesco; consanguinidade.
tōshin'an 答申案 *s* plano do relatório; esboço do relatório.
toshinami 年波 *s* anos; idade.
toshi no kō 年の功 *s* juízo que vem com a idade.
toshi no se 年の瀬 *s* últimos dias do ano.
toshi o toru 年を取る *expr* envelhecer; adquirir idade.
tōshipēji 通しページ *s* paginação contínua; paginação consecutiva.
toshiseikatsu 都市生活 *s* vida citadina, urbana.
tōshishintaku 投資信託 *s* investimento a crédito.
toshishita 年下 *s* mais jovem.
-to shite -として *expr* 1 como; na qualidade de. それはそれ～ *sore wa sore* ～: seja como for. チームの主将として活躍する *chīmu no shushō to shite katsuyaku suru*: agir ativamente na função de capitão da equipe. 2 ao; estar para. 橋を渡ろう～気がついた *hashi o watarō* ～*ki ga tsuita*: percebi ao atravessar a ponte. 3 nem sequer. ここではだれ一彼を知らぬ者はない *koko de wa dare*～*kare o shiranu mono wa nai*: aqui não há ninguém que não o conheça.
tōshite 通して *expr* 1 passando por; através de; por. 代理店を～取引する *dairiten o* ～ *torihiki suru*: negociar através de uma agência. 2 sem parar, durante. 一年を～ *ichinen o*～: o ano inteiro; durante o ano.
-to shite mo -としても *expr* mesmo que. 彼の話は全くのうそではない～かなりいい加減なものだ *kare no hanashi wa mattaku no uso de wa nai* ～ *kanari ii kagen na mono da*: mesmo que sua conversa não seja pura mentira, não é de se fiar.
to shite wa としては *expr* como. わたし～ *watashi*～: por mim...
toshitoru 年取る *v* envelhecer.
tōshitsu 等質 *s* fato de ser homogêneo.
toshitsuki 年月 *s* meses e anos.
tōshitsushakai 等質社会 *s* sociedade homogênea.
toshiwasure 年忘れ *s* festa de fim de ano.
toshiue 年上 *s* mais velho.
toshiyori 年寄 *s* 1 ancião; velho. 2 *Sumô* veterano.
toshizakari 年盛り *s* auge da vida.
tosho 図書 *s* livros.
tosho 屠所 *s* matadouro.
tōsho 当初 *s* no início; começo.
tōsho 投書 *s* carta ao editor.
tōshō 凍傷 *s* frieira. ～にかかる ～*ni kakaru*: ter frieiras.
tōshō 闘将 *s* 1 grande herói. 2 campeão.
toshoetsuranshitsu 図書閲覧室 *s* sala de leitura.
toshokan 図書館 *s* biblioteca.
toshokangaku 図書館学 *s* biblioteconomia.
toshokan'in 図書館員 *s* bibliotecário.
toshoku 徒食 *s* vida ociosa. ～*suru, v*: viver à custa dos outros.
tōshoku 等色 *s Ópt* ～の ～*no*: isocromático.
toshomokuroku 図書目録 *s* catálogo de livros.
toshu 徒手 *s* 1 mão vazia; mãos livres. 2 sem capital nem posição.

tōshu 当主 s atual dono; atual patrão.
tōshu 党首 s presidente de um partido político.
tōshu 投手 s Beis arremessador. 左腕～ sawan～: arremessador canhoto. 勝利～ shōri～: arremessador da vitória.
tōshū 踏襲 s manutenção do costume/método.
tōshuku 投宿 s hospedagem; hospedar-se em hotel. ～者 ～sha: hóspede.
toshukūken 徒手空拳 s sem capital; sem nada para começar um negócio; com as mãos vazias.
toshutaisō 徒手体操 s ginástica livre.
toso 屠蘇 s saquê do Ano-Novo com vários sabores.
tosō 塗装 s pintura.
tōsō 逃走 s fuga.
tōsō 闘争 s luta; combate. ～suru, v: combater.
tōsō 痘瘡 s Med varíola.
tōsōhonnō 闘争本能 s instinto combativo.
tōsōkeiro 逃走経路 s pista de fuga; trajetória de fuga.
tōsōsha 逃走者 s fugitivo.
tosōkōji 塗装工事 s obra de pintura de uma superfície.
tōsoku 等速 s Fís velocidade uniforme.
tōsotsu 統率 s liderança; chefia; comando.
tōsotsusha 統率者 s chefe; líder.
tossa 咄嗟 s instante; fração de segundo; rapidez.
tosshin 突進 s avanço; ataque.
tosshutsu 突出 s saliência; protuberância; corcovado; proeminência; o rebentar da terra; o destaque na multidão.
tosu トス (ingl toss) s lançamento. ～suru, v: lançar ao ar.
tōsu 通[徹・透]す v 1 fazer passar. 下水を～ gesui o ～: instalar o esgoto. 針に糸を～hari ni ito o ～: enfiar a linha na agulha. 料理に火を～ ryōri ni hi o ～: cozer; cozinhar. 2 atravessar; deixar entrar. 水を通さない布 mizu o tōsanai nuno: tecido impermeável. 3 manter. 意地を～ iji o ～: ser voluntarioso; ganhar; obstinado. 4 mandar entrar; deixar entrar. 客を～ kyaku o ～: deixar entrar a visita. 5 passar; aprovar. 法案を～ hōan o ～: aprovar o projeto de lei. 6 transmitir. 帳場に注文を～ chōba ni chūmon o ～: transmitir um pedido à contabilidade. 7 aceitar. 相手の言い分を～ aite no iibun o ～: aceitar as razões do outro. 8 suf continuar até o fim. 最後まで我慢し～ saigo made gaman shi～: aguentar até o fim.
tōsū 頭数 s número de cabeças de gado.
tōsui 陶酔 s 1 embriaguez; intoxicação. ～suru, v: embriagar-se. 2 fascínio. ～suru, v: extasiar-se; inebriar-se. 自己～ jiko～: narcisismo.
tōsui 統帥 s alto comando.
to sureba とすれば expr forma condicional de "suru"; se assim for; nesse caso. 彼が現場にいた～犯行を目撃したはずだ kare ga genba ni ita ～ hankō o mokugeki shita hazu da: se estava presente, ele deve ter visto o crime.
to suru 賭する v 1 apostar; jogar. 2 arriscar; pôr em jogo.
to suru とする expr 1 considerar como; tratar como. 2 supor; admitir que é assim. 3 estar para.
tōsutā トースター (ingl toaster) s torradeira elétrica.
tōsuto トースト (ingl toast) s torrada.
tōta 淘汰 s 1 seleção; eliminação. 2 seleção natural.

totan 途端 s no momento exato. その～に sono ～ni: nesse mesmo instante.
totan トタン (persa tutanak; port tutanaga) s zinco.
totan 塗炭 s desgraça; angústia. ～の苦しみをなめる ～no kurushimi o nameru: estar na maior desgraça.
totanbari トタン張り s zincagem por galvanização.
totanbuki トタン葺き s cobertura de zinco.
tōtatsu 到達 s chegada; alcance. 目的地に～する mokutekichi ni ～suru, v: chegar ao destino.
totchimeru 取っちめる v pop dar uma lição.
-tote -とて partícula 1 mesmo que. 2 devido a; em virtude de. 3 a fim de. 4 sob o pretexto de.
totei 徒弟 s aprendiz.
tōtei 到底 adv de maneira nenhuma. ～あり得ない ～arienai: isso é totalmente impossível.
tōteki 投擲 s ato de atirar.
totemo とても adv pop 1 de maneira nenhuma; de modo algum. ～考えられない ～kangaerarenai: ser impensável. 2 muito. ～面白い本 ～omoshiroi hon: livro muito interessante.
totemo とても expr também. 私～不満はありません watakushi～fuman wa arimasen: eu também não tenho queixa.
tōtemu トーテム (ingl totem) s totem.
tōten 当店 s esta loja. ～自慢の品 ～jiman no shina: o melhor artigo desta loja.
tōtetsu 透徹 s 1 transparência. 2 espírito penetrante.
totetsu mo nai 途轍もない expr pop absurdo.
totō 徒党 s bando de conspiradores.
tōtō 倒頭 adv finalmente; por fim.
tōtoi 尊[貴]い adj 1 precioso; valioso; inestimável. 2 nobre; ilustre.
to tomo ni と共に expr juntamente com.
totonoeru 調[整・斉]える v 1 preparar; arranjar; aprontar. 夕食を～ yūshoku o ～: preparar o jantar. 2 pôr em ordem. 服装を～ fukusō o ～: vestir-se bem. 3 levar a bom termo; concluir. 交渉を～ kōshō o ～: concluir as negociações. 4 conseguir; arranjar.
totonou 調[整]う v 1 estar preparado. 2 consolidar. 婚約が～ kon'yaku ga ～: noivado acertado.
tōtotsu 唐突 s brusco; repentino.
totsu 凸 s saliência; protuberância.
tōtsū 疼痛 s dor aguda latejante.
totsuben 訥弁 s ato de falar arrastado; não fluente na fala.
totsugeki 突撃 s ataque; investida; assalto. ～suru, v: atacar; investir; assaltar.
totsugu 嫁ぐ v casar (usado só para mulheres).
totsujo(to shite) 突如(として) adv de repente.
totsumen 凸面 s convexidade; superfície convexa.
totsumen renzu 凸面レンズ s lente convexa.
totsunyū 突入 s acometida; penetração.
totsuō 凸凹 s irregularidade; côncavo-convexo.
totsuzen 突然 adv subitamente; inesperadamente; de repente. ～の出来事 ～no dekigoto: acontecimento repentino.
totsuzenhen'i 突然変異 s Biol mutação espontânea.
totte 把手 s cabo; punho; maçaneta.
totte 取って expr 1 para; com. 彼に～はたやすいことだ kare ni ～wa tayasui koto da: para ele, é coisa fácil. 2 contando este ano. 彼は当年～十八

になる *kare wa tōnen~jūhachi ni naru*: este ano, ele completa 18 anos.
tottei 突堤 *s* quebra-mar.
tottekaesu 取って返す *expr* retroceder; retornar. 途中で~ *tochū de~*: retornar do meio do caminho.
tottekawaru 取って代わる *expr* substituir.
tottekuru 取って来る *expr* ir retirar; ir buscar.
tottemo 取っても *expr pop* muito.
totteoki 取って置き *s* reservado; valioso; apreciado.
totteoku 取って置く *expr* assegurar; guardar; reservar. 空き箱を~ *akibako o~*: guardar a caixa vazia.
totte tsuketa yōna 取って付けた様な *expr* artificial.
tottoto とっとと *adv pop* rapidamente; imediatamente; apressadamente.
tottsuki 取っ付き *s* 1 começo; início. 2 o primeiro; o mais próximo. 村の~の家 *mura no ~no ie*: a primeira casa na entrada da vila.
tottsukinikui 取っ付きにくい *adj* inacessível; de trato difícil.
tottsukiyasui 取っ付きやすい *adj* acessível; sociável; de trato fácil.
tou 問う *v* 1 perguntar; indagar; inquirir; interrogar; levantar uma questão. 2 incriminar; imputar; acusar. 無実の罪に問われる *mujitsu no tsumi ni towareru*: ser acusado injustamente.
tou 訪う *v* visitar.
-to wa -とは *partícula de referência* 1 この程度ではまだ満足~言えない *kono teido de wa mada manzoku ~ienai*: nesse nível, ainda não posso dizer que estou satisfeito. 2 tanto. ここから駅まで二十分~かからない *koko kara eki made nijippun ~kakaranai*: daqui até a estação não leva 20 minutos. 3 quer dizer; isto é.
to wa ie とは言え *conj* 1 mesmo que se diga. 2 mas; porém; todavia; contudo; não obstante. 彼には欠点が多い~仲間に非常に好かれている *kare niwa ketten ga ōi ~nakama ni hijō ni sukareteiru*: ele tem muitos defeitos, mas é benquisto pelos companheiros.
tōwaku 当惑 *s* perplexidade; confusão.
tōwakugao 当惑顔 *s* ar perplexo.
towa ni 永久[常]に *adv* para a eternidade.
towazu 問わず *expr* forma negativa de 問う *tou*: sem distinção de.
towazugatari 問わず語り *s* declaração voluntária.
tōya 陶冶 *s* educação; formação; cultivo. ~*suru*, *v*: cultivar; disciplinar.
tōya 当夜 *s* 1 essa noite. 2 hoje à noite.
toyakaku とやかく, **toyako** とやこう *adv* isto e mais aquilo; uma coisa e outra. ~言う *~iu*: dizer coisas; dar palpites; criticar.
tōyaku 投薬 *s* prescrição de medicamento; medicação. ~*suru*, *v*: receitar; prescrever um remédio; medicar.
tōyo 投与 *s* medicação. ~*suru*, *v*: receitar um remédio.
tōyō 当用 *s* uso corrente; uso imediato.
tōyō 盗用 *s* apropriação indevida; uso fraudulento; plágio. ~*suru*, *v*: apropriar-se; plagiar.
tōyō 燈用 *s* para fins de iluminação.

tōyō 登用[庸] *s* nomeação; designação; promoção. ~*suru*, *v*: nomear; designar; promover.
Tōyō 東洋 *s* Oriente.
tōyōbijutsu 東洋美術 *s* arte oriental.
tōyōbunka 東洋文化 *s* cultura oriental; civilização oriental.
tōyōfū 東洋風 *s* estilo oriental; orientalismo.
tōyōjin 東洋人 *s* pessoa oriental.
tōyōka 東洋化 *s* orientalização.
tōyōnikki 当用日記 *s* diário; agenda.
tōyōshisō 東洋思想 *s* pensamento oriental.
tōyu 桐油 *s* óleo de tungue.
tōyu 燈[灯]油 *s* querosene.
tōza 当座 *s* 1 de momento; para já. 2 durante algum tempo. 3 conta-corrente. ~預金 *~yokin*: depósito em conta-corrente.
tōzai 東西 *s* 1 dos quatro pontos cardeais, o leste e o oeste. 2 o Oriente e o Ocidente. 3 direção; sentido; orientação. ~がわからなくなる *~ga wakaranaku naru*: ficar desnorteado; perder o rumo; desorientar-se.
tōzaiku 藤細工 *s* trabalho em vime e ratã.
tōzakaru 遠ざかる *v* 1 distanciar-se; afastar-se; alhear-se. 音楽活動から~ *ongaku katsudō kara ~*: afastar-se das atividades musicais.
tōzakeru 遠ざける *v* 1 afastar; manter a distância; apartar. 子供を病人から~ *kodomo o byōnin kara ~*: manter a criança longe do enfermo. 2 abster-se. 3 evitar. 悪友を~ *akuyū o ~*: evitar as más companhias.
tozan 登山 *s* alpinismo; montanhismo. ~*suru*, *v*: escalar montanhas.
tozasu 閉[鎖]ざす *v* 1 fechar; trancar; cerrar. 2 tapar; obstruir. 3 bloquear.
tōzen 東漸 *s* movimento para leste.
tōzen 当然 *adv* naturalmente; logicamente; evidentemente; com razão; claro.
tozetsu 途[杜]絶 *s* interrupção; suspensão. ~*suru*, *v*: interromper; cortar.
tōzoku 盗賊 *s* ladrão; salteador.
tsu 津 *s* porto; ancoradouro.
tsū 通 *s* entendido; especialista. ~ぶる *~buru*: fazer-se de entendido.
-tsū -通 *suf* numeral de contagem para cartas e documentos.
tsuā ツアー (*ingl tour*; *al Tour*) *s* viagem de turismo; excursão.
tsuā kondakutā ツアーコンダクター (*ingl tour conductor*) *s* guia de turismo.
tsuba 鍔 *s* aba, proteção de chapéu; guarda-mão da espada.
tsūba 痛罵 *s* diatribe; crítica mordaz.
tsubaki 唾 *s* saliva; cuspe.
tsubaki 椿 *s Bot* camélia.
tsubame 燕 *s* 1 *Ornit* andorinha. 2 amante jovem de uma mulher mais velha.
tsubasa 翼 *s* asa.
tsubekobe つべこべ *onom vulg* resmungar; queixar-se.
tsūben 通弁 *s* intérprete; interpretação.
tsubo 坪 *s* unidade de medida de superfície equivalente a 3.306 metros quadrados.
tsubo 壺 *s* 1 jarro; pote. 2 vaso. 3 eixo de dobradiça. 4 lugar certo para aplicação da moxa. 5 ponto crucial; ponto vital. 6 objetivo; alvo. 相手の思う

~にはまる *aite no omou~ni hamaru*: cair no jogo do adversário.
tsubō 通謀 *s* conluio; conspiração.
tsubō 痛棒 *s* 1 cacetada aplicada pelo bonzo zen-budista a quem não se concentra durante a meditação. 2 repreensão severa. ~を食らう *~o kurau*: levar um raspanete.
tsubomaru 窄まる *v* tornar pequeno e estreito.
tsubomeru 窄める *v* estreitar; fechar; encolher.
tsubomi 蕾 *s* 1 botão. ~がほころびかける *~ga hokorobikakeru*: o botão começa a desabrochar. 2 jovem no desabrochar da vida.
tsubosū 坪数 *s* área; superfície.
tsubu 粒 *s* grão; pingo; gota. ~が荒い *~ga arai*: granulação grossa. 一粒の麦 *hitotsubu no mugi*: um grão de trigo.
tsūbun 通分 *s* Mat redução a um denominador comum.
tsūbunbo 通分母 *s* Mat denominador comum.
tsubura 円ら *adj* redondo; arredondado. ~な目 *~na me*: olhos arredondados.
tsubureru 潰れる *v* 1 ser esmagado; ser despedaçado; ser destruído. 2 perder a função. 声が~ *koe ga ~*: perder a voz. 3 falir; arruinar-se; ir à bancarrota. 4 desperdiçar. くだらないもめごとで休みが潰れてしまった *kudaranai momegoto de yasumi ga tsuburete shimatta*: estraguei as minhas férias com uma discussão estúpida.
tsuburu 瞑る *v* tapar; fechar; cerrar. 目を~ *me o ~*: fechar os olhos.
tsubusa ni 具[備]に *adv* minuciosamente; pormenorizadamente; em detalhes. ~調べる *~shiraberu*: investigar detalhadamente.
tsubushi 潰し *s* 1 ato de esmagar; moer. 2 reciclagem. ~がきく *~ga kiku*: servir para outra coisa.
tsubusu 潰す *v* 1 esmagar; moer. 踏み~ *fumi~*: esmagar com os pés.
tsubute 飛礫 *s* pedra pequena; neve ou outro material para atirar nas pessoas.
tsubutsubu 粒々 *s* grãos. ~になる *~ni naru*: ficar em grãos.
tsubuyaki 呟き *s* murmúrio.
tsubuyaku 呟く *v* murmurar; resmungar.
tsubuyori 粒選り *s* seleção; escolha rigorosa.
tsubuzoroi 粒揃い *s* igual e de alta qualidade.
tsuchi 土 *s* 1 terra; solo; chão. 2 barro; terra. ~取り場 *~toriba*: terreira; local para tirar terra. 3 Sumô derrota.
tsuchi 槌 *s* 1 martelo. 2 martelo pequeno utilizado pelo juiz ou leiloeiro. 3 maço; martelo de madeira. 4 marrão. 5 marreta.
tsūchi 通知 *s* aviso; notícia; informação; comunicação. ~を受ける *~o ukeru*: receber o comunicado.
tsuchibokori 土埃 *s* poeira; pó.
tsūchihyō 通知表 *s* caderneta escolar de informação; boletim de notas.
tsuchiijiri 土いじり *s* brincar com a terra; jardinagem.
tsuchiiro 土色 *s* cor de terra; palidez.
tsuchikau 培う *v* criar; cultivar; desenvolver.
tsuchikemuri 土煙 *s* nuvem de poeira.
tsuchikusai 土臭い *adj* cheiro de terra; rústico.

tsūchimore 通知漏れ *s* falha no aviso; ato de esquecer de avisar.
tsuchiningyō 土人形 *s* boneco de barro.
tsūchisha 通知者 *s* informador; comunicador.
tsūchisho 通知書 *s* informação por escrito.
tsuchiyose 土寄せ *s* cobrir as raízes com terra.
tsūchō 通帳 *s* caderneta. 預金~ *yokin~*: caderneta bancária.
tsūchō 通牒 *s* aviso; notificação; circular; comunicado. ~を発する *~o hassuru*: emitir uma circular.
tsūchōsha 通諜者 *s* notificador; comunicador.
tsūda 痛打 *s* 1 golpe demolidor; golpe brutal. 2 Beis batida em cheio.
tsudo 都度 *s* todas as vezes; sempre.
tsudoi 集い *s* encontro; reunião; assembleia.
tsūdoku 通読 *s* leitura de cabo a rabo.
tsudou 集う *v* reunir-se; encontrar-se; congregar-se.
tsue 杖 *s* bengala.
tsūfū 通風 *s* ventilação; arejamento.
tsūfū 痛風 *s* Med gota.
tsūfūsōchi 通風装置 *s* equipamento de ventilação.
tsūfūkei 通風計 *s* medidor de ventilação.
tsūfūki 通風機 *s* ventilador.
tsugaeru 番える *v* 1 unir; articular. 2 ajustar. 3 prometer.
tsugai 番 *s* 1 par; casal. ~鳥 *~dori*: casal de aves. 2 articulação; junta.
tsugaime 番い目 *s* junta; articulação.
tsūgaku 通学 *s* ato de ir para a escola.
tsūgakukuiki 通学区域 *s* zona escolar.
tsugeguchi 告げ口 *s* denúncia; delação.
tsugeru 告げる *v* 1 informar; transmitir; comunicar. 2 publicar; anunciar; proclamar.
tsugi 次 *s* 1 seguinte; próximo. ~は新宿です *~wa Shinjuku desu*: a próxima estação é Shinjuku. 2 pousada.
tsugi 継ぎ *s* remendo.
tsugiawaseru 継ぎ合わせる *v* remendar.
tsugihagi 継ぎ接ぎ *s* remendo. ~する, *v*: remendar.
tsugiki 接ぎ木 *s* enxerto.
tsugikomu 注ぎ込む *v* 1 despejar. 2 investir; despender.
tsugime 接ぎ目・継ぎ目 *s* junta; junção; costura. ~ボルト *~boruto*: pino ou porca de junção.
tsugitashi 継ぎ足し *s* acréscimo. ~する, *v*: acrescentar.
tsugitasu 継ぎ足す *v* adicionar; acrescentar.
tsugitasu 注ぎ足す *v* adicionar; acrescentar. お茶に湯を~ *ocha ni yu o ~*: acrescentar a água quente ao chá.
tsugitsugi 次々 *adv* sucessivamente; um após o outro; continuamente.
tsugō 都合 *s* 1 circunstância; situação; razão; motivo; conveniência; oportunidade; comodidade. 一身上の~により *isshinjō no ~ni yori*: por motivos pessoais. 2 arranjo; jeitinho. 何とか~しましょう *nantoka~shimashō*: vou ver se dou um jeito. 3 no total; ao todo. ~十人で戦う *~jūnin de tatakau*: lutar com 10 homens ao todo.
tsugu 次ぐ *v* 1 continuar; seguir. 2 vir depois.
tsugu 注ぐ *v* verter; despejar.
tsugu 接ぐ *v* juntar; unir; ligar; enxertar.

tsugu 継[嗣]ぐ *v* **1** suceder; herdar; continuar; prosseguir. **2** remendar. **3** acrescentar; adicionar. 火鉢に炭を～ *hibachi ni sumi o*～: pôr mais carvão no braseiro.

tsugumu 噤む *v* fechar a boca; não dizer uma palavra.

tsugunai 償い *s* compensação; reparação.

tsugunau 償う *v* compensar; indenizar; reparar; redimir.

tsūgyō 通暁 *s* conhecimento profundo. ～*suru*, *v*: estar familiarizado; ser perito.

tsūhei 通弊 *s* defeito comum.

tsūhō 通報 *s* aviso; informação; comunicação.

tsui 対 *s* par; casal.

tsui つい *adv pop* **1** inadvertidamente; sem querer; por descuido. ～うっかりしていました ～*ukkari shite imashita*: me descuidei inadvertidamente. **2** há pouco tempo. ～最近 ～*saikin*: recentemente; há dias.

tsuibamu 啄む *v* debicar; bicar.

tsuibi 追尾 *s* perseguição; procura.

tsuibo 追慕 *s* recordar com saudade. ～*suru*, *v*: lembrar com saudade.

tsuichō 追徴 *s* taxa adicional.

tsuichōkin 追徴金 *s* imposto adicional.

tsuide 序 *s* ordem; sequência; oportunidade; ocasião.

tsuide 次いで *adv* em seguida; depois; a seguir.

tsuīdo ツイード (*ingl tweed*) *s* tecido de lã mesclado, tipo escocês.

tsuie 費え *s* desperdício.

tsuigeki 追撃 *s* perseguição; caça. ～*suru*, *v*: perseguir; caçar.

tsuigo 対語 *s* antônimo.

tsuihi 追肥 *s* fertilizante adicional; adubo complementar.

tsuihō 追放 *s* expulsão; deportação; exílio; expatriação.

tsuihōkaijo 追放解除 *s* cancelamento do exílio; término da deportação.

tsuiji 築地 *s* muro de barro com telhado.

tsuijo 追叙 *s* condecoração após a morte; condecoração póstuma.

tsuijū 追従 *s* seguir; imitar; badalar.

tsuika 追加 *s* adição; acréscimo; suplemento.

tsuikan 椎間 *s Anat* intervalo entre as vértebras.

tsuikaryōkin 追加料金 *s* taxa adicional.

tsuikayosan 追加予算 *s* orçamento suplementar.

tsuiki 追記 *s* pós-escrito; P. S. (*post-scriptum*); adendo.

tsuikotsu 椎骨 *s Anat* martelo.

tsuikyū 追及 *s* o ato de correr atrás; perseguição; inquirição. 責任を～する *sekinin o* ～*suru*: inquirir a responsabilidade.

tsuikyū 追求 *s* procura; busca.

tsuikyū 追究 *s* pesquisa; investigação; procura. 原因を～する *gen'in o* ～*suru*: investigar a causa/origem.

tsūin 痛飲 *s* embriaguez; orgia.

tsūin 通院 *s* ida ao hospital; frequentar o hospital.

tsuinbeddo ツインベッド (*ingl twin bed*) *s* cama de casal.

tsui ni 遂に *adv* **1** finalmente; por fim. **2** afinal de contas. ～彼は現れなかった ～*kare wa araware-nakatta*: afinal, ele não apareceu.

tsuinin 追認 *s* confirmação; ratificação.

tsuiraku 墜落 *s* queda.

tsuiseki 追跡 *s* busca; perseguição.

tsuisekichōsa 追跡調査 *s* pesquisa sequencial.

tsuiseki rēdā 追跡レーダー *s* radar de rastreio.

tsuishiken 追試験 *s* exame de recuperação.

tsuishin 追伸 *expr* pós-escrito.

tsuishō 追従 *s* adulação; bajulação; lisonja.

tsuiso 追訴 *s* processo suplementar.

tsuisō 追想 *s* reminiscência; recordação; lembrança; evocação.

tsuisōroku 追想録 *s* memórias.

tsuitachi 朔日・朔・一日 *s* primeiro dia do mês.

tsuitaiken 追体験 *s* repetição pessoal de uma experiência alheia.

tsuitate 衝立 *s* biombo; anteparo; tabique móvel.

tsuite 就いて *expr* **1** sobre; acerca de; com respeito a; a propósito de; em relação a. この点に～は *kono ten ni*～*wa*: sobre este assunto. **2** por. 入場料は一人に～百円です *nyūjōryō wa hitori ni* ～ *hyakuen desu*: o ingresso é de 100 ienes por pessoa.

tsuite kuru ついて来る *expr* vir atrás; perseguir.

tsuite mawaru ついて回る *expr* acompanhar; ir no encalço; perseguir. 不運が～ *fuun ga*～: a má sorte o persegue.

tsuite wa 就いては *expr* a respeito de. この問題に～異説が多い *kono mondai ni* ～ *wa isetsu ga ōi*: a respeito deste assunto, existem muitas opiniões divergentes.

tsuite yuku ついて行く *expr* seguir; acompanhar; ir atrás de. あの人のやり方には付いて行けない *ano hito no yarikata ni wa tsuite ikenai*: não consigo trabalhar no esquema dele.

tsuitō 追悼 *s* pesar; lamentação; luto.

tsuitōenzetsu 追悼演説 *s* discurso fúnebre.

tsuitōkai 追悼会 *s* reunião em memória do falecido.

tsuitotsu 追突 *s* batida pela traseira.

tsuitotsujiko 追突事故 *s* acidente de batida pela traseira.

tsuiyasu 費やす *v* **1** consumir; gastar; despender. **2** desperdiçar; perder; esbanjar.

tsuizen 追善 *s* cerimônia fúnebre.

tsuizo ついぞ *adv pop* jamais; nunca.

tsuizō 追贈 *s* condecoração após a morte.

tsuizui 追随 *s* seguir os passos de. ～*suru*, *v*: seguir; imitar.

tsuji 辻 *s* **1** cruzamento; encruzilhada. **2** rua.

tsūji 通じ *s* evacuação; defecação.

tsūji 痛事 *s* grande mágoa; grande dissabor.

tsūji 通時 *s* ～的な ～*teki na*, *adj*: diacrônico.

tsūjin 通人 *s* especialista; conhecedor. ～ぶる ～*buru*: fazer-se de entendido.

tsūjiru 通じる *v* **1** ligar; levar a. 電話が～ *denwa ga*～: conseguir ligação (telefônica). **2** compreender; comunicar; entender. リスボンで私のポルトガル語は何とか通じた *risubon de watashi no porutogarugo wa nantoka tsūjita*: em Lisboa, meu português estava dando para me comunicar. **3** estar bem informado; ser proficiente; ser familiarizado; ser perito. **4** comunicar secretamente. **5** manter relações ilícitas/secretas. **6** estender-se; aplicar-se; abranger. これは全時代を通じて言えること *kore wa zen jidai o tsūjite ieru koto*: isto pode-se dizer que abrange qualquer época.

tsūjite 通じて *expr* por intermédio de; através de.

一年を〜この辺は暖かい *ichinen o 〜 kono hen wa atatakai*: esta região é quente o ano inteiro.

tsujitsuma 辻褄 *s* coerência; nexo.

tsujiura 辻占 *s* tira de papel com a sina escrita; sorte.

tsūjō 通常 *adv* normalmente; comumente; como de costume.

tsūjōheiki 通常兵器 *s* armas convencionais.

tsūjōkaiin 通常会員 *s* sócio efetivo.

tsūjōkokkai 通常国会 *s* sessão ordinária da dieta.

tsuka 柄 *s* cabo; punho.

tsuka 塚 *s* túmulo antigo; montículo.

tsūka 通貨 *s* dinheiro em circulação; moeda corrente.

tsūka 通過 *s* 1 passagem; trânsito. 2 aprovação. 試験を無事〜した *shiken o buji 〜shita*: fui aprovado no exame.

tsukaeru 支[閊]える *v* estar obstruído, entupido, encravado. 言葉に〜 *kotoba ni 〜*: ficar sem palavras. 仕事が〜 *shigoto ga〜*: serviço acumulado.

tsukaeru 仕える *v* servir. 神に〜 *kami ni 〜*: servir a Deus.

tsukaeru 使える *v* poder usar; ser útil. 私には自由に〜金がない *watashi niwa jiyū ni 〜kane ga nai*: não tenho dinheiro para gastar livremente.

tsukai 使い *s* mensagem; recado; mensageiro; emissário. 〜をする *〜o suru*: cumprir a incumbência.

tsūkai 痛快 *s* grande prazer; grande satisfação.

tsukaiaruki 使い歩き *s* andanças com os recados.

tsukaiberi 使い減り *s* consumido pelo uso.

tsukaichin 使い賃 *s* gorjeta pelo recado.

tsukaidate 使い立て *s* solicitar os préstimos de alguém.

tsukaide 使いで *adv pop* poder aquisitivo; durabilidade.

tsukaifurusu 使い古す *v* gastar pelo uso.

tsukaigoro 使い頃 *s* pronto para ser utilizado.

tsukaihatasu 使い果たす *v* gastar tudo; dissipar.

tsukaikake 使いかけ *s* meio usado.

tsukaikata 使い方 *s* trato; manejo; modo de usar.

tsukaikiru 使い切る *v* gastar tudo.

tsukaikomi 使い込み *s* desfalque; apropriação indevida.

tsukaikomu 使い込む *v* 1 desfalcar. 2 gastar mais do que o previsto.

tsukaikonasu 使いこなす *v* manipular; dominar; ser perito no uso.

tsukaimawasu 使い回す *v* abusar dos trabalhos de alguém.

tsukaimichi 使い道 *s* uso; utilidade. 〜がない *〜ga nai*: não ter utilidade.

tsukaimono 使い物 *s* 1 algo útil. 2 お〜 *o〜*: presente; prenda.

tsukainarasu 使い慣らす *v* domesticar; domar.

tsukainareru 使い慣れる *v* apto no manejo.

tsukainokori [**nokoshi**] 使い残り[残し] *s* haver sobras.

tsukainokosu 使い残す *v* deixar sobras; deixar saldo.

tsukaisaki 使い先 *s* 1 lugar do recado. 2 uso dado ao dinheiro.

tsukaisugiru 使い過ぎる *v* usar demais; gastar demais.

tsukaisute 使い捨て *s* usar e jogar fora; descartável.

tsukaite 使い手 *s* 1 aquele que usa. 2 esbanjador.

tsukaiwake 使い分け *s* uso adequado; emprego devido.

tsukaiwakeru 使い分ける *v* usar adequadamente.

tsukaiyō 使い様 *s* modo de usar.

tsūkaku 痛覚 *s* ato de sentir a dor.

tsukamaeru 捕[捉・掴]まえる *v* pegar; agarrar; segurar; prender.

tsukamaru 捕[捉・掴]まる *v* 1 ser apanhado. 2 agarrar-se; segurar-se.

tsukamaseru 掴ませる *v* 1 fazer segurar. 2 subornar; untar as mãos.

tsukamiai 掴み合い *s* ato de engalfinhar-se; luta corpo a corpo.

tsukamiau 掴み合う *v* chegar às vias de fato; engalfinhar-se; lutar corpo a corpo.

tsukamidasu 掴み出す *v* tirar um punhado. 彼はポケットから小銭を掴み出した *kare wa poketto kara kozeni o tsukamidashita*: ele tirou um punhado de trocados do bolso.

tsukamidokoro 掴み所 *s* o ponto onde pegar a essência. 〜のない話 *〜no nai hanashi*: história incoerente.

tsukamidori 掴み取り *s* ato de pegar; ficar com o que conseguiu pegar. 魚を〜する *sakana o 〜suru*: apanhar o peixe.

tsukamikakaru 掴み掛かる *v* lançar-se; agarrar-se.

tsukaminikui 掴み難い *adj* difícil de agarrar.

tsukamu 掴む *v* 1 pegar; agarrar; segurar. 2 apreender. チャンスを〜 *chansu o 〜*: aproveitar a ocasião.

tsūkan 通関 *s* o ato de passar pela alfândega.

tsūkan 痛感 *s* sensação profunda.

tsūkan 通巻 *s* número consecutivo de tomos.

tsukaneru 束ねる *v* 1 enfeixar. 2 manejar. 3 cruzar os braços.

tsukanoma 束の間 *s* um instante; um momento; num segundo. 〜の命 *〜no inochi*: vida efêmera.

tsukanu koto つかぬ事 *expr pop* algo irrelevante. 〜をたずねる *〜o tazuneru*: indagar sobre algo irrelevante.

tsukare 疲れ *s* cansaço; fadiga. 〜が抜ける *〜ga nukeru*: recuperar-se do cansaço.

tsukarekiru 疲れ切る *v* esgotar-se; extenuar-se; ficar morto de cansaço.

tsukareru 疲れる *v* fatigar-se; cansar-se.

tsukareru 憑かれる *v* ser possuído por maus espíritos; ser dominado.

tsukaru 浸[漬]かる *v* submergir-se; ficar submerso. 温泉に〜 *onsen ni 〜*: tomar banho de imersão nas águas termais. この漬物はよく漬かっている *kono tsukemono wa yoku tsukatteiru*: estes legumes estão bem curtidos.

tsukasadoru 司る *v* 1 manejar; administrar; encarregar-se. 外務省は国の外交方面の仕事を〜 *gaimushō wa kuni no gaikō hōmen no shigoto o 〜*: o Ministério das Relações Exteriores encarrega-se das relações externas do país. 2 governar. プルトンは冥界を〜神だ *puruton wa meikai o 〜kami da*: Plutão é o deus que governa o mundo dos mortos.

tsukaseru 就かせる *v* estabelecer; posicionar; tomar posse. 王位に〜 *ōi ni 〜*: tomar posse do trono.

tsukatsuka to つかつかと *adv* sem cerimônia. 〜

tsukau 使[遣]う v 1 usar. だしに～ *dashi ni ～*: usar como pretexto. 2 lidar; usar. 彼は人を～のがうまい *kare wa hito o ～no ga umai*: ele sabe lidar com os empregados. 3 estar atento. 気を遣う *ki o tsukau*: preocupar-se; estar atento. 4 manejar; manipular. 人形を～ *ningyō o～*: manejar o títere/fantoche. 5 aplicar; tomar; fazer. ここで弁当を～ *koko de bentō o ～*: tomar o lanche aqui. 上目を～ *uwame o～*: olhar sorrateiramente.

tsukazuhanarezu 付かず離れず *expr* nem tão perto nem tão longe. ～の態度をとる *～no taido o toru*: tomar uma atitude neutra.

tsuke 付け s conta; crédito; fiança. 僕の～にしておくれ *boku no～ni shite okure*: ponha na minha conta. ～で買う *～de kau*: comprar a crédito.

tsukeagaru 付け上がる v *pop* abusar; ser presumido; inchar-se de orgulho.

tsukefuda 付け札 s rótulo; etiqueta.

tsukegenki 付け元気 s ânimo fingido.

tsukegusuri 付け薬 s medicamento de uso externo; pomada.

tsukehige 付け髭 s bigode postiço; barba postiça.

tsukekaeru 付け替える v trocar; mudar; substituir. 電球を～ *denkyū o ～*: trocar a lâmpada.

tsukekomu 付け込む v conservar legumes em salmoura/vinagre.

tsukekuwaeru 付け加える v adicionar; acrescentar.

tsukematsuge 付け睫 s pestanas postiças.

tsukemawasu 付け回す v perseguir; seguir; andar no encalço. 容疑者を～ *yōgisha o ～*: seguir a pista do suspeito.

tsukeme 付け目 s de olho em; alvo; objetivo; mira; interesse. 彼の結婚は財産が～だった *kare no kekkon wa zaisan ga ～datta*: ele casou-se por interesse.

tsukemono 漬け物 s conserva de legumes; vegetais em conserva.

tsukene 付け値 s preço oferecido; oferta.

tsukene 付け根 s raiz; base. 腕の～ *ude no～*: junção do braço.

tsukenerau 付け狙う v perseguir; andar de olho em; andar atrás de.

tsukeru 付[着]ける v 1 pregar; colocar; ligar; pôr; afixar; encostar. ボートを岸に着ける *bōto o kishi ni tsukeru*: encostar o barco à margem. 2 aplicar; usar; passar. パンにバターを付ける *pan ni batā o tsukeru*: passar manteiga no pão. 3 assinalar; marcar; registrar. 該当するものに丸印を付けて下さい *gaitō suru mono ni marujirushi o tsukete kudasai*: assinale com um círculo a resposta correta. 4 estabelecer; fazer; abrir; instalar. 連絡を～ *renraku o～*: estabelecer ligações. 5 designar; colocar. 弁護士を～ *bengoshi o～*: designar um advogado. 護衛を～ *goei o～*: colocar um guarda-costas à disposição. 6 seguir. 犯人は刑事に付けられていた *hannin wa keiji ni tsukerarete ita*: o criminoso estava sendo seguido pelo detetive.

tsukeru 漬ける v 1 deixar de molho. 洗濯物を水につけてください *sentakumono o mizu ni tsukete kudasai*: deixe a roupa de molho. 2 conservar em salmoura. きゅうりを漬けた *kyūri o tsuketa*: coloquei o pepino em salmoura.

-tsukeru -つける *suf* 1 estar acostumado; estar habituado. 歩きつけている道 *arukitsukete iru michi*: caminho habituado a passar. 2 fazer com veemência. どなり～ *donari～*: repreender com veemência.

tsuketari 付けたり s *pop* um pequeno suplemento; um brinde; presente pequeno.

tsuketashi 付け足し s suplemento; extra; apêndice; pós-escrito.

tsuketasu 付け足す v acrescentar.

tsuketodoke 付け届け s presente; gorjeta. ～をする *～o suru*: mandar um presente.

tsukeyakiba 付け焼刃 s verniz; fachada; superficialidade. あいつの知識は～だ *aitsu no chishiki wa ～da*: os conhecimentos dele são superficiais.

tsuki 月 s 1 Lua. 2 mês. 3 tempo para dar à luz.

tsuki 付き s 1 desempenho. このライターは～が悪い *kono raitā wa～ga warui*: este isqueiro não acende bem. 2 com, incluso. 家具～のアパート *kagu～no apāto*: apartamento mobiliado.

tsuki 突き s 1 punhalada; facada; estocada; golpe; empurrão. 心臓をひと～されて死んだ *shinzō o hito～sarete shinda*: morreu apunhalado no coração. 2 prefixo de ênfase. まっしぐらに～進む *masshigura ni ～susumu*: avançar impetuosamente.

tsuki 搗き s processo de socar grãos/cereais.

tsuki つき s *pop* sorte. ～が変わるのを待つ *～ga kawaru no o matsu*: esperar a sorte mudar.

tsuki 就き *expr* 1 por; cada. 2 por causa de; por motivo de; em vista de. 病気に～欠席いたします *byōki ni ～ kesseki itashimasu*: faltar por motivo de doença. 3 sobre; quanto a. この点に～後日改めて討議いたしましょう *kono ten ni～aratamete tōgi itashimashō*: sobre este ponto, discutiremos novamente em outro dia.

-tsuki -付き *suf* anexo; sob; com; incluindo. 三食～宿泊料 *sanshoku～ shukuhakuryō*: diária incluindo três refeições.

tsūki 通気 s ventilação; arejamento.

tsukiai 付き合い s relacionamento; trato; companhia. ～のよい *～no yoi*: pessoa sociável.

tsukiakari 月明かり s luar; claridade da Lua.

tsukiatari 突き当たり s fim de uma rua.

tsukiataru 突き当たる v esbarrar; bater; colidir.

tsukiateru 突き当てる v bater contra; acertar.

tsukiau 付き合う v 1 manter relações; tratar; conviver. 2 fazer companhia. 食事に～ *shokuji ni ～*: acompanhar no almoço/jantar.

tsukiawase 突き合せ s confrontação; checagem; verificação.

tsukiawaseru 突き合せる, **tsukiawasu** 突き合わす v 1 confrontar; comparar; cotejar. 2 pôr frente a frente; acarear. 加害者と被害者を付き合わせた *kagaisha to higaisha o tsukiawaseta*: colocamos frente a frente o agressor e a vítima.

tsukiban 月番 s plantão mensal.

tsukibarai 月払い s pagamento mensal; mensalidade.

tsukibō 突き棒 s aguilhada.

tsukidasu 突き出す v empurrar para fora. 家から突き出された *ie kara tsukidasareta*: foi posto para fora de casa.

tsukideru 突き出る v projetar-se; sair. 能登半島

は日本海に突き出ている Notohantō wa Nihonkai ni tsukidete iru: a península de Noto projeta-se para o mar do Japão.

tsukigake 月掛け *s* prestação mensal.

tsukigime 月決め *s* contrato mensal. 〜の読者 〜no dokusha: assinante mensal.

tsukigoto 月毎 *s* mensal; cada mês; todos os meses.

tsukihajime 月始め *s* começo do mês.

tsukihi 月日 *s* tempo; os dias; os anos. 〜の経つのは早いものだ 〜no tatsu no wa hayai mono da: como o tempo passa rápido!

tsukikiri 付き切り *s* atendimento integral.

tsukikuzusu 突き崩す *v* ruptura da linha do inimigo; colidir e desmoronar.

tsukimatou 付き纏う *v* perseguir; agarrar-se; estar sempre junto; seguir. 彼女は変な男に付きまとわれている kanojo wa henna otoko ni tsukimatowarete iru: ela está sendo perseguida por um homem suspeito.

tsukimi 月見 *s* apreciação da Lua. 〜をする 〜o suru: apreciar a Lua.

tsukimono 憑き物 *s pop* demônio que se apossa da pessoa.

tsukimono 付き物 *s* acessório; anexo; suplemento; acompanhamento; coisa inseparável.

tsūkin 通勤 *s o* ato de ir para o trabalho.

tsukinami 月並[次] *s* todos os meses; coisa comum ou corriqueira; trivialidade.

tsūkinjikan 通勤時間 *s* hora de ir para o trabalho.

tsukinokeru 突き除ける *v* abrir caminho aos empurrões; acotovelar os outros para ser promovido.

tsukinukeru 突き抜ける *v* transpassar; furar de lado a lado; furar; atravessar.

tsukiokure 月遅れ *s* números atrasados. 〜の雑誌 〜no zasshi: número atrasado de revista.

tsukiotosu 突き落とす *v* derrubar; atirar do alto.

tsukiru 尽きる *v* 1 esgotar; gastar totalmente; acabar; exaurir. 2 terminar. 話は尽きなかった hanashi wa tsukinakatta: a conversa não se esgotava.

tsukisasaru 突き刺さる *v* ficar espetado; espetar-se.

tsukisasu 突き刺す *v* espetar; cravar; penetrar.

tsūkisei 通気性 *s* permeabilidade.

tsukisoi 付き添い *s* assistência; ajuda; acompanhante do doente/enfermo; escolta; companhia.

tsukisoinin 付き添い人 *s* acompanhante.

tsukisou 付き添う *v* acompanhar; cuidar; ajudar.

tsukitaosu 突き倒す *v* empurrar e derrubar.

tsukitarazu 月足らず *s* nascimento prematuro.

tsukitobasu 突き飛ばす *v* arremessar mediante empurrão/cotoveladas.

tsukitomeru 突き留める *v* assegurar; certificar-se; ter certeza; identificar; localizar.

tsukitōru 突き通る *v* furar; penetrar; traspassar.

tsukitsukeru 突き付ける *v* apontar; apresentar. 会社に多くの要求を突きつけた kaisha ni ōku no yōkyū o tsuki tsuketa: apresentou numerosas exigências à empresa.

tsukiwari 月割り *s* prestação mensal.

tsukiyama 築山 *s* colina artificial.

tsukiyaru 突き遣る *v* empurrar; dar punhalada; dar estocada.

tsukiyatoi 月雇い *s* contratação mensal.

tsukiyo 月夜 *s* noite de luar.

tsukizue 月末 *s* fim do mês.

tsukizuki 月々 *s* mensalmente; cada mês; todos os meses.

tsukkai(bō) 突支い(棒) *s* suporte; apoio; esteio; escora.

tsukkendon 突慳貪 *adj pop* seco; brusco; áspero; abrupto; rude; grosseiro; ríspido. 〜な返事 〜na henji: resposta seca.

tsukkomi 突っ込み *s* penetração; ir ao fundo.

tsukkomu 突っ込む *v* 1 enfiar; meter; enterrar. 両手をポケットに突っ込んで歩いた ryōte o poketto ni tsukkonde aruita: andava com as mãos metidas nos bolsos. 2 intrometer-se. つまらぬ事に頭を突っ込むな tsumaranu koto ni atama o tsukkomu na: não se intrometa em assuntos sem importância. 3 censurar; criticar; condenar; reprovar. 突っ込まれるようなことは何もしていません tsukkomareru yō na koto wa nani mo shite imasen: não fiz nada reprovável. 4 aprofundar; chegar ao fundo. 5 romper. 敵陣に〜 tekijin ni 〜: romper a posição inimiga.

tsūkō 通行 *s* passagem; trânsito.

tsūkōdome 通行止め *s* trânsito proibido.

tsūkoku 通告 *s* notificação; aviso.

tsūkon 痛恨 *s* grande mágoa; grande dissabor; profundo pesar.

tsūkōnin 通行人 *s* transeunte.

tsūkōzei 通行税 *s* imposto de trânsito.

tsuku 付[着・就・点]く *v* 1 [付く] aderir; colar. 2 [付く] tocar; alcançar; entrar em contato. 3 [着く] chegar. 4 [着く] sentar, tomar o assento. 5 [就く] estudar sob a orientação de. 6 [付く] pertencer; ser membro; obedecer. 7 ser construído. 8 [付く] ser sortudo. 9 [就く] ser identificado como.

tsuku 即く *v* tomar posse.

tsuku 突[衝・撞]く *v* 1 espetar; cravar. 2 autenticar. 判をつく han o tsuku: selar. 3 atingir. 不意を衝かれる fui o tsukareru: ser apanhado desprevenido. 4 desafiar; enfrentar. 我々は風雨を衝いて進んだ wareware wa fūu o tsuite susunda: avançamos enfrentando a tempestade.

tsuku 搗く *v* esmagar/socar cereal no pilão.

tsuku 憑く *v* ser dominado por espíritos.

tsukubau 蹲う *v* agachar-se; encurvar-se servilmente; arrastar-se.

tsukudani 佃煮 *s* cozidos em molho de soja.

tsukue 机 *s* mesa; escrivaninha; carteira.

tsukunen to つくねんと *adv pop* desoladamente; distraidamente.

tsukuri 造[作]り *s* 1 [造り] feitura; feitio; arranjo; estilo; estrutura; construção; manufatura. れんがの家 rengazukuri no ie: a casa feita de tijolos. 2[作り] físico; compleição. 彼は体の〜が頑丈だ kare wa karada no 〜ga ganjō da: ele tem compleição robusta. 3 [作り] maquilagem; maneira de vestir. あの奥さんは〜が若い ano okusan wa 〜ga wakai: aquela senhora veste-se como uma jovem.

tsukuriageru 作り上げる *v* 1 concluir; completar; acabar. 2 fabricar; inventar. それは誰かが作り上げた話に違いない sore wa dare ka ga tsukuriageta hanashi ni chigainai: não há dúvida de que essa história foi inventada por alguém.

tsukuribanashi 作り話 *s* história inventada; ficção.
tsukuridaka 作り高 *s* produção; frutos.
tsukuridasu 作り出す *v* fabricar; fazer; manufaturar; produzir.
tsukurigoe 作り声 *s* voz disfarçada; voz simulada.
tsukurigoto 作り事 *s* invenção; ficção.
tsukurikae 作り替え *s* reforma; reconstrução; remodelação; refeito.
tsukurikaeru 作り替える *v* 1 fazer de novo. 2 alterar; adaptar; refazer.
tsukurikata 作[造]り方 *s* 1 modo de fazer; receita. 2 estilo de construção.
tsukurimono 作り物 *s* produto artificial.
tsukurinaosu 作り直す *v* refazer; fazer de novo; reformar; reconstruir; remodelar.
tsukurisokonai 作り損ない *s* falha ou defeito na fabricação.
tsukurisokonau 作り損なう *v* falhar na fabricação.
tsukurite 作り手 *s* 1 fabricante; criador; construtor. 2 cultivador.
tsukuriwarai 作り笑い *s* riso forçado; riso falso.
tsukurizakaya 造り酒屋 *s* fábrica de saquê.
tsukuroi 繕い *s* conserto; remendo.
tsukuroimono 繕い物 *s* remendado.
tsukurou 繕う *v* 1 remendar; reparar; consertar. 2 arranjar; compor. 声を〜 *koe o* 〜: falar com voz mansa. 3 remediar. あわててその場を繕った *awatete sonoba o tsukurotta*: procurei, às pressas, recompor a situação.
tsukuru 作[造・]る *v* 1 fazer; criar; construir; formar; constituir; compor; elaborar. 米を〜 *kome o* 〜: cultivar arroz. 2 preparar o peixe. 鯛を刺身に作る *tai o sashimi ni tsukuru*: preparar o *sashimi* de pargo. 3 arranjar. 女を〜 *onna o* 〜: arranjar uma amante. 4 pintar-se; maquiar. 彼女は若く作っている *kanojo wa wakaku tsukutte iru*: ela se pinta como uma jovem. 5 inventar. 口実を〜 *kōjitsu o* 〜: inventar um pretexto.
tsukusu 尽くす *v* 1 extenuar; exaurir; esgotar; gastar; acabar; consumir; usar todos os meios. 2 prestar serviços; dedicar-se; servir.
tsukuzuku 熟々 *adv* enternecidamente; com aspecto desolado. 〜人生がいやになった 〜 *jinsei ga iya ni natta*: sinto-me desolado com a vida.
tsuma 妻 *s* esposa; mulher.
tsuma 褄 *s* barra de saia ou quimono.
tsuma つま *s Cul* guarnição de legumes em tiras. 刺身の〜 *sashimi no* 〜: guarnição do *sashimi*.
tsumabiki 爪弾き *s* o ato de tocar instrumento de cordas com a ponta dos dedos.
tsumabiraka 詳[審]らか *adj* claro. 事故の原因は〜でない *jiko no gen'in wa* 〜*de nai*: a causa do acidente não está esclarecida.
tsumahajiki 爪弾き *s* ato de repelir; ato de evitar; ato de manter no ostracismo.
tsumami 撮み *s* 1 maçaneta; fecho da porta. 2 petisco. 3 pitada.
tsumamigui 撮み食い *s* 1 comer com os dedos. 2 comer às escondidas. 3 desfalque.
tsumamimono 撮み物 *s* aperitivo; petisco.
tsumamu 摘む *v* 1 pegar com a ponta dos dedos; servir-se. 2 resumir. 要点をつまんで話す *yōten o tsumande hanasu*: vou sumariar.

tsumaranai 詰まらない *adj* 1 sem graça; enfadonho; desinteressante. 2 insignificante; sem valor; absurdo; sem importância; ridículo. 3 que não vale a pena. あくせく働いても〜 *akuseku hataraitemo* 〜: torna-se enfadonho matar-se de trabalhar.
tsumaranaku 詰まらなく *adv* em vão; ocioso; desocupado.
tsumari 詰まり *adv* finalmente; após tudo; eventualmente; em análise final; de fato; em suma; em outras palavras; para ser mais preciso.
tsumaru 詰まる *v* 1 ficar cheio, abarrotado, superlotado. 2 ficar entupido, bloqueado, obstruído, tapado, sufocado. 鼻が〜 *hana ga* 〜: ficar com o nariz entupido. 3 ficar curto; encurtar; contrair; encolher; diminuir. 日が詰まってきた *hi ga tsumatte kita*: o prazo se aproxima.
tsumasaki 爪先 *s* ponta dos pés.
tsumashii 倹しい *adj* econômico; frugal; modesto.
tsumashiku 倹しく *adv* frugalmente; economicamente.
tsumayōji 爪楊枝 *s* palito para dentes.
tsumazuki 躓き *s* tropeço; passo em falso; deslize; falha; falta; fracasso.
tsumazuku 躓く *v* 1 tropeçar. 2 fracassar; cometer um deslize; falhar. 彼の事業はすぐに躓いた *kare no jigyō wa sugu ni tsumazuita*: o negócio dele fracassou em pouco tempo.
tsume 爪 *s* unha; casco.
tsume 詰め *s* xeque-mate; final; conclusão.
tsumeato 爪跡 *s* 1 sinal de arranhadura. 2 estragos; destroços.
tsumeawase 詰め合わせ *s* sortido.
tsumeawaseru 詰め合わせる *v* fazer um sortido em iguarias.
tsumebara 詰め腹 *s* haraquiri forçado; demissão forçada.
tsumeeri 詰襟 *s* gola fechada.
tsumein 爪印 *s* impressão digital do polegar.
tsumekae 詰め替え *s* refil; recarga.
tsumekaeru 詰め替える *v* recarregar; tornar a encher; mudar.
tsumekiri 爪切り *s* corta-unhas.
tsumekiru 詰め切る *v* concentrar-se em um trabalho.
tsumekomi 詰め込み *s* abarrotamento; ato de colocar à força.
tsumekomu 詰め込む *v* abarrotar; fazer engolir; colocar à força.
tsumemono 詰め物 *s* recheio; obturação; vedação; enchimento.
tsumeru 詰める *v* 1 rechear; encher; obturar; carregar. 2 chegar mais perto; encostar. 3 reduzir; economizar; encurtar; cortar. 4 fazer sem parar. 5 dar xeque-mate; ato de rematar. 6 fazer parar; conter. 7 estar sempre presente.
tsumetai 冷たい *adj* 1 fresco; frio; gelado. 2 indiferente; frio; insensível.
tsumi 罪 *s* crime; pecado; pena; castigo; crueldade; frieza. 〜の意識 〜*no ishiki*: sentimento de culpa. 〜に服す 〜*ni fukusu*: cumprir a pena.
tsumiageru 積み上げる *v* amontoar; empilhar.
tsumibito 罪人 *s* criminoso; pecador; culpado.
tsumibukai 罪深い *adj* pecaminoso; pecado.
tsumidashi 積み出し *s* embarque; despacho; remessa.

tsumidasu 積み出す *v* carregar; despachar; remeter.
tsumihoroboshi 罪滅ぼし *s* penitência; reparação; expiação.
tsumikae 積み替え *s* transbordo; baldeação.
tsumikaeru 積み替える *v* transferir; baldear.
tsumikasanaru 積み重なる *v* ficar amontoado; amontoar-se; ficar empilhado; ficar acumulado.
tsumikasaneru 積み重ねる *v* amontoar; empilhar; acumular.
tsumikata 積み方 *s* modo de empilhar.
tsumiki 積み木 *s* blocos de madeira para brincar de construção.
tsumikin 積み金 *s* fundo acumulado de reserva.
tsumikomi 積み込み *s* carregamento.
tsumikominedan 積み込み値段 *s* posto a bordo (FOB).
tsumikomu 積み込む *v* carregar; fazer o carregamento.
tsumini 積み荷 *s* carga; carregamento.
tsuminihoken 積荷保険 *s* seguro sobre a carga.
tsumioroshi 積み降ろし *s* ato de carregar e descarregar.
tsumitate 積み立て *s* reserva; acúmulo.
tsumitatekin 積立金 *s* fundo acumulado de reserva.
tsumitateru 積み立てる *v* reservar; poupar; economizar; guardar; juntar.
tsumitoga 罪科 *s* crime; ofensa; culpa; pecado.
tsumitori 摘み取り *s* colheita; apanha (de frutas); corte (de flores).
tsumitoru 摘み取る *v* colher; apanhar; cortar. 悪の芽を～ *aku no me o ～*: cortar o mal pela raiz.
tsumori 積もり *s* 1 intenção; propósito; pensamento; expectativa. 夏休みはどうなさるおつすか *natsuyasumi wa dō nasaru o～ desu ka*: o que pretende fazer nas férias de verão? 2 fazer de conta; fazer como se; pensar. 彼女は自分では美人の～である *kanojo wa jibun dewa bijin no ～ de aru*: ela pensa que é bonita.
tsumoru 積もる *v* 1 acumular-se; amontoar-se. 雪が五センチほど積もった *yuki ga go senchi hodo tsumotta*: a neve atingiu/chegou a cerca de 5 centímetros. 2 calcular; orçar. 高く見積もって千円の品だ *takaku mitsumotte sen'en no shina da*: é um artigo de mil ienes, no máximo.
tsumu 錘・紡錘 *s* fuso.
tsumu 詰む *v* 1 fechar; encher; apertar. 目の詰んだ生地 *me no tsunda kiji*: tecido encorpado. 2 dar o xeque-mate. あと一手で王が～ *ato itte de ō ga ～*: mais um lance e será xeque-mate.
tsumu 摘む *v* colher; apanhar; cortar. 花を～ *hana o ～*: colher flores.
tsumu 積む *v* 1 empilhar; amontoar. 2 carregar. コーヒーを積んだ船が入港した *kōhī o tsunda fune ga nyūkō shita*: atracou um navio carregado de café. 3 juntar; somar. 善行を～ *zenkō o ～*: acumular boas ações. 4 oferecer; dar. 十万円の保証金を積んだ *jūman'en no hoshōkin o tsunda*: ofereceu uma fiança de cem mil ienes.
tsumugu 紡ぐ *v* fiar. 綿を糸に～ *men o ito ni ～*: fiar algodão.
tsumujikaze 旋風 *s* remoinho de vento.
tsumujimagari 旋毛曲がり *s pop* rabugento; ranzinza; intratável; disparatado; excêntrico.
tsuna 綱 *s* 1 corda. 2 *fig* esteio; corda de salvação. 命の～ *inochi no～*: a salvação.

tsunabashigo 綱梯子 *s* escada de corda.
tsunagari 繋がり *s* conexão; ligação; vínculo; relação. 血の～ *chi no ～*: parentesco; laços de sangue.
tsunagaru 繋がる *v* 1 ligar; unir. 電話が繋がりました *denwa ga tsunagarimashita*: foi efetuada a ligação telefônica. 2 envolver-se; ter relação. 彼女はその事件に繋がっている *kanojo wa sono jiken ni tsunagatte iru*: ela está envolvida neste caso.
tsunagi 繋ぎ *s* 1 conexão; junta; junção; ligação. ～の服 *～no fuku*: macacão. ～目 *～me*: nó; costura. 2 substituto; passagem. 時間～に *jikan～ni*: algo para matar o tempo.
tsunagiawaseru 繋ぎ合わせる *v* juntar; ligar; unir; amarrar; atar.
tsunagu 繋ぐ *v* 1 amarrar; atar; acorrentar; prender; atrelar. 犬を鎖で繋いでおきなさい *inu o kusari de tsunaide okinasai*: prenda o cachorro com a corrente. 2 unir; juntar; ligar; acoplar. 二つの島は橋で繋がれている *futatsu no shima wa hashi de tsunagarete iru*: as duas ilhas estão ligadas por uma ponte. 3 manter; agarrar; aguentar. 望みを～ *nozomi o ～*: manter a esperança.
tsunahiki 綱引き *s* competição/jogo de puxar corda, cabo de guerra.
tsunami 津波 *s* maremoto, *tsunami*.
tsunamikeihō 津波警報 *s* alarme de maremoto.
tsunawatari 綱渡り *s* 1 funambulismo. 2 ação arriscada; dança sobre a corda.
tsunbo 聾 *s* surdo; surdez.
tsunbosajiki 聾桟敷 *s pop* 1 galeria de teatro; local onde as falas dos atores tornam-se inaudíveis. 2 situação em que ninguém lhe comunica o que está acontecendo.
tsune 常 *s* 1 uso; costume; hábito. ～の服 *～no fuku*: roupa de costume. 2 constância; continuidade; sempre. 健康には～に気を付けている *kenkō ni wa～ni ki o tsukete iru*: cuido sempre da saúde. 3 prática social. 世の～ *yo no ～*: é uma prática social.
tsūnen 通念 *s* ideia comum; opinião geral; ideia corrente.
tsuneru 抓る *v* beliscar.
tsunezune 常々 *adv* sempre; comumente.
tsuno 角 *s* 1 chifre; corno. 2 protuberância; antena. 3 briga; zanga; pega. 彼らはいつも～を突き合わせている *karera wa itsumo ～o tsuki awasete iru*: eles estão sempre se enfrentando.
tsunobue 角笛 *s* corneta de chifre; *bras*, berrante.
tsunoru 募る *v* 1 intensificar; aumentar; crescer; agravar-se. 不安が～ *fuan ga ～*: aumentar a inquietação. 2 coletar; angariar; recrutar; juntar. 図書館建設のために寄附を～ *toshokan kensetsu no tame ni kifu o ～*: angariar doações para a construção da biblioteca.
tsunotsukiai 角突き合い *s* altercação; briga; pega.
tsun to つんと *adv* com ar arrogante. ～した鼻 *～shita hana*: nariz arrebitado.
tsūpìsu ツーピース (*ingl two-piece dress*) *s Vest* conjunto de duas peças para senhoras.
tsupparu 突っ張る *v* 1 escorar; sustentar; trançar. 2 insistir; ser teimoso; provocar; desencaminhar-se. 3 ter cãibra. 4 *Sumô* empurrar; dar um empurrão.

tsura 面 s vulg cara. 泣きっ〜 nakittsura: cara de choro.

tsuraate 面当て s indireta; alusão maliciosa; insinuação. 〜がましい 〜gamashii: malicioso.

tsuragamae 面構え s pop expressão; semblante; fisionomia (ares de arrogância).

tsurai 辛い adj duro; custoso; doloroso; penoso; cruel. 早起きは〜 hayaoki wa 〜: custa levantar cedo!

tsurai me 辛い目 expr experiência dolorosa. 〜に遭う 〜ni au: ter uma experiência dolorosa.

tsuraku 辛く adv cruelmente; dolorosamente. その時はとても〜思った sono toki wa totemo 〜omotta: nessa hora, senti algo muito doloroso.

tsūran 通覧 s vista geral. 〜suru, v: dar uma vista geral.

tsuranaru 連なる v 1 enfileirar; alinhar; formar fila. 一列に〜 ichiretsuni 〜: formar uma fila. 2 participar; tomar parte; pertencer. 計画に〜 keikaku ni〜: tomar parte no projeto.

tsuraneru 連ねる v 1 dispor em fila; formar fila. 2 acompanhar. 供を〜 tomo o〜: levar os acompanhantes/séquitos.

tsura no kawa 面の皮 expr vulg lata (cara sem-vergonha). やつの〜をはがしてやりたい yatsu no 〜o hagashite yaritai: quero desmascarar o sujeito.

tsuranuku 貫く v 1 trespassar; atravessar. 2 levar a cabo; acabar; atingir; realizar; conseguir; cumprir. 彼は初志を貫いた kare wa shoshi o tsuranuita: ele atingiu seu primeiro intento.

tsurasa 辛さ s dor; angústia; amargura; tormento; sofrimento.

tsurayogoshi 面汚し s pop vergonha; desonra; mancha negra. 彼は一家の〜だ kare wa ikka no〜da: ele é a vergonha da família.

tsure 連れ s companheiro; acompanhante. 〜にぐれる 〜ni hagureru: perder-se dos companheiros.

tsureai 連れ合い s pop cônjuge.

tsuredasu 連れ出す v convidar para sair.

tsūrei 通例 s costume; geralmente; regra geral.

tsurekaeru 連れ帰る v trazer de volta.

tsureko 連れ子 s enteado(a), filho(a) do cônjuge anterior.

tsurekomiyado 連れ込み宿 s pop hotel de encontros amorosos; motel.

tsurekomu 連れ込む v ser levado. 料理屋へ連れ込まれて無理やり酒を飲まされた ryōriya e tsurekomarete muriyari sake o nomasareta: fui levado a um restaurante japonês e forçado a beber.

tsuremodosu 連れ戻す v trazer de volta.

tsurenai つれない adj insensível; frio; procedimento duro; cruel. 〜男 〜otoko: homem de coração duro.

tsurenaku つれなく adv friamente; insensivelmente.

tsureru 連れる v levar; trazer; acompanhar. 連れに行く tsure ni iku: ir buscar alguém. 連れ去る tsuresaru: levar embora.

tsuresou 連れ添う v acompanhar; estar casado.

tsurete 連れて expr com; à medida que. 日が経つに〜悲しみは薄らいだ hi ga tatsu ni 〜 kana-shimi wa usuraida: à medida que o tempo passava, a tristeza foi diminuindo.

tsūretsu 痛烈 adj forte; severo; cruel; implacável; mordaz; áspero. 〜に批判する 〜ni hihan suru: criticar severamente.

tsurezure 徒然 s não ter o que fazer; ócio. 〜を慰める 〜o nagusameru: aliviar o tédio.

tsuri 釣り s 1 pesca. 2 troco.

tsuriagaru 釣り上がる v ser içado; vir na rede; ser pescado.

tsuriage 釣り上げ s ato de içar; ato de levantar; pesca.

tsuriageru 釣り上げる v levantar; puxar para cima; pescar. 値段を〜 nedan o〜: aumentar o preço.

tsuriai 釣り合い s equilíbrio; harmonia; balanço; proporção; simetria. 〜の悪い 〜no warui: desproporcional. 〜を保つ 〜o tamotsu: manter o equilíbrio.

tsuriashiba 釣り足場 s andaime suspenso.

tsuriau 釣り合う v equilibrar; harmonizar; combinar; balancear. 上着の色とネクタイがよく釣り合っている uwagi no iro to nekutai ga yoku tsuriatte iru: a cor do paletó combina bem com a cor da gravata.

tsuriba 釣り場 s pesqueiro; local onde se pesca.

tsuribari 釣り針 s anzol.

tsuribashi 釣り橋 s ponte suspensa; ponte pênsil.

tsuribori 釣堀 s viveiro de peixes para pesca.

tsuribune 釣り船 s barco pesqueiro.

tsuridōgu 釣り道具 s apetrechos para pesca.

tsurigane 釣鐘 s sino suspenso. 〜堂 〜dō: campanário.

tsuriito 釣り糸 s linha de pesca.

tsurikawa 吊り革 s correia/argola de apoio que se usa nos transportes coletivos.

tsurikomu 釣り込む v atrair; seduzir; fascinar; encantar.

tsurisen 釣り銭 s troco.

tsurizao 釣り竿 s vara de pesca.

tsūro 通路 s passagem; corredor; caminho.

tsuru 弦 s corda de arco.

tsuru 蔓 s cipó; gavinha; linhagem; alça dos óculos; plantas com gavinhas.

tsuru 鶴 s Ornit grou.

tsuru 吊る v pendurar; construir; ficar torcido.

tsuru 釣る v 1 pescar. 2 atrair; seduzir; contagiar.

tsurube 釣瓶 s balde do poço; caçamba. 〜井戸 〜ido: poço fundo.

tsurubeuchi 釣瓶打ち s tiros rápidos e sucessivos; fuzilada.

tsurugi 剣 s espada.

tsuruhashi 鶴嘴 s picareta; picão; alvião.

tsurukusa 蔓草 s trepadeira; planta rasteira.

tsurumu 交尾む v pop emparelhar; juntar; unir; copular.

tsururi to つるりと adv escorregadio. 凍った道で〜すべって転んだ kōtta michi de 〜to subette koronda: escorreguei na rua de gelo e caí.

tsurushiage 吊し上げ s inquisição coletiva informal.

tsurushiageru 吊し上げる v inquirir em grupo; interrogar alguém.

tsurusu 吊るす v pendurar.

tsurutsuru つるつる mim diz respeito à superfície lisa escorregadia e com certo brilho.

tsūsan 通算 *s* total; soma.
tsūseki 痛惜 *s* profunda mágoa; grande tristeza; grande pesar.
tsūsetsu 通説 *s* opinião geral
tsūsetsu 痛切 *adj* agudo; veemente; profundo; doloroso; sério. 教育の必要性を〜に感じた *kyō-iku no hitsuyōsei o〜ni kanjita*: senti uma necessidade veemente da educação.
tsūshin 通信 *s* comunicação; informação; notícia; correspondência; despacho; reportagem. 〜*suru*, *v*: informar; comunicar.
tsūshinbo 通信簿 *s* caderneta de notas; boletim de aproveitamento escolar.
tsūshin'eisei 通信衛星 *s* satélite de telecomunicações.
tsūshin'hanbai 通信販売 *s* venda por correspondência.
tsūshin'in 通信員 *s* correspondente; repórter.
tsūshinkōgaku 通信工学 *s* engenharia de telecomunicações.
tsūshinkōza 通信講座 *s* curso por correspondência.
tsūshinkyōiku 通信教育 *s* ensino por correspondência.
tsūshinmō 通信網 *s* rede de comunicações.
tsūshinsha 通信社 *s* agência de notícias.
tsūshinshisetsu 通信施設 *s* sistema de comunicação; recursos/meios de comunicação.
tsūshō 通称 *s* nome popular/corrente.
tsūshō 通商 *s* relações comerciais; comércio.
tsūshōjōyaku 通商条約 *s* tratado de comércio.
tsuta 蔦 *s Bot* hera; trepadeira.
tsutaekiku 伝え聞く *v* ouvir de outras pessoas; ser informado.
tsutaeru 伝える *v* 1 avisar; comunicar; transmitir; informar; relatar; dizer; contar. 2 trazer; levar; conduzir; entregar; introduzir. 3 conservar. 4 ensinar; passar. 彼は弟子に秘伝を伝えた *kare wa deshi ni hiden o tsutaeta*: ele passou os segredos de sua arte ao discípulo. 5 conduzir. 銅はよく電気を〜 *dō wa yoku denki o〜*: o cobre é bom condutor de eletricidade.
tsūtan 痛嘆 *s* profundo arrependimento; lamentação.
tsutanai 拙い *adj* desajeitado; inábil; medíocre; malfeito; inexperiente; inapto; pobre; ordinário; infeliz.
tsūtatsu 通達 *s* comunicação; notificação; circular. 〜*suru*, *v*: comunicar; notificar.
tsutau 伝う *v* margear. 私達は川岸を伝って行った *watashitachi wa kawagishi o tsutatte itta*: fomos margeando o rio.
tsutawaru 伝わる *v* 1 ser transmitido. 2 ser propagado; difundido; divulgado. 噂は口から口へとたちまち伝わった *uwasa wa kuchi kara kuchi e to tachimachi tsutawatta*: o boato se propagou rapidamente de boca em boca.
tsute 伝手 *s* intermediário; conexão; bons ofícios.
tsuto 苞 *s* invólucro de palha.
tsuto つと *adv* repentinamente; bruscamente.
tsutomaru 勤まる *v* estar qualificado.
tsutome 勤[努]め *s* dever; obrigação; ocupação; trabalho; emprego. 〜に出る 〜*ni deru*: ir para o trabalho. 〜を果たす 〜*o hatasu*: cumprir o dever.
tsutomeageru 勤め上げる *v* cumprir; desempenhar; concluir; completar. 任期を〜 *ninki o〜*: concluir o mandato; completar o prazo.
tsutomeguchi 勤め口 *s* emprego; trabalho; colocação. 〜が見つかる 〜*ga mitsukaru*: encontrar trabalho.
tsutomeru 勤[務・力・努・勉]める *v* esforçar-se; fazer esforço; empenhar-se; lutar; tentar; procurar; trabalhar; empregar-se; cumprir; fazer o papel; desempenhar. 兵役を〜 *heieki o〜*: cumprir o serviço militar.
tsutomesaki 勤め先 *s* lugar, endereço/nome de firma do emprego.
tsutomete 努めて *adv* com empenho; diligentemente; assiduamente; o máximo possível. そういう事は〜避けなければならない *sō iu koto wa〜sakenakereba naranai*: evitar essas coisas o máximo possível.
tsuto ni 夙に *adv* há muito tempo; logo; cedo.
tsutsu 筒 *s* tubo; cabo de espingarda; cilindro.
tsutsu 銃・砲 *s* arma; mosquete.
-tsutsu -つつ *partícula que aposta ao verbo forma o gerúndio* 体に悪いと知り〜煙草を吸う人が多い *karada ni warui to shiri〜 tabako o suu hito ga ōi*: mesmo sabendo que é prejudicial à saúde, há muita gente que fuma. 彼の病気は快方に向かい〜ある *kare no byōki wa kaihō ni mukai〜aru*: ele está melhorando.
tsutsuganaku 恙なく *adv* sem incidentes; em segurança; com boa saúde; são e salvo.
tsutsuji 躑躅 *s Bot* azaleia.
tsutsuku 突く *v* 1 picar; bicar; tocar. 2 instigar; incitar. 3 tirar sarro; assediar. 4 achar defeitos nas pessoas.
tsutsumashii 慎ましい *adj* modesto; humilde; respeitoso; frugal; simples. 彼は金持ちだが生活は〜 *kare wa kanemochi da ga seikatsu wa〜*: ele é rico, mas leva uma vida simples.
tsutsumi 包み *s* pacote; embrulho; fardo. 〜を解く 〜*o toku*: desempacotar; desembrulhar.
tsutsumi 堤 *s* dique; barreira.
tsutsumigami 包み紙 *s* papel de embrulho.
tsutsumu 包む *v* 1 embrulhar; empacotar. 2 cercar; envolver; rodear. 3 esconder; encobrir. 全ては謎に包まれている *subete wa nazo ni tsutsumarete iru*: está tudo envolto em mistério.
tsutsunuke 筒抜け *s* cesto roto; o que é vazado (conversa).
tsutsushimi 慎[謹]み *s* discrição; prudência; modéstia; cautela; precaução; reserva; controle. 〜のない人 〜*no nai hito*: pessoa indiscreta.
tsutsushimibukai 慎み深い *adj* discreto; prudente; modesto; controlado.
tsutsushimu 慎む *v* 1 ser discreto; ser prudente. 2 controlar; moderar; ter cuidado.
tsutsushimu 謹む *v* ter respeito.
tsutsushinde 謹んで *adv* com respeito. 〜新年のお慶びを申し上げます 〜*shin'nen no oyorokobi o mōshiagemasu*: apresento-lhe os meus respeitosos votos de Feliz Ano-Novo.
tsutsu uraura ni 津々浦々に *expr* todos os portos e baías; todas as partes do país.
tsūun 通運 *s* transporte. 〜会社 〜*kaisha (gaisha)*: empresa de transporte.
tsūwa 通話 *s* telefonema; ligação telefônica. 〜料 〜*ryō*: custo da ligação telefônica.

tsuya 通夜 *s* velório.
tsuya 艶 *s* **1** lustre; brilho; polimento. 〜のある顔色 〜*no aru kaoiro*: tez lustrosa. **2** embelezar; graça. 〜のない話だ 〜*no nai hanashi da*: é uma conversa sem graça.
tsuyadashi 艶出し *s* 〜*suru*, *v*: polir; esmaltar; calandrar.
tsuyakeshi 艶消し *s* **1** tirar o brilho. 〜ガラス 〜*garasu*: vidro fosco. **2** ser desmancha-prazeres.
tsūyaku 通訳 *s* interpretação; tradução; intérprete. 同時〜 *dōji*〜: tradução simultânea.
tsūyō 通用 *s* ser corrente; ser válido. 〜期間 〜*kikan*: prazo de validade.
tsūyō 痛痒 *s* dores e coceiras; empecilho.
tsuyogari 強がり *s* o ato de fazer-se de forte; fanfarronice.
tsūyōguchi 通用口 *s* porta de serviço; entrada lateral.
tsuyoi 強い *adj* **1** forte; enérgico. **2** robusto; sadio. **3** resistente. **4** hábil; que tem vocação. 彼女は数学に〜 *kanojo wa sūgaku ni* 〜: ela é hábil em matemática.
tsuyoki 強気 *s* **1** agressividade; força; firmeza; audácia; ousadia. **2** *Econ* tendência alta.
tsuyoku 強く *adv* fortemente; com toda a força.
tsuyomeru 強める *v* intensificar; aumentar a força.
tsuyomi 強味 *s* **1** força. **2** ponto forte; vantagem.
tsūyōmon 通用門 *s* porta de serviço.
tsuyosa 強さ *s* potência; força; poder; intensidade; poderio.
tsuyu 梅雨 *s* estação das chuvas.
tsuyu[1] 露 *s* orvalho; sereno.
tsuyu[2] 露 *adv fig* uma gota de orvalho; um nada. そんなこととは〜知らず *sonna koto to wa* 〜 *shirazu*: sem saber de nada disso.

tsuyu 汁 *s pop* **1** sopa fina; caldo. **2** molho. **3** sumo.
tsūzoku 通俗 *s* popular. 〜作家 〜*sakka*: escritor popular.
tsūzokuteki 通俗的 *adj* 〜*na*: popular; comum; vulgar.
tsuzukeru 続ける *v* continuar. 話を続けてください *hanashi o tsuzukete kudasai*: continue a conversa, por favor.
tsuzukezama ni 続け様に *expr* um atrás do outro. 彼はウィスキーを〜に三杯飲んだ *kare wa uisuki o* 〜*ni sanbai nonda*: ele bebeu três copos de uísque seguidos.
tsuzuki 続き *s* continuação; continuidade; sucessão.
-tsuzuki -続き *suf* sucessão de; continuidade de.
tsuzukibangō 続き番号 *s* números sucessivos; números contínuos.
tsuzukigara 続き柄 *s* parentesco; relação familiar.
tsuzukimono 続き物 *s* seriado; serial; publicação em série.
tsuzuku 続く *v* **1** continuar; durar; seguir. **2** acontecer sucessivamente; seguir um após o outro. **3** vir logo atrás.
tsuzumeru 約める *v* reduzir; condensar; diminuir; encurtar; abreviar; economizar. 作文を二ページに〜 *sakubun o nipēji ni* 〜: condensar a redação em duas páginas.
tsuzumi 鼓 *s* tamborim japonês em forma de ampulheta. 〜を打つ 〜*o utsu*: tocar tamborim japonês.
tsuzuri 綴り *s* **1** ortografia; grafia; escrita; o soletrar. **2** bloco; maço de papel encadernado.
tsuzurikata 綴り方 *s* **1** escrita; maneira de escrever. **2** composição.
tsuzuru 綴る *v* **1** escrever. **2** fazer uma redação; escrever. **3** remendar; juntar; arquivar.

u

u 卯 *s* **1** coelho; quarto signo do zodíaco chinês. **2** entre 5 e 7 horas da manhã. **3** 〜の方角 〜*no hōgaku*: direção "este".
u 鵜 *s Ornit* cormorão, corvo marinho.
uba 乳母 *s* ama-seca.
uba 姥 *s* velha. 山〜 *yama*〜: bruxa que vive na montanha.
ubaguruma 乳母車 *s* carrinho para transportar bebê.
ubaiai 奪い合い *s* disputa; competição.
ubaiau 奪い合う *v* disputar; competir.
ubaikaesu 奪い返す *v* retomar; reconquistar; recuperar.
ubau 奪う *v* **1** tomar à força; usurpar; roubar. **2** fascinar; encantar; ofuscar.
ubazakura 姥桜 *s pop* beldade já de certa idade.
ubu 初心 *s* puro; inocente; cândido; ingênuo.
ubuge 産毛 *s* penugem; lanugem.
ubugi 産着 *s* roupa de recém-nascido.
ubugoe 産声 *s* primeiro choro do recém-nascido.
ubuyu 産湯 *s* primeiro banho do bebê.
uchi 内・中 *s* **1** dentro; interior. **2** em; durante; enquanto. **3** dentre.
uchiage 打ち上げ *s* **1** lançamento. **2** encerramento.
uchiageru 打ち揚[上]げる *v* **1** lançar. **2** trazer. **3** terminar.
uchiai 打ち合い *s* ato de dar socos mutuamente.
uchiai 射ち合い *s* ato de dar tiros mutuamente.
uchiakebanashi 打ち明け話 *s* conversa confidencial; confissão; confidência.
uchiakeru 打ち明ける *v* confessar; abrir o coração; confidenciar.
uchiawase 打ち合わせ *s* combinação; acerto.
uchiawaseru 打ち合わせる *v* **1** bater uma coisa na outra; chocar. **2** acertar previamente.
uchibarai 内払い *s* sinal; dinheiro de entrada.
uchibu 打歩 *s Com* prêmio; ágio; comissão.
uchibutokoro 内懐 *s* **1** bolso interno. **2** verdadeira intenção.
uchidashi 打ち出し *s* **1** fim; encerramento. **2** o ato de trabalhar o metal a martelo. **3** saque no jogo.
uchidasu 打ち出す *v* **1** começar a bater. **2** bater para modelar. **3** imprimir automaticamente. **4** apresentar; propor.
uchideshi 内弟子 *s* discípulo que vive na casa do mestre.
uchidome 打ち止め *s* última partida; última representação teatral.
uchigane 打ち金・撃鉄 *s* martelo para armas; agulha das armas de fogo. 銃の〜を起こす *jū no* 〜*o okosu*: engatilhar a arma.
uchigari 内借り *s* empréstimo; adiantamento.
uchigashi 内貸し *s* pagamento adiantado.
uchigawa 内側 *s* lado interno; interior.
uchiharau 打ち払う *v* **1** limpar sacudindo; espanar. **2** repelir; expulsar.
uchihishigu 打ちひしぐ *v* oprimir; desalentar; estar abatido.
uchiiwai 内祝い *s* festa íntima; festa familiar.
uchijū 家中 *s* toda a família; toda a casa.
uchikaeshi 打ち返し *s* **1** fluxos e refluxos das ondas; revide. **2** virada. **3** mudança de cena.
uchikaesu 打ち返す *v* devolver; tornar a bater; rebater.
uchikata 打ち方・撃ち方 *s* maneira de atirar; disparar.
uchikatsu 打ち勝[克]つ *v* vencer; bater; derrotar; ganhar.
uchikeshi 打ち消し *s* desmentido; negação.
uchikesu 打ち消す *v* **1** desmentir; negar. **2** apagar.
uchiki 内気 *s* timidez; introversão; acanhamento.
uchikin 内金 *s* dinheiro de entrada; sinal.
uchikiri 打ち切り *s* termo; fim; término.
uchikiru 打ち切る *v* **1** cortar. **2** interromper; suspender.
uchikizu 打ち傷 *s* contusão; lesão por pancada.
uchikomi 打ち込み *s* **1** ato de atirar a bola e fazer ponto. **2** invasão ao campo do adversário. **3** concentração.
uchikomu 打ち込む *v* **1** atirar. **2** invadir o campo do adversário. **3** dedicar-se de corpo e alma. **4** cravar; pregar.
uchikowasu 打ち壊す *v* destruir; demolir; arruinar; despedaçar.
uchikubi 打ち首 *s arc* degolação; decapitação.
uchikudaku 打ち砕く *v* **1** esmigalhar; fazer em pedaços; triturar. **2** frustrar; desfazer; destruir.
uchimaku 内幕 *s* verdade; fatos. 〜を暴く 〜*o abaku*: revelar a verdade dos fatos.
uchimata 内股 *s* **1** parte de dentro da coxa. **2** ato de andar com os pés virados para dentro.
uchimatakōyaku 内股膏薬 *s pop* vira-casaca; oportunista.
uchimi 打ち身 *s* contusão.
uchimizu 打ち水 *s* rega com mangueira; ato de deitar água; espargimento.

uchimono 打ち物 *s* **1** ferramenta; espada; instrumento de ferro forjado. **2** confeito seco.
uchiniwa 内庭 *s* pátio interno; claustro.
uchinomesu 打ちのめす *v* **1** derrubar com uma pancada. **2** abalar; prostrar.
uchinori 内法 *s* **1** medida de um recipiente por dentro. **2** medidas entre pilares; medida entre a parte superior e a soleira de uma porta.
uchinuki 打ち抜[貫]き *s* furo; perfuração.
uchinuku 打[射]ち抜[貫]く *v* furar; perfurar; atravessar.
uchiotosu 打[撃]ち落とす *v* **1** deitar ao chão com uma paulada. **2** decepar; decapitar; cortar.
uchipoketto 内ポケット *s Vest* bolso interno.
uchishizumu 打ち沈む *v* ficar deprimido.
uchisokonai 打[撃]ち損ない *s* ato de não acertar; erro ao tentar acertar.
uchisokonau 打[撃]ち損なう *v* errar o alvo; não acertar.
uchitaosu 打ち倒す *v* derrubar com uma pancada.
uchitokebanashi 打ち解け話 *s* conversa franca ou sem reservas.
uchitokeru 打ち解ける *v* ganhar confiança; abrir-se; desabafar.
uchitomeru 打[撃]ち止める *v* matar a tiro.
uchitoru 打ち取る *v* derrotar, aprisionar.
uchitsukeru 打ち付ける *v* **1** bater; chocar; lançar; colidir. **2** pregar.
uchitsuzuku 打ち続く *v* continuar a fazer. 〜不幸 〜*fukō*: infortúnios contínuos; continuar por um bom tempo.
uchiuchi 内々 *s* assunto privado; assunto particular.
uchiumi 内海 *s* mar interior; mares mediterrâneos.
uchiwa 内輪 *s* **1** círculo da família/dos familiares. **2** segredo. **3** moderação; comedimento; prudência.
uchiwa 団扇 *s* abano; abanador.
uchiwagenka 内輪喧嘩 *s* briga interna; briga de família.
uchiwake 内訳 *s* especificação do conteúdo.
uchiwamome 内輪揉め *s* desavença doméstica.
uchiwata 打ち綿 *s* algodão velho batido.
uchiwatashi 内渡し *s* pagamento do sinal.
uchiyaburu 打ち破る *v* bater o recorde; vencer o adversário; derrotar o adversário; partir/rebentar.
uchiyoseru 打ち寄せる *v* **1** chegar à praia (onda). **2** atirar-se.
uchōten 有頂天 *s* êxtase; estado de total alegria.
uchū 宇宙 *s* Universo; cosmos; espaço.
uchū 雨中 *s* na chuva; em meio à chuva.
uchūchūkei 宇宙中継 *s* transmissão espacial; transmissão por satélite.
uchūhikōshi 宇宙飛行士 *s* astronauta.
uchūkaihatsu 宇宙開発 *s* exploração espacial.
uchūkōgaku 宇宙工学 *s* engenharia espacial.
uchūryokō 宇宙旅行 *s* viagem espacial; viagem interplanetária.
uchūsen 宇宙船 *s* nave espacial.
uchūsen 宇宙線 *s Fís* raios cósmicos.
uchūsutēshon 宇宙ステーション *s* estação espacial; plataforma espacial.
udai 宇内 *s* mundo; o céu e a terra.
udaru 茹だる *v* ficar cozido; sufocar de calor.
udatsu うだつ *s* pilar principal. 〜が上がらない 〜*ga agaranai*: não conseguir subir na vida.

ude 腕 *s* **1** braço. **2** habilidade; técnica.
udedameshi 腕試し *s* ato de experimentar a habilidade.
udedokei 腕時計 *s* relógio de pulso.
udegi 腕木 *s* suporte; consolo de madeira.
udegumi 腕組み *s* braços cruzados.
udekiki 腕利き *s* homem habilidoso.
udekurabe 腕比べ *s* competição de braço.
udemae 腕前 *s* habilidade; perícia.
udemakuri 腕捲り *s* ato de arregaçar as mangas.
udeppushi 腕っぷし *s pop* força física; pulso; músculo.
udeshidai 腕次第 *s* aquilo que depende da habilidade da pessoa.
udeshigoto 腕仕事 *s* trabalho físico; trabalho que exige força física.
udetatefuse 腕立て伏せ *s Ginást* flexão; exercício de baixar e erguer o corpo apoiado sobre os dois braços.
udezuku 腕ずく *s* usar a força.
udezumō 腕相撲 *s* queda de braço.
udon 饂飩 *s* macarrão japonês grosso.
udonko 饂飩粉 *s* farinha de trigo utilizado no *udon*.
ue 上 *s* **1** alto; acima; cimo. **2** mais velho. **3** superior. **4** além disso; e por cima. **5** depois; uma vez que. **6** em relação a. **7** senhor; senhoria.
ue 飢え *s* fome.
uēbu ウエーブ (*ingl wave*) *s* onda; ondulação.
uejini 飢え死に *s* morte causada pela fome; inanição.
uekae 植え替え *s* transplantação; transplante de plantas e mudas.
uekaeru 植え替える *v* transplantar.
ueki 植木 *s* árvore plantada; planta de jardim. 〜屋 〜*ya*: jardineiro.
uekomi 植え込み *s* sebe de arbustos.
uen 迂遠 *s* rodeio; volta; circunlóquio. 〜な話 〜*na hanashi*: discurso vago.
ueru 飢える *v* ter fome.
ueru 植える *v* **1** plantar. **2** implantar; fixar; colocar; depositar (os germens).
ueshita 上下 *s* **1** em cima e embaixo. **2** para cima e para baixo. **3** para um lado e outro na vertical. **4** superior e inferior. **5** o primeiro e o segundo volume de livros.
uesuto ウエスト (*ingl waist*) *s* cintura.
uētā ウエーター (*ingl waiter*) *s* criado; garçom.
uētoresu ウエートレス (*ingl waitress*) *s* garçonete.
uetsuke 植え付け *s* plantio; plantação.
uetsukeru 植え付ける *v* **1** plantar. **2** implantar; transmitir; incutir.
ugai 含嗽 *s* gargarejo; bochecho.
ugan 右岸 *s* margem direita do rio.
ugatsu 穿つ *v* **1** furar; fazer um buraco. **2** ver bem; tocar na raiz do problema; acertar; ir ao ponto.
ugen 右舷 *s Náut* estibordo; lado direito do navio.
ugo 雨後 *s* logo após a chuva.
ugokasu 動かす *v* **1** mover; mudar de lugar; mexer; transferir; deslocar. **2** movimentar; impulsionar; pôr a andar. **3** comover; emocionar; mover; influenciar; inspirar.
ugoki 動き *s* **1** movimento. **2** funcionamento. **3** mudança; agitação; andamento; tendência; corrente; direção; rumo.

ugoku 動く *v* **1** mover-se; andar; mexer-se; mudar. **2** funcionar; atuar. **3** comover-se.
ugomeku 蠢く *v* conjunto de pequenos movimentos constantes (de larvas, vermes, insetos etc.).
ugō no shū 烏合の衆 *s* bando; turba; ralé.
uguisu 鶯 *s* Ornit espécie de ave do Japão e Extremo Oriente, parecida com o pardal, apreciada pelo seu canto.
uha 右派 *s* ala política dura; direitistas. *V* **uyoku** 右翼.
uhen 右辺 *s* lado direito; segundo membro da equação.
uhō 右方 *s* lado direito.
ui 有為 *s* vicissitudes da vida; conceito budista da impermanência.
ui 憂い *adj* triste; melancólico.
uijin 初陣 *s* primeira batalha; batismo de fogo.
uimago 初孫 *s* primeiro neto.
uirusu ウイルス (*lat virus*) *s* vírus.
uisukī ウイスキー (*ingl whisk[e]y*) *s* uísque.
uita 浮いた *expr* leviano.
uitenpen 有為転変 *s* instabilidade; vicissitudes da vida.
uiuishii 初々しい *adj* inocente; jovem; cândido; simples.
uizan 初産 *s* primeiro parto.
uji 氏 *s* nome de família; sobrenome; ascendência; linhagem; família.
uji 蛆 *s* verme; larva.
ujigami 氏神 *s* divindade xintoísta tutelar.
ujiko 氏子 *s* paroquianos de santuário xintoísta.
ujimushi 蛆虫 *s* verme; larva.
ujō 有情 *s* ser que tem sentimentos, emoções; os humanos.
ukaberu 浮かべる *v* **1** fazer flutuar; lançar o barco n'água. **2** exprimir; lembrar-se.
ukabiagaru 浮かび上がる *v* **1** emergir; subir à superfície. **2** surgir; aparecer. **3** sair da obscuridade.
ukabu 浮かぶ *v* flutuar; vir à tona; pairar no ar; aparecer; ocorrer; lembrar-se.
ukabuse 浮かぶ瀬 *expr* chance (em vida); oportunidade nova; virada da sorte.
ukagai 伺い *s* **1** visita. **2** cumprimentos. **3** indagação; pergunta; ato de pedir conselhos.
ukagau 伺う *v* **1** visitar. **2** perguntar. **3** ouvir; ouvir dizer; contar.
ukagau 窺う *v* **1** espiar; espreitar; explorar; estudar. **2** aguardar; ficar alerta. **3** deduzir; notar; adivinhar; ver.
ukai 迂回 *s* desvio; rodeio; volta.
ukai 鵜飼い *s* pesca com biguá/cormorão; pescador que cria biguá/cormorão.
ukanu 浮かぬ *expr* desanimado; sombrio; triste.
ukarekibun 浮かれ気分 *s* humor de brincalhão; bom humor.
ukareru 浮かれる *v* estar feliz da vida; ficar animado; ficar alegre.
ukasareru 浮かされる *v* voz passiva de *ukasu*; envolvido por ambiente festivo.
ukasu 浮かす *v* **1** pôr a flutuar; boiar. **2** poupar; economizar.
ukatsu 迂闊 *adj* descuidado; tonto. ～なことを言う ～*na koto o iu*: falar algo irrefletidamente.
ukauka うかうか *adv* negligentemente; ser indolente.

uke 有卦 *s* fase de sorte. ～に入る ～*ni hairu*: entrar numa fase de sorte.
uke 受け *s* **1** receptáculo. **2** suporte. **3** popularidade; reputação. **4** aceitação. **5** defesa. **6** parceiro passivo em demonstração de técnicas de judô.
ukeai 請け合い *s* garantia; segurança; certeza; confiança; promessa.
ukeau 請け合う *v* **1** garantir; prometer; responsabilizar-se. **2** comprometer-se; encarregar-se; aceitar. *V* **hikiukeru** 引き受ける.
ukedachi 受け太刀 *s*: posição de defesa, atitude defensiva em luta com espada.
ukedasu 受[請]け出す *v* resgatar; reaver; remir.
ukeharai 受払い *s* cobranças e pagamentos.
ukei 右傾 *s* tender para a direita; tendência direitista.
ukeire 受け入れ *s* **1** acolhimento; aceitação. **2** entrada em livro contábil.
ukeireru 受け入れる *v* **1** receber; aceitar; admitir; comprar. **2** aceitar; consentir.
ukeiretaisei 受け入れ態勢 *s* prontidão para a recepção; preparados para a recepção.
ukekotae 受け答え *s* resposta; reação. ～*suru*, *v*: dar uma resposta.
ukekuchi 受け口 *s* **1** guichê. **2** queixo protuberante.
ukemi 受身 *s* **1** passividade; atitude passiva. **2** defesa; técnica que consiste em usar o golpe do adversário. **3** Gram voz passiva.
ukemochi 受け持ち *s* encargo; responsabilidade.
ukemochijikan 受け持ち時間 *s* horas de encargo; carga horária.
ukemodoshi 受け戻し *s* resgate; restituição.
ukemotsu 受け持つ *v* responsabilizar-se; encarregar-se; ter a seu cargo.
ukenagasu 受け流す *v* evadir; fazer que não percebeu; livrar-se de.
ukeoi 請負 *s* empreitada.
ukeoigyōsha 請負業者 *s* empreiteiro.
ukeoikeiyaku 請負契約 *s* contrato de empreitada.
ukeoishi 請負師 *s* empreiteiro.
ukeoishigoto 請負仕事 *s* trabalho de empreitada.
ukeou 請け負う *v* receber um contrato de empreitada. *V* **hikiukeru** 引き受ける.
ukeru 受ける *v* **1** receber. **2** ser popular; ser aceito; agradar; ser benquisto. **3** atender; prestar. 試験を～ *shiken o* ～: prestar o exame. **4** herdar. 両親の性質を～ *ryōshin no seishitsu o* ～: herdar o caráter dos pais.
ukesho 請け書 *s* **1** carta de aceitação. **2** recibo.
ukesokonau 受け損なう *v* deixar cair; não apanhar; deixar escapar.
uketamawaru 承る *v* **1** ouvir. **2** ouvir dizer. 承るところによりますと *uketamawaru tokoro ni yorimasu to*: ouvi dizer que. **3** aceitar; ficar com; receber.
uketomeru 受け止める *v* **1** apanhar. **2** aparar; assegurar. **3** enfrentar.
uketori 受[請]け取り *s* ato de receber; recebimento; recibo.
uketorijō 受取状 *s* recibo.
uketorikanjō 受取勘定 *s* contas a receber.
uketorinin 受取人 *s* consignatário; recebedor; beneficiário.
uketoritegata 受取手形 *s* título a receber.
uketoru 受け取る *v* **1** receber. **2** entender; crer;

aceitar. 本当とは受取れない *hontō to wa uketorenai*: não aceito como verdadeiro.
uketsugu 受け継ぐ *v* suceder; tomar posse; herdar. 母の性質を受け継いだ *haha no seishitsu o uketsuida*: herdou o caráter da mãe.
uketsuke 受け付け *s* **1** aceitação; recebimento. ～期限 ～*kigen*: período de aceitação. **2** recepção; balcão de informações e/ou atendimento. **3** recepcionista.
uketsukeru 受け付ける *v* **1** aceitar; receber. **2** ouvir; fazer caso; prestar ouvidos. **3** aceitar; aguentar; tomar. 水一滴すら受け付けない *mizu itteki sura uketsukenai*: não aceita sequer uma gota de água.
ukeuri 受け売り *s* **1** venda a retalho; varejo. **2** papaguear; repetir o que os outros dizem.
ukewatashi 受け渡し *s* entrega; transação.
ukezara 受け皿 *s* pires.
uki 雨季 *s* Meteor estação das chuvas.
uki 浮き *s* boia salva-vidas.
uki 憂き *adj* triste; melancólico; infeliz.
ukiagaru 浮き上がる *v* **1** vir à tona. **2** alienar-se; isolar-se. 大衆から浮き上がった政治 *taishū kara ukiagatta seiji*: uma política alienada do povo. **3** emergir; delinear; surgir; aparecer. 青空に浮き上がった *aozora ni ukiagatta*: emergiu no céu azul.
ukiashidatsu 浮き足立つ *v* inquietar-se; agitar-se; estar com o pé no ar.
ukibakari 浮き秤り *s* balança hidrostática; hidrômetro.
ukibori 浮き彫り *s* alto-relevo; ato de fazer sobressair. ～細工 ～*zaiku*: trabalho talhado em alto-relevo.
ukibukuro 浮き袋[嚢] *s* boia salva-vidas; bexiga natatória.
ukideru 浮き出る *v* **1** vir à tona. 水面に浮き出た油 *suimen ni ukideta abura*: o óleo que veio à superfície da água. **2** sair; ver-se.
ukigoshi 浮き腰 *s* inquietação; alvoroço; ato de dar nos nervos.
ukigumo 浮き雲 *s* nuvem solta a pairar no ar.
ukikusa 浮き草 *s* Bot lentilha-d'água; vagabundagem. ～のように暮らす ～*no yō ni kurasu*: levar uma vida de vagabundo.
ukime 憂き目 *s* situação de amargor; infortúnio; desgraça; sofrimento.
ukimi 憂き身 *s* vida de desventura; desgraça; sofrimento.
ukina 浮き名 *s* intriga amorosa; ganhar fama por causa de intrigas amorosas. *V* **enbun** 艶聞.
ukishizumi 浮き沈み *s* ato de vir à tona e afundar; os altos e baixos da vida.
ukitatsu 浮き立つ *v* ficar entusiasmado; ficar animado; ficar excitado.
ukiuki 浮き浮き *adv* com animação.
ukiyo 浮き世 *s* vida transitória; o mundo. *V* **seken** 世間; **yo no naka** 世の中.
ukiyoe 浮世絵 *s* pintura da vida social da era Edo reproduzida em xilogravuras.
ukkari うっかり *adv* sem pensar; por lapso; distraidamente.
ukketsu 鬱血 *s* Med congestão.
ukosaben 右顧左眄 *expr* indecisão; vacilação.
uku 浮く *v* **1** flutuar; boiar. **2** mexer; ficar frouxo; ficar desligado da realidade. 歯が～ *ha ga* ～: ter um dente mole. **3** aparecer; emergir. **4** ser leviano. 浮いた噂 *uita uwasa*: rumor amoroso.
ukyoku 迂曲 *s* sinuosidade; meandro. ～*suru*, *v*: ser sinuoso; serpear.
uma 午 *s* **1** cavalo; sétimo signo do zodíaco. **2** entre as onze e as treze horas. **3** sul.
uma 馬 *s* **1** Zool cavalo. ～小屋 ～*goya*: cavalariça. **2** cavalo; peça do jogo de *shōgi*.
umai 旨い *adj* **1** gostoso; saboroso; delicioso; apetitoso; bom; rico. **2** hábil; que faz bem. ～字 ～*ji*: boa caligrafia; letra bonita. **3** oportuno; agradável; bom. ～金もうけ ～*kane mōke*: boa maneira de ganhar dinheiro; negócio lucrativo.
umaishiru 旨い汁 *expr* melhor quinhão; melhor parte.
umaku 旨く *adv* **1** bem; habilmente; com tato; com jeito; com esmero. ～味つけた ～*ajitsuketa*: a comida bem temperada. **2** bem; com resultado; com sucesso. 彼は妻と～いってない *kare wa tsuma to* ～ *ittenai*: ele não está se dando bem com a esposa.
umami 旨味 *s* **1** gosto bom; sabor bom. **2** perfeição; gosto; encanto; graça. ～のある芸 ～*no aru gei*: uma arte com encanto.
umani 甘煮 *s* prato cozido com molho de soja e açúcar.
uma no ashi 馬の脚 *s* artista/ator que serve como pernas de cavalo no palco; ator pobre; homem útil.
uma no hone 馬の骨 *expr* desconhecido; vadio.
umanori 馬乗り *s* **1** ato de cavalgar. **2** ato de brincar de cavalo; colocar a criança nas costas e fazer-se de cavalo.
umare 生まれ *s* **1** nascimento. ～はどちらですか ～*wa dochira desu ka*: onde você nasceu? **2** origem; linhagem; estirpe; ascendência; família.
umaredoshi 生まれ年 *s* ano de nascimento.
umarekawari 生まれ変わり *s* reencarnação.
umarekawaru 生まれ変わる *v* reencarnar; mudar; ser outro; transformar-se.
umarekokyō 生まれ故郷 *s* terra natal. *V* **furusato** 故里.
umare mo tsukanu 生まれもつかぬ *expr* não por natureza; não de nascença. ～盲目になる ～*mōmoku ni naru*: tornar-se cego em acidente.
umarenagara 生まれながら *expr* de nascença. *V* **umaretsuki** 生まれ付き.
umareru 生まれる *v* **1** nascer; vir à luz; sair do ventre materno. **2** nascer; aparecer; formar-se. 戦後生まれた言葉 *sengo umareta kotoba*: vocábulo criado após a guerra. **3** ter; surgir; nascer; despontar. 希望が～ *kibō ga* ～: ter esperanças.
umaretate 生まれ立て *s* recém-nascido.
umaretsuki 生まれ付き *s* de nascimento; de nascença; por natureza.
umaretsuku 生まれ付く *v* nascer para; ser predestinado a. 彼は絵描になるべく生まれついた人だ *kare wa ekaki ni naru beku umaretsuita hito da*: ele é uma pessoa que nasceu para ser pintor.
umarezuki 生まれ月 *s* mês de nascimento.
umaru 埋まる *v* **1** encher-se; ficar repleto; entupir-se; cobrir-se. **2** ficar cheio. 公園は花見客で埋まった *kōen wa hanamikyaku de uzumatta*: o jardim ficou cheio de visitantes.
umasa 旨さ *s* sabor bom; ato de saber bem; habilidade.

umaya 厩 *s* estábulo; estrebaria; cavalariça; curral.
umazume 不生女・石女 *s* mulher estéril.
umazura 馬面 *s vulg* rosto muito alongado; rosto comprido.
ume 梅 *s Bot* ameixeira; ameixa-azeda. 〜の花 〜*no hana*: flores de ameixeira.
umeawase 埋め合わせ *s* compensação. この〜は必ずします *kono* 〜*wa kanarazu shimasu*: vou te compensá-lo por isto, sem falta.
umeboshi 梅干し *s* ameixa-azeda em conserva.
umeki(goe) 呻き(声) *s* gemido.
umeku 呻く *v* gemer. 苦痛に〜 *kutsū ni* 〜: gemer de dor.
umeru 埋める *v* 1 cobrir; enterrar; sepultar. 花で埋められた *hana de umerareta*: coberto de flores. 2 encher; tapar; preencher. 3 completar; cobrir; remediar. 赤字を借金で〜 *akaji o shakkin de* 〜: cobrir o déficit com dinheiro de empréstimo.
umeshu 梅酒 *s* licor de *ume*.
umetate 埋め立て *s* aterro.
umetatechi 埋め立て地 *s* terreno aterrado; terra recuperada.
umetateru 埋め立てる *v* aterrar.
umezu 梅酢 *s* vinagre de *ume*.
umezuke 梅漬け *s* conserva de *ume*.
umi 生[産]み *s* de nascimento. 〜の親 〜*no oya*: pais biológicos; pai e mãe verdadeiros.
umi 海 *s* mar; oceano. 〜の幸 〜*no sachi*: frutos do mar.
umi 膿 *s* pus. 政界の〜を出す *seikai no* 〜*o dasu*: limpar o pus (a corrupção) da política.
umibe 海辺 *s* beira-mar; costa marítima; litoral.
umidasu 生み出す *v* inventar; criar; produzir; dar origem. 利益を〜 *rieki o* 〜: dar origem ao lucro.
umidori 海鳥 *s* ave marinha.
umigame 海亀 *s Zool* tartaruga-do-mar.
umihebi 海蛇 *s Ictiol* cobra-do-mar.
umikaze 海風 *s* brisa do mar; vento que vem do oceano.
umineko 海猫 *s Ornit* gaivota de cauda preta.
umi no oya 生みの親 *expr* pais verdadeiros; pais biológicos.
umiotosu 生み落とす *v* dar à luz; parir; pôr ovos.
umisen'yamasen 海千山千 *expr* ato de ter uma longa experiência de vida.
umitate 生み立て *s* fresco; recém-posto. 産み立ての卵 *umitate no tamago*: ovo recém-posto.
umitsukareru 倦み疲れる *v* cansar-se; fatigar-se; entediar-se.
umitsukeru 生み付ける *v* desovar; pôr ovos.
umō 羽毛 *s* plumagem; pena; pluma.
umu 生[産]む *v* 1 dar à luz; pôr ovos; parir; ter filhos. 2 produzir; dar; criar; causar; render. 利子を〜 *rishi o* 〜: render; dar juros.
umu 倦む *v* cansar-se; enjoar-se; aborrecer-se.
umu 有無 *s* existência ou não existência. *expr* a despeito de sua vontade.
un 運 *s* sorte; destino; sina.
un うん *interj* 1 sim; pois; som indistinto de concordância. 〜と言う 〜*to iu*: dizer que sim; aceitar. 2 ah! 〜、そうだ、いい考えがある 〜、*sōda, ii kangae ga aru*: ah! tenho uma boa ideia!
unabara 海原 *s* o imenso oceano.
unadareru 項垂れる *v* ficar cabisbaixo.

unagasu 促す *v* obrigar; urgir; insistir; estimular; apressar; acelerar. 注意を〜 *chūi o* 〜: chamar a atenção. 進歩を〜 *shinpo o* 〜: acelerar o progresso.
unagi 鰻 *s Zool* enguia.
unaginobori 鰻上り *s* subida de preços; ato de não parar de subir.
unari 唸り *s* uivo; zumbido; gemido.
unarigoe 唸り声 *s* grito; gemido alto.
unaru 唸る *v* 1 gemer alto; gritar. 2 rugir; uivar. 3 roncar; rosnar; zumbir. 4 estar cheio. 彼には〜ほど金がある *kare ni wa* 〜 *hodo kane ga aru*: ele está nadando em dinheiro. 5 exclamar de admiração. 6 recitar.
unasareru 魘される *v* ter pesadelos; causar admiração.
unazuku 頷く *v* acenar com a cabeça; concordar.
unchi うんち *s inf* cocô.
unchiku 蘊蓄 *s* grande erudição. 〜を傾ける 〜*o katamukeru*: empregar toda a sua erudição.
unchin 運賃 *s* frete; transporte; preço da passagem.
unchin'hyō 運賃表 *s* tabela de preços de transporte.
undameshi 運試し *s* tentativa de sorte; ato de arriscar-se.
undei 雲泥 *s* diferença muito grande; diferença incalculável.
undō 運動 *s* 1 *Fís* movimento; deslocamento. 2 exercício. 3 movimento; campanha. 募金〜 *bokin* 〜: campanha para angariar fundos.
undōbu 運動部 *s* clube desportivo; departamento de desportos.
undōbusoku 運動不足 *s* falta de exercícios.
undōgaku 運動学 *s* cinemática; cinética.
undōgu 運道具 *s* artigos para esporte.
undōhi 運動費 *s* despesas relacionadas ao esporte; despesas relacionadas às atividades políticas.
undōka 運動家 *s* esportista.
undōkai 運動会 *s* gincana desportiva.
undōnetsu 運動熱 *s* paixão por esportes; amor ao esporte.
undōryō 運動量 *s* quantidade de movimento, momento.
undōsenshu 運動選手 *s* atleta.
undōshinkei 運動神経 *s Anat* nervos motores.
une 畦・畝 *s* 1 lombada; sulco. 畑に〜を作る *hatake ni* 〜*o tsukuru*: traçar sulcos na gleba. 2 linha saliente; crista; lombada. 波の〜 *nami no* 〜: crista da onda.
un'ei 運営 *s* administração; gestão; gerenciamento. 〜委員会 〜*iinkai*: comissão administrativa.
un'en 雲烟・雲煙 *s* nuvens e fumaças.
uneri うねり *s* ondulação; altura das ondas.
uneru うねる *v* 1 ser sinuoso; serpentear; ter curvas. 2 ondular.
unga 運河 *s* canal. パナマ〜 *panama*〜: canal do Panamá.
uni 海胆・雲丹 *s Zool* ouriço-do-mar.
unjō 雲状 *s* nebulosidade. 〜の 〜*no*: como nuvem; nebuloso.
unkai 雲海 *s* mar de nuvens.
unkō 運行 *s* movimento; funcionamento dos transportes.
unkō 運行[航] *s* serviço de transporte de navios; voo.
unkyū 運休 *s* cancelamento de um serviço de

transporte coletivo como ônibus, avião. *V kekkō* 欠航.
unmei 運命 *s* destino; sorte; fado. ～のいたずら ～*no itazura*: caprichos do destino.
unmeiron 運命論 *s* fatalismo.
unmeizukeru 運命付ける *v* predeterminar; destinar.
unmo 雲母 *s* Miner mica.
unnō 蘊奥 *s* profundezas; mistérios (filosofia).
unnun 云々 *s* e assim por diante; etc. e tal. ～*suru, v:* tecer comentários.
unomi 鵜呑み *s* 1 ato de engolir inteiro. 2 ato de acreditar. 彼の話を～にするな *kare no hanashi o ～ni suru na*: não engula (acredite em) tudo o que ele diz.
unpan 運搬 *s* transporte; frete.
unpansha 運搬車 *s* veículo de transporte.
unpitsu 運筆 *s* manejo do pincel; pincelada.
unsanmushō 雲散霧消 *s* dispersão; desaparecimento; sumiço. ～*suru, v:* dispersar-se; desaparecer; desvanecer-se.
unsei 運勢 *s* sorte; estrela; sina. ～が良い ～*ga yoi*: ter uma boa estrela.
unsō 運送 *s* transporte.
unsō 運漕 *s* frete; carregamento; transporte marítimo.
unsōgyō 運送業 *s* serviço de transporte.
unsōgyōsha 運送業者 *s* agente de transporte; empresa de transporte.
unsōhi 運送費 *s* preço de transporte; tarifa de transporte; custo de transporte.
unsōten 運送店 *s* agência de transporte.
unsui 雲水 *s* monge budista itinerante.
unten 運転 *s* 1 manejo de máquina; ato de dirigir; ato de pôr em funcionamento; ato de guiar. 2 funcionamento; andar. 3 emprego; uso. ～資金 ～*shikin*: capital de giro.
untengijutsu 運転技術 *s* técnica de conduzir veículos.
untenmenkyoshō 運転免許証 *s* carteira de habilitação; carteira de motorista.
untenshi 運転士 *s* oficial da marinha mercantil.
untenshu 運転手 *s* motorista.
unto うんと *adv* muito; severamente; bem. 彼は～金を持っている *kare wa ～kane o motte iru*: ele tem muito dinheiro.
unubore 自惚れ *s* presunção; orgulho.
unuboreru 自惚れる *v* ser orgulhoso, presunçoso.
unuboreta 自惚れた *expr* vanglorioso; presunçoso.
un'yō 運用 *s* aplicação; emprego; manejo; gerenciamento; uso.
un'yoku(mo) 運良く(も) *adv* por sorte.
un'yu 運輸 *s* transporte.
un'yukikan 運輸機関 *s* meios de transporte.
unzan 運算 *s* cálculo. *V keisan* 計算.
unzari うんざり *adv* desgosto; aborrecimento. ～*suru, v:* ficar farto; ficar enfadonho; ficar aborrecido.
uo 魚 *s* peixe.
uoakindo 魚商人 *s* comerciante de peixes; negociante de peixes.
uogashi 魚河岸 *s* lota; mercado de peixes.
uoichiba 魚市場 *s* mercado de peixes.
uokka ウオッカ (*rus vodka*) *s* vodca; aguardente de cereais.

uo no me 魚の目 *s* calo; calosidade.
uōsaō 右往左往 *s* desorientação total.
uōtā ウォーター (*ingl water*) *s* água. ミネラル～ ～*mineraru*: água mineral.
uotsuri 魚釣り *s* pesca. *V tsuri* 釣り.
uppun 鬱憤 *s* ressentimento; ódio; queixa; indignação; cólera reprimida.
ura 浦 *s* baía; enseada; braço de mar; beira-mar; praia.
ura 裏 *s* 1 reverso; verso; avesso. 靴の～ *kutsu no ～*: sola do sapato. 2 forro. 3 parte traseira. ～から入ってください ～*kara haitte kudasai*: entre pelos fundos, por favor. 4 lado oculto; segredos; bastidores. この話には～がある *kono hanashi ni wa ～ga aru*: há algo por trás dessa história. 5 contrário; inverso. ～の～を行く ～*no ～o iku*: dar um contragolpe. 6 fundamento; comprovação. 7 segunda metade de um turno.
urabanashi 裏話 *s* conteúdo da conversa não desvendado.
urabureru うらぶれる *v* cair na miséria; levar uma vida empobrecida.
uradana 裏店 *s pop* casebre num beco.
uradōri 裏通り *s* ruela; rua secundária.
uragaeshi 裏返し *s* avesso.
uragaesu 裏返す *v* virar do avesso; virar.
uragaki 裏書き *s* 1 endosso. 2 autenticação; prova.
uragakijōto 裏書譲渡 *s* transferência feita por endosso.
uragakinin 裏書人 *s* endossador; endosssante.
uraganashii うら悲しい *adj* tristonho; melancólico.
uragawa 裏側 *s* lado de trás; lado inverso; o lado negativo da vida.
uragiri 裏切り *s* traição; perfídia; infidelidade; deslealdade.
uragirimono 裏切り者 *s* traidor.
uragiru 裏切る *v* 1 atraiçoar. 2 decepcionar; desiludir. 信頼を～ *shinrai o ～*: trair a confiança.
uragoshi 裏漉し *s* coador.
uraguchi 裏口 *s* 1 porta traseira; porta de serviço. 2 meios ilícitos; ilegalidade.
urahara 裏腹 *s pop* o contrário do que se diz.
urahazukashii うら恥ずかしい *adj* com um pouco de vergonha; meio envergonhado.
uraji 裏地 *s* forro.
urakaidō 裏街道 *s* beco; ruela; lado escuro da vida; estrada secundária.
urakata 裏方 *s* 1 consorte de alto personagem. 2 aderecista; técnico de palco.
urakido 裏木戸 *s* portinhola dos fundos da casa.
uramachi 裏町 *s* bairro pobre; bairro esconso.
urame 裏目 *s* lado contrário; resultado contrário.
urameshii 怨めしい *adj* 1 raivoso. 2 lamentável; deplorável.
urami 怨[恨]み *s* queixa; ressentimento; inimizade; raiva; ódio; rancor.
urami 憾み *s* pena; lástima; defeito; falha.
uramichi 裏道 *s* 1 rua de trás. 2 rua secundária; ruela.
uramigamashii 憾みがましい *adj* reprovador; repreensivo; acusador; pesaroso; arrependido, rancoroso; vingativo.
uramigoto 怨み言 *s* queixa; lamentação.
uramikko 怨みっこ *s pop* ～のないように ～*no nai yō ni*: com igualdade; sem jogo sujo.

uramon 裏門 *s* portão traseiro; portão dos fundos.
uramu 恨[怨]む *v* ter raiva; ficar ressentido.
uramu 憾む *v* lamentar; deplorar.
uran ウラン (*al Uran*) *s Quím* urânio.
uranai 占い *s* adivinhação; adivinho; ato de prever o futuro. ～をする ～*o suru*, *v*: praticar a adivinhação; prever o futuro; ler a sina.
uranaisha [shi] 占い者[師] *s* adivinho.
uranari 末成り *s* **1** fruto extemporâneo. **2** pessoa débil; pessoa de cara pálida.
uranau 占う *v* adivinhar; ler a sina; augurar.
uraniwa 裏庭 *s* quintal dos fundos.
uraomote 裏表 *s* **1** verso e anverso. **2** avesso. **3** duplicidade; hipocrisia; ato de ter duas caras; por fora e por dentro; outra versão.
uraraka 麗か *adj* tempo claro e ameno.
urasabishii うら淋しい *adj* tristonho; desolado.
urasaku 裏作 *s* colheita secundária.
urate 裏手 *s* traseira; parte de trás.
urauchi 裏打ち *s* forro; reforço.
urawakai うら若い *adj* um tanto jovem.
urayama 裏山 *s* colina de trás.
urayamashii 羨ましい *adj* invejável. ～御身分だ ～*gomibun da*: numa posição realmente invejável.
urayami 羨み *s* inveja.
urayamu 羨む *v* invejar; ter inveja.
urazuke 裏付け *s* prova; corroboração; apoio. ～捜査 ～*sōsa*: investigação para colher provas.
urazukeru 裏付ける *v* provar; fundamentar; basear; corroborar; apoiar; confirmar.
ureashi 売れ足 *s* venda; procura; saída.
uredaka 売れ高 *s* quantidade de vendas. *V* **uriage** 売り上げ.
uree 憂[愁]え *s* **1** preocupação; apreensão; receio; ansiedade; inquietação. *V* **shinpai** 心配. **2** aflição; tristeza; mágoa.
ureeru 憂[愁]える *v* **1** preocupar-se; ficar apreensivo; recear. **2** afligir-se; lamentar; deplorar.
urekko 売れっ子 *s* pessoa popular; pessoa muito assediada pelos fãs.
urekuchi 売れ口 *s* **1** mercado; procura; saída. **2** oportunidade de emprego.
urenokori 売れ残り *s* **1** mercadoria encalhada; mercadoria que não vendeu. **2** solteirona.
urenokoru 売れ残る *v* **1** ficar por vender; encalhar. **2** ficar solteirona.
ureru 売れる *v* **1** vender; ter procura. **2** ser popular; ser conhecido.
ureru 熟れる *v* amadurecer; ficar maduro. *V* **jukusuru** 熟する.
uresaki 売れ先 *s* mercado.
ureshigarase 嬉しがらせ *s* lisonja; bajulação; adulação.
ureshigaraseru 嬉しがらせる *v* **1** fazer uma pessoa feliz/contente; agradar. **2** bajular; adular.
ureshigaru 嬉しがる *v* ficar alegre; ficar contente; ficar satisfeito.
ureshii 嬉しい *adj* alegre; satisfeito; contente; feliz; radiante.
ureshinaki 嬉し泣き *s* choro de alegria.
ureshinamida 嬉し涙 *s* lágrimas de alegria.
ureshisa 嬉しさ *s* alegria; contentamento; prazer; felicidade.

ureshisō 嬉しそう *adj* parecer alegre; parecer feliz. ～な顔 ～*na kao*: um ar alegre; um rosto alegre.
ureu 憂[愁]う *v* 愁うべき *ureu beki*: deplorar; lamentar. *V* **ureeru** 憂[愁]える.
ureyuki 売れ行き *s* venda; saída; procura.
uri 瓜 *s Bot* cucurbitáceas (abóbora; melão; pepino etc.).
uri 売り *s* **1** venda. **2** venda (de ações na bolsa). ～に出る ～*ni deru*: sair à venda; estar à venda. **3** mérito; vantagem; o bom. このプリンターは速いのが～だ *kono purintā wa hayai no ga ～da*: a vantagem desta impressora é a sua velocidade.
uriage 売り上げ *s* venda.
uriagedaka [kin] 売り上げ高[金] *s* total das vendas.
uriagekanjō 売上勘定 *s* conta das vendas.
uriaruku 売り歩く *v* vender por fora; ser vendedor ambulante.
uriba 売り場 *s* **1** balcão de vendas. 切符～ *kippu～*: bilheteria. **2** melhor momento/situação para vender (ações).
uridashi 売り出し *s* **1** lançamento de novo produto. **2** liquidação; saldo. **3** ascensão; ato de começar a ganhar fama. 今売り出し中の歌手だ *ima uridashichū no kashu da*: é um(a) cantor(a) em ascensão.
uridasu 売り出す *v* **1** lançar no mercado. **2** começar a ter fama.
urigui 売り食い *s* venda de haveres; viver do consumo das posses.
uriharau 売り払う *v* liquidar; vender tudo.
urihirome 売り広め *s* abertura do mercado.
urihiromeru 売り広める *v* alargar o mercado; abrir para o mercado.
uriie 売り家 *s* casa à venda.
uriisogu 売り急ぐ *v* apressar a venda.
urikai 売り買い *s* venda e compra. 株の～ *kabu no ～*: venda e compra de ações. *V* **baibai** 売買.
urikake 売り掛け *s* venda a crédito.
urikakekanjō 売掛勘定 *s* conta de venda a crédito.
urikakekin 売掛金 *s* quantia de venda a crédito.
urikata 売り方 *s* vendedor; que vende. *V* **urite** 売り手.
urikire 売り切れ *s* esgotamento dos produtos para venda; final dos estoques.
urikireru 売り切れる *v* esgotar o estoque de venda; vender tudo.
urikiru 売り切る *v* vender todo o estoque.
uriko 売り子 *s* caixeiro; vendedor; empregado de vendas; atendente de vendas; balconista.
urikomi 売り込み *s* promoção de vendas.
urikomu 売り込む *v* fazer propaganda de um artigo; vender o máximo possível.
urikotoba 売り言葉 *s* palavra provocativa; insulto; provocação.
urikuzushi 売り崩し *s* provocar a desvalorização no mercado pela posição de venda.
urikuzusu 売り崩す *v* comprimir o mercado; provocar a desvalorização.
urimodoshi 売り戻し *s* revenda.
urimono 売り物 *s* **1** artigo para venda. **2** ponto de atração; o que agrada aos outros. **3** ponto forte; papel que alguém representa melhor; habilidade especial.

urine 売値 s preço de venda.
urinushi 売り主 s dono; proprietário; vendedor.
urioshimi 売り惜しみ s hesitação ao vender.
urioshimu 売り惜しむ v hesitar ao vender.
urisabaki 売り捌き s venda; queima de estoque.
urisabakinin 売り捌き人 s vendedor; negociante.
urisabaku 売り捌く v vender bem; vender rápido; vender grande volume; promover a queima de estoque.
urisage 売り下げ s venda oficial; venda pelo governo.
urisageru 売り下げる v vender; desfazer-se; alienar.
urisaki 売り先 s comprador; mercado; saída; procura.
urisōba 売り相場 s cotação de venda.
urisokonau 売り損なう v não achar o comprador; perder a venda.
urisugi 売り過ぎ s vender demais.
uritataku 売り叩く s vender a preços abaixo do mercado; liquidar.
uritate 売り立て s leilão.
urite 売り手 s vendedor; que vende. ～市場 ～*shijō*: mercado favorável aos vendedores.
uritobasu 売り飛ばす v vender a qualquer preço; desfazer-se.
uritsukeru 売り付ける v vender à força; levar a comprar; impingir.
uritsukusu 売り尽くす v vender tudo; liquidar toda a mercadoria. V **urikiru** 売り切る.
uriwatashi 売り渡し s venda e entrega.
uriwatashikeiyaku 売り渡し契約 s contrato de venda.
uriwatasu 売り渡す v vender e entregar; atraiçoar; entregar alguém à polícia.
urizome 売り初め s abertura das vendas; vendas de Ano-Novo.
uro 雨露 s 1 chuva e orvalho. 2 ato de ser abundante. ～の恩 ～*no on*: grande benevolência.
uroko 鱗 s escama.
urokogata [*moyō*] 鱗形[模様] s escamiforme; em forma de escama.
uron 胡乱 s suspeito; duvidoso. ～な男 ～*na otoko*: homem suspeito.
urooboe うろ覚え s vaga memória.
urotaemono 狼狽え者 s pessoa perturbada; pessoa atrapalhada.
urotaeru 狼狽える v ficar atarantado; atrapalhar-se; perder a calma; ficar confuso; entrar em pânico.
urotsuku うろつく v rondar; andar às voltas; vaguear.
urouro うろうろ *mim* 1 rondar. 2 atrapalhadamente. ～*suru*, v: atarantar-se; atrapalhar-se; ficar confuso.
uru 売る v 1 vender. 2 tornar-se famoso. 3 trair. V **uragiru** 裏切る. 4 provocar. 喧嘩を～ *kenka o* ～: provocar briga.
uru 得[獲]る v 1 obter; ganhar; beneficiar; aprender; aproveitar. 2 poder fazer; poder acontecer; ser possível. 実現し得る計画 *jitsugen shiuru keikaku*: projeto realizável.
ūru ウール (*ingl wool*) s lã. ～のセーター ～*no setā*: pulôver de lã.
uruchi 粳 s *Bot* arroz não glutinoso.
urumi 潤み s opacidade; nebulosidade; obscuridade (efeitos provocados pela umidade).

urumu 潤む v ficar fosco; ficar umedecido; ficar embargado.
uruoi 潤い s 1 umidade ideal; maciez. V **shikke** 湿気; **shimerike** 湿り気. 2 proveito; benefício; vantagem; ajuda; utilidade; lucro. 3 beleza; graça; perfeição; abundância; conforto.
uruosu 潤す v 1 umedecer; molhar; regar. 2 beneficiar; ajudar; aumentar; melhorar; enriquecer.
uruou 潤う v 1 ficar úmido. 雨で庭の木々が潤った *ame de niwa no kigi ga uruotta*: as plantas do jardim foram umedecidas pela chuva. 2 ficar enriquecido; ficar aliviado. 臨時収入でふところが潤った *rinji shūnyū de futokoro ga uruotta*: fiquei aliviado graças a uma renda extra.
urusagaru 煩がる v achar barulhento; achar impertinente; mostrar desagrado; aborrecer-se.
urusagata 煩さ型 s *pop* caráter rabugento; caráter exigente; picuinha.
urusai 煩い・五月蝿い *adj* 1 *pop* chato; impertinente. 2 trabalhoso; incômodo; complicado. 3 ruidoso; barulhento. 4 que incomoda; insuportável. 5 exigente.
urusaku 煩く *adv* persistente; cansativo; maçante; importuno; incômodo.
urushi 漆 s charão; laca. ～職人 ～*shokunin*: laqueador. ～細工 ～*zaiku*: artesanato em laca.
urutora ウルトラ 1 *pref* ultra. ～モダン ～*modan*: ultramoderno. 2 extremistas.
uruu 閏 s embolismo; intercalação.
uruudoshi 閏年 s ano bissexto.
uruwashii 麗しい *adj* 1 bonito; lindo. ～女性 ～*josei*: mulher bonita. 2 excelente; brilhante. 3 tocante; comovente. ～情景 ～*jōkei*: cena comovente.
uruwashiku 麗しく *adv* elegantemente; cheio de graça; admiravelmente.
uryō 雨量 s porção de precipitação da chuva; volume de chuva.
uryōkei 雨量計 s pluviômetro; udômetro.
usa 憂さ s tristeza; desgosto; mágoas da vida.
usabarashi 憂さ晴らし s o ato de esquecer as mágoas da vida.
usagi 兎 s *Zool* coelho; lebre.
usagitobi 兎跳び s salto de cócoras.
usagimimi 兎耳 s orelhas longas; ato de saber das fofocas em primeira mão.
usan 胡散 *adj* desconfiado; suspeito. ～臭い ～*kusai*: desconfiado.
usemono 失せ物 s objeto perdido.
useru 失せる v 1 perder. 2 desaparecer; sumir. とっとと失せろ *totto to usero*: desapareça da minha vista; suma daqui!
usetsu 右折 s ato de virar à direita.
ushi 牛 s *Zool* vaca; boi; touro.
ushi 丑 s touro do zodíaco; norte-nordeste; hora entre uma e três horas da manhã.
ushi 齲歯 s dente podre; cárie.
ushikai 牛飼い s vaqueiro; boiadeiro; campino; gaúcho.
ushinau 失う v 1 perder. 理性を～ *risei o* ～: perder o juízo. 2 deixar escapar; perder. V **torinigasu** 取り逃がす. 3 perder por motivo de morte. 彼は早く父を失った *kare wa hayaku chichi o ushinatta*: ele perdeu o pai muito cedo.

ushio 潮 *s* maré; ondas.
ushiro 後ろ *s* **1** as costas. **2** retaguarda; fundo. **3** atrás; parte de trás. 後ろの席だったので見えなかった *ushiro no seki datta node mienakatta*: não se enxergava, porque o meu assento ficava lá atrás.
ushiroashi 後ろ足 *s* patas traseiras.
ushirodate 後楯 *s* apoio; patrocínio; ajuda; proteção.
ushirode 後手 *s* mãos nas costas.
ushirogawa 後側 *s* o lado de trás.
ushirogurai 後暗い *adj* suspeito; culpável; sujo; duvidoso; dúbio; escuro. *V* **ushirometai** 後ろめたい.
ushiromae 後前 *s* de trás para a frente; ao contrário.
ushirometai 後ろめたい *adj* sentir remorsos; culpa.
ushiromuki 後向き *s* **1** o ato de estar de costas. 〜に歩く 〜*ni aruku*: andar de costas. **2** retrógrado; negativo.
ushirosugata 後姿 *s* imagem de costas.
ushiroyubi 後指 *s* acusação; ato de apontar o dedo pelas costas.
uso 嘘 *s* **1** mentira; falsidade; embuste; invenção. **2** incorreção; erro. **3** engano; disparate.
usobuku 嘯く *v* **1** fingir; mentir. **2** gabar-se; vangloriar-se. **3** uivar.
usohakkenki 嘘発見器 *s* detector de mentiras.
usoku 右側 *s* lado direito. *V* **migigawa** 右側.
usoku 右足 *s* pé/perna direita.
usotsuki 嘘つき *s* mentiroso.
usseki 鬱積 *s* acúmulo de insatisfação; contenção de força; repressão. 〜*suru*, *v*: conter; reprimir; abafar; sufocar.
ussō 鬱蒼 *adj* denso. 木々が〜と茂っている *kigi ga 〜to shigette iru*: as árvores cresceram e estão bem densas.
ussura(to) うっすら(と) *adv* levemente; vagamente; um pouco. 〜と覚えている 〜*to oboete iru*: recordar-se vagamente.
ussuri(to) うっすり(と) *adv* levemente; timidamente; debilmente.
usu 臼 *s* almofariz; pilão; gral; mó (de moinho).
usuakari 薄明かり *s* meia-luz; pouca claridade.
usuakarui 薄明るい *adj* um pouco claro; meio escuro.
usubaka 薄馬鹿 *s vulg* simplório; meio tonto; demente.
usucha 薄茶 *s* chá fraco.
usude 薄手 *s* **1** ato de ser fino. 〜の布 〜*no nuno*: tecido fino. **2** ato de ser frívolo. 〜の小説 〜*no shōsetsu*: uma novela barata. **3** ferimento leve.
usugeshō 薄化粧 *s* **1** pouca maquilagem. **2** *fig* coberto com uma camada de neve.
usugi 薄着 *s* ato de vestir pouca roupa.
usugiri 薄切り *s* corte fino; corte de fatias finas.
usugitanai 薄汚い *adj* meio sujo.
usugoromo 薄衣 *s* roupas leves.
usugurai 薄暗い *adj* meio escuro.
usui 雨水 *s* água da chuva.
usui 薄い *adj* **1** fino; delgado. 〜紙 〜*kami*: papel fino. **2** diluído; fraco; pálido; claro. **3** pouco. 儲けが〜 *mōke ga 〜*: ganhar pouco; lucrar pouco.
usujio 薄塩 *s* pouco sal.
usukimi(no)warui 薄気味(の)悪い *adj* arrepiante; desagradável; estranho; misterioso.
usuku 薄く *adv* levemente; fracamente; debilmente;

timidamente. 〜切る 〜*kiru*: cortar em fatias finas. 色を〜する *iro o 〜suru*: clarear a cor.
usukuragari 薄暗がり *s* penumbra; meio escuro; pouca luz.
usume 薄目 *s* olhos meio fechados.
usumeru 薄める *v* diluir; acrescentar água; enfraquecer; abrandar.
usuppera 薄っぺら *adj* **1** muito fino. 〜な紙 〜*na kami*: papel muito fino. **2** frívolo; superficial; de má qualidade. 〜な人 〜*na hito*: pessoa superficial; indivíduo frívolo.
usuragu 薄らぐ *v* diminuir; passar; abrandar.
usuusu 薄々 *adv* vagamente. それは私も〜感じていた *sore wa watashi mo 〜 kanjite ita*: eu também já tinha essa vaga impressão.
uta 歌 *s* **1** canção; cantiga; canto. **2** poema; poesia.
utagai 疑い *s* **1** dúvida. **2** suspeita; desconfiança; acusação. 〜を抱く 〜*o idaku*: suspeitar; desconfiar.
utagaibukai 疑い深い *adj* desconfiado; incrédulo.
utagau 疑う *v* **1** duvidar; ser cético. **2** acusar; suspeitar; desconfiar.
utagawashii 疑わしい *adj* duvidoso; suspeito. 〜行為 〜*kōi*: ato suspeito.
utagoe 歌声 *s* voz que canta.
utai 謡い *s* recitação.
utaimonku うたい文句 *s* lema; grito de guerra; divisa.
utaite 歌い手 *s* cantor.
utareru 打[撃]たれる *expr* voz passiva de *utsu*; levar um tiro; ser atingido; ser golpeado.
utatane 転寝 *s* cochilo; soneca. *V* **kamin** 仮眠.
utau 歌[唄]う *v* cantar; exprimir em verso.
utau 謳う *v* declarar; louvar; exaltar; celebrar; gabar; expressar.
utcharakasu 打遣らかす *v* não se importar; não fazer caso; abandonar. *V* **utcharu** 打遣る.
utcharu 打遣る *v* **1** deitar; jogar fora. **2** não se importar; não fazer caso. **3** inverter a situação.
uten 雨天 *s* tempo chuvoso; dia de chuva.
utoi 疎い *adj* **1** longínquo; distante. **2** ignorante; desconhecedor.
utomashii 疎ましい *adj* desagradável.
utomu 疎む, **utonjiru** 疎んじる *v* negligenciar; tratar friamente; desconsiderar; menosprezar; afastar; alienar. 友達に疎んじられる *tomodachi ni utonjirareru*: ser tratado friamente pelos colegas.
utsu 欝 *s* melancolia; depressão; baixo-astral.
utsu 打[撃・拍・搏・討]つ *v* **1** dar um tiro; disparar arma de fogo. **2** destruir; atacar. **3** enviar. 電報を〜 *denpō o 〜*: enviar um telegrama. **4** jogar; apostar. ばくちを〜 *bakuchi o 〜*: apostar em jogos. **5** impressionar; tocar. 心を〜 *kokoro o 〜*: tocar o coração. **6** bater. 時計が三時を打った *tokei ga sanji o utta*: o relógio bateu três horas. **7** desempenhar; agir no papel. 一芝居〜 *hitoshibai 〜*: desempenhar um falso papel. **8** pagar. 手金を〜 *tekin o 〜*: pagar adiantamento num contrato.
utsubuse [bushi] 俯伏せ[伏し] *s* de bruços.
utsubusu 俯伏す *v* ficar de bruços.
utsubyō 欝病 *s Med* depressão.
utsukushii 美しい *adj* bonito; lindo; belo; encantador; admirável; puro.
utsukushiku 美しく *adv* encantadoramente; admiravelmente; de modo belo, bonito.

utsukushisa 美しさ *s* beleza; encanto.
utsumuke [muki] 俯向け[向き] *s* cabisbaixo.
utsumukeru 俯向ける *v* baixar a cabeça; inclinar a cabeça.
utsumuku 俯向く *v* baixar a cabeça; ficar cabisbaixo.
utsurautsura うつらうつら ~*suru*, *v*: cochilar no meio de alguma atividade.
utsuri 映り *s* 1 reflexo da luz. 2 harmonia nas cores.
utsuri 移り *s* 1 mudança; transição. 2 presente de retribuição.
utsuriga 移り香 *s* aroma remanescente.
utsurigi 移り気 *s* inconstância; volubilidade.
utsurikawari 移り変わり *s* mudança; transição.
utsuriyasui 移り易い *adj* 1 volúvel; mutável. 2 infeccioso; contagioso.
utsuriyuku 移り行く *v* mudar constantemente.
utsuro 空ろ *s* oco; cavidade; vago; vazio. ~な目付き ~*na metsuki*: olhar vazio.
utsurou 移ろう *v* mudar; transferir; deslocar; mover; mudar constantemente. 移ろいやすい *utsuroi yasui*, *adj*: mutável; transiente; passageiro.
utsuru 映る *v* 1 refletir-se; espelhar-se; aparecer; projetar-se. 2 combinar.
utsuru 移[遷]る *v* 1 mudar-se; transferir-se. 2 decorrer. 3 passar.
utsushi 写し *s* cópia. *V* **fukusha** 複写.
utsusu 写[映]す *v* 1 copiar. 2 retratar; descrever; desenhar; pintar. 3 fotografar.
utsusu 移す *v* 1 mudar; transferir; converter. 2 deixar passar o tempo.
utsutsu 現 *s* realidade.
utsuutsu to 鬱々と *adv* melancolicamente; com depressão; com tristeza.
utsuwa 器 *s* 1 recipiente; vasilha; receptáculo. 2 calibre; capacidade humana; valor.
uttae 訴え *s* queixa; denúncia; acusação; ação judicial.
uttaeru 訴える *v* 1 denunciar; acusar; processar. 2 protestar; reclamar. 3 recorrer. 4 atrair; empolgar; apelar; impressionar.
utte 討手 *s arc* atacante; força expedicionária.
uttederu 打って出る *expr* tomar a ofensiva; lançar-se; estrear.
uttekakaru 打って掛かる *exp* bater numa pessoa; agredir.
uttekawaru 打って変わる *v* mudar completamente; ser diferente.
uttetsuke うってつけ *s pop* ato de ser ideal; ato de servir como uma luva.
uttori うっとり *adv* enfeitiçado; extasiado; fascinado; admirado.
uttōshii 鬱陶しい *adj* 1 deprimente; pesado; sombrio. 2 aborrecido; desagradável.
uwa- 上- *pref* superior; de cima; sobre; exterior.
uwaago 上顎 *s* maxilar superior.
uwabaki 上履き *s* calçado para andar dentro de casa.
uwabami 蟒蛇 *s* 1 cobra grande. 2 beberrão.
uwabari 上張り *s* revestimento de papel, metal ou madeira.
uwabe 上辺 *s* superfície; aparência; parte de fora; exterior.
uwabyōshi 上表紙 *s* sobrecapa de livro.
uwagaki 上書 *s* sobrescrito; endereço.
uwagi 上着[衣] *s* paletó; casaco; jaqueta.
uwagoto 譫言 *s* delírio; fala inconsciente.

uwagusuri 釉・上薬 *s* esmalte. ~を掛ける ~*o kakeru*: vidrar; esmaltar.
uwakawa 上皮 *s* película superficial; nata do leite; côdea do pão; crosta; pele.
uwaki 浮気 *s* 1 inconstância; capricho. 2 infidelidade conjugal; namorico.
uwakimono 浮気者 *s* pessoa inconstante; pessoa namoradora.
uwakuchibiru 上唇 *s* lábio superior.
uwamabuta 上瞼 *s* pálpebra superior.
uwamae 上前 *s* 1 ato de ajustar a frente do quimono. 2 comissão; margem; porcentagem.
uwamawaru 上回る *v* exceder; ultrapassar; superar.
uwamuki 上向き *s* 1 ato de virar para cima; ato de deitar-se de costas. 2 melhoria.
uwamuku 上向く *v* 1 virar para cima. 2 subir; melhorar; aumentar.
uwame 上目 *s* 1 ato de olhar para cima sem mover a cabeça. 2 excesso.
uwane 上値 *s* preço mais alto; subida de preço; acréscimo dos preços.
uwa no sora 上の空 *s* ato de estar pensando em outra coisa; aéreo; distraído.
uwanuri 上塗り *s* 1 última mão de tinta. 2 *fig* acúmulo de coisas ruins.
uwaoi 上被い *s* cobertura; capa; revestimento. ~*suru*, *v*: cobrir; encapar; revestir.
uwappari 上っ張り *s* guarda-pó; jaleco (de médico).
uwasa 噂 *s* rumor; boato; falatório; mexerico; comentário; fofoca.
uwate 上手 *s* 1 superioridade; habilidade. 2 ato de tomar a ofensiva; ato de ir ao ataque.
uwatsuku 上[浮]付く *v* ficar irrequieto, instável, inconstante.
uwa(t)tsura 上(っ)面 *s pop* aparência; superfície; parte exterior; verniz.
uwayaku 上役 *s* funcionário superior; chefia.
uwazei 上背 *s* altura; estatura. *V* **setake** 背丈; **shinchō** 身長.
uwazumi 上澄み *s* a parte límpida do fluido, da superfície, cujas impurezas se assentaram.
uwazuru 上擦る *v* ficar excitado; ficar com a voz alterada.
uyamai 敬い *s* respeito; reverência; veneração.
uyamau 敬う *v* respeitar; honrar; venerar; reverenciar.
uyamuya 有耶無耶 *adj* confuso; não esclarecido.
uyauyashii 恭しい *adj* respeitoso; reverente.
uyauyashiku 恭しく *adv* respeitosamente; reverentemente; com atitude respeitosa.
uyoku 右翼 *s* 1 asa direita. 2 lado direito; ponta direita (posições num jogo de campo). 3 direitistas; partido conservador.
uyoku 羽翼 *s* 1 asas. 2 assistência; ajuda; auxílio.
uyokyokusetsu 紆余曲折 *s* 1 voltas; zigue-zague; sinuosidade. 2 complicações; dificuldades.
uyouyo うようよ *adv* muitos; de monte; cheio.
uyū 烏有 *s* nada; nem traços; nem rastros. ~に帰する ~*ni kisuru*: ficar reduzido a cinzas.
uzōmuzō 有象無象 *s pop* ralé; poviléu; gentalha.
uzu 渦 *s* 1 redemoinho; turbilhão; rodopio. 2 *fig* confusão; alvoroço.
uzuki 卯月 *s* quarto mês do calendário lunar; abril.
uzuki 疼き *s* 1 pontada súbita; dor aguda. 2 remorso.

uzuku 疼く *v* **1** doer muito; latejar. **2** sentir remorso; ficar dilacerado.
uzukumaru 蹲る *v* agachar-se; acocorar-se; encolher.
uzumaki 渦巻き *s* **1** redemoinho. **2** em forma de espiral.
uzumakimoyō 渦巻き模様 *s* estampa espiralada.
uzumaku 渦巻く *v* redemoinhar.
uzumeru 埋める *v* **1** enterrar. **2** encher; lotar. 観客がスタンドを埋めた *kankyaku ga sutando o uzumeta*: o público lotou o estádio.
uzumibi 埋み火 *s* fogo de cinzas; rescaldo; borralho.
uzumoreru 埋もれる *v* **1** ficar enterrado, todo coberto. **2** ficar oculto, desconhecido, na obscuridade.
uzura 鶉 *s Ornit* codorniz; codorna.
uzuramame 鶉豆 *s Bot* feijão-fava listado.
uzusen 渦線 *s Geom* linha espiral.
uzushio 渦潮 *s* maré em redemoinho.
uzutakaku 堆く *adv* no alto; de grande altura; empilhado aos montes. ～積まれた報告書 ～ *tsumareta hōkokusho*: relatórios empilhados aos montes.
uzuuzu うずうず *adv* estar impaciente; estar louco para fazer alguma coisa.

W

wa 和 *s* **1** soma; total. **2** paz; conciliação. **3** amizade; harmonia; concórdia. **4** relacionado ao Japão.
wa 輪・環 *s* **1** círculo; roda; anel. **2** argola; arco; aro.
-wa -把・束 *suf* feixe; molho; maço. ほうれん草一～ *hōrensō ichi～*: um maço de espinafres.
wabane 輪ばね *s Mec* mola em anel.
wabi 詫び *s* pedido de perdão; pedido de desculpas.
wabi 侘び *s* simplicidade e sossego; melancolia.
wabiru 詫びる *v* pedir perdão; pedir desculpas.
wabishii 侘しい *adj* **1** só; solitário; triste. **2** melancólico; sombrio. **3** pobre; parco; miserável.
wabishiku 侘しく *adv* solitariamente; tristemente; miseravelmente.
wabizumai 侘住まい *s* **1** vida simples; casa humilde. **2** vida solitária, desprovida de luxo.
waboku 和睦 *s* pazes; reconciliação.
wabun 和文 *s* escrito em japonês; texto escrito em japonês.
wadai 話題 *s* assunto da conversa; tópico.
wadakamari 蟠り *s* incômodo; indisposição; mal-estar.
wadakamaru 蟠る *v* enroscar-se; estar atolado em.
waei 和英 *s* japonês e inglês. ～辞典 ～*jiten*: dicionário japonês-inglês.
wafū 和風 *s* estilo japonês. ～建築 ～*kenchiku*: arquitetura japonesa; construção em estilo japonês.
wafuku 和服 *s* quimono; traje típico japonês.
waga わが *pron* meu; nosso. ～子 ～*ko*: nosso filho; meu filho. ～国 ～*kuni*: nosso país.
wagahō わが方 *expr* nós; nosso lado; nossa parte. *V tōhō* 当方.
waga i わが意 *expr* própria vontade; próprio sentir.
wagakoto わが事 *s* coisas que dizem respeito à própria pessoa; questão pessoal.
wagamama わがまま *s* egoísmo; amor-próprio; à sua vontade; capricho; egocentrismo.
wagami わが身 *s* própria condição; própria pessoa; próprio corpo.
wagamono わが物 *expr* bens pessoais; coisa própria; minha propriedade.
wagamonogao わが物顔 *s* ar de quem é dono. ～に振舞う ～*ni furumau*: agir como se fosse dono.
wagashi 和菓子 *s* doce japonês.
wagaya わが家 *s* **1** minha casa. **2** minha família.
wagi 和議 *s* **1** proposta de paz; reconciliação. **2** concordata.
wagiri 輪切り *s* corte em rodelas.

wagō 和合 *s* harmonia; concórdia.
wagomu 輪ゴム *s* elástico; tira circular de elástico.
wahei 和平 *s* paz.
wahō 話法 *s Gram* discurso. 直接～ *chokusetsu～*: discurso direto.
wahon 和本 *s* livro japonês.
waidan 猥談 *s* história indecente; conversa suja. ～をする ～*o suru*: contar histórias obscenas.
waifu ワイフ (*ingl wife*) *s* esposa.
waihon 猥本 *s* livro obsceno; livro pornográfico.
waikyoku 歪曲 *s* distorção; deformação. 事実を～する *jijitsu o ～suru*: distorcer a verdade/realidade.
wain ワイン (*ingl wine*) *s* vinho.
wairo 賄賂 *s* suborno.
waisei 矮星 *s Astr* estrela anã; estrela de pequeno volume e de grande ou pequena massa.
waisetsu 猥褻 *s* obscenidade; indecência; lascívia; imoralidade. ～行為 ～*kōi*: ato obsceno.
waishatsu ワイシャツ (*abrev do ingl white shirt*) *s* camisa com colarinho, em geral de cor branca.
waishō 矮小 *s* pequeno, minúsculo.
waiwai わいわい *adv* ruidosamente; com grande algazarra.
waizatsu 猥雑 *s* ordinarice; indecência.
wajutsu 話術 *s* arte da narração; arte de contar histórias.
waka 和歌 *s* poema japonês composto de 31 sílabas.
wakaba 若葉 *s* folhas tenras das árvores.
wakadanna 若旦那 *s* patrão jovem.
wakadori 若鶏 *s* frango.
wakafūfu 若夫婦 *s* casal jovem.
wakagaeri 若返り *s* rejuvenescimento.
wakagaeru 若返る *v* rejuvenescer.
wakage [gi] 若気 *s* vigor da juventude.
wakagi 若木 *s* árvore nova; plantinha.
wakahage 若禿 *s* calvície precoce.
wakai 和解 *s* solução amigável; reconciliação. ～*suru*, *v*: fazer as pazes; reconciliar-se.
wakai 若い *adj* **1** jovem; novo. **2** vigoroso; juvenil. **3** imaturo; inexperiente. **4** baixo; pequeno.
wakai hito 若い人 *expr* moço; gente jovem.
wakai mono 若い者 *expr* os jovens; moço.
wakaishū 若い衆 *s pop* rapaziada.
wakajini 若死に *s* morte prematura. ～*suru*, *v*: morrer na flor da idade.
wakaku 若く *adv* jovem. ～見える ～*mieru*: parecer jovem. ～して死ぬ ～*shite shinu*: morrer jovem.

wakame 若芽 *s* rebento; broto.
wakame 若布 *s Bot* espécie de alga marinha.
wakamono 若者 *s* moço; rapaz; mancebo.
wakan 和姦 *s* fornicação; cópula.
wakan 和漢 *s* Japão e China.
wakana 若菜 *s* verduras frescas.
wakarazujimai 分からずじまい *s* ato de acabar sem se saber; acabar incógnito.
wakarazuya 分からず屋 *s pop* teimoso; cabeçudo.
wakare 別[分か]れ *s* separação; despedida; o adeus.
wakarebanashi 別れ話 *s* ato de falar sobre separação.
wakareme 別れ目 *s* ponto de bifurcação.
wakaremichi 別れ路[道] *s* bifurcação de ruas/estradas.
wakareru 分か[別]れる *v* **1** ramificar-se; dividir-se. **2** diversificar; diferenciar; divergir.
wakarewakare 別れ別れ *s* ato de ir cada um para o seu lado.
wakari 分かり *s* compreensão; entendimento; percepção.
wakarikitta 分かり切った *expr* evidente; óbvio; sem dúvida. 〜事 〜*koto*: fato óbvio.
wakarinikui 分かりにくい *adj* difícil de entender; incompreensível; enigmático.
wakariyasui [yoi] 分かり易い[良い] *adj* fácil de entender; compreensível; claro.
wakariyasuku 分かり易く *adv* de modo mais simples; de modo inteligível.
wakaru 分かる *v* **1** entender; compreender; perceber; acreditar; conhecer; saber. **2** ser sensível; ter senso.
wakasa 若さ *s* juventude.
wakasagi わかさぎ *s Zool* espécie de salmão de água doce.
wakashiraga 若白髪 *s* surgimento precoce de cabelo branco.
wakasu 沸かす *v* **1** ferver; aquecer. **2** excitar; entusiasmar.
wakate 若手 *s* elemento jovem.
wakatsu 分かつ *v* **1** dividir; repartir. **2** partilhar; distribuir. **3** penetrar; avançar. **4** distinguir; separar; classificar. **5** decidir a questão crucial; ser decisivo.
wakawakashii 若々しい *adj* jovem; vivo; juvenil; jovial.
wakazō 若造 *s vulg* moleque; rapaz; garoto; gaiato.
wakazukuri 若作り *s* maquiar-se ou vestir-se para parecer mais jovem.
wakazuma 若妻 *s* esposa jovem; recém-casada.
wake 訳 *s* **1** razão; causa; motivo. **2** sentido; significado. 〜のわからない言葉 〜*no wakaranai kotoba*: palavra sem sentido. **3** fácil; simples. **4** razão implícita; motivo implícito.
wakeataeru 分け与える *v* repartir; dividir e dar.
wakeau 分け合う *v* partilhar.
wakehedate 分け隔て *s* discriminação; favoritismo; distinção; parcialidade.
wakemae 分け前 *s* quinhão; parcela; porção.
wakeme 分け目 *s* **1** linha divisória; risca. **2** momento crítico.
wake nai 訳ない *adj* fácil; simples.
wake naku 訳なく *adv* facilmente; sem dificuldades. 〜勝つ 〜*katsu*: ter uma vitória fácil.
wakeru 分ける *v* **1** dividir; repartir. **2** separar; isolar. **3** distribuir; partilhar.

wakeshiri 訳[分]知り *s* estar por dentro do assunto.
wakete 分けて *s* **1** acima de tudo; antes de tudo. 彼は〜テニスがうまい *kare wa* 〜 *tenisu ga umai*: acima de tudo, ele é bom em tênis. **2** particularmente; em particular; especialmente.
waki 脇 *s* **1** axila; sovaco. **2** lado. **3** outro lugar; rumo diferente. **4** lados.
wakiagaru 沸き上がる *v* **1** ferver; entrar em ebulição. **2** levantar-se; animar-se.
wakiaiai 和気藹々 *adj* harmonioso; pacífico; feliz.
wakibara 脇腹 *s* **1** ilharga; flanco. **2** bastardo.
wakideru 湧き出る *v* jorrar; brotar.
wakido 脇戸 *s* portão lateral.
wakiga 腋臭 *s* odor das axilas.
wakige 腋毛 *s* pelo das axilas.
wakikaeru 沸き返る *v* **1** ferver. **2** fervilhar; agitar-se; tumultuar.
wakikoboreru 沸きこぼれる *v* transbordar ao ferver.
wakimae 弁え *s* discernimento; critério; entendimento; juízo; tino.
wakimaeru 弁える *v* **1** discernir; distinguir. **2** saber; estar bem informado; ter em mente.
wakime 脇目 *s* **1** olhadela para o lado. **2** opinião de quem está fora do assunto.
wakime 腋芽 *s* broto lateral.
wakimi 脇見 *s* olhadela para o lado; rabo de olho.
wakimiunten 脇見運転 *s* distração ao dirigir veículo.
wakimichi 脇道 *s* **1** rua lateral; ruela. **2** desvio.
waki no shita 腋の下 *s* axila; sovaco.
wakitatsu 沸き立つ *v* **1** ferver em cozimento. **2** fervilhar; agitar-se; tumultuar.
wakitatsu 湧き立つ *v* borbulhar; tumultuar.
wakiyaku 脇役 *s* papel secundário.
wakkusu ワックス (*ingl wax*) *s* cera.
wakon 和魂 *s* espírito japonês. 〜漢才 〜*kansai*: espírito japonês e habilidade chinesa.
waku 枠 *s* **1** armação; moldura; aros; colchetes. 窓〜 *mado*〜: caixilho de janela. **2** *fig* limite; fronteira; baliza.
waku 沸[湧]く *v* **1** ferver; entrar em ebulição. **2** entusiasmar-se. **3** nascer; brotar; jorrar. **4** irromper inesperadamente. **5** despontar; gerar. **6** manifestar-se; romper.
wakuchin ワクチン (*al Vakzin*) *s Med* vacina.
wakudeki 惑溺 *s* entrega ao prazer.
wakugumi 枠組 *s* **1** armação; enquadramento. **2** *fig* limite; alcance; âmbito.
wakuran 惑乱 *s* confusão.
wakusei 惑星 *s* **1** *Astr* planeta. **2** *fig* indivíduo desconhecido, mas poderoso.
wākushoppu ワークショップ (*ingl workshop*) *s* oficina para prática de atividades variadas.
wakuwaku わくわく *adv* excitação.
wamei 和名 *s* nome em japonês.
wameki(goe) 喚き(声) *s* grito; berro; clamor; brado.
wamekitateru 喚き立てる *v* gritar; berrar; clamar; vociferar.
wameku 喚く *v* gritar; berrar.
wan 椀 *s* tigela. 一〜の汁 *ichi*〜*no shiru*: uma tigela de sopa.

wan 湾 s baía; enseada; golfo; braço do mar. 東京～ Tōkyō～: baía de Tóquio.
wana 罠 s 1 armadilha; ratoeira. 2 cilada; ardil.
wanage 輪投げ s jogo de argola.
wani 鰐 s Zool crocodilo; jacaré.
wanigawa 鰐皮 s pele de crocodilo.
wanisu ワニス (ingl varnish) s verniz.
wankansetsu 腕関節 s Anat pulso; junta carpal (do carpo).
wankō 湾口 s entrada da baía.
wankō ワン公 s pop cachorro; cão. V inu 犬.
wankotsu 腕骨 s Anat osso carpal (do carpo).
wankyoku 湾曲 s curvatura; curva; arqueamento.
wanman ワンマン (ingl one-man) s pop autoritário; autocrata; mandão; uma só pessoa.
wanpaku 腕白 s pop travessura; traquinice; malandrice.
wanpīsu ワンピース (ingl one-piece) s Vest vestido; roupa de peça única.
wanryoku 腕力 s força muscular.
wansa わんさ s pop em profusão. Cin e Teat atriz que interpreta papéis secundários. ～ガール～gāru: atriz coadjuvante.
wansa to わんさと adv pop 1 aos montes. 2 muito.
wanshō 腕章 s braçadeira.
wappen ワッペン (al Wappen) s emblema; distintivo.
wappu 割賦 s cotas; quinhão.
wāpuro ワープロ (abrev do ingl word processor) s processador de texto em japonês.
wara 藁 s palha; colmo.
warabe 童 s criança. ～歌 ～uta: canção infantil.
warabi 蕨 s Bot feto; samambaia.
warabuki 藁葺き s coberto de colmo. ～屋根 ～yane: cobertura de colmo.
warai 笑い s 1 risada; gargalhada; riso; sorriso. 2 riso sarcástico; escárnio; zombaria.
waraibanashi 笑い話 s anedota; piada; história engraçada.
waraidasu 笑い出す v desatar a rir.
waraigao 笑い顔 s rosto sorridente. V egao 笑顔.
waraigoe 笑い声 s som do riso; som da risada.
waraigoto 笑い事 s caso para se rir; brincadeira.
waraigusa 笑い種 s alvo de troça; objeto de zombaria; bobo da corte.
waraijōgo 笑い上戸 s 1 pessoa que ri muito. 2 bêbado alegre.
waraimono 笑い物 s objeto de escárnio; motivo de risada.
waraitobasu 笑い飛ばす v rir e rebater as coisas negativas.
waraji 草鞋 s sandálias de palha de arroz.
warau 笑う v 1 rir; sorrir; dar risadas. 2 zombar; ridicularizar.
warawaseru 笑わせる, **warawasu** 笑わす v 1 provocar o riso; fazer rir; divertir. 2 provocar troça.
ware[1] 我 s o próprio; eu/nós. ～を忘れる ～o wasureru: esquecer-se de si próprio.
ware[2] 我 pron eu; você.
ware 割れ s fenda; quebra; pedaço quebrado; rachadura.
waregachi ni 我勝ちに expr disputa pela primazia.
wareme 割れ目 s o ponto da racha; fenda; greta; fissura.

waremono 割れ物 s 1 artigo quebrado. 2 artigo frágil. ～注意 ～chūi: frágil!
ware mo ware mo to 我も我もと expr todos querendo participar de; competindo para tomar parte.
warenabe 割れ鍋 s panela rachada. ～に綴じ蓋 ～ni tojibuta: cada uma com o companheiro que merece.
wareru 割れる v 1 quebrar-se; partir-se; rachar. 2 dividir-se; repartir-se. 3 descobrir. 4 Mat ser divisível. adj ensurdecedor; estrondoso.
waresaki ni 我先に expr disputa pela primazia.
wareshirazu 我知らず s fora de si; involuntariamente; inconscientemente.
wareware 我々 pron nós.
wareyasui 割れ易い adj frágil; quebrável.
wari 割 s 1 razão; proporção. 2 vantagem; compensação; ganho. 3 porcentagem de 10%. 4 por. 頭～ atama～: distribuição por cabeça; divisão por cabeça. 5 mistura; diluição. 水～ mizu～: diluição com gelo.
wariai 割合 s razão; proporção. adv relativamente.
wariai ni 割合に expr comparativamente; em comparação; relativamente.
wariate 割り当て s distribuição; partilha. ～制 ～sei: regime de quotização.
wariateru 割り当てる v distribuir. V bunpai 分配; buntan 分担.
waribashi 割り箸 s hashi descartável.
waribiki 割り引き s desconto; abatimento.
waribiku 割り引く v descontar; abater.
waridaka 割高 s preço comparativamente elevado.
waridasu 割り出す v 1 calcular. 2 deduzir.
warifu 割符 s carimbo aposto metade em cada folha para posterior identificação.
warifuda 割り札 s cupom de desconto.
wariguri(ishi) 割り栗(石) s pedregulho; pedras britadas para forrar as ruas/estradas antes de asfaltar.
wariin 割り印 s carimbo aposto metade em cada folha.
warikan 割り勘 s partilha da despesa por igual.
warikirenai 割り切れない expr 1 Mat indivisível. 2 insatisfatório; incompreensível.
warikireru 割り切れる v 1 Mat divisível. 2 satisfatório; compreensível.
warikiru 割り切る v 1 dividir. 2 esclarecer; ser claro; não deixar dúvidas; dar uma explicação lógica. 割り切った態度 warikitta taido: atitude clara, definida.
warikomu 割り込む v interromper; furar caminho. 列に～ retsu ni～: furar a fila.
warimae 割り前 s pop quota; porção; quinhão.
warimaekanjō 割り前勘定 s divisão da conta por igual. V warikan 割り勘.
warimashi 割り増し s extra; prêmio; abono; bônus.
warimashikin 割り増し金 s dinheiro extra.
warimodoshi 割り戻し s reembolso; restituição do pagamento em excesso.
warimodosu 割り戻す v restituir o excesso pago.
wari ni 割に 1 adv relativamente; comparativamente bastante; um tanto. 君は～臆病だね kimi wa～okubyō da ne: você é relativamente medroso, hein! 2 expr em proporção a; considerando; em comparação a.
wari to 割と adv relativamente. V **wari ni** 割りに.

waritsuke 割り付け *s* Tip **1** disposição; arranjo gráfico. **2** distribuição.

waritsukeru 割り付ける *v* dispor; dividir; alocar.

wariyasu 割り安 *s* relativamente barato.

warizan 割り算 *s* Mat divisão. *V* **johō** 除法.

waru 悪 *s* pessoa que é uma víbora. *adj* mau; patife; malvado; bandido; desordeiro. *V* **warumono** 悪者.

waru 割る *v* **1** quebrar; partir; despedaçar; separar. **2** Mat dividir. **3** rachar; cortar. 窓ガラスを〜 *mado garasu o* 〜: rachar o vidro da janela. **4** diluir. **5** ficar abaixo de. 二十円台を割った *nijūen dai o watta*: ficar abaixo de 20 ienes. **6** abrir. **7** Sumô sair fora. 土俵を〜 *dohyō o* 〜: pisar fora do *dohyo*.

waruagaki 悪足掻き *s* ato de debater-se inutilmente.

waruasobi 悪遊び *s* brincadeira diabólica; travessura; diabrura.

warubireru 悪びれる *v* acanhar-se; ficar tímido; ficar constrangido.

warudakumi 悪巧み *s* cilada; plano sinistro.

warudassha 悪達者 *s pop* pessoa que tem boas habilidades artísticas, mas não é refinada.

warufuzake 悪ふざけ *s* brincadeira ou piada de mau gosto.

warugashikoi 悪賢い *adj pop* astuto; manhoso. 〜人 〜*hito*: velha raposa, pessoa astuta.

warugi 悪気 *s* maldade; má intenção.

warui 悪い *adj* **1** mau. 〜事をする 〜*koto o suru*: cometer o mal. **2** prejudicial; nocivo; pernicioso; errado. **3** fraco; inferior. この卵は〜 *kono tamago wa* 〜: este ovo está ruim. 記憶が〜 *kioku ga* 〜: memória fraca. **4** imoral.

warujie 悪知恵 *s* malícia; astúcia para o mal; malignidade.

waruku 悪く *adv* mal; doente. 〜する *suru*, *v*: deteriorar; corroer.

warukuchi 悪口 *s* maledicência; málingua; calúnia; linguagem abusiva.

warumono 悪者 *s* pessoa que é uma víbora; mau; patife; desordeiro; malvado.

warusa 悪さ *s* maldade; travessura.

warushawa ワルシャワ (*ingl* Warszawa) *s* Varsóvia. 〜条約 〜*jōyaku*: pacto de Varsóvia.

warutsu ワルツ (*ingl* waltz) *s* valsa. 〜を踊る 〜*o odoru*: dançar valsa.

waruyoi 悪酔い *s* ressaca; mal-estar causado pelo excesso de bebida alcoólica.

wasabi 山葵 *s Bot* rábano silvestre; raiz-forte.

wasai 和裁 *s* corte e costura japoneses.

wasan 和算 *s* matemática desenvolvida no Japão; matemática nativa do Japão.

wase 早稲 *s* **1** criança precoce. **2** arroz temporão.

wasei 和製 *s* fabricado no Japão.

waseieigo 和製英語 *s* termo inglês inventado no Japão.

wasei 和声 *s Mús* harmonia; consonância.

wasen 和戦 *s* **1** paz e guerra. **2** paz.

wasen 和船 *s* embarcação em estilo japonês.

wasenjōyaku 和戦条約 *s* tratado de paz.

washa 話者 *s* orador; narrador.

washi 和紙 *s* papel japonês.

washi 鷲 *s Ornit* águia.

washi わし *pron pop* eu.

washin 和親 *s* relações amistosas; amizade.

Washinton ワシントン (*ingl* Washington) *s* Washington, DC, capital dos Estados Unidos.

washitsu 和室 *s* sala de estilo japonês.

washoku 和食 *s* culinária japonesa.

wasuregachi 忘れ勝ち *s* 〜の 〜*no*: muitas vezes, frequentemente esquecido; desmemoriado; descuidado; negligenciado.

wasuregatami 忘れ形見 *s* **1** objeto que lembra uma pessoa falecida. **2** órfão.

wasuremono 忘れ物 *s* objeto esquecido; objeto perdido.

wasureppoi 忘れっぽい *adj* tendência ao esquecimento; falta de memória.

wasurerareru 忘れられる *v* ser esquecido; cair no esquecimento. 世に〜 *yo ni* 〜: ser esquecido pelo povo.

wasureru 忘れる *v* esquecer; perder a memória.

wasuru 和する *v* **1** estar em harmonia. **2** reconciliar-se. **3** harmonizar.

wata 腸 *s* entranhas; intestinos; tripas.

wata 綿 *s* algodão.

wataame 綿あめ *s* algodão-doce.

watagashi 綿菓子 *s* algodão-doce. *Sin* **wataame** 綿あめ.

watage 綿毛 *s* penugem; lanugem; frouxel; floco; felpa.

wataire 綿入れ *s* roupa acolchoada; quimono acolchoado.

watakushi 私 *pron* eu. 〜の 〜*no*, *adj*: privado; particular.

watari 渡り *s* **1** passagem; saída; solução. **2** travessia. **3** negociações. **4** transmissão; introdução. **5** migração.

watariaruku 渡り歩く *v* vaguear; andar ou viajar de um lado para outro.

watariau 渡り合う *v* **1** discutir; ter uma disputa verbal. **2** lutar; combater.

wataribito 渡り人 *s* **1** trabalhador migrante. **2** estrangeiro. **3** errante. *V* **watarimono** 渡り者.

wataribōkō 渡り奉公 *s* 〜をする 〜*o suru*: trabalhar como servente ou empregado mudando de um lugar para outro.

wataridori 渡り鳥 *s* **1** ave migratória. **2** andarilho; vagabundo.

watarikasegi 渡り稼ぎ *s pop* 〜*suru*, *v*: viajar de um lugar para outro trabalhando em várias profissões.

watarimono 渡り者 *s* **1** trabalhador migrante. **2** estrangeiro. **3** inconstante; errante.

watarirōka 渡り廊下 *s* corredor de comunicação.

wataru 亘る *v* **1** estender-se; prolongar-se; alcançar. **2** durar.

wataru 渡る *v* **1** atravessar; transpor. **2** entrar; ir. **3** soprar. **4** viver; passar pelo mundo.

watashi 渡し *s* **1** ancoradouro. **2** barco para travessia. **3** entrega.

watashi 私 *pron* eu. *V* **watakushi** 私.

watashibune 渡し船[舟] *s* barco que faz travessia, balsa.

watasu 渡す *v* **1** entregar; dar; confiar. **2** transportar; levar; transferir. **3** assentar transversalmente.

watte hairu 割って入る *v* agir como intermediário; intervir.

watto ワット (*ingl* watt) *s* watt.

wayaku 和訳 *s* tradução para o japonês.
wayō 和洋 *s* Japão e o Ocidente.
wayōsetchū 和洋折衷 *s* mistura dos estilos japonês e ocidental.
waza 業・技 *s* **1** arte; habilidade. **2** técnica; golpe; tática. **3** ação; obra. **4** tarefa; trabalho. 慣れない ～ *narenai* ～: trabalho sem prática; tarefa à qual não se está acostumado(a).
wazamono 業物 *s* espada boa; espada feita por um exímio artesão.
wazashi 業師 *s* **1** bom técnico. **2** estrategista.
waza to 態と *adv* de propósito; intencionalmente.
wazawai 禍・災い *s* desastre; desgraça; calamidade.
wazawaza 態々 *adv* especialmente; propositadamente.
wazuka 僅か *adv* pouco; apenas. *V* **sukoshi** 少し. 駅まではもう～です *eki made wa mō ～desu*: falta pouco para chegarmos à estação ferroviária.
wazurai患い *s* doença; mal; enfermidade.
wazurai 煩い *s* aflição; angústia; sofrimento; preocupação.
wazurau 煩う *v* preocupar-se.
wazurawashii 煩わしい *adj* **1** incômodo. **2** confuso; complicado; emaranhado.
wazurawasu 煩わす *v* **1** importunar; incomodar. **2** aborrecer; atormentar; afligir.

Y

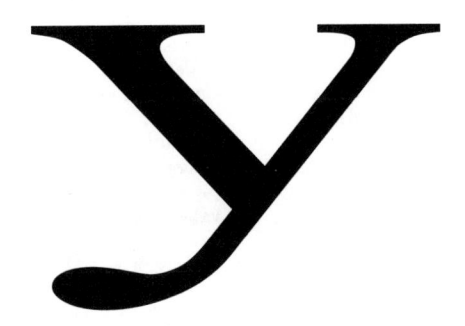

ya 矢・箭 *s* flecha. 〜を射る 〜*o iru*: atirar a flecha.
ya 家・屋 *s* **1** sufixo de casa de comércio ou comerciante. **2** sufixo pejorativo. 語学〜*gogaku*〜: linguista. **3** sufixo que indica caráter. 皮肉〜 *hiniku*〜: irônico. **4** casa com tradição. 中村〜 *Nakamura*〜: Casa Nakamura.
ya 野 *s* civil; privado; próprio do povo. 〜にある 〜*ni aru*: ser do povo.
ya や *interj* logo que; assim que; mal; apenas. 会議は私達が着く〜始まった *kaigi wa watashitachi ga tsuku*〜 *hajimatta*: a reunião começou assim que nós chegamos.
-ya -や *partícula* **1** exemplificativo, e. 木〜石 *ki*〜*ishi*: árvores e pedras. **2** ou. 最近あれ〜これ〜と毎日忙しい *saikin are*〜 *kore*〜*to mainichi isogashii*: ultimamente, ou com uma coisa ou com outra, ando diariamente ocupado.
yaba 矢場 *s* arena para prática do arco e flecha.
yaban 野蛮 *s* barbárie; barbarismo; selvageria.
yabo 野暮 *s pop* **1** vulgaridade; rudeza; grosseria. 〜くさい人 〜*kusai hito*: pessoa grosseira. **2** mau gosto; falta de elegância. 〜なことを言う 〜*na koto o iu*: dizer coisas de mau gosto.
yabō 野望 *s* ambição.
yabottai 野暮ったい *adj* feio; deselegante; grosseiro.
yabu 藪 *s* matagal; moita.
yabuhebi 藪蛇 *s pop* surpresa desagradável.
yabuisha 藪医者 *s vulg* médico incompetente.
yabuka 藪蚊 *s Entom* pernilongo, mosquito.
yabun 夜分 *s* noite. 〜遅く 〜*osoku*: tarde da noite; altas horas da noite.
yabunirami 藪睨み *s pop* **1** estrabismo. **2** visão deturpada.
yabure 破れ *s* rasgão; buraco. *V* **yabureme** 破れ目.
yaburekabure 破れかぶれ *s* desespero.
yabureme 破れ目 *s* rasgão; buraco; parte danificada.
yabureru 破れる *v* **1** rasgar; esfarrapar; romper. **2** desfazer-se; não dar certo; ir por água abaixo.
yabureta 破れた *expr* rasgado; derrotado.
yaburu 破る *v* **1** rasgar; romper; dilacerar. **2** quebrar; destruir. **3** perturbar; atrapalhar. **4** transgredir; infringir; violar. **5** vencer. **6** derrotar. **7** passar à força. **8** fugir; escapar.
yabusaka やぶさか *adj* **1** avaro; mesquinho; econômico. **2** hesitante.
yabusame 流鏑馬 *s Hist* arte do tiro da flexa montado em cavalo em carreira.

yachin 家賃 *s* aluguel do imóvel.
yachiyo 八千代 *s* milhares de anos; eternidade.
yachō 野鳥 *s* ave selvagem.
yachū 夜中 *s* noite; durante a noite.
yado 宿 *s* **1** moradia. **2** hospedaria; pensão; alojamento; pousada.
yādo ヤード (*ingl yard*) *s* uma jarda.
yadochin 宿賃 *s* conta do alojamento.
yadochō 宿帳 *s* livro de registro de hóspedes.
yadogae 宿替え *s* mudança de moradia.
yadonashi 宿なし *s pop* sem-teto.
yadonushi 宿主 *s* proprietário do imóvel, da hospedaria.
yadori 宿り *s* alojamento; pousada.
yadorigi 宿木・寄生木 *s Bot* visco; parasita.
yadoru 宿る *v* **1** residir; estar dentro; conservar. **2** hospedar.
yadosu 宿す *v* **1** carregar; ter; abrigar; hospedar. **2** engravidar.
yadowari 宿割り *s* distribuição do alojamento.
yadoya 宿屋 *s* hospedaria; hotel; pensão. *V* **ryokan** 旅館.
yae 八重 *s* oito camadas.
yaeba 八重歯 *s* dente encavalado.
yaei 野営 *s* acampamento de tropas.
yaezakura 八重桜 *s* flor de cerejeira multipétala.
yagai 野外 *s* ao ar livre.
yagaigeki 野外劇 *s* teatro ao ar livre.
yagaku 夜学 *s* curso noturno; estudo à noite.
yagate やがて *adv* **1** logo; em breve; brevemente. 〜雨もあがるでしょう 〜*ame mo agaru deshō*: a chuva deve parar em breve. **2** quase; aproximadamente, cerca de. 来てから〜ひと月になります *kite kara* 〜 *hitotsuki ni narimasu*: vim para cá há cerca de um mês.
yagen 薬研 *s* almofariz para fabricar medicamento bruto; gral.
yagi 山羊 *s Zool* bode; cabra.
yagō 屋号 *s* **1** nome da loja. **2** nome hereditário de artistas de cabúqui.
yagō 野合 *s* união ilícita; mancebia; conluio secreto; adultério.
yagu 夜具 *s* roupa de cama.
yagura 櫓 *s* **1** torre de vigia. **2** andaime.
yagyō 夜業 *s* trabalho noturno.
yagyū 野牛 *s Zool* bisão; bovino selvagem.
yahan 夜半 *s* meia-noite; altas horas da noite.

yahari やはり *adv* 1 também; do mesmo modo; igualmente; ainda; como antes. 2 apesar de; não obstante; contudo; todavia; mas; porém. 彼は病気しても〜勉強は続けている *kare wa byōki shitemo 〜 benkyō wa tsuzukete iru*: ele continua estudando, apesar de estar doente. 3 como se esperava. 試験の結果は〜だめだった *shiken no kekka wa 〜 dame datta*: o resultado da prova foi negativo, como se esperava.

yahi 野卑[鄙] *s* vulgaridade; baixeza; mau gosto; indecência. 〜な言葉 *〜na kotoba*: linguagem indecente.

yahō 野砲 *s* peça de artilharia de campo; canhão.

yaiba 刃 *s* espada.

yain 夜陰 *s* escuridão da noite.

yaiyai やいやい *interj* 1 ei, você! 〜この弱虫！〜*kono yowamushi*: ei, seu covarde! 2 ser assediado; fazer vozeria, algazarra.

yaji 弥[野]次 *s* 1 vaia; zombaria; escárnio; troça. 〜を飛ばす *〜o tobasu*: vaiar; apupar. 2 curiosidade; bisbilhotice.

yajin 野人 *s* 1 pessoa rústica; caipira. 2 pessoa simples e honesta. 3 cidadão comum; membro da oposição.

yajiri 鏃 *s* ponta da flecha.

yajiru 弥次る *v* vaiar; apupar; assobiar.

yajirushi 矢印 *s* sinal de seta; indicação de direção.

yajiuma 弥次馬 *s pop* curioso; bisbilhoteiro; intrometido.

yajū 野獣 *s* bicho; animal selvagem.

yakai 夜会 *s* 1 reunião noturna. 2 sarau; baile; festa noturna.

yakaifuku 夜会服 *s* traje a rigor; traje de baile.

yakamashii 喧しい *adj* 1 ruidoso; barulhento. 2 rabugento; aborrecido; implicativo. 3 exigente; severo. 4 muito debatido; muito falado. 5 impertinente; difícil de contentar.

yakamashiku 喧しく *adv* 1 ruidosamente; desvairadamente; de modo muito barulhento. 2 severamente.

yakamashiya 喧し屋 *s pop* pessoa difícil de contentar.

yakan 薬缶 *s* chaleira.

yakan 夜間 *s* noite; durante a noite.

yakan'atama 薬缶頭 *s vulg* calvo; careca; cabeça de melão.

yakanbu 夜間部 *s* curso noturno; aulas da noite.

yakan'eigyō 夜間営業 *s* funcionamento noturno.

yakara 族・輩 *s* 1 família; parentes; clã. 2 bando. 不逞の〜 *futei no 〜*: um bando de desordeiros. *V* **nakama** 仲間; **renchū** 連中.

yakata 館 *s* mansão; solar; palácio; castelo.

yakatabune 屋形船 *s* barco japonês com cobertura para turismo.

yake 自棄 *s* desespero; ato de desistir de tudo. 〜になる *〜ni naru*: ficar desesperado; mandar tudo à fava.

yakeana 焼け穴 *s* furo em roupas causado pelo fogo; buraco feito pelo fogo.

yakeato 焼け跡 *s* cinzas; restos de incêndio.

yakebiru 焼けビル *s* prédio queimado.

yakebutori 焼け太り *s* ato de enriquecer depois de incêndio.

yakedasareru 焼け出される *expr* ficar desalojado por causa de incêndio.

yakedo 火傷 *s* 1 queimadura. 2 prejuízo; escaldadela.

yakegui 自棄食い *s* bulimia.

yakei 夜景 *s* vista noturna.

yakei 夜警 *s* vigia noturno; vigilância noturna.

yakeishi 焼け石 *s* pedra quente.

yakekogashi [**koge**] 焼け焦がし[焦げ] *s* parte queimada pelo fogo.

yaken 野犬 *s* vira-lata; cachorro sem dono.

yakeno 焼け野 *s* campo queimado.

yakenohara 焼け野原 *s* 1 campo queimado. 2 terra queimada.

yakenokori 焼け残り *s* artigos salvos do fogo.

yakenokoru 焼け残る *v* escapar do fogo.

yakenomi 自棄飲み *s pop* ato de embebedar-se por causa de desespero.

yakeochiru 焼け落ちる *v* tombar pelo fogo.

yakeru 焼ける *v* 1 queimar; incendiar-se; ser destruído pelo fogo. 2 assar; torrar; tostar. 3 queimar; escaldar. 4 queimar-se ao sol; bronzear-se. 5 perder a cor; ficar descolorido. 黄色く焼けた紙 *kiiroku yaketa kami*: papel amarelecido. 6 ter pirose (azia). 7 ter ciúme; sentir inveja. 8 ficar vermelho (o céu).

yaketsuku 焼け付く *v* arder; abrasar. 〜ような暑さ *〜yō na atsusa*: calor abrasador.

yakezake 自棄酒 *s* bebida para afogar as mágoas.

yaki 焼き *s* 1 cerâmica. olaria. 清水〜 *kiyomizu 〜*: cerâmica Kiyomizu. 2 têmpera. 〜のあまい刀 *〜no amai katana*: espada de má têmpera. 3 *fig* caco; ato de dar uma lição. 4 assado; grelhado.

yaki 夜気 *s* ar da noite; o ar fresco noturno.

yakiami 焼き網 *s* grelha.

yakiban 焼き判 *s* marca feita com ferro quente; estigma.

yakidōfu 焼き豆腐 *s* Cul *tofu* assado.

yakigama 焼き窯 *s* forno de assar.

yakiharau 焼き払う *v* queimar tudo.

yakihata 焼畑 *s* plantação após queimada; *bras* coivara.

yakiimo 焼き芋 *s* batata-doce assada.

yakiire 焼き入れ *s* Metal têmpera. 刀の〜をする *katana no 〜o suru*: temperar uma espada.

yakikiru 焼き切る *v* 1 cortar com fogo. 2 acabar de queimar tudo.

yakimashi 焼き増し *s* Fot cópia de foto.

yakimochi 焼き餅 *s* 1 bolo de massa de arroz tostado. 2 ciúme; inveja. 〜焼き *〜yaki*: pessoa ciumenta.

yakimono 焼き物 *s* 1 louça; olaria; porcelana; cerâmica. 2 prato de assado.

yakin 冶金 *s* metalurgia.

yakin 夜勤 *s* trabalho noturno; turno da noite.

yakinaoshi 焼き直し *s* 1 ato de assar de novo. 2 adaptação. これは前作の〜だ *kore wa zensaku no 〜da*: isto é uma adaptação da outra obra.

yakiniku 焼肉 *s* carne assada.

yakisuteru 焼き捨てる *v* queimar; destruir pelo fogo; atirar para o lume.

yakitate 焼き立て *s* acabado de assar; acabado de sair do forno.

yakitori 焼き鳥 *s* ave grelhada no espeto.

yakitsuke 焼き付け *s* 1 esmaltagem. 2 revelação fotográfica. 3 revestimento; douramento; cromagem; prateação.

yakitsukeru 焼き付ける *v* 1 gravar com fogo.

yakizakana 2 revelar filme. 3 impressionar muito; ficar na memória.

yakizakana 焼き魚 s peixe grelhado.

yakkai 厄介 s 1 incômodo; amolação; aborrecimento; problema. 〜をかける 〜o kakeru: incomodar; aborrecer; dar trabalho. 2 ajuda; cuidado; dependência.

yakkaimono 厄介者 s 1 pessoa que incomoda muito; aborrecimento; peso; problema. 2 pessoa que vive à custa de outra; parasita.

yakki 躍起 s grande interesse; veemência. 〜になって反対する 〜ni natte hantai suru: opor-se com veemência.

yakkō 薬効 s efeito do medicamento.

yakkyoku 薬局 s 1 farmácia; drogaria. 2 farmácia de hospital.

yakkyokuhō 薬局方 s Med farmacopeia.

yakō 夜行 s 1 ato de andar de noite. 〜性動物 〜sei dōbutsu: animal noturno. 2 trem noturno.

yakōtoryō 夜光塗量 s tinta fosforescente.

yaku 厄 s 1 calamidade; desgraça; azar; infortúnio. 〜を払う 〜o harau: espantar o azar. 2 idade crítica; ano de azar (42 anos para homem e 33 para mulher).

yaku 役 s 1 cargo; função; trabalho; serviço; ofício; posto; posição. 〜につく 〜ni tsuku: assumir o cargo. 2 papel; encargos. 〜を振る 〜o furu: distribuir os papéis. 3 proveito; utilidade. 〜にたつ辞書 〜ni tatsu jisho: dicionário útil e prático. 4 combinação de números, naipes ou figuras que contam ponto nos jogos de cartas.

yaku 約 s promessa. adv aproximadamente; mais ou menos; cerca de; quase.

yaku 訳 s tradução. 〜をつける 〜o tsukeru: traduzir; escrever a tradução.

yaku 焼く v 1 queimar; cozer; assar; cremar; revelar; cauterizar. ゴミを〜 gomi o 〜: queimar o lixo. ネガを〜 nega o 〜: revelar o filme. 2 ter ciúmes.

yakuba 役場 s repartição pública.

yakubi 厄日 s dia de azar.

yakubun 訳文 s texto traduzido.

yakubusoku 役不足 s insatisfação pelo cargo que lhe foi atribuído; cargo insatisfatório.

yakubutsu 薬物 s medicamento; remédio.

yakuchū 訳注 s nota do tradutor.

yakudō 躍動 s palpitação; vibração; movimento enérgico.

yakudoshi 厄年 s ano de azar; idade crítica.

yakugai 薬害 s dano provocado por remédios.

yakugaku 薬学 s farmacologia; ciências farmacêuticas.

yakugo 訳語 s palavra correspondente; tradução.

yakuhin 薬品 s medicamento; remédio; produto químico; pesticida.

yakuin 役員 s 1 dirigente; encarregado; responsável; funcionário. 2 diretor de empresa; executivo; administrador. 〜会 〜kai: diretoria; conselho diretivo.

yakujō 約定 s compromisso; contrato; pacto. 〜済み 〜zumi: contrato fechado.

yakujōsho 約定書 s escritura; contrato por escrito.

yakumawari 役回り s função exercida em sistema de rodízio.

yakume 役目 s dever; ofício; função; missão; finalidade.

yakumei 役名 s título do ofício.

yakumi 薬味 s condimento; especiarias; tempero; cheiro-verde.

yakunan 厄難 s desastre; calamidade; acidente; azar.

yakunin 役人 s funcionário público.

yakurigaku 薬理学 s farmacodinâmica.

yakusatsu 扼殺 s morte por estrangulamento.

yakusha 役者 s 1 ator ou atriz. 2 pessoa hábil; artista.

yakusha 訳者 s tradutor.

yakushin 躍進 s avanço rápido; progresso.

yakusho 役所 s repartição pública.

yakusō 薬草 s ervas medicinais.

yakusoku 約束 s 1 promessa; compromisso; acordo; combinação; encontro marcado. 〜を破る 〜o yaburu: não cumprir a promessa. 〜を果たす 〜o hatasu: cumprir a promessa. 2 regra; convenção; regulamento. 3 destino. 彼には重役の地位が〜されている kare ni wa jūyaku no chii ga 〜sarete iru: ele está destinado a ser diretor.

yakusokutegata 約束手形 s Econ nota promissória.

yakusu 訳す v traduzir.

yakusū 約数 s Mat submúltiplo; divisor.

yakutoku 役得 s gratificação; benefício além do salário.

yakuwari 役割 s função; incumbência; papel. 〜を果たす 〜o hatasu: desempenhar o papel.

yakuyō 薬用 s uso medicinal; uso terapêutico.

yakuza やくざ s vulg mafioso; gangster.

yakuzai 薬剤 s medicamento; remédio; produto químico.

yakuzaishi 薬剤師 s farmacêutico.

yakyū 野球 s beisebol.

yama 山 s 1 montanha; serra; monte. 〜にこもる 〜ni komoru: isolar-se na montanha. 2 pilha; montão; monte; cabeça; copa. 〜のような借金 〜yō na shakkin: uma dívida do tamanho de uma montanha. 3 previsão. 4 auge; apogeu; clímax. 5 mina; filão. 〜を掘り当てる 〜o horiateru: cavar e acertar na mina.

yamaarashi 山荒らし・豪猪 s Zool porco-espinho; ouriço-cacheiro.

yamaaruki 山歩き s caminhada nas montanhas.

yamaba 山場 s auge; cume; clímax; ponto crítico; ponto decisivo. 交渉の〜を迎える kōshō no 〜o mukaeru: chegar ao ponto decisivo das negociações.

yamaban 山番 s guarda florestal.

yamabato 山鳩 s Ornit rola.

yamabiko 山彦 s eco.

yamabiraki 山開き s abertura das montanhas aos alpinistas.

yamabushi 山伏 s Hist eremita da montanha; ascetas da montanha.

yamadashi 山出し s pop 1 pessoa do campo; provinciana, caipira. 2 material bruto a ser trabalhado ou transformado.

yamadera 山寺 s templo da montanha.

yamaga 山家 s aldeia perdida na montanha; cabana da montanha.

yamagasodachi 山家育ち s criado na aldeia da montanha.

yamagawa 山川 s água corrente das montanhas; rios das montanhas.

yamagoshi 山越し *s* travessia da montanha.
yamagoya 山小屋 *s* cabana da montanha; abrigo para alpinistas.
yamaguni 山国 *s* país montanhoso.
yamai 病 *s* **1** doença; moléstia; enfermidade. **2** mau hábito; mania; vício. 物を取る〜がある *mono o toru 〜ga aru*: mania de roubar as coisas.
yamainu 山犬 *s* **1** cão montês. **2** lobo japonês (espécie já extinta).
yamaji 山路 *s* trilha de montanha.
yamakaji 山火事 *s* incêndio na montanha.
yamakan 山勘 *s pop* especulação; chute; acaso.
yamake 山気 *s pop* espírito aventureiro.
yamakuzure 山崩れ *s* desmoronamento da montanha.
yamamichi 山道 *s* caminho da montanha; carreiro; trilha.
yamamori 山盛り *s* um monte; prato cheio; ato de encher bem.
yamamukō 山向こう *s* além das montanhas; para lá das montanhas.
yamanari 山鳴り *s* estrondo da montanha, como sinal de atividades vulcânicas.
yamanasu 山なす *expr* montanhoso; vulcânico.
yamaneko 山猫 *s* gato montês; lince.
yamanobori 山登り *s* montanhismo; alpinismo.
yama no kami 山の神 *s* **1** deus da montanha. **2** esposa; mulher.
yama(no)te 山(の)手 *s* **1** parte alta das montanhas. **2** bairro residencial de Tóquio.
yamaoku 山奥 *s* interior da montanha; profundeza da montanha.
yamaotoko 山男 *s* **1** habitante da montanha; montanhês. **2** alpinista. **3** monstro da montanha.
yamashi 山師 *s pop* **1** mineiro; administrador de mina. **2** comerciante de madeiras. *adj* **1** especulador; aventureiro. **2** charlatão; impostor; trapaceiro.
yamashii 疾[疚]しい *adj* vergonhoso; sujo; culpável; peso na consciência.
yamashita 山下 *s* pé da montanha.
yamasodachi 山育ち *s* criado nas montanhas.
yamasuso 山裾 *s* sopé da montanha.
Yamato 大和 *s Hist* antigo nome do Japão, sobretudo a região da atual Nara.
yamatsunami 山津波 *s* desabamento de terra; avalanche seca.
yamawake 山分け *s pop* divisão em partes iguais.
yamayaki 山焼き *s* queimada da montanha.
yamayama 山々 *s* montanhas; montanhas sem fim. *adv* muito.
yamazaru 山猿 *s* macaco montês. *adj* caipira; provinciano.
yamazoi 山里 *s* aldeia das montanhas.
yamazoi 山添い *s* ao longo das montanhas. 〜の地方 *〜no chihō*: região montanhosa.
yamazumi 山積み *s* monte; pilha alta; montão.
yamazutai 山伝い *s* ato de ir pelas montanhas.
yame 止め *s* ato de parar; suspensão.
yameru 止める *v* **1** parar; suspender; cortar. **2** desistir; abandonar; renunciar; abster-se de.
yameru 病める *expr* doente; enfermo.
yamesaseru 止めさせる *expr* fazer parar; dissuadir; fazer abandonar; obrigar a parar.
yami 闇 *s* **1** escuridão; trevas. **2** falta de perspectiva quanto ao futuro; desespero. **3** mercado negro; contrabando.
-yami -病み *suf* doente.
yamiagari 病み上がり *s pop* convalescença. 〜の人 *〜no hito*: pessoa em convalescença.
yamigai 闇買い *s* comprar no mercado negro; compra ilegal.
yamiichi(ba) 闇市(場) *s* mercado negro.
yamikakaku 闇価格 *s* cotação no mercado negro.
yamikin'yū 闇金融 *s* empréstimo ilegal.
yamikōi 闇行為 *s* ato ilegal; procedimento ilegal; negócios escusos.
yamine 闇値 *s* preço de mercado negro; preço paralelo.
yamitorihiki 闇取引 *s* transações do mercado negro.
yamitsuki 病み付き *s* vício; obsessão.
yamitsuku 病み付く *v* **1** ficar doente; adoecer. **2** ficar viciado; tornar-se obcecado.
yamiuchi 闇打ち *s* **1** ataque no escuro. **2** ataque surpresa.
yamiuri 闇売り *s* venda no mercado negro.
yamiyo 闇夜 *s* noite escura sem luar.
yamome 孀・寡婦 *s* viúva. 〜になる *〜ni naru*: enviuvar; ficar viúva. 男〜 *otoko〜*: viúvo.
yamori 守宮 *s Zool* osga, lagartixa.
yamu 止む・已む・罷む *v* parar; cessar; passar; suspender. 雨が止んだ *ame ga yanda*: a chuva parou.
yamu 病む *v* estar doente; sofrer. 気を〜 *ki o 〜*: ficar preocupado.
yamuoenai [enu, ezaru] 止むを得ない[得ぬ・得ざる] *expr* inevitável.
yamu o ezu 止むを得ず *adv* com relutância; contra a vontade.
yanagi 柳 *s Bot* salgueiro; salgueiro-chorão.
yanami 家並み *s* fileiras de casas; visual das coisas enfileiradas.
yancha やんちゃ *s pop* travessura; traquinice. 〜な子供 *〜na kodomo*: menino travesso, traquina.
yane 屋根 *s* **1** telhado. **2** ponto mais alto; teto.
yaneura 屋根裏 *s* sótão.
yani 脂 *s* **1** resina; látex; goma. **2** nicotina. **3** 目〜 *me〜*: remela.
yaniwa ni 矢庭に *adv* **1** subitamente; repentinamente; abruptamente. **2** imediatamente; precipitadamente.
yanushi 家主 *s* **1** chefe de família. **2** proprietário; locador; senhorio.
yanwari やんわり *adv* suavemente; delicadamente. 〜断る *〜kotowaru*: recusar delicadamente.
yanya to やんやと *adv* com entusiasmo; calorosamente; entusiasticamente.
yanyōshō 夜尿症 *s Med* enurese.
yaochō 八百長 *s pop* **1** jogo manipulado. **2** manobra; trapaça; combinado de antemão.
yaomote 矢面 *s* linha de frente; lugar onde caem as flechas; ser alvo de críticas e questionamentos.
yaoya 八百屋 *s* quitanda; varejista de verduras e frutas; quitandeiro; dono da quitanda.
-yara -やら *partícula* **1** etc.; e assim por diante; e outras coisas mais. **2** colocado no final da oração, indica leve indagação. あの人はどうしているの〜 *ano hito wa dōshite iru no 〜*: como será que ele está?

yarai 矢来 *s* paliçada. 竹〜 *take*〜: estacaria de bambu.

yarai 夜来 *adv* durante a noite; há noites.

yarareru 遣られる *v pop* 1 ser derrotado. 2 sofrer dano; ser danificado; ser vítima de. 台風で稲が全部遣られた *taifu de ine ga zenbu yarareta*: o arrozal inteiro foi danificado pelo tufão.

yareyare やれやれ *interj* não é possível; ai, que alívio! 〜これで助かった 〜*kore de tasukatta*: que alívio!

yari 槍 *s* lança; chuço; dardo; azagaia. 〜でつく 〜*de tsuku*: atingir com a lança.

yariageru 遣り上げる *v* concluir; realizar.

yariau 遣り合う *v* arguir; discutir.

yariba 遣り場 *s* lugar para recorrer; lugar para direcionar.

yaridama 槍玉 *s pop* vítima; exemplo; objeto de atenção; objeto de ataque, de sacrifício.

yaridashi 遣り出し *s* ato de começar a fazer.

yaridasu 遣り出す *v* começar a fazer.

yaridoki 遣り時 *s* chance; oportunidade; hora certa; momento oportuno; hora de agir.

yarikaesu 遣り返す *v* 1 tentar novamente; fazer de novo. 2 responder; retorquir.

yarikake 遣りかけ *s* feito pela metade; meio feito; incompleto.

yarikakeru 遣りかける *v* começar a fazer.

yarikaneru 遣りかねる *v* deixar de fazer; hesitar em fazer; não poder fazer.

yarikata 遣り方 *s* maneira de fazer; modo de fazer; método; jeito.

yarikirenai 遣り切れない *expr pop* 1 não poder suportar; não poder agüentar; não poder tolerar. 2 não poder terminar; não poder acabar. 一日では〜仕事 *ichinichi dewa* 〜 *shigoto*: trabalho impossível de concluir num dia.

yarikomeru 遣り込める *v* derrotar; vencer na discussão.

yarikonasu 遣りこなす *v* conseguir executar; conseguir efetivar.

yarikuchi 遣り口 *s* maneira de fazer; procedimento.

yarikuri 遣り繰り *s* arranjo; jeito. 〜が下手 〜*ga heta*: não ter jeito.

yarinage 槍投げ *s Esp* arremesso de dardo.

yarinaoshi 遣り直し *s* o ato de tornar a fazer; repetição; recomeço.

yarinaosu 遣り直す *v* refazer; começar de novo.

yarinikui 遣り難い *adj* difícil; trabalhoso; complicado; embaraçoso.

yarinuku 遣り抜く *v* executar; realizar; completar; levar a cabo.

yarippanashi 遣りっ放し *s* deixar incompleto; inacabado. 仕事を〜にする *shigoto o* 〜*ni suru*: abandonar o trabalho no meio.

yarisaki 槍先 *s* ponta da lança; ponta do dardo.

yarisokonai 遣り損ない *s* falha; erro; engano.

yarisokonau 遣り損なう *v* falhar; errar; não conseguir fazer.

yarisugiru 遣り過ぎる *v* exagerar; levar ao excesso; fazer demais; ultrapassar os limites.

yarisugosu 遣り過ごす *v* deixar a pessoa passar.

yarite 遣り手 *s* 1 pessoa hábil, capaz, talentosa, prática, engenhosa. 2 executor; o que faz o trabalho. 3 doador.

yaritori 遣り取り *s* troca. 手紙の〜をする *tegami no* 〜*o suru*: corresponder-se com alguém.

yaritōsu 遣り通す *v* realizar; concretizar; levar a efeito.

yaritsukeru 遣り付ける *v* estar acostumado; ser familiar.

yaritsukusu 遣り尽くす *v* tentar exaustivamente até que se acabem os recursos; fazer de tudo.

yarō 野郎 *s vulg* patife; velhaco; cara; gajo; fulano. この〜! *kono* 〜: seu patife!

yarōjidai 夜郎自大 *s* esnobismo; vaidade; arrogância.

yaru 遣る *v pop* 1 dar. 2 mandar; enviar; despachar. 3 fazer. 彼は〜気十分だ *kare wa* 〜 *ki jūbun da*: ele está mais que disposto a fazê-lo. 4 fazer algo a alguém. 妹に本を買って〜: *imōto ni hon o katte* 〜: comprar livro para a irmã mais nova. 5 ter sucesso; conseguir. やった、やりました、優勝です *yatta, yarimashita, yūshō desu*: conseguimos! a vitória é nossa!

yarukatanai 遣る方無い *expr* estar inconsolável; não ter meio de consolar-se. 無念〜面持ち *munen* 〜*omomochi*: o semblante vexado, inconsolável.

yarusenai 遣る瀬無い *expr* triste; desconsolado; lastimável; desolado.

yasagashi 家捜し *s* 1 ato de fazer uma busca geral na casa. 2 procura de casa para morar.

yasai 野菜 *s* hortaliça; legumes; verduras; vegetais.

yasaki 矢先 *s* 1 ponta da flecha. 2 instante exato. 外出の〜に友人が来た *gaishutsu no* 〜*ni yūjin ga kita*: apareceu um amigo na hora exata em que eu saía.

yasaotoko 優男 *s* homem de compleição delicada.

yasashii 優しい *adj* 1 gracioso; delicado; suave; doce; brando. 〜顔立ち 〜*kaodachi*: feições suaves. 2 bondoso; meigo; dócil. 気立ての〜娘 *kidate no*〜*musume*: moça de índole meiga. 3 afável; carinhoso; gentil; bondoso. 病人に優しくする *byōnin ni yasashiku suru*: tratar os doentes com carinho.

yasashii 易しい *adj* fácil; simples; acessível. 〜問題 〜 *mondai*: um problema simples.

yasashiku 優しく *adv* gentilmente; delicadamente; de modo terno.

yasashiku 易しく *adv* facilmente; simplesmente.

yasashisa 優しさ *s* gentileza; amabilidade; carinho; ternura; meiguice.

yasashisa 易しさ *s* facilidade.

yasechi 痩せ地 *s* terra estéril.

yasegaman 痩せ我慢 *s pop* ato de resistir pelo brio.

yasehosoru 痩せ細る *v* emagrecer; ficar descarnado; definhar.

yasei 野生 *s* estado selvagem; silvestre.

yasei 野性 *s* natureza selvagem; estado bruto; rusticidade. 〜を発揮する 〜*o hakki suru*: dar livre curso aos instintos selvagens.

yaseika 野生化 *s* tornar-se selvagem, agreste.

yaseimi 野性味 *s* aspecto rude. 〜にあふれた人 〜*ni afureta hito*: pessoa de aspecto bem rude; pessoa grosseira.

yasekokeru 痩せこける *v pop* emagrecer; ficar cadavérico; definhar.

yasen 夜戦 *s* batalha noturna.

yasen 野戦 *s* batalha campal; batalha em campo aberto.

yaseotoroeru 痩せ衰える *v* ficar enfraquecido; ficar debilitado; definhar.

yaseru 痩せる *v* 1 emagrecer; perder peso. 見る影もなく痩せる *miru kage mo naku yaseru*: emagrecimento excessivo; tornar-se pele e osso. 2 (terra) infértil. 痩せた土地 *yaseta tochi*: terreno estéril.

yasetsuchi 痩せ土 *s* terra estéril; solo infértil.

yaseude 痩せ腕 *s* braço magro; braço fino; pouco lucro.

yasha 夜叉 *s Bud* divindade demoníaca das leis búdicas; demônio.

yashi 野師・弥四・香具師 *s* charlatão; malfeitor; extorsionário.

yashi 椰子 *s Bot* coqueiro.

yashiki 屋敷 *s* 1 moradia; residência; mansão. 〜町 〜*machi*: zona residencial. 2 propriedade territorial ou predial.

yashin 野心 *s* ambição. 〜満々としている 〜*manman to shite iru*: estar cheio de ambição. 〜家 〜*ka*: ambicioso.

yashinai 養い *s* 1 nutrição. 2 criação; sustento.

yashinau 養う *v* 1 criar; sustentar; manter; alimentar. 2 recuperar-se; refazer-se. 3 cultivar; educar; desenvolver.

yashiro 社 *s* templo xintoísta.

yashoku 夜食 *s* lanche ou refeição noturna; ceia.

yashu 野趣 *s* bucolismo; beleza campestre; sabor rústico. 〜に富んだ料理 〜*ni tonda ryōri*: prato rico em sabor campestre.

yashū 夜襲 *s* incursão noturna; ataque noturno.

yasu 安 *adj* 1 baixo. 五円〜 *goen*〜: 5 ienes mais baixo. 2 leve.

yasuagari 安上がり *s pop* sair mais barato. 〜な方法 〜*na hōhō*: maneira mais econômica.

yasubushin 安普請 *s Constr* construção barata.

yasude 安手 *s pop* preço baixo; qualidade baixa. 〜の酒 〜*no sake*: saquê barato.

yasugekkyū 安月給 *s* salário baixo.

yasui 安[廉]い *adj* 1 barato; baixo (preço). 2 tranqüilo; sossegado; calmo. 3 simples; só.

yasui 易い *adj* fácil; simples; leve. 易きにつく *yasuki ni tsuku*: escolher a maneira mais fácil.

-yasui -易い *suf* fácil de. 使い〜 *tsukai*〜: fácil de usar, de manipular.

yasuku 安[廉]く *adv* preço baixo; preço módico; preço barato. 価格を〜する *kakaku o* 〜*suru*: baixar o preço; reduzir o preço.

yasumaru 休まる *v* estar descansado; sentir-se relaxado.

yasumaseru 休ませる *v* deixar descansar; dispensar; dar uma folga.

yasumechi 休め地 *s* campo alqueivado; ato de alqueivar.

yasumeru 休める *v* 1 poder descansar; pausar; suspender a atividade; dar descanso. 2 dar traqüilidade; dar conforto; tranqüilizar uma pessoa. 3 alqueivar o solo.

yasumi 休み *s* 1 descanso; repouso; pausa. 2 feriado; dia de descanso. 3 falta; ausência.

yasumono 安物 *s* bagatela; pechincha; artigo barato.

yasumu 休む *v* 1 descansar; repousar; fazer uma pausa. 2 tirar uma folga; faltar ao trabalho; tirar férias 3 interromper; suspender.

yasune 安値 *s* custo baixo; preço baixo.

yasunjiru 安んじる *v* 1 estar tranqüilo. 2 estar contente; contentar-se. 今の分に〜 *ima no bun ni* 〜: contentar-se com a situação atual.

yasunjite 安んじて *expr* confortavelmente; pacificamente; em paz; a contento.

yasuppoi 安っぽい *adj pop* 1 ordinário (artigo). 2 fingido; superficial; barato. 〜同情 〜*dōjō*: simpatia barata; vulgar; leviano; sem classe.

yasuppoku 安っぽく *adv pop* de modo mesquinho.

yasuragi 安らぎ *s* paz de espírito; serenidade; calma.

yasuragu 安らぐ *v* serenar; ficar em paz.

yasuraka 安らか *adj* paz; tranqüilidade. 〜な 〜*na*, *adj*: tranqüilo; sereno; calmo; sossegado.

yasuri 鑢 *s* lima; raspador.

yasuukeai 安請け合い *s* promessa feita sem pensar; ato irrefletido.

yasuuri 安売り *s* 1 liquidação; promoção. 2 facilidade; ato de consentir.

yasuyado 安宿 *s* hotel barato; pensão barata.

yasuyasu 安[易]々 *adv* logo; sem dificuldade; sem esforço; facilmente.

yasuzake 安酒 *s* bebida barata.

yatai 屋台 *s* 1 carro alegórico para desfiles. 2 tenda; barraca.

yataibone 屋台骨 *s* 1 estrutura da casa. 2 sustentáculo; suporte; apoio principal.

yataimise 屋台店 *s* loja em tenda; barraca comercial.

yatara やたら *s* indiscriminadamente; às cegas; desordenadamente; ao acaso; excessivamente. 〜ほめる 〜*homeru*: elogiar demasiadamente.

yatō 野党 *s* partido da oposição.

yatō 夜盗 *s* ladrão noturno; assaltante noturno.

yatoi 雇[傭]い *s* 1 emprego; empregado. 2 funcionário público não concursado.

yatoiire 雇い入れ *s* contratação.

yatoinin 雇い人 *s* empregado.

yatoinushi 雇い主 *s* patrão; empregador; entidade patronal.

yatou 雇[傭]う *v* 1 empregar; contratar. 2 alugar; fretar.

yatowareru 雇[傭]われる *v* ser empregado.

yatsu 奴 *s vulg* 1 sujeito; cara; tipo; gajo. 2 ele.

yatsuatari 八つ当たり *s* ato de descarregar a ira nos outros.

yatsugibaya 矢継ぎ早 *s* rápida sucessão.

yatsure 窶れ *s* magreza; fraqueza; abatimento. 所帯〜 *shotai*〜: abatimento por causa das preocupações domésticas.

yatsureru 窶れる *v* emagrecer; enfraquecer; ficar abatido.

yatsusu 窶す *v* 1 disfarçar-se. 2 entregar-se todo, a ponto de se definhar.

yattekuru やって来る *expr* 1 vir; chegar; aparecer. 2 continuar fazendo.

yattemiru やって見る *expr* tentar; experimentar; fazer uma tentativa.

yattenokeru やってのける *expr pop* terminar com sucesso; ter êxito; sair-se bem.

yatteshimau やってしまう *expr* terminar; realizar os deveres.

yatteyuku やって行く *expr* 1 dar-se; poder conviver.

会社の同僚とうまく〜 *kaisha no dōryō to umaku 〜*: dar-se bem com os colegas de trabalho. **2** ir vivendo; arranjar-se. なんとか〜 *nantoka 〜*: ir-se arranjando na vida; ir vivendo na medida do possível.

yatto やっと *adv* finalmente; por fim; com custo; com dificuldade. 〜わかる *〜wakaru*: compreender finalmente.

yattoko 鋏 *s* alicate; tenaz; torquês.

yattsu 八つ *s* **1** oito anos de idade. **2** número oito.

yattsukeru やっつける *v pop* **1** arrasar; atacar; criticar; derrotar. **2** despachar; pôr fim; levar a termo; acabar. 仕事を一気に〜 *shigoto o ikki ni 〜*: despachar o serviço numa assentada só.

yattsukeshigoto やっつけ仕事 *s* trabalho feito às pressas.

yawarageru 和らげる *v* **1** suavizar; amaciar; atenuar; mitigar; acalmar; abrandar; aliviar; moderar. 苦痛を〜 *kutsū o 〜*: atenuar a dor; aliviar a tristeza; acalmar; moderar. **2** tornar acessível à compreensão.

yawaragu 和らぐ *v* acalmar-se; abrandar. 寒さが和らいだ *samusa ga yawaraida*: o frio abrandou.

yawaraka 柔らか *s* suavidade; brandura; doçura. 〜に *〜ni*: suavemente; delicadamente 〜にする *〜ni suru*: suavizar; amaciar.

yawarakai 柔らかい *adj* **1** suave; macio; mole; tenro. 〜布団 *〜futon*: acolchoado macio. **2** brando; doce; ameno. 〜日ざし *〜hizashi*: sol ameno.

yaya やや *adv* levemente; um pouco; ligeiramente; um tanto. 病人は〜良いようです *byōnin wa 〜 yoi yō desu*: o doente parece um tanto melhor.

yaya やや *interj* **1** ouça lá!; olhe lá! **2** eia! (grito de ânimo no esporte).

yayakoshii ややこしい *adj* complicado; complexo; intrincado; espinhoso; difícil. 〜事情 *〜jijō*: conjuntura difícil; situação complicada.

yayoi 弥生 *s Hist* terceiro mês do calendário lunar; março; primavera. 〜時代 *〜jidai*: período Yayoi (período arqueológico da história japonesa de 300 a.C. a 300 d.C.). 〜式土器 *〜shiki doki*: cerâmica do período Yayoi.

yo 世・代 *s* **1** mundo; sociedade; vida. 〜に出る *〜ni deru*: ficar famoso. 〜をはばかる *〜o habakaru*: evitar a publicidade. 〜を去る *〜o saru*: morrer; deixar este mundo. 〜のために尽くす *〜no tame ni tsukusu*: aplicar-se pelo bem da humanidade. **2** idade; época; período; era; tempos; dias; geração; reinado; regime. 〜はまさにコンピューターの時代だ *〜wa masa ni konpyūtā no jidai da*: estamos realmente na era dos computadores. **3** vida. あの世 *ano yo*: outra vida; mundo depois da morte.

yo 余 *s* excesso; o que ultrapassa, supera. *V* **amari** 余り.

yo 夜 *s* noite.

yo 余・予 *pron* eu.

-yo -よ *partícula* enfática. 本当につらかったよ *hontō ni tsurakatta yo*: foi realmente doloroso!

-yo -余 *suf* mais de; além de; e tantos. **3** マイル〜 *sanmairu〜*: mais de três milhas.

yō 用 *s* **1** afazeres; assunto; negócios; ocupação. 〜を言いつける *〜o iitsukeru*: mandar fazer um trabalho. **2** uso; utilidade. 種々の〜に供せられる *shuju no 〜ni kyōserareru*: oferecido com várias utilidades. **3** serviço; necessidades. 〜を足す *〜o tasu*: ir ao banheiro; concluir a tarefa.

yō 洋 *s* oceano; mares. 〜の東西を問わず *〜no tōzai o towazu*: tanto no mar do leste como no oeste; em toda parte do mundo.

yō 葉 *s* **1** numeral para contagem de folhas de papel, fotografia etc. **2** folha.

yō 陽 *s* **1** lado positivo. **2** ato de ser público. 陰に〜に孤児を励ます *in ni〜ni koji o hagemasu*: encorajar o órfão tanto em particular como em público. **3** polo positivo; carga elétrica positiva. 〜イオン *〜ion*: cátion.

yō 様 *s* **1** modo; maneira; método. それは直し〜がない *sore wa naoshi〜ga nai*: isso já não há como consertar. **2** o parecer; aparência. 何事もなかったの〜に *nanigoto mo nakatta ka no〜ni*: como se nada tivesse acontecido. **3** espécie; gênero; classe; categoria; forma; jeito. 言いつけられた〜にしなさい *iitsukerareta〜ni shinasai*: faça do jeito que lhe mandaram. **4** a fim de; para. 私は電車に間に合う〜に早く起きた *watashi wa densha ni maniau〜ni hayaku okita*: levantei-me cedo para chegar a tempo de pegar o trem.

yō 幼 *s* infância; crianças; jovens.

yō 要 *s* **1** ponto principal. 簡にして〜を得た答え *kan ni shite〜o eta kotae*: resposta breve e precisa. **2** necessidade. 弁解の〜なし *benkai no〜nashi*: sem necessidade de justificativa.

yō よう *partícula* **1** volição. さあ出かけよう *sā, dekakeyō*: vamos sair. **2** suposição. 当然反対意見も出てこよう *tōzen hantai iken mo dete koyō*: provavelmente haverá opiniões contrárias.

yoakashi 夜明かし *s* ato de passar a noite acordado.

yoake 夜明け *s* alvorada; amanhecer; aurora. 新しい時代の〜 *atarashii jidai no 〜*: amanhecer de uma nova era.

yoaruki 夜歩き *s* ato de sair andando durante a noite; andança noturna.

yoasobi 夜遊び *s pop* diversão noturna; ato de gandaiar à noite.

yoatsu 与圧 *s* pressurização. 〜装置 *〜sōchi*: sistema de pressurização.

yōbai 溶媒 *s Quím* solvente; dissolvente.

yoban 夜番 *s* guarda noturno.

yobare 呼ばれ *s pop* convite; festa; recepção.

yobareru 呼ばれる *expr* **1** ser chamado; ser convidado; receber um convite. **2** ser denominado; ser indicado.

yobawari 呼ばわり *s* ato de ser apelidado. 泥棒される *dorobō〜sareru*: ser chamado de ladrão.

yōben 用便 *s* satisfação das necessidades fisiológicas. 〜をする *〜o suru v*: fazer as necessidades; ir ao banheiro.

yobi 予備 *s* reserva; suplente.

yōbi 曜日 *s* dia da semana.

yobiageru 呼び上げる *v* chamar pela lista; fazer a chamada.

yobiatsumeru 呼び集める *v* convocar.

yobichishiki 予備知識 *s* conhecimento preliminar.

yobidashi 呼び出し *s* **1** chamada. **2** *Sumô* pessoa que chama os lutadores para a arena.

yobidashidenwa 呼び出し電話 *s* telefone a chamar.

yobidashijō 呼び出し状 *s* 1 convocatória. 2 citação; intimação judicial.

yobidasu 呼び出す *v* chamar; convocar; intimar.

yobieki 予備役 *s* ato de estar na reserva no serviço militar. ~将校 ~*shōkō*: oficial da reserva.

yobigoe 呼び声 *s* 1 pregão de vendedor. 2 boato; rumores.

yobihi 予備費 *s* fundo de reserva.

yobikaesu 呼び返す *v* 1 chamar de volta; tornar a chamar. 2 recuperar; chamar à realidade; evocar.

yobikakeru 呼び掛ける *v* 1 falar; dirigir-se; chamar. 2 apelar; fazer um apelo; avisar. ラジオを通じて国民に反戦を~ *rajio o tsūjite kokumin ni hansen o* ~: lançar pelo rádio um apelo ao povo contra a guerra.

yobikō 予備校 *s* escola preparatória; cursinho.

yobikōshō 予備交渉 *s* negociações preliminares.

yobimizu 呼び水 *s* água para dar início à operação de bombeamento.

yobimodosu 呼び戻す *v* 1 chamar de volta; tornar a chamar. *V* **yobikaesu** 呼び返す. 2 recuperar; chamar à realidade; evocar. 失った記憶を~ *ushinatta kioku o* ~: recuperar a memória.

yobimono 呼び物 *s* atração; chamariz; estrela. *V* **medama** 目玉.

yobina 呼び名 *s* nome; nome pelo qual é conhecido; denominação corrente.

yobinareru 呼び慣れる *v* estar acostumado a chamar.

yobiokosu 呼び起こす *v* 1 acordar. 2 *fig* trazer à memória; recordar.

yobirin 呼び鈴 *s* campainha. *V* **beru** ベル.

yobisenkyo 予備選挙 *s* eleições preliminares.

yobisute 呼び捨て *s* ato de chamar alguém só pelo primeiro nome, sem as formas de tratamento Sr., Sra. ou Srta.

yobitateru 呼び立てる *v* 1 chamar alto; chamar aos gritos. 2 pedir insistentemente para vir.

yobitomeru 呼び留める *v* sinalizar e parar o transeunte.

yobitsuke 呼び付け *s* chamamento; convocação; citação; intimação.

yobitsukeru 呼び付ける *v* 1 chamar; mandar se apresentar. 社長に呼び付けられる *shachō ni yobitsukerareru*: ser chamado pelo presidente da empresa. 2 estar habituado a chamar.

yobiuri 呼び売り *s* venda de mercadoria a grito.

yobiyoseru 呼び寄せる *v* chamar à presença; mandar chamar; convocar.

yobō 予防 *s* precaução; prevenção; proteção. ~線 ~*sen*: linha segura; linha de precaução.

yōbo 養母 *s* mãe adotiva.

yōbō 要望 *s* exigência; reclamação; desejo; anseio.

yōbō 容貌 *s* aspecto; aparência; feições; fisionomia; semblante.

yobōchūsha 予防注射 *s* injeção preventiva.

yobōsaku 予防策 *s* medida preventiva.

yobōsesshu 予防接種 *s* inoculação preventiva; vacinação.

yoboyobo よぼよぼ *adv pop* ato de vacilar; atitude do idoso debilitado.

yobu 呼ぶ *v* 1 chamar; pedir para vir. タクシーを~ *takushī o* ~: chamar um táxi. 2 chamar pelo nome. 3 convidar. 夕食に~ *yūshoku ni* ~: convidar para o jantar. 4 atrair. 反響を呼んだ小説 *hankyō o yonda shōsetsu*: romance que teve repercussão. 5 apelidar; denominar.

yōbu 要部 *s* parte principal; parte essencial/importante.

yōbu 腰部 *s* cintura; região lombar.

yobun 余分 *s* 1 excesso; sobejo; sobra; excedente. 2 extra. ~に働く ~*ni hataraku*: trabalhar a mais.

yobun 余聞 *s* mexerico; bisbilhotice. 政界~ *seikai* ~: bisbilhotices políticas.

yōbun 養分 *s* alimentação; nutrição; substância nutritiva.

yobyō 余病 *s* doença secundária. ~を併発する ~*o heihatsu suru*: causar complicações; causar efeitos secundários.

yochi 余地 *s* terreno livre; margem; folga. 議論の~がない *giron no* ~*ga nai*: ser irrefutável; não deixar margem para discussão.

yochi 予知 *s* presciência; prognóstico; previsão. 地震を~する *jishin o* ~*suru*: prever um terremoto.

yōchi 用地 *s* terra; terreno; lote para determinado uso.

yōchi 幼稚 *s* 1 infância. 2 imaturidade; inexperiência; infantilidade.

yōchi 要地 *s* ponto estratégico; lugar importante.

yōchien 幼稚園 *s* jardim de infância.

yochiyochi よちよち *adv* com passos vacilantes de criança.

yochokin 預貯金 *s* depósitos e poupanças.

yōchū 幼虫 *s* larva.

yōchūi 要注意 *s* atenção especial; vigilância especial.

yōdai 容体[態] *s* 1 aparência; ar; aspecto. 2 estado do doente.

yodaku 予諾 *s* consentimento prévio.

yodan 余談 *s* digressão; divagação; ato de afastar-se do assunto.

yodan 予断 *s* predição; prognóstico.

yōdan 用談 *s* conversa do interesse de uma pessoa; assunto a ser tratado.

yōdan 要談 *s* conversa importante.

yodare 涎 *s* baba; saliva; cuspo; água na boca.

yōdate 用立て *s* benefício; utilidade. ~金 ~*kin*: empréstimo.

yōdateru 用立てる *v* 1 servir-se; utilizar. 2 emprestar dinheiro.

yodatsu よだつ *v* arrepiar; horripilar.

yōdo 用度 *s* 1 gastos necessários; despesas. 2 fornecimento; abastecimento; provisões. ~係 ~*gakari*: encarregado do abastecimento.

yōdo ヨード (*al Jod*) *s Quím* iodo.

yodomi 淀[澱]み *s* 1 ato de parar no meio da fala; balbucio. ~なく話す ~*naku hanasu*: falar sem tropeços. 2 charco. 3 sedimento.

yodomu 淀[澱]む *v* 1 estagnar; encharcar; estar estagnado. 2 sedimentar; depositar-se; formar sedimento. 3 emperrar.

yōdōsakusen 陽動作戦 *s* operação simulada; farsa.

yodōshi 夜通し *s* noite inteira.

yōeki 溶液 *s* solução; mistura de substâncias em estado líquido.

yōekiken 用益権 *s Dir* direito usufrutuário.

yōfu 養父 *s* pai adotivo.

yōfū 洋風 *s* estilo ocidental.

yofukashi 夜更かし *s* ato de ficar acordado até tarde da noite.

yofuke 夜更け *s* altas horas da noite/madrugada.

yōfuku 洋服 *s* traje ocidental; vestuário.

yōfukuya 洋服屋 *s* alfaiate; alfaiataria; loja de roupas.

yōga 洋画 *s* 1 pintura ocidental. 2 filme ocidental.

yōga 陽画 *s Fot* prova positiva das fotografias.

yōgai 要害 *s* 1 fortaleza; praça-forte; cidadela. 2 lugar estratégico; cidadela natural. 〜の地 〜*no chi*: local inatacável.

yōgan 溶岩 *s* lava. 〜流 〜*ryū*: caudal de lava.

yōgaku 洋学 *s* estudos ocidentais.

yōgashi 洋菓子 *s* bolo; doces ocidentais.

yogen 予言 *s* profecia; predição. その〜ははずれた *sono* 〜*wa hazureta*: essa profecia não se realizou.

yogen 預言 *s Rel* profecia. 〜する, *v*: profetizar.

yōgen 用言 *s Gram* vocábulo nocional-relacional flexível.

yogensha 予言者 *s* profeta.

yogi 余技 *s* passatempo; *hobby*.

yogi 夜着 *s* roupa de cama.

yoginai 余儀ない *adj* inevitável; obrigatório; forçado. 〜事情で 〜*jijō de*: por força das circunstâncias.

yoginaku 余儀なく *adv* inevitavelmente; forçosamente; necessariamente; sem alternativa.

yogiri 夜霧 *s* nevoeiro noturno.

yogisha 夜汽車 *s* trem noturno.

yōgisha 容疑者 *s* suspeito.

yogo 予後 *s* 1 *Med* prognóstico. 2 convalescença. 〜を養う 〜*o yashinau*: convalescer; restabelecer-se.

yōgo 用語 *s* uso das palavras; termo; vocábulo; terminologia; vocabulário; fraseado; linguagem. 専門〜 *senmon*〜: terminologia técnica; linguagem técnica.

yōgo 養護 *s* cuidado; assistência; proteção às crianças deficientes.

yōgo 擁護 *s* defesa; apoio; patrocínio; auxílio. 憲法を〜する *kenpo o* 〜*suru*: defender a Constituição.

yogore 汚れ *s* sujeira; mancha.

yogoreru 汚れる *v* ficar sujo; ficar manchado; ficar poluído.

yogosu 汚す *v* sujar; manchar; poluir; contaminar.

yogoto 夜毎 *s* todas as noites.

yōgu 用具 *s* ferramenta; instrumento; utensílio; aparelhagem. 筆記〜 *hikki*〜: material para escrever.

yōgu 要具 *s* instrumentos necessários.

yōgyo 幼魚 *s* alevino.

yōgyo 養魚 *s* piscicultura; criação de peixes.

yōgyō 窯業 *s* indústria cerâmica; olaria.

yōgyochi 養魚地 *s* viveiro de peixes.

yoha 余波 *s* 1 efeito subsequente. 2 consequência; efeito; sequela.

yohaku 余白 *s* espaço livre; margem (da página).

yōhei 用兵 *s* tática; estratégia militar.

yōhei 傭兵 *s* soldado mercenário.

yōhin 用品 *s* utensílio; instrumento. 台所〜 *daidokoro*〜: utensílios de cozinha. 事務〜*jimu*〜: artigos de escritório.

yōhin 洋品 *s* acessórios do vestuário ocidental.

yohō 予報 *s* previsão; prognóstico; predição; pré-aviso. 天気〜 *tenki*〜: previsão meteorológica.

yōhō 用法 *s* modo de usar; uso; emprego. 〜を誤る 〜*o ayamaru*: usar de modo equivocado.

yōhō 養蜂 *s* apicultura; criação de abelhas.

yohodo よほど *adv* 1 muito; bem; bastante; em larga medida. 〜以前に 〜*izen ni*: há muito tempo. 2 em extremo; demasiadamente; quase; mesmo. 〜のことがない限り 〜*no koto ga nai kagiri*: desde que não haja nada de extremamente excepcional.

yoi 宵 *s* noitinha; anoitecer.

yoi 酔い *s* 1 embriaguez; bebedeira. 2 enjoo. 船〜 *funa*〜: enjoo de barco. 二日〜 *futsuka*〜: ressaca.

yoi 善[好・良・佳]い *adj* 1 bom; fino; bondoso; cortês; agradável; favorável; benéfico; excelente; magnífico; propício. 〜天気 〜*tenki*: bom tempo. ここはながめが〜 *koko wa nagame ga*〜: aqui tem uma vista magnífica. 2 conveniente; ajustado; justo; adequado; preferível; desejável; correto; próprio; certo. 台風が来なければ〜が *taifu ga konakereba*〜*ga*: oxalá o tufão não nos atinja. 3 ser admissível; ser possível; não ter problema. 質問をしても〜ですか *shitsumon o shitemo* 〜*desu ka*: posso lhe fazer uma pergunta? 4 fácil. 飲み〜薬 *nomi*〜*kusuri*: remédio fácil de tomar. 5 bastante; suficiente.

yōi 用意 *s* preparação; preparativos; arranjo; prevenção. 雨具の〜をする *amagu no* 〜*o suru*: prevenir-se para a chuva. 〜万端整った 〜*bantan totonotta*: tudo preparado.

yōi 容易 *s* facilidade; simplicidade.

yoidore 酔いどれ *s pop* bêbado; ébrio.

yoigoshi 宵越し *s* passagem de um dia para o outro.

yoikagen 好い加減 *adj* moderado; suficiente; apropriado.

yōiku 養育 *s* criação; educação e sustento. 〜者 〜*sha*: criador; educador.

yōikuin 養育院 *s* orfanato; casa de crianças sem lar.

yoin 余韻 *s* reverberação; ressonância; eco. 〜のある詩 〜*no aru shi*: poema cheio de ressonâncias.

yōin 要因 *s* fator principal; causa principal.

yōin 要員 *s* pessoal necessário; mão de obra requerida.

yōinaranu 容易ならぬ *expr* difícil; complexo. 〜事態 〜*jōtai*: situação grave.

yoi no kuchi 宵の口 *s* o cair da noite.

yōishūtō 用意周到 *s* prudência máxima; muita cautela.

yoitsubureru 酔いつぶれる *v* beber até ficar descordado.

yōji 用事 *s* negócio; assunto; serviço; trabalho; afazeres; compromisso. 人に〜を頼む *hito ni* 〜*o tanomu*: pedir para alguém fazer um serviço.

yōji 幼児 *s* bebê; criança pequenina.

yōji 幼時 *s* infância.

yōji 楊枝 *s* palito de dentes.

yōjikyōiku 幼児教育 *s* educação infantil.

yōjin 用心 *s* cuidado; cautela; atenção; precaução; prevenção; discrição. 足元にご〜 *ashimoto ni go*〜: cuidado no andar.

yōjin 要人 *s* pessoa muito importante; grande personalidade.

yōjinbō 用心棒 *s pop* guarda-costas; capanga. *V* **goei** 護衛.

yōjinbukai 用心深い *adj* atento; cuidadoso; escrupuloso; cauteloso; precavido; prudente; circunspecto.

yōjinbukaku 用心深く *adv* com prudência; com cuidado. ～行動する ～ *kōdō suru*: agir com prudência.

yojinoboru 攀じ登る *v* trepar; subir. 木に～ *ki ni* ～: subir na árvore.

yojire 捩れ *s* **1** torcedura. **2** *Fís* torção.

yojō 余剰 *s* excesso; excedente; sobra; resto; restante.

yōjo 幼女 *s* menina pequenina.

yōjo 養女 *s* filha adotiva; filha de criação.

yōjō 養生 *s* **1** cuidado com a saúde. **2** *Arquit* presa; secagem de cimento.

yojōbusshi 余剰物資 *s* material excedente.

yojōjin'in 余剰人員 *s* pessoal em excesso.

yōjutsu 妖術 *s* magia; bruxaria; feitiçaria.

yoka 予科 *s* curso preparatório.

yoka 余暇 *s* tempo livre; horas de lazer.

yōka 八日 *s* **1** oito dias. **2** oitavo dia do mês.

yōka 養家 *s* família adotiva.

yōkai 妖怪 *s* assombração; fantasma; aparição fantástica; espectro; monstro.

yōkai 溶解 *s* **1** solubilidade; dissolução; liquefação. ～度 ～*do*: nível de solubilidade. **2** derretimento; fusão.

yōkai 容喙 *s* interferência; intromissão.

yokaku 与格 *s Gram* caso dativo.

yokan 予感 *s* premonição; pressentimento; intuição. 不吉な～がする *fukitsu na* ～*ga suru*: ter um mau pressentimento.

yōkan 羊羹 *s* doce de feijão com ágar-ágar.

yōkan 洋館 *s* edifício ou prédio em estilo ocidental.

yokaranu 良[善]からぬ *expr* mau; ruim; malévolo. ～心を起こす ～*kokoro o okosu*: ter maus pensamentos.

yokareashikare 善かれ悪しかれ *expr* bem ou mal; certo ou errado. ～現代文明の基礎は科学である ～*gendai bunmei no kiso wa kagaku de aru*: bem ou mal, a civilização moderna tem como base a ciência.

-yoke -除[避]け *suf* proteção; defesa; abrigo; talismã. 泥棒～ *dorobō*～: proteção contra os ladrões.

yokei 余計 *s* **1** excesso; sobra a mais. ～なもの ～*na mono*: o que sobra; o excedente. **2** desnecessário. ～なお世話だ ～*na osewa da*: não se meta onde não é chamado. **3** muito mais; cada vez mais. 見るなと言われると～見たいものだ *miruna to iwareru to* ～ *mitai mono da*: se nos dizem para não ver, mais ficamos com vontade de ver.

yōkei 養鶏 *s* avicultura, criação de galinhas.

yoken 予見 *s* conhecimento prévio; previsão; presciência. 動乱を～する *dōran o* ～*suru*: prever distúrbios.

yōken 用件 *s* assunto; negócio. ご～は何ですか *go* ～*wa nan desu ka*: qual é o assunto?

yōken 要件 *s* **1** assunto importante. **2** requisito; condição necessária.

yokeru 避ける *v* evitar; desviar-se; evadir-se; esquivar.

yoki 予期 *s* expectativa; esperança; previsão. ～に反して ～*ni hanshite*: contrariando as expectativas.

yōki 容器 *s* receptáculo; recipiente; vasilha.

yōki 陽気 *s* **1** tempo; clima. ～がよくなった ～*ga yokunatta*: o tempo melhorou. **2** alegria; boa disposição; vivacidade. ～な人 ～*na hito*: pessoa alegre.

yokin 預金 *s* depósito; economias; conta bancária. 定期～ *teiki*～: depósito a prazo.

yokintsūchō 預金通帳 *s* caderneta do banco.

yokinsha [nushi] 預金者[主] *s* depositante.

yokka 四日 *s* **1** quatro dias. **2** dia quatro do mês.

yokkyū 欲求 *s* desejo; anseio; necessidade.

yoko 横 *s* **1** lado; direção horizontal. **2** largura. **3** lado; flanco.

yokō 予行 *s* ensaio. ～演習する ～*enshū suru*, *v*: ensaiar; fazer o ensaio.

yokō 洋行 *s* viagem ao exterior.

yōkō 要項 *s* pontos principais; cláusulas; item importante.

yōkō 要綱 *s* pontos principais; ideia principal; estatuto; sinopse; sumário.

yōkō 陽光 *s* raios solares; brilho do sol.

yokoai 横合い *s* **1** flanco; lado. **2** intruso; estranho.

yokobai 横這い *s* o ato de andar de lado; estabilidade.

yokobue 横笛 *s* flauta transversal.

yokochō 横町 *s* rua lateral; travessa; ruela; viela; beco.

yokodaoshi 横倒し *s* ato de derrubar de lado.

yokodori 横取り *s* usurpação; confisco; roubo; ato de surripiar. 恋人を～する *koibito o* ～*suru*: roubar o(a) namorado(a).

yokogaki 横書き *s* escrita horizontal.

yokogao 横顔 *s* perfil; silhueta.

yokogiru 横切る *v* atravessar; ato de cruzar.

yokohaba 横幅 *s* largura.

yokojima 横縞 *s* listra transversal.

yokoku 予告 *s* pré-aviso; aviso; notificação prévia.

yokome 横目 *s* ato de olhar de lado; olhar sedutor.

yokomichi 横道 *s* **1** ramal; caminho secundário. **2** outro caminho. **3** mau caminho.

yokomoji 横文字 *s* **1** letras escritas horizontalmente. **2** língua ocidental.

yokomuki 横向き *s* virado para o lado. ～になる ～*ni naru*: ficar de lado; pôr-se de lado.

yokonagashi 横流し *s* mercado negro; disposição ilegal; rota ilícita de produtos.

yokonaga 横長 *s* avantajado em largura.

yokonami 横波 *s* onda que vem de lado. *Fís* onda transversal.

yokoppara 横っ腹 *s pop* parte lateral do abdome; lado; flanco; laterais.

yōkōro 溶鉱炉 *s* forno de fundição; alto-forno.

yokosen 横線 *s* linha horizontal.

yokosu 寄こす *v* **1** mandar para cá. **2** vir; chegar.

yokosuberi 横滑り *s* derrapagem; deslizamento.

yokotawaru 横たわる *v* deitar-se; jazer; estender; estar deitado.

yokoyari 横槍 *s* ataque pelo flanco; intromissão.

yokozuke 横付け *s* atracação; acostamento; ato de encostar.

yokozuna 横綱 *s* título máximo do lutador de sumô.

yoku 欲[慾] *s* avareza; cobiça; desejo; apetite; ambição.

yoku 翼 *s* asa.

yoku 好[善く・能]く *adv* **1** bem; corretamente; completamente; exatamente. **2** bem; melhorar. 天気が～なった *tenki ga* ～*natta*: o tempo melhorou. **3** benfeito. このシチューは〜できている *kono shichū wa 〜 dekite iru*: este guisado está benfeito. **4** muito; bastante; muitas vezes; frequentemente. そんなことは〜ある事さ *sonna koto wa 〜 aru koto sa*: essas coisas acontecem constantemente.

yoku- 翌- *pref* seguinte (cronológico).

yokuatsu 抑圧 *s* opressão; repressão; restrição; controle. 〜*suru*, *v*: oprimir; reprimir; restringir; controlar.

yokubari 欲張り *s* avareza; cobiça; ganância; pessoa avarenta; pessoa gananciosa.

yokubaru 欲張る *v* querer tudo para si; ser ganancioso.

yokubō 欲望 *s* desejo; apetite; ambição.

yokuchi 沃地 *s* terra fértil.

yokuchō 翌朝 *s* manhã seguinte.

yokujitsu 翌日 *s* dia seguinte.

yokujō 浴場 *s* **1** balneário. **2** banho público.

yokujō 欲情 *s* desejo; paixão carnal; desejo sexual.

yokume 欲目 *s* visão parcial; parcialidade.

yokumo よくも *adv* reação a um ato atrevido, a um ato de ousadia. 〜のこのここへ来られたものだ 〜 *nokonoko koko e korareta mono da*: com que descaramento veio até aqui?

yokunen 翌年 *s* ano seguinte.

yokuryū 抑留 *s* detenção; internamento; embargo; captura.

yokusei 抑制 *s* controle; restrição; inibição; repressão; supressão.

yokushi 抑止 *s* impedimento; coibição; dissuasão. 核〜力 *kaku〜ryoku*: poder de dissuasão do uso de arma nuclear.

yokushitsu 浴室 *s* banheiro; chuveiro.

yokusō 浴槽 *s* banheira.

yoku suru 良[能]くする *v* ter habilmente, fazer bem.

yoku suru 浴する *v* **1** banhar-se. **2** receber; ter a honra; gozar; desfrutar; usufruir.

yokutoku 欲得 *s* mercenarismo; egoísmo; interesse próprio.

yokutokuzuku 欲得ずく *s* pessoa calculista.

yokuya 沃野 *s* campo fértil.

yokuyō 抑揚 *s* entoação; acentuação; modulação; ritmo.

yokuyoku よくよく *adv* **1** cuidadosamente; decididamente; bem. **2** muito bem.

yokuyoku no よくよくの *expr* por motivo extremo; por circunstâncias de força maior.

yokyō 余興 *s* entretenimento; diversão; atrações.

yōkyoku 謡曲 *s* música, canção do nô.

yōkyoku 陽極 *s Eletr* polo positivo; ánodo. 〜線 〜*sen*: raios anódicos; radiação anódica.

yōkyū 要求 *s* requisição; exigência; pedido; reclamação. 〜に応じる 〜*ni ōjiru*: atender as exigências. 〜*suru*, *v*: exigir; requerer; pedir; reclamar.

yōma 洋間 *s* sala ou quarto em estilo ocidental.

yome 嫁 *s* noiva, nora. 〜に行く 〜*ni iku*: casar-se.

yomei 余命 *s* resto da vida; dias que restam. 〜いくばくもない 〜*ikubaku mo nai*: ter os dias contados; ter pouco tempo de vida.

yōmei 用命 *s* ordem; mando.

yomeiri 嫁入り *s* casamento; as núpcias. 〜道具 〜*dōgu*: enxoval de noiva.

yomeru 読める *v* **1** saber ler; ser legível. **2** perceber; entender; compreender; adivinhar. 君の心がはっきり読めた *kimi no kokoro ga hakkiri yometa*: consegui entender perfeitamente o seu pensamento. **3** ser digno de leitura. この本はなかなか〜 *kono hon wa nakanaka 〜*: este livro é bem conceituado.

yomi 読み *s* **1** leitura. **2** juízo; adivinhar; intuir; ver. 先の〜が浅い *saki no〜ga asai*: ter pouca visão do futuro.

yomiageru 読み上げる *v* **1** ler alto; recitar. **2** ler tudo; terminar de ler.

yomiawaseru 読み合わせる *v* ler para confrontar; ler e comparar. 原稿と校正刷りを〜 *genkō to kōseizuri o〜*: confrontar as provas com o original.

yomiayamaru 読み誤る errar; enganar-se na interpretação; ler mal; pronunciar errado.

yomichi 夜道 *s* o caminho à noite; caminhada noturna; ato de sair à noite.

yomifukeru 読み耽る *v* ficar absorto na leitura.

yomigaeru 蘇[甦]る *v* **1** ganhar nova vida; renascer; reviver. 一雨降って草木がよみがえった *hitoame futte kusaki ga yomigaetta*: as plantas reviveram com a chuva. **2** ressuscitar; ressurgir.

yomikaesu 読み返す *v* ler repetidamente; reler.

yomikakeru 読み掛ける *v* ler pela metade.

yomikaki 読み書き *s* leitura e escrita.

yomikata 読み方 *s* **1** leitura; pronúncia; modo de ler. **2** interpretação.

yomikikaseru 読み聞かせる *v* ler para os outros. 子供に絵本を〜 *kodomo ni ehon o 〜*: ler um livro com figuras para as crianças.

yomikomu 読み込む *v* ler atentamente.

yomikonasu 読みこなす *v* ler e entender bem.

yomimono 読み物 *s* livro; livro de leitura.

yominagasu 読み流す *v* **1** ler por alto; passar os olhos. 雑誌を軽く〜 *zasshi o karuku 〜*: folhear a revista. **2** ler com facilidade.

yominaosu 読み直す *v* reler; ler novamente.

yominareru 読み慣れる *v* acostumar a ler; estar habituado a ler.

yominikui 読み難い *adj* ilegível; difícil de ler.

yomiotosu 読み落とす *v* saltar palavras ou linhas na leitura.

yomiowaru 読み終わる *v* terminar de ler; acabar de ler; ler até o fim.

yomisashi 読みさし *s* leitura por acabar.

yomise 夜店 *s* barraca que funciona durante a noite.

yomisuteru 読み捨てる *v* ler uma vez e jogar fora.

yomite 読み手 *s* leitor.

yomitoru 読み取る *v* ler o pensamento. 言外の意を〜 *gengai no i o 〜*: ler nas entrelinhas.

yomitōsu 読み通す *v* ler até a última página.

yomiyasui 読み易い *adj* legível; fácil de ler.

yomo 四方 *s* os quatro pontos cardeais; os quatro lados; as quatro direções.

yōmō 羊毛 *s* lã. 〜製品 〜*seihin*: artigos de lã.

yomogi 蓬・艾 *s Bot* artemísia; absinto.

yomoya よもや *adv* de maneira nenhuma; nunca.

yōmōzai 養毛剤 *s* tônico para o cabelo; loção capilar.

yomu 読む *v* **1** ler. 読んで字の如く *yonde ji no gotoku*: literalmente; ao pé da letra. **2** ler; ver; decifrar; adivinhar. 暗号を〜 *angō o〜*: decifrar o código. 顔色を〜 *kaoiro o〜*: interpretar pela

fisionomia. **3** contar. 票を〜 *hyō o*〜: contar ou prever os votos.
yōmu 用務 *s* serviço; trabalho; negócio. 〜員 〜*in*: servente; porteiro; guarda; zelador.
yōmuki 用向き *s* negócio; assunto. 〜を述べる 〜 *o noberu*: dizer o que deseja.
yon 四 *s* quatro. *V* **shi** 四.
yonabe 夜なべ *s* serão.
yonaka 夜中 *s* altas horas da noite.
yonareru 世慣れる *v* ter muita experiência de vida; ser sofisticado.
yōnashi 洋梨 *s Bot* pera ocidental.
yonbai 四倍 *s* quádruplo; quatro vezes mais.
yondokoronai よんどころない *adj* inadiável; inevitável; urgente; imperativo. 〜事情で早退する 〜*jijō de sōtai suru*: sair antes do horário por motivo inadiável.
yonen 四年 *s* quatro anos. 〜ごとの 〜*goto no*: quadrienal.
yonen 余念 *s* outra ideia; distração. 研究に〜がない *kenkyū ni*〜*ga nai*: dedicação exclusiva à pesquisa.
yōnen 幼年 *s* anos da infância.
yonige 夜逃げ *s* fuga noturna.
yōniku 羊肉 *s* carne de cordeiro.
yōnin 容認 *s* consentimento; tolerância; permissão.
yo no naka 世の中 *s* mundo; sociedade; a vida; os tempos. 〜は広いようで狭い 〜*wa hiroi yō de semai*: o mundo parece grande, mas é pequeno. 〜へ出る 〜*e deru*: começar a ganhar a vida.
yo no tsune 世の常 *expr* as coisas da vida; o corriqueiro.
yontōbun 四等分 *s* divisão em quatro partes.
yopparai 酔っ払い *s pop* bêbado; embriagado.
yopparau 酔っ払う *v pop* embebedar-se; embriagar-se.
yōran 要覧 *s* vista geral; resumo; sumário.
yōrei 用例 *s* exemplo. 〜を示す 〜*o shimesu*: dar um exemplo.
yoreru 縒れる *s* ficar torcido; torcer-se.
yoreyore よれよれ *s* todo surrado (vestes).
yori 寄り *s* **1** juntar; atrair. この店は客の〜がいい *kono mise wa kyaku no* 〜*ga ii*: esta loja atrai muitos fregueses. **2** de; perto de. 北〜の風 *kita* 〜*no kaze*: vento do norte.
yori 縒り *s* torcido em espiral.
yori より *partícula* **1** ponto de partida. 五月一日〜 *gogatsu tsuitachi*〜: a partir do dia primeiro de maio. *V* **kara** から. **2** comparativo (superioridade). コーヒー〜ビールの方がいい *kōhī*〜*bīru no hō ga ii*: prefiro cerveja a café.
yoriai 寄り合い *s* **1** agrupamento; aglomeração; mistura. ブラジルはいろんな人種の〜だ *burajiru wa iron na jinshu no* 〜*da*: o Brasil é um mistura de várias raças. **2** reunião; assembleia; encontro. 町内の〜 *chōnai no*〜: encontro do bairro.
yoriatsumaru 寄り集まる *v* reunir-se; encontrar-se; juntar-se.
yoriawaseru 寄り合わせる *v* entrelaçar; entrançar.
yoridasu 選り出す *v* escolher; selecionar. *V* **erabidasu** 選び出す.
yoridokoro 拠り所 *s* **1** fundamento; base; autoridade. **2** suporte; apoio. 生きて行くのには心の〜が必要だ *ikite iku no ni wa kokoro no* 〜*ga hitsuyō da*: para vivermos, necessitamos de um apoio espiritual.
yoridori 選り取り *s* a escolha. 〜見取り 〜*midori*: a escolha.
yorigonomi 選り好み *s* gosto exigente; o ato de selecionar só o que é do próprio gosto.
yoriito 縒糸・撚糸 *s* fio retorcido; barbante.
yorikakaru 寄り掛かる *v* **1** encostar-se; apoiar-se. **2** contar; depender; encostar-se.
yorimichi 寄り道 *s* parada no meio do caminho; sair da rota.
yorinuki 選り抜き *s* nata; escol; elite; seleção. 〜の品 〜*no shina*: artigos selecionados.
yorinuku 選り抜く *v* escolher; selecionar a dedo.
yori o modosu 縒りを戻す *expr* reconciliação.
yōritsu 擁立 *s* apoio. 候補に前市長を〜する *kōho ni zenshichō o* 〜*suru*: apoiar o ex-prefeito como candidato.
yoritsuku 寄り付く *v* **1** aproximar-se. 彼は叔父に寄り付かなくなった *kare wa oji ni yoritsukanaku natta*: ele foi se afastando do tio. **2** abrir. 新日鉄が一円高で寄り付いた *shinnittetsu ga ichi'en daka de yoritsuita*: a primeira cotação da Shin-Nittetsu abriu com alta de um iene.
yoriwakeru 選り分ける *v* classificar; separar.
yōro 要路 *s* **1** estrada principal. **2** posição importante.
yōrō 養老 *s* assistência aos idosos.
yōrōhoken 養老保険 *s* seguro para a terceira idade.
yoroi 鎧 *s* armadura; couraça.
yoroido 鎧戸 *s* persiana.
yorokeru よろける *v* cambalear; tropeçar. *V* **yoromeku** よろめく.
yorokobashii 喜ばしい *adj* feliz; alegre; agradável.
yorokobasu 喜ばす *v* alegrar; dar alegria; agradar; divertir.
yorokobi 喜び *s* **1** alegria; regozijo; prazer; satisfação; contentamento. 〜をかみしめる 〜*o kamishimeru*: saborear a alegria. **2** felicitações; parabéns; congratulações.
yorokobigoto 喜び事 *s* motivo de alegria; acontecimento feliz.
yorokobiisamu 喜び勇む *v* ficar exultante de felicidade; muito exultante; com muita alegria.
yorokobu 喜[悦]ぶ *v* alegrar-se; estar contente; ter prazer; regozijar-se. 〜べき兆候 〜*beki chōkō*: sintoma favorável.
yoroku 余録 *s pop* fatos adicionais; adicionais não registrados.
yoromeku よろめく *v* **1** cambalear; vacilar; andar sem firmeza. **2** enamorar-se; ter uma aventura amorosa.
yoron 輿[世]論 *s* opinião pública; voz do povo.
yoronchōsa 輿[世]論調査 *s* pesquisa de opinião pública.
yoroshii 宜しい *adj* bom; sim; de concordo; está bem.
yoroshiku 宜しく *adv* **1** bem; a seu gosto; como quiser. **2** recomendações. 両親が〜とのことです *ryōshin ga* 〜*to no koto desu*: meus pais mandam-lhe lembranças. **3** como se fosse. 彼は外人〜話していた *kare wa gaijin* 〜 *hanashite ita*: ele falava como se fosse um estrangeiro.
yoroyoro よろよろ *adv* vacilante; cambaleante. *V* **furafura** ふらふら.
yorozu 万 *s* tudo; todo o tipo de coisas.

yorozuya 万屋 s pop 1 comerciante que vende de tudo; mercearia. 2 homem dos sete ofícios; pau para toda obra.

yoru 夜 s noite.

yoru 因[由・拠・依]る v 1 ser causado; ter origem. 病気に〜欠席 byōki ni 〜kesseki: ausência por motivo de doença. 2 usar; recorrer. 文字に拠って感情を表現する moji ni yotte kanjō o hyōgen suru: exprimir os sentimentos por meio da escrita.

yoru 寄[凭・頼]る v 1 aproximar-se. わきに〜 waki ni〜: chegar-se para o lado. 2 juntar-se; reunir-se; encontrar-se. 3 aumentar. 笑うとしわが寄った warau to shiwa ga yotta: ao rir, as rugas se acentuaram. 4 passar; parar; ir. ちょっとお寄りになりませんか chotto oyori ni narimasen ka: não quer entrar um pouco?

yoru 選る v escolher; selecionar.

yoru 撚る v torcer; retorcer; entrançar.

yorube 寄る辺 s refúgio; amparo; lugar para onde ir; pessoa a quem recorrer.

yoruhiru 夜昼 s dia e noite.

yoru no onna 夜の女 expr mulher da noite; prostituta.

yōryaku 要略 s sumário; resumo.

yōryō 要領 s 1 ponto importante. 〜を得ない 〜o enai: vago; evasivo. 2 habilidade; jeito. 彼はいつでも〜がいい kare wa itsu demo 〜ga ii: ele tem jeito pra tudo.

yōryō 用量 s dose.

yōryō 容量 s capacidade; volume. 〜分析 〜bunseki, Quím: análise volumétrica.

yoryoku 余力 s força de sobra; dinheiro de sobra. 〜を蓄える 〜o takuwaeru: acumular energia.

yōryokuso 葉緑素 s Bot e Quím clorofila.

yosa 良[好]さ s valor; mérito; virtude; qualidades.

yōsai 洋裁 s costura de estilo ocidental. 〜学校 〜gakkō: escola de corte e costura.

yōsai 要塞 s fortaleza; forte.

yosan 予算 s orçamento.

yōsan 養蚕 s sericicultura.

yosan'an 予算案 s plano de orçamento.

yosan'iin 予算委員 s elaboradores do orçamento; membro da comissão de orçamento.

yosansochi 予算措置 s medida orcamentária.

yose 寄席 s teatro popular japonês humorístico-satírico.

yoseatsume 寄せ集め s mistura; miscelânea; heterogenia.

yoseatsumeru 寄せ集める v juntar; reunir; agrupar variedades.

yosegi 寄せ木 s marchetaria; encaixe de madeiras. 〜細工 〜zaiku: trabalho artesanal de encaixe de madeiras.

yosei 余生 s resto da vida.

yōsei 養成 s formação; cultivo; treino.

yōsei 要請 s pedido; exigência; solicitação.

yōsei 陽性 s 1 Med reação positiva. 2 extroversão; jovialidade. 〜な人 〜na hito: pessoa extrovertida.

yōseki 容積 s capacidade; volume.

yosen 予選 s 1 eliminatória; prova eliminatória. 2 pré-seleção.

yōsen 用箋 s papel de escrever; bloco. V binsen 便箋.

yōsen 傭船 s fretamento; barco fretado.

yōsenkeiyaku 傭船契約 s contrato de fretamento de barco.

yoseru 寄せる v 1 aproximar-se; ir. 2 acercar. 3 inclinar-se; gostar de. 4 juntar. 5 enviar; mandar. 6 fazer uma visita. また寄せていただきます mata yosete itadakimasu: volto a visitar. 7 confiar; entregar. 8 usar como meio.

yōsetsu 溶接 s soldagem.

yōsetsu 夭折 s morte prematura.

yosetsukeru 寄せ付ける v fazer aproximar; atrair.

yōsha 容赦 s perdão; tolerância. 〜suru, v: perdoar; tolerar.

yoshi 由 s 1 razão; causa. 2 maneira; meio. 3 fato; caso. ご病気の〜、お見舞い申し上げます go-byōki no 〜, omimai mōshiagemasu: em razão da sua doença, envio-lhe os meus votos de melhoras.

yoshi 良[好]し adj 1 bom; boa. 2 aprovado; decidido. interj bravo!

yōshi 用紙 s folha de papel. 答案〜 tōan〜: folha de respostas.

yōshi 要旨 s ponto essencial; resumo. 〜を述べる 〜o noberu: resumir os pontos essenciais.

yōshi 養子 s filho adotivo.

yōshi 容姿 s aparência; figura.

yōshi 陽子 s Fís e Quím próton.

yoshiashi 善し悪し s 1 o bem e o mal. 2 ambivalência; prós e contras; vantagens e desvantagens.

yōshiki 様式 s 1 modelo. 2 estilo; maneira; forma. ゴシック〜 goshikku〜: estilo gótico.

yōshiki 洋式 s estilo ocidental.

yoshimi 誼[好]み s amizade. 親友の〜で彼に金を借りた shin'yū no 〜de kare ni kane o karita: valendo-me da amizade, solicitei-lhe um empréstimo.

yoshin 予審 s Dir julgamento preparatório; juízo sumariante.

yōsho 要所 s ponto importante; posição estratégica.

yōsho 洋書 s livro estrangeiro; livro ocidental.

yōshō 幼少 s infância; meninice. 〜の頃 〜no koro: na infância.

yōshokki 洋食器 s serviço de mesa em estilo ocidental.

yoshoku 余色 s Fís cor complementar.

yōshoku 洋食 s prato ocidental; cardápio ocidental.

yōshoku 要職 s posto/posição importante.

yōshoku 養殖 s cultura; criação.

yōshokuten 洋食店 s restaurante de comida ocidental.

yoshū 予習 s pré-estudo; preparação para aula.

yōshu 幼主 s jovem monarca.

yōshu 洋酒 s bebida alcoólica ocidental.

yoso 他[余]所 s outro lugar; outra parte; fora; estrangeiro. 〜の人 〜no hito: estrangeiro; forasteiro. 〜を見る 〜o miru: desviar o olhar; olhar para outro lugar.

yosō 予想 s previsão; expectativa; conjectura.

yōso 要素 s elemento; fator; requisito. 水の構成〜 mizu no kōsei〜: elementos componentes da água.

yōso 沃素 s Quím iodo.

yōsō 様相 s aspecto; situação.

yosōdōri 予想通り s como se pensava; como era previsto; como se esperava. 〜の結果 〜no kekka: resultado previsto; resultado esperado.

yosōgai 予想外 *s* inesperado; contra o que se esperava. ～の結果 ～*no kekka*: resultado inesperado.
yosogoto 余所事 *s* assunto alheio.
yosoku 予測 *s* previsão; prognóstico; conjectura.
yosomi 余所見 *s* ato de desviar o olhar.
yosomono 余所者 *s* forasteiro; estranho; gente de fora.
yosonagara 余所ながら *adv* de fora; em segredo; à distância.
yosooi 装い *s* 1 atavio; adorno; traje; vestuário; fato. ～を凝らす ～*o korasu*: vestir com requinte; ataviar-se. 2 aparência; decoração. その店は～を新たに開店した *sono mise wa*～*o arata ni kaiten shita*: essa loja reabriu toda renovada.
yosoou 装う *v* 1 vestir-se; ornamentar; decorar. 2 fingir; aparentar; simular; disfarçar. 病気を～ *byōki o* ～: fazer-se de doente.
yosoyososhii 余所余所しい *adj* frio; indiferente; distante.
yosoyuki 余所行き *s* formal; especial.
yosu 止す *v* parar; cessar; deixar; acabar; abandonar; desistir. 止せ！ *yose!*: pare!
yōsu 様子 *s* 1 estado; situação; aspecto; fase; circunstâncias. ～を見る ～*o miru*: ver como estão as coisas. 2 aparência; aspecto; ar; comportamento. 恐れる～も無く *osoreru*～*mo naku*: sem mostrar sinal de receio. 3 indício; jeito; sinal; ar. 雨が降りそうな～だ *ame ga furisō na*～*da*: está com jeito de chuva.
yōsui 用水 *s* água para algum uso.
yōsui 揚水 *s* água extraída com bomba.
yōsuichi 用水地*s* açude; reservatório; poça.
yōsuiro 用水路 *s* agueira; canal de irrigação.
yosumi 四隅 *s* os quatro cantos.
yōsuru 要する *v* ser preciso; precisar; requerer; exigir.
yōsuru 擁する *v* 1 abraçar. 2 comandar; chefiar. 3 ter; possuir. 優秀な人材を～ *yūshū na jinzai o* ～: possuir pessoal muito capacitado. 4 ter como chefe. 幼君を～ *yōkun o* ～: ter como chefe o jovem rei.
yōsuru ni 要するに *adv* em suma; numa palavra; resumindo. ～油断大敵ということだ ～*yudan taiteki to iu koto da*: em suma, o descuido é o inimigo mais perigoso.
yosutebito 世捨て人 *s* pessoa que se afastou das coisas mundanas.
yota 与太 *s pop* disparate; aldrabice. ～を飛ばす ～*o tobasu*: dizer disparates.
yotabanashi 与太話 *s* fofoca; papo de desocupado.
yotaku 預託 *s* depósito. ～*suru, v*: depositar. ～金 ～*kin*: dinheiro depositado.
yōtashi 用達し *s* 1 transação de negócios. 2 ato de fazer as necessidades. 3 contratante do governo; fornecimento de mercadorias às firmas.
yotei 予定 *s* plano; programa; previsão.
yoteibi 予定日 *s* dia previsto.
yoteihyō 予定表 *s* programação escrita; tabela com planos.
yōten 要点 *s* ponto essencial; ponto principal; essência; questão; substância.
yotō 与党 *s* partido governamental; partido do governo.
yōto 用途 *s* uso; aplicação.

yotoku 余得 *s* benefícios adicionais.
yōton 養豚 *s* criação de porcos.
yotsu 四つ *num* 1 quatro; número quatro. 2 quatro anos de idade. 3 dez horas da manhã ou da noite, de acordo com o horário tradicional.
yotsuashi 四足 *s* quadrúpede; que possui quatro pés/pernas.
yotsugi 世継ぎ *s* sucessor; herdeiro.
yotsukado 四つ角 *s* cruzamento; encruzilhada; esquina.
yotsuyu 夜露 *s* orvalho noturno; sereno.
yotte 因って・仍て *conj* por consequência; por isso. *expr* 1 por meio de; através de. 思想は言語に～表現される *shisō wa gengo ni* ～ *hyōgen sareru*: as ideias são expressas por meio da linguagem. 2 segundo; dependendo de. 習慣は国に～異なる *shūkan wa kuni ni* ～ *kotonaru*: os costumes variam segundo os países. 3 por. 台風に～流された橋 *taifū ni* ～ *nagasareta hashi*: a ponte que foi levada pelo tufão.
yottetakatte 寄ってたかって *expr* atacar em grupo. ～弱い者をいじめる ～*yowai mono o ijimeru*: em grupo, maltratam o indivíduo frágil.
yotto ヨット (*ingl yacht*) *s* iate; barco a vela; barco de recreio.
you 酔う *v* 1 embriagar-se; embebedar-se. 2 enjoar. 3 ficar extasiado. 勝利に～ *shōri ni* ～: embriagar-se com a vitória.
yowagoshi 弱腰 *s* atitude fraca; atitude tímida; comportamento de medroso.
yowai 齢 *s* idade.
yowai 弱い *adj* 1 fraco; débil. 2 frágil; delicado. 3 pouco resistente.
yowaimono 弱い者 *expr* fraco; pessoa fraca.
yowaki 弱気 *s* 1 fraqueza; covardia; timidez; desânimo; pessimismo. 2 *Econ* tendência a cair. 市場は～だ *shijō wa* ～*da*: o mercado está com tendência de baixa.
yowaku 弱く *adv* fracamente. ～する *suru v*: enfraquecer; atenuar; debilitar; diminuir.
yowamaru 弱まる *v* abrandar; ficar fraco; enfraquecer. 風が弱まった *kaze ga yowamatta*: o vento abrandou.
yowameru 弱める *v* atenuar; enfraquecer; diminuir. 声の調子を弱める *koe no chōshi o yowameru*: abrandar o tom da voz.
yowami 弱み *s* fraqueza; debilidade; ponto fraco.
yowamushi 弱虫 *s pop* covarde; medroso; poltrão.
yowane 弱音 *s pop* lamento; lamúria; lamentação. ～を吐く ～*o haku*: lamentar; lamuriar-se.
yowaraseru 弱らせる *v* enervar; aborrecer; desconcertar.
yowarihateru [kiru] 弱り果てる[切る] *v* 1 ficar completamente exausto; debilitado. 2 não saber o que fazer; estar muito aborrecido.
yowaru 弱る *v* 1 debilitar-se; enfraquecer. 2 estar aborrecido; ficar desconcertado; não saber o que fazer. *V komaru* 困る.
yowasa 弱さ *s* fraqueza; fragilidade; debilidade.
yowaseru 酔わせる *v* 1 embriagar alguém. 2 extasiar; enlevar; encantar; arrebatar; fascinar.
yowatari 世渡り *s* ato de viver; vida; subsistência. ～が上手だ ～*ga jōzu da*: saber viver.
yowayowashii 弱々しい *adj* fraco; débil; tênue;

delicado. 〜声を出す 〜*koe o dasu*: falar com voz debilitada.

yoyaku 予約 *s* reserva; agendamento; ato de marcar compromisso; assinatura de jornal. 〜*suru*, *v*: reservar.

yōyaku 要約 *s* resumo; sumário; síntese; sinopse. 〜*suru*, *v*: resumir; sintetizar; abreviar.

yōyaku 漸く *adv* **1** finalmente; por fim. *V* **yatto** やっと. **2** pouco a pouco; gradativamente; gradualmente.

yoyakuchūmon 予約注文 *s* pedido de reserva.

yoyakuhanbai 予約販売 *s* venda por encomenda.

yoyakukin 予約金 *s* dinheiro de sinal; entrada.

yoyakumōshikomi 予約申し込み *s* pedido de reserva.

yoyakusei 予約制 *s* sistema de reserva; sistema de agendamento.

yoyakuseki 予約席 *s* assento reservado; lugar reservado.

yoyakusha 予約者 *s* assinante de revista/jornal; pessoa que reserva mesa/assento.

yoyakuzumi 予約済み *s* 〜の 〜*no*: reservado.

yoyū 余裕 *s* margem; sobra; folga; espaço; recato; tempo; disponibilidade. *V* **yutori** ゆとり. 〜のある態度 〜*no aru taido*: atitude recatada.

yōyū 溶融 *s Metal* fusão; ato de derreter.

yoyūshakushaku 余裕綽々 *expr* ter reserva com folga.

yozai 余罪 *s* outros crimes. 彼にはまだ〜がありそうだ *kare ni wa mada* 〜*ga arisō da*: parece que ele ainda cometeu outros crimes.

yōzai 用材 *s* madeira (material). 建築〜 *kenchiku* 〜: madeira para construção.

yōzai 溶剤 *s Quím* dissolvente.

yozen 余喘 *s* respiração quase a extinguir; vida que se acaba lentamente.

yozora 夜空 *s* céu da noite; céu noturno.

yōzumi 用済み *s* fora de uso; inútil; não servir mais. 〜の道具 〜*no dōgu*: instrumento que não serve mais.

yozuri 夜釣り *s* pesca noturna.

yu 湯 *s* **1** água quente. **2** banho de imersão. **3** fonte de águas termais. *V* **onsen** 温泉.

yū 有 *s* posse. 国〜の *koku*〜*no*: propriedade do Estado. 民〜の *min*〜*no*: de posse privada; de domínio particular.

yū 優 *s* **1** nota máxima; conceito de "excelente". **2** superioridade. 〜の〜なるもの 〜*no* 〜*naru mono*: a gema; o insuperável. **3** graciosidade; elegância.

yū 勇 *s* bravura; coragem; heroísmo; valentia.

yū 雄 *s* **1** macho; animal do sexo masculino. **2** herói; grande homem. 〜を競う 〜*o kisou*: lutar pela supremacia.

yuagari 湯上がり *s* **1** recém-saído do banho. **2** roupão de banho. 〜タオル 〜*taoru*: toalha de banho.

yūai 友愛 *s* amizade; fraternidade. *V* **yūjō** 友情.

yuatsu 油圧 *s* pressão do óleo. 〜計 〜*kei*: manômetro a óleo.

yūbae 夕映え *s* crepúsculo vespertino. *V* **yūyake** 夕焼け.

yūbe 夕べ *s* noite; o anoitecer.

yūbe 昨夜 *s* noite passada; ontem à noite. *V* **sakuban** 昨晩.

yūben 雄弁 *s* eloquência. 〜に 〜*ni*: eloquentemente.

yubi 指 *s* dedo.

yūbi 優美 *s* graça; elegância; refinamento; delicadeza; requinte.

yubikiri 指切り *s* promessa feita por alguém que, ao mesmo tempo, se entrelaçam os dedos mínimos.

yūbin 郵便 *s* correio; correspondência. 〜で送る 〜*de okuru*: enviar pelo correio.

yūbinbangō 郵便番号 *s* CEP; código postal.

yūbinbutsu 郵便物 *s* encomenda pelo serviço postal; correspondência.

yūbinchokin 郵便貯金 *s* depósito de poupança feito nas agências de correio.

yūbingyōmu 郵便業務 *s* serviço postal; serviço de correio.

yūbin'hagaki 郵便葉書 *s* cartão-postal.

yūbin'haitatsu 郵便配達 *s* distribuição das correspondências; entrega das correspondências.

yūbinkawase 郵便為替 *s* vale postal.

yūbinkitte 郵便切手 *s* selo postal.

yūbinkyoku 郵便局 *s* agência do correio.

yūbinryō(kin) 郵便料(金) *s* tarifa postal.

yūbinshishobako 郵便私書箱 *s* caixa postal.

yūbinshūhainin 郵便集配人 *s* carteiro.

yūbin'uke(bako) 郵便受け(箱) *s* caixa de correspondência.

yubiori 指折り *s* **1** contagem a dedo. **2** ato de ser como poucos.

yubiorikazoeru 指折り数える *expr* contar a dedo.

yubisaki 指先 *s* ponta dos dedos.

yubisasu 指差す *v* apontar com o dedo; indicar.

yubiwa 指輪 *s* anel.

yūbō 有望 *s* ato de ser promissor.

yūboku 遊牧 *s* nomadismo. 〜生活 〜*seikatsu*: vida nômade.

yubune 湯船・湯槽 *s* banheira.

yuchaku 癒着 *s* aderência; junção; cicatrização. 政界と財界の〜 *seikai to zaikai no* 〜: aliança entre os mundos político e financeiro. 傷口は〜している *kizuguchi wa* 〜*shite iru*: a ferida está cicatrizada.

yūchi 誘致 *s* atração; sedução; convite.

yūchikunōgyō 有畜農業 *s* agricultura com pecuária.

yūchō 悠長 *s* calma; lentidão; tranquilidade. 〜に構える 〜*ni kamaeru*: disposição com calma.

yūdachi 夕立 *s* aguaceiro, chuva de verão.

yūdai 雄大 *s* grandeza; grandiosidade; magnificência; sublimidade; majestade. 〜な構想 〜*na kōsō*: projeto grandioso.

yudan 油断 *s* descuido; negligência.

yūdan 勇断 *s* decisão corajosa; decisão firme. 〜をふるう 〜*o furuu*: tomar uma decisão drástica.

yudaneru 委ねる *v* **1** encarregar; confiar; incumbir; deixar a cargo de. **2** entregar; dedicar.

yudaru 茹だる *v* cozer.

yuden 油田 *s* campo petrolífero; jazida de petróleo. 〜地帯 〜*chitai*: zona petrolífera.

yūden 誘電 *s Eletr* eletricidade indutiva.

yūdentai 誘電体 *s Eletr* dielétrica.

yuderu 茹でる *v* cozer.

yudetamago 茹で卵[玉子] *s* ovo cozido.

yūdō 誘導 *s* **1** orientação; direção; guia; indução. **2** *Fís* indução. 〜*suru*, *v*: induzir.

yūdōjinmon 誘導尋問 *s* interrogatório indutivo.

yūdoku 有毒 s ato de ter veneno. ~na, adj: venenoso(a).

yudono 湯殿 s banheiro; banho.

yue 故 s razão; causa; motivo. ~なく人を殺す ~naku hito o korosu: matar sem motivo.

yūeki 有益 s ato de ser proveitoso; benéfico; vantajoso.

yuen 所以 s razão; motivo; o porquê.

yūenchi 遊園地 s parque de diversões.

yue ni 故に conj consequentemente; por isso; portanto; por esse motivo.

yūetsu 優越 s supremacia; superioridade; preponderância; predominância.

yūetsukan 優越感 s Psicol complexo de superioridade.

yūfuku 裕福 s riqueza; afluência; abundância.

yūga 優雅 s refinamento; requinte. ~に生活する ~ni seikatsu suru: ter uma vida requintada; viver com requinte.

yūgai¹ 有害 s ato de ser nocivo, prejudicial.

yūgai² 有蓋 s ato de ser coberto.

yūgaku 遊学 s ato de ir estudar em outra cidade.

yugameru 歪める v 1 torcer; contorcer. 顔を~ kao o ~: torcer a cara. 2 distorcer; deturpar. 事実を歪めて報道する jijitsu o yugamete hōdō suru: noticiar deturpando o fato.

yugami 歪み s 1 distorção. 2 esquisitice; mania; desentendimento. 性格の~ seikaku no ~: caráter distorcido.

yugamu 歪む v 1 entortar; torcer; ficar torto; contorcer-se. 2 deformar-se; ficar deturpado. 歪んだ見方をする yuganda mikata o suru: ter uma visão deturpada.

yūgata 夕方 s o cair da tarde; o entardecer; o anoitecer; noite.

yūgatō 誘蛾灯 s lâmpada para atrair insetos.

yuge 湯気 s vapor. V **suijōki** 水蒸気.

yūge 夕餉 s jantar; ceia. V **yūhan** 夕飯; **yūshoku** 夕食.

yūgei 遊芸 s artes ligadas ao entretenimento.

yūgeki 遊撃 s ataque por unidade móvel.

yūgen 有限 s ato de ser limitado; finito.

yūgen 幽玄 s beleza; sensualidade requintada; elegância; requinte.

yūgengaisha 有限会社 s companhia limitada.

yūgensekinin 有限責任 s responsabilidade limitada.

yūgeshiki 夕景色 s vista do anoitecer; paisagem do entardecer.

yūgi 遊戯 s 1 entretenimento; diversão; jogo; passatempo; brincadeira. 2 recreio infantil. ~をする ~o suru: entreter-se em jogos de crianças; brincar.

yūgi 友誼 s amizade; relações amistosas. ~の厚い人 ~no atsui hito: pessoa fiel aos amigos.

yūgiri 夕霧 s neblina do anoitecer.

yūgiteki 遊戯的 adj esportivo; brincalhão.

yugō 癒合 s aglutinação; adesão.

yūgō 融合 s fusão; união; combinação; harmonia.

yūgū 優遇 s tratamento privilegiado; bom tratamento.

yūgun 友軍 s exército aliado

yūgure 夕暮れ s crepúsculo; o cair da tarde.

yūgyōjinkō 有業人口 s população economicamente ativa.

yūhan 夕飯 s jantar.

yūhatsu 誘発 s provocação; ato de criar situações. 事故を~する jiko o ~suru: provocar acidentes.

yūhei 幽閉 s encarceramento; reclusão; prisão.

yūhi 雄飛 s grande salto; ato de lançar-se para uma nova vida. 海外に~する kaigai ni ~suru: estender as atividades para o exterior; ir trabalhar no exterior.

yūhi 夕日 s Sol poente.

yūho 遊歩 s passeio a pé.

yūhō 友邦 s nação amiga; nação aliada.

yūi 有意 s 1 ter sentido. 2 intenção. 3 significativo.

yūi 有為 s ato de dar muitas esperanças; ato de prometer muito. ~な青年 ~na seinen: jovem com futuro.

yūi 優位 s superioridade; posição dominante. ~に立つ ~ni tatsu: dominar; ser superior. ~を占める ~o shimeru: ocupar posição privilegiada.

yuibishugi 唯美主義 s esteticismo.

yuibutsubenshōhō 唯物弁証法 s Filos dialética materialista.

yuibutsuron 唯物論 s Filos materialismo.

yuibutsushikan 唯物史観 s Filos concepção materialista da História.

yūigi 有意義 s valer a pena; ter utilidade; ter significado. ~な仕事 ~na shigoto: trabalho que vale a pena.

yuigon 遺言 s testamento; última vontade.

yuigonjō [sho] 遺言状[書] s testamento escrito. ~を書く ~o kaku: escrever/fazer o testamento.

yuigonshikkōnin 遺言執行人 s testamenteiro.

yuiitsu 唯一 s único. ~の例 ~no rei: exemplo único.

yuimeiron 唯名論 s Filos nominalismo.

yūin 誘引 s indução; atração; convite a alguém para fazer algo.

yūin 誘因 s causa; motivo. この事件が彼の渡伯の~となった kono jiken ga kare no tohaku no ~to natta: este acontecimento foi o motivo da sua vinda para o Brasil.

yuinō 結納 s cerimônia de troca de presentes para selar o noivado.

yuishinron 唯心論 s Filos espiritualismo; idealismo.

yuisho 由緒 s história; tradição; origem; linhagem. ~ある土地 ~aru tochi: lugar histórico. ~深い家柄 ~bukai iegara: família de linhagem antiga.

yūjaku 幽寂 adj quietude; sossego; tranquilidade; solidão.

yuji 有事 s emergência.

yūjin 友人 s amigo; companheiro; camarada.

yujō 油状 s como óleo; oleado; o fato de ser oleoso; o fato de ter aspecto oleoso.

yūjo 遊女 s arc cortesã; prostituta; meretriz.

yūjō 友情 s amizade.

yūjūfudan 優柔不断 s indecisão; vacilação; hesitação. ~な人 ~na hito: pessoa indecisa.

yuka 床 s assoalho; piso.

yūka 有価 s valor negociável; valioso.

yukagen 湯加減 s temperatura da água do banho.

yukai¹ 愉快 s prazer; satisfação; divertimento; alegria; felicidade. ~な人 ~na hito: pessoa alegre; pessoa divertida.

yūkai² 誘拐 s rapto; sequestro. ~事件 ~jiken: caso de sequestro.

yūkai 融解 *s Fís* fusão; ato de derreter. ~*suru, v*: fundir; derreter. *Quím* ~熱 ~*netsu*: calor de fusão. *Fís* ~点 ~*ten*: ponto de fusão.
yukaita 床板 *s* tábua de assoalho.
yūkaku 遊廓 *s* zona de meretrício; bairro de bordéis.
yūkan 夕刊 *s* jornal vespertino.
yūkan 有閑 *s* ato de ter ócio. ~マダム ~*madamu*: senhora rica e ociosa. ~階級 ~*kaikyū*: classe ociosa.
yūkan 勇敢 *s* heroísmo; bravura; coragem. ~*na, adj*: bravo; heroico; corajoso.
yukari 縁 *s* afinidade; parentesco; conexão; relação.
yūkari ユーカリ (*lat Eucalyptus*) *s Bot* eucalipto.
yukashii 床しい *adj* **1** antigo (estilo). **2** refinado; fino; agradável. ~人柄 ~*hitogara*: pessoa fina; pessoa agradável.
yukashita 床下 *s* debaixo do assoalho.
yūkashōken 有価証券 *s* títulos de crédito; certificados negociáveis.
yukata 浴衣 *s* quimono leve que se usa para ficar à vontade no verão ou após o banho.
yūkaze 夕風 *s* brisa da tarde.
yūkei 有形 *s* ter forma; ter matéria; ter corpo.
yūkeimukei 有形無形 *s* corpóreo, incorpóreo.
yūkensha 有権者 *s* eleitorado; eleitor; que tem direito a voto.
yuketsu 輸血 *s* transfusão de sangue.
yuki 雪 *s* neve.
yūki[1] 有期 *s* prazo determinado; tempo limitado.
yūki[2] 有機 *s* orgânico. ~化する ~*suru, v*: tornar-se orgânico.
yūki 勇気 *s* coragem; determinação; ânimo; audácia; ousadia. ~がいる ~*ga iru*: é preciso ter coragem.
yūki 誘起 *s* indução. ~*suru, v*: induzir, provocar.
yukiarashi 雪嵐 *s* nevasca.
yukiataribattari 行き当たりばったり *s pop* a esmo; sem plano; ao acaso; à toa. ~の人生 ~*no jinsei*: vida levada ao acaso.
yukiataru 行き当たる *v* chegar ao fim; ir ao encontro de. この道の行き当たった所が駅です *kono michi no yukiatatta tokoro ga eki desu*: a estação fica no fim desta rua.
yukidoke 雪解け *s* **1** o derretimento da neve. **2** *fig* degelo; descongelamento.
yukigeshiki 雪景色 *s* paisagem de neve.
yukigumori 雪曇り *s* céu com ameaça de neve.
yukiguni 雪国 *s* país onde neva.
yūkikagōbutsu 有機化合物 *s* composto orgânico.
yukikaki 雪掻き *s* limpeza da neve; pá para limpar a neve; trabalhador que limpa a neve.
yukikau 行き交う *v* ir e vir; cruzar. 人や車の盛んに~道 *hito ya kuruma no sakan ni ~ michi*: rua de muito movimento.
yukima 雪間 *s* intervalo das nevascas.
yukimatsuri 雪祭り *s* festival de neve.
yukimi 雪見 *s* ato de apreciar a neve.
yukimichi 雪道 *s* caminho/estrada de neve.
yukimoyō 雪模様 *s* **1** tempo com prenúncio de neve; sinais de neve. **2** estampa com padrão/estampa de flocos de neve.
yukinayamu 行き悩む *v* **1** encalhar; chegar a um impasse. **2** ter problemas para avançar.
yukinohara 雪野原 *s* campo coberto de neve.
yūkisaibai 有機栽培 *s* cultivo com fertilizantes orgânicos.
yūkishitsu 有機質 *s* matéria orgânica.
yūkitai 有機体 *s* corpo orgânico.
yūkiteki 有機的 *adj* orgânico.
yukitodoku 行き届く *v* ser atencioso; ser cuidadoso. 行き届いたサービス *yukitodoita sābisu*: serviço perfeito.
yukiyama 雪山 *s* montanha coberta de neve.
yūkizukeru 勇気付ける *v* encorajar; animar; estimular; incentivar.
yūkizuku 勇気付く *v* ganhar coragem.
yukkuri ゆっくり *adv* lentamente; vagarosamente; devagar; sem pressa; à vontade; calmamente; folgadamente. この件については、~と考えなさい *kono ken ni tsuite wa ~to kangaenasai*: pense com calma, sobre este assunto. *adj* amplo; folgado.
yūkō 友好 *s* amizade; fraternidade. ~条約 ~*jōyaku*: Tratado de Amizade.
yūkō 有効 *s* validade; eficácia; bom uso. ~に使う ~*ni tsukau*: fazer bom uso; usar eficazmente. この切符は三日間~です *kono kippu wa mikkakan ~desu*: a validade deste bilhete é de três dias.
yūkōkikan 有効期間 *s Dir* prazo de validade.
yūkoku 諭告 *s* conselho; intruções; aviso; advertência.
yūkōtekisetsu 有効適切 ~*na, adj*: efetivo; bem direcionado.
yuku 行く *v* **1** ir; dirigir-se; encaminhar-se; prosseguir; seguir; seguir viagem. **2** frequentar. **3** ser; correr. 万事うまく行った *banji umaku itta*: correu tudo bem. **4** ir-se; passar; findar; terminar; acabar. ~夏に別れを告げる ~*natsu ni wakare o tsugeru*: despedir-se do verão que termina.
yuku 逝く *v* morrer; falecer.
yukue 行方 *s* paradeiro; destino. ~を突き止める ~*o tsuki tomeru*: descobrir o paradeiro da pessoa.
yukuefumei 行方不明 *s* desaparecido; foragido; paradeiro desconhecido.
yukusaki 行く先 *s* **1** destino. **2** endereço do destinatário. **3** futuro.
yukusue 行く末 *s* futuro; destino.
yukute 行く手 *s* **1** caminho; direção; sentido. **2** futuro; porvir. ~には多くの困難が待ち受けている ~*ni wa ōku no konnan ga machi ukete iru*: muitas dificuldades nos aguardam.
yukuyuku wa 行く行くは *adv* no futuro; um dia; mais cedo ou mais tarde; no devido tempo.
yūkyō 遊興 *s* divertimento; gozo; folia; diversão; prazer; farra. ~街 ~*gai*: centro de diversões; rua com muitas opções de diversão.
yūkyō 有給 *s* pago; remunerado.
yūkyū[1] 遊休 *s* inatividade; ato de ficar parado.
yūkyū[2] 悠久 *s* eternidade; ato de durar para sempre.
yūkyūyūka 有給休暇 *s* férias remuneradas.
yūkyūshisetsu 遊休施設 *s* instalação inativada.
yūmai 雄邁 *adj* heroico; corajoso.
yume 夢 *s* **1** sonho. **2** sonhar com o futuro. **3** ideal; imaginação; fantasia. **4** ilusão. ~のような話をする ~*no yō na hanashi o suru*: construir castelos no ar; contar histórias que só acontecem nos sonhos.
yumegokochi 夢心地 *s* devaneio; sequência de ideias agradáveis; êxtase; transe.
yūmei 有名 *adj* ser famoso; ser conhecido.

yūmei 幽明 s **1** luz e sombra. **2** este mundo e o outro. **3** morte e vida.
yūmeihin 有名品 s marca famosa.
yūmeijin 有名人 s pessoa famosa; celebridade.
yūmeimujitsu 有名無実 expr nominal; só de nome; que não é real; pró-forma.
yūmeimumei 有名無名 expr 〜の人々 〜no hitobito: famosos e anônimos.
yumemiru 夢見る v sonhar.
yumemonogatari 夢物語 s história fantasiosa; conto dos sonhos.
yumeuranai 夢占い s oniromancia; adivinhação pela interpretação dos sonhos. 〜を信じる 〜o shinjiru: crer na oniromancia.
yumeutsutsu 夢現 s sonho e realidade; êxtase; enlevo.
yumi 弓 s arco.
yumiya 弓矢 s arco e flecha; armas.
yumizu 湯水 s água quente e fria. fig abundância.
yūmō 勇猛 s bravura; coragem; ousadia.
yūmoa ユーモア (ingl humour) s humor. adj humorístico.
yūmoya 夕靄 s neblina do entardecer.
yūnagi 夕凪 s calmaria do entardecer.
yū 優 adv bem; suficientemente; facilmente. この映画館は〜二千人は入る kono eigakan wa 〜 nisennin wa hairu: neste cinema cabem facilmente duas mil pessoas.
yunīku ユニーク (fr unique) adj único; singular.
yūnō 有能 adj capaz; hábil; competente; talentoso.
yunomi 湯呑 s xícara de chá; chávena.
yunyū 輸入 s importação.
yunyūchōka 輸入超過 s excesso de importações; importação excedente.
yunyūhin 輸入品 s artigo/produto importado.
yuragu 揺らぐ v **1** balançar; tremer; oscilar; flutuar. 炎が揺らいでいる honoo ga yuraide iru: a chama está oscilando. **2** vacilar; abalar. 彼の一言で決心が揺らいだ kare no hitokoto de kesshin ga yuraida: vacilei só em ouvi-lo.
yurai 由来 s **1** origem; fonte; história; derivação. **2** de início; originariamente; por natureza.
yurameku 揺らめく v estar a balançar, a tremer.
yūran 遊覧 s turismo; visita turística; passeio turístico.
yurareru 揺られる v ser sacudido; ser balançado.
yure 揺れ s abalo; sismo; tremor; sacudida; balanço; choque.
yūrei 幽霊 s fantasma; assombração; aparição; espectro; alma do outro mundo.
yureru 揺れる v sacudir-se; tremer; abanar; balançar; oscilar; agitar-se; vacilar.
yūretsu 優劣 s superioridade e inferioridade; vantagens e desvantagens.
yuri 百合 s Bot lírio.
yūri 有利 adj **1** proveitoso; lucrativo; rentável. 〜な事業 〜na jigyō: atividade lucrativa. **2** vantajoso; favorável. 被告に〜な証言 hikoku ni 〜na shōgen: prova vantajosa para o acusado.
yūri 遊離 s Quím isolamento; separação; liberação.
yuriisu 揺り椅子 s cadeira de balanço.
yurikago 揺り籠 s berço de embalar.
yuriokosu 揺り起こす v acordar alguém sacudindo-o; sacudir alguém para acordá-lo.

yurugase 忽せ s descuido; relaxamento; desleixo.
yurugasu 揺るがす v sacudir; agitar; pôr em risco; minar; abalar. 世界を〜大事件 sekai o〜daijiken: um acontecimento que abalou o mundo.
yurugi 揺るぎ s abalo. 〜ない地位を築く 〜nai chii o kizuku: criar uma posição inabalável.
yurugu 揺るぐ v abalar.
yurui 緩い adj **1** frouxo; solto; folgado. このネジは緩すぎる kono neji wa yuru sugiru: este parafuso está frouxo demais. **2** suave; brando; moderado. 〜警戒体制 〜keikai taisei: vigilância moderada. **3** lento; manso; vagaroso. 〜水の流れ 〜mizu no nagare: curso d'água lento.
yuruku 緩く adv devagar; lentamente.
yurumeru 緩める v **1** afrouxar; desapertar. **2** abrandar. **3** diminuir.
yurumi 緩み s folga; descuido; frouxidão.
yurumu 緩む v **1** afrouxar; ficar frouxo. **2** desleixar-se; descuidar-se; ficar desatento. **3** suavizar; abrandar; diminuir. **4** baixar. カーブにさしかかると列車のスピードが緩んだ kābu ni sashikakaru to ressha no supīdo ga yurunda: ao chegar na curva, o trem diminuiu a velocidade.
yurushi 許[聴・赦]し s permissão; licença; autorização. 両親の〜を得て ryōshin no 〜o ete: com licença dos pais.
yurusu 許[聴・赦]す v **1** permitir; autorizar. **2** perdoar. **3** eximir; livrar; isentar; dispensar. **4** aceitar; reconhecer. **5** confiar em. 心を許し合った仲 kokoro o yurushiatta naka: relação de recíproca confiabilidade.
yuruyaka 緩やか adj **1** folgado. 〜な袖 〜na sode: manga folgada. **2** suave. 〜な坂 〜na saka: encosta suave. **3** lento. 〜な流れ 〜na nagare: corrente lenta. **4** brando; livre. 条件を〜にする jōken o 〜ni suru: facilitar as condições.
yūryo 憂慮 s inquietação; ansiedade; apreensão; preocupação; receio.
yūryo[1] 有料 s pagamento. 〜駐車場 〜chūshajō: estacionamento pago.
yūryō[2] 優良 s superioridade; alta qualidade; excelência.
yūryōhin 優良品 s artigos de qualidade excelente.
yūryōji 優良児 s criança sadia. 健康〜 kenkō〜: criança saudável.
yūryoku 有力 s **1** influente; poderoso; forte. 〜な新聞 〜na shinbun: jornal influente. **2** convincente; válido; forte; útil. 〜な証拠をつかむ 〜na shōko o tsukamu: conseguir provas convincentes/válidas.
yūryokusha 有力者 s pessoa influente.
yusaburi 揺さぶり s sacudida; sacudidela.
yusaburu 揺さぶる v **1** sacudir; agitar. 木を揺さぶって柿の実を落とす ki o yusabutte kaki no mi o otosu: sacudir a árvore para que os caquis caiam. **2** abalar; chocar. 学部長の自殺は大学全体を揺さぶった gakubuchō no jisatsu wa daigaku zentai o yusabutta: o suicídio do diretor abalou toda a universidade.
yusan 遊山 s excursão; passeio.
yūsankaikyū 有産階級 s burguesia; classe dos proprietários.
yusei 油性 s oleosidade.
yūsei 優勢 s predominância; preponderância;

superioridade; ascendência; liderança. 〜になる 〜ni naru: assumir a liderança.
yūsei 優生 *s Genét* eugenia.
yūseigaku 優生学 *s* eugenia.
yuseitoryō 油性塗料 *s* tinta a óleo.
yusen 湯煎 *s* aquecimento em banho-maria.
yūsen 優先 *s* prioridade; preferência
yūsenjikō 優先事項 *s* assunto prioritário.
yūsenkabu 優先株 *s* ações preferenciais.
yūsenken 優先権 *s* direito de preferência.
yūsenteki 優先的 *adj* preferencial.
yūsha 勇者 *s* bravo; herói.
yushi 油脂 *s* óleo e graxa; gordura.
yūshi 有史 *s* ter história; ser histórico.
yūshi 有志 *s* voluntário; interessado. 〜一同 〜ichidō: todos os interessados.
yūshi 有刺 *s* 〜の 〜no: espinhoso.
yūshi 勇士 *s* herói; bravo; veterano; guerreiro.
yūshi 融資 *s* financiamento; empréstimo. 〜suru, v: financiar; fazer empréstimo.
yūshikakusha 有資格者 *s* pessoa qualificada.
yūshinron 有神論 *s* teísmo; deísmo. 〜者 〜sha: teísta; deísta.
yūshō 優勝 *s* **1** vitória; título; triunfo. 〜suru, v: vencer; obter a vitória; ganhar o campeonato. **2** vitória do mais forte. 〜劣敗 〜reppai: sobrevivência dos mais fortes; seleção natural.
yūshō 有償 *s Dir* onerosidade.
yūshōhai 優勝杯 *s* copa da vitória.
yūshōki 優勝旗 *s* estandarte da vitória; bandeira de campeão.
yūshōkōho 優勝候補 *s* favorito a campeão.
yūshoku 夕食 *s* jantar; refeição da noite; ceia.
yūshoku 憂色 *s* desânimo; melancolia; ansiedade.
yūshōsha 優勝者 *s* vencedor; campeão.
yūshū 優秀 *s* excelência; superioridade. 〜な学生 〜na gakusei: estudante excelente.
yūshū 憂愁 *s* melancolia; tristeza; estado de languidez.
yushutsu 輸出 *s* exportação.
yushutsuchōka 輸出超過 *s* excesso de exportação.
yushutsugaku 輸出額 *s* valor das exportações.
yushutsuhin 輸出品 *s* produto para exportação.
yushutsukinshi 輸出禁止 *s* embargo à exportação; proibição à exportação.
yushutsukoku 輸出国 *s* país exportador.
yushutsunyū 輸出入 *s* exportação e importação.
yushutsutetsuzuki 輸出手続き *s* processo de exportação; formalidades para exportação.
yushutsuwariate 輸出割当 *s* quota de exportação.
yusō 油槽 *s* tanque de petróleo.
yusōsen 油槽船 *s* navio petroleiro.
yusō 輸送 *s* transporte. 〜suru, v: transportar.
yūsō 郵送 *s* remessa postal.
yusōki 輸送機 *s* avião de transporte.
yusōsen 輸送船 *s* navio de transporte.
yūsū 有数 *s* ato de ser um dos poucos.
yusuburu 揺すぶる *v* **1** sacudir; agitar. **2** abalar; chocar. *V* **yusaburu** 揺さぶる.
yusugu 濯ぐ *v* enxaguar. 口を〜 kuchi o 〜: bochechar; gargarejar.
yusuri 強請り *s pop* extorsão; vigarice; chantagem; vigarista; chantagista.
yusuru 揺する *v* balançar. 音楽に合わせて体を〜 ongaku ni awasete karada o 〜: balançar o corpo ao ritmo da música.
yusuru 強請る *v pop* extorquir; chantagear.
yūsuru 有する *v* ter; possuir. 技術を〜者 gijutsu o 〜 mono: pessoa com técnica/especialidade.
yūsuzumi 夕涼み *s* ato de tomar a brisa da tarde. 〜に出かける 〜ni dekakeru: sair para tomar a brisa da tarde.
yūtai 優待 *s* hospitalidade; tratamento especial.
yūtaiken 優待券 *s* convite de cortesia; cupom de desconto.
yutaka 豊か *adj* **1** rico; abastado. 〜に暮らす 〜ni kurasu: viver na abundância. **2** magnânimo; grande. 〜な川の流れ 〜na kawa no nagare: rio com grande caudal.
yūtān ユーターン (*ingl U-turn*) *s* retorno; volta. 〜suru, v: fazer retorno; voltar.
yutanpo 湯たんぽ *s* bolsa de água quente.
yūten 融点 *s Fís* ponto de fusão.
yūtō 優等 *s* excelente. 〜で卒業する 〜de sotsugyō suru: concluir o curso com distinção.
yutori ゆとり *s* espaço; margem; possibilidade; disponibilidade; folga; tempo.
yūtōsei 優等生 *s* aluno do quadro de honra; melhor aluno.
yūtōshō 優等賞 *s* prêmio de honra.
yuttari ゆったり *adv* à vontade; folgadamente; confortavelmente. 〜した態度 〜shita taido: atitude despreocupada.
yūutsu 憂鬱 *s* melancolia; depressão; desânimo. 〜になる 〜ni naru: ficar deprimido.
yūutsushō 憂鬱症 *s Med* hipocondria; melancolia.
yūwa 融和 *s* harmonia; reconciliação. *V* **wakai** 和解.
yuwakashi 湯沸し *s* chaleira.
yuwakashiki 湯沸し器 *s* aquecedor de água.
yuwakashipotto 湯沸しポット *s* garrafa térmica para aquecer água.
yūwaku 誘惑 *s* tentação; sedução.
yūyake 夕焼け *s* arrebol da tarde.
yūyami 夕闇 *s* anoitecer; crepúsculo.
yūyo 猶予 *s* prorrogação; adiamento; postergação.
yūyō[1] 有用 *s* utilidade. 〜na, adj: proveitoso; útil; valioso.
yūyō[2] 悠揚 *adj* calmo; imperturbável; sereno; tranquilo.
yūyokikan 猶予期間 *s* período de adiamento; período de prorrogação; suspensão.
yūyū 悠々 *adj* **1** calmo; folgado. **2** enorme; vasto. 〜たる天地 〜taru tenchi: o vasto Universo.
yūzā ユーザー (*ingl user*) *s* usuário. パソコン〜 pasokon〜: usuário de microcomputador.
yūzai 有罪 *s* culpado; criminoso.
yuzamashi 湯冷まし *s* água morna; água fervida e resfriada.
yuzame 湯冷め *s* sensação de frio depois do banho quente.
yūzei 郵税 *s* tarifa postal.
yūzei 遊説 *s* campanha eleitoral; conferências.
yuzu 柚 *s Bot* cidra; limão aromático.
yūzū 融通 *s* **1** empréstimo; financiamento. **2** elasticidade; flexibilidade. あの人は〜が利かない ano hito wa 〜ga kikanai: aquela pessoa não tem flexibilidade.
yūzuki 夕月 *s* luar vespertino.

yuzuriai 譲り合い *s* cessão mútua.
yuzuriau 譲り合う *v* ceder um ao outro; fazer concessões mútuas.
yuzuriuke 譲り受け *s* recebimento por transferência.
yuzuriukeru 譲り受ける *v* **1** receber por meio de transferência. **2** comprar.
yuzuriwatashi 譲り渡し *s* entrega por transferência.
yuzuriwatashinin 譲り渡し人 *s* cedente; outorgante.
yuzuriwatasu 譲り渡す *v* entregar por meio de transferência.
yuzuru 譲る *v* **1** transferir; ceder; alienar; dar; passar. **2** fazer concessões. **3** vender. **4** ser inferior; ficar atrás. **5** adiar; transferir para outra ocasião.
yūzūtegata 融通手形 *s* papel negociável.

Z

za 座 *s* **1** assento; lugar; cadeira. **2** guilda, corporações do passado. **3** posto; trono. *suf* **1** teatro; sala de espetáculo. 明治～ *Meiji*～: Teatro Meiji. **2** companhia teatral. **3** *Astrol* constelação. *V* **seiza** 星座.

zabuton 座布団 *s* almofada.

zachō 座長 *s* **1** moderador; presidente da mesa. **2** diretor de companhia teatral.

zadan 座談 *s* conversa informal em grupo.

zadankai 座談会 *s* reunião informal para se discutir um assunto; mesa-redonda.

zahyō 座標 *s Mat* coordenadas.

zai[1] 在 *s* **1** existência. **2** interior; campo; subúrbio.

zai[2] 材 *s* madeira, material, talento.

zai[3] 財 *s* **1** dinheiro; riqueza; fortuna. **2** patrimônio; bens.

zai[4] 剤 *s* remédio. 鎮痛～ *chintsū*～: analgésico. 栄養～ *eiyō*～: fortificante, vitamina.

zai-[5] 在- *pref* ato de estar situado; estar. ～ロンドン日本大使館 ～*rondon nihon taishikan*: embaixada do Japão em Londres. ～東京 ～*tōkyō*: situado em Tóquio.

zaiaku 罪悪 *s* crime; culpa; pecado.

zaibatsu 財閥 *s* **1** grande grupo financeiro ou empresarial. **2** plutocracia.

zaichū 在中 *s* ato de conter; estar contido. 写真～ *shashin*～: contém fotos.

zaidan 財団 *s* massa de bens.

zaidan'hōjin 財団法人 *s* fundação (pessoa jurídica).

zaigai 在外 *s* ato de estar no exterior.

zaigaku 在学 *s* ato de estar matriculado e frequentando a escola.

zaigakushōmeisho 在学証明書 *s* comprovante de matrícula.

zaigen 財源 *s* fonte de receita; recursos; fundos.

zaigō 在郷 *s* distrito rural; interior. ～者 ～*sha*: morador de distrito rural.

zaigō 罪業 *s Bud* ato pecaminoso.

zaigōgunjin 在郷軍人 *s* reservistas veteranos.

zaigoku 在獄 *s* ～*no*: permanência em prisão.

zaihō 財宝 *s* tesouro; riqueza.

zaijō 罪状 *s* natureza do crime; culpa.

zaijū 在住 *s* ato de residir. サンパウロ～の日本人 *sanpauro* ～*no nihonjin*: os japoneses residentes em São Paulo.

zaika 在荷 *s* estoque; mercadoria em depósito.

zaika 財貨 *s* bens; riqueza.

zaika 罪科 *s* **1** crime. **2** punição.

zaikai 財界 *s* círculos financeiros; mundo das finanças.

zaikin 在勤 *s* ato de estar empregado.

zaiko 在庫 *s* depósito; estoque.

zaikohin 在庫品 *s* mercadoria em estoque.

zaimei 罪名 *s* nome do delito.

zaimoku 材木 *s* madeira.

zaimu 財務 *s* assuntos financeiros; as finanças.

zain 座員 *s* membros de uma companhia de teatro.

zainin[1] 在任 *s* ato de estar num cargo ou posto.

zainin[2] 罪人 *s* criminoso; condenado; culpado.

zairai 在来 *s* comum. ～*no*: tradicional. ～種の苺 ～*shu no ichigo*: morangos nativos.

zairyō 材料 *s* **1** material. **2** dados; matéria. **3** *Econ* fator. 円高の～ *endaka no* ～: fator da subida do iene.

zairyoku 財力 *s* poder financeiro; dinheiro.

zairyū 在留 *s* ato de residir.

zaisan 財産 *s* riqueza; bens; propriedade; patrimônio.

zaisanken 財産権 *s Dir* direito de propriedade.

zaisanzei 財産税 *s* imposto sobre propriedade.

zaisei 財政 *s* finanças públicas; finanças; economia; assuntos financeiros; finanças particulares.

zaiseiteki 財政的 *adj* financeiro. ～援助 ～*enjo*: ajuda financeira. ～理由で ～ *riyū de*: por motivos financeiros.

zaiseki 在籍 *s* ato de estar matriculado; ato de estar registrado.

zaishitsu 材質 *s* **1** qualidade do material. **2** qualidade da madeira. **3** parte lenhosa da planta.

zaishoku 在職 *s* ato de estar empregado.

zaitaku 在宅 *s* ato de estar em casa.

zakka 雑貨 *s* miudezas; artigos diversos.

zakkashō 雑貨商 *s* comércio ou comerciante de miudezas.

zakkichō 雑記帳 *s* caderno de apontamentos.

zakkoku 雑穀 *s* todos os cereais, exceto arroz e trigo.

zakkon 雑婚 *s* casamento promíscuo.

zakkubaran ざっくばらん *s pop* franqueza. ～に言う ～*ni iu*: falar com franqueza.

zakkyo 雑居 *s* fato de várias pessoas viverem no mesmo espaço; viver sob o mesmo teto; residência mista.

zako 雑魚 *s* **1** peixe miúdo. **2** indivíduo insignificante.

zakone 雑魚寝 *s pop* ato de dormir amontoados.

zakuro 柘榴 s Bot romã; romãzeira.
zakyō 座興 s entretenimento; brincadeira.
zama 態・様 s vulg expressão de menosprezo diante de um fracasso previsto. 〜見ろ 〜miro: bem feito!
zamoto 座元 s proprietário de um teatro e direitos de encenação dos espetáculos.
zanbō 讒謗 s calúnia.
zanbu 残部 s 1 resto. 2 exemplares de livros e revistas por vender; encalhe.
zandaka 残高 s saldo.
zangai 残骸 s destroços.
zangaku 残額 s valor do saldo.
zange 懺悔 s confissão; penitência; arrependimento.
zangen 讒言 s acusação falsa; calúnia; difamação.
zangō 塹壕 s trincheira.
zangyaku 残虐 s crueldade; atrocidade.
zangyō 残業 s hora extra.
zangyōteate 残業手当 s remuneração de horas extras.
zanji 暫時 s um momento.
zanki 慙愧 s vergonha.
zankin 残金 s 1 saldo. 2 valor a pagar.
zankoku 残酷 s crueldade; atrocidade. 〜な人 〜na hito: pessoa cruel.
zanmu 残務 s assuntos por liquidar; tarefa inacabada.
zannen 残念 s pena; pesar; arrependimento; desapontamento; lamentação.
zannin 残忍 s brutalidade; crueldade.
zanpin 残品 s produtos não vendidos; sobra de vendas.
zanpon 残本 s exemplares de livros não vendidos.
zanryū 残留 s resíduo. 〜suru, v: restar; subsistir.
zansha 讒者 s caluniador.
zanshi[1] 残滓 s resto; resíduo; sedimento; vestígio.
zanshi[2] 惨死 s morte violenta; morte trágica.
zanshin 斬新 s novidade; originalidade.
zansho 残暑 s calor prolongado de verão.
zanson 残存 s conservação. 〜suru, v: sobreviver; conservar.
zantei 暫定 s provisório.
zanteisochi 暫定措置 s medida provisória.
zanteki 残敵 s inimigos remanescentes; sobreviventes de combate.
zantō 残党 s indivíduos remanescentes do partido.
zan'yo 残余 s saldo; resíduo; remanescente; resto. 〜電流 〜denryū: corrente elétrica residual. 〜生産物 〜seisanbutsu: produtos residuais.
zan'yozaisan 残余財産 s ativo residual; propriedade residual.
zappaku 雑駁 adj confusão; incoerência; inconsistência.
zappi 雑費 s despesas várias; pequenos gastos.
zappin 雑品 s artigos vários; miudezas várias.
zappō 雑報 s notícias várias.
zarame 粗目 s abrev de 粗目糖 zarametō, açúcar granulado.
zara ni ざらに adv pop 〜ある 〜aru: ser comum; ter em todos os lugares.
zarazara ざらざら mim 1 aspereza. 〜suru, v: ser áspero. 2 ruído provocado por pequenos objetos ou grãos quando se chocam.
zaru 笊 s cesto de bambu.
zaseki 座席 s assento; cadeira; lugar.

zasetsu 挫折 s colapso; interrupção por falhas na execução.
zashiki 座敷 s 1 sala ou quarto em estilo japonês com tatame. 2 sala de banquete.
zashō 挫傷 s contusão. V **dabokushō** 打撲傷; **uchimi** 打ち身.
zashō 座礁 s encalhe; encalhamento.
zasshi 雑誌 s revista.
zasshihenshū 雑誌編集 s editoração, redação de revista.
zasshihenshūsha 雑誌編集者 s editor de revista; redator de revista.
zasshu 雑種 s raça híbrida. 〜の犬 〜no inu: cão cruzado com várias raças.
zasshūnyū 雑収入 s vários tipos de honorários.
zassō 雑草 s erva daninha.
za suru 座する v 1 estar sentado. V **suwaru** 座[据]る. 2 estar implicado; estar envolvido.
zatsu 雑 s ato de ser tosco; mal-acabado; malfeito.
zatsubataraki 雑働き s servente geral; serviços gerais.
zatsubun 雑文 s miscelânea literária; ato de escrever de tudo.
zatsudan 雑談 s cavaco; cavaqueira.
zatsueki 雑役 s qualquer gênero de trabalho.
zatsugaku 雑学 s sabedoria enciclopédica.
zatsumu 雑務 s assuntos vários; afazeres vários.
zatsunen 雑念 s pensamentos ociosos; pensamentos mundanos.
zatsuon 雑音 s 1 ruído. 2 interferência. 3 fig incômodo; má língua.
zatsushishutsu 雑支出 s vários ou pequenos gastos.
zatsushūnyū 雑収入 s entradas várias de dinheiro.
zatsuyō 雑用 s miscelânea de afazeres.
zatsuzen 雑然 adj desordenado; desarrumado. 〜たる部屋 〜taru heya: um quarto todo desarrumado.
zatta 雑多 adj diversidade; variedade. 種々〜 shuju〜: muito heterogêneo.
zatto ざっと adv 1 aproximadamente; em números redondos; por alto. 2 rapidamente.
zattō 雑踏[沓] s congestionamento; grande movimentação.
zawameki ざわめき s agitação; alvoroço; ruído.
zawatsuku ざわつく v fazer barulho; agitar-se.
zayaku 座薬 s supositório.
zayū 座右 s 1 ato de estar sempre do lado. 2 senhor (termo usado em cartas).
zazen 座禅 s meditação religiosa da seita budista.
ze 是 s justo; bem.
zehi 是非 s sim/não. adv sem falta; de qualquer maneira.
zehinai 是非ない adj inevitável; necessário; forçoso.
zehinaku 是非なく adv necessariamente; inevitavelmente; por força maior.
zei[1] 税 s imposto; taxa. 消費〜 shōhi〜: imposto de consumo. 所得〜 shotoku〜: imposto de renda.
zei[2] 贅 s luxo; extravagância.
zeibiki 税引き s dedução dos impostos.
zeigaku 税額 s valor do imposto.
zeigen 贅言 s palavras supérfluas; pleonasmo; redundância.
zeihō 税法 s legislação fiscal; legislação tributária.

zeijaku 脆弱 *s* ato de ser delicado; fraqueza; fragilidade.
zeikan 税関 *s* alfândega.
zeikin 税金 *s* imposto; taxa; direitos; contribuição.
zeikomi 税込み *s* impostos incluídos.
zeikominedan 税込値段 *s* preço com imposto incluído.
zeimu 税務 *s* serviço fiscal; assuntos fiscais; fisco.
zeimusho 税務署 *s* delegacia fiscal.
zeiniku 贅肉 *s* excesso de gordura; banha.
zeiri 税吏 *s* fiscal; funcionário do fisco.
zeirishi 税理士 *s* consultor fiscal.
zeiritsu 税率 *s* alíquota de imposto.
zeisei 税制 *s* sistema tributário.
zeishū(nyū) 税収(入) *s* arrecadação de impostos.
zeitaku 贅沢 *s* gasto supérfluo; extravagância; luxo.
zeitakuhin 贅沢品 *s* artigos supérfluos.
zekka 舌禍 *s* lapso da língua.
zekkai 絶海 *s* mar distante.
zekkei 絶景 *s* panorama deslumbrante.
zekkō 絶交 *s* rompimento de relações.
zekkō 絶好 *s* ato de ser o melhor. ~*no*: ótimo; excelente; único; ideal.
zekkōchō 絶好調 *s* melhor forma; ótima condição de funcionamento.
zekkyō 絶叫 *s* grito; clamor.
zen 善 *s* boa ação; bem.
zen 禅 *s* zen; seita budista de descontração purificadora. *V* **zenshū** 禅宗.
zen- 全- *pref* todos. ~世界 ~*sekai*: mundo inteiro.
zen- 前- *pref* 1 ex. ~内閣 ~*naikaku*: ministério anterior. 2 anterior. ~条 ~*jō*: artigo anterior.
-zen -前 *suf* antes.
zen'aku 善悪 *s* o bem e o mal.
zenbi 善美 *s* o bem e o belo.
zenbin 前便 *s* última carta; carta anterior.
zenbō 全貌 *s* todos os aspectos; visão total.
zenbu 全部 1 *s* tudo. これで~ですか *kore de ~ desu ka*: isto é tudo? 2 todo. 条件を~入れる *jōken o ~ ireru*: aceitar todas as condições.
zenbu 前部 *s* parte dianteira.
zenbun 全文 *s* texto integral.
zenbun 前文 *s* frase anterior; começo do texto; preâmbulo.
zenchi 全治 *s* cura completa.
zenchishi 前置詞 *s Gram* preposição.
zenchizennō 全知全能 *s* onisciente e todo-poderoso; onipotente.
zenchō 全長 *s* comprimento total; de ponta a ponta.
zenchō 前兆 *s* prenúncio; sinal; sintoma.
zendai 前代 *s* geração anterior.
zendaimimon 前代未聞 *s* inédito na história.
zendama 善玉 *s pop* pessoa boa. *V* **zennin** 善人.
zendan 全段 *s* totalidade das partes.
zendate 膳立て *s* 1 ato de pôr a mesa; preparar a mesa para a refeição. 2 preparativos de eventos.
zendera 禅寺 *s* templo budista zen.
zendo 全土 *s* todo o território.
zen'ei 前衛 *s* 1 vanguarda. 2 jogador de ataque; dianteiro. 3 movimento de vanguarda.
zen'eibijutsu 前衛美術 *s* arte de vanguarda.
zenesuto ゼネスト (*ingl abrev de general strike*) *s* greve geral.
zengaku 全額 *s* valor total.

zengen 前言 *s* 1 fato já mencionado. 2 palavras dos antepassados.
zengen 漸減 *s* diminuição gradativa. ~*suru*, *v*: diminuir gradativamente.
zengo 前後 *s* 1 frente e retaguarda. ~から敵を攻める ~*kara teki o semeru*: atacar o inimigo pela frente e pela retaguarda. 2 antes e depois. 3 as consequências. ~を忘れる ~*o wasureru*: ficar inconsciente. 4 mudar a ordem. 話が~しますが *hanashi ga ~ shimasu ga*: trocando um pouco a ordem do assunto.
-zengo -前後 *suf* aproximadamente; ao redor de; cerca de; mais ou menos. 千円~の品 *sen'en ~no shina*: artigo de aproximadamente mil ienes.
zengofukaku 前後不覚 *s* perda de sensibilidade; perda de consciência.
zengosaku 善後策 *s* medida corretiva.
zengun 全軍 *s* todo o exército.
zeni 銭 *s pop* dinheiro; moeda. *V* **kane** 金.
zen'i 善意 *s* boa vontade; boa-fé.
zenikanjō 銭勘定 *s* contagem de dinheiro.
zenibako 銭箱 *s* caixa de dinheiro.
zeniire 銭入れ *s* porta-moedas, porta-níqueis.
zen'iki 全域 *s* toda a área.
zenin 是認 *s* aprovação. ~*suru*, *v*: aprovar.
zen'in 全員 *s* todos. ~集合 ~*shūgō*: reúnam-se todos.
zenji 漸次 *adv* por etapas; aos poucos; pouco a pouco.
zenjin 前人 *s* os antepassados; homens da Antiguidade.
zenjin 全人 *s* homem integral; homem completo.
zenjinkaku 全人格 *s* personalidade completa.
zenjitsu 前日 *s* 1 véspera; dia anterior. 2 outro dia; há dias.
zenjō 前条 *s* cláusula anterior.
zenjutsu 前述 *s* o já registrado. ~の通り ~*no tōri*: como já mencionado.
zenka¹ 全科 *s* todas as matérias do curso; o curso completo.
zenka² 前科 *s* cadastro; precedente criminal. ~がある ~*ga aru*: ter cadastro; ter precedentes criminais.
zenkai¹ 全快 *s* cura completa; convalescença completa. ~祝い ~*iwai*: celebração do restabelecimento.
zenkai² 全開 *s* ato de abrir completamente.
zenkai³ 前回 *s* a última vez; a vez anterior.
zenkan 全巻 *s* todos os volumes; volume completo. *V* **zenpen** 全編.
zenkei 前景 *s* paisagem, vista de frente.
zenkei 前掲 *s* citado anteriormente. ~の表を参照のこと ~*no hyō o sanshō no koto*: ver gráfico/tabela anterior.
zenken 全権 *s* 1 plenos poderes. 2 poder absoluto.
zenken'ininjō 全権委任状 *s* procuração pela qual se outorgam plenos poderes.
zenkentaishi 全権大使 *s* embaixador plenipotenciário.
zenki 前記 *s* o supracitado; o mencionado anteriormente.
zenki 前期 *s* primeiro semestre.
zenkin 漸近 *s Mat* assíntota. ~線 ~*sen*: linha assintótica.

zenko 全戸 *s* a família inteira; todas as casas da localidade.
zenkō 全校 *s* escola toda; todas as escolas.
zenkō 前項 *s* 1 parágrafo anterior. 2 *Mat* antecedente.
zenkō 善行 *s* boa ação; ato digno de louvor; bom comportamento.
zenkoku 全国 *s* o país todo.
zenkokuku 全国区 *s* todos os distritos nacionais.
zenkokumin 全国民 *s* todos os cidadãos; toda a nação.
zenkokushi 全国紙 *s* os jornais de circulação nacional.
zenkokuteki 全国的 *adj* de âmbito nacional.
zenkomizō 前古未曾有 *expr* quebra de recorde; algo jamais visto; algo inédito na história.
zenkyaku 前脚 *s* pernas dianteiras.
zenmai 発条 *s* mola (de metal; em espiral); corda (de relógio). ～を巻く ～*o maku*: dar corda.
zenmaijikake 発条仕掛け *s* mecanismo de dar corda.
zenmei 喘鳴 *s Med* respiração arfante provocada pelo catarro.
zenmen 前面 *s* a parte da frente; primeiro plano. *V* **shōmen** 正面.
zenmen 全面 *s* a página inteira; toda a face da terra; todos os aspectos.
zenmenkaiketsu 全面解決 *s* solução total; solução completa.
zenmenteki 全面的 *adj* totalmente; inteiramente.
zenmentekihenkō 全面的変更 *s* mudança total.
zenmetsu 全滅 *s* destruição completa; aniquilação.
zenmon 前門 *s* portão da frente.
zennanzennyo 善男善女 *s Bud* pessoas devotas.
zennen 前年 *s* ano passado; ano anterior; passado. *V* **kyonen** 去年.
zennendo 前年度 *s* ano fiscal anterior.
zennichisei 全日制 *s Educ* sistema de educação em tempo integral.
zennin 前任 *s* posto de trabalho anterior; emprego anterior; função anterior.
zennin 善人 *s* pessoa boa.
zenninsha 前任者 *s* antecessor do cargo.
zennō 全能 *s* onipotência. ～の神 ～*no kami*: Deus todo-poderoso.
zennō 全納 *s* pagamento completo.
zennō 前納 *s* pagamento adiantado.
zennōryoku 全能力 *s* toda a capacidade. ～を挙げる ～*o ageru*: ativar toda a capacidade.
zenpai 全敗 *s* derrota completa. ～*suru*, *v*: perder em todos os jogos.
zenpai 全廃 *s* abolição total. ～*suru*, *v*: abolir totalmente; abandonar totalmente.
zenpan 全般 *s* o conjunto todo; totalidade; total abrangência.
zenpan 前半 *s* primeira parte; primeira metade.
zenpanteki 全般的 *adj* geral; global.
zenpen 前編 *s* primeira parte da obra; primeiro volume.
zenpi 前非 *s* erros passados. ～を悔いる ～*o kuiru*: arrepender-se dos erros passados.
zenpō 前方 *s* frente; parte dianteira. ～を見る ～*o miru*: olhar para a frente.
zenpōkōenfun 前方後円墳 *s Arquit ant* túmulo de formato reto na parte frontal e curvo na parte posterior.
zenpu 前夫 *s* ex-marido; falecido marido.
zenpuku 全幅 *s* 1 a largura toda. 2 o máximo; todo o possível.
zenra 全裸 *s* nudez completa. *V* **maruhadaka** 丸裸.
zenrei 前例 *s* 1 precedente. 2 exemplo anterior.
zenreki 前歴 *s* o histórico de uma pessoa; passado de alguém; currículo.
zenretsu 前列 *s* fila da frente; primeira fila.
zenrin 前輪 *s* roda dianteira.
zenrinkudō 前輪駆動 *s* tração dianteira.
zenrin 善隣 *s* boa vizinhança.
zenritsusen 前立腺 *s Anat* próstata.
zenryaku 前略 *s* expressão usada em carta para entrar direto no assunto, sem as formalidades.
zenryō 全量 *s* peso total.
zenryō 善良 *s* bem-comportado; bondade.
zenryoku 全力 *s* toda a força; o máximo possível.
zenryokushissō 全力疾走 *s* arrancada; ato de correr com força total.
zenryōsei 全寮制 *s* regime de internato.
zensai 前菜 *s* aperitivo; salgadinhos; os pratos servidos antes da sopa e do prato principal.
zense 前世 *s Bud* existência anterior. ～の因縁 ～*no innen*: carma da vida anterior.
zensei 善性 *s* bondade da natureza humana; o caráter bondoso do homem.
zensei 善政 *s* governo justo.
zensei 全盛 *s* apogeu; auge.
zenseijidai 全盛時代 *s* período áureo; época de prosperidade.
zensekai 全世界 *s* mundo inteiro.
zensekinin 全責任 *s* responsabilidade total, plena; inteira responsabilidade.
zensen[1] 全線 *s* todas as linhas de transportes; toda a frente de batalha.
zensen[2] 前線 *s* 1 linha de frente; frente de batalha. ～基地 ～*kichi*: base da frente de batalha. 2 *Meteor* frente. 梅雨～ *baiu*～: estação das chuvas.
zensen[3] 善戦 *s* luta admirável; bom combate.
zensetsu 前説 *s* teorias preexistentes.
zensha 前者 *s* o primeiro.
zenshaku 前借 *s* adiantamento. *V* **maegari** 前借り.
zenshi 全市 *s* toda a cidade; o município inteiro.
zenshi 全紙 *s* 1 página inteira de um jornal. 2 todos os jornais.
zenshi[1] 全史 *s* história completa.
zenshi[2] 前史 *s* 1 pré-história. 2 história da era precedente.
zenshin[3] 全身 *s* o corpo inteiro.
zenshin[4] 前身 *s* 1 posição anterior. 2 o que era antes. 3 *Bud* forma ou gênero de vida em existência anterior.
zenshin 前進 *s* avanço; ato de ir para a frente.
zenshin 善心 *s* virtude; coração bom.
zenshin 漸進 *s* avanço gradual.
zenshinmasui 全身麻酔 *s* anestesia geral.
zenshinshugi 漸進主義 *s* moderantismo.
zenshinzenrei 全身全霊 *s* alma e coração; corpo e alma.
zensho 全書 *s* obra completa; compêndio completo.

六法～ *roppō*～: os seis códigos do direito num só volume; compêndio das seis áreas de direito.
zensho 善処 *s* tomada das medidas adequadas; prudência; resolução cuidadosa e zelosa.
zenshō[1] 全勝 *s* vitória completa; vitória em todos os jogos.
zenshō[2] 全焼 *s* ato de ter tudo queimado pelo incêndio; queima total pelo fogo.
zenshō[3] 全称 *s Lóg* universal. ～判断 ～*handan*: juízo universal. ～否定 ～*hitei*: negativo universal.
zenshōgai 全生涯 *s* a vida inteira; toda uma vida.
zenshū 全集 *s* obras completas. 漱石～ *Sōseki*～: obras completas de Soseki.
zenshū 禅宗 *s* seita zen.
zensō 前奏 *s* 1 *Mús* prelúdio. 2 prenúncio.
zensoku 喘息 *s Med* asma.
zensokuryoku 全速力 *s* velocidade total.
zensōkyoku 前奏曲 *s* 1 *Mús* abertura; prelúdio. 2 prenúncio.
zenson 全損 *s Com* perda total.
zentai 全体 *s* 1 geral; todos. 2 corpo inteiro.
zentaishugi 全体主義 *s* totalitarismo.
zentei[1] 前庭 *s* 1 jardim em frente da casa. 2 *Anat* vestíbulo (cavidade central do labirinto ósseo da orelha).
zentei[2] 前提 *s Lóg* pressuposto; requisito; premissa.
zenteijōken 前提条件 *s* condição prévia.
zento 前途 *s* 1 futuro. 2 resto do percurso.
zenwan 前腕 *s* antebraço.
zen'ya 前夜 *s* 1 noite anterior. 2 véspera. 3 alvorecer; às vésperas. 革命の～ *kakumei no*～: vésperas da revolução.
zen'yaku 全訳 *s* tradução completa.
zen'yasai 前夜祭 *s* festa da véspera.
zen'yō 善用 *s* bom uso. ～*suru*, *v*: fazer bom uso; usar bem.
zenza 前座 *s* primeiros números do programa; artistas que fazem os primeiros números.
zenzen 全然 *adv* 1 nada. 2 completamente; inteiramente; totalmente. 3 muito; extraordinariamente.
zenzō 漸増 *s* aumento gradual.
zenzu 全図 *s* mapa completo.
zeppan 絶版 *s* edição esgotada.
zeppeki 絶壁 *s* precipício; despenhadeiro.
zeppin 絶品 *s* obra-prima; obra de arte única.
zeppitsu 絶筆 *s* 1 última obra de um escritor ou pintor. 2 ato de deixar de escrever ou pintar.
zeppō 舌鋒 *s* modo de falar; eloquência.
zerachin ゼラチン (*ingl gelatine*) *s* gelatina. ～状の ～*jō no*, *adj*: gelatinoso.
zero ゼロ (*ingl zero*) *s* zero. ～ゲーム ～*gēmu*: partida que terminou zero a zero.
zeromētoruchitai ゼロメートル地帯 *s* território ao nível do mar.
zesei 是正 *s* retificação; correção. ～*suru*, *v*: corrigir; retificar.
zessan 絶賛 *s* elogio total; louvor.
zessei 絶世 *s* ato de ser inigualável; sem-par.
zessen 舌戦 *s* guerra de palavras; contenda; bate-boca.
zesshō 絶唱 *s* 1 poesia única. 2 canto do cisne; última poesia antes de morrer.
zesshō 絶勝 *s* região com cenário/paisagem maravilhosa.
zesshoku 絶食 *s* jejum.
zessoku 絶息 *s* morte. ～*suru*, *v*: morrer; expirar. *V* **zetsumei** 絶命.
zessuru 絶する *adv* superar; exceder; ultrapassar; desafiar.
zesuchua ゼスチュア (*ingl gesture*) *s* gesto; mímica.
zetchō 絶頂 *s* 1 cume; ponto mais alto. 2 apogeu; auge; clímax.
zetsubō 絶望 *s* desespero. ～*suru*, *v*: desesperar-se; perder a esperança.
zetsudai 絶大 *adj* enorme; gigantesco.
zetsuen 絶縁 *s* 1 *Eletr* isolamento. ～線 ～*sen*: fio isolado. 2 rompimento de relações.
zetsumei 絶命 *s* fim da vida; morte.
zetsumetsu 絶滅 *s* 1 extermínio; extinção. 2 eliminação.
zetsumu 絶無 *s* nada; zero. *V* **kaimu** 皆無.
zetsumyō 絶妙 *s* ～*na*, *adj*: maravilhoso; admirável; ideal; magnífico; soberbo.
zetsurin 絶倫 *s* sem-par. *adj* ímpar; ilimitado; inigualável; preeminente.
zettai 絶対 *s* ato de ser absoluto.
zettaiansei 絶対安静 *s* repouso absoluto.
zettaifukujū 絶対服従 *s* obediência absoluta; obediência cega.
zettaihantai 絶対反対 *s* absolutamente contrário.
zettaiken(ryoku) 絶対権(力) *s* poder absoluto.
zettairyō 絶対量 *s* quantidade absoluta.
zettaisha 絶対者 *s Filos* ser absoluto; pessoa absoluta.
zettaishugi 絶対主義 *s Filos* absolutismo.
zettaitasū 絶対多数 *s* maioria absoluta.
zettaiteki 絶対的 *adj* absoluto.
zettaiyūi 絶対優位 *s* vantagem absoluta.
zettaizetsumei 絶体絶命 *s* situação desesperadora; situação crítica.
zō 象 *s Zool* elefante.
zō 像 *s* estátua; imagem; figura. ブロンズ～ *buronzu*～: estátua de bronze.
zō 贈 *s* doação; outorga póstuma.
zōbutsu 贓物 *s* artigos roubados; produtos de roubo. *V* **tōhin** 盗品.
zōbutsushu [sha] 造物主[者] *s* Criador.
zōchiku 増築 *s* ampliação de uma construção.
zōchō[1] 増長 *s* 1 expansão gradativa. 2 adubagem.
zōchō[2] 増徴 *s* aumento de imposto; coleta adicional de imposto. *V* **zōzei** 増税.
zōdai 増大 *s* aumento; incrementação.
zōei 造営 *s* construção.
zōeibutsu 造営物 *s* prédios e instalações.
zōeki 増益 *s* aumento do lucro.
zōfu 臓腑 *s* entranhas. *V* **naizō** 内臓.
zōfuku 増幅 *s Eletr* amplificação.
zōgan 象眼(嵌) *s* 1 arte da marchetaria. ～*suru*, *v*: embutir; marchetar; incrustar. 2 encaixe.
zōge 象牙 *s* marfim.
zōgen 増減 *s* aumento e diminuição; variação. ～*suru*, *v*: aumentar e diminuir; variar.
zōge no tō 象牙の塔 *expr* torre de marfim.
zōgo 造語 *s* palavra inventada para a ocasião.
zōhai 増配 *s* dividendo suplementar.
zōhan 造反 *s* luta contra as estruturas existentes. ～*suru*, *v*: lutar contra; insubordinar-se.
zōhatsu 増発 *s* 1 aumento na quantidade. 2 aumento na emissão de moeda.

zōhei 造幣 s cunhagem de moeda.
zōheisho 造幣所 s Casa da Moeda.
zōho 増補 s aumento; suplemento. 改訂～版 *kaitei* ～*ban*: edição revista e ampliada.
zōhō 増俸 s aumento de salário.
zōhon 造本 s produção de livros.
zōin 増員 s aumento de pessoal. ～*suru*, *v*: aumentar o pessoal.
zōka¹ 造化 s tornar artificial; o Criador; o Universo.
zōka² 造花 s flores artificiais.
zōka³ 増加 s aumento.
zōkei 造形 s modelação; moldagem. ～美術 ～*bijutsu*: artes plásticas.
zōkei 造詣 s grande sabedoria; erudição.
zōketsu 造血 s hematose; produção de sangue. ～*suru*, *v*: produzir sangue.
zōki 雑木 s árvores de várias espécies.
zōki 臓器 s órgãos internos.
zōkiishoku 臓器移植 s transplante de órgãos.
zōkin 雑巾 s esfregão; pano de chão.
zokka 俗化 s vulgarização; banalização.
zokkai 俗界 s mundo secular.
zokkaku 属格 s *Gram* caso genitivo.
zokken 俗見 s ponto de vista popular; opinião do povo.
zokkō 続行 s continuação.
zokkon ぞっこん *adv* loucamente; profundamente.
zokkoku 属国 s país dependente.
zoku 俗 s 1 comum; vulgar; popular. 2 trivial; corriqueiro.
zoku 族 s raça; tribo; clã.
zoku 賊 s 1 ladrão. 2 rebelde.
zoku 続 s continuação.
zokuaku 俗悪 s grosseria; deselegância; vulgaridade.
zokubutsu 俗物 s pessoa mundana; pessoa de gosto vulgar.
zokuchi 属地 s dependência; território; domínio.
zokuchō 族長 s patriarca; chefe de clã.
zokugen 俗諺 s provérbio; ditado popular.
zokugo 俗語 s gíria; linguagem coloquial.
zokuhatsu 続発 s ocorrência sucessiva.
zokuji 俗事 s fato corriqueiro; rotina diária; negócios comuns.
zokujin 俗人 s 1 leigo. 2 deselegante. 3 pessoa vulgar.
zokuryō 属領 s território; possessão; dependência; domínio dependente.
zokusei 属性 s *Lóg* 1 caráter. 2 atributo; propriedade.
zokuseken 俗世間 s 1 mundano. 2 *Bud* mundo secular.
zokusetsu 俗説 s opinião popular; dito popular.
zokushutsu 続出 s aparição sucessiva.
zokusuru 属する *v* fazer parte; pertencer.
zokuzoku 続々 *adv* um após o outro; ininterruptamente; de enxurrada; sucessivamente.
zōkyō 増強 s reforço; aumento. 生産の～ *seisan no*～: aumento de produção.
zōkyū 増給 s aumento de salário.
zōmotsu 臓物 s miúdos; entranhas; vísceras.
zonbun 存分 s à vontade; até dizer basta.
zongai 存外 s inesperadamente.
zōni 雑煮 s sopa de legumes e bolo de *mochi* servido no Ano-Novo.
zonjiru 存じる *v* 1 conhecer; saber. 2 pensar.
zonmei 存命 s estar vivo; estar com vida.
zonzai ぞんざい *adj* descuidado; descortês.

zōo 憎悪 s ódio; malevolência.
zōri 草履 s sandálias de dedão; sandália de dedo japonesa.
zōrin 造林 s arborização; reflorestamento.
zorozoro ぞろぞろ *adv* movimentação lenta de uma fila com uma multidão de pessoas.
zōryō 増量 s aumento em quantidade, em volume.
zōsa 造作 s 1 incômodo; transtorno; trabalho. 2 hospitalidade.
zōsaku 造作 s 1 construção de casa. 2 instalações interiores da casa.
zōsakutsuki 造作付き s imóvel mobiliado. ～貸室 ～*kashishitsu*: quarto mobiliado; sala mobiliada.
zōsan 増産 s aumento de produção.
zōsanai 造作ない *adj* fácil; simples. ～仕事 ～*shigoto*: trabalho fácil; trabalho simples.
zōsei 造成 s preparação de terreno para construções.
zōsen 造船 s construção naval.
zōsetsu 増設 s aumento das instalações ou serviços.
zōshi 増資 s aumento de capital.
zōshin 増進 s aumento; melhoria. 食欲を～させる *shokuyoku o* ～*saseru*: aumentar o apetite.
zōsho 蔵書 s coleção de livros; acervo bibliotecário.
zōshomokuroku 蔵書目録 s catálogo, fichário da biblioteca.
zōshō 蔵相 s ministro das Finanças.
zōshoku 増殖 s multiplicação; proliferação.
zōshū 増収 s aumento do rendimento.
zōshūwai 贈収賄 s suborno.
zōsui 増水 s enchente; inundação; cheia.
zōsuiki 増水期 s período das cheias.
zōsui 雑炊 s canja da culinária japonesa.
zōtei 贈呈 s oferta; presente; doação.
zōteishiki 贈呈式 s cerimônia de entrega.
zōtō 贈答 s troca de presentes.
zōtōhin 贈答品 s artigo doado.
zotto suru ぞっとする *expr* 1 ficar arrepiado. 2 sentir calafrios de medo.
zōwai 贈賄 s suborno; ato de subornar uma pessoa.
zōwaizai 贈賄罪 s crime de suborno.
zōyo 贈与 s doação.
zōzei 増税 s aumento de impostos.
zu¹ 図 s 1 desenho; mapa; aspecto; ilustração; figura; diagrama; gráfico. 2 cena.
zu² 頭 s cabeça.
zuan 図案 s plano; esboço; desenho; projeto.
zubanukeru ずば抜ける *v* sobressair; destacar-se; superar todos os outros.
zubari ずばり *mim* ato de acertar na mosca. ～正解です ～*seikai desu*: acertou na mosca!
zubon ズボン (*fr jupon*) s calças.
zubora ずぼら *adj pop* descuidado; relaxado; desleixado.
zuboshi 図星 s *pop* centro do alvo; ponto vital.
zubunure ずぶ濡れ s ato de se molhar todo; encharcado.
zudabukuro 頭陀袋 s sacola; bornal; sobretudo utilizado pelos monges.
zudori 図取り s esboço; plano; figura.
zuga 図画 s desenho; disciplina escolar.
zugai 頭蓋 s *Anat* crânio.
zugaikotsu 頭蓋骨 s caveira.
zuhan 図版 s figura; ilustração.
zuhyō 図表 s quadro; gráfico; diagrama.

zui 髄 *s* **1** medula; tutano. **2** âmago; essência.
zuibun 随分 *adv* muito; bastante.
zuihitsu 随筆 *s* pequeno ensaio literário; peça literária escrita ao correr da pena.
zuii 随意 *s* arbítrio; alvedrio; livre vontade.
zuiichi 随一 *s* primeiro em qualidade. 北国〜の名勝地 *kitaguni〜no meishōchi*: o local mais pitoresco das províncias do norte.
zuiji 随時 *adv* **1** de vez em quando. **2** qualquer hora; sempre. 本校は〜入学を許す *honkō wa 〜nyū-gaku o yurusu*: nesta escola, são permitidas matrículas a qualquer hora.
zuikō 随行 *s* acompanhamento em viagem.
zuikōin [sha] 随行員[者] *s* acompanhante; membros da comitiva.
zuisho ni 随所[処]に *expr* aqui e acolá; por toda parte.
zuisō 随想 *s* pensamentos ocasionais; várias impressões.
zujō 図上 *s* no mapa; que está no mapa.
zujō 頭上 *s* por cima da cabeça. 〜注意 〜*chūi*: cuidado com a cabeça!
zukai 図解 *s* ilustração; diagrama; desenho explicativo.
zukan 図鑑 *s* livro à base de figuras; enciclopédia.
-zuke -付け *suf* **1** datado do dia... **2** pertencente a algum departamento. **3** pôr; colocar; colar; pegar; dar.
zukei 図形 *s* figura explicativa.
zukezuke ずけずけ *adv* com franqueza; claramente; sem reserva.
-zuki -好き *suf* que gosta de; amigo de. 酒〜 *sake〜*: amigo do vinho; amigo do saquê.
-zuki -付き *suf* que ajuda; que trabalha para. 大臣〜の秘書 *daijin〜no hisho*: secretário(a) do ministro.
zukin 頭巾 *s* capuz; touca.
zukku ズック (*hol doek*) *s* lona. 〜靴 〜*gutsu*: sapatos de lona; tênis.
zukō 図工 *s* **1** *abrev* de 図画工作 *zugakōsaku*, desenho e trabalhos manuais. **2** desenhista.
-zume -詰め *suf* **1** cheio de; repleto de. **2** radical. 理〜の論法 *ri〜no ronpō*: radical na argumentação racional. **3** ação interativa. 立ち〜 *tachi〜*: ficar o tempo todo de pé.
zumen 図面 *s* desenho; esboço; plano.
zunguri ずんぐり *mim* baixo e gordo.
zunō 頭脳 *s* **1** cérebro. **2** inteligência.
zunukete 図抜けて *expr* sobressair.
zunzun ずんずん *adv* depressa; mais e mais; rapidamente. 〜育つ 〜*sodatsu*: crescer rapidamente. 〜進む 〜*susumu*: avançar mais e mais.
zurari ずらり *mim* em fila; enfileirado. 〜と並べる 〜*to naraberu*: enfileirar as coisas. 沿道には警官が〜と並んでいた *endō ni wa keikan ga 〜to narande ita*: os policiais estavam em fila no acostamento da estrada.
zurasu ずらす *v* **1** mover; deslocar. **2** escalonar.
zure ずれ *s* deslocamento; diferença.
zureru ずれる *v* **1** sair do lugar; deslocar; escorregar. **2** ficar defasado; desviar.
zurui ずるい *adj* desonesto; astuto; indigno; traiçoeiro; velhaco; malandro.
zurukeru ずるける *v pop* mandriar; furtar-se ao dever.
zurusa ずるさ *s* astúcia; marotismo.
zusan 杜撰 *s* ato de ser defeituoso; descuidado; imperfeito.
zushi 図示 *s* representação gráfica.
zushiki 図式 *s* esquema; gráfico.
zutai 図体 *s pop* arcabouço; físico; corpo.
-zutsu -宛 *suf* por vez; aposto ao numeral, indica a sua repetição. 二人〜 *futari〜*: dois a dois; a cada dois.
zutsū 頭痛 *s* dor de cabeça.
zutsūyaku 頭痛薬 *s* remédio para dor de cabeça; analgésico para dor de cabeça.
zutto ずっと *adv* **1** muito; de longe. **2** ininterruptamente.
zuzōgaku 図像学 *s* iconografia; iconologia.
zūzūshii ずうずうしい *adj* descarado; atrevido; cara-dura.
zūzūshiku ずうずうしく *adv* descaradamente.
zūzūshisa ずうずうしさ *s* ousadia; descaramento; atrevimento.